Robert Schönberger / Ralf Elbert (Hrsg.)

Dimensionen der Logistik

GABLER RESEARCH

Robert Schönberger
Ralf Elbert (Hrsg.)

Dimensionen der Logistik

Funktionen, Institutionen und Handlungsebenen

GABLER

RESEARCH

Bibliografische Information der Deutschen Nationalbibliothek
Die Deutsche Nationalbibliothek verzeichnet diese Publikation in der Deutschen Nationalbibliografie; detaillierte bibliografische Daten sind im Internet über <http://dnb.d-nb.de> abrufbar.

1. Auflage 2010

Lektorat: Ute Wrasmann | Jutta Hinrichsen

Gabler Verlag ist eine Marke von Springer Fachmedien.
Springer Fachmedien ist Teil der Fachverlagsgruppe Springer Science+Business Media.
www.gabler.de

Umschlaggestaltung: KünkelLopka Medienentwicklung, Heidelberg
Gedruckt auf säurefreiem und chlorfrei gebleichtem Papier
Printed in Germany

ISBN 978-3-8349-2373-8

Prof. Dr. Dr. h.c. Hans-Christian Pfohl

Herrn Pachowski,
mit herzlichem Dank für die
gute Zusammenarbeit
HC Pfohl

Vorwort

Wird ein Mitbegründer der Logistik in Deutschland nach vielen Jahren voller Engagement und Leidenschaft für Forschung und Lehre emeritiert, ist das ein gebührender Anlass, auf diesen Lebensabschnitt wissenschaftlichen Wirkens mit besonderer Würdigung zurückzublicken. Der vorliegende Sammelband soll dies einerseits tun, indem er das Forschungsinteresse und die wissenschaftlichen Errungenschaften des zu würdigenden Emeritus aufgreift und andererseits, indem er von und für Wissenschaftler und Praktiker die Logistik mit all ihren Facetten und aktuellen Entwicklungen beleuchtet und damit die Logistik nach Hans-Christian Pfohl weitergestaltet und so auch einen Anstoß für zukünftige Logistikforschung und -praxis in seinem Sinne leistet.

Professor Dr. Dr. h.c. Hans-Christian Pfohl ist nach dem Studium des Wirtschaftsingenieurwesens, der Promotion und der Habilitation in Darmstadt zunächst einem Ruf an die Universität Essen gefolgt, bevor er 1982 an die Technische Universität Darmstadt zurückkehrte und bis heute dem Fachgebiet Unternehmensführung & Logistik vorstand. In dieser Zeit des wissenschaftlichen Arbeitens wurden die Grundlagen für das heute praktizierte Logistikverständnis in Deutschland gelegt und dabei auch stets konkrete und problemspezifische Lösungsansätze aufgezeigt. Diese Herangehensweise an Logistik und Unternehmensführung wirkte über die deutschen Grenzen hinaus beispielgebend und inspirierend und wurde insbesondere in Europa, Amerika und Asien aufgenommen und weiterentwickelt.

Immer seiner Zeit voraus und seiner Leidenschaft verpflichtet, auch bei seinen Weggefährten für seine Ansichten und Ideen zu kämpfen, ist es Professor Pfohl gelungen, insbesondere Generationen von Studierenden die Logistik näher zu bringen. Wie er selbst einmal in einem Interview sagte: „Nur als Professor an der Universität genießt man Unabhängigkeit.“ Diese Unabhängigkeit nutzte er, um sich selbst als Hochschullehrer und seine Schwerpunkte in der Forschung und der universitären Lehre stets neu zu erfinden.

Zahlreiche Veröffentlichungen – von denen einige im Schriftenverzeichnis am Ende dieses Buches aufgeführt sind – geben die Erfolge und Ergebnisse der wissenschaftlichen Arbeit von Professor Pfohl wieder. Als ein wichtiges Ergebnis, welches durch die prägnante Sprache und die Fähigkeit des Autors, komplexe Sachverhalte in einfache und verständliche Formen zu bringen, geprägt ist, gilt der von Professor Pfohl konzipierte *Logistikwürfel*. Die Logistik in letztendlich drei ergänzenden Dimensionen zusammenzufassen, ist eine geniale Idee und heute Grundlage für viele logistische Lösungsansätze und soll auch zur Strukturierung dieses Buches dienen. Die drei *Dimensionen der Logistik – Funktionen*, *Institutionen* und *Handlungsebenen* – bilden die Kapitel, unter denen die einzelnen Beiträge der Autoren subsumiert werden.

Der ursprüngliche Umfang dieses Buches war mit maximal 600 Seiten geplant. Das konnte allerdings schon bald nach Start des Projektes im Frühjahr 2009 nicht mehr gehalten werden und die schlussendlich erreichte Seitenzahl zeigt, wie groß und vielfältig das Interesse der Autoren, an diesem Sammelband mitzuwirken, war . Dies ist sicherlich ein Hinweis auf die Wertschätzung, die Professor Pfohl bei Kollegen, Weggefährten und Freunden genießt.

Die Herausgeber – Wissenschaftlicher Mitarbeiter an der Technischen Universität Darmstadt und Inhaber des Lehrstuhls für Logistikdienstleistungen und Transport an der Technischen Universität Berlin – danken allen Autoren herzlich für die uneingeschränkte Bereitschaft zur Mitwirkung an dieser Festschrift, das gezeigte Engagement, die eigenverantwortliche Erstellung der Manuskripte sowie die Disziplin im Hinblick auf die Einhaltung der gesetzten zeitlichen Taktvorgaben. Für die Unterstützung bei der Formatierung der Texte gilt ein herzliches Dankeschön dem studentischen Helferteam – Jörg Theis, Dominik Thiel und Sebastian Weigel – in Darmstadt. Besonderer Dank für das zeitintensive und unermüdliche Korrekturlesen gilt Füsun Eker, Milena Durian und Claudia Mund in Berlin.

Danksagung an die Sponsoren

Ein spezieller Dank gilt den Sponsoren der vorliegenden Festschrift und der Emeritierungsfeier im Juni 2010, ohne deren großzügige finanzielle Unterstützung eine Würdigung von Professor Dr. Dr. h.c. Hans-Christian Pfohl in der vorliegenden Form nicht möglich gewesen wäre. Dazu zählen im Einzelnen (in alphabetischer Reihenfolge) die Unternehmen:

- Boston Consulting Group GmbH
- Bundesvereinigung Logistik (BVL) e.V.
- Camelot IDPro AG – THE MANAGEMENT CONSULTANTS
- DB Mobility Logistics AG – DB Schenker
- Deutsche Lufthansa AG
- GfK SE
- Neumayer Tekfor Holding GmbH
- transport logistic – THE LEADING EXHIBITION

Repräsentanten der genannten Unternehmen sind Professor Dr. Dr. h.c. Hans-Christian Pfohl in besonderer Weise verbunden. Darüber hinaus wurden dieses Projekt sowie eine gemeinsam überreichte Skulptur des Logistikwürfels durch zahlreiche Freunde, Kollegen und Weggefährten gefördert. All diesen Personen sei für ihre Unterstützung herzlich gedankt.

Robert Schönberger und Ralf Elbert

Inhaltsverzeichnis

Handlungsebenen

Normatives Management

Strategisches Management

Institutionen

Intraorganisatorischer Aufbau

Interorganisatorischer Aufbau

Prolog

Roland Koch*

Grußwort des Hessischen Ministerpräsidenten

---

* Roland Koch wurde 1958 in Frankfurt am Main geboren, machte 1977 Abitur und absolvierte anschließend seinen Grundwehrdienst. Ab 1979 studierte Koch Rechtswissenschaften in Frankfurt am Main und machte 1982 sein 1. und 1985 sein 2. jur. Staatsexamen. Ab 1985 war Koch als selbstständiger Rechtsanwalt vor allem mit Wirtschaftsfragen befasst. Ab 1991 war Roland Koch stellv. Vorsitzender und ab 1993 bis zu seiner Amtseinführung Fraktionsvorsitzender der CDU-Landtagsfraktion. Am 7. April 1999 wurde Koch zum Ministerpräsidenten des Landes Hessen gewählt. Seit 27. November 2006 ist Roland Koch stellvertretender Bundesvorsitzender der CDU.

HESSEN

Hessen ist eine wirtschaftsstarke Region. Nicht zuletzt der Logistik ist es zu verdanken, dass unser Land im bundesweiten Vergleich so gut abschneidet. Der Erfolg der Logistik hat seinen Ursprung zum einen in der Leistungskraft der Betriebe und ihrer Mitarbeiterinnen und Mitarbeiter. Zum anderen hat auch die Wissenschaft ihren Anteil am Fortschritt dieser immer wichtiger werdenden Branche.

Der jetzt aus dem Amt an der TU Darmstadt scheidende Professor Hans-Christian Pfohl hat die Logistikforschung in Deutschland mitbegründet und über viele Jahre geprägt. Er hat mit seinem Engagement, seiner Leistungsfähigkeit und seiner Integrationskraft großen Anteil daran, dass in Darmstadt die Logistikforschung in Deutschland ihre Basis gefunden hat. Seine Verantwortung ist die des Wissenschaftlers, der der Objektivität und der Wahrheit, der Vorbehaltlosigkeit und Offenheit verpflichtet ist. In seiner Amtszeit hat er nicht nur für die Studierenden, sondern auch für die Menschen unseres Landes viel getan. Deshalb freue ich mich, Hans-Christian Pfohl auf diesem Weg für seine Leistungen danken und ihm für seine persönliche Zukunft alles Gute wünschen zu können.

Die Wirtschaftspolitik der Hessischen Landesregierung ist darauf ausgerichtet, für die Unternehmen unseres Landes Rahmenbedingungen zu schaffen, dass sie so erfolgreich wie möglich agieren können. Um dieses Ziel zu erreichen, brauchen wir das Gespräch mit denen, die in ihren Ämtern Verantwortung tragen. Hans-Christian Pfohl zählt zu denen, deren Stimme in diesem Dialog Gewicht haben.

Roland Koch
Hessischer Ministerpräsident

Hans Jürgen Prömel*

Professor Pfohl – Nicht nur logistisch gesehen eine gute Entscheidung für die TU Darmstadt

---

* Prof. Dr. Hans Jürgen Prömel ist seit 2007 Präsident der TU Darmstadt. Prof. Prömel studierte Mathematik und Wirtschaftswissenschaften an der Universität Bielefeld, 1982 wurde er dort zum Dr. math. promoviert. Er lehrte als Professor für Diskrete Mathematik an der Universität Bonn und folgte dann einem Ruf auf den Lehrstuhl für Algorithmen und Komplexität an der Humboldt-Universität zu Berlin.

Ob Straßenverkehr oder Gütertransport – der Wirtschaftsstandort Deutschland hängt zunehmend davon ab, wie die Verkehrs- und Logistikprobleme gelöst werden. Auch die Lebensqualität der Bevölkerung wird von diesen Problemen unmittelbar beeinflusst. Insbesondere im Hinblick auf die Globalisierung ist die Logistik mittlerweile zu einem entscheidenden Erfolgsfaktor im Wettbewerb geworden und dementsprechend auch vielfach Innovationsmotor.
Logistik ist auch für Mathematiker ein fruchtbares Feld. Logistische Probleme zu lösen ist häufig eine mathematische Herausforderung. Fragestellungen werden vielfach unter dem Einsatz komplexer mathematischer Modelle betrachtet und durch enorme Rechenleistungen gelöst. Mit dem Ziel vor Augen einen reibungslosen Transport von Rohstoffen, Produkten und Personen zu garantieren, erfordert dieses hochgradig komplexe Themenfeld ebenso exzellente Fachkenntnisse wie eine weitgespannte Forschung. Weltweit wird nach hochqualifizierten Experten mit fundiertem Management- und Logistik-Know-how verlangt, um Logistik umfassend sicher beurteilen, intelligent gestalten und neue Lösungen finden zu können.
Einer der Experten auf dem Gebiet der Logistik ist Prof. Dr. Dr. h.c. Hans-Christian Pfohl. Es steht außer Zweifel – soweit sei das Ergebnis dieses Beitrages schon vorweggenommen – Prof. Pfohl ist einer der weltweit führenden Experten auf dem Gebiet der Logistikforschung und für die Technische Universität Darmstadt wegen seiner vielfältigen Leistungen von großer Bedeutung.

1 Der berufene Logistiker

Seit 1982 forscht und lehrt Prof. Pfohl am Institut für Betriebswirtschaftslehre an der Technischen Universität Darmstadt, einer der führenden Technischen Universitäten Deutschlands. Dort leitete Prof. Pfohl bisher das Fachgebiet Unternehmensführung & Logistik. Nach über 28 Jahren als Wissenschaftler und Hochschullehrer an der TU Darmstadt wurde Prof. Pfohl am 31. März 2010 emeritiert. Dieser Meilenstein auf dem Lebensweg von Prof. Pfohl gibt Anlass um Rückschau zu halten – auf einen Lebensabschnitt für die Wissenschaft und für die akademische Bildung. Der folgende Beitrag widmet sich dem wissenschaftlichen Werdegang von Prof. Pfohl und seinen Verdiensten in Forschung und Lehre – angefangen von der Entscheidungsfindung Herrn Pfohl als Professor an die damalige Technische Hochschule Darmstadt zu berufen – bis hin zu seinem heutigen Wirken an der Technischen Universität Darmstadt.
Der Blick in die Vergangenheit geht zurück bis in die siebziger Jahre. An der damaligen Technischen Hochschule Darmstadt wurde eine Berufungskommission gebildet mit dem Ziel, die Professur für „*Allgemeine Betriebswirtschaftlehre mit Schwerpunkt im Bereich Organisation und Personal*“ wiederzubesetzen. Folgender Ausschreibungstext war im Jahr 1979 in der „Zeit“ zu lesen:
„Im Fachbereich 1 Rechts- und Wirtschaftswissenschaften ist die Stelle eines Professors für Allgemeine Betriebswirtschaftslehre mit Schwerpunkt im Bereich 'Organisation und Personal' wieder zu besetzen. Der Stelleninhaber hat sein Fach in Forschung und Lehre vor allem bei der Ausbildung von Studierenden des Wirtschaftsingenieurwesens, der Wirtschaftsinformatik und der Ingenieurwissenschaften zu vertreten.“

Insgesamt gingen 32 Bewerbungen auf die ausgeschriebene Stelle ein – im Dezember 1979 auch die von Herrn Pfohl. Die Berufungskommission würdigte kritisch die wissenschaftlichen Werke aller Kandidaten und beriet ihre wissenschaftliche Ausrichtung im Hinblick auf den Lehrstuhl.
Die Gutachter der damaligen Berufungskommission sprachen Herrn Pfohl ohne Zweifel die Fähigkeit zu, den Lehrstuhl zu übernehmen. Das Ergebnis verwundert nicht. Denn Herr Pfohl hatte sich schon frühzeitig einen Namen gemacht. In dem Gutachten heißt es „er ist bestens gewappnet“ für den entscheidungstheoretischen Ansatz in der Allgemeinen Betriebswirtschaftslehre.
Schon damals fanden die Arbeiten von Herrn Pfohl eine hohe Anerkennung und schon damals brachten seine Monographien seine Fähigkeit zum Ausdruck, empirische und theoretische Probleme wissenschaftlich qualifiziert zu bewältigen. So stellte ein Gutachter in den Arbeiten von Herrn Pfohl eine „Verzahnung von entscheidungs- und organisationstheoretischen Aspekten“ fest und bescheinigte, „dass Pfohl verschiedene beachtenswerte Beiträge mit Konzentration auf organisatorische Fragestellungen“ verfasst hat. Ferner schrieb er, dass Herr Pfohl „sich vermehrt organisatorischen Problemstellungen zuwendet“ und bestätigte, dass er in seinen Veröffentlichungen „solide und umfangreiche Kenntnisse der Entscheidungstheorie und organisatorischer Konzepte demonstriere“ und „in der Allgemeinen Betriebswirtschaftslehre gut ausgewiesen sei“. Die in dem Gutachten erwähnte „Vertrautheit mit der elektronischen Datenverarbeitung“, die sich „bei der Ausbildung von Diplom-Wirtschaftsinformatikern als besonders wertvoll erweisen könnte“ war sicherlich nicht ausschlaggebend bei der Bewertung – führt heute aber noch zu einem leisen Lächeln.
Ein ganz anderer Punkt hatte sicherlich mehr Gewichtung und blieb auch von den Gutachtern nicht unbemerkt: die frühe und enge Beziehung Herrn Pfohls zur TU Darmstadt. Das Studium des Wirtschaftsingenieurwesens, die Promotion zum Dr. rer. pol., die Habilitation – alle Höhepunkte seiner bisherigen Karriere hatte Herr Pfohl an der damaligen Technischen Hochschule Darmstadt erlebt. Auch hatte er zum Zeitpunkt der Bewerbung schon als Wissenschaftlicher Assistent und Dozent an der TU Darmstadt gearbeitet. Die Berufungskommission war der Meinung, dass es keinen Zweifel gibt an der „kollegialen Kooperation, der Führung der Mitarbeiter sowie der Zusammenarbeit mit Studenten“, Herr Pfohl sei „hervorragend qualifiziert für die ausgeschriebene Stelle“. Denn Herr Pfohl „ist als Darmstädter Diplom-Wirtschaftsingenieur mit dem Darmstädter Studium, der Darmstädter Hochschulstruktur und mit der spezifischen Denkweise von Wirtschaftsingenieuren gut vertraut“ und mit ihm „würde die Technische Universität Darmstadt einen überaus einsatzbereiten, zuverlässigen und liebenswürdigen Kollegen gewinnen, der bei Hochschullehrern, Mitarbeitern und Studenten in gleicher Weise eine hohe Achtung gewinnen würde“.
Genügend Gründe für das Ergebnis der Berufungskommission – am 9. Dezember 1982 wurde Herr Pfohl an die Technische Universität Darmstadt berufen. Seither sind Prof. Pfohl und die TU Darmstadt treue Weggefährten. Prof. Pfohl hat vielen Angeboten widerstanden und externe Rufe konsequent abgelehnt.
Die Richtigkeit Prof. Pfohl zu berufen hat sich über alle Jahre seiner Tätigkeit hin bestätigt. Die TU Darmstadt hat nicht nur einen hervorragend ausgewiesenen und hochqualifizierten Wissenschaftler gewonnen, sondern auch einen hoch engagierten Hochschullehrer.

Forschung und Lehre in der Logistik sind stets einem Wandel unterzogen. Als eine Schnittstellen-Disziplin par excellence muss die Logistik sich einer kontinuierlichen Neuorientierung unterziehen, um auch bei veränderten Rahmenbedingungen die effiziente Erfüllung ihrer Aufgabenstellungen zu gewährleisten. Ständig neue Anforderungen und Entwicklungen in dem Bereich der Logistik setzen ein fundiertes Prozessverständnis sowie die Fähigkeit voraus, Schnittstellen technisch und organisatorisch kompetent zu gestalten. Diesen Aufgaben, die Logistik-Kompetenzen systematisch zu erweitern, den neuen Entwicklungen anzupassen und anspruchsvolle, international ausgerichtete Logistikkonzepte zu entwickeln, hat sich Prof. Pfohl angenommen – mit großem Erfolg. Denn sein von ihm aufgebauter Lehrstuhl für Unternehmensführung und Logistik an der TU Darmstadt zählt zu den ersten Adressen in der Logistikausbildung. Bekannt für Praxisnähe, weltweite Vernetzung und hohe Internationalität erfüllt seine Lehre höchste Qualitätsstandards. Aus dem Fachgebiet gehen hochqualifizierte und international orientierte Absolventen hervor. Studierende werden nicht nur mit fachlichem Basiswissen auf ihren Beruf vorbereitet, sondern auch mit einem hohen Grad an Problemlösungskompetenz und innovativen Impulsen ausgestattet. Die hervorragende Ausbildung als Grundlage für eine erfolgreiche Karriere und die Förderung des wissenschaftlichen Nachwuchses waren Prof. Pfohl immer ein besonderes Anliegen. Es lohnt sich in diesem Punkt, den Rückblick entlang von Zahlen zu fassen: 9.974 Tage war Prof. Pfohl von seiner Berufung am 9.12.1982 an die TU Darmstadt bis zu seiner Emeritierung tätig. Eine Zeit, in der er über 700 Studien- und Diplomarbeiten und 23 Promotionen betreut hat. Sein Erfolg drückt sich auch in seinen vielen erfolgreich wirksamen ehemaligen Doktoranden und Habilitanden aus, von denen mittlerweile vier eine Professur besetzen.

Eines lässt sich allerdings nicht in Zahlen ausdrücken. Die Begeisterung für das Fach, die Prof. Pfohl in all den Jahren nicht nur für sich erhalten, sondern auch an die Studierenden weitergegeben hat.

2 Zur richtigen Zeit am richtigen Ort – Weltweit

Das logistische Ziel heißt unter anderem, zur richtigen Zeit am richtigen Ort zu sein. Prof. Pfohl hat diesen Grundsatz stets erfüllt. So wirkte er auch 1997 bei der Gründung des Chinesisch-Deutschen Hochschulkollegs – kurz CDHK – an der Tongji-Universität Shanghai in China mit. Das CDHK ist eines der ambitioniertesten deutschen Hochschulprojekte in China. Als eines der größten deutschen universitären Einrichtung außerhalb Europas gilt es als Leuchtturmprojekt im Wissenschaftsaustausch zwischen beiden Ländern. Im Jahr 2000 wurde Prof. Pfohl zum Professor an das CDHK berufen und hält seither regelmäßig Vorlesungen und Seminare über Unternehmensführung, Internationales Management und Logistik. Fünf Jahre später nahm der Lehrstuhl „Global Supply Chain Management" in Shanghai seine Arbeit auf – ebenfalls betreut von Prof. Pfohl.

Als Logistiker mit Weltruf ist Prof. Pfohls Engagement weit über die Fach- und Universitätsgrenzen hinaus sichtbar und wird auch von außeruniversitären Partnern hoch geschätzt. Er lehrt als Gastprofessor in aller Welt – etwa an der Universität Panthéon Paris II, an der Ecole Supérieure de Commerce Montpellier in Frankreich, an der Universität Alcalá in Spanien und an der

Pannonischen Universität Veszprém in Ungarn, die ihm 1996 den Titel eines Ehrendoktors verliehen hat. Durch seine Gastprofessuren, aber auch seine Tätigkeit in der European Logistics Association repräsentiert er die deutsche Logistik in Forschung, Lehre und Praxis sowohl in Europa als auch in Übersee.

Prof. Pfohls außergewöhnliche Leistungen spiegeln sich auch in der Aufnahme in die „Logistics Hall of Fame“ des Fach- und Wirtschaftsmagazins „Logistik inside“ wider. Darüber hinaus ist er Ehrenmitglied der Bundesvereinigung Logistik e.V. und bei der Verleihung des DHL Innovation Award 2009 erhielt Prof. Pfohl den Preis als „innovativster Senior-Wissenschaftler für sein Projekt „Logbook“.

Prof. Pfohl jüngster Erfolg für die TU Darmstadt zeigte sich bei der 13. International Graduate Logistic Competition in Fayetteville, USA. Ein Team von Logistikstudierenden aus seinem Fachgebiet Unternehmensführung und Logistik hat sich in einem Fallstudienwettbewerb in den USA gegen zehn renommierte US-amerikanische Universitätsteams durchgesetzt. Innerhalb von 24 Stunden schafften es seine Studierenden eine fundierte Lösung für eine Fallstudie zu erarbeiten und beeindruckten die Jury mit ihrer umfassenden, detaillierten Analyse und einem praxisnahen Lösungsvorschlag. Die TU Darmstadt setzt mit diesem Gewinn ihre erfolgreiche Teilnahmegeschichte bei dem von der University of Arkansas organisierten Fallstudienwettbewerb fort: schon dreimal siegten Studierende der TU Darmstadt, zweimal belegten sie Platz zwei und einmal Platz drei.

3 Logistik – Nicht denkbar ohne Professor Pfohl

Prof. Pfohl war einer der ersten Logistiker in Deutschland überhaupt und hat maßgeblich an der Einführung der Logistik als wissenschaftliche Disziplin in Deutschland mitgewirkt. Er gilt weltweit als Begründer der deutschen Logistikforschung.

Sein Fachgebiet „Unternehmensführung und Logistik“ betreibt seit seiner Gründung nicht nur Grundlagenforschung, sondern unterstützt mit Ergebnissen angewandter Forschung Problemlösungsprozesse in der Unternehmenspraxis. Damit stellt sich das Fachgebiet bewusst in das Spannungsfeld von Forschung und Praxis und vermittelt dies auch in der Lehre. Für das Fach sind vor allem seine methodisch neuen Wege und die auf ihnen erzielten Erkenntnisse wichtige Schritte einer wissenschaftlichen Entwicklung. Die Forschungsaktivitäten erzielen international anerkannte Ergebnisse in den Gebieten Unternehmensführung, Logistik und Supply Chain Management und Verkehrswirtschaft.

Nicht zuletzt ist es dieser von Prof. Pfohl immer wieder forcierten wirtschaftlich-finanziellen Ausrichtung der Logistik zu verdanken, dass sich die Logistik als Funktion in der Unternehmenspraxis mehr und mehr durchsetzt. Seine Grundlagenwerke „Logistiksysteme“ und „Logistikmanagement“ sind bis heute Pflichtlektüre für alle Logistikstudenten und die meist gelesenen Werke in der Logistik überhaupt.

Die Fächer Organisation und Personal sind sehr umfassend und zeichnen sich durch eine sehr große Zahl unterschiedlicher theoretischer Ansätze aus. Gerade Prof. Pfohl hat sich mit einem breiten Fächer entscheidungstheoretischer Probleme beschäftigt und sehr unterschiedliche Ansätze der Entscheidungstheorie zur Analyse der von ihm gewählten Probleme herangezogen und wegweisende innovative Logistiklösungen aufgezeigt. Eine der großen Leistungen von Prof. Pfohl ist die Zusammenfassung der Logistik in einem einzigen Würfel – dem Logistikwürfel. Dieser Würfel verdeutlicht, dass Prof. Pfohl es versteht, die unterschiedlichsten Seiten der Logistik gekonnt zu kombinieren und auf einen Blick begreifbar zu machen. Dabei verdient Beachtung, dass er immer wieder die Verbindung von entscheidungstheoretischen und organisationstheoretischen Problemgehalten sucht und behandelt. Das Konzept des Logistikwürfels findet weltweiten Einsatz und wird erfolgreich angewendet.

Mit der Emeritierung von Prof. Pfohl verliert die TU Darmstadt einen auf den Gebieten der Logistik, Organisation und Entscheidungstheorie kundigen wie aktiven und renommierten Forscher und zugleich fähigen und engagierten Professor. Die TU Darmstadt muss sich nun der Herausforderung stellen, eine adäquate Nachfolge für Prof. Pfohl zu finden und ist froh, dass bis dahin die Vertretung des Lehrstuhls vorerst Prof. Pfohl selbst übernimmt.

Zweifelsohne gehört Prof. Pfohl zu den bemerkenswerten Persönlichkeiten der Technischen Universität Darmstadt. Seine Verdienste und sein internationales Renommee haben nachhaltig zur Reputation unserer Universität beigetragen. Sicherlich werden viele seiner Arbeiten im Bereich der Unternehmensführung und Logistik weiterhin an unserer Universität, aber auch weltweit eine zentrale Rolle spielen.

Johann-Dietrich Wörner*

Der Logistikwürfel und seine sechs Seiten – Hans-Christian Pfohl als Würfel

* Johann-Dietrich Wörner wurde 1954 in Kassel geboren und studierte in Berlin und Darmstadt Bauingenieurwesen. Nach dem Studium arbeitete er zehn Jahre lang bei König und Heunisch in Frankfurt als Bauingenieur und war an interessanten Projekten im In- und Ausland beteiligt. Während dieser Zeit hielt sich Wörner ein Jahr in Japan zur Durchführung von Untersuchungen über die Erdbebensicherheit von Kernkraftwerken auf. Basierend auf diesen Arbeiten promovierte er 1983. 1990 wurde er an die Technische Hochschule Darmstadt als Professor für Massivbau berufen, 1995 wechselte er auf die Professur für Statik. Seit 1995 war er Präsident der Technischen Hochschule Darmstadt bzw. der Technischen Universität Darmstadt und führte die Universität auf der Grundlage des TUD-Gesetzes in die Autonomie. Seit dem 1.3.2007 ist Wörner Vorstandsvorsitzender des Deutschen Zentrums für Luft- und Raumfahrt.

1 Allgemeines

Ein Würfel hat sechs Seiten. Häufig wird er bei Brettspielen verwendet. Dabei wird der Würfel „geworfen", nur die Darstellung auf der nach oben zeigenden Seite hat für das Spiel eine Bedeutung. Die Verwendung eines Würfels soll eine Zufallskomponente mit großer Zuverlässigkeit und weitgehend gleicher Wahrscheinlichkeit des Auftretens jeder Seite als obere Seite realisieren. Nur in Sonderfällen kann ein Wurf wiederholt werden, nämlich dann, wenn der Würfel das vorgesehene Würfelfeld verlässt oder durch seine endgültige Stellung keine eindeutige Aussage über die nach oben zeigende Seite zulässt („Kippe"). Die Würfelseiten haben in der Regel Aufdrucke, im „klassischen Fall" sind es „Augen", d. h. Punkte von 1 - 6. Dabei ist die Vorgabe, dass die Summe der Augenanzahl auf zwei gegenüberliegenden Würfelseiten 7 ergibt (1 + 6, 2 + 5, 3 + 4). Es gibt jedoch auch Ausführungen von Würfeln, bei denen auf den Seiten Symbole, Buchstaben oder sogar ganze Texte vorhanden sind, die bei Anwendung den Spielverlauf bestimmen. Um einen solchen Würfel handelt es sich bei Herrn Prof. Dr. Dr. h.c. Hans-Christian Pfohl. Allerdings hat hier, wie sich im Weiteren zeigen wird, nicht der Zufall die zentrale Rolle inne, sondern es geht um den Informationsgehalt. Charakteristisch für Würfel aller Art ist, dass die einzelnen Seiten zwar verschiedene Informationen beinhalten können, dass diese einzelnen Informationen sich aber immer als Teil einer Sechsergemeinschaft verstehen und nur in der Verbindung zu den anderen Seiten ihren wirklichen Wert offenbaren. Die sechs Seiten eines Würfels sind quadratisch und alle gleich groß, die gemeinsamen Kanten und Ecken können je nach Ausführung scharfkantig oder abgerundet ausgeführt werden.

2 Pfohl der Würfel

Wie oben, zugegebenermaßen in zu ausführlicher Weise dargestellt, hat ein Würfel sechs Seiten. Dies trifft auch auf den Logistikwürfel Prof. Dr. Dr. h.c. Hans-Christian Pfohls zu. Anders als oben erwähnt, wird er nur selten bei Brettspielen verwendet, und auch dem Zufall wird hier weit weniger als üblich Beachtung geschenkt. Das übliche Werfen des Würfels wird im Fall des Logistikwürfels durch zeitinvariantes Auftreten der einzelnen Würfelseite ersetzt, wobei außerdem zu beachten ist, dass nicht nur jeweils die Darstellung auf der nach oben zeigenden Seite eine Bedeutung hat. Wie bei anderen Würfeln auch, beinhalten die einzelnen Seiten zwar verschiedene Informationen, die sich aber immer als Teil einer Sechsergemeinschaft verstehen und in der Verbindung mit den anderen Seiten den gesamten Würfel ausmachen. Die besondere Herausforderung der Entwicklung des Logistikwürfels liegt in der Frage, wie groß die einzelnen Seiten sind und wie die Ecken und Kanten, die jeweils als trennende und zugleich verbindende Elemente verstanden werden können, beschaffen sind. Hier übersteigt die intellektuelle Anforderung der Anpassung der Geometrie an die tatsächlichen Gegebenheiten die einfache 3-D-Vorstellungskraft des Normalbürgers und führt letztlich zu einer Struktur, die vermutlich nur von ihrem zentralen Kern, der Persönlichkeit von Prof. Dr. Dr. h.c. Hans-Christian Pfohl, weitgehend erfasst und noch viel wichtiger virtuos und damit weit entfernt von jeder Zufälligkeit so verzahnt und offenbart werden kann, dass die Umwelt des Staunens und der Anerkennung voll ist. Trotz dieser Komplexität, die gerade in einem Text nur sehr schemenhaft erläutert werden kann, wird hier der Versuch einer Darstellung gewagt, ohne den Anspruch auf Vollständigkeit auch nur im Entferntesten zu erheben. Der Einfachheit halber werden zunächst die Seiteninhalte beschrieben:

Seite 1: Der Logistikfachmann Prof. Dr. Dr. h.c. Hans-Christian Pfohl
Seite 2: Der Logistikfachmann Prof. Dr. Dr. h.c. Hans-Christian Pfohl
Seite 3: Der Logistikfachmann Prof. Dr. Dr. h.c. Hans-Christian Pfohl
Seite 4: Der Logistikfachmann Prof. Dr. Dr. h.c. Hans-Christian Pfohl
Seite 5: Der Logistikfachmann Prof. Dr. Dr. h.c. Hans-Christian Pfohl
Seite 6: Der Mensch Hans-Christian Pfohl

Seite 1 beschreibt die Aktivitäten des Logistikfachmanns Prof. Dr. Dr. h.c. Hans-Christian Pfohl im Zusammenhang mit Unternehmen. Viele Unternehmen setzen auf seine Kompetenz, lassen sich beraten und nutzen die Zusammenhänge des Logistikwürfels, um ihre Strukturen zu verändern und zu optimieren.
Auf der Seite 2 des Logistikwürfels befinden sich die Informationen über den Logistikfachmann Prof. Dr. Dr. h.c. Hans-Christian Pfohl in seiner Funktion als Forscher, der sich um stete Weiterentwicklung des Logistikwürfels und der jeweiligen Aspekte bemüht.
Seite 3 beinhaltet die Lehrtätigkeit des Logistikfachmanns Prof. Dr. Dr. h.c. Hans-Christian Pfohl und beschreibt die Wechselwirkungen zwischen dem Hochschullehrer und den Studierenden der Technischen Universität Darmstadt.
Auf der Seite 4 finden wir den Logistikfachmann Prof. Dr. Dr. h.c. Hans-Christian Pfohl als Organisator der Hochschulselbstverwaltung, als Mitglied des Fachbereichsrates, Mitglied in Berufungskommissionen und diversen anderen Gremien.
Seite 5 ist der Freundesvereinigung der Hochschule gewidmet, in der der Logistikfachmann Prof. Dr. Dr. h.c. Hans-Christian Pfohl seine persönlichen Kompetenzen einbringt, um für die Technische Universität Darmstadt und ihre Mitglieder positiv zu wirken.
Seite 6 fällt etwas aus der Systematik, da hier der Mensch Hans-Christian Pfohl angesprochen ist. Diese Seite wird im täglichen Leben immer wieder als besonders wertvoll erlebt, da sie die Seite ist, die auch manches inhärent in den anderen Seiten vorhandenes Konfliktpotenzial in geeigneter und sehr beruhigender Weise ausgleicht, ohne dabei die Stringenz der Notwendigkeit auch unbequemer Aussagen zu vernachlässigen.

3 Zusammenfassung

Zweifellos ist der Logistikwürfel eine besondere intellektuelle Herausforderung: Gerade die sechste Seite des Logistikwürfels macht ein Verstehen der gesamten Komposition so kompliziert: Die enge Verbindung zu den anderen Seiten sprengt das begrenzte Vorstellungsvermögen des einfachen Normalbürgers und wird doch zugleich von dem Logistikfachmann Prof. Dr. Dr. h.c. Hans-

Christian Pfohl virtuos beherrscht. Es gelingt ihm alltäglich, die Seiten so kongruent zu gestalten, dass man einfach nur mit Sympathie reagieren kann. Hinzu kommt, dass die eigentlich bei einem Würfel trennenden Kanten und Ecken bei dem Logistikfachmann Prof. Dr. Dr. h.c. Hans-Christian Pfohl zwar nicht verschwinden, aber nicht mehr als trennende sondern verbindende Elemente erlebt werden.

Zusammenfassend kann der Wert des Logistikwürfels gar nicht hoch genug bewertet werden und jeder, der die Erfahrung des persönlichen Austauschs gemacht hat, kann dieses Urteil sicherlich nachvollziehen. Mir war es vergönnt, als Universitätspräsident 12 Jahre und seit dem Ausscheiden aus diesem Amt als Mitglied des Vorstands der Freundevereinigung das Wesen des Logistikwürfels zu „studieren" und zu genießen.

Ich wünsche Herrn Pfohl weiterhin alles erdenklich Gute und hoffe auf weitere Interaktionen.

Einführung

Markus Ehrenhöfer* / Carsten Röth**

25 Jahre Pfohl'scher Logistikwürfel – Eine Systematisierung der deutschen Forschungslandschaft im Bereich der Logistik

* Markus Ehrenhöfer studierte an der Technischen Universität Darmstadt Wirtschaftsingenieurwesen und arbeitet seit September 2008 am Fachgebiet Unternehmensführung und Logistik als wissenschaftlicher Mitarbeiter bei Prof. Dr. Dr. h.c. Hans-Christian Pfohl. Seine Forschungsschwerpunkte liegen u. a. im Bereich Supply Chain Finanzierung und Innovation.

** Carsten Röth ist seit 2005 wissenschaftlicher Mitarbeiter am Fachgebiet Unternehmensführung und Logistik bei Prof. Dr. Dr. h.c. Hans-Christian Pfohl an der TU Darmstadt. Seine Forschungsschwerpunkte liegen auf den Gebieten Supply Chain Finance, Internationale Unternehmensführung und Logistik sowie Qualitätsmanagement in Unternehmensnetzwerken.

1 Der Logistikwürfel

1.1 Entwicklung des Logistikmanagements

Betrachtet man die Logistik als betriebswirtschaftliche Funktion, so umfasst diese nicht nur die Realisation der Güterflüsse und der damit zusammenhängenden Objektflüsse, sondern auch das Management der logistischen Aufgaben. Die Logistik lässt sich daher in Managementaufgaben und ausführende Aufgaben unterteilen. Das Logistikmanagement hat dabei zwei grundlegende Funktionen. Zum einen dient es dem Management der einzelnen logistischen Teilfunktionen, zum anderen befasst es sich mit der Umsetzung der Logistikkonzeption durch koordinierende und integrierende Managementaktivitäten. Diese Managementaktivitäten können sich nicht nur auf einzelne Logistikprozesse, sondern auch auf den mehrere Unternehmen überspannenden Gesamtprozess der Logistik beziehen. Während Managementaktivitäten zur Realisation einzelner Logistikprozesse bereits lange vor dem Entstehen der Logistikkonzeption entwickelt und angewendet wurden, lassen sich aus dem Grad der Integration der Logistikfunktionen Rückschlüsse auf den Entwicklungstand des Logistikmanagements ziehen.[1]
Die verschiedenen Entwicklungsschritte des Logistikmanagements können anhand unterschiedlicher Kriterien wie dem Logistiksystem, der Flussorientierung, der Verantwortung und nach den Handlungsebenen als Indikatoren betracht werden. So begann das Logistikmanagement im Logistiksystem zuerst bei einzelnen Subsystemen der Logistik und entwickelte sich darauf aufbauend über die gesamte Unternehmenslogistik zu einem Management ganzer Versorgungsnetzwerke mehrerer Unternehmen.[2] Einen ähnlichen Ansatz stellt die Flussorientierung im Unternehmen dar, die sich an der Ausprägung der Koordinations- und Prozessorientierung der Logistikorganisation orientiert.[3] Daneben ist die Verantwortung der Logistik ein wesentlicher Indikator für den Umfang der Aufgaben und Kompetenzen, die in einer zentralen Organisationseinheit Logistik gebündelt sind. Die Handlungsebenen des Logistikmanagements geben schließlich die Ausrichtung auf operativer, strategischer und normativer Ebene im Unternehmen vor.[4] Aus dem Entwicklungsstand des Logistikmanagements lassen sich wiederum die Aufgaben des Logistikmanagements ableiten. Für eine Strukturierung der logistischen Managementaufgaben können Modelle als Bezugsrahmen herangezogen werden.

1 Vgl. Pfohl (2004), S. 18.
2 Vgl. Pfohl (2010), S. 17ff., Pfohl (2001), S. 47 sowie Stank/Keller/Daugherty (2001), S. 36f.
3 Vgl. Weber/Kummer (1998), S. 7ff. und Weber (1999), S. 4ff.
4 Vgl. Pfohl (2004), S. 23.

1.2 Handlungsebenen des Logistikmanagements

Einen möglichen Bezugsrahmen zur Strukturierung des Logistikmanagements bietet der Logistikwürfel nach Pfohl.[5] Dieser gibt einen Überblick über die Komplexität der Logistikentscheidungen, die koordinierende und integrierende Maßnahmen erfordern.[6] Wie in Abbildung 1 zu sehen ist, gliedert sich der Logistikwürfel nach drei Dimensionen in die funktionelle, institutionelle und informationsverarbeitende Ebene.

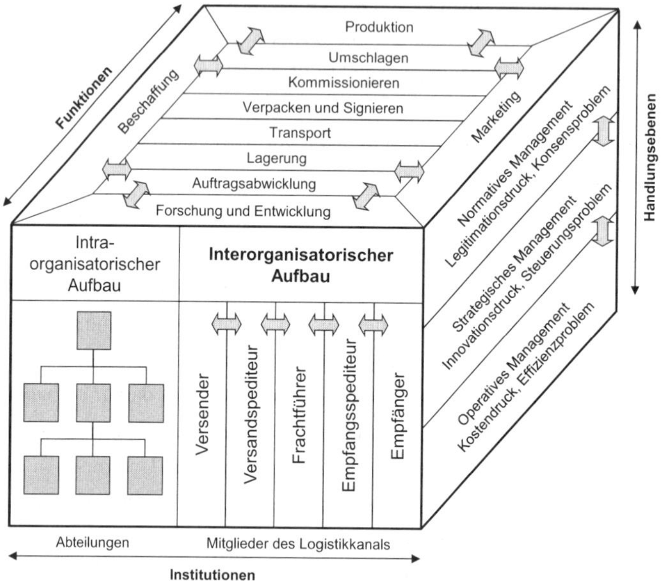

Abbildung 1: Der Logistikwürfel[7]

Logistische Funktionen

Die logistischen Funktionen des Gesamtsystems Logistik lassen sich nach Pfohl in die verrichtungsspezifischen Subsysteme der Logistik unterteilen.[8] Hieraus resultieren die originären logistischen Aufgabenbereiche der Auftragsabwicklung, der Lagerung, dem Transport, dem Verpacken und Signieren und dem Umschlagen und Kommissionieren. Eine weitere Konkretisierung kann über die Aufgliederung des Gesamtsystems der Logistik in die phasenspezifischen Subsysteme vorgenommen werden. Hierbei werden vor allem die Beschaffungs-Logistik, die Produktions-

[5] Vgl. Pfohl (1985), S. 14 und Pfohl (1994), S. 21f. sowie in einer späteren überarbeiteten Variante in Pfohl (2004), S. 25f.

[6] Vgl. Pfohl (2004), S. 25.

[7] Mit geringfügigen Änderungen entnommen aus Pfohl (1985), S. 14.

[8] Vgl. Pfohl (2010), Kap. B.

Logistik und die Absatz- oder Distributions-Logistik unterschieden.[9] Gleichzeitig spielt auch die Verbindung der Forschung und Entwicklung mit den Aufgaben der Logistik einerseits im Hinblick auf die Einbeziehung der Logistik in die Weiterentwicklung von Produkten eines Unternehmens aber auch andererseits speziell im Bereich der logistikeigenen Innovation eine immer größere Rolle.

Logistische Institutionen

Bei den institutionellen Logistikmanagementaufgaben wird zwischen dem *intraorganisatorischen* Aufbau in einem Unternehmen und dem *interorganisatorischen* Aufbau zwischen miteinander verbundenen Unternehmen unterschieden. Im intraorganisatorischen Bereich steht dabei die Frage einer Aufsplitterung der logistischen Aufgaben über verschiedene Bereiche in einem Unternehmen der Frage einer zentralen oder integrierten Logistikorganisationseinheit gegenüber.[10] Beim interorganisatorischen Aufbau stehen hingegen die logistischen Schnittstellen im Vordergrund. Sie stellen den Übergang des unternehmenseigenen Logistiksystems zu den Logistiksystemen der anderen Mitglieder der Logistikkette dar. Diese Akteure sind die Spediteure, Frachtführer oder auch der Empfänger, die über einen Güter- und Informationsfluss miteinander verbunden sind. Die Schnittstellen sind jedoch nicht nur auf intralogistische Schnittstellen beschränkt, sondern können auch Schnittstellen zu Beschaffungs-, Produktions- oder Absatzsystemen darstellen.[11]

Logistische Informationsverarbeitung

Die dritte Dimension des Logistikwürfels unterteilt sich in die Entscheidungsebene und die Realisierungsebene der Informationsverarbeitung. Dabei werden auf der oberen Ebene die strategisch/taktische und die operative Planungsebene unterschieden, während auf der unteren Ebene zwischen Güter- und Informationsfluss differenziert wird.[12] Die strategische Logistikplanung betrifft alle langfristigen Entscheidungen wie zum Beispiel die Festlegung der Grundstruktur des Logistiksystems oder die Art der Eingliederung der Logistik in der Unternehmensstruktur. Die taktische Logistikplanung befasst sich mit der im Logistiksystem angestrebten Servicepolitik sowie der Ausgestaltung des Logistiksystems und der Festlegung von Aufgaben, Kompetenzen und Verantwortlichkeiten im Logistikbereich. Des Weiteren fallen darunter die Auswahl externer Logistikunternehmen sowie Kooperationen mit Industrie- und Handelsunternehmen. Bei der operativen Logistikplanung steht die Umsetzung der logistischen Aufgaben im Vordergrund.[13] Dabei kann es sich um die Realisierung der Servicepolitik, den Aufbau des Logistiksystems oder auch die Zusammenarbeit mit externen Dienstleistern und Partnern handeln. Ein weiterer wichtiger Aspekt auf der operativen Ebene ist die Logistiksteuerung. Sie hat einerseits zur Aufgabe, die

9 Vgl. Pfohl (2010), Kap. C.
10 Vgl. Pfohl (2010), S. 232.
11 Vgl. Pfohl (2010), S. 280.
12 Vgl. Pfohl (1994), S. 21.
13 Vgl. Pfohl (1994), S. 22.

Umsetzung der logistischen Planvorgaben zu kontrollieren, andererseits kann sie zur Steuerung im laufenden Umsetzungsprozess genutzt werden.
Auf der Realisierungsebene steht der Informationsfluss für die administrativen Aufgaben, die vor allem die Auftragsabwicklungsprozesse betreffen. Dabei spielt in der aktuellen Forschung insbesondere die datentechnische Gestaltung des Informationsflusses eine bedeutende Rolle. Die operative Ebene des Güterflusses wiederum umfasst alle Transport-, Umschlags-, Lager-, Verpackungs- und Signierungs-/Etikettierungsprozesse und damit die unmittelbare Handhabung der logistischen Güter in und zwischen Unternehmen.
Die einzelnen logistischen Aufgabenbereiche leiten sich aus der Kombination der drei Dimensionen des Logistikwürfels ab. Die verschiedenen Kombinationsmöglichkeiten der einzelnen Kriterien der jeweiligen Dimensionen erlauben eine Klassifikation der einzelnen logistischen Aufgaben bezüglich ihrer intra- oder interorganisatorischen Verankerung, des speziellen logistischen Funktionsbereichs und der Ebene der Informationsverarbeitung.

2 Die deutsche Logistikforschung im Kontext des Logistikwürfels

Das folgende Kapitel gibt einen Überblick über die aktuelle Logistikforschung in Deutschland. Hierzu wurden die Forschungsschwerpunkte deutscher Forschungseinrichtungen recherchiert und ausgewertet. Die verwendete Methodik zur Untersuchung der deutschen Forschungsschwerpunkte im Bereich der Logistik orientiert sich am Modell des Logistikwürfels und wird nachfolgend beschrieben. Anschließend werden die Ergebnisse der Untersuchung vorgestellt und diskutiert.

2.1 Untersuchungsmethodik

Der Logistikwürfel stellt seit seiner ersten Einführung im Jahr 1985 einen ganzheitlichen Ansatz dar, die einzelnen Aufgabenbereiche des Logistikmanagements zu erfassen und gegeneinander abzugrenzen. Ziel der in diesem Beitrag beschriebenen Untersuchung ist es, die Entwicklung der Forschungslandschaft im Bereich der Logistik anhand der drei Dimensionen des Logistikwürfels zu erfassen und zu beschreiben. Damit soll aufgezeigt werden, wie sich die einzelnen Schwerpunkte des Logistikmanagements seit der Einführung des Logistikwürfels weiterentwickelt haben und ob die aktuellen Forschungsschwerpunkte eine Anpassung der Kriterien des Logistikwürfels erforderlich machen.
Für die Untersuchung wurden die aktuellen Forschungsschwerpunkte der deutschen Logistikforschungseinrichtungen (Kapitel 2.2) und die Publikationen von Pfohl im Bereich der Logistik (Kapitel 3.1) herangezogen. Die Kriterien des Logistikwürfels dienen dabei der Kategorisierung der erhobenen Daten anhand der drei Dimensionen Institutionen, Instrumente und Funktionen.

Institutionen

Die Institutionen werden in die Ausprägungen „intraorganisatorischer Aufbau“ und „interorganisatorischer Aufbau“ unterschieden. Der interorganisatorische Aufbau wird zudem weiter unterteilt in Versender, Versandspediteur, Frachtführer, Empfangsspediteur und Empfänger.
Ein Untersuchungsobjekt wird in der Kategorie *„intraorganisatorischer Aufbau“* erfasst, wenn es ein einzelnes Unternehmen oder dessen interne Prozesse behandelt. Werden mehrere Unternehmen oder die Interaktion von Unternehmen thematisiert, handelt es sich um den *„interoganisatorischen Aufbau“*. Eine Zuordnung zu einzelnen Unterkategorien des interorganisatorischen Aufbaus wird nur vorgenommen, wenn das Untersuchungsobjekt gezielt eine der Unterkategorien anspricht.

Instrumente/Informationsverarbeitungsebene

Die Dimension der Instrumente setzt sich aus der politischen Ebene, der dispositiven Ebene, der administrativen Ebene und der operativen Ebene zusammen. Die Zuordnung der Untersuchungsobjekte wird anhand der Zielrichtung der Forschungstätigkeit bezüglich der Managementebene vorgenommen. Langfristige und grundsätzliche Planungs- und Entscheidungsthematiken werden als *politische Ebene* klassifiziert, während kurzfristige und steuernde/planende Themen zur *dispositiven Ebene* gezählt werden. Behandelt das Untersuchungsobjekt eher operative Zielsetzungen, wird untersucht, ob Informationen oder physische Güter Gegenstand der Forschung sind. Handelt es sich um Informationen, erfolgt die Einteilung auf *administrativer Ebene.* Bei physischen Gütern oder deren Handling wird das Objekt zur *operativen Ebene* gezählt.

Funktionen

Die letzte Dimension setzt sich aus den logistischen Aufgabenbereichen *Umschlag und Kommissionieren*, *Verpacken und Signieren*, *Transport*, *Lagerung* und *Auftragsabwicklung* sowie aus den allgemeinen Unternehmensfunktionen *Beschaffung*, *Produktion*, *Absatz* und *Forschung und Entwicklung* zusammen. Stehen einzelne Logistikfunktionen im Vordergrund oder sind diese klar im Untersuchungsobjekt zu identifizieren, werden sie der jeweiligen Logistikfunktion zugeordnet. Ist eine Zuordnung nur zur Logistik im Allgemeinen möglich, wird das Untersuchungsobjekt allen Logistikfunktionen zugerechnet. Im Gegensatz dazu wird ein Untersuchungsobjekt einer der Unternehmensfunktion nur dann zugeordnet, wenn diese Funktion eindeutig zu identifizieren ist. Diese Unterscheidung wurde getroffen, da die Forschungsschwerpunkte der logistischen Forschungseinrichtungen in Bezug auf die logistischen Aufgabenbereiche eine stärkere Differenzierung erwarten lassen als in Bezug auf die Schnittstellen zu andere Unternehmensfunktionen.

2.2 Forschungsschwerpunkte der aktuellen Logistikforschung in Deutschland

Für die Untersuchung der aktuellen Logistikforschung wurden zunächst Lehrstühle an Universitäten und Hochschulen in Deutschland, die eine Ausbildung im Bereich Logistik anbieten, identifiziert.[14] Diese Gruppe wurde um Fraunhofer Institute, die sich mit Logistik oder logistiknahen Themen beschäftigen, ergänzt. Insgesamt wurden auf diese Weise 49 Lehrstühle an Universitäten und Technischen Universitäten, 2 Lehrstühle an Technischen Hochschulen, 14 Lehrstühle an Hochschulen und Fachhochschulen sowie 6 Forschungsinstitute außerhalb von Hochschulen in Deutschland erfasst. Anschließend wurden die Forschungsschwerpunkte der identifizierten Forschungseinrichtungen anhand der Angaben auf der Internetpräsenz der jeweiligen Forschungseinrichtung recherchiert. Bei der Untersuchung wurde gezielt auf das Medium Internet zurückgegriffen, da hierdurch die aktuellsten Informationen ermittelt werden konnten.

Nach der Erhebung der Daten wurden diese anhand der beschrieben Kriterien den einzelnen Elementen des Logistikwürfels zugeordnet und anschließend die kumulierte Anzahl der Ergebnisse für jedes Element gezählt. Dabei konnte ein Forschungsschwerpunkt auch in mehrere Elemente eingeordnet werden. Abbildung 2 zeigt die Ergebnisse der Erhebung aufgeteilt nach der zweiten Dimension des Logistikwürfels, den Informationsverarbeitungsebenen.

Beim Vergleich der Informationsebenen lässt sich erkennen, dass die beiden Entscheidungsebenen deutlich stärker ins Gewicht fallen als die Realisierungsebenen. Damit stehen die Aufgaben des Logistikmanagements, das heißt die Planung, Steuerung und Kontrolle von logistischen Aufgaben, häufiger im Fokus der Forschungseinrichtungen als Fragestellungen der technisch-operativen Art. Auf der Realisierungsebene werden die administrativ-informationellen Themenstellungen häufiger untersucht als die rein operativen Themen.[15] Auf der Entscheidungsebene sind sowohl die politische als auch dispositive Ebene ausgewogen vertreten. Gründe hierfür liegen in der Ähnlichkeit und Überschneidung der mit den beiden Ebenen verbundenen Forschungsthemen.

Werden die Ergebnisse in Bezug auf die Dimension der Institutionen betrachtet, zeigt sich, dass operative Forschungsthemen stärker intraorganisatorisch ausgerichtet sind und damit mehrheitlich einzelne Unternehmen betreffen, während auf der administrativen Ebene interorganisatorische Themen vorherrschen. Damit wird deutlich, dass die informationstechnische Forschung ihren Schwerpunkt in den Schnittstellen der Supply Chains hat. Die Ergebnisse auf der Entscheidungsebene sind hingegen sehr ausgeglichen.

Bei den Funktionen ergab die Untersuchung, dass die Forschungsschwerpunkte nur bei einigen wenigen Forschungseinrichtungen auf einzelne Funktionsbereiche beschränkt sind. In der Regel deckt die Forschungsausrichtung alle logistischen sowie die phasenspezifischen Funktionsbereiche ab. Es ist jedoch hervorzuheben, dass die Funktionen des Transports und der Lagerung, gerade auf operativer und intraorganisatorischer Ebene, intensiver behandelt werden.[16] Prozessverbesserun-

---

14 Die Auswahl der Lehrstühle orientierte sich an Baumgarten/Hildebrand (2008).

15 Die relativ niedrigen Zahlenwerte auf operativer Ebene sind unter anderem der Erhebungsmethodik geschuldet, da lediglich die generellen Forschungsschwerpunkte der Forschungseinrichtungen erhoben wurden. Zudem wird ein Großteil der operativen Forschungsthemen über Auftragsforschungsprojekte bearbeitet, die unter anderem aus Verschwiegenheitsgründen mit den Auftraggebern seltener veröffentlicht werden als beispielsweise öffentlich geförderte Forschungsprojekte.

16 Trotz der Tatsache, dass Logistik schon lange als mehr als eine reine „TuL – Funktion" betrachtet wird, finden die Funktionen Transportieren und Lagern auf allen Informationsverarbeitungsebenen eine etwas erhöhte Beachtung. Vgl. Roth/Klaus (2008), S. 1.

gen im internen Transport und der Lagerhaltung sind demzufolge weiterhin ein wichtiger Schwerpunkt logistischer Forschung.

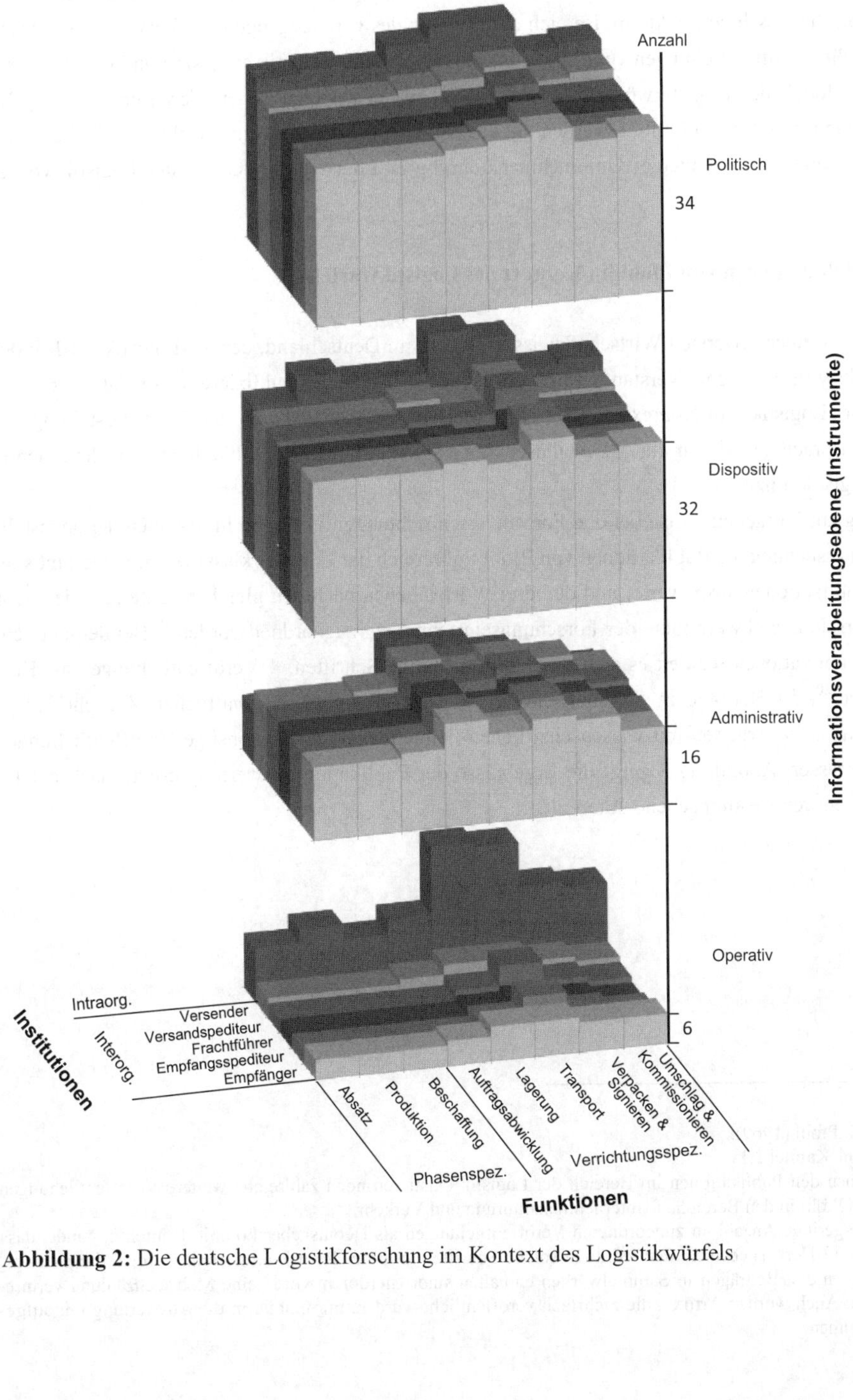

Abbildung 2: Die deutsche Logistikforschung im Kontext des Logistikwürfels

3 Die Logistikforschung von Hans-Christian Pfohl

Kapitel 3 gibt einen Überblick über die Logistikforschung von Pfohl und setzt die Untersuchung der Forschungsschwerpunkte im Bereich der Logistik des vorangegangen Kapitels fort. Es wurden sämtliche Veröffentlichungen von Pfohl aus dem Bereich der Logistik analysiert und in das theoretische Modell des Logistikwürfels einsortiert. Neben der systematischen Veranschaulichung der Forschungsarbeiten von Pfohl werden in diesem Kapitel darüber hinaus aktuelle Forschungsschwerpunkte am Fachgebiet Unternehmensführung & Logistik im Bereich der Logistik vorgestellt.

3.1 Publikationen von Pfohl im Kontext des Logistikwürfels

Pfohl war einer der ersten Wirtschaftswissenschaftler in Deutschland, der die Logistik als Teil der Betriebswirtschaftslehre verstanden und erforscht hat. Erstmalig publizierte er im Jahr 1969 den Begriff „Logistik“ im Kontext der Betriebswirtschaft und nahm damit eine Vorreiterstellung im deutschsprachigen Raum ein.[17] Seit dieser Zeit kamen zahlreiche Publikationen auf dem Gebiet der Logistik hinzu.

Analog zur Vorgehensweise bei den Forschungseinrichtungen[18] wurden im Rahmen der angestellten Untersuchung die Publikationen von Pfohl im Bereich der Logistik klassifiziert. Insgesamt sind 108 Publikationen ausgewertet und den drei Würfelebenen nach den gleichen Kriterien wie zuvor die Forschungsschwerpunkte der Forschungseinrichtungen zugeordnet worden.[19] Bei den betrachteten Publikationen handelt es sich um 3 selbstständige Schriften, 4 Veröffentlichungen als Herausgeber[20], 54 Beiträge in Sammelwerken, 30 Aufsätze in wissenschaftlichen Zeitschriften, 7 journalistische Arbeiten mit wissenschaftlichem Hintergrund und 10 sonstige Veröffentlichungen als Verfasser. Abbildung 3 zeigt die Ergebnisse der Publikationsauswertung erneut nach der Informationsverarbeitungsebene unterteilt.

---

17 Vgl. Pfohl (1969).

18 Siehe Kapitel 2.1.

19 Neben den Publikationen im Bereich der Logistik existieren noch zahlreiche weitere Veröffentlichungen von Pfohl in den Bereichen Unternehmensführung und Verkehr.

20 Die geringe Anzahl an zugeordneten Veröffentlichungen als Herausgeber kommt dadurch zustande, dass von 32 Herausgeberschaften lediglich solche Schriften in dieser Rubrik mitgezählt wurden, die nicht bereits in den Beiträgen in Sammelwerken enthalten sind. Hierdurch wurde eine Mehrfachzählung vermieden. Auch wurden Artikel, die mehrfach veröffentlicht wurden, nur einmal in die Auswertung mit aufgenommen.

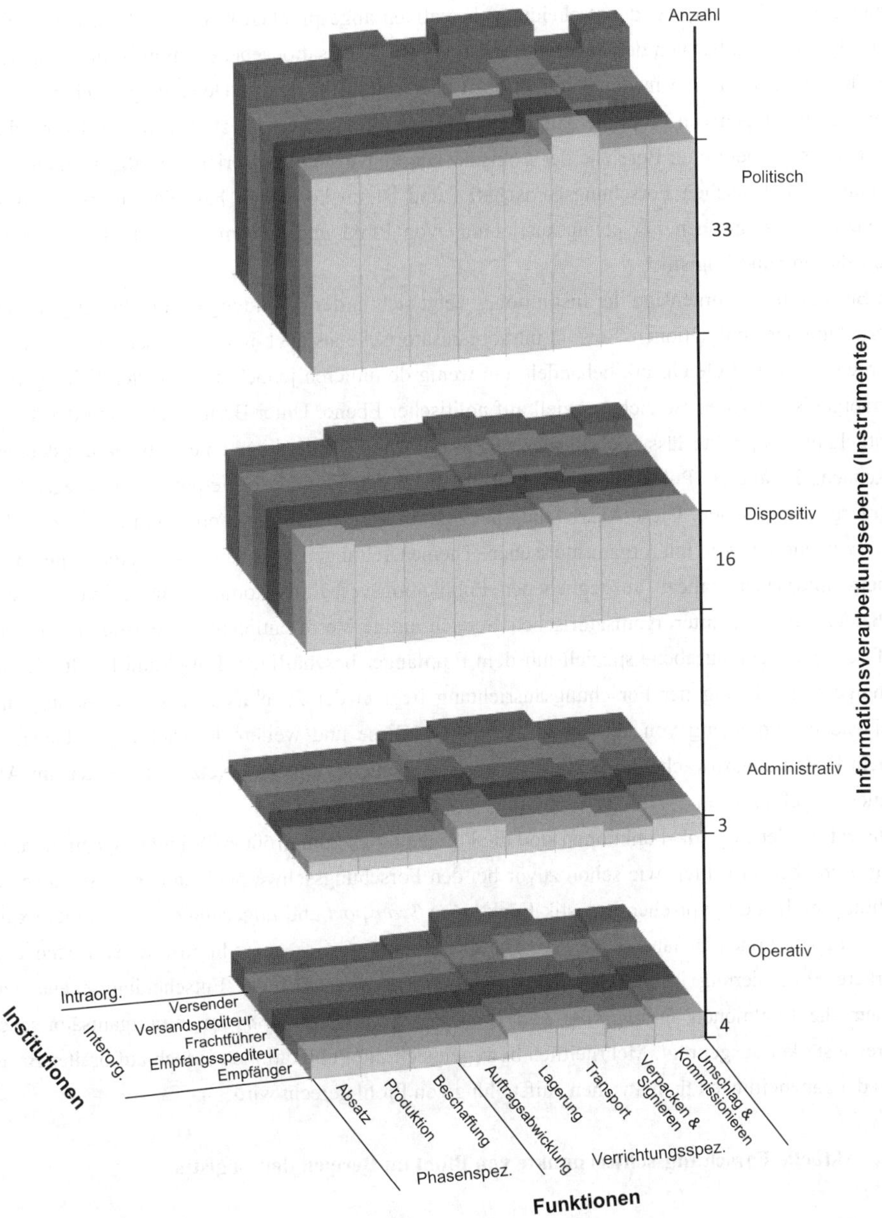

Abbildung 3: Publikationen von Pfohl im Kontext des Logistikwürfels

Bei der Betrachtung der Ergebnisse im Hinblick auf die einzelnen Informationsverarbeitungsebenen wird deutlich, dass sich die Publikationen von Pfohl vornehmlich auf die Entscheidungsebene (politische, dispositive Ebene) konzentrieren. Speziell die politische Ebene, in der langfristige und grundlegende Planungs- und Entscheidungsthematiken angesprochen werden, hebt sich in Abbildung 3 klar erkennbar von den anderen Ebenen ab. Die Realisationsebene (administrative, operative Ebene) befindet sich in den Publikationen eher selten im Fokus. Demzufolge stehen in den Veröffentlichungen von Pfohl die Aufgaben des Logistikmanagements stärker im Vordergrund als die technisch-operativen Bereiche der Logistik. Dieser Umstand entspricht der allgemeinen Ausrichtung der deutschen Forschungslandschaft[21] und ist im konkreten Fall eine logische Konsequenz der strategischen Forschungsausrichtung von Pfohl und seinem Lehrstuhl für Unternehmensführung und Logistik.

Im Bezug auf die Dimension der Institutionen zeigt sich in der Abbildung eine recht ausgewogene Verteilung der Publikationen. Sowohl intraorganisatorische als auch interorganisatorische Themen werden annähernd gleichstark behandelt; ein wenig dominieren jedoch die Veröffentlichungen im intraorganisatorischen Bereich, speziell auf politischer Ebene. Unter Berücksichtigung der Veröffentlichungszeitpunkte lässt sich in diesem Zusammenhang allerdings eine Entwicklungstendenz erkennen. In älteren Publikationen von Pfohl liegt der Themenschwerpunkt überwiegend im Intraorganisatorischen. Diese Ausrichtung hat sich im Zeitverlauf verschoben, hin zu einer stärkeren Gewichtung von interorganisatorischen Themenstellungen, weshalb es in Abbildung 3 zu einem inzwischen nahezu ausgeglichenen Publikationsverhältnis kommt. Die Abbildung zeigt außerdem, dass im interorganisatorischen Bereich einige Veröffentlichungen existieren, die sich auf der Entscheidungsebene speziell mit dem Empfänger beschäftigen. Ein Grund für die zeitabhängige Veränderung der Forschungsausrichtung liegt in der zunehmenden Globalisierung und steigenden Vernetzung von Wirtschaftsaktivitäten. Diese und weitere Entwicklungen haben zu einem Bedeutungszuwachs des Supply Chain Managements und von Netzwerkaspekten im Allgemeinen geführt.

Hinsichtlich der Logistik-Funktionen sind die Publikationen zum größten Teil nicht spezifiziert. Es zeigt sich aber auch hier, wie schon zuvor bei den Forschungsschwerpunkten der Forschungseinrichtungen, dass die typischen Logistik-Funktionen *Transport* und *Lagerung* etwas häufiger explizit in Publikationen behandelt werden. Darüber hinaus gibt es auf administrativer Ebene eine stärkere Fokussierung im Bereich der *Auftragsabwicklung*. Auf der Entscheidungsebene sind zudem die Funktionen *Beschaffung* und *Umschlag/Kommissionieren* im intraorganisatorischen Bereich stärker ausgeprägt. Mehrheitlich bewegen sich die Publikationen jedoch auf breiter Basis, was der ganzheitlichen thematischen Aufstellung von Pfohl gerecht wird.

3.2 Aktuelle Forschungsschwerpunkte von Pfohl im Bereich der Logistik

Im Folgenden wird ein Einblick in die aktuelle Logistikforschung am Lehrstuhl Unternehmensführung & Logistik von Pfohl gegeben. Pfohl gelang es über Jahre hinweg immer wieder, neue Themen und Entwicklungen im Bereich der Logistik zu identifizieren und zukunftsweisende Forschungsfelder zu etablieren. Einige der aktuellen Forschungsfelder, die Pfohl in jüngster Vergan-

---

[21] Siehe Kapitel 2.2.

genheit durch seine Themenführerschaft maßgeblich geprägt hat, werden im Folgenden kurz vorgestellt. Hierzu zählen u. a. Innovationsmanagement in der Logistik, Sicherheit und Risikomanagement in der Logistik, Supply Chain Finanzierung sowie Personalführung in der Logistik.

Innovationsmanagement in der Logistik

Lange Zeit schien „innovativ zu sein" eher eine Sache von Industrieunternehmen. Und obwohl sich Innovationen nicht nur auf Produkte beschränken, sondern ebenso Prozesse und Dienstleistungen betreffen, kamen systematische Innovationsanstrengungen im Bereich der Logistik in der Vergangenheit nur selten vor.[22] Doch auch Logistikdienstleistungen bieten ein großes Innovations- und Differenzierungspotenzial. Dies wurde mit steigender Wahrnehmung der strategischen Bedeutung der Logistik immer deutlicher. Letztendlich war es eine Frage der Zeit, wann sich die Logistikforschung dieser Thematik annahm. Im Arbeitskreis „*Service-Innovationen in der Logistik*" wurde unter der Leitung von Pfohl erstmals das Innovationsmanagement systematisch und auf die Belange der Logistik hin zugeschnitten untersucht.[23]

Als Bestandteil der strategischen Unternehmensführung umfasst das Innovationsmanagement im Allgemeinen die Planung, Organisation und Kontrolle der Aufgaben, die im Rahmen von Innovationsprozessen durchzuführen sind.[24] Hierzu zählen neben den Aktivitäten, die den Wertschöpfungsprozess bis zur Markteinführung direkt betreffen, auch die unterstützenden Funktionen in den Bereichen Organisation, Personalmanagement, Rechnungswesen, Finanzierung usw.[25] Innovationen im Bereich der Logistik, so genannte *Logistikinnovationen*, definieren Pfohl/Frunzke/Köhler[26] hierbei als „*...von Unternehmen (mit der Absicht des eigenen wirtschaftlichen Erfolgs) am Markt oder intern eingeführten Neuerungen in der Planung, Realisierung und Kontrolle logistischer Güter- und Informationsflüsse, die zu geringeren Prozesskosten oder zu einer besseren Befriedigung der Kundenanforderungen durch neue Services führen und sich gegenüber vorhandenen Logistikprozessen bzw. -services merklich...unterscheiden.*"

Inwieweit nun auch in der Logistik ein Innovationsmanagement vonnöten ist und wie dieses auszusehen hat, waren Fragestellungen, die unter der Leitung von Pfohl erforscht und diskutiert wurden. Die angestellten Untersuchungen ergaben, dass die Entwicklung innovativer Logistikdienstleistungen insbesondere durch steigende Kundenanforderungen (Demand pull) und durch neue Technologien (Technology push) vorangetrieben wird. Außerdem wurde erkannt, dass die Generierung von Logistikinnovationen spezifische Anforderungen an ein Innovationsmanagement hat, die über die typischen Herausforderungen im Zusammenhang mit Innovationen hinausgehen.[27] Dies liegt zum einen an einer erschwerten Aufwand/Nutzen-Bewertung innovativer Logistikservices und zum anderen an den für die Innovationsentwicklung erforderlichen Kenntnissen über

22 Vgl. Beyer u.a. (2005), S. 90; Straube u.a. (2005), S. 84f.
23 Vgl. Pfohl (2007).
24 Vgl. Pleschak/Sabisch (1996), S. 44.
25 Vgl. Vahs/Burmester (2005), S. 49.
26 Pfohl/Frunzke/Köhler (2007), S. 32.
27 Vgl. Pfohl/Frunzke/Köhler (2007), S. 91.

Kundenanforderungen und deren Prozesse.[28] Damit die Entstehung von Innovationen in der Logistik aber nicht dem Zufall überlassen bleibt, bedarf es folglich auch im Bereich der Logistik einer bewussten Steuerung der Innovationstätigkeiten im Sinne eines (in erster Linie funktionalen) Innovationsmanagements.

Sicherheit und Risikomanagement in der Logistik

Neben Wettbewerbsvorteilen bringen Neuerungen in der Regel auch Risiken für Unternehmen mit sich. Und schon immer ist unternehmerisches Handeln mit unzähligen Risikopotenzialen verbunden. Bspw. führen Entwicklungen, wie die zunehmende Globalisierung, die steigende Volatilität der Märkte sowie der Trend zu Out- und Single Sourcing, zu immer komplexeren Supply Chains mit interdependenten Beziehungsmustern und einer Vielzahl von flexibel zu gestaltenden Schnittstellen. Diese Entwicklungen führen gerade im Bereich der Logistik zu einer stark ansteigenden Zahl an potenziellen Ausfallpunkten und höherer Verletzlichkeit der gesamten Wertschöpfungskette. Darüber hinaus stellen Störungen der Angebots- und Nachfrageseite, wie bspw. Terroranschläge, Naturkatastrophen, Arbeitsstreiks, menschliches Fehlverhalten, Veränderungen im Konsumentenverhalten und Insolvenzen von Wertschöpfungspartnern, nicht zu vernachlässigende Risikofaktoren in der Logistikkette dar.[29]

Die Betrachtung von Risiken im Rahmen eines Risikomanagements in der Logistik ist prinzipiell nicht neu. Jedoch fehlte in diesem Zusammenhang sowohl in der Wissenschaft als auch in der Unternehmenspraxis eine systematische Auseinandersetzung mit den Risiken, die entlang einer Supply Chain wirken. Aus diesem Grund war es die Zielsetzung eines weiteren Arbeitskreises unter der Leitung von Pfohl namens „*Sicherheit und Risikomanagement in der Supply Chain*", gezielt Supply Chain weite Risiken zu analysieren und die Notwendigkeit sowie die Gestaltung eines Supply Chain Risikomanagements zu erforschen.

Supply Chain Risiken sind in diesem Zusammenhang nach Pfohl/Gallus/Köhler[30] Risiken, „*...die auf Störungen und Unterbrechungen der Flüsse innerhalb des Güter-, Informations-, und Finanznetzes sowie des sozialen und institutionellen Netzes zurückgeführt werden können und negative Auswirkungen auf die Zielerreichung der einzelnen Unternehmen bzw. der gesamten Supply Chain bzgl. Endkundennutzen, Kosten, Zeit oder Qualität haben.*"

Insbesondere das Risiko der Insolvenz eines Wertschöpfungspartners ist gegenwärtig aufgrund der wirtschaftlichen Entwicklungen infolge der Finanzkrise stark in den Fokus gerückt.[31] So hat die Krise gezeigt, dass im Umgang mit derartigen und weiteren Supply Chain Risiken unternehmensseitig erhebliche Defizite vorhanden sind. Der kumulative Risikocharakter von Supply Chain Risiken wird bislang nur unzureichend von den Unternehmen berücksichtigt und erfordert ein unternehmensübergreifendes Supply Chain Risikomanagement. Dieses benötigt zunächst ein

---

28 Vgl. Pfohl (2007).
29 Vgl. Pfohl (2008).
30 Vgl. Pfohl/Gallus/Köhler (2008), S. 21.
31 Vgl. Pfohl/Ehrenhöfer (2009).

internes (unternehmenseigenes) Risikomanagement, auf dem es aufbauen kann und muss kontinuierlich zwischen den einzelnen Wertschöpfungspartnern abgestimmt werden.
Im Rahmen der bisherigen Forschung wurden sowohl mögliche Gestaltungsfelder sowie Ziele, Aufgaben und Standards eines Supply Chain Risikomanagements untersucht und beschrieben, als auch Treiber und Herausforderungen dieser Entwicklung identifiziert. Nach wie vor gibt es aber einen breiten Forschungsbedarf auf diesem Gebiet, speziell im Hinblick auf die organisatorische Einbindung und die Koordination eines unternehmensübergreifenden Supply Chain Risikomanagements.[32]

Supply Chain Finanzierung

Lange Zeit standen bei der Optimierung von Supply Chains die Waren- und Informationsflüsse zwischen den Unternehmen unterschiedlicher Wertschöpfungsstufen im Vordergrund.[33] Doch auch die Finanzströme der Supply Chains bieten ein enormes Optimierungspotenzial und sollten in diesem Zusammenhang nicht vernachlässigt werden.
Die Supply Chain Finanzierung befasst sich vor diesem Hintergrund mit der Optimierung der Unternehmensfinanzierung und Verminderung der Kapitalkosten innerhalb der Supply Chain. Der Fokus liegt hierbei auf Finanzierungen des Anlage- und Umlaufvermögens sowie einer Verkürzung des Cash-to-cash-cycle. Allgemein wird unter *Supply Chain Finanzierung* die „*...unternehmensübergreifende Optimierung der Finanzierung sowie die Integration von Finanzierungsprozessen mit Kunden, Lieferanten und Dienstleistern [mit dem Ziel der Wertsteigerung] der beteiligten Unternehmen...*"[34] verstanden.
Mit diesem Ansatz eröffnet die Supply Chain Finanzierung den Unternehmen neue Handlungsfelder im Rahmen der Finanzierung und insbesondere die Möglichkeit, auch abseits des traditionellen Bankenmarktes bestimmte Finanzierungsbedarfe zu decken. Bspw. ist es denkbar, dass anstelle einer Bank ein Supply Chain Partner die Kapitalbereitstellung bzw. -beschaffung für das Kapital suchende Unternehmen übernimmt.
Hinsichtlich der Kapitalbeschaffung sind besonders die Refinanzierungsmöglichkeiten der einzelnen Mitglieder der Supply Chain von Bedeutung. Oftmals besitzen größere Unternehmen und Konzerne umfassendere Möglichkeiten, sich auf den Kapitalmärkten mit liquiden Mitteln einzudecken und erhalten günstigere Konditionen als kleine und mittelständische Unternehmen. In diesem Fall kann es aus Sicht der Supply Chain sinnvoll sein, Finanzierungen gezielt über solche Supply Chain Partner abzuwickeln. Darüber hinaus bieten sich für einzelne Mitglieder einer Supply Chain Möglichkeiten, neue Geschäftsfelder zu erschließen und eigene Finanzierungsangebote zu entwickeln.[35]
Während die Wertorientierung in der Wissenschaft in den letzten Jahren zunehmend an Bedeutung gewonnen hat, fristet die Thematik in der Praxis, insbesondere im Bereich der Logistik, noch ein

32 Vgl. Pfohl/Gallus/Köhler (2008), S. 79-80.
33 Vgl. Pfohl/Röth/Gomm (2007).
34 Gomm (2008), S. 82.
35 Vgl. Pfohl/Röth/Gomm (2007); Pfohl/Ehrenhöfer (2009), S. 138ff.

Schattendasein.[36] Neuere Untersuchungen zeigen aber, dass zumindest die Potenziale von Supply Chain Finanzierungen mittlerweile erkannt und erste Finanzierungskonzepte, wie bspw. die Finanzierung von Beständen durch Logistikdienstleister, entwickelt werden.[37]

Personalführung in der Logistik

Ein weiteres Forschungsfeld, das in dieser knappen Zusammenstellung noch erwähnt werden soll und dem ebenfalls sowohl in der Wissenschaft als auch in der Praxis lange Zeit wenig Beachtung geschenkt wurde, ist das Thema Personal in der Logistik. Die mangelnde Beachtung von Personalthemen mag zum einen daran gelegen haben, dass die Wissenschaft Innovationen in der Logistik, wenn überhaupt, vor allem auf der technisch-prozessualen Ebene gesucht hat. Zum anderen war in der betrieblichen Praxis das Image der Logistikfunktion häufig relativ schlecht. Vielfach wurden gewerbliche Mitarbeiter dem Verständnis nach in die Logistik „abgeschoben". Außerdem stellte das Logistikmanagement nur selten personalbezogene Fragen in Bezug auf Leistungssteigerungspotenziale.[38]

Doch Personal- und Führungsthemen spielen auch in der Logistik eine wichtige Rolle. Qualifizierte und motivierte Mitarbeiter bilden in Zeiten steigender Globalisierung und wachsenden Wettbewerbsdrucks einen beachtlichen Erfolgsfaktor sowie ein geeignetes Mittel zur Differenzierung. Dass diese Tatsache in der Wissenschaft und Praxis mittlerweile erkannt wurde, liegt nicht zuletzt an den Forschungsarbeiten und Veröffentlichungen von Pfohl auf diesem Gebiet.[39]

Einen wichtigen Aspekt stellt in diesem Zusammenhang die Motivation und Mitarbeiterleistung dar. Die Leistung eines Mitarbeiters wird auf personenbezogener Ebene maßgeblich durch die Fähigkeiten und Fertigkeiten des Mitarbeiters sowie dessen Arbeitsmotivation bestimmt.[40] Und gerade hieran scheitern oft auch gute Logistikkonzepte. Denn zunächst müssen die Mitarbeiter die Potenziale neuer informationstechnischer, materialflusstechnischer oder organisatorischer Systeme ausschöpfen, um ein bestehendes Leistungsniveau durch niedrigere Kosten oder höhere Leistung zu verbessern. Hierzu sind die Mitarbeiter allerdings nicht in der Lage, wenn sie sich überfordert fühlen, oder aufgrund mangelnder Motivation „Dienst nach Vorschrift" verrichten. Ein weiterer Grund, weshalb die Umsetzung neuer Logistikstrategien scheitern kann, besteht darin, dass bei der Kommunikation über Hierarchieebenen hinweg häufig Informationsverluste auftreten, in Folge derer die ausführenden Mitarbeiter ihre Aufgaben, Ziele und Rollen im Rahmen der Umsetzung der Logistikstrategie nicht kennen.

Grundsätzlich sollte die Bedeutung des Personals in der Logistik nicht unterschätzt und ein gezieltes Personalmanagement betrieben werden. Wichtige Ansatzpunkte für ein erfolgreiches Personalmanagement geben die Begriffe Qualifizierung, Motivierung und Führung.[41]

---

36 Pfohl/Hofmann/Elbert (2003).
37 Vgl. Pfohl/Packowski (2009).
38 Vgl. Pfohl/Gomm/Frunzke (2009), S. 1.
39 Siehe u. a. Pfohl (2009); Pfohl (2004), S. 379ff.
40 Vgl. Comelli/von Rosenstiel (2009), S. 2.
41 Vgl. Pfohl (2009).

4 Resümee

Die in diesem Betrag angestellten Betrachtungen der logistischen Forschungslandschaft haben gezeigt, dass die im Pfohl'schen Logistikwürfel verwendeten Dimensionen zur Charakterisierung der logistischen Aufgabenbereiche weiterhin ihre Gültigkeit besitzen. Ein Großteil der aktuellen Forschungsschwerpunkte lässt sich anhand dieses Modells erfassen und systematisch einordnen. Darüber hinaus haben die Untersuchungen ergeben, dass sich die Logistikforschung in einzelnen Bereichen über die Dimensionen des Logistikwürfels hinausgehend weiterentwickelt hat. Das Modell des Logistikwürfels weist aus diesem Grund Anpassungspotenziale insbesondere in der Funktionsdimension auf. An dieser Stelle sind u. a. die Themenbereiche Unternehmensführung (Risikomanagement), Finanzierung und Personal anzusprechen, zu denen die Logistik inzwischen eine stärkere Verbindung aufweist.

Der Beitrag hat außerdem einen Einblick in die Logistikforschung von Pfohl gegeben. Es wurden sowohl die Forschungsfelder anhand der bisherigen Veröffentlichungen beleuchtet, als auch die Trends und aktuellen Forschungsschwerpunkte in der Logistik aufgezeigt. Ebenso wurde deutlich, dass die Logistik ein spannendes und wandlungsreiches Forschungsfeld ist und auch zukünftig bleiben wird.

Die hier vorgestellten Untersuchungen basieren auf einem ersten Ansatz, die Forschungsschwerpunkte der deutschen Logistikforschung zu analysieren und zu veranschaulichen. Der relativ weit gefasste Ansatz lässt sich in mehreren Schritten verfeinern und für detailreichere Auswertungen verwenden. Hierzu könnten bspw. gezielt Forschungsprojekte und Veröffentlichungen der einzelnen Logistikforschungseinrichtungen analysiert und in das Modell mit einbezogen werden.

Literaturverzeichnis

Baumgarten, H./Hildebrand, W.-C. (2008): Studium Logistik. Akademische Ausbildung und Führungskräftenachwuchs in der Zukunftsbranche Logistik. Berlin 2008.

Beyer, G./Boessenkool, J./Johansson, A./Nilsson, P.I./van Oene, F. (2005): How top innovators get innovation right. Results from Arthur D. Little's third Innovation Excellence Survey. In: Prism 3(2005)1, S. 81-95.

Comelli, G./von Rosenstiel, L. (2009): Führung durch Motivation: Mitarbeiter für Organisationsziele gewinnen. 4., erw. u. überarb. Aufl. München 2009.

Gomm, M. (2008): Supply Chain Finanzierung. Optimierung der Finanzflüsse in Wertschöpfungsketten. Berlin 2008.

Pfohl. H.-Chr. (1969): Alles für den Nachschub. Optimale Versorgung des Absatznetzes durch Marketing-Logistik – Hilfestellung durch den Computer. In: Der Volkswirt. Sonderdruck 17(1969), S. 49ff.

Pfohl, H.-Chr. (1985): Produktionsfaktor „Information" in der Logistik. In: Pfohl, H.-Chr. (Hrsg.): Informationssysteme in der Logistik. Reihe „Fachtagungen" Bd. 1 Institut für Logistik der DGfL Dortmund 1985, S. 1-28.

Pfohl, H.-Chr. (1994): Logistikmanagement: Konzeption und Funktionen. 1. Aufl., Berlin 1994.

Pfohl, H.-Chr. (2004): Logistikmanagement. Konzeption und Funktionen. 2. vollst. überarb. u. erw. Aufl. Berlin u. a. 2004.

Pfohl, H.-Chr. (Hrsg.) (2007): Innovationsmanagement in der Logistik. Gestaltungsansätze und praktische Umsetzung. BVL-Schriftenreihe Wirtschaft und Logistik. Deutscher Verkehrs-Verlag. Hamburg 2007.

Pfohl, H.-Chr. (Hrsg.) (2008): Sicherheit und Risikomanagement in der Supply Chain. Gestaltungsansätze und praktische Umsetzung. BVL-Schriftenreihe Wirtschaft und Logistik. Deutscher Verkehrs-Verlag. Hamburg 2008.

Pfohl, H.-Chr. (Hrsg.) (2009): Personalführung in der Logistik. Innovative Ansätze und praktische Lösungen. 2. aktual. u. erw. Aufl. BVL-Schriftenreihe Wirtschaft und Logistik. Deutscher Verkehrs-Verlag. Hamburg 2009.

Pfohl, H.-Chr. (2010): Logistiksysteme: Betriebswirtschaftliche Grundlagen. 8. Aufl., Berlin 2010.

Pfohl, H.-Chr./Ehrenhöfer, M. (2009): Risiko Insolvenz – Herausforderung in Wertschöpfungsnetzwerken. In: Wimmer, T./Wöhner, H. (Hrsg.): Erfolg kommt von innen. 26. Deutscher Logistik-Kongress Berlin. Kongressband 2009. Hamburg 2009, S. 120-151.

Pfohl, H.-Chr./Frunzke, H./Köhler, H. (2007): Grundlagen für ein Innovationsmanagement in der Logistik. In: Pfohl, H.-Chr. (Hrsg.): Innovationsmanagement in der Logistik. Gestaltungsansätze und praktische Umsetzung. BVL-Schriftenreihe Wirtschaft und Logistik. Deutscher Verkehrs-Verlag. Hamburg 2007, S. 16-105.

Pfohl, H.-Chr./Gallus, P./Köhler, H. (2008): Konzeption des Supply Chain Risikomanagements. In: Pfohl, H.-Chr. (Hrsg.): Sicherheit und Risikomanagement in der Supply Chain. Gestaltungsansätze und praktische Umsetzung. BVL-Schriftenreihe Wirtschaft und Logistik. Deutscher Verkehrs-Verlag. Hamburg 2008, S. 7-94.

Pfohl, H.-Chr./Gomm, M./Frunzke, H. (2009): Der Motivations-Mix des Personalmanagements. In: Pfohl, H.-Chr. (Hrsg.): Personalführung in der Logistik. Innovative Ansätze und praktische Lösungen. 2. aktual. u. erw. Aufl. BVL-Schriftenreihe Wirtschaft und Logistik. Deutscher Verkehrs-Verlag. Hamburg 2009.

Pfohl, H.-Chr./Hofmann, E./Elbert, R.: Financial Supply Chain Management. Neue Herausforderungen für die Finanz- und Logistikwelt. In: Logistik Management 5(2003)4, S. 10-26.

Pfohl, H.-Chr./Packowski, J. (2009): Bestandsfinanzierung durch Logistikdienstleister. Studienergebnisse. Darmstadt/Mannheim 2009.

Pfohl, H.-Chr./Röth, C./Gomm, M. (2007): Die Supply Chain Finance Gesellschaft. In: Industrie Management 23(2007)5, S. 11-14.

Pleschak, F./Sabisch, H. (1996): Innovationsmanagement. Stuttgart 1996.

Roth, A./Klaus, P. (2008): Bildungsmarkt Logistik. Ausbildung, Weiterbildung Studium für Logistik und Supply Chain Management in Deutschland. Hamburg 2008.

Stank T.P./Keller, S./Daugherty, P.J. (2001): Supply Chain Collaboration and Logistical Service Performance. In: Journal of Business Logistics 22(2001)1, S. 29-48.

Straube, F./Pfohl, H.-Chr./Günthner, W.A./Dangelmaier, W. (2005): Trends und Strategien in der Logistik. Hamburg 2005.

Weber, J. (1999): Ursprünge, praktische Entwicklung und theoretische Einordnung der Logistik. Stuttgart 1999.

Weber, J./Kummer, S. (1998): Logistikmanagement. Führungsaufgaben zur Umsetzung des Flußprinzips im Unternehmen. 2., akt. u. erw. Aufl. Stuttgart 1998.

Funktionen

Beschaffung & Produktion

Ingrid Göpfert* / Marc Grünert**

Die optimale Ausgestaltung der beschaffungsseitigen Beziehungen bei Automobilherstellern – Ein transaktionskostenbasierter Erklärungsansatz

---

* Univ.-Prof. Dr. Ingrid Göpfert ist Inhaberin des Lehrstuhls für Allgemeine Betriebswirtschaftslehre und Logistik an der Philipps-Universität Marburg und berufenes Mitglied im Wissenschaftlichen Beirat des Bundesministers für Verkehr.

** Dr. Marc Grünert war Wissenschaftlicher Mitarbeiter an selbigem Lehrstuhl.

1 Problemaufriss und Zielsetzung

Sowohl in der akademischen Forschung als auch in der Unternehmenspraxis ist eine Intensivierung der Diskussion um die optimale Ausgestaltung der beschaffungsseitigen Beziehungen der Hersteller zu beobachten, wobei sich eine verstärkte Bedeutung des Versorgungsmanagements herauskristallisiert. So wird angeführt, dass „gerade dem Inputbereich zukünftig eine Schlüsselrolle für die dauerhafte Erreichung und Behauptung des Unternehmenserfolges .. zukommen“[1] soll. Frühere Forschungsbeiträge konzentrierten sich jedoch auf die Lösung kurzfristiger und operativer Versorgungsprobleme.[2] Erst in den letzten Jahren wird im Schrifttum zunehmend die langfristige und strategische Perspektive des Beschaffungsmanagements adressiert und einzelne Aspekte werden in einer Vielzahl von Artikeln und Monografien publiziert.[3] „Neuere Analysen zur Entwicklung der nationalen und internationalen Beschaffungsforschung zeigen, dass der enorme Nachholbedarf in der Zwischenzeit einer fast schon zersplitterten Forschungslandschaft gewichen ist.“[4] So ist es der Fall, dass mannigfaltige Konzepte wie beispielsweise Sourcing-Strategien[5], Bereitstellungsstrategien[6], Lieferantenauswahl und -bewertung[7], die sich im Rahmen des Beschaffungsmanagements verorten lassen, isoliert oder nur in einem beschränkten Kontext sowie oftmals ohne theoretische Fundierung diskutiert werden.

Auch in der Unternehmenspraxis ist zu konstatieren, dass die Beschaffung häufig stark durch die kurzfristige Realisierung von Einkaufsersparnissen geprägt ist und längerfristige Optimierungen zur Sicherung einer dauerhaften Wirtschaftlichkeit der Versorgungsfunktion nur in beschränktem Umfang vorgenommen werden.[8] Obgleich insbesondere Großunternehmen die Erfolgspotenziale der Beschaffung mittlerweile erkannt und eigene Abteilungen institutionalisiert haben, ermitteln *Sebastian/Niederdrenk* für diese Betriebsform in ihrer Studie weiteren Reorganisationsbedarf, da das Beschaffungsmanagement nur unzureichend in den gesamten Wertschöpfungsprozess eingebunden ist.[9] Als problematisch ist in diesem Zusammenhang insbesondere die in Großbetrieben stark arbeitsteilige und funktionale Abteilungsbildung zu sehen. Da die geeignete Ausgestaltung der beschaffungsseitigen Beziehungen nicht alleine durch Aufgabeninhalte der klassischen Einkaufsabteilung abgedeckt werden kann, sondern vielfältige Funktionen für eine ganzheitliche Optimierung erforderlich sind, lassen sich gesamthafte Empfehlungen aufgrund des Ressortdenkens in der Unternehmenspraxis nur schwer identifizieren und umsetzen.

---

1 Arnold (1997), S. 12.
2 Vgl. Homburg (1995), S. 814; Pfohl (2004a), S. 182-196; Pfohl (2004b), S. 168-180.
3 Vgl. beispielhaft für viele Arnold (2007), S. 13-46; Fassnacht/Möller (2004), S. 375-398; Large (2009), S. 27-66; Wannenwetsch (2004), S. 87-118.
4 Eßig (2005), S. 4.
5 Vgl. Homburg (1995), S. 813-834.
6 Vgl. Wildemann (1990), S. 193-196; Zibell (1990).
7 Vgl. Janker (2004).
8 Vgl. Homburg (1995), S. 814. Insbesondere mittelständische Unternehmen weisen ein nur geringes Problembewusstsein in Bezug auf die Beschaffung auf und erledigen diese „nebenbei.“ Vgl. Wegmann (2006), S. 45.
9 Vgl. Sebastian/Niederdrenk (2002), S. 489-506.

Dieser Artikel soll an den genannten Problemen ansetzen. Durch eine integrative Sichtweise wird versucht, die unterschiedlichen Einzelkonzepte und -maßnahmen aus verschiedenen Unternehmensbereichen, welche die Beschaffung im weiteren Sinne determinieren, in der Zusammenschau zu betrachten und hiermit einen Beitrag zur Integration des durch Partialkonzepte fragmentierten Forschungsfelds zu leisten. Hierbei soll zum einen geklärt werden, welche Leistungsumfänge eigenzuerstellen und welche fremdzubeziehen sind. Zum anderen wird – bei einer positiven Outsourcing-Entscheidung – die Frage nach der optimalen Ausgestaltung in Bezug auf folgende Aspekte automobilspezifisch beantwortet:

- Sourcing-Strategien: Wo sollen die Objekte beschafft werden und von wie vielen Partnern sind die einzelnen Umfänge zu beziehen?
- Lieferantenauswahl und -bewertung: Welche Kriterien sollen die Selektion und Evaluation dominieren?
- Vertragslaufzeiten: Welche Kontraktdauern sind optimalerweise zu wählen?
- Belieferungssysteme: Wie bestandsarm sollen diese gestaltet werden?

Ziel des Beitrags ist es, auf der Basis der Transaktionskostentheorie ein Modell zu generieren, mit dessen Hilfe sich optimale Ausgestaltungsempfehlungen sachlogisch ableiten lassen. Konkret sollen für verschiedene Charakteristika von Beschaffungsobjekten bzw. Beschaffungsumfängen effiziente „Konzeptbündel" identifiziert werden. Dieses Modell gilt es des Weiteren mittels empirisch in der Automobilindustrie erhobener Daten zu validieren.

2 Modell zur Ableitung optimaler beschaffungsseitiger Beziehungen

2.1 Überblick über existierende Modellansätze zur Ausgestaltung beschaffungsseitiger Beziehungen in der Literatur

Das zentrale Ziel dieses Artikels – die Identifikation der optimalen Ausgestaltung der beschaffungsseitigen Beziehungen der OEMs – ist eng mit der zentralen Fragestellung der Transaktionskostentheorie verbunden und fällt in deren Argumentationsdomäne.[10] Gerade vor dem Hintergrund des unternehmensübergreifenden Untersuchungsgegenstandes kommen die Stärken dieser Theorie zum Tragen, da sie die Ausdifferenzierung des interorganisatorischen Verhältnisses adressiert.[11] Die optimale Ausgestaltungsform lässt sich differenziert für verschiedene Ausprägungen der Transaktionskostencharakteristika identifizieren. Hierbei können die Klassenbildungen auf Basis der Transaktionseigenschaften fruchtbar auf den Automobilsektor übertragen und fundierte Entscheidungen durch den Einbezug der Produktionskosten generiert werden.

---

[10] Vgl. Burr (2003), S. 112; Ebers/Gotsch (2006), S. 294 und 296. Erlei konstatiert, dass die Transaktionskostentheorie „schwerpunktmäßig vertikale Wirtschaftsbeziehungen untersucht." Erlei (1998), S. 3. „Der Transaktionskostenansatz in der Tradition von Coase und Williamson ist der im Zusammenhang mit Fragen der Leistungstiefengestaltung in wissenschaftlichen Untersuchungen am häufigsten verwendete theoretische Ansatz." Burr (2003), S. 113. Vgl. Grünert (2010), S. 219-426.

[11] Vgl. Sydow (1992), S. 145; Ebers/Gotsch (2006), S. 296f.

Um die geeignete Koordinationsform ableiten zu können, bedarf es allerdings der automobilspezifischen Anpassung der klassischen Transaktionscharakteristika Spezifität, Unsicherheit und Häufigkeit.[12] Hierzu soll im Folgenden ein eklektisches Vorgehen gewählt werden. Ausgehend von in der Literatur bereits existierenden automobilunspezifischen und automobilspezifischen Segmentierungs- bzw. Clusterungsansätzen, die in unterschiedlich starkem Maße Gestaltungsempfehlungen hinsichtlich der Organisation der Beschaffung gewähren, sollen Dimensionen entwickelt werden, welche die klassischen Transaktionscharakteristika automobilspezifisch operationalisieren.[13]

Automobilunspezifische Clusterungsansätze

Weit verbreitet ist eine Segmentierung der Beschaffungsobjekte anhand der Dimensionen Versorgungsrisiko, welches die Spezifität der Beschaffungsgüter sowie die Unsicherheit der Beschaffungssituation umfasst, und Anteile am Beschaffungsvolumen.[14] *Ihde* empfiehlt hier für Standardbeschaffungsgüter, die nur einen geringen Anteil am wertmäßigen Beschaffungsvolumen und ein vernachlässigbares Versorgungsrisiko aufweisen, kurzfristige Marktverträge und große Bestellmengen, für strategische Güter[15] mit einer hohen Ausprägung beider Dimensionen hingegen langfristige und intensive Austauschbeziehungen und eine Just-in-Time- oder Just-in-Sequence-Belieferung.[16] Allerdings gewährt dieser Segmentierungsansatz lediglich Empfehlungen für die Ausgestaltung einzelner Aspekte. Auch die Make-or-Buy-Entscheidung wird nicht thematisiert.
Eine Modifizierung erfährt dieser zweidimensionale Segmentierungsansatz bei *Baumgarten/Darkow*.[17] Durch Austausch der Dimension Anteil am Beschaffungsvolumen gegen das tatsächliche Einkaufsvolumen[18] sowie durch Hinzufügen der Bedarfskontinuität als zusätzliches Kriterium entsteht ein dreidimensionales Portfolio. Auch wenn zusätzlich Empfehlungen hinsichtlich der Sourcing-Strategien unterbreitet werden, trifft hier ebenfalls die Kritik der nur partiellen Betrachtung der Kooperationsbeziehung.
Wildemanns zweidimensionale Matrix zieht die Wertigkeit der Beschaffungsgüter und die Vorhersagegenauigkeit heran, um Merkmalskombinationen zu identifizieren, für die eine Just-in-Time-Belieferung geeignet ist.[19] Als Quintessenz seiner Überlegungen ist festzuhalten, dass ein Just-in-Time-System umso effizienter ist, je höher die Wertigkeit der Güter und die Vorhersagegenauigkeit des Bedarfs sind. Dieser Ansatz stellt – wie auch das dreidimensionale Analyseraster von

---

12 Vgl. Baur (1990), S. 59f.
13 Damit wird versucht, der Kritik der fehlenden Operationalisierung der Transaktionscharakteristika entgegenzutreten. Vgl. Wolters (1995), S. 138; Ebers/Gotsch (2006), S. 280; Picot (1982), S. 281.
14 Vgl. Ihde (2001), S. 263f; Heege (1987), S. 85-90; Roland (1993), S. 141; Harting (1989), S. 43-45.
15 Auch als Schlüsselprodukte bezeichnet. Vgl. Heege (1987), S. 85-90; Harting (1989), S. 43-45.
16 Vgl. Ihde (2001), S. 263f.
17 Vgl. Baumgarten/Darkow (2002), S. 388.
18 Diesen Dimensionsaustausch nimmt auch Wildemann selbst in einem weiteren zweidimensionalen Beschaffungsgüterportfolio vor. Vgl. Wildemann (2002), S. 550.
19 Vgl. Wildemann (1990), S. 193-196.

Panichi, welches das Modell um die Dimension Volumen ergänzt –[20] jedoch ausschließlich auf die Ausgestaltung der Bereitstellungsstrategien ab.
Homburgs Portfolio zur Ermittlung der optimalen Lieferantenzahl nimmt eine Differenzierung anhand der beiden Hauptdimensionen wirtschaftliche Bedeutung des eingekauften Produkts und Komplexität der Beschaffungssituation vor.[21] In die Messung des Konstrukts Komplexität der Beschaffungssituation fließen ein: die Komplexität und Spezialität des eingekauften Produktes sowie das Ausmaß an Schwierigkeiten, das Anbieterspektrum zu überschauen, die Leistungsfähigkeit des Anbieters und die Produktqualität zu beurteilen sowie das Produkt zu beschaffen. *Homburg* konstatiert, dass eine mittlere Lieferantenzahl sowohl im Falle einer niedrigen Komplexität und geringen wirtschaftlichen Bedeutung als auch in Situationen hoher Komplexität und hoher wirtschaftlicher Bedeutung optimal ist. Während bei niedriger Komplexität und hoher wirtschaftlicher Bedeutung ein Multiple Sourcing suggeriert wird, empfiehlt sich bei entgegengesetzten Ausprägungen die Einquellen-Beschaffung. Der Fokus der Untersuchung liegt aber ausschließlich auf der Identifikation der optimalen Lieferantenzahl, weshalb weitere Beschaffungsaspekte ausgeblendet werden.
An den Transaktionscharakteristika Faktorspezifität und Häufigkeit/Regelmäßigkeit des Austausches setzt *Göpferts* Matrix der Kooperationsstrategien an.[22] Leistungen mit geringer Faktorspezifität und Austauschhäufigkeit sollten hiernach über kurzfristige Geschäftsbeziehungen, hochspezifische und häufig benötigte Umfänge hingegen über langfristige Kooperationen koordiniert werden. Die Transaktionskostenorientierung dieses Modells macht es zu einer fruchtbaren Basis für die weiteren Ausführungen. Allerdings bedarf es einer Konkretisierung der einzelnen Strategien. Auch fehlt hier – wie bei allen bisherigen Modellen – eine automobilspezifische Anpassung der Dimensionen.

Automobilspezifische Clusterungsansätze

Der automobilspezifische Ansatz von *Freudenberg* systematisiert verschiedene Beschaffungspositionen anhand der Verantwortung der Zulieferer in der Montage/Logistik und in der Entwicklung/Erprobung.[23] Allerdings zeigt er lediglich einen generellen Entwicklungspfad von der Beschaffung von Einzelteilen hin zum Bezug integrierter Systeme auf; Strategieempfehlungen unterbleiben.
Die Intention der Strategieableitung liegt hingegen dem Modellansatz von *Abend* zugrunde. Dieses unterteilt die Beschaffungsobjekte nach ihrem fahrzeugspezifischen Anpassungsbedarf (umfasst Standardisierungsgrad, Differenzierungspotenzial und Technologiedynamik) sowie ihrer Wertschöpfungsstufe (beinhaltet Komplexität, Anzahl der Schnittstellen und Integrationsaufwand) in Standardprodukte (Teile/Komponenten; niedriger Anpassungsaufwand), spezielle Komponenten

20 Vgl. Panichi (1996), S. 18; Schulte (2005), S. 310.
21 Vgl. Homburg (1995), S. 813-833; Homburg (2002), S. 181-199.
22 Vgl. Göpfert (2005), S. 226-261.
23 Vgl. Freudenberg (2002), S. 156.

(Teile/Komponenten; mittlerer/hoher Anpassungsaufwand) sowie komplexe Systeme (Systeme; mittlerer/hoher Anpassungsaufwand).[24] Für jedes dieser drei Segmente stellt er Anforderungen der OEMs an die Zulieferer heraus. So erfordern komplexe Systeme von den Lieferanten, im Gegensatz zu Standardleistungen, zusätzlich zu einer Preisoptimierung umfangreiche Entwicklungs- und Erprobungsleistungen sowie technische Systeme wie DFÜ und CAD. Obwohl hier eine differenzierte Betrachtung erfolgt, unterbleibt aufgrund des auf die Lieferanten ausgerichteten Fokus eine Ableitung von Ausgestaltungsempfehlungen für die Hersteller.

Dies greift das Modell von *Göpfert/Grünert* auf, welches die Beschaffungspositionen nach Art der Beschaffungsobjekte bzw. Beschaffungsumfänge und fahrzeugspezifischem Anpassungsaufwand differenziert.[25] Für Beschaffungsobjekte werden Empfehlungen für die Ausgestaltung der Sourcing- und Bereitstellungsstrategien, die Verteilung der Forschung und Entwicklung zwischen OEM und Zulieferer, die Vertragsdauer, die datentechnische Anbindung sowie die Zuliefererentfernung offeriert. Im Ergebnis zeigt sich, dass mit zunehmendem Aggregationsgrad und fahrzeugspezifischem Anpassungsbedarf intensivere Beziehungen mit nur wenigen (einem) vor Ort ansässigen Lieferanten, die stark in die Forschungs- und Entwicklungsaktivitäten des Herstellers eingebunden werden und diesen just in time beliefern, zu favorisieren sind. Die Frage nach Eigenerstellung oder Fremdvergabe wird aber wie bei *Abend* nicht untersucht.

Hier setzt das Segmentierungsraster von *Wolters* an.[26] Anhand der Dimensionen Aggregation/Prozesskomplexität, strategische Relevanz/Spezifität sowie technologische Rahmenbedingungen/Entwicklungskompetenz ermöglicht das Analyseraster einerseits Empfehlungen hinsichtlich der Entscheidung über Eigenerstellung und Fremdbezug, andererseits Aussagen über die Koordination der Beschaffungspositionen. Interessant ist hier zudem die transaktionskostentheoretische Fundierung. Allerdings erfolgt nur eine begrenzte Untersuchung der Ausgestaltungsoptionen (Fristigkeit der Verträge, geeignete Anzahl an Lieferanten sowie die bevorzugte Intensität der Kommunikation). Eine gesamthafte Diskussion weiterer beschaffungsseitiger Konzepte (zum Beispiel Bereitstellungsstrategien) unterbleibt.

2.2 Synthese der Modelldimensionen und Generierung transaktionskostentheoretischer Charakteristika

Die aus den dargestellten Segmentierungsmodellen stammenden Dimensionen lassen sich – bis auf das Kriterium Volumen/Größe des Beschaffungsguts –[27] den klassischen Charakteristika der Transaktion – Spezifität, Unsicherheit und Häufigkeit –[28] in modifizierter beziehungsweise erwei-

---

24 Vgl. Abend (1992), S. 154-166.
25 Vgl. Göpfert/Grünert (2006a), S. 162-164.
26 Vgl. Wolters (1995), S. 140-147.
27 Zwischen der Größe beziehungsweise dem Volumen eines Objektes und dessen Produktions- beziehungsweise Transaktionskosten besteht kein eindeutiger Zusammenhang. Deshalb wird dieses Kriterium nicht weiter verfolgt.
28 Vgl. Williamson (1985), S. 72; Williamson (1987), S. 165; Williamson (1996), S. 45. Die meisten Autoren ziehen diese drei von Williamson als Haupteinflussfaktoren auf die Transaktionskostenhöhe identifizierten Charakteristika heran. Vgl. Wolters (1995), S. 126. Auch in der vorliegenden Arbeit wird auf diesen drei

terter Form zuordnen (vgl. Tabelle 1):[29] Strategische Relevanz und Spezifität, Komplexität und Unsicherheit sowie Interaktionshäufigkeit/fahrzeugspezifischer Anpassungsbedarf und Häufigkeit.[30] Im Folgenden gilt es, diese automobilen Hauptcharakteristika zu begründen und vorzustellen, deren Beziehungen zu den klassischen Transaktionseigenschaften aufzuzeigen sowie deren Einfluss auf die Produktions- und Transaktionskosten zu analysieren.

Strategische Relevanz und Spezifität

Entscheidend für die Frage der Eigenerstellung oder Fremdvergabe ist in der Automobilindustrie die strategische Relevanz einer Leistung, welche „die langfristige Bedeutsamkeit von Beschaffungsumfängen für die Differenzierung des Automobilherstellers im Wettbewerb“[31] bezeichnet. Strategisch relevante Positionen prägen das Gesamtbild des Automobils und beeinflussen dessen Wahrnehmung durch den Kunden. Bei fast allen OEMs zählen die Karosserie und der Motor zu diesen Umfängen.[32] In der Automobilindustrie stehen Spezifität und strategische Relevanz in einem engen Verhältnis[33] und lassen sich zu einer Dimension aggregieren.[34] Strategisch bedeutsame Umfänge zeichnen sich durch ihr Differenzierungspotenzial aus. Aufgrund ihrer Singularität weisen jedoch gerade diese Leistungen meist einen stark unternehmensspezifischen Charakter auf und sind durch hohe spezifische Investitionen gekennzeichnet.[35]

Einflussgrößen aufgebaut. Andere Autoren ergänzen weitere Determinanten, wie beispielsweise die Anzahl der Transaktionspartner (vgl. Baur (1990), S. 66f; Sydow (1992), S. 131), die rechtlichen und technischen Rahmenbedingungen (vgl. Picot (1982), S. 271f; Baur (1990), S. 84-88) oder die Transaktionsatmosphäre (vgl. Williamson (1975), S. 37-40; Picot/Reichwald/Wigand (2003), S. 50-52). Zu einer Übersicht über weitere Einflussgrößen vgl. Hosenfeld (1993), S. 125f; Eisenkopf (1994), S. 250-253; Burr (2003), S. 119-121.

29 Hierbei lassen sich einige der Charakteristika aus den Segmentierungsmodellen mehreren dieser Haupteigenschaften zuordnen, das heißt, sie wirken auf mehrere Einflussgrößen ein. Merkmale, die in den verschiedenen Ansätzen lediglich mit anderen Begriffen bezeichnet werden, werden zusammengefasst. So wird beispielsweise der Begriff Spezifität synonym zum Terminus Spezialität der Leistung verwendet. Vgl. Picot (1982), S. 271; Homburg (1995), S. 824.

30 Lediglich bei der Häufigkeit wird hier nicht die physische Austauschhäufigkeit, sondern die von den Umfängen ausgehende Kommunikationsintensität beziehungsweise -häufigkeit herangezogen, während die klassische Austauschhäufigkeit über das Einkaufsvolumen der Komplexität zugeordnet wird. Vgl. hierzu die Abschnitte Komplexität und Unsicherheit sowie Interaktionshäufigkeit/fahrzeugspezifischer Anpassungsbedarf und Häufigkeit.

31 Wolters (1995), S. 139. Ähnlich definieren Picot/Reichwald/Wigand die strategische Bedeutung einer Leistung als ihren „Beitrag zur Wettbewerbsposition des Endproduktes.“ Picot/Reichwald/Wigand (2003), S. 51.

32 Vgl. Göpfert (2004), S. 8; Reeg (1998), S. 58; Wolters (1995), S. 139.

33 Vgl. Hecker (2005), S. 100; Williamson (1975), S. 40; Eisenkopf (1994), S. 326. „Die Einzigartigkeit von Strategien zur langfristigen Sicherung von Wettbewerbsvorteilen bedingt eine hohe Spezifität.“ Groll (2004), S. 40.

34 Vgl. Wolters (1995), S. 141. Swoboda führt an, dass sich Faktorspezifität und strategische Relevanz in gleicher Richtung auf die Transaktionskosten auswirken. „Je höher die Spezifität – sowie auch die strategische Relevanz – desto höher werden die Transaktionskosten einer Markttransaktion.“ Swoboda (2005), S. 48.

35 Vgl. Kempe (2004), S. 36. In der Regel sind strategisch relevante Umfänge spezifisch, da sich der Hersteller mit diesen Leistungen vom Wettbewerb abzuheben versucht. Im Umkehrschluss gilt aber, dass, auch wenn der Großteil der spezifischen Leistungen ein gewisses Mindestmaß an strategischer Bedeutung auf-

Kriterien	Autoren	Verhal-ten	
Strategische Relevanz und Spezifität		**n**	**h**
Spezifität/Spezialität der Leistung*/**	Göpfert (2005), Homburg (1995/2002), Ihde (2001), Wolters (1995)	n	h
Anzahl potenzieller Anbieter*	Wildemann (2002)	h	n
Differenzierungspotenzial**	Abend (1992)	n	h
Standardisierungsgrad**	Abend (1992)	h	n
Wertigkeit*	Panichi (1996), Wildemann (1990)	n	h
Strategische Relevanz/wirtschaftliche Bedeutung der Leistung*/**	Homburg (1995/2002), Wolters (1995)	n	h
Komplexität und Unsicherheit		**n**	**h**
Komplexität der Leistung*/**	Abend (1992), Homburg (1995/2002), Wolters (1995)	n	h
Aggregationsgrad/Art des Beschaffungsumfangs**	Göpfert/Grünert (2006a), Wolters (1995)	n	h
Anteil an Beschaffungsvolumen/Einkaufsvolumen/ -häufigkeit*	Baumgarten/Darkow (2002), Göpfert (2005), Heege (1987), Ihde (2001), Wildemann (2002)	n	h
Anzahl der Schnittstellen**	Abend (1992)	n	h
Schwierigkeiten der Leistungsqualitätsbeurteilung*	Homburg (1995/2002)	n	h
Wertigkeit*	Panichi (1996), Wildemann (1990)	n	h
Wertschöpfungsstufe**	Abend (1992)	n	h
Unsicherheit/Komplexität der Beschaffungssituation*	Homburg (1995/2002), Ihde (2001)	n	h
Marktpreisschwankungen*	Wildemann (2002)	n	h
Schwierigkeiten, Anbieterspektrum zu überschauen*	Homburg (1995/2002)	n	h
Schwierigkeiten der Anbieterfähigkeitsbeurteilung*	Homburg (1995/2002)	n	h
Schwierigkeiten der Beschaffung der Leistung*	Homburg (1995/2002)	n	h
Versorgungsrisiko*	Baumgarten/Darkow (2002), Heege (1987), Ihde (2001), Wildemann (2002)	n	h
Vorhersagegenauigkeit/Bedarfskontinuität*	Baumgarten/Darkow (2002), Panichi (1996), Wildemann (1990)	h	n
Zukünftige Nachfrageentwicklung (Kenntnis über)*	Wildemann (2002)	h	n
Interaktionshäufigkeit/fahrzeugspezifischer Anpassungsbedarf und Häufigkeit		**n**	**h**
Anzahl der Schnittstellen**	Abend (1992)	n	h
Differenzierungspotenzial**	Abend (1992)	n	h
Entwicklungskompetenz**	Wolters (1995)	n	h
Fahrzeugspezifischer Anpassungsaufwand**	Abend (1992), Göpfert/Grünert (2006a)	n	h
Integrationsaufwand**	Abend (1992)	n	h
Standardisierungsgrad**	Abend (1992)	h	n
Technologiedynamik**	Abend (1992)	n	h
Verantwortung des Zulieferers Entwicklung**	Freudenberg (2002)	n	h
Verantwortung des Zulieferers Montage/Logistik**	Freudenberg (2002)	n	h

* Kriterien aus automobilunspezifischen Modellen ** Kriterien aus automobilspezifischen Modellen
n = niedrige Ausprägung des Kriteriums h = hohe Ausprägung des Kriteriums

Tabelle 1: Zuordnung der Kriterien aus den diskutierten Clusterungsmodellen zu den modifizierten Transaktionscharakteristika und Verhalten der einzelnen Kriterien zu diesen Hauptcharakteristika.

weist, dieser Zusammenhang zwar für viele Leistungen gilt, nicht aber jede spezifische Leistung zwangsläufig strategisch relevant ist. Vgl. Bacher (2000), S. 128.

Ein genaueres Verständnis der strategischen Relevanz/Spezifität lässt sich aus der Charakterisierung der Dimension durch die ihr zugeordneten Merkmale aus den Modellansätzen erreichen (vgl. *Tabelle 1*). Sowohl die Ausprägungen der Spezifität als auch der strategischen Relevanz verhalten sich entsprechend zu den Ausprägungen des Gesamtkonstruktes, das heißt, dass eine niedrige Ausprägung der Merkmale zu einer niedrigen Ausprägung der Dimension führt. Als Subkriterium der Spezifität lässt sich die Anzahl potenzieller Anbieter einordnen, wobei die Anbieterzahl mit zunehmender Spezifität der Leistung abnimmt.[36] Auch das Differenzierungspotenzial und der Standardisierungsgrad – in der Automobilindustrie beispielsweise an der Bauvariantenzahl gemessen –[37] können unter die Spezifität subsumiert werden. Je stärker eine Leistung standardisiert ist beziehungsweise je weniger Differenzierungspotenzial sie besitzt, desto niedriger ist ihre Spezifität. Schließlich lässt sich die Wertigkeit der Spezifität zuordnen, wenn auch diese Merkmale weniger stark korrelieren. Obwohl hochwertige Leistungen tendenziell ein gewisses Mindestmaß an Spezifität aufweisen, ist dieser Zusammenhang nicht zwangsläufig gegeben.[38]

Darüber hinaus ist es zur Ableitung der Vorteilhaftigkeit verschiedener beschaffungsseitiger Koordinationsformen notwendig, die grundlegenden Zusammenhänge zwischen der strategischen Relevanz/Spezifität und den Transaktions- sowie den Produktionskosten zu analysieren.

Strategisch relevante Leistungen gehen mit spezifischen Sachkapitalinvestitionen[39] – wie beispielsweise Spezialmaschinen oder Gussformen, die ausschließlich für die Rohkarosseriefertigung eines OEMs verwendbar sind – einher. Der Einsatz derart spezifisch zugeschnittener Produktionsmittel verringert die Produktionskosten, begründet aber gleichzeitig ein Abhängigkeitsverhältnis der Transaktionspartner. Nach Tätigen der Investition kann der Partner nur unter Inkaufnahme geringerer Erlöse beziehungsweise höherer Kosten gewechselt werden.[40] Zudem sind strategisch wichtige Umfänge oft mit einer hohen Humankapitalspezifität verbunden, da für ihre Fertigung spezielles, nur für diese Position nutzbares Know-how benötigt wird. Für den Verbauumfang selbst ergeben sich somit einerseits hohe Quasi-Renten aufgrund der ausschließlichen Nutzbarkeit durch einen OEM. Andererseits sind solche Positionen jedoch meist auch mit Technologien verbunden,[41] welche Wettbewerber zur Optimierung ihrer Fertigungskenntnisse nutzen könnten.[42] Um die Geheimhaltung dieses Know-hows zu gewährleisten, ergäben sich bei einer Marktbeschaffung hohe Beherrschungs- und Überwachungskosten,[43] wohingegen bei organisationsinterner Erstellung zur Verhinderung eines Nachaußendringens des Wissens geringere Transaktionskosten anfallen würden.

---

36 Vgl. Baur (1990), S. 66 und 89.

37 Vgl. Abend (1992), S. 157.

38 Einige Produkte weisen zwar eine hohe Spezifität auf, sind aber wenig werthaltig. Zu denken ist hier beispielsweise an spezielle auf ein Fahrzeugmodell zugeschnittene Kunststoffverkleidungen.

39 Zu den verschiedenen Spezifitätsarten vgl. Williamson (1985), S. 95f; Williamson (1991), S. 281f; Williamson (1996), S. 59f; Ebers/Gotsch (2006), S. 281.

40 Vgl. Ebers/Gotsch (2006), S. 281.

41 Zu einer Diskussion der strategischen Relevanz als Determinante der Make-or-Buy-Entscheidung in der Entwicklung vgl. Gerybadze (2004), S. 173-179.

42 Vgl. Abend (1992), S. 93.

43 So besitzen insbesondere Umfänge, die mit einer sensitiven Technologie verbunden sind, eine hohe strategische Relevanz für das Unternehmen. Vgl. Gerybadze (2004), S. 174.

Beträchtliche Transaktionskosten resultieren des Weiteren bei Umfängen, die in engem Bezug zum Design des Fahrzeugs stehen, wie beispielsweise das Styling des Cockpits oder die Brillanz des Lackes,[44] indem ex ante vielfältige kontraktliche Vereinbarungen getroffen werden müssen, um den Vertragsgegenstand möglichst weit zu konkretisieren und sich gegen mögliche Unwägbarkeiten abzusichern. Aufgrund der stark subjektiv geprägten Empfindung bei der Konkretisierung der Leistung und der daraus oftmals resultierenden ausschließlichen Ex-post-Beurteilbarkeit strategisch relevanter/spezifischer Umfänge ergeben sich nachvertragliche Konfliktlösungs- und Anpassungskosten, um Vertragslücken auszufüllen und Spezifikationen vorzunehmen.[45] Zudem sinkt mit zunehmender Spezifität/strategischen Relevanz des Umfangs die Zahl möglicher Anbieter, so dass bei hochspezifischen Leistungen opportunistisch agierende Transaktionspartner nicht oder nur unter Inkaufnahme hoher Transaktionskosten durch eine Verlagerung von Aufträgen diszipliniert werden können.[46] Auch hier verbietet sich aufgrund fehlender bilateraler Anpassungsmöglichkeiten aus Effizienzüberlegungen eine kurzfristige marktliche Koordination.

Resümierend ist zu konstatieren, dass strategisch wenig relevante/unspezifische Objekte aufgrund der Large-Numbers-Situation[47] in der Regel produktions- und transaktionskostenminimal fremdvergeben werden können, da sich hier die Produktanforderungen vertraglich klar umreißen sowie leicht überprüfen lassen. Der Absatz unspezifischer Umfänge an verschiedene OEMs ermöglicht es den Zulieferern darüber hinaus, durch höhere Mengen Produktionskostenvorteile zu generieren, die diese zumindest partiell an den Hersteller weitergeben. Bei einer sehr hohen Spezifität/strategischen Relevanz eignet sich hingegen die Eigenerstellung, da die Transaktionskostenvorteile die Produktionskostenvorteile einer Fremdvergabe systematisch überkompensieren.

Komplexität und Unsicherheit

Bezogen auf die Automobilbranche kann die Operationalisierung der Unsicherheit über die Komplexität erfolgen.[48] Mit zunehmender Komplexität steigen die produktspezifischen Anforderungen, wodurch sich die Zahl potenzieller Kontraktpartner reduziert und die Unsicherheit erhöht, ob der OEM den optimalen Partner findet. Während für Standardprodukte ein breiter Markt existiert, sinkt bei (individuelleren) Modulen die Anzahl möglicher Transaktionspartner.[49] Durch die geringere Auswahl nimmt für den OEM zudem tendenziell die Verhaltensunsicherheit zu, da der Partner wegen des engeren Marktes die Abhängigkeit eher opportunistisch ausnutzen kann.

---

44 Vgl. Wolters (1995), S. 141.
45 Vgl. Wolters (1995), S. 141; Baur (1990), S. 68f; Picot (1982), S. 271; Hosenfeld (1993), S. 160.
46 Vgl. Baur (1990), S. 84.
47 In Large-Numbers-Situationen existiert eine Vielzahl möglicher Transaktionspartner, welche die Leistung erbringen können. Vgl. Baur (1990), S. 66.
48 Vgl. Williamson (1975), S. 23; Baur (1990), S. 77.
49 Vgl. Baur (1990), S. 78f.

Die Komplexität lässt sich dabei weiter in die Komplexität der Leistung selbst sowie die Komplexität der Beschaffungssituation unterteilen (vgl. *Tabelle 1*).[50] Die Komplexität der Leistung steht in direktem Zusammenhang mit dem Aggregationsgrad beziehungsweise der Art des Beschaffungsumfangs.[51] In der Automobilindustrie lassen sich hier mit zunehmendem Aggregationsgrad Einzelteile und Module unterscheiden.[52] Während Einzelteile tendenziell geringwertig sind, weisen Module regelmäßig eine hohe monetäre Wertigkeit auf. Je aggregierter das Objekt ist, desto komplexer gestaltet sich zudem die Abstimmung. Das Ausmaß der Komplexität einer Beschaffungsposition lässt sich an den sich ergebenden Schwierigkeiten der Leistungsqualitätsbeurteilung erkennen.[53] Während für geringkomplexe Objekte wie Schrauben Marktpreise und Qualitätsnormen existieren, ist eine Qualitätsbeurteilung bei komplexeren Umfängen häufig vorvertraglich nicht möglich. Schließlich besteht eine enge Beziehung zwischen Aggregationsgrad und Anteil des Produktes am Beschaffungsvolumen. Bei gegebener hoher Transaktionshäufigkeit bedingt eine höhere Komplexität des Objektes aufgrund der höheren Wertigkeit einen höheren Anteil der Bezugsposition am Gesamtbeschaffungswertvolumen.[54]

Die Komplexität der Beschaffungssituation hängt unter anderem von der Vorhersagegenauigkeit/Kontinuität des Bedarfs und der Kenntnis über die zukünftige Nachfrageentwicklung ab. Je genauer sich die Endnachfrage und davon abgeleitet der Verbauteilbedarf für einen Zeitraum konkretisieren lässt, desto geringer ist die Unsicherheit und desto exakter und frühzeitiger können optimale Maßnahmen getroffen werden.[55] Zudem steigt das Versorgungsrisiko mit zunehmender Komplexität der Beschaffungssituation, da sich mit der Verengung des Marktes für den OEM die Wahrscheinlichkeit erhöht, nicht den geeigneten Partner für den gewünschten Umfang finden zu können und somit Versorgungsengpässe erleiden zu müssen. Während der Markt bei Einzelteilen in der Regel eine hohe Versorgungssicherheit gewährleistet, ist die Beschaffung hochaggregierter Module in der Automobilindustrie oft mit Schwierigkeiten verbunden. Darüber hinaus resultieren aus derart komplexen Beschaffungssituationen Schwierigkeiten, das Anbieterspektrum zu überschauen sowie die Anbieterfähigkeit zu beurteilen.[56] Schließlich erhöhen Marktpreisschwankungen die Komplexität der Beschaffungssituation, da bei Preisausschlägen entsprechende Gegenmaßnahmen einzuleiten sind, welche den Beschaffungsprozess verkomplizieren.

---

50 Beide Untergruppen der Komplexität korrelieren dabei stark mit dem Gesamtkonstrukt. Vgl. Homburg (1995), S. 823f.

51 Eine hohe Komplexität der Leistung impliziert nicht zwangsläufig eine hohe Spezifität. So existieren in der Automobilindustrie Bauteile wie beispielsweise das Radsystem oder das Tanksystem, welche aufgrund ihrer vielen Bestandteile eine hohe Komplexität aufweisen, jedoch nur bedingt spezifisch sind, da sie mit überschaubaren Änderungen in anderen Fahrzeugmodellen verbaut werden können.

52 Vgl. Göpfert/Grünert (2006a), S. 132f.

53 Hochaggregierte Beschaffungspositionen gehen oftmals mit Bewertungsproblemen einher. In der Regel bedingen sich daher die Dimensionen strategische Relevanz/Spezifität und Komplexität zumindest in gewissem Ausmaß und sind nicht völlig unabhängig.

54 Dies entspricht der Sichtweise Picots, der die Häufigkeit als Transaktionscharakteristikum sieht, welches erst in Verbindung mit den anderen Transaktionseinflussgrößen wirksam wird. Vgl. Picot (1982), S. 277.

55 Vgl. Wildemann (1990), S. 191. Hopfenbeck sieht die Änderung des Verbraucherverhaltens als einen der Haupttreiber der Komplexität. Vgl. Hopfenbeck (1993), S. 471.

56 Vgl. Homburg (1995), S. 823f.

Transaktionskostentheoretisch[57] impliziert ein höherer Aggregationsgrad eine größere Anzahl an Einzelelementen, die es zu kombinieren gilt.[58] So besitzen Module (zum Beispiel Motor), welche sich aus einer Vielzahl an Einzelteilen (Kurbelwelle, Nockenwelle, Kolben, Motorsteuerung) zusammensetzen, eine hohe Anzahl an Schnittstellen einerseits verbauumfangsintern, andererseits zwischen dem Modul und anderen Fahrzeugbestandteilen.[59] Neben dem notwendigen physischen Abstimmungsbedarf steigt mit zunehmendem Aggregationsgrad des Weiteren das Erfordernis, vielfältige interdependente Prozesse zu koordinieren, woraus zusätzliche Komplexität und Unsicherheit resultieren.[60] Je komplexer ein Bauteil aufgebaut ist, desto höher ist der Koordinationsaufwand und desto höhere Ex-ante- und Ex-post-Transaktionskosten fallen an. Eine intensive Abstimmung zwischen OEM und Zulieferer wird notwendig, die nur über hybride Organisationsformen effizient gewährleistet werden kann.

Interaktionshäufigkeit/fahrzeugspezifischer Anpassungsbedarf und Häufigkeit

Unter dem Kriterium Häufigkeit lassen sich zwei Bereiche subsumieren: zum einen die physische Austauschhäufigkeit der Beschaffungsobjekte und zum anderen die dispositive Interaktionshäufigkeit, welche die Intensität der Abstimmung für die Anpassung des jeweiligen Umfangs zum Einbau in ein Fahrzeugmodell beschreibt. Eine hohe physische Transaktionshäufigkeit, die sich durch die Verteilung der Fixkosten auf eine größere Anzahl an Objekten sowohl auf die Produktions- als auch auf die Transaktionskosten senkend auswirkt,[61] kann aufgrund der Serienfertigung für alle Bestandteile des Fahrzeugs als weitgehend gegeben angesehen werden.[62] Da die Ausprägungen für alle Beschaffungsumfänge nur wenig variieren und sich somit keine objektspezifisch differierenden Empfehlungen ableiten lassen, wird die Häufigkeit im Folgenden durch die im Automobilbereich bedeutende dispositive Interaktionshäufigkeit operationalisiert, die aus dem fahrzeugspezifischen Anpassungsbedarf des Objektes resultiert.

Die dispositive Interaktionshäufigkeit wird stark vom Integrationsaufwand, insbesondere der Anzahl der Schnittstellen des Verbauumfangs zu anderen Bestandteilen determiniert (vgl. *Tabelle 1*), zu deren Abstimmung in der Regel vielfältige produktions- und entwicklungsbezogene Veränderungen vorgenommen werden müssen. Da diese Veränderungen nicht vom OEM allein geschultert werden können, ist eine intensive Kommunikation zwischen den beiden Parteien essenziell. Zudem sind die Kontraktpartner nicht nur in die Produktion, sondern auch in die Entwicklung und Logistik zu integrieren. Des Weiteren steht der Anpassungsbedarf mit dem Standardisierungsgrad

---

57 Da Unsicherheit die Produktionskosten nicht beeinflusst, werden hier im Gegensatz zu den beiden anderen Charakteristika nur die reinen Transaktionskostenwirkungen untersucht. Vgl. Ebers/Gotsch (2006), S. 284.

58 Vgl. Wolters (1995), S. 143.

59 Während ein Einzelteil meist nur eine Schnittstelle im Fahrzeug besitzt (zum Beispiel mechanisch oder elektronisch oder elektrisch), zeichnen sich Module durch eine hohe Anzahl an Schnittstellen (sowohl mechanisch als auch elektronisch und elektrisch) aus. Vgl. Abend (1992), S. 159f.

60 Vgl. Wolters (1995), S. 143.

61 Vgl. Ebers/Gotsch (2006), S. 283f.

62 Vgl. Wolters (1995), S. 139.

und dem Differenzierungspotenzial des Objektes in Verbindung.[63] Mit zunehmender Standardisierung lassen sich Umfänge ohne zusätzliche Anpassungen baureihen- oder gar herstellerübergreifend verwenden, weisen dann jedoch ein eher geringes Differenzierungspotenzial auf. Zudem hängt der Anpassungsbedarf von der Technologiedynamik für das Verbauteil ab. Je dynamischer sich die Produkttechnologie entwickelt, desto stärker verändert sich der Umfang im Zeitverlauf und desto mehr Anpassungen werden notwendig.

Es ist festzustellen, dass mit einem höheren Anpassungsaufwand ein Anstieg der Transaktionskosten einhergeht, da der Hauptfokus der Geschäftsbeziehung weg von der ausschließlichen Produktionsleistung rückt und stärker den Entwicklungsbereich adressiert. Eine gründliche Auswahl und Bewertung der Partner wird essenziell. Entwicklungsintensive Umfänge sind jedoch mit hohen Ex-ante-Anbahnungs- und Ex-post-Absicherungskosten verbunden. Zudem lassen sich die aus der hohen Interaktionshäufigkeit resultierenden Entwicklungsideen bei einer Marktkoordination nur unter extrem hohen Kosten schützen. Auch fördert diese Koordinationsform den unternehmensübergreifenden Wissensaustausch nur unzureichend. Hybride Formen scheinen unter derartigen Umständen das effizienteste institutionelle Arrangement zu bilden.[64] Hinsichtlich der Produktionskosten lässt sich resümieren, dass diese mit höherem Anpassungsbedarf in der Regel steigen. Je fahrzeugspezifischere Anpassungen an den Objekten vorzunehmen sind, desto geringere Stückkostenvorteile können durch Dritte aufgrund von OEM-übergreifenden Mengenbündelungen generiert werden.

2.3 Optimale Ausgestaltung der beschaffungsseitigen Beziehungen für verschiedene Beschaffungspositionen

Zur Ableitung der optimalen Ausgestaltung der beschaffungsseitigen Beziehungen für verschiedene Arten von Beschaffungsobjekten bzw. -umfängen ist es notwendig, die drei identifizierten Transaktionseinflussfaktoren simultan zu betrachten (vgl. Abbildung 1).[65]

Die Beschaffungspositionen des Quaders 1 zeichnen sich durch eine geringe Komplexität, eine niedrige bis mittlere strategische Relevanz sowie durch einen geringen fahrzeugspezifischen Anpassungsbedarf aus. Da es zur Abwicklung dieser weitestgehend standardisierten Transaktionen keiner spezialisierten Beherrschungs- und Überwachungssysteme bedarf,[66] stellt die Marktkoordination hier das effizienteste institutionelle Arrangement dar.[67] Die geringe Komplexität und der niedrige fahrzeugspezifische Anpassungsbedarf der Positionen determinieren unter Produktions- und Transaktionskostenaspekten zudem die optimalen Sourcing-Strategien. So ermöglicht der

---

[63] Vgl. Abend (1992), S. 156f.

[64] Vgl. Wolters (1995), S. 141.

[65] Dieses Modell wurde auf der Grundlage der Segmentierungsraster von Wolters und Abend generiert. Im Gegensatz zu Wolters wird hier nicht die Dimension technologische Rahmenbedingungen/Entwicklungskompetenz herangezogen, sondern der fahrzeugspezifische Anpassungsbedarf beziehungsweise die Interaktionshäufigkeit, welche Abend als bedeutendes Differenzierungskriterium in der Automobilindustrie identifiziert. Vgl. Wolters (1995), S. 140-147; Abend (1992), S. 154-166.

[66] Vgl. Williamson (1985), S. 72-74.

[67] Unabhängige Partner am Markt können bei der geringen Spezifität dieser Beschaffungsteile Größendegressionsvorteile durch Nachfrageaggregation erzielen. Vgl. Baur (1990), S. 114.

hohe Standardisierungsgrad der Beschaffungsgüter ein *Global Sourcing*,[68] wodurch sich Materialkosten einsparen lassen. Zudem existiert bei dieser Einzelteilbeschaffung eine hohe Anbieterzahl, so dass sich ein Marktpreis bildet, zu welchem der OEM seine Allokationsentscheidung autonom treffen kann. Die Vielzahl möglicher Partner verhindert auch ein Abhängigkeitsverhältnis und führt zu niedrigen Wechselkosten.[69] Geringe Ex-ante-Transaktionskosten in Form von Anbahnungs-, Verhandlungs- und Vertragskosten eröffnen die Möglichkeit des *Dual Sourcings beziehungsweise Multiple Sourcings*.[70]

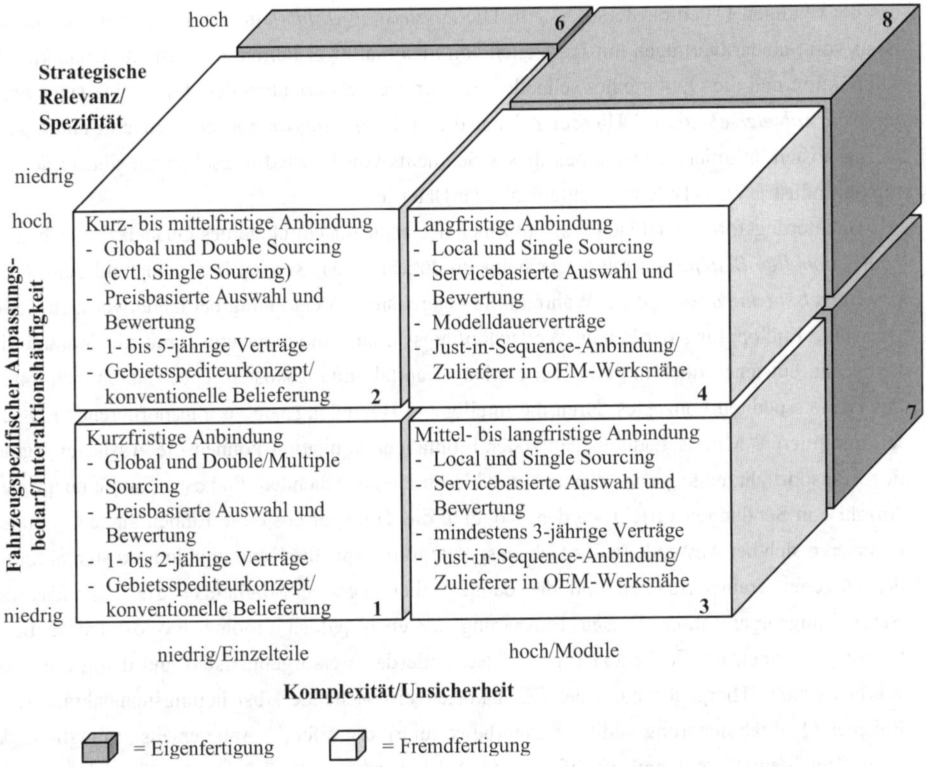

Abbildung 1: Optimale Ausgestaltung.

Die Mehr-Quellen-Beschaffung wird dadurch gefördert, dass nur eine geringe Kommunikation zwischen den Transaktionspartnern notwendig ist. So legt der OEM lediglich Ausführung, Qualität und Preis für die zu beschaffenden Objekte fest, während hinsichtlich des Abnahmevolumens dem

---

68 Vgl. Corsten (2000), S. 309; Bellmann/Himpel (2006), S. 12.

69 Die Wahl, ob Lieferanten für Standardprodukte häufig gewechselt werden, wird von der Risikopolitik des OEMs determiniert. Vgl. Ihde (1996), Sp. 1089.

70 Homburg proklamiert, dass mit zunehmender Zahl möglicher Anbieter die Lieferantenzahl des OEMs wächst, da das Risiko einer Nicht-Verfügbarkeit des zu beschaffenden Gutes so kostengünstig verhindert werden kann. Vgl. Homburg (1995), S. 824f.

Produktionspartner nur eine unverbindliche voraussichtliche Menge mitgeteilt wird.[71] Der Hersteller kann mit mehreren Anbietern in Kontakt stehen, ohne dass dies einen übermäßigen Informationsfluss erfordert. Der geringe fahrzeugspezifische Anpassungsbedarf trägt ebenfalls zum geringen Kommunikationsniveau bei, da für diese Beschaffungspositionen OEM und Partner keine gemeinsamen F&E-Aktivitäten unternehmen. Die Entwicklung dieser Standardobjekte bzw. -umfänge obliegt optimalerweise dem Anbieter alleine.[72] Trotz des nur bedingten Kommunikationsniveaus ist die Anbindung der Produktionspartner über EDI – wie bei allen anderen Beschaffungspositionen auch – essenziell, da sie eine transaktionskostengünstige und schnelle Möglichkeit des notwendigen Datentransfers darstellt. Die *kurzfristige Anbindung* der Partner erfolgt auf der Basis von Standardverträgen mit Laufzeiten von maximal zwei Jahren. Der diskrete Charakter der Transaktion und die Option eines schnellen Partnerwechsels erlauben dem OEM eine stark *preisbasierte Anbieterselektion*.[73] Hierdurch kann dieser Marktpreisvorteile erzielen und damit seine Bezugskosten optimieren. Positionen dieses Segments von Beschaffungsobjekten sind in der Automobilindustrie DIN-Teile wie Schrauben oder Batterien.[74]

Als Belieferungsform bietet sich – sowohl hier wie auch für Umfänge des Quaders 2 – neben der *konventionellen Belieferung* mit Lager beim Produzenten der Beschaffungsgüter und beim OEM das *Gebietsspediteurkonzept* an. Während die lagerbasierte Versorgung bei niederwertigen Teilen zwar eine Entkopplung der beiden Wertschöpfungsstufen ermöglicht und somit die Störanfälligkeit senkt, entstehen doch in gewissem Umfang Kapitalbindungskosten. Diese lassen sich mittels des Gebietsspediteurkonzeptes durch die intelligente Bündelung von zu transportierenden Objekten minimieren. Mittels Ladungs- und/oder Empfängerakquisition können die Auslastungsgrade der Transportfahrzeuge gesteigert und die hierdurch entstehenden Fixkosten auf eine größere Anzahl von Sendungen verteilt werden, wodurch die Transportkosten je Einheit sinken.[75] Zudem reduzieren sich bei Anwendung des Gebietsspediteurkonzepts die Kapitalbindungskosten aufgrund der kürzeren Transportdauern und der damit einhergehenden Möglichkeit zur bestandsarmen Beschaffungsorganisation. Diesen Einsparungen stehen jedoch erhöhte Ex-post-Transaktionskosten gegenüber, da die Reduzierung der Bestände das Versorgungsrisiko und damit die Unsicherheit erhöht. Hiergegen muss der OEM kostenverursachende Absicherungsmaßnahmen (zum Beispiel Qualitätssicherungsaudits, Partnerbewertung) ergreifen.[76] Andererseits ermöglicht das Gebietsspediteurkonzept eine hochfrequente Anbindung von Produktionspartnern, die nicht in unmittelbarer Nähe zum OEM angesiedelt sind. Gerade für die Produzenten von Standardgütern wäre eine OEM-nahe Ansiedlung aufgrund der hohen transaktionsspezifischen Investitionen nicht tragbar.

Unterscheiden sich die Beschaffungspositionen des Quaders 2 gegenüber dem ersten Quader durch ein hohes Maß an fahrzeugspezifischem Anpassungsbedarf, so sind *kurz- bis mittelfristige Anbin-*

---

71 Vgl. Eisenkopf (1994), S. 99.
72 Vgl. Vahs/Burmester (2005), S. 310f.
73 Vgl. Ihde (1996), Sp. 1089.
74 Vgl. Abend (1992), S. 166; Baur (1990), S. 123; Wolters (1995), S. 146; Wildemann (2004), S. 20.
75 Vgl. Ihde/Janz (2000), S. 336f.
76 Vgl. Eisenkopf (1994), S. 329.

dungsdauern zu wählen.[77] Die reine Marktkoordination versagt hier, da aus dem Anpassungsaufwand ein immenser Kommunikationsbedarf resultiert, der von den marktlichen Beherrschungs- und Überwachungsstrukturen nur unter der Inkaufnahme sehr hoher Kosten unterstützt werden würde. Die engere Anbindung wird in der Automobilindustrie durch ein- bis fünfjährige Vertragslaufzeiten gewährleistet. Diese *hybride Koordinationsform* ist einerseits für den Zulieferer vorteilhaft, weil sich Investitionen amortisieren und sich die Produktions- und Transaktionskosten auf eine größere Anzahl von Abwicklungen verteilen lassen. Andererseits erlauben die Verträge Anpassungen bei sich ändernden Umständen. Die engere Bindung wird weiterhin durch eine Reduzierung der Partnerzahl unterstützt, wodurch der OEM-interne Wettbewerb zwischen den Partnern begrenzt wird. Meist wird bei dieser Form der Einzelteilbeschaffung je Bauteil jedoch nicht nur mit einem einzigen Anbieter, sondern aus Sicherheitsüberlegungen mit zwei Partnern kooperiert (*Double Sourcing*), wobei auch hier das *Global Sourcing* in der Regel das effizienteste Arealkonzept darstellt. Trotzdem ist die *Partnerauswahl und -bewertung eher preisbasiert* zu gestalten. Die Entwicklung der Bauteile erfolgt optimalerweise nach den Grundanforderungen des OEMs selbstständig durch den Partner (Black-Box-Teile). Als Beispiel für derartige Beschaffungspositionen kann die Sonnenblende genannt werden.[78]

Hohe Ausprägungen der Komplexität bei einer niedrigen bis mittleren strategischen Relevanz weisen die Beschaffungsgüter der Quader 3 und 4 auf. Die zu koordinierenden Module erfordern ein Höchstmaß an partnerschaftlicher Zusammenarbeit, weswegen *langfristige Vertragsdauern*, welche mindestens drei Jahre und bei hohem Anpassungsbedarf die *gesamte Modullaufzeit* umfassen, gerechtfertigt scheinen. In beiden Fällen des Modular Sourcings ist das *Single Sourcing* aus der direkten räumlichen Nähe des OEMs (*Local Sourcing*) angeraten.[79] Während die Vor-Ort-Beschaffung, insbesondere aus Gründen der hohen Kapitalbindung und der bei diesen Umfängen in der Regel erst kurz vor Verbau in das Fahrzeug erfolgenden Erstellung dieser Vorprodukte, zu wählen ist, lassen sich durch das Single Sourcing vor allem die nachvertraglichen Anpassungskosten gegenüber alternativen Koordinationsformen minimieren.

Mit zunehmendem Grad der Komplexität und des fahrzeugspezifischen Anpassungsbedarfs gewinnen *gemeinsame F&E-Aktivitäten* an Bedeutung. Die für die Durchführung derartiger Entwicklungstätigkeiten notwendigen Investitionen – so muss der Partner über technische Systeme (zum Beispiel CAD) verfügen –[80] sowie die mit diesen Objekten in der Regel einhergehenden sensiblen Informationen schließen eine Marktkoordination aus. Durch Eigenerstellung ließe sich zwar ein gewisser Schutz vor opportunistischem Verhalten erreichen,[81] die organisationsinterne Abwicklung würde jedoch den OEM dazu zwingen, sich Spezialwissen (zum Beispiel Materialkenntnisse, Technologien) anzueignen, woraus ihm hohe Transaktions- und Produktionskosten entstünden. Bei

---

77 Vgl. Wolters (1995), S. 146.

78 Vgl. Wildemann (2004), S. 20; Abend (1992), S. 166.

79 Mit steigender Komplexität der Beschaffungssituation ist tendenziell eine niedrigere Lieferantenzahl zu wählen. Vgl. Homburg (1995), S. 824. Auch bei einer hohen Schnittstellenanzahl sollte das Single Sourcing forciert werden. Vgl. Corsten (2000), S. 309.

80 Vgl. Wolters (1995), S. 147.

81 Vgl. Vahs/Burmester (2005), S. 306f.

Eigenentwicklung aller Module ergäbe sich des Weiteren ein immenser interner Koordinationsbedarf, der zu einer nochmaligen Transaktionskostensteigerung führen würde.[82]
Aufgrund der Werthaltigkeit der Module sowie der bei der Serienproduktion der Fahrzeuge gegebenen hohen Transaktionshäufigkeit empfiehlt sich ein *Just-in-Sequence-Belieferungssystem*, da sich Investitionen in die notwendige logistische Infrastruktur amortisieren lassen.[83] Die langfristig ausgelegten Vertragsbeziehungen mit dem Produktionsakteur ermöglichen eine Ansiedlung des Partners in unmittelbarer Nähe beziehungsweise im Lieferantenpark des OEMs.[84] Die reihenfolgengenaue Anlieferung erlaubt dem OEM eine Postponement-Strategie, gewährleistet eine hohe Flexibilität und reduziert zudem die Kapitalbindungskosten in erheblichem Maße.
Für Module ist eine intensive Lieferantenauswahl und -bewertung unerlässlich. Die hohe Bedeutung dieser Umfänge für das Gesamtfahrzeug bedingt in Bezug auf die *Auswahl- und Bewertungskriterien* eine Abkehr von der rein preisbasierten Partnerselektion. Vielmehr müssen *lieferserviceorientierten Kriterien* hohe Gewichtungsfaktoren beigemessen werden, um einen möglichst reibungslosen Materialfluss zu gewährleisten.[85] Die intensive Selektion und Beurteilung der Partner verursachen zwar sowohl Ex-ante- als auch Ex-post-Transaktionskosten, schränken aber die Gefahr der Wahl eines falschen Anbieters ein, womit weitaus höhere Kosten verbunden wären. Die Entscheidung für den richtigen Transaktionspartner gewinnt darüber hinaus an Bedeutung, weil dieser die Auswahl und Koordination der Sublieferanten übernimmt.[86] Im Automobilbereich sind das Tanksystem (Quader 3) oder Cockpit und Sitze (Quader 4) Beispiele für derartige Beschaffungsumfänge.
Im Gegensatz zu den Teilumfängen der Quader 1 bis 4 zeichnen sich die Objekte der Quader 5 bis 8 durch eine hohe strategische Relevanz/Spezifität aus. Aus der spezifischen Ausrichtung dieser Beschaffungspositionen auf die Anforderungen eines OEMs resultieren beträchtliche Quasi-Renten, da die Veräußerung in der nächstbesten Verwendungsform mit hohen Preiseinbußen einhergeht. Die hohe Spezifität der Transaktionsgüter führt aufgrund der erheblichen Unsicherheit dazu, dass die *Eigenerstellung* vorteilhaft wird.[87] Einerseits würden sich bei der Koordination in einer hybriden Form lediglich geringe Produktionskostenvorteile ergeben, da der Partner aufgrund der exakt auf den OEM zugeschnittenen Objekte nur geringe Skalen- und Verbundeffekte realisieren kann. Andererseits handelt es sich bei diesen Positionen um Bauteile, mit denen sich der OEM im Wettbewerb zu profilieren versucht. Die damit verbundenen sensiblen Daten und Technologien müssen vor Konkurrenten geschützt werden. Opportunistisches Verhalten, bei dem das Risiko der

[82] Vahs/Burmester sehen die technische Komplexität als einen bedeutenden Komplexitätstreiber. Vgl. Vahs/Burmester (2005), S. 53. Gerade diese ist bei Modulen besonders stark ausgeprägt.
[83] Vgl. Williamson (1985), S. 60f; Picot (1982), S. 272.
[84] Vgl. Ihde (2001), S. 277.
[85] Vgl. Göpfert/Grünert (2008), S. 215-217.
[86] Vgl. Wolters (1995), S. 147.
[87] Unsicherheit tritt besonders in Verbindung mit einer hohen Spezifität auf. So gehen Beschaffungspositionen, die mittels neuer, spezifischer Technologien produziert werden, meist mit einem gewissen Know-how-Vorsprung des Lieferanten einher. Aus der dadurch entstehenden hohen Informationsasymmetrie erwachsen dem OEM höhere Transaktionskosten, da sich ein größerer Spielraum für opportunistisches Verhalten des Zulieferers ergibt. Somit steigt die Verhaltensunsicherheit mit zunehmender Faktorspezifität. Vgl. Hosenfeld (1993), S. 148f; Ihde (2001), S. 263f.

Weitergabe dieses Know-hows besteht, muss verhindert werden.[88] So wird der OEM die Produktion und Konstruktion von Motoren, Getrieben oder wichtigen elektronischen Steuersystemen nicht an einen externen Anbieter delegieren. Die hierarchische Koordination bietet unter diesen Umständen aufgrund ihres hohen Ausmaßes an bürokratischer Steuerung und Kontrolle das effizienteste institutionelle Arrangement, um der Verhaltensunsicherheit vorzubeugen.[89] Die Errichtung eines Steuerungs- und Kontrollsystems ist jedoch mit hohen Kosten verbunden, die bei der Entscheidung über die Eigenfertigung ebenfalls zu berücksichtigen sind. Für die intern erstellten Beschaffungspositionen ist folglich zu prüfen, ob die strategische Relevanz tatsächlich eine derart hohe Ausprägung aufweist, dass sie eine interne Abwicklung unumgänglich macht. In der Regel ist der Anteil der strategisch hochrelevanten Umfänge bei Einzelteilen deutlich niedriger als bei komplexen Modulen.[90]

3 Empirische Validierung des Modells

3.1 Datengrundlage

Die zur Überprüfung des entwickelten Modells notwendigen Daten stammen aus einer empirischen Studie bei Pkw-Herstellern zur Ausgestaltung der beschaffungsseitigen Strukturen in den Jahren 1998, 2003 und 2008. Auf Basis eines für die jeweilige Produktionsstätte charakteristischen Fahrzeugmodells wurden hierbei die einzelnen Fahrzeugendproduktionswerke derjenigen OEMs (inklusive ihrer Marken) analysiert, deren Konzernzentrale sich in Deutschland befindet (Volkswagen mit den Marken Volkswagen, Škoda, Bentley, Audi, Seat und Lamborghini; BMW mit den Marken BMW und Mini; Daimler mit den Marken Mercedes-Benz und Smart).[91]
Entsprechend der theoretisch vorgenommenen Klassifizierung erfolgte eine *Unterteilung der Beschaffungsumfänge* ihrer Komplexität nach in Einzelteile und Module. Für eine weitere Präzisierung wurde zusätzlich eine Auswahl klassischer Einzelteile (Batterie, Schrauben, Sonnenblende) und Module (Sitzsystem, Cockpitsystem, Motorinnenelemente, Motoraußenelemente) getroffen. Von den insgesamt existierenden 38 Full-Size-Produktionswerken der Konzerne Volkswagen, BMW und Daimler konnten 28 Produktionsstätten für die Studie gewonnen werden, was einer *Rücklaufquote von 73,68 Prozent* entspricht.[92]

---

88 Vgl. Gerybadze (2004), S. 176-179; Vahs/Burmester (2005), S. 306f.

89 Vgl. Ebers/Gotsch, 2006, S. 287f.

90 In der Literatur wird darauf hingewiesen, dass die Beschaffungspositionen sowohl hinsichtlich der Faktorspezifität als auch bezüglich der strategischen Relevanz ein hohes Niveau aufweisen müssen, um zwangsläufig eigengefertigt zu werden. Vgl. Wolters (1995), S. 145; Ihde (1996), Sp. 1090.

91 Die Marken Bugatti (VW) und Rolls-Royce (BMW) wurden aufgrund der geringen Stückzahl der produzierten Fahrzeuge, die Marke Chrysler aufgrund der nicht über den gesamten Untersuchungszeitraum gegebenen Zugehörigkeit zu Daimler nicht in die Untersuchung einbezogen. Porsche wurde aufgrund ihres wegen der Ein-Marken-Politik fehlenden Konzerncharakters nicht inkludiert.

92 Die bei dieser Vollerhebung nicht zurückerhaltenen Fragebögen weisen kein ersichtliches systematisches Ausfallschema auf. „The set of observations with missing data can simply be regarded as a random subsample from the original (i. e. complete) set of observations." Cranmer (2007), S. 3.

3.2 Hypothesengenerierung und -prüfung

Outsourcing

Wie dargestellt empfiehlt sich auf Basis des Modells das *Outsourcing* von Beschaffungsobjekten bzw. -umfängen mit *geringer bis mittlerer strategischer Relevanz*, also von Einzelteilen wie Batterien, Schrauben und Sonnenblenden, aber auch von Modulen wie Sitz- und Cockpitsystemen. Für *strategisch bedeutende Fahrzeugelemente* wie Motorinnen- und -außenelemente ist hingegen eine *Eigenfertigung* durch den OEM angeraten. Aussagen darüber, inwieweit diese Ausgestaltungen auch empirisch dominieren, lassen sich durch Aufstellung folgender Hypothesen und deren Überprüfung anhand eines Binomialtests generieren.[93]

H1: Ein komplettes Outsourcing der Produktion tritt für Einzelteile wie Batterien, Schrauben und Sonnenblenden, aber auch für Module wie Sitz- und Cockpitsysteme häufiger auf als eine teilweise oder völlige Eigenerbringung durch den OEM.[94]

H2: Eine zumindest teilweise Eigenproduktion durch den OEM tritt für Module wie Motorinnen- und -außenelemente häufiger auf als eine reine Fremdvergabe.

	Umfänge	**relative Häufigkeit des Merkmals**	**krit. Signifikanzniveau**
H1	Batterie	0,9630	< 0,0001
	Schrauben	0,9630	< 0,0001
	Sonnenblende	0,9630	< 0,0001
	Sitzsystem	0,8462	0,0003
	Cockpitsystem	0,6923	0,0378
H2	Motorinnenelemente	0,7917	0,0033
	Motoraußenelemente	0,8333	0,0008

Tabelle 2: Kritische Signifikanzniveaus zu H1 und H2.

Die theoretisch ermittelten Aussagen werden empirisch voll bestätigt (vgl. *Tabelle 2*). So zeigt sich die Fremdvergabe strategisch nicht hochrelevanter Umfänge bei den OEMs. Auch wenn die Gründe[95] für das Outsourcing je nach Komplexität der Position variieren, ist festzuhalten, dass Effizienzvorteile in Form von Kostenreduzierungen das Hauptargument bei allen Fremdvergabeentscheidungen darstellen. Bei Umfängen mit einer hohen strategischen Relevanz dominiert hingegen

---

93 Die Hypothesen werden hier wie auch im Folgenden, wenn nicht anders vermerkt, auf Basis der Daten des Jahres 2003 überprüft.

94 Der hier gewählte Anteil von $p > 0,5$ ergibt sich bei zwei Alternativen zwangsläufig. Dominierend bedeutet dann, dass sich mehr Werke für ein komplettes Outsourcing der Produktion für den jeweiligen Umfang entscheiden als dagegen. Auch für die folgenden Hypothesen wird ein $p > 0,5$ zugrunde gelegt.

95 Zu den Motiven des Outsourcings für verschiedene Umfänge vgl. Göpfert/Grünert (2006b), S. 131.

die Eigenerstellung. Hier fürchten die Fahrzeughersteller insbesondere die verstärkte Abhängigkeit sowie den Verlust von Technologie- und Fertigungs-Know-how.

Sourcing-Strategien

Hinsichtlich der geographischen Ausdehnung der Beschaffung wird für *Einzelteile* zum *Global Sourcing* geraten, da hier die Einkaufskostenvorteile in der Regel die zusätzlichen Transfer- und Abstimmungskosten übersteigen. Für *Module* schlägt das Modell hingegen aufgrund der Werthaltigkeit dieser Umfänge einen Bezug aus der *räumlichen Nähe* des Fahrzeugwerkes vor.

H3: Ein Global Sourcing tritt bei Einzelteilen häufiger auf als ein Local Sourcing.

H4: Ein Local Sourcing tritt bei Modulen häufiger auf als ein Global Sourcing.

	Umfänge	**relative Häufigkeit des Merkmals**	**krit. Signifikanzniveau**
H3	Einzelteile	0,4667	0,6964
H4	Module	0,8750	0,0021

Tabelle 3: Kritische Signifikanzniveaus zu H3 und H4.

Auf Basis der Daten für das Geschäftsjahr 2003 ist H3 abzulehnen (vgl. *Tabelle 3*). Allerdings lässt sich die aufgestellte Forschungshypothese für Einzelteile auf Grundlage der Daten für das Jahr 2008 zu $\alpha \geq 0{,}1$ bestätigen.[96] Dies spiegelt eine generelle Entwicklung zu einer Verstärkung der Auslandsbeschaffung von geringkomplexen Fahrzeugteilen wider. So ist für Einzelteile gerade in den letzten Jahren eine Ausdehnung der Lieferdistanzen zu konstatieren. Befanden sich beispielsweise für Schrauben die Lieferanten 2003 zu 81,25 Prozent in einer Entfernung von mehr als 200 km vom Fahrzeugwerk, so lag dieser Anteil 2008 bei 88,10 Prozent. Für Module gewinnt hingegen das Local Sourcing als dominierende Arealstrategie an Bedeutung. H4 wird voll bestätigt. Am Beispiel Sitze lässt sich diese Tendenz untermauern. Hier ist bereits 2003 der Großteil der Zulieferer in unmittelbarer Nähe des OEMs (direkt auf dem Werksgelände des Herstellers beziehungsweise weniger als 50 Kilometer von dessen Produktionsstandort entfernt) angesiedelt (79,17 Prozent), 2008 befinden sich gar 85,71 Prozent der Lieferanten in einem 50-km-Radius.

In Bezug auf die Zuliefereranzahl für eine Beschaffungsposition wurde unter Transaktions- und Produktionskostengesichtspunkten die Empfehlung geäußert, dass *Einzelteile* über *zwei oder mehrere Partner* eingekauft werden sollten, für *Module* hingegen die *Ein-Quellen-Versorgung* angeraten ist.

H5: Multiple/Double Sourcing tritt bei Einzelteilen häufiger auf als Single Sourcing.

H6: Single Sourcing tritt bei Modulen häufiger auf als Double/Multiple Sourcing.

96 Die relative Häufigkeit des Merkmals lag 2008 bei 0,7143, woraus sich ein kritisches Signifikanzniveau von 0,0898 errechnet.

	Umfänge	relative Häufigkeit des Merkmals	krit. Signifikanzniveau
H5	Einzelteile	0,4211	0,8204
H6	Module	0,8947	0,0004

Tabelle 4: Kritische Signifikanzniveaus zu H5 und H6.

H5 lässt sich mit dem Datenmaterial nicht untermauern (vgl. *Tabelle 4*). Dies ist darauf zurückzuführen, dass viele der untersuchten Werke auch bei Einzelteilen zunehmend ein Single Sourcing forcieren und nicht mehr versuchen, die Sicherstellung der Einzelteilverfügbarkeit über zusätzliche Lieferanten für den gleichen Verbauumfang zu erreichen. Somit folgen die Hersteller auch bei einfachen Beschaffungsumfängen der theoretischen Empfehlung für höher aggregierte Bezugspositionen. Die Dominanz des Single Sourcings ist für Module anzunehmen (H6). Auf Basis konkreter Beschaffungspositionen lässt sich sowohl für Einzelteile als auch komplexere Umfänge eine deutliche Abnahme der Lieferantenanzahl je Verbauumfang beobachten. Bezogen die OEMs 1998 das Sitzmodul im Mittel noch von durchschnittlich 1,50 Lieferanten, so griffen sie 2008 auf nur noch 1,24 Lieferanten zurück. Für das Einzelteil Batterie ist in diesem zehn Jahren eine Abnahme von durchschnittlich 2,39 auf 1,83 Lieferanten festzustellen.

Lieferantenauswahl und -bewertung

Bei der Lieferantenauswahl und -bewertung werden in der Literatur insbesondere der Preis auf der einen Seite und die Kernbestandteile des Lieferservices – Lieferqualität, Lieferzeit, Lieferzuverlässigkeit und Lieferflexibilität – auf der anderen Seite als zwei „Pole" von Kriterienschwerpunkten gesehen.[97] Während sich für *Einzelteile* tendenziell eine eher *preisbasierte Selektion und Evaluation* empfiehlt, da die in der Regel hohe Spezifizierbarkeit dieser Umfänge eine hohe Bezugssicherheit garantiert, eignet sich für *Module* hingegen eine stärkere Fokussierung *lieferserviceorientierter Kriterien.*

H7: Der Preis ist bei Einzelteilen als Auswahl- und Bewertungskriterium mindestens so bedeutend wie der Lieferservice[98].

H8: Der Lieferservice ist bei Modulen als Auswahl- und Bewertungskriterium mindestens so bedeutend wie der Preis.

[97] Die Bedeutung des Preises einerseits und des Lieferservices andererseits wird auch auf Basis der Rückantworten deutlich. Im Rahmen der erhobenen 17 Auswahl- und Bewertungskriterien werden diesen Items regelmäßig die höchsten Bedeutungsgewichte beigemessen. Deshalb sollen die folgenden Hypothesen insbesondere diese Selektionskriterien fokussieren.

[98] Die Bedeutung des Lieferservices ergibt sich hier – wie auch bei H8 – als Mittel der beigemessenen Bedeutungen der vier betrachteten Lieferservicekomponenten.

	Umfänge	relative Häufigkeit des Merkmals	krit. Signifikanzniveau
H7	Einzelteile	0,8000	0,0020
H8	Module	0,6818	0,0669

Tabelle 5: Kritisches Signifikanzniveau zu H7 und H8.

Für Einzelteile (H7) lässt sich empirische Evidenz für die Hypothese finden (vgl. *Tabelle 5*). Die Automobilhersteller konzentrieren sich bei Einzelteilen stärker auf eine preisbasierte Auswahl und Bewertung ihrer Wertschöpfungspartner. Auch H8 wird bestätigt. Dieses Ergebnis ist insbesondere vor dem Hintergrund der hier verwendeten Operationalisierung des abstrakten Konstruktes des Lieferservices zu interpretieren. Bedingt durch die Ermittlung der Bedeutung des Lieferservices als Durchschnitt der Bedeutung der Komponenten Lieferqualität, Lieferzeit, Lieferzuverlässigkeit und Lieferflexibilität führen bereits geringe Ausprägungen einer dieser vier Bestandteile zu einer deutlichen Minderung des gesamten Lieferservices, was den Lieferservice gegenüber dem Preis als weniger wichtig erscheinen lässt. Innerhalb des Lieferservicemixes fällt zudem auf, dass insbesondere der Lieferqualität und der Lieferzuverlässigkeit von den antwortenden Werken eine hohe Bedeutung beigemessen wird.

Vertragslaufzeiten

In Bezug auf die Vertragsdauer scheinen für *Einzelteile kurzfristige Kontraktlaufzeiten (bis zu zwei Jahren) und Verträge von drei bis fünf Jahren* angeraten, bei *Modulen* hingegen *mittel- bis langfristige Verträge von mindestens drei Jahren*.

H9: Vertragslaufzeiten bis zu fünf Jahren treten bei Einzelteilen wie Batterien oder Schrauben häufiger auf als Model-Life-Kontraktdauern.

H10: Verträge mit Dauern von mindestens drei Jahren bis hin zur gesamten Modelllaufzeit eines Fahrzeugs treten bei Modulen wie Sitz- oder Cockpitsystemen häufiger auf als Kontrakte von zwei Jahren oder weniger.

	Umfänge	relative Häufigkeit des Merkmals	krit. Signifikanzniveau
H9	Batterie	0,6111	0,2403
	Schrauben	0,7778	0,0154
H10	Sitzsystem	0,8333	0,0038
	Cockpitsystem	0,7778	0,0154

Tabelle 6: Kritische Signifikanzniveaus zu H9 und H10.

Für Einzelteile bestätigt sich die Hypothese lediglich für Schrauben als einfachste Positionen (vgl. *Tabelle 6*). Bei Batterien wie auch bei anderen, hier nicht dargestellten geringkomplexen Umfängen ist eine Ausdehnung der Vertragslaufzeiten zu konstatieren. Eine Begründung lässt sich eventuell darin sehen, dass die OEMs versuchen, den Lieferanten Preiszugeständnisse aufgrund des mit der längeren Anbindungsdauer höheren Volumens abzuringen. Für Sitz- und Cockpitsysteme wird die Vermutung hingegen voll bestätigt (H10). Hierbei ist hinsichtlich der Aufteilung innerhalb der mittel- und langfristigen Verträge ein deutliches Übergewicht der Model-Life-Kontrakte zu erkennen.

Belieferungssysteme

Laut Modell sollte für *Einzelteile* generell die *konventionelle Belieferung* mit Lager beim OEM und beim Lieferanten oder die Versorgung über einen *Gebietsspediteur* die Bereitstellung prägen. Demgegenüber ist für *Module* aufgrund ihrer hohen Werthaltigkeit eine *Just-in-Sequence-Anlieferung* angeraten.

H11: Eine konventionelle Belieferung oder eine Beschaffung über einen Gebietsspediteur tritt bei Einzelteilen wie Batterien oder Schrauben häufiger auf als eine Just-in-Time- oder Just-in-Sequence-Versorgung.

H12: Eine Just-in-Sequence-Versorgung tritt bei Modulen wie Sitz- oder Cockpitsystemen häufiger auf als eine konventionelle, Gebietsspediteur- oder Just-in-Time-Versorgung.

	Umfänge	**relative Häufigkeit des Merkmals**	**krit. Signifikanzniveau**
H11	Batterie	0,8800	< 0,0001
	Schrauben	0,9615	< 0,0001
H12	Sitzsystem	0,7200	0,0216
	Cockpitsystem	0,8000	0,0020

Tabelle 7: Kritische Signifikanzniveaus zu H11 und H12.

Für die ausgewählten Einzelteile wird die geäußerte Behauptung bestätigt (vgl. *Tabelle 7*). Innerhalb der hier zu einer Untersuchungseinheit zusammengezogenen Konzepte der konventionellen Belieferung und der Versorgung über einen Gebietsspediteur lässt sich jedoch sowohl bei Batterien als auch bei Schrauben eine klare Dominanz der Beschaffung mit Lager bei Automobilhersteller und Zulieferer beobachten. Auch für Module wie Sitz- und Cockpitsystem (H12) stützen die Signifikanzniveaus die theoretisch ermittelte Ausgestaltungsempfehlung. Das bestandsarme Belieferungskonzept der reihenfolgengenauen Versorgung dominiert für diese Positionen klar.

4 Diskussion des Modells

Das empirische Datenmaterial untermauert weitgehend die auf Basis der Transaktions- und Produktionskosten theoretisch ermittelten Empfehlungen. Somit kann das entwickelte Modell einen sinnvollen Beitrag bei Ausgestaltungsentscheidungen hinsichtlich der beschaffungsseitigen Beziehungen der Automobilhersteller leisten.

Interessant im Zusammenhang mit dem Modell ist zudem die Entwicklung der Anteile der verschiedenen Beschaffungsobjekte am Gesamtbeschaffungsvolumen, da diese die zukünftige Relevanz der identifizierten Segmente determiniert. Der generelle Trend bei den Automobilherstellern zu mehr Modular Sourcing[99] kann als Indiz für eine Bedeutungsverschiebung zwischen den einzelnen Segmenten gedeutet werden. Der prozentuale Anteil der Module an der Gesamtzahl aller Beschaffungspositionen der Produktionsstätten hat sich zwischen 1998 und 2003 von 19,45 Prozent auf 21,32 Prozent erhöht und erreicht 2008 24,05 Prozent. Bezogen auf den Gesamtbeschaffungswert ist zwischen 1998 und 2008 ein Anstieg von 33,50 Prozent auf 38,53 Prozent zu beobachten. Durch den zunehmenden Bezug komplexer Module werden Einzelteillieferanten als First Tier Supplier systematisch verdrängt,[100] wodurch insbesondere die Strategieausgestaltungen für höheraggregierte Beschaffungsumfänge wichtiger werden.

Unabhängig von der Art der Beschaffungsumfänge gilt es allerdings, bei der Ableitung von Konzeptempfehlungen gewisse Restriktionen des vorliegenden Modells im Auge zu behalten:

- Das Modell generiert seine Empfehlungen im Wesentlichen auf Basis der drei dargestellten Hauptdimensionen. Weitere Determinanten wie beispielsweise Machtaspekte[101], Vertrauen[102], aber auch technologische, rechtliche und soziale Rahmenbedingungen[103], welche die Ausgestaltungsentscheidung ebenfalls mit beeinflussen, werden ausgeblendet oder nur implizit einbezogen.
- Einschränkend wirkt zudem die isolierte Ableitung strategischer Empfehlungen für verschiedene Produkte. Etwaige Interdependenzen bei der Beschaffung verschiedener Produkte werden im Modell nicht berücksichtigt.
- Aufgrund der groben Unterteilung der Ausprägungen für die verschiedenen Dimensionen kann das Modell lediglich generelle Empfehlungen für die verschiedenen Beschaffungspositionen anbieten. Zudem müssen diese Vorschläge im Einzelfall vor dem Hintergrund der spezifischen Unternehmenssituation betrachtet werden. So kann es beispielsweise in gewachsenen Beziehungen unter dem Effizienzmaßstab der Transaktions- und Produktionskosten durchaus sinnvoll sein, auch geringkomplexe Einzelteile über Model-Life-Verträge zu beziehen.
- Da das Modell auf Basis des Transaktionskostenansatzes generiert wurde, weist es zwangsläufig auch einige dieser Theorie inhärente Problematiken auf. So diffundieren die aus den relativen Kostenvergleichen resultierenden Schwierigkeiten eindeutiger Klassenabgrenzungen in das entwickelte Modell hinein und gestalten die genaue Positionierung der Trennlinie problematisch. Die Zuverlässigkeit der Empfehlungen ist immer dann als hoch einzuschätzen, wenn das Produkt Charakteristika aufweist, die weit von der Klassengrenze entfernt sind. Im Grenzbereich zweier Segmente sind die Ausgestaltungsvorschläge eher mit Vorsicht zu behandeln.

---

99 Vgl. Piller/Waringer (1999).
100 Vgl. Freudenberg/Klenk (2000), S. 40f.
101 Vgl. Groll (2004).
102 Vgl. Pieper (2000).
103 Vgl. Williamson (1975), S. 37-40; Picot/Reichwald/Wigand (2003), S. 52; Eisenkopf (1994), S. 250f; Sydow (1992), S. 132; Hosenfeld (1993), S. 140-142.

Unter Berücksichtigung der dargestellten Restriktionen stellt das Modell unseres Erachtens aufgrund seiner theoretischen Fundierung und empirischen Bestätigung einen gehaltvollen Ansatz zur Ableitung der optimalen Ausgestaltung beschaffungsseitiger Beziehungen dar.

5 Abschließende Bemerkungen

Auf Basis der Transaktionskostentheorie wurde ein Modell für die optimale Ausgestaltung der beschaffungsseitigen Beziehungen bei Automobilherstellern entwickelt. Gegenüber den bisherigen Forschungsergebnissen zeichnet sich dieses Modell durch seinen grundlegenden integrativen Ansatz aus. Dieser beinhaltet die über die Beschaffung im engeren Sinne hinausgehende Berücksichtigung der Interdependenzen zu anderen Unternehmensbereichen wie Produktion, Forschung und Entwicklung und Logistik sowie die Zusammenführung von Einzelkonzepten zu einem jeweils effizienten beschaffungsseitigen Gesamtkonzept.
Das Erklärungs- und Gestaltungsmodell ist spezifisch auf den Anwendungskontext der Automobilhersteller zugeschnitten. Die unterschiedlichen Beschaffungssituationen der Automobilhersteller (verschiedene Charakteristika von Beschaffungsumfängen) lassen sich mittels einer dreidimensionalen Betrachtung auf übersichtliche Cluster reduzieren. Im Beitrag sind es acht Cluster, wobei für jedes Cluster Empfehlungen für eine optimale Ausgestaltung der Beziehungen zwischen Automobilhersteller und Zulieferer theoriebasiert begründet werden und somit ein jeweils geeignetes „Konzeptbündel" identifiziert wird. Dabei werden Gestaltungsempfehlungen im Beitrag für Einzelteile und Module gegeben. Eine Erweiterung auf zwischen Einzelteilen und Modulen liegende Komponenten als Beschaffungsumfang ist auf dieser Basis problemlos möglich.
Dass das Erklärungs- und Gestaltungsmodell seinen empirischen Test bestand, erhöht ganz besonders seinen Wert für weiterführende Forschungen. Das betrifft beispielsweise eine Erweiterung der Typen von Akteuren durch eine explizite Einbeziehung von Logistikdienstleistern oder die Übertragung und Anpassung auf andere Branchen. Was die Logistikdienstleister betrifft, so sind die hier auf Automobilzulieferer fokussierten Cluster in Teilen ebenfalls zutreffend. Dazu sowie zu der hier empfohlenen Clusterung der Beschaffungsumfänge wird der zukünftige wissenschaftliche Meinungsstreit den Erkenntnisprozess vorantreiben.

Literatur

Abend, Jens M. (1992), Strukturwandel in der Automobilindustrie und strategische Optionen mittelständischer Zulieferer: eine explorative Studie, München.

Arnold, Ulli (1997), Beschaffungsmanagement, 2. Auflage, Stuttgart.

Arnold, Ulli (2007), Strategisches Beschaffungsmanagement, in: Arnold, Ulli/Kasulke, Gerhard (Hrsg.), Praxishandbuch innovative Beschaffung: Wegweiser für den strategischen und operativen Einkauf, Weinheim, S. 13-46.

Bacher, Matthias R. (2000), Outsourcing als strategische Marketing-Entscheidung, Wiesbaden.

Baumgarten, Helmut/Darkow, Inga-Lena (2002), Versorgungsmanagement – Integration von Beschaffung und Logistik, in: Hahn, Dietger/Kaufmann, Lutz (Hrsg.), Handbuch industrielles

Beschaffungsmanagement: internationale Konzepte – innovative Instrumente – aktuelle Praxisbeispiele, 2. Auflage, Wiesbaden, S. 381-399.

Baur, Cornelius (1990), Make-or-buy-Entscheidungen in einem Unternehmen der Automobilindustrie: empirische Analyse und Gestaltung der Fertigungstiefe aus transaktionskostentheoretischer Sicht, München.

Bellmann, Klaus/Himpel, Frank (2006), Fallstudien zum Produktionsmanagement, Wiesbaden.

Burr, Wolfgang (2003), Fundierung von Leistungstiefenentscheidungen auf der Basis modifizierter Transaktionskostenansätze, in: zfbf, 55. Jg., S. 121-134.

Corsten, Hans (2000), Global Sourcing, in: Corsten, Hans (Hrsg.), Lexikon der Betriebswirtschaftslehre, 4. Auflage, München, S. 307-311.

Cranmer, Skyler J. (2007), Beyond Reducing Nonresponse Bias: Modeling Item Nonresponse in Survey Research, Arbeitspapier der Harvard University, Cambridge.

Ebers, Mark/Gotsch, Wilfried (2006), Institutionenökonomische Theorien der Organisation, in: Kieser, Alfred/Ebers, Mark (Hrsg.), Organisationstheorien, 6. Auflage, Stuttgart, S. 247-308.

Eisenkopf, Alexander (1994), Just-In-Time-orientierte Fertigungs- und Logistikstrategien: Charakterisierung, transaktionskostentheoretische Analyse und wettbewerbspolitische Würdigung veränderter Zulieferer-Abnehmer-Beziehungen am Beispiel der Automobilindustrie, Hamburg.

Erlei, Mathias (1998), Institutionen, Märkte und Marktphasen: allgemeine Transaktionskostentheorie unter spezieller Berücksichtigung der Entwicklungsphasen von Märkten, Tübingen.

Eßig, Michael (2005), Integriertes Beschaffungsmanagement: Der Ansatz des „House of Sourcing and Supply Management“, in: Eßig, Michael (Hrsg.), Perspektiven des Supply Management: Konzepte und Anwendungen, Berlin, S. 3-26.

Fassnacht, Martin/Möller, Sabine (2004), Neuere Entwicklungen im organisationalen Beschaffungsverhalten, in: Backhaus, Klaus/Voeth, Markus (Hrsg.), Handbuch Industriegütermarketing: Strategien, Instrumente, Anwendungen, Wiesbaden, S. 375-398.

Freudenberg, Thomas (2002), Zulieferstrukturen im 21. Jahrhundert, in: Hahn, Dietger/Kaufmann, Lutz (Hrsg.), Handbuch industrielles Beschaffungsmanagement: internationale Konzepte – innovative Instrumente – aktuelle Praxisbeispiele, 2. Auflage, Wiesbaden, S. 153-164.

Freudenberg, Thomas/Klenk, Ulf (2000), Horizontale Kooperationen oder Mega-Lieferanten? – Strategische Veränderungen in der Automobil-Zulieferpyramide, in: Beschaffung Aktuell (BA), 47. Jg., S. 40-43.

Gerybadze, Alexander (2004), Technologie- und Innovationsmanagement: Strategie, Organisation und Implementierung, München.

Göpfert, Ingrid (2004), Experteninterview zum Thema: Logistik-Outsourcing, Zusammenarbeit mit Logistikunternehmen – Ingrid Göpfert im Gespräch mit Norbert Reithofer, in: Logistik Management, 6. Jg., S. 8-9.

Göpfert, Ingrid (2005), Logistik Führungskonzeption – Gegenstand, Aufgaben und Instrumente des Logistikmanagements und -controllings, 2. Auflage, München.

Göpfert, Ingrid/Grünert, Marc (2006a), Logistiknetze der Zukunft – Das neue Hersteller-Zulieferer-Verhältnis in der Automobilindustrie, in: Göpfert, Ingrid (Hrsg.), Logistik der Zukunft – Logistics for the Future, 4. Auflage, Wiesbaden, S. 127-166.

Göpfert, Ingrid/Grünert, Marc (2006b), Logistiktrends in den Wertschöpfungsnetzen der Automobilindustrie, in: Wolf-Kluthausen, Hanne (Hrsg.), Jahrbuch Logistik 2006, Korschenbroich, S. 130-137.

Göpfert, Ingrid/Grünert, Marc (2008), Collaborative Controlling in der Automobilindustrie, in: Controlling – Zeitschrift für erfolgsorientierte Unternehmenssteuerung, 20. Jg., S. 211-218.

Groll, Marcus (2004), Koordination im Supply Chain Management: die Rolle von Macht und Vertrauen, Wiesbaden.

Grünert, Marc (2010), Die Automobilindustrie im Lichte der Transaktionskostentheorie: eine Analyse der optimalen Ausgestaltung und Verteilung der Produktion, Forschung und Entwicklung sowie Logistik, Hamburg.

Harting, Detlef (1989), Lieferanten-Wertanalyse: ein Arbeitshandbuch mit Checklisten und Arbeitsblättern für Auswahl, Bewertung und Kontrolle von Zulieferern, Stuttgart.

Hecker, Marco H. (2005), Demand Creation in der Automobilzulieferindustrie: organisatorische Gestaltungsempfehlungen für den Informations- und Kommunikationsprozess, Wiesbaden.

Heege, Franz (1987), Lieferantenportfolio: ganzheitliches Beurteilungsmodell für Lieferanten und Beschaffungssegmente, Nürnberg.

Homburg, Christian (1995), Single Sourcing, Double Sourcing, Multiple Sourcing...?, in: Zeitschrift für Betriebswirtschaft (ZfB), 65. Jg., S. 813-834.

Homburg, Christian (2002), Bestimmung der optimalen Lieferantenzahl für Beschaffungsobjekte: Konzeptionelle Überlegungen und empirische Befunde, in: Hahn, Dietger/Kaufmann, Lutz (Hrsg.), Handbuch industrielles Beschaffungsmanagement: internationale Konzepte – innovative Instrumente – aktuelle Praxisbeispiele, 2. Auflage, Wiesbaden, S. 181-199.

Hopfenbeck, Waldemar (1993), Allgemeine Betriebswirtschafts- und Managementlehre: das Unternehmen im Spannungsfeld zwischen ökonomischen, sozialen und ökologischen Interessen, 7. Auflage, Landsberg/Lech.

Hosenfeld, Wilhelm-Achim (1993), Gestaltung der Wertschöpfungs-, Innovations- und Logistiktiefe von Zulieferant und Abnehmer, München.

Ihde, Gösta B. (1996), Lieferantenintegration, in: Kern, Werner/Schröder, Hans-Horst/Weber, Jürgen (Hrsg.), Handwörterbuch der Produktionswirtschaft, 2. Auflage, Stuttgart, Sp. 1086-1095.

Ihde, Gösta B. (2001), Transport, Verkehr, Logistik: gesamtwirtschaftliche Aspekte und einzelwirtschaftliche Handhabung, 3. Auflage, München.

Ihde, Gösta B./Janz, Oliver (2000), Gestaltungsprinzipien der Logistik, in: Das Wirtschaftsstudium (WISU), 29. Jg., S. 332-341.

Janker, Christian G. (2004), Multivariate Lieferantenbewertung: empirisch gestützte Konzeption eines anforderungsgerechten Bewertungssystems, Wiesbaden.

Jung, Klaus-Peter (1999), Zukunftsforschung in der Logistik: konzeptioneller Entwurf und Konkretisierung am Beispiel der deutschen Automobilindustrie, Frankfurt am Main.

Kempe, Thomas (2004), Management wetterinduzierter Risiken in der Energiewirtschaft, Wiesbaden.

Large, Rudolf (2009), Strategisches Beschaffungsmanagement: eine praxisorientierte Einführung mit Fallstudien, 4. Auflage, Wiesbaden.

Panichi, Marco (1996), Wirtschaftlichkeitsanalyse produktionssynchroner Beschaffungen mit Hilfe eines prozeßorientierten Logistikkostenmodells, Bergisch Gladbach.

Pfohl, Hans-C. (2004a), Logistiksysteme: betriebswirtschaftliche Grundlagen, 7. Auflage, Berlin.

Pfohl, Hans-C. (2004b), Logistikmanagement: Konzeption und Funktionen, 2. Auflage, Berlin.

Picot, Arnold (1982), Transaktionskostenansatz in der Organisationstheorie: Stand der Diskussion und Aussagewert, in: Die Betriebswirtschaft (DBW), 42. Jg., S. 267-284.

Picot, Arnold/Reichwald, Ralf/Wigand, Rolf T. (2003), Die grenzenlose Unternehmung: Information, Organisation und Management – Lehrbuch zur Unternehmensführung im Informationszeitalter, 5. Auflage, Wiesbaden.

Pieper, Joachim (2000), Vertrauen in Wertschöpfungspartnerschaften: eine Analyse aus Sicht der Neuen Institutionenökonomie, Wiesbaden.

Piller, Frank T./Waringer, Daniela (1999), Modularisierung in der Automobilindustrie: neue Formen und Prinzipien, Aachen.

Reeg, Marcus (1998), Liefer- und Leistungsbeziehungen in der deutschen Automobilindustrie: strukturelle Veränderungen aus unternehmerischer und wirtschaftspolitischer Sicht, Berlin.

Roland, Folker (1993), Beschaffungsstrategien: Voraussetzungen, Methoden und EDV-Unterstützung einer problemadäquaten Auswahl, Bergisch Gladbach.

Sebastian, Karl-Heinz/Niederdrenk, Ralph (2002), Beschaffung und Verkauf – Von der Konfrontation zur Kooperation, in: Hahn, Dietger/Kaufmann, Lutz (Hrsg.), Handbuch industrielles Beschaffungsmanagement: internationale Konzepte – innovative Instrumente – aktuelle Praxisbeispiele, 2. Auflage, Wiesbaden, S. 489-506.

Swoboda, Bernhard (2005), Kooperation: Erklärungsperspektiven grundlegender Theorien, Ansätze und Konzepte im Überblick, in: Zentes, Joachim/Swoboda, Bernhard/Morschett, Dirk (Hrsg.), Kooperationen, Allianzen und Netzwerke: Grundlagen – Ansätze – Perspektiven, 2. Auflage, Wiesbaden, S. 35-64.

Sydow, Jörg (1992), Strategische Netzwerke: Evolution und Organisation, Wiesbaden.

Trojan, Achim (2000), Zulieferer integriert in Netzwerke der Automobilindustrie, in: VDI (Hrsg.), Innovationen in Logistikstrukturen der Automobilindustrie (VDI-Berichte 1571), Düsseldorf, S. 75-90.

Vahs, Dietmar/Burmester, Ralf (2005), Innovationsmanagement: von der Produktidee zur erfolgreichen Vermarktung, 3. Auflage, Stuttgart.

Verband der Automobilindustrie (2004), Jahresbericht 2004, Frankfurt.

Wannenwetsch, Helmut (2004), Integrierte Materialwirtschaft und Logistik: Beschaffung, Logistik, Materialwirtschaft und Produktion, 2. Auflage, Berlin.

Wegmann, Jürgen (2006), Betriebswirtschaftslehre mittelständischer Unternehmen: Praktiker-Lehrbuch, München.

Wildemann, Horst (1990), Das Just-in-time-Konzept: Produktion und Zulieferung auf Abruf, 2. Auflage, München.

Wildemann, Horst (1994), Fertigungsstrategien: Reorganisationskonzepte für eine schlanke Produktion und Zulieferung, 2. Auflage, München.

Wildemann, Horst (2002), Das Konzept der Einkaufspotentialanalyse: Bausteine und Umsetzungsstrategien, in: Hahn, Dietger/Kaufmann, Lutz (Hrsg.), Handbuch industrielles Beschaffungsmanagement: internationale Konzepte – innovative Instrumente – aktuelle Praxisbeispiele, 2. Auflage, Wiesbaden, S. 543-561.

Wildemann, Horst (2004), Entwicklungstrends in der Automobil- und Zulieferindustrie: empirische Studie, München.

Williamson, Oliver E. (1975), Markets and hierarchies: analysis and antitrust implications: a study in the economics of internal organization, New York.

Williamson, Oliver E. (1985), The economic institutions of capitalism: firms, markets, relational contracting, New York.

Williamson, Oliver E. (1987), Antitrust economics: mergers, contracting, and strategic behavior, Oxford.

Williamson, Oliver E. (1991), Comparative economic organization: the analysis of discrete structural alternatives, in: Administrative Science Quarterly, 36. Jg., S. 269-296.

Williamson, Oliver E. (1996), The mechanisms of governance, New York.

Wolters, Heiko (1995), Modul- und Systembeschaffung in der Automobilindustrie: Gestaltung der Kooperation zwischen europäischen Hersteller- und Zulieferunternehmen, Wiesbaden.

Michael Eßig*

Management öffentlicher Beschaffung und ihrer Logistik – Explorative Grundlagen

---

* Prof. Dr. Michael Eßig ist seit 2003 Inhaber des Lehrstuhls für Allgemeine Betriebswirtschaftslehre, insbesondere Materialwirtschaft & Distribution an der Universität der Bundeswehr München. Seit 2004 leitet er das Forschungszentrum für Recht und Management öffentlicher Beschaffung (FoRMöB).

1 Zur Notwendigkeit einer „öffentlichen Beschaffungslogistik"

1.1 Vorbemerkungen

Klaus hat bereits 1999 eine „erweiterte Logistik der Bürgerbedienungsprozesse" (Klaus 1999: 415) vorgeschlagen und damit erstmals konzeptionelle Vorschläge für eine Logistik im öffentlichen Sektor entwickelt. Seiner Argumentationslogik zufolge ist Logistik die „'Wissenschaft von den Schnittstellen zwischen Aktivitäten, Funktionsbereichen und Akteuren in wirtschaftlichen Prozessen' mit der Zielsetzung, deren bestmögliche Koordination und Integration zu sichern." (Klaus 1999: 411) Damit sind nicht nur privatwirtschaftliche Wertschöpfungsprozesse Gegenstand der Logistik, sondern auch die des öffentlichen Sektors.

Die Begriffe der öffentlichen Logistik, der öffentlichen Beschaffung bzw. der öffentlichen Beschaffungslogistik sind bislang in der Betriebswirtschaftslehre kaum diskutiert worden. Ausnahmen sind der bereits angesprochene Aufsatz von Klaus (1999) und der jüngst erschienene Sammelband von Eßig/Witt (2009). Es ist daher Ziel dieses Beitrags, in einem ersten Schritt zu klären, ob möglicherweise die mangelnde empirische Bedeutung öffentlicher Beschaffung und ihrer Logistik eine Auseinandersetzung mit dem Thema nicht rechtfertigt (Abschnitt 1.2). Im zweiten Schritt erfolgt dann die Entwicklung des Bezugsrahmens zur Strukturierung des bereits vorhandenen Wissens (Rößl 1990: 99) inklusive einer Begriffsabgrenzung (Abschnitt 2), bevor im dritten Schritt ein erstes Modell zum Management öffentlicher Beschaffung und ihrer Logistik entwickelt werden kann (Abschnitt 3).

1.2 Empirische Bedeutung des öffentlichen Sektors

Der Begriff des öffentlichen Sektors ist per se nicht einfach zu erfassen. Er reicht von relativ einfach zuzuordnenden Institutionen wie bspw. Bundesministerien oder Kommunalverwaltungen bis zu gemischtwirtschaftlichen Einrichtungen (Public Private Partnerships) und Institutionen der Privatwirtschaft, die sich (zumindest teilweise) im Besitz der öffentlichen Hand befinden (bspw. Deutsche Telekom) oder rein privatwirtschaftlichen Unternehmen, die einen Beitrag zur Bereitstellung eines öffentlichen Gutes leisten (bspw. Straßenbauunternehmen). Die öffentliche Betriebswirtschaftslehre ist deshalb dazu übergegangen, keine institutionelle Abgrenzung mehr vorzunehmen, sondern die Herleitung über eine öffentliche Aufgabe vorzunehmen (Eichhorn 2005: 134-136). Der Katalog öffentlicher Aufgaben ist eine politische Entscheidung und daher nicht unabänderlich, Ansatzpunkte ergeben sich u.a. aus dem Grundgesetz (bspw. die Aufgabe, äußere Sicherheit zu gewährleisten gem. Art 87a GG). Anforderungen an öffentliche Aufgaben sind u.a. Objektivität und Willkürfreiheit; diese können Auswirkungen auch auf deren logistische Abwicklung haben (Eichhorn 2005: 135), was im Folgenden noch zu zeigen sein wird.

Um die empirische Bedeutung öffentlicher Aufgaben und ihrer Beschaffungsprobleme aufzuzeigen, soll im Anschluss trotzdem eine sektorale Abgrenzung vorgenommen werden. Quantitativ lässt sich der öffentliche Sektor über die Staatsquote und den Umfang der öffentlichen Haushalte ermitteln. Welche Größenordnung dabei die Verbindung zur Privatwirtschaft bei der Erstellung öffentlicher Leistungen hat, wäre bspw. über das Beschaffungsvolumen der öffentlichen Hand feststellbar und/oder empirisch bzw. sekundärstatistisch zu ermitteln.

1.3 Logistik und Beschaffung im öffentlichen Sektor

Der Beschaffung im öffentlichen Sektor kommt aufgrund des Gesamtvolumens von ca. 260 Mrd. Euro eine besondere Bedeutung zu (Bundesministerium für Wirtschaft und Technologie/Bundesverband Materialwirtschaft Einkauf und Logistik 2006: 8). Mehr als 20 % der Gesamtausgaben[1] werden für öffentliche Beschaffungen aufgewendet, in einzelnen Bereichen wie der Verteidigung sogar über ein Drittel (Husted/Reinecke 2009: 19). Das Gesamtvolumen entspricht dabei über 10 % des Bruttoinlandsprodukts.[2] Zum Vergleich: In der Europäischen Union liegt der Durchschnitt bei ca. 16 %. Dies entspricht 1.500 Mrd. €. Die Bedeutung öffentlicher Aufträge variiert dabei je nach Mitgliedsstaat von 10 % bis 20 % (Europäische Kommission 2007).
Geht man in Deutschland von 270 Mrd. Euro Beschaffungsvolumen aus, so hätten bereits geringe prozentuale Einsparungen eine enorme Wirkung. Freiwerdende Mittel könnten entweder genutzt werden, um wichtige Projekte zu finanzieren, also neue Aufträge zu vergeben (bspw. Infrastruktur oder Entwicklungshilfe), um notwendige Reformen (bspw. das deutsche Steuerrecht) zu ermöglichen oder die Auswirkungen dieser Reformen abzumildern (bspw. in der Sozialpolitik). In einer Studie kommt die Unternehmensberatung Booz & Co. zu dem Schluss, dass durch kurzfristige Maßnahmen wie Bündelung, Standardisierung, Warengruppenrestrukturierung sowie Neuausschreibungen Einsparungen i.H.v. 12 Mrd. € möglich sind, mittelfristig durch Organisationsänderungen noch einmal 18 Mrd. € (Schwarting/Bergmoser/Eltges/Wille 2009: 3). McKinsey berichtet von durchschnittlichen Einsparungen i.H.v. 15% des Beschaffungsvolumens, in Einzelfällen bis zu 28 % (Husted/Reinecke 2009: 18). In einer gemeinsamen Studie von Ramboll Management, dem Institut für Mittelstandsforschung sowie Leinemann & Partner Rechtsanwälte wurden zudem Prozesskosten bei der Vergabe öffentlicher Aufträge i.H.v. 19 Mrd. € p.a. in Deutschland ermittelt (Kröber/Fieseler/Kirch 2008: 8), die durch Vergaberechtsvereinfachungen um 15 bis 20 % gesenkt werden könnten (Kröber/Fieseler/Kirch 2008: 9). Dabei handelt es sich nur um eine punktuelle Betrachtung ohne Berücksichtigung sonstiger Beschaffungsziele (vgl. Abschnitt 3 dieses Beitrags). Trotzdem zeigen diese Beispielrechnungen plakativ die Potenziale einer effektiveren öffentlichen Beschaffung auf (vgl. Tabelle 1). Dies gilt umso mehr, als dass Wirtschaftlichkeit oberstes Ziel im Rahmen öffentlicher Beschaffungsaktivitäten ist, wie im Folgenden noch zu zeigen sein wird.

---

1 Staatliche Gesamtausgaben 2008: 1.091 Mrd. Euro (Statistisches Bundesamt Deutschland 2009a).
2 Höhe BIP 2008: 2.496 Mrd. Euro (Statistisches Bundesamt Deutschland 2009b), der Anteil schwankt zwischen 10-15% je nach Jahr (Institut der deutschen Wirtschaft Köln 2008: 17).

Effizienzsteigerung in %	Einsparungen in Mrd. €	Dies entspricht
0,5%	1,30	**Familienpolitik:** Kinderbetreuungsgeld bei Betreuung zuhause bis zum 3. Lebensjahr (geschätzte Kosten 1,3 Mrd. €)
1,0%	2,60	**Steuerreform:** Abschaffung von Branntwein-, Schaumwein- und Alkopopsteuer (Steuerausfälle ca. 2,55 Mrd. €)
1,5%	3,90	**Infrastruktur:** Abschaffung der LKW-Maut (Einnahmen/Jahr ca. 3 Mrd. €)
2,0%	5,20	**Entwicklungshilfe:** Verdopplung des Haushalts des Bundesministeriums für wirtschaftliche Zusammenarbeit und Entwicklung (Kosten ca. 4 Mrd. €)
2,5%	6,50	**Steuerreform:** Senkung der Umsatzsteuer um 5 % (Steuerausfälle ca. 6,3 Mrd. €)
3,0%	7,80	**Sozialpolitik:** Erhöhung der Rente um 0,8 % (bei 20 Mio. Rentnern in Deutschland)
3,5%	9,10	**Steuerreform:** Abschaffung des Solidaritätszuschlags (Steuerausfälle ca. 10 Mrd. €)

Tabelle 1: Einsparpotenziale bei prozentualen Effizienzsteigerungen in der öffentlichen Beschaffung von 0,5 % bis 3,5 %

Die Frage, ob eine Beschaffung „öffentlich" ist, erfolgt in der Regel über den Status des Auftraggebers. Vereinfacht gesagt, gehen wir immer dann von einer öffentlichen Beschaffung aus, wenn ein öffentlicher Auftraggeber auftritt. Das Gesetz gegen Wettbewerbsbeschränkungen definiert den Begriff des öffentlichen Auftraggebers. Für diese sind die Regelungen des Vergaberechts verbindlich gültig. Bei Überschreitung bestimmter Schwellenwerte greift das europäische Vergaberecht, weshalb abhängig vom Auftragswert zwischen dem nationalen und dem europäischen Begriff des öffentlichen Auftraggebers unterschieden wird.[3] Für das *deutsche* Vergaberecht gilt der Begriff des institutionellen Auftraggebers, das heißt, das Vergaberecht ist auf formal staatliche oder staatsnahe Stellen beschränkt. Dies sind die Gebietskörperschaften, Bund, Länder und Kommunen, juristische Personen des öffentlichen Rechts, wie Anstalten oder Stiftungen, und juristische Personen des privaten Rechts, also auch Unternehmen, Aktiengesellschaften etc., bei Aufträgen für die sie wenigstens zu 50 % öffentliche Gelder erhalten.[4] Im *europäischen* Vergaberecht

3 Momentan liegen die Schwellenwerte bei Bauaufträgen bei 5.278.000 €, für Aufträge oberster Bundesbehörden bei 137.000 €, in sonstigen Fällen bei 211.000 €, siehe Vergabeverordnung § 2.

4 § 98 des Gesetzes gegen Wettbewerbsbeschränkungen (GWB).

herrscht der Begriff des funktionalen öffentlichen Auftraggebers. Darunter fallen dann auch juristische Personen des privaten Rechts, die *dem Einfluss* des Staates unterliegen (Matthey 2001: 63). Eine Organisation ist gemäß Europäischem Gerichtshof dann dem Staat als zugehörig anzusehen, wenn

- deren Zusammensetzung und Aufgaben gesetzlich geregelt sind,
- deren Mitglieder von der öffentlichen Hand ernannt werden,
- deren Verpflichtungen von der öffentlichen Hand gewährleistet wurden und
- deren Aufträge vom Staat finanziert wurden,

obwohl die Organisation kein formeller Bestandteil des Staates und diesem nicht eingegliedert ist.[5]
Zur Wahrnehmung der staatlichen Grundfunktionen haben sich im deutschen Gemeinwesen und auf supranationaler Ebene komplexe Organisationen entwickelt. Insgesamt existieren in Deutschland circa 30.000 unterschiedliche Auftraggeber, die den Regelungen des nationalen und/oder europäischen Vergaberechts unterliegen und demnach als öffentliche Auftraggeber zu bezeichnen sind (Bundesministerium des Innern/Bundesministerium für Wirtschaft und Arbeit 2004: 3).
Die supranationale Ebene wird hier nicht betrachtet, auch wenn Deutschland mit einem Anteil von circa 18,5 % am Gesamthaushalt der Europäischen Union und circa 8,5 % am Haushalt der Vereinten Nationen wichtige Mittel für die öffentliche Beschaffung dieser Organisationen bereitstellt.[6]
Die größte Bedeutung für das öffentliche Auftragswesen in Deutschland kommt der Exekutive, also der öffentlichen Verwaltung, mit ihren Einrichtungen, Behörden, Ämtern etc., zu.[7] Im föderalen deutschen Staatsaufbau sind diese auf drei unterschiedlichen Ebenen angesiedelt, nämlich der gesamtstaatlichen Ebene des Bundes, der regionalen Ebene der insgesamt 16 Länder, wie z. B. Bayern oder Sachsen, und der kommunalen Ebene mit den Städten, Gemeinden und Gemeindeverbänden (vgl. Abbildung 1). Den größten Anteil an der öffentlichen Auftragsvergabe haben die Kommunen mit einem Beschaffungsvolumen von ca. 125 Mrd. Euro (knapp 50 %), gefolgt von den Ländern mit einem Anteil von 25 % bzw. einem Beschaffungsvolumen in Höhe von ca. 62 Mrd. Euro. Der Bund vergibt Aufträge in einem Umfang von ca. 50 Mrd. Euro (20 %), das Beschaffungsvolumen der bundesweit organisierten Sozialversicherungsträger beläuft sich auf ca. 12 Mrd. Euro (5 %; Bundesministerium des Innern/Bundesministerium für Wirtschaft und Arbeit 2004: 3).
Deutlich schwieriger ist das Abschätzen des Anteils der Logistikkosten am öffentlichen Einkauf, mithin der Kosten der Beschaffungslogistik. Auf Basis der Schätzung der branchenbezogenen Logistikkostenanteile (Klaus/Kille 2008: 68) und der Logistikkosten im Geschäftsbereich des Bundesministeriums der Verteidigung ergibt sich ein Logistikaufwand von rund 10 Mrd. €, bezogen auf das öffentliche Einkaufsvolumen sind dies ca. 4 %.

---

5 Urteil des Gerichtshofes der Europäischen Gemeinschaften (EuGH), Rs. 31/87, Beentjes, Slg 1988, 4635, 4655.

6 Eigene Berechnungen nach Daten des Instituts der deutschen Wirtschaft Köln (2009: 72) und des Auswärtigen Amtes (2008: 133).

7 Die Legislative und Judikative werden nicht bzw. nur am Rande betrachtet (Gornas/Beyer 2006: 1).

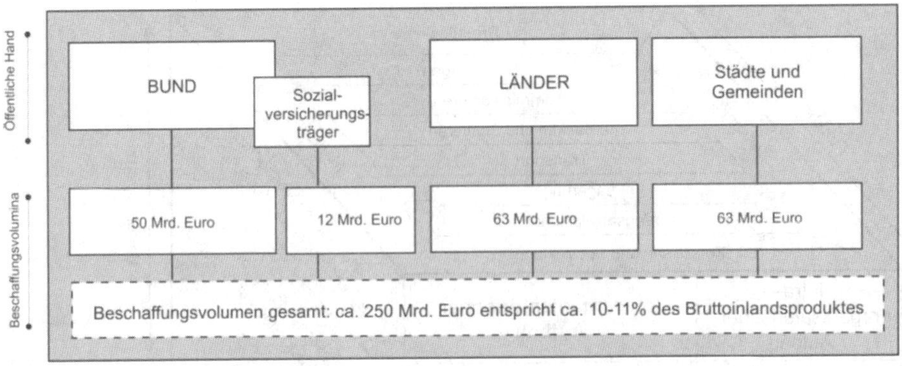

Abbildung 1: Beschaffungsvolumen aufgeteilt nach föderalen Staatsebenen Deutschlands (Daten des Bundesministerium des Innern/Bundesministeriums für Wirtschaft und Arbeit 2004: 3)

2 Bezugsrahmen für das Management öffentlicher Beschaffung

2.1 Einordnung der öffentlichen Beschaffung in den „Logistikwürfel"

Öffentliche Beschaffung und ihre Logistik lassen sich über den Logistikwürfel nach Pfohl (2004a: 25 f.) in den Gesamtzusammenhang der betriebswirtschaftlichen Teildisziplin Logistik einordnen (vgl. Abbildung 2). Dazu ist es erforderlich, die Begriffe Beschaffung und Logistik abzugrenzen. Hierzu existiert bereits eine Reihe von Vorschlägen, die primär auf den privaten Sektor abzielen. Dass nicht nur die Begriffe, sondern möglicherweise auch die Konzepte einer strategischen Beschaffung – wenn auch nicht unreflektiert – vom privaten auf den öffentlichen Sektor übertragbar sind (Bartl 2000: 1 ff.), zeigt die Analyse von Eßig/Dorobek/Glas/Leuger (2008: 87), die zu dem Schluss kommt, dass „entgegen der Kritik am Vergaberecht […] die Anwendung etablierter Sourcing-Konzepte durchaus möglich" ist.

Dem Grundsatz nach ist Beschaffung dafür verantwortlich, einer Organisation alle nicht selbst erstellten, aber benötigten Leistungen verfügbar zu machen (Arnold 2007). Dabei wird Beschaffung im weiteren Sinne unterschieden in Beschaffung im engeren Sinne bzw. Einkauf, der die rechtliche Verfügungsgewalt sichert und Beschaffungslogistik, die die Güter physisch verfügbar macht (Pfohl 2004b: 182 f., Stölzle 1999: 2, ähnlich Arnold 1989). Pfohl (2000b: 7) unterscheidet deshalb Logistik- und Akquisitionskanal, entsprechend setzt sich die öffentliche Beschaffung an der Schnittstelle zwischen öffentlichem Auftraggeber und privatwirtschaftlichen Lieferanten i. w. S. aus der öffentlichen Beschaffung zur Erlangung der rechtlichen Verfügungsgewalt (Bearbeitung des Akquisitionskanals) und aus der öffentlichen Beschaffungslogistik zur Erlangung der physischen Verfügungsgewalt (Bearbeitung des Logistikkanals) zusammen (vgl. Abbildung 3).

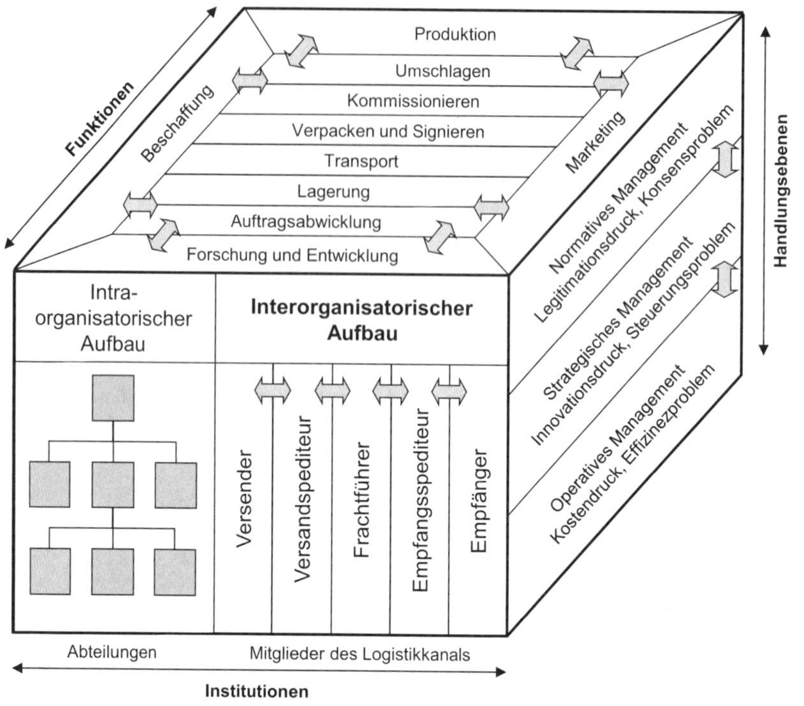

Abbildung 2: Der Logistikwürfel nach Pfohl

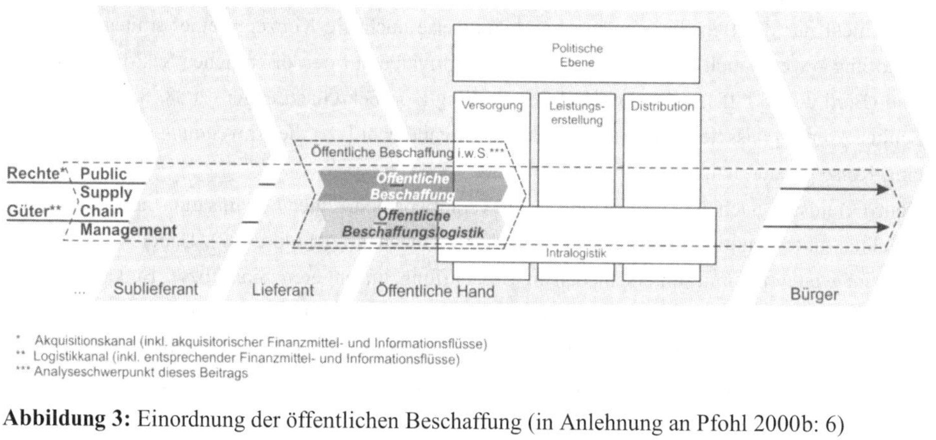

Abbildung 3: Einordnung der öffentlichen Beschaffung (in Anlehnung an Pfohl 2000b: 6)

2.2 Vorarbeiten in den betriebswirtschaftlichen Teildisziplinen

Für die Beantwortung der Frage, ob und in welcher Form öffentliche Beschaffung und ihre Logistik einer gesonderten wissenschaftlichen Auseinandersetzung bedürfen, ist eine Bestimmung des aktuellen Forschungsstandes erforderlich. Dazu wurde eine vergleichende Analyse wissenschaftlicher Zeitschriften aus den Themengebieten Beschaffung und Logistik einerseits sowie der öffentlichen Betriebswirtschaftslehre andererseits durchgeführt. Während die Beschaffungsjournals auf „öffentliche" Themen durchsucht wurden, erfolgte die Analyse der Öffentlichen BWL-Journals auf Fragen der Beschaffung. Konkret handelt es sich um Supply Chain Management: An International Journal, Journal of Supply Chain Management, Journal of Business Logistics, Naval Research Logistics sowie International Journal of Physical Distribution and Logistics Management für den Beschaffungs-/Logistikbereich einerseits und Public Administration, Voluntas, Journal of Accounting and Public Policy sowie Zeitschrift für öffentliche und gemeinwirtschaftliche Unternehmen für den Bereich des Public Management/ÖBWL andererseits. An der „Schnittstelle" zwischen den beiden Bereichen sind das International Journal of Acquisition Management sowie das Journal of Public Procurement angesiedelt. Ziel war, mit Hilfe einer Inhaltsanalyse einheitliche Erkenntnismuster in den Jahrgängen 2004 bis 2008 zu identifizieren. Konkret wurden 69 Beiträge ausgewertet und den Dimensionen des Logistikwürfels von Pfohl zugeordnet (vgl. Abbildung 4). Eine Erläuterung der entsprechenden Einordnung erfolgt in diesem Abschnitt, eine Übersicht enthält Tabelle 2.

Journal	Nr.	Autor	Einordnung (gem. Abb.4)
Beiträge der Öffentlichen BWL			
Voluntas	1.	Helmig/Jegers/Lapsley (2004)	X
	2.	Cooney (2006)	V, X, XVI
	3.	Brandl/Güttel (2007)	I, III, IX
	4.	Stephenson (2007)	II, XI, XVIII
Journal of Accounting and Public Policy	5.	Bhimani/Soonawalla (2005)	XI, XVI
	6.	Bhimani/Ncube (2006)	III, IX
Public Administration	7.	Koppenjan (2005)	V
	8.	Entwistle/Martin (2005)	III, X
	9.	Cox/Chicksand/Ireland (2005a)	I, III, XII
	10.	Benz (2005)	XI, XII, XVI
	11.	Bovaird (2006)	III, V, XVI
	12.	Kapucu (2006)	V, XIII
	13.	Dibben (2006)	II, XIV, XVIII
	14.	Damgaard (2006)	II, XI, XIV, XVIII
	15.	Noble/Jones (2006)	V, IX, XVI
	16.	Davis (2007)	III, VIII, XIX
	17.	Ram/Theodorakopoulos/Worthington (2007)	III, XVIII
	18.	Erridge (2007)	III, XI, XVIII
	19.	Fernandez (2007)	III, VIII, XII
	20.	O'Flynn/Alford (2008)	I, III, XII

	21.	Van der Wal/De Graaf/Lasthuizen (2008)	VI, XI, XVII
	22.	Warner/Bel (2008)	VI, XI
	23.	Reeves (2008)	V, IX, XVI
Zeitschrift für öffentliche und gemeinwirtschaftliche Unternehmen (Journal for Public and Nonprofit Services) – ZögU	24.	Priddat (2008)	XI, XVIII
	25.	Blocher (2007)	X, XVII
	26.	Budäus/Grüb (2007)	V, X
	27.	Grüb (2006)	V, X
	28.	Oettle (2005)	X, XVII
	29.	Engelhardt (2005)	I
	30.	Schwintowski (2004)	III
	31.	Hammann (2004)	VI
Beiträge aus Beschaffung und Logistik			
Supply Chain Management: An International Journal	32.	Kapoor/Ellinger (2004)	VIII, XVIII
	33.	Lonsdale (2004)	III, XII
	34.	Doran/Thomas/Caldwell (2005)	III, XII
	35.	Oloruntoba/Gray (2006)	VI, IX, XIV, XVIII
	36.	Sanderson/Cox (2008)	VI, XII
Journal of Supply Chain Management	37.	Ellram/Tate/Billington (2004)	VI, IX
	38.	McKone-Sweet/Hamilton/Willis (2005)	VI, XIII
	39.	Hurkens/van der Valk/Wynstra (2006)	VI
	40.	Reyes/Meade (2006)	VI
	41.	Sengupta/Heiser/Cook (2006)	VI
Journal of Business Logistics	42.	McKinnon (2006)	X, XVIII
	43.	Price (2006)	IV, XVIII
International Journal of Physical Distribution & Logistics Management	44.	Kovács/Spens (2007)	VI, XIII, XVIII
	45.	Perry (2007)	VI, XIII, XVIII
	46.	Minis/Paraschi/Tzimourtas (2006)	VI, IX
	47.	Mentzer/Min/Bobbitt (2004)	XI
Naval Research Logistics	48.	Szechtman/Kress/Lin/Cfir (2008)	VII
	49.	Erkut/Ingolfsson/Erdogan (2008)	VII, XIII
	50.	Sheeba/Ghose (2008)	IX
	51.	Brown/Carlyle (2008)	VII, XII
	52.	McCue (2005)	X
	53.	Avenhaus/Kilgour (2004)	XVIII
	54.	Armstrong (2004)	X
International Journal of Defense Acquisition	55.	Gelderman/Semeijn/Lek (2008)	VII, XXII
	56.	Taylor/Tatham (2008)	XX, XXII

Management	57.	Sauser/Ramirez-Marquez/Magnaye/Tan (2008)	XX
Journal of Public Procurement	58.	Snider/Rendon (2008)	III, X, XV, XVIII
	59.	Chen (2008)	IX, XXI
	60.	Johnson (2008)	VI, XVII
	61.	Dew (2008)	IX, XXII
	62.	Buchanan/Klingner (2007)	III, XII, XXI
	63.	Yoder (2007)	III, XVIII
	64.	Tineo (2007)	III, XXI
	65.	Schapper/Veiga Malta/Gilbert (2006)	III, XI, XVIII
	66.	Doerr/Lewis/Eaton (2005)	III, XXIII
	67.	Cox/Chicksand/Ireland (2005b)	III, XX
	68.	Tomasini/Van Wassenhove (2004)	VI, XVIII
	69.	Reed/Greiner (2004)	VI, X

Tabelle 2: Ausgewählte Beiträge für die Literaturanalyse

Vorarbeiten der Öffentlichen Betriebswirtschaftslehre

Die Auswahl der Beiträge für eine Inhaltsanalyse im Non-Profit-Sektor (NPO/Non-Profit-Organisationen) bzw. der öffentlichen Betriebswirtschaftslehre gestaltet sich schwierig, als dass direkte Stichwort- und Titelsuchen nach „Beschaffung" und „Logistik" überwiegend keine oder ausgesprochen wenige Ergebnisse liefern. Daher wurden bspw. auch Beiträge einbezogen, die einen generellen Überblick über den Stand der Forschung im Themengebiet öffentliche BWL und NPO geben.

Dazu gehört exemplarisch der Beitrag von Helmig/Jegers/Lapsley (2004). Inhaltlich konzentriert er sich auf den Bereich des Marketing, nennt jedoch noch andere Bereiche des NPO-Management, u.a. NPO Corporate Governance, Strategic Planning und Financial Management. Öffentliche Beschaffung hat Schnittstellen zu allen diesen Bereichen: Der Einkauf gilt als strategische Disziplin (Kocabasoglu/Suresh 2006: 4 ff.), das Vergaberecht soll Compliance im Sinne einer Public Corporate Governance sichern und schließlich sind die Auswirkungen auf öffentliche Budgets vor dem Hintergrund der skizzierten Beschaffungsvolumina enorm.

Die Frage nach dem „Spagat" einer öffentlichen Organisation zwischen eher gemeinwohl- und sachzielorientierten Aufgaben bzw. Organisationsformen einerseits und der Ausrichtung als gewinnerzielende Organisation andererseits thematisiert Cooney (2006). Sie spricht daher explizit von „'hybrid' organizational models combining social service mission and commercial goals" (Cooney 2006: 144). In der betrachteten Fallstudie spielt dabei explizit die Einbindung in eine industrielle Supply Chain (Cooney 2006: 149) sowie die Betrachtung von Lieferanten (Cooney 2006: 148) als wesentliche Elemente der „organizational fields" (Cooney 2006: 145) im öffentli-

chen Sektor eine Rolle. Ähnlich argumentiert Engelhardt (2005) für die Sonderform genossenschaftlicher Organisationen.
Eine erst auf den zweiten Blick für die öffentliche Beschaffung relevante Arbeit legen Brandl/Güttel (2007) vor. Sie schlagen ein sog. „Pay-for-Performance"-System für Non-Profit-Organisationen vor. Zwar handelt es sich dabei in erster Linie um ein Mitarbeiter-Vergütungssystem und somit um ein intraorganisationales Problem, denkbar wäre jedoch eine Übertragung auf Beschaffungsfragen. Gerade im Verteidigungssektor ist eine leistungsabhängige Vergütung von Instandhaltungsdienstleistern (sog. Performance Based Logistics, Eßig/Glas/Scheckenhofer 2009) oder gar die Ablösung des Anlagen- bzw. Hardwarekaufs durch Verfügbarkeitsbeschaffungen (bspw. definierte Flugstundenzahl statt Transportflugzeugkauf) zunehmend populär.
Das Management von Supply Chains im Katastrophenfall steht im Mittelpunkt des Beitrags von Stephenson (2007). Konkret geht es um die Maßnahmen im Zuge des Hurrikans Katrina in den USA 2005 und einen Vergleich mit internationalen humanitären Einsätzen. Im Mittelpunkt steht also eine „Humanitarian Service Delivery"- (Stephenson 2007: 209) bzw. eine „Disaster Intervention"-Versorgungs- bzw. Logistikkette. In diesem Beitrag wird insbesondere deutlich, welch unmittelbaren Einfluss politische und regulative Rahmenfaktoren auf öffentliche Beschaffungs- und Logistikaktivitäten haben. Konkret identifiziert Stephenson (2007) Föderalismus und Neoliberalismus als wesentliche Gründe für die schlechte (Logistik-) Leistung bei der Bekämpfung der Folgeschäden des Hurrikans.
Unstrittig ist die Vergaberechtskonformität eines der wesentlichen Merkmale der öffentlichen Beschaffung. Dieser Aspekt einer über das im privatwirtschaftlichen Einkauf übliche Maß an Compliance wird von Bhimani/Soonawalla (2005: 157-169) in ein Kontinuum zwischen Conformance einerseits und Performance andererseits eingeordnet (vgl. den ähnlichen Compliance-/ Performance-Zusammenhang bei Schapper/Veiga Malta/Gilbert 2006: 14). Es ist zu vermuten, dass die öffentliche Beschaffung diesbezüglich eindeutig stärker dem Conformance- als dem Performance-Aspekt verpflichtet ist. In einem späteren Beitrag kommen Bhimani/Ncube (2006: 404 f.) zu dem Schluss, dass die Vorteile kooperativer Organisationsformen in Supply Chains, bspw. zwischen öffentlichem Beschaffer und privatwirtschaftlichem Lieferanten immer dem Risiko steigender Abhängigkeit gegenüberzustellen sind. Aus Sicht des auslagernden bzw. beschaffenden öffentlichen Sektors stellt sich die Frage, ob Wettbewerb oder Kooperation jeweils situativ zielführender sind (Warner/Bel 2008).
Sehr häufig werden aus Sicht der öffentlichen BWL Logistikaspekte primär unter Infrastrukturgesichtspunkten untersucht, dies ist bspw. bei Koppenjan (2005) oder Dibben (2006) der Fall. Da die öffentliche Hand in der Regel die Verkehrsinfrastruktur bereitstellt, ist dieser Aspekt der Logistik von großem Interesse für die öffentliche Hand. In den konkreten Fällen von Dibben (2006) geht es um die Bereitstellung von Personentransportleistungen für alle sozialen Gruppen, bei Koppenjan (2005) geht es um PPPs in diesem Bereich. Damit sind neue Formen der Arbeitsteilung angesprochen – ein Aspekt, der auch bei Entwistle/Martin (2005) im Mittelpunkt steht. Sie beziehen sich auf die Frage, wie bislang innerhalb des öffentlichen Sektors erbrachte Leistungen effizienter

gestaltet werden können. Dazu vergleichen sie die im Vereinigten Königreich eingesetzten Compulsory Competitive Tendering (CCT)- und Best Value-Konzepte. Während CCT vorsah, alle bislang intern erbrachten Leistungen einer öffentlichen Ausschreibung und damit einem so intensiv als möglichen Wettbewerb zu öffnen (vgl. in ähnlicher Form Blocher 2007), bedeutet Best Value eine Orientierung an partnerschaftlicher Zusammenarbeit mit Lieferanten – mithin ein Paradigmenwechsel vom Wettbewerbs- zum Kooperationsmodell. Diese Formen der „Collaboration" spielen dabei nicht nur in großen Kooperationsvorhaben wie bspw. beim Autobahnbau eine Rolle, sondern sind durchaus auch in lokalen Gebietskörperschaften anzutreffen (Davis 2007, Fernandez 2007). Zu Formen dieser Lieferantenkollaboration kann auch die gezielte Entwicklung bspw. regionaler Lieferanten gezählt werden (Fall des „Supplier Developments East Midlands" bei Ram/Theodorakopoulos/Worthington 2007: 119), gleichwohl eine regionale Bevorzugung durchaus im Widerspruch zum Europäischen Vergaberecht steht. Dessen Anwendung ist aber nicht unumstritten (Schwintowski 2004). Der oben angesprochene „Best Value" für den öffentlichen Auftraggeber setzt sich auch aus dem Beitrag zu politischen Zielen wie gesellschaftliche Wohlfahrt oder gesamtwirtschaftliche Förderung zusammen. Erridge (2007: 1033) und Van der Wal/De Graaf/Lasthuizen (2008: 478) entwickeln dazu ein Zielmodell für Wertgenerierung durch öffentliche Beschaffung – wobei die Wertkategorien zwischen öffentlichem und privatem Sektor nur teilweise deckungsgleich sind.

Dabei gibt es nicht nur für die externe Orientierung zum Lieferanten, sondern auch die interne Struktur der öffentlichen Beschaffung („Struktur-Paradigmen"), wie Cox/Chicksand/Ireland (2005a, 2005b) zeigen. Am Beispiel der Health Supply Chain im Vereinigten Königreich stellen sie die Alternativen einer zentralisierten, landesweiten Beschaffung über Rahmenverträge („National Framework Agreements"), einer dezentralen, rein regional orientierten Beschaffung („Local (Individual Trust) Level Purchasing") sowie einer auf einer Zusammenarbeit der regionalen Beschaffungsstellen basierenden Kooperationslösung („Purchasing Confederations") gegenüber. Generell gilt, dass die Zusammenarbeit der öffentlichen Beschaffung als Steuerer „externer" Wertschöpfung (bei Lieferanten) mit den internen Bedarfsträgern, die deren Leistung für ihre eigene Wertschöpfung benötigen, weiter zu optimieren ist – den (Kosten- und Qualitäts-) Vorteilen arbeitsteiliger Spezialisierung stehen erhöhte Koordinationsaufwendungen bspw. bei der Leistungsbeschreibung gegenüber (O'Flynn/Alford 2008: 219 sprechen vom „Separation/Specification" Dilemma). Eine transaktionskostenorientierte Analyse ist dabei sehr hilfreich (Reeves 2008).

In der institutionenökonomischen Diskussion (vgl. bspw. Williamson 1990) bezeichnet man diese Strukturüberlegungen – intern wie extern orientiert – als „Governance". Benz (2005) sieht Governance als Chance, im öffentlichen Sektor die bislang vorherrschende juristisch geprägte Diskussion um ökonomische, verwaltungs- und politikwissenschaftliche Dimensionen zu ergänzen. Er plädiert mithin für einen interdisziplinären Ansatz zur Weiterentwicklung des öffentlichen Sektors (665 f.). Damgaard (2006) überträgt das auch im SCM häufig anzutreffende Netzwerkparadigma auf den politisch-steuernden Bereich öffentlicher Aufgaben. Von größter normativer Relevanz ist dabei die Frage, was den öffentlichen Sektor und seine Aufgaben im Kern ausmacht

und inwieweit die Leistungserstellung an Private überhaupt delegiert werden kann („Gewährleistungsstaat", Priddat 2008: 157).
Öffentliche Supply Chains sind in der Regel Service Supply Chains, liefern sie doch häufig eine Dienstleistung für den Bürger (bspw. innere Sicherheit oder soziale Wohlfahrt, vgl. bspw. Hammann 2004). Bei der Leistungserstellung ist die Einbeziehung von Lieferanten oft notwendig und wegen des Dienstleistungen inhärenten Kontraktgutcharakters schwierig. Bovaird (2006) und Fernandez (2007) plädieren deshalb für eine grundlegend andere Beschaffungskonzeption, die neue Formen der Kooperation mit privatwirtschaftlichen Lieferanten wie PPP und Private Finance Initatives (PFI) sowie neue Formen der Kontraktgestaltung generell vorsieht (siehe kritisch dazu Oettle 2005). Generell genießen PPP derzeit ein hohes Maß an Aufmerksamkeit (Budäus/Grüb 2007, Grüb 2006). Dass diese Formen der Zusammenarbeit nicht nur im Falle „routinemäßiger" Beschaffungen sowie nicht nur zwischen dem Staat und Privaten sinnvoll sein können, zeigt Kapucu (2006). Er stellt für Emergency Supply Chains am Beispiel der Terroranschläge vom 11. September 2001 dar, wie öffentliche Logistikketten dynamisch und flexibel reagieren müssen und welche Rolle dabei auch die Kooperation zwischen dem Staat und Non-Profit-Organisationen (bspw. Hilfsorganisationen) spielt.
Eine wesentliche Bedeutung bei der Gestaltung erfolgreicher PPPs haben die beteiligten Personen, insbesondere Führungskräfte. Noble/Jones (2006) haben aus empirischen Untersuchungen den Typ des „Boundary Spanners", mithin des grenzüberschreitenden Managers ermittelt. Im Gegensatz zum Typ des „Project Champions" gestalten sie den PPP-Erfolg unmittelbar über ihren persönlichen Einsatz in der unmittelbaren Arbeit von PPPs.

Vorarbeiten aus Beschaffung und Logistik

Ähnlich schwierig wie im Bereich der Öffentlichen BWL gestaltet sich die Inhaltsanalyse in der Logistik – mit umgekehrten Vorzeichen. Während die öffentliche BWL kaum Beiträge zur Logistik aufweist, waren die Bezüge der Logistik-Beiträge zum „Öffentlichen" äußerst gering – entsprechend wurden auch Service Supply Chain-Beiträge im weiteren Sinne aufgenommen. Tatsächlich hat der öffentliche Sektor mit 13 % den zweitgrößten Anteil innerhalb der Dienstleistungsbranchen (nach dem Finanzsektor) am BIP (Ellram/Tate/Billington (2004: 18). Der Vergleich zwischen industriellen und Service Supply Chains zeigt, dass eine unreflektierte Gleichsetzung keine optimalen Ergebnisse liefert (Sengupta/Heiser/Cook 2006: 13). Konsequenterweise lassen sich auch Modelle wie SCOR (Ellram/Tate/Billington 2004: 21 ff.) oder Total Cost of Ownership (Hurkens/van der Valk/Wynstra 2006) nicht einfach übertragen. Der Versuch einer „Unified Theory of Logistics" bezieht sich denn auch weniger auf die Austauschbarkeit des Analyseobjekts (bspw. einer öffentlichen Beschaffungslogistik) als auf die Nutzung kombinierter theoretischer Erklärungsmuster (Mentzer/Min/Bobbitt 2004).
Häufig finden sich Bezüge zum „Öffentlichen" über die Infrastruktur für Logistikaktivitäten oder über eher volkswirtschaftliche Fragestellungen. Dazu gehören bspw. McKinnon (2006), der untersucht, welche Auswirkungen die Unterbrechung von Straßentransporten (durch landesweite

Streiks) auf die Volkswirtschaft hat oder Price (2006), der die Frage beantwortet, wie sich Logistikmanagementaktivitäten in Staaten einführen lassen, die von der Plan- zur Marktwirtschaft transformieren. Kapoor/Ellinger (2004) zeigen am Beispiel eines Motorradherstellers, wie eng die volkswirtschaftliche Entwicklung einer leistungsfähigen Zulieferstruktur und die betriebswirtschaftliche Outsourcing-Entscheidung zusammenhängen. Solange die Politik nicht entsprechende Rahmenbedingungen wie Liberalisierung schafft, ist eine Neustrukturierung der Supply Chain nicht möglich.

Auch die Logistik setzt sich mit „besonderen" Service Supply Chains auseinander, *wie Lonsdale (2004) am Beispiel des englischen Fußballs zeigt*. Ausgehend vom Fußballklub als fokale Organisation definiert er die Upstream-Logistikkette mit Spielern, Trainern, ihren Agenten, Merchandising-Zulieferern sowie die Downstream-Logistikkette mit Fernsehanstalten, Sponsoren, Zuschauern und Werbungtreibenden. „Öffentliche" spielen insofern eine Rolle, als sie entweder die Rahmenbedingungen (bspw. von Spielertransfers) setzen oder gar als Knoten, bspw. in Form einer öffentlich-rechtlichen Fernsehanstalt, mitwirken. Die Analyse erfolgt zwar am empirischen Beispiel, ist aber in der Regel institutionenökonomisch fundiert, wie auch bei Samaranayake/Thomas/Caldwell (2005) für die Upstream-Versicherungs-Supply Chain *oder bei Lonsdale (2004)*. Gleichzeitig zeigt sich, dass die Übernahme des SCM häufig an Faktoren wie unklaren Rollendefinitionen der SCM-Beteiligten oder der nicht-schlüssigen Tauschbeziehung zum Endkunden Bürger scheitert (vgl. für den Gesundheitssektor McKone-Sweet/Hamilton/Willis 2005). Auch die Übergänge von der Sachleistungs- zur Dienstleistungs-Supply Chain sind nicht einfach zu realisieren, wie das Beispiel der Olympischen Spiele veranschaulicht (Minis/Paraschi/Tzimourtas 2006).

Zu den speziellen Supply Chains mit Bezug zu einer Form der „öffentlichen" Leistungserstellung gehören insbesondere die humanitären Supply Chains, wie sie bspw. nach Naturkatastrophen zum Einsatz kommen. Dabei spielen internationale Organisationen, Non-Governmental-Organisationen und natürlich die Hilfsempfänger (kollektiv als Land bzw. individuell als Betroffene) die wesentlichen Rollen (Kovács/Spens 2007: 106, Oloruntoba/Gray 2006: 116). Neben der Grundstruktur solcher Supply Chains (bspw. im Sinne der Lean-/Agile-Unterscheidung für humanitäre Supply Chains bei Oloruntoba/Gray 2006 oder bei Sanderson/Cox 2008 für Schiffsbau-Supply Chains in Anlehnung an Fisher 1997) stehen für humanitäre Non-Profit-Organisationen häufig größere Logistikorganisationen zum Umschlag physischer Sachspenden an Bedürftige im Aufgabenfokus (Reyes/Meade 2006, Tomasini/Van Wassenhove 2004: 442). Man geht davon aus, dass logistische Aktivitäten bis zu 80 % Anteil an einer erfolgreichen Katastrophenhilfe haben (Kovács/Spens 2007: 99). Üblicherweise folgen die humanitären SCM-Modelle einem prozessualen Ansatz mit den Phasen Preparedness, Response und Aftermath (Perry 2007: 416 f.). Kovács/Spens (2007: 100 ff.) haben eine umfangreiche Literaturanalyse zu humanitären Supply Chains vorgelegt.

Zu den weiteren von der Logistikforschung untersuchten öffentlichen Supply Chains gehört die Versorgungskette des Militärs. Dabei geht es meist um den Einsatz von Operations Research-Methoden, einerseits für die Modellierung von Kriegsszenarien direkt (Armstrong 2004, McCue 2005, Sheeba/Ghose 2008), andererseits für die Optimierung der Versorgungswege bei weltweiten Einsätzen (Brown/Carlyle 2008), aber auch bei der Abrüstungsüberwachung (Avenhaus/Kilgour

2004) oder Standortfragen für medizinische Einrichtungen zur Maximierung der Überlebenswahrscheinlichkeit (Erkut/Ingolfsson/Erdogan 2008). Hinzu kommen eher technische Aspekte, bspw. sensorgestützte Grenzüberwachungen (Szechtman/Kress/Lin/Cfir 2008).
Darüber hinaus existieren noch Forschungsbeiträge, die zwar prinzipiell der Logistik- und Beschaffungsforschung zuzurechnen sind, aber fast schon eine eigene Gruppe darstellen, da sie sich explizit mit Beschaffungsfragen im öffentlichen Sektor auseinandersetzen. Dazu gehören die Beiträge, die in dezidierten Zeitschriften (Journal of Public Procurement, International Journal of Defense Acquisition Management) publiziert werden. Acquisition Management steht dabei für die Gesamtheit aller Aktivitäten, welche mit der Bestimmung des Bedarfs neuer (Rüstungs-) Güter, Anlagen oder Dienstleistungen über deren Beschaffung und lebenslangen Aufrechterhaltung bis hin zur Entsorgung oder Stilllegung verbunden sind (Reed/Greiner 2004). Wegen des hohen Investitionsbedarfs bei großen Rüstungsprojekten sind derartige „Acquisitions" langfristiger Natur und häufig technisch anspruchsvoll, wichtige Beschaffungsentscheidungen müssen daher entsprechend strategisch abgesichert werden (Sauser/Ramirez-Marquez/Magnaye/Tan 2008, Taylor/Tatham 2008: 33 f.). Gleichzeitig gilt es, den Beschaffungsprozess für Standardgüter im Rüstungsbereich zu vereinfachen und international zu koordinieren, bspw. über elektronische Marktplätze (Gelderman/Semeijn/Lek 2008).
Die öffentliche Beschaffung wird nicht unwesentlich durch politische Entscheidungen gesteuert bzw. geprägt. Damit ist das klassische Input-Throughput-Output-System der BWL um die erwünschten gesellschaftlichen Ergebnisse (Outcome) und ihre Auswirkungen (Impact) zu erweitern (Snider/Rendon 2008). Damit werden die Ziele der öffentlichen Beschaffung weiter ausdifferenziert (Schapper/Veiga Malta/Gilbert 2006: 4 f.), die Komplexität der Entscheidungen steigt. Das zeigt sich auch bei den Fragen nach dem optimalen Regulierungs- (Yoder 2007) und dem optimalen Eigenleistungs- bzw. Outsourcinggrad (Johnson 2008).
Da die Entscheidungstransparenz zu den wesentlichen Merkmalen der öffentlichen Beschaffung gehört, spielen Modelle zur Bewertung und Auswahlentscheidung von Angeboten eine wichtige Rolle (Chen 2008). Diese Entscheidungstransparenz kann für zukünftige Entwicklungen unter der Annahme unvollständiger Verträge nur eingeschränkt gelten – ein Problem, das insbesondere beim Wandel von klassischen Lieferverträgen für Sachleistungen (bspw. bestimmter Flugzeugtyp) zu leistungsbezogenen Dienstleistungsverträgen (in Anlehnung an das bereits angesprochene Performance Based Logistics auch als Performance (-Based) Contracting bezeichnet, bspw. Beschaffung garantierter Verfügbarkeit in Form von Flugstunden) von Relevanz ist (Buchanan/Klingner 2007, Doerr/Lewis/Eaton 2005, Tineo 2007). Dazu gehört auch, insbesondere bei der Bedarfsentstehung darauf hinzuwirken, dass alle Anforderungen an die auszuschreibende Leistung auch tatsächlich benötigt werden und keine „Over-Specification" erfolgt (Cox/Chicksand/Ireland 2005b: 11). Eher selten anzutreffen sind Bezüge zur konkreten logistischen Abwicklung einer vergebenen Leistung – die Ausnahmen beschäftigen sich mit neuen Technologien wie RFID und testen diese bspw. in eher „exotischen" Anwendungsfällen wie dem Tracking von Menschen (Dew 2008).

Zwischenfazit

Die Zugänge zur öffentlichen Beschaffungslogistik lassen sich in vier Hauptgruppen einteilen: Zum einen existieren eine Reihe von Arbeiten, die sich prinzipiell mit Service Supply Chains auseinandersetzen (Bovaird 2006, Doran/Thomas/Caldwell 2005, Ellram/Tate/Billington 2004, Fernandez 2007, Hammann 2004, Hurkens/van der Valk/Wynstra 2006, Lonsdale 2004, O'Flynn/Alford 2008, Sengupta/Heiser/Cook 2006). Folgt man dem Ansatz von Klaus (1999) bzw. dem Modell öffentlicher Aufgaben nach Eichhorn (2001), so handelt es sich im öffentlichen Bereich in der Regel immer um eine am Bürger zu erbringende Dienstleistung in Form der Gewährung eines funktionsfähigen Gemeinwesens. Nicht verwunderlich ist die Tatsache, dass Service Supply Chains differenzierte SCM-Instrumente erfordern und dass meist eben kein Beispiel im öffentlichen Bereich gewählt wird, wenn es um Service Supply Chains geht.

Weitaus stärker „öffentlichen" Charakter haben deshalb die Beiträge, die sich mit einer dediziert öffentlichen Dienstleistungs-Supply Chain auseinandersetzen (Cooney 2006, Cox /Chicksand/Ireland 2005a, Kapucu 2006, Kovács/Spens 2007, McKone-Sweet/Hamilton /Willis 2005, Minis/Paraschi/Tzimourtas 2006, Oloruntoba/Gray 2006, Reyes/Meade 2006, Stephenson 2007, Tomasini/Van Wassenhove 2004). Dazu gehören vor allem humanitäre Supply Chains, bei denen staatliche, zwischenstaatliche und Non-Profit-Organisationen zusammenarbeiten, aber bspw. auch die Supply Chain zur Versorgung Olympischer Spiele.

Ein weiterer Schwerpunkt mit Bezug zu Öffentlichem liegt im Bereich der Infrastruktur (Dibben 2006, Grüb 2006, Kapoor/Ellinger 2004, Koppenjan 2005, McKinnon 2006, Price 2006). Dieser Aspekt ist zwar nicht zentral für unser Verständnis öffentlicher Logistik, gleichwohl ist die Bereitstellung von Verkehrs-Infrastruktur eine der wesentlichen öffentlichen Aufgaben für die Logistik.

Daneben existiert noch eine Reihe von Beiträgen, die sich mit der Anwendung von Operations Research-Methoden für die öffentliche, insbes. für die militärische Logistik auseinandersetzen (Armstrong 2004, Avenhaus/Kilgour 2004, Brown/Carlyle 2008, Erkut/Ingolfsson/Erdogan 2008, McCue 2005, Sheeba/Ghose 2008, Szechtman/Kress/Lin/Cfir 2008). Dabei spielt der Methodeneinsatz, seine Anwendung und Modellierung eine weitaus größere Rolle als spezifische Probleme einer öffentlichen (Beschaffungs-) Logistik.

Schließlich sind noch die Beiträge zu nennen, welche weniger den Logistik- als den Akquisitionskanal fokussieren (Bovaird 2006, Cox/Chicksand/Ireland 2005a, Davis 2007, Entwistle/Martin 2005, Erridge 2007, Fernandez 2007, Ram/Theodorakopoulos/Worthington 2007, Schwintowski 2004). Diese Gruppe ist am besten als „öffentlicher Einkauf" charakterisiert.

3 Erste Überlegungen für eine Strukturierung der öffentlichen Beschaffung und ihrer Logistik

Der Logistikwürfel nach Pfohl kann in seinen Grundzügen auch als Grundlage dafür dienen, die öffentliche Beschaffung und ihre Logistik zu strukturieren (vgl. Abbildung 2). Gleichwohl sind Anpassungen vonnöten, die den Spezifika der öffentlichen Beschaffung und ihrer Logistik gerecht werden. Zwar bleiben die Handlungsebenen prinzipiell unverändert, bei den Funktionen und Institutionen sind Veränderungen erforderlich:

Institutionell zeichnet sich die öffentliche Beschaffung dadurch aus, dass ein als „öffentlich" gekennzeichneter Auftraggeber (Beschaffer, vgl. Abschnitt 1.3) ebenso vertreten ist, wie ein privatwirtschaftlicher Anbieter (bzw. mehrere potenzielle Lieferanten). Diese sind entweder „marktlich" verknüpft oder gehen eine langfristige Zusammenarbeit in Form einer Öffentlich-Privaten Partnerschaft (ÖPP bzw. Public Private Partnership PPP) ein. Hinzu kommen Logistikdienstleister, die für die physische Verfügbarkeit zwischen privatem Lieferant und öffentlichem Auftraggeber verantwortlich zeichnen. In neueren Modellen des strategischen Beschaffungsmanagement (Large 2009: 42) gilt das Management der Lieferanten-Abnehmer-Beziehung als zentrale Aufgabe.

Prozessmodelle kommen in der Beschaffung (Koppelmann 2003: 35 ff.) und insbesondere in der öffentlichen Beschaffung (Wegweiser 2000: 14; Fuchs/Helfrich 2004) häufig zum Einsatz. Sie bilden daher auch die Grundlage für die funktionale Dimension des modifizierten Logistikwürfels. Er sieht im Prinzip drei Phasen des Beschaffungsvorganges vor. In der ersten Phase der Bedarfsfeststellung werden die wesentlichen Grundlagen des Beschaffungsvorganges gelegt, der dann in der zweiten Phase in einem formellen Vergabeverfahren am Beschaffungsmarkt platziert wird. Diese Phase ist weitgehend durch das Vergaberecht determiniert. Wesentlicher Handlungsspielraum und somit Einsparpotenziale liegen für den Beschaffer in den vor- und nachgelagerten Prozessschritten: Im Rahmen der Bedarfsfeststellung werden die wesentlichen Kostenbestandteile determiniert; hier können „echte" Innovationen zum Einsatz kommen. Statt einer klassischen Vergabe kann an dieser Stelle bspw. auch die Nutzung von Lieferanten-Know-how bspw. mittels des wettbewerblichen Dialogs zum Einsatz kommen. In der Beschaffungsabwicklung sind die Beschaffungslogistik, die Einhaltung von Rahmenverträgen und die E-Bestellung wesentliche strukturelle Handlungsmöglichkeiten zur effizienteren und kostengünstigeren öffentlichen Beschaffung. Derzeit wird bspw. viel zu häufig noch frei Haus beschafft, neue Lösungen der Zulieferlogistik (Gebietsspediteur, Vendor Managed Inventory u. a.) kommen wenig zum Einsatz. Dabei gilt es zu beachten, dass die Ausführung der logistischen Aktivitäten zwar erst in der Phase der Beschaffungsabwicklung erfolgt, sie aber bereits bei der Bedarfsfeststellung konzeptionell anzulegen ist.

Hinzu kommt, dass diese Prozessschritte in ein anderes funktionales Umfeld eingebettet sind. Öffentliche Beschaffung ist nicht nur mit dem General Public Management (bspw. im Sinne einer Verwaltungsleitung) gekoppelt, sondern den Fachabteilungen der Verwaltung als Bedarfsträger und den Bürgern als „Endkunden" verpflichtet, die in einem demokratischen Rechtsstaat auf den Ebenen Kommune, Land und Bund über gewählte Volksvertreter und somit über die Politik wesentliche Entscheidungen bestimmen. Murray (2009) spricht in diesem Zusammenhang von einem dem Purchasing-Prozess vorgelagerten „politischen" Prozess des Commissioning, der mit Auftragsfestlegung nur unzureichend übersetzt wäre. In Anlehnung an Eichhorn (2001) scheint die Bestimmung einer öffentlichen Aufgabe angemessener. Dieser vorgelagerte Prozess sieht vor, festzulegen, welche öffentlichen Leistungen überhaupt angeboten werden sollen bzw. müssen, da grundgesetzlich nur wenig geregelt ist (bspw. der Bau und Betrieb von Schienenwegen in Art. 87e (3) GG).

Insgesamt ergibt sich so ein modifizierter Würfel der öffentlichen Beschaffung(-slogistik), in den sich die Beiträge aus Tabelle 2 bzw. Abschnitt 2 dieses Beitrags an insgesamt 23 Stellen „verorten" lassen (I bis XXIII in Abbildung 4). Dabei fällt auf, dass doch ein wesentlicher Schwerpunkt in der eigentlichen Beschaffungsaufgabe liegt (III, vgl. auch Tabelle 2). Das Verständnis einer normativ-strategisch gesteuerten öffentlichen Beschaffung wird reflektiert, dies bezieht sich jedoch in erster Linie auf die Frage, inwiefern politische Ziele wie Nachhaltigkeit, die Förderung kleiner und mittelgroßer Unternehmen (KMU) oder Tariftreue im Rahmen der öffentlichen Beschaffung eine Rolle spielen sollen (X, XI sowie das Zielsystem öffentlicher Beschaffung bei Erridge 2007). Die Schnittstellen zu anderen Funktionsbereichen wie insbesondere der Politik, aber auch zum Bedarfsträger, dem Verwaltungsmanagement sowie dem Bürger als Endkunden sind dementsprechend ausgeprägt (XII bis XIX).

Eine betriebswirtschaftliche Optimierung der öffentlichen Beschaffung tut trotz – oder gerade wegen – des vergaberechtlichen Handlungsrahmens Not. Die Brücke wird über das das Verwaltungshandeln bei der Beschaffung bestimmende Grundprinzip der Wirtschaftlichkeit geschlagen (§ 25 Nr. 3 Abs. 3 VOB/A, § 25 Nr. 3 VOL/A, § 16 VOF). Der Begriff der Wirtschaftlichkeit ist in vielfältiger Weise im Vergaberecht konkretisiert (§ 7 BHO, Verwaltungsvorschriften zur BHO vom 13.02.2001; Erlass BMF vom 31.08.1995, II A 3- H 1005 – 23/95, Arbeitsanleitung Einführung in Wirtschaftlichkeitsuntersuchungen).

Wirtschaftlichkeit in diesem Sinne ist die günstigste Relation zwischen dem verfolgten Zweck und den einzusetzenden Mitteln. Ökonomisch gesehen kann der Grundsatz der Wirtschaftlichkeit synonym zu dem Rationalitäts- und Effizienzprinzip verwendet werden, da Effizienz in diesem Sinn auf die optimale Verteilung von Ressourcen hinsichtlich alternativer Verwendungszwecke (Schmidt/Schmidt 1996: 65) gerichtet und damit mit der Bewirtschaftung knapper Güter gleichzusetzen ist. Ein Beschaffungsvorgang ist demnach effizient bzw. wirtschaftlich, wenn es keine Alternative gibt, die bezüglich aller Beurteilungskriterien nicht schlechter und mindestens in einem Kriterium besser ist (Neus 1998: 41).

Das Vergaberecht verfolgt bezogen auf die Wirtschaftlichkeit im Wesentlichen folgende Ziele, nämlich (1) den fehlenden tatsächlichen Zwang des öffentlichen Auftraggebers zum wirtschaftlichen Haushalten auszugleichen (Matthey 2001: 69) und (2) einen fairen und offenen Wettbewerb auf den Beschaffungsmärkten herzustellen (Hopf 2002: 4). Insgesamt soll der im Rahmen dieses Beitrags vorgestellte Ansatz als erster Systematisierungsvorschlag dienen und mittels ökonomischer Fundierung mögliche Perspektiven aufzeigen. Für die betriebswirtschaftliche Forschung bietet sich hier ein weites Aufgabenfeld: Zum einen sind die bereits eingangs erwähnten Einsparpotenziale bei weitem noch nicht realisiert (vgl. Abschnitt 1.3), zum anderen wird die wissenschaftliche Diskussion (noch) nicht betriebswirtschaftlich, sondern vergabejuristisch geführt.

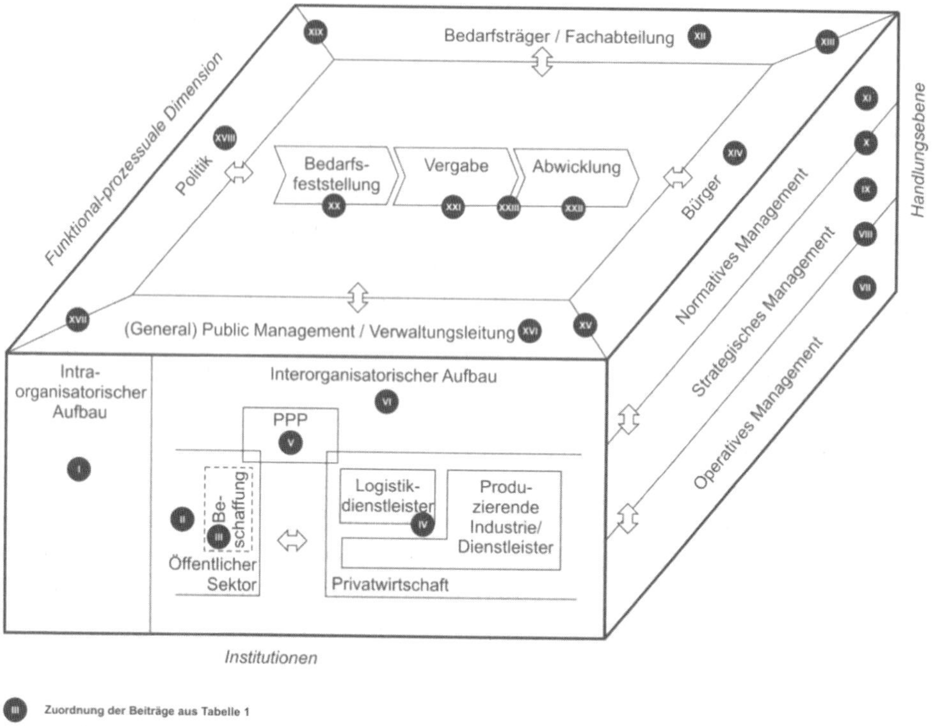

Abbildung 4: Der Würfel der öffentlichen Beschaffung(-slogistik)

Literatur

Armstrong, Michael J. (2004): Effects of Lethality in Naval Combat Models. In: Naval Research Logistics 51. 1. 28-43.

Arnold, Ulli (1989): Management der Materialwirtschaft – Ziele, Aufgaben und Instrumente. In: Beschaffung Aktuell 36. 4. 58-63.

Arnold, Ulli (2007): Strategisches Beschaffungsmanagement. In: Arnold/Kasulke (2007): 13-46.

Arnold, Ulli/Kasulke, Gerhard (Hrsg.) (2007): Praxishandbuch innovative Beschaffung. Weinheim: Wiley-VCH.

Auswärtiges Amt (Hrsg.) (2008): Bericht der Bundesregierung zur Zusammenarbeit zwischen der Bundesrepublik Deutschland und den Vereinten Nationen und einzelnen, global agierenden, internationalen Organisationen und Institutionen im Rahmen des VN-Systems in den Jahren 2006 und 2007. Berlin.

Avenhaus, Rudolf/Kilgour, D. Marc (2004): Efficient Distributions of Arms-Control Inspection Effort. In: Naval Research Logistics 51. 1. 1-27.

Bartl, Harald (2000): Handbuch Öffentliche Aufträge. Baden-Baden: Nomos.

Benz, Arthur (2005): Public administrative science in Germany: problems and prospects of a composite discipline. In: Public Administration 83. 3. 659-668.

Bhimani, Alnoor/Ncube, Mthuli (2006): Virtual integration costs and the limits of supply chain scalability. In: Journal of Accounting and Public Policy 25. 4. 390-408.

Bhimani, Alnoor/Soonawalla, Kazbi (2005): From conformance to performance: The corporate responsibilities continuum. In: Journal of Accounting and Public Policy 24. 3. 165-174.

Blocher, Markus (2007): Public Management by Competition – öffentliche Eigenproduktion und private Dienstleistungen im Marktwettbewerb. Ein Paradigmenwechsel oder konsequente Anwendung ordoliberaler Grundsätze auf den Reformprozess der öffentlichen Dienstleistungsverwaltung? In: Zeitschrift für öffentliche und gemeinwirtschaftliche Unternehmen (Journal for Public and Nonprofit Services) – ZögU 30. 1. 68-77.

Bovaird, Tony (2006): Developing new forms of partnership with the ′market′ in the procurement of public services. In: Public Administration 84. 1. 81-102.

Brandl, Julia/Güttel, Wolfgang H. (2007): Organizational Antecedents of Pay-for-Performance Systems in Nonprofit Organizations. In: Voluntas: International Journal of Voluntary and Nonprofit Organizations 18. 2. 176-199.

Bräunig, Dietmar/Greiling, Dorothea (Hrsg.) (1999): Stand und Perspektiven der Öffentlichen Betriebswirtschaftslehre. Festschrift für Prof. Dr. Peter Eichhorn zur Vollendung des 60. Lebensjahrs. Berlin: Berliner Wissenschafts-Verlag.

Brodel, Dietmar (Hrsg.) (2008): Handbuch Kommunales Management. Rahmenbedingungen, Aufgabenfelder, Chancen und Herausforderungen. Wien: LexisNexis-Verlag ARD Orac-Wirtschaftspraxis.

Brown, Gerald G./Carlyle, W. Matthew (2008): Optimizing the US Navy's Combat Logistics Force. In: Naval Research Logistics 55. 8. 800-810.

Buchanan, Natalia/Klingner, Donald E. (2007): Performance-based contracting: Are we following the mandate? In: Journal of Public Procurement 7. 3. 301-332.

Budäus, Dietrich/Grüb, Birgit (2007): Public Private Partnership: Theoretische Bezüge und praktische Strukturierung. In: Zeitschrift für öffentliche und gemeinwirtschaftliche Unternehmen (Journal for Public and Nonprofit Services) – ZögU 30. 3. 245-272.

Bundesministerium für Wirtschaft und Technologie/Bundesverband Materialwirtschaft Einkauf und Logistik e.V. (Hrsg.) (2006): Impulse für Innovationen im öffentlichen Beschaffungswesen. Berlin.

Bundesministerium des Innern/Bundesministerium für Wirtschaft und Arbeit (2004): Bekanntmachung des Beschlusses der Bundesregierung zur Optimierung öffentlicher Beschaffung, http://www.bmwi.de/BMWi/Redaktion/PDF/B/bekanntmachung-des-beschlusses-der-bundesregierung-zur-optimierung-oeffentlicher-beschaffungen,property=pdf,bereich=bmwi,sprache=de,rwb=true.pdf. Abgerufen am 04.11.2009.

Bundesverband Materialwirtschaft, Einkauf und Logistik/Beschaffungsamt des Bundesministeriums des Innern (Hrsg.) (2004): e-Vergabe – Korruptionsprävention bei der elektronischen Vergabe. Frankfurt/Bonn.

Chen, Tsong Ho (2008): An economic approach to public procurement. In: Journal of Public Procurement 8. 3. 407-430.

Cooney, Kate (2006): The Institutional and Technical Structuring of Nonprofit Ventures: Case Study of a U.S. Hybrid Organization Caught Between Two Fields. In: Voluntas: International Journal of Voluntary and Nonprofit Organizations 17. 2. 137-155.

Cox, Andrew/Chicksand, Dan/Ireland, Paul (2005a): Sub-optimality in NHS sourcing in the UK: demand-side constraints on supply-side improvement. In: Public Administration 83. 2. 367-392.

Cox, Andrew/Chicksand, Dan/Ireland, Paul (2005b): Overcoming demand management problems: the scope for improving reactive and proactive supply management in the UK health service. In: Journal of Public Procurement 5. 1. 1-22.

Damgaard, Bodil (2006): Do policy networks lead to network governing? In: Public Administration 84. 3. 673-691.

Davis, Paul (2007): The effectiveness of relational contracting in a temporary public organization: intensive collaboration between an English local authority and private contractors. In: Public Administration 85. 2. 383-404.

Dew, Nicholas (2008): Cookies for the real world: assessing the potential of RFID for contractor monitoring. In: Journal of Public Procurement 8. 1. 98-129.

Dibben, Pauline (2006): The 'socially excluded' and local transport decision making: voice and responsiveness in a marketized environment. In: Public Administration 84. 3. 655-672.

Doerr, Kenneth/Lewis, Ira/Eaton, Donald R. (2005): Measurement issues in performance-based logistics. In: Journal of Public Procurement 5. 2. 164-186.

Doran, Desmond/Thomas, Peter/Caldwell, Nigel (2005): Examining buyer-supplier relationships within a service sector context. In: Supply Chain Management: An International Journal 10. 4. 272-277.

Eichhorn, Peter (2001): Öffentliche Betriebswirtschaftslehre als eine Spezielle BWL. In: Wirtschaftswissenschaft-liches Studium 30. 8. 409-416.

Eichhorn, Peter (2005): Das Prinzip Wirtschaftlichkeit. Basiswissen der Betriebswirtschaftslehre. Wiesbaden: Gabler.

Ellram, Lisa M./Tate, Wendy L./Billington, Corey (2004): Understanding and Managing the Services Supply Chain. In: Journal of Supply Chain Management 40. 4. 17-32.

Engelhardt, Werner W. (2005): Argumente für eine besondere Betriebswirtschaftslehre förderungswirtschaftlicher Unternehmen. In: Zeitschrift für öffentliche und gemeinwirtschaftliche Unternehmen (Journal for Public and Nonprofit Services) – ZögU 28. 2. 166-173.

Entwistle, Tom/Martin, Steve (2005): From competition to collaboration in public service delivery: a new agenda for research. In: Public Administration 83. 1. 233-242.

Erkut, Erhan/Ingolfsson, Armann/Erdogan, Günes (2008): Ambulance Location for Maximum Survival. In: Naval Research Logistics 55. 1. 42-58.

Erridge, Andrew (2007): Public procurement, public value and the northern Ireland unemployment pilot project. In: Public Administration 85. 4. 1023-1043.

Eßig, Michael/Dorobek, Sandra/Glas, Andreas/Leuger, Sabrina (2008): Überprüfung privatwirtschaftlicher Beschaffungsstrategien auf ihre Anwendbarkeit im Rahmen öffentlicher Beschaffungsprozesse. In: Brodel (2008): 79-90.

Eßig, Michael/Glas, Andreas/Scheckenhofer, Michael (2009): Controlling von Performance Based Logistics. In: Controlling – Zeitschrift für erfolgsorientierte Unternehmenssteuerung 21. 8-9. 440-445.

Eßig, Michael/Witt, Matthias (Hrsg.) (2009): Öffentliche Logistik. Supply Chain Management für den öffentlichen Sektor. Wiesbaden: Gabler.

Europäische Kommission (2007): http://ec.europa.eu/internal_market/publicprocurement/index_de.htm. Abgerufen am 06.11.2009.

Fernandez, Sergio (2007): What works best when contracting for services? An analysis of contracting performance at the local level in the US. Public Administration 85. 4. 1119-1141.

Fisher, Marshall L. (1997): What is the right supply chain for your product? In: Harvard Business Review 75. 2. 105-116.

Fuchs, Roland/Helfrich, Christof (2004): Überblick: Vergleich konventionelle und elektronische Vergabe am Beispiel der VOB und VOL. In: Bundesverband Materialwirtschaft, Einkauf und Logistik/Beschaffungsamt des Bundesministeriums des Innern (2004): 31-36.

Gelderman, Cees J./Semeijn, Janjaap/Lek, Ivo (2008): Analysis of E-marketplace Attributes: Assessing The NATO Logistics Stock Exchange. In: International Journal of Defense Acquisition Management 1. 1-21.

Gornas, Jürgen/Beyer, Werner (2006): Betriebswirtschaftslehre in der öffentlichen Verwaltung. Köln: Deutscher Gemeindeverlag.

Grüb, Birgit (2006): Stand und Perspektiven von PPP in der Praxis – zugleich Besprechung einer Grundlagenstudie zu PPP in der Schweiz. In: Zeitschrift für öffentliche und gemeinwirtschaftliche Unternehmen (Journal for Public and Nonprofit Services) – ZögU 29. 3. 321-327.

Hammann, Peter (2004): Öffentliche und private Unternehmen als Institutionen zur Erbringung von Diensten von und für Menschen. In: Zeitschrift für öffentliche und gemeinwirtschaftliche Unternehmen (Journal for Public and Nonprofit Services) – ZögU 27. 1. 87-95.

Helmig, Bernd/Jegers, Marc/Lapsley, Irvine (2004): Challenges in Managing Nonprofit Organizations: A Research Overview. In: Voluntas: International Journal of Voluntary and Nonprofit Organizations 15. 2. 101-116.

Hopf, Horst (2002): Vergabemanagement bei öffentlichen Aufträgen. Heidelberg: C.F. Müller.

Hurkens, Krisje/van der Valk, Wendy/Wynstra, Finn (2006): Total Cost of Ownership in the Services Sector: A Case Study. In: Journal of Supply Chain Management 42. 1. 27-37.

Husted, Christian/Reinecke, Nicolas (2009): Improving public-sector purchasing. In: McKinsey on Government. 4 (Summer 2009). 18-25.

Institut der deutschen Wirtschaft Köln (Hrsg.) (2009): Deutschland in Zahlen 2009. Köln: Deutscher Instituts-Verlag.

Johnson, Mary M. Dickens (2008): Current trends of outsourcing practice in government and business: causes, case studies and logic. In: Journal of Public Procurement 8. 2. 248-268.

Kapoor, Vivek/Ellinger, Alexander E. (2004): Transforming supply chain operations in response to economic reform: the case of a motorcycle manufacturer in India. In: Supply Chain Management: An International Journal 9. 1. 16-22.

Kapucu, Naim (2006): Public-nonprofit partnerships for collective action in dynamic contexts of emergencies. In: Public Administration 84. 1. 205-220.

Klaus, Peter (1999): Bürgernähe als logistisches Problem. In: Bräunig/Greiling (1999): 408-418.

Klaus, Peter/Kille Christian (2008): Die TOP 100 der Logistik. Hamburg: Deutscher Verkehrs-Verlag.

Kocabasoglu, Canan/Suresh, Nallan C. (2006): Strategic Sourcing: An Empirical Investigation of the Concept and Its Practices in U.S. Manufacturing Firms. In: Journal of Supply Chain Management 42. 2. 4-16.

Koppelmann, Udo (2003): Beschaffungsmarketing. Berlin/Heidelberg/New York: Springer

Koppenjan, Joop F.M. (2005): The formation of public-private partnerships: lessons from nine transport infrastructure projects in the Netherlands. In: Public Administration 83. 1. 135-157.

Kovács, Gyöngyi/Spens, Karen M. (2007): Humanitarian logistics in disaster relief operations. In: International Journal of Physical Distribution & Logistics Management 37. 2. 99-114.

Kröber, Robert/Fieseler, Jörn/Kirch, Thomas (2008): Kostenmessung der Prozesse öffentlicher Liefer-, Dienstleistungs- und Bauaufträge aus Sicht der Wirtschaft und der öffentlichen Auftraggeber. Studie im Auftrag des Bundesministeriums für Wirtschaft und Technologie. Berlin/Bonn: Ramboll Management/Institut für Mittelstandsforschung Bonn/Leinemann & Partner Rechtsanwälte.

Large, Rudolf O. (2009): Strategisches Beschaffungsmanagement. Eine praxisorientierte Einführung mit Fallstudien. Wiesbaden: Gabler.

Lonsdale, Chris (2004): Player power: capturing value in the English football supply network. In: Supply Chain Management: An International Journal 9. 5. 383-391.

Matthey, Philip (2001): Das Recht der Auftragsvergabe in den Sektoren. Unter besonderer Berücksichtigung der deutschen Elektrizitätswirtschaft. Baden-Baden: Nomos.

McCue, Brian (2005): A Chessboard Model of the U-Boat War in the Atlantic With Applications to Signals Intelligence. In: Naval Research Logistics 52. 2. 107-136.

McKinnon, Alan (2006): Life without trucks: The impact of a temporary disruption of road freight transport on a national economy. In: Journal of Business Logistics 27. 2. 227-250.

McKone-Sweet, Kathleen/Hamilton, Paul/Willis, Susan B. (2005): The Ailing Healthcare Supply Chain: A Prescription for Change. In: Journal of Supply Chain Management 41. 1. 4-15.

Mentzer, John T./Min, Soonhong/Bobbitt, L. Michelle (2004): Toward a unified theory of logistics. In: International Journal of Physical Distribution & Logistics Management 34. 8. 606-627.

Minis, Ioannis/Paraschi, Marion/Tzimourtas, Apostolos (2006): The design of logistics operations for the Olympic Games. In: International Journal of Physical Distribution & Logistics Management 36. 8. 621-642.

Murray, J. Gordon (2009): Towards a common understanding of the differences between purchasing, procurement and commissioning in the UK public sector. In: Journal of Purchasing and Supply Management 15. 3. 198-202.

Neus, Werner (1998): Einführung in die Betriebswirtschaftslehre aus institutionenökonomischer Sicht. Tübingen: Mohr-Siebeck.

Noble, Gary/Jones, Robert (2006): The role of boundary-spanning managers in the establishment of public-private partnerships. In: Public Administration 84. 4. 891-917.

O'Flynn, Janine/Alford, John (2008): The separation/specification dilemma in contracting: the local government experience in Victoria. In: Public Administration 86. 1. 205-224.

Oettle, Karl (2005): Der Vertrag als der tragende Grundbegriff der Ökonomik? Zu einem neoinstitutionalistischen Denkfehler während der Privatisierungskampagne. In: Zeitschrift für öffentliche und gemeinwirtschaftliche Unternehmen (Journal for Public and Nonprofit Services) – ZögU 28. 1. 35-46.

Oloruntoba, Richard/Gray, Richard (2006): Humanitarian aid: an agile supply chain? In: Supply Chain Management: An International Journal 11. 2. 115-120.

Perry, Marcia (2007): Natural disaster management planning. A study of logistics managers responding to the tsunami. In: International Journal of Physical Distribution & Logistics Management 37. 5. 409-433.

Pfohl, Hans-Christian (Hrsg.) (2000a): Supply Chain Management: Logistik plus? Logistikkette. Marketingkette. Finanzkette. Berlin: Erich Schmidt.

Pfohl, Hans-Christian (2000b): Supply Chain Management: Konzept, Trends, Strategien. In: Pfohl (2000a): 1-44.

Pfohl, Hans-Christian (2004a): Logistikmanagement. Konzeption und Funktionen. Berlin/Heidelberg/New York: Springer.

Pfohl, Hans-Christian (2004b): Logistiksysteme. Betriebswirtschaftliche Grundlagen. Berlin/Heidelberg/New York: Springer.

Price, Philip M. (2006): A model for logistics management in a post-soviet central Asian transitional economy. In: Journal of Business Logistics 27. 2. 301-331.

Priddat, Birger (2008): Öffentliche Güter als politische Güter. In: Zeitschrift für öffentliche und gemeinwirtschaftliche Unternehmen (Journal for Public and Nonprofit Services) – ZögU 31. 2. 152-173.

Ram, Monder/Theodorakopoulos, Nick/Worthington, Ian (2007): Policy transfer in practice: implementing supplier diversity in the UK. In: Public Administration 85. 3. 779-803.

Reed, Timothy S./Greiner, Michael A. (2004): Symposium on transforming defense acquisition: entrepreneurial thinking and innovative processes. Symposium introduction. In: Journal of Public Procurement 4. 2. 178-181.

Reeves, Eoin (2008): The practice of contracting in public private partnerships: transaction costs and relational contracting in the Irish schools sector. In: Public Administration 86. 4. 969-986.

Reyes, Pedro M./Meade, Laura M. (2006): Improving Reverse Supply Chain Operational Performance: A Transshipment Application Study for Not-for-Profit Organizations. In: Journal of Supply Chain Management 42. 1. 38-48.

Rößl, Dietmar (1990): Die Entwicklung eines Bezugsrahmens und seine Stellung im Forschungsprozeß. In: Journal für Betriebswirtschaft 40. 2. 99-110.

Samaranayake, Premaratne (2005): A conceptual framework for supply chain management: a structural integration. In: Supply Chain Management: An International Journal 10. 1. 47-59.

Sanderson, Joe/Cox, Andrew (2008): The challenges of supply strategy selection in a project environment: evidence from UK naval shipbuilding. In: Supply Chain Management: An International Journal 13. 1. 16-25.

Sauser, Brian/Ramirez-Marquez, Jose E./Magnaye, Romulo/Tan, Weiping (2008): A Systems Approach to Expanding the Technology Readiness Level within Defense Acquisition. In: International Journal of Defense Acquisition Management 1. 39-58.

Schapper, Paul R./Veiga Malta, Joao N./Gilbert, Diane L. (2006): An analytical framework for the management and reform of public procurement. In: Journal of Public Procurement 6. 1&2. 1-26.

Schmidt, Ingo/Schmidt, André (1996): X-Ineffizienz. Lean Production und Wettbewerbsfähigkeit. In: Wirtschaftswissenschaftliches Studium 25. 2. 65-71.

Schwarting, Detlef/Bergmoser, Ulrich/Eltges, Kai/Wille, Jan H. (2009): Effizienzrevolution im öffentlichen Einkauf. Schritte zu einem modernen Beschaffungsmanagement. Düsseldorf: Booz & Company.

Schwintowski, Hans-Peter (2004): Konkurrenz der Öffentlichen Hand für privatwirtschaftliche Unternehmen aus der Perspektive des Vergaberechts. In: Zeitschrift für öffentliche und gemeinwirtschaftliche Unternehmen (Journal for Public and Nonprofit Services) – ZögU 27. 4. 360-376.

Sengupta, Kaushik/Heiser, Daniel R./Cook, Lori S. (2006): Manufacturing and Service Supply Chain Performance: A Comparative Analysis. In: Journal of Supply Chain Management 42. 4. 4-15.

Sheeba, P.S./Ghose, Debasish (2008): Optimal Resource Allocation and Redistribution Strategy in Military Conflicts with Lanchester Square Law Attrition. In: Naval Research Logistics 55. 6. 581-591.

Snider, Keith F./Rendon, Rene G. (2008): Public procurement policy: implications for theory and practice. In: Journal of Public Procurement 8. 3. 310-333.

Statistisches Bundesamt Deutschland (2009a): http://www.destatis.de/jetspeed/portal/cms/Sites/destatis/Internet/
DE/Content/Statistiken/VolkswirtschaftlicheGesamtrechnungen/EU-Stabilitaetspakt/Tabellen/Content75/DefizitStaat,templateId=renderPrint.psml. Zugriff am 13.11.2009.

Statistisches Bundesamt Deutschland (2009b): http://www.destatis.de/jetspeed/portal/cms/Sites/destatis/Internet/
DE/Content/Statistiken/VolkswirtschaftlicheGesamtrechnungen/Inlandsprodukt/Tabellen/Content75/Gesamtwirtschaft,templateId=renderPrint.psml. Zugriff am 13.11.2009.

Stephenson, Max (2007): Bridging the Organizational Divide: A Comparative Institutional Analysis of United States and International Humanitarian Service Delivery Structures. In: Voluntas: International Journal of Voluntary and Nonprofit Organizations 18. 3. 209-224.

Stölzle, Wolfgang (1999): Industrial Relationships. München/Wien: R. Oldenbourg.

Szechtman, Roberto/Kress, Moshe/Lin, Kyle/Cfir, Dolev (2008): Models of Sensor Operations for Border Surveillance. In: Naval Research Logistics 55. 1. 27-41.

Taylor, Trevor/Tatham, Peter (2008): Five Key Challenges for the Management of UK Defence: An Agenda for Research? In: International Journal of Defense Acquisition Management 1. 22-38.

Tineo, Luis (2007): Procurement issues in performance-based contracts: the World Bank experience with output-based aid subsidies. In: Journal of Public Procurement 7. 1. 62-83.

Tomasini, Rolando M./Van Wassenhove, Luk N. (2004): Pan-american health organization's humanitarian supply management system: De-politicization of the humanitarian supply chain by creating accountability. In: Journal of Public Procurement 4. 3. 437-449.

Van der Wal, Zeger/De Graaf, Gjalt/Lasthuizen, Karin (2008): What's valued most? Similarities and differences between the organizational values of the public and private sector. In: Public Administration 86. 2. 465-482.

Warner, Mildred E./Bel, Germà (2008): Competition or monopoly? Comparing privatization of local public services in the US and Spain. In: Public Administration 86. 3. 723-735.

Wegweiser (Hrsg.) (2000): Chancen und Entwicklungen im Public Procurement. Eine Studie des Bundesverbandes für Materialwirtschaft, Einkauf und Logistik e. V. in Zusammenarbeit mit Booz Allen & Hamilton. Berlin.

Williamson, Oliver E. (1990): Die ökonomischen Institutionen des Kapitalismus. Tübingen: Mohr-Siebeck.

Yoder, Elliott Cory (2007): Engagement versus disengagement: How structural and commercially-biased regulatory changes have increased government risks in federal acquisitions. In: Journal of Public Procurement 7. 2. 135-172.

Josef Packowski [*] / Ernesto Knein[**] / Philipp Streuber[***]

Ein innovativer Lean Ansatz zur Produktionsplanung und -steuerung – Das Multi-Echelon Rhythm Wheel Konzept am Beispiel einer pharmazeutischen Supply Chain

---

[*] Dr. Josef Packowski ist Gründer und heute CEO der Camelot IDPro AG, einer weltweit tätigen Strategie- und Organisationsberatung. Die Camelot agiert heute als Thought Leader im Lean Supply Chain Planning in der Pharma- und Chemiebranche. Seit Gründung des Unternehmens 1996 avancierte die Camelot schnell zum führenden Beratungshaus im Value Chain Management und zu einem Hidden Champion in diesem Branchensegment, nicht zuletzt aufgrund ihres Rufes als Innovationsinkubator zwischen Theorie und Praxis.

[**] Ernesto Knein studierte an der Wirtschafts- und Sozialwissenschaftlichen Fakultät der Universität zu Köln Betriebswirtschaftslehre mit dem Schwerpunkt Supply Chain Management and Management Science. Im Frühjahr 2010 schloss er sein Studium zum Dipl.-Kfm. ab. Seine Diplomarbeit über die Produktionsplanung und -steuerung in mehrstufigen Systemen verfasste er in Kooperation mit der Camelot ID Pro AG, Mannheim.

[***] Philipp Streuber studierte Betriebswirtschaftslehre an der Universität zu Köln, der Louvain School of Management und der Helsinki School of Economics und schloss im Frühjahr 2010 sein Studium zum Dipl.-Kfm. mit dem Schwerpunkt Supply Chain Management and Management Science ab. In seiner Diplomarbeit, die er in Zusammenarbeit mit der Camelot IDPro AG verfasste, widmete er sich der Thematik einer Supply Chain übergreifenden Produktionsplanung und -steuerung.

1 Einleitung

Seit Anfang der 1990er Jahre befindet sich der weltweite pharmazeutische Markt im Wandel.[1] Sich verändernde gesetzliche Rahmenbedingungen, eine wachsende Präsenz von Generika-Herstellern[2] sowie sinkende Erträge aus Investitionen in die Erforschung innovativer Medikamente[3] stellen die pharmazeutische Industrie vor große Herausforderungen. Pharmazeutische Unternehmen sehen sich daher mit einem wachsenden Kostendruck konfrontiert.[4] Eine Möglichkeit diese Herausforderung zu bewältigen besteht darin, die Kosten in der Produktion zu senken. Ein vielversprechender Ansatz ist die Produktionsplanung und -steuerung entlang der pharmazeutischen Supply Chain effizienter zu gestalten.

Aufgrund hoher Anschaffungs- und Folgekosten von pharmazeutischen Produktionsanlagen werden auf den für die Pharmabranche typischen Produktionsstufen Wirkstoffherstellung, Formulierung und Verpackung fast ausschließlich sogenannte Mehrzweckanlagen verwendet. Im Rahmen der pharmazeutischen Produktion besteht daher die zentrale Aufgabe der Produktionsplanung und -steuerung darin, die Mehrproduktproduktion auf einer Anlage zu optimieren. Neben der Bestimmung einer möglichst optimalen Produktionsreihenfolge angesichts reihenfolgeabhängiger Rüstzeiten muss eine konkrete Entscheidung über die einzelnen Produktionslosgrößen getroffen werden. Bei dieser Planung ist die beschränkte Kapazität der Anlage zu berücksichtigen.[5] Da alle Produkte um dieselbe knappe Ressource konkurrieren, können die einzelnen Losgrößen nicht unabhängig voneinander geplant werden.[6] Eine simultane Reihenfolge- und Losgrößenplanung ist somit erforderlich.[7] In der pharmazeutischen Industrie wird jedoch zumeist auf das sogenannte Sukzessivplanungskonzept zurückgegriffen, bei dem in mehreren Planungsschritten eine Terminierung von Produktionsaufträgen vorgenommen wird, welche auf Nachfrageprognosen basiert. Allerdings werden dabei Kapazitätsbeschränkungen nicht oder nur unzureichend berücksichtigt. Die Folge ist, dass innerhalb der Produktionssteuerung eine Anpassung der Produktionsaufträge an kurzfristige Änderungen häufig nicht vermieden werden kann, was zu einer erheblichen Nervosität im Produktionsablauf führt. Diese Nervosität äußert sich beispielsweise in kurzfristigen Umplanungen, die nicht selten zu Eillieferungen oder spontanen Überschichten führen. Bei der kurzfristigen Anpassung der Produktionsaufträge werden zudem Optimalitätskriterien häufig nicht in die Produktionsentscheidung miteinbezogen. So findet z.B. die für die pharmazeutische Produktion typische Reihenfolgeabhängigkeit der Rüstkosten/-zeiten nur unzureichend Berücksichtigung. Des Weiteren treten innerhalb des Sukzessivplanungskonzepts Probleme auf, weil Nachfrageprognosen nur selten die tatsächlichen Bedarfe zuverlässig voraussagen. Die Folge ist, dass sich durch

1 Vgl. Packowski (1996), S. 10.
2 Vgl. Danese/Romano/Vinelli (2004), S. 12.
3 Vgl. Ramrattan/Szenberg (2006), S. 65.
4 Vgl. Greb (2009), S. 72.
5 Vgl. Rogers (1958), S. S265 ff.
6 Vgl. Elmaghraby (1978), S. 587.
7 Vgl. Günther/Tempelmeier (2005), S. 228.

Überproduktionen Lagerbestände entlang der Supply Chain aufbauen[8] bzw. eine Unterschätzung der Bedarfe zu Eilaufträgen führt, welche die Nervosität innerhalb des Produktionsprozesses zusätzlich erhöhen.

Diese Ausführungen machen deutlich, dass die gegenwärtige Produktionsplanung und -steuerung in der pharmazeutischen Industrie Verbesserungspotential aufweist. Im Rahmen dieses Beitrags wird ein innovatives Konzept vorgestellt, welches zu einer effizienteren Gestaltung der Produktionsplanung und -steuerung beitragen soll. Dieses sogenannte Rhythm Wheel Konzept (RW Konzept) beinhaltet im Wesentlichen zwei Kernelemente:

1. Verwendung zyklischer Auflagemuster,
2. Umsetzung einer Pull-Strategie.

Die Verwendung von zyklischen Auflagemustern reduziert zum einen die Nervosität im Produktionsprozess und erhält zum anderen dauerhaft eine Rüstzeiten/-kosten optimale Produktionsreihenfolge aufrecht. Durch die Implementierung einer Pull-Strategie werden zudem lediglich diejenigen Mengen produziert, die tatsächlich nachgefragt werden. Auf diese Weise kann die Problematik von Überproduktion und Eilaufträgen vermieden und somit eine Risikoverminderung bezüglich den von der Endnachfrage ausgehenden Unsicherheiten erreicht werden.[9]

Neben der Darstellung des Konzepts in einem einstufigen Kontext, zeigt der Beitrag explizit Möglichkeiten auf, wie die Integration in eine Supply Chain übergreifende Produktionsplanung und -steuerung vorgenommen werden kann. Unterstützt werden die Ausführungen dabei von einer Simulationsstudie, die im Rahmen dieser Arbeit von dem Beratungshaus Camelot IDPro AG in Kooperation mit der Universität zu Köln durchgeführt wurde. Anhand einer exemplarischen pharmazeutischen Supply Chain mit den drei typischen Produktionsstufen wird das Konzept ausführlich analysiert.

2 Ein innovatives Konzept zur Produktionsplanung und -steuerung

2.1 Theoretische Fundierung

Das Problem der Einplanung mehrerer Produkte auf einer Anlage bei einer zugrunde gelegten stationären Nachfragestruktur ist seit über 50 Jahren Gegenstand intensiver Forschung. In der wissenschaftlichen Literatur ist dieses Problem als Economic Lot Scheduling Problem (ELSP) bekannt. Das Ziel ist, einen Produktionsplan zu erstellen, der die Summe aus Rüst- und Lagerkosten minimiert.[10] Dem ELSP liegt dabei die Annahme deterministischer Nachfrage- und Produktionsraten zugrunde. Zur Lösung dieses Problems können drei verschiedene Ansätze unterschieden werden.

1. Common Cycle Approach

---

8 Vgl. Pfohl (2002), S. 17.
9 Vgl. Pfohl (2002), S. 43 f.
10 Vgl. Banerjee (2009), S. 111 f.

2. Basic Period Approach
3. Time Varying Lot Sizes Approach

Der Common Cycle Approach (Ansatz des gemeinsamen Produktzyklus) ist die einfachste Möglichkeit das ELSP zu lösen. Dieser Ansatz basiert auf der zentralen Idee einen sich wiederholenden Zyklus zu gestalten, in dem jedes Produkt i ($i = 1, 2, \ldots, n$) genau einmal aufgelegt wird. Aufgrund dieser Annahme ergibt sich der für alle Produkte gleiche Produktzyklus T.[11] Die Bestimmung der optimalen Losgrößen für alle Produkte ist in diesem Fall analytisch leicht lösbar.[12]

Der von Bomberger (1966) entwickelte Basic Period Approach (BPA) gibt die einschränkende Annahme auf, dass jedes Produkt genau einmal in einem gemeinsamen Zyklus aufgelegt werden muss. Aufgrund unterschiedlicher Kostenstrukturen kann es nämlich durchaus sinnvoll sein, die Auflagehäufigkeit der einzelnen Produkte unterschiedlich zu gestalten.[13] Weist ein Produkt beispielsweise ein relativ hohes Verhältnis von Rüstkosten zu Lagerkosten auf, so bietet es sich an, dieses Produkt nicht in jedem Zyklus zu produzieren. Das hat zur Folge, dass auch die Produktzyklen der einzelnen Produkte nicht zwangsläufig identisch sind. Die Produktzyklen T_i werden dann als ein ganzzahliges Vielfaches k_i einer sogenannten Basisperiode bestimmt.[14] Die Erstellung eines optimalen Produktionsplans ist bei Verwendung dieses Ansatzes als NP-schwer einzustufen.[15] Der Time Varying Lot Sizes Approach (TVLSA) folgt der zentralen Idee des Basic Period Approach, dass Produkte unterschiedlich oft in einem sich wiederholenden Gesamtzyklus aufgelegt werden können. Allerdings wird die Einschränkung aufgegeben, dass die Losgrößen und Produktionszyklen eines Produkts innerhalb des Gesamtzyklus identisch sein müssen.[16] Auf die Verwendung von Basisperioden wird somit verzichtet. Der TVLSA gewinnt gegenüber dem BPA auf diese Weise deutlich an Flexibilität. Dadurch kann sowohl eine leichtere Identifikation zulässiger Lösungen[17] als auch eine höhere Lösungsqualität[18] erreicht werden. Das Auffinden der optimalen Lösung ist analog zum Basic Period Approach dennoch NP-schwer.[19]

Da ein praxistaugliches Konzept zur Produktionsplanung und -steuerung entwickelt werden soll, muss die vorliegende Problemstellung, im Gegensatz zu den meisten bestehenden Beiträgen zum ELSP[20], unter stochastischen Rahmenbedingungen betrachtet werden. Explizit sollen hier stationäre stochastische Nachfragen berücksichtigt werden. Die vorliegende Arbeit ordnet sich dementsprechend in die wenigen Beiträge zum sogenannten Stochastic Economic Lot Scheduling Problem (S-ELSP) ein.[21] Grundsätzlich lässt sich bei Modellen zum S-ELSP eine Unterteilung in zykli-

---

11 Vgl. Nahmias (2005), S. 216 f.
12 Vgl. Hanssmann (1962), S. 158 f.
13 Vgl. Chatfield (2007), S. 2868.
14 Vgl. Bomberger (1966), S. 781 ff.
15 Vgl. Hsu (1983), S. 93 f.
16 Vgl. Zipkin (1991), S. 56.
17 Vgl. Dobson, (1987), S. 764.
18 Vgl. Delporte/Thomas (1978), S. 1077 f.
19 Vgl. Gallego/Shaw (1997), S. 110.
20 Vgl. Brander/Forsberg (2006), S. 272.
21 Vgl. Silver/Pyke/Peterson (1998), S. 451.

sche und dynamische Lösungsansätze vornehmen.[22] Dynamische Modelle folgen keiner vorgegebenen Reihenfolge, sondern entscheiden kurzfristig auf Basis vorhandener Informationen, welches Produkt in welcher Menge als nächstes produziert wird.[23] Zyklische Ansätze hingegen erzeugen einen Produktionsplan mit einer fixen sich wiederholenden Produktionsreihenfolge[24], was mit den folgenden wesentlichen Vorteilen verbunden ist:

1. Geringer Planungsaufwand bei niedriger Plannervosität,[25]
2. Aufrechterhaltung der rüstoptimalen Produktionsreihenfolge,
3. Lerneffekte aufgrund sich wiederholender Produktionsabläufe.[26]

Diese Aspekte unterstreichen den potentiellen Nutzen zyklischer Auflagemuster für die praktische Anwendung und bilden daher die Grundlage für das im nächsten Abschnitt vorgestellte RW Konzept.

2.2 Das Rhythm Wheel Konzept

Das Rhythm Wheel Konzept legt zur Lösung des Problems der Mehrproduktproduktion auf einer Anlage einen zyklischen Produktionsplan zugrunde. Das RW Konzept basiert dabei auf einem Common Cycle, in dem jedes Produkt genau einmal in dem sich wiederholenden Zyklus aufgelegt wird. Zwar ist dieses Auflagemuster nicht zwangsläufig optimal, jedoch ist es für die Praxis gut geeignet, weil es sich aufgrund seiner einfachen Struktur leicht implementieren lässt. Inman und Jones (1989)[27] bestätigen zudem, dass der Common Cycle in vielen Fällen gute Ergebnisse erzielt. Am Beispiel von drei Produkten lässt sich der wiederholende, gemeinsame Zyklus des RWs grafisch wie folgt veranschaulichen.

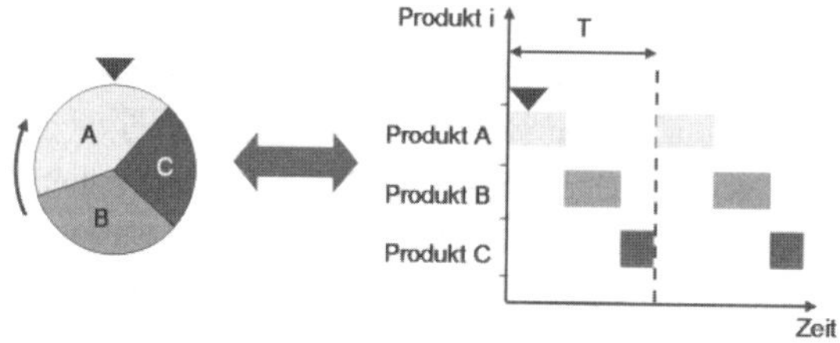

Abbildung 1: Grafische Darstellung des Rhythm Wheels

Die sich farblich voneinander unterscheidenden Segmente repräsentieren die einzelnen Produkte $i = 1, 2, 3$. Die Größe der Segmente spiegelt die jeweilige Produktionszeit (PZ_i) wider, die sowohl

---

22 Vgl. Paternina-Arboleda/Das (2005), S. 390.
23 Vgl. Federgruen/Katalan (1996), S. 784.
24 Vgl. Sox/Jackson/Bowman/Muckstadt (1999), S. 183.
25 Vgl. Axsäter (1987), S. 179.
26 Vgl. Hall (1988), S. 457 f.
27 Vgl. Jones/Inman (1989), S.14.

die für einen Produktwechsel benötigte Rüstzeit (ST_i) als auch die Bearbeitungszeit (BZ_i) beinhaltet.

$$PZ_i = ST_i + BZ_i$$

Die einzelnen Produktionszeiten summieren sich zur Zykluslänge T auf. Die Zykluslänge ist als diejenige Zeit definiert, die zwischen zwei Produktionsstartzeitpunkten des jeweils ersten Produkts des Zyklus vergeht (hier Produkt A).

$$T = \sum_{i=1}^{n} PZ_i$$

Zur Veranschaulichung kann man sich vorstellen, dass sich das RW in Abbildung 1 im Verlauf der Zeit im Uhrzeigersinn dreht. Der Pfeil oberhalb des RWs gibt dann an welches Produkt sich gerade im Produktionsprozess befindet. Zum Vergleich dazu ist auf der rechten Seite ein Gantt-Diagramm dargestellt, welches häufig zur Veranschaulichung zyklischer Produktionspläne verwendet wird. Aus Abbildung 1 geht hervor, dass nach der Fertigstellung des Produktionsloses von Produkt A der Produktionsstart von Produkt B bevorsteht. Der Grafik liegt somit schon explizit eine Produktionsreihenfolge zugrunde, die möglichst Rüstzeiten/-kosten optimal gewählt werden sollte. Analog zu anderen Beiträgen in diesem Kontext wird in dieser Arbeit davon ausgegangen, dass die Produktionssequenz durch eine Rüstreihenfolgeoptimierung bereits im Vorfeld festgelegt wurde.[28]

Neben der Bestimmung der Reihenfolge sind innerhalb der Produktionsplanung und -steuerung auch die Produktionsmengen festzulegen. Im Rahmen des RW Konzepts werden diese dabei nicht geplant, sondern mittels einer Supermarkt-Pull-Strategie[29] durch tatsächlich auftretende Nachfragen bestimmt (siehe Abbildung 2). Eine Make-to-Order Strategie kommt an dieser Stelle nur selten in Frage, da lange Durchlaufzeiten in der pharmazeutischen Produktion in der Regel nicht mit den Lieferanforderungen der Kunden zu vereinbaren sind. Das Lager innerhalb der Supermarkt-Pull-Strategie übernimmt somit eine Lieferzeitverkürzungsfunktion.[30]

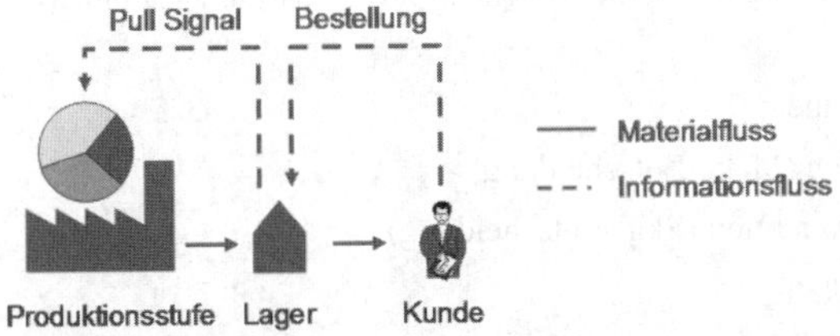

Abbildung 2: Supermarkt-Pull-Strategie

Zur Umsetzung einer Supermarkt-Pull-Strategie muss zunächst für jedes Produkt ein Zielbestand S definiert werden, welcher in dieser Arbeit als „Inventory Replenishment Level" (*IRL*) bezeichnet

28 Vgl. z. B. El-Najdawi (1994), S. 367.
29 Vgl. Di Micco/Romano/Santillo (2008), S. 313.
30 Vgl. Pfohl (1988), S. 97 f.

wird. Die Produktionsmengen werden dann durch den Abgleich des aktuellen Lagerbestands (Current Inventory, *CI*) mit dem *IRL* bestimmt. Die Produktionsentscheidung für ein Produkt wird stets dann getroffen, wenn es entsprechend der vorgegebenen Sequenz an der Reihe ist. Die Zeit, die zwischen zwei Produktionsstarts eines Produkts vergeht, wird im Folgenden als Review-Periode r bezeichnet. Aufgrund auftretender Nachfrage innerhalb des Produktionszeitraumes kann es vorkommen, dass die zum Zeitpunkt der Produktionsentscheidung bestimmte Produktionsmenge nicht ausreicht, um das *IRL* zu erreichen. Im Rahmen des RW Konzepts wird eine „gated" Produktionspolitik verwendet, was bedeutet, dass die zum Zeitpunkt der Produktionsentscheidung festgelegte Produktionsmenge trotz auftretender Nachfrage im Produktionszeitraum nicht angepasst wird.[31] Der Vorteil dieses Ansatzes besteht darin, dass in der Praxis der Produktionsbeginn des nachfolgenden Produkts schon frühzeitig bestimmt werden kann, was die Produktionsvorbereitungen erleichtert. Insbesondere die interne Materialbereitstellung der Input-Faktoren, die eine gewisse Vorlaufzeit erfordert, kann so effizient gestaltet werden.

Die Losgrößen werden stets so gewählt, dass zum Zeitpunkt der Produktionsentscheidung mindestens der Zielbestand durch die produzierten Mengen erreicht würde. Bei der Bestimmung der Produktionsmenge muss zusätzlich beachtet werden, dass innerhalb des pharmazeutischen Produktionsprozesses minimale technische Losgrößen $q_{\min,i}$ einzuhalten sind bzw. ökonomische gewählte minimale Produktionsmengen aufgrund von Rüstkostenüberlegungen verwendet werden. Dadurch können Situationen auftreten, in denen der tatsächliche Lagerbestand eines Produkts den Zielbestand übersteigt ($CI > IRL$). Liegt bei einer anstehenden Produktionsentscheidung das *CI* oberhalb des *IRL*s, wird im Rahmen des RW Konzept das Produkt übersprungen. Es kommt zu einer sogenannten „Skip"-Entscheidung. Diese Regelung setzt konsequent die verfolgte Pullstrategie um, da auf diese Weise Überproduktion vermieden und kein unnötiger Lagerbestand aufgebaut wird. Nach einer solchen Skip-Entscheidung wird der generellen RW-Logik zufolge sofort mit der Produktion des nächsten Produkts begonnen. Auf diese Weise wird wertvolle Rüst- und Produktionszeit gespart, und somit die zur Verfügung stehende Kapazität flexibel und effizient genutzt. Formal lässt sich die generelle Produktionsentscheidung durch die folgenden zwei Schritte zusammenfassen:

1. Entscheidung, ob produziert wird oder nicht
   - Wenn $IRL - CI > 0$ ⇨ Produktion (Make-Entscheidung)
   - Wenn $IRL - CI < 0$ ⇨ Keine Produktion (Skip-Entscheidung)
2. Entscheidung über die Produktionsmenge
   - Produziere $q_i = \max\{IRL_i - CI_i, q_{\min,i}\}$ $\quad i = 1, 2, \ldots, n$

Abbildung 3 veranschaulicht die Produktionslogik anhand des Lagerbestandsverlaufs eines Produkts. Zur Vereinfachung wird in der Grafik eine unendliche Produktionsrate angenommen.

[31] Vgl. Federgruen/Katalan (1996), S. 785.

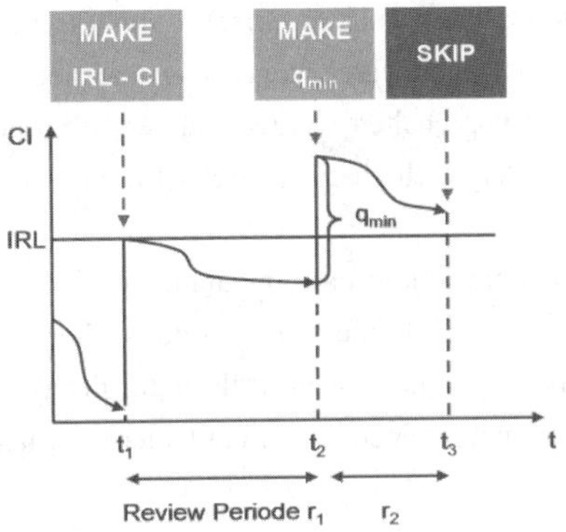

Abbildung 3: Produktionslogik des RW Konzepts

Festzuhalten ist, dass das RW Konzept nicht zwangsläufig auf der hier vorgestellten Produktionspolitik basieren muss. Grundsätzlich sind auch andere Ansätze möglich, auf die an dieser Stelle allerdings nicht eingegangen werden soll.

Die hier vorgestellte Produktionsmengenpolitik bringt einige wichtige Implikationen mit sich, auf die im Folgenden kurz hingewiesen werden soll. Wie bereits deutlich wurde, werden die Produktionsmengen im Rahmen des RW Konzepts aufgrund der verwendeten Pull-Strategie durch auftretende Bedarfe determiniert. Stochastische Nachfragen führen daher zu schwankenden Produktionsmengen, die im Falle von Skip-Entscheidungen zeitweise sogar null betragen können. Aus diesem Grund ist auch die Zykluslänge, die sich aus der Summe der Produktionszeiten ergibt, im Zeitablauf nicht konstant.

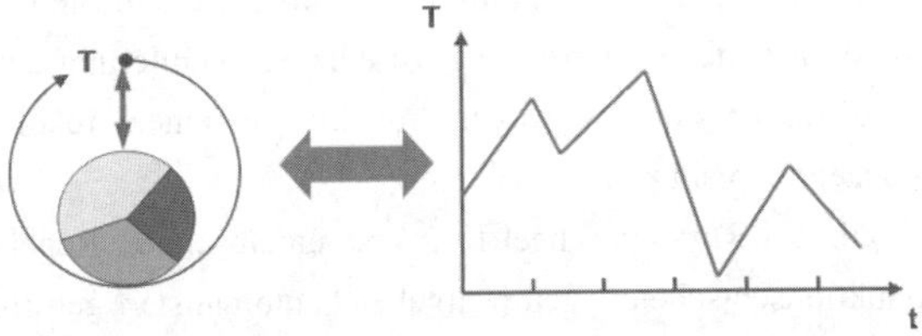

Abbildung 4: Schwankung der Zykluslänge

Schwankende Zykluslängen, und damit nicht konstante Review-Perioden der einzelnen Produkte, führen zu Nervosität innerhalb des Produktionsprozesses, welche die Planungsunsicherheit auf operativer Ebene erhöht und somit einen reibungslosen Produktionsablauf erschwert. Um die Nervosität, die sich bspw. über den Variationskoeffizienten der Zykluslänge erfassen lässt, in Grenzen zu halten, können maximale Schwankungsintervalle über eine minimale und eine maximale Zykluslänge definiert werden. Um die Zykluslänge innerhalb dieser Grenzen zu halten, müssen in Zyklen mit geringer Nachfrage ggf. Leerzeiten eingefügt, bzw. im Falle hoher Bedarfe die Produktionsmengen eines oder mehrerer Produkte nach einer festzulegenden Regel limitiert wer-

den. Die im Zuge dieser Arbeit durchgeführte Simulationsstudie anhand einer exemplarischen pharmazeutischen Supply Chain zeigt, dass durch die Zykluslängenbegrenzungen zwar die Nervosität reduziert werden kann, jedoch höhere Safety Stocks vorgehalten werden müssen, um den angestrebten Servicegrad zu erreichen. Höhere Kosten im Vergleich zu einem frei schwankenden Zyklus sind somit die Folge.
Eine weitere wichtige Implikation der verwendeten Produktionslogik basiert darauf, dass Skip-Entscheidungen zugelassen werden. Durch das Überspringen von Produkten wird die vorher geplante Reihenfolge verlassen. Die Produktionssequenz ist somit nicht mehr vollständig determiniert und auch die Restriktion, dass jedes Produkt genau einmal in einem Zyklus aufgelegt werden muss, wird relaxiert.

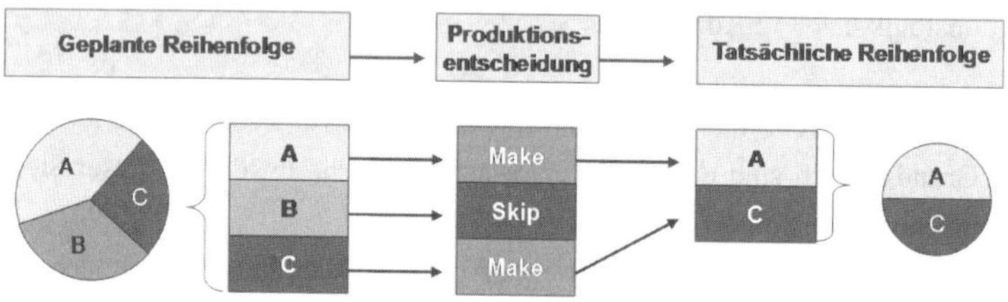

Abbildung 5: Implikationen von Skip-Entscheidungen

Die Simulationsstudie zeigt, dass mit steigender Nachfragevolatilität im Rahmen des RW Konzepts sowohl die Nervosität innerhalb des Produktionsprozesses zunimmt, als auch die optimale Reihenfolge häufiger verlassen wird. Der potentielle Nutzen des RW Konzepts für Produkte mit einem stark volatilen Nachfrageprofil ist demnach begrenzt. In diesem Fall können sich Ansätze mit einer dynamischen Reihenfolge aufgrund höherer Flexibilität als vorteilhaft erweisen. Stehen mehrere parallele Anlagen auf einer Produktionsstufe zur Verfügung, ist eine Segmentierung der Produkte anhand der jeweiligen Nachfragestruktur sinnvoll, wobei Produkte mit einem relativ stabilen Nachfrageprofil durch das RW Konzept beplant werden sollten.
Zusammenfassend folgt die Produktionslogik des Rhythm Wheel Konzepts einem klaren Regelwerk. In der Praxis können daher die Produktionsentscheidungen weitgehend automatisiert getroffen werden. Voraussetzung dafür ist allerdings, dass alle notwendigen Informationen wie Zielbestände, minimale Produktionsmengen und aktuelle Lagerbestände verfügbar sind. Idealerweise werden die benötigten Daten durch das unternehmenseigene IT System automatisch gesammelt und in kurzen Abständen aktualisiert. Somit kann bei der Verwendung des Rhythm Wheel Konzepts in der Praxis der Planungsaufwand ganz im Sinne des Lean Manufacturing auf ein geringes Maß reduziert werden. Neben den direkt greifbaren Vorteilen des hier vorgestellten Ansatzes sollte an dieser Stelle aber auch auf eine psychologische Komponente hingewiesen werden. Die Anschaulichkeit des RW Konzepts fördert die Akzeptanz unter Mitarbeitern und trägt somit entscheidend zu einer erfolgreichen Umsetzung bei.

2.3 Das Rhythm Wheel Konzept in einem mehrstufigen Kontext

Will man die Leistungsfähigkeit einer Supply Chain optimieren muss das System als Ganzes betrachten werden.[32] Denn die isolierte Optimierung der Produktionsstufen vernachlässigt vorhandene Interaktionen und führt somit unter Umständen zu einem suboptimalen Ergebnis. In diesem Kapitel sollen daher die drei Rhythm Wheel gesteuerten Produktionsstufen der pharmazeutischen Supply Chain in einem gemeinsamen Kontext betrachtet werden. Zu diesem Zweck werden zwei Ansätze vorgestellt, die sich in ihrer Art unterscheiden wie das Pull-Signal durch die Supply Chain propagiert wird.

Die erste Möglichkeit die RW gesteuerten Produktionsstufen einer pharmazeutischen Industrie zu koordinieren, besteht in der Umsetzung einer sukzessiv verbrauchsgesteuerten Disposition. Die Nachfrage wird dabei zunächst durch Lagerbestände der letzten Produktionsstufe befriedigt. Auf Basis der RW Logik wird dieses Lager durch entsprechende Produktionsmengen wieder aufgefüllt, wobei die dazu benötigten Vorprodukte aus dem Vorproduktlager entnommen werden. Dieses Vorproduktlager kann als Ziellager der zweiten Produktionsstufe aufgefasst werden, auf dessen Basis die Produktionsentscheidungen der Formulierungsebene getroffen werden. Die dafür erforderlichen Vorprodukte werden wiederum aus dem Vorproduktlager entnommen, welches durch die erste Supply Chain Stufe (Wirkstoffherstellung) wieder aufgefüllt wird. Die Nachfrage wird somit schrittweise als Pull-Signal „upstream" durch die Supply Chain propagiert, während sich der Materialfluss entgegen dem Informationsfluss „downstream" bewegt. Dabei werden Zwischenprodukte in sogenannten „Stocks Ready for Deployment" zwischengelagert bevor sie nach Fertigstellung der gesamten Kampagne oder nach einem definierten Zeitplan zur nächsten Supply Chain Stufe weitertransportiert werden. Da der Material- und Informationsfluss Ähnlichkeiten mit dem Kanban-Prinzip aufweist, wird der vorgestellte Ansatz im Folgenden als „Kanban-Ansatz" bezeichnet (siehe Abbildung 6).

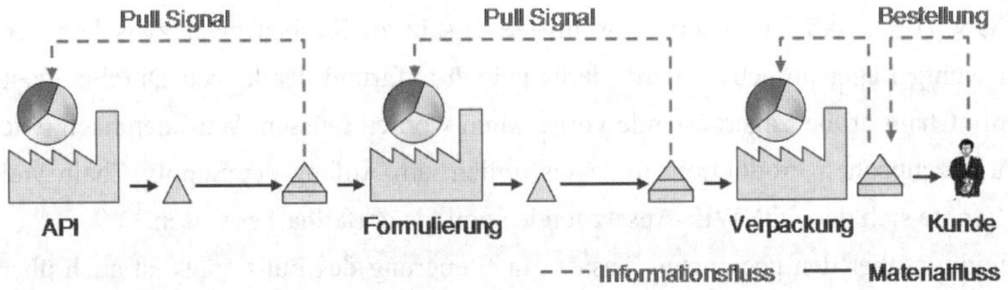

Abbildung 6: Kanban-Ansatz

Die zweite Möglichkeit der Umsetzung des RW Konzepts in einer mehrstufigen Supply Chain stellt eine simultan verbrauchsgesteuerte Disposition dar. In diesem Fall wird das Pull-Signal nicht schrittweise upstream durch die Supply Chain transportiert, sondern direkt zur ersten Stufe (API)

---

[32] Vgl. Pfohl (1994), S. 204 f.

gesendet. Nach der Fertigstellung entsprechender Kampagnen auf der API Stufe werden diese zu den nachfolgenden Stufen transportiert, wo sie ohne große Wartezeiten weiterverarbeitet werden können. Die Produktionsaufträge werden also ausgehend von der API Stufe durch die Supply Chain gepusht. Aufgrund der Ähnlichkeiten zum Continuous Work in Progress Prinzip (CONWIP) wird dieser Ansatz im Folgenden als „CONWIP-Ansatz" bezeichnet. Ein großer Vorteil im Vergleich zum Kanban-Ansatz besteht darin, dass ein nahezu reibungsloser Materialfluss ohne großen Koordinationsaufwand erreicht werden kann. Problematisch bei einer derartigen Umsetzung des CONWIP-Ansatzes ist, dass die Reaktionszeit aufgrund der generell hohen Durchlaufzeiten der pharmazeutischen Supply Chain sehr lang ist. Aus diesem Grund kann nur sehr unflexibel auf tatsächlich auftretende Nachfragen reagiert werden, wodurch hohe Sicherheitsbestände auf der letzten Produktionsstufe notwendig werden. In der Praxis macht es dementsprechend Sinn, das Pull-Signal nicht zur API Stufe, sondern lediglich zur Formulierungsstufe zu senden. Durch dieses Vorgehen kann die Reaktionszeit der Supply Chain erheblich verkürzt werden. Die Produktion auf der API Stufe kann dann über die dargestellte RW Logik gesteuert werden (siehe Abbildung 7).

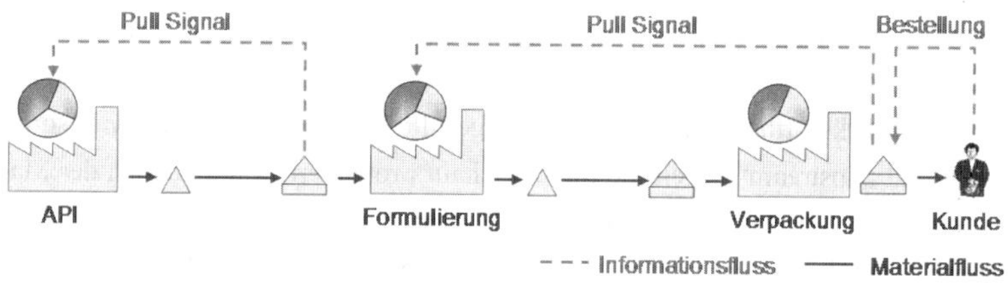

Abbildung 7: CONWIP-Ansatz

Ob der Kanban- oder CONWIP-Ansatz besser zur Steuerung einer pharmazeutischen Supply Chain geeignet ist, lässt sich ohne weitere Analysen nicht feststellen. Die Vorteilhaftigkeit hängt dabei von Faktoren wie zum Beispiel der Verteilung der Lagerhaltungskosten auf den einzelnen Stufen ab. Der CONWIP-Ansatz impliziert, dass im Gegensatz zu Kanban zwar zwischen den Produktionsstufen wenig Lager aufgebaut wird, dafür jedoch aufgrund der langen Durchlaufzeit am Ende der Supply Chain große Lagerbestände vorgehalten werden müssen. Wird demnach, wie innerhalb des pharmazeutischen Produktionsprozesses üblich, am Anfang der Supply Chain viel Wert geschaffen, könnte sich der CONWIP-Ansatz tendenziell als vorteilhaft erweisen.[33]

Neben der Entscheidung über den geeigneten Ansatz zur Steuerung des Pullsignals ist auch über die *IRL*s aller Produkte auf den RW gesteuerten Produktionsstufen zu entscheiden. Aufgrund der Komplexität der betrachteten Supply Chain und des hochgradig stochastischen Modellcharakters sind die Grenzen von auf gemischt-ganzzahliger Programmierung basierender Verfahren hier überschritten. Die geeignete Analysemethode stellt daher eine Simulationsoptimierung dar, die für das vorliegende Problem mit Hilfe des Simulationsprogramms Arena durchgeführt wurde. Vor

[33] Vgl. Takahashi/Myreshka/Hirotani (2005), S. 37 ff.

dem Hintergrund des Abwägens zwischen einem Kanban- und einem CONWIP-Ansatz sowie der Bestimmung optimaler *IRL*s konnten folgende Ergebnisse herausgearbeitet werden:

1. Unabhängig von der Wahl des Ansatzes ist eine effiziente und reibungslose Steuerung der betrachteten Pharma Supply Chain über das RW Konzept möglich, ohne dass nennenswerte Lieferausfälle auftreten beziehungsweise ungewöhnlich hohe Bestände zu halten sind.
2. Höhere angestrebte Servicegrade führen zu höheren Sicherheitsbeständen in der gesamten Supply Chain, die beim CONWIP-Ansatz insbesondere am Ende der Supply Chain zu halten sind.
3. Die Beschränkung der Länge eines Rhythm Wheel Zyklus reduziert die Nervosität innerhalb des Produktionsprozesses, erhöht jedoch die erforderlichen Sicherheitsbestände in der Supply Chain.
4. Aus der Verwendung des CONWIP-Ansatzes resultieren geringere Zykluslängenschwankungen als beim Kanban-Ansatz.
5. Die Kosten der Kanban-Lösung liegen in den meisten Fällen über denjenigen der CONWIP-Lösung.

Vor dem Hintergrund dieser Ergebnisse hat sich eine Simulation als Analysemethode als gute Wahl herausgestellt, die zudem in einfacher Weise Modellmodifikation in Bezug auf geänderte Supply Chain Strukturen gestattet und die Güte des RW Konzepts insgesamt bestätigt.

3 Zusammenfassung und Ausblick

Aufgrund sich ändernder Rahmenbedingungen steigt der Kostendruck auf pharmazeutische Unternehmen. Die Identifikation von Einsparungspotentialen ist demnach von entscheidender Bedeutung. Ein möglicher Bereich, in dem Kosteneinsparungen realisiert werden können, umfasst die Produktionsplanung und -steuerung entlang der pharmazeutischen Supply Chain. Im Rahmen dieses Beitrags wurde dazu ein innovatives Lean Konzept vorgestellt, welches zu einer effizienteren Gestaltung der Produktionsplanung und -steuerung beitragen kann. Der mögliche Anwendungsbereich des RW Konzepts beschränkt sich dabei nicht auf die pharmazeutische Industrie. Die Prozessindustrie im Allgemeinen kann von dem hier vorgestellten Konzept profitieren. Die wesentlichen Elemente dieses Konzept bestehen in der Verwendung zyklischer Auflagemuster und der Umsetzung einer Pull-Strategie. Durch die Verwendung von zyklischen Auflagemustern kann zum einen die Nervosität innerhalb des Produktionsprozesses reduziert und zum anderen dauerhaft eine Rüstzeiten/-kosten optimale Produktionsreihenfolge aufrechterhalten werden. Die Implementierung einer Pull-Strategie kann zudem Überproduktion und Eilaufträge vermeiden. Neben der einstufigen Betrachtung wurden mit dem Kanban- und dem CONWIP-Ansatz explizit zwei Möglichkeiten aufzeigt, wie eine Integration des RW Konzepts in eine Supply Chain übergreifende Produktionsplanung und -steuerung vorgenommen werden kann. Zwar ist eine grundsätzliche Aussage über die Vorteilhaftigkeit einer der beiden Ansätze nicht möglich, jedoch zeigt die im

Rahmen dieses Beitrags durchgeführte Simulationsstudie, dass sich für eine ausgewählte pharmazeutische Supply Chain der CONWIP-Ansatz als vorteilhaft erweist.
Im Gegensatz zum deterministischen ELSP ist die Anzahl von Beiträgen zum S-ELSP unter Verwendung von zyklischen Auflagemustern noch sehr überschaubar.[34] In diesem Kontext wurde bisher insbesondere der Betrachtung von stochastischen Nachfragen in einer mehrstufigen Umgebung wenig Aufmerksamkeit geschenkt. Die vorliegende Problemstellung kann als Multi-Level S-ELSP bezeichnet werden. Dieser Beitrag leistet somit Pionierarbeit auf einem Gebiet, das noch viel Raum für zukünftige Forschungen bietet.
Innerhalb des hier vorgestellten Konzepts bieten sich in erster Linie zwei Aspekte für zukünftige Forschungen an. Erstens könnte der Versuch unternommen werden, diejenigen Kosten monetär zu quantifizieren, die aufgrund von Nervosität innerhalb des Produktionsprozesses entstehen. Auf diese Weise könnte ein konkreter Vergleich des RW Konzepts mit momentan gängigen Konzepten zur Produktionsplanung und -steuerung vorgenommen werden. Zudem bestände dann die Möglichkeit Konfigurationsalternativen innerhalb des RW Konzepts explizit miteinander zu vergleichen. So könnte sich bspw. die Verwendung von maximalen Schwankungsintervallen gegenüber einem frei schwankenden Zyklus als vorteilhaft erweisen. Zweitens liegen dem hier vorgestellten Konzept stationäre Nachfragen zugrunde. Effekte wie Trends oder Saisonalitäten werden somit nicht explizit berücksichtigt. Eine Anpassung des Konzepts an diese Rahmenbedingungen ist daher noch offen.

Literaturverzeichnis

Axsäter, S. (1987): An Extension of the Extended Basic Period Approach for Economic Lot Scheduling Problems. In: Journal of Optimization Theory and Applications 52(1987)2, S. 179-189.

Banerjee, A. (2009): Simultaneous Determination of Multiproduct Batch and Full Truckload Shipment Schedules. In: International Journal of Production Economics 118(2009)1, S. 111-117.

Bomberger, E. E. (1966): A Dynamic Programming Approach to a Lot Size Scheduling Problem. In: Management Science 12(1966)11, S. 778-784.

Brander, P./Forsberg, R. (2006): Determination of Safety Stocks for Cyclic Schedules with Stochastic Demand. In: International Journal of Production Economics 104(2006)2, S. 271-295.

Chatfield, D. C. (2007): The Economic Lot Scheduling Problem: A Pure Genetic Search Approach. In: Computers & Operations Research 34(2007)10, S. 2865-2881.

Danese, P./Romano, P./Vinelli, A. (2004): Exploring New Supply Chain Strategies in the Pharmaceutical Industry. In: Supply Chain Forum: International Journal 5(2004)1, S. 12-23.

Delporte, C./Thomas, L. (1978): Lot Sizing and Sequencing for N Products on one Facility. In: Management Science 23(1978)10, S. 1070-1079.

Di Micco, R./ Romano E./Santillo, L.C. (2008): Study and Analysis of Production Dynamics with Designed Experimentation: Sizing of a Pull Drum Line Supermarket. In: International Journal of Mathematics and Computers in Simulation 4(2008)2, S. 313-327.

Dobson, G. (1987): The Economic Lot-Scheduling Problem: Achieving Feasibility Using Time-Varying Lot Sizes. In: Operations Research 35(1987)5, S. 764-771.

---

[34] Vgl. Sox/Jackson/Bowman/Muckstadt (1999), S. 199.

Elmaghraby, S. E. (1978): The Economic Lot Scheduling Problem (ELSP): Review and Extensions. In: Management Science 24(1978), S. 587-598.

El-Najdawi, M. K. (1994): A Job-Splitting Heuristic for Lot-Size Scheduling in Multi-Stage, Multi-Product Production Processes. In: European Journal of Operational Research 75(1994)2, S. 365-377.

Federgruen, A./Katalan, Z. (1996): The Stochastic Economic Lot Scheduling Problem: Cyclical Base-Stock Policies with Idle Times. In: Management Science 42(1996)6, S.783-796.

Gallego, G./Shaw, D. X. (1997): Complexity of the ELSP with General Cyclic Schedules. In: IIE Transactions 29(1997)2, S. 109-113.

Greb, E. (2009): Is JIT Manufacturing the Right Prescription? In: Pharmaceutical Technology 33(2009)3, S. 72-78.

Günther, H.-O./Tempelmeier, H. (2005): Produktion und Logistik. 6. Aufl. Berlin 2005.

Hall, R. W. (1988): Cyclic Scheduling for Improvement. In: International Journal of Production Research 26(1988)3, S. 457-472.

Hanssmann, F. (1962): Operations Research in Production and Inventory Control. New York 1962.

Hsu, W.-L. (1983): On the General Feasibility Test of Scheduling Lot Sizes for Several Products on One Machine. In: Management Science 29(1983)1, S. 93-105.

Jones, P. C./Inman, R. R. (1989): When is the Economic Lot Scheduling Problem Easy? In: IIETransactions 21(1989) 1, S. 11-20.

Nahmias, S. (2005): Production and Operations Analysis. 5. Aufl. New York 2005.

Packowski, J. (1996): Betriebsführungssysteme in der Chemischen Industrie. Informationsmodellierung und Fachkonzeption einer dezentralen Produktionsplanung und -steuerung. Wiesbaden 1996.

Paternina-Arboleda, C. D./Das, T. K. (2005): A Multi-Agent Reinforcement Learning Approach to Obtaining Dynamic Control Policies for Stochastic Lot Scheduling Problem. In: Simulation Modelling Practice & Theory 13(2005) 5, S.389-406.

Pfohl, H.-C. (1988): Logistiksysteme – Betriebswirtschaftliche Grundlagen. 3. überarb. und erw. Aufl. Berlin 1988.

Pfohl, H.-C. (1994): Management der Logistikkette : Kostensenkung, Leistungssteigerung, Erfolgspotential. Berlin 1994.

Pfohl, H.-C. (2002): Risiko- und Chancenmanagement in der Supply Chain. Berlin 2002.

Ramrattan, L./Szenberg, M. (2006): Global Competition and the United States Pharmaceutical Industry. In: American Economist 50(2006)2, S. 65-82.

Rogers, J. (1958): A Computational Approach to the Economic Lot Scheduling Problem. In: Management Science 4(1958)3, S. 264-291.

Silver, E. A./Pyke, D. F./Peterson, R. (1998): Inventory Management and Production Planning and Scheduling. 3. Aufl. New York 1998.

Sox, C. R./Jackson, P. L./Bowman, A./Muckstadt, J. A. (1999): A Review of the Stochastic Lot Scheduling Problem. In: International Journal of Production Economics 62(1999)3, S. 181-200.

Takahashi, K./Myreshka/Hirotani, D. (2005): Comparing CONWIP, Synchronized CONWIP, and Kanban in Complex Supply Chains. In: International Journal of Production Economics 93/94(2005), S. 25-40.

Zipkin, P. H. (1991): Computing Optimal Lot Sizes in the Economic Lot Scheduling Problem. In: Operations Research 39(1991)1, S. 56-63.

Transport & Umschlagen

Sebastian Kummer*

Transportmanagement – Achillesferse moderner Logistikkonzepte

---

* Professor Dr. Sebastian Kummer leitete von 1996 bis 2001 den Lehrstuhl für Betriebswirtschaftlehre, insbesondere Verkehrsbetriebslehre der TU Dresden. Seit 2001 ist Professor Kummer Vorstand des Instituts für Transportwirtschaft und Logistik der Wirtschaftsuniversität Wien. Seine Forschungsgebiete sind Transportwirtschaft, Logistik und Supply Chain Management.

1 Einführung

Die Bedeutung des Transportmanagements für Verkehrs- und Logistikunternehmen ist evident. Allerdings ist auch der Einfluss des Transportmanagements für Industrie- und Handels- sowie für einige Dienstleistungsunternehmen, in denen Transporte die Voraussetzung für die Belieferung von Märkten sind, in mehrfacher Hinsicht maßgeblich. Einerseits ist im Wettbewerb der Transport zum Kunden von Wichtigkeit, andererseits sind die Transporte von Roh- und Zwischenprodukten für die Aufrechterhaltung der Funktionsfähigkeit der Wertschöpfungskette sowie deren Effizienz von entscheidender Bedeutung.

Für die Gestaltung logistischer Netzwerke sind die aktuellen Transportkosten und vor allem deren zukünftige Entwicklung von hoher Bedeutung. Die Höhe der Transportkosten bei den Verkehrsträgern Straße, Schiene und auch Binnenschiff, ist einer Vielzahl von Einflussfaktoren ausgesetzt, die im Zeitablauf zu Veränderungen der Kostenhöhe und –struktur führen können. Der folgende Beitrag versucht, Ansatzpunkte für das in der Unternehmenspraxis aber auch in der wirtschaftswissenschaftlichen Literatur häufig vernachlässigte Gebiet des Transportmanagements zu geben.

Unter Transportmanagement wird im Folgenden die geplante, systematische Konzeptionierung, Positionierung, Ausgestaltung, Steuerung und Kontrolle der Transporte eines Industrie-, Handels- oder Dienstleistungsunternehmens verstanden. Dem Pfohlschen Logistikwürfel entsprechend soll im Folgenden unterschieden werden zwischen:

- normativem Transportmanagement
- strategischem Transportmanagement und
- operativem Transportmanagement

Der Beitrag behandelt das normative und strategische Transportmanagement, da hier die größten Herausforderungen gesehen werden.

2 Rahmenbedingungen des Transportmanagements

Die Anforderungen, welche an das Transportmanagement gestellt werden sowie dessen Rahmenbedingungen, haben sich in der globalisierten Welt dramatisch verändert. Die Globalisierung führte zunächst zu stark steigenden Verkehren und – wie wir in der Krise in den Jahren 2008/2009 erfahren haben - zu stark schwankenden Verkehrsnachfragen. Die wesentlichen Rahmenbedingungen für das betriebliche Transportmanagement setzt die Verkehrspolitik.[1] Grundsätzlich kann dabei zwischen Verkehrsinfrastrukturpolitik und Verkehrsordnungspolitik differenziert werden.

---

1 Die Verkehrspolitik umfasst die Summe der Maßnahmen des Staates und der Körperschaften zur Gestaltung und Beeinflussung des Verkehrssystems, Kummer (2006), S. 182

2.1 Verkehrsinfrastrukturpolitik

Die Verkehrsinfrastruktur stellt für den betrieblichen Transport einen Produktionsfaktor dar. Sie beeinflusst somit sowohl die Leistungsfähigkeit des Transports (z. B. Zuverlässigkeit und Geschwindigkeit) als auch die Kosten (z. B. Verkehrsinfrastrukturentgelte oder Staukosten).
Die Europäische Verkehrsinfrastrukturpolitik hat die Bedeutung der Verkehrsinfrastruktur für die Transportlogistik und den Personenverkehr schon lange erkannt. Allerdings kann sie aufgrund der zeitraubenden Abstimmungsnotwendigkeiten innerhalb der EU sowie aufgrund der geringen finanziellen Mittel der EU für die Verkehrsinfrastruktur – die Mittelbereitstellung erfolgt Großteils direkt durch die Mitgliedsstaaten – nur sehr langsam auf neue Anforderungen reagieren.
1993 wurden Kapitel zu den „Transeuropäischen Netzwerken" (TEN) in den Vertrag von Maastricht aufgenommen. In der Folge wurden unterschiedliche Initiativen entwickelt. 2004 wurden 30 transnationale Hauptverkehrsachsen (Van-Miert-Gruppe) festgelegt. Die finanziellen Mittel, die für diese Projekte benötigt wurden, sind mit 600 Mill. Euro für die Achsen und 225 Mill. Euro für prioritäre Projekte festgelegt worden.
Auch wenn die EU im Rahmen der EU-Beitritte erhebliche Mittel zum Aufbau einer leistungsfähigen Verkehrsinfrastruktur in Beitrittsländern bereit gestellt hat, so mangelt es bei der Durchsetzung der Transeuropäischen Netzwerke trotzdem erheblich an finanziellen Mittel. So wurden im Juli 2004 für die Jahre 2007 - 2013, 20,35 Mill. Euro budgetiert, angesichts der oben beschriebenen Investitionserfordernissen und der neuerlichen Senkung im Zuge von Sparaktionen, sind diese Mittel kaum ausreichend, um die europäischen Netzen zu vervollständigen. Zudem muss angemerkt werden, dass die europäischen Herausforderungen weit über die zehn TINA-Korridore (**T**ransport **I**nfrastructure **N**eeds **A**ssessment) sowie die 30 transnationalen Hauptverkehrsachsen hinaus gehen.
Im Rahmen der Globalisierung ist eine Anbindung der östlichen Nachbarstaaten, vor allem der Ukraine, Weißrussland, Russland und der zentralasiatischen Republiken, ebenso notwendig wie eine Integration der Balkanländer in die Europäischen Netzwerke. Dem hat die Kommission mit der Formulierung von fünf weiteren Transnationalen Europäischen Achsen, die bis weit nach Russland und in die zentralasiatischen Republiken reichen, mit der Mitteilung vom 31.01.2007 (COM 2007-32) Rechnung getragen.
Ein großes Problem der Europäischen Verkehrsinfrastrukturpolitik ist auch, dass die finanziellen Mittel in aufwendige Prestige-Projekte geleitet werden, deren verkehrswirtschaftlicher Nutzen zumindest umstritten ist. Als absurdestes Beispiel hierfür sei die geplante Brücke über die Straße von Messina vom italienischen Festland nach Sizilien genannt. Eine Verbesserung der europäischen und der nationalen Infrastrukturplanung ist daher aus transportlogistischer Sicht dringend erforderlich.
Im Gegensatz zu den eher langsam voranschreitenden Verkehrsinfrastrukturbemühungen in der EU haben besonders die ehrgeizigen Schwellenländer die Bedeutung der Verkehrsinfrastruktur erkannt und entsprechende Investitionsprogramme gestartet. So wird China bis zum Jahr 2020 das Streckennetz der chinesischen Eisenbahn erheblich erweitern und rund 2 Mill. Yen (ca. 200 Mill.

Euro) nur in den Schienenbereich investieren. Ähnlich große Investitions-Programme sind z. B. in Russland geplant.

2.2 Verkehrsordnungspolitik

In der Vergangenheit war der ordnungspolitische Rahmen im Verkehrsbereich - verglichen mit den Regelungen für die Mehrzahl der anderen Sektoren der Volkswirtschaft - relativ restriktiv angelegt. In vielen Ländern sind staatliche Interventionen an der Tagesordnung. Erst in den letzten Jahren sind in zahlreichen Ländern Liberalisierungsschritte durchgeführt worden.

Elemente der Verkehrsordnungspolitik sind verbindliche Normen und Rahmenbedingungen zur Regelung der Märkte und des Wettbewerbs. Grundsätzlich kann zwischen fünf verschiedenen Regulierungsbereichen unterschieden werden:

- Marktzutritt / Marktaustritt
- Produktionskapazitäten / Produktionsmengen
- Preise
- Qualität / Konditionen
- Kontrahierungsfreiheit

Generell hatte die Regulierung folgende Auswirkungen auf die Marktstrukturen:

- die Konservierung der den Anforderungen des freien Wettbewerbs nicht gerecht werdenden Organisationsstrukturen,
- die künstliche Erhaltung von, bei freiem Wettbewerb, nicht marktfähigen Anbietern, die bei den Deregulierungsprozessen zum Marktausscheiden gezwungen werden,
- die Entstehung von nicht marktfähigen Betriebsgrößen als direkte Folge der Existenzsicherung der nicht marktfähigen Anbieter und
- die künstliche Aufblähung von Marktsegmenten (z. B. die Eigenerstellung der Verkehrsleistung von Industrieunternehmen im Werksverkehr) statt der Beauftragung von Verkehrsdienstleistern.

Zusammenfassend lässt sich festhalten, dass die Regulierung der Verkehrsmärkte aus Kundensicht überwiegend negative Folgen aufwies. Aus diesem Grunde hat die EU in den vergangenen Jahren eine konsequente Deregulierungspolitik betrieben. Diese zielt darauf ab, die Regulierungseingriffe des Staates abzubauen oder auch ganz zu beseitigen.

Im Straßengüterverkehr und im Luftverkehr waren diese sehr erfolgreich und führten zu erheblichen Leistungssteigerungen bei sinkenden Transportkosten. Auch im Eisenbahnbereich wurden starke Deregulierungsbemühungen unternommen. Aufgrund der unterschiedlichen Interessen der Länder und der ehemaligen Staatsbahnen waren diese jedoch nicht überall erfolgreich.

Das betriebliche Transportmanagement hat von der Liberalisierung der Verkehrsmärkte in der EU, aber auch von der Verbesserung der ordnungspolitischen Voraussetzungen der weltweiten Transportmärkte (z. B. Zulassung ausländischer Transport- und Logistikdienstleister in China) profitiert. In anderen Ländern, z. B. in Russland, verursacht die mangelnde Marktöffnung erhebliche Schwierigkeiten und vor allem Kosten.

2.3 Analyse und Prognose der Entwicklung der Transportkosten

Ausgangspunkt des Transportmanagement ist die Analyse und Prognose der Transportkostenentwicklung. Die Lang- und Mittelfristprognose ist nicht nur wesentlicher Bestandteil des strategischen Transportmanagements, sondern auch in der Gestaltung von Supply Chains. Die Analyse und Prognose der kurzfristigen Entwicklung der Transportkosten ist hingegen wesentliches Element des operativen Transportmanagements.

Grundlagen der Transportkostenanalyse

Die Analysen und Prognosen von Transportkosten sind immer mit großen Unsicherheiten belastet und die Durchführenden müssen sicher stellen, dass ihre subjektiven Einschätzungen nicht das Ergebnis maßgeblicher Beeinflussung sind. In einem Zitat von Johann Wolfgang von Goethe kann diese Problematik poetisch rekapituliert werden: „Wir blicken so gerne in die Zukunft, weil wir das Ungefähre, was sich in Ihr hin und her bewegt durch stille Wünsche zu unseren Gunsten heran leiten möchten.“

Nahezu alle Prognosen gehen davon aus, dass sich die Transportkosten mittelfristig überproportional zu den Produktionskosten entwickeln werden. Auch kann man davon ausgehen, dass im Zuge der Einführung von Mautsystemen und der finanziellen Berücksichtigung von CO_2-Emissionen im Transport, Versandstrecken stärker steigen werden als es bisher der Fall ist.

Die Analyse und Prognose der Transportkosten kann dabei auf zwei Komponenten beruhen:

1. Kostenschätzung auf Basis strategischer Analysen.
   Diese besteht aus einer Marktstrukturanalyse, die eine strategische Einschätzung der Marktentwicklungen ermöglicht, einer mittel- und langfristigen Abschätzung der technischen und rechtlichen Rahmenbedingungen der Verkehrsträger sowie einer strategischen Schätzung der Kostenentwicklungen.
2. Kostenschätzung auf Basis einer Kostenartenanalyse.
   Aus einer typischen Kostenartenrechnung für die Verkehrsträger Bahn und Lkw werden die bedeutendsten Kostenarten bei den Transportkosten ermittelt. Um die Kosten abzuschätzen, muss man folgende Faktoren berücksichtigen:
   1. Energie und Treibstoffkosten
   2. Kosten der Transportmittel
   3. Kosten der Benutzung der Verkehrsinfrastruktur
   4. Personalkosten
   5. ggf. Steuern und Abgaben (CO2)

Für jede identifizierte Kostenart werden die wesentlichen Kosteneinflussfaktoren ermittelt, analysiert und deren Entwicklung prognostiziert. Dadurch kann die Veränderung jeder einzelnen Kostenart für die nächsten Jahre prognostiziert werden. Aus der Summation der einzelnen Kostenarten pro Verkehrsträger ergeben sich die (prognostizierten) Transportkosten. Beide Analysen können unter Anwendung der Szenariotechnik zusammengeführt werden.

Auswirkungen der Entwicklung der Transportkosten auf Logistiksysteme

Aufgrund der erwarteten Transportkostensteigerung kann angenommen werden, dass die Zentralisierung von Logistiksystemen nicht mehr in dem Maße fortschreitet wie bisher. Theoretisch müsste diese zurückgeführt werden, aber dagegen sprechen Systemumstellungskosten ebenso wie die damit verbundene höhere Kapitalbindung. Auf jeden Fall ist zu erwarten, dass im Bereich des Transportmanagements Unternehmen in Zukunft wieder verstärkt Bündelungseffekte nutzen. Damit diese nicht zu Lasten von hohen Lagerbeständen und weniger individuellen Sendungen führen, werden Informationstechnologien eingesetzt. So kann der Widerspruch zwischen der Nutzung von Bündelungseffekten und der immer stärkeren Nachfrage nach individuellen Sendungen gelöst werden. So sind bereits Verlader bemüht, Kleinsendungen zusammen zu fassen und eine Komplettladung daraus zu machen. In diesem Sinne wird nicht nur im Handelsbereich die Nutzung von Cross-Docking-Konzepten und Umschlagspunkten zunehmen, sondern diese werden auch im Bereich der Distribution und Beschaffung von Industrieunternehmen ebenso wie Direktbelieferung an Bedeutung gewinnen.

Die größte Veränderung im Bereich der Logistik wird im Bereich der Informations- und Kommunikationstechnologien durch eine breite Einführung von RFID (Radio Frequency Identification) erwartet. Dadurch wird eine einfache Identifizierung von Produkten und Sendungen sowie der Ladungsmittel und Transportfahrzeuge ermöglicht. Unter Einbindung von Internet-Technologien kann so eine bessere Kontrolle und Steuerung der Transportströme verwirklicht werden.

Das größte Problem globaler Logistiknetzwerke stellen die steigenden Risiken dar. Die Logistikbranche ist gewissermaßen in zweierlei Hinsicht betroffen. Noch stärker als durch die tatsächlichen Schäden, die durch Diebstahl, Vandalismus oder terroristischer Aktivitäten den Transportmittel und Transportgütern zugefügt werden, leiden die Logistikdienstleister unter der Verschärfung der Sicherheitsvorschriften. So sind im Bereich der Schifffahrt, basierend auf dem Solar und den ISPS Code, zahlreiche Maßnahmen zur Gefahrenabwehr auf Schiffen und Hafenanlagen eingeführt worden. Bei Exporten in die USA hat die 24 Hour Advanced Manifest Rule dazu geführt, dass bei der US Behörde 24 Stunden vor Verladung der Ware auf ein Überseeschiff eine detaillierte Ladungsbeschreibung vorgelegt werden muss.

Besonders problematisch waren auch die von der EU vorgelegten Vorschläge zur Sicherheit von Landverkehren. Auf Grund der zahlreichen Proteste von Logistikdienstleistern der verladenen Industrie, sind die umfassenden Vorschriften, die geplant wurden, zunächst zurückgeführt worden. Alle diese Initiativen machen jedoch deutlich, dass die Anforderungen hinsichtlich der Sicherheit der Supply Chains in den kommenden Jahren steigen werden. Die Unternehmen sind gut beraten, schon heute die Zeit zu nutzen, um entsprechende Sicherheitsmanagementsysteme zu implementieren und bei Neuvorhaben darauf zu achten, dass Maßnahmen ergriffen werden, die eine Gefahrenabwehr ermöglichen. Für die Logistiker bedeuten all diese Entwicklungen, dass Aufgaben komplexer werden und auch in Zukunft Logistik Know-how gefragt sein wird.

3 Normatives Transportmanagement

Das aus Sicht des normativen Transportmanagements bisher größte Problem im Bereich von Transportwirtschaft und Logistik sind die negativen ökologischen Auswirkungen von Verkehren. Wenn man allerdings, wie viele Unternehmen der Transportwirtschaft, ums Überleben kämpft, so gelten die Sorgen vorrangig dem wirtschaftlichen Teil der Nachhaltigkeit. Kurzfristig steht die Sicherstellung der Liquidität im Vordergrund. Dementsprechend ist sowohl das ökologische Bewusstsein in der Transportwirtschaft als auch jenes der Verlader ein wenig in den Hintergrund gerückt. Die gesellschaftliche und betriebliche Notwendigkeit einer stärkeren Umweltorientierung wird dabei zu häufig ignoriert.

Auf der anderen Seite müssen die Unternehmen Strategien für die Zeit nach der Krise entwickeln. Die Kostenführerschaft wird aufgrund der zunehmenden Konkurrenz aus Niedriglohnländern kaum eine strategische Option sein. Vielmehr werden die westeuropäischen Unternehmen im internationalen Wettbewerb nur eine Chance haben, wenn sie sich gegenüber den internationalen Wettbewerbern differenzieren. Dazu zählt vor allem ein besseres Serviceniveau. Aber dies wird wahrscheinlich nicht ausreichen. Ein nachhaltiges Transportmanagement kann hier einen weiteren Ansatzpunkt darstellen.

Umweltverträgliche Transporte werden dabei sicher eine wichtige Rolle spielen. Dies wird auch durch die Ökologisierung der Preissysteme gefördert werden.

Eine der größten Herausforderungen für die kommenden Jahre stellt die Weiterentwicklung umweltfreundlicher Antriebssysteme für PKW, Kleintransporteure und alsbald auch für den gesamten Straßengüterverkehr dar Dadurch wird für die Zukunft eine deutliche Verbesserung der Umweltbilanzen erwartet.

Nicht nur Industrie und Handel sehen sich verstärkt gezwungen, dem weltweiten Anstieg der CO_2-Emissionen mit geeigneten Lösungen zu begegnen. Auch Logistikdienstleister werden von ihren Kunden immer öfter mit der Forderung nach einem CO_2-Ausweis für ihre Sendungen konfrontiert. Dies erscheint durchaus gerechtfertigt, da gerade die Logistikbranche direkt bei den Transporten ansetzen und somit zur Reduzierung verkehrsinduzierter CO_2-Emissionen beitragen könnte.

Die Notwendigkeit eines CO_2-Ausweises für die Logistik- und Transportbranche ist derzeit nicht gesetzlich vorgeschrieben. Viele Unternehmen sehen sich jedoch immer mehr gezwungen, die CO_2-Emissionen ihrer Transporte transparent zu machen. Dies resultiert einerseits aus steigenden Kundenanforderungen, andererseits versuchen einige Logistikdienstleister bereits durch die Vermarktung von „klimaneutralen“ bzw. „klimaschonenden“ Produkten Image- und Wettbewerbsvorteile zu erzielen.

Die mit CO_2-Reduktionen zusammenhängenden Maßnahmen der Politik, aber vor allem auch die Kundenanforderungen werden die Logistikdienstleister vor neue Herausforderungen stellen. Die schnell gestrickten CO_2-Berechnungen müssen nach Möglichkeit durch standardisierte, transparente Berechnungen ersetzt werden. Die bisher rein kostengetriebene Optimierung von Transporten und Supply Chains muss durch die Berücksichtigung von CO_2 und anderer Emissionen ergänzt werden.[2]

Abbildung 1 zeigt das Konzept des CO_2-TEC. Der Transport Emission Calculatorist ein kooperatives F&E-Projekt von OeKB Business Services GmbH, der ZTL Logistik Schulungs- und Beratungs GmbH und ECONSULT Betriebsberatungsgesellschaft m.b.H., zur Entwicklung eines webbasierten EDV-Tools, mit dem es möglich ist, differenzierte, unternehmensspezifische Transportketten hinsichtlich ihrer CO_2-Emissionen zu bewerten und damit Benchmarks für CO_2-reduzierende Maßnahmen zu gewinnen. Das Tool wird Klein- und Mittelbetriebe der Transportwirtschaft bei der Umsetzung von ökologisch effizienteren Formen der Transportabwicklung unterstützen sowie die Transparenz der Schadstoff-Emissionen des Güterverkehrs erhöhen.

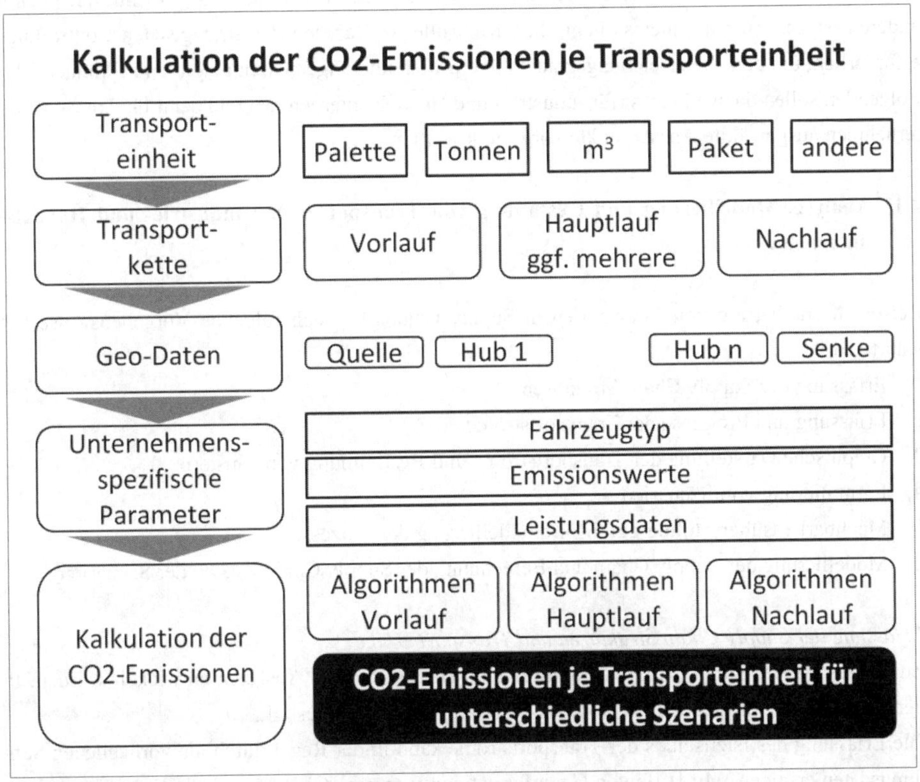

Abbildung 1: Konzept des CO2-TEC, OEKB/Econsult/ZTL (2009), S. 7

2 Zur CO_2-Kalkulation in der Transportwirtschaft siehe z. B. Kummer (2008a)

Insgesamt wird sich der Betrachtungsfokus ändern. Während heute noch viele Umweltauflagen als Last empfunden werden, wird die Logistikbranche schnell erkennen, dass umweltfreundliche Lösungen zum einen eine Chance darstellen um das Image zu verbessern und zum anderen der Unternehmenswert gesteigert werden kann, indem man von einer quartalsgetriebenen Gewinnsucht abkehrt und nachhaltiges Denken in den Vordergrund stellt.

4 Strategisches Transportmanagement

Viele strategische Pläne scheitern bereits daran, dass sie nicht oder nicht effektiv genug umgesetzt werden. Diesem Manko ist auf zwei Wegen zu begegnen: zum einen gilt es, zur Erreichung der strategischen Ziele entsprechende Maßnahmen und Projekte zu definieren und zu initiieren. Zum anderen ist der Aufbau einer strategischen Kontrolle im Rahmen des strategischen Controllings erforderlich, um den Zielerreichungsgrad zu überprüfen und angemessen reagieren zu können.[3] Im Folgenden sollen dazu zunächst für Industrie- und Handelsunternehmen und dann für Transportunternehmen ausgewählte Ansatzpunkte vorgestellt werden.

4.1 Analyse, Modellierung und Gestaltung von Transporten für Industrie- und Handelsunternehmen

Bei der Modellierung von Transporten in Supply Chains hat sich folgende Vorgehensweise bewährt:

1. Erfassung der Supply Chain Strukturen
2. Erfassung und Prognose der Transportströme
3. Graphische Darstellung der Transportströme und Bestimmung von Clustern
4. Formulierung von Szenarien
5. Machbarkeitsüberprüfung ggf. Mikromodellierung der Prozesse
6. Modellierung der Supply Chain und Berechnung der Supply Chain Kosten der Szenarien

Erfassung der Supply Chain Strukturen und Transportströme

Zur Erfassung der Supply Chain Strukturen sind eine Reihe von Ansätzen entwickelt worden. In der Regel werden diese mit Hilfe von Netzwerkdiagrammen dargestellt.

Die Erfassung des Istzustands der Transportströme kann in der Regel durch die vorhandenen Sendungsdaten erfolgen. Mit Hilfe von Geoinformationssystemen (GIS) können die Daten dann abgebildet werden. Allerdings liegen häufig nicht genügend Informationen über die Transportmittel und Transportwege vor. Werden z. B. die Sendungen einem Logistikdienstleister übergeben, so sind zwar Quelle und Senke bekannt, oft aber nicht die tatsächliche Leistungserstellung. Zielt die Supply Chain Gestaltung bzw. Optimierung auf einen längeren Zeitraum ab, so muss für den Untersuchungszeitraum eine Prognose der Sendungen und der entsprechenden Transportströme

---

[3] Kummer (2008b), S. D 1070.

erstellt werden. Je nach Untersuchungszweck müssen dabei unterschiedliche Kriterien erhoben werden. Im Beispiel der Abbildung 2 wurde als Vergleichsbasis „LKW-Äquivalente Megatrailer" mit $70m^3$ verwendet.

Nr.	Quelle	km nach Senke	m³	m³ x km	LKW-Äquivalente (Megatrailer 70m³)	durchschnittl. Frequenz (Anzahl Bestelltage pro Woche)
1	Stuttgart	670	4.041	2.707.318	58	2,7
2	Linz / Steyr	236	3.479	821.024	50	1,6
3	Benelux	1019	3.341	3.404.736	48	4,8
4	Ingolstadt	508	3.127	1.588.707	45	4,3
5	Nürnberg (Ost)	481	2.961	1.424.425	42	4,3
6	CZ Nord	620	1.773	1.099.059	25	2,8
7	Hannover	971	1.742	1.691.081	25	3,5
8	Straubing	379	1.696	642.942	24	2,4
9	Mannheim	737	1.197	882.232	17	2,8
10	Essen (Ruhrpott)	973	1.188	1.155.879	17	2,2

Abbildung 2: Beispiel für Ist-Erfassung der Transportströme, in Anlehnung an 2waynet (2005), S. 9

Graphische Darstellung der Transportströme

Oft wird behauptet, die graphische Darstellung der Transportströme sei etwas für Kinder und Vorstände. Doch die graphische Darstellung enthält oft Informationen, die sich in Modellen nur schwer abbilden lassen. Lässt sich das Beispiel auf der linken Seite der Abbildung 3 ggf. noch durch Postleitzahlanalysen lösen, so fällt es bei grenzüberschreitenden Sendungen (rechte Seite) schon schwerer. Ggf. hätte man den Cluster und die sich ergebenden Bündelungsmöglichkeiten durch eine aufwändige GIS-Anwendung in den Griff bekommen.

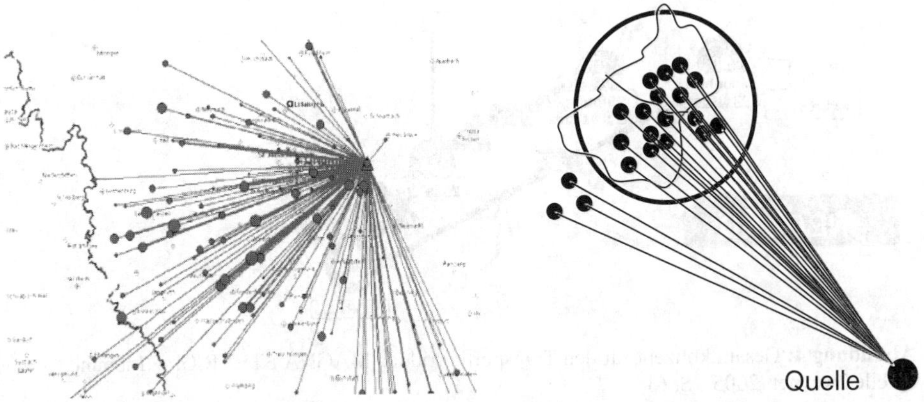

Abbildung 3: Beispiele für die graphische Darstellung von Transportströmen

Mit Hilfe einer Clusterung von Quellen bzw. Senken lassen sich die mengenmäßig relevanten Gebiete bzw. Transportachsen ermitteln. Der Prozess dieser Clusteridentifizierung kann in unterschiedliche Schritte unterteilt werden:

Stufe 1: Grobclusterung des Untersuchungsgebietes

Stufe 2: Detailclusterung innerhalb der Großregionen nach den Kriterien: Entfernung, regionale Struktur (Stadtgrenzen, Wirtschaftsgebiete, etc.), verfügbare Infrastruktur (Hauptverkehrslinien Straße und Bahn).

Formulierung von Szenarien

In einem nächsten Schritt können dann Szenarien zur Verbesserung bzw. zur alternativen Gestaltung der Transporte formuliert werden. Ein typischer Ansatzpunkt ist die Bündelung, um aus Stückgutsendungen Teilladungen, aus Teilladungen Komplettladungen oder aus LKW-Ladungen Eisenbahnganzzüge oder Wagengruppen zu machen. Die Darstellung in Abbildung 4 zeigt das Transportaufkommen in Megatrailer pro Woche für ein Werk in Graz und bezieht sich bereits auf potenzielle Verkehrsachsen und Konsolidierungspunkte.

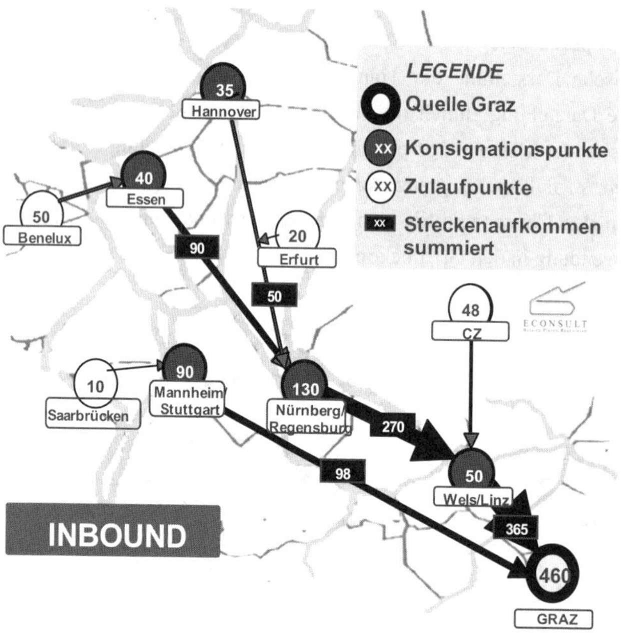

Abbildung 4: Gesamtkonzept für den Transportkorridor - MAGNA STEYR Graz Inbound, Quelle 2waynet (2005), S. 61

Das Gesamtkonzept zeigt, dass für ein erstes Szenario vor allem die Kernachse Nürnberg – Graz interessant ist, da hier eine „Basisrelation" etabliert werden kann, die einerseits die Grundauslastung liefert, andererseits Erweiterungspotenzial in Richtung nördliches Deutschland offen lässt.

Machbarkeitsüberprüfung ggf. Mikromodellierung der Prozesse

Bei der Machbarkeitsanalyse muss insbesondere geprüft werden, ob die Anforderungen, die an den Transportprozess gestellt werden (z. B. Zeit, Zuverlässigkeit) in den unterschiedlichen Szenarien erfüllt werden können. Außerdem muss z. B. bei Ganzzugkonzepten geklärt werden, ob zu den geplanten Zeiten Trassen zur Verfügung stehen. Im Rahmen einer Mikromodellierung muss ggf. geprüft werden, wie die Prozesse bei den Senken und Quellen gestaltet sind und ob z. B. bei einem Wechsel des Verkehrsträgers entsprechende Kapazitäten für die Be- und Entladung der Transportmittel vorhanden sind bzw. geschaffen werden können.

Berechnung der Supply Chain Kosten der Szenarien

Die Transportkosten werden in vielen Supply Chain Modellierungen sehr grob, z. B. als linearer von der Entfernung abhängiger Satz pro t berechnet. Das größte Problem dieser Vorgehensweise ist, dass dabei die Unpaarigkeiten und damit verbundene Unterschiede in den Transportpreisen nicht berücksichtigt werden.

Ein Vergleich des Einsatzes unterschiedlicher Verkehrsträger bereitet, aufgrund der relativ komplexen Kalkulation der Bahnkosten, häufig Schwierigkeiten und überfordert deswegen die für die Supply Chain Gestaltung verantwortlichen Stellen. Neue Forschungsprojekte wie z. B. SPIN-ALP bieten eine Softwaregestütze Entscheidungsunterstützung bei der Gestaltung und Optimierung intermodaler Verkehre[4].

4.2 Strategisches Transportmanagement bei Transportunternehmen

Entwicklung einer Strategie für Transportunternehmen

Um dem wachsenden Kosten- und Wettbewerbsdruck standzuhalten, hat sich das strategische Transportmanagement bei Transportdienstleistern in den vergangenen Jahren deutlich verändert. Grundsätzlich müssen Transportunternehmen ihre Geschäftsmodelle überdenken, um Chancen zu nutzen und Gefahren abwehren zu können.

Persson/Virum formulierten die angesprochene Problematik treffend für Logistikdienstleister in folgender Aussage: „There is little tradition for strategic thinking the industry has an operational focus“[5]

Die Festlegung der Ziele stellt den ersten Schritt der Strategieentwicklung dar. Zumindest langfristig lassen sich diese für Transportdienstleister meist unter den Leitgedanken des profitablen Wachstums subsumieren[6].

Im Folgenden wird daher davon ausgegangen, dass es Aufgabe der zu entwickelnden Strategie für Kontraktlogistikdienstleister sein soll, solch langfristiges, profitables Wachstum zu ermöglichen.

Im Sinne eines marktorientierten Ansatzes sollten Transportunternehmen im Rahmen des strategischen Transportmanagements Differenzierungsmerkmale ihrer Aktivitäten entwickeln. Ein we-

---

4 Econsult/ZTL/PTV/Fraunhofer IIS, ATL/ETH Zürich, IVT/Rapp Trans(2009)

5 Persson/Virum (2001), S. 54

6 In Übertragung von Lambert/Emmelhainz/Gardner (1999), S. 173 oder Logan (2000), S. 22, die dies für Logistikdienstleister formulieren.

sentliches Merkmal ist die Beurteilung der Attraktivität möglicher Kundenbranchen bzw. Branchensegmente.

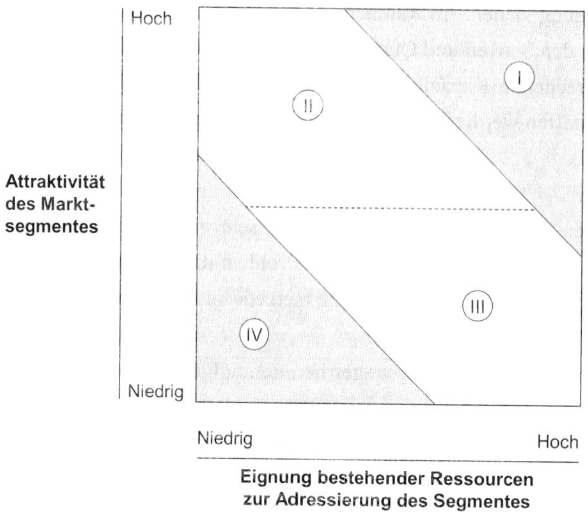

Abbildung 5: Portfolio zur Integration des markt- und des ressourcenorientierten Ansatze, Kummer/Hauptmann (2007), S. 416

Der ressourcenorientierte Ansatz basiert auf der Überlegung, dass Wettbewerbsvorteile im Zugang der überlegenen Nutzung von Ressourcen[7] eines Unternehmens begründet sind. Ressourcen sind dabei sowohl materielle als auch immaterielle Güter wie Infrastruktur, Technologie-Know-how, Prozesseffizienz, Kapitalausstattung oder Qualität der Mitarbeiter.[8] Im Kontext von Transportunternehmen ist hier etwa an überlegene und/oder spezifische Transportmittel oder Dispositionssysteme, aber durchaus auch an eine überlegene operative Effizienz und Effektivität zu denken.

Wie dargelegt, können sowohl die marktorientierte als auch die ressourcenorientierte Sicht für die Entwicklung einer Strategie für Kontraktlogistikdienstleister hilfreich sein. Doch gilt es, die jeweiligen Erkenntnisse integrativ zusammenzuführen: „Strategy is concerned with matching a firm's resources and capabilities to the opportunities that arise in the external environment"[9].

Da sich die verschiedenen Marktsegmente ähnlich interpretieren lassen wie Geschäftsfelder, können Portfoliomodelle, wie sie die Forschung zu Unternehmensstrategien (Corporate Strategy) vorschlägt, hier ihren Beitrag leisten.[10] Das von Kummer/Hauptmann[11] für Logistikdienstleister entwickelte konzeptionelle Portfoliomodell (siehe Abbildung 5), vereint die markt- und die ressourcenorientierte Sicht und unterstützt einen Vergleich der Optionen.

---

7 Vgl. Bhide (1986)
8 Vgl. Wernerfelt (1984), S. 172
9 Grant (1998), S. 106
10 Schrader/Binder (2002)
11 Kummer/Hauptmann (2006)

Attraktive Segmente die mit den bestehenden Ressourcen des Unternehmens gut zu adressieren sind (I), sollten vorrangig erschlossen bzw. weiter ausgebaut werden. Das Gegenteil gilt für unattraktive Segmente bei ungeeigneter Ressourcenausstattung (IV).

Hinsichtlich der verbleibenden Marktsegmente ist weiter zu differenzieren. Unattraktive Segmente, die sich durch die Ressourcenausstattung des Unternehmens leicht adressieren lassen (III), können „gemolken", die entsprechenden Ressourcen bzw. Unternehmensteile ggf. auch verkauft werden. Attraktive Segmente, die sich durch die bestehende Ressourcenausstattung schwer penetrieren lassen (II), können mittel- bis langfristig erschlossen werden, wenn hinreichende finanzielle Mittel sowie Zeit zum Aufbau bzw. zur Akquise entsprechender Ressourcen bzw. Unternehmen vorhanden sind. Alternativ kann die Bildung von strategischen Allianzen in Erwägung gezogen werden.

Der Aufbau von Megaflotten als Transportmanagementstrategie

Fuhrpark und Flotte bezeichnen i. A. eine Menge von Fahrzeugen, die eine gemeinsame Aufgabe des Transports (bzw. Fahrten) von einem Standort aus unter gemeinsamer Disposition und Administration zu erfüllen haben.

Mega steht als Maßeinheiten, für Million (z. B. Megawatt) oder als griechische Vorsilbe für „groß". Umgangssprachlich wird es zur Steigerung von Eigenschaften oder Bezeichnungen verwendet.

Megaflotte kann wie folgt definiert werden: Megaflotten sind Flotten, die in einem Marktsegment versuchen, durch eine große Anzahl an Fahrzeugen durch economies of scale (Größenvorteile) Wettbewerbsvorteile zu realisieren.[12]

Diese Größenvorteile wirken in unterschiedlichen Bereichen:

1. Größenvorteile beim Einkauf

   Große Flotten können beim Einkauf von Fahrzeugen, Treibstoff, Ersatz- und Verschleißteilen sowie beim Einkauf von Dienstleistungen höhere Mengenrabatte erzielen. Außerdem sind sie meist professioneller in der Fahrzeugverwertung. Aber auch mit einer mittleren Flotte können Unternehmen niedrige Einkaufspreise erzielen und beim Fahrzeugeinkauf ist die Wahl des richtigen Zeitpunkts oft wichtiger als pure Größe, denn die zwingt die Unternehmen tendenziell kontinuierlich zu beschaffen. Zudem ist anzumerken, dass eine zu große Verhandlungsmacht von Seiten der LKW-Hersteller ja auch nicht unbedingt erwünscht ist.

2. Größenvorteile beim Verkauf/Marketing

   Ein Unternehmen mit einer großen Anzahl von LKW, die es disponiert, kann professionelle Verkaufs- und Marketingabteilungen aufbauen und ist auch für internationale Großkunden interessant. Allerdings ist dazu, wie das Beispiel von LKW Walter in Österreich zeigt, nicht unbedingt der Aufbau eines eigenen Fuhrparks notwendig, sondern die Anzahl der Fahrzeuge, über die ein Unternehmen verfügen kann, ist entscheidend.

---

12 Ein Beispiel für eine Unternehmen mit einer Megaflotte ist Norbert Dentressangle. Es verfügt über 190 Standorte in Europa und 5.500 LKW und 6.500 Trailer, Quelle: http://www.norbert-dentressangle.com/gb/groupe-chiffres-clefs.php, 23.4.2008

3. Größenvorteile bei der Leistungserstellung
   Größere Unternehmen verfügen in der Regel über ein effizienteres Fuhrparkmanagement sowie Fahrermanagement und können bei der Wartung und Instandhaltung durch eigene Werkstätten und/oder bessere Serviceverträge Kosten sparen.
   Größere Unternehmen haben bessere Möglichkeiten bei der Disposition und können dadurch
   - bessere Fahrzeugauslastung,
   - weniger Leerfahrten und
   - höhere LKW-Laufleistung erreichen.

Ein großes Problem von Kleinunternehmen ist die Entflexibilisierung durch die Einführung des Digitalen Tachographen und damit verbundene bessere Kontrollmöglichkeiten. Große Flotten können auf die verschärften Arbeitszeitregeln und Überwachungsmöglichkeiten durch den Aufbau moderner LKW-Produktionssysteme reagieren. Sie können mehrere Stützpunkte aufbauen und so Schichtdienste von Fahrern einrichten und/oder Lager- und Umschlagsmöglichkeiten nutzen.
Die Standardisierung des Fuhrparks und die Einführung von Telematikdiensten sind mit einem größeren (eigenen) Fuhrpark einfacher möglich.
Neben diesen economies of scale existieren jedoch auch *diseconomies of scale:*
Große Flotten sind infolge einer aggressiven Preispolitik häufig zu schnell gewachsen. Kunden, die Transportunternehmen schnell über den Preis gewinnen, bergen immer auch die Gefahr, dass sie schnell wieder wechseln und/oder dass das Transportunternehmen, um sie zu behalten, sich in eine Preisspirale nach unten begeben muss. Die Gefahr, dass die geringe Profitabilität großer Flotten in eine negative existenzgefährdende Profitabilität umgewandelt wird, ist entsprechend hoch.
Das schnelle Wachstum wurde häufig mit einem extrem hohen Fremdfinanzierungsanteil/Leasinganteil finanziert[13]. Der Druck der Finanzierungskosten führt dann dazu, dass man versucht „auf Teufel komm raus" zu fahren, anstatt durch Stilllegung von LKW die Kapazitäten anzupassen. Die Konsequenzen sind dann oft in Form von Insolvenzen bzw. Konkursanträgen zu spüren.

Ausflaggung von Transportmitteln als Strategie des Transportmanagements

Das Ausflaggen von Transportmittel, also die Zulassung von Transportmitteln in einem anderen Land als dem Land, in dem das Unternehmen, das die Transportmittel besitzt oder die wirtschaftliche Verfügungsgewalt über die Fahrzeuge hat, sitzt, ist aus rechtlichen und steuerlichen Gründen im Bereich der Schifffahrt schon lange verbreitet. Man findet es auch im Bereich der Luftfahrt. In den vergangenen Jahren hat dies auch im Bereich des Straßengüterverkehrs, vor allem bei mittleren und großen Güterkraftverkehrsunternehmen, zugenommen.

---

13 So führt György Wáberer, CEO und Mitinhaber des Unternehmens Wáberer aus: „Allerdings muss ich sagen, dass dieser Betrieb einen höheren Schwierigkeitsgrad bedeutet und das Marktrisiko höher ist, weil damit ein beachtliches Anlagekapital und hohe Investitions- und Servicekosten verbunden sind", Wáberer (2008), S. 9

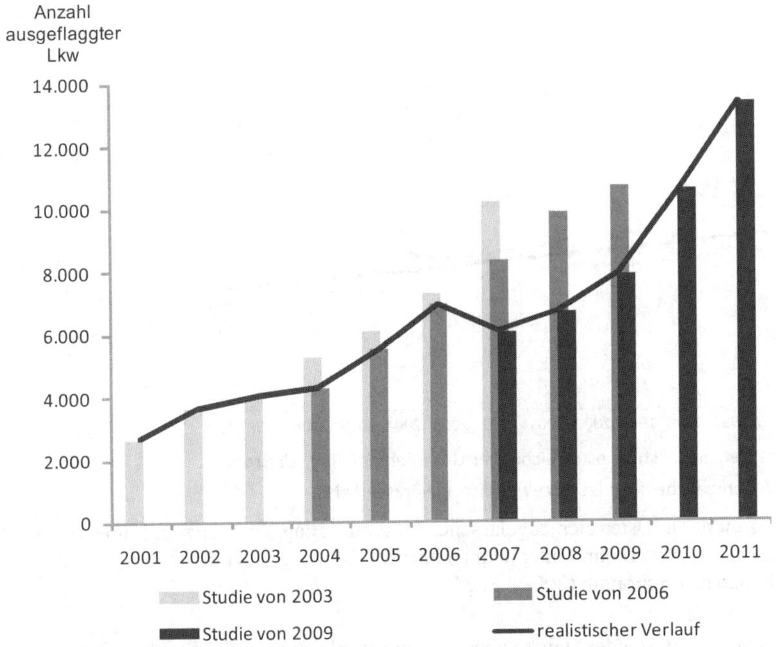

Abbildung 6: Anzahl der in Österreich zugelassenen bzw. ausgeflaggten Fahrzeuge am Gesamtbestand der Fahrzeuge (Fernverkehr, Unternehmen über 20 Fahrzeuge), Kummer/Dieplinger/Lenzbauer/Schramm (2009), S. 44

Insgesamt weist, wie eine Studie von Kummer/Dieplinger/ Lenzbauer/Schramm zeigt[14], die Ausflaggung von Fahrzeugen aus Österreich bereits ein alarmierend hohes Niveau auf – vor allem die Prognosen für die nächsten zwei Jahre sind enorm hoch. Laut der Studie wird im Jahr 2011 bereits jedes zweite Fahrzeug nicht mehr in Österreich angemeldet sein.

Zwar war es der österreichischen Verkehrspolitik durch die Kfz-Steuer-Senkung im Jahre 2007 gelungen, den Ausflaggungstrend kurzfristig zu stoppen. Mit der Krise im Jahre 2008/09 kam es jedoch zu einem erneuten starkem Aufleben der Ausflaggungsaktivitäten der österreichischen Transportwirtschaft.

Die Zulassungsstatistiken zeigen seit Jahren eine stetige Abnahme der in Österreich angemeldeten Lkw mit einer Nutzlast über 3,5t. Trotz dem deutlichen Wachstum des gesamten Straßengüterverkehrs ist in der Klasse der Fahrzeuge mit einer Nutzlast von über 3,5t seit Jahren eine rückläufige Entwicklung zu verzeichnen.

---

14 Kummer/Dieplinger/Lenzbauer/Schramm (2009)

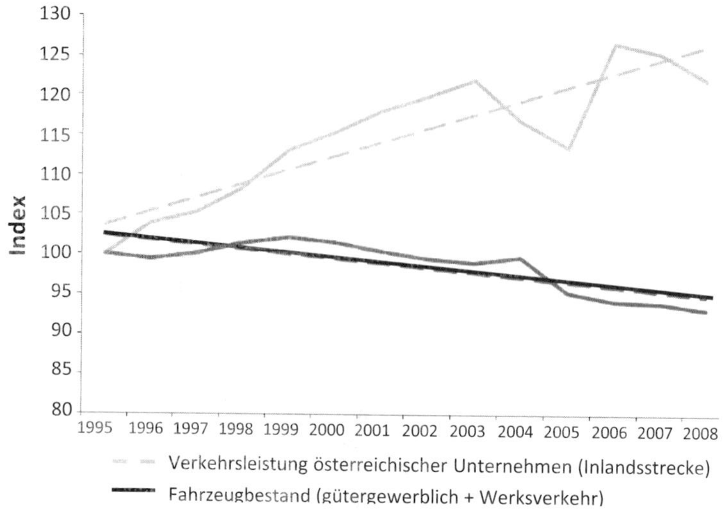

Abbildung 7: Anzahl der in Österreich zugelassenen bzw. ausgeflaggten Fahrzeuge am Gesamtbestand der Fahrzeuge (Fernverkehr, Unternehmen über 20 Fahrzeuge), Kummer/Dieplinger/Lenzbauer/Schramm (2009), S. 24

Trotz des sinkenden Lkw-Bestandes steigen aber die Transportleistungen des Straßengüterverkehrs in Österreich. Berechnungen der Kosten eines ausgeflaggten Lkw für die öffentliche Hand in Österreich haben gezeigt, dass diese im Jahr 2009 bei 47.106,79 EUR liegen. Bis zum Jahr 2011 werden die Gesamtkosten der Ausflaggung für die öffentliche Hand mehr als Mio. 640 EURO jährlich betragen. Die Analysen zeigen deutlich, dass die Intensität der Ausflaggung in Zukunft weiter zunehmen wird– womit auch die volkswirtschaftlichen Kosten erheblich ansteigen werden.

Literaturverzeichnis

2way-net (2005) Transport Consult, Nationaler Abschlussbericht E!2458 EUREKA East-West Two-Way Industrial Net (EUREKA 2 WIN)

Bhide, A. (1986), Hustle as Strategy, in: Harvard Business Review, 64. Jg., September-October, S. 59-65.

Econsult/ZTL/PTV/Fraunhofer IIS, ATL/ETH Zürich, IVT/Rapp Trans (2009), SPIN-ALP, Scanning the Potential of Intermodal Transport on Alpine Corridors, Endbericht, Wien 2009

Persson/Virum (2001), Growth Strategies for Logistics Service Providers. A Case Study, in: International Journal of Logistics Management, 12. Jg., Nr. 1, S. 53-64.

OEKB/Econsult/ZTL (2009), Endbericht des Projekts CO2-TEC Transport Emission Calculator, Wien 2009

Kummer (2006), Einführung in die Transportwirtschaft, Wien 2006

Kummer (2008a), Logistik - Information – Service, Die CO2-Kummertabelle, Wien 2008

Kummer (2008b), Strategisches Logistik-Controlling, in Arnold, Isermann, u.a. (hrsg) Handbuch Logistik, 3. Aufl. Heidelberg 2008, S. 1063-1076

Kummer/Dieplinger/Lenzbauer/Schramm (2009), Untersuchung der Bedeutung der Ausflaggung von Fahrzeugen und Darstellung der Auswirkungen auf die österreichische Volkswirtschaft, Endbericht zur Studie, Wien 2009

Kummer/Hauptmann (2007), Strategieentwicklung und -umsetzung für Kontraktlogistikdienstleister, in Hofmann/Stölzle/Wallenburg/Weber Handbuch der Kontraktlogistik – Management komplexer Logistikdienstleistungen, Weinheim, 2007, S. 409-424

Lambert/Emmelhainz/Gardner (1999), Building sucessful Logistics Relationships, in Jpurnal of Business Logistics, 20. Jg. (1999), Nr. 1, S. 165-181

Logan (2000), Using Agency Theory to design successful Outsourcing Relationships, in: International Journal of Logistics Management, 11. Jg. (2000), Nr. 2, S. 21-32

Schrader/Binder (2002), Schrader, J./Binder, C. (2002): „Portfoliomodelle", in: Küpper, H.-U./Wagenhofer, A. (Hrsg.): Handwörterbuch Unternehmensrechnung und Controlling, 4. Aufl., Stuttgart, S. 1477-1487.

Wáberer (2008), Interview in der Zeitschrift Verkehr, vom 4.4.2008, S. 9

Wernerfelt (1984), A Resource-based View of the Firm, in: Strategic Management Journal, 5. Jg., Nr. 2, S. 171-180

http://www.norbert-dentressangle.com/gb/groupe-chiffres-clefs.php, 23.4.2008

Michael Browne*

Urban Freight Transport and Logistics

* Michael Browne is Professor of Logistics at the University of Westminster. His research concerns logistics strategies and public policies. Browne chairs the Central London Freight Quality Partnership.

1 Introduction

Logistics involves many activities at different organisational levels that need to be integrated if supply chains are to function in accordance with the needs of companies and society. As Pfohl (2004) points out when discussing the 'Logistics Cube Concept' it is essential to consider both the complexity of individual functions and activities (e.g. transport, storage etc) while at the same time taking account of the operational levels and the institutions involved. These aspects of logistics are of particular importance when set within an urban context. In towns and cities freight transport is strongly influenced both by upstream logistics decisions and supply chains structures. However, the organisation of urban logistics activities are significantly affected by the institutional context and the wide range of stakeholders and actors involved. The following chapter addresses urban logistics and considers the importance of freight transport in this context.

2 The urban logistics dilemma

Between the mid-1970s and mid-1990s, researchers and policymakers paid relatively little attention to the increasingly severe logistics problems facing urban areas. More recently this has changed, and there is growing interest in the logistics of collection and delivery services in town and city centres in particular. Numerous projects in Europe and elsewhere have attempted to pinpoint the key urban logistics problems and identify potential solutions. Despite such efforts, relatively little progress has been made towards resolving the basic urban logistics dilemma, which is that the future success of city centres depends on their effectiveness in different, often conflicting dimensions. On the one hand, city centres must be attractive places to work, to shop and to spend leisure time. In these respects they face increasingly severe competition, notably from out-of-town retail parks. If retailers and other employers and income generators are to retain confidence in city centres, efficient logistics systems must be provided so that commercial premises can be serviced in a cost effective manner. On the other hand, urban planners are very conscious of the need to maintain or improve the quality of city centre environments, to attract shoppers, tourists and workers and perhaps to persuade people to live there. There is a popular perception that commercial vehicles - and especially larger lorries - are highly detrimental to the urban environment, contributing significantly to the problems of congestion, pollution, safety and noise. It is not surprising therefore that conflict can arise between commercial interests and the environmental lobby as far as urban logistics is concerned.

The logistics "cube" proposed by Pfohl (2004) applies well to the topic of urban freight transport in terms of institutions, functions and operating levels. It comprises interactions between a multitude of supply chain parties including senders, carriers (some of which are subcontractors), many different types of receivers, and public sector institutions including city, regional and national government. The logistics functions involved in urban freight include: storage and inventory management, break bulk, consolidation, last mile transport and delivery, unloading, handling, signing and checking (with goods sometimes being placed directly onto retail shelves), returns management (collection especially of returns, packaging and waste), and recycling/reuse/disposal. Urban freight transport involves the resolution of logistics issues at all levels which requires strategic, tactical and operational planning and management.

3 The European context

Research into urban freight on a European-wide scale began in the early 1990s. The 'COST321' urban freight research programme ran for several years exploring issues and potential solutions in several countries. A report produced by its working group in conjunction with TNO Delft identified a wide range of policy measures with potential to reduce urban freight problems (Tanja et al, 1995). Other European and international research into urban freight transport also increased from the late-1990s (see for example Ambrosini et.al., 2001; Meimbresse and Sonntag, 2000; Thompson and Taniguchi, 2000).

The EC-funded "BEST Urban Freight Solutions" (BESTUFS) thematic network was formed in 2000 and continued until summer 2008. The main objective of BESTUFS was to identify, describe and disseminate best practices, success criteria and bottlenecks of urban freight transport solutions. Furthermore, BESTUFS aimed to maintain and expand an open European network between urban freight experts, user groups/associations, ongoing projects, the relevant European Commission Directorates and representatives of national, regional and local transport administrations and transport operators. The project team organised regular workshops and Conferences all over Europe and reports about interesting urban commercial transport related developments, demonstrations and events on European, national, regional and local level. Topics addressed at BESTUFS workshops included: vehicle access and parking regulations, urban goods vehicle design, e-commerce and last mile solutions, non-road modes for urban distribution, road pricing, urban consolidation centres, public private partnerships in urban goods transport, night delivery, ITS in urban goods transport, and urban waste logistics. The initiative received considerable attention from practitioners as well as from researchers and all information was made publicly available via the web site (BESTUFS, 2008).

Several other major European Commission-funded projects into urban freight have also taken place. These have included the following projects (for further information about these EC-funded urban freight transport projects see Stantchev and Whiteing, 2006; Delle Site and Salucci, 2006):

- researching future urban freight requirements and strategies (such as CITY
- FREIGHT).
- investigating the feasibility of new logistics concepts for urban distribution and
- supply (such as CITY BOX).
- focusing on the application of ITS for urban freight transport (such as GIFTS, MO
- SCA, eDRUL and SMART FREIGHT).
- concerned with freight terminals serving urban areas (such as FV-2000).
- investigating changing modal split and encouraging rail use (such as UTOPIA,
- REFORM, IDIOMA and PROMIT).

- urban freight demonstration projects intended to improve freight efficiency and
- reduce energy use (such as START and projects in the CIVITAS I Initiative
- including VIVALDI, TELLUS TRENDSETTER and MIRACLES).

The World Conference for Transport Research (WCTR) Special Interest Group on Urban Goods Movement has also been active over the last decade, through the WCTR conference and newsletters.

In addition the Institute for City Logistics (ICL) was established in Kyoto, Japan in 1999. The Institute is a centre of excellence for research and development in City Logistics and urban freight transport, bringing together academics and practitioners to exchange knowledge, experience and information through conferences and short courses (Institute for City Logistics, 2008).

The METRANS Transportation Center organised and hosted the first Annual National Urban Freight Conference in American in 2006. This brought together American researchers and practitioners to consider urban freight in a specialist conference setting for the first time (METRANS, 2008).

4 A range of potential urban freight solutions

The aim of this chapter is to evaluate some of the urban freight transport and logistics measures most commonly believed to offer significant environmental benefits, namely:

- the development of urban freight trans-shipment (consolidation) centres,
- the promotion of consolidated freight movements in urban areas, possibly involving,
- co-operation between different retailers and/or different transport operators,
- promoting the use of appropriately sized vehicles for urban logistics work,
- the use of alternative vehicle fuels and quieter vehicles,
- information systems and telematic applications with scope to improve logistics,
- efficiency in urban areas,
- time-of-day or vehicle size restrictions,
- urban collection and delivery at night.

It must be made clear at the outset that these measures should not be treated entirely in isolation. There may be significant synergies between them, such that worthwhile benefits may require some combination of two or more measures. This theme will be developed in the discussion that follows. In fact one can go further than this. Most of the measures listed above are concerned (at least in part) with increasing the amount of load consolidation achieved in urban logistics work. The key distinction is that proposals for trans-shipment centres sometimes involve a significant element of compulsory consolidation for delivery or collection in city centres (or at least penalties for not consolidating in the approved manner). This is in contrast to other measures on the list, which are more concerned with voluntary consolidation schemes, in circumstances where consignors, operators and recipients can benefit directly from the potential benefits of such consolidation.

5 Urban freight trans-shipment centres

Trans-shipment (or consolidation) centres are frequently suggested as a solution to the environmental problems caused by lorry traffic in urban areas. In the original thinking about trans-shipment centres in the 1970s the concern was with the perceived safety and environmental problems associated with large, heavy goods vehicles working in urban areas. It was therefore suggested that freight destined for urban areas could be unloaded at a depot on the periphery and trans-shipped into small vans for final consolidated delivery. These vans would also undertake to collect consignments from city centre premises. More recently the concept of urban trans-shipment (consolidation) centres has changed, with them instead being viewed as points in the supply chain at which vehicle consolidation can be improved by amalgamating the loads for a single destination onto one vehicle and thereby improving load consolidation and reducing trips. In addition, to goods trans-shipment, these centres have also come to be viewed as a convenient storage location for urban businesses as well as a site at which other logistics activities can take place including pre-retail activities such as unpackaging goods, ticketing and pricing, co-ordinating goods, packaging and waste returns as well as an emergency supply point. Proposals may envisage compulsory use of such centres, with all other lorries banned from a designated area, or they may be more voluntary in nature. In the latter case various incentives may be employed to promote their use. In addition, operators choosing not to use the facilities may face severe time-of-day or vehicle size restrictions imposed by local authorities within the urban area (Ogden, 1992).

In the 1970s a study of a trans-shipment centre proposed for Swindon in the UK suggested that it would not be commercially viable, and it became generally accepted that such facilities would require an urban population of at least 150,000 to approach viability (Whiteing and Edwards, 1996). Despite these reservations, proposals were developed in the 1990s to establish trans-shipment systems in a number of Dutch towns and cities following consultancy studies of their potential use and cost effectiveness. Experimental schemes were proposed in four cities. The first such experiment eventually got under way in Maastricht in the early 1990s but the volumes going through the depot were low. Progress on schemes for other cities was hampered by problems in agreeing the precise nature of these schemes. Who should own the facilities - the public sector or private enterprise? Should their use be voluntary or compulsory? What sort of licensing system should be put in place for operators involved in the collection and delivery work in the area concerned? What restrictions should be placed on vehicle size, type and hours of operation for operators remaining outside the scheme? Many operators seek exemption from such schemes, usually on the grounds that the goods they carry are highly perishable, may contaminate other goods or require high levels of security.

Despite these problems there is still interest in consolidation centres as a potential solution. In France, a scheme got under way in 2001 in the historic town of La Rochelle, where narrow cobbled streets in the town centre are not suitable for large vehicles (BESTUFS, 2002). In the UK several consolidation centre schemes have been implemented in Bristol, London and Heathrow airport (Browne et al., 2005). The most significant problems facing such schemes appear to be the relatively high costs of the trans-shipment operation, the loss of control suffered by the shippers of the goods and issues concerning the sharing of costs and benefits among supply chain parties.

One significant advantage of consolidation centres is that they can be used in conjunction with other measures to generate wider benefits. Sites adjacent to railway lines and waterways may be chosen to maximise the scope for inter-modal operations, for example. Trans-shipment strategies can also be linked to relatively severe time-of-day or lorry weight restrictions in city centres, as explained above. Perhaps their most important advantage is that because the fleet of vehicles based at the centre is dedicated to urban collection and delivery work, such vehicles can be specified most appropriately for the town or city concerned. Attention can be paid to the most suitable vehicle size, and more environmentally friendly vehicles, perhaps with quieter engines or powered by gas or electricity, can be used. Assessment of electric powered small delivery vehicles is in fact one of the objectives of the La Rochelle scheme outlined above.

6 Promoting consolidated freight movements in urban areas

If significant numbers of commercial vehicles in urban areas are less than fully laden, then there are obvious environmental advantages in promoting greater load consolidation. Trans-shipment centres on the model discussed above are only one of several ways to promote such consolidation, however.

An obvious way to achieve consolidation would be to deliver larger loads to shops, but less frequently. Unfortunately this runs counter to the trend towards inventory reduction and just-in-time logistics, and would require a major change in outlook on the part of retailers. Significant increases in fuel prices or other elements of vehicle operating costs, or the imposition of road pricing in city centres, may lead eventually to a review of delivery frequencies.

Many retail chains in the UK, and especially food and clothing retailers, demonstrate a strong preference for dedicated distribution services, which are often contracted out to major logistics operators. In such circumstances, those contractors will frequently achieve full loads for their clients' retail outlets. If individual outlets do not warrant full loads, consolidation options must be investigated. In larger city centres, major retailers may have several shops and consolidated deliveries then become feasible. In smaller towns, where the retailer probably has just one outlet, effective consolidation is much harder to achieve. One way forward may be for retail chains sharing the same ultimate ownership to develop common distribution systems. This practice is not widespread at the present time, however.

Many city centre establishments require both collection and delivery services, and it is common for parcels and groupage operators to call at the same premises twice in one day, typically to deliver packages and parcels in the morning and to collect in late afternoon. In principle such operators could achieve time of day consolidation, though this would require a significant change in working practices on the part of city centre businesses.

On mainland Europe, a wide variety of distribution systems can be found but as a general rule shared user distribution networks and supplier deliveries remain more common than dedicated distribution on the UK model. One development in Germany during the 1990s was the emergence of co-operation between companies involved in urban freight work. In a number of cities, companies signed agreements to divide work and revenue on a formula basis in order to avoid duplication and inefficiency (Bendel, 1996). A depot might be established specifically to handle collections and deliveries for the area concerned, perhaps with financial assistance from local government. Such schemes became known as 'city logistics'. They provide an interesting example of private sector co-operation to improve the efficiency and reduce the environmental problems associated with urban freight movements.

Research by Köhler and Straub (1997) into a 'city logistics' scheme in Kassel found that typical vehicle fill of the operators involved was raised from 40% to 80% (by volume) and from 25% to 60% (by weight) as a result of the programme of co-operation. An element of caution is necessary, however. In the Kassel example, environmental benefits were partly offset by an increase in the total costs of operation. However, many of these German city logistics schemes established in the 1990s collapsed, either when a key partner withdrew from the scheme or when public funding came to an end (Browne et al., 2005; Flämig, 2004; Köhler and Groke, 2003; Nobel, 2005).

The German 'city logistics' model may well have potential application elsewhere, though it is not compatible with the prevailing UK model of dedicated retail distribution. Hence in the UK its successful adoption would depend on some change of attitude on the part of larger retailers, and also by the major logistics companies, to develop a willingness to co-operate where advantageous rather than simply to regard competition as the norm. The 'Joint Retail Logistics' partnership between Exel Logistics and Tibbett and Britten on behalf of Marks and Spencer in the UK may be a precursor of such co-operation.

7 Bigger vehicles or smaller vehicles for urban logistics work?

Little progress has been made in establishing the optimum vehicle size for urban logistics operations, and this remains a research priority. The debate has centred on a simplistic picture of large vehicles versus much smaller vehicles. Environmental lobbyists frequently call for the use of much smaller vehicles in urban areas, and the common view of trans-shipment centres is that collection and delivery vehicles based at such sites should be relatively small. In the La Rochelle example quoted earlier, small (car-derivative) vans are used, dictated by the restricted access to the town centre.

Research undertaken at the University of Huddersfield suggests however that this approach may be over-generalised and too simplistic. The vehicle size issue is of course closely related to the issue of load consolidation discussed above. There are three separate constraints limiting the amount of consolidation that can be achieved on a collection and delivery round. The first two - weight and volume - relate to vehicle capacity. Hence larger vehicles allow more consolidation, and fewer commercial vehicles on city streets in total. The third constraint relates to the realistic amount of work that the driver can achieve in the time available. This may be quite limited, for example if there are significant amounts of handling, order picking or barrow work, or if time must be spent on paperwork or obtaining signatures for proof of delivery. Parcels and groupage operators may well suffer from such effects, and if their vehicles have significant spare space for much of the time, there may well be a case for the use of smaller vans. IT solutions such as electronic proof of delivery may mean that more calls per vehicle per day can be scheduled, allowing better capacity utilisation of larger vehicles.

The economics of vehicle operation clearly point to the cost advantages of larger vehicles - assuming of course that they can be fully utilised. Tables of commercial vehicle operating costs show very significant economies of scale with respect to vehicle size, so that operators able to practise consolidation will find it cost effective to use larger vehicles. The larger 17 tonne rigid vehicles are highly cost effective compared to smaller vehicles and so are the 'urban articulated' lorries used by many brewers for example.

There are other factors in support of the case for relatively large vehicles in city centres. Much of the retail trade experiences significant seasonal variation, so that tailoring vehicle size to the average workload may not be appropriate. It can also be argued that the environmental pressure in favour of smaller vehicles is extrapolated from a relatively small number of high profile examples of European cities (such as La Rochelle) which suffer badly from the impact of heavy lorries. Examples include cities with narrow streets hemmed in by fragile historic structures, and streets with weak underground cellars where weight restrictions are necessary. Such cases obviously call for special treatment, but there are probably relatively few towns and cities in this category, and few examples in the UK. It would be dangerous to generalise a case for the widespread adoption of smaller vehicles on this criterion alone.

One obstacle to the use of appropriately sized vehicles in urban areas is that few operators can justify dedicating vehicles to such work at present, because they undertake a variety of work across large areas. As a result, fleet mix is often a compromise across a range of requirements. Hence the link with trans-shipment centre solutions: such centres would require fleets dedicated to urban collection and delivery work which could be specified to suit local conditions.

8 Vehicle technology: alternative vehicle fuels and quieter vehicles

There seems little doubt that the use of environmentally friendly vehicles will increase, particularly if tax inducements for alternative fuels and for cleaner and quieter engines are stepped up and if alternative fuels are made more readily available.

At present, technologies for alternative fuels and quieter operation are relatively new and vehicles incorporating such technologies are comparatively rare. As a result, they are more expensive to buy. The highly competitive nature of the transport and logistics industry may be holding back the introduction of such vehicles, given their high prices at present. Operators need to be reassured that lower fuel prices due to tax concessions will be maintained into the future, to allow payback on their capital outlay. Operators might be also be more easily persuaded to change fuels if there was more guidance available on which of the various alternative technologies (electric, gas, fuel cell, biomass etc) are likely to become generally adopted in the future.

There appears to be have been more interest in environmentally friendly urban freight vehicles on mainland Europe than in the UK. Some Scandinavian and German cities have experimented with low noise and low emissions vehicles, for example in Heidelberg. ELCIDIS, an EC THERMIE project, has established demonstration sites in three large European cities (Rotterdam, Stockholm and Milan) as well as three smaller cities (Erlangen and Stavanger in addition to the case of La Rochelle mentioned earlier) for the trialling of electric powered distribution vehicles. Interest in the UK is likely to increase, however. Low Emission Zones have also been implemented in many European cities in the last few years and help to encourage operators to seek out low emissions technologies and cleaner vehicles (Allen and Browne, 2009).

Following on from the arguments set out in previous sections, it is more likely that operators will specify environmentally friendly vehicles if such vehicles can be dedicated to urban work.

9 Information systems and transport telematics: urban logistics applications

There is massive scope to improve the efficiency of logistics operations through the greater use of information technology. Transport modelling work reported in Taniguchi, Thompson, Yamada and Van Duin (2001) has demonstrated that effective use of dynamic vehicle routing and scheduling systems can produce significant benefits in terms of both economy and the environment. In-cab information systems and mobile data systems allow operators to save time and money by advising drivers on how to avoid congestion. Electronic proof of delivery systems, as used increasingly by express parcels companies, can reduce the time parked outside customers' premises.

Information technology may also facilitate voluntary consolidation schemes. Operators willing to co-operate on the German *'city logistics'* model could use real-time information systems to track consignments destined for the city centre, identify operators with spare capacity to handle such consignments and route them accordingly. Electronic tagging and scanning of consignments facilitates traceability throughout the supply chain, which may allay shippers' fears over the loss of control at trans-shipment centres.

10 Time-of-day or vehicle size restrictions in urban areas

The number of vehicles delivering to city centre retail establishments and the total number of retail deliveries per day are relatively low as a proportion of the total volume of private and public passenger traffic in most cities. As a result urban freight movements will not contribute significantly to city centre congestion if they are properly managed.

In some cities time restrictions are imposed on goods vehicle access and unloading to prevent congestion. However, very restrictive delivery time windows can lead to serious bunching of delivery vehicles immediately before and after restricted periods, possibly with queuing for access to establishments which can cause traffic congestion. Moreover, they may reduce the scope for load consolidation. They also reduce the likelihood that suitable vehicles will be dedicated to city centre work. There may therefore be a case for easing restrictions in some cases, allowing delivery over longer periods, but avoiding times of peak shopping activity and with the enforcement of low speed limits. Urban planners should ensure that adjacent city centre streets have the same access times. There are also advantages in co-ordinating restrictions in neighbouring towns, particularly in metropolitan areas, to assist operators in planning their delivery rounds across the area as a whole.

Analysis of vehicle size considerations set out in earlier sections suggests that relatively severe gross weight limits should also be avoided, except where local circumstances strongly dictate to the contrary. This will help achieve the benefits of greater load consolidation, and reduce the total number of commercial vehicle movements in the city centre.

To assist traffic flow at those times when deliveries are permitted, co-ordination of urban freight policy with other policies is important. Pedestrianisation and traffic calming schemes need careful design, for example. Severe restrictions on access, or obtrusive street architecture, will cause vehicles to obstruct each other whilst parked at premises. Narrow traffic lanes segregated from pedestrian areas by bollards also hinder delivery operations and lead to tailbacks during deliveries. It is also important to enforce existing parking regulations, to keep delivery bays free of parked cars and to prevent disruption to deliveries through illegal car parking generally. These are typical issues raised by FQPs, as discussed later.

11 Urban collection and delivery at night

There has been very little research into the advantages and disadvantages of night-time operation, especially in urban environments. Cooper and Tweddle (1994) identify fleet size economies and a range of vehicle operating cost savings through night operation. Although their research was concerned primarily with trunking operations, they highlight significantly higher average speeds in central London during the night. They also raise various problems facing companies wishing to make deliveries at night. The first problem is that in an era of driver shortages it is increasingly difficult to find drivers willing to work at night. Labour costs are typically higher for night work, offsetting some of the cost savings. The second problem is that special arrangements must be made to accept goods at the destination. To these can be added a third disadvantage, in that some cities are trying to promote the city centre as a place to live. Noise from night-time deliveries may then become an issue. This assumes even greater relevance if delivery rounds cover suburban premises as well as the city centre. Quieter vehicles offer a partial solution, but handling equipment such as roll cages can also contribute to noise levels.

In some cities, environmental issues have led to the imposition of night-time lorry bans. Since 1985 London has been subject to a night-time (and weekend) lorry ban. Lorries above 18 tonnes gross weight are banned from non-trunk roads. Exemption permits are only available in the case of a demonstrated need to use restricted streets at controlled times.

However initiatives such as PIEK in the Netherlands and the Silent Vehicle Approach in the UK provide means by which night delivery can be operated in such a way as to avoid unnecessary disturbance to those living nearby. This involves the use of quiet vehicle and handling technologies as well as appropriate management practices (Browne et al., 2006).

12 Public private cross institutional relationships

Urban freight transport and logistics comprises many different stakeholders with diverse interest (including policy makers, retailers, wholesalers, freight operators, warehousing companies, residents, shoppers and workers). The global movement of people, goods and information has further accelerated the extent of diversification, which makes our lives exciting, for example, by offering the consumer many choices. However, public decision-making has required more efforts to coordinate these activities to ensure that they function efficiently, while at the same time minimising the social and environmental impacts associated with them. In order to attempt to reach democratic decisions that will achieve these objectives, policy makers have been working closely with other stakeholders on a range of urban freight issues.

Urban freight transport and logistics activities are primarily performed by private companies. However, government (local and national) is expected to play a responsible role in order to address with negative externalities such as road congestion and air pollution, and to ensure co-ordination with other public purposes such as city planning, regional economic development, and environmental management.

Ogden (1992) argues that the urban freight system is far more complex and heterogeneous than urban passenger transport. This complexity and heterogeneity are driven by certain key features of urban goods movement, one of which is the range of participants involved in urban freight and the range of perceptions they hold of the "urban freight problem". Such complexity can make it difficult to develop successful participation between the public and privates sectors.

During the late 1990s in the Netherlands, government became aware that co-operation of the private sector is very important in order to implement public policies. Government therefore sought co-operation with the private sector and began to develop policies in full consultation with the private sector, in order to create win-win situations. This has meant that instead of regulation, local, regional and national governments now sign covenants with organisations representing business or directly with businesses. In these covenants the private sector agrees to behave in a particular way, while the public sector either provides facilities, finance, or reassesses and alters regulations. The policy agenda of Platform Stedelijke Distributie (PSD or the Forum for Physical Distribution in Urban Areas) in the Netherlands was developed in co-operation with both the public and private sector. The implementation of the policy required the public and private sector to work together in a partnership (Bockel, 2002).

The Japanese national government authorised a set of policies for freight transport entitled 'The New Comprehensive Program of Logistics Policies' in 2001, which was the revised version of the former program, first launched in 1997. Urban freight transport is considered an important area in which to achieve efficient and environmentally friendly logistics systems in Japan. Two quantitative targets were set on 'the load factor of trucks' and 'peak-hour average travel speed' in three major metropolitan areas. In order to realise these targets, the program highlighted the importance of co-ordination between public and private sectors, and between national and local governmental agencies, among others. This is why the program requested the local agencies to establish an independent organisation to plan local logistics policies, and new round tables to exchange information on local logistics policies inviting private representatives from bodies representing carriers and retailers (Browne et al., 2004).

Freight Quality Partnerships (FQPs) are a UK approach to freight transport partnerships between the public and private sectors that were launched by the Freight Transport Association (FTA) in 1996. The FTA initiative brought together industry, local government and representatives of local and environmental interest groups to pursue the following agenda (FTA, 1997):

- To identify problems perceived by each interest group relating to the movement and delivery of goods in their city.
- To identify measures within the group's competence to resolve or alleviate such problems.
- To identify best practice measures and principles for action by local government and industry to promote environmentally sensitive, economic and efficient delivery of goods in towns and cities.

The UK Government has been promoting FQPs since 1999 (DETR, 1999; DfT 2003a and 2003b). FQPs can facilitate improved dialogue about urban freight transport issues between local authorities, freight transport companies, retailers, manufacturers and other businesses, local residents and other interested parties. This can lead on to more efficient, less harmful operations.

More than 120 FQPs have been developed in the UK over the last ten years (FTA, 2008). Their purpose ranges from regional planning, to city- or town-specific partnerships, to micro-level partnerships (maybe concerned with a few streets), to issue specific partnerships. FQPs can be formed to address any type of geographical area however the majority cover urban areas.

FQPs have resulted in a wide range of successful urban freight projects including:

- the production of specialist maps for freight operators and goods vehicle drivers.
- improved road signing.
- information boards and online truck information points (in lay-bys and service stations to provide essential information specific to goods vehicle drivers).
- Reviews of parking and loading enforcement regimes and on-street loading/unloading provision.

London has been one of the most active UK cities in terms of FQPs. There are five sub-regional FQPs, in central, east (Thames Gateway), south and west London, which act as 'umbrella' groups for all local freight initiatives. Each of these sub-regional FQPs consists of several London boroughs together with private sector participants. In addition there are smaller-scale local FQPs in Islington and Brimsdown.

13 Freight Quality Partnerships in the UK

The 'Freight Quality Partnership' (FQP) approach was launched by the Freight Transport Association (FTA) in 1996 and was tested in four UK urban areas -Aberdeen, Birmingham, Chester and Southampton (FTA, 1997). The approach brings together industry, local government and representatives of local and environmental interest groups to pursue the following agenda:

- To identify problems perceived by each interest group relating to the movement and delivery of goods in their city.
- To identify measures within the group's competence to resolve or alleviate such problems.
- To identify best practice measures and principles for action by local government and industry to promote environmentally sensitive, economic and efficient delivery of goods in towns and cities.

The UK government has been promoting FQPs since 1999 (DETR, 1999) and regards progress in establishing FQPs as a characteristic of a good LTP. One of the main advantages of FQPs is that they can facilitate improved dialogue about urban freight transport issues between local authorities, freight transport companies, retailers, manufacturers and other businesses, local residents and other interested parties. This can lead on to more efficient operations which cause less harm to the environment (DETR, 2000).

Approximately 50 UK local authorities have referred to the development of FQPs or similar schemes under a different name in their LTPs. It is apparent however that there are significant differences in how local authorities choose to define FQPs and that some are merely at an embryonic stage. Amongst the 15 to 20 local authorities that have already put in place formal agreements and arrangements for FQPs are Surrey, where an FQP has been established in Guildford, and Kent, with an FQP in Canterbury. Problems identified by the Guildford FQP include poor road signage causing inefficient vehicle routing and difficulties in lorry parking at the kerbside because of car parking infringements. These appear to be not untypical of issues raised by FQPs to date.

FQPs should help to ensure that freight transport receives the level of attention it deserves and that progress is made towards finding a suitable balance between economic and environmental pressures in UK urban areas. However, there are several unresolved issues concerning FQPs. It is hard to engage the involvement of more than a fraction of the number of all relevant companies. It is also unclear how compatibility can be ensured between policymaking at the local, regional and national levels. It is important to ensure that FQPs cover a meaningful area – with metropolitan urban areas possibly being problematic in this respect. At the end of the day there is only a limited amount of public funding available for policy measures, initiatives and enforcement, and hence the need to maintain a realistic outlook as to what might be achievable.

14 Conclusions

In the course of this chapter it has become clear that there are no standard, easily applicable solutions to the problems of freight in urban areas, but the key is to identify policies which ensure safe vehicle operation in urban areas, promote economic vitality and lead to environmental improvement. If operators specified their fleets carefully with their urban operations in mind, some of the inherent conflicts between cost-effectiveness of vehicle operation and protection of the urban environment could be reduced significantly.

A number of conclusions follow from the analysis set out in the sections above. The first is that strategies designed to increase load consolidation and/or less frequent retail deliveries could reduce the number of commercial vehicle rounds quite considerably. To achieve increased levels of consolidation, it may be necessary to allow the use of relatively large rigid lorries, or urban articulated vehicles, in town centre streets and to avoid the use of very restrictive time bans on delivery operations. Such policy changes, if implemented successfully, would reduce the total number of commercial vehicle rounds with relatively few countervailing effects either on the efficiency of the operators or on the urban environment.

Another important conclusion is that the case for publicly organised trans-shipment facilities appears to be weak, and would only be justified in special local circumstances. However schemes in the UK suggest that there is a potential role for commercially-led urban consolidation centres in which operators lead such projects and ensure they meet businesses' logistics needs but work closely with other supply chain parties as well as the city authority and other public sector bodies.

The overall conclusion is that progress towards achieving economic and environmentally sustainable urban freight transport solutions is likely to require both encouraging private sector schemes (such as to improve load consolidation) as well as public sector interventions (to restrict potentially harmful operations). Joint working between the public and private sectors about urban freight transport issues has achieved success in several countries in identifying the key issues and problems in each area under investigation, and implementing suitable initiatives and solutions.

References

Allen, J. and Browne, M. (2009) Environmental Zones in European towns and cities and the implications for freight movement, chapter in Sweeney, E. (ed) 'Supply Chain Management and Logistics in a Volatile Global Environment' Blackrock, Dublin.

Ambrosini, C Routhier, J and Patier-Marque, D (2001) Objectives, methods and results of surveys carried out in the field of urban freight transport: an international comparison, paper presented at 9th World Conference on Transport Research (WCTR) in Seoul: Korea, 22-27 July 2001.

Bendel, H.J. (1996), City Logistics. Logistics Europe, February, pp16,20,23.

BESTUFS, 2008, http://www.bestufs.net.

Bockel, R.van (2002) PSD - Public Private Partnerships in the Netherlands for urban freight transport, presentation at BESTUFS workshop on Public Private Partnerships, 12-13 September 2002, Malaga, Spain. http://www.bestufs.net

Browne, M., Allen J., Anderson, S. and Woodburn, A. (2006), Night-Time Delivery Restrictions: A Review, in Taniguchi, E & Thompson, R (eds.), Recent Advances in City Logistics, pp. 245-258, Elsevier.

Browne, M Nemoto, T Visser, J and Whiteing, T (2004) Urban freight movements and public-private partnerships in Logistics systems for sustainable cities: proceedings of the third international conference on city logistics, ed. Taniguchi, E and Thompson, R, Elsevier, pp.16-35.

Browne, M Sweet, M Woodburn, A and Allen, J (2005) Urban freight consolidation centres, report for the Department for Transport.
Cooper, J. and Tweddle, G. (1994), Distribution Round the Clock. Chapter 13 of Cooper, J.(ed.), Logistics and Distribution Planning (2nd Edition). Kogan Page, London.
Delle Site, P and Salucci, M (2006) Third annual thematic research summary – freight transport, Deliverable D2.E-1.2, EXTR@Web Project.
Department of the Environment, Transport and the Regions (DETR) (1999) Sustainable distribution: A strategy, DETR.
Department for Transport (2003a) A guide on how to set up and run Freight Quality Partnerships, Good Practice Guide 335, DfT.
Department for Transport (2003b) Freight Quality Partnerships: Case studies, Good Practice Case Study 410, DfT.
Flämig, H. (2004) The Success Or Failure Of City Logistics In Germany (2004) presentation at Inter and Intra Urban Freight Distribution Networks, Cityfreight Project Conference, Prague 16-17th December 2004.
Freight Transport Association (FTA) (2008) Freight Quality Partnership Network, restricted website.
Freight Transport Association (1997) Delivering the Goods: Best practice in urban distribution, Freight Transport Association.
Köhler, U. and Groke, O. (2003) New Ideas for the City-Logistics Project in Kassel, Proceedings of 3rd International Conference on City Logistics, in Madeira, pp.331-343.
Kohler, U. and Straub, S. (1997), City-Logistics Concept for Kassel. Proceedings of 25th PTRC European Transport Forum : Seminar B - Freight, PTRC Education and Research Services Ltd, London, pp97-103.
Institute for City Logistics (ICL) (2008) http://www.citylogistics.org/
Meimbresse, B and Sonntag, H (2000) Modelling urban commercial traffic with the model Wiwer, paper presented at Jacques Cartier Conference, Montréal: Canada, 4-6 October 2000.
METRANS, 2008, http://www.metrans.org/nuf/2007/
Nobel, T. (2005) Development and experiences of city logistics activities in Germany - The example Bremen, presentation at "Goods Management and Strategic Implementation", TELLUS Open Workshop, Gothenburg, 17 June 2005,
http://www.tellus-cities.net/media/en/Goods_WS05_City_Logistics.pdf
Ogden, K.W. (1992), Urban Goods Movement (A Guide to Policy and Planning). Ashgate Publishing, Aldershot.
Pfohl, H.-Chr. (2004): Logistikmanagement. Konzeption und Funktionen. 2., vollständig überarbeitete und erweiterte Auflage. Berlin.
Stantchev, D and Whiteing, T (2006) Urban freight transport and logistics: An overview of the European research and policy, EXTR@Web Project, DG Energy and Transport.
Tanja, P., Claus, M., Dunnewold, W., Vanderschuren, A. (1995), Urban Goods Transport : State of the Art, Description of Measures and First Assessment of Selected Measures. Report produced by TNO Delft for EC Directorate General for Transport.
Thompson, R and Taniguchi, E (2000) Routing of commercial vehicles using stochastic programming, First International Conference on City Logistics, ed. E. Taniguchi and R. Thompson, Institute for City Logistics, pp.73-83.
Taniguchi E., Thompson R.G., Yamada T. and Van Duin, R. (2001), City Logistics: Network Modelling and Intelligent Transport Systems. Pergamon/Elsevier Science Ltd, Kidlington, Oxford, 2001.
Whiteing, A.E. & Edwards, S.J.F. (1996). Urban Freight Trans-shipment Facilities: A European Comparative Study. Paper presented at 28th Universities Transport Study Group Annual Conference, University of Huddersfield, January 1996.

Wolfgang Stölzle* / Julia Bendul**

Combined Subsequent Transports Driving Global Supply Chains

---

* Prof. Dr. Wolfgang Stölzle, Ordinarius, Chair of Logistics Management, University of St.Gallen. Since 2004 Wolfgang Stölzle is full professor at the University of St.Gallen and Managing Director of the chair for Logistics Management, the biggest chair of this type in Switzerland. After graduating in Mannheim and Stuttgart-Hohenheim he gained his doctoral degree in Disposal Logistics (1993) as well as his habilitation in Industrial Relationships (1999) at the Technical University of Darmstadt. He accepted a Professorship for Business Administration in Brewery and Food Industry at the Technical University of Munich (location Weihenstephan) (1999) and for Business Administration with main focus on Logistics and Transportation Management at the University of Duisburg-Essen (2001).

** Julia Bendul, Research Associate, Chair of Logistics Management, University of St.Gallen. Julia Bendul studied Business Administration and Engineering at the University of Bremen and the University of Tokyo with the majors logistics, process engineering and production planning and control. Since 2007 she worked as a research associate at the German Logistics Association (BVL) in Bremen. Since 2008 she focuses in St.Gallen on the research fields of rail and combined transport, terminal technique as well as transport policy with special regard to the field of supply chain management.

1 Combined Transport for Subsequent Carriage Influencing Overall Supply Chain Performance

In times of increasing global competition, companies and transport policy have to work hand in hand and align their activities to assure the long-term viability and liquidity of European industry and retail companies as well as logistics service providers. The trend of globalization led to the fact that a multiplicity of European industry and retail companies is based on global and multinational supply chains. These global supply chains are traditionally intermodal: usually vessels or air cargo serve as the main transport while pre- and subsequent carriage are fulfilled by road or rail transport. However, there are other significant global trends, like the trend of the application of new information and communication technologies, the trend of urbanization and the ongoing sustainability debate, which influenced the structure and characteristics of recent value chains. Moreover, these trends led to problems for the traditional structures.

Recent supply chain initiatives can be characterized by the approach to reduce inventory and simultaneously increase flexibility as well as reliability. The logistics and production processes of logistics service providers (LSPs), suppliers, OEMs and retailers are connected and synchronized more tightly due to the new – typical of supply chain management– focus on the end-customer. However, these changes make the overall system more vulnerable to time and disturbances.

The vision of cross-linking meets its boundaries by the restrictions of infrastructure shortages, increasing oil and energy prices, protectionism and ongoing market consolidation. These changes lead to operative problems, like decreasing reliability and longer transport times, restrictions by regulation policy and rising transport costs. Thus, a deeper examination of global and intermodal transport chains shows that, on the one hand, especially the subsequent transport from the sea ports or air cargo hubs to the European hinterland endangers the quality, cost and time efficiency of highly sensible supply chains. On the other hand, the main carriage (in global supply chains mainly by air cargo or vessel) as well as the pre-carriage (generally by inland vessel, road or rail) do not cause problems of relevance to the supply chain's performance indicators.

The term supply chain performance spans the performance of structures, processes and resources not only for a single enterprise, but for the entire supply chain. The term performance includes both effectiveness and efficiency: effectiveness means the ratio between the target achievement and the target settings whereas the efficiency of a process denotes the ratio between input and output. There are different approaches to the measurement of supply chain performance. Some authors propose the use of balanced scorecards amending the standard perspectives (finance, customers, processes and development) with additional perspectives (e.g. supplier perspective; cooperation quality and intensity) or further supply chain-specific key figures (e.g. cash-to-cash cycle time).[1]

The subsequent transport is traditionally fulfilled by road. In cases of high transport volumes and long distances rail transport is also common. The subsequent transport from sea ports or air cargo

---

1 cf. Karrer (2006), p. 139 f.

hubs is commonly longer than 1000 km and, thus, transnational. The increasing problems on the road and the inherent disadvantages of unimodal rail transport led to the idea that combined transport for the subsequent transport might be a promising course of action. The combination of the inherent advantages of both carriers, rail and road, can lead to the release of the stressed infrastructure in Europe and simultaneously meet the requirements of the shipping companies from industry and retail with regard to costs, velocity, flexibility, quality and sustainability.

Combined transport can be defined as the usage of multiple carriers for the transport of a load carrier. The main distance is covered by rail or inland vessel whereas the short pre- or subsequent transport is accomplished by road transport. Nevertheless, most literature reduces the term "combined transport" to the carrier combination of road–rail.[2] However, combined transport means a quantity of challenging factors for the actors. Fluctuations in demand complicating the capacity management, high attendance costs, unmatched relations, additional transshipments as well as technical and political problems (e.g. incompatible power and trackage systems, locomotive engineer changes at national borders) negatively affect the cost effectiveness. Furthermore, there are market-related disadvantages: combined transport is characterized by the collaboration of multiple actors offering one service. This requires specific knowledge about appropriate cost and price management.[3]

Referring to this basic definition of supply chain performance, and especially to the topic of combined subsequent transport, performance can be interpreted e.g. from a financial point by the usage of appropriate price and management systems, but also low transportation costs (including transshipments) or fixed capital costs (respectively, stocks along the subsequent transport chain). The process perspective includes key figures regarding the service production, e.g. the velocity of transshipment processes or the quality of information processes between the combined transport actors. The availability of appropriate key figures (and a key figure system) is especially sensible due to increasing the transparency of processes for all the actors of the combined subsequent transport chain and especially for shippers.

Companies have developed many different activities to deal successfully with the new trends and challenges while offering combined subsequent transport services. There are several corporate activities to increase and improve the integration of combined subsequent transports in global supply chains. Nevertheless, we will show that – not only in times of economic crisis – these activities are not sufficient and companies depend on the support of transport policy to offer successfully combined subsequent transport services in a dynamically changing environment.

Thus, the article aims at the identification, structuring and description of internal (company-related) and external (transport policy-related) activities with regard to the management of combined transport as one way to deal with the new environmental challenges. Beyond this, we will

---

2 cf. Polzin (1999), p. 81.; cf. Hoffmann (2007), p. 14. In general, there is discord and mingling of the application of the terms "combined transport", "multimodal transport" and "intermodal transport" in research and practice.

3 For additional information on cost and price management in the field of combined transport see Resch (2009) and Hoffmann (2007).

discuss how to balance these activities successfully and give first recommendations to support the collaboration of internal and external activities. Hence, in a first step, we present a short literature review to identify the most important trends and developments for global and intermodal supply chains. By means of an explorative case study we transfer and analyze these trends from a supply chain point of view. Furthermore, 20 expert interviews were conducted to predict the development of industrial branches related to combined transport and, thus, take a corporate and, respectively, branch-specific point of view of the identified trends. The interviews particularly help to shed light on the topic with regard to the future development of logistics and supply chain concepts.

Based on these steps, we will discuss the value of subsequent transport to the performance of global supply chains and how to meet the high requirements of recent logistics and supply chain networks. We will examine the specialties of the management of supply chains in subsequent transport including combined transport and, finally, discuss the idea of assuring the functionality of these supply chains by tightening the collaboration of all the actors, namely the service providers and the shippers as well as the transport policy.

2 Global Trends Influencing the Performance of Supply Chains and the Subsequent Combined Transport in Europe

This section aims to explain the connections and dependencies between the global and intermodal supply chains and, especially, the subsequent transport in Europe. By means of the triangulation of three different qualitative research methodologies (literature review, single-case study and expert interviews), we identify four main trends impacting on the supply chains' performance. Furthermore, we present a selection of corporate approaches to deal with the dynamically changing environment with regard to each global trend. Lastly, we identify challenges, problems, risks and chances for European industry, retail and logistics service providers requiring the support of appropriate political activities.

2.1 Global Trends Influencing the Performance of Recent Supply Chains

Global trends not only influence industry and retail value chains but the underlying logistics and transport concepts. To identify the most important internal and external activities for subsequent carriage supporting the overall supply chain performance, in a first step, we highlight the most important trends and developments affecting global supply chains and, especially, combined transport in Europe. Therefore, we analysed three leading journals in logistics and supply chain management,[4] namely the Journal of Business Logistics, the Journal of Supply Chain Management and the International Journal of Physical Distribution and Logistics Management. Since the focus of the supply chain management philosophy is end-customer orientation, we particularly decided to

---

[4] The journals were chosen based on the JOURQUAL ranking within the area of logistics by the German Academic Association of Business Research in 2008. For the publications search we used the Proquest and EBSCO databases.

choose logistics and supply chain journals instead of simply transport journals. As we wanted to derive preferably future-oriented and the latest global trends we analysed papers published during the last five years, namely in the time span from 2005 until 2009. The search criteria were the keywords "trends", "future", "boundary" and "limitation". Titles and abstracts were screened for universal trends and developments in logistics, as well as transport and supply chains.
In total 26 papers contemplating trends and future developments and 9 papers dealing with boundaries or limitations could be identified.[5] Most of the papers concentrated on only 1 or 2 trends, whereas for instance Hameri and Hintsa (2009) conducted a holistic analysis of developments. In order to derive new requirements to achieve supply chain performance from the point of view of the actors in a combined subsequent transport chain, we intended to identify the challenges and tasks in main categories. It turned out that the trends and challenges could be sensibly clustered according to four main categories: globalization, sustainability, information and communication technologies and urbanization.

Globalization – Fundamentally Influencing the Structure and Performance Requirements of Global Supply Chains

The ongoing *globalization* leads to shorter product life cycles, increasing cost pressure and decentralized production and sales locations. Manufacturing companies continue to be driven by scale and lower costs, which continue to be a main deciding parameter in make-or-buy decisions as well as in production site choice. Nevertheless, global supply chains lead to security and risk issues that have gained in interest, especially since September 2001. Acting in global supply chains also requires taking global pandemics and natural hazards into account since they can massively influence transport chain structures and governmental regulations. Recent literature highlights the meaning of the globalization trend by discussing the influence on several fields of economical acting, e.g. Antony et al. (2007) discuss the effects of globalization on the relations and communication between buyers and suppliers. Gammelgaard (2006) centres globalization by considering recent logistics and supply chain management in Europe and focuses among others on the effects of multi-nationality and different cultures. Manuj et al. (2008) discuss the increasing number of links in a company's network (driven by globalization) and the demands for appropriate risk management. Markides et al. examine how globalization impacts on the diversification of services and activities whereas Rodrigues et al. (2006) aim at the identification of logistics costs for the global economy.
Even this small review of recent topics gives helpful hints on the meaning of the globalization trend for combined subsequent transport: the trend of globalization, in a first step, influences the total transport volume for subsequent (as well as pre-carriage) transport volumes due to the increased integration of global markets. The intensified end-customer orientation leads to stronger price and quality pressure. Thus, the combined subsequent transport as the last element in the global supply chain has to assure the fulfilment of these demands. This means the combined trans-

---

[5] References are integrated in the following passages.

port is in direct competition with unimodal road transport and accordingly has to meet the velocity, reliability and cost key figures.[6]

New Information and Communication Technologies – Linking all the Supply Chain Members

New information and communication technologies connect customers all over the world and, thus, information availability about alternative producers, best quality and costs increases while customer loyalty sinks on behalf of expectations regarding individualization and quality.[7] This contributes to the exploding numbers of variants, small production lots and short time changes in production processes. Simultaneously, information and data management complexity has grown in relation to the complexity of global transport networks. Furthermore, Internet and e-commerce technologies are the key to efficient logistics operations encompassing retailing channels as well as supplier and consumer relationship management. Finally, new technologies and innovations play a major role in tracking and tracing global material flows. Cavinato (2005), for instance, classifies new practices and points out radio frequency identification (RFID) and other evolving wireless technologies. Referring to combined subsequent transport, the trend of new information and communication technologies leads to new or improved resource utilization and new processes and services, e.g. modelling and simulation software is used for improved supply chain planning and control for all the supply chain actors. Information and cargo exchange platforms provide information for all the actors of the supply chain and the combined subsequent transport actors whereas platforms can also provide information for end-customers (e.g. tracking and tracing, locating services, mass customization tools). To substantiate these kinds of services technically innovative technologies, e.g. RFID technology, sensor networks etc., are used. New technologies also contribute to the trend of sustainability, e.g. new driving technologies may reduce fuel consumption, while new brake or engine technologies may reduce CO_2 and noise emission.

Urbanization – Affecting the Spatial Structure of Transport Flows

Nowadays, one-third of the world's population lives in cities. Demographers predict that by 2025 this ratio will be 2 out of 3 people, so that over 30 megacities with populations exceeding 8 million and more than 500 cities with populations exceeding 1 million will exist. The trend of urbanization requires the development of new concepts for city delivery. The trend of urbanization affects the spatial structure of transport demands. Especially inner-city delivery requires the design of new delivery concepts, e.g. to deal with increasing congestion. This influences e.g. the location planning and dimensioning of further infrastructural capacities. In general, the conscious combination of carriers including the rare utilization of road transport occurs as a promising solution approach. The recent introduction of so-called "environmental zones" in German inner cities already shows

6 cf. the trend of globalization, among others: Antony/Injazz (2007); Gammelgaard (2006); Hameri/Hintsa (2009); Manuj/Mentzer (2008); Markides/Holweg (2006); Rodrigues et al. (2005).

7 cf. the trend of i&c-technologies, among others: Cavinato (2005); Gammelgaard (2006); Markides/Holweg (2006); Savitskie (2007); Tibben-Lembke/Rogers (2006).

the governmental efforts to reduce negative emissions (especially in cities) and, thus, encourages the modal shift from road to rail and, respectively, combined transport.

Sustainability – Demand for Generation Justice Changes the Supply Chain Structure Bottom-Up
Due to an increasing awareness of environmental and social issues as well as the scarcity of natural resources by governments, companies and consumers, sustainability has become a central topic in global supply chains. Hameri and Hintsa (2009) focus on energy, environmental and raw material concerns as well as increasing international environmental regulations. They, furthermore, address the impact on supply chain performance. Carter and Rogers (2008) describe a holistic framework for sustainable supply chain management encompassing social issues and risk management as well. Markley and Davis (2007) examine the realization of competitive advantages through sustainable supply chains. Terpend at al. (2008) express the meaning of sustainability for the buyer–supplier relationship.
These publications already provide an indication of the meaning of sustainability regarding combined subsequent transport. For instance, the trend of sustainability causes more and more companies to tend to integrate sea freight and rail transport and slow down their supply chains. Until now, the type and state of goods were next to costs and transport velocity was the central point for choosing the transport mode. In combination with the other identified global trends, to meet the arising new challenges, specific knowledge of the combined subsequent transport actors and, thus, advanced training for employees (e.g. for resource-conserving driving; transport avoidance) are necessary.

Global Trends Lead to Increasing Complexity of Value Networks
The trends identified lead to an increased supply chain perspective, more customer orientation and thus an enhanced complexity of global supply chains. New logistics and supply chain concepts, such as Just in Time (JIT) and Vendor Managed Inventory (VMI), are one solution for meeting the requirements of the dynamically changing environment. These concepts aim at the reduction of complexity and focus on the reduction of inventory and simultaneously on increased flexibility and reliability. These concepts lead to the tight connection and synchronization of logistics and production processes of LSPs, suppliers and OEMs as well as retailers. These changes, however, have made the global supply chains not only more complex, but also more vulnerable to disturbances with regard to time and quality. These facts, on the other hand, can negatively influence the subsequent transport as the last part of global supply chains. This means that, although the subsequent transport is only a small part of the entire global supply chain, disturbances, e.g. caused by infrastructure bottlenecks, might influence the overall supply chain performance.
The vision of cross-linking companies meets its boundaries with the negative effects of the identified trends. There are restrictions resulting from infrastructure shortages, increasing oil and energy prices, protectionism and ongoing market consolidation. Thus, the global supply chains including subsequent transport in Europe, which is generally based on road transport has to face operative problems, e.g. sinking reliability and longer transport times caused by congestion, restrictions by

regulation policy (e.g. driving periods, driving bans) and, finally, rising transport costs by means of increasing oil prices, tolls and, prospectively, by the additional costs due to the internalization of external costs. Thus, in this paper we aim at the increased integration of combined subsequent transport to meet the requirements of both the changing supply chain performance key figures.

The section 2.2 is supposed to discuss the identified trends from a global supply chain view. Furthermore, section 2.3 supports the trends with 20 expert interviews and helps to extrapolate these trends to a time frame until 2030. We will figure out how the identified global trends on the one hand impact on the structure of global supply chains and on the other hand influence combined subsequent transport.

2.2 The Meaning of Global Trends in a Supply Chain Context – The Case of a European High-Tech Company

To demonstrate how the global trends – presented in the preceding section – can significantly affect the design and performance of global supply chains we use a single case study of a European high-tech company. Here we highlight how the subsequent transport quality can influence the overall supply chain performance. Due to the problems in subsequent carriage the performance of a whole, global supply chain from Asia to Europe was endangered. Namely the delivery quality and flexibility as well as the level of CO_2 emission were not satisfactory. The company decided to analyse, rethink and restructure the entire supply chain to remain true to the company's principle of end-customer orientation. By the presentation of this case, recorded early in 2008, we will discuss the effects of the global trends on the subsequent transport in the European hinterland and identify first corporate action alternatives as well as starting points for support by transport policy.

The high-tech branch is a hardly embattled market with strong cost and time pressure. However, due to the change from sellers' to buyers' markets, faster product life cycles and changing customer demands require flexibility. It turned out that in the presented case the delivery reliability was the primary goal: ambitious customers claimed the highest quality and delivery performance in terms of delivery time and dates. Finally, the company set itself a high demand for environmental sustainability. However, the supply chain costs were also taken into consideration: not only capital commitment costs, but further logistics costs (e.g. sea freight rates, handling, stock and hinterland transport costs, customs duty) as well as environmental costs (emissions per 40' container) were considered.

In this case, the term supply chain performance includes guaranteeing on-time delivery and stability despite low stocks and adherence to delivery dates as well as high capacity utilization while simultaneously meeting environmental targets. We will discuss the reasons why the sea freight transport between Asia and Europe was considered as the supply chain's core element and not critical for the supply chain performance and why it was to optimize the subsequent transport in Europe to reach increased supply chain performance.

Characterization and Problem Issues Phase 1 – Asia: Pre-carriage from Facility to Port

The considered supply chain can be characterized by three phases: the pre-carriage phase encompasses the transport processes from the production facilities in the Chinese hinterland to one of China's big ports. The products can be transported from the facility to either Shanghai, Hong Kong, Yiantian or Shenzhen. In the pre-carriage phase the supply chain can be divided into three stages: (1) transport from the facility to the port, (2) clearing and (3) the processes in the ports themselves. According to the stages different influencing factors are important. To evaluate the transport – accomplished by a logistics service provider – reliability, loading and planning processes were identified as important. However, the clearing – fulfilled by the customs authorities – depends not only on the completeness of documents, but also on the relationship to the clearing authority of custom brokers as well as the clearing inspection performed by chance. Furthermore, the port processes are influenced by the performance of both the port operator and the shipping line.

The main problems are caused by the clearing process, especially by a lack of personnel and limited opening times. These problems cause delays of up to 48 h and these mean trouble for the set shipping times. Due to the high efficiency of the duty processes, Hong Kong was chosen as the preferable port in China. Nevertheless, problems resulting from the clearing do not significantly endanger the global supply chain performance at all.

The second step was to analyse the main carriage: for the analysis of shipping lines two shippers are taken into consideration. Both lines offer a reliable and regular timetabled service between China and Europe and provide independent delivery, transport and interim storage. Short-term delays are, due to the high experience and shipping line size, unlikely. Thus, the shipping itself does not offer any optimization potential for the overall supply chain performance, either. However, the choice of the port headed for in Europe influences the selection of the shipping line. The following section will show that the port choice, again, is strongly influenced by problems with the subsequent transport environment in the European hinterland.

Phases 2 and 3 – From Asia to Europe: But Where to Enter Europe?

Since the shipping lines offer quite similar transport durations, quality and reliability, in the next step of the supply chain analysis the European ports are examined. Hinterland infrastructure, port processes and clearing processes are the main criteria to evaluate the performance and suitability of one port for the entire chain.

Rotterdam, Antwerp and Hamburg are the seaports with the highest container throughput in Europe. Bremerhaven is a smaller port, but with significant potential. Due to their proximity to the goods' final destination in the southern part of Germany, the ports Rotterdam, Hamburg and Bremerhaven are taken into deeper consideration.

Hamburg and Rotterdam are the ports that are mostly frequented. However, the duration of transport to the destination via the hinterland connection and the time for clearing and handling are of major importance.

Rotterdam and Bremerhaven score with the short period for running-in due to their direct location at the North Sea. This means a five-hour advantage in comparison with Hamburg. Furthermore, Rotterdam is the only port that offers an adequate connection to Europe's inland water transportation system. Nevertheless, due to the high-tech goods, inland water transport is not relevant to the further discussion. However, Bremerhaven and Hamburg offer several advantages: Bremerhaven especially stands out due to its good train and road connection. Additionally, Bremerhaven is a free trade port. Like in Hamburg, Bremerhaven port is strongly agglomerated, which means that there is no further internal transport necessary. Good stock capacities are given. With approximately 48 h, the time of dispatch is quite low compared with 72 h in Rotterdam.
The Rotterdam hinterland connection has to face at least two main problems: on the one hand, there is only one multi-user terminal for handling; on the other hand, there is a significant risk of traffic jams. The long-term road-building processes in Rotterdam mean unpredictability and unreliability of truck departures. Nevertheless, the usage of trucks is necessary due to inadequate train connections (c.f. Figure 1). Therefore, the forced modal split in the Dutch hinterland depots leads to further uncertainty within the planning process. Another problem arises in Rotterdam from the fact that the goods need to be cleared for free transport in Germany. In contrast to German ports, there is an additional expense (approximately € 50 per 40' container) linked to the necessary clearing processes. Furthermore, redirection of containers to different destinations is not feasible during these processes.

Lead Time and Cost Comparisons

More than 80 shipping connections have been evaluated to compare and weigh the presented advantages and disadvantages of shipping schedules as well as ports. The German ports score in both the economical and the lead-time comparisons. In contrast to Rotterdam, up to four days can be saved from Shanghai to Bremerhaven and up to two days from Shanghai to Hamburg. Also, transport from all the other Chinese ports would have shorter lead times to the destinations Bremerhaven and Hamburg than to Rotterdam. As a consequence the stability and delivery reliability increase due to the well-scaled infrastructure in northern Germany.
To show that the port processes and the performance of the subsequent transport strongly affect the global supply chain performance, we use assumed plan quantities for an economical comparison. We calculate the hinterland distance, sea freight costs, storage and handling costs as well as transport and environmental costs to show that especially problems in hinterland transport and in the process may put additional costs into millions. In addition to that, the analysis has shown that the main factor for these additional costs is the increased usage of road transport. Thus, this example shows that the reduction of road transport for subsequent transport can lead to sinking costs. The usage of combined subsequent transport, moreover, appears to be promising for a high supply chain performance, including e.g. transport cost reduction as well as a decrease in carbon emissions.

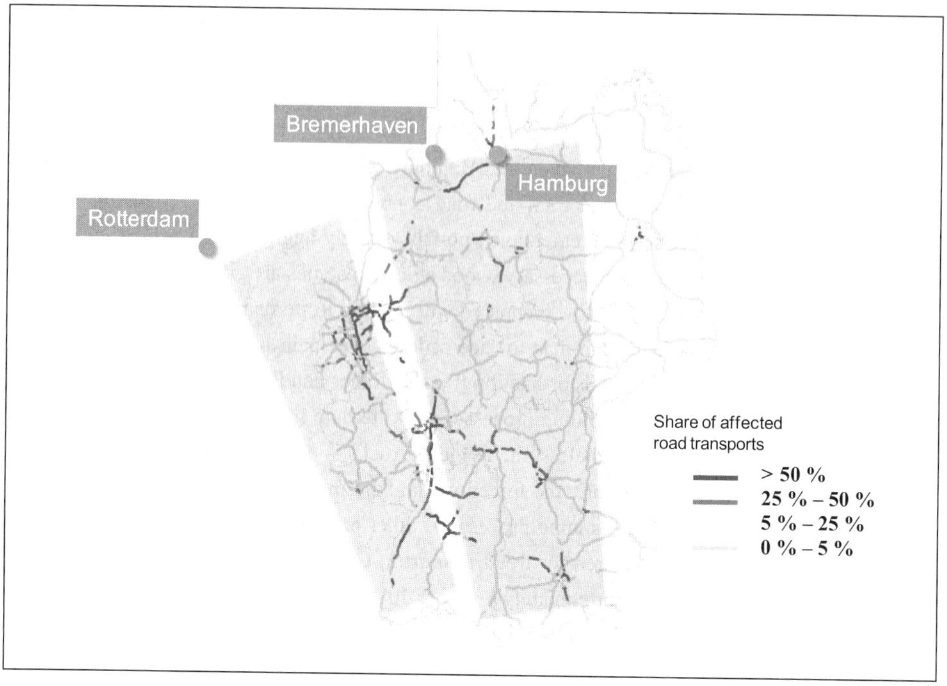

Figure 1: Schematical catchment area of the analysed ports for road transport

Key Learnings – Global Trends Affecting the Structure of Global Supply Chains and Challenging the Management of Subsequent Transport in Europe

Global changes and globalization challenges require fast, flexible, high quality and reliable processes. To meet the increasing cost pressure and to enter new markets companies tend to shift their production to other countries. Thus, the arising transport chains are characterized by intermodality. The trends of new I&K technologies, sustainability and urbanization affect the global supply chains and the subsequent transport in Europe, too.

However, the case shows that, for European subsequent transport capacities in the hinterland, transportation infrastructure and the quality of port processes are the relevant criteria when trying to increase the performance of global supply chains.

In this case, the trend of sustainability has led to the integration of ecological key figures into the system of objectives. Thus, the performance of the global supply chain is evaluated according to the CO_2 emission per container, too. It is one example of the general development that companies tend to integrate more vessel and rail transport and the deceleration of supply chains.

New information and communication technologies are in themselves a reason for the changing requirements. In the high-tech branch, extremely short innovation circles and sinking customer loyalty require fast and reliable transport. Hence, the combined subsequent transport has to fulfil these requirements. This indicates that the use of new technological solutions, e.g. new transshipment techniques, faster planning and controlling methods as well as location and identification techniques, can improve not only the combined transport and supply chain performance.

The company presented here created an overall integrated approach in which only a few factors determined the reorganization process. The quality and dimensioning of infrastructure turn out to be the core factors influencing the corporate system of objectives. This, again, points out the value of the subsequent carriage to the performance of the entire supply chain.

However, the case shows even more: one can easily see that there are severe challenges that cannot be overcome by companies' internal activities alone. The European transport policy has to support the companies with external activities, too. Here, the starting points are the quality of the hinterland infrastructure, security aspects, the port infrastructure and the clearing processes in both European and Asian ports.

Both the case study and literature research have a strong reference to contemporary changes in the supply chains' environments. The following section intends to predict the meaning of the global trends for future supply chains and interprets the global trends from a more corporate- and branch-specific angle.

2.3 Global Trends Affecting Branch-Specific Supply Chain Requirements and Performance – An Approach to Extrapolate the Global Trends for 2030

Based on the results of the literature review and the explorative case study, this chapter supports the identified trends and challenges. Twenty expert interviews were conducted to specify the first results and to identify branch- and company-specific developments affecting subsequent transport in Europe. In addition, we provide a more future-oriented perspective: experts were not only interviewed about recent industry branch trends, but also about the expected development of their branch in a time horizon until 2030. This is appropriate for the long-term impact of global trends on supply chains. Thus, the trends affect the strategic management of supply chain actors. Dealing with the improvement of supply chain performance, the reorganization of combined subsequent transport, furthermore, affects the strategic management layer, too.

A future study – conducted in summer 2009 – identified five key branches, which are supposed to be of increasing significance for rail transport.[8] It was stated that especially for these branches developments are difficult to forecast and presumably strongly differing from previous branch developments. We chose four of these branches for consideration in this context. We considered the mineral oil, building (materials), steel and scrap as well as the retail business for the analysis[9] since these branches can be characterized by global supply chains. For each of these branches combined transport is already utilized or – due to the goods' characteristics – could be hypothetically utilized for subsequent carriage in Europe.

For the description of the trends and their affects on the branches' developments, we compiled the following branch definitions. The mineral oil branch spans the oil producer as well as the gas and oil retailer. The analysis of the building (material) branch includes the producer of building mate-

---

8 cf. Stölzle et al. (2009).

9 We do not consider the branch of waste management due to its local character and the missing connection to global supply chains.

rials as well as retailers for the building and construction industry. Furthermore, retailers and producers of scrap and steel were examined. According to the working definition the retail business includes food, beverages and animal feed producers, food retailers, wholesalers, warehouses and distribution centres.

The branch experts were chosen from five medium- and large-sized companies of each branch. Either a member of the executive board or the chief logistics officer was interviewed. As the future study focused on the significance of rail transport, experts were chosen from companies producing or retailing goods with a final destination in Switzerland. Thus, preferably, we interviewed experts next to their branch expertise according to their experience in dealing with rail and combined transport.

Methodology

To transfer the extracted trends to a more future-oriented perspective and to specify the trends in a branch-specific way, the qualitative research method of expert interviews was chosen. To ensure quality, all 20 interviews, each of 90 minutes, were documented and codified. The minutes were transcribed and, if necessary, discussed, adapted and interpreted with the experts themselves. The requirement of triangulation is fulfilled by the combination with the approaches of literature research and case study.[10] The suitability of the interview questionnaire included the branch-specific framework conditions, the branch influencing factors, the estimated branch development as well as the respective supply chain concepts. The questionnaire was structured according to topic and included knowledge questions as well as confirmation questions. The readability (according to the usage of simple and clear formulations) was cross checked in three pre-tests. The number of expert interviews is resilient since the structure and content are identical for all expert groups and branches. All the interviews were conducted by a single researcher who deals with the topics of carriage, branch development and supply chain concepts. Nevertheless, the results were analysed and interpreted by a group of four researchers.

Trends for the Mineral Oil Branch

The mineral branch is especially influenced by the driving forces of globalization and sustainability. The meaning of bounded natural resources, financial and technological boundaries became obvious.

Experts agree that, on a world scale, the primary energy carriers in the forthcoming decades prospectively have a high significance in the worldwide energy supply. Both the developed nations and the emerging markets, such as the so-called BRIC nations (Brazil, Russia, India, China) and the Next-11 nations (Egypt, Bangladesh, Indonesia, Iran, Mexico, Nigeria, Pakistan, the Philippines, South Korea, Turkey and Vietnam) not only depend on but build their growth on this energy source. The International Energy Agency predicts that the demand for mineral oil will continuously grow to 115-125 billion barrels per day by 2030. Experts predict that, according to the recent

---

10 cf. Peräkylä (2004), p. 281 ff.

consumption level, oil reserves will last for the next 40 years.[11] Today, for the foreseeable time span, there is no energy carrier known that could substitute oil in its current role.

There are severe discussions among the industrial nations about this dependency problem, but also about the connected fields of global warming and greenhouse gas emissions. It is stated that mineral oil is a limited resource and, in the long-term view, prices will constantly and significantly rise. In the last decades nations without their own oil fields experienced several supply crises with drastic price ascents. Especially for this reason, new technologies for alternative energy concepts are at the centre of innovation activities not only of companies but of whole nations to abate these dependencies.[12] With reference to combined subsequent transport and its impact on supply chain performance, this means that, firstly, transport in general is supposed to be avoided. Secondly, the rate of road transport in proportion to rail and inland vessel transport is shifted. Thirdly, new vehicle drive technologies (with alternative energy carriers) or a good resource-conserving driving style could be implemented to reduce the supply chain's dependency on mineral oil.

Trends for the Building (Material) Branch

The building (material) branch can be characterized by its connection to demographic changes (an older population with new demands) and the trend of urbanization. Although globalization is a present trend, building activities and building materials are mostly a local business. Nevertheless, the interviews also showed the importance and the strong influence of the sustainability discussion that might lead to more global supply chains than today.

The building and the building material branches are tightly connected. Furthermore, there is a strong connection to the national and international economy: if we face economic growth, building activities increase, too, and so does the building material branch. In general, the building material production branch can be characterized by a high degree of decentralism. However, the quantities of raw materials and ingredients imported grow. Thus, the integration of the branch into the global supply chains strengthens. Already, the increasing competitive pressure has led to a strong consolidation of the whole branch in Europe. Today there are only a few big companies left in the European market. Nevertheless, this legal and organizational consolidation did not mean consolidation of locations at all. Due to the great weight and the high degree of availability of most raw materials (sand, flint, limestone), the branch still has a kind of local character. The heaviness of sand and flint favour many locations over long-distance transport. Forecasting the branch's long-term development, sustainability turns out to be the most powerful driver that might influence the development for the next decades. For today, it seems to be impossible to predict the European regulation policy, especially for carbon emission, and, therefore, to predict the supply chain structure. Moreover, the trend toward urbanization leads to new styles of architecture including new building materials. This means that, in general, rising transport volumes in Europe can be expected. The demand for classical building materials, however, will still be supplied by decentralized produc-

---

[11] cf. Erdöl-Vereinigung (2007), p. 25 f.

[12] cf. Ganser/Reinhardt (2008), p. 21.

tion facilities, though the production of cement could be outsourced to countries with lower regulations according to carbon emissions (e.g. North Africa) in the midterm view. This would cause a dramatic change in transport structures. The role of combined subsequent transport would grow, too, due to the increased transport volumes arriving in the North Sea or Mediterranean Sea ports. Nevertheless, already in the short term the transport volumes of alternative raw materials to substitute carbon-emitting materials will increase steadily and, thus, cause reinforced subsequent transport.

Trends for the Steel and Scrap Branch

Globalization and sustainability strongly impact on the steel and scrap branch, too. The same as in cement production, a rough consolidation of facilities can be observed. As a result of this import and export material flows in Europe grow while connections and dependencies between the European nations are reinforced.

The steel industry can be understood as one of the key industry branches not only in Europe but in the world. It is connected with various further fields of industry (e.g. the recycling branch, automotive industry and carbon industry). Steel is one basic material for many other industries such as street, rail, shipping and aircraft construction, and, furthermore, the energy and chemical industries.[13] This means in reverse that the steel and metal scrap branch is directly and indirectly influenced by the global business trends and economic situation. The main influencing factors are the domestic and foreign investment cycles and the demand of the customer industries, as well as the metal prices.[14] In 2007, 1.3 billion tons of raw steel were produced. Only the small fraction of 210 million tons was produced in Europe (EU 27).[15] According to the growing quantities and with the heating of the world economy between 2006 and summer 2008, the prices for steel grew by more than 150 %. Until today the demand has sunk dramatically by more than 30-50 %. The reasons for this high volatility of prices are on the one hand gambling effects on the raw material markets and on the other hand the immense demand, especially of the BRIC nations. Nevertheless, recently the steel branch has still been characterized by the consequences of the worldwide finance and economic crisis. Experts anticipate the European steel market recovery to be parallel to the economic uplift from the middle of 2010.[16]

Due to its weight and material characteristics, metal has a given affinity to rail and water transport. In Europe only 20-30 % of steel transport is accomplished by road.[17] IN particular, the supplying of steelworks is suitable for the supply by rail. For the delivery of further production steps of steel products, rail and short sea shipping are used. The more valuable the goods become with each production stage, the more the value of road transports increases. Expert interviews show that the trend of consolidation of companies and locations will proceed, as will the trend of development of

---

13 c.f. EDLESI (2007), p. 2.

14 c.f. Credit Suisse (2008), p. 19; Schweizerischer Stahl- und Haustechnikhandelsverband (2009), p. 3.

15 c.f. World Steel Association (2009), p. 3.

16 c.f. EUROFER (2009).

17 cf. Bögli (2009), p. 34.

innovative processes and environmentally friendly production processes. Due to the high volatility of prices, the value of production of premium products with small transport volumes will increase in Europe while the importing of basic steel products will increase in a market with global and still-growing demand.

Referring these results to the structure of combined subsequent transport in Europe, this means that the transport volumes in general grow while carbon emissions and transport cost reduction turn into the centre of interest. Thus, the value of rail and combined transport for the subsequent and pre-carriage transport in Europe will be reinforced. Due to the ongoing consolidation of location, the bundling of transport volumes will be improved and this, furthermore, supports the idea of integrating more railway transport into the subsequent transport chain.

Trends for the Retail Branch

In Europe 8 % of the working society can be counted as part of the retail industry. Retail makes about 5 % of the gross national product (GNP), nevertheless with a slightly decreasing impact during the last 5 years.[18] The retail business creates approx. 15 % of the total freight transport volume.[19] It is influenced by all the identified global trends. Especially demographic changes and urbanization require not only new products and production processes but new transport concepts.

According to the experts and recent literature, about three-quarters of all retail goods are transported by road, 20 % by rail and 3-5 % by combined transport. In particular, products like home entertainment and electronics, wellness, health, beauty and luxury show over average growth. The experts anticipate a total growth for the whole branch almost according to the economic development as well as the population growth of ca. 1-2 % per year. Experience has shown that this branch is not affected by the overall volatility of markets as it contains many products needed in daily life.

In most European countries the markets are already saturated. Overall the branch can be described as a mature branch. Nevertheless, e.g. in Switzerland, there are still shifts as a result of market entries of e.g. discounters. As a result a slightly rising transport volume can be anticipated. Furthermore, the increasing efforts for market liberalization will lead to rising import and export volumes not only in Europe but on a global level. In sub-branches, e.g. food production, this trend is even more obvious. Due to the abating area for food growth in some parts of Europe, the import–export connections between nations will increase.

For combined subsequent transport these global changes mean that, firstly, due to the increased sustainability consciousness of the end customer and the government, too, combined transport volumes will significantly increase. Shipment transport via rail will be used as a flagship for the sustainable and responsible character of the company and of the sold goods. This can counteract further effects of globalization such as sinking loyalty and increasing cost pressure. Especially the end customers' requirements for more delivery flexibility and reliability will take rail and com-

18 cf. Grass (2007), p. 37.

19 cf. Stölzle et al. (2009), p. 189.

bined transport to the centre of attention as these forms of transport may provide a higher level of supply chain performance.

2.4 Intermediate Results: Challenges for Subsequent Transport in Europe Resulting from Global Trends

Based on the identification and analysis of the effects of the global trends on subsequent transport in Europe, this section will summarize the previous results to identify the roles and activities of companies and traffic policy.

In Table 1 we give an overview of the results and match branch-specific trends with global supply chain trends. In the last column we transfer and concentrate these challenges into more abstract categories serving as a basis for the action alternatives. The last column identifies problems that are not solvable by corporate activities and require the support of an appropriate transport policy. Although the illustration suggests that one global trend can directly matched challenges each line depicts only the main effect direction. Of course there are interactions and multiple dependencies between the global trends and the resulting challenges from supply chain view and for combined subsequent transport chains. For instance the trend of sustainability causes rising road transport costs whereas the trend of urbanization reinforces road congestion problems. However, as result both trends sustainability and urbanization lead to an increased meaning of rail transports.

Bringing back to mind the superior objective of the long-term viability and liquidity of European companies of industry, retail and logistics services we can derive that a seamless transition of both corporate and political activities should be aspired to in order to support the quality of combined subsequent transport and, thus, the performance of global supply chains.

3 Coping with Changing Requirements in Global Supply Chains – Balancing the Roles of Corporate Activities and Transport Policy

As we have pointed out in the previous section, there are several challenges, risks and problems for combined subsequent transport arising from global trends. However, furthermore, there are system-inherent problems for dealing with companies that have set up different activities.

In the following section, we discuss appropriate political activities to promote the integration and management of combined transport. Furthermore, we identify situations in which combined transport actors reach their limits and need support from transport policy. We show that this support – especially in the field of combined subsequent transport – turns out to be sensible even from an economical point of view: especially providers of combined and rail transport services can generally be characterized by cost structures with extremely high fixed costs (e.g. due to holding available resources like vehicles, employees, train paths, terminal and crane capacities etc.). In addition to that, for the integration of combined subsequent transport into global supply chains, special investments, e.g. in loading equipment and transshipment terminals, are necessary. This implies that there are high re-entry barriers to this transport mode. Assuming the superior target of a sustainable modal shift to rail and combined transport, the re-shift back to unimodal road transports should be avoided.

Global trends	Challenges for subsequent transport in Europe from a supply chain perspective	Challenges for subsequent transport in Europe from a corporate-/ branch-specific perspective	Identified challenges for combined subsequent transport in Europe – requiring political support
Globalization	• Increasing cost pressure. • Global sourcing. • Intermodal and intercultural transport chains. • Stronger integration of suppliers, LSPs and retailers.	• Consolidation leads to a stronger bundling of transport volumes. • Transport quantities in subsequent transports in Europe grow. • Change of existing transportation structures: the integration into global supply chains becomes stronger.	• Lack of hinterland infrastructure. • Incompleteness in multilateral commercial agreements. • Foreign customs regulations. • Chances for companies entering new markets. • Global regulation policy currently affects primarily industrial nations.
New I&K technologies	• Ubiquitous knowledge. • New online services. • Sinking customer loyalty. • New distribution channels. • Tracking and tracing and location services.	• Intensified application of RFID technology. New demand for tracking and tracing services (e.g. for appropriate supply chain event management).	• Lack of a standardization and harmonization process. • European projects supporting new products and services, like the Galileo project, are not finished yet.
Sustainability	• Sinking corporate image of road transport. • Rising transport costs (e.g. toll, regulations). • Internalization of external costs.	• Sustainability discussion and mineral oil shortage will promote the utilization of water and rail transport due to increasing transportation costs. • Reinforcing the fraction of local goods within the total mix (due to the sustainability trend).	• The global discussion currently primarily regulates the activities of companies from industrial nations. • A mineral oil shortage is inevitable so there is a need for the development of alternate energy carriers. • Next to the lack of road capacities there are problems with hinterland rail and water infrastructure, too. • Local regulations support shifting and outsourcing of value-added activities to countries outside Europe.
Urbanization	• Changed structure of transport – stronger agglomeration and distribution. • More transport and smaller transport lots • Congestion in city areas.	• Supply chain concepts for more highly agglomerated and less populated regions. • Overall growing volumes, mostly in smaller transportation lots in domestic traffic.	• Tension between agglomeration and rural areas. • Environmental regulations exacerbate the adoption of suitable supply chain concepts.

Table 1: Intermediate results – identifying challenges, problems, chances and risks to be solved conjointly by companies and transport policy

In this context a European rather than a national perspective is sensible since most subsequent transport chains span several countries. Thus, in the following section we discuss the corporate activities and special management know-how needed to offer combined subsequent transport successfully. In a second step we structure and consider different approaches of transport policy to promote and support corporate activities in this field.

3.1 Corporate Activities to Improve Supply Chain Performance by Reinforced Integration of Combined Transport for Subsequent Carriage

To answer the question of how to improve the combined subsequent carriage in regard to the changing shippers' supply chain performance requirements, integrated and cross-actor, respectively, cross-company considerations of quality, cost and price management as well as an intense end-customer orientation turn out to be the key success factors.[20] The high level of service complexity of combined transport – resulting from the multiplicity of actors, interfaces and influencing external factors – requires special management know-how. Moreover, to offer combined transport services successfully, deep knowledge about the relevant framework conditions is necessary. On the one hand, deep knowledge and understanding of the shippers' supply chain performance requirements and, on the other hand, experience with communication and management instruments to synchronize the multiplicity of actors in the field of combined transport are necessary.

Multiplicity of Processes, Actors and Interfaces

Commonly, in comparison with road transport, combined subsequent carriage appears to be much more complicated and less flexible. Unimodal road transport requires neither transshipment processes nor siding tracks. Unaccompanied combined transport (in the following: combined transport) for subsequent carriage in global intermodal supply chains can, independently of the type of carrier, be subdivided into five main processes:

- Pre-carriage by road transport (collection),
- Transshipment to a consignment terminal,
- Main carriage in a rail, inland or seagoing vessel,
- Transshipment to a receiving terminal,
- Subsequent carriage by road transport (distribution).[21]

These physical transport processes are accompanied by information processes. These concern shipment-specific delivery documents, tracking and tracing information and, furthermore, temperature regulations and corresponding observance information.

The production of combined transport services is accomplished by a multiplicity of legally and economically independent actors providing an overall marketable service.

Freight forwarder and truck companies are the main customers of transport services. They are the connecting link between shipping companies from industry and retail on the one hand and the

---

20 Pfohl et al. (2008), p. 92ff.

21 cf. Polzin (1999), p. 90 f.

further combined transport actors on the other hand. In general, the carrier decision is up to the freight forwarders, and partly up to the shipping companies and logistics service providers. Only major enterprises with corporate transport carriers act as autonomous customers of combined transport services.[22]

The so-called carriers (e.g. road transport companies, rail transport companies, shipping companies, airlines) accomplish carrier-specific transport with their own responsibility. The road transport carrier mostly takes over the pre- and subsequent carriage while the main carriage is fulfilled by a rail carrier and shipping companies or owner-operators.[23]

At the interface between the carriers terminal operators offer transshipment services. Partly additional services, e.g. storage, packaging and distribution services, repair, maintenance and rental offer are proposed. Often terminals are held by associations founded by different combined transport actors.

The infrastructure operator is – according to the organizational structure – a legally independent enterprise providing the essential transport infrastructure (e.g. waterways, railway net). The infrastructure operator is responsible for the train composition and treatment facilities as well as the process control and safety technique, maintenance and repair.[24] Furthermore, the infrastructure operator is in charge of the marketing of railway lines as well as the construction of time schedules.

Trains, partial trains, locomotives and traction are provided either by wagon renters, tractors or rail operators. Special wagons, e.g. for the transport of hazardous goods, are often owned by the shippers themselves.

The so-called combined transport operators serve as the interface between logistics service providers and rail operators. They purchase trains or part-trains from the rail operators and – partly – separately from the traction. The CT operators appear as providers of a complete transport service between the consignment and receiving terminals, respectively, as door-to-door services for freight forwarders, logistics service providers or directly for the shippers. They are responsible for the utilization of the trains' capabilities or train parts. Often they offer further services, e.g. the provision of wagons, the physical handling and loading as well as the handling of the accompanying information like delivery notes and customs documents. Due to the additional transshipment processes and the multiplicity of actors and interfaces the combined transport is often said to fail to meet the supply chain performance requirements with regard to quality, costs, reliability and flexibility - especially in comparison with unimodal road transport. Although this might not be correct generally, shippers often do not even take combined transport into their transport mode considerations.

The multiplicity of actors accomplishes one service offer integrating several partial activities. However, for only a few of these activities is there an existing market. The common transport offer requires the alignment of all the actors and partial activities with the shippers' performance re-

22 cf. Janz (2003), p. 15.
23 cf. Hoffmann (2007), p. 23.
24 cf. Polzin (1999), p. 96 ff.

quirements. This kind of integrated perspective has to be reflected by an integrated quality, cost and price management of all the combined transport actors. Furthermore, in future also marketing and innovation activities of the combined transport actors are to be integrated.

External Factors and Global Trends Increasing the Service Complexity of Combined Subsequent Transport

Combined transport joins the inherent advantages of the different carriers and, thus, means an affordable and environmental alternative to unimodal road transport. Both the advantages of flexibility of road transport (to supply distributed shippers and customers) and the advantages of rail transport (for large quantities and long distances) can be merged.

Combined transport is strongly impacted on by factors that cannot be or are only slightly influenced by the involved actors.[25] For instance, there are informational boundaries due to missing information and communication technology standards.[26] Strong fluctuations in demand complicate the capacity management, high attendance costs, unmatched relations, additional transshipments and technical and political problems (e.g. incompatible power and trackage systems, locomotive engineer changes at national borders) and negatively affect the cost-effectiveness of combined transport in general.

The shippers from industry and retail have high requirements regarding the supply chain performance measured e.g. by the key figures of flexibility, velocity, quality and reliability. At the same time the legislator appears as an external factor and transacts with the global trends in the form of regulations. For example, the trend of sustainability is reflected by emission regulations (noise, air pollution, infrastructure strain). Furthermore, the trend of urbanization influences room planning and infrastructural policy. The more people live in urban areas, the more traffic planning, introduction of urban-specific tolls and environmental zones to reduce pollution load and traffic systems in densely populated areas.

To accomplish a higher degree of transport individualization and an increased flexibility (e.g. by short-term changes of shipping times or fluctuation of transport quantities) there is a special need for coordination among the combined transport actors. Especially the availability and the allocation of capacities of the commonly used resources (e.g. terminals, carriers) cause resource-specific problems.[27] Unbalanced capacities, particularly terminal capacities, are often caused by an insufficient subsidies policy. Shortages in terminal capacities not only affect the quality of transport, but also the overall performance of global supply chains. Partly pre-carriage and subsequent transport distances to the main terminals are very long. From a shipper's point of view especially the rigid time windows and time schedules cause problems: exceedingly late or early delivery and pick up times can only seldom be realized. Hence, this means significant quality and flexibility disadvantages for the image of combined subsequent transport.

---

[25] cf. Sonnek (2005), p. 68 ff.
[26] cf. Heimerl (1998), p. 593 ff.
[27] cf. Clausen et al. (2003), p. 57.

Furthermore, system differences challenge the management of global supply chains including combined subsequent transport. In particular, border-crossing transport has to face problems caused by different loading units, wagon types and locomotives and requires additional handling and transshipment processes. These additional handling steps and coordination efforts require both additional time and rising costs. Rail carriers require certain knowledge of the collaboration among each other regarding differing electrical systems, track gauge and clearance diagram as well as braking and security distances.[28] Furthermore, different transshipment technologies and the sinking number of railway sidings[29] lead to the fact that combined transport is said to be lacking netability.

Lastly, there are several challenges from organizational and information-technological points of view for combined subsequent transport. Often information refers to separate performance ranges respectively for the distinct actors. There are operative, shipment-related, service offers and demand-related market information, e.g. about available capacities. [30] Nevertheless, there are no integration information and communication systems that allow information interchange and transparency about the transportation processes for the shippers without media discontinuity. Commonly information (e.g. for tracking and tracing purposes) is only passed dyadically between adjacent actors. However, supply chain-wide information availability is one component of supply chain performance and impacts on several other performance key figures. For instance, delays and interruptions in the information process can cause bottleneck situations and waiting times, which negatively affect the overall supply chain performance.

Service Complexity of Combined Subsequent Transport

The complexity of service production in combined subsequent transport can be explained on the one hand by the (transport) service-specific characteristics and on the other hand by combined transport-specific service characteristics.

Next to the traditional transport, transshipment and storing processes, a performance-meeting service offer includes additional logistic services, for instance marketing, insurance and clearance activities. This kind of activity requires extensive shipment-specific information availability.[31]

Although combined subsequent transport services are marketed as an integrated total service (accomplished by several legally and economically autonomous actors), usually only one combined transport actor appears as the counterpart for the shipping industry in the market. This actor offers a problem-oriented service solution for the shipper, has to coordinate the partial services and has to assure the market-oriented perspective and the dominance of shipper orientation.[32] The challenging problem for the counterpart actor results from the service character of the combined transport.

---

28 cf. Hoffmann (2007), p. 71.
29 cf. Böse et al. (2000), p. 279; Hoffmann (2007), p. 72.
30 cf. Taylor et al. (2000), p. 15; Hoffmann (2007), p. 72.
31 cf. Janz (2003), p. 10 ff; Göpfert (2005), p. 299.
32 cf. Polzin (1999), p. 22; 81 f.

Due to the multiplicity of carriers and autonomous actors, combined subsequent transport can be characterized by numerous interfaces.[33] These interfaces can be distinguished as infrastructural connections with informational, process-related and institutional aspects.[34] To assure a high level of harmonization this requires sophisticated coordination among the actors. For cost and price management this means that costs have to be shared transparently and fairly among the actors whereas prices have to be set with regard to the shippers' needs. Thus, cost and price activities have to be coordinated and incentive mechnisms have to be applied to assure the integrated information availability.

The service and performance complexity of combined subsequent transport furthermore results from the heterogenous configuration not only of supply chains in general, but of the subsequent transport chain as well. Due to the wide service spectrum of the partial services, the subsequent transport chain can take several shapes.[35] The rising performance requirements have even led to a further broadening of activities of each actor, now resulting in overlapping service offers.[36] For instance, rail carriers have integrated many partial services and today offer nearly the same services as combined transport operators do.[37]

Heterogeneity can also be found with shippers' requirements. Demand for combined subsequent transport significantly depends on the shippers' fields of activity. This means that, next to standardized combined transport service offers, individualized service and "all-in solutions" including several additional services (e.g. integrated information availability) are required.

Resulting from the shippers' requirements there is a multiplicity of different combined transport service offers. This includes services for different types of goods (e.g. refrigerated or hazardous goods) and transport of packaged and mass goods. This means e.g. transport vehicles have to be adapted to these requirements and this, furthermore, necessitates the integration into the price settings policy. It can be assumed that the shippers depending on the broadness of the service and performance offer have a differentiated willingness to pay.

Finally, the complexity of service production in the field of combined transport is increased by effects of competition generated by the multiple membership of actors in different transport chains. This means co-operation and competition can be found directly next to each other. For instance, rail carriers co-operate with combined transport operators on certain national transport relations while these actors compete in international markets.

These specific challenges complicate the management of combined transport supply chains. Furthermore, the global trends require the focus of all the combined transport chain members on the increased compliance of shippers' and end-customers' performance requirements. Thus, all the combined transport actors have to realign their processes. Therefore, certain management knowledge is required and appropriate cross-company business models are needed.

---

33 cf. Polzin (1999), p.157 f.
34 cf. Trost (1999), p. 41 ff.; Stölzle/Hoffmann (2006), p. 323.
35 cf. Koch (2004), D2-26.
36 cf. Fischer (2008), p. 49 ff.
37 cf. Pfohl (2003), p. 7 ff.; Scholz-Reiter et al. (2008), p. 582 ff.

Integrated Management of Combined Subsequent Transport

Müller-Stewens and Lechner (2005) proposed a business model systematized according to four dimensions (performance, value added, marketing and yield dimension) that seems to be appropriate for the application for combined transport and a multiplicity of actors. The model excels with its cross-company character and the possibility of consideration of different corporate divisions. At the centre of consideration, the model's target dimensions "enhancement of shipper's benefits" and "protection of competitive advantages" can be found. With this model not only the different perspectives, but also reciprocal relations between these aspects can be illustrated. Due to the target dimensions it is dedicated to transport services and allows for application in different economical industries. Thus, we will use the model to derive hints for the combined transport management between the poles of shippers' requirements and global trends.

To set up a combined transport service there are two possibilities: either according to the requirements of a certain shipper a group of actors is individually arranged, mostly triggered by one central actor e.g. the combined transport operator, who builds up a standardized combined transport offer that is offered to different shippers.

In both cases the group of actors requires the same performance understanding. Every actor needs different capabilities to handle the determined shipment size (full load, part load, mixed cargo) of a certain physical condition (universal or special cargo, e.g. liquid goods). There must be a clear understanding of the structure of the offered transport service, e.g. a standard service on regular relations or flexible services operating irregularly on different relations or networks. Furthermore, this means that all the actors align their activities aiming at the shippers' performance requirements.

Based on this common performance understanding a mutual value-added model is built up. This means that all the transport chain members agree on the institutional structure of the transport offer production and on the general supply chain configuration. In this context multi-memberships of different transport chains complicate the coordination process. The positions and tasks of all the actors in the transport chain have to be defined and documented. This includes the determination of distinctive communication and coordination mechanisms.

The group of actors has to set up an integrated marketing process, too. This means that different modalities of business relations between shippers and providers of combined subsequent services have to be discussed. The combined transport actors have to agree on the conservation of existing and the setting up of new transport relations aiming at the shipper's long-term obligation to the combined subsequent transport offer. This action will lead to an improved utilization of capacities and an increased profitability of the combined transport offer for all the actors. Ideally the actors agree on the target customer group of the combined subsequent transport offer (e.g. size, industry of shippers) and both an appropriate cost and price management are implemented to share costs as well as yields equitably. However, these integrated approaches are not widely implemented yet.

To activate the combined subsequent carriage, transport policy has to promote the development of corporate activities. Regulating activities are apparent; however, it will be necessary for the transport policy to offer incentives for corporate activities.

After pointing out the challenges of managing combined transport services, we will introduce selected political activities that promote combined subsequent transport in general and directly support the presented corporate activities.

3.2 Political (External) Activities to Improve Supply Chain Performance by Reinforced Integration of Combined Transport for Subsequent Carriage

As shown in the previous section, next to several system-inherent challenges there are external influencing factors that impact on the performance fulfilment of combined subsequent transport.
To promote combined subsequent transport as a transport solution for subsequent carriage and to support corporate activities in dealing with the new performance requirements, transport policy's main role is to provide a sufficient environment by promoting regulating activities. Since subsequent transport – mostly from the North Sea ports to European countries – crosses multiple borders, we will take a European rather than a national perspective for our considerations.
Initially we will identify the general role of transport policy. Based on this, we will derive the responsibilities of European transport policy regarding combined subsequent transport. We will discuss the contents and the modes of action of selected political activities that either affect corporate activities in a promoting or regulating way.

General Role of Transport Policy

On the one hand, society and economic markets demand and benefit from freight transport. Global supply chains as well as the setting up of combined transport reflect not only the shippers' but also the end-customers' requirements for costs and quality of goods. On the other hand, transport processes cause external effects. Hence, in general, transport enables distributed production systems and, thus, enables the realization of competitive advantages. At the same distances between facilities, sources and customers cause traffic and, thus, environmental pollution by emissions and noise, landscape disruption by infrastructure and damage by the traffic itself. In this context transport policy needs to create conducive conditions for all the market participants and reduce the negative effects of transport. These interests are obviously conflicting. The main tasks of transport policy are the extension and maintenance of infrastructure to meet the demand for freight transport as a basis for a wealthy economy and society, considering all the social benefits and costs, funded by public as well as private investment.
Furthermore, transport policy aims to improve the efficiency and quality in transport markets that have to meet the demand of global supply chains, and respectively the intended supply chain performance. This is accomplished, for instance, by encouraging fair competition and regulation as well as enforcement. Additionally, policies are supposed to foster the standardization of today's wide spectrum of technological and organizational solutions on all levels of the supply chain. Furthermore, international objectives (e.g. the Kyoto Protocol) need to be implemented within national transport policies. In this context actions and measures to regulate and support transport avoidance, modal shifts and efficient logistics concepts as well as the application of new technolo-

gies play a major role. Finally, security aspects in terms of the social costs caused by accidents, dangerous goods and the vulnerability of transport systems are considered.

Political Responsibilities in Combined Transport

Since intermodal transport processes facilitate global supply chains, the development of transport policy and implementation take place on all political levels – local, regional, national and EU. Sharing responsibilities subsidiarily is the working principle: the highest political level acts as soon as the stated objectives cannot be reached by the lower levels. In intermodal transport, with cross-border operations, the international transactions of the EU policies are mostly relevant. Here, the main tasks are to promote the coordination of national policies and to coordinate actions in other fields like target setting for emissions and standardization.

National transport policies are the key players regarding infrastructure development. This applies to rail, road and waterway infrastructure as well as to interconnection points like ports, terminals, logistics parks, maintenance and traffic management. Furthermore, the degree of promotion of for instance intermodality and innovations in transport is dependent on national governmental decisions. Hence, combined subsequent transport in particular deals with challenges like time-consuming customs processes at borders and delays, due to their dependency on other transport.

Political instruments and measures provide the framework for the transport market, but also govern and control market developments. Economic reasons for regulatory policies are a high market share of governmental enterprises and specific shift policies to reduce external effects or balance capacity usage. In this context political instruments such as regulations, traffic-specific taxes and duties, infrastructure development and international harmonization and standardization may lead to positive effects through modal shifts. However, political instruments may also induce negative effects in terms of market deformation as a result of competitive advantages for certain transport modes, whereas managerial aspects of regulatory policies encompass for instance imbalanced transport volumes, high fixed cost shares, low price elasticity of consumers or heterogeneous market participants.

Modal Shift Policies and Intermodal Transport Promotion

Considering that transportation accounts for around 18 % of greenhouse gas emissions in Germany, of which around 41 % can be attributed to goods traffic,[38] modal shift policies and promotion as measures to reduce emissions and external effects are at the centre of attention. Thus, transport policy aims at sustainable and equitably utilized infrastructure networks in order to avoid capacity bottlenecks for all transport modes. Over the next few years, the greatest levels of growth are expected in particular for air and road as modes of transport, which produce the highest levels of emissions. Therefore, the shift to modes of transport such as rail and waterways, which are more resource-saving and more cost-efficient, and, thus, combined transport, are the clear focus of measures subsidised by both the EU and at a federal level.

---

[38] cf. McKinsey & Company, Inc., 2007, p. 11

Today, European transport policy is nearly as expansive as national transport policies. It contains business and social law for traffic and transport safety as well as environmental protection. Both the EU and the individual states support rail and combined transport – even transnational – by means of different supporting programmes. The superior objective of these actions is the modal shift. The recent focus of subsidies policy has been the infrastructure. However, investments in infrastructure in most EU countries are less than 1 % of the GDP (gross domestic product).[39]

Regulation Policy

Regulation policy contains measures to control and accomplish competition neutrality within transport markets. Therefore, regulations need to be considered as transport mode-specific. In road transport they encompass for instance control measures regarding driving and rest times, such as the digital tachograph and an enforcement of road controls. Furthermore, they contain speed limitations, but also driving prohibitions within time frames or in specific sectors, such as urban areas or environmental zones.

For rail transportation the organization of railway companies and their regulation regarding the fair conduct of inter- and intramodal competitive conditions are discussed. Moreover, the realization of interoperability of railway technology and safety systems, namely the ETCS as the European standard for railway safety systems, European driving licenses for locomotives and the implementation of environmental standards for traction vehicles and wagons, play a major role.[40]

On the one hand, regulatory policy positively affects combined subsequent transport and, thus, supply chain performance in many ways. By restricting e.g. road transport (e.g. driving bans, rest times), combined transport is indirectly promoted. On the other hand, regulatory policy sets boundaries for integrated supply chains and combined subsequent transport (e.g. noise emissions).

Traffic-Specific Taxes and Duties

Traffic-specific taxes and duties affect the costs and therefore the competition constraints of all the combined transport actors. Therefore, tax harmonization within the European Union is of strategic relevance. Traffic-specific duties on the other hand aim at an internalization of resource usage, finance assurance and management of transport demands.

In this context the size of tolls and the EU emission classification, as well as the internalization of external costs due to the change within the EU road tax directive, need to be contemplated and discussed.

For rail transport traffic-specific taxes and duties refer to railroad prices and the financing of siding tracks. In this context transport policy also deals with the harmonization of track prices and usage-dependent costs for freight and passenger transport.

---

39 cf. BMVBS (2009).

40 The partially incomplete and stagnating liberalization of the railway system in Europe can be considered as a recent example: national transport policy is urgently needed to prevent the positive effects of market liberalization from vanishing. Lately, the European Union has criticized the liberalization progress in certain EU member states.

To meet shippers' performance requirements the integrated cost and price management of combined transport actors have to take all the arising costs for taxes and duties into consideration. This means especially the toll systems for all the crossed countries and the possible prospective developments of these systems. Uncertain projects like the Alps transit exchange – expected for the time after 2020 – may influence the long-time planning of supply chains by heavily impacting on the costs for road subsequent transport.

Infrastructure and Technology Policy

The government finances road, rail and waterway infrastructure by public means and from toll returns. These services build the basis of infrastructure policy and result in an infrastructure network connecting consignees and logistics service providers. All further infrastructure capacities such as siding tracks, handling areas and connection on company areas need to be provided by the users.

Infrastructure development and maintenance implies the building of roads and railways considering priorities with respect to capacity bottlenecks as well as an increase in reinvestments to maintain these. Furthermore, these encompass the optimization and coordination of construction sites. In addition, technology policy supports for instance the feasibility of automotive engineering in the context of vehicle heights, weights and lengths, which are often interconnected with infrastructure capacities. Moreover, telematics systems give opportunities to control transport flows by the provision of traffic information and suitable actions for network users.

Combined transport actors depend on the effectiveness of infrastructure policy. As mentioned before, infrastructural bottlenecks not only negatively affect the unimodal road transport, but the combined subsequent transport, too. In summer 2008, when a strong economy upswing could be observed, these problems had already occurred. Thus, the economic crisis of 2009 can interpreted as a chance to adapt infrastructure capabilities to support not only the combined transport actors, but all the supply chain members. Indeed, terminal, rail infrastructure and track shortages are not as obvious as congestion is. However, problems arise from growing freight transport volumes and the passenger transport prioritization in Europe. Closer timing devices and velocity of trains for passenger services mean substantial restrictions for freight transport.

For instance, the combined subsequent transport actors benefit from the European infrastructure extension project TEN-T. The so-called TEN-T (Trans-European Transport Network) spans all transport carriers and all regions of the European Union. By adding missing traffic connections and by the remedying of bottlenecks, traffic and mobility of persons and freight are to be upgraded. In addition to that, the TEN-T includes technological projects like the European satellite navigation system "Galileo", the so-called maritime motorway[41] and the European railway traffic management system.

Usually the high level of product and service innovation as well as the focus on the development and production of knowledge-intensive products (high-tech, automotive, machine, pharmaceutical

---

41 Also called 'motorway of the sea' or 'traffic separation zone'.

and chemical industries) are interpreted as the key success factors of European companies. Technology policy has supported these corporate activities in the field of combined transport, e.g. by supporting technology development and innovation subsidy. Especially in the field of innovation and new technologies, a smooth transition of corporate activities, processes and actors must be assured by the introduction of technological standards. The harmonization and standardization processes must also be fostered by transport political activities.

International Harmonization and Standards
Global supply chains and combined subsequent transport as well as the responsible operators are characterized by internationality. Hence, international harmonization and standards are a main political goal and consider in particular tax conditions, infrastructure usage duties, working conditions, standards in telecommunication and even permission regulations.
The named segments overlap with various fields of transport policy. In practice international policies are only given in air and sea transport, whereas all the other directives and implementation guidelines are substituted by EU policies. As a result of the described case study, international harmonization and standards especially lack simplification of administrative and customs efforts. Referring to combined subsequent transport, this means that European transport policy has to progress with not only the standardization of electrical systems, but also the railway language, track gauges and clearance diagrams, and furthermore trains and trucks, load carriers and pallets.

4 Conclusion: Balancing the Roles of Transport Policy and Corporate Activities

Combined subsequent transport appears to be one feasible solution for dealing with the global trends of globalization, sustainability, new I&K technologies and urbanization to meet prospective supply chain performance requirements. Nevertheless, recently, corporate activities in the field of combined subsequent transport have become necessary to meet future requirements, too. Transport policy is supposed to encourage the integration of combined subsequent transport into global supply chains. Thus, an appropriate transport policy, firstly, supports these corporate activities and, secondly, has to set a sophisticated framework regarding regulations, standardization, infrastructure and technology subsidies.
Finally, we aim to deduce first courses of action for the promotion of combined subsequent transport. Political activities directly affect corporate activities. Thus, an integrated view of the combined transport fostering seems to be appropriate. Furthermore, we connect the identified challenges and respective causes with either direct political actions or political incentives to foster corporate actions. Companies act proactively to increase the offers of combined subsequent transport. They aim for the improved fulfilment of the changed shippers' performance requirements. The promotion of combined subsequent transport can be accomplished by corporate incentives. These can be set on different levels. The incentives can either affect the corporate price, cost or

service delivery and offering system. To appeal to the combined transport actors, these political activities have to affect the supply chain performance requirements positively, too.

Table 2 gives an overview of the mode of action of political activities. Two basic principles can be distinguished: regulation policy as well as standardization and harmonization activities mostly affect the framework conditions of corporate activities. Thus, it is an indirect effect. Tax and duty policy as well as infrastructure and technology policy impact on the corporate combined transport activities directly by incentives. However, a clear association either framework changing or inciting activities is impossible.

Table 2 shows for example that there are different regulating activities inciting corporate activities on different levels. For instance, confining regulations against unimodal road transport, e.g. sectoral driving bans, have a positive impact on the position of combined subsequent transport by impacting on the price system and exploiting the competing situation between the transport modes. Subsidies of infrastructure as well as shipments shift the cost ratio between combined and road transport in favour of combined subsequent transport. Finally, the realization of interoperability by means of regulation policy leads to an improved performance of the combined transport system by eliminating interfaces.

However, the subsidy policy especially must be carefully planned. Therefore, supply chain performance requirements and the underlying decision systems must be taken into consideration. Inspired by the global trends, the shippers' decisions are more and more driven by the end-customers' demand. This affects the supply chain performance requirements and, thus, key figures, such as costs, transport velocity and reliability to due dates are in the individual corporate system of objectives that influences the transport mode choice as well as the shipping company choice. The incentives to increase the integration of combined transport, thus, have to affect the components of these decision systems. Otherwise, there is the risk that the incentives will not have the intended effect. This can be demonstrated by two examples. In Switzerland companies can request subsidies for the construction, enhancement and maintenance of sidings. Nevertheless, the number of sidings – not only in Switzerland – is constantly decreasing. The action of transport policy, namely the subsidy, is intended to be an incentive to increase rail and combined transport.

However, to achieve this, the subsidy has to stimulate positively all associated actors. As a result, this will influence the overall supply chain performance. In 2009 a survey proved that the subsidy of sidings – especially of their maintenance – does not affect the companies' transport mode choice at all. The incentive of subsidy does indeed lower the unique investment costs, but does not imply the transport service performance in terms of transport costs. That is, because investments in facilities like sidings can be capitalized and depreciated, provisions are made for maintenance costs. The overall supply chain performance is not influenced by sidings subsidy. Thus, the incurred expenditures support the respective company, but not the target of modal shift from road to combined transport.

		Price system	Cost system	Service delivery and service offering system	Effects on corporate combined transport activities
Regulation policy	Changing of framework conditions	• Confining regulations against road transport (enforcement of road controls; driving prohibitions within time frames or in urban areas or environmental zones; speed limitations). • Promotion of fair conduct of inter- and intramodal competitive conditions.	• Environmental standards for traction vehicles and wagons. • Subsidising of investments in combined transport infrastructure, e.g. sidings, terminals etc. as well as transport per shipment, per train and train paths.	• Introduction of digital tachograph and regulation of driving and rest times. • Realization of interoperability of railway technology and safety systems.	• Improved starting position for competition with unimodal road transport. • Fair competition with foreign transport providers as well as shippers. • Improvement of combined transport infrastructure.
Standardization and harmonization	Changing of framework conditions	• Push of rail market liberalization. • Environmental standards for traction vehicles and wagons.	• Tax harmonization within the EU. • Harmonization of track prices and usage-dependent costs for freight and passenger transport. • Simplification of administrative and customs efforts.	• European standard for railway safety systems, electrical system railway language and driving licenses, track gauges, clearance diagrams, dimensions of trains and trucks, load carriers etc.	• Improved standardization and harmonization process. • Simplification of administrative and customs efforts. • Support of multilateral commercial agreements.
Tax and duties	Incentives	• Integrated European tax systems. • Internalization of external costs.	• Railroad costs and financing of siding tracks, terminals etc. • Internalization of resource-usage finance assurance.	• Toll systems for multi-crossing borders. • Finance assurance and management of transport demands.	• Improved starting position for competition with unimodal road transports.
Infrastructure and technology policy	Incentives		• Subsidising of the development and application of innovative automotive and transport technologies. • Financing road, rail and waterway infrastructure by public means and from toll returns with respect to capacity bottlenecks.	• TEN-T: "Galileo", maritime motorway; European railway traffic management system to support the control of transport flows by the provision of traffic information.	• Enhancement of hinterland road, rail and water infrastructure capacities. • Support of European companies as innovation leader and reduce shippers' outsourcing activities. • Provision of traffic information. • Dealing with mineral oil shortage. • Support in dealing with restrictions for freight transport.

Table 2: Mode of action of political activities on corporate combined subsequent transport price, cost and service delivery and offering systems

The subsidy policy for transalpine combined transport in Switzerland during the economic crisis can serve as an example of positive incentivization. While road transport providers offered services for dumping prices, even below their differential costs, unaccompanied combined transport had to deal with an even greater decrease of transport volumes. To prevent the long term re-shift back to unimodal road transport, the Swiss transport department decided to enhance subsidies per combined transport shipment with a time limit. This action affected the cost ratio between unimodal and combined transport in favour of the combined transport and influenced the shippers' decision by affecting transport costs. This, too, influenced the overall supply chain performance by meeting the demand for low transport and product costs.

Summarizing, we can state: global trends significantly affect supply chain performance requirements. Subsequent transport has – as the last part of global supply chains – to ensure the performance requirements of shippers and end-customers. Combined subsequent transport appears as a solution to meet prospective requirements regarding all key figures, such as costs, velocity, delivery reliability as well as sustainability. However, the recent combined subsequent transport chains still have to be improved. Corporate activities are necessary to improve the management of the multiplicity of actors, whereas political activities have to foster combined transport, too. Transport policy has to provide sufficient framework conditions to increase combined transport integration, by activities in the field of harmonization and standardization in the – at least – European context as well as by an appropriate regulation policy shifting the ratio of conditions in favour of combined subsequent transport. On the other hand, transport policy has to give corporate incentives for combined transport in terms of subsidies, infrastructure and technology promotion as well as adapted tax and duty systems. The incentives positively affect the combined transport service delivery. Thus, in this way, the overall supply chain performance is affected and further corporate combined transport activities are encouraged.

References

Antony, P./ Injazz, J.C. (2007): Strategic Buyer-Supplier Relationships, Information Technology and External Logistics Integration. In: Journal of Supply Chain Management 43(2007)2, pp. 2-14.

BMVBS (2009): Europäische Verkehrspolitik. URL: [http://www.bmvbs.de/Verkehr/-, 1424/Internationale-Verkehrspolitik.htm], last viewed 15.02.2010.

Bögli, A. (2009): Stahltransporte leicht gemacht: Externe Logistikdienstleister für den Stahltransport. In: Stahl 18(2009)1, pp. 34-35.

Böse, J.W. / Voss, S. (2000): Informationsmanagement im Kombinierten Verkehr. In: Daduna, J.R. / Voss, S. (Hrsg.): Informationsmanagement im Kombinierten Verkehr. Heidelberg 2000, pp. 269-322.

Carter, C.R. / Rogers, D.S. (2008): A Framework of Sustainable Supply Chain Management: Moving Toward New Theory. In: International Journal of Physical Distribution & Logistics Management 38(2008)5, pp. 360-387.

Cavinato, J.L. (2005): Supply Chain Logistics Initiatives: Research Implications. In: International Journal of Physical Distribution & Logistics Management 35(2005)3&4, pp. 148-151.

Clausen, U. / Kuchenbecker, M. / Schwarz, F. (2003): Verbesserung der Logistikfähigkeit im Schienengüterverkehr. In: Hossner, R. (Hrsg.): Logistik Jahrbuch. Düsseldorf 2003, pp. 56-62.
Credit Suisse (2008)(Hrsg.): Swiss Issues Branchen: Branchenhandbuch 2009 - Strukturen und Perspektiven. URL: [https://marketdataresearch.credit-suisse.com/cs/mdr/p/d/qrr/ research-content/swisseconomy/industries/overview.do?obp.activeRootMenu=£ MarketDataAnd Research&obp.activeLeftMenu=Research.SwissEconomy.Industries], last viewed 02.02.2009.
Erdöl-Vereinigung (Hrsg.)(2007): Erdöl: Energieverbrauch und Reserven. URL: [http://www.erdoel-vereinigung.ch/UserContent/Shop/EV07_ Energieverbrauch_d_RZ.pdf], last viewed 29.03.2009.
EUROFER (2009): Market Report-2009-April. URL: [http://www.eurofer.org/index.php/ eng/content/download/387/2316/file/Market%20Report-2009-April.pdf], last viewed 28.05.09.
Fischer, T. (2008): Geschäftsmodelle in den Transportketten des Europäischen Schienegüterverkehrs. Ein Typologisierung von Eisenbahnverkehrsunternehmen unter besonderer Berücksichtigung der Anbieterstruktur im deutschsprachigen Raum. Diss., Univ. Wien 2008.
Gammelgaard, B. (2006): Special Section on European Logistics and Supply Chain Management. In: Journal of Business Logistics 27(2006)2, pp. 223-225.
Ganser, D. / Reinhardt, E. (2008): Erdölknappheit und Mobilität in der Schweiz. In: SATW-Schrift o.Jg.(2008)40.
Göpfert, I. (2005): Logistik Führungskonzeption - Gegenstand, Aufgaben und Instrumente des Logistikmanagements und -controllings. 2. aktualisierte u. erweiterte Auflage. München 2006.
Grass, M. (2007): Der Schweizer Detailhandel: moderner Intermediär mit hoher volkswirtschaftlicher Bedeutung. In: Die Volkswirtschaft Das Magazin für Wirtschaftspolitik o.Jg.(2007)12, pp. 36-40.
Hameri, A.-P. / Hintsa, J. (2009): Assessing the Drivers of Change for Cross-Border Supply Chains. In: International Journal of Physical Distribution & Logistics Management 39(2009)9, pp. 741-761.
Heimerl, G. (1998): Strukturelle Hemmnisse im grenzüberschreitenden Schienenverkehr. Kooperation und Wettbewerb bei den europäischen Bahnen. In: Internationales Verkehrswesen 50(1998)12, pp. 594-598.
Hoffmann, A. (2007): Unternehmensübergreifendes Kostenmanagement in intermodalen Prozessketten – Theoretische Fundierung und erste empirische Ergebnisse. Köln 2007.
Janz, O. (2003): Integriertes Transportmanagement – Angebots- und nachfrageorientierte Planung und Steuerung komplexer Transportnetze. Köln 2003.
Karrer, M. (2006): Supply Chain Performance Measurement. Entwicklung aus Ausgestaltung einer unternehmensübergreifenden Steuerkonzeption. Wiesbaden 2006.
Koch, J. (2004): Markt und Wettbewerb im Kombinierten Verkehr. In: Arnold, D. et al (Hrsg.): Handbuch Logistik. 2. aktualisierte und erweiterte Auflage. Berlin 2004, pp. D2-25-D2-29.
Manuj, I. / Mentzer, J.T. (2008): Global Supply Chain Risk Management Strategies. In: International Journal of Physical Distribution & Logistics Management 38(2008)3, pp. 192-233.
Markides, V. / Holweg, M. (2006): On the Diversification of International Freight Forwarders. In: International Journal of Physical Distribution & Logistics Management 36(2006)5, p. 336.
Markley, M.J. / Davis, L. (2007): Exploring Future Competitive Advantage through Sustainable Supply Chains. In: International Journal of Physical Distribution & Logistics Management, 37(2007)9, pp. 763-774.
McKinsey & Company Inc. (2007): Kosten und Potentiale der Vermeidung von Treibhausgas-emissionen in Deutschland. URL: [http://www.bdionline.de/Dokumente/ Umweltpoltik/Klimastudie_BDIundMcKinsey_KostenundPotenzialederVermeidungvon Treibhausgasemiss.pdf], last viewed 11.12.2009.

Müller-Stewens, G. / Lechner, C. (2005): Strategisches Management: Wie strategische Initiativen zum Wandel führen: Der St.Galler General Management Navigator. 3. aktualisierte Auflage. Stuttgart 2005.

Peräkylä, A. (2004): Reliability and validity in research based on naturally occurring social interaction. In: Silverman, D. (Hrsg.): Qualitative Research. Theory, Method and Practice. 2. aktualisierte Auflage. London 2004.

Pfohl, H.-C. / Köhler, H. / Röth, C. (2008): Wert- und innovationsorientierte Logistik. Beitrag des Logistikmanagements zum Unternehmenserfolg. In: Baumgarten, H. (Hrsg.), Das Beste der Logistik. Innovationen, Strategien, Umsetzungen. Berlin 2008, pp. 91-100.

Polzin, D.W. (1999): Multimodale Unternehmensnetzwerke im Güterverkehr. München 1999.

Resch, B. (2009): Preismanagement im Kombinierten Verkehr. München 2009.

Rodrigues, A.M. / Bowersox, D.J. / Calantone, R.J. (2005): Estimation of Global and National Logistics Expenditures: 2002 Data Update. In: Journal of Business Logistics 26(2009)2, pp. 1-15.

Savitskie, K. (2007): Internal and External Logistics Information Technologies. In: International Journal of Physical Distribution & Logistics Management, 37(2007)6, p. 454.

Scholz-Reiter, B. / Toonen, C. / Windt, K. (2008): Logistikdienstleistungen. In: Arnold, D. et al. (Hrsg.): Handbuch Logistik. 3. neu bearbeitete Auflage. Berlin 2008, pp. 581-607.

Schweizerischer Stahl- und Haustechnikhandelsverband [SSHV] (2007): Mediendokumentation SSHV 1. Januar 2009. URL: [http://www.sshv.ch/NEWS.98+ M53ec419cb8e.0.html], last viewed 13.03.2009.

Sonnek, A. (2005): Verhaltensorientierte Steuerung logistischer Netzwerke. Eine konzeptionell-theoretische Analyse. Hamburg 2005.

Stölzle, W. / Heusler, K. / Karrer, M. (2001): Die Integration der Balanced Scorecard in das Supply Chain Management-Konzept (BSCM). In: Logistik Management 3(2001)2, pp. 73-85.

Stölzle, W. / Hoffmann, A (2006): Leistungsstandardisierung – Ein Ansatz zur Attraktivitätssteigerung des Kombinierten Verkehrs. In: Internationales Verkehrswesen 58(2006)7&8, pp. 322-328.

Stölzle, W. / Klaas-Wissing, T. / Bendul, J. (2009): Branchentrends Schweiz 2030+. Univ. St. Gallen 2009. Nicht veröffentlicht.

Stölzle, W. / Klaas-Wissing, T. / Kudla, N. (2008): Modal Shift in the CEP-Sector: The Strategic Importance of the Choice of Mode of Transport in Shaping Sustainable Transport Services. URL: [www.whyflyparcels.com] last viewed 15.02.2010.

Taylor, J.C. / Jackson, G.C. (2000): Conflict, Power, and Evolution in the Intermodal Transportation Industry's Channel of Distribution. In: Transportation Journal 39(2000)3, pp. 5-17.

Terpend, R. / Tyler, B. / Krause, D. / Handfield, R. (2008): Buyer-Supplier Relationships: Derived Value over Two Decades. In: Journal of Supply Chain Management, 44(2008)2, p. 17-31

Peter Klaus*

Mächtig, unbeliebt, unprofitabel – und wenig verstanden? Der LKW-Ladungsverkehr in Europa und seine Zukunft

* Prof. Peter Klaus, D.B.A./Boston Univ., Jahrgang 1944, studierte Betriebswirtschaftslehre an der Universität Erlangen-Nürnberg und arbeitete im Anschluss als geschäftsführender Gesellschafter in einem mittelständischen Speditionsunternehmen, bevor er am MIT/Cambridge ein weiteres Studium zum „M.Sc. (Transportation)" absolvierte und 1982 an der Boston University promovierte. Klaus war danach als Professor an der Fachhochschule Pforzheim tätig, bis er 1990 an den neu geschaffenen Lehrstuhl Logistik der Universität Erlangen-Nürnberg berufen wurde. Nach der Gründung 1995 übernahm er darüber hinaus die Leitung der Fraunhofer Arbeitsgruppe für Technologien der Logistik-Dienstleistungswirtschaft ATL in Nürnberg. Nach dem Übergang in den Ruhestand 2009 ist Klaus als Aufsichtsrat und Beirat mehrerer Logistikunternehmen und wissenschaftlicher Logistikorganisationen tätig. Zudem ist er Editor-in-Chief der wissenschaftlichen Zeitschrift LOGISTICS RESEARCH.

„Brummi Pest auf deutschen Straßen! Unabhängig davon, dass LKW viele nützliche und wichtige Dinge transportieren:
Für Pkw-Fahrer sind sie wie die Pest!“

„Transportbranche:
Jeder zweite Betrieb schreibt rote Zahlen“

„Der Güterverkehr findet also überwiegend per LKW auf der Straße statt. Das hat negative Folgen für Umwelt, Gesundheit und Lebensqualität ... “[1].

1 Image in der Öffentlichkeit und Stellenwert in der wissenschaftlichen Logistik: der Straßengüterverkehr heute

Das Image des Straßengüterverkehrs in der Öffentlichkeit ist schlecht. Das gilt ganz besonders für den „schweren“ und weiträumigen LKW-Ladungsverkehr auf Autobahnen, Bundesstraßen und im Umfeld der Logistik-Knotenpunkte, an denen sich LKW-An- und Abfahrten verdichten. Von Bürgern, den Interessenvertretern der Autofahrer und den Medien und werden die Fragen der Wirkungen und der künftigen Entwicklungen des Straßengüterverkehrs mit viel Emotionalität diskutiert – und zwar meistens mit negativem Tenor, wie die obigen Zitate belegen. Aber auch in den inneren Kreisen der Wirtschaft – bei den Kreditgebern und Kunden der Transporteure, den „Verladern“ – erhält die Branche vorwiegend schlechte „Ratings“. Dies trifft in Deutschland, wie auch in anderen Teilen Europas zu.

Deshalb ist der Güterverkehr insgesamt zu einem höchst aktuellen Thema der Politik geworden, wie dies der erste Satz des 2008 von der Bundesregierung verabschiedeten „Masterplan Logistik“ erweist: „Mit der Zukunft des Güterverkehrs entscheidet sich, wie Verkehr in Deutschland insgesamt aussehen wird. Mit der Zukunft des Güterverkehrs entscheidet sich zugleich, ob wir in zwanzig Jahren über ein Verkehrssystem verfügen, das Mobilität, Wohlstand und Arbeitsplätze sicher und Umweltbelangen Rechnung trägt...[2]“. Auf den Entscheidern in den Unternehmen der verladenden Wirtschaft, den Zehntausenden von Anbietern von Ladungstransporten lastet ein entsprechender Druck.

Übersetzt in konkrete Fragestellungen, auf die Antworten gefunden werden müssen, heißt dies:

- *Wie viel Straßengüterverkehr braucht eine leistungsfähige Wirtschaft* und wie wird sich diese Nachfrage in der Zukunft relativ zum Wachstum einer Wirtschaft verändern?

---

1 In der Reihenfolge der Zitate aus www.Stern.de/auto/lkw-boom-bei-den-brummis-brummts-606012/, www.verkehrsrundschau.de/transportbranche-jeder-zweite-betrieb-schreibt-rote-zahlen/; www.vcd.org/Gueuterverkehr/ (abgerufen 6.2.2010) und VCD Position Güterverkehr 2007.

2 Bundesregierung vertreten durch BMVBS: Masterplan Logistik, Berlin Sept. 2008; ähnlich schon früher die Europäische Kommission im „Weißbuch Europäische Verkehrspolitik bis 2010: Weichenstellungen für die Zukunft“ vom 12. Sept. 2001.

- *Welcher Anteil solcher Verkehre muss unabdingbar auf Straßen per LKW abgewickelt werden,* welcher Anteil ist auf andere, die Umwelt weniger belastende Verkehrsträger verlagerbar? Welche Investitionen und Regulierungen sind folglich für die Entwicklung der Infrastrukturen des Straßengüter- und Schienengüterverkehrs vorzusehen?
- Schließlich: *Welche Markt- und Branchenstrukturen,* welche Managementpraktiken und Technologien können dazu beitragen, die notwendigen, nicht verlagerbaren LKW-Ladungsverkehre so betriebswirtschaftlich effizient und umweltgerecht zu gestalten, damit die Betreiberunternehmen langfristig überleben und ihre kritische Rolle als Rückrat einer modernen logistischen Infrastruktur auch künftig wahrnehmen können?

In bemerkenswertem Gegensatz zu dem hohen Maß an Problembewusstsein und Handlungsdruck, die sich in den obigen Zitaten und Fragen aus der öffentlichen Diskussion widerspiegeln, hat sich die wissenschaftliche Logistik mit den Fragestellungen und Gestaltungsoptionen des Güterverkehrs bisher recht wenig befasst. Dabei müssten fundierte, sachbezogene Analysen und Forschung zu Fragen des Güterverkehrs– damit des Straßentransports und LKW-Ladungsverkehrs als dem gewichtigsten Teilbereich des Güterverkehrs[3] – doch zuerst in deren Zuständigkeit fallen:
Von über100 wissenschaftlichen Artikeln, die zwischen 1999 bis 2008 im einzigen deutschsprachigen wissenschaftlichen Logistikjournal LOGISTIK MANAGEMENT veröffentlicht wurden, behandelten nicht mehr als zehn explizit und schwerpunktmäßig Fragestellungen des Straßengüterverkehrs. Eine aktuelle Recherche in drei der meist zitierten internationalen akademischen Logistikjournalen ergab, dass von 310 dort zwischen 2005 und 2008 veröffentlichten Artikeln nur 11% einem Schwerpunkt „Transportforschung“ zuzurechnen sind. Gerade einmal 10 Artikel waren eindeutig dem Straßengütertransport zuzuordnen[4]. Es bestätigt sich, was der Herausgeber des SUPPLY CHAIN MANAGEMENT REVIEW, Francis J. Quinn, schon vor längerer Zeit in einem Editorial feststellte: Dass nämlich „in most of the discussions about effective Supply Chain Management one element is conspicuously missing, or at least underrepresented. And that is transportation!” (Quinn 2000:45).

Über die Gründe, die den offensichtlichen Gegensatz erklären, der zwischen der Bedeutung des LKW-Straßengüterverkehrs und der Brisanz der damit verbundenen Fragestellungen in der öffentlichen Diskussion und Politik einerseits, dem anscheinend geringem Stellenwert der Transportforschung unter akademisch arbeitenden Logistikern andererseits besteht, kann spekuliert werden: Offenbar sehen viele Wissenschaftler das Thema als nicht zeitgemäß und bereits „ausgeforscht“ an, vielleicht weil es der zentrale Gegenstand der inzwischen fast vergessenen „Transport“- und „Verkehrsbetriebswirtschaftslehre“ der Nachkriegsjahre[5] war. Oder sie halten es für wissenschaftlich zu wenig anspruchsvoll, nicht „forschungswürdig“, für ein Feld ohne wesentliches Innovationspotenzial. Mit den typischen Begrifflichkeiten, den Prozessen und Technologien des LKW-

3 Daten und Belege dazu folgen im Abschnitt II. dieses Beitrages!

4 Vgl. die Dissertationsschrift von Walther (2010:22ff.). Ausgewertet wurden dort die Jahrgänge 2005 bis 2008 der Journale TRANSPORTATION JOURNAL, JOURNAL OF BUSINESS LOGISTICS und INTERNATIONAL JOURNAL OF PHYSICAL DISTRIBUTION AND LOGISTICS MANAGEMENT.

5 Namhafte Vertreter und Lehrstühle waren Illetschko (1957), Lechner (1963), Diederich (1993), das Seminar für Verkehrbetriebslehre an der Universität Frankfurt, Prof. Paul Riebel.

Transports stellen sich nicht die Assoziationen von Komplexität, Dynamik und Innovation ein, die viele Fachvertreter und Praktiker veranlassen, sich lieber mit Themen zu befassen, die moderner, weltläufiger, herausfordernder scheinen, wie „Supply Chain Management". „Globalisierung", „Resilienz".

Der folgende Beitrag will solche Einschätzungen korrigieren. Er will die noch zunehmende Bedeutung des „Forschungsfeldes" Güterverkehr - unter besonderer Berücksichtigung des weiträumigen, schweren LKW-Ladungsverkehrs – anhand aktueller Daten und Beobachtungen aufzeigen und deutlich machen, welche spannenden Herausforderungen für die Praxis der Transportwirtschaft und auf die Logistikforschung in den kommenden Jahren noch zu bewältigen sind.

Dies soll dadurch geschehen, dass der folgende zweite Abschnitt des Beitrags zunächst die quantitative „Mächtigkeit" dieses Feldes darstellt. Es wird damit seine kaum zu überschätzende Bedeutung für die „großen" Fragen der Beschäftigung, des Wohlstands und der Bemühungen um „Nachhaltigkeit" moderner wirtschaftlicher Aktivitäten hervorgehoben.

Im dritten Abschnitt werden die Historie und bisher geläufigen Geschäftsmodelle und Praktiken des Feldes skizziert. Es zeigt sich, dass im europäischen LKW-Ladungsverkehr tatsächlich noch „handwerkliche", vor-industrielle Strukturen vorherrschen, deren Verständnis aber unerlässliche Voraussetzung für erfolgreiche Weiterentwicklung und Wandlung der Güterverkehrssysteme in Deutschland und Europa ist.

Im vierten und letzten Hauptabschnitt des Beitrages sollen schließlich derzeitige Prognosen und Szenarien für die Zukunft des europäischen Straßengüterverkehrs kritisch hinterfragt und - jedenfalls in einigen Punkten – Empfehlungen für neue Forschungsfragen und Handlungsstrategien vorgeschlagen werden, die wirksam die Wege zu einem Verkehrssystem ebnen, das „Mobilität, Wohlstand und Arbeitsplätze sichert und Umweltbelangen Rechnung trägt", wie im Masterplan Logistik der Bundesregierung gefordert.

Es wird sich zeigen, dass das Forschungsfeld des Gütertransports und Ladungsverkehrs keineswegs wissenschaftlich unergiebig oder „ausgeforscht" ist. Es bietet für die Wirtschaftspraxis höchst aktuelle, relevante, zugleich auch akademisch anspruchsvolle offene Forschungsfragen.

2 Begriffe, Daten, Funktionen: Der LKW-Ladungsverkehr als Rückrat der logistischen Infrastruktur moderner Volkswirtschaften

Den Nutzen, den die Verbringung von Gütern von den geographischen Lokationen schafft wo sie gefunden, gefördert, produziert werden, zu den Orten wo sie konsumiert und gebraucht werden– den Wertbeitrag des „Transports" - hat bereits der große Ökonom Marshall (1890:116) vor über 100 Jahren anschaulich dargelegt. Beständige Zunahme der Arbeitsteiligkeit und Stufigkeit der Wertschöpfungsketten, verbunden mit immer weiträumigerer geographischer „Dislozierung" der Wertschöpfungsaktivitäten an Orte günstigerer Produktionskosten, ließ den Gütertransport in der modernen, sich „globalisierenden" Wirtschaft bisher stets schneller wachsen als das Bruttosozialprodukt. Die Fähigkeit, Gütertransporte in zunehmendem Volumen effizient und zuverlässig durchzuführen ist Voraussetzung des Funktonierens und des Wachstums moderner, wachsenden Wohlstand schaffender Wertschöpfungsnetzwerke.

Den weitaus größten Teil zur Transport-Wertschöpfung trägt seit vielen Jahren der der Straßengüterverkehr mit LKW bei. Die Aufwendungen der deutschen Wirtschaft für alle Arten von Gütertransporten Jahr 2008 wurden auf € 94 Mrd. geschätzt. Der Anteil der LKW-Transporte daran betrug € 79,2 Mrd. bzw. 84 %.[6] Für alle 27 EU-Länder, die Schweiz und Norwegen („EU29") betrugen die entsprechenden Transport-Gesamtaufwendungen € 415 Mrd., der LKW-Anteil daran € 301 Mrd. Das ist jeweils die knappe Hälfte der Gesamtaufwendungen der europäischen Volkswirtschaften für Logistik, die in Deutschland – hinter der Gesundheitswirtschaft und Kfz-Industrie – als drittgrößte Wirtschaftsbranche eingestuft werden kann[7]. Die Netto-Wertschöpfung[8] des Transports dürfte mindestens 50 % der genannten Euro-Aufwandssummen betragen haben. Der Straßengüterverkehr ist ein mächtiges, aber auch heterogenes, komplexes Feld.

Um es zu verstehen ist es hilfreich, es zu differenzieren und zu segmentieren:

Eine besonders wesentliche Differenzierung galt in der Vergangenheit der Unterscheidung in die Bereiche des Güter-„Nah"- und „Fernverkehrs". In der Zeit des in Deutschland bis in die 1990er Jahre weitgehend reglementierten Transportmarkts wurde der Güternahverkehr durch den Aktionsradius der Fahrzeuge um ihren Standort formal vom Fernverkehr abgegrenzt.[9] Der Markt für Nahverkehrstransporte war relativ frei. Für Fernverkehre galten strenge öffentlich-rechtliche Konzessionierungs- und Tarifpreisregulierungen.

Typische Größe der Aufträge (Sendungsgröße)	Kleine Sendungsgrößen rel. zur Fahrzeugkapazität (< 31 kg)	kleine und mittlere Sendungsgrößen rel. zur Fahrzeugkapazität (< ca. 2,5 to)	Sendungen, von denen eine/wenige die Fahrzeugkapazität ausfüllen (> 2,5 to bis ca. 25 to)
Vorherrschende Quellen-Senken-Struktur, die zu bedienen ist	Flächige Transporte, viele Kunden in „many-to-many" Netzwerken, „Kurier" und „Taxi"-artige Servicestruktur	Flächige „few-to-many" („Delivery"/ Verteilverkehr) oder „many-to-few" („Pick-up"/ Sammelverkehr) Transporte von/zu region. Handels-und Logistikzentren	„Few-to-few" Direkt-transporte in Linien- Stern oder „Tramp"-Strukturen ohne Zwischenumladung oder Konsolidierung
Distanzen zwischen Be- und Entladestopps	Wenige Kilometer	10 bis 50, max. ca. 150 km	mehr als ca. 150 km
Größe und Art der einzusetzenden Fahrzeuge	„Vans" und leichte LKW bis ca. 7.5. to ZLG für effiziente, häufige Be- und Entladestopps	mittlere LKW (bis ca. 12 to ZLG) für mehrfache Be- und Entladestopps	schwere LKW (> 12 to ZLG) für maximale Gewichts- und Laderaumkapazitäten
Zeitlich-örtliches Einsatzmuster	Touren mit Rückkehr zum Depot binnen max. 10h (eine Arbeitsschicht)	Touren mit Rückkehr zum Depot nach ein/zwei Arbeitsschichten	Touren ohne zwingende Depotbindung und offene Rückkehr-Intervalle

Paket, Express-, Kurierverkehr · **Stückgut-, Flächenverkehr** · **Teilladungs- und Ladungsverkehr**

Abbildung 1: Differenzierung des Straßengüterverkehrs nach logistischen Gesichtspunkten

---

6 Vgl. Klaus/Hartmann/Kille (2009:45 ff). Im Jahr 2009 dürften diese Werte wegen des Konjunkturrückganges um ca. 10 % niedriger gelegen haben.

7 Vgl. nochmals Klaus/Hartmann/Kille (2009:54).

8 im volkswirtschaftlichen Sinn als Summe der Aufwendungen nach Abzug der Vorleistungen aus anderen Wirtschaftsbereichen, z.B. für Lieferung von Treibstoffen, Equipment und Wartungsleistungen.

9 Vgl. das Güterkraftverkehrsgesetz, erste Fassung von 1952. Lange Zeit war der Radius für den Güternahverkehr auf 50 km, später auf 75 km festgelegt. Darüber hinaus reichende Transporte waren „Fernverkehr" und bedurften der staatlichen Konzessionierung.

Heute werden Differenzierungen des Straßengüterverkehrs aus logistischer und unternehmerischer Sicht getroffen. Die Eingrenzung von Markt- bzw. Geschäftsfeldern ergibt sich durch die ganz unterschiedlichen physischen Größen der Sendungen (bzw. „Transportaufträge"), für die Transportleistungen nachgefragt werden, die unterschiedlichen geographischen Strukturen der Transport-Nachfrage, die Größe und Art der eingesetzten Fahrzeuge und „Produktionsmittel", sowie die typischen zeitlichen und örtlichen Einsatzmuster.

Abbildung 1 zeigt eine sich daraus ergebende erste Segmentierung des Marktes für Straßengüterverkehre. Der dunkel schattierte Bereich im rechten Teil der Abbildung beschreibt den weiträumigen LKW-Teilladungs- und Ladungsverkehr (hier verkürzt als „LKW-Ladungsverkehr", in der Praxis oft auch als „Straßengüterfernverkehr" bzw. „Truckload" oder „Full-Truckload" Markt bezeichnet), wie er in der heutigen Praxis der Transportwirtschaft gesehen wird. Der LKW-Ladungsverkehr unterscheidet sich bezüglich seiner Nachfragestrukturen, „Produktionsmethoden" und Marktbedingungen fundamental von den flächigen Stückgut-, Paket- und Expressverkehren, die im mittleren und linken Feld der Abbildung 1 dargestellt sind.[10]

Die weiteren Ausführungen dieses Beitrages beziehen sich auf den Ladungsverkehr in Europa. Vielfältige weitere Differenzierungsmöglichkeiten dieses Feldes in Subsegmente ergeben sich daraus

- ob die Ladungsverkehre
  - *innerhalb nationaler Grenzen* („domestic") oder
  - *grenzüberschreitend* („international") stattfinden;
- mit welcher Art von Fahrzeug-Equipment die Transporte abgewickelt werden
  - *Standard"-Kasten- und Planenfahrzeugen* („Dry Van" Equipment) für stapelfähige, nicht besonders behandlungsbedürftige Güter, oder
  - *spezialisiertes Fahrzeugequipment* für Güter, die spezielle Behandlung und Gefäßformen erfordern (wie z.B. durch Tank- und Silofahrzeuge, Kühlfahrzeuge, Fertigautomobil-Transporter Schwertransporter).

Eine weitere Unterscheidung ergibt sich danach,

- ob der LKW-Ladungsverkehr
  - *„unimodal" – nur auf der Straße,* oder
  - *„multi-modal"* bzw. „kombiniert" auch auf Teilstrecken per Schiene (selten per Schiff) abgewickelt wird;
- ob die Betreiber der Transportsysteme als
  - *„gewerbliche Transportdienstleister"* und Frachtführer im Auftrag Dritter Güter befördern, die nicht ihr Eigentum sind („third-party" transport service provider") oder

[10] Nicht vermeidbare Unschärfen der Abgrenzung und des Sprachgebrauchs ergeben sich insbesondere im Bereich der Merkmale „Distanzen", „Fahrzeuggröße" und „Einsatzmuster". Es werden z. B. auch „Shuttle"- und „Fahrplan"- Verkehre, die Ladungen zwischen Werken und Depots über kürzere Entfernungen in kurzen Zeittakten überbrücken, oder Transporte mit großvolumigen, aber leichteren Fahrzeugen dem Ladungsverkehr zugerechnet. Vgl. zu den komplexen Fragen der Marktdefinition und Segmentierung in der Logistik Klaus/Kille/Roth (2010) sowie die im Abschnitt III folgenden Ausführungen zu Geschäftsmodellen im Gütertransport!

- im *„Werksverkehr"* Güter für eigene Zwecke und in ihrem Eigentum befördern („private carriage", „private fleet" Operateure).

Innerhalb des Ladungsverkehrs der gewerblichen Transportdienstleister wird häufig eine weitere Unterscheidung danach getroffen, ob diese Ladungen

- *direkt von Drittkunden aus Industrie- und Handel* (der „verladenden Wirtschaft") in Auftrag gegeben werden, insofern einen primären Markt für die Dienstleister darstellen, oder ob es sich um
- *systemintern von den Betreibern der Paket-, Stückgüter- und anderer Logistiknetzwerkanbieter durch Konsolidierung gebildete Ladungen* handelt, die gebündelt zwischen deren Depots und Hubs der Netzwerke zu befördern sind und somit als innerbetrieblicher Leistungsbedarf der Netzwerkanbieter entstehen.

Tabelle 1 gibt eine aktuelle Übersicht zu Gesamtumsatzwerten-, Mengenleistungs- und weiteren Kenndaten für den LKW-Ladungsverkehr in Deutschland und Europa.

Wie die im IV. Abschnitt des Beitrags folgende Argumentation zeigen wird, sprechen viele Indizien dafür, dass sich mit weiterer Integration und Ausreifung des gemeinsamen europäischen Marktes dessen Strukturen und Mengengerippe den Verhältnissen angleichen werden, die in den USA schon längere Zeit bestehen. Deshalb sind zum Vergleich auch entsprechende Daten für den amerikanischen Ladungsverkehrsmarkt eingefügt.

Tabelle 1 erlaubt es, erste Schlüsse zu aktuellen Strukturen und auch zu wahrscheinlichen Entwicklungstendenzen der LKW-Ladungsverkehrsmärkte zu ziehen:

So zeigt der Vergleich der Daten zwischen Deutschland, dem „Europa der 29" und den USA, wie die Intensität des LKW-Einsatzes mit zunehmendem ökonomischen Entwicklungsstand und Wohlstand steigt: Die Zahl mit LKW beförderter Tonnen pro Einwohner ist für die weniger entwickelten europäischen Länder und auch den EU-29 Durchschnitt mit 32 to niedriger als im überdurchschnittlich entwickelten Deutschland mit 36 to, noch einmal deutlich höher in den USA (vgl. Zeile 10 in Tabelle 1!). Noch ausgeprägter zeigt sich der Zusammenhang zwischen ökonomischen Entwicklungsstand und den Aufwendungen für LKW-Transport, wenn die finanziellen Aufwendungen für LKW-Transport in Bezug zum Bruttoinlandsprodukt gesetzt werden (vgl. Zeile 19 in Tabelle 1!)[11].

Ein Vergleich der geschätzten Zahl der LKW-Transportbetriebe (Zeile 15 in Tabelle 1!) mit dem Umsatzvolumen dieser Betriebe (Zeile 8 Tabelle 1!) zeigt, dass die durchschnittliche Betriebsgröße mit deutlich weniger als € 1 Mio. Jahresumsatz pro Betrieb in der Ladungsverkehrsbranche in Deutschland, Europa und – überraschenderweise – auch den USA noch überaus gering ist.[12]

---

[11] Diese Feststellung deckt sich mit einer entsprechenden Beobachtung zu dem Zusammenhang von nationalen Logistikaufwendungen und dem ökonomischen Entwicklungsstand eines Landes, die auf dem Vergleich der Daten einer großen Zahl von Ländern in der Welt beruht. Vgl. Klaus (2009)!

[12] Hinter dieser Feststellung verbirgt sich allerdings die Tatsache, dass in den USA und logistisch höher entwickelten Ländern die „Spreizung" zwischen einer kleineren Anzahl sehr großer LKW-Ladungsverkehrsunternehmen mit wachsenden Mrd.-Umsatzvolumen bei gleichzeitiger Zunahme kleinster Subunternehmer-Betriebe beständig ausgeprägter wird.

		Deutsch-land	EU (29)	US in $/ nicht-metr. Einheiten	US in €/ metr. Einheiten
1	**I. Gesamtwirtsch. Daten**				
2	Bevölkerung (Mill.)	82	530	300	
3	Bruttoinlandsprodukt (Mrd.)	2.489 €	12.875 €	14.290 $	11.908 €
4	**Ges.wi. Logistikaufwdg. (Mrd.)**	**218 €**	**930 €**	**1.344 $**	**1.120 €**
5	Ges.tonnage transportiert durch alle Verkehrsträger (Mrd. to)	4,0	22,3	20,9	19,0
6	Anteil Straßengütertransport an Ges.to (nach to)	83 %	80 %	69 %	69 %
7	**II. Kenndaten des Straßen-güterverkehrs (ges.)**				
8	Gesamtwi. Aufwendungen für Straßengütertr (Mrd.)	79 €	301 €	671 $	560 €
9	Ges.to LKW Transpt. (Mrd. to)	3.0	16,9	14,1	12,9
10	LKW-To pro Kopf der Bevölke-rung und Jahr (Z. 9/Z.2)	36	32	47	43
11	Zahl Gütertr.-LKW (Mio.)	1,9	11,0	29,0	29,0
12	Gefahrene Km/Meilen aller LKW des Str.güterverkehrs (Mrd.)	70 km	330 km	433 Meil.	697 km
13	Durchschnittsentfernung pro Transportstrecke in km/Meilen	100	100	158	252
14	LKW/To-km/Ton-mile Leistung (Mrd.)	343	1927	est. 1400	2044
15	Zahl LKW Transpt-betriebe	ca. 60 000	ca. 400 000	600 000	600 000
16	Zahl Vollzeit-besch. Fahrer (Mill.)	0,8	4,0	3,46	3,46
17	**III. Kenndaten des LKW-Ladungsverkehrs (weitr.)**				
18	Gesamtwi. Aufwendungen für LKW-Ladungsverkehr (Mrd.)	37 €	150 €	400 $	333 €
19	Prozentanteil des LKW-Ladungsverkehrs am BIP	1,5	1,1	3.3%	3.3%
20	Zahl Schwer-LKW (> 12 to ZLG (bzw. US Class 7/8) im Einsatz	ca. 0,4	ca. 2,0	ca. 3,5	ca. 3,5
21	*- davon Zugmaschine/Auflieger Kombinationen)*	*ca. 0,2*	*ca. 0.9*	*ca. 1,9*	*ca. 1,9*
22	Gefahrene km / Meilen durch Schwer-LKW (Mrd.)	ca. 28 km	ca. 120 km	139,8 Meilen	224,9 km
23	Durchschnittsentfernung pro Transportstrecke nur weiträum. Ladungsverkehr (km/Meilen)	ca. 300 km	ca. 250 km	500 – 1100 Meilen	800 – 1700 km

Tabelle 1: Ausgewählte Kenndaten zum Straßengüterverkehr in Deutschland, EU29, USA, ca. Datenstand 2007[13]

[13] Erläuterungen und Quellenangaben zu Tabelle 1 - Letzte Spalte: Für die Umrechnung US-$ in € wurde ein fiktiver, aber bezüglich der Wertrelationen realistischer Umrechnungskurz von US-$1,2/1 € unterstellt.
Zeilen 1-4: Quelle D/EU Klaus/Hartmann/Kille (2009:50), US Wilson (2009);
Zeilen 5/6: Quellen für D/EU (BAG 2009) and "Klaus/Hartman/Kille 100/2009", für die USA ATA (2008) und Wilson (2009);
Zeilen 8/9: Quelle D/EU Klaus/Hartmann/Kille (2009:50) und dort angeg. Primärquellen, Wilson (2008); Diskrepanz für US Daten der ATA (10.7 b tons) and des Transportministerium DOT (14.1 b. tons wie gezeigt) anzumerken. ATA berichtet "primäre" Sendungen von Verladern, DOT wahrscheinlich bei „gebrochenen" Transporten Mehrfacherfassungen vornimmt- wie auch bei den D/EU-Daten.

Tabelle 2 zeigt die Größenordnungen der wichtigsten Subsegmente des Straßengüterverkehrs, wie sie oben beschrieben wurden, sowie eine Abschätzung des Gesamtmarktes für Ladungsverkehre, wie er derzeit von den Straßenverkehrs- und Bahnunternehmen bedient wird. Dabei ist zu berücksichtigen, dass die Verfügbarkeit verlässlicher öffentlicher Daten auf der Ebene der Subsegmente leider sehr beschränkt ist, obwohl gerade diese für unternehmerische Planungen und Entscheidungen besonders kritisch sind.

	IV. LKW-Ladungsverkehr - - Subsegmente	**Deutschland**	**EU (29)**	**US in $/** nicht-metr. Einheiten	**US in €/** metr. Einheiten
1	Gesamtwi. Aufwendungen LKW-Ladungsverkehr (Tab. 1 Z.18)	37 Mrd. €	170 Mrd. €	400 Mrd. $	333 Mrd. €
2	- Prozentanteil "Werksverkehr" an weiträumig. Straßenverk.	ca. 25% von 37 Mrd. € = 9 Mrd. €	25% von 170 Mrd. € = 42 Mrd. €	20% von 400 Mrd. $ = 100 Mrd. $	= 83 Mrd. €
3	***= gewerblicher LKW-Ldg. verkehr weitr. gesamt***	***= 26 Mrd. €***	***= 128 Mrd. €***	***= 300 Mrd. $***	***= 250 Mrd. €***
4	- davon Ladungsverkehr mit Spezial-LKW ca. 46%	= 12 Mrd. €	= 59 Mrd. €	35% von 300 Mrd. $ = 100 Mrd. $	= 83 Mrd. €
5	- davon Standard-Ldg. mit Kasten-/ Planen-LKW ca. 54 %	= 14 Mrd. €	= 69 Mrd. €	65% von 300 Mrd. $ = 200 Mrd. $	= 166 Mrd. €
6	- von Z. 5 Std.-Ladungsverk. für Direktauftraggb. ca. 60 %	= 8 Mrd. €	= 41 Mrd. €	80% von 200 Mrd. $ = 160 Mrd. $	= 133 Mrd. €
7	= zuzüglicher Einzelwagen-Ldg.verkehr der Bahnen	1,5 Mrd. €	7,0 Mrd. €	20 Mrd. $	17 Mrd. €
8	**= Gesamtmarkt Ladg.verkehr Straße und Schiene (Z. 1+7)**	**38,5 Mrd. €**	**177 Mrd. €**	**420 Mrd. $**	**350 Mrd. €**

Tabelle 2: Markt-Größenordnungen wichtiger Subsegmente des Straßengüterverkehrs[14]

Zeile 11: Quelle D Klaus/Hartmann/Kille (2009:45), EU aus ACEA (2008), US ATA (2008).
Zeilen 12-13. D km gesch. aus ViZ (2008:155 und S. 250) abzügl. nicht gewerbl. genutzte LKW, EU hochger. (100 km durchschn. Strecke), USA ATA (2008).
Zeile 14: Quelle D/EU Klaus/Hartmann/Kille (2009:54), USA gesch. ATA (2008).
Zeile 15: Quelle D eig. Erhebung, EU frei geschätzt, USA. ATA (2008).
Zeile 16: Quelle D Bundesagentur für Arbeit, EU frei geschätzt, USA. ATA (2008).
Zeile 18: Quelle D Klaus/Kille (2008:71), EU gesch., USA Wilson (2009).
Zeile 20-21: Quelle D Klaus/Hartmann/Kille (2009:45), EU ACEA (2008), US ATA (2008).
Zeile 22: D gesch. aus ViZ 70' km p.a. Durschn., EU 60' km p.a., US ATA (2008).
Zeile 23: frei geschätzt.

14 Erläuterungen und Quellenangaben zu Tabelle 1 - Letzte Spalte: Für die Umrechnung US-$ in € wurde wiederum ein fiktiver, aber bezüglich der Wertrelationen realistischer Umrechnungskurz von US-$1,2/1 € unterstellt.
Zeilen 2 und 4-5: Grob geschätzt für D/EU gem. Klaus/Hartmann/Kille (2009:45), für USA gem. ATA (2008).
Zeile 6: Grob geschätzt für D/EU gem. Klaus/Hartmann/Kille (2009:61), für USA gem. ATA (2008).
Zeile 7: Für D aus Daten der DB Schenker, EU frei geschätzt, USA 25% aus ges. Schienengüterverkehr gem. Wilson (2009) geschätzt.

3 Die LKW-Ladungsverkehrswirtschaft verstehen: Wo sie herkommt und wie sie heute arbeitet

Um die heute noch vorherrschenden klein- und mittelbetrieblichen Strukturen, die Praktiken der „Produktion" und der Vermarktung der Leistungen der LKW-Ladungsverkehrswirtschaft in Deutschland und Europa zu verstehen, ist es hilfreich, einen Blick auf ihre Entstehung und bisherige Entwicklung zu werfen:

3.1 Eine kurze Historie

Erst im Verlauf der 1930er Jahre war die technische Entwicklung von LKWs und der Fernstraßen Infrastrukturen soweit fortgeschritten, dass der LKW als Alternative zum Eisenbahntransport (im städtischen Güterverkehr bis dahin auch noch zu Pferdegespannen) überhaupt wahrgenommen wurde. Aus gesetzgeberischer Sicht bezog man den LKW-Transport deshalb ganz selbstverständlich in die Regelungen ein, die für den damals beherrschenden, Eisenbahnverkehr galten. In Europa waren die Eisenbahnen damals weitgehend in Staatsbesitz und wurden als Teil der staatlichen Daseinsvorsorge und Infrastruktur für die Bürger und Unternehmen verstanden. In den USA waren die Eisenbahnen zwar privat, aber als tatsächliche oder potenzielle Monopole streng reglementiert. Der Güterverkehr sollte nicht den Kräften des freien Marktes überlassen sein.

So regelte das in Deutschland 1935 erlassene „Gesetz über den Güterfernverkehr mit Kraftfahrzeugen" die zuzulassende Zahl von Fernverkehrs-LKW, der „Reichskraftwagentarif", die zu berechnenden Transportpreise, die „Kraftverkehrsordnung" die Geschäftsabwicklungen in enger Abstimmung mit den Regelungen für den Eisenbahnverkehr. In den USA hatte die „Interstate Commerce Commission" entsprechende Reglementierungen für den weiträumigen LKW-Transport verfügt.

Während der ersten Jahrzehnte der Nachkriegszeit wurden diese Reglementierungen des LKW-Transports fast unverändert fortgeführt, obwohl seit Ende der 1940er und in den 1950er Jahren die LKWs von ihrer Randrolle im Güterverkehrssystem rapide in die Rolle des dominierenden Landverkehrsträgers wuchsen[15].

In den USA ganz schlagartig durch ein „Motor Carrier Act" im Jahr 1980, in Deutschland und der Europäischen Union schrittweise erst bis Mitte der 1990er Jahre, erfolgte eine „Deregulierung" des weiträumigen Straßengüterverkehrs. Dieser hatte sich längst zu dem mächtigen Wirtschaftszweig entwickelt, wie es die Daten in den obigen Tabelle 1 und 2 zeigen.

---

[15] Vgl. für eine gute Übersicht und Quellen zu diesen Entwicklungen Aberle (2003), insbes. S. 99 ff., Klaus (1998) und Lafontaine/Valeri (2007).

3.2 Das „handwerkliche“ Geschäftsmodell des LKW-Ladungsverkehrs

Die 40 bis 50-jährige Historie des LKW-Ladungsverkehrs unter dem Schirm eines umfassenden und strengen öffentlichen Reglements der Kapazitäten und Preise[16] hatte Strukturen und unternehmerische Verhaltensweisen verfestigt, die – in Europa bis in die heutige Zeit – weit entfernt von denen moderner, dynamischer, von Preis- und Innovationswettbewerb bestimmter Märkte entfernt waren. Wie oben gezeigt

- *bestanden die klein- und mittelbetrieblichen Strukturen der LKW-Ladungsverkehrsbranche* aus den Pionierzeiten des LKW-Transports weitgehend *fort*, da das System der Reglementierung wenig Anreize zu deren Veränderung bot,
- *fehlte der Druck eines offenen Marktes* zu harter Rationalisierung und Innovation, so dass Veränderungen der „handwerklichen“, auf den persönlichen Beziehungen und dem Improvisationsvermögen der Unternehmer und Disponenten beruhenden Geschäftspraktiken kaum erfolgten.

Selbst in den Organisationen der großen europaweit tätigen Logistikdienstleistungsunternehmen, deren addierte LKW-Ladungsverkehrsgeschäfte in Dutzenden, sogar Hunderten von Geschäftsstellen und Depots Umsatzvolumen in 3-stelliger Millionen- und sogar Milliardenhöhe erreichen, werden diese bisher weitgehend dezentral, kaum durch übergreifende Systeme optimiert, eher „handwerklich“ durchgeführt[17]:

- Die Anbieter suchen *Ladungsverkehrs-Aufträge von Verladern in der Nähe ihrer Standorthe* primär auf *Basis nicht vertraglich fixierter „nachbarschaftlicher“ persönlicher Beziehungen, günstiger Preisangebote* und ihren jeweils besten Bemühungen, die Zeit- und Kapazitätserwartungen ihrer Kunden zu erfüllen.
- Die Produktion der Leistungen durch die jeweils bereitstehende LKW-Flotte (deren Größe von wenigen bis zu einigen Hundert Fahrzeugen reichen kann) erfolgt in *„Tramp-“, Stern- oder linienförmigen Fahrtenmustern* ausgehend von dem Standort, wie in Abbildung 2 dargestellt. Für die notwendigen Anschluss- und Rückladungen wird sie durch eher unsystematische, von Zufälligkeiten bestimme Verfügbarkeit von Aufträgen geprägt, die primär auf der Basis persönlicher Disponent-zu-Disponent Kontakte und durch öffentlich zugängliche Frachtenbörsen erfolgt.
- Das Geschäft basiert auf einem schlichten *Ertragsmodell, das hauptsächlich die Tonnage- oder Volumenauslastung der LKWs und den Erlös pro gefahreren Kilometer bei der Abfahrt* vom Standort beachtet, aber kaum auf Vorausschau bezüglich der Auslastungen, von Steh- und Wartezeiten auf der Strecke und Rückladewahrscheinlichkeiten, damit der Maximierung der „Yields“ jedes Fahrzeug-Umlaufes bis zur Rückkehr an den Standort bzw. über eine zeitliche

---

16 Im Bereich der flächigen, auf Netzwerkbildungen beruhenden Stückgut-, Paket- und Expressfrachtverkehre setzten schon früher Entwicklungen der Deregulierung, Konzentration und „Industrialisierung“ ein, auf die hier aber nicht näher eingegangen wird. Vgl. dazu Klaus (1999).

17 Dies trifft nach Kenntnis des Autors derzeit noch für führende Logistikdienstleister wie DB Schenker, DHL, Kühne & Nagel, Wincanton zu, wenn schon Veränderungen im Sinne der in Abschnitt vier diskutierten Überlegungen für die Zukunft natürlich zu erwarten sind.

Einsatzperiode hinweg beruht [18]. Eine systematische Suche und Nutzung von Skaleneffekten durch Netzwerkverdichtung[19] ist kaum bekannt.

- *Betriebskostenminimierung wird durch feste Koppelung von Fahrzeug und Fahrern* gesucht, die aber die Chancen intensiver Equipment- Ressourcennutzung durch systematisierte Fahrer- und Ladegefäßtausche vernachlässigt, oder durch
- *Einsatz sich „selbst ausbeutender“ Subunternehmer*, die mangels betriebswirtschaftlicher Kenntnisse und/oder zu Lasten Ihrer Gesundheit und korrekter Gesetzeseinhaltung Niedrigkostenangebote machen, die aber nicht nachhaltig sein können.

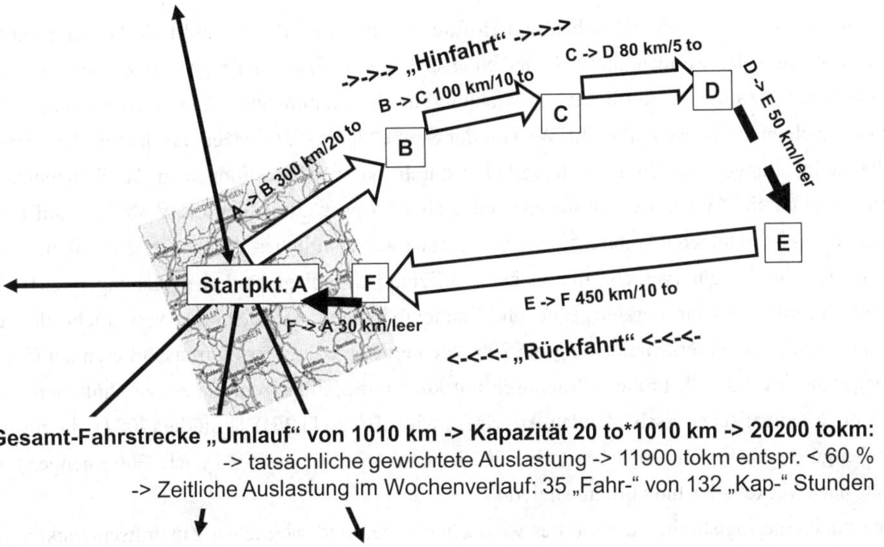

Abbildung 2: Beispielhafte Darstellung der Struktur und Auslastung von typischen „Depot-basierten“ LKW-Fahrten im Teilladungs-/Ladungsverkehr

Es ist das handwerkliche Geschäftsmodell des Ladungstransports und die inhärent damit verbundene geringe Veränderungsneigung und Innovationsfähigkeit, die - zumindest - mitverantwortlich sind für die extrem geringe Profitabilität der meisten Unternehmen, das niedrige „Rating“ der LKW-Transportbranche in der Finanzwelt und auch für das ungünstige Bild in der Öffentlichkeit und Politik, das in den Zitaten am Beginn dieses Beitrages zum Ausdruck kam.

---

18 Anwendungen professionellen Yield-Managements, wie es z.B. bei den Luftverkehrsgesellschaften entwickelt und erfolgreich angewandt wird, sind im LKW-Ladungsverkehr noch nicht zu finden, vgl. Petrik (2009)

19 Vgl. Katz/Shapiro (1985).

4 Prognosen, Szenarien und Handlungsoptionen: Forschungsfragen zur Zukunft eines intelligenten Ladungsverkehrssystems

Vor dem Hintergrund dieser Skizze der aktuellen Situation des LKW-Ladungsverkehrs in Deutschland und Europa können nun einige wichtige Fragen zu dessen Zukunft neu gestellt werden.

4.1 Die offene Frage nach dem künftigen Wachstum des weiträumigen Straßengüterverkehrs

Die Spanne zwischen den Wünschen und Hoffnungen mancher Bürger und Politiker zum künftigen Wachstum des Straßengüterverkehrs einerseits, den offiziellen Prognosen zu dessen wahrscheinlicher gesamtwirtschaftlicher Entwicklung in den kommenden Jahren ist gewaltig: Die Einen möchten am liebsten alle „LKWs von der Straße" haben. Sie setzen auf darauf, dass drastische Reduzierungen des Straßengüterverkehrs durch massive Investitionen in das Schienennetz, unterstützt durch Mauten, Energiesteuern und auch Transportverbote den LKW-Verkehr auf Fernstraßen massiv reduzieren könnten[20]. Die verkehrswissenschaftlichen Prognosen und Zukunftsszenarien zum Straßengüterverkehr, die bis heute offizielle Grundlage amtlicher Planungen, z. B. des Bundesministeriums für Verkehr, Bau- und Stadtentwicklung, sprechen aber von „mehr als Verdoppelung der Güterverkehrsleistung bis 2050", einer Steigerung der zu transportierenden Gütermengen um ca. 50 %[21]. Frühere Prognosen mit kürzerem Zeithorizont kamen zu ähnlichen, zum Teil noch dramatischer erscheinenden Aussagen, wie z.B. die ITP/BVU Studie (2004), die für den Straßengüterverkehr von 2004 schon bis 2025 einen Anstieg um 55 % nach Gütermengen, um 84 % nach Verkehrsleistung prognostizierte.

Eine nüchterne logistische Analyse der wahrscheinlichen und möglichen Zukunftsentwicklungen des weiträumigen Straßengüterverkehrs muss Forschungsfragen stellen und beantworten wie diese:

- Was sagen die üblichen und für verkehrspolitische Entscheidungen heute ausschließlich genutzten statistischen Daten und Prognosen von Gütertonnagen und Güterverkehrsleistungen, gemessen in Tonnenkilometern, über die *tatsächlich relevanten Belastungen der Straßeninfrastruktur* und die dadurch ausgelösten Umweltwirkungen aus?
- Welche Anteile einer – möglicherweise künftig mit geeigneteren Indikatoren zu bemessenden – Straßeninfrastruktur- und Umweltbelastung sind *ohne Verluste an volkswirtschaftlicher Leistungsfähigkeit realistisch von der Straße auf andere Verkehrsträger zu verlagern*, und welche infrastrukturellen und organisatorischen Voraussetzungen sind bei diesen alternativen Verkehrsträgern schaffen, damit sie verlagerbare Mengen auch tatsächlich bewältigen können?

---

20 Vgl. z.B. den Katalog verkehrspolitischer Forderungen der „Allianz pro Schiene" www.allianz-pro-schiene.de/gueterverkehr/politische-forderungen-der-bahnbranche/, abgerufen 1.2.2010, sowie den Entwurf einer Entschließung des europäischen Parlaments Cramer (2008).

21 Vgl. das Gutachten zur „Abschätzung der langfristigen Entwicklung des Güterverkehrs bis 2050" Progtrans (207). Die Güterverkehrsleistung ist in „Tonnenkilometer" gemessen, dem Produkt aus transportierten Gütermengen und Distanzen.

- Wie wahrscheinlich ist es, dass in einer Volkswirtschaft wie derjenigen Deutschlands so *massiver Gütermengen- und Güterverkehrs-Leistungszuwachs in der Zukunft tatsächlich* eintritt, wenn verkehrstreibende Basisgrößen wie die Bevölkerungsentwicklung und die Industriebeschäftigung in den kommenden Jahren deutlich zurückgehen, die technologischen Entwicklungen der Digitalisierung, der Miniaturisierung und der Umschichtung des Bruttoinlandsprodukts zu immer mehr Dienstleistungen das Verhältnis von monetärer Wirtschaftsleistung und physischen Gütermengen massiv verschieben? [22]

Zu jeder dieser Fragen könnten sich unerwartete neue Antworten ergeben: Die Korrelation zwischen Tonnen/ Tonnenkilometern, Verkehrsinfrastruktur und Umweltbelastungen erweist sich als weit geringer als in der Vergangenheit unterstellt.

Der Einsatz neuer, sachgerechterer Messgrößen, wie etwa die „Straßenanwesenheitsminuten („SAMs“)“ von LKWs auf Autobahnen und anderen Straßen, sowie die pro „SAM“ erbrachte Transportwertschöpfung, werden zu neuen Einschätzungen der Infrastrukturbelastung, zu neuen Empfehlungen für die Zuordnung von Infrastruktur-Investitionsmitteln und neuen fiskalische Verkehrssteuerungsinstrumenten führen[23].

Eine differenzierte Betrachtung von Güterverkehrs-Verlagerungspotenzialen, die die logistischen Merkmale der Segmente des Güterverkehrs und die Leistungsmöglichkeiten der Verkehrsträger berücksichtigt, kann die kontroverse politische Diskussion versachlichen und zu realistischen verkehrspolitischen Vorgaben führen. Schließlich: Die tatsächliche Entwicklung des Straßengüterverkehrs, wenn an relevanten Größen gemessen und nicht mehr nur aus Vergangenheitstrends in die Zukunft projiziert, wird sich als deutlich verhaltener erweisen als die bisherigen Prognosen suggerieren!

4.2 Eine Suche nach zukunftssicheren Branchenstrukturen Geschäftsmodellen für den Ladungsverkehr der Zukunft

Die künftige Entwicklung der gesamtwirtschaftlichen, infrastrukturellen und verkehrspolitischen Rahmenbedingungen hat große Bedeutung für die Zukunft des LKW-Ladungsverkehrs. Für die Unternehmen und deren Planungen und Handeln stellen sich weitere erfolgskritischen Fragen, nämlich wie diese sich innerhalb ihres Marktes und Wettbewerbsfeldes „aufstellen“ sollen – insbesondere die Frage nach den Geschäftsmodellen für den Ladungsverkehr der Zukunft.

Im Abschnitt 3.2 dieses Beitrages wurde das „handwerkliche“ Geschäftsmodell als das - nahezu – einzige vorgestellt, dass im Blickfeld der deutschen und europäischen LKW-Transportunternehmer liegt. Es wurde kritisch angemerkt, dass die Dominanz dieses Geschäftsmodells offenbar dafür verantwortlich ist, dass sich die Branche bisher vornehmlich reaktiv mit den Forderungen ihrer „Verlader“ – der Nachfrager aus Industrie Handel nach Transport- und

---

22 In logistischer Fachsprache: es gibt einen nachhaltigen Trend zu Steigerung der „Wertdichte“ im Durchschnitt aller in der Wirtschaft zirkulierenden Güter!

23 Die Spezifikation, Messbarkeit und die Konsequenzen aus der systematischen Ermittlung von „SAMs“ sind Gegenstand eines laufenden Untersuchungsprojektes des Autors.

Logistikleistungen – auseinandersetzt, ihr relativ geringe Veränderungsdynamik und Innovationsfreudigkeit zugeschrieben wird.

Dies führt zu weiteren spannenden Fragen, auch für die wissenschaftliche Logistik:

- *Welche alternativen Geschäftsmodelle* könnten auf dem Weg der Branche in eine „nachhaltige“ und auch betriebswirtschaftlich erfolgreiche Zukunft hilfreich sein?
- Welche der heute aktiven Unternehmen sollten *welche dieser alternativen Geschäftsmodelle wählen*?
- *Welche Ausgangspositionen, Ressourcen und „Erfolgsfaktoren“* sind für die Umsetzung solcher Geschäftsmodelle in spezifischen Unternehmen besonders *kritisch?*

Erste Antworten auf diese Fragen könnten Untersuchungen erfolgreicher Geschäftsmodelle in anderen, benachbarten und verwandten Branchen bieten[24]. Interessante Einsichten ermöglicht auch ein Blick auf den amerikanischen „Full-Truckload-Market“, der sich nach der frühen Deregulierung im Jahr 1980 dynamisch – und in weitgehend unerwarteter Weise gegenüber den Prognosen der Experten vor und während der Deregulierungsphase – entwickelt hat[25].

Eine aktuelle, noch andauernde Recherche zu den Geschäftsmodellen besonders stark gewachsener und finanziell erfolgreicher LKW-Transportunternehmen, über die in Klaus (2009) und Walther (2010) berichtet wird, hat sieben solcher Geschäftsmodelle (einschließlich des Werksverkehrs) identifiziert, wie in Abbildung 3 gezeigt:

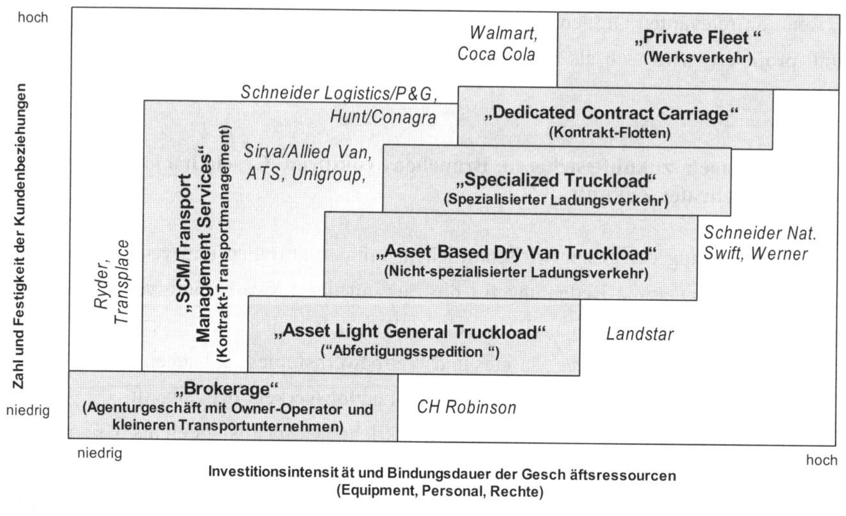

Abbildung 3: Ein Spektrum erfolgreicher Geschäftsmodelle in der amerikanischen Truckload-Wirtschaft

---

24 Wie sie z.B. in größerer Zahl für das Marktsegment der „Kontraktlogistik“ bzw. „Third Party Logistics“ vorliegen, vgl. die alljährlichen Studien von Cap Gemini (aktuelle Ausgabe Cap Geminie/Langley (2009), Mercer (2004) und Tripp (2004).

25 Vgl. für die Größenordnungen Tabelle 1 oben und für die seinerzeitigen verkehrswisssenschaftlichen Prognosen Friedllander/Spady (1980), Wilson (1980).

1. „Dedicated Contract Carriage"

Ein erheblicher Anteil der Umsätze der größten Truckload-Unternehmen wird durch die exklusive, kontraktgebundene Bereitstellung und Disposition von „dedizierten" Fahrzeugflotten für große Industrie- und Handelsunternehmen erzielt. Alle großen Betreiber eigener LKW-Flotten (s.u. die „Asset Based" Anbieter wie Hunt, Schneider, Swift, Werner!) haben sich ein Geschäftsfeld der Übernahme vorher werkseigener Fahrzeugflotten von Verladern erschlossen, die weitgehend unverändert und in sich geschlossen nach deren Vorgaben („Business Rules") abgewickelt werden. Das Geschäft basiert nicht auf der Bündelung von Ladungen und Auslastung von Kapazitäten zwischen vielen Auftraggebern, sondern auf maximaler Anpassung an die Auftraggeber-anforderungen, längerfristiger Vertragsbindung, „Open Book" Kalkulation und der Professionalität und den Skaleneffekten der Anbieter im Bereich des Flotteneinkaufs, dem Flottenbetrieb und dem Management des Fahrpersonals. „Dedicated Contract Carriage" ist ein Geschäftsfeld, das in Deutschland bisher nur in einigen Branchen, wie etwa den Ladenbelieferungssystemen der großen Lebensmittelfilialisten und der Tankstellenversorgung entwickelt ist.

2. „Asset Based Truckload" – „ Dry Van" und

3. „Specialized"

Das traditionelle Basisgeschäft der großen amerikanischen LKW-Flottenbetreiber besteht in der Abwicklung von Teil- und Ganzladungsaufträgen einer vielfältigen, über das Land verteilten Verladerschaft, die täglich wechselnde Ladungs-Auftragsvolumen ausgehend von ihren Produktions- und Distributionszentren vergibt. Es wird typischerweise auf „Transaktionsbasis" – also ohne vertragliche Bindungen und feste Kapazitätszusicherungen von Seiten der Anbieter – abgewickelt. Kritischer Erfolgsstellhebel ist die Bündelung (bzw. „Poolung") sehr vieler solcher Ladungsaufträge in der Weise, dass die Tausende von Einheiten umfassende eigene (und durch im Festkontrakt eingesetzte Subunternehmer ergänzte) Flotte der großen „asset based" Truckload-Operateure über die Zeit hinweg hoch und relativ gleichmäßig ausgelastet ist. Leerfahrten und unproduktive Standzeiten der Flotte werden systematisch minimiert. Zentrale (oder regional zentralisierte) Disposition, der Einsatz von Informationstechnologie für die beständige Verfolgung und Optimierung der Positionen und Auslastungszustände der Flotte, Minimierung von Be-und Entladezeiten durch Trailertausch am Be- und Entladeort. Typisch ist die Vorhaltung von drei Trailern pro Zugmaschine in diesem Geschäftsmodell und die Nutzung von computergestützten „Tender" und „Bieter"-Verfahren zwischen Verladern und Truck sind die wichtigsten Stellhebel effizienten Flotteneinsatzes.

Dieses Geschäftsmodell ist insbesondere im Bereich von „trockener", stapelfähiger Standard-Ladungsfracht mit Standard-Kastenfahrzeugen und Containern („Dry Vans") erfolgreich, wie auch in einigen Nischenmärkten für Spezialfahrzeugen (z.B. dem Umzugs- und Neumöbelgeschäft mit gepolsterten Fahrzeugen von Sirva/ Allied Van und Uni-Group/United Van).

Die „Asset Based" Anbieter zeichnen sich durch hohe Qualität und Standardisierung ihres eigenen Equipments, integrierte Abwicklungs- und Kontrollsysteme und gesicherte eigene Kapazitäten aus. Da wo sich besonders starke Relationen und Korridore („Power Lanes") für „Dry Van" Ladungsfracht entwickeln ließen, haben Truckload-Unternehmen wie JB Hunt noch zusätzliche Vorteile durch den planmäßigen Einsatz von Kombiverkehrs-Ganzzugkapazitäten entwickeln können.

4. „Asset Light Dry Van Truckload"

Im riesigen Markt um Standard-Ladungsfracht hat sich ein weiteres Geschäftsmodell der Bündelung und Sicherung von Transportkapazitäten in der Form Franchise-artiger Netzwerke etablieren können. Es wird insbesondere von der erfolgreichen Landstar-Organisation repräsentiert. Diese verfügt über einen eigenen großen Trailer-Bestand und ein dichtes Netzwerk von (selbständigen, aber durch einheitliche IT und Vertragsregelungen eng geführten) Kundenservice-Agenturen und ebenso gebundenen „Business Capacity Owners" – kleineren Truckload-Unternehmen, die Zugmaschinen-Kapazitäten zu festen Bedingungen und mit vielfältiger Unterstützung durch das systemführende Unternehmen bereitstellen.

Dieses Modell bietet örtlichen/regionalen Kunden eine Kombination von persönlicher Nähe und „Intimität" zu ihrer jeweiligen Agentur mit den Vorteilen der Kapazitäts- und Qualitätssicherung eines landesweiten Systems. Dem Betreiber erlaubt es, mit einem erheblich geringeren Einsatz von Investitionsmitteln („Asset Light") als seinen „asset-based" Wettbewerbern zu agieren.

5. „SCM/Transport Management Services"

Als eine Verbindung einiger Aspekte der „Dedicated Contract Carriage" und Anwendung moderner „Supply Chain Management" Konzepte hat sich ein weiteres, erfolgreiches Geschäftsmodell qualifizierter „Transport Management Services" entwickelt. Es wird insbesondere von den Unternehmen Ryder, Transplace, wie auch von anderen Unternehmen mit Hintergrund in der Kontraktlogistik und dem Logistik-Consulting repräsentiert. Diese Unternehmen haben große Verlader dafür gewonnen, ihnen umfangreiche Ladungstransport-Auftragspakete auf vertraglicher Grundlage zur Abwicklung zu übertragen. Dafür stellen sie Consulting- und Netzwerkdesign-Leistungen zur Optimierung der jeweiligen Logistikaufgaben zur Verfügung und übernehmen die laufende Abfertigung dieser Auftragspakete. Dies schließt typischerweise die Beauftragung aller benötigten ausführenden Unternehmen (sowohl aus dem „Asset Based" wie aus dem „Brokerage" Bereich, aber auch von Stückgut-, Paketfracht und Air- and Ocean Dienstleistern, oft auch die Frachtenprüfung und Zahlungsverkehrabwicklung) ein.

Der besondere Wert für die Auftraggeber liegt in der Übertragung der Verantwortung für komplexere logistische Aufgaben in die Hand eines qualifizierten Führungs-Dienstleisters. Der Transport Management Dienstleister verschafft sich zusätzliche Ertragsmöglichkeiten durch sein hohes Einkaufsvolumen bei den ausführenden Dienstleistern, auch durch Poolung von Aufträgen mehrerer seiner Kontraktkunden. Er trägt dabei nur ein geringes Auslastungsrisiko.

6. „Brokerage" Geschäftsmodell

Alle Anbieter von Truckload-Leistungen nutzen zum Ausgleich von Nachfragespitzen und zur Abwicklung nicht systemgerechter Aufträge den offenen Ladungsverkehrs-„Spotmarkt", der sich insbesondere aus den freien Kapazitäten und Rückladungs-Bedarfen der Zehntausende kleinen und kleinsten unabhängigen („Owner-Operator“) Truckload-Unternehmen speist. Sie haben dafür typischerweise eigene Geschäftsbereiche mit eigenen Disponenten und Abrechnungssystemen entwickelt. Das finanziell derzeit erfolgreichste Unternehmen der amerikanischen Transportwirtschaft – CH Robinson – hat dieses Geschäftsmodell zu einem flächendeckenden System mit nahezu 200 eigenen „Broker“ Filialen in allen amerikanischen Wirtschaftsregionen entwickelt. Diese weitgehend dezentral operierenden Filialen wickeln ein Umsatzvolumen von ca. $ 5 Mrd. an Ladungsfrachten sehr profitabel ab, indem sie sich als professioneller Mittler zwischen Verladern und dem fragmentierten Trucker-Markt etabliert und das Spiel des Tagesmarktes für Einweg-Ladungsfrachten beherrschen gelernt haben. Seine hohe Profitabilität konnte CH Robinson selbst über die Phase des dramatischen Nachfrageeinbruches seit Herbst 2008 erhalten, wie die aktuellen Quartalsberichte ausweisen.

4.3 Neue Aufgaben für eine praxisrelevante und akademisch anspruchsvolle Logistik Forschung

Die LKW-Gütertransportwirtschaft braucht wissenschaftliche Aufmerksamkeit, kritische Betrachtung ihrer Strukturen und Praktiken und innovative Impulse für die Zukunft!
Nur wenn die wissenschaftlich arbeitenden Logistiker dies (wieder) erkennen und die aufgeworfenen Fragestellungen auf ihren Agenden nach oben rücken wird es gute Antworten und konstruktive Veränderung geben können. Die vorstehende Diskussion hat den Kreis solcher Fragen, möglicher innovativer Antworten und des hohen, Methoden und Know-how vieler Disziplinen verbindenden wissenschaftlichen Anspruchs, den ihre Beantwortung stellt, nicht annähernd erschöpfend behandeln können. Vielleicht regt sie aber an, sich vermehrt damit auseinanderzusetzen.

Literatur

Aberle (2003): Aberle, Gerd, Transportwirtschaft, 4. Aufl. Oldenbourg Verlag München.
ACEA (2008): Association des Constucteurs d’Auotmobiles, The Automobile Industry Pocket Guide 2008, Brussels.
ATA (2008): American Trucking Association ATA, American Trucking Trends 2008-2009, Arlington, Va.
BAG (2009): Bundesamt für Güterverkehr, Marktbeobachtung Güterverkehr 2009, Köln.
BVU/IFO/ITP/Planco (2001): „Verkehrsprognose 2015 für die Bundesverkehrswegeplanung“, Freiburg-Berlin.
Cramer (2008): Cramer, Michael „Über Güterverkehr in Europa“ Plenarsitzungsdokument des Europäischen Parlaments Referenz A6-0326/2008 vom 28.7.2009(2008).
Diederich (1993): Diederich, Helmut, Verkehrsbetriebslehre, in: Handwörterbuch der Betriebswirtschaft, hrsg. Von W. Wittmann et al., 5. Aufl. Poeschel Verlag, Stuttgart Sp. 4551-4559.
EU (2001): Europäische Kommission, „Weißbuch Europäische Verkehrspolitik bis 2010: Weichenstellungen für die Zukunft“, Brüssel vom 12. Sept. 2001.
Friedlander/Spady (1980): Friedlander, Ann F. and Spady, Richard H., Equity, Efficiency, and Resource Rationalization in the Rail and Regulated Trucking Industries, Report Nr. 79-4 of the Center for Transportation Studies, Massachusetts Institute for Technology, Cambridge/Ma.
Hamel (2000): Hamel, Gary “Leading the revolution: Harvard Business School Press, Boston.

Illetschko (1957): Illektschko, Leopold L., Transportbetriebswirtschaft im Grundriss, Springer, Wien.

ITP/BVU (2004): „Prognose der deutschlandweiten Verkehrsverflechtungen 2025“, Freiburg.

Katz/Shapiro (1985): Katz, Michael L. and Carl Shapiro “Network externalities, competition and compatibility” in: American Economic Review, 75(3): 424-440, June 1985.

Klaus (1999): Klaus, Peter „Die Transportmarkt-Liberalisierung in den USA – Lehren für die deutsche Logistik-Dienstleistungswirtschaft?“ in: Logistik Management, 1.Jg., Ausg. 1, S. 41-48.

Klaus/Kille (2008): Klaus, Peter, Christian Kille, Die Top 100 der Logistik. Marktgrößten, Marktsegmente und Marktführer in der Logistikdienstleistungswirtschaft. DVV-Media-Group, Hamburg.

Klaus (2008): Klaus, Peter: Märkte und Marktentwicklungen der weltweiten Logistikwirtschaft, in: Baumgarten, Helmut (Hrsg.), Das Beste der Logistik. Innovationen, Strategien, Umsetzungen. Springer-Verlag Berlin-Heidelberg.

Klaus (2009): Klaus, Peter „Eine Liga professioneller Großunternehmen“ in: Logpunkt, Heft 3, S. 10f.

Klaus/Hartmann/Kille (2009): Klaus, Peter, Evi Hartmann, Christian Kille, Top 100 in European Transport and Logistics Services – 2009/2010. Market Sizes, Market Segments and Market Leaders in the European Logistics Industry, DVV-Media-Group, Hamburg.

Klaus/Kille/Roth (2010)

Lafontaine/Valerie (2010): Lafontaine, Francine and Laura Malaguzzi Valeri “The Deregulation of International Trucking in the European Union: Form and Effect” in: Journal of Regulatory Economics, 2010, Volume 37, Issue 1, pp. 79-97.

Langley/Cap Gemini (2009): Langley, c. John, The State of Logistics Outsourcing 2009: Third-Party Logistics, Atlanta/Ga.

Lechner (1967): Lechner, Karl, Grundfragen der Transport-Betriebswirtschaftslehre, GOF-Verlag, Wien.

Mercer (2004): Oliver Pierre Deraed, Mythen der Kontraktlogistik, eine Oliver Wyman Studie, München.

Müller/Klaus (2009): Müller, Stefanie und Peter Klaus, Die Zukunft des Ladungsverkehrs in Europa. Ein Markt an der Schwelle zur Industrialisierung. DVV-Media-Group, Hamburg.

Petrik (2009): Petrik, Anita, Multimodale Produkte im Revenue Management: Potenziale und Ansätze zur Realisierung einer Kapazitätssteuerung, noch unveröffentlichte Dissertation an der Technischen Universität Darmstadt.

Progtrans (2007): „Abschätzung der langfristigen Entwicklung des Güterverkehrs bis 2050“ im Auftrag des BMVBS, Basel-Berlin.

Quinn (2000): Quinn, Francis J., Transportation: The forgotten Factor, in: Logistics Management, Vol. 39, Iss. 9, S. 45.

Tripp (2004): Tripp Christoph, Mittelstand und Kontraktlogistik. Eine Untersuchung der Fraunhofer ATL im Auftrag der Bayer. Hypo- und Vereinsbank AG, Nürnberg.

Umweltbundesamt (2009): Lambrecht, Martin und Christoph Erdmenger (Red.) „Strategie für einen nachhaltigen Güterverkehr“, Text 18/2009, Berlin .

VCD (2007): Verkehrsclub Deutschland, VCD Position Güterverkehr, Berlin.

ViZ (2008): Bundesministerium Verkehr, Bau und Stadtentwicklung (Hrsg.), Verkehr in Zahlen 2008/9, DVV Media Group, Hamburg.

Walther (2010): Walther, Stefan: Industrializing Transportation Networks – with Special Reference to European Over-the-Road Truckload Carriers. Dissertation an der Friedrich-Alexander-Universität Erlangen-Nürnberg, im Druck 2010.

Wilson (1980): Wilson, George W., Economic Analysis of Intercity Freight Transportation, Bloomington/In.

Wilson (2009): Wilson, Rosalyn, 20st Annual State of Logistics Report, Council of Supply Chain Management Professionals (CSCMP), Chicago/Ill.

André Lortz* / Andreas Rausch** / Dieter Rogge*** / Tobias Spahl****

CO_2-Bilanzierung zur Gestaltung klimafreundlicher Transportketten bei BASF

* M.Sc. Dipl.-Ing. André Lortz ist seit 2007 wissenschaftlicher Mitarbeiter am Fachgebiet Unternehmensführung & Logistik und Mitglied des Forschungsschwerpunktes Integrierte Verkehrssysteme (fsiv) der TU Darmstadt. Zuvor absolvierte er an der TU Darmstadt den Diplomstudiengang Bauingenieurwesen sowie das Masterprogramm Traffic & Transport.

** Dipl.-Wirtsch.-Ing. Andreas Rausch leitete nach seinem Eintritt in die BASF im Jahr 1998 zunächst internationale Projekte in der Logistikberatung. Es folgte eine Auslandsdelegation nach Singapur und Hongkong. Seit dem Jahr 2007 ist er als Director bei BASF verantwortlich für den Einkauf von Logistikdienstleistungen im Landverkehr in Europa. Vor seinem Eintritt in die BASF hat er von 1993 bis 1998 an der TU Darmstadt das Studium des Wirtschaftsingenieurwesens mit der Fachrichtung Maschinenbau absolviert.

*** Dipl.-Kfm. Dieter Rogge hat nach Beendigung des Studiums der Wirtschaftswissenschaften an der Universität Hamburg zunächst eine Tätigkeit im Bereich der Logistik der BASF ausgeübt, bevor er in den Einkauf wechselte. Hier ist er u. a. im Zusammenhang mit der Thematik Green Logistics für den Aufbau multimodaler Transportnetzwerke in Europa tätig.

**** Dipl.-Wirtsch.-Ing. Tobias Spahl arbeitet als Logistics Project Manager bei Procter & Gamble. Zuvor studierte er an der TU Darmstadt Wirtschaftsingenieurwesen und absolvierte an der Linköpings University in Schweden das Masterprogramm Manufacturing Management.

1 Einleitung

Auch wenn die naturwissenschaftlichen Grundlagen der globalen Erwärmung noch längst nicht gänzlich erforscht sind, besteht zumindest weitgehend Konsens darüber, dass menschliche Aktivität ein signifikant beitragender Faktor bei der Veränderung der mittleren globalen Temperatur ist.[1] Nach Erkenntnissen des vierten Sachstandberichtes des Intergovernmental Panel on Climate Change (IPCC) werden insbesondere CO_2-Emissionen als wesentlicher Faktor für diesen anthropogenen Treibhauseffekt gesehen.[2]

Aufgrund ihrer großen ökologischen Betroffenheit steht auch die Logistik in der Verantwortung, neben der ökonomischen auch die ökologische Effektivität und Effizienz zu verbessern, um einen wichtigen Beitrag zur CO_2-Reduktion zu leisten. Ansatzpunkte liefert hier vor allem das verrichtungsspezifische Subsystem Transport. Um jedoch geeignete Maßnahmen identifizieren und bewerten zu können, müssen die CO_2-Emissionen des Gütertransports systematisch erfasst und analysiert werden. Schwierigkeiten ergeben sich dabei insbesondere aus dem Fehlen von einheitlichen Berechnungsverfahren sowie nationaler und internationaler Standards. Zwar arbeitet der Europäische Normenausschuss CEN/TC 3207WG 10 derzeit mit Hochdruck an einer Norm zur Berechnung von Treibhausgasemissionen im Transport, doch ist aufgrund der Vielzahl offener Fragen sowie der aufwändigen internationalen Abstimmung frühestens Anfang 2012 mit einer Veröffentlichung dieser Norm zu rechnen.[3] Daher ist es den Unternehmen bislang weitgehend selbst überlassen, wie weit sie die Bilanzgrenzen ziehen und welche Berechnungsmethoden sie anwenden.

In der verladenden Wirtschaft wird der Gütertransport meist den Dienstleistern zugeschrieben und erfährt als indirekter Faktor keine weitere Betrachtung. Aufgrund der hohen Entscheidungskompetenz der Verlader im Gütertransport (Verkehrsträgerwahl, Vorgabe der raum-zeitlichen Rahmenbedingungen, etc.), muss dies überdacht werden. Die BASF hat dies erkannt und sich zum Ziel gesetzt, zugrunde liegende Strukturen und Prozesse im Gütertransport auf ihre CO_2-Intensität zu analysieren, zu bewerten und ggf. im Hinblick auf CO_2-Aspekte neu zu gestalten. Daher hat sie in Zusammenarbeit mit dem Fachgebiet Unternehmensführung und Logistik der TU Darmstadt eine Methodik erarbeitet, die es ermöglicht, die CO_2-Emissionen der ein- und ausgehenden Transportketten am Standort Ludwigshafen nach aktuellem Stand der Forschung zu erfassen und geeignete Handlungsoptionen zur Reduktion von CO_2-Emissionen abzuleiten.

Der vorliegende Beitrag stellt die einzelnen Schritte der entwickelten Bilanzierungsmethodik allgemein und bezüglich ihrer Ausgestaltung für die Bilanzierung der BASF vor. Einen besonderen Schwerpunkt bildet hierbei die Verfügbarkeit und Auswahl geeigneter CO_2-Emissionsfaktoren. Im Anschluss daran werden erste Bilanzierungsergebnisse präsentiert und kritisch diskutiert. Das folgende Kapitel thematisiert die ökologische Betroffenheit der Logistik im Allgemeinen sowie die besondere Bedeutung des verrichtungsspezifischen Subsystems Transport bei den klimarelevanten Emissionen, um die hohe Relevanz einer CO_2-Bilanzierung des Gütertransports aufzuzeigen.

---

1 Vgl. IPCC (2007), S. 10; Doran/Zimmermann (2009), S.21; Brown/Pielke/Annan (2007), S.2.

2 Vgl. IPCC (2007), S.2-4.

3 Vgl. Winkler, D. (2009), S.42.

2 Logistik, Transport und klimarelevante Emissionen

2.1 Ökologische Betroffenheit der Logistik

Die kontinuierlich voranschreitende Globalisierung mit einer zunehmenden Dislozierung und Internationalisierung von Beschaffung, Produktion und Distribution hat in den vergangenen Jahren zu einer stetig steigenden Bedeutung der Logistik geführt. Leistungsfähige Logistiksysteme bilden heute das Rückgrat der Wirtschaft und ermöglichen eine effektive und effiziente Arbeitsteilung und Wertschöpfung in allen Wirtschaftssektoren. Der Logistiksektor hat sich mittlerweile mit einem Umsatzvolumen von 205 Mrd. € und 2,7 Mio. Beschäftigten im Jahr 2007 in Deutschland zu einem eigenständigen Wirtschaftszweig entwickelt, dessen gesamtwirtschaftliche Bedeutung auch politisch zunehmend anerkannt wird.[4] Die Effektivität und Effizienz logistischer Systeme kann jedoch nicht nur eindimensional nach ökonomischen Zielen und Kriterien beurteilt werden. Vielmehr sind bei der Beurteilung immer auch technologische, soziale sowie ökologische Ziele und Kriterien heranzuziehen, die teilweise konkurrierend sind.[5]

In jüngster Vergangenheit gewinnt insbesondere die ökologische Dimension immer mehr an Gewicht. So zeigt eine Studie zu den Trends und Strategien in der Logistik aus dem Jahr 2008, dass Unternehmen mit Blick auf das Jahr 2015 Umwelt- und Ressourcenschutz als den Trend identifizieren, der am stärksten an Bedeutung gewinnt.[6] Dabei erwarten mehr als 74 % der Befragten eine hohe bis sehr hohe ökologische Betroffenheit der Logistik im Jahr 2015, und mehr als 62 % gehen von finanziellen Einbußen aus, wenn sie nicht auf den Trend reagieren.[7] Trotz dieser negativen Erwartungen - oder gerade deshalb - bewertet die Mehrheit der Befragten den Umwelttrend als Chance und Innovationstreiber. Allerdings steckt die Umsetzung von Maßnahmen zum Umwelt- und Ressourcenschutz in der Logistik noch weitgehend in den Anfängen.[8] Obwohl bereits in den frühen 1990er Jahren erste Ansätze zur umweltgerechten Gestaltung logistischer Prozesse bekannt wurden, besteht diesbezüglich noch umfangreicher Forschungs- und Entwicklungsbedarf.[9] Während in der Vergangenheit Umweltaspekte vor allem durch die zunehmende Globalisierung und den steigenden Wettbewerbsdruck wieder in den Hintergrund verdrängt wurden, deuten aktuelle Studien an, dass der Trend zur „grünen“ Logistik auch der gegenwärtigen Wirtschaftskrise trotzt und somit von einem nachhaltigen Trend ausgegangen werden kann.[10]

---

4 Berücksichtigt man auch die Logistik-Zulieferwirtschaft und die von der Logistik in fernen Wirtschaftsbereichen induzierten Arbeitsplätze, lässt sich eine Gesamtzahl von über 5 Mio. Arbeitsplätzen ermitteln. Vgl. Klaus/Kille (2008), S.76. Für das „Europa der 29“ ergibt sich ein Marktvolumen von ca. 900 Mrd. € und weltweit wird das Marktvolumen auf 4.200 Mrd. € geschätzt. Vgl. Klaus/Kille (2008), S.45.

5 Vgl. Pfohl (2004), S.55; Pfohl (1995), S.107.

6 Vgl. Straube/Pfohl (2008), S.13-15.

7 Vgl. Straube/Pfohl (2008), S.62-67. Bei den Verladern des Industriesektors gehen sogar 83 % von finanziellen Einbußen aus, wenn nicht reagiert wird.

8 Vgl. Straube/Pfohl (2008), S.66-67 sowie S.74-81 zu einzelnen Maßnahmen.

9 Vgl. Pfohl (1993); Pfohl/Engelke (1995a); Pfohl/Engelke (1995b); Pfohl/Engelke (1997); Scholz-Reiter/Böse/Hinrichs/Toonen (2007), S.15; Srivastava (2007).

10 Vgl. Straube/Pfohl (2008), S.62-63; BME (2009), S.3-9; BVL (2010).

Die Berücksichtigung ökologischer Belange bei der Gestaltung logistischer Prozesse kann grundsätzlich sowohl für die phasen-, als auch für die verrichtungsspezifischen Subsysteme der Logistik untersucht werden.[11] Die nachfolgenden Ausführungen widmen sich dem verrichtungsspezifischen Subsystem Transport, da diesem eine besondere Bedeutung beigemessen werden kann. Bereits an dieser Stelle sei jedoch angemerkt, dass bei einer ökologischen Neuausrichtung des Subsystems Transport auch Interdependenzen zu den anderen Subsystemen beachtet werden müssen, um eine Verminderung der Umweltbelastungen des gesamten Logistiksystems zu erzielen.[12]

2.2 Besondere Bedeutung des verrichtungsspezifischen Subsystems Transport bei den klimarelevanten Emissionen

Das verrichtungsspezifische Subsystem Transport besitzt einen besonderen Stellenwert in der Logistik. Einerseits trägt es mit einem Anteil von ca. 44 % am gesamten Umsatzvolumen wesentlich zur Wertschöpfung in der Logistik bei.[13] Auf der anderen Seite wird in ihm aber auch der größte Verursacher negativer Umwelteinwirkungen durch die Logistik gesehen.[14] Obwohl für eine ganzheitliche ökologische Betrachtung des Transports eine Vielzahl von Umwelteinwirkungen zu berücksichtigen ist, die teilweise miteinander in Konflikt stehen, wird aufgrund der Brisanz der Klimaschutzdebatte im Weiteren der Fokus auf Treibhausgasemissionen gelegt.[15]
Nach dem Kyoto-Protokoll zählen Kohlendioxid (CO_2), Methan (CH_4), Distickstoffoxid (N_2O), Teilhalogenierte Fluorkohlenwasserstoffe (H-FKW/HFC), Perfluorierte Kohlenwasserstoffe (FKW /PFC) sowie Schwefelhexafluorid (SF_6) zu den klimawirksamen Treibhausgasen.[16] Bezüglich ihrer Klimawirksamkeit weisen die einzelnen Treibhausgase jedoch große Unterschiede auf. Der Beitrag einer festgelegten Menge eines bestimmten Treibhausgases zum Treibhauseffekt wird daher als Treibhauspotenzial oder auch Global Warming Potential (GWP) bezeichnet.[17] Da bei dessen Bestimmung CO_2 als Referenzwert (GWP=1) dient, ist es möglich, andere Treibhausgasemissionen mit Hilfe ihres GWP in CO_2-Äquivalente (CO_2e) umzurechnen.[18]
Obwohl das GWP der anderen Treibhausgase um 25- bis 22.800-mal höher ist, kann CO_2 aufgrund seiner deutlich höheren Konzentration und sehr langen Verweildauer in der Erdatmosphäre eine Sonderrolle beim anthropogenen Treibhauseffekt eingeräumt werden.[19] Dies zeigt sich auch beim Gütertransport. Beispielsweise entstehen bei der Verbrennung von einem Liter Diesel 2,665 kg

---

[11] Vgl. Pfohl (1993); Pfohl/Hoffmann/Stölzle (1992). Eine ausführliche Darstellung der verrichtungs- und phasenspezifischen Subsysteme der Logistik findet sich bei Pfohl (2010), S.66-228.

[12] Vgl. Pfohl (2010), S.25-29; Pfohl/Engelke (1995a), S.4-6. Einen Überblick über die Komplexität von Logistikentscheidungen gibt der Logistikwürfel von Pfohl. Vgl. Pfohl (2004), S.25.

[13] Vgl. Klaus/Kille (2008), S.159.

[14] Vgl. Pfohl/Engelke/Theile (1996), S.16; Pfohl/Engelke (1997), S.381.

[15] Zu den verschiedenen Umwelteinwirkungen des Transports vgl. Aberle (2009), S.583-600. Zur Brisanz der Klimaschutzdebatte vgl. u. a. Stern (2007); Sinn (2008); Porter/Reinhardt (2007); Schmidt (2009).

[16] Vgl. BMU (1997), S. 22.

[17] Vgl. Forster et al. (2007), S.131ff.

[18] Vgl. BSI (2008), S.3 u. 7.

[19] Vgl. IPCC (2007), S.2-4

CO_2e, wovon 2,629 kg bzw. 98,6 % auf CO_2 entfallen.[20] Dennoch bleibt anzumerken, dass bei einer ganzheitlichen Beurteilung der Klimawirkungen des Transports insbesondere beim Luftverkehr auch indirekte Wirkungen zu berücksichtigen sind, die sich derzeit jedoch einer verlässlichen Quantifizierung entziehen und auch in offiziellen EU-Statistiken nicht ausgewiesen werden.[21] Daher beschränken sich die folgenden Ausführungen auf CO_2- und CO_2e-Emissionen.

Mit einem Anteil von 89 % nimmt der Gütertransport die Spitzenposition bei den CO_2e-Emissionen der Logistik ein.[22] Während die CO_2-Emissionen in den anderen Wirtschaftssektoren zwischen 1990 und 2007 um 8,9 % reduziert werden konnten, verzeichnete der Transportsektor (Güter- und Personentransport) einen Anstieg um 35,6 % innerhalb der EU-27.[23] Damit erhöhte sich der Anteil des Transportsektors von 21 % im Jahr 1990 auf 28 % im Jahr 2007. Hauptverantwortlich für diesen starken Zuwachs ist im Zuge der fortschreitenden Globalisierung vor allem der internationale Luft- und Seeverkehr. Während die CO_2-Emissionen des internationalen Seeverkehrs in diesem Zeitraum um 60 % zugenommen haben, betrug die Zunahme im internationalen Luftverkehr sogar 109 %. Die beiden Verkehrsträger sind somit bezogen auf das Jahr 2007 für 6,9 % der gesamten CO_2-Emissionen bzw. 24 % der CO_2-Emissionen des Transportsektors verantwortlich.

Aufgrund der ambitionierten CO_2-Reduktionsziele der EU und Deutschland ist daher anzunehmen, dass der politische Druck auf den Transportsektor auch in Zukunft weiter zunehmen wird.[24] Obwohl der Hauptanteil der CO_2-Emissionen des Transportsektors auf den Personentransport entfällt, spricht das deutlich dynamischere Wachstum des Gütertransports dafür, dass dessen Anteil an den CO_2-Emissionen des Transportsektors in Zukunft weiter steigen wird.[25] Auch wenn die wirtschaftliche Rezession geringere CO_2-Emissionswerte des Gütertransports für das Jahr 2009 erwarten lässt, so kann hier nicht von einem Trendbruch ausgegangen werden. Vielmehr ist zu erwarten, dass aufgrund der abgeleiteten Nachfrage des Gütertransportes eine Erholung der Weltwirtschaft dafür sorgen wird, dass der oben dargestellte Trend sich weiter fortsetzt, wenn keine geeigneten Maßnahmen zur CO_2-Reduktion im Gütertransport ergriffen werden.

Sieht sich der Transportsektor mit steigenden Umweltauflagen konfrontiert, liegt es auch in der Verantwortung der Verlader, ihren Beitrag zum Umwelteinfluss – nämlich das Generieren von Warenflüssen – anzuerkennen und einen nachhaltigen Umgang mit den Transportressourcen der Partner zu unterstützen. Dabei spricht aus unternehmerischer Sicht eine Reihe weiterer Triebkräfte dafür, sich von einem reaktiven oder opportunistischen Verhalten abzuwenden und eine proaktive Vorreiterrolle einzunehmen.[26] Neben steigenden Energie- und Treibstoffkosten sind hier veränderte Anforderungen von Kunden und Finanzmärkten sowie Strategien der Wettbewerber zu nennen, die positiv auf das Wertpotenzial klimafreundlicher Logistik wirken.[27] Dies hat die BASF erkannt

---

20 Vgl. Kranke (2009a), S.22.
21 Vgl. T&E (2009), S.8; Kranke (2009e), S.40-41.
22 Vgl. Clausen/Deymann (2009), S.32.
23 Vgl. T&E (2009), S.5.
24 Vgl. Findeis/Tille (2010), S.5; Aberle (2009), S.624; Pfohl/Lortz (2009), S.24.
25 Vgl. IKB (2008), S.3; Destatis (2004), S.17; BMU (2007), S.6-7 u. 14-15.
26 Vgl. Arretz (2008), S.229-230; Pfohl/Lortz (2009), S.24.
27 Vgl. Arretz (2008), S.224-229; Browne/Pfohl/Stölzle/Lortz (2008), S.69-79; Porter/Reinhardt (2007).

und möchte sich aktiv für die Gestaltung klimafreundlicher Transportketten einsetzen. Dafür ist es erforderlich, Transparenz zu schaffen und die CO_2-Emissionen der bestehenden Transportketten zu erfassen und auf Reduktionspotenziale zu untersuchen. Die hierfür in Zusammenarbeit mit dem Fachgebiet Unternehmensführung und Logistik der TU Darmstadt entwickelte Bilanzierungsmethodik für den Standort Ludwigshafen wird im nachfolgenden Kapitel ausführlich dargestellt.

3 CO_2-Bilanzierung des Gütertransports der BASF am Standort Ludwigshafen

3.1 Klimaschutz bei BASF

In Sachen Klimaschutz nimmt die BASF bereits heute eine Vorreiterrolle ein. Als erstes Unternehmen weltweit hat sie im Februar 2008 eine umfassende CO_2-Bilanz[28] vorgelegt. Der innovative Ansatz der CO_2-Bilanz wurde vom Europäischen Chemieverband (CEFIC) ausgezeichnet, und der BASF wurde der Europäische Preis für Verantwortliches Handeln 2008 verliehen.[29] Die BASF ist damit das erste Unternehmen, das eine umfassende und unabhängig zertifizierte CO_2-Bilanz vorlegt, die den CO_2-Fußabdruck des Unternehmens bewertet. In der Bilanz werden CO_2-Einsparungen, die man mit BASF-Produkten und -Verfahren erzielt, den CO_2-Emissionen aus der Rohstoffgewinnung, Produktion sowie Entsorgung der Produkte gegenübergestellt.[30] Die Ergebnisse für das Jahr 2008, die durch ein externes Gutachten des Öko-Instituts Freiburg bestätigt wurden, lauten wie folgt:[31]

- Bei der Förderung oder Herstellung der von der BASF für die Produktion zugekauften Rohstoffe, Vorprodukte und Hilfsstoffe entstanden 28 Mio. t CO_2e.
- In der eigenen Produktion sowie zur Bereitstellung von Strom und Dampf wurden weltweit 25 Mio. t CO_2e freigesetzt.
- Die Entsorgung aller in 2006 hergestellten Produkte am Ende ihres Lebenszyklus wird mit einem Ausstoß von knapp 34 Mio. t CO_2e einhergehen.

Viele Produkte der BASF helfen, den CO_2-Ausstoß zu reduzieren. Den Emissionen aus Rohstoffen, Vorprodukten, Produktion und Entsorgung von insgesamt 87 Mio. t CO_2e stehen Einsparungen von 252 Mio. t CO_2e durch die Verwendung von BASF-Produkten gegenüber.[32] Damit werden beim Kunden durch den Einsatz dieser Produkte dreimal mehr CO_2e eingespart, als bei der gesamten Herstellung und Entsorgung entstehen. Diesen Faktor 3 möchte die BASF langfristig erhalten oder sogar erhöhen. Rund 400 Mio. € pro Jahr, also über ein Drittel der gesamten Forschungsausgaben, werden in der BASF für Energieeffizienz, Klimaschutz, Ressourcenschonung und nachwachsende Rohstoffe aufgewendet. Daher ist es bereits durch zahlreiche Maßnahmen gelungen,

---

28 Die BASF hat in ihrer Bilanz CO_2e ermittelt, spricht jedoch von einer CO_2-Bilanz.
29 Vgl. BASF (2009), S.7.
30 Vgl. BASF (2009), S.6.
31 Vgl. BASF (2009), S.6; Öko-Institut e.V. (2008b), S.1f.
32 Vgl. BASF (2009), S.9.

die Emissionen relevanter Klimagase zu reduzieren. Im Zeitraum 1990 bis 2002 wurden die Treibhausgasemissionen absolut um 38 %, spezifisch sogar um 61 % gesenkt. Da die BASF die globalen Umweltziele für 2012 bereits im Laufe des Jahres 2007 erreichen konnte, hat sie sich Anfang 2008 folgende neue Klimaschutzziele bis 2020 gesetzt:[33]

- Senkung der Treibhausgasemissionen je Tonne Verkaufsprodukt um 25 % gegenüber 2002.
- Verbesserung der spezifischen Energieeffizienz bei Produktionsprozessen gegenüber 2002.

In der CO_2-Bilanz der BASF wurden die CO_2-Emissionen des Gütertransports bislang nur teilweise und überschlägig ermittelt. Diese Lücke soll mit Hilfe der im nächsten Abschnitt vorgestellten Methodik geschlossen werden.

3.2 Methodik zur Erfassung der CO_2-Emissionen des Gütertransports

Bei der Entwicklung einer geeigneten Methodik zur Erfassung der CO_2-Emissionen des Gütertransports des Standorts Ludwigshafen stellte sich zunächst das Fehlen eines standardisierten Vorgehens bei der räumlichen, zeitlichen und inhaltlichen Ausgestaltung als hinderlich heraus.[34] Daher wurde für die BASF die in Abbildung 1 dargestellte CO_2-Bilanzierungsmethode erarbeitet, die sich vor allem an einem vom Umweltbundesamt veröffentlichten Leitfaden[35] orientiert. Zusätzlich wurden vergleichbare Veröffentlichungen des Greenhouse Gas Protocols und des Departments for Environment, Food and Rural Affairs (Defra) berücksichtigt.[36]

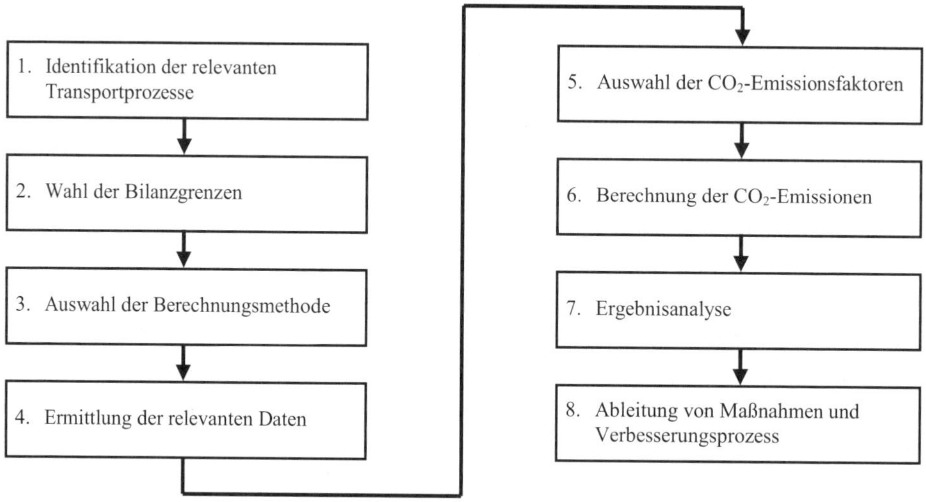

Abbildung 1: CO_2-Bilanzierungsmethode für den Gütertransport der BASF

---

[33] Vgl. BASF (2009), S.18.

[34] Vgl. Flämig/Drewes/Seipold/Wolff (2009), S.262.

[35] Vgl. UBA (1999). Der Leitfaden wurde vom IFEU-Institut erstellt, um Unternehmen als Basis zur Erfassung transportbedingter Umwelteinwirkungen zu dienen.

[36] Vgl. Defra (2008a); Defra (2008b); Defra (2008c); GHG Protocol (2005).

Im Gegensatz zum gegenwärtig häufig diskutierten Product Carbon Footprint[37] sollen die CO_2-Emissionen nicht in Abhängigkeit einer funktionellen Einheit der jeweiligen Produkte ermittelt werden. Vielmehr ist das Ziel, den gesamten CO_2-Ausstoß des Gütertransports in Abhängigkeit einzelner Transportketten zu erfassen. Hiermit soll für die BASF eine Grundlage geschaffen werden, um die Bedeutung des Gütertransports besser einschätzen und geeignete Strategien zur CO_2-Reduktion ableiten und legitimieren zu können. Dabei muss die Methodik eine relativ einfache Erfassung aller wesentlichen vom Gütertransport verursachten CO_2-Emissionen unterstützen. Weiterhin muss sie an zukünftige politische Anforderungen und wissenschaftliche Erkenntnisse angepasst werden können und übertragbar auf andere Standorte der BASF sein. Die einzelnen Schritte der entwickelten CO_2-Bilanzierungsmethode werden nachfolgend erläutert.

Identifikation der relevanten Transportprozesse und Wahl der Bilanzgrenzen

Grundsätzlich sollte jede Art von Transport berücksichtigt werden, die durch Tätigkeiten des Unternehmens entsteht und zu CO_2-Emissionen führt.[38] Da bei der BASF der außerbetriebliche Gütertransport bezüglich der Verursachung von CO_2-Emissionen von besonderer Relevanz ist, bleiben der Personentransport sowie der innerbetriebliche Gütertransport jedoch zunächst außerhalb der Betrachtung.[39] Für eine möglichst genaue Bilanzierung muss jeder Standort einzeln auf seine zwischen- und überbetrieblichen Transporte untersucht werden.[40] Dabei ist sicherzustellen, dass der zwischenbetriebliche Transport nur einem Standort zugerechnet wird. Für eine spätere Untersuchung von Verlagerungspotenzialen ist es zudem wichtig, dass alle Teilprozesse der einzelnen Transportketten[41] erfasst werden. So müssen für einen aussagekräftigen Vergleich auch Vor- und Nachläufe sowie erforderliche Umschlagprozesse berücksichtigt werden. Daher werden die CO_2-Emissionen für ganze Transportketten ermittelt.

Aufgrund fehlender Standards besteht eine besondere Herausforderungen in der Wahl der „richtigen" Bilanzgrenzen.[42] Da nur der außerbetriebliche Gütertransport bilanziert wird, stellt das Werk in Ludwigshafen die erste räumliche Bilanzgrenze dar.[43] Weitere räumliche Bilanzgrenzen werden beim See- und Luftfrachttransport an den Bestimmungshäfen gezogen, da ab dort keine Daten über den weiteren Transport vorliegen und auch keine Einflussmöglichkeiten für die BASF bestehen.

Hiermit ist auch schon ein zentrales Problem angesprochen, nämlich die Frage, welche Transporte dem eigenen Unternehmen zuzurechnen sind und welche den Lieferanten oder Kunden. Dabei sind

37 Vgl. hierzu u. a. PCF Pilotprojekt Deutschland (2009) und BSI (2008).

38 Vgl. UBA (1999), S.12.

39 Zur Abgrenzung zwischen inner- und außerbetrieblichem Transport vgl. Pfohl (2010), S.150.

40 Der außerbetriebliche Transport kann in über- und zwischenbetriebliche Transporte unterteilt werden. Vgl. Gomm/Hofmann (2003), S.131.

41 Transportketten können als eine Folge von verknüpften Vorgängen beschrieben werden, bei denen Güter von einer Quelle zu einer Senke bewegt werden. Vgl. Pfohl (2010), S.151-152. Zu Ausgestaltungsformen von Transportketten vgl. Bühler (2006), S.51 f.

42 Vgl. Flämig/Drewes/Seipold/Wolff (2009), S.259; Winkler (2009).

43 Hierbei ist zu berücksichtigen, dass die BASF am Werk Ludwigshafen mehrere Betriebe unterhält. Der Transport zwischen diesen verschiedenen Betrieben am Standort Ludwigshafen wird dem innerbetrieblichen Transport des Werkes Ludwigshafen zugerechnet.

grundsätzlich verschiedene Abgrenzungen möglich.[44] Hier werden als Bilanzgrenzen die „Handlungsgrenzen" des Unternehmens gewählt.[45] Besteht Handlungsspielraum bei der Wahl der Speditionen oder kann sogar beeinflusst werden, mit welchen Fahrzeugen gefahren wird, werden diese Transporte bilanziert. Dies führt zum „Prinzip des Frachtzahlers", d. h. Transporte werden in der CO_2-Bilanz erfasst, wenn die BASF Frachtzahler ist. Es lässt sich somit resümieren, dass bei der Wahl der Bilanzgrenzen geprüft werden muss, ob das Unternehmen Einfluss auf die Transportvorgänge nehmen kann, relevante Umwelteinwirkungen von den Vorgängen ausgehen, Daten für den Bereich beschaffbar sind und die Bilanzgrenzen in den Folgejahren beibehalten werden können.[46] Änderungen der Bilanzgrenzen sind genauestens zu dokumentieren, um die Auswirkungen von Verbesserungsmaßnahmen in den Bilanzen verfolgen und richtig interpretieren zu können.

Auswahl der Berechnungsmethode und Ermittlung der relevanten Daten

Mit der treibstoffbasierten und entfernungsbasierten Berechnungsmethode stehen zwei unterschiedliche Ansätze für die CO_2-Bilanzierung des Gütertransports zur Verfügung.[47] Bei der treibstoffbasierten Berechnungsmethode werden die CO_2-Emissionen mit Hilfe von Formel 1 direkt aus dem Treibstoffverbrauch ermittelt.[48] Dies ist jedoch für Verlader bei der Fremdvergabe von Transportdienstleistungen nur möglich, wenn die erforderlichen Daten von den Transportdienstleistern bereit gestellt werden.

Formel 1: CO_2-Emissionen = verbrauchter Treibstoff · CO_2-Faktor[49] [g CO_2]

Grundsätzlich ist die treibstoffbasierte Berechnungsmethode vorzuziehen, da alle Unsicherheitsfaktoren (Leerfahrten, Auslastung, Streckenverhältnisse, Fahrweise, etc.) implizit einfließen.[50] Folgende Leitfragen helfen bei der Frage, ob die treibstoffbasierte Berechnungsmethode anwendbar ist:[51]

- Sind vollständige transportspezifische Treibstoffaufzeichnungen vorhanden?
- Sind Daten von direkten Messungen vorhanden?
- Sind Bilanzen über die Ausgaben von Treibstoff vorhanden?

Kann keine dieser Fragen positiv beantwortet werden oder werden auch Güter anderer Unternehmen in denselben Transportmitteln mitbefördert, muss auf die entfernungsbasierte Berechnungsmethode zurückgegriffen werden. Dies gilt auch für die BASF.

---

44 Vgl. UBA (1999), S.13 ; GRI (2006), S.18.
45 Vgl. UBA (1999), S.17.
46 Vgl. UBA (1999), S.17.
47 Vgl. GHG Protocol (2005), S.3-5.
48 Vgl. GHG Protocol (2005), S.4.
49 Im Gegensatz zum CO_2-Emissionsfaktor aus Formel 2, berücksichtigt der CO_2-Faktor nur den CO_2-Ausstoß pro Liter oder Gramm Treibstoff, nicht aber den spezifischen Energieverbrauch der eingesetzten Verkehrsmittel.
50 Vgl. GHG Protocol (2005), S.3.
51 Vgl. GHG Protocol (2005), S.5.

Bei der entfernungsbasierten Berechnungsmethode wird mit Hilfe von sogenannten „CO_2-Emissionsfaktoren" der CO_2-Ausstoß für eine bestimmte Streckeneinheit[52] ermittelt. Die Berechnung der CO_2-Emissionen für die hier gewählte Streckeneinheit Güter-Entfernung kann mit Hilfe von Formel 2 erfolgen. Dazu werden das Gewicht der transportierten Güter, die zurückgelegten Entfernungen sowie geeignete CO_2-Emissionsfaktoren benötigt, die ausführlich in Kapitel 3.3 thematisiert werden.[53]

Formel 2: CO_2-Emissionen = Entfernung · Gütergewicht · CO_2-Emissionsfaktor[54] [g CO_2]

Zur Ermittlung der relevanten Daten für die entfernungsbasierte Berechnungsmethode wurde auf die in der BASF verfügbaren Zahlen für 2008 zurückgegriffen. Die mit den verschiedenen Verkehrsträgern beförderten Waren sowie deren Gewicht wurden hierzu aus SAP-Datenbanken entnommen. Auch die Entfernungen einzelner Relationen waren teilweise in Systemen der BASF verfügbar. Sofern dies nicht der Fall war, wurden die Entfernungen mit Google Maps[55] (Straße), Ecotransit[56] (Schiene), Sea Rates[57] (Seestrecken) und dem OAG Flight Guide[58] (Fluglinien) bestimmt.[59]

Auswahl der CO_2-Emissionsfaktoren und Berechnung der CO_2-Emissionen

Die Auswahl geeigneter CO_2-Emissionsfaktoren ist für eine möglichst aussagekräftige Bilanz von entscheidender Bedeutung. Für die entfernungsbasierte Berechnungsmethode existieren jedoch keine standardisierten CO_2-Emissionsfaktoren. So werden in verfügbaren Studien unterschiedliche Basisfaktoren verwendet, die teilweise zu erheblich abweichenden Ergebnissen führen. Grundsätzlich müssen daher bei der Interpretation von CO_2-Emissionsfaktoren folgende Unsicherheitsfaktoren berücksichtigt werden:[60]

---

52 Vgl. UBA (1999), S.24; BSI (2008), S.16; Defra (2008a), S.1. Neben der hier gewählten Streckeneinheit Güter-Entfernung (tkm) werden dort auch Fahrzeug-Entfernung (km) und Personen-Entfernung (Personen-km) genannt.

53 Vgl. UBA (1999), S.25; GHG Protocol (2005), S.5.

54 In diesem Beitrag wird der Begriff CO_2-Emissionsfaktor immer im Sinne von Formel 3 verwendet. Er beschreibt demnach die CO_2-Emissionen pro Transportleistung in [g CO_2] pro [tkm], die bei einer bestimmten Transportaktivität auftreten.

55 http://maps.google.de/.

56 http://www.ecotransit.org/.

57 http://www.searates.com/. 1 Seemeile = 1,852 km. Dabei ist zu beachten, dass mit Hilfe von Sea Rates nur eine Berücksichtigung der Direktverbindungen möglich ist. Da in der Regel aber mehrere Häfen pro Region angelaufen werden, ergeben sich Umwege, die für Verlader kaum nachvollziehbar sind. Vgl. Kranke (2009d), S.39.

58 Vgl. OAG (2009). Aufgrund schwieriger Verkehrs- und Wetterverhältnisse können die tatsächlich zurückgelegten Flugkilometer hiervon abweichen. Daher wurden von der ICAO Aufschläge nach Entfernungsklassen definiert, die zum Zeitpunkt der Bilanzierung nicht vorlagen und deshalb nicht berücksichtigt wurden. Vgl. Kranke (2009e), S.43.

59 Das GHG-Protocol macht keine konkreten Vorgaben, wie Transportweiten zu berechnen sind. Grundsätzlich ist jedoch unter Berücksichtigung des Aufwandes und der Bilanzierungsabsichten eine möglichst exakte Bestimmung anzustreben. Vgl. Schmied/Deymann (2009), S.4.

60 Vgl. McKinnon (2007a), S.1.

- Es liegen unterschiedliche Annahmen für die Auslastung der Transportmittel zugrunde: Interessensgruppen, die ihren Verkehrsträger für „sauberer“ halten, bauen die CO_2-Berechnungen auf überhöhten Auslastungsgraden auf.
- Werte werden von internationalen Statistiken abgeleitet: Aus Mangel an verfügbaren Daten verlassen sich Forscher oft auf internationale Durchschnittswerte oder auf Werte anderer Länder, obwohl internationale Unterschiede bei der Effizienz der Transporte, der Energiequelle und der Infrastrukturqualität existieren.
- Verwendung von Tonnenkilometer als Output-Maß für den Gütertransport: Für einige Güter wäre es passender den Transport in Abhängigkeit des Volumens auszudrücken. Mangelnde Verfügbarkeit entsprechender Statistiken macht dies unmöglich.
- CO_2 als einziger Indikator: Die meisten Statistiken beschränken sich auf CO_2-Emissionen. Andere Faktoren werden kaum untersucht. Auch bleibt teilweise unklar, ob es sich um CO_2 oder CO_2e handelt.
- Häufig fehlt bei der Dokumentation der Berechnungsweg.

Die Berechnung der CO_2-Emissionsfaktoren ist äußerst komplex und wird in verschiedenen Studien sehr unterschiedlich durchgeführt. Wie Formel 3 zeigt, erscheint es zweckmäßig, den CO_2-Emissionsfaktor eines Verkehrsträgers als durchschnittliche CO_2-Emissionen pro erbrachter Transportleistungseinheit in Tonnenkilometern zu definieren.

Formel 3[61]: $CO_2\text{-Emissionsfaktor} = EV_{spez} \cdot CO_2\text{-Faktor} \quad \left[\frac{g\,CO_2}{tkm}\right]$

Der CO_2-Emissionsfaktor wird hierbei durch den von der treibstoffbasierten Berechnungsmethode bekannten CO_2-Faktor und den spezifischen Energieverbrauch EV_{spez} bestimmt. Der CO_2-Faktor gibt die bei der Umwandlung der Energieträger freigesetzte Menge CO_2 pro Verbrauchseinheit an und stellt damit einen Zusammenhang zwischen Energieverbrauch und emittiertem CO_2 her.[62]

Die CO_2-Faktoren für bestimmte Energieträger unterscheiden sich in verschiedenen Literaturquellen nur geringfügig voneinander. Bei der Auswahl muss jedoch berücksichtigt werden, ob nur direkte CO_2-Emissionen oder auch indirekte CO_2-Emissionen erfasst werden sollen. Während direkte Emissionen beim Verbrauch von Endenergie erzeugt werden (z. B. bei der Verbrennung fossiler Kraftstoffe), entstehen indirekte Emissionen bei der Umwandlung von Primärenergie in Endenergie (z. B. bei der Stromerzeugung für den Schienentransport). Um eine generelle Vergleichbarkeit von Transportketten mit unterschiedlichen Verkehrsträgern zu gewährleisten, werden die indirekten CO_2-Emissionen der Vorketten bei der Bilanzierung der BASF berücksichtigt.[63]

Ebenso ist zu klären, ob auch andere Treibhausgase in CO_2e bilanziert werden sollen. Auch wenn eine Berücksichtigung von CO_2e grundsätzlich anzustreben ist, beschränkt sich die Bilanzierung

---

61 Vgl. Kranke (2009b), S.44. EV_{spez} = spezifischer Energieverbrauch in [g Kraftstoff] pro [tkm]

62 Vgl. Leonardi/Baumgartner/Krusch (2004), S.11.

63 Zu einer Auflistung der Prozesse, die üblicherweise in die Vorkette mit eingerechnet werden, vgl. IFEU (2008), S.14. Nicht berücksichtigt werden CO_2-Emissionen, die bei der Herstellung und Instandhaltung von Fahrzeugen, bei der Konstruktion und Instandhaltung der Infrastruktur sowie durch den Energieverbrauch vonVerwaltungsgebäuden, Bahnhöfen, Flughäfen etc. entstehen. Vgl. IFEU (2008), S.7.

der BASF zunächst auf CO_2-Emissionen. Gründe hierfür sind, dass CO_2e bei der Verbrennung von fossilem Diesel im Gütertransport nur eine geringe Rolle spielen, eine Vergleichbarkeit mit anderen Studien gewährleistet sein soll und eine verlässliche Quantifizierung der Klimawirksamkeit der CO_2e im Luftverkehr derzeit kaum möglich ist.[64]

Während die benötigten CO_2-Faktoren in der Regel eindeutig bestimmt werden können, gestaltet sich die Ermittlung des spezifischen Energieverbrauchs erheblich schwieriger. Hierbei sind neben Fahrzeugtyp, Antriebsart, Gewichtsauslastung[65], Leerfahrten und Streckentypologie eine Vielzahl von weiteren verkehrsträgerspezifischen Einflussfaktoren zu berücksichtigen, wobei eine genauere Differenzierung zumeist an der Verfügbarkeit von spezifischen Energieverbrauchsdaten scheitert. Die verfügbaren CO_2-Emissionsfaktoren für die einzelnen Verkehrsträger sowie die verkehrsträgerspezifischen Besonderheiten bei deren Ermittlung werden in Kapitel 3.3 ausführlich dargestellt. Nach der Auswahl geeigneter CO_2-Emissionsfaktoren können die CO_2-Emissionen des Gütertransportes mit Hilfe von Formel 2 für jede Streckenrelation getrennt berechnet werden.

Ergebnisanalyse und Ableitung von Handlungsmaßnahmen zur CO_2-Reduktion

Im Anschluss an die Bilanzierung empfiehlt es sich, eine Ergebnisanalyse durchzuführen. Dabei können verschiedene Aspekte betrachtet werden. Zunächst bietet es sich an, die CO_2-Emissionen der einzelnen Verkehrsträger bzw. Transportketten miteinander zu vergleichen. Weiterhin ist die Relevanz der vom außerbetrieblichen Güterverkehr verursachten CO_2-Emissionen im Gesamtbild des Unternehmens zu beurteilen. Trägt der außerbetriebliche Güterverkehr nicht nennenswert zum CO_2-Ausstoß des Unternehmens bei, sollten sich Minderungsmaßnahmen zuerst auf Bereiche mit hohen CO_2-Emissionswerten oder großen CO_2-Reduktionspotenzialen konzentrieren.

Auf Basis der Analyse können Handlungsmaßnahmen für das Unternehmen abgeleitet werden. Dabei ist zunächst zu klären, welche Handlungsbereiche zu einer besseren CO_2-Bilanz des außerbetrieblichen Gütertransports führen können und ob das Unternehmen diese Maßnahmen initiieren kann. Hierzu müssen i. d. R. verschiedene Akteure in und außerhalb des Unternehmens eingebunden werden. Allen Beteiligten müssen die Kennzahlen aus der Berechnung letztendlich zur Erfolgskontrolle dienen. Dadurch entsteht ein kontinuierlicher Verbesserungsprozess, der mit Daten weiterer Auswertungen unterstützt wird. Die folgenden Zwischenschritte müssen dabei durchlaufen werden:

- Verbesserungspotenziale identifizieren,
- Ziele setzen und Maßnahmen festlegen,
- Durchführung der Maßnahmen,
- Erfolgskontrolle und ggf. weitere Maßnahmen ergreifen.

Die vorgestellte Methodik beschreibt eine konkrete Vorgehensweise für die CO_2-Bilanzierung des Gütertransportes, die jedoch ggf. an zukünftige politische Anforderungen und wissenschaftliche

64 Vgl. Kranke (2009b), S.43; Kranke (2009e), S.41.

65 Die Gewichtsauslastung beschreibt das Verhältnis von tatsächlichem Nutzgewicht zum maximalen Nutzgewicht. Zu weiteren Auslastungsgradkoeffizienten vgl. Aberle (2009), S.235.

Erkenntnisse anzupassen ist. Dies gilt insbesondere für die Wahl der Bilanzgrenze und Auswahl geeigneter CO_2-Emissionsfaktoren. Aktuell verfügbare CO_2-Emissionsfaktoren für die einzelnen Verkehrsträger sowie deren Auswahl für die Bilanzierung der BASF werden im folgenden Abschnitt vorgestellt.

3.3 Verkehrsträgerspezifische CO_2-Emissionsfaktoren

CO_2-Emissionsfaktoren für den Straßengütertransport

Wenn die CO_2-Emissionen für das gesamte Sendungsvolumen eines Jahres ermittelt werden sollen, bietet es sich für den Straßengütertransport an, mit Durchschnittswerten zu arbeiten. Hierbei ist allerdings für die Ergebnisanalyse zu berücksichtigen, dass diese im Einzelfall erheblich von der Realität abweichen können. Für den Straßengütertransport existieren vergleichsweise viele Studien über CO_2-Emissionsfaktoren, bei denen unterschiedliche Quellen zum Einsatz kommen, die aufgeschlüsselte Daten zum Treibstoffverbrauch von Lastkraftwagen liefern.[66] Schwierigkeiten entstehen aber nicht nur bei der Ermittlung des Treibstoffverbrauchs, sondern insbesondere auch bei der Bestimmung des Teilladungsanteils. Hierfür sind Daten der Transportdienstleister über die jährliche Auslastung notwendig, die allerdings erheblichen saisonalen und konjunkturellen Schwankungen unterworfen sind. Aus diesen Gründen können auch die veröffentlichten CO_2-Emissionsfaktoren erheblich variieren.

Eine vergleichsweise ausführliche und objektive Darstellung stellt das Institut für Energie- und Umweltforschung Heidelberg (IFEU) zur Verfügung. In dieser Studie wird die Datengrundlage für das Berechnungstool Ecotransit veröffentlicht, die sich auf das Handbuch für Emissionsfaktoren des Straßenverkehrs (HBEFA) stützt.[67] Die CO_2-Emissionsfaktoren werden vom IFEU in Abhängigkeit von Fahrzeugtyp, Emissionsklasse und Güterart angegeben.[68] Je nach Güterart werden dabei unterschiedliche gewichtsmäßige Auslastungsgrade und zusätzliche Leerfahrten bei den Berechnungen berücksichtigt.[69] Weitere Einflussfaktoren, wie z. B. Fahrverhalten oder Streckenprofil werden aber nur gemittelt in den CO_2-Emissionsfaktoren berücksichtigt.[70]

Das IFEU gibt Werte von 66-72 g CO_2/tkm für Transporte von Durchschnittsgütern mit 40-Tonnern an.[71] In der Literatur finden sich vergleichbare, aber auch deutlich höhere Werte von etwa

---

66 Vgl. Leonardi/Baumgartner/Krusch (2004), S.18.

67 Vgl. IFEU (2008); IFEU (2004); IFEU (2005). Das HBEFA ist eine Synthese der Ergebnisse verschiedener Projekte der Umweltämter von Deutschland, Österreich und der Schweiz, welches periodisch aktualisiert wird. Vgl. Infras (2004), S.18. Diese umfangreiche Datenbank zu den Emissionen von Luftschadstoffen des Straßenverkehrs stellt Emissionsfaktoren von Kraftfahrzeugen für die wichtigsten Luftschadstoffe und den Kraftstoffverbrauch zusammen. Die HBEFA-Werte der aktuellen Version 2.1 wurden zuletzt 2004 erhoben und werden derzeit aktualisiert.

68 Vgl. IFEU (2008), S.11.

69 Vgl. IFEU (2008), S.12-13.

70 Zu einer ausführlichen Untersuchung der unterschiedlichen Einflussfaktoren vgl. Leonardi/Baumgartner/Krusch (2004), S.35 ff.

71 Vgl. IFEU (2008), S.21 u. 38.

80 g CO_2/tkm bis hin zu über 100 g CO_2/tkm.[72] Tabelle 1 zeigt die für die Bilanzierung der BASF verwendeten CO_2-Emissionsfaktoren. Unter Berücksichtigung der Güterstruktur und der prozentualen Aufteilung auf LKWs unterschiedlicher EURO-Emissionsklassen lässt sich für den Straßengütertransport der BASF ein durchschnittlicher CO_2-Emissionsfaktor von 65g CO_2/tkm ermitteln.

	CO_2-Emissionsfaktor [g CO_2/tkm] (inkl. Vorkette)		
Fahrzeugtyp / Emissionsklasse	Massengüter	Durchschnittsgüter	Volumengüter
40-Tonner / EURO3	65	72	111
40-Tonner / EURO4	63	70	107
40-Tonner / EURO5	60	66	102

Tabelle 1: CO_2-Emissionsfaktoren für den Straßengütertransport (Quelle: IFEU (2008), S.21)

CO_2-Emissionsfaktoren für den Schienengütertransport

Die CO_2-Emissionsfaktoren des Schienengütertransports lassen sich unter Beachtung einiger Besonderheiten des Verkehrsträgers Schiene mit Hilfe von Formel 3 berechnen. So spielt bei der Auswahl des CO_2-Faktors die Traktionsart eine wesentliche Rolle. Um eine Vergleichbarkeit zwischen Diesel- und Elektrotraktion bei der CO_2-Berechnung zu unterstützen, ist eine Berücksichtigung der indirekten CO_2-Emissionen aus der Vorkette unerlässlich, da Elektroantriebe keine direkten CO_2-Emissionen verursachen. Generell kann davon ausgegangen werden, dass Elektrolokomotiven weniger CO_2 emittieren als Diesellokomotiven. Wie hoch diese Einsparungen konkret sind, hängt aber entscheidend vom länderspezifischen Bahnstrommix ab. Während bei Dieseltraktion konstant mit einem CO_2-Faktor von 3,772 g CO_2/g Diesel gerechnet werden kann, muss bei Elektrotraktion daher mit länderspezifischen CO_2-Faktoren gerechnet werden.[73] Das IFEU gibt beispielsweise für Deutschland einen CO_2-Faktor von 0,592 g CO_2/Wh an.[74]
Auch für den spezifischen Energieverbrauch im Schienengütertransport liegen detaillierte Werte des IFEU vor, die in Zusammenarbeit mit vielen europäischen Bahnunternehmen erarbeitet wurden.[75] Dabei sind neben der Traktion eine Reihe weiterer Faktoren von Bedeutung, die bei der Ermittlung des spezifischen Energieverbrauchs berücksichtigt werden müssen. Hierzu sind insbe-

---

72 Vgl. McKinnon (2008), S.14; SERI (2007), S.3; Defra (2008b), S.14; IMO (2009), S.176; CE Delft (2008), S.150; Leonardi/Baumgartner/Krusch (2004), S.37; Infras (2007), S.10. Die höheren Werte lassen sich dadurch erklären, dass in den Erhebungen LKWs mit ungünstigem Verhältnis von Nutzlast zu Eigengewicht enthalten sind und keine Unterscheidung nach Güterart stattfindet.

73 Vgl. IFEU (2008), S.16. Bei der am meisten anerkannten Methode zur Bestimmung von CO_2-Faktoren für Elektrizität wird von einem durchschnittlichen Energiemix pro Jahr und Land ausgegangen.

74 Da in Deutschland der Bahnstrom zu über 50 % aus Kohleverbrennung generiert wird, ist der Wert fast zehnmal so hoch wie in Frankreich (0,069 g/Wh), wo 85 % des Bahnstroms aus Kernenergie gewonnen wird. Noch niedriger ist der Wert mit 0,006 g/Wh für Norwegen, wo der Bahnstrom zu 99,6 % aus Wasserkraft erzeugt wird. Vgl. Kranke (2009b), S.43-44.

75 Vgl. Kranke (2009b), S.44; IFEU (2008).

sondere Lokomotivtyp, Zuggattung, Gewichtsauslastung, Leerfahrten und Fahrweise zu zählen.[76] Der spezifische Energieverbrauch im Schienengütertransport wird vom IFEU in Abhängigkeit von Güterzugart, Topografie, Traktionsart und Art der transportierten Güter angegeben.[77] Bei der Güterzugart wird dabei nach Zuglänge bzw. Gesamtgewicht unterschieden. Das durchschnittliche Gesamtgewicht beträgt in Europa etwa 1000 t bei 500 m Zuglänge.[78] Zusätzlich hat das IFEU das Gesamtgewicht von kürzeren und längeren Zügen auf 500 t bei 300 m Zuglänge bzw. 1500 t bei 700 m Zuglänge geschätzt.[79] Weiterhin wird nach der Streckentopografie unterschieden in „Flachland“ (Dänemark, Niederlande und Schweden), „Bergig“ (Österreich und Schweiz) und „Hügelig“ (alle übrigen in Ecotransit berücksichtigten Länder).[80] Zu guter Letzt wird analog zum Vorgehen beim Straßengütertransport auch hier eine Unterteilung in Massen-, Durchschnitts- und Volumengüter vorgenommen. Tabelle 2 zeigt beispielhaft die Werte für einen mittleren Zug.

Mittlerer Zug (1.000t, 500m)	Spezifischer Energieverbrauch [Wh/tkm] bzw. [g Diesel/tkm]					
	Flachland		Hügelig		Bergig	
	Elektro	Diesel	Elektro	Diesel	Elektro	Diesel
Massengüter	28,5	6,5	35,6	8,1	42,7	9,7
Durchschnittsgüter	34,2	7,7	42,7	9,7	51,2	11,6
Volumengüter	42,7	9,7	53,4	12,1	64,0	14,5

Tabelle 2: Spezifischer Energieverbrauch im Schienengütertransport (Quelle: Kranke (2009b), S.44)

Obwohl keine Standards existieren, sehen Umweltbundesamt und Öko-Institut die publizierten Werte des IFEU als die derzeit beste Quelle an.[81] Daher werden diese auch für die Bilanzierung der BASF verwendet.[82] Insbesondere die hohe Detailtiefe der Daten erlaubt eine sehr gute Anpassung der CO_2-Emissionsfaktoren an unternehmensspezifische Begebenheiten. Andere Quellen geben normalerweise nur einen CO_2-Emissionsfaktor an, so dass keine Sonderfälle berechnet werden können. Diese Werte liegen in der Regel etwas höher als die Mittelwerte des IFEU (Elektro-Traktion: 18 g CO_2/tkm, Diesel-Traktion: 35 g CO_2/tkm).[83] So betragen die Werte anderer

76 Vgl. Borken/Patyk/Reinhardt (1999), S.76.

77 Vgl. Kranke (2009b), S.44.

78 Vgl. IFEU (2008), S.22.

79 Vgl. IFEU (2008), S.35.

80 Vgl. IFEU (2008), S.22.

81 Dies gilt jedoch nur für die Verkehrsträger Straße und Schiene. Für den Schiffs- und Lufttransport wird Ecotransit vom IFEU gemeinsam mit dem Öko-Institut aktualisiert. Dies ergaben Gespräche mit M. Schmied (Öko-Institut) und G. Gohlisch (Umweltbundesamt).

82 Da im Ganzzugverkehr Daten über Zuglänge und Traktion vorliegen, können für jede Transportrelation spezifische CO_2-Emissionsfaktoren berechnet werden. Im Einzelwagenverkehr sowie im KV Straße/Schiene werden mangels verfügbarer Daten die Mittelwerte verwendet.

83 Vgl. IFEU (2008), S.38.

Studien für Dieselzüge 19-49 g CO_2/tkm, Elektrozüge 15-35 g CO_2/tkm und für Güterzüge allgemein 20-30 g CO_2/tkm.[84]

CO_2-Emissionsfaktoren für den Binnenschiffstransport

Die Berechnung der CO_2-Emissionsfaktoren der Binnenschifffahrt erweist sich im Vergleich zu anderen Verkehrsträgern als äußerst diffizil, da die Einflussfaktoren auf den spezifischen Energieverbrauch in der Binnenschifffahrt sehr vielfältig sind. Dazu zählen vor allem Größe und Länge des Schiffes, Strömungsverhältnisse (Berg-, Tal- oder Kanalfahrt), Fahrtgeschwindigkeit, Abladetiefgang, Breite und Tiefe der Wasserstraße, Effizienz des Schiffsmotors, Gewichtsauslastung sowie Rückfrachten.[85] Prinzipiell führen größere und längere Schiffe, höhere Auslastungsgrade und Rückfrachten sowie niedrigere Fahrgeschwindigkeiten zu einem geringeren spezifischen Energieverbrauch und damit auch zu niedrigeren CO_2-Emissionsfaktoren.[86] Dies ist aber in hohem Maße vom Querschnitt und den Strömungsverhältnissen der befahrenen Wasserstraße abhängig. So verkehren auf unterschiedlichen Flüssen oft sehr verschiedene Schiffstypen, da deren Einsatz durch Fahrwassertiefe und –breite sowie Brückendurchfahrtshöhen begrenzt wird.[87] Ein wesentlicher Einflussfaktor sind dabei auch Wasserstandsschwankungen, welche im Rheinbereich bis zu 10 m betragen können.[88] Sie beeinflussen bei Hochwasser insbesondere im Containertransport die Brückendurchfahrtsmöglichkeiten und bei Niedrigwasser den Tiefgang und damit die Tragfähigkeit der Schiffe. Zudem hängen der Fahrwiderstand und damit der Energieverbrauch eines Schiffs in beschränktem Fahrwasser stärker als in unbegrenztem Wasser von der Schiffsgeschwindigkeit ab.[89] Diese Effekte führen zu einem Vorteil beim Energieverbrauch von großen gegenüber kleinen Schiffen.[90]

Aus den genannten Gründen werden in der Binnenschifffahrt grundsätzlich CO_2-Emissionsfaktoren für einzelne Wasserstraßen und eingesetzte Schiffstypen benötigt. Diesbezüglich besteht aber ein erheblicher Mangel an geeigneten Daten. Hier bietet auch das Ecotransittool des IFEU keine Abhilfe, da das System keine Abladetiefen und Fahrwasserverhältnisse berücksichtigt und auch nur mit dem Europaschiffs-Typ mit einer Nutzlast von 1250 Tonnen arbeitet.[91] Auf dem Rhein, den die BASF fast ausschließlich für ihre Binnenschiffstransporte nutzt, verkehren mittlerweile jedoch ganz andere Schiffsklassen mit deutlich höheren Nutzlasten, wie z. B. die Jowi-

---

84 Vgl. CE Delft (2008), S.150; Defra (2008b), S.15; McKinnon (2007b), S.10 u. 14; DB (2005), S.11; Infras (2007), S.10.

85 Vgl. Borken/Patyk/Reinhardt (1999), S.83; Kranke (2009c), S.45.

86 Vgl. Renner (2004), S.10; Kranke (2009c), S.45.

87 Vgl. VBD (2004), S.12.

88 Vgl. VBD (2004), S.25 und S.8.

89 Neben der Begrenzung des Wassers nach unten (Flachwasser) ist hierbei auch die seitliche Begrenzung (Kanal) von Bedeutung. Vgl. WSD Ost (2007), S.121.

90 Der höhere Leistungsbedarf kleinerer Schiffe resultiert daraus, dass diese bei höheren Geschwindigkeiten näher an die schiffsspezifische Grenzgeschwindigkeit kommen als große Schiffe. Vgl. WSD Ost (2007), S.122 ff.

91 Vgl. IFEU (2008), S.33; Kranke (2009c), S.45.

Klasse[92]. Ein weiterer Kritikpunkt an der Studie des IFEU stellt die Schätzung des Leistungsbedarfs bei der Bestimmung des spezifischen Energieverbrauchs dar.[93] Laut Wasser- und Schifffahrtsdirektion Ost (WSD Ost) wird der Leistungsbedarf größerer Schiffe deutlich überschätzt.[94] Allerdings sind auch die Ergebnisse von WSD Ost kritisch zu hinterfragen, da mit sehr großen Tragfähigkeiten und hohen Rückladungen gerechnet wird.

Im Bereich der CO_2-Ermittlung bei Containerschiffen hat Contargo Pionierarbeit geleistet und auf Basis von eigenen Verbrauchsrechnungen ein frei zugängliches Berechnungstool geschaffen.[95] Für die Jowi-Klasse ergeben sich danach CO_2-Emissionsfaktoren von 10 g CO_2/tkm für die Talfahrt und 20 g CO_2/tkm für die Bergfahrt.[96] Tabelle 3 zeigt die von Contargo für verschiedene Schiffstypen ermittelten Werte. Da Contargo sehr viele Transporte für die BASF durchführt und die Daten der Berg- und Talfahrt auf dem Rhein ermittelt wurden, werden diese Werte für die Bilanzierung der BASF verwendet.[97]

	CO_2-Emissionsfaktor [g CO_2/tkm] (inkl. Vorkette)		
Schiffstyp	Bergfahrt (Rhein)	Talfahrt (Rhein)	Kanalfahrt (Frankreich)
Jowi-Klasse	20	10	
Europaschiff	63	31	45
Großmotorschiff	28	15	17

Tabelle 3: CO_2-Emissionsfaktoren für den Binnenschiffstransport (Quelle: Eigene Berechnung auf Basis von Kranke (2009c), S.46)

CO_2-Emissionsfaktoren für den Seefrachttransport

Die Berechnung der CO_2-Emissionsfaktoren für den Seefrachttransport kann ebenfalls mit Formel 3 erfolgen. CO_2-Faktoren für den am meisten verwendeten Treibstoff Schweröl (HFO) liegen ebenso vor, wie solche für Dieselöl (MDO), das gelegentlich in der Küstenschifffahrt eingesetzt wird.[98] Dank der umfassenden Datenerhebung der International Maritim Organisation (IMO) aus dem Jahr 2008, steht auch ein relativ brauchbares Mengengerüst für die Abschätzung des spezifischen Energieverbrauchs zur Verfügung. Zwar handelt es sich auch dabei nur um Durchschnittswerte, doch wurden die Daten anhand von realen Schiffsaktivitäten für Seeschiffe aller Art ermit-

---

92 Die Jowi-Klasse ist eine neue Generation von Schiffen mit bis zu 135 m Länge und 17,2 m Breite und einer maximalen Kapazität von 500 TEU bzw. 5200 t.

93 Vgl. WSD Ost (2007), S.120.

94 Die Überschätzung ist u. a. auf vereinfachte Annahmen und das Rechnen mit Durchschnittswerten zurückzuführen. Vgl. WSD Ost (2007), S.131.

95 Vgl. Kranke (2009c), S.46. Das Berechnungstool ist unter www.contargo.net zu finden.

96 Vgl. Kranke (2009c), S.46

97 Die CO_2-Emissionsfaktoren für Containertransporte werden auch für Massentransporte verwendet, da die WSD Ost in ihrer Studie keinen wesentlichen Unterschied zwischen Container- und Massenguttransporten beim Primärenergieverbrauch je Tonnenkilometer festgestellt hat. Vgl. WSD Ost (2007), S.16.

98 Vgl. Kranke (2009d), S.38.

telt und speziellen Schiffsklassen zugeordnet.[99] Neben Schiffstyp und Größenklasse sind für den spezifischen Energieverbrauch im Seefrachttransport aber auch die Gewichtsauslastung, Rückfrachten und insbesondere die Fahrgeschwindigkeit von großer Bedeutung.[100] Da der spezifische Energieverbrauch mit der Fahrgeschwindigkeit exponentiell ansteigt, ist es bei der Bestimmung des spezifischen Energieverbrauchs möglich, Fahrgeschwindigkeitsanpassungen näherungsweise mit Hilfe von Formel 4 zu berücksichtigen.

Formel 4[101]: $EV_{spez} = EV_{nor} \cdot \left(\frac{V_{ist}}{V_{nor}}\right)^2 \quad \left[\frac{\text{g Kraftstoff}}{\text{tkm}}\right]$

Interessant für die Bilanzierung der BASF sind vor allem große Containerschiffe mit einer Kapazität von 8.000 TEU und mehr, die häufig für Strecken zwischen Europa und Asien sowie zwischen Europa und den USA zum Einsatz kommen.[102] Aber auch mittlere Schiffe mit 2000 – 2999 TEU sind für die Küstenschifffahrt von Bedeutung. Tabelle 4 stellt CO_2-Emissionsfaktoren aus verschiedenen Quellen gegenüber.

CO_2-Emissionsfaktor [g CO_2/tkm] (inkl. Vorkette)		
Großes Containerschiff	Mittleres Containerschiff	Quelle
14	22,5	Kranke (2009d), S.38; IMO (2009).
13	15	Defra (2008b), S.15.
15	18	Lindstad/Mørkve (2009), S.1029.
14		SERI (2007), S.3.
13		IFEU (2008), S.30.

Tabelle 4: CO_2-Emissionsfaktoren für den Seefrachttransport

Aufgrund der sehr guten Datenbasis werden für die Bilanzierung die IMO-Werte verwendet, welche für einen durchschnittlichen Auslastungsgrad von 70 % gelten. Da die Auslastungsgrade in der Praxis je nach Handelsroute zwischen 55 % und 85 % variieren können, sind im Einzelfall jedoch deutliche Abweichungen möglich.[103]

---

99 Vgl. IMO (2009); Kranke (2009d), S.37.

100 Vgl. Sandvik (2005), S.33; Kranke (2009d), S.37-39.

101 Vgl. Kranke (2009d), S.38-39. EV_{spez} = spezifischer Energieverbrauch bei V_{ist} ; V_{ist} = tatsächliche Geschwindigkeit; EV_{nor} = Energieverbrauch bei V_{nor}; V_{nor} = normale durchschnittliche Service-Geschwindigkeit je Schiffsklasse laut IMO.

102 Vgl. Lindstad/Mørkve (2009), S.1028.

103 Vgl. Kranke (2009d), S.37. Auslastungsberechnungen hängen auch stark vom angenommenen Ladungsgewicht ab. IMO rechnet dabei mit 7 t pro TEU, DB Schenker mit 10 t pro TEU.

CO_2-Emissionsfaktoren für den Luftfrachttransport

Bei der Berechnung von CO_2-Emissionsfaktoren für den Luftfrachttransport sind einige Besonderheiten zu beachten. Obwohl auch für Kerosin CO_2-Faktoren mit und ohne Vorkette für CO_2 und CO_2e verfügbar sind, treten hier zusätzliche indirekte Klimaeffekte auf, die in diesen Werten nicht berücksichtigt sind. Zwar besitzt CO_2 in höheren Sphären die gleiche Klimawirksamkeit wie am Boden, jedoch führt der Ausstoß von Stickoxiden in den höheren Luftschichten der Atmosphäre sowie die Bildung von Zirruswolken durch Kondensstreifen von Flugzeugen mit Strahlenantrieb zu einem verstärkten Treibhauseffekt.[104] Um diesen indirekten Wirkungseffekten Rechnung zu tragen, wird der sogenannte Strahlungsantriebsindex bzw. Radiative Forcing Index (RFI) eingesetzt, der durch Multiplikation mit den reinen CO_2-Emissionen auf die effektiv klimawirksamen Emissionen schließen lässt.[105] Problematisch hierbei ist allerdings, dass eine genaue Quantifizierung des RFI derzeit kaum möglich ist. Zwar liegt dieser ohne Berücksichtigung der Zirruswolken bei etwa 2, kann aber unter Berücksichtigung dieser auch bis zu 5 betragen, was jedoch mit großen Unsicherheiten verbunden ist.[106]

Diese Unsicherheiten waren ein zusätzlicher Beweggrund, die Bilanzierung der BASF zunächst nur auf die reinen CO_2-Emissionen zu beschränken.[107] Für dieses Vorgehen spricht, dass CO_2 die einzige Emission des Luftverkehrs ist, deren Wirkung auf den Treibhauseffekt unabhängig von der geographischen Position und der Emissionshöhe ist.[108] Auch ist die Klimawirksamkeit von CO_2 im Vergleich zu anderen Emissionen der Flugzeuge wissenschaftlich sehr gut erforscht und international anerkannt.[109]

Bei der Bestimmung des spezifischen Energieverbrauchs im Luftfrachttransport besitzt neben Flugzeugtyp, Gewichtsauslastung und Rückfracht insbesondere der Entfernungsbereich eine große Bedeutung. Dies resultiert daraus, dass ein Flugzeug bei Start und Landung sehr viel Energie benötigt, so dass sich der spezifische Energieverbrauch mit steigender Transportdistanz reduziert.[110] Eine besondere Herausforderung beim Luftfrachttransport besteht auch darin, dass Fracht häufig als Beiladefracht (Belly-Fracht) in Passagierflugzeugen mittransportiert wird. Hier bestehen unterschiedliche Auffassungen darüber, welcher Kerosinanteil den Passagieren und welcher der Fracht zugewiesen wird.[111] So führte eine Veränderung der Berechnungsmethode bei Lufthansa Cargo zu einer ca. 20 %-igen Erhöhung der spezifischen CO_2-Werte der Belly-Fracht.[112]

Die Internationale Zivilluftfahrtorganisation (ICAO) hat 2009 erstmals umfassende Werte für den spezifischen Energieverbrauch im Luftfrachttransport in Abhängigkeit des Flugzeugtyps und

---

[104] Vgl. Kranke (2009e), S.40-41.
[105] Vgl. Öko-Institut e.V. (2008a), S.18-19.
[106] Vgl. Öko-Institut e.V. (2008a), S.19.
[107] Vgl. auch Abschnitt 3.2 sowie BSI (2008), S.7.
[108] Vgl. Öko-Institut e.V. (2008a), S.78.
[109] Vgl. Öko-Institut e.V. (2008a), S.78; BSI (2008), S.7.
[110] Vgl. Kranke (2009e), S.41.
[111] Vgl. McKinnon (2007b), S.11; Defra (2008c), S.12; Kranke (2009e), S.42.
[112] Vgl. Kranke (2009e), S.42.

verschiedener Flugkilometerklassen veröffentlicht.[113] Dabei ergeben sich bei einem durchschnittlichen Ladefaktor von 65 % für reine Frachtflugzeuge Werte zwischen 479 und 1.947 g CO_2/tkm. Für die Belly-Fracht wurde ein höherer Ladefaktor von 80 % verwendet, was zu Werten zwischen 897 und 2.509 g CO_2/tkm führt.[114] Die relativ großen Spannweiten verdeutlichen die starke Abhängigkeit des Energieverbrauchs im Luftfrachttransport von Flugzeugtyp und Entfernungsklasse. Weil das umfassende Datenmaterial der ICAO zum Zeitpunkt der Bilanzierung nicht vorlag, musste hierfür auf andere CO_2-Emissionsfaktoren zurückgegriffen werden. Tabelle 5 stellt beispielhaft CO_2-Emissionsfaktoren aus unterschiedlichen Quellen gegenüber.

CO_2-Emissionsfaktor [g CO_2/tkm] (inkl. Vorkette)		
Langstrecke	Kurzstrecke	Quelle
801		Öko-Institut e.V. (2008a), S. 79.
656		IFEU (2008), S. 38.
660	1434	Defra (2008b), S. 15.
800	1925	McKinnon (2007b), S. 16.

Tabelle 5: CO_2-Emissionsfaktoren für den Luftfrachttransport

Das IFEU greift für seine Berechnungen auf Daten der Lufthansa zurück und ermittelt einen Wert von 656 g CO_2/tkm.[115] Da die Lufthansa über eine vergleichsweise moderne Flugzeugflotte mit relativ niedrigem CO_2-Ausstoß verfügt, wurde jedoch für die Bilanzierung der etwas höhere CO_2-Emissionsfaktor des Öko-Instituts von 801 g CO_2/tkm gewählt, welcher sich auf alle in Deutschland landenden Flugzeuge bezieht.[116] Weil bei der BASF auch vereinzelt Fracht über relativ kurze Distanzen geflogen wird, kommt für diese Relationen zusätzlich der CO_2-Emissionsfaktor des Defra von 1.434 g CO_2/tkm zum Einsatz, der für Entfernungen bis zu 3.700 km ermittelt wurde.[117] Es lässt sich resümieren, dass sich die CO_2-Bilanzierung im Gütertransport noch in einer frühen Phase befindet und in Zukunft bessere Daten zu erwarten sind. Mit den zum Teil sehr detaillierten CO_2-Emissionsfaktoren des IFEU für den Straßen- und Schienengütertransport, der Contargo für den Binnenschiffstransport, der IMO für den Seefrachttransport sowie der ICAO für den Luftfrachttransport steht bereits eine gute Datenbasis zur Verfügung, die eine relativ verlässliche CO_2-Bilanzierung erlaubt. Dabei sind aber Ergebnisse und zugrundeliegende Annahmen aufgrund der beschriebenen Unsicherheiten immer kritisch zu hinterfragen. Im folgenden Kapitel werden erste Bilanzierungsergebnisse der BASF für den Standort Ludwigshafen vorgestellt und diskutiert.

113 Vgl. Kranke (2009e), S.42.
114 Die angegebenen Werte ergeben sich aus Multiplikation der veröffentlichten Verbrauchswerte mit einem CO_2-Faktor von 3,593 g/g für Kerosin (inkl. Vorkette).
115 Vgl. IFEU (2008), S.34 u.38.
116 Vgl. Öko-Institut e.V. (2008a), S.79.
117 Vgl. Defra (2008b), S.11.

4 Vorstellung und Diskussion erster Bilanzierungsergebnisse

4.1 Aufteilung der CO_2-Emissionen auf Transportketten

Bei der Analyse der Bilanzierungsergebnisse für den Standort Ludwigshafen bietet es sich zunächst an, eine Aufteilung der CO_2-Emissionen auf die unterschiedlichen Transportketten vorzunehmen. Abbildung 2 zeigt die Aufteilung des Transportaufkommens, der Transportleistung sowie der CO_2-Emissionen auf einzelne Transportketten. Dabei sind bei den Bilanzen der Transportketten auch Vor- und Nachläufe mit anderen Verkehrsträgern sowie alle Umschlagsprozesse[118] berücksichtigt.

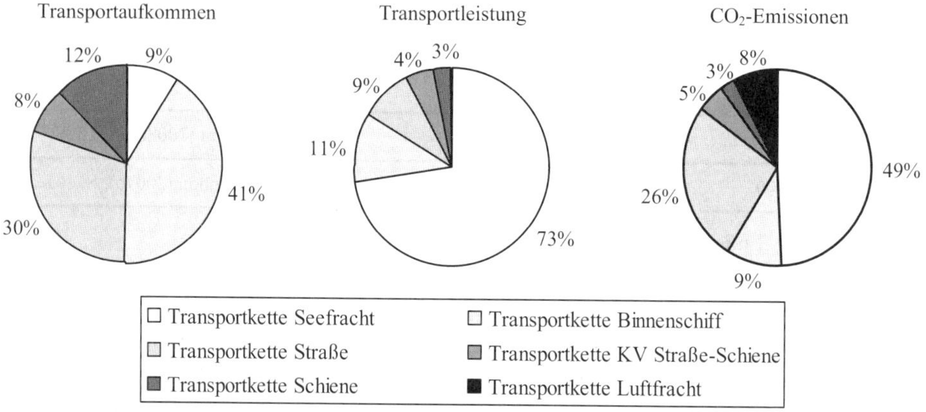

Abbildung 2: Aufteilung von Transportaufkommen, Transportleistung und CO_2-Emissionen auf Transportketten

Die wegen ihrer hohen Energieeffizienz häufig unterschätzten Transportketten der Seefracht sind mit einem Anteil von 49% die Hauptverursacher der CO_2-Emissionen des Gütertransports des Standorts Ludwigshafen. Obwohl ihr Anteil am Transportaufkommen lediglich 9 % beträgt, schlagen hier insbesondere die großen Distanzen zu Buche, was sich auch an einem Anteil von 73 % an der Transportleistung zeigt. Der zweitgrößte Emittent von CO_2, mit einem Anteil von 26 %, sind die Transportketten des Straßengüterverkehrs. Während bei diesen auch der Anteil am Transportaufkommen mit 30 % eine ähnliche Größenordnung aufweist, fällt der Anteil an der Transportleistung mit 9 % deutlich geringer aus. Diese Ergebnisse lassen sich durch die relativ geringen Distanzen und einen vergleichsweise hohen spezifischen Energieverbrauch erklären. Mit einem Anteil von 9 % an den CO_2-Emissionen liegen die Transportketten der Binnenschifffahrt auf Rang drei der größten CO_2-Emittenten. Der Spitzenanteil am Transportaufkommen mit 41 % sowie der

[118] Bei den Umschlagprozessen wurden für den spezifischen Energieverbrauch für Container 4,4 kWh/ Container, für Flüssigkeiten 0,4 kWh/t, für Massengüter 1,3 kWh/t sowie für andere Güter 0,6 kWh angesetzt und diese Werte mit den länderspezifischen CO_2-Faktoren multipliziert. Vgl. IFEU (2008), S.37-38.

Anteil an der Transportleistung mit 11 % verdeutlichen den im Vergleich zu den Transportketten des Straßengüterverkehrs deutlich niedrigeren spezifischen Energieverbrauch. Ein völlig konträres Bild hierzu zeigt sich bei den Transportketten der Luftfracht, die zwar bei Transportaufkommen und –leistung anteilsmäßig nicht in Erscheinung treten, jedoch aufgrund des sehr hohen spezifischen Energieverbrauchs einen Anteil von 8 % an den CO_2-Emissionen zu verzeichnen haben. Die Transportketten des Kombinierten Verkehrs (KV) Straße-Schiene sowie des Schienengütertransports mit einem Anteil von 5 % bzw. 3 % an den CO_2-Emissionen lassen dagegen ähnliche Schlüsse zu, wie die Transportketten der Binnenschifffahrt.

Um Aussagen zur CO_2-Intensität des Gütertransports machen zu können, müssen die ermittelten CO_2-Emissionen immer in Relation zu spezifischen Leistungsgrößen gesetzt werden. Macht man dies für die Leistungsgrößen Transportaufkommen und Transportleistung, ergeben sich exemplarisch Werte von ca. 34,4 kg CO_2/t bzw. 21,1 g CO_2/tkm. Die Ermittlung von Werten für die CO_2-Intensität ist von besonderer Bedeutung, da man hierdurch Effizienzgewinne bei den CO_2-Emissionen von Wachstumseffekten bei Transportaufkommen und Transportleistung separieren kann. An dieser Stelle sei aber auch angemerkt, dass von einem einfachen Vergleich der Bilanzierungsergebnisse verschiedener Unternehmen auch bei Verwendung einheitlicher Bilanzgrenzen grundsätzlich abzuraten ist. Dafür müssten auch Unterschiede bei der Güterstruktur sowie der räumlichen Ausgestaltung der Logistiksysteme entsprechend berücksichtigt werden.

Während Transportaufkommen und Transportleistung relativ genau ermittelt werden können, ergeben sich bei den CO_2-Emissionen gewisse Unsicherheiten, die auf die in Abschnitt 3.3. beschriebenen Schwierigkeiten bei der Auswahl der CO_2-Emissionsfaktoren zurückzuführen sind. Es kann somit konstatiert werden, dass die hier vorgestellten Ergebnisse trotz sorgfältiger Auswahl der CO_2-Emissionsfaktoren Unsicherheiten aufweisen, die nach derzeitigem Forschungsstand nicht gänzlich eliminiert werden können. Trotz dieser Unsicherheiten bei der Quantifizierung, gibt es eine Vielzahl an CO_2-Reduktionspotenzialen im Gütertransport, von denen einige im nachfolgenden Abschnitt für die BASF näher untersucht werden.

4.2 Analyse von CO_2-Reduktionspotenzialen

Um einen ersten Überblick über die verschiedenen Stellhebel zur CO_2-Reduktion im Gütertransport zu erhalten, empfiehlt es sich auf den Analyserahmen von McKinnon zurückzugreifen. Dieser ist in Abbildung 3 exemplarisch für den Verkehrsträger Straße dargestellt, lässt sich aber auch analog auf andere Verkehrsträger übertragen. Während bei der treibstoffbasierten Berechnungsmethode Veränderungen bei allen Stellhebeln direkt über den Treibstoffverbrauch in die Bilanzierungsergebnisse einfließen, ist dies bei der entfernungsbasierten Berechnungsmethode nicht der Fall. Hier können Maßnahmen direkt über die Faktoren Entfernung und Gütergewicht bzw. Transportaufkommen oder indirekt über veränderte CO_2-Emissionsfaktoren auf die Bilanzierungsergebnisse wirken. Da es jedoch meist an spezifischen Energieverbrauchsdaten mangelt, ist Letzteres nur begrenzt abbildbar. So zeigt sich beispielsweise eine Steigerung des Auslastungsgrades oder eine Reduktion von Leerfahrten nur dann in den Bilanzierungsergebnissen, wenn CO_2-Emissionsfaktoren für unterschiedliche Auslastungsgrade und Leerfahrtenanteile verfügbar sind.

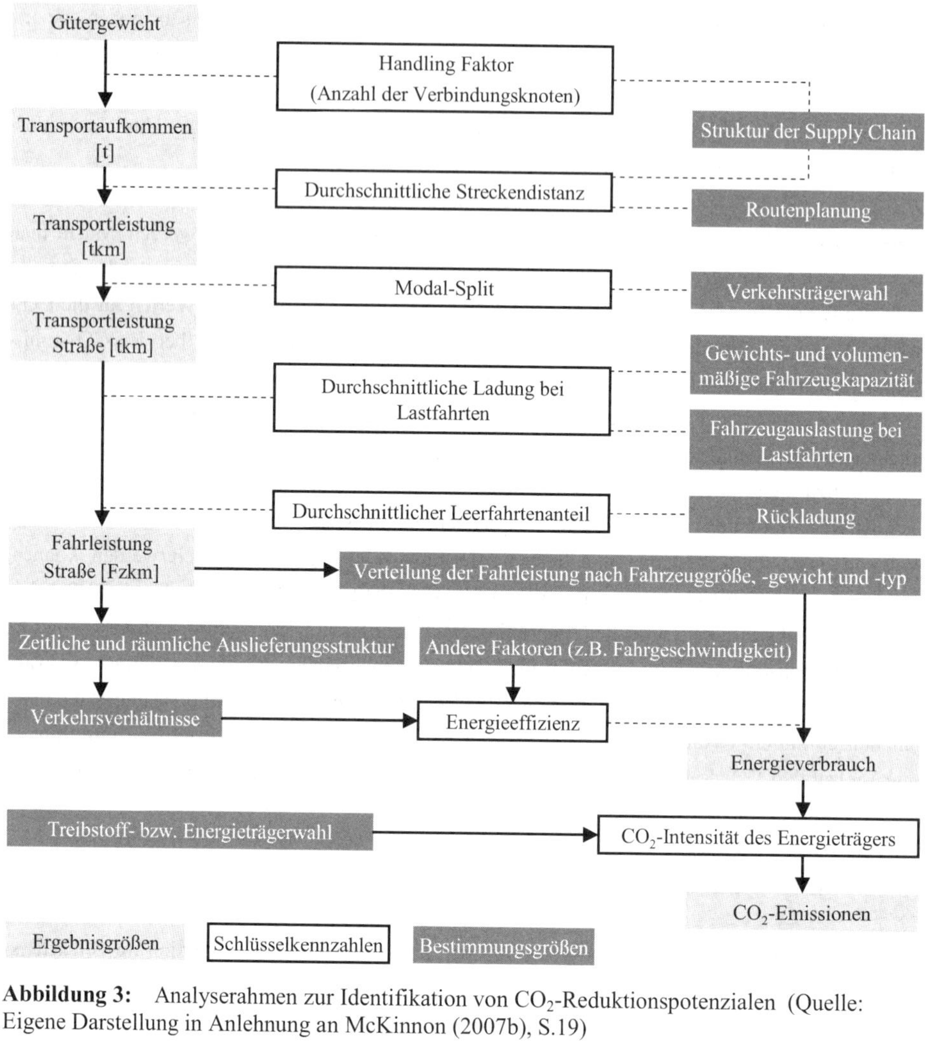

Abbildung 3: Analyserahmen zur Identifikation von CO_2-Reduktionspotenzialen (Quelle: Eigene Darstellung in Anlehnung an McKinnon (2007b), S.19)

Im Weiteren wird der Fokus der Analyse auf Verkehrsträgerverlagerungsoptionen gelegt, da hier differenzierte CO_2-Emissionsfaktoren vorliegen und die BASF bezüglich der Verkehrsträgerwahl eine hohe Entscheidungskompetenz besitzt. Allerdings ist auch hier zu beachten, dass der Energieverbrauch von diversen Einflussfaktoren abhängt, die je nach verwendeten CO_2-Emissionsfaktoren

mehr oder weniger erfasst sind.[119] Da bei Verlagerungsentscheidungen auch Transportkosten und Transportzeit zu beachten sind, werden diese bei der Analyse ebenfalls berücksichtigt.
Wie Abbildung 4 vermuten lässt, bietet sich bei Transporten im europäischen Kontinentalverkehr insbesondere eine Verlagerung von den Transportketten des Straßengüterverkehrs an, da diese für 61 % der CO_2-Emissionen verantwortlich sind. An den vergleichsweise geringen Anteilen dieser Transportketten von 33 % am Transportaufkommen und 32 % an der Transportleistung, lässt sich aber auch sehr gut erkennen, dass die BASF am Standort Ludwigshafen bereits heute über einen aus Klimagesichtspunkten positiven Modal-Split verfügt, der die Verlagerungsmöglichkeiten erheblich reduziert. Nichtsdestotrotz wird für ausgewählte Transportrelationen untersucht, welche Effekte sich durch eine Verlagerung auf Transportketten des KV Straße-Schiene einstellen.

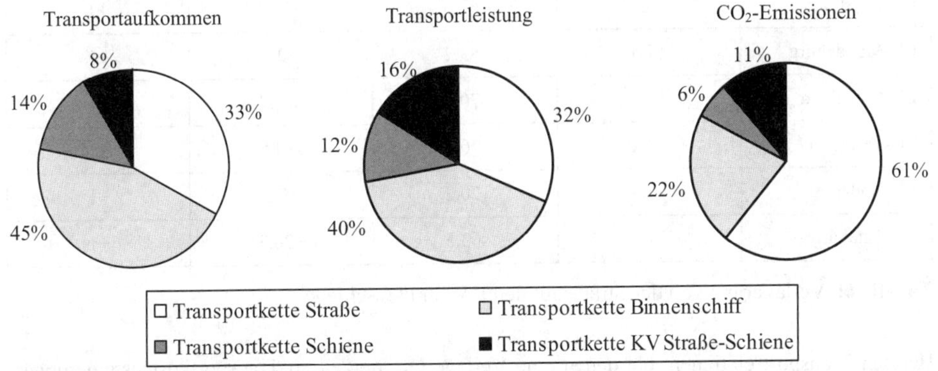

Abbildung 4: Aufteilung von Transportaufkommen, Transportleistung und CO_2-Emissionen auf Transportketten im europäischen Kontinentalverkehr

Wie die in Tabelle 6 dargestellten Ergebnisse zeigen, ließen sich bezogen auf 1.000 t Fracht je nach untersuchter Transportrelation zwischen 13,3 und 62,2 t CO_2 einsparen. Somit könnte ggf. zwischen 53,2 und 70,8 % weniger CO_2 auf diesen Relationen emittiert werden. Während sich die Transportzeit bei nahezu allen untersuchten Relationen um einen Tag verlängern würde, fallen die Kosteneffekte sehr unterschiedlich aus. Einerseits ließen sich bei den Transportrelationen Ludwigshafen-Dresden, Ludwigshafen-Barcelona und Ludwigshafen-Tarragona Transportkosteneinsparungen von bis zu 26,1 % realisieren. Auf der anderen Seite wäre eine Verlagerung bei den weiteren untersuchten Relationen derzeit mit Transportkostensteigerungen von bis zu 24,4 % verbunden.
Da eine Transportzeitverlängerung von einem Tag in den meisten Fällen vertretbar scheint, würde sich eine Verlagerung auf den KV Straße-Schiene bei den Transportrelationen Ludwigshafen-Dresden, Ludwigshafen-Barcelona und Ludwigshafen-Tarragona auf den ersten Blick schon aus ökonomischen Gründen empfehlen. Gemäß dem Gesamtkostendenken der Logistikkonzeption sind bei der Kostenbeurteilung jedoch weitere Kostenfaktoren zu berücksichtigen, die sich u. a. aus der

[119] Vgl. Abschnitt 3.3

Verlängerung der Transportzeit ergeben.[120] Wäre es hypothetisch betrachtet möglich, das gesamte Transportaufkommen auf diesen Relationen zu verlagern, könnte man die gesamten CO_2-Emissionen des Gütertransports des Standorts Ludwigshafen um ca. 1,3 % reduzieren.

Transportrelation	CO_2-Emissionen Einsparung in [t] je 1000 [t] Fracht	CO_2-Emissionen Abweichung in [%]	Transportkosten Abweichung in [%]	Transportzeit Abweichung in [Tage]
LU-Hamburg	25,8	-69,1	+24,4	+1
LU-Dresden	20,6	-59,1	-26,1	+1
LU-Halle	21,2	-68,4	+8,2	+1
LU-Duisburg	13,3	-67,6	+20,3	+1
LU-Magdeburg	17,4	-53,2	+0,7	+1
LU-Barcelona	57,8	-70,6	-17,7	+1
LU-Tarragona	62,2	-70,8	-14,8	+0,5
LU-Budapest	44,3	-70,2	+7,2	+1
LU-Tatabanya	37,6	-63,5	+20,3	+1

Tabelle 6: Verlagerung von der Straße auf den KV Straße-Schiene

Bei den Transportrelationen, bei denen eine Verlagerung derzeit zu Transportkostensteigerungen führen würde, muss auch vor dem Hintergrund zukünftiger Entwicklungen abgewogen werden, ob eine Verlagerung aus strategischen Gründen sinnvoll erscheint. Exemplarisch zu nennen sind hierbei mögliche Kostenerhöhungen und Kapazitätsengpässe im Straßengüterverkehr oder auch mögliche Kostensenkungen und Qualitätsverbesserungen im KV Straße-Schiene.[121] Von herausragender Bedeutung bei der Beurteilung von Verlagerungsmöglichkeiten sind letztlich aber die Lieferzuverlässigkeit der gesamten Transportkette sowie die Erfüllung von Sicherheitskriterien, die bei Chemietransporten unverzichtbar sind.[122]

Da Kunden mit Gleis- und Hafenanschluss bereits heute vom Standort Ludwigshafen weitestgehend mit Bahn und Binnenschiff beliefert werden, wird im Weiteren anhand der Transportrelation Ludwigshafen-Porto untersucht, welche Effekte mit einer Verlagerung von der Straße auf die Küstenschifffahrt verbunden sind. Dabei zeigt sich, dass bezogen auf 1.000 t Fracht ca. 93,0 t CO_2 eingespart werden könnten. Neben einer CO_2-Reduktion von etwa 68,2 % wäre hiermit auch eine Transportkosteneinsparung von 58,1 % möglich. Problematisch zeigt sich dabei jedoch die Transportzeit, die sich um 5 Tage verlängern würde. Daher muss hier im Einzelfall geprüft werden, ob

---

[120] Vgl. Pfohl (2010), S.29-32.

[121] Vgl. Browne/Pfohl/Stölzle/Lortz (2008); Elbert/Gomm (2003); Bretzke (2009).

[122] Vgl. Pfohl/Schäfer (1998), S.86; Pfohl/Engelke/Frühauf (1996), S.21; European Logistics Association/Arthur D. Little (2007), S.12 sowie zur Servicekomponente Lieferzuverlässigkeit Pfohl (2010), S.35-39.

dies akzeptiert und durch eine veränderte Logistikplanung abgepuffert werden kann. Dabei sind ebenfalls weitere mit der Transportzeitverlängerung verbundene Kostenfaktoren einzubeziehen. Unter Umständen kommen auch andere Destinationen in Portugal, Griechenland, Russland sowie der Türkei für eine Verlagerung in Betracht, die hier aber nicht näher analysiert werden.

Im Interkontinentalverkehr konkurrieren See- und Luftfrachttransport. Daher wird anhand der Transportrelation Ludwigshafen-Shanghai untersucht, welche Effekte sich durch eine Verlagerung der Luftfracht auf die Seefracht ergeben. Da das Luftfrachtaufkommen vergleichsweise gering ist und die Verlagerungsmöglichkeiten als relativ bescheiden beurteilt werden können, wird hier lediglich eine Tonne Fracht als Bezugsgröße gewählt. Zwar ließen sich durch die Verlagerung jeder Tonne Fracht ca. 6,8 t CO_2 einsparen, jedoch würde sich die Transportzeit um 34 Tage verlängern. Dies könnte wohl nur in seltensten Fällen akzeptiert werden, da der Luftfrachttransport von der BASF nahezu ausschließlich für zeitkritische Güter eingesetzt wird. Die berechneten CO_2- und Transportkosteneinsparungen von 96,3 bzw. 96,8 % sind daher eher hypothetischer Natur. Um einen Kompromiss zwischen CO_2-Emissionen, Kosten und Transportzeiten zu erzielen, könnte aber ggf. auch eine Verlagerung auf kombinierte See-Luftfrachttransporte oder die eurasische Landbrücke überprüft werden. Auch hier sind unbedingt weitere Kostenfaktoren zu berücksichtigen, die sich durch die nicht unerheblichen Transportzeitverlängerungen ergeben.

Dies gilt grundsätzlich auch für eine potenzielle Untersuchung der Effekte, die sich durch eine Verringerung der Fahrgeschwindigkeit zur Treibstoffersparnis im Seefrachttransport einstellen. Da der Seefrachttransport der Hauptemittent von CO_2 im Gütertransport des Standorts Ludwigshafen ist, bietet sich für weitere Untersuchungen eine solche Analyse an. Wie man an Formel 4 erkennen kann, senkt beispielsweise eine Drosselung der Fahrgeschwindigkeit von 25 kn auf 20 kn den spezifischen Energieverbrauch und damit auch die CO_2-Emissionen um ca. 36 %. Unter der Annahme, dass 10 % der Transportleistung des Seefrachttransports des Standorts Ludwigshafen mit einer um 20 % reduzierten Fahrgeschwindigkeit erbracht würde, wäre somit in einer ersten groben Annäherung ein Reduktionspotenzial von überschlägig 1,6 % der gesamten CO_2-Emissionen des Gütertransports des Standorts Ludwigshafen möglich. Wie groß die Effekte tatsächlich sind, muss aber relationsspezifisch untersucht werden. Bei der Auswahl der zu untersuchenden Transportrelationen muss in jedem Fall hinterfragt werden, ob eine Einflussnahme auf die Fahrgeschwindigkeit des Transportdienstleisters grundsätzlich möglich ist.

Dieses Beispiel verdeutlicht, dass ein Großteil der CO_2-Reduktionspotenziale im Gütertransport nicht dem direkten Einfluss der verladenden Wirtschaft unterliegt. Hier besteht lediglich die Möglichkeit über bestimmte Anforderungen in den Ausschreibungsunterlagen auf die Transportdienstleister einzuwirken. Abschließend lässt sich daher resümieren, dass die Gestaltung klimafreundlicher Transportketten nur durch eine intensive und partnerschaftliche Zusammenarbeit zwischen Verladern und Transportdienstleistern realisiert werden kann.

5 Fazit und Ausblick

Wie die vorangegangenen Ausführungen gezeigt haben, spricht vieles dafür, dass die ökologische Betroffenheit der Logistik in Zukunft weiter zunehmen wird. Daher müssen bei der Beurteilung der Effektivität und Effizienz logistischer Systeme auch verstärkt ökologische Ziele und Kriterien berücksichtigt werden. Insbesondere die hohe Brisanz der Klimaschutzdebatte stellt die Logistik vor die große Herausforderung, einerseits globale Lieferketten zu ermöglichen und andererseits den Ausstoß von Treibhausgasen zu senken. Aufgrund der negativen CO_2-Mengenentwicklung in der Vergangenheit steht vor allem der Transportsektor immer mehr im Fokus politischer Anstrengungen, die vorgegebenen Klimaschutzziele zu erreichen. Hier liegt es aber auch in der Verantwortung der verladenden Wirtschaft, klimafreundliche Transportketten zu unterstützen. Dies hat die BASF erkannt und möchte ihre Vorreiterrolle in Sachen Klimaschutz auch auf den Gütertransport erweitern.

Die in diesem Beitrag vorgestellte Methodik kann dabei helfen, Transparenz bezüglich der CO_2-Emissionen im Gütertransport zu schaffen und die bestehenden Transportketten auf CO_2-Reduktionspotenziale zu untersuchen. Trotz des Fehlens von einheitlichen Berechnungsverfahren sowie nationaler und internationaler Standards, ist es gelungen, eine nach aktuellem Wissensstand relativ verlässliche CO_2-Bilanz des Gütertransports für den Standort Ludwigshafen zu erstellen. Die Hauptschwierigkeiten lagen dabei zum einen bei der Wahl der „richtigen" Bilanzgrenzen. Dieses Problem wurde dadurch gelöst, dass alle Transporte bilanziert wurden, auf welche die BASF als Frachtzahler auch Einfluss nehmen kann. Zum anderen ist die Auswahl der CO_2-Emissionsfaktoren trotz aller Sorgfalt mit Unsicherheiten behaftet, die nach derzeitigem Forschungsstand nicht gänzlich eliminiert werden können. Für die Zukunft sind jedoch detailliertere und bessere Daten zu erwarten. Daher wurde die Methodik so gewählt, dass sie anpassungsfähig an zukünftige politische Anforderungen und wissenschaftliche Erkenntnisse ist. Hier darf man besonders auf die für 2010 angekündigte neue Version des Ecotransitrechners sowie den für Mai 2010 geplanten Normentwurf des Europäischen Normenausschusses CEN/TC 3207WG 10 gespannt sein. Ziel muss es für die Zukunft sein, einheitliche Regelungen für Bilanzgrenzen sowie vergleichbare, differenzierte und belastbare Datensätze für die CO_2-Bilanzierung aller Verkehrsträger zu schaffen.

Wie die ersten Ergebnisse der Bilanzierung zeigen, verfügt die BASF am Standort Ludwigshafen bereits heute über einen aus CO_2-Gesichtspunkten günstigen Modal-Split. Allerdings lässt sich am Hauptemittent Seefrachttransport mit einem Anteil von 49 % an den CO_2-Emissionen des Gütertransports gut erkennen, dass auch Transportketten, die als hochenergieeffizient eingestuft werden können, beträchtlich zum CO_2-Ausstoß beitragen. Da die CO_2-Emissionen des Gütertransports der BASF in ihrer Summe nicht vernachlässigbar sind, besteht die Herausforderung für die Zukunft darin, geeignete CO_2-Reduktionspotenziale zu identifizieren und Maßnahmen zu deren Ausschöpfung zu implementieren. Hierzu wurden bereits erste Untersuchungen durchgeführt, die darauf hindeuten, dass sich durch eine weitere Verlagerung von ausgewählten Straßengütertransporten auf Transportketten des Kombinierten Verkehrs Straße-Schiene sowie der Küstenschifffahrt CO_2-Emissionen und teilweise auch Transportkosten einsparen lassen. Ob die damit verbunden Verlängerungen der Transportzeit akzeptiert und abgepuffert werden können und welche weiteren Kosteneffekte sich aus diesen ergeben, bedarf jedoch einer weitergehenden Einzelfallbetrachtung. Darüber hinaus lässt eine erste überschlägige Annäherung vermuten, dass eine Verringerung der Fahrgeschwindigkeiten im Seefrachttransport zu erheblichen CO_2-Einsparungen führen kann. Allerdings sind auch hier weitere und tiefere Untersuchungen durchzuführen. So sind CO_2-Einsparungen im Gütertransport immer auch auf Interdependenzen mit anderen logistischen Subsystemen zu untersuchen, damit diese nicht bspw. durch eine höheren CO_2-Aufwand in der Lagerhaltung aufgezehrt oder gar überkompensiert werden.

Abschließend lässt sich konstatieren, dass die BASF einen ersten fundamentalen Schritt in Richtung klimafreundlicher Transportketten gemacht hat, dem weitere Schritte folgen müssen. Dabei ist es wichtig, eine regelmäßige Bilanzierung durchzuführen sowie eine kontinuierliche und kritische Überprüfung der Eingangsdaten auf Basis neuer Erkenntnisse vorzunehmen, um diese ggf. anzupassen. Auch eine Erweiterung der Bilanz auf die innerbetriebliche Logistik sowie eine Übertragung auf andere Standorte sollte geprüft werden. Ebenso ermöglicht die Methodik, bei zukünftigen Standortentscheidungen die Auswirkungen auf die CO_2-Bilanz des Gütertransports als ergänzendes Kriterium zu berücksichtigen. Zu guter Letzt empfiehlt sich in jedem Fall eine enge und partnerschaftliche Zusammenarbeit mit den Transportdienstleistern, da ein Großteil der CO_2-Reduktionspotenziale nur gemeinsam mit diesen ausgeschöpft werden kann und diese auch wertvolle Daten für eine verlässlichere Bilanzierung bereitstellen können.

Literaturverzeichnis

Aberle, G. (2009): Transportwirtschaft. Einzelwirtschaftliche und gesamtwirtschaftliche Grundlagen. 5. überarb. u. erg. Aufl., München 2009.

Arretz, M. (2008): Wertpotentiale Grüner Logistik. In: BVL (Hrsg.): Werte schaffen – Kulturen verbinden. 25. Deutscher Logistik-Kongress Berlin. Hamburg 2008, S.211-251.

(BASF) Badische Anilin- & Soda-Fabrik (Hrsg.) (2009): Klimaschutz mit BASF. Ludwigshafen 2009.

(BME) Bundesverband Materialwirtschaft, Einkauf und Logistik e.V. (Hrsg.) (2009): Green Logistics – hohe Bedeutung auch in Krisenzeiten. o. O. 2009. Verfügbar: http: //www.bme.de/file admin/bilder/PDF/AuswertungGreenLog.pdf (Zugriff am 04.01. 2010).

(BMU) Bundesministerium für Umwelt, Naturschutz und Reaktorsicherheit (Hrsg.) (1997): Protokoll von Kyoto zum Rahmenübereinkommen der Vereinten Nationen über Klimaänderungen. Verfügbar: http://www.bmu.de/files/pdfs/allgemein/application/pdf/protodt.pdf. (Zugriff am 15.07.2009)

(BMU) Bundesministerium für Umwelt, Naturschutz und Reaktorsicherheit (Hrsg.) (2007): Verkehr und Umwelt – Herausforderungen. Berlin 2007. Verfügbar: http://www.bmu.de/files/pdfs /allgemein/application/pdf/verkehr_herausforderungen.pdf (Zugriff am 20.05.09).

Borken J./Patyk A./Reinhardt G. A. (1999): Basisdaten für ökologische Bilanzierung. Heidelberg 1999.

Brown, F. W. M./Pielke Sr., R. A./Annan, J. D. (2007): Is there agreement amongst climate scientists on the IPCC AR4 WG1? Verfügbar: http://www.jamstec.go.jp/frsgc/research/d5/jdannan/s urvey.pdf (Zugriff am 07.01.2010).

Browne, M./Pfohl, H.-Chr./Stölzle, W./Lortz, A. (2008): Intelligent Logistics – More Sustainable Freight Traffic. In: DVWG (Hrsg.): Traffic and Transport 2030 – Visions, Concepts, Technologies. Berlin 2008, S.69-80.

(BSI) British Standards Institution (Hrsg.) (2008): PAS 2050:2008. Specification for the assessment of the life cycle greenhouse gas emissions of goods and services. London 2008.

Bühler G. (2006): Verkehrsmittelwahl im Güterverkehr. Eine Analyse ordnungs- und preispolitischer Maßnahmen. Heidelberg 2006.

(BVL) Bundesvereinigung Logistik (Hrsg.) (2010): Vorfrühling in der Logistikkonjunktur – „Grüne Logistik" und Nachhaltigkeit keine Opfer der Krise. o. O. 2010. Verfügbar: http://www.bvl.de/files/2/18/197/429/BVL_Kommentar_zum_Logistik-Indikator_Q1_2010-DE_1.pdf (Zugriff am 02.03.2010).

CE Delft (Hrsg.) (2008): STREAM. Studie naar TRansport Emissies van Alle Modaliteiten. Delft 2008.

Clausen, U./Deymann, S. (2009): Maßnahmen zur Minderung von Treibhausgasemissionen in Logistikunternehmen. In: Sustainable Logistics. 14. Wissenschaftliche Fachtagung, 26. und 27. Februar 2009. Magdeburg 2009, S.31-43.

(DB) Deutsche Bahn (Hrsg.) (2005): Umweltbericht 2005. Berlin 2005. Verfügbar: http://www.deutschebahn.com/site/bahn/de/unternehmen/verantwortung/umwelt/publikationen/umweltbericht/umweltbericht.html (Zugriff am 24.06.2009).

(Defra) Department for Environment, Food and Rural Affairs (Hrsg.) (2008a): Guidelines to Defra's Greenhouse Gas Conversion Factors for Company Reporting. London 2008. Verfügbar: http://www.defra.gov.uk/environment/business/reporting/conversion-factors.htm. (Zugriff am 14.06.09).

(Defra) Department for Environment, Food and Rural Affairs (Hrsg.) (2008b): Guidelines to Defra's GHG Conversion Factors. Annexes. London 2008. Verfügbar: http://www.defra.gov.uk/environment/business/reporting/conversion-factors.htm. (Zugriff am 14.06.09).

(Defra) Department for Environment, Food and Rural Affairs (Hrsg.) (2008c): 2008 Guidelines to Defra's GHG Conversion Factors: Methodology Paper for Transport Emission Factors. London 2008. Verfügbar: http://www.defra.gov.uk/environment/business/reporting/conversion-factors.htm. (Zugriff am 14.06.09).

(Destatis) Statistische Bundesamt Deutschland (Hrsg.) (2004): Verkehr und Umwelt. Umweltökonomische Gesamtrechnung 2004. Wiesbaden 2004. Verfügbar: https://www-ec.destatis.de/csp/shop/sfg/bpm.html.cms.cBroker.cls?cmspath=strutur,vollanzeige.csp&ID=1015182 (Zugriff am 20.05.09).

Doran, P. T./Zimmerman, K. M. (2009): Examining the Scientific Consensus on Climate Change. In: Eos, Transactions American Geophysical Union 90(2009)3, S. 21-22.

Elbert, R./Gomm, M. (2003): Zukunftsforschung Güterverkehr. Eine Studie über die Auswirkungen sich ändernder Rahmenbedingungen im Güterverkehr auf Unternehmen. In: Pfohl, H.-Chr. (Hrsg.): Güterverkehr – Eine Integrationsaufgabe für die Logistik. Entwicklungen – Auswirkungen – Lösungsmöglichkeiten. Berlin 2003, S.79-122.

European Logistics Association/Arthur D. Little (2007): Innovation Excellence in Logistics. Value Creation by Innovation. Brüssel 2007.

Findeis, M./Tille, A. (2010): Viel Wind um wenig Greifbares. In: DVZ 64(2010)9, S.5.

Flämig, H./Drewes, P./Seipold, P./Wolff, J. (2009): Logistics toward Sustainability (LOTOS). In: Sustainable Logistics. 14. Wissenschaftliche Fachtagung. 26. und 27. Februar 2009. Magdeburg 2009, S. 251 – 266.

Forster, P. et al. (2007): Changes in Atmospheric Constituents and in Radiative Forcing. In: IPCC (Hrsg.): Climate Change 2007: The Physical Science Basis. Contribution of Working Group I to the Fourth Assessment Report of the Intergovernmental Panel on Climate Change. Cambridge/New York 2007, S. 130-234.

GHG Protocol (Hrsg.) (2005): Calculating CO_2 Emissions from Mobile Sources. O.O. 2005. Verfügbar: http://www.ghgprotocol.org/calculation-tools/all-tools (Zugriff am 13.05.09).

Gomm, M./Hofmann, E. (2003): Netzwerke und Netzeffekte in der Logistik. Eine Studie über Potentiale zur Bildung von Transportnetzwerken im Güterverkehr. In: Pfohl, H.-Chr. (Hrsg.):

Güterverkehr – Eine Integrationsaufgabe für die Logistik. Entwicklungen – Auswirkungen – Lösungsmöglichkeiten. Berlin 2003, S.123-169.

(GRI) Global Reporting Initiative (Hrsg.) (2006): Leitfaden zur Nachhaltigkeitsberichterstattung. Amsterdam 2006.

(IFEU) Institut für Energie und Umweltforschung (Hrsg.) (2004): Handbuch Emissionsfaktoren des Straßenverkehrs Version 2.1. Basisdaten Deutschland. Heidelberg 2004.

(IFEU) Institut für Energie und Umweltforschung (Hrsg.) (2005): Fortschreibung „Daten- und Rechenmodell": Energieverbrauch und Schadstoffemissionen des motorisierten Verkehrs in Deutschland 1960-2030. Zusammenfassung. Heidelberg 2005.

(IFEU) Institut für Energie und Umweltforschung (Hrsg.) (2008): EcoTransIT: Ecological Transport Information Tool. Environmental Methodology Data. Heidelberg 2008.

(IKB) IKB Deutsche Industriebank (Hrsg.) (2008): Transport und Logistik. Kurzbericht zur Branche. Düsseldorf 2008.

(IMO) International Maritime Organisation (Hrsg.) (2009): Prevention of air pollution from ships. Second IMO GHG study 2009. Verfügbar: http://www.seas-at-risk.org/1mages/MEPC59-INF .10 (The Second IMO GHG Study 2009).pdf

Infras (Hrsg.) (2004): Handbuch Emissionsfaktoren des Straßenverkehrs 2.1. Dokumentation. Bern u. a. 2004.

Infras (Hrsg.) (2007): Externe Kosten des Verkehrs in Deutschland. Aufdatierung 2005. Zürich 2007.

(IPCC) Intergovernmental Panel on Climate Change (Hrsg.) (2007): Vierter Sachstandsbericht des IPCC (AR4).Klimaänderung 2007: Zusammenfassungen für politische Entscheidungsträger. Bern/Wien/Berlin (2007). Verfügbar: http://www.ipcc.ch/ipccreports/translations.htm (Zugriff am 03.05.2009).

Klaus, P./Kille, Chr. (2008): Die TOP 100 der Logistik. Marktgrößen, Marktsegmente und Marktführer in der Logistikdienstleistungswirtschaft. Ausgabe 2008/2009, Hamburg 2008.

Kranke, A. (2009a): So ermitteln Sie den CO_2-Footprint. In: Verkehrsrundschau 63(2009)42, S.20-23.

Kranke, A. (2009b): Was beim Bahn-Transport zu beachten ist. In: Verkehrsrundschau 63(2009) 43, S.42-44.

Kranke, A. (2009c): Rechnen trotz Mangel an Basisdaten. In: Verkehrsrundschau 63(2009)44, S.44-46.

Kranke, A. (2009d): Neue Basisdaten für die Seeschifffahrt. In: Verkehrsrundschau 63(2009)45, S.36-39.

Kranke, A. (2009e): Die Eigenheiten des Luftverkehrs. In: Verkehrsrundschau 63(2009)46, S.40-43.

Leonardi, J./Baumgartner M./Krusch, O. (2004): CO_2-Reduktion und Energieeffizienz im Straßengüterverkehr. Hamburg 2004. Verfügbar: http://www.mpimet.mpg.de/fileadmin/publikationen /Reports/max_scirep_353.pdf (Zugriff am 08.06.2009).

Lindstad H./Mørkve T. (2009): Methodology to asses the Energy Efficiency and the Environmental Performance of maritime logistics chains. In: 10th International Marine Design Conference. 25 – 29 May 2009. Trondheim 2009, S. 1022-1037.

McKinnon, A. (2007a): CO_2 Emissions from Freight Transport: An Analysis of UK Data. In: Logistics Research Network - 2007 Conference. Global Supply Chains: Developing Skills, Capabilities and Networks.

McKinnon, A. (2007b): CO_2 Emissions from Freight Transport in the UK. Edinburgh 2007. Verfügbar: http://www.cfit.gov.uk/docs/2007/climatechange/pdf/2007climatechange-freight.pdf (Zugriff am 16.05.2009).

McKinnon, A. (2008): The Potential of Economic Incentives to Reduce CO_2 Emissions from Goods Transport. In: 1st International Transport Forum on 'Transport and Energy: the Challenge of Climate Change'. 28-30 Mai 2008. Leipzig 2008.

(OAG) Official Airline Guide (2009): OAG Flight Guide. Worldwide. 10(2009)88.

Öko-Institut e.V. (Hrsg.) (2008a): Die Rolle der Luftfracht bei Lebensmitteltransporten Aktuelle Entwicklungen in Deutschland und deren ökologische Folgen. Berlin 2008. Verfügbar: http://www.oeko.de/include/dok/224.php?id=758&dokid=758&anzeige=det&ITitel1=&IAutor1=&ISchlagw1=&sortieren=&suchbegriff=orte&match=or&PHPSESSID=t54fat3kn9tt5p7ri9as0a6n83 (Zugriff am 17.05.2009).

Öko-Institut e.V. (Hrsg.) (2008b): Stellungnahme zur „Bilanzierung der BASF Treibhausgasemissionen und -einsparungen". Freiburg 2008.

PCF Pilotprojekt Deutschland (Hrsg.) (2009): Product Carbon Footprinting. Ein geeigneter Weg zu klimaverträglichen Produkten und deren Konsum? Verfügbar: http://www.pcf-projekt.de/files/1241099725/ergebnisbericht_2009.pdf (Zugriff am 12.09.2009).

Pfohl, H.-Chr. (Hrsg.) (1993): Ökologische Herausforderungen an die Logistik in den 90er Jahren. Umweltschutz in der Logistikkette bei Ver- und Entsorgung. Berlin 1993.

Pfohl, H.-Chr. (1995): Logistik und Umwelt. In: Junkernheinrich, M./Klemmer, P./ Wagner, G. R. (Hrsg.): Handbuch zur Umweltökonomie. Berlin 1995.

Pfohl, H.-Chr. (2004): Logistikmanagement. Konzeption und Funktionen. 2., vollst. überarb. u. erw. Aufl., Berlin u. a. 2004.

Pfohl, H.-Chr. (2010): Logistiksysteme. Betriebswirtschaftliche Grundlagen. 8., neu bearb. u. akt. Aufl., Berlin u. a. 2010.

Pfohl, H.-Chr./Engelke, M. (1995a): Erfassung von Umwelteinwirkungen logistischer Prozesse. In: Logistik Spektrum 6(1995)4, S.4-8.

Pfohl, H.-Chr./Engelke, M. (1995b): Ökologische Bewertung logistischer Prozesse. In: Logistik Spektrum 6(1995)4, S.9-12.

Pfohl, H.-Chr./Engelke, M. (1997): Der Papierkonzern STORA erstellt umweltorientierte Transportprofile. In: Internationales Verkehrswesen 49(1997)7-8, S.380-382.

Pfohl, H.-Chr./Engelke, M./Frühauf, K. (1996): Qualitätsmerkmale der Distributionslogistik. Arbeitspapiere zur Unternehmensführung und Logistik Nr. 21. Darmstadt 1996.

Pfohl, H.-Chr./Engelke, M./Theile, M. (1996): Bedeutung der Umweltgerechtigkeit bei Logistikunternehmen. Ergebnisse einer empirischen Untersuchung. Arbeitspapiere zur Unternehmensführung und Logistik Nr. 20. Darmstadt 1996.

Pfohl, H.-Chr./Hoffmann, A./Stölzle, W. (1992): Umweltschutz und Logistik. Eine Analyse der Wechselbeziehungen aus betriebswirtschaftlicher Sicht. In: Journal für Betriebswirtschaft 42(1992),2 S.86-103.

Pfohl, H.-Chr./Lortz, A. (2009): Traffic and Transport 2030 – Nachhaltige Logistik mit Zukunft. In: Wolf-Kluthausen, H. (Hrsg.): Jahrbuch Logistik 2009. Korschenbroich 2009, S.22-27.

Pfohl, H.-Chr./Schäfer, Chr. (1998): Analyse des Beschaffungsverhaltens von Industrie- und Handelsunternehmen zur Aufdeckung von Zeitpuffern im Beschaffungsentscheidungsprozeß – Ergebnisse einer Unternehmensbefragung. Arbeitspapiere zur Unternehmensführung und Logistik Nr. 24. Darmstadt 1998.

Porter, M. E./Reinhardt, F. L.(2007): Wettbewerbsfaktor Umweltschutz. In: Harvard Business manager 29(2007)12, S.8-13.

Renner, V. (2004): Das Binnenschiff – der klimafreundliche Verkehrsträger. In: Kolloquium: „Perspektiven für die Zukunft der Mittelelbe" am 1. und 2. Juni 2004. Hamburg 2004.

Sandvik E. T (2005): Environmental Impacts of Intermodal Freight Transport. Molde 2005.

Schmied, M./Deymann, S. (2009): Auf die Methode kommt es an. In: DVZ 63(2009)34, S. 4.

Schmidt, A. (2009): Globale Erderwärmung – Die größte Externalität in der Geschichte der Menschheit. In: WiSt 38(2009)7, S.360-365

Scholz-Reiter, B./Böse, F./Hinrichs, U./Toonen, C. (2007): Ökologistik. Umweltorientierung in der Logistik. In: Industrie Management 23(2007)5, S.15-18.

(SERI) Sustainable Europe Research Institut (Hrsg.) (2007): Berechnung der CO_2-Emissionen des Transports von neun ausgewählten Lebensmittelprodukten. Wien 2007. Verfügbar: http://www.seri.at/documentupload/seri_co2_rucksack_transport.pd f (Zugriff am 10.06.2009).

Sinn, H.-W. (2008): Das grüne Paradoxon. Plädoyer für eine illusionsfreie Klimapolitik. Berlin 2008.

Srivastava, S. K. (2007): Green supply-chain management: A state-of-the-art literature review. In: International Journal of Management Reviews 9(2007)1, S.53-80

Stern, N. (2007): The Economics of Climate Change – The Stern Review. Cambridge 2007.

Straube, F./Pfohl, H.-Chr. (2008): Trends und Strategien in der Logistik – Globale Netzwerke im Wandel. Umwelt, Sicherheit, Internationalisierung, Menschen. Bremen 2008.

(T&E) European Federation for Transport and Environment (2009): CO_2 emissions from transport in the EU 27. An analysis of 2007 data submitted to the UNFCCC. Brüssel 2009. Verfügbar: http://www.transportenvironment.org/Publications/prep_hand_out/l id/545 (Zugriff am 02.10. 2009)

(UBA) Umweltbundesamt (Hrsg.) (1999): Verkehr im Umweltmanagement. Anleitung zur betrieblichen Erfassung verkehrsbedingter Umwelteinwirkungen. Berlin 1999. Verfügbar: http://www .umweltdaten.de/publikationen/fpdf-l/1907.pdf (Zugriff am 09 .06.2009).

(VBD) Versuchsanstalt für Binnenschiffbau e.V. Duisburg (Hrsg.) (2004): Technische und wirtschaftliche Konzepte für flußangepaßte Binnenschiffe. Duisburg 2004.

Winkler, D. (2009): Fehlende Standards. In: Verkehrsrundschau 63(2009)51-52, S.40-42.

(WSD Ost) Wasser- und Schifffahrtsdirektion Ost (Hrsg.) (2007): Verkehrswirtschaftlicher und ökologischer Vergleich der Verkehrsträger Straße, Schiene und Wasserstraße. Magdeburg 2007.

Lagerung, Auftragsabwicklung, Kommissionieren, Verpacken & Signieren

Karl Inderfurth* / Tobias Schulz**

Lagerkennlinien in mehrstufigen Logistiksystemen

---

* Prof. Dr. Karl Inderfurth ist Inhaber des Lehrstuhls für Betriebswirtschaftslehre, insb. Produktion und Logistik an der Otto-von-Guericke Universität Magdeburg. Er fungiert als Department Editor für den Bereich „Operations and Information Systems" bei der Zeitschrift „Business Research" (BuR) und ist Mitglied im Wissenschaftlichen Beirat der Bundesvereinigung Logistik (BVL) sowie des Instituts für Seeverkehrswirtschaft und Logistik (ISL).

** Dipl.-Kfm. Tobias Schulz ist seit 2005 wissenschaftlicher Mitarbeiter am Lehrstuhl von Prof. Dr. Karl Inderfurth an der Universität Magdeburg. Er arbeitet derzeit an seiner Promotion zum Thema Losgrößenplanung in Systemen der Kreislauflogistik.

1 Einleitung

Ohne ein gut entwickeltes Logistik Controlling lassen sich moderne Logistikstrategien im Industrie-, Handels- und (Logistik-) Dienstleistungsbereich nicht wirkungsvoll umsetzen[1]. Zu den wichtigsten Instrumenten des Logistik Controlling gehört die Nutzung von Kennzahlen, die das Logistikzielsystem eines Unternehmens möglichst angemessen wiedergeben. Im Rahmen der Umsetzung logistischen Effizienzdenkens fällt dem Einsatz von Kennzahlen die Aufgabe zu, sowohl Zielaspekte der Kostenminimierung als auch solche der Servicemaximierung zu messen und effiziente Kompromissverhältnisse zwischen derartigen Zielgrößen zu beschreiben[2]. Somit ist es zum Design logistischer Systeme sowie zur Planung und Kontrolle logistischer Prozesse notwendig, messbare Kenngrößen mit Kosten- und Servicebezug zu deren Beurteilung heranzuziehen sowie qualitative und quantitative Relationen zwischen diesen Kenngrößen einschätzen zu können.

Für die Darstellung funktionaler Zusammenhänge zwischen wichtigen Kenngrößen und deren grafische Umsetzung in Form von Kurvenverläufen wird im ingenieurwissenschaftlichen Bereich der Begriff der „logistischen Kennlinie" verwendet. In ihrer Monografie „Logistische Kennlinien" beschreiben P. Nyhuis und H.-P. Wiendahl[3] unter anderem, wie sich ein solcher Zusammenhang für die Kenngrößen „mittlerer Bestand" (als kostenbezogene Kenngröße) und „mittlerer Lieferverzug" (als servicebezogene Kenngröße) in einem einstufigen Lagersystem als sog. Lagerkennlinie approximativ ableiten lässt. In mehreren Arbeiten vertiefen Inderfurth und Schulz[4] diesen Ansatz auf Grundlage lagerhaltungstheoretischer Ansätze dahingehend, dass sie eine Methodik zur exakten Ableitung der Lagerkennlinie erarbeiten und diese dem approximativen Ansatz nach Nyhuis und Wiendahl gegenüberstellen. Dabei werden konzeptionelle Probleme des Kennlinienansatzes dieser Autoren vermieden und offene Fragen seiner Parametrisierung für ein einstufiges Lagersystem beantwortet. In der oben genannten Monografie von Nyhuis und Wiendahl sowie in weiteren Veröffentlichungen aus diesem Autorenkreis[5] wird darauf hingewiesen, dass der von ihnen entwickelte approximative Ansatz grundsätzlich auch für komplexere mehrstufige Lagersysteme (im Sinne logistischer Ketten oder Netzwerke) genutzt werden kann. Allerdings beschränkt sich die Analyse in diesen Arbeiten auf eine sequentielle Evaluation der einzelnen Lagerstufen und verzichtet demzufolge auf eine integrierte Betrachtung der Lagerbestände im mehrstufigen Logistiksystem.

Im vorliegenden Beitrag soll die exakte lagerhaltungstheoretische Methodik auf ein mehrstufiges Lagersystem erweitert werden, womit an theoretische Aspekte der mehrstufigen stochastischen Lagerhaltung[6] angeknüpft wird. Dazu soll im folgenden Abschnitt der Modellrahmen kurz erläutert und die Ableitung der exakten Lagerkennlinie im einstufigen Fall dargestellt werden. Darauf-

---

1 Vgl. Pfohl (2004a), S. 196
2 Vgl. Pfohl (2004b), S. 41
3 Vgl. Nyhuis und Wiendahl (2003)
4 Vgl. Inderfurth und Schulz (2007a, 2007b, 2008)
5 Vgl. Gläßner (1995), Kap. 6; Lutz et al. (2003), S. 230; Wriggers et al. (2007), S. 661
6 Vgl. unter anderem Tempelmeier (2006), Kap. D

hin wird deren Übertragung auf ein mehrstufiges System vorgenommen, wobei jeweils zunächst die Extrempunkte der exakten Kennlinie (d. h. die Maximalwerte von mittlerem Bestand und mittlerem Lieferverzug) bestimmt werden, bevor der Verlauf der Kennlinie zwischen den Extrempunkten analysiert wird. In einem abschließenden Kapitel werden die wesentlichen Erkenntnisse kurz zusammengefasst, und es wird ein Ausblick auf offene Forschungsfragen gegeben.

2 Die Lagerkennlinie im einstufigen Logistiksystem

2.1 Das Konzept der Lagerhaltungstheorie zur Kennlinienermittlung

Im Rahmen der stochastischen Lagerhaltungstheorie wird allgemein versucht, den Einfluss verschiedenster stochastischer Störeinflüsse auf Leistungskenngrößen von Lagerhaltungssystemen bei Anwendung bestimmter Dispositionsregeln und Wahl spezifischer Dispositionsparameter analytisch zu erfassen. Dabei wird beim Einsatz der Lagerhaltungstheorie grundsätzlich davon ausgegangen, dass der Typ der Dispositionsregel und die Wahrscheinlichkeitsinformation zu den Störgrößen explizit in die Analyse einbezogen werden. Für eine vorgegebene Dispositionsregel und eine spezifizierte Wahrscheinlichkeitsverteilung wird auf analytischem Weg untersucht, welcher Zusammenhang zwischen Dispositionsparametern und einzelnen logistischen Kenngrößen besteht bzw. wie unterschiedliche Kenngrößen miteinander verknüpft sind. Eine solche Untersuchung lässt sich auch für die Kenngrößen „mittlerer Lieferverzug" und „mittlerer Lagerbestand" vornehmen. Diese Analyse wird exemplarisch für den Fall der Anwendung einer Bestellzyklus-Bestellgrenzen-Regel, einer sog. (t,S)-Dispositionsregel, in einem statischen Lagerhaltungskontext ohne Einbeziehung einer Lieferzeit durchgeführt. Um die Darstellung einfach zu halten, wird als einzige stochastische Einflussgröße die Nachfrage betrachtet, wobei angenommen wird, dass in jedem Lagerzyklus nur zwei Nachfragewerte (genauer: Nachfrageraten) auftreten können: ein unterer Wert r_u (mit Wahrscheinlichkeit p_u) und ein oberer Wert r_o (mit Wahrscheinlichkeit p_o). Für den Erwartungswert der Nachfragerate gilt dann: $\bar{r} = p_u \cdot r_u + p_o \cdot r_o$. Diese Annahmen lassen sich ohne grundsätzliche Schwierigkeiten zur Berücksichtigung stetiger Wahrscheinlichkeitsverteilungen und zusätzlicher stochastischer Einflussgrößen (wie z. B. eine unsichere Lieferzeit) erweitern.[7]

2.2 Festlegung der Extrempunkte der Kennlinie

Es ist darauf hinzuweisen, dass die Kenngrößen „mittlerer Lieferverzug" und „mittlerer Lagerbestand" im stochastischen Fall als Erwartungswerte über alle möglichen Realisationen der zufälligen Nachfrage zu verstehen sind. Beide Kenngrößen werden auf der Grundlage des Lagerbestandsverlaufs pro Zyklus analysiert. Dabei ist zu berücksichtigen, dass der Bestandsverlauf von der Realisation der jeweiligen Nachfragerate abhängt. Im Rahmen der angewandten (t,S)-Regel

---

[7] Vgl. Inderfurth und Schulz (2007a, 2007b)

müssen dabei verschiedene Fälle unterschieden werden, bei denen in Abhängigkeit von der Wahl der Bestellgrenze S Lagerbestände und Fehlmengen in unterschiedlicher Konstellation auftreten. Zur Veranschaulichung dient die grafische Darstellung der Bestands- und Fehlmengenentwicklung in einem Zyklus, die sich in entsprechenden Bestands- und Fehlmengenflächen (*FB* und *FL*) niederschlägt, wie sie in den Abbildungen 2-1 und 2-2 zu sehen sind. Im Hinblick auf die beiden möglichen Nachfrageraten r_u und r_o müssen diese Flächen nachfragespezifisch unterschieden werden, was durch eine zusätzliche Indizierung in Form von FB_u und FB_o bzw. FL_u und FL_o dokumentiert wird.

Auf dieser Basis ist der Erwartungswert des mittleren Bestands B bzw. des mittleren Lieferverzugs L folgendermaßen definiert:

$$B = (p_u \cdot FB_u + p_o \cdot FB_o) / t$$

und

$$L = (p_u \cdot FL_u / r_u + p_o \cdot FL_o / r_o) / t \,.$$

Bei der Ableitung der relevanten Bestands- und Lieferverzugsflächen in Abhängigkeit von der Wahl der Bestellgrenze S müssen im Hinblick auf den Wert von S zwei Fälle unterschieden werden:

Fall I : Lieferverzug ist nur bei hoher Nachfrage r_o möglich,

Fall II : Lieferverzug ist in beiden Nachfragesituationen r_u und r_o möglich.

Es wird im Weiteren unterstellt, dass eine bestimmte Realisation der Nachfragerate während der gesamten Zyklusdauer auftritt.

Fall I : $S - t \cdot r_u \geq 0$ und $S - t \cdot r_o \leq 0$

Die zugehörigen Bestandsverläufe in Abhängigkeit von der Nachfragerate r_u bzw. r_o sind der Abbildung 2-1 zu entnehmen.

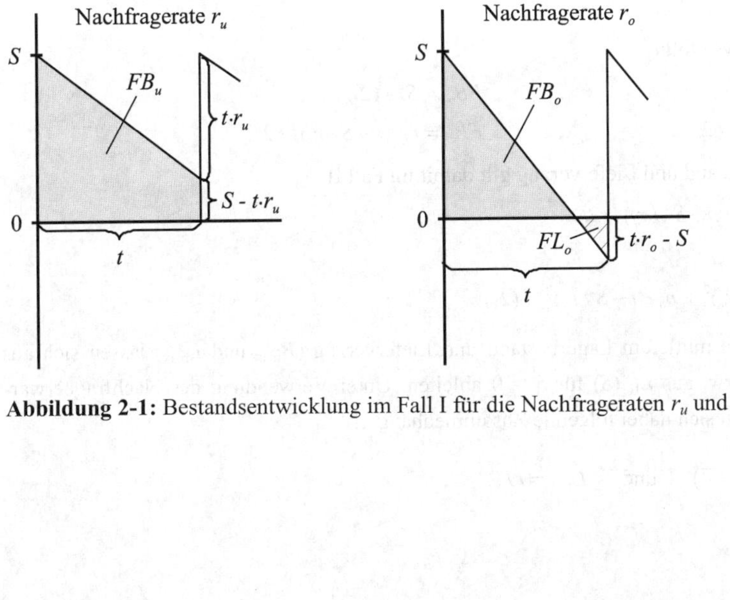

Abbildung 2-1: Bestandsentwicklung im Fall I für die Nachfrageraten r_u und r_o

Damit ergeben sich folgende Flächeninhalte:

$$FB_u = t^2 \cdot r_u / 2 + (S - t \cdot r_u) \cdot t \quad , \quad FB_o = S^2 / (2r_o)$$

$$FL_u = 0 \quad , \quad FL_o = r_o \cdot (t - S / r_o)^2 / 2 \, .$$

Für den Erwartungswert von mittlerem Bestand (B_I) und mittlerem Lieferverzug (L_I) im Fall I folgt daraus:

$$B_{\mathrm{I}}(S) = p_u \cdot (S - t \cdot r_u / 2) + p_o \cdot S^2 / (2t \cdot r_o)$$

und

$$L_{\mathrm{I}}(S) = p_o \cdot (t - S / r_o)^2 / (2t) \, .$$

Fall II : $S \geq 0$ und $S - t . r_u \leq 0$

Es ergeben sich die Bestandsverläufe aus Abbildung 2-2.

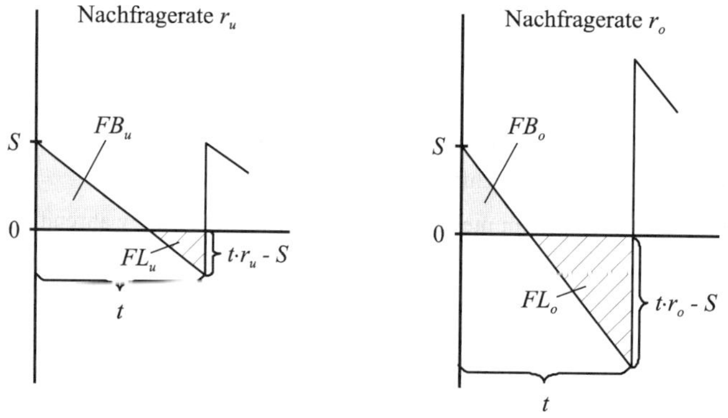

Abbildung 2-2: Bestandsentwicklung im Fall II für die Nachfrageraten r_u und r_o

Aus der Flächenanalyse folgt:

$$FB_u = S^2 / (2r_u) \quad , \quad FB_o = S^2 / (2r_o)$$

$$FL_u = r_u \cdot (t - S / r_u)^2 / 2 \quad , \quad FL_o = r_o \cdot (t - S / r_o)^2 / 2 \, .$$

Für den mittleren Bestand und Lieferverzug gilt damit im Fall II:

$$B_{\mathrm{II}}(S) = (p_u \cdot S^2 / r_u + p_o \cdot S^2 / r_o) / (2t)$$

und

$$L_{\mathrm{II}}(S) = \; p_u \cdot (t - S / r_u)^2 + p_o \cdot (t - S / r_o)^2 \;\; / (2t) \, .$$

Die Extremwerte von mittlerem Lagerbestand und Lieferverzug ($B_{\max}$ und $L_{\max}$) lassen sich aus $B_{\mathrm{I}}(S)$ für $S = t \, . r_o$ bzw. aus L_{II} (S) für $S = 0$ ableiten. Unter Verwendung des Nachfrageerwartungswerts $\bar{r}$ ergeben sich dabei folgende Zusammenhänge:

$$B_{\max} = t \cdot \bar{r} / 2 + t \cdot (r_o - \bar{r}) \quad \text{und} \quad L_{\max} = t / 2 \, .$$

Diese beiden Extrempunkte begrenzen den Verlauf der Lagerkennlinie, der sich mit Hilfe der funktionalen Beziehungen *B(S)* und *L(S)* für die Abhängigkeit des Lagerbestands und Lieferverzug vom Dispositionsparameter *S* vollständig konstruieren lässt.

2.3 Vollständiger Verlauf der Lagerkennlinie

Die gesamte Kennlinienfunktion kann nunmehr erzeugt werden, indem für die beiden Fälle I und II die Funktionen $B_I(S)$ bzw. $B_{II}(S)$ nach S aufgelöst und in die Funktionen $L_I(S)$ und $L_{II}(S)$ eingesetzt werden. Daraus ergibt sich ein Funktionsverlauf $L(B)$ der exakten Lagerkennlinie, der stetig ist und sich aus den zwei Teilfunktionen $L_I(B)$ und $L_{II}(B)$ für die beiden Fälle I und II zusammensetzt:

$$L(B) = \begin{cases} L_I(B) & \text{für} \quad B_{I/II} \leq B \leq B_{\max} \\ L_{II}(B) & \quad\quad\;\; 0 \leq B \leq B_{I/II} \;. \end{cases}$$

$B_{I/II}$ ergibt sich aus $B_I(S) = B_{II}(S)$ für $S = t \,.\, r_u$, woraus folgt:

$$B_{I/II} = \; p_u \cdot r_u + p_o \cdot r_o \cdot (r_u / r_o)^2 \;\; \cdot t / 2 \;.$$

Für die Teilfunktion $L_I(B)$ und $L_{II}(B)$ resultiert aus der weiteren Auswertung:

$$L_I \;\; B = t \cdot \left(\frac{1}{2} \cdot p_o + p_u + \frac{p_u^2}{p_o} \right) +$$

$$\frac{1}{r_o} \cdot \left(B - \left(1 + \frac{p_u}{p_o} \right) \cdot \sqrt{p_u^2 \cdot r_o^2 \cdot t^2 + p_o \cdot p_u \cdot r_o \cdot r_u \cdot t^2 + 2 \cdot p_o \cdot r_o \cdot t \cdot B} + \frac{1}{2} \cdot t \cdot p_u \cdot r_u \right)$$

$$L_{II} \;\; B = \frac{B \cdot \;\; p_u \cdot r_o^2 + p_o \cdot r_u^2}{r_u \cdot r_o \cdot \;\; p_u \cdot r_o + p_o \cdot r_u} - \sqrt{\frac{2 \cdot B \cdot t \cdot \;\; p_u \cdot r_o + p_o \cdot r_u}{r_u \cdot r_o}} + \frac{1}{2} \cdot t \,.$$

In Abbildung 2-3 ist der grafische Verlauf der Lagerkennlinie für den Fall gleich großer Wahrscheinlichkeiten für das Auftreten der beiden Nachfragewerte ($r_u = 10$ und $r_o = 20$) in einem Kontrollintervall t von 1 Periode wiedergegeben.

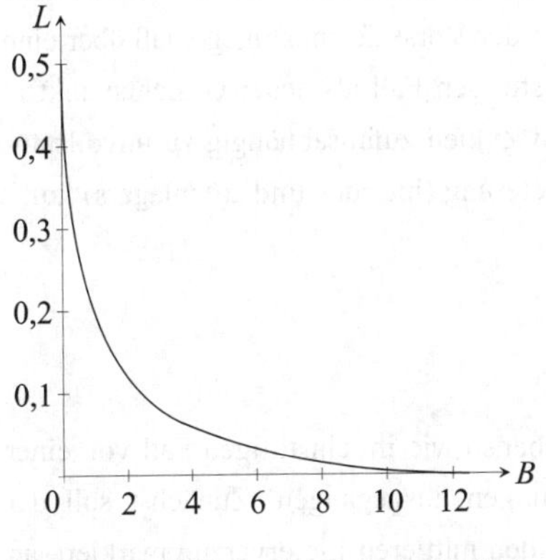

Abbildung 2-3: Exakte Lagerkennlinie für $t = 1$, $r_u = 10$, $r_o = 20$ und $\overline{r} = 15$

Inwieweit sich eine derartige Lagerkennlinie auch für mehrstufige Lagersysteme ableiten lässt, ist sowohl vom konzeptionellen Hintergrund her als auch im Hinblick auf die analytische Durchdringbarkeit eine offene Frage, die es nunmehr zu beantworten gilt.

3 Die Lagerkennlinie im mehrstufigen Logistiksystem

3.1 Grundproblem der mehrstufigen Kennlinienanalyse

Im Weiteren wird versucht, auf der Basis der Methodik zur Behandlung des einstufigen Falls die Kennlinienanalyse auf ein mehrstufiges Lagersystem zu erweitern. Dabei wird von einem seriellen zweistufigen System ausgegangen, das in eine Vor- und eine Endstufe unterteilt ist. Das Lager der Endstufe bedient dabei sämtliche an das Unternehmen herangetragene Kundennachfragen und wird durch Bestellungen beim Vorstufenlager wieder aufgefüllt. Beide Lager werden analog zur einstufigen Analyse mit einer periodischen Bestandskontrolle nach (t,S)-Regel disponiert. Damit ergeben sich für beide Lager jeweils zwei Dispositionsparameter, ein Bestellintervall und eine Bestellgrenze. Die Bestellgrenze der Vorstufe soll im Folgenden mit S^V bezeichnet werden, während die Bestellgrenze der Endstufe mit S^E gekennzeichnet ist und unabhängig von S^V gewählt werden kann.

Die Bestellintervalle werden entsprechend den Regeln für serielle Systeme zeitlich gekoppelt, wobei zur weiteren Analyse beispielhaft davon ausgegangen wird, dass das Bestellintervall der Vorstufe mit $2t$ doppelt so lang ist wie das Intervall der Endstufe mit der Länge t. Das bedeutet für die Analyse, dass die Endstufe doppelt so häufig bei der Vorstufe bestellt wie die Vorstufe bei ihrem Lieferanten. Dadurch könnte es vorkommen, dass die gewünschte Bestellmenge der Endstufe (zur Erhöhung des Lagerbestands nach Ablauf der Kontrollperiode t auf den Wert S^E) nicht vollständig geliefert werden kann, da im Vorstufenlager nicht genügend Einheiten vorhanden sind. Da das bei jedem zweiten Bestellvorgang der Endstufe passieren kann, ist der physisch vorhandene Lagerbestand der Vorstufe als maximal mögliche Bestellmenge in die Analyse mit einzubeziehen. Zu den Zeitpunkten, an denen beide Lager Bestellungen auslösen, kann stets der gewünschte Zielbestand beider Stufen erreicht werden, da der Lieferant der Vorstufe annahmegemäß über eine unbeschränkte Lieferkapazität verfügt. Somit ist im mehrstufigen Fall als neuer Gesichtspunkt in die Kennlinienanalyse einzubeziehen, dass es in einzelnen Zyklen zufallsabhängig zu unvollständiger Belieferung bzw. zu einer Verzögerung bei der Belieferung (hier des Endstufenlagers) kommen kann.

3.2 Festlegung der Extrempunkte der Kennlinie

Bei der Ermittlung der Extremwerte der Kennlinie wird ebenso wie im einstufigen Fall von einer stochastischen Nachfrage mit zwei möglichen Ausprägungen ausgegangen. Zunächst soll der maximale Lieferverzug $L_{\max}$ näher untersucht werden, der den mittleren Lieferverzug markiert, an dem gerade kein Bestand auf beiden Stufen vorliegt. Dies liegt genau dann vor, wenn die Bestellgrenzen beider Stufen auf 0 gesetzt werden ($S^V = 0$ und $S^E = 0$). Negative Bestellgrenzen, die zu einem höheren Lieferverzug bei gleichbleibendem mittleren Bestand führen, können in diesem Zusammenhang nicht effizient sein und werden in der Analyse nicht berücksichtigt. Zur Auswertung der möglichen Bestandsverläufe müssen stets 2 konsekutive Teilzyklen der Länge t untersucht werden, die zusammen dem Bestellzyklus der Vorstufe entsprechen. Daraus folgt, dass unter den gewählten Annahmen insgesamt 4 verschiedene Nachfrageszenarien ausgewertet werden müssen, die in Tabelle 3-1 aufgeführt und mit I bis IV bezeichnet sind:

	1. Teilzyklus	**2. Teilzyklus**
■ **Nachfrageszenario I**	niedrige Nachfrage	niedrige Nachfrage
■ **Nachfrageszenario II**	niedrige Nachfrage	hohe Nachfrage
■ **Nachfrageszenario III**	hohe Nachfrage	niedrige Nachfrage
■ **Nachfrageszenario IV**	hohe Nachfrage	hohe Nachfrage

Tabelle 3-1: Nachfrageausprägung in den Teilzyklen der Nachfrageszenarien

In Abbildung 3-1 sind alle vier Nachfrageszenarien für das im letzten Kapitel eingeführte Beispiel $r_u = 10$, $r_o = 20$ und $t = 1$ grafisch dargestellt. Der obere Bestandsverlauf soll dabei die Vorstufe darstellen, wobei sich in keinem Szenario ein Bestandsaufbau beobachten lässt ($S^V = 0$). Der untere Bestandsverlauf entspricht der Bestandsentwicklung der Endstufe, die bei dieser Extremwertbetrachtung in jedem Bestandsszenario nur Fehlmengen aufweist.

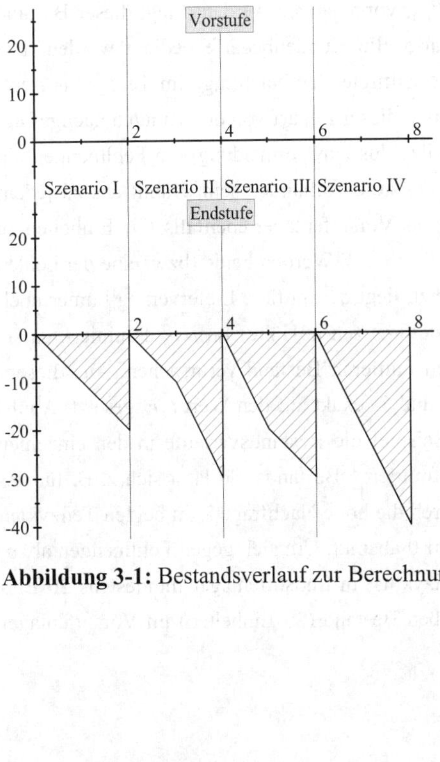

Abbildung 3-1: Bestandsverlauf zur Berechnung von L_{max} im mehrstufigen Logistiksystem

So lässt sich beispielsweise in Abbildung 3-1 ablesen, dass im Nachfrageszenario I in beiden Teilzyklen der Endstufe jeweils eine niedrige Nachfrage in Höhe von 10 Einheiten auftritt, die den Lagerbestand von 0 zu Beginn des Gesamtzyklus auf eine Fehlmenge von 20 zum Ende dieses Zyklus ansteigen lässt.
Die Fehlmengenflächen (FM) der einzelnen Szenarien lassen sich nun in Abhängigkeit der Parameter für jedes Szenario wie folgt bestimmen:

$$FM_I = 2r_u t^2 \quad , \quad FM_{II} = \frac{1}{2}(3r_u + r_o)t^2 \quad , \quad FM_{III} = \frac{1}{2}(3r_o + r_u)t^2 \quad , \quad FM_{IV} = 2r_o t^2.$$

In Anlehnung an die Vorgehensweise für den einstufigen Fall ergibt sich der maximale mittlere Lieferverzug durch folgenden formalen Zusammenhang:

$$L_{\max} = \frac{p_u^2 \cdot FM_I}{2tr_u} + \frac{p_u p_o \cdot (FM_{II} + FM_{III})}{t(r_u + r_o)} + \frac{p_o^2 \cdot FM_{IV}}{2tr_o}.$$

Dabei bezieht sich die Wahrscheinlichkeit p_o (bzw. p_u) auf das Auftretens einer hohen (bzw. niedrigen) externen Nachfrage in einem Bestellzyklus auf der Endstufe des Systems. Weiterhin wird davon ausgegangen, dass die Nachfragen in den einzelnen Bestellintervallen unabhängig voneinander auftreten. Durch mehrere mathematische Umformungen lässt sich der obige Term vereinfachen, sodass sich als maximaler mittlerer Lieferverzug im zweistufigen, seriellen System folgender Zusammenhang ergibt:

$$L_{\max} = t.$$

Analog zur Vorgehensweise bei der Bestimmung des maximalen Lieferverzugs kann auch bei der Bestimmung des maximal notwendigen Bestands $B_{\max}$ vorgegangen werden. Liegt dieser Bestand im System vor, können in jedem Nachfrageszenario alle Kundenbedarfe bedient werden. Die Bestellgrenze der Endstufe muss daher der maximal auftretenden Nachfrage im Teilzyklus t entsprechen ($S^E = t \cdot r_o$). Sollte im ersten Teilzyklus genau dieser Bedarf von den Kunden nachgefragt worden sein, muss auch zu Beginn des zweiten Teilzyklus zur Vermeidung von Fehlmengen ein physischer Bestand in Höhe von S^E im Lager der Endstufe vorhanden sein. Damit das zu jedem Zeitpunkt gewährleistet ist, muss demzufolge auch das Vorstufenlager ebenfalls $t \cdot r_o$ Einheiten zu Beginn des zweiten Teilzyklus im Bestand führen ($S^V = t \cdot r_o$). Werden beide (bzw. eine der beiden Bestellgrenzen) auf einen Wert größer als $t \cdot r_o$ gesetzt, liegt der mittlere Lieferverzug immer noch bei 0. Diese Bestellgrenzen werden aber durch Bestellgrenzen in Höhe von $t \cdot r_o$ dominiert, da sie bei gleichem mittlerem Lieferverzug einen höheren mittleren Bestand verursachen. Aus diesem Grund werden im Folgenden die Bestellgrenzen S^V und S^E exakt auf den Wert $t \cdot r_o$ gesetzt. Abbildung 3-2 verdeutlicht für das zuvor vorgestellte Beispiel die Bestandsverläufe in den einzelnen Nachfrageszenarien zur Ermittlung des maximalen mittleren Bestands. So lässt sich z. B. für das Lager der Endstufe in Szenario IV ablesen, dass durch die hohe Nachfrage r_o in beiden Teilzyklen der physische Lagerbestand der Endstufe jeweils auf 0 absinkt. Um sich gegen Fehlmengen abzusichern, muss daher der Anfangsbestand jedes Teilzyklus im Endstufenlager mindestens 20 Einheiten umfassen, was durch einen ausreichend großen Bestand (20 Einheiten) im Vorstufenlager gesichert ist. Zur Berechnung der Bestandsflächen (FB) der einzelnen Szenarien können folgende funktionalen Zusammenhänge herangezogen werden:

$$FB_I = 2\ \ 2r_o - r_u\ \ t^2\ ,\quad FB_{II} = \frac{1}{2}\ \ 7r_o - 3r_u\ \ t^2\ ,\quad FB_{III} = \frac{1}{2}\ \ 5r_o - r_u\ \ t^2\ ,\quad FB_{IV} = 2r_o t^2.$$

Der maximale mittlere Bestand, der gerade ausreicht, damit keine Fehlmengen in jedem Nachfragesszenario zu beobachten sind, kann mit folgendem formalen Zusammenhang beschrieben werden:

$$B_{\max} = \frac{p_u^2 \cdot FB_I + p_u p_o \cdot\ \ FB_{II} + FB_{III}\ \ + p_o^2 \cdot FB_{IV}}{2t}.$$

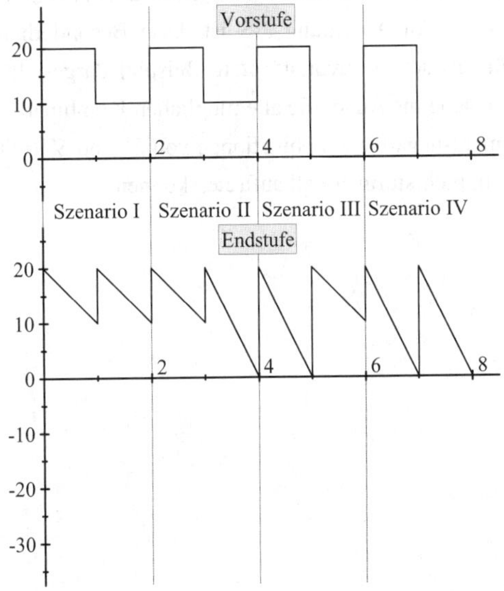

Abbildung 3-2: Bestandsverlauf zur Berechnung von $B_{\max}$ im mehrstufigen Logistiksystem

Nach mehreren mathematischen Vereinfachungen ergibt sich unter Verwendung des Nachfrageerwartungswerts $\bar{r}$ folgender Wert für den zweiten Extrempunkt der Kennlinie:

$$B_{\max} = \ 2r_o - \bar{r}\ \ t.$$

Vergleicht man die Lage der Extrempunkte mit dem einstufigen Fall aus Kapitel 2, so wird man feststellen, dass sowohl $L_{\max}$ als auch $B_{\max}$ exakt doppelt so groß sind wie im einstufigen Fall. Nachdem die exakte Ermittlung der Extrempunkte der Lagerkennlinie für den einfachsten mehrstufigen Fall eines seriellen zweistufigen Lagersystems vorgestellt wurde, konzentriert sich der folgende Abschnitt auf den Verlauf der Kennlinie zwischen diesen beiden Punkten.

3.3 Vollständiger Verlauf der Lagerkennlinie

Im Gegensatz zur Extremwertberechnung weist die Ermittlung des exakten Verlaufs der Lagerkennlinie im mehrstufigen Fall einen gravierenden Unterschied im Vergleich zum einstufigen Fall auf, der die exakte Analyse erheblich erschwert. Hierbei handelt es sich um die Tatsache, dass keine eineindeutige Zuordnung eines mittleren Lieferverzugs zu einem mittleren Bestand vorgenommen werden kann, da nun zwei unterschiedliche Bestellgrenzen das Systemverhalten determinieren. Durch Variation der beiden Bestellgrenzen lässt sich im mehrstufigen Fall für unterschiedliche Parameterkombinationen aus S^V und S^E unter Umständen der gleiche mittlere Bestand beobachten. Allerdings weisen diese Kombinationen trotz eines identischen mittleren Bestands üblicherweise einen anderen mittleren Lieferverzug aus. In Abbildung 3-3 ist diese Besonderheit gegenüber der einstufigen Kennlinienanalyse für das schon zuvor genutzte Beispiel dargestellt. Dabei fällt vor allem die farbig gekennzeichnete Fläche ins Auge, die alle möglichen Kombinationen aus Bestand und Lieferverzug für beliebige nicht-negative Kombinationen von S^V und S^E (mit $0 \leq S^V \leq t \cdot r_o$ sowie $0 \leq S^E \leq t \cdot r_o$) enthält, welche im mehrstufigen Fall auftreten können.

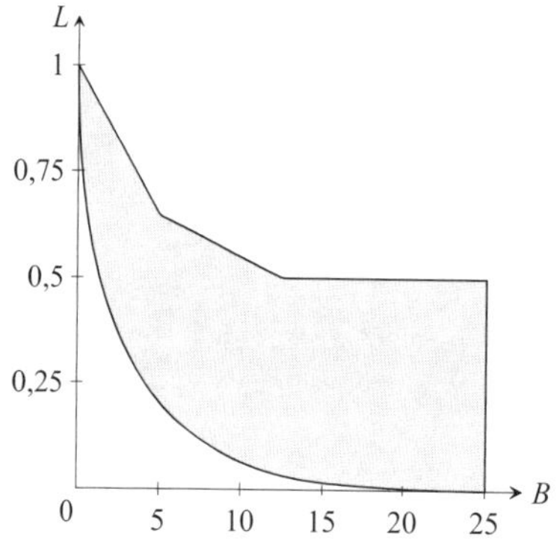

Abbildung 3-3: Mögliche Kombinationen von Bestand und Lieferverzug für $t = 1$, $r_u = 10$, $r_o = 20$ und $\bar{r} = 15$

Anders als in Abbildung 2-3 aus dem einstufigen Fall kann hier keine eindeutige Beziehung zwischen den beiden logistischen Kenngrößen angegeben werden. Hierin kommt letztlich zum Ausdruck, dass bei mehrstufiger Lagerdisposition mit (t,S)-Regel nicht alle Kombinationen von Bestellgrenzen auf den verschiedenen Stufen zu einer effizienten Disposition führen.

Da dieses Charakteristikum der mehrstufigen Kennlinienanalyse keine eindeutige Lagerkennlinie ergibt, soll im Folgenden lediglich die sogenannte effiziente Kennlinie herausgearbeitet werden. Diese ist dadurch gekennzeichnet, dass für jeden beliebigen Bestand B (mit $0 \leq B \leq B_{max}$) der minimale Lieferverzug bestimmt wird. Nach einer genauen Analyse dieser effizienten Kennlinie haben sich folgende, generell gültige Eigenschaften ergeben. Die effiziente Kennlinie kann in zwei Abschnitte unterteilt werden, die im Folgenden mit A und B bezeichnet und in Abbildung 3-4 für das schon zuvor genutzte Beispiel präsentiert werden. Für alle Punkte auf der effizienten Kennlinie in Abschnitt A gelten die folgenden Bestellgrenzen: $S^V = 0$ und $0 \leq S^E < t \cdot r_o$. In Abschnitt B liegen die Bestellgrenzen aller effizienten Parameterkombinationen in den Intervallen $0 \leq S^V < t \cdot r_o$ und $S^E = t \cdot r_o$.

Die anschließend folgende Analyse des exakten Verlaufs der effizienten Kennlinie wird durch diese Unterteilung in zwei Abschnitte erleichtert, da in jedem Abschnitt eine der beiden Bestellgrenzen fixiert ist. Bevor die Analyse allerdings durchgeführt wird, soll zunächst untersucht werden, warum die Bestellgrenzen in den einzelnen Abschnitten der Kennlinie die oben aufgeführte Form annehmen. Dazu sei noch einmal auf die Abbildung 3-4 verwiesen, in der für jeden Abschnitt der effizienten Kennlinie repräsentativ ein Punkt eingezeichnet wurde (F und G). Ebenfalls sind dort zu diesen Punkten korrespondierende Punkte (F' und G') abgetragen, für die bei gleichem mittlerem Bestand höhere mittlere Lieferverzüge beobachtet werden. Abbildung 3-5 verdeutlicht die Bestandsverläufe der Punkte F mit den Bestellgrenzen $S^V = 0$ und $S^E = 12$ sowie F' mit den Bestellgrenzen $S^V = 5{,}375$ und $S^E = 0$. Beide Parameterkombinationen führen zu einem mittleren Bestand B in Höhe von 2,6875 Einheiten, unterscheiden sich aber deutlich beim mittleren Lieferverzug, denn dieser beträgt für den Punkt F 0,3516 bzw. für F' 0,8096 Perioden.

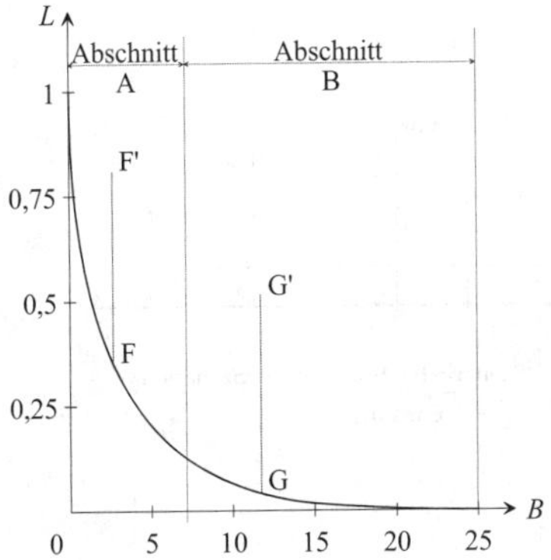

Abbildung 3-4: Die effiziente Lagerkennlinie im mehrstufigen Fall für $t = 1$, $r_u = 10$, $r_o = 20$ und $\bar{r} = 15$

Bewegt man sich vom Punkt F in Richtung F' kann folgendes in Bezug auf beide Bestellgrenzen festgestellt werden. Um den mittleren Bestand konstant zu halten, muss die Bestellgrenze der Endstufe S^E kleiner und gleichzeitig die Bestellgrenze der Vorstufe S^V größer werden. Das kann mit folgender Überlegung begründet werden. Da im Punkt F kein Bestand auf der Vorstufe vorhanden ist, kann für eine andere Parameterkombination mit gleichem mittleren Bestand nur gelten, dass sich der Bestand auf der Vorstufe erhöhen muss, während der Bestand auf der Endstufe absinkt. Durch das Absinken des Endstufenbestandes erhöhen sich allerdings die auftretenden Fehlmengen, da diese nur auf der Endstufe beobachtet werden. Demzufolge muss für Abschnitt A der effizienten Kennlinie gelten, dass der Endstufenbestand im Hinblick auf den gewünschten Zielbestand maximiert wird und $S^V = 0$ ist.

Zu einem ähnlichen Ergebnis würde man bei der Analyse der Punkte G und G' gelangen. Der einzige Unterschied in der Argumentation besteht dabei, dass im Punkt G schon ein gewisser

Bestand auf der Endstufe vorgehalten wird. Die gleiche Argumentation wie für den Abschnitt A ist dann gültig, wenn der Bestand der Vorstufe bei gleichzeitiger Senkung des Endstufenbestandes soweit erhöht wird, dass der mittlere Bestand des Gesamtsystems identisch bleibt. Allerdings gibt es hier nun auch die Möglichkeit, den Bestand auf der Vorstufe abzusenken bei gleichzeitiger Erhöhung der Bestellgrenze der Endstufe S^E auf einen Wert größer $t \cdot r_o$. Wird S^E auf einen Wert größer $t \cdot r_o$ gesetzt, befindet sich zum Ende jedes Teilzyklus ein positiver Bestand im Lager der Endstufe. Dieser Bestand hätte jedoch genauso gut auf der Vorstufe gehalten werden können, weswegen eine Absenkung des Vorstufenbestandes gegenüber der Ausgangssituation stets bei identischem mittleren Bestand zu einem identischen mittleren Lieferverzug führt. Der einzige Unterschied besteht dabei in der Aufteilung des Bestands auf die einzelnen Stufen. Aus der Überlegung heraus, dass eine Lagerhaltung im Lager der Vorstufe günstiger als auf der Endstufe ist, soll für die weitere Analyse S^E im Abschnitt B der effizienten Kennlinie auf den Wert $t \cdot r_o$ fixiert werden, da größere Bestellgrenzen zwar zum gleichen Ergebnis beim mittleren Bestand und Lieferverzug des Systems führen würden, aber dabei unnötige Einheiten auf der Endstufe gelagert werden müssen.

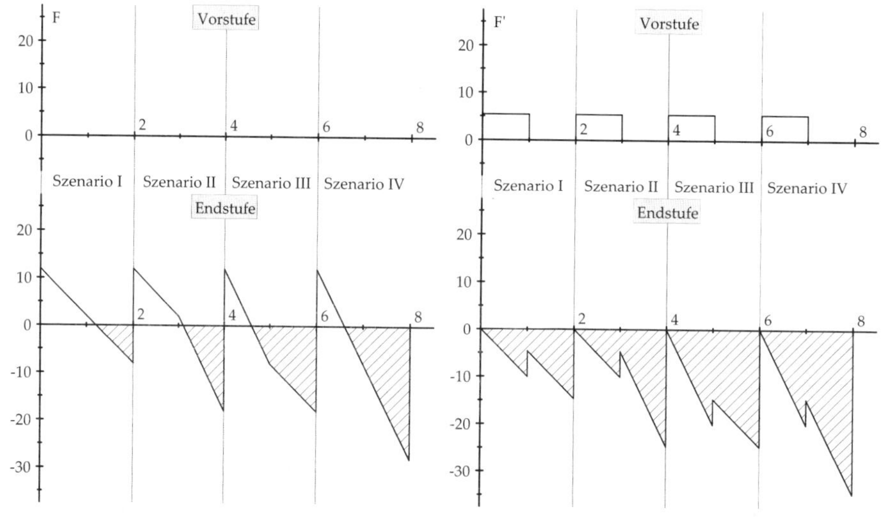

Abbildung 3-5: Gegenüberstellung der Bestandsverläufe in F und F'

Nachdem die effiziente Kennlinie näher analysiert wurde, soll nun versucht werden, den Kennlinienverlauf mithilfe einer mathematischen Funktion exakt zu beschreiben. Um den Kennlinienverlauf zwischen den Extrempunkten $L_{\max}$ und $B_{\max}$ exakt zu bestimmen, muss die Kennlinie in bis zu fünf Teilbereiche (L_1 und L_2 für Abschnitt A sowie L_3 bis L_5 für Abschnitt B) unterteilt werden. Für jeden dieser Teilbereiche lässt sich dann in Abhängigkeit der Systemparameter ein geschlossener Ausdruck ermitteln.

$$L(B)=\begin{cases} L_1(B) & \text{für} \quad S^V=0 & \text{und} \quad 0\le S^E\le tr_u \\ L_2(B) & \text{für} \quad S^V=0 & \text{und} \quad tr_u\le S^E\le tr_o \\ L_3(B) & \text{für} \quad 0\le S^V\le 2tr_u-tr_o & \text{und} \quad S^E=tr_o \\ L_4(B) & \text{für} \quad \max\ 0,2tr_u-tr_o\ \le S^V\le tr_u & \text{und} \quad S^E=tr_o \\ L_5(B) & \text{für} \quad tr_u\le S^V\le tr_o & \text{und} \quad S^E=tr_o \end{cases}$$

Die einzelnen Teilabschnitte unterscheiden sich nach dem Auftreten von Fehlmengen in den einzelnen Nachfrageszenarien. So tritt beispielsweise im ersten Teilbereich $L_1(B)$ in allen vier Nachfrageszenarien eine Fehlmenge auf, wohingegen im fünften Teilbereich $L_5(B)$ nur im Nachfrageszenario IV eine Fehlmenge zu beobachten ist. Eine Besonderheit bei der Analyse bilden der dritte und vierte Teilbereich der exakten Kennlinie. Sollte r_u größer als $r_o/2$ sein, muss der dritte Teilbereich für die exakte Kennlinie ausgewertet werden. Ist diese Bedingung nicht erfüllt, kann bei der Ermittlung des Kennlinienverlaufs direkt vom zweiten zum vierten Teilbereich übergegangen werden. Auf eine beispielhafte Auswertung des mathematischen Zusammenhangs soll an dieser Stelle verzichtet werden, da die einzelnen Teilbereichsfunktionen von *L(B)* zwar noch in geschlossener Form dargestellt werden können, aber sehr komplexer Natur sind.

4 Schlussbetrachtung

Die vorliegende Arbeit erweitert die Methodik zur exakten Bestimmung der Lagerkennlinie, die bisher nur für einstufige Lagersysteme analysiert wurde, auf ein serielles zweistufiges Lagersystem. Dabei können die Extremwerte der Kennlinie $L_{\max}$ und $B_{\max}$ analog zu einem einstufigen System ermittelt werden. Beim exakten Verlauf der Kennlinie zwischen den Extremwerten kann allerdings nicht vollständig auf die Methodik für ein einstufiges System zurückgegriffen werden, da aufgrund der Bestellgrenzen S^V und S^E für einen bestimmten mittleren Bestand je nach Parameterkonstellation mehrere mittlere Lieferverzüge beobachtet werden können. Es ist allerdings möglich, für jeden möglichen mittleren Bestand den minimalen Lieferverzug zu ermitteln, um damit die sogenannte effiziente Kennlinie zu gewinnen.

Die in dieser Arbeit vorgestellte Methodik und Modellierungstechnik kann in vielerlei Hinsicht erweitert werden und den Rahmen für zukünftige Forschungsarbeiten bilden. Eine einfache Erweiterung würde darin bestehen, die angenommene Relation zwischen den Kontrollintervallen der beiden Stufen zu verallgemeinern, so dass gilt: $t^V=nt^E$. Ebenso ist es mit Hilfe der dargestellten Methodik grundsätzlich möglich, die effiziente Kennlinie bei Vorliegen mehrerer Unsicherheitsquellen (wie stochastische Lieferzeit und Liefermenge) für ein mehrstufiges Lagersystem abzuleiten. Schwieriger – aber auch grundsätzlich noch möglich – erscheint eine Erweiterung auf komplexere mehrstufige Strukturen von Logistiksystemen wie solche mit divergierendem oder konvergierendem Materialfluss.

Literaturverzeichnis

Gläßner, J. (1995) Modellgestütztes Controlling der beschaffungslogistischen Prozeßkette. VDI-Verlag, Düsseldorf.

Inderfurth, K.; Schulz, T. (2007a) Lagerhaltungstheoretische Analyse der Lagerkennlinien nach Nyhuis/Wiendahl, in: Produktions- und Logistikmanagement, Corsten, H., Missbauer, H., Hrsg., Vahlen, München 2007, S. 287-317.

Inderfurth, K.; Schulz, T. (2007b) Zur Exaktheit der Lagerkennlinie nach Nyhuis und Wiendahl. in: Logistikmanagement - Analyse, Bewertung und Gestaltung logistischer Systeme, Otto, A., Obermaier, R., Hrsg., DUV, Wiesbaden, S. 23-49.

Inderfurth, K.; Schulz, T. (2008) Zur optimalen Parametrisierung der Lagerkennlinie nach Nyhuis/Wiendahl. in: Beiträge zu einer Theorie der Logistik, Nyhuis, P., Hrsg., Springer, Berlin, S. 157-183.

Lutz, S.; Lödding, H.; Wiendahl, H.-P. (2003) Logistics-oriented inventory analysis. International Journal of Production Economics 85(2), S. 217-231.

Nyhuis, P.; Wiendahl, H.-P. (2003) Logistische Kennlinien: Grundlagen, Werkzeuge und Anwendungen. 2. Auflage, Springer, Berlin.

Pfohl, H.-C. (2004a) Logistikmanagement: Konzeption und Funktionen. 2. Auflage, Springer, Berlin.

Pfohl, H.-C. (2004b) Logistiksysteme: betriebswirtschaftliche Grundlagen, 7. Auflage, Springer, Berlin.

Tempelmeier, H. (2006) Bestandsmanagement in Supply Chains, 2. Auflage, Books in demand, Norderstedt.

Wriggers, F.S.; Schmidt, M.; Grapentin, J.; Nyhuis, P. (2007) Logistische Kennlinien für Lagerprozesse. wt Werkstattstechnik online 9, S. 657-662.

Eugen Makowski* / Simon Alig**

Auftragsabwicklung als Leistungsgarant für den Kunden – Trends in der Auftragsabwicklung mischen Karten des Wettbewerbs neu

* Dr. Eugen Makowski: Nach dem Studium des konstruktiven Ingenieurbaus und Promotion zum Dr.-Ing. an der Ruhr-Universität Bochum und der BWL an der Fernuniversität Hagen begann Dr. Eugen Makowski beim wiss. Verlag Springer in Berlin. Nach Stationen bei SCA Mölnlyke in Göteborg und bei der Raab-Karcher AG in Essen ist er heute Leiter Unternehmenslogistik bei der Hornbach Baumarkt AG.

** Dipl.-Wirtsch.-Ing. Simon Alig studierte Wirtschaftsingenieurwesen an der TU Darmstadt, der Ecole Centrale de Lyon und der Tongji Universität (Shanghai). Heute ist er wissenschaftlicher Mitarbeiter am Fachgebiet Unternehmensführung & Logistik an der TU Darmstadt. Seine Forschungsschwerpunkte liegen in den Bereichen des strategischen Managements, des Innovationsmanagements und der Unternehmenskooperationen sowie -netzwerken.

1 Einleitung

Das Konzept der *Marktorientierung* rückt im Bereich der Unternehmensführung immer stärker in den Fokus. Hierbei geht man davon aus, dass die Marktorientierung eine *Steigerung des Kundennutzens* bewirkt und so für das spezifische Unternehmen einen *Wettbewerbsvorteil* generiert. Aufgrund des besseren Eingehens auf die Kundenbedürfnisse wird erwartet, dass der wirtschaftliche Erfolg der Unternehmen zunimmt. Marktorientierung umfasst drei Komponenten: (1) Kundenorientierung, (2) Wettbewerbsorientierung und (3) interfunktionale Koordination.[1] Der zentrale Punkt der Marktorientierung ist, dass der Kunde sowie die Reaktionsfähigkeit auf dessen Bedürfnisse in den Mittelpunkt der Betrachtung gestellt werden.[2] Die Marktorientierung stellt somit zwei Anforderungen an ein Unternehmen: zum einen müssen diese *Bedürfnisse* am Markt erkannt werden, zum anderen müssen diese auch *kundenorientiert* umgesetzt werden.[3]
Diese beiden Aspekte treten gerade in der Logistik zu Tage: Da das „System Logistik" die Schnittstelle zum Kunden darstellt,[4] können hier Marktbedürfnisse erkannt werden, die dann im Unternehmen gemeinsam mit den anderen Funktionsbereichen kundenorientiert umgesetzt werden. Auch in der Logistik soll die konsequente Markt- bzw. Kundenorientierung zu einer höheren Kundenzufriedenheit, einhergehend mit einer gesteigerten Kundenbindung[5] führen.[6]
Die zentrale Funktion im Logistiksystem, die eine direkte *Schnittstelle* zum Kunden besitzt und gleichzeitig eine funktionsübergreifende *Querschnittsfunktion* innerhalb des Unternehmens darstellt, ist die Auftragsabwicklung. Die *Auftragsabwicklung* umspannt alle Tätigkeiten vom Eingang der Bestellung über Produktion und Erstellung der gewünschten Kundenleistung bis hin zur Auslieferung und Entgegennahme der Leistung durch den Kunden. Bei einer optimalen Gestaltung der Auftragsabwicklung ist immer im gesamten Leistungsprozess nachvollziehbar, wie weit fortgeschritten der Leistungsprozess ist, welche Tätigkeiten noch auszuführen sind und wann die Auslieferung des Produktes erfolgt. Ziel sollte es hierbei sein, schon bei Bestellung des Kunden, diesem ein zuverlässiges Leistungsdatum zu nennen und über den Teil der Leistungserstellung, der nur unter seiner Mitwirkung geschehen kann, zu informieren.
Die Transparenz der Leistungserstellung gegenüber dem Kunden ist insbesondere bei Internethändlern hoch: beim Internet-Buchversand Amazon kann der Kunde schon vor dem Abschicken der Bestellung sehen, ob sein Wunschbuch noch vorrätig ist und er erfährt, wie lange der Versand dauern wird. Solch ein System der Kundeninformation über Verfügbarkeit der Ware und voraussichtliche Versanddauer haben nahezu alle Internethändler implementiert. Auch andere Dienstleis-

---

1 Vgl. Narver/Slater (1990), S. 20 f.
2 Vgl. Jaworski/Kohli (1996), S. 121.
3 Vgl. Kohli/Jaworski (1990), S. 4 ff.
4 Vgl. Wildemann (2008), S. 163 ff.
5 Vgl. Homburg/Bruhn (1999), S. 3 ff.
6 Vgl. Pfohl (2004), S. 11 ff.; Christopher (1993), S. 285 ff.; Die höhere Kundenbindung und die daraus resultierende Langfristigkeit der Kundenbeziehung steigern erwiesenermaßen die Profitabilität der Geschäftsbeziehung (vgl. Reichheld/Sasser (1990), S. 108).

ter bieten im Rahmen von Sendungen dem Kunden gegenüber mittels „Track & Trace“ eine Transparenz über den Fortschritt des Versands.
Im Bereich der Information der Kunden über den Ablauf der Leistungserstellung und die Einbindung derer in die Leistungserstellung haben die E-Business Unternehmen die traditionellen Unternehmen überholt. Ziel dieser Unternehmen in traditionellen Branchen muss es dennoch sein, eine möglichst durchgängige Auftragsabwicklung zu schaffen, die größtmögliche Transparenz dem Kunden gegenüber bietet. Dieser Artikel soll dazu dienen, ein Bewusstsein für die Leistungsfähigkeit und Bedeutung der Auftragsabwicklung im Rahmen der Kundenorientierung zu schaffen.

2 Auftragsabwicklung in der Logistik

2.1 Einordnung der Auftragsabwicklung in das Logistiksystem

Abhängig vom jeweiligen Schwerpunkt der Logistikaktivitäten, gibt es unterschiedliche Sichtweisen der Funktion der Auftragsabwicklung. Die Distributions-Logistik sieht als Aufgabe der Auftragsabwicklung hauptsächlich die Sicherstellung des Formular- und Informationsflusses.[7] Dies ist eine relativ eng gefasste Definition der Funktion der Auftragsabwicklung. Die Produktions-Logistik fasst den Begriff der Auftragsabwicklung weiter und sieht darin die marktgerechte *Steuerung der Material- und Informationsflüsse* bis hin zum Endkunden. Hier spricht man von Auftragsabwicklung als Steuerung des vom Kunden induzierten Leistungserstellungsprozesses, welcher sämtliche Entscheidungs- und Realisierungshandlungen, die direkt mit der zu erbringenden Leistung in Beziehung stehen, vom Auftragsanstoß bis zur Fertigmeldung, umfasst.[8] Um mittels effizienter Auftragsabwicklung eine hohe Kundenorientierung gewährleisten zu können, ist ein umfassendes Verständnis – im Sinne der Definition der Produktions-Logistik – dieser Funktion zugrunde zu legen.
Die Auftragsabwicklung dient so der Planung, Steuerung und Kontrolle des Güterflusses. Zu diesem Zweck ist es notwendig, einen dem Güterfluss vorauseilenden, einen begleitenden und einen nacheilenden *Informationsfluss* zu generieren. Der vorauseilende Informationsfluss soll alle in Zukunft involvierten Stellen rechtzeitig über eintreffende Güter informieren. So können die entsprechenden Stellen die notwendige Planung und Disposition gewährleisten. Der den Güterfluss begleitende Informationsfluss, soll alle in den Güterfluss eingebundenen Stellen rechtzeitig mit Informationen über eintreffende Güter versorgen, um eine reibungslose Ausführung von Transport-, Umschlags- oder Lagertätigkeit zu ermöglichen. So soll eine Verfolgung des Güterflusses durch das Unternehmen ermöglicht werden. Der Informationsfluss, der dem Güterfluss nacheilt, dient beispielswiese Fakturierungszwecken.[9] Mittels dieser Informationsflüsse soll sichergestellt werden, dass zu jeder Zeit Transparenz über die eingehenden Bestellungen sowie über die Auslie-

---

7 Vgl. Pfohl (2010), S. 70 f.; Lambert/Stock (1993), S. 515 ff.
8 Vgl. Wildemann (1987), S. 7.
9 Vgl. Pfohl (2010), S. 73.

ferungen herrscht. So wird eine Informationsbasis über den Bearbeitungsstand jeder einzelnen Bestellung, auch solcher Bestellungen, die sich noch im Erstellungsprozess befinden, hergestellt. Die Auftragsabwicklung als ganzheitliche Funktion hat so Schnittstellen zu Funktionen der gesamten Wertschöpfungskette:

- *Input (Eingangslogistik):* Nach Auftragseingang werden Bestellungen solcher Komponenten, die zur Leistungserstellung notwendig sind und nicht auf Lager liegen, ausgelöst.
- *Leistungserstellung:* Gezielte Information der Funktionsverantwortlichen über eingehende Bestellungen und Erhalt der Information über Auslastungsgrad der Leistungserstellung, um Lieferzeit kalkulieren zu können und dem Kunden Fertigstellungsdatum mitteilen zu können.
- *Output (Ausgangslogistik):* Kombination der Information über Fortschritt der Leistungserstellung mit Informationen über Verfügbarkeit von Transportmitteln sowie dem Auslieferungsdatum, das dem Kunden mitgeteilt wurde, ermöglicht pünktliche Lieferung.
- *Marketing/Vertrieb:* Konsolidierung der Daten über Produkte auf Lager, Lieferzeiten und Auslastungsgrad des Leistungserstellungsprozesses ermöglicht Information von Marketing/Vertrieb über aktuelle Lieferzeit, die dem Kunden dann verbindlich mitgeteilt werden kann.
- *Kundendienst:* Die Speicherung des Auslieferungsdatums in Kombination mit der Kenntnis der Nutzung des Erzeugnisses beim Kunden ermöglicht es dem Service, zeitgenau bspw. entsprechend den Wartungsintervallen den Kunden wieder zu kontaktieren.

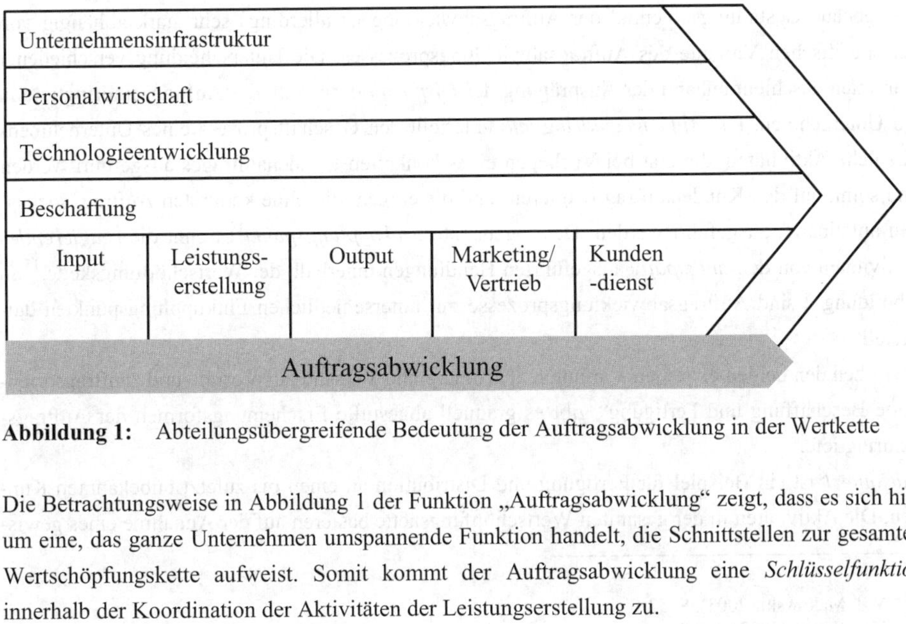

Abbildung 1: Abteilungsübergreifende Bedeutung der Auftragsabwicklung in der Wertkette

Die Betrachtungsweise in Abbildung 1 der Funktion „Auftragsabwicklung" zeigt, dass es sich hier um eine, das ganze Unternehmen umspannende Funktion handelt, die Schnittstellen zur gesamten Wertschöpfungskette aufweist. Somit kommt der Auftragsabwicklung eine *Schlüsselfunktion* innerhalb der Koordination der Aktivitäten der Leistungserstellung zu.

2.2 Gestaltungspotential der Auftragsabwicklung

Als Schnittstellenfunktion zu anderen Funktionsbereichen in der gesamten Wertschöpfungskette birgt die Auftragsabwicklung enormes *Gestaltungspotential.*[10] So kann eine effizient organisierte Auftragsabwicklung die Leistungsfähigkeit der anderen Funktionen erhöhen, indem notwendige Informationen bezüglich des Lagerstandes und des Produktionsfortschritts kontinuierlich erfasst und an die betreffenden Stellen gemeldet werden. Um einen möglichst großen Wirkungsgrad zu entfalten, müssen diese Informationen im Erstellungsprozess entsprechend Berücksichtigung finden. Somit kann man sagen, dass die Auftragsabwicklung eine Controlling-Funktion[11] – im Sinne von Lenkung, Steuerung bzw. Regelung der Logistikkette – entfaltet. Als Kernfunktionen des Controllings gelten immer noch die Koordinations- und Informationsfunktion.[12]

Koordinationsfunktion beinhaltet die Abstimmung von arbeitsteilig vorgenommenen Leistungen. In Bezug auf die Auftragsabwicklung bedeutet dies, die Koordination der Aktivitäten entlang der Wertschöpfungskette durch Aufnahme, Verarbeitung und funktionsspezifischer Weiterleitung an die relevante Funktion. Dies muss die Auftragsabwicklung in der Weise erfüllen, dass sie die Arbeit der unterschiedlichen Funktionen passgenau aufeinander abstimmt.

Informationsfunktion bedeutet, dass das Management mit Informationen zur Unternehmenssteuerung versorgt wird. Auch diese Aufgabe erfüllt die Auftragsabwicklung: Durch die Aufnahme der Daten zu Lagerhaltung, Produktionsdauer und Lieferzeit besteht eine Datenbasis aus der Kennzahlen bspw. zu Umschlagshäufigkeit des Lagers[13] generiert werden können.

Das genaue Gestaltungspotential der Auftragsabwicklung ist allerdings sehr stark abhängig von der spezifischen Variante des Auftragsabwicklungsprozesses. Die Unterscheidung verschiedener Varianten geschieht anhand der Ausprägung der *Dispositionsart*, d.h. der Auftragseindringtiefe in ein Unternehmen. Die *Auftragseindringtiefe* unterteilt den Geschäftsprozess eines Unternehmens in solche Aktivitäten, die erst bei Vorliegen eines konkreten Kundenauftrages ausgeführt werden und somit auf den Kundenauftrag reagieren, und diejenigen, die ohne konkreten Auftrag, sozusagen antizipativ, ausgeführt werden. Der sogenannte *Entkopplungspunkt*[14] trennt die *reagierenden* Aktivitäten von den *antizipativ* ausgeführten Handlungen innerhalb der Wertschöpfungskette.[15] In Abbildung 2 sind Auftragsabwicklungsprozesse mit unterschiedlichen Entkopplungspunkten dargestellt.

Zwischen den beiden extremen Varianten „Fertigung und Versand auf Vorrat" und „auftragsorientierte Beschaffung und Fertigung" gibt es graduell abgestufte Erscheinungsformen der Auftragseindringtiefe.

Variante 1 ist ein Beispiel für Fertigung und Distribution an einen bis zuletzt unbekannten Kunden. Die Aktivitäten in der gesamten Wertschöpfungskette basieren auf der Annahme eines gewis-

---

10 Vgl. Makowski (2003), S. 53 ff.
11 Vgl. Weber (2002), S. 20.
12 Vgl. Pfohl (2004), S. 196.
13 Vgl. Pfohl (2004), S. 211.
14 Vgl. Delfmann (1995), S.178.
15 Vgl. Klee/Makowski/Remmert (2003), S. 162.

sen zukünftigen Bedarfes. Solch ein System wird vorwiegend bei Verbrauchsgütern des täglichen Bedarfs und standardisierten Gebrauchsgütern, sog. Commodities, angewandt. Als passend erweist sich diese Art der Leistungserstellung bei geringwertigen Gütern mit einer geringen Anzahl an Varianten, bei denen der Kunde nicht bereit ist, Produktions- und Lieferzeiten zu akzeptieren. Hier ist ein Auftrag nichts anderes als die Bestimmung des gewünschten Artikels, dessen Menge sowie einem Leistungsdatum.[16]

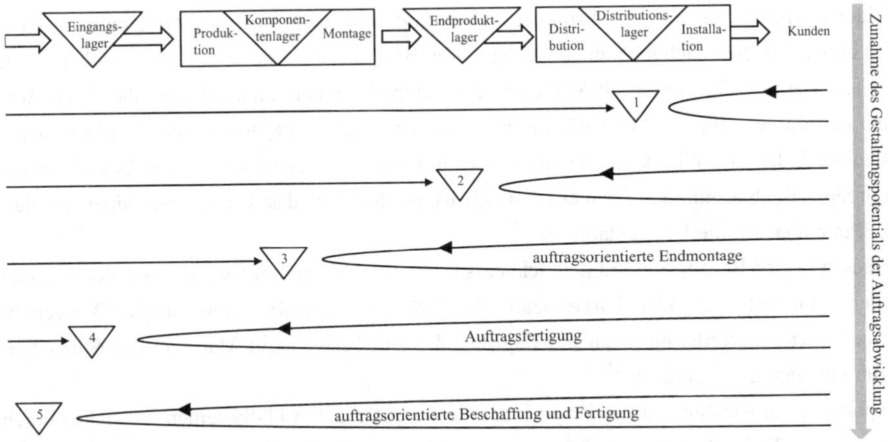

Abbildung 2: Prozesse mit unterschiedlichen Entkopplungspunkten (in Anlehnung an: Klee/Makowski/Remmert (2003), S. 163)

Die gegenteilige *Extremvariante 5* ist durch eine komplett auftragsorientierte Arbeitsweise gekennzeichnet, d. h. jede Art der Leistungserstellung erfolgt erst dann, wenn ein Kundenauftrag vorliegt. Solch ein Vorgehen wird bspw. im Anlagenbau von Kraftwerken o. ä. verwendet. Das Ergebnis dieses Vorgehens ist ein vollkommen kundenindividuell gestaltetes Produkt. Eine nicht auftragsbezogene Vorproduktion ist aufgrund des hohen Produktwertes wirtschaftlich nicht möglich.[17] In diesem Fall nimmt die *Auftragsabwicklung* klar die *steuernde Funktion* ein: Hier ist schon die Angebotsphase durch Vertriebsmitarbeiter der Auftragsabwicklung zuzurechnen, da für die Erstellung des Angebots bereits konkrete Teile des Projektes detailliert ausgearbeitet werden müssen und daher auch die Kapazität bereits zu diesem Zeitpunkt definitiv zu planen ist.

Diese beiden Extrembeispiele der Auftragsabwicklung zeigen, dass sich hinter diesem Begriff vollkommen *unterschiedliche Aufgaben und Tätigkeitsprofile* der verantwortlichen Mitarbeiter verbergen. Des Weiteren ist auch die Reichweite und damit die *Gestaltungsmöglichkeiten* der Funktion „Auftragsabwicklung" stark von der Eindringtiefe des Auftrages abhängig. Je höher die Auftragseindringtiefe, d. h. je früher in der Wertkette der Entkopplungspunkt liegt, desto größeren Einfluss hat die Auftragsabwicklung. Das bedeutet, bei hoher Eindringtiefe hat die Auftragsab-

---

16 Vgl. Klee/Makowski/Remmert (2003), S. 163 f.

17 Vgl. Klee/Makowski/Remmert (2003), S. 164.

wicklung enormes Gestaltungspotential, das sie aber auch nutzen muss, denn mit ihrer Leistung steigt und fällt der Erfolg des Unternehmens.

In den letzten Jahren ist eine Tendenz, hin zu einer größeren Eindringtiefe des Auftrages in das Unternehmen zu beobachten. Die Kundenanforderungen haben sich im Laufe der Jahre dahingehend gewandelt, dass vermehrt individuell gestaltete Produkte gewünscht sind – auch im Bereich der Ver- und Gebrauchsgüter des täglichen Bedarfs. Unter Anwendung des Ansatzes der *Mass Customization*[18] können heutzutage auch Ver- und Gebrauchsgüter des täglichen Bedarfes kundenindividuell gefertigt werden.[19] So kann der Kundenforderung nach Individualität auch wirtschaftlich in diesem Bereich nachgekommen werden:[20] Ein Beispiel ist ein japanischer Fahrradhersteller, der durch Mass Customization elf Millionen unterschiedliche Varianten anbietet, die durch Aufnahme der Körpermaße am Point of Sale noch größengerecht angepasst werden.[21] Ein weiteres Beispiel stellt der Hersteller von Vitamintabletten aus dem hessischen Karben dar. Das Unternehmen produziert, abgestimmt auf den aus den Lebensgewohnheiten des Kunden individuell abgeleiteten Vitaminbedarf, die Vitamintabletten.[22]

Aus diesen beiden Beispielen wird deutlich, dass sich aufgrund der *kundenindividuellen Fertigung* und der damit einhergehenden *Vorverlegung des Entkopplungspunktes* innerhalb der Wertschöpfungskette neue Anforderungen an die Logistik, d. h. in besonderem Maße an das Subsystem „Auftragsabwicklung", ergeben.[23]

Eine parallele Entwicklung ist die hin zu immer leistungsfähigeren IT-Systemen. So sinken durch die neuen IuK-Technologien die Informations- und Kommunikationskosten. Dies führt dazu, dass sich die *Rahmenbedingungen des Wettbewerbs grundlegend ändern*: Aufgrund dieser sinkenden Transaktionskosten sind nun Marktsituationen entstanden, die über herkömmliche Märkte aufgrund der hohen Kosten nicht abgewickelt hätten werden können. Ein Beispiel hierfür ist E-Commerce.[24] So ist es Produzenten nun möglich, den Handel auszuschalten – da dessen Raumüberbrückungsfunktion an Bedeutung verliert – und direkt an den Endkunden heranzutreten, um die Produkte im Direktvertrieb abzusetzen. Genauso kann aber auch der Handel Kundenbedürfnisse aufnehmen und gemäß den eigenen Anforderungen Lohnproduzenten beauftragen, d. h. nicht mehr nur die Ware anderer zu vertreiben. Hier nimmt dann die Auftragsabwicklung die koordinierende Stellung innerhalb der kompletten Wertschöpfungskette von der Aufnahme der Kundenerwartungen, über Produktion bis hin zum Verkauf ein.[25]

---

18 Vgl. Piller (2006), S. 154 ff.
19 Vgl. von Richthofen (2009), S. 76.
20 Vgl. Homburg/Krohmer (2006), S. 518.
21 Vgl. Varadarajan (1999), S. 88 ff.
22 Vgl. Müller (2001), S. 20.
23 Vgl. Müller (2001), S. 20.
24 Vgl. Picot/Reichwald/Wigand (2003), S. 73 ff.
25 Vgl. Dimt (2009), S. 38 f.

3 Entwicklungstrends rund um den „autonomen Kunden“

Diese Trends hin zu Individualisierung und Anhebung des Servicelevels sind Reaktionen auf die Beobachtung, dass die Kundenbindung an ein Unternehmen tendenziell rückläufig ist und der Kunde sich dem jeweiligen Bedarf entsprechend das für ihn passende Angebot auswählt – unabhängig von der Beziehung zum Anbieter. Diese Entwicklung des Kunden hin zu einem unabhängigen Akteur, der keine langfristigen Bindungen zu Herstellern oder Dienstleistern aufbauen möchte, wird durch den Begriff „*autonomer Kunde*“ deutlich.[26]

Das Phänomen des autonomen Kunden birgt sowohl *Chancen* als auch *Risiken* für die Unternehmen. Einerseits müssen Unternehmen ständig kundenorientiert handeln und auch bei Stammkunden „am Ball bleiben“, um den Kunden trotz einer langen Geschäftsbeziehung weiterhin von den eigenen Produkten und Dienstleistungen zu überzeugen. Andererseits entsteht durch diese Entwicklung enormes Potential für leistungsfähige und innovative Unternehmen, Kunden zu gewinnen und für die überlegene eigene Leistung zu begeistern. Die Begeisterung der Kunden soll der sinkenden Loyalität der Kunden entgegenwirken. Eine Ausprägung der Maßnahmen, um der abnehmenden Kundenloyalität entgegenzuwirken, ist – im Rahmen der Kundenorientierung – die Individualisierung von Produkten sog. Mass Customization. Eine andere Möglichkeit zur Begeisterung der Kunden ist die Anhebung des Servicelevels.

Die folgenden Ausführungen zeigen *Trends* aus verschiedenen Bereichen, welche steigende Erwartungen bei den Kunden erzeugen. Leistungsstarke Unternehmen reagieren auf diese Kundenerwartungen mit *Innovationen in der Auftragsabwicklung*, die entweder den Service dem Kunden gegenüber verbessern oder aber eine auf den Kunden abgestimmte Lösung anbieten. Die folgenden Beispiele zeigen, welche Stellung die Auftragsabwicklung in verschiedenen Segmenten einnimmt. Diese Ausführungen sollen Führungskräften *Denkanstöße* und *Anregungen* liefern, in welche Richtung sich die Auftragsabwicklung entwickeln kann und welche unterschiedlichen Modelle bereits existieren.

3.1 Internet – Modellcharakter für innovative Auftragsbearbeitung

Eine für den Erfolg der Vertriebsaktivitäten entscheidende Phase befindet sich mit dem zur *Verfügung stellen von Information* schon zu Beginn des Kaufentscheidungsprozesses[27]. Die Informationsbereitstellung hat *zwei Ebenen*: (1) Auf der einen Ebene geht es darum, dem potentiellen Kunden mitzuteilen, dass es überhaupt eine *Lösung zu seinem Problem gibt.* Hier weiß der Kunde noch überhaupt nichts von dem Produkt, das er eigentlich sucht. Somit liegt hier noch eine unerschlossene Kundengruppe vor. (2) Auf der nachgelagerten Ebene ist es das Ziel, den Kunden bei der *Lösung des Auswahlproblems*, das durch die Fülle der Angebote entsteht, zu *unterstützen* und nach Möglichkeit das eigene Produkt von denen der Konkurrenz zu differenzieren.

---

26 Vgl. Kerner (2002), S. 15; Epple (1991), S. 548.
27 Vgl. Homburg/Krohmer (2006), S. 103.

Das Internet hilft solchen Kunden, die ein Problem haben, aber noch nicht wissen, mit welchem Produkt sie es lösen können. Hier stellt es *kontextorientierte Suchmaschinen* zur Verfügung, die über die Beschreibung des Problems eine Lösung suchen. Diese Suchmaschinen bieten sozusagen eine *Übersetzung* in existierende Angebote.

Zur Unterstützung der Kunden bei der Lösung des Auswahlproblems gibt es zwei unterschiedliche Ansätze, die dem Kunden den Zugang zu kaufentscheidenden Informationen ermöglichen sollen:

- Selbständige Informationssuche über das spezifische Produkt durch den Kunden
- Unterstützung des Kunden bei der Informationssuche durch das Verkäufer-Unternehmen

Häufig kommt es vor, dass der Kunde bei der *Informationsbeschaffung und -selektion* in der Vorkaufsphase sich selbst überlassen wird. Hier sucht der Kunde selbständig die relevanten Informationen zu Leistungsattributen und Preisen aus der Fülle der Angebote. Dabei ist es sinnvoll, wenn das Unternehmen im Rahmen seiner Kommunikationspolitik über die zur Zielgruppe passenden Medien die Kommunikationsbotschaft mit möglichst geringen Streuverlusten verbreitet.[28] Problematisch ist bei dieser Art der Informationsverbreitung die *Passivität* des Anbieters. Hier kann der Anbieter nicht mehr steuern, was mit den Informationen im Markt geschieht.

Den Gegensatz hierzu bildet eine *aktive Gestaltung* der Aktivitäten, welche die Kunden bei der Informationssuche unterstützen. Dies wird durch den individualisierten Kontakt ermöglicht. Durch eine Individualisierung der Kundenansprache kann das Unternehmen sich vom Wettbewerb positiv abheben und so differenzieren. Die Variante mit dem am stärksten individualisierten Charakter ist der persönliche Verkauf. Die Unterstützung des Kunden bei der Informationssuche ist allerdings auch durch andere Maßnahmen als den sehr teuren persönlichen Verkauf, der nicht immer wirtschaftlich ist, zu erreichen. So bietet das *Internet* – ein eigentlich doch anonymes Medium – die Möglichkeit, den Kunden interaktiv bei der Identifikation des Produktes, welches am Besten der spezifischen Anwendung entspricht, zu unterstützen.

Aber auch im eigentlich sehr kundenorientierten Internet gibt es eine große Bandbreite an Lösungen: Man kann einen *„eigenschaftsgetriebenen"* und einen *„lösungsorientierten"* Ansatz unterscheiden. Im Rahmen eines *eigenschaftsgetriebenen Ansatzes* werden die (technischen) Merkmale des eigenen Produktes in den Mittelpunkt gerückt. Bei diesem Ansatz fehlt allerdings die problemorientierte Betrachtung aus Kundensicht: der Kunde möchte durch den Kauf eines Produktes eine bestimmte Aufgabe erfüllen bzw. ein spezifisches Problem lösen. Hierzu hilft ihm der eigenschaftsgetriebene Ansatz nur dann, wenn der Kunde selbst ausreichend Expertise besitzt, um den Grad der Übereinstimmung zwischen dem Produktfeature und seinem individuellen Problem zu beurteilen. Diesem Problem begegnet der *lösungsorientierte Ansatz*. Hier werden die technischen Eigenschaften der Leistung des Unternehmens in kundenbezogene konkrete Anwendungen überführt und zur Auswahl gestellt. Das eigenschaftsbezogene Angebot eines Telekommunikationsdienstleisters würde bspw. zwischen DSL 1000, 4000 oder 6000 unterscheiden. Im Gegensatz dazu teilt der lösungsorientierte Ansatz die Produkte nach den Nutzungsgewohnheiten wie „Internet

---

28 Vgl. Homburg/Krohmer (2006), S. 763 ff.

zum E-Mail schreiben", „Internet zur gelegentlichen Nutzung von Multimedia-Anwendungen" oder „Internetnutzung zum häufigen Download von Filmen" ein.

Eine Möglichkeit, die in Kombination mit dem lösungsorientierten Ansatz angeboten werden kann, ist die Bereitstellung eines Konfigurators, wie in Abbildung 3 dargestellt.

Der Konfigurator ist die *Übersetzung* der technischen Spezifikationen und Produktnummern aus dem Herstellerkatalog – in diesem Beispiel – des Fensterherstellers in die Problemlösung. Hier kann der Endkunde mit wenigen Clicks die beobachtbaren Merkmale des Dachfensters auswählen. Die Zuordnung der Merkmale zur spezifischen Produktnummer erfolgt dann durch die Datenbank im Hintergrund.

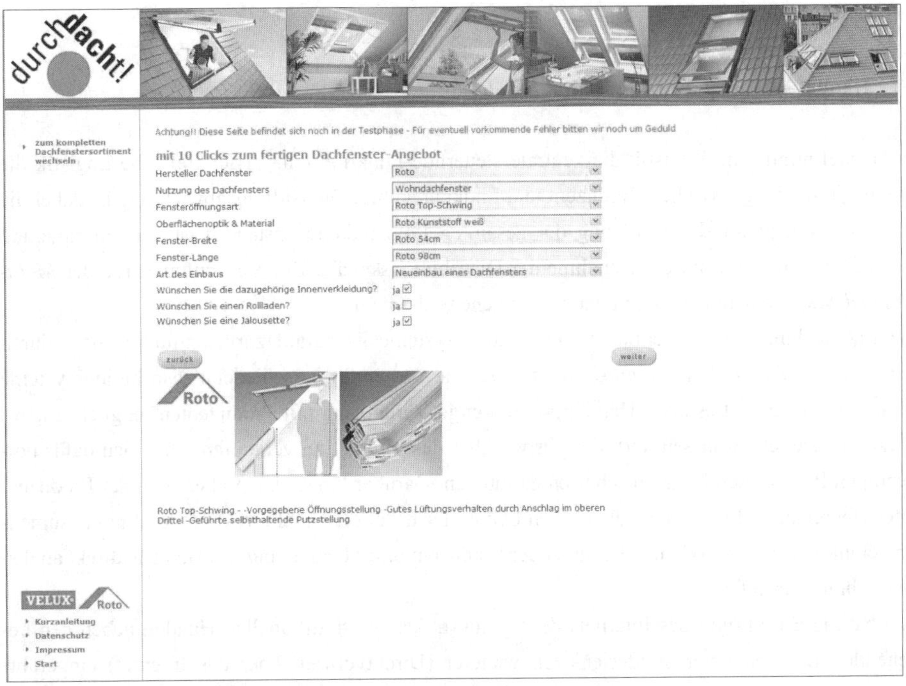

Abbildung 3: Konfigurator für Dachfenster (www.durch-dacht.com)

Diese Form der Produktauswahl ist für den Endkunden ohne fachliche Detailkenntnis wesentlich angenehmer und einfacher als die Auswahl über Produkt- und Seriennummern in einem Katalog im Fachhandel. Da das Angebot solcher Konfiguratoren, die zuerst von Autoherstellern eingesetzt wurden, sich auf immer mehr Bereiche ausweitet, gewöhnt sich der Kunde an diese komfortable Art der Produktauswahl. Daher wird solch eine kundenfreundliche Bedienung immer mehr notwendig, um den Kundenerwartungen zu entsprechen.

Sinnvoll ist, dass dieser Prozess von der Auftragsabwicklung gesteuert wird. So ist gewährleistet, dass der Kundenauftrag schon mit der Leistungserstellung verzahnt wird und so schon mit Abschicken der Bestellung über den Konfigurator automatisch das voraussichtliche Lieferdatum kalku-

liert wird. Des Weiteren hat dann die Auftragsabwicklung durchgängig die Prozessverantwortung und ist sowohl über Input (Auftragseingang) als auch über Output (Lieferung), sowie den Erstellungsprozess ohne Zwischenschalten von Schnittstellen informiert.
Der stationäre Handel kann hier zwei Dinge vom Internet lernen: Zum einen ist der Ansatz der *kontextgetriebenen Suchmaschine* und des *Konfigurators* sehr kundenfreundlich. Der *Konfigurator oder die kontextgetriebene Suchmaschine* hilft, dem Kunden bei der Übersetzung seines Problems in ein Produkt. Bei komplexeren Produkten kann der Konfigurator bspw. von einem Mitarbeiter des Anbieters bedient werden. Zum anderen erleichtert die Mitteilung eines festen *Leistungsdatums* die Planung für den Kunden. Hier kann die *Lagerverfügbarkeit* von Produkten so im System hinterlegt werden, dass auch hier dem Kunden bei Auftragserteilung ein Erstellungsdatum mitgeteilt werden kann.

3.2 Handel – Transparenz über alle Kanäle

Im Handel nimmt die Logistik die zentrale steuernde Funktion ein.[29] Hier stellt die Logistik die direkte Verbindung zwischen Produzent und Endkunden her. Die Auftragsabwicklung ist daher die Funktion, welche für die Steuerung der gesamten Logistikkette zuständig ist. Die Komplexität dieser Funktion steigt mit der Zunahme der Distributionskanäle. Der Verbreitungsgrad der *Multi-Channel-Systeme* nahm gerade in den vergangenen Jahren zu.
Die Entwicklung dieser Mehrkanal-Distributionssysteme ist darauf zurückzuführen, dass durch neue *Informations- und Kommunikationssysteme* die Kosten für verschiedene Distributionssysteme gesunken sind. So ist es auch Händlern durch enge Vernetzung mit Produzenten möglich, Eigenmarken herstellen zu lassen und diese bspw. über das Internet zu verkaufen, ohne den dafür notwendigen Platz in den Regalen schaffen zu müssen. Darüber hinaus kann aber auch der Produzent unter Übergehung des Handels über einen Online-Distributionskanal direkt an den Endkonsumenten herantreten. Genauso kann aber auch der Produzent unter Umgehung des Handels direkt an den Endverbraucher liefern.[30]
Nun hat die Einführung des Internets dazu geführt, dass im traditionellen Handel, neben den bestehenden Kanälen noch mindestens ein weiterer (Direktvertrieb über das Internet) eingeführt wurde. Diese Entwicklung steigert die Komplexität des Customer Relationship Managements (CRM) dahingehend, dass dem Kunden nun verschiedenste Wege offen stehen und über die Leistungen des Unternehmens bezogen werden können. Ziel des CRM Systems ist es, Informationen über Kunden bereitzustellen, um Bedürfnisse des Kunden kennenzulernen und so eine langfristige Beziehung etablieren zu können.[31] Aufgrund der Tatsache, dass ein Kunde heutzutage über mehrere Kanäle mit dem Unternehmen in Kontakt tritt, kommt es vor, dass ein und derselbe Kunde *mehrere Profile* im CRM System hinterlegt hat. Die Tatsache aber, dass es sich um ein und den-

[29] Vgl. Makowski (2005), S. 17.
[30] Vgl. Homburg/Krohmer (2006), S. 881.
[31] Vgl. Hettich/Hippner/Wilde (2001), S. 167 ff.

selben Kunden handelt, ist nicht hinterlegt. Unter diesen Voraussetzungen kann das CRM System nicht seine optimale Wirkung entfalten.
Diese Schwierigkeit, die ein Mehrkanalsystem beinhaltet, traten auch bei Harrods, dem weltweit bekannten Luxuskaufhaus in London auf. Auch hier gab es die Problematik, dass ein und derselbe Kunde verschiedene Profile im System hatte, da er über verschiedene Kanäle eingekauft hat. Durch die Nutzung verschiedener Vertriebskanäle – physisches Kaufhaus, Verkauf via Call-Center und Online-Shopping – war keine Konsolidierung der Kundendaten möglich. Das bedeutet, dass ein und derselbe Kunde, der alle drei Kanäle zum Einkauf nutzt, bisweilen nicht als eine Person identifizierbar war. Vielmehr wurden unter Umständen auch wichtige Kunden, die via Online-Shopping teure Produkte gekauft hatten, aber nur selten im physischen Kaufhaus einkauften, schlichtweg nicht bevorzugt behandelt. Dies war der Fall, da keine einheitlichen Datenbanken genutzt wurden, die einen Informationsaustausch ermöglicht hätten. Da so auch keine kundenbezogenen Informationen über das individuelle Kaufverhalten aus dem System gewonnen werden konnten, waren auch keine zielgerichteten und koordinierten kanalübergreifenden Marketinginitiativen durchführbar.
Ziel des Harrods Managements war es, mittels eines effizienten CRM Systems zu *verstehen,* wer die *Kunden* sind und welche Artikel sie wann und über welche Kanäle einkaufen. Aufbauend auf diesen Erkenntnissen sollte es dann möglich sein, zielgruppenspezifische Marketingkampagnen zu initiieren. Die *Vorteile* eines solchen Systems sind dann gewichtig: der Auftritt des Anbieters dem Kunden gegenüber wird vereinheitlicht. Des Weiteren können so die Verkaufsaktivitäten auf die besten Kunden konzentriert werden sowie die Kunden individuell und zielgerichtet angesprochen werden.[32] Um diese Ziele zu erreichen, führte Harrods SOA (Service Oriented Architecture) ein. Durch die SOA hat Harrods nun einen „single customer view", der die Kundensegmentierung nach unterschiedlichsten Kriterien ermöglicht. Durch diesen „single customer view" kann die Auftragsbearbeitung nun zielgerichtet die Aktivitäten der Funktionen Marketing und Vertrieb sowie Kundenabrechnung steuern.
In Abbildung 4 ist die Architektur dieses „single customer view" dargestellt. Mittels eines IT-Systems werden die verschiedenen Kanäle – über die Kundenkontakt stattfindet – so vernetzt, dass eine Datenbasis für jeden einzelnen Kunden besteht, unabhängig vom Kanal, den der Kunde gerade nutzt.
Dieses Beispiel zeigt, dass bei Mehrkanal-Distributionssystemen die Auftragsbearbeitung eine bedeutende koordinierende Funktion inne hat. Aufgabe der Auftragsabwicklung ist es, Kunden und Aufträge über die verschiedenen Kanäle hinweg zu erfassen und zusammenzuführen, so dass zu jeder Zeit allen Kunden ihre Aufträge, die über verschiedene Kanäle gestellt wurden, zugeordnet werden können. So muss sich der Handel Lösungen überlegen, die es dem Kunden ermöglichen, im Internet gekaufte Ware in einem physischen Geschäft umzutauschen oder in einem Laden in Hamburg gekaufte Ware in München wieder umzutauschen. Solch ein System ist dann die konsequente Weiterentwicklung eines einheitlichen Markenauftritts über verschiedene Kanäle

---

32 Vgl. Llamas (2006), o.S.; Marder (2006), S. 110.

hinweg. Hiermit schafft sich das Unternehmen dann auch wieder ein attraktives Differenzierungsmerkmal.

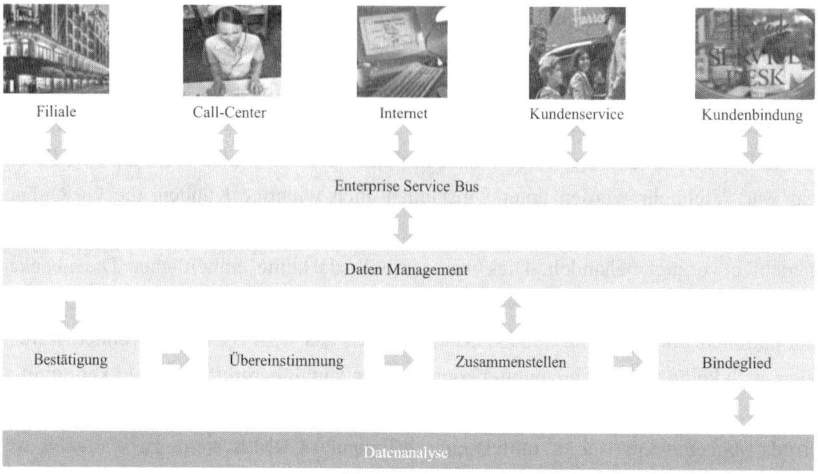

Abbildung 4: Lösung für den Single Customer View (in Anlehnung an: Llamas (2006), o.S)

3.3 Service – kundenspezifische Auftragsabwicklung

Servicelogistik ist in dem vorliegenden Beitrag nicht als Ersatzteillogistik[33] zu verstehen, sondern als spezifische Anwendung der Logistik auf den Anwendungsfall *„Service-Unternehmen"*. In Service-Unternehmen bildet die Auftragsabwicklung einmal mehr das zentrale Element und das Service-Unternehmen „lebt" von der Qualität der *Auftragsabwicklung/-bearbeitung*: der Prozess der Auftragsabwicklung wird gestartet durch den externen „Event" des Eingangs des Service-Auftrags im Unternehmen. Bei Industrie-Dienstleistungen ist in diesem Bereich ein hoher Grad an technischem anwendungsbezogenem Wissen notwendig, um den Service problemorientiert durchführen zu können.

Das Spektrum der Service-Unternehmen deckt die Bereiche Wartung, Instandhaltung und ereignisorientierte Intervention, d. h. bei Störfällen bzw. Notfällen, ab. Die Behandlung von Störfällen ist für Service-Unternehmen die Dienstleistungsart, welche die höchsten Anforderungen an das Unternehmen stellt. So ermöglicht diese Serviceart allerdings auch eine Differenzierung vom Wettbewerb durch das Anbieten einer wahrnehmbar besseren Leistung.

Bei einer optimalen *Auftragsannahme* gelingt es dem Mitarbeiter gemeinsam mit dem Kunden das Problem soweit einzugrenzen, dass sowohl der *zeitliche Aufwand* als auch die *benötigten Ersatzteile* mit einer hohen Wahrscheinlichkeit bekannt sind. Diese Kenntnis erlaubt eine optimierte Planung des Services:

---

33 Vgl. Pfohl (2010), S. 17 f.

- Durch die Abschätzung des zeitlichen Aufwandes zur Behebung des Problems, ist es möglich die Einsatzplanung der Service-Techniker zu optimieren. So kann die Tourenplanung gewährleisten, dass die Service-Mitarbeiter nahtlos bei Aufträgen beschäftigt sind.
- Wenn das Problem soweit eingegrenzt ist, dass die benötigten Ersatzteile eingegrenzt werden können, kann der Auftragsbearbeiter schon planen, ob im Service-Fahrzeug diese Teile mitgeführt werden. Dies ermöglicht eine frühzeitige Planung des Transports der fehlenden Ersatzteile.

Diese beiden Punkte zeigen, dass es das Ziel einer optimalen Auftragsabwicklung in der Service-Industrie ist, eine gemeinsame *Touren- und Ladungsoptimierung* vorzunehmen. Tourenoptimierung betrifft die Einsatzplanung der Service-Mitarbeiter und Ladungsoptimierung betrifft die Optimierung von Bevorratung der Ersatzteile im Servicefahrzeug gegenüber dem Expressversand fehlender Teile zum entsprechenden Kunden. Ziel der Auftragsabwicklung muss es hier sein, die Tourenoptimierung der Mitarbeiter mit der Ladungsoptimierung in Einklang zu bringen und *gleichzeitig zu optimieren*.[34]

Neben diesem oben beschriebenen Routine-Service Fall gibt es in Service-Unternehmen noch einen weiteren Fall – den *Notfall-Service*, der nochmal höhere Anforderungen an das System Auftragsabwicklung stellt. Solch ein Notfall kann verschiedenste Ausprägungen haben: so kann es sich einmal um den Ausfall der Heizung im Winter handeln oder um einen Wasserrohrbruch. Hier muss es das Ziel der Auftragsabwicklung sein, diesen ungeplanten Servicefall äußerst zeitnah zu bedienen unter Berücksichtigung des gesamten aktuellen Kundenportfolios. Hierbei kommt es auf zwei Faktoren an:

- Analysefähigkeiten der Mitarbeiter
- Transparenz des Serviceprozesses

Zunächst geht es darum, dass die Lage schnell und klar *analysiert* wird. Hier muss der entsprechende Mitarbeiter zum einen auf den Kunden, der sich in einer Notlage befindet eingehen und zum anderen aber auch mit ihm gemeinsam das Problem eingrenzen und so eine Problemlösung ableiten.

Zur Umsetzung eben dieser Problemlösung ist die *Transparenz des Serviceprozesses* notwendig. Hiermit ist gemeint, dass die Mitarbeiter aus der Auftragsannahme eine ständige Übersicht über den Arbeitsinhalt und -fortschritt der einzelnen Techniker im Feld haben und so wissen, wann wieder ein Techniker verfügbar ist. Wenn diese Informationen noch um die Fähigkeiten der einzelnen Servicemitarbeiter ergänzt werden, dann ist es möglich für die Mitarbeiter aus der Auftragsabwicklung die Planung in der Art vorzunehmen, dass die Ressourcen optimal eingesetzt werden und bei Bedarf solche Mitarbeiter von ihren Arbeiten abgezogen werden, die mit hoher Wahrscheinlichkeit den Notfallservice durchführen können. Ergänzt wird diese Planung des Mitarbeitereinsatzes dann noch um die Ladungsoptimierung, die oben schon dargestellt wurde und die sicherstellen soll, dass die richtigen Ersatzteile beim Kunden vor Ort zur Verfügung stehen.

---

[34] Vgl. Neuhaus (2009), S. 54.

Die Kombination von Analysefähigkeit der Mitarbeiter und Transparenz des Prozesses führt dazu, dass den Kunden Termine garantiert werden können. So lernt der Kunde diese hohe Präzision bezüglich Termintreue kennen und schätzen. Kunden mit dem Erfahrungshintergrund aus dem Servicebereich erwarten dann auch in anderen Bereichen eine solche Präzision hinsichtlich der Kommunikation des Leistungsdatums.

4 Zusammenfassung und Ausblick

Die drei eingeführten Beispiele aus dem *Internet*, dem *Handel* und der *Service*-Logistik stellen jedes für sich einen eigenen Ansatz dar, um die Leistung kundenspezifisch zu erbringen und dadurch eine hohe *Markt-* bzw. *Kundenorientierung* sicherzustellen. Zentraler Stellhebel zur Steigerung der Kundenorientierung ist die *Auftragsabwicklung.*

Das Beispiel der interaktiven Produktgestaltung mit Kundeneinbindung mittels *Konfigurator* über das Internet zeigt die Bedeutung von *Prozessinnovationen* in der Auftragsabwicklung auf, die dem Kunden den Kontakt zum Anbieter sowie die Kommunikation mit dem Anbieter erleichtern. Das Beispiel des *absatzkanalübergreifenden IT-Systems* zur kundenorientierten Gestaltung der gesamten Auftragsabwicklung, von Kundenansprache bis Lieferung aus dem Handel, unterstreicht die Wichtigkeit der Einbindung modernster Informations- und Kommunikationstechnik in die Auftragsabwicklung inklusive der Logistik. Das dritte Beispiel aus der Service-Logistik verdeutlicht die Auswirkung von *kompetenten Mitarbeitern* in der Auftragsabwicklung für die Kundenzufriedenheit und das Gesamtunternehmen.

Diese im Beitrag dargelegten Beispiele sind nicht einfach identisch auf andere Bereiche zu übertragen. Allerdings zeigen sie deutlich auf, welches hohe Leistungsniveau der Kunde heute gewohnt ist und somit auch in anderen Bereichen als den beschriebenen, erwartet. Daran müssen sich Unternehmen messen lassen, insbesondere vor dem Hintergrund *autonomer unabhängiger Kunden.*

In dem Beitrag wird das Gestaltungspotential einer effizient organisierten Auftragsabwicklung deutlich. Um allerdings das volle Potential entfalten zu können, sind gewisse *technische bzw. prozessbezogene* und *strategisch unternehmerische Voraussetzungen* zu schaffen.

Im *technischen und prozessbezogenen* Bereich sind folgende Voraussetzungen zu schaffen:

- Organisatorische Zuständigkeit der Auftragsabwicklung für gesamte Wertkette
- Durchgängige IT-Systeme
- Innovativität und Kreativität für Weiterentwicklungen

So ist es empfehlenswert, der Auftragsabwicklung die *Zuständigkeit für die gesamte Wertkette* zuzuweisen. Dann ist gewährleistet, dass der interfunktionale und abteilungsübergreifende Charakter der Funktion „Auftragsabwicklung" zum Tragen kommt und dass auch die Vernetzung über die Wertkette organisatorisch durchgesetzt werden kann.

Die Auftragsabwicklung ist auf verlässliche Informationsflüsse angewiesen, um zu gewährleisten, dass die generierten Informationen über Stand der Leistungserstellung und Lager zuverlässig sind.

Ein durchgängiges *IT-System* ohne Medienbrüche ist zuverlässiger als die kombinierte Anwendung verschiedener Systeme, da hier häufig Kompatibilitätsprobleme auftreten.

Um eine hohe Kundenorientierung zu gewährleisten, muss ein Unternehmen sich kontinuierlich weiterentwickeln und die Auftragsabwicklung mit *innovativen Konzepten* an die sich ändernden Marktbedingungen anpassen.

Diese technischen und prozessbezogenen Maßnahmen wirken allerdings nur dann, wenn vorher schon die *strategischen unternehmerischen Voraussetzungen* geschaffen wurden. Grundvoraussetzung, um überhaupt das volle Gestaltungspotential der Auftragsabwicklung abrufen zu können, ist das Erkennen der Möglichkeiten. So müssen die Führungskräfte ein *Verständnis für die Leistungsfähigkeit* der Auftragsabwicklung entwickeln. Nur wenn dieses vorherrscht, werden die entsprechenden Maßnahmen zur Hebung des Potentials getroffen. Auch dieser Artikel soll bei Führungskräften ein Verständnis für die Leistungsfähigkeit der Auftragsabwicklung entwickeln und als Denkanstoß dienen, um noch nicht realisierte Potentiale der Auftragsabwicklung im eigenen Unternehmen zu erkennen. Eng mit dem vorgenannten Punkt hängt der Einsatz von *qualifizierten Mitarbeitern* zusammen: Um das umfassende Potential der Auftragsabwicklung ausschöpfen zu können, ist es notwendig dort Mitarbeiter mit einem tiefgehenden Prozessverständnis, welche die Prozesssteuerung übernehmen können, einzusetzen. Mit der Qualität der Mitarbeiter steigt und fällt die Leistungsfähigkeit der Auftragsabwicklung. In dieser Funktion ist neben dem Prozessverständnis, das Kunden- und individuelle Problemverständnis wichtig. Zusammengenommen heißt das, dass Mitarbeiter in der Auftragsabwicklung einen entsprechenden fachlichen Hintergrund dringend benötigen, um ihre koordinierende Funktion umfassend erfüllen zu können.

Diese Betrachtung zeigt, dass eine mit den richtigen Kompetenzen und Werkzeugen ausgestattete Auftragsabwicklung dem Unternehmen eine sehr gute Stellung im Wettbewerb um die Gunst der Kunden einbringen kann. Dieser Wettbewerbsvorteil kann durch Prozessinnovationen in bestehenden Kanälen (Bsp. Konfigurator, Single Customer View, kundenspezifische Auftragsabwicklung) entstehen oder aber auch eine Änderung des Geschäftsmodells durch die Etablierung neuer Absatzkanäle bspw. unter Umgehung des Handels bedeuten. Im Zentrum all dieser Initiativen steht die Auftragsabwicklung, die somit den Schlüssel zum Erfolg des gesamten Unternehmens darstellt.

Literaturverzeichnis

Christopher, M. (1993): Logistics and competitive strategy. In: European Management Journal 11(1993)2, S. 258-261.

Delfmann, W. (1995): Logistische Segmentierung. Ein modellanalytischer Ansatz zur Gestaltung logistischer Auftragszyklen. In: Albach, H./Delfmann, W. (Hrsg.): Dynamik und Risikofreude in der Unternehmensführung. Wiesbaden 1995, S. 171-202.

Dimt, J. (2009): Der mobile POS. In: Retail Technology o.Jg.(2009)4, S. 38-39.

Epple, M. H. (1991): Die Kundenbindung wird schwächer: Vertrieb von Bankprodukten. In: Die Bank, o.Jg.(1991)10, S. 544-550.

Hettich, S./Hippner, H./Wilde, K. (2001): Customer Relationship Management – Informationstechnologien im Dienste der Kundeninteraktion. In: Bruhn, M./Stauss, B. (Hrsg.): Jahrbuch Dienstleistungsmanagement. Wiesbaden 2001, S. 167-201.

Homburg, Chr./Bruhn, M. (1999): Kundenbindungsmanagement – Eine Einführung in die theoretischen und praktischen Problemstellungen. In: Bruhn, M./Homburg, Chr. (Hrsg.): Handbuch Kundenbindungsmanagement: Grundlagen – Konzepte – Erfahrungen. 2. aktual. und erw. Auflage. Wiesbaden 1999, S. 3-35.

Homburg, Chr./Krohmer, H. (2006): Marketingmanagement. Strategie – Instrumente – Umsetzung – Unternehmensführung. 2. überarb. und erw. Aufl. Wiesbaden 2006.

Jaworski, B./Kohli, A. (1996): Market Orientation: Review, Refinement, and Roadmap. In: Journal of Market Focused Management, 1(1996)2, S. 119-135.

Kerner, S. (2002): Analytisches Customer Relationship Management in Kreditinstituten: Data Warehouse und Data Mining als Instrumente zur Kundenbindung im Privatkundengeschäft. Wiesbaden 2002.

Klee, P./Makowski, E./Remmert, J. (2003): Der Prozess der informatorischen Auftragsbearbeitung. In: Delfmann, W./Reihlen, M. (Hrsg.): Controlling von Logistikprozessen. Stuttgart 2003, S. 153-197.

Kohli, A./Jaworski, B. (1990): Market Orientation: The Construct, Research Propositions, and Managerial Implications. In: Journal of Marketing, 54(1990)2, S. 1-18.

Lambert, D.M./Stock, J.R. (1993): Strategic Logistics Management. 3. Aufl. Homewood/Boston 1993.

Llamas, D. (2008): The key to gaining a competitive edge through multi-channel customer centric initiatives. "Anything is Possible…" Vortrag von David Llamas (Harrods IT Director) 24.4.2008, Santiago de Chile. [URL: http://www.sap.com/chile/about/events/sapforum/pdf/Harrods.pdf].

Makowski, E. (2003): Perspektiven der Handelslogistik in der Baumarktbranche. In: Thexis 20(2003)3, S. 53-57.

Makowski, E. (2005): "Wir sind die Spinne im Netz". In: Logistik Heute 27(2005)1/2, S. 16-18.

Marder, R. (2006): From SOA to Multi-channel Agility. [URL: http://www.nrf-arts.org/stores/200609.pdf].

Müller, W. (2001): Maßgeschneiderte Produkte ersetzen Massenware. In: Handelsblatt, 20.11.2001, S. 20.

Narver, J./Slater, S. (1990): The Effect of a Market Orientation on Business Profitability. In: Journal of Marketing, 54(1990)4, S. 20-35.

Neuhaus, R. (2009): Touren und Ladung optimiert. In: Die Lebensmittelzeitung o.Jg.(2009)19, S. 54.

Pfohl, H.-Chr. (2004): Logistikmanagement. 2. überarb. und erw. Aufl., Berlin/Heidelberg/New York 2004.

Pfohl, H.-Chr. (2010): Logistiksysteme. 8. aktual. Aufl., Berlin/Heidelberg/New York 2010.

Picot, A./Reichwald, R./Wigand, R. (2003): Die grenzenlose Unternehmung. 5. aktual. Aufl. Wiesbaden 2003.

Piller, F. (2006): Mass Customization: Ein wettbewerbsstrategisches Konzept im Informationszeitalter. 4. Aufl., Wiesbaden 2006.

Reichheld, F./Sasser, W. (1990): Zero Defections: Quality comes to Service. In: Harvard Business Review 68(1990)5, S. 105-111.

Varadarajan, P. (1999): Strategy Content and Process Perspectives Revisited. In: Journal of the Academy of Marketing Science. 27(1999)1, S. 88-100.

Von Richthofen, D. (2009): Maßschuhe für die Masse. In: Handelsblatt, 2.12.2009, S. 76-77.

Weber, J. (2002): Einführung in das Controlling. 9. kompl. überarb. Aufl. Stuttgart 2002.

Wildemann, H. (1987): Auftragsabwicklung in einer computergestützten Fertigung (CIM). In: Zeitschrift für Betriebswirtschaft. 57(1987)1, S. 6-27.

Wildemann, H. (2008): Entwicklungspfade der Logistik. In: Baumgarten, H. (Hrsg.): Das Beste aus der Logistik. Berlin/Heidelberg 2008, S. 163-172.

Forschung & Entwicklung

Heiko Frunzke*

Logistikinnovationen: Logistik als Gegenstand von F&E – Eine Begriffsabgrenzung und ein Vorschlag für eine F&E-Projekttypologie

---

* Heiko Frunzke, Jahrgang 1973, studierte an der Technischen Universität Darmstadt Wirtschaftsingenieurwesen. Von 2002 bis 2007 war er am Fachgebiet Unternehmensführung und Logistik als wissenschaftlicher Mitarbeiter bei Prof. Dr. Dr. h.c. Hans-Christian Pfohl tätig. Seit 2008 arbeitet er als Projektleiter bei der MAN Nutzfahrzeuge AG im Zentralbereich und entwickelt dort logistische Standards für den Werksverbund.

Ziel dieses Beitrags ist es, ein grundlegendes Verständnis für Logistikinnovationen und deren Entstehung zu schaffen. Zu diesem Zweck werden ausgewählte Grundlagen des Innovationsmanagements auf die Logistik übertragen. Bestimmend für die Auswahl ist, dass sie zu einer Begriffsklärung von Logistikinnovationen beitragen oder Hinweise geben können, wie Logistikinnovationen entstehen.

Der Begriffsbestimmung dienen die Abgrenzung des Innovationsbegriffs für die Logistik sowie eine Charakterisierung unterschiedlicher Formen von Logistikinnovationen (Objektdimension). Dem schließt sich eine Betrachtung des Entstehungszusammenhangs von Logistikinnovationen aus zwei unterschiedlichen Blickwinkeln an. Zunächst wird betrachtet, welche (F&E-)Aktivitäten zu Logistikinnovationen führen können (Prozessdimension). Wer Logistikinnovation hervorbringen kann (Subjektdimension), ist Gegenstand der Analyse im Anschluss. Ein Ausblick auf weiterführende Fragestellungen beschließt den Beitrag.

1 Objektdimension: Abgrenzung des Innovationsbegriffs für die Logistik und Formen von Logistikinnovationen

Weil eine Beschäftigung mit Innovationen in der Logistik bisher erst in Ansätzen stattgefunden hat, haben sich noch keine eindeutigen Begrifflichkeiten herausgebildet.[1] Beispielsweise werden Bezeichnungen wie „logistische Serviceinnovation“[2], „Logistikinnovation“[3] oder „Supply Chain Management (SCM-)Innovation“[4] gewählt. Nicht immer wird dabei klar, ob und inwiefern die Begriffe unterschiedliche Sachverhalte kennzeichnen.[5] Vor diesem Hintergrund ist nicht allein für die Zwecke des vorliegenden Beitrags eine begriffliche Klarstellung angezeigt, welche unterschiedlichen Bezeichnungen für Innovationsphänomene in der Logistik verwendet werden können und wie sich diese voneinander abgrenzen lassen.

Im Fokus des Beitrags steht die Logistik als das Objekt von Innovationen. Neuerungen beziehen sich somit auf die Logistik als Unternehmens*funktion*[6], d.h. auf die raum-zeitliche Gütertransformation in Logistiksystemen einschließlich weiterer, güterbezogener Manipulationsvorgänge.[7] Neben einem funktionalen Logistikverständnis kann die Logistik auch als Branche aufgefasst werden. Eine *institutionelle Sichtweise* von Logistikinnovationen würde demnach bedeuten, dass sich der Untersuchungsgegenstand auf alle Innovationen richtet, die von Institutionen aus der Logistikbranche hervorgebracht werden. Damit wären auch nicht-logistische Innovationen erfasst, die keine Neuerungen in der Logistikfunktion, sondern in anderen Funktionsbereichen zur Folge

1 Siehe dazu auch Darkow/Jahns/Pedrosa (2007), S. 115-116.
2 Vgl. z. B. Chapman/Soosay/Kandampully 2002; Juga et al. (2006), Franklin (2007).
3 Vgl. z. B. Flint et al. (2005), Gammelgaard (2008), Giesen/Hillbrand (2006), Darkow/Jahns/Pedrosa (2007), Binnenbruck (2003).
4 Vgl. Wagner/Locker (2003).
5 Siehe z. B. die Abgrenzung bei Göpfert (2005a), S. 285-286 und bei Wagner (2007a), S. 586.
6 Vgl. z. B. Soosay/Hyland (2004), S. 41.
7 Zur Funktion von Logistiksystemen vgl. Pfohl (2004b), S. 8ff.

haben.[8] Letztere Bedeutung folgt allerdings nicht der Zielsetzung des vorliegendes Beitrags und auch nicht der allgemein üblichen Begriffsauffassung.

Für eine eindeutige Kennzeichnung von Logistikinnovationen erweist sich demnach der Logistikbegriff als Problem, da dieser doppeldeutig ist und sowohl funktional als auch institutionell verstanden werden kann. Um Missverständnisse auszuschließen, wäre daher formal korrekt von *Innovationen in der Logistikfunktion* zu sprechen.[9] Da im allgemeinen Sprachgebrauch der Begriff Logistik eher funktional verstanden wird, ist es zweckmäßig, auf den expliziten Zusatz zu verzichten, sofern keine Missverständnisse zu befürchten sind. Im Folgenden wird daher von „Innovationen in der Logistik" als Oberbegriff für etwas „Neuartiges" in der Logistik(funktion) gesprochen.[10] Innovationen in der Logistik lassen sich gemäß der in der Innovationsliteratur vorherrschenden Einteilung weiter differenzieren in Produkt-, Prozess- und Potenzialinnovationen (s. Abbildung 1).[11] Diese unterschiedlichen Ausprägungsformen sind Gegenstand der folgenden Betrachtung.

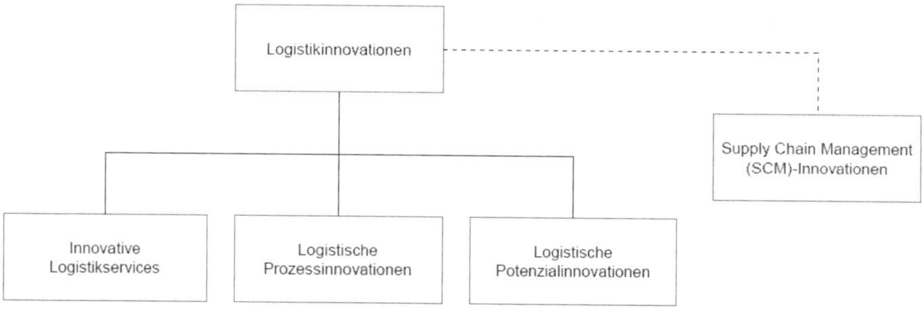

Abbildung 1: Formen von Logistikinnovationen

Innovative Logistikservices[12] führen zu Innovationserlebnissen beim Kunden. Sie beziehen sich auf die vom Kunden wahrgenommene Qualität von Logistikdienstleistungen und somit auf das Leistungsergebnis. Damit kennzeichnen sie *logistische Produktinnovationen* und können auf die Veränderung von Qualitätseigenschaften zurückgeführt werden. Je nach Ausmaß der Veränderung kann dabei zwischen kompletten Neuentwicklungen oder der Weiterentwicklung vorhandener Logistikserviceangebote differenziert werden. Neben kompletten Neuentwicklungen, die für den Markt oder das Unternehmen vollkommen neuartig sind und einen neuen Produktlebenszyklus begründen, wird von dem diesem Beitrag zugrunde liegenden weiten Innovationsverständnis auch die Weiterentwicklung vorhandener Logistikserviceangebote vom Innovationsbegriff erfasst, da

8 Z. B. war die Logistik eine der ersten Branchen, in der flexible Arbeitszeitmodelle zum Einsatz kamen.

9 Eine Bezeichnung als „Innovation für die Logistikfunktion" ist dem bedeutungsmäßig gleichgestellt.

10 Alternativ dazu können auch die Bezeichnungen „Logistikinnovation" und „logistische Innovation" mit identischem Bedeutungsinhalt verwendet werden, um jegliche Formen von Neuerungen in der Logistik zu kennzeichnen. Hauschildt/Salomo (2007) weisen darauf hin, dass neuartig mehr ist als neu, denn „es bedeutet eine Änderung der Art, nicht nur dem Grade nach." (S. 3).

11 Siehe z. B. Hauschildt/Salomo (2007), S. 9.

12 Für diese sind weitere Bezeichnungen gebräuchlich, wie z. B. „Dienstleistungsinnovationen für die Logistik" oder auch „logistische Serviceinnovationen".

diese ebenfalls Innovationserlebnisse beim Kunden auslösen kann. Denn nach der Markteinführung einer Leistungsinnovation gilt es, die Leistung fortwährend zu pflegen. Unter Leistungspflege wird dabei die Verbesserung von Leistungen verstanden, die sich bereits im Markt befinden.[13] Deren Neuheitsgrad ist in der Regel geringer als bei kompletten Neuentwicklungen, da im Rahmen der Leistungspflege die prinzipielle Lösung zur Befriedigung eines Kundenbedürfnisses beibehalten wird.

Wenngleich die effektive Befriedigung von Kundenbedürfnissen und die damit verbundene Durchsetzung beim Kunden das primäre Ziel innovativer Logistikservices darstellt, schließt dies auch die Realisierung von Effizienzgewinnen durch eine gesteigerte Produktivität nicht aus.[14] Letztere steht im Fokus von *logistischen Prozess- und Potenzialinnovationen*.[15] Diese beziehen sich auf eine veränderte Form der Erstellung logistischer Dienstleistungen durch neuartige Faktorkombinationen, die auch mit Neuerungen der bei der Leistungserstellung eingesetzten Potenzialfaktoren einhergehen kann.[16]

Ansatzpunkte für *logistische Prozessinnovationen* zu finden stellt nicht nur aufgrund der Vielfalt und Heterogenität der Prozesstypen eine Herausforderung dar. Hinzu kommt, dass im Gegensatz zur Bedürfnisforschung als Grundlage für die Hervorbringung von Produktinnovationen die Effizienzforschung als Basis für nicht-technische Prozessinnovationen vergleichsweise unterentwickelt ist.[17] Eine typische Ausprägungsform für logistische Prozessinnovationen sind die sog. *operativen Innovationen bzw. Innovationen der Arbeitsabläufe*, wenn auf der operativen Ebene Logistikprozesse auf eine neue Art und Weise gestaltet werden.[18] Sie können einen unterschiedlichen Neuheitsgrad aufweisen. Dieser reicht von völlig neuen Arbeitsweisen auf der ausführenden Ebene (operative Innovationen i. e. S.) bis hin zu inkrementellen Verbesserungen bei der Ausführung von Logistikprozessen (operative Innovationen i. w. S.).[19] Entscheidendes Differenzierungsmerkmal zwischen radikalen Innovationen und inkrementellen Verbesserungen der Arbeitsabläufe ist, inwieweit eine grundlegende Veränderung der Arbeitsweise beabsichtigt ist. Im Folgenden soll stellvertretend für alle Formen von Logistikinnovationen am Beispiel von operativen Innovationen

---

13 Vgl. Bruhn/Hadwich (2006), S. 257.

14 Vgl. Hauschildt/Salomo (2007), S. 9.

15 Siehe dazu auch Benkenstein/Steiner (2004), S. 34.

16 Vgl. ebenda. Der von einigen Autoren vertretenen Auffassung, dass bei Dienstleistungsinnovationen Produkt- und Prozessinnovationen zusammenfallen (vgl. z. B. Schuh/Friedli (2005), S. 659ff), wird hier nicht gefolgt. Sie argumentieren, dass das Produkt der Dienstleistung der Prozess selbst ist und daher Prozess und Ergebnis untrennbar miteinander verbunden sind Im Gegensatz jedoch zu persönlichen, überwiegend prozessorientierten Dienstleistungen, wie z. B. Theaterbesuchen, trifft dies auf die Logistik als industrielle, vorwiegend ergebnisorientierte Dienstleistung nicht zu. Daher haben Produkt- und Prozessinnovationen in der Logistik eine eigene Qualität, wenngleich durch die Integration des externen Faktors in den Leistungserstellungsprozess eine Trennung von nach innen gerichteten Prozess- und Potenzialinnovationen sowie nach außen gerichteten Ergebnis- bzw. Produktinnovationen nicht so deutlich durchführbar ist wie bei Sachgütern (vgl. Benkenstein/Steiner (2004), S. 34).

17 Gaitanides (2006) spricht in diesem Zusammenhang vom „organizational design als weißem Feld der betriebswirtschaftlichen Organisationslehre".

18 Vgl. Hammer (2004).

19 Mit der Einbeziehung inkrementeller Verbesserungen wird der dieser Arbeit zugrunde liegenden weiten Begriffsauffassung von Innovationen gefolgt. Zu einer gegensätzlichen Begriffsauffassung siehe Hammer (2004), der (operative) Innovationen von Verbesserungen abgrenzt.

verdeutlicht werden, welcher fundamentale Unterschied radikale Innovationen gegenüber inkrementellen Verbesserungen auszeichnet.
Radikale Innovationen der Arbeitsabläufe durchzusetzen, bedeutet, völlig neue Arbeitsmethoden einzuführen. Solche Innovationen sind mehr als bloße Verbesserungen, da sie die Erreichung eines völlig neuen Leistungsniveaus durch einen prinzipiell neuartigen Prozess ermöglichen.[20] Die Herausforderung besteht darin, sich vom vertrauten Denken zu lösen und Prozesse völlig neu zu konzipieren. In ihrem Kern steht jede radikale Innovation bei den Arbeitsabläufen im Widerspruch zu einer verbreiteten und stillschweigenden Annahme darüber, wie die Arbeit ausgeführt werden soll.[21] Cross-docking widerspricht beispielsweise der Annahme, dass Güter in einem Lager gelagert werden müssen.[22] Ebenso steht die auftragsbezogene Produktion im Gegensatz zu der Ansicht, Güter müssen auf der Grundlage von Vorhersagen produziert und dann gelagert werden. Unternehmen wie Wal-Mart oder Dell belegen eindrucksvoll, wie sich durch die beschriebenen Innovationen in den Leistungserstellungsprozessen, bei denen Einsparungen in der Lieferkette in Form niedrigerer Preise an die Kunden weitergegeben wurden, ein nachhaltiger Vorsprung gegenüber der Konkurrenz erzielen und halten ließ. Dieser Vorsprung basierte auf überlegenen Kompetenzen gegenüber den Wettbewerbern anstelle eines nur geringfügig besseren und damit leicht aufholbaren Leistungsvorteils wie bei inkrementellen Verbesserungen.
Weitere Beispiele für operative Innovationen in der Logistik lassen sich mit der lieferantengesteuerten Bestandsdisposition (Vendor-Managed-Inventory) oder der produktionssynchronen Anlieferung (Just-in-time) anführen. Im ersten Fall wird die Annahme aufgegeben, dass eine Lieferung einen Bestellvorgang des Abnehmers voraussetzt, im Fall der Just-in-time-Lieferung, dass eine direkte, produktionssynchrone Anlieferung ohne Zwischenlager nicht möglich ist. Auch für die traditionell widersprüchlichen Zielsetzungen einer kosteneffizienten Massenfertigung und der kundenindividuellen, variantenreichen Auftragsproduktion wurde mit den Prinzipien des Mass Customization (Postponement, Modularisierung) eine innovative Form der Arbeitsabläufe geschaffen, die die zunächst unvereinbar scheinenden Zielsetzungen zum Ausgleich brachte. Die Beispiele unterstreichen, dass es in der Logistik in der Vergangenheit bereits eine Reihe sehr erfolgreicher operativer Innovationen gegeben hat, die herkömmliche Denkweisen überwunden und durch neue, effektivere Prinzipien ersetzt haben.
Neben operativen Arbeitsabläufen können auch Logistikprozesse auf strategischer Ebene – die Wertschöpfungskonfiguration – oder Neuerungen im logistischen Führungssystem Gegenstand logistischer Prozessinnovationen sein. Diese führen zu sog. *Geschäftsmodellinnovationen* oder *Managementinnovationen*[23]. Bei letzteren handelt es sich um neue Managementpraktiken, die

---

[20] Kruse (2004) spricht in diesem Zusammenhang von einem Prozessmusterwechsel (S. 21ff).
[21] Vgl. Hammer (2004), S. 84.
[22] Cross-docking liefert auch ein Beispiel für den Zeitverzug bei der Diffusion theoretischen Wissens in die Unternehmenspraxis. Die Funktion eines Lagers als Umschlagsterminal („trans-shipment-point“) war bereits lange bekannt, bevor das Konzept von den Unternehmen nutzenbringend umgesetzt wurde.
[23] Hamel und Kollegen gelten bislang als nahezu einzige Vertreter dieses Ansatzes. Impulse könnten zwar auch aus der Management- und Innovationsforschung kommen, die jedoch Managementinnovationen bislang keine Aufmerksamkeit geschenkt hat.

durch den Einsatz neuer Managementkonzepte, -methoden und -instrumente die Art und Weise der Führung in Unternehmen verändern.[24] Geschäftsmodellinnovationen können aus Veränderungen der Produkt-/Marktkombination, der Durchführung und Konfiguration der Wertschöpfungsaktivitäten oder der Ertragsmechanik resultieren, wobei eine Erneuerung auf der Ebene der einzelnen Bausteine oder auf der Ebene der Gesamtarchitektur dieser Bausteine angesiedelt sein kann.[25]

Logistische Produkt- und Prozessinnovationen werden häufig begleitet von Neuerungen in der Potenzialdimension. Letztere können Voraussetzungen zur Realisierung von Produkt- oder Prozessinnovationen sein oder auch deren Auslöser bilden.[26] Von *logistischen Potenzialinnovationen* soll gesprochen werden, wenn die Leistungsfähigkeit eines Logistikanbieters Neuerungen aufweist.[27] Die verschiedenen, während der logistischen Leistungserstellung miteinander in Beziehung gebrachten Produktionsfaktoren bilden die Basis für Innovationen der Leistungsfähigkeit.[28] Dazu gehören vor allem die technischen Betriebsmittel und die Mitarbeiter in der Logistik.[29]

Abschließend ist noch auf den Begriff der „Supply Chain Management (SCM-) Innovation" sowie dessen Abgrenzung zur Logistikinnovation einzugehen. Wagner/Locker sehen dabei „Innovationen in der Logistik"[30] und „SCM-Innovationen"[31] als gleichwertige Bezeichnungen an, da sie die Begriffe Logistik und Supply Chain Management synonym gebrauchen.[32] Übertragen auf das Management von Logistikketten verstehen Wagner/Locker unter einer Innovation „zum einen die Entwicklung neuer SCM-Konzepte (z.B. Vendor Managed Inventory, Efficient Consumer Response, Tracking-and-Tracing) und zum anderen die Anpassung und Umsetzung bestehender SCM-

---

24 Der Begriff des Managementkonzeptes wird in Praxis und Wissenschaft zwar gern und häufig, aber auch mit zum Teil unterschiedlicher Bedeutung verwendet, vgl. Hofmann (2002), S. 5ff und die dort angeführte Literatur. Dennoch herrscht weitgehend Einigkeit darüber, dass Managementkonzepte gekennzeichnet sind durch eine hohe Anwendungsnähe, sich in erster Linie an Praktiker richten und ihre Legitimation aus empirischer Relevanz beziehen. Sie repräsentieren Erfahrungswissen, basieren also überwiegend auf Induktion. Daneben werden Methoden und Instrumente bereit gestellt, welche zur Umsetzung der in den Konzepten enthaltenen Gestaltungsaussagen eingesetzt werden. Damit können Methoden und Instrumente als Handlungsregeln für ein strukturiertes Vorgehen interpretiert werden, um einen Anfangszustand in einen gewünschten Endzustand zu überführen. Vgl. hierzu Stölzle (1999), S. 143ff.

25 Für weiterführende Erläuterungen zu Geschäftsmodellinnovationen siehe z. B. Knyphausen-Aufseß/Zollenkop (2007) sowie Christensen/Johnson/Kagermann (2009).

26 Die Prozessinnovation Pick-by-Voice (von der der Kunde nichts mitbekommt) setzt beispielsweise Potenzialinnovationen wie die Entwicklung einer sprachgesteuerten Software und den Aufbau eines funkbasierten Kommunikationsnetzwerkes voraus. Außerdem erfordert eine erfolgreiche Einführung einer derartigen Kommissionierlösung Know-how-Zuwachs auf Seiten des Bedien- und des Wartungspersonals. Exemplarisch für Ergebnisinnovationen können neue Produkteigenschaften wie die Transparenz der Lieferkette genannt werden, bei der Kunden über die Möglichkeit der Sendungsverfolgung (track&trace) jederzeit Auskunft über den Status ihrer Sendungen erhalten können. Als Voraussetzung für die Realisierung sind Potenzialinnovationen u. a. in Form auskunftsfähiger EDV-Lösungen und auch Prozessinnovationen, wie z.B. onlinebasierte Abfragemöglichkeiten für die Kunden, erforderlich.

27 Vgl. Benkenstein/Steiner (2004), S. 35.

28 Vgl. Oppermann (1998), S. 109f.

29 Vgl. auch Hadamitzky (1995), S. 64ff sowie Lasch (1998), S. 59. Für ein Kompendium technischer Innovationen für die Logistik siehe Günthner/Heptner (2007).

30 Wagner (2007b), S. 59.

31 Wagner/Locker (2003), S. 8.

32 Weitere Autoren, die nicht zwischen Logistik und Supply Chain Management unterscheiden, sind z. B. Leenders/Fearon (1997) oder Jones/Riley (1985).

Konzepte in einer Supply Chain."[33] Einer synonymen Verwendung der beiden Bezeichnungen wird hier jedoch nicht gefolgt.[34] Der Grund liegt darin, dass SCM-Innovationen sich nach dem hier vertretenen Begriffsverständnis lediglich auf Managementprozesse in der Supply Chain beziehen. Insofern ist der Begriff der Logistikinnovation umfassender, da er Innovationen sowohl auf der Management- als auch auf der Ausführungsebene umfasst. Ein zweiter Grund ist, dass fälschlicherweise der Eindruck erweckt werden könnte, dass es sich bei SCM-Innovationen ausschließlich um Innovationen an unternehmensübergreifenden Schnittstellen handelt.[35] Dies ist jedoch nicht zutreffend, da das Supply Chain Management nach gängiger Auffassung als eine hohe Entwicklungsstufe des Logistikmanagements gesehen wird, die eine Erweiterung herkömmlicher Sichten des Logistikmanagements um eine unternehmensübergreifende Betrachtung der Logistiksysteme darstellt.[36]

2 Prozessdimension: F&E-Projekttypen für die Logistik

Nachdem dargestellt wurde, in welchen Ausprägungsformen Logistikinnovationen auftreten können, widmet sich der folgende Abschnitt der Prozessdimension von Logistikinnovationen. Es wird gezeigt, welchen Beitrag zielgerichtete Forschungs- und Entwicklungsaktivitäten (F&E-Aktivitäten) zur Entstehung von Logistikinnovationen leisten können. Dazu wird eine Einteilung unterschiedlicher F&E-Projekttypen für die Logistik vorgenommen, die sich an der Vorgehensweise industrieller Entwicklungsprozesse orientiert.

Projekte stellen die typische Organisationsform für logistische Entwicklungsaktivitäten dar. Zwar weisen alle Projekte prinzipielle Gemeinsamkeiten auf, da es sich jeweils um ein Vorhaben handelt, welches durch eine zeitliche Befristung, eine relative Neuartigkeit und Komplexität sowie durch eine interdisziplinäre Aufgabenstellung gekennzeichnet ist.[37] Dennoch ist eine Gleichbehandlung aller logistischen Entwicklungsvorhaben in der Regel weder effektiv noch effizient, weil sich die Projekte im Detail deutlich voneinander unterscheiden können. Die Unterschiede resultieren dabei aus projektspezifischen Merkmalen. Diese betreffen z. B. die Neuartigkeit und den Komplexitätsgrad der Aufgabe, weiterhin das Risiko und die Unsicherheit bei der Entwicklung. Letztere kann beispielsweise zu einer eingeschränkten Planbarkeit des Entwicklungsprozesses führen, weil zu Projektbeginn die Aufgabenstruktur nur in Teilen bekannt ist und die Inhalte erst im Laufe des Entwicklungsprozesses vollständig klar werden, wie es bei radikalen Neuerungen regelmäßig der Fall ist. Darüber hinaus können sich die F&E-Projekte auch hinsichtlich des Zeitdrucks, des Kapazitätsbedarfs, des Planungshorizonts und der Umfelddynamik unterscheiden.[38]

---

33 Wagner/Locker (2003), S. 7.
34 Siehe für die Abgrenzung zwischen Logistik und Supply Chain Management die Typologisierung alternativer Sichtweisen bei Larson/Halldorsson (2004).
35 Siehe die in der Definition von Wagner/Locker angeführten Beispiele.
36 Vgl. Pfohl (2004a), S. 19f.
37 Vgl. z.B. Schulte-Zurhausen (2002), S. 381.
38 Vgl. Specht/Beckmann/Amelingmeyer (2002), S. 210.

Für die Logistik wird eine F&E-Projekttypologie vorgeschlagen, die sich eng an die allgemeine F&E-Projekttypologie von Wheelwright und Clark anlehnt.[39] Diese basiert zum einen auf der Untergliederung von Forschung und Entwicklung nach *Anwendungsnähe* in die Kernfelder Grundlagenforschung, Technologieentwicklung, Vorentwicklung und Produkt- und Prozessentwicklung[40] (s. Abbildung 2) und zum anderen auf einer Differenzierung nach dem angestrebten Grad der Veränderung einer Technologie, eines Produkts oder eines Prozesses (s. Abbildung 3).

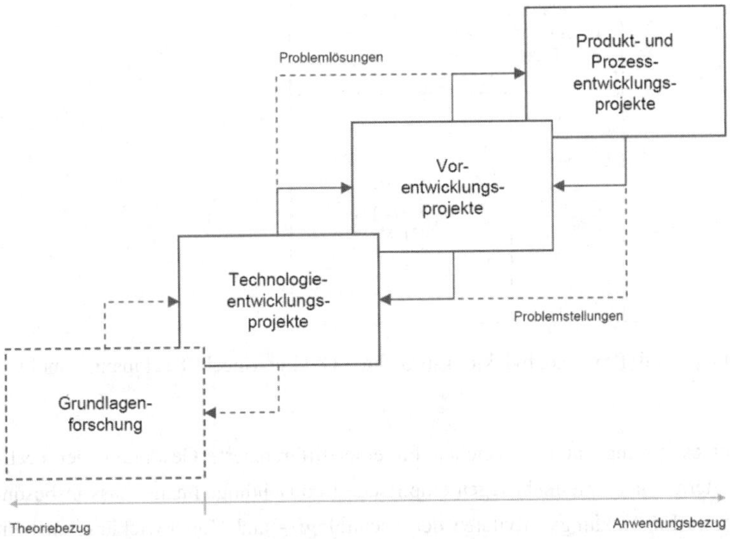

Abbildung 2: Zusammenhang von Technologie-, Vor- und Produkt- und Prozessentwicklungsprojekten sowie Bezug zur Grundlagenforschung. Quelle: Wheelwright/Clark (1992).

Erweitert wird die Differenzierung von Wheelwright und Clark um das Merkmal des *Individualisierungsgrades* von Entwicklungsprojekten, welches kundenindividuelle Entwicklungen von Standardlösungen abgrenzt.[41] Aus Sicht des Projektmanagements unterscheiden sich letztere vor allem durch den Grad der Einbeziehung des Kunden. Mit der der vorgenommenen Klassifizierung wird gleichzeitig der Bezug zu den möglichen Ausprägungsformen von Logistikinnovationen als Ergebnis der F&E-Tätigkeit hergestellt. Damit liefert die vorgestellte Strukturierung einen Rahmen für logistische Dienstleistungsentwicklungsprozesse, in den sich die eingangs beschriebenen Formen logistischer Innovationen einordnen lassen.

---

39 Vgl. Wheelwright/Clark (1992), S. 49-51 sowie S. 92-97.

40 Vgl. stellvertretend für viele Gerpott (2005). Grundlagenforschung, Technologieentwicklung, Vorentwicklung und Produkt- und Prozessentwicklung sind durch enge, wechselseitige Beziehungen gekennzeichnet, wobei Problemstellungen nachgelagerter Stufen Entwicklungsaktivitäten auf vorgelagerten Stufen auslösen können („demand-pull"). Umgekehrt stellen Problemlösungen Input für nachgelagerte Entwicklungsstufen dar („technology-push").

41 Zur Empfehlung branchen- und unternehmensspezifischer Anpassungen der F&E-Projekttypologie siehe Wheelwright/Clark (1992), S. 97.

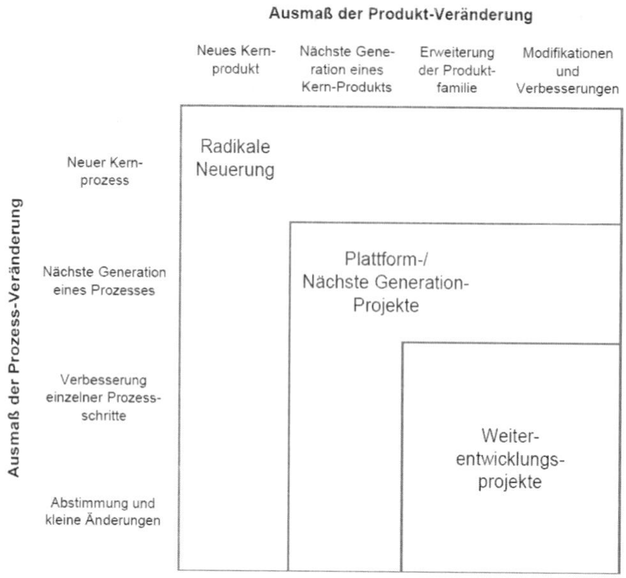

Abbildung 3: Produkt- und Prozessentwicklungsprojekte. Quelle: Specht/Beckmann/Amelingmeyer (2002).

Für die Logistik gibt es bislang kaum Anzeichen für eine differenzierte Gestaltung der F&E-Aktivitäten in den Unternehmen. Vielmehr legen empirische Beobachtungen nahe, dass insbesondere potenzialorientierte Entwicklungsaktivitäten der Technologie- und Vorentwicklung ausbleiben,[42] weil sie keine direkt vermarktungsfähigen Ergebnisse liefern. Darüber hinaus finden sie nicht statt, um die für komplette Neuentwicklungen erforderlichen Investitionen zu vermeiden sowie Risiken im Entwicklungsprozess aus dem Weg zu gehen.[43] Statt dessen konzentrieren sich die Entwicklungsanstrengungen derzeit vorwiegend auf die Optimierung hinsichtlich Kosten- und Qualitätszielen durch die Weiterentwicklung vorhandener Logistiksysteme und bekannter Prinzipien. Zusammengenommen führt dies zu marginalen Verbesserungen und Rationalisierungsinnovationen als höchstes Maß der Entwicklung, was ungenutzte Potenziale vermuten lässt.

Durch eine unausgewogene Verteilung der F&E-Projekttypen, wie sie sich für die Logistik andeutet, wird das Spektrum möglicher Innovationspotenziale nur unzureichend ausgeschöpft. Von Nachteil ist dies insofern, als es von Typ und Zielsetzung der Entwicklungsprojekte abhängt, welche Innovationsformen entstehen können. Sofern also bestimmte F&E-Projekttypen, wie z. B. radikale Neuerungsprojekte mit einem hohen Risiko, nicht durchgeführt werden, ist auch die Wahrscheinlichkeit, dass bestimmte Formen der Innovation (hier: radikale Neuerungen) realisiert werden können, gering. Vor diesem Hintergrund wird es als notwendig erachtet, den Blickwinkel für logistische Entwicklungsaktivitäten zu erweitern, um durch eine differenzierte Betrachtung von

---

42 Vgl. hierzu auch Jung (2000), der konstatiert, dass der langfristige logistische Entwicklungsbedarf in der Regel viel zu spät erkannt wird (S. 21).

43 Ergebnis von Expertengesprächen. Zu weiteren Gründen siehe auch Franklin (2007).

Entwicklungsaktivitäten für die Logistik zu einem F&E-Projektmix zu gelangen, der die Entstehung sämtlicher Formen von Logistikinnovationen ermöglicht und fördert. Im Folgenden wird der Fokus auf Technologieentwicklungs- und Vorentwicklungsprojekte – als bisher weitgehend vernachlässigte Projekttypen – gelegt. Es werden deren wesentliche Charakteristika erarbeitet und begründet, inwiefern diese Projekttypen einen Beitrag zur Hervorbringung von Logistikinnovationen leisten können.

Unter *Technologieentwicklung* werden „alle Aktivitäten zur Gewinnung und Weiterentwicklung von Wissen und Fähigkeiten [verstanden], die der Lösung praktischer Probleme mit Hilfe der Technik dienen sollen."[44] Sie führt zu neuem Wissen und zu neuen Fähigkeiten mit praktischer Anwendbarkeit. Dieser Zweckbezug grenzt sie von der Grundlagenforschung ab, die neben der Technologieentwicklung die geringste Anwendungsnähe aller F&E-Aktivitäten aufweist. Aufgabe von *Technologieentwicklungsprojekten* ist der Aufbau von Leistungspotenzialen im Unternehmen und die Herstellung der allgemeinen Einsatzreife von Technologien in Produkten und Prozessen. Technologieentwicklungsprojekte sollen Know-How und Fähigkeiten in Bereichen generieren, in denen das Unternehmen bisher nicht ausreichend kompetent ist oder sich einen Wettbewerbsvorteil verschaffen will. Aus der Potenzialorientierung folgt, dass Technologieentwicklungsprojekte keine unmittelbar vermarktungsfähigen Resultate liefern, sondern einen Pool beherrschter Technologien zur Verfügung stellen, auf den die Vorentwicklung sowie die Produkt- und Prozessentwicklung zurückgreifen können.[45] Die Technologieentwicklung erhält ihre Impulse für neue Projekte in bedeutendem Umfang aus Ergebnissen der Grundlagenforschung. Daneben können Technologieentwicklungsideen aber auch aus Vorentwicklungs- oder Produkt- und Prozessentwicklungsprojekten entstehen oder direkt aus dem Markt stammen.

Technologien spielen für die Logistik eine besondere Rolle. Insbesondere Materialfluss- sowie Informations- und Kommunikationstechnik stellen als Produktionsfaktoren eine wichtige Voraussetzung für die logistische Leistungserstellung dar.[46] Da das technologische Umfeld hoch komplexen Veränderungen unterliegt, müssen sich die Anbieter von Logistikdienstleistungen (zwangsläufig) mit technologierelevanten Fragestellungen auseinandersetzen, wie z. B. Entscheidungen über den Einstieg in eine neue Technologie, den Ausstieg aus einer veralteten Technologie, den Zeitpunkt des Wechsels bei der Substitution von Technologien oder Auswahlentscheidungen bei alternativen Technologien. Sofern die technologische Kompetenz eines Unternehmens dabei gezielt gesteuert wird, d. h. Entscheidungen zur Gewinnung, zum Aufbau und zum Einsatz naturwissenschaftlich-technischer sowie betriebswirtschaftlicher Wissens- und Fähigkeitspotenziale auf systematischer Analyse, Planung, Steuerung und Kontrolle beruhen, wird von einem Management der Technologieentwicklung (im Sinne der Veränderung von Technologien), kurz *Technologiemanagement*, gesprochen.[47] Dieses bildet eine wichtige Voraussetzung, um technologiebasierte Logistikinnovationen hervorzubringen und die daraus resultierenden Wettbewerbsvorteile zu generieren.

---

44 Specht/Beckmann/Amelingmeyer (2002), S. 15.
45 Vgl. Specht/Beckmann/Amelingmeyer (2002), S. 76.
46 Vgl. Hadamitzky (1995), S. 64.
47 Vgl. Specht/Beckmann/Amelingmeyer (2002), S. 62.

Empirische Beobachtungen lassen Zweifel darüber aufkommen, dass das Potenzial zum Aufbau technologiebasierter Innovationsvorteile von den Anbietern von Logistikleistungen bereits ausgeschöpft wird. Der erst kürzliche Hype um die Einführung der RFID-Technologie illustriert beispielhaft, dass Diskussionen über Technologien für die Logistik offenbar wenig sachkundig geführt werden. Denn die Mehrzahl der Unternehmen, die im Jahr 2005 befragt wurden und in der RFID-Technologie ein hohes Potenzial sahen, war nach eigenen Aussagen gut informiert über die technischen Möglichkeiten. Jedoch wusste nur rund die Hälfte der Unternehmen, welche Einsatzpotenziale sich damit im eigenen Unternehmen erschließen lassen.[48] Diese Unkenntnis deutet auf eine mangelnde Beschäftigung mit den Nutzenpotenzialen der Technologie hin, die im Rahmen eines Technologiemanagements gefordert wäre. Außerdem legt sie nahe, dass in der Logistik bei Technologieentscheidungen eher dem Trend der Branche gefolgt wird, als durch eigene Aktivitäten der Technologieentwicklung Einsatzfelder zu suchen und damit technologiebasierte Innovationsvorteile zu realisieren, die Zeit- und Differenzierungsvorteile gegenüber den Wettbewerbern ermöglichen. Auch enttäuschte Erwartungen ließen sich so als Folge unzureichender Beschäftigung mit der neuen Technologie erklären. Weiterhin lassen sie vermuten, dass das erforderliche Wissen für die Einführung der neuen Technologie unterschätzt wurde. Vor diesem Hintergrund überrascht es letztlich nicht, dass eigenen Untersuchungen zufolge die Mehrzahl der Logistikinnovationen von Seiten des Marktes getrieben wird.[49] Insgesamt lässt sich somit darauf schließen, dass eine zielgerichtete Technologieentwicklung im Rahmen eines Technologiemanagements einen wichtigen Beitrag zur Steigerung logistischer Innovationsfähigkeit leisten kann. Dabei bleibt zunächst offen, wer die Funktion der Technologieentwicklung für die Logistik wahrnehmen kann.[50]

Die *Vorentwicklung* (Advanced Development) nimmt eine Zwischenstellung zwischen der leistungspotenzialorientierten Technologieentwicklung und der produktions- und verkaufsorientierten Prozess- und Produktentwicklung ein (s. Abbildung 4).[51]

In Vorentwicklungsprojekten werden anspruchsvolle, risikoreiche Konzepte entwickelt, die als nächste oder übernächste Generation von Logistikprodukten oder -prozessen in den Markt bzw. in die Leistungserstellung eingeführt werden sollen. Die Unterschiede zur Produkt- und Prozessentwicklung liegen weniger in den eingesetzten Verfahren und Werkzeugen als vielmehr in der Art der Aufgabenstellung und der Ziele, den maßgebenden Treibern sowie den spezifischen Gestaltungsaspekten. Die Einführung der Vorentwicklung kann sowohl von der Produkt- und Prozessentwicklung als auch von der Technologieentwicklung getrieben werden, wie die Abbildung zusätzlich veranschaulicht.

---

[48] Vgl. Straube et al. (2005), S. 52-53.
[49] Vgl. Pfohl/Frunzke/Köhler (2007), S. 110.
[50] Siehe hierzu die Ausführungen im folgenden Kapitel.
[51] Vgl. hierzu und im Folgenden Specht/Beckmann/Amelingmeyer (2002), S. 114ff.

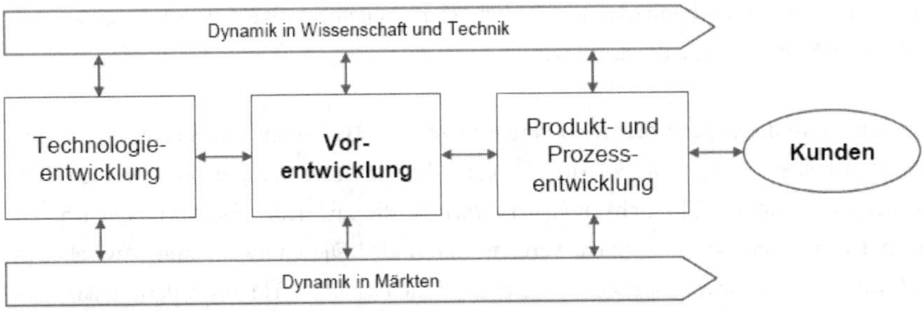

Abbildung 4: Einordnung und Treiber der Vorentwicklung. Quelle: Specht/Beckmann/Amelingmeyer (2002).

Basierend auf dieser Unterscheidung lassen sich im Folgenden die Aufgaben einer Vorentwicklung für die Logistik darstellen:

1. Bei der *produkt- bzw. prozessentwicklungsgetriebenen Vorentwicklung* wird eine vorgelagerte Entwicklungsebene eingeführt, um die „Störanfälligkeit" in der Produkt- und Prozessentwicklung zu reduzieren. Dazu werden Aufgaben, die infolge eines hohen Anspruchsniveaus oder einer hohen Neuartigkeit erhebliche Risiken hinsichtlich der Einhaltung qualitativer, zeitlicher und kostenmäßiger Entwicklungsziele erwarten lassen, der Vorentwicklung zugeordnet, um bereits vor Beginn der eigentlichen Dienstleistungsentwicklung die Machbarkeit und damit die Beherrschung der Entwicklungsaufgabe nachzuweisen. Würden Vorentwicklungsprojekte ausschließlich marktorientiert initiiert („demand-pull"), wäre überwiegend mit inkrementellen Logistikinnovationen zu rechnen. Daher ist auch noch die Funktion der Vorentwicklung im Rahmen eines „technology-push" zu analysieren.
2. Bei der *technologiepotenzialgetriebenen Vorentwicklung* besteht deren Aufgabe in der anwendungsorientierten „Ausentwicklung" von Technologien für die Logistik.[52] Dies umfasst die Prüfung der Umsetzbarkeit im Rahmen der Technologieentwicklung bereit gestellter neuer Logistiktechnologien in innovative Serviceprodukte und Logistikprozesse, die Definition neuartiger Logistikkonzepte sowie die Erbringung von Funktionsnachweisen neuartiger Wirkprinzipien durch prototypische Realisierungen. Die Vorentwicklung fördert damit sehr stark die Anwendung neuer Technologien und übt eine wichtige Brückenfunktion aus, die den Technologietransfer von der Technologieentwicklung in die Entwicklung konkreter Logistikdienstleistungsprodukte und -prozesse sicherstellen kann. Die zu überwindende Diskrepanz ist in vielen Fällen sehr groß, da technologiegetriebene Logistikinnovationen tendenziell einen hohen Neuheitsgrad aufweisen. Mit Vorentwicklungsprojekten für die Logistik steigt also die Chance, Logistikinnovationen mit einem höheren Neuheitsgrad als bisher hervorzubringen. Es wäre kaum damit zu rechnen, dass neue Logistiktechnologien unmittelbar und problemlos in der Produkt- und Prozessentwicklung angewendet werden können und die mit der Einführung der Logistiktechnologie verfolgten Ziele auf Anhieb erreicht werden. Insbesondere die erstma-

52 Vgl. Specht/Beckmann/Amelingmeyer (2002), S. 16.

lige Integration neuer Technologien kann erhebliche Probleme aufwerfen, wie bereits am Beispiel der RFID-Technologie illustriert wurde.

Für die Logistik wird daher der Vorentwicklung eine zentrale Bedeutung zur Steigerung der Innovationsfähigkeit beigemessen.[53] Dieser Aufgabe kann die Vorentwicklung gerecht werden, indem sie völlig neue konstruktive Möglichkeiten hervorbringt, die auf neuen Wirkprinzipien beruhen und daher mit bisherigen Lösungen nicht vergleichbar sind.[54] Die Gratwanderung zwischen Abstraktionsvermögen und Anwendungsbezug stellt dabei die besondere Herausforderung dar. Einerseits gilt es, sich von konventionellen Konzepten, wie sie Gegenstand der Produkt- und Prozessentwicklung sind, zu lösen. Andererseits bedürfen neue Funktionsprinzipien, die mittels Technologieentwicklung zur Verfügung gestellt werden können, der Suche nach Anwendungsfeldern in der Logistik. Auch der umgekehrte Weg ist denkbar: Hier dienen nicht neue technologische Wissenspotenziale, sondern konkrete Problemstellungen aus der Produkt- und Prozessentwicklung als Ausgangspunkt für Vorentwicklungsprojekte. Ergebnis können je nach „Erfolg" der Vorentwicklung Probleme mit Technologien sein, die von der Technologieentwicklung zu lösen sind, oder konzeptionelle Entwürfe, die an die Produkt- und Prozessentwicklung weitergegeben werden.

3 Subjektdimension: Innovationssubjekte für die Logistik

Im Zusammenhang mit der Frage, wie Innovationen für die Logistik zustande kommen können, liegt auch eine Betrachtung der Handlungssubjekte nahe. Gemeint sind die Institutionen, die F&E-Aktivitäten für die Logistik durchführen und damit einen Beitrag zur Hervorbringung von Innovationen für die Logistik leisten. Im Folgenden wird dargestellt, wer potenzielle Innovatoren für die Logistik sind.

Grundsätzlich ist eine Eingrenzung der potenziellen Innovatoren nicht möglich. Denn das Charakteristikum von Innovationen besteht gerade darin, dass auch von überraschender Seite Logistikinnovationen ausgelöst und zum Erfolg geführt werden können. Neben diesen „Ausnahmen" lassen sich allerdings die wichtigsten potenziellen Innovatoren für die Logistik, die uns im Weiteren beschäftigen werden, in folgenden Gruppierungen zusammenfassen:

- Anbieter logistischer Dienstleistungen (Logistikdienstleistungsunternehmen, Logistikabteilungen von Verladern aus Industrie und Handel),
- Technologieunternehmen aus logistikrelevanten Branchen (z. B. Maschinenbau, Informations- und Kommunikationstechnik) sowie
- Entwicklungsdienstleister (Forschungsinstitute/Hochschulen, Beratungsunternehmen, Ingenieurbüros, Softwareunternehmen).

---

[53] Gleichbedeutend damit ist der Beitrag der Technologieentwicklung, die häufig beklagte „Umsetzungslücke" zu schließen.

[54] Als Beispiele bereits realisierter Innovationen lassen sich die verbrauchsgesteuerte Bedarfsplanung (Kanban) oder die lieferantengesteuerte Bestandsdisposition Vendor-Managed-Inventory nennen.

Naheliegend ist zunächst die Entstehung von Logistikinnovationen bei den Akteuren, die unmittelbar an der logistischen Wertschöpfung beteiligt sind.[55] Dies betrifft Logistikdienstleistungsunternehmen (Logistikdienstleister) sowie Logistikabteilungen von Verladern aus Industrie und Handel. Diesen Anbietern logistischer Dienstleistungen kann ein prinzipielles Interesse an Logistikinnovationen unterstellt werden. Für Logistikdienstleistungsunternehmen ergibt sich dies aus dem Unternehmenszweck und damit der Logistik als Kernkompetenz, für die langfristig Wettbewerbsfähigkeit und Wachstum nur durch Innovationen zu erzielen ist.[56] Bei Logistikabteilungen von Verladern aus Industrie und Handel muss die Logistik zwar nicht Kernkompetenz sein, trotzdem spielen auch hier Logistikinnovationen eine bedeutsame Rolle. Sie dienen dazu, die Leistungsfähigkeit des Logistiksystems innerhalb des vorgegebenen Rahmens aus Anforderungen und zugeteilten Ressourcen zu optimieren, d. h. bei gleichbleibenden Lieferserviceanforderungen mit einem geringeren Budget auszukommen oder mit gleichen Mitteln eine verbesserte Lieferservicequalität anbieten zu können. Welche Art von Logistikinnovationen dabei jeweils im Fokus steht, hängt von der verfolgten Strategie ab. Im Fall einer Strategie der Kostenführerschaft steht eher die effiziente Leistungserstellung im Vordergrund, wozu Prozessinnovationen beitragen können. Bei der Strategie der Differenzierung hingegen richtet sich das Interesse eher auf innovative logistische Serviceleistungen, die ein Alleinstellungsmerkmal im Markt begründen.[57]

Wenngleich damit gute Gründe vorliegen, die eine starke Innovationstätigkeit bei den Anbietern logistischer Dienstleistungen erwarten lassen, ergeben sich hierfür kaum stichhaltige Anzeichen in der Empirie. Als solche können beispielsweise Aufwendungen für Entwicklungsaktivitäten oder im Geschäftsbericht ausgewiesene Risiken von F&E-Aktivitäten gewertet werden. Eine Analyse ausgewählter Logistikdienstleistungsunternehmen ergab diesbezüglich, dass bei keinem Unternehmen nennenswerte Aufwendungen für F&E-Aktivitäten für die Logistik formell ausgewiesen bzw. überhaupt genannt wurden. Anstelle dessen finden sich – sofern überhaupt berücksichtigt – in den Geschäftsberichten Formulierungen, dass die Unternehmen „keine F&E im klassischen Sinne betreib[en]“.[58] Eine Ausnahme bildet das Segment der **K**urier-, **E**xpress- und **P**aketdienstleistungen. Hier zeigen sich von jeher große Anstrengungen von Seiten der KEP-Dienstleister, Innovationen hervorzubringen. Als Indikator hierfür dient die hohe Zahl der angemeldeten Patente.[59] Aber auch in den anderen Segmenten logistischer Dienstleistungen deutet sich eine Trendwende an. So haben große Logistikdienstleistungsunternehmen erste Schritte unternommen, Innovationsaktivitäten in der Organisation zusammenzuführen und institutionell zu verankern.[60] Inwieweit diese

55 So war es z. B. der Transportunternehmer Malcolm McLean, der als Reaktion auf lange Wartezeiten an den Häfen durch den Umschlag von Stückgütern den Container erfand.

56 Vgl. z. B. Wagner (2007a), Göpfert/Hillbrand (2005), Franklin (2007).

57 Wie eine im Jahr 2008 durchgeführte Untersuchung zeigte, geben zwar viele Unternehmen vor, eine Differenzierungsstrategie zu verfolgen mit dem Ziel, sich von Wettbewerbern durch einen hohen Servicegrad etwa mit hoher Zuverlässigkeit, Reaktionsfähigkeit oder Flexibilität zu differenzieren. Nach wie vor orientieren sich Logistikprojekte aber stark an der Erfüllung von Kostenzielen. Vgl. Straube et al. (2008), S. 30.

58 Siehe exemplarisch Deutsche Post World Net 2008, S. 80.

59 Vgl. Gassmann/Bader (2007), S. 157.

60 Siehe beispielhaft DHL Innovation Center, vgl. Kümmerlen (2008), das RFID Experience Center von Vanderlande Industries, vgl. Siebenlist (2006). Weiterhin die durch A.T: Kearney verliehene Auszeich-

Aktivitäten allerdings über Marketingzwecke hinausgehen und ein nachhaltiges Innovieren ermöglichen, bleibt abzuwarten.

Viel häufiger hingegen stellt man fest, dass die Anbieter logistischer Dienstleistungen sich als Anwender unterschiedlicher Technologien bedienen. Der Verweis auf die „IuK-Technik als enabler" der Logistik verdeutlicht beispielhaft diese Abhängigkeit. Mithin kommen auch *Technologielieferanten* als potenzielle Innovatoren für die Logistik in Betracht, indem sie den Anwenderunternehmen aus Industrie und Handel sowie der Logistikdienstleistungsbranche neue technologische Leistungspotenziale zur Verfügung stellen und damit das Angebot innovativer Logistikservices oder effizienzsteigernde Prozesse ermöglichen. Diese Sichtweise wird gestützt durch das Innovationsmodell von Barras[61] und die Innovationstypologie bei Hipp[62]. Beiden Ansätzen ist gemeinsam, dass sie Anbieter logistischer Dienstleistungen als zulieferdominierte Unternehmen bzw. Technologienutzer einstufen. Demnach wäre die Logistikbranche als Anwenderbranche durch schwache interne F&E, aber einen hohen Innovationsimport von anderen Branchen gekennzeichnet. Logistikrelevante Branchen bilden dabei vor allem der Maschinenbau mit der Entwicklung neuer Verkehrs- und Materialflusslösungen und die Informations- und Kommunikationsbranche mit neuen Lösungen für die Steuerung logistischer Prozesse.[63]

Zwischen den neuen Leistungspotenzialen sowohl technischer als auch betriebswirtschaftlicher Art und deren Ausschöpfung in Form innovativer Logistikprodukte und -prozesse liegt deren Nutzbarmachung. Dass es sich um keine leichte Aufgabe handelt, Leistungspotenziale in marktfähige Logistikservices und -strukturen umzuwandeln sowie ausgehend von neuen Serviceideen die zur Realisierung erforderlichen technischen Potenziale und betriebswirtschaftlichen Abläufe und Methoden zu entwickeln, kommt in der vielfach beklagten „Implementierungslücke" zum Ausdruck und knüpft an die vorangegangenen Ausführungen an. An dieser Stelle können *Entwicklungsdienstleister* als weitere Gruppe potenzieller Innovatoren für die Logistik Unterstützung bieten, die an die Stelle eigener Entwicklungskapazitäten bei Logistikanbietern treten.[64] Darunter sind wissensintensive Dienstleistungsunternehmen[65] zu verstehen, die als Spezialisten für technische oder betriebswirtschaftliche Fragestellungen beauftragt werden, um Logistikanbieter bei der Neu- oder Weiterentwicklung von Logistiklösungen zu unterstützen. Es handelt sich dabei in erster Linie um Forschungsinstitutionen, Beratungsunternehmen, Ingenieurbüros oder Softwareunternehmen. Während Forschungsinstitutionen neben der Entwicklung neuer Technologien oder neuer betriebswirtschaftlicher Instrumente in erster Linie deren generelle Anwendungsmöglichkeiten verfolgen und damit eine große Nähe zu den Technologielieferanten aufweisen,[66] arbeiten Unter-

---

nung für Kühne+Nagel zum „Best Innovator" für eine „nachhaltig verankerte Innovationswertschöpfungskette" bei Seifert (2006).

61 Vgl. Barras (1986).

62 Vgl. Hipp (2000).

63 Vgl. Gudehus (1999), S. 622.

64 Zu den Gründen für Auftragsforschung siehe Hauschildt/Salomo (2007).

65 Zur Definition wissensintensiver Unternehmen siehe z. B. Alvesson (1995).

66 Stellvertretend für viele technische Innovationen seien Palettierrobotor genannt, die am Fraunhofer-Institut für Materialfluss und Logistik in Dortmund entwickelt wurden, vgl. Kümmerlen (2005). Exemplarisch für den Realoptionenansatz als betriebswirtschaftliche Innovation siehe z. B. Weber (2002).

nehmensberatungen sehr stark konzept- und umsetzungsorientiert an unternehmensspezifischen Problemstellungen.[67] Je nach Beratungsansatz steht dabei eher eine prozess- oder inhaltsorientierte Beratungsleistung im Vordergrund.[68] Während im ersten Fall das Beratungsunternehmen vorwiegend Prozess-Know-How und Methoden-Kompetenz einbringt, fokussiert die inhaltsorientierte Beratung auf fachliche Problemlösungen, bei der das Auftreten innovativer Lösungen im Vergleich zur Prozessberatung wahrscheinlicher ist. Kritiker wenden demgegenüber ein, dass Unternehmensberatungen zwar stark zur Verbreitung innovativer Konzepte beitragen, indem sie Wissen von den schnellen zu den langsamen Unternehmen transportieren, sie selbst aber kaum eigenes Wissen schaffen.[69] Ingenieurbüros bzw. Softwareunternehmen werden als Entwicklungsdienstleister beauftragt, wenn spezifische Planungsprobleme im Bereich der materialfluss- oder softwaretechnischen Realisierung von Logistiksystemen zu lösen sind. Diese können damit ebenfalls innovative Lösungen beisteuern.

4 Schlussbemerkungen

Der Beitrag zeigt mit der F&E-Projekttypologie einen möglichen Ansatz, die Innovativität in der Logistik durch zielgerichtete F&E-Aktivitäten zu steigern. Dazu war eingangs zu erläutern, welche grundsätzlichen Formen von Logistikinnovationen es gibt. Bei der Betrachtung der Prozessdimension wurde deutlich, dass es maßgeblich von der Art der durchgeführten Entwicklungsprojekte abhängt, welche Innovationsformen entstehen können und welchen Neuigkeitsgrad diese aufweisen. Schließlich wurde gezeigt, wer die Entwicklungsaufgabe wahrnehmen kann. Abschließend bleibt festzustellen, dass weiterführende Forschung notwendig ist, um ein tieferes Verständnis zu erlangen, wie Innovationen in der Logistik entstehen, und damit der Unternehmenspraxis weitere Handlungsempfehlungen geben zu können.

Literaturverzeichnis

Alvesson, M. (1995): Management of Knowledge Intensive Companies. Berlin, New York 1995.

Bamberger, I., Wrona, T. (2005): Konzeptionen der strategischen Unternehmensberatung. In: Strategische Unternehmensberatung: Konzeptionen, Prozesse, Methoden (herausgeg. von Bamberger, I.). 4. Auflage. Wiesbaden 2005, S. 1-48.

Barras R. (1986): Towards a theory of innovation in services. In: Research Policy 15(1986)4, S. 161-173.

Benkenstein M., Steiner S. (2004): Formen von Dienstleistungsinnovationen. In: Dienstleistungsinnovationen (herausgeg. von Bruhn M., Stauss B.). Wiesbaden 2004, S. 27-43.

Binnenbruck, H.H. (2003): Ist die deutsche Wirtschaft fit für Transport- und Logistikinnovationen? In: Internationales Verkehrswesen 55(2003)4, S. 143-149.

---

67 Unternehmensberatung bezieht sich nicht ausschließlich auf Beratungsunternehmen. Logistikanbieter können auch selbst als Entwicklungsdienstleister tätig werden, indem sie ihre Logistikkompetenz als Beratungsleistung Drittunternehmen anbieten, z. B. in Form einer „professional service unit".

68 Vgl. Bamberger/Wrona (2005), S. 22-23.

69 Vgl. Hamel (2005).

Bruhn, M., Hadwich, K. (2006): Produkt- und Servicemanagement. München 2006.

Chapman, R.L., Soosay, C., Kandampully, J. (2002): Innovation in logistics services and the new business model: A conceptual framework. In: Managing Service Quality 12(2002)6, S. 358-371.

Christensen, C.M., Johnson, M.W., Kagermann, H. (2009): Wie Sie Ihr Geschäftsmodell neu erfinden. In: Harvard Business Manager 32(2009)4, S. 37-49.

Darkow, I.-L., Jahns, C., Pedrosa, A.M. (2007): Entwicklungen neuer Dienstleistungen. In: Jahrbuch Logistik 2007 (herausgeg. von Wolf-Kluthausen, H.). Düsseldorf 2007, S. 115-118.

Deutsche Post World Net (2008): Geschäftsbericht 2008. Bonn 2008.

Flint, D.J., Larsson, E., Gammelgaard, B., Mentzer, J.T. (2005): Logistics Innovation: A Customer Value-Oriented Social Process. In: Journal of Business Logistics 26(2005)1, S. 113-147.

Franklin, J.R. (2007): Controlling the Messy World of Logistics Service Innovation. In: Zeitschrift für Controlling & Management (ZfCM) 51(2007)3, S. 19-25.

Gaitanides, M. (2006): Prozessmanagement zwischen Engineering und Reengineering? In: ZFO 75(2006)5, S. 305-306.

Gammelgaard, B. (2008): Logistics Innovation Processes: Potential Pitfalls and How to prevent them – An LSP Perspective. In: Managing Innovation: The New Competitive Edge for Logistics Service Providers (herausgeg. von Wagner, S.M., Busse, C.). Berne, Stuttgart, Wien 2008, S. 135-152.

Gassmann, O., Bader, M.A. (2007): Patentmanagement: Innovationen erfolgreich nutzen und schützen. 2. aktualisierte Auflage. Berlin 2007.

Gerpott T.J. (2005): Strategisches Technologie- und Innovationsmanagement. 2., überarbeitete und erweiterte Auflage. Stuttgart 2005.

Giesen, K., Hillbrand, T. (2006): Management von Logistikinnovationen. In: Logistik der Zukunft - Logistics for the Future (herausgeg. von Göpfert, I.). Wiesbaden 2006, S. 167-182.

Göpfert, I. (2005): Logistik Führungskonzeption. 2., aktualisierte und erweiterte Auflage. München 2005.

Göpfert, I., Hillbrand, T. (2005): Innovationsmanagement für Logistikunternehmen. In: Jahrbuch Logistik 2005 (herausgeg. von Wolt-Kluthausen, H.). Düsseldorf 2005, S. 48-53.

Gudehus T. (1999): Technik und Logistik. In: Handbuch Logistik: Management von Material- und Warenflussprozessen (herausgeg. von Weber J., Baumgarten H.). Stuttgart 1999, S. 621-631.

Günthner, W.A., Heptner, K. (2007): Technische Innovationen für die Logistik. München 2007.

Hadamitzky, M.C. (1995): Erfolgsbeurteilung logistischer Reorganisationen. Wiesbaden 1995.

Hamel, G. (2005): Manager sind nicht innovativ. In: FAZ o.Jg.(2005)259.

Hammer, M. (2004): Das Unternehmen tief greifend verändern. In: Harvard Business Manager 26(2004)7, S. 76-87.

Hauschildt J., Salomo S. (2007): Innovationsmanagement. 3. Auflage. München 2007.

Hipp C. (2000): Innovationsprozesse im Dienstleistungssektor - Eine theoretisch und empirisch basierte Innovationstypologie. Heidelberg 2000.

Hofmann, E. (2002): „Neue“ Managementkonzepte – Entwicklungszüge, Eigenschaften, Erfolgsausprägungen und Integrationsdimensionen. In: Integrative Management- und Logistikkonzepte (herausgeg. Stölzle, W., Gareis, K.). Wiesbaden 2002, S. 3-38.

Jones, T.C., Riley, D.W. (1985): Using inventory for competitive advantage through supply chain management. In: International Journal of Physical Distribution & Materials Management 15(1985)5, S. 16-26.

Juga, J., Pekkarinen, S., Kilpala, H., Onkalo, H. (2006): Service innovations in logistics networks. Working paper. Nofoma Conference, 2nd "Northern lights of logistics" seminar. Oslo 2006, S. 117-126.

Jung, K.-P. (2000): Zukunftsforschung in der Logistik. In: Logistikmanagement 2(2000)1, S. 21-32.

Knyphausen-Aufseß, D., Zollenkop, M. (2007): Geschäftsmodelle. In: Handwörterbuch der Betriebswirtschaft (herausgeg. von Köhler, R., Küpper, H.-U., Pfingsten, A.). 6., vollständig neu gestaltete Auflage. Stuttgart 2007, S. 583-591.

Kruse, P. (2004): Next Practice – Erfolgreiches Management von Instabilität: Veränderung durch Vernetzung. Offenbach 2004.

Kümmerlen, R. (2005): Standort muss für Produktion und Forschung attraktiv sein. In: DVZ 59(2005)78, Sonderbeilage „Logistikstandort Nordrhein-Westfalen", S. 3.

Kümmerlen, R. (2008): DHL weiht Kreativwerkstatt ein. In: DVZ 61(2007)38, S. 2.

Lasch, R. (1998): Marktorientierte Gestaltung von Logistikprozessen. Wiesbaden 1998.

Larson, P.D., Halldorsson, A. (2004): Logistics versus supply chain management: an international survey. In: International Journal of Logistics: Research & Application 7(2004)1, S. 17-31.

Leenders, M.L., Fearon, H.E. (1997): Purchasing and Supply Management. 11. Auflage. New York 1997.

Oppermann R. (1998): Marktorientierte Dienstleistungsinnovation: Besonderheiten von Dienstleistungen und ihre Auswirkungen auf eine abnehmerorientierte Innovationsgestaltung. Göttingen 1998.

Pfohl, H.-Chr. (2004a): Logistikmanagement. Konzeption und Funktionen. 2., überarbeitete und erweiterte Auflage. Berlin u.a. 2004.

Pfohl, H.-Chr. (2004b): Logistiksysteme. Betriebswirtschaftliche Grundlagen. 7., korrigierte und aktualisierte Auflage. Berlin u.a. 2004.

Pfohl, H.-Chr., Frunzke, H., Köhler, H. (2007): Innovationsgenerierung in kontraktlogistischen Beziehungen aus Dienstleister- und Kundensicht: Konzeption und empirische Ergebnisse. In: Innovationsmanagement in der Logistik: Gestaltungsansätze und praktische Umsetzung (herausgeg. von Pfohl, H.-Chr.). Hamburg 2007, S. 106-164.

Schuh, G., Friedli, T. (2005): Service-Innovation. In: Handbuch Technologie- & Innovationsmanagement (herausgeg. von Albers, S.; Gassmann, O.). Wiesbaden 2005, S. 659-676.

Schulte-Zurhausen, M. (2002): Organisation. 3. überarbeite Auflage. München 2002.

Seifert, W. (2006): Wir bevorzugen Streicheleinheiten. In: DVZ 60(2006)60, S. 8.

Siebenlist, J. (2006): Experience Center zeigt potenzielle RFID-Praxis. In: VDI Nachrichten 60(2006)5, S. 21.

Soosay, C.A., Hyland, P.W. (2004): Driving innovation in logistics: Case studies in distribution centres. In: Creativity and Innovation Management o.Jg.(2004)1, S. 41-51.

Specht G., Beckmann C., Amelingmeyer J. (2002): F&E Management: Kompetenz im Innovationsmanagement. 2. Auflage. Stuttgart 2002.

Stölzle, W. (1999): Industrial Relationships. München, Wien 1999.

Straube, F., Pfohl, H.-Chr., Günthner, W.A., Dangelmaier, W. (2005): Trends und Strategien in der Logistik – Ein Blick auf die Agenda des Logistik-Managements 2010. Bremen 2005.

Straube, F., Pfohl, H.-Chr. (2008): Trends und Strategien in der Logistik – Globale Netzwerke im Wandel. Bremen 2008.

Wagner, S.M. (2007a): Innovationsmanagement bei Logistikdienstleistern. In: Handbuch Kontraktlogistik (herausgeg. von Stölzle, W.; Weber, J.; Hofmann, E.; Wallenburg, C.M.). Weinheim 2007.

Wagner, S.M. (2007b): Bestandsaufnahme und Plädoyer für die Intensivierung des Innovationsmanagements bei Verkehrsdienstleistern. In: Zeitschrift für Verkehrswesen 78(2003)1, S. 58-70.

Wagner, S.M., Locker, A. (2003): Supply-Chain-Innovationen durch Lieferanten. In: Thexis - Fachzeitschrift für Marketing 20(2003)3, S. 5-10.

Weber, J. (2002): Betriebswirtschaftliche Instrumente – Segen oder Fluch? In: Kostenrechnungspraxis – Zeitschrift für Controlling, Accounting & System-Anwendungen 46(2002)6, S. 339-340.

Wheelwright S.C., Clark K.B. (1992): Revolutionizing product development - Quantum leaps in speed, efficiency, and quality. New York u.a. 1992.

Norbert Bensel* / Kai Maaß**

Innovationen in der Logistik

---

* Dr. Norbert Bensel, Jahrgang 1947, war nach einem Chemie-Studium mit Promotion im Jahr 1977 in Berlin in verschiedenen Funktionen der Personalentwicklung im Scheringkonzern (heutige Bayer AG), der R+V-Versicherung und Daimler Benz Aerospace tätig. 1997 wechselte Dr. Bensel in den Vorstand der Daimler Benz Services (debis) und war gleichzeitig Mitglied der Geschäftsführung des debis Systemhaus. Ab 2002 war Norbert Bensel Personalvorstand der Deutschen Bahn AG. 2005 übernahm er die Führung des Ressorts Transport und Logistik (DB Schenker) der Deutschen Bahn AG, welches er bis zum 31.05.2009 führte. Heute ist Dr. Norbert Bensel selbständiger Unternehmensberater. Er ist Gründungsrektor der Hochschule für internationale Wirtschaft und Logistik in Bremen und Mitglied des Vorstands der Bundesvereinigung Logistik. Ferner nimmt er verschiedene Aufsichtsrats- und Verwaltungsmandate war.

** Kai Maaß, Jahrgang 1978, ist Leiter des Vertriebscontrollings der DB Schenker Rail Deutschland AG. Er studierte in Bremen und London Betriebswirtschaftslehre und Internationales Management. Nach einer Trainee-Ausbildung bei der Stinnes AG und einer anschließenden Tätigkeit innerhalb der Strategieentwicklung der Stinnes AG war er als Assistent des für DB Schenker verantwortlichen Vorstandsmitglieds der Deutschen Bahn AG tätig.

1 Innovation als Motor von Wirtschaft und Wohlstand und wichtige Voraussetzung für Wachstum

Der Begriff Innovation leitet sich von den lateinischen Begriffen *novus* „neu“ und *innovatio* „etwas neu Geschaffenes“ ab und bedeutet wörtlich Neuerung oder Erneuerung. Oftmals wird der Begriff mit der Entwicklung neuer Produkte und Dienstleistungen gleich-gesetzt. Innovation umfasst jedoch viel mehr, wie Prozessinnovationen beispielsweise die Entwicklung von Produktions- und Vertriebskonzepten, oder Innovationen der Organisation, die mindestens ebenso relevant sind. Unter anderem deshalb ist der Begriff Innovation häufig sehr heterogen und nicht klar definiert. Selbst innerhalb eines Unternehmens ist die Begriffsdefinition zwischen verschiedenen Bereichen oft unterschiedlich. Für den folgenden Text wird Innovation als Idee für neue Produkte, Prozesse, Systeme und Technologien, von der kleinen Veränderung bis hin zum Quantensprung, definiert. Innovationsmanagement ist die Planung, Steuerung und das Monitoring der Innovationsaktivitäten sowie des Innovationsportfolios.

Innovation ist eines der meistgenutzten Schlagworte der heutigen Managementliteratur und wird auch im Wirtschaftsleben strapaziert. Heute beanspruchen fast alle Unternehmen für sich, dass sie innovativ und fortschrittlich sind, um heute schon die zukünftige Wettbewerbsfähigkeit zu unterstreichen. Daher ist auch in fast jeder Unternehmensstrategie und -kommunikation der Begriff Innovation zu finden. Und selbst die Politik versucht, das Thema Innovation – bspw. durch Kampagnen wie „Land der Ideen“ – für sich in Anspruch zu nehmen.

Das fast 90 Jahre alte Konzept von Joseph Schumpeter vom Unternehmer als „schöpferischer Zerstörer“, der sein Geschäft, noch während es gut läuft, in Frage stellt, ist aktueller denn je. Die Fähigkeit, Innovationen hervorzubringen ist immer mehr einer der entscheidensten Wettbewerbsfaktoren, ohne den Unternehmen nur schwer am Markt bestehen können. Eine Reihe von Einflussfaktoren hat dazu geführt, dass der Druck zur Differenzierung für Unternehmen immer weiter gestiegen ist. Vor dem Hintergrund einer zunehmenden weltweiten industriellen Arbeitsteilung, kürzer werdender Produktlebenszyklen sowie komplexerer Technologien steigen die Kundenanforderungen an Qualität und weltweite Netzwerkabdeckung für maßgeschneiderte komplexe Logistikdienstleistungen kontinuierlich an. Und schließlich hat die fortschreitende Marktöffnung innerhalb Deutschlands und Europas in traditionell stark regulierten Bereichen zur Intensivierung des Wettbewerbs zwischen alten und neuen Konkurrenten geführt.

Um sich unter diesen Rahmenbedingungen am Markt zu behaupten, müssen Logistikdienstleister kontinuierlich neue an den Kundenbedürfnissen ausgerichtete Produkte, Services und Prozesse entwickeln – d.h. Dienstleistungsinnovationen generieren – und am Markt platzieren. Dabei wird die Fähigkeit, Innovationen in wertschaffende Verbesserungen oder Neuerungen umzusetzen, zu einem kritischen Erfolgsfaktor. Die Fähigkeit, Innovationen hervorzubringen, bestimmt dabei direkt den betriebswirtschaftlichen Erfolg der Logistikdienstleister. (Behrends 2001) Beispielsweise erzielen die Weltmarktführer die größten Teile ihres Umsatzes mit Produkten, die jünger als fünf Jahre sind. Dabei erwirtschaften innovative Produkte zudem eine deutlich höhere Rendite (vgl. Abbildung 1).

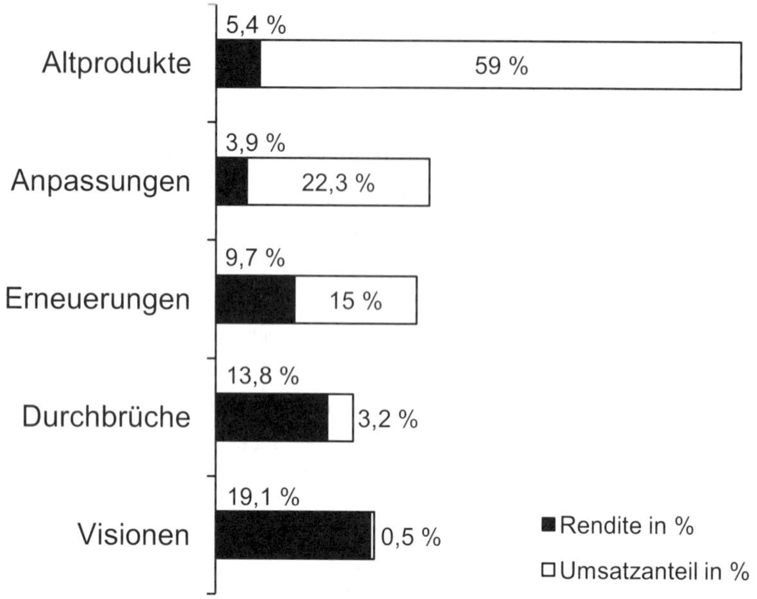

Abbildung 1: Erfolgsrelevanz von Innovationen (Quelle: Berth 1997)

Innovationen stellen für den einzelnen Logistikdienstleister gleichzeitig aber ein nicht zu unterschätzendes Risiko dar: Viele neu eingeführte Produkte und Dienstleistungen scheitern. Laut einer Untersuchung von Robert G. Cooper ist nur eine von vier Innovationen ein Erfolg. (Cooper, 1991) Zudem erfordern die Verbesserung bestehender und die Entwicklung neuer Dienstleistungen immer größere zeitliche und finanzielle Aufwände. Dieser Gefahren muss sich der Logistikdienstleister bewusst sein und er muss sie aktiv managen.

Das Innovationsmanagement in der Logistikindustrie ist heute oft noch wenig ausgeprägt (Göpfert/Hillbrand 2005) und weist erhebliches Verbesserungspotenzial auf. Es zeigt sich, dass Logistikdienstleister stark von der „Dominanz operativen Denkens" geprägt sind (Göpfert/Hillbrand 2005) und dass sich die Logistikindustrie noch viel stärker an der Entwicklung und Umsetzung von Innovationsstrategien und Innovationsprozessen innovativer Unternehmen orientieren muss, um ihre starke Position in Deutschland langfristig behaupten zu können. Auch bei den Innovationsaufwendungen liegt die Logistikindustrie weit hinter den Aufwendungen, anderer bedeutender Branchen in Deutschland (Rammer et al. 2005).

2 Erfolgsfaktoren zur Verbesserung der Innovationsfähigkeit von Logistikdienstleistern

Innovationen hervorzubringen schien lange Zeit ausschließlich Sache von Industrieunternehmen zu sein. Dementsprechend ist das Innovationsmanagement von Produkten in Praxis und Wissenschaft bereits vielfach untersucht worden. Mittlerweile wurde jedoch erkannt, dass sich Innovatio-

nen nicht auf dieses Feld beschränken lassen und auch Dienstleistungen und Prozesse in gleichem Maße einer kontinuierlichen Weiterentwicklung bedürfen. Dabei lassen sich die Instrumente der Produktentwicklung jedoch nicht 1:1 auf das Innovationsmanagement von Dienstleistungen übertragen. Vielmehr bedarf es beispielsweise aufgrund der starken Integration des Kunden in die Leistungserstellung anderer Schwerpunkte und Methoden.
Die folgende Auswahl von Erfolgsfaktoren können Logistikdienstleistern und anderen Dienstleistungsunternehmen als Stellhebel für ein nachhaltig erfolgreiches Innovationsmanagement dienen:

- Standardisierung des Innovationsprozesses – doing projects right,
- Übergreifendes Innovationsprozessmanagement – doing the right projects,
- Frühzeitige Einbindung von Kunden,
- Open Innovation ,
- Nutzung von Clustern.

Die Ausprägung der einzelnen Erfolgsfaktoren muss der Logistikdienstleister in Abhängigkeit der eigenen Unternehmens- und Innovationsstrategie selbständig entscheiden. Dadurch entsteht je Unternehmen ein individueller Mix aus Erfolgsfaktoren für die Innovationsfähigkeit.

2.1 Standardisierter Innovationsprozess – doing projects right

Empirische Studien haben gezeigt, dass Unternehmen mit einem standardisierten Innovationsprozess bei der Generierung und Umsetzung von Innovationen erfolgreicher sind als solche, die den Entwicklungsprozess von Innovationen nicht standardisieren (Cooper/Kleinschmidt 1991). Gerade in großen und mittelständischen Unternehmen, die über verschiedene organisatorische Geschäftsbereiche verfügen ist es wichtig, die Prozesse der einzelnen Bereiche im Hinblick auf eine verbesserte Vernetzung, Unterstützung und Innformationsverteilung aufeinander abzustimmen, um Synergieeffekte zu erzielen. Effizient und effektiv gestaltete Innovationsprozesse sind mit geringeren zeitlichen und finanziellen Aufwänden bei der Verbesserung und Erneuerung von Produkten und Dienstleistungen verbunden (Reichart 2006). Dies führt dazu, dass Unternehmen mit effizient und effektiv gestalteten, standardisierten Innovationsprozessen mit ihren Produkten und Dienstleistungen signifikant erfolgreicher sind, als andere, die ohne Unterstützung derartiger Innovationsprozesse arbeiten (Reichart 2006). Dabei gilt, je mehr Erfahrung ein Unternehmen mit einem formalen Innovationsprozess hat, desto erfolgreicher ist es (Booz-Allen Hamilton Studie 1982).
Basierend auf dieser Erkenntnis, sind Prozessmodelle ein fester Bestandteil des Innovationsmanagements. In der Literatur finden sich dementsprechend unzählige Quellen, die die unterschiedlichsten Prozessmodelle darstellen. In nahezu jedem erfolgreichen Innovationsprozess sind aber die wesentlichen inhaltlichen Bausteine identisch (Reichart, 2006).
Stellvertretend für die Vielzahl der Prozessmodelle steht das „Stage-Gate-Modell" von Robert G. Cooper (Cooper, 1996). Stage-Gate-Prozesse sind bei vielen Großunternehmen wie z. B. IBM, 3M, General Motors und Northern Telecom als Managementtool erfolgreich im Einsatz.

Das Stage-Gate-Modell von Cooper unterteilt den Innovationsprozess in fünf eigenständige Phasen – den sogenannten „Stages". Innerhalb jeder Phase werden Informationen erarbeitet, die als Vorarbeiten zur nächsten Phase dienen. Jede Phase besteht dabei aus vorher eindeutig definierten Aktivitäten. Um die Flexibilität und die Geschwindigkeit des Prozesses zu erhöhen, laufen die einzelnen Tätigkeiten innerhalb der Phasen nicht immer streng sequenziell ab, sondern teilweise parallel oder mit zeitlicher Überlappungen. Der Stage-Gate-Prozess ist interdisziplinär und integriert alle beteiligten Funktionen wie z. B. Marketing, Technik und Produktion, wodurch gesonderte Forschungs-, Entwicklungs- oder Marketing-Gates entfallen. Der Übergang von einer Phase zur nächsten wird durch einen Entscheidungspunkt, das sogenannte „Gate" kontrolliert. Im Rahmen dieser Kontrolle wird eine eindimensionale Go/No-Go-Entscheidung für den weiteren Innovationsprozess getroffen. Dies erleichtert die Qualitätssicherung zu jeder Phase des Prozesses und erhöht das Commitment innerhalb des Unternehmens.

Die Vorteile der Einführung des Stage-Gate-Prozesses in der Praxis liegen in der Systematisierung der sonst oft ad hoc ablaufenden Innovationsentwicklung. Die Einführung einer Innovation von der Idee bis zur Marktreife wird dadurch von einem einmaligen Projekt zu einem standardisierten Prozess weiterentwickelt. Der Prozess wird transparent und ein gemeinsames Verständnis wird erreicht. Dies erleichtert sowohl die Kommunikation im Team als auch die Kommunikation mit dem Top Management. Der übliche Ablauf des Stage-Gate-Prozesses ist in Abbildung 2 dargestellt:

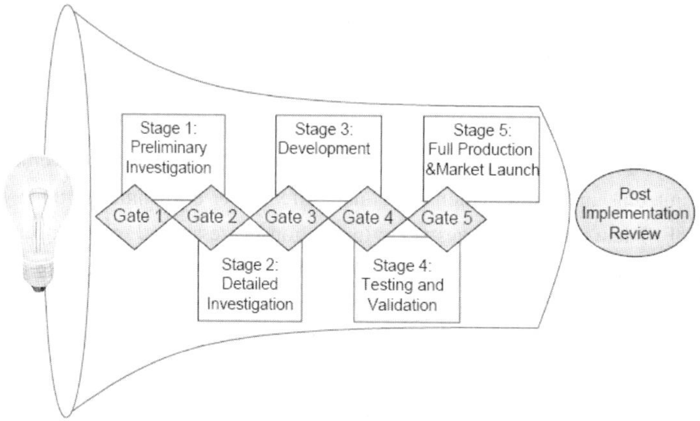

Abbildung 1: Third Generation Stage-Gate-Modell [Quelle: Cooper (1996), S. 479]

Die einzelnen Phasen des Stage-Gate-Modells setzen sich wie folgt zusammen: „Preliminary Investigation", „Detailed Investigation", „Development", „Testing and Validation" und „Full Production & Market Launch". Im Anschluss wird ein „Post Implementation Review" durchgeführt.

Die rein sequenzielle Gliederung des Innovationsprozesses in abgeteilte Phasen birgt aber auch Gefahren. Es kann sich zusammen mit einer isolierten funktionalen Ausrichtung der Phasen ein

Innovationsprozess entwickeln, bei dem jeder beteiligte Entwicklungsbereich nur seine eigenen Ziele verfolgt (Specht/Beckmann/Amelingmeyer, 2002). Das Konzept des Simultaneous Engineering (Bürgel, Haller, Binder, 1996) versucht die Entwicklungsaktivitäten zu parallelisieren. In jeder Phase wird ein Schwerpunkt auf die Anforderungen aus nachgelagerten Entwicklungsphasen gelegt. Damit soll eine Gesamtsicht des Innovationsprozesses über alle Phasen erreicht werden.

2.2 Übergreifendes Innovationsprozessmanagement – doing the right projects

Obwohl sich die wesentlichen inhaltlichen Bausteine der verschiedenen Innovationsprozesse kaum unterscheiden, sind Unternehmen unterschiedlich erfolgreich in der Vermarktung von Innovationen. Der unterschiedliche Erfolg bei der Einführung von Innovationen kann damit nur in der Ausführungsqualität der Aktivitäten des Innovationsprozesses – dem Innovationsprozessmanagement – begründet liegen.

Das Innovationsprozessmanagement beinhaltet die ganzheitliche, systematische Unterstützung des Innovationsprozesses sowie die notwendige Sicherstellung der Qualität im Laufe des gesamten Innovationsprozesses. Dazu gehört insbesondere die Definition von Meilensteinen bei denen die jeweiligen Ergebnisse überprüft werden und über den Fortgang des Entwicklungsprozesses entschieden wird (Müller-Prothmann et al., 2009).

Neben dem reinen prozessualen Management eines bereits angestoßenen Innovationsprozesses, beinhaltet ein erfolgreiches Prozessmanagement aber auch die davorliegenden Prozesse der Projektauswahl und des Portfolio-Managements. Es ist entscheidend für den Erfolg vielversprechender Innovationsprojekte, diese frühzeitig zu erkennen und effektiv zu steuern. Genauso erfolgskritisch ist es, weniger attraktive Projekte zu identifizieren und zu stoppen. Für eine erfolgreiche Projektauswahl sind Portfoliobewertungen sowie finanz- und marktwirtschaftliche Attraktivitätsbeurteilungen durchzuführen.

Bei der Projektauswahl geht es vor allem darum, Innovationsprojekte, die keine Aussicht auf Erfolg haben schnellstmöglich zu beenden und so Kapazitäten, die an anderer Stelle wertschaffender eingesetzt werden könnten, nicht unnötig zu binden. In vielen Unternehmen existiert eine große Anzahl an guten Ideen für Innovationsmöglichkeiten, die aber nicht ohne weiteres alle mit den vorhandenen Ressourcen an Kapital und Mitarbeitern erfolgreich umgesetzt werden können. Dies führt zu einer deutlichen Verlangsamung der Projekte und einer Erhöhung der Fehlerquote. Erfolgreiches Innovationsprozessmanagement muss eine klare Priorisierung der Innovationsprojekte sicherstellen. Aus diesem Grund muss ein transparenter Prozess im Unternehmen zur Projektauswahl und zum Portfolio-Management etabliert werden, um die wichtigsten Innovationsprojekte auszuwählen und in den standardisierten Innovationsprozess zu überführen. Diese Projekte müssen dann konsequent durchgeführt werden.

2.3 Kunden einbinden

Eine Innovation ist nur dann erfolgreich, wenn sie Akzeptanz am Markt findet und die Wettbewerbsfähigkeit des Unternehmens erhöht. Um dies zu erreichen, muss jede Innovation die Anforderungen und Bedarfe der bestehenden und potenziellen Kunden decken. Zusätzlich muss den Kunden ein Mehrwert geboten werden. Nur dann wird der Kunde dem Dienstleister erhalten bleiben oder den Wechsel von einem anderen Dienstleister vollziehen. Damit ist der Kunde mit Abstand wichtigster Gradmesser des Erfolgs für Innovationen.

Aus diesem Grunde werden DB Schenker-Kunden, die das das Angebot innovativer Dienstleistungen bei der Überwachung von Sendungen im internationalen Güterverkehr nutzen, durch ein spezielles Produktmanagement bei DB Schenker beraten. Das Produktmanagement nimmt dabei die Erfahrungen und Wünsche der Kunden auf und benutzt diese als Basis für die ständige Weiterentwicklung der Sendungsverfolgung mit der DB SCHENKERsmartbox. Die DB SCHENKERsmart-box ermöglicht satellitengestützte Sendungsverfolgung in Echtzeit in Verbindung mit Sensortechnologie. Sie übermittelt aktuelle GPS-Koordinaten und gegebenenfalls Abweichungen von der vorgegebenen Route sowie weitere Sicherheitsparameter, wie zum Beispiel Temperaturwerte, Erschütterungen, Aktivitäten an der Tür eines Containers oder Licht in seinem Inneren. Bis heute sind bereits mehrere hundert Seefrachtcontainer auf den Routen zwischen Asien, Europa und Amerika erfolgreich mit GPS überwacht worden. Weitere Innovationen von DB Schenker, die in enger Abstimmung mit Kunden weiterentwickelt werden sind die papierlose Luftfracht und die Ausrüstung der Wechselbrücken im Landverkehr mit RFID (DB Schenker Homepage, 2009).

Zusätzlich kommt dem Kunden eine weitere wichtige Eigenschaft im Rahmen des Innovationsprozesses zu: Umfragen zufolge identifizieren ca. 95% aller Unternehmen Kunden als die ausschlaggebenden Ideengeber für neue Produkte. Damit ist der Kunde der wichtigste Ideenlieferant für die meisten Innovationen (Kohn/Niethammer, 2009).

Das heißt, um innovative vom Kunden geschätzte Dienstleistungen auf den Markt zu bringen, dürfen sich Unternehmen nicht mehr nur auf die Fähigkeit der eigenen Entwicklungsabteilung verlassen, sondern müssen sich aktiv um Kundenideen bemühen. Gut die Hälfte aller europäischen Unternehmen, so eine Studie von britischen Analysten der Economist Intelligence Unit, lassen Kundenideen in ihre neuen Produkte einfließen (WiWo 51/2009).

Kundeneinbindung wird in der Literatur konsequenterweise als Best Practice anerkannt. Gruner und Homburg haben in empirischen Untersuchungen festgestellt, dass eine aktive Kundeneinbindung in den Innovationsprozess den Innovationserfolg positiv beeinflusst. (Gruner/Homburg, 1999) Mit einer frühen Kundeneinbindung können Kundenwünsche hinsichtlich der technischen Spezifikationen, Preisbereitschaft und Kaufverhalten bereits vor der eigentlichen Produktentwicklung in den Innovationsprozess einfließen. Dadurch können aufwendige Nachbesserungen in einer späteren Phase des Prozesses vermieden werden. Auch bei der Weiterentwicklung einer Dienstleistung sind bestehende Kunden wichtige Impulsgeber. Sie kennen die aktuellen Schwachstellen und Problemfelder der Dienstleistung und können darauf aufbauend Hinweise zur Optimierung geben. Ein Nebeneffekt der Kundeneinbindung ist die Sicherung der bestehenden Kundenbasis, sowie die Möglichkeit Neukunden anzusprechen, da der Übergang vom Mit-Innovator zum späteren Kunden fließend sein kann.

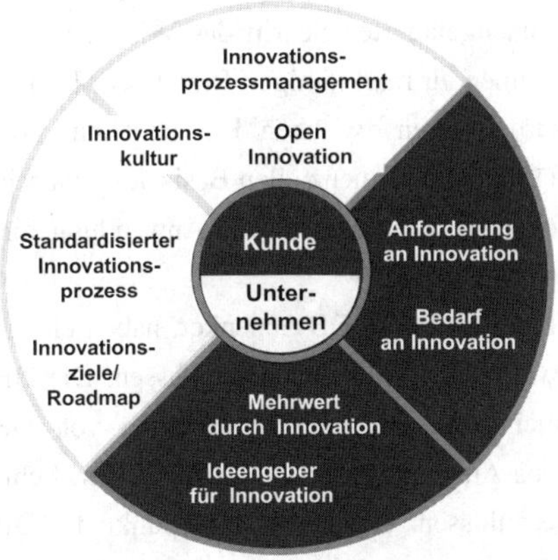

Abbildung 2: Kundeneinbindung in den Innovationsprozess (eigene Darstellung)

Aber nicht bei allen Innovationen ist eine Kundeneinbindung in den Innovationsprozess sinnvoll. Henrad und Szymanski untersuchen in diesem Kontext verschiedene Erfolgsfaktorenstudien und finden keine statistisch signifikante Korrelation zwischen Kundeneinbindung und Innovationserfolg. (Henard/Szymanski, 2001). Als Gefahren einer zu starken Fokussierung auf die Kunden wird die Bedrohung, Nischenprodukte zu entwickeln, ebenso genannt wie die Vernachlässigung einer eigenständigen Neuproduktentwicklungsstrategie und damit der langfristige Verlust von Wettbewerbs- und Differenzierungsvorteilen (Henard/Szymanski, 2001). Die Entscheidung, ob der Kunde eingebunden werden sollte, ist dabei abhängig von dem Innovationsgrad der neuen Dienstleistung und der Phase des Innovationsprozesses in der sich die Innovation befindet. Zusätzlich muss der Grad der Einbindung pro Unternehmen und Innovationsvorhaben differenziert betrachtet werden (Ernst, 2001). Unternehmen müssen die Kundeneinbindung aktiv managen, um echte Innovationen zu erhalten. Geschieht dies nicht, besteht die Gefahr, dass das Ergebnis der Kundeneinbindung eine rein lineare Verbesserung der aktuellen Dienstleistung ist. Aus diesem Grund werden Innovationen, bei denen es sich um neu entwickelte Dienstleistungen und keine Weiterentwicklungen handelt, in der Regel nicht durch Kunden initiiert.

2.4 Open Innovation

Die enge Verbindung zwischen Wissenschaft und Industrie hat die deutsche Industrie entscheidend geprägt und deren Aufstieg zu einer der größten Exportnationen ermöglicht. Unternehmen beauftragten vielfach Forscher an Universitäten, für sie neue Produkte zu entwickeln. Der Physikprofessor Ernst Abbe beispielsweise stand im Labor von Carl Zeiss in Jena, wandte dort seine Theorie von der Bildentstehung beim Bau von Mikroskopen an und schuf damit die Basis für den Welterfolg von Carl Zeiss Mikroskopen (WiWo 51/2009).

Traditionell wurden Innovationen dabei durch einen vertikal integrierten sequenziellen Prozess generiert. Neues Grundlagenwissen entstand in Universitäten und Forschungseinrichtungen. Basierend auf dieser Grundlagenforschung wurde in einem nachgelagerten Schritt das Wissen in den Forschungs- und Entwicklungsabteilungen von Unternehmen zu marktfähigen Produkten, Dienstleistungen und Prozessen weiterentwickelt. Heute wird Wissen zwischen Universitäten, Forschungseinrichtungen und Unternehmen auf einer regulären nicht sequenziellen Basis ausgetauscht und weiterentwickelt. Damit verwischen die Grenzen zwischen Grundlagen- und Anwendungsforschung.

Viele internationale Logistikdienstleister, wie Kühne und Nagel oder DB Schenker, haben eigene Forschungseinrichtungen gegründet, die sich mit Innovationen in der Logistik befassen. Die DB Schenker Laboratories sind beispielsweise eine gemeinsame Forschungseinrichtung von DB Schenker und der Technischen Universität Berlin und als An-Institut der TU Berlin an den Lehrstuhl für Logistikdienstleistungen und Transport angeschlossen. Aufgabenschwerpunkt der DB Schenker Laboratories ist die anwendungsorientierte Forschung zu innovativen Transport- und Logistikthemen an der Schnittstelle von Wissenschaft und Praxis. Dabei sichert eine enge Verzahnung mit der Praxis die Einsatz- und Umsetzungsfähigkeit der erarbeiteten Lösungen.

Neben der Aufgabe der strikten Trennung von Grundlagen- und Anwendungsforschung hat zusätzlich ein Paradigmenwechsel hin zu einem offeneren unternehmensübergreifenden Innovationsprozess stattgefunden. Es hat sich die Erkenntnis durchgesetzt, dass Ideengeber mit unterschiedlichem auch branchenfremdem Hintergrund wichtig für den Fortschritt sind. Dabei wird der historisch unternehmensinterne geschlossene Innovationsprozess an einigen Stellen bewusst geöffnet. Dies hat zur Folge, dass extern erforschtes Wissen und externe Innovationsquellen in den Innovationsprozess einbezogen werden können. Die Öffnung reicht dabei von einzelnen Anknüpfungspunkten bis hin zur kompletten Integration einer Idee. Der Maschinenhersteller Hilti beispielsweise übernahm das Prinzip des Flottenmanagements erfolgreicher Autoverleiher. Statt als Verkäufer von Schlagbohrern und Stichsägen versteht sich Hilti nun als Manager des Maschinenparks seiner Kunden, die er durch langfristige Serviceverträge binden kann (WiWo 51/2009).

Gerade in der kritischen Frühphase des Innovationsprozesses zeigt sich dieser Trend zur Zusammenarbeit mit externen Partnern. Unternehmen können so das Risiko einer nicht erfolgreichen Innovation verringern. Die Zusammenarbeit findet dabei vielmals über die Unternehmens- und Branchengrenzen hinweg statt, um das Wissen von Kunden, Lieferanten und Forschungsinstituten zu nutzen. Die Integration externer Wissensquellen in den eigenen Innovationsprozess kann dabei zu Wettbewerbsvorteilen führen und die Erfolgswahrscheinlichkeit der Innovationstätigkeit erhöhen. Dabei kann das externe Wissen auch länderübergreifend generiert werden. Das traditionsreiche deutsche Industrieunternehmen Bosch beispielsweise hat bewusst Komponenten für den indischen Kleinstwagen Tata Nano in Indien entwickelt. Bei der Entwicklung ist zusätzliches Know-how von Ingenieuren aus anderen Schwellenländern eingeflossen. Ergebnis war die Entwicklung von neuartigen Einspritztechniken, die die Ingenieure vor Ort in Anlehnung an die Technik indischer Motorrädern entwickelten. Von Deutschland aus wäre die Innovation in dieser Form nicht möglich gewesen (WiWo 51/2009).

Im angelsächsischen Raum wird diese Öffnung des Innovationsprozesses als „Open model of innovation“ (Chesbrough, 2003) bezeichnet. Open Innovation geht davon aus, dass es für Unternehmen sinnvoll ist, externes und internes Wissen für den eigenen Innovationsprozess zu nutzen. Dies bedeutet, dass der Innovationsprozess über die Unternehmens- und Branchengrenzen hinweg geschehen muss, um das Wissen und die Erfahrung von Kunden, Lieferanten, Forschungsinstitutionen und anderen Quellen aktiv zu erschließen (Cooper, 2001). Durch kooperative gemeinsame Innovationsaktivitäten soll es gelingen, Kosten und Risiken des Innovationsprozesses zu minimieren. Studien gehen von einer Risikominimierung um 60 bis 90 Prozent aus (Quinn 2000). Gleichzeitig ist es möglich, die Dauer der Innovationszyklen deutlich zu reduzieren. Open Innovation ermöglicht gerade auch kleinen und mittelständischen Logistikdienstleister den Zugang zu externem Wissen und externen Ideen. Einschneidende Produktinnovationen für eine gesamte Branche können zudem nur noch in wenigen Fällen von einem Anbieter alleine realisiert werden (Gassmann 2004).

Auch bei der Vermarktung von Innovationen bietet das Open Innovation Modell Vorteile. In einem geschlossenen Innovationsprozess werden Innovationsprojekte auf Basis der firmeninternen Wissensquellen angestoßen und durchlaufen den geschlossenen definierten Innovationsprozess. Die anschließende Vermarktung wird durch die firmeninterne Marketingabteilung und den eigenen Vertrieb durchgeführt. In einem Open Innovation Modell basiert die Entscheidung zum Start eines Innovationsprojekts entweder auf firmeninternen, oder firmenexternen Wissensquellen. Zusätzlich kann neues externes Wissen in jeder Phase des offenen Innovationsprozesses einfließen. Die Vermarktung der Innovation ist nicht limitiert auf die reine Selbstvermarktung, sondern kann in verschiedenen Modellen, zum Beispiel mit externen Partnern in Form von Lizenzierungen, Spin-offs oder Joint Ventures erfolgen. Die Vermarktung kann dabei in jeder Stufe des Innovationsprozesses stattfinden und nicht erst am Ende. Knowledge-Spillover werden dabei bewusst in Kauf genommen und als Chance wahrgenommen.

2.5 Cluster sinnvoll nutzen

Durch diese Veränderung der Rahmenbedingungen werden Cluster eine immer wichtigere Quelle von Innovationen. Cluster sind Regionen in denen sich Produzenten, Dienstleister, Lieferanten, Forschungs- und Ausbildungsstätten sowie andere Institutionen eines bestimmten Wirtschaftsbereichs angesiedelt haben (Porter 1999). Studien haben herausgefunden, dass Unternehmen innerhalb eines Clusters produktiver und innovativer sind (Sorenson, Fleming, 2004).

Beispiele für Cluster in der Logistik sind die Dubai Logistics City oder das EffizienzCluster LogistikRuhr, welche unterschiedliche Zielsetzungen verfolgen. Während die Dubai Logistics City die Fläche und Infrastruktur für die Ansiedlung verschiedener Unternehmen in Hafennähe bietet, möchte LogistikRuhr politische, wissenschaftliche und industrielle Akteure zusammenbringen, um Konzepte für die Logistik der Zukunft zu entwickeln.

Insbesondere drei Faktoren verleihen Unternehmen innerhalb von Clustern eine höhere Innovationskraft:

1. Innerhalb eines Clusters ist eine Vielzahl von Unternehmen der gleichen Industrie angesiedelt. Dadurch steigt die Anzahl der Mitarbeiter die sich mit Innovationen in einer Branche beschäftigen. Ergebnis sind erhöhte Forschungsaktivitäten und daraus resultierend der Aufbau von Wissen.
2. Knowledge-Spillover, bei denen Informationen über neue Ideen oder Aktivitäten innerhalb der Unternehmen eines Clusters, gewollt oder ungewollt, weitergegeben werden, bilden die Basis für weitere Innovationen anderer Unternehmen innerhalb des Clusters. Das Cluster schafft dabei das Umfeld für intensive Kommunikation zwischen den Cluster-Akteuren.
3. Das Marktpotenzial von Innovationen kann schneller bewertet werden. Der direkte Vergleich zu lokalen Konkurrenten, die Beurteilung durch Zulieferer und andere Partner, sowie die Bewertung durch Kunden vor Ort ermöglicht eine schnelle Rückmeldung über die Erfolgswahrscheinlichkeit der Innovation.

Wie Unternehmen stehen auch Cluster unter einem erhöhten Wettbewerbsdruck. Immer mehr Regionen und Länder haben in den letzten Jahren die grundlegenden Voraussetzungen geschaffen, um sich für Standortentscheidungen von Unternehmen attraktiver zu machen (Porter, 1991). Zusätzlich haben die Globalisierung und die damit verbundene Verringerung von Handelshemmnissen viele Gründe beseitigt, die Unternehmen bisher zu einer Präsenz auch an andernfalls weniger attraktiven Standorten gezwungen hatte. Dies hat zu einer verschärften Wettbewerbssituation geführt. Bestehende Cluster müssen sich und ihr Konzept im Wettbewerb neu beweisen. Dabei haben bestehende Cluster dank existierender Masse einen Wettbewerbsvorteil. Trotzdem haben auch andere Regionen die Chance, zur geografischen Basis neuer Cluster zu werden.

Neben der Entstehung von neuen Clustern, nimmt die Verflechtung zwischen den bestehenden Clusterstandorten kontinuierlich zu. Dies führt dazu, dass Unternehmen gezwungen sind, zu überlegen, ob es sinnvoll ist über eine Präsenz innerhalb verschiedener Standorte Zugang zu allen innerhalb ihrer Wertschöpfungskette notwendigen Kompetenzen zu bekommen.

Die Zugehörigkeit zu einem Cluster kann sich allerdings auch negativ auf die Innovationskraft eines Unternehmens auswirken, beispielsweise durch unkontrolliertes Abfließen von Wissen und Innovationen. Eine Quelle von unkontrolliertem ungewolltem Knowledge-Spillover können Mitarbeiter sein, die problemlos innerhalb eines Clusters ihren Arbeitsplatz wechseln können (Elbert, Yang, Sasic, 2009). Um dieser Gefahr zu entgehen, haben einige Firmen bereits bewusst ihren Standort außerhalb industrieverwandter Cluster gewählt (Folta, Cooper and Baik 2006).

3 Verbesserung der Innovationsfähigkeit durch Weiterentwicklung zum innovativen Unternehmen

Hat ein Unternehmen erkannt, dass Innovationsfähigkeit eine Schlüsselfunktion ist, um erfolgreich zu sein und zukunftsorientiert zu agieren, muss es kontinuierlich an der Verbesserung seiner Innovationsfähigkeit arbeiten. Innovation darf nicht nur als Schlagwort vorhanden sein. Die reine

Fokussierung auf Innovationen alleine ist langfristig nicht zielführend. Vielmehr muss sich das Unternehmen zu einer innovativen Organisation weiterentwickeln. Innovation benötigt eine explizite verankerte Legitimität innerhalb der Organisation. Damit ist die organisatorische Eingliederung und die Zuordnung von Ressourcen (Ernst, 1998) die zentrale Frage für die Innovationsfähigkeit eines Unternehmens und spielt für das Management eine zentrale Rolle.

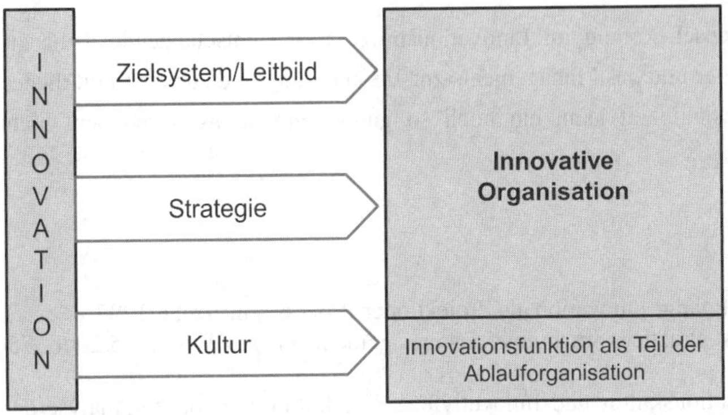

Abbildung 4: Weiterentwicklung zu einer innovativen Organisation (eigene Darstellung)

Mit Innovationen müssen sich das ganze Unternehmen und alle seine Mitarbeiter auseinandersetzen. Die Unternehmensführung muss dabei den Stellenwert von Innovationen für das Unternehmen kontinuierlich hervorheben. Damit ist Innovation in erster Linie Führungsaufgabe. Das Bewusstsein aller Mitarbeiter, ständig innovieren zu müssen (Simon 1996, S.118) ist ein Merkmal erfolgreicher Unternehmen. Durch das Engagement der Unternehmensführung und dessen Vorgaben der Unternehmensziele und -strategie erhält das Thema Innovation die notwendige zentrale Bedeutung und Akzeptanz. Auch die Unternehmenskultur, die auf der Unternehmensstrategie und -philosophie basiert, ist von der Ausrichtung auf Innovationen betroffen. Die Unternehmenskultur wird durch die eindeutige Wertorientierung des Managements geprägt und basiert auf einer offenen Kommunikation innerhalb des Unternehmens. Offene Kommunikation meint dabei das freiwillige Teilen von Wissen seitens der Mitarbeiter und eine offene Informationspolitik seitens der Unternehmensführung. Das Management muss zur Weiterentwicklung zu einer innovativen Organisation die kulturelle Voraussetzung für die Entstehung von Innovationen schaffen, eindeutige Schwerpunkte auf Innovationen legen und die Entwicklung der Innovationskultur unterstützen. Unternehmer, Manager und Mitarbeiter müssen dabei ihre traditionellen Vorstellungen und Denkmuster öffnen und weiterentwickeln. Sie müssen ihre Einstellung gegenüber der eigenen Branche, sowie den eigenen Produkten und Dienstleistungen überdenken und den Fokus auf Innovationen legen. Die innovative Unternehmenskultur bindet die einzelnen Mitarbeiter in das Innovationsmanagement ein und gibt Anreize zu Innovationen. Dabei muss die innovative Kultur auch im Alltagsgeschäft täglich gelebt werden.

Eine Veränderung der Unternehmenskultur setzt eine grundlegende Veränderung von althergebrachten Einstellungen und Verhaltensweisen voraus. Neue Organisationsformen und Managementmethoden müssen etabliert werden. Ziel muss der Aufbau einer auf Wissen basierten lernenden Organisation sein. Dazu muss das Innovationsmanagement innerhalb des Unternehmens eine eigenständige bereichsübergreifende Funktion einnehmen und als unternehmensweite Plattform etabliert werden. Ebenso wichtig ist eine klare Definition des Aufgabengebietes. Unternehmensweit ist eine nachhaltige Kommunikation der Innovationsstrategie und des Innovationsprozesses notwendig.

Insbesondere dem Faktor Mensch kommt im Innovationsprozess eine entscheidende Rolle zu. Ohne den Willen der Mitarbeiter und des Managements zur Veränderung und zur kontinuierlichen Verbesserung der Innovationsfähigkeit kann ein noch so gutes Innovationsmanagement nicht erfolgreich sein.

Literaturverzeichnis

Bach, Norbert; Buchholz, Wolfgang: Innovation als Projekt oder Prozess?, in: zfo, 6/1997

Becker, S.; Reinhardt, I.: Best Practices im Innovtionsmanagement, in: zfo Wissen, 5/2006, 75. Jg., Seite 256-262

Behrends, T. (2001): Organisationskultur und Innovativität: Eine kulturtheoretische Analyse des Zusammenhangs zwischen sozialer Handlungsgrammatik und innovativem Organisationsverhalten, München

Berth, R. (1997): Der große Innovations-Test, Band 1, Econ, Düsseldorf, München

Bürgel, H.D.; Haller, C.;Binder, M. (1996): F&E Management, München

Chesbrough, H.W. (2006): Open Innovation: Researching a new paradigm, Oxford University Press

Chesbrough, H.W.: Open Platform Innovation: Creating Value from Internal and External Innovation, in Intel Technology Journal, Volume 07, Issue 03, 19. August 2003

Cooper, Robert G.: Overhauling the New Product Process, in Industrial Marketing Management 25, S. 465-482, 1996

Cooper, Robert G.; Kleinschmidt, E.J. (1991): New Product process at leading industrial firms, in Industrial Marketing Management, Jg. 20, S. 137-147

Cooper, Robert G.: Winning at New Products – Accelerating the Process from Idea to Launch, Cambridge, 2001

ELA European Logistics Association / Arthur D. Little (2007): Innovation Excellence in Logistics – Value Creation by Innovation

Elbert, R.; Yang, G.; Sasic, S. (2009): Logistics Service Providers in Clusters – Perils and Pitfalls for Service Innovations in China and Germany, in China and Germany. In: Braet, J. (Hrsg.): The Proceedings of the 4th European Conference on Entrepreneurship and Innovation (ECEI). September 10-11, 2009, Antwerp/Belgium, S. 641-648.

Ernst, K.-W.: (1998): Das Neue wagen, in Creditreform 3/1998 S.8-10

Ernst, Holger (2001): Erfolgsfaktoren neuer Produkte – Grundlagen für eine valide empirische Forschung, Wiesbaden, DUV-Verlag

Flint, D. J.; Larsson, E.; Gammelgaard, B., Mentzer, J.T.: Logistics Innovation: a customer value-oriented social process, in Journal of Business Logistics, Vol. 26, No. 1, 2005

Folta, T.B.; Cooper, A.C.; Baik, Y. (2006): Geographic cluster size and firm performance, Journal of Business Venturing, Vol. 21, No. 2, pp. 217-242

Gassmann, O.; Sandmeier, P.; Wecht, Christoph H.: Innovationsprozesse: Öffnung statt Alleingang, in io new management, Nr. 1-2, 2004

Göpfert, I.; Hillbrand, T. (2005): Innovationsmanagement für Logistikunternehmen, in: Wolf-Kluthausen, H. (Hrsg.): Jahrbuch Logistik 2005, Korschenbroich, S. 48-53

Gruner, K.; Homburg, C.: Innovationserfolg durch Kundeneinbindung. Eine empirische Untersuchung, in: Zeitschrift für Betriebswirtschaft – Ergänzungsheft, 1/1999, S.119-142

Henard, David H.; Szymanski, David M.: Why some new products are more successful than others, in Journal of Marketing Research, 38 (3), 2001, S.362-375

Ketels, Christian: Cluster und Innovation

Kohn, Stefan; Niethammer, René (Jahr): Kundeneinbindung in den Innovationsprozess,

Müller-Prothmann, T.; Dörr, N. (2009): Innovationsmanagement – Strategien, Methoden und Werkzeuge für systematische Innovationsprozesse, München

Pfohl, Hans-Christian (1994): Management der Logistikkette: Kostensenkung, Leistungssteigerung, Erfolgspotential, Darmstadt

Pfohl, Hans-Christian; Frunzke, H.; Köhler, H.: Grundlagen für ein Innovationsmanagement in der Logistik, in Innovationsmanagement in der Logistik, BVL, Schriftenreihe Wirtschaft & Logistik, 2007

Porter, Michael E.: Nationale Wettbewerbsvorteile, Droemer Knauer Verlag, 1991

Porter, Michael E.: Wettbewerb und Strategie, Econ Verlag, München, 1999

Quinn, J.B. (2000): Outsourcing Innovation. The New Engine of Growth. MIT Sloan Management Review 41(4), p.13-28

Rammer, C.; Peters, B.; Schmidt, T.; Aschhoff, B.; Doherr, T.; Niggemann, H. (2005b): Innovationen in Deutschland: Ergebnisse der Innovationserhebung 2003 in der deutschen Wirtschaft, ZEW Wirtschaftsanalysen, Bd. 78, Baden-Baden

Reichart, Sybille; Reichart, Markus: Erfolgsfaktor Innovationsprozess bei der Siemens AG, in zfo Praxis, 03/2006, 75. Jg., Seite 163-168

Rigby D.; Zook, C.: Open –Market Innovation, in Harvard Business Review October 2002

Simon, H. (1996): Die heimlichen Gewinner, Campus, Frankfurt 1996

Sorenson, O.; Fleming, L.: Science and the Diffusion of Knowledge, Research Policy 33, no. 10 (December 2004): 1615-1634

Specht, G., Beckmann, C., Amelingmeyer, J. (2002): F&E- Management: Kompetenz im Innovationsmanagement, Stuttgart: Schäffer-Poeschel Verlag

Stern, T.; Jaberg, H. (2003): Erfolgreiches Innovationsmanagement: Erfolgsfaktoren, Grundmuster, Fallbeispiele

Verworn, Birgit, Hertstatt, Cornelius (2000): Modelle des Innovationsprozesses

Marketing

Frank Straube* / Stefan Doch**

Kundenindividuelle Logistik in produzierenden Unternehmen – Ganzheitliche Betrachtung von Logistik- und Marketingleistungen

---

* Prof. Dr.-Ing. Frank Straube studierte Wirtschaftsingenieurwesens an der TU Berlin und promovierte 1987 am Bereich Logistik der TU Berlin (Prof. Dr.-Ing. H. Baumgarten). Nach seiner Habilitation (2001-2003) an der Universität St. Gallen, Schweiz, war er Vorsitzender des Direktoriums und Gründer des Kühne-Instituts für Logistik an der Universität St. Gallen, wo er seit 2005 eine ständige Gastprofessur inne hat. Im Oktober 2004 folgte Prof. Straube dem Ruf an die TU Berlin und ist seither Leiter des Bereichs Logistik am Institut für Technologie und Management der TU Berlin. Frank Straube leitete von 1984-1989 Logistikprojekte an der TU Berlin und in der Praxis, davon 12 Jahre als Vorsitzender und Gesellschafter der Geschäftsführung einer international tätigen Beratungs- und Planungsgesellschaft für Logistik und Unternehmensplanung. Prof. Straube ist Gründer des International Transfer Centers for Logistics (ITCL) zur Realisierung innovativer Planungs- und Weiterbildungsaktivitäten für Unternehmen.

** Dr. Stefan Doch studierte Wirtschaftswissenschaften an der Universität Oldenburg und dem University College Cork (Irland). Danach promovierte Stefan Doch im Rahmen seiner Tätigkeit als wissenschaftlicher Mitarbeiter am Bereich Logistik der TU Berlin bei den Professoren Straube (TU Berlin) und Pfohl (TU Darmstadt) im Themengebiet Wettbewerbsdifferenzierung durch Logistik. Zurzeit ist er als Projektleiter beim International Transfer Center for Logistics tätig.

1 Einleitung

Die fortschreitende Internationalisierung,[1] steigende Qualitäts- und Serviceanforderungen[2] sowie eine zunehmende Individualisierung und Dynamisierung der Nachfrage[3] beschreiben die wachsenden Herausforderungen an die Logistik. Eine komplexe Wertschöpfungsstruktur, die anspruchsvoller werdende und sich kontinuierlich verändernde Kundenanforderungen erfüllen muss, spannt in Verbindung mit einem steigenden Wettbewerbs- und Kostendruck das Spannungsfeld dieses Beitrags auf.

Zum Erhalt und Ausbau von Wettbewerbsvorteilen arbeiten produzierende Unternehmen kontinuierlich an der Steigerung der Kundenzufriedenheit durch logistische Leistungen, wie etwa der Verkürzung von Lieferzeiten, der Einhaltung definierter Anliefertermine oder der Sicherstellung der Vollständigkeit und Korrektheit der Lieferung. Die Ausrichtung aller Tätigkeiten eines Unternehmens an den Kundenanforderungen stellt hierzu eine der zentralen Strategien dar.[4] Jedoch bleiben die Auswirkungen auf die Kundenzufriedenheit und die Wahrnehmbarkeit der mit der Konzeptumsetzung verbundenen logistischen Anstrengungen durch den Kunden oftmals beschränkt.[5] Auf der Basis umfangreicher empirischer Untersuchungen beschreiben Anderson und Narus dieses Phänomen vonseiten der Wissenschaft wie folgt: *"From our research, we have found that suppliers typically provide customers with more services than they want or need at prices that often reflect neither the value of those services to customers nor the cost of providing them."*[6] Sebastian und Hilleke benennen diesen Umstand einer wenig effizienten und effektiven Anreicherung der Sachleistung mit begleitenden Dienstleistungen als "service overkill".[7]

Die Wertschöpfungsstrukturen der meisten Unternehmen sind in diesem Zusammenhang durch den Umstand gekennzeichnet, dass sie unterschiedlichen Produkten mit unterschiedlichen Produkteigenschaften, verschiedenen Marktsegmenten mit differierenden Kundenanforderungen und unterschiedlichen geografischen Märkten mit anderen Marktbedingungen gerecht werden müssen. Dabei ist jedoch für die Logistik oftmals ein Defizit darin zu erkennen, dass bei der Gestaltung und Planung von Wertschöpfungsnetzwerken differierende Kundenerwartungen an logistische Leistungen weitgehend unberücksichtigt bleiben,[8] da sich die bei der Gestaltung von Wertschöpfungsnetzwerken berücksichtigten Kundenanforderungen an Durchschnittswerten orientieren.[9] Diese Orientierung an durchschnittlichen Kundenanforderungen hat zur Folge, dass einer Vielzahl von Kunden ein Maß logistischer Dienstleistung offeriert wird, für die keine Zahlungsbereitschaft

---

1 Vgl. Straube/Pfohl (2008), S. 12, Christopher (2004), S. 26 und Baumgarten/Walter (2001), S. 4f.
2 Straube/Pfohl (2008), S. 16
3 Straube/Dangelmaier/Günthner/Pfohl (2005), S. 8
4 Vgl. Straube/Doch/Rösch (2006), S. 17
5 Vgl. Holweg/Miemczyk (2002), S. 829
6 Anderson/Narus (1995), S. 75
7 Vgl. Sebastian/Hilleke (1994), S. 51
8 Vgl. Payne/Peters (2004), S. 77f.
9 Vgl. Torres/Miller (2002), S. 42f.

besteht, während die Zufriedenheit anspruchsvoller Kunden mit einem ausgedehnteren oder anders zusammengesetzten Logistikservice höher ausfallen würde.

Unternehmen versuchen daher kontinuierlich, logistische Kundenanforderungen besser zu verstehen, individueller zu erfüllen und ansprechender zu kommunizieren. Dieser Beitrag befasst sich folglich mit den Umsetzungsproblemen und Lösungsansätzen, die mit einer an differierenden Kundenerwartungen an logistische Leistungen ausgerichteten Gestaltung und Planung von Wertschöpfungsnetzwerken einhergehen. Für die weitergehende wissenschaftliche Auseinandersetzung mit dem Themengebiet logistischer Leistungsdifferenzierung kann demnach folgende Fragestellung formuliert werden:

Wie können an differenzierten Kundenanforderungen ausgerichtete Logistiksysteme umgesetzt werden, die die Erbringung kundenindividueller Logistikleistungen bei gleichzeitiger Einhaltung von Effizienz und Effektivität des Wertschöpfungsnetzwerks ermöglichen?

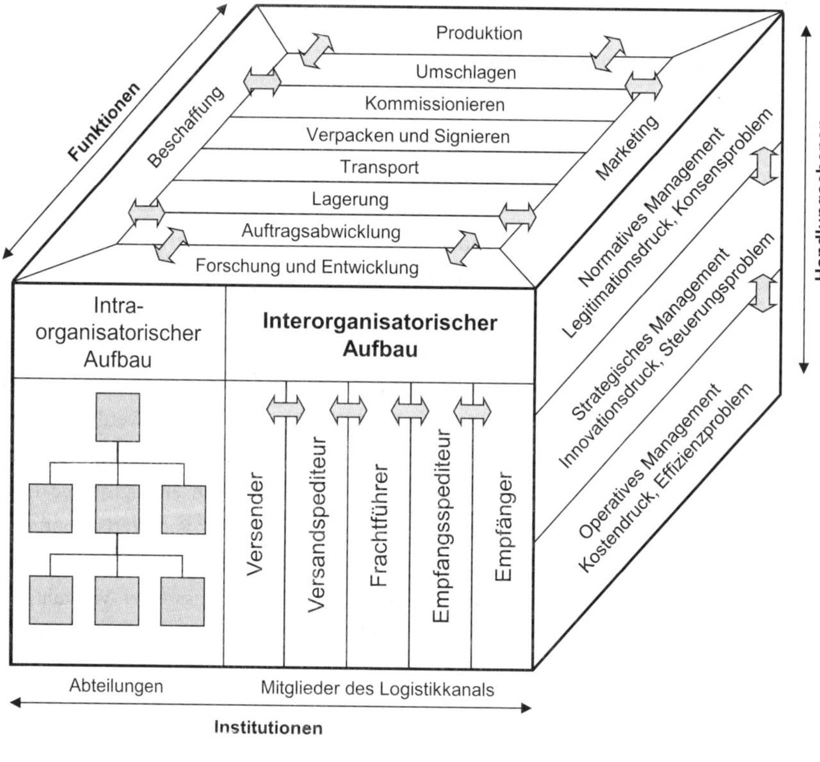

Abbildung 1: Ganzheitliche Betrachtung von Logistik- und Marketingleistungen [10]

Für die Umsetzung eines solchen differenzierten Leistungsangebots sind ein tiefgreifendes Marktverständnis und ein hohes Maß an Kundennähe unerlässlich.[11] Auch das Fehlen geeigneter Mess-

[10] Pfohl (2004), S. 26

systeme für die erbrachten logistischen Leistungen und deren Kosten stellt eine Hürde bei der Umsetzung logistischer Leistungsdifferenzierungsansätze dar, da der Wertbeitrag logistischer Leistungen weder unternehmensintern noch kundenseitig transparent dargestellt und kommuniziert werden kann.[12] Die damit einhergehende Anforderung an einen Gestaltungsansatz logistischer Leistungsdifferenzierung beinhaltet einen Wandel vom Paradigma des Massenmarketings hin zu einer one-to-one Marketing-Philosophie und schafft die Notwendigkeit einer ganzheitlichen Betrachtung von Logistik- und Marketingleistungen (vgl. Abbildung 1). Nur so ist es Unternehmen möglich, Schlüsselkunden oder Kundengruppen zu identifizieren, denen ein Mehrwert an logistischen Serviceangeboten offeriert werden kann, die auf sie abgestimmt sind.[13]

Im weiteren Verlauf dieses Beitrags werden auf der Grundlage der dargelegten Problemstellung der definitorische Rahmen aufgespannt, die erklärungsrelevanten Managementtheorien erarbeitet und der Status quo einer ganzheitlichen Betrachtung von Logistik- und Marketingleistungen zur Umsetzung kundenindividueller Logistikleistungen untersucht. Anhand einer empirischen Untersuchung werden die Gestaltungsbereiche zur Umsetzung kundenindividueller Logistikleistungen hergeleitet und hinsichtlich des in der Praxis gesehenen Umsetzungsstands weiter vertieft und in einen entsprechenden Gestaltungsansatz überführt, der einen praxisorientierten Lösungsrahmen aufzeigt.

2 Status quo kundenindividueller Logistikleistungen

Den Untersuchungskontext dieses Beitrags stellen das Phänomen der differenzierten Kundenansprache und das der kundenspezifischen Leistungserbringung dar. Porter weist darauf hin, dass potenziell alle Wertschöpfungsaktivitäten eines Unternehmens geeignet sind, ein Differenzierungsmerkmal darzustellen.[14] Gerade die logistische Leistung ist aufgrund der zunehmenden Homogenisierung von Sachleistungen dazu geeignet, als ein in der Unternehmenspraxis noch weitgehend ungenutztes Differenzierungsmerkmal eingesetzt zu werden.[15] Auf den Anwendungskontext der Logistik bezogen, wird daher von der Zielsetzung logistischer Leistungsdifferenzierung im gesprochen.

2.1 Definitorische Grundlagen

Diese praxisrelevante Zielsetzung wird bereits seit Längerem in der wissenschaftlichen Literatur in verschiedenen Ausprägungen und Schwerpunktsetzungen diskutiert. Der aktuelle Stand der wissenschaftlichen Ausarbeitung des Themengebietes wird daher im weiteren Verlauf des Abschnitts vertieft.

---

11 Vgl. Bowersox/Closs/Stank (2000), S. 3 und Baumgarten (2004), S. 54f.
12 Vgl. Pfohl/Elbert/Gomm (2006), S. 18f.
13 Vgl. Bowersox/Closs/Stank (2000), S. 4
14 Vgl. Porter (1999), S. 28ff. und 71ff.
15 Vgl. Schulte (2005), S. 50

Lee beschreibt die Zielsetzung und das Endergebnis der Umsetzung kundenindividueller Logistikleistungen mit der Formulierung: "Smart companies tailor supply chains to the nature of markets for products. They usually end up with more than one supply chain, which can be expensive, but they also get the best manufacturing and distribution capabilities for each offering." [16] Torres' und Miller's ergänzende Beschreibung der Vorteile kundenindividueller Logistikleistungen mündet in der Aussage, dass "the provision of logistics services aligned to the unique requirements of the customer provides many potential benefits to an organization, including competitive advantage, revenue enhancement, margin enhancement and cost reduction." [17] Die wesentliche Herausforderung dabei ist "[...] to provide tailored services cost effectively to customers. [...] The key to building cost-effective tailored logistics services is to segment customers to find the right balance between the 'one-size-fits-all' and the 'segment-of-one' approaches." [18] In den Ausführungen von Bowersox, Closs und Stank sind diese Ziele und Herausforderungen in einer ähnlichen Weise beschrieben. Unter der Überschrift "Customer Service to Relationship Management" nennen die Autoren zum einen die Intensivierung des Kundenkontaktes mit dem Ziel, beziehungsgetriebene Wertschöpfungsnetzwerke aufzubauen, und zum anderen die Fähigkeit, auf der Basis dieser Beziehungen – als wesentliche noch zu beschreitende Schritte – bestimmten Kunden unverwechselbare Logistikleistungen anzubieten sowie Logistikressourcen dementsprechend zielgerichtet einzusetzen, um die Ressourcennutzung effizienter zu gestalten.[19] Zusammengefasst ist somit die simultane Erreichung von Effektivitäts- und Effizienzzielen als der Kerngedanke logistischer Leistungsdifferenzierung anzusehen.[20] Bowersox, Closs und Stank fassen die dargestellten Ausführungen in zwei Punkten zusammen:

"First, firms seeking to develop strong relationships should recognize that all customers do not have the same service expectations and do not necessarily want or deserve the same overall level of service." [21]

"Second, firms seeking to enhance customer relationships must develop operating systems capable to quickly reacting to change rather than depending upon anticipatory deployment of inventory to handle planned requirements." [22]

Für die weitere definitorische Auseinandersetzung mit dem Themengebiet kundenindividueller Logistikleistungen rückt die erste Aussage die Frage in den Vordergrund, auf welche logistischen Unterscheidungsmerkmale bezogen Kundenanforderungen differieren. In der Literatur könne für die Umsetzung kundenindividueller Logistikleistungen drei grundlegende Ansätze identifiziert werden: Diese umfassen die initial von Fisher[23] geprägte produktorientierte Differenzierung, die

16 Lee (2004), S. 108
17 Torres/Miller (2002), S. 46
18 Torres/Miller (2002), S. 46
19 Vgl. Bowersox/Closs/Stank (2000), S. 3f.
20 Vgl. Zokaei/Hines (2007), S. 230
21 Bowersox/Closs/Stank (2000), S. 4
22 Bowersox/Closs/Stank (2000), S. 4
23 Vgl. Fisher (1997), S. 106ff.

unter anderem von Torres und Miller[24] sowie Mentzer[25] favorisierte kundensegmentorientierte Differenzierung sowie die von Kyi[26] und Mentzer[27] propagierte geografische Differenzierung.
Vor dem Hintergrund, dass Wertschöpfungsnetzwerke adaptiv sein müssen (d. h. über die Fähigkeit zur Anpassung an sich ändernde Kunden- und Marktanforderungen verfügen müssen, um langfristig wettbewerbsfähig zu bleiben), ist in der zweiten Aussage zusätzlich der Bedarf an eine dynamische Perspektive kundenindividueller Logistikleistungen formuliert.[28] Die dynamische Perspektive basiert dabei weitgehend auf der Anwendung von Flexibilitätskonzepten sowie der Nutzung des Systematisierungsinstrumentes des Produktlebenszyklus. Das Konzept des Produktlebenszyklus als dynamisches Modell betont dabei die explizite Einbeziehung des Faktors Zeit, da sich unternehmerisches Handeln im Zeitablauf veränderten Situationen anpassen muss und die Strategien entsprechend zu variieren sind.[29]
Unter Berücksichtigung der dargestellten Kernideen kann logistische Leistungsdifferenzierung als Konzept zur Umsetzung kundenindividueller Logistikleistungen durch eine ganzheitliche Betrachtung von Logistik- und Marketingleistungen wie folgt formuliert werden:
Logistische Leistungsdifferenzierung beschreibt die Schaffung von auf Kundenbeziehungen basierenden Wertschöpfungsnetzwerken, die mit dem Ziel einhergehen, wettbewerbsdifferenzierende Logistikleistungen prozesseffizient und auf spezifische Kundenanforderungen fokussiert zu erbringen. Dazu gilt es, anhand logistischer Leistungskriterien eine produktorientierte, kundensegmentorientierte und/oder geografische Segmentierung vorzunehmen und sie flexibel an sich im Zeitverlauf ändernde Kundenanforderungen anzupassen.[30]

2.2 Resource-based View und Ressourcenabhängigkeitsansatz als theoretische Erklärungsansätze kundenindividueller Logistikleistungen

Verschiedene betriebswirtschaftliche Theorien können als Erklärungsansatz kundenindividueller Logistikleistungen herangezogen werden. Hierzu zählen in erster Linie der Resource-based View und der Ressourcenabhängigkeitsansatz auf die im Folgenden näher eingegangen wird.
Der Resource-based View (ressourcenbasierter Ansatz) kann auf eine erste thematische Problematisierung von Penrose[31] zurückgeführt werden. Die Entwicklung des heute bekannten theoretischen Ansatzes wird jedoch den Autoren Barney[32] und Wernerfelt[33] zugerechnet. Den Kerngedanken des Resource-based View stellt die Annahme dar, dass Wettbewerbsvorteile auf spezifischen Ressourcenbündeln eines Unternehmens beruhen, welche für Konkurrenten nicht zu imitieren oder zu

---

24 Vgl. Torres/Miller (2002), S. 43ff.
25 Vgl. Mentzer/Flint/Kent (1999), S. 9ff.
26 Vgl. Kyi/Kyi (1994), S. 41ff.
27 Vgl. Mentzer/Myers/Cheung (2004), S. 15ff.
28 Vgl. Lee (2004), S. 107
29 Vgl. Höft (1992), S. 1
30 Vgl. Doch (2009), S. 10
31 Vgl. Penrose (1959)
32 Vgl. Barney (1991)
33 Vgl. Wernerfelt (1984)

substituieren sind.[34] Für das strategische Management impliziert dies eine im Vergleich zur Unternehmensumwelt bessere Kontrollierbarkeit von Ressourcen, die damit eine verlässlichere Basis für die Strategieformulierung darstellen.[35] Jedoch ist nicht jede Ressource dazu geeignet, bei diesen effektivitäts- und effizienzsteigernden Unternehmensstrategien zur Anwendung zu kommen. Strategische Ressourcen müssen nach Barney vier Kriterien erfüllen, um einen Beitrag zur Generierung nachhaltiger Wettbewerbsvorteile leisten zu können:[36] Diese Kriterien umfassen einen hohen Wert der Ressource, die Seltenheit und dementsprechende Begehrtheit der Ressource, die Unnachahmlichkeit der Ressource (was mit einer nur schwer zu imitierenden Ressource erfüllt ist) sowie die Unersetzbarkeit der Ressource (wie es bei nicht substituierbaren Ressourcen der Fall ist). Auch sind einzelne Ressourcen für sich genommen noch nicht in der Lage, strategische Wettbewerbsvorteile zu generieren. Erst die unternehmensspezifische Zusammenführung und Verwendung der unterschiedlichen Ressourcen erlaubt es, Produkte oder Dienstleistungen anbieten zu können, die der Kunde gegenüber Wettbewerbsangeboten präferiert.[37] Auf dem Weg der Generierung solcher nachhaltigen Wettbewerbsvorteile durch die Unternehmensführung ist zwischen zwei wesentlichen Aufgabengebieten zu unterscheiden (vgl. Abbildung 2):[38] der Aneignung von spezifischen Ressourcen (Outside-In-Prozess oder Exploration) und deren unternehmensspezifischer Kombination und Nutzung (Inside-Out-Prozess oder Exploitation).

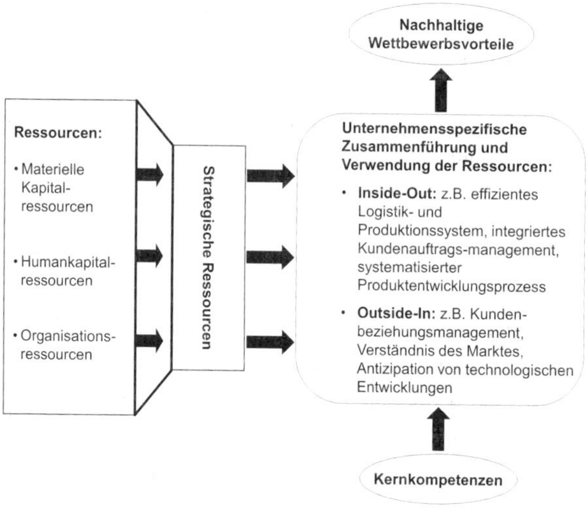

Abbildung 2: Entwicklung nachhaltiger Wettbewerbsvorteile im Resource-based View[39]

---

[34] Vgl. Mahoney/Pandian (1992), S. 363f.
[35] Vgl. Grant (1991), S. 116
[36] Vgl. hier und im Folgenden Barney (1991), S. 101f.
[37] Vgl. Prahalad/Hamel (1999), S. 956
[38] Vgl. hier und im Folgenden Day (1994a), S. 39f.
[39] Vgl. Day (1994a), S. 40 und Olavarrieta/Ellinger (1997), S. 567

Dabei fokussiert der Inside-Out-Prozess auf das Ziel einer effizienten Ressourcennutzung aus einer unternehmensinternen Sichtweise, während der Outside-In-Prozess den Anpassungsbedarf des Unternehmens an sich ändernde Umweltbedingungen bei der Ressourcenbeschaffung in das Zentrum der Betrachtung rückt. Die Fähigkeit, diese Ressourcen unternehmensspezifisch einzusetzen, wird dabei als die Kernkompetenz eines Unternehmens bezeichnet.[40] Der Begriff der Kernkompetenzen umfasst sowohl das in einem Unternehmen angesammelte implizite und explizite Wissen als auch die integrierte Nutzung dieser unterschiedlichen Fähigkeiten.[41]
Wesentliche Anwendungsgebiete einer ressourcenorientierten Sichtweise in der Logistik liegen in der Erklärung der Beziehung zwischen den logistischen Fähigkeiten eines Unternehmens und den daraus resultierenden unternehmensübergreifenden Wettbewerbsvorteilen, der Beschreibung strategischer Partnerschaften und Outsourcing-Bestrebungen sowie der Gestaltung der Schnittstelle zwischen der Unternehmensfunktion der Logistik und anderen Unternehmensfunktionen.[42] Über diese Argumentationsrichtung hinausgehend, liefert der Resource-based View auch für das Themengebiet logistischer Leistungsdifferenzierung einen bedeutsamen Beitrag. Penrose stellt dazu einen Zusammenhang zwischen der Entwicklung wettbewerbsdifferenzierender Produkte oder Dienstleistungen und den dadurch entstehenden einzigartigen Kompetenzen und Fähigkeiten in einem Unternehmen her.[43] Mintzberg führt hierzu weiter aus, dass Unternehmen durch die Entscheidung, neuartige Produkte, Technologien oder Ideen auf dem Markt anzubieten – also sich zu diversifizieren –, erst dazu angeregt werden, einzigartige interne Ressourcen zu entwickeln.[44] Dies erreichen sie, indem sie beispielsweise mehr in die Forschung investieren, die Produktions- und Vertriebskompetenzen ausbauen oder ihre Kunden besser kennenlernen. Die Entscheidung eines Unternehmens für das Angebot kundendifferenzierter logistischer Leistungen impliziert, dass für eine Konzeptumsetzung verschiedene Ressourcen (Markt- und Kundeninformationen oder Methodenkompetenzen) benötigt werden, die den späteren strategischen Wettbewerbsvorteil des Unternehmens darstellen. Darüber hinaus liefert der Resource-based View die theoretische Erklärung für einen der Kerngedanken logistischer Leistungsdifferenzierung. Das Hauptargument für die Differenzierung logistischer Dienstleistungen liegt in der Annahme begründet, dass mit unterschiedlichen Produkten, Regionen, Kundensegmenten oder zeitlichen Stellungen im Produktlebenszyklus verschiedene Anforderungen an die Logistik einhergehen. Auf die Logistik bezogen passen nur bestimmte logistische Servicekriterien zu einem spezifischen Produkt oder Kunden. Somit kann mithilfe des Resource-based View gezeigt werden, welcher Zusammenhang zwischen den von einem Unternehmen angebotenen Produkten und Dienstleistungen, den für die Leistungserbringung benötigten Unternehmensressourcen und den damit generierbaren Wettbewerbsvorteilen besteht.[45]

---

40 Vgl. Penrose (1959), S. 80ff.
41 Vgl. Zahn (1996), S. 885f.
42 Vgl. Olavarrieta/Ellinger (1997), S. 559
43 Vgl. Penrose (1959), S. 12ff.
44 Vgl. Mintzberg (2005), S. 312
45 Vgl. Olavarrieta/Ellinger (1997), S. 573

Ein weiterer über den des Resource-based View hinausgehender Erklärungsbeitrag kann mithilfe des Ressourcenabhängigkeitsansatzes gewonnen werden. Der Ressourcenabhängigkeitsansatz (resource dependence theory) stellt eine in den siebziger Jahren entwickelte Konkretisierung der Machttheorie dar.[46] Die Machttheorie fungiert dabei als allgemeiner Bezugsrahmen zur Erklärung von durch Machtphänomene geprägten betriebswirtschaftlichen Entscheidungen.[47] Daher kann der Ressourcenabhängigkeitsansatz auf direktem Wege als ein systemtheoretisches Modell des Unternehmens verstanden werden, in dem Leistungen und Ressourcen zur Sicherstellung des Funktionierens der Organisation bezogen und abgegeben werden.

Da Unternehmen auf Austauschbeziehungen zu ihren Lieferanten und vor allem ihren Kunden zur Sicherung des Leistungsflusses angewiesen sind,[48] ist die primäre Zielsetzung des Ressourcenabhängigkeitsansatzes in einem Beitrag zum Abbau von Unsicherheiten in den Beziehungen des Unternehmens zu externen Akteuren und Anspruchsgruppen zu sehen.[49] Als Ursprung dieser Theorie wird das Werk "The External Control of Organisations" von Pfeffer und Salancik angesehen.[50] Die wesentliche Erkenntnis dieser Abhandlung ist in der Abkehr von einem abstrakten Systemverständnis hin zu der Betrachtung konkreter Beziehungen zwischen Systemen in Form von Unternehmen und dessen Anspruchsgruppen zu sehen. Der Ressourcenabhängigkeitsansatz geht davon aus, dass die potenziellen Instabilitäten der Ressourcenangebots- und -abnahmeprozesse aus der spezifischen Marktposition des Unternehmens und der Branchenstruktur resultieren. Der in der spezifischen Unternehmenssituation vorherrschende Grad an Abhängigkeit von bestimmten Ressourcen wird anhand dreier wesentlicher Faktoren beschrieben: Neben der Bedeutung der Ressource für das Funktionieren des Unternehmens werden die Allokationsstruktur der Ressourcen am Markt sowie die Konzentration der Ressourcenkontrolle im Sinne der Verfügbarkeit von alternativen Quellen der Ressourcenbeschaffung- oder -verwendung als bestimmende Aspekte angeführt.[51] Strategien zur Verringerung der Unsicherheiten, die ein Bestehen am Markt gefährden, können neben den nach innen gerichteten Maßnahmen der Absorption und der Kompensation die im Fokus der Betrachtung stehenden, nach außen gerichteten Maßnahmen zur Steigerung der Umweltkontrolle sein.[52]

So ist es möglich zu analysieren, wie sich eine Differenzierungsstrategie auf den Ressourcenabnahmeprozess auswirkt. Es kann deutlich gemacht werden, dass durch die Erbringung differenzierter logistischer Leistungen die Kundenzufriedenheit und der Kundennutzen gesteigert werden können und sich somit die Kundenloyalität als Maßnahme der Kompensation von Unsicherheiten erhöhen lässt. Diese Erkenntnis erlaubt es, eine Argumentationskette aufzubauen, die von der Unternehmensstrategie der Differenzierung zur Schaffung nachhaltiger Wettbewerbsvorteile ausgeht. Von den hierfür benötigten internen Leistungszielen, die die Logistik zu erfüllen hat, lässt

46 Vgl. Wolf (2005), S. 222
47 Vgl. Wolf (2005), S. 203
48 Vgl. Staber (2000), S. 60f.
49 Vgl. Wolf (2005), S. 222f.
50 Vgl. Pfeffer/Salancik (1978)
51 Vgl. Pfeffer/Salancik (1978), S. 45f.
52 Vgl. Wolf (2005), S. 223

sich die Wirkungsweise der erbrachten differenzierten Logistikleistungen auf die Kundenzufriedenheit ableiten. Ein zusätzlicher Erklärungsbeitrag des Ressourcenabhängigkeitsansatzes wird zudem deutlich, wenn das Betrachtungsfeld nicht nur auf Ressourcenaustauschbeziehungen zwischen Unternehmen, sondern auch auf eine intraorganisationale Ebene gelegt wird. So ist es nun möglich, das Verhältnis von Subsystemen (z. B. von verschiedenen Abteilungen eines Unternehmens) aufgrund ihres Besitzes bestimmter Ressourcen zu beschreiben. Folglich können die bereits skizzierten Umsetzungshürden logistischer Leistungsdifferenzierung, die aus Zielkonflikten zwischen Vertriebs- und Logistikabteilung resultieren, damit erklärt werden, dass typischerweise der Vertrieb im Besitz der Ressource Marktkenntnis und der Informationen über Kundenbedürfnisse ist, die die Logistik für eine Umsetzung des Konzeptes logistischer Leistungsdifferenzierung benötigt.[53] Entsprechend dem Ressourcenabhängigkeitsansatz kann die Logistik daher entweder der Strategie folgen, selbst in den Besitz dieser Ressource zu gelangen, oder Maßnahmen der Kooperation zwischen den beiden Unternehmensfunktionen zu forcieren.

2.3 Basiskonzepte zur Erklärung kundenindividueller Logistikleistungen

Unternehmen suchen folglich nach Lösungen, der Vielfalt an Erwartungen auf wirtschaftliche Weise gerecht zu werden. Einen möglichen theoretischen Rahmen hierzu kann die Strategie der Differenzierung bieten. Die Diskussion über den Beitrag der verschiedenen betriebswirtschaftlichen Disziplinen zu einer Strategie der Differenzierung reicht bis in die 1930er Jahre zurück. Bohn verdichtet diese Diskussion, indem er in den zwei Bereichen des Strategischen Managements und des Marketings die wesentlichen Treiber einer Differenzierungsstrategie sieht.[54] In seiner Arbeit ordnet er Ansätze, die sich auf unternehmensstrategische Probleme beziehen, dem Strategischen Management zu, während die die praktische Planung und Umsetzung der Differenzierung betreffenden Ansätze dem Marketing zugesprochen werden.[55]

Die strategische Sichtweise der Differenzierung geht maßgeblich auf die Arbeiten von Porter zurück. Dort konnte festgestellt werden, dass es die Zielsetzung der strategischen Planung ist, innerhalb der Tätigkeitsbereiche des Unternehmens Wettbewerbsvorteile zu erlangen, die das langfristige Überleben der Unternehmung sichern.[56]

Neben dieser unternehmensstrategischen Blickrichtung kann die Differenzierung auch als Problem von Abnehmerpräferenzen beschrieben werden.[57] Somit bietet das Marketing durch seine explizite Fokussierung auf die Kundenbedürfnisse eine andere Herangehensweise an die Strategie der Differenzierung. Dies wird durch das Marketing-Konzept deutlich, welches die Kenntnis der Kundeninteressen zur Grundlage des unternehmerischen Handelns erklärt.[58] Das Konzept der Differenzierung ist somit eine Konsequenz aus der zunehmend an Bedeutung gewinnenden Kundenorientie-

53 Vgl. Sharma/Grewal/Levy (1995), S. 10f. und Mentzer/Flint/Hult (2001), S. 83f.
54 Vgl. Bohn (1993), S. 22
55 Vgl. Bohn (1993), S. 24
56 Vgl. Hahn (2006), S. 31f.
57 Vgl. Bohn (1993), S. 23
58 Vgl. Kotler/Keller (2006), S. 16

rung von Unternehmen.[59] So stellt Albers fest: *„Kundennähe ist [...] dann erreicht, wenn durch differenzierte Marktbearbeitung möglichst vielen unterschiedlichen Kunden individuell auf sie zugeschnittene Produkte angeboten werden.“* [60] Durch ein hohes Maß an Kundennähe ist es möglich, Kundenerwartungen bedarfsgerecht befriedigen und flexibel und schnell auf sich ändernde Kundenwünsche respektive Marktveränderungen reagieren zu können. Die Kundenzufriedenheit erklärt dabei die Einstellung des Kunden gegenüber dem Unternehmen, welche aus einem Vergleich von wahrgenommener und erwarteter Unternehmensleistung resultiert.[61] Infolgedessen ist die Kundenzufriedenheit das Ergebnis eines Evaluationsprozesses durch den Kunden.[62] Werden die Erwartungen erfüllt oder sogar übertroffen, so stellt sich bei dem Kunden die Kundenzufriedenheit ein. Eine notwendige Voraussetzung zur Steigerung der Kundenzufriedenheit ist daher die Tatsache, Kenntnisse darüber zu besitzen, welche Erwartungen die Kunden an die Leistung stellen. Die Kundenzufriedenheit wirkt sich wiederum positiv auf die Kundenloyalität aus.[63] Die Kundenloyalität bezeichnet die Wiederkaufsabsicht des Kunden sowie seine Bereitschaft, das Unternehmen weiterzuempfehlen.[64] In letzter Konsequenz resultiert aus der Kundenloyalität ein positiver Einfluss auf die Gewinnentwicklung des Unternehmens im Sinne eines Umsatz- und Gewinnwachstums bei bestehenden Kundenbeziehungen und der Gewinnung neuer Kunden.[65]

Infolge der dargestellten Zusammenhänge zwischen Kundenzufriedenheit und Unternehmenserfolg hat sich auch ein dementsprechender Qualitätsbegriff entwickelt, welcher der Beurteilung von Produkten und Dienstleistungen zugrunde gelegt wird. Im Gegensatz zu der herstellerdefinierten Qualität wird dabei von einer kundendefinierten Qualität ausgegangen.[66] Das Konzept der Kundenzufriedenheit und der kundendefinierten Qualität ist in Abbildung 3 schematisch dargestellt.

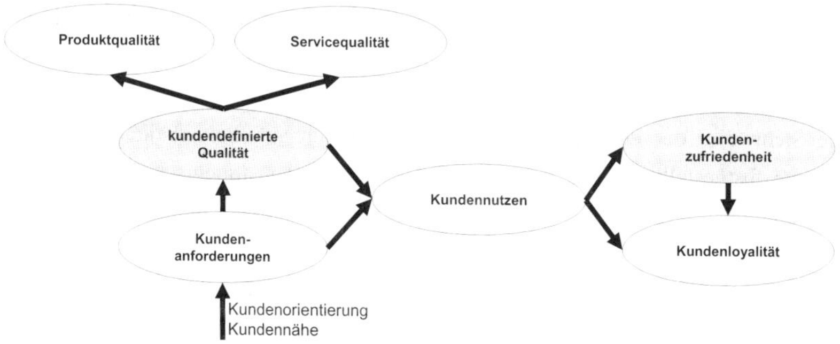

Abbildung 3: Konzept der Kundenzufriedenheit und kundendefinierten Qualität[67]

---

59 Vgl. Baumberger/Lindemann (2006), S. 7
60 Albers (1989), S. 108
61 Vgl. Rapp (1995), S. 26
62 Vgl. Hahn (2002), S. 79
63 Vgl. Hahn (2002), S. 3 und Rapp (1995), S. 46f.
64 Vgl. Rapp (1995), S. 10
65 Vgl. Fornell (1992), S. 12 und Rapp (1995), S. 3f.
66 Vgl. Rapp (1995), S. 41
67 Vgl. Terblanche (2006), S. 33

Neben der allgemeinen Erklärung der Kundenzufriedenheit gilt es zu untersuchen, welchen Beitrag die einzelnen Unternehmensfunktionen zur Produktqualität, Servicequalität und zum Kundennutzen leisten. In Bezug auf die Logistik ist der Frage nachzugehen, wie die Produktions- und Logistikprozesse zu gestalten sind, um die kundendefinierten Produkt- und Serviceanforderungen kosteneffizient umsetzen zu können. Hierbei sind Prozesse, die aus Sicht der kundendefinierten Qualität nicht förderlich sind, zu vermeiden und neue Prozesse zur Steigerung der Kundenzufriedenheit zu schaffen. Die Logistik beeinflusst demnach sowohl die Gestaltung der Produktqualität als auch der Servicequalität.[68]

Neben dem Umgang mit differierenden Kundenerwartungen, kann ein weiteres zentrales Problem bei der Verfolgung einer Differenzierungsstrategie festgestellt werden. Mit dem Begriff der Komplexitätskosten[69] wird dabei das Phänomen überproportional ansteigender Kosten bei einem gleichmäßig zunehmenden Differenzierungsgrad des Angebotes beschrieben.[70] Eine Ursache für die Kosten der Differenzierung ist vor allem in dem erhöhten Steuerungs- und Koordinationsaufwand zu sehen: *"Management often faces segmentation tension between the theoretically desirable and the managerially possible."* [71] Somit lässt sich die Marktsegmentierung als Trade-off zwischen der Anzahl der Marktsegmente sowie der damit einhergehenden Genauigkeit der Marktbearbeitung und zwischen den dafür anfallenden Kosten deskribieren.[72]

Die Umsetzung einer Wettbewerbsstrategie der Differenzierung macht somit eine Fokussierung der leistungserstellenden Prozesse auf bestimmte Zielgrößen und Kundenanforderungen erforderlich.[73] Die heute diskutierten Umsetzungskonzepte der Fokussierung lassen sich auf die Arbeit von Skinner aus dem Bereich des Produktionsmanagements zurückführen.[74] Dort wird Fokussierung als Konzept beschrieben, das die *"[...] simplicity, repetition, experience, and homogeneity of tasks breed competence [...]"* [75] zum Ziel hat. Für die Konzeptumsetzung *"[...] each key functional area in manufacturing must have the same objective, derived from corporate strategy."* [76] Der Geltungsbereich dieses Ansatzes wurde von Fuller[77] auf den Funktionsbereich der Logistik sowie von Fisher[78] auf das gesamte Gestaltungsspektrum der Logistik ausgeweitet. Fokussierungskonzepte können somit als grundlegende Strategie der Umsetzung logistischer Leistungsdifferenzierungsansätze angesehen werden. Die Fokussierung des Leistungserstellungsprozesses ermöglicht es, kundenspezifische Anforderungen zu erfüllen und damit den bereits beschriebenen Average-Effekt zu überwinden.[79] Die Hauptherausforderung bei der Umsetzung entsprechender logistischer Leis-

---

68 Vgl. hier und im Folgenden Mikus (2003), S. 92ff. und Pfohl (2004), S. 34 f.
69 Vgl. Hermann (2000), S. 5
70 Vgl. Hermann (2000), S. 5
71 Verhallen/Frambach/Prabhu (1998), S. 306
72 Vgl. Hahn (2002), S. 60
73 Vgl. Janowski (2004), S. 739f.
74 Vgl. Skinner (1974)
75 Skinner (1974), S. 115
76 Skinner (1974), S. 115
77 Vgl. Fuller/O'Conor/Rawlinson (1993), S. 87ff.
78 Vgl. Fisher (1997), S. 105ff.
79 Vgl. Childerhouse/Aitken/Towill (2002), S. 676

tungsdifferenzierungskonzepte ist in der Wahl eines optimalen Grades an Fokussierung zu sehen.[80] Die Lage dieses Punktes kann dabei beispielsweise von der Heterogenität der Produkteigenschaften, den Umweltbedingungen oder der Kundennachfrage abhängig sein. Abbildung 4 verdeutlicht anhand einer exemplarischen Fokussierungskostenkurve den Trade-off zwischen dem Grad an Fokussierung und den damit verbundenen Fokussierungskosten.

Ein hohes Maß an Fokussierung ermöglicht die effiziente Erfüllung spezifischer Kundenanforderungen. Dieser Zustand ist dabei analog zu dem aus dem Marketing bekannten Begriff des "segment of one" zu sehen,[81] bei dem durch sehr kleine Kundensegmente den Kundenanforderungen höchst individuell begegnet wird.[82] Im Gegensatz dazu ermöglicht ein geringes Maß an Fokussierung den kosteneffizienten Ablauf der Leistungserstellungsprozesse, da spezifische Kundenanforderungen nicht im Vordergrund der Betrachtung stehen. Dieser Zustand ist dabei analog zu dem aus dem Marketing bekannten Begriff der "one size fits all"-Strategie zu sehen,[83] bei der das Marketing lediglich auf die Bedürfnisse der durchschnittlichen Kundenanforderungen zugeschnitten ist.[84]

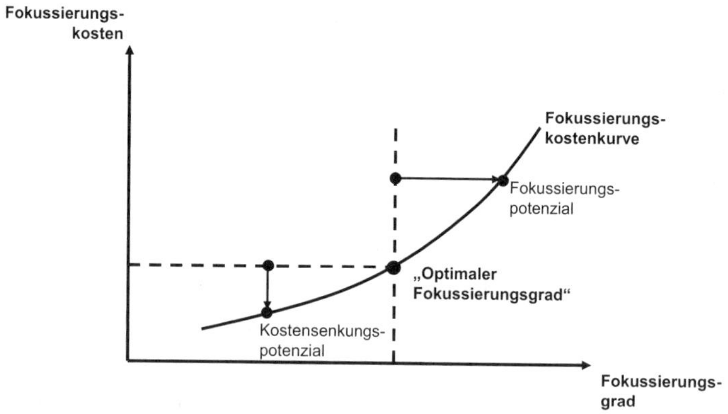

Abbildung 4: Fokussierungskostenkurve[85]

Für die Logistik ergibt sich somit ein Spannungsfeld zwischen effizienter Leistungserstellung auf der einen Seite und effektiver Befriedigung der Kundenwünsche auf der anderen Seite. Das Effektivitäts- und Effizienzprinzip kann dabei als die grundlegende Determinante bei der Gestaltung logistischer Prozesse verstanden werden.[86] Darüber hinaus gilt es, einen geeigneten Methodeneinsatz zu definieren, um den gewählten Grad an Fokussierung mit dem bestmöglichen Kostenniveau zu erreichen. Kann die definierte Lage auf der Fokussierungskostenkurve aufgrund zu hoher Fo-

80 Vgl. Torres/Miller (2002), S. 46
81 Vgl. Torres/Miller (2002), S. 46
82 Vgl. Simonson (2005), S. 32
83 Vgl. Torres/Miller (2002), S. 46
84 Vgl. Chaffey/Mayer/Johnston (2000), S. 6
85 Vgl. Hines/Holweg/Rich (2004), S. 997 und Torres/Miller (2002), S. 44
86 Vgl. Zokaei/Hines (2007), S. 230

kussierungskosten nicht erlangt werden, müssen Methoden eingesetzt werden, die mit dem Effizienzziel der Logistik korrespondieren. Kann dagegen die definierte Lage auf der Fokussierungskostenkurve aufgrund mangelnder Kundenorientierung und Leistungsdifferenzierung nicht erreicht werden, sollten Methoden eingesetzt werden, die mit dem Effektivitätsziel der Logistik korrespondieren.

2.4 Bekannte Ansätze zur Umsetzung kundenindividueller Logistikleistungen

Im vorangegangenen Abschnitt konnte deutlich gemacht werden, dass die übergreifende Zielsetzung einer Differenzierungsstrategie, die es durch fokussierte Konfigurationen der Leistungserstellung umzusetzen gilt, in einer optimalen Befriedigung der Kundenbedürfnisse zu subsumieren ist.[87] Diese Zielsetzung wird im Rahmen verschiedener, mit der logistischen Leistungsdifferenzierung in Verbindung stehender Konzepte umzusetzen versucht. Zu diesen Konzepten gehören die Anwendung von Mass Customization-Ansätzen auf logistische Dienstleistungen, die Anwendung von Revenue Management-Strategien in produzierenden Unternehmen, das Konzept der Supply Chain-Flexibilität sowie die Nutzung des Advanced Planning-Ansatzes für die Erfüllung von Kundenaufträgen.

Den Ausgangspunkt der Überlegungen zum Themengebiet der Mass Customization stellte die vorherrschende Dominanz der Massenfertigung in produzierenden Branchen dar.[88] Als neuartige, von den Marktbedingungen und der Kundennachfrage her abgeleitete Idee[89] sollte unter dem Begriff der Mass Customization verstanden werden, dass *"[...] the same large number of customers can be reached as in mass markets of the industrial economy, and simultaneously they can be treated individually as in customized markets of pre-industrial economies."*[90] Diese Vision ist in erster Linie mit entsprechenden Anforderungen an die Produktionssysteme von Unternehmen verbunden, da im Allgemeinen davon auszugehen ist, dass ein trade-off zwischen einer kundenindividuellen Fertigung und den damit einhergehenden Produktionskosten und Durchlaufzeiten existiert.[91] Das Ziel der Entwicklungen im Themengebiet der Mass Customization ist demnach die Auflösung dieses vermeintlichen Widerspruchs zwischen effizienter Fertigung und individuellen Produkten.[92] Da sich Mass Customization-Ansätze durch einen frühen Einbezug des Kunden in den Wertschöpfungsprozess auszeichnen, wird deutlich, dass die Mass Customization keinen rein fertigungsfokussierten Ansatz, sondern vielmehr eine alle Unternehmensfunktionen umfassende Strategie darstellt.[93] So unterteilt beispielsweise Blecker den Mass Customization-Prozess in sechs Gestaltungsbereiche respektive beteiligte Unternehmensfunktionen: den Entwicklungsprozess, den

---

87 Vgl. Kotzab (2000), S. 34, Christopher (2004), S. 23 und Brewer/Speh (2000), S. 75
88 Vgl. Toffler (1981), S. 192 und Kotha (1995), S. 22
89 Vgl. Pine (1993), S. 17
90 Davis (1997), S. 169
91 Vgl. New (1992), S. 22f. und Flippini/Forza/Vinelli (1998), S. 3380
92 Vgl. Fralix (2001), S. 2
93 Vgl. Mena/Fernandez/McCarthy (2000), S. 778

Interaktionsprozess mit dem Kunden, den Beschaffungsprozess, den Produktionsprozess, den Logistikprozess und den Informationsprozess.[94]

Eine andere Entwicklungsrichtung im Themengebiet der Mass Customization stellt eine Konzeptausweitung auf den Bereich der Individualisierung von Dienstleistungen dar. Jedoch ist zu beobachten, dass das Themengebiet der Service Mass Customization ein bisher noch wenig bearbeitetes Untersuchungsobjekt darstellt[95] und eine Übertragung der Konzepte der Mass Customization auf den Dienstleistungsbereich noch aussteht.[96]

Somit kann für das Themengebiet der logistischen Leistungsdifferenzierung festgestellt werden, dass eine Anwendung von Mass Customization-Konzepten zur Erfüllung kundenindividueller logistischer Leistungen bisher nicht stattgefunden hat, jedoch aufgrund der zu erkennenden konzeptionellen Nähe als sinnvoll anzusehen ist.[97] Im Besonderen können die mit der Mass Customization assoziierten Konzepte und Methoden,[98] wie das Postponement, das Customer Relationship Management, die Marktsegmentierung oder die Modularisierung, auch Einfluss in die methodische Ausgestaltung der logistischen Leistungsdifferenzierung finden.

Neben der Mass Customization bietet auch das Konzept der Supply Chain-Flexibilität eine thematische Nähe zur logistischen Leistungsdifferenzierung. Flexiblen Unternehmen wird die Fähigkeit zugesprochen, auch in einem dynamischen Markt- und Wettbewerbsumfeld ihre Wettbewerbsfähigkeit zu wahren.[99] Daher wird strategische Flexibilität als *"[...] a firm's ability to respond to uncertainties by adjusting its objectives with the support of its superior knowledge and capabilities [...]"*[100] beschrieben. Als Grundlage für eine systematische Auseinandersetzung mit dem Themengebiet der Flexibilität wird eine weiterführende Klassifikation der Unsicherheiten angesehen, mit denen es im Rahmen des Flexibilitätsmanagements umzugehen gilt. Supply Chain-Flexibilität umfasst dabei *"[...] the requirement of flexibility within and between all partners in the chain, including departments within an organization and the external partners [...]. It includes the flexibility to gather information on market demands and exchange information between organizations."*[101] Dementsprechend haben Duclos, Vokurka und Lummus die Flexibilität von Supply Chains in sechs Dimensionen zusammengefasst: "operations system flexibility", "logistics flexibility", "supply flexibility", "organizational flexibility" und "information systems flexibility" (siehe Abbildung 5).[102]

Die dargelegten Grundlagen der Supply Chain-Flexibilität verdeutlichen die enge Verbindung des Themengebietes mit dem der logistischen Leistungsdifferenzierung. Supply Chain-Flexibilität stellt einen für den Kunden wahrnehmbaren Teil des logistischen Services dar. Dem Grundgedan-

---

94 Vgl. Blecker/Abdelkafi (2006), S. 7ff.
95 Vgl. Reichwald/Möslein (1997), S. 75ff.
96 Vgl. Piller/Meier (2001), S. 14
97 Vgl. Zhao/Ding/Liu (2005), S. 369
98 Vgl. Blecker/Friedrich/Kaluza/Abdelkafi/Kreutler (2005), S. 30ff.
99 Vgl. Sanchez (1995), S. 138
100 Lau (1996), S. 11
101 Duclos/Vokurka/Lummus (2003), S. 450
102 Vgl. hier und im Folgenden Duclos/Vokurka/Lummus (2003), S. 450ff.

ken logistischer Leistungsdifferenzierung folgend, ist davon auszugehen, dass Flexibilität von verschiedenen Kunden unterschiedlich stark nachgefragt wird und sie damit das Potenzial einer differenzierten Bereitstellung birgt. So hat die Forschungsgruppe um Voigt die Änderungsflexibilität als diskriminierendes Differenzierungsmerkmal für die deutsche Automobilindustrie identifizieren können.[103]

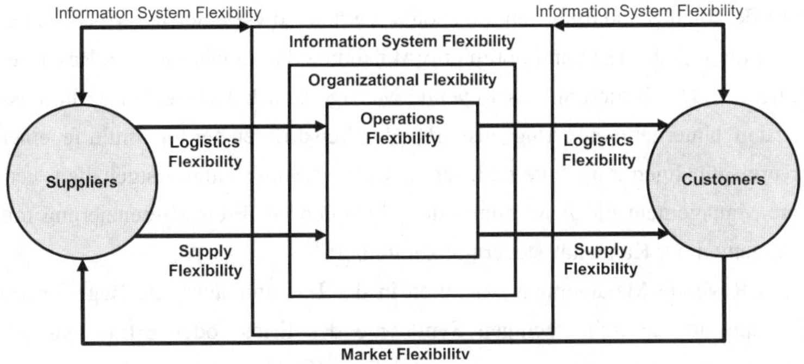

Abbildung 5: Dimensionen der Supply Chain-Flexibilität[104]

Im Allgemeinen kann zwar davon ausgegangen werden, dass eine hohe Supply Chain-Flexibilität einen positiven Beitrag zur Kundenzufriedenheit leistet;[105] jedoch stellt die genaue Dimensionierung der dargelegten Arten von Supply Chain-Flexibilität in der Regel einen trade-off zwischen dem Kundennutzen der Flexibilität und den Kosten dar,[106] die mit dem Aufbau der Flexibilität einhergehen.[107] Daher spielen für die kundenorientierte Ausgestaltung der Supply Chain-Flexibilität Konfigurationsansätze eine entscheidende Rolle, mit denen differenzierte Maße an Flexibilität für die unterschiedlichen Kundengruppen in spezifischen Wertschöpfungskonfigurationen bereitgestellt werden können.[108] So sind die unterschiedlichen Flexibilitätsdimensionen in verschiedener Weise betroffen, wenn es darum geht, kundenindividuelle Flexibilitätsanforderungen zu erfüllen. Aus diesem Grunde ist davon auszugehen, dass logistische Leistungsdifferenzierung nicht singulär als Methode zur Reduzierung des Flexibilitätsbedarfs gesehen werden kann. Vielmehr wird angenommen, dass durch logistische Leistungsdifferenzierung eine Substitution einer Dimension der Supply Chain-Flexibilität durch eine andere stattfindet.[109] Wird davon ausgegangen, dass der Auf- und Abbau von Flexibilität in den einzelnen Flexibilitätsdimensionen unterschiedlich schwierig zu realisieren ist,[110] bleibt dennoch die Möglichkeit bestehen, dass logistische

103 Vgl. Saatmann/Schorr/Voigt (2007), S. 111
104 Vgl. Duclos/Vokurka/Lummus (2003), S. 451
105 Vgl. Zhang/Vonderembse/Lim (2005), S. 87
106 Vgl. Salvador/Rungtusanatham/Forza/Trentin (2007), S. 1187
107 Vgl. Holweg/Miemczyk (2003), S. 64
108 Vgl. Lee (2004), S. 108 und Lummus/Vokurka/Duclos (2005), S. 2687
109 Vgl. Straube/Doch/Rösch (2009), S. 124ff.
110 Vgl. Stevenson/Spring (2007), S. 702

Leistungsdifferenzierung unter bestimmten Gegebenheiten eine Methode zur Reduzierung des Bedarfs an Supply Chain-Flexibilität darstellen kann.
Ein weiteres eng mit der logistischen Leistungsdifferenzierung verbundenes Konzept stellt das Revenue Management dar. Die Ursprünge des Revenue Management lassen sich auf die Umsetzung des Instruments der Preisdifferenzierung in der Luftfahrtindustrie zum Zwecke der Realisierung spezieller Niedrigpreistarife mit entsprechenden Restriktionen zurückführen, die zusätzlich zu den herkömmlichen flexiblen Standardtarifen angeboten werden, sowie einer dafür benötigten Kapazitätssteuerung, die die regelbasierte und optimierte Annahme oder Ablehnung von Reservierungsanfragen ermöglicht.[111] Die Neuerung des Revenue Management besteht dabei darin, dass eine sich positiv auf den Unternehmenserfolg auswirkende Preisdifferenzierung mithilfe einer Reglementierung der preisgünstigen Angebote realisierbar wird.[112] Somit kann festgehalten werden, dass das Revenue Management die Anwendung der Methoden der Preisdifferenzierung mit dem Einsatz von Instrumenten der Kapazitätssteuerung kombiniert.[113]
Neben dem Begriff des Revenue Management existieren in der Literatur auch die Begriffe des Yield Management[114] und der deutschsprachigen Synonyme des Erlös- oder Ertragsmanagements.[115] Obwohl keine eindeutige Definition der genannten Begrifflichkeiten vorliegt,[116] verdeutlichen diese, dass das Konzept des Revenue Management Instrumente umfasst, die sowohl auf die Beeinflussung der Nachfrage- als auch der Erlösseite der Leistungserstellung abzielen. So beschreibt Kimes das Revenue Management als Methode, die *"[...] guides the decision of how to allocate undifferentiated units of capacity in such a way as to maximize profit or revenue."* [117] Corsten und Stuhlmann konkretisieren diese Aussage weiter, indem sie das Revenue Management definieren als *„[...] Ansatz zur integrierten Preis- und Kapazitätssteuerung mit dem Ziel, eine gegebene Gesamtkapazität so in Teilkapazitäten aufzuteilen und hierzu Preisklassen zu bilden, dass eine Ertrags- und Umsatzmaximierung erreicht wird.“* [118]
In der wissenschaftlichen Literatur werden daher verschiedene Anwendungsvoraussetzungen des Revenue Management diskutiert, die sich in vier zentrale Merkmale aufgliedern lassen: die eingeschränkte Flexibilität des Kapazitätsangebots und die damit verbundenen hohen Fixkosten, die Notwendigkeit der Integration eines externen Faktors und die damit in Verbindung stehende Nichtlagerfähigkeit und Vorausbuchbarkeit der zu erbringenden Leistung, die Möglichkeit der Marktsegmentierung sowie ein heterogenes, aber prognostizierbares Nachfrageverhalten nach einem standardisierten Spektrum an Leistungen.[119] Das Revenue Management hat die Konfiguration des operativen Kundenauftragsprozesses hinsichtlich der Preise und Bestellrestriktionen zum

---

111 Vgl. Smith/Leimkuhler/Darrow (1992), S. 10
112 Vgl. Talluri/van Ryzin (2005), S. 4f.
113 Vgl. Kimms/Klein (2005), S. 2
114 Vgl. z.B. Tscheulin/Lindenmeier (2003), S. 629
115 Vgl. z.B. Kimms/Klein (2005), S. 3
116 Vgl. Stuhlmann (2000), S. 222
117 Kimes (1989), S. 348
118 Corsten/Stuhlmann (1999), S. 85
119 Vgl. hier und im Folgenden Kimms/Klein (2005), S. 5ff., Talluri/van Ryzin (2005), S. 13ff. und McGill/van Ryzin (1999), S. 233ff.

Ziel.[120] In der Literatur wird in diesem Falle zwischen der segmentorientierten Preisdifferenzierung, der Überbuchung von Kapazitäten und der Kapazitäts- oder Preis-Mengen-Steuerung unterschieden.[121]

Generell kann konstatiert werden, dass das Revenue Management neben spezifischen Berechnungsansätzen auch eine systematische Methode darstellt, wie differenzierte Preise für mit unterschiedlichen Restriktionen und Mehrwertleistungen versehene Produkte und Dienstleistungen bestimmt werden können. Somit darf im Revenue Management ein Ansatz gesehen werden, die Gestaltung differenzierter logistischer Dienstleistungen zu unterstützen; jedoch ist festzustellen, dass das Revenue Management in der Regel unter der Prämisse bestehender Leistungserstellungssysteme und Kapazitäten vollzogen wird.[122] Für die Ausgestaltung der Leistungserstellungssysteme, die eine differenzierte Leistungserstellung erst ermöglichen, bietet das Revenue Management allerdings keine Empfehlungen. Somit stellt das Revenue Management keine Strategie dar, die mit einem umfassenden Ansatz der logistischen Leistungsdifferenzierung gleichgesetzt werden kann. Vielmehr ist im Revenue Management eine Methode zu sehen, die im Rahmen eines Gestaltungsansatzes der logistischen Leistungsdifferenzierung zum Einsatz kommen kann.

Auch der Advanced Planning-Ansatz kann mit dem Konzept der logistischen Leistungsdifferenzierung in Verbindung gebracht werden. Mit dem Begriff des Advanced Planning wird eine hierarchische Planungslogik bezeichnet, die die simultane Betrachtung von Kapazitätsrestriktionen zum Ziel hat.[123] Damit dient der Advanced Planning-Ansatz der Überwindung der Defizite des Material Requirements Planning,[124] bei dem im Rahmen einer sukzessiven Planung komplexer Problemstellungen eine nur wenige Teilbereiche umfassende, in der Regel nicht optimale Lösung generiert wird.[125] Die in der Literatur weit verbreitete Supply Chain Planning-Matrix strukturiert die verschiedenen, in Advanced Planning and Scheduling-Systemen enthaltenen Softwaremodule entsprechend dem Planungsbereich (Beschaffung, Produktion, Distribution und Vertrieb) und der Fristigkeit der Planung.[126]

Der Bereich "Demand Fulfillment & ATP" stellt dabei die eigentliche Schnittstelle der Planung zum Kunden dar.[127] Die Zielsetzung der kurzfristigen Nachfrageplanung ist darin zu sehen, die Erfüllbarkeit von Kundenanfragen in Echtzeit zu prüfen, um bei der Abwicklung der Kundenaufträge ein hohes Maß an Servicequalität sicherstellen zu können.[128] Verfahren, die diese Kapazitätsprüfung unterstützen, werden unter dem Begriff "available-to-promise" diskutiert. Im Detail werden drei zentrale Zielsetzungen mit dem available-to-promise-Konzept in Verbindung gebracht: die Steigerung der Lieferzuverlässigkeit durch die Bestimmung realistischer Liefertermine,

---

120 Vgl. Kimms/Klein (2005), S. 10

121 Vgl. hier und im Folgenden Kimms/Klein (2005), S. 12f., Klein (2001), S. 246ff. und McGill/van Ryzin (1999), S. 235ff.

122 Vgl. Rehkopf (2006), S. 49

123 Vgl. Stadtler (2005), S. 578 und Moon/Kim/Gen (2004), S. 2941

124 Vgl. Jonsson/Kjellsdotter/Rudberg (2007), S. 818

125 Vgl. Fleischmann/Meyr/Wagner (2002), S. 74

126 Vgl. Meyr/Wagner/Rohde (2002), S. 99

127 Vgl. Stadtler (2005), S. 581

128 Vgl. Chen/Zhaeo/Ball (2002), S. 424f. und Kilger/Schneeweiss (2002), S. 161

die möglichst weitgehende Erfüllung von Kundenanfragen und die Erlössteigerung im Rahmen des Revenue Management.[129]

Die genannten Zielsetzungen des available-to-promise-Konzeptes verdeutlichen den Zusammenhang mit dem im vorangegangenen Abschnitt beschriebenen Konzept des Revenue Management. Daher wird das available-to-promise-Konzept in der Literatur zum Teil auch als Umsetzungsinstrument von Revenue Management-Ansätzen diskutiert.[130] Bei der Verfügbarkeitsprüfung von available-to-promise-Konzepten wird zwischen der Prüfung der Produktverfügbarkeit und der Ressourcenverfügbarkeit unterschieden.[131] Die Ressourcenverfügbarkeitsprüfung stellt das in den meisten Advanced Planning and Scheduling-Systemen implementierte Verfahren dar, welches dort häufig unter dem Begriff "capable-to-promise" zu finden ist.[132] In gängigen Advanced Planning and Scheduling-Systemen kommen in der Regel jedoch nur einfache Verfahren der Kapazitätsprüfung zum Einsatz,[133] während in der Wissenschaft verschiedene Erweiterungen der Ressourcenverfügbarkeitsprüfung diskutiert werden.[134] Hierzu sind die Berücksichtigung von Alternativprodukten und alternativen Konfigurationen des Wertschöpfungsprozesses (z. B. in Form von Alternativlieferanten oder verschiedenen zur Auswahl stehenden Produktionswerken), die Möglichkeit, dem Kunden Teillieferungen seiner Bestellung anzubieten, oder die differenzierte Behandlung unterschiedlicher Kundensegmente zu zählen.[135]

Gerade für die Umsetzung der logistischen Leistungsdifferenzierung sind die genannten Erweiterungen der Verfügbarkeitsprüfung von Relevanz. So ermöglicht es die Berücksichtigung alternativer Konfigurationen des Wertschöpfungsprozesses, die für die Bereitstellung differenzierter Logistikleistungen benötigten Supply Chain-Konfigurationen spezifischen Kundensegmenten zuzuweisen.[136] Auf diese Weise lassen sich die dafür benötigten Kundensegmente auch durch die Möglichkeit der Klassifikation von Kunden in modernen Advanced Planning and Scheduling-Systemen realisieren.[137] Somit kann festgehalten werden, dass das available-to-promise-Konzept ein zentrales Instrument zur planerischen und systemseitigen Umsetzung der logistischen Leistungsdifferenzierung darstellt. Gleichzeitig ist auch festzustellen, dass der Fokus aktueller Advanced Planning and Scheduling-Systeme in einer Verbesserung der Planungsqualität mithilfe neuer Optimierungsverfahren liegt.[138] Der Ansatz logistischer Leistungsdifferenzierung besteht jedoch darin, durch das Angebot differenzierter Logistikservices die Kundenorientierung der Leistungserstellung und damit die Flexibilität in der Nutzung der unterschiedlich ressourcenintensiven Supply Chain-Konfigurationen zu erhöhen. Daher ist die logistische Leistungsdifferenzierung nicht nur als Anwendungskonzept des Advanced Planning zu verstehen, sondern auch als Methode, den in

129 Vgl. Kilger/Schneeweiss (2002), S. 161
130 Vgl. Quante/Meyr/Fleischmann (2007), S. 2 und Rehkopf (2006), S. 101f.
131 Vgl. hier und im Folgenden Pibernik (2005), 241f.
132 Vgl. Stadtler (2005), S. 581
133 Vgl. Kilger/Schneeweiss (2002), S. 172f.
134 Vgl. Pibernik (2005), 242f.
135 Vgl. Fischer (2001), S.27ff.
136 Vgl. Quante/Meyr/Fleischmann (2007), S. 18
137 Vgl. Quante/Meyr/Fleischmann (2007), S. 14
138 Vgl. Stadtler (2005), S. 582f. und Sürie/Heisig (2006), S. 36f.

Advanced Planning and Scheduling-Systemen abgebildeten Planungsumfang zu erhöhen. So kann eine im Rahmen differenzierter Supply Chain-Konfigurationen erreichte Integration von Lieferanten und Kunden sowie alternativer Produktions- und Logistikressourcen dazu beitragen, die Planungsqualität von Advanced Planning and Scheduling-Systemen durch die Ausweitung des Planungsumfangs und damit der in der Planung berücksichtigten Restriktionen positiv zu beeinflussen.[139]

3 Ergebnisse einer empirischen Untersuchung zur Umsetzung kundenindividueller Logistikleistungen

Als weitere Schritte der Bearbeitung gilt es, die Gestaltungsbereiche zur Umsetzung kundenindividueller Logistikleistungen und den aktuellen Stand der Umsetzung empirisch zu ermitteln. Auf der Grundlage der empirischen Ergebnisse besteht sodann im abschließenden Teil des Beitrags die Möglichkeit, einen Gestaltungsansatz zu erarbeiten, der wesentliche Gestaltungsempfehlungen und Umsetzungsmethoden in den einzelnen Bereichen der logistischen Leistungsdifferenzierung bereitstellt und den grundlegenden Vorgehensprozess zur Lösung des trade-off-Problems zwischen Effizienz und Effektivität schematisiert.

3.1 Gestaltungsbereiche zur Umsetzung kundenindividueller Logistikleistungen

Im Rahmen einer durchgeführten Literaturanalyse konnten 49 wissenschaftliche Arbeiten identifiziert werden, die Aussagen über die für die Umsetzung der logistischen Leistungsdifferenzierung relevanten Gestaltungsbereiche zum Inhalt haben.[140] Diese werden im Folgenden auf die jeweils vorgeschlagenen Gestaltungsbereiche hin untersucht. Insgesamt kann bei der Analyse festgestellt werden, dass in der vorliegenden Literatur kein klarer Konsens über die für die logistische Leistungsdifferenzierung relevanten Gestaltungsfelder existiert. Unter anderem trägt hierzu auch ein hohes Maß an Uneinheitlichkeit in der Strukturierung der Gestaltungsfelder bei. So können in der analysierten Literatur drei grundlegende Strukturierungsebenen für die Gestaltungsfelder der logistischen Leistungsdifferenzierung festgestellt werden: eine prozessorientierte Strukturierung, eine an Unternehmensfunktionen sowie eine an Tätigkeitsfeldern orientierte Strukturierung.
Daher wurden die identifizierbaren Gestaltungsfelder in den relevanten wissenschaftlichen Arbeiten in einem ersten Schritt unabhängig von der jeweils verwandten Strukturierungsebene zusammengetragen. Das Ergebnis dieses Bewertungsprozesses ist in Abbildung 6 dargestellt. Die Anzahl der Nennungen eines jeden Gestaltungsfeldes wurde zur Ableitung eines Konsenses in den analysierten wissenschaftlichen Arbeiten aufsummiert.

139 Vgl. Moon/Kim/Gen (2004), S. 2941f. und Jonsson/Kjellsdotter/Rudberg (2007), S. 830f.
140 Vgl. Doch (2009), S. 97ff.

Autoren	Gestaltungsbereiche													
	Marktwissen und Kundenbeziehungen	Zielsysteme und Performancemessung	Vision und Strategie	Marktsegmentierung / Differenzierung	Klassifizierung des Leistungsangebots	Produktentwicklung	Lieferanten-management	Logistikprozesse	Produktionsprozesse	Informationssysteme und IT	Supply Chain-Kollaboration	Prozessintegration / Schnittstellen	Unternehmens-organisation	Koordination im Unternehmen
Agarwala, A.; Shankara, R.; Tiwari, M. K.	x			x	x					x		x		
Aitken, J.; Childerhouse, P.; Christopher, M.; Towill, D. R.	x	x		x	x									
Aitken, J.; Childerhouse, P.; Towill, D. R.					x									
Aitken, J.; Christopher, M.; Towill, D. R.					x		x	x	x				x	
Ballou, R. H.	x	x	x	x										
Boutellier, R.; Wagner, S. M.	x													x
Bowersox, D. J.; Mentzer, J. T.; Speh, T. W.	x		x	x							x			x
Bruce M.; Daly L.; Towers N.		x					x	x	x	x	x	x		
Childerhouse, P.; Aitken, J.; Towill, D. R.	x		x	x	x			x						
Christopher, M.					x									
Christopher, M.; Towill, D. R.	x				x						x	x		
Christopher, M.; Towill, D. R.					x			x	x					
Fan, Q.; Xu, X.; Gong, Z.	x											x		
Fisher, M. L.	x		x		x	x		x	x	x		x		
Fuller, J. B.; O'Conor, J.; Rawlinson, R.	x	x	x					x	x	x				
Goldsby, T. J.; Griffis, S. E.; Roath, A. S.	x							x	x	x				
Harland, C.M.; Lamming, R.C.; Zheng, J.; Johnsen, T. E.			x	x	x			x	x		x	x		
Heikkila, J.	x									x				x
Huiskonen, J.; Pirttilä, T.	x	x	x	x	x			x						
Ismail, H. S.; Sharifi, H.	x			x	x			x						
Janowski, J.	x			x										
Jüttner, U.; Christopher, M.; Baker, S.	x			x								x		x
Jüttner, U.; Godsell, J.; Christopher, M.	x		x	x	x							x	x	x
Lambert, D. M.	x	x		x				x		x	x			
Lee, H. L.	x		x			x	x	x						
Li, D.; O'Brian, C.	x		x					x	x					
Lummus, R. R.; Vokurka, R. J.; Duclos, L. K.	x		x	x	x			x	x					
Mentzer, J. T.; Flint, D. J.; Hult, G. T. M.	x		x	x	x			x				x	x	x
Mentzer, J. T.; Flint, D. J.; Kent, L. J.	x		x	x	x			x						
Mentzer, J. T.; Myers, M. B.; Cheung, M.-S.	x			x	x		x	x	x	x		x	x	x
Mentzer, J. T.; Williams, L. R.	x			x	x									
Mistry, J.	x	x		x	x			x	x	x	x	x		
Murphy, P.; Daley, J.	x	x	x	x	x							x	x	
Naylor, J. B.; Naim, M. M.; Berry, D.		x	x		x	x	x	x	x					
Negri, L.	x			x			x	x	x					
Noori, H.; Georgescu, D.				x		x		x	x	x				
Pagh, J. D.; Cooper, M. C.	x		x	x				x						
Payne, T.; Peters, M. J.	x		x	x	x			x	x			x	x	x
Reeve, J. M.; Srinivasan, M. M.	x				x			x	x					
Seuring, S.	x	x	x	x	x			x	x		x	x	x	
Shapiro, R. D.	x	x				x		x	x					
Skinner, W.			x	x					x					
Torres, L.; Miller, J.	x			x				x						
Towill, D. R.; Christopher, M.	x	x		x				x						
Towill, D. R.; Christopher, M.	x	x		x				x						
van der Veeken, D. J. M.; Rutten, W. G. M. M.	x			x										
Xu, J.; Liu, Z.	x		x	x										
Zhao, Q.; Ding, H.; Liu, H.	x			x				x						
Zokaei, K.; Hines, P.	x			x										
Summe der Nennungen:	40	13	20	32	24	5	6	30	19	10	7	14	7	8

Abbildung 6: Ergebnis der Analyse der Gestaltungsbereiche der logistischen Leistungsdifferenzierung[141]

Dabei kann festgestellt werden, dass ein weitgehender wissenschaftlicher Konsens in der Bedeutung von Marktwissen und Kundenbeziehungen, in der Marktsegmentierung und Auswahl der zu differenzierenden logistischen Leistungen sowie in der Gestaltung der für eine Umsetzung benötigten Logistikprozesse vorherrscht. Die hohe Relevanz der genannten Teilbereiche verdeutlicht die Bedeutung des Zusammenwirkens einer logistik- und einer marketingorientierten Sichtweise

[141] Vgl. Doch (2009), S. 110

im Bereich der logistischen Leistungsdifferenzierung. Kundenwünsche können demnach weder alleine durch Marketingleistungen noch durch logistische Leistungen erfüllt werden, wodurch die Kundenbeziehungen, die Marktsegmentierung und die logistische Leistungserstellung zu den zentralen Gestaltungsbereichen der logistischen Leistungsdifferenzierung zu zählen sind. So ist im Rahmen der Identifikation logistischer Kundensegmente ein hohes Maß an Kunden- und Marktverständnis von Nöten,[142] was in der Regel mehr auf der Seite des Marketings als aufseiten der Logistik vorhanden ist.[143]

Da die verschiedenen Differenzierungsansätze schwerpunktmäßig auf den Marketingmethoden der Marktsegmentierung beruhen und lediglich auf den Gestaltungsbereich der Logistik adaptiert werden,[144] ist eine enge Koordination von Marketing- und Logistikkompetenzen als besonders erfolgskritisch einzustufen. Die Fragestellung der Koordination von Logistik- und Marketingfunktion wird daher in den einzelnen wissenschaftlichen Arbeiten unter verschiedenen Gesichtspunkten als weiteres Gestaltungsfeld der logistischen Leistungsdifferenzierung genannt.[145]

Die unternehmensinterne und –übergreifende Koordination wird je nach dem betrachteten wissenschaflichen Beitrag auch als Konzept der Supply Chain-Kollaboration beschrieben, mit der Methode der Prozessintegration in Verbindung gebracht oder als Fragestellung einer sinnvollen Unternehmensorganisation diskutiert. Bei der Umsetzung logistischer Differenzierungsansätze gilt es zusätzlich zu beachten, dass in der Regel bereits marketingbasierte Segmentierungskonzepte im Unternehmen etabliert sind, die auf anderen Kundensegmenten basieren.[146] Im Rahmen der Koordination im Unternehmen ist somit eine weitere Fragestellung in der Vereinbarkeit logistischer und marketingbasierter Marktsegmentierungen zu sehen.[147] Dabei ist jedoch festzustellen, dass eine bereichsübergreifende Kooperation dieser Unternehmensfunktionen aufgrund unterschiedlicher Unternehmensziele als schwierig einzustufen ist.[148] Daher verweist eine Reihe von Autoren auf die Bedeutung von Zielsystemen als Gestaltungsfeld der logistischen Leistungsdifferenzierung. Auch das in einigen Unternehmen noch mangelnde Verständnis für den Wertbeitrag logistischer Leistung kann sich negativ auf die Kooperationsfähigkeit der Logistik mit anderen Unternehmensfunktionen auswirken.[149] In vielen Unternehmen ist zu beobachten, dass der Vertrieb absatzmengenorientierte Ziele verfolgt, während die Logistik an Kosten- und Servicezielen gemessen wird.[150] So tritt oft der Fall ein, dass Kundenbestellungen angenommen und zugesagt werden, obwohl diese nicht in der geforderten Logistikqualität erfüllt werden können.[151]

---

142 Vgl. Day (1994b), S. 9f. und Simonson (1993), S. 69f.
143 Vgl. Straube (2004), S. 134 und Towill/Christopher (2002), S. 299ff.
144 Vgl. Torres/Miller (2002), S. 48 und Payne/Peters (2004), S. 78
145 Vgl. Bowersox/Mentzer/Speh (1995), S. 36f., Mentzer/Williams (2001), S. 35 und Ellinger (2000), S. 86f.
146 Vgl. Torres/Miller (2002), S. 50f.
147 Vgl. Torres/Miller (2002), S. 51
148 Vgl. Schramm-Klein (2004), S. 6f., Mollenkopf/Gibson/Ozanne (2000), S. 93 und Zentes (2003), S. 256f.
149 Vgl. Mollenkopf/Gibson/Ozanne (2000), S. 92 und Bowersox/Mentzer/Speh (1995), S. 39
150 Vgl. Straube (2004), S. 112ff.
151 Vgl. Straube (2004), S. 112ff.

Aufseiten des logistischen Leistungserstellungsprozesses ist auf das Fehlen geeigneter Methoden zur Positionierung im trade-off zwischen Effizienz- und Effektivitätszielen zu verweisen.[152] Daher gilt es, einen entsprechenden Methodenkatalog zu entwerfen, der sich auf dieses Spannungsfeld anwenden lässt. Im Rahmen der logistischen Leistungsdifferenzierung angewandte Konzepte, wie das des Postponement, der Mass Customization oder des Advanced Planning, bergen zudem das Potenzial, trotz einer weitreichenden kundenspezifischen Leistungserstellung ein hohes Maß an Effizienz in den logistischen Prozessen zu realisieren.[153] Weil die genannten Konzeptbeispiele nicht nur das Gestaltungsfeld der Logistikprozesse betreffen, erachten verschiedene Autoren weitere Unternehmensprozesse als relevante Gestaltungsfelder der logistischen Leistungsdifferenzierung. Diese umfassen die Bereiche des Einkaufs und Lieferantenmanagements, des Produktionsmanagements, der Produktentwicklung sowie den Bereich der die Leistungserstellung unterstützenden Informationssysteme.

Die verschiedenen dargestellten Gestaltungsfelder lassen sich in fünf relevante Gruppen gliedern: das Gestaltungsfeld der Kundenbeziehungen, die Auswahl der differenziert anzubietenden Logistikservices mithilfe geeigneter Marketinginstrumente, das Problemfeld der Koordination von Marketing- und Logistikfunktion, die Herausforderung der effizienten Erbringung kundenindividueller Leistungen sowie die Bereitstellung der dafür benötigten Informationssysteme.

Da die genannten Gestaltungsfelder weder klar abgrenzbaren Unternehmensfunktionen noch definierten Prozessen zugeordnet werden können, wird eine Systematisierung der Gestaltungsfelder nach einem systemorientierten Ansatz vorgeschlagen. Eine systemorientierte Struktur ist besonders geeignet, zu beschreiben, wie ein System aufgebaut ist und welche Rolle die Systembestandteile für die Austauschbeziehungen mit der Umwelt spielen.[154] Darüber hinaus können nicht nur die Beziehungen zur Systemumwelt systematisch dargelegt werden, sondern auch die Relationen zwischen den Systembestandteilen aufgezeigt werden. Demnach kann dem Gestaltungsfeld der Koordination von Marketing- und Logistikfunktion die Rolle zugesprochen werden, als Koordinationsinstanz der Systembestandteile zu fungieren. Die Gestaltungsfelder der Kundenbeziehungen und der für die Auswahl der differenziert anzubietenden Logistikservices eingesetzten Marketinginstrumente sind hingegen für die Konfiguration der Austauschbeziehungen mit der Systemumwelt verantwortlich.

Somit können das Gestaltungsfeld der Kundenbeziehungen in das Feld des Kundenbeziehungssystems, die Auswahl der differenziert anzubietenden Logistikservices mithilfe geeigneter Marketinginstrumente in das Feld des Leistungsdifferenzierungssystems, das Problemfeld der Koordination von Marketing- und Logistikfunktion in das Feld des intraorganisationalen Koordinationssystems, die Herausforderung der effizienten Erbringung kundenindividueller Leistungen in das Feld des Leistungserstellungssystems und die Bereitstellung der benötigten Informationssysteme in das Feld des Informationssystems eingeordnet werden. Abbildung 7 stellt zusammenfassend eine

---

152 Vgl. Kaipia/Holmström (2007), S. 5 und Bowersox/Mentzer/Speh (1995), S. 37f

153 Vgl. Payne/Peters (2004), S. 77

154 Vgl. Luhmann (1991), S. 84

dementsprechende Systematisierung der Gestaltungsbereiche der logistischen Leistungsdifferenzierung dar.

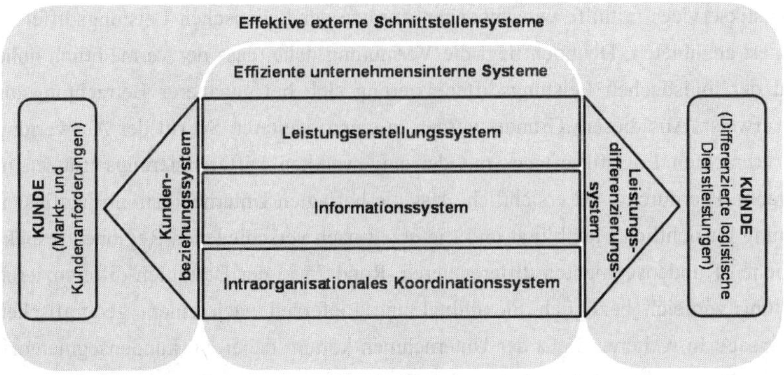

Abbildung 7: Gestaltungsbereiche der logistischen Leistungsdifferenzierung[155]

3.2 Umsetzungsstand kundenindividueller Logistikleistungen

Auf der Basis einer empirischen Erhebung (n=78) kann im Folgenden gezeigt werden, dass produzierende Unternehmen kundenindividuelle Logistikleistungen bereits heute in Teilen umgesetzt haben.[156] Insgesamt geben 92 % der Unternehmen an, mindestens eine der Logistikleistungsdimensionen differenziert anzubieten. Dabei fokussieren sich lediglich 13 % auf die differenzierte Erbringung nur einer logistischen Servicedimension. Bei der Mehrzahl der Unternehmen kommt somit eine Kombination aus mindestens zwei Services bei der logistischen Leistungsdifferenzierung zum Einsatz. Die Unternehmen differenzieren dabei am häufigsten die angebotene Lieferzeit (72 %) und Flexibilität (62 %).

Neben der Untersuchung der Logistikservices, die differenziert erbracht werden, kann der Umsetzungsstand der logistischen Leistungsdifferenzierung entsprechend den Ansätzen der Leistungsdifferenzierung untersucht werden.

Diese verschiedenen Differenzierungsansätze (geografische Differenzierung, die kundensegmentorientierte Differenzierung, die produktorientierte Differenzierung und die produktlebenszyklusorientierte Differenzierung) können als Möglichkeit gesehen werden, mithilfe einer logistischen Segmentierung des Marktes nach bestimmten Kriterien eine höhere Orientierung an segmentspezifischen Kundenanforderungen und eine Verbesserung der logistischen Leistungsfähigkeit zu erreichen. Insgesamt geben 94 % der Unternehmen an, ihre Logistikleistungen in mindestens einem Bereich zu differenzieren. 31 % der Unternehmen wenden dabei nur einen der vier Differenzierungsansätze an. Am häufigsten kommt mit 67 % eine geografische Differenzierung zum Einsatz.

---

155 Doch (2009), S. 113

156 Vgl. Doch (2009), S. 138ff.

Die dominierende Anwendung geografischer Segmentierungskriterien kann dabei durch die historischen Wachstums- und Internationalisierungsprozesse der Unternehmen erklärt werden.
Die Mehrheit der an der empirischen Untersuchung teilgenommen habenden Unternehmen gibt an, verschiedene Logistikservices mithilfe verschiedener Ansätze der logistischen Leistungsdifferenzierung differenziert anzubieten. Dennoch liegt die Vermutung nahe, dass der vermeintlich hohe Umsetzungsstand der logistischen Leistungsdifferenzierung sich bei genauerer Betrachtung als weitaus geringer erweist. Aus diesem Grunde wurden in einem weiteren Schritt der Auswertung die differenziert erbrachten Logistikservices mit den angewandten Differenzierungsansätzen in Verbindung gebracht. Hierdurch wird ersichtlich, dass die befragten Unternehmen am häufigsten ihre Logistikleistung hinsichtlich Flexibilität und Lieferzeit nach verschiedenen Regionen respektive unterschiedlichen Kundensegmenten differenzieren. Rund 25 % der Befragten differenzieren ihre Logistikleistung zugleich bezüglich Flexibilität und Lieferzeit nach einem geografischen Differenzierungsansatz. In weiteren 25 % der Unternehmen kommt dabei ein kundensegmentorientiertes Vorgehen zum Einsatz. 20 % nehmen eine Segmentierung nach Produktcharakteristika vor und differenzieren hierbei ihre Leistungen sowohl nach Lieferzeit als auch nach Flexibilität. Ein umfassendes Vorgehen der Differenzierung, bei dem die Lieferzeit und die Flexibilität auf einer ersten Segmentierungsstufe geografisch und auf einer weiteren Stufe nach einem genaueren kundensegmentorientierten Ansatz differenziert werden, wird nur bei 14 % der befragten Unternehmen umgesetzt. Weitere umfassende Muster der Differenzierung, bestehend aus mehreren zu differenzierenden Logistikservices mithilfe verschiedener Segmentierungsansätze, sind nicht erkennbar. Abbildung 8 stellt die identifizierten Kombinationen von Logistikservices und Differenzierungsansätzen zusammenfassend dar.

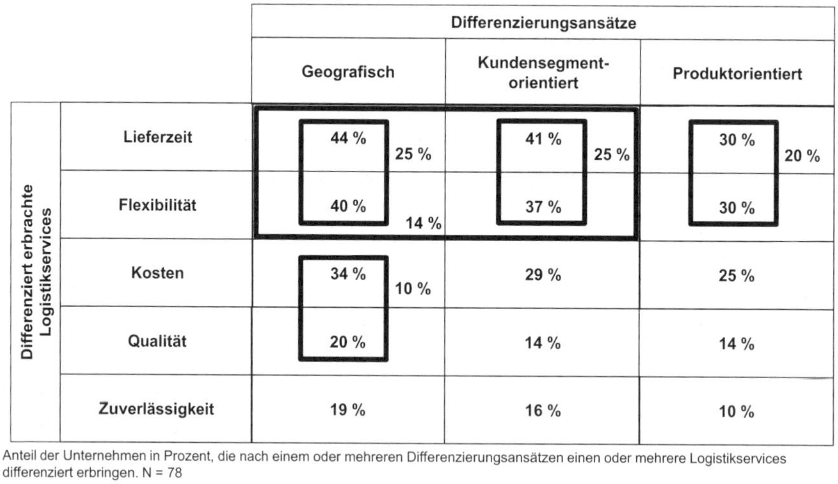
Differenzierungsansätze
Geografisch
Kundensegment-orientiert
Produktorientiert
Differenziert erbrachte Logistikservices
Lieferzeit
Flexibilität
Kosten
Qualität
Zuverlässigkeit
44 %
40 %
25 %
14 %
34 %
20 %
10 %
19 %
41 %
37 %
25 %
29 %
14 %
16 %
30 %
30 %
20 %
25 %
14 %
10 %
Anteil der Unternehmen in Prozent, die nach einem oder mehreren Differenzierungsansätzen einen oder mehrere Logistikservices differenziert erbringen. N = 78

Abbildung 8: In den einzelnen Differenzierungsbereichen differenziert erbrachte Logistikservices[157]

[157] Doch (2009), S. 147

Als Ergebnis kann festgehalten werden, dass differenzierte Logistikservices in produzierenden Unternehmen bereits eine Rolle spielen. Lediglich 8 % der Unternehmen geben an, in keiner Weise auf dem Gebiet der logistischen Leistungsdifferenzierung aktiv zu sein. Dabei muss jedoch festgestellt werden, dass bisher nur ein schmaler Ausschnitt der Möglichkeiten der logistischen Leistungsdifferenzierung genutzt wird. So werden hauptsächlich Lieferzeiten und Lieferflexibilitäten singulär entweder nach geografischen, kundensegmentorientierten oder produktorientierten Merkmalen differenziert.

Ein systematisches Vorgehen der logistischen Leistungsdifferenzierung kann somit den befragten Unternehmen nicht attestiert werden. Im Hinblick auf diese wissenschaftlichen Empfehlungen kann festgehalten werden, dass in der Unternehmenspraxis ein Defizit in der Umsetzung sinnvoller Kombinationen aus zu differenzierenden Logistikservices und angewandten Differenzierungsansätzen besteht.

Dabei gehen die Befragten davon aus, dass die theoretisch abgeleiteten Gestaltungsbereiche der logistischen Leistungsdifferenzierung von praktischer Relevanz sind, da sie die in den einzelnen Bereichen vermuteten Umsetzungshürden bestätigen. Dabei bereiten den Unternehmen die Anpassung der Informationssysteme, die bereichsübergreifende Kooperation sowie die Auswahl und Gestaltung geeigneter Logistikprozesse besonders große Schwierigkeiten. Eine zusammenfassende Bewertung der Umsetzungsproblematik in den einzelnen Gestaltungsbereichen der logistischen Leistungsdifferenzierung stellt Abbildung 9 dar.

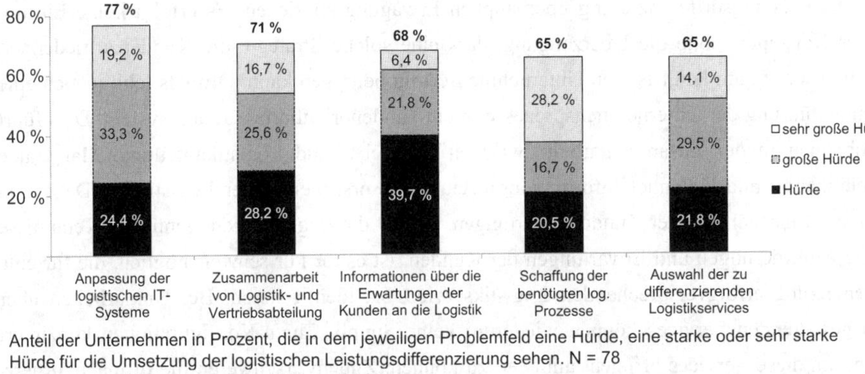

Abbildung 9: Umsetzungshürden logistischer Leistungsdifferenzierung[158]

Insgesamt verweisen die Untersuchungsteilnehmer auf die Problematik, dass kein praxisorientierter Gestaltungsansatz existiert, der einen Rahmen um alle genannten Bereiche spannt und ein integriertes, planvolles Vorgehen ermöglicht. Drei Viertel der befragten Unternehmen nennen das Fehlen eines Umsetzungskonzeptes als Hauptgrund für die schwere Realisierbarkeit differenzierter

[158] Doch (2009), S. 158

Logistikservices. Rund zwei Drittel verweisen auf Probleme, den Nutzen eines solchen Konzeptes zu erkennen, oder sie zweifeln an dessen Finanzierbarkeit.
Demnach ist es sinnvoll, eine Systematisierung der Problembereiche nach nutzen- und kostenorientierten Problemfeldern vorzunehmen. Unternehmen, die Probleme in den mit der Umsetzung der logistischen Leistungsdifferenzierung verbundenen Kosten sehen, betrachten die Schaffung der benötigten logistischen Prozesse als vorrangigen Kostentreiber eines Leistungsdifferenzierungskonzeptes. Das Gleiche gilt für die Anpassung der Informationssysteme, wobei hier neben hohen Kosten auch am Nutzen solcher Systeme gezweifelt wird. Die Erfassung und Analyse von Informationen über Kundenerwartungen ist für die Befragten ebenfalls mit zu hohen Kosten und schwer erkennbaren Vorteilen für die logistische Leistungserstellung verbunden. Als Kostentreiber werden hier insbesondere Investitionen in Systeme zur Kundenanalyse und -bewertung angesehen. Die Vielzahl der bestehenden Analysemethoden mit unterschiedlicher Aussagekraft und Komplexität erschwert jedoch gleichzeitig die Auswahl einer nutzenstiftenden Methode. Die befragten Unternehmen, die keinen oder wenig Nutzen in der Erbringung differenzierter Logistikleistungen sehen, haben überdurchschnittlich große Schwierigkeiten bei der Identifizierung der Services, deren Differenzierung dem Kunden einen potenziellen Mehrwert schafft. Segmentierungskonzepte sind dieser Gruppe von Unternehmen im Kontext der Logistik unklar. Dieses Faktum steht in Verbindung mit Schwierigkeiten bei der Zusammenarbeit mit der Vertriebsabteilung.
Die Wirkungszusammenhänge der einzelnen Problembereiche können zusammenfassend wie folgt beschrieben werden: Kundenorientierung ist die notwendige Voraussetzung für Unternehmen, eine logistische Leistungsdifferenzierung überhaupt in Erwägung zu ziehen. Es erfolgt keine Einführung des Konzeptes ohne die Überzeugung, dass eine solche Strategie die Kundenzufriedenheit erhöht und somit zum langfristigen Unternehmenserfolg beitragen kann. Oftmals fehlt jedoch eine Zusammenführung der Unternehmensprozesse in ein kundenorientiertes Gesamtsystem. Dies führt zu Problemen in der Zusammenarbeit zwischen Vertriebs- und Logistikabteilung. Mangelnde Kommunikation und fehlender Informationsaustausch verursachen in der Logistik ein Defizit an Wissen zur Einschätzung der Kundenerwartungen. Besitzt die Logistik nicht genügend Kenntnisse über die Anforderungen und Erwartungen der Kunden, ist es ihr nur schwer möglich, die für eine Differenzierung erfolgversprechenden Logistikservices zu identifizieren. Bei Unklarheiten über die zu gestaltenden Services können wiederum keine Supply Chain-Konfigurationen konzipiert werden, um diese Services effizient anbieten zu können. Zudem erschweren die oftmals vorherrschende Intransparenz und Inflexibilität bestehender Prozesse die Umsetzung differenzierter Konfigurationen des Wertschöpfungsnetzwerks. Dadurch steigt die wahrgenommene Prozesskomplexität und die Generierung konzeptioneller Ideen für die Schaffung der benötigten Logistikprozesse wird behindert. Doch nur verständliche und transparente Konzepte sind auch den Mitarbeitern kommunizierbar, um deren Veränderungsbereitschaft zu fördern. Die beschriebenen Probleme sind eng mit dem fehlenden Wissen um die Anforderungen der logistischen Leistungsdifferenzierung an die benötigten Informationssysteme verbunden. Durch die oft große Heterogenität der Systemlandschaft und durch fehlende Schnittstellen wird den Informationssystemen nicht zugetraut, die Planungsprobleme der logistischen Leistungsdifferenzierung adäquat abbilden zu können. Die

beschriebene Ursachenkette bestätigt die identifizierten fünf Bereiche der Umsetzungshürden logistischer Leistungsdifferenzierung. Abbildung 10 stellt die Zusammenhänge und Wechselwirkungen dar.

Sind die Gestaltungsbereiche und Handlungsfelder der logistischen Leistungsdifferenzierung nicht eindeutig definiert, so kann auch kein geeignetes Umsetzungskonzept erarbeitet werden. Die Abbildung verdeutlicht, dass die einzelnen Handlungsfelder in enger Verbindung zueinander stehen und im Rahmen der Umsetzungskonzeption als Gesamtheit betrachtet werden müssen. Es fehlt somit ein übergeordneter Gestaltungsansatz, wobei die Wechselwirkungen zwischen den benötigten Logistikprozessen, den benötigten Informationssystemen und den zu differenzierenden Logistikservices die größten Schwierigkeiten bereiten. Die Ursachen für einen in den Unternehmen bis dato nicht existierenden Gestaltungsansatz können nach nutzen- und kostenorientierten Problemfeldern unterschieden werden, die ein komplexes Wirkungsgeflecht bilden.

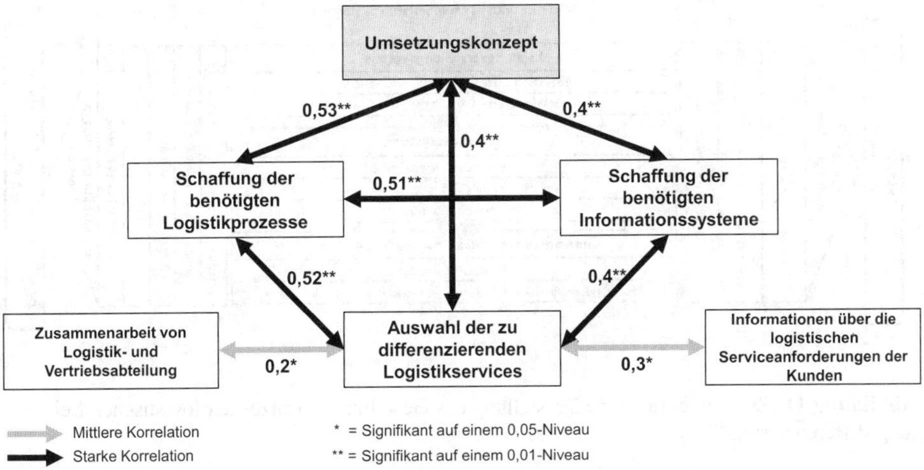

Abbildung 10: Bereiche und Zusammenhänge eines Umsetzungskonzeptes der logistischen Leistungsdifferenzierung[159]

4 Zusammenfassung eines Gestaltungsansatzes kundenindividueller Logistikleistungen

Im Folgenden können die gesammelten Erkenntnisse zu wissenschaftlichem Status-quo und praktischem Umsetzungsstand kundenindividueller Logistikleistungen in einen Gestaltungsansatz der logistischen Leistungsdifferenzierung arrangiert werden. Der Gestaltungsansatz basiert dabei auf der in der Literaturanalyse entwickelten Struktur. Für die konzeptionelle Ausgestaltung kommen die gewonnenen theoretischen und empirischen Empfehlungen des Methodeneinsatzes zum Tragen. Der Gestaltungsansatz der logistischen Leistungsdifferenzierung und die in den einzelnen

[159] Doch (2009), S. 161

Gestaltungsbereichen zum Einsatz kommenden Konzepte sind in Abbildung 11 zusammenfassend dargestellt.

Im Gestaltungsbereich des Kundenbeziehungssystems gilt es, die systematische Kunden- und Marktanalyse als Ausgangspunkt der logistischen Leistungsdifferenzierung möglich zu machen. Die Konzepte des Customer Relationship Management, des Lernprozesses über Kunden und Märkte sowie der Logistics Service Quality-Prozess können dabei als relevante, in ihrem Zusammenwirken zielführende Konzepte identifiziert werden. Darüber hinaus sind eine adäquate informationssystemtechnische Unterstützung und ein die Kooperation zwischen Logistik-, Vertriebs- und Marketingfunktion fördernder organisatorischer Rahmen als erfolgsrelevante Anforderungen für den Gestaltungsbereich des Kundenbeziehungssystems zu beschreiben.

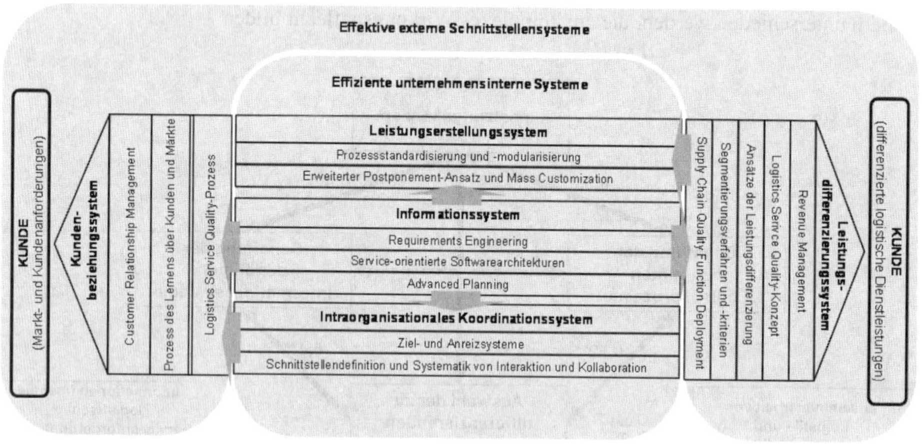

Abbildung 11: Zusammenfassende Darstellung des Gestaltungsansatzes der logistischen Leistungsdifferenzierung[160]

Der Gestaltungsbereich des Leistungsdifferenzierungssystems muss als zentraler gestalterischer Bereich für das erfolgreiche Angebot differenzierter Logistikleistungen identifiziert werden. Das Ergebnis der Tätigkeiten im Gestaltungsbereich des Leistungsdifferenzierungssystems stellt dabei eine logistikorientierte Segmentierung nach verschiedenen Ansätzen der Leistungsdifferenzierung dar, welche im Gestaltungsbereich des Leistungserstellungssystems in entsprechenden differenzierten Konfigurationen des Wertschöpfungsnetzwerks realisiert werden. Zur Unterstützung eines systematischen Prozesses der logistischen Leistungsdifferenzierung ist ein Methodenmix zu definieren, welcher das Supply Chain Quality Function Deployment, die logistische Marktsegmentierung, die geografische, kundensegmentorientierte, produktorientierte und produktlebenszyklusorientierte Leistungsdifferenzierung, die Logistics Service Quality sowie das Revenue Management beinhaltet.

[160] Doch (2009), S. 229

Die Methoden im Gestaltungsbereich des intraorganisationalen Koordinationssystems stellen das in den anderen Gestaltungsbereichen – speziell im Gestaltungsbereich des Kundenbeziehungssystems – benötigte kooperative Zusammenwirken von Vertriebs-, Marketing- und Logistikfunktion sicher. Hierzu zählen Handlungsempfehlungen für die Ausgestaltung eines auf ein kooperatives Verhalten ausgelegtes Ziel- und Anreizsystem und die Definition von Schnittstellen, Interaktions- und Kollaborationsbeziehungen.

Den Fokus des Gestaltungsbereichs des Leistungserstellungssystems stellt die Sicherstellung einer effizienten Realisierung der benötigten differenzierten Supply Chain-Konfigurationen dar. Mit der Prozessstandardisierung und -modularisierung, dem Postponement und der Mass Customization können hierzu im Gestaltungsbereich des Leistungserstellungssystems die benötigten Konzepte bereitgestellt werden. Im Besonderen kann durch eine Erweiterung des Postponement-Ansatzes um die Dimensionen des Services erreicht werden, dass auch sich durch stark differierende Serviceanforderungen auszeichnende Konfigurationen des Wertschöpfungssystems in weiten Teilen generisch gehalten werden können.

Im Gestaltungsbereich des Informationssystems gilt es schließlich, den aus der logistischen Leistungsdifferenzierung resultierenden Informationssystemanforderungen systematisch zu begegnen und für eine adäquate informationssystemtechnische Unterstützung der übrigen Gestaltungsbereiche zu sorgen. Hierzu kann das Vorgehen des Requirements Engineering als Möglichkeit identifiziert werden, eine von Prozess- und Logistiksystemmerkmalen ausgehende Übersetzung der Anforderungen in entsprechende Informationssysteme zu gewährleisten. Zusätzlich kann aufgezeigt werden, dass eine service-orientierte Gestaltung der Softwarearchitektur in Analogie zu der im Gestaltungsbereich des Leistungsdifferenzierungssystems anzuwendenden Prozessmodularisierung dazu beitragen kann, differenzierte Supply Chain-Konfigurationen effizient zu realisieren.

Insgesamt bietet der gezeigte Gestaltungsansatz der logistischen Leistungsdifferenzierung somit einen systematisierten, methodengestützten Rahmen, um die logistische Leistungsdifferenzierung – von der Analyse der Markt- und Kundenanforderungen ausgehend, über die logistische Marktsegmentierung hinweg, bis hin zur Gestaltung differenzierter Konfigurationen des Wertschöpfungssystems – umsetzen zu können.

Literatur

Albers, S. (1989): Kundennähe als Erfolgsfaktor, in: Albers, S.; Herrmann, H.; Kahle, E. (Hrsg.): Elemente erfolgreicher Unternehmenspolitik in mittelständischen Unternehmen: Unternehmenskultur, Kundennähe und Quasi-Eigenkapital, Stuttgart, Schäffer-Poeschel Verlag, 1989, S. 101-128.

Anderson, J.; Narus, J. (1995): Capturing the Value of Supplementary Services, in: Harvard Business Review, Vol. 73, Nr. 1, 1995, S. 75-83.

Barney, J. B. (1991): Firm Resources and Sustained Competitive Advantage, in: Journal of Management, Vol. 17, Nr. 1, 1991, S. 99-120.

Baumberger, G.; Lindemann, U. (2006): Individualisierte Produkte, in: Lindemann, U.; Reichwald, R.; Zäh, M. (Hrsg.): Individualisierte Produkte – Komplexität beherrschen in Entwicklung und Produktion, Berlin, Springer Verlag, 2006, S. 7-12.

Baumgarten, H.; Walter, S. (2001): Trends und Strategien in der Logistik 2000+, TU Berlin, Berlin.

Baumgarten, H. (2004): Entwicklungsphasen des Supply Chain Managements, in: Baumgarten, H. (Hrsg.): Steuerung und Services in der Supply Chain, Berlin, Springer Verlag, S. 51-60

Blecker, T.; Abdelkafi, N. (2006): Mass Customization: State-of-the-art and challenges, in: Blecker, T.; Friedrich, G. (Hrsg.): Mass Customization. Challenges and Solutions, Berlin, Springer Verlag, 2006, S. 1-26.

Blecker, T.; Friedrich, G.; Kaluza, B.; Abdelkafi, N.; Kreutler, G. (2005): Information and Management Systems for Product Customization, Berlin, Springer Verlag, 2005.

Bohn, A. (1993): Differenzierungsstrategien: Kritische Würdigung eines zentralen Konzeptes der strategischen Unternehmensführung, in: Kirsch, W. (Hrsg): Münchener Schriften zur angewandten Führungslehre, München, Kirsch Verlag, 1993.

Bowersox, D. J.; Closs, D. J.; Stank, T. P. (2000): Ten Mega-Trends That Will Revolutionize Supply Chain Logistics, in: Journal of Business Logistics, Vol. 21, Nr. 2, 2000, S. 1-16.

Bowersox, D. J.; Mentzer, J. T.; Speh, T. W. (1995): Logistics Leverage, in: The Journal of Business Strategies, Vol. 12, Nr. 1, 1995, S. 36-49.

Brewer, P. C.; Speh, T. W. (2000): Using the Balanced Scorecard to Measure Supply Chain Performance, in: Journal of Business Logistics, Vol. 21, Nr. 1, 2000, S. 75-94.

Chaffey, D.; Mayer, R.; Johnston, K. (2000): Internet Marketing, Harlow, Pearson Education, 2000.

Chen, C.-Y.; Zhaeo, Z.-Y.; Ball, M. O. (2002): A model for batch advanced available-to-promise, in: Production and Operations Management, Vol. 11, Nr. 4, 2002, S. 424-440.

Childerhouse, P.; Aitken, J.; Towill, D. R. (2002): Analysis and design of focused demand chains, in: Journal of Operations Management, Vol. 20, Nr. 1, 2002, S. 675-689.

Christopher, M. (2004): Logistics and Supply Chain Management: Creating Value-Adding Networks, 3. Auflage, London, Financial Times, 2004.

Corsten, H.; Stuhlmann, S. (1999): Yield Management - Ein Ansatz zur Kapazitätsplanung und -steuerung in Dienstleistungsunternehmen, in: Corsten, H.; Schneider, H. (Hrsg.): Wettbewerbsfaktor Dienstleistung, München, Verlag Vahlen, 1999, S. 79-107.

Davis, S. (1997): Future Perfect, 2. Auflage, Reading, Addison-Wesley, 1997.

Day, G. S. (1994a): The capabilities of market-driven organizations, in: Journal of Marketing, Vol. 58, Nr. 4, 1994, S. 37-52.

Day, G. S. (1994b): Continuous Learning About Markets, in: California Management Review, Vol. 36, Nr. 4, 1994, S. 9-31.

Doch, S. A. (2009): Logistische Leistungsdifferenzierung im Supply Chain Management: Theoretische und empirische Entwicklung eines Gestaltungsansatzes für die Differenzierung der logistischen Leistungserstellung produzierender Unternehmen zur Erfüllung individueller Kundenwünsche, TU Verlag, Berlin, 2009.

Duclos, L. K.; Vokurka, R. J.; Lummus, R. R. (2003): A conceptual model of supply chain flexibility, in: Industrial Management and Data Systems, Vol. 103, Nr. 6, 2003, S. 446-456.

Ellinger, A. E. (2000): Improving Marketing/Logistics Cross-Functional Collaboration in the Supply Chain, in: Industrial Marketing Management, Vol. 29, Nr. 1, 2000, S. 85-96.

Fischer, M. E. (2001): Available-to-Promise: Aufgaben und Verfahren im Rahmen des Supply Chain Management, Regensburg, Rederer Verlag, 2001.

Fisher, M. (1997): What is the right supply chain for your product?, in: Harvard Business Review, Vol. 75, Nr. 2, 1997, S. 105-116.

Fleichmann, B.; Meyr, H.; Wagner, M. (2002): Advanced Planning, in: Stadtler, H.; Kilger, C. (Hrsg.): Supply Chain Management and Advanced Planning: Concepts, Models Software and Case Studies, 2. Auflage, Berlin, Springer Verlag, 2002, S. 71-96.

Flippini, R.; Forza, C.; Vinelli, A. (1998): Trade-off and compatibility between performance: definitions and empirical evidence, in: International Journal of Production Research, Vol. 36, Nr. 12, 1998, S. 3379-3406.

Fornell, C. (1992): A National Customer Satisfaction Barometer: The Swedish Experience, in: Journal of Marketing, Vol. 56, Nr. 1, 1992, S. 6-21.

Fralix, M. (2001): From mass production to mass customization, in: Journal of Textile and Apparel, Technology and Management, Vol. 1, Nr. 2, 2001, S. 1-7.

Fuller, J. B.; O'Conor, J.; Rawlinson, R. (1993): Tailored logistics: the next advantage, in: Harvard Business Review, Vol. 71, Nr. 3, 1993, S. 87-98.

Grant, R. M. (1991): The resource-based theory of competitive advantage, in: California Management Review, Vol. 33, Nr. 3, 1991, S. 114-135.

Hahn, C. (2002): Segmentspezifische Kundenzufriedenheitsanalyse, Wiesbaden, Gabler Verlag, 2002.

Hahn, D. (2006): Strategische Unternehmensführung - Grundkonzept, in: Hahn, D.; Taylor, B. (Hrsg.): Strategische Unternehmensplanung – Strategische Unternehmensführung: Stand und Entwicklungstendenzen, 9. Auflage, Berlin, Springer Verlag, 2006, S. 29-50.

Hines, P.; Holweg, M.; Rich, N. (2004): Learning to evolve: A review of the contemporary lean thinking, in: Journal of Operations and Production Management, Vol. 24, Nr. 10, 2004, S. 914-1011.

Höft, U. (1992): Lebenszykluskonzepte, Berlin, Erich Schmidt Verlag, 1992.

Holweg, M.; Miemczyk, J. (2002): Logistics in the "three-day-car" age, in: International Journal of Physical Distribution and Logistics Management, Vol. 32, Nr. 10, 2002, S. 829-850.

Holweg, M.; Miemczyk, J. (2003): Delivering the 3-day car – the strategic implications for automotive logistics operations, in: Journal of Purchasing and Supply Management, Vol. 9, Nr. 2, 2003, S. 63-71.

Janowski, J. (2004): Kundenindividuelle Logistik als strategischer Wettbewerbsvorteil?, in: DBW, Vol. 64, Nr. 6, 2004, S. 739-752.

Jonsson, P.; Kjellsdotter, L.; Rudberg, M. (2007): Applying advanced planning systems for supply chain planning: three case studies, in: International Journal of Physical Distribution and Logistics Management, Vol. 37, Nr. 10, 2007, S. 816-834.

Kaipia, R.; Holmström, J. (2007): Selecting the right planning approach for a product, in: Supply Chain Management: An International Journal, Vol. 12, Nr. 1, 2007, S. 3-13.

Kilger, C.; Schneeweiss, L. (2002): Demand Fulfilment and ATP, in: Stadtler, H.; Kilger, C. (Hrsg.): Supply Chain Management and Advanced Planning: Concepts, Models Software and Case Studies, 2. Auflage, Berlin, Springer Verlag, 2002, S. 161-175.

Kimes, S. E. (1989): Yield Management: A Tool for Capacity Contrained Service Firms, in: Journal of Operations Management, Vol. 8, Nr. 4, 1989, S. 348-363.

Kimms, A.; Klein, R. (2005): Revenue Management im Branchenvergleich, in: Zeitschrift für Betriebswirtschaft - Special Issue Revenue Management, Nr. 1, 2005, S. 1-30.

Kotha, S. (1995): Mass Customization: Implementing the Emerging Paradigm for Competitive Advantage, in: Strategic Management Journal, Vol. 16, Nr. 1, 1995, S. 21-42.

Kotler, P.; Keller, K. (2006): Marketing Management, 12. Auflage, New Jersey, Pearson, 2006.

Kotzab, H. (2000): Zum Wesen von Supply Chain Management vor dem Hintergrund der betriebswirtschaftlichen Logistikkonzeption – erweiterte Überlegungen, in: Wildemann, H. (Hrsg.): Supply Chain Management, München, TCW Verlag, 2000, S. 21-47.

Kyi, L. S.; Kyi, M. J. (1994): Customer Service: Product Differentiation in International Markets, in: International Journal of Physical Distribution and Logistics Management, Vol. 24, Nr. 4, 1994, S. 41-50.

Lau, R. S. M. (1996): Strategic Flexibility: A New Reality for World-Class Manufacturing, in: SAM Advanced Management Journal, Vol. 61, Nr. 2, 1996, S. 11-15.

Lee, H. L. (2004): The Triple-A Supply-Chain, in: Harvard Business Review, Vol. 82, Nr. 10, 2004, S. 102-112.

Luhmann, N. (1991): Soziale Systeme: Grundriss einer allgemeinen Theorie, 4. Auflage, Frankfurt/Main, Suhrkamp Verlag, 1991.

Lummus, R. R.; Vokurka, R. J.; Duclos, L. K. (2005): Delphi study on supply chain flexibility, in: International Journal of Production Research, Vol. 43, Nr. 13, 2005, S. 2687-2708.

Mahoney, J. T.; Pandian, J. R. (1992): The resource-based view within the conversation of strategic management, in: Strategic Management Journal, Vol. 13, Nr. 3, 1992, S. 363-380.

McGill, J. I.; van Ryzin, G. J. (1999): Revenue Management: Research Overview and prospects, in: Transportation Science, Vol. 33, Nr. 2, 1999, S. 233-256.

Mena, C.; Fernandez, P.; McCarthy, I. P. (2000): Supply Chains for Mass Customization, in Proceedings of the 2000 IEEE International Conference on Management of Innovation and Technology, 2000, S. 777-781.

Mentzer, J. T.; Flint, D. J.; Hult, G. T. M. (2001): Logistics Service Quality as a Segment-Customized Process, in: Journal of Marketing, Vol. 65, Nr. 4, 2001, S. 82-104.

Mentzer, J. T.; Flint, D. J.; Kent, J. L. (1999): Developing a Logistics Service Quality Scale, in: Journal of Business Logistics, Vol. 20, Nr. 1, 1999, S. 9-32.

Mentzer, J. T.; Myers, M. B.; Cheung, M.-S. (2004): Global market segmentation for logistics services, in: Industrial Marketing Management, Vol. 33, Nr. 1, 2004, S. 15-20.

Mentzer, J. T.; Williams, L. R. (2001): The Role of Logistics Leverage in Marketing Strategy, in: Journal of Marketing Channels, Vol. 8, Nr. 3/4, 2001, S. 29-47.

Meyr, H.; Wagner, M.; Rohde, J. (2002): Structure of Advanced Planning Systems, in: Stadtler, H.; Kilger, C. (Hrsg.): Supply Chain Management and Advanced Planning: Concepts, Models Software and Case Studies, 2. Auflage, Berlin, Springer Verlag, 2002, S. 99-104.

Mikus, B. (2003): Strategisches Logistikmanagement. Ein markt-, prozess- und ressourcenorientiertes Konzept, Wiesbaden, DUV, 2003.

Mintzberg, H. (2005): Strategy Safari: Eine Reise durch die Wildnis des strategischen Managements, Heidelberg, Redline Wirtschaft, 2005.

Mollenkopf, D.; Gibson, A.; Ozanne, L. (2000): The Integration of Marketing and Logistics Functions: An Empirical Examination of New Zealand Firms, in: Journal of Business Logistics, Vol. 21, Nr. 2, 2000, S. 89-112.

Moon, C.; Kim, J. S.; Gen, M. (2004): Advanced planning and scheduling based on precedence and resource contraints for e-plant chains, in: International Journal of Production Research, Vol. 42, Nr. 15, 2004, S. 2941-2955.

New, C. (1992): World class manufacturing versus strategic trade-offs, in: International Journal of Operations and Production Management, Vol. 12, Nr. 6, 1992, S. 19-31.

Olavarrieta, S.; Ellinger, A. E. (1997): Resource-based theory and strategic logistics research, in: International Journal of Physical Distribution and Logistics Management, Vol. 27, Nr. 9/10, 1997, S. 559-587.

Payne, T.; Peters, M. J. (2004): What Is the Right Supply Chain For Your Product?, in: The International Journal of Logistics Management, Vol. 15, Nr. 2, 2004, S. 77-92.

Penrose, E. T. (1959): Theory of the Growth of the Firm, Oxford, Oxford University Press, 1959.

Pfeffer, J.; Salancik, G. R. (1978): The External Control of Organizations, New York, Free Press, 1978.

Pfohl, H.-C. (2004): Logistiksysteme, 7. Auflage, Berlin, Springer Verlag, 2004.

Pfohl, H.-C.; Elbert, R.; Gomm, M. (2006): Supply Chain Finance: Antwort auf die Forderung nach einer wertorientierten Logistik, in: Wolf-Kluthausen, H. (Hrsg.): Jahrbuch der Logistik, Korschenbroich, free Beratung, 2006, S. 18-29.

Pibernik, R. (2005): Advanced available-to-promise: Classification, selected methods and requirements for operations and inventory management, in: International Journal of Production Economics, Vol. 93-94, Nr. 8, 2005, S. 239-252.

Piller, F. T.; Meier, R. (2001): Strategien zur effizienten Individualisierung von Dienstleistungen, in: Industrie-Management, Vol. 17, Nr. 2, 2001. S. 13-17.

Pine, B. J. (1993): Mass Customization, Boston, Harvard Business School Press, 1993.

Prahalad, C. K.; Hamel, G. (1999): The Core Competence of the Corporation, in: Hahn, D.; Taylor, B. (Hrsg.): Strategische Unternehmungsplanung: Strategische Unternehmungsführung, Heidelberg, Physica Verlag, 1999, S. 953-971.

Quante, R.; Meyr, H.; Fleischmann, M. (2007): Revenue Management and Demand Fulfillment: Matching Applications, Models, and Software, ERIM Report Series Reference No. ERS-2007-050-LIS, http://ssrn.com/abstract=10093.

Rapp, R. (1995): Kundenzufriedenheit durch Servicequalität: Konzeption – Messung – Umsetzung, Wiesbaden, Gabler Verlag, 1995.

Rehkopf, S. (2006): Revenue Management-Konzepte zur Auftragsannahme bei kundenindividueller Produktion am Beispiel der Eisen und Stahl erzeugenden Industrie, Wiesbaden, Deutscher Universitäts-Verlag, 2006.

Reichwald, R.; Möslein, K. (1997): Innovationsstrategien und neue Geschäftsfelder von Dienstleistern - Den Wandel gestalten, in: Bullinger, H.-J. (Hrsg.): Dienstleistungen für das 21. Jahrhundert. Gestaltung des Wandels und Aufbruch in di+A290e Zukunft, Stuttgart, Schaeffer-Poeschel Verlag, 1997, S. 75-105.

Saatmann, M.; Schorr, S.; Voigt, K.-I. (2007): The FMNA-Approach – A Concept to Manage Change Flexibility and Volume Flexibility within a Build-to-Order-Strategy in the Car Industry, in: Proceedings of the International Conference on Agile Manufacturing (ICAM), Durham, 09.-11.07.2007, S. 111-118.

Salvador, F.; Rungtusanatham, M.; Forza, C.; Trentin, A. (2007): Mix flexibility and volume flexibility in a build-to-order environment: Synergies and trade-offs, in: International Journal of Operations and Production Management, Vol. 27, Nr. 11, 2007, S. 1173-1191.

Sanchez, R. (1995): Strategic Flexibility in Product Competition, in: Strategic Management Journal, Vol. 16, Nr. 5, 1995, S. 135-159.

Schramm-Klein, H. (2004): Marketingziele vs. Logistikziele: Ein Konflikt, 2. BVL Wissenschaftssymposium Logistik, 2004, http://logistics.de/logistik/planungorga.nsf/f1b7ca69b19cbb26c12569180032a5cc/160b15bf79387021c1256f2e00392290!OpenDocument, Zugriffsdatum: 04.07.2007.

Sebastian, K. H.; Hilleke, K. (1994): Rückzug ohne Risiko Teil 1, in: Absatzwirtschaft, o. Vol., Nr. 2, 1994, S. 50-55.

Sharma, A.; Grewal, D.; Levy, M. (1995): The customer satisfaction/logistics interface, in: Journal of Business Logistics, Vol. 16, Nr. 2, 1995, S. 1-16.

Simonson, I. (2005): Determinants of Customers'Responses to Customized Offers: Conceptual Framework and Research Propositions, in: Journal of Marketing, Vol. 69, Nr. 1, 2005, S. 32–45.

Skinner, W. (1974): The focused factory, in: Harvard Business Review, Vol. 52, Nr. 3, 1974, S. 113-121.

Smith, B. C.; Leimkuhler, J. F.; Darrow, R. M. (1992): Yield Management at American Airlines, in: Interfaces, Vol. 22, Nr. 1, 1992, S. 8-31.

Staber, U. (2000): Der evolutionstheoretische Ansatz in der Organisationsforschung: Einblicke und Aussichten, in: Schreyögg, G.; Conrad, P. (Hrsg.): Theorien des Managements, Wiesbaden, Gabler Verlag, 2000, S. 113-146.

Stadtler, H. (2005): Supply chain management and advanced planning: basics, overview and challenges, in: European Journal of Operational Research, Vol. 163, Nr. 3, 2005, S. 575–588.

Stevenson, M.; Spring, M. (2007): Flexibility form a supply chain perspective. Definition and review, in: International Journal of Operations and Production Management, Vol. 27, Nr. 7, 2007, S. 685-713.

Straube, F. (2004): e-Logistik: Ganzheitliches Logistikmanagement, Berlin, Springer Verlag, 2004.

Straube, F.; Dangelmaier, W.; Günthner, W. A.; Pfohl, H.-C. (2005): Trends und Strategien in der Logistik – Ein Blick auf die Agenda des Logistik-Managements 2010, Bremen, DVV, 2005.

Straube, F.; Doch, S. A.; Rösch, F. (2006): Kundenwunschlogistik in der globalen Automobilindustrie, in: VDI Bericht 1961: Logistik – Erfolgsfaktor Zukunft – 7. Jahrestagung Automobillogistik, Düsseldorf, VDI Verlag, 2006, S. 9-24.

Straube, F.; Doch, S. A.; Rösch, F. (2009): Logistische Leistungsdifferenzierung: Eine Methode zur Steigerung der Flexibilität in Supply Chains. In: Zeitschrift für wirtschaftlichen Fabrikbetrieb, Vol. 104, Nr. 3, 2009, S. 124-129.

Straube, F.; Pfohl, H.-C. (2008): Trends und Strategien in der Logistik – Globale Netzwerke im Wandel. Bremen, DVV, 2008.

Stuhlmann, S. (2000): Kapazitätsgestaltung in Dienstleistungsunternehmen - Eine Analyse aus der Sicht des externen Faktors, Wiesbaden, DVV, 2000.

Sürie, C.; Heisig, G. (2006): Planung und Optimierung mit mySAP SCM 5.0: neue Funktionalitäten, in: Supply Chain Management, o. Vol., Nr. 4, 2006, S. 35-41.

Talluri, K. T.; van Ryzin, G. J. (2005): Theory and Practice of Revenue Management, 3. Auflage, Berlin, Springer Verlag, 2005.

Terblanche, N. S. (2006): An application of the American customer satisfaction index (ACSI) in the South African motor vehicle industry, in: South African Journal of Business Management, Vol. 37, Nr. 4, 2006, S. 29-38.

Toffler, A. (1981): The Third Wave, New York, Bantam Books, 1981.

Torres, L.; Miller, J. (2002): Aligned Logistics Operations: Tailoring Logistics to the needs of Customers, in: Gattorna, J. (Hrsg.): Strategic Supply Chain Alignment, Hampshire, Gower Publishing, 2002, S. 42-59.

Towill, D.; Christopher, M. (2002): The Supply Chain Strategy Conundrum: To be Lean or Agile or To be Lean and Agile?, in: International Journal of Logistics: Research and Application, Vol. 5, Nr. 3, 2002, S. 299-309.

Tscheulin, D. K.; Lindenmeier, J. (2003): Yield Management: Ein State-of-the-Art, in: Zeitschrift für Betriebswirtschaft, Vol. 73, Nr. 6, 2003, S. 629-662.

Verhallen, T. M. M.; Frambach, R. T.; Prabhu, J. (1998): Strategy-based segmentation of industrial markets, in: Industrial Marketing Management, Vol. 27, Nr. 1, 1998, S. 305-313.

Wernerfelt, B. (1984): A resource based view of the firm, in: Strategic Management Journal, Vol. 5, Nr. 2, 1984, S. 171-180.

Wolf, J. (2005): Organisation, Management, Unternehmensführung: Theorien und Kritik, 2. Auflage, Wiesbaden, Gabler Verlag, 2005.

Zahn, E. (1996): Kernkompetenzen, in: Kern, W. (Hrsg.): Handwörterbuch der Produktionswirtschaft, 2. Auflage, Stuttgart, Schaeffer-Poeschel Verlag, 1996, S. 883-894.

Zentes, J. (2003): Marketing-Effektivität vs. Logistik-Effizienz: Theoretische Überlegungen und empirische Befunde, in: Spengler, T.; Voss, S.; Kopfer, H. (Hrsg.): Logistik Management, Heidelberg, Physica Verlag, 2004, S. 255-270.

Zhang, Q.; Vonderembse, M. A.; Lim, J.-S. (2005): Logistics flexibility and its impact on customer satisfaction, in: The International Journal of Logistics Management, Vol. 16, Nr. 1, 2005, S. 71-95.

Zhao, Q.; Ding, H.; Liu, H. (2005): Logistics Service Process Re-Engineering for Mass Customization, in: Proceedings of ICSSSM '05 International Conference on Services Systems and Services Management, 2005, S. 369-374.

Zokaei, K.; Hines, P. (2007): Achieving consumer focus in supply chains, in: International Journal of Physical Distribution and Logistics Management, Vol. 37, Nr. 3, 2007, S. 223-247.

Herbert Kotzab* / Verena Lienbacher **

Efficient Consumer Response – Marketing-logistisches Kooperationsmanagement in der Konsumgüterwirtschaft

---

* Prof. Dr. Herbert Kotzab ist Professor am Department of Operations Management an der Copenhagen Business School.

** Verena Lienbacher ist Dissertantin an der Wirtschaftsuniversität Wien und zugleich in einem internationalen Unternehmen der Konsumgüterindustrie beschäftigt.

1 Einleitung

Das Bild der betriebswirtschaftlichen Logistik hat sich im deutschsprachigen Raum in den vergangenen fünf Jahrzehnten deutlich verändert (Delfmann 1998 oder Pfohl 2004a). Konzentrierte sich die wissenschaftliche Diskussion zunächst auf jene logistischen Abläufe, die im Bereich Marketing als physische Distribution gewürdigt werden (Stewart/Klee 1966), entwickelte sich im Laufe der Zeit eine betriebswirtschaftliche Logistikorientierung, die sich als flussorientierte 'Betriebswirtschaftliche Logistikkonzeption' durchgesetzt hat (Brauer 1999, Pfohl 2004a oder Schulte 1995). Mitte der 80er Jahre des 20. Jahrhunderts entwickelte sich in den USA eine unternehmensübergreifende Logistikkonzeption, die als Supply Chain Management (SCM) gewürdigt wird und als probates Mittel zur Reduktion von logistikkanalweiten Lagerbeständen interpretiert wurde (Jones/Riley 1985). Im Laufe der Zeit entwickelte sich SCM jedoch zu einem generellen Erfolgsinstrument der Unternehmenssteuerung (Austin et al. 1998), das die Wettbewerbspositionen von Unternehmen und deren Liefer- und Kundennetzwerke stark beeinflussen kann.

Die wesentlichsten Charakterzüge des SCM liegen in seiner unternehmensübergreifenden Betrachtungsweise, der Forderung nach Synchronisierung und Harmonisierung von Geschäftsabläufen und –prozessen der beteiligten Akteure und der Forderung nach der Steuerung aller Aktivitäten durch den Endverbraucher (Kotzab 2000). In der unternehmerischen Praxis tritt SCM in unterschiedlichsten industriespezifischen Variationen und Bezeichnungen auf. Vielfach werden diese Logistikstrategien als „Just-In-Time-orientiert" bezeichnet und unter Begriffen wie Crossdocking, Continuous Replenishment Programs, Quick-Response-Modelle, Vendor-Managed-Inventory-Systems, Fast flow replenishment operations oder Flow through logistics operations gewürdigt (siehe dazu insb. Kotzab 1997 bzw. Kotzab/Schnedlitz 1998).

Die Ausweitung der Prozessoptimierung vom eigenen Unternehmen auf vor- und nachgelagerte Wirtschaftsstufen liegt in der allgemeinen Marktentwicklung. Unternehmen in hochindustrialisierten Gesellschaften agieren immer mehr in stark gesättigten Märkten mit äußerst geringen Wachstumsraten oder gar rückläufiger Marktentwicklung. Die Forderung nach Umsatzerhöhung konnte zunächst durch Übernahmen realisiert werden, was jedoch zu einer erhöhten Marktkonzentration und volumenorientierten Wettbewerbsstrategien führte (Olbrich 1999), wobei die verbleibenden Marktteilnehmer versuchten den Wettbewerb auf der Preisebene auszutragen.

Vor diesem makrologistischen Hintergrund sind gewinnorientierte Unternehmen aufgefordert, nach metalogistischen Lösungen zu suchen um entsprechende Gewinne zu realisieren (Pfohl 2004a). SCM bietet dazu die Möglichkeit, da durch Eliminierung von mehrfach ausgeführten – und daher entbehrlichen - Prozessen, die vorwiegend durch eine intransparente transaktionsorientierten Geschäftsabwicklung entstanden, eine Kostenreduktionspotential ausgeschöpft werden kann.

Vor allem die europäische und US-amerikanische Konsumgüterwirtschaft ist dieser Entwicklung ausgesetzt und hier hat sich ein auf Vertrauen basierender SCM-Ansatz entwickelt, der als Efficient Consumer Response (ECR) gewürdigt wird (Salmon 1993; Kotzab 1999; Holweg 2008 bzw. Kotzab/Steinbrecher 2009). ECR ist das nachfragegesteuerte strategische Management von

Wertschöpfungsketten, das alle Aktivitäten zwischen dem Point-of-Sale (POS) und den Produktionsstätten bestmöglich synchronisiert. Somit kann ECR als Ausdruck eines strategischen Logistikmanagement aufgefasst werden (Pfohl 2004b).

2 Kooperations- statt Konfliktmanagement

2.1 Ausbruch aus dem Gefangenendilemma

Die beschriebene Situation in der Konsumgüterwirtschaft kann als Null-Summen-Spiel aufgefasst werden, da die Gewinne eines Akteurs gleichhohen Verlusten eines anderen Akteurs gegenüberstehen. In Anlehnung an das Gefangenen-Dilemma könnten alle Beteiligten durch die Auslotung und Ausschöpfung von Kosteneinsparungspotentialen auf Basis zwischenbetrieblicher Kooperationen Win-Win-Situationen schaffen. Dies erfordert eine koordinierte Erfüllung gleichartiger Teilaufgaben in den Lieferanten- und Kundennetzwerken, wobei die ökonomische und rechtliche Selbständigkeit der kooperierenden Unternehmen gewahrt bleibt.

Abhängig von der Stellung der Akteure in der Wertschöpfungskette wird von horizontalen Kooperationen (= Kooperation zwischen Unternehmen auf der gleichen Wirtschaftsstufe), vertikalen Kooperationen (= Kooperation zwischen Unternehmen der vor- bzw. nachgelagerten Wirtschaftsstufe) bzw. diagonalen Kooperationen (= Kooperation zwischen Unternehmen, die weder in horizontaler noch in vertikaler Verbindung stehen) gesprochen (Pfohl 2004a). Wenn selbständige Wirtschaftseinheiten verstärkt ihre Vorgehensweisen in der Art und Weise abstimmen, dass eine effizienzorientierte Arbeitsteilung und Spezialisierung zwischen den Marktteilnehmern erfolgt, kann diese Zusammenarbeit als hybride Kooperation auf Basis einer strategisch orientierten Vertrauensallianz bezeichnet werden. Dabei erkennen die betroffenen Marktteilnehmer ein prinzipielles Interesse am Aufbau bestimmter Normen und Standards, die ein kooperationskonformes Verhalten belohnen und ein Zuwiderhandeln sanktionieren. Dadurch kann eine Win-lose-Situation in eine Win-win-Situation umgewandelt werden. Hybride Kooperationen können nicht nur vertikal, sondern auch horizontal gebildet werden (Ahlert 1999 bzw. Meffert 1999).

Durch Zusammenarbeit mit vor-, nach- und gleichgelagerten Wirtschaftsstufen kann das Gefangenen-Dilemma in der Konsumgüterwirtschaft überwunden werden und der Endverbraucher dadurch profitieren. Durch ein sinnvolles Zusammenspiel zwischen Kooperation und Konkurrenz lassen sich die einzelnen Unternehmensstrategien harmonisieren und es gelingt ein ökonomischer Kompromiss zwischen Spezialisierung und Teilung von Wertschöpfungsprozessen (Ahlert 1999).

Die Entwicklung des ECR Ansatzes erfolgte auch aus dem Bewusstsein, dass Hersteller und Händler unterschiedliche Interessen verfolgen (Salmon 1993). Einige davon sind, geordnet nach Instrumenten des Marketing Mix, in der folgenden Tabelle gegenübergestellt. Aus der Gegenüberstellung wird ersichtlich, dass Preise bzw. Kosten die wesentliche Ursache von Hersteller-Händler-Konflikten darstellen. Individuelle Versuche von Herstellern oder Händlern, die Wertschöpfungskette einseitig zu optimieren, führen zu Prozessbrüchen und somit zu Ineffizienzen, da der administrative Aufwand zu hoch wird, inkonsistente Information vorhanden sind und hohe Lagerbestände aufgebaut werden (Salmon 1993).

Die Umsetzung von ECR kann diese Ineffizienzen durch Prozessvereinfachung eliminieren, was zu wesentlichen Kosteneinsparungen in der gesamten Kette führt. Zugleich profitiert der Endverbraucher von einem höheren Servicelevel, da vor allem die Ausverkauft-Situation vermieden wird (Gudehus 2005). Die Umsetzung von ECR erfordert aber eine partnerschaftliche Zusammenarbeit zwischen Industrie und Handel und eröffnet den beteiligten Unternehmen Vorteile, die durch isolierte interne Maßnahmen nicht erreichbar wären (Salmon 1993 bzw. Corsten/Pötzl 2002).

Bereich	Interessen des Herstellers	Interessen des Händlers
Produkt- bzw. Sortimentspolitik	Aufbau eines Produkt- bzw. Markenimages Hohe Innovationsrate Forcierung der Herstellermarke	Aufbau eines Sortimentsimage Gemäßigte Innovationsrate Forcierung der Handelsmarke
Preispolitik	Hochpreispolitik Bestimmung des Verbraucherpreises Abbau überhöhter Händlerspannen	Niedrigpreispolitik Autonome Preisbestimmung Zusätzliche Konditionen
Kommunikationspolitik	Produktwerbung Aufbau von Markenpräferenzen Herstellerorientierte Promotions	Firmenwerbung Aufbau von Ladenpräferenzen Händlerorientierte Promotions
Distributionspolitik	Intensive Distribution Große Bestellmengen Optimale Platzierung der eigenen Ware	Selektive oder exklusive Distribution Schnelle Auslieferung auch kleiner Bestellmengen Optimale Platzierung des Gesamtsortiments

Tabelle 1: Gegenüberstellung von ausgewählten hersteller- und händlerspezifischen Marketingzielen, in Anlehnung an Hahne (1998), Becker (2001), Holzkämper (1999), Stieglitz (1999), Seifert (2001)

2.2 Das ECR-Konzept

Abbildung 1 zeigt die Grundidee des ECR-Konzepts, das auf Pull-Überlegungen basiert. Die gesamte Wertschöpfungskette wird permanent auf Basis der Kaufakte der Endverbraucher gesteuert. Dadurch treten innerhalb dieses Idealsystems keine Ineffizienzen auf. Jede Aktivität in der Wertschöpfungskette wird hinsichtlich ihres Beitrages zum Kundennutzen untersucht (Rodens-Friedrich 1999). Wenn eine Aktivität keinen oder einen geringen Beitrag leistet, wird sie abgeschafft oder effizienter gestaltet (Salmon 1993 bzw. Corsten/Pötzl).

Die gesamte Wertschöpfungskette wird permanent auf Basis der Kaufakte der Endverbraucher gesteuert. Dadurch treten innerhalb dieses Idealsystems keine Ineffizienzen auf. Jede Aktivität in der Wertschöpfungskette wird hinsichtlich ihres Beitrages zum Kundennutzen untersucht (Rodens-Friedrich 1999). Wenn eine Aktivität keinen oder einen geringen Beitrag leistet, wird sie abgeschafft oder effizienter gestaltet (Salmon 1993 bzw. Corsten/Pötzl 2002, S. 8). Dadurch ist es möglich trotz stagnierender Umsatzentwicklung Einsparungspotentiale zu erzielen, die positiv auf die Gewinnentwicklung wirken.

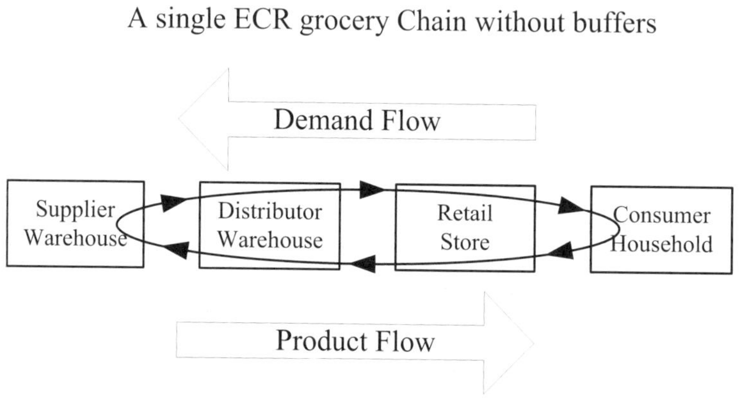

Abbildung 1: Das ECR-Grundmodell lt. Salmon (1993)

Die Nachfragesteuerung und die Umsetzung der Einsparungen kann durch die in der Tabelle 2 präsentierten Kernelemente erreicht werden. Der optimale Mix dieser vier Teilkomponenten führt zu einer Beschleunigung des Warenflusses von ursprünglich 104 auf 61 Tage und zu einem logistikkanalweiten Abbau von Lagerbeständen von 40 %. Das daraus resultierende Einsparungspotenzial wurde mit 10,8 % (bezogen auf Verkaufspreise) oder 30 Milliarden US-Dollar berechnet. Der Großteil der Einsparungen resultiert auf den Standbeinen ER und EP, die zu ungefähr gleichen Teilen von Industrie und Handel geleistet werden.

Da sich dieses Modell ausschließlich an US-amerikanischen Marktverhältnissen orientierte, wurde von der europäischen ECR-Initiative ein für europäische Marktverhältnisse passendes Kooperationsmodell entwickelt (Kalmbach 1999), das sich in der strategischen Zielsetzung sehr am US-amerikanischen Vorbild orientiert. In der Umsetzung (siehe Abbildung 2) werden jedoch einige Unterschiede sichtbar.

Hier wird ersichtlich, dass sich das ECR-Konzept aus marketing- und logistikgetriebenen Aktivitätsfeldern und Prozessen zusammensetzt, die als Demand Side (= Marketing) und Supply Side (= Logistik) bezeichnet werden und als die tragenden Erfolgssäulen erachtet werden. Diese werden von modernen Informations- und Kommunikationstechnologien (= Enabling Technologies) unterstützt, deren Aufgaben in der Erfassung und Verarbeitung von Daten der Lieferung und der Nachfrage liegen, sowie in der schnellen Informationsübermittlung an alle an der Wertschöpfungskette beteiligten Geschäftspartner.

ECR-Instrumente	Zweck
Efficent Store Assortement (ESA) - effiziente Sortimentsgestaltung auf Filialebene	Optimierung der Warenbestands- und Flächenproduktivität am POS der Schnittstelle zum Endverbraucher.
Efficient Replenishment (ER) - effizienter Warennachschub	Dies entspricht dem Konzept des automatisierten, permanenten Warennachschubs bei Quick Response (QR) bzw. Continuous Replenishment (CRP).
Efficient Promotion (EP) - effiziente Absatzförderung	Harmonisierung der Verkaufsförderungsaktivitäten zwischen Handelsunternehmen und Herstellern.
Efficient Product Introduction (EPI) - effiziente Produktneueinführung	Maximierung der Effizienz bei der Entwicklung neuer Produkte und deren Einführung in den Markt.

Tabelle 2: Die vier ECR-Teilstrategien nach Salmon (1993), deutsche Übersetzung folgt Tietz (1995)

Das optimale Zusammenspiel dieser Faktoren führt zu einer erhöhten Kundenzufriedenheit, die von ECR-Europa als eine Funktion aus den Parametern Qualität, Vertrauen, Service, Reaktionszeit und Preis gemessen wird. Die Anwendung dieses Modells führt in Europa zu einem Einsparungspotential von 5,7 % (auf Basis der Einzelhandelspreise), das wertmäßig mit € 25 Milliarden kalkuliert wurde (ECRE 1997; Wiezorek 1997; siehe auch Tabelle 3).
Swoboda (1998) fasste die speziellen Effekte von ECR übersichtlich zusammen (siehe Tabelle 4) wobei ersichtlich wird, dass ECR nicht nur auf eine Senkung der Kosten und Erhöhung des Servicegrades abzielt, sondern auch eine ökologische Dimension enthält.

2.3 Die Besonderheiten von ECR

Die betriebswirtschaftlich-logistischen Besonderheiten

Die Besonderheit um ECR liegt in folgenden betriebswirtschaftlich-logistischen Gestaltungsprinzipien, deren Entwicklung und Umsetzung auf gleichberechtigter Basis von Hersteller- und Handelsunternehmen liegen soll (siehe auch Gill/Allerheiligen 1981):

- *Zentralisierung und Standardisierung*: Die Bündelung der Warenströme führt zur Ausschaltung überflüssiger Lagerstufen und dadurch können Rationalisierungspotentiale ausgeschöpft werden. Die Anwendung kanalweiter IT- und organisatorischer Standards fördert die Realisierung eines permanenten Fließens von Waren und Informationen.
- *Kooperation/Integration und Systemdenken*: Die Realisierung der Prinzipien ist nur durch gemeinsame Anstrengungen möglich, eine ausschließliche Ausrichtung eines einzelnen Part-

ners führt zu keinen Gewinnen. Erst die unternehmensübergreifende Koordination der Input- und Outputrelationen führt zu einer Gesamtoptimierung des Absatzkanals.

- *Kundenorientierte Neugestaltung der Wertschöpfungsprozesse*: Die Gestaltung und Optimierung aller ECR-Prozesse kann auf den Scannerkassen-Informationen des Handels basieren. Durch die unternehmensübergreifenden Zugriffsmöglichkeiten können sich gegenseitig aufschaukelnde Lagerbestände zwischen den Absatzstufen vermieden (= Bullwhip-Effekte) und Out-of-Stock-Situationen am P.O.S. reduziert werden sowie Erkenntnisse zur Verbesserung des Sortiments etc. gewonnen werden.

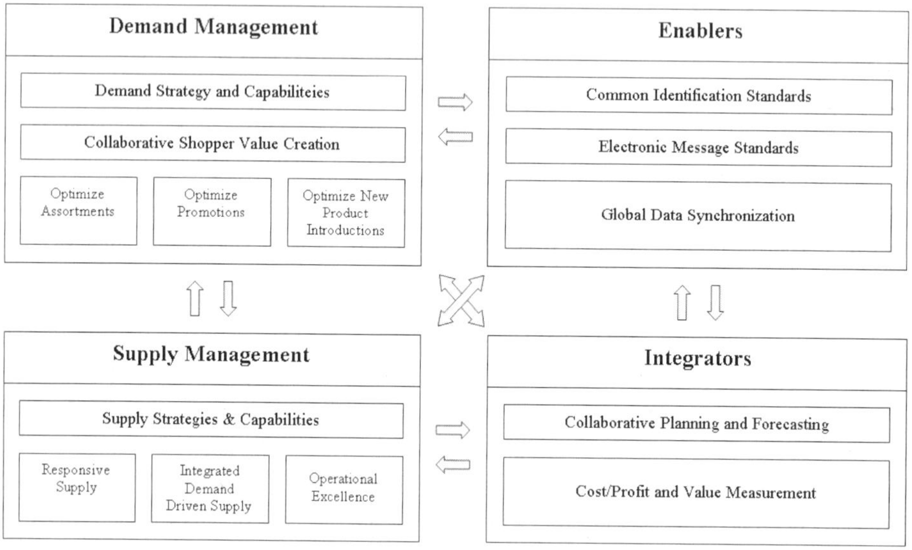

Abbildung 2: Das europäische ECR-Basismodell (ECR Europe 2009)

90 % der operativen Kosteneinsparungen resultieren aus...	**95 % der Lagerbestandsreduktionen resultieren aus...**
Produkteinführung und -entwicklung - 17 %	Optimalem Sortiment - 10 %
Verkaufsförderung - 16 %	Continuous Replenishment - 24 %
Synchronisierte Produktion - 13 %	Crossdocking - 10 %
Verläßliche Produktion - 17 %	Synchronisierte Produktion - 40 %
Lieferantenintegration - 28 %	Lieferantenintegration - 11 %

Tabelle 3: Relatives Ausmaß der ECR-Einsparungen bezogen auf die jeweilige ECR-Aktvität. Quelle: Wiezorek (1997) bzw. ECRE (1997).

Teilbereich	Kosteneinsparungen	Erhöhung des Service	Ökologische Vorteile
Administration	Reduktion von Handlingsdauer und –kosten, Rechnungsprüfungskosten, Arbeitskosten für manuelle Dateneingabe, Aufwand zur Fehlerbereinigung	Reduktion von Fehlern bei Auftragsabwicklung und Informationsübermittlung	Verringerung des Materialverbrauches, Reduktion des Transportaufkommens
Warennachschub	Reduktion von Kommissionierungskosten/Manipulationskosten, Reduktion von Lagerhaltungskosten, Reduktion von in Lagerflächen eingesetztem Kapital, Reduktion von Umsatzverlusten durch Vermeidung von Out-of-Stock-Situationen	Erhöhung des Lieferservices durch Standardisierung der Verpackung Höhere Prognosegenauigkeit durch kürzere Lieferzeiten, bessere Beziehungsqualität durch höhere Verlässlichkeit im Alltagsgeschäft Erhöhung der Kundenzufriedenheit durch Vermeidung von Out-of-Stock-Situationen	Wegstreckenreduzierung aufgrund von Warenbündelung und Auslastung der Transportmittel, Reduktion von Verpackungsabfällen durch Mehrwegtransportverpackungen, Reduktion von Materialverbrauch, Lagerfläche und Schadstoffemission durch Standards für Verpackungen und Paletten
Sortimentsgestaltung	Reduktion der Handlingskosten bei optimierter Regalgestaltung, Verbesserung des Category-Umsatzes durch Optimierung der Regalgestaltung, Verbesserung der Rentabilität, Erhöhung des Umsatzes durch Nutzung von Lager und Verkaufsflächen	Erhöhung der Kundenzufriedenheit durch konsumentengerechte Regalplatzierung, optimierte Sortimente	Reduktion von Verpackungsmaterial durch Standardisierung der Verpackungsgröße für Verkaufsregale, Weiterverwendung von Transport-/Umverpackungen als Verkaufsverpackung oder als Displaymaterial
Verkaufsförderung	Umsatzsteigerung durch bessere Abstimmung der Verkaufsförderungsmaßnahmen zwischen Hersteller und Händler, Aufwandsreduktion bei Aktionen	Erhöhung der Qualität von Verkaufsförderungsmaßnahmen durch Ideenpooling	Reduktion des Materialverbrauchs (z.B. bei Displays) durch abgestimmte Verkaufsförderungsmaßnahmen, Reduktion von Verderb

Tabelle 4: Effekte von ECR (Swoboda 1998).

Die Umsetzung dieser Prinzipien benötigt, wie Pfohl (2004) richtig bemerkt, die enge Zusammenarbeit von Hersteller und Händler. Dabei kommt es zu einer Koordination von Güter- und Informationsflüssen und zu einer engen Abstimmung von Marketingstrategien. Die Vorteile der Kooperation betreffen dabei nicht nur das einzelne Unternehmen, sondern die gesamte Wertschöpfungskette (Pfohl 2004a).

Die wettbewerbspolitischen Besonderheiten

Wie bereits erwähnt, wird im Rahmen von ECR-Kooperationen, statt einer konfliktreichen Koordination zwischen den Wirtschaftsstufen, eine wirtschaftsstufenübergreifende Integration bestimmter Geschäftsprozesse versucht, die zu einer Harmonisierung der Geschäftsbeziehungen führen kann. Während die vertikale Kooperation wettbewerbsrechtlich nicht problematisiert werden kann, stellt die horizontale Kooperation, d.h. die Zusammenarbeit zwischen Wettbewerbern, eine Herausforderung an das ECR-Konzept dar.
Wettbewerbstheoretisch befindet sich die Konsumgüterwirtschaft im Hyper-Wettbewerb (Kotzab/Teller 2003), wo sich gleich mächtige Hersteller- und Handelsunternehmen gegenüberstellen. Meffert (1999) schlägt in diesem Zusammenhang ein Coopetition-Modell vor, das auf der Annahme basiert, dass Wettbewerb und Konkurrenz kombiniert werden können (siehe auch Brandenburger und Nalebuff 1996).
Aufbauend auf den Erkenntnissen von Bengtsson/Kock (2000) stellten Kotzab/Teller (2003) fest, dass im Rahmen von ECR die Kooperation zwischen Konkurrenten im für den Endverbraucher unsichtbaren Logistikbereich gesucht werden, während im Marketingbereich, der nahe am Markt angesiedelt ist, der Wettbewerb fortgeführt wird. Empirische Belege liefert die durchgängige Akzeptanz von Informations- und Logistikstandards, wie die Anwendung von GS1-Standards zur durchgängigen Artikelnummerierung (z.B. GTIN-13, GTIN-12 oder GTIN-8), Paletten- und Standortkennzeichnung (GS1-128 bzw. GLN) oder Informationsübermittlung (z.B. EANCOM) (siehe dazu Gudehus 2005).

3 Umsetzungsnotwendigkeiten und -hindernisse

Der Umsetzungserfolg von ECR in Konsumgüterwirtschaft hat deutlich das Zusammenwirken zwischen technischen und organisatorischen Ressourcen aufgezeigt. Während die technischen Ressourcen die informations- und logistiktechnische Kompetenz und Infrastruktur, fachliche Qualifikation der Mitarbeiter sowie die unternehmensspezifische Infrastruktur darstellen, umfassen die organisatorischen Ressourcen Commitment und Leadership, Bereitschaft zur Veränderung (Change Management) sowie zur Zusammenarbeit und überdurchschnittliche Motivation (van der Heydt 1998). Glavanovits/Kotzab (2002) weisen im Besonderen auf folgende Elemente hin, die den ECR-Umsetzungserfolg wesentlich beeinflussen:

- *Geeignetes Datenmaterial:* Die meisten ECR-Techniken verlangen geeignetes Datenmaterial (z.B. Abverkaufs- oder Artikelstammdaten). Um Ineffizienzen zu vermeiden, müssen diese Daten auf Basis der GS1-Standards vorliegen. ECR-Austria empfiehlt dazu den Einsatz zentraler Stammdatenpools.

- *IT-Infrastruktur:* Um ECR-Techniken anwenden zu können und Effizienzsteigerungen zu erzielen, muss die nötige IT-Infrastruktur vorhanden sein oder geschaffen werden. So benötigt ein Unternehmen für die Umsetzung von EDI neben der Hardware auch noch Verwaltungs- und Kommunikationssoftware, Schnittstellen, Zugang zu einem Datennetzwerk und definierte Nachrichtenformate.
- *Qualifiziertes Personal:* Die Umsetzung von ECR-Techniken wie Efficient Replenishment oder Category Management verlangt qualifizierte Mitarbeiter in den betroffenen Bereichen. Unzureichende Vorbereitung auf die Tätigkeit bzw. mangelnde Vorbereitung auf die Implementierung können die erfolgreiche Umsetzung von ECR behindern. Entsprechendes Know-how stellt einen wichtigen Faktor bei der Implementierung von ECR dar.
- *Ablauforganisation:* ECR benötigt die entsprechende Verankerung in der Ablauforganisation der teilnehmenden Unternehmen. ECR erfordert in einigen Bereichen eine abteilungsübergreifende Zusammenarbeit und teilweise Neudefinition von Aufgabenbereichen.

Umgekehrt betrachtet kann eine ECR-Zusammenarbeit gelingen, wenn die von Borchert (2001) präsentierten Defizitfaktoren bzw. Implementierungshürden vermieden werden:

- Die gesamte Wertschöpfungskette weist einen geringen Standardisierungsgrad und eine niedrige Entwicklungsfähigkeit von ECR-Komponenten auf. Die Gründe dafür liegen in einer mangelnden Kooperationsbereitschaft, Kontrolle und fehlender Durchsetzungsmacht in der gesamten Kette = Netzwerkdefizit.
- Die Kooperationspartner sind nicht in der Lage zusammenzuarbeiten, da es an Kompetenzen, Wissen, Organisationsstruktur und/oder Unterstützung durch die Geschäftsleitung mangelt. Die Kooperation kann auch durch Machtspiele gefährdet sein = Partnerdefizit.
- Die ECR-Partnerschaft gelingt nicht, da es nicht möglich ist, die führende Rolle im Absatzkanal, in der Warengruppe oder die Markenstärke zu kommunizieren und umzusetzen = ECR-Interaktionsdefizit.
- Die Unternehmen weisen intern organisatorische und technische Defizite auf = unternehmenseigenes Defizit.

In der Vergangenheit überwog das Verständnis, dass der Erfolg von ECR von den technischen Ressourcen abhängt. Die praktische Erfahrung hat jedoch gezeigt, dass die Umsetzung nur zu 20 % von der Technologie, jedoch zu 80 % von organisatorischen Faktoren abhängt, die sich wiederum in unternehmensinterne und –übergreifende Faktoren einteilen lassen (ECR Europe 2005, Holmes/Lonergan 2005, Glavanovits/Kotzab 2002; siehe Tabelle 5).

4 Kritik am ECR-Konzept

ECR wurde 1992 als ‚strategische Waffe‘ vorgestellt und begeistert aufgenommen. In der Folge förderten zahlreiche Fachpromotoren das Konzept, das zu einer Neugestaltung der Geschäftsbeziehungen in der Konsumgüterwirtschaft führt. Zahlreiche Pilot-Projekte unterstützten diesen Charakter. Mouzas/Araujo (2000) bemerkten jedoch, dass nach anfänglichem Übereifer in der Umsetzung die Phase der Wiederholung der Piloterfolge sehr von der Kooperationsqualität der

Beteiligten abhängt. Corsten (2000) präsentierte in diesem Zusammenhang ein Entwicklungspfad-Modell, das ECR in unterschiedliche Entwicklungsstufen unterteilt. Die Unterschiede zwischen den einzelnen Stufen liegen in der Anzahl der Teilnehmer, im Abhängigkeitsgrad und im Koordinationsgrad.

Organistorische Maßnahmen zur Umsetzung von ECR	
unternehmensintern	**unternehmensextern**
Unterstützung durch das Top Management	Offenes Bekenntnis zur Kooperation
Setzen von klaren internen Prioritäten und funktionsübergreifendem Denken	Vertrauen mit/zum Kooperationspartner
Setzen von realistischen Zielen und Erfolgsmessung	Offenheit
Durchdachte Planung	Gemeinsame Entscheidungsfindungsprozesse und Transparenz
Lieferantenintegration - 28 %	Faire Aufteilung des Kooperationsgewinnes

Tabelle 5: Unternehmensinterne und –externe organisatorische Maßnahmen zur Umsetzung von ECR (in Anlehnung an Glavanovits/Kotzab 2002).

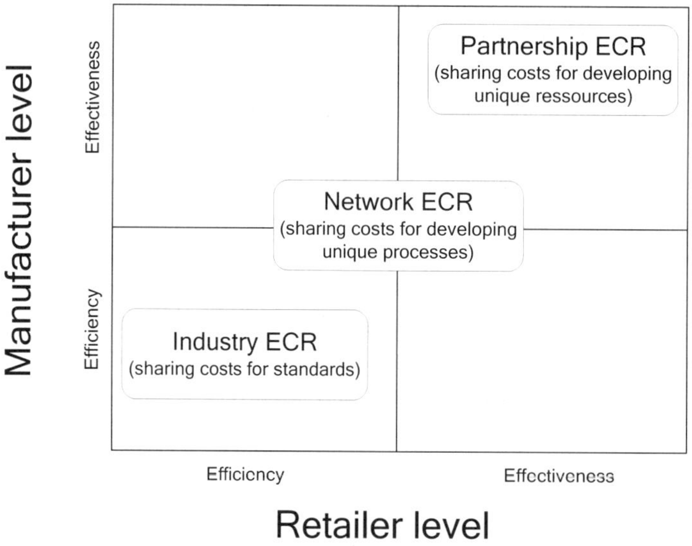

Abbildung 3: Entwicklungspfade von ECR lt. Corsten (2000)

Um die Stufe des Partnership-ECR, das auf einer dyadisch angelegten Beziehung aufbaut, zu erreichen, gilt es zunächst eine kritische Masse an teilnehmenden Marktpartnern zu erreichen

(Corsten 2000). Hier setzt die Kritik am ECR-Ansatz an, da den identifizierten Befunden zufolge in den meisten Märkten die kritische Masse – trotz des Wissens um die positive Wirkung unternehmensübergreifender Standards (Picot et al. 2001) – noch nicht erreicht sein dürfte. Die Ursache dafür könnte in den möglichen Gefahren liegen, die sich im Spannungsfeld zwischen Prozessvereinheitlichung bzw. Standardisierung und falsch verstandener Kundenorientierung (= Marketing Myopia) ansiedeln.

Weitere Kritik am ECR-Konzept richtet sich an den Neuigkeitswert des Modells und an die versprochenen Einsparungspotentiale (Tietz 1995, Tosh 1998 oder Kotzab 1999). Aber auch der Zentralisierungsgedanke in Planung und Disposition, der durch ECR durchaus propagiert wird, wird u.a. von Gudehus (2005) scharf kritisiert.

5 Fazit

Die Konsumgüterwirtschaft ist in ein dynamisches Umfeld eingebettet, in dem Markenartikelhersteller und Einzelhandelsunternehmen mit den Facetten der modernen Marktentwicklung konfrontiert sind. Dazu zählen immer besser informierte VerbraucherInnen mit ständig wandelnden Bedürfnissen und innovative Möglichkeiten der Warenverteilung.

Hohe Flexibilität gegenüber immer individuelleren Kundenwünschen, gesteigerte Kosteneffizienz und eine hohe punktgenaue Lieferfähigkeit sind in einem verstärkt globalisierten Wettbewerb zu entscheidenden Erfolgsfaktoren geworden. Unternehmen, denen es nicht rechtzeitig gelingt, sich den veränderten Rahmenbedingungen anzupassen, haben mit gravierenden Nachteilen für die Rentabilität und die langfristige Wettbewerbsfähigkeit zu rechnen.

Mit der Bildung von strategischen Partnerschaften zwischen Industrie und Handel, wie z.B. ECR, kann es gelingen diese Forderungen umzusetzen. Im Mittelpunkt steht dabei das Bemühen, Ineffizienzen, vor allem hinsichtlich der Prozesszeiten und –kosten, entlang der Lieferkette unter besonderer Berücksichtigung der Kundenwünsche zu vermeiden. Gleichzeitig sollen die Sortimente, die Warenbeschaffung und Bestandsführung, die Werbemassnahmen sowie Produktneueinführungen unternehmensübergreifend optimiert werden (Pfohl 2004a). Den Vorteilen der Kooperation steht der Verlust der Unabhängigkeit, die Einschränkung des Wettbewerbs (siehe 3.3.2) und die Aufgabe der Preisbildung am freien Markt gegenüber (Gudehus 2005).

Vor dem Hintergrund der von Pfohl (2004b) vorgeschlagenen Möglichkeiten der interorganisatorischen Gestaltungsmöglichkeiten der Logistik, bietet sich im Zuge der ECR-Zusammenarbeit die große Chance für Logistikdienstleister die oben angesprochene wettbewerbseinschränkende Wirkung von ECR aufzuheben. Somit lässt sich die Unabhängigkeit der beteiligten Unternehmen wahren und die Vorteile der Kooperation können dennoch erzielt werden (siehe auch Gudehus/Kotzab 2009).

Die Einbindung von Logistikdienstleistern in das ECR-Konzept kann auch wesentlich dazu beitragen, das logistische Konfliktpotential zwischen Hersteller und Händler zu reduzieren, da die Logistikdienstleister auch die Rolle als Vermittler zwischen den Partnern einnehmen können.

Literatur

Ahlert, Dieter (1999): Vertikalisierung der Distribution. Die kundenorientierte Neugestaltung des Wertschöpfungprozeß-Managements. In: Beisheim, Otto (Hrsg.): 333 – 350

Austin, T., Lee, Hau und Kopczak, Laura: Customer-driven demand networks: Unlocking hidden value in the personal computer supply chain, 1998

Becker, Jochen (2001): Marketing – Konzeption – Grundlagen des strategischen Marketing Managments. 7. Auflage, München: Vahlen

Beisheim, Otto. (1999) (Hrsg.): Distribution im Aufbruch. Bestandsauf-nahme und Perspektiven, München: Vahlen

Bengtsson, Maria/Kock, Sören (2000), Coopetition in business networks – to cooperate and compete simultaneously. In: Industrial Marketing Management, 29, 411-426

Borchert, Stefan (2001): Führung von Distributionsnetzwerken. Eine Konzeption der Systemführung von Unternehmungsnetzwerken zur erfolgreichen Realisation von Efficient Consumer Response-Kooperationen. Wiesbaden: DUV

Brandenburger. Adam/Nalebuff, Barry (1996), Co-opetition, New York:Doubleday.

Brauer, Karl (1999): Begriff und Geschichte der Logistik. In: Schulte, Christof (1999): 22-24

Corsten, Daniel (2000): Standards, Processes and Capabilities – A New View on Co-operation in the Consumer Goods System. In: Hines, Peter (2000.): 147 – 152.

Corsten, Daniel/Pötzl, Julian (2002): ECR – Efficient Consumer Response. München / Wien:Hanser

ECR Europe (2005): The case for ECR. A review and outlook of continuous ECR adoption in Western Europe, Brussels.

ECR Europe (ECRE) (1997): CEO Overview - Efficient Consumer Response, o.O.

ECR-Europe: Focus areas of ECR. http://www.ecrnet.org/ 2009, abgerufen am 25.07.2009

Gill, Lynn/Allerheiligen, Robert (1981): Co-operation in channels of distribution: physical distribution leads the way. In: International Journal of Physical Distribution & Logistics Management, 11, 8, 56-70

Glavanovits, Hannes/Kotzab, Herbert (2002): ECR Kompakt, EAN:Wien

Gudehus, Timm (2005): Logistik. Grundlagen, Strategien, Anwendungen. 3. neu bearbeitete Auflage, Berlin, Heidelberg: Springer

Gudehus, Timm/Kotzab, Herbert (2009): Comprehensive Logistics. Berlin: Springer.

Hahne, Henric (1998): Category Management aus Herstellersicht – Ein Konzept des vertikalen Marketing und dessen organisatorische Implikationen. Köln:Josef Eul Verlag

Hines, Peter (2000) (Hrsg.): Logistics Research Network 2000 Conference Proceedings,Cardiff, UK

Hippner, Hajo/Meyer, Matthias/Wilde, Klaus (1998): Computer-Based Marketing - Das Handbuch zur Marketinginformatik, Wiesbaden:Vieweg

Holmes, Richard/Lonergan, Ed (2005): The case for ECR, Präsentation, Paris.

Holweg, Christina (2008): Consumer Value im Category Management-Modell nach ECR. Kritische Diskussion und empirische Evaluierung. 1. Aufl. Wiesbaden:Gabler

Holzkämper, Olaf (1999): Category Management: Strategische Positionierung des Handels. Göttingen:GHS

Jones, Thomas/Riley, Daniel (1985): Using Inventory for Competitive Advantage through Supply Chain Management. In. International Journal of Physical Distribution and Logistics Management, 5, 16-22

Kalmbach, Ulf (1999): ECR Europe und ECR Deutschland - Ein Überblick. In: Van der Heydt, Andreas (Hrsg.): 24 - 40

Kotzab, Herbert/Teller, Christoph (2003): Value-adding partnerships and co-opetition models in the grocery industry. In: International Journal of Physical Distribution and Logistics Management, 33, 3, 268-281

Kotzab, Herbert (1997): Neue Konzepte der Distributionslogistik von Handelsunternehmen, Wiesbaden:DUV

Kotzab, Herbert (1999): Improving Supply Chain Performance by Efficient Consumer Response? A critical comparison of existing ECR-approaches. In: Journal of Business and Industrial Marketing, 14, 5/6, 364-377

Kotzab, Herbert/Schnedlitz, Peter: Just-in-Time-orientierte Logistikstrategien des Handels. In: Hippner et al. (Hrsg.): 357-369

Kotzab, Herbert/Steinbrecher, Arnold Christian (2010, Hrsg.): ECR. Efficient Consumer Response : Standards, Prozesse und Umsetzungen, Wien:GS1

Meffert, Heribert (1999): Zwischen Kooperation und Konfrontation: Strategien und Verhaltensweisen im Absatzkanal. In: Beisheim, Otto (Hrsg.): 407 - 424.

Mouzas, Stefanos/Araujo, Luis (2000): Implementing programmatic initiatives in manufacturer-retailer networks In: Industrial Marketing Management, 29, 3, 293 – 303.

Olbrich, Reiner (1999): Überlebensstrategien im Konsumgüterhandel. In: Beisheim, Otto (Hrsg.): 425 – 442.

Pfohl, Hans-Christian. (2004a): Logistiksysteme. Betriebswirtschaftliche Grundlagen, 7. Korrigierte und aktualisierte Auflage, Berlin et al.:Springer

Pfohl, Hans-Christian (2004b): Logistikmanagement. Konzeption und Funktionen, 2. Überarbeitete und erweiterte Auflage, Berlin et al.:Springer

Picot, Arnold/Reichwald, Ralf/Wiegand, Rolf (2001): Die grenzenlose Unternehmung. Information, Organisation und Management, 4. Auflage, Gabler: Wiesbaden.

Rodens-Friedrich, Brigitta (1999): Kooperation in der Logistikkette zwischen Handel und Konsumgüterindustrie, in: Weber, Jürgen/Baumgarten, Helmut (Hrsg.): 814-827

Salmon, K. Associates (1993): Efficient Consumer Response. Enhancing Consumer Value in the Grocery Industry, Washington:FMI

Schulte, Christof (1995): Logistik, Wege zur Optimierung des Material- und Informationsflusses. 2. überarb. und erw. Aufl. München: Vahlen

Schulte, Christof (1999): Lexikon der Logistik, München, Wien:Oldenbourg

Seifert, Dirk (2001): Efficient Consumer Response – strategische Erfolgsfaktoren für die Wertschöpfungspartnerschaft von Industrie und Handel. München, Mering:Hammp

Stewart, Wendell/Klee, Josef (1966): „Physical Distribution“ - ein neues betriebliches Aufgabengebiet. In: Die absatzwirtschaft, 12, 1704 - 1708

Stieglitz, Angela (1999): Die Reorganisation handelslogistischer Versorgungsketten – Einflussfaktoren und Instrumente, Schriftenreihe der Bundesvereinigung Logistik, Band 42. München:Huss

Swoboda, Bernhard (1998): Wertschöpfungspartnerschaften in der Konsumgüterwirtschaft. Ökonomische und ökologische Aspekte des ECR-Managements. In. Wirtschaftswissenschaftliches Studium (WiSt), 9, 449-454

Tietz, Bruno (1995): Effiziente Kundenpolitik als Problem der Informationspolitik. In: Trommsdorff, Volker (Hrsg.): 176-186.

Tosh, Mark (1998): What's up with ECR? In. Progressive Grocer, Dezember, S. 8-12; 21

Trommsdorff, Volker (Hrsg.): Handelsforschung 1995/96. Informationsmanagement im Handel. Jahrbuch der Forschungsstelle für den Handel (FfH) Berlin. Wiesbaden:Gabler

Van der Heydt, A. (1999): Handbuch – Efficient Consumer Response. München:Vahlen

Weber, Jürgen/Baumgarten, Helmut (1999) (Hrsg.): Handbuch Logistik, Management von Material- und Warenflußprozessen, Stuttgart: Schäffer-Poeschel

Wiezorek, Heinz (1997): Efficient Consumer Response Kooperation statt Konfrontation. In.Marketing- und Management-Transfer, 4, 28-34

Eugen Egetenmeir*

Die Bedeutung von Messen für das Logistikmarketing

---

* Eugen Egetenmeir, geboren 1947, ist Mitglied der Geschäftsführung der Messe München. Er ist federführend für den Geschäftsbereich Investitionsgüter verantwortlich mit den Messen: bauma, bauma China, bc India, Ceramitec, Expo Real, IFAT, IFAT CHINA, transport logistic und transport logistic China. Darüber hinaus liegen in seiner Zuständigkeit der Auslandsvertrieb sowie die Steuerung der Auslands-Beteiligungsunternehmen.

1 Messen – der persönliche Kontakt zählt

Messen sind der vielleicht lebendigste, vielfältigste, überzeugendste und direkteste Kommunikationskanal überhaupt. Nirgendwo treten Unternehmen näher in Kontakt zu ihrem Publikum, nirgendwo lassen sich die eigene Marke und Philosophie individuell erlebbarer präsentieren. Zahllose Faktoren machen Messen auch im Zeitalter globaler Kommunikationsmöglichkeiten zum oft wichtigsten Instrument im Marketing-Mix: Denn es ist nach wie vor der persönliche Kontakt, den Aussteller wie Besucher suchen.

Auf Messen werden Trends nicht nur vorgestellt, sondern für die Zukunft geprägt. Auf ihnen ergibt sich aus dem Filtrat der Expertenmeinungen, was „state-of-the-art" in der jeweiligen Branche sein wird. Neben Projektpräsentationen stehen vor allem die Unternehmen selbst im Mittelpunkt: Messen bieten ihnen eine Bühne, auf der sie ihr Image pflegen und mit ihrer Marke konzentriert den Markt durchdringen können.

Mit einer Messebeteiligung lässt sich eine Vielzahl von Marketingzielen verwirklichen: In wenigen Tagen können die Absatzchancen für Produkte und Dienstleistungen getestet, Kontakte geknüpft, neue Netzwerke gebildet sowie Vorgänge des Marktes ebenso wie Veränderungen, Richtung und Tempo künftiger Entwicklungen identifiziert werden.

2 Die Messe München am Messeplatz Deutschland

Deutschland gilt als die Wiege des Messewesens. Bereits im Mittelalter wurden nach Gottesdiensten auf dem Kirchplatz Waren feil geboten. Diese Märkte entwickelten sich von Handels- und Tauschbörsen über Muster- und Ordermessen zum heutigen international renommierten Messeplatz Deutschland mit seinem breit gefächerten Programm an Fachmessen. Auch die geographische Lage Deutschlands, im Herzen des EU-Binnenmarktes, macht es zu einem bedeutenden Handels-Knotenpunkt zwischen Ost und West sowie Nord und Süd. Der Messeplatz Deutschland ist weltweit die Nummer 1 mit zwei Drittel der global führenden Branchentreffpunkte, jährlich rund 150 internationalen Messen und neun bis zehn Millionen Besuchern aus aller Welt. Über die Hälfte der Aussteller kommt aus dem Ausland, davon ein Drittel aus Ländern außerhalb Europas. Von den Besuchern reist knapp ein Fünftel aus dem Ausland an, von den Fachbesuchern sogar fast 30 Prozent. Deutschland bietet ihnen 2,76 Millionen Quadratmeter Hallenfläche auf 23 Messegeländen. Vier der fünf größten Messegelände der Welt liegen in Deutschland.

Trümpfe des Messeplatzes Deutschland:

- Weltweit anerkannte hohe Fachkompetenz
- Geopolitische Lage: im Herzen des EU-Binnenmarktes
- Zukunftsmärkte Osteuropas
- Verkehrsinfrastruktur mit weltweiter Anbindung
- 4 der 5 weltgrößten Messeplätze
- 2/3 aller Weltleitmessen

Die Messe München International (MMI) ist mit rund 40 Fachmessen für Investitionsgüter, Neue Technologien, Konsumgüter und das Handwerk eine der weltweit führenden Messegesellschaften. In ihrem Ausstellungsprogramm befinden sich eine Reihe von Weltleitmessen wie die:

- Baumaschinenmesse bauma, die größte Messeveranstaltung der Welt
- die transport logistic, Leitmesse für den weltweiten Warengüterverkehr
- die IFAT, die weltweit führend ist im Bereich modernster Umwelttechnologien
- die drinktec, Weltmesse für Getränke- und Liquid Food Technologie
- die analytica, Leitmesse für Produkte und Innovationen aus Analytik, Labortechnik und Biotechnologie
- die Ispo, weltgrößte Sportartikelmesse
- electronica, Weltleitmesse für Komponenten, Systeme und Anwendungen in der Elektronik
- productronica, Weltleitmesse für innovative Elektronikfertigung.

Hinzukommen am Messeplatz München die Messen des Handwerks mit der Internationalen Handwerksmesse (IHM) als Leitmesse der Branche, die von der Gesellschaft für Handwerksmessen (GHM) veranstaltet werden. Sie gehört ebenfalls zur Unternehmensgruppe MMI.

Über 30.000 Aussteller aus mehr als 100 Ländern und mehr als zwei Millionen Besucher aus über 200 Ländern nehmen jährlich an den Veranstaltungen in München teil. Darüber hinaus veranstaltet die Messe München Fachmessen in Asien, in Russland, im Mittleren Osten und in Südamerika. Mit sechs Auslandsbeteiligungsgesellschaften in Europa und Asien sowie 64 Auslandsvertretungen, die mehr als 90 messerelevante Länder betreuen, verfügt die Messe München über ein weltweites Netzwerk.

3 Die Bedeutung von Leitmessen für die Branche am Beispiel der transport logistic

Eine Leitmesse ist für einen Wirtschaftszweig beziehungsweise eine Branche die führende Veranstaltung, die in einem regelmäßigen Turnus wiederkehrt und die führenden Marktakteure an einem Messeplatz bündelt. Internationale Leitmessen haben auf Grund ihres globalen Anspruches meist eine hohe internationale Beteiligungsquote sowohl auf Aussteller- als auch Besucherseite.

Diesem Profil entspricht die transport logistic, Internationale Fachmesse für Logistik, Telematik und Verkehr, voll und ganz. Sie hat sich seit ihrer Premiere im Jahr 1978 zur weltweit größten Messe für den vielschichtig strukturierten Güterverkehr auf Straße, Schiene, Wasser und in der Luft entwickelt. Dies verdeutlichen auch die kontinuierlichen Wachstumsraten der Aussteller- und Besucherzahlen (Vergleiche hierzu Grafik). Das Portfolio umfasst Logistik und Güterverkehr, Telematik sowie innerbetrieblichen Transport und Materialfluss. In die transport logistic ist die Air Cargo Europe integriert, die bedeutendste Ausstellung der globalen Luftfrachtindustrie im europäischen Raum. An der Messe, die im Zwei-Jahres-Turnus stattfindet, beteiligen sich Aussteller und Besucher aus mehr als 100 Ländern.

- 1.764 Austeller
- 41 % Auslandsanteil aus 55 Ländern
- 12 % mehr Aussteller als 2007
- 10 % mehr Ausstellungsfläche

Abbildung 1: Bilanz Aussteller 2009. Quelle: transport logistic 2009

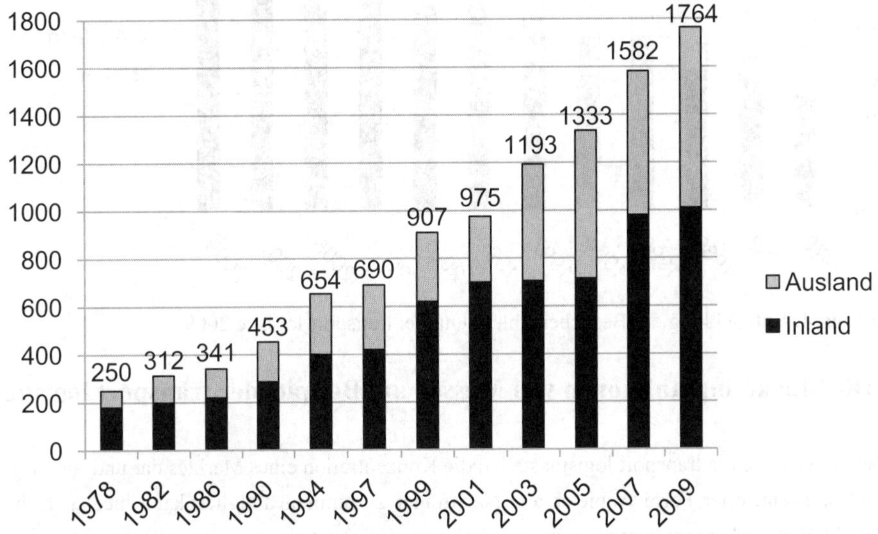

Abbildung 2: Entwicklung der Ausstellerzahlen. Quelle: transport logistic 2009

Die transport logistic bewegt die gesamte logistische Wertschöpfungskette und ist darüber hinaus nicht nur die Plattform für das größte Branchentreffen, sondern bietet ein Forum für die Vernetzung von Industrie und Handel mit der Transport- und Logistikbranche. Dies unterstreicht auch das Leitmotiv „connecting business".

Eine Leitmesse hat neben der Anbahnung von Geschäften aber noch eine weitere Funktion: der Branche Impulse zu geben. Dies bietet die transport logistic neben ihrem Ausstellungsangebot auch mit ihrem hochklassigen Konferenzprogramm, das sie gemeinsam mit einer Reihe von fachlichen Trägern entwickelt. Darin diskutieren führende Experten aktuelle Branchenthemen. Dadurch leistet die Messe einen wichtigen Beitrag zum Branchendiskurs und setzt immer wieder neue Themen auf die Agenda, die damit in die Fachöffentlichkeit hineingetragen werden.

- 47.969 Besucher
- 31 % Auslandsanteil aus 112 Ländern

Abbildung 3: Bilanz Besucher 2009. Quelle: transport logistic 2009

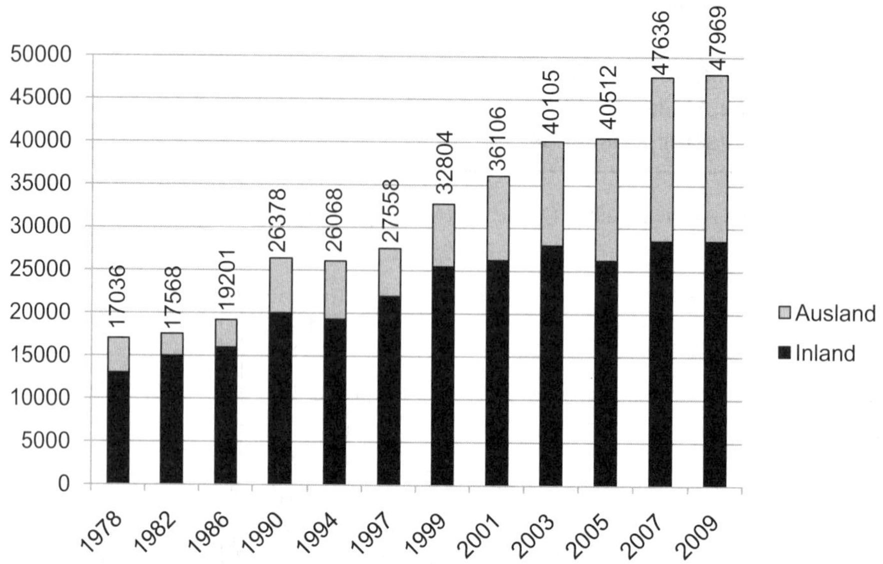

Abbildung 4: Entwicklung der Besucherzahlen. Quelle: transport logistic 2009

4 Die Marketingfunktionen von Messen am Beispiel der transport logistic

Weltleitmessen wie die transport logistic stellen die Konzentration eines Marktes dar und führen in räumlich konzentrierter Form Anbieter und Nachfrager zusammen. Folglich kann hier auch das gesamte Marketing-Instrumentarium von Unternehmen eingesetzt werden.

Um den Aspekt Messen im Marketing-Mix zu verstehen, zunächst ein Blick auf eine gängige Definition von Marketing: „Marketing kann als Planung, Koordination und Kontrolle aller auf die aktuellen und potentiellen Märkte ausgerichteten Unternehmensaktivitäten verstanden werden. Diese Unternehmensaktivitäten dienen dem Zweck einer dauerhaften Erfüllung der Kundenbedürfnisse einerseits und der Erfüllung der Unternehmensziele andererseits.“[1]

Die Messe ist jedenfalls nicht mehr nur allein als effizientes Medium der Distributionspolitik anzusehen; sie steht vielmehr im Dienst aller Elemente des Marketing-Mixes. Denn die Messe wandelte sich vor allem bei Investitionsgütern vom früheren Kaufereignis zur Plattform für Information, Austausch und Kommunikation sowie für Geschäftsanbahnung und Networking. Grund hierfür ist vor allem auch die Komplexität des Güter- und Dienstleistungsangebotes. Ein Auftrag kommt vielfach erst nach langwierigen Verhandlungen zustande, da eine Vielzahl von technischen Fragen, Vertragskonditionen etc. geklärt werden müssen und in der Regel mehrere Entscheidungsträger beteiligt sind. Daher fallen die Verhandlungen meistens in die Zeit nach der Messe.

Mit der Beteiligung an einer Messe können Aussteller gleichzeitig die Kommunikations-, Preis-, Konditions-, Distributions- und Produktstrategie ihres Unternehmens einsetzen. Messen dienen

---

1 AUMA (2008): Erfolgreiche Messebeteiligung, Teil 1: Grundlagen, Köln 2004, S. 9.

somit der Erfüllung der unterschiedlichsten Unternehmensziele. Marketing durch Messen bedeutet daher Rationalisierung, da Messen multifunktional einsetzbar sind.

Ausgewählte Funktionen

Messen

- bieten ein Marktkonzentrat als Spiegel ausgewählter Märkte
- haben Erlebnischarakter und sprechen alle menschlichen Sinne an
- gewährleisten und vergrößern die Markttransparenz
- erschließen neue Märkte
- ermöglichen einen direkten Vergleich von Preis und Leistung
- fördern den intensiven Informationsaustauch

Abbildung 5: Ausgewählte Funktionen. Quelle: AUMA (2008): Erfolgreiche Messebeteiligung, Teil 1: Grundlagen, Köln 2004, S. 9.

Kaum ein anderes Instrument im Marketing ist wie die Messe in der Lage, gleichzeitig das Unternehmen in seiner Kultur sowie die Produkte in ihrer Breite und Tiefe dem Kunden vorzustellen. Messen erschließen neben dem persönlichen Kontakt zum Kunden und einem direkten Preis- und Leistungsvergleich mit den Mitbewerbern ein ganzes Bündel an Informationen: Egal, ob es sich um Anhaltspunkte für Absatzstrategien handelt, Wissen aus erster Hand zu Expansions-Märkten oder Innovationen bei Produkten und Dienstleistungen - hier werden die neusten Entwicklungen auf den internationalen Märkten deutlich. Die transport logistic bietet in klar segmentierten Ausstellungshallen einen Überblick zu Dienstleistungen des Güterverkehrs und der Logistik, zu Telematik, eBusiness, Telekommunikation und Identifizierung, zu Systemen des Güterverkehrs sowie zu Intralogistik, Warehouse Management und Automatische Identifizierung. Darüber hinaus bereichert sie den Branchendialog mit einem Konferenzprogramm, an dem sich Experten aus aller Welt beteiligen.

Messen sind ein Medium eigener Art und mit eigenen Möglichkeiten. Anders als bei einer Zeitungsanzeige, einem Werbemailing, Prospekt oder Katalog, die alle letztlich nur eine abstrakte Vorstellung vermitteln, steht auf der Messe das Produkt oder die Dienstleistung selbst im Vordergrund. Mit der fachlich-technischen Präsentation unmittelbar und untrennbar verbunden ist die persönliche Information, der Dialog. Auch durch modernste Kommunikationsmittel oder virtuelle Marktplätze sind Messen daher nicht zu ersetzen. Die Erklärungsbedürftigkeit vieler Produkte und Dienstleistungen nimmt zu; unterschiedliche Anwendungsmöglichkeiten erschweren die Kaufentscheidung. Die Angebotsvielfalt wächst. Erfahrungsaustausch und Gespräch werden zunehmend wichtiger.

Erneut auf der Messe auftreten würden	96 %
Die transport logistic weiterempfehlen würden	96 %
Das Gesamturteil „ausgezeichnet bis gut" geben der Messe	90 %

Abbildung 6: Bewertung durch die Aussteller. Quelle: Repräsentative Befragung Infratest bei der transport logistic 2009

Das persönliche Vertrauensverhältnis zwischen Geschäftspartnern ist ein wichtiger Entscheidungsfaktor. Kundennähe ist im nationalen wie im internationalen Wettbewerb ein wichtiger strategischer Erfolgsfaktor. Die Messe ist sowohl zur Kundenpflege als auch zur Kundengewinnung ein bedeutender Marktplatz. Ob man als Aussteller oder Besucher auf der Messe ist, jeder kann jederzeit im Spektrum der Messehallen proaktiv neue Kontakte knüpfen. Experten sind sich darüber einig, dass trotz des Kostenaufwandes einer Messebeteiligung nirgendwo so viele und so kompetente Fachleute in so kurzer Zeit erreicht werden können wie auf Messen. So gelingt es, Veranstaltern internationaler Leitmessen auch in der Regel, die Beteiligungsziele der Aussteller zu befriedigen. Die transport logistic erzielt dahingehend sowohl bei den Ausstellern als auch bei den Besuchern Bestnoten im Gesamturteil und bei der Weiterempfehlung (siehe Grafik).

Einen Besuch der Messe weiterempfehlen würden	97 %
Die transport logistic wieder besuchen würden	94 %
Das Gesamturteil „ausgezeichnet bis gut" geben der Messe	94 %
Die Marktführerpräsenz beurteilen als „ausgezeichnet bis gut"	91 %
Die Vollständigkeit/Breite bewerten „ausgezeichnet bis gut"	95 %
Das Rahmenprogramm bewerten „ausgezeichnet bis gut"	87 %

Abbildung 7: Bewertung durch die Besucher. Quelle: Repräsentative Befragung Infratest bei der transport logistic 2009

4.1 Messen im Kommunikations-Mix

Kein anderer Kommunikationskanal besitzt für die B-to-B-Kommunikation so große Bedeutung wie Messen. Das ist das Ergebnis der Ausstellerbefragung „AUMA-Messetrend 2009". Sie zeigt, dass über 80 Prozent der ausstellenden deutschen Unternehmen sie als „wichtig oder sehr wichtig" für ihre B-to-B-Kommunikation einstufen, weit vor Kanälen wie Direktmarketing (53 Prozent) oder Public Relations (41 Prozent). Kein Wunder, dass rund 56.000 deutsche Unternehmen Messen für ihre B-to-B-Kommunikation nutzen. Sie wissen, dass sie hier viele Ziele erreichen können. Mindestens 90 Prozent der Aussteller nutzen ihre Messebeteiligung zur Neukundenakquise, zur Pflege von Kundenkontakten und zur Steigerung des Bekanntheitsgrades.
Die Messe nimmt bei der Kommunikation von Anbieter zu Nachfrager und umgekehrt eine Vermittlerrolle ein. Sie ist eine Plattform, auf der beide miteinander in Kontakt treten können. Sie ist daher neben den weiteren Instrumenten der Kommunikationspolitik eines Unternehmens – der Werbung, Verkaufsgesprächen, Öffentlichkeitsarbeit, Marktforschung, Corporate-Brand-Awareness-Aktivitäten – ein nachhaltiges und persönliches Mittel, um Kundenkontakte und –nähe aufzubauen. Die transport logistic erzielt bei der von tns Infratest durchgeführten Ausstellerbefragung regelmäßig sehr gute Werte zur Kundenkontaktpflege und zur Möglichkeit des Erfahrungsaustausches. Dies dokumentiert die Bedeutung der transport logistic als Kunden-Kommunikationsplattform der internationalen Transport- und Logistikwirtschaft.
Messen bieten Unternehmen auch die Möglichkeit, ihr Produkt oder ihre Dienstleistung live und anschaulich vorzuführen. Dadurch erhält der Anbieter direktes Feedback vom Kunden, aus dem er Erkenntnisse für die Marktforschung ableiten kann. Auch Veränderungen in der Kundenstruktur und im Kaufverhalten können schneller und direkter wahrgenommen werden. Kein anderes Medium kann so individuell eingesetzt werden, und nirgendwo sonst kann mit einem Kunden so direkt kommuniziert werden, um Informationsbedürfnisse zu wecken und das vorhandene Informationsbedürfnis zu befriedigen. Auf Grund ihres Ereignischarakters bietet die Messe dem Aussteller auch viele Möglichkeiten, dem Messebesucher ein eindrucksvolles Erlebnis zu bieten, z. B. durch produkt- oder dienstleistungsbezogene Events.

Kommunikationsziele

- Ausbau persönlicher Kontakte
- Steigerung des Bekanntheitsgrades des Unternehmens
- Steigerung der Werbewirkung des Unternehmens gegenüber Kunden und Öffentlichkeit
- Diskussion mit Abnehmern über Wünsche und Ansprüche
- Pflege der bestehenden Geschäftsbeziehungen
- Sammlung neuer Marktinformationen
- Weiterbildung für Forschung und Vertrieb durch Erfahrungsaustausch

4.2 Messen im Preis-Konditions-Mix

Um einen passenden Preis-Konditionsmix und Serviceleistungen für ein Produkt zu entwickeln, muss ein Unternehmen Faktoren wie die Kundenstruktur, Betriebsgröße, Standorte, Lieferentfernungen etc. kennen. Die notwendigen Informationen erhält es im intensiven Austausch mit den Kunden. Dafür bietet die Messe eine perfekte Plattform: Aussteller können mittels vergünstigter Gasttickets ihren gesamten internationalen Kundenstamm auf die Messe und an ihren Stand einladen. Darüber hinaus ist die transport logistic auf Grund ihres Leitmessecharakters ein Anziehungspunkt für alle bedeutenden, internationalen Marktakteure. Im direkten Gespräch mit allen Marktteilnehmern kann der bestehende Preis-Konditions-Mix überprüft und unter Umständen neu konzipiert oder es können neue Spielräume ausgelotet werden.

Preis-Konditionsziele
- Auftreten am Markt mit überzeugenden Serviceleistungen
- Auslotung von Preisspielräumen

4.3 Messen im Distributions-Mix

Ein wichtiges Schlagwort bei Logistiktrends und bei Leitmessen wie der transport logistic ist die Internationalität. Hier sind während der Messelaufzeit alle relevanten Märkte an einem Ort versammelt, im Fall der transport logistic in der Regel Aussteller und Besucher aus über 100 Ländern. Unternehmen, die neue Kooperationspartner suchen, expandieren oder ihre Vertriebsstrategie neu ausrichten wollen, finden hier viele Impulse und Kontakte sowie eventuell konkrete Möglichkeiten und Partner für ihre Ziele. In diesem Zusammenhang hat sich vor allem das Thema „Outsourcing" als Trend und Wirtschaftsmotor, gerade auch in der aktuellen Finanz- und Wirtschaftskrise, für die Branche erwiesen. Dies spiegelt auch die Besucherstruktur der transport logistic wider: 40 Prozent der Besucher stammen aus der verladenden Industrie. Ausstellern bot dies die Chance, ihr Geschäft im Bereich der Kontraktlogistik zu erweitern.

Distributionsziele
- Ausbau des Vertriebsnetzes
- Abschätzung der Ausschaltung einer Handelsstufe
- Vertretersuche

4.4 Messen im Produkt-Mix

Auf Grund ihres Ereignischarakters bieten Messen neben der Möglichkeit, das bestehende Produkt- und Dienstleistungsportfolio zu präsentieren, eine effektive Bühne zur Vorstellung von Innovationen. Eine AUMA-Befragung aus dem Jahr 2009 bestätigt, dass 90 Prozent aller ausstellenden Unternehmen, hier ihre neuen Produkte und Dienstleistungen präsentieren. Damit machen sich Unternehmen die Öffentlichkeitswirksamkeit von Messen zu Nutze. Weltleitmessen wie die transport logistic sind international wirksame Medienereignisse, die sowohl die Fachpresse als auch Tages- und Wirtschaftspresse anziehen. Dieses Medieninteresse können Aussteller auf sich lenken, in dem sie selbst auf der Messe ein Event kreieren, wie die Vorstellung eines neuen Produktes oder einer Studie, und die Presse auf ihren Stand oder zu einer Pressekonferenz einladen.

Produktziele

- Akzeptanz des Sortiments am Markt testen
- Vorstellung von Innovationen
- Neuplatzierung von Produkten/Dienstleistungen am Markt
- Ausweitung der Angebotspalette

5 Resümee: Messen als Treiber der Wertorientierung

Die zukünftige Logistik steht im Zeichen der zunehmenden Wertorientierung in den Unternehmen. „Das Logistikmanagement wird daran gemessen, ob es einen angemessenen Beitrag zur Wertsteigerung des Unternehmens leistet. Die in verschiedenen Stufen identifizierten Haupttrends oder Treiber dieser Entwicklung, die durch die Notwendigkeit von Logistikinnovationen gekennzeichnet ist, lassen sich unter den Begriffen ‚Kundenorientierung', ‚Internationalisierung /Globalisierung' und ‚Informations-/kommunikationstechnologie/e-Business' zusammenfassen."[2]
Demgemäß sind internationale Leitmessen wie die transport logistic als Trendschmieden und Treiber der Wertschöpfung unabdingbar. Die transport logistic vereint alle von Pfohl identifizierten Entwicklungstreiber. Alle zwei Jahre bündelt die transport logistic die gesamte Wertschöpfungskette der Transport- und Logistikwirtschaft an einem Ort. Sie trägt auf Grund ihrer hohen internationalen Beteiligung zur globalen Vernetzung der Branche bei. Die starke Frequenz und die hohe Qualität der Kundenkontakte ermöglicht den Ausstellern einen intensiven Austausch mit ihren Absatzmärkten und eine Anpassung an neue Erfordernisse, beispielsweise in Form von Produkt- oder Dienstleistungsmodifikationen. Neben der Kundennähe bietet die Messe den perfekten Rahmen, um Innovationen der Branche vorzustellen und die Akzeptanz zu testen. Gerade Software-Entwicklungen, über die man den weltweiten Güterverkehr zu jeder Zeit an jedem Ort steuern und überwachen kann, smarte innerbetriebliche IT-Lösungen zur Kontrolle des Lagerbestandes oder Programme für das Management von komplexen Kundenstämmen, werden immer bedeutender und spiegeln sich auf der transport logistic in einem stetig wachsenden Ausstellungsbereich für Informations- und Telekommunikations-Technologien wider.
Einen weiteren Baustein für die Wertorientierung leistet die Messe mit ihrem Konferenzprogramm, in dem Experten aus allen intermodalen Transport- und Logistikfeldern branchenrelevante Themen diskutieren. Aus der Fülle der Expertise, die die transport logistic zur gleichen Zeit an

---

2 Pfohl, H.-Chr. (2004): Logistikmanagement. Konzeption und Funktionen. 2., vollständig überarbeitete und erweiterte Auflage. Berlin 2004, S. 7.

einem Ort damit zusammenbringt, ergeben sich für alle Beteiligten ein Wissensvorsprung und Lerneffekte, die in neue unternehmerische Strategien, Produkte und Dienstleistungen münden können. Dieser Austausch hat in den vergangenen Jahren vor allem zum Siegeszug der „Grünen Logistik“ beigetragen, die immer mehr beweist, dass Ökologie und Ökonomie zwei Seiten einer Medaille sind und nicht zuletzt ein wertschaffendes Moment im Bereich der Corporate Social Responsibility.

Eine Weltleitmesse wie die transport logistic bietet auch durch die einzigartige Breite und Tiefe ihres Angebotes im Ausstellungsbereich und im Konferenzprogramm eine Fülle von Fachinformationen, Kontakten und Erfahrungen. Diese können für jeden Teilnehmer individuelle Mehrwert-Treiber darstellen, die er nach der Messe in seine Unternehmung einbringen kann. Damit ist die Beteiligung an einer führenden Fachmesse wie der transport logistic, egal ob als Aussteller oder Besucher, eine lohnende Investition, um das Unternehmen sowohl in vertrieblichen als auch strategischen Fragen zu überprüfen und gewinnbringend am Markt zu positionieren.

Klaus L. Wübbenhorst* / Raimund Wildner**

Konsumentenverhalten – Zwischen Marke und Schnäppchen

* Prof. Dr. Klaus L. Wübbenhorst ist Vorsitzender des Vorstands der GfK SE, Honorarprofessor an der Friedrich Alexander Universität Erlangen-Nürnberg und Präsident der Industrie- und Handelskammer Nürnberg für Mittelfranken.

** Dr. Raimund Wildner ist geschäftsführender Vizepräsident des GfK Vereins.

1 Die Verbrauchersituation im Winter 2009

Seit dem Herbst 2008 beherrscht die Finanzkrise die Medien. Bekannte Firmen wie Primondo (Quelle) oder Acandor (Karstadt) brechen zusammen oder sind kurz davor. Einst grundsolide Geldhäuser wie die Bayerische Landesbank verschlingen halbe Staatshaushalte. Dennoch reagiert der deutsche Konsument gelassen. Zwar geht im Dezember 2009 das Konsumklima zum dritten Mal in Folge zurück (vgl. Tabelle 1). Doch ist der Rückgang gering und das Niveau, vor allem der Anschaffungsneigung, erfreulich hoch. War Deutschland früher in der Anschaffungsneigung eher europäisches Schlusslicht, so ist es jetzt sehr viel höher als in Spanien, Großbritannien oder Italien, die – anders als Deutschland – oft auch von der Immobilienkrise betroffen sind.

	Dezember 2009	**November 2009**	**Dezember 2008**
Konjunkturerwartung	1,7	0,9	-32,4
Einkommenserwartung	15,0	6,2	-15,4
Anschaffungsneigung	21,2	26,3	-6,3
Konsumklima	3,6	3,9	2,1

Tabelle 1: Das Konsumklima und seine Komponenten in Deutschland (Quelle: GfK Marktforschung)

Dem positiven Konsumklima entsprechen die aktuellen Marktzahlen. So zeigt der unveröffentlichte Consumer Index der GfK Panel Services für Januar bis November 2009 gegenüber dem entsprechenden Vorjahreszeitraum zwar einen wertmäßigen Rückgang des Einkaufs von FMCG (dabei steht FMCG für „Fast Moving Consumer Goods“, also tägliche Verbrauchsgüter) von 1,2 %. Sieht man jedoch genauer hin, so stellt man fest, dass im November 2009 die Preise um 2,9 % unter dem entsprechenden Vorjahreswert lagen, dass also die Einkaufsmenge gestiegen ist. Auch bei den technischen Gebrauchsgütern zeigt sich in den ersten neun Monaten 2009 gegenüber dem entsprechenden Vorjahreszeitraum ein Umsatzrückgang von nur 0,1 % (vgl. GfK Marketing Services 2009).

Zudem nimmt der Optimismus bezüglich des weiteren Krisenverlaufs zu. Waren es nach einer Studie des GfK Vereins im Mai / Juni 2009 noch 42 %, die glaubten, dass das Schlimmste noch vor uns liegt, so waren es im August / September nur noch 28 %. Ist vor diesem Hintergrund damit zu rechnen, dass die Krise am Verbraucher mehr oder weniger spurlos vorübergeht?

Dies ist zumindest dann zu hoffen, wenn die Arbeitslosigkeit gering bleibt. Dabei hat die Arbeitslosigkeit einen direkten und einen indirekten Einfluss auf das Konsumentenverhalten. Der direkte Einfluss entsteht dadurch, dass Arbeitslosen in der Regel weniger Budget zur Verfügung steht. Nach einer Analyse von Antje Linhardt (Universität Bamberg) mit Daten der GfK Panel Services geben Arbeitslose für den Kauf von FMCG 10 % weniger aus. Sie erreichen dies, indem sie 3 % mehr beim Discounter kaufen und 12 % mehr zu den billigeren Handelsmarken greifen (Twardawa

2009, S. 43). Noch wichtiger ist jedoch die Tatsache, dass auch die Haushalte, bei denen mindestens ein Verdiener Arbeitslosigkeit befürchtet, sich in gleichem Maße einschränken. Auch diese kaufen 9,5 % weniger, kaufen für 3,8 % mehr beim Discounter und für 6,7 % mehr Handelsmarken. Wichtiger ist dieser zweite Effekt, weil auf jeden Arbeitslosen etwa drei Menschen kommen, die um ihren Arbeitsplatz fürchten (Twardawa 2009, S. 45).

Die bisherige Gelassenheit der Verbraucher in Deutschland ist also vor allem der Tatsache geschuldet, dass die Arbeitslosigkeit bislang auf einem im Vergleich der letzten Jahre niedrigen Niveau bleibt. Wenn sie nicht deutlich ansteigt, ist demnach nicht zu erwarten, dass sich die Trends im Verbraucherverhalten deutlich verändern. Für das Thema dieses Beitrags bedeutet dies, dass eine Untersuchung der Trends der letzten Jahre weitere relevante Erkenntnisse für die Gegenwart zulässt.

2 Entwicklung der Marken- und Handelsmarkenanteile

Ein erster, sehr langfristig erkennbarer Trend betrifft die Verschiebungen in der Markenlandschaft. Abbildung 1 zeigt, dass der Anteil der Handelsmarken langfristig gestiegen ist: Betrug dieser 1999 noch 21,8 %, so stieg er bis 2008 auf 36,7 %. Besonders stark war der Anstieg 2001 zur Euro-Umstellung. Hier haben es wichtige Discounter (u. a. Aldi und Norma) verstanden, mit dem Versprechen, dass sie zur Umstellung keinen Preis anheben, sondern im Gegenteil alle Preise abrunden, sich die starke Verunsicherung der Verbraucher nutzbar zu machen. Da die Handelsmarkenanteile bei den Discountern mit knapp 70 % sehr hoch liegen, bedeutet ein Mehreinkauf beim Discounter oft auch einen Mehreinkauf für die Handelsmarke. Darauf wird noch einzugehen sein.

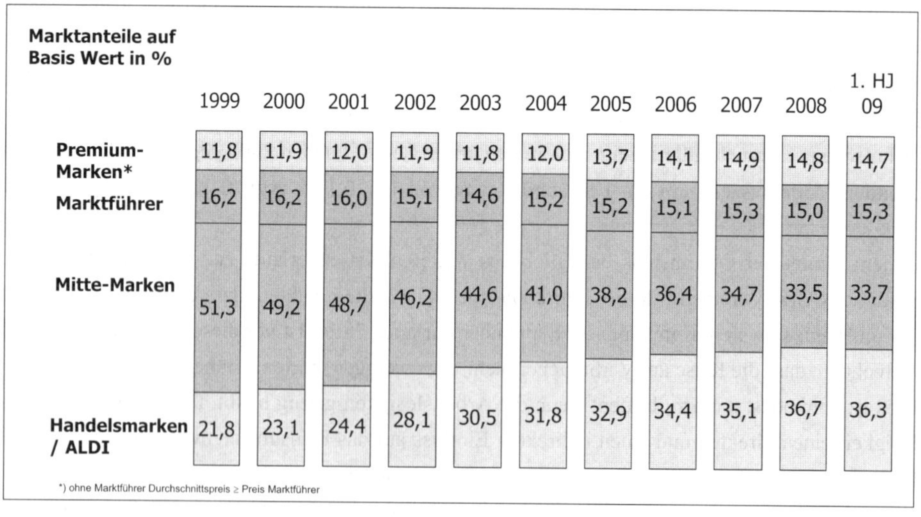

Abbildung 1: Entwicklung der Marken- und Handelsmarkenanteile bei FMCG (Quelle: GfK Haushaltspanel ConsumerScan, Basis: 100 Warengruppen)

Starke Anstiege waren auch in den Folgejahren zu verzeichnen. Wie in vergangenen Rezessionen auch führte die schlechte Wirtschaftsentwicklung 2002 / 2003 zu einem deutlichen Gewinn der Handelsmarken. Die Preiserhöhungen des Jahres 2008 kamen ebenfalls der Handelsmarke zugute. Dagegen führten die Preissenkungen des Jahres 2009 erstmals seit vielen Jahren zu einem Rückgang der Handelsmarkenanteile im ersten Halbjahr 2009. Offensichtlich ist es so, dass Preiserhöhungen dazu führen, dass Verbraucher durch den Griff zu Handelsmarken diesen entgehen wollen. Einer Analyse von Wildner (2003) zufolge sind Handelsmarken insbesondere dann erfolgreich, wenn das mit dem Kauf verbundene Risiko gering ist. Beispiele sind Warengruppen, bei denen die Qualität einfach beurteilt werden kann, wie z.B. Papiertaschentücher oder auch Sonnencreme, bei der durch die Standardisierung mit Sonnenschutzfaktoren und mehreren positiven Testurteilen der Stiftung Warentest für Handelsmarken die Preisvorteile der Handelsmarken betont wurden.

Die Abbildung 1 zeigt weiter, dass sich Premiummarken langfristig leicht steigern können. In rezessiven Jahren (2002 / 2003 und 2008 / 2009) gehen sie zwar leicht zurück. Dieser Rückgang ist jedoch geringer als der Zuwachs in den Jahren guter Konjunktur 2000 / 2001 und vor allem 2004 bis 2007.

Die Marktführer verloren zwar in den beiden Rezessionsjahren 2002 und 2003, konnten diesen Verlust im Jahr 2004 jedoch teilweise wieder kompensieren und halten sich seitdem auf einem Niveau von etwas über 15 %.

Das bedeutet, dass der Zuwachs der Handelsmarken ausschließlich durch die Mitte-Marken getragen wurde, von den Marken also, die weder Premiummarken noch Marktführer sind. Deren Anteil ging in den letzten 10 Jahren von über 50 % auf etwas mehr als ein Drittel zurück. Mitte-Marken haben es wohl besonders schwer: Sie haben weder die Marketing-Budgets der Marktführer zur Verfügung, noch können sie mit den besonders günstigen Preisen der Handelsmarken punkten oder dem Image der Premiummarken glänzen. Das Wort von Wübbenhorst / Wildner (2002), dass die Schwäche der Marke die Schwäche der schwachen Marken ist, hat weiter Gültigkeit.

Doch auch für Marken in der Mitte ist der Rückgang kein unabwendbares Schicksal. Eine Untersuchung der GfK Panel Services von 440 Mitte-Marken für die Jahre 2003 bis 2006 hat gezeigt, dass zwar 53 % dieser Marken in dem Zeitraum einen Rückgang erleiden musste, aber immerhin 13 % konnten ihren Marktanteil halten und 34 % waren sogar in der Lage, Marktanteilszuwächse zur realisieren (Twardawa 2007, S. 55). Aktuell ist der Rückgang der Mitte-Marken zum Stillstand gekommen.

Ein Erfolgsrezept der erfolgreichen Mitte-Marken war es, sich eben nicht mit der Position einer schwachen Marke zufrieden zu geben. Ein Teil dieser Marken hat es geschafft, sich in einem Segment als Marktführer zu etablieren. Beispiele dafür sind die Shampoo-Marke „Head & Shoulders“, die Marktführer bei Schuppenshampoo wurde, oder die Waschmittelmarke „Spee“, die sich mit dem Slogan „Die schlaue Art zu waschen“ und einer entsprechenden Kommunikation die Pole Position bei den jungen 1- und 2-Personen-Haushalten erobern konnte. Eine andere, oft erfolgreiche Strategie ist eine konsequente Value-for-Money-Positionierung, die idealerweise durch positive Urteile der Stiftung Warentest gestützt wird und mit einer konsequenten Innovationsorientierung einhergeht.

Geht man eine Ebene tiefer und betrachtet die Entwicklung in den Geschäftstypen, so fällt auf, dass Handelsmarken primär ein Discounterphänomen sind. Dort beträgt der Handelsmarkenanteil aktuell fast 70 %. Es zeigt sich jedoch, dass dieser Anteil seit 2006 rückläufig ist, besonders in 2009 (vgl. Abbildung 2). Ein Grund dafür ist, dass der Aldi-Anteil, der fast ausschließlich auf Handelsmarken setzt, von 2004 bis 2008 stagnierte und aktuell zurückgeht, während Lidl, der auch Marken führt, seinen Anteil kontinuierlich steigern konnte. Der aktuelle Einbruch beim Handelsmarkenanteil bei den Discountern ist auch dadurch verursacht, dass die bisherigen Plus-Märkte mit hohem Handelsmarkenanteil in Netto-Märkte, die mehr auf Herstellermarken setzen, umgebaut wurden.

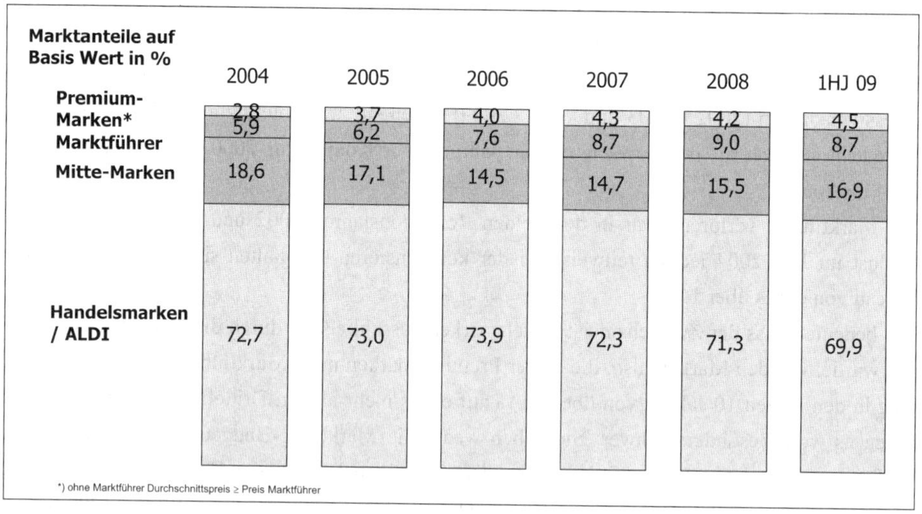

Abbildung 2: Entwicklung der Marken- und Handelsmarkenanteile bei Discounter (Quelle: GfK Haushaltspanel ConsumerScan, Basis: 100 Warengruppen)

Dagegen zeigen die Vollsortimenter auch aktuell noch einen leicht wachsenden Handelsmarkenanteil. Doch auch hier hat sich die Entwicklung deutlich verlangsamt (vgl. Abbildung 3). Der Vergleich der Handelsmarkenanteile verdeutlicht aber die bereits erwähnte Tatsache, dass ein Wachstum der Discounter fast zwangsläufig auch ein Wachstum der Handelsmarken zur Folge hat. Die Abbildung 4 zeigt, dass Discounter in den letzten Jahren in der Tat stark gewachsen sind, dass ihr Wachstum aber aktuell zum Stillstand gekommen ist. Die aktuelle Stagnation der Handelsmarke ist daher vor allem auf die Stagnation der Discounter zurückzuführen.

Für diese Stagnation gibt es wohl mehrere Ursachen. Ein Grund ist, dass in Zeiten von sinkenden Preisen der Verbraucher weniger den Preis im Focus hat, sondern die Produktqualität. Damit wird es für die Discounter schwierig, ihren Hauptvorteil, nämlich die günstigen Preise, zu kommunizieren. Umgekehrt führten die starken Preissteigerungen des Jahres 2008 zu einem deutlichen Anstieg des Discounteranteils.

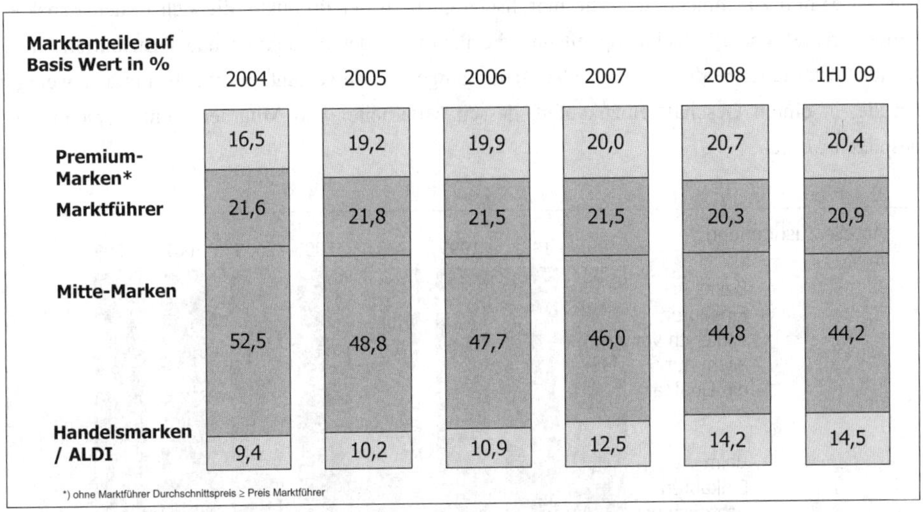

Abbildung 3: Entwicklung der Marken- und Handelsmarkenanteile bei Vollsortimenter (Quelle: GfK Haushaltspanel ConsumerScan, Basis: 100 Warengruppen)

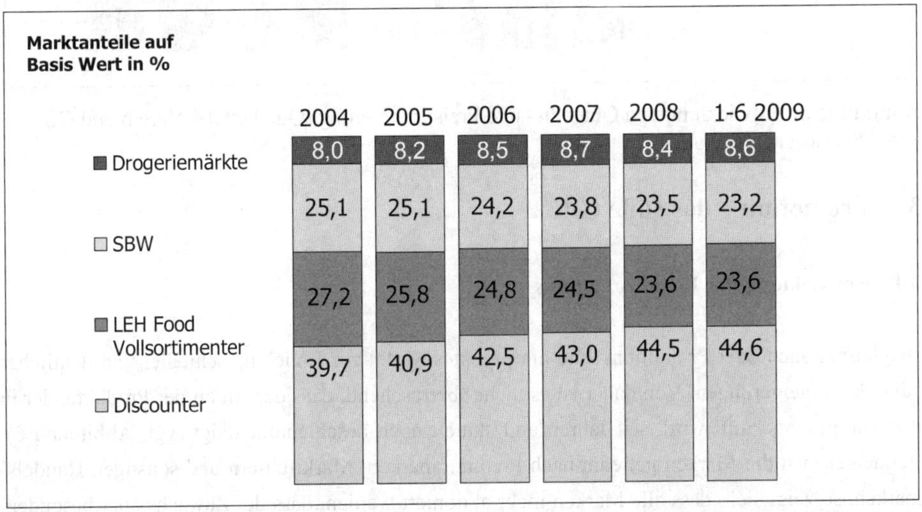

Abbildung 4: Entwicklung der Vertriebstypen (Quelle: GfK Haushaltspanel ConsumerScan, Basis: 100 Warengruppen)

Ein zweiter Grund ist die generell gesteigerte Qualitätsorientierung der Verbraucher. Der GfK Verein und die GfK Panel Services fragen alle zwei Jahre, ob die Verbraucher beim Einkaufen mehr auf den Preis oder mehr auf die Qualität achten. Die Ergebnisse zeigt die Abbildung 5: Während von 1995 bis 2003 die Preisorientierung kontinuierlich zugenommen hat, gewinnt seit 2005 die Qualitätsorientierung wieder an Bedeutung. Dabei wandelte sich im fraglichen Zeitraum die Bedeutung von Qualität durchaus. Während in 1995 darunter vor allem die Produktqualität gefragt war, ist es nun zunehmend auch die moralische Qualität der Produkte, die sich in den Aspekten Umweltfreundlichkeit, Nachhaltigkeit und die für die in der Produktion und Distribution eingesetzten Mitarbeiter realisierten sozialen Bedingungen niederschlägt. Es macht einfach weniger Freude, in einem Geschäft einzukaufen, dessen Mitarbeiter und Mitarbeiterinnen systematisch bespitzelt werden.

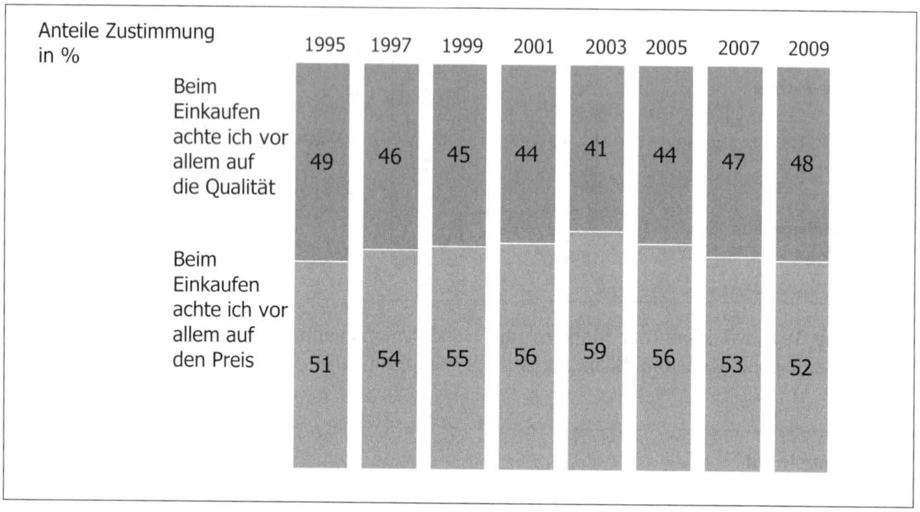

Abbildung 5: Entwicklung von Qualitäts- und Preisorientierung (Quelle: GfK Verein und GfK Panel Services)

3 Promotion – das süße Gift

3.1 Entwicklung der Preispromotions

Handelsaktionen oder Promotions sind ein probates Mittel zur Erzielung schneller und deutlicher Abverkaufssteigerungen. Von daher ist es nicht überraschend, dass der Anteil der Produkte, der in der Aktion eingekauft wird, seit Jahren und aktuell noch beschleunigt steigt (vgl. Abbildung 6). Betrachtet man die Marken getrennt nach Premiummarken, Marktführern und sonstigen Handelsmarken, so zeigt sich, dass alle Marken mehr aktioniert werden, dass der Zuwachs aber besonders groß bei den Premiummarken und bei den Marktführern ist (vgl. Abbildung 7). Beide sind aufgrund ihrer Attraktivität besonders geeignet, die Kundenfrequenz für den Händler zu steigern.
Dazu kommt, dass die Preise immer mehr streuen. Nach einer unveröffentlichten Analyse der GfK Panel Services aus dem Jahre 2005 auf Basis von 51 Marken, lag 1980 die durchschnittliche Spanne zwischen den 25 % billigsten Einkäufen der Produkte einer Marke und den 25 % teuersten bei 34 %. Anders ausgedrückt: Die 50 % preislich mittleren Einkäufe variierten um 34 % des Durchschnittspreises. 1993 war dieser Wert bereits auf 38% gestiegen und 2004 auf 43 %.

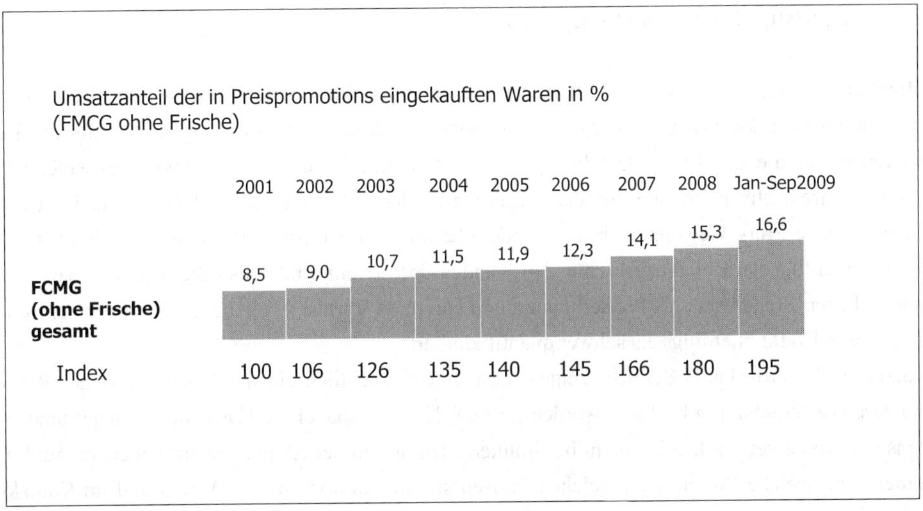

Abbildung 6: Entwicklung der Promotionintensität (Quelle: GfK Haushaltspanel ConsumerScan, Basis: 100 Warengruppen)

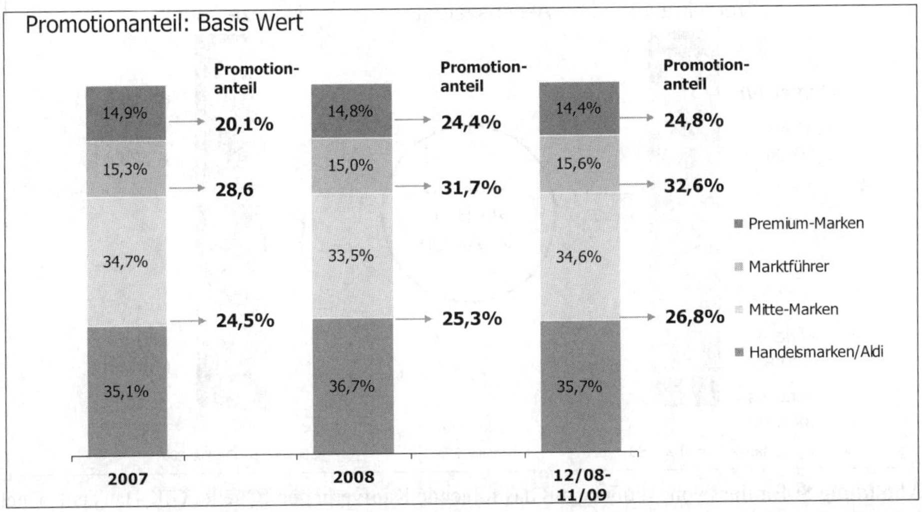

Abbildung 7: Entwicklung nach Promotionintensität nach Markentyp (Quelle: GfK Haushaltspanel ConsumerScan, Basis: 100 Warengruppen)

Diese Steigerung mag zwar positive Wirkungen für den kurzfristigen Absatz haben. Die folgende Analyse zeigt jedoch, dass mit erheblichen langfristigen Nachteilen zu rechnen ist.

3.2 Langfristige Effekte von Preispromotions

Homburg / Krohmer (2006, S. 739) stellen als Ergebnis einer Literaturanalyse fest, dass Preispromotions zwar kurzfristig, in der Regel aber nicht langfristig zu Absatzsteigerungen führen. Sie führen weiter die Gefahr an, dass Preispromotions langfristig zu einem Absinken des Referenzpreises führen: „Im Falle einer Sonderpreisaktion ist der Referenzpreis des Kunden zunächst der ursprüngliche Preis. Gewöhnt sich der Kunde allerdings an den neuen Preis, so stellt dieser neue Preis zukünftig den Referenzpreis für den Kunden dar. Er empfindet also die Rückkehr zum ursprünglichen Preisniveau als Preiserhöhung und somit als Verlust.“ Homburg / Krohmer bezeichnen diesen Effekt allerdings als schwer quantifizierbar.

Analysen der GfK Panel Services zeigen, dass es offensichtlich einen solchen Effekt der Referenzpreisverschiebung gibt. Dazu wurden im GfK Haushaltspanel die Haushalte, welche mindestens eine von zwei Marken in einem bestimmten Zeitraum in der Aktion gekauft haben, darauf hin untersucht, welche Produkte zu welchen Preisen sie im Kaufakt vor der Aktion und im Kaufakt nach der Aktion gekauft haben. Das Ergebnis zeigt Abbildung 8.

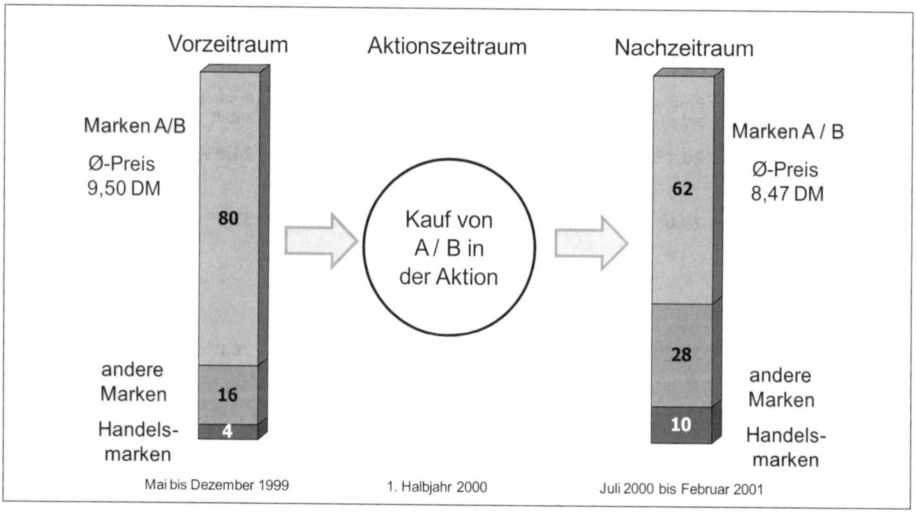

Abbildung 8: Einfluss von Aktionen auf das folgende Kaufverhalten (Quelle: GfK Haushaltspanel ConsumerScan; Mengenanteile in Prozent)

Hier war es so, dass die Aktionskäufer der beiden untersuchten Marken diese vor der Aktion zu 80 % eingekauft haben, nach der Aktion aber nur noch zu 62 %. Die Aktion hat also nicht die Kunden an die Marke gebunden. Vielmehr hat sie dazu geführt, dass die Käufer danach nur noch eingeschränkt bereit waren, die beiden Marken zum Normalpreis zu kaufen: Der Anteil der beiden Marken ging von 80 % auf 62 % zurück und der erzielte Erlös sank von 9,50 DM auf 8,47 DM je Mengeneinheit. Konnten die Marken A / B nicht in der Aktion gekauft werden, so wurde auf andere, billigere Herstellermarken ausgewichen oder gleich zur Handelsmarke gegriffen.

Im Jahr 2008 vom GfK Verein durchgeführte Gruppendiskussionen machen diesen Prozess verständlich: Konsumenten gehen vielfach davon aus, dass zu jedem angebotenen Preis an der Ware verdient wird. Das bedeutet, dass der jeweils günstigste Preis als der faire Preis wahrgenommen wird. Preisschwankungen führen demnach dazu, dass das Vertrauen, dass die Marke zum Normalpreis ein faires Angebot ist, erodiert. Dazu kommt, dass durch Preispromotions der Preis betont wird und die Marke in den Hintergrund tritt. Dies geschieht durch kommunikative Maßnahmen wie Anzeigen in Handzetteln oder Tageszeitungen, Instoremaßnahmen wie Displays oder Deckenhänger, welche den Preis herausstellen. Der Preis wird aber auch durch die schlichte Tatsache betont, dass Aktionen zu Preisschwankungen führen und sich bewegenden Phänomenen naturgemäß mehr Aufmerksamkeit geschenkt wird als konstanten. Wird jedoch der Preis wichtiger und die Marke unwichtiger, dann führt das dazu, dass preiswerte Herstellermarken bzw. Handelsmarken als vorteilhafter wahrgenommen und entsprechend häufiger gekauft werden.

Besonders gravierend ist, dass gerade die wichtigsten und treuesten Käufer einer Marke durch ein Übermaß an Preispromotions weg bleiben: Sie werden erst zu Promotion- und dann zu Handelsmarkenkäufer (Twardawa 2005). Diese First Choice Buyer, d.h. die Käufer einer Marke, welche diese beim Kauf am meisten bevorzugen, stellen zwar nur durchschnittlich 43,7 % der Käufer einer Marke, sind aber für 71,3 % des Umsatzes verantwortlich (Wildner / Twardawa 2008).

Im Ergebnis kann das zu einer Negativspirale führen: Aufgrund von Promotions bleiben die Käufer weg. Das fehlende Volumen versucht der Hersteller wiederum durch verstärkte Aktionen zu generieren, was wiederum dazu führt, dass noch mehr Käufer weg bleiben.

Nicht unerwähnt bleiben soll, dass auch vom logistischen Standpunkt Aktionen schwieriger zu managen sind als das Normalgeschäft, weil die verkaufte Menge schwerer abgeschätzt werden kann und daher leichter zu große oder zu kleine Liefermengen auftreten können.

4 Innovationen als Königsweg zur Stärkung der Marke

4.1 Die Bedeutung der Innovationen für die Marke und die Märkte

Eine hervorragende Möglichkeit, die Marke und ihre Qualität in den Vordergrund zu rücken, sind Innovationen. Innovationen erweisen sich als der Königsweg zur Stärkung der Marke. Wübbenhorst / Wildner (2002) identifizierten 22 Erfolgsmarken, welche von 1998 bis 2001 in die Top 3 ihres Marktes gelangten oder dort unter den ersten drei ihren Rangplatz verbesserten. In 13 dieser 22 Marken waren Innovationen für den Erfolg ursächlich.

Geis / Wildner (2004) analysierten das Wachstum von 1140 FMCG Marken in 69 Warengruppen in Abhängigkeit vom Innovationsdruck, gemessen als Zahl der Produktneueinführungen pro Million Euro Umsatz. Das Ergebnis war eindeutig: Das Drittel der Marken mit dem höchsten Innovationsdruck wuchs um 13,1 Prozentpunkte schneller als das Drittel der Marken.

Doch nicht nur das Wachstum von Marken, sondern auch das von ganzen Warengruppen hängt von den Innovationen ab. Das Drittel der Warengruppen mit dem höchsten Innovationsdruck

wuchs von 2001 bis 2003 um 2,9 %, das Drittel mit dem niedrigsten Wert sank um 5,0 %, während das mittlere Drittel um 1,4 % zurück ging.
Für den Bereich der Consumer Elektronik gilt in noch stärkerem Maße, dass das Wachstum und das Schrumpfen ganzer Warengruppen von Innovationen abhängt. Von 177 Warengruppen, die von der GfK Marketing Services erhoben werden, wuchsen vier in den Jahren 2003 bis 2005 um mehr als 100 %, nämlich TV Flachbildschirme, MP3-Player, USB Speichersticks und Auto-Navigationssysteme, ausnahmslos neue und innovative Wartengruppen. Auf der anderen Seite waren solche Kategorien, die um mehr als 50 % schrumpften und die durch Innovationen substituiert wurden: Mini-Disk-Player (Substitution durch MP3-Player), Analogkameras (werden ersetzt durch Digitalkameras) und TV Recorder (Ersatz durch DVD Recorder).

4.2 Erfolg und Misserfolg von Innovationen

Innovationen sind also sowohl für das Markenwachstum als auch für das Wachstum ganzer Märkte notwendig. Gleichwohl gehen sie häufig schief. Nach einer Untersuchung der GfK Panel Services von 265 Produktneueinführungen im FMCG-Bereich waren 67 % nicht erfolgreich. Dabei lassen sich zwei Fälle unterscheiden: Die „Loser" (58 % aller Produktneueinführungen) erreichten weder eine gute Käuferreichweite noch genügend Wiederkauf. Dagegen waren die „Flashs" (9 %) durchaus in der Anlage, Probierkäufe anzuziehen, aufgrund fehlenden Wiederkaufs ging nach einem Anfangserfolg das Volumen jedoch sehr schnell zurück. Auch bei den erfolgreichen Neueinführungen lassen sich zwei Fälle unterscheiden: Die „Potentials" (16 %) werden zwar nur von wenigen Haushalten gekauft, erzielen aber einen hohen Wiederkauf und können daher nachhaltig ein zwar nicht hohes aber stetiges Abverkaufsvolumen generieren. Die große Gefahr bei den Potentials ist, dass ein Konkurrent das Konzept kopiert und mit hoher Marketingunterstützung in den Markt drückt. Dagegen können die „Runner" (17 %) mit hohem Erst- und gleichzeitig hohem Wiederkauf nachhaltig große Volumina erzielen (vgl. Twardawa 2006).
Neueinführungen mit zu geringem Käuferkreis fehlt häufig die Marketingunterstützung und können daher nicht die Bekanntheits- und / oder Distributionswerte erzielen, die für eine gute Marktdurchdringung erforderlich sind. Möglich ist auch, dass das Produktkonzept nicht neugierig macht und daher nicht zum Probierkauf einlädt. Bei Neueinführungen mit zu geringem Wiederkauf ist es dagegen so, dass der Probierkauf nicht überzeugte. Mögliche Ursachen sind der im Vergleich zum Produkt zu hohe Preis, eine schlechte Produktqualität oder die falsche Auslobung des Produkts.
Geis / Wildner (2004) untersuchten die Bedingungen für erfolgreiche Innovationen im FMCG-Bereich. Die Ergebnisse lassen sich wie folgt zusammenfassen:

- Die Erfolgswahrscheinlichkeit einer Innovation steigt, wenn die Neueinführung eine geringe Innovationshöhe aus Herstellersicht hat, wenn der Hersteller also die Produktionsverfahren und die Märkte bereits aus anderen Produkten kennt.
- Dagegen ist die Erfolgswahrscheinlichkeit bei einer mittleren Innovationshöhe aus Marktsicht am größten. Eine zu geringe Innovationshöhe führt dazu, dass das Neuprodukt nicht als Inno-

vation wahrgenommen wird. Dagegen muss ein sehr innovatives Neuprodukt häufig mit der Schwierigkeit kämpfen, dass das Produkt und seine Funktion erst erklärt werden müssen.

- Bezüglich des Markteintrittszeitpunktes hat der Pionier gegenüber dem frühen und späten Folger den Vorteil, dass er eine Innovation in den Augen der Verbraucher für sich besetzen kann. Dies setzt allerdings voraus, dass er dies durch eine entsprechende Marketingunterstützung auch nachhaltig tut.
- Bezüglich der Markenstrategie hat die Line Extension (neues Produkt wird unter bekanntem Namen im gleichen Markt angeboten) die größte Erfolgsaussicht. Die Durchsetzung einer neuen Marke bzw. der Transfer einer Marke aus einer Warengruppe in eine andere Warengruppe erfordert erhebliche Kommunikationsanstrengungen.
- Die Autoren untersuchten auch den Kommunikationserfolg von 219 Marken. Dabei ergab sich, dass Innovation und Kommunikation deutliche Synergien besitzen: Die Werbung war im Durchschnitt doppelt so erfolgreich, wenn eine Marke ein Neuprodukt eingeführt hatte, als wenn dies nicht der Fall war.
- Bezüglich der Distributionsstrategie ist es wichtig, dass insbesondere die großen Geschäfte schnell erreicht werden, weil diese von den Innovatoren-Haushalten bevorzugt werden. Als Faustregel gilt, dass nach sechs bis acht Wochen etwa 70 % gewichtete Distribution erreicht werden sollten. Dies ist in vielen Märkten nur dann möglich, wenn das Produkt auch bei Discountern geführt wird.

Bei technischen Gebrauchsgütern sind dagegen andere Bedingungen zu beachten (vgl. Winkler 2003). Wichtig ist bei vielen technischen Innovationen zunächst, dass sie sich nur in Abstimmung mit anderen Herstellern durchsetzen lassen. Der DVD-Spieler setzt eben voraus, dass auch genügend Filme auf DVD angeboten werden. Dies gelingt in der Regel nur, wenn die Produkte von mehreren Herstellern angeboten werden. Philips hat bei der Bildplatte versucht, diese im Alleingang durchzusetzen und ist gescheitert. Bei der Einführung der CD hat die gleiche Firma jedoch die Innovation auch an andere Firmen lizenziert und war so erfolgreich. Freilich zeigt Apple mit seinem MP3-Spieler und seinem Mobiltelefon, dass auch Ausnahmen dieser Regel möglich sind.

5 Schlussfolgerung

Im Ergebnis zeigt sich somit, dass Marken vor allem durch Innovationen gewinnen. Neuerungen halten eine Marke aktuell, sie liefern wichtige Botschaften, die auch wahrgenommen werden, wenn sie durch die Werbung kommuniziert werden. Weiter geben sie auch die Chance, sich von den Handelsmarken abzusetzen und ein Preispremium zu erzielen. Letztlich sind Hersteller innovativer Produkte dadurch nicht darauf angewiesen, durch exzessive Preispromotions ihre Produkte in der Aufmerksamkeit der Verbraucher zu erhalten.

Literatur

Geis, G., Wildner, R. (2004): Markterfolge durch Innovationen, in: Jahrbuch der Absatz- und Verbrauchsforschung 3/2004, S. 220-236

Homburg, C., Krohmer, H. (2006): Marketingmanagement, Wiesbaden, 2. Auflage

Twardawa, W. (2005): Premiumkäufer – die Zukunft der Marke, in: GfK Panel Services und GfK-Nürnberg e.V. (Hrsg.): Die Premiumkäufer – Wege zur Wertschöpfung, Nürnberg, S. 48-60

Twardawa, W. (2006): Innovation als Weg aus der Stagnation, in: GfK Panel Services und GfK-Nürnberg e.V. (Hrsg.): Konsumlust statt Konsumfrust, Nürnberg , S. 84-112

Twardawa, W. (2007): Fokussierung statt Anpassung, in: GfK Panel Services und GfK-Nürnberg e.V. (Hrsg.): Chancen für die Mitte – Chancen zwischen Premium- und Handelsmarken, Nürnberg, S. 42-55

Twardawa, W. (2009): Strategien gegen die Rezession, in: GfK Panel Services / GfK-Nürnberg e.V. (Hrsg.): Verbraucher in Nöten – Erfolgreiche Markenführung in rezessiven Phasen, Nürnberg, S. 35-60

GfK Marketing Services (Hrsg.) (2009): GfK Temax Germany Q3 2009, http://www.gfk.com/imperia/md/content/gfktemax/germany/2009-q3_gfk_temax_germany_de.pdf, aufgerufen am 7.12.2009 um 15 Uhr

Wildner, R. (2003): Warum kaufen die Verbraucher Handelsmarken?, in: Jahrbuch der Absatz- und Verbrauchsforschung 2/2003, S. 108-127

Wildner, R., Twardwa, W. (2008): Markenbindung – wodurch sie gestärkt und wodurch sie gefährdet wird, in: Jahrbuch der Absatz- und Verbrauchsforschung 3/2008, S. 204-222

Winkler, W. (2003): Innovation bei Consumer Electronics: Technik Top – und was bringt der Markterfolg? in: GfK-Nürnberg e.V. (Hrsg.): Innovationen Top oder Flop: Der Konsument entscheidet, Nürnberg), S. 22-35

Wübbenhorst, K., Wildner, R. (2002): Die Schwäche der Marke ist die Schwäche der schwachen Marken, in: planung & analyse 2/2002, S. 17-21

Handlungsebenen

Normatives Management

Jürgen Weber*

Logistik-Controlling zwischen Wunsch und Wirklichkeit – Warum es ein selbstverständlich erscheinendes Konzept so schwer hat, sich durchzusetzen

* Prof. Dr. Dr. h.c. Jürgen Weber ist seit 1986 Universitätsprofessor an der WHU – Otto Beisheim School of Management, Vallendar, und dort Direktor des Instituts für Management und Controlling (IMC). Er ist weiterhin Mitglied des Wissenschaftlichen Beirats der BVL, Vorsitzender des Kuratoriums des Internationalen Controllervereins (ICV) und Vorsitzender des wissenschaftlichen Beirats der CTcon. Weiterhin gründete er 2000 das Center for Controlling und Management (CCM), in dem bis heute Großunternehmen (darunter 11 DAX-Unternehmen) eng mit der Wissenschaft zusammenarbeiten. Darüber hinaus leitete er von 2000 bis 2009 das Kühne-Zentrum für Logistikmanagement an der WHU. Mehr als einhundert Promotionen und sieben erfolgreich abgeschlossene Habilitationsverfahren kennzeichnen den Forschungsoutput ebenso wie knapp tausend Veröffentlichungen.

1 Problemstellung

Hans-Christian Pfohl ist ohne Zweifel ein wesentlicher Innovator und Treiber der Entwicklung der neuen Disziplin Logistik in Deutschland. Er gehört – neben Gösta B. Ihde – der anfangs nur kleinen Fraktion der Betriebswirte an, die in den Anfangsjahren der Logistikentwicklung einen eher schweren Stand gegenüber den Ingenieuren (hier insbesondere Reinhardt Jünemann und Helmut Baumgarten) hatte[1]. Pfohl erkannte früh, dass der Kern der Logistik (trotz aller technischen Innovationen) nicht primär eine technische, sondern eine neue betriebswirtschaftliche Herausforderung und Innovation war. Pfohl sprach von einer „Querschnittsfunktion“, die besondere betriebswirtschaftliche Herausforderungen stelle[2].

Die so verstandene Logistik bedeutet nicht nur und nicht primär eine technische Verbesserung von Transport-, Lager- und Umschlagprozessen, die man etwa an automatischen Hochregallagern oder fahrerlosen Transportsystemen festmachen kann. Vielmehr ist sie mit zwei betriebswirtschaftlichen Veränderungen verbunden: Auf der einen Seite steht die organisatorische Zusammenfassung dieser drei in der Organisation vernachlässigten Teilfunktionen des Wirtschaftens in und zwischen Unternehmen. Auf der anderen Seite ist die Logistik untrennbar mit einer übergeordneten Steuerungsfunktion und Steuerungsperspektive verbunden, für die man später unterschiedliche Namen prägen wird („Flussorientierung“[3] oder „Prozessorientierung“). In letzterem Anspruch bzw. letzterer Perspektive liegen die zentralen Herausforderungen der neuen Disziplin, und dies in der Wissenschaft und in der Praxis gleichermaßen.

Im akademischen Bereich ist die Einführung einer neuen Disziplin immer mit der Frage nach ihrem wissenschaftlichen Neuigkeitsgrad verbunden. Die Logistik behandelt Fragestellungen, die vorher insbesondere im Operations Research oder in der Produktionswirtschaft beheimatet waren. Die Frage nach einer trennscharfen akademischen Positionierung (nicht nur in der Betriebswirtschaftslehre) beschäftigt die Logistik bis heute, trotz einer eigenen Kommission im Verband der Hochschullehrer für Betriebswirtschaft e.V.[4,5]. In der Praxis stellt sich die Frage einer neuen Eigenständigkeit noch pointierter, weil der Auf- und Ausbau einer Logistik die Grenzen der Macht der traditionell starken Grundfunktionen (insbesondere Produktion und Vertrieb) verschiebt.

Logistik ist also ein betriebswirtschaftliches Thema par excellence, das von seinen Fragestellungen her vorrangig Planungs- und Koordinationsprobleme betrifft. Das zur Lösung dieser Probleme erforderliche Wissen war in der Betriebswirtschaftslehre grundsätzlich vorhanden, mit Ausnahme des „blinden Flecks“ von Macht und mikropolitischen Prozessen. Hiermit beschäftigte sich insbesondere die Soziologie. Diese aber war in den 1980er Jahren in der deutschen Betriebswirtschafts-

1 Dies wird z.B. daran deutlich, dass die beiden anfangs konkurrierenden Logistikvereinigungen (BVL und DGfL) maßgeblich auf Baumgarten und Jünemann zurückgehen. Erst später wird sich dies – auch durch die Person von Hans-Christian Pfohl – ändern.

2 Vgl. Pfohl (1983), S. 726, und die dort angegebene Literatur.

3 Vgl. z. B. Pfohl (2004), S. 43.

4 An der Gründung der Kommission Logistik war Hans-Christian Pfohl maßgeblich beteiligt.

5 Aktuell beschäftigt sich der Wissenschaftliche Beirat der BVL mit der Herausarbeitung eines solchen Kerns. Vgl. auch Niehues (2008).

lehre noch weitgehend verpönt. Ähnliches galt für verhaltenswissenschaftliche Ansätze, auf die gleich noch zurückzukommen sein wird.

Die angestrebte Aufnahme der Logistik in den Fächerkanon der Betriebswirtschaftslehre legte es nahe, sich ihr auch aus der Perspektive des Rechnungswesens[6] zu nähern. Eine sachliche Begründung hierfür liegt auf der Hand: Man kann keine Optimierung von Material- und Warenflussprozessen in der Theorie postulieren, wenn man keine Aussagen darüber trifft, wie die hierfür erforderlichen Daten generiert werden sollen. Es kommt aber noch ein eher wissenschaftssoziologisch motiviertes Argument hinzu: Eine betriebswirtschaftliche Aufwertung der Logistik erscheint ohne die Unterstützung durch Kostenrechnung und Controlling kaum denkbar; wenn beide die Logistik vernachlässigten, wäre dies leicht als ein Indikator mangelnder Bedeutung und Wichtigkeit zu interpretieren. Insofern wundert es nicht, dass Hans-Christian Pfohl bereits frühzeitig entsprechende Forschung angeregt hat[7,8].

Schaut man heute in die Wissenschaft wie in die Praxis, muss man erkennen, dass weder Logistikkostenrechnung noch Logistik-Controlling eine Erfolgsgeschichte geworden sind. Die Zahl einschlägiger wissenschaftlicher Artikel, ist als sehr überschaubar zu kennzeichnen. Dies gilt für den deutschsprachigen Raum ebenso wie für internationale Publikationen[9]. In der Unternehmenspraxis zeigt sich ein vergleichbares Bild[10]. Vorliegende (rare) Studien machen einen sehr geringen Entwicklungsstand und sehr unterschiedliche Trägermuster deutlich. Logistik-Controlling wird keinesfalls allein von Controllern betrieben; die Logistiklinie übernimmt zumeist den größeren Part des nicht geringen Aufgabenvolumens[11]. Angesichts der großen Zahl von Controllern und ihrer starken Bedeutung in den Unternehmen allgemein[12] überrascht dieser Befund.

Somit stellt sich die Frage, worin der Widerspruch zwischen der grundsätzlichen Bedeutung – ja der Notwendigkeit – eines Logistik-Controllings einerseits und seiner geringen Implementierung und praktischen Verbreitung andererseits begründet ist. Dieser Beitrag strebt hierfür kein abschließendes Urteil an; vielmehr will er nur eine Diskussion möglicher wichtiger Gründe leisten. Am Anfang steht dabei die Frage, ob solche im Konzept selbst zu finden sind. Das Logistik-Controlling könnte etwa zu kompliziert, zu teuer oder zu wenig entwickelt sein. Es schließen sich mögliche Gründe an, die in den Trägern der Umsetzung und des Betriebs des Logistik-Controllings, also den Controllern, liegen, gefolgt vom Prozess der Einführung, der z.B. systema-

---

6 Später aus der Perspektive des Controllings; Letzteres hat in Deutschland seine Wurzeln im entscheidungsorientierten (internen) Rechnungswesen.

7 Vgl. z. B. Pfohl/Hoffmann (1984).

8 Zumindest beim Autor dieses Beitrags fiel diese Anregung auf fruchtbaren Boden. Er verfasste seine Habilitationsschrift zum Thema Logistikkostenrechnung.

9 Vgl. den Überblick bei Jeschonowski et al. (2009).

10 Vgl. Blum (2006), Göpfert/Neher (2002), S.39, und Görke (2006).

11 Das Aufgabenfeld des Logistik-Controllings lässt sich empirisch hinsichtlich der Trägerschaft in drei Cluster unterteilen (vgl. auch Icks (2010)): (1) LC-Aufgaben, die – aus welchen Gründen auch immer – einfach nicht wahrgenommen werden, wie bspw. die Integration der Mengenplanung in die operative Planung. (2) LC-Aufgaben, die originär Controllern zugeschrieben werden, aber von Logistikern übernommen werden, wie bspw. die Unterstützung beim Aufbau und bei der Pflege eines logistischen Kennzahlensystems. (3) LC-Aufgaben, die Controller tatsächlich selbst übernehmen, wie bspw. die Budgetierung der Logistik.

12 Vgl. Weber (2009) und die dort angegebenen aktuellen empirischen Befunde.

tisch in seiner Schwierigkeit unterschätzt werden könnte. Abschließend werden dann zwei mögliche Gründe diskutiert, die in der Logistik als unterliegende Funktion selbst zu suchen sind. Die Argumentation basiert dabei zum Teil auf konzeptionellen Überlegungen, zum Teil auf persönlicher Erfahrung. In einem abschließenden Schritt wird dann hypothetisiert, was die ausgebreiteten Überlegungen für die zukünftige Entwicklung des Logistik-Controllings bedeuten und was die Logistik und das Controlling daraus lernen können. Um den Umfang des Beitrags zu begrenzen, wird auf eine extensive Untermauerung der Aussagen durch Literaturverweise verzichtet. Zum Glück kann man einen Beitrag für eine Festschrift stärker auf den Inhalt anlegen als auf die heute so wichtig gewordenen „technischen Anforderungen" einer Zeitschriftenpublikation.

2 Im Konzept des Logistik-Controllings selbst liegende mögliche Ursachen mangelnder praktischer Umsetzung

Wenn sich ein in der Theorie entwickeltes neues Konzept nicht in der Unternehmenspraxis durchsetzt, so ist es naheliegend, die Gründe hierfür zunächst im Konzept selbst zu suchen. Um in der Sprache der „Marketing-Vergangenheit" von Hans-Christian Pfohl zu sprechen[13]: Wenn das angebotene Produkt nicht attraktiv ist, darf man sich nicht beklagen, dass es im Markt nicht gekauft wird. Eine mangelnde Attraktivität des „Produkts" Logistik-Controlling kann diverse Ursachen haben, von denen im Folgenden drei näher betrachtet werden sollen.

Zu anspruchsvolle Voraussetzungen

Betriebswirte werfen Ingenieuren in den Unternehmen häufig vor, Produktfeatures zu entwickeln, die mehr ihren eigenen Ansprüchen denn den Bedürfnissen der Kunden entsprechen. Betriebswirten selbst ist dieses Verhalten allerdings auch nicht fremd. Ihre eigenen Instrumente erreichen zuweilen eine Komplexität, die sie nur für absolute Methodenspezialisten verständlich und einsetzbar machen. Dies gilt nicht nur für spezifische Instrumente wie etwa Realoptionen als Verfahren zur Beurteilung von Investitionen[14], sondern auch für Steuerungssysteme, die sich explizit an das Management insgesamt wenden. Beispiel hierfür ist die wertorientierte Steuerung[15]. Es stellt sich nun die Frage, ob auch das Logistik-Controlling durch eine Komplexität gekennzeichnet ist, die einer breiten Anwendung entgegenstehen könnte. Die Beantwortung der Frage soll für die „klassische" Logistik und das Supply Chain Management getrennt erfolgen[16].

---

13 Vgl. die Basis-Veröffentlichung von Pfohl (1972).

14 Vgl. etwa die kritische Würdigung bei Pritsch/Weber (2001).

15 Vgl. die kritischen Stellungnahmen von Controllingleitern der DAX 30-Unternehmen in Weber (2008a), S. 207-223.

16 Hier und im Folgenden sei auf ein Entwicklungsstufenmodell rekurriert, das vier Stufen umfasst. Auf der ersten befindet sich die Logistik in ihrer Ausprägung als TUL-Funktion. Die zweite Stufe sieht sie als material- und warenflussbezogene Koordinationsfunktion. Stufe drei steht für die Perspektive einer flussorientierten Ausgestaltung des Unternehmens, während die Stufe vier (Supply Chain Management) den Blick über das Unternehmen hinaus auf die Versorgungskette wendet. Vgl. z. B. Weber (1999) und die empirische Überprüfung bei Dehler (2001).

Betrachtet man die Transport-, Umschlags- und Lagervorgänge als material- und warenflussbezogenen Kern der Logistik, so ist keine ungewöhnliche Schwierigkeit ihrer betriebswirtschaftlichen Steuerung zu erkennen. Zwar handelt es sich um Dienstleistungen, auf die die traditionelle Kostenrechnung nicht ausgerichtet war. Spätestens die Entwicklung der Prozesskostenrechnung zeigte aber, dass die Spezifika relativ einfach bewältigt werden können[17]. Auch hinsichtlich der Erfassung und des Ausweises von Logistikleistungen liegt mittlerweile kein wesentliches Problem mehr vor, wie das noch vor 20 Jahren galt, als dort der Engpass der Entwicklung des Logistik-Controlling vermutet wurde[18]. ERP-Systeme halten mittlerweile viele der für ein Logistik-Controlling benötigten Informationen vor. Entsprechend stellen sich auch für die operativen Planungs- und Kontrollprozesse keine besonderen Probleme. Die Budgetierung von TUL-Prozessen oder Investitionsrechnungen für solche, folgen dem Controllern gewohnten Vorgehen[19].
Eine andere Aussage ist zu treffen, wenn die weiteren beiden Stufen der Logistikentwicklung (material- und warenflussbezogene Koordination, Durchsetzung des Flussprinzips) betrachtet werden. Bei den dort zu vollziehenden Koordinations- und Führungsprozessen handelt es sich in der Sprache von Erich Gutenberg um Leistungen des dispositiven Faktors, die keiner exakten, festliegenden Produktionsfunktion unterliegen. Zwar sind Begriffe wie Koordinations- und Transaktionskosten in der Theorie sehr geläufig. Ihrer monetären Messung stellen sich aber fast unlösbare Probleme entgegen[20]. Ausgenommen von dieser Aussage sind nur einfache „Verwaltungsaktivitäten", wie die Disposition von Beschaffungsvorgängen oder wiederkehrende Steuerungsleistungen, die in der Prozesskostenrechnung abgebildet werden können. Alle Führungsprozesse mit höheren Freiheitsgraden entziehen sich dagegen einer genauen Erfassung im Rechnungswesen. Es verbleibt bei der Möglichkeit, die Kosten der Führungskräfte kostenstellenbezogen auszuweisen; eine leistungsbezogene Verrechnung ist nicht möglich.
Betrachtet man über die Informationsversorgung („Schaffung von Transparenz") hinausgehende Teilbereiche eines Logistik-Controllings, insbesondere Planungs- und Kontrollaktivitäten, so werden diese von der soeben angesprochenen mangelnden Messbarkeit der Koordinations- und Führungsprozesse beeinflusst (z. B. bei der Budgetierung der Führungskosten). Allerdings sind praktikable Controlling-Lösungen durchaus möglich. Ein Beispiel[21], das auf dem Rahmen einer Balanced Scorecard aufbaut, unterscheidet etwa eine Koordinationsstruktur- und eine Koordinationsprozesskomponente, um den Koordinationsaspekt hinreichend zu berücksichtigen. Abgesehen von eher ungewöhnlich erscheinenden Messgrößen (z. B. Zahl der durchschnittlich für die Annahme, Bearbeitung und Abschluss eines Kundenauftrags zuständigen Stellen oder für feste Koordinationsgremien, Projekte oder Arbeitskreise aufgewendete Zeit in Manntagen) entstehen in der Konzeption und Nutzung einer solchen logistikbezogenen Balanced Scorecard keine grundsätzli-

17 Vgl. Weber (2002a), S. 167-287.
18 Vgl. Weber (1990), S. 5.
19 Vgl. kurz Weber (2002b), S. 95-97.
20 Vgl. Weber/Weißenberger/Löbig (2001).
21 Vgl. Weber (2002a), S. 297-307.

chen, neuartigen Probleme. Eine BSC für den Forschungs- und Entwicklungsbereich aufzubauen, fällt beispielsweise eher schwerer.

Für das Supply Chain Management als vierte Stufe der Logistik-Entwicklung gelten ähnliche Aussagen. Das Nebeneinander von material- und warenflussbezogenen Dienstleistungen und übergeordneten Koordinations- und Führungsleistungen ändert seinen Charakter nicht dadurch, dass nun der Blick über ein einzelnes Unternehmen auf den Ausschnitt einer Versorgungskette mit mehreren Spielern ausgeweitet wird. Allerdings wird eine Problemkomponente deutlich wichtiger: Zwar ist das Phänomen von opportunistischem Verhalten auch innerhalb von Unternehmen nicht unbekannt (es äußert sich z. B. in Form von Abteilungskonflikten[22]); zwischen Unternehmen gewinnt die Opportunismusgefahr allerdings erheblich an Bedeutung. Hier arbeiten rechtlich und wirtschaftlich selbständige Unternehmen zusammen, die jeweils eine Maximierung ihres individuellen Nutzens anstreben. Dies behindert z. B. die Bereitschaft, im Sinne eines open book accounting Informationen auszutauschen und die hierfür erforderlichen systemtechnischen Grundlagen zu schaffen. Außerdem ist mit bewusst verzerrten oder verfälschten Informationen zu rechnen. Insofern kommt der Analyse der Opportunismusgefahr und der Gestaltung entsprechender Sicherungsmaßnahmen eine besondere Bedeutung zu[23]. Hiermit sind neue, ungewohnte Instrumente verbunden („Vertrauenscontrolling“[24]), für die allerdings auch nicht die Vermutung zu hoher Komplexität und daraus resultierenden Anwendungsgrenzen zutrifft.

Am Ende der kurzen Überlegungen steht somit eine klare Einschätzung: Die Hypothese, dass die mangelnde Verbreitung des Logistik-Controllings an zu hohen konzeptionellen Anforderungen liegt, erscheint wenig plausibel. Selbst im Bereich der Koordinations- und Führungsperspektive der Logistik ist die Instrumentierung für einen Controller ohne Probleme zu leisten und dem Management gegenüber zu kommunizieren.

Mangelnde konzeptionelle Ausgereiftheit

Ein zweiter im Instrumentarium selbst liegender Grund für die mangelnde Implementierung des Logistik-Controllings ist denkbar, die Hypothese nämlich, dass das Logistik-Controlling konzeptionell noch zu unausgereift ist, so dass sich die Unternehmen scheuen, es zu implementieren. Empirische Befunde hierzu liegen nicht vor. Konzeptionelle Überlegungen führen dagegen zu einer klaren Vermutung: Die im letzten Abschnitt angesprochenen Instrumente und Prozeduren stellten sich dort als nicht ungewöhnlich komplex und schwierig heraus. Deshalb müssten sie auch leicht und schnell an den jeweiligen Kontext eines Unternehmens anpassbar und zu optimieren sein. Betrachtet man zwei der angesprochenen Instrumente exemplarisch, so wird die Vermutung weiter erhärtet:

---

22 Mit der Schnittstellenforschung hat sich auch Hans-Christian Pfohl frühzeitig auseinandergesetzt. Vgl. Pfohl (1975).

23 Vgl. Bacher (2004), S. 183-207.

24 Vgl. Hirsch/Weber/Bacher (2004).

- Die Logistikkostenrechnung war zwar vor gut 20 Jahren so neu, dass man darüber eine Habilitationsschrift verfassen konnte. Unter dem Stichwort Prozesskostenrechnung konnte aber in den Folgejahren viel Erfahrung mit der Erfassung, dem Ausweis und der Verrechnung der Kosten repetitiver Dienstleistungen aufgebaut werden. Die Prozesskostenrechnung kann mittlerweile als ausgereift bezeichnet werden. Grenzen ihrer praktischen Verbreitung[25] sind nicht im Entwicklungsstand des Instruments zu suchen.
- Ähnliches gilt für die Balanced Scorecard. Sie lässt sich – wie angesprochen – gut für die höheren Stufen der Logistik-Entwicklung verwenden. Sie hat allgemein eine hohe praktische Verbreitung erfahren. Der Implementierungsprozess selbst zeigt keine instrumentellen Grenzen auf[26]. Solche sind auch für eine Anwendung in der Logistik nicht zu erwarten. Zwar liegt kaum dokumentierte Erfahrung der Anwendung der BSC in der Logistik vor[27]; eigene Erfahrung lässt aber keine besonderen Probleme erwarten.

Der Entwicklungsstand des Logistik-Controllings scheint somit zusammenfassend kein besonderes Risiko für Unternehmen darzustellen, das eine praktische Verbreitung signifikant behindert. Die Gründe für einen mangelnden Verbreitungsstand sind somit an anderer Stelle zu suchen.

Mangelnde Wirtschaftlichkeit

Instrumentenbezogen ist schließlich noch ein dritter möglicher Grund, für die beobachtete Theorie-Praxis-Lücke zu konstatieren: Nicht jedes Instrument, das sowohl anwendungsreif als auch anwendungsfähig ist, muss auch wirtschaftlich sein. Die mit dem Instrument verbundenen Kosten können durchaus den erzielbaren Nutzen übersteigen. Einem Ökonomen muss also daran gelegen sein, stets die Kosten-Nutzen-Relation neuer Instrumente und Konzepte zu hinterfragen, er muss mit anderen Worten vor der Einführung eines Instruments eine Wirtschaftlichkeitsrechnung erstellen.

Ob und wie sich ein Logistik-Controlling rechnet, ist allerdings nur schwer zu bestimmen[28]. Dies beginnt schon auf der Kostenseite. Zum einen teilen sich in der Praxis häufig die Controllingabteilung und die Logistik das Aufgabenspektrum des Logistik-Controllings[29], so dass man nicht einfach die auf Controlling-Kostenstellen anfallenden Kosten heranziehen kann. Zum anderen sind einige Kostenkomponenten schwer separierbar. Hierzu zählen insbesondere die IT-Kosten, weil das Logistik-Controlling im breiten Umfang Daten nutzt, die bereits für andere Zwecke erfasst und bereitgestellt werden.

Größere Probleme bestehen aber auf der Seite der Nutzenbestimmung. Für das Controlling allgemein liegen hier mittlerweile durch großzahlige Studien gewonnene empirische Erkenntnisse vor,

---

25 Vgl. etwa die Ergebnisse des WHU-Controllerpanels in Weber (2008b), S. 66.

26 Probleme entstehen erst in der Nutzung als zentrales laufendes Steuerungsinstrument, für das häufig das nötige Commitment nicht sichergestellt wird. Vgl. zu entsprechenden Erfahrungen mit der BSC Schäffer/Matlachowski (2008).

27 Vgl. als eine Ausnahme Bacher (2004), S. 259f.

28 Vgl. zum Folgenden für das Controlling allgemein Weber (2009).

29 Vgl. die Befunde bei Blum (2006), S. 138-146.

die einen Zusammenhang zwischen den erbrachten Controlling-Leistungen, deren Nutzung, der Güte der Entscheidungen des Managements und dem Unternehmenserfolg herstellen[30]. Auf der Ebene eines Bereichscontrollings fehlen jedoch solche Befunde, und dies gilt weitestgehend auch für das Logistik-Controlling[31]. Wer in einem Unternehmen ein solches einführen will, muss deshalb an die Wirtschaftlichkeit eher glauben, als dass er diese wirklich „hart" berechnen kann. Dies ist angesichts des immer weiter steigenden Wettbewerbsdrucks eine die Einführung stark behindernde Situation.

Für den, der nicht allein den Analogieschluss vom Controlling allgemein auf das Logistik-Controlling ziehen will, mag ein Blick auf diejenigen Unternehmen helfen, für die Logistikleistungen das Kerngeschäft ausmachen. Hier trifft man eine andere Situation an[32]. Wer etwa im Markt der Kontraktlogistik tätig ist, muss seinen Kunden i. d. R. sehr genau die angefallenen Kosten nachweisen. Viele Kontrakte basieren auf Kostenpreisen. Somit ist eine Logistikkostenrechnung hier längst gang und gäbe, ebenso wie entsprechende KPIs, die der Steuerung und der Abrechnung dienen. Diese Referenzbeobachtung macht zum einen deutlich, dass die unter (1) und (2) vorab diskutierten möglichen Gründe in der Tat wohl nicht relevant sind. Zum anderen wird der Verdacht genährt, dass die Logistik bei Verladerunternehmen vielleicht doch nicht wichtig genug eingeschätzt wird, um in ein entsprechendes Controlling zu investieren.

Empirische Studien hierüber liegen nicht vor. Allerdings zeigt die empirische Forschung, dass die Logistik auch in Verladerunternehmen erheblich zum Unternehmenserfolg beitragen kann, dies sowohl auf der Kosten- wie auf der Leistungsseite[33]. Aber auch hier gilt – wie für das Logistik-Controlling – die Feststellung, dass der Erfolgsausweis nicht auf Euro und Cent zu führen ist und die Wirkung primär Vorsteuergrößen des Erfolgs, wie Anpassungsfähigkeit und Markterfolg, betrifft. Damit drängt sich die Vermutung auf, dass in den Verladerunternehmen die strategische Bedeutung der Logistik nicht intensiv und umfassend genug analysiert wird und darin tatsächlich ein faktischer Grund für die Erklärung der geringen Verbreitung des Logistik-Controllings zu finden ist. Ob diese Vermutung zutrifft, wird aber erst geklärt sein, wenn eine entsprechende empirische Forschung erfolgt ist.

Damit sei die Ebene des „Instruments Logistik-Controlling" verlassen. Die angestellten Analysen haben – vielleicht mit Ausnahme des mangelnden Nutzenbelegs – keine substanziellen Erklärungen der Theorie-Praxis-Lücke liefern können. Die Hauptgründe müssten deshalb an anderer Stelle zu finden sein, vielleicht bei denjenigen, die die Einführung leisten müssen, bei den Controllern. Diese seien im nächsten Abschnitt näher betrachtet.

---

30 Vgl. umfassend die Dissertation von Sill (2008).

31 Vgl. als eine Ausnahme Blum (2006), S. 163ff., der einen schwachen Zusammenhang nachweisen kann.

32 Vgl. den Übersichtsbeitrag von Göpfert (2007).

33 Vgl. die Ergebnisse bei Dehler (2001), S. 241, und Deepen (2007), S. 254.

3 Mangelnde Bereitschaft der Controller, Logistik-Controlling einzuführen

Controlling ist in der Praxis eng mit Controllern verbunden[34]. Oftmals heißen die entsprechenden Abteilungen explizit „Controlling", und Controller machen kaum einen Unterschied zwischen ihrer Tätigkeit und der Funktion Controlling[35]. Vor diesem Hintergrund könnte ein weiterer Grund für die mangelnde Durchsetzung des Logistik-Controllings in der Praxis darin liegen, dass Controller eine solche Ausweitung des Aufgabenfelds nicht wünschen. Bedenkt man, dass die Aufgaben und die Rolle der Controller in den letzten Jahren deutlich breiter geworden sind[36], erscheint eine solche Vermutung zwar wenig plausibel. Zumindest anekdotische Evidenz aus eigener Erfahrung kann dem aber entgegen gesetzt werden: Der Versuch, vor mehr als 20 Jahren in einem großen Automobilunternehmen Logistik-Controlling einzuführen, scheiterte weniger an dem Logistikbereich, sondern mehr an den Controllern.

Um die Frage, warum das so sein könnte, beantworten zu können, sei auf eine Unterscheidung Bezug genommen, die im Bereich verhaltensorientierter Ansätze im Controlling eine erhebliche Bedeutung besitzt[37]: Hier werden handelnde Akteure (Manager, Controller) kognitiv begrenzt und potenziell opportunistisch modelliert. Mangelndes Interesse der Controller an der Einführung von Logistik-Controlling kann danach idealtypisch sowohl an mangelndem Können als auch an mangelndem Wollen liegen, wobei beide Gründe auch gemeinsam relevant sein können.

Auf der Seite mangelnden Wollens lautet die Standardannahme der Prinzipal-Agenten-Theorie, die Akteure strebten nach einer Vermeidung von Arbeitsleid. Die Übernahme zusätzlicher Controlling-Aufgaben wäre hiermit nicht vereinbar. Bedenkt man die schon angesprochene Erhöhung der Aufgabenlast der Controller über die Zeit, erscheint diese Annahme aber im betrachteten Fall als wenig plausibel[38]. Ein ganz anderer Erklärungsansatz mangelnden Wollens läge darin, dass die Botschaft, klassische finanzielle Größen im Controlling durch nicht monetäre zu ergänzen (z.B. Durchlaufzeiten, Lieferbereitschaftsgrade), nicht von den Controllern geteilt wurde bzw. noch immer nicht geteilt wird[39]. Wer die Logistik nur als Kostenfaktor sieht, wird in der Tat angesichts geringer Anteile an den Gesamtkosten kein umfangreiches, stark auf Logistikleistungen abstellendes Logistik-Controlling einführen. Hierfür würde auch sprechen, dass das Instrument der

---

34 Dies betrifft schon den Ursprung des Begriffs, der von Albrecht Deyhle, dem dominanten Controller-Trainer in Deutschland der letzten Jahrzehnte, in Analogie zum Marketing geprägt wurde. Vgl. Binder (2006), S. 100.

35 Vgl. etwa die Ausführungen in Weber (2008a), S. 69-74.

36 Vgl. z. B. die Beiträge in Weber et al. (2008).

37 Vgl. Weber/Schäffer (2008), S. 38-50.

38 Es sei denn, das Logistik-Controlling wäre jeweils im Wettbewerb zu anderen zusätzlichen Aufgaben unterlegen gewesen. Dann kämen wir zum Argument (nun relativer) mangelnder Effizienz zurück.

39 Wie die empirische Studie von Icks (2010) zeigt, prallen in der Praxis in der Tat unterschiedliche Paradigmen der Logistiker und Controller aufeinander (mengenmäßig/nicht-finanziell vs. wertmäßig/finanziell). Es scheint nicht einfach für Controller zu sein, ihr gewohntes finanzielles Terrain zu verlassen. Gleiches gilt umgekehrt für Logistiker (Stichwort: Logistikkosten, die Logistiker im Auge behalten müssen), wobei es ihnen offenbar tendenziell leichter fällt. Am Ende muss eine gemeinsame Sprache zwischen Controllern und Logistikern gefunden werden, was offensichtlich häufig schwierig ist – sowohl aufgrund von Könnens- als auch von Wollensdefiziten.

Balanced Scorecard trotz der ihm zugekommenen erheblichen Aufmerksamkeit in der Praxis dort die Unternehmenssteuerung nur selten „konzeptgemäß“ wesentlich bestimmt[40]. Dies leitet unmittelbar über zu kognitiven Begrenzungen der Controller.

Controller sind traditionell stark durch den gesamtunternehmensbezogenen Aspekt ihrer Arbeit bestimmt. Dieser ergibt sich aus ihrer Funktion, die Unternehmensplanung zu betreiben[41]. Diese ist stark monetär geprägt[42]. Die monetäre Prägung gilt aber nicht nur für das Gesamtunternehmen, sondern auch für seine Geschäfts- und Funktionalbereiche. Funktional lag der Schwerpunkt der Controller im traditionellen Hauptbereich der Unternehmen, der Produktion, was sich z.B. im zentralen Controlling-Instrument der Kostenrechnung widerspiegelt. Die Produktion war für die monetäre Steuerung deshalb so geeignet, weil die dort erbrachten Leistungen in hohem Maße beschreibbar sind, sie Produktions- und Kostenfunktionen genügen. In stark dienstleistungsorientierten Bereichen existieren sowohl mehr Freiheitsgrade, als auch die Leistungen auf Grund der Vielfältigkeit ihrer Merkmale schwieriger zu beschreiben sind. Diese Schwierigkeiten zusammen mit fehlender Erfahrung schaffen für die Controller Zugangsbarrieren. Sie zu überwinden, erfordert es, einen tiefgehenden Einblick in die Dienstleistungsproduktion zu gewinnen und entsprechende Geschäftskenntnis zu erwerben. Der bisherige Know-how-Vorsprung hinsichtlich monetärer und gesamtunternehmensbezogener Instrumente ist hier kaum von Vorteil[43]. Ihn zu verlieren, kann mit Empfindungen von Machtverlust und Verletzlichkeit verbunden sein, die entsprechendes ablehnendes Verhalten zur Folge haben[44].

In mangelnder Fähigkeit und Bereitschaft der Controller ist deshalb ein weiterer möglicher Grund für die Theorie-Praxis-Lücke des Logistik-Controllings erkennbar. Allerdings liegen auch für ihn keine belastbaren empirischen Ergebnisse vor.

4 Implementierungsprobleme

Geht man davon aus, dass der begrenzte Umsetzungsstand des Logistik-Controllings weder am Konzept selbst, noch an der Bereitschaft der Controller es umzusetzen liegt, kommt als nächste Möglichkeit der Einführungsprozess selbst in Frage[45]. Dieser wird in der einschlägigen Literatur deutlich vernachlässigt. Fragen des Change Managements erscheinen in den Controlling-

---

40 Vgl. etwa die folgende Aussage des Controlling-Leiters eines DAX 30-Unternehmens: „Bei uns wurde die Balanced Scorecard mit sehr viel Schweiß, Blut und Tränen und – das muss man noch dazu sagen – mit viel Geld eingeführt. Wir haben hier ein mordsmäßiges Tool eingeführt und übergeblieben davon ist 0,0“ (Weber 2008a, S. 222) und Schäffer/Matlachowski (2008).

41 Zumindest gilt dies für die operative Planung und die Mittelfristplanung. Die Prozessverantwortung für die strategische Planung liegt häufig bei der Strategieabteilung. Allerdings hat der Einfluss der Controller auch auf diesem Feld in den letzten Jahren deutlich zugenommen. Vgl. z. B. Veit (2009).

42 Wiederum macht die strategische Planung eine Ausnahme, wenngleich auch auf dieser Planungsebene die Bedeutung monetärer Größen stark gestiegen ist.

43 Mangelndes Können der Controller könnte auch der Grund dafür sein, dass die Controller nur selten in der Lage waren, dem Instrument der Balanced Scorecard in den Unternehmen wirklich zu einem produktiven Leben zu verhelfen.

44 An dieser Stelle generieren Könnensdefizite Wollensbeschränkungen.

45 Vgl. hierzu schon früh Weber (1990), S. 189-194.

Lehrbüchern zumeist nicht, und wenn überhaupt, dann nur allgemein, nicht auf spezifische Instrumente und Konzepte bezogen. Letztere werden oft ausschließlich oder zumindest weit überwiegend in ihrer „technischen" Funktions- und Anwendungsweise vorgestellt. Die Diskussion ihrer Anwendungsvoraussetzungen beschränkt sich in der Regel auf die Frage der erforderlichen Datenqualität oder der organisatorischen Rahmenbedingungen. Auf die Betreiber und Nutzer der Instrumente und Konzepte bezogene Ausführungen fehlen häufig. Für sie wird damit implizit die klassische Homo-oeconomicus-Annahme unterstellt. Insbesondere kognitive Begrenzungen sind nicht berücksichtigt bzw. werden als nicht existent angenommen.

Modelliert man die beteiligten Menschen so, wie im vorangegangenen Abschnitt für Controller dargestellt, generiert der Einführungsprozess eines Instruments allerdings spezifische Probleme erheblichen Umfangs, die auf den Erfolg der Implementierung wirken.

Diese Probleme betreffen zum einen die Lernfähigkeit und Lerngeschwindigkeit der Akteure („Können"). Neue Instrumente sind häufig nicht aus sich heraus verständlich, sondern müssen aktiv vermittelt werden. Menschen lernen unterschiedlich leicht und ihre Lernvoraussetzungen können stark voneinander abweichen; einem strategisch geschulten Betriebswirt z. B. ist das Konzept der Balanced Scorecard ohne Zweifel deutlich leichter zugänglich als einem praxisgeprägten Leiter eines Fuhrparks. Außerdem sind Unterschiede in der Lerngeschwindigkeit zu beobachten. Sie hängen – neben individuellen Unterschieden – wesentlich davon ab, wie stark das neue Instrument bzw. Konzept auf schon vorhandenes Wissen stößt[46].

Zum anderen kann die Implementierung neuer Instrumente und Konzepte nicht nur am Können der Beteiligten scheitern bzw. davon aufgehalten werden, sondern auch an bzw. von deren Veränderungsbereitschaft („Wollen"). Diese betrifft auf der einen Seite eine generelle Veränderungsträgheit bzw. eine generelle Beharrungspriorität von Menschen. Bewährtes wird ungern in Frage gestellt und gegen unsicheres Neues eingetauscht. Deshalb bedarf es einer aktiven „unfreeze"-Phase, um bestehende mentale Strukturen aufzubrechen[47]. Auf der anderen Seite führt die Einführung von Logistik-Controlling zu mehr Transparenz und Zielorientierung, was einer Reduzierung von diskretionärem Handlungsspielraum der Logistikmanager gleichkommt. Eine entsprechende Abwehrhaltung – etwa in Form von Gegenspieler-Strategien oder Reaktanz – ist zu erwarten.

Alle genannten Gründe zusammen liefern genügend Erklärungsansätze für ein Implementierungsdefizit des Logistik-Controllings. Zwei hypothetische Ausprägungen davon seien abschließend näher betrachtet:

Möglichkeit 1: Die Frage nach einem Implementierungsdefizit des Logistik-Controllings ist zu früh gestellt.

---

[46] Über den genauen Zusammenhang seien hier keine weiteren Überlegungen angestellt. Vielmehr soll es bei dem – kontraintuitiv erscheinenden – Hinweis verbleiben, dass Lernprozesse gerade dann viel Zeit kosten, wenn die neue Lösung mit der vorher genutzten alten Vorgehensweise deutliche Überschneidungen aufweist. Eine BSC einzuführen, wenn das Management vorher mit KPIs gearbeitet hat, kann dann erstaunlich schwer fallen.

[47] Vgl. hierzu bereits Lewin (1947).

Diese wenig intuitiv klingende Erklärung rekurriert auf die angesprochene Erkenntnis, dass Veränderungsprozesse (viel) Zeit kosten. Für den hierfür unterstellten ungewöhnlich langen Zeitraum gibt es tatsächlich eine vergleichbare empirische Referenz. Sie stammt aus dem Bereich der Investitionsrechenverfahren. Unter diesen hat heute die Kapitalwertrechnung in den Unternehmen einen Referenzstatus[48]. Dieses ist aber noch nicht lange so. Bei Pritsch findet sich eine Zusammenstellung entsprechender US-amerikanischer empirischer Studien, die einen Zeitraum von ca. dreißig Jahren Diffusionszeit dieses Instruments nachweisen[49]. Es bliebe also noch ein knappes Jahrzehnt für die Durchsetzung des Logistik-Controllings Zeit. Allerdings zeigen die bei Pritsch referierten Studien eine kontinuierlich steigende Diffusion der Kapitalwertrechnung auf. Diese ist für das Logistik-Controlling nicht zu beobachten. Außerdem ist die Situation nicht vergleichbar: Die Kapitalwertrechnung bildet seit den 1950er Jahren einen wichtigen Bestandteil der betriebswirtschaftlichen Ausbildung. Studierende, die im Laufe ihrer praktischen Karriere Methodenverantwortung übernahmen, konnten die ihnen bekannte Methode in ihren Unternehmen durchsetzen. Logistik-Controlling besitzt dagegen keinen derart exponierten Charakter in der Lehre und Ausbildung. Ein reines weiteres Warten auf den praktischen Durchbruch wird deshalb wahrscheinlich keine geeignete Strategie für das Logistik-Controlling sein.

Möglichkeit 2: Die Theorie-Praxis-Lücke im Logistik-Controlling ist auf einen mangelhaften Implementierungsprozess zurückzuführen.

Die zweite Möglichkeit rekurriert nicht auf die – unvermeidliche – Dauer eines Implementierungsprozesses, sondern auf den damit verbundenen Aufwand, der leicht unterschätzt wird. Bei der Einführung neuer Instrumente besteht oftmals die Erwartung, dass ein reines Bekanntmachen in Form von Schulungen ausreicht, um die gewünschte Nutzung zu erreichen. Ein solches Vorgehen vernachlässigt die Tatsache, dass das rein kognitive Erkennen der Wirkungsweise eines Instruments noch nicht dazu führt, Verhalten zu verändern. Individuelle Routinen weisen eine sehr hohe Stabilität auf. Zudem sind sie zumeist vielfältig mit organisationalen Routinen verbunden, die ebenfalls verändert werden müssen. Gerade letztere Veränderungsprozesse sind langwierig und komplex. Sie erfordern eine generalstabsmäßige Planung und einen Projekthorizont, der eher in 10 als in 5 Jahren gemessen wird. Derartige Zeiträume sind aber in den Unternehmen kaum durchzusetzen, weder von ihrer Begründung noch von ihrem Mittelvolumen her.

Begrenzt man die Implementierungsprojekte volumen- und zeitmäßig auf „machbare" Größenordnungen, so besteht die große Gefahr, dass Anspruch und Realität des Konzepts weit auseinanderklaffen[50]. Empirische Beispiele hierfür liefern die beiden letzten umfassenden neuen Steuerungskonzepte, die Balanced Scorecard und das Value based Management. Beide sind in vielen Unter-

[48] Vgl. etwa Weber (2008b), S. 50.

[49] Vgl. Pritsch (2000), S. 377.

[50] Die New Institutional Theory spricht hier von einem „decoupling" (vgl. etwa Meyer/Rowan (1977), S. 356-357). Die Tatsache, dass dieses Phänomen Gegenstand einer Theorieentwicklung und -bildung war, ist auch ein guter Indikator für die praktische Relevanz des Phänomens.

nehmen eingeführt worden; für beide ist der Implementierungserfolg eher fragwürdig[51]. Logistik-Controlling ist von den Konzeptmerkmalen her (u. a. Neuigkeitsgrad und Komplexität) durchaus mit der BSC und dem Value based Management vergleichbar. Insofern könnten in der Tat Fehler in der Implementierung zur geringen praktischen Verbreitung maßgeblich beigetragen haben. Zum Beleg dieser Hypothese fehlt aber empirisches Wissen über den Verlauf entsprechender Projekte. Erneut zeigt sich hier eine Forschungslücke.

Damit ist nach weiteren möglichen Ursachen für die Theorie-Praxis-Lücke zu suchen. Die Suche führt abschließend zu zwei möglichen Gründen, die in der dem Logistik-Controlling zugrunde liegenden Logistik verankert sind und eng miteinander zusammenhängen. Sie seien in den nächsten beiden Abschnitten näher betrachtet.

5 Probleme der Heterogenität der Logistik

Wenn man den Begriff des Logistik- oder des Supply Chain Controllings verwendet, suggeriert dies eine klare Festlegung des dahinter stehenden Konzepts. Dies ist aber bei näherer Betrachtung nicht der Fall. Hinter beiden Begriffen verbergen sich sehr vielschichtige Ausprägungen. Ein Controlling für eine als material- und warenflussbezogen verstandene Logistik („TUL-Logistik“) hat z. B. deshalb ganz andere Probleme zu adressieren als ein Controlling, das der Durchsetzung des Flussprinzips in der Unternehmensführung dient. Die zugrunde liegenden Entwicklungsstufen der Logistik beeinflussen dessen Inhalt wesentlich[52].

Mangelnde Klarheit des Begriffs der Logistik behindert zwangsläufig die Implementierung eines Logistik-Controllings. Unklarheiten in der Extension des Konzepts liefern für Opponenten genügend Gründe, einen Implementierungsprozess zu verzögern oder ganz zu verhindern. Unklarheiten sind auf der Könnensseite ebenso hinderlich, weil sie eine Formulierung der Anforderungen für die Implementierung be- oder verhindern.

Heterogenität resultiert aber nicht nur aus den unterschiedlichen Entwicklungsstufen der Logistik. Vielmehr führen auch diverse Kontextfaktoren zu Unterschiedlichkeit. Für eine Logistikkosten- und -leistungsrechnung als Instrument des Logistik-Controllings[53] seien einige derartige Einflüsse beispielhaft genannt:

- Bedeutung der Logistik: Hiervon ist eine positive Wirkung auf Detaillierung und Genauigkeit der Logistikkostenrechung zu erwarten.
- Gleiches gilt für das Standing des Logistikbereichs, das sich z. B. auf die Beziehung zum Zentralcontrolling auswirkt.

---

[51] Vgl. z. B. Weber (2008a), S. 202-222.

[52] Dies erweist sich nicht nur für die Ausformung eines Logistik-Controllings problematisch, sondern erschwert auch die Abgrenzung des Faches in der Wissenschaft. Bezeichnend hierfür ist der aktuelle Versuch des Wissenschaftlichen Beirats der BVL, einen gemeinsamen Kern der Logistik zu finden. Angesichts der ca. 30jährigen akademischen Tradition des Fachs ist dies ein bemerkenswerter Vorgang.

[53] Die Kontextabhängigkeit der Kosten- und Leistungsrechnung dürfte dabei noch deutlich geringer ausfallen als z. B. die von Koordinationsinstrumenten.

- Outsourcing-Politik: Wer Logistikaufgaben in den Markt geben will, muss genaue Kenntnis der damit verbundenen Kosten- und Leistungswirkungen haben. Dies begünstigt den Aufbau eines entsprechenden Informationssystems. Sind wesentliche Leistungsbereiche outgesourced, entfällt dagegen hierfür die Notwendigkeit.
- Ausprägung des Incentive-Systems: Ist es im Unternehmen üblich, Führungskräften einen hohen variablen Vergütungsanteil zu zahlen, so verlangt dies für die Logistik belastbare Performancewerte, die einer verlässlichen Zahlenbasis bedürfen. Ein entsprechend positiver Einfluss auf die Logistikkosten- und -leistungsrechnung ist zu vermuten.
- Die wirtschaftliche Situation des Unternehmens als letzter anzusprechender Einflussfaktor kann sowohl fördernd als auch begrenzend wirken. Steigender Wettbewerbsdruck erhöht die Notwendigkeit einer aussagefähigen Informationsbasis; große wirtschaftliche Probleme können aber auch der Grund sein, jede Investition in das Logistik-Controlling zu vermeiden.

Die konkrete Ausprägung eines Logistik-Controllings ist – so zeigen die kurzen Überlegungen – weit von einem Standard entfernt. Die damit verbundenen Freiheitsgrade könnten sich in der Tat negativ auf die Implementierung auswirken. Diese Vermutung zu bestätigen, fällt aber noch schwerer als bei den vorab angestellten Erklärungsversuchen. Die Überlegungen weisen aber den Weg zu einem letzten zu diskutierenden Grund, der in der Logistik selbst zu suchen ist.

6 In der Logistik selbst liegende Gründe

Die Entwicklung der Logistik lässt sich – wie bereits angedeutet – als eine echte Erfolgsgeschichte ansehen[54]. Die Arbeit der Pioniere, zu denen wesentlich auch Hans-Christian Pfohl zählt, hat zu imposanten Ergebnissen geführt. Betrachtet man als Gradmesser den jährlichen BVL-Kongress in Berlin, so ist eine immer größere Teilnehmerzahl zu konstatieren. Logistikdienstleistungsunternehmen haben vor der aktuellen Wirtschaftskrise bemerkenswert an Größe und Bedeutung gewonnen. Die zunehmende Akademisierung der Führungskräfte ist ein Zeichen für die Attraktivität der Logistik auf dem Arbeitsmarkt. An den Universitäten und Fachhochschulen hat sich das Fach etabliert und breit verankert.

Dennoch ist das Bild bei näherem Hinsehen nicht ganz ungetrübt. Probleme werden sichtbar, wenn man den Blick auf die Verladerunternehmen richtet. Hier kann man häufiger die Beobachtung machen, dass es in organisatorischer Hinsicht zu einem Rückschritt für die Logistik gekommen ist: Mit dem Aufkommen der Logistikidee war eine Zentralisierung der Logistikaktivitäten verbunden[55]. Ein hoch in der Hierarchie verankerter Organisationsbereich entstand, der auch auf karrierebewusste Führungskräfte eine hohe Attraktivität ausstrahlte. Der Aufgabenbereich ging deutlich über die TUL-Logistik hinaus und umfasste häufig die gesamte material- und warenflussbezogene Steuerung.

---

[54] Diese wurde unlängst auch in Buchform nachgezeichnet. Vgl. Baumgarten (2008).

[55] Pfohl hat sich frühzeitig mit Organisationsfragen der Logistik auseinandergesetzt. Vgl. Pfohl (1980).

Nach einigen Jahren dieser organisatorisch exponierten Position erfolgte dann eine partielle Rückgliederung der Logistik in die anderen Funktionen, etwa in die Werke für die Produktionslogistik und den Vertrieb für die Distributionslogistik. Damit ist erneut ein Bereichsdenken eingetreten, das mit der Entwicklung der Logistik hatte vermieden werden sollen. Als ein Indikator dafür kann die Tatsache gewertet werden, dass Oursourcing-Projekte in der Regel die Funktionsbereiche Beschaffung, Produktion und Distribution getrennt betreffen, nicht über die Funktionen hinweg gehen[56].

Mit dieser organisatorischen Rückentwicklung – so die subjektive Beobachtung des Verfassers – ist häufig auch ein Bedeutungsrückgang der Logistik verbunden. In vielen Werken muss die Logistik exakt die Akzeptanzkämpfe neu führen, die sie vor 20 Jahren schon gewonnen glaubte. Bezeichnenderweise kann man bei Vorträgen und Schulungen einen Großteil jener Folien unverändert verwenden, die schon in den Anfangsjahren der Logistik gute Dienste geleistet haben. Dies mag die Effizienz des Vortragenden steigern, ist aber bei näherem Hinsehen ein alarmierender Befund.

Offensichtlich hat der der Logistik zugrunde liegende Aspekt der Versorgungssicherheit relativ an Attraktivität für die Führungskräfte verloren. Konkurrierende Perspektiven, wie etwa die Kundenorientierung oder aktuell die der Nachhaltigkeit des Wirtschaftens, bedürfen ebenfalls der besonderen Aufmerksamkeit des Managements. Mehrere solcher Sichtweisen parallel in der Organisation zu verankern, überfordert aber schnell deren Leistungsfähigkeit. Schon einfache Matrixformen stellen die Manager häufig vor große Probleme. Soll die Idee der Versorgungssicherheit im Führungsalltag hinreichend erhalten bleiben, gilt es deshalb, Wege außerhalb exponierter Organisationslösungen zu suchen. Diese liegen z. B. auf dem Feld von Abstimmungsroutinen und Regeln, wie etwa der, dass bei der Auswahl von Lieferanten oder der Konstruktion von Produkten die Auswirkungen auf die Logistikkosten explizit berücksichtigt werden müssen. Der Aspekt der Versorgungssicherheit wird dann gar nicht mehr aktiv wahrgenommen, ist aber noch weiter wirksam.

Wenn aber die Logistik in der Organisation in dieser Weise eher „unsichtbar" verankert wird und nur die klassischen TUL-Bereiche durch verstreute Abteilungen abgedeckt werden, ist es folgerichtig, ja fast zwangsläufig, dass es auch kein umfassendes Logistik-Controlling geben kann. Dieser Zusammenhang lässt sich auch bei dem Thema Supply Chain Management als angenommen letzter Entwicklungsstufe der Logistik beobachten. Wenn dieses im Ideal als eine durch unternehmensübergreifende Pläne erfolgende Koordination einer Versorgungskette gesehen wird, müsste es auch durch ein kettenbezogenes Controlling begleitet werden. Der Blick in die Empirie zeigt aber, dass im Regelfall weder eine planbasierte enge Zusammenarbeit besteht, noch diese durch ein Controlling gestützt wird. Allenfalls bei sehr wichtigen relationalen Strukturen sind derartige Ansätze zu erkennen. Ansonsten suggeriert der Begriff des SCM mehr, als er in der Realität einhält.

56 Vgl. Engelbrecht (2004), S. 239-241.

In der organisatorischen Bedeutung der Logistik in den Verladerunternehmen ist am Ende vermutlich der wichtigste Grund zu suchen und zu finden, warum es nicht zu einer breiten und nachhaltigen Diffusion des Logistik-Controllings gekommen ist. Viele der davor angesprochenen Punkte spielen mit hinein und wirken verstärkend. Für einige von ihnen kann auch eine Verknüpfung angenommen werden: Die Heraushebung der Logistik in der Aufbauorganisation wirkt als Indikator für die Wichtigkeit des Versorgungsproblems und schafft damit einen Anreiz für Controller, sich dort zu engagieren. In Unternehmen, in denen die Logistik stark organisatorisch verankert ist, ist der Boden für ein ausgebautes Logistik-Controlling bereitet[57]. Wer ein Logistik-Controlling einführen will, muss sich folglich intensiv mit der Verankerung der Logistik auseinandersetzen, nicht nur, um für diese Führungsunterstützung zu leisten, sondern auch, um sich selbst zu helfen.

7 Fazit

Will man die Suche nach Gründen für eine Theorie-Praxis-Lücke des Logistik-Controllings kurz zusammenfassen, so verbleibt am Ende keinerlei Überraschung mehr, warum sich ein Logistik-Controlling nicht wirklich in der Praxis durchgesetzt zu haben scheint. Ein anderes Ergebnis wäre – so die Vielzahl von potenziellen Gründen – eher unwahrscheinlich. Dies aber stellt die vielen Seiten in Frage, die in einschlägigen Lehrbüchern dem Logistik-Controlling gewidmet sind. Den Studenten werden der Nutzen und die Sinnhaftigkeit des Konzepts anschaulich und überzeugend beschrieben. Allerdings fehlt in der Regel zum einen eine explizit eingenommene Verhaltensperspektive; zum anderen bleiben auch noch viele andere Einflussgrößen unberücksichtigt.

In einem referierten Journalartikel würde man abschließend die contributions für die Forschung darstellen. Dies steht auch einem Artikel für eine Festschrift gut an. Contributions sind sowohl für das Controlling als auch für die Logistik zu erkennen.

Für das Controlling erscheint als wichtigstes Ergebnis die Feststellung, dass dem allgemeinen Siegeszug der Funktion zuwiderlaufend die Verankerung eines Funktions-Controllings unerwartet schwierig sein kann. Der Vertriebsbereich liefert hierfür ein weiteres gutes Beispiel. Wie in einer empirischen Studie kürzlich gezeigt werden konnte[58], geben zwar die Controller an, schon sehr intensiv in das Vertriebsmanagement unterstützend eingebunden zu sein; die Vertriebsmanager sehen die Mitwirkung der Controller allerdings deutlich zurückhaltender. Noch ganz am Anfang seiner Entwicklung steht auch das Beschaffungscontrolling. Beide Ausprägungen eines Funktionscontrollings haben gegenüber der Logistik den großen Vorteil, eigene Organisationsbereiche als Basis zu besitzen; hier müsste eine Entwicklung – wie ausgeführt – leichter fallen als in der Logistik mit ihren häufig sehr zersplitterten Strukturen. Trotzdem steht ein erhebliches Stück Arbeit vor den Controllern, mit durchaus unklaren Erfolgsaussichten. Deshalb sollte auch das Controlling nach alternativen Formen der Verankerung neuer Perspektiven suchen, etwa in Routinen, Kultur, Ausbildung der Führungskräfte und/oder Mitarbeiter. Solche Überlegungen waren dem Control-

57 Als ein ganz aktuelles Beispiel hierfür kann die Beiersdorf AG gelten.

58 Vgl. Krügerke (2010) (Dissertation in Vorbereitung).

ling in der Vergangenheit fremd. Heute eröffnet sich dort ein Feld, das ganz neue Herausforderungen an das Controlling stellt.

Für die Logistik ergibt sich die enttäuschende Perspektive, dass sie bei ihrer Durchsetzung im Unternehmen nur wenig Unterstützung durch das Controlling erfahren dürfte. Deshalb lautet die Empfehlung, selbst für wichtige logistische Basisfunktionen eine laufende, kosten- und leistungsbezogene Informationsversorgung sicherzustellen. Dies wird auch in nicht wenigen Unternehmen umgesetzt, wenn auch nicht immer durch Controller, sondern eher durch Abteilungen innerhalb der Logistiklinie. Für die Koordinationsaufgaben der Logistik ist derzeit keine Hilfestellung aus dem Controlling heraus zu erwarten. Controller sind – wie gezeigt – auch nicht die geeigneten Know-how-Träger, um die Frage zu beantworten, wie der Versorgungsgedanke, wenn nicht in der Aufbauorganisation, dann doch wenigstens in Prozeduren und Regeln, berücksichtigt werden kann. In der Theorie werden solche Positionen zwar grundsätzlich durch das Controlling in dem Sinne besetzt, dass entsprechende Themen dort – wenn auch nur ansatzweise – diskutiert werden. In der Praxis wird ein Logistiker allerdings nur schwer einen Controller finden, der ihm bei derartigen Aufgaben Führungsunterstützung leistet.

Für einen Logistikverantwortlichen sollte die Theorie-Praxis-Lücke des Logistik-Controllings aber auch Anlass genug sein, wieder intensiv über seine eigene richtige Positionierung im Unternehmen nachzudenken. Hier ist noch viel Forschung zu leisten. Hans-Christian Pfohl hat die Logistik zwar in der Betriebswirtschaftslehre fest etabliert, aber uns zum Glück noch Themen für künftige Arbeit übrig gelassen, um den Logistik-Gedanken nachhaltig zu verankern.

Literaturverzeichnis

Bacher, A. (2004): Instrumente des Supply Chain Controlling. Theoretische Herleitung und Überprüfung der Anwendbarkeit in der Unternehmenspraxis, Wiesbaden.

Baumgarten, H. (Hrsg.) (2008): Das Beste der Logistik, Berlin u.a.

Binder, Chr. (2006): Die Entwicklung des Controllings als Teildisziplin der Betriebswirtschaftslehre. Eine explorativ-deskriptive Untersuchung, Wiesbaden.

Blum, H.S. (2006): Logistik-Controlling. Kontext, Ausgestaltung und Erfolgswirkungen, Wiesbaden.

Deepen, J.M. (2007): Logistics Outsourcing Relationships. Measurement, Antecedents, and Effects of Logistics Outsourcing Performance, Heidelberg, New York.

Dehler, M. (2001): Entwicklungsstand der Logistik. Messung – Determinanten – Erfolgswirkungen, Wiesbaden.

Engelbrecht, Chr. (2004): Logistikoptimierung durch Outsourcing. Erfolgswirkungen und Erfolgsfaktoren, Wiesbaden.

Goerke, M. (2006): Logistikcontrolling 2006. In: Impulse online. Das Unternehmermagazin. URL: http://www.impulse.de (Stand 12.05.2006)

Göpfert, I. (2007): Controlling und Rechnungswesen bei Logistikdienstleistern, in: Stölzle, W./Weber, J./Hofmann, E./Wallenburg, C.M. (Hrsg.): Handbuch Kontraktlogistik. Management komplexer Logistikdienstleistungen, Weinheim, S. 501-524.

Göpfert, I./Neher, A. (2002): Supply Chain Controlling: Wissenschaftliche Konzeption und praktische Umsetzung, in: Logistik Management, 3. Jg., S. 34-44.

Hirsch, B./Weber, J./Bacher, A. (2004): Zur Messung von Vertrauenswürdigkeit – das Beispiel dm-drogerie markt, in: ZfO, 73. Jg., S. 196-201.

Icks, H. (2010): Controllership im Logistikbereich – Fallstudien zu Aufgaben und Organisation, Dissertation in Vorbereitung.

Jeschonowski, D./Schmitz, J./Wallenburg, C.M./Weber, J. (2009): Management Control Systems in Logistics and Supply Chain Management: A literature review, in: Logistics Research, 1. Jg. (2009), S. 113-127.

Lewin, K. (1947): Frontiers in group dynamics, in: Human relations, Vol. 1, S. 5-41 und S. 143-153.

Krügerke, Chr. (2010): Vertriebscontrolling. Konzeption und empirischer Stand, Dissertation in Vorbereitung.

Meyer, J. W./Rowan, B. (1977): Institutionalized organizations: formal structure as myth and ceremony, in: The American journal of sociology, Vol. 83, Issue 2, S. 346-363.

Nyhuis, P. (Hrsg.): Beiträge zu einer Theorie der Logistik. Berlin, Heidelberg.

Pfohl, H.-Chr. (1972): Marketing-Logistik. Gestaltung, Steuerung und Kontrolle des Warenflusses im modernen Markt, Mainz.

Pfohl, H.-Chr. (1975): Interorganisatorische Zusammenarbeit bei der Warenverteilung im Absatzkanal. Ein Beispiel für kooperatives Marketing, in: Jahrbuch der Absatz- und Verbrauchsforschung, 21. Jg., S. 284-306.

Pfohl, H.-Chr. (1980): Organisationsstrukturen im logistischen Gesamtsystem der Unternehmung, in: Gesellschaft für Logistik e.V./Forschungsinstitut für Rationalisierung e.V./Schweizerische Studiengesellschaft für rationellen Güterumschlag (Hrsg.): EMK 80, 2. Europäischer Materialflußkongreß: Neue Wege der Rationalisierung logistischer Systeme, Dortmund 1980, S. 11-16.

Pfohl, H.-Chr. (1983): Logistik als Überlebenshilfe in den 80er Jahren, in: ZfB, 53. Jg., S. 719-734.

Pfohl, H.-Chr. (2004): Logistikmanagement. Konzeption und Funktionen, 2. Aufl., Berlin, Heidelberg.

Pfohl, H.-Chr./Hoffmann, H. (1984): Logistik-Controlling, in: ZfB, Ergänzungsheft 2, S. 42-70.

Pritsch, G. (2000): Realoptionen als Controlling-Instrument. Das Beispiel pharmazeutische Forschung und Entwicklung, Wiesbaden.

Pritsch, G./Weber, J. (2001): Realoptionen als Controlling-Instrument, in: Weber, J./Schäffer, U. (Hrsg.): Rationalitätssicherung der Führung. Beiträge zu einer Theorie des Controlling, Wiesbaden, S. 171-195.

Schäffer, U./Matlachowsky, P. (2008): Warum die Balanced Scorecard nur selten als strategisches Managementinstrument genutzt wird. In: ZP, Bd. 19, S. 207-232.

Sill, F. (2008): Controllerbereichserfolg aus Sicht des Managements. Eine empirische Analyse, Wiesbaden.

Veit, A. (2009): The Participation of Management Accountants in Strategy Processes, Diss. Vallendar.

Weber, J. (1999): Ursprünge, praktische Entwicklung und theoretische Einordnung der Logistik, in: Weber, J./Baumgarten, H. (Hrsg.): Handbuch Logistik, Management von Material- und Warenflussprozessen, Stuttgart, S. 3-24.

Weber, J. (1990): Logistik-Controlling, Stuttgart.

Weber, J. (2002a): Logistikkostenrechnung. Kosten-, Leistungs- und Erlösinformationen zur erfolgsorientierten Steuerung der Logistik, 2. Aufl., Berlin u.a.

Weber, J. (2002b): Logistik- und Supply Chain-Controlling, 5. Aufl., Stuttgart.

Weber, J. (2008a): Von Top-Controllern lernen. Controlling in den DAX 30-Unternehmen, Weinheim.

Weber, J. (2008b): Aktuelle Controllingpraxis in Deutschland. Ergebnisse einer Benchmarking-Studie, Schriftenreihe Advanced Controlling, Bd. 59, Weinheim.

Weber, J. (2009): Erfolg der Controller. Wie Controller zum Unternehmensergebnis beitragen, Schriftenreihe Advanced Controlling, Bd. 68, Weinheim.

Weber, J./Schäffer, U. (2008): Einführung in das Controlling, 12. Aufl., Stuttgart.

Weber, J./Vater, H./Schmidt, W./Reinhard, H./Ernst, E. (Hrsg.) (2008): Die neue Rolle des Controllers. Aufgaben, Anforderungen, Best Practices, Stuttgart.

Weber, J./Weißenberger, B.E./Löbig, M. (2001): Operationalisierung der Transaktionskosten, in: Jost, P.J. (Hrsg.): Der Transaktionskostenansatz in der Betriebswirtschaftslehre, S. 417-447.

Horst Wildemann*

Die Bewertung der Supply Chain – Eine empirische Auswertung selbstauditierender Wertschöpfungsketten

* Univ.-Prof. Dr. Dr. h. c. mult. Horst Wildemann ist Inhaber des Lehrstuhls für Betriebswirtschaftslehre – Unternehmensführung, Logistik und Produktion an der Technischen Universität München. Neben seiner Lehrtätigkeit steht Professor Wildemann einem Beratungsinstitut mit über 60 Mitarbeitern für Unternehmensplanung und Logistik vor (www.tcw.de).

Herr Pfohl hat die Entwicklungsgeschichte der Logistikforschung in Deutschland entscheidend mitgeprägt. Seine richtungsweisenden Arbeiten zeigten stets eine genaue Kenntnis der Praxis, deren Problemstellungen er in Forschungsbedarfe transformierte. Der von ihm konzipierte Logistikwürfel ist ein Beweis für seine große Fähigkeit, sich selbst, seinen Studenten sowie gleichermaßen auch Wissenschaftlern und Praxisanwendern neue Sichtweisen auf komplexe Sachverhalte zu erschließen. In seinen Vorträgen, Aufsätzen und Untersuchungen hat er innovative Lösungsangebote für logistische Problemstellungen herausgearbeitet. Über Jahrzehnte konnte ich aus nächster Nähe in vielen wissenschaftlichen Veranstaltungen seine Eloquenz, Stringenz und Schlagfertigkeit bewundern.

Ich freue mich, einen Beitrag zum Festband leisten zu dürfen, wünsche Herrn Kollegen Pfohl alles Gute für die Zukunft und hoffe, dass er auch über seine Emeritierung hinaus weiterhin Impulse in die Logistikforschung und -praxis senden wird.

1 Die Bewertung der Supply Chain als Fundament der Wettbewerbsfähigkeit

Vor dem Hintergrund sich dramatisch verändernder Marktanforderungen gewinnt die Differenzierung durch logistische Leistungen am Point of Sales zunehmend an Gewicht (vgl. Wildemann 2010a: 2ff.). Das Management steht aufgrund der Dynamik und Komplexität des Marktgeschehens vor der Schwierigkeit, dass die Entscheidungssicherheit hinsichtlich logistischer Investitionsvorhaben und der Konfiguration der Supply Chain mehr und mehr abnimmt. Die monetäre Bewertung der unternehmensspezifischen Veränderung von Ein- und Auszahlungsströmen durch logistische Investitionen und Veränderungen der Supply Chain-Gestaltung sowie die damit in Verbindung stehende Bewertung der Auswirkungen auf den Unternehmenswert kann hier Abhilfe schaffen. Die Quantifizierung der logistischen Leistung ermöglicht eine effiziente Allokation der Investitionsmittel im Unternehmen wie in die Implementierung eines neuen Logistiksystems, die Desinvestition eines veralteten Systems oder Investition in Logistik-Know-how der Mitarbeiter. Allerdings fehlt für logistische Entscheidungen auf der Managementebene häufig die Möglichkeit, den Wert logistischer Leistungen tragfähig zu quantifizieren. Die Bewertung der Leistungsfähigkeit und Effizienz der Supply Chain erfordert die monetäre Bewertung der logistischen Systemelemente wie Technologien, Beziehungen und Prozesswissen. Diese sind in ein erweitertes Shareholder-Value-Konzept zu integrieren. Auf diese Weise kann das Management den Handlungsbedarf und den Wertbeitrag der Logistik ermitteln sowie verschiedene Investitionsalternativen priorisieren. Verschiedene Logistikstrategien können wertoptimal entwickelt, bei entsprechender Vorteilhaftigkeit gegenüber anderen Investitionsfeldern schneller durch die Entscheidungsprozesse gebracht und die notwendige Zeit zur Implementierung verkürzt werden. Auch kann somit das sich durch die Logistik bietende Potenzial besser ausgeschöpft und ein nachhaltiger Kosten- und Leistungsvorteil gegenüber dem Wettbewerb erreicht werden. Als Lösungsansatz für die aufgezeigten Probleme werden operative Leistungs- und Finanzkennzahlen sowie logistische Best-Practice-Lösungen in drei DV-gestützten und aufeinander aufbauenden Analyseinstrumenten zusammengeführt. Die Analyseinstrumente zielen auf die Möglichkeiten der Selbstauditierung der Unternehmen ab.

2 Das Logistik-Tool-Set als Instrument der Selbstauditierung

Zur Bewertung von Logistikinvestitionen stehen drei Instrumente in einem Logistik-Tool-Set zur Verfügung. In drei DV-gestützten Tools, dem *SCM-Check*, dem *Logistik-Potenzial-Check* und dem *Value-Check* werden unterschiedliche Fragestellungen zur Bestimmung der logistischen Leistungsfähigkeit und Verbesserungspotenziale beantwortet (vgl. Wildemann 2004: 35ff.). Das Tool *SCM-Check* zielt auf eine erste Einschätzung der Supply-Chain-Fähigkeit der einzelnen Unternehmensprozesse (vgl. Wildemann 2010c: 304ff.). Die Ermittlung der logistischen Leistungsfähigkeit der Prozesse allein reicht allerdings noch nicht aus, um zuverlässig effizienzsteigernde Maßnahmen identifizieren zu können: Zum einen ist es möglich, dass Unternehmen eine Leistungsübererfüllung realisieren und deshalb hinsichtlich ihrer Leistungsfähigkeit grundsätzlich positiv beurteilt werden. In diesem Falle sind die Unternehmen zwar als effektiv im Sinne der Erfüllung von Kundenwünschen zu betrachten. Die Übererfüllung kann aber gleichzeitig auch als Ineffizienz bezeichnet werden, da der Aufwand in diesem Falle höher als notwendig ist. Zum zweiten kann eine auf der Basis einer qualitativen Einschätzung der Leistungsfähigkeit einzelner Prozesse vorgenommene Priorisierung logistischer Investitionen zu einer Fehleinschätzung der potenziellen Cash-flow-Wirkungen führen. Zur Ermittlung der logistischen Leistungslücke ist daher zunächst der durch die Logistik erzeugte Cash-flow und die aktuelle Cash-flow-Lücke zu bestimmen. Hierzu sind finanzielle und logistische Kennzahlen zu kombinieren. Diese Aufgabe übernimmt der *Logistik-Potenzial-Check*. Der *Value-Check* schließt sich hieran an und bewertet unternehmensspezifisch einzelne logistische Maßnahmen hinsichtlich ihres Cash-flow-Beitrages.

Der SCM-Check zur Feststellung des logistischen Handlungsbedarfs

Ziel des SCM-Checks ist die Identifikation des logistischen Handlungsbedarfes auf der Basis einer Selbsteinschätzung der logistischen Leistungsfähigkeit des Unternehmens und des Vergleiches mit den Daten der relevanten Grundgesamtheit. Dazu wird ein standardisierter Katalog von Fragen verwendet, der die gesamte Wertschöpfungskette umfasst. Die Bewertung wird nach den Prozessabschnitten Planungs-, Angebotserstellungs-, Beschaffungs-, Auftragsabwicklungs-, Produktions-, Distributions-, After-Sales- und Anlaufprozess vorgenommen. Diese prozessorientierte Bewertung wird durch die querschnittsorientierten Themenstellungen Strategie, Organisation, Humanressourcen, Produkte und Supply-Chain-Controlling ergänzt. Die Befragung erfolgt internetbasiert, ist interaktiv gestaltet und kostenlos nutzbar (http://www.tcw.de). Um die Grundlage für einen zulässigen Vergleich und eine spezifische Auswertung zu gewährleisten, werden die Unternehmen nach verschiedenen Kriterien differenziert. Strukturell ähnliche Unternehmen werden untereinander verglichen und der Abstand zwischen dem untersuchten Unternehmen sowie dem Best Performer in der jeweiligen Kategorie ausgegeben. Über das logistische Benchmarking hinaus wird der Anwender über Lösungskonzepte informiert, die sich in anderen Unternehmen zur Beseitigung ähnlicher Defizite bewährt haben.

Der Logistik-Potenzial-Check zur Ermittlung des logistischen Potenzials

Die Umsetzung logistischer Lösungskonzepte erfordert oftmals eine grundlegende Veränderung innerhalb der Organisation sowie der zugehörigen Infrastruktur. Die notwendigen Investitionssummen können je nach Unternehmensgröße nicht selten Größenordnungen von bis zu mehreren hundert Millionen Euro erreichen. Zur Rechtfertigung derartiger Investitionen ist eine umfassende Darstellung des unternehmensindividuellen Wertbeitrags der Logistik hilfreich. Dazu werden die im ersten DV-Tool erhobenen Daten im Rahmen eines weiteren DV-Tools ergänzt und mit den finanziellen Kennzahlen des Unternehmens verknüpft. Vom Anwender des untersuchten Unternehmens sind logistikorientierte Leistungskenngrößen (z. B. Durchlaufzeit, Liefertreue) sowie eine Abschätzung der Kundenerwartungen hinsichtlich dieser Größen in qualitativer Form bereitzustellen. Ferner fließen Cash-flow-orientierte Spitzenkennzahlen des betrachteten Unternehmens oder einzelner Unternehmensbereiche in das Tool ein. Aus den bereitgestellten Daten werden logistische Leistungsprofile erstellt, die mit den Profilen anderer Unternehmen des gleichen Typs und gleicher Strukturdaten verglichen werden. Aus den Abweichungen zu Profilen von besonders wertschaffenden Unternehmen können die Höhe der Wertverschwendung des betrachteten Unternehmens in den einzelnen Kategorien abgeschätzt und quantifizierte Potenzialwerte angegeben werden. Die Berechnungssystematik für die Abschätzung basiert dabei auf einer aus der Praxis ermittelten Heuristik. Als Ergebnis liefert das DV-Tool *Logistik-Potenzial-Check* eine relative Positionierung des eigenen Unternehmens hinsichtlich der logistischen Erfolgsfaktoren gegenüber allen anderen Unternehmen der Datenbasis, insbesondere derjenigen des gleichen Logistiktyps. Zusätzlich wird ein logistischer Werttreiberbaum ausgegeben, aus dem die Wirkung der einzelnen Schwachstellen in der Logistik auf den Unternehmenswert in quantifizierter Form ersichtlich wird. Dem Logistikmanagement wird damit eine Argumentationshilfe zur Verfügung gestellt, mit der es innerhalb des Unternehmens auf die Notwendigkeit zur Beseitigung von Defiziten aufmerksam machen kann.

Der Value-Check zur Bewertung logistischer Investitionen auf Basis des Cash-flows

Der Ausweis eines quantifizierten logistischen Potenzials allein ist noch nicht ausreichend, um nachhaltige Strategien zur Verbesserung des Unternehmenswertes entwickeln zu können. Deshalb wird mit dem dritten DV-Tool *Value Check logistischer Maßnahmen* ein Instrument zur Verfügung gestellt, das die unternehmensindividuelle Bewertung von Investitionen in die logistische Infrastruktur eines Unternehmens unterstützt. Das dem DV-Tool hinterlegte Modell verfolgt das Ziel, die Ein- und Auszahlungsströme infolge einer logistischen Investition zu quantifizieren. Hierzu werden die Veränderungen logistischer Systeme auf Leistungskennzahlen abgebildet. Als Folge der Kennzahlenveränderung lassen sich Ein- und Auszahlungsströme ableiten und als Cash-flow ausweisen. Der Vorgang lässt sich an einem Beispiel verdeutlichen: Ein Werkzeughersteller investiert in den Bau eines kundennahen Distributionslagers (logistische Investition) und erreicht eine Verkürzung der Lieferzeit sowie eine Erhöhung der Liefertreue (Veränderung logistischer Kennzahlen). Ein wettbewerbsfähiges Produkt vorausgesetzt, wird der Kunde dies mit zusätzlichen Aufträgen honorieren (Veränderung der Einzahlungen). Die Abbildung von Ein- und Auszahlungsveränderungen erfolgt über die Abbildung von Wirkbeziehungen, die in Zusammenarbeit mit Industrieunternehmen erarbeitet wurden. Jede Wirkbeziehung stellt einen funktionalen Zusammenhang zwischen finanzwirtschaftlichen und logistischen Kennzahlen dar. Im Rahmen der Bewertung einer logistischen Investition identifiziert der Nutzer alle Veränderungen innerhalb der logistischen Kennzahlen. Anhand der definierten Wirkungsbeziehungen ergeben sich Veränderungen der Ein- und Auszahlungen, die letztlich zusammengefasst die Cash-flow-Veränderung ergeben. Zur praktikablen Nutzung ist eine Initialisierung des DV-Tools im betrachteten Unternehmen erforderlich. Dazu sind zwischen drei und fünf bekannte Investitionen in die Wertschöpfungskette aus der Vergangenheit notwendig. Zusammen mit den Know-how-Trägern des Unternehmens können die Wirkbeziehungen aufgrund der vorliegenden Erfahrungswerte anhand einer Checkliste zügig aufgestellt und anschließend optimiert werden. Die Ansatzpunkte für logistische Investitionen können danach entweder selbst ermittelt oder über die im System hinterlegten erfolgreichen Fallbeispiele aus anderen Unternehmen übernommen und deren Wertbeitrag anschließend berechnet werden. Das DV-Tool ermöglicht die Entwicklung von Alternativstrategien und kann Worst- und Best-Case-Szenarien darstellen.

3 Ergebnisse der Selbstaudits mittels des SCM-Checks

Das Tool *SCM-Check* ist seit 2003 online geschaltet. Zwischenzeitlich haben über 900 Unternehmen aus allen Branchen die Auswertungsfunktion genutzt und sich in die Datenbank eingetragen. Die Nutzung erfolgt im Zeitverlauf relativ konstant, so dass davon ausgegangen werden kann, dass sich die Datenbasis weiterhin erheblich erhöhen wird. Der zusammenfassende Vergleich der Branchendurchschnitte (exemplarisches Sample n = 506) zeigt eine signifikant unterschiedliche Supply-Chain-Management-Fähigkeit der betrachteten Branchen (vgl. Abbildung 1).
Die Skala reicht von der Branche „Glas und Feinkeramik“, die einen Median von 3,6 und ein 25%-Quantil von 4,0 aufweist, bis hin zu „Hoch- und Tiefbau“ mit einem Median von nur 2,5 und einem 25%-Quantil von 3,0. Diese Werte sind allerdings dahingehend zu relativieren, dass sich die Aussagen vor dem Hintergrund der jeweiligen Branchenspezifika und -anforderungen verstehen. Die Aussagen beschreiben daher die Supply-Chain-Fähigkeit der Branchen bezogen auf die jeweiligen Marktanforderungen. Die Aussage, dass beispielsweise die Branche „Glas und Feinkeramik“ absolut betrachtet über eine höhere Supply-Chain-Fähigkeit verfüge als der Automobilbau, ist entsprechend nicht zulässig. Bei der Datenanalyse zeigen sich mitunter sehr hohe Unterschiede zwischen dem Median und dem 25%-Quantil. Dies weist auf eine kleine Spitzengruppe innerhalb einer Branche bei einem breiten, eher mäßig aufgestellten Mittelfeld hin. Liegt der Median nahe am 25%-Quantil, lässt dies auf eine vorwiegend homogene Supply-Chain-Management-Fähigkeit innerhalb der Branche schließen. Insbesondere in diesem Falle ist für die betroffenen Unternehmen zu prüfen, inwieweit Differenzierungsvorteile durch das Supply Chain Management genutzt werden sollten.

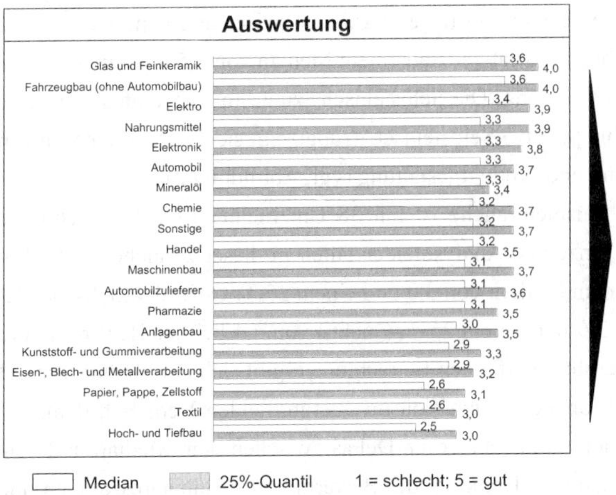

Beschreibung

- Die Auswertungen verstehen sich als Eigeneinschätzung der Supply-Chain-Fähigkeit auf der Basis der jeweiligen Branchenanforderungen
- Die Analyse zeigt signifikante Unterschiede hinsichtlich der relativen Supply-Chain-Fähigkeit der betrachteten Unternehmen
- Zum Teil zeigen sich deutliche Deltas zwischen den Medianen und den 25%-Quantilen
- Die hohe Einstufung der Branche Glas und Feinkeramik ist auf Grund der geringen Grundgesamtheit zu relativieren

Abbildung 1: Auswertung SCM-Check: Relativer Branchenvergleich der Mediane und 25 %-Quantile

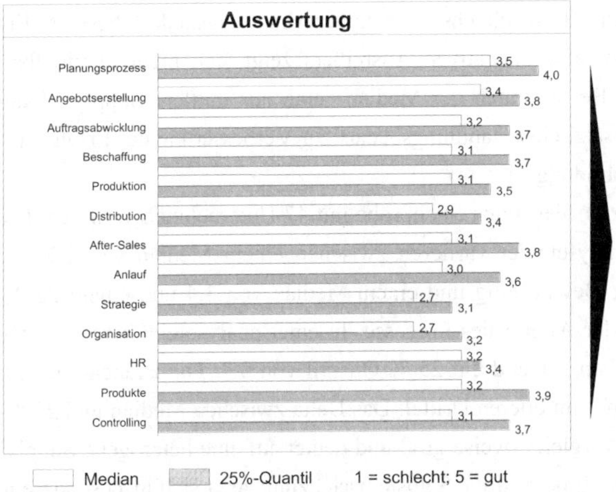

Beschreibung

- n=57
- Große Datenbasis
- Vergleichsweise große Deltas zwischen Medianen und 25%-Quantilen
- Gute Position der Unternehmen des 25%-Quantils
- Handlungsbedarf insbesondere hinsichtlich der Strategie
- Durchschnitt (ungewichtet):
  Median: 3,1
  25%-Quantil: 3,6

Abbildung 2: Auswertung SCM-Check: Automobilzulieferer

Eine Betrachtung der Branchen im Detail zeigt ein differenziertes Bild der SCM-Fähigkeiten. Beispielhaft kann dies an den Branchen Automobilzulieferer, Elektronik und Maschinenbau aufgezeigt werden. Im Vergleich zu ihren Abnehmern schätzen sich die Automobilzulieferer geringfügig schlechter hinsichtlich ihrer Supply-Chain-Fähigkeit ein. In einer analysefeldübergreifenden Betrachtung ergibt sich bei den 57 betrachteten Unternehmen ein Median von 3,1 und ein 25 %-Quantil von 3,6. Entsprechend dieser Abweichung sind bei der Bewertung der einzelnen Analysefelder relativ große Abstände zwischen Median und 25 %-Quantil festzustellen. Die Branche bewegt sich im übergreifenden Vergleich im mittleren Drittel. Diese vergleichsweise schlechte Selbsteinschätzung kann analog zu den Automobilisten mit den sehr hohen Anforderungen in

dieser Branche begründet werden. Die Eigenbewertungen variieren zwischen einem Median von 2,7 und einem 25 %-Quantil von 3,1 bei der Strategie und einem Median von 3,5 und einem 25 %-Quantil von 4,0 bei der Bewertung der Planung. Die Selbsteinschätzung im Analysefeld Strategie fällt damit erstaunlich niedrig aus. Eine positive Selbsteinschätzung zeigt sich insbesondere in den Bereichen Planung, Angebotserstellung und Produktgestaltung (vgl. Abbildung 2).
Die Elektronik-Branche als weitere Beispielbranche ist mit 38 Unternehmen an der Stichprobe beteiligt. Die Eigenbewertungen der einzelnen Analysefelder fallen in dieser Branche relativ homogen aus und variieren zwischen einem Median von 3,0 und einem 25 %-Quantil von 3,4 bei der Beschaffung und einem Median von 3,6 und einem 25 %-Quantil von 4,4 bei der Bewertung des Angebotserstellungsprozesses. In einer übergreifenden Betrachtung ergibt sich ein Median von 3,3 und ein 25 %-Quantil von 3,8. Die Branche bewegt sich im übergreifenden Vergleich damit im Mittelfeld. Bei einzelnen Analysefeldern sind sehr große Deltas zwischen dem Median und dem 25 %-Quantil festzustellen. So beträgt dieses Delta bei der Bewertung der Humanressourcen und der Produktgestaltung 0,6 Punkte sowie bei der Angebotserstellung und der Organisation jeweils 0,8 Punkte. Hier zeigt sich, dass der Beitrag dieser Gestaltungsfelder zur Realisierung eines effektiven und effizienten Supply Chain Management in der Elektronikbranche deutlich unterschiedlich ausfällt und bei vielen Unternehmen ein vergleichsweise hoher Handlungsbedarf besteht. Ein dringender Handlungsbedarf in Form eines negativen Ausreißers zeigt sich nicht unmittelbar. Allerdings ist festzuhalten, dass die Bewertungen der Mediane eine nur mittlere Supply-Chain-Fähigkeit darlegen, so dass ein grundsätzlicher Handlungsbedarf zur Verbesserung der Erfolgsgrößen festgestellt werden kann (vgl. Abbildung 3).
Die Maschinenbau-Branche ist in der vorliegenden Stichprobe mit 47 Unternehmen vertreten. Die Eigenbewertungen der einzelnen Analysefelder variieren zwischen einem Median von 2,7 und einem 25 %-Quantil von 3,3 bei der Beschaffung und einem Median von 3,4 und einem 25 %-Quantil von 4,0 bei der Bewertung der After-Sales-Prozesse. In einer analysefeldübergreifenden Betrachtung ergibt sich ein Median von 3,1 und ein 25 %-Quantil von 3,7. Die Branche bewegt sich im übergreifenden Vergleich damit im oberen Drittel. Das Delta zwischen Median und 25 %-Quantil in Höhe von 0,6 Punkten ist vergleichsweise groß und deutet auf eine heterogene Supply-Chain-Fähigkeit in dieser Branche hin. Eine positive Selbsteinschätzung zeigt sich insbesondere in den Bereichen After-Sales, Humanressourcen und Produktgestaltung. Grundsätzlicher Handlungsbedarf besteht insbesondere in den Prozessen der Beschaffung und der Strategie. In diesem Zusammenhang ist allerdings festzuhalten, dass der Handlungsbedarf aufgrund des großen Deltas zwischen Median und 25 %-Quantil sehr unternehmensspezifisch ausfällt (vgl. Abbildung. 4).

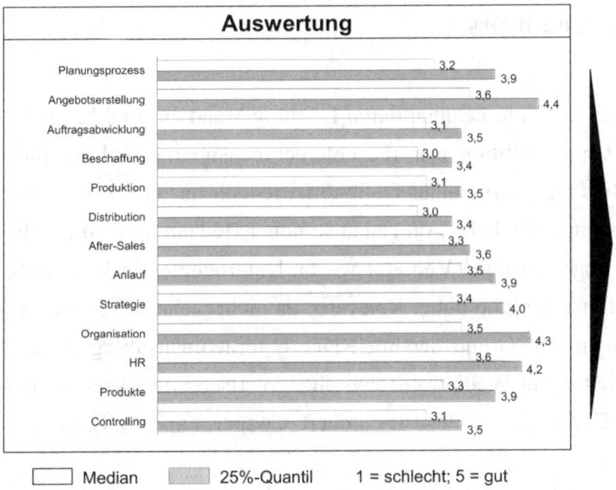

Beschreibung

- n=38
- Vergleichsweise homogene Einschätzung der relevanten Bereiche
- Zum Teil große Deltas zwischen den Medianen und den 25%-Quantilen
- Im Branchenvergleich eine durchschnittlich relativ gute Positionierung der Elektronik-Branche
- Durchschnitt (ungewichtet):
Median: 3,3
25%-Quantil: 3,8
- Positionierung im oberen Drittel der Erhebung

Abbildung 3: Auswertung SCM-Check: Elektronik

Es wird bei der Betrachtung aller Ergebnisse die Heterogenität der jeweils sich selbst unterstellten Supply Chain-Fähigkeiten auf Branchen- und Prozessebene deutlich. Insofern ist es erforderlich, spezifische und individuelle Lösungen zur Steigerung der Leistungsfähigkeit zu implementieren. Losgelöst von den jeweiligen Einschätzungen der Leistungsfähigkeit und den davon abzuleitenden individuellen Optimierungsbedarfen gilt es jedoch auch, den SCM-Gedanken generell stärker zu beleben und so die Wettbewerbsfähigkeit der Supply Chain zu verbessern. Hierzu ist es erforderlich, einen Paradigmenwechsel bei der unternehmensübergreifenden Zusammenarbeit zuzulassen, die informatorische Vernetzung aller Supply Chain-Partner weiter zu erhöhen und die Adaptivität der Wertschöpfungskette durch geeignete Maßnahmen zu steigern.

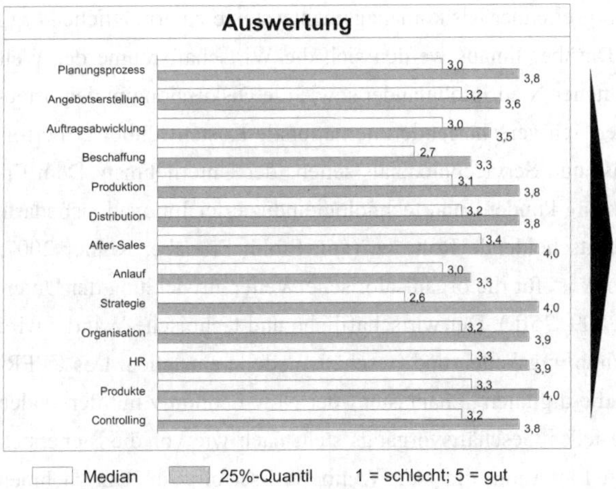

Beschreibung

- n=47
- Vergleichsweise homogene Einschätzung der Bereiche
- Durchschnitt (ungewichtet):
Median: 3,1
25%-Quantil: 3,7
- Deutliches Delta zwischen Median und 25%-Quantil
- Positionierung im oberen Drittel der Erhebung

Abbildung 4: Auswertung SCM-Check: Maschinenbau

4 Was insgesamt besser werden muss

Die Ergebnisse der Selbstaudits zeigen den Unternehmen deren Leistungsstand auf und helfen bei der Beurteilung und Objektivierung von Investitionen in die unternehmensinterne und unternehmensübergreifende Logistik. Die Behebung prozessualer Defizite ist jedoch nur ein Ansatzpunkt zur Steigerung der Supply Chain-Leistungsfähigkeit. Von genau so hoher Bedeutung ist die Behebung übergreifender Defizite bei der gegenwärtigen Vernetzung von Unternehmen in Wertschöpfungsketten und -netzwerken. Dies ist insofern von hoher Relevanz, da nicht mehr einzelne Unternehmen gegeneinander antreten, sondern auf Grund der intensiven unternehmensübergreifenden Integration der Wertschöpfungsaktivitäten ein Wettbewerb zwischen Wertschöpfungsketten stattfindet (vgl. Corsten; Gabriel 2002: 4; Christopher 1998: 16; Lambert; Cooper; Pagh 1998: 1).

Paradigmenwechsel bei der unternehmensübergreifenden Zusammenarbeit

Während in einem klassischen Logistikverständnis marktliche Beziehungen vorherrschten und mittels einer geeigneten Logistik die Geschäfte zur Erfüllung gebracht wurden, kommt kooperativen und partnerschaftlichen Modellen eine zunehmend bedeutsame Rolle zu. Externe Dienstleister übernehmen ehemals interne Aufgaben wie Disposition und Planung durch Anbindung an unternehmerische Informationssysteme oder durch Logistikkonzepte wie KANBAN. Logistische Anforderungen und Effizienznotwendigkeiten bei Abnehmern werden zu den Lieferanten durchgereicht und bilden die Grundlage für Lieferkonzepte wie JIT und JIS. Dies erhöht auf Lieferantenseite das logistische Aufgabenspektrum, wogegen sich die Abnehmer auf ihre Kernkompetenzen und werthaltigen Wertschöpfungsprozesse fokussieren können (vgl. Wildemann 2003: 11ff.). Auch ist die Schaffung partnerschaftlicher Beziehungen erforderlich, um Vertrauen und Transparenz zwischen den beteiligten Unternehmen einer Wertschöpfungskette aufzubauen und auf dieser Basis die Schaffung unternehmensübergreifender Risikomanagementsysteme zu ermöglichen (vgl. Pfohl; Gallus; Köhler 2008: 164f.). Darüber hinaus werden sich die Wirtschaftsräume der Welt neu gruppieren, wie das Aufkommen neuer Niedriglohnländer sowie die Diskussion um den osteuropäischen Wirtschaftsraum zeigt. Der sich verschärfende internationale Kostenwettbewerb erfordert ein Ausschöpfen des Innovations- und Servicepotenzials seitens der Unternehmen. Dem Erkennen und der zielführenden Umsetzung kunden- und technologieinduzierter Innovationsbedarfe in der Logistik kommt hierbei eine entscheidende Rolle zu (vgl. Pfohl; Frunzke; Köhler 2007: 35ff.). Der CPFR-Ansatz in der Logistik ist für die organisatorische Weiterentwicklung der Unternehmen zu nutzen (vgl. Wildemann 2009: 25ff.). Der wirtschaftliche und technische Wandel wird schneller. Dabei werden neue Wertschöpfungsketten und Geschäftsmodelle entstehen. Das CPFR-Logistik-Management verbindet hier die digitalen „Phantasien“ der New Economy mit den realen Werten der Old Economy. Am Ende jedes Geschäftsvorgangs steht nach wie vor die Sicherstellung einer schnellen und pünktlichen Lieferung, die zum Wettbewerbserfolg von Unternehmen nachhaltig beiträgt.

Informatorische Vernetzung der Wertschöpfungspartner

Weiterentwicklungen der Logistik basieren auch auf den rasanten Errungenschaften im Bereich der Informationstechnologien. Komplexe Planungs- und Steuerungssysteme, Betriebsdatenerfassung und elektronische Lagersysteme sowie effiziente Kommunikationssysteme reduzieren Informationsintransparenzen und ermöglichen marktadäquate Planungen und Prognosen (vgl. Wildemann 2010b: 259ff). Die Einrichtung elektronischer Marktplätze in Form von Frachtbörsen und die Nutzung weiterer EDV-Tools wie Dispositionssysteme, RFID, E-KANBAN, EDI-Bestellungen oder Mobile Devices für Serviceflotten sind weitere Ausprägungen dieses Trends. Stationäre Technologien werden dabei mit mobilen Technologien zunehmend verzahnt werden. IT-Architekturen und IT-Applikationen werden sich durch verbesserte Portabilität und Interoperabilität auszeichnen. Dies ist insofern von hoher Bedeutung, da sich die Schnittstellengestaltung zwischen logistischen Informationssystemen heute häufig noch problematisch darstellt (vgl. Pfohl 2004: 93). Web-basierte Informationstechnologien in Zusammenhang mit der RFID-Technologie werden noch stärker eine real-time Verfügbarkeit von Informationen und Wissen sowie Transparenz in der Supply Chain ermöglichen. IT-Technologien haben nicht nur entscheidende Wirkungen auf die bereits bekannten Erfolgsfaktoren Kosten, Reaktionsgeschwindigkeit oder Kundenservice, sondern stellen darüber hinaus neue CPFR-Verbindungen zwischen Zulieferern und Abnehmern her.

Steigerung der Adaptivität zur Verbesserung der Krisenresistenz

Die insbesondere in Krisenzeiten notwendigen strukturellen und prozessualen Anpassungen der unternehmensübergreifenden Wertschöpfung stellen die Unternehmen vor große Herausforderungen. Sie stehen vor der Aufgabe, Kapazitäten anzupassen und die Produktionsfaktoren zu flexibilisieren. Dies erfordert strukturelle Einschnitte und die Bereitschaft zu einer umfassenden Neujustierung der Ablauf- und Aufbauorganisation.
Wichtig ist es, die Anpassung auch als Chance zur Erneuerung zu begreifen. Maßnahmen sollten nicht nur auf kurzfristige Effekte abzielen, sondern langfristig eine Positionsverbesserung des eigenen Unternehmens und der Supply Chain ermöglichen. Auch ist es wichtig, dass nun nicht nur unternehmensindividuelle Teiloptimierungen stattfinden, sondern nach unternehmensübergreifenden Lösungen zur Gesamtoptimierung der Wertschöpfungskette gesucht wird. Hauptansatzpunkte der Supply Chain-weiten Optimierung liegen in der Erhöhung der Flexibilität und der Wandlungsfähigkeit. Flexibilität ist jedoch kein Selbstzweck, sondern hat sich an ihrem Beitrag zur Verbesserung des Zielerreichungsbeitrages zu orientieren und ist dabei stets auf ihren unmittelbaren Zusammenhang mit den Anforderungen des Wettbewerbsumfeldes zu überprüfen (vgl. Kaluza 1993: 1179). Wesentlicher Aspekt ist hierbei, organisatorische und prozessuale Stellhebel zu bedienen, die der Ungleichverteilung von Flexibilitätspotenzialen und Flexibilitätsbedarfen innerhalb der Supply Chain entgegen wirken. Die Bereitstellung von Flexibilitätspotenzialen verursacht Kosten und ist daher nur sinnvoll, wenn den vorgehaltenen Potenzialen auch ein entsprechender Flexibilitätsbedarf gegenübersteht. Es gilt, Wandlungstreiber und Wandlungsbefähiger von Wertschöp-

fungsketten zu identifizieren und zu bewerten. Bei der Schaffung einer logistischen Wandlungsfähigkeit kommt der Integration von Logistikdienstleistern hohe Bedeutung zu. Eine sinnvolle Dienstleistereinbindung ermöglicht eine Verschlankung und Flexibilisierung der Prozesse bei Zulieferer und Abnehmer. Erforderlich für wandlungsfähige Wertschöpfungsketten ist die Gestaltung von Kooperationsbeziehungen, die einen effizienten und schnellen Ein- wie auch Ausstieg der Partnerunternehmen ermöglichen und so die Reaktionsfähigkeit der Supply Chain bei Störereignissen erhöhen. Sowohl unternehmensintern als auch unternehmensübergreifend ist die Quantifizierung und Messung der Ressourceneffizienz, Flexibilität und Wandlungsfähigkeit sicherzustellen. Hierfür ist eine Konzeption von effektiven Monitoringstrukturen und -prozessen unter Berücksichtigung bestehender IT-Systemlösungen erforderlich. Gemeinsam mit den Partnern der Supply Chain sind Konzepte für adaptive logistische Prozesse und Services zu entwickeln.

5 Fazit

Selbstauditierungsinstrumente stellen eine tragfähige Herangehensweise zur Bewertung der Supply Chain-Leistungsfähigkeit dar. Sie versetzen Unternehmen in die Lage, strategische und ablauforganisatorische Defizite zu identifizieren und unterstützen bei der Vermeidung von Fehlentscheidung durch eine Objektivierung von Szenarien mittels quantitativer Analysen. Auch sind sie in der Lage, konkrete Ansatzpunkte zur Problemlösung aufzuzeigen. Ein großer Vorteil ist der vergleichsweise geringe Aufwand einer Selbstauditierung, die eine Selbstreflexion der Leistungsfähigkeit des eigenen Unternehmens und der eigenen Wertschöpfungskette erleichtert. Positiv ist bei einer toolbasierten Selbstauditierung zu bewerten, dass beim Unternehmensvergleich stets auf geeignete Benchmarking-Partner zurückgegriffen werden kann. Dies erhöht die Robustheit der Bewertung und vermeidet das Risiko von Leistungsüber- oder -unterfüllungen als ein Ergebnis ungeeigneter Vergleichsmaßstäbe. Die Analyse der Branchenergebnisse des SCM-Checks zeigt die unterschiedlichen Herausforderungen auf, die die Branchencluster in Bezug auf ihre Wertschöpfungskette und das Supply Chain Management identifiziert haben. Es ist allerdings auch zu erkennen, dass sich die spezifische Leistungsfähigkeit der Unternehmen in Bezug auf einzelne Prozessbausteine innerhalb einiger Branchenclusters zum Teil stark unterscheiden und dort keine branchenweit gültigen Aussagen über Defizite und Handlungsbedarfe getroffen werden können. Umso wichtiger ist es, die Ergebnisse eines Selbstaudits in einem Diskussions- und Bewertungsprozess, in dem unterschiedliche Unternehmenseinheiten eingebunden sind, zu bewerten.

Der Einsatz von Selbstauditierungsinstrumenten ist als ein erster möglicher Schritt auf dem Weg zu einer verbesserten Wettbewerbsfähigkeit der Wertschöpfungskette zu verstehen. Auf die Identifikation von Verbesserungsansätzen müssen jedoch interne und unternehmensübergreifende Maßnahmen initiiert werden, die dann gemeinschaftlich von den betroffenen Beteiligten umgesetzt werden. Spätestens ab diesem Zeitpunkt rückt die Existenz eines leistungsfähigen Projektmanagements in den Vordergrund. Bei unternehmensübergreifenden Projekten kommt hierbei der Fähigkeit zur Zielharmonisierung und der Orientierung am Systemoptimum eine entscheidende Rolle zu. Nur durch abgestimmte und unternehmensübergreifend konzertierte Maßnahmen wird es gelingen, die Wettbewerbsfähigkeit von Supply Chains nachhaltig sicherzustellen. Selbstauditierungstools lösen die existenten Probleme entlang der Supply Chain zwar nicht, aber sie geben die initialen Impulse zur Identifikation der Problemfelder und ebnen damit den Weg zur Realisierung der Optimierungspotenziale.

Literaturverzeichnis

Christopher M.J. (1998): Logistics and Supply Chain Management, 2. Aufl., London 1998.

Corsten, D., Gabriel, C. (2002): Supply Chain Management erfolgreich umsetzen – Grundlagen, Realisierung und Fallstudien, Berlin u. a. 2002.

Kaluza, B. (1993): Flexibilität, betriebliche, in: Wittmann, W. et. al. (Hrsg): Handwörterbuch der Betriebswirtschaft, Stuttgart 1993, S. 1174-1183.

Lambert, D.M., Cooper, M.C., Pagh, J.D. (1998): Supply Chain Management: Implementation Issues and Research Opportunities, in: The International Journal of Logistics Management, 9, 1998, 2, S. 1-19.

Pfohl, H.-Chr. (2004): Logistiksysteme – Betriebswirtschaftliche Grundlagen, Berlin u. a. 2004.

Pfohl, H.-Chr.; Frunzke, H.; Köhler, H. (2007): Grundlagen für ein Innovationsmanagement in der Logistik, in: Pfohl, H.-Chr. (Hrsg.): Innovationsmanagement in der Logistik – Gestaltungsansätze und praktische Umsetzung, Hamburg 2007, S. 16-105.

Pfohl, H.-Chr.; Gallus, P.; Köhler, H. (2008): Supply Chain Continuity Management in globalen Supply Chains, in: Wimmer, T.; Wöhner, H. (Hrsg.): Werte schaffen – Kulturen verbinden, Kongressband zum 25. Deutschen Logistik-Kongress, Hamburg 2008, S. 164-194.

Wildemann, H. (2003): Supply Chain Management – Effizienzsteigerung in der unternehmensübergreifenden Wertschöpfungskette, München 2003.

Wildemann, H. (2004): Bewertung logistischer Kosten und Leistungen in der Supply Chain, Abschlussbericht des Forschungsprojektes BiLog, München 2004.

Wildemann, H. (2009): Entwicklungslinien in Logistik und Supply Chain Management, München 2009.

Wildemann, H. (2010a): Supply Chain Management – Leitfaden für unternehmensübergreifendes Wertschöpfungsmanagement, München 2010.

Wildemann, H. (2010b): Logistik-Check – Leitfaden zur Analyse und Optimierung der Logistik als Querschnittsfunktion, München 2010.

Wildemann, H. (2010c): Logistik Prozessmanagement, München 2010.

Weitere Literatur, Benchmarks und Fallstudien unter: www.tcw.de

Péter Horváth[*] / Georg Urban[**]

Bewertung der Wandlungsfähigkeit der Logistik

---

[*] Prof. Dr. Dr. h.c. mult. Péter Horváth war Lehrstuhlinhaber für Controlling am Betriebswirtschaftlichen Institut der Universität Stuttgart; zuvor auch an der Technischen Hochschule Darmstadt. Er ist Gründer und Aufsichtsratsvorsitzender des Beratungsunternehmens Horváth AG, ferner Gründer, Alleingesellschafter sowie Geschäftsführer des betriebswirtschaftlichen Forschungsinstituts IPRI gGmbH.

[**] Prof. Dr. Georg Urban ist Mitglied des Kuratoriums der IPRI gGmbH. Er ist Mitbegründer und war Geschäftsführer des IPRI. Zuvor arbeitete er in der Industrie in der Datenverarbeitung und in der Logistik. Für Unternehmenslogistik hatte er einen Lehrauftrag am Betriebswirtschaftlichen Institut der Universität Stuttgart.

1 Flexibilität und Wandlungsfähigkeit

Die Flexibilität eines Unternehmens beschreibt eine definierte Veränderungsfähigkeit innerhalb bestimmter Systemgrenzen, bspw. die Möglichkeit zur Mengenanpassung in einem Produktionssystem. Da eine verlässliche Prognose der künftigen Umfeldentwicklungen und der sich daraus ergebenden Anforderungen nicht möglich ist, reicht Flexibilität häufig nicht aus. Es wird vermehrt eine wandlungsfähige Gestaltung der Unternehmen vorgeschlagen.[1]

Die Wandlungsfähigkeit beschreibt die Möglichkeit zur schnellen und aufwandsarmen Umstrukturierung von Systemen.[2] Im Gegensatz zur Flexibilität weist die Wandlungsfähigkeit keinen eng begrenzten Veränderungskorridor auf („lösungsneutral“).[3] Eine wandlungsfähige Gestaltung soll Unternehmen folglich befähigen, auch auf unerwartete Umweltänderungen schnell und aufwandsarm reagieren zu können. Wandlungsfähigkeit kann auf verschiedenen Betrachtungsebenen, von der Maschine bis zur gesamten Fabrik, erreicht werden.

Die Gestaltung und Nutzung der Flexibilität ist operativer Natur. Die Gestaltung der Wandlungsfähigkeit ist Teil der strategischen Planung bzw. des strategischen Managements.

2 Wandlungsfähigkeit der Logistik

Die Gestaltung der Wandlungsfähigkeit ist ein wichtiges und aktuelles Thema in der Logistik. Ein wandlungsfähiges Logistikkonzept wird bei immer weniger vorhersehbaren Marktentwicklungen zu einem Wettbewerbsvorteil, wenn die Logistik dadurch schnell an neuartige Umfeldbedingungen adaptiert werden kann. Die Notwendigkeit des Wandels in der Logistik eines Unternehmens kann sich sowohl aus internen (bspw. Umstrukturierung der Fertigung, notwendige Erweiterungen) als auch aus externen (bspw. geänderte Kundenanforderungen, Wegfall eines Lieferanten) Faktoren ergeben.

Im Business-to-Business-Kontext sind die Anforderungen an die Logistik besonders hoch. Die abnehmende Wertschöpfungstiefe bei zunehmender Variantenvielfalt verlangt eine hohe Wandlungsfähigkeit des Logistiksystems, da mit immer mehr und zudem wechselnden Partnern zusammengearbeitet wird.

Den Vorteilen und der Bedeutung einer wandlungsfähigen Logistik stehen die Investitionen zur Erreichung dieser Wandlungsfähigkeit gegenüber. Da wandlungsfähige Systeme in der Regel kostenintensiver sind als vergleichbare nicht wandlungsfähige[4], bedarf es einer fundierten Investitionsentscheidung. Zur wirtschaftlichen Betrachtung des Erfolgs einer wandlungsfähigen Ausrichtung von Unternehmen im B2B-Bereich finden sich in der Literatur bisher nur wenige Ansätze.[5]

---

1 Vgl. Spath et al.(2008), S. 11.
2 Vgl. Westkämper et al. (2000), S. 24f. sowie Wiendahl (2002), S. 126f.
3 Vgl. Nyhuis et al. (2008), S. 87.
4 Vgl. Möller (2008), S. 68.
5 Vgl. Heger (2007); Möller (2008).

Ziel des vorliegenden Beitrags ist es, eine Methode zur ökonomischen Beurteilung logistischer Wandlungsfähigkeit zu erarbeiten. Als Maßstab für die ökonomische Vorteilhaftigkeit einer Investition in Wandlungsfähigkeit wird der Wertbeitrag herangezogen.

3 Anforderungen an die Wertbeitragsermittlung einer wandlungsfähigen Logistik

Da eine wandlungsfähige Gestaltung mehrere alternative Zielzustände anstreben kann (und diese auf alternativen Wegen erreichen kann), müssen

(1) die Möglichkeit zur Definition und zum Vergleich verschiedener Zielzustände geschaffen werden. Hierzu ist es auch notwendig, eine Stillhalteoption zu definieren; um nicht nur die relative Vorteilhaftigkeit der Zielzustände, sondern auch deren absolute Vorteilhaftigkeit bezogen auf den Ist-Zustand beurteilen zu können. Dieser Ist-Zustand und die möglichen Zielzustände können z. B. mithilfe des SCOR-Modells systematisiert werden, Abbildung 1 verdeutlicht diese Systematisierung. Hier wurden als Beispiel der Ist-Zustand des Beschaffungskonzepts „Vorratsbeschaffung“ sowie ein möglicher Zielzustand „Wechsel zur Just-in-Time-Beschaffung“ eingetragen.

(2) die erforderlichen Aufwendungen für den Wandel von einem Zustand zum anderen und die Vorteilhaftigkeit des Zielzustands beschrieben werden.

(3) geeignete Bewertungsmaßstäbe gefunden werden.

Source	Beschaffungskonzept	**Vorrats-beschaffung**	Konsignations-konzept	Vertragslager-konzept	Standardteile-management	Einzelabwicklung	**Just-in-Time**
	Lieferantenflexibilität	Sole Sourcing	Single Sourcing	Dual Sourcing	Multiple Sourcing		
	Produkt- und Variantenanzahl	sehr niedrig	niedrig	mittel	hoch	sehr hoch	
	Kapazitätsflexibilität	sehr niedrig	niedrig	mittel	hoch	sehr hoch	
Make	Produktspektrum	Standardprodukte	Standardvarianten	kundenspezifische Varianten	kundenspezifische Produkte		
	Fertigungsart	Einmalfertigung	Einzel- u. Kleinserienfertigung	Serienfertigung	Massenfertigung		
	Fertigungsprinzip	Baustellen-prinzip	Werkstattprinzip	Gruppenprinzip	Fließprinzip	getaktete Fließfertigung	
	Produkt- und Variantenanzahl	sehr niedrig	niedrig	mittel	hoch	sehr hoch	
	Kapazitätsflexibilität	sehr niedrig	niedrig	mittel	hoch	sehr hoch	
Deliver	Distributionskonzept	Kundenneutrales Lager	Konsignations-konzept	Vertragslager-konzept	Standardteile-management	Einzelabwicklung	Synchronisierter Prod.prozess
	Lieferflexibilität	Sole Delivery	Single Delivery	Dual Delivery	Multiple Delivery		
	Produkt- und Variantenanzahl	sehr niedrig	niedrig	mittel	hoch	sehr hoch	
	Kapazitätsflexibilität	sehr niedrig	niedrig	mittel	hoch	sehr hoch	

Abbildung 1: Morphologischer Kasten zur Ableitung von Szenarien in Anlehnung an das SCOR-Modell

Die einzelnen Anforderungen werden im Folgenden erläutert:

(1) Zusammenhang von Umfeldszenarien und logistischen Zielzuständen

Ausgangspunkt für die Berechnung des Wertbeitrags der wandlungsfähigen Logistik ist die Definition von Szenarien für Umfeldveränderungen, meist bezogen auf den Märkte- oder Ressourcenwandel. Diese werden mit Wahrscheinlichkeiten bewertet.

Nun werden ein oder mehr Zielzustände definiert (siehe Abbildung 1), mit denen den Szenarien begegnet werden kann. Ferner hat das Unternehmen die Möglichkeit, keine Veränderungen zur Erhöhung der Wandlungsfähigkeit vorzunehmen und die Logistikgestaltung im Ist-Zustand zu belassen (Stillhalteoption). Auf Basis dieser Stillhalteoption kann die Vorteilhaftigkeit von wandlungsfähigeren Gestaltungen beurteilt werden. Zudem können verschiedene Varianten der wandlungsfähigen Gestaltung untereinander verglichen werden.

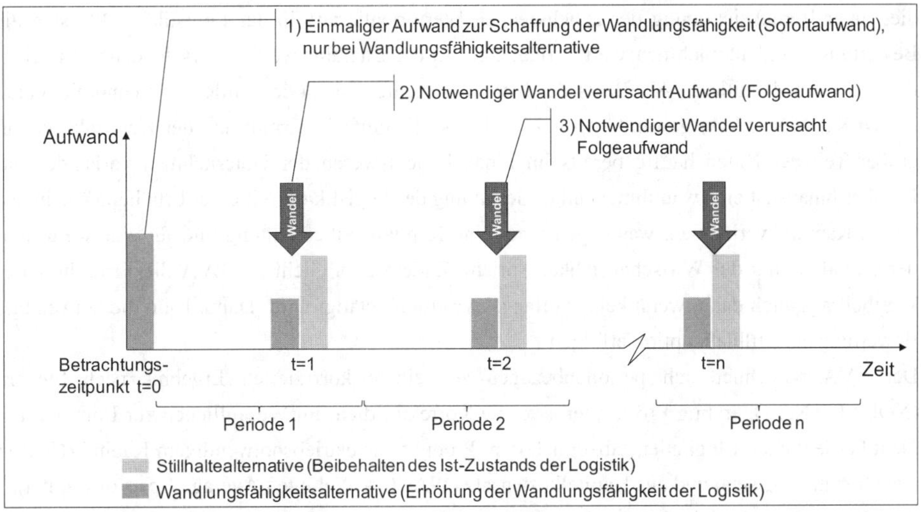

Abbildung 2: Dynamik von Aufwand und Nutzen bei Stillhalte- und Wandlungsfähigkeitsoption

(2) Bewertung einer wandlungsfähigen Logistik

Da künftige Veränderungen nur prognostiziert werden können, muss eine Bewertungsmethode folgende Anforderungen erfüllen:

- Berücksichtigung der Eintrittswahrscheinlichkeit möglicher Veränderungen:
  Um den Beitrag einer wandlungsfähigen Gestaltung im Voraus beurteilen zu können, müssen die Eintrittswahrscheinlichkeiten der verschiedenen möglichen Szenarien prognostiziert und in die Berechnung integriert werden.
- Dynamik von Aufwand und Nutzen:
  Die Bewertungsmethode muss die Dynamik von Aufwand und Nutzen abbilden (vgl. Abbildung 2). Die Erhöhung der Wandlungsfähigkeit verursacht i. d. R. einen Aufwand, welcher sofort anfällt (Sofortaufwand). Diese zusätzliche Wandlungsfähigkeit soll später (mehrfach) eine

schnelle Umstrukturierung der logistischen Prozesse ermöglichen, welche dann - im Vergleich zur Stillhalteoption - mit reduziertem Aufwand durchgeführt werden kann (reduzierter Folgeaufwand). Damit können zu verschiedenen zukünftigen Zeitpunkten Nutzen realisiert werden.

- Betrachtungszeitraum:
  Da die wandlungsfähige Ausrichtung der Logistik, wie eingangs dargestellt, ein strategisches Thema ist, sollte der Betrachtungszeitraum ausreichend lang gewählt werden.
- Nutzen der Wandlungsfähigkeit:
  Der Nutzen der wandlungsfähigen Logistik kann in die „Nutzen durch vermiedenen Schaden" und „Zusatznutzen" unterteilt werden, welche für die Bewertung entsprechend zu evaluieren sind.

(3) Bewertungsmaßstab

Da die Investitionen in die Wandlungsfähigkeit dem Unternehmen langfristig nutzen sollen und dies unter Berücksichtigung der zunehmenden Wertorientierung in der Logistik[6], sollte sich die Bewertung am „Unternehmenswert" orientieren. In der Literatur werden verschiedene wertorientierte Größen diskutiert.[7] Als Basis der hier vorgestellten Methode wurde das Economic Value Added-Konzept (EVA) gewählt.[8] Grund hierfür ist die einfache Ermittlung der Kennzahl, da ein großer Teil der Daten häufig bereits im Finanzberichtswesen der Unternehmen vorhanden ist. Darüber hinaus ist eine wandlungsfähige Gestaltung der Logistik oft mit einer Erhöhung des investierten Kapitals verbunden, was gegen eine reine Kapitalwertbetrachtung und für eine wertorientierte Evaluierung der Wirtschaftlichkeit spricht. Zudem ermöglicht der EVA die Ermittlung des Wertbeitrags auch dann, wenn keine Anfangsinvestition getätigt wird. Damit kann die notwendige Bewertung der Stillhalteoption erfolgen.

Der EVA berechnet sich periodenbezogen aus einem korrigierten Ergebnis nach Steuern (NOPAT = Net Operating Profit after Tax, die Korrektur dient im Wesentlichen zur Eliminierung nicht betrieblicher Tätigkeiten) abzüglich dem Produkt aus betriebsnotwendigem Kapital (NOA = Net Operating Assets) und aus Kapitalkostensatz (WACC = Weighted Average Costs of Capital).[9]

Der EVA entspricht dem Betrag, der mit dem eingesetzten Kapital über den geforderten Verzinsungsanspruch hinaus verdient werden konnte. Demzufolge zeigt ein EVA>0, dass in der entsprechenden Periode Wert geschaffen wurde.

Soll der Wertbeitrag mehrerer Perioden berechnet werden, müssen hierfür die EVA der einzelnen Perioden mit den Kapitalkosten abgezinst werden, um den über mehrere Perioden geschaffenen Wertbeitrag zu ermitteln.

Für die Berechnung des EVA müssen neben den Kosten der wandlungsfähigen Gestaltung der Logistik, die meist bekannt sind, vor allem die Nutzen quantifiziert werden.[10] Mögliche Nutzenpo-

6 Vgl. Pfohl (2004), S. 7.
7 Vgl. für eine Übersicht Günther (1997), S. 77ff. sowie Horváth (2009), S. 449ff.
8 Vgl. Stern (1991).
9 Vgl. für eine ausführliche Darstellung der Berechnung des EVA Hostettler (2002).
10 Vgl. zu den Nutzen der Logistik Lambert/Pohlen (2001); Herold (2003); Jehle (2005).

tenziale der Logistik sind in Abbildung 3 dargestellt und anhand ihrer Einflüsse auf die Bestandteile des EVA systematisiert. Bspw. kann ein Nutzen darin bestehen, durch eine erhöhte logistische Wandlungsfähigkeit die Lieferleistung auch bei turbulenten Umfeldbedingungen zu halten (bzw. sogar zu erhöhen) und somit Umsätze abzusichern.

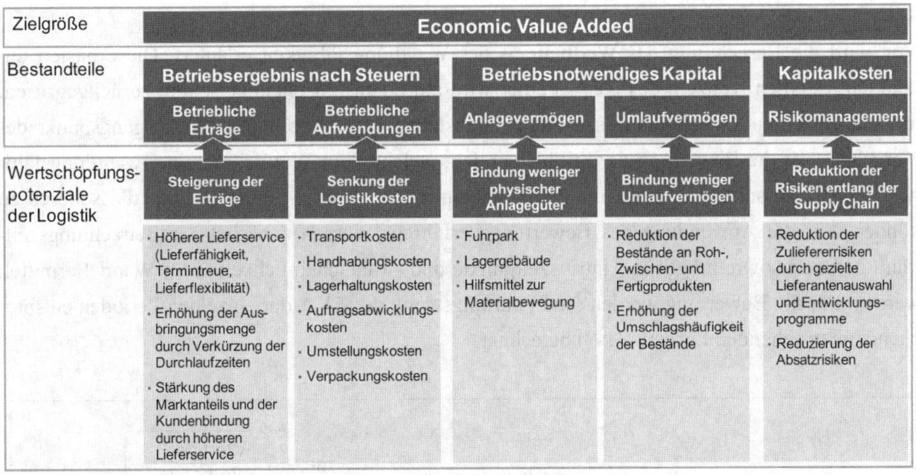

Abbildung 3: Mögliche EVA-wirksame Nutzenpotenziale der Logistik

4 Methode zur Bewertung der logistischen Wandlungsfähigkeit

Zusammengefasst ist die Vorgehensweise wie folgt:

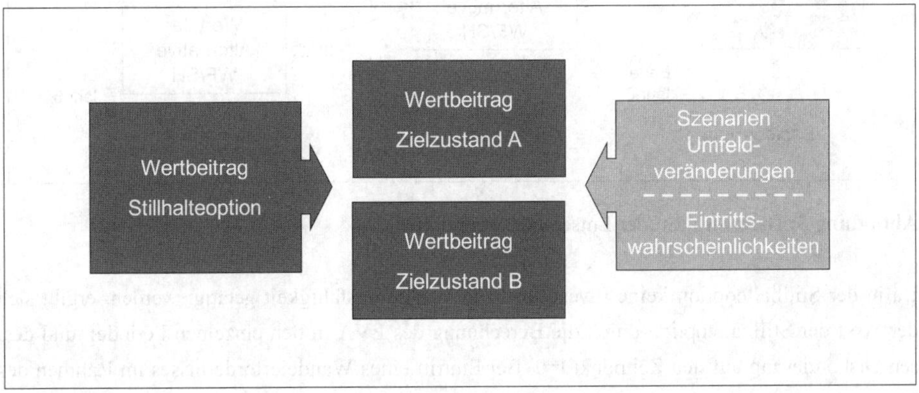

Abbildung 4: Schema für die Bewertung der logistischen Wandlungsfähigkeit

Es werden zunächst Szenarien für Umfeldveränderungen (Schwerpunkt „Markt- und Ressourcenwandel“) definiert. Diese werden mit Wahrscheinlichkeiten bewertet. Es werden ein oder mehr

Zielzustände definiert (Schwerpunkt: Ausprägungen von SCOR-Prozessen), mit denen den Szenarien begegnet werden soll (siehe Abbildung 1). Für den Stillhaltezustand und für die Zielzustände werden die jeweiligen Beiträge zum Unternehmenswert (EVA) berechnet. Für die Zielzustände gehen die zusätzlichen Sofortaufwendungen ein, für alle Zustände die Folgeaufwendungen (siehe Abbildung 2). Der Zielzustand mit dem höchsten Wertbeitrag wird ausgewählt (vgl. Abbildung 4).[11]

Nun wird die Berechnung des Wertbeitrags der Wandlungsfähigkeit erläutert. Diese basiert auf dem dargestellten Konzept des EVA. Ferner wird auf einen Entscheidungsbaum zurückgegriffen, um die einzelnen Entscheidungsszenarien darzustellen (vgl. Abbildung 5). Ausgangspunkt des Vorgehens ist die Bewertung der Stillhalteoption, welche vom Wertbeitrag einer wandlungsfähigen Logistik zu subtrahieren ist, um den Wertbeitrag der wandlungsfähigen Logistik isolieren zu können. Für die Anwendung des Bewertungsverfahrens müssen zunächst der Betrachtungszeitraum definiert sowie mögliche Eintrittszeitpunkte und -wahrscheinlichkeiten für Wandel ermittelt werden. Für die Bewertung werden die Erwartungswerte des EVA der einzelnen Perioden entsprechend untenstehenden Formeln (1-7) berechnet.

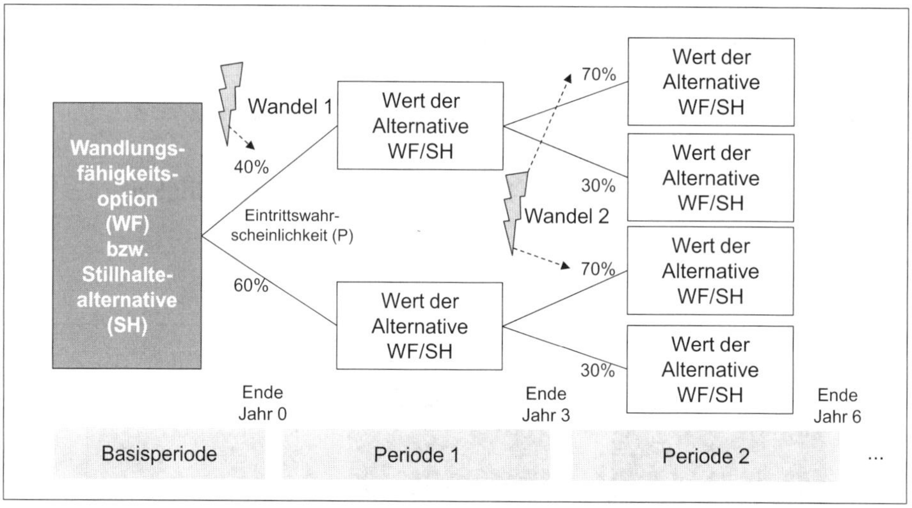

Abbildung 5: Baumstruktur der Entscheidungsoptionen

Da in der Stillhalteoption keine Investitionen in Wandlungsfähigkeit getätigt werden, ergibt sich der Wert der Stillhalteoption durch die Berechnung des EVA in den einzelnen Perioden und dessen Diskontierung auf den Zeitpunkt t=0. Bei Eintritt eines Wandelerfordernisses im Rahmen des Betrachtungszeitraums werden bei der Stillhalteoption kurzfristig Investitionen notwendig, um auf die Umfeldereignisse zu reagieren (Folgeaufwand). Damit ergibt sich für die Berechnung der

[11] Vgl. Rosentritt et al. (2009).

Stillhalteoption ein Erwartungswert des EVA unter Berücksichtigung der Eintrittswahrscheinlichkeit des Wandels. Die Stillhalteoption und die Wandlungsfähigkeitsoption lassen sich im folgenden Entscheidungsbaum (vgl. Abbildung 5) veranschaulichen.

Bei der Bewertung der Wandlungsfähigkeit in den alternativen Logistikzuständen muss für die Prognose des EVA zunächst jedoch die angesprochene Dynamik von Aufwand und Nutzen untersucht werden:

- Sofortaufwand:
  Dies entspricht den im Basisjahr zu tätigenden Investitionen zur Erreichung der Wandlungsfähigkeit, wie bspw. dem Kauf und der Inbetriebnahme der neuen Lagertechnik. Dieser fällt nur in der Wandlungsfähigkeitsoption an, da bei der Stillhalteoption keine derartigen Maßnahmen ergriffen werden. Im unten beschriebenen Praxisbeispiel tragen diese Sofortmaßnahmen zu einer Erhöhung des Anlagevermögens bei und wirken damit auf das betriebsnotwendige Kapital (Net Operating Assets). Zusätzlich fällt hier Aufwand an, welcher das Betriebsergebnis der Wandlungsfähigkeitsoption reduziert. Des Weiteren ist zu berücksichtigen, ob die bisher nicht wandlungsfähigen Einrichtungen liquidiert werden können.
- Folgeaufwand:
  Der Folgeaufwand ist im Gegensatz zum Sofortaufwand für alle Optionen, die Stillhalte- und die ausgewählten Wandlungsfähigkeitsoptionen, zu betrachten, wobei dieser je nach Alternative differiert. Im Folgeaufwand werden die Wandlungsszenarien bewertet (Wie viele Wandlungsprozesse müssen voraussichtlich ausgeführt werden? Welcher Aufwand ist damit jeweils verbunden in a) der Stillhalteoption und b) der Wandlungsfähigkeitsoption?).
- Nutzen der Wandlungsfähigkeit:
  Der Nutzen der wandlungsfähigen Logistik kann in die „Nutzen durch vermiedenen Schaden" und „Zusatznutzen" unterteilt werden, welche für die Bewertung entsprechend zu evaluieren sind. Der Nutzen durch vermiedenen Schaden beschreibt bspw. das Vermeiden von Umsatzausfällen, die in der Vergangenheit aufgrund einer fehlenden Anpassungsfähigkeit entstanden sind. Der Zusatznutzen hingegen beschreibt die durch die Wandlungsfähigkeit zusätzlich erzielbaren Nutzen, wie bspw. eine höhere Kundenzufriedenheit durch eine hohe Logistikleistung (Liefertreue, Lieferfähigkeit, Lieferflexibilität, siehe hierzu auch Abbildung 3). Dieser Zusatznutzen ist mit der Stillhalteoption im Fall, dass kein Wandel erforderlich ist, nicht erreichbar.

Der Bewertungsgang wurde nun wie folgt erarbeitet:

Zunächst müssen die Erwartungswerte des EVA der Stillhalteoption für die einzelnen Perioden berechnet werden. Konkret werden hier die Eintrittswahrscheinlichkeiten für Wandel in der ersten Periode mit dem prognostizierten EVA bei Eintritt des Wandels multipliziert. Dieser Wert wird zum Produkt aus der Eintrittswahrscheinlichkeit ohne Wandel in der ersten Periode und dem prognostizierten EVA ohne Eintritt des Wandels hinzugerechnet. Hieraus ergibt sich dann der Erwartungswert des EVA für die Stillhalteoption der ersten Periode. Folgende Formel ergibt sich für die Berechnung des Erwartungswerts des EVA der Stillhalteoption in Periode 1:

$$E[EVA_1^{SH}] = P(Wandel_1) * EVA_1^{SH-W} + (1 - P(Wandel_1)) * EVA_1^{SH-oW} \quad (1)$$

Mit:

E:	Erwartungswert
SH:	Stillhalteoption
SH-W:	Stillhalteoption mit Wandel
SH-oW:	Stillhalteoption ohne Wandel
P(Wandel):	Eintrittswahrscheinlichkeit für einen Wandel in Periode 1
1- P(Wandel):	Eintrittswahrscheinlichkeit, dass kein Wandel in Periode 1 erfolgt

Für Periode 2 und weitere Perioden müssen zudem die bedingten Wahrscheinlichkeiten eines Wandels entsprechend der Baumstruktur zur Berechnung mit der Pfadmultiplikationsregel berücksichtigt werden. Dies bedeutet, dass sich der Erwartungswert des EVA der Stillhalteoption für Periode 2 aus vier prognostizierten EVA zusammensetzt, welche den vier Szenarien in Abbildung 5 entsprechen: (a) dem EVA bei Eintritt des Wandels in Periode 1 und 2, (b) dem EVA mit Eintritt des Wandels in Periode 1 aber ohne Wandel in Periode 2, (c) dem EVA ohne Eintritt des Wandels in Periode 1 aber mit Wandel in Periode 2 sowie (d) dem EVA ohne Eintritt des Wandels in Periode 1 und 2. Das Verfahren kann analog für beliebig viele Perioden ausgeweitet werden. Damit ergibt sich bspw. für Periode 2:

$$\begin{aligned} E[EVA_2^{SH}] = {} & (P_{Wandel_1}(Wandel_2) * EVA_2^{SH-W} + (1 - P_{Wandel_1}(Wandel_2)) * EVA_2^{SH-oW}) * P(Wandel_1) \\ & + (P_{1-Wandel_1}(Wandel_2) * EVA_2^{SH-W} + (1 - P_{1-Wandel_1}(Wandel_2)) * EVA_2^{SH-oW}) * (1 - P(Wandel_1)) \end{aligned} \quad (2)$$

Der Wert der Stillhalteoption zum Zeitpunkt t=0 ergibt sich mit dem Zinssatz i im Jahre j dann aus Gleichung (3). Hier werden die jeweiligen Erwartungswerte den einzelnen Perioden entsprechend der Kapitalwert-Methode diskontiert:

$$E[EVA_0^{SH}] = \sum_{j=1}^{n} \frac{E[EVA_j^{SH}]}{(1+i)^j} \quad (3)$$

Eine Wandlungsfähigkeitsoption bedeutet eine Vorbereitung auf mögliche Wandelsituationen mittels Investitionen in Wandlungsfähigkeit (bspw. in Form von modularen oder universellen Lagermitteln) im Sinne eines präventiven Handelns. Damit ergibt sich für die Berechnung der Wandlungsfähigkeitsoption ebenfalls ein Erwartungswert des EVA unter Berücksichtigung der Eintrittswahrscheinlichkeit des Wandels; allerdings in Vergleich zur Stillhalteoption mit a) zeitlich versetzten Investitionsströmen und b) unterschiedlichen Investitionsvolumina. Der Entscheidungsbaum zur Wandlungsfähigkeitsoption ist in Abbildung 5 dargestellt. Analog zur Berechnung des Wertes der Stillhalteoption ergibt sich für die Berechnung des Erwartungswerts des EVA der Wandlungsfähigkeitsoption in Periode 1:

$$E[EVA_1^{WF}] = P(Wandel_1) * EVA_1^{WF-W} + (1 - P(Wandel_1)) * EVA_1^{WF-oW} \quad (4)$$

Mit:

WF:	Wandlungsfähigkeitsoption
WF-W:	Wandlungsfähigkeitsoption mit Wandel
WF-oW:	Wandlungsfähigkeitsoption ohne Wandel

Für Periode 2 und weitere Perioden müssen zudem die bedingten Wahrscheinlichkeiten eines Wandels zur Berechnung berücksichtigt werden:

$$E[EVA_2^{WF}] = (P_{Wandel_1}(Wandel_2) * EVA_2^{WF-W} + (1 - P_{Wandel_1}(Wandel_2)) * EVA_2^{WF-oW}) * P(Wandel_1)$$
$$+ (P_{1-Wandel_1}(Wandel_2) * EVA_2^{WF-W} + (1 - P_{1-Wandel_1}(Wandel_2)) * EVA_2^{WF-oW}) * (1 - P(Wandel_1)) \quad (5)$$

Der Wert der Wandlungsfähigkeitsoption zum Zeitpunkt t=0 ergibt sich dann aus Gleichung (6):

$$E[EVA_0^{WF}] = \sum_{j=1}^{n} \frac{E[EVA_j^{WF}]}{(1+i)^j} \quad (6)$$

Zusammenfassend lässt sich der Wertbeitrag wandlungsfähiger Logistik (WB_{WF}) (ceteris paribus) mit folgender Formel berechnen:

$$WB_{WF} = E[EVA_0^{WF}] - E[EVA_0^{SH}] \quad (7)$$

Die vorgeschlagene Berechnungsmethodik lässt sich flexibel an unterschiedliche Planungszeiträume anpassen und für unterschiedliche Maßnahmen verwenden. Somit können verschiedene mögliche Logistikzustände geplant und miteinander bzw. mit dem derzeitigen Logistikzustand verglichen werden.

5 Beispiel einer Wertbeitragsermittlung in einem Produktionsunternehmen

Die vorgestellte Methode soll im Folgenden an einem Praxisbeispiel verdeutlicht werden. Im Anwendungsfall sollte zur Begegnung eines Szenarios „Marktturbulenz" die Wandlungsfähigkeit eines Beschaffungslagers bei einem mittelständischen Hersteller von komplexen Befestigungssystemen erhöht werden. Dies lässt sich bspw. durch eine mobile (bspw. gute Montier- und Demontierbarkeit) und skalierbare (bspw. höhenerweiterbare Gestelle) Gestaltung der Lagermittel erreichen. Damit kann eine nutzungsneutrale Gestaltung der Lagermittel erreicht werden; die Lagermittel können mit geringem Aufwand an neue Varianten angepasst werden. Somit lassen sich neue Varianten oder Produkte leichter integrieren.

Wie bereits ausgeführt, besteht für Unternehmen immer die Möglichkeit, keine Maßnahmen zur Verbesserung der logistischen Wandlungsfähigkeit zu ergreifen und die Logistik damit im Ist-Zustand zu belassen (Stillhalteoption). In diesem Fall sind keine Anfangsaufwände zur Verbesserung der logistischen Wandlungsfähigkeit erforderlich. Diese niedrigere Wandlungsfähigkeit kann sich allerdings bei akuten Wandlungserfordernissen nachteilig auswirken, wenn dann die notwendigen Umstellungen mit höherem Aufwand und meist in kürzester Zeit realisiert werden müssen.

Im Rahmen der durchgeführten Analysen wurden im Anwendungsbeispiel zwei mögliche Szenarien identifiziert und deren Eintrittswahrscheinlichkeiten abgeschätzt. Diese Eintrittswahrscheinlichkeit wurde mit 40 % in der ersten relevanten Periode und mit 70 % in der zweiten Periode prognostiziert. Aus zwei Perioden mit möglichem Wandel ergaben sich vier Szenarien, wie in Abbildung 5 dargestellt.

Um die Auswirkungen der Wandlungsfähigkeit beurteilen zu können, müssen verschiedene Nutzendimensionen betrachtet werden. Zum einen können Kosten vermieden werden (bspw. Zusatzkosten, welche durch Nach- oder Eilbestellungen entstehen, weil das benötigte Material nicht vorhanden ist). Zum anderen können zusätzliche Erträge generiert werden (bspw. Erhöhung der Umsatzerlöse durch Verringerung der Lieferzeit). Neben diesen, das Betriebsergebnis beeinflussenden Faktoren kann die wandlungsfähige Gestaltung der Logistik sich vor allem auf das betriebsnotwendige Kapital auswirken. Wesentliche Stellhebel sind die Reduktion der Bestände (Umlaufvermögen) sowie eine höhere Auslastung der Maschinen und Anlagen (Anlagevermögen). Ausgehend von den für die Stillhalteoption berechneten Erwartungswerten des EVA über den Betrachtungszeitraum werden Aufwand und Nutzen einer wandlungsfähigen Logistik für den Betrachtungszeitraum eingeschätzt. Hierzu mussten für die definierten Szenarien folgende Fragen beantwortet werden:

- Welche Nutzen können durch die Wandlungsfähigkeit realisiert werden?
- Wie sind diese Nutzen über die unterschiedlichen Perioden des Betrachtungszeitraums verteilt (bspw. in welcher Periode kann welcher Zusatzumsatz voraussichtlich generiert werden)?
- Welche Effekte können durch diese Nutzen erreicht werden (zusätzliche Umsätze, Kosteneinsparungen, Reduktion der Bestände/des Umlaufvermögens, bessere Auslastung des Anlagevermögens)?
- Wie unterscheiden sich diese Logistikkosten von denen der Stillhalteoption in den einzelnen Perioden?

Abbildung 6 verdeutlicht die Berechnungssystematik.

Wahrscheinlichkeit eines Wandels		Ende Basisperiode (Jahr 1)	Ende Periode 1 (Jahr 4) Wandel tritt ein		Ende Periode 2 (Jahr 7 mit Wandel in Jahr 3) Wandel tritt ein		Ende Periode 2 (Jahr 7 ohne Wandel in Jahr 3) Wandel tritt ein	
			Wandel tritt ein	Wandel tritt nicht ein	Wandel tritt ein	Wandel tritt nicht ein	Wandel tritt ein	Wandel tritt nicht ein
			40%	60%	70%	30%	70%	30%
Stillhalteoption	NOPAT	950 T€	825 T€	***950 T€***	800 T€	***925 T€***	825 T€	***950 T€***
	NOA	8.000 T€	8.225 T€	***8.000 T€***	8.475 T€	***8.150 T€***	8.225 T€	***8.000 T€***
	WACC	11,0%	11,0%	***11,0%***	11,0%	***11,0%***	11,0%	***11,0%***
	EVA^{SH}_j	70 T€	-80 T€	70 T€	-132 T€	29 T€	-80 T€	70 T€
	$E[EVA^{SH}_j]$	70 T€	10	T€	-34	T€	-21	T€
Wandlungsfähigkeitsoption	NOPAT	930 T€	930 T€	930 T€	930 T€	930 T€	930 T€	930 T€
	NOA	8.180 T€	8.120 T€	8.120 T€	8.060 T€	8.060 T€	8.060 T€	8.060 T€
	WACC	11,0%	11,0%	11,0%	11,0%	11,0%	11,0%	11,0%
	EVA^{WF}_j	30 T€	37 T€	37 T€	43 T€	43 T€	43 T€	43 T€
	$E[EVA^{WF}_j]$	30 T€	37	T€	17	T€	26	T€
Differenz		-40 T€	27	T€	51	T€	47	T€
Diskontierter Wertbeitrag der wandlungsfähigen Logistik	$WB\text{-}WF_{t=0}$	29 T€						

Abbildung 6: Beispielhafte Berechnung des Wertbeitrags wandlungsfähiger Logistik

(1) Bewertung der Stillhalteoption in Periode 1

Im Beispiel betrug das normale operative Ergebnis nach Steuern (NOPAT) in der Basisperiode 950 T€. Für den Fall, dass der Wandel in Periode 1 nicht eintritt, ist auch für Periode 1 mit diesem Ergebnis zu rechnen. Im Falle des Wandels werden bei der Stillhalteoption, in der kein Sofortaufwand zur Erhöhung der Wandlungsfähigkeit getätigt werden muss, kurzfristige Investitionen unter erhöhtem Aufwand notwendig. Diese wurden im Beispiel mit 250 T€ angesetzt und bedingen Abschreibungen von 25 T€. Zusätzlich muss bei der Stillhalteoption im Falle des Eintritts des

Wandelerfordernisses ein kurzfristiger Ergebnisrückgang in Höhe von 100 T€ berücksichtigt werden.

(2) Bewertung der Wandlungsfähigkeitsoption in Periode 1

Das normale operative Ergebnis nach Steuern (NOPAT) von 950 T€ in der Basisperiode reduziert sich bei der Wandlungsfähigkeitsoption durch Investitionen in die Wandlungsfähigkeit in Höhe von 200 T€. Entsprechend den Abschreibungen (Nutzungsdauer 10 Jahre) wurde das investierte Kapital (NOA) angepasst.

(3) Bewertung der weiteren Perioden

Diese Berechnungen wurden analog für die anderen Perioden durchgeführt, unter Berücksichtigung der für diese Perioden prognostizierten Eintrittswahrscheinlichkeiten. Die einzelnen Berechnungen erfolgten unterstützt durch ein Excel-Tool unter Anwendung der oben hergeleiteten Formeln (Gleichungen 1 bis 7).

(4) Berechnung des Wertbeitrags

Letztendlich werden die mit den jeweiligen Diskontierungsfaktoren auf den Betrachtungszeitraum abgezinsten Erwartungswerte des Wertbeitrags bei wandlungsfähiger Ausrichtung der Logistik den Erwartungswerten des Wertbeitrags bei nicht-wandlungsfähiger Ausrichtung der Logistik (Stillhalteoption) gegenübergestellt.

Die Differenz von Wandlungsfähigkeits- und Stillhalteoption ergab den Wertbeitrag der wandlungsfähigen Logistik im Betrachtungszeitraum in Höhe von 29 T€ (vgl. Abbildung 6). Damit wurde eine quantitative Entscheidungsgrundlage für die Investition in Wandlungsfähigkeit geschaffen. Auf Basis der Rechnung erscheint eine Investition in eine erhöhte Wandlungsfähigkeit als sinnvoll.

6 Zusammenfassung

Besonders in Situationen der Planungsunsicherheit, ausgedrückt in Szenarien, kann für ein Unternehmen die Wandlungsfähigkeit der Logistik von wettbewerbsentscheidender Bedeutung sein. Logistische Prozesse und Investitionen werden dabei in Form alternativer Zielzustände erarbeitet. Der Wertbeitrag der einzelnen Zielzustände zum Unternehmenswert einschließlich der jeweiligen Umstellungskosten vom Ist-Zustand zu diesen Optionen ist dabei das Entscheidungskriterium.

Grundsätzlich stellt die entwickelte Methode das Gegensatzpaar „Stillhalteoption“ und „Wandlungsfähigkeitsoption(en)“ dar. Zum Zeitpunkt der Wandlungsbefähigung fällt bereits ein notwendiger Teil der Kosten an; die weiteren erst bei Eintritt des Wandlungsbedarfes.

Zur Bewertung der Optionen muss die Eintrittswahrscheinlichkeit des Wandlungsbedarfes in die Berechnung eingehen.

Eine solche quantifizierte, Wahrscheinlichkeiten berücksichtigende Wertbeitrags-Berechnung ist Neuland in der betriebswirtschaftlichen Behandlung von Logistik, waren doch bisher dort qualitative Betrachtungen üblich. Die Anwendungsmöglichkeiten in der Praxis sind vielfältig

Die vorgestellte Methode ist das Ergebnis eines Forschungsprojektes, welches von der Arbeitsgemeinschaft industrieller Forschungsvereinigungen „Otto von Guericke“ e.V. (AiF) über den Projektträger Bundesvereinigung Logistik e.V (BVL) gefördert wurde. Sie wurde in mehreren Praxisfällen aus der Automobilzulieferindustrie validiert. Eine Erprobung in anderen Branchen mit den dort vorliegenden logistischen Spezifika und gegebenenfalls ganz anderen Szenarien der Vorhaltung von Wandlungsfähigkeit wäre nun spannend.

Literatur

Günther, T., Unternehmenswertorientiertes Controlling, Stuttgart 1997.

Heger, Chr. L., Bewertung der Wandlungsfähigkeit von Fabrikobjekten, Diss. Universität Hannover 2006, Hannover 2007.

Herold, J.V., Wertorientiertes Logistikcontrolling, München 2003.

Horváth, P., Controlling, 11. Aufl., München 2009.

Hostettler, S., Economic Value Added, Diss. Universität St. Gallen, 5. Aufl., Bern u.a. 2002.

Jehle, M., Wertorientiertes Supply Chain Management und Supply Chain Controlling: Modelle, Konzeption und Umsetzung, Frankfurt am Main 2005.

Lambert, D.M., Pohlen, T.L., Supply Chain Metrics, in: The international Journal of Logistics Management, 12. Jg. (2001), Heft 1, S. 1-19.

Möller, N., Bestimmung der Wirtschaftlichkeit wandlungsfähiger Produktionssysteme, München 2008.

Nyhuis, P., Heinen, T., Reinhart, G., Rimpau, C., Abele, E., Wörn, A., Wandlungsfähige Produktionssysteme, in: wt Werkstattstechnik online, 98. Jg. (2008), Heft 1/2, S. 85-91.

Pfohl, H.-C., Logistikmanagement: Konzeption und Funktionen, 2. Auflage, Berlin 2004.

Rosentritt, C., Gamm, N., Seiter, M., Zeibig, S., Wertbeitrag einer wandlungsfähigen Logistik - Konzept und Praxisbeispiel, in: Controlling 21. Jg. (2009) Heft 8/9, S. 452-459.

Spath, D., Hirsch-Kreinsen, H., Kinkel, S. (Hrsg.), Organisatorische Wandlungsfähigkeit produzierender Unternehmen, Stuttgart 2008.

Stern, G.B. The Quest for Value, New York 1991.

Westkämper, E., Zahn, E., Balve, P., Tilebein, M., Ansätze zur Wandlungsfähigkeit von Produktionsunternehmen. Ein Bezugsrahmen für die Unternehmensentwicklung im turbulenten Umfeld, in: wt Werkstatttechnik, 90. Jg. (2000), Heft 1/2, S. 22-26.

Wiendahl, H.-P., Wandlungsfähigkeit - Schlüsselbegriff der zukunftsfähigen Fabrik, in: wt Werkstatttechnik online, 92. Jg. (2002), Heft 4, S. 122-127.

Helmut Baumgarten* / Martin Keßler** / Jennifer Schwarz***

Jenseits der kommerziellen Logistik – Die humanitäre Hilfe logistisch unterstützen

---

* Prof. Dr.-Ing. Dr. h. c. Helmut Baumgarten gründete den Bereich Logistik an der TU Berlin und baute ihn zu einer der führenden Forschungs- und Ausbildungsinstitutionen aus. Er war langjähriger Direktor des Instituts für Technologie und Management. Er gehört zu den Gründern der ganzheitlichen und prozessorientierten Logistik. Schwerpunkte seiner Tätigkeiten waren auch die Weiterentwicklung der Berufsbilder von Wirtschaftsingenieuren und Logistikern. Er ist Mitbegründer der BVL und Mitinitiator des jährlichen Logistik-Kongresses in Berlin, heute Ehrenmitglied. Er war langjähriges Vorstandmitglied im Verband Deutscher Wirtschaftsingenieure (VWI) und langjähriges Mitglied des Präsidiums des Deutschen Verkehrsforums. Baumgarten gründete mehrere Unternehmen, u. a. die Zentrum für Logistik und Unternehmensplanung (ZLU) GmbH und die Logplan Airport Logistics Consulting GmbH Berlin, Frankfurt/Main, Denver. Er ist Berater für die Bereiche Logistik und Unternehmensplanung. Baumgarten ist Träger des Bundesverdienstkreuzes 1. Klasse (2003), wurde in die Logistics Hall of Fame aufgenommen (2007) und erhielt von der European Business School den Ehrendoktortitel Dr. rer. pol. h. c. (2008). Baumgarten leitet das 2009 gestartete und von der Kühne-Stiftung geförderte Forschungsprojekt „Humanitäre Logistik“.

** Dipl.-Volksw. Martin Keßler studierte an der TU Berlin Volkswirtschaftslehre mit den Schwerpunkten internationale Wirtschaftsbeziehungen, Außenhandel sowie Logistik und Qualitätsmanagement. Er arbeitete während der Studienzeit in zahlreichen Projekten, unter anderem „Das Beste der Logistik“ von Prof. Helmut Baumgarten sowie dem von der Deutschen Bahn AG geförderten „Innovationszentrum für Transport und Logistik“. Seit 2008 ist er wissenschaftlicher Mitarbeiter am Bereich Logistik und forscht im Projekt „Humanitäre Logistik“ nach angepassten Logistikkonzepten und deren Transfer an Hungerregionen Afrikas.

*** Dipl.-Volksw. Jennifer Schwarz studierte an der FU Berlin Volkswirtschaftslehre mit den Schwerpunkten internationale Wirtschaftsbeziehungen, öffentliche Finanzen und Geldpolitik. Nach ihrem Studium koordinierte sie an der Universität Karlsruhe u.a. die Studiengänge Technische Volkswirtschaft und Wirtschaftsingenieurwesen und führte diese Tätigkeit an der TU Berlin fort, wo sie erfolgreich an der Konzeption des neuen Bachelor- und Masterstudiengangs Wirtschaftsingenieurwesen sowie dessen Akkreditierung unter der Ägide von Prof. Helmut Baumgarten mitwirkte. Seit 2009 ist sie wissenschaftliche Mitarbeiterin am Bereich Logistik und forscht im Projekt „Humanitäre Logistik“ nach angepassten Logistikkonzepten sowie deren Transfer an Hungerregionen Afrikas.

1 Die gesellschaftliche Verantwortung der Logistik

Logistikpraxis und Logistikwissenschaft haben in den letzten Jahrzehnten eine enorme Ausweitung erfahren. Die Logistik ist heute in Deutschland der drittstärkste Wirtschaftszweig nach der Automobil- und Gesundheitswirtschaft mit rund ca. 200 Mrd. Euro Umsatz pro Jahr und stellt rund 2,6 Millionen Menschen Arbeitsplätze. Der deutsche Logistikmarkt nimmt gleichzeitig mit 20 Prozent den größten Anteil am europäischen Logistikmarkt ein.[1] Das Umsatzwachstum in den Jahren vor der Weltwirtschaftskrise lag mit jährlich rund 4,5 Prozent weit über dem durchschnittlichen Wirtschaftswachstum und wird auch nach der Krise wieder zu einem wichtigen Motor des Handels und der Wirtschaft.

Die Spitzenstellung der Logistik Deutschlands in Europa und in der Welt basiert auf einer Reihe von Standortvorteilen, wie dem hohen Industrialisierungsgrad, der zentralen Lage, seiner polyzentrischen Wirtschaftsstruktur sowie der vergleichsweise sehr guten Verkehrsinfrastruktur.[2] Im von der Weltbank erstellten „Logistics Performance Index", der die Logistikleistung von 150 Ländern errechnet, wird diese Spitzenposition bestätigt. Deutschland belegt den ersten Platz, vor Singapur und Schweden.[3]

Die erfolgreiche Integration der Logistik im Unternehmen und entlang der Wertschöpfungskette ist zur Realisierung besserer Ressourcenallokation und Leistungsverbesserung in den wichtigsten Branchen weitgehend erfolgt.[4] Kundenorientierung, Kosten, Qualität und Zeit stehen, überlagert vom Denken in Prozessen, als Handlungsprämissen im Vordergrund. Logistik ist als wichtiger Stellhebel im globalen Wettbewerb von der operativen bis zur strategischen Ebene in Industrie, Handel und Dienstleistung präsent.

Dies lässt sich ebenso für den Bereich der Aus- und Weiterbildung sowie die Forschung feststellen. Allein in Deutschland werden Logistikinhalte an rund 45 Universitäten, 70 Fachhochschulen und 15 Berufsakademien gelehrt.[5] Die erfolgreiche Verzahnung zwischen den innovativen Projektthemen der Praxis und den Forschungsinhalten der Hochschulen bietet weiterhin Nährboden für die gegenseitige Befruchtung von Wissenschaft und Praxis.

Sowohl die Wissenschaft als auch die Unternehmenspraxis ist immer mehr vom Prozess der zunehmenden Globalisierung gekennzeichnet. Ein wichtiges Indiz für die Verstärkung des internationalen Handels ist der Aufbau logistikspezifischer Kapazitäten. So ist in den letzten Jahren ein deutlicher Anstieg der Bestellungen von Frachtflugzeugen sowie der Größe von Frachterflotten zu verzeichnen. Ebensolches lässt sich auch für die Größe von Containerschiffen sagen, wodurch die Transportkosten pro Container verringert werden und die Effizienz von Transportprozessen gesteigert werden kann.

---

1 Vgl. Klaus (2008)
2 Vgl. Baumgarten (2008)
3 Vgl. Weltbank (2010)
4 Vgl. Pfohl, Köhler, Röth (2008)
5 Vgl. Baumgarten, Hildebrand (2008)

Eine alleinige Fokussierung auf ökonomische Zielkriterien ist jedoch nicht ausreichend. Das Bewusstsein für die gesellschaftliche Verantwortung der Logistik, zu der soziale, sicherheitsorientierte und ökologische Problemstellungen zählen, ist noch zu schwach ausgeprägt. Die gesellschaftliche Verantwortung ergibt sich aus den Einflüssen logistischer Prozesse und Systeme auf ihre Umwelt sowie ihrem leistbaren Beitrag zur Lösung humanitärer Probleme (vgl. Abbildung 1).

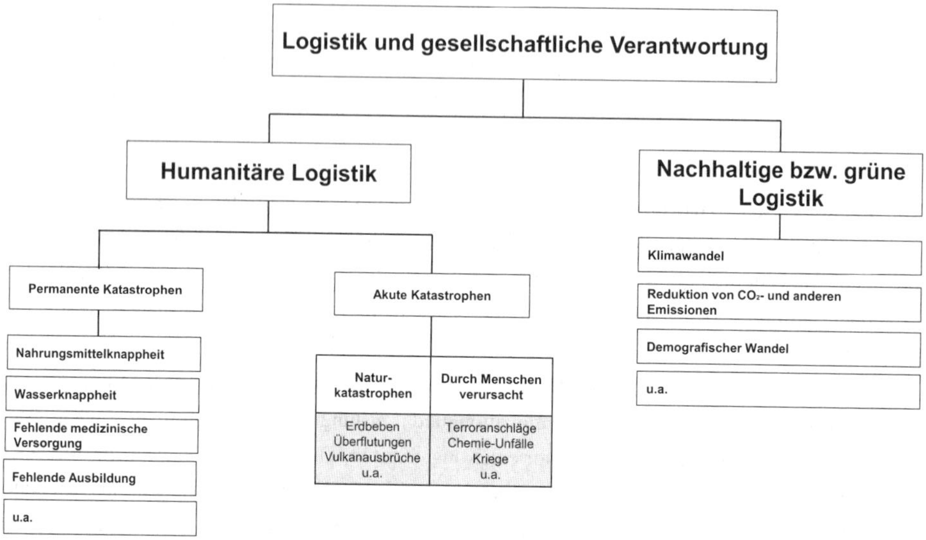

Abbildung 1: Gesellschaftliche Verantwortung der Logistik[6]

Um Logistik unter dem Aspekt der Nachhaltigkeit ökologisch zu gestalten, wird im Bereich „nachhaltige bzw. grüne Logistik" untersucht, wie Ressourcen effizienter genutzt und Emissionen reduziert werden können. So dürfen beispielsweise bei der Wahl von Verkehrsträgern nicht nur deren systemspezifische Vorteile gesehen werden, sondern es muss auch deren Ökobilanz berücksichtigt werden. Gegenstand der humanitären Logistik sind Konzepte zur Versorgung von Hilfsbedürftigen, vor allem in Entwicklungs- und Schwellenländern, zur Bekämpfung von Hunger, Mangelernährung, Krankheit und Armut unter Berücksichtigung der besonderen Rolle der Logistik und deren wachstumsfördernder Einfluss auf die nationale Ökonomie eines Landes.
Im „Logistics Performance Index" wird die wachstumsfördernde Leistung der Logistik auf die nationale Ökonomie bestätigt.[7] Der Index errechnet sich aus sieben Indikatoren, Effizienz bei der Zollabwicklung, Logistikkosten im Land, Durchführbarkeit internationaler Sendungen, Nachverfolgbarkeit von Sendungen, Kompetenz der Logistikindustrie, Pünktlichkeit bei der Zustellung und die Qualität der Transportinfrastruktur. Entwicklungs- und Schwellenländer weisen in der Regel sehr niedrige Werte auf und befinden sich auf den hinteren Rängen – mit dramatischen Folgen: Ein

[6] Vgl. Baumgarten (2009)
[7] Vgl. Weltbank (2010)

Standardcontainer (TEU) von Shanghai in den Tschad benötigt trotz vergleichbarer Distanz die doppelte Zeit und kostet das Dreifache eines Standardcontainers von Shanghai in die EU.[8]
Die fehlende Logistikleistung hemmt die Entwicklungsländer in ihrer Entwicklung, spielt sie doch für die Marktentscheidung von Unternehmen eine wichtige Rolle. Logistische Leistungsfähigkeit korreliert unmittelbar mit internationalem Handel und ausländischen Investitionen, welche das Produktionsniveau und letztlich auch das Wirtschaftswachstum steigern.
Darüber hinaus wird so nicht nur das Entwicklungspotenzial beeinträchtigt, sondern auch eine funktionierende Versorgung der Bevölkerung verhindert. Eine leistungsfähige Transportinfrastruktur und effiziente Logistiksysteme sind zentrale Voraussetzung für wirtschaftliche Teilhabe der Länder und Versorgung mit lebensnotwendigen Gütern. Die logistische Lösung, einerseits in der Bekämpfung von Symptomen, also der Linderung der Hungersnot durch Hilfslieferungen sowie andererseits die Bekämpfung der Ursachen, also der langfristigen und nachhaltigen Verbesserung der Vor-Ort-Situation durch die Verbesserung der logistischen und infrastrukturellen Rahmenbedingungen, ist eine mögliche Initiative der Logistik, um Verantwortung für eine gerechtere Welt zu übernehmen.

2 Humanitäre Logistik

Zur humanitären Logistik gehören alle Prozesse, die mit der Planung, Durchführung und Kontrolle von Hilfsgütern, -mitteln und -personal verbunden sind. Hierzu zählen neben den physischen Strömen von Nahrungsmitteln, Wasser und Wasseraufbereitungsanlagen, Sanitäranlagen, provisorischen Unterkünften usw. auch die dazugehörigen Informations- und Finanzströme.
Humanitäre Logistik kommt überall dort zum Einsatz, wo Menschen durch akute Katastrophen, wie z. B. Erdbeben, Vulkanausbrüche, Überschwemmungen oder permanente Katastrophen wie Hunger, Unterernährung, medizinische Unterversorgung und andere, in ihrer Gesundheit oder ihrem Leben gefährdet bzw. betroffen sind. Dabei sollte berücksichtigt werden, dass humanitäre Logistik möglichst nur dort ansetzt, wo Menschen sich aus eigener Kraft nicht selbst versorgen können. Funktionierende, vorhandene und traditionelle Versorgungsstrukturen dürfen durch den humanitären Sektor nicht verdrängt werden, da andernfalls der Anreiz zur Selbstversorgung der Bevölkerung verloren geht.
Dass Logistik einer der wichtigsten Stellhebel für den humanitären Sektor ist, wird anhand der für Transport, Lager und Material von Hilfsgütern und Hilfsmitteln anfallenden Kosten deutlich. Sie machen ca. 80 Prozent der weltweit rund 100 Milliarden US-Dollar Entwicklungs- und Katastrophenhilfe aus.[9]
Die humanitäre Logistik unterscheidet sich in wesentlichen Punkten von der kommerziellen Logistik. Ist der Kunde in der kommerziellen Logistik Ausgangs- und Endpunkt der Prozesskette, stehen

---

8 Vgl. Weltbank (2007)
9 Vgl. Kovacs, Spens (2009)

am Anfang der Versorgungskette in der humanitären Logistik die Geber und am Ende die Empfänger von Hilfslieferungen.

Auch Zielsetzung und Rahmen unterscheiden sich wesentlich voneinander. Versuchen Unternehmen durch Qualität, Serviceorientierung und effiziente Prozesse den Kunden zufriedenzustellen und dadurch profitabel zu sein, ist das Ziel einer humanitären Versorgungskette die Reduktion bzw. das Verhindern von Hunger, Unterernährung, Krankheit und Tod. Aus dieser Unterscheidung ergibt sich eine besondere Problematik, da humanitäre Versorgungsketten kommerzielle Partner wie z. B. Hersteller von Nahrungsmitteln, medizinischen Güter sowie Logistikdienstleister einbeziehen, die auf den Unternehmenserfolg angewiesen sind. Die humanitäre Logistik sieht sich somit einer Konfliktsituation zwischen den monetären Zielen des kommerziellen Sektors und den nicht-monetären Zielen des humanitären Sektors ausgesetzt.

Ferner herrscht nach Ansicht einiger Autoren in der humanitären Logistik großer Nachholbedarf gegenüber der kommerziellen Seite, was das Logistikverständnis und damit die Logistikkonzeption anbelangt. Gustavsson und auch Rickard beziffern den zeitlichen Rückstand auf zehn bis 15 Jahre.[10] Die unmittelbare Übertragbarkeit etablierter Konzepte aus der kommerziellen Logistik ist in diesem Zusammenhang naheliegend, aber bestenfalls problematisch.[11] Stattdessen müssen Erfolgskonzepte der Wirtschaft an die Besonderheiten des humanitären Sektors angepasst werden, um die notwendigen Voraussetzungen für ein gegenseitiges Lernen zu schaffen. Eine dieser notwendigen Anpassungen ist die Einbeziehung der kulturellen Ebene. So herrschen in vielen Entwicklungsländern feste Gesellschafts- und Hierarchiestrukturen, wie z. B. die „Chiefs" in Subsahara-Afrika als eine Art Gemeindevorstand oder das Kastensystem in Indien, die es in die Konzeptionsgestaltung einzubringen gilt. Werden diese Elemente nicht berücksichtigt, sind Akzeptanzprobleme bei der Bevölkerung wahrscheinlich.

Für die folgenden Betrachtungen wird zwischen akuten und permanenten Katastrophen unterschieden, da sie teils sehr unterschiedliche Anforderungen an die Logistiksysteme stellen.

2.1 Schnelle Hilfe bei akuten Katastrophen

Wachsende globale Herausforderungen durch akute Katastrophen

Unter akuten Katastrophen werden sowohl durch Menschen verursachte Katastrophen wie beispielsweise Kriege, Terroranschläge, Chemieunfälle als auch Naturkatastrophen wie Erdbeben, Vulkanausbrüche, Überschwemmungen und weitere verstanden.

Durch eine Versechsfachung der Anzahl an Naturkatastrophen seit dem Jahr 1970 ist auch die Zahl der Toten und Betroffenen, vor allen in den Entwicklungs- und Schwellenländern, in den letzten Jahren dramatisch gewachsen.[12] Die Beeinflussung der Umwelt und des Klimas durch den Menschen wird als eine der Hauptursachen für diese Entwicklung gesehen.

---

10 Vgl. Gustavsson (2003); Rickard (2003)
11 Vgl. Pettit, Beresford (2009)
12 Vgl. Em-Dat (2009)

Medienpräsent sind vor allem Megakatastrophen wie z. B. der Tsunami, der am 26. Dezember 2004 Südasien traf und rund 225.000 Tote sowie 2,5 Mio. Hilfsbedürftige hinterließ oder das Erdbeben am 12. Mai 2008 in der Wenchuan-Provinz in China, von dem ca. 46 Mio. Menschen betroffen waren und dem fast 90.000 Menschen zum Opfer fielen.[13] Dennoch ist es aber vorrangig die Zahl der mittleren und kleineren Katastrophen, die in den letzten Jahren explosionsartig zunahm.[14]

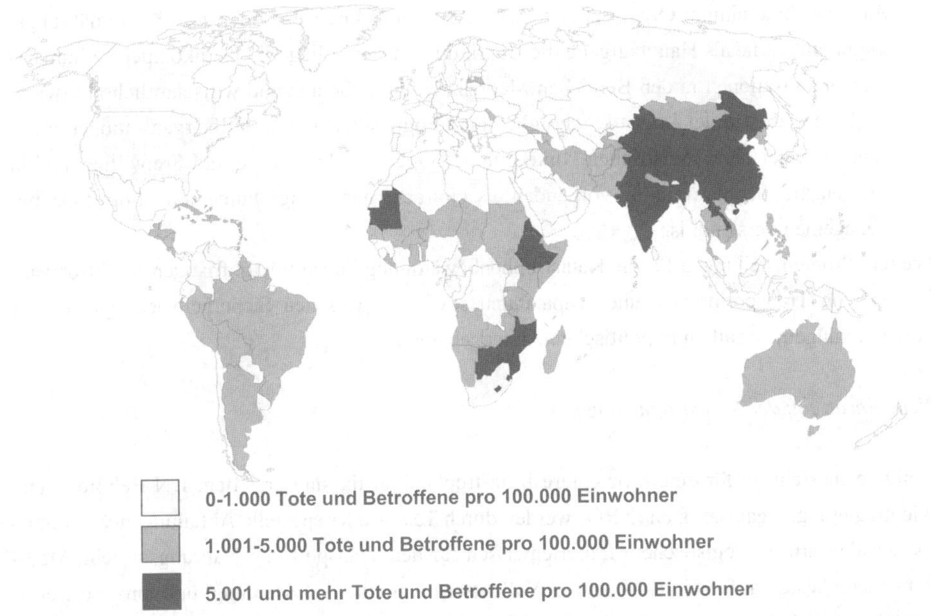

Abbildung 2: Geographische Verteilung der Auswirkungen von Naturkatastrophen im Zeitraum 1974 bis 2003[15]

Der steigenden Zahl an Katastrophen und Betroffenen steht eine Stagnation bzw. in jüngerer Zeit sogar ein Rückgang an finanzieller Unterstützung für die Katastrophenhilfe gegenüber. Es ist daher essentiell, dass die mobilisierbaren Hilfsgüter, Hilfsmittel und Hilfskräfte optimal eingesetzt werden. Hierbei steht die Katastrophenlogistik vor einer Reihe von Herausforderungen, die es zu bewältigen gilt. Hierzu zählen unter anderem:

- Die in Entwicklungs- und Schwellenländern ohnehin unterentwickelte Infrastruktur ist durch Katastrophen häufig beschädigt oder vollständig zerstört und die verbleibenden Knotenpunkte wie Flug- und Seehäfen sind durch die Lieferungen der verschiedenen Hilfsorganisationen hoffnungslos überfordert.[16]

---

13 Vgl. Em-Dat (2009)
14 Vgl. Schulz (2009)
15 Vgl. Em-Dat (2009)
16 Vgl. Gustavsson (2003)

- Informationen über Volumen und Struktur des Bedarfs an Nahrungsmitteln, Medikamenten usw. im Katastrophengebiet sind kaum verfügbar und selten verlässlich.[17] Infolge der fehlenden Informationen sind die wenigen vorhandenen Pipelines mit nicht benötigten Gütern verstopft und verzögern wichtige Hilfslieferungen.[18]
- Hilfsorganisationen verfügen selten über modernen IT- und Kommunikationssysteme, um ihre Güterströme zu verfolgen und zu überwachen.[19] Daraus erwachsen Schnittstellenverluste, Systembrüche und Inkompatibilitäten.[20]
- Mit Ausnahme einiger Organisationen wie „Ärzte ohne Grenzen" oder das „Welternährungsprogramm" – die als Hauptaufgabe die Distribution haben – liegt die Kernkompetenz humanitärer Organisationen in den Bereichen Medizin, Bildung, Schutz und wirtschaftliche Entwicklung, nicht aber in der Logistik.[21] Folglich sind Logistikmanager in Hilfsorganisationen meist Quereinsteiger ohne logistischen Hintergrund.[22] Operative Fachkräfte und Freiwillige sind in der Katastrophenbewältigung vorhanden, es gibt aber nur wenige humanitäre Logistiker mit Managementverständnis.[23]

Weitere Problemstellungen für die Katastrophenbewältigung liegen in kurzfristigen Marktschwankungen von Transportpreisen und -kapazitäten sowie in kritischen Sicherheitsbedingungen für Hilfslieferungen, vor allem in politischen Krisengebieten.[24]

Neue Ansätze in der Katastrophenlogistik

Einige erste Schritte für eine effizientere Katastrophenlogistik sind ergriffen. UN-Behörden und Nichtregierungsorganisationen (NRO) werden durch Teams oder spezielle Abteilungen von Logistikdienstleistern mit logistischem Expertenwissen für den Transport von Nahrungsmitteln, Medikamenten, Wasseraufbereitungs- und Abfallentsorgungsanlagen, Kleidung und provisorischen Unterkünften, Fahrzeugen, Gebäudeteilen, Baumaterialien, Baugeräten, Telekommunikationsausrüstung, Generatoren, Werkzeugen, Ersatzteilen, Klimaanlagen und Kühlgeräten unterstützt.[25] Hilfsorganisationen beginnen, unter strategischen Aspekten weltweit Lagervorräte zu positionieren, um schneller auf den Ernstfall reagieren zu können.[26]

In jüngerer Zeit werden die während der Katastrophenhilfe gewonnenen Erfahrungen als Verbesserungspotenziale für die Bewältigung zukünftiger Katastrophen erkannt und genutzt. Tufinkgi bezeichnet dies als zyklischen Brückenschlag für die Verbindung von Post-Disaster- und Pre-

---

17 Vgl. Oloruntoba, Gray (2009)
18 Vgl. Pettit, Beresford (2009)
19 Vgl. Gustavsson (2003)
20 Vgl. Pettit, Beresford (2009)
21 Vgl. Howden (2009)
22 Vgl. Pettit, Beresford (2009)
23 Vgl. Gustavsson (2003);. Oloruntoba, Gray (2009)
24 Vgl. Gustavsson (2003)
25 Vgl. Schmeling (2009)
26 Vgl. Schulz (2008)

Disaster-Phasen.[27] Ausgehend von dieser Strukturierung der Katastrophenbewältigung können die Anforderungen an das Logistiksystem genauer spezifiziert und die Effizienz durch eine verbesserte Vorabplanung deutlich erhöht werden (vgl. Tabelle 1).

	Präventation	Sofortmaßnahmen	Übergangsphase	Wiederaufbau
Dauer der Phase	Langfristig - Kontinuierlich	Tage bis Monate		Monate bis Jahre
Logistikaufkommen	Niedrig	Hoch		Mittel
Benötigte Güter	Vorlagerung von standardisierten Hilfspaketen	Nahrungsmittel, medizinische Güter, Wasser, Sanitäranlagen, provisorische Unterkünfte, Decken etc.		Verschiedenste Güter, abhängig von der Art der Katastrophe
Dringlichkeit	Niedrig	Hoch		Mittel
Beschaffungsquellen	Lokal	International		Lokal und International

Tabelle 1: Logistikanforderungen in den Phasen der Katastrophenbewältigung[28]

Ein weiterer Ansatzpunkt, von dem sich Wissenschaft und Praxis Erfolg für die Katastrophenbewältigung versprechen, ist die horizontale Kollaboration zwischen den Hilfsorganisationen.[29] Die Voraussetzungen für eine Bündelung von Aktivitäten der verschiedenen Hilfsorganisationen sind durch gemeinsame Knotenpunkte in den Versorgungsketten und das gemeinsame humanitäre Ziel in der Katastrophenlogistik besonders günstig.[30]

So können z. B. durch eine Zusammenlegung der Einkaufsabteilung oder organisationsübergreifende Lieferantenrahmenverträge die Materialkosten gesenkt und einheitliche Qualitätsstandards gewährleistet werden. Lagerhaltungskosten und Reaktionszeiten werden durch sogenannte „White Stocks“, unmarkierte Ware, die erst zum Bedarfszeitpunkt markiert und anschließend ersetzt wird, gegenseitiges Verleihen von Waren und die gemeinschaftliche Nutzung von Lagerinfrastrukturen gesenkt. Ähnliche Potenziale bestehen auch durch die Bündelung von Transportaktivitäten und -infrastruktur: Auf diese Weise sollen die knappen Transportkapazitäten besser ausgelastet, Fehl- und Doppellieferungen vermieden und Transportkosten gesenkt werden.

Eine erste praktische Umsetzung der verstärkten Koordination auf organisatorischer Ebene fand im Jahre 2005 durch die Gründung des UN Logistics Cluster, einer Internetplattform unter Schirmherrschaft des Welternährungsprogramms (WFP) statt, auf der logistikrelevante Informationen zur Verfügung gestellt und ausgetauscht werden (vgl. www.log-cluster.org).

---

27 Vgl. Tufinkgi (2004)
28 Vgl. Howden (2009)
29 Vgl. Oloruntoba, Gray (2006); Schulz (2008)
30 Vgl. Schulz (2009)

Die Tendenz zur Vervielfachung von Naturkatastrophen macht eine weitere Verstärkung der Anstrengungen für eine effiziente und effektive Katastrophenlogistik notwendig. Gleichzeitig sollte in Betracht gezogen werden, dass ein größerer Teil der Menschen in Entwicklungs- und Schwellenländern nicht aufgrund einer akuten Katastrophe sondern einer permanenten Notsituation an Hunger, Unterernährung und Krankheiten leidet.

2.2 Humanitäre Logistik zur Bekämpfung permanenter Katastrophen

Die globale Ernährungskrise

1,02 Milliarden Menschen weltweit leiden an Hunger und Unterernährung, diese Zahl steigt seit Mitte der 1990er Jahre kontinuierlich an (vgl. Abbildung 3).[31]

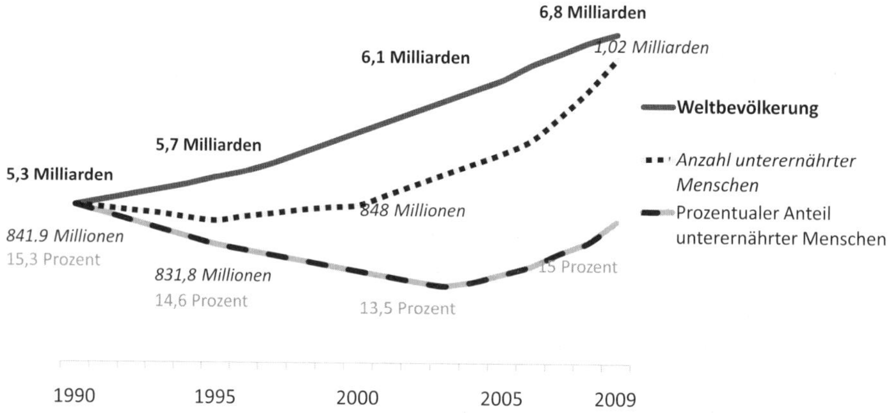

Abbildung 3: Entwicklung der Anzahl unterernährter Menschen[32]

Jedes Jahr sterben allein 5,6 Millionen Kinder an den Folgen der Unterernährung, beinah ein Drittel der Weltbevölkerung hat keinen oder nur unzureichenden Zugang zu Medikamenten.[33] Für das Jahr 2050 wird eine Weltbevölkerung von 9 Milliarden Menschen prognostiziert, deren Bedarf an Nahrungsmitteln die Produktion deutlich übersteigen wird, sodass mit einem weiteren Anstieg des Anteils unterernährter Menschen gerechnet werden muss.[34]

Hintergrund des jüngsten Anstiegs sind vor allem die volatilen Nahrungsmittelpreise und der globale Wirtschaftsabschwung. Die Wirtschaftskrise belastet insbesondere arme Haushalte zusätzlich, da Reallöhne und Haushaltseinkommen fallen, Arbeitsplätze verloren gehen, Kredite gekürzt

[31] Vgl. FAO (2009)
[32] Vgl. Welthungerhilfe (2009)
[33] Vgl. UNICEF (2006)
[34] Vgl. Welthungerhilfe (2009)

werden und Rücküberweisungen nachlassen.[35] Hohe und schwankende Nahrungsmittelpreise sowie niedrigere Einkommen führen besonders in armen Haushalten dazu, dass Schwangere, Säuglinge und Kleinkinder keine angemessene Nahrung zu sich nehmen können mit teilweise irreversiblen Auswirkungen auf deren Gesundheit und geistige Entwicklung.

Überlagert werden die makroökonomischen Risiken durch den Klimawandel und das globale Bevölkerungswachstum. Dabei ist eine steigende Anzahl von Dürren besonders in den Gebieten rund um den Äquator festzustellen mit zunehmenden Auswirkungen auf die Versorgungssicherheit. Die direkten Folgen einer Dürre sind besonders in Afrika, wo ein Drittel aller Dürren weltweit auftreten, besonders kritisch, da hier die Sterblichkeit durch fehlende vorbeugende Maßnahmen der Regierungen, Bodendegration und der hohen Anzahl von Kleinst- und Kleinbauern besonders hoch ist.[36] Indirekte Folgen, wie die über mehrere Jahre andauernde Funktionsuntüchtigkeit von Märkten, schlagen sich zudem negativ auf Produktion und Export aus.

Der Welthungerindex 2009 zeigt deutlich, dass vor allem in den Subsahara-Ländern Afrikas in den letzten 19 Jahren nur geringe Fortschritte in der Bekämpfung von Hunger und Unterernährung gemacht wurden. Unter den 30 am schlimmsten von Hunger betroffenen Staaten befinden sich allein 20 Staaten aus Subsahara-Afrika. Den letzten Rang nimmt die Demokratische Republik Kongo ein (vgl. Abbildung 4).

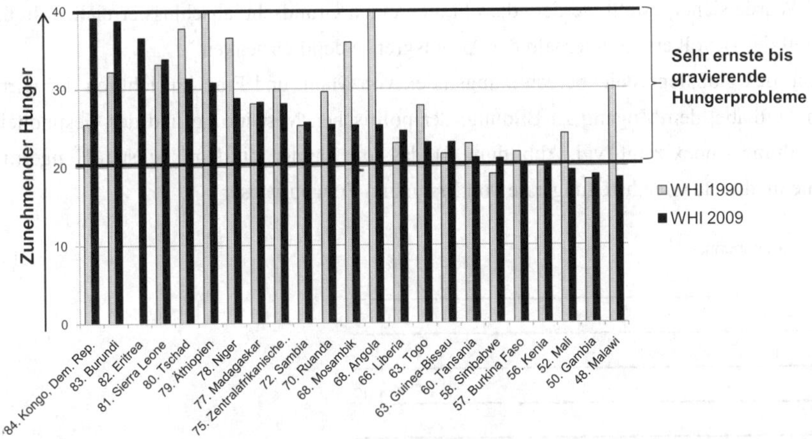

Abbildung 4: Überblick Welthungerindex mit Fokus Afrika[37]

Der Welthungerindex dokumentiert weltweit und auf Länderebene die Entwicklung des Hungers. Er berechnet sich aus drei gleichwertigen Indikatoren: dem Anteil der Unterernährten an der Bevölkerung in Prozent, dem Anteil der Kinder unter fünf Jahren mit Untergewicht sowie der Sterblichkeitsrate von Kindern unter fünf Jahren. Da der Index auf vergangenheitsbezogenen Daten

---

35 Vgl. FAO (2009)

36 Vgl. Below, Grover-Kopec, Diley, (2007); Mohammed, Rahman (2003)

37 Vgl. Welthungerhilfe (2009)

basiert, ist der Einfluss der gegenwärtigen Wirtschaftskrise auf die globale Ernährungssicherheit oder auch beispielsweise der Dürre in Kenia im Jahr 2009 in den Berechnungen noch nicht berücksichtigt. Es ist davon auszugehen, dass besonders die Staaten mit bereits hohen Hungerraten auch besonders anfällig gegenüber den Auswirkungen der Wirtschaftskrise sind. Zudem ist eine Tendenz erkennbar, dass Hunger vor allem dort verbreitet ist, wo Männer und Frauen nicht gleichberechtigt sind.[38]

In einer Studie des Internationalen Forschungsinstituts für Ernährungssicherheit (IFPRI) wurde der Zusammenhang zwischen der Stellung der Frau im Vergleich zum Einfluss des Mannes auf Haushalts- und Gemeindeebene auf die Ernährung von Kindern in 39 Ländern in Asien, Subsahara-Afrika und Lateinamerika/Karibik untersucht.[39] Dabei zeigt sich, dass die Verringerung der Ungleichbehandlung von Frauen maßgeblich zur Reduktion des Hungers beiträgt. Würde der Status der Frauen dem der Männer angeglichen, so hätte dies zur Folge, dass die Anzahl unterernährter Kinder deutlich zurückginge.

In Subsahara-Afrika sind 38 Prozent der Bevölkerung Analphabeten, hiervon zwei Drittel Frauen.[40] Frauen haben oft einen schlechteren Zugang zu Bildung, da bei einer durchschnittlichen Familiengröße von sechs Kindern besonders in armen Bevölkerungsschichten zu wenig Geld für die Schulausbildung aller Kinder vorhanden ist. Frauen werden zudem im Haushalt benötigt und sind für Wasserholen und Feuerholzsammeln zuständig, wofür sie fünf bis 28 Prozent ihrer Zeit benötigen.[41] Würde sichergestellt werden, dass Frauen einen Grundschulabschluss erreichen, ließe sich der Anteil der Bevölkerung unterhalb der Armutsgrenze deutlich senken.[42]

Ein Vergleich des globalen Gleichberechtigungsindex von Mann und Frau hinsichtlich der wirtschaftlichen Teilhabe, dem Zugang zu Bildung, der politischen Mitwirkung und der Gesundheit mit dem Welthungerindex zeigt (vgl. Abbildung 5), dass die Länder mit dem höchsten Hungerniveau auch die niedrigste Gleichstellungsrate von Mann und Frau aufweisen.

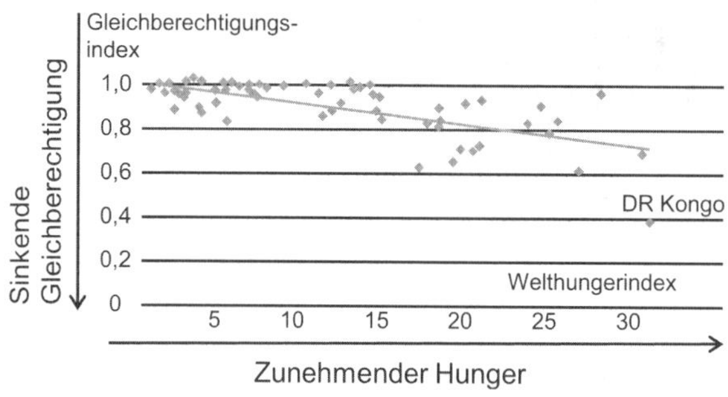

Abbildung 5: Verhältnis Geschlechterdisparität und Hunger[43]

[38] Vgl. Welthungerhilfe (2009)
[39] Vgl. Smith et al. (2003)
[40] Vgl. UNESCO (2009)
[41] Vgl. Weltbank (2001)
[42] Vgl. Datt, Jolliffe (1998); Datt, Simle, Mukherjee (1999)
[43] In Anlehnung an Welthungerhilfe (2009)

Die Demokratische Republik Kongo hat den schlechtesten Welthungerindex-Wert und auch die niedrigste Gleichstellung von Mann und Frau (0,37, wobei ein Wert von 1,0 die absolute Gleichstellung von Frau und Mann anzeigt). Es lässt sich in Abbildung fünf eine klare Korrelation erkennen zwischen Hunger und Gleichstellung der Frau. Je niedriger die Gleichstellungsrate ist, desto größer ist der Wert des Welthungerindex für das Land, desto dramatischer also ist die Hungersituation.

Um Fortschritte beim Kampf gegen Hunger und Mangelernährung zu erzielen, ist es notwendig, Maßnahmen zu ergreifen, mit denen die Auswirkungen von Nahrungsmittelknappheit und globaler Finanzkrise abgefedert und Krisen dieser Art künftig verhindert werden können. Ein besonderer Fokus der Not- und Entwicklungshilfe muss dabei auf die Subsahara-Länder Afrikas gerichtet sein.

Logistische Problemstellungen in Entwicklungsländern

Die humanitäre Situation der afrikanischen Länder südlich der Sahara wird durch eine Reihe endogener Herausforderungen wie Infrastruktur und globaler Rezession beeinträchtigt. Hinzu kommt, dass Produktions- und Handelsunternehmen sowie Logistikdienstleister vor völlig anderen Anforderungen stehen, als Industrienationen. So spielen beispielsweise Kennzahlen wie Verfügbarkeit, Servicegeschwindigkeit, Liefertreue unter anderem eine nachgeordnete Rolle.

Erschwerend wirkt sich auch die aktuelle Wirtschaftskrise auf die humanitäre Situation der Entwicklungsländer aus. Es wird erwartet, dass hierdurch weitere zehn Millionen Menschen in den Ländern Subsahara-Afrikas von extremer Armut betroffen sein werden, da die zu erwartenden Preissteigerungen besonders den ärmste Teil der Bevölkerung, welche einen Großteil ihres Einkommens zur Beschaffung von Grundnahrungsmitteln und Medikamenten verwenden, treffen wird.[44]

Strukturelle Probleme in den Ländern Subsahara-Afrikas wie fehlende Bildung, Korruption und unzureichende Infrastruktur erschweren die Versorgung der Bevölkerung zusätzlich.

- Der Zugang zu höherer Bildung bleibt einem Großteil der Bevölkerung aufgrund hoher Ausbildungskosten und beschränkten Platzkapazitäten verwehrt, sodass Subsahara-Afrika nur über eine durchschnittliche Immatrikulationsrate von 5 Prozent verfügt, während die durchschnittliche Immatrikulationsrate von Industriestaaten mit 70 Prozent deutlich höher liegt, wie in Abbildung 6 deutlich zu erkennen ist.[45]

---

44 Vgl. Chen und Ravallion (2009)
45 Vgl. UNESCO (2006)

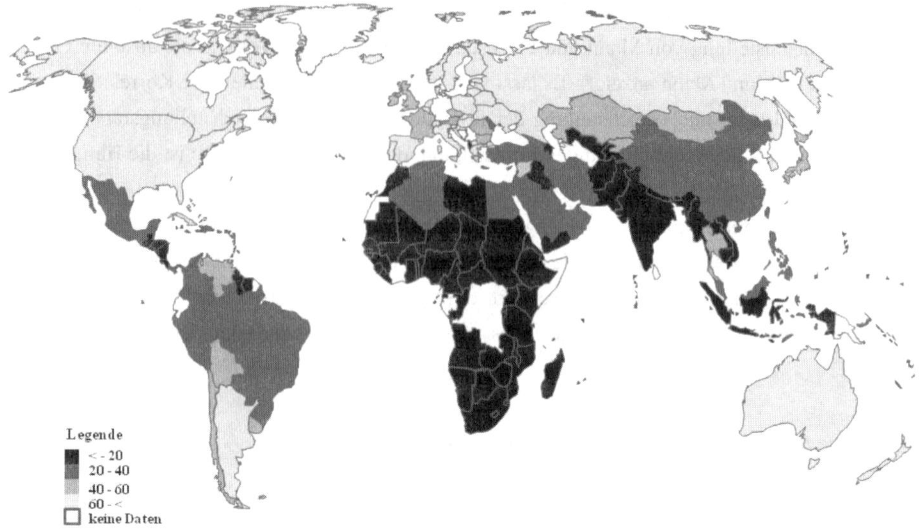

Abbildung 6: Immatrikulationsrate (brutto) zwischen 2000 und 2006[46]

- Länder in Subsahara-Afrika weisen mit den höchsten Korruptionsindex auf, wie der 2009 erhobene „Korruptionswahrnehmungsindex" von Transparency International verdeutlicht.[47]
- Weniger als ein Fünftel des Straßennetzwerkes ist befestigt, wobei 85 Prozent der befestigten Straßen meist aufgrund fehlender Instandhaltungsmaßnahmen sowie Überladung der LKW und schlechter Entwässerung in einem schlechten Zustand sind, was die Transportgeschwindigkeit und -sicherheit zusätzlich minimiert. Ein Drittel der in den letzten 20 Jahren gebauten Straßen sind erodiert.[48] Subsahara-Afrika verfügte mit insgesamt rund 171.000 km befestigter Straßen im Jahr 1997 über 18 Prozent weniger als Polen.[49]
- Das Schienennetz des Kontinents ist schlecht ausgebaut, vor allem in West- und Zentralafrika; mehr als fünfzehn afrikanische Länder verfügen überhaupt nicht über eine Eisenbahn. Es gibt vier verschiedene Spurbreiten, welche nicht kompatibel sind, sodass eine grenzüberschreitende Bahnverbindung meist nicht möglich ist und den kontinentalen Transport erschwert.
- Von den 150 wichtigsten Passagierflughäfen der Welt liegen nur drei in Afrika. Die wenigsten Flughäfen haben den für internationale Verbindungen erforderlichen Status „FAA Kategorie I". Nur 4,5 Prozent des weltweiten Luftfrachtaufkommens findet in Afrika statt.
- Die meisten Containerterminals werden von ineffizient operierenden, lokalen Unternehmen betrieben. Bei einigen großen afrikanischen Häfen ist keine ausreichende Tiefe vorhanden. Die unzureichende Anzahl von Liegeplätzen führt zu langen Wartezeiten, bevor die Schiffe in die

---

46 Vgl. UNESCO (2006)
47 Vgl. Transparency International (2009)
48 Vgl. Weltbank (2000), S. 135
49 Vgl. Karshenas (1998)

Häfen einlaufen können und stellt damit einen Engpass im Verkehr zwischen Europa und Afrika dar. Die Hinterlandverbindungen der afrikanischen Häfen sind zudem schlecht, sodass besonders die ländlichen Gegenden nur unzureichend versorgt werden können.[50]

- Im Vergleich zu Industrieländern sind die Transportkosten in Entwicklungsländern trotz geringer Löhne durchschnittlich vier bis fünfmal höher, was eine effiziente Versorgung der Bevölkerung mit Nahrungsmitteln und Medikamenten verhindert. Die Ursachen liegen einer Studie der Weltbank zufolge in der Korruption, fehlendem Wettbewerb auf dem Transportmarkt und der schlechten Infrastruktur.[51]

Transfer von Logistiktechnologien und -wissen als Beitrag zur Entwicklungshilfe

Die dargestellten Probleme und Herausforderungen machen deutlich, dass es eines integrierten und kombinierten Ansatzes bedarf, der sowohl eine Steigerung der logistischen Effizienz in Entwicklungsländern bewirkt als auch den Mangel an logistischem Fachpersonal bekämpft. Der Transfer von Technologien im weiteren Sinne, also Logistiknetze, -konzepte und -technologien umfassend, und Wissen werden als ineinandergreifende und sich gegenseitig stützende Instrumente sowie als Beitrag für die Hilfe zur Selbsthilfe gesehen (vgl. Abbildung 7).

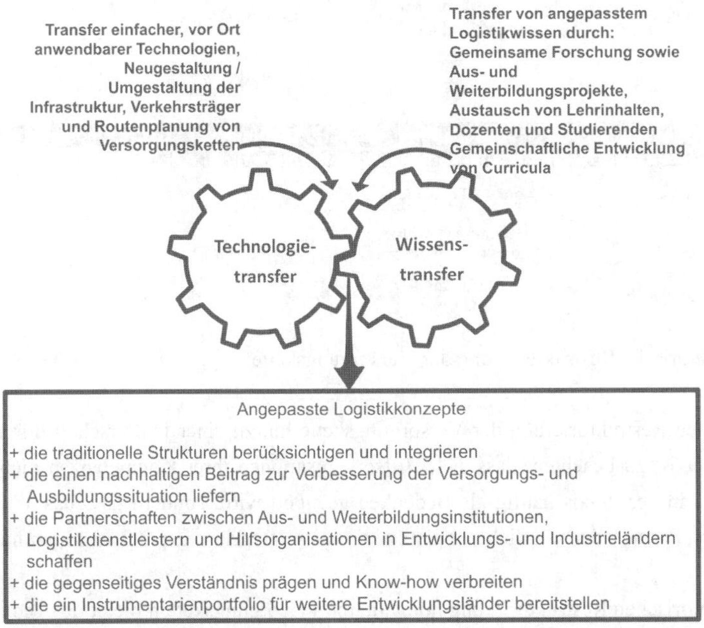

Transfer einfacher, vor Ort anwendbarer Technologien, Neugestaltung / Umgestaltung der Infrastruktur, Verkehrsträger und Routenplanung von Versorgungsketten
Transfer von angepasstem Logistikwissen durch: Gemeinsame Forschung sowie Aus- und Weiterbildungsprojekte, Austausch von Lehrinhalten, Dozenten und Studierenden Gemeinschaftliche Entwicklung von Curricula
Technologie-transfer
Wissens-transfer
Angepasste Logistikkonzepte
+ die traditionelle Strukturen berücksichtigen und integrieren
+ die einen nachhaltigen Beitrag zur Verbesserung der Versorgungs- und Ausbildungssituation liefern
+ die Partnerschaften zwischen Aus- und Weiterbildungsinstitutionen, Logistikdienstleistern und Hilfsorganisationen in Entwicklungs- und Industrieländern schaffen
+ die gegenseitiges Verständnis prägen und Know-how verbreiten
+ die ein Instrumentarienportfolio für weitere Entwicklungsländer bereitstellen

Abbildung 7: Technologie- und Wissenstransfer in der humanitären Logistik

---

[50] Vgl. Europäische Kommission (2009)
[51] Vgl. Teravaninthorn, Raballand (2009)

Technologietransfer: Ziel des Technologietransfers ist die nachhaltige Verbesserung der Leistungsfähigkeit von versorgungslogistischen Systemen, um den Zugang der Bevölkerung zu Nahrungsmitteln, Medikamenten und Trinkwasser zu verbessern. Hierzu werden unter den notwendigen Anpassungen Konzepte, Netze, Strategien und Technologien aus der kommerziellen Logistik auf den humanitären Sektor übertragen.

Ein erster Ansatzpunkt ergibt sich aus der Organisationsstruktur humanitärer Versorgungsketten. Im kommerziellen Bereich wurden die Möglichkeiten einer Wertschöpfungsführerschaft durch den Logistikdienstleister bereits hinlänglich erörtert.[52] Untersuchungen derartiger Konzepte für den humanitären Sektor existieren bisher kaum. Schulz diskutiert einen ähnlichen Ansatz im Kontext der Katastrophenhilfe, wendet ihn aber nicht auf die permanente Notsituation an.[53] Dennoch erscheint die Versorgungskettenführerschaft durch einen Logistikdienstleister vielversprechend, da er durch die ganzheitliche Sicht Zusatzwerte wie Monitoring und Evaluierung sowie kontinuierliche Verbesserungsprozesse erzielen kann. Abbildung 8 stellt anhand eines von UNICEF entlehnten Beispiels eine typische logistische Versorgungskette dar.

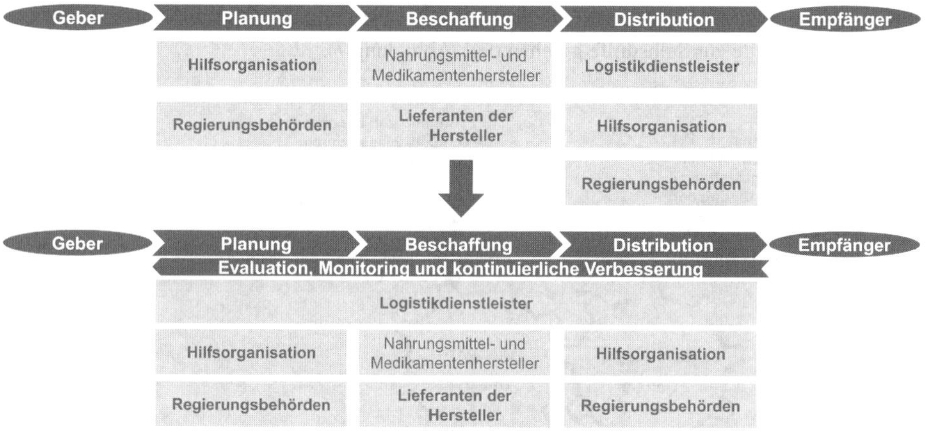

Abbildung 8: Organisatorische Restrukturierung der Versorgungskette[54]

Bei der organisatorischen Restrukturierung der Versorgungskette hin zu einer Führerschaft durch den Logistikdienstleister ist zu beachten, dass sich Hilfsorganisationen ihrer Kompetenzen nicht entmündigt fühlen, was in der Praxis häufig als Bedenken geäußert wird, sondern dass das Verständnis für einen neuen Partner, der sämtliche Logistikaktivitäten integriert, geprägt und kommuniziert wird.

Zusätzlich zur organisatorischen Restrukturierung humanitärer Versorgungsketten bietet der Technologietransfer Potenzial durch geographische und verkehrslogistische Alternativen. Die in Abbil-

---

52 Vgl. Baumgarten, Darkow und Zadek (2004)
53 Vgl. Schulz (2008)
54 Autoren, in Anlehnung an UNICEF (2009)

dung 9 dargestellten Alternativen verdeutlichen dies anhand des Beispiels ostafrikanischer Versorgungsketten. Direktverkehre werden mittels durchgängiger Linien, Feederverkehre mittels unterbrochener Linien abgebildet.

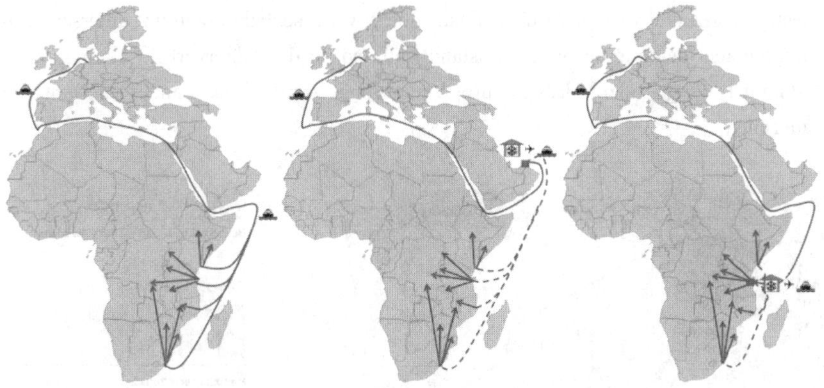

Alternative 1: Direktverkehre | *Alternative 2: Zentralhub in Dubai* | *Alternative 3: Regionalhubs in Afrika*

Abbildung 9: Verkehrslogistische Alternativen am Beispiel Ost- und Südafrika

Die im linken Teil betrachteten Direktverkehre per Schiff von Europa nach Kenia, Tansania, Mosambik und Südafrika sowie die anschließende regionale Verteilung, bei welcher der Verkehrsträger Straße den größten Teil ausmacht und gegenwärtig nur teilweise die Bahn genutzt werden kann, haben den Vorteil, dass sie flexibel, z. B. auf politische Instabilitäten in einem der Länder reagieren können. Allerdings sind sie kostenintensiv und stellen die afrikanischen Zielhäfen vor das Problem, große Schiffe abfertigen zu müssen, was Hafeninfrastruktur und -umschlagskapazitäten häufig überfordert. Lange Wartezeiten anderer Schiffe vor dem Hafen und Verzögerungen beim Löschen der Ladung sind die Folge.

Alternative 2 bildet einen Zentralhub in Dubai ab. Dubai eignet sich aufgrund seiner geographischen Nähe und aufgrund der vorhandenen Infrastruktur, Lager-, Kühl-, und Umschlagkapazitäten für diese Funktion. Von hier aus werden die ostafrikanischen Häfen über Feederverkehre angelaufen, wodurch sie in der Abfertigung der kleineren Feederschiffe entlastet werden und die gesamte Versorgungskette beschleunigt wird.

Weiterhin besteht die Möglichkeit, einen afrikanischen Hafen durch Investitionen in die Hafeninfrastruktur, wie Containerbrücken, Lager- und Kühlhäuser, sowie in die Hinterlandanbindung zu einem Regionalhub auszubauen, der die anderen afrikanischen Häfen über Feederverkehre versorgt. Die kürzeren Verbindungen zu den Senken der Versorgungskette erlauben eine schnelle Reaktion auf Veränderungen in der Versorgungslage und fördern zudem das Wirtschaftswachstum der Region. Voraussetzung ist in diesem Fall die Wahl eines politisch stabilen Standorts, da Faktoren wie Robustheit und Sicherheit im humanitären Sektor verstärkt als Gestaltungskriterien einzubeziehen sind.

Die regionale und lokale Verteilung ist aufgrund der allgemein schlechten Straßen- und Bahninfrastruktur in Entwicklungsländern von zentraler Bedeutung. Als Beispiel sei an dieser Stelle Tansania genannt. Von den 41 Mio. Einwohnern des Landes leben 39 Prozent unter der Armutsgrenze, 44 Prozent der Bevölkerung sind unterernährt. Von den rund 85.000 km Straßen sind nur gut 5.500 km befestigt. Das Land verfügt darüber hinaus über zwei Eisenbahnlinien mit unterschiedlicher Spurweite, die aber beide in desolatem Zustand sind und für den Güterverkehr kaum genutzt werden. Abbildung 10 zeigt zudem, dass die drei Versorgungskorridore des Landes allesamt von Daressalam ausgehen.

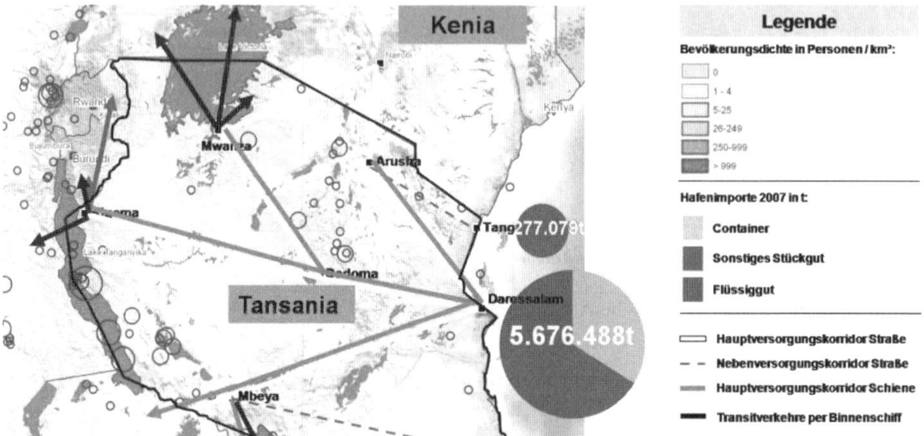

Abbildung 10: Versorgungskorridore, Beispiel Tansania[55]

Südlicher Korridor (Daressalam-Mbeya)	970 km
Zentraler-Korridor (Daressalam-Kigoma)	1250 km
Nördlicher Korridor (Daressalam-Mwanza)	1050 km

Wegen der desolaten Infrastruktur beginnen Spediteure mit Lieferungen in die Region des Viktoriasees bereits, über Kenia auszuweichen. Diese Routenführung ist trotz Umweg und trotz der erforderlichen Transitgenehmigung schneller als die ursprüngliche Route über Dodoma nach Mwanza.

Um derartige Situationen zu vermeiden sind nicht nur Infrastrukturinvestitionen, wie der Bau von befestigten Straßen, der Einsatz von Feederschiffen auf Binnenseen, die Konstruktion von Container-Depots im Hafen und Inland usw. sowie die Ertüchtigung vorhandener Infrastrukturen, wie z. B. Lager- und Umschlagvorrichtung, Eisenbahnen etc. notwendig. Zudem sind auch unkonventionelle Verkehrsträger wie z. B. Fahrräder in die verkehrslogistische Planung einzubeziehen.

Neben der Optimierung der physischen Ströme von Hilfsgütern und Hilfsmitteln stellt die Verfügbarkeit der hierfür erforderlichen Informationen eine besondere Herausforderung dar. Eine mög-

[55] Vgl. Baumgarten (2009)

lichst genaue und effiziente Planung erfordert ein konkretes Mengengerüst zur Einschätzung der aktuell benötigten und der für die Zukunft erwarteten Warenströme – und daraus folgend die notwendigen Logistikstrukturen, wie Transport- und Kühlketten, Depots, Infrastrukturen und andere. IT-Systemen wird für eine exakte Bedarfsanalyse eine wichtige Rolle zugesprochen. Sie dienen der verbesserten Bedarfs- und Bestandsanalyse, transparenten Gestaltung von Einkaufsaktivitäten, Transparenz von Güter-, Informations- und Finanzströmen, der Reduktion von Verwaltungskosten und vielem mehr.[56] Diese Vorteile setzen allerdings voraus, dass eine durchgängige und flächendeckende IT-Infrastruktur gegeben ist, die auf ländlicher oder kommunaler Ebene aber in den seltensten Fällen anzutreffen ist. Die meiste Kommunikation findet hier nach wie vor auf Papierbasis oder per Mobiltelefon statt. Die Erhöhung der Leistungsfähigkeit der versorgungslogistischen Systeme ist daher nicht über Hightech-IT zu erreichen. Stattdessen sind zunächst die Grundvoraussetzungen für eine durchgängige Kommunikation, in diesem Falle also die Schnittstellen zwischen den verschiedenen Technologien, z. B. über die Einbindung von Mobiltelefonen, zu schaffen.

Die Leistungssteigerung der versorgungslogistischen Systeme hat neben Verbesserung der Alltagssituation für die Bevölkerung zudem den Vorteil einer verringerten Anfälligkeit für akute Katastrophen. Wo langfristig stabile Entwicklungsprogramme in Transport und Logistik bereits bestehen, kann kurzfristige Katastrophenhilfe aufgesetzt werden.

Wissenstransfer: Das Ziel des Wissenstransfers ist die Übertragung von angepasstem logistischen Fachwissen an Wissensmultiplikatoren in Entwicklungsländern unter Berücksichtigung der aus dem Technologietransfer gewonnenen Ergebnisse. Das angepasste Wissen wird unter den beteiligten Akteuren verbreitet, um ein umfassendes Verständnis für die logistischen Zusammenhänge unter der Prämisse unzureichender Infrastruktur zu entwickeln.

Hungerprobleme können langfristig nicht durch Nahrungsmittelhilfe oder Agrarsubventionen gelindert werden, sondern durch das Leisten der „Hilfe zur Selbsthilfe". Um die Eigeninitiative durch die Bevölkerung zur Verbesserung der Versorgungssituation überhaupt erst zu ermöglichen, muss ihnen das logistische Know-how zur Verfügung gestellt werden. Wissen ist ein wichtiger Rohstoff, mit dem die dortigen Probleme bewältigen werden können und bildet durch den Transfer von logistischem Wissen den Schlüssel für eine nachhaltige Entwicklung.

Dazu sollten Universitäten, Bildungseinrichtungen und andere Institutionen in betroffenen Regionen beim Aufbau von logistischen Aus- und Weiterbildungsprogrammen helfen und den Wissenstransfer durch den Austausch von Lehrenden und Studierenden unterstützen. Ausgehend vom vollzogenen Wissenstransfer kann das Wissen anschließend durch die vor Ort Ausgebildeten gebündelt und angewendet werden. Es wird den bedürftigen Menschen ermöglicht, selbstständig infrastrukturelle und logistische Problemstellungen zu lösen und eigene Konzepte zur Verbesserung der Lage, wie beispielsweise Konzepte zur Versorgung der Bevölkerung, Hafenlogistik und weitere, zu erarbeiten.

---

56 Vgl. Howden (2009)

Gemeinsamkeiten der Länder in Subsahara-Afrikas sind die unzureichende IT- und Transportinfrastruktur, fehlende Aus- und Weiterbildungskapazitäten im Bereich Logistik, fehlender Zugang zu internationalen Forschungsartikeln sowie die fehlende Einbindung in internationale Netzwerke zum Wissensaustausch mit Forschern und Praktikern. In den letzten Jahren versuchte eine Vielzahl von Bildungseinrichtungen, Managementkurse nach dem Vorbild führender Industriestaaten aufzubauen. Allerdings gelang dies nur mit mäßigem Erfolg, da die Übertragbarkeit von Logistikkonzepten führender Industriestaaten auf Entwicklungsländer ohne Anpassung nicht erfolgreich sein kann, sondern im Gegenteil zu Irritationen bei Lehrenden und Studierenden führt. Lehrkonzepte, die nicht auf die länderspezifische Realität angewendet werden können, sind daher zu überdenken und anzupassen. Andernfalls muss davon ausgegangen werden, dass Bildungsträger ihr erworbenes Wissen nicht an der Stelle anwenden können, wo es benötigt wird und vorhandene Versorgungsprobleme auch langfristig nicht eigenständig gelöst werden können.

Überlagert werden die genannten Problembereiche durch die länderspezifischen politischen und kulturellen Rahmenbedingungen, welche die Generierung und Anwendung von Logistikwissen erschweren. Um den genannten Herausforderungen begegnen zu können, ist deshalb eine substantielle Änderung der Curricula in Logistik unter den gegebenen länderspezifischen Rahmenbedingungen notwendig. Desweiteren muss ein geeignetes Wissensmanagementsystem entwickelt werden, welches Wissensträgern aus Wissenschaft und Praxis die Möglichkeit eröffnet. Erfahrungen und Kenntnisse zu teilen, zu koordinieren und weiterzuentwickeln.

Der Prozess der Wissensgenerierung vollzieht sich über mehrere Stufen. Aus einer anfangs ungeordneten Datenmenge, welche aus Statistiken oder Fakten bestehen kann, werden durch zielgerichtete Analysen Informationen gewonnen. Dabei ist kritisch zu unterscheiden, welche Daten für den weiteren Verlauf wichtig sind. Aus der zweckgerichteten Analyse und Bearbeitung der Daten ergeben sich die benötigten Informationen, welche durch routinierte Anwendung zu Wissen wird. Die Kommunikation, beispielsweise in der Interaktion mit der lokalen Bevölkerung, ist notwendig, um Wissen bzw. Informationen zielgerichtet zu verarbeiten. In der Zusammenarbeit mit anderen Wissensträgern wird Wissen geteilt, angepasst und weiterentwickelt. Der Prozess lässt sich beliebig wiederholen und führt durch neue Informationen zur Ergänzung des bestehenden Wissens.

In welcher Weise der Wissenstransfer vollzogen werden kann, soll am Beispiel Tansanias gezeigt werden. Tansania verfügt selbst für afrikanische Verhältnisse über eine sehr niedrige Bruttoimmatrikulationsrate[57] von 1,5 Prozent, wohingegen Deutschland über eine Bruttoimmatrikulationsrate von 46 Prozent verfügt.[58]

---

[57] Die Bruttoimmatrikulationsrate gibt den Anteil von Immatrikulierten in der Altersgruppe der 18-22 Jährigen an.

[58] Vgl. Ministerium für höhere Bildung, Tansania (2008); UNESCO (2009); Statistisches Bundesamt

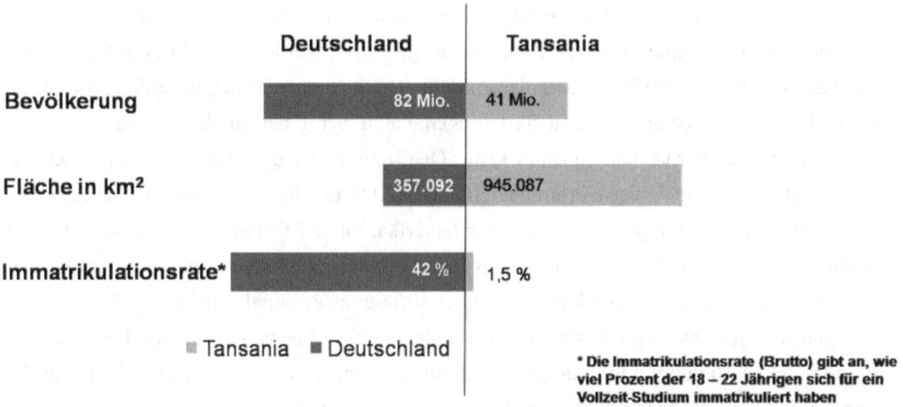

Abbildung 11: Vergleich Tansania und Deutschland – Bevölkerung, Fläche und Immatrikulationsrate[59]

In Tansania werden an fünf Hochschulen zehn Logistikprogramme angeboten, in Deutschland hingegen werden an 37 Hochschulen 54 Logistikprogramme angeboten, unter Einbezug von Studiengängen mit logistikrelevanten Schwerpunkten erhöht sich diese Zahl erheblich.[60] Im Jahr 2007 schlossen in Tansania rund 50 Studierende ein Logistikstudium ab,[61] in Deutschland hingegen waren es 1.300 Absolventen, unter Berücksichtigung aller logistikrelevanten Studiengänge lässt sich die Zahl sogar auf über 11.000 erhöhen.[62]

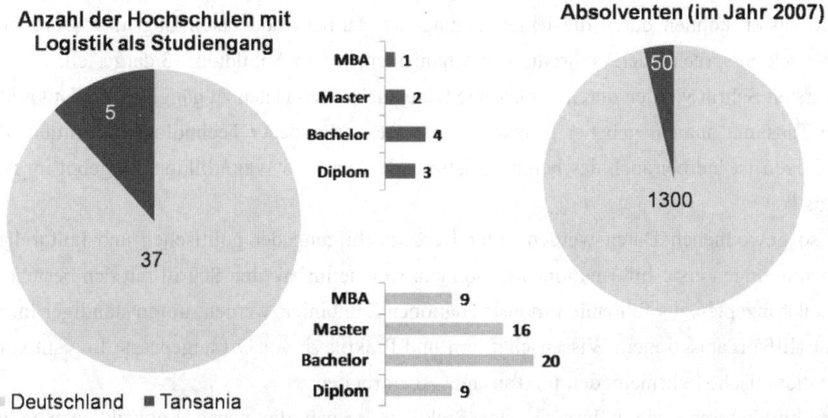

Abbildung 12: Logistikausbildung in Tansania und Deutschland[63]

---

[59] Vgl. Baumgarten (2009)
[60] Vgl. Baumgarten, Hildebrandt (2008); Eigene Recherche
[61] Eigene Recherche
[62] Vgl. Baumgarten, Hildebrand (2008)
[63] Vgl. Baumgarten (2009)

Dennoch hat sich die Immatrikulationsrate in Tansania in den letzten 20 Jahren um rund 30 Prozent erhöht, sodass von einer weiteren Zunahme ausgegangen werden kann. Dies gilt umso mehr aufgrund der seit 2001 kostenfreien Grundausbildung. Doch gerade die steigende Zahl von Studierenden stellt das Land vor große Herausforderungen, da zu wenig personelle Ressourcen zur Ausbildung Studierender vorhanden sind und keine Qualifizierungsmöglichkeiten für Hochschulabsolventen bestehen. Üblicherweise promovieren und habilitieren die einheimischen Professoren an ausländischen Universitäten in Europa oder Nordamerika, mit der Gefahr, dass etliche nicht in ihr Heimatland zurückkehren. So ist es kaum verwunderlich, dass Vorlesungen an Universitäten, dies gilt besonders für die Logistik, durch nur bedingt qualifiziertes Personal gehalten wird.

Ausreichend angepasstes Logistikwissen wird weder in Unternehmen (Weiterbildung) noch an wissenschaftlichen Bildungseinrichtungen (Ausbildung) angewendet bzw. gelehrt. Fehlende Kooperationen zwischen Praxis und Wissenschaft sowie innerhalb der jeweiligen Bereiche erschweren die Generierung und Weiterentwicklung angepassten Logistikwissens zusätzlich. Logistische Lehrinhalte entsprechen nicht der vorgefundenen Realität, sodass eine effiziente Anwendung des Wissens verhindert wird.

Lehrmaterialen sind oftmals veraltet und entsprechen nicht den aktuellsten Forschungsergebnissen. Die fehlende bzw. unzureichende IT-Infrastruktur verhindert den Austausch mit internationalen Forschern sowie die Lektüre angesehener Logistikjournals.

Tansania verfügt zudem nicht über ausreichend Forschungskapazitäten, um passende Logistikkonzepte zu erarbeiten, welche einerseits zur Verbesserung der Versorgungssituation im Land angewendet werden könnten, andererseits zur Unterstützung ökonomischer Aktivitäten, sodass die führenden Industriestaaten im Rahmen ihrer gesellschaftlichen Verantwortung hier Hilfe zur Selbsthilfe leisten können durch die Unterstützung des Aufbaus adäquaten Logistikwissens und dem Aufzeigen entsprechender Verbreitungsmechanismen, wie in Abbildung 13 dargestellt.

In einem ersten Schritt werden durch empirische Untersuchungen Daten zu gängigen Logistikpraktiken von Tansania unter gegebener Infrastruktur sowie vorhandener Technologien ermittelt. Zu berücksichtigen ist hierbei auch das bereits existierende Aus- und Weiterbildungsangebot im Bereich Logistik.

Aus den so gewonnenen Daten werden unter Berücksichtigung der politischen und kulturellen Rahmenbedingungen erste Informationen gewonnen, welche im zweiten Schritt mit den bestehenden Logistikkonzepten aus führenden Industrienationen kombiniert werden, um in ständiger Interaktion mit Hilfsorganisationen, Wissenschaftlern und Praktikern vor Ort angepasste Logistikkonzepte und didaktische Lehrmethoden für Tansania zu erarbeiten.

Wissensmultiplikatoren, wie Lehrende oder Praktiker, tragen die neuen Logistikkonzepte an Hochschulen und Unternehmen. Netzwerke werden errichtet zur Interaktion von Lehrenden, Praktikern und Studierenden. Internationale und nationale Kooperationen dienen dem ständigen Wissensaustausch und der Weiterentwicklung von Logistikkonzepten.

Durch die Kommunikation und Kooperation der verschiedenen Akteure werden neue Informationen in das System eingespeist und durch Anwendung zu neuem Wissen. Ausgehend vom so vollzogenen Wissenstransfer kann das Logistikwissen durch die Anwendung und Verbreitung sowie die Diskussion in Netzwerken durch nationale und internationale Akteure aus Wissenschaft, Praxis und Hilfsorganisationen kontinuierlich weiterentwickelt und den sich ständig veränderten Rahmenbedingungen des Landes angepasst werden.

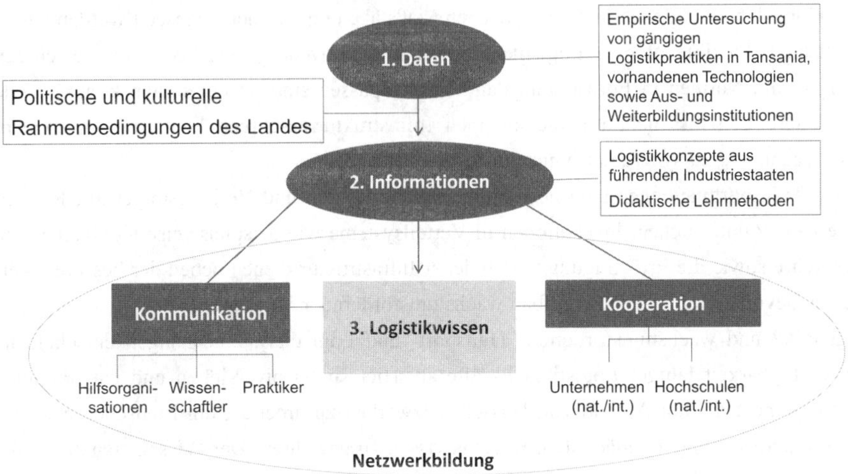

Abbildung 13: Wissenstransfer[64]

3 Ausblick

Um die notwendigen politischen, sozialen und ökonomischen Weichen zu stellen, fehlen den Entwicklungsländern, insbesondere in Subsahara-Afrika die finanziellen Mittel, die Erfahrungen und das Wissen. Die betroffenen Staaten und ihre Bevölkerung bleiben daher auf absehbare Zukunft auf Hilfe von außen angewiesen, um Hungersnöte und Versorgungsengpässe zu überwinden. Diese Unterstützung darf allerdings nicht den Anreiz der Bevölkerung zur Selbstversorgung verdrängen. Entwicklungsbemühungen sollten die akuten Symptome lindern – indem sie dort ansetzen, wo sich Menschen nicht aus eigener Kraft versorgen können – aber gleichzeitig auch Instrumente für die Hilfe zur Selbsthilfe an die Hand geben.

Die Logistik kann hierbei einen entscheidenden Beitrag leisten. Sie fördert aufgrund ihrer globalen Vernetzung im Produktions-, Handels- und Verkehrsbereich die Entwicklungsbemühungen eines Landes nach außen, bietet über eine Verbesserung des Marktzugangs für die Bevölkerung gleichzeitig auch Potenzial für die innere Entwicklung eines Landes.

Dieser gesellschaftlichen Verantwortung ist sich die Logistik noch nicht ausreichend bewusst. Es kann nicht sein, dass die Ersatzteilversorgung von Anlagen und Automobilfabriken besser gelingt als die Versorgung hungernder Menschen. Hier fällt ein deutlicher Schatten auf die Logistik der Industriestaaten.

---

64 In Anlehnung an Tomasini, Wassenhove (2009), Autoren

Der vorliegende Beitrag ist nur ein Ansatz, der gesellschaftlichen Verantwortung mehr gerecht zu werden. Durch die Kombination von Technologie- und Wissenstransfer stellt er Instrumente für die aktive Bekämpfung des Hungers als auch für die Hilfe zur Selbsthilfe bereit.

In Entwicklungsländern können nicht die gleichen Maßstäbe und Normen angesetzt werden wie in Industriestaaten. Flexible globale Logistikstandards sind notwendig, welche an die jeweiligen Erwartungen und Normen in Entwicklungsländern anzupassen sind. Dabei sollten kommerzielle und humanitäre Logistik nicht um die knappen Infrastrukturressourcen konkurrieren, sondern Netze und Technologien synergetisch nutzen.

Alternative Transportplanungen sind notwendig, welche Routen und Verkehrsträger auf Kosten- und Zeiteffizienz untersuchen. Investitionen in Verteilsysteme wie beispielsweise Kühlketten und Feederverkehre sowie die Ertüchtigung vorhandener Infrastruktur dienen neben der besseren Versorgung der Bevölkerung auch zum Aufbau wachstumsfördernder Strukturen.

Leistungsstarke und wachstumsfördernde Transport- und Logistiksysteme hängen entscheidend von der Verfügbarkeit fähiger Logistikfachkräfte ab. Hier sind Universitäten und Unternehmen aufgerufen, gemeinsam am Aufbau von Wissensnetzwerken zu arbeiten, um Menschen aus Entwicklungsländern Zugang zu adäquatem Logistikwissen zu gewähren. Der Wissenstransfer in die bedürftigen Länder wird mittels Austausch von Wissenschaftlern, gemeinsamer Durchführung von Workshops und Lehrveranstaltungen sowie partnerschaftlichen Entwicklung angepasster Lehrinhalte ermöglicht, um so neue Kapazitäten im logistischen Aus- und Weiterbildungsbereich zu schaffen.

Schafft es die Logistik, mehr initiativ zu werden und ihrer gesellschaftlichen Verantwortung besser gerecht zu werden, so kann sie maßgeblich zur Versorgungssicherheit in Entwicklungsländern beitragen und Instrumente zum nachhaltigen Aufbau der Nationalökonomien liefern.

Literatur

Baumgarten, H. (2008). Das Beste in der Logistik - Auf dem Weg zu logistischer Exzellenz. In H. Baumgarten (Hrsg.), Das Beste der Logistik: Innovationen, Strategien, Umsetzungen. S. 11-19. Berlin, Heidelberg: Springer Verlag.

Baumgarten, H. (2009). Humanitäre Logistik: Eine Herausforderung in Entwicklungs- und Schwellenländern, Vortrag auf dem 8. Logistiktag der Kühne-Stiftung, 16. November 2009. Berlin.

Baumgarten, H., Darkow, I.-L., und Zadek, H. (2004). Strategien für Logistik-Dienstleister. In H. Baumgarten, I.-L. Darkow und H. Zadek (Hrsg.), Supply Chain Steuerung und Services, S. 167-178. Berlin, Heidelberg: Springer Verlag.

Baumgarten, H., und Hildebrand, W.-C. (2008). Studium Logistik - Akademische Ausbildung und Führungskräftenachwuchs in der Zukunftsbranche Logistik. Berlin.

Below, R., Grover-Kopec, E., und Diley, M. (2007). Documenting Drought-Related Disasters: A Global Reassessment. The Journal of Environment and Development, 16(3), S. 328-344.

Chen, S., und Ravallion, M. (2009) Weakly Relative Poverty. Policy Research Working Paper Nr. 4844, The Worldbank. Washington D.C.

Em-Dat (2009). Abgerufen am 24. November 2009 um 15:30 Uhr, unter www.em-dat.be

FAO (2009). Hunger. Abgerufen am 24. November 2009 um 11:50 Uhr, unter www.fao.org/hunger/en/

Gustavsson, L. (2003). Humanitarian logistics: context and challenges. Forced Migration Review, (18), S. 6-8.

Howden, M. (2009). How Humanitarian Logistics Information Systems Can Improve Humanitarian Supply Chains: A View from the Field, Proceedings of the 6th International ISCRAM Conference. Göteborg.

Karshenas, M. (1998). Capital Accumulation and Agricultural Surplus in Sub-Saharan Africa and Asia. In U. W. Paper (Hrsg.). Genf.

Klaus, P. (2008). Märkte und Marktentwicklung der weltweiten Logistikdienstleistungswirtschaft. In H. Baumgarten (Hrsg.), Das Beste der Logistik: Innovationen, Strategien, Umsetzungen. S. 335-350. Berlin, Heidelberg: Springer Verlag.

Kovacs, G., und Spens, K. (2009). Identifying challenges in humanitarian logistics. International Journal of Physical Distribution and Logistics Management, 39(6), S. 506-528.

Mohammed, E. O., und Rahman, B. A. A. (2003). Hazards in Africa: trends, implications and regional distribution. Disaster Prevention and Management, 7(2), S. 103-112.

Oloruntoba, R., und Gray, R. (2006). Humanitarian aid: an agile supply chain? Supply Chain Management: An International Journal, 11(2), S. 115-120.

Oloruntoba, R., und Gray, R. (2009). Customer service in emergency relief chains. International Journal of Physical Distribution and Logistics Management, 39(6), S. 486-505.

Pettit, S., und Beresford, A. (2009). Critical sucess factors in the context of humanitarian aid supply chains. International Journal of Physical Distribution and Logistics Management, 39(6), S. 450-468.

Pfohl, H.-C., Köhler, H., und Röth, C. (2008). Wert- und innovationsorientierte Logistik - Beitrag des Logistikmanagements zum Unternehmenserfolg. In H. Baumgarten (Hrsg.), Das Beste der Logistik: Innovationen, Strategien, Umsetzungen. S. 91-102. Berlin, Heidelberg: Springer Verlag.

Rickard, J. (2003). A logistician's plea. Forced Migration Review, (18), S. 9.

Schmeling, U. (2009). Der Bedarf an Hilfstransporten steigt. Internationale Transport Zeitschrift, Nr. 21/22.

Schulz, S. F. (2008). Disaster Relief Logistics: Benefits of and Impediments to Cooperation between Humanitarian Organizations. Schriftenreihe Logistik der Kühne-Stiftung Band 15, Bern: Haupt Verlag.

Schulz, S. F. (2009). Effizienzsteigerung in der Katastrophenlogistik, Vortrag auf dem 8. Logistiktag der Kühne-Stiftung, 16. November 2009. Berlin.

Tomasini R., Wassenhove v. L. (2009). Humanitarian Logistics. New York: INSEAD Business Press und Palgrave Macmillan.

Transparency International. (2009). Corruption threatens global economic recovery, greatly challenges countries in conflict. Abgerufen am 29. November 2009 um 08:48 Uhr, unter http://www.transparency.org/news_room/latest_news/press_releases/2009/2009_11_17_cpi2009_en

Tufinkgi, P. (2004). Logistik im Kontext internationaler Katastrophenhilfe. Dissertation, Technische Universität Berlin.

UNESCO (2006). Institute for Education in EdStats 2006.

UNICEF (2006). Progress for children (4. Auflage).

UNICEF (2009). Supplying Ready-to-Use Therapeutic Foods to the Horn of Africa.

Weltbank (2000). Can Africa Claim the 21st Century? Washington D.C.

Weltbank (2001). Engendering development: Through gender equality in rights, resources, and voice. Washington D.C. and Oxford: The World Bank and Oxford University Press.

Weltbank (2007). Connecting to Compete - Trade Logistics in the Global Economy: the Logistics Performance Index and its Indicators. Washington D.C.

Weltbank (2010). Connecting to Compete 2010 - Trade Logistics in the Global Economy: the Logistics Performance Index and its Indicators. Washington D.C.

Rudolf Large[*]

Nachhaltigkeit und Logistik – Überlegungen zur normativen Ebene des Logistikmanagements

[*] Prof. Dr. Rudolf O. Large ist Professor für Allgemeine Betriebswirtschaftslehre und Dienstleistungsmanagement, insbesondere Logistik, an der Universität Stuttgart. Seine Hauptforschungsgebiete liegen derzeit in den Bereichen Logistik, Beschaffung und Nachhaltigkeitsmanagement. Er ist Autor von drei Büchern und von zahlreichen Fachaufsätzen, die in internationalen Zeitschriften erschienen sind. Sein Lehrbuch „Strategisches Beschaffungsmanagement“ wurde 2009 in vierter Auflage veröffentlicht.

1 Begriff und Notwendigkeit des normativen Logistikmanagements

Das normative Management findet seinen Platz neben der operativen und der strategischen Handlungsebene des Managements und beschäftigt sich mit grundlegenden Wertfragen der Unternehmensführung und somit vor allem mit unternehmenspolitischen Wert- und Interessenkonflikten (Ulrich/Furi, 1995, S. 21). Das Grundproblem des normativen Managements besteht in der „Uneinigkeit über die normativen Grundsätze und Zwecke der Unternehmung, insbesondere über die Verteilung der (materiellen und immateriellen) Nutzen und Kosten des unternehmerischen Handelns auf die verschiedenen Beteiligten und Betroffenen“ (Ulrich/Furi, 1995, S. 21).

Darauf aufbauend unterscheidet auch Pfohl (2004, S. 23-25) drei Handlungsebenen des Logistikmanagements. Das operative Logistikmanagement beschäftigt sich insbesondere mit der Planung und Steuerung von Logistikoperationen, z. B. dem außerbetrieblichen Transport oder der Kommissionierung in einem Lager. Das strategische Logistikmanagement plant, steuert und erhält die erforderlichen Fähigkeiten einer Organisation, um langfristig die Planung, Steuerung und Realisation der Logistikoperationen zu gewährleisten. Im Mittelpunkt des normativen Logistikmanagements stehen die grundlegenden Wertfragen der Logistik, die eine Verhaltensorientierung der Akteure ermöglichen sowie die Handhabung der vielschichtigen und ggf. auch widerstrebenden Interessen verschiedener Anspruchsgruppen (Pfohl, 2004, S. 24).

Der US-amerikanische Council of Supply Chain Management Professionals definiert Logistikmanagement als „that part of supply chain management that plans, implements, and controls the efficient, effective forward and reverses flow and storage of goods, services and related information between the point of origin and the point of consumption in order to meet customers' requirements” (http://cscmp.org/aboutcscmp/definitions.asp). Als einzige Anspruchsgruppe ist in dieser Definition die Gruppe der Kunden genannt und auch deren Ansprüche sind nicht näher spezifiziert. Diese Definition greift somit zu kurz, sofern die oben angerissene Sichtweise geteilt wird, dass Logistikmanagement auch Wert- und Interessenkonflikte in der Logistik benennen und bewältigen sollte. Zudem drängt sich die Frage auf, ob die Erfüllung von Kundenanforderungen hier nicht lediglich als Mittel zur Erreichung von Erwerbsinteressen, insbesondere der Kapitalgeber, angeführt wird und somit Interessenslagen zumindest nicht benannt werden.

Die Notwendigkeit eines normativen Logistikmanagements und die Notwendigkeit eines Diskurses über dessen mögliche Ausprägungen sind somit offensichtlich. Die Logistik ist nicht nur eine betriebliche Unterstützungsfunktion zur Sicherung des Unternehmenserfolgs und stellt nicht nur eine florierende Dienstleistungsbranche dar. Sie beeinflusst auch wesentlich die Lebensverhältnisse der Menschen in entwickelten Volkswirtschaften und darüber hinaus durch ihre Bedeutung für den globalen Warenaustausch die Lebensverhältnisse aller Menschen – auch in den so genannten Entwicklungsländern. Betriebliche Entscheidungen im Bereich der Logistik können sich deshalb positiv, jedoch auch negativ auf unser Leben und das Leben zukünftiger Generationen auswirken. Erforderlich ist deshalb ein gesellschaftlicher Diskurs über die Wertprämissen des Logistikmanagements. Dabei stellt sich aus wissenschaftstheoretischer Sicht auch die grundsätzliche Frage, welche Rolle der Betriebswirtschaftslehre bzw. ihren einzelnen Fachvertretern bei der Formulierung normativer Aussagen über das Logistikmanagement und insbesondere bei der Setzung der zugrundeliegenden Wertprämissen zukommt. Diese Frage soll im folgenden Abschnitt diskutiert werden.

2 Wertprämissen in der Betriebswirtschaftslehre als Wissenschaft

Möchte die Betriebswirtschaftlehre nicht nur beschreibende, erklärende und verstehende Wissenschaft sein, sondern auch gestaltend wirken, sind Wertprämissen und darauf aufbauende normative Aussagen unerlässlich. Die wissenschaftliche Betrachtung der Logistik kann zunächst völlig wertfrei erfolgen und sich dementsprechend auf die Formulierung von deskriptiven und explikativen Aussagen über die Realität beschränken. Normative Aussagen beziehen sich dagegen nicht auf das Sein, sondern auf das Sein-Sollen. Die Basis solcher Aussagen bilden Wertprämissen. Diese bilden die grundlegenden Orientierungen und Ziele menschlichen Handelns. Werden aus Wertprämissen in Verbindung mit deskriptiven und explikativen Aussagen Regeln abgeleitet, wie diese vorgegebenen Ziele erreicht werden sollen, erhalten normative Aussagen zudem präskriptiven Charakter. Handlungsempfehlungen sind nur auf Basis von Werturteilen möglich, da sonst ein sogenannter "naturalistischer Fehlschluss", also ein fälschlicher Schluss vom Sein auf das Sollen, vorliegt (Raffée, 1974, S. 71). Gehen Aussagen über "Informationen über prinzipielle Handlungsmöglichkeiten" (Schanz, 1988, S. 107) hinaus und stellen somit Handlungsempfehlungen zur Realisierung einer bestimmten Zielsetzung dar, dann muss der Aussagenkomplex mindestens ein Werturteil enthalten.

Den Ausweg aus diesem Dilemma – der Wunsch nach werturteilsfreier Wissenschaft zum einen und die Einsicht in die Notwendigkeit von Handlungsempfehlungen zum anderen – scheinen auf den ersten Blick die Vertreter der praktisch-normativen Betriebswirtschaftslehre gefunden zu haben (Heinen, 1969, S. 209-210). Das Werturteilsproblem wird umgangen, indem auf empirischem Wege die Ziele und somit die Wertebasis der betrieblichen Praxis erforscht werden. Diese Ziele sind sodann Ausgangspunkt für wissenschaftliche Handlungsempfehlungen. Allgemein akzeptierte Wertprämissen der „Praxis" kann es jedoch nicht geben, da die Praxis der Wirtschaft durch unterschiedliche Interessengruppen geprägt ist. Werden die Wertprämissen der „Praxis" mit denen der Kapitalgeber gleichgesetzt, folgt eine einseitig normative Ausrichtung der Betriebswirtschaftslehre. Ein Beispiel dafür ist die einseitige Orientierung an dem so genannten Shareholder Value.

Sowohl Vertreter einer wertfreien Wissenschaftskonzeption als auch solche, die offen für die Einbeziehung von Werturteilen in den Aussagenbereich der Betriebswirtschaftslehre eintreten, haben deshalb die Unvereinbarkeit von Wertfreiheit und normativen Aussagen aufgezeigt. Pfohl erkennt das Vorhandensein von Werturteilen auch in Aussagen über Mittel zur Zielerreichung und hält deshalb Versuche der Abgrenzung von praktisch-normativer und normativ-wertender Betriebswirtschaftslehre für nicht fruchtbar (Pfohl, 1977, S. 33-34). Schanz (1988, S. 105-106) greift die praktisch-normative Betriebswirtschaftslehre hauptsächlich aufgrund des seines Erachtens nach wie vor erfolgenden naturalistischen Fehlschlusses an. Raffée (1974, S. 74) weist dagegen auf die Wertbehaftetheit des praktisch-normativen Ansatzes aus anderen Gründen hin. Seine Hauptkritikpunkte sind versteckte Werturteile und die Vernachlässigung der kritischen Wissenschaftsfunktion dieses Ansatzes, der externe Wert- und Zielsetzungen übernimmt und darauf normative Aussagen aufbaut, ohne die Wertebasis einer kritischen Reflexion zu unterwerfen. Gerade im aktuellen Wissenschaftsbetrieb, der durch den Zwang zur Drittmitteleinwerbung auch von privaten Geldgebern geprägt ist, erhalten diese Argumente ein besonderes Gewicht. Damit setzt sich die praktisch-normative Betriebswirtschaftslehre dem Vorwurf der Parteilichkeit aus, der in den 70er Jahren seine Spitze in der Charakterisierung als "Waffe zur Verteidigung bestehender Herrschaftsstrukturen" (Hundt/Liebau, 1972, S. 235) fand. Die Hoffnung der praktisch-normativen Richtung, eine wertfreie Wissenschaft zu konzipieren, muss somit bei näherer Betrachtung als vergebens betrachtet werden.

Die ethisch-normative Betriebswirtschaftslehre bekennt sich dagegen offen zu Wertungen im Aussagenbereich ihrer Wissenschaft. Dies bedeutet nicht, dass die ethisch-normative Betriebswirtschaftslehre auf theoretische Aussagen verzichtet. Vielmehr tritt durch eine Verbindung deskriptiver und explikativer Aussagen mit begründeten Wertprämissen die Präskription als weitere Aussagenkategorie hinzu. Erst damit wird die Betriebswirtschaftslehre ihrer kritischen Wissenschaftsfunktion gerecht (Schönpflug, 1956, S. 78). "Wissenschaft nach dieser Auffassung steht der Praxis nicht neutral gegenüber; sie ergreift Partei, indem sie sich nicht scheut, Werturteile abzugeben und Mängel des Wirtschaftssystems als solche zu bezeichnen" (Hundt/Liebau, 1972, S. 225).

Im Gegensatz zu traditionellen Sichtweisen der ethisch-normativen Betriebswirtschaftslehre (z. B. Schär, 1921; Nicklisch, 1932; Kalveram, 1949) wird in dieser Abhandlung jedoch keineswegs der Anspruch erhoben, normative Aussagen auf Basis absoluter Normen aufzustellen, die "allen Subjekten gemeinsam sind und nach denen der Mensch die Welt der Wirklichkeit und die Welt der Sittlichkeit notwendig erbaut" (Schönpflug, 1956, S. 153). Auch übergeordnete Normen lassen sich nicht durch logische Schlüsse oder mit Hilfe von Aussagen über das Sein gewinnen (Küpper, 2005, S. 848) und können deshalb nicht den Anspruch der absoluten Wahrheit erheben. Allerdings können solche übergeordneten Wertprämissen zur Ableitung von Wertaussagen innerhalb der Betriebswirtschaftslehre herangezogen werden, die aus einem demokratisch legitimierten Diskussionsprozess hervorgegangen sind und somit eine breite Akzeptanz aufweisen. Küpper (2005, S. 848) führt dazu aus: „Die Regeln der Wirtschaftsordnung und die in einer Gesellschaft anerkannten Werte, wie sie insbesondere in den Grundrechten der Verfassung zum Ausdruck kommen, werden dann als moralische Basis betrachtet, die aufgrund ihrer Verankerung in Rechtsnormen oder ihrer allgemeinen Akzeptanz nicht weiter begründet werden.“ Dazu zählen aus Sicht des Autors insbesondere solche Wertprämissen, die in einem demokratisch legitimierten Prozess von der weltweiten Staatengemeinschaft gesetzt wurden, wie die im Folgenden näher zu betrachtende grundlegende Forderung einer nachhaltigen Entwicklung.

Auch bei einer derart deduktiven Vorgehensweise bleibt jedoch das Problem der Subjektivität bestehen. Prinzipiell kann lediglich der logische Schluss, nicht jedoch die übergeordnete Wertprämisse selbst wissenschaftlich begründet werden (Küpper, 2005, S. 848). Die Übernahme von grundlegenden Wertprämissen erfolgt selektiv, d.h. ein Wissenschaftler kann aus konkurrierenden

Wertprämissen, jene auswählen, die seinem Weltbild entsprechen. Deshalb müssen sich Vertreter der ethisch-normativen Betriebswirtschaftslehre offen zu den von ihnen ausgewählten Wertprämissen bekennen und ihre Auswahl argumentativ begründen. Stehen übergeordnete Wertprämissen nicht zur Verfügung oder mangelt es diesen an Legitimation und allgemeiner Akzeptanz, erwächst die Notwendigkeit der Diskussion normativer Aussagen innerhalb der Betriebswirtschaftslehre (Küpper, 2005, S. 837; Küpper, 2009, S. 786), um zumindest eine breite Zustimmung zu bestimmten Wertungen innerhalb der Disziplin zu erreichen.

Diese allgemeinen Aussagen lassen sich auch auf die Logistik als betriebswirtschaftliche Teildisziplin übertragen. Neben deskriptiven Aussagen über reale Logistiksysteme im Sinne einer Logistikphänomenologie und explikativen Aussagen zur Erklärung von Zusammenhängen zwischen einzelnen Elementen dieser Erscheinungen sind auch in der Logistik Aussagen möglich und nötig, die sich auf gewünschte Zustände dieser Systeme und insbesondere das zweckmäßige Verhalten der verschiedenen Akteure im Logistikprozess beziehen. Eine umfassende Wertprämisse, welche die Ansprüche eines breiten Spektrums gesellschaftlicher Gruppen berücksichtigt, ist das Konzept der nachhaltigen Entwicklung der gesamten Welt. Als relevante Anspruchsgruppe werden hierbei alle Menschen einschließlich zukünftiger Generationen betrachtet. Im folgenden Abschnitt wird deshalb das normative Konzept der nachhaltigen Entwicklung in seinen Grundzügen vorgestellt.

3 Konzept der nachhaltigen Entwicklung

Nachhaltige Entwicklung strebt die Befriedigung gegenwärtiger Bedürfnisse an, ohne die Möglichkeiten der Bedürfnisbefriedigung zukünftiger Generationen zu beeinträchtigen (Vgl. United Nations, 1987, S. 24). Kernaussage des Nachhaltigkeitskonzepts ist die Forderung nach einer gerechten Verteilung der Ressourcen und Entwicklungsmöglichkeiten auf dieser Erde. Die Bedürfnisbefriedigung der gesamten gegenwärtigen Menschheit bedingt die gerechte Verteilung von Ressourcen auf alle lebenden Menschen (intragenerative Gerechtigkeit). Hinzu tritt der Ausgleich von Lebens- und Entwicklungschancen zwischen heutigen und zukünftigen Generationen (intergenerative Gerechtigkeit).

Wie im vorangehenden Abschnitt gezeigt, ist das Ziel der Nachhaltigkeit empirisch oder logisch nicht zu begründen. Es handelt sich vielmehr um ein normatives Konzept, welches den Verzicht auf die ausbeuterische Realisation von kurzfristigem Nutzen zu Gunsten des Erhalts und des Aufbaus langfristig wirkender Nutzenpotenziale fordert. Die Idee der Nachhaltigkeit geht weit über einzelwirtschaftliche Überlegungen hinaus und bildet einen normativen Ansatz zur langfristigen potenzialorientierten Gestaltung der Lebensverhältnisse der Menschheit als Ganzes.

Allerdings kann nachhaltige Entwicklung auf dieser Erde nur dann realisiert werden, wenn einzelwirtschaftliche Einheiten – die Haushalte und die Unternehmen – dieses Prinzip im Rahmen ihrer Entscheidungen berücksichtigen. Dabei stellt sich die Frage, warum wirtschaftliche Akteure und in unserem Fall vor allem Logistikmanager, das Globalziel der Nachhaltigkeit verfolgen sollten. In der Literatur werden in der Regel als Hauptmotive für nachhaltiges Handeln externer Druck durch Gesetze und Verordnungen, die gewachsene Wachsamkeit der Öffentlichkeit sowie die ökologischen und sozialen Anforderungen der Kunden genannt (Vgl. Green/Morten/New, 1996, S. 190; Walton/Handfield/Melnyk, 1998, S. 2; Seuring/Müller, 2008a, S. 1703; Seuring/Müller, 2008b, S. 460). Besondere Bedeutung wird dabei der Übereinstimmung des Verhaltens einer Gesamtorganisation und des Verhaltens der einzelnen Mitglieder dieser Organisation mit den gesetzlichen Vorgaben, international anerkannten Standards und daraus abgeleiteten internen Regeln beigemessen, die vor allem im angelsächsischen Bereich mit dem Begriff der „Compliance" gekennzeichnet wird (siehe z. B. Baumöl, 2009). Ein Beispiel dafür ist die Selbstverpflichtung von Unternehmen, die zehn Prinzipien des Global Compacts der Vereinten Nationen (http://www.unglobalcompact.org/AboutTheGC/TheTenPrinciples/index.html) hinsichtlich der Achtung der Menschenrechte, der Einhaltung von humanen Arbeitsbedingungen, der Bewahrung der natürlichen Umwelt und der Korruptionsbekämpfung einzuhalten. Nachhaltigkeit sollte jedoch nicht nur eine Reaktion auf externen Druck sein. Die Idee nachhaltiger Entwicklung muss ihren Eingang in die Zielsysteme von Unternehmen vor allem durch strategisch denkende und verantwortungsbewusst handelnde Führungskräfte und Mitarbeiter finden.

Daneben haben einige Autoren versucht, positive Zusammenhänge zwischen nachhaltigem, insbesondere ökologischem Handeln und traditionellen ökonomischen Zielgrößen aufzudecken und damit das Ziel der Nachhaltigkeit auch aus einer kurzfristig rationalen Sicht heraus zu legitimieren (z. B. Rao/Holt, 2005). Obwohl dieser Ansatz durchaus geeignet ist, Manager für die Beschäftigung mit nachhaltiger Entwicklung zu motivieren, greift diese Diskussion dennoch zu kurz und verstellt eher die Sicht auf die Notwendigkeit langfristiger ökonomischer Rationalität. Nachhaltigkeitsziele sollten aus ethischen Gründen in das Zielsystem von Unternehmen aufgenommen werden und nicht, weil dadurch positive Wirkungen auf kurzfristige ökonomische Ziele erwartet werden. Nachhaltiges Wirtschaften ist ein Wert an sich und kein Mittel zur Erreichung kurzfristiger Zielsetzungen. Nachhaltigkeit als Zielsetzung ist gerade dann notwendig, wenn beabsichtigte Logistikaktivitäten zwar aus einzelwirtschaftlicher Perspektive rational sind, jedoch die Lebensgrundlagen zukünftiger Generationen wesentlich beeinträchtigen. In solchen Situationen wirken Nachhaltigkeitsziele als ein unerlässliches Korrektiv.

Nachhaltige Unternehmensentwicklung, die wiederum zu einer nachhaltigen Entwicklung der Gesamtwirtschaft beiträgt, erfordert das Eröffnen und Sichern von internen und externen Erfolgspotenzialen (vgl. Large, 2009, S. 30-38). Nachhaltiges Logistikmanagement steht somit für den Ausgleich zwischen gegenwärtigem Erfolg der Logistik und der Erfolgsrealisation in der Zukunft. Dabei handelt es sich jedoch nur um eine notwendige Bedingung, denn es können in der Unternehmenspraxis Logistiksysteme aufgebaut werden, die zwar wirtschaftlich rational und aus Unternehmenssicht sogar nachhaltig, jedoch trotzdem bedenklich oder sogar nicht akzeptabel sind, da sie die Lebensgrundlagen zukünftiger Generationen beeinträchtigen oder sogar zerstören. Ein Beispiel dafür sind Distributionssysteme, die eine sehr schnelle Belieferung von Kunden ermöglichen und dazu Verkehrsträger einsetzen, die einen hohen Energieverbrauch und damit zu hohen CO_2-Ausstoß aufweisen, obwohl häufig bei vorausschauender Disposition solche kurzen Lieferzeiten zur Bedürfnisbefriedigung der Endkunden nicht erforderlich sind. Die Möglichkeit der kurzfristigen Nachbestellung verleitet vielmehr zur Vernachlässigung der Planung und zur Verschiebung von Dispositionsentscheidungen, die über ein rational getriebenes Postponement hinausgeht. Deshalb werden im Konzept der Nachhaltigkeit neben der wirtschaftlichen Entwicklung auch der Erhalt der natürlichen Lebensgrundlagen sowie Fragen der sozialen Gerechtigkeit explizit berücksichtigt (Seuring/Müller, 2008a, S. 1702).

Als Folge davon lässt sich Nachhaltigkeit in drei interdependente Teilbereiche oder Ebenen auflösen: die ökonomische Ebene, die ökologische Ebene und die soziale Ebene (vgl. Dyllick/Hockerts, 2002, S. 132; Seuring/Müller, 2008a, S. 1700). Voraussetzung nachhaltiger Entwicklung auf wirtschaftlicher Ebene sind ein friedliches Miteinander der Völker sowie eine ausreichende wirtschaftliche und politische Stabilität, die durch den Aufbau wirtschaftlicher Potenziale eine langfristige Einkommenssicherung für alle Menschen ermöglicht. Nachhaltigkeit auf ökologischer Ebene erfordert den schonenden Umgang mit der natürlichen Umwelt bis hin zu einem bewussten Konsumverzicht, um natürliche Ressourcen für zukünftige Generationen zu erhalten. Hierdurch soll die permanente Regeneration natürlicher Ressourcen ermöglicht und somit der Auftrag der Bewahrung der Schöpfung – der letztlich an jedes einzelne Individuum gerichtet ist – erfüllt werden (Large, 1995, S. 27). Im Mittelpunkt der sozialen Ebene nachhaltiger Entwicklung steht der soziale Ausgleich innerhalb und zwischen den Generationen. Beispiele dafür sind die Forderungen nach einer Angleichung der Lebensverhältnisse und der offene Zugang zu Bildungsmöglichkeiten, der auch eine Voraussetzung wirtschaftlicher Entwicklung darstellt. Im folgenden Abschnitt soll nun gezeigt werden, dass es sich bei dem Konzept der nachhaltigen Entwicklung nicht nur um „eine gute Idee", sondern mittlerweile um eine durch einzelstaatliche Regelungen und internationale Vereinbarungen gesellschaftlich legitimierte Wertprämisse handelt.

4 Nachhaltige Entwicklung als gesellschaftlich legitimierte Wertprämisse

Eine explizite Aufforderung zur nachhaltigen Entwicklung enthält der Bericht der UN-Weltkommission für Umwelt und Entwicklung, der so genannte Brundtlandbericht (United Nations, 1987, S. 24). Darin wird das Konzept der nachhaltigen Entwicklung als Ansatz zur Armutsbekämpfung und ökologischen Stabilisierung angeführt. Grundlegende Wertprämisse ist die Forderung nach Befriedigung der gegenwärtigen Bedürfnisse der Menschheit, ohne die Möglichkeiten der Bedürfnisbefriedigung zukünftiger Generationen zu beeinträchtigen. Die Fähigkeit dazu setzt ein potentialorientiertes Wirtschaften, eine gerechte Verteilung von Ressourcen und Erzeugnissen sowie die Bewahrung der natürlichen Umwelt voraus. Auf der Konferenz der Vereinten Nationen über Umwelt und Entwicklung 1992 in Rio de Janeiro wurde von der Staatengemeinschaft eine Erklärung verabschiedet, welche die Forderung nach nachhaltiger Entwicklung als zentrale Wertaussage enthält. Unter anderem wird darin die zentrale Aussage formuliert, dass die einzelnen Staaten nicht nachhaltige Formen der Gütererzeugung beseitigen und das Konsumverhalten ihrer Bürger beeinflussen sollen, um eine höhere Lebensqualität für alle Menschen zu erreichen (United Nations, 1993, S. 4). Ergebnis dieser Konferenz war darüber hinaus ein globales Aktionsprogramm, die so genannte Agenda 21. In der Präambel der Agenda 21 wird die Verantwortung für die erfolgreiche Umsetzung primär den einzelnen Regierungen zugewiesen, die hierzu Strategien entwerfen, Pläne erstellen und Maßnahmen zu deren Realisation ergreifen sollen (United Nations, 1993, S. 12).

Durch einen Beschluss des Deutschen Bundestages vom 1. Juni 1995 wurde auf Antrag der Fraktion Bündnis 90/Die Grünen die Enquete-Kommission „Schutz des Menschen und der Umwelt - Ziele und Rahmenbedingungen einer nachhaltig zukunftsverträglichen Entwicklung" eingerichtet, die 1998 ihren Abschlussbericht vorlegte (Deutscher Bundestag, 1998). Dieser Bericht enthält bereits zahlreiche Vorschläge für Maßnahmen und Messgrößen zu einer Nachhaltigkeitsstrategie für die Bundesrepublik Deutschland. Die 2002 von der Bundesregierung vorgelegte nationale Nachhaltigkeitsstrategie baut deshalb wesentlich auf den Vorschlägen der Enquete-Kommission auf (Die Bundesregierung, 2002, S. 4). Darüber hinaus erfährt die Bundesregierung Unterstützung durch den Rat für Nachhaltige Entwicklung (Die Bundesregierung, 2002, S. 325). Der Rat wurde im April 2001 erstmals von der damaligen Bundesregierung berufen und 2007 neu zusammengesetzt. Die Aufgaben des Rates erstrecken sich auf die Benennung von konkreten Projekten und vor allem auf die Öffentlichkeitsarbeit. Zudem wirkt er als kritischer Gesprächspartner an der Weiterentwicklung der deutschen Nachhaltigkeitsstrategie mit.

Die nationale Nachhaltigkeitsstrategie umfasst neben Aussagen zum Leitbild der nachhaltigen Entwicklung und einzelnen Schwerpunkten vor allem eine ausführliche Darlegung von 21 so genannten Indikatorenbereichen und zugehörigen Indikatoren (Messgrößen).[1] Für jede der Messgrößen werden Vergangenheitswerte angeführt und Zukunftsziele definiert (Die Bundesregierung, 2002, S. 89-130). Mehrere dieser Indikatoren weisen einen direkten oder zumindest einen indirekten Bezug zur Logistik auf. Diese sind in Tabelle 1 zusammengefasst.

Der Erfolg der nationalen Nachhaltigkeitsstrategie wird durch die Selbstverpflichtung der Bundesregierung, erstmals 2004 und dann alle 2 Jahre dem Bundestag einen Fortschrittsbericht vorzulegen, überprüfbar. Entsprechend wurde der bisher letzte Fortschrittsbericht im Jahr 2008 veröffentlicht (Deutscher Bundestag, 2008b), der auf den Angaben des Indikatorenberichts des Statistischen Bundesamtes beruht (Statistisches Bundesamt, 2008). Das Statistische Bundesamt hat zwischenzeitlich eine Aktualisierung der Indikatorenwerte aus den Bereichen Umwelt und Ökonomie veröffentlicht (Statistisches Bundesamt, 2009). Auf Basis dieser beiden statistischen Veröffentlichungen zeigen sich die folgenden Zielerreichungsgrade und Entwicklungen:

- (2) Die Treibhausgasemissionen sind in den vergangenen Jahren zurückgegangen und erreichten im Jahr 2006 einen Indexwert von 81,6 und 2007 von 77,7. Damit wurde bereits 2007 das für 2010 gesetzte Klimaschutzziel erreicht.
- (4) Der tägliche Zuwachs der Siedlungs- und Verkehrsflächen betrug 2007 noch immer 113ha und hat sich damit gegenüber den Vorjahren kaum verändert. Der Zielwert von 30ha wird deshalb ohne gravierende Änderung der Ansprüche auf Wohn-, Verkehrs- und Gewerbeflächen nicht erreicht werden können.

1 Neben der nationalen Nachhaltigkeitsstrategie existiert auch eine Nachhaltigkeitsstrategie der Europäischen Union. Siehe dazu Eurostat, 2007; Commission of the European Communities, 2009.

Nr.	Indikatorenbereich	Indikatoren	Zielwert
2	Klimaschutz	Treibhausgasemissionen	Reduktion um 21 % gegenüber dem Jahr 1990 bis 2008/2012
4	Flächen-inanspruchnahme	Anstieg der Siedlungs- und Verkehrsfläche	Reduktion des täglichen Zuwachses auf 30ha bis 2020
9a	Bildung	18- bis 24-Jährige ohne Hochschulreife oder abgeschlossene Berufsausbildung	Verringerung des Anteils auf 9 % bis 2010 und 4,5 % bis 2020
11a	Mobilität	Gütertransportintensität	Absenkung auf 98 % gegenüber 1999 bis 2010 und auf 95 % bis 2020
11c	Mobilität	Anteil des Schienenverkehrs an der Güterbeförderungsleistung in tkm	Steigerung auf 25 % bis 2015
11d	Mobilität	Anteil der Binnenschifffahrt an der Güterbeförderungsleistung in tkm	Steigerung auf 14 % bis 2015
13	Luftqualität	Schadstoffbelastung der Luft	Verringerung auf 30 % gegenüber 1990 bis 2010
16a	Beschäftigung	Erwerbstätigenquote insgesamt (15 bis 64 Jahre)	Erhöhung auf 73 % bis 2010 und 75 % bis 2020
16b	Beschäftigung	Erwerbstätigenquote Ältere (55 bis 64 Jahre)	Erhöhung auf 55 % bis 2010 und 57 % bis 2020

Tabelle 1: Logistikrelevante Indikatoren und Zielwerte der nationalen Nachhaltigkeitsstrategie (Quelle: Deutscher Bundestag, 2008b, S. 208-210).

- (9a) Der Anteil der 18- bis 24-Jährigen ohne Hochschulreife oder abgeschlossene Berufsausbildung lag 2007 weitgehend unverändert bei 12,9 % und damit weit über dem Zielwert.
- (11a) Die Gütertransportintensität hat sich bis 2006 auf einen Wert von 114 erhöht und somit gegenläufig zur Zielsetzung entwickelt. Mit anderen Worten erhöhte sich in diesem Zeitraum die Güterbeförderungsleistung (tkm) stärker als das preisbereinigte Bruttoinlandsprodukt.
- (11c) Der Anteil des Schienenverkehrs an der Güterbeförderungsleistung in tkm erhöhte sich in den letzten Jahren leicht und erreicht 2007 einen Anteil von 18,1 %. Trotzdem ist eine Erreichung des Zielwertes von 25 % fraglich.
- (11d) Der Anteil der Binnenschifffahrt an der Güterbeförderungsleistung in tkm ging entgegen der Zielsetzung weiter zurück und lag 2007 nur noch bei 10,2 %.
- (13) Die Schadstoffbelastung der Luft ist in den vergangenen Jahren zurückgegangen und erreichte 2007 einen Indexwert von 43,9 (1990=100). Der wesentliche Rückgang war jedoch aufgrund technologischer Maßnahmen zu Beginn der 90er Jahre zu verzeichnen. Es ist deshalb fraglich, ob die erforderliche weitere Reduktion um rund 14 % bis 2010 erreicht werden kann.
- (16a) Die im Indikatorenbericht 2008 ausgewiesene Erwerbstätigenquote insgesamt (15 bis 64 Jahre) zeigt mit 69,4 % im Jahr 2007 eine positive Entwicklung.

- (16b) Die Erwerbstätigenquote 2008 Ältere (55 bis 64 Jahre) stieg 2007 deutlich auf 51,5 %.

Aufgrund der aktuellen Wirtschaftskrise und dem damit verbundenen Rückgang der Produktion werden sich diese Werte in den Jahren 2008 und 2009 wesentlich verändern. So ist konjunkturell einerseits z. B. mit positiven Effekten auf die Treibhausgasemissionen und die Schadstoffbelastung zu rechnen. Andererseits sind damit negative Einflüsse auf soziale Ziele verbunden. Außerdem dürfte die Gütertransportintensität eher steigen.

5 Handlungsfelder nachhaltigen Logistikmanagements

In den vorangegangenen Abschnitten wurde die Notwendigkeit eines normativen Logistikmanagements begründet und die Forderung nach einer nachhaltigen Entwicklung als gesellschaftlich legitimierte Wertprämisse eingeführt. Durch die Formulierung der nationalen Nachhaltigkeitsstrategie stehen zudem klar definierte und messbare Ziele zur Verfügung, deren Ausprägung regelmäßig überwacht wird. Aus dem Blickwickel eines normativen Logistikmanagements auf Basis dieser grundlegenden Wertprämisse stellt sich deshalb die Frage, wie das Logistikmanagement zur nachhaltigen Entwicklung und insbesondere zur Erreichung der Ziele der nationalen Nachhaltigkeitsstrategie beitragen kann. Deshalb sollen Anforderungen an das Logistikmanagement abgeleitet werden. Im Folgenden werden dazu exemplarisch fünf wesentliche Handlungsfelder nachhaltiger Entwicklung in der Logistik angerissen.

5.1 Handlungsfeld 1: Transportintensität verringern

Die Transportintensität wird als Quotient der Güterbeförderungsleistung im Inland (in tkm) und dem Bruttoinlandsprodukt gebildet. Eine konstante Transportintensität steht für ein proportionales Ansteigen der Güterbeförderungsleistung entsprechend der wirtschaftlichen Leistung. Ziel der nationalen Nachhaltigkeitsstrategie ist es, wirtschaftliches Wachstum ohne entsprechendes Anwachsen der Transportmengen und -strecken zu erreichen und somit die Wirtschaftsleistung und die Verkehrsleistung zu entkoppeln (Die Bundesregierung, 2002, S. 111). Im Gegensatz dazu ist auch nach 1999 die Transportintensität im Güterverkehr weiter angestiegen. Dies bedeutet, dass Wirtschaftswachstum nur durch ein überproportionales Ansteigen des Verkehrsaufkommens erreicht werden kann. Immer mehr Güter müssen über immer weitere Strecken transportiert werden, um Wachstum zu realisieren. Damit können sich die erfreulichen Rückgänge des Energieverbrauchs je Tonnenkilometer (Statistisches Bundesamt, 2008, S. 30) nicht mehr in der möglichen und nötigen Intensität auf den Klimaschutz und die Luftqualität auswirken.

Soll dieser Trend im Sinne der nationalen Nachhaltigkeitsstrategie umgekehrt werden, so ist eine Umkehr im Verhalten von Verbrauchern und produzierenden Unternehmen erforderlich. Eine Abnahme der Transportintensität kann vor allem durch eine konsequente Regionalisierung von Beschaffungs-, Produktions-, Absatz- und Konsumentscheidungen erzielt werden (Halldórsson/Kotzab/Skjøtt-Larsen, 2009, S. 91). Insbesondere das Beschaffungsmanagement muss bei der

Lieferantenwahl neben den offensichtlichen Vorteilen der internationalen Beschaffung auch jene der lokalen Beschaffung berücksichtigen (Large, 2009, S. 173-174). Die Supply Chain Management Konzeption und die darauf fußenden integrativen Advanced Planning Systems eröffnen die Chance der ganzheitlichen Optimierung von Beschaffungs-, Produktions- und Distributionssystemen zur Vermeidung oder zumindest Verkürzung von Transporten. Letztlich muss jedoch auch jeder Endverbraucher, d. h. jeder Einzelne von uns, überlegen, welche Produkte aus welchen Regionen der Welt er konsumieren möchte. Werden Überlegungen zur Reduktion von Transporten angestellt, darf jedoch nicht die Einbeziehung von Entwicklungsländern in den internationalen Handel (Nachhaltigkeitsziel 20) vernachlässigt werden (Die Bundesregierung, 2002, S. 130). Dies betrifft vor allem Staaten aus Afrika, der Karibik und dem pazifischen Raum.

5.2 Handlungsfeld 2: Flächeninanspruchnahme durch Logistik reduzieren

Obwohl der hohe Anstieg der Siedlungs- und Verkehrsfläche von derzeit 113ha pro Tag stark durch veränderte Wohnansprüche getrieben wird, kann auch die Logistik zur Reduktion der Flächeninanspruchnahme beitragen, denn die Produktion logistischer Leistungen ist flächenintensiv. Dies betrifft zunächst Transportaktivitäten. Die Versiegelung von Flächen und der zusätzliche Verbrauch von natürlichen Flächen sollte vermieden werden. Unternehmen können dazu durch eine Reduktion der Infrastrukturbelastung durch Transportvermeidung und durch eine bessere Ausnutzung von vorhandener Infrastruktur beitragen. Dies impliziert die konsequente Ladungszusammenfassung und Vermeidung von Leerfahrten, z. B. durch Nutzung von Transportbörsen oder die Fremdvergabe an Speditionssammelgutunternehmen mit entsprechend gut ausgelasteten Relationen. Ebenso empfiehlt sich die ernsthafte Überprüfung, ob Verkehrsträger mit vergleichsweise geringer Infrastrukturauslastung, insbesondere die Binnenschifffahrt, genutzt werden können.
Hinsichtlich der ökologischen Auswirkungen des Baus und des Betriebs von Lagerhäusern standen bisher eher die Auswirkungen auf das Transportvolumen und auf den Energiebedarf im Vordergrund (Pfohl/Hoffmann/Stölzle, 1992, S. 94). Allerdings findet auch durch die Errichtung neuer Lagerhäuser eine deutliche Flächeninanspruchnahme statt. Deshalb sollte der Bau neuer Lagerhäuser überdacht werden. Alternativen sind vor allem die Nutzung von leerstehenden Lagerhäusern sowie die Nutzung von so genannten Multi-user Warehouses. Falls solche Lösungen nicht angemessen erscheinen, sollte zumindest auf den Neubau auf der „grünen Wiese" verzichtet werden. In Deutschland bleiben über 5% der bestehenden Siedlungsfläche ungenutzt (Statistisches Bundesamt, 2008, S. 13). Deshalb sollte zunächst überprüft werden, ob bereits versiegelte Flächen, z. B. Industriebrachen, als Lagerstandorte genutzt werden können.

5.3 Handlungsfeld 3: Verkehrsträger unter Berücksichtigung von Kriterien nachhaltiger Entwicklung auswählen

Die Forderung, zur Reduktion von Umweltbelastungen eine bewusste Auswahl von Verkehrsträgern vorzunehmen, findet sich bereits in der frühen Literatur zum Zusammenhang von Logistik und Umweltschutz (Pfohl/Hoffmann/Stölzle, 1992, S. 96). Die nationale Nachhaltigkeitsstrategie fordert explizit eine Ausweitung der Anteile des Eisenbahnverkehrs und der Binnenschifffahrt an der Güterbeförderungsleistung, um so die Verkehrsverlagerung voranzutreiben (Die Bundesregierung, 2002, S. 112, 177-204). Durch eine Stärkung umweltfreundlicher Verkehrsträger sollen positive Effekte auf den Ressourcenverbrauch, den Klimaschutz und die Luftqualität nachhaltig realisiert werden. Hier sollte bei den Entscheidungsträgern der Industrie ein Umdenken einsetzen, das auch ggf. die Akzeptanz längerer Transportzeiten in die Überlegungen einschließt. Nicht jedes Produkt muss notwendigerweise in kürzester Zeit im Direktverkehr mit LKW zugestellt werden. Soll eine Verkehrsverlagerung auf die Bahn oder das Binnenschiff durch ungebrochene Verkehre erfolgen, sind direkte Zugänge zu diesen Verkehrssystemen, z. B. in Form von Gleisanschlüssen von Industriebetrieben oder Lagerhäusern, erforderlich. Diese Möglichkeiten sind jedoch heute aufgrund der in der Vergangenheit häufig gegen die Bahn und das Binnenschiff gefällten Standortentscheidungen begrenzt. Außerdem wurden auf Basis kurzfristiger Kostenüberlegungen in den letzten Jahrzehnten zahlreiche Gleisanschlüsse stillgelegt (Fischer, 2005, S. 546) und somit auch die Möglichkeit von Direkttransporten zwischen geeigneten Standorten beseitigt. Deshalb ergibt sich für Unternehmen die Notwendigkeit, statt auf ungebrochene vermehrt auf gebrochene und kombinierte Verkehre zu setzen. Damit fallen jedoch zusätzliche Kosten für die beteiligten Unternehmen und zusätzliche Umweltbelastungen für den Umschlag zwischen den Verkehrsmitteln an. Ebenso entstehen zusätzliche Koordinationskosten bei der Gestaltung der komplexeren Transportkette. Trotz Reduktion der Umschlagskosten und vereinfachter Abläufe im Kombiverkehr bleiben auch bei dieser Transportform die beiden grundsätzlichen Probleme – Totlasten und zusätzliche Umschlagsaktivitäten – bestehen. Darüber hinaus erfordert die Witterungsabhängigkeit der Binnenschifffahrt, vor allem außerhalb des Rheingebiets, i. d. R. Notpläne für jene Perioden, in denen die Schifffahrt aufgrund von Hoch- oder Niedrigwasser nicht durchgeführt werden kann.

5.4 Handlungsfeld 4: Arbeitsbedingungen in der Logistik dauerhaft verbessern

Ein weiteres aus dem Blickwickel nachhaltiger Entwicklung wesentliches Handlungsfeld sind die Arbeitsbedingungen vor allem von operativen Mitarbeitern der Logistik. Häufig wird „den Mitarbeitern ein Arbeitsplatz mit zunehmend ‚unsozialeren' Arbeitszeiten, schlechten Aus- und Weiterbildungsmöglichkeiten und mit wenig Unterstützung und Anerkennung durch das Management bei niedriger Bezahlung geboten" (Pfohl, 2005, S. 310). Aus Unternehmenssicht führt diese Situation dazu, dass Unternehmen Probleme haben, operative Logistikmitarbeiter zu finden (Pfohl, 2005, S. 315). Wird die Forderung nach nachhaltiger Entwicklung und insbesondere nach sozialer Gerechtigkeit erhoben, erhält eine solche Charakterisierung der operativen Arbeitsverhältnisse in der Logistik eine zusätzliche Brisanz. Deutlich wird die Situation operativer Logistikmitarbeiter auch am Index „Gute Arbeit" des Deutschen Gewerkschaftsbundes, der seit 2007 durch großzahlige schriftliche Befragungen von Arbeitnehmerinnen und Arbeitnehmern in Deutschland ermittelt wird. Im ersten Quartal 2009 wurden beispielsweise 7.930 Personen schriftlich befragt. Es ergab sich eine Rücklaufquote von 60,9 Prozent (DGB-Index Gute Arbeit GmbH, 2009, S. 36). Im Rahmen der Erhebung werden die Ausprägungen von 15 Beurteilungskriterien gemessen, die sich den drei Dimensionen „Ressourcen“ (z. B. Qualifizierungs- und Entwicklungsmöglichkeiten, Aufstiegsmöglichkeiten, Einfluss- & Gestaltungsmöglichkeiten, Arbeitszeitgestaltung), „Belastungen“ (Arbeitsintensität, emotionale und körperliche Anforderungen) sowie „Einkommen und Sicherheit“ (Einkommen, berufliche Zukunftsaussichten und Arbeitsplatzsicherheit) zuordnen lassen (DGB-Index Gute Arbeit GmbH, 2009, S. 34).

Betrachtet man den Index nach Berufsgruppen, fällt die schlechte Platzierung operativer logistischer Berufe auf. Die niedrigsten Indices einer Zusammenstellung ausgewählter Berufsgruppen finden sich bei den drei Gruppen, die vor allem logistische Berufe umfassen (DGB-Index Gute Arbeit GmbH, 2009, S. 14).

- Lagerberufe, Warenprüfer und Versandfertigmacher:
  gute Arbeit 7 %, schlechte Arbeit 43 %, Index 52.
- Verkehrsberufe und Transportgeräteführer:
  gute Arbeit 8 %, schlechte Arbeit 49 %, Index 51.
- Post-, Funk- und Fernsprechverkehrsberufe:
  gute Arbeit 4 %, schlechte Arbeit 48 %, Index 51.

Insbesondere der sehr kleine Anteil von Logistik-Mitarbeitern, die ihre Arbeit als gut einstufen, schreckt auf. Der Index-Bericht des DGB lässt jedoch keinen direkten Schluss auf die Ursachen dieser Einschätzung bezogen auf die einzelnen Berufsgruppen zu. Folgt man allerdings der oben angeführten Einschätzung von Pfohl (2005, S. 310), so bieten neben den im folgenden Abschnitt diskutierten Aspekten der Aus- und Weiterbildung und der Anerkennung durch das Management vor allem die Vergütung und die Arbeitszeiten Ansatzpunkte zur Verbesserung der Arbeitssituation in der Logistik. Die Bezahlung von Mitarbeitern in der Logistik muss auch bei einfachen Tätigkeiten ein Niveau erreichen, welches deutlich über dem Sozialhilfeniveau liegt. Dies gilt auch für Mitarbeiter von Logistikunternehmen. In Bereichen und Branchen, in denen dies nicht durch freiwillige Leistung der Unternehmen oder durch entsprechende tarifliche Vereinbarungen gewährleistet werden kann, müssen Mindestlöhne eingeführt werden.

Ein weiteres Problemfeld sind die Arbeitszeiten in der Logistik. Logistische Prozesse, vor allem im KEP- und Sammelgutbereich, werden häufig in den späten Abendstunden und nachts abgewickelt, um freie Infrastruktur- und Transportkapazitäten zu nutzen und die Sendungen bis zum nächsten Morgen zuzustellen. Ein wesentliches Ergebnis der DGB Untersuchung ist der starke Zusammenhang von wahrgenommener Arbeitsqualität und Arbeitszeit. Mitarbeiter mit einem hohen Maß an Wochenend-, Spät-, Nacht- und Schichtarbeit bewerten ihre Arbeitsbedingungen deutlich schlechter als solche mit Normalarbeitszeiten (DGB-Index Gute Arbeit GmbH, 2009, S. 17). Problematische Arbeitszeiten ergeben sich auch durch die lange Abwesenheit von LKW-Fahrern von ihrem Zuhause vor allem im internationalen Verkehr (Carter/Jennings, 2002, S. 154). Ein weiteres Problem ist die mangelnde Einbeziehung der Mitarbeiter bei der Arbeitszeitplanung, über die sich 40 % der Teilnehmer dieser Befragung beklagen. Kann Nacht- und Spätarbeit nicht vermieden werden, so ist vor allem auf mitarbeiterfreundliche Arbeitszeitmodelle und die Teilhabe der Betroffenen am Planungsprozess zu achten (Richard et al., 1994, S. 104).

5.5 Handlungsfeld 5: Beitrag zu qualifizierter Beschäftigung leisten

Die Logistik leistet einen wesentlichen Beitrag zur Beschäftigung in der Bundesrepublik Deutschland und damit zum langfristigen Ziel der Erhöhung der Erwerbstätigenquote insgesamt (15 bis 64 Jahre). Unmittelbar sichtbar wird dies bei den Dienstleistungsbranchen der Logistik (WZ 2003: 60-64). Diese zeigen in den letzten Jahren Zuwächse der Erwerbstätigenzahl, die deutlich über denen der Gesamtwirtschaft liegen.

Die Logistik ist jedoch noch immer durch einen vergleichsweise hohen Anteil niedrigqualifizierter Arbeit im operativen Bereich gekennzeichnet. Die Anstrengungen zur Ausbildung von Fachlageristen (2 Jahre), Fachkräften für Lagerlogistik (3 Jahre) und Berufskraftfahrern (3 Jahre) sollten deutlich verstärkt werden. Eine Berufsausbildung auf Basis einer Ausbildungsordnung im Sinne des § 25 des Berufsbildungsgesetzes sowie Weiterbildungs- und Aufstiegsmöglichkeiten steigern in aller Regel auch die Wertschätzung und Anerkennung logistischer Arbeit durch Vorgesetzte und andere Berufsgruppen. Unternehmen sollten deshalb fachliche Weiterbildungsmöglichkeiten für operative Logistikmitarbeiter bieten und geeigneten Personen Aufstiegs- und Karrieremöglichkeiten, z. B. als Vorarbeiter, Disponent oder Lagerleiter, eröffnen.

Ebenso sollten die Bedingungen zur Beschäftigung älterer Mitarbeiter verbessert werden, um damit einen Beitrag zum Nachhaltigkeitsziel der Beschäftigung Älterer zu leisten. Logistische Tätigkeiten sind jedoch häufig mit körperlichen Belastungen, z. B. dem Heben von Lasten oder dem Laufen längerer Wege, verbunden. Unregelmäßige Arbeitszeiten und hohe Anteile von Nacht- und Spätarbeit verstärken die Belastung. Zusätzlich treten psychische Belastungen, wie z. B. Termindruck von LKW-Fahrern und Disponenten, auf. Gerade vor dem Hintergrund einer Anhebung des Rentenalters auf 67 Jahre ist deshalb die Sicherung der Beschäftigung älterer Menschen insbesondere in der operativen Logistik ein wesentliches Problem. Die Unternehmen können zur Lösung dieses Problems jedoch beitragen, indem spezielle Schonarbeitsplätze, die z. B. eine sitzende Tätigkeit erlauben, ggf. in Kombination mit Teilzeitangeboten für ältere Mitarbeiter geschaffen werden. Ebenso lassen sich Probleme im Alter bereits durch die konsequente Einhaltung von Arbeitsschutzvorschriften bei jüngeren Mitarbeitern reduzieren. Beispiel dafür ist die strenge Einhaltung von zulässigen Lasten, die von Männern und Frauen einer bestimmten Altersgruppe maximal gehoben werden dürfen.

6 Ausblick

Gegenstand dieser Abhandlung waren Überlegungen zur normativen Ebene des Logistikmanagements auf Basis der Wertprämisse einer nachhaltigen Entwicklung. Die nationale Nachhaltigkeitsstrategie der Bundesrepublik Deutschland diente als demokratisch legitimierte Grundlage, zur exemplarischen Ableitung von fünf Handlungsfeldern nachhaltiger Entwicklung in der Logistik. Der Fokus lag damit auf einem normativen Logistikmanagement als Beitrag zur Erreichung nationaler Nachhaltigkeitsziele. Dabei darf nicht vergessen werden, dass das Konzept der nachhaltigen Entwicklung auf ökonomischer, ökologischer und sozialer Ebene notwendigerweise einen globalen Anspruch erhebt. Bei der Planung und Realisation internationaler Logistiksysteme deutscher Unternehmen müssen deshalb prinzipiell die gleichen Wertprämissen eingehalten werden. Vor allem in den Ländern der Welt, in denen Armut, Umweltzerstörung und soziale Ungerechtigkeit vorherrschen, dürfen diese Wertmaßstäbe nicht mit Hinweis auf regionale Gepflogenheiten relativiert werden. Gerade in diesen Fällen ist ein normatives Logistikmanagement besonders geboten.

Literaturverzeichnis

Baumöl, Ulrike (2009): Compliance. In: Controlling 21(2009)2, S. 106-108.

Carter, Craig R./Jennings, Marianne M. (2002): Logistics social responsibility: an integrative framework. In: Journal of Business Logistics 23(2002)1, S. 145-180.

DGB-Index Gute Arbeit GmbH (2009): DGB-Index Gute Arbeit - Der Report 2009. Wie die Beschäftigten die Arbeitswelt in Deutschland beurteilen. Studie DGB-Index Gute Arbeit GmbH. Berlin 2009.

Dyllick, Thomas/Hockerts, Kai (2002): Beyond the business case for corporate sustainability. In: Business Strategy and the Environment 11(2002)2, S. 130-141.

Fischer, Roland (2005): Eisenbahnverkehr 2004. In: Wirtschaft und Statistik 57(2005)5, S. 541-546.

Green, Ken/Morten, Barbara/New, Steve (1996): Purchasing and environmental management interaction, policies and opportunities. In: Business Strategy and the Environment 5(1996)3, S. 188-197.

Halldórsson, Arni/Kotzab, Herbert/Skjøtt-Larsen, Tage (2009): Supply chain management on the crossroad to sustainability: a blessing or a curse? In: Logistics Research 1(2009)2, S. 83-94.

Heinen, Edmund (1969): Zum Wissenschaftsprogramm der entscheidungsorientierten Betriebswirtschaftslehre. In: Zeitschrift für Betriebswirtschaft - Repetitorium 39(1969)4, S. 207-220.

Hundt, Sönke/Liebau, Eberhard (1972): Zum Verhältnis von Theorie und Praxis. Gegen ein beschränktes Selbstverständnis der Betriebswirtschaftslehre als "Unternehmerwissenschaft". In: Dlugos, Günther/Eberlein, Gerald/Steinmann, Horst (Hrsg.): Wissenschaftstheorie und Betriebswirtschaftslehre. Eine methodische Kontroverse. Düsseldorf 1972, S. 221-241.

Kalveram, Wilhelm (1949): Grundfragen der Betriebswirtschaft und der Betriebswirtschaftslehre. In: Betriebswirtschaftliche Forschung und Praxis 1(1949), S. 10-45.

Küpper, Hans-Ulrich (2005): Analytische Unternehmensethik als betriebswirtschaftliches Konzept zur Behandlung von Wertkonflikten. In: Zeitschrift für Betriebswirtschaft 75(2005)9, S. 833-857.

Küpper, Hans-Ulrich (2009): Entscheidungsfreiheit als Grundlage wirtschaftswissenschaftlicher Forschung - Bezüge zwischen Betriebswirtschaftslehre, Ethik und Neurobiologie. In: Zeitschrift für Betriebswirtschaft 79(2009)6, S. 780-800.

Large, Rudolf (1995): Unternehmerische Steuerung von Ressourceneignern. Ein verstehender Ansatz zur Theorie der Unternehmung. Wiesbaden 1995.

Large, Rudolf (2009): Strategisches Beschaffungsmanagement. Eine praxisorientierte Einführung mit Fallstudien. 4., völl. überarb. Aufl. Wiesbaden 2009.

Nicklisch, Heinrich (1932): Die Betriebswirtschaft. 7. Aufl. der wirtschaftlichen Betriebslehre. Stuttgart 1932.

Pfohl, Hans-Christian (1977): Problemorientierte Entscheidungsfindung in Organisationen. Berlin, New York 1977.

Pfohl, Hans-Christian (2004): Logistikmanagement. Konzeption und Funktionen. 2., vollständig überarb. u. erw. Aufl. Berlin u.a. 2004.

Pfohl, Hans-Christian (2005): Erfolgreicher Einsatz von Personal in der Logistik. In: Eßig, Michael (Hrsg.): Perspektiven des Supply Management: Konzepte und Anwendungen. Festschrift für Ulli Arnold. Berlin u.a. 2005, S. 309-328.

Pfohl, Hans-Christian/Hoffmann, Armin/Stölzle, Wolfgang (1992): Umweltschutz und Logistik - Eine Analyse der Wechselbeziehungen aus betriebswirtschaftlicher Sicht. In: Journal für Betriebswirtschaft 42(1992)2, S. 86-103.

Raffée, Hans (1974): Grundprobleme der Betriebswirtschaftslehre. Betriebswirtschaftslehre im Grundstudium der Wirtschaftswissenschaft. Band 1. Göttingen 1974.

Rao, Purba/Holt, Diane (2005): Do green supply chains lead to competitiveness and economic performance? In: International Journal of Operations & Production Management 25(2005)9, S. 898-916.

Richard, Michael D./LeMay, Stephen A./Taylor, G. Stephen/Turner, Gregory B. (1994): An Investigation of the Determinants of Extrinsic Job Satisfaction Among Drivers. In: The International Journal of Logistics Management 5(1994)2, S. 95-106.

Schanz, Günther (1988): Methodologie für Betriebswirte. 2., überarb. u. erw. Aufl. Stuttgart 1988.

Schär, Johann Friedrich (1921): Allgemeine Handelsbetriebslehre. 4., neubearb. Aufl. Leipzig 1921.

Schönpflug, Fritz (1956): Betriebswirtschaftslehre. Methoden und Hauptströmungen. 2., erw. Aufl. von "Das Methodenproblem in der Einzelwirtschaftslehre". Stuttgart 1956.

Seuring, Stefan/Müller, Martin (2008): Core issues in sustainable Supply Chain Management. A delphi study. In: Business Strategy and the Environment 17(2008)8, S. 455-466.

Seuring, Stefan/Müller, Martin (2008): From a literature review to a conceptual framework for sustainable supply chain management. In: Journal of Cleaner Production 16(2008)15, S. 1699-1710.

Ulrich, Peter/Fluri, Edgar (1995): Management. Eine konzentrierte Einführung. 7., verb. Aufl. Bern, Stuttgart 1995.

Walton, Steve V./Handfield, Robert B./Melnyk, Steven A. (1998): The green supply chain: integrating suppliers into the environmental management processes. In: International Journal of Purchasing and Materials Management 34(1998)2, S. 2-11.

Dokumente

Commission of the European Communities (2009): Communication from the Commission to the European Parliament, the Council, the European Economic and Social Committee and the Committee of the Regions - Mainstreaming sustainable development into EU policies: 2009 Review of the European Union Strategy for Sustainable Development. KOM(2009) 400. Brussels 2009. (http://eur-lex.europa.eu/LexUriServ/LexUriServ.do?uri=COM:2009:0400:FIN:EN:PDF)

Deutscher Bundestag (1998): Konzept Nachhaltigkeit: Vom Leitbild zur Umsetzung. Abschlussbericht der Enquete-Kommission "Schutz des Menschen und der Umwelt. Ziele und Rahmenbedingungen einer nachhaltig zukunftsverträglichen Entwicklung". Drucksache 13/11200 vom 26.06.1998. (http://dip21.bundestag.de/dip21/btd/13/112/1311200.pdf).

Deutscher Bundestag (2008a): Unterrichtung durch die Bundesregierung: Masterplan Güterverkehr und Logistik. Drucksache 16/10049 vom 17.07.2008. (http://dipbt.bundestag.de/dip21/btd/16/100/1610049.pdf).

Deutscher Bundestag (2008b): Unterrichtung durch die Bundesregierung: Fortschrittsbericht 2008 zur nationalen Nachhaltigkeitsstrategie. Drucksache 16/10700 vom 30.10.2008. (http://dipbt.bundestag.de/dip21/btd/16/107/1610700.pdf).

Die Bundesregierung (2002): Perspektiven für Deutschland - Unsere Strategie für eine nachhaltige Entwicklung. Berlin 2002. (http://www.bundesregierung.de/nn_658658/Content/DE/__Anlagen/2006-2007/perspektiven-fuer-deutschland-langfassung.html).

Eurostat (2007): Measuring progress towards a more sustainable Europe: 2007 monitoring report of the EU sustainable development strategy. Luxembourg 2007.

(http://epp.eurostat.ec.europa.eu/cache/ITY_OFFPUB/KS-77-07-115/EN/KS-77-07-115-EN.PDF)

Statistisches Bundesamt (2008): Nachhaltige Entwicklung in Deutschland: Indikatorenbericht 2008. Wiesbaden 2008. (http://www.destatis.de/jetspeed/portal/cms/Sites/destatis/Internet/DE/Content/Publikationen/Fachveroeffentlichungen/UmweltoekonomischeGesamtrechnungen/Indikatorenbericht2008,property=file.pdf)

Statistisches Bundesamt (2009): Nachhaltige Entwicklung in Deutschland. Indikatoren der deutschen Nachhaltigkeitsstrategie zu Umwelt und Ökonomie 2009. Wiesbaden 2009. (http://www.destatis.de/jetspeed/portal/cms/Sites/destatis/Internet/DE/Content/Publikationen/Fachveroeffentlichungen/UmweltoekonomischeGesamtrechnungen/UmweltIndikatoren,property=file.pdf)

United Nations (1987): Report of the World Commission on Environment and Development: Our Common Future. A/43/427. New York 1987. (http://documents-dds-ny.un.org/doc/UNDOC/GEN/N87/184/67/img/N8718467.pdf)

United Nations (1993): Report of the United Nations Conference on Environment and Development. Rio de Janeiro, 3-14 June 1992. Volume I: Resolutions Adopted by the Conference. A/CONF.151/26/Rev.l (Vol. l). New York 1993. (http://documents-dds-ny.un.org/doc/UNDOC/GEN/N92/836/55/pdf/N9283655.pdf).

Moritz Gomm* / Erik G. Hansen**

Nachhaltige Mobilität durch Mitfahrkonzepte – Herausforderung und Lösungsansätze für eine bessere Auslastung bestehender Mobilitätsressourcen in privaten PKW

---

* Dr. Moritz Gomm hat Wirtschaftsinformatik an der Technischen Universität Darmstadt studiert und anschließend bei Prof. Dr. Dr. h.c. Hans-Christian Pfohl zum Thema "Supply Chain Finanzierung" promoviert. Herr Gomm ist Gründer und Geschäftsführer der Momax GmbH in Darmstadt, die Internetanwendungen entwickelt. Schwerpunkte seiner Arbeit sind die Nutzung von IT-Technologien für nachhaltige Mobilitätskonzepte sowie das Online-Bezahlsystem „miniPay" für digitale Inhalte.

** Dipl.-Wirtsch.-Inf. Erik Hansen hat Wirtschaftsinformatik mit Vertiefung Unternehmensführung an der Technischen Universität Darmstadt studiert. Anschließend promovierte er an der Technischen Universität München am Lehrstuhl für Betriebswirtschaftslehre – Information, Organisation und Management von Prof. Dr. Ralf Reichwald zum Thema "Responsible Leadership Systems", also der Integration von ökonomischen, ökologischen und sozialen Zielkriterien ("Nachhaltigkeit") in unternehmerische Führungssysteme. Seine derzeitigen Forschungsschwerpunkte sind Innovation, organisationaler Wandel und Führung für unternehmerische Nachhaltigkeit.

1 Einleitung

Die Gewährleistung von Mobilität ist für moderne Gesellschaften ein zentrales Anliegen, denn sie ist Vorrausetzung für wirtschaftliches Wachstum und für soziale Teilhabe am öffentlichen und privaten Leben.[1] Individuelle Mobilität ist heute ein Grundbedürfnis und Ausdruck von Freiheit.[2] Vor dem Hintergrund globaler Probleme, wie Klimawandel, Bevölkerungswachstum und der Knappheit fossiler Energien, führt diese Tatsache zu einer immer drängenderen Frage:
Wie kann die weltweit wachsende Nachfrage nach individueller Mobilität nachhaltig befriedigt werden?
Dabei verstehen wir „Nachhaltigkeit“ als Dreiklang von Wirtschaftlichkeit, Schonung der ökologischen Ressourcen und Ermöglichung sozialer Teilhabe.[3] Die Forschung gibt auf diese Frage vielfältige Antworten. So wird auf der „Inputseite“ nach alternativen Treibstoffen (z. B. Biodiesel oder Wasserstoff) gesucht, bei der Energieerzeugung mit neuen Antriebstechnologien experimentiert (z. B. Elektromotoren, Hybridantriebe) und auf der „Outputseite“ neue Filter entwickelt (z. B. Feinstaubfilter).[4] Diese Entwicklungen weisen zwar in die richtige Richtung, Experten sind sich jedoch darüber einig, dass es noch Jahrzehnte dauern wird, bis sich solche Technologien auf breiter Basis durchsetzen. Das Gleiche gilt für neue Ansätze der Raum- und Strukturpolitik, wenn es darum geht, Städte so zu bauen, dass emissionsreiche Mobilität reduziert wird.[5]
Daher muss auch nach Möglichkeiten gesucht werden, die bereits bestehenden Mobilitätsressourcen nachhaltiger einzusetzen, um damit den Übergang zu ganz neuen Formen der Mobilität zu gestalten. Dazu muss bei der Erzeugung von Angebot und Nachfrage nach Mobilität angesetzt werden. Ein Potenzial, das bisher erst recht wenig beachtet wurde, ist die bessere Auslastung von Autos, denn obwohl die meisten Autos für vier oder mehr Personen gebaut sind, sitzen heute ca. 1,1 Personen im Auto, d. h. über 70 % der Kapazitäten bleiben ungenutzt.[6] Ein Ansatz zur besseren Auslastung von Kapazitäten und zur Reduktion von Mobilitätskosten und Emissionen sind die verschiedenen Mitfahr-Konzepte, wie Mitfahrzentralen, Mitfahr-Haltestellen oder neue, auf Mobilfunk basierende Ansätze, die unter dem Schlagwort „Dynamic Ride Sharing“ diskutiert werden. Diese Ansätze und welchen Beitrag sie zu einer nachhaltigen Mobilität liefern können, werden im Folgenden diskutiert.
Dazu wird zunächst herausgearbeitet, warum Mobilität auch in Zukunft ein Grundbedürfnis bleibt und dieses immer individueller befriedigt wird. Anschließend werden die wichtigsten Trends mit hoher Bedeutung für die Mobilität von morgen skizziert und der Bedarf für eine nachhaltige Mobilität begründet. Als ein Ansatz für eine nachhaltigere Mobilität wird dann das Prinzip der gemeinsamen Nutzung von PKW und aktuelle Entwicklungen in diesem Feld aufgezeigt. Die Ausführun-

---

1 Vgl. EU (2008), S. 2.
2 Vgl. Polk (2003), S.76.
3 Vgl. Brundtland (1987), S. 1.
4 Vgl. Banister et. al. (2000), S. 29.
5 Vgl. Stead and Banister (2001), S. 318.
6 Vgl. Andersen et al. (2004).

gen schließen mit einer Zusammenfassung und einem Ausblick auf einen möglichen Entwicklungspfad der nachhaltigen Mobilität.

2 Mobilität als Grundbedürfnis

Der Mensch hat von jeher das Bedürfnis mobil zu sein. Dabei ist Mobilität in den seltensten Fällen ein Selbstzweck, sondern vielmehr ein Mittel, um ein Primärbedürfnis zu befriedigen. Ein unbefriedigter Bedarf, der im nicht-Vorhandensein der gewünschten Leistung, Person, Umgebung oder Produkt liegt, kann häufig nur durch eine Raumüberbrückung befriedigt werden.[7] So unterscheidet die Mobilitätsforschung z. B. zwischen Berufsverkehr, Ausbildungsverkehr, Wirtschaftsverkehr, Freizeitverkehr, etc., je nachdem welcher Mangel gedeckt oder welches Primärbedürfnis unter Zuhilfenahme von Mobilität befriedigt wird.

Mobilität ist damit immer auch Wegbereiter und Ausdruck von Wohlstand und technischem Entwicklungsstand einer Gesellschaft. Ein Indiz dafür ist nicht nur die besondere Bedeutung von Mobilität am Anteil des Bruttoinlandsprodukts, sondern insb. auch die zunehmende Bedeutung der negativen externen Effekte der Mobilität.[8] Die Bedeutung dieser „Nebenwirkungen" einer immer höheren Mobilität wächst seit den 1980er Jahren unter dem Einfluss verschiedener Megatrends: Die Verknappung fossiler Energieträger (insbesondere Rohöl), der Klimawandel und damit verbundene Bemühungen um Klimaschutz, der demografische Wandel und steigende Mobilitätskosten.[9] Die Trends und ihre Auswirkung auf die Mobilität der Zukunft werden im Folgenden kurz skizziert, um die Rolle und Bandbreite von „Nachhaltigkeit" in der Mobilität deutlich zu machen.

Besonders hoch ist heute die Nachfrage nach flexibler und individueller Mobilität. Der motorisierte Individualverkehr (MIV), also insbesondere der PKW, wird von fast 60 Prozent der Bevölkerung genutzt (Vgl. Abbildung 1), der öffentliche Personenverkehr (ÖPV) hingegen nur von 9 Prozent. Diese Zahlen verdeutlichen, dass der MIV bzw. das eigene Auto das Maß der Dinge ist (MID 2008).

3 Megatrends mit Einfluss auf die Mobilität

3.1 Verknappung fossiler Energieträger

Über die weltweit noch verfügbaren Vorkommen an Rohöl, die Reichweite der bisher entdeckten Bestände und die Erschließung und Nutzbarmachung neuer Quellen (z.B. Ölschiefer) gibt es verschiedenste Ansichten und Zahlen. Unbestritten ist jedoch die Erkenntnis, dass die Menge an Öl auf der Erde beschränkt ist und gleichzeitig die Nachfrage nach Öl exponentiell wächst. Als besonders kritisch wird dabei angesehen, dass sehr große aufstrebende Länder wie China, Indien,

7 Vgl. Donaghy (2004), S. 681.
8 Vgl. Polk (2003), S. 76.
9 Vgl. Rosen (2001), S. 117.

Brasilien und mit Einschränkung auch Russland gerade erst beginnen, den rasch steigenden Pfad der ressourcenverschlingenden Mobilität von Europa und Nordamerika nachzuvollziehen.[10]

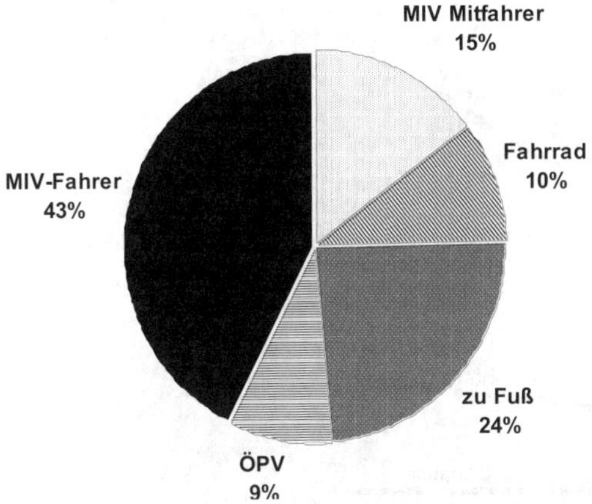

Abbildung 1: Die hohe Bedeutung des motorisierten Individualverkehrs (MIV) wird in der Darstellung des "Modal Split" deutlich. (Quelle: MID 2008)

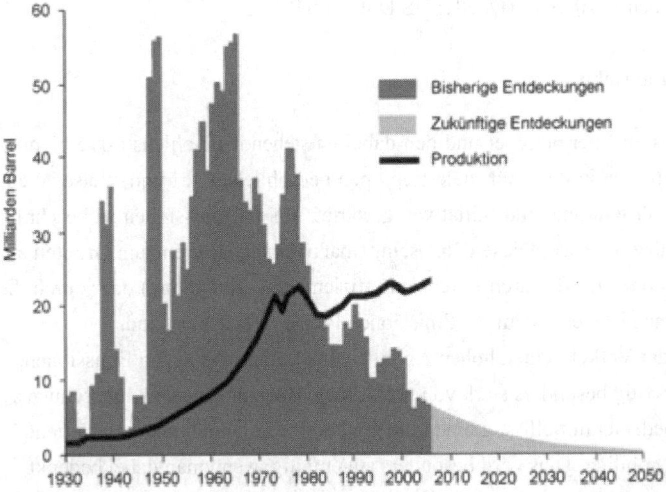

Abbildung 2: Entwicklung und Prognose der entdeckten Erdölvorkommen und ÖL-Produktion (Quelle: Tsoskounoglou et al (2008), S. 3800)

Für die Mobilität von Morgen bedeutet dies folglich, dass sie mittel- und langfristig nicht mehr (nur) auf Basis fossiler Energien basieren darf. Gleichzeitig ist klar, dass eine vollständige Umstellung der Mobilität auf regenerative Energien (z. B. durch Elektroautos in Verbindung mit Solar-

10 Vgl. Valli/Saccone (2009), S. 101f.

strom) erst sehr langfristig erfolgen kann.[11] Zur Ermöglichung eines Übergangs in die post-fossile Mobilität müssen die bestehenden fossilen Ressourcen also möglichst sparsam und effizient genutzt werden.[12]

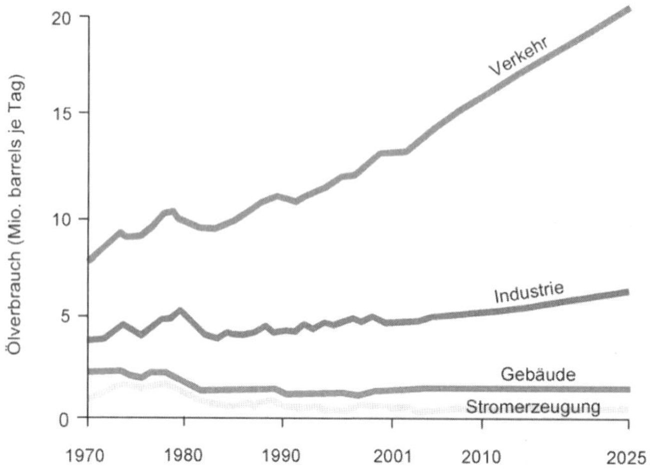

Abbildung 3: Weltölverbrauch 1970-2025 (Quelle: US DoE, 2004)

3.2 Klimawandel und Klimaschutz

Durch die Verbrennung fossiler Energieträger und den dabei entstehenden Kohlenstoffverbindungen verändert sich das Weltklima in einer für viele Regionen bedrohlichen Art und Weise. Weltweit werden immer größere Programme und Initiativen gestartet, um die Emissionen zu beschränken und den Klimawandel abzubremsen. Diese Klimaschutzmaßnahmen basieren zum Großteil auf der Reduzierung von Emissionen (z. B. durch Filter und effizientere Verbrennung) oder durch die „Internalisierung" der externen Kosten indem für Emissionen Preise zu bezahlen sind.[13]
Wie oben beschrieben, hat der Verkehr einen hohen Anteil an den klimaschädlichen Emissionen, so dass die Mobilität mittelfristig besonders stark von politischen Maßnahmen des Klimaschutzes betroffen sein wird.[14] Das bedeutet mittelfristig eine immer stärkere Einschränkung und Verteuerung von emissionsreicher Mobilität. Dies wird besonders augenfällig, wenn man dabei bedenkt, dass alle anderen Bereiche in der Vergangenheit den absoluten Anteil der Emissionen deutlich reduzieren konnten und nur der Verkehr weiterhin steigende Emissionen verzeichnet (Vgl. Abbildung 4).

[11] Vgl. Bundesregierung (2009).
[12] Vgl. Andersen et. al. (2004), S. 49
[13] Vgl. EU (2008), S. 2ff., IPPC Climate Change Report (2007), S. 15, 40
[14] Vgl. Umweltbundesamt (2003), S. 19ff.

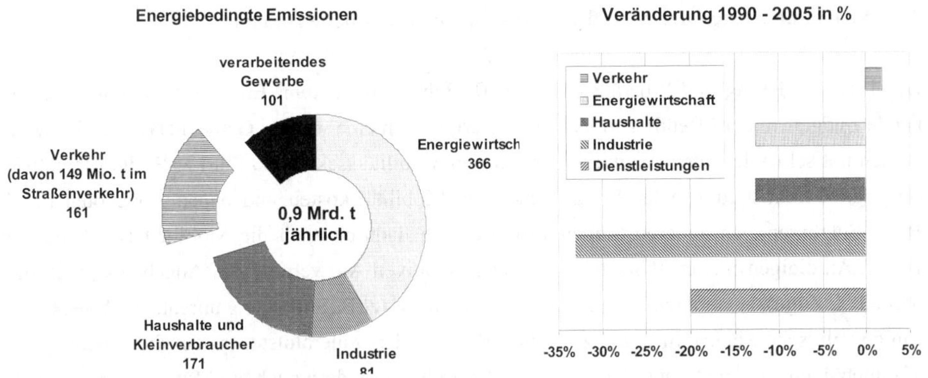

Abbildung 4: Verkehrsbedingte Emissionen in Deutschland und Veränderung der Emissionen in verschiedenen Branchen (Quelle: Umweltbundesamt (2009))

3.3 Demografischer Wandel

Ein weiteres weltweites Phänomen, das insbesondere die westliche Welt (und auch China) betrifft, ist der demografische Wandel. Durch anhaltend geringe Geburtenraten wird in den nächsten Jahrzehnten der Anteil alter Menschen steigen, dem immer weniger junge Menschen gegenüberstehen.[15] Gleichzeitig steigt die Lebenserwartung der Menschen, was zu einer wachsenden Schicht von Menschen führt, die zwar nicht mehr im Erwerbsleben stehen, aber noch über Jahre aktiv sind und mobil sein möchten.[16]

Der demografische Wandel betrifft insbesondere die Mobilität im ländlichen Raum, in dem sich die Verschiebung in Richtung älterer Menschen durch die zunehmende Abwanderung junger Berufstätiger in die Städte noch verstärkt. Der Einfluss des demografischen Wandels auf die Mobilitätsnachfrage wird besonders deutlich, wenn man z. B. die Rolle des Schülerverkehrs für den ÖPNV im ländlichen Raum betrachtet: Häufig sind hier bis zu 90 % der beförderten Personen Schüler, so dass eine Aufrechterhaltung des Angebotes für den Jedermannverkehr bei deutlich sinkenden Schülerzahlen immer schwieriger wird.[17]

Darüber hinaus hat die demografische Entwicklung Auswirkung auf die Nachfrage nach Art und Umfang von Mobilität, z. B. Freizeit- und Reiseangebote für Senioren, Verkehrsmittel, die besonders für die Ansprüche von Menschen mit eingeschränkter Bewegungsfreiheit geeignet sind oder auch Angebote für die medizinische Versorgung (z. B. Dialysefahrten).

---

[15] Vgl. Statistisches Bundesamt (2007).
[16] Vgl. Pack (2000), S. 8
[17] Vgl. Bertocchi (2009), S. 42

3.4 Steigende Kosten der Mobilität und sinkende öffentliche Budgets

Durch Privatisierung und Liberalisierung (z. B. Bahn, Flugverkehr, Energieversorgung) und sinkende Budgets in der öffentlichen Verwaltung ergibt sich eine weitere Gemengelage aus Entwicklungen mit sehr relevanten Auswirkungen für den Mobilitätssektor. So führt z. B. die Liberalisierung und Privatisierung einerseits zu sinkenden Mobilitätskosten und neuen Angeboten (z. B. Billig-Fluglinien), an anderen Stellen verteuert sich dadurch auch die Mobilität (z. B. bei der Bahn). An einigen Stellen führt dies zu einer qualitativen Aufwertung des Angebotes (z. B. moderne ICE Züge), an anderen wird das Angebot reduziert (z. B. Stilllegung unrentabler Strecken). Einige politische Maßnahmen wie z. B. die Erhöhung der Mineralölsteuer oder die Erhebung von Mautgebühren sind nicht nur Ausfluss von Klimaschutz, sondern auch ein Mittel, um die Budgets der öffentlichen Hand zu füllen[18].Im Ergebnis bleibt festzustellen, dass der Anteil an Kosten für Mobilität insgesamt steigt und damit die ausreichender Versorgung zunehmen eine Frage des Einkommens wird. Diese „Mobilitätsschere" (Abbildung 5) bedeutet, dass der Aktions- und Wirkungsradius eines Menschen stark vom Einkommen abhängt.

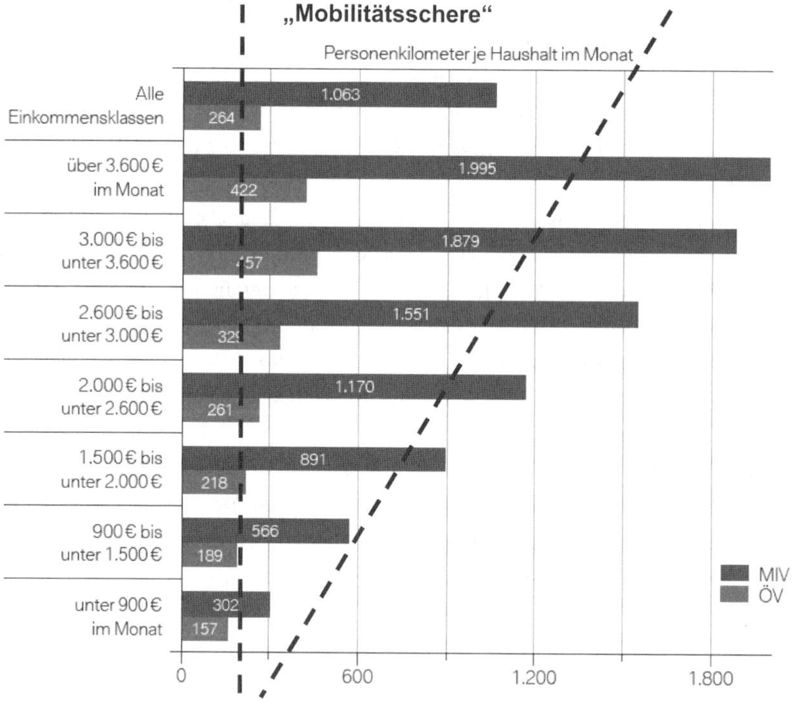

Abbildung 5: Zusammenhang zwischen Einkommensklasse und Fahrleistung in km (Quelle: IFMO 2008)

[18] Andersen et. al. (2004); Stead und Banister (2001), S. 318

4 Nachhaltige Mobilität

Die skizzierten Trends wirken alle in die gleiche Richtung: Sie erhöhen den Druck eine Form der nachhaltigen Mobilität zu entwickeln, die eine Versorgung der Gesellschaft auch vor dem Hintergrund der skizzierten Trends langfristig möglich macht. Bevor Ansatzpunkte für eine nachhaltige Mobilität diskutiert werden, wird im Folgenden der Begriff einer nachhaltigen Mobilität definiert.

4.1 Begriffsdefinition

Der Begriff der Nachhaltigkeit stammt ursprünglich aus der Forstwirtschaft und wird von Konrad Ott, Sachverständiger für Umweltfragen, definiert als die Forderung, dass „regenerierbare lebende Ressourcen nur in dem Maße genutzt werden dürfen, wie Bestände natürlich nachwachsen."[19] Der Begriff der Nachhaltigkeit wurde bald allgemein auf ökologische Sachverhalte ausgeweitet und wird im Englischen als „Sustainability" bezeichnet. Rob Gray vom Centre for Social and Environmental Accounting Research (CSEAR) interpretiert diesen Begriff als eine Aufforderung: „Treating the world as if we intended to stay". Hier wird der langfristige Bezug von Nachhaltigkeit deutlich, der nicht nur die heutige und die nächste, sondern alle zukünftigen Generationen umfasst. Nachhaltigkeit beschränkt sich jedoch nicht nur auf die ökologische Tragfähigkeit, sondern schließt in der aktuellen Auslegung alle Bereiche des menschlichen Miteinanders ein. So erfährt auch der Begriff der Mobilität vor dem Hintergrund der Nachhaltigkeit eine umfassendere Bedeutung als nur das Zurücklegen einer Strecke. Vielmehr wird Mobilität als Vorrausetzung für die aktive und lebendige Teilhabe an einer Gesellschaft verstanden. So definiert das World Business Council for Sustainable Development "sustainable mobility" als "ability to meet society's need to move freely, gain access, communicate, trade and establish relationship without sacrificing other essential human or ecological values, today or in future."[20]

Nachhaltigkeit lässt sich demnach in drei Dimensionen betrachten. Die „ökologische Nachhaltigkeit" bedeutet den Erhalt der Natur und der Umwelt für die nachfolgenden Generationen. Die „ökonomische Nachhaltigkeit" bedeutet, dauerhaft eine wirtschaftlich tragfähige Grundlage für Erwerb und Wohlstand zu unterhalten. Die „soziale Nachhaltigkeit" bezieht sich auf die gesellschaftliche Anforderung, dass alle Mitglieder einer Gemeinschaft partizipieren und die sozialen Kräfte für eine lebenswerte Gesellschaft ausgeglichen werden. Nachhaltige Mobilität bedeutet also:

- *Ökologisch:* Der schonende Umgang mit bestehenden Ressourcen (insb. Erdöl) und die Schonung der Umwelt bei der Erzeugung von Emissionen und anderen externen Effekten durch Mobilität, welche Natur und Umwelt belasten.

---

19 Ott (1999). S. 14ff.
20 Vgl. WBCSD (2002).

- *Ökonomisch:* Mobilität muss preisgünstig sein, damit auch Menschen mit geringem Einkommen mobil sein können. Gleichzeitig müssen die (öffentlichen) Mittel zur Aufrechterhaltung der Mobilität effizient genutzt werden.
- *Sozial:* Um allen Mitgliedern einer Gesellschaft die Teilhabe am öffentlichen Leben zu erlauben, muss Mobilität überall dort zur Verfügung stehen, wo Menschen leben. Dieses Mobilitätsangebot muss so beschaffen sein, dass es keinen ausschließt (z. B. bewegungsbeschränkte Menschen).

4.2 Ansatzpunkte für eine nachhaltige Mobilität

Verkehrssysteme sind sozio-technische Systeme mit z. T. sehr hohem Komplexitätsgrad. Sie bestehen aus Verkehrsmitteln mit verschiedenen Treibstoffen, bewegen sich auf Verkehrswegen mit unterschiedlichsten Infrastrukturen und sind ganz verschieden organisiert. Folglich bietet sich auch ein großer Raum für mögliche Ansatzpunkte, um Mobilität nachhaltiger zu „machen". Um eine gewisse Strukturierung zu erreichen, wird im Folgenden zwischen technischen, politischen und nachfrageorientierten Hebeln für eine nachhaltige Mobilität unterschieden.

Mobilität ist seit jeher ein sehr *technisches* Feld, d.h. ingenieurwissenschaftlich bieten sich vielfältige Ansatzpunkte. So wird an der Optimierung bestehender Verkehrsmittel (z. B. durch Leichtbauweise, Verringerung von Roll- und Luftwiederstand) und der Entwicklung neuer Antriebstechniken (z. B. Hybridantrieb, Elektromotoren) gearbeitet.[21] Es werden alternative Energieträger (z. B. Wasserstoff, Erdgas, Biodiesel) ausprobiert und durch neue Filtertechniken (z. B. G-Kat, Feinstaubfilter) versucht, die Emissionen und Abgasbelastung zu reduzieren.[22]

Ein anderes Feld bietet die Politik in Form von *Verkehrs-, Raum- und Siedlungspolitik*. So wird z. B. durch eine Reduzierung der Wege zwischen Wohnen, Arbeit und Versorgung oder durch Förderung des nicht-motorisierten Individualverkehrs (z. B. Fahrradwege, verkehrsberuhigte Fußgängerzonen) versucht, umweltbelastende Mobilität zu reduzieren.[23] Verkehrspolitisch kann der Verkehr durch verschiedene Maßnahmen gesteuert (z. B. Tempolimits) oder reduziert (z. B. durch Mautgebühren) werden.

Ein wichtiger Hebel zur Reduzierung der Belastung durch Mobilität bietet auch die Veränderung der *Nachfrage*, die wiederum politisch induziert werden (s. o.) oder „von unten" durch gesellschaftliche Trends und ein Umdenken der Konsumenten entstehen kann. So bröckelt in Deutschland der traditionell herausragende Status des eigenen PKWs zunehmend und immer mehr Autofahrer hinterfragen, ob Sie wirklich ein, zwei oder gar drei Autos im Haushalt brauchen.[24] Diese Entwicklung schlägt sich auch in der wachsenden Beliebtheit und Verbreitung von Car-Sharing-Konzepten nieder. In der Forschung spricht man von einer Zunahme der „weichen Mobilität" oder auch von einer Einstellung „beyond consumerism".

---

[21] Banister et al. (2000), S. 29
[22] Bouwman/ Moll (2000)
[23] Stead/ Banister (2001), S. 317f.
[24] Loose et al. (2006), S. 365

Die drei skizzierten Forschungsfelder für eine nachhaltige Mobilität sind natürlich nicht völlig isoliert voneinander zu betrachten (vgl. Abbildung 6). Vielmehr finden sich vielfältige Berührungspunkte und Abhängigkeiten zwischen diesen, so dass das Thema „Nachhaltige Mobilität" als ein interdisziplinäres Feld angesehen und bearbeitet werden muss.

Ein Ansatzpunkt für eine nachhaltigere Mobilität durch verändertes Nachfrageverhalten, der in der Wissenschat bisher noch wenig Beachtung gefunden hat, ist die bessere Auslastung bestehender Mobilitätskapazitäten. Dies ist umso verwunderlicher als in der Praxis bereits eine Vielzahl wirksamer Ansätze entstanden ist, die bisher jedoch kaum auf ihr Potenzial und ihre Übertragbarkeit auf andere Bereiche untersucht wurden. Gleichzeitig ist die bessere Auslastung von bestehender Mobilität praktisch sofort umsetzbar und könnte damit ein adäquates Mittel für den Übergang in eine post-fossile Mobilität bieten. Dieser Übergang wird nach Einschätzung der meisten Experten noch viele Jahre andauern, eine Zeitspanne, die im Sinne der Nachhaltigkeit nicht ungenutzt bleiben darf. [25]

Wie groß das Potenzial für eine bessere Auslastung insbesondere im PKW-Verkehr ist, zeigen verschiedene Erhebungen über die Auslastung von PKW. Diese liegen je nach Studie zwischen 1,1 und 1,6 Personen pro PKW.[26] Diese geringe Auslastung führt in den Metropolen und Großstädten dieser Welt regelmäßig morgens und abends zu kilometerlangen Staus und hohen privaten und öffentlichen Kosten.

Abbildung 6: Ansatzpunkte für eine nachhaltigere Mobilität

[25] Vgl. Andersen et. al. (2004), S. 49

[26] Vgl. Andersen et al. (2004); Hartwig und Buchmann (2007); infas und DIW (2004); Jasch und Hrauda (2000), S. 71

5 Mitfahrkonzepte als Ansatzpunkt einer nachhaltigen Mobilität

Eine bessere Auslastung bestehender Mobilitätskapazitäten wird bei den verschiedenen Formen des sog. „intermediären Verkehrs" erreicht.[27] Dieser Begriff leitet sich aus der Tatsache ab, dass es Formen des Verkehrs gibt, die sich weder eindeutig dem „Individualverkehr" noch dem „Öffentlichen Verkehr" zuordnen lassen. Individualverkehr liegt immer dann vor, wenn ein Individuum selbst über ein Transportmittel verfügt und dieses mehr oder weniger beliebig zeitlich und räumlich nutzen kann (z. B. Auto, Fahrrad, Fußverkehr). Öffentlicher Verkehr (ÖV) sind Mobilitätsdienste, die jedem Nutzer zugänglich sind und von einem öffentlichen oder privaten Unternehmen angeboten werden.

Intermediärer Verkehr entsteht also, wenn private Beförderungsmittel öffentlich (z. B. Vermittlung von PKW-Fahrten über Mitfahrzentralen) oder öffentlich zugängliche Beförderungsmittel individualisiert angeboten werden (z. B. ein Ruf-Linienbus, der nur verkehrt, wenn mindestens ein Nachfrager dies explizit anfordert).[28] In diesem Beitrag sind wir insbesondere an „Mitfahrkonzepten" interessiert, die auf der Nutzung von privaten PKW basieren.

Die gemeinsame Nutzung privater PKW hat sich schon in den 1950er Jahren in Form von Mitfahrzentralen entwickelt und findet sich auch bei der Bildung regelmäßiger Fahrgemeinschaften, z.B. über „schwarze Bretter" in Unternehmen und Schulen. Eine moderne Form der Mitfahrzentrale unter Nutzung von Mobilfunk- und GPS-Technologien ist gerade unter den Begriffen „Dynamic Ride Sharing" und „Echtzeit-Mitfahrzentrale" im Entstehen.[29] Die verschiedenen Formen der Personenmobilität und die Grundtypen von Mitfahrkonzepten „Ad-hoc-Mitnahme" (z. B. Trampen), Mitfahrgelegenheiten und Fahrgemeinschaften sind in Abbildung 7 zusammengefasst dargestellt. Auf die verschiedenen Mitfahr-Konzepte für eine gemeinsame Nutzung von PKW wird im Folgenden vertieft eingegangen.

---

[27] Vgl. Wengler-Reeh (1991), S. 35.
[28] Vgl. VDV (2009), S. 23f.
[29] Vgl. Zimmermann/Stempfel (2009), S. 2.

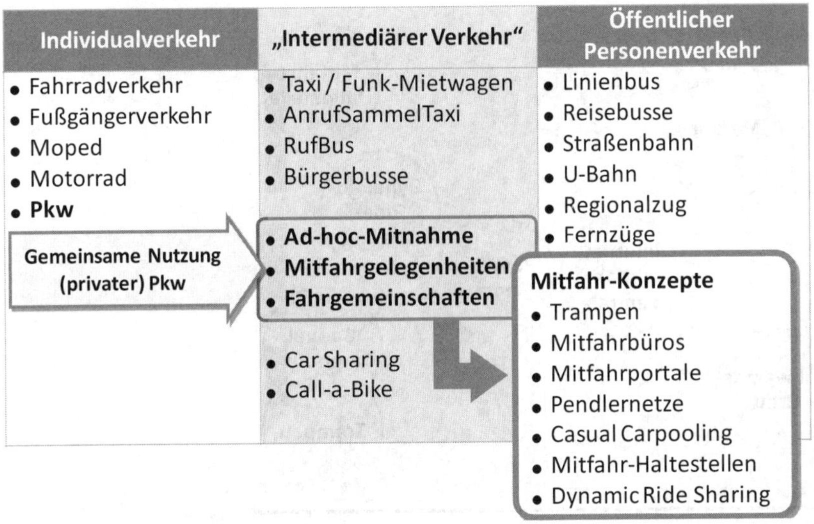

Individualverkehr
„Intermediärer Verkehr“
Öffentlicher Personenverkehr
Fahrradverkehr
Fußgängerverkehr
Moped
Motorrad
Pkw
Taxi / Funk-Mietwagen
AnrufSammelTaxi
RufBus
Bürgerbusse
Linienbus
Reisebusse
Straßenbahn
U-Bahn
Regionalzug
Fernzüge
Gemeinsame Nutzung (privater) Pkw
Ad-hoc-Mitnahme
Mitfahrgelegenheiten
Fahrgemeinschaften
Car Sharing
Call-a-Bike
Mitfahr-Konzepte
Trampen
Mitfahrbüros
Mitfahrportale
Pendlernetze
Casual Carpooling
Mitfahr-Haltestellen
Dynamic Ride Sharing

Abbildung 7: Formen des intermediären Verkehrs und Mitfahrkonzepte, um private PKW gemeinsam zu nutzen.

5.1 Konzepte für die gemeinsame Nutzung privater PKW

Das Ziel einer besseren Auslastung privater PKW hat weltweit zu verschiedensten Lösungsansätzen geführt, von denen viele nie über ein Versuchsstadium hinausgekommen sind, einige sich jedoch bis heute bewähren. Die unterschiedlichen Ansätze lassen sich bzgl. des zeitlichen Vorlaufs und der Form der technischen Unterstützung unterscheiden.

So basieren die meisten etablierten Ansätze darauf, dass sich Fahrer und Mitfahrer schon mehrere Stunden oder Tage vor der eigentlichen Fahrt verabreden und die gemeinsame Fahrt planen. Das bedeutet, dass auch schon lange vor Fahrtantritt klar ist, wer mit wem fährt. Dieser hohe *Planungsvorlauf* bedeutet eine geringere Flexibilität, da man sich nicht spontan für eine Mitfahrgelegenheit entscheiden und kurzfristig mitfahren kann.[30] Dieses Problem versuchen andere Ansätze zu lösen, indem Sie auf einen Planungsvorlauf fast vollständig verzichten und sich die Frage, wer mit wem fährt, kurz vor oder erst im Moment der Mitnahme entscheidet.[31]

Die Mitfahrkonzepte lassen sich weiterhin nach dem *Organisationsgrad* bzw. der dafür notwendigen Hilfsmittel unterscheiden. So kommen einige Konzepte völlig ohne eine dedizierte Vermittlungs-Infrastruktur aus, während für andere aufwändige technische Apparate installiert und betrieben werden müssen. Insgesamt ergibt sich damit ein zweidimensionales Feld von Mitfahrkonzepten, wie im nachfolgenden Portfolio dargestellt.

---

30 Teodorovic (2008), S. 137f.

31 Vgl. Hartwig/Buchmann (2006).

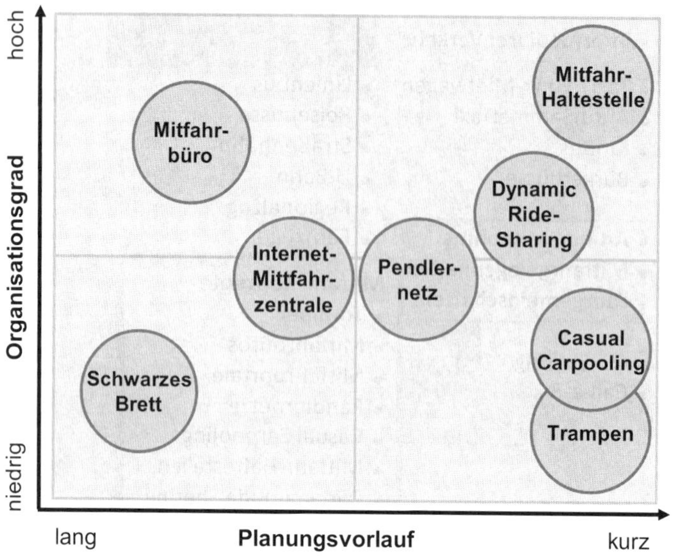

Abbildung 8: Portfolio von Mitfahrkonzepten

5.2 Klassische Mitfahrzentralen

Das Prinzip der Mitfahrzentrale gibt es in Deutschland bereits seit den 1950er Jahren, zunächst in Form von *Mitfahrbüros*, die häufig an Hauptbahnhöfen von größeren Städten angesiedelt waren. [32] Dort konnten Autofahrer sich registrieren und eine geplante Fahrstrecke einige Tage vor Abfahrt anmelden. Interessierte Mitfahrer konnten diese für eine Gebühr bei der Mitfahrzentrale „buchen" und bekamen dafür die Kontaktdaten zum Fahrer. Zur vereinbarten Zeit trifft sich dann der Fahrer mit seinen Mitfahrern (häufig ebenfalls bei dem Büro der Mitfahrzentrale) und letztere beteiligen sich für die Strecke an den Fahrtkosten. Wegen dem recht hohen Organisationsaufwand wird diese Form der Vermittlung hauptsächlich für längere Strecken innerhalb Deutschlands und Europa genutzt.

In den 1990er Jahren wurde mit der zunehmenden Verbreitung des Internets die Vermittlung immer mehr über *Internetportale* abgewickelt. Da hier nicht die Kosten für Miete und Personal für den Betrieb eines zentral gelegenen Büros anfielen, konnten diese Angebote sogar kostenlos und nur durch Werbung finanziert angeboten werden. Gleichzeitig wurden die Transaktionskosten für beide Seiten deutlich gesenkt und die Reichweite erhöht, so dass die Internet-Mitfahrzentralen bald einen viel größeren Zulauf hatten als die ursprünglichen Mitfahrbüros. Zur selben Zeit verlor das in den 80er Jahren noch recht verbreitete Konzept des *Trampens* ebenfalls an Bedeutung. Dies lag nicht nur am Aufkommen der Internet-Mitfahrzentralen, sondern auch an der wachsenden Motorisierung in breiteren Bevölkerungsschichten, insbesondere der jüngeren Menschen.

---

[32] Vgl. Ferguson (1997), S. 349.

Eine weitere Möglichkeit Anbieter und Nachfrager zueinander zu bringen sind *schwarze Bretter*, die insbesondere in größeren Unternehmen oder an Universitäten genutzt werden, um regelmäßige Fahrgemeinschaften zu bilden. Als Pendant dazu haben sich in den letzten Jahren im Internet sog. *Pendlernetze* entwickelt. Dies sind Webseiten, auf denen Fahrer für ihre regelmäßigen Strecken – z.B. zur Arbeitsstelle und zurück – Mitfahrer finden können und umgekehrt. Häufig läuft nur die erstmalige Kontaktaufnahme über das Internetportal. Für die späteren gemeinsamen Fahrten verabreden sich die Beteiligten dann direkt per Anruf, E-Mail oder SMS.

5.3 Haltestellenbasierte Mitfahrsysteme

Die ersten Haltestellenbasierte Mitfahrsysteme bildeten sich in den späten 1970er Jahren. Damit sollte in Gegenden mit schwachem ÖPNV die Mobilität der Menschen verbessert werden.
Diese Systeme lassen sich grundsätzlich bzgl. der Sicherheitsvorkehrungen unterschieden. *Tramper-Haltestellen*, dienen lediglich als öffentlich markierter Begegnungspunkt für Fahrer und Mitfahrer. Ein erfolgreiches Beispiel sind die „Casual Carpools“ in den USA. Dies sind Stellen am Straßenrand, an denen spontane Fahrgemeinschaften auf Korridoren gebildet werden, an denen die Fahrer durch die Mitnahme von Passagieren selbst einen finanziellen oder zeitlichen Vorteil erwerben. Der zeitliche Vorteil ergibt sich aus der Erlaubnis, sog. High-Occupany-Lanes (HOV) benutzen zu dürfen. Der finanzielle Vorteil entsteht durch entfallende Straßenbenutzungsgebühren für Fahrgemeinschaften. Als Beispiel hierfür seien die San Francisco-Oakland Bay Brücken erwähnt, bei denen eigene Fahrspuren für Fahrgemeinschaften mit mindestens drei Insassen bestehen, welche im Gegensatz zu anderen Fahrspuren kostenlos genutzt werden dürfen.[33]
Um das sichere Anhalten von Fahrzeugen für Tramper an Autobahnauffahrten zu erlauben, gibt es in den Niederlanden sogenannte „Liftershalte“. Diese Tramper-Haltestellen bestehen in der Regel lediglich aus einem Verkehrsschild und befinden sich zumeist an Ausfahrtstraßen größerer Städte.[34] In verschiedenen Ortsteilen der beiden Schweizer Gemeinden Lauperswil und Rüderswil befinden sich am Straßenrand Markierungen in Form von gelben Kreisen auf dem Boden. Personen, die sich auf diesen Punkt stellen, signalisieren, dass sie mitgenommen werden wollen. Dieses einfache Mitfahrsystem wurde 1996 eingerichtet, da die beiden Gemeinden mit öffentlichen Verkehrsmitteln kaum oder gar nicht erschlossen sind. Das System ist zum gegenwärtigen Zeitpunkt noch im Einsatz. Erhebungen im Jahr 1999 haben ergeben, dass das System ca. zehn Mal pro Tag genutzt wird.[35]

---

33 Vgl. BATA (2008).
34 Vgl. Verhart (2008).
35 Vgl. Wegmann/Artho (2007), S. 21.

Abbildung 9: Mitfahrhaltestelle in San Francisco (USA)

Abbildung 10: Carlos-Mitfahrsäule (Pilot)

Im Weiteren als *„Mitfahr-Haltestellen"* bezeichnete Treffpunkte, bieten nicht nur einen offiziellen Ort für die Mitnahme von Personen, sondern stellen für Fahrer und Mitfahrer Sicherheitsmaßnahmen bereit, die häufig eine Registrierung der Teilnehmer umfassen.

Das bekannteste Beispiel ist Carlos, welches von der Carlos GmbH Burgdorf entwickelt und in einem dreijährigen Pilotprojekt in der Schweiz ausgiebig getestet wurde. Die Grundidee von Carlos besteht darin, eine Vermittlungsplattform für Fahrgemeinschaften für Privatnutzer einzurichten, um vor allem im ländlichen Raum eine Ergänzung zu Bus und Bahn zu bieten.[36] Das System ist darauf ausgelegt, die Bildung von spontanen Fahrgemeinschaften zwischen Knoten des ÖV, wie Bahnhöfen oder Bushaltestellen und den Zielen der Bürger (z. B. Wohnort, Arbeitsplatz, Einkaufsmöglichkeiten) zu ermöglichen.[37]

Dafür stellt Carlos ein Netz von so genannten Carlos-Mitfahrsäulen bereit, welche an Bahnhöfen oder in Ortszentren aufgebaut werden. Diese Säulen ermöglichen es dem Mitfahrer, seinen Fahrtwunsch zu signalisieren. Die Säulen stehen an gut zugänglichen Stellen an der Straße (z. B. Bushaltestellen), so dass die Autofahrer gut anhalten und die Mitfahrer einsteigen können.

Weder Fahrer noch Mitfahrer müssen sich vor der Nutzung des Systems anmelden oder registrieren. Stattdessen begibt sich eine Person, die mittels Carlos eine Mitfahrgelegenheit sucht, zur nächsten Carlos-Mitfahrsäule und wählt über einen Touch-Screen aus einer Liste erreichbarer Orte das gewünschte Fahrtziel aus. Frauen können außerdem noch explizit wählen, nur von anderen Frauen mitgenommen zu werden. Nach Zahlung eines Fahrbeitrags erscheint der Fahrtwunsch auf einem beleuchteten Display, welches für vorbeifahrende Autofahrer gut sichtbar ist. Ferner erhält der Mitfahrer ein Ticket, welches ihm die Zahlung des Fahrpreises quittiert. Jeder Autofahrer, der

---

[36] Vgl. Roth/Artho (2002), S. 2.

[37] Vgl. Carlos GmbH (2009).

nun die Mitfahrsäule mit dem aktivierten Display passiert, kann sich dafür entschließen, mit der wartenden Person eine Fahrgemeinschaft zu bilden. Um festzustellen, ob die Person schon eine Mitfahrgelegenheit gefunden hat, wird der Nutzer in einem Vierminuten-Intervall gefragt, ob der Fahrtwunsch noch besteht. Bestätigt er die Anfrage, wird das Display mit der Zielanzeige aktiv gehalten, andernfalls wird es abgeschaltet. Somit können auch die durchschnittlichen Wartezeiten ermittelt werden.[38]

Kommt die Fahrgemeinschaft zustande, übergibt der Mitfahrer sein erhaltenes Carlos-Ticket an den Fahrer. Dieses kann er an einer Tankstelle oder ÖPNV-Verkaufsstelle einlösen und erhält hierüber einen Teil des Fahrpreises in Form von Benzin oder Fahrkarten ausgezahlt.

Um die Sicherheit der Teilnehmer des Ad-hoc-Mitfahrsystems zu gewährleisten sind sämtliche Carlos-Mitfahrsäulen videoüberwacht. Sowohl der Fahrgast, als auch das aufnehmende Auto werden fotografiert und die Bilder gespeichert.[39] Ferner besteht von jeder Säule aus eine Telefonverbindung zur ÖPNV-Leitstelle. Hierüber kann zum Beispiel im Falle einer langen Wartezeit ein Taxi herbeigerufen werden.

5.4 Dynamic Ride-Sharing

Durch die zunehmende Verbreitung von GPS-Handys und Navigationsgeräten wird unter dem Begriff „Dynamic Ride-Sharing" eine neue Form von Mitfahrkonzepten erprobt, die eine Echzeitvermittlung von Mitfahrgelegenheiten ohne aufwändige Infrastruktur am Straßenrand ermöglicht. Ein Beispiel ist der Service „flinc" der gleichnamigen Firma aus Darmstadt.[40]

Das Prinzip ist wie folgt: Fahrer und Mitfahrer registrieren sich einmalig für das System und erhalten eine Software für ihr Handy oder Navigationsgerät. Der Fahrer kann auf seinem Handy oder Navigationsgerät angeben bzw. ermitteln lassen, welche Strecke er gerade fährt (z. B. bei regelmäßigen Fahrten zur Arbeit). Ein anderer Nutzer, kann seinen Mobilitätswunsch über sein Handy eingeben. Dabei wird seine aktuelle Position ermittelt und an einen zentralen Server übertragen. Alle passenden Fahrer, die den Mitfahrer mit einem vertretbaren Umweg aufnehmen könnten, werden dem Mitfahrer angezeigt. Der Mitfahrer wählt die Fahrer aus, bei denen er mitfahren würde, woraufhin der zentrale Server die Fahrer nacheinander anfragt, ob sie den Mitfahrer aufnehmen möchten. Sobald ein Fahrer dies bestätigt, zeigt ihm sein Handy die Route zu dem Mitfahrer an. Sobald der Fahrer den Mitfahrer aufgenommen hat wird über GPS die gemeinsam zurückgelegte Strecke gemessen und nach dem Ausstieg eine entsprechende Fahrtkostenbeteiligung berechnet, vom Mitfahrer abgebucht und dem Fahrer gutgeschrieben. Beide Seiten haben im Anschluss die Möglichkeit, sich gegenseitig zu bewerten.

Die Umsetzung eines solchen Systems wird bisher durch eine Vielzahl von Hürden erschwert. Da sich die spontane Mitnahme insbesondere für kurze und mittlere Strecken anbietet, sind die *Vorlaufzeiten*, in der ein passender Fahrer gefunden, angesprochen und für die Mitnahme gewonnen

---

38 Vgl. Artho/Haefeli/Matti (2005), S. 13.

39 Vgl. Beutler (2006), S. 23.

40 Vgl. dazu im Internet www.flinc.mobi

werden muss, sehr klein. Gleichzeitig ist die zu zahlende *Beteiligung* bei kurzen Strecken eher gering, so dass sich für den Fahrer in vielen Fällen der Umweg finanziell kaum lohnt, um den Mitfahrer aufzunehmen. Das zentrale Problem bei der Realisierung ist jedoch die *kritische Masse*, da schätzungsweise 20 % aller Autofahrer ein solches System aktiviert haben müssen, damit sich für interessierte Mitfahrer überhaupt eine zumutbare Wartezeit ergibt, bis sie mitgenommen werden. Um eine so hohe Verbreitung unter den Autofahrern zu erreichen, müssen also erst viele Nutzer die Software herunterladen und immer wieder aktivieren, obwohl es am Anfang noch zu fast überhaupt keiner erfolgreichen Vermittlung kommt. Dies kann dazu führen, dass sich die ersten Nutzer schon wieder aus dem System verabschieden bevor die kritische Masse erreicht ist. Ein weiteres eher technisches Problem ist die Tatsache, dass einige Handys – wie z. B. das iPhone von Apple – es nicht erlauben, eine solche Anwendung als sog. *Hintergrundprozess* aktiv laufen zu lassen, wenn gleichzeitig eine andere Anwendung (z. B. eine Navigationssoftware) läuft. Weiterhin besteht die Gefahr, dass mehrere *konkurrierende Anbieter* zeitgleich in den Markt gehen und sich das gesamte Angebot in miteinander nicht-kompatible Teilmärkte zersplittert, die jeweils für sich die kritische Masse unterschreiten.

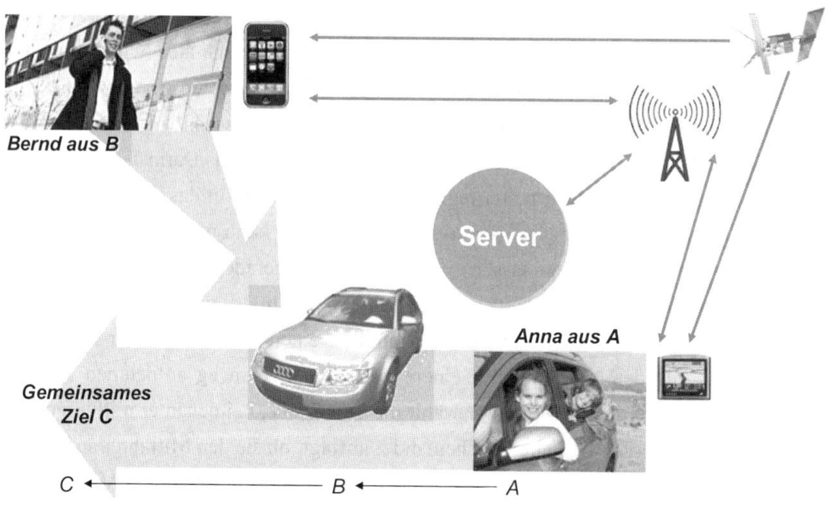

Abbildung 11: Ablauf des Dynamic Ride-Sharing (Anna aus A fährt nach C, erhält unterwegs eine Anfrage von Bernd aus B und nimmt ihn spontan mit.)

6 Zusammenfassung und Ausblick

Vor dem Hintergrund der hier skizzierten Trends ist die Schaffung einer nachhaltigen Mobilität eine der drängenden Aufgaben der nächsten Jahre und Jahrzehnte. Dabei spielen insbesondere auch neue Nutzenkonzepte eine zentrale Rolle.[41] Ein Ansatz, um Mobilität ökologisch, ökono-

[41] Vgl. Hansen et al., (2009).

misch und sozial nachhaltiger zu gestalten, ist die bessere Auslastung bestehender Mobilitätskapazitäten durch Mitfahrgelegenheiten in privaten PKW. Diese Form des intermediären Verkehrs blickt bereits auf eine lange Tradition zurück und hat vor dem Hintergrund technologischer Entwicklungen im IT- und Mobilfunkbereich heute großes Potenzial, eine nachhaltigere Mobilität ohne Investitionskosten zu gewährleisten.

Die bisher entwickelten Mitfahr-Konzepte sind vielfältig und reichen von einfachen Tramper-Treffpunkten am Straßenrand bis zu Hightech-Vermittlungssystemen auf Basis von Mobilfunk und GPS-Ortung. Die Mitfahrbüros der 50er bis 80er Jahre wurden in den 90er Jahren von Internetportalen nahezu vollständig abgelöst. Heute wird in vielen Ländern am Konzept des Dynamic Ride-Sharing gearbeitet, um die nächste Ära der Mitfahrgelegenheiten einzuläuten. Die Vorteile solcher „Echtzeit-Mitfahrzentralen" sind die hohe Flexibilität und die Möglichkeit Sicherheits- und Abrechnungssysteme nahtlos in den Mitfahrprozess zu integrieren.

Alle Ansätze haben das Ziel, die Auslastung von PKW von heute durchschnittlich ca. 1,1 Personen auf drei und mehr zu erhöhen. Die Automobilindustrie sollte diese Entwicklung zum Nachdenken anregen: In Zukunft werden Mobilitäts-Dienstleistungen immer wichtiger werden und die traditionelle Rolle des „Auto-Besitzens" zugunsten eines „Auto-Benutzens" in Frage stellen. In den Unternehmensstrategien der großen Konzerne scheint diese Nachricht bereits angekommen zu sein, wie die Beispiele von Daimler (Car2Go in Ulm) und BMW zeigen.[42] Es bleibt jedoch abzuwarten, ob und in welchem Maß es tatsächlich gelingt, breitere Massen zum Mitnehmen und Mitfahren zu bewegen. Dafür ist offensichtlich ein Umdenken nötig; dem Ziel einer nachhaltigen Mobilität wäre die Welt dann aber sicherlich einen guten Schritt näher.

Literatur

Andersen, O./Lundli, H.-E./Holden, E./Hoyer, K. G. (2004). Transport Scenarios in a Company Strategy. Business Strategy and the Environment, 13, 43–61.

Artho, J./Haefeli U./Matti, D. (2005): Evaluation Pilotprojekt CARLOS. Bericht Nr. 15. Synthese. Zürich 2005. Verfügbar: http://www.sozpsy.uzh.ch/sfs/projekte/carlos/nr15_synthese.pdf (Zugriff am 04.02.2009).

Banister, D./Dreborg, K./Hedberg, L. (2000). Transport Policy Scenarios for the EU: 2020 images of the future. Innovation, 13(1), 27–45.

Bay Area Toll Authority (BATA) (Hrsg.) (2008): BATA Tolls and Traffic. Toll Schedule for State-Owned Toll Bridges. 2008. Verfügbar: http://bata.mtc.ca.gov/tolls/schedule.htm (Zugriff am 04.02.2009).

Bernstein, L./Bosch, P. (2007). IPCC Climate Change 2007: Synthesis Report: An Assessment of the Intergovernmental Panl on Climate Change. Valencia, from http://www.ipcc.ch/pdf/assessment-report/ar4/syr/ar4_syr.pdf. (Zugriff am 30.10.09)

Bertocchi, Timo (2009): Einsatzformen von ÖPNV-Bedienungsformen im ländlichen Raum. Kassel 2009.

Beutler, M. (2006): Das Mitfahrsystem CARLOS tritt in die Marktphase. In: Verkehrszeichen 22(4), 23-26.

BMW (2008). Annual Report 2007. München, Deutschland.

42 Vgl. Car2go (2009); BMW (2008), S. 32.

Bouwman, M./Moll, H. (2000). Energy use reduction potential of passenger transport in Europe. Transport Reviews, 20(2), 191–203.

Brundtland, G. H. (1987). Report of the World Commission on Environment and Development. New York, from http://www.un-documents.net/wced-ocf.htm.(02.11.09)

Bundesregierung. 2009. Nationaler Entwicklungsplan Elektromobilität der Bundesregierung. Berlin. Online: http://www.elektromobilitaet2008.de (20.11.2009).

Car2go (2009): Webseite der Daimler AG für den Mobilitätsdient car2go: http://www.car2go.com/

CARLOS GmbH (Hrsg.) (2009): CARLOS Mitfahrsystem. 2009. Verfügbar im Internet: http://carlos.ch/content_de/classic.html (Zugriff am 04.02.2009).

Donaghy, K./Rudinger, G./Poppelreuter, S. (2004). Societal Trends, Mobility Behavior and Sustainable Transport in Europe and North America. Transport Reviews, 24(6), 679–690.

EU (2008): Mitteilung der Kommission an den Rat und das europäische Parlament: Ökologisierung des Verkehrs. Brüssel, 2008.

Ferguson, E. (1997): The rise and fall of the American carpool 1970-1990. In: Transportation 24(4), S. 349-376.

Hansen E./Große-Dunker F./Reichwald R. (2009). Sustainability Innovation Cube — A Framework to Evaluate Sustainability-Oriented Innovations. International Journal of Innovation Management, 13(4), 1–31.

Hartwig S./Buchmann, M. (2007). Empty Seats Traveling: Next-generation ridesharing and its potential to mitigate traffic- and emission problems in the 21st century. Nokia Research Center. Bochum, Germany.

Institut für angewandte Sozialwissenschaft (infas) / Deutsches Institut für Wirtschaftsforschung (DIW) (2004). Mobilität in Deutschland: Ergebnisbericht. Bonn, Berlin, Germany.

Jasch, C./Hrauda, G. (2000). Ökologische Dienstleistungen: Markt der Zukunft. Wien, Austria: Institut f. ökologische Wirtschaftsforschung. Online: http://www.ioew.at/ioew/download/SR_28.pdf (20.11.2009).

Loose, W./Mohr, M./Nobis, C. (2006). Assessment of the Future Development of Car Sharing in Germany and Related Opportunities. *Transport Reviews, 26*(3), 365–382.

Mobilität in Deutschland (MID) 2008: Ergebnisse der Erhebung "MiD 2008" im Auftrag des Bundesministeriums für Verkehr, Bau und Stadtentwicklung (BMVBS). Im Internet: http://www.mobilitaet-in-deutschland.de/02_MiD2008/index.htm

Ott, K. (1999): In die Natur investieren - Ökologische und soziale Herausforderungen an der Schwelle des neuen Jahrhunderts. In: Naturschutz heute. Ausgabe 4/99 vom 5. November 1999, S. 14-16.

Pack, J./Buck, H./Kistler, E. e. a. (2000). Zukunftsreport demographischer Wandel: Innovationsfähigkeit in einer alternden Gesellschaft. Bonn

Polk, M. (2003). Are women potentially more accommodating than men to a sustainable transportation system in Sweden? Transportation Research Part D, 8(4), 75–95.

Rosen, P. (2001). Towards Sustainable and Democratic Urban Transport: Constructivism, Planning and Policy. Technology Analysis & Strategic Management, 13(1), 117–135.

Roth, C./Artho, J. (2002): Evaluation Pilotprojekt CARLOS. Bereich: Situationsanalyse. Bericht Nr. 1. Drei nach Alter getrennte Fokusgruppen. Zürich 2002. Verfügbar: www.sozpsy.uzh.ch/sfs/projekte/carlos/nr1_3fokus.pdf.

Statistisches Bundesamt (2007): Demografischer Wandel in Deutschland. Heft 1: Bevölkerungs- und Haushaltsentwicklung im Bund und in den Ländern. Wiesbaden 2007.

Stead, D./Banister, D. (2001). Influencing Mobility Outside Transport Policy. Innovation, 14(4), 315–330.

Teodorovic, D./Dell'Orco, M. (2008). Mitigating Traffic Congestion: Solving the Ride-Matching Problem by Bee Colony Optimmization. Transportation Planning and Technology, 31(2), 135–152.

Tsoskounoglou, M./Ayerides, G./Tritopoulou, E. (2008): The end of cheap oil: Current status and prospects. In: Energy Policy 36, 3797–3806.

Umweltbundesamt (2003): Reducing CO2 emissions in the transport sector. Berlin 2003.
Umweltbundesamt (2009): Schaubilder zur Entwicklung der energiebedingten Emissionen in Deutschland 1990 – 2007. Im Internet: http://www.umweltbundesamt.de/energie/archiv/schaubilder_energiebedingte_emissionen.pdf
Valli, V./Saccone, D. (2009): Structural Change and Economic Development in China and India. In: The European Journal of Comparative Economics 6 (1), 101-129.
Verband Deutscher Verkehrsunternehmen e.V. (VDV) (2001): Telematik im ÖPNV in Deutschland. Düsseldorf 2001.
Verhart, F. (2008): Hitchhiking (Ad-noc-carpooling) in the Netherlands. 2008. Verfügbar: http://www.franknature.nl/hitchhike/hitchhikeen.htm (Zugriff am 04.02.2009, Erstellung am 22.11.2008).
Wegmann, A./Artho, J. (2007): Ridesharing in den USA, Kanada, Neuseeland und Europa bis 2007. Erfahrungen, Projekte, Erfolgsfaktoren. Zürich 2007.
Wengler-Reeh (1991): Paratransit im Öffentlichen Personenverkehr des ländlichen Raums. Marburg 1991.
World Business Council for Sustainable Development (WBCSD) (2002): The Sustainable Mobility Project. July 2002 Progress Report. Hertfordshire 2002.
Zimmermann, H./Stempfel, Y. (2009): Current Trends in Dynamic Ridesharing, Identification of Bottleneck Problems and Propositions of Solutions. Indian Institute of Technology, N. Delhi.

Horst Laubscher*

Die globale Finanzmarktkrise – Ursachen und Auswirkungen

* Dr. Horst Laubscher hat Wirtschaftsingenieurwesen in Darmstadt studiert. Danach war er 20 Jahre in leitenden Funktionen im Finanzbereich der Großindustrie tätig, bevor er sich 2000 als Industrieberater für Osteuropa selbstständig gemacht hat. Dr. Laubscher ist Leiter des Nachwuchsführungskräfteseminars der Gesellschaft für Finanzwirtschaft in der Unternehmensführung e.V. (GEFIU), Professor an der Pannon Universität Veszprem in Ungarn sowie Beiratsmitglied im Verband der Wirtschaftsingenieure (VWI) e.V.

1 Einleitung

Erstaunt sehen wir derzeit die Wirkungen und Auswirkungen einer Entwicklung, die zurecht als globale Finanzmarktkrise bezeichnet werden kann. Erstaunt sind wir alle über das Ausmaß und die Geschwindigkeit, mit der die negativen Begleiterscheinungen über die Finanzmärkte hinwegfegen und nun auch in verstärktem Maße die Realwirtschaft belasten.

Die Internationalisierung und der damit verbundene Wettbewerbsdruck der vergangenen Jahrzehnte hat nicht nur die gegenseitige Abhängigkeit der Industrie- und Handelsunternehmen von den sie begleitenden Finanzinstituten erhöht, vielmehr sind auch zum Teil hochgradig vernetzte industrielle Wertschöpfungsketten entstanden. Vielen Unternehmen wird erst jetzt richtig bewußt, wie hoch die Abhängigkeit innerhalb entstandener Supply Chains tatsächlich ist (1). Vor diesem sensiblen Hintergrund stellt man sich die Frage, wie es zu solchen Entwicklungen auf den Finanzmärkten kommen konnte.

Finanzmärkte und Realwirtschaft sollten hier zur Analyse bewusst gedanklich auseinander gehalten werden. Obwohl die Finanzmärkte auf das Engste mit den realwirtschaftlichen Märkten verbunden sind, sollte man zum besseren Verständnis der Entwicklungen speziell die finanzwirtschaftlichen Abläufe über die letzten 25 Jahre für sich betrachten.

2 Ein Blick in die Vergangenheit

Im Zuge jahrzehntelanger Entwicklungen auf den nationalen und internationalen Finanzmärkten, die mit den angloamerikanischen Begriffen „Globalization", „Liberalization", „Securitization" und „Disintermediation" beschrieben wurden, befreiten sich die lokalen Finanzmärkte der industrialisierten Welt aus den als Zwängen empfundenen Regulierungen der nationalen Geld- und Kapitalmärkte. Seit dem Ende der zweiten Ölkrise im Jahre 1978 suchte internationales Kapital, hauptsächlich aus den gestiegenen Öleinnahmen, seinen Weg in die Märkte. Es entstand ein internationaler Finanzmarkt, der Euro-Geld- und Euro-Kapitalmarkt, ursprünglich ein reiner sogenannter Euro-Dollar-Markt. Kredite wurden in zunehmendem Maße über im Ausland gegründete Banken (sog. „Offshore-Banken") vergeben, Anleihen in steigendem Ausmaß über im Ausland gegründete Finanzierungsgesellschaften emittiert, mit festen oder variablen Zinssätzen. Für den variablen Zinssatz auf diesem neu entstandenen internationalen Finanzmarkt stand der „LIBOR" (London Inter Bank Offered Rate), mit London als Synonym für den wichtigsten diesbezüglichen Finanzplatz dieser Zeit.

Auch die großen Industrieunternehmen bedienten sich der neuen Märkte aus mehreren Motiven heraus. Die Finanzierungskosten waren etwas günstiger, die Refinanzierung wurde mehr diversifiziert, international begebene Anleihen erhöhten den Bekanntheitsgrad der Unternehmen. Die parallele Entwicklung zur vermehrten Nutzung der Rating-Agenturen und schließlich die zur Platzierung erforderliche Notwendigkeit eines Ratings, gab die Möglichkeit, beste Bonitätsnoten auch als Aushängeschild zu benutzen.

Die international tätigen Banken weiteten das Geld- und Kreditmarktvolumen, einschließlich zugesagter Kreditlinien über ihre Offshore-Banken in einem Maße aus, dass die nach wie vor nationalen Aufsichtsbehörden eine Konsolidierung der Offshore-Banken forderten und auch durchsetzten. Da das zur Unterlegung der zu konsolidierenden Kredite notwendige Eigenkapital der Banken im notwendigen Umfang nicht zu beschaffen war, wurden die Kredite zunehmend in verbriefter Form direkt in den Kapitalmärkten platziert. Es begann der Prozess der Disintermediation und Verbriefung (Securitization) bereits bestehender Bankkredite. Die Handelbarkeit dieser an den Kapitalmärkten platzierten Titel (alte und neue) nahm im Gefolge der raschen Entwicklung der Informationstechnologie enorm zu, damit auch die neu emittierten Volumen, da der internationale Markt für die verbrieften Produkte immer aufnahmefähiger wurde.
Bereits Mitte der 80er Jahre standen die Banken vor der Tatsache, dass drei Viertel aller langfristigen Finanzierungen auf dem internationalen Markt nur über die Refinanzierung über kurzfristige Ausleihungen beschafft werden konnten. Der Markt der Zins-Swaps begann sich zu entwickeln und erreichte in nur kurzer Zeit gewaltige Größenordnungen. Es handelte sich dabei ursprünglich um Zinssicherungsgeschäfte, um synthetische Produkte, die den Mismatch zwischen kurzfristigen und langfristigen Zinssätzen ausgleichen sollten, allerdings auch für jeweils einen der beteiligten Partner eine langfristige Liquiditätssicherung mit sich zog (2).
Im Gefolge der weiteren Entwicklung, insbesondere der jederzeitigen Handelbarkeit, begannen diese synthetischen Produkte sich zunehmend zu verselbständigen. Aus dem Zinsmanagement wurde ein separates Geschäftsmodell, welches zunehmend spekulative Züge in Bezug auf die Zinsentwicklung annahm. Der Markt der Derivative war entstanden.
Die derivativen Produkte nahmen in Umfang und Handelbarkeit immer weiter zu und waren der Ursprung eines sich über die gesamten Finanzmärkte aufbauenden „Schattenmarktes", der von seinen Anfängen an, keine Regulierung oder Aufsicht kannte, abgesehen von dem Versuch der statistischen Erfassung, der aber mehr einer Schätzung als einer genauen Erfassung nahe kam.
Der gewaltige Anstieg der neuen Finanzprodukte war von einer Vielzahl von Verstärkereffekten begleitet, dem Treibhausklima fallender Zinsen, dem zunehmenden Ertragsdruck bei den Banken, dem von der Bankindustrie entdeckten zusätzlichen Ertragspotential im finanziellen Bereich, einem zunehmenden Rendite- und Performancedenken und steigendem Konkurrenzdruck. Hohe Liquidität war in wenigen Märkten konzentriert, viele Marktteilnehmer waren bereits damals quasi „highly leveraged", gewaltige Fortschritte in der Informationstechnik schafften eine Tendenz zu gleicher Information und erhöhten damit die Volatilität. Geld war zudem zur Ware geworden und hatte sich längst von den realwirtschaftlichen Märkten gelöst.
Schon Ende der 80er Jahre, spätestens zu Beginn der 90er Jahre, gab es warnende Stimmen, den weitgehend unregulierten Marktentwicklungen nicht tatenlos zuzusehen. So warnte Lamfalussy bereits zu dieser Zeit, als Generaldirektor der Bank für Internationalen Zahlungsausgleich (BIZ), dass „die finanzielle Revolution begleitet ist von einem sich beschleunigenden Wachstum der Finanztransaktionen, ohne nachweisbare Verbindung zu Notwendigkeiten in der Nichtfinanzbranche". Allen Taylor, Chef der Royal Bank of Canada sprach auf einem Bankengipfel in Toronto im Juli 1992 davon, dass „das explosive Wachstum der neuen Instrumente wie Swaps, Options und

Futures, die nächste Zeitbombe sei, die das internationale Finanzsystem in Gefahr bringen kann". Cartellieri, Vorstand der Deutschen Bank und einer der angesehendsten Bankiers seiner Zeit, forderte 1992 die Hinwendung zum „prudent banking". „Banken befänden sich bereits jenseits des prudent banking, einige Häuser führten bereits ein außerbörsliches Geschäft, welches das Zehnfache der ausgewiesenen Aktiva bereits übersteige, die inhärenten Kreditrisiken lägen höher als die ausgewiesenen Vermögen". Und nochmals Lamfalussy erinnerte bereits 1992 an die hohe Zerbrechlichkeit des Finanzsystems, „die Spannkraft des neuen finanziellen Umfeldes ist bisher noch nicht von einer ausgeprägten Rezession getestet worden" (3).
Die Aussagen und Größenordnungen von 1992, die erfahrenen Bankmanagern bereits damals heftige Bauchschmerzen verursachten, waren nur Tropfen gemessen an dem, was sich in den Folgejahren aufbauen sollte.

3 Das magische Dreieck

Die Wertpapieranlagepolitik bedient sich seit langer Zeit eines Zielsystems, welches das Entscheidungsverhalten des Anlegers prägen soll. Die Ziele des Anlegers orientieren sich an der erzielbaren Rendite, an der Sicherheit des eingegangenen Investments und an der Liquidisierbarkeit, das heißt der „Fungibilität" (Handelbarkeit) des zugrundeliegenden Wertpapierinvestments. Alle drei Ziele sind wichtig für den Anleger, zwischen den drei Zielen besteht jedoch ein Zielkonflikt. Stellt man eines der drei Ziele zu stark in den Vordergrund, schränkt man die anderen Ziele ein oder gefährdet sie gar. Man spricht daher vom magischen Dreieck der Ziele. Grundlegend für das kluge Anlageverhalten ist eine Politik, das magische Dreieck im Gleichgewicht zu halten.
Der aus der Wertpapieranlagepolitik entliehene Grundsatz kann auf die Unternehmensfinanzierung übertragen werden und wirkt entsprechend. Ersetzt man die Rentabilität durch Finanzierungskosten, interpretiert die Sicherheit als Bonität durch die Gestaltung der Bilanzrelationen und ersetzt das Ziel der Liquidisierbarkeit durch die Liquidität des Unternehmens (jederzeitige Zahlungsfähigkeit bzw. Verfügbarkeit von Finanzierungsmitteln), stößt man auf ein Risikosystem, welches in der finanzwirtschaftlichen Literatur seit langem als positiver und negativer „Leverage Effect" (Hebeleffekt) bekannt ist (4) .

4 Unternehmensfinanzierung

Zum Verständnis seien die Grundsätze aus der deutschen Unternehmensfinanzierung herangezogen, die auch nachweisbar von diesen Unternehmen gelebt wurden und werden. Die Finanzierung des Anlagehaushaltes wird durch langfristige Finanzierungsmittel, die des Umlaufhaushaltes aus kurzfristigen Finanzierungsmitteln gewährleistet. Langfristige Finanzierungsmittel sind eine ausreichende Eigenkapitalbasis, ergänzt durch langfristige Bankkredite oder Anleihen (Industrieobligationen oder Schuldscheindarlehen). Werden zur Kurzfristfinanzierung neben Bankkrediten auch kapitalmarktorientierte Finanzierungsquellen genutzt (Beispiel Commercial Paper), sei es aus Gründen der Optimierung der Finanzierungskosten, seien es Diversifikationsgründe oder Motive zur Erhöhung des Bekanntheitsgrades des Unternehmens auf den Finanzmärkten, so ist stets darauf zu achten, dass die Verfügbarkeit dieser Ressourcen sicher gestellt ist. Dies geschieht in der Regel auf Grund vorhandener zusätzlicher Bankkreditlinien, die das Finanzmarktrisiko dieser kurzfristigen (revolvierenden) kapitalmarktorientierten Finanzierungsquellen ausschließen sollen. Soviel zum Thema einer soliden externen Unternehmensfinanzierung, neben der Innenfinanzierung aus dem Cash Flow.

Das extreme Gegenbeispiel wäre die Konzentration auf die billigste Finanzierungquelle (also z. B. weitgehend über Commercial Paper), gar noch unter Missachtung der Fristenkongruenz und einer gerade noch vertretbaren Eigenkapitalunterlegung. Die Eigenkapitalrentabilität ginge ceteris paribus stark nach oben, allerdings unter Missachtung von Sicherheits- und Liquiditätskriterien (jederzeitige Verfügbarkeit). Kein gut geführtes Unternehmen würde sich einem solchen Risiko aussetzen.

Doch genau dies ist in wesentlichen Teilen der Bankindustrie geschehen. Hier soll bewusst von „Bankindustrie" gesprochen und Hedgefonds sowie Private Equity-Gesellschaften ausdrücklich mit eingeschlossen werden. Damit sei betont, dass es sich überwiegend um ein US-amerikanisches Phänomen handelt, zumindest von dort seinen Ursprung nahm.

Um die aktuellen Fehlentwicklungen der Finanzmärkte überhaupt vollständig verstehen zu können, fehlen noch wesentliche Kettenglieder. Es handelt sich dabei um den Trend vom regulierten Bankensektor zum unregulierten Nichtbankensektor sowie die Rolle der Rating-Agenturen bei strukturierten Produkten und die Mathematisierung des Marktgeschehens über die vergangenen zehn Jahre.

5 Deregulierung und die Rolle der Rating-Agenturen

Der rote Faden zum Verständnis der drei genannten Phänomene ist der Weg vom Asset Based Financing zur Asset Securitization. Asset Based Financing in seiner ursprünglichen und einfachsten Form kennen wir alle aus der Technik der Forderungsabtretung (Factoring, Forfaitierung) beziehungsweise aus der Leasingfinanzierung. Basis für die Refinanzierung ist in diesen Fällen die Qualität der zugrungeliegenden Aktiva („Assets"). Im regulierten Bankensektor oblag und obliegt die Prüfung der Qualität der Aktiva den Mitarbeitern des darauf spezialisierten Bankensektors. Diese Spezialbanken unterstanden der lokalen Bankenaufsicht. Der Trend zur Disintermediation schuf die „asset-securitization", also die Verbriefung von zugrundeliegenden Assets, mit dem Ziel, diese am Kapitalmarkt zu platzieren. Über die vergangenen zehn Jahre entstanden in zunehmendem Maße die mit den angloamerikanischen Begriffen belegten Produkte, wie ABSs (Asset Backed Securities), CDOs (Collateralized Debt Obligations), CLOs (Collateralized Loan Obligations), um nur die wesentlichsten mit ihren heute ständig auftauchenden Namen zu nennen. Wie an diesen Namen zu erkennen, weiteten sich die Platzierungen nicht nur auf gebündelte Aktiva, sondern auch auf gebündelte Kredite aus und, wie noch später zu erkennen, auf spezifische damit verbundene Versicherungspolicen (Credit Default Swaps). Selbst bereits verbriefte und platzierte Pakete wurden weiter gemischt und strukturiert („structured finance") und in „neuen Schläuchen" weiterplatziert. Die Produzenten dieser verpackten Produkte waren im wesentlichen Investmentbanken, deren Motive darin bestanden, eine gute Einnahmequelle aus der Konstruktion und Platzierung solcher Papiere zu generieren. Käufer solcher Produkte waren typischerweise institutionelle Investoren, im größeren Stil auch andere Banken, Investmentfonds, Pensionsfonds, Versicherungen oder Stiftungen, ja sogar Zentralbanken. Soll man in diesem Zusammenhang von Opfern sprechen? Haben diese Investoren nicht selbst die Prinzipien des magischen Dreiecks verletzt? Haben sich bei solchen Konstruktionen nicht zwei Partner getroffen, die jeder für sich dem Rentabilitätsdruck zulasten der Sicherheit und Liquidierbarkeit nachgegeben haben, aus welchen Motiven und Begründungen heraus auch immer? Haben wir es mit einem doppelten Leverage Effect zu tun, der nun von beiden Seiten im ersten Kulminationspunkt der Finanzkrise zusammentraf?

Die Antwort ist in jedem Fall auch bei den Rating-Agenturen zu finden. Anstatt, wie im oben erwähnten traditionellen Geschäft, Mitarbeiter spezialisierter Banken, machten die Bewertung solcher neuen Produkte die Rating-Agenturen, deren Gütesiegel zwingende Voraussetzung für die Platzierbarkeit geworden war. Der Glaube an deren Kompetenz und das damit verbundene Rating war so groß, das eine gute Bewertung das aus dem magischen Dreieck bekannte Sicherheitskriterium anscheinend zweifelsfrei erfüllte, auch wenn man unterstellen kann, dass viele Käufer das zugrundeliegende Risiko überhaupt nicht verstanden. Der Glaube an die Qualitätsprüfung der Rating-Agenturen war anscheinend so groß, dass Investoren diese „packaged assets“ oder „packaged loans“ sogar mit kurzfristigen Commercial Paper finanzierten, und dies noch unter Zuhilfenahme von aufgelegten Investment Vehicles (sog. „Conduits“) mit extrem niedriger Eigenkapitalausstattung. Das Eigenkapital-Rentabilitätsdenken hat das Sicherheitsdenken anderen überlassen (den Rating-Agenturen) und zudem noch ein nicht vertretbares Liquiditätsrisiko bei der Finanzierung solcher Conduits in Kauf genommen.

Bei allen bisher geschilderten Entwicklungen, angefangen von den Swaps und aller nachfolgenden Derivateprodukte, den verbrieften und im Kapitalmarkt platzierten Produkten und deren kostengünstige Finanzierung über kurzfristige Finanzierungsformen, blieb eines der im magischen Dreieck beschriebenen Ziele bzw. Grundsätze, nämlich die Bewertung der Liquidierbarkeit beziehungsweise Handelbarkeit, weitgehend unberücksichtigt oder gar auf der Strecke. Handelbarkeit wurde schlichtweg unterstellt, der Glaube an die Funktionsfähigkeit der Finanzmärkte war grenzenlos. Es wollte oder konnte sich keiner der Akteure die Situation vorstellen, dass Handelbarkeit nicht gewährleistet sein könnte. Selbst ein Adressen-Ausfallrisiko in einer solchen Kette von Transaktionen war offensichtlich kein Thema. Wie sonst käme eine Einschätzung von Merrill Lynch bereits aus dem Jahre 1992 zustande, dass „hinter den schwindelerregenden hohen Transaktionszahlen von damals 250 Mrd. Dollar Swap- und Optionsbeständen aufgrund von Plus- und Negativpositionen eher bescheidene Risikopositionen stünden. Nach Aufrechnung und Abdiskont sei dies ein Exposure von 3,7 Mrd. US $“. Dennoch bleibt die Liquidierbarkeit immer das größte Risiko. Fast alle Fälle aus der Wirtschaftsgeschichte lehren dies, nämlich dann, wenn die Mehrheit durch das Nadelöhr will.

6 Mathematisierung und Scheingenauigkeit

An dieser Stelle soll auf das dritte genannte Phänomen Bezug genommen werden: das Phänomen der zunehmenden Mathematisierung des Geschehens auf dem Finanzmarkt. Die 90er Jahre haben ein weiteres Phänomen hervorgebracht, welches in seiner Breite und Nachhaltigkeit noch nie in der Wirtschaftsgeschichte in diesem Ausmaß existierte. Der Wert von Unternehmen und damit auch der Wert von Industrievermögen hat sich zunehmend von den Werten zugrundeliegender Wertaktiva gelöst. Die Marktkapitalisierung von Gesellschaften bewegte sich zunehmend immer höher weg von den zugrundeliegenden Buchwerten, sogar zunehmend weg vom Wiederbeschaffungswert seiner Aktiva. Dies wäre nicht sonderlich bemerkenswert, da sich Phänomene mit mehr oder minder bedauerlichen Auswirkungen auf Individual- oder Volksvermögen des öfteren in der Wirtschaftsgeschichte wiederholten (5).
Neu an den aktuellen Entwicklungen ist die Tatsache, dass die positive Diskrepanz zwischen Marktkapitalisierung („Financial Value") und Wiederbeschaffungswerten („Economic Value") analytisch unterlegt und handelbar gemacht wurde. Das Wirtschaftsgeschehen wurde mit einer neuen Qualität einer Scheingenauigkeit unterlegt, welches mit dem Prädikat „Handel in Zukunftswerten" treffend umschrieben werden kann. Das finanzielle Denken scheint auch hier ein Eigenleben bekommen zu haben, mathematisch fundiert unterlegt und mathematischen Gesetzen folgend.
Zieht man auch hier das magische Dreieck zu Rate, so wird die Zielgröße Rentabilität zunehmend durch abdiskontierte Zukunftserwartungen (Wachstumsraten) geprägt, die Zielgröße Liquidierbarkeit durch die Funktionsfähigkeit der Wertpapiermärkte dokumentiert, die Sicherheit durch wissenschaftlich unterlegte oder unterlegbare Scheingenauigkeit der Wertermittlung geschaffen.
Die treibende Größe in diesem analytisch begründeten Zielsystem scheint auch hier die Annahme der jederzeitigen Handelbarkeit beziehungsweise Transferierbarkeit des Financial Value zu sein. Es wird unterstellt, dass die so generierten Unternehmens- und Vermögenswerte jederzeit veräußert werden können, zumindest in einer akzeptablen Wertbandbreite. Zunehmend schien in Vergessenheit zu geraten, dass die menschlichen und sachlichen Produktionsfaktoren die vorab berechneten Aufgelder erst schaffen müssen. Es ist zu bezweifeln, dass die Akteure die Auswirkungen der Bewertungsprozesse kommerziell wirklich zu Ende gedacht haben, und dies von ihnen überhaupt erwartet wurde.
Zur Ursachenanalyse gehört allerdings auch ein den Prozess begleitendes Transaktionsdenken der Investment-Bankenindustrie, die sich bei der Wertermittlung nicht mehr künftiger nachhaltig erzielbarer Gewinne bediente, sondern die aus der Projektfinanzierung entliehene Methode des „Discounted Cash Flow" heranzog. Das Besondere dieser Methode liegt darin, dass die errechneten Unternehmenswerte im besonderen von zwei Einflussgrößen abhängen, dem zukünftig angenommenen Wachstum des Cash Flow und dem verwendeten Diskontierungsfaktor (Kapitalkosten). Werden beide Größen entsprechen prognostiziert und die Kapitalkosten entsprechend gestaltet, steigt der Unternehmenswert, eine besonders subtile Verwendung des Leverage Effect. Entspre-

chend wird die Bonität des Unternehmens unterlegt und damit die Handelbarkeit deren Eigenkapitalteile erleichert oder gar erst ermöglicht (6).
Als Beispiel seien die Entwicklungen der „New Economy“ herangezogen. Mathematisch exakt abdiskontierte Träume, die sich ebenfalls mathematisch fundiert weitgehend in Luft auflösten. Spätestens seit dem Platzen der sogenannten Internetblase, sollte eigentlich jeder seine Lektion gelernt haben. Doch bekanntlich kam es noch schlimmer.

7 Die Ursache allen Übels: Die Verschuldung

Seit dem Trendbruch der 70er Jahre expandierte die Verschuldung global und verschärfte sich zunehmend seit Ende der 80er Jahre. Die OECD-Länder haben Schulden akkumuliert, die Mitte der 80er Jahre für unmöglich gehalten wurden (7).
Bereits Mitte der 80er Jahre schauten einige Verantwortliche im US Senat sorgenvoll in die Zukunft und ließen eine Kommission einsetzen, die Vorschläge zur Reduzierung des Staatsdefizits ausarbeiten sollte. Die als „Graham-Rudman-Hollings Act“ bekannt gewordenen Vorschläge basierten auf Projektionen des Projektteams über die Staatverschuldung bis zum Jahre 2000, die in beängstigender Weise die Form eines Hockeyschlägers aufzeigten (8).
Neben die Staatsverschuldung trat die weiter zunehmende Verschuldung der Privathaushalte. Ohne Zweifel haben die Größenordnungen der Verschuldung, die weder eingeschränkt werden konnte, im Gegenteil noch weiter zunahm und zwar dynamisch, die rasante Entwicklung des Derivate-Marktes weiter entfacht, und mit deren Handelbarkeit die Schuldenspirale weiter in Gang gehalten. Betrachtet man die exponentielle Erhöhung der Schulden, so drängt sich doch schon seit längerer Zeit die Frage auf, wann diese beängstigende Entwicklung zu Ende gehen muss. Eines schien klar zu sein: Eine Einschränkung würde zwangsläufig zu einer Rezession führen, für deren Ausmaß und Auswirkungen wohl keiner die Verantwortung übernehmen wollte. Dafür spricht, dass nach dem Platzen der Internetblase eine Politik des leichten Geldes in den USA fortgesetzt wurde, die den Treibstoff für die nächste Blase bildete, den der Internet-Hype folgenden Credit-Hype.
Die Ausmaße der Phase, die in den USA als „Credit-Hype“ bezeichnet wird, verdienen eine besondere Betrachtung, da deren negative Auswirkungen heute im besonderen als Ursache der globalen Finanzkrise gesehen werden, obwohl deren Ursachen wiederum, wie beschrieben, weiter zurückreichen. Allerdings stellen die Wahrheiten, die sich seit September 2007 dem staunenden Betrachter Schritt für Schritt eröffnen, auf den ersten Blick mehr Fragen als sie Antworten geben.
Wie konnte es geschehen,

- dass das ungestüme Wachstum von „Off-Balance Sheet Special Investment Vehicle“ und Conduits sowie deren teilweise kurzfristig rollierende Finanzierung nicht rechtzeitig eingeschränkt oder beendet wurde?
- dass diese Vehicles auch zur weltweiten Distribution von US Subprime Mortgage Loans genutzt wurden?
- dass eine zu geringe Eigenkapitalausstattung der angloamerikanischen Banken, insbesondere das extreme Leverage der US Investment-Banken erlaubt bzw. nicht eingeschränkt wurde?

- dass Basel II zu spät, erst in 2008 in Europa eingeführt wurde, und dass Basel II in den USA erst in 2011eingeführt werden soll?
- dass eine Regulierung der Finanzmärkte nicht früher begonnen wurde?
- dass die Existenz eines Schatten-Bankensystems, insbesondere in der angloamerikanischen Welt, aber nicht nur dort, bestehend aus Hedgefonds, aus Off Balance Sheet Special Vehicles, verbunden mit einer exzessiven Kreditvergabe an diese Klientel durch Investmentbanken und andere Banken erlaubt wurde, und dies alles weitgehend bis gar nicht reguliert, und ohne Transparenz und Reporting geduldet wurde?
- dass die Rating-Agenturen eine solch inkompetente Rolle bei strukturierten Produkten und dem damit verbundenen Verbriefungsprozess spielten?

Und schließlich droht die nächste Gefahr ausgehend von dem auf 47.000 Mrd. US $ belaufenden Credit Default-Markt, der bislang fast gar nicht transparent war, der auf unregulierten Handelsplätzen stattfindet und eben nicht an einer regulierten Börse, die zwischen beide Handelspartner tritt und als „Central Counter Party" agiert und damit das Kontrahenten-Risiko übernimmt, falls ein Handelspartner kollabiert (9).

Die Antwort kann nur lauten, dass die für eine Regulierung verantwortlichen Institutionen längst erkannten, dass die Grenzen des am magischen Dreieck aufgezeigten vernünftigen Umgangs mit den Zielen längst zu Gunsten des Renditedenkens sowie zu Lasten der Sicherheit überschritten waren und man sich nur noch auf eine jederzeitige Handelbarkeit der strukturierten Produkte verließ. Abgesehen davon, dass man bereits vor Jahren eine enorme Zeitspanne benötigt hätte, die aufgetürmten strukturierten Produkte ohne Friktionen abzubauen, bleibt die interessante Frage, wer den Prozess des Abbaus hätte initiieren können oder wollen. Es hatte sich schon zuviel aufgebaut. Geschehen ist es schließlich auf Grund des Zusammenbruchs der Lehman Bank, der abrupt das Ende der Handelbarkeit einleitete und eine Vertrauenskrise unter den Banken herbeiführte. Wohlgemerkt - eine Vertrauenskrise der Banken untereinander, die von den mittlerweile unvorstellbaren Größenordnungen der Transaktionsvolumina der Banken untereinander genährt wurden (10). Es ist müßig, darüber nachzudenken, ob das Fallenlassen der Lehman Bank ein Fehler war. Wahrscheinlich war es keiner, da es letztlich nur eine Frage der Zeit gewesen wäre, wann die gewaltigen aufgebauten ungesunden Transaktionsvolumina zu Fall gekommen wären, ausgelöst durch wen oder was auch immer. Die Zusammenschlüsse von Großbanken der vergangenen Jahre hatten sicherlich neben den immer vorgebrachten Argumenten, im globalen Markt mitspielen zu können, immer schon den Hintergedanken des „too big to fail". Heute nennt man das „systemrelevante Banken".

Die Vertrauenskrise war letztlich der Anlass für die gewaltigen Unterstützungsprogramme der wichtigsten Zentralbanken dieser Welt, die sich vor dem Hintergrund der Volumina in eine Rolle des Lender of last Resort begaben, eine Rolle, die sich, vor Ausbruch der Krise, niemand mehr vorstellen bzw. ihnen im Angesicht der Größenordnungen auch nicht mehr zugetraut hätte. Es gab und gibt jedoch keine Alternative. Die großen Finanzkrisen vergangener Jahrzehnte und Jahrhunderte hatten ihre dramatischsten Auswirkungen immer dann, wenn es keinen Lender of Last Resort gab oder geben wollte. Und es benötigt Zeit, die Volumen abzubauen, ohne dass der für die Realwirtschaft so wichtige Bankenkreditmarkt zum Erliegen kommt.

8 Zwei Seiten des Fair Value

Ein weiterer Aspekt sollte im Zusammenhang mit der Krise nicht unerwähnt bleiben: Über lange Jahre entbrannte ein Streit zwischen den angloamerikanischen und europäischen Unternehmen sowie Aufsichtsbehörden über die Form und Ausrichtung der internationalen Rechnungslegungsstandards. Bekanntermaßen setzen die europäischen Partner auf eine Rechnungslegungsvorschrift, die sich seit Beginn des vorletzten Jahrhunderts bewährt und sich dem Gläubigerschutz verpflichtet fühlte. Die angloamerikanische Seite stand unter dem Einfluss der amerikanischen Rechnungslegungsvorschriften US GAAP („Generally Accepted Accounting Principles"), die den Focus auf die Investoren des Eigenkapitals legten. Schließlich setzte sich in weiten Teilen die angloamerikanische Variante durch (weniger aus Verständnis, als vielmehr auf Druck), bekannt als die IFRS, die International Financial Reporting Standards. Eines deren Hauptprodukte ist das „Fair Value-Prinzip". Es handelt sich um ein Bewertungsverfahren für alle langfristigen Aktiva und Passiva nach dem Zeitwert. Der beizulegende Zeitwert ist der Betrag, zu dem ein Vermögenswert zwischen sachverständigen, vertragswilligen und voneinander unabhängigen Geschäftspartnern getauscht, mit anderen Worten also gehandelt werden kann, und zwar schon morgen.

Dieser beizulegende Zeitwert kann nach oben gehen (z. B. Preise für Privathäuser und damit für die Assets), aber auch nach unten bzw. wie geschehen nicht mehr vorhanden sein, weil er wegen Aussetzen des Handels gar nicht mehr ermittelbar ist oder nur unter dramatischen Wertverlusten, auch wenn die Rückzahlung der Einzelobjekte längerfristig möglicherweise nicht gefährdet ist. Trifft dieses Bewertungsprinzip auf ein Umfeld von strukturierten Klumpenrisiken, zusammen mit einem Vertrauensverlust der Handelspartner untereinander, führt das Fair Value-Prinzip zu einer Gefährdung der Eigenkapitalposition und zu einem potentiellen Dominoeffekt in den Bilanzen der Handelspartner, auch bei denen, die keine realen Verluste in die Bücher schreiben mussten.

Letztendlich muss man alle Entwicklungen zusammen sehen, angefangen von der Extremverschuldung, über Risikotransferinstrumente, die sich verselbständigt haben, einem Managementstil in der Investmentbankenindustrie, für den anscheinend ein zweijähriges Trading-Engament als ausreichend angesehen wurde, um für den Rest des Lebens ausgesorgt zu haben, Bewertungsprinzipien, die mit Scheingenauigkeiten hohe Werte vorgaukelten, die auch zu hohen Beratungs- und Transaktionsgebühren führten, Eigennutz von Rating-Agenturen und jeden Versuch, den zugrundeliegenden Aktiva einen Wert zuzuschreiben, der wenigstens optisch noch eine ausreichende Eigenkapitalbasis hergab.

9 Die Realwirtschaft

Zu Beginn des Artikels war von der gedanklichen Trennung der Realwirtschaft von der Finanzmarkt-Entwicklung die Rede, mit dem Ziel, die Entwicklungen aus der Entstehungsgeschichte bewerten zu können. Da die Realwirtschaft und Finanzwirtschaft aufs Engste miteinander verbunden sind, ist ein funktionierender Zahlungsverkehr, eine funktionierende Kreditversorgung der Wirtschaft durch privatwirtschaftlich organisierte Banken, zu fairen Bedingungen, nicht nur eine Erfolgsvoraussetzung für jede moderne Volkswirtschaft, sondern ein öffentliches Gut, das es aufrechtzuerhalten und zu schützen gilt. Dies gilt nicht nur für die Sphäre des privaten Sparers und Kreditnehmers, sondern auch in besonderem Maße für die hoch vernetzte mittelständische Industrie- und Dienstleitungsstruktur, deren Teilnehmer auf die Unterstützung der finanzierenden Banken angewiesen sind. Schlimm wäre es geradezu, wenn das Umfeld der auf Supply Chains angewiesenen Wirtschaftsstrukturen unberechenbar werden würde (11).

Die Schuldenspirale hat allerdings über Jahrzehnte ein kreditfinanziertes Wachstumspotential ermöglicht, und die Realwirtschaft hat davon profitiert. Die langfristige Entwicklung der Aktienkurse über die vergangenen 20 Jahre ist sichtbares Zeichen dieses Einflusses. Die Lokomotivfunktion, die der US-Markt aufgrund der kreditfinanzierten Konsumentenausgaben auf andere Weltmärkte hatte – und hier soll nicht zuletzt auch China erwähnt werden- ist nicht zu unterschätzen.

Es muss jedoch festgestellt werden, dass die Industrieunternehmen, und hier sei der deutsche Mittelstand bewusst miteinbezogen, das induzierte Wachstum auf der Grundlage vernünftiger Unternehmensführung sowie auf der Basis solider Finanz- und Bilanzstrukturen begleitet haben und für die Verwerfungen an den Finanzmärkten in keiner Weise verantwortlich gemacht werden können, ja in keiner nennenswerten Weise direkt daran beteiligt waren. Im Gegenteil, sie litten und leiden unter der Geschwindigkeit eines Korrekturprozesses an den Finanzmärkten, ausgelöst von einem Verständnis von Geschäftsgebaren, welche eine Minderheit durch unverantwortliches Handeln an den Tag gelegt hat. Darunter leiden auch Banken und Bankinstitute, die sich auf solche abenteuerlichen Konstruktionen nicht eingelassen haben.

Denn eines ist klar und kann nicht oft genug betont werden: Keiner war gezwungen, an den halsbrecherischen Aktionen teilzunehmen. Alle Akteure im Inland und im Ausland sind frei, Dinge zu tun oder zu unterlassen. Sie sind allerdings im Rahmen ihres Geschäftsauftrages auch verantwortlich, sich ein eigenes Urteil über die Solidität von Geschäftskonstruktionen zu bilden, auch wenn Rating-Agenturen ihnen auf den ersten Blick diese Verantwortung abzunehmen schienen.

Literatur

(1) Pfohl, H.-Chr./Ehrenhöfer, M.: Risiko Insolvenz - Herausforderungen in Wertschöpfungsnetzwerken. In: Wimmer,Thomas/Wöhner,Heiko (Hrsg.): Erfolg kommt von innen. Kongressband, 26. Deutscher Logistik-Kongress Berlin. Hamburg 2009, S. 120 - 151

(2) Laubscher, H.: Finanzinnovationen enthalten auch Risiken: In: Börsenzeitung vom 28.Juni 1986, S.13

(3) So auch eine Aussage des Kronberger Kreises (1992), „ die größte Gefahr für die Weltwirtschaft und die Wertpapiermärkte steht kaum im güterwirtschaftlichen Bereich an, sondern der Tumor steckt im finanziellen Sektor, in der Schuldenmacherei der Staaten, Firmen und Privaten, in unseriösen Finanzierungen und der Ausweitung derivativer Produkte ohne Kontrolle“.

(4) Laubscher, H.: Lehren aus der Asienkrise. In: Praxisrelevante Fragestellungen aus Investmentanalyse und Finanzierung. Festschrift für Prof. Dr. Udo Hielscher zum 60. Geburtstag, hrsg. von Sven Beyer und Manfred Eberts. Schäffer-Poeschel Verlag, Stuttgart 2000, S.85 – 92
(5) Hielscher, Udo: Finanzkrisen fallen nicht vom Himmel. In: t&m (Technologie& Management), Verlag Schiele & Schön, Berlin, Nr.1 / 2009, S.12 - 21
(6) Laubscher, H: Finanzierungskonzepte bei Unternehmensakquisitionen. In: Industrielles Beteiligungscontrolling, hrsg. von Hans-Jürgen Wurl. Schäffer-Poeschel Verlag, Stuttgart 2003, S.55 - 76
(7) Vgl. Wittmann, W: Das globale Disaster. 4. Auflage, München 1996
(8) Vgl. Figgie, H.E./Swanson G. J.: Bankruptcy 1995. The Coming Collapse of America and how to stop it. Little, Brown and Company Boston/New York u.a. 1993. Das Buch stand mehr als neun Monate auf der Bestsellerliste der New York Times.
(9) In Anlehnung an einen Vortrag von Helmut Schnabel, Vorsitzender der GEFIU, gehalten anlässlich der Jahresversammlung der GEFIU im November 2008 in Frankfurt/Main
(10) Nach Aussage von Bloomberg, dem Nachrichtensender, im November 2008 verteilen sich die Credit Default Swaps im Wesentlichen auf 17 Banken, eine davon war Lehman.
(11) Pfohl, H.-Chr. (Hrsg.): Sicherheit und Risikomanagement in der Supply Chain. Gestaltungsansätze und praktische Umsetzung. Hamburg 2008
(12) Der Artikel basiert auf einem Beitrag, den der Verfasser im März 2009 in der Zeitschrift t&m (Technologie & Management Nr.1/2009), der Verbandszeitschrift des Verbandes Deutscher Wirtschaftsingenieure (VWI) veröffentlicht hat.

Strategisches Management

Mats Abrahamsson*

The Role of Logistics in Corporate Strategy

* Prof. Mats Abrahamsson, has held his current position as professor of logistics management at Linköping University since 2000. His research is focused on dynamic capabilities, supply chain design and reengineering of international marketing channels. He is also working as a senior management consultant with strategic issues concerning logistics development and business models.

The role of logistics in corporate strategy has changed during the last decades due to the change in strategic focus, representing a journey from creating cost advantage in a marketing positioning context, via logistics as a resource base to dynamic capability. Independent the change in strategic focus, the complexity in building up a competitive logistics system is covered in Prof. Hans Christian Pfohl's Logistics cube model[1]. In that sense Prof. Pfohl has always been a researcher in strategy as much as a researcher in logistics. Even if the logistics cube is focused on the operational development of the logistics, there is a strategic underpinning with a clear interface towards the strategic level in the company, in the aim to make logistics a natural part of the corporate strategy.

1 Three different schools of strategy

For many years now, logistics researchers have argued that logistics should be considered as a part of the corporate strategy in a company, responsible for creating customer value from low costs and high delivery service. However, in practice, logistics has traditionally been seen as a matter of operational activities that are "squeezed" between the prerequisites set by the marketing and production strategies, and has a secondary role in the strategy of the firm. When production is in focus within the company, logistics has been used as a buffer stock to support a production push philosophy and when marketing is in focus, logistics has to carry a speculation stock to support a market expansion philosophy with short lead times.

1.1 Outside-In, with a focus on cost and delivery service

During the 80s, when the outside-in (or industrial organisation) approach was dominating the strategic literature competitive advantages was created through either cost leadership or differentiation[2]. When this approach is used, a company can gain competitive advantages and outperform a rival only if it can establish a difference that it can maintain, which demands strategic positioning in order to create greater value to customers or create comparable value at a lower cost.

In both cases logistics is considered an operational tool to reduce costs and to create flexibility. In consequence, logistics managers focused on cost rationalisation programmes or flexibility programmes. In companies with a cost-advantage strategy, logistics was classified as cost oriented with a clear focus on efficient activities, mirroring its importance as a cost-driver. In companies applying a differentiation strategy, logistics was expected to be designed to be performance oriented because of its importance as a unique-driver, to deliver high level of service to customers.

---

1 Pfohl, H.-Chr. (2004): Logistikmanagement. Konzeption und Funktionen. 2., vollständig überarbeitete und erweiterte Auflage. Berlin.

2 See e.g. Porter, M. (1985). Competitive advantage: Creating and sustaining superior performance. New York: Free Press.

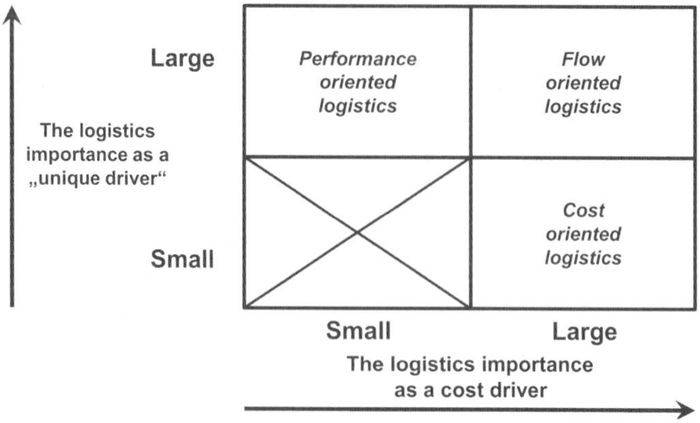

Figure 1: Outside-In approach applied on logistics. Source: Persson (1991)

What Persson[3] and other logistics researchers realised, was that it is not a matter of either cost advantage or of differentiation and they argued that a company can be both. In terms of logistics this means that logistics can be flow oriented, and have a strategic importance both as a cost driver from highly efficient activities and at the same time as a unique-driver, providing outstanding customer service.

In applied strategic management literature, this flow-oriented view of logistics has accordingly been considered a tool for both efficiency and effectiveness for the company and has been carefully wrapped up in different management concepts such as Time Based Management, Business Process Reengineering or Supply Chain Management. The increasing interest in these logistics based management concepts in industry, which have a clear focus on operational effectiveness as a competitive weapon, made it a little bit difficult for the traditional outside – in view on strategy. In consequence Michael Porter[4] felt it necessary to warn of an overbuy of this kind of concepts focusing on operational effectiveness without considering the "real" strategic consequences, which he argues, can lead to *hypercompetition* caused by a failure to distinguish strategy from operational effectiveness. His point was that best practice operational effectiveness from more standardisation and outsourcing of operations makes logistics a commodity that is possible to buy on a market, something which can only undermine a company's, and even an industry's, core values.

Hamel & Prahalad[5] presented a similar warning, arguing that success requires a company to be *different,* not just smaller. They made a distinction between what they term *smaller* versus *better*, which is achieved through downsizing, and *reengineering,* respectively. In the first case, improvements stem from reducing surplus resources, in the other from working differently. The basic line of reasoning is that efficiency and high operational effectiveness from e.g. efforts in logistics

[3] Persson, G. (1991), Achieving Competitiveness Through Logistics, International Journal of Logistics Management, no 1.

[4] Porter. M. E. (1996) What is Strategy. Harvard Business Review, Nov-Dec, pp. 61-78.

[5] Hamel, G. & Prahalad, C.K. (1994) Competing for the future, (Boston, MA, Harvard Business School Press).

do not add real value and competitive advantage for the company; because this kind of improvement is more or less open to anyone. In consequence, little will distinguish one from the other and ever more *lean* companies will starve one another out of profitability. This summarises the gap between logistics research and the strategy research. While logistics researchers realised the complexity of building up competitive logistics system, represented by the logistics cube which is almost impossible to copy– the industrial organisation researchers had no understanding at all of what it takes to build up competitive logistics system, believing that it can be bought from the shelves.

In addition to a focus on logistics as a tool for competitiveness, management concepts also highlight the marketing-logistics interface from the question of how to create logistics' customer value by providing a high level of customer service. In traditional terms, this availability is done by short and reliable lead times and place utility. Customer service provided by logistics is not only recognised as having significant and positive impact on customer satisfaction, cognitive attitudes and repurchase, also identifies a need for better integration and coordination between the logistics and marketing functions in a company, in order to improve the overall performance. In this interface, logistics has the task of creating customer value. Customer value is then achieved through a traditional marketing approach, which includes finding out how customers perceive the organisation, and by determining and assigning responsibility for systems and processes, and logisticians are expected to react to changes in customers' desired value.

In summary, in this view of logistics in corporate strategy, it is very much up to the logisticians to perform their activities properly and to deliver low cost and a high degree of flexibility. It is then that their importance for the company might be noticed. But this reality is far from the vision of logistics being a natural part of the corporate strategy.

1.2 Inside-Out, with a focus on the resource base

The view on logistics has however changed since mid 90s,. The strategic role of logistics has received more attention in research and the value logistics brings has been reconsidered. The notion of creating value for the company's customers has been extended from the narrow logistics view of customer service in terms of availability to a more holistic view of service improvements and customer satisfaction in general, in terms of strategic customer value. Logistics value added has been a part of the extended product, and responsibility for delivery systems and processes has been assigned to the logistics organisation in the company.

With such a Resource Based View of the firm (RBV), logistics is considered a capability which in order to contribute to sustainable competitive advantage, has to be valuable, rare and imperfectly imitable[6]. With such an inside-out perspective, the importance of logistics has developed from being functional and performance based, to being value based, and including not only strategic customer value as described above, but also the task of providing shareholder value to the owners

6 Barney, J. and D. Clark (2007). Resource-Based Theory: Creating and Sustaining Competitive Advantage. Oxford, Oxford University Press.

of a company. Value here, is discussed in terms of economic rents, defined as "returns to a factor in excess of its opportunity costs". This occurs if a company has the scarce resources and capabilities that enable it to increase the economic value it creates. This view is similar to shareholder value, which reflects the return on assets provided to the shareholders.
In order to reduce the complexity of defining a proper measure for how to link economic value added (EVA) to logistics decision making, Walters[7] suggests identifying value drivers – defined as "a feature or characteristic which influences the performance of the organisation in such way that shareholder value will be enhanced". He further states that:

"If Logistics is to support strategic directions of the business it will be in the use of customer service characteristics. For example, a company offering a strongly differentiated product to a service sensitive customer segment is likely to offer high levels of customer service to reinforce this positioning. The corporate expectations of the logistics function will be for high level of customer service and for a contribution towards shareholder value. It could be argued these are incompatible unless the two expectations are coordinated. This is the essence of shareholder value planning: it will be successful only if customer value expectations are also delivered. Customer value is delivered as customer service."

(Walters, 1999, p. 251)

Based on this, the logistics management task is argued to be twofold: to identify customer satisfaction drivers and to identify the impact of customer service cost on shareholder value, i.e. the impact of customer service expenditures on the shareholder value drivers. This however, also means that logistics has to develop "distinctive capabilities" in order to be a resource leading to sustainable competitive advantage. Olavarrieta & Ellinger[8] argue that logistics is such a distinctive capability if:

- Logistics is a *valuable resource*, contributing to both increased customer value e.g. in terms of high delivery service and lower costs, which could be seen as value based logistics as a contrast to transaction based.
- Logistics capabilities are a complex combination of physical assets, organizational routines, people skills and knowledge, which require time to develop and integrate. In addition logistics capabilities may require the formation of collaborative relationships with suppliers and customers, which are not easily realised and fill the demands on *rareness* (scarcity).
- The complexity of logistics makes it hard *to imitate* the company's logistics capabilities, making it a competitive advantage.

---

7 Walters, D., 1999, The implications of shareholder value planning and management for logistics decision making, International Journal of Physical distribution & Logistics Management, Vol. 29, No. 4, pp 240-258.

8 Olavarrieta, S. and A. Ellinger (1997). Resource-based theory and strategic logistics research. International Journal of Physical Distribution & Logistics Management, 27 (9/10).

During the last decade, research has proven that this Inside-Out view of strategy and logistics fits very well with best practice. Symptomatic for best practice logistics is that the logistics set-up and performance is not always optimal from a pure logistics point of view, in terms of low total logistics costs, high delivery service and short lead times. Their logistics have another role in the corporate strategy – to create value for customers and shareholders. In the telecom business for example, Nokia has a reputation of providing the mobile phone retailers with the widest variety of models and a much higher delivery service and availability than their competitors, creating value for the customers (retailers) and a higher profit margin per phone, hereby creating value for shareholders. But Nokia is not only good at distribution and down-stream logistics. Nokia is also considered as a pioneer in supply chain strategy and collaborative product development with very high returns on assets together with high inventory turnovers. Nokia, which is a benchmark for e.g. Sony Ericsson in their efforts to improve their supply chain management, by supporting their down-stream logistics by a very efficient supply of components to the manufacturing plants and with efficient manufacturing and distribution.

Ahlsell (a wholesaler and retailer in industrial supplies) is growing by acquisitions in the range of about three new companies acquired annually. In their growth concept, the logistics platform is the base on which synergies from the acquisitions are realised. Logistics synergies determine the outcome of the acquisition and the first task is to implement the acquired company's logistics with Ahlsell's existing logistics platform. This is a program that is repeated for all acquisitions, with a tight time schedule. From a pure logistics point of view Ahlsell's logistics is not optimal, as it has a very large, broad and overlapping assortment driving costs in both tied up capital and administration. But in terms of a role in the strategy of the firm, logistics is not only crucial, but is also a driver for acquisitions. Because of their capability of integrating acquired companies' logistics into the existing logistics platform, Ahlsell can grow faster (by acquiring more companies) with higher profitability than the industry average.

Another well known case in logistics is Dell Computer and their business model which is based on direct sales and production and distribution to customer. It is based on the idea of fixed lead-time and variable capacity in order to serve the customers with reliable lead times. This is contrary to the traditional lean manufacturing model that is based on the opposite, in other words of being as close to the capacity ceiling as possible, resulting in long lead times when the demand increase the capacity ceiling[9], figure 2.

Dell is working towards two main goals; to be profitable every quarter and to be market leader in each product segment, resulting in high shareholder value in terms of very high return on investment and increased market shares. They have a resource base, delivering operative excellence in logistics and manufacturing and a pronounced customer focus where employees own the business and the customers on all levels are cornerstones in their business model. Their organisational culture is based on "experimental changes", where breaking traditional patterns is both allowed

[9] Aronsson, H (2000), Three Perspectives on Supply Chain design, Linköping Institute of Technology, Department of Management and Economics, Linköping Studies in Management and Economics, Dissertation No. 44.

and encouraged. To suggest and test new solutions to keep improving operative excellence is a part of this flexibility as long as it is within the frame set by the company's strategy. A prerequisite for this is the ability to constantly adapt operational resources and capacity in manufacturing and logistics to customer's demands.

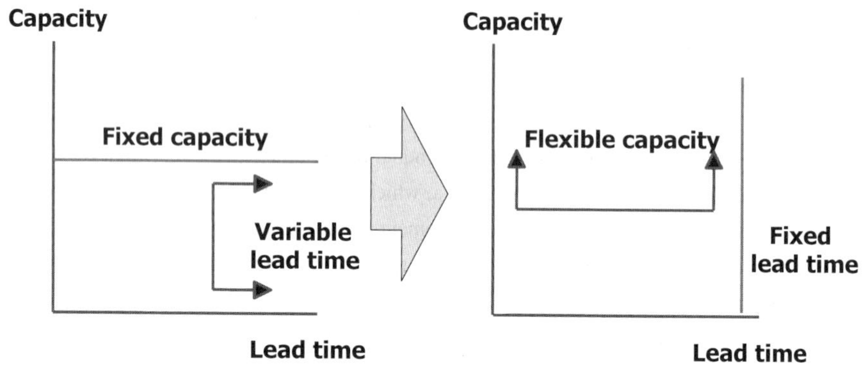

Figure 2: Traditional manufacturing model with fixed capacity and the Dell-model with flexible capacity and fixed lead time. Source: (Aronsson, 2000)

At a first sight, Dell can be described as a big and efficient manufacturing machine. However, in Dell, the role of logistics is not primarily to achieve economies of scale and cost efficiency from consolidation in e.g. transportation but is to support the two major goals, profitability and growth. The logistics key is operative excellence with a high flexibility in the throughout the entire supply and with a capability to adapt capacity to daily demands and to supporting aggressive marketing with weekly campaigns. After a disappointing 2006, this flexibility is focused even harder in the refined business model Dell 2.0, to improve shareholder- and customer value.

In the outside-in approach, logistics is considered to be a distinctive capability aligned with the overall corporate objectives and is a part of the company's overall strategy. In consequence, the overriding role of logistics is not primarily to reduce costs, and lead times as such. Instead, logistics is measured on a scale, mirroring its value creation for shareholders and customers and has a clear role in the strategy of the firm.

1.3 Strategic and operative integration with a focus on dynamic capabilities

In recent years, now when markets and industry settings are changing faster, distinctive operational capabilities are even more in focus, and as a natural extension of the resource based view of the firm, the concept of dynamic capabilities has been introduced.

Dynamic capabilities are mainly concerned with change and are a complement to operational capabilities. They are based on the logic that operational capabilities have to be developed and maintained over time by dynamic capabilities[10] (Eisenhardt & Martin, 2000, Zollo & Winter, 2002; Teece, 2007). Metaphorically we interpret operational capabilities as a fixed picture that consists of a complex combination of a number of individual functional resources. Dynamic capabilities are the management of a series of linked pictures, i.e. a film sequence, where combinations of functional resources are continuously rearranged and developed.

Dynamic capabilities are often described as routines present in the company's managerial and organisational processes and which play three roles: (1) the integration and coordination of activities both internal as well as external to the company, (2) learning on an individual as well as organisational level, and (3) the reconfiguration and transformation of the company's asset structure, i.e. its resources/capabilities. The purpose of these processes or routines is to constantly develop more efficient operational and strategic processes in a company in line with 'best practice'[11].

The underpinning argument here is that logistics should be developed from a set of different capabilities, where high operational excellence and low cost operations are combined with high flexibility to market changes. This also means that logistics is not measured on the traditional logistics scale only, but also by the same measurement's as the company as a whole – primarily profitability and growth.

In a dynamic business environment industrial renewal can be achieved in different ways. Probably the most common way is that renewal is based on technological advances. At the same time it is well known that no technological venture produces durable economic growth without well-functioning and cost-efficient operations and processes. A successful design or innovative technical solutions, certainly produce temporary positive effects and a competitive lead, but for how long? The basic logic in considering logistics as a dynamic capability is that on a more and more dynamic market with increasing competition, these advantages become shorter and shorter. Industrial renewal and sustainable economic growth are therefore dependent on growth *as well as* on profitability. The role of logistics in a dynamic business environment is therefore twofold:

1. Logistics should be a source for profitability
   - Long term, stable profitability is created through efficient operational processes
   - Profitability from growth only is welcome but fraudulent, because it will not hold in periods of recession
2. Logistics should also be a resource base for growth
   - Growth is created in marketing and in technical development
   - However, growth needs flexible operational (logistics- and/or production-) platforms supporting different corporate strategies

---

10 See e.g. Teece, D. (2007). Explicating dynamic capabilities: The nature and microfoundations of (sustainable) enterprise performance. Strategic Management Journal, 28, pp. 1319-1350, or Eisenhardt, K. and J. Martin (2000). Dynamic Capabilities: What Are They? Strategic Management Journal, 21, or Zollo, M. and S. Winter (2002). Deliberate Learning and the Evolution of Dynamic Capabilities. Organization Science, 13 (3).

11 Teece, D., G. Pisano and A. Shuen (1997). Dynamic Capabilities and Strategic Management. Strategic Management Journal, 18 (7).

A part of this strategic view of logistics is an operational set-up, which allows for constantly adapting capacity to market size in order to balance the cost of operations to revenue. This includes producing to customer order, but also to finding the right balance between in-house capacity and outsourced operations and to managing the supply network to support short time to market. Developing these dynamic capabilities, will allow them to adapt advanced logistics concepts with focus on value creation rather than efficiency in individual transactions.

Logistics research has traditionally been inspired by the manufacturing industry and in particular the motor vehicle industry. However, while the vehicle industry is interesting from a supply point of view, the fast growing retail companies are more interesting from a customer demand point of view. A range of companies have become increasingly respected during recent years by surprising the market quarter after quarter with better growth and profitability than their competitors, e.g. *IKEA, H&M, Zara (Inditex)*. That is despite the fact that their products are fundamentally the same as their competitors'. In these companies, it is efficient logistics in supply, production and distribution that builds true competitive strength. The result is higher profitability from low operating costs, and a high growth rate from flexible logistics systems that support new markets or segments. These companies have also been proven to carry out changes and rapidly respond to market changes – to growth as well as to recession. What they all have in common is a superior logistics system that is utilised as strategic weapon vis-à-vis competitors. In terms of value, it can be argued that it creates customer as well as shareholder value.

The retailing companies H&M and Zara-Inditex (clothing) are growing at a tremendous pace, and opening several hundred new retailing shops annually all over the world. H&M's business model is designed to control the whole chain from idea to store, providing high customer- and shareholder value. Customers are getting new collections of fashion clothes at affordable prices, much more frequent than the business standard of 3-4 collections annually, all supplied in large volumes from low-cost Far East suppliers. Shareholders are getting profitable growth from high supply chain effectiveness. H&M's growth model is to enter one market at a time at a fast pace in order to achieve a high density of shops in a region so that economies of scale can be reached in logistics and marketing. Therefore, a new market is often first supported by the logistics platform present in a neighbouring region, awaiting the volumes needed to set up a local DC. The stated strategy of H&M is to grow while maintaining profitability, through the philosophy of offering fashion and quality at the best price. The goal is to increase the number of stores by 10-15% per year, equal to an annual growth of 140 throughout the 22 countries where H&M is currently present, while at the same time sales in existing locations increase[12].

Their Spanish competitor, Inditex group is growing at an even higher pace than H&M, with approximately one new store per day and with a presence in 64 countries. The physical logistics structure of Inditex is organised around two distribution centres, both in Spain, which serve the different retailing concepts with direct deliveries to their shops worldwide. The business model is

---

12 Kihlen (2007). Logistics-based competition – A business model approach. Doctoral dissertation, Linköping Studies in Science and Technology, No. 1144, Linköping University.

based on intense information sharing upstream and downstream along the supply chain, a balanced supply chain where every part stick to the rhythm (e.g., delivery to retail stores twice a week in a standard format) and to increase the supply chain flexibility. This is done with a combination of their own factories, located in northern Spain, for fashion garment and deliveries from low cost countries for basic products. Excess capacity in manufacturing and logistics and sub suppliers go on stand by when needed which is a way to maximise the value for the customers. For the fashion goods they manufacture themselves they have the capability to change the collection, including design, manufacturing, distribution to retailers in 15 days if needed [13].

In every country where Inditex is present, entry and expansion is done in a uniform manner. First, a flagship shop is opened in the capital. After about a year the concept is expanded to other locations on the new market. The first year is used to train the personnel in the Inditex philosophy and to sense the market. This way of expansion does not favour economies of scale. Instead, Inditex favours market knowledge and understanding the customers in order to provide high customer value. In consequence, the most important task for the logistics system in these two fast growing fashion companies, is to provide customer and shareholder value by supporting a profitable growth and a high availability of fashion clothes, rather than minimising logistics costs.

The logistics of the furniture company IKEA is twofold. The best known part is the physical structure of DC's replenishment of the department stores, where logistics has to balance deliveries from their own factories and external suppliers and consolidation at DCs on the inbound side with "merge in transit" to customers of direct deliveries and deliveries from the DCs on the outbound side (Norelius, 2004). The other part is to "drive costs out of the whole supply chain" from raw material to sold product, in order to minimise the selling price to the final customers. This part of the logistics is mainly skilled based and measured from targets of selling price reduction (e.g. 35-50% price reduction in 7 years) in order to increase customer value, rather than on low purchasing costs from pushing 1st tier suppliers. Relatively high logistics and purchasing costs, in terms of a purchasing & logistics group ten times bigger than industry standards, are compensated by increased sales from low customer prices.

In most companies, purchasing and inbound logistics functions are cost focused and the marketing & sales function has a market price focus, with the overall purpose of maximizing the profit margin for each product. In IKEA, the primary role of inbound logistics is to contribute to (and is measured from) defined targets of low selling prices in the department stores. Their purchasing capabilities in terms of "being in pole position in their supply chain" make them focus on all upstream interfaces in order to drive costs out of the whole supply chain. Their forest specialists, wood manufacturing specialists and logistics specialists give them the knowledge needed to analyse the whole supply chain and even to help suppliers with their own supplies. All to reduce the price for the end customer.

---

[13] Ferdows, K., Lewis, M. A., Machuca, J. A. (2004). Rapid Fire Fulfillment, Harvard Business Review, November 2004: 104-110.

The notion of logistics being the main source of a company's competitive advantage is not new. A considerable amount of research has been devoted to logistics operational capabilities of which the most important are customer focused capabilities, supply management capabilities, integration capabilities, measurement capabilities, and information exchange capabilities[14]. However, the dynamic aspect of capabilities has so far been given little attention in logistics literature.

One exception is Abrahamsson & Brege[15] who presented a model of dynamic effectiveness to pave the way for future research into how to work with marketing, as well as operations and logistics management in order to increase an organisation's dynamic capabilities and to improve industrial distribution further. Their work is based on the logic that in a dynamic business environment, companies need corresponding dynamic capabilities in order to be competitive. Abrahamsson & Brege defined dynamic effectiveness as "how fast - and well - a company can go from one strategic positioning and productivity frontier to another". They argue that a frequent interaction between new strategic moves and actions for higher operational effectiveness is required if the company is to be in pace with the dynamic and changing business environment and to stay ahead of competition. Best practice logistics performance is a part of this in order to make it possible not only to be more agile to new strategic moves, but also to drive strategic development from high operational capabilities. To achieve this, logistics has to be a "resource base" to support new strategic moves on the market.

From a strategic point of view, the development towards dynamic capabilities is interesting, because it goes one step beyond the traditional opinion that defined strategies should set the operational structures and activities in an organisation ("structure follows strategy")[16]. The "opposite" sequence between operational platforms and strategic positions is equally important. In consequence, increased dynamic capabilities, together with outstanding operational performance, are important prerequisites and "drivers" for the establishment of new strategic positions, and sometimes strategic and operational effectiveness overlap, at least for a time, until competitors reach the newly set productivity frontiers.

From a logistics point of view, the importance of a dynamic logistics set-up, in order to support the company's strategic options, from an operational set-up allowing to constantly adapting capacity to market size, in order to balance cost of operations to revenue. Such a set-up includes producing to customer order, and also finding the right balance between in-house capacity and outsourced operations and to manage the supply network to support short time to market.

- Broadening of assortment which requires the handling of a large variety of products and new demand patterns.

---

14 Esper, T., B. Fugate, and B. Davis-Sramek (2007). Logistics Learning Capability: Sustaining the Competitive Advantage through Logistics Leverage. Journal of Business Logistics, 28 (2).

15 Abrahamsson, M., Brege, S., (2004), Dynamic Effectiveness - Improved Industrial Distribution from Interaction between Marketing and Logistics Strategies, Journal of Marketing Channels, Special Issue.

16 Chandler, A. (1962) Strategy and Structure, Chapters in the history of the American industrial enterprise. (Cambridge, Massachusetts, MIT Press).

- Additional marketing channels, e.g. electronic commerce, requires that the logistics structure and set-up can support new ordering and delivery demands and in some cases deliveries to a large number of end customers instead of deliveries to a few wholesalers or retailers.
- Expansion geographically to new markets which requires a regional or global logistics set-up in order to be able to add a new market to marginal costs, e.g. deliveries to the Baltic countries from the same distribution centre that supports the Nordic countries.
- Supporting global customers as a global supplier as well as local customers on their specific market, requires that customers with centralised purchasing, buying large quantities to be delivered to several receptions can be supplied from the same logistics platform as local customers buying small quantities on different markets.
- Expansion by company acquisition requires that synergies in production distribution and supply be efficiently taken care of.
- Downsizing when needed. In other words, the capability to scale up in a boom and expansion but even more important is to be able to adapt the logistics platform and related costs quickly in a recession when the market drops.

Such a logistics platform provides the prerequisites to adapt advanced logistics concepts with a focus on value creation rather than efficiency in individual transactions. The more dynamic the business environment is with quick changes in demands, internationalisation, and keen competition, the more important it becomes to ensure cost effective, flexible and adaptive logistics platforms[17] and more agile supply chains[18]. The primary role of logistics is consequently to secure profitability. But it also has the role of supporting additional growth from delivery systems and thereby making the products available for customers on different markets.

2 Widening the system borders

The logistics way of contributing better to company's profitability and growth is by widening the system border. In many companies, logistics is still fragmented and functional, and is often organised as a part of other functions, e.g. Purchasing or Supply, Manufacturing and/or Distribution, and there is no co-ordination between different entities internally or externally. In consequence, logistics is measured on a functional level, with a focus on achieving high productivity in individual logistics activities. There is no defined corporate logistics system and there is no foundation for more advanced logistics concepts, figure 3.

---

17 Abrahamsson, M., Aldin, N., Stahre, F. (2003), Logistics Platforms for Improved Strategic Flexibility. International Journal of Logistics: Research and Applications, Vol 6 No 3 pp 85-106.

18 Christopher, M. (2000). The Agile Supply Chain - Competing in Volatile Markets. Industrial Marketing Management, No. 29, pp. 37-44.

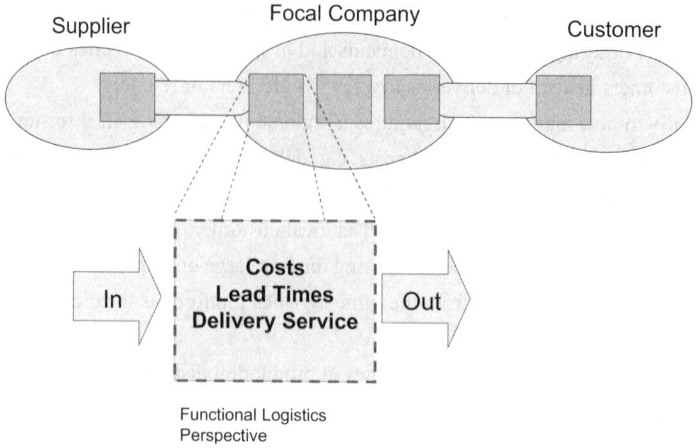

Figure 3: A functional perspective on logistics

Widening the logistics borders to include the whole company, or at least a defined company-wide distribution or materials management system, means that a logistics system perspective replaces the former functional perspective. Integration between internal functions, where the performance of the whole system is more important than the performance in individual functions will come into focus. Organisationally, logistics is a defined responsibility in its own right. A natural focus is then on internal co-ordination and the integration of functions, and structurally, e.g. in terms of number of warehouses or logistics units, centralisation will result in economies of scale in logistics operations which is one of the major drivers to reduce costs. In consequence, logistics performance is measured as total logistics costs for the defined system, not primarily in low functional costs, figure 4.

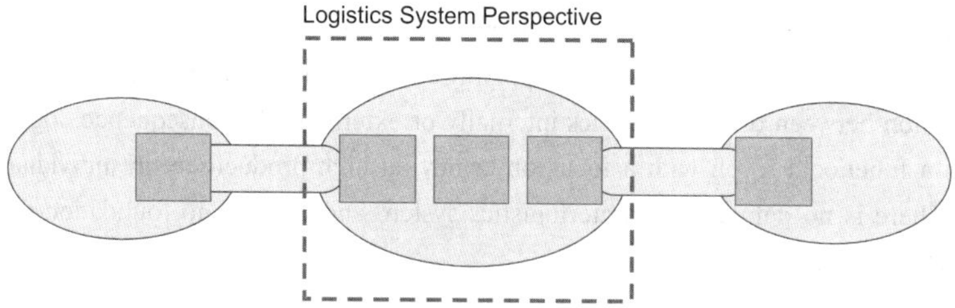

Figure 4: A systems perspective on logistics.

A part of this systems perspective is centralised responsibility for the administration and co-ordination of logistics internally in the company. With a centralised administration, fundamental principles or guidelines for how the logistics system for distribution or supply for example should be designed and the operations performed can be defined. Examples of such fundamental principles that have been identified are visibility or transparency, avoiding double work in handling or data inputting, making information about sales available upstream and information about availability in stock available down stream etc.

The next level of widening the systems borders for logistics is to apply a process and supply chain management perspective on logistics, figure 5. If this is done, the system borders will include up- and downstream interfaces towards suppliers and customers. When the focus is on external integration, inbound, internal and outbound logistics have to be co-ordinated. Something that is often done by implementing collaborative logistics applications and concepts, like supply chain management, Business Process Reengineering or Quick response. The implementation of internal logistics processes through distribution, manufacturing and supply is a part of the platform for advanced logistics. In consequence, the replenishment of stocks is pulled based on demand and is not pushed from purchasing or manufacturing units. Also here logistics is centrally managed and controlled. In addition, organisationally, logistics is on a vice president's level, and processes are replacing internal functions in order to "industrialise" logistics. Further, flexibility is a priority in order to achieve not only economies of scale, but also economies of scope.

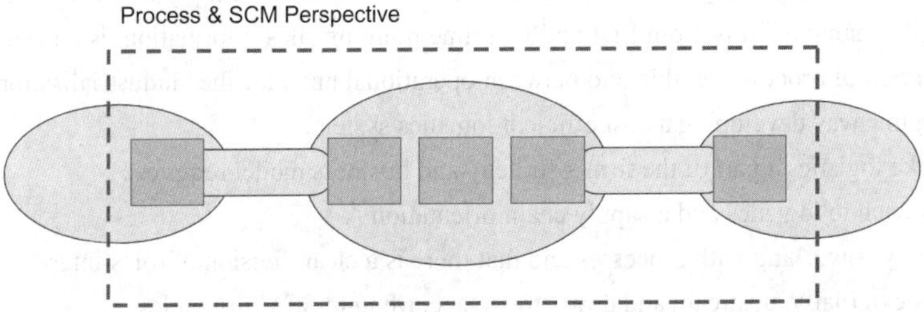

Figure 5: A process and SCM perspective on logistics

However, some best practice logistics companies, as described above, have widening logistics borders even further and have applied a corporate logistics scope on the logistics system. Such a strategic view of logistics does not exclude highly efficient logistics operations and supply chain management, but the purpose is different. In consequence, logistics is not measured from the traditional logistics scale as has been but by the same measures as the company as a whole – primarily company profitability and growth. In our studies, we have found that in leading companies logistics is very often aligned directly to corporate strategy, e.g. profitability, diversification, growth, market defence etc., not allowing to optimise logistics from its own measures only. Logistics is defined as a distinctive and valuable capability and is seen from the strategy of the firm. This means that supporting growth for example is more important than traditional logistics and SCM efficiency and effectiveness, figure 6.

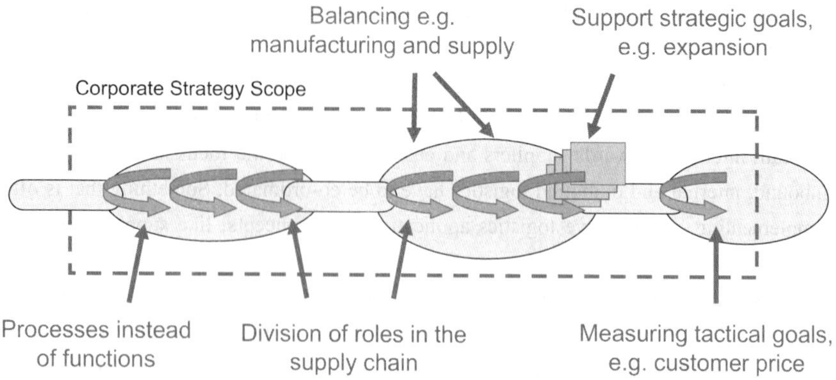

Figure 6: A corporate strategy scope on logistics

Because creating customer value as well as adapting the logistics to different market conditions, is high on the agenda, there is a priority in leveraging capital assets to increase supply chain flexibility. Therefore supply chain visibility from EDI and real time point of sales information, is a priority as is standardisation of processes within and between operational units for the "industrialisation of logistics" and in this way developing a cost efficient logistics system.

In summary, to make logistics a part of the firm's strategy and business model requires:

- A systems approach to logistics and a supply chain orientation[19].
- That the company is working with processes and that there is a clear division of roles internally as well as externally, upstream and downstream according to SCM principles.

That logistics is primarily measured from strategic measurements, e.g. the growth and profitability of the company as well as from traditional logistics measures.

This results in financial benefits from *economies of scope* (using the same resources for different products), *economies of scale* (higher utilization of existing recourses from larger volumes) and *economies of integration* (increased competition from co-operation and co-planning in the supply chain).

2.1 The knowledge of managing complex systems

One of the major skills among logistics professional in such a logistics set-up is how to manage complex systems, for which the logistics cube is an excellent model and management tool. This is in contrast to the traditional way of dealing with organisational complexity, which is to break

---

[19] Mentzer, J. T., W. DeWitt, J.S. Keebler, S. Min, N.W. Nix, C.D. Smith, and Z.G. Zacharia (2001), Defining Supply Chain Management, Journal of Business Logistics, Vol 22, No 2.

down the complex system into smaller and more manageable units, instead of learning to manage the system as a whole[20].

"From a very early age, we are taught to break apart problems, to fragment the world. This apparently makes complex tasks and subjects more manageable, but we pay a hidden, enormous price. We can no longer see the consequences of our actions; we lose our intrinsic sense of connection to a larger whole".

(Senge, 1990, p. 3)

The more dynamic the business environment is with quick changes in demands, internationalisation and keen competition, the more important is having cost effective, flexible and adaptable logistics. One of the most important logistics questions for industry is how to deal with increased demands for flexibility and increased complexity. This includes constantly adapting the logistics system and set-up and to redefine interfaces and the role between internal and external actors in the logistics system. Therefore, the knowledge of how complex logistics systems should be designed and managed is becoming increasingly strategically important for companies who want to be in step with the increased dynamic business environment. The dynamics include:

- Increased globalisation, both on the customer and the supplier side, together with much tougher and precise market segments to be served.
- Logistics outsourcing is increasing (third party logistics), as manufacturing companies refine their operations and locations and concentrate on their core businesses.
- Higher environmental standards increase the need for better filling rates and more precise plans for physical distribution as well as for redefined transport policies.
- Congestion problems force transport companies to redefine their logistics service and forces society to improve city-logistics solutions.

Because reducing CO2-emissions from goods transport is primarily about redesigning logistics systems and managing them more efficiently and not only about new technical innovations like more efficient engines or fuel, environmental issues will probably be one of the most complex tasks for logisticians in the future. Until recently research in this area has focused its attention on operative design, e.g. choosing the right fuel, smart loading of trucks, and technical solutions to support intermodal transport. However, there is a need to re-focus and to take a wider perspective of logistics systems. In redesigning a company-wide or even multi-company logistics system, new options have arise for using better technology; options that were not possible when only considering single transports.

In order to decrease the emissions from goods transport at the rate stipulated by e.g. the EU (30% reduction by the year 2020 and 80% by the year 2050), all th measures at our disposal need to be employed, and in a wise manner. New technology must be applied, and in addition the use of

20 Senge, P. M. (1990), The Fifth Discipline - the Art & Practice of the Learning Organization. Doubleday, New York

better fuels must be encouraged. Transports need to be considered as parts of a wider logistics system. This system includes the organisations and companies that own, handle, and organise the systems. A part of this is modal shifts from high-speed air- and road freight to slower but cleaner modes of transports, like rail or sea. Another issue is higher vehicle filling rates from improved logistics planning, within and between the companies in a logistics system. In order to live up to the standard required for the future, the whole range of actions has to be applied, making the skill of managing complex systems crucial.

Thus, sustainable enterprise performance is about to explicating the dynamic capabilities in the organisation and in that way improve the performance of the company as a whole. This is valid for shippers as well as logistics- and transport providers.

3 The new roles of logistics

In the traditional view on logistics, value has primarily been created through cost reductions and service improvements in efficiency terms, e.g. a high degree of availability, on time delivery, zero damage and place utility. In highly competitive markets, these measures are the basis for reliable services, and can be seen as a prerequisite for being on the market at all – equally to the value of error-free and high quality products in some industries. Performing these measures well will not win a firm business but performing them poorly will cost a firm market share from lost customers.

The experiences from the companies mentioned in this article show that they are outperforming their competitors by having a corporate strategic perspective on logistics, where logistics is a tool for profitability and a resource base for growth. In addition, the companies have also been proven to carry out changes and rapidly respond to new market conditions faster than their competitors. In these companies, logistics is a way of increasing customer and shareholder value. Shareholder value, reflecting the return on assets provided by the shareholders, which occurs if a company has scare resources and capabilities enabling it to increase the economic value it creates. Customer value occurs if the market is willing to pay for the value the company's resources create. In consequence, the role of logistics is different from the role of cost minimisation and reduction of lead times.

Based on these facts, we have identified the following strategic roles for logistics:

1. *To be a source for profitability – Effectiveness.* This is that of creating operational excellence in the extended logistics systems, including economies of scale, scope and integration from design of wider logistics systems and from managing a supply chain that include at least inbound, internal and outbound logistics. Efficient operational processes with low cost activities are a part of this – but the purpose is to take costs out from the whole supply chain, not optimise single activities.
2. *To support growth – Scalability.* Scalability is about expanding the business geographically, in market presence and in capacity and includes new markets and more customers or outlets with higher volumes. But of equal importance is the design of production and supply processes,

which have high flexibility in capacity. Here, logistics has the role of supporting the expansion strategy of the company from generic growth and from acquisitions.

3. *Supporting repositioning – Dynamic.* To be dynamic in logistics is directly related to change in company's scope. This includes supporting aggressive marketing activities in terms of diversification, from intense product development exploring new markets and/or market segments, to introducing new and parallel marketing channels (e.g., e-commerce in addition to traditional retailing).
4. *Creating balance – Coordination.* Balance is basically about maximizing logistics resources and avoiding buffer stocks. However, it also include finding the right balance between centralised distributions centres or production units for economies of scale with local satellites, and consignment stocks in order to integrate with customers for market growth purposes.
5. *To be environmentally right – Sustainability.* Environmental issues are of increasing importance in most companies and are on the strategic agenda in many corporations. In such cases, focus is on the logistics system, including the whole supply chain with inbound- as well as outbound activities. Co-planning between companies in order to be able to choose a mode of transportation with low emissions and to avoid 24 hours express services is a part of this.

Applying these strategic roles of logistics properly will result in high shareholder value due to the capabilities of logistics to deliver high level of customer satisfaction. This makes the logistics system a source of sustainable competitive advantage, which consistently over time supports the company's growth and profitability. The logistics cube is an excellent tool for understanding and managing the complexity of such a logistics system.

Douglas M. Lambert*

Supply Chain Management – Processes, Partnerships, Performance

* Douglas M. Lambert holds the Raymond E. Mason Chair and is Director of The Global Supply Chain Forum, Fisher College of Business, at The Ohio State University. Dr. Lambert has served as a faculty member for over 500 executive development programs in North and South America, Europe, Asia and Australasia. He is editor of *Supply Chain Management: Processes, Partnerships, Performance* now in its third edition; author of *The Development of an Inventory Costing Methodology, The Distribution Channels Decision, The Product Abandonment Decision;* and, co-author of *Management in Marketing Channels, Fundamentals of Logistics Management and Strategic Logistics Management.* His publications include more than 100 articles. In 1986, Dr. Lambert received the CSCMP (CLM) Distinguished Service Award for his contributions to logistics management. He holds an honors B.A. and MBA from the University of Western Ontario and a Ph.D. from The Ohio State University. In December, 2004 his article on partnerships, "We're in This Together", was published in the *Harvard Business Review.*

1 Introduction

One of the most significant paradigm shifts of modern business management is that individual businesses no longer compete as solely autonomous entities, but rather within supply chains. In this emerging competitive environment, the ultimate success of the single business will depend on management's ability to integrate the company's intricate network of business relationships [1]. Management of this network of relationships, which is supply chain management, requires cross-functional integration of key business processes within the firm and across the network of firms that comprise the supply chain. It is focused on relationship management and the improvements in performance that result from better management of key relationships. However, in many companies executives struggle to achieve the necessary integration. By understanding the supply chain management processes and how they should be implemented, executives will be able to create more integrated supply chains which will lead to higher revenues and profitability for all member firms.

Drawing from the work done by The Global Supply Chain Forum, the eight processes that need to be managed and integrated for successful supply chain management are identified and described. Next, the essential linkages required to facilitate the integration of supply chain members, the customer relationship management (CRM) and supplier relationship management (SRM) processes, are explained. The remaining six processes are coordinated through the CRM and SRM processes. Each process should be evaluated based on its contribution to overall financial performance. The paper ends with a description of a model that can be used to structure relationships with key members of the supply chain, a summary of the supply chain management framework and conclusions.

2 What is Supply Chain Management?

There is a great deal of confusion regarding exactly what supply chain management involves. In fact, many people using the name supply chain management treat it as a synonym for logistics or as logistics that includes customers and suppliers [2]. Others view supply chain management as the new name for purchasing or operations [3], or the combination of purchasing, operations and logistics [4]. However, increasingly Supply Chain Management (SCM) is being recognized as the management of relationships across the supply chain. Strictly speaking, the supply chain is not a

---

[1] Drucker, Peter F. , "Management's New Paradigms," Forbes Magazine, October 5, 1998, pp. 152-177; and, Martin C. Christopher, "Relationships and Alliances: Embracing the Era of Network Competition," in *Strategic Supply Chain Management*, ed. John Gattorna, Hampshire, England: Cower Press, (1998).

[2] Simchi-Levy, David, Philip Kaminski, and Edith Simchi-Levy, *Designing and Managing the Supply Chain: Concepts, Strategies, and Case Studies,* Boston, MA: Irwin/McGraw Hill, (2000).

[3] Monczka, Robert M., Robert J. Trent and Robert B. Handfield, *Purchasing and Supply Chain Management*, Cincinnatti, OH: South-Western College Publishing, (1998).

[4] Wisner, Joel D., G. Keong Leong and Keah-Choon Tan, *Supply Chain Management: A Balanced Approach, Mason,* OH: Thomson South-Western, (2004).

chain of businesses with one-to-one, business-to-business relationships, but a network of businesses and relationships. SCM offers the opportunity to capture the full potential of intra- and inter-company integration and management. In that sense, SCM deals with business process excellence and represents a new way of managing the business and relationships with other members of the supply chain.

The Global Supply Chain Forum, a group of non-competing firms and a team of academic researchers, has been meeting regularly since 1992 with the objective to improve the theory and practice of SCM. The definition of SCM developed and used by the members of The Global Supply Chain Forum is:

> "Supply Chain Management is the integration of key business processes from end user through original suppliers that provides products, services, and information that add value for customers and other stakeholders [5]."

The supply chain is a network of companies. This view of SCM is illustrated in Figure 1, which depicts a simplified supply chain network structure of a manufacturer with two tiers of customers and two tiers of suppliers, the information and product flows, and the supply chain management processes that must be implemented within organizations across the supply chain. All of the processes are cross-functional and cross-firm in nature. Figure 1 illustrates that every organization in the supply chain needs to be involved in the implementation of the same eight processes but corporate silos and functional silos within companies are barriers to this integration. In most major corporations, functional managers are rewarded for behavior that is not customer friendly or shareholder friendly. Successful management of the supply chain requires the involvement of all of the corporate business functions [6]. A network of companies cannot be managed with fewer functions than are necessary to manage one company.

In his keynote address to the International Association of Food Industry Suppliers in March 2005, Tom Blackstock, Vice President of Supply Chain Operations at Coca-Cola North America, confirmed the need to involve all business functions in supply chain management when he said: "Supply Chain Management is everybody's job" [7]. In 2006, John Gattorna expressed a similar perspective on the breadth of management necessary for successful implementation of supply chain management:

> "We have to embrace a far more liberal view of the supply chain. In effect, the supply chain is any combination of processes, functions, activities, relationships, and pathways along which products, services, information, and financial transactions move in and between enterprises. It

---

[5] The Global Supply Chain Forum, Fisher College of Business, The Ohio State University. See http://fisher.osu.edu/scm

[6] Blackstock, Thomas, Keynote Speech, International Association of Food Industry Suppliers, San Francisco, CA, March 11, 2005 and John Gattorna, :Supply Chains Are the Business," *Supply Chain Management Review,* Vol. 10, No. 6 (2005), pp. 42-49.

[7] Blackstock, Thomas, Keynote Speech, International Association of Food Industry Suppliers, San Francisco, CA, March 11, 2005.

also involves any and all movement of these from original producer to ultimate end-user or consumer, and everyone in the enterprise is involved in making this happen [8]."

In reality, a supply chain is much more complex than the row of silos depicted in Figure 1. For a company in the middle of the supply chain like a consumer goods manufacturer, the supply chain looks like an uprooted tree (see Figure 2) where the root system represents the supplier network and the branches of the tree represent the customer network. The supply chain will look different depending on a firm's position in it. For example, in the case of a retailer, like Wal-Mart, the end consumers would be next to the dark square (Wal-Mart) in the center of Figure 2 making them the only tier in the customer network. For an initial supplier, such as a shrimper, there would be no suppliers associated with the product follow. Managing the entire supply chain is a very difficult and challenging task. Managing all suppliers back to the point of origin and all products/services out to the point of consumption might appear to be overwhelming. It is probably easier to understand why executives would want to manage their supply chains to the point of consumption because whoever has the relationship with the end-user has the power in the supply chain. Intel created a relationship with the end-user by having computer manufacturers place an "Intel inside" label on their computers. This affects the computer manufacturer's ability to switch microprocessor

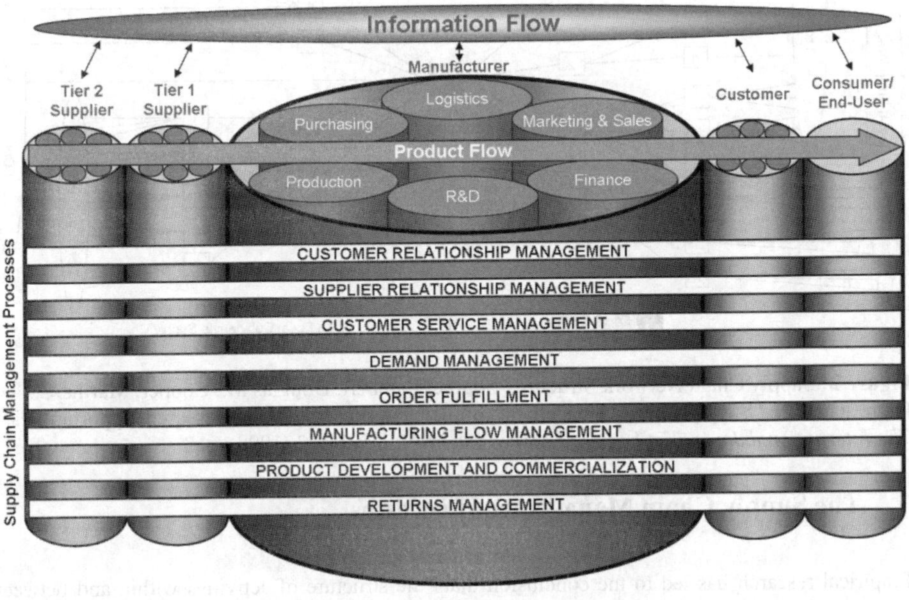

Figure 1: Supply Chain Management: Integrating and Managing Business Processes across the Supply Chain. Source: adapted from Lambert, Douglas M., Cooper, Martha C., Pagh, Janus D., "Supply Chain Management: Implementation Issues and Research Opportunities," The International Journal of Logistics Management, Vol. 9, No. 2 (1998), p. 2.

[8] Gattorna, John, "Supply Chains Are the Business", *Supply Chain Management Review*, Vol. 10, No. 6 (2006), pp. 42-49.

suppliers. However, opportunities exist to significantly improve profits by managing the supplier network as well. For example, Coca-Cola is one of the largest purchasers of PET resins in the world as a result of managing beyond Tier 1 packaging suppliers to the Tier 2 resin suppliers.
At the end of the day, supply chain management is about relationship management. A supply chain is managed, link-by-link, relationship-by-relationship, and the organizations that win will be those that manage these relationships best. The links in the chain are formed by the CRM process of the seller organization and the SRM process of the buyer organization. The focus of the remainder of this paper will be on the eight supply chain management processes, how CRM and SRM form the linkages for integrating companies in the supply chain, and how a tool known as the partnership model, can be used to structure relationships with key customers and suppliers.

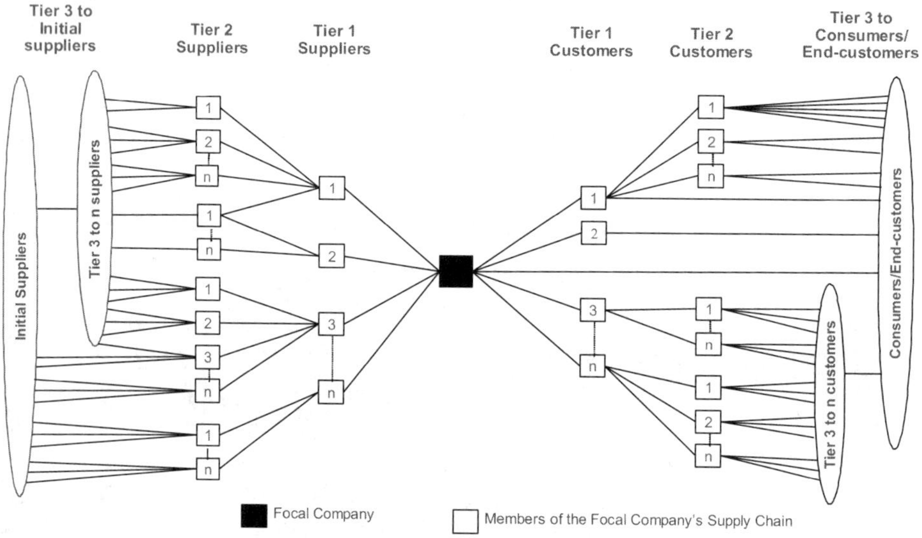

Figure 2: Supply Chain Network Structure. Source: Lambert, Douglas M., Cooper, Martha C., Pagh, Janus D., "Supply Chain Management: Implementation Issues and Research Opportunities," *The International Journal of Logistics Management*, Vol. 9, No. 2 (1998), p. 3.

3 The Supply Chain Management Processes

Empirical research has led to the conclusion that "the structure of activities within and between companies is a critical cornerstone of creating unique and superior supply chain performance" [9]. In our research, executives believed that competitiveness and profitability could increase if internal key activities and business processes are linked and managed across multiple companies. Thus, "corporate success requires a change from managing individual functions to integrating activities

[9] Hakansson, Hakan and Ivan Snehota, *Developing Relationships in Business Networks*, London: Routledge, (1995).

into supply chain management processes" [10]. In many major corporations, such as Coca-Cola, management has reached the conclusion that optimizing the product flows cannot be accomplished without implementing a process approach to the business [11]. Several authors have suggested implementing business processes in the context of supply chain management, but there is not yet an "industry standard" on what these processes should be. The value of having standard business processes in place is that managers from organizations across the supply chain can use a common language and can link-up their firms' processes with other members of the supply chain, as appropriate. The supply chain management processes identified by members of The Global Supply Chain Forum and shown in Figure 1 are:

- Customer Relationship Management
- Supplier Relationship Management
- Customer Service Management
- Demand Management
- Order Fulfillment
- Manufacturing Flow Management
- Product Development and Commercialization
- Returns Management

Each supply chain management process has both strategic and operational subprocesses. The strategic subprocesses provide the structure for how the process will be implemented and the operational subprocesses provide the direction for implementation. Implementation of the strategic process is a necessary step in integrating the firm with other members of the supply chain, and it is at the operational level that the day-to-day activities take place. Each process is led by a management team that is comprised of managers from each business function, including: marketing, sales, finance, production, purchasing, logistics and, research and development. Teams are responsible for developing the procedures at the strategic level and for implementing them at the operational level. A brief description of each of the eight processes follows.

Customer Relationship Management: The customer relationship management process provides the structure for how the relationships with customers will be developed and maintained. At the strategic level, management identifies key customers and customer groups to be targeted as part of the firm's business mission. These decisions are made by the leadership team of the enterprise and at the strategic level, the process owner is the CEO. The goal is to segment customers based on their value over time and increase customer loyalty by providing customized products and services. Cross-functional customer teams tailor Product and Service Agreements (PSAs) to meet the needs of key accounts and for segments of other customers. The PSAs specify levels of performance. The teams work with key customers to improve processes and eliminate demand variability and

[10] Blackstock, Thomas, Keynote Speech, International Association of Food Industry Suppliers, San Francisco, CA, March 11, 2005

[11] Blackstock, Thomas, Keynote Speech, International Association of Food Industry Suppliers, San Francisco, CA, March 11, 2005

non-value-added activities. Performance reports are designed to measure the profitability of individual customers as well as the firm's impact on the financial performance of the customer [12].

Supplier Relationship Management: The supplier relationship management process provides the structure for how relationships with suppliers will be developed and maintained. Just as a company needs to develop relationships with its customers, it also needs to foster relationships with its suppliers. As in the case of customer relationship management, close relationships will be developed with a small subset of suppliers based on the value that they provide to the organization over time, and more traditional relationships are maintained with the others. A PSA is negotiated with each key supplier that defines the terms of the relationship. For segments of less critical suppliers, the PSA is provided and it is not negotiable. Supplier relationship management is about defining and managing these PSAs. Long-term relationships are developed with a small core group of suppliers. The desired outcome is a win-win relationship where both parties benefit.

Customer Service Management: The customer service management process is the supply chain management process that deals with the administration of the PSAs developed by customer teams as part of the customer relationship management process. Customer service managers monitor the PSA's and intervene on the customer's behalf if there is going to be a problem delivering on promises that have been made. The goal is to solve problems before they affect the customer. Customer service managers will interface with other process teams, such as supplier relationship management and manufacturing flow management to insure that promises made in the PSA's are delivered as planned.

Demand Management: Demand management is the supply chain management process that balances the customers' requirements with the capabilities of the supply chain. With the right process in place, management can match supply with demand proactively and execute the plan with minimal disruptions. The process is not limited to forecasting. It includes synchronizing supply and demand, increasing flexibility, and reducing variability. For example, it involves managing all of the organization's practices, such as end-of-quarter loading and terms of sale which encourage volume buys that increase demand variability. A good demand management process uses point-of-sale and key customer data to reduce uncertainty and provide efficient flows throughout the supply chain. Marketing requirements and production plans should be coordinated on an enterprise-wide basis. In advanced applications, customer demand and production rates are synchronized to manage inventories globally.

Order Fulfillment: The order fulfillment process involves more than just filling orders. It also includes all activities necessary to define customer requirements, design a network and enable a firm to meet customer requests while minimizing the total delivered cost. At the strategic level, for example, it is necessary to consider which countries should be used to service the needs of various customers, tax rates and where profits should be earned as well as import and export regulations. While much of the actual work will be performed by the logistics function, it needs to be imple-

---

[12] Lambert, Douglas M. and Terrance L. Pohlen, "Supply Chain Metrics," *The International Journal of Logistics Management*, Vol. 12, No. 1, (2001), pp. 1-19.

mented cross-functionally and with the coordination of key suppliers and customers. The objective is to develop a seamless process from the various customer segments to the organization and then on to its suppliers.

Manufacturing Flow Management: Manufacturing flow management is the supply chain management process that includes all activities necessary to obtain, implement and manage manufacturing flexibility in the supply chain and to move products into, through and out of the plants. Manufacturing flexibility reflects the ability to make a wide variety of products in a timely manner at the lowest possible cost. To achieve the desired level of manufacturing flexibility, planning and execution must extend beyond the four walls of the manufacturer in the supply chain.

Product Development and Commercialization: Product development and commercialization is the supply chain management process that provides the structure for developing and bringing to market products jointly with customers and suppliers. Effective implementation of the process not only enables management to coordinate the efficient flow of new products across the supply chain, but also assists other members of the supply chain with the ramp-up of manufacturing, logistics, marketing and other activities necessary to support the commercialization of the product. The product development and commercialization process team must coordinate with customer relationship management process teams to identify customer articulated and unarticulated needs; select materials and suppliers in conjunction with the supplier relationship management process teams; and, work with the manufacturing flow management process team to develop production technology to manufacture and integrate into the best supply chain flow for the product/market combination.

Returns Management: Returns management is the supply chain management process by which activities associated with returns, reverse logistics, gatekeeping, and avoidance are managed within the firm and across key members of the supply chain. The correct implementation of this process enables management not only to manage the reverse product flow efficiently, but to identify opportunities to reduce unwanted returns and to control reusable assets such as containers. Effective returns management is an important part of SCM and provides an opportunity to achieve a sustainable competitive advantage.

4 Achieving Cross-Functional and Cross-Firm Involvement in the Supply Chain Management Processes

If the proper coordination mechanisms are not in place across the various functions, the process will be neither effective nor efficient. By taking a process focus, all functions that touch the product or provide information must work together. Figure 3 shows examples of how managers from each function within the organization provide input to the eight supply chain management processes. For example, in the customer relationship management process, sales provides the account management expertise, marketing provides the knowledge of customers and marketing programs as well as the budget for marketing expenditures, sales provides the account management expertise, research and development provides the technological capabilities to develop product solutions that meet customer requirements, logistics provides knowledge of logistics and customer service capabilities, manufacturing provides the manufacturing capabilities, purchasing provides knowledge of supplier capabilities, and finance provides customer profitability reports. The customer service requirements must be used as input to manufacturing, sourcing, and logistics strategies. Customers and suppliers are shown in Figure 3 to make the point that each of these processes, to be properly implemented, requires the involvement of customers and suppliers. When logistics third-party providers are used, representatives from these firms should serve on the process teams to provide their logistics expertise.

In order to achieve cross-firm integration, management needs to choose the type of relationship that is appropriate for each link in the supply chain [13]. Not all links throughout the supply chain

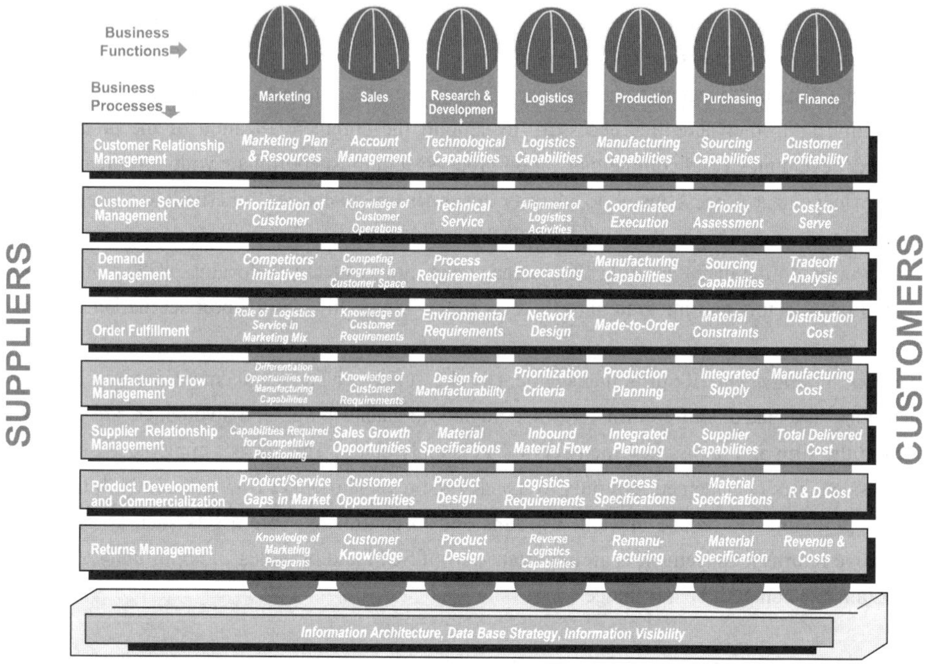

Figure 3: Functional Involvement in the Supply Chain Management Processes; Note: Process sponsorship and ownership must be established to drive the attainment of the supply chain vision and eliminate the functional silo mentality. Source: Adapted from Croxton, Keely L, García-Dastugue, Sebastian J., and Lambert, Douglas M., "The Supply Chain Management Processes," *The International Journal of Logistics Management*, Vol. 12, No. 2 (2001), p. 31.

---

[13] Lambert, Douglas M. and A. Michael Knemeyer, "We're in This Together," Harvard Business Review, Vol. 82, No. 12 (2004), pp. 96-108 and Lambert, Douglas M., Margaret A. Emmelhainz, and John T. Gardner, "Developing and Implementing Supply Chain Partnerships," *The International Journal of Logistics Management*, Vol. 7, No. 2 (1996), pp.1-17.

should be closely coordinated and integrated. The most appropriate relationship is the one that best fits the specific set of circumstances [14]. Determining which members of the supply chain deserve management attention is based on their capabilities and their importance to the firm's success. In some companies, management works closely with second tier members of the supply chain in order to achieve specific supply chain objectives, such as product availability, improved quality, improved product introductions, or reduced overall supply chain costs. For example, a tomato ketchup manufacturer in New Zealand conducts research on tomatoes in order to develop plants that provide larger tomatoes with fewer seeds. Their contracted growers are provided with young plants in order to ensure the quality of the output. Since the growers tend to be small, the manufacturer negotiates contracts with suppliers of equipment and agricultural chemicals such as fertilizer and pesticides. The farmers are encouraged to purchase materials and machinery using the manufacturer's contract rates. This results in higher quality raw materials and lower prices without sacrificing the margins and financial strength of the growers.

5 The Critical Supply Chain Management Linkages

Customer relationship management and supplier relationship management provide the critical linkages throughout the supply chain (see Figure 4). For each supplier in the supply chain, the ultimate measure of success for the customer relationship management process is the positive change in profitability of an individual customer or segment of customers over time. For each customer, the most comprehensive measure of success for the supplier relationship management process is the impact that a supplier or supplier segment has on the firm's profitability. The goal is to increase the joint profitability by developing the relationship. The biggest potential roadblock is failure to reach agreement on how to split the gains that are made through joint process improvement efforts. The overall performance of the supply chain is determined by the combined improvement in profitability of all of its members from one year to the next.

Typically, large sums of money are spent by corporations to attract new customers; yet these same companies are often complacent when it comes to nurturing existing customers to build and strengthen relationships with them [15]. However, for most companies existing customers represent the best opportunities for profitable growth. There are direct and strong relationships between profit growth; customer loyalty; customer satisfaction; and, the value of goods delivered to customers [16]. In a business-to-business environment, the customer relationship management process is the supply chain management process that provides the structure for how relationships with customers are developed and maintained. The decision regarding who represents key customers

---

[14] Cooper, Martha C. and John T. Gardner, "Good Business Relationships: More Than Just Partnerships or Strategic Alliances," *International Journal of Physical Distribution and Logistics Management*, Vol. 23, No. 6 (1993), pp. 14-20.

[15] Berry, Leonard L. and A. Parasuraman, "Marketing to Existing Customers" in *Marketing Services: Competing Through Quality,* New York, NY: The Free Press, (1991), p.132.

[16] Heskett, James L., W. Earl Sasser, Fr. and Leonard A. Schlesinger, *The Service Profit Chain*, New York, NY: The Free Press, (1997), p.11.

requires evaluation of the profitability and potential profitability of individual customers. Then, cross-functional customer teams tailor product and service agreements (PSAs) to meet the needs of key accounts and segments of other customers [17]. PSAs come in many forms, both formal and informal, and may be referred to by different names from company to company. However, for best results they should be formalized as written documents. Teams work with key accounts to improve processes, and eliminate demand variability and non-value-added activities.

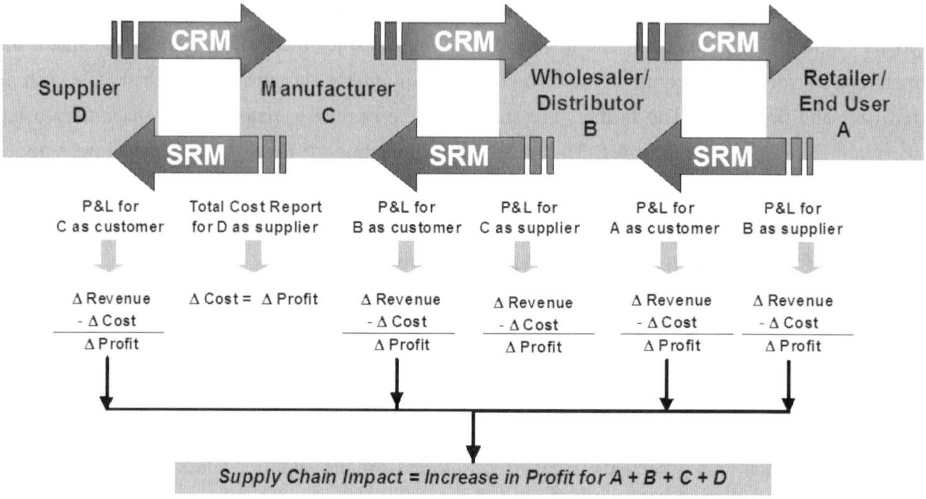

Figure 4: Customer Relationship Management (CRM) & Supplier Relationship Management (SRM):The Critical Supply Chain Management Linkages. Source: Adapted from Croxton, Keely L, García-Dastugue, Sebastian J., and Lambert, Douglas M., "The Supply Chain Management Processes," *The International Journal of Logistics Management*, Vol. 12, No. 2 (2001), p. 14.

Just as some customers are more important for a firm's success all suppliers are not the same. Some suppliers contribute disproportionately to the firm's success and with these organizations, it is important to have cross-functional teams interacting. The strategic process is led by a management team. At the operational level, there will be teams established for each key supplier and for each segment of non-key suppliers. The teams are comprised of managers from several functions, including marketing, finance, research and development, production, purchasing and logistics. At the strategic level, the team is responsible for developing the strategic process, and seeing that it is implemented. Supplier teams have the day-to-day responsibility for managing the process at the operational level.

At the operational level, there will be a customer team and a supplier team for each key customer and supplier and for each segment of non-key customers/suppliers. It is important that teams call-

[17] Seybold, Patrica B., "Get Inside the Lives of Your Customers", Harvard Business Review, Vol. 78, No. 5 (2001), pp. 81-89.

ing on competitors do not have overlapping members since it will be very hard for these individuals to not be influenced by what has been discussed as part of developing a PSA for a competitor of the firm with which they are working. Given the current spotlight on business ethics, it is important to reach agreement on what data to share and there is a fine line between using process knowledge gained versus using competitive marketing knowledge gained from a customer or supplier. These teams will have day-to-day responsibility for managing the process at the operational level. Firm employees outside of the team might execute parts of the process, but the team still maintains managerial control. Customer relationship management and supplier relationship management are the key processes for linking firms across the supply chain and each of the other six processes is coordinated through CRM and SRM.

For example, if the CRM and SRM teams decide that there is an opportunity to improve performance by focusing on the demand management process, the demand management process teams from the two companies are involved. It is important that metrics are in place for the demand management process teams so that members can be compensated for the improvements derived. However, if profitability reports by customer are properly developed, they will capture improvements made in all of the processes. Returning to the demand management process example, when the process is improved, product availability is improved. If this is important, revenue for the customer increases. In addition, inventories are reduced, thereby reducing the inventory carrying cost charged to the customer's profitability report. There also may be fewer last minute production changes and less expediting of inbound materials which will impact the costs assigned to each customer. So having accurate profitability reports is the key.

6 Measuring the Financial Impact of the Customer Relationship Management Process

The development of customer profitability reports enables the CRM process teams to track performance over time. These reports should reflect all of the cost and revenue implications of the relationship. Variable manufacturing costs are deducted from net sales to calculate a manufacturing contribution. Next, variable marketing and logistics costs, such as sales commissions, transportation, warehouse handling, special packaging, order processing and a charge for account receivable, are deducted to calculate a contribution margin. Assignable non-variable costs, such as salaries, customer related advertising expenditures, slotting allowances and inventory carrying costs, are subtracted to obtain a segment controllable margin. The net margin is obtained after deducting a charge for dedicated assets. These statements contain opportunity costs for investment in receivables and inventory and a charge for dedicated assets. Consequently, they are much closer to cash flow statements than a traditional profit and loss statement. They contain revenues minus the costs (avoidable costs) that disappear if the revenue disappears.

At Sysco, a $23.4 billion food distributor, profitability reports by customer were implemented in 1999. These reports enabled management to make strategic decisions about the allocation of resources to accounts, such as which customers receive preferred delivery times and which customers receive value-added services free and which ones must pay for them. The results are illustrated in Figure 5. The five-year cumulative annual growth rate for the period 1999 to 2003 was 11.3 % for sales and 19.1 % for net earnings. As shown in Figure 5, net earnings growth improved sharply after the profitability reports were implemented.

Figure 5: Sysco Sales and Earnings History. Source: Neil Theiss, Senior Director, Supply Chain Management, Sysco Corporation as reported in Douglas M. Lambert, Editor, *Supply Chain Management: Processes, Partnerships, Performance*, Third Edition, Sarasota, FL: Supply Chain Management Institute, 2008. p.18.

In the case of retailers and wholesalers, profitability reports also can be developed for each supplier. However, for manufacturers who purchase materials, total cost reports are used to evaluate suppliers. If the supplier participates in the development of new products, then the incremental revenues and costs associated with these new products also should be considered. In addition to measuring current performance, these profitability reports and total cost reports can be used to track performance of customers over time and to generate pro-forma statements that evaluate potential process improvement projects. Decision analysis can be performed to consider "what if" scenarios such as best, worst and most likely cases.

Figure 6 shows how the customer relationship management process can affect the firm's financial performance as measured by economic value added (EVA) [18]. It illustrates how customer relationship management can impact sales, cost of goods sold, total expenses, inventory investment, other current assets, and the investment in fixed assets. For example, customer relationship management can lead to higher sales volume as a result of strengthening relationships with profitable customers, selling higher margin products, increasing the firm's share of the customer's expendi-

[18] Stewart, III, G. Bennett, *The Quest for Value*, Now York: Harper Collins Publishers, Inc. (1999).

tures for the products/services sold, and/or improving the mix, that is, aligning services and the costs to serve. Each process can be measured in terms of its impact on EVA.

Management should implement processes that increase the profitability of the total supply chain not just the profitability of a single firm. It is the goal of supply chain management to encourage actions that benefit the whole supply chain while at the same time equitably sharing in the risks and the rewards. If the management team of a firm makes a decision that positively affects that firm's EVA at the expense of the EVA of customers or suppliers, every effort should be made to share the benefits in a manner that improves the financial performance of each firm involved and thus gives each one an incentive to improve overall supply chain performance.

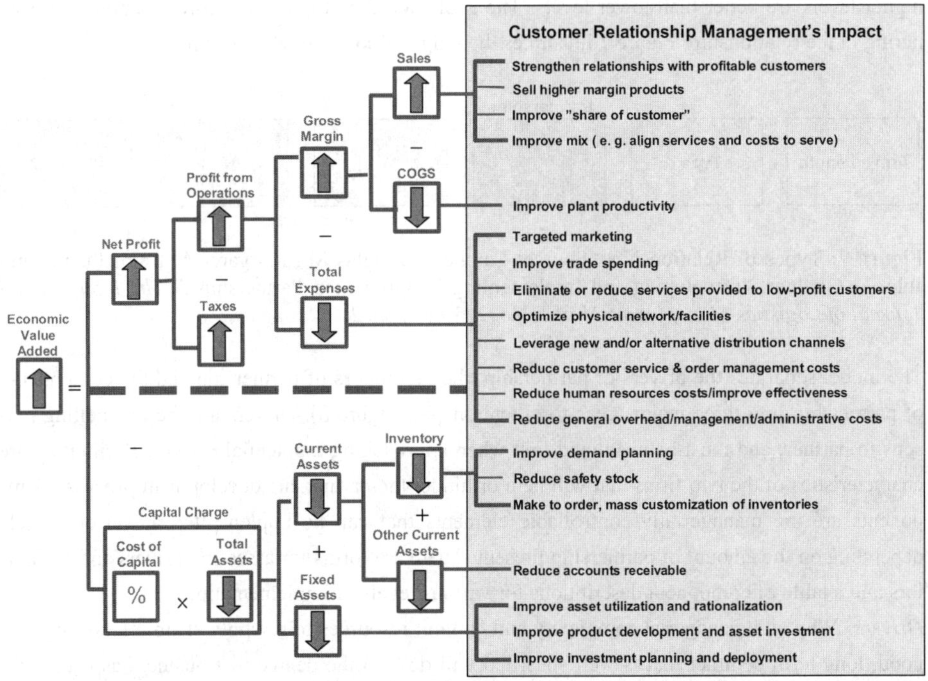

Figure 6: How Customer Relationship Affects Economic Value Added (EVA®). Source: Lambert, Douglas M. and Terrance L. Pohlen, "Supply Chain Metrics," *The International Journal of Logistics Management*, Vol. 12, No. 1, (2001), pp. 1-19.

7 Building High Performance Relationships in the Supply Chain

Successful implementation of The Global Supply Chain Forum Supply Chain Management Framework is dependent on developing close relationships with key customers and suppliers. In other words, supply chain management is relationship management. For this reason, there is a need for a tool that can be used to structure the CRM and SRM relationships. This tool is the partnership model.

"A partnership is a tailored business relationship based on mutual trust, openness, shared risk and shared rewards that results in business performance greater than would be achieved by the two firms working together in the absence of partnership [19]."

Partnerships can take multiple forms and the degree of partnership achieved can reflect tight integration across the firm boundaries, or only limited integration across the boundaries. Since partnership implementation requires significant managerial time commitments and often other resource commitments, the goal in building partnership is to fit the type of partnership with the business situation and the organizational environment. The types of partnership are Type I, Type II and Type III. These are called "types," not "levels" because there should be no implication that higher levels are better than lower levels. The goal should be to have the correct amount of partnering in the relationship. Figure 7 illustrates the range of possible relationships.

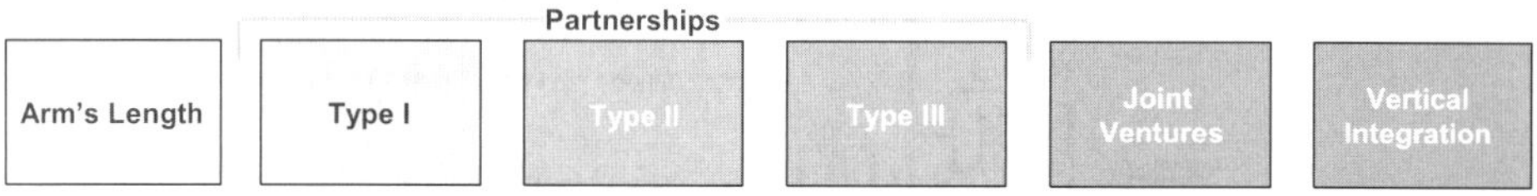

Figure 7: Types of Relationships. Source: Lambert, Douglas M., Margaret A. Emmelhainz, and John T. Gardner, "Developing and Implementing Supply Chain Partnerships," *The International Journal of Logistics Management*, Vol. 7, No. 2 (1996), pp. 2.

The model separates the drivers of partnership, the facilitators of partnership and the components of partnership into three major areas for attention (see Figure 8). Drivers are the compelling reasons to partner, and must be examined first when approaching a potential partner. Facilitators are characteristics of the two firms that will help or hinder the partnership development process. Components are the managerially controllable elements that can be implemented at various levels depending on the amount of partnership present. There are forms for assessing drivers and facilitators and a table of component descriptions for various levels of implementation.

Drivers: Why add managerial complexity and commit resources to a supply chain relationship if a good, long-term contract that is well specified will do? To the degree that business as usual will not get the supply chain efficiencies needed, partnership may be necessary. By looking for compelling reasons to partner, the drivers of partnership, management in the two firms may find that they both have an interest in tailoring the relationship. The model separates the drivers into four categories: asset/cost efficiencies, customer service improvements, marketing advantage, and profit stability and growth. All businesses are concerned with these four issues, and the four can capture the goals of managers for their relationships.

Facilitators: The nature of the two firms involved in partnership implementation will determine how easy or hard it will be to tailor the relationship. If the two firms mesh easily, the managerial

[19] Lambert, Douglas M., and A. Michael Knemeyer, "We're In This Together," Harvard Business Review, Vol. 82, No. 12 (2004), pp. 114-122 and Douglas M. Lambert, *Supply Chain Management; Processes, Partnerships, Performance*, Sarasota, Florida: Supply Chain Management Institute, (2005), p. 169.

effort and resources devoted to putting the correct relationship in place will be lower for the same results. The elements that make partnership implementation easy or hard are called facilitators. They represent the internal environment of the partnership, those aspects of the two firms that will help or hinder partnership activities.

Management Components: While drivers and facilitators determine the potential for partnership, the management components are the building blocks of partnership. They are universal across firms and across business environments and unlike drivers and facilitators, are under the direct control of the managers involved. In other words, they are the activities that managers in the two firms actually perform to implement the partnership. There are eight components of partnership, each of which represents a managerial decision or decisions as to what and how to implement.

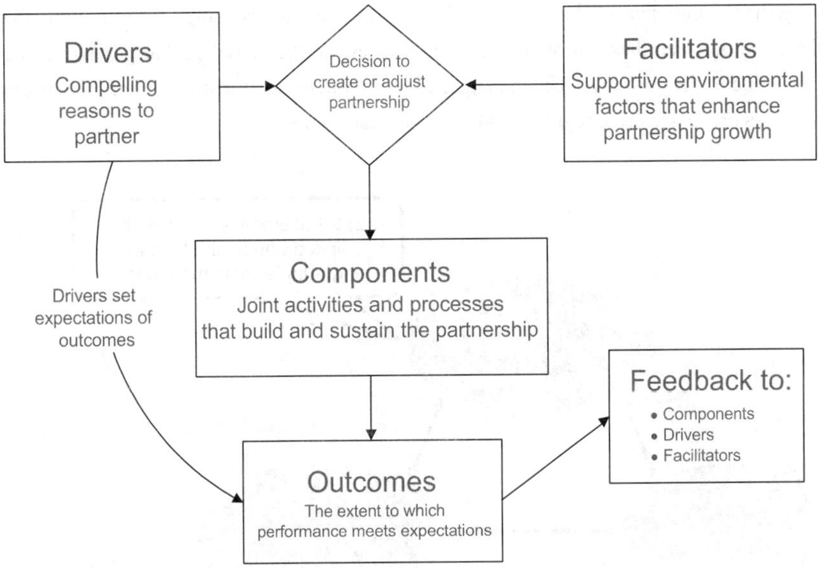

Figure 8: The Partnership Model. Source: Lambert, Douglas M., Margaret A. Emmelhainz, and John T. Gardner, "Developing and Implementing Supply Chain Partnerships," *The International Journal of Logistics Management*, Vol. 7, No. 2 (1996), pp. 4.

Outcomes: A partnership, if appropriately established and effectively managed, should improve performance for both parties. Profit enhancement, process improvements, and increased competitive advantage are all likely outcomes of effective partnerships. Specific outcomes will vary depending upon the drivers which initially motivated the development of the partnership. It should be noted, however, that a partnership is not required to achieve satisfactory outcomes from a relationship. Typically, organizations will have multiple arm's length relationships which meet the needs of and provide benefits to both parties.

The Partnership Building Session Overview: Using the partnership model to tailor a relationship requires a one and one-half day session. The correct team from each firm must be identified and committed to a meeting time. These teams should include top managers, middle managers, operations personnel and staff personnel. A broad mix, both in terms of management level and functional expertise, is required. As a result, scheduling can be a challenge.

The success of the partnership building process depends on the openness and creativity brought to the session. The process is not about whether to have a business relationship; it is about the style of the relationship. The partnership building session is only a first step in a challenging but rewarding long-term effort to tailor your business relationship for enhanced results.

8 Summary of the Supply Chain Management Framework

Figure 9 illustrates the inter-related nature of SCM and the need to proceed through several steps to design and successfully manage a supply chain: the network structure, the business processes, and the management components. The supply chain network structure is comprised of the member firms and the links between these firms. Business processes are the activities that produce a specific output of value to the customer. The management components are the managerial methods by which the business processes are integrated and managed across the supply chain.

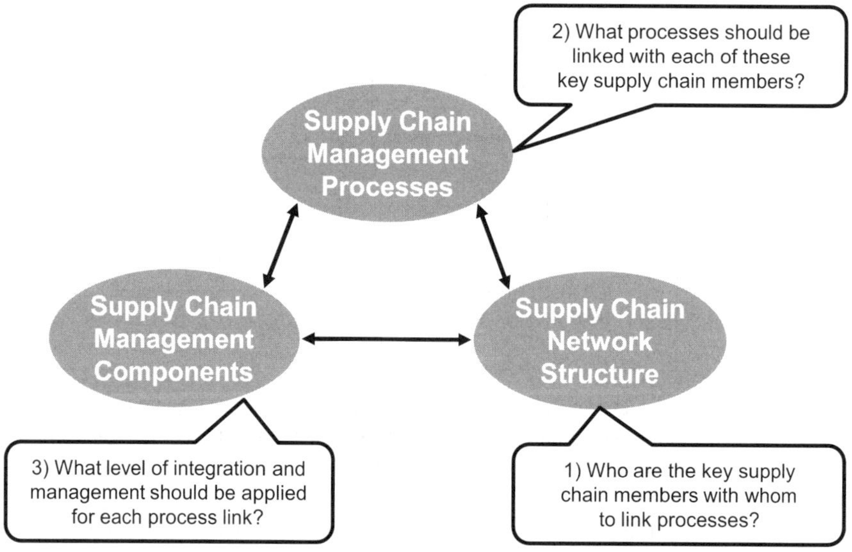

Figure 9: Supply Chain Management: Elements and Key Decisions Source: Adapted from Douglas M. Lambert, Martha C. Cooper and Janus Pagh, "Supply Chain Management: Implementation Issues and Research Opportunities," *The International Journal of Logistics Management*, Vol. 9, No. 2 (1998), p. 4.

9 Conclusions

Executives are becoming aware of the emerging paradigm of inter-network competition, and that the successful integration and management of the supply chain management processes across members of the supply chain will determine the ultimate success of the single enterprise. Managing the supply chain cannot be left to chance.

Research with member firms of The Global Supply Chain Forum indicates that successful SCM requires integrating business processes with key members of the supply chain. Considerable waste of valuable resources results when supply chains are not integrated, appropriately streamlined and managed. The structure of activities/processes within and between companies is vital for creating superior competitiveness and profitability. A prerequisite for successful SCM is to coordinate activities within the firm by implementing the eight supply chain management processes using cross-functional teams. The partnership model is a tool that can be used to structure relationships with key customers and suppliers.

Failure to implement cross-functional business processes will result in missed opportunities that with the level of competitiveness faced by most firms can no longer be tolerated. For example, a manufacturer of consumer durable goods implemented a rapid delivery system that provided retailers with deliveries in 24 to 48 hours anywhere in the United States. The rapid delivery system was designed to enable the retailers to improve service to retail consumers while holding less inventory and thus improving per unit profitability. Six years later, the company had not seen the anticipated inventory reductions and reduced the service promise to 48 to 72 hours. The rapid delivery system never achieved its full potential because the sales and marketing organizations still provided customers with incentives to buy in large volumes [20]. This example should make it clear that failure to manage all the touches will diminish the impact of initiatives within the supply chain. Implementing the eight supply chain management processes described in this paper will increase the likelihood of success because all functions will be involved in the planning and implementation of the initiative as well as key customers and suppliers. The penalty for not gaining the full involvement of all functions and aligning the metrics is dealing with the actions of those who maliciously or inadvertently undermine the initiatives.

At a meeting of The Global Supply Chain Forum, a series of break-out sessions were devoted to the topic "the supply chain of the future". At the end of the day, the conclusion of the group was that when an organization's management had successfully implemented all eight of the SCM processes, they would have achieved the supply chain of the future and would be able to respond to whatever challenges the business might face. Where is your company in terms of successful implementation of cross-functional business processes? In order to create the most value for the company's shareholders and the whole supply chain including end users/consumers, management must take action to integrate the supply chain. The time for action is now.

---

[20] Lambert, Douglas M. and Renan Burduroglu, "Measuring and Selling the Value of Logistics", *The International Journal of Logistics Management*, Vol. 11, No. 1 (2000), pp. 1-17.

10 Acknowledgement

The author would like to acknowledge the contribution of the members of The Global Supply Chain Forum whose practice, insight, ideas, and comments have contributed significantly to this paper. The member companies in The Global Supply Chain Forum that contributed to this research were : 3M; Cargill; The Coca-Cola Company; Colgate-Palmolive Company; Defense Logistics Agency; Hallmark; Hewlett-Packard Company; International Paper; Limited Logistics Services; Masterfoods USA; Moen Incorporated; Shell Global Solutions International B.V.; Taylor Made-adidas Golf Company; and, Wendy's International.

Martin Christopher*

Enhancing Supply Chain Agility through Complexity Reduction

---

* Dr. Martin Christopher is Emeritus Professor of Marketing and Logistics at Cranfield University School of Management in the UK. He has been involved in the development of logistics and supply chain theory and practice for over three decades and his work has gained international recognition.

1 Introduction

Recent events in the global economy have served to remind us that companies do not have complete control over their own destinies. We have witnessed how crisis in the housing mortgage industry in the USA can lead indirectly to the collapse of companies in quite different industries in every corner of the globe. At the same time the competitive landscape is being re-shaped through mergers and acquisitions – many of them driven by the search for scale that is thought to be a prerequisite for survival in a recessionary environment.

There is strong evidence to suggest that even before the present economic turmoil began, volatility and turbulence in the wider economy has been steadily increasing (Greenspan, 2007). It seems that, both on the supply side and the demand side of the business, uncertainty has grown. This growing uncertainty brings with it a serious challenge to the classic practice of running the business on the basis of forecasts. It will be apparent that in conditions of stability – and hence lower uncertainty – forecast accuracy should generally be high. Equally, the converse will be true, i.e. as uncertainty increases so to will forecast accuracy reduce. Hence the argument that if uncertainty is to be the norm – at least for the foreseeable future – then a new approach will be required. Indeed, the challenge that organisations now face is how to reduce their dependence on forecasts and to become increasingly demand and event driven.

Simultaneously, because of their increased complexity, supply chains have become more vulnerable to disruption (Christopher & Peck, 2004). Through a combination of factors, such as outsourcing and off-shoring, many firms now find that they are more exposed to unexpected disturbances in their supply chains – both upstream and downstream.

To counter these twin threats of greater uncertainty and heightened vulnerability requires a supply chain that is able to respond more rapidly to events as they happen and that is flexible enough to change as conditions change. This level of supply chain responsiveness is what many commentators now term ‘agility’.

2 The Antecedents of Agility

Agility is a business-wide capability that embraces organisational structures, information systems, logistics processes and, in particular, mindsets (Christopher, 2000). A key characteristic of an agile organisation is flexibility. Indeed the origin of agility as a business concept lies in flexible manufacturing systems (FMS). Initially it was thought that the route to manufacturing flexibility was through automation to enable rapid change (e.g. reduced change-over times) and thus a greater responsiveness to changes in product mix or volume. Later this idea of manufacturing flexibility was extended into the wider business context and the concept of agility as an organisational orientation was born (Dove, 1996; Goldman et.al., 1994).

Agility however is not a single company concept and it was quickly extended by a number of researchers into the wide supply chain (e.g. Naylor, et.al., 1999; Christopher, 2003). No matter

how good an individual business may be, if it is dependent on suppliers of critical components or materials with long replenishment lead-times, then its agility will be significantly impeded.
In today's business environment, where many activities that were previously conducted in-house are now out-sourced, no company can hope to achieve high levels of agility without agile partners across the supply chain.
Because agile supply chains need to be able to respond rapidly to changes in the market and business environment they need to be easily reconfigured. Effectively this implies a more fluid, almost virtual approach to the structuring of the supply chain. Thus the shape of the network is determined by the specific requirement of the current product/market strategy - in contrast to the classic concept of supply chains which are characterised by 'legacy' relationships. New opportunities will require the ability to quickly reconfigure a supply/distribution network utilising the capabilities of appropriate partners. This is not to argue against the need for strong relationships based upon achievable 'win-win' outcomes. Rather we can draw upon the analogy of a successful world-class theatre company where the director of a play will bring together an ensemble of talented actors with whom he/she has previously experienced good working relationships. Before that play has ended and the next season's repertoire is being planned a new ensemble is brought together, sometimes with members of the previous cast but also with other actors - with whom the director will also have had previous working experience - to create a cast that is best suited to the needs of the new repertoire. This is the idea of a 'virtual' organisation which is able to meet the new challenges brought about by changed market circumstances.
Hence the need for flexibility across the supply chain if true agility is to be realised.

3 Complexity and the Supply Chain

In its strictest sense, complexity does not mean complicated but rather it describes a condition of inter-connectedness and inter-dependencies across a network where a change in one element can have an effect on other elements – often in unforeseen ways. Today's supply chains mirror very closely this idea of complexity. Indeed it is a misnomer to describe them as *chains* at all since a chain implies a simple linkage from one entity to another, whereas most supply chains are multi-echelon networks with many nodes and links.
Complexity in a supply chain can arise from a number of sources and some of the most common causes are detailed below:

3.1 Network Complexity

The more nodes and links that exist in a network then clearly the more complex it becomes. As a result of out-sourcing non-core activities many companies are today much more reliant on external suppliers of goods and services. Those external suppliers also are dependent upon a web of second tier suppliers and so on. There is a strong likelihood that the focal firm at the centre of the network will not even be aware of many of the second or third tier suppliers that feed their upstream supply chain. The potential for unexpected disruptions to the supply chain is clearly heightened by these extended networks as evidenced by the following example.

"Following the shut-down of Dell's American assembly line within days of the September 1999 earthquake in Taiwan the company set out to understand why this had happened. To do this Dell studied where their tier-one suppliers did their shopping and this in turn soon yielded the first important answer – the Taiwan Semiconductor Manufacturing Corporation (TSMC). Dell's executives realised that they were in fact buying hundreds of millions of dollars of chips each year from TSMC indirectly."

Abridged from Lynn, B.C.,
End of the Line

3.2 Process Complexity

Underpinning every supply chain are innumerable processes – processes internal to the firm as well as those processes managed by upstream and downstream partners. Often these processes have been developed in a haphazard way and have been added to and modified to reflect current requirements and as a result have become more complex. This complexity is manifested in processes with multiple steps, often performed in series rather than in parallel.

Lengthy processes containing many different activities will not only create extended lead-times but are also more prone to variability in performance. The more steps in a process and the more 'hand-offs' that exist, the greater the likelihood that there will be frequent discrepancies between planned and actual outcomes.

There is a need for a constant review of process structure and a consequent re-engineering if this pervasive source of supply chain complexity is to be kept to a minimum.

When end-to-end supply chains are examined in detail it usually transpires that the majority of time is non-value-adding time. More often than not this non-value-adding time is idle time - in other words time spent as inventory. This non-value-adding time is itself generated by the processes that underpin the supply chain.

3.3 Range Complexity

Most business organisations find that the range of products and/or services that they offer to the market has a tendency to grow rather than to reduce. The rate of introduction of new products or services; new pack sizes or variants and brand extensions seems to outpace the rate at which existing products or services are eliminated. The general effect of this mushrooming of the product/service portfolio is to extend the 'long tail' of the Pareto distribution. Figure 1 below highlights the challenge.

Typically as more variants are added to a range the demand per variant will reduce with a subsequent impact on forecast accuracy. Consider the difference between the Ford Motor Company at the time of Henry Ford I producing a single model – the Model T, with the reputed offer of 'any colour you like as long as it's black' - with the company today.

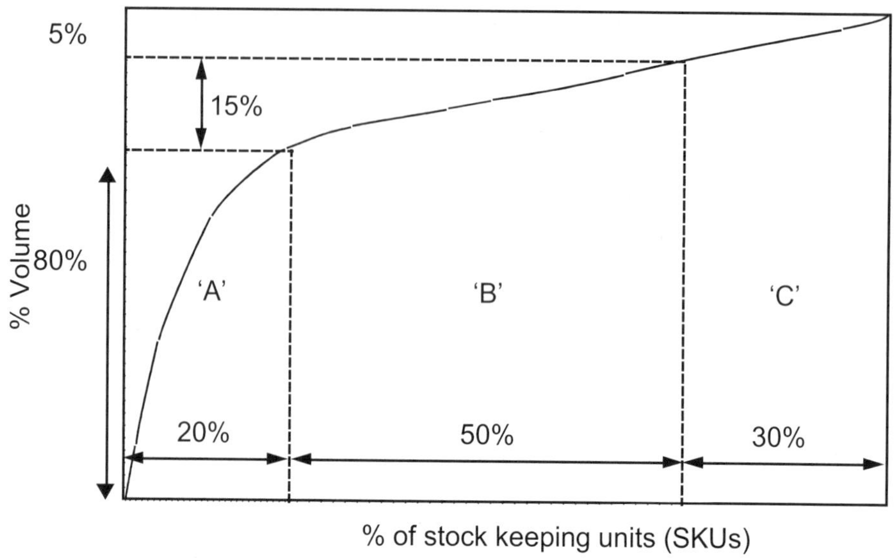

Figure 1: The "pareto" or 80/20 rule

Ford, even in today's troubled markets, offers a vast range of models with extensive options. In theory there are possibly millions of different variants! This multiplication of the product range means that, inevitably, average demand per variant is very low. Hence the difficulty of forecasting at the individual variant level and thus the typically large inventories that build up as a result of forecast error.

3.4 Product Complexity

The design of products can have a significant impact on supply chain complexity. It can be argued that the supply chain begins on the drawing board in that decisions on the choice of materials and components can directly or indirectly impact total life cycle costs as well as agility and responsiveness.

Product complexity can arise because the number of components or sub-assemblies is high, or because there is little commonality across the Bills of Material for different products. The less the commonality at the Bill of Material level the less is the flexibility to vary product mix or volume.

A further unforeseen impact of product design decisions is that if components or materials are specified which happen to have lengthy replenishment lead-times then the ability to respond rapidly to changes in demand for the product will be impeded.

By involving logistics and supply chain planners early in the design process much of the subsequent complexity can be avoided. For example, at Motorola all new product ideas are screened for complexity (Whyte, 2004) before they can be considered for commercialisation.

In the past at Motorola there was often little commonality of parts across the range. For a single mobile phone there could be over 100 possible configurations, i.e. four different colours and 30 software choices. Furthermore, these product variations were made ahead of demand to a forecast that was only accurate 3 per cent of the time! To tackle this problem Motorola devised a 'Complexity Index' for each product, which included the number of components, the degree of commonality, lead time of supply and so on. Ideas for new products with high scores on the Complexity Index tend not to be proceeded with.

3.5 Customer Complexity

Customer complexity arises as a result of too many non-standard service options or customised solutions. The costs of serving different customers can vary significantly. Each customer will exhibit different characteristics in terms of their ordering patterns, e.g. frequency of orders, size of orders, delivery requirements and so on. These differences will be increased further as a result of the availability of different service options or packages and/or customisation possibilities.

Gottfredson and Aspinall (2005) give an example of how too extensive a service offer can add complexity to the sales process:

"One telecommunications company, for example, has used the power of information technology to slice and dice its service set into ever more finely differentiated options. The firm hoped it would boost revenues by more precisely fulfilling the needs of every imaginable buyer. But offering so many options has had the opposite effect. The company's customer service reps are now forced to sort through more than a thousand promotion codes whilst they're talking to a potential customer. Most of the promotions offer distinct levels of discounts and product benefits. Making sense of them all is an overwhelming task."

Even though from a sales and marketing perspective there may be advantages to be gained from offering a range of options to customers, these decisions must be tempered by a detailed knowledge of their cost and agility implications. Ultimately the only complexity that can be justified is that complexity which delivers real value for which customers are prepared to pay.

A problem that is faced by many businesses is that they have a limited understanding of the true costs of servicing individual customers. It is quite possible that because some customers generate a high cost-to-serve (Braithwaite & Samakh, 1998) and order products with relatively low margins they could actually lose money for the company. Using tools such as Activity Based Costing (Cokins, 1996) can help identify those customers whose cost-to-serve is high relative to the revenue that they generate. Using this information, alternative service options might be devised that will improve the profitability of those customers.

3.6 Supplier Complexity

The size of the supplier base can add to supply chain complexity by increasing the number of relationships that must be managed as well as increasing total transaction costs. Because one of the prerequisites for agility is a high level of collaborative working with key suppliers, this implies a high level of active supplier management and supplier involvement in process integration. It is unlikely that this degree of closeness can be achieved across a diverse supplier base and hence the need for rationalisation. The implications of such a supply base rationalisation are profound. Clearly careful regard must be paid to the effect of a smaller number of suppliers on the resulting supply chain risk profile. Too high a level of dependence on just a few critical suppliers can be dangerous. Instead a better option, if available, is to have a lead supplier across a category of products who takes responsibility for the management of that category across a number of suppliers, for example in the same way a '4PL' might co-ordinate a number of logistics and transport providers for a client company (Gattorna, 1998).

With a smaller supplier base, a company can more pro-actively manage supplier relationships through 'supplier development' programmes. Typically such programmes involve the company working closely with individual suppliers to identify opportunities to improve not just product quality, but also process quality and to work jointly on cost-reduction initiatives.

3.7 Organisational complexity

Most businesses have traditionally organised around functions and departments and their organisation charts have many levels and tend to be hierarchical in their structure. Such 'vertical' organisational arrangements are no doubt administratively convenient in that there can be a 'division of labour' between functions as well as effective budgetary control. However, they tend to inhibit agility because they are, of necessity, inwardly looking with a focus on efficiency rather than customer facing with a focus on effectiveness. A further problem is that over time the functions have a tendency to become 'silos' with their own agendas and they can lose sight of the fundamental purpose of the business, i.e. to win and keep profitable customers.

The challenge is to find a way to break through these silos and to re-shape the organisation around the key value-creating and value-delivery processes. Such process-oriented businesses are 'horizontal' rather than 'vertical' in their orientation. They are cross-functional and hence there is a stronger emphasis on teams and on process improvement in terms of speed and reliability.

As organisations grow, either organisationally or through merger and acquisition, the likelihood is that they will become more cumbersome and less able to respond rapidly to change. Consequently there is a constant need to re-engineer existing processes and to root out the complexity that will inevitably arise if things are left to themselves. Organisational complexity can also be exacerbated by having to work across time zones and cultures as a result of globalisation of business. Frequently this added complexity is an unintended consequence of low cost country sourcing and/or cross border mergers.

3.8 Information Complexity

Today's supply chains are underpinned by the exchange of information between all the entities and levels that comprise the complete end-to-end network. The volume of data that flows in all directions is immense and not always accurate and can be prone to misinterpretation. Visibility of actual demand and supply conditions can be obscured through the way that information is filtered and modified as it passes from one entity or level to another. The so-called 'Bullwhip' effect is a manifestation of the way that demand signals can be considerably distorted as a result of multiple steps in the chain. As a result of this distortion, the data that is used as input to planning and forecasting activities is flawed and hence forecast accuracy is reduced and more costs are incurred.

In a sense, information complexity in a supply chain is directly or indirectly influenced by the preceding seven sources of complexity. Network and process complexity will impact the number of stages, steps and levels through which the information must pass; range and product complexity add variety and lead to multiple Bills of Material and hence more data; customer and supplier complexity means that the exchange of data increases significantly and organisational complexity implies more levels through which information must pass as well as more hand-offs from one function to another.

The antidote to information complexity is firstly a reduction in the other seven sources of complexity as well as greater visibility. A key to that visibility has to be a greater level of collaborative working across the supply chain where information transparency is seen as a vital pre-requisite for a more efficient and effective value delivery system.

4 Complexity and Uncertainty

The problem with complexity is not just that it is a significant driver of cost within a supply chain but that it also contributes to variability and uncertainty. Because so many of the interactions between agents and entities within a network can have a cumulative and combinatorial effect it is not always possible to predict the impact of those interactions. This is particularly the case where those actions are not always visible because they often take place at several stages removed from the focal firm.

A good example of a complex system is the weather. Many different influences combine to create a specific weather condition, each of those influences are themselves the result of interactions and hence a small change in one element can fundamentally affect the final outcome. Hence the difficulty that weather forecasters face in trying to predict even tomorrow's weather.

The outcome of complexity in a supply chain, as with the weather, therefore is uncertainty and with that uncertainty comes an increased likelihood that forecast error will increase in line with complexity. This leads to a conclusion that complexity reduction must be a priority for supply chain managers and that to rely on the classic forecast–based approach to supply chain management is inadvisable and instead the focus must change – rather than being forecast-driven the business must become event-driven.

5 From Forecast-Driven to Event-Driven

There is a strong case to be made that, since the degree of turbulence and volatility in the market and business environment has increased, the ability of conventional forecasting tools to cope with this uncertainty is significantly weakened. Whilst some might argue that the response to this situation should be to improve the forecasting tools, an alternative view might be that we need to lessen our dependence on the forecast. If it were possible to respond to events as they happen rather than have to predict those events, then supply chain performance – measured both in terms of cost as well as customer service – would clearly be enhanced.

This idea of event-driven responsiveness is embodied in the philosophy of the agile supply chain. There are a number of enablers of responsiveness but probably the two most critical elements are ***visibility*** and ***velocity***. 'Visibility' denotes the ability of an organisation to see real demand, real demand being the independent demand emanating from the final marketplace. 'Velocity' refers to the speed with which the organisation can respond to changes in real demand.

For many companies their visibility of real demand is obscured by the presence of intermediaries between themselves and the final market, particularly when there is a low level of shared information – or even none. The paradox is that whilst the information and communications technology to enable information sharing across the supply chain is widely available, there is still a reluctance amongst many companies to fully engage with their supply chain partners in this way.

Improving velocity in a supply chain requires time compression - not necessarily by speeding up existing activities, but rather by reducing non-value adding time. In other words, if we can focus on the things that add value to customers and eliminate or reduce those things that do not, then velocity and hence responsiveness will increase.

Both visibility and velocity in the supply chain are adversely affected by complexity. Complexity reduction can enable simpler networks with improved 'line of sight' end-to-end along with more flexible and responsive processes.

6 Coping with Complexity

It will be apparent that one of the most effective ways to improve agility in the supply chain is through complexity reduction. However, it also needs to be recognised that it is possible to go too far in seeking to rationalise and simplify supply chain strategies. It can be argued that it is through complexity that a firm differentiates itself from its competitors, i.e. if everything we did was straightforward and simple then it would be easy for others to replicate. The challenge is therefore to understand what is the *requisite* level of complexity that enables our supply chain to be distinctive and also to understand what is the role of complexity in value creation and delivery? Ideally we should seek to offer only that level of complexity that customers value – and hence for which they would be prepared to pay.

Thus the requirement is firstly to recognise and then remove the complexity that does not add value and secondly, for that complexity that does add value, to find ways to cope with it.

Because complexity implies uncertainty, one powerful way to handle it is through creating a higher level of *adaptability* in the supply chain. An adaptable supply chain is one that can change its *structure* in response to fundamental shifts in the business environment. The emphasis in an adaptable supply chain is very much on flexibility and reconfiguration. In other words to cope with the volatility and turbulence that go hand-in-hand with complexity we need a much more fluid approach to supply chain design.

To achieve this level of flexibility may mean that the firm may need to establish supply chain arrangements that will enable it to access the capabilities of other players. The argument being that it is not practical for any one business to be able to have enough of its own in-house skills, knowledge and capacity to cope with the great array of potential sudden shifts in the business environment to which it might be exposed. Instead, if through a series of partnerships and close working relationships with other entities in the supply chains the company can quickly access the required capabilities, then its responsiveness can be maintained even in the most volatile conditions.

References

Braithwaite, A. & Samakh, E. (1998) 'The Cost-to-Serve Model', International Journal of Logistics Management, Vol.9, No. 1, pp 69-84

Christopher, M.G. (2000) 'The Agile Supply Chain : Competing in Volatile Markets', Industrial Marketing Management, Vol. 29, No. 1, pp 37-44

Christopher, M.G. (2003) 'Creating Agile Supply Chains', in Handbook of Supply Chain Management 5th Edition, ed. Gattorna, J., Gower

Christopher, M.G. & Peck, H. (2004) 'Building the Resilient Supply Chain', International Journal of Logistics Management, Vol. 15, No. 2

Cokins, G. (1996) Activity-Based Cost Management – Making it Happen, Irwin, Chicago

Dove, R. (1996) Tools for Analysing and Constructing Agile Capabilities, Perspectives on Agility Series, Agility Forum, Bethlehem, PA

Gattorna, G. (1998) 'Fourth-Party Logistics', in Gattorna, J. (ed), Strategic Supply Chain Alignment, Gower Press, Aldershot

Goldman, S.L., Nagel, R.N. & Preiss, K., (1994) Agile Competitors and Virtual Organisations : Strategies for Enriching the Customer, Van Norstrand Reinhold, New York, N.Y.

Gottfredson, M. & Aspinal, K. (2005) 'Innovation vs Complexity: What is Too Much of a Good Thing?', Harvard Business Review, November, pp 62-71

Greenspan, A. (2007) The Age of Turbulence : Adventure in a New World, Allen Lane

Lynn, B.C. (2005) The End of the Line, Doubleday

Naylor, J.B., Naim, M.M. and Berry, D. (1999) 'Leagility : Interfacing the Lean and Agile Paradigm in the Total Supply Chain, International Journal of Production Economics, Vol. 62, pp 107

Whyte, C. (2004) 'Motorola's Battle with Supply and Demand Complexity', Supply and Demand Chain Executive, 12 August

Werner Delfmann*

Entschleunigung, Entkopplung, Konsolidierung – Ansatzpunkte für einen Perspektivenwechsel in der Logistik

---

* Prof. Dr. Dr. h.c. Werner Delfmann, geb. 1949, studierte Mathematik und Betriebswirtschaftslehre an der Universität Münster. Nach seinem Abschluss als Dipl.-Math. 1974 promovierte er 1976 zum Dr. rer. pol. 1982 folgte die venia legendi in BWL. Seit 1988 ist Delfmann Direktor des Seminars für Unternehmensführung und Logistik an der Universität zu Köln sowie Honorarprofessor am Institute of Transport and Logistics Studies (ITLS) an der University of Sydney. Seit 2008 ist Delfmann Vorsitzender des Wissenschaftlichen Beirats der Bundesvereinigung Logistik (BVL) e.V.

„Wir haben keine Zeit, obwohl wir sie im Überfluss gewinnen"
- Rosa (2005), S. 11

1 Logistik als pro-aktives Gestaltungselement der Unternehmensführung im Kontext veränderter Rahmenbedingungen

Aus der weit verbreiteten Überzeugung, Produkte und Dienstleistungen müssten immer schneller, vielfältiger und innovativer sein,[1] wurde in vielen Wirtschaftsbereichen im Laufe der letzten Jahre vermehrt der Anspruch an die Logistik abgeleitet, Strukturen und Prozesse bereitzustellen, die in einem zunehmend dynamischen Umfeld erfolgreich bestehen können.[2] Die Bedingungen eines „Hyperwettbewerbs"[3] werden zunehmend als Maßstab für die logistische Gestaltung von Wirtschaftssystemen herangezogen. Dies wurzelt in einem Verständnis der Logistik als eines eher reaktiven Erfüllungsinstrumentes denn eines pro-aktiven Gestaltungselementes der Unternehmensführung. Nicht selten mündet dieses Verständnis in der simplifizierenden Formel: „Das Marketing gibt die Anforderungen vor, die die Logistik möglichst effizient zu erfüllen hat". Die dieser Überzeugung zugrunde liegenden Annahmen, vor allem über die Präferenzen und Nutzenerwartungen industrieller und privater Kunden, werden allerdings bisweilen eher wenig hinterfragt und deren Auswirkungen auf die Robustheit, Komplexität und letztlich die Effizienz und Effektivität der Wertschöpfungssysteme insgesamt selten reflektiert. Insofern erscheint ein Perspektivenwechsel in der Logistik überfällig; lässt sich doch zunehmend beobachten, dass die aus diesem Grundverständnis resultierende Entwicklung zu einer immer weiter zunehmenden Überlastung logistischer Systeme geführt hat, die sich u. a. darin zeigt, dass Strukturen und Prozesse zeitlich und kostenmäßig ausgereizt, wenn nicht überreizt, sind und überdies besonders störanfällig auf Änderungen der Rahmenbedingungen reagieren und damit häufig gerade nicht mehr situationsadäquat sind.

Im Folgenden wird daher der Versuch unternommen, Denkanstöße in Richtung stärker entschleunigter, entkoppelter und konsolidierter Strukturen und Prozesse in der Logistik zu geben. Dabei geht es selbstredend nicht darum, hierin ein neues Allheilmittel für die Lösung logistischer Probleme zu sehen. Die Ausgestaltung logistischer Systeme hat selbstverständlich situationsspezifisch zu erfolgen. Vielmehr gilt es, bewährte logistische Prinzipien konsequent anzuwenden, um im Kontext sich ändernder Rahmenbedingungen Logistiksysteme im Sinne ökonomischer, ökologischer und sozialer Effizienz und Effektivität („Triple Bottom Line") zu gestalten und damit die Logistik zu einem pro-aktiven Gestaltungselement der Unternehmensführung weiter zu entwickeln. Dieses Gestaltungspotential der Logistik, das nicht zuletzt eine besonders enge Abstimmung zwischen Logistik und Marketing voraussetzt, ist im Prinzip schon seit langem erkannt[4]. Mit der Aufdeckung der logistischen Konsequenzen marktbezogener Entscheidungen kann die Logistik

---

1 Vgl. Bayus und Putsis (1999), Sood und Tellis (2005), Donner, et al. (2008)
2 Vgl. Klaas (2002), Ward und Zhou (2006)
3 Vgl. Pfohl (2001)
4 Vgl. Delfmann (1990)

gleichzeitig eine weitreichende gesellschaftliche Aufklärungsfunktion vor allem im Hinblick auf das Ziel einer höheren Nachhaltigkeit übernehmen.
Die *strukturelle Komplexität* logistischer Systeme[5], deren Grad maßgeblich von der Anzahl der Stationen, der Vielfalt unterschiedlicher Produkte und der Menge interdependenter Prozesse im System abhängt,[6] hat sich aus den Prinzipien des „schneller, vielfältiger, innovativer" massiv erhöht. Es stellt sich aber zunehmend die Frage, ob sie nicht bisweilen in einem Umfang gesteigert wurde, der die Möglichkeit eines effizienten Einsatzes von Ressourcen, sowie einer schnellen Adaption an sich ändernde Umweltbedingungen fraglich erscheinen lässt. Ebenso stellt sich die Frage, ob das in den letzten Jahren nicht zuletzt unter dem Einfluss der Ideen des sog. „Total Supply Chain Management" immer stärker angestrebte „logistische Ideal" einer möglichst weitreichenden, womöglich sogar vollständigen Koordination und Integration von Wertschöpfungsstufen innerhalb eines Netzwerks und der damit angestrebte durchgängig gesteuerte Fluss von Gütern und Informationen wirklich zu den erhofften positiven Ergebnissen für alle Akteure führt.
Nicht nur die Komplexität, auch die sich *wandelnde Kostenstruktur* hin zu einem deutlich ansteigenden Transportkostenanteil am gesamten Prozess der Leistungserstellung, stellt logistische Systeme vor neue Herausforderungen. Hervorgerufen durch die Ausschöpfung fossiler Energiequellen und die damit einhergehende Entwicklung des Ölpreises werden sich die Transportkosten verglichen mit den Kosten für Lagerhaltung zukünftig überproportional erhöhen. Gerade für solche angebotenen Leistungen, die den Einsatz energieintensiver Transportmodi notwendig machen, rücken die Konsolidierung von Gütern sowie der damit verbundene Aufbau von Lagerbeständen und die gezielte Verlängerung von Lieferzeiten dadurch wieder stärker in den Vordergrund.
Die Befürchtung, längere Lieferzeiten würden dabei einen Nachteil bzw. eine Verschlechterung auf Ebene der Kunden darstellen, scheint zunehmend an Gewicht zu verlieren. Vielmehr lässt sich beobachten, dass die bisher weitestgehend etablierten Annahmen bezüglich der Kundenbedürfnisse und des Kauferhaltens in den letzten zwei Jahrzehnten zunehmend kritisch hinterfragt und widerlegt werden.[7] Dabei zeigt sich, dass schnelle Lieferzeiten alleine und eine möglichst große *Produktvielfalt*, verbunden mit der Möglichkeit frei aus allem Verfügbaren wählen zu können, häufig nicht den erhofften zusätzlichen Kundennutzen zu generieren scheinen. Wenn also bereits Teile der Grundlage dessen, was die immer größer werdende Komplexität logistischer Systeme zu rechtfertigen versucht, ins Schwanken gerät, stehen wir an einem Punkt, an dem gegenwärtige Geschäftsmodelle hinterfragt werden müssen.
Die Ausgestaltung logistischer Systeme wird maßgeblich durch den angestrebten Servicegrad und die damit verbundenen *Kosten* bestimmt. Der Servicegrad wird dabei meist durch die anvisierte Schnelligkeit der erbrachten Leistung definiert. Diese inhaltliche Abgrenzung wird den heutigen Anforderungen logistischer Systeme jedoch nur noch bedingt gerecht und sollte um weitere Fakto-

---

[5] „(...) die dem räumlichen und zeitlichen Transfer von Objekten jeder Art (vor allem aber Güter und Informationen) dienenden Strukturen und Prozesse." Klaas (2002), S. 29

[6] Vgl. Ulrich und Probst (1991), Scholz-Reiter, et al. (2006)

[7] Vgl. Dhar und Simonso (1992), Tversky und Shafir (1992), Kahn (1998), Brenner, et al. (1999), Wang, et al. (2002), Schwartz (2004), Draganska und Jain (2005), Narashimhan, et al. (2005), Ding, et al. (2006)

ren wie den prozentualen Anteil der tatsächlich belieferten Kunden bzw. organisatorischen Einheiten, die Termintreue und Flexibilität der Produktion bzw. Distribution erweitert werden. Die aus dieser Mehrdimensionalität der Leistungskriterien ableitbaren Anforderungen an Koordination und Konfiguration logistischer Systeme bestimmen wiederum deren Kostenniveau.[8] Hierbei stehen vor allem die Aufwendungen für Lagerhaltung und Transport im Vordergrund. Zwischen Servicegraden und Logistikkosten bestehen naturgemäß diverse Trade-offs, die sich generell darin äußern, dass eine Erhöhung der Servicegrade mit einer steigenden Komplexität und steigenden Aufwendungen für Transport und Lagerhaltung einhergehen.
In einzelnen Bereichen der logistischen Gestaltung zeigt sich, dass grundlegende Verständnisse bzw. Konzepte neu abgegrenzt werden müssen. So bezieht sich der Integrationsgedanke der Logistik – die sachliche und zeitliche Abstimmung sämtlicher Bereiche und Variablen eines Bezugssystems – nicht nur auf das einzelne Unternehmen, sondern vielmehr auf das unternehmensübergreifende Netzwerk aus Kunden und Zulieferern („extended supply chain“) oder sogar das gesamte Wertschöpfungsnetzwerk („ultimate supply chain“). Durch die aufkommende Erkenntnis, dass die natürliche Umwelt sowie die globale Verkehrsinfrastruktur zukünftiges wirtschaftliches Verhalten massiv bestimmen und einschränken werden, wird jedoch deutlich, dass das derzeitige Bezugssystem um eben diese externen Einflüsse erweitert werden sollte.[9] Um eine ganzheitliche Betrachtung von Wirkungszusammenhängen zu ermöglichen, sollten demnach auch Faktoren wie z. B. die Verkehrsinfrastrukturauslastung und die Beanspruchung natürlicher Ressourcen mit in die Betrachtung einbezogen werden.
Die Grenzen traditioneller Logistikansätze werden dann schnell sichtbar. Aufgrund knapper werdender Ressourcen und ausgelasteter Verkehrswege werden Transportvorgänge häufiger an ihre Grenzen stoßen.[10] Die Restriktionen, die sich aus der Verknappung natürlicher Rohstoffe ergeben, lassen sich langfristig letztendlich nur dadurch überwinden, dass endliche Ressourcen durch regenerative Energiequellen und Rohstoffe ersetzt werden. Vor allem vor dem Hintergrund steigender Treibstoffpreise bietet sich kurz- und mittelfristig der Umstieg auf energieeffiziente Verkehrsträger, insbesondere aber die Anpassung logistischer Netzwerkstrukturen und Geschäftsprozesse an.[11] Um andererseits das Problem ausgelasteter Verkehrswege zu lösen, kann zwar der Ausbau der Infrastruktur in begrenztem Maße zur Lösung beitragen. Da dieser Ausbau jedoch selbst, vor allem in urbanen Gegenden, an seine Grenzen stößt, ist auch hier das Überdenken logistischer Prozesse und alternativer, vor allem kooperativer Lösungsansätze notwendig. Bereits etablierte Beispiele solcher konsolidierter Logistikkonzepte lassen sich in der City-Logistik oder in kooperativen Distributionskonzepten in der Konsumgüterindustrie finden.
Vor dem Hintergrund dieser Entwicklungen steht die Logistik vor neuen Herausforderungen. Bei der Neuausrichtung von Geschäftsprozessen und -modellen wird es zukünftig zunehmend darauf ankommen, sich verstärkt auf eine bessere Planbarkeit, also Vereinfachung logistischer Systeme

---

8 Vgl. Klaas (2002)
9 Vgl. Kinra und Kotzab (2008), Bretzke (2009)
10 Vgl. Bretzke (2009)
11 Vgl. Kohn und Brodin (2008)

zu fokussieren, um die Wettbewerbsfähigkeit sicher zu stellen. Eine allzu einseitig auf eine kurzfristige Optimierung ausgerichtete Gestaltung logistischer Systeme erweist sich hierfür immer mehr als der falsche Ansatz. Vielmehr gilt es, sich verstärkt der für die Logistik eigentlich typischen Herangehensweise zu erinnern und die übergreifenden und langfristigen Auswirkungen der Veränderungen einzelner Stellhebel auf das Ganze deutlich und transparent herauszuarbeiten. Dabei dürfte sichtbar werden, dass sich angesichts veränderter Rahmenbedingungen nicht selten eine (Um-) Gestaltung zu eher entschleunigten, einfachen und dezentralen logistischen Strukturen möglich, vor allem aber ökonomisch, ökologisch und nicht zuletzt auch sozial vorteilhaft erweisen wird.

2 Entschleunigte Prozesse können die Kundenzufriedenheit steigern und das Unternehmensergebnis verbessern

Einer der Haupttreiber überlasteter Verkehrswege, steigender Transportkosten und zunehmend komplexer werdender logistischer Systeme ist die Zielsetzung, Kunden und Konsumenten immer häufiger und schneller beliefern zu können, um den angebotenen Servicegrad zu steigern.[12] Diese Schnelligkeit führt jedoch häufig dazu, dass weniger Ladungen konsolidiert werden können und mehr Transporte unausgelastet auf den Routen landen.[13] Dies bedeutet c. p., dass mehr Transporte getätigt und die ohnehin schon stark frequentierten Verkehrswege stärker belastet werden müssen. In dem Moment, in dem die maximale Auslastung der Transportstrecken erreicht ist und es zu Verzögerungen durch Staus kommt, verlängert sich wiederum die Lieferzeit, wodurch Ladungen früher versendet werden müssen, um zum angestrebten Zeitpunkt den Zielort zu erreichen. Diese frühere Disposition resultiert wiederum darin, dass Sendungen seltener konsolidiert werden und somit mehr geringfügig ausgelastete Transporte auf den Transportstrecken landen. Um diese Spirale zu beenden und die Verkehrswege zu entlasten, erscheint selbst unter der Annahme konstant bleibender Liefermenge eine Rückkehr zu längeren Lieferzeiten und eine stärkere Konsolidierung von Sendungen hilfreich. Dieser Zusammenhang verschärft sich zunehmend, wenn man die Annahme konstanter Transportmengen fallen lässt und durch die realistischere Annahme zukünftig steigender Liefermengen ersetzt.

Nicht nur die zunehmende Häufigkeit und Geschwindigkeit der Distributionsaktivitäten, auch die sich verkürzenden Bestell- und Planungszyklen für Produktion und Beschaffung können sich negativ auf Kosten und Planbarkeit auswirken. Eine zeitliche Verkürzung dieser Zyklen resultiert häufig in einer Verringerung der Losgrößen und einer strikteren Anpassung der zu produzierenden Bestände an die erwartete Nachfrage. Vor allem letzteres wird dabei getrieben von der selbst auferlegten Pflicht schnell auf Auftragseingänge zu reagieren, um den anvisierten Servicegrad halten zu können.

Der Trade-off zwischen Lieferzeit bzw. Servicegrad auf der einen Seite und Störanfälligkeit sowie Kosten auf der anderen Seite bedarf also einer neuen Abwägung bei der Gestaltung logistischer

---

12 Vgl. Windt und Hülsmann (2007)

13 Vgl. Bretzke (2009)

Systeme. Häufig ging die Tendenz in den letzten Jahren vermehrt in Richtung einer Steigerung des Servicegrads auf Kosten der Zuverlässigkeit und einer Erhöhung des Aufwands für Transport- und Herstellungsprozesse. Das Bestreben, logistische Systeme besser planbar und weniger anfällig, also robuster zu gestalten, erfordert deshalb ein konzeptionelles Umdenken. Eine solche Neuorientierung oder vielleicht besser Rückbesinnung auf Grundlagen logistischer Gestaltung findet durchaus auch Unterstützung in neueren Erkenntnissen der Kunden- und Verhaltensforschung. Diese beziehen sich auf die Frage, ob die in den letzten Jahren auf breiter Front vollzogene Erhöhung der Serviceangebote überhaupt noch den nachgefragten bzw. erwarteten Service- und Nutzenvorstellungen entsprechen, oder ob sie diese womöglich verfehlen – und das mit hohem Aufwand.

Beispielsweise bedeutet das Streben nach kurzen Lieferzeiten zum einen, dass ein höherer Sicherheitsbestand gehalten werden muss, um schnell auf unerwartete Aufträge reagieren zu können. Gleichzeitig bedeutet es zum anderen, dass das Distributionslager näher am Bestimmungsort angesiedelt sein sollte, um die Waren innerhalb der vereinbarten Zeit überhaupt zum Zielort transportieren zu können. Lieferzeit lässt sich somit in Bezug zu den Logistikkosten setzen.[14] Der typische exponentielle Kostenverlauf in Abhängigkeit vom Servicegrad macht deutlich, dass durch die Steigung vor allem in den oberen Bereichen des Servicegrads schon kleine Absenkungen des Servicegrades erhebliche Kostenreduktionspotentiale mit sich bringen können. Wenn es also zutrifft, dass Kunden auch mit einem geringeren Servicegrad in Form längerer Lieferzeiten zufrieden sind (sollten sie diese Veränderung überhaupt wahrnehmen), dann scheint es geradezu überfällig diese Kostensenkungen zu verwirklichen.

Weitere Kostensenkungspotentiale ergeben sich bei längeren Lieferzeiten durch die Gelegenheit, Ladungen besser konsolidieren und damit Transporte zu einem höheren Grad auslasten zu können. Dass Unternehmen diese Kostensenkungspotentiale durch eine Entschleunigung des Transports bereits wahrgenommen haben und versuchen diese zu realisieren, zeigt sich an einem Beispiel von Deutsche Post DHL.[15] Im Juni 2009 hat Deutsche Post DHL sich dazu entschieden, Briefe innerhalb Deutschlands nicht mehr per Luftfracht sondern per LKW zu transportieren. Diese Verlagerung des Transports führt laut Angaben des Unternehmens lediglich dazu, dass ein bis zwei Prozent weniger Kunden ihre Sendung am Folgetag erreichen. Da bisher 96 % aller Briefsendung innerhalb eines Tages zugestellt werden konnten, wird der reduzierte Service allenfalls für einen kleinen Teil der Konsumenten beeinträchtigt. Ob diese Kunden die verlängerte Wartezeit tatsächlich auch als solche wahrnehmen und die Leistungen des Unternehmens damit als schlechter bewerten, bleibt fraglich.

Durchaus bekannt ist zudem im b2b Bereich, dass Termintreue für Auftraggeber weitaus wichtiger ist als kurze Lieferzeiten.[16] Der Grund hierfür liegt darin, dass der Auftraggeber seine eigene Planung aufbauend auf dem vereinbarten Liefertermin vornimmt. Die bei sinkenden Lieferzeiten resultierende Steigerung der Unsicherheit und Störanfälligkeit stellt also nicht nur den Lieferanten vor wachsende Anforderungen. Die Planbarkeit entlang der gesamten Wertschöpfungskette kann

---

[14] Vgl. Pfohl (2004)
[15] Vgl. o.V. (2009b), o.V. (2009a)
[16] Vgl. Chang (1985), Buzacott und Schanthikumar (1994)

hiervon negativ beeinträchtigt werden. Es ist somit in vielen Fällen durchaus nicht unrealistisch, davon auszugehen, dass sowohl vor- und nachgelagerte Wertschöpfungsstufen als auch Kunden bereit sein könnten, auf kürzere Lieferzeiten zugunsten steigender Termintreue zu verzichten. Unterstützt wird dies durch aufkommende intelligente IT-Systeme wie z. B. Track & Trace, die es allen beteiligten Akteuren in der Logistikkette ermöglichen, den Standort des Produkts in Bezug auf Zeit und Ort genau zu lokalisieren und damit die eigene Planung der erwarteten Ankunft entsprechend anzupassen. Darüber hinaus erweist sich selbst bei Konsumgütern, dass Kunden durchaus bereit sind, auf das Produkt zu warten, wenn ein anderer Nutzenfaktor dadurch gesteigert wird.[17] Dies zeigt sich z. B. bei den Wartezeiten für Automobile sowie bei Internettransaktionen wie z. B. Online-Auktionen, bei denen Kunden aufwendige Abwicklungsprozesse akzeptieren, um sicherzustellen, dass das Produkt auch tatsächlich ihren Vorstellungen entsprechend versendet wird.

Nicht zuletzt sollte darauf hingewiesen werden, dass die potentiellen Kostensenkungen durch verlängerte Lieferzeiten in Form von Preissenkungen an den Kunden weitergegeben werden können. Auch hierdurch ergibt sich die Möglichkeit, Kundennutzen auszugleichen und damit längere Lieferzeiten zu ermöglichen.

Damit lässt sich festhalten, dass sich der Trade-off zwischen Servicegrad und Kosten nicht selten einseitig in die Richtung kurzer Lieferzeiten bzw. allgemeiner in Richtung besonders hoher Servicegrade entwickelt hat und damit u. a. zu einer massiven Steigerung der Zeitsensibilität logistischer Systeme geführt hat. Zieht man die Verschiebung der Kostenstrukturen in Richtung einer Erhöhung des Transportkostenanteils mit in Betracht, werden sich die durch Transportdienstleistungen verursachten Kosten in den nächsten Jahren deutlich erhöhen und Unternehmen zu einem Umdenken anregen. Gerade auch für Konzepte wie das Just-in-Time Prinzip stellt sich spätestens dann die Frage der Angemessenheit stetig verkürzter Lieferzeiten.

3 Vereinfachte Netzwerkstrukturen und die Reduktion ausufernder Variantenvielfalt verringern die Komplexität logistischer Systeme

Die Komplexität und Störanfälligkeit von logistischen Systemen wird maßgeblich von zwei voneinander zu trennenden Treibern bestimmt.[18] Zum Einen erhöht die Integration von Akteuren in ein bestehendes Wertschöpfungsnetzwerk den notwendigen Koordinationsaufwand innerhalb des Netzwerks. Auf der anderen Seite entstehen durch die Ausdifferenzierung von Produktportfolios bis hin zur vollständigen Individualisierung des angeboten Grundprodukts wachsende Produktions- und Distributionsanforderungen.[19] Während der Extremfall der Integration – vom Rohstofflieferant bis zum Endkonsumenten – seinen Höhepunkt in einer zentral gelagerten Planung und Koordination aller an der Wertschöpfung beteiligten Einheiten findet, führt die immer weiter vorangetriebene Produktdifferenzierung bis hin zur Individualisierung zu einer unüberschaubaren Zu-

17 Vgl. Wang, et al. (2002), Ding, et al. (2006)
18 Vgl. Bozarth, et al. (2009)
19 Vgl. Thonemann (2002), Windt und Hülsmann (2007)

nahme der Komplexität. Diese beiden Auswirkungen sind zunehmend unvereinbar bzw. führen an die Grenzen des ökonomisch Sinnvollen und Machbaren.

Die Koordinationsproblematik als Folge zunehmender Integration lässt sich leicht an einem Beispiel veranschaulichen. Betrachtet man zwei Unternehmen, die ihre Aktivitäten koordinieren, um gegenseitige Stärken zu nutzen und Schwächen auszugleichen, so scheint eine etwaige Integration noch ersichtlich und vorteilhaft. Auch bei drei oder vier Unternehmen, scheint sich dies kaum zu ändern. Betrachtet man jedoch einen Fall indem 10 oder 20 Akteure versuchen ihre Aktivitäten aufeinander abzustimmen, wird schnell deutlich, dass die Komplexität mit steigender Anzahl an Unternehmen überproportional steigt und kaum noch vertretbar, geschweige denn handhabbar scheint. Diese Komplexität schadet dabei vor allem auch der Robustheit des Systems. Da die Robustheit durch die störanfälligste Einheit im System determiniert wird und eine Problemlösung auf vor- und nachgelagerte Stufen bei vollständiger Integration fast gänzlich ausgeschlossen ist, können Ausfälle im System kaum noch kompensiert werden und drohen die Arbeitsfähigkeit insgesamt zu behindern. Logischerweise muss es demnach eine kritische Grenze in Wertschöpfungsnetzwerken geben, ab der die angestrebten Vorteile durch zusätzliche Integration weiterer Akteure von den Koordinationskosten und Risiken überkompensiert werden. Diese kritischen Grenzen einer sinnvollen Integration können selbstverständlich nicht allgemeingültig bestimmt werden. Vielmehr sind sie für jedes Netzwerk unterschiedlich und abhängig von verschiedenen situativen Faktoren wie z. B. industriespezifischen Merkmalen, Markt- und Wettbewerbskonstellationen, der Größe und Stärke der verschiedenen Unternehmen und Akteure, aber durchaus auch von der Unterschiedlichkeit der Unternehmenskulturen.

Es lässt sich zwar argumentieren, dass Informations- und Kommunikationstechnologien die unternehmensübergreifende Koordination zunehmend unterstützen und vereinfachen. Jedoch darf hier die technologische Entwicklung nicht über die Probleme interpersoneller Zusammenarbeit hinwegtäuschen. Gerade bei der Integration von Wertschöpfungsnetzwerken im globalen Maßstab offenbaren kulturelle Differenzen sowie verschiedene Werte und Normen in den unterschiedlichen Institutionen häufig Probleme, deren Lösung eine Akzeptanz aller involvierten Akteure voraussetzt und die von Informations- und Kommunikationstechnologien nur schwer berücksichtigt werden können.[20]

Neben der Komplexität, hervorgerufen durch eine nicht hinreichend abgewogene Integration weiterer Akteure in das Wertschöpfungsnetzwerk, existieren häufig Schwierigkeiten, die sich aus der steigenden Produkt- und Variantenvielzahl ergeben.[21] Auch in diesem Zusammenhang haben Studien gezeigt, dass sich etablierte Annahmen über die Bedürfnisse und das Verhalten von Konsumenten als nicht haltbar herausstellen.[22] Während bisher angenommen wurde, dass Kunden durch eine Ausweitung des Produktangebots eher ein Produkt finden, dass ihren Präferenzen entspricht und damit die Kaufwahrscheinlichkeit und Preisbereitschaft steigen, haben jüngere Studien

---

20 Vgl. McCarter, et al. (2005)
21 Vgl. Thonemann (2002)
22 Vgl. Dhar und Simonso (1992), Tversky und Shafir (1992), Schwartz (2004), Draganska und Jain (2005)

eine gegenteilige Entwicklung gezeigt.[23] Mit steigender Variantenvielfalt fällt es Konsumenten demnach zunehmend schwerer, sich überhaupt für eins der vorhandenen Produkte zu entscheiden. Ebenso haben sie höhere Ansprüche bzw. Erwartungen an das Produkt, brauchen mehr Zeit, um sich zu entscheiden und sind zudem im Anschluss an den Kauf häufig unzufriedener, als bei der Wahl aus einem kleineren Produktsortiment. Zwar liegt es auf der Hand, dass sich diese Ergebnisse für den Fall klar zuordenbarer Rangordnungen zwischen den Produkten relativieren.[24] Es ist jedoch höchst fraglich, in wie vielen Kaufentscheidungen der Konsument seine Präferenzen exakt kennt und diese durch die verschiedenen Ausprägungen in den Produktmerkmalen widergespiegelt sieht.

Diese Erkenntnisse aus der Verhaltensforschung haben wichtige und weitreichende Implikationen für logistische Systeme. Aus einer möglichen Abkehr von individualisierten Produkten, bereits aber schon mit der Verringerung der Vielfalt von Produktvarianten resultieren c. p. steigende Losgrößen und eine bessere Planbarkeit für den gesamten Wertschöpfungsprozess. Durch die damit verbundene Realisierbarkeit von Spezialisierungs- und Größeneffekten sowohl in der Produktion als auch Distribution ergeben sich Effizienz- und Konsolidierungsvorteile. Weil Nachfrageschwankungen besser bzw. zuverlässiger abgeschätzt werden können, sinken die Sicherheitsbestände und Lieferzeiten. Das letztendliche Resultat einer geringeren Variantenvielfalt ist somit ein gesteigerter Servicegrad bei gleichzeitig sinkenden Logistikkosten.

Analog zu der Frage der Entschleunigung von logistischen Systemen sollten also Unternehmen reflektieren, ob die Mannigfaltigkeit an Varianten eines Produktes sowie die Fülle von Beziehungen, die sie in vollständig integrierten Wertschöpfungsnetzen führen und steuern müssen, noch überschaubar, koordinierbar und kontrollierbar sind. Wenn Kundenbedürfnisse falsch eingeschätzt und die Komplexität logistischer Systeme unterschätzt werden, lohnt sich der Gedanke an eine Wiedervereinfachung von unternehmensinternen und unternehmensübergreifenden Strukturen und Prozessen.

4 Dezentrale Strukturen und entkoppelte logistische Segmente führen zu mehr Flexibilität und Robustheit von Wertschöpfungssystemen

Eng verbunden mit den bisher besprochenen Faktoren struktureller Komplexität (Lieferzeit bzw. Servicegrad, Grad der Integration, sowie Variantenvielfalt) ist neben der Koordination auch die Konfiguration logistischer Systeme.[25] Während die Kernaufgabe der Koordination die Sicherstellung des Flusses von Gütern und Informationen ist, bestimmt die Konfiguration den räumlichen Aufbau und damit die Art, Anzahl, Position und Kapazität der Knoten und Kanten im Netzwerk.[26] Die Konfiguration ändert sich dabei nicht nur aufgrund von Änderungen in der internen Zusammensetzung des Systems, sondern muss gleichzeitig auch auf Änderungen in der Umwelt reagie-

23 Vgl. Boatwright und Nunes (2001), Schwartz (2004), Gourville und Soman (2005)
24 Vgl. Herrmann, et al. (2009)
25 Vgl. Scholz-Reiter, et al. (2006)
26 Vgl. Klaas (2002)

ren. Hierzu gehören vor allem ökonomische, politische, technologische und soziologische Umweltfaktoren.

Zentralität bzw. Dezentralität sind in dem hier betrachteten Kontext sowohl für die Koordination als auch die Konfiguration logistischer Netzwerkstrukturen zu betrachten. Während eine zentrale Koordination eine übergeordnete Planung und Steuerung der logistischen Aktivitäten und eine damit einhergehende Verlängerung logistischer Segmente mit sich bringt, bedeutet zentrale Konfiguration, dass die physische Belieferung, Produktion bzw. Distribution nicht durch dezentral gelagerte Einheiten, sondern vielmehr durch einen zentralen logistischen Knoten erfolgt, in welchem bestimmte Leistungen in größerem Maßstab, erstellt werden. Durch stärker am Prinzip der Zentralisierung orientierte Konfiguration logistischer Systeme können zwei hauptsächliche Effekte realisiert werden: (i) Synergien durch die Konsolidierung von Materialflüssen und den Zusammenschluss von Ressourcen; (ii) Spezialisierungen durch die Entwicklung von Know-how und Expertise.

Zentrale Koordination hingegen betrifft die prozessuale Ebene, d. h. die Planung und Steuerung des Flusses von Gütern und Informationen in der Leistungserstellung. Entgegen der dezentralen Koordination, in der zwei Einheiten Güter und/oder Informationen untereinander austauschen, wird innerhalb der zentralen Koordination der Fluss von einer übergeordneten Einheit für das gesamte Netzwerk gesteuert. Im Folgenden sei verdeutlicht, welche Probleme sich durch die Verlängerung logistischer Segmente (Koordination) bzw. durch die Beschränkung auf zentrale Lager- und Produktionsstätten (Konfiguration) ergeben können.

Bei der Gestaltung logistischer Segmente geht es um die Frage der Gliederung der gesamten Wertschöpfungskette in voneinander trennbare Auftragszyklen.[27] Ein logistisches Segment ist dabei charakterisiert durch jeweils einen intern ablaufenden Auftragszyklus, der objektbezogene Transformations- und Transferprozesse ohne Unterbrechung miteinander verbindet. Somit ist jedes Segment in seinen Prozessen und Abläufen autonom und z. B. durch Pufferbestände von den anderen Segmenten entkoppelt. Die Pufferbestände nehmen dabei eine wichtige Rolle ein, da sie es den einzelnen Segmenten ermöglichen, mehr oder weniger unabhängig von den vor-, nach- und nebengelagerten Auftragszyklen (Segmenten) zu agieren. Überträgt man das Konzept logistischer Segmente auf die Praxis, lassen sich Auftragszyklen in Form unternehmensintern ablaufender Prozesse, vor allem aber auch als eigenständige organisatorische Einheiten oder gar unabhängige Unternehmen wie z. B. Zulieferer und Händler finden.

Durch das Bestreben, Lagerbestände abzubauen und den Ablaufprozess in der Leistungserstellung möglichst effizient zu gestalten, gibt es bis heute eine Entwicklung hin zu zunehmend integrierten, d. h. zentral gesteuerten Strukturen.[28] Die häufig in diesem Zusammenhang stehenden Just-in-Time und Just-in-Sequence Prinzipien zielen dabei auf einen möglichst weitgehenden Abbau von Pufferbeständen und eine umfängliche Integration möglichst vieler Wertschöpfungsstufen in den Planungs- und Realisierungsprozess ab.[29] Die dadurch entstehenden Probleme wurden in der bis-

---

27 Vgl. Delfmann (1995)
28 Vgl. Windt und Hülsmann (2007)
29 Vgl. Monden (1993), Ward und Zhou (2006)

herigen Diskussion oft vernachlässigt. Als Folge des Abbaus von Pufferbeständen verlängern sich die logistischen Segmente und da die Auftragszyklen hierdurch bezüglich der Transformations- und Transferprozesse untereinander nicht mehr ausreichend entkoppelt sind, können Probleme oder Verzögerungen eines Auftragszyklus dazu führen, dass das System stromabwärts von der Störungsstelle arbeitsunfähig wird.[30] Die Störanfälligkeit zentral gesteuerter Systeme steigt also. Gleichzeitig steigt auch der Koordinationsaufwand mit der Verlängerung logistischer Segmente, da die zentrale Planungs- und Steuerungseinheit die spezifischen Anforderungen aller Auftragszyklen aufeinander abstimmen muss. Auch aus der hierdurch zunehmenden Zentralisierung resultiert eine steigende Störanfälligkeit. Wo autonom handelnde Einheiten aufkommende Probleme oder Effizienzsteigerungspotentiale eigenständig entdecken und losgelöst von den anderen Einheiten umsetzen können, treten zentrale Strukturen in Kraft. Die Komplexität des Gesamtsystems fordert von diesen zentral steuernden Einheiten damit eine Verteilung der Problemlösungskraft auf das ganze System, wodurch die eigentlichen Potentiale der dezentralen Einheiten häufig verschlossen bleiben.

Ein weiterer Faktor, der die Koordination zentraler Systeme erschwert und die Störanfälligkeit erhöht, ist die oben schon mehrfach angesprochene steigende Variantenvielfalt.[31] Unterscheiden sich die angebotenen Produkte nur in kleinen produktspezifischen Merkmalen, so ist es wahrscheinlich, dass nur ein, zumindest aber nur wenige Auftragszyklen von der Veränderung des Produktmerkmals betroffen sind. Das jeweils originäre logistische Segment könnte sich bei dezentraler Steuerung auf die Produktion der einzelnen voneinander unterschiedlichen Produkte konzentrieren und – begünstigt durch Pufferbestände – ausreichende Stückzahlen vorhalten, um den Produktionsprozess als Ganzes nicht zu stören. In zentral gesteuerten Systemen bedeutet die Änderung eines Produktmerkmals im Herstellungsprozess, dass auch alle anderen Auftragszyklen von der Umstellung betroffen sind. Da bei jeder Umstellung des Produktionsprozesses Störungen auftreten können oder sich die Wartezeiten zwischen den Auftragszyklen aufgrund sich verändernder Produktionszeiten verlängern oder verkürzen, bedeutet dies eine wachsende interne Dynamik und damit wiederum eine steigende Störanfälligkeit für das gesamte System.

Das ursprüngliche Ziel der Zentralisierung – die Sicherstellung eines reibungslosen Flusses der Güter und Informationen durch den Leistungserstellungsprozess – wird durch die eben beschriebenen Problematiken erschwert und behindert. Unterstützt durch die Entwicklungen im Bereich der Informations- und Kommunikationstechnologien scheint eine Rückkehr zu dezentralen Modellen und Strukturen möglich und sinnvoll, nicht selten sogar vorteilhaft. Insbesondere das Prinzip der selbststeuernden Systeme sollte hier in Betracht gezogen und in die Diskussion mit aufgenommen werden.[32] Die Entscheidungen in selbststeuernden Systemen sind dezentral gestaltet, wobei unterstellt wird, dass durch den Nutzen von Informations- und Kommunikationstechnologien ein ständiger Austausch zwischen den autonom handelnden Einheiten stattfindet. Das Ziel dieser Systeme ist es, durch die Verteilung von Problemlösungsprozessen auf die einzelnen Einheiten und durch

---

30 Vgl. Donner, et al. (2008)

31 Vgl. Windt und Hülsmann (2007)

32 Vgl. Windt und Hülsmann (2007), Donner, et al. (2008), Scholz-Reiter, et al. (2009)

die sich hierdurch steigernde Flexibilität robuste Strukturen zu schaffen, die am ehesten geeignet sind, dynamische und komplexe Herausforderungen zu bewältigen.[33]
Es lässt sich demnach mit der Erwartung schließen, dass durch den Einsatz innovativer Informations- und Kommunikationstechnologien wie z. B. Telematik oder RFID nicht wieder die Ziele „schneller, vielfältiger, innovativer" verfolgt werden, sondern dass diese Technologien ihren Einsatz in der Reduktion von Komplexität, einer Optimierung der Auslastung von Verkehrswegen sowie einer besseren Ausrichtung an den tatsächlichen Kundenbedürfnissen finden.[34]

5 Der Perspektivenwechsel als Chance für eine zukunftsfähige Logistik

Der Eindruck, die Anforderungen an die Ausgestaltung logistischer Systeme seien gerade in den letzten Jahren zunehmend aus den Fugen geraten, lässt sich leicht belegen. Die aus der Schnelligkeit, Vielfältigkeit und Innovation resultierende Komplexität entspricht häufig nicht mehr dem, was ökonomisch, ökologisch und auch sozial als sinnvoll bezeichnet werden könnte. Ebenso gibt es Anzeichen dafür, dass die Charakteristika der angebotenen Produkt- und Servicedienstleistungen bezogen auf Lieferzeit und Vielfalt nicht mehr das darstellen, was dem Kunden von Wert ist und damit die Kauf- und Zahlungsbereitschaft steigern. Das Positive an dieser Entwicklung ist jedoch, dass die Herausforderungen und Implikationen, die hieraus gezogen werden können, eher in Chancen als in Risiken münden. Die (Wieder-) Vereinfachung logistischer Systeme hin zur Befriedigung der tatsächlichen Kundenbedürfnisse ermöglicht durch die bessere Planbarkeit von Produktions- und Transportprozessen einen effizienteren Umgang mit Ressourcen und damit die Senkung zukünftig steigender Kostenfaktoren. Die Rolle der Logistik kann dabei vermehrt darin gesehen werden, durch eine übergreifende Betrachtung der Wertschöpfungskette die Trade-offs und Interdependenzen zwischen Funktionen, Einheiten und Prozessen zu identifizieren und allen an der Wertschöpfung beteiligten Einheiten deutlich zu machen, um ein zielgerichtetes Verhalten aller zu ermöglichen.
Dieser Perspektivenwechsel in der Logistik betrifft zwar nicht die grundlegende Ausrichtung der Logistik als systemische, Wechselwirkungen einbeziehende und integrierende Sicht auf Wirtschaftssysteme, sehr wohl aber deren Rolle innerhalb der Wertschöpfungskette. Die verbreitete Meinung, die Aufgabe logistischer Gestaltung sei es, möglichst schnelle und weitest möglich integrierte Wertschöpfungsnetzwerke zur Verfügung zu stellen, hat zu einer Überbeanspruchung logistischer Systeme geführt. Um wieder zu robusten, flexiblen, weniger störanfälligen und damit koordinierbaren Systeme zurück zu kehren, sollte die logistische Disziplin jedoch viel stärker als bisher eine übergreifende, Transparenz schaffende und aufklärende Position einnehmen und damit ihre pro-aktive Rolle im Rahmen der Unternehmensführung deutlich verstärken. Dabei gilt es unter anderem Aufmerksamkeit dafür zu schaffen, dass die allzu einseitige Ausrichtung an kurzen Lieferzeiten, individualisierten Produktangeboten, minimierten Bestellmengen sowie einer zentra-

---

[33] Vgl. Windt und Hülsmann (2007)
[34] siehe auch Windt und Hülsmann (2007) und Scholz-Reiter, et al. (2009)

lisierten Koordination und Konfiguration integrierter Systeme zunehmend droht, in steigenden Logistikkosten und einer übermäßigen Komplexität zu enden. Die Schaffung eines Bewusstseins für diese Zusammenhänge bei allen beteiligten Einheiten wird für die Gestaltung adäquater Strukturen von großer Bedeutung sein.

Zu einer solchen aktiven Gestaltung gehört zum Einen die Entkopplung von Wertschöpfungssystemen an geeigneten Stellen. Entkoppelung meint dabei jedoch nicht, dass es zu einer Aufhebung der Kommunikation und Koordination zwischen den verbundenen Einheiten kommt. Dies ist für das Gesamtsystem unabdingbar. Was hingegen sichergestellt werden sollte, ist, dass die entkoppelten Akteure autonom an der Planung ihrer Prozesse und der Lösung von Problemen arbeiten können, um so auf interne sowie externe Anpassungsbedarfe reagieren zu können. Es darf angenommen werden, dass sich die einzelnen Akteure auf diese Weise als robuster und flexibler erweisen, so dass dies auch der Stabilität und Effizienz des Gesamtsystems dienlich ist.

Die Rückkehr zu längeren Lieferzeiten, sowie einer Reduktion ausufernder Variantenvielfalt, gerade in Märkten bzw. Branchen, die für diese Charakteristika eher untypisch sind, eröffnet die Chance Kostensenkungspotentiale auszuschöpfen und gleichzeitig nachhaltiges Wirtschaften in seiner differenzierten Form umzusetzen. Hierzu gehört, dass die drei Komponenten der Nachhaltigkeit – namentlich soziale, ökologische und ökonomische Effizienz – gleichermaßen Berücksichtigung finden. Während die Umstellung auf die tatsächlichen Bedürfnisse der Kunden zu einer gesteigerten Kundenzufriedenheit führen kann und somit die soziale Komponente abdeckt, ermöglicht die sinkende Komplexität logistischer Strukturen verbunden mit einer sich vereinfachenden Koordination den effizienten und damit tendenziell nachhaltigen Umgang mit natürlichen Ressourcen. Zeitgleich – und dies gilt insbesondere für den Logistiksektor – ermöglicht dieser effiziente Umgang mit natürlichen Ressourcen Kostensenkungen durch sinkenden Energiebedarf bzw. steigende Energieeffizienz. Mit der dauerhaften Senkung von Kosten und der damit in Verbindung stehenden ökonomischen Nachhaltigkeit ist auch die letzte Komponente abgedeckt. Insgesamt kann damit eine (Rück-) Besinnung auf Grundprinzipien der logistischen Analyse und Gestaltung die Wege für eine aktive, zukunftsgerechte Weiterentwicklung von Wertschöpfungssystemen im Sinne des Dreiklangs von ökonomischer, ökologischer und sozialer Effizienz und Effektivität weisen.

Literaturverzeichnis

Bayus, B. L. und Putsis, W. P. J. (1999): Product Proliferation: An Empirical Analysis of Product Line Determinants and Market Outcomes. In: Marketing Science, Vol. 18 (2), S. 137 - 153.

Boatwright, P. und Nunes, J. (2001): Reducing Assortment: An Attribute-Based Approach. In: Journal of Marketing, Vol. 65 (3), S. 50 - 63.

Bozarth, C. C., et al. (2009): The Impact of Supply Chain Complexity on Manufacturing Plant Performance. In: Journal of Operations Management, Vol. 27 (1), S. 78 - 93.

Brenner, L., Rottenstreich, Y. und Sood, S. (1999): Comparison, Grouping, and Preferences. In: Psychological Science, Vol. 10 (3), S. 225 - 229.

Bretzke, W. R. (2009): Nachhaltige Logistiksysteme - Anpassungsbedarfe in einer Welt überlasteter Verkehrswege, steigender Energiekosten und kontingentierter

Schadstoffemissionen. Url: http://www.bretzke-online.de/downloads/Nachhaltige%20Logistik-systeme.pdf, Zugriff am 02.07.2009.

Buzacott, J. A. und Schanthikumar, J. G. (1994): Safety Stock versus Safety Time in MRP Controlled Production Systems. In: Management Science, Vol. 40 (12), S. 1678 - 1689.

Chang, C. A. (1985): The Interchangeability of Safety Stocks and Safety Lead Time. In: Journal of Operations Management, Vol. 6 (1), S. 35 - 42.

Delfmann, W. (1990): Strategie der 90er: Marketing und Logistik integrieren. In: Bonny, C. (Hrsg.): Jahrbuch der Logistik, Düsseldorf, Frankfurt, Verlagsgruppe Handelsblatt, 1990.

Delfmann, W. (1995): Logitische Segmentierung. Ein modellanalytischer Ansatz zur Gestaltung logistischer Auftragszyklen. In: Albach, H. und Delfmann, W. (Hrsg.): Dynamik und Risikofreude in der Unternehmensführung: Ein Workshop für und mit Professor Dr. Dr. h.c. Helmut Koch aus Anlaß seines 75. Geburtstages, Wiesbaden, Gabler, 1995.

Dhar, R. und Simonso, I. (1992): The Effect of the Focus of Comparison on Consumer Preferences. In: Journal of Marketing Research, Vol. 29 (4), S. 430 - 440.

Ding, Q., Kouvelis, P. und Milner, J. M. (2006): Dynamic Pricing Trough Discounts for Optimizing Multiple-Class Demand Fulfillment. In: Operations Research, Vol. 54 (1), S. 169 - 183.

Donner, R., Scholz-Reiter, B. und Hinrichs, U. (2008): Nonlinear Characterization of the Performance of Production and Logistics Networks. In: Journal of Manufacturing Systems, Vol. 27 (2), S. 84 - 99.

Draganska, M. und Jain, D. C. (2005): Product-Line Length as a Competitive Tool. In: Journal of Economics & Management Strategy, Vol. 14 (1), S. 1 - 28.

Gourville, J. T. und Soman, D. (2005): Overchoice and Assortment Type: When and Why Variety Backfires. In: Marketing Science, Vol. 24 (3), S. 382 - 395.

Herrmann, A., et al. (2009): Consumer Decision Making and Variety of Offerings: The Effect of Attribute Alignability. In: Psychology & Marketing, Vol. 26 (4), S. 333 - 358.

Kahn, B. E. (1998): Dynamic Relationships with Customers: High-Variety Strategies. In: Journal of the Academy of Marketing Science, Vol. 26 (1), S. 45 -53.

Kinra, A. und Kotzab, H. (2008): Understanding and Measuring Macro-Institutional Complexity of Logistics Systems Environment. In: Journal of Business Logistics, Vol. 29 (1), S. 327 - 346.

Klaas, T. (2002): Logistik-Organisation. Ein konfigurationstheoretischer Ansatz zur logistikorientierten Organisationsgestaltung. In: Delfmann, W. (Hrsg.): Integrierte Logistik und Unternehmensführung, Wiesbaden, Deutscher Universitäts-Verlag, 2002.

Kohn, C. und Brodin, M. H. (2008): Centralised Distribution Systems and the Environment: How Increased Transport Work can Decrease the Environmental Impact of Logistics. In: International Journal of Logistics, Vol. 11 (3), S. 229 - 245.

McCarter, M., Fawcett, S. E. und Magnan, G. (2005): The Effect of People on the Supply Chain World: Some Overlooked Issues. In: Human Systems Management, Vol. 24 (3), S. 197 - 208.

Monden, Y. (1993): Toyota Production System: An Integrated Approach to Just-In-Time. 2. Auflage, Norcross, Georgia (USA), Industrial Engineering and Management Press, 1993.

Narashimhan, C., et al. (2005): Incorporating Behavioral Anomalies in Strategic Models. In: Marketing Letters, Vol. 16 (3/4), S. 361 - 373.

o.V. (2009a): Sparmaßnahme: Deutsche Post streicht Nachtflugnetz. Logistik-Inside.de, Url: http://www.logistik-inside.de/cms/849258, Zugriff am 22.06.2009.

o.V. (2009b): Das Nachtflugnetz gehört der Vergangenheit an. DVZ.de, Url: http://www.dvz.de/content/news/logistik/einzelseite/datum////uid7985-das-nachtluftpostnetz-gehoert-der-vergangenheit-an.html, Zugriff am 22.06.2009.

Pfohl, H. C. (2001): Wertsteigerung durch Innovationen in der Logistik. In: Pfohl, H. C. (Hrsg.): Jahrhundert der Logistik, Darmstadt, Erich Schmidt Verlag, 2001.

Pfohl, H. C. (2004): Logistik-Management. 2. Auflage, Berlin, Heidelberg & New York, Springer-Verlag, 2004.

Rosa, H. (2005): Beschleunigung: Die Veränderung der Zeitstruktur in der Moderne. 1. Auflage, Frankfurt am Main, Suhrkamp Verlag, 2005.

Scholz-Reiter, B., et al. (2006): Einfluss der strukturellen Komplexität auf den Einsatz von selbststeuernden logistischen Prozessen. In: Pfohl, H. C. und Wimmer, T. (Hrsg.): Steuerung von Logistiksystemen - auf dem Weg zur Selbststeuerung. Konferenzband zum 3. BVL-Wissenschaftssymposium Logistik, Hamburg, Deutscher Verkehrs-Verlag, 2006.

Scholz-Reiter, B., Kolditz, J. und Hildebrandt, T. (2009): Engineering Autonomously Controlled Logistics Systems. In: International Journal of Production Research, Vol. 47 (6), S. 1449 - 1468.

Schwartz, B. (2004): The Paradox of Choice: Why More is Less. 1. Auflage, New York, HarperCollins Publishers Inc., 2004.

Sood, A. und Tellis, G. J. (2005): Technological Evolution and Radical Innovation. In: Journal of Marketing, Vol. 69 (3), S. 152 - 168.

Thonemann, U. W. und Bradley, J. R. (2002): The Effect of Product Variety on Supply-Chain Performance. In: European Journal of Operational Research, Vol. 143 (3), S. 548 - 569

Tversky, A. und Shafir, E. (1992): Choice Under Conflict: The Dynamics of Deferred Decision. In: Psychological Science, Vol. 3 (6), S. 358 - 361.

Ulrich, H. und Probst, G. (1991): Anleitung zum ganzheitlichen Denken und Handeln: Ein Brevier für Führungskräfte. 3. Auflage, Bern & Stuttgart, Verlag Paul Haupt, 1991.

Wang, Y., Cohen, M. A. und Zheng, Y.-S. (2002): Differentiating Customer Service on the Basis of Delivery Lead-Times. In: IIE Transactions, Vol. 34 (11), S. 979 - 989.

Ward, P. und Zhou, H. (2006): Impact of Information Technology Integration and Lean/Just-In-Time Practices on Lead Time Performance. In: Decision Sciences, Vol. 37 (2), S. 177 - 203.

Windt, K. und Hülsmann, M. (2007): Changing Paradigms in Logistics: Understanding the Shift from Conventional Control to Autonomous Cooperation and Control. In: Windt, K. und Hülsmann, M. (Hrsg.): Understanding Autonomous Cooperation and Control in Logistics: The Impact of Autonomy on Management, Information, Communication and Material Flow, Berlin & Heidelberg, Springer-Verlag, 2007.

Günter Specht* / Markus Hunkel**

Wissensintegration zur Optimierung von Logistik-Wertschöpfungsnetzen

* Prof. Dr. Dr. h.c. Günter Specht ist emeritierter Professor der Technischen Universität Darmstadt. Bis 2005 leitete er im Institut für Betriebswirtschaftslehre das Fachgebiet Technologiemanagement & Marketing. Adresse: Guenter.Specht@bwl.tu-darmstadt.de

** Dr. Markus Hunkel ist Leiter Strategie Transport und Logistik (GSL) der DB Mobility Logistics AG. Adresse: Markus.Hunkel@deutschebahn.com

1 Problemstellung und Leitideen

Wissensintegration ist Teil des Wissensmanagements. Vor allem dann, wenn leistungsrelevantes Wissen auf zahlreiche unternehmensinterne und -externe Partner verteilt ist, wird Wissensintegration zu einem wichtigen Erfolgsfaktor unternehmensübergreifender Zusammenarbeit. Viele der im Markt angebotenen Wissensmanagementsysteme enthalten nicht die für spezifische Anwendungen erforderlichen Funktionalitäten.[1] Andererseits bieten die im Tagesgeschäft eingesetzten Systeme zur Prozessabwicklung oft keine Unterstützung für ein unternehmensübergreifendes Wissensmanagement. Dies gilt auch für komplexe logistische Prozesse, für die z. B. relevante Datenstrukturen oder geeignete statistische Analysen in IT-Lösungen oft nicht adäquat berücksichtigt werden.

Erfahrungen aus einem Verbundprojekt des früheren Fachgebiets Technologiemanagement & Marketing der Technischen Universität Darmstadt mit Industriepartnern im Bereich der Instandhaltung von industriellen Großanlagen[2] sind Anlass, sich mit dem formal ähnlichen Problem der Wissensintegration in logistischen Netzwerken zu beschäftigen. In diesem Bereich ist das relevante Wissen auf viele verschiedene Unternehmen und Personen verteilt. Speziell in einer globalen Wirtschaft sind wegen der oft nicht unerheblichen Zahl der Leistungspartner die Logistikprozesse hoch komplex. Bei der Erstellung der logistischen Leistungen können z. B. anbietende Produzenten mit ihren Zulieferern, Großhandelsunternehmen, Einzelhandelsunternehmen, Speditionen, mehrere Transportunternehmen, mehrere Lagerhausunternehmen bzw. Distributionszentren, einkaufende Produzenten mit ihren Zulieferern und evtl. Montageunternehmen sowie sonstige Absatz- oder Beschaffungshelfer involviert sein.

Alle beteiligten Unternehmen haben i. d. R. eine Aufbau- und Ablauforganisation mit Abteilungen, die logistikrelevante Entscheidungen treffen. Zu solchen Abteilungen gehören z.B. die Produktion, die Auftragsabwicklung, der Verkauf mit Innen- und Außendienst, der Einkauf, die Warenausgangs- und Wareneingangslager, die Versandabteilung sowie Rechnungswesen und Controlling.

Speziell die Spediteure und Transportunternehmen, die in der Logistik eine zentrale Rolle spielen, arbeiten i. d. R. arbeitsteilig, weil spezialisierte Leistungen zu erbringen sind, die von einem einzigen Unternehmen oft nicht genügend effizient erbracht werden können. Zu denken ist z. B. an die weiten Wege mit ihren spezialisierten Anforderungen, die im internationalen Handel zu bewältigen sind. Der produzierende Exporteur hat z. B. einen Leercontainer zu beladen, der ihm von einem Containerdepot mit dem LKW angeliefert wird. Dieser wird i. d. R. auf der Straße zu einem Umschlagterminal gebracht. Auf Bahnwaggons oder Binnenschiffen, wird der Container sodann zu einem Terminal eines Seehafens transportiert. Von dort geht es über ein Lager und die Verladestation auf ein Seeschiff zu einem Hafen in der Nähe des Empfängerorts. Die eingehenden Container werden in Terminals entladen, evtl. zwischengelagert, erneut verladen und mit Binnenschiffen

---

1 Weinrauch/Blume/Specht (2004), S. 53.

2 Vgl. ebenda

bzw. Bahnwaggons über ein weiteres Terminal oder direkt mit einem LKW zum Empfänger transportiert.[3]

Wissensdefizite z. B. im Blick auf Logistikressourcen und –prozesse der Leistungspartner führen bei den einzelnen Beteiligten in der Wertkette zwangsläufig zu mangelhafter Effizienz und Effektivität. Ein optimaler Lieferservice für den Kunden ist in diesem Fall nicht zu erwarten. Unternehmensübergreifende, systematische Wissenserfassung und Wissensnutzung sind zentrale Ansatzpunkte für die Optimierung logistischer Wertschöpfungsketten. Der Wissensaustausch ist zugleich eine wichtige Voraussetzung für Innovationen. Wenn Logistikunternehmen in strategischen Allianzen zusammenarbeiten, dann bieten sich Möglichkeiten für eine unternehmensübergreifende Wissensintegration, die die eigene Wettbewerbsposition und die der Partner in der Logistik stärkt.

Jedes Unternehmen in der Wertschöpfungskette muss sich eine eigene Wissensbasis aufbauen, in der handlungsrelevantes Wissen zusammengeführt wird. Das Wissen aus der Wissensbasis muss zur richtigen Zeit, in der gewünschten Qualität, am richtigen Ort zur Verfügung stehen. Dabei stehen nicht jedem Nutzer alle Inhalte zur Verfügung; spezifische vertragliche Zugangsvereinbarungen zwischen den beteiligten Unternehmen erlauben oder verhindern die Nutzung des insgesamt gespeicherten Wissens. Nur dann wenn für jeden Partner das Nutzen-Kosten-Verhältnis stimmt, ist ein funktionsfähiges Gesamtsystem zu erwarten. Zugleich muss wettbewerbsrelevantes Wissen auch im Verhältnis zu den Partnern in der Logistikkette wirksam und nachhaltig geschützt werden. So gesehen sind die Anforderungen an eine unternehmensübergreifende Wissensintegration weit höher als an ein unternehmensinternes Wissensmanagement.

Im vorliegenden Beitrag soll zum einen auf Basis der Erfahrungen aus dem Verbundprojekt des früheren Fachgebiets Technologiemanagement & Marketing ein Konzept eines modularen Software-Tools speziell für Speditionen und Transportunternehmen entworfen werden, das es diesen Unternehmen erlaubt, logistikrelevantes Wissen in einer Wissensbasis zusammen zu führen und bei anstehenden Logistikentscheidungen zu nutzen. Damit wird dem Grundgedanken gefolgt, dass Informations- und Kommunikationstechnologien und deren Anwendungen in der Logistik zu den zentralen Werttreibern gehören.[4]

Zum anderen entwickelte die Schenker Deutschland AG im Jahr 2007 ein Konzept zu einem unternehmensweiten Wissensmanagement auf Basis einer Wissensmanagementplattform, um das im Unternehmen vorhandene Wissen aller für jeden Mitarbeiter auf freiwilliger Basis zugänglich zu machen. Der Beitrag wird das zugrundeliegende Konzept der Plattform KOMPASS, deren Umsetzung und erste Eindrücke aus der Praxis skizzieren.

Generell wird mit diesem Beitrag einem Trend gefolgt, der mit der wachsenden Bedeutung von Wissen in Industriegesellschaften zu tun hat. Dieser Trend hat in der Betriebswirtschaftslehre zu

---

[3] Vgl. zu diesem Beispiel: Müller (2009), S. B14.
[4] Vgl. Pfohl, Logistikmanagement (2004), S. 7.

zahlreichen Monografien geführt, auf die nur zum Teil eingegangen wird.[5] Wir beziehen uns in der Terminologie in erster Linie auf die Arbeiten von Amelingmeyer und Weinrauch.[6]
Wenn es im Logistikmanagement heute vor allem darum geht, eine „Synchronisation der gesamten Logistikprozesse" in umfassenden „Versorgungsnetzwerken" zu erreichen[7], dann ist eine unternehmensübergreifende Wissensintegration ein zentraler Bestandteil des Logistikmanagements. Die vorgestellte Architektur für die Wissensintegration in logistischen Wertschöpfungsketten ist nicht als Vorlage für ein isoliertes Wissensmanagement zu verstehen, sondern vor allem als Ideenspeicher für die Anreicherung der bestehenden Informationssysteme für die Abwicklung von Geschäftsprozessen um Elemente des Wissensmanagements.

2 Grundlagen der Arbeit

2.1 Wertschöpfungsprozesse in der Logistik

In einem logistischen Netzwerk sind von den einzelnen Gliedern gemeinsame, aufeinander abzustimmende Aufgaben der räumlichen und zeitlichen Gütertransformation zu lösen. Individuelle Erfolgsorientierung, rechtliche Barrieren und Probleme der Verantwortungsübernahme führen jedoch häufig zu einer unzureichenden Weitergabe von Informationen, die von anderen Partnern bei der Leistungserstellung benötigt werden. Das Problem der Koordination in einem komplexen Netz von Waren-, Geld- und Informationsströmen ist nur durch Zusammenarbeit zu bewältigen. Nur dadurch können die wechselseitigen Abhängigkeiten der Entscheidungen über die Ausgestaltung der Logistik ausreichend beachtet werden. Letztlich kommt es auf das Ergebnis des Zusammenwirkens aller Komponenten in der Logistik an. Das gesamte Wertschöpfungsnetz muss wie ein grenzenloses Netzwerk quer über alle Funktionen, Abteilungen und Unternehmen funktionieren.[8]
Um alle intra- und interorganisationalen Abhängigkeiten erfassen zu können, bietet sich eine system- und zugleich prozessorientierte Sicht der Logistik an, in dessen Zentrum Geschäftsprozesse stehen. Ein Geschäftsprozess ist eine Gesamtheit integrierter Tätigkeiten, mit denen eine Leistung erstellt wird, die letztlich Anforderungen eines externen Kunden optimal erfüllen soll und die Arbeit interner Kunden effizienter macht. Ein Prozess soll einen Wert für interne und externe Kunden besitzen. In- und Output eines Prozesses sollen gemessen werden können; Prozesse sollen möglichst in gleicher Qualität wiederholbar sein.
Prozesse sind durch Prozessverantwortliche zu führen, Prozesse sind integriert zu planen, zu steuern, durchzusetzen und zu kontrollieren. Jeder Prozess hat eine Planungs- und eine Realisierungsphase und weist eine Investitions- bzw. Strukturebene bzw. Potentialdimension und eine Transak-

5 Vgl. z. B. Mellewirgt/Decker (2009) S. 613-631.
6 Vgl. Amelingmeyer (2004); Weinrauch (2005).
7 Vgl. Pfohl, Logistikmanagement (2004) S. 20.
8 Vgl. Hinterhuber (2004) S. 122-123.

tions- bzw. Episodendimension auf (vgl. Abbildung 1). Eine Episode ist z. B. die Abwicklung eines Transportauftrags.

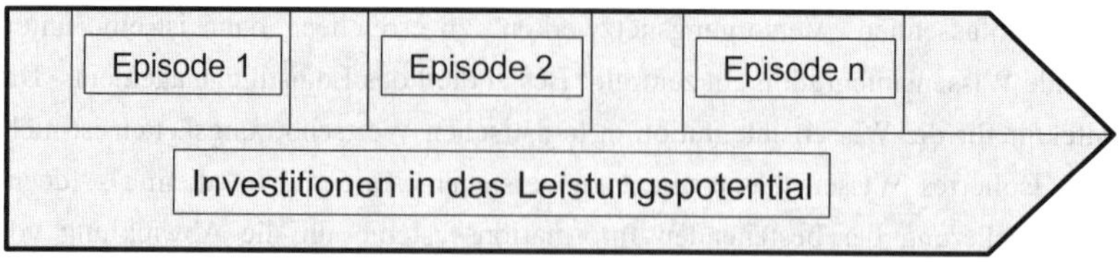

Abbildung 1: Potential- und Episodendimension von Prozessen

Zweckmäßig ist es, Kernprozesse, Unterstützende Prozesse und einen Basis-Managementprozess zu unterscheiden[9] (vgl. Abbildung 2). Kernprozesse betreffen unmittelbar die Erstellung von Leistungen gegenüber Endkunden. Zu den Kernprozessen von Logistikunternehmen gehören Vertriebsprozesse, Beschaffungsprozesse und Logistikprozesse.

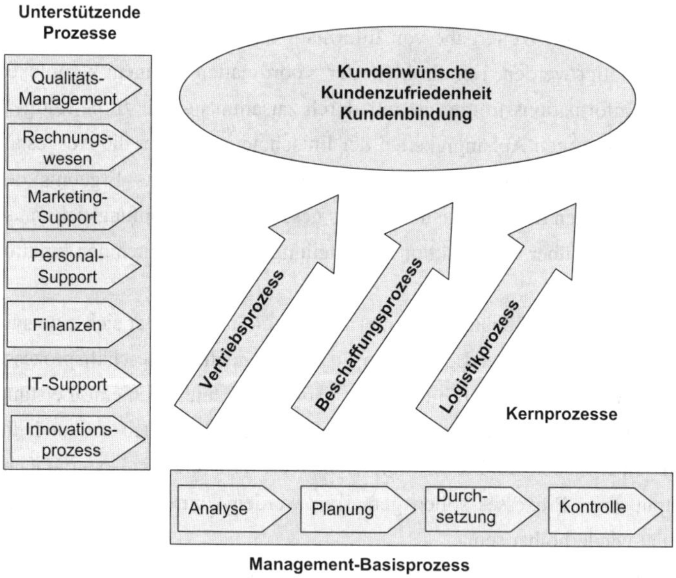

Abbildung 2 : Kernprozesse, Unterstützende Prozesse und Management-Basisprozess eines Logistikunternehmens

Der Vertriebsprozess betrifft allgemeine und kundenspezifische Akquisitionen. Im Vertrieb geht es um den Verkauf aller Leistungen. Wichtigstes Ziel des Vertriebs ist die Akquisition profitabler

9 Zum prozessorientierten Ansatz vgl. Gaitanides/Wicher (1986)

Aufträge. Der Beschaffungsprozess betrifft allgemeine und lieferantenspezifische Akquisitionen von Ressourcen. Wichtigstes Ziel der Beschaffung ist der Erwerb qualitativ optimaler Input-Güter zu relativ niedrigen Preisen. Der Logistikprozess betrifft die kundengerechte Erstellung logistischer Leistungen. Ausgangspunkt ist ein Kundenauftrag mit definierten Kundenanforderungen. Endpunkt ist der Übergang der logistischen Leistung an den vom Kunden angegebenen Adressaten.

Die unterstützenden Prozesse betreffen Leistungen, die zur Durchführung der Kernprozesse zwingend notwendig sind. Dazu gehören die Prozesse im Qualitätsmanagement, Rechnungswesen und Controlling, Marketing- und Personalmanagement, Finanz- und Investitionsmanagement, im Management von Informations- und Kommunikationstechnologien und auch im Technologie- und Innovationsmanagement.

Die Logistikprozesse im eigenen Unternehmen sind nicht unabhängig von den Logistikprozessen bei den Netzwerkpartnern auf der Beschaffungs- und Absatzseite zu sehen (vgl. Abbildung 3). Überlappungen und Überschneidungen sind dabei nicht selten. Schnittstellen müssen so gestaltet werden, dass daraus funktionierende, stabile Nahtstellen werden.

Ein Management von Versorgungsnetzen, oft auch Supply-Chain-Management (SCM) genannt, konzentriert sich nicht nur auf die Optimierung innerbetrieblicher Geschäftsprozesse, sondern auch auf das Ausschöpfen der unternehmensübergreifenden Erfolgspotentiale im Bereich der Koordination der Güter-, Informations- und Geldflüsse.[10] Dabei gilt es, alle Prozesse konsequent auf die Bedürfnisse der Endkunden hin auszurichten.[11]

Die Definition von Prozessen soll den gesamten Wertschöpfungsprozess von den ersten Vorlieferanten bis zum Endkunden ganzheitlich abbilden. Jede Prozessstufe wird durch eine Kunden-Lieferanten-Beziehung miteinander verknüpft. Dadurch sollen Barrieren zwischen Unternehmen, zwischen einzelnen Funktionsbereichen der beteiligten Unternehmen sowie zu den Endkunden aufgehoben werden. Im Zielzustand soll dies einen durchgängigen Material-, Informations- und Geldfluss über Unternehmensgrenzen hinweg gewährleisten.[12] Der Nutzen von gezielt eingesetzten SCM-Systemen ist unstrittig und ohne ein integrierendes Wissensmanagement nicht zu erreichen.

Typischerweise entwickelt sich die SCM-Kompetenz eines Unternehmens in Stufen in Richtung „Supply-Chain-Excellence". Dieser sukzessive Prozess ist notwendig, um die Veränderungsgeschwindigkeit von Mitarbeitern, Organisationen und nicht zuletzt von IT-Infrastrukturen nicht zu überfordern. Jede Stufe stellt andere Anforderungen an Informationsbedarf, Vernetzungsgrad und somit an den Zugang zu notwendigem Wissen. Der Aufbau von Wissensmanagement muss daher diesen Stufen folgen, es muss „modular" mitwachsen.[13]

---

10 Vgl. Stadtler (2000) S. 8 f.; Schmitz (2002) S. 177; Göpfert (2004) S. 206; Arndt (2004) S. 45; Wannenwetsch (2002) S. 3 f.; Nenninger/Hilleg (2000) S. 2 f.

11 Vgl. Göpfert (2004) S. 206.

12 Vgl. Wannenwetsch (2002) S. 1 f.

13 Vgl. Scholl/ Hattendorf (2002), S. 6

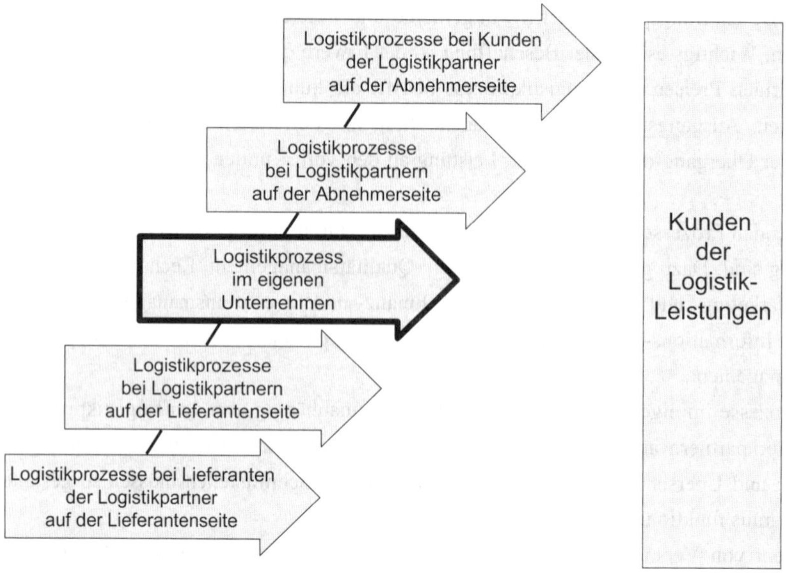

Abbildung 3: Modell multiorganisationaler Logistikprozesse in der logistischen Wertschöpfungskette. Quelle: Vgl. SCOR-Modell bei Pfohl, Logistikmanagement, S. 344.

2.2 Grundlagen des Wissensmanagements

„Wissen ist eine immaterielle Ressource, welche die Gesamtheit bewährter Kenntnisse, Erfahrungen und Fähigkeiten umfasst, die zur Lösung von Problemen eingesetzt werden können. Es ist das Ergebnis von auf Daten, Informationen und bestehendem Wissen basierenden Lernprozessen. Wissen ist in personellen und materiellen Wissensträgern gespeichert."[14]

Ziel eines Wissensmanagementansatzes ist es, die aktuelle und zukünftige Verfügbarkeit von relevantem explizitem und implizitem Wissen im Rahmen der verschiedenen Unternehmensprozesse sicherzustellen und damit zum Erfolg von Unternehmen und Unternehmenskooperationen beizutragen.[15]

Das Wissensmanagement repräsentiert die evolutionäre Erweiterung des impliziten und expliziten Wissens, die Transformation des Wissens (epistomologische Dimension) als auch den ständigen Wissenstransfer zwischen den involvierten Elementen (ontologische Dimension). Die Wissenstransformation als erkenntnistheoretischer (epistomologischer) Ansatz beschäftigt sich mit den Möglichkeiten und Grenzen menschlicher Wahrnehmung und Erkennung und besitzt noch keinen normativen bzw. axiomatischen Charakter.[16] Im Unterschied dazu lassen sich durch den Wissenstransfer vorhandene Unternehmensinformationen in ein DV-gestütztes System umsetzen. Abbildung 4 zeigt die strukturellen Komponenten zum Transfer und zur Transformation von Wissen.

---

14 Weinrauch (2005) S. 23; Vgl. Amelingmeyer (2004) S. 40-44.
15 Vgl. Amelingmeyer (2004) S. 20.
16 Vgl. Jänig (2004), S. 246f.

Dabei dienen ontologische Modelle, die zur Repräsentation der Daten und ihrer Zusammenhänge erstellt werden, als Grundlage um Information in Datenbankstrukturen darzustellen.
Der Transfer objektiven Wissens kann mittels informationstechnologischer Unterstützung durch Informationsmanagement realisiert werden, da Informationsnetzwerke hierarchiefrei sind. Qualität und Quantität des Transfers subjektiven Wissens wird durch Unternehmensphilosophie und -leitbild sowie unternehmenskulturell determiniert.[17]

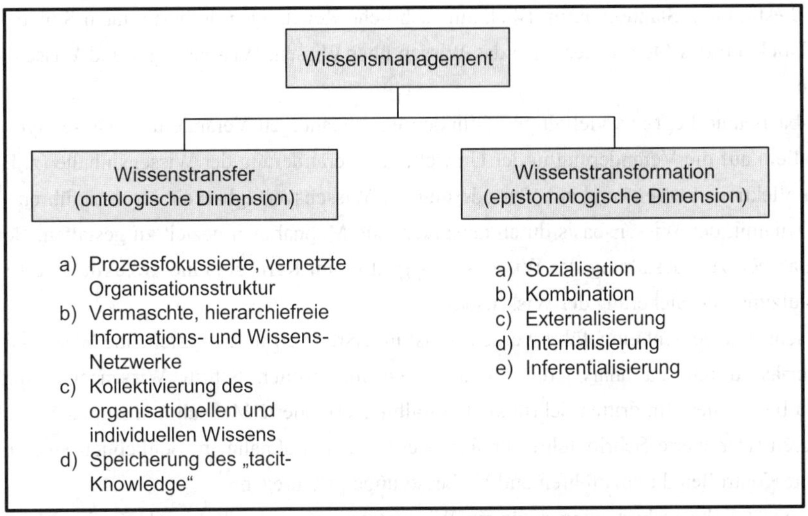

Abbildung 4: Die strukturellen Komponenten des Wissensmanagements

Wissensträger sind Personen (z. B. Mitarbeiter), Kollektive (z. B. Teams, Abteilungen) und materielle Träger (z. B. Bücher, Computer, Produkte). Im Rahmen des Wissensmanagements wird versucht, relevantes Wissen zu entwickeln oder zu erwerben, die tatsächliche Nutzung des vorhandenen relevanten Wissens im Rahmen der Unternehmensprozesse zu fördern und dieses Wissen für das Unternehmen zu sichern. Speziell im Logistikkanal ist das Management einer unternehmenseigenen Wissensbasis, in die auch Wissen anderer Unternehmen eingebracht wird, für die Effektivität und Effizienz der Maßnahmen im Logistikkanal von besonderer Bedeutung.
Die Wissensbasis eines Unternehmens oder eines Unternehmensnetzwerks „stellt die Gesamtheit des zu einem bestimmten Zeitpunkt im Rahmen der Unternehmensprozesse und/oder Unternehmensaufgaben verfügbaren, an personelle, materielle und/oder kollektive Wissensträger gebundenen Wissens dar".[18] Die Wissensbasis ist wesentliche Grundlage von Prozessen und Funktionen und damit für deren Erfolg.

---

17 Vgl. Jänig (2004), S. 247.
18 Amelingmeyer (2004) S. 84.

Nach der Art des Wissens können im Blick auf die Bezugsebene kenntnisgebundenes Wissen (Kennen) oder handlungsgebundenes Wissen (Können) im Sinne von Fähigkeiten und Fertigkeiten unterschieden werden. Dieses Wissen kann explizites (artikuliertes oder artikulierbares) oder implizites Wissen sein, das nicht unmittelbar in artikulierter Form vorliegt.[19] Dieses Wissen kann je nach Einsatzbereich, Unternehmensspezifität, Neuheitsgrad und Relevanz für das Unternehmen weiter differenziert werden.

Speziell in Netzwerken geht es in besonderer Weise um die Wissensverfügbarkeit für bestimmte Prozesse, an bestimmten Standorten, im Blick auf rechtliche Regelungen, in bestimmten Situationen und im Blick auf das Metawissen, also das Wissen über Wissen, Wissensträger und Wissensverfügbarkeit.[20]

Die Wissensbasis unterliegt aus vielfältigen Gründen einer ständigen Veränderung. Diese Dynamik ist vor allem auf die Veränderung in der Umwelt, auf Veränderung der Wissensinhalte (z. B. auch durch kollektives Lernen) und auf Veränderung der Wissensverfügbarkeit zurückzuführen.[21] Es gilt die Dynamik der Wissensbasis durch entsprechende Maßnahmen gezielt zu gestalten. Bei diesen Maßnahmen zur Gestaltung der Wissensbasis geht es im Kern um eine zweckmäßige Erweiterung, Nutzung und Sicherung der Wissensbasis.

Soll ein Wissensmanagement eingeführt werden, so ist im ersten Schritt die bestehende Wissenssituation zu erfassen und zu analysieren. Sodann sind im zweiten Schritt Wissensziele und -strategien zu bestimmen. Im dritten Schritt sind gestaltungsorientierte Maßnahmen zu planen und zu koordinieren. Der vierte Schritt führt zur Realisierung der Maßnahmen. Schließlich sind im fünften Schritt Kontrollen durchzuführen und Verbesserungen anzuregen.[22]

All diese grundsätzlichen Überlegungen für ein Wissensmanagement gelten auch für das Management der Wissensbasis in einem Unternehmen eines Versorgungsnetzwerks.

3 Ansatzpunkte der Wissensintegration in Logistiknetzwerken

3.1 Wissensinhalte

Eine Wissensbasis, die in diesem Artikel speziell für einen Spediteur gedacht ist, muss für Entscheidungen über logistische Aktivitäten, die sich auf einen Transport- oder Lagerobjekt beziehen, bestmöglich geeignet sein (vgl. Abbildung 5). Die Grundgedanken zu dieser Abbildung sind auf andere Unternehmen eines Versorgungsnetzwerks übertragbar.

Wesentliche Komponenten einer Wissensbasis für die Logistik aus der Sicht eines Spediteurs sind Daten zur Verfügbarkeit und Auslastung von Transport- und Lagerressourcen, Daten zu aktuellen Systemstörungen, Daten zu den aktuell laufenden Logistikprozessen (z. B. zur Ausführung eines Kundenauftrags zum Transport einer Ware), Daten über Fahrpläne, Beladepläne und Ein- und

---

[19] Vgl. Amelingmeyer (2004) S. 45.
[20] Vgl. Amelingmeyer (2004) S. 70-82.
[21] Vgl. Amelingmeyer (2004) S. 85-164.
[22] Vgl. Amelingmeyer (2004) S. 165-188.

Auslagerungspläne der involvierten Netzwerkpartner, Kunden-Input- und Output-Daten sowie regulatorische Informationen (z. B. Gesetze, Verordnungen, Zollbestimmungen, Serviceregelungen der Hersteller technischer Anlagen). Diese Strukturierung der Wissensbasis kann Ansatzpunkt für die Entwicklung eines modular aufgebauten Tools für das Wissensmanagement eines Unternehmens in einem logistischen Wertschöpfungsnetz sein.

Über das relevante Wissen verfügen Logistikplaner und die Durchführungsorgane bzw. Operatoren des eigenen Unternehmens und aus kooperierenden Unternehmen einer strategischen Allianz mit Zugriffsrechten. Diese Organe entwickeln dieses Wissen mit Hilfe der Verantwortungsträger für unterstützende Prozesse weiter.

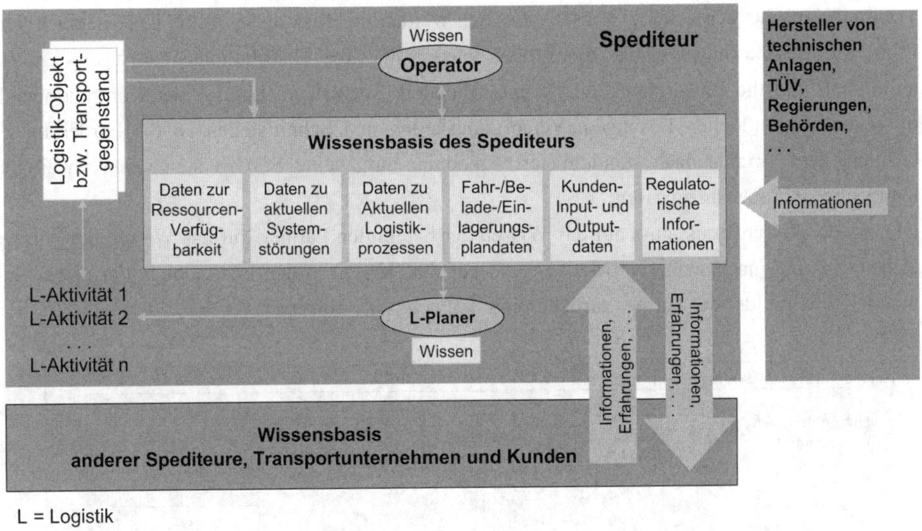

Abbildung 5: Wissensbasis für logistische Entscheidungen eines Spediteurs

Das Wissen in der Wissensbasis ist gezielt zu erweitern, zu nutzen und zu sichern. Bei Veränderungen der Wissensbasis spielen neben eigenen Daten, Informationen und Erfahrungen auch Daten, Informationen und Erfahrungen aus anderen Speditions- und Transportunternehmen sowie aus dem Bereich der Kunden eine große Rolle für Lernprozesse. Von zentraler Bedeutung sind speziell die Informationen über Veränderungen logistischer Anforderungen der Kunden und über deren Zufriedenheit mit den logistischen Leistungen. Schließlich werden permanent Informationen aus dem Bereich der Hersteller der Transport- und Lagertechniken, von Technischen Überwachungsinstitutionen und von Regierungen und Behörden aktualisiert werden müssen.

Ein Lieferant von Informationen für die Wissensbasis eines anderen Unternehmens wird nur dann Wissen abgeben, wenn er sicher sein kann, dass der „Wissenskunde" keinesfalls Wettbewerbsvorteile zu Lasten des Wissenslieferanten erzielen kann und will. Neben vertrauensvollen Beziehungen sind im Blick auf dieses Problem rechtliche Vereinbarungen unabdingbar. Ohne ein beiderseitiges Nehmen und Geben wird keine Kooperation zur Wissensintegration funktionieren. Wissensabgabe an die Leistungspartner darf lediglich zur Generierung beiderseits wirksamer Wettbewerbsvorteile führen. Diese Anforderung schränkt den Informationsaustausch zwar erheblich ein und dennoch könnte die Weitergabe von Informationen die Effizienz und Effektivität in der Zusammenarbeit erhöhen.

3.2 Logistische Aufgaben

Die Wissensbasis muss vor allem für die Lösung logistischer Aufgaben in den logistischen Kernprozessen relevant sein. Die wichtigsten Entscheidungsbereiche bei der Strukturierung logistischer Kernprozesse sind nach Pfohl[23] die Auftragsabwicklung, die Lagerhaltung, das Lagerhaus, der Transport und die Verpackung. Phasenspezifisch werden im Blick auf einzelne Unternehmen von Pfohl die Beschaffungslogistik, die Produktionslogistik, die Distributionslogistik, die Ersatzteillogistik und die Entsorgungslogistik unterschieden. Speziell im Bereich der Kontraktlogistik mit kundenindividuellen Lösungen, Versorgungsketten und Schnittstellen ist die Forderung zu erfüllen, dem Grunde nach standardisierte, modular aufgebaute SCM-Systeme den jeweiligen Kundenbedürfnissen anzupassen.

Die eigene Wissensbasis muss auf das Wissen der beteiligten Partner, auf das Wissen der Partner in den vor- und nachgelagerten Märkten und auf das Wissen in den Institutionen der nichtkommerziellen Umfelder der Partner zurückgreifen können (vgl. Abbildung 6).

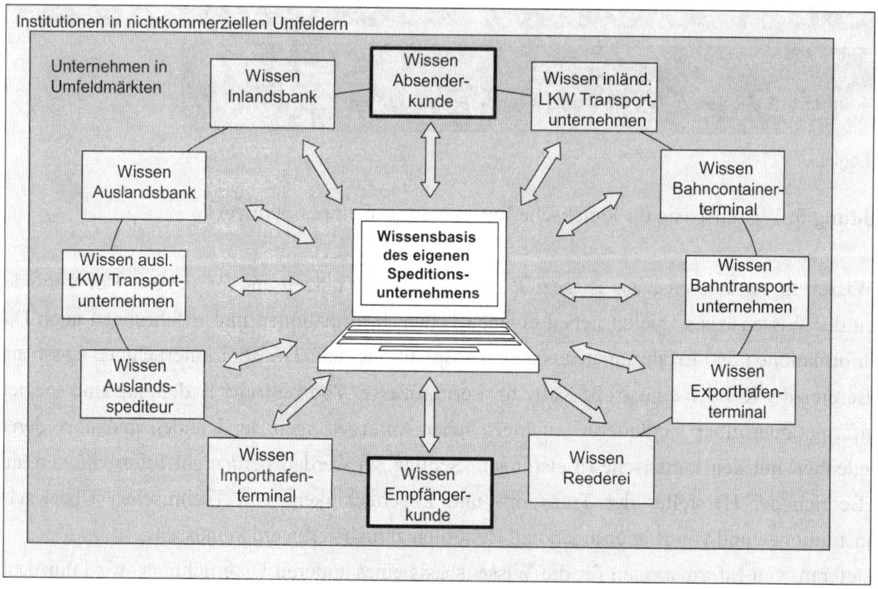

Abbildung 6: Beispiel für die Wissensbasis eines Speditionsunternehmens und für den Transfer von Wissen unter beteiligten Partnern und deren Umfelder

[23] Vgl. Pfohl, Logistiksysteme (2004) S. 10, S. 75-245.

Für das Wissensmanagement ist die hinter den jeweiligen Wertschöpfungsstufen liegende Aufgabenvielfalt eine hoch komplexe Herausforderung. Voraussetzung für eine Optimierung der Aufgabenerfüllung ist die Definition logistischer Kernprozesse mit abgrenzbaren Prozesssegmenten. Die definierten Prozesse und Prozesssegmente müssen einen messbaren Input und Output haben, damit Effizienz und Effektivität gemessen werden können.[24] Stabile Prozessabläufe müssen den Qualitätsanforderungen genügen. Ohne Koordination quer über organisatorische funktionale Einheiten und Unternehmen hinweg sind diese Forderungen nicht zu erfüllen.[25] In diesem Zusammenhang kann ein Wissensmanagement-Tool einen wesentlichen Beitrag zu Wissensintegration leisten.

4 Gestaltungsdimensionen der Wissensintegration in der Logistik

Im Blick auf die Gestaltungsdimensionen der Wissensintegration in der Logistik soll speziell auf Informations- und Kommunikationstechnologien und ergänzend auf die Gestaltungsbereiche Organisation und Mitarbeiter, Planungs- und Kontrollsysteme sowie die Beziehungen zu Logistikpartnern eingegangen werden.

a) Informations- und Kommunikationstechnologie

Die Wissensbasis einzelner Unternehmen und ganzer Versorgungsnetzwerke aus dem Bereich der Logistik ist ohne Informations- und Kommunikationstechnologien nicht zu erweitern, nicht zu nutzen und nicht zu sichern. Bestehende wissensorientierte IuK-Systeme, bestehende Systeme zur Unterstützung logistischer Prozesse und Anforderungen an wissensorientierte IuK-Lösungen beeinflussen auch den Entwurf verbesserter wissensorientierter Systemarchitekturen für die Logistik. Dabei kann z. B. auf folgende Systemtypen zurückgegriffen werden:[26]

- Internet, Intranet und Extranet (z. B. Web 2.0)
- Hypertext und Hypermedia
- Dokumenten-Management-Systeme
- Groupware-Technologien
- Workflow-Management-Systeme
- Content Management Systeme
- Neuronale Netze und Semantische Netzwerke
- Datenbank basierte Systeme
- Suchmaschinen
- Decision Support-Systeme
- Analytische Informationssysteme
- Expertensystemtechnologien

---

[24] Vgl. zu prozessualen Abläufen Pfohl, Logistikmanagement (2004) S. 285.
[25] Vgl. Pfohl, Logistiksysteme (2004) S. 250-255.
[26] Vgl. Weinrauch (2005) S. 222-233.

Bestehende Systeme zur Unterstützung logistischer Prozesse sind z.B. integrierte Warenwirtschaftssysteme im Handel, Enterprise-Resource-Planning-Systeme (ERP-Systeme) sowie Supply Chain Management Systeme.

Ein ERP-System[27] besteht z. B. aus einem Basissystem und wird durch funktionsbezogene Module wie z. B. für Rechnungswesen, Controlling, Beschaffung, Produktionsplanung und -steuerung sowie durch das Vertriebs- und Channel-Management ergänzt. Die Module dieses Informationssystems sind in einer einheitlichen Datenbank funktional integriert, so dass auch arbeitsgebietsübergreifende Geschäftsprozesse abgebildet werden können. Des Weiteren verhindert eine Integration der Insellösungen unnötige und zeitaufwändige Mehrfacheingaben bei der Bereitstellung logistischer Geschäftsvorfälle.[28] Das System *SAP R/3* ist wohl das bekannteste ERP-Anwendungssystem sowohl für große, multinational operierende Unternehmen als auch für kleinere, national engagierte Unternehmen.[29] Durch auf ERP basierende SCM-Systeme erfolgt eine informationstechnische Integration weltweit verstreuter interner und externer Partner.

Zur Identifikation der Logistikobjekte und damit auch zur Sendungsverfolgung stehen Technologien der automatischen Identifikation (z. B. Barcodes) und Telematiksysteme wie das „Tracking and Tracing" sowie Transpondertechnologien wie das RFID zur Verfügung.[30]

Speziell die mobile Datenerfassung und -nutzung mit mobilen Endgeräten können für die Wissensintegration in der Logistik genutzt werden. Ein mobiles Wissensmanagement ist nur in Ansätzen erkennbar. Gerade in der Logistik sind solche Technologien und entsprechende Systeme wegen der langjährigen Erfahrungen mit mobilen Endgeräten vielversprechend.

Auch in der Logistik haben heute neuere Datenbanksysteme und -methoden wie Data Warehouses, Data-Mining-Techniken oder neue Speichermedien mit hoher Kapazität und schnellem direkten Zugriff und nahezu sämtliche modernen Kommunikationstechnologien Einzug gehalten.[31] Im Detail kann darauf nicht eingegangen werden. All diese Technologien sind Ansatzpunkte für die Entwicklung wissensorientierter Software-Werkzeuge.

Die unmittelbar für das Wissensmanagement angebotenen Systeme beziehen sich heute meist auf kaufmännische Aufgabengebiete; Wissensmanagementsysteme für technische Aufgaben sind eher selten. Eine IT-Lösung ist z. B. der Microsoft SharePoint Portal Server. In diesem System sind z. B. auch für logistische Aufgaben Verbesserungen im Blick auf die schnelle und zweckgerechte Aufnahme neuer Dokumente, die professionelle Unterstützung von Teams und Data Mining Funktionen denkbar.[32]

Speziell Fragen des Rechte- und Zugriffsmanagements im Blick auf Wissensbasen selbstständiger Unternehmen sind ohne geeignete Datenverarbeitungstechniken nicht zu lösen.

Die unternehmensübergreifende Vernetzung ist u.a. ein technisches Problem. Bei unserem Vorschlag handelt es sich nicht um einen zentralen unternehmensübergreifenden Wissenspool, son-

---

[27] Vgl. Stahlknecht/Hasenkamp (2005) S. 326 f.
[28] Vgl. Specht/Fritz (2005) S. 380.
[29] Vgl. Oberniedermaier (2000) S. 21.
[30] Vgl. Specht/Fritz, (2005) S. 382-386.
[31] Vgl. Specht/Fritz (2005) S. 386-418.
[32] Vgl. zum Micrsoft SharePoint Portal Server: Weinrauch/Blume/Specht (2004) S. 48.

dern um unternehmenseigene Wissensspeicher kooperierender Unternehmen. Dadurch entfällt die Lösung schwieriger Fragen zu den Eigentumsrechten an den Informationen. Dennoch müssen klare technische Schnittstellen definiert werden, die eine Übertragung von Informationen erlauben.

b) Organisation und Mitarbeiter

Die Gestaltung des Wissensmanagements erfordert einen geeigneten Organisationsentwurf und die Weiterentwicklung der Mitarbeiter. Problemfelder sind die oft fehlende Wissensintegration in das Tagesgeschäft, die bestehenden Dokumentationsdefizite, die weitreichende Wissenszersplitterung und die unzureichende inhaltliche Standardisierung.[33] Die Prozesse und Prozesssegmente sind integrativ zu gestalten und die Aufbauorganisation ist anzupassen.[34]

Bei den Mitarbeitern geht es vor allem um die gezielte Beeinflussung und Weiterentwicklung der wissensorientierten Leistungsfähigkeit und der wissensorientierten Leistungsbereitschaft.[35] Ohne Unterstützung durch Vorstand und Führungskräfte auf allen Unternehmensebenen kann es nicht gelingen, Nutzungsbarrieren bei den Mitarbeitern abzubauen. Funktionsträger aus den Bereichen Unternehmensentwicklung bzw. -strategie, Datenschutz, Betriebsrat, Personalwesen, Unternehmenskommunikation und aus sonstigen Interessengruppen müssen neben Verantwortungsträgern aus der IT-Abteilung von Beginn an in ein Projektteam einbezogen werden.

c) Planungs- und Kontrollsysteme

Die Wissensintegration ist in die Planungs- und Kontrollsysteme der Logistikunternehmen einzubauen. Aus den Anforderungen an logistische Prozesse sind Wissensziele und Anforderungen an das Wissensmanagement abzuleiten. Die vorhandenen Planungs- und Kontrollsysteme sind im Blick auf Wissensdefizite und Verbesserungspotentiale zu analysieren. Sodann sind Strategien und Maßnahmen zur Verbesserung der Systeme zu planen. Nach Durchführung von Maßnahmen zur Implementierung von Wissensmanagement-Werkzeugen hat eine Kontrolle der Maßnahmenumsetzung zu erfolgen. Darauf können Ziel- und Maßnahmenkorrekturen folgen.

d) Beziehungen zu Logistikpartnern

Zur unternehmensübergreifenden Integration in logistischen Versorgungsnetzwerken müssen verschiedene Barrieren überwunden werden. Nur dann, wenn die beteiligten Partner im Austausch von Informationen und Erfahrungen einen Vorteil sehen, wird ein Mitmachen beim Aufbau der Wissensbasis von Kooperationspartnern in der Wertschöpfungskette zu erwarten sein. Diese Wissensbasis wird zum Teil unternehmensspezifisches Wissen enthalten, das nicht weitergegeben wird. Auf einen anderen Teil des Wissens können Kooperationspartner Zugriff erhalten. Die Wissensverfügbarkeit ist - wie schon erwähnt – technisch zu realisieren, organisatorisch zu regeln und

---

33 Vgl. Weinrauch (2005) S. 166.

34 Ansatzpunkte und Lösungen sind im Blick auf Instandhaltung zu finden bei Weinrauch (2005) S. 168-204. Diese Überlegungen gelten in starkem Maße auch für die Organisation logistischer Wertschöpfungsprozesse.

35 Vgl. Weinrauch (2005) S. 204-218.

rechtlich abzusichern. Ansatzpunkte sind die Schaffung von Win-Win-Situationen, der Abschluss langfristiger Verträge und eine strategisch orientierte Wahl der in das Wissensnetzwerk einzubeziehenden Partner.

5 Ansatzpunkte für eine Systemarchitektur zur Wissensintegration in der Logistik

Die Unterstützung logistischer Prozesse durch ein Wissensmanagementsystem wird nur dann erfolgreich sein, wenn Anforderungen aus dem zu integrierenden Anwendungsumfeld, die Wünsche der Anwender und identifizierte Defizite bisheriger Systeme zur Steuerung logistischer Prozesse systematisch erfasst werden.[36] Dieser Herausforderung wollen wir uns im Folgenden über zwei Ansatzpunkte aus Wissenschaft und Praxis nähern. Zum einen wird der Ansatz des Fachgebiets TM&M diskutiert, der auf Basis der Erfahrungen mit Wissensmanagementsystemen zur Instandhaltung industrieller Großanlagen eine Brücke zur Wissensintegration in Logistikwertschöpfungsketten schlägt. Zum anderen skizzieren wir Hintergründe und Erfahrungen aus der Praxis mit der im Jahre 2007 bei der Schenker Deutschland AG entwickelten Wissensmanagementplattform KOMPASS.

5.1 WIS-LOG – Der Ansatz des Fachgebiets TM&M

a) Grundkonzept einer Systemarchitektur WIS-LOG

Eine Analyse von Wissensmanagementsystemen im Blick auf die Instandhaltung industrieller Großanlagen führte zu dem Ergebnis, dass die angebotenen Systeme die dort spezifischen Anforderungen nicht voll erfüllen. Es ist zu vermuten, dass ähnliche Überlegungen für den Bereich der Logistik gelten, weil auch in diesem Bereich eine hoher Grad der Vernetzung vorliegt, das Wissen auf viele Partner verteilt ist und die spezifischen Gegebenheiten bei der Erstellung und Abwicklung von logistischen Aufträgen zur Durchführung von Transporten und Lagervorgängen sehr spezifisch sind. Auch beim Messen von Zuständen und Vorgängen in logistischen Prozessen und bei der statistischen Auswertung dieser Daten sind Besonderheiten zu berücksichtigen. Deshalb wird im Folgenden in Abwandlung einer Systemarchitektur einer inzwischen bewährten IT-Lösung für die Instandhaltung ein Grundkonzept für die Wissensintegration für logistische Wertschöpfungsprozesse vorgeschlagen. Wir lehnen uns im Folgenden an das Software-Tool „WIS"[37] an, das für die Verbesserung von Instandhaltungsleistungen in industriellen Großanlagen entwickelt und implementiert wurde.

Die Systemarchitektur einer IT-Lösung für das Wissensmanagement für logistische Prozesse ist modular aufgebaut (Vgl. Abbildung 7 zu WIS-LOG).[38] Grundlegend ist die Feststellung, dass

---

[36] Vgl. dazu Weinrauch/Blume/Specht (2004) S. 45-49.

[37] Vgl. Weinrauch/Blume/ Specht (2005).

[38] Zu dieser Architektur vgl. den ähnlichen Vorschlag für die Instandhaltung bei Weinrauch/Blume/Specht (2004) S. 64-65.

jedes Unternehmen des logistischen Netzwerks seine eigene Wissensbasis zu entwickeln hat. Dabei kann er auf die Wissensbasis einzelner Partner in geregelter Weise zugreifen. Das Konzept enthält Wissenserwerbsmodule, ein Auswertungsmodul und ein Wissensnutzungsmodul.
Die sechs Wissenserwerbsmodule bzw. Eingangsmodule dienen der Erfassung unterschiedlicher Wissenskategorien und der damit verbundenen Anforderungen.

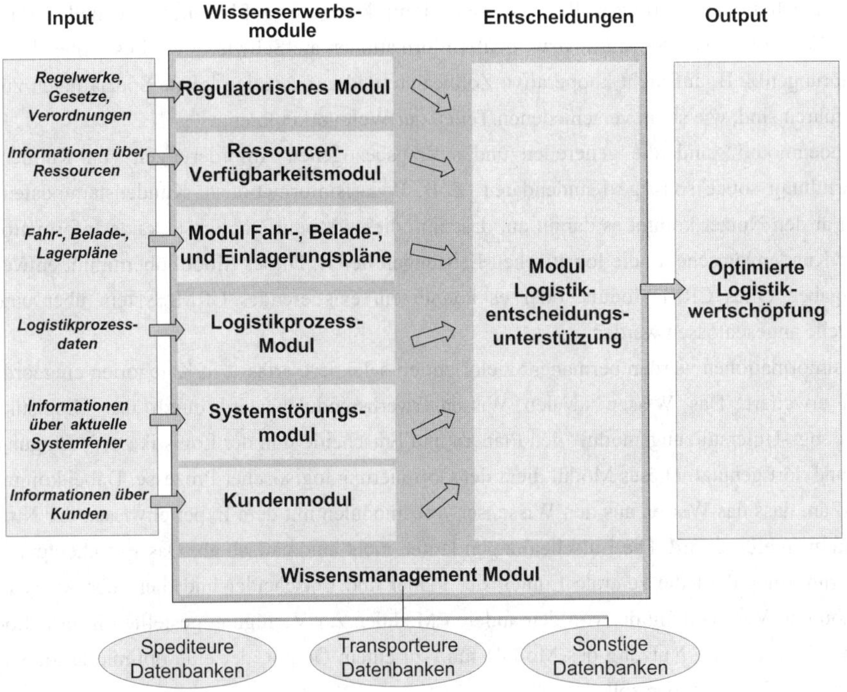

Abbildung 7: Systemarchitektur einer WIS-LOG-Software

Input des „regulatorischen Moduls“ sind Gesetze, Verordnungen, Normen, Zollbestimmungen oder sonstige einzuhaltende Regelwerke. Es generiert Maßnahmenvorschläge und Termine für die Abwicklung logistischer Aufträge, die sich aus diesen Regelwerken ergeben.
Das „Ressourcenverfügbarkeitsmodul“ enthält Informationen zu Menge und Art der Ressourcen bzw. Produktionsfaktoren im Versorgungsnetzwerk und zu deren Auslastung. Das Modul generiert Vorschläge zur Optimierung der Auslastung von Kapazitäten. Außerdem enthält es Informationen zu technischem Service und zur Instandhaltung.
In das Modul „Fahr-, Belade-, und Einlagerungspläne“ gehen alle Fahr- oder Lagerplaninformationen ein, die für einen geregelten, örtlich und zeitlich festgelegten Transport oder eine festgelegte Lagerung sorgen. Es bietet Vorschläge zur Routenoptimierung.
Das „Logistikprozessmodul“ nimmt alle Informationen über Anforderungen an Logistikprozesse und Logistikprozesssegmente und deren Abwicklung auf. Die Daten über Zustände und Abläufe in

diesem Bereich werden meist automatisch über Identifikationssysteme erfasst, standardisiert intern und extern kommuniziert und über IT-Schnittstellen zur Verfügung gestellt. In das Logistikprozessmodul gehen aber auch alle persönlichen Befunde ein, die nicht automatisch anfallen und häufig qualitativer Art sind.

Das „Systemstörungsmodul" informiert über aktuelle Ereignisse, die einen plangemäßen Ablauf nicht zulassen. Außerdem enthält es Informationen über Maßnahmen zur Behebung der Störung und zur Umgehung der Störungsstelle. In diesem Modul kommt es auf besonders schnelle Erfassung und Weitergabe von Störungs- bzw. Fehlerinformationen an. Schwierig wird es sicher dann, wenn Störungen z. B. auf nicht kooperative Zollbeamte und auf sonstige lokale Spezialitäten zurück zu führen sind, wie sie in verschiedenen Teilen der Welt vorkommen.

Im „Kundenmodul" sind alle generellen und auftragsbezogenen Anforderungen von Kunden, deren Erfüllung sowie sonstige Kundendaten (z. B. Bedarfsinformationen, Kundenstammdaten) erfasst. Für den Nutzer kommt es darauf an, dass ihm dieses Modul möglichst exakte Informationen über Kundenwünsche an die logistischen Leistungen liefert. Dieses Modul übernimmt entweder Aufgaben eines CRM-Moduls, oder es könnte ein existierendes CRM-System über eine Schnittstelle angeschlossen werden.

Eingangsinformationen werden permanent zielorientiert selektiert, erfasst, in Kategorien eingeordnet und erweitert. Das Wissen in den Wissenserwerbsmodulen wird durch das „Logistikentscheidungs-Unterstützungsmodul" den Planern und Entscheidern in der Logistik zur Verfügung gestellt und dort genutzt. Dieses Modul dient der Optimierung logistischer Prozesse. Dabei kommt es darauf an, dass das Wissen aus den Wissenserwerbsmodulen mit dem Expertenwissen der Nutzer zusammengeführt wird. Die Entscheidungen laufen nicht automatisch ab. Das Entscheidungsunterstützungsmodul ist die zentrale Einheit der Planer und Entscheider und dient der Analyse, Integration und Verarbeitung der von den anderen Modulen zur Verfügung gestellten Informationen. Eine zielorientierte Nutzung des Moduls führt zu einem Output, der eine optimierte logistische Wertschöpfung erlauben soll.

Das zentrale „Wissensmanagementmodul" steht allen anderen Modulen zur Verfügung. Es erfüllt Analyse-, Typisierungs-, Simulations- und Suchfunktionen und ist für ein vollständiges Daten-, Dokumenten- und Historienmanagement zuständig. Außerdem ist es für vergleichende Analysen und statistische Auswertungen geeignet. Für diesen Zweck sollte es auch auf externe Datenbanken anderer Spediteure, Transportunternehmen und sonstiger Unternehmen zurückgreifen können. Damit dient dieses Modul wie die anderen Wissenserwerbsmodule auch der Wissenserweiterung.

b) Verbesserung logistischer Prozesse mit WIS-LOG

Logistische Prozesse können als Regelkreise aufgefasst werden (Abbildung 8). Im ersten Schritt geht es um Ermittlung und Erfassung von logistischen Anforderungen. Diese Anforderungsinformationen gehen über die Wissenserwerbsmodule in das WIS-LOG-System ein. Die Anforderungen kommen aus verschiedenen Quellen. Mit diesen Anforderungsinformationen wird unter Berücksichtigung von Analysen und Vorschlägen des Wissensmanagementmoduls die Abwicklung eines logistischen Auftrags von Nutzern geplant. Es kommt zur Durchführung des Auftrags und aufgrund zuvor geplanter Verbesserungsmaßnahmen zu einem verbesserten logistischen Prozess. Die Prozessinformationen fließen als Input in die Wissenserwerbsmodule zurück. Damit wird ein kontinuierlicher Verbesserungsprozess ermöglicht. Generell sollte WIS-LOG nicht als Parallelprozess realisiert werden. Ähnlich wie bei WIS in der Instandhaltung muss speziell die Erfassung persönlichen Wissens nahtlos und formlos in die Geschäftsprozesse in der Logistik integriert sein. Das Tool muss die Abwicklung des Geschäftsalltages erleichtern und sozusagen nebenbei zusätzliches relevantes Wissen für die Wissensbasis verfügbar machen.

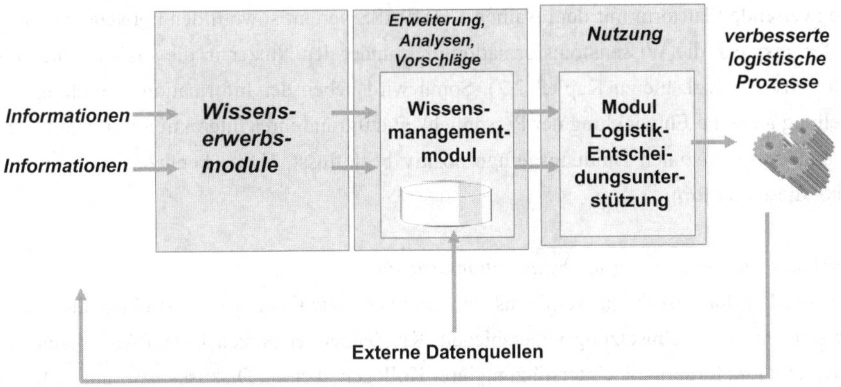

Abbildung 8: Datenfluss zwischen den Modulen von WIS-LOG

Es geht aber nicht nur um die Verbesserung der logistischen Prozesse, sondern darüber hinaus um die Verbesserung des Wissensmanagementsystems in einem zyklischen Prozess. Dies erfordert zunächst eine Leitvorstellung zur Entwicklung einer Wissensmanagement-IT-Lösung für die Optimierung logistischer Prozesse. Damit beginnt eine erste grobe Planung von Anforderungen, die die Formulierung einer WIS-LOG-Strategie, die Erfassung von Nutzeranforderungen in einem Lastenheft sowie die Formulierung eines WIS-LOG-Grobkonzepts einschließt.

Über die grobe Definition von Entwicklungsaufgaben kommt es zur Einrichtung eines Projekts zur WIS-LOG-Realisierung. Nun beginnt die eigentliche Entwicklung von WIS-LOG mit den Komponenten Überarbeitung und Festlegung der WIS-LOG-Strategie, Formulierung des Lastenhefts, Formulierung des zu realisierenden Konzepts, Festlegung operationaler Ziele bzw. des Pflichtenhefts. Dies ist die Schnittstelle zur Realisierung der Software. Es gilt einen Systementwurf zu strukturieren, einzelne Module zu entwickeln und zu testen, die Module in ein Gesamtsystem zu integrieren und das gesamte System zu testen und im Rahmen einer Pilotanwendung ersten Anwendererfahrungen auszusetzen.

Dieser Prozess darf nicht als Wasserfallmodell missverstanden werden. Es handelt sich um ein Komponentenmodell der Produkt- und Prozessentwicklung mit teils parallelen Aktivitäten und iterativen Rückkopplungsschleifen, wie sie ähnlich auch im WISE-Modell in der Software-Entwicklung üblich sind. An die Einführung des Systems in der täglichen Praxis schließt sich ein Prozess kontinuierlicher Verbesserung an, um über viele mehr oder weniger große Verbesserungsmaßnahmen zu stetig verbesserten Lösungen zu kommen. Die Qualität des WIS-LOG-Systems muss sich letztlich in verbesserten logistischen Prozessen zeigen.

5.2 KOMPASS - Der Ansatz der Schenker Deutschland AG

Um das im Unternehmen vorhandene Wissen aller für jeden Mitarbeiter auf freiwilliger Basis zugänglich zu machen, entwickelte die Schenker Deutschland AG im Jahr 2007 ein Konzept zu einem unternehmensweiten Wissensmanagement auf Basis einer Wissensmanagementplattform. Diese wegweisende Plattform mit dem Namen KOMPASS vereint sowohl den notwendigen Wissenstransfer, als auch die Wissenstransformation und bindet den Nutzer in die soziale Unternehmenswelt aktiv ein (vgl. hierzu Kapitel 2.2). Somit wird neben der Informationssammlung und -bereitstellung auch die Entwicklung der Persönlichkeit aufgrund ihrer Interaktion mit dem Unternehmen und dessen sozialen Bindungsgefüge positiv beeinflusst. Heute benutzen bereits 2.200 Mitarbeiter diese Plattform.[39]

a) Prozessfokussierte und vernetzte Organisationsstruktur

Grundlage der Plattform ist die prozessfokussierte und vernetzte Organisationsstruktur, die sich in der softwaretechnischen Umsetzung widerspiegelt. Kundenberater nutzen KOMPASS bereits als Expertensystem und fordern die Unterstützung ihrer Kollegen über ein Diskussionsforum, z. B. zur Abwicklung nicht alltäglicher Auftragsprozesse, ein. Somit werden die Mitarbeiter ausfindig gemacht, die bereits über vorhandenes Wissen zu den jeweiligen Themen verfügen. Durch die Einbindung von Spezialisten und die spätere Dokumentation der Prozesse werden neue Wissensinhalte aufgedeckt und dokumentiert.

b) Prinzip eines Wiki-Systems

Um ein vermaschtes und hierarchiefreies Informations- und Wissensnetzwerk zu schaffen wurde das Prinzip eines Wiki-Systems angewendet, indem jeder Mitarbeiter neue Artikel einstellen oder existierende Artikel ändern darf.

Die aus dem Hawaiianischen wiki wiki (sehr schnell) abgeleitete Wiki-Technologie erfordert nur einen geringen technischen Implementierungsaufwand und ermöglicht einfaches Editieren von Inhalten. Neben dieser Bearbeitung von Seiteninhalten sind zusätzliche Funktionalitäten, wie eine Volltextsuche sowie die Visionierung und Protokollierung der Texte enthalten. Ergänzend werden auch Diskussionsseiten ermöglicht, um sich direkt über bestimmte Inhalte austauschen zu können. Die Verlinkungsmöglichkeit auf Seiten, die erst noch erstellt werden müssen, fördert die kontinuierliche Weiterentwicklung des Wiki. Generell werden Wiki bei neun von zehn Unternehmen zur Unterstützung ihres Wissensmanagements eingesetzt.[40] KOMPASS nutzt dieses interaktive, durch ein Redaktionsteam moderiertes, Nachschlagewerk bereits seit seinem Start im März 2009.

---

39 Vgl. zu den folgenden Ausführungen Goldhammer, D. / Stepanow, B. (2009) und Rosenkranz, L. (2009)
40 Vgl. Mertins; Seide (2009), S. 75ff.

c) Online-Bibliothek

Die strikte Kollektivierung des organisationellen und individuellen Wissens wird durch den Auf- und Ausbau einer Online-Bibliothek gewährleistet. Dieses zentrale Archiv für Hochschularbeiten, projektbezogene Erfahrungsberichte sowie Anleitungen zu IT-Tools bildet das explizite Wissen strukturiert ab. Wichtig bei dieser Art der Wissensdokumentation ist die Begrenzung der Möglichkeit, Wissen zu editieren. In diesem Fall werden diese Rechte nur dem Ersteller der Dokumente selbst und Chefredakteuren eingeräumt.

Die stetig wachsende Anzahl von Dokumenten erfordert einen hohen Speicher- und Pflegeaufwand und bedarf einer systematischen Einordnung. Um Texte innerhalb der Dokumente zu finden, sind neben Verschlagwortungen (Tags) der Inhalte durch den Ersteller auch höherwertige Suchmethoden seitens der eingesetzten Softwarearchitektur innerhalb der KOMPASS Plattform zu beachten.

d) Ganzheitliches Ideenmanagement und organisationales Lernen

Ein workflow-gestütztes Ideenmanagement bietet die Möglichkeit, implizites Wissen - auch „tacit-Knowledge" genannt - zu speichern und zur Entwicklung neuer Produkte und Dienstleistungen aufzugreifen. Im Rahmen des Innovationsmanagements wird KOMPASS um diese Funktionalität ergänzt und ermöglicht, je nach der Reife der Ideen, im Diskussionsstadium auf ein einfacheres Foren-System oder im Entscheidungsstadium auf ein Wiki-System zuzugreifen. Ideen können somit direkt nach der Artikulation in den Innovationsprozess eingehen und diesen durchlaufen. Somit werden durch KOMPASS wesentlich mehr Innovationen auf den Weg gebracht.

Bei der bedeutenden Aufgabe der Wissenstransformation besteht die Komplexität darin, die Rolle der Sprache als Kommunikationsinstrument in Zusammenhang mit der sozialen Interaktion und der organisationalen Wissensbasis zu setzen. In Verbindung mit dem reinen Wissenstransfer können Wissensspiralen entstehen, die organisationales Lernen ermöglichen und fördern. Dabei werden die Phasen der Inter- und Externalisierung jedoch nicht durch die Informationstechnologie realisiert, sondern ausschließlich durch das „social capital" im Verlauf des strukturierten Wissensprozesses.[41]

Das interaktive und selbstpflegende Mitgliederverzeichnis und die Möglichkeit zur Erstellung von Gruppen zwecks internen Austauschs über Abläufe sowie zur Meinungsbildung und zum Feedback (Externalisierung) unterstreichen den ganzheitlichen Ansatz von KOMPASS im Bereich des Wissensmanagements. Die somit jederzeit mögliche Kommunikation innerhalb des Unternehmens zwischen allen Ebenen wirkt sich direkt auf den Mitarbeiter im sozialen Unternehmensgefüge aus und verinnerlicht gerade neuen Nutzern von Anfang an die Vorteile und die Wertigkeit der grundlegenden Unternehmensphilosophie (Internalisierung).

Durch den hohen Freiheitsgrad bei der Erstellung der Gruppen durch die Mitglieder selbst, wird folglich neben einer fachlichen auch die soziale Komponente eines Wissensmanagements deutlich, die die Entwicklung jedes Einzelnen zum einen und die Bindung dessen zum anderen (Sozialisati-

[41] Vgl. Jänig (2004), S. 264.

on) fördert. Gleichzeitig wird auch das Vertrauen der Nutzer in ein nach innen offenes Wissensmanagement gestärkt.

Zur Umsetzung der Wissensmanagementplattform KOMPASS bei der Schenker Deutschland AG wurde neben der Strategie zur Einbindung der Geschäfts- und Unterstützungsprozesse sowie der Festlegung von K.O.-Kriterien für die softwaretechnischen Anforderungen, die Positionierung des Wissensmanagements im Unternehmen genauestens geplant. Als unabdingbare Voraussetzung für die erfolgreiche Umsetzung wurde für KOMPASS von Anfang an durch die Unterstützung aller Managementebenen die hohe Bedeutung des Wissensmanagements für die Unternehmensprozesse geklärt und das System in allen Unternehmensbereichen verankert. Um von der Erfahrung der anderen zu profitieren, wird als Gegenleistung die Bereitstellung des eigenen Wissens auf freiwilliger Basis verstanden.

Die beiden zentralen K.O.-Kriterien bei der Auswahl möglicher Open-Source- oder proprietärer Softwaresysteme war zum einen das Vorhandensein von Social-Software-Modulen im Core (Kern) der Applikation oder in initial verfügbaren Erweiterungen. Zum anderen bedarf die hohe End-Anwenderzahl, mit über zehntausend Nutzern, und deren aktiver Beteiligung an der Inhaltserstellung und -weiterentwicklung neben einer hochwertigen technischen Infrastruktur eines einfach zu bedienenden Systems für den Nutzer selbst. Weitere K.O.-Kriterien stellten Rechtslage, Installation sowie Folgekosten und Support dar. Nach dem Auswahlprozess wurde als Content-Management-System das Open-Source-Framework Drupal identifiziert, da es nicht an den K.O.-Kriterien scheiterte sowie auf der Kosten- und Rechtsseite durch die freie Verfügbarkeit der Lizenzen deutlich vor einem proprietärem System zu bevorzugen war.

Zur Erleichterung im Umgang mit KOMPASS und zur Steigerung der Motivation wurde neben einer einfachen Bedienung der Plattform, vergleichbar zu einer echten Desktop-Anwendung, mittels Web 2.0 Technik, auch Identifizierungs- und Wiedererkennungsmerkmale in Form von Maskottchen entwickelt. Anfang März 2009 konnte KOMPASS erfolgreich vom Pilot- in den Echtbetrieb wechseln und innerhalb kürzester Zeit bereits mehr als fünfzehn Prozent aller Mitarbeiter für sich begeistern. Um dem raschen Wachstum der Information eine Grundordnung zu geben sorgt ein eigens eingesetztes Chefredaktionsteam für die Pflege des System und der Inhalte und steht den Nutzern bei Fragen zur Seite.

6 Schlussbemerkung

Die Bedeutung von Wissensintegration zur Optimierung von Logistik-Wertschöpfungsnetzen ist unbestritten. Empirische Umfragen zeigen jedoch eine deutliche Diskrepanz zwischen Bedeutung und Anwendungsgrad. Zentrales Problemfeld ist oft die fehlende Wissensintegration in das Tagesgeschäft. So mag es kaum überraschen, dass viele Wissensmanagementprojekte „technisch" als erfolgreich abgeschlossen gelten, Anwender aber wenig von den neuen Möglichkeiten Gebrauch machen.[42] Die vorgestellten Konzepte sollen dem bewusst entgegentreten.

[42] Vgl. Scholl/ Hattendorf (2002), S. 17.

Der stark nutzerorientierte, modulare Aufbau der WIS-LOG-Architektur des Fachgebiets TM&M und deren Einbindung in Systeme, mit denen das Tagesgeschäft abgewickelt wird, sind wesentliche Vorteile dieses Ansatzes. Die Erfahrungen mit dem analog strukturierten Wissensmanagement-Werkzeug „WIS“ für die Instandhaltung industrieller Großanlagen mit mehr als 1000 Installationen bei Nutzern im In- und Ausland sprechen für ein Leistungspotential, das mit anderen Software-Lösungen für ein unternehmensübergreifendes Wissensmanagement bisher nicht erreicht wurde. Bevor es zu einer Realisierung von Ideen zur Wissensintegration in Anlehnung an die WIS-LOG-Architektur kommen kann, gilt es, Kosten und Nutzen der Einbindung von Teilen eines solchen Systems in das Tagesgeschäft abzuschätzen.

Die Wissensmanagementplattform KOMPASS der DB Schenker Deutschland AG zeigt, dass ausgereifte Konzepte, die sowohl den notwendigen Wissenstransfer als auch die Wissenstransformation vereinen, auf hohe Akzeptanz stoßen. Nach Wechsel vom Pilot- in den Echtzeitbetrieb Anfang März 2009 konnte KOMPASS innerhalb kürzester Zeit bereits mehr als fünfzehn Prozent aller Mitarbeiter für sich begeistern und einen wesentlichen Beitrag zur Wissensintegration bei Schenker leisten.

Literaturverzeichnis

Amelingmeyer, J. (2002): Wissensmanagement: Analyse und Gestaltung der Wissensbasis von Unternehmen; 3. Aufl., Wiesbaden 2004.

Amelingmeyer, J. / Specht, G. (2000): Wissensorientierte Kooperationskompetenz; in: Hammann, P. / Freiling, J. (Hrsg.), Die Ressourcen- und Kompetenzperspektive des Strategischen Managements, Wiesbaden 2000, S. 313-335.

Arndt, H. (2004): Supply Chain Management – Optimierung logistischer Prozesse, Wiesbaden 2004.

Gaitanides, M. / Wicher, H. (1986): Strategien und Strukturen innovationsfähiger Organisationen; in: Zeitschrift für Betriebswirtschaft, 56(1986)4/5, S. 385-403.

Göpfert, I. (2004): Supply Chain Management, in: Bundesverband Materialwirtschaft, Einkauf und Logistik e.V. (Hrsg.): Best Practice in Einkauf und Logistik, Wiesbaden 2004, S. 203-208.

Goldhammer, D. / Stepanow, B. (2009): Innovation = ∑MA x Web2.02 – KOMPASS, die Wissensmanagementplattform der Schenker Deutschland AG, ohne Seitenangabe.

Hinterhuber, H. H. (2004): Strategische Unternehmensführung, II. Strategische Handeln, 7. Aufl., Berlin, New York, 2004, S. 122-123.

Jänig, C. (2004): Wissensmanagement – Die Antwort auf Herausforderungen der Globalisierung,Berlin 2004

Mellewirgt, Th. / Decker, C. (2009): Wissensmanagement (Sammelrezension), in: DBW, 69. Jg. 2009, Heft 5, S. 613-631.

Mertins, K. / Seide, H. (2009): Wissensmanagement im Mittelstand: Grundlagen – Lösungen - Praxisbeispiele, Berlin 2009.

Müller, M. (2009): Der weite Weg der Waren, in: Zukunft Mittelstand, Verlagsbeilage Frankfurter Allgemeine Zeitung, 09. Oktober 2009, Nr. 234, S. B14.

Nenninger, M. / Hilleg, T. (2000): eSupply Chain Management, in: Lawrenz, O./Hildebrand, K./Nenninger, M. (Hrsg.): Supply Chain Management, Braunschweig, Wiesbaden 2000, S. 1-14.

Oberniedermaier, G. (2000): Vertriebslogistik mit SAP® R/3®. Konzeption und Implementierung des R/3 Moduls SD, München 2000.

Oelsnitz, D. von der / Hahmann, M. (2003): Wissensmanagement, Stuttgart 2003.

Pfohl, H.-Chr. (Logistikmanagement 2004): Logistikmanagement, 2. Aufl., Berlin, Heidelberg, New York 2004.

Pfohl, H.-Chr. (Logistiksysteme 2004): Logistiksysteme, 7. Aufl., Berlin, Heidelberg 2004.

Rosenkranz, L. (2009): IT- gestütztes Logistikzentrum für Know-How – „Denn Sie wissen, was Sie tun", in: INSIDE, Infomagazin Schenker, S. 34

Schmitz, B. (2002): E-Supply Chain Management, in: Wannenwetsch, H. (Hrsg.): E-Logistik und E-Business, Stuttgart 2002, S. 177-20

Scholl, W. / Hattendorf, M. (2002): Wissensmanagement und Supply Chain Management, Symposium Publishing, ohne Ort 2002.

Specht, G. / Fritz, W. (2005): Distributionsmanagement, 4. Aufl., Stuttgart 2005.

Stadtler, H. (2000): Basics of Supply Chain Management, in: Stadtler, H. / Killger, C. (Eds.): Supply Chain Management and Advanced Planning – Concepts, Models, Software and Case Studies, Berlin u. a., S. 7-27.

Stahlknecht, P./Hasenkamp, U. (2005): Einführung in die Wirtschaftsinformatik, 11. Aufl., Berlin u. a. 2005.

Wannenwetsch, H. H. (2002): eSupply-Chain-Management: Grundlagen Strategien, Praxisanwendungen, Wiesbaden 2002.

Weinrauch, M. (2005): Wissensmanagement im technischen Service, Praxisorientierter Gestaltungsrahmen am Beispiel industrieller Großanlagen, Wiesbaden 2005.

Weinrauch, M./Blume, K.-P. / Specht, G. (Hrsg.) (2004): Wissensintegration in der Instandhaltung, Köln 2004.

Horst Geschka[*] / Heiko Hahnenwald[**] / Martina Schwarz-Geschka[***]

Szenarien als Grundlage für Unternehmens- und Innovationsstrategien

* Prof. Dr. Horst Geschka ist Geschäftsführer der Geschka & Partner Unternehmensberatung. Er hat die Grundlagen der Szenariotechnik 1975 mit Mitarbeitern des Battelle-Instituts Frankfurt entwickelt. 1983 gründete er die Geschka & Partner Unternehmensberatung und war bis 2008 Honorarprofessor an der TU Darmstadt. Neben Szenarioprojekten übernimmt er Moderationsaufgaben für Innovationssuche und Problemlösungen. Er vertritt an mehreren Hochschulen in der Schweiz und in Deutschland das Fach Innovationsmanagement in der MBA-Ausbildung.

** Heiko Hahnenwald ist Consultant bei der Geschka & Partner Unternehmensberatung und Spezialist für Szenariotechnik und szenariobasiertes Roadmapping. Zu seinen Arbeitsgebieten zählt die Erstellung von Szenario- und Roadmapstudien zur Strategieentwicklung von Unternehmen unterschiedlicher Branchen sowie die Weiterentwicklung der Methoden und der Szenariosoftware INKA.

*** Dipl.-Kffr. Martina Schwarz-Geschka ist seit 1991 bei der Geschka & Partner Unternehmensberatung tätig und seit 1998 Partner. Sie ist verantwortlich für das Gebiet Szenarien und Zukunftsanalysen. Durch die Leitung und Erarbeitung einer Reihe von Szenariostudien, z. B. IT-Technologien, Kfz-Markt und Mobilität, hat sie umfassende Kompetenz in der Anwendung der Szenariotechnik aufbauen können. Sie ist maßgeblich an der Entwicklung der Szenariosoftware INKA beteiligt.

1 Szenarien als Grundlage für Unternehmens- und Innovationsstrategien

1.1 Innovationsmanagement in der Logistikbranche

Innovationen bilden heute mehr denn je die Basis für einen nachhaltigen Unternehmenserfolg. Sie sind wichtige Bestandteile für Unternehmenswachstum und für die Aufrechterhaltung der Wettbewerbsfähigkeit. Viele Unternehmen haben dies in den letzten Jahren erkannt; sie haben ihre Innovationsaktivitäten deutlich erhöht und ein systematisches strukturiertes Innovationsmanagement implementiert.

Die Logistikbranche hat das Thema Innovationen bisher allerdings eher vernachlässigt. Die Branche boomte in der Vergangenheit und man ging davon aus, dass dieses Wachstum sich weiter fortsetzt. Gleichzeitig ist die Logistikbranche geprägt durch einen zunehmenden Verdrängungswettbewerb und damit verbunden sinkenden Preisen sowie steigenden Kosten (z. B. Maut, Kraftstoffkosten), was letztlich zu sinkende Margen der Logistikdienstleister führt. Deren Primärangebot bietet oft kaum noch Differenzierungspotenzial im Wettbewerb und muss verstärkt durch begleitende Dienstleistungen ergänzt werden. Vor diesem Hintergrund ist es für Logistikdienstleister immer unerlässlicher, sich durch kontinuierliche Innovationen von Wettbewerbern abzusetzen, um Marktanteile zu erhalten bzw. weiter auszubauen. Innovationen im Logistiksektor sind vor allem Dienstleistungs- und Prozessinnovationen. In der Vergangenheit konzentrierte man sich jedoch in der Logistikbranche in erster Linie auf die Optimierung bestehender Prozesse und Dienstleistungen; die Entwicklung neuer Dienstleistungen spielte eine eher untergeordnete Rolle.[1,2]

In der Logistikbranche werden i. d. R. Dienstleistungen angeboten. Diese weisen gegenüber klassischen Produktinnovationen einige Besonderheiten, insb. Immaterialität, hohe Kundenintegration, Simultanität von Produktion und Absatz, auf. Daher unterscheiden sich klassische Phasenmodelle für Innovationsprozesse von Sachgütern auch von Phasenmodellen für Dienstleistungsinnovationen.[3] Ein wesentlicher Unterschied ist die tendenziell stärkere Integration von Kunden in allen Phasen des Entwicklungsprozesses. Weitere Unterschiede zeigen sich vor allem in den späteren Phasen, die bei Dienstleistungen weniger materielle Entwicklungsschritte (z. B. technische Entwicklungen, Prototypenbau, Fertigungsplanung, etc.) beinhalten, sondern die Entwicklung von Konzepten sowie vor allem mehrere Testphasen. Dagegen unterscheiden sich die Entwicklungsschritte bei Dienstleistungsinnovationen in den frühen Phasen des Innovationsprozesses (insbeson-

---

1 Göpfert, I.; Hornbostel, B.: Innovationsmanagement bei Logistikdienstleistern – Theoretische Implikationen und praktische Erkenntnisse. In: Göpfert, I. (Hrsg.): Logistik der Zukunft – Logistics for the Future, 5. Auflage, Wiesbaden 2009, S. 167 – 194.

2 Pfohl, H.-C.: Innovationsmanagement in der Logistik. In Harland, P. E.; Schwarz-Geschka, M. (Hrsg.): Immer eine Idee voraus – Wie innovative Unternehmen Kreativität systematisch nutzen, Lichtenberg (Odw.) 2010. S. 105 – 118.

3 Göpfert, I.; Hornbostel, B.: Innovationsmanagement bei Logistikdienstleistern – Theoretische Implikationen und praktische Erkenntnisse. In: Göpfert, I. (Hrsg.): Logistik der Zukunft – Logistics for the Future, 5. Auflage, Wiesbaden 2009, S. 167 – 194.

dere Strategiefindung, Ideenfindung und Auswahl) nur wenig von den frühen Prozessschritten bei Sachgütern. Da jedoch gerade die frühen Phasen wesentlich den Erfolg von Innovationen bestimmen, haben diese auch für Dienstleistungsinnovationen eine zentrale Bedeutung.

1.2 Zukunftsinformationen für die Innovationsausrichtung mit Hilfe von Szenarien

Der Innovationsprozess für Dienstleistungsinnovationen lässt sich in neun Phasen gliedern (vgl. Abbildung 1). Diese unterscheiden sich im Wesentlichen erst ab Phase fünf von Innovationen bei Sachgütern. Die ersten vier Phasen weisen für beide Innovationsarten keine grundsätzlichen Unterschiede auf; dies gilt insbesondere für die Phase „Strategische Orientierung". Daher können die methodischen Instrumente, die sich in dieser Phase bewährt haben (z. B. SWOT-Analyse, Suchfeldmatrix, Szenariotechnik, Technologie-Früherkennung) auch für Dienstleistungsinnovationen eingesetzt werden. Gerade für den Logistiksektor, der zunehmend geprägt ist durch Preis- und Kostendruck und somit durch einen hohen Verdrängungswettbewerb, sind nachhaltige Innovationsstrategien von hoher Bedeutung.

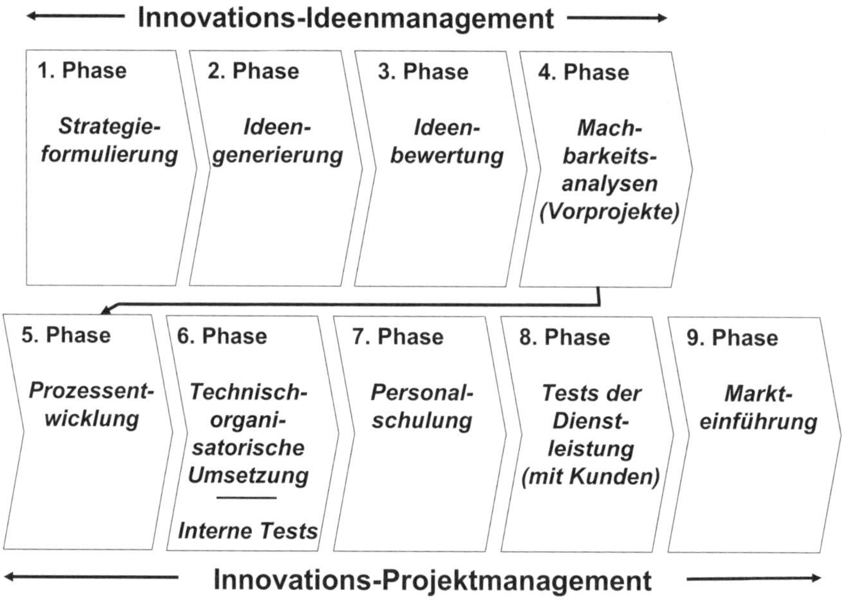

Abbildung 1: Modell für den Innovationsprozess von Dienstleistungen

Für die Festlegung von Unternehmens- und Innovationsstrategien hat sich die Szenariotechnik als besonders geeignet erwiesen. Szenarien sind jedoch auch für die Gewinnung und Bewertung von Innovationsideen (vgl. 2. und 3. Phase in Abbildung 1) eine hilfreiche Grundlage.

Um eine Innovationsstrategie aufzustellen, sollten Informationen über zukünftige Entwicklungen ausgewertet werden: Welche Problemfelder werden auftreten oder an Bedeutung gewinnen? Mit welchem politischen Maßnahmen oder Gesetzen ist zu rechnen? Werden sich Kunden bzw. Konsumenten in Zukunft anders verhalten als heute? Welche Technologien stehen zur Verfügung? Zeichnen sich neue Organisationskonzepte für den Vertrieb und die Logistik von Gütern ab? Könnte es Engpässe in der Versorgung von Rohstoffen oder Komponenten geben?

Auf der Grundlage dieser Informationen kann ein Unternehmen Leitsätze für die eigenen Innovationsaktivitäten aufstellen. Die erforderlichen Informationen sollen weit in die Zukunft reichen; sie sind überwiegend qualitativer Art. Einzelne quantitative Prognosen reichen nicht aus, da sie keine ausreichenden Vorstellungen der zukünftigen Rahmenbedingungen und Anforderungen erzeugen.

Natürlich kann Zukunft nicht exakt vorausgesagt werden. Mit Hilfe der Szenariotechnik werden jedoch fundiert begründete, in sich stimmige Zukunftssituationen beschrieben, die hohe Plausibilität und eine relativ hohe Wahrscheinlichkeit aufweisen. Sie zeigen Tendenzen auf, aus denen Strategien, insbesondere Innovationsstrategien, abgeleitet werden können.

Die Szenariotechnik hat sich für Zwecke des Innovationsmanagements deshalb bewährt, weil sie - z. T. im Gegensatz zu anderen Zukunftsforschungsmethoden - folgende Charakteristika aufweist:

- Sie fixiert nicht auf einen festen Zustand, sondern lässt Alternativen zu.
- Sie kann qualitative Informationen ebenso verarbeiten wie quantitative Daten.
- Sie berücksichtigt Wirkungsvernetzungen von Einflussfaktoren.
- Sie kann auch mit Trendbrüchen und Extrementwicklungen umgehen.
- Sie ist im Aufwand weitgehend skalierbar.

2 Zum Verständnis von Szenarien

„Szenarien werden systematisch aus der gegenwärtigen Situation heraus entwickelt; es sind nachvollziehbare und begründete Zukunftsbilder. Unter einem Szenario versteht man sowohl die Beschreibung einer möglichen Situation als auch das Aufzeigen des Pfades, der zu dieser zukünftigen Situation hinführt. Es ist nicht nur ein plausibler Weg in die Zukunft vorstellbar, sondern mehrere Wege sind möglich. Alternative Pfade in die Zukunft und somit alternative Zukunftsbilder sind zu betrachten.“[4]

Das Denkmodell der Abbildung 2 verdeutlicht, was unter Szenarien zu verstehen ist: Die Gegenwart ist durch bestehende Bauten, Infrastruktureinrichtungen, Normen, Gesetze, Grenzen, Kenntnisse und Verhaltensmuster geprägt, die sich kurzfristig nicht ändern. Die Entwicklung der nahen Zukunft (zwei bis drei Jahre) ist durch diese Strukturen der Gegenwart weitgehend geprägt. Versucht man aus dem Heute heraus die fernere Zukunft auszuleuchten, dann nimmt der Einfluss der Gegenwartsstrukturen ab und das Möglichkeitsspektrum öffnet sich wie ein Trichter zur ferneren Zukunft hin. Dieser Trichter weitet sich exponentiell, je weiter man in die Zukunft blickt; in der ganz fernen Zukunft ist nahezu alles möglich.

---

[4] Geschka, H.; Hammer, R.: Die Szenario-Technik in der strategischen Unternehmensplanung. In: Hahn, D.; Taylor, B. (Hrsg.): Strategische Unternehmensplanung, Würzburg – Wien 1983, S. 224 – 249.

Die verschiedenen Zukunftsbilder zu einem Zeitpunkt befinden sich auf der Schnittfläche durch den Trichter (Möglichkeitsraum der Zukunft). Ein Entwicklungspfad (gestrichelte Linie), der durch die wirksamen Einflussfaktoren bestimmt wird, führt zu einem bestimmten Zukunftsbild (Szenario) hin.

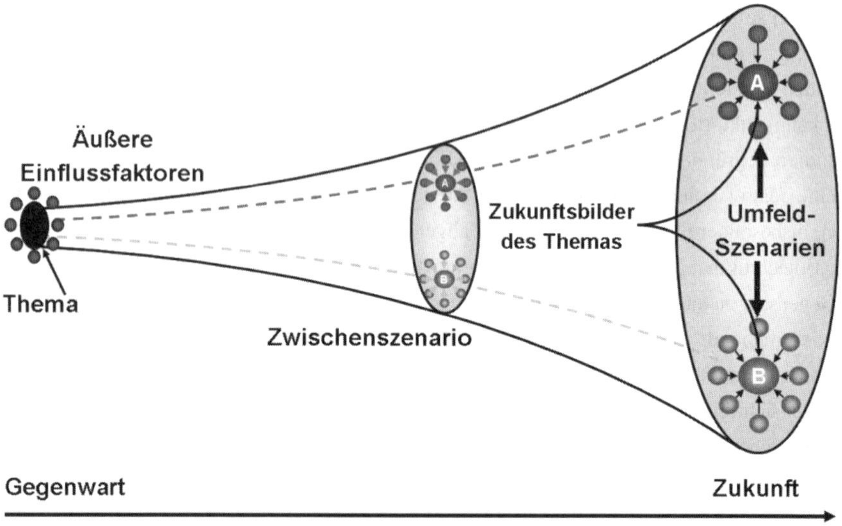

Abbildung 2: Ein Denkmodell für Szenarien

Da für die Einflussfaktoren teilweise unterschiedliche, alternative Projektionen aufzustellen sind, lassen sich unterschiedliche Zukunftsbilder (mögliche Zukünfte) bilden. Das Denkmodell für zukünftige Entwicklungen (Abbildung 2) verdeutlicht dies ebenfalls. Es hat sich allerdings gezeigt, dass es wenig Sinn macht, mehr als zwei oder drei Szenarien zu entwickeln. Die Szenarien sollen deutlich unterschiedliche Entwicklungen beschreiben.

2.1 Die Philosophie der Szenariotechnik

Die Szenariotechnik geht davon aus, dass das Thema der Zukunftsanalyse wesentlich durch Einflüsse von außen (exogene Einflussfaktoren) geprägt wird[5] (vgl. Abbildung 3). Will man die Zukunftssituation eines Themas erkennen, so muss man Prognosen der exogenen Einflussfaktoren erstellen. Daraus leitet sich dann die zukünftige Situation des Themas ab.

[5] Es gibt wenige Themen, deren Entwicklung nicht exogen bestimmt wird; die sich also endogen – aus sich selbst heraus - entwickeln. Dies sind Felder früher Grundlagenforschung sowie stark emotional geprägte Themen (z. B. religiöse Strömungen, Mode).

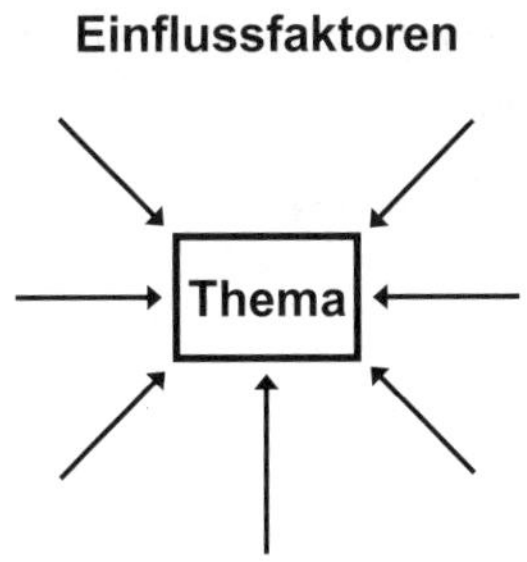

Abbildung 3: Exogene Einflussfaktoren bestimmen die Entwicklung eines Themas

Bei der Erstellung von Prognosen für die einzelnen Einflussfaktoren wird man erkennen, dass in vielen Fällen mehrere Entwicklungsverläufe denkbar und plausibel begründbar sind; sie sind gesondert zu betrachten (vgl. Abbildung 4).

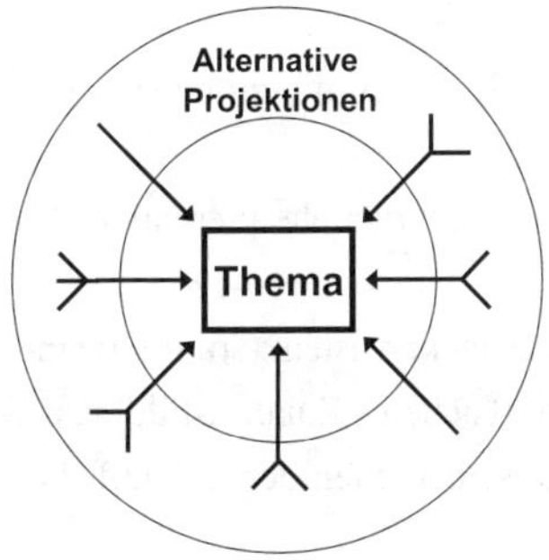

Abbildung 4: Begründete alternative Entwicklungen sind denkbar

Liegen für viele Einflussfaktoren alternative Projektionen vor, so können die verschiedenen Projektionen nicht mehr beliebig zu einem Zukunftsbild zusammengefügt werden. Vielmehr sind die Projektionen so zu kombinieren, dass ein in sich stimmiges (konsistentes) Bild entsteht (vgl. Abbildung 5).

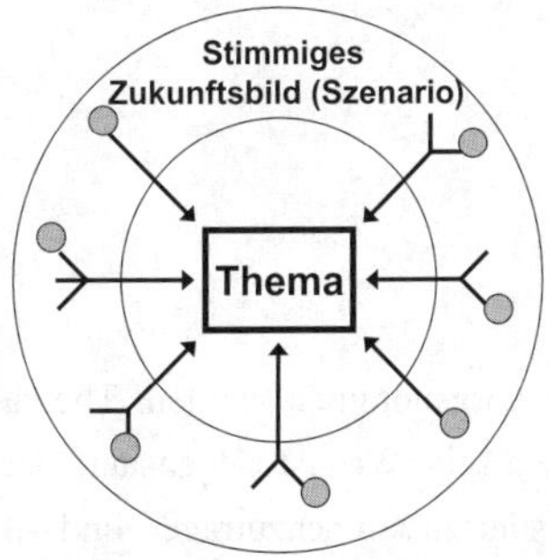

Abbildung 5: Alternative Projektionen sind zu einem stimmigen Zukunftsbild zu bündeln

Aus dem so entwickelten Umfeldszenario ist das Zukunftsbild des Themas bzw. sind die Konsequenzen und Auswirkungen auf das Thema abzuleiten (vgl. Abbildung 6).

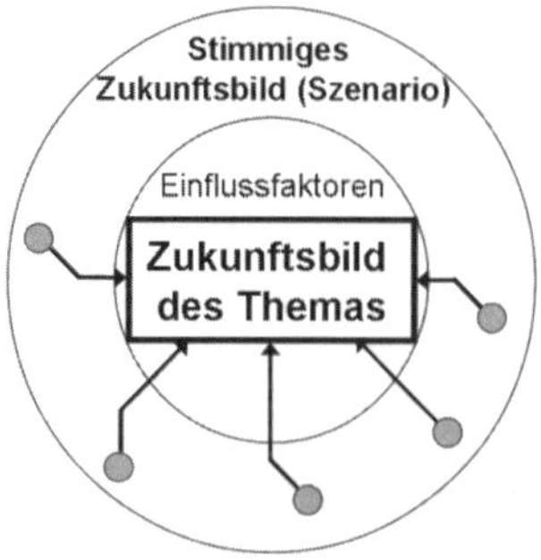

Abbildung 6: Die Zukunft des Themas leitet sich aus den Umfeldentwicklungen ab

Für die Szenariotechnik gelten folgende Grundsätze:
- Ausgangspunkt ist eine gründliche Analyse der gegenwärtigen Situation, die zu einem guten Verständnis der Wirkungszusammenhänge führt.
- Für Einflussfaktoren mit unsicherer Zukunftsentwicklung werden begründete alternative Projektionen getroffen.
- Es werden mehrere alternative Zukunftsbilder entwickelt, die in sich konsistent (stimmig) sind.

Auch die Szenariotechnik kann nicht den Anspruch erheben, ein treffsicheres Zukunftsbild auszuweisen. Sie ist jedoch ein Instrument für das Umgehen mit den Unsicherheiten der Zukunft. Folgende Analogie soll dies verdeutlichen:
„Wer mit einem Segelschiff aufbricht, um den Atlantik zu überqueren, wird auch bei optimalen Wetterbedingungen verschiedene Vorkehrungen treffen, um gegen Unwetter und unberechenbare Winde gewappnet zu sein. Man weiß, dass es auf hoher See zu Stürmen, eisigem Regen und hohem Wellengang kommen kann. Wann, wo und mit welcher Wucht diese Gefahren auftreten, ist ungewiss. Der erfahrene Segler stellt sich aber darauf ein. Er nimmt geeignete Kleidung mit, überprüft die Ausrüstung an Bord auf Sturmfestigkeit und legt eine Route fest, die seinen Fähigkeiten und den Möglichkeiten seines Bootes gerecht wird."

2.2 Die Schritte der Szenariotechnik

Die Szenariotechnik geht in acht Schritten vor (vgl. Abbildung 7).

1. Schritt: Definieren und Strukturieren des Themas
Als Erstes muss eine möglichst exakte Abgrenzung des Themas vorgenommen werden. Thema kann ein Geschäftsbereich, eine Technologie oder ein Marktsegment sein. Was ist Gegenstand der Analyse und was nicht? Hintergrundinformationen zum Thema sind zusammenzutragen und zu

analysieren; Strukturmerkmale und Probleme sind zu identifizieren. Hierfür haben sich tabellarische Darstellungen, Ablauf-Diagramme, Baumdarstellungen, Prozess-Schemata u. ä. bewährt.

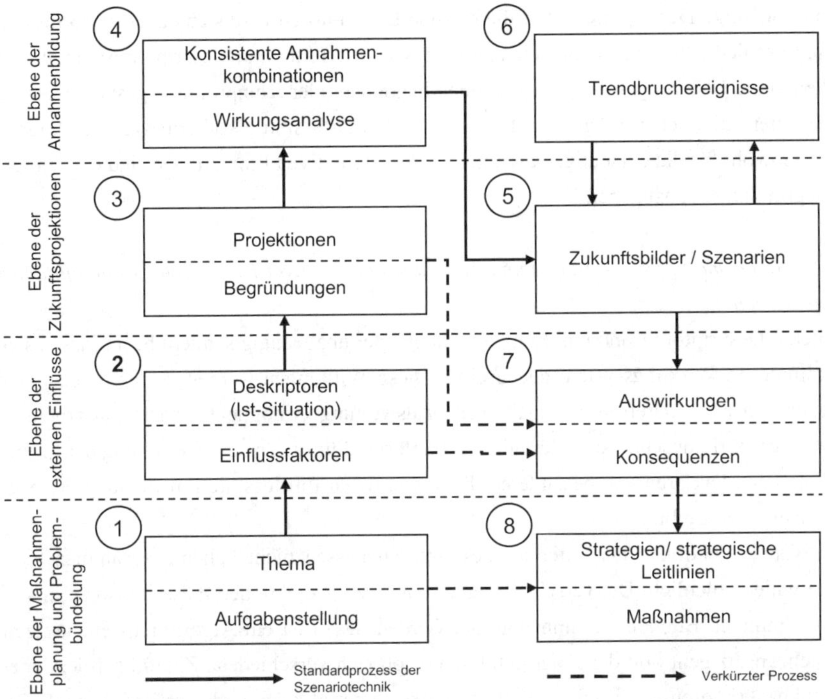

Abbildung 7: Die Schritte der Szenariotechnik

2. Schritt: Identifizieren und Strukturieren der wichtigsten Einflussfaktoren und Einflussbereiche

Zunächst werden exogene Einflussfaktoren auf das Thema gesammelt. In der Regel kommen viele Einflussfaktoren zusammen. Sie werden sortiert, bewertet und zu Einflussbereichen zusammengefasst.

3. Schritt: Formulieren von Deskriptoren und Aufstellen von Projektionen

Für die wichtigsten Einflussfaktoren werden Deskriptoren formuliert. (Deskriptoren sind qualitativ beschreibende oder quantitativ kennzeichnende Kenngrößen der Einflussfaktoren.) Die Deskriptoren sollen alle als wichtig erkannten Einflüsse abdecken. Die Zahl der Deskriptoren liegt meistens zwischen 20 und 50. Durch die Deskriptoren können quantifizierbare Entwicklungen erfasst werden. Der größte Teil der Einflussfaktoren ist jedoch von qualitativer Art; auch dafür müssen Deskriptoren aufgestellt werden. Die Ausprägungen dieser Deskriptoren sind entweder Indexwerte (z. B. 2010 = 100; 2020 = 120) oder beschreibenden Aussagen (z. B.: „Den Anwendern ist funktionale Qualität sehr wichtig.“).

Für alle Deskriptoren ist zunächst der Ist-Zustand zu kennzeichnen. Darauf aufbauend werden Projektionen für das Szenario-Zieljahr aufgestellt. Dabei ist auf bekannte Prognosen und auf Expertenwissen zurückzugreifen. Für manche Deskriptoren werden sich klare, eindeutige Trends abzeichnen (eindeutige Deskriptoren). Für die meisten Deskriptoren wird sich dagegen herausstellen, dass unterschiedliche Entwicklungen eintreten könnten (Alternativdeskriptoren). In diesen Fällen sollten keine Überzeugungsargumentationen begonnen oder Kompromisse gesucht werden, sondern die unterschiedlichen möglichen Entwicklungsverläufe sind als alternative Projektionen festzuhalten. Sowohl für die eindeutigen als auch für die alternativen Projektionen sind einsichtige, fundierte Begründungen anzugeben.

4. Schritt: Wirkungsanalyse sowie Bilden und Auswählen alternativer konsistenter Kombinationen für die Projektionen

Die erarbeiteten Deskriptoren sind i. d. R. nicht voneinander unabhängig sondern beeinflussen sich in einem komplexen Wirkungssystem gegenseitig. Diese Wirkungen werden in der sogenannten Wirkungsmatrix erfasst. Deren systemanalytische Auswertung ermöglicht eine Herausarbeitung unterschiedlicher Wirkungscharaktere für alle Deskriptoren. Für die spätere Gestaltung der Szenarien sind diejenigen Faktoren von besonderem Interesse, deren Einfluss die Entwicklung des Systems im Wesentlichen treibt.

Die alternativen Projektionen der Alternativdeskriptoren passen nicht beliebig zusammen; zum Teil sind sie widersprüchlich. Die verschiedenen alternativen Projektionen müssen also zu in sich weitgehend stimmigen Bündeln zusammengefügt werden. Dazu ist ein Algorithmus einzusetzen. Der Konsistenzansatz geht von der Fragestellung aus, ob sich verschiedene Zukunftsprojektionen der Alternativdeskriptoren gegenseitig verstärken bzw. neutral oder widersprüchlich sind. Die Ausprägungen aller Alternativdeskriptoren werden in einer Matrix einander gegenübergestellt und eine Konsistenzabschätzung durchgeführt (Konsistenzmatrix). Die Szenario-Software INKA stellt daraus mehrere konsistente Projektionen-Bündel zusammen. Aus diesen Bündeln werden zwei bis drei Kombinationen nach den Kriterien „hohe Konsistenz“ und „hohe Unterschiedlichkeit“ ausgewählt. Sie bilden das Gerüst für die im nächsten Schritt zu formulierenden Szenarien.

5. Schritt: Entwickeln und Interpretieren der ausgewählten Umfeldszenarien

Zu den ausgewählten Projektionen-Bündeln müssen nun die in Schritt 3 erarbeiteten Projektionen der eindeutigen Deskriptoren, die nicht am Bündelungsprozess beteiligt waren, hinzugefügt werden.

Um auch den Verlauf von der Gegenwart zur Zukunftssituation aufzuzeigen, werden Zwischenszenarien erstellt. Jetzt geht man von der Gegenwart aus und entwickelt die Szenariostruktur – immer im Blick auf das Szenario des Zieljahres – in Zeitschritten von vier bis sechs Jahren bis hin zum Zielzeitpunkt. Zu jedem Zwischenzeitpunkt wird ein inhaltlicher Abgleich aller Szenarioausprägungen vorgenommen und im neuen Zeitabschnitt werden Reaktionen auf Entwicklungen in der vorangehenden Periode verfolgt. So entsteht ein vernetzter Entwicklungsablauf von der Gegenwart bis zum Szenario-Zieljahr.

Die eigentlichen Szenarien können entweder durch einen Satz prägnant formulierter und illustrierter Thesen beschrieben werden oder man arbeitet einen ausformulierten Text aus. In diesem Fall wird eine anschauliche, spannende „Story“ geschrieben, die in der Regel vier bis sechs Seiten umfasst. Außerdem kann man die Zukunftsbilder durch Illustrationen, Video-Sketche, Lebensdarstellungen, Interviews o. ä. veranschaulichen.

6. Schritt: Einführen und Analysieren signifikanter Trendbruchereignisse

Trendbruchereignisse beschreiben zum einen unerwartete, vorher nicht trendmäßig erkennbare einmalige Ereignisse und zum anderen extreme Entwicklungen von Deskriptoren, die sich nicht im Rahmen des zu erwartenden Trendkorridors bewegen. Das Eintreten eines solchen Ereignisses bzw. einer derartigen Entwicklung lenkt die in einem Szenario beschriebenen Verläufe in eine andere Richtung. Trendbruchereignisse müssen nicht nur Katastrophen wie Erdbeben, Reaktorexplosionen, terroristische Anschläge oder neue Seuchen sein, sondern es kann sich auch um positive Ereignisse wie politische Aussöhnungen oder technologische Durchbrüche handeln.

Trendbruchereignisse werden während des gesamten Szenario-Erstellungsprozesses gesammelt; insbesondere werden Projektionen, die wegen geringer Wahrscheinlichkeit unberücksichtigt bleiben, als Trendbruchentwicklungen festgehalten. Außerdem werden Kreativitätstechniken, insbesondere Brainwriting-Verfahren, zur Ermittlung von Trendbruchereignissen angewandt.

In einer anschließenden Bewertung wird ermittelt, welche Ereignisse die Szenarien am stärksten beeinflussen und gleichzeitig eine relativ hohe Eintrittswahrscheinlichkeit aufweisen. Die so ausgewählten wirkungsintensiven Trendbruchereignisse werden ausführlicher ausgearbeitet und dann in die Szenarien eingeführt; ihre Auswirkungen werden verfolgt. So entstehen Varianten der Umfeldszenarien.

7. Schritt: Ausarbeiten der Themen-Szenarien bzw. Ableiten von Konsequenzen für die Aufgabenstellung

Für Schritt 7 gibt es zwei Vorgehensweisen: Bei Aufgaben allgemeinerer Charakters (z. B. Erstellen eines Unternehmensleitbildes) ist es zweckmäßig, die Szenarien auch für das Thema auszuarbeiten. Wenn eine konkrete strategische Fragestellung vorliegt (z. B.: Welche neuen Geschäftsfelder wollen wir aufbauen?) genügt es in der Regel, aus den Umfeldszenarien direkt Konsequenzen und Auswirkungen abzuleiten, die sich in Maßnahmen umsetzen lassen.

8. Schritt: Konzipieren von Maßnahmen und Planungen

Dieser Schritt ist im engeren Sinne nicht mehr Gegenstand der Szenariotechnik. Er ist jedoch im Sinne der Umsetzung der Ergebnisse und Erkenntnisse des Szenarioprozesses, in strategische und operative Maßnahmen von Beginn des Szenarioprozesses an einzuplanen. Für die Aufstellung einer Innovationsstrategie und die Generierung von Innovationsideen wird die Umsetzung in den folgenden Abschnitten ausführlich dargestellt. Wichtig ist, dass die an der Szenario-Erarbeitung beteiligten Personen möglichst direkt im Anschluss an die Szenarioentwicklung für die Umsetzung herangezogen werden. Vieles Angedachte, zwischen den Zeilen der Dokumente Stehende sowie das erlangte hohe Verständnis der Wirkungszusammenhänge kann so genutzt werden. Gruppenarbeit hat sich auch für diesen Schritt bewährt.

Vorgehen zur Auswertung von Szenarien

Die Auswertung von Szenarien, also die Ableitung von Konsequenzen und entsprechenden strategischen Maßnahmen (Schritt 7 bzw. Schritt 8), kann ganzheitlich oder differenziert vorgenommen werden.

Bei der ganzheitlichen (intuitiven) Auswertung wird das Szenario als Ganzes betrachtet und in Form einer „Story" beschrieben oder es wird eine „Thesenliste" mit den wesentlichen Entwicklungen der gebündelten Alternativen erstellt. Aus diesen werden Chancen und Bedrohungen ermittelt und dafür dann eine strategische Orientierung erarbeitet

Bei einer differenzierten (strukturierten) Auswertung werden für das gewählte Szenario die Deskriptoren nacheinander durchgearbeitet und für jede gewählte Zukunftsprojektion Konsequenzen (Chancen, Risiken) und dafür (strategische) Maßnahmen abgeleitet. Daraus entsteht eine Gesamtstrategie.

Sowohl bei der ganzheitlichen als auch bei der differenzierten Betrachtung ist zu beachten, dass die Einschätzungen, ob die zukünftigen Entwicklungen Chancen oder Risiken für das Unternehmen darstellen, sowohl von den betrachteten zukünftigen Entwicklungen als auch von den unternehmensinternen Stärken und Schwächen abhängig sind.

Eine noch weiter formalisierte Form der differenzierten Auswertung ist das Erstellen einer Einflussmatrix. Darin werden die strategischen Aktionsfelder den Deskriptoren bzw. den szenariospezifischen Zukunftsprojektionen gegenübergestellt (vgl. Abbildung 8). Die einzelnen Felder werden systematisch auf Chancen, Risiken und strategische Handlungsoptionen analysiert. Zusätzlich wird in den Matrixfeldern die Einflussstärke der einzelnen Projektionen der Deskriptoren auf die strategischen Variablen erfasst. Diese dienen einerseits der Gewichtung der jeweiligen Chancen und Risiken bzw. der Einschätzung darüber, wie stark die strategischen Handlungsfelder von den externen Einflüssen betroffen sind. Zudem bilden die quantitativen Einschätzungen die Grundlage für ein späteres Strategie-Monitoringsystem.

In der Praxis kommen häufig Mischformen zwischen Einzel- und Gruppenarbeit im Workshop zum Einsatz. Eine bewährte Vorgehensweise besteht darin, zunächst in der Gruppe die strategischen Aktionsfelder festzulegen; daran anschließend werden in Einzelarbeit von Mitgliedern dieser Arbeitsgruppe aus den Szenarien Probleme, Chancen und Anforderungen für das Unternehmen abgeleitet und daraus strategische Stoßrichtungen für die einzelnen Aktionsfelder erarbeitet. In einem letzten Schritt werden diese strategischen Überlegungen gesammelt und in einem Workshop durch die Gruppe strukturiert. Daraus wird dann ein abgestimmtes Bündel strategischer Leitlinien für Innovationen gebildet.

Deskriptoren (bzw. Projektionen) / Strategische Handlungsfelder	Einstellung zur Technik	Einfluss der Regierung	BIP-Wachstum	Bildungsniveau in der Bev.	Ausenhandelsbe-ziehungen		Zeilensumme	Strategische Ansätze
Investitionen	1	2	2	1	0		16	
Personalplanung	0	1	1	3	1		9	
Auslandsmärkte	0	1	2	1	2		12	
Neue Dienstleistungen	0	1	2	1	2		17	
EDV-Strategie	1	0	1	2	1		15	
Spaltensumme	12	11	15	12	9			

Niedrigster Wert: autonom gestaltbar

Höchster Wert: stark von externen Einflüssen geprägt

Wichtigster Einflussfaktor

Abbildung 8: Einflussmatrix als Grundlage für die Strategie- und Maßnahmenentwicklung

Die beschriebenen Szenarioschritte sind ein allgemeines Vorgehensmuster. Abhängig von der Zielsetzung, Komplexität und verfügbaren finanziellen und personellen Ressourcen können in den einzelnen Schritten unterschiedliche Methoden zum Einsatz kommen. Dementsprechend kommt es in der praktischen Anwendung immer wieder vor, dass Schritte zusammengefasst, vertieft oder ausgelassen werden.

2.3 Szenarien als Grundlage für die Strategieentwicklung

Entwicklung und Formulierung von Strategien auf Basis von Szenarien

Im Rahmen des strategischen Planungsprozesses liegt das Einsatzfeld der Szenariotechnik in der strukturierten Analyse des Geschäftsumfeldes zur Bestimmung der Ist-Situation, insbesondere aber zur Beschreibung der möglichen zukünftigen Entwicklungen des Einflussumfelds (siehe Abbildung 9). In der Regel werden Szenariostudien bei konkreten strategischen Anliegen erstellt. Diese betreffen überwiegend die Entwicklung von Strategien (unternehmensübergreifend oder auch für einzelne Funktionsbereiche, z. B. Innovationsstrategie, Marketingstrategie, Logistikstrategie etc.) bzw. als Grundlage für wichtige Unternehmensentscheidungen. Szenarien können jedoch auch verwendet werden, um bestehende Strategien zu überprüfen und um konkrete Impulse für die operative Planung abzuleiten.

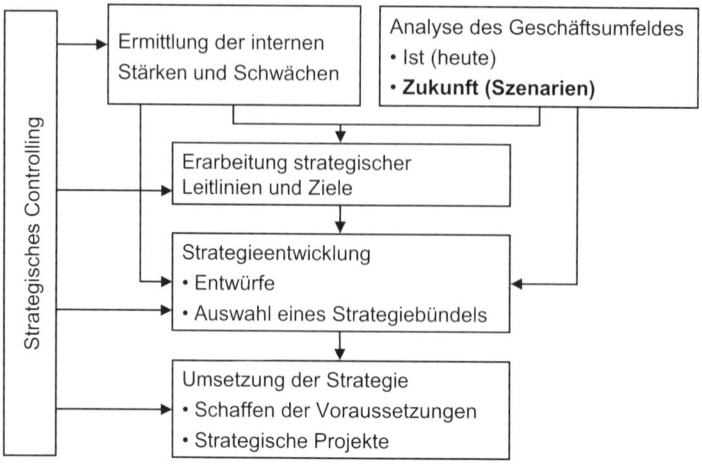

Abbildung 9: Szenariotechnik im Rahmen des strategischen Planungsprozesses

Bei der *Entwicklung von neuen Strategien* auf der Basis von Szenarien können mehrere methodische Ansätze verfolgt werden:[6]

Auf das Wahrscheinliche ausrichten: Das Unternehmen wählt das Szenario aus, dass es für das Wahrscheinlichste hält. Dieses deckt sich häufig mit den impliziten Vorstellungen. Allerdings muss ein mit der Szenariotechnik entwickeltes Szenario die Anforderung eines in sich stimmigen Zukunftsbildes erfüllen. Tendenziell ergibt sich aus einem solchen Ansatz eine eher konservative strategische Ausrichtung.

Chancen nutzen: Das Unternehmen richtet seine Strategie auf das Szenario aus, das langfristig die größten Potenziale und damit attraktivsten Geschäftsideen bzw. Suchfelder für Innovationen liefert.

Risiken vermeiden: Dieses Vorgehen wird von defensiv agierenden Unternehmen gewählt. Ziel ist das Verringern oder Abwenden von Risiken, die sich für das Unternehmen auftun und damit das Vermeiden von Verlusten für das Unternehmen. Innovationen dienen in diesem Fall weniger der „Eroberung" neuer Märkte und Kunden, sondern vielmehr der Existenzsicherung des Unternehmens.

Auf Wünschenswertes hinarbeiten: Hierbei versucht das Unternehmen durch die gewählte Strategie das wünschenswerte Szenario zu erreichen. Diese Option kann von einem Unternehmen nur dann gewählt werden, wenn es die Entwicklung der einflussstärksten Umfeldfaktoren maßgeblich mitbestimmen und somit dieses Szenario herbeiführen kann.

Flexibilität sichern: Bei diesem Ansatz wird eine Strategie gewählt, die möglichst flexibel bleibt, bis bestimmte Entwicklungen deutlicher zu erkennen sind. Entscheidungen werden bis zu diesem Zeitpunkt hinausgeschoben.

---

[6] Schwarz-Geschka, M.; General, S.: In die Zukunft führen mit Hilfe von Szenarien. In: Becker, L., Ehrhardt; J., Gora, W. (Hrsg.): Führungspraxis und Führungskultur. Düsseldorf 2007, S. 169 – 190.

In der Regel entscheidet man sich für ein Szenario, auf dessen Basis dann eine zielgerichtete Strategie entwickelt wird. Dieser Ansatz verfolgt daher das Ziel, dass die gewählte Strategie möglichst robust gegenüber zukünftigen Entwicklungen für mehrere der ausgewählten Szenarien ist. Hierzu wird zunächst auf einer Skala von -3 bis +3 bewertet, wie gut die einzelnen Strategien für die alternativen Szenarien geeignet sind (s. Beispiel Abbildung 10).

Gesamtbewertung der Strategien

	Szenario A	Szenario B
Strategie I	+3	-2
Strategie II	-1	+3
Strategie III	+1	+1

Skala

| passt sehr gut zusammen, unterstützt sich gegenseitig | unabhängig voneinander, beziehungslos | unverträglich, widersprüchlich |

+3   +2   +1   ●   -1   -2   -3

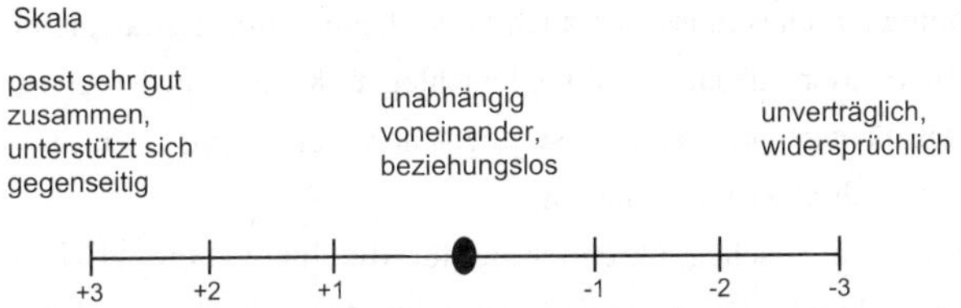

Abbildung 10: Beispiel – Gesamtbewertung von Strategien

Der zu wählende Ansatz für die Strategieentwicklung bzw. die Auswahl einer Strategie hängt aber auch von der Beeinflussbarkeit bzw. Steuerbarkeit der Umfeldfaktoren ab. Unternehmen mit starkem Einfluss auf die Unternehmensumwelt und risikobereite Unternehmen setzen daher eher auf eine Strategie, die nur zu einem Szenario sehr gut passt und arbeiten dann auf dieses Szenario hin. Im Beispiel in Abbildung 10 bedeutet dies entweder Entscheidung für Strategie I und Hinarbeiten auf Szenario A oder Entscheidung für Strategie II und Hinarbeiten auf Szenario B.

Unternehmen mit wenig Einfluss auf die Gestaltung der Umwelt und vorsichtige Unternehmen wählen eher eine Strategie, die robust in allen Szenarien ist. Für das in Abbildung 10 gezeigte Beispiel ist das Strategie III.

Neben der Entwicklung einer Strategie können Szenarien auch für die Überprüfung einer bestehenden Strategie angewandt werden. Hierbei wird die Strategie auf ihre Verlässlichkeit bei möglichen zukünftigen Veränderungen im Unternehmensumfeld, die durch die Szenarien identifiziert wurden, überprüft. Werden Unstimmigkeiten festgestellt, können korrigierende Maßnahmen ergriffen werden. Die Bewertung der Strategie erfolgt dabei analog zur Bewertung „neuer Strategien". Unabhängig davon, ob nur eine zielgerichtete Strategie oder eine robuste bzw. flexible Strategie gewählt wurde, ist es empfehlenswert, diese Strategie gegen alternative Entwicklungen abzusichern.

Szenarien als Input für ein Strategie-Monitoring
Durch den Szenarioprozess kristallisieren sich wichtige Einflussfaktoren heraus, die als „Frühwarnsystem" genutzt werden können. Hierfür kann wiederum die Einflussmatrix (s. Abbildung 8) herangezogen werden. Aufgrund der Bewertungen in der Matrix werden die einflussstärksten Faktoren (hohe Spaltensumme) ermittelt. Diese werden permanent und systematisch beobachtet. Ergeben sich Veränderungen bei diesen Faktoren, die nicht dem verfolgten Szenario entsprechen, sind Anpassungen der Strategie vorzunehmen.

2.4 Praktische Anwendung von Szenarien als Grundlage für die Erarbeitung einer Innovationsstrategie und von Innovationsideen

Die Innovationsstrategie – eine entscheidende Vorgabe für die Unternehmensentwicklung
Wie bereits einleitend dargestellt, kommt Innovationen für die Weiterentwicklung eines Unternehmens eine entscheidende Bedeutung zu. Dies muss sich auch in der Unternehmensstrategie und bei deren Umsetzung im aktuellen Innovationsmanagement niederschlagen. Konkret bedeutet dies: Für die frühen Phasen des Innovationsmanagements ist eine strategische Orientierung in Form von Innovationsleitsätzen oder Innovationssuchfeldern festzulegen.
Grundlage für die Aufstellung einer strategischen Orientierung für die Innovationsaktivitäten (Innovationsstrategie) sind sowohl die aktuelle Situation und Gesamtstrategie des Unternehmens als auch die zukünftigen Entwicklungen im Unternehmensumfeld. Die aktuelle Situation ist im Sinne einer Ist-Analyse intern zu erfassen. Für die Zukunftsanalyse bietet sich die Szenariotechnik an.
Die Innovationsstrategie eines Unternehmens besteht in der Regel aus mehreren Leitsätzen für die Innovationsfindung und Innovationsentwicklung. Ansatzpunkte für Innovationsleitsätze können beispielsweise sein:

- Problemfelder, z. B. „Wir wollen technische Lösungen zur Bewältigung der Probleme bei Flüssigkeiten im Gefahrguttransport entwickeln."
- Marktsegmente, z. B. „Wir suchen Produkte und Dienstleistungen für die effiziente Belieferung von Kleinhaushalten in ländlichen Regionen."
- Kundensegmente, z. B. „Unsere Innovationen zielen auf den B2B-Sektor; in einem zweiten Schritt werden diese Innovationen in einfacher Ausführung dem B2C-Sektor angeboten."
- Technologien, z. B. „Wir nutzen unsere Kompetenz in der Gebäudeüberwachung für neue Anwendungen im Bereich des Flottenmanagements".
- Markteintritt, z. B. „Wir verstehen uns als schneller, früher Folger von identifizierten Innovationen oder neuen Technologien."

Eine Innovationsstrategie der dargestellten Art wirkt sich im Innovationsmanagement sowohl in der Bereitstellung von Ressourcen für entsprechendes qualifiziertes Personal als auch bei der Generierung (Suchfelder) und Bewertung von Innovationsideen und -projekten sowie schließlich in der Finanzierung von Innovationsvorhaben aus. Die Funktion der strategischen Orientierung für das Ideenmanagement geht aus Abbildung 11 hervor.

Abbildung 11: Eine Schlüsselfunktion im Ideenmanagement: die strategischen Innovationsleitlinien

Erarbeitung einer Innovationsstrategie bzw. strategischer Leitsätze für Innovationen

Zukunftsorientierte Innovationsleitsätze lassen sich aus unternehmensspezifischen Szenarien ableiten. Als Vorgehen empfiehlt sich wiederum Gruppenarbeit: Im Mittelpunkt steht ein eintägiger Workshop; die Vor- und Nacharbeiten werden durch das Szenarioteam geleistet.

Inhaltliche Vorbereitungen vor dem Workshop:

Zu folgenden Punkten sind Informationen zusammenzustellen:

- Kennzeichnung der Ausgangssituation (durch Szenarioteam)
- Übergeordnete Gesamtstrategie
- Marktsituation (Marktanteile, Markenimage, Wettbewerb)
- Funktionale Kernkompetenzen
- Ressourcenverfügbarkeit
- Weitere Rahmenbedingungen
- Zwei ausgewählte Szenarien. Diese sind in anschaulicher Form, z. B. als gut ausformulierte leicht lesbare Story oder als illustrierte Thesenliste, darzustellen. In dieser Darstellung sollten die Konsequenzen und Auswirkungen der Szenarien für das Unternehmen in allgemeiner und spezifischer (auf Innovationen ausgerichteter) Form bereits eingearbeitet sein.

Ablauf des Workshops:

- Am Workshop sollten neben dem Szenarioteam weitere Führungskräfte aus Logistik, Marketing und Unternehmensentwicklung sowie Mitglieder der Geschäftsleitung teilnehmen. Insgesamt sollte die Gruppe jedoch nicht mehr als zwölf Teilnehmer umfassen.
- Im Workshop wird zunächst die Ausgangssituation vorgestellt, dann werden die Szenarien möglichst anschaulich visuell präsentiert. Die Szenarioannahmen sind gesetzt und müssen so von den Teilnehmern akzeptiert werden. Die Auswirkungen können dagegen diskutiert, korrigiert und ergänzt werden.
- Anschließend werden die Innovationsleitsätze in Gruppen erarbeitet, abgestimmt und eine Priorisierung vorgenommen.

Abschlussarbeiten nach dem Workshop:

- Das Szenarioteam übernimmt eine Nachbearbeitung der Workshopergebnisse. Die Leitsätze werden eindeutig voneinander abgegrenzt und die Formulierungen geschärft. Alle Leitsätze werden durch Begründungen ergänzt, die im Wesentlichen aus den Szenarien übernommen werden.
- Die überarbeiteten Leitsätze werden der Geschäftsleitung oder ggf. einem Innovationsausschuss zur Verabschiedung vorgelegt. Die beschlossene Fassung wird dann als Innovationsstrategie allen am Innovationsprozess Beteiligten bekannt gegeben.

Der dargestellte Prozess hat sich bewährt, es ist jedoch kein zwingender Ablauf.

Generieren von Innovationsideen oder Finden neuer Geschäftsfelder auf der Grundlage von Szenarien

Szenarien können auch direkt für das Finden von Innovationsideen genutzt werden. Das bietet sich dann an, wenn bereits unternehmensspezifische Szenarien für die Erstellung der Innovationsstrategie oder für andere Zwecke vorliegen.

Auch für die Ideenfindung auf Basis von Szenarien ist die Arbeit in Workshops zweckmäßig. Das Szenarioteam wird im Workshop durch Mitarbeiter, z. B. aus dem Kundenservice, der Kundenbetreuung, dem Fuhrparkmanagement oder anderen operativen Bereichen ergänzt.

Wie auch bei der Strategieerarbeitung wird im Workshop zunächst das Szenario ausführlich präsentiert, damit sich die Teilnehmer in die zukünftige Situation „hineindenken" können. Anschließend werden Auswirkungen auf das Geschäftsfeld und dann, z. B. unterstützt durch geeignete Kreativitätstechniken, Produkt- und Dienstleistungsideen entwickelt, bewertet und ausgewählt.

Wichtig ist, dass der Moderator dafür sorgt, dass die Teilnehmer das Szenario im Fokus behalten und sich die dort beschriebenen zukünftigen Entwicklungen immer wieder verdeutlichen.

3 Praktische Hinweise für das Erstellen von Szenarien

3.1 Hinweise für Gruppenarbeit im Szenario-Erstellungsprozess

Zwei Vorgehensweisen sind bei der Erstellung von Szenarien zu unterscheiden: Erarbeiten als Studie oder Erarbeiten in strukturierter Gruppenarbeit.

Bei der Studie gibt es einen oder wenige Hauptbearbeiter, die ihr Wissen einbringen und Recherchen, Expertenbefragungen und Datenanalysen zur Beschaffung relevanter Informationen vornehmen. Als Ergebnis wird ein Bericht vorgelegt.

Unternehmen bevorzugen die Szenarioerstellung in Gruppenarbeit. Dabei wechseln sich vor- und nachbereitende Sitzungen in einem kleinen Kernteam und Workshops in einem größeren Kreis ab. Die Erarbeitung von Szenarien in Arbeitssitzungen und Workshops bringt eine Reihe von Vorteilen mit sich:

- Das unterschiedliche Fachwissen zum Thema wird bei der Bearbeitung simultan eingebracht und kann sofort abgestimmt werden.
- Das vertretene Expertenwissen deckt bereits einen großen Teil des Informationsbedarfs ab.
- Relativ viele Mitarbeiter werden in den Prozess eingebunden; dies erleichtert die Verbreitung der Ergebnisse und fördert die Akzeptanz der daraus abgeleiteten Maßnahmen im Unternehmen. Höhere Manager können partiell in den Prozess eingebunden werden. Gerade für die Findung von Dienstleistungsinnovationen bietet es sich an, direkt Kunden einzubeziehen; da diese die Entwicklungen in ihren Bereichen am besten beurteilen und im späteren Verlauf auch beim Finden von Innovationsideen entscheidende Impulse liefern können. Hierbei müssen jedoch strenge Geheimhaltungs- und Vertraulichkeitsregelungen beachtet werden, da Dienstleistungsinnovationen vergleichsweise leicht zu imitieren sind.

Die Szenariogruppe sollte fachlich heterogen, jedoch aus Mitarbeitern mit Vorkenntnissen und Beziehung zum Thema zusammengesetzt werden (Unternehmensentwicklung, Marketing, Fuhrparkmanagement, Key-Account Manager etc.). Führungskräfte aus dem höheren Management sollten nicht fehlen, wobei häufig nur eine phasenweise Einbindung in den Erstellungsprozess in Frage kommt. Für Themen, für die im Unternehmen wenig Fachkompetenz vorhanden ist, sollten externe Experten hinzugezogen werden.

Die Erarbeitung und Beschreibung der Deskriptoren (Szenario-Schritt 3) erfolgt in Tabellenform. In diesen Deskriptortabellen werden für jeden Deskriptor die Ist-Situation, mögliche (auch alternative) Zukunftsprojektionen und die Begründungen für diese Projektionen erfasst (vgl. Abbildung 12). In der weiteren Bearbeitung werden dann ggf. Projektionen für Zwischenzeitpunkte sowie die Auswirkungen der Umfeldszenarien auf das Thema in diese Tabelle eingetragen. Der Vorteil dieser Darstellungsform liegt darin, dass alle wesentlichen Informationen auf einen Blick zu sehen sind und die Tabellen im Zeitablauf immer weiter ausgearbeitet werden.

G V.4: „Letzte Meile" (Haushalte und Kleingewerbe)

Wirkungsstärke auf Güterverkehr: 1,9 (Skala:1,2,3)

Ist-Situation	Projektion 2025	Begründungen	Auswirkungen
Die Belieferung von Haushalten und Kleingewerbe erfolgt i.d.R. durch KEP-Dienste (Kurier-, Express- und Paketdienste). Die „letzte Meile" ist der größte Kostenblock in der Logistik-Kette. Die Vereinbarung von Zeitfenstern für die Belieferung (z.B. bis 10.30 Uhr, samstags etc.) ist heute z.T. möglich. Es gibt diverse Konzepte für eine optimierte Versorgung (z.B. Packstation der DP, Tower24, m^2-Box, Orsimat von Würth, Abholpunkte in Bahnhöfen, Güterstraßenbahn), die teilweise noch in der Erprobungsphase sind.	a) **Neue Verteilkonzepte setzen sich durch** Transport auf der letzten Meile wird auf den Endkunden verlagert: Zentrale Übergabepunkte, die durch Automatisierung oder organisatorische Maßnahmen eine Bündelungsfunktion übernehmen, sind eingerichtet; der Endkunde holt dort zu beliebiger Zeit seine Ware ab. Die Übergabe der Ware zwischen Dienstleister und Empfänger erfolgt unter Nutzung von Handys. W = 45 %	• Kleinstückige Belieferungen an Endkunden haben mengenmäßig so stark zugenommen, dass ein Handling mit den herkömmlichen Konzepten der KEP-Dienstleister nicht mehr wirtschaftlich ist. • Fortschreitende Automatisierung des Einzelhandels als Wegbereiter für neue Verteilkonzepte. • Stärkere berufliche Belastung, zunehmende Frauenerwerbstätigkeit und zunehmende Freizeitaktivitäten bewirken, dass die Menschen seltener zuhause sind. • Liberalisierung zwingt KEP-Dienstleister zu gezielter Kostenreduktion auf der letzten Meile. • IT und Internet schaffen Erwartungen in die sofortige Erfüllung der Kundenwünsche.	• Zeitliche Entzerrung des Individualverkehrs aufgrund zeitlicher Entkoppelung am Point-of-delivery • Entzerrung des Güterverkehrs • Verteilverkehre abnehmend • Bündelungseffekte bis zu den Übergabe-punkten
	b) **Neue Verteilkonzepte setzen sich nicht durch** Die direkte Anlieferung von Haushalten und Kleingewerbe durch Dienstleister dominiert. Zeitliche und persönliche Entkop-pelung erfolgt über Nachbarn, Warenbriefkasten, intelligente Vorratskammern, u.a. Individuelle differenzierte Zeitfenster können in Anspruch genommen werden: Das Buch wird von Amazon tagsüber ins Büro und abends nach Hause geliefert – je nach Aufenthaltsort des Adressaten bzw. nach Abstimmung über Handy. W = 55 %	• Betriebskosten der neuen Verteilkonzepte sind zu hoch; da sie umgelegt werden müssen, werden sie nicht angenommen; die herkömmlichen Auslieferungsformen bleiben dominant. • Kosten für individuelle Auslieferung werden vom Absender oder Empfänger akzeptiert. • Gefahrenübergang ungeklärt (Haftungsfragen bei Beschädigung des Transportguts). • KEP-Dienste koordinieren sich unternehmensübergreifend zwecks Bündelung. • Sicherheitsrisiken an den Zugangspunkten der Abholstellen	• Fortsetzung Status quo • Erhebliche Zunahme der Verteilverkehre (aber geringe Basis); KEP-Verkehre bleiben.

Abbildung 12: Beispiel einer Deskriptordarstellung in Tabellenform

Diese Tabellen bilden das Herzstück der Szenarioarbeit, da hier alle relevanten Informationen für die Beschreibung der Deskriptoren (inkl. erläuternder Statistiken, Literaturquellen bzw. Hinweise zu vertiefenden Studien) enthalten sind. Sie sind zudem die Basis für das Beschreiben und Ausformulieren der ausgewählten Szenarien.

Um Szenarien in Gruppenarbeit zu erstellen, sind idealerweise sechs bis acht ganztägige Sitzungen erforderlich; es ist zweckmäßig, mehrere Termine zu zweitägigen Workshops zusammenzuziehen. Zwischen den Arbeitstreffen und Workshops sollte ein Abstand von etwa drei Wochen geplant werden, um Informationslücken zu schließen oder andere „Hausaufgaben" erledigen zu können. Daraus ergibt sich eine Mindestprojektlaufzeit von vier Monaten, die sich aber nur selten einhalten lässt, da die Termine so gelegt werden müssen, dass alle wichtigen Teilnehmer dabei sein können. So erstrecken sich Szenarioprojekte in der Regel über fünf bis sechs Monate.

Für Klein- und Mittelunternehmen ist der aufgezeigte Aufwand zu hoch und die übliche Projektlaufzeit eher zu lang. Hier muss man pragmatisch vorgehen: Diese Unternehmen haben überschaubare Produkte, Kundengruppen und Produktions- bzw. Leistungserstellungsprozesse. Somit kann die Zahl der Deskriptoren auf die Größenordnung von 13 bis 15 begrenzt und dadurch der Aufwand erheblich reduziert werden. Szenarien können dann in zwei zweitägigen Workshops mit Zwischenkontakten erarbeitet werden.

3.2 Schwierigkeiten bei der Szenarioerarbeitung und Hinweise für ihre Behandlung

Schwierigkeiten bei der Durchführung von Szenarioprojekten sind im Wesentlichen auf zwei ungünstige Rahmenbedingungen zurückzuführen:

- Sehr knappes finanzielles Budget für die Durchführung; oft werden daher keine externen Experten hinzugezogen.
- Mangelnde Erfahrung der Teilnehmer in zukunftsorientierten, strategischen Prozessen.

Diese Rahmenbedingungen gelten häufig in Klein- und Mittelunternehmen, sind aber auch in größeren Unternehmen anzutreffen. Daher treten die nachfolgend aufgeführten Schwierigkeiten zwar i. d. R. bei Klein- und Mittelunternehmen auf, gelten aber grundsätzlich auch für andere Projekte mit vergleichbaren Rahmenbedingungen.
Im Folgenden werden einige Schwierigkeiten im Einzelnen dargestellt.

Informationsdefizit
Themen außerhalb der spezifischen Tätigkeitsfelder der Workshopteilnehmer (Unternehmensvertreter) können im Workshop i. d. R. nicht ausreichend vertieft werden, da die Teilnehmer auf diesen Gebieten oft nur über oberflächliche Kenntnisse verfügen. (Häufig tritt dies bei gesellschaftlichen und politischen Entwicklungen sowie Entwicklungen in „entfernten" Technologiefeldern auf).

→ *Externe Experten auf diesen Gebieten hinzuziehen, selbst wenn Sie nicht im Workshop teilnehmen können (z. B. durch Interviews).*
→ *Überprüfen unsicherer Workshopergebnisse durch vertiefende Recherchen (z. B. Experteninterviews, Studien).*
→ *Arbeitsphasen zur Überprüfung und Vertiefung der Workshopergebnissen sollten von Anfang an in der Projektplanung vorgesehen werden.*

Projektionsscheu
Alternative Projektionen werden eher selten aufgestellt, da die Teilnehmer aus dem Unternehmen oft sehr mit ihrem Geschäft verhaftet sind. Das Denken in Entwicklungen, die aus der gegenwärtigen Situation heraus „zu positiv" oder „zu negativ" sind, also außerhalb des Trends liegen, fällt vielen ungeübten Teilnehmern schwer.

→ *Auch hier hilft die Einbindung externer Experten oder „offener Denker".*
→ *Der Moderator sollte in solchen Fällen die Bildung von Alternativen durch Fragen und eigene Vorschläge anregen.*

Fokussierungsproblematik
Es werden zu viele Deskriptoren bearbeitet.

→ *Weniger ist mehr! Eine Fokussierung auf wenige, aber vertiefte Faktoren ist oft aussagekräftiger als eine große Zahl oberflächlich ausgearbeiteter Faktoren. Die Einschätzung der Wirkungsintensität identifizierter Deskriptoren auf das Thema ist dafür ein bewährter Filter.*

→ *Nur für direkte Einflusswirkungen sollten Deskriptoren aufgestellt werden. Indirekte Einflüsse können in der Regel als Begründungen aufgenommen werden.*

Deskriptoren bzw. Projektionen sind oft nicht trennscharf formuliert; daraus entstehen in späteren Arbeitsschritten Schwierigkeiten bei der Bestimmung von Wirkungen und Konsistenzen.

→ *Der Moderator sollte korrigierend eingreifen, um die Formulierungen von Deskriptoren und Projektionen zu schärfen.*

Trendbruchmissachtung

Trendbruchereignisse werden in der Praxis zu wenig betrachtet. Dieser Schritt erschöpft sich meist in einer Liste möglicher, oft „unrealistischer" Ereignisse, die dann nicht weiter ausgearbeitet werden. Hierbei handelt es sich vor allem um Ereignisse im weiteren Unternehmensumfeld (Gesellschaft, Technologie, Umwelt, wirtschaftliche oder gesetzliche Faktoren). Insbesondere bei eher „konservativen" Szenarien können sich durch die Betrachtung von Trendbruchereignissen wichtige strategische Ansatzpunkte ergeben.

→ *Die Wirkungen von Trendbruchereignissen in den Szenarien sollten systematisch analysiert und nach einem bestimmten dramaturgischen Schema beschrieben werden; dies erfordert i. d. R. weitere Recherchen und hilft dabei, unrealistische oder „utopische" Ereignisse auszusondern.*

→ *Bei der Auswahl von Trendbruchereignissen ist zu unterscheiden zwischen punktuellen Ereignissen, die die in den Szenarien beschriebenen Zukünfte beeinflussen können, und extremen Entwicklungen außerhalb des Trendkorridors für bereits behandelte Deskriptoren. Letztere können als weitere Projektionen bestehender Deskriptoren behandelt werden.*

Kommunikationsmängel

Vielfach wird die Kommunikation der Szenarien an die betroffenen Mitarbeiter in allen Unternehmensbereichen vernachlässigt. Die erarbeiteten Zukunftsbilder und damit die Hintergründe für Innovationsstrategien und Produkt- bzw. Dienstleistungsideen sind nur dem Szenarioteam und dem höheren Management vertraut. Dadurch fehlt oft ein Verständnis der Mitarbeiter für bestimmte Maßnahmen. Außerdem werden aus den Szenarien keine weiteren Vorschläge angeregt. Beispiele aus Unternehmen, die die Szenario-Kommunikation sehr aufwändig gestalten, zeigen, dass hier die Identifikation mit den Innovationsstrategien oder den Innovationsprojekten deutlich höher ist als in Unternehmen, bei denen dieser Schritt vernachlässigt wurde.

→ *Präsentation der Szenarioergebnisse für alle betroffenen Mitarbeiter bzw. für alle Entscheidungsträger aus Logistik, Vertrieb und Strategischem Marketing durch das Szenarioteam. Die Spannweite reicht dabei von Broschüren, Multimediapräsentationen bis zu „Großveranstaltungen", in denen die Teilnehmer aktiv bei der Ausgestaltung der Ergebnisse eingebunden werden.*

Literatur

Albrecht, R.: Szenariogesteuertes Innovationsmanagement. Dissertation, Hamburg 1999.

Angermayer-Naumann, R.: Szenarien und Unternehmenspolitik: Globalszenarien für die Evolution des unternehmenspolitischen Rahmens. Dissertation, München 1985.

Blasche, U.: Die Szenario-Technik als Modell für komplexe Probleme. Mit Unsicherheiten leben lernen. In: Wilms, F.E.P. (Hrsg.): Szenario-Technik. Vom Umgang mit der Zukunft, Bern, Stuttgart, Wien 2006, S. 61 - 92.

Fink, A.: Szenariogestützte Führung industrieller Produktionsunternehmen. Paderborn, 1999.

Gausemeier, J.; Fink, A.; Schlake, O.: Szenario-Management. Planen und Führen mit Szenarien. 2. Aufl., München, Wien 1996.

Geschka, H.: Szenariotechnik als Instrument der Frühaufklärung. In: Gassman, O.; Kobe, C. (Hrsg.): Management von Innovation und Risiko. 2. Aufl., Berlin, Heidelberg et al. 2006, S. 357 - 372.

Geschka, H.; Hammer, R.: Die Szenario-Technik in der strategischen Unternehmensplanung. In: Hahn, D.; Taylor, B. (Hrsg.): Strategische Unternehmensplanung. Würzburg – Wien 1983, S. 224 - 249.

Geschka, H.; Winckler, B.: Szenarien als Grundlage strategischer Unternehmensplanung. In: Technologie & Management. 1989, Nr. 4, S. 16 - 23.

Geschka, H.; Hahnenwald, H.; Schwarz-Geschka, M.: Szenariotechnik. In: Gassmann, O., Sutter, P. (Hrsg.): Praxiswissen Innovationsmanagement. Von der Idee zum Markterfolg. München 2008, S. 119 – 138.

Göpfert, I.; Hornbostel, B.: Innovationsmanagement bei Logistikdienstleistern – Theoretische Implikationen und praktische Erkenntnisse. In: Göpfert, I. (Hrsg.): Logistik der Zukunft – Logistics for the Future. 5. Auflage, Wiesbaden 2009, S. 167 – 164.

Götze, U.: Szenario-Technik in der strategischen Unternehmensplanung. 2. Aufl., Wiesbaden 1993.

Kaluza, B.; Ostendorf, R.: Szenario-Technik als Instrument der strategischen Unternehmensplanung – Theoretische Betrachtung und empirische Überprüfung in der Autoindustrie. Diskussionsbeiträge des Fachbereichs Wirtschaftswissenschaften der Gerhard-Mercator-Universität Gesamthochschule Duisburg, Nr. 219, 1995.

Kuhle, J.P.; Grienitz, V.: Computerunterstützte Szenario-Erstellung. In: Gausemeier, J.; Fink, A.; Schlake, O. (Hrsg): Grenzen überwinden – Zukünfte gestalten. 2. Paderborner Konferenz für Szenario-Management, 24. November 1998, Paderborn, 1998.

Mißler-Behr, M.: Methoden der Szeanrioanalyse. Wiesbaden, 1993

Meyer-Schönherr, M.: Szenario-Technik als Instrument der strategischen Planung. Ludwigsburg, Berlin, 1992.

Pfohl, H.-C.: Innovationsmanagement in der Logistik. In: Harland, P. E.; Schwarz-Geschka, M. (Hrsg.): Immer eine Idee voraus – Wie innovative Unternehmen Kreativität systematisch nutzen. Lichtenberg (Odw.) 2010. S. 105 – 118.

Schulz-Montag, B.; Müller-Stoffels, M.: Szenarien. Instrumente für Innovations- und Strategieprozesse. In: Wilms, F.E.P. (Hrsg.): Szenario-Technik. Vom Umbang mit der Zukunft. Bern, Stuttgart, Wien 2006, S. 353 - 397.

Schwarz-Geschka, M.; General, S.: In die Zukunft führen mit Hilfe von Szenarien. In: Becker, L.; Ehrhardt, J.; Gora, W. (Hrsg.): Führungspraxis und Führungskultur. Düsseldorf 2007, S. 169 - 190.

Wack, P.: Szenarien: Unbekannte Gewässer voraus. In: Montgomery, C.A.; Porter, M.E. (Hrsg.): Strategie. Wien, Frankfurt 2001, S. 395 - 432.

Wilms, F.E.P.: Szenarien sind Systeme. In: Wilms, F.E.P. (Hrsg.): Szenario-Technik. Vom Umbang mit der Zukunft, Bern, Stuttgart, Wien 2006, S. 39 - 60.

Hans-Dietrich Haasis*

Zur Gestaltung zukunftsfähiger maritimer Logistik

---

* Prof. Dr. Hans-Dietrich Haasis studierte Wirtschaftsingenieurwesen an der Universität Karlsruhe. Dort promovierte und habilitierte er auch. Seit 1994 ist er Universitätsprofessor für Allgemeine Betriebswirtschaftslehre, Produktionswirtschaft und Industriebetriebslehre an der Universität Bremen sowie seit 2001 Direktor des ISL – Institut für Seeverkehrswirtschaft und Logistik, Bremen.

1 Einordnung maritime Logistik

Transport und Logistik haben sich national und international zu einem entscheidenden Wirtschaftssektor entwickelt. Gerade die maritime Logistik ist aufgrund der starken Abhängigkeit der deutschen Wirtschaft vom Außenhandel von besonders hoher gesamtwirtschaftlicher Bedeutung. Zu deren Stärkung bedarf es eines leistungsfähigen Systems von Hafenwirtschaft und Hinterlandanbindung, wettbewerbsförderlichen Rahmenbedingungen und logistischem Know-How. Gerade aus weltweiter Sicht gewinnen Hafenstandorte an besonderer Bedeutung, für die Region, für Deutschland und für Europa. Hafenstandorte repräsentieren heute qualitativ hochwertige und quantitativ leistungsfähige Gate-Funktionen. Sie sind als Schnittstellen des Land- und Seeverkehrs und als Wertschöpfungspartner in internationale Logistiklösungen eingebunden.

Maritime Logistik umfasst einerseits seeverkehrs- und hafenwirtschaftliche Themenstellungen, andererseits Themenstellungen der infrastrukturellen Gestaltung, der betriebswirtschaftlichen Planung und der informationswirtschaftlichen Steuerung von Prozessen entlang der maritim geprägten internationalen logistischen Kette, verteilt und am Standort sowie der Bereitstellung von Hilfsmitteln und Tools zur Planung, zum Controlling und zur Entscheidungsunterstützung. Maritime Logistik behandelt ineinander übergreifende Entscheidungen, welche oftmals weltweit zu koordinieren und zu gestalten sind. Maritime Logistik legt damit einen entscheidend über verfahrenstechnische Fragestellungen und die Hafenlogistik hinausgehenden Logistikbegriff zugrunde, welcher auf die Gestaltung, Steuerung und Bewertung von Beziehungen und Schnittstellen in maritim geprägten internationalen Supply Chains abhebt.

Die Anforderungen an die maritime Logistik nehmen weiter zu: Kundenzufriedenheit, Wirtschaftlichkeit, Sicherheit, Geschwindigkeit, Umweltinanspruchnahme. Maritime Logistik wird komplexer. Produktionsstandorte verschieben sich, Märkte verändern sich. Dennoch, maritime Logistik stellt die sich hieraus ergebende verteilte Produktion sowohl regional als auch weltweit sicher.

Heutige Herausforderungen der maritimen Logistik umfassen globale Marktbeziehungen, ein kundenorientiertes Angebotsverhalten, ein kosten- und qualitätsoptimiertes Nachfrageverhalten, die Gestaltung und das Management von flexiblen und sicheren Logistikketten und kooperativen Systemen sowie informationslogistische Systeme. So kommt es zu neuen Aufgaben- und Standortverteilungen in Wertschöpfungsnetzwerken, zu technischen und prozessorganisatorischen Innovationen sowie zu neuen logistischen Produkten. Durch die neue Strukturierung von Verkehrswirtschaft und Logistik sind Entwicklung und Gestaltung innovativer Lösungen dabei etwa nicht nur durch ein wissensintensives Kooperationsdesign gekennzeichnet, sondern auch durch eine makro- und mikrologistische Systeme verbindende Sichtweise.

2 Herausforderungen und Gestaltungsfelder zukunftsfähiger maritimer Logistik

Herausforderungen und Gestaltungsfelder einer zukunftsfähigen maritimen Logistik lassen sich unterschiedlich skizzieren, bleiben aber eine Skizze. Die Zukunft kann andere Schwerpunkte setzen, obgleich einzelne bereits heute deutlich vorgezeichnet sind.
In diesem Beitrag wird zukunftsfähige maritime Logistik anhand ausgewählter Charakteristika beschrieben, und zwar anlehnend an das englische Wort LOGISTICS: Lead Factor, Optimised Value, Globale Sourcing, Production and Distribution, Intelligent, Sustainable, Team Knowledge, Interfaces, Client Driven, Security and Safety. Gemeinsam präsentieren diese als Klammer mögliche Entwicklungstreiber. Diese beziehen sich auf die Gestaltungssichten Mensch, Technik, Information und Prozesse. Begreiflicherweise finden sich entsprechende Bezüge zu „Pfohls Würfel", etwa zur Handlungsebene des strategischen Managements, zum interorganisatorischen Aufbau einer maritim geprägten logistischen Kette aus Sicht der beteiligten Institutionen und zu den Funktionen Beschaffung, Produktion, Marketing und Forschung und Entwicklung.
Gerade diese durch die Charakteristika beschriebene Klammer, das Integrierende und das Übergreifende, wird die maritime Logistik der Zukunft prägen. Die durch die Wahl dieser Charakteristika induzierte Herausstellung der maritimen Logistik ist gewollt. Sie unterstreicht deren Bedeutung für die Entwicklung von global orientierter Wertschöpfung.

L: Lead Factor Logistics

Maritime Logistik behandelt heute und vermehrt in Zukunft das schnittstellenübergreifende Management von Wertschöpfung, das als in der Regel internationaler Supply-Chain-Prozess den Fluss von Gütern und Dienstleistungen sowie dazugehöriger Informationen entlang der gesamten Kette plant, koordiniert und kontrolliert. Diese übergreifende und integrative System- und Prozessgestaltung macht die Logistik allgemein, und mit ihr auch die maritime Logistik, heute und auch in den nächsten Jahren zum führenden Strategieelement, und damit zum *Lead Factor* einer zukunftsfähigen Unternehmenspolitik für produzierende und für dienstleistende Unternehmen. Dieser ist es wert, in der Unternehmensführung und auf der politischen Agenda verankert zu werden.
Auch die Leistungsfähigkeit einer maritimen Region ist wesentlich abhängig von der Ausgestaltung und Bewertung dieses Lead Factors, d. h. der Fähigkeit der Beherrschung von Komplexität in unternehmensübergreifenden kundenorientierten Abläufen. Dieser ist Innovations- und Wettbewerbstreiber gleichermaßen: Innovation durch *Mesologistik*, d. h. eine gesamtheitliche Optimierung des Systems Logistik, Verkehr und Standortentwicklung in einer Region.

O: Optimised Value

Bei Beachtung einer Systemgestaltung kommt in den nächsten Jahren der übergreifenden Optimierung und der Bereitstellung von operativen, taktischen und strategischen Organisations-, Entscheidungs- und Finanzierungsmodellen eine besondere Bedeutung zu. Hierbei geht es dann in erster Linie um Ertrags- und Risikoausgleich, welcher der integralen Sichtweise genügt.

Die betriebswirtschaftliche Gestaltung im Wettbewerb stehender Wertschöpfungsketten wird in diesem Zusammenhang maßgeblich durch zwei Entwicklungslinien geprägt: Einerseits sind Tätigkeits- und Entscheidungsverlagerungen zwischen verladender Wirtschaft und Logistikdienstleister festzustellen, andererseits ergibt sich die Nachfrage nach intermodalen Lösungen aufgrund organisatorisch und infrastrukturell induzierten Mobilitätsengpässen. Beide betriebswirtschaftlich relevanten Entwicklungslinien beeinflussen sich gegenseitig und zeigen Auswirkungen auf die sowohl die Konfiguration als auch die Koordination der Wertschöpfungsketten betreffenden logistischen Produkte.

Aufgabe des Gestalters und Produktentwicklers ist es etwa, durch Moderation der Akteursvielfalt Betriebswirtschaft und Verkehrswirtschaft weiter aufeinander zuzubewegen, mit dem Ziel, durch prozessübergreifende Bewertung eine möglichst für alle Beteiligten wirtschaftliche, flexible und zukunftsfähige Lösung vorschlagen und umsetzen zu können.

G: Global Sourcing, Production and Distribution

Die vollzogene Öffnung der internationalen Märkte impliziert nachvollziehbar Überlegungen zu global ausgerichteten Beschaffungs-, Produktions- und Distributionsstrategien auch für kleinere und mittlere Unternehmen. Innerhalb dieser Strategie sind auch Fragen der Allokation von Tätigkeiten in der maritim geprägten Wertschöpfungskette wesentlich. So kommt es im Rahmen eines *Global Sourcing* und einer *Global Distribution* sichtbar zu einer Verschiebung von Produktions- und Logistikstandorten und analogen Knotenfunktionen. Dieses bedarf einer eingehenden Analyse und eines Monitoring der Beschaffungsmärkte, der Distributionsmärkte, der Lieferantenstruktur und der Abnehmeranforderungen sowie der zugrunde liegenden Prozesslogik.

I: Intelligent

Ein gut strukturierter und techno-organisatorisch abgesicherter Informationsfluss stellt ein wesentliches Element beim Betrieb und bei der Optimierung transportwirtschaftlicher und logistischer Strukturen und Abläufe dar. Die dynamische und strukturelle Komplexität transportwirtschaftlicher und logistischer Netzwerke impliziert dabei Gestaltungs- und Steuerungsprinzipien, welche durch *Intelligenz* Komplexität beherrschbar machen. So etwa im Zusammenhang mit Überlegungen zur Selbststeuerung logistischer Prozesse. *Selbststeuerung* bedeutet hier die dezentrale Koordination autonomer logistischer Objekte in einer heterarchischen Organisationsstruktur, wobei die Autonomie logistischer Objekte wie Stückgüter, Paletten und Container durch neue Informations- und Kommunikationstechnologien ermöglicht wird. Auf dieser Basis können Prozesse optimiert, Zeiten verkürzt und Kosten reduziert werden. Moderne Lösungen müssen in der Lage sein, Objekte unterschiedlicher Art und in wechselnden Umfeldbedingungen nicht nur sicher zu identifizieren, sondern darüber hinaus zu lokalisieren, mit ihnen zu kommunizieren, sie zu navigieren und zu steuern. Durch Nutzung von *RFID* und Sensorik können Objekte dafür mit „Intelligenz" ausgerüstet werden.

S: Sustainable

Sustainable, das heißt bekanntlich nachhaltig. Einer *Nachhaltigen Entwicklung* zu Grunde gelegt wird – aufbauend auf dem bereits 1987 erschienenen Bericht der Weltkommission für Umwelt und Entwicklung – ein Wirtschaftsprinzip, welches beinhaltet, dass künftige Generationen in ihrer Bedürfnisbefriedigung und der Wahl ihrer Lebensstile durch die Bedürfnisbefriedigung der heutigen Generation nicht gefährdet werden. Hierzu zählen Umsetzungsansätze, welchen es gelingt, vor dem Hintergrund der Bedeutung von internationalen Wertschöpfungsketten und Unternehmensnetzwerken das Zusammenspiel von Produktion, Transport und maritimer Logistik im Sinne einer Nachhaltigen Entwicklung zu gestalten. Diese Lösungen fokussieren auf *Ressourcenschonung*, *Umweltschutz* und *gesellschaftliche Verantwortung*. Für diese Lösungen wird es etwa erforderlich, Güter- und Energieeinsatz effizient zu gestalten sowie natürliche Kreisläufe um anthropogen geschaffene zu ergänzen. Des weiteren bedarf es eines Kooperations- und Produktdesigns, welches es erlaubt, *lernattraktive Entwicklungsumgebungen* für die beteiligten Akteure in im allgemeinen internationalen Wertschöpfungsketten und Unternehmensnetzwerken zu realisieren.

T: Team Knowledge

Die Verbesserung der Zusammenarbeit von Akteuren entlang einer maritim geprägten internationalen Wertschöpfungskette (etwa Verlader, Reedereien, Hafen- und Umschlagbetreiber, Spediteure) erfordert wissensbasierte Wege: *Team Knowledge*. Die zunehmende Defragmentierung der Wertschöpfungskette und die Ausweitung der globalen Produktions- und Dienstleistungsnetzwerke führen zu immer mehr Partnern in den unternehmensübergreifenden Leistungsprozessen. Parallel dazu verkürzen sich die für den Wettbewerbserfolg zur Verfügung stehenden Reaktionszeiten. Ein betriebliches *Wissensmanagement* ist daher ebenso notwendig, wie ein definierter Know-how-Transfer entlang der Wertschöpfungskette. Ferner wird es notwendig, Standorte über deren Qualifizierung im Rahmen von Wissensregionen als internationale Partner von Netzwerken (etwa im Rahmen von Seehafenkooperationen, Kooperationen zwischen logistischen Zentren) positionieren zu können.

Gerade die Wettbewerbsfähigkeit kleinerer und mittlerer Unternehmen wird zunehmend geprägt durch ihre Fähigkeit, Kooperationen temporär eingehen, gestalten und betreiben zu können. Kooperationen beziehen sich hierbei nicht allein auf Lieferanten und Kunden, sondern auch auf weitere Partner, Anspruchsgruppen und sogar Wettbewerber des Unternehmens. Aufgrund ihrer in der Regel regionalen Einbindung und ihres regionalen Engagements ist dabei für kleinere Unternehmen auch ein regionales *Kooperationsmanagement* wesentlich.

I: Interfaces

Neue Aufgabenverteilungen in internationalen Wertschöpfungsnetzwerken sowie neue logistische Produkte verstärken den Bedarf nach einem qualifizierten Schnittstellenmanagement. So ergeben sich etwa Schnittstellen zwischen Unternehmen, Geschäftsprozessen, Informationstechnologien, Entscheidungsträgern, Transportträgern und Richtlinien.

Schließlich bedeutet ein kundenorientiertes Angebot eine exzellente Steuerung und Gestaltung dieser Schnittstellen sowie eine Beherrschung der zugrundeliegenden Komplexität in der Prozess- und Strukturlogik. Die Leistungsfähigkeit wird dabei durch infrastrukturelle und organisatorische Engpässe sowie durch Outsourcing-Aktivitäten zwischen Verladern und Dienstleistern beeinflusst.

C: Client driven

Kundenindividuelle Massenfertigung hat bekanntlich das Ziel, die Vorteile der Massenproduktion mit denen der Kundenindividualisierung zu kombinieren. Erste Ansätze dieser *client driven production* finden sich im Marketing, in der Produktplanung und in der Produktionsplanung und -steuerung.

Indessen kann dieser Ansatz auch auf Produktdifferenzierungsstrategien im Hinblick auf logistische Wertschöpfungsketten übertragen werden. Die Lösungen implizieren eine Individualisierung in der Kettengestaltung und Größendegressionseffekte im Zusammenhang mit Bündelungs- und Intermodalitätsansätzen. Hierzu müssen zunächst geeignete logistische Module unter anderem zum Transport, zum Lagern, zur Bündelung, zum Postponement und zu Value Added Services identifiziert, beschrieben und analysiert werden. Zu den Modulen gehören etwa Lagerhäuser, Packing-Zentren, Groupage-Zentren, Cross Docking Stations, Umschlagterminals, Zugrelationen, Service-Zentren, Güterverkehrszentren und Last-Mile-Logistiken. Als Ergebnis erhält man ein Portfolio modular arrangierter, kundenindividueller Supply Chain Varianten. Dieses Portfolio kann zur Ausgestaltung eines kundenindividuellen Produktangebots für einen Standort oder eine Kette genutzt werden. Damit können alternative Beschaffungs- oder Distributionskanäle entsprechend den Produktbedingungen und den Wünschen der Anspruchsgruppen angeboten werden.

S: Security and Safety

In internationalen Wertschöpfungsketten spielt das Thema Sicherheit in den beiden Ausprägungen Security (z. B. Schutz vor terroristischen Maßnahmen, Schmuggel, Diebstahl) und Safety (Schutz vor Handlungen Dritter, wie unvorhergesehenen Ereignissen) eine zunehmende Rolle. So kommen etwa im Zuge verstärkter Sicherheitsanforderungen im internationalen Containerverkehr auf alle Beteiligten in der Supply Chain neue Anforderungen zu, die sowohl organisatorisch als auch durch den Einsatz neuer Technologien umgesetzt werden können. Genannt werden können beispielsweise Ansätze, das Thema Sicherheit durch mechanische und elektronische Sicherheitsmechanismen wie Hochsicherheitssiegel, *elektronische Siegel* sowie „smart container" mit zusätzlichen Sensoren zu unterstützen. Für die Beteiligten an der Wertschöpfungskette ist es daher wichtig, sich mit den resultierenden technischen Anforderungen sowie mit den organisatorischen Zusammenhängen proaktiv auseinander zu setzen und ein *Sicherheitscontrolling* im Unternehmen und in der Supply Chain aufzubauen.

3 Strategische Flexibilität in der maritimen Wirtschaft und Logistik

Sich verändernde Rahmenbedingungen der Globalisierung, Abschwünge im weltweiten Marktwachstum sowie Verhaltensänderungen von Kunden, Wettbewerbern und Lieferanten führen Entscheidungsträgern heutzutage deutlich vor Augen, dass, wie in der Logistik bekannt, Entscheidungen zur Beeinflussung und Sicherstellung der Unternehmensentwicklung in einer vernetzten Welt Auswirkungen auf weitere Partner in der Kette, international und am Standort, haben.
Während oftmals Fragen nach Umwelt und Klima sowie Technologieführerschaft im Vordergrund von Pressemitteilungen stehen, ist daher dennoch mehr denn je die Gewährleistung der strategischen Flexibilität für Unternehmen wettbewerbsentscheidend. Ein Unternehmen muss sich sowohl an kurzfristige Schwankungen der Marktbedingungen als auch an tiefer greifende Veränderungen in Produktions- und Nachfragestrukturen anpassen können. Eine Beherrschbarkeit der Zukunft kann nur gewährleistet werden, indem die Reaktionsfähigkeit eines Unternehmens auf Marktveränderungen erhöht wird und dieses die Fähigkeit besitzt, Veränderungen, beginnende Trends und Chancen zu erkennen und im Rahmen von Frühwarnsystemen darauf effizient und zielgerichtet zu reagieren. Diese strategische Flexibilität betrifft unter anderem das Produktprofil, das Leistungsangebot, das Wissenspotenzial im Unternehmen und die Fähigkeit zur Kooperation. Zukunftsorientiert zeigt sie erneut die Bedeutung von Innovation, Qualifizierung und Kommunikationskultur für einzelne Unternehmen und Unternehmensnetzwerke.
Gerade vor dem Hintergrund einer zunehmenden Vernetzung in globalen, maritim geprägten Supply Chains, einer steigenden Seetransportleistung und dem Einsatz von Schiffen der neuen Generation mit einer Kapazität von 14.000 TEU steigt die Bedeutung dieses strategischen Flexibilität im Rahmen eines quantitativen und qualitativen Designs maritimer Standorträume. Da sich die Bedeutung von logistischen Regionen nicht allein in ihrer Leistungsfähigkeit als Umschlag für den internationalen Warenaustausch ausdrückt, sondern weit mehr in der Berücksichtigung als wesentlicher Wertschöpfungspartner internationaler Logistikketten, ist es für die Wettbewerbsfähigkeit von Regionen und den dort angesiedelten Unternehmen mit entscheidend, inwieweit es gelingt, Hub-Entwicklung, Gate-Funktionen und Hinterlandanbindung sicherzustellen, zu optimieren und weiterzuentwickeln. Verkehr, Logistik und Standortentwicklung sind damit untrennbar miteinander verbunden. Insoweit bedarf es einer prozessübergreifenden Systemoptimierung am Standort und in der internationalen Kette. Es kommt in diesen Standorträumen oder Clustern zu neuen Aufgaben- und Standortverteilungen in Wertschöpfungsnetzwerken etwa durch Verschiebungen von Produktionsstandorten, zu neuen Kooperationsformen sowie zu neuen logistischen Produkten. In diesem Zusammenhang sind sowohl verkehrs- und regionalwirtschaftliche als auch betriebswirtschaftlich-logistische Lösungen für den Standort gefragt, etwa bezüglich intermodaler Transportketten, dem Umgang mit Fragen des Risikos und der Sicherheit in der Transportkette, der Gestaltung von wertschöpfungsorientierten Logistik- und Güterverkehrszentren sowie den damit verbundenen Mehrwertdiensten. Das damit angesprochene Zusammenspiel der Partner trägt wesentlich dazu bei, eine quantitativ und qualitativ exzellente zeitnahe Beherrschung der logistischen Komplexität im Unternehmen, in der Kette und am Standort zu erzielen und flexible und zuverläs-

sige Problemlösungspotentiale an einem Standort für Supply Chain Anforderungen von Kunden weltweit anbieten zu können.

Literaturverzeichnis

Bartowiak, J.; Schreiner, U.; Siestrup, G.; Haasis, H.-D.; Plöger, M.: A Flexible Communication Concept for Integrated Supply Chain Planning Concerning Aspects of Trust, in: Pawar, K. S.; Lalwani, C. S. (Eds.): Proceedings of the 14th International Symposium on Logistics, Nottingham, 2009, 252-257.

Branch, A. E.: Global Supply Chain Management and International Logistics, Oxford, 2008.

Haasis, H.-D.: Design qualifizierter maritimer Standorträume zur starken Positionierung internationaler Logistikketten, in: Lemper, B.; Meyer, R. (Hrsg.): Märkte im Wandel – mehr Mut zu Wettbewerb, Frankfurt, 2005, 161–166.

Haasis, H.-D.: Mass Customization in International Logistics, in: Blecker, T.; Friedrich, G. (Eds.): Mass Customization. Concepts – Tools – Realisation, Berlin, 2005, 189-193.

Haasis, H.-D.: Mesologistik: Leistungsoptimierung in der maritimen Logistikregion Nord-West-Deutschland, in: Kieserling Stiftung (Hrsg.): Quo vadis Netzwerk – Evolution der Logistik, Bremen, 2007, 98–107.

Haasis, H.-D.: Knowledge Management in Intermodal Logistics Networks, in: Haasis, H.-D.; Kreowski, H.-J.; Scholz-Reiter, B. (Hrsg.): Dynamics in Logistics, Berlin, 2008, 269-275.

Haasis, H.-D.: Produktions- und Logistikmanagement, Wiesbaden, 2008.

Haasis, H.-D.; Elbert, R.: Bringing Regional Networks back into Global Supply Chains: Strategies for Logistics Service Providers as Integrators of Logistics Clusters, in: Kersten, W.; Blecker, T.; Flämig, H. (Eds.): Global Logistics Management, Berlin, 2008, 21-31.

Haasis, H.-D.; Kolmykova, A.: Logistics as engine of international cooperation and regional cooperation, Proc. 9th International symposium "Transport strategy of Ukraine and integration processes", Odessa, 2006, 105.

Haasis, H.-D.; Landwehr, T.: Mesologistik. Systemoptimierung am Standort und in der internationalen Kette, Kieserling Stiftung, Bremen, 2009.

Haasis, H.-D.; Möllenstädt, O.: Strategic Tools for the Sustainable Development of Maritime Regions, in: Haasis, H.-D.; Kopfer, H.; Schönberger, J.: Operations Research Proceedings 2005, Berlin et al., 2006, 123–128.

Haralambides, H. E.: Structure and Operations in Liner Shipping Industry, in: Button, K. J.; Hensher, D. A. (Eds.): Handbook of Transport Modeling. Pergamon-Elsevier Science, 2007.

Haralambides, H. E.: World Shipping. Keynote Speech, 50 Jahre ISL: 1954-2004, Jubiläumsveranstaltung, Bremen, October 13, 2004.

Mangan, J.; Lalwani, C.; Fynes, B.: Port-centric logistics, in: International Journal of Logistics Management, 19(2008)1, 29-41.

Notteboom, T.; Ducruet, C.; Langen, P. de (Eds.): Ports in Proximity. Competition and coordination among adjacent seaports, Ashgate, Farnham, 2009.

Pawellek, G., Schönknecht, A.: Maritime Logistik – Innovationsstrategien, Lösungsansätze und Potenziale, in: Jahrbuch Logistik 2007, 87-89.

Rodrigue, J.-P.: Comtois, C.; Slack, B.: The Geography of Transport Systems. New York, 2009.

Stopford, M.: Maritime Economics, 3rd ed., Oxford, 2008.

Talley, W. K.: Port Economics, Oxford, 2009.

Wang, J. et al. (Eds.): Ports, Cities, and Global Supply Chains, Ashgate, Farnham, 2007.

Willibald A. Günthner*

Logistik Digital – Die virtuelle Welt der Logistik

---

* Prof. Dr.-Ing. Dipl.-Wirtsch.-Ing. Willibald A. Günthner studierte an der Technischen Universität München Maschinenbau und Arbeits- und Wirtschaftswissenschaften. Nach der Promotion am dortigen Lehrstuhl für Förderwesen arbeitete er als Konstruktions- und Technischer Leiter für Förder- und Materialflusstechnik bei der Firma Max Kettner. 1989 übernahm er die Professur für Förder- und Materialflusstechnik an der FH Regensburg. Seit 1994 leitet er den Lehrstuhl für Fördertechnik Materialfluss Logistik (fml) an der TU München.

1 Einführung

1.1 Von der Periphere Phantomatik zur Virtual Reality

Unter der Bezeichnung „Periphere Phantomatik“ wurde das Konzept des Cyberspace vom polnischen Philosophen und Schriftsteller Stanislaw Lem 1964 in seinem Buch „Summa technologiae“ zum ersten Mal erwähnt. Das Wort „Cyberspace“ begründete der US-amerikanische Science-Fiction-Autor William Gibson in seinem Roman „Neuromancer“ im Jahre 1984.
„Cyberspace is a consensual hallucination (...). It's like, with this equipment, you can agree to share the same hallucinations. In effect, they're creating a world. It's not really a place, it's not really space. It's notional space.“
Cyberspace ist dabei ein Begriff, der seitdem bei vielen verschiedenen neuartigen Computeranwendungen Verwendung findet. Eine davon ist die Virtual Reality. Die Entstehung dieses Begriffs geht noch weiter zurück. Der französische Dramaturg Antonin Artaud erwähnte ihn bereits 1938 in seinem zukunftsweisenden Buch „Le Théâtre et son Double“. Artaud beschreibt das Theater als „la réalite virtuelle”, „in which characters, objects, and images take on the phantasmagoric force of alchemy's visionary internal dramas” (Davis, 1998).
Aber erst der amerikanische Informatiker und Unternehmer Jaron Zepel Lanier machte den Ausdruck Virtual Reality (VR) in den frühen 1980er Jahren bekannt. Dabei bezeichnet der Begriff das völlige Eintauchen in eine künstliche vom Rechner generierte Welt, mit der der Benutzer in Echtzeit interagieren kann.

1.2 Inhaltsübersicht

Der Begriff der virtuellen Welt existiert schon mehrere Jahrzehnte in der Literatur. Seit fast 30 Jahren wird an dieser Thematik geforscht und seit 20 Jahren gibt es industrielle Anwendungen. Für die technische Logistik ergeben sich dabei mehr und mehr interessante Einsatzfälle. Nach einem kurzen Überblick über die neuen Herausforderungen in der Logistik des 21. Jahrhunderts werden in diesem Artikel verschiedenste Anwendungen aufgezeigt. Diese beinhalten generell neue Rechnerhilfsmittel, wobei der Schwerpunkt auf Technologien im Bereich der VR liegt.
Die ausgewählten Beispiele orientieren sich an der Oberseite des Logistikwürfels, den Funktionen (siehe Abbildung 1). Ein Kapitel beschäftigt sich mit der Unterstützung der Forschung und Entwicklung durch neue digitale Werkzeuge. Der folgende Abschnitt befasst sich mit der Planung von intralogistischen Anlagen, die die Funktionen Produktion, Umschlagen, Kommissionieren, Verpacken und Signieren, Transportieren und Lagern beinhalten. Dabei liegt der Fokus auf dem Generieren der 3D-Modelle und auf der Planung von manuellen Kommissioniersystemen mit Hilfe der VR. Anschließend erfolgt ein Überblick, wie das operative Personal mit diesen neuen Technologien unterstützt werden kann. Dabei stehen die Schulung von neuen Abläufen und die Kommissionierung unter Einsatz von Datenbrillen im Mittelpunkt. All diese Anwendungen sollen nicht für sich alleine stehen, sondern im Rahmen der Digitalen Fabrik aufeinander abgestimmt sein und eine

durchgängige Nutzung der Daten ermöglichen. Außerdem werden in diesem Artikel noch auszuräumende Hemmnisse und weitere Entwicklungsmöglichkeiten zu dieser Digitalen Fabrik genannt.

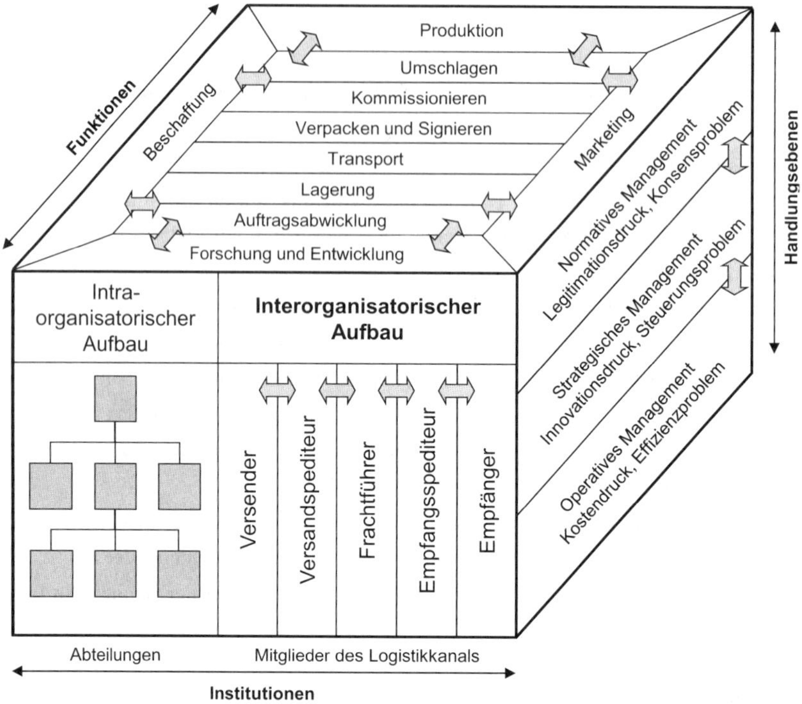

Abbildung 1: Logistikvariablen (Pfohl 2004, S. 26)

2 Neue Herausforderungen im 21. Jahrhundert

2.1 Die Welt im Wandel

Die VR-Technologie hat in den letzten 20 bis 30 Jahren eine steile Entwicklung genommen. In diesem Zeitraum war auch die ganze Welt einem steten Wandel unterworfen, der sich mit zunehmender Geschwindigkeit vollzieht. Als Ursache für die strukturellen und wirtschaftlichen Veränderungen wird dabei oft die Globalisierung genannt. Diese hat in den letzten 20 Jahren aufgrund verschiedener Entwicklung verstärkt an Fahrt gewonnen. Dazu ist zuerst der Fall des Eisernen Vorhangs und die damit verbundene Öffnung Osteuropas zu nennen. Innerhalb Europas begründete der Binnenmarkt, die Aufnahme neuer Staaten zur EU und der Euro eine zunehmend engere und verflochtenere Gemeinschaft. Aber auch weltweit führten der Abbau von Zöllen und Handelshemmnissen sowie die Internationalität der Finanzmärkte zu einer weltweiten Konkurrenzsituation. Nicht vergessen werden darf dabei, dass vor allem die Unternehmen in den westlichen Staaten neue Absatzmärkte vornehmlich in den BRIC-Staaten (Brasilien, Russland, Indien, China) erschließen wollen und somit die Globalisierung vorantreiben. Ein digitales Hilfsmittel ist dabei direkt mit der Globalisierung verbunden, denn das Internet ermöglicht einen weltweiten Datenaustausch in nur kürzester Zeit. Einer der Industriezweige, der am meisten von dem gestiegenen Warenaustausch und der zunehmenden Produktionsteilung sowie der sinkenden Transportkosten profitiert, ist die Logistik. Ein Indikator dafür ist der weltweite Containerumschlag, gemessen in Twenty Foot Equivilant Units (TEU), der von 20 Mio. TEU im Jahre 1975 nahezu exponentiell auf 440 Mio. TEU im Jahre 2006 gestiegen ist (Günthner und Heptner 2007). Der Boom der letzten Jahre wurde aber von der Finanzkrise, die sich zu einer Wirtschaftskrise ausgeweitet hat, herb gedämpft, so dass die europäischen Häfen im Jahr 2009 einen Umsatzeinbruch von 15 bis 35 % zu verzeichnen haben (Granzow 2009). Ein weiterer entscheidender Faktor wird in den letzten Jahren immer häufiger genannt – der Klimawandel. Nachhaltige und umweltschonende Lösungen werden immer wichtiger und dies hat auch einen Einfluss auf die Logistikbranche. Man darf auf die zukünftige Entwicklung gespannt sein.

Ein zweiter wichtiger Trend, der die Wirtschaft in den letzten 20 Jahren beherrscht hat, ist die Individualisierung. Diese geht einher mit der Globalisierung, weil das weltweite Angebot an Produkten die Individualisierung der Kundenwünsche fördert. Die Unternehmen sind gefordert und weiten ihr Produktportfolio aus. Dies zeigt sich z. B. in der deutschen Vorzeigebranche, der Automobilindustrie, denn die Anzahl der Varianten moderner PKW-Modelle liegt bei ca. 10.[20] Wiederum ist das Internet einer der Treiber für diese Entwicklung. Der e-Commerce stärkt nicht nur das Preisbewusstsein, sondern die Verbraucher können weltweit und rund um die Uhr einkaufen. Der Anteil der Computernutzer in Deutschland liegt bei knapp 80 % und der Internetnutzer bei 70 % (Statistisches Bundesamt 2009). Deutschland war 2008 beim B2C-e-Commerce in Europa führend und mit einem Pro-Kopf-Umsatz von 913 Euro sogar Weltmarktführer (TNS Infratest 2009). 2009, 25 Jahre nach der ersten empfangenen Email in Deutschland, überholte der Online-Anteil erstmals den Anteil herkömmlicher Bestellwege beim Versandhandel. Der Anteil am Gesamtumsatz betrug 53 % (siehe Abbildung 2).

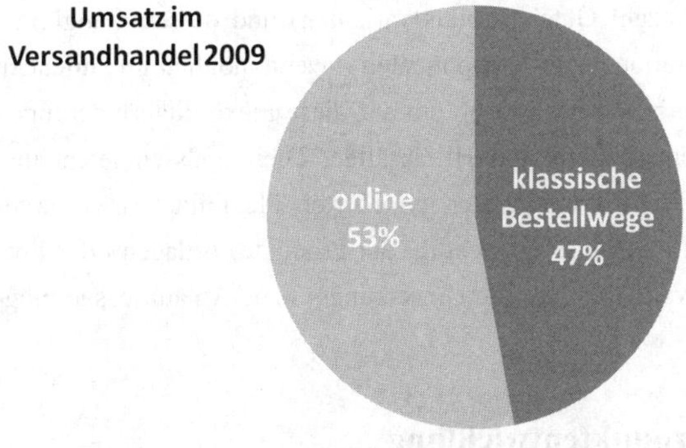

Abbildung 2: Verteilung des Versandhandelsumsatzes 2009 (online 15,4 Mrd. €, klassisch 13,7 Mrd. €, Vorjahr: 13,4 Mrd. € zu 15,2 Mrd. €) (TNS Infratest 2009)

Das Web 2.0 bezieht den Benutzer noch mehr ein. In Blogs führt er ein öffentliches Tagebuch. Der Dienst Twitter ist mittlerweile der berühmteste Vertreter und derzeit eine der gefragtesten Seiten im Internet. Barack Obama nutzte Twitter während seines Präsidentschaftswahlkampfes und Lance Armstrong hielt seine Fans während der Tour de France 2009 auf dem Laufenden. Über Foren können sich die Internetnutzer z. B. über Produkte austauschen oder sie stellen Audio- oder Videobeiträge ins Internet, um der Welt von ihrem Leben zu berichten. Es geht sogar soweit, dass es möglich ist, ein zweites virtuelles Leben in Second Life zu führen. Second Life ist aber auch ein Beispiel dafür, wie schnell sich Hypes ändern können. 2007 war es in aller Munde, doch mittlerweile ist es stiller darum geworden, auch wenn es weiterhin noch wächst. Das Fraunhofer-Institut für Produktionstechnik und Automatisierung bietet mit der „factory of eMotions" die Besichtigung und die Planung einer virtuellen Fabrik an (Fraunhofer IPA 2009). Second Life ist auch eine Plattform, über die Unternehmen die Kunden in den Entwicklungsprozess direkt miteinbeziehen und die Produkte nach deren Willen gestalten können. Dies führt aber auch zu Hypes, so dass das gewünschte Produkt schnell auf dem Markt kommen und dementsprechend der Produktlebenszyklus verkürzt werden muss. Diese verkürzten Zyklen und die steigende Variantenanzahl beeinflussen die Logistik entscheidend.

2.2 Anforderungen an moderne Logistiksysteme

Die neuen Randbedingungen führen dazu, dass die drei Erfolgsfaktoren der Logistik – Zeit, Qualität und Kosten – um einen weiteren Aspekt erweitert werden müssen – die Flexibilität. Dabei ist die Flexibilität hinsichtlich der Waren, aber auch des Durchsatzes und des Layouts zu verstehen. Neben einer hohen Wirtschaftlichkeit, einer hohen, möglichst 100 prozentigen und konstanten Qualität sowie einer hohen Termintreue finden sich weitere Anforderungen. Der Durchsatz von beispielsweise Kommissioniersystemen steigt aufgrund von neuen Absatzmärkten und kleiner werdenden Losgrößen. Er soll sich flexibel an die Schwankungen über den Jahres- oder Tagesverlauf anpassen lassen. Das Logistiksystem soll schnell auf sich verändernde Artikelstrukturen aufgrund Modifikationen des Sortiments (Anzahl Güter, Produktvarianten) und dessen Gängigkeit reagieren. Eine Erweiterbarkeit und Integration neuer Komponenten – wenn möglich im laufenden Betrieb – ist dabei selbstverständlich. Ein bewährtes Mittel, um auf diese Flexibilitätsänderungen zu reagieren, ist das Einbinden von Leiharbeitern und Hilfskräften. Diese müssen leicht und schnell in die Prozesse integriert werden. Aufgrund dieser geforderten Flexibilität sowie unter Betrachtung der anderen drei Erfolgsfaktoren ist es notwendig, die Produkte, Anlagen oder Prozesse bereits in der Planung virtuell zu evaluieren, um die Umsetzungs- bzw. Anlaufphasen möglichst kurz und fehlerfrei zu halten.

3 Digitale Hilfsmittel in der Produktentwicklung

Die Produktentwicklung gilt als Vorreiter beim Einsatz von digitalen Werkzeugen. Diese können für die Entwicklung beliebiger Produkte und Maschinen eingesetzt werden. Darunter fallen auch

Maschinen für den Einsatz in intralogistischen Anlagen, wie z. B. Stapler oder Regalbediengeräte. CAD-Systeme zur Erstellung von virtuellen Modellen zur Unterstützung der Konstruktion waren der erste Einsatzfall. Die Ingenieure können sich über neue Produkte oder Maschinen auf diese Weise bereits vor ihrer Fertigstellung am Rechner einen Eindruck verschaffen und diese hinsichtlich ihrer Funktionalität analysieren. Die Anfertigung realer Prototypen zur Erstbemusterung, ein Vorgang, der sehr zeit- und kostenintensiv ist und hohen personellen Einsatz erfordert, ist damit überflüssig geworden. Neben der Überprüfung der Montierbarkeit lassen sich Kollisionsbetrachtungen durchführen. Konstruktionsfehler können hierdurch frühzeitig aufgedeckt und eventuell notwendige Konstruktionsänderungen veranlasst und umgesetzt werden.
Um einen noch besseren Eindruck von den Modellen zu gewinnen, werden diese mittels VR dargestellt (siehe Abbildung 3). Durch den Einsatz von großen Mehrseitenprojektionsanlagen, wie beispielsweise einer sogenannten CAVE, lassen sich die Modelle 1:1 mit einem dreidimensionalen Eindruck darstellen. Durch intuitive Interaktionsmechanismen können die Modelle nicht nur bewegt, sondern auch bedient werden. In der Automobilindustrie erfolgt die Abnahme der Modelle teilweise nur noch virtuell anstatt anhand von statischen und aufwendig hergestellten realen Prototypen.

Abbildung 3: Interaktion mit einem virtuellen Modell einer Roboterzelle

CAD-Modelle liefern nur eine visuelle dreidimensionale Darstellung der Konstruktion. Mit Hilfe von Finite-Elemente-Modellen (FEM) erfolgt die Ermittlung des Festigkeitsnachweises mittels numerischer Berechnungsverfahren. FEM ermöglicht gemäß den gegebenen Randbedingungen und der aufgeprägten Kräfte und Momente die Durchführung statischer Analysen. Wenn besonderes Augenmerk auf möglichst geringes Gewicht oder Volumen gelegt wird, können unter Zuhilfenahme der Bionik als top-down-Prozess darüber hinaus einzelne mechanisch beanspruchte Bauteile bereits automatisiert hinsichtlich Struktur, Topologie und Querschnitt optimiert werden. Leider erfolgt die FEM-Berechnung heutzutage immer noch getrennt von der Konstruktion, so dass die FEM-Berechnung mit einem bereits fertigen und ausgewählten Modell erfolgt. Durch eine bessere Interaktion der Werkzeuge CAD und FEM können bereits in einer frühen Konstruktionsphase Alternativen zum Beispiel für die optimale Anordnung von Trägern oder Verbindungen im Raum sowie deren Dimensionierung aufgezeigt werden. Die Konstruktion komplexer Maschinen würde sich dadurch um einiges vereinfachen.

Um das reale Systemverhalten bereits in der Produktentwicklung zu simulieren, wird zunehmend auf virtuelle Testmethoden zurückgegriffen. Hierzu erfolgt in geeigneten Simulationsumgebungen, wie z. B. der Mehrkörpersimulation (MKS), anhand der technischen Konstruktionsdaten realitätsgetreue Abbildungen von Fahrzeugen und Maschinen. Diesen Modellen werden aus der Realität bekannte Belastungsgrößen aufgeprägt. Hiermit lassen sich Bewegungsanalysen von komplexen kinematischen Systemen, zum Beispiel die Simulation des Fahr- und des Kurvenverhaltens bei Flurförderzeugen, sowie die Ermittlung dynamischer Bauteilbelastungen, durchführen. Beispielsweise unterliegen Hochregalstapler im Bereich der Standsicherheit strengen Sicherheitsanforderungen. Durch geeignete MKS-Modelle kann auf diese Weise bereits im Vorfeld geprüft und sichergestellt werden, dass alle Anforderungen gemäß dem genormten Kipptest erfüllt sind. Ein weiteres Anwendungsbeispiel stellt die Untersuchung des Einflusses von Bodenungenauigkeiten auf das dynamische Verhalten von Schmalgangstaplern dar. Bei der Untersuchung des Schwingungsverhalten des Staplers oder eines Regalbediengeräts werden mit MKS und FEM neben den rein kinematischen Gegebenheiten, wie etwa Fahrwerk, Führung, Getriebe, Hydraulik usw. auch sämtliche elastischen Eigenschaften wie etwa der Maststruktur beim Regalbediengerät oder der Hubgerüste beim Schmalgangstapler abgebildet (siehe Abbildung 4). Nach der vollständigen Implementierung der Modelle und der Simulation eines Verfahrvorganges können anschließend im Post-Processing die auftretenden Schwingungsverläufe dreidimensional ausgegeben und bewertet werden.

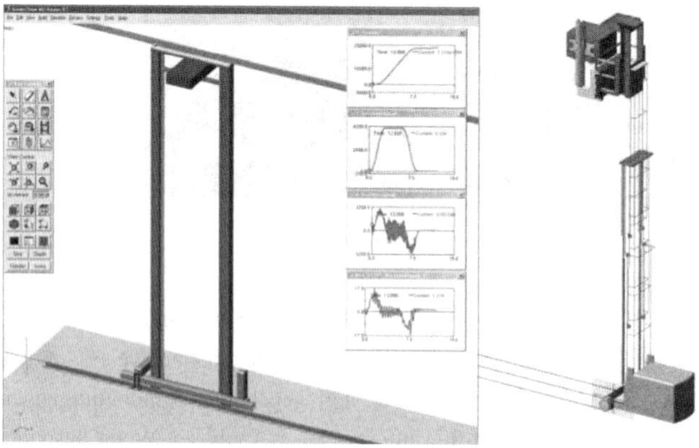

Abbildung 4: MKS-Modell eines Regalbediengerätes und eines Schmalgangstaplers

4 Planung von Materialflusssystemen

Aufgrund der sich schnell ändernden Randbedingungen, wie den Produkten oder dem Durchsatz, ist eine Anpassung der Materialflusssysteme an die neuen Begebenheiten notwendig. Deshalb wird es immer wichtiger, die Neuplanung bzw. die Änderungen bereits vor dem realen Aufbau virtuell zu begutachten und abzusichern. Nachbesserungen beim Aufbau oder in der Anlaufphase verzögern die Inbetriebnahme erheblich und erhöhen damit die Kosten. In diesem Kapitel werden Methoden für die statische Layoutplanung und die Vorwegnahme des dynamischen Verhaltens vorgestellt.

4.1 Layoutplanung

Über die Produktentwicklung fanden die CAD-Programme auch Einzug in die Planung. Nachdem 2D-CAD dabei zum Standard gehört, erfolgt in den letzten Jahren ein verstärkter Einsatz von 3D-Systemen. Die dreidimensionale Darstellung bietet einen besseren räumlichen Eindruck. Heutige Fertigungsstationen sind oft platzsparend und über mehrere Ebenen ausgelegt, dass eine einfache zweidimensionale Draufsicht nicht mehr ausreichend ist. Kollisionen lassen sich frühzeitig erkennen und auch bei der Auslegung von manuellen Arbeitsplätzen kommt es auf die räumliche Anordnung an, um z. B. eine Greifraumanalyse durchzuführen. Ein weiterer Vorteil von 3D-Modellen ist, dass diese in neuere Planungstechnologien wie die VR übertragen werden können.

VR-gerechte Modellerstellung

Diente die VR in den ersten Anwendungsfällen oft nur als Präsentationsmedium, werden heute die Anlagen zu echten Planungswerkzeugen. Der Elbe Dom am Fraunhofer-Institut für Fabrikbetrieb und -automatisierung (IFF) ist eine Rundprojektion mit einem Durchmesser von 16m (Fraunhofer IFF 2009). Dabei können komplette Fabrikhallen und sogar ganze Gebäudekomplexe visualisiert werden. Die Modelle lassen sich auch dazu nutzen, bestimmte Abläufe zu evaluieren oder zu trainieren, wie z. B. die Wartung von Transformatoren in Kraftwerken. Für eine realitätsnahe Darstellung (inkl. Lichtverhältnisse, Schatten, Oberflächen etc.) oder für einen interaktionsgerechten Aufbau der Modelle reicht ein Export aus CAD-Programmen nicht aus. Für diese Modellerstellung sind oft spezielle 3D-Animationsprogramme notwendig (siehe Abbildung 5). Da für diese Programme oft keine öffentlich zugänglichen Bauteilbibliotheken verfügbar sind, müssen die Modelle zeitaufwendig von Grund auf erstellt werden. Ein am Lehrstuhl für Fördertechnik Materialfluss Logistik (fml) entwickeltes Plug-In für die 3D-Animations-Software Autodesk Maya ermöglicht die schnelle Erzeugung parametrisierbarer Förder- und Lagertechnikkomponenten wie Rollenbahnen, Kettenförderer, Drehtische, Fachboden- und Hochregalen oder statischer Modelle wie Ladehilfsmittel, Flurförderzeuge oder Roboter. Die Erstellung der Objekte erfolgt für jede parametrisierbare Komponente gleichermaßen. Nachdem der grundlegende Typ (z. B. Kettenförderer) ausgewählt wurde, kann der Benutzer mittels einer intuitiv gestalteten grafischen Oberfläche die Eingabe der maßgeblichen Parameter vornehmen und das Objekt im Anschluss darauf erzeugen.

Abbildung 5: Für ein VR-System geeignete realitätsnahe Darstellung eines Materialflusssystems

Sobald die Komponente vorliegt, ermöglichen es unterschiedliche, vom Hauptprogramm zur Verfügung gestellte Transformationswerkzeuge, Position und Orientierung des Objektes zu verändern. Das Plug-In wurde hauptsächlich zu dem Zweck entwickelt, Benutzern die Möglichkeit einzuräumen, ohne fundierte Kenntnisse bezüglich eines 3D-Programms digitale, voll parametrisierbare Modelle von Fördertechnikkomponenten generieren zu können. Indem die üblicherweise rein manuellen Tätigkeiten während der Modellierungsphase komplett durch Makro-Skripte ersetzt wurden und der Benutzer durch intuitive, grafische Oberflächen unterstützt wird, lässt sich der ansonsten sehr zeitaufwändige Erstellungsprozess auf ein Minimum reduzieren.

Kombination aus realer und virtueller Anlage

Mit einem guten 3D-Modell lassen sich verschiedenste Planungsanwendungen realisieren. Die Augmented Reality (AR) ist ein Teilbereich der VR. Darunter wird die kontextspezifische Überlagerung der realen Umgebung mit virtuellen Objekten verstanden. Somit können reale Randbedingungen in Form von bestehender Fördertechnik, Lagereinrichtung, Gebäudestruktur sowie Umwelteinflüsse wie Licht und Lärm etc. in die Planung miteinbezogen werden (Günthner et al. 2006). Damit besteht die Möglichkeit, am Rechner konstruierte oder geplante Anlagen aufwandsarm in die reale Welt zu integrieren, um die planerische Absicherung zu verbessern. Die virtuellen Modelle zukünftig zu realisierender logistischer Systeme lassen sich in Bildern und Videosequenzen durch Störkanten- und Kollisionsanalysen mit real bestehenden Einrichtungsgegenständen verschneiden. Der Planungsprozess wird dadurch verstärkt abgesichert, so dass kostspielige Umplanungen während der Aufbausphase entfallen. Soll zum Beispiel überprüft werden, ob mit einer bestehenden Fördertechnik neue oder abgeänderte Bauteile befördert werden können, sind zunächst an der Fördertechnik und an möglichen Störkanten Markierungen anzubringen. Von den kritischen Stellen werden anschließend mit einer kalibrierten Digitalkamera Fotos aufgenommen. Das Werkzeug übernimmt die Zuweisung von virtuellen Objekten zu den Markierungen und integriert so das neue Bauteil lagerichtig in die bestehende Fördertechnik. Um Kollisionen zu erkennen, lässt sich dieses virtuelle Objekt mit virtuellen Ebenen, die die Störkanten symbolisieren, schneiden. Obwohl Fertigungsanlagen immer häufiger komplett in 3D-CAD erstellt werden, ist oft die Aktualität der Modelle nicht gewährleistet. Mit AR lässt sich dagegen die reale Fertigungsumgebung mit dem virtuellen Planungsstand kombinieren und somit ein vollständiges Bild der zukünftigen Fertigungsumgebung auf Basis aktueller Rahmenbedingungen erstellen. Dies ist vor allem bei Änderungsplanungen von Vorteil, bei denen eine bestehende Fertigungsanlage oder Fördertechnik verändert bzw. erweitert wird (siehe Abbildung 6).

Abbildung 6: Virtuelles Materialflusssystem in einer realen Fabrikhalle

4.2 Dynamische Untersuchungen

Ablaufsimulation

Die Ablaufsimulation dient zur ganzheitlichen, dynamischen Abbildung und Optimierung logistischer Systeme und deren inhärenter Prozesse. Je nach Untersuchungshorizont können mit Hilfe dieses Werkzeuges sowohl ganze Wertschöpfungsnetzwerke als auch einzelne Arbeitsplätze oder Ressourcen in einem experimentierfähigen Modell nachgebildet werden. Realisiert wird dies durch die objektorientierte Konzeption der meisten gegenwärtig verfügbaren Ablaufsimulationswerkzeuge. Unter Verwendung von in ihren Grundfunktionalitäten vordefinierten und parametrisierbaren Bausteinen (Puffer, Förderstrecken etc.) lassen sich hierarchisch klar strukturierte Modelle aufbauen, die mit Hilfe individuell zu erstellender Steuerungen ein realistisches Systemverhalten ermöglichen. Dabei erfolgt die Berechnung der einzelnen Systemzustände aus Leistungsgründen nur zu den Eintrittszeiten von Zustandsänderungen. Man spricht daher bei diesem Modellierungsansatz von ereignisdiskreter im Gegensatz zu kontinuierlicher Simulation.
Die Simulationstechnologie lässt sich auf Grund des modularen Werkzeugaufbaus und der flexiblen Anpassbarkeit durch manuell programmierte Steuerungen für eine große Bandbreite logistikrelevanter Fragestellungen verwenden. Klassische Untersuchungsthemen sind die Identifikation von „Bottlenecks" in Produktions- und Logistiksystemen, die Ermittlung von Durchlauf- und Verfügbarkeitszeiten, die Dimensionierung von Puffern und Lagern, die Auslegung von Fördersystemen hinsichtlich Streckenführung und Kapazitäten sowie die unternehmensübergreifende Abbildung von Transportprozessen. Der aktuelle Modellzustand während der Simulation bzw. die Ergebnisse nach Ende des Simulationslaufes können bei den meisten Werkzeugen anhand einer 2D- bzw. 3D-Modellvisualisierung sowie mit Hilfe von Charts und Statistiken übersichtlich verfolgt werden. Trotz der Mächtigkeit der modernen Simulationswerkzeuge hängt die Genauigkeit des Ergebnisses von der Qualität der Ausgangsdaten ab. Bei der Ermittlung der Eingangsdaten, der Modellerstellung und der Plausibilitätsprüfung der Ergebnisse bleibt der Mensch unverzichtbar.
Die beschriebenen Eigenschaften machen die Ablaufsimulation zu einem unverzichtbaren Logistiktool, um Systeme und Anlagen bereits in der Planung dynamisch abzusichern und Kenntnisse über deren Systemverhalten zu gewinnen. Eine bidirektionale Kopplung zu CAD-Systemen ist dabei wünschenswert, so dass dies Inhalt vielfältiger Forschungsaktivitäten ist.

Menschintegrierte Simulation

Statische Anlagen oder das Systemverhalten von Maschinen lassen sich virtuell sehr gut abbilden. Der Mensch ist oft ein unverzichtbarer Bestandteil von Produktions- und v. a. Logistiksystemen. Sein Verhalten kann von Rechnern aber nur unzureichend und mit vielen Vereinfachungen dargestellt werden. Die VR bietet deshalb die Möglichkeit, den Menschen direkt mit einzubeziehen. Diese Menschintegrierte Simulation wird anhand des Beispiels der Kommissioniersystemplanung näher erläutert (Wulz 2008). Dabei gilt es nicht nur ein möglichst realitätsnahes und in Echtzeit lauffähiges Modell der Kommissionierumgebung zu erstellen, sondern die menschlichen Bewegungsabläufe über geeignete Interaktionsgeräte abzubilden. Beim VR-System am Lehrstuhl fml trägt der Benutzer eine für die stereoskopische Projektion nötige 3D-Brille, deren Position im Raum durch ein Trackingsystem erfasst wird. In manuellen Kommissioniersystemen sind oft Wege zurückzulegen, die die Fläche in VR-Laboren überschreiten. Deshalb bewegt sich der Benutzer auf einem unidirektionalen Laufband. Richtungsänderungen vollführt er über eine Kopfdrehung zur entsprechenden Seite. Die wichtigste Interaktion in der Kommissionierung ist das Greifen. Dazu trägt der Benutzer einen Datenhandschuh. Über Dehnungsmessstreifen in den Fingern wird deren Stellung abgebildet und über das Trackingsystem wird die Position der Hand erfasst. Mit diesen Interaktionsgeräten kann sich der Benutzer durch die virtuelle Welt bewegen und Artikel aus den Lagerfächern greifen (siehe Abbildung 7). Ein in das VR-System integriertes Programm ermittelt die wichtigsten Faktoren wie Kommissionierfehler, die gesamte Kommissionierzeit, aber auch deren Anteile wie die Tot- oder Greifzeit. So lassen sich schnell verschiedene Varianten von Kommissioniersystemen virtuell evaluieren. Dabei stellt sich natürlich die Frage, inwieweit die Ergebnisse der virtuellen Kommissionierung mit der Realität vergleichbar sind. In einer Evaluierung wurde das gleiche Kommissioniersystem in VR und in der Realität aufgebaut. Wie zu erwarten waren die Probanden in VR langsamer. Erstaunlich dabei ist aber, dass der Zeitunterschied zwischen real und virtuell über alle Probanden bei allen bearbeiteten Aufträgen nahezu konstant ist. Dies zeigt, dass sich die Realität virtuell gut vorwegnehmen lässt, wobei die Zeiten durch eine weitere Verbesserung der Hardwarekomponenten oder Interaktionsmetaphern weiter angenähert werden können.

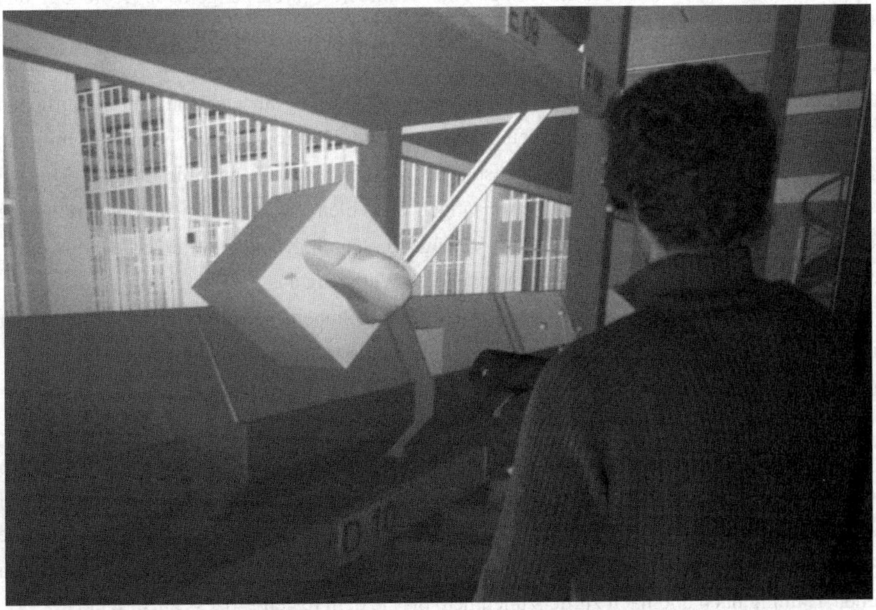

Abbildung 7: Menschintegrierte Simulation anhand der Evaluierung von Kommissioniersystemen

5 Unterstützung des operativen Personals

5.1 Schulung und Training

Aufgrund der steigenden Flexibilität müssen sich Mitarbeiter immer öfter mit neuen Sachverhalten auseinandersetzen. Schulungen nehmen zu und müssen effizient ablaufen. Das Wissen muss dabei verständlich und eindringlich vermittelt werden. Handlungsorientierte Lernszenarien holen das Lerngeschehen in die Realität, indem sie die tatsächlichen und zukünftigen Anforderungen der beruflichen Alltagswelt an den Lernenden herantragen (Katzky et al. 2007). Der Kommissionierdemonstrator zur Menschintegrierten Simulation lässt sich nicht nur zur Evaluierung und Bewertung von Planungsalternativen, sondern auch zur Schulung des operativen Personals nutzen. Die Kommissionierer können die Abläufe im zukünftigen Logistiksystem bereits virtuell erlernen bevor es real umgesetzt wird. Dies verringert nicht nur die Anlernzeit, sondern sie können auch ihre Meinung äußern und ggf. Verbesserungsvorschläge einbringen. Die Anlaufphase des neuen Kommissioniersystems kann somit entscheidend verkürzt werden.

VR-Anwendungen müssen nicht immer auf komplexen und kostenintensiven Systemen umgesetzt sein. Auch an normalen Desktoprechnern mit den Standardeingabegeräten lassen sich einfache VR-Anwendungen betreiben. Der Grad der Immersion, d.h. wie tief der Benutzer in die virtuelle Welt eintaucht, ist dabei natürlich geringer. Es stellt sich sowieso bei jeder Anwendung die Frage, wie hoch dieser Grad sein muss, um das gewünschte Ziel zu erreichen. Bei der Schulung ist das primäre Ziel, dass die Benutzer bestimmte Abläufe kennen lernen, bevor sie diese real ausführen. Dies spart die Anlernzeit an der realen Anlage und verhindert ggf. unsachgemäße Bedienung und daraus folgende Schäden an der Anlage. Ein sekundäres Ziel sind z. B. mögliche Prozessverbesserungen.

Ein derart einfaches VR-Werkzeug wurde für das Montagetraining für elektronische Baugruppen entwickelt (Katzky et al. 2007). Der Lernende sitzt an einem Desktop-PC und interagiert mit dem virtuellen Abbild eines realen Montagearbeitsplatzes mit der Maus (siehe Abbildung 8). Die Arbeitsschritte werden ihm in Form von Anweisungen eingeblendet. Es stehen ihm außerdem die erforderlichen Bauteile und Werkzeuge zur Verfügung. Durch Klicken wählt er die für einen Arbeitsschritt benötigten Bauteile bzw. das verwendete Werkzeug aus.

Die Verbauorte an der Baugruppe werden optisch hervorgehoben. Somit vollzieht er Schritt für Schritt den gesamten Montageprozess. Außerdem dokumentiert das System die tatsächliche Anfertigungsdauer mit und vergleicht diese mit den Vorgabezeiten. In einer Evaluierung zeigte sich, dass die Probanden mit drei virtuellen Lernversuchen beim realen Zusammenbau schneller waren als die, die kein virtuelles Training hatten. Dies ist nicht überraschend. Dagegen waren die Probanden mit virtuellem Training beim zweiten realen Versuch langsamer. Dies lässt sich damit erklären, dass bei der virtuellen Montage keine Fehler möglich waren und durch die optische Hervorhebung der Prozess nicht richtig verinnerlicht war. Besser wäre es, die Unterstützung beim virtuellen Training nach und nach zurückzunehmen, bis sie dem realen Prozess entspricht.

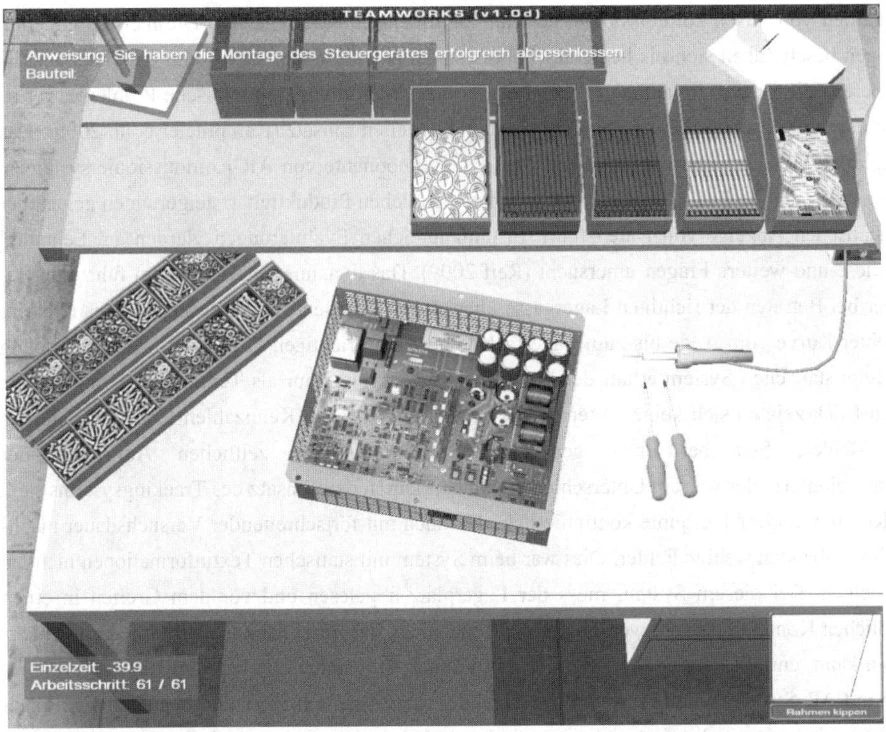

Abbildung 8: Virtuelle Schulung zur Montage von elektronischen Bauteilen

5.2 Direkte Unterstützung bei operativen Aufgaben

Eine weitere Möglichkeit, die Anlernzeiten zu verringern, ist die Unterstützung des realen Prozesses mit Hilfe der AR. Darunter ist zu verstehen, dass dem Mitarbeiter alle für seine Tätigkeit benötigten Informationen über eine Datenbrille angezeigt werden. Im einfachsten Fall sind dies statische Text- oder Bilddaten. Durch den Einsatz eines Trackingsystems und der damit verbunden Erfassung der Position oder sogar der Blickrichtung des Benutzers lassen sich dynamische Daten bezogen auf räumlich veränderliche Bedingungen anzeigen. Eine Grundlagenuntersuchung im Labor lässt die Potenziale von AR erkennen (Tang et al. 2004). Der Vergleich einer Papieranleitung, der statischen Visualisierung der Anleitung auf einem Monitor bzw. über eine Datenbrille sowie der dynamischen Anzeige auf der Datenbrille (AR) zeigt, dass AR zwar nur zu einem kleinen Zeitvorteil, aber zu signifikant weniger Fehlern führt. Durch den verringerten Suchaufwand aufgrund der Visualisierung der Bauteile direkt am Montageort verursachte AR die geringste mentale Arbeitsbelastung.

Neben Montage-, Instandhaltungs- und Servicetätigkeiten wird die Kommissionierung oft als eines der Haupteinsatzgebiete von Datenbrillen im industriellen Umfeld genannt. Dabei wird nicht primär auf eine Reduzierung der Kommissionierzeit abgezielt, sondern auf die Vermeidung von Kommissionierfehlern durch eine effiziente Informationsbereitstellung. Die Kosten durch die

Nacharbeit von falsch kommissionierter Ware sind nicht zu unterschätzen. Die meisten Untersuchungen beschränken sich bis heute auf Labortests an Hochschulen, auch wenn ein erster Praxistest bereits die Potenziale aufzeigte (Brau et al. 2005). Vor allem ergonomische Probleme, verursacht durch die Datenbrillen, verhindern einen industriellen Einsatz (Kampmeier et al. 2006). Das komplexe Trackingsystem ist die zweite kritische Komponente von AR-Kommissioniersystemen. Dabei stellt sich die Frage, ob diese überhaupt zu deutlichen Produktivitätssteigerungen gegenüber der statischen Anzeige von Daten führt. In umfangreichen Evaluierungen wurden am Lehrstuhl fml diese und weitere Fragen untersucht (Reif 2009). Das dynamische AR-System führt den Benutzer bei Betreten der richtigen Lagergasse über einen virtuellen Tunnel, bestehend aus Kreisen, die einer Kurve vom Auge bis zum Lagerfach folgen, zum richtigen Lagerfach (siehe Abbildung 9). Beim statischen System erhält der Benutzer den Lagerplatz nur als Textinformation. Auf den ersten Blick zeigten sich keine Unterschiede bei den logistischen Kennzahlen Kommissionierzeit und -fehler. Erst bei einer genaueren Betrachtung des zeitlichen Auftretens der Kommissionierfehler war ein Unterschied erkennbar. Durch den Einsatz des Trackingsystems sank die Kommissionierfehlerquote kontinuierlich, d.h. auch mit fortschreitender Versuchsdauer machten die Probanden wenige Fehler. Dies war beim System mit statischen Textinformationen nicht zu beobachten. Bei diesem System muss der Lagerplatz abgelesen und vor dem Greifen in einen räumlichen Kontext gebracht werden. Dieses Umdenken, das durch Unkonzentriertheit zu Fehlern führen kann, entfällt bei der Führung mit dem Tunnel. Probanden, die bereits Erfahrung im Umgang mit AR-Systemen hatten, waren mit Tracking signifikant schneller und begingen signifikant weniger Fehler. Generell zeigte sich eine sehr kurze Anlernphase bei den AR-Systemen.

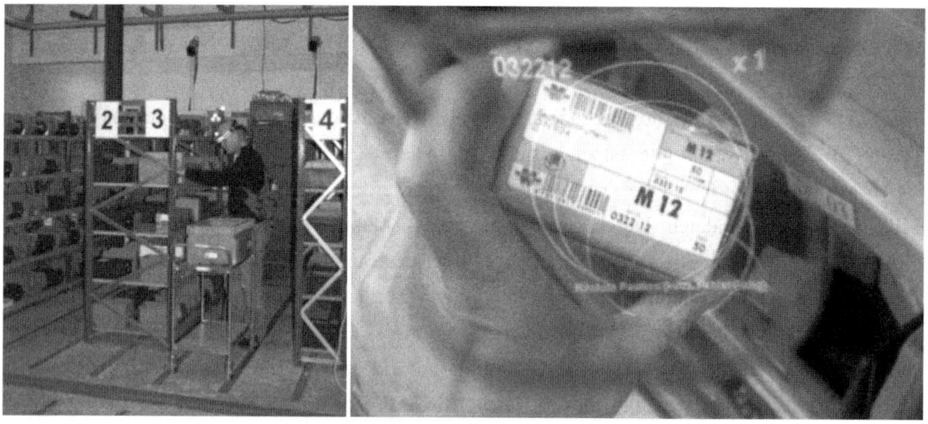

Abbildung 9: Kommissionierer mit Datenbrille und Trackingsystem (links) und die optische Hervorhebung des Lagerfachs (rechts)

Als praxisnahe Referenztechnologie wurde ein intuitiv zu handhabendes System mit einer Papierliste verwendet. Alle Probanden mussten alle drei Systeme in randomisierter Reihenfolge testen. Der Umfang der zu kommissionierenden Aufträge war gleich, sie unterschieden sich aber geringfügig, um Lerneffekte zu vermeiden. Die AR-Systeme schnitten bei den logistischen Kennzahlen besser als die Papierliste ab, auch wenn die Unterschiede nicht signifikant waren. Die subjektive Beanspruchung ist oft ein Hinderungsgrund für die Einführung von auf Datenbrillen basierenden Systemen. Bei diesen Kurzzeituntersuchungen ließ sich keine höhere Beanspruchung der Probanden zwischen den AR-Systemen und auch im Vergleich zur Papierliste feststellen. Dies spricht für die prototypenhaften Systeme mit der Datenbrille. Ähnliche Ergebnisse lieferte eine Studie, in der die Datenbrillen zwei Stunden am Stück für die Kommissionierung benutzt wurden (Schwerdtfeger et al. 2009). Für weitere Erkenntnisse sind Untersuchungen über einen Arbeitstag nötig. Erst wenn dies ohne Beeinträchtigung des Mitarbeiters möglich ist, können Datenbrillen ihre Potenziale im industriellen Umfeld zur Geltung bringen.

6 Digitale Fabrik – durchgängige Nutzung virtueller Daten

Trends zeigen, dass in hochkomplexen Planungsnetzwerken verstärkt mit Hilfe digitaler Werkzeuge geplant wird. Die Vision, die am Ende dieser Entwicklung steht, ist es, eine komplett durchgängige Planungskette auf Basis digitaler Hilfsmittel zur Verfügung zu haben, um damit ein wesentlich vereinfachtes bzw. effizienteres Planen zu ermöglichen. Der Überbegriff für diese Vision ist die Digitale Fabrik. Sie beschreibt ein umfassendes Netzwerk von digitalen Modellen und Methoden und beinhaltet u.a. die Simulation und 3D-Visualisierung. Im Fokus steht dabei die ganzheitliche Planung, Realisierung, Steuerung und eine laufende Verbesserung aller wesentlichen Fabrikprozesse und -ressourcen in Verbindung mit dem Produkt (VDI-Richtlinie 4499). Ziel ist, die Fabrik vollständig als digitales, experimentierfähiges Modell abzubilden und mittels rechnergestützter Planungstechniken abzusichern. Voraussetzung hierfür ist der reibungslose Datenaustausch unter den verschiedenen Tools. Zur realistischeren Abbildung der modellierten Objekte ist ebenfalls ein klarer Trend hin zur 3D-Visualisierung der abgebildeten Umfänge erkennbar.

Abbildung 10: Neue Technologiefelder für die virtuelle Bauabwicklung

Das Zusammenspiel von verschiedensten digitalen Werkzeugen soll an einem Beispiel aus der Baubranche erläutert werden. Baufirmen beginnen erst seit einigen Jahren die enormen Potenziale zu erkennen, die in der Verbesserung der Abläufe und der Optimierung der Zusammenarbeit zwischen Planern, Konstrukteuren und Dienstleistern auf der Baustelle verborgen liegen, indem Bauprozesse ganzheitlich betrachtet und abgebildet werden. Eine prozessübergreifende Nutzung über den gesamten Lebenszyklus eines Bauwerks ist derzeit nicht gegeben. Das Ziel des Forschungsverbundes „Virtuelle Baustelle" (ForBAU) ist die Erarbeitung eines Konzeptes zur ganzheitlichen Abbildung eines komplexen Bauvorhabens in einem digitalen Baustellenmodell (ForBAU 2009). Der Schwerpunkt liegt dabei auf dem Tief- und Ingenieurbau. Es soll sämtliche Daten hinsichtlich der Planung, Vermessung, Arbeitsvorbereitung, Buchhaltung sowie dem Fortschritt der Baustelle selbst berücksichtigen und in einer integrativen Plattform zusammenführen. Digitale Werkzeuge bilden die Basis für dieses ganzheitliche Konzept. Der Forschungsbedarf in dieser Thematik ist auch darin zu sehen, dass in der Baubranche gegenwärtig lediglich 2D-CAD-Pläne zum etablierten Stand der Technik zählen. Die Möglichkeiten und Potenziale einer durchgängigen 3D-modellbasierten Planung mit zahlreichen Zusatzinformationen im Modell werden jedoch noch kaum genutzt.

Für die ganzheitliche Abbildung eines komplexen Bauvorhabens ist die Integration der Daten aus verschiedenen Bereichen wie der Konstruktion und Planung, Vermessung, Arbeitsvorbereitung, dem Controlling und der Baustelle selbst erforderlich (siehe Abbildung 10). Hierzu dient als zentrale Datenplattform ein Produktdatenmanagementsystem (PDM-System). Durch eine Kopplung der unterschiedlichen 3D-CAD-Modelle (z.B. für Bauwerk, Baugrund, Baustelleneinrichtung etc.) in einem Baustelleninformationsmodell lassen sich mit den zeitlich-räumlichen Abhängigkeiten der Bauprozesse weitreichende Optimierungspotenziale im gesamten Ablauf nutzbar machen. Dieses Modell soll während des Bauvorhabens dynamisch aktualisiert werden und verschiedenen Nutzern durch gezielte Abfragen zu jeder Projektphase relevante technische und wirtschaftliche Informationen liefern. Die Simulation kritischer Prozesse oder Abläufe erfolgt vorab im virtuellen Modell des Bauvorhabens, um eine spätere Durchführung auf der realen Baustelle ohne Verzögerungen und unnötige Stillstandszeiten zu ermöglichen. Auch der wirtschaftliche Erfolg eines Bauvorhabens lässt sich über die virtuellen Modelle bereits in frühen Projektphasen abschätzen. Während der gesamten Bauzeit soll die tatsächlich erbrachte Leistung auf der Baustelle durch mobile EDV-Systeme dokumentiert und in das vorhandene virtuelle Baustellenmodell eingepflegt werden. Dies ermöglicht einen laufenden Soll-Ist-Abgleich. Der Baufortschritt wird protokolliert und bei Planungsabweichungen können frühzeitig Gegenmaßnahmen eingeleitet werden. Es entstehen dynamische 4D-Baustelleninformationsmodelle, die neben der Geometrie und dem zeitlichen Verlauf zusätzlich auch modellbezogene Daten wie z. B. qualitätsrelevante Dokumente beinhalten. Dynamische Ablaufsimulationen, die den Fertigungsprozess selbst untersuchen, werden bisher in der Baubranche kaum verwendet, obwohl gerade durch die Vielzahl unvorhersehbarer Randbedingungen eine Betrachtung des gesamten Bauvorhabens wichtig wäre. Eine Simulation des Bauablaufs bestätigt nicht nur die Güte der Terminplanung im Bauzeitenplan, sondern bietet bei geeigneter Verknüpfung mit dem 3D-Baustellenmodell in Verbindung mit der Visualisierung in einer VR-Umgebung auch die Möglichkeit, die Realisierbarkeit des Bauvorhabens mit der geplanten Vorgehensweise gegenüber dem Auftraggeber zu demonstrieren oder rechtzeitig geeignete Notfallstrategien zu definieren. Für eine ganzheitliche Optimierung der Prozessabläufe auf der Baustelle ist die Einbindung der Subunternehmer zu berücksichtigen.

7 Hemmnisse und Entwicklungspotenzial

Die Eigenfertigungstiefe nahm in den letzten Jahren in vielen Industriezweigen ab. In der Automobilbranche liegt sie derzeit nur noch bei 25 % (Günthner und Heptner 2007). Dies zeigt wie wichtig der reibungslose Datenaustausch zwischen den Partner in einem Produktionsnetzwerk ist. Wünschenswert sind standardisierte und offene Schnittstellen. Doch hier ist bereits ein erstes Problem erkennbar. Diese offenen Schnittstellen sind oft nicht gewollt. Dies liegt nicht an den produzierenden Unternehmen, sondern an den Herstellern der Softwareprodukte. Sie wollen nicht, dass die Daten aus ihrer Software über eine standardisierte Schnittstelle in ein Programm eines Wettbewerbers importiert werden können. Dies zeigt sich daran, dass die Hersteller vermehrt digitale Werkzeuge über den gesamten Produktlebenszyklus mit unternehmensspezifischen Dateiformaten anbieten. Die Softwaretools besitzen zwar auch Standarddateiformate, wie z. B. das für VR-Anwendungen wichtige VRML (Virtual Reality Modelling Language), aber die Qualität der Dateien ist oft nicht zufriedenstellend. Die Leidtragenden der eher steigenden als fallenden Anzahl an Dateiformaten sind die Nutzer bzw. die Idee der Digitalen Fabrik.

Auf der anderen Seite können Standards auch die Entwicklung neuer Technologien behindern. Ein Beispiel hierfür sind Maus und Tastatur als Eingabegeräte für PCs. Diese sind nicht optimal und es gibt immer wieder Bestrebungen diese zu ändern. Aber dies scheitert daran, dass diese Geräte etabliert und von den Nutzern akzeptiert sind. Für 3D-Anwendungen und den Einsatz in VR oder AR sind diese herkömmlichen Eingabegeräte aber meist völlig unzureichend. Der Grad der Immersion ist immer an eine natürliche und intuitive Interaktion des Benutzers mit der virtuellen Welt gekoppelt. Die erste Schwierigkeit stellt die Navigation dar. Die virtuelle Welt ist meist größer als die real zur Verfügung Fläche in VR-Laboren. Interaktionsgeräte für das Gehen sind z.B. Laufbänder (siehe Abbildung 7) oder sogar 2D-Bewegungsplattformen (Schwaiger et al. 2008). Meist wichtiger als das Gehen ist die Manipulation der virtuellen Objekte mit den Händen. Dazu werden Datenhandschuhe eingesetzt, die über Kraftrückkopplung sogar ein haptisches Feedback geben können. Soll der Mensch mit all seinen Körperteilen abgebildet werden, ist dies über Methoden des Motion Capturing möglich. Damit bewegt sich ein virtuelles Abbild analog zum realen Benutzer mit. Die Komplexität und die Kosten nehmen bei derartigen Geräten schnell zu. Der Integrationsgrad des Menschen und die dafür notwendige Hardware sind von der jeweiligen Anwendung abhängig.

Der Erfolg von Eingabegräten hängt auch damit zusammen, wie sehr sie von den Benutzern akzeptiert werden. Dabei spielen psychologische und ergonomische Faktoren eine wesentliche Rolle. Datenbrillen, die für viele mobile AR-Anwendungen zum Einsatz kommen können, sind ein gutes Beispiel für die Probleme von modernen Interaktionsgeräten. Nach derzeitigem Entwicklungsstand sind sie für einen ganztägigen Einsatz in industriellen Umgebungen nicht geeignet. Viele Datenbrillen verdecken durch ihre Konstruktion das Blickfeld des Menschen und können aus arbeitsschutzrechtlichen Gründen nicht eingesetzt werden. Die Datenbrillen, die diese Anforderungen erfüllen, sind kostenintensiv und/oder ergonomisch unzureichend. Datenbrillen sind hochkomplexe Produkte, bei deren Entwicklung viele Zielkonflikte auftreten. Beispielsweise erfordert eine hohe optische Qualität viele optische Elemente, wodurch die Größe und das Gewicht zunehmen. Da es keinen Massenmarkt gibt, lohnt sich eine aufwendige Entwicklung nicht. Allerdings werden Datenbrillen langsam als mobile Visualisierungsmedien für Multimediaanwendungen entdeckt. Dies würde den Massenmarkt öffnen und die Entwicklung neuer Modelle fördern, was wiederum auch den industrietauglichen Geräten zu Gute käme.

Bei einer anderen Basistechnologie für VR-Anwendungen ist ein ähnlicher Trend zu erkennen. Die Trackingsysteme sind entweder zu teuer oder zu ungenau. Der Kalibrierungsaufwand ist hoch. Dazu sind die Benutzer mit Sensoren oder Aktoren auszustatten, was deren Bewegungsfreiheit einschränken kann oder zu erhöhten ergonomischen Belastungen führt. Die Spieleindustrie geht den Weg, die Anwender verstärkt mit einzubeziehen. Beispielsweise bewegt sich der Benutzer bei der Spielekonsole Nintendo Wii™ mit seinem ganzen Körper, indem er z. B. die realen Bewegungen beim Golf ausführt. Anstatt eines Golfschlägers hält er einen speziellen Controller in der Hand. Dieser wird über ein Infrarotsystem getrackt. Die Entwicklungen in der Spieleindustrie öffnen nicht nur den Massenmarkt, sondern sie vermitteln neue Technologien an den Anwender und erhöhen somit seine Akzeptanz im privaten wie auch im beruflichen Leben.

8 Zusammenfassung

Dieser Artikel beschreibt den Einsatz moderner digitaler Hilfsmittel in der Logistik. Dabei wird vor allem auf Lösungen aus dem Bereich der VR für die Planung von Materialflusssystemen und die Unterstützung des operativen Personals eingegangen. Jede Technologie für sich hat Potenziale, die entsprechende Anwendung zu verbessern. Das Ziel all dieser virtuellen Hilfsmittel sollte sein, dass sie aufeinander aufbauen, in Beziehung zueinander stehen und eine ganzheitliche Betrachtung ermöglichen. Diese ist die Vision der Digitalen Fabrik. Die fehlenden standardisierten Schnittstellen sind ein Hemmnis, das andere sind meist noch unzureichende Hardwarekomponenten, v. a. im Bereich der VR. Geeignete Interaktionsgeräte und –metaphern sind auf die Anwendung und auf den Anwender abzustimmen. Je einfacher es für den Benutzer ist mit diesen Werkzeugen zu arbeiten, desto mehr wird er sie akzeptieren. Denn erst mit der Integration des Menschen ist die Vision der digitalen Welt vollständig.

Literaturverzeichnis

Brau, H.; Ullmann, C.; Duthweiler, M.; Schulze, H. (2005): Gestaltung von Augmented Reality Applikationen für Kommissionieraufgaben. In: Urbas, L.; Steffens, C. (Hrsg.): Zustandserkennung und Systemgestaltung Bd. 19. Düsseldorf: VDI-Verlag.

Davis, E. (1998): Techgnosis: myth, magic and mysticism in the information age. London: Serpent's Tail.

Forschungsverbund „Virtuelle Baustelle" – ForBAU (2009): http://www.forbau.de

Granzow, A. (2009): Deutsche Häfen fordern bezahlte Pause. Handelsblatt, 14.08.2009.

Günthner, W. A.; Wulz, J.; Reske, M. (2006): Virtuelle Kollision spart Werkumbau. Automobil-Produktion, 1/2006, S. 66-67.

Günthner, W. A. und Heptner, K. (2007): Technische Innovationen in der Logistik. München: Huss-Verlag.

Fraunhofer-Instituts für Fabrikbetrieb und -automatisierung (IFF), Virtual Development and Training Centre (VDTC) (2009): http://www.vdtc.de

Fraunhofer-Institut für Produktionstechnik und Automatisierung (IPA) (2009): http://www.teg.fraunhofer.de/index.php?id=750

Kampmeier, J.; Cucera, A.; Fritzsche, L.; Brau, H.; Duthweiler, M.; Lang, G. K. (2006): Eignung monokularer Augmented Reality – Technologien in der Automobilproduktion. 104. Tagung der Deutschen Ophthalmologischen Gesellschaft „Augenheilkunde in der alternden Gesellschaft - Herausforderung und Chance“. 21.-24. September 2006, Berlin.

Katzky, U.; Walch, D.; Günthner, W. A. (2007): Virtuell lernen. Logistik heute, 11/2007, S. 56-57.

Pfohl, H.-Chr. (2004): Logistikmanagement. Konzeption und Funktionen. 2., vollständig überarbeitete und erweiterte Auflage. Berlin 2004

Reif, R. (2009): Entwicklung und Evaluierung eines Augmented Reality unterstützten Kommissioniersystems. Garching: Lehrstuhl für Fördertechnik Materialfluss Logistik.

Statistisches Bundesamt (2009): http://www.destatis.de/

Schwaiger, M.; Thümmel, T.; Ulbrich, H. (2008): Virtuell unterwegs und doch am selben Fleck. TUM Campus, 4/2008, S. 24-25.

Schwerdtfeger, B.; Reif, R., Günthner, W. A.; Klinker, G.; Hamacher, D.; Schega, L.; Böckelmannm, I.; Doil, F.; Tümler, J. (2009): Pick-by-Vision: A First Stress Test. Proceedings of the International Symposium on Mixed and Augmented Reality (ISMAR) 2009, Orlando, Florida,USA.

Tang, A.; Owan, C.; Biocca, F.; Mou, W. (2004): Performance Evaluation of Augmented Reality for Directed Assembly. In: Ong, S. K.; Nee, A. Y. C. (Hrsg.): Virtual and Augmented Reality Applications in Manufacturing. London: Springer Verlag, S. 311-331.

TNS Infratest (2009): http://www.tns-infratest.com/

VDI-Richtlinie 4499 (2008): Digitale Fabrik – Grundlagen. Berlin: Beuth-Verlag.

Wulz, J. (2008): Menschintegrierte Simulation in der Logistik mit Hilfe der Virtuellen Realität. Garching: Lehrstuhl für Fördertechnik Materialfluss Logistik.

Karl-Friedrich Rausch[*] / Michael Kadow[**] / Ralf Elbert[***]

Grüne Logistik – Handlungsfelder und -strategien für Logistikdienstleister am Beispiel von DB Schenker

---

[*] Dr. Karl-Friedrich Rausch, geb. 1951, hatte nach dem Studium des Wirtschaftsingenieurwesens und anschließender Promotion an der Technischen Hochschule (TH) in Darmstadt zwischen 1985 bis 2000 unterschiedliche Positionen bei der Deutschen Lufthansa AG inne. Zuletzt war er Vorsitzender des Bereichsvorstands der Lufthansa Passage Airline. 2001 wechselte er als Vorstand für den Bereich Technik zur Deutschen Bahn. 2003 übernahm er die Leitung des Vorstandsressorts Personenverkehr. Seit 1. Juni 2009 ist Dr. Rausch für das Ressort Transport und Logistik im Vorstand der DB Mobility Logistics AG verantwortlich.

[**] Michael Kadow, geb. 1973, leitet die Abteilung Business Excellence DB Schenker bei der DB Mobility Logistics AG und ist Geschäftsführer der DB Schenker Laboratories. Nach seinem betriebswirtschaftlichen Studium 2002 in Oldenburg war Kadow in den Zentralen der DB Netz AG sowie der Deutschen Bahn AG mit dem Fokus Effizienzmanagement tätig. Kadow arbeitet seit 1989 bei der DB.

[***] Prof. Dr. Ralf Elbert, geb. 1973, leitet seit 2009 den von DB Schenker gestifteten Lehrstuhl "Logistikdienstleistungen und Transport" an der Technischen Universität Berlin und ist wissenschaftlicher Leiter der angeschlossenen DB Schenker Laboratories. Bis 2009 hatte Elbert die Hessenmetall Stiftungs-Juniorprofessur an der Technischen Universität Darmstadt inne. Davor war Elbert als wissenschaftlicher Assistent und Mitarbeiter am Fachgebiet „Unternehmensführung & Logistik“ bei Prof. Dr. Dr. h.c. Hans-Christian Pfohl beschäftigt. 2005 erhielt Elbert für seine Dissertation den "Deutschen Wissenschaftspreis Logistik" der Bundesvereinigung Logistik (BVL) e.V. Einen Teil seines Wirtschaftsingenieur-Studiums an der Technischen Universität Darmstadt absolvierte Elbert auch an der Georgia State University, Atlanta, USA.

1 Einleitung

In der jüngsten Vergangenheit haben Umwelt- und Ressourcenschutz in der Logistik stark an Bedeutung gewonnen. Getrieben durch Entwicklungen wie eine breite öffentliche Debatte des Klimaschutzes[1], der Entwicklung umweltorientierter Kundenanforderungen[2], einer zunehmend auf Transport und Logistik ausgerichteten Umweltgesetzgebung und -regulierung[3] und auch gestiegener Ressourcenpreise[4] scheint die Thematik derzeit in aller Munde. Mittlerweile hat die so genannte „Grüne Logistik" höchste Aufmerksamkeit in der Logistik und darüber hinaus erreicht. Sie besitzt für Unternehmen, ungeachtet der aktuellen wirtschaftlichen Lage, einen hohen und zukünftig noch steigenden Stellenwert.[5] Konsequenterweise hat sich Umwelt- und Ressourcenschutz als neue Zieldimension neben der Senkung der Logistikkosten und Steigerung des Lieferservices etabliert.

Der Begriff Grüne Logistik oder verwandte Formulierungen wie ressourceneffiziente Logistik[6], Green Supply Chain Management[7] oder umweltfokussiertes Supply Chain Management[8] sind bereits in vielen Bereichen der Logistik präsent. So weisen Logistikdienstleister wie auch Industrie- und Handelsunternehmen mittlerweile „Grüne" Logistikkonzepte, -produkte, -instrumente, etc. vor und nutzen diese auch aktiv für ihre Öffentlichkeitsarbeit (z. B. Deutsche Post DHL Nachhaltigkeitsbericht[9]) und in der Marktpositionierung (z. B. Deutsche Post DHL GoGreen[10], DB ECO Programm[11]). Auch empirische Studien weisen darauf hin, dass viele Unternehmen Maßnahmen zur Erreichung einer Grünen Logistik bereits umgesetzt haben oder dies mittelfristig tun werden.[12]

Entsprechend der Entwicklungen in der Unternehmenspraxis wurden auch in der Wissenschaft die Grüne Logistik und damit einhergehende Methoden und Instrumente in der jüngsten Vergangenheit umfangreich konzipiert und diskutiert.[13] Die wissenschaftliche Auseinandersetzung mit der Thematik dauert an und scheint mittelfristig weder an Dynamik noch an Bedeutung zu verlieren.

---

1 Zentrale Akteure sind dabei insbesondere das von den Vereinten Nationen einberufene International Panel on Climate Change und deren regelmäßige Berichterstattung. Vgl. Pachaur/Reisinger (2006). An den weltweiten CO_2-Emissionen hat der Verkehr einen Anteil von ca. 14 Prozent. Vgl. Baumert (2005), S. 63.

2 Vgl. Otto Group (2009).

3 Vgl. dazu BMU (2009): Bundesministerium für Verkehr, Bau und Stadtentwicklung (2008) sowie Bundesministerium für Wirtschaft und Technologie/Bundesministerium für Umwelt, Naturschutz und Reaktorsicherheit (2007).

4 Ein Höchstpunkt in dieser Entwicklung wurde 2008 mit Preisen von bis zu 147,50 US-Dollar pro Barrel (ÖL-Futures der Sorte Brent an der Londoner Börse am 11. Juli 2008).

5 Vgl. DB Schenker Laboratories (2009).

6 Vgl. Presseportal (2009).

7 Vgl. Srivastava (2007).

8 Vgl. Sommer (2007).

9 Vgl. Deutsche Post DHL (2009).

10 Vgl. Deutsche Post DHL (2010).

11 Vgl. Deutsche Bahn AG (2010).

12 Siehe u. a. DB Schenker Laboratories (2009); Straube/Borkowski (2008) und Straube/Pfohl (2008); Eyefortransport (2007).

13 Vgl. Srivastava (2007): Lehrstuhl für Fördertechnik Materialfluss Logistik der TU München/Markt- und Wirtschaft – Gesellschaft für Marktforschung und Unternehmensberatung der Unternehmerberatung trilogQa/Logistik Heute (2009).

Dabei kann die Logistikforschung inzwischen auf einen fast 20jährigen Diskurs im Bereich Umwelt- und Ressourcenschutz zurückgreifen. Bereits Anfang der 90er Jahre erschienen erste wissenschaftliche Arbeiten zu Themen wie Rückführlogistik, Entsorgungslogistik oder auch Reverse Logistics.[14] Ab Ende der 1990er Jahre sind neben den bis dahin meist auf eine Förderung von Kreislauf- und Abfallwirtschaft ausgerichteten Arbeiten erste wissenschaftliche Veröffentlichungen mit Fokus auf die Erhöhung der Umweltfreundlichkeit von Logistik selbst zu erkennen.[15] Parallel dazu fand auch der Begriff Grüne Logistik [16] immer häufiger Verwendung.

Basierend auf der ersten groben Analyse zum Entwicklungsstand der Grünen Logistik ist festzustellen, dass ein Strukturwandel, der im Allgemeinen eine grundsätzliche Veränderung oder Anpassung bis hin zu einer völlig neuen Ordnung umfasst,[17] im Falle der Neuausrichtung von Logistik auf Umwelt- und Ressourcenschutz zumindest in einigen Teilbereichen der Logistik im Gange ist.

Ziel des Beitrags ist es aufzuzeigen, wie die Entwicklung der Grünen Logistik mit ihren zentralen Treibern und Anspruchsgruppen für Umwelt- und Ressourcenschutz sowie deren Hauptforderungen – in Analogie zur Entwicklung der Logistik – auch eine Veränderung der Handlungsfelder für Logistikdienstleister bewirkt hat. Es wird dabei die These verfolgt, dass sich Logistikdienstleister vom „Erfüllungsgehilfen" zum „Manager" Grüner Logistik entfalten können – sich aber auch gleichzeitig als solcher beweisen müssen. Die dafür potenziell möglichen Handlungsfelder und -strategien werden in diesem Beitrag am Logistikwürfel von Hans-Christian Pfohl aufgezeigt. Damit kann der Logistikwürfel für Logistikdienstleister als Ordnungsrahmen für Umwelt- und Ressourcenschutz in der Logistik dienen – im Ergebnis entsteht so der „Grüne" Logistikwürfel nach Hans-Christian Pfohl.

2 Logistikdienstleister – vom „Erfüllungsgehilfen" zum „Manager" Grüner Logistik

2.1 Entwicklungsphasen in der Grünen Logistik

Bei genauer Betrachtung des langjährigen Diskurses über Umwelt- und Ressourcenschutz in der Logistik stellen sich die Fragen, wo eigentlich die Anfänge von Grüner Logistik liegen, welcher Entwicklungsstand heute erreicht ist und welche Perspektiven sich für eine zukünftige Weiterentwicklung abzeichnen? Mit der Beantwortung dieser Fragen kann aufgezeigt werden, wie sich die Handlungsfelder und -strategien für Logistikdienstleister im Zeitverlauf verändert haben. Zur Strukturierung der Entwicklungsphasen wird im Folgenden die Grüne Logistik in Analogie zur Entwicklung der Logistik betrachtet.

---

14 Siehe z. B. Pfohl (1993); Stölzle (1992); Pfohl (1995a). Für weitere Arbeiten siehe Srivastava (2007).

15 Siehe u. a. Pfohl/Schäfer (1997); Pfohl (1996); Baumgarten/Steger (1998); Benz (1999); van Hoek (1999); Goldsby/Stank (2000); Murphy/Poist (2000); Hall (2000); Trowbridge (2001) und Murphy/Poist (2003).

16 Siehe u. a. Murphy/Poist (2000).

17 Vgl. Schubert/Klein (2006).

Zur Analyse von Entwicklungsphasen können in der Wissenschaft verschiedene Methoden Anwendung finden. In der vorliegenden Arbeit kommt die so genannte „Emerging Issues Analysis“ zum Einsatz[18], um die Entwicklungsphasen der Logistik darzustellen und die Phasen der Grünen Logistik zu diskutieren. Die Emerging Issues Analysis als Teil von Molitor‘s Forecasting Modell verfolgt das Ziel, Veränderungen und Trends (emerging issues) früh in ihrer Entstehung zu identifizieren. Hierbei gelten Vorreiter (precursors) in Form von Personen, Orten, Organisationen und Veröffentlichungen, die der restlichen Welt voraus sind, als wichtige Frühindikatoren für Veränderungen. Nach Molitor treten Entwicklungen oftmals in Form bestimmter Veränderungsmuster (patterns of change) aus bestimmten Phasen mit jeweils spezifischen Treibern auf. Ein mögliches Veränderungsmuster beinhaltet nacheinander die Phasen: Innovation und erste Experten, eine breite öffentliche Debatte (public opinion), das Aktivwerden von Politik und Regulierung sowie die anschließende Reaktion bzw. Umsetzung in Unternehmen. Hinzu kommen Ereignisse (events), die solche Entwicklungen ebenfalls maßgeblich beeinflussen und den Entwicklungsstand kennzeichnen. Dieser Entwicklungszyklus ist in Anlehnung an Molitor in Abbildung 1 dargestellt. Die Höhe der Kurve bezieht sich dabei beispielsweise auf die Anzahl von Unternehmen oder Staaten, die bestimmte Maßnahmen umgesetzt haben.

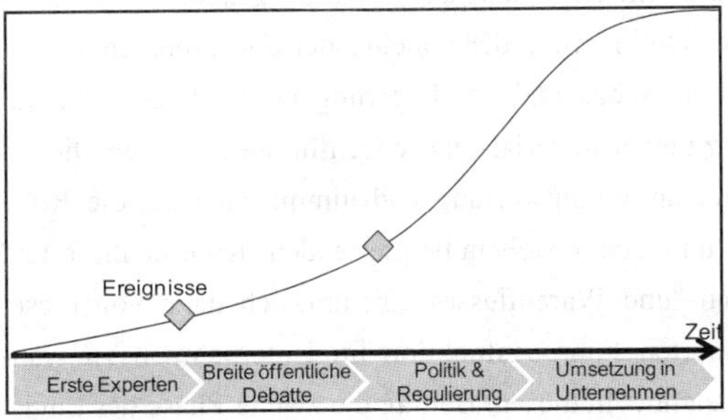

Abbildung 1: Idealtypische Entwicklungsphasen

Auch wenn eine eindeutige Bestimmung von Ursache-Wirkungsbeziehungen in der Logistik sowie in Grüner Logistik rückblickend eine große Herausforderung darstellen, sollen die beschriebenen Bestandteile von Veränderungsmustern in Form von Ereignissen, Phasen mit spezifischen Treibern und Reaktionen der Unternehmen als Orientierung für die folgende Analyse dienen.

Zur Beschreibung der Entwicklungsphasen der Logistik existieren verschiedene Konzepte, unter denen die Ansätze von Baumgarten, Göpfert und Weber eine weite Verbreitung gefunden haben.[19] Baumgarten unterscheidet die Entwicklungsstufen nach Art und Umfang der Aufgaben, die Logistik zugerechnet werden,[20] Göpfert anhand der Qualität der Beiträge der Logistik zur Unterneh-

[18] Vgl. Molitor (2003).
[19] Vgl. Baumgarten (2004); Weber (2002); Weber/Blum (2003); Göpfert (2000) und (2001).
[20] Vgl. Baumgarten (2004).

mensführung,[21] wohingegen Weber das Kriterium „Niveau des logistischen Wissens" nutzt,[22] das, wie in Abbildung 2 dargestellt, auch in diesem Beitrag Verwendung findet.

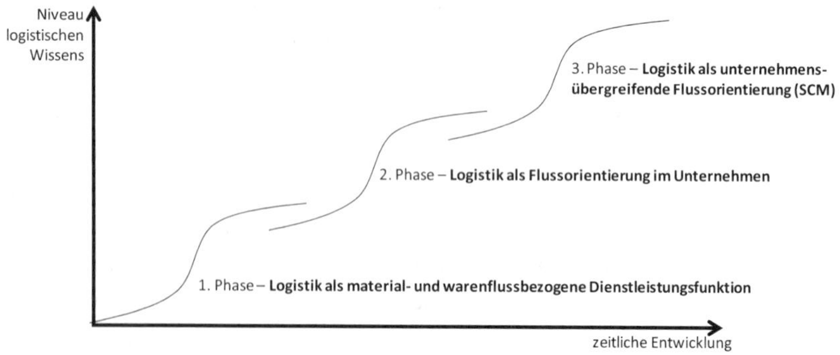

Abbildung 2: Entwicklung der Logistik

Nach allen aufgeführten Ansätzen ist die erste Entwicklungsphase durch eine Spezialisierung der Logistik auf Aktivitäten der räumlichen und zeitlichen Gütertransformation gekennzeichnet, sodass die zentrale Aufgabe der Logistik in der Optimierung der voneinander abgegrenzten, eigenständigen Funktionen des Transports, des Umschlags und der Lagerung liegt.[23]Aufsetzend auf dieser ersten Phase der Logistikentwicklung zu einer material- und warenflussbezogenden Dienstleistungsfunktion gewinnt die Logistik weiter an Verantwortung und nimmt zunächst die Rolle einer Querschnittsfunktion zur funktions- und schnittstellenübergreifenden Koordination und Integration des unternehmensweiten Material- und Warenflusses ein, um sich dann von dieser Dienstleistungsfunktion zu einer flussorientierten Führungsfunktion im Unternehmen zu wandeln.[24] Diese Verantwortungszunahme kennzeichnet in diesem Beitrag die zweite Phase der Logistikentwicklung. Als dritte und letzte Entwicklungsphase erfolgt schließlich die Übertragung des Flussprinzips auf unternehmensübergreifende Wertschöpfungsketten und damit alle intra- und interorganisationalen Aktivitäten entlang der Supply Chain.[25]

Die skizzierten Phasen der Logistik-Entwicklung sind nach Molitor's Forecasting Modell durch bestimmte Entwicklungsmuster geprägt, denen auch die Entwicklung des Umwelt- und Ressourcenschutzes in der Logistik unterliegt. Demnach könnte auch die Grüne Logistik einer Entwicklung aus drei Phasen, von einer reinen Funktionsorientierung im Unternehmen über eine Querschnittsfunktion im Unternehmen hin zu einer unternehmensübergreifenden Umsetzung in Wertschöpfungsketten folgen. Dabei scheint es naheliegend, dass ein möglicher Startpunkt dieser Entwicklung zeitlich parallel oder nach der Entwicklung von Umweltschutz und Nachhaltigkeit (in

---

21 Vgl. Göpfert (2000).
22 Vgl. Weber (2002).
23 Vgl. Baumgarten (2004) und Hülsmann/Grapp (2007).
24 Vgl. Baumgarten (2004); Weber (2002); Göpfert (2000) und Hülsmann/Grapp (2007).
25 Vgl. Baumgarten (2004); Weber (2002) und Göpfert (2001).

Unternehmen) Anfang der 1990er Jahre zu finden ist. Dieser Verlauf ist in der folgenden Abbildung dargestellt, wobei in Anlehnung an die Beschreibung der Logistik-Entwicklung das Kriterium „Niveau des Wissens" zu Umweltschutz- und Ressourcenschutz in der Logistik Verwendung findet. Dabei werden die spezifischen Treiber und Ereignisse, die die jeweiligen Entwicklungsmuster charakterisieren, im Folgenden für die Entwicklungsphasen der Grünen Logistik beschrieben. Aus diesen Treibern bzw. den dahinter stehenden Anspruchsgruppen für Umwelt- und Ressourcenschutz in der Logistik sowie deren Hauptforderungen an die Logistik lassen sich die Handlungsfelder und -strategien für Grüne Logistik in der jeweiligen Entwicklungsphase aufzeigen.

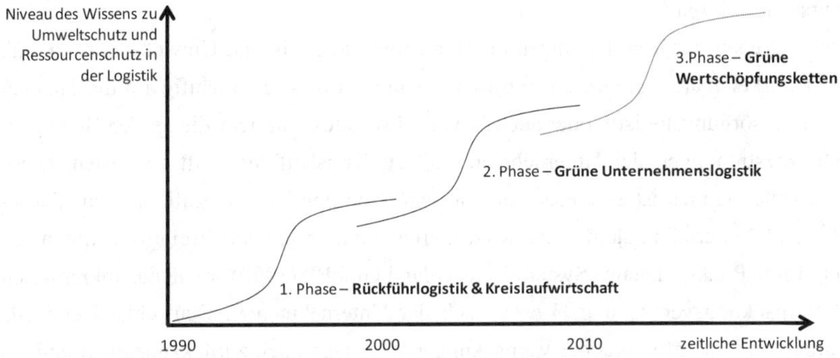

Abbildung 2: Mögliche Entwicklungsphasen von Grüner Logistik

Erste Entwicklungsphase: Rückführlogistik & Kreislaufwirtschaft

Nach Anfängen einer Auseinandersetzung mit Umweltschutz in der ersten Hälfte des 20. Jahrhunderts gewann insbesondere ab den 1960er Jahren das Thema Ökologie in der Öffentlichkeit an Bedeutung. Beispielhaft dafür sind die Gründung des World Wildlife Fund (1961) als Nicht-Regierungsorganisation sowie das Buch „Silent Spring" (1962),[26] das eine Grundsatzdebatte über das Risiko von Chemikalien auslöste. In diesem Zuge gewannen Umwelt- und Ressourcenschutz auch politisch an Bedeutung und erreichten mit der Stockholm Conference on Human Environment (1972) als erste globale Konferenz zu Nachhaltigkeit internationalen Stellenwert.[27] Im gleichen Jahr wurde vom Club of Rome das Werk „Limits of Growth" veröffentlicht, mit dem Ergebnis, dass „[…]die absoluten Wachstumsgrenzen auf der Erde im Laufe der nächsten hundert Jahre erreicht" [28] werden könnten. Zu diesem Zeitpunkt war Umweltschutz auf politischer Ebene noch wenig verankert und erhielt in Deutschland 1974 mit dem Umweltbundesamt erste regulierende Strukturen. Auch wissenschaftliche Arbeiten und Erkenntnisse schritten weiter voran, und bereits im Jahr 1979 kam die World Climate Conference in Genf zu dem Ergebnis, dass die Zunahme von Kohlendioxid in der Atmosphäre dringend internationales Handeln erfordere.[29] Weiterer wichtiger

26 Vgl. Carson (1962).
27 Vgl. Kanning (2008).
28 Meadows (1973) und Kanning (2008).
29 Vgl. World Climate Conference (1979).

Meilenstein war die Gründung der World Commission on Environment and Development deren Abschlussbericht (1987), der sogenannte Brundtland Report[30], maßgeblich den Begriff der nachhaltigen Entwicklung prägte. Im folgenden Jahr wurde durch die Vereinten Nationen das Intergovernmental Panel on Climate Change (IPCC) gegründet. Gegen Ende der 80 Jahre beginnt auch die betriebswirtschaftliche Forschung sich systematisch der Umweltproblematik zuzuwenden.[31] Damit hatte zu diesem Zeitpunkt Umweltschutz die Wissenschaft, Gesellschaft, Politik und Wirtschaft erreicht. Diese Entwicklung spiegelt den von Dyllick et al. diskutierten ökologischen Transformationsprozess wieder, nach dem ökologische Probleme zunächst von Anspruchsgruppen wahrgenommen werden, die dann direkt oder indirekt über die Politik zu ökologischen Forderungen an die Verursacher führen.[32]

Eine Diskussion und erste Veröffentlichungen im Themenfeld Logistik und Umweltschutz sind ab Anfang der 1990er erkennbar.[33] Die ersten Veröffentlichungen fokussieren häufig auf die Themen Rückführlogistik, Entsorgungslogistik oder auch Reverse Logistics, mit dem Ziel, einen Beitrag zu den Umweltschutzbestrebungen der Unternehmen und zur Kreislaufwirtschaft zu leisten. Diese Ausrichtung von Unternehmen ist zu dieser Zeit stark auf eine politische Regulierung zur Förderung von Stoff- und Materialkreisläufen zurückzuführen. Stellvertretende Ereignisse waren die Gründung „Der Grüne Punkt – Duales System Deutschland GmbH" (1990) sowie das Inkrafttreten der deutschen Verpackungsverordnung (1991), nach der Unternehmen in Deutschland erstmals verpflichtet wurden, in Umlauf gebrachte Verpackungen nach Gebrauch zurückzunehmen und bei deren Entsorgung mitzuwirken. Diese Ausrichtung der Logistik auf ein Schließen von Stoffkreisläufen bildet damit ab Anfang der 1990er Jahre den Startpunkt der ersten Entwicklungsphase von Grüner Logistik. Ob die Logistik jedoch dabei selbst umweltfreundlich agierte, schien bis dahin nicht primärer Betrachtungsgegenstand zu sein. Diese Ergebnisse sind in Tabelle 1 zusammengefasst. Insbesondere die für die erste Phase charakteristische funktionale Ausrichtung von Grüner Logistik als „Erfüllungsgehilfe" bei der Rückführung von Stoffen weist starke Ähnlichkeit zur Dienstleistungsfunktion der Logistik in ihrer ersten Entwicklungsphase auf und deutet damit auf einen analogen Entwicklungsbeginn hin.

Phase	**vor 1990**	**1990-1995**
Zentrale Treiber / Anspruchsgruppen für Umwelt- und Ressourcenschutz in der Logistik	Gesellschaft und Politik	Politik
Hauptforderungen an die Logistik	Integration Umweltschutz in unternehmerisches Handeln	Umsetzung Kreislaufwirtschaft
Handlungsfelder für Grüne Logistik		Rückführlogistik & Kreislaufwirtschaft

Tabelle 1: Entwicklung von Grüner Logistik bis 1995

30 Vgl. Hauff (1987).
31 Vgl. Braun (2003).
32 Vgl. Dyllick/Belz/Schneidewind (1997).
33 Vgl. Pfohl (1994); Stölzle (1992); Baumgarten/Steger (1998) und Srivastava (2007).

Zweite Entwicklungsphase: Grüne Unternehmenslogistik

In der Unternehmensführung wurden gegen Mitte der 1990er Jahre die Zusammenhänge von Umweltschutz mit anderen Unternehmenszielen betrachtet und dabei auch positive Ursache-Wirkungsbeziehungen zwischen Nachhaltigkeit und Unternehmenserfolg – insbesondere Effizienz – diskutiert und in Studien festgestellt.[34] Parallel wurde auch die wissenschaftliche Debatte zur Grünen Logistik weiter vorangetrieben,[35] wobei gegen Ende der 1990er bzw. Anfang der 2000er eine Änderung des Fokus in Richtung einer Erhöhung der Umweltfreundlichkeit von Logistik selbst in ersten wissenschaftlichen Veröffentlichungen zu erkennen ist.[36] Dabei findet auch der Begriff Grüne Logistik immer häufiger Verwendung.[37] Experten forschten zunehmend an Logistik, die durch die Vermeidung negativer Umwelteffekte und eine erhöhte Ressourceneffizienz gekennzeichnet ist und leiten damit die zweite Phase Grüner Logistik ein. Daneben behält auch die Rückführlogistik, angetrieben durch politische Maßnahmen wie die Altfahrzeug-Verordnung (2000) und die Europäische Waste Electrical and Electronic Equipment (WEEE) Richtlinie (2002), ihre Bedeutung. Eine breite Diskussion Grüner Logistik in der Unternehmenspraxis, wie sie aktuell vorliegt, ist jedoch Anfang der 2000er noch nicht erkennbar.[38]

Als Auslöser der aktuellen Diskussion zur Grünen Logistik und entsprechender Maßnahmen scheinen wiederum (Logistik-)externe Einflussfaktoren und Ereignisse verantwortlich zu sein. Wichtige Bedeutung schienen dabei insbesondere die Aktivitäten des IPCC, deren Vierter Sachstandsbericht „Fourth Assessment Report" mit der Aussage, dass bis zum Jahr 2050 die Emissionen an Treibhausgasen um 50 bis 80 % sinken müssten, wenn der Temperaturanstieg auf 2 bis 2,4 °C begrenzt werden soll.[39] Auch die Verleihung des Friedensnobelpreis an Al Gore und das IPCC, sowie die Klimakonferenz von Bali in 2007 sind hierbei als besondere Ereignisse zu nennen, die zu einer Erhöhung des öffentlichen Bewusstseins für Umwelt- und Ressourcenschutz und damit die Vermeidung von Klimagasen – speziell von CO_2 – geführt haben. Bei der Suche nach Quellen von CO_2-Emissionen rücken Verkehr und Transport und damit auch die Logistik in den Vordergrund der Betrachtungen.[40]

Auch auf politischer Ebene steht die Logistik neuen Anforderungen gegenüber. Exemplarisch sind hier das Integrierte Energie- und Klimaprogramm der Bundesregierung (2007), der Masterplan Güterverkehr und Logistik (2008) sowie die Veränderung des Autobahnmautgesetz (2009) zu nennen, die auf die umwelt- und klimaschonende Gestaltung von Transport und Logistik abzielen. Darüber hinaus lassen sich auch bereits der Kapitalmarkt und Versicherungen (z. B. Dow Sustainability Index) als Treiber identifizieren. Parallel zu den politischen Entwicklungen kam in den Jahren 2007 und 2008 ein weiterer wichtiger Treiber in Form des starken Anstiegs der welt-

---

34 Vgl. Hart (1995); Mohr (1994); van der Linde/Porter (1995) und Klassen/McLaughlin (1996).

35 Vgl. Pfohl/Engelke (1995b); Pfohl (1996a); Pfohl (1996b); Murphy/Poist/Braunschweig (1996); Srivastava (2007).

36 Vgl. Benz (1999); van Hoek (1999); Goldsby/Stank (2000); Murphy/Poist (2000); Hall (2000); Trowbridge (2001) und Murphy/Poist (2003).

37 Vgl. Murphy/Poist (2000).

38 Vgl. Srivastava (2007).

39 Vgl. Pachauri/Reisinger (2006).

40 Vgl. Kümmerlen/Tille (2009).

weiten Ressourcenpreise hinzu. Dieser führte schließlich im Sommer 2008 zu Rekordpreisen für Rohöl (11. Juli 2008: 147,50 US-Dollar pro Barrel für ÖL-Futures der Sorte Brent an der Londoner Börse), wodurch die Endlichkeit von Ressourcen in das Bewusstsein gerückt wurde.[41]
Ab dem Jahr 2007 wurde Umwelt- und Ressourcenschutz immer mehr zu einem zentralen Thema in der Logistik. Anhand aktueller Studien und Forschungsergebnisse liegen mittlerweile eine Reihe von Erkenntnissen zur Motivation, den Zielen, Aktivitäten und aktuellen Handlungsfeldern in Unternehmen vor und erlauben damit Rückschlüsse auf den aktuellen Reifegrad von Grüner Logistik bei den Unternehmen. Zum aktuellen Umsetzungsstand deuten zahlreiche Studienergebnisse darauf hin, dass sich viele Unternehmen noch am Anfang der Umsetzung von Grüner Logistik befinden und darüber entscheiden, wie mit diesem wichtigen Thema umgegangen werden kann. Daher stellen die Identifikation der Treiber, die Messung von Umwelteffekten der eigenen Logistik und die Bestimmung damit verbundener finanzieller Effekte für viele Unternehmen einen bedeutenden ersten Schritt dar.[42] Weitergehende Maßnahmen lassen sich insbesondere in den Bereichen Transport und Verpackung, umweltfreundliche Beschaffung und Umweltcontrolling finden. Neben Industrie und Handel werden auch Logistikdienstleister eine bedeutende Rolle in Grüner Logistik einnehmen. Da Unternehmen in vielen Fällen einen Großteil ihrer Transporte und Lagerhaltung fremdvergeben haben, fordern diese die Unterstützung durch ihre Logistikdienstleister bei der Umsetzung „Grüner" Maßnahmen sowie die Erhöhung der Umweltfreundlichkeit der Logistikdienstleistungen und werden so zu einem weiteren wichtigen Treiber für Grüne Logistik. Die Studien zeigen aber auch, dass viele Maßnahmen in isolierten Teilbereichen der Logistik in der Regel auf Ebene einzelner Unternehmen ergriffen werden. Hierfür ist unter anderem ein Mangel an unternehmensübergreifenden Standards, Methoden und Instrumenten verantwortlich.[43] Dennoch arbeiten Unternehmen bereits an ganzheitlichen Ansätzen für eine Grüne Unternehmenslogistik, die zu einer Hebung weiterer Verbesserungspotentiale führen werden, wenn es zu einer Zusammenführung der bestehenden isolierten Ansätze.
Es kann zusammengefasst werden, dass ab Ende der 1990er, getrieben durch die Wissenschaft, die zweite Phase der Grünen Logistik eingesetzt und sich ab Mitte der 2000er stark weiterentwickelt hat. Der Fokus Grüne Logistik hat sich dabei analog zur Entwicklung der Logistik von einer funktionsorientierten Sichtweise auf Rückführlogistik zu einer ganzheitlichen Betrachtung von Möglichkeiten zur „Grünen" Gestaltung aller Bereiche der Unternehmenslogistik weiterentwickelt. Diese Ergebnisse sind in der folgenden Abbildung noch einmal zusammengefasst.

[41] Vgl. Otto Group (2009).
[42] Vgl. Straube/Borkowski (2008).
[43] Vgl. Straube/Borkowski (2008).

Phase	1995-2005	2006-2009
Zentrale Treiber / Anspruchsgruppen für Umwelt- und Ressourcenschutz in der Logistik	• Politik und Regulierung Wissenschaft	• Gesellschaft und Endverbraucher • Politik und Regulierung • Unternehmenskunden • Natürliche Ressourcen • Versicherungen und Kapitalmarkt
Hauptforderungen an die Logistik	• Rückführlogistik & Kreislaufwirtschaft • Integration von Umweltschutz in der Logistik	• CO_2-Vermeidung & Klimaschutz • Luftreinhaltung • Lärmvermeidung • Verkehrsvermeidung • Vermeidung von Bodenversiegelung • Abfallvermeidung und Recycling • Ressourcenschutz → Anforderungen primär an Unternehmen
Handlungsfelder für Grüne Logistik	• Rückführlogistik	• Umwelt- und Ressourcenschutz auf Einzelunternehmensebene

Tabelle 2: Entwicklung von Grüner Logistik 1995-2009

Dritte Entwicklungsphase: Grüne Wertschöpfungsketten

In Bezug auf die zukünftige Weiterentwicklung von Grüner Logistik wird an dieser Stelle davon ausgegangen, dass die für die ersten beiden Phasen maßgeblichen Treiber und Anspruchsgruppen auch weiterhin Einfluss auf die Grüne Logistik haben werden. Im Folgenden wird diesbezüglich primär auf die Gruppen Politik und Regulierung, Gesellschaft und Endverbraucher sowie natürliche Ressourcen eingegangen.

Im Bereich Politik und Regulierung zeichnen sich bereits heute veränderte Anforderungen ab. Hierbei sind zunächst die geplanten Maßnahmen des Integrierten Klima- und Energiepakets der Bundesregierung sowie des Masterplans für Güterverkehr und Logistik zu nennen. Deren Ziele sind bisher häufig noch abstrakt formuliert, wodurch eine Ableitung von Anforderungen und zukünftiger Regulierung offen bleibt. Das gilt auch für den Handel und die Begrenzung von CO_2-Emissionen, die bisher mit Ausnahme der Einbeziehung des Europäischen Flugverkehrs in das European Union Emission Trading Scheme kaum auf Logistik fokussiert.[44] Einen weiteren Ansatzpunkt politischer Einflussnahme bietet die Förderung einer umweltverträglichen Ausrichtung der Wirtschaft und Logistik mittels Anreizsystemen (z. B. Förderprogramme) und dabei insbesondere die im Zuge der Wirtschaftkrise aufgelegten staatlichen Konjunkturprogramme. In diesem Zusammenhang wird bereits der New „Green" Deal diskutiert, der vergleichbar zu Konjunkturprogrammen des New Deal in den 1930er Jahren, zu konjunktureller Belebung und neuen Wachstumsimpulsen durch eine ökologische Ausrichtung der Wirtschaft führen könnte.[45]

---

44 Vgl. BMU (2009).
45 Vgl. Loske (2009) und Bündnis 90 die Grünen (2008).

Bei Betrachtung zentraler Maßnahmen in Deutschland wird deutlich, dass im Konjunkturpaket I insbesondere die Aufstockung von KfW-Mitteln für das CO_2-Gebäudesanierungsprogramm sowie eine einjährige Kraftfahrzeugsteuerbefreiung für Neuwagen und Verlängerung der Kfz-Steuerbefreiung auf zwei Jahre für Fahrzeuge mit Abgasklasse Euro-5 oder Euro-6 einen Bezug zu Umwelt und Klimaschutz aufweist. Im Konjunkturpaket II dienen speziell die Beschlüsse 1 (Investitionen in Maßnahmen zur Verringerung von CO_2-Emissionen und zur Steigerung der Energieeffizienz), 8 (Emissionsbezogene Kfz-Steuer), 9 (Forschungsförderung im Bereich Elektromobilität) dem Umwelt- und Klimaschutz. Zum Konjunkturpaket II stellt das Forum für ökologisch-soziale Marktwirtschaft fest, dass bestenfalls 13 % der Maßnahmen als nachhaltig eingestuft werden können und somit nur ein Bruchteil des Pakets einem "Grünen" Strukturwandel dient.[46]
Mit Blick auf die amerikanischen Konjunkturprogramme wird deutlich, dass der Economic Stimulus Act von 2008 keine direkte Umwelt- und Klimarelevanz besitzt, wohingegen im US Konjunkturprogramm 2009 (American Recovery and Reinvestment Act of 2009) Maßnahmen in den Bereichen Infrastruktur (insbesondere Förderung des öffentlichen Verkehrs) sowie dem Bereich Energie (z. B. carbon capture experiments, energy efficiency research, manufacturing of advanced car battery (traction) systems and components) enthält. Vom Gesamtumfang von 787 Milliarden US-Dollar machen diese und andere Maßnahmen zur Förderung von Klima-, Umwelt-, und Ressourcenschutz allerdings nur einen Anteil von 12 % (14 Mrd. US$) aus.[47]
Insgesamt stehen von den weltweit für die Konjunkturbelebung zur Verfügung stehenden Finanzvolumina (ca. 2,8 Billionen Dollar) etwas unter 16 % für die Realisierung „Grüner" Ziele zur Verfügung.[48] Damit stellen die bisherigen Fördermaßnahmen in Bezug auf das hoch gesteckte Ziel eines „Grünen" Strukturwandels einen wichtigen ersten Anfang dar, bedürfen aber zukünftig weiterer Ergänzung, um dem Begriff New „Green" Deal gerecht zu werden. Es kann daher erwartet werden, dass in naher Zukunft die politische Regulierung eine große Bedeutung für „Grüne" Wertschöpfung und Logistik haben wird.
Auch im Bereich Gesellschaft und Endverbraucher kommen vielfältige Veränderungen in Frage. Eine denkbare Entwicklung lässt erwarten, dass ein zunehmend erhöhtes Bewusstsein für die Bedeutung von Umwelt- und Ressourcenschutz mittelfristig auch zu Verhaltensänderungen und damit zu einer verstärkten Nachfrage nach umweltfreundlichen Produkten und Dienstleistungen führen wird, sowie dies Studien bereits andeuten.[49] Um hierbei stärkere Transparenz zu erhalten, könnten bestehende Umweltzertifikate, wie der Blaue Engel oder das Österreichische Umweltzeichen, mit Fokus auf die allgemeine Umweltfreundlichkeit von Produkten, verstärkt um Umweltzeichen ergänzt werden, die die CO_2-Bilanz von Produkten und Dienstleistungen ausweisen (z. B. Food Miles oder der Product Carbon Footprint) und damit eine Vergleichbarkeit der Emissionen ermöglichen. Dadurch könnte sich der Fokus von CO_2-Emissionen auf Unternehmensebene und ihrer relativ schweren Vergleichbarkeit in Richtung der CO_2-Bilanzen von Wertschöpfungsketten

46 Vgl. Messina (2009) und Schmidt/Prange/Schlegelmilch/Cottrell/Görres (2009).
47 Vgl. Robins/Clover/Singh (2009).
48 Vgl. Robins/Clover/Singh (2009) und Vorholz (2009).
49 Vgl. Otto Group (2009) und Price Waterhouse Coopers (2008).

verschieben. Unabhängig von der vieldiskutierten Zahlungsbereitschaft für „Grüne“ Produkte und Dienstleistungen könnte damit ein kaufentscheidendes Kriterium und neuer Wettbewerbsfaktor entstehen. Bereits heute spielen Umwelt- und Ressourcenschutz im Wettbewerb eine immer stärkere Rolle. Eindrucksvolles Beispiel ist die CO_2-Fokussiertheit der Vermarktung von Produkten in der Automobilindustrie sowie zunehmend auch der Hightech- und Elektronikindustrie, die jedoch bisher die Produktnutzung und nicht den Wertschöpfungsprozess im Fokus hat.

In Bezug auf die Verfügbarkeit natürlicher Ressourcen war in der Vergangenheit zu erkennen, wie ein steigender Bedarf bei relativ konstanten verfügbaren Mengen nicht erneuerbarer Ressourcen wie Erdöl und Stahl zu stark steigenden Ressourcenpreisen geführt hat. Für die Zukunft erwarten Studien, dass durch das Wachstum aufstrebender Wirtschaften (z. B. China und Indien) sowie die Weiterentwicklung der Industrienationen der weltweite Energiebedarf stark ansteigen wird. Die Gesamtenergieausgaben in Deutschland belaufen sich derzeit auf ca. 180 Mrd. Euro im Jahr, wovon der Bereich Transport und Logistik ca. 30 % ausmacht.[50] Demzufolge wird Ressourceneffizienz auch zukünftig zu den Schwerpunkten von Grüner Logistik zählen.

Es lässt sich, wie in Tabelle 3 dargestellt, zusammenfassen, dass gesellschaftlicher Druck, veränderte Kundenanforderungen und Wettbewerb sowie staatliche Regulierung, dazu führen könnten, dass sich Grüne Logistik zunehmend an der Schaffung umwelt- und klimaschonender Wertschöpfungs- und Logistikketten ausrichten muss. Dafür wird die bisherige unternehmensinterne Ausrichtung von Grüner Logistik erweitert werden müssen, um durch eine Abstimmung der Logistikaktivitäten aller Akteure unternehmensübergreifender Wertschöpfungsketten Verbesserungen in Hinblick auf Umweltschutz und Ressourceneffizienz zu erreichen. Diese dritte Phase von Grüner Logistik ähnelt stark der dritten Phase von Logistik (SCM) und bietet möglicherweise Chancen zur Steigerung der Wettbewerbsfähigkeit durch bessere Erfüllung der Kundenanforderungen (Differenzierung) oder gesteigerte Ressourceneffizienz. Im Gegensatz zur primär von den Unternehmen und der Wissenschaft getriebenen Entwicklung des SCM ist für die dritte Phase von Grüner Logistik davon auszugehen, dass insbesondere externen Faktoren wie die Gesellschaft und Politik stärkeren Einfluss auf die Entwicklung haben werden.

Mit den dargestellten Ergebnissen wird deutlich, dass sich Grüne Logistik im Zuge der Umsetzung von Rückführlogistik ab Anfang der 1990er Jahre zu entwickeln begann. Anschließend entwickelte sich die zweite, durch Aufbau von umwelt- und ressourcenschonender Logistik auf Einzelunternehmensebene gekennzeichnete, Phase ab Ende der 1990er. Eine dritte Phase als Teil der Umsetzung umwelt- und ressourceneffizienter Wertschöpfungsketten könnte sich unter bestimmten externen Rahmenbedingungen in naher Zukunft herausbilden.

---

50 Vgl. McKinsey (2009).

Phase	2010+
Zentrale Treiber / Anspruchsgruppen für Umwelt- und Ressourcenschutz in der Logistik	• Politik und Regulierung • Gesellschaft und Endverbraucher • Wettbewerb • Verfügbarkeit und Preise natürlicher Ressourcen
Hauptforderungen an die Logistik	• Umwelt- und klimaschonende Produkte und Dienstleistungen und entsprechende Wertschöpfungsketten • „Grüne" Wettbewerbsvorteile und -differenzierung • Klimaschutz • Ressourceneffizienz
Handlungsfelder für Grüne Logistik	• Grüne Wertschöpfungsketten

Tabelle 3: Mögliche zukünftige Entwicklung von Grüner Logistik

2.2 Grüne Logistik aus der Sicht von Logistikdienstleistern

Unter Berücksichtigung der oben dargestellten Handlungsfelder für Grüne Logistik wird im Folgenden aufgezeigt, welche potenziellen Handlungsstrategien sich daraus für verschiedene Logistikdienstleistertypen ableiten lassen. In der Praxis existierten verschiedene Typen von Logistikdienstleistern, die sich u. a. durch Unterschiede bei den ausgeführten Logistikfunktionen und beim Umfang und der Verantwortung für die Gestaltung, Steuerung und Entwicklung von Logistiksystemen abgrenzen lassen. In der Logistikforschung existieren mehrere von Logistikdienstleistertypisierungen,51 wobei im Weiteren anhand von 6 Merkmalen folgende drei Typen von Logistikdienstleistern unterschieden werden:[52] Einzeldienstleister, Verbunddienstleister und Systemdienstleister.

Anhand der sechs in Tabelle 4 dargestellten Merkmale lassen sich auch die Möglichkeiten der Logistikdienstleister ihre Kunden beim Umgang mit den dargestellten Handlungsfeldern Grüner Logistik selbstständig zu unterstützen, ableiten. Die Möglichkeiten der drei Logistikdienstleistertypen in den Handlungsfeldern Grüner Logistik für ihre Kunden tätig zu werden, sind in der folgenden Tabelle dargestellt.

In Tabelle 5 wird deutlich, dass die Möglichkeiten der Logistikdienstleister, ihre Kunden in den drei Handlungsfeldern Grüner Logistik zu unterstützen, mit zunehmenden Anforderungen der einzelnen Handlungsfelder abnehmen. Während alle Dienstleistertypen in der Lage sind das Handlungsfeld Rückführlogistik & Kreislaufwirtschaft zu bearbeiten, fehlen den Einzeldienstleistern bereits für die Umsetzung einer Grünen Unternehmenslogistik die notwendigen Kompetenzen. Im Falle der Umsetzung Grüner Wertschöpfungsketten bietet sich nur für Systemdienstleister eine Handlungsstrategie, ihre Kunden hier zu unterstützen. Diese unterschiedlichen Handlungsstrategien der Logistikdienstleister, ihre Kunden in den einzelnen Handlungsfeldern zu unterstützen,

---

51 Für einen Überblick über weitere Typen von Logistikdienstleistern vgl. Arnold et al. (2008).
52 Vgl. Tabelle 4.

liegt in den spezifischen Merkmalsausprägungen der Dienstleistertypen begründet. Dabei spielen der Leistungsumfang, die Ressourcen und Ausrichtung der Dienstleister eine besondere Rolle. Denn nur bei einer hohen Übereinstimmung von Kompetenzen und Eigenschaften der Logistikdienstleister können diese einen Beitrag zur Grünen Logistik ihrer Kunden leisten. Welche Logistikdienstleistereigenschaften hierfür eine besondere Rolle spielen, wird im folgenden Abschnitt anhand des Logistikwürfels von Pfohl dargestellt.

Merkmale	Einzeldienstleister	Verbunddienstleister	Systemdienstleister
Leistungsumfang	Einzelleistungen Transport, Umschlag, Lagern, Spezialleistungen	Verbundleistungen Speditions- und Frachtketten	Systemleistungen Betrieb von Lager-, Bereitstellungs- und Distributionssystemen
Ressourcen Know-How	Transportmittel Logistikbetriebe Technisches Spezialwissen	Transportnetzwerke Umschlagterminals Technik, DV, I+K, Organisation	Logistiknetzwerke Logistikzentren Technik, DV, I+K, Planung und Projektmanagement
Ausrichtung	Fachspezifisch Güter, Regionen, Relationen; regional und national	Leistungsspezifisch Frachtarten, Netzwerke; national und global	Kundenspezifisch Branchen und Kunden, Standorte und Funktionen; lokal, national, global
Kundenkreis	Klein, temporär, wechselnd	Groß, anonym, veränderlich	Wenige Großkunden, gleichbleibend
Ausschreibung und Vertrag	Anfrage Auftrag Auftragsbestätigung	Anfrage / Ausschreibung Auftrag Rahmenvereinbarung	Ausschreibung Absichtserklärung (LOI) Dienstleistungsvertrag
Bindung **Vertragslaufzeit**	Kurz Unterschiedlich	Mittel bis 1 Jahr	Lang 1 bis 3 Jahre

Tabelle 4: Charakteristika unterschiedlicher Logistikdienstleistertypen[53]

Handlungsfelder Grüner Logistik	Potentielle Handlungsstrategien für Logistikdienstleister zur Unterstützung ihrer Kunden bei der Grünen Logistik		
	Einzeldienstleister	Verbunddienstleister	Systemdienstleister
Rückführlogistik & Kreislaufwirtschaft	•	•	•
Grüne Unternehmenslogistik		•	•
Grüne Wertschöpfungs-ketten			•

Tabelle 5: Potentielle Handlungsstrategien für Logistikdienstleistertypen

53 Mit geringfügigen Änderungen entnommen aus Gudehus (2005)

2.3 Handlungsfelder und -strategien für Logistikdienstleister – der „Grüne“ Logistikwürfel nach Pfohl

In den vorherigen Abschnitten wurden die Entwicklungsphasen Grüner Logistik mit den jeweiligen Handlungsfeldern beschrieben und den Logistikdienstleistertypen gegenübergestellt. Daraus resultierten die potentiellen Handlungsstrategien für den jeweiligen Typ von Logistikdienstleister. Diese zunächst grundsätzliche Einteilung von Handlungsstrategien zur Grünen Logistik für Logistikdienstleister lässt sich mittels des Logistikwürfels von Hans-Christian Pfohl konkretisieren. Der Logistikwürfel von Pfohl ist ein Modell des Logistikmanagement, das einen Überblick über die Komplexität der Logistikentscheidungen gibt. Es umfasst neben den funktionalen und institutionellen Systemzusammenhängen vor allem auch das Handlungssystem des Managements. Während die funktionale und institutionelle Ebene des Logistikwürfels die unterschiedlichen Inhalte logistischer Aufgaben widerspiegeln, wird die hierarchische Abhängigkeit der Logistikaufgaben im Handlungssystem mit den Schnittstellen zwischen der normativen, strategischen und operativen Ebene aufgezeigt.[54]
Aus der Perspektive des Logistikdienstleisters, der im Logistiksystem des Kunden seine Leistung erbringt, kann der Logistikwürfel als Ordnungsrahmen für Umwelt- und Ressourcenschutz in der Logistik dienen, so dass im Ergebnis der „Grüne“ Logistikwürfel nach Hans-Christian Pfohl entsteht. Dazu können in der funktionalen Ebene die Logistikfunktionen: Umschlagen, Kommissionieren, Verpacken und Signieren, Transport und Auftragsabwicklung hinsichtlich ihrer Umwelt- und Ressourceneffizienz betrachtet werden. In der institutionellen Ebene steht für den Logistikdienstleister die umwelt- und ressourceneffiziente Leistungserbringung im Vordergrund, wobei hier zwischen dem intra- und interorganisatorischen Aufbau unterschieden wird. Während beim intraorganisatorischen Aufbau die Umwelt- und Ressourceneffizienz in der eigenen Aufbau- (und Ablauf-)Organisation zwischen den Abteilungen verfolgt wird, sind es beim interorganisatorischen Aufbau gerade Umwelt- und Ressourceneffizienz an den Schnittstellen zwischen den Mitgliedern des Logistikkanals. Für eine konsequent durchgängige Grüne Logistik auf allen Handlungsebenen des Logistikdienstleisters ist es erforderlich, dass bereits in der Unternehmensvision und -philosophie der Umwelt- und Ressourcenschutz feste Bestandteile sind und so Vorgaben für alle Handlungsebenen bilden. Im normativen Management müssen diese Bestandteile in der Unternehmenspolitik, -verfassung, und -kultur Eingang finden. Dies bildet den Rahmen für die Grüne Logistik auf strategischer Ebene, wo sich Umwelt- und Ressourcenschutz sich in den strategischen Programmen, den Managementsystemen und Organisationsstrukturen sowie im Problemverhalten widerspiegeln. Konkrete Umsetzung findet der Umwelt- und Ressourcenschutz auf der operativen Ebene in den konkreten Aufträgen der Logistikdienstleister, den Prozessen und Dispositionssystemen sowie die dem Leistungs- und Kooperationsverhalten. [55] Die Zusammenhänge zwischen den Handlungsebenen im Logistikwürfel sind in Abbildung 3 dargestellt.

---

[54] Vgl. Pfohl (2004), S. 26.
[55] Vgl. Bleicher (1999).

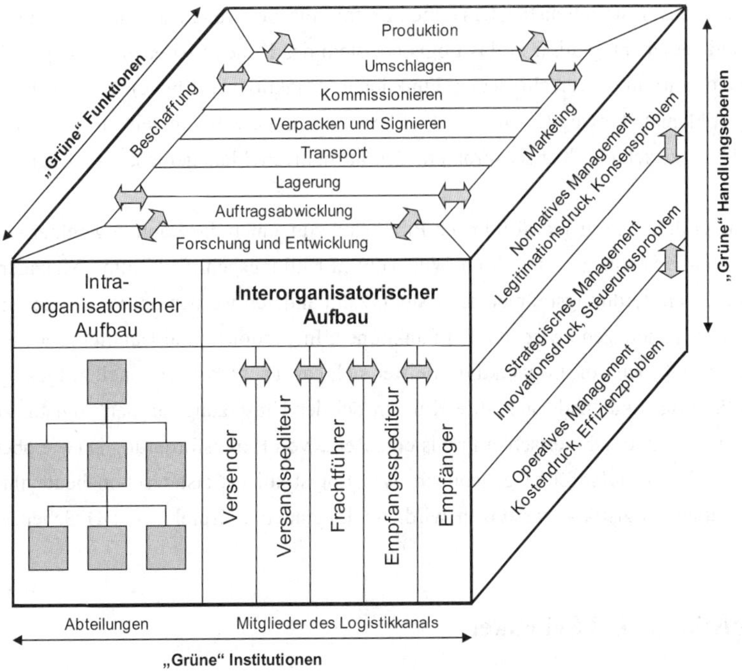

Abbildung 3: „Grüner“ Logistikwürfel nach Pfohl[56]

Die Ausgestaltung des „Grünen“ Logistikwürfels für Logistikdienstleister, um einen Betrag zum Umwelt- und Ressourcenschutz in der Logistik ihrer Kunden zu leisten, ist zum einen davon abhängig, in welchem Umfang der Logistikdienstleister Aufgaben im Logistiksystem des Kunden übernimmt (funktionale und institutionelle Systemzusammenhänge im Logistikwürfel) und inwieweit der Logistikdienstleister dabei die Verantwortung für die Gestaltung, Steuerung und Entwicklung der von ihm auszuführenden Logistikaufgaben obliegt (Handlungsebenen im Logistikwürfel). Der Beitrag des Logistikdienstleistertyps Einzeldienstleister für seinen Kunden besteht darin, in dessen Logistiksystem die übertragene Logistikfunktion (funktionale Ebene) möglichst umwelt- und ressourceneffizient auf operativer Handlungsebene (Effizienzproblem des operativen Managements im Logistikwürfel) durch einen geeigneten intraorganisatorischen Aufbau (institutionale Ebene) zu erbringen. Im Unterschied dazu kann der Verbunddienstleister mit seinem erweiterten Umfang an logistischen Aufgaben (funktionale und institutionelle Ebene) den Kunden bei der Umsetzung einer Grünen Unternehmenslogistik unterstützen. Ermöglicht wird dies dadurch, dass der Logistikdienstleister neben weiteren Funktionen auch am interorganisatorischen Aufbau des Logistikkanals beteiligt und in der Lage ist und somit Steuerungsaufgaben übernehmen kann (Steuerungsproblem des strategischen Managements im Logistikwürfel). Am weitreichendsten

---

[56] Vgl. Pfohl (2004), S. 26.

sind die Möglichkeiten des Systemdienstleisters, einen Beitrag für die Grüne Logistik des Kunden zu leisten. Auf Grund seiner Integration in das Logistiksystem des Kunden ist er in der Lage, die Wertschöpfungsketten mit ihren verschiedenen Funktionen (funktionale Ebene) über mehrere Mitglieder des Logistikkanals hinweg (institutionelle Ebene) im Sinne von Umwelt- und Ressourcenschutz „optimal“ auszurichten (Konsensproblem des normativen Managements im Logistikwürfel).
Mit dem skizzierten „Grünen“ Logistikwürfel nach Pfohl sind zum einen die Handlungsfelder und -strategien für Logistikdienstleister – auf ihren Weg vom „Erfüllungsgehilfen“ zum „Manager“ Grüner Logistik – in einem Ordnungsrahmen dargestellt. Zum anderen werden aber auch die Abhängigkeiten und Interdependenzen zwischen den Funktionen, Institutionen und Handlungsebenen für die unterschiedlichen Typen von Logistikdienstleister sichtbar. Diese konzeptionell aufgezeigten Möglichkeiten für Logistikdienstleister, ihre Kunden bei der Umsetzung Grüner Logistik zu unterstützen, stehen in der unternehmerischen Praxis eine Reihe von Herausforderungen (wie oben bei den Entwicklungsphasen aufgeführt) gegenüber. Wie Logistikdienstleister schon heute ihre Kunden bei ihrer Grünen Logistik unterstützen wird, im folgenden Beispiel von DB Schenker gezeigt.

3 Grüne Logistik bei DB Schenker

3.1 DB Schenker – globale Logistikkompetenz

DB Schenker bündelt mit mehr als 91.000[57] Mitarbeitern an ca. 2.000 Standorten in rund 130 Ländern die Transport- und Logistikaktivitäten der Deutschen Bahn. Mit einem Umsatz von über 19 Milliarden Euro tragen die beiden Geschäftsfelder des Ressorts - DB Schenker Rail und DB Schenker Logistics - 58 Prozent zum Gesamtumsatz des Bahnkonzerns bei. Mit DB Schenker verfügt die DB AG über Top-Positionen in der weltweiten Luft- und Seefracht, der Kontraktlogistik, über das dichteste Landverkehrsnetz Europas und über die Schienen-Kompetenz der größten europäischen Güterbahn.
Internationale Märkte wachsen zusammen und das Outsourcing kompletter Leistungspakete schreitet voran. Durch diese Trends steigen nicht nur der Transportbedarf, sondern auch die Anforderungen an alle Partner. Mit Spitzenpositionen in allen wichtigen Märkten bietet DB Schenker seinen Kunden eine starke Präsenz auf dem Weltmarkt. Erweiterungen des Portfolios, beispielsweise durch die Integration von Akquisitionen in Übersee sowie Europa und den Aufbau neuer strategischer Allianzen, etwa beim grenzüberschreitenden Schienengüterverkehr, versetzen DB Schenker in die Position, diesen Vorsprung weiter auszubauen.

---

57 Alle in Kapitel 3 genannten Zahlen zu Mitarbeitern, Umsätzen, Rankings, Standorten, Leistungskennzahlen und Fahrzeugen beziehen sich auf den Geschäftsbericht 2008 der DB Mobilty Logistics AG. Dies war bei Drucklegung die aktuelle Bilanz.

DB Schenker Rail

Dank starker Gesellschaften und über die Jahre gewachsener Kooperationen und Joint Ventures mit Partnerbahnen bietet DB Schenker Rail fast flächendeckend Güterverkehrsleistungen in Europa. Das Geschäftsfeld DB Schenker Rail umfasst die drei Regionen East, Deutschland/Central sowie West. Die Regionen werden von zentralen Funktionen wie Produktion, Vertrieb, Finanzen und Personal unterstützt. Die Geschäftsaktivitäten in den Regionen erbringen leistungsfähige Tochterunternehmen, die je nach Markterfordernis als volle Bahngesellschaften oder reine Produktionsgesellschaften agieren. Darüber hinaus treten in den nationalen und grenzüberschreitenden Märkten spezialisierte Vertriebs-, Speditions- oder Logistikgesellschaften auf.

Die Region East umfasst die Unternehmen DB Schenker Rail Polska und Logistic Service Danubius aus Rumänien. Bald kommt die DB Schenker Rail Bulgarien dazu. Die Einheit Deutschland/ Region Central besteht unter anderem aus der DB Schenker Rail Deutschland AG, DB Schenker Rail Nederland, DB Schenker Rail Schweiz sowie DB Schenker Rail Danmark. Insgesamt zehn Gesellschaften gehören zu dieser Region. Zu den Gesellschaften der Region West gehören die DB Schenker Rail UK, die ECR France sowie die spanische Transfesa.

Das Geschäftsfeld DB Schenker Rail verfügt mit 120.000 Güterwagen und 3.300 Lokomotiven über den größten Fuhrpark in Europa. Rund 30.000 Mitarbeiter in Europa arbeiten dafür, die grenzüberschreitenden Transporte effizient, kundenorientiert und umweltfreundlich zu managen.

Schon heute werden fast 60 Prozent der Verkehrsleistungen von DB Schenker Rail europaweit erbracht. Mit dem Kauf der größten privaten Güterbahn in Polen, die nunmehr als DB Schenker Rail Polska S.A. firmiert, setzt DB Schenker Rail diesen Trend fort.

DB Schenker Logistics

Das Geschäftsfeld DB Schenker Logistics zählt mit seinen drei Geschäftseinheiten Land Transport, Air/Ocean Freight und Contract Logistics/SCM zu den weltweit führenden Logistikdienstleistern. Das Geschäftsfeld bietet Landverkehr, Luft- und Seefracht sowie umfassende logistische Lösungen und globales Supply-Chain-Management aus einer Hand und verfügt über Top-Positionen in den Bereichen Automotive, Hightech, Electronics und Consumer Goods sowie Messespedition, Spezialverkehre und Dienstleistungen für große Sportveranstaltungen. Mit der Integration von Aquisitionen in Übersee sowie Europa ist ein globales Netzwerk mit über 1.500 Standorten in rund 130 Ländern entstanden.

Mit rund 700 Standorten ist DB Schenker Marktführer im nationalen und europäischen Landverkehr. Das Unternehmen verbindet die wichtigsten Wirtschaftsregionen in rund 40 europäischen Ländern mit 32.000 Linienverkehren pro Woche. DB Schenker Logistics bietet seinen Kunden zeit- und kostenoptimierte Dienstleistungen für Stückgut-, Teil- und Komplettladungsverkehre. Zum Angebot gehören auch schienenaffine Logistikketten, die die Vorteile der Verkehrsträger Bahn und Lkw wirtschaftlich und ökologisch verbinden. Mit der Übernahme der spanischen Logistikgruppe Spain-TIR (2007) und der rumänischen Romtrans (2008) hat DB Schenker Logistics das europäische Netz weiter verdichten können.

Als Nummer 2 in der Luft- und Nummer 3 in der Seefracht zählt DB Schenker zu den führenden Anbietern weltweit und ist seit der Akquisition von BAX Global auch führend auf dem transpazifischen Markt. DB Schenker bietet an 800 Standorten die gesamte Palette der Dienstleitungen und wickelt pro Jahr 1,2 Millionen Tonnen an Sendungen in der Luft- sowie 1,5 Millionen Standardcontainer (TEU) in der Seefracht ab. Eine innovative Brücke zwischen den Verkehrsträgern Schiff und Flugzeug schlägt die DB SCHENKERskybridge. Als intermodale Lösung kombiniert DB Schenker von Asien über Dubai das günstige Preisniveau der Seefracht mit der Schnelligkeit des Flugzeuges von Dubai nach Europa.

In der Kontraktlogistik bietet DB Schenker Logistics in 58 Ländern auf allen Kontinenten an über 500 Standorten maßgeschneiderte Logistiklösungen für Industrie und Handel – insbesondere in den Branchen High Tech, Automotive, Konsumgüter und Luftfahrt. Die Leistungspalette umfasst alle Stufen der Wertschöpfungskette, von der Beschaffungs- über die Produktions- und Distributionslogistik bis zum After Sales Service. Zu den Kernkompetenzen von DB Schenker gehören Planung und Abwicklung komplexer globaler Lieferketten. Mehrwertdienstleistungen und standardisierte IT-Lösungen runden das Angebot ab. DB Schenker Logistics rangiert in der Kontraktlogistik weltweit auf Platz 6 und zählt in Europa zu den führenden Anbietern in der Automobillogistik.

3.2 DB Schenker – Verantwortung gegenüber der Umwelt

Der Klimawandel stellt die Menschheit vor eine Herausforderung von globalen Dimensionen, die kein weiteres Zögern und Ignorieren mehr erlaubt. Mehr als hundert Nationen haben sich zum Ziel gesetzt, den globalen Temperaturanstieg von der vorindustriellen Zeit bis 2050 auf zwei Grad Celsius zu begrenzen. Nach einer neuen Studie des Potsdam-Instituts für Klimafolgenforschung (PIK) hat die Erdbevölkerung aber bereits im Zeitraum von 2000 bis 2009 ein Drittel ihres CO_2-Budgets emittiert, das eingehalten werden muss, um das Zwei-Grad-Ziel bis 2050 zu erreichen. Im Verkehrssektor, dessen Kohlendioxid-Ausstoß insgesamt immer noch steigt, sind Verkehrsleistung und Marktanteil der Eisenbahn in den vergangenen Jahren kontinuierlich gestiegen. Dennoch: Nach einer Studie der Beratungsgesellschaft PricewaterhouseCoopers (PwC) bieten derzeit erst 30 Prozent aller Logistikunternehmen „Grüne" Logistikprodukte an. Auch in Zukunft wollen gut 40 Prozent der Befragten keine klimaneutralen Transporte anbieten, weil sie keine Nachfrage für diese Dienstleistung sehen. „In absehbarer Zeit werden Anbieter, die keine Angaben zur Klimabilanz ihrer Transporte machen können, deutliche Wettbewerbsnachteile haben", urteilt dagegen die PwC-Studie. Denn für die Kunden sind „Grüne" Logistikdienstleistungen längst ein Thema. Diese Ansicht teilt auch Dr. Karl-Friedrich Rausch, Vorstand Transport und Logistik der DB Mobility Logistics AG: „Die Sensibilität unserer Kunden für das Thema Klimaschutz hat sich in den vergangenen Jahren erhöht. Große Konsumgüterhersteller, Automobil- und Hightechunternehmen werben schon heute gegenüber dem Endkunden mit einem niedrigen CO_2-Footprint."

Hier geht der DB-Konzern seit langem mit gutem Beispiel voran. Im Kerngeschäft, dem energieeffizienten Schienenverkehr, wurden zwischen 1990 und 2008 die spezifischen CO_2-Emissionen

bereits um fast 40 Prozent gesenkt. Bis 2020 will der DB-Konzern seinen spezifischen CO_2-Ausstoß, das heißt die auf die Verkehrsleistung bezogenen Emissionen weltweit um weitere 20 Prozent senken. Die anspruchsvollen Umweltziele der DB sowie die klimafreundlichen Angebote werden durch das DB Eco Program, auch öffentlichkeitswirksam, repräsentiert und an den Markt gebracht. Die DB verfügt über wirksame Instrumente, mit denen sich Verkehrswachstum von steigenden CO_2-Emissionen entkoppeln lässt: Sie befördert zunehmend mehr Menschen und Güter und senkt damit – bezogen auf die Verkehrsleistung – den Energieverbrauch und die CO_2-Emissionen.
Die Aktivitäten von DB Schenker sind ein integraler Bestandteil des DB-Klimaschutzprogramms. DB Schenker will seine führende Position als grüner Transport- und Logistikdienstleister weiter ausbauen. „Das Thema Klimaschutz hat auch in der Transportbranche enorm an Bedeutung gewonnen und wird immer mehr zu einem ernst zu nehmenden Kriterium bei der Auftragsvergabe", so Dr. Rausch, Vorstand Transport und Logistik der DB Mobility Logistics AG. „Wirtschaftlichkeit und Umweltschutz sind für uns kein Widerspruch. Denn wer Ressourcen schont, arbeitet immer auch besonders energieeffizient, und das rechnet sich für die Umwelt und für unsere Kunden."
Die integrierte Klima- und Energiestrategie der Deutschen Bahn AG benennt eine Vielzahl von Maßnahmen, um den Konzern angesichts des Klimawandels und knapper werdender fossiler Energieressourcen zukunftsfest zu machen. Dazu zählen CO_2-freie Angebote im Schienenverkehr, sowie die Verkehrsverlagerung von der Straße auf die Schiene. Alle Klimaschutzaktivitäten, die DB Schenker verkehrsträgerübergreifend mit großem Nachdruck vorantreibt, sind zu vier sogenannten Leuchtturmprojekten zusammengefasst: Green Logistics Networks, Green Road, Green Terminals und ECO Plus.

Green Logistics Networks

„Green Logistics Networks" steht für das flächendeckende internationale Verkehrsnetzwerk von DB Schenker, das alle Verkehrsträger – vom Lkw über die Güterbahn bis hin zu Schiff und Flugzeug – umspannt. DB Schenker kombiniert die Stärken der einzelnen Verkehrsträger miteinander, um damit den Kunden ein noch besseres und noch umweltfreundlicheres Gesamtprodukt anzubieten. Deshalb beginnt Klimaschutz bei DB Schenker bereits vor dem eigentlichen Transport, also bei der Kundenberatung und Planung neuer Projekte. Auf Wunsch erstellen die Umweltexperten von DB Schenker detaillierte CO_2-Footprint-Berechnungen, beraten im Hinblick auf CO_2- Minderungsmaßnahmen und legen so die Grundlage für die Optimierung der Transportketten. Ein intelligenter Modal Split verknüpft beispielsweise die Flexibilität der Straße mit dem kosten- und energieeffizienten Schienenverkehr.
Ein Beispiel dafür ist der Kombinierte Verkehr von DB Intermodal. Hier wird der Hauptlauf umweltfreundlich auf der Schiene zurückgelegt, Lkw übernehmen Vor- und Nachlauf. Die Züge von DB Intermodal verbinden täglich alle wichtigen Wirtschaftzentren in Europa miteinander oder binden die Nord- und Westhäfen an das europäische Hinterland an. So entlastet DB Intermodal die Atmosphäre – im Vergleich zum reinen Straßenverkehr – jährlich um rund 1,3 Millionen Tonnen

CO_2. Ein wesentlicher Baustein, der Unternehmen ohne eigenen Gleisanschluss die Verlagerung von Verkehren auf die umweltfreundliche Schiene ermöglicht, ist das europaweite Railport-Netzwerk von DB Schenker. Das Prinzip ist einfach: Weder Versender noch Empfänger müssen über einen eigenen Gleisanschluss verfügen und können trotzdem ihre Güter, die sich nicht in Container verladen lassen, über weite Strecken mit dem Zug transportieren. Als Sammel- und Verteilstelle bietet der Railport diesen Kunden einen Zugang zum Schienennetz. Bei Verkehren zwischen Europa, Asien und Nordamerika kombiniert DB SCHENKER***skybridge*** See- und Luftfracht. Container gelangen mit dem Schiff von Asien nach Dubai bzw. Vancouver und von dort aus mit dem Flieger nach Europa bzw. in die USA. Nicht nur die Kunden profitieren von den reduzierten Kosten und der wettbewerbsfähigen Laufzeit, sondern vor allem auch die Umwelt. Konkret bedeutet dies eine Reduzierung der Transportzeiten um 30 bis 50 Prozent verglichen mit reiner Seefracht und eine CO_2-Reduktion von bis zu 50 Prozent verglichen mit reiner Luftfracht.

Green Road

Das Leuchtturmprojekt „Green Road“ fasst alle Aktivitäten für nachhaltigen Landverkehr auf der Straße zusammen. Dabei ist es vor allem der Mix aus vielen klimafreundlichen Einzelmaßnahmen, der zur Entlastung der Umwelt im Straßengüterverkehr beiträgt. Ein wesentlicher Eckpfeiler für klimafreundliche Verkehrsorganisation ist die Bündelung der Verkehre sowie die optimierte Auslastung. Im Landverkehr ist bei DB Schenker ein engmaschiges Verteilersystem dafür die Grundlage. Direktverbindungen zwischen Sender und Empfänger sind bei kompletten Lkw-Ladungen sinnvoll. Zahlreiche Aufträge laufen hingegen über ein Hub-System. Wie die Speichen eines Rades auf die Nabe (engl. „hub“) zulaufen, steuern die Lkws Nacht für Nacht diese Verkehrsdrehscheiben an. Hier werden jeweils die Sendungen für bestimmte Relationen gebündelt. Auf diese Weise lastet DB Schenker den Laderaum optimal aus – bei gleichzeitiger Einhaltung der Fahrpläne und Laufzeiten.

Gleichzeitig stellt DB Schenker sicher, dass bis 2014 alle eigenen sowie die von Subunternehmern eingesetzten Fahrer in Europa – über 20.000 Lkw-Fahrer – in energiesparender Fahrweise geschult werden. Zudem verstärkt DB Schenker den Einsatz moderner, energieeffizienter Fahrzeuge und die konsequente Umstellung auf Fahrzeuge der Euronorm 3 bis 5. Weitere Maßnahmen sind die Erprobung moderner und schadstoffarmer Fahrzeugtechniken, wie zum Beispiel Hybridfahrzeuge, intelligente City-Logistik sowie das sorgfältige Monitoring der Subunternehmer. Ein wichtiges Ziel ist die Einbindung von Schienengüterverkehrsleistungen in das Landverkehrsnetzwerk von DB Schenker. Das steht bei DB SCHENKER***railog***, dem Partner für Bahnlogistik, im Mittelpunkt. Kunden können auf diese Weise europaweit die Schiene noch besser in ihre Planung einbinden und die ökonomischen und ökologischen Vorteile der Eisenbahn als Verkehrsträger auf mittleren und größeren Distanzen nutzen.

Green Terminals

Auch in stationären Anlagen wie Logistikzentren oder Terminals will DB Schenker mittel- bis langfristig den CO_2-Ausstoß weiter reduzieren und hat dafür das Leuchtturmprojekt „Green Terminals“ etabliert. Ziel dieses Projektes ist es, nicht nur in bereits bestehenden Terminals, Werkstätten und Lagerhallen die Energieeffizienz zu erhöhen und den CO_2-Ausstoß zu reduzieren, sondern vor allem auch bei Neu- und Umbauten die Realisierung nachhaltiger Maßnahmen zu prüfen und zu implementieren. Um die CO_2-Emissionen pro Quadratmeter zu senken, stehen zahlreiche Instrumente zur Verfügung wie Photovoltaik-, Windkraft- und Solarenergieanlagen, natürliche Kühlsysteme, der Einsatz von Geothermie bis hin zu energieeffizienter Fördertechnik und innovativen Leuchtsystemen, Wärmedämmung oder intensiverer Nutzung von Regenwasser. Beispielhaft sind hier Aktivitäten in Belgien und Australien: So hat DB Schenker in seinem Logistikzentrum in Willebroeck, das vor allem für Kunden aus der Konsumgüterbranche im Einsatz ist, ein natürliches Kühlsystem eingesetzt. Dabei werden niedrige Außentemperaturen in der Nacht dazu genutzt, die gesamte Anlage auch tagsüber kühl zu halten. Sobald die Außentemperatur in der Nacht um zwei Grad geringer ist als die Temperaturen in der Halle, startet das Kühlsystem und hält diese auch tagsüber konstant. Gegenüber herkömmlichen Kühlsystemen spart DB Schenker täglich mehr als 600 Kilowattstunden an Elektrizität ein. In Australien hat DB Schenker im August 2009 ein neues, umweltfreundliches Großterminal am internationalen Flughafen von Melbourne fertig gestellt. Das Mega-Hub wird beispielsweise 450.000 Liter Regenwasser speichern, von denen 350.000 Liter dauerhaft als Löschwasservorrat dienen. Zusätzlich werden die Toiletten im Hauptgebäude und den Lagerhallen mit Regenwasser gespült, was den Gesamtwasserverbrauch für diese Zwecke um bis zu 70 Prozent senken wird. Solaranlagen und die Umstellung von 80 Prozent der Gabelstapler auf Elektroantrieb sorgen für eine deutliche Senkung des Energieverbrauchs. Die hauseigenen Recyclingprogramme verringern das Restmüllaufkommen um 60 Prozent.

CO_2-freie Transporte mit ECO Plus –Einsatz erneuerbarer Energie

Die europäische Güterbahn DB Schenker Rail ist das Rückgrat von DB Schenker, wenn es um umweltschonenden Verkehr in Europa geht. Denn der europäische Schienengüterverkehr ist der klimafreundlichste Verkehrsträger und baut seinen Klimavorteil weiter aus, beispielsweise durch bessere Auslastung der Züge, Modernisierung der Anlagen und den Einsatz schadstoffarmer Lokomotivmotoren. Eine wichtige Rolle spielt dabei auch, dass inzwischen rund 96 Prozent der Verkehrsleistung im Schienengüterverkehr klimafreundlich mit elektrischer Traktion erbracht werden. Tag für Tag entlastet DB Schenker mit seinen rund 5.400 Güterzügen Europas Straßen um mehr als 100.000 Lkw-Fahrten und erspart der Umwelt damit 23.000 Tonnen CO_2 täglich. Mit Eco Plus macht DB Schenker Rail seinen Kunden ein Angebot des CO_2-freien Transports, das wegweisend für die Transport- und Logistikbranche ist. Kunden können ihre Gütertransporte auf der Schiene ab sofort auf allen europäischen Relationen gegen einen geringen Aufpreis CO_2-frei abwickeln. Auf Kundenwunsch wird die für einen Transport benötigte Energie komplett durch regenerativen Strom aus Deutschland ersetzt. Diesen Strom kauft die DB zusätzlich ein, so werden die Emissionen des Klimagases Kohlendioxid vollständig vermieden. Auf diese Weise kann ein Kunde, der einen 1.000 Tonnen schweren Ganzzug von Hamburg nach München schickt, verglichen mit dem regulären Schienentransport insgesamt rund 20 Tonnen CO_2 vermeiden. Gegenüber dem Lkw spart er mehr als 55 Tonnen CO_2 ein.

EcoTransIT
Güterverkehrskunden können ihre Umweltbilanz auf Strecken in ganz Europa im Internet überprüfen. Das Online-Tool EcoTransIT (www.dbschenker.com/ecotransit) errechnet auf beliebigen europäischen Strecken die präzise Umweltbilanz und vergleicht die Emissionen der Verkehrsmittel Zug, Lkw, Binnen-, Seeschiff und Flugzeug sowie des Kombinierten Verkehrs. Damit wird es ganz einfach, die Verkehrsträger miteinander zu vergleichen und sich auf dieser Basis für den ökologisch und wirtschaftlich sinnvollsten Transport zu entscheiden. Künftig wird die Anwendung als "EcoTransIT World" auch die Energie- und Emissionsdaten der weltweiten Transportketten berechnen können.

4 Entwicklungsperspektiven einer Grünen Logistik

Die Bekämpfung des globalen Klimawandels ist eine gesamtgesellschaftliche Herausforderung, der sich auch Transport- und Logistikdienstleister als bedeutende CO_2-Emmitenten stellen. DB Schenker ist auf dem Weg zum führenden grünen Logistikdienstleister. Das Logistiknetzwerk umfasst alle Verkehrsmittel von der Güterbahn über den Lkw bis hin zur Luft- und Seefracht und Logistikleistungen. Dank dieser Spannbreite an Kompetenz kann DB Schenker beim Umweltschutz einen integrierten Ansatz verfolgen und den Kunden die ökonomisch und ökologisch sinnvollste Dienstleistung anbieten. Vor allem durch intelligente Verknüpfung der Verkehrsträger erschließt DB Schenker enorme Möglichkeiten zur CO_2- Einsparung. „Wirtschaftlichkeit und Umweltschutz sind für uns kein Widerspruch. Denn, wer Ressourcen schont, arbeitet immer auch besonders energieeffizient, und das rechnet sich für die Umwelt und für unsere Kunden," so Dr. Rausch.
Unter dem Stichwort „Green Consulting" unterstützt DB Schenker intern und extern Fragestellungen zu den Themen Klima und Umwelt. Das Kompetenzzentrum bündelt die Umweltthemen des gesamten DB-Konzerns. Die Umweltexperten von DB Schenker arbeiten verkehrsträgerübergreifend. Sie erheben und analysieren den „CO_2-Footprint" der DB Schenker-Kunden, beraten sie im Hinblick auf CO_2-Minderungsmaßnahmen und legen so die Grundlage für die Optimierung der Transportketten oder die Entwicklung neuer Produkte. DB Schenker gehört zu den acht Prozent der Logistikunternehmen, die laut der so genannten „13th Annual Third-Party Logistics Study" ihre Kunden in Fragen „grüner Projekte" beraten. Als interner Dienstleister ist das Kompetenzzentrum aktiv an der Entwicklung und am Monitoring der Klimaschutzziele von DB Schenker beteiligt. In dieser Funktion unterstützt das Kompetenzzentrum aktiv die Umsetzung und Vermarktung von Klimamaßnahmen und treibt Zertifizierungsprozesse voran.
Zusammenfassend lässt sich festhalten, dass das Thema Klimaschutz in der Transport- und Logistikbranche enorm an Bedeutung gewonnen hat und immer mehr zu einem ernst zu nehmenden Kriterium bei der Auftragsvergabe wird, insbesondere wenn die Qualitätsziele des Kunden eingehalten und die Mehrkosten für Grüne Logistik sich in Grenzen halten. Langfristig wird Grüne Logistik jedoch wie alle Umwelttechnologien einen Wachstumsmarkt darstellen, der für Unternehmen nicht nur zur Kür sondern zur Pflicht wird.

Literaturverzeichnis

Arnold, D./Furmans, K./Isermann, H./Kuhn, A./Tempelmeier, H. (2008): Handbuch Logistik. Berlin und Heidelberg 2008.

Baumert, A.K./ Herzog, T./Pershing, J. (2005): Navigating the numbers – Greenhouse gas data and international climate policy. World Resource Institute 2005, S. 63.

Baumgarten, H. (2004): Trends in der Logistik. In: Baumgarten, H./Darkow, I.-L./Zadek, H. (Hrsg.): Supply Chain Steuerung und Services. Logistik-Dienstleister managen globale Netzwerke – Best Practices. Berlin 2004, S. 1 - 11.

Baumgarten, H./Steger, U. (1998): Qualitäts- und Umweltmanagement logistischer Prozessketten. Bern und Wien 1998.

Benz, M. (1999): Umweltverträglichkeit von Transportketten. Berlin 1999.

Bleicher, K. (1999): Das Konzept Integriertes Management. Visionen, Missionen, Programme. 5., rev. und erw. Aufl. Frankfurt am Main 1999.

Braun, B. (2003): Unternehmen zwischen ökologischen und ökonomischen Zielen: Konzepte, Akteure und Chancen des industriellen Umweltmanagements aus wirtschaftsgeographischer Sicht. Münster 2003.

Bundesministerium für Umwelt, Naturschutz und Reaktorsicherheit (2009): Einbeziehung des Luftverkehrs in den Emissionshandel. Online verfügbar unter: www.bmvbs.de/Verkehr/Luft-,1445.1012057/Einbeziehung-des-Luftverkehrs-.htm (zuletzt aufgerufen am 04.03.2010).

Bundesministerium für Verkehr, Bau und Stadtentwicklung (2008): Masterplan Güterverkehr und Logistik. Berlin 2008.

Bundesministerium für Wirtschaft und Technologie/Bundesministerium für Umwelt, Naturschutz und Reaktorsicherheit (2007): Bericht zur Umsetzung der in der Kabinettsklausur am 23./24.08.2007 in Meseberg beschlossenen Eckpunkte für ein Integriertes Energie- und Klimaprogramm. Berlin 2007.

Bündnis 90 Die Grünen (2008): Beschluss (vorläufig) – Die Krisen bewältigen – für einen grünen New Deal! 28. Ordentliche Bundesdelegiertenkonferenz Erfurt, 14.-16. November 2008. Online verfügbar unter: http://www.gruene-partei.de/cms/default/dokbin/258/258004.gruener_new_deal.pdf (zuletzt aufgerufen am 04.03.2010).

Carson, R. (1962): A Silent Spring. New York 1962.

DB Schenker Laboratories (2009): Ergebnisse der Messebefragung "transport logistic 2009".

Deutsche Bahn AG (2010): DB Eco Programm. Online verfügbar unter: www.dbecoprogram.com

Deutsche Post DHL (2009): Nachhaltigkeitsbericht 2009. Neue Wege gehen – Umwelt Mitarbeiter Gesellschaft. Bonn 2009.

Deutsche Post DHL (2010): GoGreen: Das Klimaschutzprogramm von Deutsche Post DHL. Online verfügbar unter: www.dp-dhl-gogreen.de (zuletzt aufgerufen am 04.03.2010).

Dyllick, T./Belz, F./Schneidewind, U. (1997): Ökologie und Wettbewerbsfähigkeit. München und Wien 1997.

Eyefortransport (2007): Summary and analysis of eyefortransport's survey: Green Transportation & Logistics. London 2007.

Goldsby, T./Stank, T. (2000): World class logistics performance and environmentally responsible logistics practices. In: Journal of Business Logistics, Jg. 21, H. 2, S. 187 - 208.

Göpfert, I. (2000): Logistik Führungskonzeption: Gegenstand, Aufgaben und Instrumente des Logistikmanagements und -controllings. München 2000.

Göpfert, I. (2001): Logistik-Controlling der Zukunft. In: Controlling-Wissen, H. 7, S. 347 - 355.

Gudehus, T. (2005); Logistik 2 – Netzwerke, Systeme und Lieferketten. Berlin und Heidelberg 2005.

Hall, J. (2000): Environmental supply chain dynamics. In: Journal of Cleaner Production, Jg. 8, H. 6, S. 455-471.

Hart, S. (1995): A Natural-Resource-Based View of the Firm. In: Academy of Management Review, Jg. 20, H. 4, S. 986 - 1014.
Hauff, V. (1987): Unsere gemeinsame Zukunft: Der Brundtland-Bericht der Weltkommission für Umwelt und Entwicklung. Greven 1987.
Hülsmann, M./Grapp, J. (2007): Nachhaltigkeit und Logistik-Management – Konzeptionelle Betrachtungen zu Kompatibilität – Komplexität – Widersprüchen – Selbststeuerung. In: Müller-Christ, G./Arndt, L./Ehnert, I. (Hrsg.): Nachhaltigkeit und Widersprüche – Eine Managementperspektive. Hamburg 2007, S. 83 - 126.
Kanning, H. (2008): Bedeutung des Nachhaltigkeitsleitbildes für das betriebliche Management. In: Betriebliches Umweltmanagement, S. 17 - 33.
Klassen, R./McLaughlin, C. (1996): The impact of environmental management on firm performance. In: Management Science, Jg. 42, H. 8, S. 1199 - 1214.
Kümmerlen, R./Tille, A. (2009): Unreife Früchte. In: Log., H. 2., S. 8 - 16.
Lehrstuhl für Fördertechnik Materialfluss Logistik der TU München/Markt- und Wirtschaft - Gesellschaft für Marktforschung und Unternehmensberatung der Unternehmerberatung trilogQa/Logistik Heute (2009): Change to green. Handlungsfelder und Perspektiven für nachhaltige Logistik und Geschäftsprozesse. München 2009.
Loske, R. (2009): Die Krise als Chance: Lieber grüner „New Deal“ als Geldverbrennung. In: ZEIT ONLINE. Online verfügbar unter: http://www.zeit.de/online/2008/52/krise-als-chance-loske-2. (zuletzt aufgerufen am 04.03.2010).
McKinsey (2009): Wettbewerbsfaktor Energie – Neue Chancen für die deutsche Wirtschaft. Frankfurt am Main 2009.
Meadows, D. (1973): Die Grenzen des Wachstums: Bericht des Club of Rome zur Lage der Menschheit. Reinbek b. Hamburg 1973.
Messina, S. (2009): Konjunkturpakete: Grün sieht anders aus. Online verfügbar unter http://www.wir-klimaretter.de/content/view/3171/256/ (zuletzt aufgerufen am 04.03.2010).
Mohr, E. (1994): Environmental norms, society and economics. In: Ecological Economics, Jg. 9, H. 3, S. 229 - 239.
Molitor, G. T. T. (2003): Molitor Forecasting Model – Key dimension for plotting the "Patterns of Change". In: Journal of Future Studies, Jg. 8, H. 1, S. 61 - 72.
Murphy, P./Poist, R. (2000): Green Logistics Practices – An analysis of usage patterns. In: Transportation Journal, Jg. 40, H. 2, S. 5 - 16.
Murphy, P./Poist, R. (2003): Green perspectives and practices – A comparative logistics study. In: Supply Chain Management, Jg. 8, H. 2, S. 122 - 131.
Murphy, P./Poist, R./Braunschweig, C. (1996): Green logistics: Comparative views of environmental progressives, moderates and conservatives. In: Journal of Business Logistics, Jg. 17, H. 1, S. 191 - 211.
Otto Group (2009): Trendstudie 2009 – Die Zukunft des ethischen Konsums. Online verfügbar unter: www.ottogroup.com/uploads/media/Otto_Group_Trendstudie_2009_Ethischer_Konsum.pdf (zuletzt aufgerufen am 04.03.2010).
Pachauri, R. K./Reisinger, A. (2006): Fourth Assessment Report. Genf 2006.
Pfohl, H.-Chr. (1993): Ökologische Herausforderungen an die Logistik in den 90er Jahren: Umweltschutz in der Logistikkette bei Ver- und Entsorgung. Berlin 1993.
Pfohl, H.-Chr. (1996a): Ökologische Bewertung in der Logistik. In: Hossner, S. (Hrsg.): Jahrbuch der Logistik. O.O. 1996, S. 206 - 208.
Pfohl, H.-Chr. (1996b): Bedeutung der Umweltgerechtigkeit bei Logistikunternehmen - Ergebnisse einer empirischen Untersuchung. Technische Hochschule Darmstadt. Darmstadt 1996.
Pfohl, H.-Chr. (2004): Logistikmanagement. Konzeption und Funktionen. Berlin 2004.
Pfohl, H.-Chr.(1995a): Logistik und Umwelt. In: Junkernheinrich, M./Klemmer, P./ Wagner, G.R./Junkernheinrich, M. (Hrsg.): Handbuch zur Umweltökonomie. Berlin 1995, S. 106 - 111.

Pfohl, H.-Chr./Engelke, M. (1995b): Erfassung von Umwelteinwirkungen logistischer Prozesse. In: Logistik Spektrum Jg. 6, H. 4, S. 4 - 8.
Pfohl, H.-Chr./Schäfer, Ch. (1997): Management geschlossener Kreisläufe. In: Handbuch des integrierten Umweltmanagements. Oldeburg, München, Wien 1997, S. 255 - 285.
Presseportal (2009): '100! ProKlima' - Jetzt CO2-neutral versenden mit TNT Post. online verfügbar unter: http://www.presseportal.de/pm/64431/1505756/tnt_post_holding_gmbh (zuletzt aufgerufen am 04.03.2010)
Price Waterhouse Coopers (2008): Going green: Sustainable growth strategies. o.O. 2008.
Robins, N./Clover, R./Singh, C. (2009): A climate of stimulus goes green. HBSC Global Research. o. O. 2009.
Schmidt, S./Prange, F./Schlegelmilch, K./Cottrell, J./Görres, A. (2009): FÖS-STUDIE IM AUFTRAG DES WWF – 12. Juni 2009: Sind die deutschen Konjunkturpakete nachhaltig? Berlin 2009.
Schubert, K./Klein, M. (2006): Das Politiklexikon. Bonn 2006.
Sommer, P. (2007): Umweltfokussiertes Supply Chain Management. Am Beispiel des Lebensmittelsektors. Wiesbaden 2007.
Srivastava, S. K. (2007): Green supply-chain management: A state-of-the-art literature review. In: International Journal of Management Reviews, Jg. 9, H. 1, S. 53 - 80.
Stölzle, W. (1992): Umweltschutz und Entsorgungslogistik: Theoretische Grundlagen mit ersten empirischen Ergebnissen zur innerbetrieblichen Entsorgungslogistik. Berlin 1992.
Straube, F./ Pfohl, H.-Chr. (2008): Trends und Strategien in der Logistik. Bremen 2008.
Straube, F./Borkowski, S. (2008): Global Logistics 2015+. Berlin 2008.
Trowbridge, P. (2001): A case study of green supply chain management at Advanced Micro Devices. In: Greener Management International, Jg. 35, S. 121 - 135.
van der Linde, C./Porter, M.E. (1995): Green and competitive: Ending the stalemate. In: Long Range Planning, Jg. 28, H. 6, S. 128 - 129.
van Hoek, R. I. (1999): From reversed logistics to green supply chains. In: Supply Chain Management, Jg. 4, H. 3, S. 129 - 134.
Vorholz, F. (2009): Geld für eine grüne Welt: Die Konjunkturprogramme nutzen auch dem Klimaschutz- allerdings investieren die meisten Länder nicht genug, um der Erderwärmung tatsächliche Grenzen zu setzten. In: Die Zeit, Ausgabe 11, 05.03.09/ Online verfügbar unter http://www.zeit.de/2009/11/Konjunkturprogramme (zuletzt aufgerufen am 04.03.2010).
Weber, J. (2002): Logistikkostenrechnung: Kosten-, Leistungs- und Erlösinformationen zur erfolgsorientierten Steuerung der Logistik. Berlin 2002.
Weber, J./Blum, H. (2003): Logistik-Controlling - Konzept und empirischer Stand. Stuttgart 2003.
World Climate Conference (1979): Declaration and Supporting Documents. World Meteorologic Organization. Genua 1979.

Michael Kleer[*] / Roland Dimbath[**]

Kundenorientiertes Design der Supply Chain

[*] Dr. rer. pol. Michael Kleer ist seit 2007 Geschäftsführer und COO bei der Rodenstock GmbH. Zuvor war er lange Jahre als Senior Partner bei Arthur D. Little International verantwortlich für die globale Practice Automotive & Manufacturing sowie drei Jahre Geschäftsführer bei einem deutschen Gebäudetechnik- und Pumpenhersteller. Michael Kleer studierte Wirtschaftsingenieurwesen an der TU Darmstadt und absolvierte seine Promotion bei Prof. Dr. Dr. h.c. Hans-Christian Pfohl im Bereich Logistik.

[**] Roland Dimbath ist seit 2006 bei der Rodenstock GmbH für die Bereiche Logistik und Einkauf zuständig und hat in dieser Zeit die Entwicklung dieser Bereiche wesentlich vorangetrieben. Zuvor arbeitete er 7 Jahre bei der internationalen Unternehmensberatung Arthur D. Little. Dort konzentrierten sich seine Projekte auf die Bereiche Supply Chain und Einkauf, für die er intern auch die Methodik verantwortete. Roland Dimbath studierte an der Technischen Universität Darmstadt Wirtschaftsingenieurwesen. Teile seiner schulischen und universitären Laufbahn absolvierte er in den USA und Frankreich.

1 Charakterisierung des Marktes für Brillengläser

Bevor die Optimierung der Supply Chain eines Brillenglasherstellers als Best Practice Beispiel beschrieben werden kann, ist in Kapitel 1 eine kurze Charakterisierung des Marktes und der Kundenanforderungen notwendig. Darüber hinaus werden in Kapitel 2 die Designelemente und die Voraussetzungen einer Optimierung dargestellt, anhand derer dann die Best Practice Beschreibung in Kapitel 3 erfolgt.

Die möglichst optimale Korrektur des menschlichen Sehfehlers ist die Kernaufgabe der augenoptischen Industrie. Eine derartige Korrektur kann mit Hilfe eines Lasereingriffes oder durch das Tragen von Kontaktlinsen oder von Korrektionsgläsern erfolgen. Letztere dominieren mit über 90% der Anwendungsfälle den Augenoptikmarkt und stehen im Mittelpunkt der weiteren Ausführungen.

Aufgrund der demographischen Bevölkerungsentwicklung, der steigenden Anforderungen durch die Informations- und Kommunikationstechnologie sowie der raschen ökonomischen Entwicklung bevölkerungsreicher Regionen, weist der Augenoptikmarkt seit Jahren ein kontinuierliches Wachstum auf. Industrieseitig unterscheidet man zwischen Brillenfassungsherstellern einerseits und Herstellern von optischen Brillengläsern andererseits. Obwohl es sehr viele Synergien zwischen diesen Geschäftsfeldern gibt, entwickelt und verkauft nur ein Hersteller weltweit beide Produktgruppen. Zur Vereinfachung der Supply Ausführungen fokussieren wir uns auf die Herausforderungen eines Brillenglasherstellers. Der zweistufige Distributionskanal geht vom Hersteller über den augenoptischen Fachhandel zum Käufer beziehungsweise "Träger" der Korrektionsbrille. Darüber hinaus beeinflussen noch Augenärzte und gesetzliche Vorschriften das Geschäft der Augenoptik. Am Beispiel des optischen Brillenglases ist in Abbildung 1 die Wertschöpfungskette schematisch dargestellt, anhand derer die Marktanforderungen für die Ausrichtung der Supply Chain abgeleitet werden können.

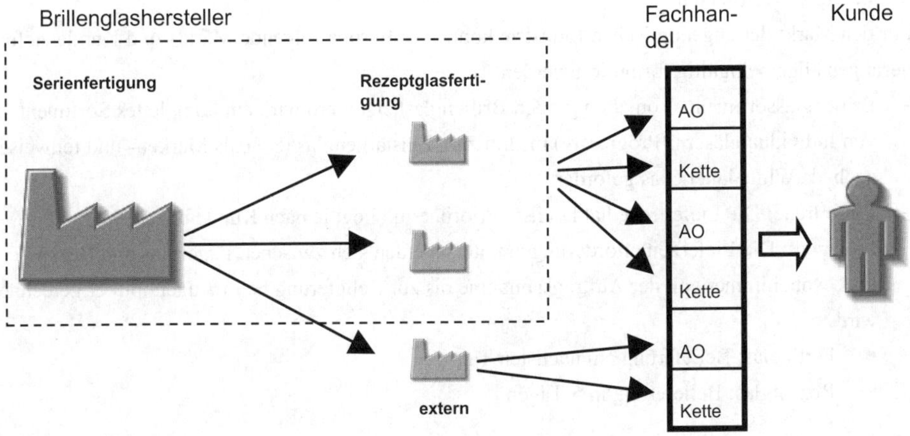

Abbildung 1: Zweistufige Wertschöpfungskette "optisches Brillenglas"

Der Markt für optische Brillengläser kann als heterogener Oligopol bezeichnet werden und besteht insgesamt aus vier weltweit tätigen sowie einigen lokalen Herstellern, die neben der Serienfertigung von Fertiggläsern und Halbfabrikaten, sogenannten Blanks, auch über eine Vielzahl von lokalen Rezeptglasfertigungen verfügen. Hier werden die Blanks gemäß der individuellen, spezifischen Anforderungen (Rezept) des künftigen Brillenträgers auftragsbezogen gefertigt. Aufgrund der verschiedenen individuellen Designparameter wie z. B. Material, Index, Zylinder, Pupillendistanz etc. bestehen mehrere Billionen Ausprägungsvarianten, die nur auftragsbezogen gefertigt werden können. Demgegenüber können Einstärkengläser bereits in der Serienfertigung zu einem Fertigglas abgegossen werden. Die Steuerung der Serienfertigung (Gläser und Blanks) erfolgt durch "Make to Stock" und entkoppelt somit die Rezeptglas- von der Serienfertigung.
Alle Serienfertiger beliefern neben den eigenen auch externe Rezeptglasfertigungen, die ihrerseits spezifische Marktsegmente bedienen. Die Aufgabe des augenoptischen Fachhandels ist es, den Brillenträger bei der Auswahl der Fassung und des optimalen Brillenglases bezüglich Material, Design und Beschichtung zu beraten und gegebenenfalls den Zusammenbau von Fassung und Glas (Glazing) zu einer Brille vorzunehmen. Der Fachhandel setzt sich aus unabhängigen Augenoptikern (AO), Einkaufsgruppen und großen Filialketten, wie beispielsweise Apollo oder Fielmann, zusammen, die ihrerseits teilweise unterschiedliche Preis-, Sortiments- und Serviceanforderungen an die Hersteller stellen. Der Brillenträger verlässt sich in der Regel auf die Empfehlung des Augenoptikers und möchte die Brille nach dem Erstbesuch in den meisten Fällen innerhalb von einer Woche abholen. Da am Wochenende die Frequenz beim Augenoptiker am höchsten ist, entsteht ein Samstag – Samstag Rhythmus, welcher eine gleichmäßige Auslastung der Rezeptglasfertigung erschwert.
Für das Design der Supply Chain eines Brillenglasherstellers ist die umfassende Kenntnis der Kunden- und Marktanforderungen hinsichtlich Produktportfolio, Liefertreue, Lieferzeit sowie erwartete Serviceleistungen von grundlegender Bedeutung. Sollten derartige Daten im Unternehmen nicht vorhanden sein, so gilt es, diese empirisch zu erheben und gemeinsam mit Vertrieb und Marketing zu verifizieren.
Für den Markt der augenoptischen Industrie können in Europa folgende Markt- und Kundenanforderungen allgemeingültig formuliert werden.

- Brillenglassortiment: Von allen großen Brillenglasherstellern wird ein komplettes Sortiment von Individualgläsern (Progressiv) bis hin zum Einstärkenglas (SV) als Marken- und teilweise auch als White label Glas gefordert
- Liefertreue: Die Liefertreue hat höchste Priorität und liegt je nach Kunde bei ca. 95 %-98 %
- Lieferzeit: Die Lieferzeitanforderungen unterscheiden sich zwischen Lagerglas und Rezeptglas, wobei immer von der Auftragsannahme bis zur Belieferung beim Augenoptiker gerechnet wird
  - Fertigglas: Belieferung am nächsten Tag
  - Rezeptglas: Belieferung in 5 Tagen

- Serviceleistungen: Die erwarteten Serviceleistungen gehen von der Unterstützung bei der Auftragseingabe, EDI-Anbindung, Plausibilitätsprüfung, Auftragstracking bis hin zu Garantieleistung und Reklamationsabwicklung und stellen hohe Anforderungen an die Prozesse und IT-Systeme der Hersteller.

Nach der kurzen Charakterisierung der augenoptischen Industrie und Definition der kundenorientierten Marktanforderungen sollen im nächsten Abschnitt die Gestaltungselemente und Voraussetzungen für eine Supply Chain Optimierung aufgezeigt werden.

2 Elemente und Voraussetzungen einer Designoptimierung

Für die Designoptimierung einer Supply Chain lassen sich insgesamt sechs Designelemente identifizieren, deren Ausgestaltung sich unter Beachtung der Wirtschaftlichkeit auf die optimale Erfüllung der Kunden- und Marktanforderungen (Zielelement) fokussiert.[1] Die Designelemente stehen in wechselseitigen Abhängigkeiten zueinander, wobei zwischen Basis-, Struktur- und dem Zielelement unterschieden werden kann, wie in Abbildung 2 dargestellt.

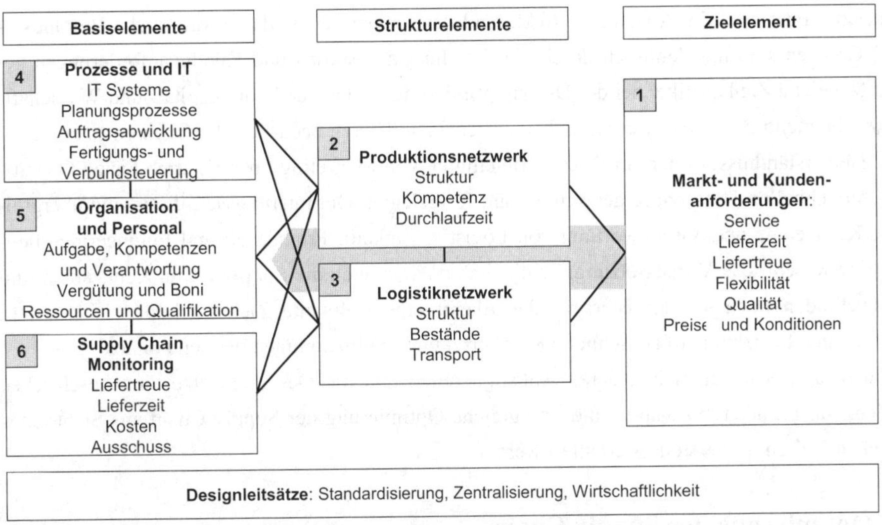

Abbildung 2: Elemente der Designoptimierung

Die Ausprägung des Zielelementes anhand der Markt- und Kundenanforderungen ist bereits in Kapitel 1 beschrieben worden. Die zwei Strukturelemente, die es hinsichtlich der Marktanforderungen zu optimieren und zu gestalten gilt, bestehen aus dem Produktionsnetzwerk und dem Logistiknetzwerk. Hierbei geht es zum Beispiel um die Anzahl der Produktions- und Lagerstufen, Bestandshöhe, Transportströme und Effizienz bzw. Durchlaufzeit in der Produktion. Die drei Basiselemente beschreiben die hierfür erforderlichen Prozesse und IT-Systeme, die notwendige

---

[1] Vgl. Pfohl (1994), S. III.

Organisationsstruktur sowie das benötigte Monitoring der Supply Chain. Die drei Elemente bilden die Basis und damit auch die Voraussetzung für die Optimierung der Supply Chain, was anhand der Designleitsätze

- Standardisierung
- Zentralisierung
- Wirtschaftlichkeit

erklärt werden kann.

Wesentliche Voraussetzung für die Optimierung ist die Standardisierung der relevanten Prozesse und IT-Systeme. Hierbei geht es zum Einen um die Planungs- und Steuerungsprozesse, zum Anderen um standardisierte Produktionsprozesse, die erst eine Austauschbarkeit von Standorten und ein kapazitätsorientiertes Umrouten von Produkten zwischen Standorten innerhalb eines Produktionsverbundes erlauben. Einheitliche IT-Systeme sind darüber hinaus erforderlich, um weltweit Aufträge zu verarbeiten, deren Status zu tracken und eine zentrale Bestandstransparenz zu erhalten. Hier kommt auch der zweite Leitsatz "Zentralisierung" zum Tragen. So erlaubt eine Zentralisierung von Produktionskapazitäten eine höhere Effizienz und Wirtschaftlichkeit sowie eine Reduzierung des Investitionsbedarfes. Gleiches gilt für das Bestandsmanagement: je zentraler die Bestände, desto größer sind die Ausgleichseffekte und desto niedriger ist das erforderliche Bestandsniveau. Grenzen sind hier lediglich durch die Erfüllung der Markt- und Kundenanforderungen gesetzt. Mögliche Zielkonflikte bei der Designoptimierung sind anhand von Kapital- und Wirtschaftlichkeitsbetrachtungen zu bewerten und zu entscheiden. Hierzu bedarf es aber auch eines einheitlichen Zielverständnisses aller am Prozess Beteiligten von Marketing über Vertrieb bis zu Operations. Zur schnellen Umsetzung der gemeinsam festgelegten Optimierungsschritte ist die übergreifende Kompetenz und Verantwortung von Logistik, Einkauf, Produktion und Engineering ebenfalls eine wesentliche Voraussetzung. Schließlich müssen auch die Supply Chain Kennzahlen und Messmethoden noch standardisiert werden, damit eine weltweite Zielerreichung sichergestellt werden kann, beziehungsweise schnelle Kurskorrekturen vorgenommen werden können.

Nachdem die Designelemente, deren Abhängigkeiten und die Designleitsätze kurz beschrieben wurden, soll im nächsten Kapitel die erfolgreiche Optimierung der Supply Chain aus Sicht eines optischen Brillenglasherstellers erläutert werden.

3 Optimierung der Supply Chain

Die Neuausrichtung der Supply Chain anhand der Markt- und Kundenanforderungen hat insgesamt über 5 Jahre in Anspruch genommen. Dabei wurden zunächst die Produktions- und Abwicklungsprozesse über das gesamte Produktions- und Logistiknetzwerk vereinheitlicht. Unterstützt wurde diese Standardisierung auch durch den weltweiten Roll Out von SAP und die damit verbundenen Prozessanpassungen in vielen Ländern. Eine Abweichung vom SAP Standard wurde nur erlaubt, wenn gesetzliche oder länderspezifische Marktbesonderheiten dies unbedingt erforderlich machten.

Im zweiten Schritt wurden dann die Markt- und Kundenanforderungen gemeinsam mit Vertrieb und den Länderorganisationen definiert, um insbesondere die Netzwerke darauf auszurichten beziehungsweise zu optimieren. Im Folgenden wird die durchgeführte Optimierung der Supply Chain anhand der in Abbildung 2 dargestellten Struktur- und Basiselemente beschrieben, wobei bereits auf messbare Erfolge im Einzelnen eingegangen wird.

3.1 Optimierung der Strukturelemente

Da die Gestaltungen des Produktions- und Logistiknetzwerkes sich gegenseitig beeinflussen, muss deren Optimierung die zeitlichen und inhaltlichen Abhängigkeiten berücksichtigen. So erfordert eine Make to Stock Fertigung ein Lager für die produzierten Produkte, genauso wie eine Rezeptglasfertigung ein Lager für die Halbfabrikate, Hilfs- und Betriebsstoffe benötigt. Abbildung 3 zeigt schematisch das Produktions- und Logistiknetzwerk der optischen Industrie.

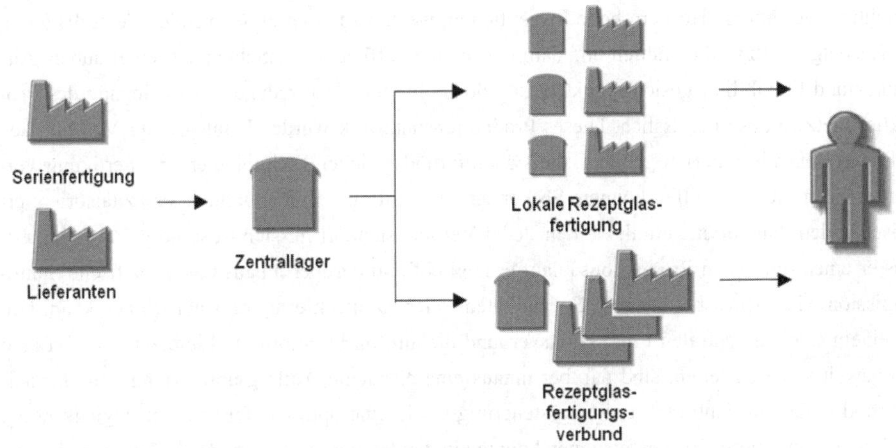

Abbildung 3: Schematische Darstellung des Produktions- und Logistiknetzwerkes

Produktionsnetzwerk

Das Produktionsnetzwerk besteht aus zwei Stufen, der Serienfertigung und der Rezeptglasfertigung, die über Lagerstufen entkoppelt sind. Die Serienfertigung mit großen Losgrößen ist eine Make to Stock Fertigung, wohingegen die Rezeptglasfertigung eine Make to Order Fertigung gemäß individueller Spezifikation darstellt.

Die *Serienfertigung* ist ein zeitintensiver Herstellungsprozess mit sehr vielen zum Teil manuellen Arbeitsschritten. Die Durchlaufzeit von Blanks und Fertiggläsern liegt durchschnittlich bei ca. 4-5 Arbeitstagen. Eine weitere Besonderheit ist die hohe Anzahl der zu fertigenden Varianten aufgrund von Durchmesser, Material und Wirkungsbereichen. Arbeitsintensität und die Entkoppelung durch die Lagerfertigung haben dazu geführt, dass nahezu alle Hersteller ihre großen Serienfertigungen in asiatische Länder verlagert haben, um so ihre Herstellkosten zu reduzieren. Zur

Beherrschung der Komplexität sind hochflexible Fertigungsabläufe und ein sehr detailliertes Shop Floor Control System notwendig. Stunden- und taggenaue Steuerung der Serienfertigung unter Berücksichtigung der Maschinenkapazitäten, Personalbesetzung, Material- und Werkzeugverfügbarkeit ist die Basis einer effizienten Serienfertigung. Die Nutzung externer Lieferquellen trägt darüber hinaus zur Komplexitätsreduzierung bei. Alle gefertigten und zugekauften Fertiggläser und Blanks werden anschließend in ein weltweites Zentrallager gelagert, um von dort aus die Kunden mit Fertiggläsern oder die Rezeptglasfertigungen mit Blanks beliefern zu können.

Die *Rezeptglasfertigung* ist ein stark automatisierter und verketteter Prozess, bei dem aus zwei Rohlingen gemäß der vom Augenoptiker ermittelten und an den Hersteller übertragenen endverbraucherindividuellen Spezifikationen (z. B. Wirkung, Farbe, Schicht, Progressivglasdesign) zwei Brillengläser gefertigt werden. Der Fertigungsprozess umfasst derzeit die Arbeitsschritte Fräsen, Schleifen, Polieren in one piece flow und die Schritte Hartlacken und Beschichten in einer Losgrößenfertigung. Anschließend kann das Glas noch passend zur Fassung geschliffen und in die Fassung montiert werden. Neuere Fertigungstechnologien wie Freiform oder hochwertige Beschichtungsverfahren erfordern hohe Investitionen, welche zu einer zunehmenden Zentralisierung des Rezeptglasnetzwerkes führen und damit auch einen effizienten 3-Schichtbetrieb erlauben. Aus Risiko- und Flexibilitätsgesichtspunkten ist jedoch eine teilweise redundante Auslegung des Produktionsnetzwerkes unerlässlich. Dieses Produktionsnetzwerk wurde als integrierter Verbund aus mehreren Zentralstandorten gebildet, die sich aufgrund gleicher Technologien und Fertigungsverfahren gegenseitig aushelfen können. So können die Auftragsvolumen täglich kapazitätsorientiert zwischen den Standorten verteilt werden. Jeder Verbundstandort für sich ist so groß dimensioniert, dass er einen optimalen Produktionsablauf ermöglicht und darüber hinaus eine spezifische Standortmission wie Expressbelieferung, Spezialitäten- oder Hightechfertigung wahrnehmen kann. Um bei einem solchen zentralen Produktionsverbund die am Markt geforderte Lieferzeit von 5 Tagen europaweit sicherzustellen, sind darüber hinaus eine effiziente Auftragsabwicklung, eine kapazitäts- und lieferzeitorientierte Fertigungssteuerung sowie eine optimale Distributionslogistik nötig. Nach Schaffung dieser Voraussetzungen konnten in den letzten Jahren eine große Zahl von dezentralen Rezeptglasstandorten in Europa geschlossen werden, wobei nicht nur die Produktionskosten gesenkt werden konnten, sondern auch die Liefertreue verbessert werden konnte. Eine dezentrale Fertigung (Glazing) ist nur noch für die Montage der Gläser in die von dem Augenoptiker eingesandten Fassungen erforderlich, da hier eine Zentralisierung die Lieferzeiten und die Transportkosten unnötig erhöhen würde. Innerhalb des festgelegten Produktionsverbundes gibt es eine Vielzahl von Aktivitäten, die der kontinuierlichen Steigerung der Leistungsfähigkeit je Standort dienen, wie zum Beispiel

- Six Sigma/kontinuierlicher Verbesserungsprozess (KVP)
- Produktivitätsprogramme 10+
- Programme zur Reduzierung von Ausschuss und Nacharbeit
- Produktionsprozessoptimierungen und
- Optimierung der Schichtmodelle (inkl. Wochenende)

Durch die konsequente Umsetzung dieser Methoden und Programme konnten in den letzten Jahren jeweils 10 % Produktivitätssteigerung und eine signifikante Ausschussreduzierung erreicht werden. Im Zuge interner Benchmarks und Kennzahlen wurden die Standorte miteinander direkt verglichen. Best Practice Beispiele wurden den Werks- und Abteilungsleitern vor Ort gezeigt und zur standortspezifischen Umsetzung empfohlen. Die damit verbundene Vereinheitlichung der Prozesse und IT sowie der Supply Chain Kennzahlen werden im Kapitel Basiselemente nochmals aufgegriffen und weiter erläutert. Zunächst jedoch wollen wir uns dem Logistiknetzwerk als zweites Strukturelement widmen.

Logistiknetzwerk

Die für das Logistiknetzwerk relevanten Zielsetzungen, abgeleitet aus den Marktanforderungen, lassen sich wie folgt zusammenfassen:[2]

Hohe Liefertreue unter Einhaltung der definierten Lieferzeiten trotz Bestandsreduzierung bei optimaler Transportabwicklung und effizienter Lagerbewirtschaftung.

Diese zielorientierte Optimierung des Logistiknetzwerkes erfolgte in 5 Schritten

1. Definition der Lagerhaltungsstufen
2. Festlegung der Dispositionsstrategie
3. Bestimmung der Lagerstandorte
4. Integration der unterschiedlichen Produktbereiche
5. Weitergehende Optimierung

In dem ersten Schritt galt es, die Anzahl der Lagerstufen zu definieren. Durch die kurze Lieferzeitanforderung sowohl im Bereich des Lagerglases als auch bei der Belieferung der Rezeptglasfertigung ergab sich die Notwendigkeit einer lokalen Lagerstufe in den Märkten bzw. an den Fertigungsstandorten. Darüber hinaus stellte sich die Frage, ob die lokalen Lagerstandorte direkt aus der Serienfertigung wiederbevorratet werden können oder ob eine Zentrallagerstufe unentbehrlich ist. Die Entscheidung für ein Zentrallager konnte aus mehreren Gründen schnell getroffen werden. Eine direkte Belieferung aus der Serienfertigung würde aufgrund der Vielzahl der Aufträge und kleinen Losgrößen die Komplexität und Effizienz der Fertigung massiv negativ beeinflussen. Außerdem wären die Folgen lange Wiederbevorratungszeiten, ein Überproduktionslager bzw. Versandlager nach der Serienfertigung sowie umfangreiche Querverschiebungen zwischen den Lagerstandorten, um unvorhergesehene Nachfrageschwankungen in einzelnen Lägern zu kompensieren. Zusammenfassend hätten sich hieraus höhere Bestände und Transportkosten sowie eine niedrigere Verfügbarkeit ergeben. Daraus resultierte direkt die Notwendigkeit einer Zentrallagerstufe. In dem Zentrallager werden ausschließlich Wiederbevorratungsaufträge abgewickelt, weshalb nur ein Zentrallager weltweit erforderlich war. Somit ergab sich eine zweistufige Lagerstruktur mit einem Zentrallager und einer Reihe lokaler Läger bzw. Fertigungsläger.

Der zweite Schritt besteht in der optimalen Verteilung des Gesamtbestands auf die beiden Lagerstufen. Hier wurde wiederum konsequent der Leitsatz der Zentralisierung angewendet. Um den

---

2 Vgl. Pfohl (2004), S. 112 ff. sowie Pfohl (2010), S. 299ff.

maximalen Effekt der Bestandskonzentration zu erzielen und die Sicherheitsbestände zu minimieren, muss diese auf der Zentrallagerstufe erfolgen.[3] Die Bestände werden im Zentrallager gebündelt und in der zweiten Lagerstufe mittels reduzierter Wiederbeschaffungszeiten, hoher Lieferfrequenz sowie einer straffen Disposition weitestgehend reduziert. Wo die geforderten Lieferzeiten und die Transportlogistik dies ermöglichen, wurde eine Direktbelieferung eingeführt, wodurch die zweite Lagerstufe gänzlich entfallen konnte. Durch die optimale zentrale Verfügbarkeit in Verbindung mit der hohen Lieferfrequenz lassen sich entstehende Unterdeckungen lokal in der geforderten Zeit jederzeit schließen. Damit diese Konstellation funktioniert, sind eine zentrale Disposition und Bestandsverantwortung über alle Lagerstandorte sowie ein einheitliches IT-System die Grundvoraussetzungen. Der Lagerstandort für das Zentrallager wurde hauptsächlich durch den Nachfrageschwerpunkt definiert. Dieser liegt in den europäischen Kernmärkten. Ein Zentrallager an dem Standort der Serienfertigung in Asien musste sowohl aus Lieferzeitgründen als auch aus Transportsicht wegen der vielen, langen Transportrelationen ausgeschlossen werden. Durch die gemäßigten Lieferzeitanforderungen bei der Wiederbevorratung der zweiten Lagerstufe und den vergleichsweise niedrigen Logistikkosten im Vergleich zu den Produktkosten, war eine gewisse Flexibilität bei der Standortwahl gegeben. Somit fiel die Wahl auf ein Niedriglohnland, das in Bezug auf die europäischen Nachfrageschwerpunkte günstig lag. Die Standorte auf der zweiten Lagerstufe sind durch die Lieferzeitanforderungen der Übernachtbelieferung in den einzelnen Absatzmärkten bzw. durch den Rezeptglasfertigungsstandort gegeben. Diese Vorgehensweise wurde in dem vierten Schritt für alle weiteren Produktbereiche durchgeführt und in das Gesamtlogistiknetzwerk integriert. Als Ergebnis entstand ein weltweites Zentrallager und Distributionszentrum für alle Produkte von Brillenglas, Werbemitteln bis hin zu Hilfs- und Betriebsstoffen in einem europäischen Niedriglohnland.

Weitere Optimierungen innerhalb des beschriebenen Netzwerkes wurden in dem abschließenden Schritt durchgeführt. Durch die starke Zentralisierung des Logistiknetzwerkes können erhebliche Synergien im Versand- und Transportbereich realisiert werden. Die Kundenstruktur für die verschiedenen Bereiche weist große Überschneidungen auf, so dass Versandtätigkeiten und Transporte konsolidiert werden können. Voraussetzung hierfür ist ein zentrales Transportmanagement. Darüber hinaus bietet die zentralisierte operative Logistik deutliche Größenvorteile durch höhere Flexibilität und eine Verbesserung der Auslastung durch abgestimmte Schichtmodelle und Mehrfachqualifikation. Kontinuierlich wird an der Steigerung der Wirtschaftlichkeit und Effizienz in der Logistik gearbeitet. Hierfür kommen u.a. folgende Instrumente zum Einsatz

- Strukturiertes internes Monitoring und Benchmarking der Produktivität aller operativen Tätigkeiten
- Kontinuierlicher Verbesserungsprozess (KVP)
- Zunehmende Automatisierung beispielsweise durch Einsatz moderner Lagerwirtschaftssysteme sowie Layout- und Materialflussoptimierungen

---

[3] Vgl. Pfohl (2004), S. 310ff. sowie Pfohl (2010), S. 90 ff.

Im Ergebnis konnten die weltweiten Bestände erheblich reduziert werden. Im direkten Wettbewerbsvergleich ergibt sich eine um 30%-50% reduzierte Gesamtbestandsreichweite. Trotz dieser deutlich geringeren Reichweite konnte die Marktversorgung verbessert werden. Die Verfügbarkeit in der zweiten Lagerstufe wie in dem Zentrallager liegt heute über 98%, was je nach Region eine erhebliche Verbesserung bedeutet.

Die Logistikkosten liegen mit einem mittleren einstelligen Prozentwert vom Umsatz für dieses komplexe Geschäft sehr gut und deutlich unter den Werten vor der Supply Chain Optimierung. Darüber hinaus wird zusätzlich in den operativen Logistikbereichen eine jährliche Effizienzsteigerung von 5%-7% erwartet.

Zusammenfassend ist festzustellen, dass durch die entsprechenden Standards, Prozesse und Systeme bei erhöhter Verfügbarkeit und Liefertreue die Lagerstruktur zentralisiert sowie die Bestände, Kosten und Lieferzeiten reduziert werden konnten.

3.2 Gestaltung der Basiselemente

In der Einführung wurde die Bedeutung der Basiselemente (Prozesse/IT, Organisation, Supply Chain Monitoring) als Basis für die Designoptimierung betont. Durch die Basiselemente wird eine standardisierte Infrastruktur in Form von Abläufen, IT-Systemen, Organisation, Entlohnungs- und Kennzahlensystemen geschaffen.

Prozesse und IT

Die Schaffung einer einheitlichen Prozesslandschaft und -steuerung erfordert ein vollintegriertes ERP System, das alle in der Supply Chain wesentlichen Funktionalitäten vereint. Hierfür wurde ein SAP System eingeführt, das umfassend auf die fertigungs- und logistikseitigen Anforderungen ausgerichtet wurde, ohne weit vom Standard abzuweichen. Der Umfang des Systems reicht von der Auftragserfassung und -klärung über die Disposition und Planung und die Werkstattsteuerung bis hin zu Distribution und Exportabwicklung. Dieses System wurde international auf alle Organisationseinheiten in vollem Umfang ausgerollt.

Die abgebildeten Prozesse werden in einem zentralen Prozessmanagement in Form eines Blueprints entworfen. Während des Roll outs wurde der Blueprint durch unabdingbare lokale Anpassungen ergänzt, die dann wiederum Bestandteil des übergeordneten Blueprints wurden. Organisatorisch wurde das Prozessmanagement durch eine Struktur von Prozesseignern und Key Usern unterstützt, die die gesamte Prozesslandschaft steuert und für eine weitergehende Standardisierung sorgt.[4]

Am Anfang der Prozesslandschaft steht auch zeitlich gesehen eine umfangreiche Planungssystematik. Sie besteht aus der Budgetplanung und quartalsweisen Forecasts sowie einer monatlichen Vorschau, wobei der Detaillierungsgrad von Budget über Forecast bis zu der rollierenden Vor-

4 Vgl. hierzu Fischermanns (2006) sowie Schmelzer/Sesselmann (2006).

schau abnimmt.[5] Im Budget wird auf Produktebene geplant, wohingegen in der Vorschau die Gesamtsummen beziehungsweise die Summen auf Materialebene betrachtet werden. Zusätzlich existiert ein Prozess, der sicherstellt, dass eigene Vertriebsaktionen wie auch Promotionen von Großkunden an die relevanten operativen Stellen wie Disposition und Produktion weitergeleitet werden und dort Berücksichtigung finden. Verantwortlich für die Erstellung der Planungen sind Vertrieb und Marketing. Die operative Umsetzung erfolgt durch Produktionsplanung und Disposition unter Zuhilfenahme dispositiv wichtiger Daten wie insbesondere der historischen Verbräuche. Eine zentrale Funktion bei der Abstimmung und Koordination dieser Planungen nimmt das SOP (Sales and Operations Planning) Meeting ein. Diese Runde von Teilnehmern aus Vertrieb, Marketing, Logistik und Produktion findet monatlich statt. Es werden die aktuellen Planungen des Vertriebs der Länder besprochen, ergänzt und aggregiert. Auf dieser Basis werden anschließend Entscheidungen über Produktionspläne, Personalanpassungen, Schichtmodelle und Bestandsallokationen etc. abgeleitet.

Die Disposition erfolgt zentral über alle Standorte, d. h. Zentrallager- wie auch lokale Bestände. Neben dem SAP-System wird die Disposition durch ein spezifisches Dispositionssystem, das insbesondere zahlreiche Prognosemodelle auf Basis der Historie optimal einsetzt und eine gute Übersicht und hohen Bedienkomfort bietet, unterstützt.

Die Disposition der Serienfertigung erfolgt in enger Abstimmung mit der Fertigung. Hier findet wöchentlich eine dispositive Absprache statt, in der die rollierenden Produktionspläne abgestimmt werden. Die kurzfristige Beauftragung darf nur in exakt definierten Grenzen von diesem rollierenden Plan abweichen, um der Serienfertigung eine möglichst optimale Kapazitätsauslastung zu ermöglichen.

In der Rezeptglasfertigung erfolgt auf der übergeordneten Ebene des Fertigungsverbunds laufend eine standortübergreifende Disposition. Ziel dieser Disposition ist das optimale kapazitätsorientierte Routing der Aufträge zwischen den Standorten. Das Konzept des Fertigungsverbunds mit teilweise redundanten Kapazitäten erlaubt ein flexibles Zuordnen von Aufträgen auf die Standorte. Diese Disposition erfolgt zentral gemeinsam in Absprache mit den Standorten. Hierbei werden z. B. anstehende Verkaufsaktionen sowie Maschinenwartungen berücksichtigt und die zu erwartenden Auftragsmengen, die sich einerseits aus den Planungen, andererseits aus den Daten der Vorwochen und der Jahressaisonalität ergeben, auf die Produktionsstandorte verteilt. Auf diese wöchentliche Volumenverteilung hin werden die Schichtmodelle gegebenenfalls angepasst.

In den einzelnen Rezeptglasfertigungsstandorten ist die Terminierung und die optimierte Einschubsteuerung entscheidend für die Liefertreue. Die Fertigung ist voll verkettet und alle Stationen sind über die Werkstattsteuerung miteinander verbunden. Der Auftragsstatus wird über eine Reihe von Scans, die an das System zurückgemeldet werden, verfolgt. So stehen der Produktion, aber auch dem Kunden oder den Innendienstmitarbeitern in Echtzeit Auftragsstatus und voraussichtlicher Fertigstellungstermin zur Verfügung.

---

[5] Vgl. hierzu Kleer (1996), S. 199 sowie Pfohl/Stölzle (197), S. 136ff.

Nach Eingabe bzw. Übernahme und Prüfung der Aufträge kommen diese in den Auftragspuffer im System. Hier findet die Terminierung statt. Alle Kapazitäten, Ziellieferzeiten, Bearbeitungszeiten und Abholzeitpunkte sind hinterlegt. Das System terminiert auf dieser Basis die Aufträge rückwärts und schiebt sie synchronisiert mit dem Produktionsengpass zum letztmöglichen Zeitpunkt in die Fertigung ein. Die Aufträge werden erst kurz vor ihrem physischen Einschub in die Fertigung aus dem Puffer genommen und die notwendigen Auftragspapiere erzeugt.
Durch diese Art der Steuerung wird einerseits die Bildung von Pufferbeständen in der Fertigung verhindert, andererseits werden kurze Durchlaufzeiten gewährleistet. Bei diesem one piece flow werden Wartezeiten vermieden und es entfällt die Notwendigkeit für manuelle Eingriffe durch Terminjäger, deren Aufgabe es früher war, eilige Aufträge in der Fertigung zu beschleunigen.
Alle Aufträge werden in dieser integrierten Steuerung so rückwärtsterminiert, dass in Summe die optimale Liefertreue erzielt wird. Überwacht und begleitet wird dieser Vorgang und der operative Fertigungsablauf durch Fertigungssteuerer, die bei Bedarf die Einschubsteuerung anpassen. Die in der Vergangenheit zahlreich und dreischichtig eingesetzten Terminjäger sind vollständig entfallen.
Als Effekt dieser abgestuften, aufeinander abgestimmten Planungskette ist heute die Planungsgenauigkeit mit über 80 % sehr stabil. Große Verwerfungen bei starken Bedarfsschwankungen unterbleiben in der Regel, da die operativen Bereiche mit ausreichend Vorlauf informiert werden. Ohne diesen Informationsfluss wäre es undenkbar, bei den deutlich reduzierten Beständen die erforderliche Verfügbarkeit von 98 % zu halten. Die Liefertreue der Rezeptglasfertigung wurde durch die Einführung der neuen Einschubsteuerung und Prozessoptimierungen je nach Standort zwischen 5 % und 10 % gesteigert.
Hierzu dienen automatisierte, elektronische Schnittstellen zu den unterschiedlichen Optikersystemen, automatisierte Auftragsvalidierung und -berechnung, Terminierung und Abwicklung sowie Systeme für die Rückmeldung des Auftragsstatus in Echtzeit.
Zur Abbildung der weitreichenden Zentralisierung in Logistik und Produktion in der geforderten Lieferzeit ist eine internationale Standardisierung der Produkte und des "Product Outfits" (Lieferschein, Beigaben, Verpackung etc.) in Verbindung mit Direktbelieferung wesentlich. So werden heute die Brillengläser aus dem zentralen Fertigungsverbund in alle europäischen Länder in einheitlicher Verpackung und mit harmonisierten Beigaben direkt an den Optiker geliefert.

Organisation und Schnittstellen

Die Aufbauorganisation muss auf das Supply Chain Design ausgerichtet sein. Organisatorisch bedingte Brüche und überflüssige Schnittstellen sind zu vermeiden. Die Kompetenzen und Verantwortlichkeiten wurden so definiert, dass alle Elemente der Supply Chain in einer Hand liegen und somit eine gesamthafte Supply Chain Optimierung sichergestellt ist.[6]
Dass die Organisationseinheiten abgestimmt auf die Erfüllung der Marktanforderungen hinarbeiten, wird durch ein Prämiensystem weiter unterstützt. Die Marktanforderungen werden auf die Teilstrecken der Supply Chain herunter gebrochen. Diese wiederum lassen sich den Organisati-

6 Zu dem Gestaltungselement Organisation siehe auch Kleer (2002), S. 174.

onseinheiten zuordnen, wobei deren Zielerreichung Bestandteil des variablen Vergütungssystems ist.

Supply Chain Monitoring

Der Grundsatz "You can't manage what you can't measure" gilt auch für die Steuerung der gesamten Supply Chain. Ausgehend von den Marktanforderungen lassen sich für jeden Teil der Supply Chain geeignete Kennzahlen und Zielgrößen ableiten. Entscheidend bei der Ausgestaltung der Kennzahlensysteme ist die einheitliche Definition und Erhebung der Kennzahlen. Nur so kann ein durchgängiges Verständnis in der Organisation über die Kennzahlenwerte hergestellt und ihre Interpretationsfähigkeit sichergestellt werden. Die Kennzahlenwerte müssen von der Organisation soweit verstanden werden, dass sie hieraus direkt operative Maßnahmen ableiten kann. Hierzu ist neben der Einheitlichkeit und dem Verständnis der Zahlen die Mehrstufigkeit der Kennzahlensysteme erforderlich. Wenn beispielsweise die Verfügbarkeit an einem Standort unter dem Zielwert liegt, so muss das System weitere Kennzahlen bieten, die z. B. die Verfügbarkeit nach Produkten, die Liefertreue der Wiederbevorratung etc. quantifizieren, um zielgerichtete Maßnahmen ableiten zu können.

Unter anderem werden Kennzahlen wie Lieferzeit, Liefertreue, Verfügbarkeit, Bestände, Reichweiten, aber auch Kosten bzw. Effizienz und Ausschuss gemessen. Jede Funktion stellt sich die relevanten Kennzahlen in Kennzahlencockpits zusammen. Diese bieten einen idealen Überblick und ermöglichen so eine effiziente und effektive Steuerung.

Jeder Produktionsstandort hat sein eigenes Cockpit, wobei die zentralen Rezeptglasfertigungsstandorte im Verbund hinsichtlich Produktivität und Liefertreue gemeinsam gemessen und bewertet werden. Dies ist nötig, da im Zuge des zentralen Auftragsroutings die Aufträge so verteilt werden, dass die Liefertreue unbedingt sichergestellt werden kann und gleichzeitig die Standorte ihre Produktivitätsziele erreichen können. Um Konflikte bei der Auftrags- und Volumenverteilung zwischen den Standorten zu vermeiden, werden alle Werksleiter gemeinsam an den übergeordneten Kennzahlen gemessen.

Damit die Kennzahlen fehlerfrei, flexibel und zeitnah abrufbar sind, ist schließlich die Unterstützung durch ein geeignetes IT-System, wie ein Data Warehouse, unerlässlich und muss Hand in Hand gehen mit den Optimierungsschritten.

4 Zusammenfassung

Die kundenorientierte Neuausrichtung der Supply Chain hat insgesamt ca. 5 Jahre in Anspruch genommen und bedarf auch weiterhin intensiver Aufmerksamkeit des Managements, um die Leistungsfähigkeit weiter auszubauen und Anpassungen an Marktveränderungen vorzunehmen.

Zunächst wurden die Kernleistungsprozesse wie Auftragsabwicklung, Fertigungssteuerung, Produktions- und Logistikprozesse standardisiert, vereinfacht und in einer einheitlichen IT-Landschaft abgebildet. Hierdurch wurde die Basis für eine stufenweise Zentralisierung und Optimierung der

Netzwerkstrukturen gebildet. Neben der Wirtschaftlichkeit sollte die Optimierung der Supply Chain aber primär die Erfüllung der Markt- und Kundenanforderungen verbessern helfen.
Die Lieferzeit für Rezeptgläser wurde in Europa um einen Tag auf 4 Tage reduziert und gilt damit als Benchmark in der Branche. Gleichzeitig konnte durch die Zentralisierung, die Bestände und Lagerreichweiten im Vergleich zum Wettbewerb um 30 %-50 % reduziert werden, obwohl die Liefertreue je nach Region um bis zu 15 % verbessert werden konnte. Dies ist auch dem zentralen Produktionsverbund in Verbindung mit den eingeführten Routing- und Steuerungsprinzipien zu verdanken. Darüber hinaus konnten die Herstellkosten erheblich durch die Schließung von dezentralen Produktionsstandorten und die Umsetzung des Produktivitätssteigerungsprogrammes gesenkt werden.
Der gesamte Veränderungsprozess wurde und wird gestützt durch ein tägliches Monitoring der Supply Chain Kennzahlen und eine entsprechende Incentivierung aller verantwortlichen Mitarbeiter.

Literatur

Fischermanns, G. (2006): Praxishandbuch Prozessmanagement, 6. Auflage Band 9, Verlag Dr. Götz Schmidt.

Kleer, M. (1996): Integrative Planung und Steuerung der Logistik entlang der Wertschöpfungskette. In: Pfohl, H-Chr. (Hrsg.) Integrative Instrumente der Logistik S. 191-206, Erich Schmidt Verlag.

Kleer, M. (2002): Supply Chain Management – Entwicklungsstufen, Gestaltungselemente und –ansätze. In: Stölze/Gareis (Hrsg.) Integrative Management- und Logistikkonzepte S. 169-181, Gabler Verlag.

Pfohl, H.-Chr. (1994): Management der Logistikkette: Kostensenkung – Leistungssteigerung – Erfolgspotenzial, Erich Schmidt Verlag.

Pfohl, H.-Chr. (2004): Logistikmanagement: Konzeption und Funktionen, 2. Auflage, Springer Verlag.

Pfohl, H.-Chr. (2010): Logistiksysteme: Betriebswirtschaftliche Grundlagen, 8. Auflage, Springer Verlag.

Pfohl, H.-Chr./Stölzle, W. (1997): Planung und Kontrolle, Verlag Vahlen.

Schmeler, J. H./Sesselmann, W. (2006): Geschäftsprozessmanagement in der Praxis, Carl Hanser Verlag.

Raimund Klinkner* / Thomas Wimmer**

Strategische Vereinsentwicklung am Beispiel der Bundesvereinigung Logistik

---

* Prof. Dr.-Ing. Raimund Klinkner wurde 1965 geboren und wuchs im Saarland auf. Nach dem Maschinenbaustudium an der TU München promovierte er 1994 berufsbegleitend an der TU Dresden. Seit 1991 war Klinkner bei der Porsche AG u. a. in der Logistikplanung, Beschaffung und Fabriksteuerung tätig. 1998 wechselte er zur Gildemeister AG, zunächst als Vorstand Produktion, Logistik, Einkauf und IT, dann von 2003 bis 2006 als stellv. Vorstandsvorsitzender sowie Vorstand Produktion und Logistik. Seit Januar 2007 ist Klinkner Mitglied des Vorstands der Knorr-Bremse AG, wo er im April 2007 den Vorstandsvorsitz übernahm. Neben der beruflichen Tätigkeit ist er Lehrbeauftragter für Produktionslogistik an der TU Berlin sowie seit 2001 Mitglied im Beirat der Bundesvereinigung Logistik (BVL), seit 2003 Beiratsvorsitzender und seit Juni 2007 als Vorsitzender des Vorstands tätig.

** Prof. Dr.-Ing. Thomas Wimmer wurde 1959 geboren und wuchs in Hamburg auf. Nach dem Maschinenbau-Studium an der Uni Hannover promovierte er von 1988 berufsbegleitend an der TU Berlin. Seit 1984 war Wimmer in der Industrielogistik tätig: Bei BMW in Dingolfing, seit 1989 bei der Sauer-Sundstrand in Neumünster und seit 1993 bei der Bremer Vulkan Werft. 1997 wechselte er als Partner zur Proventus Unternehmensberatung, 1999 als Geschäftsführer zur Bundesvereinigung Logistik (BVL) in Bremen, wo er 2004 zum Vorsitzenden der Geschäftsführung berufen wurde. Neben der beruflichen Tätigkeit ist Wimmer als Lehrbeauftragter für Angewandte Beschaffungs-, Produktions- und Kontraktlogistik an der Uni Bremen sowie an der Jacobs University tätig. 2009 wurde er zum Honorarprofessor an der der Universität Bremen bestellt.

1 Herausforderungen der Logistik

Aktuell werden in den Veranstaltungen der Bundesvereinigung Logistik (BVL) folgende fünf Schlagworte als die bedeutendsten Herausforderungen der Logistik genannt: Globalisierung, Digitalisierung, Exzellenz, Wissen und Wahrnehmung.

Globalisierung umfasst die weltweiten Verflechtungen vieler Lebensbereiche, beispielsweise in Wirtschaft, Wissenschaft und Gesellschaft. Diese Verflechtungen nehmen – unterstützt durch technische Weiterentwicklungen und politische Weichenstellungen – in Menge und Intensität stetig zu. Die Globalisierung gilt inzwischen als unumkehrbar (IMF, 2008). Für viele Unternehmen ist die gesamte Welt „ihr“ Markt.

Für die Erschließung weltweiter Absatz- und Beschaffungsmärkte ist, neben geeigneten logistischen Systemen, eine hinreichende Transparenz notwendig, die über hoch leistungsfähige Informations- und Kommunikationssysteme erreicht werden kann. Die dafür notwendigen IT-Systeme stellen schon heute Informationen in Echtzeit zur Verfügung. Sie suggerieren den Endkunden damit Schnelligkeit und permanente Verfügbarkeit von Gütern und Dienstleistungen und wecken Erwartungshaltungen (Warth et al. 2009).

Kundenerwartungen sind von Logistikern aus Industrie, Handel und Dienstleistung fehlerfrei und zeitnah, vor allem aber zum bestätigten Termin zu erfüllen. Strategische Exzellenz sichert die richtigen Weichenstellungen zur richtigen Zeit und im richtigen Umfang, operative Exzellenz sichert die Umsetzung der Planungen und die Erfüllung von Kundenerwartungen. Die Logistik nutzt somit völlig unterschiedliche Management- und Umsetzungsebenen, um die Markt- und Kundenanforderungen bewältigen zu können.

Hierfür ist fundiertes Wissen in sehr breiten und sehr tiefen Themenfeldern unabdingbar. Das weltweit verfügbare Wissen wächst stetig, veraltet und verfällt aber auch in sehr kurzer Zeit. Wissen über und für eine exzellente Logistik zu dokumentieren und über Generationen, Hierarchieebenen, Unternehmensfunktionen und darüber hinaus weiterzugeben, ist eine sehr anspruchsvolle Aufgabe in der Führung von Unternehmen.

Dabei wird Logistik in der Öffentlichkeit auch heute noch häufig mit Transport, Umschlag und Lagerung verknüpft, während „Supply Chain Management“ auch die planerischen und gestalterischen Aktivitäten für Informations- und Materialflüsse impliziert. Wirtschaftspresse und Politik nutzen den Begriff Logistik überwiegend nur eingegrenzt (Baumgarten et al., 2008; Straube/Pfohl, 2008). Eine der wenigen Ausnahmen bildet Bundeskanzlerin Dr. Angela Merkel, die am ersten Tag des 24. Deutschen Logistik-Kongresses im Oktober 2007 in Berlin die wichtige Rolle der Logistik als „branchenübergreifende Querschnittsfunktion“ hervorhob und als Wirtschaftszweig würdigte, der unterschiedliche Bereiche zusammenführe und darüber mitentscheide, wie Deutschland sich in der Welt darstelle. „Die Verknüpfung von industrieller Produktion mit logistischer Fertigkeit wird deutlich über den Erfolg des Standorts entscheiden“, betonte Merkel.

Als gemeinnütziger, objektiver und größtenteils ehrenamtlicher Verein hat sich die Bundesvereinigung Logistik (BVL) auf die Fahnen geschrieben, dieses Logistikverständnis in Wirtschaft und Gesellschaft zu vermitteln.

2 Wandel der Märkte in den vergangenen drei Jahrzehnten

Seit der Gründung der BVL im Jahr 1978 hat sich die Weltwirtschaft maßgeblich verändert – und mit ihr haben sich Verantwortungen, Herausforderungen und Möglichkeiten der Logistik gleichermaßen entwickelt. Vor 30 Jahren waren die weltweiten Warenströme auf die Industrieländer des Westens fokussiert, heute bewältigt die Logistik einen intensiven Warenaustausch zwischen allen Weltregionen. Tiefgreifende Umstürze haben die Weltwirtschaft vollständig verändert: Ab 1982 öffnete sich die Volksrepublik China den globalen Märkten, 1989 fiel als sichtbares Zeichen der Öffnung des Ostblocks in Berlin die Mauer, ab 1990 trat Indien auf den Weltmärkten verstärkt in Erscheinung.

Die Zölle zwischen Nationen und Wirtschaftsblöcken wurden weltweit reduziert, um einen möglichst freien Handel zu ermöglichen. Im internationalen GATT-Abkommen wurden Freihandelszonen eingerichtet und Zollsenkungen beschlossen. Das Außenhandelsvolumen hat sich in den letzten 30 Jahren mehr als verzehnfacht Damit konnten neue Märkte auf der Vertriebs- und auf der Beschaffungsseite erschlossen werden – und sogar auf Seiten der Produktion.

Die industrielle Produktion wird in vielen Branchen in wachstumsstarke Absatzmärkte verlagert, um den Umsatz zu steigern und Weltmarktanteile zu behalten. Insbesondere die Produktion arbeitsintensiver Massengüter wird in Niedriglohnländer verlagert, um global wettbewerbsfähig zu bleiben. Dieser Trend beeinflusst Volkswirtschaften. Das kumulierte Wachstum von Schwellenländern in den letzten zehn Jahre bleibt trotz der Finanz- und Wirtschaftskrise der Jahre 2008/2009 beeindruckend. Brasilien verzeichnet +39%, Russland +67% Indien +100 %, China +154 % (Germany Trade & Invest 2009).

Dienstleister folgen der Industrie, um als Anbieter im globalen Wettbewerb bestehen zu können. Das gilt gleichermaßen für Logistikdienstleister, Finanzdienstleister und Servicedienstleister. Eine hohe internationale Arbeitsteilung ist heute selbstverständlich: Entwicklung, Erstellung, Vertrieb, Logistik und Kundenbetreuung werden international verteilt abgewickelt. China und Südostasien gelten als „Werkbank der Welt“, IT-Dienstleistungen, Buchhaltung oder Call Center werden nach Indien ausgelagert. Produkte werden parallel in verschiedenen Erdteilen entwickelt. Die Warenströme fließen weltweit schneller und werden ohne Verzögerung umgeschlagen. Kunden erwarten ihre Ware schnell wie nie zuvor.

Information und Kommunikation sind durch die technischen Möglichkeiten der Digitalisierung heute an jedem Ort und zu geringen Kosten verfügbar. Die Telekommunikationskosten sind seit 1980 um über 90 % gesunken. Die Auftragsvergabe erfolgt bei Standardprodukten und Standarddienstleistungen heute per Onlineauktion im Internet. Informationen zum Auftrag werden per Glasfaserkabel übermittelt. Jeder Anbieter kann an der weltweiten Ausschreibung teilnehmen. Der günstigste Anbieter, der die Qualitätskriterien erfüllt, gewinnt.

Somit kann der Wohlstand in den Industrienationen nur gesichert werden, wenn permanent neues, weiter entwickeltes Wissen erzeugt wird, das in innovative Produkte und Dienstleistungen umgesetzt wird. Die Hochlohnländer können so ihren Kostennachteil durch Innovation und Kreativität ausgleichen.

Die Umwelt wird wirklich wichtig: Die Schädigung der Umwelt wird in der Gesellschaft zunehmend als existenzielle Gefahr wahrgenommen. Kunden fragen umweltgerecht erzeugte Produkte nach und fordern eine Ökobilanz für Herstellung und Distribution. Verkehrsbedingte Emissionen von Lärm und Abgasen werden als Belastung wahrgenommen. Der Klimawandel kann zu steigendem Meeresspiegel führen und bedroht dadurch auch die internationalen Seehäfen.
Die Politik verlangt Anstrengungen, um den drohenden Klimawandel zu bekämpfen: Maut wird erhoben, Fahrverbote in Städten werden erlassen. Der Handel mit Emissionsrechten für Transporte wird erwogen. Die Transportintensität, das Verhältnis von Güterverkehrsleistung zum Bruttoinlandsprodukt, soll nicht weiter wachsen (Wolff 2008).
All diese Veränderungen treiben auch die Logistik – und haben diese bereits verändert.

3 Rückblick auf die frühen Jahre

Die BVL wurde am 18. April 1978 gegründet, damals zählte sie zum Jahresende 202 Mitglieder und wurde rein ehrenamtlich durch den damaligen Vorstand geführt. Eines der Gründungsmitglieder, Prof. Dr.-Ing. Helmut Baumgarten, schreibt dazu im Jahr 2008 in der BVL-Chronik: „Die Logistik in Deutschland hatte bei ihrer Geburt vor dreißig Jahren zweifelsfrei viele Väter, wobei die Wurzeln im Technologiebereich gelegt wurden, beispielsweise durch Bradley Clark in Transport- und Umschlag- sowie McLean in der Containertechnologie. In der Betriebswirtschaftslehre zeigten sich erste logistische Entwicklungen in den Bereichen Einkauf, Beschaffung, vor allem aber in der Distribution.
Die Bundesvereinigung Logistik hat mit ihrem Gründungsakt 1978 die Elternschaft übernommen, indem sie einzelne Aktivitäten in der Praxis und, soweit vorhanden, in der Wissenschaft bündelte. So verwundert es nicht, dass sich der Gründerkreis überwiegend aus Führungskräften aus Industrie, Handel und Dienstleistung zusammensetzte. Als Wissenschaftler war ich hier eher ein Unikat …
Die Logistik als Querschnittsfunktion in den Unternehmen veränderte Informations- und Materialflussabläufe. Mit wachsender Bedeutung der Logistik in den Unternehmen zeigte sich sehr schnell Misstrauen bis hin zur Ignoranz in den funktionsorientierten Führungsebenen von Einkauf, Produktion und Vertrieb. Noch konsequenter bis hin zur ablehnenden Haltung reagierten die ingenieur- und wirtschaftswissenschaftlichen Disziplinen in der Wissenschaft. Die Logistik als aufkommende Kraft in den Unternehmen und der Wissenschaft wurde häufig als bedrängend und einnehmend wahrgenommen. Um im Bild zu bleiben, war der Logistik eine schwere Kindheit beschieden.
Die Kärrnerarbeit für die Bundesvereinigung anfangs war, Wissen über und Vertrauen in logistische Systeme aufzubauen. Dies geschah durch Sammlung und Verbreitung von Best Practices und durch Studien, Dissertationen und Forschungsprojekte an den Universitäten. Die BVL als Plattform wurde zunehmend zur Bühne der Wissensvermittlung – herausragend die Logistik-Kongresse in Berlin, zahlreiche regionale Veranstaltungen, Veröffentlichungen und Buchreihen. Neben dem starken Wachstum aus eigener Kraft durch Potentiale im Bereich der Kosten, des Services für den

Kunden und der Qualität der Systeme kamen der Logistik die Entwicklung im IT-Bereich und die zunehmende globale Ausdehnung von Warenströmen zugute, so dass sie in Praxis und Wissenschaft an Akzeptanz gewann. In der Wissenschaft entstanden mehr und mehr Lehrstühle mit dem Zusatz Logistik wie „Fördertechnik und Logistik" oder „Betriebswirtschaftslehre, insbesondere Logistik".

Wie in der Praxis auch, etablierten sich einige wenige Pioniere an den Universitäten, die das Fach Logistik entwickelten und mit der Erarbeitung der Grundlagen und Methodik für eine eigenständige wissenschaftliche Disziplin Logistik begannen – wohl wissend, dass ein langer Weg bevorstand. In den letzten zehn Jahren erfolgte ein außergewöhnliches Wachstum in der Weise, dass mittlerweile Logistikangebote an über 100 Universitäten, Fachhochschulen und Berufsakademien sowie an Weiterbildungsakademien bestehen. Entsprechend sind auch viele Wissenschaftler an den vielfältigen Aktivitäten und Institutionen der Bundesvereinigung Logistik beteiligt.

Die Logistik ist erwachsen geworden und hat tiefgreifende Anerkennung in der Unternehmenspraxis und Wissenschaft gefunden. Neue Ziele wie Internationalisierung, Netzwerkbildung und filigrane Prozessabläufe sind gesetzt."

Zurück zur BVL: Seit 1981 besteht eine eigene Geschäftsstelle in Bremen, seit 1983 ist die BVL Veranstalterin des jährlich im Herbst in Berlin stattfindenden Deutschen Logistik-Kongresses, der in den Jahren 2007 und 2008 mit jeweils über 3.500 Teilnehmern an die Spitze der „Weltliga" vergleichbarer Veranstaltungen aufstieg. Selbst im Krisenjahr 2009 konnte mit knapp über 3.100 Teilnehmern diese Position gehalten werden.

Im Jahr 2000 wurde die Deutsche Gesellschaft für Logistik (DGfL) mit der BVL verschmolzen. Der 22. Ordentlichen Mitgliederversammlung am 28. Juni 2000 gingen Außerordentliche Versammlungen von DGfL und BVL mit jeweils nur einem einzigen Tagesordnungspunkt voraus: Beschlussfassung über die Verschmelzung mit dem jeweils anderen Verein sowie Fortführung der Vereinsarbeit unter dem Label und den Statuten der BVL. Die DGfL-Mitglieder stimmten mit überwältigender Mehrheit zu, die BVL-Mitglieder votierten einstimmig dafür. Die „neue" BVL war somit ein Verein mit über 5.000 Mitgliedern. Die Forschungsaktivitäten wurden durch die Übernahme des Forschungsbeirats weiterentwickelt. Der Name der Deutschen Gesellschaft für Logistik (DGfL) wurde als GmbH und 100%ige Tochtergesellschaft der BVL erhalten, in die u. a. die Aktivitäten der Zertifizierung nach ELA-Norm einflossen (Bach et al. 2008).

Dr. Wolfgang Zwillich, zum Zeitpunkt der Verschmelzung Vorstandsvorsitzender der DGfL, und danach in den Jahren 2000 bis 2006 stellvertretender Vorstandsvorsitzender der BVL, beschreibt die Entwicklung der DGfL und die Fusion in der Chronik der BVL wie folgt:

„In der ersten Phase standen (in der Logistik) fast ausschließlich technische Lösungen, z. B. bei Regalbediengeräten, Automatisierungssystemen und der Softwareeinsatz für Lagersteuerungs- und Bewirtschaftungssysteme im Vordergrund. So folgte Anfang der 70er Jahre in Dortmund die erste Errichtung eines Lehrstuhls für Materialfluss an einer deutschen Universität. Anfang 1973 fanden sich Fachleute aus Wissenschaft und Wirtschaft zusammen, um die Gründung eines Verbandes für Logistik zu beschließen und noch im selben Jahr in die Tat umzusetzen.

Der erste Vorsitzende des Vorstandes der „Gesellschaft für Logistik e. V.“ (GfL) war Professor Reinhardt Jünemann bis Mitte 1979. Die GfL wurde 1978 Mitglied der Arbeitsgemeinschaft industrieller Forschungsvereinigungen „Otto von Guericke“ – kurz AiF. Die GfL vertrat damit die öffentlich geförderte Forschung für ca. 50.000 Klein- und Mittelbetriebe in Deutschland. Die Partner waren 20 akkreditierte Forschungsstellen an deutschen Universitäten. In die Nachfolge von Prof. Jünemann trat der häufig als „Urgestein der Materialflusstechnik“ benannte Unternehmer Harry Lässig, eine Persönlichkeit mit internationalem Ruf und legendären Erfindungen auf dem Gebiet der Fördertechnik. Harry Lässig stand dem Verein bis Mitte 1983 vor. In dieser Zeit (1980) erfolgte die Umbenennung in „Deutsche Gesellschaft für Logistik“ (DGfL).

Im Jahr 1983 übernahm Dr.-Ing. Hermann Stübig, seinerzeit Produktionsvorstand bei der Audi AG in Ingolstadt, den Vorstandsvorsitz. In der Logistik brach eine neue Entwicklungsphase an. Die Logistikfunktion wurde als neue Unternehmensfunktion gewürdigt und Verantwortungen im Einkauf, Produktion und Distribution neu etabliert. Mit der Gründung der „European Logistics Association“ (ELA) wurde 1986 ein Dachverband der nationalen Logistikgesellschaften geschaffen. Die DGfL war von Anfang an dabei und wurde als Mitglied des „European Certification Board of Logistics“ (ECBL) zum Lizenzgeber und Auditor in der logistischen Weiterbildung.

Als Nachfolger von Herrn Dr. Stübig durfte ich im Jahr 1992 als Vorsitzender des Vorstands folgen. Innerhalb der Siemens AG war ich damals verantwortlich für die Planung und Realisierung von komplexen Produktions- und Materialflusssystemen. Völlig neue Herausforderungen stellten sich dem Logistiker: Ganzheitlichkeit im Denken, Planen und Handeln; Kundenorientierung, Prozessorientierung und das Management internationaler Logistik-Netzwerke waren die neuen Herausforderungen für die Unternehmen in einem globalen Wettbewerbsumfeld. Auch für die beiden führenden Logistikorganisationen in Deutschland stellte sich die Frage von neuen Formen der Zusammenarbeit, um diesen Herausforderungen zum Nutzen ihrer Mitglieder noch besser als in der Vergangenheit begegnen zu können. Die logische Konsequenz war dann im Jahr 2000 die Verschmelzung dieser beiden Organisationen zur „Bundesvereinigung Logistik (BVL) als mitgliederstärkster Logistikvertretung in Europa.“

Welch eine Weitsicht: Zum Jahresende 2009 hatte die BVL 9.715 Mitglieder, rund 200 ehrenamtlich tätige Funktionsträger, bundesweit 26 Regionalgruppen, zusätzlich eine Regionalgruppe in Shanghai sowie über 20 akkreditierte Forschungsstellen (Grünrock et al. 2009).

Um die Metapher von Helmut Baumgarten noch einmal aufzunehmen und ein wenig weiter zu fassen: Ein deutsches Sprichwort lautet: „Erfolg hat viele Väter“. Das gilt in besonderem Maße für die BVL, die viele „Väter“ hat, aber davon auch einige herausragende, von denen einer durch dieses Buch besonders geehrt wird: *Prof. Dr. Dr. h.c. Hans-Christian Pfohl*, Leiter des Fachgebiets Unternehmensführung und Logistik der Technischen Universität Darmstadt.

Hans-Christian Pfohl wurde am 24. Juni 1999 in den Vorstand der BVL gewählt, neben seinem im In- und Ausland hoch geschätzten Logistikwissen übernahm er sofort maßgeblich die Rolle als Visionär und Wegbereiter der Fusion der damals nebeneinander existierenden Logistikvereine im Jahr 2000. Er selbst schreibt dazu in der Chronik der BVL: „Die Entwicklung der Logistik in der Unternehmenspraxis in Deutschland wurde in den siebziger Jahren von den beiden Logistikgesellschaften Deutsche Gesellschaft für Logistik (DGfL) und Bundesvereinigung Logistik (BVL) maßgeblich beeinflusst. Die Unternehmenspraxis hat schon damals nicht den Sinn von zwei Logistikgesellschaften verstanden und aufgrund des offensichtlichen Synergiepotentials den Zusammenschluss der Gesellschaften gefordert. Es hat dann allerdings Jahre gedauert, bis die DGfL in die BVL integriert wurde. Ich war immer überzeugt, dass ein solcher Zusammenschluss für die Verbreitung der Logistikkonzeption in der Wirtschaft nur positiv sein würde. Deshalb hatte ich mich sehr gefreut, dass Peer Witten – den ich noch aus seiner Zeit als wissenschaftlicher Assistent an der Universität Hamburg kannte – mir die Möglichkeit anbot, im Vorstand der BVL mitzuarbeiten. Die Vorstandsarbeit war für mich nicht nur fachlich von größtem Interesse. Ich habe mich auf die Vorstandssitzungen auch immer wegen der persönlichen Kontakte sehr gefreut und möchte keine Stunde der Gespräche bei Bier oder Wein nach Abarbeitung der formalen Tagesordnung missen."

Das Engagement von Hans-Christian Pfohl für die BVL war und ist mehr als vorbildlich: Neben seiner Vorstandstätigkeit übernahm er den Vorsitz des Wissenschaftlichen Beirats mit dessen Konstituierung am 15. Januar 2004 im Airport Club Frankfurt und bis zu seinem persönlichen Ausscheiden gemäß den BVL-Regularien im Jahr 2008. Gründungsmitglieder des Wissenschaftlichen Beirats waren:

- Prof. Dr. Dr. h. c. Hans-Christian Pfohl, Lehrstuhl für Unternehmensführung und Logistik, Universität Darmstadt, Mitglied des Vorstands der BVL (Vorsitzender)
- Prof. Dr. Michael ten Hompel, Institutsleiter des Fraunhofer-Instituts für Materialfluss und Logistik IML, Dortmund (Stellv. Vorsitzender)
- Prof. Dr.-Ing. Helmut Baumgarten, Institut für Technologie und Management, Bereich Logistik, Technische Universität Berlin, Ehrenmitglied, Mitglied des Beirats der BVL
- Univ. Prof. Dr.-Ing. habil. Wilhelm Dangelmaier, Institutsleiter, Heinz Nixdorf Institut, Universität Paderborn
- Prof. Dr. Ingrid Göpfert, Universitätsprofessorin, Lehrstuhl für ABWL und Logistik, Philipps-Universität Marburg
- Univ. Prof. Dr.-Ing. Willibald Günthner, Ordinarius, Technische Universität München, Lehrstuhl für Fördertechnik Materialfluss Logistik, Garching
- Prof. D.B.A., Boston/Univ., Peter Klaus, Lehrstuhlinhaber, Friedrich-Alexander-Universität Erlangen-Nürnberg, WiSo-Fakultät, Nürnberg
- Prof. Dr. Sebastian Kummer, Vorstand, Wirtschaftsuniversität Wien, Institut für Transportwirtschaft und Logistik
- Prof. Dr. Werner Rothengatter, Institutsleiter, Institut für Wirtschaftspolitik und Wirtschaftsforschung, Universität Karlsruhe
- Prof. Dr. Horst Tempelmeier, Seminardirektor, Universität zu Köln
- Prof. Dr. Dr. Dr. h. c. Horst Wildemann, Ordinarius, Technische Universität München, Lehrstuhl für BWL
- Prof. Dr. Joachim Zentes, Direktor, Institut für Handel und Internationales Marketing, Universität des Saarlandes, Saarbrücken

Hauptaufgabe des Wissenschaftlichen Beirats (WBR) war es zunächst, die heterogene wissenschaftliche Logistics Community in einen konstruktiven und interaktiven Dialog zu bringen, um Nutzen und Bedeutung der Logistik als Integrationsdisziplin zu definieren und herauszuarbeiten. Die logistische Forschung kombinierte schon damals verschiedene Grundlagendisziplinen miteinander. Daraus entstehende Sichtweisen, Erkenntnisse und Ableitungen gehen über Bestehendes hinaus – und hier setzte Pfohl mit seiner strategischen Arbeit an. Sein Nachfolger, Prof. Dr. Werner Delfmann, Direktor am Seminar für Unternehmensführung und Logistik an der Universität zu Köln, konnte darauf aufbauen. Er arbeitet mit dem WBR heute heraus, welchen konkreten Beitrag die Logistikforschung für klassische Wissenschaften, für die unternehmerische Praxis, für eine Volkswirtschaft und die Gesellschaft leistet und leisten kann. Dies soll beschrieben und auch für Nicht-Wissenschaftler verständlich kommuniziert werden, um eine überzeugende Positionierung der Logistik in Wissenschaft und Praxis zu erreichen. Auch für das Selbstverständnis der Logistik als eigenständiges Fachgebiet, sind fundierte Begründungen zu formulieren. Forschungsprojekte sollen initiiert und ein interdisziplinäres Netzwerk aus Wissenschaftlern aufgebaut werden. Darüber hinaus soll der WBR die BVL bei allen relevanten Fördermittelgebern der Bundesministerien sowie im Ausland vertreten. Außerdem wirkt der WBR beim Transfer von Forschungsergebnissen und bei der Konzeption des Wissenschaftssymposiums der BVL entscheidend mit.

Neben seiner konzeptionellen Arbeit im WBR führt Hans-Christian Pfohl mit Abstand die Liste der engagiertesten Arbeitskreisleiter der Bundesvereinigung Logistik an:

- *Bank- und Finanzlogistik:* Der Arbeitskreis erarbeitete Grundlagen zu Möglichkeiten und Erfolgspotentialen innovativer Finanzierungskonzepte mit Blick auf Versorgungsketten und -netzwerke bzw. zur Logistik bei Banken und Finanzdienstleistern. Die „finanzielle Supply Chain“ war im Jahr 2001 für die BVL ein eher innovatives Thema. Vertreter von Banken, Finanzdienstleistern und Logistikunternehmen führten in zwei thematisch abgegrenzten Arbeitsgruppen mit den Topics „Finanzierung“ und „Banklogistik“ empirische Erhebungen durch. Die Ergebnisse wurden in zwei separaten Dokumentationsbänden veröffentlicht.
- *Personalführung in der Logistik:* Zielsetzung des im Jahr 2003 eingesetzten Arbeitskreises war der Erfahrungsaustausch über den Einsatz effizienter Führungssysteme zur Umsetzung der Supply-Chain-Orientierung bei den Mitarbeitern und den dafür erforderlichen Maßnahmen zur Personalentwicklung. Die Ergebnisse wurden in der BVL Schriftenreihe veröffentlicht. Neben der Darstellung der wesentlichen Grundlagen und der Ergebnisse einer empirischen Untersuchung sind Praxisbeiträge zu den Bereichen Personalplanung und -disposition, Leistungsmessung und Anreizgestaltung sowie Qualifikation Bestandteil der Thematik. Die Ergebnisse wurden außerdem im Rahmen des 21. Deutschen Logistik-Kongresses vorgestellt. Offene Fragestellungen, die durch den Arbeitskreis als weitere Arbeitsfelder identifiziert wurden, sind in Forschungsprojekten weiter bearbeitet worden. Vor diesem Hintergrund und wegen der großen Nachfrage wurden die erweiterten Erkenntnisse des Arbeitskreises Personalführung in einer aktualisierten zweiten Auflage Ende 2009 erneut veröffentlicht.
- *Innovationen in der Logistik:* Logistik-Innovationen werden zwar vielfach in den Unternehmen gefordert, aber kaum systematisch vorangetrieben. Sie erfolgen daher zumeist ad-hoc und

ungeplant und offenbaren ungenutzte Potenziale für mehr Wettbewerbsfähigkeit und mehr Wachstum. Dabei sind die Auslöser für Innovationen in der Logistik vielfältig: Steigende Kundenanforderungen treiben die Entwicklung von Seiten des Marktes (market pull). Aber auch von neuen Technologien gehen Impulse aus (technology push), die zu logistischen Produkt- und Prozessinnovationen führen können. Ziel des Arbeitskreises in den Jahren 2006/2007 war es, herauszufinden, wie diese in neue Leistungsangebote und Prozessverbesserungen umgesetzt werden können und somit das Markt- und Technologiepotenzial konsequenter als bisher ausgeschöpft werden kann. Ansätze hierfür könnten bspw. die Etablierung einer Entwicklungsdisziplin für die Logistik oder die Organisation eines logistischen Innovationsmanagements liefern. Mit dem Arbeitskreis "Service-Innovationen in der Logistik" wurde Führungskräften von Logistikdienstleistern, die mit der Entwicklung logistischer Dienstleistungsangebote befasst sind sowie Führungskräften aus Industrie und Handel, die derartige Leistungen nachfragen oder selbst innovative Konzepte umsetzen, eine Plattform für den Erfahrungsaustausch über die systematische Entwicklung neuer Dienstleistungen und deren Umsetzung in effiziente Leistungserstellungsprozesse und marktfähige Leistungsangebote geboten. Die Ergebnisse wurden in Form eines Buches veröffentlicht und darüber hinaus in einer Fach-Sequenz während des 8. Logistics Forum Duisburg vorgestellt.

- *Verletzbarkeit, Sicherheit und Risikomanagement in der Supply Chain:* Die zunehmende Globalisierung, die Volatilität der Märkte sowie der Trend zum Out- und Single Sourcing führen zu weltumspannenden und komplexen Supply Chains, mit interdependenten Beziehungsmustern und einer Vielzahl an Schnittstellen. Neben den damit verfolgten Effizienzgewinnen steigt aber auch die Störanfälligkeit solcher Supply Chains. Störungen auf der Angebots- und Nachfragseite, wie zum Beispiel Terroranschläge, Naturkatastrophen, Streiks, menschliches Fehlverhalten, Veränderungen im Konsumentenverhalten, Insolvenz von Wertschöpfungspartnern, etc. beeinflussen zunehmend die Service- und Kostenziele der beteiligten Unternehmen. Es steigt damit die Bedeutung und Notwendigkeit eines Supply Chain Risikomanagements. Zielsetzung des Arbeitskreises in den Jahren 2006/2007 war, auf der Basis der Erfahrungen in der Unternehmenspraxis, Risiken in Supply Chains und deren Auswirkungen auf die Service- und Kostenziele zu analysieren. Instrumente zu deren Identifikation, Bewertung und Steuerung wurden zusammengestellt. Damit wurde insbesondere eine Methodik zum Management von Supply Chain Risiken herausgearbeitet, die der neuen Dimension der Verletzbarkeit und der Sicherheit in der Supply Chain gerecht wird. Den fundierten theoretischen Hintergrund, die aus der Praxis entwickelten Modelle zum Risikomanagement sowie Erfahrungsberichte und Lösungen von Praktikern aus Industrie, Handel und Dienstleistung sind in der BVL Schriftenreihe veröffentlicht worden. Die Ergebnisse des Arbeitskreises wurden auf dem 4. Wissenschaftssymposium Logistik und auf dem 25. Deutschen Logistik-Kongress vorgestellt.
- *Logistik-Cluster:* Die Vernetzung der Wertschöpfung in Netzwerken ist der gemeinsame Kern der logistischen Arbeit. Auch wenn die aktuelle Diskussion durch Schlagworte wie „Global Logistics" und „International Supply Chain Management" geprägt sind, gewinnt in jüngster Zeit die regionale Vernetzung und damit der Begriff des Clusters verstärkt an Bedeutung.

Clusterbildung - ein Trend, der sich in vielen Bereichen durchsetzt und auch durch die Politik in Form von „Cluster"-Entwicklung gefördert wird. Mit der Bildung von Logistik-Initiativen und Logistik-Clustern nimmt die Logistik eine Vorreiterrolle ein. Die BVL untersuchte in den Jahren 2008/2009 im Rahmen eines Arbeitskreises gemeinsam mit den Sprechern der 26 BVL-Regionalgruppen den Status quo dieser Entwicklungen. Als erstes Ergebnis einer umfassenden Recherche wurden 30 Logistik-Initiativen in Deutschland identifiziert und zusammengestellt. Diese Übersicht wird regelmäßig aktualisiert und um weitere Informationen ergänzt.

Aufgrund seiner besonderen internationalen Beziehungen und seiner intensiven Mitarbeit in der European Logistics Association (ELA), der Dachorganisation von über 30 nationalen Logistikvereinen in Europa, war Hans-Christian Pfohl auch als Herausgeber internationaler Studien aktiv. So entstanden in Zusammenarbeit mit der ELA und der Unternehmensberatung A.T. Kearney unter Hans-Christian Pfohls wissenschaftlicher Leitung mehrere Studien, von denen „Differentiation for Performance – Excellence in Logistics 2004" auch mit BVL-Unterstützung herausgegeben wurde. Ab 2005 war Hans-Christian Pfohl maßgeblicher Partner der langjährigen BVL-Studie „Trends und Strategien in der Logistik", die schon damals den „Blick auf die Agenda des Managements 2010" ermöglichte und im Herbst 2009 das bislang letzte Werk „Global Networks in an Era of Change - Environment, Security, Internationalisation, People" hervorbrachte.

Egal, ob als ehrenamtliches Vorstandsmitglied, als Leiter des Wissenschaftlichen Beirats, als Arbeitskreis- oder Studienleiter, als langjähriger, engagierter Trainer auch im Kompaktstudium Logistik der Deutschen Logistik Akademie (DLA): Die BVL erlebte Hans-Christian Pfohl stets überzeugt in der Sache und menschlich hoch sympathisch. Besonders gerne erinnern sich alle Vorstandskollegen, die im November 2003 in München beim Strategiemeeting dabei waren, wie ihnen – gestandenen Managern aus der Praxis von Industrie, Handel und Dienstleistung – der als Gastredner geladene Professor Pfohl eine exklusive Vorlesung gehalten und die Logistik erklärt hat. Die anschließende streckenweise kontroverse, aber offene Diskussion hat schließlich alle Beteiligten weiter gebracht.

Aufgrund seiner langjährigen Verdienste um die BVL wurde Hans-Christian Pfohl im Jahr 2005 bei seiner Verabschiedung aus dem Vorstand der BVL die Goldene Ehrennadel und als höchste Auszeichnung, die ein Verein zu vergeben hat, die Ehrenmitgliedschaft verliehen. Hans-Christian Pfohl hat die Logistik allgemein und die BVL im Besonderen strategisch und taktisch deutlich weiterentwickelt – und wird dies hoffentlich auch jenseits aller Funktionsverantwortung weiterhin tun.

4 Die BVL heute

Vor 30 Jahren als gemeinnütziger Verein gegründet mit dem Ziel, logistisches Denken über die verschiedensten Wirtschaftszweige hinweg zu fördern, bildet die Bundesvereinigung Logistik (BVL) heute ein aktives Netzwerk für die Logistiker aus Wirtschaft und Wissenschaft sowie Plattformen für den fachlichen und persönlichen Gedankenaustausch. Denn es gab und gibt viele Impulse, die branchen- und funktionsübergreifend genutzt werden können: Vom Montagesteuerer aus der Automobilfabrik wie vom Versandleiter im Lebensmittelhandel, vom Einkäufer eines chemischen Betriebs wie vom Disponenten eines Spediteurs. Damals steckte die Logistik noch in den Kinderschuhen – heute macht sie hinter dem Handel und der Automobilwirtschaft den drittstärksten Wirtschaftsbereich in Deutschland aus (Fiege et al. 2005, Grünrock 2007).

Um das heute noch existierende Dilemma zwischen den tatsächlichen Leistungen und der verkürzten Wahrnehmung der Logistik lösen zu können, ist ein breites und ohne Partikularinteressen angelegtes „Marketing" notwendig, das auf fundierten wirtschaftlichen Grundlagen beruht und die Leistungen der Logistik in einer für Fach- und Führungskräfte, aber auch der allgemeinen Öffentlichkeit verständlichen Weise darstellt und vermittelt. Dabei ist es sinnvoll, dass sich Logistiker nicht nur ihrer Fachtermini, sondern des Vokabulars bedienen, das in allen Wirtschaftsbereichen verwendet wird.

Wenn Wissens- und Erfahrungsaustausch zum Nutzen aller Beteiligten erfolgen soll, bedarf es einiger „Spielregeln" und eines gemeinsamen Grundverständnisses, das auf ethischen Motiven aufbaut: Wissen muss „vernünftig" gesammelt, gegliedert, vermehrt und verbreitet werden, Menschen sollen möglichst ohne Hindernisse zusammengebracht werden können. Anstelle wirtschaftlicher Eigeninteressen sollte das Gemeinwohl im Vordergrund stehen, selbst dann, wenn mit Anbietern und Nachfragern logistischer Leistungen beide Marktseiten versammelt sind. Uneigennütziges Engagement, dessen Ziel nicht vorrangig eigenwirtschaftlichen Interessen dient, ist notwendig, um eine Plattform zu schaffen, der sich jedermann anvertrauen kann.

Von anderen Unternehmen, Branchen und Regionen zu lernen, deren Methoden und Verfahren zu verstehen, sie als Impulse und Ideengeber zu verwenden, um Lösungen für das eigene Berufsfeld zu entwickeln und zu implementieren, bietet nahezu unerschöpfliche Vorteile. Unter Logistikern ist es möglich, sich zu begegnen und Wissen auszutauschen, auch wenn man Unternehmen angehört, die zueinander im Wettbewerb stehen oder in denen andere „Kulturen" vorherrschen als im eigenen Erfahrungsbereich. Im Praxiseinsatz befindliche Systeme werden als „Status quo" verstanden, von dem derjenige, der diesen zuerst entwickelt und in Betrieb genommen hat, davon profitiert, dass er das Wissen dafür bereits erworben hat und in Kenntnis aller erlernten Zusammenhänge bereits an der Weiterentwicklung der im Einsatz befindlichen Lösung arbeitet.

4.1 Mission

In der Weiterentwicklung der Vereinsstrategie haben Vorstand und Geschäftsführung der BVL zum dreißigjährigen Vereinsjubiläum im Dialog und in Abstimmung mit den ehrenamtlichen Funktionsträgern die Mission der BVL formuliert und eine Vision entwickelt. Die Systematik ist in Abbildung 1 dargestellt.

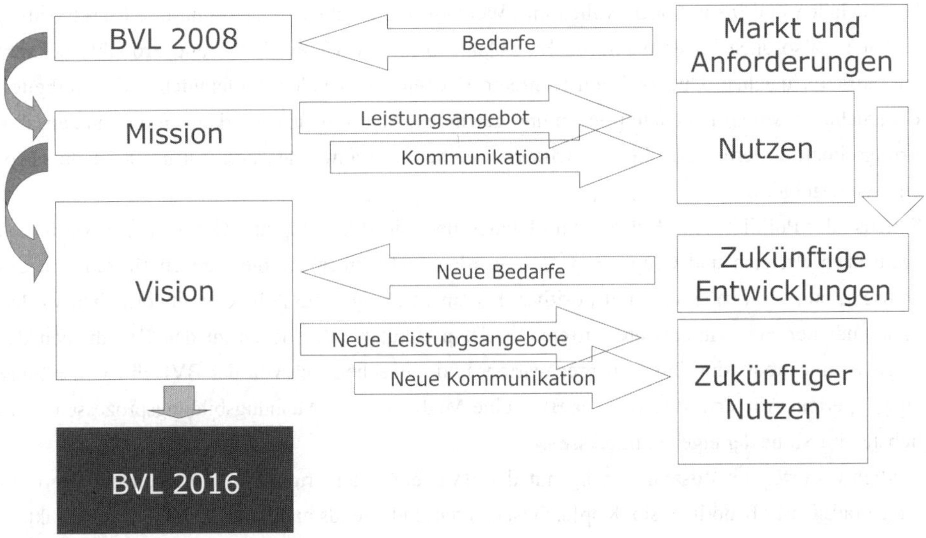

Abbildung 1: Systematik der Weiterentwicklung von Mission und Vision der BVL für die nächsten acht Jahre

Zunächst wurden der Markt und dessen Anforderungen aus Wirtschaft und Gesellschaft den aktuellen Leistungen des satzungsorientiert und historisch gewachsenen Vereins gegenübergestellt. Es wurde deutlich, dass die BVL heute der größte freiwillige Zusammenschluss von Fach- und Führungskräften aus Wirtschaft, Wissenschaft und Politik in Europa ist, die mit Wertschöpfungsnetzwerken zu tun haben.

In der Mission heißt es konkret: „Als Gemeinschaft pragmatischer Idealisten, die ganzheitlich und interkulturell denkend über ihre Wirkungskreise hinaus schauen, um daraus fachlich und menschlich Nutzen zu ziehen und zu stiften, verbindet die BVL Menschen, die die Bedeutung von Netzwerken für das effiziente und effektive Wirken einer global tätigen Wirtschaft erkannt haben und dieses auch anderen vermitteln möchten."

4.2 Marktanforderungen

Die BVL sieht sich unterschiedlichsten Marktanforderungen gegenüber, die sich teilweise überschneiden und nicht konsequent abgrenzen lassen: Denen von Menschen, denen von Unternehmen und Institutionen, denen der Politik und der Medien, denen von Vereinen und Verbänden. Diese wurden von Arbeitsgruppen in Interviews und Hintergrundgespräche zusammengetragen, verdichtet und möglichst konkret formuliert.

Menschen erwarten von der BVL, dass sie durch den Verein ihre berufliche Wettbewerbsfähigkeit und damit ihre persönlichen Entwicklungsmöglichkeiten steigern können. Sie wollen Wissen erwerben und anwenden, Kontakte pflegen und knüpfen, ihren eigenen Bekanntheitsgrad steigern und Image gewinnen.

Unternehmen und Institutionen wollen ihre Wettbewerbsfähigkeit steigern und ihre Marktposition ausbauen, also auch im Rahmen von BVL-Angeboten ihre Unternehmen und Produkte bekannt und attraktiv machen. Und zwar auf mehreren Ebenen: für Kunden, Lieferanten und Mitarbeiter. Unternehmen wollen Kontakte pflegen und gewinnen, Marktpotenziale erkennen und nutzen, ihre Ertragssituation verbessern, Logistikwissen erwerben und anwenden und last not least ihre Produktivität steigern.
Seitens „der Politik" – auf Bundes- und Landesebene, in Regierung und Opposition sowie in den politischen Parteien und Gruppierungen – werden Plattformen für die eigenen Botschaften gewünscht, und zwar möglichst mit positiver Kommentierung. Alle Politikverantwortlichen wollen in irgendeiner Form Interessen vertreten, meist partikular, alle suchen zu den Fachthemen der Logistik eine Reduktion ihrer Ansprechpartner und wünschen sich von der BVL die Vermittlung von Experten. Alle erwarten von der BVL eine Mediation von Meinungsbildungsprozessen – am liebsten im Sinne der eigenen Interessen.
Medien erwarten im Zusammenhang mit der BVL eine Steigerung von Auflagen und Verbreitungsgrad. Dafür benötigen sie: Köpfe, Geschichten und Trends einerseits, Zahlen, Daten, Fakten, Kommentare und Hintergrundinformationen andererseits.
Andere Vereine und Verbände möchten die BVL als Plattform ihrer Interessenvertretung einsetzen, für die eigene Profilierung, für Bekanntmachung und Durchsetzung von Normung und Standardisierung – einer Sonderform der eigenen Interessen – und sogar als Plattform für die eigene Mitgliedergewinnung.
Alle Erwartungen kann und will die BVL nicht erfüllen, daher ist es notwendig, das eigene Profil deutlich zu entwickeln sowie nachvollziehbar und transparent ihre Arbeitsweise offenzulegen. Sie definiert als ihren Zweck, in Wirtschaft, Wissenschaft, Politik und Gesellschaft Verständnis zu schaffen, um die Bedeutung der Logistik zu vermitteln sowie deren Anwendung und Entwicklung voranzubringen.

4.3 Zielgruppen

Als gemeinnütziger Verein, der logistisches Denken über die verschiedensten Wirtschaftszweige hinweg fördert, verfügt die Bundesvereinigung Logistik (BVL) über unterschiedlichste Zielgruppen, die sie entweder als Mitglieder, als Förderer oder als Interessenten gewinnen möchte:
Im Bereich Wirtschaft sind dies Menschen, die in Industrie, Handel und Dienstleistung Fach- und Führungsaufgaben in Wertschöpfungsketten wahrnehmen, vornehmlich in Bereichen wie Supply Chain Management, Logistik, Einkauf aber auch in angrenzenden Fachfunktionen. In der Wissenschaft sind es Menschen, die sich in wissenschaftlichen Grundlagendisziplinen mit logistischen Themen beschäftigen oder die bereits in der Integrationsdisziplin Supply Chain Management bzw. Logistik tätig sind.
In der Gesellschaft sind dies Menschen, die potenziell als Fach- und Führungsnachwuchs infrage kommen, also Schüler und Studierende. Aber auch potenzielle Multiplikatoren aus den Informationsmedien, und zwar umfassend aus der Wirtschafts-, Fach- und Tagespresse in Print- und in

elektronischer Form. Desweiteren stehen rahmenbedingungenschaffende Politiker/innen aus Parlamenten und Parteien im Fokus der BVL, wenn sie frei von Partikularinteressen Zahlen, Daten, Fakten zur Logistik abrufen und als überwiegend fachfremde Personen ihr Verständnis von logistischen Abläufen weiter entwickeln möchten. In der Öffentlichkeit sind es Menschen, die sich für Methoden, Verfahren und Wirkungsweisen der Logistik interessieren.

4.4 Stärken

Um die vielfältigen Zielgruppen für die BVL ansprechen zu können, bedarf es spezifischer Vorgehensweisen und besonderer Leistungen des Vereins. Gemäß der Studie des renommierten Marktforschungsinstituts Forum Mainz zur Mitgliederbindung in Vereinen in Deutschland werden in der Innen- und Außenwahrnehmung der BVL folgende Stärken besonders wahrgenommen:
Im Vordergrund steht die Fähigkeit, „Content and Event“ zusammenzubringen und somit gleichzeitig inhaltlich und in der Darbringungsform interessante Veranstaltungen und Services anzubieten. Außerdem werden die Organisation von Veranstaltungen und das Management von Netzwerken als Kernkompetenz der BVL wahrgenommen und zwar sowohl im ehrenamtlichen, als auch im hauptamtlichen Bereich. Konkret wird der BVL die Fähigkeit zugesprochen, die „richtigen“ Themen auszuwählen, im Transfer zu priorisieren und dabei trotzdem Meinungsvielfalt zuzulassen. Außerdem wird die „Menschlichkeit“ in der BVL thematisiert, weil dort der Grundsatz „Personen vor Funktionen“ gilt. Der respektvolle, gepflegte Umgang miteinander ist eines der obersten Gebote der Vereinsarbeit. Ehemalige Funktionsträger, die sich lange um den Verein verdient gemacht haben, bleiben im Freundeskreis der BVL – und unabhängig von ihrer aktuellen Funktion in Wirtschaft und Gesellschaft. Der Umgang miteinander ist den BVL-Mitgliedern wichtig.
Eigenständigkeit und Unabhängigkeit sind für eine glaubwürdige Arbeit des Vereins wichtig: Niemand kann sich durch Sponsoring Redeplätze auf BVL-Veranstaltungen „kaufen“ oder in BVL-Gremien hineindrängen. Die Führungsgremien werden so besetzt, dass sich eine größtmögliche Themen- und Branchenvielfalt ergibt und keine Gruppe eine andere dominieren kann. Es wird stets mit der notwendigen kaufmännischen Vorsicht gewirtschaftet. Es gilt, Vereinsvermögen aufzubauen, soweit die Richtlinien zur Gemeinnützigkeit dieses zulassen, und im Sinne der Vereinsarbeit stets kurzfristig wieder einzusetzen.
Eine weitere Stärke der BVL ist ihr Bekenntnis zu „Kontinuität und Innovation“. In der Vereinsarbeit werden Themen nicht sprunghaft gewechselt, Modeerscheinungen wird nicht gefolgt, stattdessen wird das Themenspektrum fundiert weiter entwickelt. Dabei stehen Neutralität und Objektivität im Vordergrund. Partikularinteressen werden explizit ausgeschlossen. Die BVL hat sich selbst den Anspruch gegeben, Themen stets wissenschaftlich abzuwägen und Informationen entsprechend zu bewerten. Die BVL arbeitet daran, relevante Informationen aufzuspüren und sie in den entsprechenden Kontext einzubringen. So können Informationen in Wissen gewandelt und strukturiert weitergeben werden. Last not least hat sich die BVL in den über 30 Jahren ihres Wirkens ein gutes Image und einen hohen Bekanntheitsgrad aufgebaut, so dass auch diese beiden Punkte den Stärken des Vereins zugerechnet werden können.

4.5 Nutzen

Wie in erfolgreichen Wirtschaftsunternehmen auch sollte insbesondere in einem gemeinnützigen Verein, dessen Mitglieder freiwillig beitreten, um daraus fachlich und menschlich Nutzen zu ziehen und zu stiften, eben dieser Nutzen im Vordergrund stehen. Die Gremien der BVL haben ihn auf verschiedenen Ebenen definiert: Als Bündelung, Weiterentwicklung und Transfer von Marktkenntnissen und Marktanalysen, Methoden und Verfahren, Zahlen, Daten, Fakten, Know-how und Erfahrung, damit ihre Mitglieder ihre Aufgabenstellungen des Tagesgeschäftes leichter lösen und innovative, aber schon bewährte Ansätze einfließen lassen können, wie auch im Erkennen und Evaluieren von Trends, damit die BVL-Mitglieder auch planerisch einen Vorsprung vor Nichtmitgliedern herausarbeiten können. Außerdem soll die Mitgliedschaft in der BVL die persönliche und unternehmerische Positionsbestimmung ermöglichen. Hierfür wird die Begegnung der Marktteilnehmer, insbesondere der Anbieter- und der Nachfragerseite logistischer Leistungen ermöglicht. Und schließlich ist die BVL eine Plattform zur Pflege sozialer Kontakte, denn auf dieser Basis können sich marktwirtschaftliche Prozesse leichter entwickeln.

4.6 Organisation und Gremien

Als gemeinnütziger Verein hat sich die BVL bewusst den strengen Regularien des deutschen Vereinsrechts unterstellt. Doch auch hier gilt der Leitgedanke von „Kontinuität und Innovation“. Die durch die Vereinssatzung und Ordnungen beschriebenen Organisationsregeln werden strikt eingehalten, trotzdem sind die BVL-Funktionsträger bereit, zielorientiert neue Wege zu beschreiten: Wenn Bedarf besteht, werden jenseits aller Gremien übergreifenden Workshops einberufen und somit Themen und Leitlinien stets von breitem Konsens getragen.

Regionalgruppen und ihre Sprecherteams: Die 27 Regionalgruppen der BVL bilden mit ihrer Arbeit und ihrem Engagement das Fundament des Vereins. Auf jährlich über 150 Veranstaltungen werden logistische Strategien, Konzepte und Lösungen hautnah und praxisbezogen präsentiert. Sie sind eine Plattform, um Kontakte neu zu knüpfen oder zu vertiefen. Sowohl Mitglieder als auch interessierte Gäste können sich hier im persönlichen Gespräch über Angebot und Leistungen der BVL informieren. Die Regionalgruppen werden durch Sprecherteams aus maximal drei Personen ehrenamtlich geleitet. Ihre Aufgabe besteht darin, Veranstaltungen vor Ort zu organisieren, zu leiten und die BVL zu repräsentieren.

Vorstand, Beiräte und Freunde: Vorstand und Beiräte der BVL sind mit hochkarätigen Fach- und Führungskräften besetzt und repräsentieren einen weit gefächerten Querschnitt von Logistikfunktionen aus Wirtschaft und Wissenschaft. Der Vorstand ist verantwortlich für die Planung, Durchführung und Überwachung der Aufgaben, die sich aus den Zielsetzungen des Vereins ergeben. Er verantwortet die Geschäftsführung, die in der BVL einem hauptamtlichen Team übertragen wurde sowie die Ausführung der Beschlüsse der Mitgliederversammlung. Der vom Vorstand berufene Beirat ist mit Persönlichkeiten aus Wirtschaft, Wissenschaft und Politik besetzt, überwiegend Vorstände und Geschäftsführer die unmittelbar Verantwortung für Logistik tragen. Der Beirat ist ein beratendes Gremium für die BVL, durch das persönliche Netzwerke und Know-how eingebracht werden.

Zusätzlich wurden Fachbeiräte eingerichtet, die spezifische Aufgaben haben, beispielsweise in der Wissenschaft und in der Forschungsförderung. Der WBR wurde in Kapitel 3 ausführlich beschrieben. Der Förderbeirat ist ein ehrenamtlich tätiger Kreis von wissenschaftlich interessierten Praktikern, der es sich zur Aufgabe gemacht hat, gegenüber der Öffentlichkeit bestehende Forschungsdefizite auf dem Gebiet der Logistik aufzudecken und daraus wichtige und notwendige Projektinhalte abzuleiten. Der Förderbeirat selbst ist keine Forschungsinstitution, sondern initiiert, begleitet, begutachtet und hilft.

Ehemalige Funktionsträger, die sich lange um den Verein verdient gemacht haben, bleiben im Freundeskreis der BVL – losgelöst von ihrer aktuellen Funktion in Wirtschaft und Gesellschaft.

Geschäftsstelle: Die Geschäftsstelle der BVL mit Sitz in Bremen hält und pflegt den Kontakt zu den Mitgliedern, zu Unternehmen und Verbänden, zu Wissenschaft und Politik, zu vielfältigen Institutionen und den Medien. Neben den drei Geschäftsführern sind aktuell 33 hauptamtliche Mitarbeiter/innen in insgesamt drei Organisationseinheiten tätig: Im Verein selbst, in der BVL Campus gGmbH, die die Deutsche Außenhandels- und Verkehrs-Akademie (DAV) und die Hochschule für Internationale Wirtschaft und Logistik (HIWL) betreibt, sowie der BVL Service GmbH, die in erster Linie die begleitenden Fachausstellungen bei BVL-Veranstaltungen sowie die ELA Zertifizierungen durchführt.

Ein wichtiges Mittel, den Verein und seine Zielsetzungen bei den Zielgruppen bekannt zu machen, ist die Presse- und Öffentlichkeitsarbeit, die die dafür notwendige Kommunikation aktiv betreibt.

In der Informationsgesellschaft herrscht ein scharfer Wettbewerb um die Aufmerksamkeit aller Zielgruppen. Die Medien fordern „einfache" Aussagen und lieben Polarisierungen, sie fordern außerdem stets aktuelle Statistiken und Zeitreihen zu den Themen der Logistik. Die Reaktionszeit auf konkrete Medienbedarfe verkürzt sich immer mehr: Gesprächspartner und fundierte Aussagen werden häufig noch am selben Tag gewünscht, auch bei nicht aktuellen Themen. Als objektive Organisation kann und will die BVL aber keine Polarisierungen liefern. Aufgrund der großen Bandbreite logistischer Themen kann die BVL bislang und wohl auch zukünftig nur wenige Felder als „Themenführer" besetzen.

Im Hinblick auf die Markt- und Nutzenerwartungen der Zielgruppen der BVL werden kompetente und zeitnahe Informationen über Themen der Logistik und der dort tätigen Fach- und Führungskräfte nach „innen" für die Funktionsträger und Mitglieder der BVL sowie nach „außen" für die Medien und die allgemeine Öffentlichkeit regelmäßig, wenn möglich standardisiert, aber auch fallweise aktuell und im Kontext aufbereitet zur Verfügung gestellt. Im Fokus steht dabei die Verbreitung von Themen und Erkenntnissen aus den verschiedenen Vereinsaktivitäten, aus Veranstaltungen, Studien, Arbeits- und Forschungskreisen. Darüber hinaus erfolgen eine gezielte, themenbezogene Einladung der Medien zu den BVL-Veranstaltungen sowie die Herstellung von Kontakten zu BVL-Funktionsträgern und Referenten.

4.7 Produkte und Services mit Wissenschaftlichem Schwerpunkt

In der Zeit, als Hans-Christian Pfohl im Vorstand der BVL und als Vorsitzender des Wissenschaftlichen Beirats in der BVL aktiv war, erfolgten bei den BVL-Angeboten einige Neu- und Weiterentwicklungen mit wissenschaftlichem Fokus, die exemplarisch für die von Hans-Christian Pfohl geleistete und initiierte Arbeit vorgestellt werden.

Doktorandenworkshops: Mit dem Ziel, die Förderung des wissenschaftlichen Nachwuchses auszubauen, lädt die BVL regelmäßig zu Karriereforen und zu Doktorandenworkshops ein. In Karriereforen werden Informationen und Erfahrungsberichte zum Einstieg in das Berufsleben gegeben. In Doktorandenworkshops diskutieren wissenschaftliche Assistenten untereinander und mit renommierten Wissenschaftlern über Methoden und Trends der Logistikforschung und ihre eigenen Dissertationsprojekte. Dabei geht es insbesondere auch darum, die Projekte im interdisziplinären Dialog weiterzuentwickeln.

Unterstützt durch Ratschläge der moderierenden Professoren wird es den Teilnehmern ermöglicht, ihre Arbeit einmal aus einer anderen Perspektive zu sehen. Die anschließende Teilnahme an großen BVL-Veranstaltungen, wie in diesem Jahr dem Logistics Forum Duisburg und dem Deutschen Logistik-Kongress, bietet zusätzlich die Gelegenheit Kontakte zu knüpfen.

Abbildung 2: Mitglieder des Wissenschaftlichen Beirats und des Förderbeirats der BVL nach ihrer Sitzung anlässlich des 4. Wissenschaftssymposiums Logistik

Wissenschaftssymposium: Das im zweijährigen Rhythmus durchgeführte Wissenschaftssymposium der BVL ist ein zentrales Projekt des Wissenschaftlichen Beirats und hat sich seit der ersten Durchführung im Jahr 2002 in Magdeburg zu einem zentralen Treffpunkt der Logistics Community entwickelt. 2004 in Berlin, 2006 in Dortmund, 2008 in München und 2010 in Darmstadt kamen Wissenschaftler und Praktiker unterschiedlicher Disziplinen zusammen.

Gefördert werden soll der Austausch über die fachlichen, räumlichen und hierarchischen Grenzen hinweg, um völlig neue Ansätze für die Lösung forschungsrelevanter Fragen der Praxis zu initiieren.

Lebensbegleitendes Lernen: Gute Voraussetzungen für lebensbegleitendes Lernen zu schaffen und so Wissen für Wirtschaft und Logistik zu vermitteln, sieht die BVL als wichtige Aufgabe an. Mit dem BVL Campus hat sie 2008 ein Dach für ihre Aus- und Weiterbildungsangebote geschaffen. Der nächste Schritt: die Gründung einer privaten Fachhochschule. Gemeinsam mit der Stiftung Deutsche Außenhandels- und Verkehrs-Akademie (DAV) treibt sie die Errichtung der Hochschule für Internationale Wirtschaft und Logistik (HIWL) voran.

Die HIWL wird als private Hochschule mit staatlicher Anerkennung im Land Bremen gegründet. Sie wird die dualen Studiengänge „Internationale Wirtschaft" und „Logistik" anbieten, die nach sechs Semestern mit dem Bachelor-Abschluss enden. Pro Studiengang ist die Zahl der Erstsemester auf 30 begrenzt. Die Studiengänge werden konsequent praxisnah ausgelegt sein. Im dreimonatigen Wechsel werden über die gesamte Studienzeit hin abwechselnd Hochschul- und Praxisphasen stattfinden. Das Studium konzentriert sich dabei inhaltlich und organisatorisch auf den akademischen Abschluss des Bachelors. In den Praxisphasen bauen die Studierenden wertvolle Kontakte in ihren Unternehmen auf und lernen die relevanten Arbeitsbereiche sowie die übergreifenden Zusammenhänge im Unternehmen kennen. Studienort ist der BVL Campus an der Universitätsallee 18 in Bremen, wo auch die etablierte Deutsche Außenhandels- und Verkehrs-Akademie ansässig ist. Diese anerkannte Fachschule feiert im Jahr 2010 ihr 50-jähriges Bestehen.

Der BVL Campus zeichnet sich durch seine enge Verknüpfung von Theorie und Praxis aus. Die Unterstützung durch namhafte Wirtschaftsunternehmen macht den BVL Campus zu einem speziellen Ort des Lernens und der Vorbereitung auf den beruflichen Alltag.

Studien: Wissen entscheidet. Studien und Arbeitskreise sind traditionell wichtige Instrumente der BVL, um speziellen Themen und Trends der Logistik auf den Grund zu gehen. Im Laufe des Jahres 2009 wurden zwei Studien vorgelegt und die Ergebnisse zweier Arbeitskreise veröffentlicht. Für zwei weitere Arbeitskreise ist die Veröffentlichung der Ergebnisse für das Jahr 2010 angekündigt. Im Mittelpunkt der Diskussionen und Analysen standen 2009 Lösungsansätze für Wege aus der Krise, der ungebrochene Trend zur Globalisierung, aber auch Nachhaltigkeit und Ressourceneffizienz. Die BVL und ihre Partner in Wissenschaft und Praxis leisten damit wesentliche Beiträge für die Weiterentwicklung der Logistik

Neu hinzugekommen zu den wissenschaftlichen Publikationen der BVL ist 2009 das Journal Logistics Research, das aus den Reihen des Wissenschaftlichen Beirats entwickelt wurde und im Springer Verlag erscheint. Es stellt unter der akademischen Leitung von Prof. Peter Klaus mehrmals jährlich neueste wissenschaftliche Erkenntnisse aus den Bereichen der Betriebswirtschaftslehre, den weiteren Wirtschafts- und Sozialwissenschaften, aus den Ingenieurwissenschaften, der Informatik und dem Operations Research vor.

Die „TOP 100 in European Transport and Logistics Services", herausgegeben von den Professoren Peter Klaus und Evi Hartmann sowie dem Wissenschaftlichen Mitarbeiter Christian Kille, Ausgabe 2009/2010 bietet als Studie Makrodaten, differenziert nach Logistikteilmärkten, Branchen und

Verkehrsträgern, Ranglisten der größten Logistikunternehmen in Deutschland und weiteren 28 europäischen Ländern, Ranglisten zu allen Logistikteilmärkten in Deutschland und Europa, detaillierte Kennzahlen und Datensammlungen zu rund 400 Logistikunternehmen europaweit.

Logistik-Indikator: Der BVL/DIW Logistik-Indikator ist als Seismograf der Logistikkonjunktur in Deutschland entwickelt worden. Er basiert auf der quartalsweisen Expertenbefragung der 200 größten deutschen Unternehmen, für die Logistikleistungen eine besondere Rolle spielen. Dieses Panel besteht zur Hälfte aus Logistikdienstleistern (Anbieterseite) sowie aus Industrie- und Handelsunternehmen (Anwenderseite). Das Anwenderpanel deckt die gesamte Bandbreite der wesentlichen Wirtschaftszweige ab. Vertreten sind unter anderem Unternehmen wie Audi, Bosch, Kraft Foods, BASF und Hella KGaA. Das Dienstleisterpanel erfasst einen Jahresumsatz von über 40 Milliarden Euro und somit etwa ein Viertel des Logistikdienstleistungsmarktes in Deutschland. 34 der Top 50 in Deutschland tätigen Logistikdienstleister sind vertreten. Dr. Stefan Kooths, Deutsches Institut für Wirtschaftsforschung, Berlin, Abteilung Konjunktur, schreibt dazu im BVL-Vorstandsbericht 2008: „Für Entscheidungsträger in Politik und Unternehmen kommt der zuverlässigen Einschätzung der konjunkturellen Entwicklung eine wichtige Rolle zu. Die meisten der bislang für das produzierende Gewerbe erhobenen Indikatoren stehen für die Dienstleistungssektoren nicht zur Verfügung. Die Logistikwirtschaft zählt mit über 2,7 Millionen Beschäftigten und mehr als 205 Milliarden Euro Jahresumsatz zu den Schwergewichten der deutschen Volkswirtschaft. Über ihre unmittelbare quantitative Bedeutung hinaus kommt der Logistik als zentraler Schnittstelle zur Verbindung von Wertschöpfungsketten auch eine wichtige Barometerfunktion für die Gesamtwirtschaft zu. Dies gilt nicht zuletzt für grenzübergreifende Aktivitäten, die gerade für Deutschland als eine der größten Handelsnationen von besonderer Bedeutung sind.

Die Befragung läuft jeweils in der ersten Hälfte des mittleren Quartalsmonats. Das Fragendesign zielt auf die konjunkturelle Beurteilung der mit Logistikleistungen verbundenen Wertschöpfung in Deutschland ab. Dabei wird zwischen rein binnenwirtschaftlichen und grenzüberschreitenden Leistungen unterschieden. Sämtliche quartalsbezogenen Fragen beziehen sich auf eine jahreszeitlich übliche und um saisonale Effekte bereinigte Einschätzung. Die separate Befragung der Anbieter und Anwender von Logistikleistungen ermöglicht eine getrennte Erfassung beider Marktseiten. Es gibt jeweils einen eigenen Fragensatz. Die Befragung beider Gruppen zielt grundsätzlich auf dieselben Sachverhalte ab. Sie berücksichtigt aber die jeweilige Position der Befragten in der Wertschöpfungskette. Für beide Gruppen werden die Lagebeurteilung im laufenden Quartal und die Erwartungen für die Entwicklung in den darauf folgenden zwölf Monaten erhoben. Auf diese Weise lassen sich außer den jeweiligen Teilindikatoren auch Spannungen zwischen Anbieter- und Anwenderseite ermitteln.

Ferner werden regelmäßig die In- und Outsourcing-Absichten der Anwenderseite abgefragt, um mögliche strukturelle Verschiebungen zwischen Eigen- und Kontraktlogistik erfassen zu können. Diese Teilfrage geht nicht in die Indikatorberechnung ein. Ähnlich wie etwa beim ifo-Geschäftsklima stehen für sämtliche Fragen drei Antwortalternativen zur Wahl. Sie lassen sich jeweils als positiv-expansiv, durchschnittlich-neutral und negativ-kontraktiv kennzeichnen. Dieses bewusst einfach gehaltene Antwortdesign stellt sicher, dass die jeweiligen Fragen auch tatsächlich beantwortet werden.

Die nötige Feinmessung ergibt sich aus dem Umfang der Befragungsgruppe. Aus den Antworten wird zunächst der Saldo der positiv-expansiven Antworten gebildet. Das sind die positiv-expansiven abzüglich der negativ-kontraktiven Antworten. Er wird auf den Durchschnitt aller Befragten bezogen. Diese Anteilswerte werden mit jeder Veröffentlichung des Indikators separat berichtet. Anschließend werden die zu den jeweiligen Teilbereichen „Lagebeurteilung" und „Erwartungen" gehörenden Anteilswerte gemittelt und das Ergebnis auf den Bereich 0 bis 200 skaliert. Null entspricht 100 Prozent negativ-kontraktive Antworten, 200 entspricht 100 Prozent positiv-expansive Antworten. Bei einem Indikatorwert von 100 halten sich expansive und kontraktive Antworten die Waage.

Der Durchschnitt aus den so entstehenden Lage- und Erwartungsindikatoren bildet den Klimaindikator für die Angebots- und Anwenderseite. Durch eine gleichgewichtete Zusammenfassung beider Marktseiten entsteht der Gesamtindikator – getrennt nach Lage, Erwartungen und Klima. Darüber hinaus wird außer dem standardisierten Fragekanon in jeder Quartalsumfrage eine Einschätzung zu einem aktuellen oder strukturellen Thema erhoben, das für die Logistikwirtschaft von besonderer Bedeutung ist." Abbildung 3 zeigt den Status des Indikators im IV. Quartal des Jahres 2009.

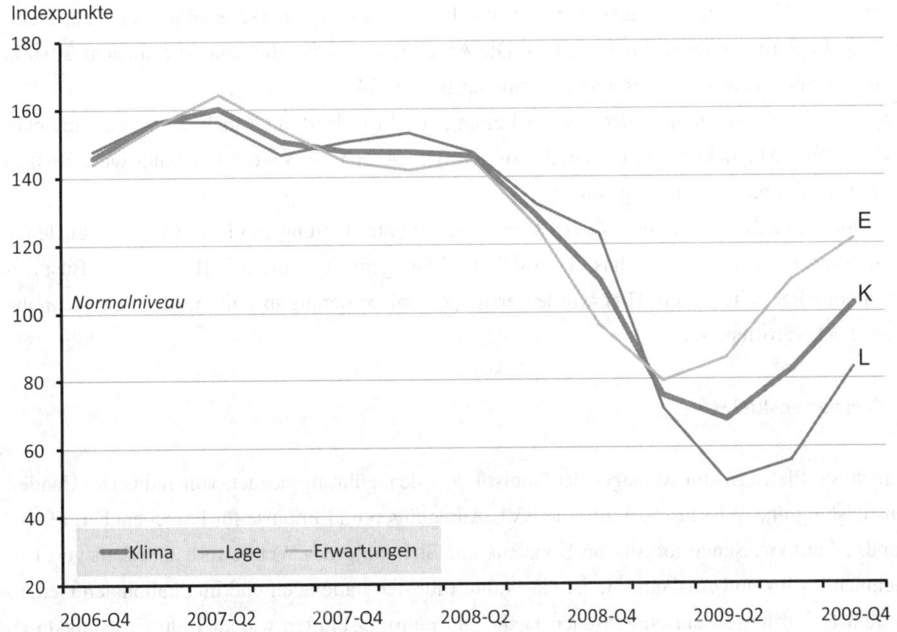

Abbildung 3: Logistikindikator in Gesamtdarstellung für das IV. Quartal 2009

Die Kommentierung des Indikators sowie dessen Verdichtung zu Gesamt- und Teilindikatoren fußt auf bislang absehbaren Entwicklungen der erhobenen Befragungskomponenten. Das dem Indikatorkonzept zugrunde liegende Fragedesign zielt bei quartalsbezogenen Angaben auf eine Einschätzung der jahreszeitlich üblichen und um saisonale Effekte bereinigten Werte ab, ohne ausschließen zu können, dass sich Saisoneffekte im Antwortverhalten niederschlagen. Diese können nach längerer Laufzeit des Indikators statistisch heraus gerechnet werden. Darüber hinaus werden zukünftig auch Untersuchungen zu den zeitlichen Vorlaufeigenschaften, sowohl zur sektoralen als auch zur gesamtwirtschaftlichen Konjunkturentwicklung, möglich sein.

Arbeitskreise: Zukunftsorientierte Arbeitskreise bearbeiten im Auftrag des Vorstands aktuelle Themenstellungen und stellen die Ergebnisse den BVL-Mitgliedern und der interessierten Fachöffentlichkeit in vollem Umfang zur Verfügung. Sie ermöglichen einen schnellen Wissenstransfer und die persönliche Kontaktaufnahme bei der Suche nach fundierten Informationen und Fachwissen. Die von Prof. Hans-Christian Pfohl geleiteten Arbeitskreise sind in Kapitel 3 bereits ausführlich gewürdigt worden. Weitere aktuelle Arbeitskreise sind:

- *Logistik im Mittelstand* unter Leitung von Dr. Christoph Kilger, Prof. Kai Furmans und Dr.-Ing. Christoph Beumer wurde 2009 abgeschlossen. Die Ergebnisse wurden in der Schriftenreihe Wirtschaft und Logistik veröffentlicht und beim Mittelstandsforum Mannheim der BVL im April 2009 vorgestellt.
- *Internationale Logistik - Umwelt- und Ressourceneffizienz* unter Leitung von Prof. Frank Straube, TU Berlin, läuft zurzeit. Die Vorstellung erster Ergebnisse erfolgte beim 26. Deutschen Logistik-Kongress im Jahr 2009. Die Abschluss-Veröffentlichung wird im Jahr 2010 in der Schriftenreihe Wirtschaft und Logistik der BVL erfolgen.
- *Sustainable Production Logistics* unter Leitung von Prof. Hartmut Zadek, Otto-von-Guericke-Universität Magdeburg läuft ebenfalls zurzeit. Die Abschluss-Veröffentlichung wird 2010 in der Schriftenreihe der BVL erfolgen.
- *Performance Measurement in Logistik und Einkauf* unter Leitung von Prof. Dr. Michael Henke und Prof. Dr. Christopher Jahns, Supply Chain Management Institute SMI, European Business School EBS, Wiesbaden. Hier wurden erste Ergebnisse bereits in 2009 in der Schriftenreihe der BVL veröffentlicht.

4.8 Verhaltenskodex

Als neutrale Plattform für Manager der Logistik aus den Führungsebenen von Industrie, Handel, Dienstleistung und Wissenschaft gibt die BVL Anregungen und Impulse für branchenübergreifende und zukunftsweisende logistische Konzepte zur Sicherung der Wettbewerbsfähigkeit von Unternehmen im In- und Ausland. Sie ist ein Podium für den nationalen und internationalen Gedanken- und Erfahrungsaustausch zwischen Fach- und Führungskräften wie auch durch Kontakte zu gleichorientierten Organisationen.

Damit bringt die BVL Menschen mit unterschiedlichsten Erfahrungen, aber auch Interessen zusammen. Um ihrem eigenen Anspruch in Sachen Objektivität und Neutralität gerecht zu werden, bekennt sich die BVL in einem Verhaltenskodex öffentlich schriftlich zu einem rechtmäßigen, sozial verantwortungsvollen und ethischen Wirtschaftshandeln. Sie erwartet gleiches Verhalten von ihren Mitgliedern, allen Personen, die haupt- oder ehrenamtlich für die BVL tätig sind und von allen Personen, mit denen die BVL geschäftliche Beziehungen führt oder die an Veranstaltungen der BVL teilnehmen.

Folgende Anforderungen haben Vorstand und Geschäftsführung der BVL formuliert, die sie von ihren Mitgliedern, Mitarbeitern, Geschäftspartnern und Veranstaltungsteilnehmern hinsichtlich der Einhaltung von Gesetzen und Vorschriften erwartet und erfüllt sehen möchte (www.bvl.de 2009).

Vorstand und Geschäftsführung: Vorstand und Geschäftsführung arbeiten zum Wohle der BVL eng zusammen. Grundlage dafür ist gegenseitiges Vertrauen, welches insbesondere durch Beachtung von Transparenz-, Offenlegungs- und Vertraulichkeitspflichten geschaffen wird. Deren Einhaltung ist wesentliche Pflicht gegenüber der BVL und ihren Organen.

Die Geschäftsführung sorgt für die Einhaltung der gesetzlichen Bestimmungen und der vereinsinternen Richtlinien und wirkt auf deren Beachtung durch die Mitglieder hin.

Die ausreichende Informationsversorgung des Vorstands ist gemeinsame Aufgabe von Geschäftsführung und Vorstand. Die Geschäftsführung informiert den Vorstand regelmäßig, zeitnah und umfassend über alle für die BVL relevanten Fragen der Planung, der Geschäftsentwicklung, der Risikolage, des Risikomanagements und der Compliance sowie über für die BVL bedeutende Veränderungen des wirtschaftlichen Umfelds. Sie geht auf Abweichungen des Geschäftsverlaufs von den aufgestellten Plänen und Zielen unter Angabe von Gründen ein.

Die Geschäftsführung sorgt für ein angemessenes Risikomanagement und Risikocontrolling in der BVL. Es wird sichergestellt, dass Rechtsfragen durch entsprechend befähigte interne Mitarbeiter oder externe Berater bearbeitet werden.

Zuwendungen, Interessenkonflikte, Nebentätigkeiten: Wer haupt- oder ehrenamtlich für die BVL tätig ist, darf im Zusammenhang mit dieser Tätigkeit weder für sich noch für andere Personen von Dritten Zuwendungen oder sonstige Vorteile fordern oder annehmen oder Dritten ungerechtfertigte Vorteile gewähren, darf bei seinen Entscheidungen keine persönlichen Interessen verfolgen und nicht Geschäftschancen, die der BVL zustehen, für sich nutzen und muss Interessenkonflikte unverzüglich offen legen und den Vorstand bzw. die Geschäftsführung hierüber informieren.

Alle Geschäfte zwischen der BVL einerseits und den Mitgliedern des Vorstands und der Geschäftsführung sowie ihnen nahe stehenden Personen oder ihnen persönlich nahe stehenden Unternehmungen andererseits, haben branchenüblichen Standards zu entsprechen. Wesentliche Geschäfte mit vorgenannten Personen bedürfen der Zustimmung des Vorstands, sofern dieser nicht ohnehin den Verein beim Abschluss des Geschäfts zu vertreten hat. Darüber hinaus dürfen Geschäftsführer Nebentätigkeiten, insbesondere Mandate in Überwachungsorganen, nur mit Zustimmung des Vorstands ausüben.

Kartellrechtliche Richtlinien: Die BVL wendet sich nachdrücklich gegen alle Vereinbarungen oder aufeinander abgestimmte Verhaltensweisen zwischen Unternehmen, mit dem Ziel oder der Wirkung, den Wettbewerb zu beschränken, zu verfälschen oder zu verhindern. Ebenso verwahrt sich die BVL gegen alle Bestrebungen zur Erringung und zum Missbrauch von Marktmacht sowie gegen die Koordination und Begrenzung des Wettbewerbsverhaltens unabhängiger Marktteilnehmer. Die BVL anerkennt das Risiko kartellrechtswidriger Verhaltensweisen insbesondere anlässlich Mitgliederversammlungen oder aller anderen Arten von Veranstaltungen der BVL. Die BVL erwartet daher von ihren Mitgliedern, ihren haupt- und ehrenamtlichen Mitarbeitern und von allen Teilnehmern an Veranstaltungen der BVL stets die Vermeidung jedes kartellrechtswidrigen Verhaltens einschließlich entsprechender Vorbereitungshandlungen.

Datenschutz: Die BVL versteht Datenschutz als den umfassenden Schutz aller personenbezogenen und vereinsbezogenen Daten vor jeder Form von Missbrauch. Sie achtet das verfassungsrechtlich geschützte Recht auf informationelle Selbstbestimmung und beachtet insbesondere die Regelungen der Datenschutzgesetze des Bundes und der Länder.

Antidiskriminierung: Die BVL lehnt jede Form der Diskriminierung ab, insbesondere soweit sie anknüpft an Rasse oder ethnische Herkunft, Geschlecht, Religion oder Weltanschauung, Behinderung, Alter, sexuelle Identität oder soziale Herkunft. Die BVL trägt aktiv zur Wahrung des verfassungsrechtlich geschützten Rechts auf Gleichbehandlung und zur Vermeidung jeder Form der Diskriminierung bei. Mit der Überwachung und Umsetzung ist der kaufmännische Geschäftsführer beauftragt.

Reputationsschutz: Die BVL ist bei der Wahrnehmung ihrer Aufgaben auf ihre hervorragende Reputation angewiesen. Die Vereinsmitglieder sowie alle haupt- und ehrenamtliche Mitarbeiter der BVL haben daher alles zu unterlassen, was die Reputation der BVL beeinträchtigen könnte.

Arbeitssicherheit: Die BVL ist überzeugt, dass Arbeitssicherheit eine notwendige Voraussetzung des Ausführens von jeglicher Arbeit ist. Die BVL schafft die technischen, organisatorischen und persönlichen Voraussetzungen, um sicheres Arbeiten zu gewährleisten und gesundheitliche Risiken bei der Arbeitsausführung zu vermeiden. Die BVL erkennt alle rechtlichen Grundlagen zur Arbeitssicherheit, insbesondere das Arbeitsschutzgesetz und das Arbeitssicherheitsgesetz an und setzt die gesetzlichen Vorschriften sorgfältig um.

Compliance: Die BVL versteht Compliance als Gesamtheit aller zumutbaren Maßnahmen, die das regelkonforme Verhalten der BVL, des Vorstandes und der Geschäftsführung, aller ehren- und hauptamtlichen Mitarbeiter sowie ihrer Mitglieder im Hinblick auf alle gesetzlichen Ge- und Verbote begründen. Darüber hinaus soll die Übereinstimmung des Handelns der BVL auch mit allen gesellschaftlichen Richtlinien und Wertvorstellungen sowie mit Moral und Ethik gewährleistet werden.

Die Geschäftsführung überwacht alle Maßnahmen, die der Erreichung der Compliance-Grundsätze dienen, insbesondere auch dieses Verhaltenskodex. Sie ist darüber hinaus Ansprechpartner für alle Vereinsmitglieder und haupt- und ehrenamtlichen Mitglieder und Mitarbeiter der BVL in allen Fragen der Compliance.

Sonstiges: Die BVL wird diesen Kodex regelmäßig prüfen und – soweit erforderlich – Änderungen vornehmen. Die aktuellste Version des Kodex ist stets auf der Homepage der BVL zu finden: www.bvl.de. Alle Fragen den Kodex betreffend, können an den Vorstand und die Geschäftsführung gerichtet werden.

4.9 Zusammenfassung und Vision

Im April 1978 waren es acht Gründungsmitglieder, die die Bundesvereinigung Logistik (BVL) aus der Taufe hoben. Heute zählt die BVL gut 9.715 Mitglieder, die sich intensiv für die Sache der Logistik engagieren und gemeinsam mit zahlreichen Partnern die Logistik voranbringen. Welch eine Vision der Gründer, welch eine Erfolgsgeschichte.
Ein Zitat des Alt-Bundespräsidenten Roman Herzog lautet: „Visionen sind Strategien des Handelns. Das unterscheidet sie von Utopien." Die Gründerväter der BVL haben strategisch gehandelt: Sie haben mit großem Weitblick eine aktive Gemeinschaft geschaffen, deren Mitglieder über ihre engeren Wirkungskreise hinausschauen, um daraus fachlich und menschlich Nutzen zu ziehen und zu stiften.
Die BVL ist ein freiwilliger Zusammenschluss von Fach- und Führungskräften aus Wirtschaft, Wissenschaft und Politik. Sie verbindet Menschen, die die Bedeutung von Netzwerken für das effiziente und effektive Wirken einer global tätigen Wirtschaft erkannt haben und dieses auch anderen vermitteln möchten.
Angesichts ihrer bewährten und immer wieder aktualisierten Konzepte schätzt die BVL ihr Wachstumspotenzial bei den Mitgliedern weiterhin als hoch ein. Sie versteht sich als das internationale Netzwerk für Logistik. Sie verbindet Menschen und Institutionen, Wissenschaft und Wirtschaft, Politik und Gesellschaft. Sie wird auch in Zukunft die Logistik weiterentwickeln und sich nicht für Partikularinteressen einspannen lassen, sondern Ratgeber für Zusammenhänge und fundierte Entscheidungsgrundlagen sein. „Objektivität", die wesentlich weiter gefasst ist als die bisher geübte „Neutralität", wird die Leitlinie für Handeln und Kommunikation der BVL sein (siehe auch Abbildung 4).

Vision
Die BVL im Jahr 2016 ...

BVL
Bundesvereinigung Logistik

- ... ist *das* internationale Netzwerk für Logistik.
- ... verbindet Menschen und Institutionen, Wissenschaft und Wirtschaft, Politik und Gesellschaft.
- ... liefert Informationen und Analysen zu aktuellen und zukünftigen Entwicklungen in der Logistik.
- ... unterstützt Forschung und Entwicklung, lebensbegleitendes Lernen und den Transfer in die praktische Anwendung
- ... steigert die Bedeutung der Logistik
- ... vertritt keine Partikularinteressen, sondern tritt als Ratgeber auf und liefert fundierte Entscheidungsgrundlagen. Objektivität ersetzt Neutralität.
- ... ist und bleibt eigenständig und finanziell unabhängig und erwirtschaftet alle betriebsnotwendigen Mittel durch Nutzen stiftende Leistungen selbst.

Abbildung 4: Vision der BVL für die kommenden Jahre

Als zukünftige Herausforderungen sieht die BVL eine große Vielfalt von Themen, auf die spezifisch, aber auch insgesamt, eingegangen werden muss: Auf Seiten der Individuen stehen die Virtualisierung des menschlichen Lebensumfelds, neue deutlich individualisierte Lebensentwürfe, ein spürbar geändertes Kommunikations-, Konsum- und Arbeitsverhalten sowie die Notwendigkeit zum lebensbegleitenden Lernen im Vordergrund.

Unternehmen werden mehr Wert darauf legen, ihre Märkte zu entwickeln, Engpässe zu überwinden, bevor sie entstehen, Managementtrends noch frühzeitiger zu erkennen und zu entwickeln.

Als „Megatrends" erwartet die BVL die konsequente Fortsetzung der Globalisierung, einen deutlichen demografischen Wandel, fortschreitende Urbanisierung und resultierend, die Bildung von noch mehr Ballungsräumen. Hinzu kommen eine gesteigerte Klimasensibilität, das Streben nach mehr Nachhaltigkeit, Energie- und Ressourceneffizienz, aber auch organisatorische „Revolutionen" durch neue Technologien und das verbesserte Management von Krisen und/oder Katastrophen.

Die BVL hat sich daher auf die Fahnen geschrieben, auch künftig einen umfassenden Kompetenz- und Wissenspool zu bieten, jedoch verstärkt auf elektronischer Basis mit News und Information mit redaktionellen und nutzergenerierten Inhalten, mit virtuellen Netzwerken mit Foren und Gruppen sowie nicht zuletzt zusätzlichen Funktionalitäten für Forschung und Lehre. Die BVL möchte regelmäßig und situativ Kommentierungen zu Grundsatzthemen liefern und sich zu einem internationalen Netzwerk mit eigenen Niederlassungen und Partnern entwickeln – aber weiterhin orientiert am Nutzen der Mitglieder.

Literaturverzeichnis

Bach, D.; Grünrock-Kern, U.; Wimmer, T.: Chronik der BVL, Band I „von den Anfängen bis in die Golden Twenties" und Band II „Kontinuität und Innovation bis 08-16", ISBN 978-3-87154-372-2, DVV Media Group, Hamburg, 2008

Baumgarten, H. (Hrsg.): Das Beste der Logistik – Innovationen, Strategien, Umsetzungen, Seite 31-45, ISBN 978-3-540-78404-3, Springer-Verlag, Berlin, Heidelberg, 2008

Fiege, H., Klinkner, R., Wimmer, T., Witten, P., Zadek, H.: „Wachstum schaffen – Zukunft gestalten, Logistik als Motor für Wachstum und Innovationen in Deutschland" – Thesenpapier der Bundesvereinigung Logistik mit Empfehlungen an die Politik der 16. Legislaturperiode; Eigendruck, BVL, 9/2005.

Germany Trade & Invest: Wirtschaftsdaten kompakt. Brasilien, Russland, Indien, VR China, Stand: November 2009; www.gtai.de

Grünrock-Kern, U.; Schäfer, K.; Wimmer, T.: Klinkner, R.: Effizienz, Verantwortung, Erfolg – Bericht des Vorstands 2007, 52 Seiten, Eigendruck BVL, 2007

Grünrock-Kern, U.; Wimmer, T.: Klinkner, R.: Werte schaffen – Kulturen verbinden – Bericht des Vorstands 2008, 44 Seiten, Eigendruck BVL, 2008

Grünrock-Kern, U.; Wimmer, T.: Klinkner, R.: Erfolg kommt von innen – Bericht des Vorstands 2009, 44 Seiten, Eigendruck BVL, 2009

IMF: International Monetary Fund Issues Brief, Globalization: A Brief Overview, Mai 2008; www.imf.org

Straube, F., Pfohl, H.-C., Günthner, W., Danglmaier, W.: „Trends & Strategien in der Logistik - Ein Blick auf die Agenda des Logistikmanagements", ISBN 3-87154-331-4, Deutscher Verkehrs-Verlag, Hamburg, 2005

Straube, F., Pfohl, H.-C.: „Global Networks in an Era of Change – Environment, Security, Internationalisation, People", ISBN 978-3-87154-389-0, DVV Media Group, Hamburg, 2008

Warth, J.; Thoms, J.; Benz, M.; Intelligente Supply Chains in der Automobilindustrie, in: Wimmer, T.; Wöhner, H. (Hrsg.): Erfolg kommt von innen – Kongressband 26. Deutscher Logistik-Kongress, ISBN 978-3-87154-401-9, DVV Media Group, 2009, S. 214-232

Wolff, S.: Logistikrelevante Entwicklungen der Märkte, unveröffentlichter Vortrag im Rahmen des Strategieentwicklungsprozesses der BVL, Februar 2008

www.bvl.de – aktuelle Homepage der BVL; siehe dort insbesondere: Satzung der BVL – aktuelle Fassung sowie BVL/DIW-Logistikindikator IV. Quartal 2009

Alexander Koldau*

Logistikzukunftsmarkt arabische Halbinsel

* Dr. Alexander Koldau absolvierte 1991-1998 das Studium zum Diplom-Wirtschaftsingenieur (technische Fachrichtung Maschinenbau) an der TU Darmstadt. Anschließend war er wissenschaftlicher Mitarbeiter am Fachgebiet Unternehmensführung & Logistik bei Prof. Dr. Dr. h.c. Hans-Christian Pfohl und promovierte 2003. Seitdem ist Koldau Referent beim Verband Deutscher Maschinen- und Anlagenbau e.V. (VDMA), zunächst im Fachverband Verfahrenstechnische Maschinen und Apparate, seit 2008 ist er verantwortlich für das Referat Messen und Symposien sowie für den Nahen und Mittleren Osten in der Außenwirtschaftsabteilung des VDMA.

In den letzten Jahren hat die arabische Halbinsel vor allem in Folge der hohen Ölpreise bis 2008 aber auch dank einer neuen Wirtschaftspolitik erhebliche Fortschritte gemacht. Dubai und vor allem sein Herrscher Al-Maktoum können dabei zu Recht als Vorreiter gelten, denen andere Länder und Herrscher der Region nacheifern. Sie treiben die wirtschaftliche und industrielle Entwicklung der Region voran, was erhebliche Auswirkungen auch auf die Logistikinfrastruktur der Region hat. Weil wirtschaftliche Entwicklung und Entwicklung der Logistikinfrastruktur nicht getrennt voneinander betrachtet werden können, wird im Folgenden ausführlich auf beides eingegangen.

1 Wirtschaftliche Treiber auf der Arabischen Halbinsel

Die Quelle des Wohlstands auf der arabischen Halbinsel wird nicht ewig sprudeln. Mögen die derzeit bekannten und vermuteten Ölreserven in einzelnen Ländern auch noch für ca. 100 Jahre reichen (bei aktuellen Förderquoten), so sind sie in andern Ländern schon (fast) versiegt (vergleiche hierzu Tabelle 1). Gleichzeitig sind alle Länder der Region – unabhängig von Zuwanderern – mit einem erheblichen Bevölkerungszuwachs konfrontiert (vergleiche hierzu Tabelle 2).

1.1 Demographische Entwicklung

Wachsender Wohlstand, damit einhergehende verbesserte medizinische Versorgung und nicht zuletzt religiöse Gründe haben zur Folge, dass die einheimische Bevölkerung mit beachtlicher Geschwindigkeit zunimmt. Ein Bevölkerungswachstum von 2 % ist in den meisten Ländern normal. Dies stellt selbst für wohlhabende Länder eine erhebliche Herausforderung dar. Deutlich wird dies vor allem an den Zahlen des bevölkerungsreichsten Landes der Region, Saudi-Arabien. Bei einer Einwohnerzahl von ca. 25 Millionen, werden jährlich ca. 700.000 Kinder geboren. Mehr als eine halbe Millionen junge Menschen kommen jährlich ins erwerbstätige Alter, ohne dass ihnen am anderen Ende des Erwerbslebens eine nennenswerte Anzahl von Rentnern gegenübersteht, zumal das Konzept von „Rente“ ohnehin kaum bekannt ist. Obwohl in diversen Staatsfonds erhebliche Finanzreserven angehäuft wurden (vergleiche Tabelle 3) und trotz seines Ölreichtums kann sich Saudi-Arabien nicht dauerhaft einen Wohlstandsstaat erlauben, zumal sich bei den Herrschern auch die Einsicht durchgesetzt hat, dass Menschen eine sinnvolle Beschäftigung brauchen. Spätestens seit den Terroranschlägen vom 11. September 2001 wird die Schaffung von Arbeitsplätzen auch als Terrorvorbeugung verstanden, nach dem Motto; „Nichts ist gefährlicher als ein junger Mann ohne Arbeit“.

1.2 Öl- und Gasvorkommen als endliche Wohlstandsquelle

Die Öl- und Gasvorkommen sind die wesentliche Quelle des Wohlstandes in der Region. Abgesehen von Pilgertourismus gab es über Jahrhunderte fast keine nennenswerten Einnahmemöglichkeiten. Die geographischen und klimatischen Rahmenbedingungen erlaubten zusammen mit Handel kaum mehr als das Existenzminimum für die ohnehin geringe Bevölkerung. Letztlich gilt dies auch heute noch: Die Exporte von Öl und Gas ermöglichen den Import von so gut wie allen Gütern des täglichen Bedarfs. Auch die erheblichen Anstrengungen der 70er und 80er Jahre, eine eigenständige Versorgung mit Lebensmitteln aufzubauen, haben zwar zu einigen Erfolgen geführt, können heute aber wegen des Bevölkerungswachstums und auch wegen der erheblichen Kosten der Nahrungsmittelerzeugung in der Region kaum nennenswert zur Versorgung der Bevölkerung beitragen. Inzwischen sind die arabischen Länder vom Ziel der autarken Nahrungsmittelversorgung abgerückt. Verschiedene Staaten der Region kaufen landwirtschaftliche Flächen, vor allem in afrikanischen und asiatischen Ländern, um von dort aus die Nahrungsversorgung für die eigene Bevölkerung sicherzustellen.

Der Reichtum, der mit der Entdeckung der Ölquellen einherging, wurde über Jahrzehnte hinweg kaum genutzt, um eine eigenständige Wirtschaft aufzubauen. Entsprechend der historischen Traditionen wurde der Wohlstand vielmehr von den wenigen Mitgliedern der herrschenden Schichten und Familien, teils durch Dienstverhältnisse, teils als direkte Zuwendungen weitergegeben und sicherte so allen Bevölkerungsteilen ein mehr oder weniger gutes Auskommen – vor allem im Vergleich zum rudimentären Leben nomadisierender Händler und Viehzüchter oder am Existenzminimum lebender Kleinbauern und Fischer der Vor-Öl-Ära.

Angesichts des unvorhergesehenen Reichtums wurde fast vergessen an die Zeiten nach dem Öl zu denken. Für die ölreichsten Länder ist dies eigentlich auch heute kein Thema. Die Ölvorräte in Saudi-Arabien, Kuwait und Abu Dhabi dürften nach heutiger Einschätzung noch ca. 80 bis 100 Jahre reichen. Zumindest in den bevölkerungsarmen Ländern Kuwait und Abu Dhabi sollten damit auch die wirtschaftlichen Grundlagen gesichert sein. In diesen beiden Ländern kommen zum Ölreichtum inzwischen auch erhebliche Reserven in den Staatsfonds. Anders sieht es in anderen Ländern der Region aus. Dubai verfügt über so gut wie keine Öl-Einnahmen mehr, die Vorräte in Bahrein und Oman sind ebenfalls sehr niedrig. Die Bevölkerung des Jemen hat ohnehin kaum von den geringen Ölvorkommen des Landes profitiert. Selbst die riesigen Öl-Reserven Saudi-Arabiens sind angesichts der großen und schnell wachsenden Bevölkerung zu gering, um darauf alleine die Wirtschaft des Landes aufzubauen. Die erst seit kurzem ins Bewusstsein gerückten Erdgasvorkommen tragen – außer in Katar – auch kaum zu einer Veränderung der Situation bei.

Vor diesem Hintergrund wird verständlich, dass sich insbesondere die ölarmen Länder erhebliche Gedanken über ihre Zukunft machen müssen. Aber auch die ölreichen Länder verfolgen ehrgeizige Ziele, den Nutzen des Öls zu maximieren und die erworbene globalwirtschaftliche Rolle als Energieversorger für sich zu sichern.

Hinzu kommt die Erkenntnis, dass die weltpolitische Rolle der Region in seiner Funktion als Energieversorger für die Welt begründet liegt und die damit verbundene Sorge, dass mit alternativen Energiequellen die weltpolitische Bedeutung und damit auch das weltpolitische Interesse an der Region zurückgeht, was letztlich die ohnehin schon fragile politische Stabilität weiter gefährdet.

1.3 Wirtschaftspolitische Maßnahmen

Schon die Schwankungen der Ölpreise in der Vergangenheit haben dafür gesorgt, dass die arabischen Staaten die Abhängigkeit vom Öl zu senken versuchten. Die demographische Entwicklung stärkt die Notwendigkeit, die Wirtschaftskraft zu stärken und Arbeitsplätze zu schaffen. Zielsetzung der Wirtschaftspolitik ist daher die Optimierung des Nutzens aus dem Öl, ergänzt um den Aufbau neuer wirtschaftlicher Standbeine für das jeweilige Land. Als erstes und bisher umfassendsten wurde letzteres von Dubai vorgemacht.

Die Wertschöpfung aus dem Öl und Gas erschöpfte sich in den arabischen Ländern bisher vor allem auf die Förderung und Aufbereitung des Rohöls – und seit einigen Jahren auch des Gases – für den Transport. Die weiterführende Veredelung von Öl und Gas als Energieträger oder zu petrochemischen Produkten erfolgte fast ausschließlich außerhalb der Region und wird erst seit wenigen Jahren intensiv in der Region vorangetrieben. Trotz Ölreichtums sind einzelne Länder der Region heute noch Importeur von Benzin und Diesel.

Mittlerweile ist der Aufbau von Raffineriekapazitäten und petrochemischen Anlagen vorrangiges Ziel der Wirtschaftspolitik in der arabischen Welt. Insbesondere in Saudi-Arabien und in Abu Dhabi sind zahlreiche Großprojekte in unterschiedlichsten Planungsstadien – so investiert zum Beispiel Dow Chemical in Kooperation mit dem saudischen Staatsunternehmen SABIC ca. 25 Mrd. USD in ein neues Chemiewerk.

In Summe sind die petrochemischen Projekte in der Region so groß, dass davon ausgegangen wird, dass der Weltmarkt für einzelne petrochemische Produkte zusammenbrechen wird, weil das globale Angebot erheblich über der Nachfrage liegen wird. Dabei ist zu berücksichtigen, dass in den arabischen Ländern zur Förderung der heimischen Industrie – und das gilt auch für ausländische Investoren – die lokalen Einsatzstoffe (Öl und Gas) zumeist zu Sonderpreisen bereitgestellt werden, in Saudi-Arabien erhält die staatliche Ölfördergesellschaft Saudi-Aramco zusätzlich zu den Förderkosten noch einen Aufschlag von 10 USD pro Barrel Öl von der einheimischen petrochemischen Industrie, so dass davon auszugehen ist, dass der Einstandspreis für Rohöl für diese Branche in Saudi-Arabien bei 15-20 USD pro Barrel liegt – ein schwer auszugleichender Wettbewerbsvorteil auf den globalen Märkten.

Mit der Ausweitung der Wertschöpfung sinkt allerdings nicht die Abhängigkeit vom Öl. Hierzu gibt es eine Reihe von Maßnahmen, die in den unterschiedlichen Ländern mehr oder weniger aktiv geplant und umgesetzt werden:

- Nutzung anderer natürlicher Ressourcen als dem Erdöl bzw. -gas,
- Auf- und Ausbau des Tourismus,
- Ansiedlung von internationalen Unternehmen und damit verbunden
- Aufbau einer eigenen industriellen Infrastruktur sowie
- Entwicklung zum Logistikzentrum zwischen Europa, Asien und Afrika.

Davon ausgehend, dass Energieressourcen in ausreichender Menge in den nächsten Jahren vorhanden sein werden, ist ein erklärtes Ziel einiger Länder die Konzentration auf energieintensive

Industrien. Dies hat zur Ansiedlung z. B. von Aluminium- und Eisenhütten in der Region geführt, obwohl es an entsprechenden Rohstoffen in der Region fehlt.
Alle diese Aktivitäten erfordern die Weiterentwicklung und in vielen Fällen den Neuaufbau von logistischen Netzwerken.

2 Industrielle Entwicklungsszenarien

Die industrielle Entwicklung wird mit viel Elan vorangetrieben und zahllose Projekte sind am Laufen. Außer in Dubai sind Auswirkungen der Finanz- und Wirtschaftskrise auch kaum zu spüren, weil oft der Staat einspringt, wenn private Investoren sich zurückziehen. Das gesamte Volumen für geplante und laufende Projekt in den Staaten rund um den Golf wird auf über 2000 Mrd. USD geschätzt. Hierzu gehören Infrastrukturprojekte, wie Straßen- und Eisenbahnverbindungen, Flughäfen sowie Kraftwerke und Meerwasserentsalzungsanlagen genauso wie Tourismus- und Industrieprojekte.

2.1 Nutzung anderer natürlicher Ressourcen

Auf der arabischen Halbinsel gibt es zahlreiche weitere Bodenschätze, um deren Ausbeutung man sich in Ermangelung einer Notwendigkeit bisher noch nicht gekümmert hat. In einzelnen Emiraten der VAE hat diese Entwicklung vermutlich als erstes begonnen und vorhandene Bodenschätze, vor allem Naturstein und Rohstoffe für die Bauindustrie wurden erschlossen. In Saudi-Arabien wird dies mittlerweile durch die staatliche Bergbaugesellschaft Maaden konsequent verfolgt. Die Ressourcen – zahlreiche Bodenschätze bis hin zu Gold – werden systematisch erforscht und erschlossen. Erhebliche Investitionen hierfür sind bereits in die Wege geleitet.

2.2 Auf- und Ausbau des Tourismus

Es sind zwei Formen des Tourismus auf der arabischen Halbinsel zu unterscheiden. Der Pilgertourismus hat insbesondere an den heiligen Stätten Mekka und Medina in Saudi Arabien einen erheblichen Umfang und stellt ganz eigene logistische Herausforderungen: Innerhalb weniger Tage müssen während der Hasch nahezu zeitgleich über 2 Mio. Menschen transportiert, untergebracht und versorgt werden.
Der Urlaubstourismus, der ein wesentliches Rückgrat Dubais darstellt, wird für europäische Touristen eher uninteressant sein, ist aber für Urlauber aus der näheren Umgebung und auch weiter entfernt liegenden asiatischen Ländern durchaus attraktiv. Muslimische Touristen schätzen es, in religiös vertrautem Umfeld zu urlauben. Gefördert wird die Attraktivität durch rigide Einreisebestimmungen von konkurrierenden Urlaubszielen weltweit. Einem Touristen, der bereit und in der Lage ist, für einen einwöchigen Urlaub mit der Familie einen fünf- oder gar sechsstelligen Euro-Betrag auszugeben, ist kaum verständlich zu machen, dass er für ein Touristenvisum in ein europä-

isches Land persönlich in einer Botschaft vorstellig werden muss (und dort oft eine seinem Empfinden nach unwürdige Behandlung erfährt).
Die Reize resultieren nicht nur aus hervorragenden Hotels und Urlaubsressorts, sondern auch aus der Möglichkeit, religiöse Bestimmungen wahlweise einzuhalten oder auch zu überschreiten und Möglichkeiten zu nutzen, die sich in den Heimatländern nicht bieten. So sind zum Beispiel in Saudi-Arabien Vergnügungen (fast) aller Art verboten, z. B. Kino und Theater. Eine vergleichbare Ansammlung von Einkaufszentren, Sportmöglichkeiten und Urlaubsressorts finden sich im Umkreis von mehreren tausend Kilometern um Dubai nicht.

2.3 Aufbau einer eigenen industriellen Infrastruktur und Ansiedlung internationaler Unternehmen

Die Länder in der Region zielen allesamt darauf ab, eigene Industrien aufzubauen. Am deutlichsten macht dies Saudi-Arabien. Der Auf- und Ausbau der petrochemischen Industrie – sozusagen als Rückgrat der industriellen Infrastruktur hat hier bereits vor einigen Jahren begonnen. Auch energieintensive Industrien werden über günstige Energiepreise angelockt, z. B. Aluminiumhütten. Geplant ist, dass darauf aufbauend weitere Industrien angesiedelt werden.
Über die Saudi Arabian General Investment Authority (SAGIA), welche einem Ministerium gleichgestellt ist, werden internationale Investoren gesucht. Im Bereich der petrochemischen Industrie ist dies dank günstiger Ölpreise für die heimische Industrie gelungen. In der Folge sind erste Lieferanten für diese Branche nachgezogen. Es wird sich aber noch zeigen müssen, ob es auch gelingt, die nachfolgenden Industrien anzulocken, zum Beispiel die Kunststoffindustrie. Die Grundlagen werden mit dem Bau von sechs sogenannten Economic Cities geschaffen, die für mehrere Millionen Menschen Wohn- und Arbeitsort werden sollen.
Auch die neuen Industrieansiedlungen in anderen Ländern sind für europäische Maßstäbe zumeist nur mit Superlativen wie „riesig“ oder „gigantisch“ zu beschreiben, deren Größe sinnvollerweise in Quadratkilometern angegeben und deren Investitionsvolumen in der Regel im zweistelligen Milliarden-Dollar-Bereich gemessen werden. Die schon bestehende Jebel Ali Free Zone beispielsweise erstreckt sich entlang der Küste Dubais über mehrere Autobahnausfahrten.

3 Logistische Entwicklungsnotwendigkeiten

3.1 Logistiknetzwerke in der Region

Die Logistiknetzwerke in der Region sind noch nicht sehr weit entwickelt. Vor allem werden sie den zukünftigen, zumeist neuen Anforderungen noch nicht annähernd gerecht. Verkehrswege und Knotenpunkte müssen den sich wandelnden Erfordernissen angepasst werden. Insbesondere die grenzüberschreitenden Verbindungen sind im Vergleich zu europäischen Gewohnheiten noch unterentwickelt und werden den aktuellen Bedürfnissen kaum, zukünftigen gar nicht gerecht. Der Entwicklungsbedarf ist dabei nicht als Zeichen von Rückständigkeit zu sehen, sondern vor dem Hintergrund einer vergleichsweise sehr geringen Bevölkerungsdichte (vor allem bezogen auf die einheimische Bevölkerung) und der bisher auf die Ölförderung, -lagerung und -transport konzentrierten wirtschaftlichen Aktivitäten begrenzt.

3.2 Auf- und Ausbau logistischer Netzwerke

Zur Erschließung der Bodenschätze, die oft in bisher abgelegenen und kaum erschlossenen Gegenden liegen, sind neue Verkehrswege nötig, auf denen Schüttgüter in großen Mengen kostengünstig transportiert werden können. In Saudi-Arabien ist hierfür eine über 1000 km lange Bahnlinie in Planung, mit der die Golfküste mit dem Roten Meer verbunden wird.
Zur Ansiedlung internationaler Unternehmen – und auch zum Ausbau des Tourismus – ist eine entsprechende logistische Infrastruktur Grundvoraussetzung. Zwar zielen die wirtschaftspolitischen Bemühungen darauf ab, dass die Unternehmen vor Ort produzieren, de facto beschränken sich die produktiven Aktivitäten zumeist auf Serviceaktivitäten, Reparaturen und kleinere Montagen, z. B. kundenspezifische Konfektionierung modularer Produkte. Internationale Unternehmen sehen die Region durchaus als wichtigen Knotenpunkt in ihren internationalen Logistiksystemen, insbesondere in der Distributionslogistik. Viele Unternehmen haben einen zentralen Standort in der Region, im Augenblick zumeist in Dubai, von dem aus sie nicht nur die Region sondern den gesamten Mittleren Osten (außer Israel) und oft auch Nord- oder sogar ganz Afrika und Teile Asiens erschließen. Das heißt, dass das Vertriebspersonal die Zielmärkte bereisen und auch, dass die Distributions- und Servicelogistik funktionieren muss.
Die wichtigsten Standorte haben sich auf die entsprechenden Anforderungen eingestellt, allen voran Dubai. Die Fluglinien sind im Aufbau und Emirates Airlines, die Airline des Emirates Dubai, ist eine der am schnellsten wachsenden Fluggesellschaften der Welt – mittlerweile die siebtgrößte Airline bezogen auf die internationalen Passagierzahlen. Auch die Flughäfen werden laufend den sich wandelnden Erfordernissen angepasst. Um die Flughäfen herum sind in der Regel Freihandelszonen geplant oder schon angelegt (Dubai Airport Free Zone – DAFZA, Abu Dhabi Airport Free Zone), in denen sich internationale Unternehmen vor allem zur Versorgung der Märkte der Region niederlassen können. Gleiches gilt für die Seehäfen (Jebel Ali in Dubai, Khalifa Port in Abu Dhabi, ähnliches ist für die King Abdullah Economic City in Saudi Arabien geplant).
Mit Dubai World Central – dem neuen Flughafen – ist ein neuer, bisherige Verhältnisse in allen Punkten in den Schatten stellender Logistikknoten im Bau. Nicht nur soll dieser Flughafen für 120 Mio. Passagiere und 12 Mio. Tonnen Fracht p.a. der potenziell größte Flughafen der Welt werden. Angebunden wird eine 25 qkm große Logistikfreihandelszone, in der Logistikdienstleister, Umschlag- und Warenlager sowie Produktionsstätten integriert werden sollen. In unmittelbarer Nähe zum bereits existierenden Hafen Jebel Ali und an der wichtigsten Autobahn in den VAE gelegen, werden hier gleich drei Verkehrsmittel miteinander verbunden. Dubai World Central kann damit zum zentralen Logistikhub zwischen Asien, Afrika und Europa werden. Ziel ist die Ansiedlung von Unternehmen, die von hier aus die Logistik für die diversen Märkte betreiben; eine Rolle, die die Jebel Ali Free Zone de facto schon heute für viele Unternehmen wahrnimmt. Allerdings bleibt abzuwarten, wie sich dieser Flughafen weiter entwickeln wird. Im Moment sind erst eine der

geplanten sechs Start- und Landebahnen sowie einzelne Gebäude errichtet, und der Cargo-Betrieb soll am 27. Juni 2010 aufgenommen werden. Ob und wann dieser Flughafen auch den Passagierbetrieb aufnimmt, und ob dieser Logistikknoten tatsächlich wie geplant bis 2030 fertig gestellt sein wird, bleibt abzuwarten.

Auch die internationalen Verkehrsverbindungen zwischen den einzelnen Ländern werden ausgebaut. Damit wird einerseits dem politischen Zusammenrücken der Länder der Region im Gulf Cooperation Council (GCC), andererseits den wirtschaftlichen Notwendigkeiten Rechnung getragen.

4 Absehbare Fehlentwicklungen und Risiken

Angesichts der Vielzahl der Entwicklungsprojekte ist absehbar, dass dies auch zu Fehlentwicklungen führen wird. Die Entwicklungsstrategien der diversen Länder sind sich zumeist sehr ähnlich, und es stellt sich die Frage, für wie viele Häfen und Flughäfen sowie Airlines auf Weltklasseniveau in der – im internationalen Vergleich – dünn besiedelten Region Platz sein soll. So liegen zum Beispiel die Häfen Port Kalifa (Abu Dhabi), Jebel Ali (Dubai) und Soha (Oman) nur etwas über 100 km Luftlinie voneinander entfernt. Auch die Flughäfen Abu Dhabis und Dubais sind nur etwas weiter voneinander entfernt, von Dubai World Central zum Flughafen von Abu Dhabi werden es nur ca. 80 km sein.

Hinsichtlich der Industrialisierungsziele stellt sich die Frage, wer in den Industrieanlagen arbeiten soll. Die lokale Bevölkerung ist dafür bisher nicht ausgebildet und zu den meisten Tätigkeiten wegen traditioneller Vorbehalte auch kaum bereit. Ob eines der Hauptziele, die Schaffung von Arbeitsplätzen für die lokale Bevölkerung, erreicht werden kann, ist zumindest fraglich.

Die Bevorteilung der heimischen Industrien beim Ölpreis macht angesichts der aktuell verfolgten wirtschaftspolitischen Ziele Sinn, ist aber langfristig zumindest fragwürdig, vor allem wenn sich herausstellen sollte, dass das damit Verfolgte Ziel der Schaffung von Arbeitsplätzen für die heimische Bevölkerung nicht erreicht werden sollte.

Hinzu kommt, dass die gesamte Region politisch auf wackligen Füßen steht. Es ist schwer zu beurteilen, ob die einheimische Bevölkerung die aktuellen Aktivitäten tatsächlich mit trägt. Sie stellen einen erheblichen Bruch mit den lokalen Traditionen und Lebensweisen dar. Und ob die Überfremdung durch Gastarbeiter (häufig anderer Religionszugehörigkeit) tatsächlich toleriert wird, kann auch bezweifelt werden. Mithin besteht das Risiko, dass ein erheblicher Anteil der Bevölkerung bei einer sich bietenden Gelegenheit gegen die aktuellen Machtstrukturen wendet. An Alternativentwürfen für andere Gesellschaftsformen mangelt es bekannterweise nicht, sie werden im Moment zumeist mehr verdeckt als offen unterdrückt, was den nicht an rechtsstaatliche Rahmenbedingungen gebundenen Machthabern nicht schwer fällt.

5 Chancen für deutsche Unternehmen in Arabien

Diese Risiken gilt es zu berücksichtigen, wenn sich deutsche Unternehmen Gedanken über die Nutzung der Chancen in der Region machen.

5.1 Industrie

Als Produktionsstandort scheint die Region nur für wenige Branchen interessant, allen voran die petrochemische Industrie. Wesentlicher Wettbewerbsvorteil ist die von geopolitischen Risiken freie Verfügbarkeit von Öl sowie vor allem sein niedriger Preis. Die Personalverfügbarkeit lässt allerdings zu wünschen übrig. Zumeist werden die Anlagen zum überwiegenden Teil mit asiatischen Gastarbeitern betrieben. Die deutsche chemische Industrie hat sich bisher weitgehend mit Investitionen in der Region zurückgehalten.
Ferner gibt es Produktionskapazitäten in der Fertigung von Lastkraftwagen. Es handelt sich um Montagewerke. Die Fahrzeuge werden „Completely Knocked Down (CKD)“ bzw. „Truck in a box“ in Einzelteilen geliefert und vor Ort montiert.
Der größte Teil der Investitionen deutscher Unternehmen konzentriert sich bisher auf Vertriebs- und Serviceniederlassungen. Die meisten dieser Niederlassungen befinden sich in Dubai und nutzen die günstigen logistischen Rahmen- sowie die für die Mitarbeiter vergleichsweise guten Lebensbedingungen. Die Nähe zu Hafen und Flughafen, der hervorragende Flugplan von Emirates Airlines und die Möglichkeit, ein mit westlichem Lebensstandard vergleichbares Leben zu führen, ziehen Investoren an.

5.2 Bauindustrie

Für die Bauindustrie bieten sich angesichts zahlreicher Multimilliardenprojekte beim Aufbau von Städten, Infrastruktur, Verkehrswegen und Verkehrsknotenpunkten zahlreiche Möglichkeiten. Dies gilt sowohl für kleine, spezialisierte Anbieter, z. B. Architekturbüros oder spezialisierte Baustoffanbieter als auch für Bauunternehmen, die in der Lage sind, entsprechende Großprojekte abzuwickeln. Die gegenwärtige Bauflaute in Dubai kann dabei durch die zahlreichen Projekte an anderen Standorten ausgeglichen werden.

5.3 Maschinen- und Anlagenbau

Vom Ausbau der Industrie kann der Maschinen- und Anlagenbau profitieren. Besonders begünstigt scheinen die Anbieter von Prozesstechnik für den Bereich Öl- und Gasförderung, -transport und -lagerung, für die chemische und petrochemische Industrie. Die Öl- und Gasförderanlagen müssen modernisiert werden. Zumeist sind die Lagerstätten schon soweit ausgebeutet, dass die Fördertechnik den sich durch die Entnahme großer Öl- und Gasmengen veränderten geologischen Rahmenbedingungen angepasst werden müssen. Der Ausbau der petrochemischen Industrie wird

weiter mit zahlreichen Projekten vorangetrieben. Von der Modernisierung und dem Auf- und Ausbau dieser Branchen werden deutsche Maschinen- und Anlagenbauer profitieren können.
Mit steigender Bevölkerung und zunehmender Industrialisierung steigt der Bedarf an Wasser und Strom. Ein weiterer Bereich, in dem die Anbieter aus dem Maschinen- und Anlagenbau profitieren, zumal es in beiden Bereichen heute schon in einzelnen Ländern akute Versorgungsengpässe gibt.
Die Bau- und Baustoffmaschinenhersteller können vom Bauboom in der Region mit profitieren. Auch wenn die derzeitige Baudepression in Dubai viele abschrecken mag und auch eine entsprechend hohe Zahl an Gebrauchtmaschinen im Markt zur Folge hat, ist davon auszugehen, dass der Bedarf in den Ländern der Region weiterhin hoch sein wird.
Von der allgemeinen Industrialisierung sowie vom Ausbau der Logistiknetzwerke werden die Anbieter von Förder- und Logistiktechnik profitieren. Sowohl in den Logistikzentren, in der entstehenden Bergbauindustrie, bei den petrochemischen Unternehmen als auch in den neu aufzubauenden Industrien wird es einen großen Bedarf an Logistiktechnik aller Art geben.
Aber auch andere Maschinenbaubranchen können von der Entwicklung in der Region direkt oder indirekt profitieren. So ist abzusehen, dass sich die Nahrungsmittelversorgung und letztlich auch die Ernährungsgewohnheiten verändern werden. Es ist zu erwarten, dass daraus Nachfrage nach Nahrungsmittel- und Verpackungsmaschinen resultiert. Umwelttechnik sowie alternative Energien werden im Moment eher in Einzelprojekten intensiv verfolgt – denen wird aber strategische Bedeutung zugeschrieben, um die geopolitische Bedeutung der Region als Energieversorger der Welt in die Nach-Öl-Ära zu retten. Mit der zunehmenden Bevölkerung wird auch der Bedarf an zahlreichen Konsumgütern steigen, was entsprechenden Lieferanten von Investitionsgütern Absatzmöglichkeiten eröffnet. Wasser- und Abwassertechnik ebenso wie Energietechnik sind schon immer ein wichtiger Markt in der Region und werden auch in Zukunft nicht an Bedeutung verlieren.

5.4 Logistikdienstleister

Auch wenn abzuwarten bleibt, welche Folgen die Veränderungen auf die weltweite Logistiklandschaft haben werden, so ist kaum zu erwarten, dass die Logistikdienstleister davon nicht betroffen sein werden. Im Transportsektor wird man die Region nicht ignorieren können. Zahlreiche Kunden aus der Industrie werden sich in der Region niederlassen und die Dienstleister auffordern, ihnen zu folgen. In bestimmten Bereichen können sie vielleicht sogar mit ihrem vorhandenen Wissen Wettbewerbsvorteile nutzen, so werden z.B. für den Betrieb diverser Flughäfen Betreiber gesucht und die Nahrungsmittellogistik ist erst noch im Aufbau – hier verändern sich die Produktions- und Handelsstrukturen.
Wenn sich die Region tatsächlich zu einem Logistikhub zwischen Asien, Afrika und Europa entwickelt und die ehrgeizigen Pläne rund um den geplanten Flughafen Dubai World Central Realität werden – und es gibt einige Anzeichen, die daraufhin deuten, denn zahlreiche Unternehmen nutzen ihren Standort (in Dubai) bereits entsprechend – dann werden Logistikdienstleistungen in der Region zukünftig sehr stark nachgefragt werden.

	Nachgewiesene Ölreserven (Mrd. Barrel)	Förderung (Mio Barrels in 2008)	Rechnerische Öl-Reichweite (in Jahren)	Einheimische Bevölkerung (Mio.)	Ölförderung pro Einwohner (Barrel p.a.)	nachgewiesene Ölreserven je Einwohner (Barrel)	Rechnerische Gas-Reichweite (in Jahren)
Bahrain	0,1	18	7	0,5	35	249	7
Kuwait	101,5	1016	100	1,4	726	72500	139
Oman	5,6	266	21	2,8	95	1990	41
Qatar	27,3	503	54	0,8	629	34085	332
Saudi Arabia	264,1	3959	67	23,1	171	11431	97
United Arab Emirates	97,8	1088	90	1,8	604	54333	128

Tabelle 1: Ölreserven und Bevölkerung in den Staaten der arabischen Halbinsel (Quelle: bp, CIA World Fact Book, eigene Berechnungen)

	Einheimische Bevölkerung (Mio)	Bevölkerungs-wachstum (%)
Bahrain	0,5	1,285
Kuwait	1,4	3,547
Oman	2,8	3,138
Qatar	0,8	0,957
Saudi Arabien	23,1	1,848
VAE	1,8	3,689
Summe	30,4	2,121

Tabelle 2: Bevölkerung und Bevölkerungswachstum in den Staaten der arabischen Halbinsel (Quelle: CIA World Fact Book)

	Vermögen in Staatsfonds (Mrd. USD)			Vermögen je Einwohner (1000 USD)	
	niedrige Schätzung	hohe Schätzung	Einwohner (Mio.)	niedrige Schätzung	hohe Schätzung
Kuwait	180	250	1,4	129	179
Qatar	80	90	0,8	100	113
Saudi Arabien	400	600	23,1	17	26
VAE	370	995	1,8	206	553

Tabelle 3: Geschätztes Vermögen in Staatsfonds der arabischen Ländern (Quelle: DB Research, eigene Berechnungen)

Operatives Management

Lauri Ojala*

The Costs of Keeping the Logistics Cube Rolling – Towards a (More) Unified Methodology in Logistics Cost Measurement

* Prof. Dr. Lauri Ojala is Chair of Logistics at the Turku School of Economics, Finland. His research interest include international logistics operations and markets. He has been an expert for e.g. The World Bank, ADB and EC; and initiated The World Bank's Logistics Performance Index (www.worldbank.org/lpi).

This contribution honors the work of Professor Hans-Christian Pfohl on one of the facets of logistics where his impact has been significant. The focus in this article is on logistics costs: it is an issue – among many others – where Prof. Pfohl has made a lasting contribution with substantial impact in business, policymaking, teaching and research worldwide.

1 About the nature of logistics costs

There is no uniform definition of logistics costs neither on micro (such as accounting), meso (industry) nor macro (national accounts) level. Instead, companies tend to have their own definitions of what constitutes logistics costs. Therefore international comparisons, especially those based on firms' self-reported data, should be regarded with caution.

One typology of logistics costs is presented in Figure 1, where direct logistics costs comprise for example transport, cargo handling and inventory carrying costs. Indirect costs include here, among others, logistics administration costs and costs of lost sales. Management's cost knowledge may be relatively vague for some of the alternative and indirect costs for logistics.

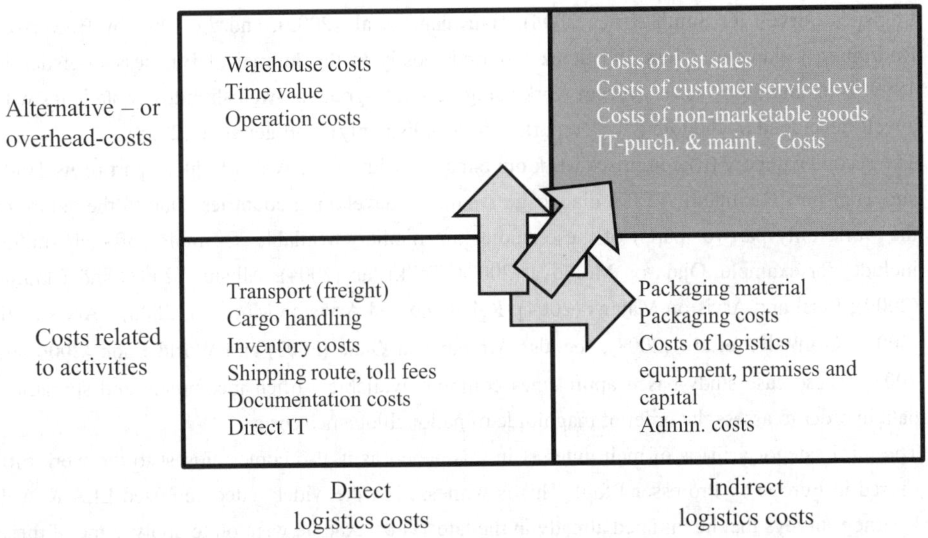

Figure 1: A possible typology of logistics costs (Adapted from Ojala 2003). The arrows indicate the direction towards increasing ambiguity of measuring logistics costs.

Logistics costs represent part of the firm's business expenses or transaction costs. The weight of logistics cost components also varies from one industry to another. In the production of raw materials, transport costs are frequently the most substantial item, whereas inventory carrying costs – including obsolescence - can be dominant in high value added production.

The operational structure of the enterprise (e.g. centralized or decentralized) or its production format (e.g. contract manufacturing and/or making to order or stock) also affect the share of logistics costs, even within the same industry. Therefore it is not possible to directly conclude from the proportion of logistics costs relative to net sales whether or not the firm's logistics are well or poorly managed.

The firm may also be highly profitable in a very good market situation even with substantial logistics costs. Moreover, effective logistics – or Supply Chain Management - also represents a significant source of competitive advantage – not just a cost factor.

2 Key methodological issues in collecting data on logistics costs

Studies on logistics costs can roughly be divided into three categories: (i) Statistics-based studies applying (e.g. econometric) models; (ii) Case study-based approaches by country or industry; and (iii) Survey-based studies using questionnaires. In the latter (iii), surveys usually cover a set of logistics-related themes one of which may deal with logistics costs.

Prominent examples of the first category (i) are, for example CLM's and later CSCMP's Annual State of Logistics Report in the United States, available since year 1989 (see e.g. Wilson 2009); Radelet and Sachs (1998); South Africa State of Logistics Surveys since 2003 (see e.g. State of Logistics Survey for South Africa 2008); Hausmann et al. (2005); and the work by Bowersox, Rodrigues, Calantone, Closs and Stank reported mostly in the Journal of Business Logistics in 1999, 2002 and 2005. A very recent work using very fine-grained Swedish industry statistics with a well-developed methodology was reported (in Swedish only) by Elger at al. (2008).

The second category (ii) comprises work done mainly within The World Bank as part of its Trade and Transport Facilitation (TTF) diagnostic studies in developing countries. Due to the nature of the work, only part (or parts) of these studies are publicly available. Examples of such studies include, for example, Ojala on Moldova (2003), Tajikistan (2004), Albania (2008) and Ukraine (2009); Ersel and Arvis on Malawi (2004); Raballand and Arvis on Morocco (2006); Arvis et al. (2007); Gonzalez et al. (2008); see also Molnar and Ojala (2003) and World Bank (2006 and 2007). These case study-based approaches combine available - often incomplete and sporadic - data in order to assess the order of magnitude of national logistics costs.

The third category (iii) is of main interest in this paper, as it also comes closest to the work pioneered in Europe by Professor Pfohl. This is witnessed in the widely cited and used ELA & A T Kearney surveys that he initiated already in the late 1980s. And he went on to apply some of these ideas in helping to build up the tradition of the extensive German logistics surveys under the auspices of the BVL. These surveys have also inspired numerous other countries to initiate similar studies (see Table 1).

The studies in Table 1 tend to employ similar-looking definitions on logistics cost. However, the data gathering procedures and sample demographics vary a great deal, as do the national conditions. As mentioned above, in self-reported surveys many logistics concepts remain elusive for individual respondents and they may be unfamiliar especially for smaller firms. In addition, surveys with small samples are often problematic as the data may not render itself for rigorous statistical analysis. The largest reported samples are found in Finnish logistics surveys with 2,251 respondents in 2006 and 2,705 respondents in 2009, respectively (Solakivi et al. 2009).

Name of Survey	Since	No. of surveys
ELA & A.T. Kearney	1987	5
Finland State of Logistics	1991	5
German Logistics Association BVL	1995	10+
State of Logistics: The Canadian Report	2003	3+
Norwegian Logistics barometer	2003	4
L'Etat de l'art de la logistique française; ASLOG	2005/2006	2
LogOn Baltic Logistics Survey	2007	1
World Bank Logistics Performance Index (LPI)	2007	2
Swiss Logistics market, St. Gallen University	2008	2

Table 1: Selected questionnaire-based logistics surveys covering logistics costs

Sources: ELA & A T Kearney = Innovation Excellence in Logistics (2007) with H-C Pfohl as a co-author; Finland = Naula et al. (2006); Solakivi et al. (2009); German BVL = Straube and Pfohl (2008); Canada = State of Logistics: The Canadian Report 2008 (2008) ; Norway = Norsk Logistikkbarometer 2009; France = ASLOG (2006); LogOn Baltic = Ojala et al. (2007); World Bank = Arvis et al. (2007 and 2010); Switzerland = Stölzle et al. (2008 and 2009).

In cross-country surveys, semantics vary by language making it difficult to have fully compatible translations. This was vividly illustrated in the LogOn Baltic survey conducted in the Baltic Sea Region in 2007 including countries such as Russia or Latvia, where data collection methods had to be adapted by country (Ojala et al. 2007).

In international surveys cross-country comparisons are often difficult, as cultural differences may also affect the respondents and the data. Respondents' readiness also varies by country: suspicion to surveys may result from a new phenomenon (as in many emerging markets or in developing countries) or due to lack of trust in data management or unwillingness to share internal data. In some countries, such as in Germany, companies are "bombarded" by all kinds of questionnaires leading to significant survey fatigue.

After data has been gathered, a number of epistemological and ontological issues remain: when talking about logistics costs, where, exactly, do they start and where do they end? It is clear that the boundary of the firm affects the concept of costs: transactional "arm's length" firms have a different operational scope than contract manufacturers in a hierarchical governance, for example. In manufacturing, intra-firm trade can be substantial, making it difficult to locate costs within a conglomerate into a Strategic Business Unit, function or other entity.

Another problem is related to the definition of internal and external costs in a "supply and demand network", which is closer to reality for many manufacturing and trading firms than the rather simplistic metaphor of a "supply chain". It is also problematic to define certain costs "domestic" or "foreign" in internationally intertwined production networks. Skewed respondent demographics may also be a problem. Finally, SME data is important to get a balanced picture of the entire economy (see e.g. Töyli et al. 2008).

3 International comparative findings on logistics costs

A commonly cited metric of national logistics costs is to relate these costs to the country's Gross Domestic Product (GDP). As pointed out by MacroSys (2005), it is incorrect to say that logistics costs account for X % of GDP, or that logistics contributes X % to GDP. However, to say that logistics costs are equal to X % of GDP is acceptable, but it is simply a statement of their relative sizes, not a statement of how much one is dependent on the other.
Rodrigues, Bowersox and Calantone (2005) estimated the level of global logistics costs in relation to the GDP. Based on the econometric model they had developed for the purpose, the global logistics costs in 2002 were around USD 6,700 billion corresponding to 13.8 % of the global GDP. According to Rodrigues et al., global logistics costs have decreased between 1997 and 2002. In parts of Europe, however, logistics costs seem to have been rising during this period.
Another estimate of logistics costs on the national level is the estimate by The Council of Supply Chain Management Professionals (CSCMP, see www.cscmp.org). CSCMP estimates that India's logistics costs are 11 % of its GDP and as much as 21 % in the case of China. In contrast, the level of logistics costs in the USA seems to have fallen from 14.5 % to as low as 8 % in the past 25 years. The CSCMP estimates that logistics costs in Europe are somewhat higher, at least 11 % of GDP.

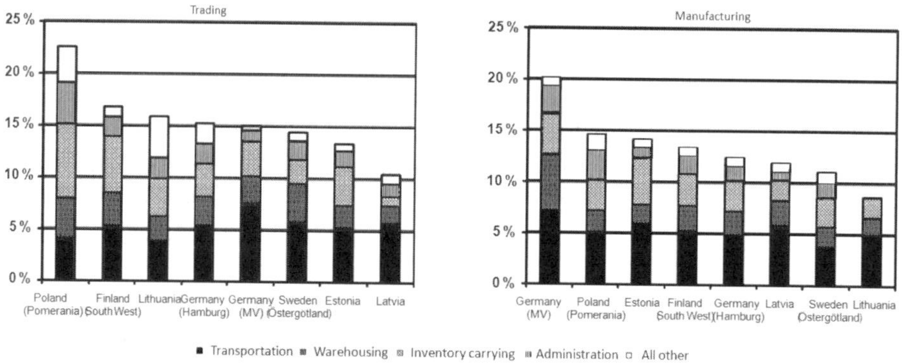

Figure 2: Logistics costs as percentage of sales (turnover) of manufacturing and trading firms in selected Baltic Sea Region countries, regions and cities in 2006-2007 (Source: Ojala et al. 2007)

A recent EU financed project on the development of Baltic Sea Region (BSR) logistics provided insights on the level and distribution in categories of logistics costs in several locations around the BSR. In all regions in this study (except Latvia), the share of logistics cost of sales (turnover) of trading firms was several percentage points higher than in manufacturing. The estimated logistics costs of manufacturing companies by region range from about 8 % in Lithuania to about 20 % in

Mecklenburg-Vorpommern, Germany (Figure 2). However, respondents from Mecklenburg-Vorpommern are predominantly very small firms and are located mainly in and around the city of Wismar, so the data is not representative of the whole state. In Lithuania it is notable that all other logistics costs are completely missing from the answers. Transport costs form the largest part of the overall logistics costs and contribute to over one third of the total logistics cost. This is followed by inventory carrying and warehousing costs.

While the LogOn Baltic study gives valuable information on the level and distribution of logistics costs, it also highlights potential problems in the conceptualization and comprehension of logistics costs in companies, making exact assessment and comparisons challenging.

Data from national logistics surveys published since the 1980s provide a time series of the cost development, even though the differing methods applied do not render a fully compatible set of data. The U.S. State of Logistics study, the South African one and the latest available data on China compare logistics costs against GDP. Most European surveys using firms' self-reported data refer to logistics costs as percentage of sales or turnover. The German BVL survey, again, shows logistics costs as percentage of costs.

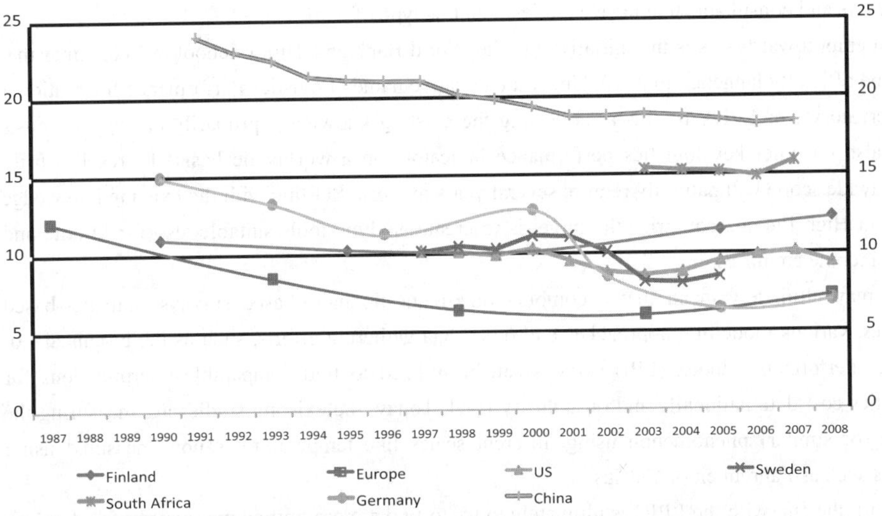

Figure 3: Logistics costs of manufacturing firms in selected studies in 1987-2008; costs in percentage of sales or GDP (see text) (Sources: Finland = Solakivi et al. (2008); Europe = Innovation Excellence in Logistics ELA & A T Kearny (2007); US = Wilson (2009); Sweden = Elger et al. (2008); South Africa = ; Germany = Straube and Pfohl (2008); China = Choi and Lee (2009)

Despite the method applied, the time series seem to converge so that logistics costs in manufacturing firms decreased till years of 2001-2003, and that their share has started to increase towards the end of the decade. (Figure 3). National differences are still substantial, and in some studies, such as the German BVL study (Straube and Pfohl 2008) the difference in costs shares between manufacturing and trading firms is significant[1].

4 Some future steps

Despite the methodological problems in findings compatible formats and metrics, one key message is clear: while transport costs are an important part of the logistics costs, other logistics costs (e.g. indirect / overhead ones) often have a larger impact and need to be taken into account in order to understand the true cost of logistics.

Building on this foundation, a better understanding of firm behaviour can be attained, enabling in turn successful policy making for economic development also on a national level. Collection of this type of data on logistics costs and other key metrics requires a well-managed and rather time-consuming effort in order to provide reliable and comparable results.

It is not realistic to think that the already established logistics surveys in different countries could be transformed into a unified format. However, an exchange of experiences on applied methods, definitions, data and results to increase comparability of findings would be beneficial for all researchers and consultants that have experience in this type of work.

An attempt towards this is the initiative by The World Bank and Turku School of Economics that will be officially launched in 2010. Under the tentative name „Logistics Performance International Observatory", or LPIO, it aims at collecting the existing knowledge primarily on logistics costs and also on other key logistics performance indicators on a worldwide basis. To reach a truly worldwide scope will naturally require several years of work. Starting with the existing knowledge base in High Income countries the target is to create analytic tools suitable also for Middle and Low Income countries.

This may ultimately mean that a combination of questionnaire-based surveys, statistics-based studies, various modelling approaches and other data gathering efforts, such as the bi-annual Logistics Performance Index (LPI) surveys can be utilized to find comparable interpretations for logistics cost data nationally and on industry level. Today, the existing studies are measuring the same (or similar) phenomenon using different scales like temperature is now measured using scales such as Fahrenheit or Celsius.

In short, the aim with the LPIO is ultimately to try to find a more unified measurement method on logistics costs – a sort of "Kelvin scale" – to make sense of the Fahrenheits and Celsiuses.

Finally, Professor Hans-Christian Pfohl has made a truly significant contribution in this area – measuring logistics costs - not only in Germany or Europe but also in the World. And this is just one of the facets of the "Logistics cubicle", where his impact has been felt.

---

1 See also: Zeng. – Rossetti (2003); Abdallah (2004); Jensen (2007); Logistics Report 2007 Thailand (2007); Hansen – Hovi (2008); Banomyong et al. (2008); Farahani et al. (2009); Davis Logistics Cost and Service Database (several years); Establish – Logistics Costs and Service 2009 (2009)

References

Abdallah, H. (2004) Guidelines for Assessing Costs in a Logistics System. Arlington, USA.

Arvis, J-F. – Mustra, M.A. – Panzar, J. – Ojala, L. – Naula, T. (2007) Connecting to Compete: Trade Logistics in the Global Economy, The World Bank < http://siteresources.worldbank.org/INTTLF/Resources/lpireport.pdf>, accessed 16.10.2009

Arvis, J-F – Raballand, G. – Marteau, J-F (2007) The Cost of Being Landlocked: Logistics Costs and Supply Chain Reliability, World Bank Policy Research Working Paper 4258

Arvis, J-F. – Mustra, M.A. – Ojala, L. – Shephard, B. – Saslavsky, D. (2010) Connecting to Compete: Trade Logistics in the Global Economy, The World Bank; available at. www.worldbank.org/lpi

ASLOG – L'etat de l'art de la Logistisque Française, < http://www.aslog.org/fr/ACTU_historique.php?niv2=31&id_actu=315>, accessed 20.1.2010

Banomyong, R. – Cook, P. – Kent, P. (2008) Formulating regional logistics development policy: the case of ASEAN, Int J of Logistics Research and Applications, Vol. 11, No. 5, pp. 359-379

Bowersox, D. – Rodrigues, A. – Calantone, R. (2005) Estimation of Global and National Logistics Expenditures: 2002 Data Update, Journal of Business Logistics, Vol. 26, No.2, pp.1-16

Choi, C-Y. – Lee, J-Y (2009) Strategic issues for Korean distribution companies' penetration of the Chinese market, Journal of International Logistics and Trade, Vol. 7, No. 2, Dec. 2009, pp. 83-98

Davis Logistics Cost and Service Database, < http://www.establishinc.com/davisdatabase_info.asp>, accessed 20.1.2010

Economist (2006), "A Survey of Logistics", June 17th 2006, 9.

ELA - Differentiation for Performance Excellence in Logistics (2004), Hamburg, Germany

Elger, T. – Lundquist, K- J.– Olander, L-O. (2008) Svensk makrologistik, Sammansättning och kostnadsutveckling 1997 – 2005, Vinnova rapport VR 2008:13, Lund

Ersel, Z. – Arvis, J-F. (2004) Malawi Trade and Transport Facilitation Audit, The World Bank, Mimeo

Establish – Logistics Costs and Service 2009, < http://www.establishinc.com/pdfs/2009_Logistics_Cost_and_Service_Presentation.pdf>, accessed 11.1.2010

Farahani, R.Z. – Asgari, N. – Davarzani, H. (2009) Supply Chain and Logistics in National, International and Governmental Environment – Concepts and Models. Physiga-Verlag, Berlin, Germany

Gonzalez,J.A. – Guasch,J.L. – Serebrisky, T. (2008) Improving Logistics Costs for Transportation and Trade Facilitation, World Bank Policy Research Working Paper 4558

Hansen, W. – Hovi, I.B. (2008) En gjennomgang av ulike studier som forsöker å kvantifisere logistikkostnadene, TÖI rapport 969/2008, Oslo, Norway

Hausmann, W. – Lee, H. – Subramanian, U. (2005) Global Logistics Indicators, Supply Chain Metrics and Bilateral Trade Patterns (World Bank Policy Research Working Paper 3773), <http://www.wds.worldbank.org/external/default/WDSContentServer/WDSP/IB/2005/11/17/000016406_20051117161830/Rendered/PDF/wps3773.pdf>, accessed 20.1.2010

Hoffmann, E. et al. (2009) Logistikmarktstudie Schweiz 2009, University of St. Gallen

Innovation Excellence in Logistics – Value Creation by Innovation (2007), ELA & A T Kearny, Brussels

Jensen, A (2007) Logistikkostnader, konkurrenskraft och infrastruktur, < http://www.vgregion.se/upload/Regionkanslierna/regionutveckling/Kommunikation/2_Svenska%20f%C3%B6retags%20logistikkostnader.pdf>, accessed 7.1.2010

Logistics Report 2007 Thailand, <http://www.nesdb.go.th/LinkClick.aspx?fileticket=D5g5B0ZId1I%3D&tabid=58&mid=418>, accessed 18.1.2010

MacroSys (2005) Logistics Costs and U.S. Gross Domestic Product, MacroSys Research and Technology, Washington, DC, <http://ops.fhwa.dot.gov/freight/freight_analysis/econ_methods/lcdp_rep/index.htm#ftn14>, accessed 7.1.2010

Molnar, E. – Ojala, L. (2003) Transport and Trade Facilitation Issues in the CIS 7, Kazakhstan and Turkmenistan, Lucerne Conference of the CIS-7 Initiative, <http://www.wds.worldbank.org/external/default/WDSContentServer/WDSP/IB/2005/10/27/000090341_20051027134258/Rendered/PDF/338790Molnar0T1ansport0Facilitation.pdf>,accessed 19.1.2010

Naula, T. - Ojala, L. - Solakivi, T. (2006) Finland State of Logistics 2006, Publications of the Ministry of Transport and Communications 45/2006, Helsinki, Finland

Norsk Logistikkbarometer 2009 results, < http://www.logistikkbarometeret.no/index.php?res=2009>, accessed 5.1.2010

Ojala, L. (2003) Moldova: Trade Diagnostic Study, The World Bank, Mimeo

Ojala, L. (2004) Tajikistan: Trade Diagnostic Study, The World Bank, Mimeo

Ojala, L. (2008) Albania: Trade Logistics Study, The World Bank, Mimeo

Ojala, L. (2009) Ukraine: Trade and Transport Facilitation Study, The World Bank, Mimeo

Ojala, L. – Solakivi, T. – Hälinen, H.-M. – Lorentz, H. – Hoffmann T.M. (2007), State of Logistics in the Baltic Sea Region - Survey results from eight countries, LogOn Baltic Master Reports, 3:2007. Available at: www.logonbaltic.info

Raballand, G. – Arvis, J-F. (2006) La Logistique du Commerce et la Compétitivité du Maroc, The World Bank, mimeo

Radelet, S. – Sachs, J. (1998) Shipping Costs, Manufactured Exports, and Economic Growth, < http://admin.earth.columbia.edu/sitefiles/file/about/director/pubs/shipcost.pdf>, accessed 19.1.2010

Solakivi, T. – Ojala, L. – Töyli, J. – Lorentz, H. – Hälinen, H-M. – Rantasila, K. – Naula, T. (2009) Finland State of Logistics 2009, Publications of the Ministry of Transport and Communications 21/2009, Helsinki, Finland

State of Logistics Survey for South Africa 2008, < http://www.csir.co.za/pdf/2009/SOL_2008.pdf>, accessed 16.11.2009

State of Logistics: The Canadian Report 2008, <http://www.ic.gc.ca/eic/site/dsib-logi.nsf/vwapj/pg00026_eng.pdf/$file/pg00026_eng.pdf>, accessed 22.12.2009

Stölzle, W. – Hofmann, E. – Gebert, K. (2008) Logistikmarktstudie Schweiz 2009, St. Gallen, Switzerland

Stölzle, W. – Hofmann, E. – Gebert, K. (2009) Logistikmarktstudie Schweiz 2010, St. Gallen, Switzerland

Straube, F. – Pfohl, H-C. (2008) Trends and Strategies in Logistics: Global Networks in an Era of Change, Bundesvereinigung Logistik e.V., Berlin, Germany

Töyli, J. – Häkkinen, L. – Ojala, L. – Naula, T. (2008) Logistics and financial performance - An analysis of 424 Finnish small and medium-sized enterprises, International Journal of Physical Distribution & Logistics Management, Vol. 38 No. 1, pp. 57-80

Wilson, R. (2009) 20th Annual State of Logistics Report presentation slides, June 17th 2009

World Bank (2006), Argentina - The Challenge of Reducing Logistics Costs, Report No. 36606-AR, Washington, D.C.

World Bank (2007), Latin America: Addressing High Logistics Costs and Poor Infrastructure for Merchandise Transportation and Trade Facilitation, Washington, D.C.

Zeng, A. – Rossetti, C. (2003) Developing a framework for evaluating the logistics costs in global sourcing processes, International Journal of Physical Distribution & Logistics Management, Vol. 33, No.9, pp. 785-803

Mohamed Ichchou*

A Note on Robustness in Multidisciplinary Decision Making Issues under Uncertainties

---

* Mohamed ICHCHOU is Professor of Mechanical Engineering at Ecole Centrale de Lyon (ECL). He received from the University de Franche-Comté/ Faculté des Sciences, Licence és Science, 1990, Ecole Centrale/University Claude Bernard, Master, Mechanics, 1992, Ing., Ecole Centrale de Lyon, 1992, Dr. Ing., Mechanical Engineering, 1996, Ecole Centrale de Lyon/University Claude Bernard, HDR, 2004. Prof Ichchou is an author in more than 100 papers in international journals with referees, national journal and conferences books and author of three book chapters.

1 Introduction

Optimization is often employed in decision making. In mechanical engineering or flux management, the question is often the same. A mathematical modeling in a continuous form or discrete data representing in both situations the engineering targets or objectives are available for the optimization process. Such information is dependent on many inputs or conditions. Such inputs and conditions constitute the so-called design space, namely, the space of possible architectures or scenarios. The optimization can then be posed, for instance in the continuous format, as follows:

$$\begin{cases} optimize: & f_k(x), k = 1 \ldots M \\ Such\ as: & g_i(x) \leq 0, i = 1 \ldots I \\ & h_j(x) \leq 0, j = 1 \ldots J \end{cases} \quad (1)$$

x is a set on input variables, f_k are the objective functions and finally g_i and h_j are the constraints of the optimization problem. The latter consists then in determining an optimal solution in the design space, through a multi objective constrained way of thinking. The problem at hand is often of multidisciplinary nature. Some attempts to achieve a comprehensive survey were published recently. Readers can find some information in the provided references [1-11].

In many design and decision making problems, finding the optimum according to the well posed problem is not the most pertinent. Indeed, first the optimum is chosen in a set of possible solutions and is often strictly associated to the number of assumptions and rules that were considered. Moreover, if quality in design and decision making is the goal, the more stable optimum is the target. This is the robust optimum. The later considers robustness issues in order to minimize the sensitivity of objectives functions and performances to uncertainties. The robust optimum solution respects a compromise between performances and dispersion when a lack of knowledge is present. Robustness is then coupled to optimization to ensure quality in design and decision making.

Considering robust optimization in engineering leads to many considerations in different fields and involve mathematical issues with a high degree of interest for applications. Among the issues, the qualification of uncertainties in design and decision making is one of the questions to be dealt with. Such uncertainties are roughly classified in two parts. Structured uncertainties and unstructured ones. The designation used here is not absolute; other words are used depending on the field of expertise. In mechanical/mathematical engineering, for instance, the classification is in parametric and non parametric types, whilst, uncertainties in computer science are often designated by subjective and objective ones. In all cases, structured uncertainties are defined by a mathematical model (often) with given statistics (pdf: probability density functions,….), whilst unstructured uncertainties are not. In the later case, considerations from the information theory, through Shannon theorem for instance, are always employed. Uncertainties can, anyway, have diverse origins depending on the problem to be treated. In mechanical design, for instance, uncertainties are due to multiple sources such as: geometrical tolerances, mechanical parameters, manufacturing toler-

ances, applied excitations and so on. In logistics, uncertainties are expected to come from existing data, often of discrete nature.
The integration of uncertainties sources in the optimization problem can be achieved in different manners depending on the uncertainties nature. For instance, the mathematical problem in (1) can be written as follows:

$$\begin{cases} \quad optimize: \quad \tilde{f}(f_k(x+\delta,\alpha)), \\ Such\ as: \quad g_i(x+\delta,\alpha) \le 0,\ i=1\ldots I \\ \qquad\qquad h_j(x+\delta,\alpha) \le 0,\ j=1\ldots J \end{cases} \qquad (2)$$

Uncertainties can be considered through either: 1- A deterministic modeling which considers each uncertain parameter to be in a known domain $D\ D(\alpha,\delta \in D)$; 2- A full probabilistic modeling, considering each uncertain parameters with a given probabilistic distribution; 3- A possibilistic modeling through fuzzy like reasoning or interval arithmetic's for uncertainties. In principal, the probabilistic and possibilistic reasoning can be applied in any uncertainties configurations, but a knowledge feedback is always necessary to decide. In what follows, after a concise assessment of robust optimization, few tools that can be used are briefly synthesized.

2 Robustness Assessments

To better understand the challenge and difficulties associated to the robust optimization concept, Figure 1 gives an idea. This figure represents a possible evolution of an objective function to be optimized in an extended space. In a deterministic sense, the optimum is clear and corresponds to the first peak. However, it is rather obvious, if we consider stability, that the first peak is not stable. A slight level of uncertainties leads to a failure of the design and the decision making. The second peak in Figure 1, appears less performing but more stable, say that it is, the robust optimum. If quality is the target, the best choice is then the second optimum.

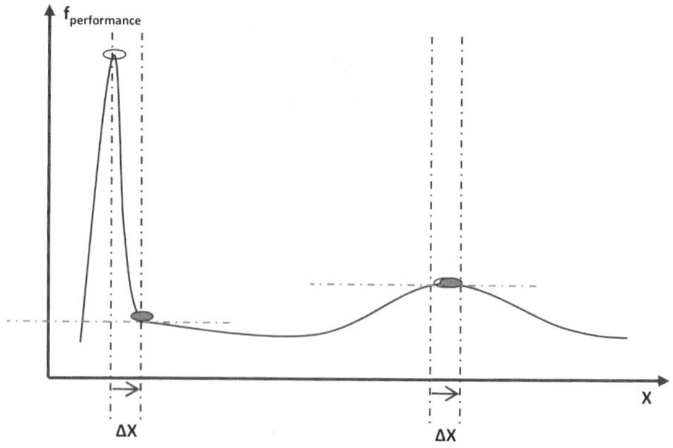

Figure 1: Evolution of an objective function (performance) in a design space.

From this very simple example we can assess the challenge decision makers are facing in the management of such compromises. The question is not inevitably to find an optimum but to guarantee its stability against uncertainties. Robustness (optimum stability) becomes an important objective to be added to the set of considered ones. Then, even a very simple mono-objective optimisation problem becomes a two-objective one by adding robustness. Such strategy faces then natural optimisation difficulties, uncertainties modelling and quantification difficulties and even difficulties inherent to the coupling.

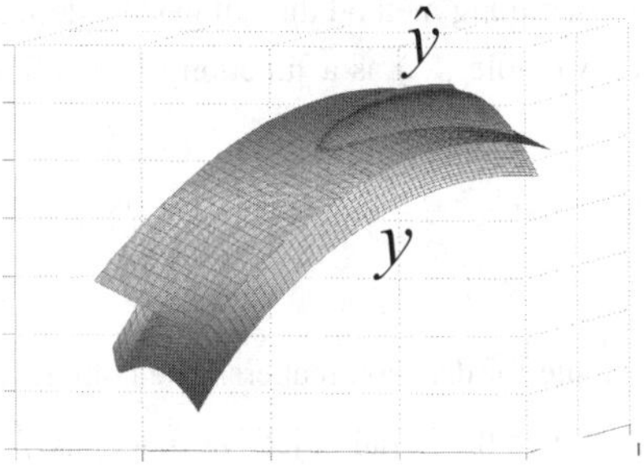

Figure 2: Response Surface concept.

In addition, the robust optimization concept is facing the important question of modeling. In practice, the process should deal with continuous and discrete modeling and decision making rules, but often added tools are needed. For instance, when only discrete type information is available, Response Surface Methods (RSM) are often employed in line or off line in the robust optimization process. This is a well known idea which can be achieved thanks to many available strategies, and which helps the decision makers. The provided data set y is then replaced by a continuous model $\hat{y}$ as indicated in Figure 2.

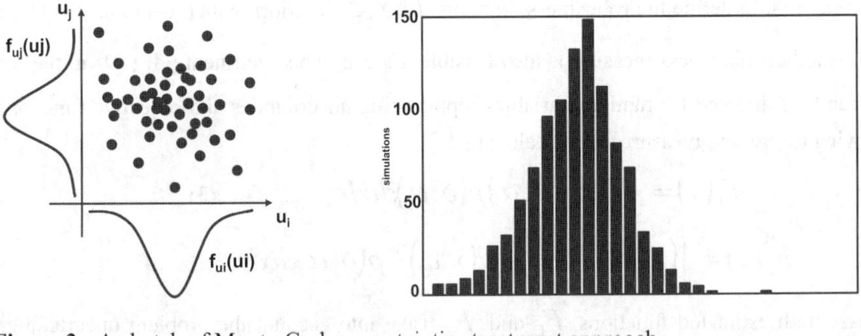

Figure 3 : A sketch of Monte-Carlo uncertainties treatment approach

Moreover, robust optimization often involves dispersion of considered quantities computation versus uncertainties. The concern, then, is the definition of the statistics of the model to be optimized (continuous, discrete, RSM,...). Precisely, calculations of standard deviations, variation coefficients (ratio of the standard deviation and the mean value) and so on are needed. This is also a wide area of research in mathematics. A number of tools are available depending on the uncertainties classification done before. Probabilistic and possibilistic approaches can be employed. The question is still open in many engineering fields like mechanical engineering where techniques such as Stochastic Finite Element Methods, Gaussian Chaos are under developments. Figure 3, gives a sketch of one of the most employed sampling tools which is the well known Monte Carlo Method (MCM). MCM offers a number of advantages but also drawbacks. MCM is a kind of generic method for benchmarking and comparisons. It is a sampling method that allows the definition of the output statistics (objective functions, decision variables,...) as a function of sampling inputs statistics.

3 Robustness Quantifications

The quantification of solutions robustness is another key issue for decision makers. The complexity of the problem involves many quantification solutions. Given the initial objective functions f, designers need to define new ones including robustness say, functions F. Once again, it should be noticed that the process can be continuous, discrete or even coupled.
Different robustness measurements are then feasible depending mostly on the uncertainties. For instance, the so called worst robustness case measure consists in defining the robust optimization function F as follows:

$$F(x,\varepsilon) = \sup_{\xi \in D(x,\xi)} f(\xi) \qquad (3)$$

where $D(x,\xi)$ defines the solution x vicinity domain. The size of this domain is dependent on a regularization factor ε with a limit $\lim_{\varepsilon \to 0} F(x,\varepsilon) = f(x)$. To use this strategy, decision makers needs first to define the robustness domains $D(x,\xi)$ a priori, which is not an easy task, as a rule. Another robustness measure is also feasible. Indeed, when pertinent pdf (p in the following) can be expressed for random variables representing uncertainties and objective functions, the following robustness measure can be calculated:

$$F_1(x) = \int f(x+\delta,\alpha)p(\delta,\alpha)d\delta d\alpha \qquad (3)$$

$$F_2(x) = \int (f(x+\delta,\alpha) - f(x,\alpha))^2 p(\delta,\alpha)d\delta d\alpha \qquad (4)$$

In this case both estimated functions F_1 and F_2 Take into account the problem uncertainties. F_1 minimization ensures that, instead of uncertainties, the mean value of the objective function f is close to the optimum, whilst the minimization of F_2 ensures weak dispersion and deviation of the objective function. It should be noted that, new objective functions F_1 and F_2 are antagonists. A solution can be the transformation of such mono-objective problem on a multi-objective one to deal simultaneously with all the constraints. This approach presents however a drawback which is the knowledge of pdf (p) to estimate F_1 and F_2. Moreover, optimization cost is expected to be high due to needed calculations.

A third robustness measurement is available in the open literature. It is the Statistical Measure of Robustness (SMR). The SMR concerns mainly the constraints g_i in the optimization problem. Indeed, constraints of kind $g_i(x,\alpha)\leq 0$ are replace by the following:

$$P(g_i(x,\alpha)\leq 0)=\int_{g_i(x,\alpha)\leq 0} p(\alpha)d\alpha \geq P_0 \quad (5)$$

Where $P(X)$ measures the X event probability and P_0 is the confidence. Such idea is often employed in RBDO (Reliability Based Design Optimization) problems in mechanical engineering. However, the main drawback of this approach is the time consumption and the definition of the probability density function $p(\alpha)$.

Ultimately possibilistic way of thinking can be used when information on $D(x,\varepsilon)$ and probability density functions are missing. In this case many alternatives are possible:1- statistical methods, Bayesian approach for instance, to improve available information overall quality; 2- Fuzzy logic treatments of uncertainties. Surprisingly, such methods are widely employed by decision makers in computer science, but not in other engineering fields lime mechanical engineering.

4 Robustness Tools

The aim of this section isn't to give a complete overview of integrated robust optimization tools, but only some main investigations that can be applied in logistics and mechanical engineering. The concern is still a subject of intensive research in both the academic and industrial spaces. In the academic area, researchers from many disciplines (discrete mathematics, mechanical engineering, computer science,…) were interested in this last decade by such techniques.

Among offered strategies and tools for robust optimization, one adapted to multi-disciplinary and multi-objective problems was proposed by K. Deb [2]. The idea is simple and consists in transforming the optimization problem stated in (1) In an augmented format such as:

$$\begin{cases} \min imize: & \left(f_1^*(x), f_2^*(x), \ldots, f_M^*(x)\right) \\ with: & f_k^*(x) = \dfrac{1}{|D(x)|} \displaystyle\int_{y \in D(x)} f_k^*(y)dy \quad k = 1 \ldots M \\ Such\ as: & g_i(\xi \in D(x)) \le 0,\ i = 1 \ldots I \\ & h_j(\xi \in D(x)) = 0,\ j = 1 \ldots J \end{cases} \tag{6}$$

Usually, in the real world, analytical expressions are unknowns in the vicinity, the quantification of new functions $f_k^*(x)$ can be achieved approximately in the vicinity domain D of variables ξ_1 , ξ_2 , .., ξ_{N_V} for each solution x, such that the approximated format can be used:

$$\begin{cases} f_k^*(x) = \dfrac{1}{\max_{l=1 \ldots N_V} d(x, \xi_l)} \displaystyle\sum_{l=1}^{N_V} f_k(\xi_l) \quad k = 1 \ldots M \\ g_i(\xi_l) \le 0,\ i = 1 \ldots I \\ h_j(\xi_l) = 0,\ j = 1 \ldots J \end{cases} \tag{7}$$

where $d(x, \xi_l)$ designates the Euclidian distance between a and b. The definition of vicinity domains D remains an open problem and involves a preliminary expertise from decision makers. Obviously, the robustness consideration will be weak for large vicinity domains D (this means that, more the uncertainty level is large less robust is the optimal solution). The choice of the number of neighbors N_V is also a concern. N_V should be sufficiently large in order to describe points vicinity without improving the computational cost. Moreover, sampling should be done correctly. In the case of uniform distribution for random variables, for instance, the use of Latin hypercube reveals good tendencies.

B. Forouraghi proposed in [4] to use another format for the new optimization functions f_k . Indeed, he suggested the use of signal noise ratio (SN) introduced by Taguchi. Taguchi was one of the pioneering in robust optimization and quality researchers. The method is then close to what is provided in [2] except for the objective functions. However, time consumption remains a huge problem when installing such strategies. SRM and metamodeling coupled to those algorithms can improve thinks but not to a perfect acceptable level.

G.I.Schuëller et H.A.Jensen mentioned in [9] a method that improve the computational time requirements. The strategy consists in decoupling the estimation of objective functions and the estimation of uncertainties effects. The idea is the use of two metamodel levels. A metamodel for the objective functions and a metamodel for uncertainties effects estimations. Sensitivity techniques, such that offered in [10, 5] can also provide a gain in the cost treatment. Those techniques reduce the modeling complexity through a hierarchy of inputs parameters.

References

[1] H-G. Beyer, B. Sendhoff. Robust optimization - a comprehensive survey. Computer Methods in Applied Mechanics and Engineering, 196(33-34), 3190_3218, 2007.

[2] K. Deb, H. Gupta. Introducing robustness in multi-objective optimization. KanGAL, 2004.

[3] K. Deb, A. Pratap, S. Agarwal, T. Meyarivan. A fast and elitist multi-objective genetic algorithm : Nsga-2. Kanpur Genetic Algorithms Laboratory, 2000.

[4] B. Forouraghi. A genetic algorithm for multiobjective robust design. Applied Intelligence, 12(3), 151_161, MAY 2000.

[5] D. Gatelli, S.S. Kucherenko, M. Ratto, S. Tarantola. Calculating _rst-order sensitivity measures: A benchmark of some recent methodologies. Reliability and System Safety, 94, 1212_1219, 2009.

[6] D. H. Jung, B. C. Lee. Development of a simple and e_cient method for robust optimization. International Journal for Numerical Methods in Engineering, 53(9), 2201_2215, MAR 30 2002.

[7] K. H. Lee, G. J. Park. Robust optimization considering tolerances of design variables. Computers and Structures, 79(1), 77_86, JAN 2001.

[8] R. Roy, Y.T. Azene, D. Farrugia, C. Onisa, J. Mehnen. Evolutionary multi-objective design optimisation with real life uncertainty and constraints. CIRP Annals – Manufacturing Technology, 58, 169_172, 2009.

[9] G. I. Schuëller, H. A. Jensen. Computational methods in optimization considering uncertainties an overview. Computer Methods in Applied Mechanics and Engineering,, In Press, Corrected Proof.

[10] I.M. Sobol, S. Tarantola, D. Gatelli, S.S. Kucherenko, W. Mauntz. Estimating the approximation error when _xing unessential factors in global sensitivity analysis. Reliability and System Safety, 92, 957_960, 2007.

[11] C. Zang, M. I. Friswell, J. E. Mottershead. A review of robust optimal design and its application in dynamics. Computers and Structures, 83(4-5), 315_326, JAN 2005

Herbert Kopfer[*] / Jörn Schönberger[**] / Melanie Bloos[***]

Groupage Systems – Collaborative Request Fulfillment in Road Haulage: A Procedural View

---

* Prof. Dr.-Ing. Herbert Kopfer was born in 1952 and has been managing the Chair of Logistics since its foundation in 1992. Since 2002 he is visiting professor at the University of Rennes. Currently, he is member of the Collaborative Research Center 637 "Autonomous Cooperating Logistics Processes – A Paradigm Shift and its Limitations" and principal investigator of two subprojects.

** Dr. Jörn Schönberger was born in 1973 and graduated in mathematics at Bremen University in 2000. Since then he has been working at the Chair of Logistics receiving his PhD (Dr.rer.pol) in 2004. Dr.Schönberger's current research is based on the project "Autonomous Adaptation of Vehicle Schedules" at the Collaborative Research Center 637.

*** Melanie Bloos, born in 1981, graduated in business studies from Mannheim University in 2007. She began working for the Chair of Logistics in 2008 and joined the Collaborative Research Center 637 then focusing her research on the subproject "Collaborative vehicle routing and scheduling".

1 Introduction

With fierce competition in the market and increased demand for 'green planning' carriers in the road haulage sector increasingly seek new and improved methods of transportation planning. One possible solution is offered by horizontal cooperation in so called 'groupage systems' [Kopfer and Pankratz:1999]. Cooperation is an option especially suitable for small and medium sized companies that try to improve their operations, increase their market share and ensure successful future business operation.

Most freight forwarding companies (short: carriers) have to cope with strongly fluctuating demand on the transportation market which varies considerably over time. Aside from these long-term fluctuations they have to manage the daily variations in demand. Each day a varying number of orders is received from customers on short call [Kopfer and Wang:2009]. Additionally, some of the orders that have to be fulfilled will not suit well to the portfolio of the orders to be fulfilled during the same time horizon. The efficiency of transportation demand fulfillment can be increased through extending the problem of vehicle routing and scheduling by the possibility of exchanging requests among partners within a coalition. This problem extension transforms the usual vehicle routing and scheduling problems to more general collaborative planning problems for groupage systems [Kopfer and Pankratz:1999]. The horizontal cooperation between carriers within a groupage system provides the possibility that each carrier of the groupage system offers a part of his or her transportation requests to the coalition while each partner of the coalition can make a bid on all offered requests. The request will be forwarded to that partner who submits the best bid; i.e. to the partner who announces that it can fulfill the request in the cheapest way [Krajewska et.al.:2008].

An alternative to groupage systems are electronic freight exchange systems. In contrast to these systems, groupage systems are closed systems with a limited and well-known number of participants or established only between profit centers of one company [Kopfer and Krajewska:2007; Krajewska et.al.:2008]. Further, the groupage system aims at improving the planning solution for the entire system. Thereby a common underlying objective is assumed, whereas freight exchange systems often focus only on bilateral exchanges to enhance individual situations. As such, collaborative planning considers the overall planning situation of all carriers whereas freight exchange systems focus on "selling" individual shipments.

Our contribution here is to provide a procedural description of the planners' decision tasks for transportation planning with the option of horizontal cooperation. We will thereby discuss several decision procedures in detail which have not been discussed in such depth before. Specifically, we attempt to analyze the changes at different levels of the transportation planning due to the horizontal cooperation. The first part then focuses on the changes to carriers. The demand planning and especially the demand processing at carriers and the concept of groupage systems are introduced in chapter 2. Then, chapter 3 provides a generic overview of operational transportation planning at carriers. We provide a procedure for traditional transportation planning without cooperation and then suggest an extended planning procedure that is capable of incorporating request exchanges within the groupage system. Groupage systems are formed by several carriers and as such, a coordination instance between those carriers is required. The management tasks and procedures of this coordination instance are discussed in chapters 4 and 5, respectively. The interaction between the coordination instance and individual carriers is in the focus of the last chapter. In this chapter (6) we show that interfaces between the planning systems of the coordination instance and of the individual carriers are required and discuss the information to be exchanged.

2 The carriers' demand planning

Transportation planning refers to all tasks related to the coordination of the physical movement of goods. The planning aims at establishing efficient processes in terms of cost and other performance criteria such as service times. According to Pfohl [2004] transportation planning can then be classified as a problem of operational management. Further, the tasks of inter- and intra-company transportation planning can be distinguished. Our attention is on inter-company transportation which is a task often outsourced to either logistic service providers or carriers. There, planning is usually performed by dispatchers.

2.1 Demand processing tasks

The *transportation demands* that carriers receive from the market can be for transports of varying extent – ranging from the delivery of parcels to a repeated delivery of several containers – meaning that demands can often not be fulfilled by individual trucks or as a one-off service. Transportation demand may also include additional services such as (re-) packing or storage. As such, demand processing has to take place in order to create executable orders within the company. The demand processing is illustrated in Figure 1.After receiving demands from the market, orders are created for all functions that are required for the fulfillment of the transportation demand. One or more of the created orders are *transportation orders.* A transportation order is a demand for a certain function within the carrier's service – such as the transportation of a specific cargo from destinations A to B.

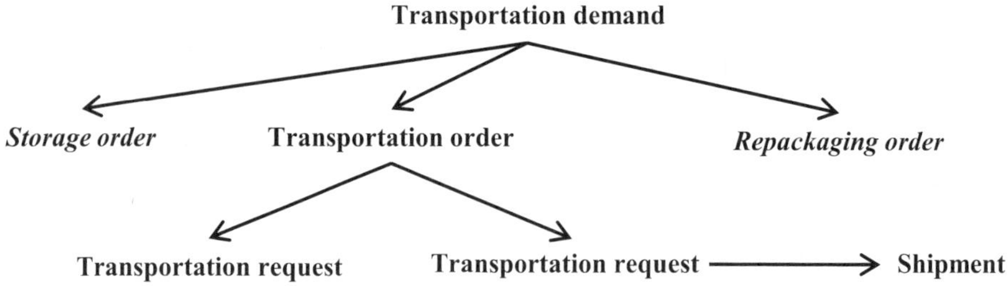

Figure 1: The demand processing of carriers

When splitting demands into orders only the required internal functions –transportation in our case – are considered. In a next step the potentially available capacity of resources is additionally considered. As such, the transportation orders are further split into smaller units, so called *transportation requests*. For the example of the transportation of cargo from A to B, several transportation requests have to be created if the cargo has a size larger than the capacity of one truck.
When planning the fulfillment of transportation requests we consider the additional options of subcontracting and collaborative planning. In both cases, transportation requests are forwarded to third parties for completion. Requests that are forwarded to a third party are then referred to as *shipments*.

2.2 Usage of groupage systems

Groupage systems take the viewpoint of carriers. The carriers interact in a market where they receive demands for transportation from customers. Groupage systems focus on the operational planning of transportation request fulfillment – the *extended vehicle routing and scheduling* for own fleet, subcontractors and collaborative planning – and the discussion here is limited to the function of road haulage transportation.
Groupage systems are a form of horizontal cooperation in the transportation sector [Kopfer and Pankratz:1999; Krajewska and Kopfer: 2006]. This horizontal cooperation provides the framework for the joint operational planning of shipments. The general idea of joint operational planning is a partial exchange of shipments as it is illustrated in Figure 2. The figure depicts an example of five carriers each with its transportation requests (represented by single dark dots) for the respective planning period. In our example each of the carriers is a company of the same size, however the number of transportation requests for a planning period may vary for each carrier (e.g. Carrier 1 has three and Carrier 2 four transportation requests). Different degrees of collaborative planning are then marked by the black rectangles. All transportation requests within a rectangle are potential shipments that may be exchanged with the partners. As such, the largest rectangle depicts the case of merging all requests of all carriers. Then, collaborative transportation planning would mean that all requests are shipments and a planning problem including the assignment of shipments to carriers has to be solved and the solution to the resulting transportation problem for each carrier has to be found. However, a certain reluctance of carriers to revealing details of all their customer requests is found in practice. As such, smaller numbers of requests will be selected as shipments, which is exemplarily depicted by the two smaller rectangles. This variation in the number of shipments is also referred to as the modification of the *degree of collaboration.* It may vary from planning period to planning period. This idea of joint operational planning is underlying to the approaches of [Krajewska and Kopfer:2006; Gujo et.al.:2007; Berger and Bierwirth:2008].
Groupage systems have first been introduced by [Kopfer and Pankratz:1999] with a focus on the cooperative framework of the system. Later approaches discussed procedures for the exchange of shipments. These exchanges were either conducted for individual shipments based on Vickrey auctions, or for bundled shipments based on combinatorial auctions. An approach referring to

individual item Vickrey auctions is found in [Berger and Bierwirth:2008]. Since a common assumption is that profits can further be increased by bundling orders, most approaches consider the effects of exchanges based on combinatorial auctions: [Schönberger:2005; Krajewska and Kopfer:2006; Gujo et.al.:2007] are examples for the pickup and delivery problem with less than truckload freights. All approaches consider at least three fulfillment options for requests: self-fulfillment, subcontracting and forwarding to one of the partners. Additionally, monetary transfer schemes for sharing the costs of collaborative fulfillment and sharing any collaborative profit are introduced in [Krajewska and Kopfer:2006; Krajewska et.al.:2008].

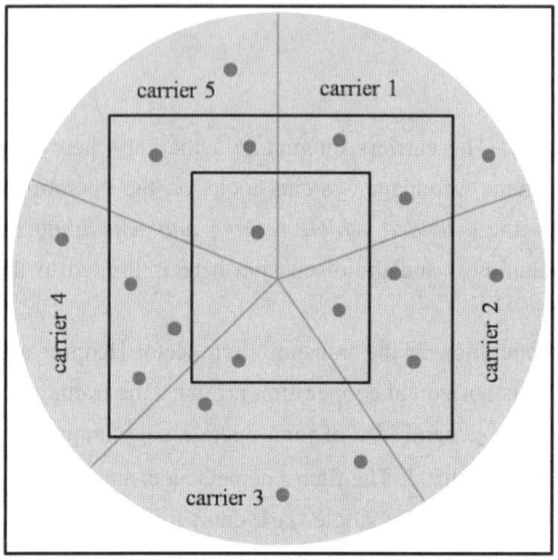

Figure 2: Degrees of request and shipment planning at five carriers

3 The carriers' request fulfillment tasks including collaborative planning

Operational transportation planning is traditionally carried out for a short planning horizon. At the carriers' a sales department or a dispatcher decides on the acceptance of the customers' transportation demands. This demand is divided into transportation orders and then planned in for either own trucks or subcontractors. In addition to these two options, transportation requests may be offered to partners or acquired from the partners in groupage systems. From the carrier's viewpoint, changes to the planning procedures for request fulfillment have to be made.

3.1 Fulfillment preparations

At time t, carrier C_i faces incoming demand $D_i(t)$. A customer demand is typically expressed as the demand to cover the need at certain network nodes (sinks) with offers from other nodes (sources) in a value creation network. Temporal requirements (time windows, latest allowed completion times,…) accompany the demand for the physical movement of goods. The first demand processing step is the evaluation of each incoming demand expression in order to decide whether the customer's demand will be accepted for fulfillment or not. The 'accepting' decision is based on the current planning situation which can be approximated by so called performance criteria Ω_i. These criteria describe the current utilization of the vehicles, current costs, performance related to time windows and other criteria relevant to the carrier. Thus, carrier C_i has to divide $D_i(t)$ into the subsets $D_i^+(t)$ and $D_i^-(t)$ of which the latter is returned to the market.

The accepted demand contained in $D_i^+(t)$ is further processed and orders for the respective functions within the carrier's operation (e.g. packaging, storage, transportation) are created. The demand in $D_i^+(t)$ must be covered by the created orders. A transportation order represents the tasks to move some goods from some nodes to other nodes in the carrier's network. Cost minimal movements through the network are determined by solving a so-called network flow problem [Williams:1999]. The flow of goods through the network can be realized by using one or several transport resources that move the goods from one node to another node. A request describes the task for moving goods between two nodes in the network using a certain transportation resource. We collect all requests of carrier C_i in the request portfolio $R_i(t)$. Figure 1 exhibits the hierarchy among demand, orders and requests.

The mode assignment for request fulfillment traditionally refers to the decision between the options of self-fulfillment and subcontracting. The first option means that a request is executed by a truck operated by C_i and the second option means that C_i hires another carrier who receives the task of completing the shipment. The hired carrier is referred to as subcontractor and he or she is paid according to pre-concerted tariff. Depending on the available resources at carrier C_i, the costs for the request fulfillment, and the regulations in the customer contracts the dispatcher of carrier C_i selects the fulfillment mode [Krajewska:2008; Schönberger:2005; Pankratz:2002]. For self-fulfillment vehicle routing and scheduling plans have to be created [Golden et.al.:2008; Mitrović-Minić:1998] in order to keep the travel costs of the own fleet as low as possible. Subcontracted requests have to be grouped into shipments [Schönberger and Kopfer:2004] and must be assigned to specific subcontractors with potentially different cost functions [Krajewska and Kopfer:2009]. The transportation plan is formed by the derived routes and shipments [Crainic and Laporte:1997].

3.2 Basic request fulfillment planning process

A basic planning procedure describing the decision making process of an independently operating carrier is described in the pseudo-code of**Fehler! Verweisquelle konnte nicht gefunden werden.**. The carrier and its properties (available number of vehicles, capacity, cost structures, etc.) are denoted by C. Initially, the request portfolio R is empty (a). Requests are collected consecutively until the request fulfillment processes must be started. The request fulfillment process is described by steps (b) to (h). Whenever new requests arrive these requests are initially stored in R^{temp}. The requests in R^{temp} are then filtered in the next step (c). In this step (c), an acceptance check takes place which means, carrier C evaluates for each request $r \in R^{temp}$ whether it matches the carrier's specifications and whether the request can then possibly be fulfilled at the conditions that it comes along with. Those requests that are accepted are then stored in R^+. Only these accepted requests are further processed (d). The remains of R^{temp} are collected in R^- which specifies those requests that are returned to the market (e).

In (f), the request portfolio is updated by the lately accepted requests. Next, this updated portfolio R of carrier C is evaluated with regards to potential fulfillment modes and all requests are assigned to one of those fulfillment modes (g). The requests are now divided into the subsets of requests for self-fulfillment (SE), for subcontracting (SC) and for postponement (PP). A plan generation cycle is completed by the generation of a transportation plan (h). In this procedure step, routes and schedules for the own fleet are compiled from the requests contained in SE and shipments are forwarded as tasks to subcontractors.

As long as the plan may be updated (e.g. as long as the execution has not begun), further requests may arrive. That means, the loop is running until the termination condition is met. In this case, the procedure does not iterate the existing portfolio anymore and returns the currently maintained plan P(i).

Sometimes the steps (e-h) are not executed consecutively but simultaneously. Then an integrated model and a transportation planning algorithm decide simultaneously about the acceptance, the fulfillment modes, the routes and the shipment consolidation [Krajewksa and Kopfer:2009; Pankratz:2002; Schönberger:2005]. Nevertheless, the general iterative procedural structure remains the same.

procedure carrier_planning(C)
(a) R:={}
(b) **Repeat**
(c) R^{temp} := waiting_for_additional_requests()
(d) R^+:= acceptance-check(R,R^{temp},C)
(e) R := R∪R^+
(f) [SE, SC, PP] :=evaluate_portfolio(R,C)
(g) P := generate_plan(P, [SE,SC])
(h) **until** no_further_modifications_possible
(i) **return**(P)

Figure 3: Pseudo-code of the carrier's planning procedure

3.3 Extension to planning in groupage systems

The integration and union of carriers in groupage systems requires significant changes and modifications to the carriers' internal planning. The planning steps described in 3.2 need modification in order to incorporate the possibility of exchanging requests within the groupage system. The exchange of requests requires at least three additional planning and decision making steps.

- First, those requests that will be offered to the partners for the exchange in the groupage system have to be selected.
- Second, the requests in the groupage system's exchange pool have to be evaluated. These evaluations are then expressed as bids on requests.

- Third, after the exchange in the groupage system has taken place, the planning procedure has to run again in order to incorporate any requests won in the auction into the transportation plan.

In order to integrate these three decision tasks into the planning routine of the carrier, we propose to extend the procedure as depicted in Figure 4. The extended procedure is shown in the pseudo-code already used in Figure 3. It consists of three phases: the tentative portfolio iteration and pre-plan generation phase (short: pre-planning), the exchange phase, and the final portfolio evaluation and plan generation phase (short: final planning).

procedure carrier_planning_in_groupage(C)

(a) R:={}
(b) **Repeat**
(c) **Repeat**
(d) R^{temp} := collect_additional_requests()
(e) R^{+}:= acceptance_check(R,R^{temp},C)
(f) R := R∪R^{+}
(g) [SE, SC, PP, GP] :=evaluate_portfolio_with_groupage(R,C)
(h) P := generate_plan(P, [SE,SC])
(i) update_exported_requests(GP)
(j) **until** groupage collection_termination
(k) view_pool_publication()
(l) Bid_generation()
(m) R^{temp} := exchange_result()
(n) R := R∪R^{temp}
(o) [SE, SC, PP] :=evaluate_portfolio(R,C)
(p) P := generate_plan(P, [SE,SC])
(q) **until** no_further_modifications_possible
(r) **return**(P)

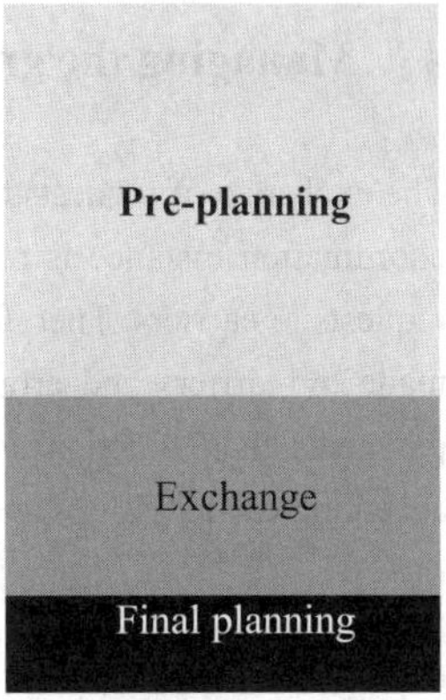

Figure 4: Pseudo-code of the carrier's planning procedure exchanging requests with the groupage system

In the pre-planning phase, the request portfolio is built up successively by integrating either the newly arrived requests from customer demand or the requests from the groupage pool. Initially, the request portfolio R is empty (a). Again, an existing plan is improved as long as the plan is not executed (b-q). In the pre-planning phase, additionally arriving requests trigger a plan revision (c-k). This planning procedure is idle unless additional requests arrive (d). The additional requests are again undergoing an acceptance check (e) with not accepted requests being returned to the market (f) and the existing request portfolio is extended by the accepted requests (g).

The portfolio evaluation and mode selection is carried out by calling the procedure *evaluate_portfolio()*. Again, the mode selection is made delivering the request fulfillment mode. Now, the possibility to submit requests into the groupage pool (GP) enables a fourth classification opportunity. Consequently, the evaluation procedure call returns a quadruple consisting of the sets of requests grouped by the fulfillment modes (h). A tentative transportation plan is set up from the sets SE and SC again (i).

The carrier then updates the subset of requests GP and submits it to the groupage system's planning (j). The groupage system accepts the submission of additional requests into the groupage pool until a certain termination criterion is met which is often a certain time limit (k). The groupage pool is then presented to all carriers and they can identify interesting additional requests (l). In a next step, each carrier creates bids on some or all of the interesting requests and submits them to the groupage coordinator (m). The groupage coordinator in turn returns the resulting allocation of the groupage system's execution by transferring the auctioned tasks of carrier C to carrier C(n). The auctioned tasks are additional requests that are integrated into the existing portfolio (o). Then, the final evaluation is carried out (p) and a new transportation plan is set up (q). It is possible to enter a new round with groupage involvement (r). However, after no more groupage rounds are possible, the currently maintained transportation plan is returned and executed (s).

4 Managing the groupage system

The exchange of requests between the carriers has to be managed by a coordination instance. This coordination instance is responsible for the support of the auction process and the allocation of requests to carriers. Therefore, it collects and displays all requests for exchange, considers all bids made by carriers and arranges an allocation of requests and transfer payments. Those transfer payments then function as cost compensation since the transfer of requests creates cost at the accepting carrier [Bloos and Kopfer:2009].

4.1 Steps of the request exchange

The considered groupage system is formed by N carriers C_1, …, C_N who are economically and legally independent. Each carrier has a sales department which receives and accepts customer demand. This demand is later on transformed internally into executable requests. At time t, the requests for which carrier C_i has overtaken the fulfillment responsibility are collected into the set $R_i(t)$. An exemplary groupage system formed by three carriers is shown in Figure 5 depicting the pre-planning phase, the exchange phase, and the final planning phase as introduced in 3.3. Each carrier participating in the groupage system processes its private requests in the same fashion using a procedure like the one shown in Figure 4.

A groupage execution round consists of five steps. In the first step (initial portfolio evaluation) carrier C_i has to evaluate its portfolio and to assign a fulfillment mode to each request in its own portfolio. Based on the results of this evaluation, tentative pre-plans are set up by each carrier in the second step (pre-planning). These two steps form the pre-exchange phase as mentioned in chapter 3.

Requests contained in the fourth category (GP) can neither be postponed nor have they been assigned to one of the first two categories. These requests are waiting for the execution of the groupage system and enter the third step. At this step, the responsibility for their fulfillment can be transferred to another carrier in the exchange phase. Typically, mode selection is a sophisticated task which is executed in several iteration rounds and in every iteration round the tentative classifications are evaluated [Schönberger:2005].

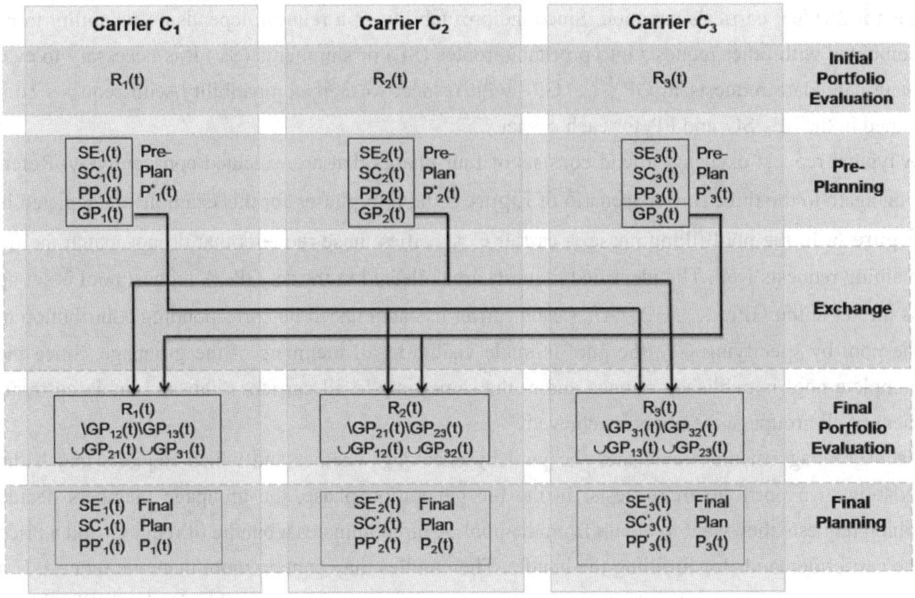

Figure 5: Request exchange iterations in a groupage system

The groupage scenario depicted in Figure 5 has three symmetric carriers. Therefore the five planning steps are only described from the viewpoint of carrier C_1. However, the number of requests contained in the sets may vary. In the pre-planning step, carrier C_1 has assigned requests to be transferred to the set $GP_1(t)$ which carrier C_1 offers to carriers C_2 and C_3. In the depicted scenario, all carriers C_i succeed in transferring their requests $GP_i(t)$ to the other carriers. In the final portfolio evaluation step, requests transferred from carrier C_i to C_j are then contained in the subsets $GP_{ij}(t)$ with $GP_{ij}(t) \subset GP_i(t)$. As such, carrier C_1 updates its portfolio to $R_1'(t)=R_i(t)\backslash GP_{12}(t)\backslash GP_{12}(t)\cup GP_{21}(t)\cup GP_{31}(t)$. In other cases, a carrier might not succeed in transferring all requests to its partners. In that case, the elements that were not exchanged remain at this carrier.

Although not depicted in Figure 5, cases are thinkable, for which the exchange takes place repeatedly. Then, each carrier updates its request classification and assigns each request from $R_1'(t)$ into one of the four categories (SE, SC, PP, GP) again. If no further exchange among the carriers in the groupage system is possible then the requests can only be assigned to the first three categories (SE, SC and PP) in the remaining planning time. An additional request exchange round might become necessary if it turns out that the requests in the updated portfolios can neither be postponed nor can these requests be profitably assigned to the SE or SC modes. In the fifth and final step (final planning) each carrier sets up the transportation plan to be executed.

4.2 The request exchange problem

The decision about the exchange of requests in the sets GP_1, ..., GP_N requires the consideration of each individual carrier's situation. Since the profitability of a request depends on its ability to be combined with other requests into profitable routes (SE) or shipments (SC) it is necessary to evaluate candidate requests in GP_1, ..., GP_N with respect to their compatibility with requests contained in the SE_i, SC_i and PP_i for each carrier C_i.

A typical request exchange round consists of four phases that are executed consecutively. Referring again to the three carrier scenario of Figure 5 the four phases for this example are depicted in Figure 6. In the pool filling phase, a carrier C_i specifies those requests that do not match the remaining requests well. The identified requests are collected in the set GP_i. A request pool is set up as the set union $GP_1 \cup \ldots \cup GP_N$. After each carrier has announced its corresponding contribution to the pool by specifying GP_i, the pool is made visible to all members of the groupage. Since the complete pool is published at once and at the same time to all carriers a fair and unbiased treatment of all groupage members is achieved.

Each groupage member evaluates the pool by checking whether and which requests match the existing own portfolio of requests. In the bid generation phase, the groupage members decide which requests they want to obtain from the pool. A bid nominates a bundle of requests and a price the carrier demands for fulfilling the bundle. The bundles may contain more than one request. If a carrier receives a certain bundle from the exchange, the carrier is responsible for the fulfillment of this bundle. Each carrier C_i is allowed to specify several bids and these bids are collected in the set $BIDS_i$. It is important to notice that the groupage member only accepts to take over a complete bid. Parts of a bid cannot be integrated profitably into the request portfolio of the member. The self-controlled specification of the bids ensures that each carrier makes a pre-selection of requests that indeed match the planning situation well. All bids are finally collected in the bid pool, which is defined as $BIDS_1 \cup \ldots \cup BIDS_N$.

In the third phase, the requests from the request pool are re-assigned to the carriers. Thereby, the specified bids contained in the bid pool are considered. Conflicts occur if two or more carriers want to integrate the same request(s) into their own processes. The major challenge in the request re-assignment phase is the solving of conflicts arising from non-disjoint bids. Requests that are not assigned to a carrier are returned to the carrier that has originally submitted it to the pool or, depending on the groupage rules, are given away to a logistic service provider for fulfillment [Krajewska and Kopfer:2006; Schönberger:2005] .

The request exchange terminates with the determination and execution of transfer payments among the groupage partners during the profit sharing phase. These transfer payments should cover the additional expenditures of a receiving carrier and they should motivate a spending carrier to put requests into the pool. Typically, the determination of the transfer payments is compromised by the fact that the carriers do not want to publish their cost structures. Thus, the payment determination requires estimations and approximations of the real additional expenditures associated with the fulfillment of the requests in the pool.

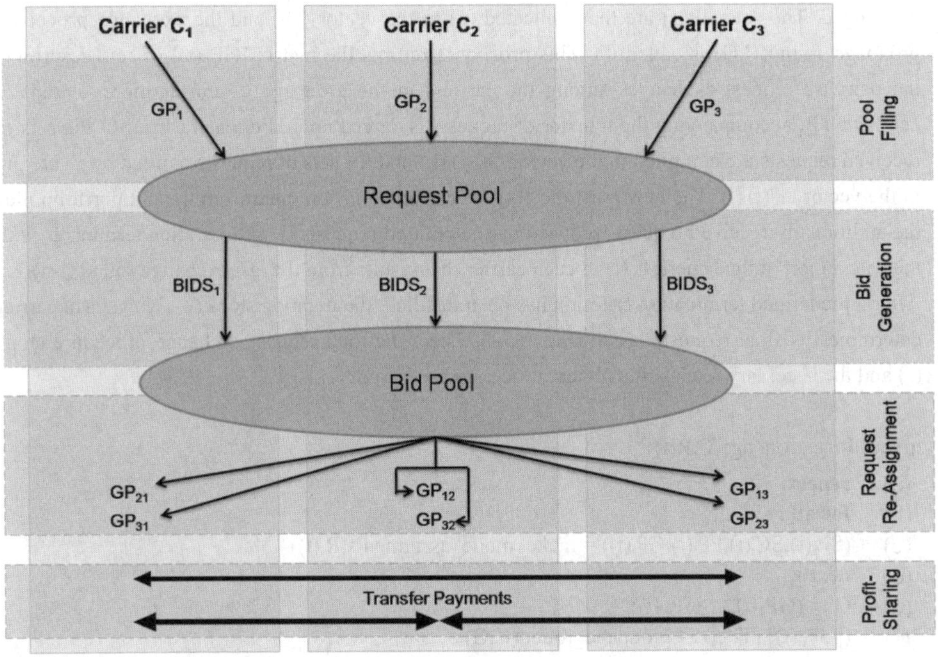

Figure 6: A groupage round

5 Procedures for controlling the groupage system

The coordination instance of the groupage system has to support all phases of the request exchange as well as to calculate the new allocation of requests to carriers. The instance itself has to act in a predictable manner that has been agreed upon in the cooperation's contracts [Bloos et.al.:2009]. As such, it can be a software device operated by a third party host similar to electronic markets. The exact procedures for this device then depend on the agreements made. However, on a generic level in order to adjust the operational transportation planning, the coordination instance has to fulfill certain fixed tasks. From these tasks control procedures can be derived that are valid for all forms of groupage systems.

5.1 Global groupage control procedure

To control the request exchange described in chapter 4.1, we propose the procedure presented in Figure 7. It is necessary to specify the set C of carriers and the vector $R(t):=(R_1(t),\ldots,R_N(t))$ of the request portfolios. The procedure consists of the loop (a-o) and the post-exchange request classification (p-r) in which the mode assignment is made for all requests.

In the iterations within planning period t, at first, a tentative mode selection is made by each carrier (steps b-d of the procedure). Thereby, each carrier specifies the set $GP_i(t)$ of requests that may be exchanged. The sets $GP_i(t)$ are then collected (e) in the vector G(t) and the exchange procedure groupage_round(C,G) is called (f). This procedure returns the matrix $[GP_{ij}(t)]$ of sets describing the pairwise request exchanges among the carriers in the groupage C. Furthermore, a transfer payment TP_{ij} accompanying the transfer of requests is agreed upon. For each carrier C_i the sets of received requests are compiled in the vector $G_i^+(t)$ (h) and the sets of requests emitted by C_i are put in the vector $G_i^-(t)$ (i). The new portfolio $R_i(t)$ of carrier C_i is compiled from the old portfolio plus the additionally received requests reduced by the emitted requests (j). An iteration terminates with the calculation of the benefit $U_i(t)$ of each carrier that results from the last exchange round (l-n). After a predefined termination criterion has been fulfilled, the iteration stops (o). Now, each carrier determines its final request classification (p-r). Then, the total request exchange procedure stops (s) and the necessary request fulfillment processes are set up.

procedure groupage(C,R(t))
(a) **repeat**
(b) **for all** i=1,…,N
(c) $(SE_i(t),SC_i(t),PP_i(t),GP_i(t))$ = make_mode_assigments($R_i(t)$)
(d) **next** i
(e) G := $(GP_1(t),\ldots,GP_N(t))$
(f) $([GP_{ij}(t)],[TP_{ij}])$:= groupage_round(C,G)
(g) **for all** i=1,…,N
(h) $G_i^+ = (GP_{1i}(t),\ldots,GP_{Ni}(t))$
(i) $G_i^- = (GP_{i1}(t),\ldots,GP_{iN}(t))$
(j) $R_i(t)$:= update_portfolio($R_i(t),G_i^+,G_i^-$)
(k) **next** i
(l) **for all** i=1,…,N
(m) $U_i(t)$:= calculate_benefit_for_carrier($R_i(t),G_i, TP_i$)
(n) **next** i
(o) **until**(no further exchange round to be executed)
(p) **for all** i=1,…,N
(q) $(SE_i(t),SC_i(t),PP_i(t),GP_i(t))$ = make_mode_assigments($R_i(t)$)
(r) **next** i
(s) **stop**

Figure 7: Pseudo-code of the groupage control procedure

5.2 Request exchange control procedure

In order to control the request exchange step in a groupage system (cf. section 4.2) we propose the generic procedure groupage_round(C,G), of which the pseudo code is presented in Figure 8**Fehler! Verweisquelle konnte nicht gefunden werden.**. The call of this procedure requires the specification of the set C of carriers and the set G of sets of requests emitted to the REQUESTPOOL by the carriers. At first (a), the REQUESTPOOL is initialized. Then, it is successively (b-d) filled with the requests taken from the sets G_i as have been specified by the carriers. The REQUESTPOOL is published to the groupage members as soon as it is ready (e). Next (f), the BIDPOOL is initialized. In the next part, the sets of bids that have been named by the carriers are collected from them (h) and all those bids are merged to the BIDPOOL (i). Now, the assignment of requests from the BIDPOOL to the carriers is made by calling the function decide_about_bids() in step (k). The BIDPOOL is used as input parameter. The decided assignment is coded into the matrix [$ASSIGN_{ij}$]. The entry $ASSIGN_{ij}$ contains the set of requests transferred from carrier C_i to any carrier C_j (GP_{ij}). Based on the sets of transferred requests the transfer payments are calculated (l). Finally, the sets of transferred requests and the transfer payments are returned to the global groupage control procedure (m).

```
procedure groupage_round(C,G)
(a)  REQUESTPOOL := {}
(b)  for all i=1,...,N
(c)  REQUESTPOOL := REQUESTPOOL ∪ G_i                     Groupage pool compilation
(d)  next i
(e)  publish_pool(REQUESTPOOL)
(f)  BIDPOOL := {}
(g)  for all i=1,...,N
(h)  BIDS_i = get_bids_from_carrier(C_i, REQUESTPOOL)
(i)  BIDPOOL := BIDPOOL ∪ BIDS_i
(j)  next i
(k)  [ASSIGN_ij] := decide_about_bids(BIDPOOL)
(l)  [TRANSFERPAYMENTS_ij] := determine_transfer_payments(C,G,[ASSIGN_ij])
(m)  return([ASSIGN_ij], [TRANSFERPAYMENTS_ij])
```

Figure 8: Pseudo-code of the groupage control procedure

6 Interfaces of the planning processes

We have analyzed the operational request processing in a groupage system from the perspective of a participant (chapters 2, 3) as well as from the viewpoint of the groupage management (chapters 4, 5). Common to both viewpoints is the structure consisting of pre-exchange, request exchange and post-exchange phase. However, the links between both viewpoints and the interactions between a single participant and the groupage system have not been analyzed so far. The following discussion therefore focuses on interaction and data exchange interfaces. We want to identify those steps of the planning process of the groupage management and of the carriers in which the two planning schemes are coupled because they need information from each other.

In Figure 9 we contrast the generic figure of a groupage system planning cycle (left column) with a carrier planning cycle (right column). We can see that five steps of the groupage system planning cycle are involved in an interaction with the carrier planning cycle. The resulting information interfaces are labeled by (A) to (E). As can be seen, the direction of the information submission goes back and forth. The five horizontal arcs represent the directed flow of information among the involved process steps. A receiving process step has to wait for the information provided by the emitting process step. The highest information interchange necessity is observed during the exchange phase. In the pre-exchange phase information exchange is necessary only once for each carrier. In the post-exchange phase, no information exchange is necessary for the termination of the groupage system as well as of the carrier planning cycle.

We first consider interface (A). The groupage pool compilation requires the submission of the set GP from all carriers involved in the groupage system. In order to enable the highest variety of requests to be interchanged among the participants it is necessary that the groupage planning cycle remains idle until all carriers have exported their corresponding requests into the groupage pool.

Immediately after the completion of the groupage system request pool, the pool is published in the groupage system using interface (B). Now, the carriers have to keep their planning process idle until the groupage system's planning cycle releases the required information.

Each carrier compiles bids from the request pool and submits the corresponding information via interface (C) to the groupage planning cycle. The groupage planning cycle is idle until all carriers have submitted their bids or until a certain time limit is met.

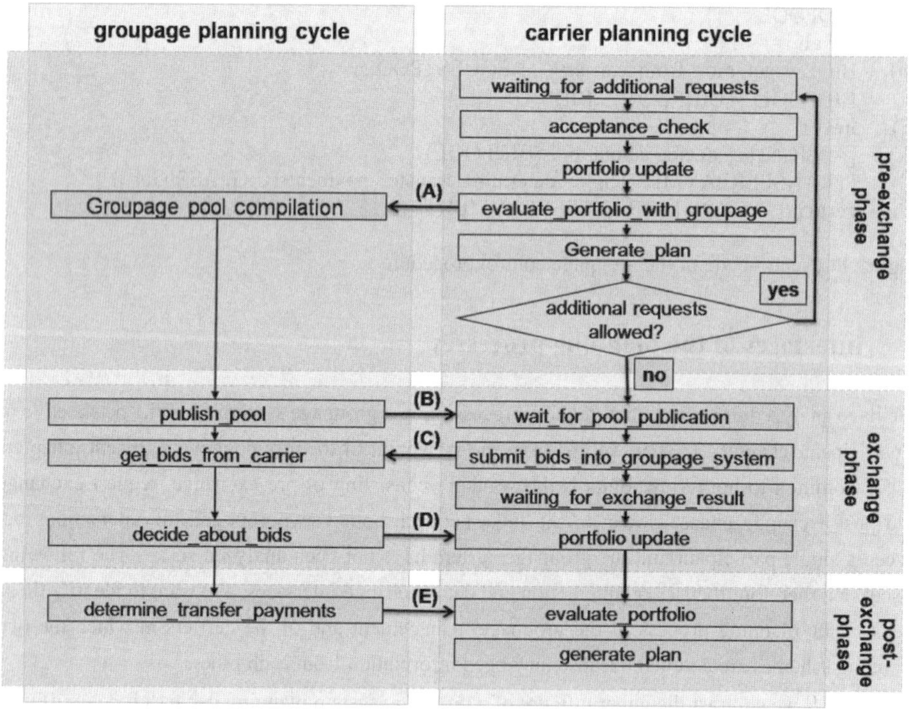

Figure 9: Interaction between the groupage system and the carrier planning process

The groupage system's management selects and accepts bids from carriers considering all submitted bids in accordance with the groupage system's rules and guidelines. As soon as the management has finalized the bid accpetance, each carrier is informed about the requests the carrier receives from the groupage system for import into its portfolio. This information is transmitted via interface (D). Again, a carrier has to wait for the arrival of the information about the requests that have to be imported into its portfolio.

In the final step, the groupage system's management derives the related transfer payments to the exchange. This information is transferred to the carriers via interface (E). The information is crucial to the carriers for calculating their potential profits and losses for the current planning period.

From the discussion above we learn that the private internal planning processes of the carriers and that of the groupage system's management are coupled. The mutual need for information requires a fast and reliable processing of each planning step independent of whether the step is a carrier planning step or a groupage system planning step.

7 Conclusions

Our contribution has analyzed the changes to operational transportation planning that result from adding the option of horizontal cooperation between carriers. We argued that the request portfolio of a carrier might be updated by removing and inserting requests after an initial mode assignment has been made. As such, the planning procedures at the carrier have to be extended to incorporate the required steps of request submission and bid generation for participation in the exchange. The described procedures remained on a generic level so that they are valid for all carriers in a groupage system independent of the actual planning system used. The groupage system is further amended by a coordinating instance that functions as planning and communication device to the carriers. As such, the carriers do not negotiate directly with each other but follow fixed and predictable structures for their collaborative planning. This coordination instance has to support the five steps of collaborative planning (Figure 5) and especially the request exchange. For both problems we have provided procedural descriptions. Further, we have linked the planning of the carriers to the coordination instance by specifying the required communication interfaces.

Acknowledgments This research was supported by the German Research Foundation (DFG) as part of the Collaborative Research Centre 637 "Autonomous Cooperating Logistics Processes – A Paradigm Shift and its Limitations" (Subproject B9).

References

Berger, Susanne/ Bierwirth, Christian (2008): Ein Framework für die Koordination unabhängiger Transportleister. In: Inderfurth, K./ Neumann, G./ Schenk, M./ Wäscher, G./ Ziems, D. (Hrsg.) (2008): Netzwerklogistik. Logistik aus technischer und ökonomischer Sicht. 13. Magdeburger Logistik-Tagung: 137-151

Bloos, Melanie/ Schönberger, Jörn/ Kopfer, Herbert (2009): Supporting Cooperative Demand Fulfillment in Supply Networks using Autonomous Control and Multi-Agent-Systems. In: Fischer, S. /Maehle, E./ Reischuk, R. (Hrsg.): INFORMATIK 2009. Im Focus das Leben. Beiträge der 39. Jahrestagung der Gesellschaft für Informatik e.V.. GI-Edition Lecture Notes in Informatics. 154. 3590-3604

Crainic, Teodor-Gabriel/ Laporte, Gilbert (1997): Planning Models for Freight Transportation. In: European Journal of Operational Research. 122. 409-438

Golden, Bruce/ Raghavan, S. Raghu/ Wasil, Edward (2008): The Vehicle Routing Problem. Latest Advances and New Challenges. Boston: Springer Science+Business Media

Gujo, Oleg/ Schwind, Michael/ Vykoukal, Jens (2007): The Design of Incentives in a Combinatorial Exchange for Intra-Enterprise Logistics Services. In: IEEE Joint Conference on E-Commerce Technology (CEC´07) and Enterprise Computing, E-Commerce and E-Services (EEE´07). Tokyo, Japan: 443-446

Kopfer, Herbert/ Pankratz, Giselher (1999): Das Groupage-Problem kooperierender Verkehrsträger. In: Kall P./ Lüthi H.-J. (Hrsg.) (1999): Proceeding of OR 98. Berlin, Heidelberg, New York: Springer: 453-462

Kopfer, Herbert/ Wang, Xin (2009): Combining Vehicle Routing with Forwarding - Extension of the Vehicle Routing Problem by Different Types of Sub-contraction. In: Journal of the Korean Institute of Industrial Engineers (JIKIIE), Vol. 35(1), 2009, pp. 1-14

Kopfer, Herbert/ Krajewska, Marta-Anna (2007): Praktische Aspekte der kollaborativen Auftragsdisposition. In: Koschke, R.;/ Otthein H. / Roediger K.-H. (Hrsg.) (2007): INFORMATIK 2007. Informatik trifft Logistik. Bonn: Springer: 66-69

Krajewska, Marta-Anna/ Kopfer, Herbert (2006): Collaborating Freight Forwarding Enterprises - Request Allocation and Profit Sharing. In: OR Spectrum. 28(3). 301-317

Krajewska, Marta-Anna/ Kopfer, Herbert (2009): Transportation Planning in Freight Forwarding Companies - Tabu Search Algorithm for the Integrated Operational Transportation Planning Problem. In: European Journal of Operational Research. 197(2). 741-751

Krajewska, Marta-Anna/ Kopfer, Herbert/ Laporte, Gilbert/ Ropke, Stefan/ Zaccour Georges (2008): Horizontal Cooperation of Freight Carriers: Request Allocation and Profit Sharing. In: Journal of the Operational Research Society. 59. 1483-1491

Mitrović-Minić, Snezana (1998) Pickup and Delivery Problem with Time Windows: A Survey. Tech. Rep. SFU CMPT TR 1998-12, School of Computing Science, Simon Fraser University, Burnaby, BC, Canada

Pankratz, Giselher (2002): Dynamische speditionelle Transportdisposition unter besonderer Berücksichtigung der Fremdvergabe. Wiesbaden: Deutscher Universitäts-Verlag, Gabler Edition Wissenschaft

Pfohl, Hans-Christian (2004): Logistikmanagement. Konzepte und Funktionen. Berlin, Heidelberg, New York: Springer

Schönberger, Jörn (2005): Operational Freight Carrier Planning. Basic Concepts, Optimization Models and Advanced Memetic Algorithms. GOR Publications. Berlin, Heidelberg, New York: Springer

Schönberger, Jörn/ Kopfer, Herbert (2004): Freight Flow Consolidation in Presence of Time Windows. In: Fleuren, H./ den Hertog, D./ Kort, P. (Hrsg.) (2005): Operations Research Proceedings. Berlin, Heidelberg, New York: Springer: 184-191

Williams, Hilary-Paul (1999): Model building in mathematical programming. Chichester.: Wiley

Sebastian Zöller* / Marek Meyer** / Ralf Steinmetz***

Drahtlose Sensornetze als Werkzeug zur Echtzeiterkennung und -verarbeitung von Events in der Supply Chain

---

* Dipl.-Wirtsch.-Inform. Sebastian Zöller studierte Wirtschaftsinformatik an der Technischen Universität Darmstadt. Seit 2009 ist er wissenschaftlicher Mitarbeiter am Lehrstuhl für Multimedia Kommunikation von Prof. Ralf Steinmetz an der Technischen Universität Darmstadt. Dort ist er Mitglied der Forschungsgruppe Mobile and Event-Based Services und befasst sich u. a. mit dem Einsatz drahtloser Sensornetze in der Logistik.

** Dr.-Ing. Marek Meyer arbeitete bei SAP Research und promovierte am Lehrstuhl für Multimedia Kommunikation an der Technischen Universität Darmstadt. Seit 2008 leitet er die Forschungsgruppe Mobile and Event-Based Services des Lehrstuhls und befasst sich u. a. mit Technologien des Internets der Dinge, Location Based Services und Smartphone-Applikationen.

*** Prof. Dr.-Ing. Ralf Steinmetz war über neun Jahre in der industriellen Forschung und in der Entwicklung von verteilten Multimediasystemen und -anwendungen tätig. Seit 1996 ist er Professor für Multimedia Kommunikation an der Technischen Universität Darmstadt. Mit über 20 Forschern arbeitet er an der Verwirklichung seiner Vision der echten „nahtlosen Multimedia Kommunikation“. Er wurde zum IEEE und ACM Fellow ernannt und ist Beauftragter für Informations- und Kommunikationstechnologie des Landes Hessen.

1 Einleitung

Mit der Technologie der drahtlosen Sensornetze ist in den letzten Jahren eine Technologie entstanden, die u. a. eine Erkennung und Verarbeitung von Events in der Supply Chain in Echtzeit ermöglicht. Im Folgenden wird dargestellt, wie eine solche Eventerkennung und -verarbeitung aussehen kann, welche Herausforderungen mit der Realisierung eines solchen Systems verbunden sind und welche Vorteile, gerade auch im Hinblick auf die Nutzung im Kontext des Supply Chain Event Managements (SCEM), sich hierdurch bieten. Eine einleitende kompakte Darstellung der Technologie soll als Grundlage hierfür dienen. Der aktuelle Stand hinsichtlich des Einsatzes von drahtlosen Sensornetzen in der Logistik wird abschließend skizziert.

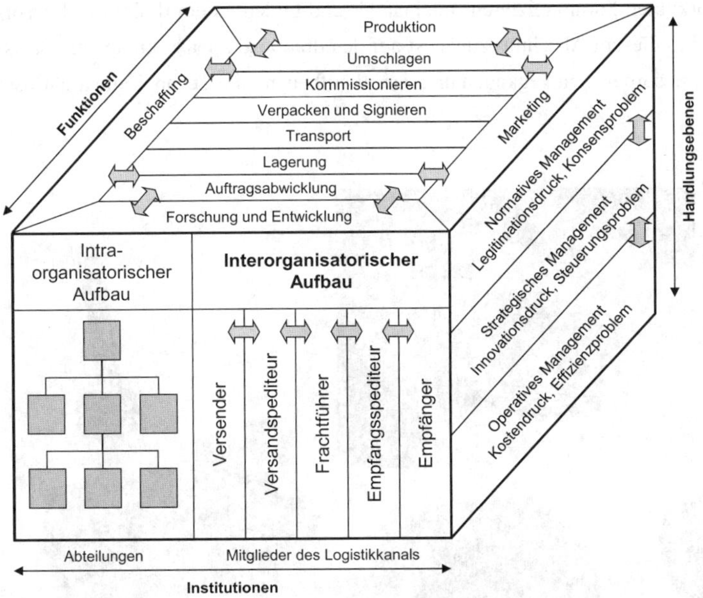

Abbildung 1: Logistikvariablen. Quelle: Pfohl 2004: 26.

Drahtlose Sensorknoten und die sich aus diesen zusammensetzenden drahtlosen Sensornetze ermöglichen das Erfassen und Überwachen verschiedenster Umweltdaten, aber auch die Verarbeitung und Speicherung der entsprechenden Daten sowie die drahtlose Datenübertragung, z. B. während eines Gütertransports. Dementsprechend können bei einer Gesamtbetrachtung der in der Logistik vorherrschenden Komplexität, wie sie bspw. Pfohl vornimmt (vgl. Pfohl 2004: 25f., Pfohl 1997: 645f. sowie Abb. 1), drahtlose Sensornetze als unterstützende Instrumente im Bereich der Handlungsebenen der Logistik eingesetzt werden. In diesem Kontext können drahtlose Sensornetze sowohl vorteilhaft im Rahmen des operativen Logistikmanagements als auch im Rahmen des strategischen Logistikmanagements genutzt werden. Beispielhaft ermöglicht der Einsatz drahtloser Sensornetze eine schnelle Erfassung und Benachrichtigung über Events, z. B. eine kritische

Temperaturüberschreitung, und somit eine umgehende Prozessanpassung als Reaktion auf dieselben. Entsprechend erscheint auch die Nutzung drahtloser Sensornetze im Rahmen des Supply Chain Event Managements (vgl. hierzu auch Abschnitt 3) vielversprechend. Die durch die drahtlosen Sensoren erfassten Events und Daten können weiterhin auch für eine langfristige bzw. historienbasierte Supply Chain-Beobachtung und -Analyse genutzt werden. Hierbei können die erhobenen Daten eine Grundlage für Prozessverbesserungen und für eine unternehmensübergreifende und partnerschaftliche Performanceanalyse bilden.

2 Drahtlose Sensornetztechnologie

Die Grundlage jedes drahtlosen Sensornetzes sind einzelne drahtlose Sensorknoten (vgl. Abb. 2). Diese drahtlosen Sensorknoten kommunizieren miteinander und bilden so ein drahtloses Sensornetz. Entsprechend wird in diesem Abschnitt zunächst auf den drahtlosen Sensorknoten als Basiskomponente drahtloser Sensornetze eingegangen und darauf aufbauend die Technologie drahtloser Sensornetze beschrieben.

Abbildung 2: Drahtlose Sensorknoten. Quellen: Culler et al. 2004: 42, Stankovic 2008: 628, Beigl et al. 2005, Jedermann et al. 2006: 159.

Ein drahtloser Sensorknoten besteht i. d. R. aus drei Hauptkomponenten, die durch eine *Energieversorgungseinheit*, die die zum Betrieb des drahtlosen Sensorknotens benötigte Energie zur Verfügung stellt, ergänzt werden (vgl. Abb. 3). Darüber hinaus ist eine Erweiterung um zusätzliche, in bestimmten Anwendungsfällen benötigte Komponenten i. Allg. möglich.

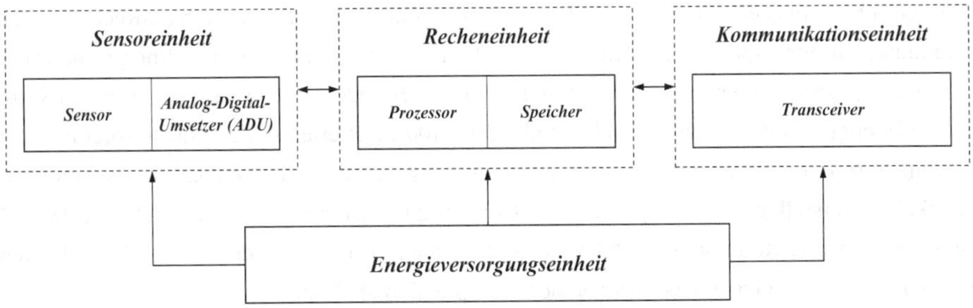

Abbildung 3: Zentrale Komponenten eines drahtlosen Sensorknotens. Quelle: In Anlehnung an Akyildiz et al. 2002: 399.

Die *Sensoreinheit* misst die zu überwachenden Umweltparameter. Hierbei existiert eine Vielzahl unterschiedlicher, mit der aktuell verfügbaren Sensortechnologie erfassbarer Umweltparameter, die u. a. Temperatur, Feuchtigkeit, Licht, akustische Signale, Vibrationen, Druck und Bewegung umfassen (vgl. z.B. Karl/Willig 2007: 3, Akyildiz et al. 2002: 395, Estrin et al. 1999: 264). Zur Umwandlung der analogen Messdaten in digitale Daten verfügt die Sensoreinheit über einen Analog-Digital-Umsetzer (vgl. Akyildiz et al. 2002: 399 und Culler et al. 2004: 44f.).

Die *Recheneinheit* zeichnet verantwortlich für die Verarbeitung aller innerhalb eines drahtlosen Sensorknotens anfallenden Daten. Hierzu gehören bspw. die Auswertung und Bearbeitung der Messdaten der Sensoreinheit und Daten, die von anderen drahtlosen Sensorknoten empfangenen wurden, aber auch die Ausführung unterschiedlicher Programme und die Entscheidung, welche Daten an andere Knoten innerhalb des drahtlosen Sensornetzes übermittelt werden (vgl. Karl/Willig 2007: 19). Zur Speicherung entsprechender Daten beinhaltet die Recheneinheit neben der Prozessoreinheit noch eine Speichereinheit. So können z. B. auch zu übertragende Daten zwischengespeichert werden, bis eine Kommunikationsverbindung hergestellt werden kann, und eine Verarbeitung historischer Daten, bspw. zur Ermittlung von Mittel-, Höchst- oder Tiefstwerten oder auch des zeitlichen Verlaufs eines Parameters, wird so ebenfalls ermöglicht. Sowohl Prozessoreinheit als auch Speichereinheit weisen allerdings i. Allg. eine bedeutend geringere Leistungsfähigkeit bzw. Speicherkapazität als die Prozessor- und Speichereinheiten von Laptops oder PCs auf.

Die *Kommunikationseinheit* stellt die Kommunikationsverbindung eines drahtlosen Sensorknotens zu den anderen Knoten eines drahtlosen Sensornetzes dar. Hierbei wird sowohl für den Datenempfang als auch für den Datenversand üblicherweise ein integriertes Bauteil genutzt, das als Sender (engl. *Transmitter*) und auch als Empfänger (engl. *Receiver*) agiert und dementsprechend mit dem Begriff *Transceiver* bezeichnet wird (vgl. Karl/Willig 2007: 21). Für die konkrete drahtlose Datenübertragung können u. a. Funk, Infrarot oder verschiedene optische Medien verwendet werden. Grundsätzlich gilt, dass in einem drahtlosen Sensorknoten die Datenübertragung den höchsten Energieverbrauch aufweist. Dementsprechend wird i. d. R. darauf geachtet, möglichst energiesparende Transceiver in drahtlosen Sensorknoten zu verwenden, die u.a. verschiedene Betriebsmodi aufweisen, mit denen ihr Energieverbrauch beeinflusst werden kann (vgl. Karl/Willig 2007: 40).

Die *Energieversorgungseinheit* stellt die Energie für den Betrieb von Sensoreinheit, Recheneinheit und Kommunikationseinheit bereit. Hierbei kann die benötigte Energie mittels Energiespeichern zur Verfügung gestellt werden oder aber durch die Energiegewinnung aus der Umwelt (vgl. Puccinelli/Haenggi 2005: 23 und Akyildiz et al. 2002: 400). Batterien stellen ein Beispiel für eine Energiequelle in Form eines Energiespeichers dar, wohingegen z. B. Sonnenlicht und Vibrationen Möglichkeiten darstellen, um Energie aus der Umwelt zu gewinnen (vgl. Culler et al. 2004: 44 und ergänzend bspw. Roundy et al. 2003). Die momentan verfügbaren drahtlosen Sensorknoten verwenden i.d.R. AA- oder AAA-Batterien oder Knopfzellen als Energiequellen.

Vor dem Hintergrund, dass drahtlose Sensorknoten prinzipiell eine möglichst kleine Bauform aufweisen sollen (vgl. z.B. Akyildiz et al. 2002: 400 und Mattern/Römer 2003: 191), müssen demzufolge die einzelnen dargestellten Komponenten entsprechend klein sein. In Verbindung mit der üblichen Verwendung von Batterien als Energiequellen und der Tatsache, dass diese momentan i. d. R. der größenbestimmende Faktor für einen drahtlosen Sensorknoten sind, bedeutet dies z. B. für die Energieversorgungseinheit, dass nur eine möglichst geringe Anzahl Batterien, die zusätzlich noch möglichst klein sein sollten, verwendet werden darf und somit die Energieressourcen von drahtlosen Sensorknoten i. Allg. stark eingeschränkt sind.

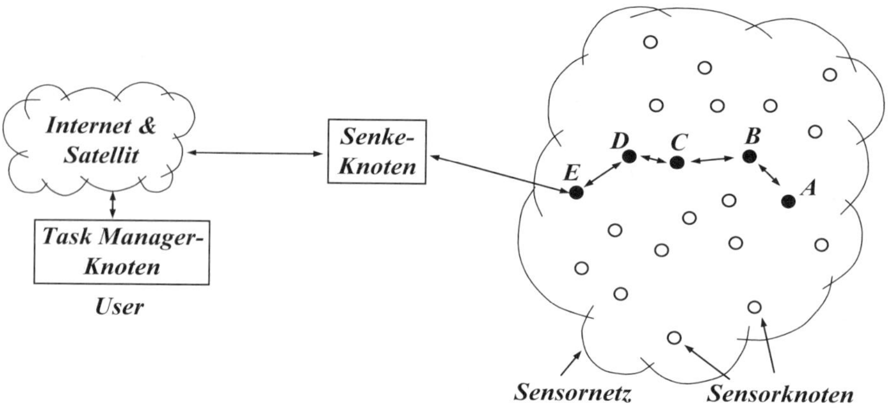

Abbildung 4: Schematische Darstellung eines drahtlosen Sensornetzes. Quelle: In Anlehnung an Akyildiz et al. 2002: 405.

Ein drahtloses Sensornetz setzt sich aus mehreren verteilten drahtlosen Sensorknoten zusammen, die die relevanten Umgebungsparameter überwachen und entsprechende Daten übertragen (vgl. Akyildiz et al. 2002: 401, 403-405 sowie Abb. 4). Ein zentrales Element stellt hierbei der so genannte *Senke-Knoten* dar, zum Teil auch einfach nur als *Senke* oder als *Basisstation* bezeichnet (vgl. Puccinelli/Haenggi 2005). Der Senke-Knoten ist der zentrale Empfänger der von den einzelnen drahtlosen Sensorknoten erfassten und übertragenen Daten. Weiterhin stellt der Senke-Knoten i. d. R. die Datenverbindung zu anderen Netzwerken, wie bspw. dem Internet, her, sodass die von dem Senke-Knoten empfangenen Daten nach einer etwaigen Weiterverarbeitung innerhalb des Senke-Knotens, wie z. B. der Aggregation der von den einzelnen Sensorknoten empfangenen

Daten, entsprechend vom Senke-Knoten auch in andere Netzwerke übertragen werden bzw. über diese abgerufen werden können. Neben der Verwendung eines einzelnen Senke-Knotens können in einem drahtlosen Sensornetz auch mehrere Senke-Knoten zum Einsatz kommen, die einen so genannten *Gateway-Knoten* nutzen, um eine Verbindung zu anderen Netzwerken herzustellen (vgl. Akyildiz et al. 2002, Verdone et al. 2008: 1-4 sowie Abb. 5). Die Kommunikation zwischen den einzelnen drahtlosen Sensorknoten und einem Senke-Knoten kann entweder in direkter Form, d. h. ein drahtloser Sensorknoten übermittelt seine Daten direkt an den Senke-Knoten, oder indirekt, die Datenübermittlung eines drahtlosen Sensorknotens an den Senke-Knoten erfolgt mittels drahtloser Sensorknoten, die zwischen dem übertragenden Knoten und dem Senke-Knoten liegen und die entsprechenden Daten weiterleiten, erfolgen. Ersteres wird als *Single-Hop-Datenübertragung* bezeichnet, letzteres als *Multi-Hop-Datenübertragung.*

Die konkrete Datenübertragung innerhalb drahtloser Sensornetze geschieht i. d. R. auf Basis des Kommunikationsstandards *802.15.4* der IEEE in Verbindung mit dem so genannten *ZigBee-Standard*, der von der mehr als einhundert Unternehmen umfassenden ZigBee-Allianz[1] entwickelt und promotet wird. Zunächst wurde auch erwogen, die Datenübertragung mittels des *Bluetooth-Standards* zu realisieren, allerdings wies dieser signifikante Nachteile, z. B. bei Energieverbrauch und Produktionskosten, auf, sodass sich die Kombination aus IEEE-Standard 802.15.4 und ZigBee-Standard immer mehr durchsetzt (vgl. Sohraby et al. 2007: 8, 50f. u. 116f., Karl/Willig 2007: 139f. und Tubaishat/Madria 2003: 20).

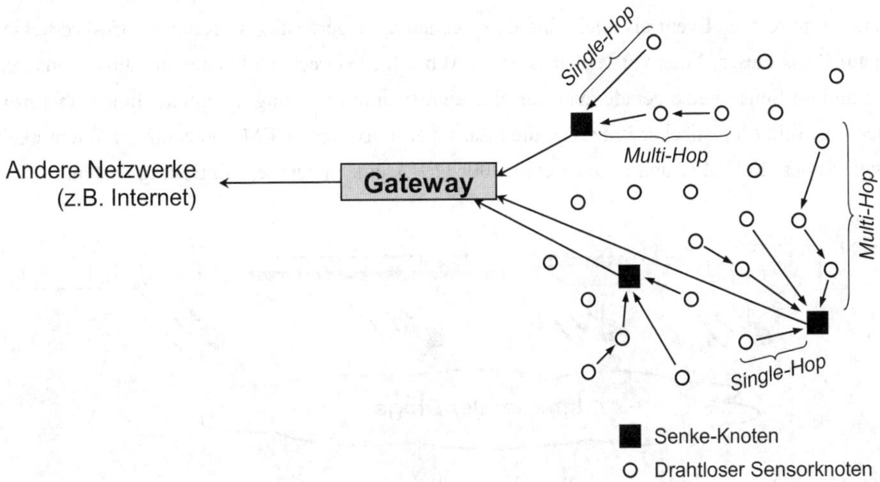

Abbildung 5: Kommunikationsmöglichkeiten innerhalb eines drahtlosen Sensornetzes. Quelle: In Anlehnung an Verdone et al. 2008: 3.

[1] http://www.zigbee.org.

3 Echtzeiterkennung und -verarbeitung von Events in der Supply Chain

Die arbeitsteilige Gestaltung von Wertschöpfungsketten und die Minimierung von Bestands- und Zeitpuffern in Verbindung mit einem hohen interorganisationalen Integrationsgrad in der Supply Chain führt zu erhöhten Eintrittswahrscheinlichkeiten von unvorhergesenen Ereignissen und vergrößert deren Tragweite. Vor diesem Hintergrund kommt der möglichst frühzeitigen Erkennung von kritischen Ereignissen, auch Events genannt (vgl. Bretzke/Klett 2004: 147 als auch Stölzle 2008: 542), in der Supply Chain, und der damit verbundenen Möglichkeit rechtzeitig entsprechend auf diese zu reagieren, eine entscheidende Bedeutung für den Erfolg der Supply Chain Akteure zu. Dies wird u. a. im Konzept des *Supply Chain Event Managements* (SCEM) reflektiert (vgl. Heusler et al. 2006: 19).

Ein Instrument, mit dessen Hilfe Events in einer Supply Chain in Echtzeit erkannt und verarbeitet werden können, stellen drahtlose Sensoren, und die von diesen gebildeten drahtlosen Sensornetze mit ihren hoch entwickelten Mess-, Kommunikations- und Datenverarbeitungsfunktionalitäten (vgl. Abschnitt 2) dar. Aufgrund der Kommunikationsmöglichkeiten, die drahtlose Sensorknoten bieten, können sie bzw. die von ihnen erhobenen Daten mithilfe von Technologien des *Internets der Dinge* (engl. *Internet of Things*; vgl. hierzu z.B. Fleisch/Mattern 2005 und Christin et al. 2009) direkt an unterschiedliche Systeme der einzelnen Supply Chain Teilnehmer angebunden werden. Derart ist eine Integration der Sensordaten in die Geschäftsprozesse der Supply Chain Akteure möglich, sodass sowohl eine automatisierte kurzfristige Geschäftsprozessanpassung als Reaktion auf ein aufgetretenes Event als auch eine entsprechende längerfristige Geschäftsprozessverbesserung auf Basis dieser Daten vorstellbar ist (vgl. Abb. 6). Entsprechend können drahtlose Sensoren und drahtlose Sensornetze gerade auch für eine signifikante Erhöhung der unternehmensübergreifenden Visibilität logistischer Prozesse, die u. a. im Kontext des SCEM von zentraler Wichtigkeit ist (vgl. Nissen 2002: 477 und Heusler et al. 2006: 19f.), einen bedeutenden Beitrag leisten.

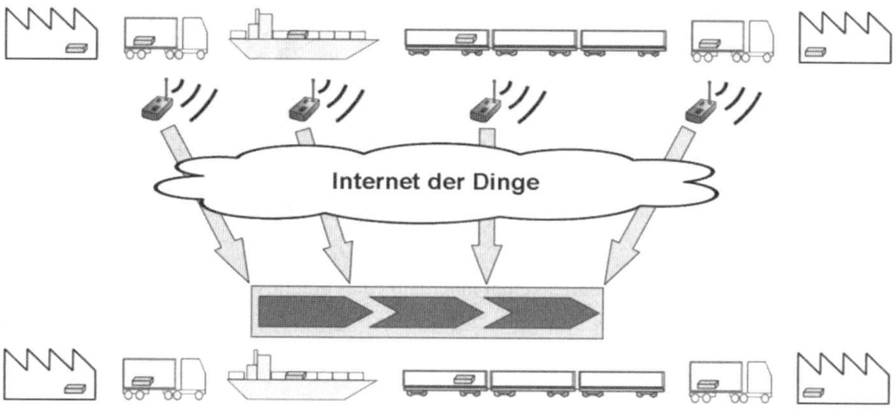

Abbildung 6: Integration drahtloser Sensordaten in Geschäftsprozesse in einem Logistikkontext.

Im Vergleich zur heutigen Situation, in der Daten zur Erkennung etwaiger während des Transportprozesses aufgetretene Events entweder an Umschlagknoten oder erst beim Empfänger ausgelesen werden, stellt eine Echtzeiterkennung und -verarbeitung von Events mittels drahtloser Sensornetze eine signifikante Verbesserung dar. Die Zeitspanne zwischen dem Auftreten eines Events und dessen Erkennen bzw. der Benachrichtigung eines Verantwortlichen über das Auftreten des Events, der entsprechend auf dieses reagieren muss, würde durch die Echtzeiterkennung von Events mittels drahtloser Sensornetze entscheidend verkürzt und könnte möglicherweise auf nahezu Null reduziert werden (vgl. Abb. 7). Dies wirkt sich entsprechend positiv auf die einem Entscheider, der über eine Reaktion auf ein Event befinden muss, zur Verfügung stehende Reaktionszeit aus und vergrößert somit i. d. R. auch seinen Handlungsspielraum (vgl. hierzu auch Bretzke/Klett 2004: 148f. u. 154 und Karrer 2003: 189f.).

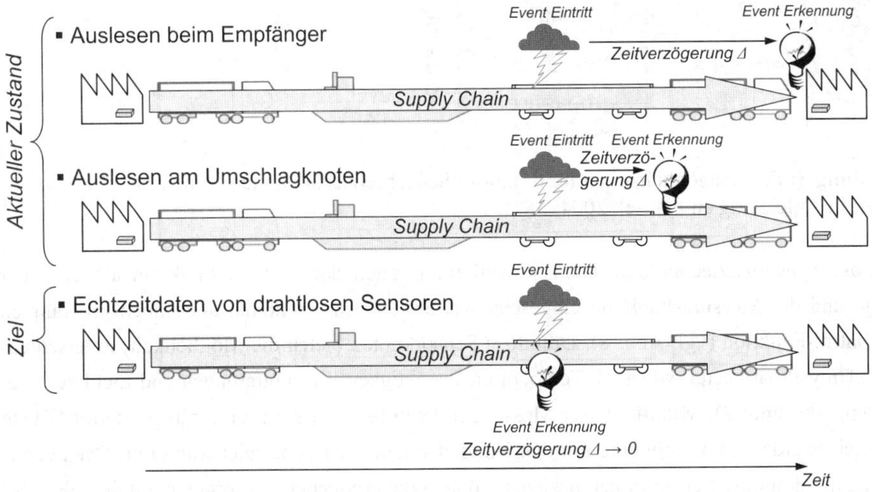

Abbildung 7: Zeitvorteile bei der Eventerkennung durch den Einsatz drahtloser Sensoren.

Gerade im Zusammenhang mit der Implementierung eines SCEM-Systems können drahtlose Sensornetze nutzbringend eingesetzt werden und mehrere Funktionsaspekte eines solchen Systems unterstützen bzw. technologisch umsetzen. Als Funktionsaspekte eines SCEM-Systems können die Grundfunktionen *Monitor*, *Notify*, *Simulate*, *Control* und *Measure* unterschieden werden (vgl. Stölzle 2008: 543, Nissen 2002: 477f. sowie Heusler et al. 2006: 22f.). Hierbei beschreibt die Monitor-Funktion die Prozessüberwachung, in deren Kontext die Erhebung von Statusinformationen und deren Abgleich mit Soll-Werten und vorgegebenen Toleranzgrenzen zur Eventerkennung stattfindet. Wurde durch das Monitoring ein Event erkannt, so zeichnet die Notify-Funktion für die entsprechende Benachrichtigung eines zuständigen Entscheiders verantwortlich. Anschließend werden im Rahmen der Simulate-Funktion Möglichkeiten zur Reaktion auf das gemeldete Event analysiert und bewertet. Die Auswahl der vielversprechendsten Handlungsoption und deren Umsetzung ist Aufgabe der Control-Funktion. Letztlich wird mittels der Measure-

Funktion ein Messen und Aufbereiten von Performanceindikatoren zur prozessbegleitenden Prozesskontrolle ermöglicht.

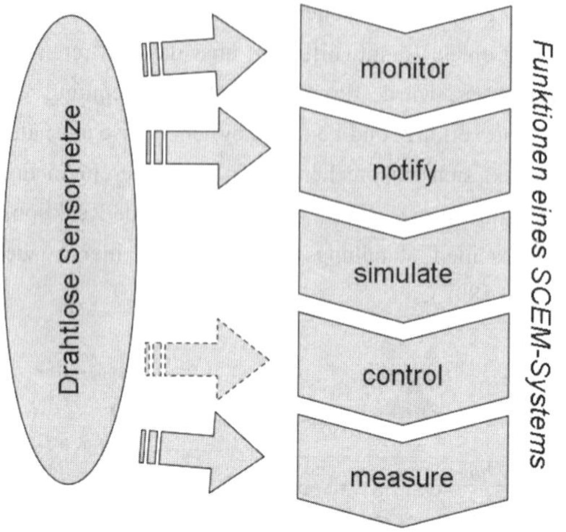

Abbildung 8: Einsatzmöglichkeiten für drahtlose Sensornetztechnologie in einem SCEM-System. Quelle: In Anlehnung an Placzek 2004: 38.

Drahtlose Sensornetztechnologie kann sowohl im Bereich der Monitor-Funktion als auch der Notify- und der Measure-Funktion eingesetzt werden und eingeschränkt auch noch im Rahmen der Control-Funktion (vgl. Abb. 8). Drahtlose Sensorknoten bieten die Möglichkeit, unterschiedlichste Umweltparameter, wie z. B. Temperatur, Feuchtigkeit, Erschütterungen und Licht zu erheben (vgl. Abschnitt 2). Mithilfe dieser Messungen kann bspw. der Zustand transportierter Wache überwacht werden. In Verbindung mit den Möglichkeiten zur Datenspeicherung und Datenverarbeitung, die drahtlose Sensorknoten besitzen, können die erhobenen Sensordaten auf dem drahtlosen Sensorknoten mit vorher festgelegten und auf dem Sensorknoten gespeicherten Soll-Werten und zugehörigen Toleranzgrenzen abgeglichen werden, sodass drahtlose Sensorknoten durchaus die Monitor-Funktion eines SCEM-Systems realisieren bzw. zumindest entscheidend unterstützen können. Unter Verwendung der Datenübertragungsschnittstellen drahtloser Sensorknoten und eventuell unter Verwendung von anderen, benachbarten Knoten in einem drahtlosen Sensornetz (vgl. hierzu auch Abschnitt 2), kann nach der Erkennung eines Events der drahtlose Sensorknoten im Sinne der Notify-Funktion entweder den Prozessverantwortlichen direkt benachrichtigen und ihm die relevanten Daten übermitteln oder zumindest die Benachrichtigung und die entsprechenden Daten an eine Stelle übertragen, die eine direkte Verbindung zum Prozessverantwortlichen herstellen kann. Die Control-Funktion eines SCEM-Systems kann eingeschränkt und in einfachen Fällen ebenfalls von drahtlosen Sensorknoten unterstützt bzw. sogar realisiert werden. Unter Ausnutzung der Speicherkapazität und der Datenkommunikationsmöglichkeiten eines drahtlosen Sensorknotens ist es prinzipiell möglich für einige Events angemessene Reaktionen auf einem Sensorknoten zu speichern. Besteht nun zwischen dem drahtlosen Sensornetz und einem entsprechenden Steuerungssystem (*Aktor*; vgl. hierzu z. B. Verdone et al. 2008: 4-6) eine Kommunikationsverbindung, kann ein drahtloser Sensorknoten eine notwendige Änderung als Reaktion auf ein erkanntes Event durch das Steuerungssystem veranlassen. Beispielsweise ist es vorstellbar, dass ein drahtloses Sensornetz zur Überwachung eines Kühltransportes eingesetzt wird und drahtlos mit der Kühlungssteuerung verbunden ist. Wird nun das Erreichen einer kritischen Temperatur erkannt, könnte als automatische Reaktion hierauf das drahtlose Sensornetz die Kühlungssteuerung dazu veranlassen, die Temperatur neu einzuregeln. Letztlich können mittels der Datenspeicherkapazität von drahtlosen Sensorknoten auch längerfristig Daten auf diesen vorgehalten werden, und mittels der Berechnungsmöglichkeiten drahtloser Sensorknoten auch nach Bedarf aggregiert werden, auf deren Basis Auswertungen bezüglich verschiedener Performance-Indikatoren zur Prozesskontrolle durchgeführt werden können, sodass die Measure-Funktion eines SCEM-Systems entsprechend auch unterstützt werden kann.

Trotz des vorhandenen, hier skizzierten Anwendungspotenzials der drahtlosen Sensornetztechnologie im SCEM-Kontext und für die Eventerkennung und Verarbeitung in der Supply Chain ist für einen entsprechenden erfolgreichen Einsatz und eine hohe Akzeptanz dieser Technologie in der Logistikdomäne die umfassende Berücksichtigung verschiedener Anforderungen aus unterschiedlichsten Bereichen notwendig (vgl. Abb. 9).

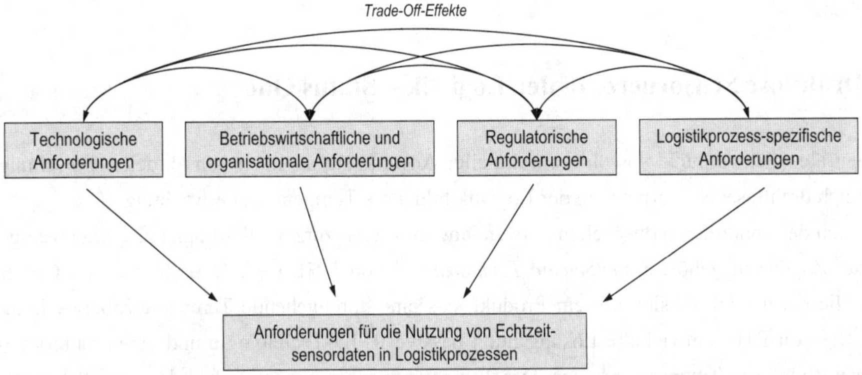

Abbildung 9: Anforderungen für den Einsatz drahtloser Sensornetze in Logistikprozessen.

Hierbei gilt es, sich von einer momentan stark technologisch basierten Sichtweise zu lösen und den Blickwinkel deutlich zu erweitern. Selbstverständlich sind weiterhin technologische Einschränkungen und Anforderungen zu berücksichtigen, allerdings müssen darüber hinaus auch die Einbettung der Technologie in den organisationalen Kontext der Unternehmungen, die an einer Supply Chain teilnehmen und auch deren allgemeine ökonomischen Zwänge ausreichend Berücksichtigung finden. Außerdem gilt es regulatorische Bestimmungen verschiedenster Bereiche und auch die Eigenheiten logistischer Prozesse möglichst vollumfänglich zu berücksichtigen.

Beispielsweise ist davon auszugehen, dass die verschiedenen Supply Chain Akteure jeweils bereits über eine umfangreiche IKT-Infrastruktur verfügen, sodass die Möglichkeit einer Integration der drahtlosen Sensornetztechnologie in die vorhandenen Systeme zu gewährleisten ist. Bezüglich der allgemeinen ökonomischen Zwänge, derer sich Supply Chain Teilnehmer i. d. R. ausgesetzt sehen, ist u. a. darauf zu achten, dass der Einsatz drahtloser Sensornetze möglichst kostengünstig realisierbar ist. Zu berücksichtigende regulatorische Anforderungen können z. B. unterschiedliche nationale Regulierungen im Telekommunikationsbereich, die sich dann entsprechend auf die einsetzbaren Kommunikationstechnologien bzw. Übertragungsfrequenzen auswirken würden, oder auch Bestimmungen hinsichtlich des Umgangs mit Waren während des Transports, die z. B. beeinflussen ob und wie drahtlose Sensoren bspw. bei Lebensmitteltransporten oder beim Transport von Pharmazeutika eingesetzt werden können, umfassen. In Bezug auf zu beachtende Logistikprozess-spezifische Anforderungen ist u. a. zu nennen, dass der Einsatz eines drahtlosen Sensornetzes nicht auf ein konkretes Transportmittel und spezifische Länder ausgerichtet sein darf, sondern vielmehr ein Maß an Flexibilität zu gewährleisten ist, das intermodale und grenzüberschreitende Transporte unterstützt und darüber hinaus auch mit einer für Logistikprozesse durchaus typischen, vergleichsweise hohen Anzahl an verschiedenen Prozessbeteiligten umgegangen werden kann. Letztlich gilt zu berücksichtigen, dass zwischen den genannten Bereichen durchaus auch Abhängigkeiten bestehen bzw. eine gegenseitige Beeinflussung festgestellt werden kann, sodass entsprechende Trade-Off-Effekte zu identifizieren und jeweils individuell angemessen auszubalancieren sind. All dies muss vor dem Hintergrund der Ressourcenbeschränktheit, die typisch für drahtlose Sensorknoten ist (vgl. Abschnitt 2), und dem in der Logistikdomäne herrschenden Kostendruck geschehen.

4 Drahtlose Sensornetze in der Logistik – Status Quo

Den zentralen Schwerpunkt sowohl von aktueller Anwendung als auch von aktueller Forschung im Bereich drahtloser Sensornetze in der Logistik bildet die Temperaturüberwachung.
Im Bereich der konkreten industriellen Anwendung existieren zurzeit allerdings nur einige wenige Projekte. Zu diesen gehört *SmartSensor Temperature*[2] von DHL (vgl. DHL Innovation Center 2008). Hierbei handelt es sich um ein Produkt, das eine durchgehende Temperaturüberwachung bietet. Die von DHL entwickelte Lösung nutzt passive RFID-Technologie und einen batteriebetriebenen drahtlosen Temperatursensor. Der Temperatursensor wird vom Kunden dem Paket mit der zu überwachenden Ware beigelegt und erfasst alle zehn Minuten die aktuelle Temperatur und speichert die entsprechenden Daten. Das Auslesen der Temperaturdaten geschieht in Abhängigkeit des vom Kunden gewählten Servicegrades entweder, wenn das Paket beim Empfänger eingetroffen ist oder an vorab festgelegten Punkten während des Transports. Aufgrund der eingesetzten RFID-Technologie kann das Auslesen mithilfe eines RFID-Lesers ohne Öffnen des Pakets geschehen. Über ein Webportal werden die ausgelesen Daten anschließend dem Kunden über das Internet zur Verfügung gestellt. Im Falle einer erkannten Temperaturüberschreitung wird der Kunde per E-Mail hierüber informiert. Wenn die Temperaturdaten bereits regelmäßig während des Transportes ausgelesen werden, kann die Benachrichtigung entsprechend auch schon geschehen,

2 http://www.smartsensor-temperature.de/.

während das Paket noch transportiert wird, andernfalls erst nach dem Eintreffen des Paketes beim Empfänger. Letztlich zeigt der der Ware beigelegte Temperatursensor mittels einer LED an, ob während des Transports eine Temperaturüberschreitung festgestellt wurde oder nicht, sodass dies sofort nach Öffnen des Pakets überprüft werden kann.

Mit dem Fokus auf die Kühlkettenüberwachung befindet sich Lufthansa Cargo momentan in der Entwicklungsphase einer Lösung, mithilfe derer eine Kommunikation, Identifikation und auch eine steuernde Überwachung von Kühlcontainern online ermöglicht werden soll (vgl. Witte/Portele 2009). Hierdurch soll insbesondere die Erfüllung der umfangreichen Dokumentationspflichten hinsichtlich Produktstatus für die pharmazeutische Industrie vereinfacht werden. Neben der Erfassung der Temperatur sollen die einzusetzenden drahtlosen Sensoren auch noch Feuchtigkeitsdaten erfassen und weiterhin Daten bezüglich der aktuellen Containerposition bereitstellen. Die Messdaten sollen von einem zentralen Helpdesk analysiert werden, das dann letztendlich im Falle des Eintretens kritischer Zustände entsprechende Gegenmaßnahmen einleiten soll.

Die *DB SCHENKERsmartbox*[3] von DB Schenker stellt dem Kunden einen Container zur Verfügung, der mit einem GPS-Modul und verschiedenen Sensoren ausgestattet ist. DB Schenker bietet so seinen DB SCHENKERsmartbox-Kunden die Möglichkeit Temperaturdaten, Feuchtigkeitsdaten sowie Daten bezüglich Erschütterungen und unbefugten Öffnens des Containers zu überwachen. Hierdurch soll die Transparenz der Supply Chain für die Kunden erhöht werden. Momentan wird die DB SCHENKERsmartbox-Lösung vorrangig in der Seefracht eingesetzt und ist nur für ausgewählte Güter, wie z. B. aus der Kategorie der hochwertigen Güter, verfügbar.

Wie eingangs bereits erwähnt, liegt nicht nur der Schwerpunkt der konkreten industriellen Anwendung von drahtlosen Sensornetzen in der Logistik auf der Temperaturüberwachung, sondern auch die einschlägigen Forschungsprojekte haben ihren Schwerpunkt auf diesem Gebiet und beschäftigen sich hierbei vorrangig mit den Themen Kühlkettenüberwachung und Lebensmittellogistik. Ein bedeutendes Forschungsprojekt in diesem Bereich ist das *Intelligent Container-Projekt*[4]. Im Rahmen dieses Projektes arbeitet die Universität Bremen in Kooperation mit verschiedenen Anwendungspartnern, z. B. Cargobull und Dole, daran ein autonomes System zur Transportüberwachung zu entwickeln, mithilfe dessen der Übergang von zentralen Kontroll- und Überwachungssystemen hin zu dezentralen Entscheidungssystemen vollzogen werden soll (vgl. z. B. Jedermann et al. 2006).

An den Universitäten Twente in den Niederlanden und der Universidad Politécnica de Madrid wird ebenfalls im Bereich der drahtlosen Sensornetze mit einem Schwerpunkt auf deren Anwendung in der Logistik geforscht (vgl. z. B. Marin-Perianu 2008 und Ruiz-Garcia et al. 2007).

---

3 http://www.dbschenker.com/site/logistics/dbschenker/com/de/ueber__dbschenker/kompetenzportfolio/impuls/gps.html.

4 http://www.intelligentcontainer.com.

5 Fazit

Im vorliegenden Beitrag wurde zunächst in die Grundlagen der Technologie drahtloser Sensornetze eingeführt. Auf dieser einleitenden Darstellung aufbauend wurde das Potenzial dieser Technologie für den Einsatz zur Echtzeiterkennung und -verarbeitung von Events in der Supply Chain und im Zusammenhang mit dem SCEM herausgearbeitet, aber auch relevante Anforderungen, die im Zusammenhang mit einem solchen Einsatz von drahtlosen Sensornetzen in der Logistik zu berücksichtigen sind, aufgezeigt. Abschließend wurden einschlägige aktuelle Industrieprojekte und Forschungsaktivitäten skizziert.

Drahtlose Sensornetztechnologie stellt eine vielversprechende Möglichkeit zur Erkennung und Verarbeitung von Events in der Supply Chain dar. Allerdings konnte festgestellt werden, dass der Einsatz dieser Technologie in der Logistikdomäne noch nicht sehr weit verbreitet ist. Dies liegt möglicherweise u. a. darin begründet, dass zum jetzigen Zeitpunkt zumeist ein starker Fokus auf die Technologie der drahtlosen Sensorknoten und der drahtlosen Sensornetze selbst gelegt wird und z. B. allgemeine betriebswirtschaftliche Anforderungen und domänenspezifische Besonderheiten, bspw. die Eigenheiten logistischer Prozesse, vernachlässigt werden.

Die verschiedenen erwähnten innovativen Projekte und auch erste Ansätze hinsichtlich der Entwicklung und Etablierung eines *Mobile Supply Chain Event Managements* (vgl. hierzu z. B. Schmidt 2006 und auch Teuteberg/Weberbauer 2006) verdeutlichen aber, dass die drahtlose Sensornetztechnologie und die Entwicklungen auf diesem Gebiet durchaus in der Logistikbranche wahrgenommen werden und auch ein grundlegendes Interesse am Einsatz dieser Technologie in der Branche vorhanden ist. Hierauf aufbauend gilt es nun zukünftig Anforderungskomplexe, die im Zusammenhang mit dem Einsatz drahtloser Sensornetztechnologie in der Logistik über die technologischen Anforderungen hinaus bestehen, explizit zu berücksichtigen.

6 Danksagung

Dieser Beitrag entstand im Rahmen des vom Bundesministerium für Bildung und Forschung geförderten Forschungsprojektes Allianz Digitaler Warenfluss (ADiWa)[5].

Literatur

Akyildiz, I. F./Su, W./Sankarasubramaniam, Y./Cayirci, E. (2002): Wireless Sensor Networks. A Survey. In: Computer Networks 38. 393-422

Beckmann, H. (Hrsg.) (2004): Supply Chain Management. Strategien und Entwicklungstendenzen in Spitzenunternehmen. Berlin: Springer

Beigl, M./Decker, C./Krohn, A./Riedel, T./Zimmer, T. (2005): μParts. Low Cost Sensor Networks at Scale. In: Demo: Adjunct proceedings of the Ubicomp 2005

Bloech, J./Ihde, G. B. (Hrsg.) (1997): Vahlens Großes Logistiklexikon. München: Beck

---

[5] http://www.adiwa.net.

Bretzke, W.-R./Klett, M. (2004): Supply Chain Event Management als Entwicklungspotenzial für Logistikdienstleister. In: Beckmann (2004): 145-160

Christin, D./Reinhardt, A./Mogre, P./Steinmetz, R. (2009): Wireless Sensor Networks and the Internet of Things. Selected Challenges. In: Proceedings of the 8th GI/ITG KuVS Fachgespräch Drahtlose Sensornetze. 31-34

Culler, D./Estrin, D./Srivastava, M. (2004): Guest Editors' Introduction: Overview of Sensor Networks. In: Computer 37. 41-49

Dangelmaier, W./Gajewski, T./Kösters, C. (Hrsg.) (2003): Innovationen im E-Business. Paderborn: Fraunhofer-Anwendungszentrum Logistikorientierte Betriebswirtschaft

DHL Innovation Center (Hrsg.) (2008): Temperaturkontrolle leicht gemacht. DHL Smart Sensor Temperature. So bequem kann Temperaturkontrolle sein. URL: http://www.smartsensor-temperature.de/downloads/Brosch_SST_DE_final.pdf (Abruf: 27.10.2009)

Estrin, D./Govindan, R./Heidemann, J./Kumar, S. (1999): Next century challenges. Scalable coordination in sensor networks. In: MobiCom '99: Proceedings of the 5th annual ACM/IEEE International Conference on Mobile Computing and Networking. 263-270

Fleisch, E./Mattern, F. (Hrsg.) (2005): Das Internet der Dinge. Ubiquitous Computing und RFID in der Praxis. Visionen, Technologien, Anwendungen, Handlungsanleitungen. Berlin: Springer

Heusler, K. F./Stölzle, W./Bachmann, H. (2006): Supply Chain Event Management. Grundlagen, Funktionen und potenzielle Akteure. In: Wirtschaftswissenschaftliches Studium (WiSt) 35. 19-24

Jedermann, R./Gehrke, J. D./Lorenz, M./Herzog, O./Lang, W. (2006): Realisierung lokaler Selbststeuerung in Echtzeit. Der Übergang zum intelligenten Container. In: Pfohl/Wimmer (2006): 145-166

Karl, H./Willig, A. (2007): Protocols and Architectures for Wireless Sensor Networks. Chichester: Wiley

Karrer, M. (2003): Supply Chain Event Management. Impulse zur ereignisorientierten Steuerung von Supply Chains. In: Dangelmaier et al. (2003): 187-198

Klaus, P./Krieger, W. (Hrsg.) (2008): Gabler Lexikon Logistik. Management logistischer Netzwerke und Flüsse. Wiesbaden: Gabler

Marin-Perianu, M. (2008): Collaborative Wireless Sensor Networks in Industrial and Business Processes. Enschede: University of Twente

Mattern, F./Römer, K. (2003): Drahtlose Sensornetze. In: Informatik-Spektrum 26. 191-194

Nissen, V. (2002): Supply Chain Event Management. In: Wirtschaftsinformatik 44. 477-480

Pfohl, H.-Chr (1997): Logistikwürfel. In: Bloech/Ihde (1997): 645-646

Pfohl, H.-Chr. (2004): Logistikmanagement. Konzeption und Funktionen. Berlin: Springer

Pfohl, H.-Chr./Wimmer, T. (Hrsg.) (2006): Wissenschaft und Praxis im Dialog. Steuerung von Logistiksystemen – auf dem Weg zur Selbststeuerung. Hamburg: Deutscher Verkehrs-Verlag

Placzek, T. (2004): Potenziale der Verkehrstelematik zur Abbildung von Transportprozessen im Supply Chain Event Management. In: Logistik Management 6. 34-46

Puccinelli, D./Haenggi, M. (2005): Wireless Sensor Networks. Applications and Challenges of Ubiquitous Sensing. In: IEEE Circuits and Systems Magazine 5. 19-31

Roundy, S./Wright, P. K./Rabaey, J. (2003): A Study of Low Level Vibrations as a Power Source for Wireless Sensor Nodes. In: Computer Communications 26. 1131-1144

Ruiz-Garcia, L./Barreiro, P./Rodriguez-Bermejo, J./Robla, J. I. (2007): Review. Monitoring the Intermodal, Refrigerated Transport of Fruit using Sensor Networks. In: Spanish Journal of Agricultural Research 5. 142-156

Schmidt, D. (2006): RFID im Mobile Supply Chain Event Management. Anwendungsszenarien, Verbreitung und Wirtschaftlichkeit. Wiesbaden: Gabler

Sohraby, K./Minoli, D./Znati, T. (2007): Wireless Sensor Networks. Technology, Protocols, and Applications. Hoboken: Wiley

Stankovic, J. (2008): When Sensor and Actuator Networks Cover the World. In: ETRI Journal 30. 627-633

Stölzle, W. (2008): Supply Chain Event Management. In: Klaus/Krieger (2008): 541-546

Teuteberg, F./Weberbauer, M. (2006): Mobile Supply Chain Event Management. Status Quo, Problemaspekte und Entwicklungstrends. Ergebnisse einer empirischen Untersuchung. In: Pfohl/Wimmer (2006): 185-204

Tubaishat, M./Madria, S. (2003): Sensor Networks. An Overview. In: IEEE Potentials 22. 20-23

Verdone, R./Dardari, D./Mazzini, G./Conti, A. (2008): Wireless Sensor and Actuator Networks. Technologies, Analysis and Design. London: Academic Press

Witte, M./Portele, C. (2009): Intelligente M2M-Innovation in der globalen Luftfracht-Kühltransportkette. Ein Praxisbeispiel der globalen Online-Kommunikation, -Ortung, -Identifikation und -Steuerung. In: Tagungsband 3. Fachtagung „Logistik – Effiziente und sichere Warenketten". 39-46

Michael Schenk* / Elke Glistau**

Qualitätsmanagement in der Logistik – Beispiele

---

* Prof. Dr.-Ing. habil. Prof. E. h. Dr. h. c. mult. Michael Schenk leitet seit 1994 das Fraunhofer-Institut für Fabrikbetrieb und -automatisierung IFF und hat seit 2003 als Universitätsprofessor den „Lehrstuhl für Logistische Systeme" an der Otto-von-Guericke-Universität Magdeburg inne. Hier führt er seit Oktober 2006 auch das Institut für Logistik und Materialflusstechnik (ILM). Prof. Schenk erhielt die Ehrendoktorwürde der Staatlichen Technischen Universität Moskau/Russland und der Polytechnischen Universität Odessa/Ukraine. Außerdem wurde ihm die Ehrenprofessorwürde der Nationalen Universität für Luft- und Raumfahrt Kharkov/Ukraine verliehen. Er ist Vorsitzender des Regionalbeirats und Mitglied des Präsidiums des VDI e.V., Vorsitzender des VDI-Landesverbandes Sachsen-Anhalt sowie Mitglied des Wissenschaftlichen Beirats und Juryvorsitzender des Wissenschaftspreises Logistik der Bundesvereinigung Logistik e.V. (BVL).

** Dr.-Ing. Elke Glistau hat Betriebsgestaltung in Magdeburg studiert. Danach folgten ein Postgradualstudium zum Fachingenieur für PPS und die Verleihung der Facultas docendi für das Lehrgebiet „Betriebsgestaltung". Sie war an der Otto-von-Guericke-Universität Magdeburg, in einem Großunternehmen und im Fraunhofer IFF tätig. Sie promovierte zum Thema "Produktionsprozesssteuerung bei Industrierobotereinsatz". Seit 2000 ist sie am Institut für Logistik und Materialflusstechnik der Otto-von-Guericke-Universität Magdeburg wissenschaftlich tätig. Sie hat eine unbefristete Gastprofessur an der Universidad Central Marta Abreu de Las Villas in Santa Clara/ Kuba.

1 Begriffe: Qualität, Qualitätsmanagement und Logistikqualität

Nach der DIN EN ISO 9000:2005 wird *Qualität* bekanntermaßen weiterhin definiert: als „Grad, in dem ein Satz inhärenter Merkmale Anforderungen erfüllt" (vgl. Abbildung 1). Die hervorgehobene Eigenschaft „inhärent" bedeutet ständig oder auch innewohnend. Qualität ist laut dieser grundlegenden Definition nichts, was erst nachträglich hinzugefügt werden kann. Der Begriff *Merkmal* wird für eine kennzeichnende Eigenschaft verwendet. Diese kann man z. B. unterscheiden in quantitative, qualitative, physische, verhaltensbezogene, zeitbezogene, zeitunabhängige, ergonomische oder funktionale Merkmale. *Anforderung* ist nach DIN 9000:2005 „ein Erfordernis oder eine Erwartung, das … vorausgesetzt oder verpflichtend ist."
Der Begriff „Qualität" steht somit für die Erfüllung von Anforderungen. Der Qualitätsbegriff hat in den letzten Jahrzehnten eine Erweiterung erfahren und schließt das gesamte Umfeld, wie z. B. Kunden, Lieferanten, Hersteller und allgemeine Öffentlichkeit in die Betrachtung umfassend und ganzheitlich ein. Aus dieser Definition leitet sich ab, dass für jeden praktischen Anwendungsfall Qualität spezifisch definiert werden muss und dies das zu erreichende Sollmaß darstellt.

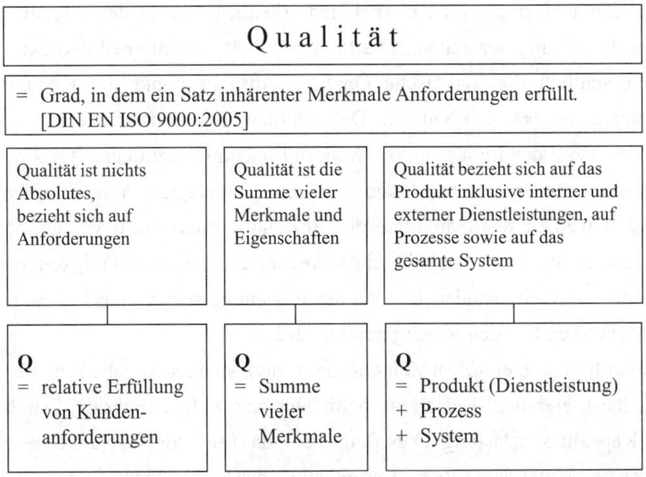

Qualität
= Grad, in dem ein Satz inhärenter Merkmale Anforderungen erfüllt. [DIN EN ISO 9000:2005]
Qualität ist nichts Absolutes, bezieht sich auf Anforderungen
Qualität ist die Summe vieler Merkmale und Eigenschaften
Qualität bezieht sich auf das Produkt inklusive interner und externer Dienstleistungen, auf Prozesse sowie auf das gesamte System
Q = relative Erfüllung von Kundenanforderungen
Q = Summe vieler Merkmale
Q = Produkt (Dienstleistung) + Prozess + System

Abbildung 1: Qualitätsbegriff in Anlehnung an DIN EN 9000:2005

Zur Erreichung der Qualität wird das *Qualitätsmanagement* genutzt, das nach DIN EN ISO 9000:2005 ein: „Managementsystem zum Leiten und Lenken einer Organisation bezüglich Qualität" ist, wobei *Managementsystem* selbst definiert wird als „System zum Festlegen von Politik und Zielen sowie zum Erreichen dieser Ziele". Abbildung 2 zeigt den Aufbau eines Qualitätsmanagementsystems als Bestandteil des Managementsystems nach DIN EN 9000:2005 und DIN EN 9001:2008.
Die Qualitätspolitik und die Qualitätsziele werden „aufgestellt, um Schwerpunkte für das Leiten der Organisation zu setzen" (DIN EN ISO 9000:2005). Die Ziele des Qualitätsmanagements leiten

sich daraus ab und sollen durch die Qualitätsplanung, Qualitätssicherung, Qualitätslenkung und Qualitätsverbesserung umgesetzt werden. Im Mittelpunkt der operativen Logistik stehen damit (ohne die anderen Kategorien zu vernachlässigen) die Qualitätslenkung und die Qualitätsverbesserung. Die Ziele des Qualitätsmanagements haben sich in den letzten Jahren deutlich erweitert. Wesentlich für die Logistik ist u. a. die Ausrichtung auf ständige Verbesserungen als Zielkategorie.

In Anlehnung an die DIN EN ISO 9000:2005 definiert sich Logistikqualität als die Eignung eines Logistikprozesses und/oder Logistiksystems, die vom Kunden geforderte Logistikleistung zu erbringen. (vgl. Wiendahl 2002) Eine logistische Leistung gilt immer dann als erfüllt, wenn der Kunde in der richtigen Qualität und zu richtigen Kosten die richtigen Objekte in der richtigen Menge am richtigen Ort zum richtigen Zeitpunkt erhält (= Versorgen) oder abgeben kann (= Entsorgen). Es liegt daher nahe, sich auch in der Logistik auf anerkannte Methoden des Qualitätsmanagements zu stützen, diese bedarfsgerecht zu nutzen und sie auf die spezifische Anwendung bezogen zu modifizieren. Charakteristisch für die Logistik sind die Austauschbeziehungen: Unternehmen tauschen mit ihren Kunden und Lieferanten Material und Informationen aus. Diese Austauschbeziehungen zum Umfeld werden als externe Kunden-Lieferanten-Beziehung bezeichnet. Derartige Beziehungen lassen sich auch intern im Unternehmen erkennen. Sie werden allgemein als interne Kunden-Lieferanten-Beziehung bezeichnet. Die Funktionalität von internen und externen Beziehungen bestimmt wesentlich die logistische Qualität. Ausgangspunkt der Kunden-Lieferanten-Beziehung sind immer die externen Kunden. Die externen Kunden treffen eine Vereinbarung mit dem Unternehmen bzgl. der Lieferung von Material und Informationen. Dies betrifft z. B. die Vereinbarung, dass eine bestimmte Menge zu einem festgelegten Preis zu einem vorgegebenen Zeitpunkt geliefert werden soll. Am Ende der Beziehung muss die jeweilige, am Anfang getroffene Vereinbarung erfüllt sein. Deshalb muss sowohl die Leistungsfähigkeit der Prozesse bestimmt, als auch die internen Kunden-Lieferanten-Beziehungen beherrscht werden, durch die die Zielvorgaben der externen Kunden weitergereicht werden.

In der Logistikqualität stehen häufig die Zielgrößen Zeit-, Kosten- und Mengenvorgaben im Vordergrund. In der internen Kunden-Lieferanten-Beziehung betrachtet man z. B. Durchsatz, Durchlaufzeit, Kosten, Bestand und Kapazitätsauslastung. Dies führt dazu, dass sich logistische Prozesse ähnlich wie technische Prozesse betrachten lassen. Der Kerngedanke der logistischen Lenkung der Qualität folgt demnach dem Ansatz der Prozessorientierung und dem Grundsatz des heutigen Qualitätsmanagements, die Beherrschung der Prozesse sicherzustellen.

Ein Fehler ist nach ISO 9000:2005 die Nichterfüllung eines Erfordernisses oder einer Erwartung, das/die festgelegt, üblicherweise vorausgesetzt oder verpflichtend ist. Fehlerhafte Lieferungen werden verursacht z. B. durch Transportschäden, Fehl- oder Übermengen, Dokumenten- oder Kennzeichnungsfehler, Zeitüber- oder -unterschreitungen.

Zur Sicherstellung der Logistikqualität ist es notwendig, Qualitätsmerkmale und Messgrößen zu definieren, mit deren Hilfe Logistikprozesse bewertet werden können. Wichtige Kennzahlen der Logistik enthält die VDI-Richtlinie 4400, auf die an dieser Stelle verwiesen wird. Diese Kennzahlen und Merkmale müssen mit Toleranzen versehen werden, da sie einerseits den Kunden- und

Marktforderungen entsprechen und andererseits aber auch vom Unternehmen beherrschbar sein müssen. Ein Leitbild sind effiziente, sichere, stabile, reproduzierbare, transparente und flexible Prozesse. Dazu ist die Konsistenz der Qualitätsmerkmale zu sichern. Wichtige externe Qualitätsmerkmale sind die Service-Fähigkeit und die Service-Treue und intern die Service-Flexibilität, Prozessfähigkeiten und Prozesseffizienz.

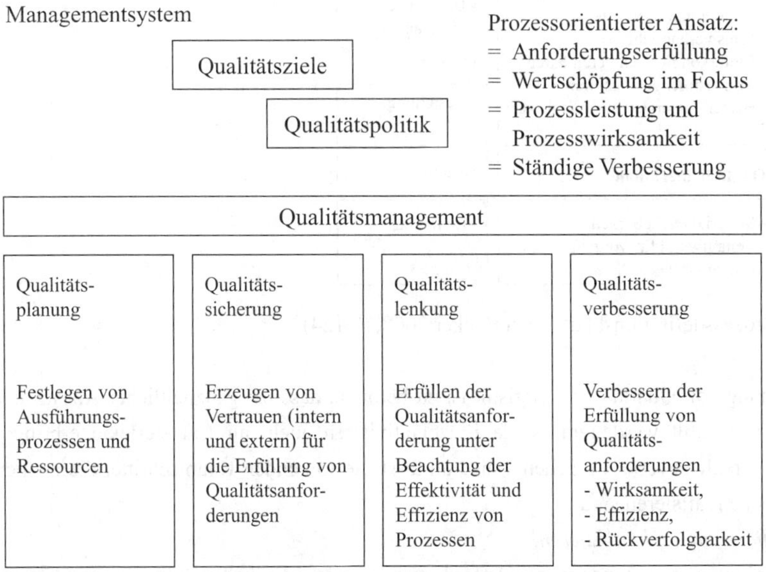

Abbildung 2: Qualitätsmanagementsystem (Vgl. DIN EN ISO 9000:2005 und DIN EN ISO 9001:2008)

2 Verbindung von Qualitätsmanagement und Logistik – Vorgehensweise und Trends

In der DIN ISO 9000 „Qualitätsmanagementsysteme" werden die folgenden vier Grundfragen für die Beurteilung von Qualitätsmanagementsystemen genannt:

- „Ist der Prozess festgelegt und in geeigneter Weise beschrieben?
- Sind die Verantwortlichkeiten zugeordnet?
- Sind die Verfahren umgesetzt und aufrecht erhalten?
- Ist der Prozess wirksam in Bezug auf die geforderten Ergebnisse?"

(DIN 9000:2005, S. 14).

Dazu haben sich Checklisten oder Formblätter (vgl. Abbildung 3) in der betrieblichen Praxis bewährt.

Prozessname
- Material bestellen
Prozessverantwortlicher
- Einkaufsleiter

Startsignal	**Aufgabe**	**Ergebnis**
- Bedarf	- Lieferanten auswählen - Preis verhandeln - Lieferkonditionen vereinbaren - Mindestmengen bestimmen - Bestellung erstellen und auslösen	- Bestellung beim Lieferanten
Input		**Output**
- Verbrauchsmeldung		- Bestellung
Lieferant	**Qualitätsmerkmale**	**Kunde**
- Produktion	- Materialverfügbarkeit - Zeitaufwand für Vorgang - Einkaufspreis	- Lieferant

Abbildung 3: Prozessdefinitionsblatt (nach Becker 2008, S. 124)

Bei der Verbindung von Qualität und Logistik ist zu betonen, dass ein ganzheitlicher Ansatz statt Einzelaktivitäten gewählt werden muss, da Einzelaktivitäten auch nur Einzeleffekte erbringen können. Eine empfehlenswerte Vorgehensweise umfasst die folgenden Hauptschritte, die als permanenter Zyklus zu realisieren sind:

(1) *Ziele formulieren und quantifizieren:*
Kundenforderungen aufnehmen und in Anforderungen an logistische Produkte, Prozesse und Systeme transformieren z. B. über eine QFD. Kundenforderungen sind die Sollvorgaben, an denen sich die Leistungsfähigkeit bzgl. der logistischen Produkte, Prozesse und Systeme messen lassen muss. Zusätzlich muss diese Logistikleistung effektiv und effizient erbracht werden.

(2) *Vergleichsmaßstäbe und Best Practices kennen und adaptieren*:
Best Practices als Vorbild und Soll (Maßstab) z. B. als Ergebnis von Benchmarking-Untersuchungen nutzen. Dies betrifft z. B. die Übernahme erfolgreicher Prozessgestaltungslösungen oder die Nachnutzung technischer Innovationen.

(3) *Fehlerprävention nutzen:*
Durch Fehlerprävention soll die Anzahl von Fehlern bzgl. logistischer Produkte, Systeme und Prozesse bereits im Vorfeld maßgeblich reduziert und gleichzeitig die Sicherheit und Zuverlässigkeit deutlich erhöht werden.

(4) *Prozesse verbessern:*
Die beiden grundsätzlichen Vorgehensweisen zur Verbesserung von Prozessen in Form der radikalen Neugestaltung (Business Reengineering) und der sanften Verbesserung in kleinen Schritten (Kaizen) als permanente, sich ergänzende Ansätze nutzen.

(5) *Störungsbeherrrschung:*
Trotz systematischer Fehlervermeidung und permanenter Verbesserung verbleiben jedoch Feh-

ler, die z. B. auf das Wirken von Menschen, dem Versagen von Technik oder der Änderung von Umweltbedingungen zurück zu führen sind. Dazu sind schnelle Regelkreise erforderlich. Diese sollen die Störungswirkungen minimieren, für Transparenz sorgen und durch Rückinformation an den Verursacher ein nachhaltiges Abstellen der Störungsursachen ermöglichen.

(6) *Transparenz und Eigenkontrolle:*
Die Prozesse müssen geeignet bewertet werden, Veränderungen müssen schnell erkannt werden. Rückverfolgbarkeit muss gesichert sein. Dies erfordert geeignete Messpunkte einzurichten, z. B. Zustandeserfassungen und Leistungskontrollen durchzuführen, die Informationen zusammenzuführen, sie zu bewahren und bei Bedarf zu Kennzahlen zu verdichten.

Trends im Qualitätsmanagement lassen sich als gestiegenes Qualitätsbewusstsein und als praktizierte Qualitätsverantwortung charakterisieren. Dies beinhaltet u. a. die Verknüpfung zum Umwelt-, Sicherheits- und Risikomanagement. Qualitätsbewusstsein dokumentiert sich in einer strikten Fehleranalyse und Fehlerbeseitigung (Six-Sigma-Ansatz) und erfordert u. a.:

- Fehlerschwerpunkte zu erkennen, um Fehler nachhaltig abzustellen (Statistikwerkzeuge anwenden, Prozessüberwachung),
- Gezielte Fehlerprävention (FMEA, Ishikawa, Poka-Yoke, dazu zählt z. B. auch die automatische Massenkontrolle im Vergleich zum theoretischen Sollwert in DWS),
- schnelle Regelkreise einzurichten,
- Transparenz zu erzeugen (Fehler erkennen durch z. B. DWS-Systeme, Einsatz von RFID-Systemen).

Neue Technologien wie RFID (Radio Frequency Identification) und AR (Augmented Reality) haben Potenziale für neue technische Lösungen. AR unterstützt zunehmend manuelle Prozesse. RFID wird heute schon für vielfältigste Aufgaben in der Logistik genutzt (Bsp. Metro, REW), aber meist noch nicht in mittelständischen Unternehmen. Man spricht derzeit allgemein nur von ca. 2 % der mittelständischen Unternehmen, die RFID einsetzen oder den Einsatz planen. Wesentliche Gründe sind Unsicherheit bezüglich der Ausgereiftheit und fehlende, ganzheitliche Wirtschaftlichkeitsbetrachtungen. Außerdem besteht nicht die Frage, ob Barcode oder RFID, sondern mehr der intelligente Mix beider Technologien. Einige Beispiele für den RFID-Einsatz in der Logistik sind:

- Auszeichnung der Versandeinheiten beim Lieferanten => automatische Vereinnahmung im Wareneingang,
- Bildung von Versandeinheiten und Transporteinheiten und -überprüfung auf Richtigkeit,
- Überwachung des Versandprozesses im Warenausgang (Zustellqualität),
- Nutzung bei schwierigen Bedingungen (z. B. Pflanzenproduktion), wo traditionelle Barcodes häufig versagen,
- Zutrittskontrolle z. B. in speziellen Lagerbereichen,
- Durchführung von Zeiterfassung,
- Behälteridentifikation für Mehrwegbehälter,
- Rückverfolgbarkeit und Dokumentation,
- Herkunftsnachweis und Fälschungssicherheit für Medikamente,
- E-Kanban.

3 Methoden des Qualitätsmanagement – Fehleranalyse und Fehlervermeidung

Der Methodenvorrat des Qualitätsmanagements ist in der Fachliteratur umfassend beschrieben und befindet sich in einem stetigen Prozess der Perfektionierung, Adaption, Kombination, Modifikation, der Erfindung und Weiterentwicklung. Stellvertretend für den Methodenvorrat sollen folgende Methodengruppen des Qualitätsmanagements genannt werden (Abbildung 4):

- die Analytischen Verfahren,
- die Managementverfahren und
- die Präventiven Techniken.

Bei bestehenden logistischen Produkten, Systemen und Prozessen ist es möglich, Ist-Analysen durchzuführen. Diese werden in der Logistik häufig in Güteranalysen, Ressourcenanalysen, Flussanalysen und Systemanalysen unterschieden. Die sieben Analyse-Werkzeuge sind Standardwerkzeuge zur Problemlösung und für alle genannten Analysearten multivariat einsetzbar.

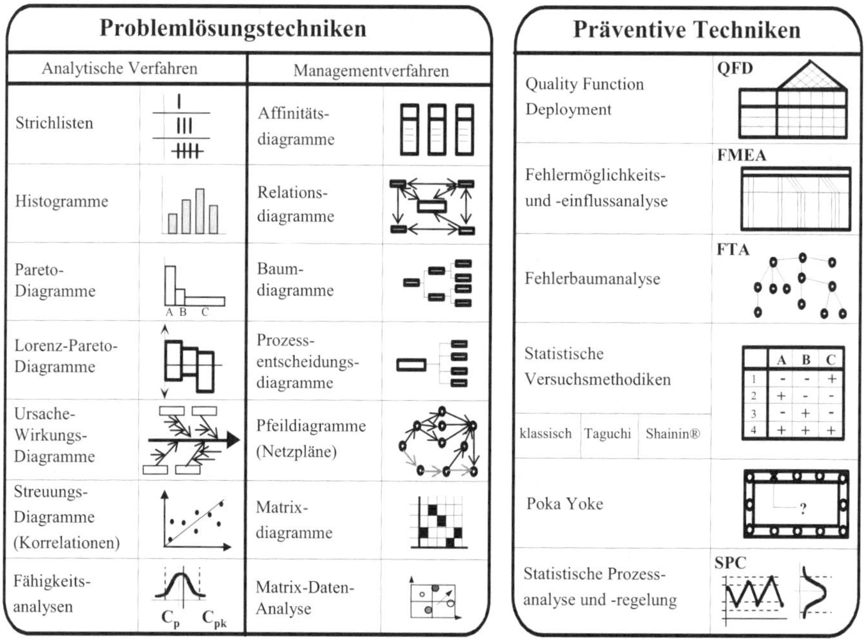

Abbildung 4: Überblick über ausgewählte Methoden zur Fehleranalyse und -vermeidung nach Wisweh 2002

Sie sind einfache und sichere Hilfsmittel, die eine systematische Analyse unterstützen und fördern. Gleichzeitig ermöglichen sie eine schnelle und richtige Interpretation der Untersuchungsergebnisse. So können mit einfachen Strichlisten, Fehler und Fehlermerkmale in logistischen Prozessen, wie z. B. Verpackungsschäden, Transportschäden, verspätete Wareneingänge u. a. erfasst werden.

Mit statistischen Auswerteroutinen können Lagemaße (Minimum, Maximum, Arithmetischer Mittelwert, Median, Quartile etc.) und Streuungsmaße (Spannweite, Quartilabstand, Standardabweichung, Varianz etc.) berechnet, nachfolgend interpretiert und in Maßnahmen überführt werden. Über Histogramme werden Fehlerhäufigkeiten sichtbar. Aus Streuungsdiagrammen lassen sich Einflüsse von Störungsursachen ablesen, die nachfolgend über Regressionsanalysen quantifiziert werden können. Über Pareto- und Lorenz-Pareto-Analysen lassen sicher Fehler nachvollziehbar priorisieren und damit gezielt die Hauptschwachstellen eines Prozesses oder Systems in Angriff nehmen.

Fähigkeitsanalysen und speziell das Ursache-Wirkungs-Diagramm (vgl. Abbildung 5) bieten gute Möglichkeiten, Fehlerursachen in Logistikprozessen rechtzeitig zu erkennen, sie systematisch zu analysieren und sie regelnd zu beherrschen.

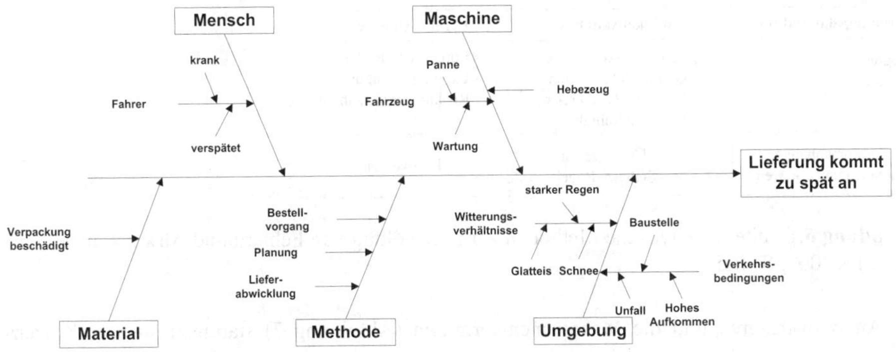

Abbildung 5: Beispiel für ein Ursache-Wirkungs-Diagramm

Insgesamt gesehen, sind die vorgestellten Methoden Typenvertreter einer Methodengruppe. (vgl. Abbildung 6) und können durch andere geeignete Methoden ersetzt oder ergänzt werden.

Neben Prüflisten/Strichlisten sind auch alle anderen Arten der Betriebsdatenerfassung für die Datensammlung nutzbar. Betriebsdatenerfassung ist dabei die Erfassung, Verarbeitung und Weitergabe von Ist-Daten im Betriebsgeschehen. Dabei handelt es sich hauptsächlich um Daten, die direkt im Laufe des Prozesses anfallen, wie Maschinen- und Personaldaten. Je nach Umfang können aber auch solche, die nur in indirektem Zusammenhang mit den Produktionsvorgängen stehen, wie z. B. Materialdaten, dazu gezählt werden. Wichtig sind auch Erfassungen von z. B. Aufwand, Fertigungsfortschritt und Störungen. Auf der Grundlage von Betriebsdaten werden Maßnahmen zur Störungsbeherrschung eingeleitet, Pläne und Plandaten generiert und aktualisiert sowie Abweichungsanalysen durchgeführt. Ferner dienen die ausgewerteten Daten als Entscheidungsgrundlage, z. B. bei der Änderung des Produktionsprogramms, Investitionen oder Mitarbeitererweiterungen. Möglichkeiten zur Erfassung von Betriebsdaten sind Interviews und Fragebogen genauso wie eine automatische Datenerfassung gekoppelt mit einer nachfolgenden Auswertung der Datenbanken. Neben dem Histogramm können auch alle anderen aus der Statistik bekannten Kenngrößen und Diagramme zur Auswertung der Daten genutzt werden. Dazu zählen Lagemaße genauso wie Streuungsmaße und grafische Darstellungen, wie z. B. Boxplot-Diagramme.

Abbildung 6: Weitere analytische Methoden zur Behandlung von Fehlern und Abweichungen (vgl. Illes 2007, S. 105)

Die Analyseverfahren und die Managementverfahren (Abbildung 7) stammen aus der Kaizen-Philosophie.

Abbildung 7: Managementverfahren

Kaizen bedeutet eine „... ständige Verbesserung unter Einbeziehung aller Mitarbeiter – Geschäftsleitung, Führungskräfte und Arbeiter." (Imai 2001, S.17). (Japanisch: Kai = Veränderung, Wandel; Zen = zum Besseren; Kaizen = kontinuierliche Verbesserung) Tabelle 1 enthält neben den bereits erwähnten Analyse- und Managementverfahren auch spezielle Kaizen-Techniken.

Hilfsmittel	**Anwendungsziele**
Die sieben statistischen Werkzeuge (Analysewerkzeuge):	
Prüfformulare und –listen, Histogramme, Pareto-Diagramme, Lorenz-Pareto-Diagramme, Ursache-Wirkungs-Diagramme (Ishikawa), Streuungsdiagramme, Regelkarten	Aufbereitung vorhandener Daten
Die neuen sieben Werkzeuge (Managementmethoden):	
Affinitätsdiagramme, Relationsdiagramme, Baumdiagramme, Prozessentscheidungsdiagrame, Pfeildiagramme, Matrixdiagramme, Matrixdatenanalyse	Lösen von Problemen bei unvollständiger oder nicht ausreichender Datengrundlage
Nutzung spezieller Kaizen-Techniken:	
Die 3 MU Checkliste Muda = Verschwendung Muri = Überlastung Mura = Abweichung oder Ausschuss	Aufdeckung von Reserven
Die 5-S-Bewegung Seiri = Schaffe Ordnung! => Notwendiges/nicht Notwendiges Seiton = Halte Ordnung und sichere ein schnelles Auffinden! Seiso = Achte auf Sauberkeit! Seiketsu = Erziehe dich selbst zu Ordnung und Sauberkeit! Shitsuke = Übe Disziplin am Arbeitsplatz!	Verbesserung von Einzelarbeitsplätzen
Die 6 W (auch 7 W) Wer?, Was?, Wo?, Wann?, Warum?, Wie? mit beliebigen Fragewörtern erweiterbar: z. B. Womit? Mit Wem? Wie lange?	Erkennen und Analysieren von Verbesserungspotenzialen
Die 4-M-Checkliste Mensch, Maschine, Material, Methode (Alternativ auch 5-M (+ Umgebung , Mitwelt oder Milieu) oder 7-M (+ Management, Messung) Beliebig modifizierbar	Aufdecken von Schwachstellen

Tabelle 1: Allgemein anerkannte Hilfsmittel zur Umsetzung von Kaizen (vgl dazu IMAI 2001)

Der Ansatz für Verbesserungen besteht im Erkennen und nachfolgend dem Beseitigen von Verschwendungen. Verschwendungen sind diejenigen Tätigkeiten (vgl. dazu Maletz 2000, S. 32), die nicht zur Erfüllung von Kundenanforderungen beitragen. Typische Beispiele für Verschwendung sind Überproduktion, Mehrfachlagerung oder erhöhte Sicherheitsbestände. Folgen einer Überproduktion sind in allen anderen Bereichen des Unternehmens zu sehen. Traditionelle Lösungen liegen in den in der Logistik etablierten Just-in-time (JIT) / Kanban-Ansätzen und in Jidohka (Autonomisierung) (Vgl. Imai 2001, S.149). Just-in-time- und Kanban–Konzepte orientieren sich bekanntermaßen am Verbrauch. Das Ergebnis ist eine signifikante Abnahme des Materialumlaufs.

Mit Jidohka werden technische Lösungen bezeichnet, die beim Auftreten von Problemen automatisch anhalten. Damit dieser Fehler kein zweites Mal auftritt, wird der Fehler nachhaltig beseitigt und erst im Anschluss wird der Prozess fortgeführt. Prävention zielt auf:

- Fehlervermeidung: Potenzielle Fehler eines neuen Produktes, eines neuen Prozesses oder eines neuen technischen Systems sollen bereits während der Planung entdeckt und durch geeignete Maßnahmen vermieden werden.
- Wissen verfügbar machen: Das in einem Unternehmen vorliegende Erfahrungswissen über Fehlerzusammenhänge und Qualitätseinflüsse soll auf systematische Weise gesammelt und damit verfügbar gemacht werden

Abbildung 8 gibt eine Übersicht über wichtige, präventive Verfahren. Ausgangspunkt bildet die QFD, mit der Kundenforderungen ergänzt um zusätzliche Informationen aus dem Unternehmensumfeld in Anforderungen an die logistischen Prozesse und Systeme transformiert werden.

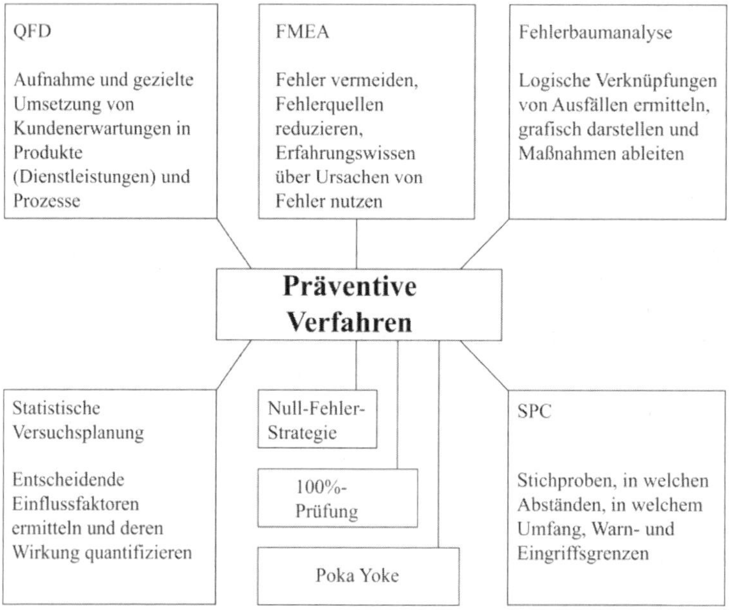

Abbildung 8: Wichtige präventive Verfahren

Fehlerbaumanalysen (Fault Tree Analysis bzw. FTA) werden verwendet, um systematisch alle logischen Verknüpfungen von Komponenten- und Teilsystemausfällen von Prozessen zu ermitteln, grafisch darzustellen und auszuwerten, um daraus Maßnahmen abzuleiten, die Ausfälle verhüten.

Die Fehlerbaum-Bildzeichen sind entsprechend DIN 25424 standardisiert. Die DIN EN 60812 definiert die Grundlagen und Vorgehensweisen der FMEA (FMECA) als Analysetechniken für die Funktionsfähigkeit von Systemen – Verfahren für die Fehlerzustandsart- und –auswirkungsanalyse (FMEA) (IEC 60812:2006) Deutsche Fassung EN 60812:2006.

Neben den präventiven Verfahren bieten auch viele andere Methoden Unterstützung zur Lösung von Problemen. Die Sensitivitätsanalyse nach dem Sensitivitätsmodell Prof. Vester® als eine durch Software unterstützte Methode des vernetzten Denkens ermöglicht es, innerhalb eines betrachteten Systems, aktive, reaktive, neutrale und kritische Faktoren voneinander klar zu unterscheiden (Abbildung 9). Aktive Faktoren werden nachfolgend zur gezielten Beeinflussung von logistischen Systemen genutzt. Der Erfolg des Regelungsprozesses wird an Hand der Indikatoren (reaktive Faktoren) gemessen.

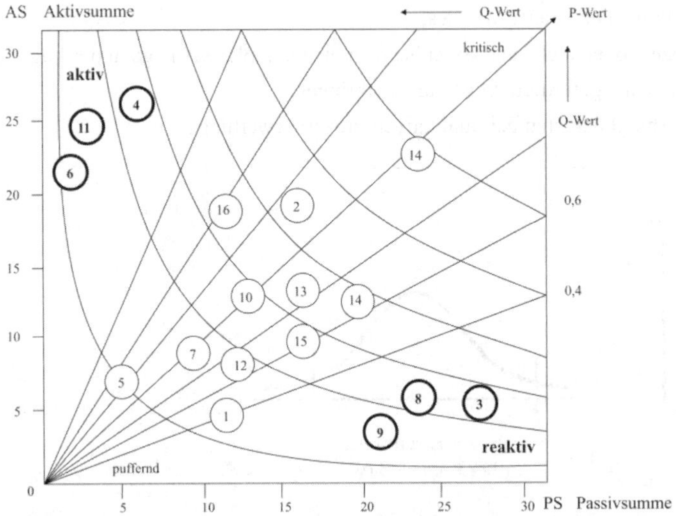

Abbildung 9: Prinzipbild der Rollenverteilung entsprechend dem Sensitivitätsmodell Prof. Vester ® (vgl. dazu VESTER 2001)

Häufig diskutiert werden in letzter Zeit speziell Six Sigma und der Nachweis der Prozessfähigkeit. Dabei geht es im Kern um das Erreichen von fähigen und beherrschten Prozessen durch Quantifizierung und gezielte Beeinflussung. Die Prozessfähigkeit ist zunächst von der Streuung der Merkmale abhängig. Ist die Streuung im Vergleich zu den Grenzwertvorgaben hoch, wird die Vorgabe vermutlich relativ oft überschritten. Die Maßnahmen müssen dementsprechend darauf ausgerichtet werden, die Streuung zu verkleinern. Daneben wird die Prozessfähigkeit auch durch das Verschieben der Prozesslage beeinflusst. Das Verschieben der Prozesslage bedeutet, dass der aktuelle Merkmalswert eine Verschiebung (keine zufällige Streuung!) gegenüber dem Mittelwert der Merkmale (Mitte der Toleranz) aus der Vorperiode aufweist. Auslöser dieser Verschiebung können systematische Einflüsse, Trends (Wartungsintervalle, Alterung von Komponenten), Schichtwechsel etc. sein.

Man unterscheidet gegenwärtig zwischen den beiden Kenngrößen:

- Prozesspotential und
- Prozessfähigkeit.

Das Prozesspotential bezeichnet die potentielle Fähigkeit eines Prozesses, ein Merkmal innerhalb von Spezifikationsgrenzen zu erzeugen. Es betrachtet die Prozesslage dabei nicht.
Dazu wird die Grund-Annahme getroffen, dass eine Normalverteilung vorliegt. Auch wenn keine Normalverteilung vorliegt, sind viele Experten aber der Meinung, dass die Berechnungsformeln auch so anwendbar sind. Im Bereich von $\pm 3\ \sigma$ (= $6\ \sigma$) liegen 99,7 % aller Messwerte (Abbildung 10). Prozesspotential und Prozessfähigkeit sind das rechnerische Ergebnis der Vergleiche bestimmter Verhältnisse der Lage und der Streuung des Prozesses und der vorgegebenen Toleranz.
Die Bestimmung und Interpretation der Fähigkeitskennzahlen dient zum (vgl. Wisweh 2005),

- Erkennen der Gesetzmäßigkeiten eines Prozesses,
- Nachweis, dass ein Prozess oder auch eine Maschine oder eine komplexe Anlage in der Lage ist, innerhalb der Toleranz die geforderte Leistung zu erbringen,
- Schaffen von Vergleichsmöglichkeiten der qualitativen Prozessbewertung.

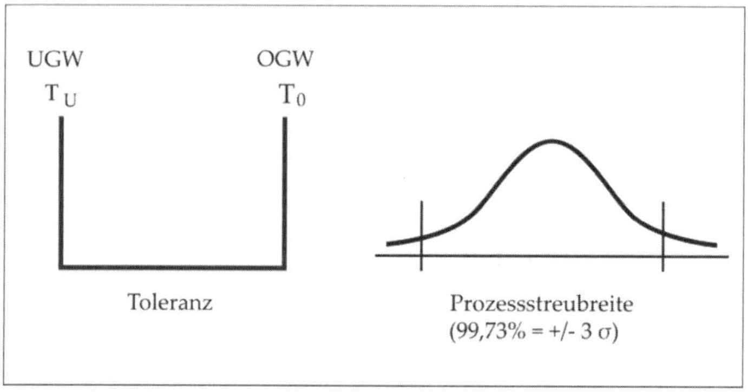

Abbildung 10: Erläuterung des Begriffs Prozesspotential

Der c_p-Index wird berechnet nach:

$$c_p = \frac{T}{6\sigma} = \frac{OGW - UGW}{6\sigma} \qquad \text{(Formel 1)}$$

mit:	T	= Toleranz
	σ	= Standardabweichung der Gaußschen Normalverteilung
	OGW	= Oberer Grenzwert
	UGW	= Unterer Grenzwert

Der praktische Richtwert für die Größe des Prozesspotentials liegt im Allgemeinen bei einem Wert $\geq 1{,}33$. Für die Prozessfähigkeit werden die Abkürzungen c_{mk}, p_{pk} oder c_{pk} genutzt.
Sie haben folgende Bedeutung:

c_{mk}	= critical machine capability (kritische Maschinenfähigkeit)
p_{pk}	= critical preliminary process capability (vorläufige kritische Prozessfähigkeit)
c_{pk}	= critical process capability (kritische Prozessfähigkeit)

Die Prozessfähigkeit ist eine Qualitätskennzahl für den Langzeit-Stabilitätsnachweis bei häufigen Wiederholungen (Serienbedingungen). Sie berücksichtigt gleichzeitig die Prozesslage.

$C_{pk} = \min \{c_{po}\, ;\, c_{pu}\}$ mit (Formel 2)

$$c_{po} = \frac{OGW - \mu}{3\sigma} \quad ; \quad c_{pu} = \frac{\mu - UGW}{3\sigma}$$ (Formel 3) ; (Formel 4)

mit:
- σ = Standardabweichung der Gaußschen Normalverteilung
- μ = Mittelwert oder Schwerpunkt der Gaußschen Normalverteilung
- OGW = Oberer Grenzwert
- UGW = Unterer Grenzwert

Der praktische Richtwert für die Größe der Prozessfähigkeit liegt im Allgemeinen bei einem Wert ≥ 1,00. Damit ergibt sich, dass das Prozesspotential im Allgemeinen größer ist als die Prozessfähigkeit.

$$c_{pk} \leq c_p$$ (Formel 5)

mit
- c_p = process capability (Prozessfähigkeit)
- c_{pk} = critical process capability (kritische Prozessfähigkeit)

Ist $c_{pk} = c_p$, so liegt der Mittelwert der Qualitätsmerkmale (Prozesslage) genau in der Toleranzmitte. Je kleiner c_{pk} gegenüber c_p ist, desto weiter entfernt liegt die Prozesslage von der Toleranzmitte. Eine Prozesslage wird also durch die Berücksichtigung der beiden Indizes c_p und c_{pk} beschrieben und als fähig beurteilt, wenn

$$c_p \geq 1{,}33 \quad und \quad c_{pk} \geq 1{,}0$$ (Formel 6)

mit
- c_p = process capability (Prozessfähigkeit)
- c_{pk} = critical process capability (kritische Prozessfähigkeit)

Neue Betrachtungen bewerten zusätzlich auch die Schiefe der Verteilung als zusätzliche Prozessfähigkeitskenngröße mit der Bezeichnung c_{pmks}.

Six Sigma (6σ) zielt auf das Erreichen eines möglichst fehlerfreien Prozesses. Six Sigma basiert auf einer Analyse des Ist-Prozesses, um die für den Prozess wichtigen Parameter, Fehlermöglichkeiten und Prozesskennzahlen zunächst zu erkennen. Danach sollen sie auf Basis einer objektiven, statistischen Analyse gezielt beeinflusst werden. (vgl. zur Methode Magnusson 2004, Rehbein 2003, Töpfer 2004). Abweichungen oder Streuungen sollen eingeschränkt werden und Fehler oder Qualitätsprobleme jeglicher Art eliminiert werden. Transparenz und Nachvollziehbarkeit sind bei der Analyse, der Entscheidungsfindung und beim Nachweis des Projekterfolges in der Six Sigma-Methode besonders wichtig. Dazu werden etablierte Techniken der Qualitätssicherung mit Methoden der Datenanalyse und systematischem Training der Mitarbeiter kombiniert.

Six Sigma wurde Mitte der 80er Jahre des vergangenen Jahrhunderts in den USA bei Motorola als TQM-Ansatz (TQM = Total Quality Management) entwickelt. Es ist mittlerweile weltweit von zahlreichen Unternehmen eingeführt wurden. Nach Anwendungen in der Produktion hat sie in den letzten Jahren immer stärkeren Einzug in den Service- und Dienstleistungsbereich gefunden. Daher erscheint insbesondere auch die Übertragung in den Logistikbereich (z. B. in die Distribution) zeitgemäß und sinnvoll. Je nachdem, ob bereits existierende oder neue Prozesse im Fokus stehen, gibt es nach den einzelnen Verfahrensschritten benannte Vorgehensweisen :

- *DMAIC* (define, measure, analyze, improve, control) = für bestehende Prozesse,
- *DMADV* (define, measure, analyze, design, verify) = für neue Prozesse.

Sigma entspricht der Standardabweichung der Gaußschen Normalverteilung. Aus der Anzahl der Fehler in einem Prozess kann mit Hilfe von Tabellen oder Statistik-Programmen das Sigma-Niveau ermittelt werden. Tabelle 2 stellt den Sigma-Niveaus die Anzahl der Fehler je eine Million produzierter Einheiten (oder auch: PPM = parts per million) gegenüber. Einige Unternehmen erwarten von ihren Lieferanten Nachweise über Six Sigma-Qualität in den Produktionsprozessen, mit denen bewiesen werden soll, dass der Lieferant seine Waren qualitativ hochwertig und kostengünstig produziert. Ohne Verschiebung des Mittelwertes (idealer Prozess) ergibt sich die in Tabelle 2 genannte Anzahl von Fehlern, bei einer erlaubten Mittelwertschiebung von 1,5 σ ergeben sich die in Tabelle 3 genannten Werte.

Keine Mittelwertverschiebung					
C_p	C_{pk}	Sigma	Fehlerfrei in %	Fehlerfrei/Mio.	Fehler/Mio.
0,33	0,33	1	68,2689480	682689,480	317 310,520
0,67	0,67	2	95,4499876	954499,876	45 500,124
1,00	1,00	3	99,7300066	997300,066	2 699,934
1,33	1,33	4	99,9936628	999936,628	63,372
1,67	1,67	5	99,9999426	999999,426	0,574
2,00	2,00	6	99,9997	999996,6	0,002

Tabelle 2: Statistische Interpretation von 6 σ ohne Mittelwertverschiebung

Six Sigma drückt also aus, dass unter einer Million Fehlermöglichkeiten (PPM = parts per million) weniger als 0,002 Fehler zu finden sind. Bei erlaubter Mittelwertschiebung erhöht sich die Fehlerrate auf 3,4 Fehler je 1 Million Fehlermöglichkeiten. Dies ist der Zahlenwert, der häufig in Verbindung mit Six Sigma publiziert wird. Das sind Zahlen, von denen logistische Prozesse, auch bedingt durch hohe manuelle Anteile in Größenordnungen entfernt sind. Nach vorliegenden Schätzungen liegen die meisten Prozesse in der Industrie gegenwärtig ohne Anwendung der Six Sigma-Methoden bei ca. 3σ bis 4σ. Eine signifikante Verbesserung in Richtung 5σ oder darüber hinaus wird mit herkömmlichen Prozessverbesserungsmethoden nur für schwer möglich gehalten.

Mittelwertverschiebung von 1,5 σ					
C_p	C_{pk}	Sigma	Fehlerfrei in %	Fehlerfrei/Mio.	Fehler/Mio.
0,33	-0,17	1	30,2328	302327,9	697 672,1
0,67	0,17	2	69,1230	691229,8	308 770,2
1,00	0,50	3	93,3189	933189,4	66 810,6
1,33	0,83	4	99,3790	993790,3	6 209,7
1,67	1,17	5	99,9767	999767,3	232,7
2,00	1,50	6	99,9997	999996,6	3,4

Tabelle 3: Statistische Interpretation von 6 σ mit Mittelwertverschiebung von 1,5 σ

4 Ausgewählte Beispiele

4.1 Beispiel: Versuchsmethodiken (DOE) zur Fehleranalyse

Versuchsmethoden (DOE = Design of Experiments) sind Analysemethoden, mit denen mögliche Fehler durch Versuche identifiziert und anschließende Analysen auf ihre Ursachen hin untersucht werden, um sie nachfolgend gezielt zu beeinflussen. Ursachen, die in der Versuchsmethodik sehr häufig Einflussfaktoren genannt werden, sind dabei z. B.

- die verwendeten Komponenten eines technischen bzw. technisch-organisatorischen Systems,
- die Umgebungsbedingungen, (z. B. Temperatur, Beleuchtung, Feuchtigkeit)
- die Verfahrensparameter (z. B. Einstellung und Justieren).

Grundsätzlich unterscheidet man die Versuchsmethoden in statistische Versuchsmethodiken (z. B. vollfaktorielle, teilfaktorielle und fraktionelle Pläne) sowie die Methoden nach G. *Taguchi* und D. *Shainin*.

Im Toleranzverständnis von *Taguchi* steht der Kunde im Vordergrund. Für den Kunden reduziert sich der Gebrauchswert eines Produkts kontinuierlich und mit jeder Abweichung des Qualitätsmerkmals vom Zielwert. Die einfache funktionelle Abhängigkeit dieser Form kann man als eine quadratische Zunahme des Verlusts mit der Abweichung vom Zielwert darstellen. Folglich reicht es nicht, irgendwie innerhalb der Toleranzgrenzen zu bleiben, sondern Produkte und Prozesse müssen so robust gemacht werden, dass sie mehrheitlich den Zielwert auch erreichen. Die geringe Streuung soll durch robuste Produkte oder Prozesse erreicht werden, deren Eigenschaften möglichst wenig von Fertigungs- und Einsatzbedingungen abhängen. Robuste Prozesse im Sinne von G. Taguchi sind folglich solche Prozesse, bei denen die Prozessergebnisse möglichst wenig von Schwankungen der Prozessparameter, der Materialeigenschaften etc. aufweisen. (Abbildung 11)

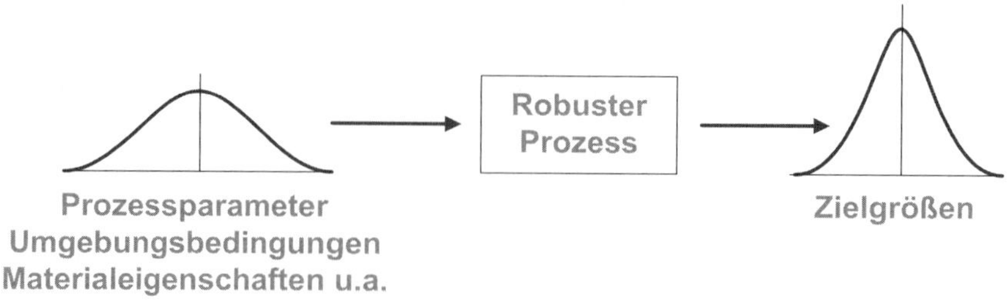

Abbildung 11: Grundphilosophie von robusten Prozessen

Der wichtigste Aspekt von *Taguchi* ist die Suche nach robusten Produkten/Prozessen. Man sucht nach Einstellwerten von Prozess- und Produktparametern, bei denen sich Störgrößen und zufällige Schwankungen der Parameter möglichst wenig auswirken.

Für die Philosophie von *Shainin* dagegen steht die Aussage: „Lasst nicht die Ingenieure raten, lasst die Teile sprechen!" (Shainin 1988, vgl. Kleppmann 2001) Die Vorgehensweise nach Shainin umfasst mehrere Methoden. Alle in der internationalen Fachliteratur ausgiebig beschriebenen Methoden (vgl. Bothe 2000, Steiner 2008) sind gleichfalls in der Logistik einzeln oder in Kombination anwendbar. Beispiele für deren Nutzung innerhalb der Logistik enthält die Tabelle 4. In der Logistik existieren wie in der Produktion häufig sehr viele Einflussfaktoren, die beim Eintreten eines Fehlers als mögliche Fehlerursache in Frage kommen. Die Methoden eignen sich dafür, aus der Vielzahl der potenziellen Fehlermöglichkeiten die wichtigsten Fehlerursachen zu identifizieren.

		Beispiel für die Anwendung in der Logistik
1	Multi-Vari-Bild	Fehlersuche bei Verpackungsschäden
2	Komponententausch	Untersuchung von Ladeeinheiten
3	Paarweiser Vergleich	Vergleich von zwei Hochregallagern mit unterschiedlicher Technik
4	Variablensuche	Beschädigung der Verpackung vermeiden durch Veränderung der Verpackung, Nutzung eines anderen Fördermittels, Übertragung der Aufgabe an eine andere Person etc.
5	Vollständiger faktorieller Versuch	Maximierung der Leserate von zu identifizierenden Gütern durch Optimierung von z. B. Fördergeschwindigkeit, Abstand der Güter, Abstand Gut – Lesegerät, Beleuchtung
6	A versus B	Vergleich der Bildung von Ladeeinheiten
7	Streudiagramm	Fehlersuche in Kommissionierprozessen bei Neuanläufen in der Automobilproduktion

Tabelle 4: Beispiele für die Nutzung von klassischen Shainin®-Methoden in der Logistik (vgl. zu den Methoden Shainin 1988, Kleppmann 2001, Masing 2007, Steiner 2008)

4.2 Beispiel: Best Practices recherchieren und nutzen

Mit Hilfe des Benchmarking sollen Best-Practice-Lösungen identifiziert und nachfolgend intelligent genutzt werden. In einem typischen Anwendungsfall aus dem Behältermanagement wurde das Benchmarking in allen vier Arten, vom internen Benchmarking bis zum generierenden Benchmarking, zur Lösungssuche angewendet. Die Tabelle 9 enthält die Ergebnisse der Datensammlung im Rahmen des Benchmarking für das Beispiel.

Datensammlung		
Benchmarking-Art	Benchmarking-Referenzen	Benchmarking-Ergebnisse
Internes Benchmarking	An anderen Standorten des gleichen Unternehmens	– Einrichten von Lieferanten-Leergut-Konten – Zentrale Bestandsführung von Sonderladungsträgern – Dokumentation bei Entsorgung
Wettbewerbsorientiertes Benchmarking	Auswertung einer Analyse von Fachbeiträgen bzgl. der Leergutversorgung bei verschiedenen Automobilisten	– Bedarfsprognose, zukünftig pull- Abzug – Tausch leer gegen voll => paarig laufende Verkehre – Klare Zuordnung von Verantwortlichkeiten – Klare Zuordnung von Kosten – Mietzahlungen durch Zulieferer => Reduzierung der Fremdverwendung und des Leergutschwundes – Standardisierung von Verpackungen ermöglicht zentralen Leergutpool
Funktionales Benchmarking	Getränkeindustrie	– Pfandsystem bei Mehrwegverpackungen – Automatische Identifikationssysteme (Auto-ID), Barcode-Nutzung, Transponder mit RFID – Erfolge von Handelsunternehmen: Zulieferer sind zur Palettenkennzeichnung mit passiven UHF-Chips verpflichtet => Reduzierung des Schwunds bei Lagerung und Reduzierung des Transport um 11 bis 18 %, Steigerung der Warenverfügbarkeit um 9 bis 14 %
	Automobilindustrie	– Transponder an Spezialbehältern für die Montage
t.w. generierendes Benchmarking	Maschinenbau	– Arbeitsanweisung zur Behandlung des Leergutes wie Vollgut (keine Einsätze und Zwischenlagen entnehmen) + Ladungsträger-Begleitkarte

Tabelle 5: Ergebnisse des Benchmarking (Recherchierte Best Practices)

Das Handling von Leergut ist ein unterstützender Prozess und kein Kernprozess. Eine mangelhafte Versorgung mit Leergut wirkt sich jedoch unmittelbar auf Kernprozesse aus und führt im Extremfall zu Produktionsausfällen und zur Nichteinhaltung von Lieferterminen. Überall dort, wo Leergut verwendet wird, lassen sich durch ein gezieltes Behältermanagement hohe Einspar- und Erfolgspotenziale ausschöpfen.

Die Ziele für die Auslegung von Prozessen des Leergutmanagements ergeben sich vorwiegend aus interner Sicht und betreffen die Effektivität und Effizienz:

- Transparenz über Bestand an Sonderladungsträgern
- Bedarfsgerechte, wirtschaftliche Lösung zur Leergutversorgung
- Minimierung von Fehldispositionen
- Minimierung der Fremdverwendung von Sonderladungsträgern
- Minimierung des Dispositionsaufwandes
- Minimierung der Kosten für Zusatztransporte
- Minimierung der Kosten für Ersatzverpackungen

In die neue Solllösung wurden viele Erfolg versprechende Maßnahmen integriert. Dies betrifft u. a. das Pfandsystem und die Sicherung einer Identifikation der Behälter (1. Stufe Barcode; 2. Stufe Transponder).

4.3 Beispiel: Nutzung der Qualitätsmethoden im Bereich der manuellen Kommissionierung

Grundlage für die Untersuchung bildete das, in der Tabelle 6 dargestellte, ganzheitliche Vorgehensmodell, das viele unterschiedliche Kombinationen erlaubt, von denen exemplarisch sechs Vorgehensweisen (A bis F) angegeben werden.

Qualitätsmanagement-methoden	Beispiele für Ablauffolgen					
	A	B	C	D	E	F
Strichliste	1	1				
Histogramm	2	2				
Pareto-Diagramme		3				
Lorenz-Pareto-Diagramme	3					
Ursache-Wirkungs-Diagramme	4	4	2			
Streuungsdiagramme (Korrelationen)						
Fähigkeitsanalysen			1			
Affinitätsdiagramme				1		
Relationsdiagramme				2		
Baumdiagramme						
Prozessentscheidungsdiagramme				3		
Pfeildiagramme (Netzpläne)			5	4		
Matrixdiagramme		5	3			
Matrixdatenanalyse		6	4			
QFD						1
FMEA	5					2
Fehlerbaumanalyse						
Statistische Versuchsmethodiken					1	
Poka Yoke					2	
Statistische Prozessanalyse und -regelung					3	3

Tabelle 6: Bildung ganzheitlicher Vorgehensweisen unter Nutzung von Methodenketten (Vgl. Wisweh 2002; Coello 2004)

Den Ausgangspunkt bildet zunächst eine Erfassung und Auswertung bereits aufgetretener Fehler, die nach unterschiedlichen Merkmalen wie Häufigkeit, Fehlerkosten, Bedeutung, Prozessintensität, Entdeckungswahrscheinlichkeit u. a. priorisiert werden können. Die Nutzung präventiver Methoden ermöglicht auf der anderen Seite auch potenzielle Fehlermöglichkeiten mit in die Betrachtung einzubeziehen. Dazu werden Wenn-Dann-Annahmen getroffen und nachfolgend die Fehler gleichfalls nach den relevanten Merkmalen bewertet, um ebenfalls eine Priorisierung vornehmen zu können.
Dazu wurde in der praktischen Anwendung das Bewertungsraster aus Praktikabilitätsgründen in Anlehnung an VDA und DIN 60812 entsprechend Tabelle 7 modifiziert.

Bewertung	Auftrittswahrscheinlichkeit A in Bezug auf 100 % der Fehler	Bedeutung B	Entdeckungs-wahrscheinlichkeit
1	Unwahrscheinlich A= 0 % Fehlfunktion war noch nie Fehlerverusacher	Keine Auswirkung	Hoch (wird sofort bemerkt)
3	Gering A≤ 5 % Fehlfunktion ist sehr selten Fehlerverursacher	Geringfügige Auswirkung (erhöhter Aufwand)	Mäßig (wird im normalen Arbeitsprozess erkannt)
5	Mäßig 5% ≤ A≤ 15 % Fehlfunktion ist gelegentlich Fehlerverursacher	Mittelschwerer Fehler (Beeinflussung der Montage)	Gering (bei Prüfung erkennbar)
8	Hoch 15 % ≤ A ≤ 20 % Fehlfunktion ist häufig Fehlerverursacher	Schwerer Fehler (Stillstand der Montage)	Sehr (Fehler wird erst in der Montage erkannt)
10	Hoch A > 20 % Fehlfunktion ist Hauptfehlerverursacher	Äußerst schwerwiegender Fehler (Längerer Ausfall)	Unwahrscheinlich (führt zu verdecktem Fehler in der Montage; wird erst beim Kunden bemerkt)

Tabelle 7: Modifiziertes Bewertungsraster einer FMEA (FMECA) in manuellen Kommissionierprozessen (Fünf Bewertungsstufen quantitativ / qualitativ)

Dies hatte den Vorteil, dass eine klare, sehr gut nachvollziehbare und differenzierte Bewertung ermöglicht wurde. Die als besonders kritisch erkannten Fehler werden nachfolgend einer Ursachenforschung unterzogen, um darauf aufbauend Maßnahmen zur nachhaltigen Beseitigung ableiten zu können. Dabei zeigte es sich, dass die Mehrzahl der Fehler ihre Ursache in der menschlichen Zuverlässigkeit hatte. Die VDI-Richtlinie 4006 beschreibt die menschliche Zuverlässigkeit als „… die Fähigkeit des Menschen, eine Aufgabe unter vorgegebenen Bedingungen für ein gegebenes Zeitintervall im Akzeptanzbereich durchzuführen." In der Fachliteratur hat sich die Unterscheidung in sachliche und menschliche Leistungsvoraussetzungen durchgesetzt. Man spricht auch von Performance Shaping Factors (PSF) und untergliedert diese in interne und externe PSF´s. Sachliche Leistungsvoraussetzung betreffen alle von außen auf die Arbeitsperson einwirkenden Einflüsse (z. B. Ablauforganisation, Aufbauorganisation, Aufgabenschwierigkeit und Ergonomie).

Dagegen ergeben sich die menschlichen Leistungsvoraussetzungen im Wesentlichen aus den Eigenschaften der Arbeitsperson bezüglich ihrer Leistungsfähigkeit und ihrer Leistungsbereitschaft.

4.4 Beispiel: Poka Yoke – Lösungen für die Logistik

Poka Yoke zielt auf das Verhindern oder Vermeiden von unbeabsichtigten Fehlern. (Tabelle 8) Der Grundgedanke dieser Methode ist, dass kein Mitarbeiter und kein System ohne besondere Vorkehrungen fehlerfrei arbeiten können. Handlungen des Mitarbeiters, die zu Fehlern führen können, sind unter anderem Unaufmerksamkeit, Vergessen, Fehlinterpretation, Verwechseln, Vertauschen oder fehlerhaftes Ablesen. Verstärkt werden diese Vorgänge durch Stress und schlechte Arbeitsbedingungen.

	Poka Yoke	Beispiele aus der Logistik
Erfassen von Zuständen	Sensoren und Sensorsysteme	• Massesensor zum Überprüfen der Masse von Kommissioniereinheiten (Pakete, Behälter etc.) • Optosensoren (Lichtschranken, Lichttaster, Barcodelesegeräte) zur Identifikation von Behältern oder Gütern
Erkennen von Fehlern	Kontaktmethode	• Lichtraumprofile zur Geometrieprüfung von Paketen
	Fixwertmethode	• Zählen der Behälter durch elektronische Zähler • Fixe Anzahl von Teilen (Bsp. Bierkasten) erleichtert Erkennen fehlender Teile
	Schrittfolgen-prinzip	• Kommissionierliste nach Route des Kommissionierers • Pick by voice (Kommissionierauftrag in der Reihenfolge der Entnahmen und Quittierung durch Spracheingabe)
Reagieren auf Fehler	Eingriffsmethode	• Abschalten und Lösen des Problems, wenn z. B. vereinzelt Pakete in Kurven vom Förderband rutschen
	Alarm-methode	• Verklemmen eines Kartons auf einen Förderband führt zu einem akustischen oder optischen Signal
	Reguliermethode	• Spezielle Lagen in Transportbehältern, die ein falsches Einlegen verhindern • Einlegen von beschädigten Paketen in Transportbehälter

Tabelle 8: Beispiele für Poka-Yoke-Lösungen aus dem Logistikbereich

Poka Yoke als Methode beinhaltet einfache technische Lösungen, Systeme und Methoden, um Fehler an Produkten zu vermeiden oder sehr schnell aufzudecken, um sie sofort beheben zu können. Das Poka-Yoke-Prinzip wird vor allem in den Bereichen eingesetzt, in denen manuelle Tätigkeiten überwiegen und so der Mensch mit seinen Schwächen positiv beeinflusst werden soll. Besonders sinnvoll ist der Einsatz von Poka-Yoke-Methoden zur Überwachung von

Fehlerursachen und von Bedingungen, die zu Fehlern führen können, da so Fehlhandlungen kontrolliert und Fehler vermieden werden. Poka-Yoke besteht aus folgenden drei Grundansätzen (vgl. Tabelle 8):

(a) Detektionsmechanismen zum Erfassen von Zuständen

(b) Auslösemechanismen zum Erkennen von Fehlern

(c) Reaktionsmechanismen zum Reagieren auf Fehler

Fördervermerk

Die Arbeiten zur vorgestellten Thematik wurden teilweise vom Bundesministerium für Bildung und Forschung (Fkz. 01IM08002A und Fkz. 01IM08001L) gefördert.

Literatur

Becker, Torsten (2008): Prozesse in Produktion und Supply Chain optimieren. Berlin, Heidelberg: Springer, 2. Auflage

Bhote, Keki R. (1990) Qualität - Der Weg zur Weltspitze, IQM, Großbottwar. 1990

Bhote, Keki R./Bhote, Adi K. (2000) World Class Quality - Using Design of Experiments to Make it Happen, - 2. Edit., New York, American Management Association (Amacom), 2000

Coello Machado, Norge/Illes, Bela/Glistau, Elke (2004): Qualitätssicherung der Logistik und Logistik in der Qualitätssicherung – Wechselwirkungen und Effekte; Internationale Maschinenbaukonferenz COMEC 2004; Santa Clara/Kuba. ISBN 959-250-147-5

Illés, Béla/Glistau, Elke/Coello Machado, Norge Isaías (2007): Logistik und Qualitätsmanagement. ISBN 978-963-87738-1-4 (deutsche Sprache). 1. Auflage Miskolc 2007. 196 Seiten

Illés, Béla/Glistau, Elke/Coello Machado, Norge Isaías (2007): Logisztika és Minöségmenedzsment. ISBN 978-963-87738-0-7 (ungarische Sprache). 1. Auflage Miskolc 2007. 196 Seiten

Imai; M.: KAIZEN – Der Schlüssel zum Erfolg im Wettbewerb. 1. Aufl. München, Ullstein List Verlag, 2001; 394 Seiten; ISBN: 3-548-70019-5

Kleppmann, Wilhelm (2001) Taschenbuch Versuchsplanung – Produkte und Prozesse optimieren. Carl Hanser Verlag München Wien. ISBN 3-446-21615-4; 281 S. mit CD

Leist, Ralph (1994): Qualitätsmanagement - Methoden und Werkzeuge zur Planung und Sicherung der Qualität. WEKA-Fachverlag für technische Führungskräfte. Augsburg 1994

Liebig, Doreen (2005) Nutzung von Qualitätsmanagementmethoden in der Logistik auf der Basis von Fehlernomenklaturen. Studienarbeit im Studiengang Wirtschaftsingenieurwesen Logistik. Otto-von-Guericke-Universität Magdeburg. Betreuer: Prof. Coello Machado; Dr. Glistau

Magnusson, Kjell/Kroslid, Dag/ Bergman, Bo (2004). Six Sigma umsetzen. Hanser Fachbuch 2004; ISBN 3446216332

Masing , Walter (2007) Handbuch Qualitätsmanagement. Herausgegeben von Tilo Pfeiffer und Robert Schmitt. Carl Hanser Verlag. München 2007. 5. vollständig neu bearbeitete Auflage. ISBN 978-3-446-40752-7.

Rehbein, Rolf/Yurdakul, Bülent Zafer (2003): Mit Six Sigma zu Business Excellence. Strategien, Methoden, Praxisbeispiele. 1. Aufl. Publicis MCD Verlag 2003. ISBN 3895781851

Rother, Mike; Shook, John: Sehen Lernen –Wertstromdesign zur Erhöhung von Wertschöpfung und Beseitigung von Verschwendung. LOG_X Verlag 2000. ISBN 3-932298-11-X

Shainin, Dorian/Shainin, Pete (1988) Better than Taguchi Orthogonal Tables. In: Quality and Reliability Engineering International 4 (1988) S. 143-149

Steiner, Stefan H/ MacKay, R. Jock/ Ramberg, John S.: An Overview of the Shainin System™ for Quality Improvement. - Quality Engineering, Vol. 20, No 1, 2008. p. 6-19.

Vester, Frederic (2001) Die Kunst vernetzt zu denken. Ideen und Werkzeuge für einen neuen Umgang mit Komplexität. Deutsche Verlags-Anstalt Stuttgart. 7. Auflage. 2001 ISBN 3-421-05308-1. 315 Seiten

Wiendahl, Hans-Peter (2002) (Hrsg.): Erfolgsfaktor Logistikqualität: Vorgehen, Methoden und Werkzeuge zur Verbesserung der Logistikleistung, Springer Verlag Berlin / Heidelberg / New York 2002

Wisweh, Lutz (2002): Bewertung und Verbesserung der Qualität von Produkten und Prozessen. Internationale Maschinenbaukonferenz COMEC 2002; Santa Clara /Kuba. ISBN 959-250-050-9

Normen und Technische Regeln:

DIN EN ISO 9000:2005 Qualitätsmanagementsysteme - Grundlagen und Begriffe; Dezember 2005; Deutsches Institut für Normung, Beuth-Verlag

DIN EN ISO 2008-12 Qualitätsmanagementsysteme - Anforderungen (ISO 9001:2008); Dreisprachige Fassung

EN ISO 9004:2009 Leiten und Lenken für den nachhaltigen Erfolg einer Organisation - Ein Qualitätsmanagementansatz (ISO 9004:2009); Deutsche und Englische Fassung

DIN 25424-1 Fehlerbaumanalyse, Methode und Bildzeichen. Ausgabe 1981-09

DIN 25424-2 Fehlerbaumanalyse, Handrechenverfahren zur Auswertung eines Fehlerbaums. Ausgabe 1990-04

DIN EN 1325-2. Ausgabe: 2004-11: Value Management. Wertanalyse. Funktionenanalyse. Wörterbuch - Teil 2: Value Management. Deutsche Fassung EN 1325-2:2004

DIN EN 12973. Ausgabe: 2002-02. Value Management. Deutsche Fassung EN 12973.2:2004

DIN EN 60812 Analysetechniken für die Funktionsfähigkeit von Systemen – Verfahren für die Fehlerzustandsart- und –auswirkungsanalyse (FMEA) (IEC 60812:2006) Deutsche Fassung EN 60812:2006 (Ersatz für DIN 25448)

VDA4.4 Verband der Automobilindustrie e.V. (VDA) Qualität in der Automobilindustrie. Band 4: Sicherung der Qualität während der Produktrealisierung Methoden und Verfahren. Kapitel 4: Fehlerbaumanalyse. 1. Auflage; Februar 2003

VDA4.5 Verband der Automobilindustrie e.V. (VDA) Qualität in der Automobilindustrie. Band 4: Sicherung der Qualität während der Produktrealisierung Methoden und Verfahren. Kapitel 5: Versuchsmethodik. 1. Auflage; Februar 2003

VDI-Richtlinie 4400 Blatt 1:2001-05 Logistikkennzahlen für die Beschaffung; Blatt 2:2004-12 Logistikkennzahlen für die Produktion; Blatt 3:2002-07 Logistikkennzahlen für die Distribution

VDI 4006 Blatt 1:2002-11 Menschliche Zuverlässigkeit - Ergonomische Forderungen und Methoden der Bewertung

VDI 4006 Blatt 2:2003-02 Menschliche Zuverlässigkeit - Methoden zur quantitativen Bewertung menschlicher Zuverlässigkeit

Rainer Lasch* / Marco Gießmann**

Die Logistik unter dem Einfluss der zunehmenden Komplexität – Ergebnisse einer empirischen Untersuchung zum Komplexitätsmanagement in der Praxis

* Prof. Dr. habil. Rainer Lasch ist seit 1998 Inhaber des Lehrstuhls für BWL, insbes. Logistik an der Fakultät Wirtschaftswissenschaften der TU Dresden. Er ist Autor von zahlreichen, auch international anerkannten Publikationen, Gutachter für mehrere internationale Zeitschriften sowie profilierter Forschungspartner des BMBF und der Wirtschaft insbesondere bei den Themen Benchmarking in der Logistik, marktorientierte Prozessgestaltung, Lieferantenbewertung, Supply Chain Management, Risikomanagement, Ersatzteillogistik sowie quantitative Planungsverfahren in der Logistik. Darüber hinaus ist er Mitglied im wissenschaftlichen Beirat des Bundesvorstands des BME sowie Vorsitzender der Wissenschaftlichen Kommission Logistik im Verband der Hochschullehrer für Betriebswirtschaft e.V..

** Dipl.-Kfm. Marco Gießmann studierte an der Technischen Universität Dresden Betriebswirtschaftslehre mit den Schwerpunkten Logistik, Controlling und Marketing. Seit 2005 ist er wissenschaftlicher Mitarbeiter am Lehrstuhl für BWL, insb. Logistik von Prof. Dr. Rainer Lasch an der TU Dresden und forscht auf dem Gebiet des Varianten- und Komplexitätsmanagements.

1 Einleitung

Infolge eines stetigen Wachstums sowie einer zunehmenden Individualität und Heterogenität der Kundenanforderungen ist in den vergangenen Jahren in nahezu sämtlichen Branchen ein rasanter Anstieg der Typen-, Varianten- und Teilevielfalt zu beobachten (vgl. Dehler 2001: 1). Zusätzlich führen eine zunehmende Vernetzung der Unternehmen, eine individuelle nationale Gesetzgebung sowie ökologische Erfordernisse zu einer stetig steigenden Komplexität der Prozesse, die infolgedessen schwieriger zu planen, steuern und kontrollieren sind. Der Begriff der Komplexität scheint dabei mehr zu sein als ein Modewort, das auf Fachtagungen von Wissenschaftlern und Praktikern gleichermaßen verwendet wird, um einerseits umfangreiche Forschungsprojekte zu umschreiben oder andererseits die verflochtenen Abläufe sowie die Vielfältigkeit der bestehenden Probleme zu charakterisieren.

Trotz zahlreicher Publikationen und der Untersuchung in verschiedenen Wissenschaftsdisziplinen existiert für den Begriff *Komplexität* bis heute keine einheitliche Begriffsabgrenzung. Im alltäglichen Bereich wird der Begriff weitgehend als Synonym für komplizierte, unübersichtliche, schwer verständliche oder verwirrende Problemstellungen bzw. Konstellationen verwendet,[1] während im wissenschaftlichen Bereich oftmals eine Charakterisierung durch die beiden Faktoren *Varietät* (= Anzahl) sowie *Variabilität* (= Veränderlichkeit) erfolgt. Die Varietät als statisches Begriffsverständnis von Komplexität spiegelt sich z. B. in der Anzahl angebotener Produkte und Produktvarianten, der Menge unterschiedlicher Distributionskanäle, der Anzahl zu bedienender Märkte bzw. Kundengruppen, der Lieferantenanzahl oder der Anzahl zu beschaffender Materialien, Baugruppen bzw. Kaufteile wider (vgl. Bohne 1998: 23ff.). Die Variabilität repräsentiert hingegen die Dynamik der Unternehmensumwelt und zeigt sich in der Häufigkeit sowie der Schnelligkeit, mit der sich Systemelemente oder Einflussgrößen auf das System verändern. Neben diesen beiden Faktoren zur Umschreibung von Komplexität führen andere Autoren zusätzlich die *Unsicherheit* (= Vieldeutigkeit) sowie die *Vielfalt* (= Heterogenität) als Eigenschaften der Komplexität an (vgl. Reiß 1993: 58; Höge 1995: 27ff.).

Die wachsende Bedeutung des Komplexitätsmanagements zeigt sich nicht zuletzt durch dessen zunehmende Untersuchung in wissenschaftlichen Publikationen. In zahlreichen Arbeiten wurde die Komplexitätsproblematik in der jüngeren Vergangenheit thematisiert, wobei der Fokus in der betriebswirtschaftlichen Literatur von ausgewählten Teilbereichen eines Unternehmens (vgl. u. a. Raufeisen 1999; Westphal 2001) über das Komplexitätsmanagement im Gesamtunternehmen (vgl. u. a. Gembrys 1998; Stüttgen 2003) bis hin zur Betrachtung kompletter Branchen (vgl. u. a. Bohne 1998; Benett 1999) reicht. Die Entwicklung des Komplexitätsmanagements in der wissenschaftlichen Diskussion wird in Kapitel 2 skizziert. Die Auseinandersetzung mit der Thematik beschränkte sich in der Vergangenheit dabei jedoch fast ausschließlich auf eine theoretische Untersuchung

---

[1] Dies entspricht der Etymologie des Begriffes, der auf das Lateinische „complexus“ zurückgeht und mit zusammenhängend, unübersichtlich, verflochten oder vielschichtig übersetzt werden kann (vgl. Pfeifer et al. 1989: 889).

der Komplexitätsproblematik, ohne explizit Anforderungen und Defizite in der Praxis zu berücksichtigen. Aus diesem Grund sollen in Kapitel 3 ausgewählte Ergebnisse einer vom Lehrstuhl für Betriebswirtschaftslehre, insbesondere Logistik der TU Dresden durchgeführten Studie zum Thema *„Komplexität und Komplexitätsmanagement in der Unternehmenspraxis"* vorgestellt werden. Mithilfe der Untersuchungsergebnisse wird gezeigt, wie die Unternehmen die zunehmende Komplexität wahrnehmen und ob diese von den Befragten als problematisch eingeschätzt wird. Anschließend wird untersucht, ob der real existierende Komplexitätsanstieg zu einer vermehrten Auseinandersetzung mit der Thematik geführt hat. Neben der Beantwortung der Frage nach der organisatorischen Einbettung des Komplexitätsmanagements in die bestehenden Unternehmensstrukturen, soll ebenfalls untersucht werden, welche Ziele die Unternehmen mit der Durchführung komplexitätsbeeinflussender Maßnahmen verfolgen. Anschließend sollen in diesem Beitrag auf Basis der empirischen Untersuchung Erfolgsfaktoren für ein zielgerichtetes Komplexitätsmanagement benannt und bestehende Defizite bei der praktischen Umsetzung aufgezeigt werden. Darauf aufbauend wird in Kapitel 4 ein Konzept zu Bewertung der komplexitätstreibenden Faktoren unter Berücksichtigung bestehender Wechselwirkungen vorgestellt. In einer Schlussbetrachtung werden die Ergebnisse zusammengefasst und ein Ausblick auf zukünftigen Forschungsbedarf gegeben.

2 Die zunehmende Komplexität als Megatrend des 21. Jahrhunderts

Dass es sich bei der zunehmenden Komplexität nicht nur um ein für die wissenschaftliche Diskussion relevantes Thema handelt, sondern auch die Unternehmen in der Praxis einen steten Komplexitätsanstieg beobachten, zeigen die Ergebnisse einer vom Lehrstuhl für Betriebswirtschaftslehre, insb. Logistik der TU Dresden durchgeführten Studie, die im Folgenden auszugsweise vorgestellt werden sollen. Im Rahmen der Untersuchung wurde an 1.496 repräsentative Unternehmen des verarbeitenden Gewerbes mit mehr als 50 Mitarbeitern ein standardisierter Fragebogen versendet, der in Zusammenarbeit mit mehreren Experten entwickelt und einem Pretest unterzogen wurde, um die Verständlichkeit, Lesbarkeit und inhaltliche Zielführung zu gewährleisten.[2] Die erzielte Nettorücklaufquote von 15,8 % (N=236) ist als gut bis sehr gut zu bezeichnen und entspricht dem in der empirischen Forschung üblichen und geforderten Niveau (vgl. Baldauf et al. 1999: 346).[3] Auch die Branchenverteilung sowie die Verteilung hinsichtlich der Unternehmensgrößen entsprechen der in Deutschland vorliegenden Grundgesamtheit, sodass insgesamt von einer repräsentativen Datenbasis ausgegangen werden kann.

---

[2] Die Beschränkung auf Unternehmen mit mehr als 50 Mitarbeitern beruht auf der Annahme, dass die Komplexitätsproblematik in kleineren und Kleinstunternehmen lediglich eine untergeordnete Rolle spielt und stattdessen vornehmlich in größeren Unternehmen eine besondere Relevanz besitzt. Die Fokussierung auf das herstellende und verarbeitende Gewerbe ist darauf zurückzuführen, dass dieser Wirtschaftszweig in besonderem Maße von der zunehmenden Komplexität betroffen ist und deshalb explizit in den Mittelpunkt der Betrachtung gerückt werden soll.

[3] Die Analyse des Datensatzes hinsichtlich des Anteils fehlender Werte oder Angaben (missing values) zeigt, dass lediglich vereinzelt Fragen unbeantwortet blieben und der durchschnittliche Anteil an missing values mit 1,28 % als unkritisch zu bezeichnen ist.

2.1 Komplexitätsentwicklung und Auswirkungen für das Komplexitätsmanagement

Die zunehmende Brisanz und Aktualität der Komplexitätsproblematik, die sich in den vergangenen Jahren bereits durch eine stark wachsende Anzahl an Publikationen zum Thema angedeutet hat, wird durch die befragten Unternehmen bestätigt. Im Rahmen der Untersuchung bescheinigen sowohl die kleinen Unternehmen (50-250 Mitarbeiter) als auch die großen mit mehr als 250 Mitarbeitern (MA), dass die Komplexität der Leistungserstellung in den vergangenen fünf Jahren deutlich zugenommen hat und von einer hohen Dynamik geprägt ist (vgl. Abbildung 1).
Über 92 % der befragten Unternehmen geben an, dass sowohl die Anzahl als auch die Individualität der Kundenanforderungen in den vergangenen Jahren deutlich gestiegen ist (durchschnittliche Bewertung: 3,8 bzw. 3,7).[4] Gleichzeitig bescheinigen die Unternehmen, dass die Kundenanforderungen einer starken Dynamik unterliegen und sich regelmäßig bis häufig verändern (durchschnittliche Bewertung: 3,6), wodurch die Komplexität der Leistungserstellung zusätzlich ansteigt.

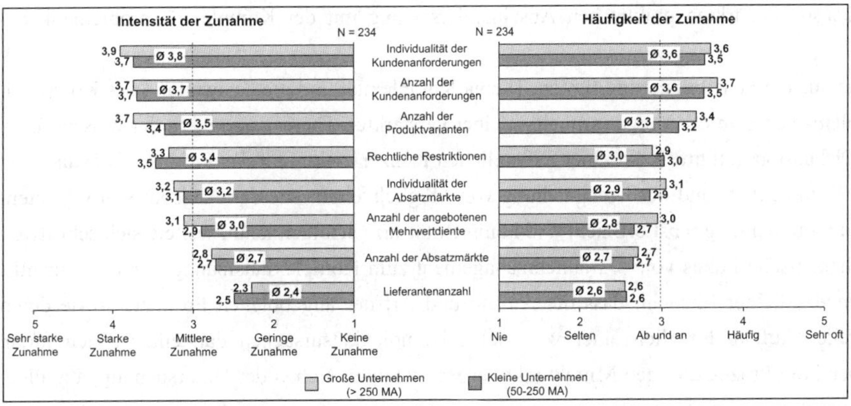

Abbildung 1: Wahrgenommene Komplexitätszunahme in den vergangenen fünf Jahren

Insgesamt 84,6 % der Unternehmen konstatieren eine mittlere bis starke Zunahme der Anzahl an Produktvarianten in den vergangenen fünf Jahren. Vor allem die großen Unternehmen haben womöglich als Folge der zunehmenden Kundenanforderungen die Anzahl der angebotenen Produktvarianten stark erhöht (Bewertung: 3,7), wobei auch die kleinen Unternehmen ihr Produktprogramm kontinuierlich erweitert haben (Bewertung: 3,4). Auch hinsichtlich der weiteren in Abbildung 1 angeführten Faktoren wird von der Mehrheit der Unternehmen eine deutliche Komplexitätszunahme sowohl hinsichtlich der Intensität als auch bezüglich der Dynamik, mit der sich diese

---

[4] Dieser Wert ergibt sich als Anteil der Bewertungen „mittlere Zunahme“, „starke Zunahme“ sowie „sehr starke Zunahme“ an der Gesamtzahl abgegebener Antworten.

Faktoren im Laufe der Zeit verändern, wahrgenommen.[5] Lediglich die Zunahme der Lieferantenanzahl wird nur von 43,3 % als mittel bis sehr stark beurteilt.[6] Dies scheint die Vermutung zu bestätigen, dass die Unternehmen nach einer anfänglichen Ausweitung des Lieferantenstammes in der jüngsten Vergangenheit die Lieferantenbasis sukzessive reduzieren. Ansätze wie das Modular Sourcing oder die Nutzung von Systemlieferanten unterstützen diese Entwicklung und treiben sie voran.

Als Folge des wahrgenommenen Komplexitätsanstiegs haben sich die Unternehmen zunehmend mit der Komplexitätsproblematik auseinandergesetzt. 89,4 % der Unternehmen geben an, sich bereits intensiver mit der Thematik beschäftigt zu haben.

Alle befragten Großunternehmen mit mehr als 500 Mitarbeitern sind sich nach eigenen Angaben der zunehmenden Komplexität bewusst und Dreiviertel von ihnen haben bereits Gegenmaßnahmen eingeleitet. Die Tatsache, dass sich somit insgesamt lediglich 10,6 % der befragten Unternehmen bisher nicht näher mit der Thematik beschäftigt haben und diese nur für ein einziges Unternehmen (0,4 %) gänzlich neu ist, unterstreicht die Bedeutung, die der weiteren wissenschaftlichen und einer ebenso verstärkten praktischen Auseinandersetzung mit der Komplexitätsproblematik zukommt.

Die zunehmende Sensibilisierung für das Thema Komplexität und die Ausweitung des Komplexitätsproblems haben in der Vergangenheit zu einer verstärkten Thematisierung in der wissenschaftlichen Diskussion geführt. Nach einer anfänglichen Konzentration auf das Produkt als Hauptursache der Komplexität[7] und der Untersuchung von Möglichkeiten, wie das Angebot von variantenreichen Produkten möglichst effizient und komplexitätsarm erfolgen kann, weitete sich schrittweise der thematische Fokus vom Variantenmanagement zum Komplexitätsmanagement im eigentlichen Sinne. Mit der Einsicht, dass die Anzahl und Art der angebotenen Produkte sowie deren struktureller Aufbau lediglich einer von vielen Komplexitätsursachen darstellt, rückten fortan zunehmend die Prozesse in den Mittelpunkt der Betrachtung. Neben der Untersuchung von allgemeinen Ansätzen zum Management der im Unternehmen oder innerhalb kompletter Branchen vorherrschenden Komplexität (vgl. z. B. Fricker 1996; Köster 1998; Stüttgen 2003) befassten sich während dieser Phase mehrere Arbeiten mit der Messung und Bewertung von Komplexität. Zur Operationalisierung wurde dabei verstärkt auf Ansätze der Systemtheorie zurückgegriffen (vgl. z. B. Raufeisen 1999; Scherf 2003). Die bis dato entwickelten Einzelansätze stellten zwar eine erste Möglichkeit zur Komplexitätsbeherrschung, -reduktion und -vermeidung dar, lösten das bestehende Komplexitätsproblem jedoch nur punktuell bzw. optimierten ein System partiell. Aus diesem Grund betrachten aktuelle Arbeiten im Bereich des Komplexitätsmanagements das System „Unternehmen" aus einer ganzheitlichen Perspektive (vgl. z. B. Puhl 1999; Bliss 2000;

[5] Hinsichtlich der rechtlichen Restriktionen geben 80,8 %, bezüglich der Individualität der Absatzmärkte 73,4 %, bezogen auf die Anzahl an Mehrwertdiensten 67,5 % und bei der Anzahl der Absatzmärkte 62,0 % der Befragten an, dass diese in den vergangenen fünf Jahren mittel bis sehr stark zugenommen haben.

[6] Dennoch wird selbst diesem komplexitätstreibenden Faktor eine geringe bis mittlere Zunahme attestiert (durchschnittliche Bewertung: 2,4).

[7] Synonym zum Begriff Komplexitätsursache wird in der Literatur der Terminus Komplexitätstreiber verwendet (vgl. Schuh 2005: 8).

Hanenkamp 2004; Meyer 2007). Ziel dieser Arbeiten ist nicht mehr die Entwicklung einzelner Strategien oder Maßnahmen bzw. die detaillierte Untersuchung eines Teilaspektes von Komplexität, sondern vielmehr die Bereitstellung eines Gesamtkonzeptes für den ganzheitlichen, nachhaltigen und dauerhaften Umgang mit dem Komplexitätsproblem. Abbildung 2 fasst die Entwicklungsstufen des Komplexitätsmanagements zusammen und verdeutlicht den sich öffnenden thematischen Schwerpunkt der Komplexitätsbemühungen.

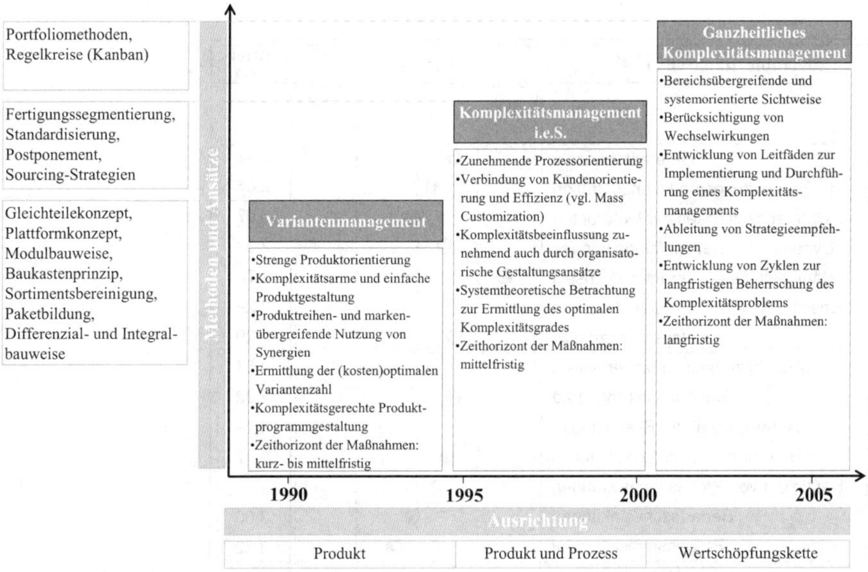

Abbildung 2: Entwicklung des Komplexitätsmanagements

2.2 Komplexitätsursachen und -folgen

Die Komplexitätsursachen sind ebenso mannigfaltig wie deren Folgen, weshalb eine erschöpfende Auflistung kaum möglich und aus diesem Grund in der Literatur ebenso wenig vorzufinden ist. Während Hanenkamp beispielsweise die vier Gruppen Input, Output, Personal sowie Organisation/Management als Komplexitätsursache unterscheidet (vgl. Hanenkamp 2004: 66), grenzt Wildemann die strukturellen, informations- und kommunikationsbezogenen sowie die individuellen Komplexitätsursachen voneinander ab (vgl. Wildemann 1998: 48). Bliss hingegen differenziert zwischen exogenen sowie endogenen Komplexitätsursachen, bei denen er weiterführend zwischen korrelierten (von den exogenen Ursachen mittel- oder unmittelbar abhängige) und autonomen (vom Unternehmen selbst zu verantwortende) Komplexitätsursachen unterscheidet (vgl. Bliss 2000: 5f.). Diese Strukturierung wurde mehrfach durch jüngere Publikationen aufgegriffen, modifiziert und erweitert (vgl. Kirchhof 2003: 39ff.; Lasch/Gießmann 2008: 201).

Für ein effizientes Komplexitätsmanagement und die gezielte Ableitung von Handlungsempfehlungen ist es jedoch notwendig, die einflussreichen und bedeutsamen Ursachen von den unbedeu-

tenden zu unterscheiden. In Abbildung 3 sind exemplarisch für den Bereich der Beschaffung die aus Sicht der 236 befragten Unternehmen bedeutendsten Komplexitätsursachen aufgeführt.[8]
Für eine bessere Übersichtlichkeit wurden die Komplexitätsursachen in o. a. Abbildung strukturiert und den vier Gruppen Beschaffungsmarktkomplexität, Beschaffungsprozesskomplexität, Produktkomplexität sowie Interne Komplexität zugeordnet. Unter der Beschaffungsmarktkomplexität soll die Komplexität verstanden werden, die durch die Strukturen, Einflüsse und Gegebenheiten auf dem Beschaffungsmarkt verursacht wird.

	Komplexitätstreiber	Relevanz (Keine 1 – 2 – 3 – 4 – 5 Große)	Mittelwert
Beschaffungsmarkt-komplexität	Lieferantenanzahl		2,42
	Beschaffungsmarktkonzentration		2,86
	Unterschiedlichkeit der Lieferanten		3,07
	Dynamik des Beschaffungsmarktes		2,59
	Häufigkeit des Lieferantenwechsels		1,70
	Unsicherheit bzgl. Lieferzeit/-qualität		2,24
	Transparenzdefizit		2,29
Beschaffungsprozess-komplexität	Anzahl zu beschaffender Artikel		3,51
	Standardisierungsgrad		2,32
	Heterogenität der Bestellungen		3,49
	Heterogenität der Schnittstellen		2,47
	Häufigkeit von Prozessanpassungen		2,73
	Bedarfsschwankungen		3,06
	Prognoseunsicherheit		3,32
Produktkomplexität	Variantenanzahl		3,73
	Produktbeschaffenheit		2,87
	Heterogenität der Beschaffungsartikel		3,50
	Sonderprodukte und Zusatzservices		3,40
	Änderungshäufigkeit Produktprogramm		2,69
	Möglichkeit von Bestelländerungen durch Kunden		3,09
	Unsicherheit Verkaufszeitpunkt/-menge		3,10
Interne Komplexität	Anzahl der Hierarchieebenen		1,52
	Fertigungstiefe		3,16
	Mangelnde Durchgängigkeit		2,01
	Vielfalt der eingesetzten IT-Systeme		2,64
	Heterogenität der Bereichsziele		2,30
	Dynamik der Zielvorgaben		1,54
	Fehlende Transparenz von Waren- und Informationsflüssen		2,86

Abbildung 3: Beschaffungsrelevante Komplexitätsursachen aus Sicht der Praxis

8 Einen Überblick über die Komplexitätstreiber in anderen logistischen Subsystemen gibt Meyer 2007: 93.

Die Beschaffungsprozesskomplexität kennzeichnet diejenige Komplexität, die durch die Prozessgestaltung sowie die Prozesseigenschaften hervorgerufen wird. Wie die Beschaffungsmarktkomplexität weisen auch die Beschaffungsprozesse einen externen Bezug auf, besitzen allerdings gleichzeitig einen hohen und unmittelbaren Einfluss auf die unternehmensinternen Abläufe. Die Produktkomplexität entspricht der vom Produkt- bzw. Leistungsangebot ausgehenden Komplexität. Als vierte Gruppe wird die Interne Komplexität betrachtet, die diejenige Komplexität widerspiegelt, die durch organisatorische Gegebenheiten sowie unternehmensinterne Strukturen, Handlungen und Verhaltensweisen entsteht.

Wie Abbildung 3 verdeutlicht, wird vor allem die Anzahl angebotener Produktvarianten als kritischer Faktor angesehen (3,73). Dadurch erhöht sich zwangsläufig die Anzahl zu beschaffender Rohmaterialien und Zukaufteile (3,51) und infolgedessen die Komplexität der Bedarfsplanung, Bestellabwicklung sowie der physischen Beschaffungsprozesse. Nahezu ebenso komplexitätswirksam sind stark unterschiedliche Bestellrhythmen sowie -volumina (3,49), die dazu führen, dass in kürzeren Zyklen Bestellmengen geplant und die physischen Bestellprozesse durchgeführt werden müssen. Gleichzeitig führen heterogene Bedarfsverläufe zu häufigeren Anlieferungen und somit zu einem Komplexitätsanstieg der operativen Beschaffungsprozesse. Das Angebot zusätzlicher Sonderprodukte und Services wird von den Vertretern der Praxis ebenfalls als bedeutende Komplexitätsursache angesehen (3,40). Diese gehen in der Regel zwar mit einem zusätzlichen Kundennutzen und daher mit einer gestiegenen Zufriedenheit einher, bringen jedoch gleichzeitig einen Komplexitätsanstieg der Leistungserstellung mit sich. Die Bewertung der weiteren Komplexitätsursachen ist Abbildung 3 zu entnehmen.

Die Komplexität wirkt sich auf sämtliche logistischen Zielgrößen aus. Abbildung 4 zeigt eine Auswahl der wichtigsten Komplexitätsfolgen.

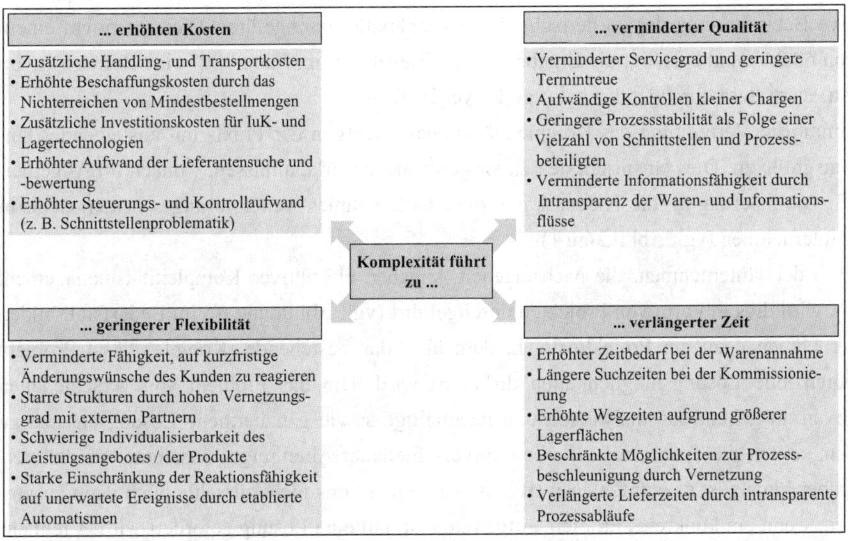

Komplexität führt zu ...
... erhöhten Kosten
• Zusätzliche Handling- und Transportkosten
• Erhöhte Beschaffungskosten durch das Nichterreichen von Mindestbestellmengen
• Zusätzliche Investitionskosten für IuK- und Lagertechnologien
• Erhöhter Aufwand der Lieferantensuche und -bewertung
• Erhöhter Steuerungs- und Kontrollaufwand (z. B. Schnittstellenproblematik)
... verminderter Qualität
• Verminderter Servicegrad und geringere Termintreue
• Aufwändige Kontrollen kleiner Chargen
• Geringere Prozessstabilität als Folge einer Vielzahl von Schnittstellen und Prozessbeteiligten
• Verminderte Informationsfähigkeit durch Intransparenz der Waren- und Informationsflüsse
... geringerer Flexibilität
• Verminderte Fähigkeit, auf kurzfristige Änderungswünsche des Kunden zu reagieren
• Starre Strukturen durch hohen Vernetzungsgrad mit externen Partnern
• Schwierige Individualisierbarkeit des Leistungsangebotes / der Produkte
• Starke Einschränkung der Reaktionsfähigkeit auf unerwartete Ereignisse durch etablierte Automatismen
... verlängerter Zeit
• Erhöhter Zeitbedarf bei der Warenannahme
• Längere Suchzeiten bei der Kommissionierung
• Erhöhte Wegzeiten aufgrund größerer Lagerflächen
• Beschränkte Möglichkeiten zur Prozessbeschleunigung durch Vernetzung
• Verlängerte Lieferzeiten durch intransparente Prozessabläufe

Abbildung 4: Auswirkungen der Komplexität auf den Logistikerfolg

Durch einen erhöhten Planungs- und Steuerungsaufwand erhöhen sich die operativen Kosten. Gleichzeitig führen Zusatzinvestitionen in notwendige Informations- sowie Lager-, Transport- und Umschlagstechnologien zu einem Kostenanstieg. Weitreichender als die Konsequenzen für die logistischen Kosten sind hingegen die Auswirkungen auf die logistische Leistungsfähigkeit. Sowohl die Erreichung der Flexibilitäts- als auch der Qualitäts- und Zeitziele werden durch eine zunehmende Komplexität erschwert oder gänzlich verhindert. So resultiert Komplexität nicht nur in erhöhten Durchlauf- und Bearbeitungszeiten, sondern erfordert beispielsweise durch eine hohe Variantenanzahl zusätzliche Qualitätskontrollen (vgl. Rathnow 1993: 35ff.). Gleichzeitig führt ein breites Produktprogramm zu verminderten Skaleneffekten, in deren Folge Mindestbestellmengen nicht erreicht werden. Hierdurch erhöhen sich nicht nur die Beschaffungskosten, sondern gleichzeitig ist mit einer verminderten Flexibilität innerhalb der Beschaffung zu rechnen (vgl. Meyer 2007: 103).

Wie gezeigt werden konnte, ist die Untersuchung der Komplexitätsproblematik in der Theorie bereits weit vorangeschritten. Allerdings mangelt es an Publikationen, die sich explizit mit dem Komplexitätsmanagement in der Praxis beschäftigen. Aus diesem Grund sollen im Folgenden weitere Ergebnisse der von den Autoren durchgeführten Studie vorgestellt werden, in deren Rahmen u. a. die Verbreitung von Komplexitätsmanagementinitiativen ebenso untersucht wurden wie bestehende Defizite bei der Umsetzung eines Unternehmensmanagements.

3 Das Komplexitätsmanagement in der Unternehmenspraxis

3.1 Organisatorische Verankerung und Durchführung

Wie Abbildung 5 verdeutlicht, haben bereits 161 der befragten 236 Unternehmen Maßnahmen für eine aktive Beeinflussung der vorherrschenden Komplexität durchgeführt. Dies entspricht einem Anteil von 68,2 % und bestätigt die Ergebnisse von Meyer, der im Jahre 2007 eine Befragung von 22 Industrievertretern durchgeführt hat (vgl. Meyer 2007: 91).

Dabei nimmt die Verbreitung des Komplexitätsmanagements in der Praxis mit ansteigender Unternehmensgröße zu. Dies entspricht den zuvor gewonnenen Erkenntnissen, wonach im Allgemeinen die Sensibilisierung für die Thematik in großen Unternehmen weiter vorangeschritten ist als in kleinen Unternehmen (vgl. Abbildung 1).

Bei 91,9 % der Unternehmen, die nach eigenen Angaben ein aktives Komplexitätsmanagement betreiben, wird dies in Form von Projekten durchgeführt (vgl. Abbildung 6). Im Bedarfsfall bilden die Unternehmen dazu ein Projektteam, in dem über das bestehende (Komplexitäts-) Problem sowie potenzielle Lösungsmöglichkeiten diskutiert wird. Um das Problem von verschiedenen Perspektiven ausgehend zu analysieren und nachhaltige sowie ganzheitliche Lösungsansätze zu generieren, sollten die Teams aus Mitarbeitern verschiedener Abteilungen zusammengesetzt werden. Darüber hinaus ist es empfehlenswert, dass sich die Teams nicht ausschließlich dann zusammensetzen, wenn ein konkretes Problem aufgetreten ist und eine Lösung gefordert wird. Vielmehr sollten regelmäßig Teamtreffen stattfinden, in denen die eingeleiteten Maßnahmen hinsichtlich der eingetretenen Verbesserungen bewertet und eventuell weitere Strategien und Handlungsempfehlungen diskutiert bzw. eingeleitet werden. Gleichzeitig könnten in diesem konstruktiven Rahmen Maßnahmen und Strategien diskutiert werden, um zukünftige Komplexitätsprobleme zu vermeiden und damit eine langfristige Beherrschung der anwachsenden Komplexität zu erreichen.

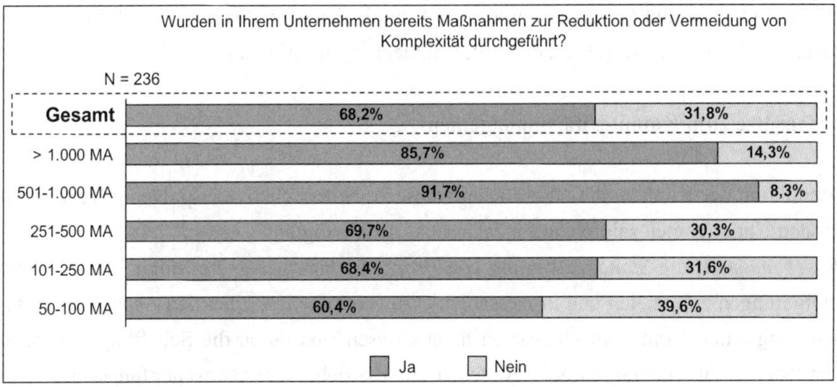

Abbildung 5: Verbreitung des Komplexitätsmanagements in der Praxis

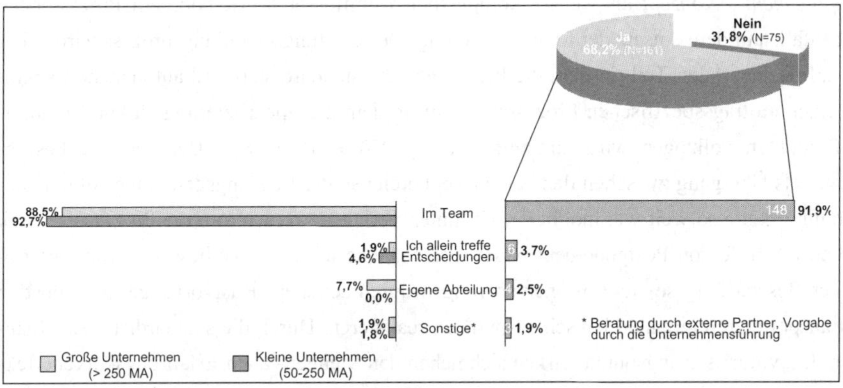

Abbildung 6: Durchführung des Komplexitätsmanagements

Lediglich 3,7 % der Befragten treffen Entscheidungen, welche die Beeinflussung der Komplexität betreffen, selbstständig und allein. Erwartungsgemäß liegt dieser Wert bei den kleinen Unternehmen (4,6 %) etwas über dem der großen bei denen lediglich 1,9 % derartig weitreichende Entscheidungen, wie die Veränderung der Lieferantenstruktur, die Produktgestaltung, die Prozessanpassung oder die Variation des angebotenen Produktprogrammes allein treffen. Die Schwere derartiger Entscheidungen sowie die damit verbundenen weitreichenden Konsequenzen – einerseits für die einzelnen Unternehmensbereiche, andererseits für den logistischen und eng damit verbunden den ökonomischen Erfolg des Unternehmens – könnten Gründe dafür sein, warum 7,7 % der Großunternehmen eine eigene Abteilung besitzen, die sich mit Komplexitätsbelangen beschäftigt.

Drei von vier Unternehmen stammen dabei aus den Branchen Fahrzeug- bzw. Maschinen- und Anlagenbau, die durch eine besonders hohe Komplexität gekennzeichnet sind.
Von den 161 Unternehmen, die nach eigenen Angaben bereits Komplexitätsmaßnahmen durchgeführt haben, steht bei 154 (95,7 %) die Reduktion der von den Prozessen ausgehenden Komplexität im Fokus des Interesses. 141 Unternehmen (87,6 %) führen Maßnahmen mit dem Ziel durch, die vom Produkt bzw. Produktprogramm induzierte Komplexität zu reduzieren. 126 Unternehmen (78,3 %) nehmen sich hingegen speziell der Unternehmensorganisation an.

3.2 Einzelansätze zum Komplexitätsmanagement

Um eine Reduktion der Komplexität zu erreichen, diese zu beherrschen oder präventiv zu vermeiden, stehen den Unternehmen zahlreiche Einzelansätze zur Verfügung.
Auf *Prozessebene* stellt die *Standardisierung von Prozessen* eine geeignete Möglichkeit dar, um Effizienzsteigerungen zu erzielen und Prozessabläufe zu vereinfachen. Über den Aspekt der einfacheren Steuerungs- und Kontrollmechanismen hinaus lassen sich durch die Schaffung standardisierter Schnittstellen zu Lieferanten oder zwischen innerbetrieblichen Wertschöpfungsstufen Automatismen einführen und Transaktionskosten senken. Des Weiteren können Durchlaufzeiten verkürzt und die Fehlerrate als Folge der größeren Lerneffekte reduziert werden.
Das *Postponement - Konzept* als weitere komplexitätsbeeinflussende Methode auf Prozessebene basiert ebenfalls auf dem Ansatz der Standardisierung. Der Leistungserstellungsprozess wird dabei in einen auftragsneutralen Teil, in dem die Prozessabläufe standardisiert und automatisiert ablaufen, und einen auftragsspezifischen Prozessabschnitt, in dem die Spezifizierung zu kundenindividuellen Produkten vollzogen wird, untergliedert (vgl. Köster 1998: 83). Der Variantenbestimmungspunkt als Übergang zwischen den beiden Teilbereichen der Leistungserstellung sollte in der Wertschöpfungskette so weit wie möglich nach hinten verlagert werden, um die Prozesse schlank zu gestalten. Mithilfe von Postponement lassen sich Skaleneffekte und verbesserte Preiskonditionen bei der Beschaffung sowie Kosteneinsparungen durch seltenere Rüstvorgänge und günstige Sammeltransporte zu regionalen Umschlagspunkten realisieren. Durch die standardisierten Abläufe bis zum Individualisierungspunkt wirken sich neben den Mengen- auch Erfahrungskurveneffekte positiv auf die Effizienz der Leistungserstellung sowie die Komplexität und Qualität der Prozesse aus.
Unterschiedliche *Beschaffungskonzepte und -strategien* verursachen eine hohe Komplexität der Bestellabwicklung. Wird beim Single Sourcing lediglich mit einem Zulieferer geschäftlich agiert, sind beim Multiple Sourcing mit mehreren Partnern Vertragsverhandlungen zu führen, Bestellungen auszulösen und Anlieferungen zu koordinieren. Aufgrund des reduzierten Umsatzvolumens ist mit schlechteren Einkaufskonditionen sowie erhöhten Durchlaufzeiten infolge der Vielzahl abzustimmender Logistikaktivitäten zu rechnen. Allerdings kann die Flexibilität gesteigert, die Verfügbarkeit der benötigten Produktionsfaktoren sichergestellt und somit ein positiver Beitrag zur Prozessqualität geleistet werden. Durch die Beschaffung komplett vormontierter Module (Modular Sourcing) können zudem einzelne Prozessschritte wie die Vormontage an externe Dienstleister

ausgelagert werden. Gleichzeitig wird durch die Modulbeschaffung die Anzahl an Schnittstellen zu externen Partnern reduziert, wodurch sich die Steuerung der Material- und Informationsflüsse vereinfacht (vgl. Pfohl 2004: 171f.).

Wildemann führt als weitere Maßnahme zur prozessbasierten Komplexitätsreduktion die *Fertigungssegmentierung* an. Hierunter ist zu verstehen, dass der Produktionsprozess in mehrere autonome, eindeutig abgrenzbare und in sich homogene Teilprozesse untergliedert wird (vgl. Wildemann 2007: 271). Die Fertigungssegmente sind für die Herstellung eines Zwischenprodukts oder Bauteils eigenverantwortlich. Durch die dezentrale Steuerung der einzelnen Segmente lassen sich der Organisations- und Steuerungsbedarf reduzieren und als Folge der verringerten Zwischenlagerbestände sowie der verminderten Zahl an Rüstvorgängen die Durchlaufzeiten verkürzen.

Als letzter Einzelansatz auf Prozessebene soll das *Kanban-Prinzip* angeführt werden. Hierbei fordert die verbrauchende Stelle (= nachgelagerte Fertigungsstufe) die zur Weiterverarbeitung benötigten Materialien oder Zwischenprodukte im Bedarfsfall bei der jeweils vorgelagerten Fertigungsstufe in der benötigten Menge an bzw. holt diese selbst ab (= Hol-Prinzip).[9] Dadurch lassen sich sowohl Verbesserungen hinsichtlich der Komplexität als auch bezüglich der Prozessqualität erzielen. Durch die dezentrale Steuerung entfallen zudem aufwändige und zeitintensive Steuerungs- und Kontrollmechanismen. Die niedrigeren Bestände verringern die Komplexität des Beschaffungs- und Bestandsmanagements.

Bezüglich der *produktorientierten Komplexitätsverbesserung* lassen sich Methoden zur komplexitätsgerechten *Gestaltung der Produkte* sowie Methoden zur Beeinflussung der vom *Produktprogramm* ausgehenden Komplexität unterscheiden. Zur erstgenannten Gruppe ist beispielsweise das *Gleichteilekonzept* zu zählen. Hierbei werden standardisierte Bauteile produktübergreifend bei mehreren Produkten verwendet (vgl. Stang/Hesse/Warnecke 2002: 110). Der dadurch gestiegene Bedarf an identischen Bauteilen oder -gruppen sowie Rohstoffen ermöglicht es, auf dem Beschaffungsmarkt verbesserte Konditionen zu erzielen. Darüber hinaus können Lagerprozesse optimiert und die Materialflüsse aufgrund standardisierter Lagertechnologien und Transportmittel einfacher gestaltet werden.

Das *Plattformkonzept* stellt eine Erweiterung der Gleichteileverwendung dar. Hierbei wird die Idee verfolgt, gleiche Bauteile und -gruppen nicht nur bei mehreren Produkten, sondern produktreihen-, marken- und -lebenszyklusübergreifend anzuwenden (vgl. Schuh 2005: 132). Das Konzept unterscheidet sich vom Baukastenprinzip dahingehend, dass Produkte modellreihenübergreifend auf einem gemeinsamen strukturellen Verbund, der Plattform, basieren. Somit lässt sich neben den allgemeinen Vorteilen von Gleichteilen und den positiven Auswirkungen für das Ersatzteilmanagement vor allem die Reduktion der Entwicklungskosten und -zeiten von Neuprodukten hervorheben.

Bei der *Modulbauweise* wird ein Produkt in mehrere Subsysteme, sogenannte Module, unterteilt, die sowohl funktional als auch physisch weitgehend unabhängig sind (vgl. Schmidt 2002: 59).

---

[9] Zur Funktionsweise sowie weiterführenden Ausführungen zur Kanban - Produktionssteuerung vgl. u. a. Pfohl 2004: 160ff.; Adam 2001: 628f.

Diese einzelnen Anbauteile weisen unterschiedliche Funktionalitäten, aber einheitliche Schnittstellen auf, sodass sie in vielfältigster Weise kombiniert werden können. Durch die parallele Modulbearbeitung während des Herstellungsprozesses lassen sich die Produktions- und somit die Lieferzeiten reduzieren. Des Weiteren können defekte Bauteile leichter, schneller und kostengünstiger ausgetauscht werden. Neben diesen entsorgungslogistischen Vorteilen lassen sich die vereinfachte Anpassung der Produkte an geänderte Anforderungen (gesetzliche Vorgaben, Kundenwünsche, etc.) sowie die unkomplizierte Variantenbildung als Vorteile dieser Methodik nennen.

Ein der Modulbauweise sehr ähnlicher Ansatz ist das *Baukastenprinzip*. Hierbei wird ebenfalls das Ziel verfolgt, mit wenigen Grundelementen, die einfach ausgetauscht werden können, eine hohe Variantenanzahl zu generieren. Im Gegensatz zur Modulbauweise existiert beim Baukastenprinzip allerdings ein Grundkörper, an den in verschiedenen Stufen unterschiedlich variantenreiche Anbauteile montiert werden können (vgl. Schuh 2005: 128). Somit lassen sich sowohl im Bereich der Beschaffung als auch in sämtlichen nachgelagerten logistischen Systemen die zuvor beschriebenen positiven Effekte erzielen.

Die *Differenzial-* und *Integralbauweise* verfolgen konträre Zielstellungen. Während bei der Differenzialbauweise ein Produkt in mehrere leicht trennbare und funktional unabhängige Subsysteme (Module) untergliedert wird, um dadurch den Gleichteileanteil innerhalb verschiedener Varianten eines Produktes zu erhöhen und entsprechende Vorteile in Form von Skaleneffekten und optimierten Beschaffungsprozessen zu erzielen, verfolgt die Integralbauweise eine konträre Strategie. Hier erfolgt eine funktionale Zusammenfassung (Integration) zu physisch meist nicht trennbaren Baugruppen oder Endprodukten.[10] Durch die Reduktion der Teilevielfalt sind Einsparungen bei den bestellfixen Kosten sowie dem Aufwand für Wareneingangskontrollen, das Handling sowie die Lagerung möglich. Zudem lässt sich die Durchlaufzeit bei der Fertigung aufgrund des Wegfalls von Montageschritten reduzieren.

Von den Möglichkeiten zur komplexitätsgerechten Gestaltung der Produkte können wie bereits erwähnt diejenigen Einzelansätze unterschieden werden, die sich speziell der vom *Produktprogramm* induzierten Komplexität widmen. Als erster Ansatz ist zunächst die *Paketbildung* zu nennen, durch die Anbauteile für verschiedene Ausstattungen und Funktionen lediglich gemeinsam und in fest vorgegebenen Leistungs- oder Produktbündeln, nicht aber separat oder als Bestandteil eines anderen Paketes vom Kunden bestellt werden können (vgl. Schuh 2005: 128). Bliss nennt diese Art der Bündelung des Leistungsangebotes in wenige, vollständige Komplettprodukte in Anlehnung an Meffert *Packaging* (vgl. Bliss 2000: 40; Meffert 1998: 962), wohingegen Homburg und Daum die Bezeichnung *Bundling* verwenden (vgl. Homburg/Daum 1997: 335). Vor allem in der Automobilindustrie wird diese Strategieform genutzt, um die Kombinationsmöglichkeiten einzelner Anbauteile, Komponenten oder Funktionalitäten einzuschränken. Mithilfe der Paketbildung lässt sich der Absatz ansonsten verkaufsschwacher Produkte steigern, die Verbrauchsprognosen selten nachgefragter Produkte (Z-Artikel) vereinfachen und Bestände sogenannter

---

10 Als Beispiel ist ein Holzbleistift vorstellbar, bei dem die Mine und die Holzummantelung physisch nicht trennbar sind und nur in dieser Konstellation einen funktionsfähigen Bleistift ergeben.

Langsamdreher abbauen. Des Weiteren kann die Kommissionierzeit durch die Anordnung der ohnehin lediglich gemeinsam bestellbaren Paketkomponenten in räumlicher Nähe zueinander verkürzt werden.

Um den intra- und interorganisatorischen Aufbau möglichst komplexitätsarm zu gestalten,[11] bietet es sich an, auf bekannte Ansätze der *organisatorischen Ebene* zurückzugreifen. Zunächst sei hier der *Abbau von Hierarchieebenen* angeführt. Stark hierarchisierte Unternehmensstrukturen sind in der Vergangenheit regelmäßig an ihre Grenzen im Umgang mit einer dynamischen Unternehmensumwelt gestoßen. Insbesondere der lückenlose und schnelle Informationsfluss gerät durch eine Vielzahl zu überwindender Hierarchieebenen leicht ins Stocken (vgl. Espinosa/Harnden/ Walker 2007: 334). Durch einen Abbau dieser Ebenen werden bürokratische Hemmnisse beseitigt und die Entscheidungsfindung sowie die Kommunikation beschleunigt, wodurch die Fähigkeit, flexibel auf sich ändernde Rahmenbedingungen reagieren zu können, steigt (vgl. Kirchhof 2003: 213). Gleichzeitig birgt eine Vielzahl an Hierarchieebenen die Gefahr von bereichsindividuellen Interessen, wodurch teilweise konterkarierende Zielvorgaben resultieren. Dies entspricht nicht dem Prinzip der Ganzheitlichkeit als elementarem Bestandteil der Logistikkonzeption und führt zu einem Komplexitätsanstieg, da die verschiedenen Zielvorgaben nachträglich angepasst und aufeinander abgestimmt werden müssen.

Als weiterer organisatorischer Einzelansatz wird in der Literatur die *vertikale Autonomie* angeführt, die auch als *Entscheidungsdezentralisierung* zu bezeichnen ist, da Entscheidungskompetenzen an untergeordnete bzw. operative Einheiten delegiert werden (vgl. Bliss 2000: 49; Kirchhof 2003: 213.). Daraus resultiert ein verminderter Koordinationsbedarf übergeordneter Hierarchieebenen, wodurch eine reduzierte Organisationskomplexität erzielt werden kann. Des Weiteren erhöht sich die Reaktionsfähigkeit des Unternehmens auf sich ändernde Umweltbedingungen, da die Elemente Wahrnehmung, Entscheidung und Handlung organisatorisch eng miteinander verknüpft sind. Der Erfolg dieses Ansatzes wird durch die Ergebnisse einer deutschlandweiten Studie unter den führenden Unternehmen bestätigt. Hiernach bescheinigen die Befragten eine Komplexitätsreduktion durch die Dezentralisierung der Verantwortung (vgl. Child et al. 1991: 78).

Abbildung 7 verdeutlicht, welche der soeben vorgestellten Einzelansätze den Unternehmen bekannt sind und in welchem Umfang diese genutzt werden. Den befragten Unternehmen sind insbesondere die Einzelansätze auf Produktebene, hier vor allem die Standardisierung (88,9 %), das Baukastenprinzip (78,6 %), die Modulbauweise (73,5 %) sowie die Gleichteileverwendung (69,7 %), bekannt. Diese Ansätze werden infolgedessen ebenfalls am häufigsten angewendet. Gleichzeitig ist erkennbar, dass eine starke Diskrepanz zwischen der Kenntnis und der Nutzung der Einzelansätze vorherrscht. Besonders starke Abweichungen können bei der Fertigungssteuerung nach dem Kanban-Prinzip festgestellt werden, welches zwar 70,9 % der Unternehmen bekannt ist, jedoch nur von 45,7 % eingesetzt wird (Abweichung: 25,2 %). Starke Unterschiede zwischen der Kenntnis und der Nutzung bestehen darüber hinaus bei der Modulbauweise (Abweichung: 19,2 %), dem Plattformkonzept (Abweichung: 18,8 %), dem Baukastenprinzip (Abwei-

---

11 Vgl. hierzu den von Pfohl entwickelten Logistikwürfel (vgl. Pfohl 2004: 26).

chung: 18,4 %) sowie der Integralbauweise (Abweichung: 16,7 %). Dennoch werden die oben beschriebenen Ansätze zur Komplexitätsreduktion und -vermeidung bereits in einer Vielzahl von Unternehmen angewendet, wodurch erneut verdeutlicht wird, dass die Unternehmen bemüht sind, die zwei Aspekte „Angebot einer vielseitigen und individuellen Leistung“ und „ökonomische sowie nachhaltige Leistungserstellung“ zu vereinen.

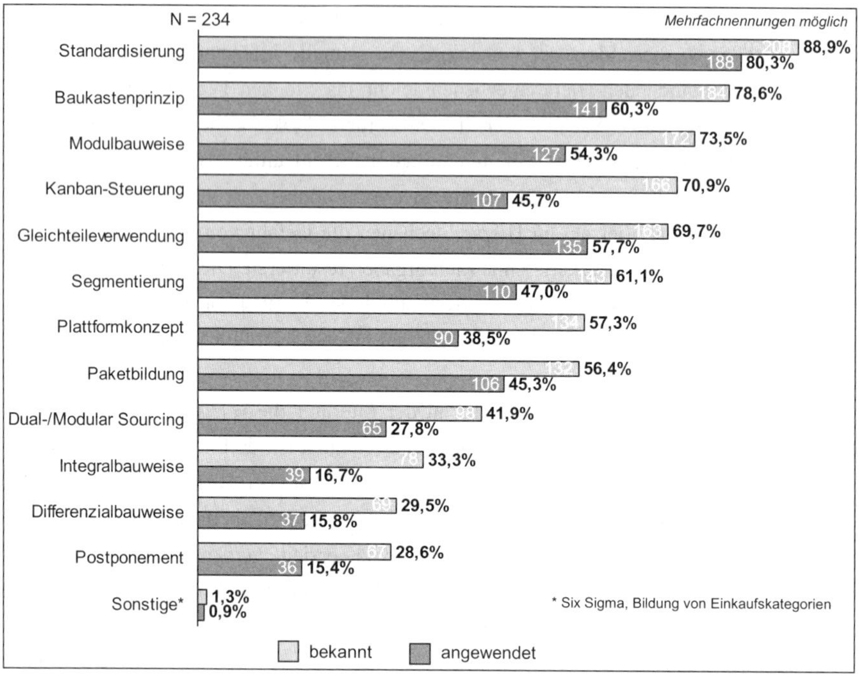

Abbildung 7: Verbreitung der Einzelansätze des Komplexitätsmanagements

3.3 Anforderungen und bestehende Defizite

Um sowohl Impulse für zukünftige Forschungsarbeiten zu geben als auch Stellhebel für weitere Bemühungen in der Praxis aufzuzeigen, sind in Abbildung 8 wesentliche Erfolgsfaktoren für ein zielgerichtetes Komplexitätsmanagement und deren Erfüllung in der Praxis dargestellt (Lasch/Gießmann 2009: 203ff.).

Eine Betrachtung der linken Seite von Abbildung 8 zeigt zunächst, dass insbesondere das Wissen über Zusammenhänge und Wechselwirkungen sowie die damit in Verbindung stehende Kenntnis von Komplexitätsursachen und -auswirkungen von den Unternehmen als sehr bedeutend erachtet werden. Aufgrund der zahlreichen Schnittstellen und Vernetzungen mit externen Partnern der Supply Chain sind insbesondere Kenntnisse zu Ursache-Wirkungs-Beziehungen notwendig, um die für Verbesserungen relevanten Stellhebel zu identifizieren.

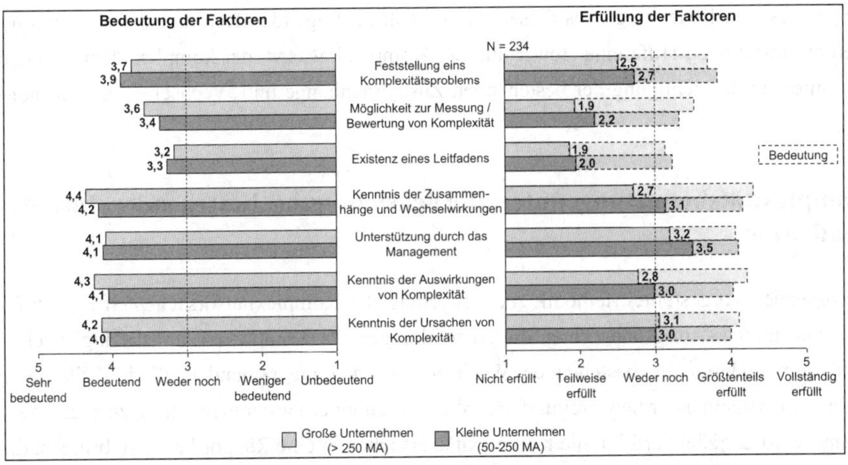

Abbildung 8: Erfolgsfaktoren des Komplexitätsmanagements und ihre Erfüllung in der Praxis

Eine zusätzliche Betrachtung des rechten Teils der Abbildung 8 verdeutlicht auf den ersten Blick, dass die vorgestellten Anforderungen in der Unternehmenspraxis durchweg stärker von kleinen Unternehmen erfüllt werden. Als Ursache hierfür können die in kleinen Unternehmen leichter zu realisierende Transparenz sowie die in Relation zu den großen Unternehmen einfacher zu steuernden bzw. zu kontrollierenden Prozesse und Abläufe angeführt werden. Gerade in Großunternehmen, deren Koordination und Kontrolle aufgrund ihrer Intransparenz und der vielfältigen Interdependenzen ohnehin eine hohe Komplexität aufweist, sollte die Unterstützung von Komplexitätsmanagementinitiativen und -projekten jedoch nicht nur obligatorisch sein, sondern von der Unternehmensleitung aktiv vorangetrieben werden. Nur mit der entsprechenden Unterstützung und Legitimation durch die Unternehmensführung können entsprechende Maßnahmen zur Komplexitätsbeherrschung, -reduktion und -vermeidung erfolgreich umgesetzt werden.

Darüber hinaus kann jedoch festgestellt werden, dass unabhängig von der Unternehmensgröße eine erhebliche Diskrepanz zwischen der Bedeutung, die den vorgestellten Erfolgsfaktoren aus Sicht der Unternehmen beigemessen wird, und ihrer tatsächlichen Erfüllung in der Realität besteht. Besonders stark ist diese Abweichung bei den großen Unternehmen, bei denen die Erfüllung um durchschnittlich 1,4 Skalenpunkte niedriger beurteilt wird als die Bedeutung der Faktoren für das Unternehmen. Auch wenn dieses Missverhältnis zwischen Bedeutung und Erfüllung bei den kleinen Unternehmen mit 1,1 Skalenpunkten etwas geringer ausfällt als bei den großen, kann auch hier eine signifikante Untererfüllung der Erfolgsfaktoren konstatiert werden. Hier besteht sowohl für die Unternehmen als auch für die Forschung ein dringender Handlungsbedarf. Die festgestellte Diskrepanz offenbart die in der Praxis bestehenden Defizite, die vor allem hinsichtlich der Aspekte *Möglichkeiten zur Messung und Bewertung von Komplexität* sowie der *Kenntnis von Zusammenhängen und Wechselwirkungen* bestehen. Die Erfüllung dieser Faktoren liegt dabei sowohl bei den großen als auch bei den kleinen Unternehmen deutlich mehr als einen Skalenpunkt unter der jeweils beigemessenen Bedeutung. Aus diesem Grund soll im folgenden Kapitel ein Ansatz vorgestellt werden, mit dessen Hilfe eine Bewertung der Komplexität bzw. der komplexitätstreibenden Faktoren unter Berücksichtigung der bestehenden Zusammenhänge und Wechselwirkungen möglich ist.

4 Komplexitätsbewertung unter Berücksichtigung bestehender Interdependenzen

Die im Folgenden vorgestellte Methodik zur Bewertung der Komplexitätsursachen ist zweistufig aufgebaut und berücksichtigt zum einen die Auswirkungen der Komplexität auf die logistischen Ziele und zum anderen die bestehenden Wechselwirkungen untereinander. Beide Teilaspekte werden getrennt voneinander bewertet und anschließend zu einer Gesamtbewertung zusammengeführt. Damit wird das Ziel verfolgt, die Komplexitätsursachen in eine Rangordnung zu bringen, die ihrem Einfluss auf den Logistikerfolg entspricht und als Grundlage für die Ableitung bzw. die Priorisierung von Handlungsempfehlungen dient.

Für eine sinnvolle Bewertung ist es zunächst erforderlich, die enorm große Anzahl möglicher Komplexitätsursachen auf eine handhabbare Größe zu reduzieren. Um den Anwender nicht zu überfordern, sollten nicht mehr als zehn Komplexitätsursachen simultan berücksichtigt werden (vgl. Engelke 1997: 257). Die nachfolgend beschriebene Methodik ist für sämtliche logistischen Subsysteme anwendbar. Für eine Verwendung innerhalb der Beschaffung kann beispielsweise auf die in Abbildung 3 angeführten Komplexitätsursachen zurückgegriffen werden, die jedoch selbstverständlich unternehmensindividuell anzupassen sind. Eine Einschätzung, wie stark ein Komplexitätstreiber die logistischen Prozesse beeinflusst und ob dieser Einfluss allgegenwärtig ist oder lediglich in bestimmten Zeitintervallen auftritt, ist sowohl branchen- als auch unternehmensabhängig und kann nicht pauschal getroffen werden. Aus diesem Grund wird eine individuelle Bewertung durch ein interdisziplinäres Team empfohlen. Mithilfe von Einzelbewertungen hinsichtlich des Einflusses eines Komplexitätstreibers auf die logistischen Zielgrößen Kosten, Qualität, Zeit und Flexibilität lässt sich anschließend die Auswirkung auf die Logistik im Ganzen abschätzen. Dazu sind diese übergeordneten Logistikziele durch geeignete Subziele (Indikatoren) näher zu beschreiben. Die Kerngröße Kosten lässt sich beispielsweise durch die Subziele Transport-, Bestands-, Handling- und Personalkosten konkretisieren. Eine Auswahl geeigneter Indikatoren zur Umschreibung der logistischen Zielgrößen ist Abbildung 9 zu entnehmen.

Im Anschluss an die Festlegung von Subzielen ist der Einfluss der Komplexitätstreiber auf diese zu bewerten, indem eine feste Punktzahl (z. B. zehn) auf die Komplexitätstreiber aufgeteilt wird. Die Zuordnung einer hohen Punktzahl entspricht einem entsprechend großen Einfluss des Komplexitätstreibers auf die Zielgröße, während eine geringe Punktzahl einen weniger starken Einfluss repräsentiert. Durch Addition der Einzelbewertungen des Komplexitätstreibers i (KT_i mit i=1,...,10) auf die Indikatoren kann anschließend der gesamte Einfluss auf das übergeordnete Logistikziel Kosten (b_i^K), Qualität (b_i^Q), Zeit (b_i^Z) bzw. Flexibilität (b_i^F) ermittelt werden. Hierin zeigt sich ein weiterer Vorteil der Methodik: Durch die Bildung unterschiedlich vieler Subziele können die Oberziele implizit gewichtet werden. Ein Oberziel, das lediglich durch ein Unterziel beschrieben wird, lässt bei einer Maximalpunktzahl von 10 höchstens eine Bewertung von 10 zu, wohingegen ein Komplexitätstreiber bei einem Oberziel mit beispielsweise vier Subzielen mit bis zu 40 bewertet werden kann. Die Subjektivität der Bewertungen lässt sich dadurch reduzieren, dass diese nicht von einer einzelnen Person, sondern in einem interdisziplinären Team festgelegt und diskutiert werden. Abbildung 9 verdeutlicht die Methodik grafisch.

Kosten	KT_1	KT_2	KT_3	...	KT_{10}
• j=1: Bestandskosten	b_{11}^K	b_{21}^K	b_{31}^K	...	b_{101}^K
• j=2: Transportkosten	b_{12}^K	b_{22}^K	b_{32}^K	...	b_{102}^K
• j=3: Handlingkosten	b_{13}^K	b_{23}^K	b_{33}^K	...	b_{103}^K
• j=4: Personalkosten	b_{14}^K	b_{24}^K	b_{34}^K	...	b_{104}^K
Σ	b_1^K	b_2^K	b_3^K	...	b_{10}^K

Qualität	KT_1	KT_2	KT_3	...	KT_{10}
• j=1: Lieferfähigkeit	b_{11}^Q	b_{21}^Q	b_{31}^Q	...	b_{101}^Q
• j=2: Lieferzuverlässigkeit	b_{12}^Q	b_{22}^Q	b_{32}^Q	...	b_{102}^Q
• j=3: Lieferqualität	b_{13}^Q	b_{23}^Q	b_{33}^Q	...	b_{103}^Q
• j=4: Informationsfähigkeit	b_{14}^Q	b_{24}^Q	b_{34}^Q	...	b_{104}^Q
• j=5: Prozessstabilität	b_{15}^Q	b_{25}^Q	b_{35}^Q	...	b_{105}^Q
Σ	b_1^Q	b_2^Q	b_3^Q	...	b_{10}^Q

Zeit	KT_1	KT_2	KT_3	...	KT_{10}
• j=1: Lieferzeit	b_{11}^Z	b_{21}^Z	b_{31}^Z	...	b_{101}^Z
• j=2: Durchlaufzeit	b_{12}^Z	b_{22}^Z	b_{32}^Z	...	b_{102}^Z
• j=3: Wiederbeschaffungszeit	b_{13}^Z	b_{23}^Z	b_{33}^Z	...	b_{103}^Z
Σ	b_1^Z	b_2^Z	b_3^Z	...	b_{10}^Z

Flexibilität	KT_1	KT_2	KT_3	...	KT_{10}
• j=1: Lieferflexibilität	b_{11}^F	b_{21}^F	b_{31}^F	...	b_{101}^F
• j=2: Volumenflexibilität	b_{12}^F	b_{22}^F	b_{32}^F	...	b_{102}^F
• j=3: Prozessflexibilität	b_{13}^F	b_{23}^F	b_{33}^F	...	b_{103}^F
Σ	b_1^F	b_2^F	b_3^F	...	b_{10}^F

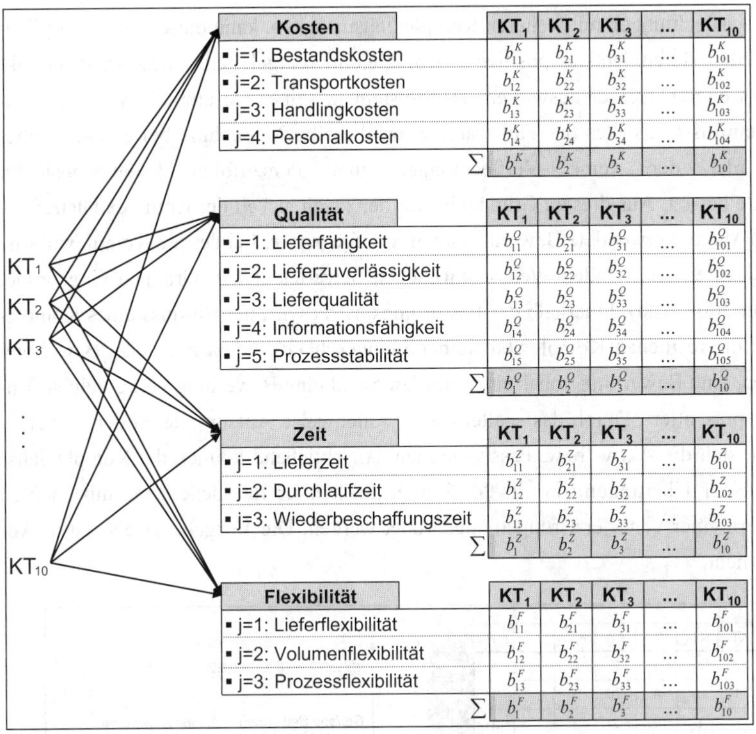

Abbildung 9: Bewertung des Einflusses auf die Logistik

Abschließend lassen sich die vier Bewertungen eines Komplexitätstreibers hinsichtlich des Einflusses auf die Kosten, Qualität, Zeit bzw. Flexibilität erneut additiv zu einer Gesamtbewertung „*Einfluss auf den Logistikerfolg*" aggregieren. Die Gesamtbewertung eines Komplexitätstreibers (B_i), d. h. dessen Gesamteinfluss auf den Logistikerfolg, ergibt sich durch die Summe seiner partiellen Bewertungen (Einflüsse) bezüglich der vier Zielgrößen Kosten, Qualität, Zeit und Flexibilität. Sie bildet die erste Teilbewertung der zehn betrachteten Komplexitätstreiber innerhalb der zweistufigen Bewertungsmethodik. Formal lässt sich dies wie folgt formulieren:

$$B_i = \sum_m b_i^m \text{ für i=1,...,10 und m=K,Q,Z,F.}$$

Da die Komplexitätstreiber nicht unabhängig voneinander sind, sondern sich gegenseitig beeinflussen, wirken sich die eingeleiteten Maßnahmen nicht nur auf die primär fokussierte Komplexitätsursache, sondern indirekt auch auf weitere Komplexitätstreiber aus. Für eine ganzheitliche Bewertung der Komplexitätstreiber ist deshalb neben deren Einfluss auf die Logistik ebenso die Wechselwirkung mit anderen Komplexitätsursachen zu berücksichtigen. Besitzt ein Komplexitätstreiber zahlreiche Verflechtungen mit weiteren Komplexitätsursachen, kann dieser als „Multiplikator" angesehen werden, durch den sich positive Ergebnisse einer eingeleiteten Maßnahme indirekt auf eine Vielzahl weiterer Treiber auswirken. Das System in seiner Gesamtheit wird demnach stärker positiv beeinflusst, als dies der Fall wäre, wenn dieselbe Maßnahme bei einem Treiber durchgeführt würde, der keine Verflechtungen und demzufolge keine positiven Multiplikatoreffekte besitzt. Aus diesem Grund wird für den zweiten Teil der Komplexitätstreiberbewertung die von Meyer verwendete Bewertungsmatrix aufgegriffen, bei der die Komplexitätsursachen hinsichtlich ihrer bestehenden Wechselwirkungen bewertet und in Gruppen eingeordnet werden (vgl. Meyer 2007: 120). Innerhalb der Bewertungsmatrix wird der Einfluss eines Komplexitätstreibers *i* auf die restlichen Komplexitätstreiber *j* eingeschätzt, indem z. B. eine Bewertung von 2 einen großen, eine Bewertung von 1 einen mittleren und eine Bewertung von 0 keinen Einfluss von *i* auf *j* repräsentiert. Durch das spalten- bzw. zeilenweise Aufsummieren der Einzelbewertungen ergeben sich die Aktiv- bzw. Passivsummen. Anschließend können die Komplexitätsursachen mithilfe einer Übertragung in ein Portfolio je nach ihrer Interdependenz mit anderen Komplexitätstreibern einer von vier Gruppen zugeordnet werden. Die Vorgehensweise ist in Abbildung 10 verdeutlicht.

	KT_1	KT_2	KT_3	KT_4	KT_5	KT_6	KT_7	...	KT_{10}	AS
KT_1 ■	-	2	2	1	1	2	0	...	1	12
KT_2 ▲	1	-	1	1	0	0	1	...	1	7
KT_3 ●	2	2	-	0	1	2	1	...	1	14
KT_4 ◆	1	1	2	-	2	1	2	...	2	14
KT_5 ⬣	1	1	2	0	-	0	0	...	0	7
KT_6 ⬟	2	1	1	0	2	-	0	...	0	9
KT_7 ☾	2	0	2	1	1	1	-	...	2	10
...	...	...	...	...	...	...	...	-	...	...
KT_{10} ○	0	2	1	1	0	0	1	...	-	7
PS	11	11	13	4	7	7	6	...	8	

AS ... Aktivsumme PS ... Passivsumme

2 - großer Einfluss 1 - mittlerer Einfluss 0 - kein Einfluss

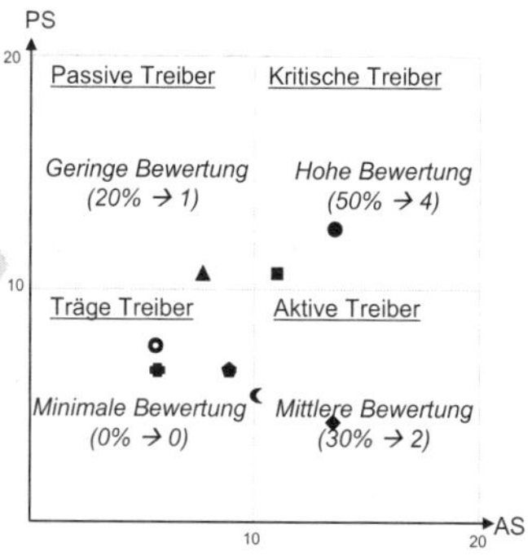

Abbildung 10: Bewertung der Wechselwirkungen

Die Zuordnung zu den vier Treibergruppen bildet anschließend die Grundlage für die zweite Teilbewertung innerhalb der zweistufigen Bewertungsmethodik. Je nach Einfluss auf andere Komplexitätstreiber (Aktivsumme) bzw. Beeinflussung durch andere Komplexitätstreiber (Passivsumme) kann zwischen aktiven, passiven, trägen und kritischen Treibern unterschieden werden. Da aktive Elemente einen starken Einfluss auf andere Komplexitätstreiber besitzen, sollte eine Zuordnung zu dieser Gruppe eine höhere Bewertung ergeben als die Zugehörigkeit zur Gruppe der trägen Elemente, bei denen Veränderungen keine positiven indirekten Effekte erzielen. Bei der Bewertung der Wechselwirkungen sollte eine Normierung vorgenommen werden, die beispielsweise auf der Spanne basiert, die zwischen dem einflussreichsten Komplexitätstreiber (maximale Aktivsumme) und dem unbedeutendsten Treiber (minimale Aktivsumme) vorherrscht. Diese Differenz könnte die zu vergebende Gesamtpunktzahl darstellen, die anschließend entsprechend ihrer Bedeutung auf die vier Gruppen von Komplexitätstreibern zu verteilen ist. Aufgrund ihrer überdurchschnittlichen Relevanz sollten kritische Treiber beispielsweise 50 %, aktive Treiber 30 % und passive Treiber 20 % der gesamten zu verteilenden Punktzahl erhalten, während unkritische Treiber aufgrund ihrer geringen Bedeutung keine zusätzliche Bewertung erhalten. In dem Beispiel aus Abbildung 10 wäre demnach eine Punktzahl von 8 (maximale Aktivsumme [14] - minimale Aktivsumme [7]) zu verteilen. Durch die relative Verteilung mit 50, 30 bzw. 20 Prozent ergibt sich somit eine Bewertung von 4 für kritische, 2 für aktive, 1 für passive und 0 für unkritische Treiber.

Die beiden Teilbewertungen (*Bewertung des Einflusses auf die Logistik* sowie *Bewertung der Wechselwirkungen*) sind abschließend durch Addition zu einer Gesamtbewertung des Komplexitätstreibers *i* zu aggregieren (vgl. Abbildung 11).

	Bewertung des Einflusses auf die Logistik +	Bewertung der Wechselwirkungen =	Gesamtbewertung des KT_i
KT1 ■	12	4	16
KT2 ▲	7	1	8
KT3 ●	14	4	18
KT4 ◆	14	2	16
KT5 ⬣	6	0	6
KT6 ⬟	9	0	9
KT7 ☾	10	2	12
...	...	...	...
KT10 ○	6	0	6

Abbildung 11: Gesamtbewertung der Komplexitätstreiber

Somit können die Komplexitätstreiber entsprechend ihrer Gesamtbewertung absteigend sortiert und dadurch in eine Rangfolge gebracht werden, die ihrer Bedeutung für das Management entspricht. Managementmaßnahmen sollten demnach zunächst bei den Treibern mit einer großen Gesamtbewertung eingeleitet werden, bevor im Anschluss ebenfalls die geringer bewerteten

Komplexitätsursachen in den Fokus des Interesses rücken. In die Gesamtbewertung fließt demnach sowohl eine Beurteilung des Komplexitätstreibers hinsichtlich seiner direkten Auswirkungen auf die logistischen Ziele, als auch eine Einschätzung seiner Wechselwirkungen mit anderen Komplexitätsursachen ein. Aufgrund der vier Teilbewertungen ($b_i^K, b_i^Q, b_i^Z, b_i^F$) besitzt die logistikbezogene Bewertung des Komplexitätstreibers dabei ein deutlich größeres Gewicht gegenüber der geringeren Bewertung, die sich aufgrund der Aktivität eines Komplexitätstreibers ergibt. Dadurch wird gewährleistet, dass die Beurteilung der Wechselwirkungen aus dem zweiten Teil des Bewertungsprozesses zwar Beachtung findet, allerdings die aus Logistiksicht bedeutsamere Einschätzung des Einflusses auf die Logistik nicht unverhältnismäßig dominiert.

5 Schlussbetrachtung und Ausblick

Vor dem Hintergrund individueller Kundenanforderungen, verkürzter Produktlebenszyklen und sich rasant ändernder Rahmenbedingungen kommt einer flexiblen Logistik als Querschnittsfunktion eine zunehmende und in der Literatur bereits wahrgenommene strategische Bedeutung zu (vgl. u. a. Dehler 2001). Gleichzeitig sehen sich die Unternehmen jedoch mit einer gestiegenen Komplexität konfrontiert, die sich in sämtlichen Ebenen, Funktionen und Instanzen der Logistik widerspiegelt.

In diesem Beitrag konnte gezeigt werden, dass die Komplexität mehr ist als ein Modebegriff, sondern die logistischen Abläufe entscheidend prägt und einen starken Einfluss auf die Erreichung sämtlicher logistischer Ziele besitzt. Deshalb wird es in Zukunft nicht mehr nur darum gehen, den Kundennutzen durch individuelle Produkte zu erhöhen, sondern diese ebenfalls unter ökonomischen Gesichtspunkten möglichst komplexitätsarm herzustellen. Die Unternehmen sind sich dieser neuen Herausforderung bewusst und haben sich in der jüngsten Vergangenheit bereits vermehrt mit der Komplexitätsproblematik auseinandergesetzt (vgl. Abbildung 5). Dabei nutzt die Mehrzahl der Unternehmen bereits die bekannten Ansätze zur Reduktion, Beherrschung und Vermeidung der von den Produkten und Prozessen ausgehenden Komplexität. Dennoch besteht weiterer Handlungs- und Forschungsbedarf. Eine Betrachtung der Erfolgsfaktoren für ein zielgerichtetes Komplexitätsmanagement zeigt, dass in der Praxis eine große Diskrepanz zwischen der Bedeutung, die diesen Faktoren beigemessen wird, und deren Erfüllung besteht. Insbesondere hinsichtlich der Komplexitätsbewertung sowie der Kenntnis von Zusammenhängen und Wechselwirkungen besteht in der Praxis ein starkes Defizit und weiterer Handlungsbedarf. Aus diesem Grund wurde in Kapitel 4 ein Ansatz vorgestellt, mit dessen Hilfe eine logistikgerechte Bewertung der Komplexitätsursachen erfolgen kann. In diese Bewertungsmethodik fließt neben dem Einfluss, den die einzelnen Komplexitätstreiber auf die Erreichung der logistischen Ziele besitzen, ebenso deren Aktivität und Passivität ein. Dies entspricht einer ganzheitlichen Sichtweise, wie sie der Logistikkonzeption zugrunde liegt.

Resümierend ist festzuhalten, dass bereits eine Vielzahl interessanter und hilfreicher Einzelansätze existiert, die den Unternehmen nicht nur bekannt sind, sondern auch vom Großteil bereits genutzt werden. Die Aufgabe der Forschung besteht jedoch darin, diese Ansätze in ein übergeordnetes Rahmenwerk einzubinden, welches den Unternehmen als Leitfaden für die ganzheitliche Durchführung eines Komplexitätsmanagements dient.

Literaturverzeichnis

Adam, Dietrich (2001): Produktions-Management, 9. Auflage, Wiesbaden: Gabler Verlag.

Baldauf, Artur/Reisinger, Heribert/Moncrief, William C. (1999): Examining motivations to refuse in industrial mail surveys. In: Journal of the Market Research Society. Jahrgang 41. Heft 3. 345-353.

Benett, Stefan (1999): Komplexitätsmanagement in der Investitionsgüterindustrie. Bamberg: Difo-Druck GmbH.

Bliss, Christoph (2000): Management von Komplexität. Wiesbaden: Gabler Verlag.

Blum, Hannes Stefan (2006): Logistik-Controlling: Kontext, Ausgestaltung und Erfolgswirkungen. Wiesbaden: Deutscher Universitäts-Verlag.

Bohne, Fabian (1998): Komplexitätskostenmanagement in der Automobilindustrie: Identifizierung und Gestaltung vielfaltsinduzierter Kosten. Wiesbaden: Deutscher Universitäts-Verlag.

Child, Peter/Diederichs, Raimund/Sanders, Falk-Hayo/Wisniowski, Stefan (1991): SMR Forum: The Management of Complexity. In: Sloan Management Review. Jahrgang 33. Heft 1. 73-80.

Dehler, Markus (2001): Entwicklungsstand der Logistik: Messung, Determinanten, Erfolgswirkungen. Wiesbaden:
Deutscher Universitäts-Verlag.

Engelke, Markus (1997): Qualität logistischer Dienstleistungen: Operationalisierung von logistischen Qualitätsmerkmalen, Qualitätsmanagement, Umweltgerechtigkeit. Berlin. Erich Schmidt Verlag.

Espinosa, Angela/Harnden, Roger/Walker, John (2007): Beyond hierarchy: a complexity management perspective. In: Kybernetes. Jahrgang 36. Heft 3/4, 333-347.

Fricker, Achim (1996): Eine Methodik zur Modellierung, Analyse und Gestaltung komplexer Produktionsstrukturen. Aachen: Verlag der Augustinusbuchhandlung.

Gembrys, Sven-Norman (1998): Ein Modell zur Reduzierung der Variantenvielfalt in Produktionsunternehmen. Berlin: IPK Berlin.

Hanenkamp, Nico (2004): Entwicklung des Geschäftsprozesses Komplexitätsmanagement in der kundenindividuellen Serienfertigung – Ein Beitrag zum Informationsmanagement in mehrdimensional modellierten Produktionssystemen. Aachen: Shaker Verlag.

Höge, Robert (1995): Organisatorische Segmentierung: Ein Instrument zur Komplexitätshandhabung. Deutscher Universitäts-Verlag. Wiesbaden, 1995.

Homburg, Christian/Daum, Daniel (1997): Wege aus der Komplexitätsfalle. In: Zeitschrift für wirtschaftliche Fertigung (ZWF). Jahrgang 92. Heft 7/8. 333-337.

Kirchhof, Robert (2003): Ganzheitliches Komplexitätsmanagement: Grundlagen und Methodik des Umgangs mit Komplexität im Unternehmen. Wiesbaden: Deutscher Universitäts-Verlag.

Köster, Oliver (1998): Konzept zur Bewältigung des Spannungsfeldes Kundennähe, Komplexität und Effizienz im Leistungserstellungsprozess. St. Gallen: Hochschulschrift.

Lasch, Rainer/Gießmann, Marco (2009): Ganzheitliche Ansätze zum Komplexitätsmanagement – eine kritische Würdigung aus Sicht der Beschaffungslogistik. In: Bogaschewsky, Ronald/Eßig, Michael/Lasch, Rainer/ Stölzle, Wolfgang (Hrsg.): Supply Management Research – Aktuelle Forschungsergebnisse 2008. Wiesbaden: Gabler Verlag. 195-231.

Meffert, Heribert (1998): Marketing: Grundlagen marktorientierter Unternehmensführung. Wiesbaden: Gabler Verlag. 8. Auflage. .

Meyer, Christian Martin (2007): Integration des Komplexitätsmanagements in den strategischen Führungsprozess der Logistik. Bern et al.: Haupt Verlag.

Pfeifer, W. et al. (1989): Etymologisches Wörterbuch des Deutschen. 2. Band. Akademie Verlag. Berlin, 1989.

Pfohl, Hans-Christian (2004): Logistikmanagement – Konzeption und Funktionen. Berlin et al.: Springer Verlag. 2. Auflage.

Puhl, Henry (1999): Komplexitätsmanagement: Ein Konzept zur ganzheitlichen Erfassung, Planung und Regelung der Komplexität in Unternehmensprozessen. Kaiserslautern: Hochschulschrift.

Rathnow, Peter (1993): Integriertes Variantenmanagement. Göttingen: Vandenhoeck & Ruprecht Verlag.

Raufeisen, Michael (1999): Konzept zur Komplexitätsmessung des Auftragsabwicklungsprozesses. München: TCW-Transfer-Centrum Verlag.

Reiß, Michael (1993): Komplexitätsmanagement (I). In: Das Wirtschaftsstudium. Jahrgang 22, Heft 1, 1993, S. 54 - 59.

Scherf, Oliver (2003): Komplexitätsmanagement: Ein Konzept zur ganzheitlichen Erfassung, Planung und Regelung der Komplexität in Unternehmensprozessen. Kaiserslautern: Hochschulschrift.

Schmidt, Holger (2002): Beitrag zum Variantenmanagement und zur Prozessoptimierung im Wagenkastenbau von Schienenfahrzeugen. Fraunhofer IRB Verlag. Berlin, 2002.

Schuh, Günther (2005): Produktkomplexität managen: Strategien, Methoden, Tools. München: Hanser Verlag. 2. Auflage.

Stang, Siegmar; Hesse, Lothar; Warnecke, Günter (2002): Plattformkonzepte – Eine strategische Gratwanderung zwischen Standardisierung und Individualisierung. In: Zeitschrift für wirtschaftlichen Fabrikbetrieb (ZWF). Jahrgang 97, Heft 3. 2002, S. 110 - 115.

Stüttgen, Manfred (2003): Strategien der Komplexitätsbewältigung in Unternehmen: Ein transdisziplinärer Bezugsrahmen. Bern et al.: Haupt Verlag. 2. Auflage.

Westphal, Jan (2001): Komplexitätsmanagement in der Produktionslogistik. Wiesbaden: Gabler Verlag.

Wildemann, Horst (1998): Komplexitätsmanagement durch Prozess- und Produktgestaltung. In: Adam, Dietrich (Hrsg.): Komplexitätsmanagement - Schriften zur Unternehmensführung. Wiesbaden. Gabler Verlag. Band 61. 47-68.

Wildemann, Horst (2007): Komplexitätsmanagement in Vertrieb, Beschaffung, Produkt, Entwicklung und Produktion. München: TCW-Transfer-Centrum Verlag. 8. Auflage.

Karin Gareis-Fahrbach*

Logistikplanung als Handlungsfeld zur Weiterentwicklung der Logistik in einem Unternehmen des Maschinenbaus

---

* Nach dem Abschluss ihres Studiums der Wirtschaftsinformatik an der TU Darmstadt (1997) war Karin Gareis-Fahrbach wissenschaftliche Mitarbeiterin bei Prof. Pfohl, Fachgebiet Unternehmensführung und Logistik, TU Darmstadt. Hier führte sie zahlreiche Forschungs- und Praxisprojekte durch bzw. leitete diese. Sie schloss diese Tätigkeit mit ihrer Promotion zum Thema Lieferantenparks ab. Anschließend (2002) hat sie diese Erfahrungen in verschiedene Positionen bei der Bosch Rexroth AG eingebracht und erweitert. Sie war u.a. Abteilungsleiterin Supply Chain Management im Geschäftsbereich Service (2002-2003), Abteilungsleiterin Logistik im Werk Lohr – Geschäftsbereich Hydraulik (2005-2006), Abteilungsleiterin Logistikprojekte im Geschäftsbereich Hydraulik Produktbereich Controls (seit 2007).

1 Motivation und Zielsetzung

In den letzten Jahren hat das Wettbewerbsumfeld im Maschinenbau einen tiefgreifenden Wandel erfahren. Liefertermintreue, kurze Liefer- und Reaktionszeiten bei herausragender Qualität, hoher Variantenvielfalt und zunehmend global auftretenden Kunden stellen Herausforderungen des Marktes dar. Hinzu kommt, dass viele Maschinenbauunternehmen ihre Produktions- und Beschaffungsstrukturen global ausrichten, was die Komplexität der Logistik erhöht. Ein wesentlicher Erfolgsfaktor wird dabei die Beherrschung der Logistikprozesse sein. Logistikplanung im Sinne einer Planung standardisierter, transparenter und schlanker Material- und Informationsflüsse ist eine zwingende Voraussetzung hierfür. Durch eine proaktive Planung können verlässliche Prozesse geschaffen und reaktive Feuerwehraktionen vermieden werden. Dies führt zu einer stabilen Logistikleistung auf hohem Niveau und zu geringen Logistikkosten.

Die Frage, die sich jedoch stellt, wie sieht diese Logistikplanung im Maschinenbau aus? Sind die Unternehmen im Maschinenbau reif für eine Umsetzung der Logistikplanung, wie sie z. B. in der Automobilindustrie anzutreffen ist? Es gilt zu klären, welche Aufgaben die Logistikplanung umfasst, welche Techniken eingesetzt werden können, wie die Mitarbeiterkapazität und -qualifikation aussieht, wie die Abläufe der Logistikplanung sind und wie sie organisatorisch eingegliedert ist.

Um die dargestellten Fragen zu beantworten, erfolgt zunächst eine Begriffsbestimmung anhand der Literatur zur allgemeinen Logistikplanung. Anschließend werden Modelle zur Beschreibung der Entwicklung der Logistik vorgestellt und die Rolle der Logistikplanung in den Entwicklungsphasen diskutiert. Es schließt sich eine Vorstellung der Umsetzung der Logistikplanung in der Automobilindustrie an, d.h. einer Branche, deren Unternehmen in der Regel eine weitentwickelte Logistik unterstellt wird. Motiviert durch die Bedeutung der Logistikplanung für die Entwicklung der Logistik und angeregt durch die Umsetzung in der Automobilindustrie findet eine Auseinandersetzung zur Neuausrichtung der Logistikplanung in einem Unternehmen des Maschinenbaus statt. Dabei wird am Beispiel der Logistik im Produktbereich Controls der Bosch Rexroth AG gezeigt, wie ausgehend von einer reorganisierten Logistik die Logistik mittels einer Logistikplanung systematisch weiterentwickelt werden kann. Die Hinweise zur Neuausrichtung der Logistikplanung beziehen sich dabei auf die Aufgaben der Logistikplanung, die einsetzbaren Hilfsmittel, die Mitarbeiterkapazität und -qualifizierung sowie deren Aufbau- und Ablauforganisation.

2 Begriffsbestimmung Logistikplanung

Im Rahmen der Planung erfolgt eine gedankliche Vorwegnahme von Handlungsschritten, die zur Erreichung eines Zieles notwendig scheinen. Planung ist eine der Managementfunktionen, und damit eine Querschnittsfunktion, die sich in allen Sachfunktionen finden lässt. Logistikplanung ist eine Planung bezogen auf die Logistik, d. h. die angeführten Handlungsschritte führen zu einer gezielten Veränderung der Logistik.

Zur Bestimmung der Inhalte der Logistikplanung dient das Modell von Leavitt, wonach sich ein Unternehmen durch die vier interdependenten Variablen Aufgabe, Technik, Mitarbeiter sowie Organisation darstellen lässt.[1]

Zur Beschreibung der *Aufgaben der Logistikplanung* werden in der Literatur Enumerationen, z.B. Aufgabenkataloge der Logistikplanung bei Endlicher[2], oder Strukturierungsmodelle verwendet, z. B. nach Handlungsebene, Funktionen und Institutionen bei Pfohl[3].

Aufgrund der Vielfalt der zur Logistik zählenden Aufgaben, der nicht durchgängigen Abgrenzung der Logistik und der ständigen Weiterentwicklungen erscheinen die Strukturierungsmodelle als geeigneter Ansatz zur Beschreibung der Aufgaben der Logistikplanung. Konkrete Aufgaben der Logistikplanung lassen sich bei einem geeigneten Strukturierungsmodell fallspezifisch ausprägen.

Den Strukturierungsmodellen gemeinsam ist in der Regel das Strukturierungsmerkmal der Handlungsebene (z. B. normativ, strategisch, taktisch, operativ).

Die normative Logistikplanung beschäftigt sich mit dem Beitrag der Logistik zur Beantwortung der Wertfragen des unternehmerischen Handels. Diese Auseinandersetzung wird beeinflusst durch die Interessen der Anspruchsgruppen („Stakeholder") und durch die Klärung des Verhältnisses der Logistik zu anderen betriebswirtschaftlichen Funktionen.

Die strategische Logistikplanung wirkt langfristig. Ihre Entscheidungen sind kurzfristig nicht oder nur schwer revidierbar. Die logistischen Festlegungen auf der strategischen Ebene betreffen die Servicepolitik, die Grundstruktur des Logistiksystems inklusive des Fremdbetriebs von Teilen des Logistiksystems und die organisatorische Eingliederung der Logistik im Unternehmen.

Die taktische Logistikplanung setzt sich mit Entscheidungen zur Ausgestaltung der Servicepolitik, des Logistiksystems und zur Logistikorganisation sowie mit der Programmplanung auseinander. Dies umfasst u. a. die Definition von Regeln für die Logistikprozesse (z. B. standardisierte Dispositionsverfahren, standardisierte Bereitstellungsverfahren), die Festlegung von Verantwortlichkeiten für die Logistik im Unternehmen und die Auswahl logistischer Dienstleister.

Die operative Logistikplanung bestimmt die einzelnen Schritte zur Realisierung der Servicepolitik, zur Realisierung des Logistiksystems, zur Einführung der Organisationsstruktur und zur Implementierung von Kooperationen mit ausgewählten logistischen Dienstleistern. Der Logistiksteuerung obliegt der Eingriff in den Realisierungsprozess, um zu vermeiden, dass das Ziel nicht erreicht werden kann, da von der Planung nicht erfasste Effekte auftreten.

Auch wenn sich das Strukturierungsmerkmal Handlungsebene bei zahlreichen Autoren findet, so werden die Ebenen unterschiedlich abgegrenzt und benannt.[4] Eine trennscharfe Zuordnung der Aufgaben zu den Ebenen ist oft nicht möglich.

---

[1] Leavitt (1965), S. 1145 f.

[2] Endlicher (1981), S. 39.

[3] Pfohl (2004), S. 23 ff. und S. 31 f.

[4] Siehe z.B. Straube, der ebenfalls eine strategische, eine taktische und eine operative Ebene angibt, aber diesen andere Inhalte zuweist. Die strategische Ebene bei Straube wird um Grundsatzentscheidungen zur IT, zum Logistikcontrolling und zur Personalmanagement ergänzt, ist sonst aber deckungsgleich. Die taktische Ebene umfasst sowohl die Ausgestaltung, als auch die Realisierungsplanung – besonders erwähnt werden hierbei die Sicherheitsstrategien (dazu gehören u.a. Notfallstrategien) sowie Abstimmungen mit

Ein weiteres, häufig aufgeführtes Strukturierungsmerkmal ist der durch die Planung gestaltete Logistikprozess[5] oder die Logistikfunktion, oft in Kombination mit der Institution. Somit lässt sich zum Beispiel nach Pfohl die Logistikplanung durch die Dimensionen: Handlungsebene, Funktionen und Institutionen beschreiben (siehe Abbildung 1).[6]

Bezogen auf die *Technik in der Logistikplanung* sind die vielfältigen Instrumente der Logistikplanung zu betrachten. Zum einen gibt es für einzelne Problemstellungen der Logistikplanung spezifische, isolierte Lösungsmodelle (z. B. Entscheidungsmodelle zur Standortplanung). Zum anderen existiert eine Vielzahl allgemeiner Planungs- und Modellierungskonzepte, die zwar meist nicht primär für die Logistikplanung entwickelt, aber auf diese übertragbar sind.[7]

Hinsichtlich der *Mitarbeiter in der Logistikplanung* sind ihr Verhalten gegenüber der Logistikplanung (ihre Motive, Einstellungen, Erwartungen) sowie ihr Wissen über Logistikplanung (ihre Ausbildung, Informationsversorgung) zu untersuchen. Aussagen zu Motiven, Einstellungen, Erwartungen und zur Ausbildung von Mitarbeitern in der Logistikplanung finden sich nicht in der Literatur. Auffallend ist die Präsenz des Begriffes Logistikplaner in zahlreichen Stellenanzeigen. Die hier aufgeführten Aufgabeninhalte fokussieren in der Regel die Aufgaben der taktischen Logistikplanung, d. h. die Ausgestaltung des Logistiksystems. Die Anforderungen an den Mitarbeiter lauten abgeschlossenes Studium mit Schwerpunkt Logistik, gegebenenfalls erste Berufserfahrung, überdurchschnittliche analytische Fähigkeiten und Eigeninitiative. Als Leistungen für den Mitarbeiter werden Gestaltungsfreiräume, Übernahme von Verantwortung und Entwicklungsmöglichkeiten genannt. Aus diesen Stellenbeschreibungen lassen sich Rückschlüsse auf die Motive, Einstellungen, Erwartungen und Ausbildung im Idealzustand ziehen:

- Ausbildung: akademischer Abschluss vorzugsweise in der Logistik.
- Motive, Einstellungen, Erwartungen: hohe Eigeninitiative, hohe Bereitschaft zum Gestalten und zur Verantwortungsübernahme, Karriereorientierung.

Diesem Idealzustand ist die betriebliche Praxis gegenüberzustellen, in der Mitarbeiter oft aus anderen Unternehmensbereichen zur Logistikplanung kommen und einen anderen Ausbildungshintergrund mitbringen. Die Informationsversorgung spielt in der Logistikplanung eine entscheidende Rolle. Da Mitarbeiter aufgrund ihrer Motive, Einstellungen, Erwartungen gegebenenfalls nicht über einen längeren Zeitraum in der Logistikplanung bleiben, sondern sich weiterentwickeln, ist mit einem erhöhten Mitarbeiterdurchsatz zu rechnen. Eine effiziente Mitarbeitereinarbeitung durch ein adäquates Wissensmanagement ist daher entscheidend. Hinzu kommt, dass die Logistikplanung permanenten Veränderungen im Unternehmen und in der Umwelt des Unternehmens Rechnung tragen muss, was wiederum besondere Herausforderungen an die Informationsversorgung stellt. Eine verbesserte Informationsversorgung durch den Einsatz von Instrumenten zum Wissensmanagement wünscht sich laut einer Umfrage die Mehrheit der Befragten Logistikplaner.[8]

---

dem Produktentstehungsprozess (u. a. zum Anlaufmanagement) und dem Finanzmanagement (u. a. zur Cash-to-Cash-Cycle-Time). Die operative Ebene betrifft die Realisierungsebene. Straube (2004), S. 59 ff.

5 Siehe Baumgarten (2000), S. 9 ff., Binner (2002), S. 213 f.

6 Pfohl (2004), S. 25 f.

7 Siehe hierzu eine Übersicht von Schedlbauer (2008), S.41 ff., Bierwirth (2004), S. 33 ff.

8 Siehe zu den Ergebnissen einer Umfrage bei Weidt (2003), S. 34 ff. sowie zur Ausgestaltung des Wissensmanagement für die Logistikplanung, S. 62 ff.

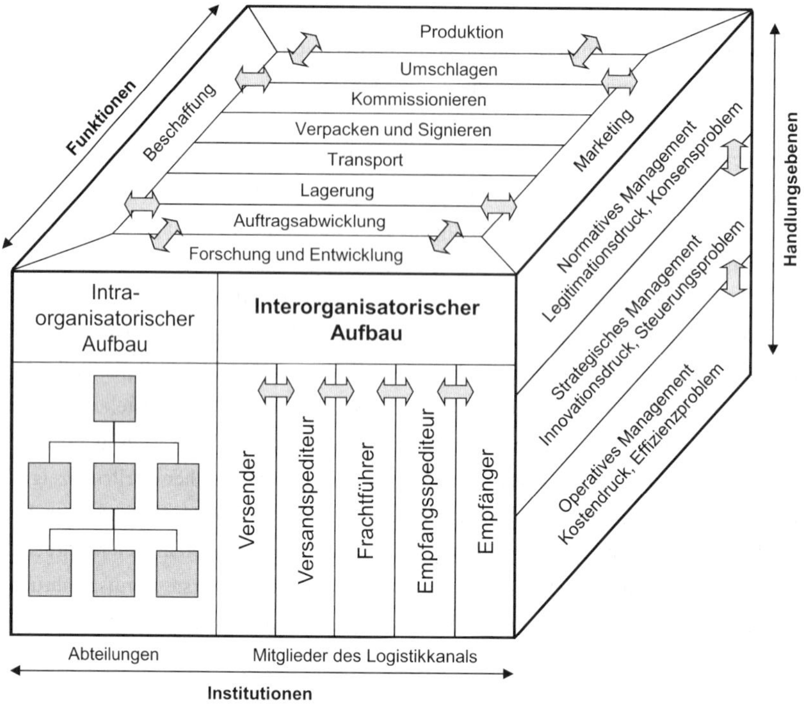

Abbildung 1: Logistikvariablen. Quelle: Pfohl (2004), S. 26.

Aussagen zur *Organisation der Logistikplanung* sind nach solchen zur Aufbau- und solchen zur Ablauforganisation zu unterscheiden.

Hinweise auf die Gestaltung der Aufbauorganisation der Logistikplanung finden sich in den Betrachtungen zur Aufbauorganisation der Logistik. Bei der Beschreibung der Stabsorganisation oder Stablinienorganisation wird häufig vorgeschlagen, die Aufgaben bzw. Teile der Aufgaben der Logistikplanung in einer Stabsabteilung Logistik zu verankern.[9] Diese Stabsabteilung fasst Planungs- und Gestaltungsaufgaben der Logistik zentral zusammen und erleichtert somit die Entwicklung prozessübergreifender Lösungen. Bei den übrigen Organisationsformen (u. a. Linien-, Matrixorganisation) sind die Aufgaben der Logistikplanung nicht thematisiert. Ebenso fehlen Aussagen dazu, auf welcher hierarchischen Ebene diese Stabsabteilung anzusiedeln ist. Die Zusammenfassung der Aufgaben der Logistikplanung in einer Organisationseinheit bestätigen auch zahlreiche Veröffentlichungen von Logistikstrukturen in Unternehmen.[10]

Bezogen auf die Ablauforganisation der Logistikplanung werden für einzelne Problemstellungen spezifische Abläufe, z. B. Arbeitsweise eines MRP („Material Requirement Planning") - Systems, Budgetplanungsprozess, oder allgemeine Abläufe angeführt, z. B. mittels der Phasen Vorberei-

9 Siehe Felsner (1987), S. 57 ff., Wegner (1993), S. 150, Pfohl (1995), S. 188.

10 Siehe u.a. Endlicher/ Bücker (2000), S. 157.

tung, Strukturierung, Gestaltung, Umsetzung. Eine ganzheitliche Betrachtung der Ablauforganisation der Logistikplanung findet sich jedoch nicht.
Vor dem Hintergrund des Umfangs und der Vielfalt insbesondere der Aufgaben der Logistikplanung stellt sich die Frage nach der für ein Unternehmen sinnvollen Wahrnehmung der Aufgaben. Hierbei wird der Ansatz geprüft, ob der Umfang der Logistikplanung abhängig ist vom Entwicklungsstand der Logistik im Unternehmen und welche Rolle die Logistikplanung bezogen auf den Entwicklungsstand spielt.

3 Logistikplanung vor dem Hintergrund der Entwicklung der Logistik

Im Folgenden werden zunächst Phasenmodelle zur Beschreibung der Entwicklung der Logistik in der Unternehmenspraxis vorgestellt, bevor eine Analyse der Bedeutung der Logistikplanung für die Entwicklungsphasen der Logistik stattfindet.

3.1 Entwicklungsphasen

Es existieren verschiedene Phasenmodelle zur Beschreibung und Erklärung der Entwicklung der Logistik in der Unternehmenspraxis.[11] Die Abgrenzung der Phasen erfolgt über unterschiedliche Kriterien, z. B. Umfang der Aufgaben der Logistik, organisatorische Eingliederung der Logistik und der Grad der Flussorientierung.
Den *Umfang der Aufgaben der Logistik* z.B. strukturiert Pfohl einerseits über Funktionen und Institutionen und andererseits über Handlungsebenen.[12]
Hinsichtlich *Funktion* und *Institution* ergeben sich folgende Aufgaben für die Logistik, die sich in vier Entwicklungsphasen niederschlagen:

1. Beschränkung der Logistik auf einzelne logistische Funktionen (z. B. Transport, Lager, Umschlag)
2. Unternehmenslogistik (unternehmensweites Logistiksystem)
3. Einzelne unternehmensübergreifende Logistiksysteme (Logistikkooperationen)
4. Unternehmensübergreifende Logistiksysteme

Hierbei wird unterstellt, dass eine entwickelte Logistik mehr Aufgaben umfasst als eine weniger entwickelte Logistik.
Aus den Aufgaben für die Logistik bezogen *auf die Handlungsebenen* resultieren drei Entwicklungsphasen:

1. Operatives Logistikmanagement
2. Strategisches Logistikmanagement
3. Normatives Logistikmanagement

---

[11] Siehe hierzu Übersicht bei Pfohl (2004), S. 18 ff.
[12] Pfohl (2004), S. 19 f.

Eine entwickelte Logistik beschäftigt sich dabei neben dem operativen Logistikmanagement auch mit strategischen und normativen Fragestellungen.

Daneben gibt es Modelle, die ihre Entwicklungsphasen über die *organisatorische Eingliederung der Logistik* abgrenzen.[13] Nach diesen korreliert eine entwickelte Logistik mit einer starken organisatorischen Integration der Logistikaktivitäten.[14] Von einer strengen Vorgabe, dass im Zeitablauf zunehmend konzentriertere Logistikorganisationsstrukturen in Unternehmen auftreten, wird aber inzwischen abgesehen. Empirische Studien belegen, dass zunehmend hybride Organisationsformen vorliegen, bei denen die Logistikaufgaben auf mehrere zentrale und dezentrale Organisationseinheiten aufgeteilt sind. Wenn man weiterhin eine positive Entwicklung unterstellt, lässt sich diese Abkehr von zunehmend konzentrierteren Logistikorganisationsstrukturen mittels zweier Ansätze erklären. Zum einen sind Organisationsformen von vielen unternehmensinternen sowie -externen Einflussgrößen bestimmt und derzeit dominieren hybride Organisationsformen in vielen betrieblichen Funktionsbereichen. Zum anderen gehen neuere Phasenmodelle davon aus, dass sich in entwickelten Unternehmen Logistik als Managementkonzeption durchgesetzt hat. Hiernach sind sämtliche an der Wertschöpfung direkt oder indirekt beteiligte Prozesse nach logistischen Prinzipien ausgerichtet. Eine komplette Institutionalisierung der Logistik ist daher nicht mehr notwendig.[15] Als Fazit bleibt bestehen, dass die Organisationsform der Logistik ein Indikator der Entwicklung der Logistik in den frühen Phasen ist.

Für die frühen Entwicklungsphasen ergeben sich aufgrund der organisatorischen Eingliederung der Logistik zwei Phasen:

1. Keine Institutionalisierung der Logistik
2. Institutionalisierung der Logistik

Neuere Modelle nutzen den *Grad der Flussorientierung* im Unternehmen zur Abgrenzung und legen drei Phasen fest[16]:

1. Logistik als funktionale Spezialisierung
2. Logistik als Koordinationsfunktion
3. Logistik als Durchsetzung der Flussorientierung
    a. in den internen Strukturen
    b. im interorganisatorischen Logistiksystem der Supply Chain

Da die Phasen im Gegensatz zu denen in den bisher dargestellten Modellen nicht selbsterklärend sind, folgt eine kurze Skizzierung der Phasen. Die Phase „funktionale Spezialisierung“ lässt sich mit der Phase 1 der Gliederung nach dem Umfang der Aufgaben anhand von Funktionen und Institution vergleichen. In beiden Fällen geht es um eine Fokussierung der Logistik auf einzelne logistische Funktionen. In der Phase „Koordinationsfunktion“ nimmt die Logistik eine materialflussbezogene Koordinationsaufgabe wahr. Motivation für diese Entwicklung sind unzureichend berücksichtigte Abhängigkeiten zwischen den betrieblichen Funktionsbereichen im Unternehmen

---

[13] Siehe Pfohl (2004), S. 21f.
[14] Siehe Pfohl/Large (1998), S. 92.
[15] Siehe Wildemann (2008), S. 165.
[16] Siehe Weber/Dehler (2000), S. 62.

und in angrenzenden Unternehmen. Ziel ist es, logistische Aufgaben funktionsübergreifend unter ein umfassendes Logistikverständnis zu stellen. Logistik wird zur unternehmensinternen und -übergreifenden Querschnittsfunktion. Die Phase „Flussorientierung“ fokussiert die Ausrichtung aller betrieblichen Aktivitäten auf die Bedürfnisse des Kunden mittels einer konsequenten Flussorientierung entlang der Wertschöpfungskette. Der Ablauf von Wertschöpfungsprozessen wird dabei als Folge von internen Kunden-Lieferantenbeziehungen interpretiert, wobei jeweils die Anforderungen der nachfolgenden Wertschöpfungsstufe entscheidend sind. Logistik bzw. die Durchsetzung der Flussorientierung stellt in dieser Phase ein Unternehmensprinzip dar. Ziel es ist, zunächst das Unternehmen als Ganzes (a) und anschließend die gesamte Wertschöpfungskette mit allen relevanten Unternehmen (b) flussorientiert auszugestalten.

3.2 Rolle der Logistikplanung in den Entwicklungsphasen

Abhängig vom vorgestellten Phasenmodell variiert die Bedeutung der Logistikplanung. Bei den Phasenmodellen nach dem *Umfang der Aufgaben der Logistik hinsichtlich Funktion und Institution* lässt sich anmerken, dass sich die Logistikplanung in den frühen Phasen auf einzelne logistische Funktionen beschränkt (z. B. Transportplanung). Mit der fortschreitenden Entwicklung der Logistik bezieht sich die Logistikplanung auf das gesamte Unternehmen, dann auf ausgewählte Logistikkooperationen bis hin zu unternehmensübergreifenden Logistiksystemen. Dies führt zu der Folgerung: Je weiter entwickelt ein Unternehmen ist, desto mehr Aufgaben bezogen auf die zu berücksichtigenden Funktionen und Institutionen muss die Logistikplanung wahrnehmen.
Bezogen auf die Phasenmodelle nach dem *Umfang der Aufgaben der Logistik strukturiert nach den Handlungsebenen* ist festzuhalten, dass die Logistikplanung als wesentlicher Bestandteil des Logistikmanagements unmittelbar die Entwicklungsphase bestimmt. D. h., in den frühen Phasen konzentriert sich die Logistikplanung auf eine operative Logistikplanung. Durch eine fortschreitende Entwicklung der Logistik werden dann zunehmend eine strategische und schließlich eine normative Logistikplanung umgesetzt. Im Fazit führt dies – unter der Prämisse, dass die Logistikplanung der wesentliche Bestandteil des Logistikmanagements ist – zu der Äquivalenz: Je weiter entwickelt ein Unternehmen ist, desto höhere Handlungsebenen muss die Logistikplanung abdecken. Je höhere Handlungsebenen die Logistikplanung abdeckt, desto weiter entwickelt ist ein Unternehmen.
Die Phasenmodelle nach der *organisatorischen Eingliederung der Logistik* nehmen keinen Bezug zur Logistikplanung, so dass sich hieraus keine Aussagen ableiten lassen.
In den Phasenmodellen nach dem *Grad der Flussorientierung* im Unternehmen besteht der Zusammenhang, dass die Flussorientierung sehr gering ist, wenn nur einzelne logistische Funktionen in der Logistikplanung betrachtet werden. Er steigert sich, wenn alle logistischen Funktionen einbezogen werden. Gleiches gilt bei der Ausdehnung auf mehrere Institutionen. Besonders hoch ist der Grad der Flussorientierung bei Unternehmen, die eine normative Logistikplanung umsetzen. Als Fazit ergibt sich: Je weiter entwickelt ein Unternehmen ist, desto mehr Aufgaben bezogen auf

die zu berücksichtigenden Funktion, Institution und Handlungsebenen muss die Logistikplanung wahrnehmen.

Zusammenfassend ist festzustellen, dass die Aufgaben der Logistikplanung abhängig von der Einstufung des Unternehmens in den Entwicklungsstand variieren und dass umgekehrt sogar teilweise die Einstufung eines Unternehmens determiniert wird durch die Aufgaben der Logistikplanung. Eine Weiterentwicklung der Aufgaben der Logistikplanung ist somit wesentlich für die Weiterentwicklung der Logistik.

Aus diesem Grund soll im Folgenden auf die Umsetzung der Logistikplanung in der Automobilindustrie eingegangen werden. Den Unternehmen der Automobilindustrie wird gemeinhin eine weitentwickelte Logistik unterstellt. Dies soll zum einen plausibilisiert werden. Zum anderen gilt es, daraus Anregungen für eine Ausgestaltung der Logistikplanung zu entnehmen.

4 Umsetzung der Logistikplanung in der Automobilindustrie

Die Ausführungen zur Logistikplanung in der Automobilindustrie erweitern die Darstellung in der Regel um eine zeitliche Dimension, d. h. die Logistikplanung wird anhand des Produktlebenszyklus detailliert. Eine gezielte Betrachtung der Logistikplanung in den frühen Produktlebensphasen ist insbesondere vor dem steigenden Kostendruck von Bedeutung. Es wird davon ausgegangen, dass am Ende der Konzeptionsphase eines Produkts bereits 70 % bis 80 % der gesamten Lebenszykluskosten feststehen.[17]

Dieses Potenzial versucht die Automobilindustrie durch eine Ausgestaltung der Logistikplanung anhand des Produktlebenszyklus zu heben. Das ist notwendig, um sich trotz steigender Individualisierung, zunehmend globaleren Wertschöpfungsstrukturen sowie verkürzten Produktlebenszyklen im internationalen Wettbewerb Kosten- und Zeitvorteile zu sichern.

Der Produktentstehungsprozess bestimmt daher die Logistikplanung in der Automobilindustrie, indem er die Aufgaben, deren Ablauforganisation und z. T. auch die Aufbauorganisation strukturiert. Aufschluss über den Hintergrund dieser Rolle des Produktentstehungsprozesses gibt eine empirische Untersuchung in der Automobilindustrie, welche die Auslöser der Logistikplanung analysiert. Hierbei wurden vier Themenblöcke als Auslöser der Logistikplanung identifiziert:[18]

- Veränderte Wertschöpfungsstrukturen, z.B. durch Insourcing, Outsourcing,
- Veränderte Lieferantenstrukturen, z.B. durch Lieferantenstandorte, Sourcingstrukturen
- Technologiesprünge, z. B. im Produkt, bei Ressourcen/Anlagen oder im Logistikprozess,
- Produktänderungen, z. B. neue Produktlinie, neue Produktvariante, neue Produktserie, Einzelteiländerung,
- Strukturmaßnahmen, z. B. neuer Standort, Umbau eines bestehenden Standorts, Veränderung der technischen Ausstattung eines bestehenden Standorts.

[17] Siehe Pfohl (2004), S. 145.
[18] In Anlehnung an Schedlbauer (2008), S. 12.

In der Automobilindustrie dominieren aus Sicht der befragten Logistikplaner Produktänderungen und Strukturmaßnahmen. Da bei den meisten Unternehmen der Automobilindustrie ein standardisierter Produktentstehungsprozess existiert, der Produktänderungen hervorbringt, bietet sich eine enge Kopplung der Logistikplanung an den Produktentstehungsprozess an.

Die *Aufgaben der Logistikplanung in der Automobilindustrie* werden daher entlang des Produktentstehungsprozess beschrieben:[19]

Die *strategische Logistikplanung* findet im Zeitraum zwischen Projektanstoß und Projektentscheid statt und wird mit ca. 4 bis 2 Jahre vor „Start-of-Production“ (SOP) angegeben. Sie wird auch Konzeptentwicklung genannt. Ihr Fokus liegt auf der Planung alternativer Produktionsstandorte und der Festlegung neuer Konzepte in das Fahrzeugprojekt. Für die Logistikplanung bedeutet dies, Logistikkosten und vorhandene Kapazitäten für alternative Produktionsstandorte abzuschätzen, die Auswirkungen neuer Konzepte mit Bezug zum Produkt (z. B. alternative Materialien) oder zum Prozess (z. B. neue Schweißverfahren) zu antizipieren und selbst neue Logistikkonzepte (z. B. Warenkorb) einzubringen.

Die *taktische Logistikplanung* beginnt mit dem Projektentscheid und endet ca. 3 Monate nach SOP. In dieser Phase findet zum einen die Produkt- und Prozessbeeinflussung durch die Logistik statt, d.h. hier werden eine logistikgerechte Produktgestaltung und eine Überwachung der Varianten[20] sichergestellt. Zum anderen erfolgt eine Prozess- und Strukturplanung nach dem Line-back-Prinzip. Die Planung der Logistikprozesse und -strukturen beginnt beim Arbeitsplatz in der Montage und geht „line-back“ über die Bereitstellung, den Wareneingang, den Transport bis zum Lieferanten.[21] Dadurch werden am Ort der höchsten Wertschöpfung, der Montage, optimale Bedingungen erzeugt. Diese Phase unterteilt sich methodisch in die Konzeptplanung (d. h. die Erstellung von Logistikkonzepten und Bewertung von Alternativen) sowie die Feinplanung (d. h. die Ausgestaltung des gewählten Logistikkonzepts). Inhaltlich umfasst die taktische Logistikplanung ein Materialflusskonzept und eine Materialflussfeinplanung, ein Verpackungskonzept und eine Verpackungsplanung sowie eine Beteiligung bei der Lieferantenauswahl und -integration. Bei allen Planungsaufgaben erfolgt mitlaufend eine Kalkulation der Logistikkosten. Der Schwerpunkt der taktischen Planung liegt somit auf einer Erstkonfiguration des Logistiksystems[22] bzw. auf sogenannten Geschäftsbereitschaftsprozessen.

Die *operative Logistikplanung* beginnt ca. 1 Jahre vor und endet ca. 3 Monate nach SOP oder mit dem Erreichen der Kammlinie. Die operative Logistikplanung wird häufig auch als Anlaufmana-

---

[19] Siehe Bierwirth (2004), S. 55 ff., Schneider/ Otto (2006), S. 60 f., Doch/ Rösch/ Mayer (2008), S. 144 ff., Schedlbauer (2008), S. 16 ff., Schneider (2008), S. 50 ff.

[20] Eine große Variantenvielfalt verursacht durch die hohe Komplexität der Abläufe und erschwerte Koordination hohe Kosten, hierbei wird das umgekehrte Erfahrungskurvengesetz formuliert. Wildemann geht davon aus, dass mit jeder Verdopplung der Variantenvielfalt die Stückkosten um 20 % bis 30 % bei herkömmlicher Fertigungsstrategie steigen: Wildemann (1990), S. 37.

[21] Siehe Klug (2006), S. 187.

[22] Siehe Klaus (2002), S 98 bzw. 108 f., der von einer Erstkonfiguration des Fließsystems spricht.

gement[23] bezeichnet. Der Hauptaugenmerk liegt in dieser Phase auf der termin- und qualitätsgerechten Versorgung der Anlaufproduktion mit Teilen. Anschließend folgt die Serienproduktion. Die *Steuerung* ist damit die Logistikplanung nach SOP.
Bezogen auf die *Technik in der Logistikplanung in der Automobilindustrie* sind die hohen Anforderungen an die IT-gestützten Instrumente zur Logistikplanung und die hohe Bereitschaft zu deren Nutzung hervorzuheben. Es finden sich dabei folgende Anforderungen: Reduzierung von Planungszeit und -aufwand, Sicherung der Planungsqualität u.a. durch Lernfähigkeit, Ganzheitlichkeit des Planungsansatzes, Integration von Daten, Wissen und Werkzeugen sowie Möglichkeit zur interorganisationalen Bearbeitung.[24] Instrumente für singuläre Problemstellungen stehen nicht im Fokus und sind lediglich als integraler Bestandteil eines umfassenden Planungskonzepts von Interesse. Die hohe Bereitschaft zur Nutzung solcher Instrumente lässt sich daraus ableiten, dass in der Vergangenheit IT-gestützte Instrumente zur Logistikplanung häufig für oder mit Pilotanwendung in der Automobilindustrie entwickelt worden sind.[25]
Besonders auffällig ist die verstärkte Erwähnung der Anwendung der Methoden der Digitalen Fabrik in der Logistikplanung.[26] Mithilfe der Digitalen Fabrik kann ein Logistiksystem bereits weit vor SOP gestaltet und die Machbarkeit des Logistikkonzepts durch Plausibilitätschecks, Visualisierungen und Simulationen nachgewiesen werden. Hinzu kommt, dass die Digitale Fabrik als Prozess- und Strukturplanungssoftware eine interdisziplinäre Zusammenarbeit zwischen produkt-, produktions- und logistikplanenden Bereichen ermöglicht.[27] Einen Überblick über weitere für die Logistikplanung relevanter IT-Systeme gibt Abbildung 2. Unmittelbar logistikspezifisch sind Advanced Planning and Scheduling (APS)-Systeme zur Produktionsstandortauswahl mittels strategischer Netzwerksimulationen. Die übrigen genannten IT-Systeme sind interdisziplinär verwendbar: z.B. Prozessdokumentations-Systeme, Management Informationssysteme (MIS), Data Warehouse und Systeme zur Business Intelligence (BI) dienen zur Informationsversorgung und Überwachung der Planungsprozesse, Supplier Relationship Management (SRM) Software zur Lieferantenauswahl und -integration, Materialflusssimulationssoftware und CAD zur Materialfluss- bzw. Verpackungsplanung sowie Prozesskostenrechnungssysteme zur Kalkulation der Logistikkosten. Bei der Übergabe an die Serie spielen Produktdatenmanagementsysteme (PDM) zur Sicherung der Durchgängigkeit der Daten eine wichtige Rolle.
Neben diesen IT-gestützten Instrumenten für die Logistikplanung wird auf den hohen Stellenwert professioneller Projektmanagementmethoden hingewiesen.[28]

---

23 Vergleiche hierzu ausführlich bei Fitzek (2006).

24 Siehe Schedlbauer (2008), S.31 ff.

25 Siehe z.B. das internetbasierte Kompetenzmanagement für die Logistikplanung von Weidt mit Pilotanwendung in der Konzernlogistik der Volkswagen AG: Weidt (2003), S. 62 ff; die Planungsmethoden von Bierwirth in Kooperation mit der Volkswagen AG entwickelt: Bierwirth (2004), S. 49 ff., das Planungsinstrument von Schneider in Kooperation mit der AUDI AG erstellt: Schneider (2008), S. 135 ff. sowie das Planungskonzept von Schedlbauer für die automobile Logistikplanung: Schedlbauer (2008), S. 61 ff.

26 Siehe Jahn/ Richter (2003), S. 264 ff.; Bierwirth (2004), S. 49 ff.; Schneider (2008), S. 135 ff.; Schedlbauer (2008), S. 61 ff.

27 Siehe Doch/ Rösch/ Mayer (2008), S. 147.

28 Siehe Lehmann/ Grzegorski (2008), S. 90 ff., Tom/ Uske/ Lindenberg (2008), S. 73 ff.

Bezogen auf die *Mitarbeiter in der Logistikplanung in der Automobilindustrie* ist auf die allgemeinen Aussagen zu Mitarbeitern in der Logistikplanung zurückzugreifen. Ergänzend finden sich Aussagen zu den Anforderungen an Mitarbeiter im Anlaufmanagement (d. h. in der operativen Logistikplanung) in die Automobilindustrie. Hier werden neben einem starken Fach- und Methodenwissen, eine hohe Team- und Kommunikationskompetenz sowie die Fähigkeit zum funktions- und unternehmensübergreifenden Denken und Handeln genannt.[29]

Die Darstellung der *Organisation der Logistikplanung in der Automobilindustrie* wird erneut in die Bereiche Aufbau- und Ablauforganisation unterteilt.

Bezogen auf die Aufbauorganisation der Logistikplanung ist anzuführen, dass die Logistikplanung über sogenannte Simultaneous Engineering Teams bereits in sehr frühen Phasen des Produktentstehungsprozesses mitarbeitet. Somit ergibt sich mindestens eine Projektorganisation mit namentlicher Beteiligung der Logistikplanung. Bei einigen Automobilherstellern werden die taktische und oder die operative Logistikplanung in einer eigene Organisationseinheit institutionalisiert.[30] Dies gilt bezogen auf die operative Logistikplanung auch für die Mehrzahl der Automobilzulieferer.[31]

Der Produktentstehungsprozess, der über standardisierte Regelwerke und Methoden strukturiert ist, bestimmt ebenso die Ablauforganisation. In der Umsetzung dominieren Gateway-Konzepte zum Reifegradcontrolling.[32] Hierbei werden für jede Phase im Produktentstehungsprozess Reifegradindikatoren und Zielgrößen definiert und mittels einer strukturierten Checkliste bewertet. Bei Erfüllung der Zielgrößen – d. h. erfolgreichem Passieren des Gates – findet ein Übergang in die nächste Phase statt. Inhaltlich detailliert werden Abläufe speziell der Logistikplanung über die aufgeführten Instrumente.

Somit wurde die Aussage, dass Unternehmen der Automobilindustrie eine weitentwickelte Logistik aufweisen, durch deren Umsetzung der Logistikplanung bestätigt. Die Logistikplanung beschäftigt sich mit nahezu allen logistischen Funktionen – außen vor bleiben lediglich teilweise logistische Funktionen auf der Distributionsseite. Die Logistikplanung bezieht intensiv die Lieferantenseite ein und betrachtet somit das unternehmensübergreifende Logistiksystem. Die Logistikplanung reicht über die verschiedenen Handlungsebenen bis hin zur explizit erwähnten strategischen Logistikplanung. Ansätze einer normativen Logistikplanung sind ebenfalls gegeben, da die Logistikplanung von der Entwicklung des Produkts bis zur Stabilisierung über Simultaneous Engineering Teams mit einbezogen wird und Einfluss nehmen kann. Die Flussorientierung hat somit auch Bereiche außerhalb der Logistik, wie z. B. die Entwicklung, erreicht.

---

29 Siehe Franzkoch/ Gottschalk (2008), S. 61 f., Tom/ Uske/ Lindenberg (2008), S. 79.

30 Siehe hierzu die Ergebnisse einer Befragung des Arbeitskreises „Integrationsmanagement für neue Produkte" der Schmalenbach-Gesellschaft für Betriebswirtschaft e.V. mit Fokus auf die Automobilindustrie: Pfohl/ Gareis (2000), S. 1189 ff.

31 Siehe hierzu die Ergebnisse einer Befragung von 67 Automobilzulieferern durch das WZL der RWTH Aachen und der Universität St. Gallen in 2004, nach der 70% der befragten Unternehmen eine spezielle Organisationsform für das Anlaufmanagement besitzen: Franzkoch/ Gottschalk (2008), S. 57 ff.

32 Siehe Franzkoch/ Gottschalk (2008), S. 62 f.

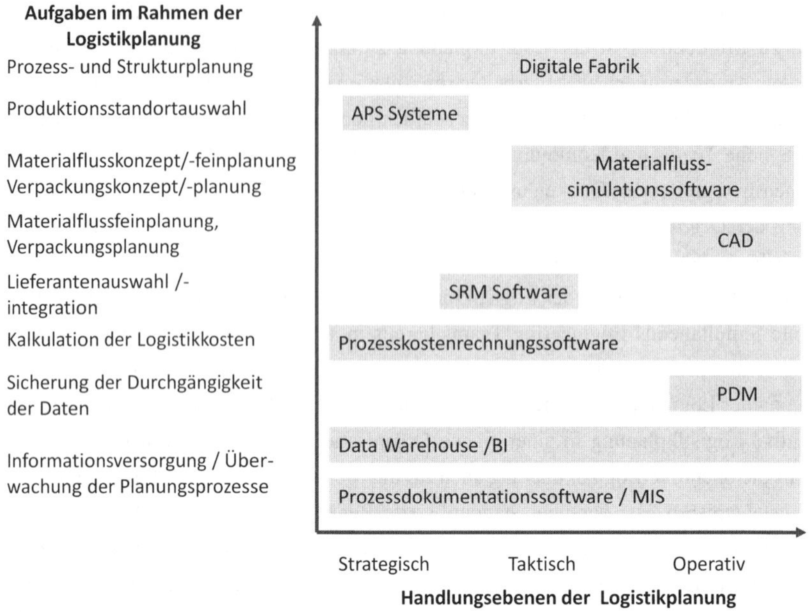

Abbildung 2: Überblick über Informationssysteme für die Logistikplanung (Quelle: In Anlehnung an Doch/ Rösch/ Mayer (2008), S. 148)

Angeregt durch die Bedeutung der Logistikplanung für die Entwicklung der Logistik und die Umsetzung der Logistikplanung in der Automobilindustrie stellt sich die Frage, wie die Logistikplanung in Unternehmen in anderen Branchen ausgestaltet werden kann.

5 Hinweise zur Ausgestaltung der Logistikplanung in einem Unternehmen des Maschinenbaus - dargestellt am Beispiel des Rexroth-Produktbereichs Controls

Im Folgenden werden zunächst das Unternehmen Bosch Rexroth und der Produktbereich Controls vorgestellt. Danach folgt eine Beschreibung der Entwicklung der Logistik im Produktbereich Controls mit einer Einordnung in die Entwicklungsphasen der Logistik und einer Ableitung von Aussagen für die Logistikplanung. Abschließend findet sich eine Erläuterung zum Vorgehen zur Neuausrichtung der Logistikplanung im Produktbereich Controls.

5.1 Das Unternehmen

Die Bosch Rexroth AG ist einer der weltweit führenden Anbieter für maßgeschneiderte Lösungen zum Antreiben, Steuern und Bewegen und ist Partner für die Anlagenausrüstung und Fabrikautomation, für mobile Arbeitsmaschinen sowie für die Nutzung regenerativer Energien. Das Unternehmen gehört als hundertprozentige Tochter zur Robert Bosch GmbH und zählt hier zum Unternehmensbereich Industrietechnik. Bosch Rexroth erwirtschaftete in 2008 rund 5,9 Milliarden Umsatz mit ca. 35.300 Mitarbeitern weltweit. Das Vertriebsnetz des Unternehmens erstreckt sich auf über 80 Länder und das Produktionsnetz aus 67 Fertigungs- und Customizing-Standorte auf 25 Länder. Bosch Rexroth arbeitet für rund 500.000 Kunden weltweit in den Technologiefeldern Elektrische Antriebe und Steuerungen, Hydraulik, Linear- und Montagetechnik und Pneumatik. Der Geschäftsbereich Hydraulics ist aufgrund seiner Größe und Komplexität in die Produktbereiche Drives, Controls und Systems gegliedert.

Der Produktbereich Controls entwickelt und produziert Industrieventile, Industrieelektronik, Mobilsteuerung, Kompakthydraulik sowie Mobilelektronik. Die Kunden des Produktbereichs kommen für die mobilen Anwendungen aus den Branchen Baumaschinen, Fördertechnik, Nutzfahrzeuge sowie Land- und Forstmaschinen. Während die Kunden für Industrie- und Fabrikautomation in über 20 Branchen (u. a. Bergbau, Pressen, Werkzeugmaschinen, Kunststoff- und Druckgießmaschinen, Wind- und Meeresenergie) zu finden sind. Entsprechend ist die Kundenstruktur bei den mobilen Anwendungen durch große international agierenden OEMs geprägt, während hinsichtlich Größe und Branche unterschiedlichste Unternehmen Anwendungen zur Industrie- und Fabrikautomation nachfragen. Die Produktion erfolgt an 10 Standorten, wobei der Fertigungsverbund zwischen den Werken immer stärker ausgebaut wird. Die Lieferantenstruktur umfasst eine dreistellige Lieferantenanzahl, derzeit wird an einer Verschlankung der Lieferantenpyramide gearbeitet.

Die Forderungen der Kunden des Produktbereichs Controls haben sich in den letzten Jahren verändert. Neben den Produkteigenschaften spielen verlässliche Liefertermine sowie kurze Liefer- und Reaktionszeiten für die Kaufentscheidung eine wichtige Rolle. Darüber hinaus ist auch die Integration der Logistikprozesse zwischen Kunde und Bosch Rexroth immer häufiger Gegenstand von Gesprächen mit dem Kunden. Diesen Herausforderungen des Marktes steht die Komplexität des internationalen Fertigungsverbundes und des globalen Beschaffungsnetzwerkes gegenüber. Um in diesem Spannungsfeld eine stabile Logistikleistung auf hohem Niveau und zu geringen Logistikkosten anbieten zu können, arbeitet der Produktbereich Controls intensiv an einer Weiterentwicklung der Logistik.

5.2 Einordnung in die Entwicklungsphasen und Folgerungen für die Logistikplanung

Im Produktbereich Controls wurde ab 2005 in allen Werken weltweit eine werksbezogene Logistikstruktur eingeführt. Diese Werkslogistik zog logistische Aktivitäten aus den unterschiedlichsten Funktionsbereichen – Einkauf, Produktion sowie Vertrieb – zusammen und stellte sie unter eine einheitliche Leitung. Heute umfasst die Werkslogistik nahezu alle logistischen Tätigkeiten von der Auftragserfassung, über Bedarfsplanung, Disposition, Beschaffung, bis hin zum Wareneingang, innerbetrieblichen Transport und Versand. Die somit geschaffene durchgängige Verantwortung war und ist die Grundlage für ganzheitliche Verbesserungen in der Werkslogistik. Diese Verbesserungen fokussierten zunächst interne Prozesse (z. B. Neugestaltung des Versandprozesses, Einführung einer Kundenbedarfsplanung), später folgte die Ausdehnung auf unternehmensübergreifende Prozesse (z. B. Einführung eines externen Milkruns, Aufbau Lieferantenkanban).

Die Werkslogistik nimmt vereinzelt, aber nicht durchgängig Aufgaben der taktischen Logistikplanung wahr. Diese Aufgaben beziehen sich auf alle der Logistik zugeordneten Prozesse im Unternehmen und an den Unternehmensgrenzen. Mitarbeiter aus einer Projektgruppe innerhalb der Werkslogistik oder einzelne Mitarbeitern in der Werkslogistik führen diese Aufgaben aus. Die operative Logistikplanung[33] und die Logistiksteuerung erfolgen durch definierte Prozesse in der Regel entlang des integrierten ERP-Systems in der Linie.

Ergänzend zur werkbezogenen Logistikstruktur wurden in 2007 eine zentrale Logistikorganisation für die Bosch Rexroth AG und in 2008 eine geschäfts-/produktbereichsbezogene Logistikstruktur eingeführt.

Die zentrale Logistik übernimmt dabei eine Ordnungsfunktion mit fachlicher Koordination bezüglich Festlegung von Strategien, Konzepten, Methoden, Standards und Prozessen in der Logistik sowie beim Einkauf von logistischen Dienstleistungen. Sie hat die fachliche Weisung gegenüber der geschäfts-/produktbereichsbezogenen Logistik inklusive Zielentfaltung und -monitoring. Die geschäfts-/produktbereichsbezogene Logistik arbeitet bei den unternehmensweitgültigen Strategien, Konzepten, Methoden, Standards mit und sichert deren Umsetzung in den Werken durch eine aktive Unterstützung und eine fachliche Weisung ab. Die Werkslogistik ist operativ für die Logistik, die Erreichung der Ziele und die Umsetzung der Konzepte, Methoden, Standards verantwortlich.

Seit 2004 wird bei Rexroth das Bosch Production System (BPS) gelebt. Es wurden inzwischen zahlreiche BPS-Projekte initiiert und umgesetzt. Der Lean Management Gedanken, d. h. der Fokus Verschwendung jeglicher Art zu reduzieren bzw. zu vermeiden, hat zur Verringerung der Kosten, zur Reduzierung der Durchlaufzeiten und zur Stabilisierung der Produktionsprozesse beigetragen. Dies sind Voraussetzungen für kurze Lieferzeiten und eine hohe Liefertermintreue.

In 2007 wurde bei Rexroth ein Projekt zur Neuausrichtung der Logistik gestartet, um aufbauend auf bzw. gemeinsam mit BPS die Logistikprozesse weiterzuentwickeln. Ziel des Projekts ist eine schlanke Logistik, welche die Kundenerwartungen hinsichtlich Lieferzeit, Liefertreue und Logistikfehler erfüllt und die Wettbewerbsfähigkeit über hervorragende Logistikleistung und gesenkte Logistikkosten sichert. Um das Ziel zu erreichen, wird der gesamte Kunde-Kunde-Prozess betrachtet und in einzelnen Teilprojekten – strukturiert nach den Logistikprozessen – neuausgerichtet: u. a. Teilprojekt Programmplanung, Steuerung, Disposition, Lieferantenanbindung, Transport, Wareneingang, Lager/ Bereitstellung, Versand, Behälterkonzept, Logistikplanung, Logistikcontrolling. Das Projekt erfolgt in den Phasen unternehmensweite Analyse, unternehmensweites Konzept und werksbezogene Umsetzung. Die Umsetzung des Logistikkonzepts findet zunächst in jeweils einem Werk eines jeden Geschäfts-/Produktbereichs, anschließend weltweit in allen Werken bis 2012 statt.

Bewertet man diese Veränderungen vor dem Hintergrund der vorgestellten Entwicklungsphasen der Logistik so ergeben sich folgende Aussagen:

---

33 Die operative Logistikplanung wird nicht als Anlaufmanagement wie in der Automobilindustrie interpretiert, sondern als Festlegung der einzelnen Schritte zur Realisierung des Logistiksystems – wie in der Literatur zur allgemeinen Logistikplanung.

- Lebensphasen der Logistik anhand des Umfangs des Logistiksystems (Funktionen und Institutionen):
  Die geschilderte Entwicklung führte zum Erreichen der Phase Unternehmenslogistik. Erste Ansätze der Phase Logistikkooperationen finden sich bezogen auf die Zusammenarbeit bei logistischen Themen mit Kunden, Lieferanten und Logistischen Dienstleistern.
- Lebensphasen der Logistik anhand des Umfangs des Logistiksystems (Handlungsebenen): Die Werkslogistik beschäftigt sich mit der operativen und teilweise auch mit der taktischen Handlungsebene, wie die kurze Betrachtung der Logistikplanung zeigt. Die strategische und normative Handlungsebene sind wenig bis gar nicht ausgeprägt.
- Lebensphasen der Logistik anhand der aufbauorganisatorischen Eingliederung der Logistik: Mit der Einführung der werksbezogenen Logistikstruktur gelang es, die ersten Entwicklungsphasen der Logistik zu durchschreiten. Durch den ergänzenden Aufbau einer Logistikorganisation in der Zentrale und im Geschäfts-/Produktbereich wurden inzwischen hybride Strukturen geschaffen.
- Lebensphasen der Logistik anhand des Grades der Umsetzung der Flussorientierung im Unternehmen:
  Die Werkslogistik nimmt im Produktbereich Controls eine Koordinationsfunktion wahr. Die Durchsetzung der Flussorientierung in Produktion und Logistik ist schon weit fortgeschritten. Zur Ausweitung der Flussorientierung entlang der Wertschöpfungskette über den Einkauf in Richtung Lieferant sind verschiedene Instrumente in Planung bzw. Umsetzung: Vereinbarungen mit dem Lieferanten zu den wichtigsten logistischen Parametern (z. B. Fixierungshorizonte, Losgrößen, Verpackungseinheiten), Lieferantenhandbuch Logistik sowie eine logistische Lieferantenentwicklung und -auswahl. Ebenso ist eine Beteiligung der Logistik im Produktentstehungsprozess vorgesehen, um auch in der Entwicklung die Flussorientierung zu fördern. Im Fazit bedeutet dies, dass die Steigerung des Grads der Flussorientierung in Arbeit ist.

Zusammenfassend ist festzustellen, dass der Produktbereich Controls der Bosch Rexroth AG in den letzten Jahren in die fortgeschrittenen Entwicklungsphasen vorgerückt ist. Gerade im Bereich der Logistikplanung lassen sich aber noch Defizite feststellen, da lediglich eine durchgängige operative Logistikplanung vorhanden ist. Um die Weiterentwicklung der Logistik durch eine Neuausrichtung der Logistikplanung zu forcieren, startete ein Teilprojekt Logistikplanung im Rahmen des erwähnten Logistikprojekts.

5.3 Vorgehen zur Neuausrichtung der Logistikplanung

Das Teilprojekt Logistikplanung beschäftigt sich im Schwerpunkt mit den Aspekten der taktischen Logistikplanung, die über die Ausgestaltung des Logistiksystems entscheiden. Der Begriff Logistikplanung wird im Folgenden bezogen auf diese *Abgrenzung* verwendet.

Die übrigen Bereiche der Logistikplanung sind nicht Gegenstand der weiteren Ausführungen. Sie werden an anderer Stelle im Unternehmen behandelt: Die operative Logistikplanung ist Teil der Werkslogistik und wird durch die übrigen Teilprojekte im Kunde-Kunde-Prozess neu ausgerichtet (z.B. die Transportplanung im Teilprojekt Transport). Ein weiterer Aspekt der taktischen Logistikplanung, die Programmplanung, steht im Fokus eines eigenen Teilprojekts (Teilprojekt Programmplanung). Die Belange der strategischen Logistikplanung mit der Festlegung der Grundstruktur des Logistiksystems fließen in ein separates, sich anschließendes Projekt zur Distribution ein. Die durch die strategische und taktische Logistikplanung zu treffenden Entscheidungen bezüglich der Organisation wurden vor dem Projektstart getroffen und implementiert. Sie dienen als Basis für die Umsetzung der Teilprojekte. Die normative Logistikplanung ist durch die Einführung der neuen zentralen Logistik und durch den Rollout des Projekts mit der konsequenten Beteiligung aller Funktionsbereiche (Produktion, Einkauf, Vertrieb, Entwicklung) im Aufbau.

In dem Teilprojekt Logistikplanung wurde, geleitet durch die zentrale Logistik, von den Geschäfts- und Produktbereichen eine unternehmensweite Analyse erstellt und ein Konzept zur Logistikplanung erarbeitet. Aufbauend auf diesem unternehmensweiten Konzept findet eine werksbezogene Umsetzung statt. Aktuell erfolgt die erste Umsetzung in einem Werk des Produktbereichs Controls.

Im Rahmen der *unternehmensweiten Analyse* wurde festgestellt, dass teilweise eine Projektgruppe in der Werkslogistik, teilweise einzelne Mitarbeiter in der Werkslogistik oder in anderen Organisationseinheiten (z. B. Produktion) oder teilweise keiner die Aufgaben der Logistikplanung wahrnimmt. Aus dieser sporadischen Aufgabenwahrnehmung resultieren eine rudimentäre Nutzung von Instrumenten sowie eine uneinheitliche und unklare Gestaltung der Aufbau- und Ablauforganisation. Insbesondere die ermittelten und in Abbildung 3 dargestellten Auslöser verdeutlichten, dass diverse Ereignisse die Aufgaben der Logistikplanung anstoßen. Diese Ereignisse ergeben sich häufig nicht aus definierten Prozessen, über welche die Logistikplanung eingebunden werden könnte, oder die entsprechenden Prozesse sind der Logistik aktuell nicht bekannt. Dies führt dazu, dass ein Anstoß der Logistikplanung nicht oder nicht rechtzeitig erfolgt (z. B. bei einer Verlagerung einer Maschine) oder die Logistikplanung mit diversen Problemstellungen überhäuft wird.

Die bereits bekannten Gestaltungsvariablen Aufgabe, Technik, Mitarbeiter und Organisation dienen erneut zur Strukturierung des *unternehmensweiten Konzepts*.

Die Vertreter der Geschäfts- und Produktbereiche ermittelten die *Aufgaben* der Logistikplanung entlang des Kunde-Kunde-Prozesses. Dies ist z.B. im Rahmen des Logistikprozesses Disposition die Mitarbeit der Logistikplanung bei der Festlegung der Dispositionsparameter oder im Rahmen des Logistikprozesses Bereitstellung die Auslegung der Supermärkte. Anschließend validierten die Leiter der übrigen Teilprojekte die Aufgabenliste, die ca. 40 Aufgaben umfasst.

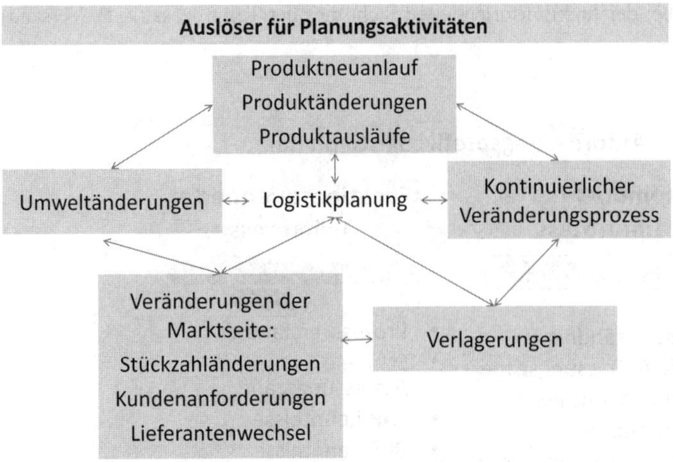

Abbildung 3: Auslöser für Planungstätigkeiten

Dann fand eine Beschreibung und Clusterung der Aufgaben statt. Als Ergebnis erhielt man die folgenden Aufgabenbereiche:

- Informationsflussplanung
- Materialflussplanung
- Behälterplanung
- Logistische Kundenintegration
- Logistische Lieferantenintegration
- Logistikcontrolling
- Sonstige Projekt- oder Koordinationsaufgaben

In der Aufgabenliste wurden die in mindestens einem Produktbereich vorhandenen Hilfsmittel (*Technik*) ergänzt bzw. Ideen für gegebenenfalls notwendige Hilfsmittel aufgeführt.

Darüber hinaus fanden Anhaltspunkte zur Abschätzung des quantitativen *Mitarbeiter*bedarfs Eingang in die Aufgabenliste (z. B. pro Wertstrom 5 Mannmonate zur Neugestaltung und 1 Mannmonat zur Überarbeitung). Diese Schätzung war zum einen erschwert durch das Fehlen von Erfahrungswerte, da Aufgaben teilweise bislang gar nicht wahrgenommen oder die beanspruchten Kapazitäten nicht erfasst wurden. Zum anderen wichen die Erfahrungswerte der Geschäfts- und Produktbereiche stark von einander ab, da die Aufgaben nicht standardisiert abliefen und Komplexitätstreiber unzureichend bekannt waren. Des Weiteren zeigte sich die Problematik, dass für die erstmalige Gestaltung mit einem deutlich höheren Aufwand zu rechnen ist, als für die Überarbeitung. Die Basis für den qualitativen Mitarbeiterbedarf bildet ein erstelltes Anforderungsprofil. Dieses Profil unterteilt sich – wie in Abbildung 4 dargestellt – in Anforderungen aus einer wertstromorientierten und einer funktionsorientierten Sicht. Bei einer wertstromorientierten Sicht steht der Gesamtprozess bezogen auf einen Wertstrom (z.B. Wertstrom für Schaltventile, Nenngröße 6) im Vordergrund, während bei der funktionsorientierten Sicht dies der Teilprozess (z. B. Versand) ist.

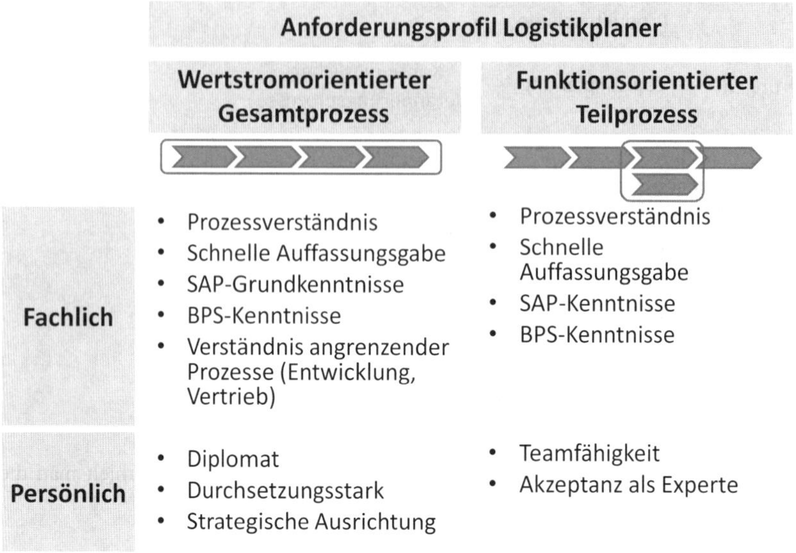
Anforderungsprofil Logistikplaner
Wertstromorientierter Gesamtprozess
Funktionsorientierter Teilprozess
Fachlich
• Prozessverständnis
• Schnelle Auffassungsgabe
• SAP-Grundkenntnisse
• BPS-Kenntnisse
• Verständnis angrenzender Prozesse (Entwicklung, Vertrieb)
• Prozessverständnis
• Schnelle Auffassungsgabe
• SAP-Kenntnisse
• BPS-Kenntnisse
Persönlich
• Diplomat
• Durchsetzungsstark
• Strategische Ausrichtung
• Teamfähigkeit
• Akzeptanz als Experte

Abbildung 4: Anforderungsprofil eines Logistikplaners

Zur Klärung der Aufbau*organisation* wurden folgende organisatorische Alternativen gegenübergestellt und bewertet:

- eine eigene Organisationseinheit Logistikplanung innerhalb der Werkslogistik (zentral),
- eine Verteilung der Aufgaben auf die vorhandenen funktionsorientiert aufgestellten Organisationseinheiten der Werkslogistik (dezentral),
- eine dezentrale Struktur ergänzt um eine fachliche Weisung gegenüber den verteilten Logistikplanern direkt durch den Werkslogistikleiter (virtuelle Gruppe) sowie
- eine dezentrale Struktur ergänzt um eine Stabsstelle mit fachlicher Weisung gegenüber den verteilten Logistikplanern.

Die Entscheidung fiel auf eine Integration der Logistikplanung als eigene Organisationseinheit in die Werkslogistik. Diese Lösung ermöglicht eine ganzheitliche Prozessbetrachtung, einheitliche Methoden und Standards, eine Kapazitätsbündelung mit den Vorteilen der Nivellierung innerhalb der Organisationseinheit und der klaren Abgrenzung zur operativen Ebene sowie der Möglichkeit zur gezielten Aufgaben- und Kapazitätsplanung. Den Gefahren der Distanz zur operativen Ebene und der fehlenden Akzeptanz ist durch ergänzende Koordinationsinstrumente (wie z. B. regelmäßige Abstimmtermine) entgegenzuwirken.

Zur Gestaltung der Ablauforganisation wurden in der Aufgabenliste Auslöser der Aufgabe aufgenommen. Der mehrfach genannte Auslöser Produktneuanläufe führte zu einer Integration der Logistikplanung in den Produktentstehungsprozess. Im Produktentstehungsprozess bei Rexroth werden die bereits erwähnten Gateway-Konzepte und strukturierte Checklisten – sogenannte Qualitätsbewertungs(QB)-Fragen – zur Bewertung der Erreichung der Gateways eingesetzt. In Zukunft wird die rechtzeitige Einbindung der Logistikplanung wie folgt sichergestellt:

- Zuordnung von QB-Fragen mit Logistikbezug zur Logistikplanung, die bislang einer anderen Organisationseinheit zugewiesen waren (z. B. die Frage: „Ist ein Konzept für den innerbetrieblichen Transport erprobt und abgeschlossen?“ bisher in der Zuständigkeit der Fertigungsplanung, wurde der Logistikplanung zugeordnet) und
- Aufnahme von neuen QB-Fragen mit Logistikbezug (z. B. der Frage „Ist die Produktgestaltung unter logistischen Kriterien geprüft worden?“)

Ferner ist die Logistik bei der Freigabe der Gates beteiligt. Darüber hinaus hat das Projektteam für den Ablauf der Aufgaben in der Logistikplanung ein Prozessregelkreis definiert, der einen effektiven Beginn einer Aufgabe, ihre stringente Abarbeitung und eine nachhaltige Übergabe an die Linie sicherstellt.

Ausgehend von dem unternehmensweiten Konzept findet derzeit in einem Werk des Produktbereichs Controls die erste *werksbezogene Umsetzung* statt. Hierfür wurde eine werksbezogene Ist-Analyse durchgeführt und ein Detailkonzept mit Hinweisen zur stufenweisen Umsetzung ist in Arbeit.

Für die *werksbezogene Ist-Analyse* der *Aufgaben* der Logistikplanung im Werk erfolgte eine Erhebung der Aufgaben der Projektgruppe in der Werkslogistik durch eine persönliche Befragung. Anschließend fand ein Abgleich zwischen den ermittelten Aufgaben und der Aufgabenliste statt. Für nicht durch die Projektgruppe abgedeckte Aufgaben wurden Verantwortliche – soweit vorhanden – über Expertengespräche ermittelt und befragt. Das Ergebnis zeigt, dass die Mehrzahl der Aufgaben bereits durch die Projektgruppe abgedeckt ist. Zieht man alle Mitarbeiter des Werkes hinzu, verstärkt sich diese Aussage noch. Unter den Aufgaben der Projektgruppe finden sich nur wenige Aufgaben, die nicht zur Logistikplanung gehören.

Bezogen auf die *Technik* werden die im Konzept genannten Instrumente nur bedingt eingesetzt. Die Mitarbeiter der Projektgruppe fordern aber eine stärkere Instrumentenunterstützung.

Hinsichtlich der *Mitarbeiter*kapazität und -qualifikation bezogen auf die genannten Aufgaben wurde eine eigene Einschätzung der betroffenen Mitarbeiter – geprüft durch den Leiter der Projektgruppe – vorgenommen. Als Ergebnis ist festzustellen, dass viele der genannten Aufgaben nicht in vollem Umfang wahrgenommen werden und dass Expertenwissen zur Aufgabenerledigung noch im Aufbau ist. Während des Projekts zur Neuausrichtung der Logistik im Werk unterstützen Mitarbeiter aus der zentralen Logistik und der Logistik des Produktbereichs die Projektgruppe.

Im Hinblick auf die Aufbau*organisation* kann die Projektgruppe als Teil einer Organisationseinheit Logistikplanung interpretiert werden. Dennoch übernehmen auch Mitarbeiter außerhalb der Projektgruppe Logistikplanungsaufgaben. Für die Ablauforganisation erfolgte eine Validierung der Auslöser aus der Aufgabenliste. Hier bestätigte sich das Bild der unternehmensweiten Analyse. Die Logistikplanung ist nicht in vorhandene Prozessstrukturen eingebunden. Projektthemen wer-

den oft scheinbar zufällig, ohne genauen Projektauftrag an die Projektgruppe übergeben. Die Abarbeitung der Projektthemen folgt keinem einheitlichen Phasenschema.
Aktuell wird an einem *werksbezogenen Detailkonzept* inklusive Hinweisen zur stufenweisen Umsetzung gearbeitet.
Da derzeit die Mitarbeiter des Werkes nicht alle *Aufgaben* der Logistikplanung in vollem Umfang wahrnehmen, stellt sich die Frage, wie und wann eine 100 % Abdeckung erreicht werden kann. Hierbei gilt es in den Bereichen, wo bereits eine Neugestaltung des Logistiksystems stattfand, das erreichte Niveau zu halten. Dies kann sich sowohl auf einzelne logistische Prozesse beziehen, die vollständig neuausgerichtet wurden (z. B. der Teilprozess Disposition), als auch auf einzelne Wertströme (z. B. der Wertstrom für die Produkte der Landtechnik). Ein weiteres Ausrollen der Logistikplanung wird über eine Roadmap mit klaren Zielvorgaben pro Jahr vorgesehen.
Bezogen auf die eingesetzte *Technik* wird eine einheitliche Projektmanagementtoolbox zusammengestellt. Darüber hinaus baute die Logistik des Produktbereichs ein IT-gestütztes Instrument zum Wissensmanagement auf, das auf den effektiven und effizienten Rollout des Projekts im Produktbereich ausgerichtet ist. Dieses IT-gestützte Instrument ist ein Informationsportal, in dem zahlreiche von der Logistikplanung einsetzbare Hilfsmittel enthalten sind (z. B. diverse Checkliste, Berechnungsvorlagen für die Auslegung von Supermärkten).
Im Hinblick auf die *Mitarbeiter*kapazität ist derzeit keine Kapazitätserweiterung geplant, d.h. die Aufgaben zur Aufrechterhaltung des Niveaus sind durch die Werkslogistik zu stellen. Entsprechende Mitarbeiter sind namentlich den Aufgaben zuzuordnen und ihre verfügbare Kapazität für diese Aufgabe ist festzuhalten, um eine Überlastung von Schlüsselpersonen zu vermeiden. Bei der Ressourcenplanung zur Umsetzung der Roadmap können gegebenenfalls zusätzliche Ressourcen der Logistik der Zentrale oder des Produktbereichs herangezogen werden. Im Rahmen der Qualifizierung der Mitarbeiter werden Kompetenzen zum Projektmanagement aufgebaut. Weitere Qualifizierungsbedarfe resultieren aus einer Delta-Analyse, in welche die Kompetenzvorgaben für Logistikplaner aus einer unternehmensweiten Kompetenzmatrix[34] Logistik einfließen. Aus der Delta-Analyse ergeben sich die Seminare für den Schulungs- bzw. Qualifizierungsplan. Ergänzend sind unternehmensweite Expertenverzeichnisse (Yellow Pages) und prozessbezogene Expertenrunden in der Einführung. Ein Wissensaustausch wird zusätzlich über das erwähnte Informationsportal sichergestellt.
Für die Umsetzung des Konzepts zur Aufbau*organisation* erfolgt im ersten Schritt eine Umbenennung der Projektgruppe. Anschließend werden Mitarbeiter, die überwiegend Logistikplanungsaufgaben wahrnehmen, in die Gruppe Logistikplanung integriert. Nicht zur Logistikplanung gehörende Aufgaben in dieser Gruppe werden sukzessive reduziert.
Bezogen auf die Ablauforganisation wurde durch die Aufnahme von QB-Fragen im Produktentstehungsprozess und durch die Beteiligung an der Gate Freigabe eine frühzeitige Einbindung der Logistikplanung bei Produktneuanläufen sichergestellt. Nach Auskunft der Experten im Werk

---

[34] In der unternehmensweiten Kompetenzmatrix werden Rollen (z.B. Disponent, Logistikplaner) bestimmte Kompetenzen (z.B. BPS, Fremdsprachen) zugeordnet.

weisen Produktneuanläufe verglichen mit laufenden Produkt- oder Prozessänderungen oder Verlagerungen eine geringe Bedeutung auf. Daher ist zur Einbindung bei Produktverlagerungen eine Aufnahme entsprechender QB-Fragen in eine Checkliste für Verlagerungsprojekte beabsichtigt. Ebenso soll die Logistikplanung bei Änderungen von Produkten und Produktionsprozessen über das unternehmensweit eingeführte Änderungsmanagement involviert werden. Es ist angedacht, dieses Änderungsmanagement zukünftig auch auf Logistikprozesse auszudehnen und hier konsequent anzuwenden. Im Rahmen des Änderungsmanagement ist eine Freigabe von Änderungen durch die Logistikplanung vorgesehen. Somit erfolgt – wie in Abbildung 5 dargestellt – ein Anstoß der Logistikplanung systematisch über die Prozesse zur Produktentstehung, Produktverlagerung und zum Änderungsmanagement, damit sind alle bekannten Arten von Auslösern abgedeckt. Um Informationen über Änderungen im Logistiksystem oder in dessen Umfeld auszutauschen, die gegebenenfalls nicht über die ermittelten Prozesse laufen, sind ergänzend regelmäßige Abstimmungen mit BPS-Werksteams und mit den übrigen Logistikgruppen der Werkslogistik vorgesehen. Die Vielzahl der relevanten Anstöße stellt einen kritischen Erfolgsfaktor und einen erheblichen Komplexitätstreiber dar. In der Umsetzung sind daher Filtermechanismen (z. B. Beschränkung auf eine bestimmte Kategorie von Produktneuanläufen „Plattformprojekte") zu prüfen und einzustellen.

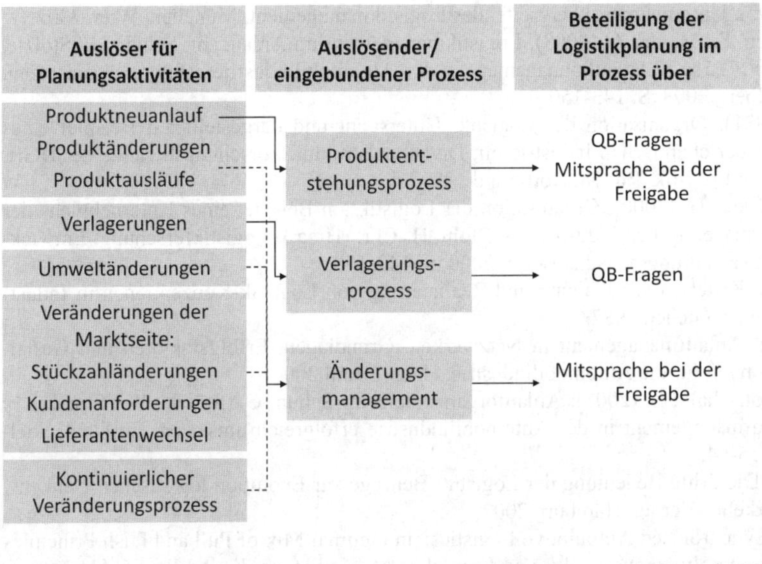

Abbildung 5: Beteiligung der Logistikplanung an Veränderungen auslösenden Prozessen

Die Logistikplanung muss die Auswirkung der Veränderung immer entlang des Wertstroms in allen Logistikprozessen prüfen. Bei Produktneuanläufen, -änderungen und -verlagerungen sind alle Logistikprozesse nacheinander zu gestalten bzw. zu überprüfen. Bei Prozessänderungen dagegen sind ausgehend vom geänderten Logistikprozess bzw. vom an die Veränderung angrenzenden Logistikprozess rückwärts und vorwärts alle weiteren Logistikprozesse zu betrachten. Nach dem

Anstoß der Logistikplanung ist die Umsetzung des Prozessregelkreises von großer Bedeutung, um insbesondere Problemstellungen klar abzugrenzen und eine Übergabe an die Linie sicherzustellen. Insbesondere nach Abschluss des Projekts zur Neuausrichtung der Logistik ist es wichtig, die Weiterentwicklung und Nachhaltigkeit der Umsetzung schlanker Logistikprozesse abzusichern. Diese Aufgabe der taktischen Logistikplanung wird zukünftig von der Logistikplanung als Bestandteil der Werkslogistik wahrgenommen. Mit dem systematischen Ausgestalten der Logistikplanung ist ein Schritt zur Weiterentwicklung der Logistik im Produktbereich Controls der Bosch Rexroth AG angestoßen. Diese Weiterentwicklung stellt eine logische Konsequenz der seit 2005 im Produktbereichs Controls eingeleiteten Schritte dar. Sie ist notwendig, um Kostenpotenziale zu heben und um im Markt neben best-in-class Produkteigenschaften auch durch hervorragende Logistikleistung zu überzeugen.

Literaturverzeichnis

Baumgarten, H. (2000): Trends und Strategien in der Logistik – Die Entwicklung und die Zukunft der Logistik. In Baumgarten, H. (Hrsg.): Logistik im E-Zeitalter – Die Welt der globalen Logistik-Netzwerke. Frankfurt a. M. 2000, S. 9-32.

Bierwirth, T. (2004): Virtuelle Logistikplanung für die Automobilindustrie: Methoden und Modele im Rahmen der Digitalen Fabrik. Shaker. Aachen 2004.

Binner, H. J. (2002): Unternehmensübergreifendes Logistikmanagement. München/ Wien 2002.

Doch, S. A./ Rösch, F./ Mayer, A. (2008): Logistikmanagement im Anlauf. In: Schuh, G./ Stölzle, W./ Straube, F. (Hrsg.): Anlaufmanagement in der Automobilindustrie erfolgreich umsetzen. Berlin/ Heidelberg 2008, S. 143-150.

Endlicher, A. (1981): Organisation der Logistik. Untersucht und dargestellt am Beispiel eines Unternehmens der chemischen Industrie mit Divisionalstruktur. Forschungsberichte der DGfL zur industriellen Logistik, Bd. 18, Dortmund 1981.

Endlicher, A./ Bücker, H. (2000), Organisation der Logistik am Beispiel eines Unternehmens der chemisch-pharmazeutischen Industrie. In: Pfohl, H.-Chr. (Hrsg.): Logistikforschung: Entwicklungszüge und Gestaltungsansätze. Berlin 2000, S. 149-170.

Felsner, J. (1987): Kriterien zur Planung und Realisierung von Logistik-Konzeptionen in Industrieunternehmen. München 1987.

Fitzek, D. (2006): Anlaufmanagement in Netzwerken. Grundlagen, Erfolgsfaktoren und Gestaltungsempfehlungen für die Automobilindustrie. Haupt. Bern 2006.

Franzkoch, B./ Gottschalk, S. (2008): Anlauforganisation. In: Schuh, G./ Stölzle, W./ Straube, F. (Hrsg.): Anlaufmanagement in der Automobilindustrie erfolgreich umsetzen. Berlin/ Heidelberg 2008, S. 55-64.

Klaus, P. (2002): Die dritte Bedeutung der Logistik: Beiträge zur Evolution logistischen Denkens. Deutscher Verkehrs-Verlag. Hamburg 2002.

Klug, F. (2006): Synchronised Automotive Logistics: an Optimal Mix of Pull and Push Principles in Automotive Supply Networks. In: von Bourlakis, M./ Cullinane, K./ Mulley, C./ Nelson, J. (Hrsg.): Logistics Research Network 2006. Conference Proceedings. Newcastle 2006, S. 187-191.

Leavitt, H. J. (1965): Applied Organizational Change in Industry: Structural, Technological and Humanistic Approaches. In: March, J.G. (Hrsg.): Handbook of Organisations. Chicago 1965, S. 1140-1170.

Lehmann, F. H./ Grzegorski, A. (2008): Anlaufmanagement in der Nutzfahrzeugindustrie am Beispiel Daimler Trucks. In Schuh, G./ Stölzle, W./ Straube, F. (Hrsg.): Anlaufmanagement in der Automobilindustrie erfolgreich umsetzen. Berlin/ Heidelberg 2008, S. 81-90.

Pfohl, H.-Chr. (1995): Reorganisation der Logistik – Konzepte und Umsetzung effizienter Strukturen. In: Pfohl, H.-Chr. (Hrsg.): Organisationsgestaltung in der Logistik: kundenorientiert – prozessorientiert – lernfähig. Berlin 1995, S. 177-224.

Pfohl, H.-Chr. (2004): Logistikmanagement. Konzeption und Funktionen. 2., vollständig überarbeitete und erweiterte Auflage. Berlin 2004.

Pfohl, H.-Chr./ Gareis, K. (2000): Die Rolle der Logistik in der Anlaufphase. In: Zeitschrift für Betriebswirtschaft 70 (2000) 11, S. 1189-1214.

Pfohl, H.-Chr./ Large, R. (1998): Eingliederung der Logistik in die Aufbauorganisation von Unternehmen. Landsberg/ Lech 1998, S. 91-105.

Schedlbauer, M. J. (2008): Adaptive Logistikplanung auf Basis eines standardisierten, prozessorientierten Bausteinkonzepts. München 2008.

Schneider, M. (2008): Logistikplanung in der Automobilindustrie. Konzeption eines Instruments zur Unterstützung der taktischen Logistikplanung vor „Start-of-Production" im Rahmen der Digitalen Fabrik. Wiesbaden 2008.

Schneider, M./ Otto, A. (2006): Taktische Logistikplanung vor Start-of-Production (SOP) – Prozesse und Instrumente der virtuellen Logistikplanung in der Automobilindustrie, in: Logistikmanagement 8 (2006) 2, S. 58-69.

Straube F. (2004): e-Logistik: Ganzheitliches Logistikmanagement. Springer. Berlin/ Heidelberg 2004.

Tom, E./ Uske, S./ Lindenberg, K. (2008): Moderne Projektsteuerung in einer mehrdimensionalen Matrixorganisation. In Schuh, G./ Stölzle, W./ Straube, F. (Hrsg.): Anlaufmanagement in der Automobilindustrie erfolgreich umsetzen. Berlin/ Heidelberg 2008, S. 65-79.

Weber, J./ Dehler, M. (2000): Entwicklungsstand der Logistik, in: Pfohl, H.-C. (Hrsg.): Supply Chain Management: Logistik plus? Logistikkette - Marketingkette - Finanzkette, Berlin 2000, S. 45-68.

Wegner, U. (1993): Organisation der Logistik: Prozess- und Strukturgestaltung mit neuer Informations- und Kommunikationstechnik. Berlin 1993.

Weidt, S. (2003): Intraorganisationales Kompetenzmanagement für die Logistikplanung. Dortmund 2003.

Wildemann, H. (1990): Kostengünstiges Variantenmanagement, in: io Management Zeitschrift, 59 (1990) 11, S. 37-41.

Wildemann, H. (2008): Entwicklungspfade der Logistik, in: Baumgarten, H. (Hrsg.): Das Beste der Logistik. Innovationen, Strategien, Umsetzungen. Berlin/ Heidelberg 2008, S. 161-172.

David Thomas*

Die Auswirkungen des Lean Managements auf die Logistik – Lean Logistics unterstützt das Systemdenken und führt zu einer flussorientierten Logistik

* Dipl.-Wirtsch.-Inform. David Thomas, Jahrgang 1981, ist seit 2008 Mitarbeiter am Lehrstuhl Unternehmensführung & Logistik von Prof. Dr. Dr. h.c. Hans-Christian Pfohl. Seine Forschungsschwerpunkte sind Lean Production, Lean Logistics und Supply-Chain-Risikomanagement sowie wertorientiertes Supply Chain und Kooperationsmanagement.

1 Einleitung

Unternehmen stehen in der heutigen Zeit, bedingt durch die zunehmende Globalisierung und steigenden Kundenanforderungen, unter zunehmendem Wettbewerbsdruck. Gerade in Krisenzeiten, in denen sich die Markt- und Umweltbedingungen ändern, wird der Ruf nach Managementkonzepten laut, die eine effiziente und effektive Organisation und Prozessgestaltung versprechen. Die Philosophie des Lean Managements will dieser Herausforderung mit einem ganzheitlichen und flussorientierten Ansatz begegnen.

Dabei fällt auf, dass dieses Managementkonzept mit japanischen Wurzeln nicht sonderlich neu ist und schon Anfang der 90er Jahre große Aufmerksamkeit auf sich zog.[1] Nach einiger Zeit ging die Begeisterung allerdings zurück, da die Ansätze oftmals nicht die gewünschte Wirkung zeigten und die Maßnahmen zur Steigerung der Effizienz im Rahmen des Lean Managements oftmals mit Personalabbau gleichgesetzt wurden.[2]

Nach dem Platzen der New-Economy-Blase im Jahr 2001 und dem damit verbundenen gesamtwirtschaftlichen Konjunkturrückgang, verbreitete sich das Lean Management in einer zweiten Welle erneut in den Unternehmen, wobei diesmal verstärkt versucht wurde auch die zugrundeliegende Philosophie zu verstehen.[3] Lean Management wurde im Zuge dessen auch mit anderen Ansätzen verbunden, so dass etwa in diesem Zusammenhang Lean Six Sigma entstand.[4]

Wesentliche Forderungen des Lean Managements sind Konzentration auf Kernkompetenzen und die besondere Bedeutung eines kontinuierlichen Güterflusses, da jede Lagerung als Verdeckung von Fehlern verstanden und aufgrund des nicht wertschöpfenden Charakters als Verschwendung betrachtet wird. Diese Forderungen führen dazu, dass auch der effizienten und effektiven Gestaltung der logistischen Prozesse im Rahmen von Lean Logistics eine besondere Rolle zukommt.

Berichte aus der Praxis, welche die erfolgreiche Einführung von Lean Logistics darstellen und den positiven Einfluss auf relevante Zielgrößen wie Durchlaufzeit oder Lagerbestand hervorheben, steigern ebenfalls das Interesse an schlanker Logistik.[5] Hierbei fällt auf, dass die Prinzipien und Techniken von Lean Logistics besonders in der Automobilindustrie umgesetzt werden.[6] Gerade hier dienen sie als Strategy Enabler, um den Marktanforderungen zu einer Erweiterung der Modellpalette, sinkenden Produktlebenszyklen und steigenden Ausstattungsinhalten gerecht zu werden.[7]

---

1 Auch die einzelnen Elemente des Lean Managements waren schon lange vorher bekannt. Das besondere an Lean Management ist die integrierte Betrachtungsweise der Grundeinstellungen, Prinzipien und Techniken und ihre ganzheitliche, konsequente Umsetzung, vgl. Meffert (1999), S. 71.

2 Vgl. Dahm/Haindl (2007), S. 207.

3 Vgl. Dahm/Haindl (2007), S. 210.

4 Vgl. hierzu etwa Töpfer (2009).

5 „Lean Logistics" und „schlanke Logistik" werden im Folgenden synonym verwendet. Für einen Bericht aus der Praxis vgl. etwa Klug/Mühleck (2008).

6 Zur Entstehung und Entwicklung des Lean Managements im Allgemeinen vgl. Meißner/Günthner (2009), S. 282.

7 Vgl. Rinza/Boppert (2007), S. 19-27.

Der folgende Beitrag will zeigen, dass Lean Logistics als eigenes Konzept im Kontext des Lean Managements umgesetzt werden kann und als solches die Umsetzung der Logistikkonzeption nach PFOHL unterstützt.[8] Die begrifflichen Grundlagen im nachfolgenden Kapitel dienen dazu, ein gemeinsames Verständnis zu schaffen. Dieses ist notwendig, um Lean Management als Philosophie und davon abgeleitet die Auswirkungen auf die Logistik zu verstehen. Lean Logistics ist dabei keinesfalls nur auf Produktionslogistik fokussiert, sondern kann auch im zwischenbetrieblichen Kontext oder gar in der Supply Chain umgesetzt werden. Als Fazit sollen die Erfolgswirkungen von Lean Logistics betrachtet und abschließend kritisch diskutiert werden.

2 Begriffliche Grundlagen

Zum einheitlichen Verständnis sind drei Begriffe von besonderer Bedeutung: „Lean Management“, „Logistik“ und deren Kombination „Lean Logistics“. Die ersten beiden sollen in diesem Abschnitt definiert werden, wohingegen „Lean Logistics“ erst in Kapitel 4.2. definiert wird, da sich hieran die Ausführungen zur schlanken Logistik direkt anschließen.

2.1 Lean Management

Den Begriff „Lean Management“ abschließend definieren zu wollen, fällt aufgrund der zahlreichen Facetten dieses vielschichtigen Konzepts äußerst schwer und kann nur scheitern.[9] Daher ist es kaum verwunderlich, dass in der Literatur keine einheitliche Definition zu Lean Management existiert, die sowohl in der Wissenschaft als auch in der Praxis akzeptiert wird.[10]

Der Begriff der „Lean Production“, als Ausgangspunkt für den Begriff des „Lean Managements“, wurde zuerst von KRAFCIK gebraucht, der diesen zur Beschreibung der Ergebnisse der Studie[11] des International Motor Vehicle Programs (IMVP) des MIT verwendete.[12] Der Begriff „lean“ meint im Deutschen im eigentlichen Sinne „mager“. Im Kontext von Lean Production wird er jedoch als „schlank“ übersetzt, um zu dokumentieren, dass bei Anwendung dieses Konzeptes im Vergleich zu herkömmlichen Produktionsweisen weniger Produktionsfaktoren benötigt werden.[13]

Die oben genannte MIT-Studie führte dann zu einer Konzeptionalisierung von Lean Production, wobei bereits hier nicht alleine die Produktion, sondern auch andere Unternehmensbereiche

---

8 Vgl. Pfohl (2010), S. 20ff.

9 Vgl. Rollberg (1996), S. 71.

10 Vgl. Shah/Ward (2007), S. 786; Thudium (2005), S. 202. Eine Herausforderung bei der Abgrenzung des Begriffs besteht auch durch die vorhandene Begriffsvielfalt im Lean-Kontext. So entwickelten sich schon Anfang der 90er Jahre Ableger wie „Lean Controlling“, „Lean Organization“, „Lean Personal Management“ oder auch „Lean Office“; vgl. Bullinger/Fähnrich/Niemeier (1993), S. 7.

11 Das MIT führte in den Jahren 1985-1990 eine Studie in der Automobilindustrie, nachfolgend „MIT-Studie“ genannt, durch.

12 Vgl. Krafcik (1988), S. 44. Der Begriff wurde hier zur Abgrenzung verschiedener Produktionssysteme in Amerika, Europa und Japan verwendet.

13 Vgl. Groth/Kammel (1994), S. 24. Der Begriff „schlanke Produktion“ wurde von der Gesellschaft für deutsche Sprache in die engere Auswahl zum Unwort des Jahres (1993) gewählt, da dieser angeblich nur als Euphemismus für Arbeitsplatzabbau stehe; vgl. Gesellschaft für deutsche Sprache (2009).

miteinbezogen wurden.[14] Folgerichtig wurde der Begriff vor allem in der deutschsprachigen Literatur auf „Lean Management" erweitert, um deutlich zu machen, dass der Fokus nicht alleine auf der Produktion liegt[15], sondern vielmehr als ganzheitlicher Ansatz zur Führung von Unternehmen zu verstehen ist.[16]

PFEIFFER/WEISS definieren Lean Management als *„[...] die permanente, konsequente und* integrierte *Anwendung eines Bündels von Prinzipien, Methoden und Maßnahmen zur effektiven und effizienten Planung, Gestaltung und Kontrolle der gesamten Wertschöpfungskette von (industriellen) Gütern und Dienstleistungen*".[17] Hierbei ist hervorzuheben, dass sich das Lean Management sowohl auf die strategisch-langfristigen als auch auf die taktisch-mittelfristigen und operativ-kurzfristigen Aspekte bezieht und damit sämtliche Unternehmensmitglieder und sogar vor- und nachgelagerte Akteure in der Wertschöpfungskette anspricht.[18] Lean Management kann deshalb wegen seines umfassenden Charakters auch als Philosophie bezeichnet werden.

2.2 Logistik

In der wissenschaftlichen Literatur und in Veröffentlichungen von Unternehmen, Logistikverbänden sowie in verschiedenen nationalen und internationalen Normen findet sich eine Vielzahl von Definition der Logistik.[19] PFOHL unterscheidet generell drei Definitionsansätze für den Begriff der Logistik: die flussorientierte, die lebenszyklusorientierte und die dienstleistungsorientierte Definition.[20]

Da der vorliegenden Arbeit der flussorientierte Definitionsansatz zu Grunde liegt, soll dieser Ansatz nachfolgend weiter ausgeführt werden. PFOHL definiert in diesem Sinne Logistik folgendermaßen: *„Zur Logistik gehören alle Tätigkeiten, durch die die raum-zeitliche Gütertransformation und die damit zusammenhängenden Transformationen hinsichtlich der Gütermengen und -sorten, der Güterhandhabungseigenschaften sowie der logistischen Determiniertheit der Güter geplant, gesteuert, realisiert oder kontrolliert werden. Durch das Zusammenwirken dieser Tätigkeiten soll ein Güterfluß in Gang gesetzt werden, der einen Lieferpunkt mit einem Empfangspunkt möglichst effizient verbindet."*[21]

Dabei umfassen die Tätigkeiten sowohl die Planung und Steuerung, als auch die Durchführung von Güterflüssen, so dass die Logistik auch als Managementfunktion verstanden werden kann.[22]

---

14 Vgl. Bullinger/Fähnrich/Niemeier (1993), S. 7; Daum/Piepl (1992), S. 40; Hines/Holweg/Rich (2004), S. 1006. Auch Ohno macht schon deutlich, dass das TPS nicht nur als Fertigungssystem, sondern als umfassendes Managementsystem zu verstehen ist; vgl. Ohno (1993), S. 21.

15 Vgl. Rollberg (1996), S. 71-72; Benders/Van Bijsterveld (2000), S. 54. Diese Erweiterung gründet vor allem darauf, dass der englische Begriff Production einen weiteren Bereich beschreibt als der deutsche Begriff Produktion und wird deshalb selten in der englischen Literatur verwendet.

16 Vgl. Groth/Kammel (1994), S. 25.

17 Pfeiffer/Weiss (1994), S. 53.

18 Vgl. Groth/Kammel (1994), S. 19; Pfeiffer/Weiss (1994), S. 53; Shah/Ward (2007), S. 791 und S. 799.

19 Vgl. Pfohl (2004), S. 4. Für eine Übersicht verschiedener Definition vgl. Heiserich (2002), S. 7.

20 Vgl. Pfohl (2010), S. 12-13.

21 Pfohl (20010), S. 12.

22 Vgl. Pfohl (2004), S. 4-5.

PFOHL fordert Logistik deshalb nicht als untergeordnete Funktion zu betrachten, sondern ganzheitlich als Logistikkonzeption umzusetzen. Dies begründet er damit, dass Logistik auch einen Wertbeitrag zum Unternehmen leistet, in dem bspw. durch einen besonderen Lieferservice Kosten gesenkt und Umsätze gesteigert werden können.[23] Er fordert deshalb logistische Entscheidungen stets unter dem ganzheitlichen Ansatz des Systemdenkens und des Gesamtkostendenkens zu treffen.[24]

3 Die Elemente des Lean Managements

Lean Production bzw. Lean Management werden in der Literatur meist aus zwei Perspektiven beschrieben: Zum einen aus der praktischen Perspektive als ein Bündel von Instrumenten und Techniken und zum anderen aus einer philosophischen Sicht, die die übergreifenden Ziele und Prinzipien in den Fokus rückt.[25] Vor allem in der deutschsprachigen Literatur werden jedoch auch ganzheitliche Darstellungen des Lean Managements gewählt, welche die Elemente der philosophischen Sichtweise mit den Techniken und Instrumenten der praktischen Perspektive in einer hierarchischen Struktur vereinen.[26] So unterscheidet SCHOLZ zum Beispiel die kulturelle Ebene und die darauf aufbauende Ebene der Grundsätze, die auf die philosophische Sicht eingehen, während die oberste Ebene der Techniken die praktische Perspektive aufgreift.[27]

Auch HINES/HOLWEG/RICH unterscheiden in ihrer Grundstruktur eine strategische und eine operationale Ebene.[28] Das kundenorientierte strategische Denken[29] ist demnach überall anwendbar, während die konkreten Techniken für den Produktionsbereich (operationale Ebene) unter Abwägung der konkreten Rahmenbedingungen implementiert werden sollten.[30]

In der Frage, welche Elemente welcher Ebene in einem hierarchischen Modell des Lean Managements zuzuordnen sind, existiert keine einheitliche Sichtweise in der Literatur. Auch die Zusammenstellung der konkreten Techniken des Lean Managements ist in verschiedenen Untersuchungen unterschiedlich.[31] Dies ist zum einen darin begründet, dass die grundlegenden Techniken zuerst im spezifischen Kontext des Toyota-Produktionssystems (TPS) in ihrer Gesamtheit eingesetzt, seitdem jedoch weitere entwickelt wurden, die im Zusammenhang des Lean Managements diskutiert werden.[32] Zum anderen sind nicht alle Techniken für jedes Unternehmen relevant, so

23 Vgl. Pfohl (2010), S. 20ff und 32ff.
24 Vgl. Pfohl (2010), S. 25 – 31.
25 Vgl. Shah/Ward (2007), S. 787.
26 Vgl. Bogaschewsky/Rollberg (1998); Bösenberg/Metzen (1993); Gerhard (1997); Scholz (1994).
27 Vgl. Scholz (1994), S. 183.
28 Vgl. Hines/Holweg/Rich (2004), S. 1006.
29 Nach Hines/Holweg/Rich (2004) konstituieren die fünf Prinzipien nach Womack/Jones (vgl. Abschnitt 4.3.2.) die strategische Ebene des Lean Managements.
30 Vgl. Hines/Holweg/Rich (2004), S. 1006.
31 Vgl. Papadopoulou/Özbayrak (2005), S. 793.
32 Vgl. Papadopoulou/Özbayrak (2005), S. 793 und Abschnitt 3.

dass deren Auswahl kontextspezifisch ist.[33] Zudem beeinflussen nationale Traditionen zusätzlich die konkrete Ausgestaltung der Techniken.[34]
Die Tatsache, dass die einzelnen Elemente des Lean-Management-Konzeptes eng miteinander verwoben sind, erschwert es diese unabhängig voneinander zu diskutieren.[35] Aufgrund dessen kann es bei der Beschreibung der einzelnen Elemente durchaus zu Überschneidungen kommen. Dennoch sollen im Folgenden, basierend auf einer hierarchischen Struktur des Lean Managements, die Grundeinstellungen, Prinzipien und Techniken des Lean Managements abgegrenzt werden. Zuvor soll jedoch auf die Zielsetzungen des Lean Managements eingegangen werden.

3.1 Zielsetzung

Als Zielsetzung von Lean Management wird in vielen Publikationen die Vermeidung des verschwenderischen Einsatzes von Ressourcen bei der Leistungserstellung genannt.[36] Auch OHNO nennt als wichtiges Ziel des TPS „[...] die Erhöhung der Wirtschaftlichkeit der Produktion durch konsequente und gründliche Beseitigung jeglicher Verschwendung".[37] Da diese Zielsetzung sehr allgemein gehalten ist und als Begründung für Rationalisierungsmaßnahmen missbraucht werden kann, bedarf es einer Operationalisierung dieser Zielsetzung.
Eine erste Operationalisierung liefert OHNO selbst. Er definiert in seiner Abhandlung über das TPS sieben Arten der Verschwendung[38] und misst deren Reduktion, die zu einer Kostenreduktion führen soll, einen hohen Stellenwert bei: „Die Beseitigung von Verschwendung muss das erste Ziel eines Unternehmens sein."[39] Bei der Betrachtung dieser Verschwendungsarten fällt auf, dass sie eine starke Produktionsorientierung haben und lediglich das eigene Unternehmen im Fokus steht, ohne vor und nach gelagerte Unternehmen einzuschließen.
Diese Schwachstelle wird von WOMACK/JONES aufgegriffen, indem sie zwar die Zielsetzung der Vermeidung von Verschwendung beibehalten, diese jedoch anders operationalisieren.[40] Sie definieren Verschwendung als jegliche Aktivität, die nicht zur Steigerung des Wertes aus Kundensicht beiträgt, dabei aber Ressourcen absorbiert und damit Kosten verursacht.[41] Durch den Bezug auf den Wert, definiert aus der Kundensicht, werden nicht mehr nur vermeidbare Kosten im Produktionsbereich als Verschwendung verstanden, sondern die Kundenanforderungen selber rücken in den Mittelpunkt, so dass letztendlich der Kunde entscheidet, was Verschwendung darstellt.[42] So-

---

33 Vgl. Lewis (2000), S. 975; Papadopoulou/Özbayrak (2005), S. 793.
34 Vgl. Benders/Van Bijsterveld (2000), S. 60. Zu speziellen Eigenschaften der deutschen „Gruppenarbeit" im Vergleich zu anderen Team-Ansätzen vgl. Benders/Van Bijsterveld (2000), S. 58.
35 Vgl. Rollberg (1996), S. 73.
36 Vgl. Hahn u.a. (1999), S. 90; Hopp/Spearman (2004), S. 144.
37 Ohno (1993), S. 19.
38 Vgl. Ohno (1993), S. 47.
39 Ohno (1993), S. 152.
40 Vgl. Womack/Jones (1996), S. 15.
41 Vgl. Womack/Jones (1996), S. 15-16.
42 Vgl. Hines/Holweg/Rich (2004), S. 995-996.

mit erweitert sich der Fokus von einer rein intern gerichteten Betrachtung der eigenen Abläufe auf die verschwendungsfreie Erfüllung der Kundenwünsche.
In der neueren Literatur findet sich eine differenziertere Betrachtung der Beseitigung von Verschwendung, wobei diese nur als Symptom verstanden wird, während als Ursache die Variabilität in einem Produktionssystem begriffen wird.[43] Diese kann verschiedene Formen annehmen: Schwankungen etwa der Bearbeitungszeiten, Lieferzeiten, Produktionsqualität, Nachfrageraten oder des Personalbestands.[44] Variabilität in einem System ist somit alles, was nicht absolut regelmäßig oder genau vorhersagbar ist.[45] Bei den Ursachen der Variabilität kann zwischen internen Gründen, wie etwa hohen Rüstzeiten, Ausfallzeiten, Nacharbeit, Konstruktionsänderungen und externen Gründen, wie etwas unregelmäßige Nachfrage, vom Markt geforderte hohe Produktvielfalt, veränderte Kundenbedürfnisse, unterschieden werden.[46]
Um mit dieser Variabilität umzugehen, müssen Unternehmen Lagerbestände aufbauen oder Puffer im Sinne von Kapazitäts- oder Zeitreserven vorhalten.[47] So werden etwa Lagerbestände in der Produktion vorgehalten, um die variierende Bearbeitungszeit einer Produktionsstufe auszugleichen. Sicherheitsbestände ermöglichen den Ausgleich schwankender Lieferzeiten. Kapazitäts- und Zeitreserven werden vorgehalten, um eine schwankende Nachfrage rechtzeitig bedienen zu können.
Gemäß dieser Betrachtung ist es dann das Ziel des Lean Managements, die zugrunde liegende Variabilität durch verschiedene Techniken zu reduzieren, damit Lagerbestände, Überkapazitäten und Zeitpuffer abgebaut werden können.[48] Die drei beschriebenen Operationalisierungen der Verschwendungsvermeidung stellen eine Entwicklung dar, wobei diese drei aufeinander aufbauen und die Elemente der vorhergehenden einbeziehen, dabei aber gleichzeitig den Fokus der Zielsetzung erweitern.

3.2 Grundeinstellungen

Die erfolgreiche Umsetzung der Lean-Management-Philosophie in einem Unternehmen hängt maßgeblich von den dort vorherrschenden Denkweisen und Grundeinstellungen ab. Lean Management ist ein Lernprozess und benötigt eine Verankerung in der Unternehmenskultur, wobei dieser Prozess durchaus zeitaufwändig und mit einer nachhaltigen Veränderung bisher bestehender Denkmustern verbunden sein kann.[49] Während die Einführung bestimmter Techniken im Produktionsbereich vergleichsweise einfach und durch Anweisung erfolgen kann, stellt die nachhaltige

---

43 Vgl. Hopp/Spearman (2004), S. 145 und S. 185; Shah/Ward (2007), S. 791; Stratton/Warburton (2003), S: 185. Diese Veröffentlichungen greifen die Gedanken der „Factory Physics" von Hopp/Spearman auf, die systematisch grundlegende Gesetze beschreiben, welche die Zusammenhänge verschiedener Größen in einem Produktionssystem aufzeigen; vgl. Hopp/Spearman (2001).
44 Vgl. Hopp/Spearman (2004), S. 145.
45 Vgl. Hopp/Spearman (2004), S. 145.
46 Vgl. Hopp/Spearman (2004), S. 145.
47 Vgl. Hopp/Spearman (2004), S. 145; Shah/Ward (2007), S. 791.
48 Vgl. Shah/Ward (2007), S. 791; de Treville/Antonakis (2006), S. 102.
49 Vgl. Groth/Kammel (1994), S. 66.

Veränderung der Denkweisen, die in der Unternehmenskultur verankert sind, eine erheblich schwierigere Aufgabe dar.[50]

In der Literatur werden eine Reihe von Anforderungen an die Unternehmenskultur diskutiert, welche die Einführung der Prinzipien und Techniken des Lean Managements begünstigen.[51] Stellvertretend lassen sich nach BÖSENBERG/METZEN folgende fünf Grundeinstellungen definieren, die deutlich machen, welche Denkmuster in der Unternehmenskultur eines schlanken Unternehmens verwurzelt sein sollten.[52] Im Sinne des Verständnisses der Unternehmenskultur nach SCHEIN[53], sind diese Teil der unsichtbaren Bestandteile der mittleren Ebene (Werte und Normen).[54]

Proaktives Denken: Unter der Devise „agieren statt reagieren" sollen die Prozesse vorausschauend kontrolliert werden, so dass möglichen Problemen, Störungen und Konflikten schon im Vorfeld begegnet werden kann. Der Krisenvermeidung wird somit ein höherer Stellenwert beigemessen als der Krisenbewältigung. Proaktivität setzt zudem auf die dauernde Weiterentwicklung der eigenen Stärken und nicht auf kurzfristige Überlegenheit gegenüber Wettbewerbern.

Sensitives Denken: Die Umwelt des Unternehmens soll mit allen verfügbaren Sinnen erfasst werden, so dass auf sich ändernde Umweltbedingungen schnell reagiert werden kann. Hierfür ist Informationsoffenheit nach innen und außen notwendig. Fehler und Probleme sowie Störungen von außen sollen als Anregung zur Entwicklung verstanden werden. Somit wird eine Bereitschaft gefordert, Vorhandenes zu verändern und zu verbessern.

Ganzheitliches Denken: Das System „Unternehmen" ist durch eine hohe Komplexität gekennzeichnet und es bestehen ausgeprägte Interdependenzen zwischen den betrieblichen Funktionen. Ein partielles Denken mit dem Anspruch, in kurzer Zeit Teillösungen zu optimieren, wird der Komplexität des Systems „Unternehmen" nicht gerecht. Handlungen müssen daran gemessen werden, inwiefern sie zur Steigerung des Nutzens des Gesamtsystems beitragen.

Potentialdenken: Das dem Lean Management inhärente Potentialdenken verlangt die Erschließung aller verfügbaren Ressourcen, einschließlich der bisher ungenutzten Fähigkeiten der Lieferanten, Kunden, Mitarbeiter und Wettbewerber. Dabei ist eine umfassende Sicht auf alle Leistungspotentiale im gesamten Prozessverlauf von der Gewinnung der Rohstoffe bis zur Produktnutzung einzunehmen. Der durch die Ressourcenerschließung erzielte Nutzen soll im Folgenden fair auf die daran Beteiligten verteilt werden.

---

50 Vgl. Hines/Holweg/Rich (2004), S. 995.
51 Vgl. Bhasin/Burcher (2006), S. 58-59; Pfeiffer/Weiss (1994), S. 193-226; Scholz (1994), S. 181-182.
52 Vgl. im Folgenden Bösenberg/Metzen (1993), S. 40-64.
53 Vgl. Schein (1984).
54 Vgl. Rollberg (1996), S. 73.

Ökonomisches Denken: Das ökonomische Denken äußert sich in der Vermeidung jedweder Verschwendung, da so deren nutzenbringender Einsatz vermieden wird und nachhaltige Investitionen in die zukünftige Leistungsfähigkeit des Unternehmens ausbleiben. Das wirtschaftliche Denken ist allgemein akzeptiert und äußert sich im Maximierungs- und Minimierungsprinzip.[55] Das Lean Management definiert Verschwendung allerdings neu.[56] Alle nicht wertschöpfenden Tätigkeiten und Investitionen sollen vermieden werden, da diese nicht nur Kosten verursachen, sondern zusätzlich Probleme im Produktionsablauf verdecken.

3.3 Prinzipien

Aufbauend auf den Grundannahmen, die in dem Unternehmen nicht mehr hinterfragt oder bewusst kommuniziert werden müssen[57], stellen Prinzipien des Lean Managements im Sinne von PFEIFFER/WEISS verdichtete Handlungsanweisungen dar[58]. Sie dienen als Richtungsgeber, Orientierungshilfe, Leitlinie oder Empfehlung.[59] Sie liefern damit Hilfestellung zur Problemlösung in neuen oder unsicheren Situationen und dienen somit als Entscheidungsunterstützung bei Fragen, die nicht durch feststehende Arbeitsverfahren geregelt sind.[60] Die hier diskutierten Prinzipien sind dementsprechend die Übertragung der Grundannahmen in die konkrete Arbeitsorganisation.[61] Sie beziehen sich zudem nicht nur auf eine bestimmte Hierarchieebene, sondern sind von sämtlichen Unternehmensmitgliedern umzusetzen.

In der Literatur findet sich keine einheitliche Definition der Prinzipien[62] des Lean Managements, da eine Vielzahl von Prinzipien von verschiedenen Autoren unter dem Begriff des „Lean Managements" subsumiert werden. Dies hängt unter anderem auch damit zusammen, dass das Lean-Management-Konzept aus der Praxis heraus entstanden ist[63] und somit eine theoretische Grundlage fehlt[64], die dieses Konzept eindeutig abgrenzt.

Hier sollen deshalb die fünf Prinzipien nach WOMACK/JONES vorgestellt werden.[65] Diese werden zum einen in der Literatur[66] oft zitiert und zum anderen konstituieren sie das „Lean Thinking", als generische Grundform des Lean-Konzeptes.[67] Dabei versuchen WOMACK/JONES sich von der Beschreibung einzelner Techniken für bestimmte Bereiche wie der Produktion, dem Einkauf oder

55 Zum Maximierungs- und Minimierungsprinzip vgl. Thommen/Achleitner (2006), S. 110.
56 Vgl. Abschnitt 4.1. für die verschiedenen Bedeutungen der Verschwendungsvermeidung.
57 Vgl. Scholz (1994), S. 182.
58 Vgl. Pfeiffer/Weiss (1994), S. 56.
59 Vgl. Pfeiffer/Weiss (1994), S. 56.
60 Vgl. Bösenberg/Metzen (1993), S. 67.
61 Vgl. Bösenberg/Metzen (1993), S. 67.
62 In der Literatur werden sowohl unter den Begriffen „Prinzipien" und „Grundsätze" zentrale Handlungsanweisungen und Verhaltensmaximen des Lean Managements diskutiert, so dass diese beiden Begriffe im Folgenden synonym verwendet werden.
63 Vgl. Bösenberg/Metzen (1993), S. 67.
64 Vgl. Meffert (1999), S. 71.
65 Vgl. Womack/Jones (1996), S. 15-98.
66 Vgl. Jones/Hines/Rich (1997), S. 154; Kerr (2006), S. 31.
67 Vgl. Jones/Hines/Rich (1997), S. 156.

der Entwicklung zu lösen und beschreiben die wesentlichen Kerngedanken des Lean Managements in einem System von fünf Prinzipien.[68]

Wert: Der kritische Ausgangspunkt aller Maßnahmen im Rahmen des Lean Managements ist die Definition des Wertes aus der Kundenperspektive. Dieser sollte in Form eines spezifischen Produktes[69] ausgedrückt werden, das auf einem bestimmten Bedürfnis der Kunden, zu einer bestimmten Zeit und zu einem bestimmten Preis beruht.

Der Wertstrom: Nachdem der Wert aus der Kundenperspektive definiert worden ist, stellt die Analyse des gesamten Wertstroms den nächsten Schritt im Rahmen des Lean Managements dar. Der Wertstrom ist hierbei die Summe aller spezifischen Aktionen, die notwendig sind, um ein bestimmtes Produkt herzustellen. Dabei sind die Aufgaben der Problemlösung (vom Konzept über das detaillierte Design bis zur notwendigen Technik für den Produktionsbeginn), des Informationsmanagements (beginnend bei der Auftragsannahme über die detaillierte Produktionsplanung bis zur Auslieferung) und der physikalischen Transformation der Rohmaterialien zum fertigen Produkt zu unterscheiden. Alle Prozesse vom Rohmaterial bis zum Kunden sollen untersucht werden, so dass auch die vor- und nachgelagerten Unternehmen in der Wertschöpfungskette mit in die Betrachtung einbezogen werden. Hierbei ist es die Aufgabe der Wertstromanalyse, Verschwendung zu entdecken und zu beseitigen.

Flow: Nachdem die nicht wertschöpfenden Aktivitäten eliminiert wurden, müssen die Verbleibenden so angeordnet werden, dass sich die Produkte bei der Herstellung in einem kontinuierlichen Fluss befinden. Dies erfordert eine Reduktion der Losgröße, um Teile unmittelbar, d.h. ohne Zwischenlager den nachfolgenden Produktionsstufen zuführen zu können. Die Produktion kleiner Lose erlaubt es, die Durchlaufzeit der Produkte im eigenen Unternehmen zu reduzieren. Zudem muss das Denken in funktionalen Abteilungen aufgegeben werden, damit der Fokus auf den Wertstrom des spezifischen Produktes, auf den Prozess, gerichtet wird.

Pull: Der kontinuierliche Fluss in der Produktion ermöglicht es, Produkte mit geringen Durchlaufzeiten und nach dem Pull-Prinzip zu produzieren. Pull-Prinzip heißt, dass ein Produkt genau dann produziert wird, wenn der Kunde es möchte. Der Kunde „zieht" also das Produkt durch seine Nachfrage durch die Produktion, während beim Push-Prinzip das Unternehmen anhand von Prognosen entscheidet, welche Mengen eines Produktes wann produziert werden. In diesem Fall besteht die Gefahr, dass nicht mehr alle hergestellten Produkte abgesetzt werden können. Zudem wird die Nachfrage der Kunden stabiler, wenn sie wissen, dass das gewünschte Produkt zur gewünschten Zeit hergestellt und geliefert werden kann.

---

68 Vgl. Womack/Jones (1996), S. 10. Zu den fünf Prinzipien vgl. ebenda S. 15-98.

69 Ein Produkt kann hierbei eine immaterielle Dienstleisung oder ein materielles Gut sein.

Perfektion: Durch die Interaktion der vier beschriebenen Prinzipien vollzieht sich eine sukzessive Annäherung an die Perfektion. Der schnellere Fluss des Wertes offenbart immer verdeckte Verschwendung im System und das Verfolgen der Pull-Strategie verdeutlicht die Hindernisse für den kontinuierlichen Fluss. Bei dem Streben nach Perfektion spielt zudem die Transparenz des Produktionsprozesses eine entscheidende Rolle, da so bessere Wege, Wert zu erzeugen, leichter aufgedeckt werden können. Grundlage für das Anstreben der Perfektion ist daher ein kontinuierlicher Verbesserungsprozess, der versucht sämtliche Ineffizienzen zu entdecken und anschließend zu beseitigen.

4 Die logistische Komponente des Lean Managements: Lean Logistics

Die Zielsetzung des Lean Managements zeigt, dass diese Philosophie keinesfalls auf einen Teilbereich eines Unternehmens, wie die Produktion, beschränkt ist. Ganz im Gegenteil fordert Lean Management eine ganzheitliche Sicht auf das Unternehmen und sogar dessen Lieferanten und Kunden.[70] Lean Management hat dementsprechend auch Implikationen für die Logistik bzw. für das Logistikverständnis eines Unternehmens. Nachfolgend soll nicht mehr Lean Management als Ganzes, sondern Lean Logistics als dessen integraler Bestandteil betrachtet werden. Der erste Abschnitt zeigt dazu die wesentlichen Auswirkungen, die die Einführung der Lean-Management-Philosophie auf die Logistik hat. Anschließend wird der Begriff „Lean Logistics“ als eigenständiger Begriff neben dem Begriff „Lean Management“ definiert, bevor auf die Prinzipien einer schlanken Logistik eingegangen wird. Abschließend sollen noch Techniken von Lean Logistics vorgestellt werden, die aus dem Lean Production stammen und logistische Funktionen erfüllen.

4.1 Auswirkungen des Lean Managements auf die Logistik

Die Einführung der Prinzipien und Techniken des Lean Managements in einem Unternehmen oder auch in mehreren Unternehmen der gesamten Supply Chain hat wesentliche Auswirkungen auf die Logistik. Die dem Lean Management inhärente Forderung der Konzentration auf Kernkompetenzen[71] mit der damit verbundenen Reduzierung der Fertigungstiefe verlängert die Supply Chain des Unternehmens[72]. Dies führt zu neuen Aufgaben für die Logistik, deren Umfang und Komplexität wächst. Ein Beispiel ist die Just-in-Sequence-Anlieferung (JIS)[73], bei der die Aufgabe der Auswahl und Bereitstellung der richtigen Teile, in der richtigen Reihenfolge auf die Logistik übertragen wird. So werden Handlungen des Mitarbeiters in der Produktion, die nicht zur Wertschöpfung am Produkt beitragen (etwa Sortieren der Teile), vermieden.

Die Konzentration auf Kernkompetenzen verlangt jedoch auch hinsichtlich der Zusammenarbeit mit Lieferanten nach verstärkter Kooperation. Lean Logistics verlangt eine intensivere Einbindung

---

70 Vgl. Groth/Kammel (1994), S. 19; Pfeiffer/Weiss (1994), S. 53; Shah/Ward (2007), S. 791 und S. 799.
71 Vgl. Abschnitt 3.1.
72 Vgl. Binner (1992), S. 10.
73 Vgl. Abschnitt 5.4.3.

der Lieferanten in die Beschaffungslogistik, da diese kleinere Mengen, in kürzeren Abständen und mit einer hohen Zuverlässigkeit bereitstellen müssen.[74] Nur so kann eine Produktion im Sinne von Lean Production mit kleinen Losgrößen, niedrigen Lagerbeständen und kurzer Durchlaufzeit realisiert werden.

Gleichzeitig vereinfacht dies jedoch die Anstrengungen der Lieferanten, selbst die Prinzipien und Techniken des Lean Managements einzuführen, weil in regelmäßigen Abständen kleine Mengen geliefert werden sollen.[75] Dies lässt sich auch daran erkennen, dass es amerikanischen Zulieferern gelingt, japanische Automobilwerke in den USA mit einem höheren Lieferservice, bei einem geringeren Bestandsniveau zu beliefern, als amerikanische Automobilwerke.[76]

Im Rahmen von Lean Management wird nicht nur versucht, die Zahl der Lieferanten zu reduzieren[77], sondern es erfolgt auch eine Konzentration auf wenige Logistikdienstleister, die etwa Aufgaben im Bereich der Konsolidierung, der eng abgestimmten Belieferung, der effektiven Kommunikation und in der Sendungsverfolgung wahrnehmen.[78] In diesem Zusammenhang bietet sich für Logistikdienstleister die Möglichkeit, sich zum „Lean Logistics Service Provider" zu entwickeln, der die Veränderungsprozesse des jeweiligen Kunden hin zu Lean Logistics mit Beratung und schlanker Prozessentwicklung unterstützt und somit als innovativer Problemlöser auftritt.[79]

In der Produktionslogistik soll nach dem Gedanken von Lean Logistics eine Anpassung an die jeweiligen Erfordernisse stattfinden, die zu einem differenzierten Einsatz an Methoden und Fördermitteln führt.[80] Da Lean Management den „One-Piece-Flow" anstrebt, sind Fördermittel wie etwa Gabelstapler, die vergleichsweise große Mengen auf einmal von einem Punkt im Werk zu einem anderen befördern, nicht geeignet. Stattdessen müssen kleine Mengen in regelmäßigen Abständen transportiert werden, wobei so genannte „In-Plant Milk-Runs" zum Einsatz kommen können, die in genau geregelten Abständen die entsprechenden Teile an den Arbeitsstationen abholen und zum Ziel befördern.[81] Zur dezentralen Produktionssteuerung ist im Rahmen des Lean Managements das Kanban-Verfahren geeignet, das verbrauchsorientiert nur die Menge bereitstellt, die die nachfolgende Arbeitsstation benötigt und somit den Aufbau von Beständen in der Produktion verhindert.[82]

4.2 Der Begriff „Lean Logistics"

Die Definition des Begriffs „Lean Logistics" gestaltet sich ähnlich schwer, wie die Definition des Begriffs „Lean Management".[83] Die wissenschaftliche Literatur weist keine einheitliche Definition

---

[74] Vgl. Wu (2003), S. 1371.
[75] Vgl. Liker/Wu (2000), S. 82.
[76] Vgl. Liker/Wu (2000), S. 84.
[77] Vgl. Abschnitt 4.3.1.4.
[78] Vgl. Liker/Wu (2000), S. 89.
[79] Vgl. Kessler (2009), S. 1-2.
[80] Vgl. Baudin (2004), S. 71.
[81] Vgl. Baudin (2004), S. 67-71.
[82] Vgl. Lödding (2008), S. 178.
[83] Vgl. Abschnitt 2.1.

auf und auch in der Praxisliteratur existiert keine vorherrschende Meinung, was Lean Logistics genau beschreibt und was nicht mehr dazu gehört.

BAUDIN definiert in seiner praxisorientierten Veröffentlichung „Lean Logistics“ folgendermaßen: „Lean Logistics is the logistics dimension of lean manufacturing.”[84] Diese Definition kann offensichtlich nicht ausreichen, um die unterschiedlichen Facetten des Begriffes abzudecken, weil durch den Bezug auf „Lean Manufacturing” der Fokus zu stark auf die Produktionslogistik gelenkt wird. Auch benennt BAUDIN durch die knapp gehaltene Definition nicht die konstituierenden Eigenschaften von Lean Logistics, so dass vage bleibt, was darunter verstanden werden kann.

BROWERSOX/CLOSS/COOPER erweitern den Fokus auf weitere phasenspezifische Subsysteme der Logistik und beziehen somit neben der Produktions-, die Beschaffungs- und Distributionslogistik mit ein: *„Lean logistics refers to the superior ability to design and administer systems to control movement and geographical positioning of raw materials, work-in-process, and finished inventories at the lowest cost.”*[85]

Obwohl diese Definition in weiteren Veröffentlichungen[86] gerne verwendet wird, reduziert sie Lean Logisitcs einseitig auf die Kostenreduktion. Bei genauerer Betrachtung der Ausführungen von BROWERSOX/CLOSS/COOPER wird auch deutlich, dass diese keinen Bezug zum Lean Management bzw. zur Lean Production herstellen.

Einen ganzheitlichen Ansatz zur Beschreibung von Lean Logistics wählen JONES/HINES/RICH, indem sie den Begriff des Wertstroms von WOMACK/JONES[87] aufgreifen, der die gesamte Wertschöpfungskette umfasst und somit unternehemensübergreifend angelegt ist.[88] Damit wird der Fokus stark auf die Aktivitäten gelegt, die tatsächlich zur Wertsteigerung beitragen.[89] Entlang dieses Wertstroms sollen dann die Bestandteile des Produktes in einem ununterbrochenen Fluss fließen, der vom Kunden ausgelöst wird.[90]

KLUG definiert Lean Logistics hingegen wie folgt: *„Unter dem Begriff der ‚Schlanken Logistik‘ ist eine synchronisierte, flussorientierte und getaktete Logistik zu verstehen, die sich retrograd und ziehend am Kundenbedarf ausrichtet. Sie ist weiterhin gekennzeichnet durch stabile und durchlaufzeitoptimierte Logistikaktivitäten, mit deren Hilfe die hohe Produktivität einer schlanken Fabrik realisiert werden kann.“*[91]

Diese Definition greift die oben genannte Zielgröße der Durchlaufzeit auf, bezieht aber die vor- und nachgelagerten Stufen der Wertschöpfungskette im Gegensatz zu JONES/HINES/RICH nicht ein. Durch Verknüpfung der beiden Definitionen soll hier eine umfassendere Definition von „Lean Logistics“ vorgeschlagen werden.

84 Baudin (2004), S. 27.
85 Vgl. Browersox/Closs/Cooper (2002), S. 32.
86 Vgl. Wu (2003), S. 1350; Wu (2002), S. 19.
87 Vgl. Abschnitt 4.3.2.
88 Vgl. Jones/Hines/Rich (1997), S. 155.
89 Vgl. Hines/Rich (1997), S. 46.
90 Vgl. Jones/Hines/Rich (1997), S. 155.
91 Vgl. Klug (2008), S. 57.

So soll im Folgenden unter „Lean Logistics“ eine synchronisierte, flussorientierte Logistik verstanden werden, die sich ziehend am Kundenbedarf ausrichtet, dabei die vor- und nachgelagerten Wertschöpfungspartner in die Betrachtung einbezieht und als primäres Ziel die Reduzierung der Durchlaufzeit verfolgt.

Diese Definition nennt als Ziel von Lean Logistics nicht einfach die Reduktion der Kosten, sondern die Reduktion der Durchlaufzeit, weil dies dem ganzheitlichen Ansatz des Lean Managements entspricht. Nach dem Gesetz von LITTLE sind die Ziele Reduzierung der Durchlaufzeit und Senkung der Bestände komplementär.[92] Das heißt eine Senkung der Durchlaufzeit führt automatisch zu einer Senkung der Bestände und damit zur Senkung des Umlaufvermögens und der Anlagekosten.[93] Da unter der Durchlaufzeit die Dauer verstanden wird, die ein Gegenstand für das Durchlaufen des Unternehmens benötigt, wird dieses Ziel auch dem ganzheitlichen Ansatz des Lean Managements gerecht.[94] In einer erweiterten Betrachtung sollten auch die Lieferanten einbezogen werden[95], was wiederum im Sinne der oben vorgeschlagenen Definition ist. Die Durchlaufzeit dient außerdem als messbare Ersatzgröße, um den Output des Logistikmanagements unabhängig von finanziellen Kennzahlen zu beurteilen.

4.3 Prinzipien

Bei genauer Betrachtung der Prinzipien des Lean Managements ist zu erkennen, dass vor allem die Prinzipien von WOMACK/JONES – mit der Forderung nach einem kontinuierlichen Fluss des Wertes (Flow) und der direkten Ausrichtung am Kunden, dessen Bedarf Ausganspunkt der Produktion sein soll (Pull) – einen direkten Bezug zur Logistik haben.[96] JONES/HINES/RICH definieren sogar die fünf Prinzipien von WOMACK/JONES als die Prinzipien von Lean Logistics.[97]

Auf keinen Fall sollte „Schlankheit“ in der Logistik aber einseitig auf die Vermeidung jeglichen unnötigen Aufwands reduziert werden.[98] Denn durch Logistikservice kann auch Wert geschaffen werden, der dem Unternehmen sonst verloren ginge.[99] Deshalb sollen im Folgenden die Prinzipien von Lean Logistics differenzierter betrachtet werden. Die schon oben genannten Prinzipien der Flussorientierung und des Pull-Prinzips, die auch Bestandteil der Definition sind, sollen im Folgenden durch das Prinzip der Synchronisation ergänzt werden. Schließlich wird noch das Prinzip der Perfektion, in Anlehnung an die Verbesserungsorientierung des Lean Managements, als Prinzip von Lean Logistics beschrieben.

---

92 Vgl. Little (1961), S. 383.
93 Vgl. Stock/Lambert (2001), S. 31ff.
94 Vgl. Pfohl (2004), S. 221.
95 Vgl. Takeda (2006), S. 12. Bei einer geringen Fertigungstiefe und gleichzeitig niedrigen Lagerbeständen an Zukaufteilen, die durch Lean Management angestrebt werden, fungieren die Zulieferer als „verlängerte Werkbank“ sollten in die Betrachtung einbezogen werden.
96 Vgl. Abschnitt 3.3.
97 Vgl. Jones/Hines/Rich (1997), S. 171.
98 Vgl. Mayer (1999), S. 14.
99 Vgl. Pfohl (2010), S. 40f.

Flussorientierung: Die fortlaufende Bewegung aller Teile und Fertigprodukte bildet die oberste Maxime einer schlanken Logistik.[100] Diese kommt in der Forderung nach kurzen Durchlaufzeiten zum Ausdruck. Unterbrechungen des Flusses, die mit Lageraktivitäten verbunden sind, werden als Verschwendung betrachtet.[101] Logistikaktivitäten müssen dazu aufeinander abgestimmt werden und Schnittstellen, etwa zwischen der Beschaffungs- und Produktionslogistik, müssen derart gestaltet sein, dass eine Übergabe der Teile mit möglichst wenigen Arbeitsschritten verbunden ist.[102] In diesem Zusammenhang sind kleine Losgrößen anzustreben, wobei der „One-Piece-Flow" das Idealziel darstellt. Zur Umsetzung des Flussprinzips bedarf es auch eines angepassten Fabriklayouts, das die Strecken, die von den Teilen zurückgelegt werden müssen, minimiert.

Pull: Der Materialfluss soll stets von der nachgelagerten Stelle ausgelöst werden, so dass nur dann Teile und Produkte bewegt werden, wenn konkreter Bedarf an ihnen existiert.[103] Im Idealfall ist der Endkunde derjenige, der den Materialfluss anstößt und somit das Produkt an sich „heranzieht". Um dies zu erreichen, ist die oben angesprochene Flussorientierung mit geringen Durchlaufzeiten Voraussetzung, da nur so die Produkte in der entsprechenden Zeit bereitgestellt werden können.[104] Die Materialbereitstellung und der Transport aufgrund von Prognosen soll vermieden werden, da diese zwangsläufig mit Fehlern behaftet sind. Das Pull-Prinzip in Kombination mit der Flussorientierung sorgt dafür, dass Lagerbestände abgebaut werden und Produkte nicht mehr für eine prognostizierte Nachfrage vorgehalten werden müssen.

Perfektion: Ein zentrales Prinzip des Lean Managements ist das ständige Streben nach Verbesserung.[105] Dieses soll im Rahmen von Lean Logistics auch auf die Logistik angewandt werden.[106] Hierbei ist hervorzuheben, dass das Streben nach Verbesserung Teil einer allgemeinen Veränderungsbereitschaft ist, die die Anpassung an sich ändernde Umweltbedingungen bewerkstelligen soll. Standards, sollen in diesem Sinne nur so lange gelten, wie sie es schaffen, mit den gegenwärtigen Bedingungen effizient umzugehen.[107] Die Reduktion der Lagerbestände sorgt dafür, dass Fehlfunktionen im Logistiksystem schneller erkannt werden und Probleme nicht durch Puffer verdeckt werden können.[108]

---

100 Vgl. Klug (2008), S. 58.
101 Vgl. Abschnitt 4.1.
102 Dies kann etwa erreicht werden, indem die Teile in der richtigen Reihenfolge direkt am Montageband bereitgestellt werden; vgl. Abschnitt 5.4.3.
103 Vgl. Klug (2008), S. 58.
104 Vgl. für eine Definition des Übergangs vom Push- zum Pull-Prinzip die Beschreibung des Entkopplungspunktes in Abschnitt 5.5.1.
105 Vgl. Abschnitt 4.3.1.5.
106 Vgl. Klug (2008), S. 59.
107 Vgl. Abschnitt 4.3.1.6.
108 Diese Priorisierung zu Gunsten der Fehlerfreilegung im Vergleich zur Fehlerverdeckung ist typisch für das Denken im Lean Management. Diese Sicht hat jedoch bedeutende Konsequenzen für das Risiko, dem ein Unternehmen ausgesetzt wird; vgl. 5.6.2.

Synchronisation: Die Forderung des Lean Managements nach kleinen Losgrößen bei gleichzeitig geringem Bestandsniveau verlangt nach der Beschaffung der Teile in kleinen Mengen mit hoher Frequenz. In diesem Zusammenhang spielt die Abstimmung mit den Lieferanten und Kunden in der Supply Chain eine bedeutende Rolle. Mit diesen muss im Sinne der Synchronisation eine Harmonisierung und Abstimmung der qualitativen und quantitativen Kapazitäten erfolgen, um eine optimale Nutzung der Ressourcen von Lieferanten und Kunden zu ermöglichen.[109] So müssen etwa im Rahmen regelmäßiger Milk-runs die eigene Beschaffungslogistik und die Distributionslogistik des Herstellers in Bezug auf Personal- und Umschlagskapazitäten abgestimmt sein, damit Wartezeiten, die die Einhaltung der Ankunftszeitpunkte bei den anderen Lieferanten gefährden, minimiert werden können. Dieses Beispiel verdeutlicht auch, dass die Synchronisierung immer der Zusammenarbeit mehrerer Unternehmen bedarf[110] und die Integration der Lieferanten und Kunden in die eigenen Prozesse für die Umsetzung einer Lean-Logistics-Strategie von besonderer Bedeutung sind. Dies wird auch bei der Just-in-Time-Anlieferung (JIT) deutlich, die ohne eine zeitliche Abstimmung der Prozesse in verschiedenen Unternehmen nicht funktionieren kann.[111]
Als Grundlage für die Synchronisation dient die Produktionsnivellierung[112], die für eine stabile Nachfrage bei den Lieferanten sorgt und den innerbetrieblichen Materialfluss glättet. Zusätzlich spielt für die Synchronisation die Standardisierung der Logistikprozesse im Rahmen von Lean Logistics eine entscheidende Rolle, so dass deren Variabilität begrenzt und die Abstimmung mit Lieferanten und Kunden vereinfacht wird.

4.4 Techniken

Die Aufgabe, Lean-Logistics-Techniken[113] eindeutig von allgemeinen Techniken des Lean Managements abzugrenzen und zu systematisieren, gestaltet sich als sehr schwierig, weil die Techniken häufig mehrere Ziele und Prinzipien gleichzeitig erreichen können. In der Praxis lässt sich daher auch eine sehr große Heterogenität der eingesetzten Verfahren beobachten, die unter dem Begriff „Lean Logistics" gefasst werden.[114] Zudem ist der Übergang zwischen der Logistik und der Produktion bei Lean Logistics nicht hinreichend getrennt, so dass im Rahmen von Lean Logistics oft auch Techniken betrachtet werden, die eher in den Bereich der Produktion fallen.[115]
Eine umfassende Auflistung und Betrachtung von einzelnen Lean-Logistics-Techniken liefert BAUDIN.[116] KLUG hingegen stellt die einzelnen Techniken im Methodenhaus der schlanken Logistik (siehe Tabelle 1), die vornehmlich in der Automobilbranche eingesetzt werden, systematisiert dar. Allerdings sind nicht alle dieser Techniken für die Implementierung einer Lean-Logistics-

109 Vgl. Pfohl (1998), S. 37.
110 Vgl. Pfohl (1998), S. 37.
111 Vgl. Abschnitt 5.4.3.
112 Vgl. Abschnitt 4.4.2.
113 In den nachfolgenden Ausführungen werden die Begriffe „Technik" und „Verfahren" synonym gebraucht.
114 Vgl. Klug (2008), S. 60.
115 Vgl. Klug (2008), S. 57.
116 Vgl. Baudin (2004).

Strategie notwendig.[117] Die Vielzahl der Techniken verhindert es, jede Technik für sich in diesem Kontext vorzustellen. Deshalb soll nachfolgend nur eine kleine Auswahl zentraler und für die Logistik sehr wichtiger Techniken vorgestellt werden. So wird zunächst das Milk-Run-Verfahren vorgestellt, bevor das Kanban-Verfahren und die JIT-Anlieferung dargestellt werden.

Milk-Runs: Der Begriff leitet sich von der traditionellen Art des Milchverkaufs ab, bei dem der Milchverkäufer die Häuser der Kunden in einer festgelegten Route bedient und die Milchflaschen vor die entsprechenden Häuser stellt und dort eventuell platzierte leere Flaschen direkt wieder mitnimmt.[118]

Milk-Runs[119] sind eine Sonderform der Direktanlieferung[120] und sehen vor, dass die Transportgüter sequentiell bei mehreren Lieferanten abgeholt und direkt an den Hersteller, ohne dazwischen liegenden Konsolidierungspunkt, geliefert werden.[121] Anstelle des Transportes ganzer Wagenladungen desselben Produktes eines Lieferanten in vergleichsweise großen zeitlichen Abständen, werden so mittels Fahrzeugbündelung kleine Mengen unterschiedlicher Produkte auf einer fixen Route von mehreren Lieferanten mehrmals täglich bezogen.[122]

Das Milk-Run-Verfahren ist jedoch nicht nur auf die zwischenbetriebliche Logistik begrenzt, sondern findet auch im Rahmen der Produktionslogistik als „In-Plant Milk-Run" Anwendung. Bei dieser Variante werden in kurzen Abständen (mehrmals in der Stunde) die entsprechenden Teile an den Arbeitsstationen abgeholt und im Sinne einer Rundtour an ihren Bestimmungsort innerhalb des Werkes gebracht.[123]

Studien von LIKER/WU und WU zeigen für die Automobilindustrie, dass Unternehmen, welche die Techniken des Lean Managements einsetzen, Milk-Runs vergleichsweise verstärkt anwenden, um Teile ihrer Lieferanten zu beziehen.[124] Bei diesen Unternehmen werden Milk-Runs meist angewendet, um eine JIT-Produktion zu ermöglichen, die häufige Belieferungen mit kleinen Mengen voraussetzt.[125]

Kanban: Als wesentliches Element des TPS wurde das Kanban-Verfahren maßgeblich von OHNO entwickelt, der sich dabei vom Prinzip der Warenbereitstellung westlicher Supermärkte inspirieren ließ.[126] Das Kanban-Verfahren ist ein dezentrales Produktionssteuerungsverfahren, dessen Grundidee ist, dass jede Arbeitsstation nur das herstellt, was die nachfolgende bereits verbraucht hat.[127]

---

[117] Vgl. Klug (2008), S. 59.
[118] Vgl. Sadjadi/Jafari/Amini (2009), S. 2.
[119] Für einen Erfahrungsbericht aus der Praxis vgl. Scheel, B./Chilian, A. (2007), S. 317-318.
[120] Vgl. Wannenwetsch (2007), S. 319.
[121] Vgl. Wildemann/Niemeyer (2002), S. 3.
[122] Vgl. Baudin (2004), S. 132.
[123] Vgl. Baudin (2004), S. 69.
[124] Vgl. Liker/Wu (2000), S. 89; Wu (2003), S. 1366.
[125] Vgl. Rivera u.a. (2007), S. 251.
[126] Ohno (1993), S. 53.
[127] Vgl. Lödding (2008), S. 178

Arbeitsplatz	**Bereitstellung**	**Materialabruf**	**Interner Transport**
Taktgebundene Logistikkette	Standard KLT u. Rollregale	Pull orientierte Abrufe	Traileryard Management
One-Piece-Flow mit Chirurgen-/Krankenschwesterprinzip	Behälterlose Großteilebereitstellung	Visuelle Bestandskontrolle	Kreuzungsfreie Verkehre
Kurze Materialgriffweite	Mitfahrende Teilebereitstellung	Synchronisation Teilebedarf und Abruf	Getaktete Routenverkehre
Poka Yoke	Car Set Building	Kanban	Schleppzugtransporte
Werkerdreieck	1:1 Tausch Voll-/Leer-Behälter	Einfache Signalgenerierung	Haltepunkt-optimierung
Andon	Ein-Behälterprinzip	Abrufmix	Staplerarme Fertigung
Interner Umschlag und Lager	**Externer Transport**	**Externer Umschlag und Lager**	**Lieferant**
Bandnaher Supermarkt	JIT-/JIS-Anlieferung	Standardversorgungskonzepte	Vorgezogener Wareneingang
Dezentraler Wareneingang	Erhöhung Direktanlieferung	Lieferantennahes Cross-Docking	Tägliche Abholung
Visuelle Bestands- und Flächenkontrolle	Vor- und Hauptlauf bei Milk-Runs	Werknahes Cross-Docking	Supply Net Collaboration
Verbauortnahe Materialanlieferung	Frachtraumoptimierung	Externe Lieferanten	Vendor Managed Inventory
Warehouse on Wheels	Tracking und Tracing	Industrieparkkonzept	Gelebte Partnerschaft
Logistik der kurzen Wege	Optimiertes Frachtmanagement	Einstufige Lagerhaltung	Perlenkettenprinzip

Tabelle 1: Techniken von Lean Logistics (Quelle: Mit geringfügigen Veränderungen entnommen aus Klug (2008), S. 59)

Somit wird ein Produktionsauftrag von der nachfolgenden Arbeitsstation ausgelöst und diese „zieht" damit die gerade benötigten Teile zu sich heran. Das Kanban-Verfahren stellt also ein Steuerungsverfahren nach dem Pull-Prinzip dar.[128] So wird die Produktion nicht von prognostizierten Bedarfsmengen ausgelöst, sondern der reale Verbrauch der Teile ist Ursprung eines Produktionsauftrages.[129] Durch diese verbrauchsorientierte Produktion entstehen selbststeuernde, dezentrale Regelkreise zwischen aufeinanderfolgenden Arbeitsstationen, wobei die Bestandsverantwortung bei den jeweiligen Mitarbeitern in der Produktion liegt.[130] Primäre Zielsetzung des

---

128 Vgl. Schönsleben (2007), S. 339. Es war sogar das erste Verfahren, was als Pull-System beschrieben wurde, vgl. Hopp/Spearman (2004), S. 136.

129 Vgl. Schürle (2009a), S. 228.

130 Vgl. Lödding (2008), S. 177. Bestandverantwortung in der Art, dass definierte Grenzen eingehalten werden müssen.

Kanban ist es Überproduktion zu vermeiden, die Work-in-Process-Bestände (WIP-Bestand) zu senken und damit die Durchlaufzeiten[131] zu reduzieren.
Zur Steuerung können Karten[132] oder andere Auslöser für die Produktion und den Transport der entsprechenden Teile verwendet werden. Beim Sicht-Kanban[133] etwa werden die Lagerplätze selbst zur Informationsübermittlung benutzt. Wird eine bestimmte Anzahl freier Lagerplätze überschritten, wird durch die Mitarbeiter ein entsprechender Produktionsauftrag ausgelöst. Ähnlich funktioniert auch der Behälter-Kanban[134]. Hier dient der Behälter selbst als Informationsträger. Ein leerer Behälter löst einen Produktionsauftrag aus, um ihn wieder zu befüllen.
Das Kanban-Verfahren ist jedoch nicht nur auf den innerbetrieblichen Einsatz beschränkt. Es kann gleichermaßen in überbetrieblichen Beziehungen zwischen Lieferant und Abnehmer als Lieferantenkanban[135] angewendet werden. Zur effizienteren Bestellabwicklung werden hier die Aufträge in der Regel elektronisch übermittelt. Das Kanban-Verfahren ist aber nur dann im überbetrieblichen Einsatz effizient einsetzbar, wenn der Lieferant selbst im Sinne der Lean Production organisiert ist und die georderten Mengen ohne Vorhaltung großer Lagerbestände liefern kann.

Just-in-Time: Bei der Diskussion von Just-in-Time ist zuerst eine begriffliche Abgrenzung nötig, da die Verwendung des Begriffes in der Literatur in verschiedenen Zusammenhängen erfolgt. So wird das Just-in-Time-Konzept als Menge von Ansätzen, Methoden und Techniken bezeichnet, um Verschwendung zu minimieren.[136] In der englischsprachigen Literatur wird Just-in-Time häufig sogar als Synonym für das TPS oder Lean Production verwendet.[137] Hier soll jedoch lediglich die JIT-Anlieferung, die als produktionssynchrone Beschaffung verstanden wird[138], näher betrachtet werden. Die JIT-Anlieferung wird seit Mitte der 80er Jahre vor allem in der Automobilindustrie eingesetzt.[139] Untersuchungen zeigen zudem, dass deren Anwendung sowohl in der Zulieferindustrie, als auch bei den Automobilherstellern in den vergangenen Jahren zugenommen hat.[140]
Grundlegender Gedanke der JIT-Anlieferung ist, dass die Teile genau dann in der richtigen Menge, in der richtigen Qualität und am richtigen Ort bereit gestellt werden sollen, wenn diese auch tatsächlich für den Produktionsprozess benötigt werden.[141] Für die Transportprozesse bedeutet dies eine Erhöhung der Transportfrequenz bei abnehmenden Sendungsgrößen.[142]

---

[131] Die Senkung der Durchlaufzeiten und des WIP-Bestands sind komplementäre Ziele, wie durch Little's Law gezeigt werden kann, vgl. Abschnitt 4.2.
[132] Kanban (jap. für Karte).
[133] Vgl. Lödding (2008), S. 183-184.
[134] Vgl. Lödding (2008), S. 184-186.
[135] Vgl. Lödding (2008), S. 204-208.
[136] Vgl. Schönsleben (2007), S. 312.
[137] Vgl. Kaneko/Wataru (2008), S. 156; White/Pearson/Wilson (1999), S. 1; White/Prybutok (2001), S. 113.
[138] Vgl. Pfohl (2004), S. 43.
[139] Vgl. Stölzle/Gareis (2002), S. 410.
[140] Vgl. von Corswant/Fredriksson (2002), S. 751.
[141] Vgl. Pfohl (2010), S. 12.
[142] Vgl. Stölzle/Gareis (2002), S 409.

JIT-Anlieferung unterstützt die flussorientierte Versorgung, bei der die Unterbrechung des Materialflusses durch Lagerung weitgehend vermieden werden soll.[143] Hierbei wäre es jedoch falsch, JIT-Anlieferung mit lagerfreier Anlieferung (sowohl beim Lieferanten als auch beim Empfänger) gleichzusetzen, da durchaus auf vorgelagerten Stufen Lagerbestände vorgehalten werden können.[144] Der komplett lagerlose Materialfluss stellt lediglich einen Sonderfall dar.[145] Die Einführung einer JIT-Anlieferung geht jedoch in jedem Fall mit der Reduktion der Lageroperationen (Einlagern, Kommissionieren, Kontrolle beim Einlagern usw.) einher, die als Verschwendung bezeichnet werden können, da sie nicht zur Wertschöpfung beitragen.[146]

Kennzeichnend für die JIT-Anlieferung ist die veränderte Beziehung zwischen Lieferant und Abnehmer. Die Koordination durch den Markt auf Basis von Preisen wird durch eine institutionelle Beziehung, die mit einer verstärkten Kooperation verbunden ist, weitestgehend abgelöst.[147] Auswahlkriterien wie die Anpassungsfähigkeit bzgl. der angestrebten Anlieferfrequenz, Termintreue und ein hohes Qualitätsniveau werden bedeutender.[148] Es wird eine vertrauensbasierte, langfristige Beziehung mit dem Lieferanten angestrebt. Man geht dabei von den Effekten der Erfahrungskurve aus, so dass bestimmte Raten der Preissenkung vertraglich fixiert werden.[149]

5 Das Big-Picture: Folgen des Lean Managements und von Lean Logistics für die gesamte Supply Chain

Die Betrachtungen der vorherigen Kapitel können auch auf die gesamte Supply Chain ausgedehnt werden. Hier zeigt sich, dass Lean Management und Lean Logistics dazu beitragen, die gemeinsame Wertschöpfung in einer Supply Chain effizient zu gestalten.[150] LEVY konstatiert in diesem Zusammenhang, dass Lean Management die wesentlichen Elemente enthält, um komplexe Systeme zu steuern und schlussfolgert daher *"Lean production can thus be conceptualized as a way to simplify and reduce the variance of complex dynamic supply chain systems, making their behavior more predictable."*[151]

Die Zusammenhänge, die zu dieser Erkenntnis führen, sollen im Folgenden dargestellt werden. Dabei wird davon ausgegangen, dass zukünftige Ereignisse stochastischen Einflüssen unterliegen und somit nicht geplant oder vorhergesagt werden können.[152] Das Ziel ist es deshalb nicht, zu einem Planungszeitpunkt unter gegebenen Randbedingungen eine optimale Entscheidung für die

---

143 Vgl. Pfohl (2004), S. 43.
144 Vgl. Ihde (2001), S. 278; Gröbner (2009), S. 17.
145 Vgl. Vahrenkamp (2008), S. 291.
146 Vgl. Vahrenkamp (2008), S. 288.
147 Vgl Stölzle/Gareis (2002), S. 409-410; Vahrenkamp (2008), S. 289.
148 Vgl. Pfohl (2004), S. 43.
149 Vgl. Vahrenkamp (2008), S. 301. Der Lieferant ist im Übrigen in diesem Zusammenhang besonders daran interessiert, die Effekte der Erfahrungskurve intensiv auszunutzen, da sämtliche Einsparungen, die über die vertraglich zugesicherten Preissenkungen hinausgehen, ihm selbst zustehen, vgl. Vahrenkamp (2008), S. 301.
150 Vgl. im Folgenden Furmans (2007), S. 181-193.
151 Levy (1994), S. 176.
152 Vgl. Furmans (2007), S. 184.

gesamte Supply Chain zu treffen.[153] Stattdessen soll die Supply Chain mit Unterstützung von Lean Management und Lean Logistics so strukturiert werden, dass unter dem Einfluss stochastischer Einflüsse dezentral Entscheidungen getroffen werden, die dazu führen, dass die Supply Chain nahe an das theoretische Optimum heranreicht.[154]

Die Techniken von Lean Management und Lean Logistics setzen gezielt an der Variabilität in einem Produktionssystem an und ermöglichen so eine Kopplung dieser Systeme innerhalb einer Supply Chain.[155] Eine Reduktion der Variabilität führt dazu, die gegenläufigen Ziele hoher Maschinenauslastung und niedriger Bestände zu erreichen.[156]

Die Reduktion der Variabilität beginnt bei der Standardisierung und Dokumentation der Prozesse, so dass nahezu identische Bearbeitungszeiten erreicht werden können. Die kontinuierliche Belieferung durch Milk-Runs führt zu einem stetigen Eingang der Teile, so dass das Bestandsniveau abgesenkt werden kann[157] und die Variabilität in den Ankunftsprozessen abgefangen wird. Nachfrageschwankungen, die durch Bestellung großer Lose beim vorgelagerten Partner in der Supply Chain entstehen können, werden abgemildert und die Durchlaufzeit durch die Supply Chain wird reduziert.[158]

Das Kanban-Verfahren begrenzt durch die Anzahl der umlaufenden Karten die WIP-Bestände und führt im Zusammenhang mit Little's Law zu einer Begrenzung und vereinfachten Kontrolle der Durchlaufzeiten in der Produktion. Die führt auch zu einer Abschwächung des Bullwhip-Effekts.[159] Das stabile Produktionsniveau, das so erreicht wird und die Bestellung und Belieferung kleiner Mengen durch die Milk-Runs haben ebenfalls einen positiven Einfluss auf die Begrenzung des Bullwhip-Effekts.[160] Das Kanban-Verfahren führt des Weiteren zur Umsetzung des Pull-Prinzips. So kann eine verstärkte Orientierung an den bekannten Aufträgen der Kunden stattfinden und hohe Lagerbeständen können vermieden werden.

Wird durch die beschriebenen Techniken ein gewünschter Zielzustand nicht unmittelbar erreicht, kann der Prozess der kontinuierlichen Verbesserung helfen, den gewünschten Zielzustand zu erreichen.[161] Ein solcher gewünschter Zielzustand kann aus der Analyse der Supply Chain mit Hilfe so genannter „Value Stream Mapping Tools" abgeleitet werden. Diese Tools helfen, Verschwendung nach der Kategorisierung OHNOS[162] in einer Supply Chain zu identifizieren.[163]

---

153 Vgl. Furmans (2007), S. 192.
154 Vgl. Furmans (2007), S. 192 und S. 196.
155 Vgl. im Folgenden auch Furmans (2007), S. 192-193.
156 Vgl. de Treville/Antonakis (2006), S. 101. Zu den Zusammenhänge zwischen hoher Auslastung einer Ressource bei Variabilität und Durchlaufzeit sowie Durchlaufzeit und Bestand (Little's Law) vgl. Kapitel 4.2.
157 Vgl. Abschnitt 4.4.1.
158 Vgl. Furmans (2007), S. 193.
159 Vgl. Alicke (2005), S. 100; Chen/Ryan/Simchi-Levi (2000), S. 285.
160 Vgl. Furmans (2007), S. 193.
161 Vgl. Abschnitt 4.3.1.5.
162 Vgl. Abschnitt 4.1.
163 Vgl. Hines/Rich (1997), S. 50.

6 Erfolgswirkungen

Einige Studien haben die Wirkung der einzelnen Lean-Logistics-Techniken auf verschiedene Performance-Faktoren untersucht.[164] Generell kann gesagt werden, dass der Einsatz von Lean-Production-Techniken in der Produktion den Einsatz von Lean-Logistics-Techniken nachweisbar erleichtert.[165] Dies ist auch leicht logisch nachzuvollziehen, da der Einsatz von Techniken wie Milk-Runs und JIT-Belieferung gerade dann erfolgversprechend ist, wenn die Produktion kleiner Lose bei geringer Bestandshöhe und somit geringer Durchlaufzeit angestrebt wird. Gleichzeitig hat umgekehrt der Einsatz von Lean-Logistics-Techniken einen positiven Effekt auf die Anwendbarkeit von Lean-Production-Techniken.[166] Gerade in der Kombination können Lean-Techniken also eine hohe Wirksamkeit erzielen, wodurch die These, Lean Management müsse als Gesamtsystem verstanden werden, unterstützt wird. Unterschiede zwischen Zulieferern, die Lean-Production- und Lean-Logistics-Techniken umgesetzt haben und solchen, die dies nicht getan haben, zeigt folgende Tabelle.

	Lean	**Non-Lean**
Percent on-time staging	**96,6**	**93,4**
Percent late deliveries	**1,35**	**2,15**
Defective products shipped to customer (PPM)	**278**	**958**
PPM products require rework or scraping	**18729**	**66351**

Tabelle 2: Zentrale Ergebnisse der Studie von Wu (Quelle: Mit geringfügigen Änderungen aus Wu (2003), S. 1369)

Wenig überraschend stellt Wu fest, dass der Einsatz von JIT im Allgemeinen, unabhängig von der Unternehmensgröße, zu einem geringeren Bestand an Zulieferteilen, WIP und an Fertigprodukten führt.[167] In einer Praxisstudie im Servicebereich Hydraulik von Bosch Rexroth konnte Thomas ebenfalls zeigen, dass durch den Einsatz verschiedener Lean-Logistics-Techniken, wie z. B. Kanban, First-in-First-out-Prinzip und JIT, die Durchlaufzeit um 58 % und gleichzeitig die WIP-Bestände um 56 % gesenkt werden können.[168] In einer anderen Studie kommen Germain/Dröge zu dem Schluss, dass die Einführung einer JIT-Beschaffung zu Marktvorteilen und finanziellen Vorteilen führt, obwohl mit der Einführung Kosten verbunden sind, um Kommunikationssysteme

---

[164] Vgl. Liker/Wu (2000), S. 81; Wu (2002), S. 22; Wu (2003), S. 1356.
[165] Vgl. Wu (2002), S. 24-25; Wu (2003), S. 1371.
[166] Vgl. Wu (2002), S. 19.
[167] Vgl. Wu (2003), S. 1370.
[168] Vgl. Thomas (2008), S. 44, S.65f und S. 71f.

und Lieferantenbewertungsprogramme aufzubauen sowie die eigene interne Organisation anzupassen.[169] Insgesamt führen JIT-Techniken auch nach WU zu einer Steigerung der Logistik-Performance.[170]

Mit der Einführung von JIT-Techniken steigt der Bedarf, den Status und den Aufenthaltsort der Lieferungen nachvollziehen zu können, so dass Unternehmen, die Lean-Techniken einsetzen, vermehrt auch auf Techniken wie Electronic Data Interchange (EDI) zurückgreifen.[171] Voraussetzung zur Nutzung dieser Techniken ist aber eine möglichst genaue Fortschrittsüberwachung durch automatisierte Messpunkte im Transport- bzw. Produktionsprozess. Bosch Rexroth geht deshalb dazu über, durch den Einsatz von Barcodescannern im Sinne der Lean-Philosophie mehr solcher Messpunkte nutzen zu können, ohne den Aufwand nennenswert zu steigern.[172]

Lean Management geht zudem oft mit der Auslagerung von Aktivitäten einher, die nicht als eigene Kernkompetenzen verstanden werden.[173] Insofern kann es auch zu einer Übertragung logistischer Aufgaben an externe Dienstleister kommen. WU weist in diesem Zusammenhang darauf hin, dass er in seiner Studie feststellen konnte, dass der Einsatz von Logistikdienstleistern positiv mit der Termintreue und der Vermeidung von Notfalltransporten verbunden ist sowie insgesamt einen positiven Effekt auf die Logistik-Performance besitzt.[174] Auch die Wichtigkeit einer stabilen Nachfrage seitens des Abnehmers für die Logistik-Performance des Zulieferers wird in den Studien hervorgehoben. Diese hat einen positiven Einfluss auf die Qualität der gelieferten Produkte und trägt auch dazu bei, Notfalltransporte zu vermeiden.[175]

Im Lean Management kommt in dem geforderten ganzheitlichen Denken[176] der Anspruch zur Berücksichtigung aller relevanten Größen zum Ausdruck, während in der Logistik ebenfalls dem Gesamt- oder Totalkostendenken aufgrund der Vielzahl an Zielkonflikten eine hohe Relevanz beigemessen wird.[177] Auch WU betont im Zusammenhang mit den Lean-Logistics-Techniken die Beachtung sämtlicher relevanter Kosten.[178] Die Betrachtung der Gesamtkosten hat etwa bei den Milk-Runs eine besondere Bedeutung, da sie in der Regel zu einer geringeren Auslastung der Transportmittel und damit zu höheren Transportkosten führen.[179] Jedoch müssen auch die eingesparten Kosten, wie Kapitalbindungskosten, Lagerkosten usw., durch das verringerte Bestandsniveau, ebenfalls berücksichtigt werden. So führte z. B. die Umsetzung von Lean-Logistics-Techniken in der Praxisstudie bei Bosch Rexroth von THOMAS in einem Prozess zwar zu einer notwendigen Kapazitätssteigerung, gleichzeitig konnten so aber ein Engpass aufgelöst, die Volati-

---

169 Vgl. Germain/Dröge (1997), S. 123.

170 Vgl. Wu (2002), S. 32. Wu zieht die vier Größen „built-in quality", „on-time staging", „load factor" und „avoidance of emergency shipping" heran, um die Logistik-Performance zu bewerten; .vgl. Wu (2002), S. 23-24.

171 Vgl. Wu (2003), S. 1371.

172 Vgl. Thomas (2008), S. 103f.

173 Vgl. Abschnitt 4.3.1.1.

174 Vgl. Wu (2002), S. 25.

175 Vgl. Wu (2002), S. 32.

176 Vgl. Abschnitt 4.2.

177 Vgl. Pfohl (2010), S. 29-30.

178 Vgl. Wu (2002), S. 32.

179 Vgl. Wu (2002), S. 32.

lität verringert, die Durchlaufzeit und die WIP-Bestände mehr als halbiert sowie der gesamte Servicegrad auf 95 % gesteigert werden.[180]
Es kann aber auch festgestellt werden, dass die Einführung von Lean-Techniken in einem Unternehmen nicht dazu führt, dass sämtliche Abnehmer mit den gleichen Methoden bedient werden.[181] Gerade die amerikanische Automobilzulieferindustrie steht vor der Herausforderung, die Werke japanischer Hersteller in den USA in kleinen Mengen und Just-in-Time zu beliefern[182], während die amerikanischen Hersteller teilweise noch auf herkömmliche Weise bedient werden. Auch Bosch Rexroth muss verschiedene Produkttypen in verschiedenen Prozessen bearbeiten. Dort durchläuft der größte Anteil der Aufträge einen nach schlanken Prinzipien konfigurierten Standardprozess, während gleichzeitig Eil- und Sonderaufträge im Push-Verfahren durch einen Sonderprozess gedrückt werden können.[183]

7 Kritische Bewertung

Die theoretischen Darstellungen der vorangegangenen Kapitel zeichnen ein sehr positives Bild von Lean Logistics. In der Praxis ist die Umsetzung allerdings keinesfalls trivial und erfordert gewisse Voraussetzungen. Das Konzept muss deshalb unter diesen Voraussetzungen stabiler Nachfrage und der Risikosituation der Supply Chain kritisch bewertet werden.
In vielen Branchen fordert der Markt eine sehr große Flexibilität von den Herstellern.[184] Betrachtet man Flexibilität nach PFOHL als *„die Fähigkeit eines Unternehmens, zusammen mit dem Kunden auf unerwartete Situationen zu reagieren, die nicht durch den Kunden, sondern durch externe Einflussfaktoren verursacht werden“*[185], dann kann Lean Logistics eine durchaus hohe Flexibilität zugeschrieben werden. Flexibilität ist in diesem Zusammenhang als Fähigkeit zu verstehen, auf unerwartete Konkurrenz, rechtliche oder politische Einflüsse usw. zu reagieren. Bezieht man jedoch die Nachfrage des Endkunden in die Betrachtung der Flexibilität ein, muss die oben getätigte Aussage revidiert werden. In diesem Fall bietet Lean Logistics im Zusammenspiel mit Lean Management keine gute Ausgangsbasis, um die Marktnachfrage flexibel befriedigen zu können.
Ein Kritikpunkt, der in der Literatur häufig geäußert wird, ist die Beschränkung von Lean Management und Lean Logistics auf Marktbedingungen, die eine stabile Nachfrage des Endkunden aufweisen.[186] Nur mit einem stabilen Produktionsplan und einer gleichmäßigen Nachfrage nach Teilen der Lieferanten ist im Rahmen von Lean Logistics eine Synchronisation mit den Lieferanten möglich. Auch WU stellt empirisch fest, dass eine konstante Nachfrage positive Auswirkungen

---

180 Vgl. Thomas (2008), S. 60f, S. 66f und S. 72f.
181 Vgl. Liker/Wu (2000), S. 83; Wu (2002), S. 32.
182 Nachdem die japanischen Hersteller in den USA Werke errichteten, unterstützten sie die amerikanischen Zulieferer im Sinne der Lieferantenorientierung in der Einführung von Lean-Techniken. So kann etwa das Beispiel angeführt werden, dass es Johnson Controls in Zusammenarbeit mit Toyota gelang, die Reichweite der Lagerbestände von 32 auf 4,1 Tage zu senken; .vgl. Liker/Wu (2000), S. 83.
183 Vgl. Thomas (2008), S. 100.
184 Vgl. Rinza/Boppert (2007), S. 27.
185 Pfohl (1998), S. 38.
186 Vgl. Furmans (2007), S. 193; Hines/Holweg/Rich (2004), S. 1006; Liker/Wu (2000), S. 8.

auf die gelieferte Produktqualität und auf die Vermeidung von Notfalltransporten hat.[187] Große Nachfrageschwankungen führen dazu, dass die bestehende Nachfrage nicht in angemessener Zeit vollständig befriedigt werden kann, da nicht ausreichend Lagerbestand vorgehalten wird, um unerwartet hohe Bestellungen bedienen zu können. Somit müssen unter Umständen „Lost Sales" in Kauf genommen werden, die die positiven Auswirkungen durch Lean Management übersteigen können.

Dass die MIT-Studie dennoch eine solche Überlegenheit der japanischen Automobilunternehmen feststellen konnte, hängt damit zusammen, dass Ende der 80er Jahre die japanische Wirtschaft durch ein andauerndes, hohes Nachfrageniveau gekennzeichnet war.[188] Somit offenbarten sich die Probleme instabiler Nachfrage nicht in dem Maße wie in der heutigen Zeit. Einschränkend muss also berücksichtigt werden, dass Lean Management und Lean Logistics nur in Marktumfeldern erfolgreich umgesetzt werden können, die eine vergleichsweise geringe Volatilität der Nachfrage aufweisen.

Ein weiterer Kritikpunkt an Lean Management und Lean Logistics ist die Verschlechterung der Risikosituation der Supply Chains. In Anlehnung an die klassische Entscheidungstheorie und die Formulierung des Risikos nach MARCH/SHAPIRA[189], definieren JÜTTNER/PECK/CHRISTOPHER Risiko als „[...] the variation in the distribution of possible supply chain outcomes, their likelihood, and their subjective values."[190] Als maßgebliche Risikotreiber in Supply Chains beschreiben sie den Fokus auf Effizienz anstatt auf Effektivität, die Globalisierung der Supply Chains, die Spezialisierung von Produktionsstätten und die Zentralisierung von Lagern, den Trend zum Outsourcing sowie die Reduktion der Anzahl der Lieferanten.[191]

Viele dieser Punkte sind aber gerade die Ziele des Lean Managements. So führt die verstärkte Kooperation mit einer vergleichsweise geringen Zahl an Lieferanten zu einer erhöhten Abhängigkeit und damit zu einem Anstieg des Risikos. Durch Konzentration auf die Kernkompetenzen und verstärktes Outsourcing, findet auch eine Spezialisierung der Produktionsstätten statt. Outsourcing führt außerdem dazu, dass das Unternehmen keine direkte Kontrolle mehr über die ausgelagerten Wertschöpfungsstufen hat. Die Reduktion der Lager und Puffer führt gemeinsam mit JIT-Anlieferung zur Zentralisierung der Distribution. Durch die Reduktion des Bestandsniveaus wird versucht, die Effizienz des Systems zu steigern.[192] Gleichzeitig führt jedoch das geringe Bestandsniveau zu einer höheren Störanfälligkeit, da etwa beim Ausfall der Produktion Kunden nicht aus einem Lager bedient werden können. Den letzten Risikotreiber[193] stellt die höhere Gewichtung der Effizienz gegenüber der Effektivität dar. Bei einer zu starken Betonung der Vermeidung von Ver-

[187] Vgl. Wu (2002), S. 32.
[188] Vgl. Katayama (1996), S. 9.
[189] Vgl. March/Shapira (1987), S. 1404.
[190] Jüttner/Peck/Christopher (2003), S. 7.
[191] Vgl. Jüttner/Peck/Christopher (2003), S. 16-17.
[192] Vgl. Schönsleben (2007), S. 313.
[193] Globalisierung stellt kein Ziel von Lean Logistics dar. Die Techniken verlangen eher eine Konzentration auf engem Raum als eine weltweite Verteilung. Zur Absicherung der Lieferzeitschwankungen bei internationaler Beschaffung wären hohe Lagerbestände notwendig. Vgl. Levy (1997), S. 101; Furmans (2007), S. 191.

schwendung, und dem damit verbundenen radikalen Abbau von Bestands-, Kapazitäts- und Zeitreserven, geht ebenfalls eine Steigerung des Risikos einher, da die Volatilität nicht abgefangen werden kann und somit zu einer Gefahr für das Unternehmen bzw. für die gesamte Supply Chain wird. Trotz der Einschränkungen, die für die Umsetzung von Lean Logistics gelten, kann festgehalten werden, dass Lean Logistics durch seinen ganzheitliche Ansatz – als Philosophie – das Systemdenken fördert und Techniken bereitstellt, die helfen eine Logistik im Sinne der Flussorientierung in einem Unternehmen und innerhalb einer Supply Chain umzusetzen. Weiterhin unterstützt Lean Logistics die ganzheitliche Umsetzung der Logistikkonzeption nach PFOHL.[194] Die Prinzipien von Lean Management[195] und Lean Logistics[196] fordern eine Ausrichtung aller Aktivitäten am Wert, dem Kundennutzen und zielen darauf, jegliche Verschwendung zu vermeiden. Auch das Wertdenken, Effizienzdenken und Servicedenken der Logistikkonzeption fordern eine Ausrichtung am Kunden, der im Sinne der vier R[197] und zu den minimalen Kosten beliefert werden möchte. Zusätzlich fordert bereits die Definition von Lean Logistics einen ganzheitlichen Ansatz gemäß dem Systemdenken und zielt durch die Orientierung an der Durchlaufzeit auf echte Kosteneinsparungen gemäß dem Gesamtkostendenken, anstatt Kosten nur innerhalb des Unternehmens oder entlang der Supply Chain zu verschieben. Ein Widerspruch zwischen Lean Logistics und der Logistikkonzeption entsteht nur dann, wenn versucht wird, die Lean-Logistics-Techniken in zu volatilen Märkten umzusetzen und wenn die Unternehmen ihre Supply-Chain-Risiken aus den Augen verlieren. Im Sinne der Wertorientierung wird nicht gefordert, alle Puffer abzubauen. Definierte Bestände, z. B. beim Kanban-Verfahren, sind Bestandteil des Konzeptes und haben als aktive Maßnahmen des Risikomanagements ihre Berechtigung. Eine Ausrichtung am Kundennutzen heißt auch, das optimale Verhältnis zwischen „managing risk and delivering value" zu finden.[198]

Literatur

Alicke, K. (2005): Planung und Betrieb von Logistiknetzwerken. Unternehmensübergreifendes Supply Chain Management. 2., neu bearb. und erw. Aufl., Berlin; Heidelberg; New York 2005.

Baudin, M. (2004): Lean Logistics: the nuts and bolts of delivering materials and goods. New York 2004

Benders, J./Van Bijsterveld, M. (2000): Leaning on lean: the reception of a management fashion in Germany. In: New Technology, Work and Employment 15(2000)1, S. 50-64.

Bhasin, S./Burcher, P. (2006): Lean viewed as a philosophy. In: Journal of Manufacturing Technology Management 17(2006)1, S. 56-72.

Binner, H, F. (1992): Auswirkungen der Lean Production auf bestehende Logistikstrukturen. Logistik im Unternehmen 6(1992)10, S. 6-14.

194 Vgl. Pfohl (2010), S. 20-44.

195 Vgl. Kapitel 3.3.

196 Vgl. Kapitel 4.3.

197 Vgl. Pfohl (2010), S. 12. Vier R: das richtige Produkt, im richtigen Zustand, zur richtigen Zeit, am richtigen Ort.

198 Vgl. Jüttner/Peck/Christopher (2003), S. 21. Für Strategien zur Reduktion von Risiko vgl. Jüttner/Peck/Christopher (2003), S. 19.

Bogaschewsky, R./Rollberg, R. (1998): Prozeßorientiertes Management. Berlin; Heidelberg; New York 1998.

Bösenberg, D./Metzen, H. (1993): Lean Management. Vorsprung durch schlanke Konzepte. 4. Aufl., Landsberg/Lech 1993.

Browersox, D.J./Closs, D.J./Cooper, M.B. (2002): Supply Chain Logistics Management. New York 2002.

Bullinger, H.J./Fähnrich, K.-P./Niemeier, J. (1993): Informations- und Kommunikationssysteme für „schlanke Unternehmungen". In: Office Management 41(1993)1/2, S. 6-19.

Chen, F./Ryan, J.K./Simchi-Levi, D. (2000): The Impact of Exponential Smoothing Forecasts on the Bullwhip Effect. In: Naval Research Logistics 47(2000)4, S. 269-286.

Dahm, M.H./Haindl, C. (2007): Die Renaissance der Lean-Ansätze. Was deutsche Unternehmen auch heute noch von den Japanern lernen können. In: Zeitschrift der Unternehmensberatung, 2(2007)5, S. 204-213.

Daum, M./Piepl, U. (1992): Lean Production – Philosophie und Realität. In: io Management Zeitschrift 61(1992)1, S. 40-47.

de Treville, S./Antonakis, J. (2006): Could lean production job design be intrinsically motivating? Contextual, configurational, and levels-of-analysis issues. In: Journal of Operations Management 24(2006)2, S. 99-123.

Furmans, K. (2007): Gestaltung leistungsfähiger, dezentral gesteuerter Supply Chains als Alternative zu Globalplanungsansätzen. In: Garcia Sanz, F.J./Semmler, K./Walther, J. (Hrsg.): Die Automobilindustrie auf dem Weg zur globalen Netzwerkkompetenz.Effiziente und flexible Supply Chains erfolgreich gestalten. Berlin; Heidelberg; New York 2007, S. 181-197.

Gerhard, Th. (1997): Moderne Management-Konzepte. Die Paradigmenwechsel in der Unternehmensführung. Wiesbaden 1997.

Germain, R./Dröge, C. (1997): Effect of Just-in-Time Purchasing Relationships on Organizational Design, Purchasing Department Configuration, and Firm Performance. In: Industrial Marketing Management 26(1997)2, S. 115-125.

Gesellschaft für deutsche Sprache (2009): Unwörter des Jahres. Verfügbar: http://www.gfds.de/aktionen/wort-des-jahres/unwoerter-des-jahres/ (Zugriff am 15.01.10).

Gröbner, M. (2009): Gemeinsamkeiten und Unterschiede von Just-in-time-, Just-in-sequence- und One-piece-flow-Fertigungskonzepten. In: Dickmann, P. (Hrsg.): Schlanker Materialfluss mit Lean Production, Kanban und Innovationen. 2, aktual. u. erw. Aufl., Berlin; Heidelberg 2009, S. 16-19.

Groth, U./Kammel, A. (1994): Lean Management. Konzept – Kritische Analyse – Praktische Lösungsansätze. Wiesbaden 1994.

Hahn, D. u.a. (1999): Moderne Managementkonzepte unter besonderer Berücksichtigung des Produktionsbereichs. Gießen 1999.

Heiserich, O.-E. (2002): Logistik. Eine praxisorientierte Einführung. 3., überarb. Aufl., Wiesbaden 2002.

Hines, P./Holweg, M./Rich, N. (2004): Learning to evolve. A review of contemporary lean thinking. In: International Journal of Operations & Production Management, 24(2004)10, S. 994-1011.

Hines, P./Rich, N. (1997): The seven value stream mapping tools. In: International Journal of Operations & Production Management 17(1997)1, S. 46-64.

Hopp, W.J./Spearman, M.L. (2001): Factory Physics: Foundations of Manufacturing Management, New York 2001.

Hopp, W.J./Spearman, M.L. (2004): To Pull or Not to Pull: What is the Question? In: Manufacturing & Service Operations Management 6(2004)2, S. 133-148.

Ihde, G.B. (2001): Transport, Verkehr, Logistik. 3., völlig überarb. und erw. Aufl., München 2001.

Jones, D.T./Hines, P./Rich, N. (1997): Lean Logistics. In: International Journal of Physical Distribution & Logistics Management 27(1997)3/4, S. 153-173.

Jüttner, U./Peck, H./Christopher, M. (2003): Supply Chain Risk Management: Outlining an Agenda for Future Research. In: International Journal of Logistics: Research & Applications 6(2003), S. 197-210.

Kaneko, J./Wataru, N. (2008): The logistics of Just-in-Time between parts suppliers and car assemblers in Japan. In: Journal of Transport Geography 16(2008)3, S. 155-173.

Katayama, H. (1996): Lean production in a changing competitive world: a Japanese perspective. In: International Journal of Operations & Production Management 16(1996)2, S. 8-23.

Kerr, J. (2006): What does "lean" really mean? In: Logistics Management 45(2002)5, S. 29-32.

Keßler, S. (2009): Lean Logistics Service Provider - Geschäftsmodell für den Logistikdienstleister der Zukunft? Beitrag auf logistics.de in der Rubrik Forschung und Entwicklung. URL: http://hdl.handle.net/2003/26200, Dortmund, 2009. (Zugriff am 15.01.10).

Klug, F. (2008): Gestaltungsprinzipien einer Schlanken Logistik. In: Zeitschrift für die gesamte Wertschöpfungskette Automobilwirtschaft 11(2008)4, S. 56-61.

Klug, F./Mühleck, W. (2008): Schlanker Materialfluss in der Automobilindustrie. In: Logistik für Unternehmen 22(2008)11/12, S. 36-39.

Krafcik, J.F. (1988): Triumph of the Lean Production System. In: Sloan Management Review 30(1988)1, S. 41-52.

Levy, D. (1994): Chaos Theory and Strategy: Theory, Application, and managerial Implications. In: Strategic Management Journal 15(1994)Summer, S. 167-178.

Levy, L. (1997): Lean Production in an International Supply Chain. In: Sloan Management Review 35(1994)Summer, S. 94-102.

Lewis, M.A. (2000): Lean production and sustainable competitive advantage. In: International Journal of Operations & Production Management 20(2000)8, S. 959-978.

Liker, J.K./Wu, Y.C. (2000): Japanese Automakers, U.S. Suppliers and Supply-Chain Superiority. In: Sloan Management Review 42(2000)1, S. 81-93.

Little, A. (1961): A proof for the Queuing Formula L=λW. In: Operations Research 9(1961)3, S. 383-387.

Lödding, H. (2008): Verfahren der Fertigungssteuerung. 2., erw. Aufl., Berlin; Heidelberg 2008.

March, J.G./Shapira, Z. (1987): Managerial Perspectives on Risk and Risk Taking. In: Management Science 33(1987)11, S. 1404-1418.

Mayer, S. (1999): Erfolgsfaktoren für Supply Chain Management nach der Jahrtausendwende. In: Pfohl, H.-Chr. (Hrsg.): Logistik 2000 plus. Visionen - Märkte – Ressourcen. Berlin 1999, S. 1-22.

Meffert, H. (1999): Anspruch, Aussage und Implementierung des Lean Marketing. In: Meffert, H. (Hrsg.): Marktorientierte Unternehmensführung im Wandel. Wiesbaden 1999, S. 67-88.

Meißner, S./Günthner, W.A. (2009): Lean Logistics - Ansatzpunkte der Gestaltung schlanker Logistiksysteme. In: Zeitschrift für wirtschaftlichen Fabrikbetrieb 104(2009)4, S. 280-283.

Ohno, T. (1993): Das Toyota-Produktionssystem. Frankfurt/Main; New York 1993.

Papadopoulou, T.C./Özbayrak, . (2005): Leanness: experiences from the journey to date. In: Journal of M Manufacturing Technology Management 16(2005)7, S. 784-807.

Pfeiffer, W./Weiss, E. (1994): Lean Management. Grundlagen der Führung und Organisation industrieller Unternehmen. 2., überarb. und erw. Aufl., Berlin 1994.

Pfohl, H.-Chr. (1998): Kundennähe. Bedeutung für die Logistik. In: Pfohl, H.-Chr. (Hrsg.): Kundennahe Logistik. Wertschöpfend. Agil. Beziehungsorientiert. Berlin 1998, S. 1-46.

Pfohl, H.-Chr. (2004): Logistikmanagement. Konzeptionen und Funktionen. 2., vollst. überarb. u. erw. Aufl., Berlin; Heidelberg; New York 2004.

Pfohl, H.-Chr. (2010): Logistiksysteme. Betriebswirtschaftliche Grundlagen. 7., neu bearb. u. aktual. Aufl., Berlin; Heidelberg; New York 2010.

Rinza, T./Boppert, J. (2007): Logistik im Zeichen zunehmender Entropie. In: Günthner, W.A. (Hrsg): Neue Wege in der Automobillogistik. Die Vision der Supra-Adaptivität. Berlin; Heidelberg; New York 2007, S. 17-28.

Rivera, L. u.a. (2007): Beyond Partnerships: The Power of Lean Supply Chains. In: Jung, H./Chen, F.F./Jeong, B. (Hrsg.): Trends in Supply Chain Design and Management. Technologies and Methodologies. London 2007, S. 241-268.

Rollberg, R. (1996): Lean Management und CIM aus Sicht der strategischen Unternehmensführung. Wiesbaden 1996.

Sadjadi, S.J./Jafari, M./Amini, T. (2009): A new mathematical modeling and a genetic algorithm search for milk run problem. In: The International Journal of Advanced Manufacturing Technology 44(2009)1-2, S. 194-200.

Scheel, B./Chilian, A. (2007): Schlanke Logistik- und Produktionsmethoden. In: Garcia Sanz, F.J./Semmler, K./Walther, J. (Hrsg.): Die Automobilindustrie auf dem Weg zur globalen Netzwerkkompetenz. Effiziente und flexible Supply Chains erfolgreich gestalten. Berlin; Heidelberg; New York 2007, S. 299-321.

Schein, E.H. (1984): Coming to a New Awareness of Organizational Culture. In: Sloan. Management Review 25(1984)2, S. 3-16.

Scholz, Chr. (1994): Lean Management. In: Wirtschaftswissenschaftliches Studium 23(1994)4, S. 180-186.

Schönsleben, P. (2007): Integrales Logistikmangement. Operations and Supply Chain Management in umfassenden Wertschöpfungsnetzwerken. 5., bearb. und erw. Aufl., Berlin; Heidelberg; New York 2007.

Schürle, P. (2009a): Kanban – der Weg ist das Ziel. In: Dickmann, P. (Hrsg.): Schlanker Materialfluss mit Lean Production, Kanban und Innovationen. 2, aktual. u. erw. Aufl., Berlin; Heidelberg 2009, S. 227-230.

Shah, R./Ward, P.T. (2003): Lean manufacturing: context, practice bundles, and performance. In: Journal of Operations Management 21(2003)2, S. 129-149.

Shah, R./Ward, P.T. (2007): Defining and developing measures of lean production. In: Journal of Operations Management 25(2007)4, S. 785-805.

Stock, J. R./Lambert, D. M. (2001): Strategic Logistics Management. 4. Aufl. Boston u. a. 2001.

Stölzle, W./Gareis, K. (2002): Konzepte der Beschaffungslogistik - Anforderungen und Gestaltungsalternativen. In: Hahn, D./Kaufmann, L. (Hrsg.): Handbuch industrielles Beschaffungsmanagement. 2. Aufl., Wiesbaden 2002, S. 401-424.

Stratton, R./Warburton, R.D.H. (2003): The strategic integration of agile and lean supply. In: International Journal of Production Economics 85(2003)2, S. 183-198.

Takeda, H. (2006): Das synchrone Produktionssystem. Just-in-Time für das ganze Unternehmen. 5., aktual. Aufl., Landsberg am Lech 2006.

Thomas, D (2008): Wertstromorientierte Materialflussoptimierung im Servicebereich eines Unternehmens des Maschinen- und Anlagenbaus. Arbeitspapier zu einem Forschungsprojekt, Fachgebiet Unternehmensführung & Logistik, TU Darmstadt, 2008.

Thommen, J.-P./Achleitner, A.-K. (2006): Allgemeine Betriebswirtschaftslehre. Umfassende Einführung aus managementorientierter Sicht. 5., überarb. und. erw. Aufl., Wiesbaden 2006.

Thudium, Th. (2005): Technologieorientiertes strategisches Marketing. Die Entwicklung eines neuen Bezugsrahmens zur Generierung von Marketingstrategien für technologieorientierte Unternehmen. Wiesbaden 2005.

Töpfer, A. (Hrsg.) (2009): Lean Six Sigma. Erfolgreiche Kombination von Lean Management, Six Sigma und Design for Six Sigma. Berlin; Heidelberg 2009.

Vahrenkamp, R. (2008): Produktionsmanagement. 6. Aufl., München 2008.

von Corswant, F./Fredriksson, P. (2002): Sourcing trends in the car industry. A survery of car manufacturers' and suppliers' strategies and relations. In: International Journal of Operations & Production Management 22(2002)7, S. 741-758.

Wannenwetsch, H. (2007): Integrierte Materialwirtschaft und Logistik. Beschaffung, Logistik, Materialwirtschaft und Produktion. 3., aktual. Aufl., Berlin; Heidelberg; New York 2007.

White, R.E./Pearson, J.N./Wilson, J.R. (1999): JIT Manufacturing: A Survey of Implementations in Small and Large U.S. Manufacturers. In: Management Science 45(1999)1, S. 1-15.

White, R.E./Prybutok, V. (2001): The relationship between JIT practices and type of production system. In: Omega 29(2001)2, S. 113-124.

Wildemann, H./Niemeyer, A. (2002): Das Milkrun-Konzept. Logistikkostensenkung durch auslastungsorientierte Konsolidierungsplanung. Verfügbar: http://www.tcw.de/uploads/html/publikationen/aufsatz/files/ Logistikkostensenkung_Milkrun_Niemeyer.pdf (Zugriff am 15.01.2010).

Womack, J.P./Jones, D.T. (1996): Lean thinking. Banish Waste and Create Wealth in your Corporation. New York 1999.

Wu, Y.C. (2002): Effective Lean Logistics Strategy for the Auto Industry. In: The International Journal of Logistics Management 13(2002)2, S. 19-38.

Wu, Y.C. (2003): Lean manufacturing: a perspective of lean suppliers. In: International Journal of Operations & Production Management 23(2003)11, S. 1349-1376

Petra Pfohl* / Markus Pfohl** / Hans-Patrick Pfohl***

Beispielhafte Integration produktbegleitender Dienstleistungen in eine Lebenszyklusrechnung

---

* Petra Pfohl studierte Betriebswirtschaftslehre in Marburg. Sie arbeitete bei TNT Contract Logistik und am Fachgebiet Unternehmensführung und Logistik an der Technischen Universität Darmstadt. Sie ist heute als selbständige Beraterin tätig und promoviert.

** Dr. Markus Pfohl studierte Wirtschaftsingenieurwesen in Siegen und St. Etienne und promovierte am Lehrstuhl Controlling der Universität Stuttgart. Er ist heute geschäftsführender Gesellschafter der Fa. Pfohl Maschinen- und Anlagenbau GmbH & Co.KG.

*** Hans-Patrick Pfohl ist Bereichsleiter Mehrwertlogistik der TNT Innight GmbH & CoKG.

1 Einordnung der Lebenszyklusrechnung

Die Entwicklung, Vermarktung und Entsorgung von Produkten ist für ein Unternehmen mit Kosten verbunden. Im Rahmen einer Unternehmensführung nach wirtschaftlichen Kriterien sind diese Kosten zielorientiert zu gestalten. Als Voraussetzung zur Gestaltung ist die Abhängigkeit der Kosten von spezifischen Einflussfaktoren, wie bspw. Produkteigenschaften, zu analysieren. Die Einflussfaktoren wirken sich in unterschiedlicher Intensität und zu unterschiedlichen Zeitpunkten im gesamten Lebenszyklus auf die Kosten eines Produkts aus. Die folgenden allgemeinen Ausführungen beziehen sich auf Industriegüter, konkrete Beispiele beziehen sich auf Maschinen- und Anlagen zur Herstellung von Hohlglas.

Bei der Entwicklung neuer Produkte ist deshalb die zielorientierte Gestaltung der Kosten, die ein Produkt in seinem Lebenszyklus verursacht, zu einem möglichst frühen Zeitpunkt und möglichst umfassend sicherzustellen (vgl. *Horváth/ Mayer (1989)*, S. 214). Zentrale Frage ist, welche Kosten in welcher Höhe aufgrund welcher Entscheidungen wann im Lebenszyklus eines Produkts anfallen. Die *Lebenszyklusrechnung* für ein Produkt versucht, diese Frage zu beantworten (vgl. *Blanchard (1978)*, S. 11; *Taylor (1981)*, S. 33; *Shields/ Young (1991)*, S. 39; *Horváth (1998)*, S. 515).

Die Rechnung bezieht sich in der Tat auf den Lebenszyklus eines Produkts und ist nicht etwa mit dem reinen Verkauf abgeschlossen. Auch die Kosten – und selbstverständlich die Erlöse – die im Rahmen von *Dienstleistungen*, die vor, während und nach der Auslieferung des Produkts entstehen, müssen berücksichtigt werden. Unter diese Dienstleistungen fallen bspw. kundenspezifische Neu- oder Anpassungskonstruktionen, Lieferservice und Inbetriebnahmen, Garantieverpflichtungen oder auch Schulungen. Wichtig sind auch logistische Dienstleistungen im Sinne einer Sicherstellung der Güterverteilung im Rahmen des Ersatzteilgeschäfts, des Reparaturservice und (regelmäßiger) Wartungen. Zunehmend sind durch Änderung der gesetzlichen Rahmenbedingungen Entsorgungskosten mit in einer Rechnung zu berücksichtigen. Die Berücksichtigung von Dienstleistungen erweist sich als wichtig, da einerseits von Kundenseite zunehmend Leistungen wie Garantien als Produktbestandteil verlangt werden und andererseits von der Herstellerseite Dienstleistungen als Differenzierungsmerkmal im Wettbewerb angeboten werden.

Die scheinbar simple Zielsetzung der Lebenszyklusrechnung wird jedoch durch *zwei Problembereiche* erschwert: Einerseits ist bekannt, dass der Informationsstand über die kostenmäßigen Konsequenzen nie vollständig und zusätzlich mit Unsicherheit behaftet ist. Andererseits verhalten sich der Informationsstand über die Kostenentwicklung und die Möglichkeit der Kostengestaltung genau invers: Zu Beginn der Produktentwicklung ist der *Informationsstand* gering, aber dafür ein Großteil der Produktkosten frei gestaltbar. In dem Maß wie die Produktkonkretisierung fortschreitet, nimmt dann aber die *Kostendeterminierung* zu (vgl. *Blanchard (1978)*, S. 12; *Ehrlenspiel (1985)*, S. 57; *Shields/ Young (1991)*, S. 39; *Bullinger/ Frech (1994)*, S. 62; *Männel (1994)*, S. 106)

Damit stellt sich die Herausforderung, zu einem möglichst frühen Zeitpunkt der Produktentwicklung kostenrelevante Informationen zu generieren. Diese Generierung ist durch alle wirtschaftlich vertretbaren methodischen und technischen Hilfsmittel zu unterstützen. Zusätzlich ist zu berücksichtigen, dass die zu frühe Festlegung auf eine einzige Produktkonzeption das Problem des inversen Zusammenhangs zwischen Informationsstand und Kostendeterminierung vergrößert. Durch das gleichzeitige Verfolgen mehrerer Lösungsalternativen ist diese zu frühe Festlegung zu vermeiden. Es muss ein „Postponement" der endgültigen Lösungsfestlegung erfolgen (vgl. *Pfohl (1999)*, S. 57).

Um produktstrategische Entscheidungen fundieren zu können, wird an das Kostenmanagement generell und an die unterstützenden Instrumente wie die Lebenszyklusrechnung die Anforderung definiert, die Produktkosten auf einer prozessorientierten Basis zu planen und zu kontrollieren (vgl. *Horváth (1997)*, S. 236; *Welge/ Amshoff (1997)*, S. 65). Gerade für die verursachungsgerechte Planung und Kontrolle der Kosten des indirekten Bereichs sowie die Berücksichtigung der produktbezogenen Dienstleistungen ist die *prozessorientierte Betrachtung* unverzichtbar geworden.

Des Weiteren bleiben in der Regel wichtige technische Hilfsmittel für die Generierung kostenrelevanter Informationen unberücksichtigt. Hier bieten sich Prototypen als Unterstützung an (vgl. dazu genauer Pfohl 2002, S.55ff).

Eine Lebenszyklusrechnung sollte die folgenden Merkmale aufweisen:

- *Prozessorientierung*: Die Informationsbasis der Rechnung muss prozessorientiert aufgebaut sein. Nur so sind die wesentlichen Kosten eines neuen Produkts diesem auch verursachungsgerecht zuzurechnen.
- *Dynamischer Kostenverlauf*: Die Kosten der Prozesse zur Entwicklung, Vermarktung und Entsorgung eines neuen Produkts werden nicht als im Lebenszyklus konstant angenommen, sondern als dynamisch und durch die Produktgestaltung beeinflussbar angesehen. Insbesondere Lerneffekte sollen in die Produktkalkulation aufgenommen werden.
- *Physisches Produkt und Dienstleistungen*: Nicht nur das physische Produkt sondern auch Dienstleistungen sollten in der Rechnung ihre Berücksichtigung finden.

Im Folgenden werden der Ablauf und der Aufbau der Rechnung kurz skizziert.

2 Möglicher Ablauf der Lebenszyklusrechnung

Prozessstruktur

Abbildung 1 zeigt den möglichen Ablauf einer LZR im Überblick (vgl. zum möglichen Aufbau und Ablauf der LZR Pfohl (2002a), (2002b). Ausgangspunkt ist das Produkt selbst. Von diesem Produkt werden während der Entwicklung Vorabversionen physischer oder virtueller Art, also Prototypen erstellt. Anhand der Prototypen sind Aussagen über Gestalt und Menge der wahrscheinlich auftretenden kostentreibenden Faktoren zu machen. *Kostentreiber* mit starkem Einfluss auf die Prozesskosten des *indirekten Bereichs* können bspw. sein die Anzahl Teile, die Anzahl Neuteile oder die Anzahl Standardteile. Auch auf die Kosten bspw. der Ersatzteilversorgung oder des Reparaturservice nehmen diese Faktoren starken Einfluss. Für den *direkten Bereich* sind neben diesen weitere produktspezifische Kostentreiber zu berücksichtigen, wie bspw. Materialeigenschaften und -abmessungen. Wenngleich diese Faktoren nicht für jedes Produkt gleich sind, verändert sich die Art der Kostentreiber doch von Entwicklungsprojekt zu Entwicklungsprojekt nicht vollständig. Basis ist somit das Erfahrungswissen aus bisherigen Projekten, das bspw. in Form einer Checkliste abgebildet ist. Erkenntnisse über mögliche Kostentreiber können auch aus der entsprechenden Literatur gezogen werden (vgl. bspw. *Scholl (1998)*, S. 133). Der qualitativen Bestimmung der Kostentreiber folgt deren quantitative Konkretisierung. Auf Basis der Kostentreiber erfolgt die *Identifikation der Prozessstruktur* des neuen Produkts.

Kostenschätzung

Die Ausgestaltung der Lebenszyklusrechnung als Teilkostenrechnung ist zweckmäßig (vgl. dazu *Pfohl (2002a)*, S. 98). Die Prozesskosten und damit in einem Schritt zuvor die Prozessstruktur sind somit bezugsobjektbezogen auszuweisen. Die Zuordnung der Prozesse ist dergestalt vorzunehmen, dass in der Objekthierarchie immer eine möglichst hohe Verbindung zwischen Objekt und Prozess gesucht wird. Die Spitze der Hierarchie stellt die Produktvariante dar, der Boden der Hierarchie wird durch das Gesamtunternehmen gebildet.

In einem nächsten Schritt sind Aussagen über die *Kosten der Prozesse* zu machen. Basis sind unterschiedliche Kostenerfassungssysteme im direkten und indirekten Bereich. Im direkten Bereich können *CostTables* und im indirekten Bereich die *Prozesskostenrechnung* zur Kostenschätzung genutzt werden. Explizit findet hierbei die Erfahrungskurve Berücksichtigung, die sich aus verschiedenen Effizienzfortschritten in den einzelnen Prozessen des Unternehmens zusammensetzt und statische und dynamische Einflussfaktoren aufweist (vgl. *Bauer (1986)*, S. 3-5; *Baum/ Coenenberg/ Günther (1999)*, S. 94-95; *Kloock (1989)*, Sp. 428). Im Folgenden werden die dynamischen Effekte unter die *Lerneffekte* subsumiert werden.

Um die Kosten der Prozesse für den Lebenszyklus des Produkts unter dem expliziten Einbezug von Lerneffekten planen zu können, wird hier vorgeschlagen, die Prozessstruktur nach ihrem Innovationsgehalt zu differenzieren. Denn der Innovationscharakter eines Prozesses hat entscheidenden Einfluss darauf, welcher Ausschnitt der Erfahrungskurve Grundlage der Kalkulation des neuen Produkts ist. Es werden daher *drei wesentliche Prozesstypen* unterschieden:

- *Produktbezogene Prozessinnovationen*: bestehende Prozesse werden für die neue Produktgeneration wesentlich verändert. Die Lernkurve für diese Prozessinnovation startet mit der Herstellung der ersten Einheit der neuen Produktgeneration.
- *Produktübergreifende Prozessinnovationen*: bestehende Prozesse werden für mehrere Produkte wesentlich verändert. Die Lernrate ist in Abhängigkeit von der Gesamtausbringung dieser Produkte zu bestimmen. Auch hier startet mit der Herstellung der ersten Einheit der neuen Produktgeneration eine neue Lernkurve.
- *Produktübergreifende Prozessnutzung*: bestehende Prozesse werden durch die neue Produktgeneration genutzt. Die Lernkurve für die unveränderten Prozesse beginnt bei der Einführung des neuen Produkts, nicht bei null. Das neue Produkt wird durch seine Ausbringung dazu führen, dass die kumulierte Ausbringung zunimmt.

Kostensenkungspotenziale

Aus der Kenntnis der Prozessstruktur und der möglichen Entwicklung der Prozesskosten sind Schätzungen über *Kostensenkungspotenziale* abzuleiten. Dabei interessieren insbesondere diejenigen Kostensenkungspotenziale, die durch *Lerneffekte* erzielbar sind. Hier ist also zu hinterfragen, wie sich die Kosten der Prozesse in Zukunft in Abhängigkeit von den unterstellten Marktentwicklungen verhalten werden bzw. sich verhalten müssen. Die Maßgröße des betrieblichen Lernens wird in Abhängigkeit von der *kumulierten Ausbringungsmenge* dargestellt. Als Messgröße sind die Kosten der betrachteten Prozesse der Leistungserstellung heranzuziehen.

Generell wirken sich die Lerneffekte auf die Prozesserfahrungskurven in *zweifacher Weise* aus. Sie verändern

- das *Startniveau* der Kostenkurve. Diese Kosten werden aus der Lernperspektive im Wesentlichen davon beeinflusst, inwieweit es gelingt, Wissen aus verwandten Prozessen zu übertragen, und in welchem Ausmaß die Mitarbeiter auf den Prozess vorbereitet werden können. Lerneffekte wirken als exogene Größe auf das Startniveau,
- den *Verlauf* der Kostenkurve. Wesentliche Einflussfaktoren sind hier das Lernen des Prozessablaufs selbst sowie der Einordnung des einzelnen Prozesses in den Gesamtablauf. Zudem wirken sich die Möglichkeiten des technischen Lernens über das Herstellungs- und Abwicklungsverfahren sowie über das Produkt auf die Lernrate aus. Lerneffekte wirken als endogene Größe auf den Verlauf.

Aus den Schätzungen der Kostenentwicklungen der einzelnen Prozesse ist eine Kalkulation für das Gesamtprodukt abzuleiten, die zeitraumbezogene Prozesskosten beinhaltet. Die Produktkosten sind so lebenszyklusbezogen unter explizitem Einbezug des nicht statischen Verlaufs der Prozesskosten kalkuliert. Der dargestellte Ablauf wird dabei nicht einmalig durchschritten. Häufigkeit und Intensität des Durchlaufs sind dabei an den Erkenntnisfortschritt und die Projektstruktur der Entwicklung (Meilensteine, Projektteams, Teamsitzungen usw.) anzupassen.

Aus der praktischen Umsetzung der Rechnung kann zusammenfassend gesagt werden, dass Prototypen gut dazu geeignet sind, die verschiedenen Formen des Lernens abzuschätzen (vgl. ausführlich dazu *Pfohl (2002a)*, S. 141). Sie stellen ein wichtiges Bindeglied zwischen im Unternehmen vorhandenem Wissen über die Kosten der Prozesse und der konstruktiven Ausgestaltung des Produkts dar.

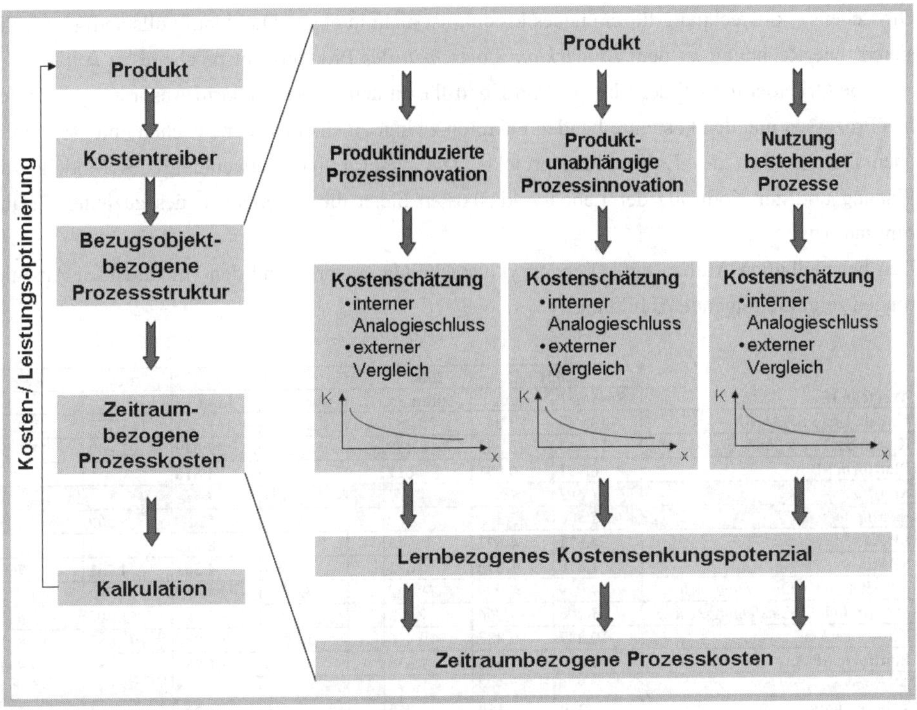

Abbildung 1: Der Ablauf einer Lebenszyklusrechnung im Überblick. (Quelle: *Pfohl (2002a)*, S. 134)

Die Gesamtkalkulation ist nach *zwei Dimensionen* zu strukturieren. Einerseits sind die Kosten des Produkts in zeitlicher Perspektive über den Lebenszyklus festzuhalten, andererseits werden die Kosten nach Lebenszyklusphasen sowie nach Zurechenbarkeit entsprechend der Bezugsobjekthierarchie unterschieden. Die Differenzierung der Kosten in *periodenbezogene* und *kumulierte* Werte eröffnet größere Möglichkeiten der Auswertung der Rechnung.

Die Schätzung der Mengen- und Wertgrößen im Modell der Lebenszyklusrechnung ist nicht frei von Schwierigkeiten. Folgende *Maßnahmen* können sich als bedeutend für die *Steigerung der Qualität der Schätzungen* erweisen:

- Die strukturierte Aufbereitung von Vergangenheitsdaten in Form von EDV-gestützten Kalkulationen, Checklisten oder rein qualitativ ausgestalteten Projektdokumentationen unter Einbezug virtueller oder physischer Prototypen erhöht die *Wahrscheinlichkeit*, dass die *Lebenszykluskosten* vollständig *geplant* werden. Auch sind so wiederholt auftretende Schätzfehler vermeidbar.
- Nutzung sowohl interner als auch externer Informationsquellen. Damit reduziert sich die Gefahr sehr unrealistischer Planvorgaben. Besonders die absatzmarktseitige Absicherung des Mengengerüsts über den Einsatz von Prototypen bei Kundenbefragungen wirkt sich auf eine größere Realitätsnähe der Planungen aus.

Die Lebenszyklusrechnung für ein neues Produkt ist nicht in einem Durchlauf vollständig zu realisieren. Die Rechnung *ist* dem *Entwicklungsfortschritt* des Produkts entsprechend zu *konkretisieren.* Die Orientierung bei der Planung und Kontrolle an den vom Produkt in Anspruch genommenen Prozessen und den kostentreibenden Faktoren zwingt zu einem systematischen und ganzheitlichen Durchdenken des Entwicklungsprojekts. Die gleichzeitige Verwendung des Modells zur Planung und zur Kontrolle der Lebenszykluskosten bietet die Möglichkeit des gezielten Erfahrungsaufbaus.

Den beispielhaften Aufbau einer Lebenszyklusrechnung entsprechend den vorstehenden Ausführungen zeigt die folgende Abbildung.

	2001		2002		2006		kum	ø
Werte in t€	**Summe**	**kum**	**Summe**	...	**Summe**	**kum**		
Umsatz Netto SP Aa/Ab	13.847	13.847	29.283	...	21.367	161.723	161.723	26.954
Kosten der Entstehung	13.533	13.533	2.178	...	1.573	22.049	22.049	3.675
Plattform SP A	**6.991**	**6.991**	**611**	-	**505**	**8.816**		
Konstruktion	*1.691*	*1.691*	*611*	...	*505*	*3.516*		
Investitionen	*5.300*	*5.300*		...		*5.300*	*5.300*	*5.300*
SP Aa	**4.672**	**4.672**	**945**	-	**578**	**8.672**		
SP Ab	**1.870**	**1.870**	**622**	-	**490**	**4.561**	**4.561**	**760**
DB SP Aa über Entstehungskosten	*4.099*	*4.099*	*18.542*	...	*13.241*	*94.809*	*94.809*	*15.802*
DB SP Ab über Entstehungskosten	*3.206*	*3.206*	*9.075*	...	*7.075*	*51.797*	*51.797*	*8.633*
Kosten des Marktzyklus	10.887	10.887	19.416	...	14.061	106.867	106.867	17.811
Plattform SP A	**4.618**	**4.618**	**7.836**	-	**5.320**	**41.957**	**41.957**	**6.993**
Montage	*879*	*879*	*1.615*	...	*1.077*	*8.835*	*8.835*	1.473
Teilereinigung	**360**	**360**	**759**		**555**	**4.204**	**4.204**	**701**
Montage Linie	**109**	**109**	**233**		**186**	**1.329**	**1.329**	**222**
Versand	**200**	**200**	**250**		**100**	**1.350**	**1.350**	**225**
Lackieren	**120**	**120**	**253**		**185**	**1.401**	**1.401**	**234**
Aufträge u. Reihenfolge planen	**90**	**90**	**120**		**50**	**550**	**550**	**92**
Produktion	1.109	1.109	2.230	...	1.659	12.402	12.402	2.067
Vertrieb	*1.090*	*1.090*	*1.963*	...	*1.084*	*8.722*	*8.722*	1.454
Konstruktion	*315*	*315*	*405*	...	*312*	*2.433*	*2.433*	405
SP Aa	**4.119**	**4.119**	**8.218**	-	**6.037**	**44.601**	**44.601**	**7.433**
SP Ab	**2.150**	**2.150**	**3.361**	-	**2.704**	**19.769**	**19.769**	**3.295**
DB SP Aa über Kosten Marktzyklus	*4.652*	*4.625*	*11.269*	...	*7.782*	*59.974*	*59.974*	*9.996*
DB SP Ab über Kosten Marktzyklus	*2.926*	*2.926*	*6.335*	...	*4.844*	*37.379*	*37.379*	*6.230*
Nachsorgekosten	508	508	802	...	996	4.848	4.848	808
Plattform SP A	**362**	**362**	**572**	-	**673**	**3.478**		
SP Aa	**317**	**317**	**501**	-	**553**	**2.959**		
Technischer Kundendienst	*160*	*160*	*198*	...	*310*	*1.417*	*1.417*	236
Entsorgung	*86*	*86*	*171*	...	*210*	*888*	*888*	148
DB SP Aa über Nachsorgekosten	*8.454*	*8.454*	*18.986*	...	*13.266*	*101.617*	*101.617*	*16.936*
DB SP Ab über Nachsorgekosten	*4.885*	*4.885*	*9.395*	...	*7.105*	*55.050*	*55.050*	*9.175*
Gesamtkosten SP A	24.928	24.928	22.396	...	16.630	133.764	133.764	22.294
Plattform	11.971	11.971	9.020	...	6.498	54.251	54.251	9.042
SP Aa	9.108	9.108	9.664	...	7.168	56.231	56.231	9.372
SP Ab	4.211	4.211	4.284	...	3.637	26.220	26.220	4.370
DB SP Aa Gesamt	-337	-337	9.823	...	6.651	47.250	47.250	7.875
DB SP Ab Gesamt	865	865	5.413	...	3.911	29.930	29.930	4.988

Abbildung 2: Beispielhafter Aufbau einer Lebenszyklusrechnung. (Quelle: *Pfohl (2002a)*, S. 171)

3 Beispielhafte Dienstleistungen als Element der Lebenszyklusrechnung

Wie eingangs dargestellt, sind produktbezogene Dienstleistungen wichtiges Element einer Lebenszyklusrechnung. Denn einerseits verursachen diese Leistungen Kosten, die genau wie die Kosten der Herstellung des physischen Produkts der zielorientierten Planung und Kontrolle unterliegen sollten. Andererseits stehen hinter den Dienstleistungen auch Differenzierungs- und natürlich Erlössteigerungspotentiale.

Die im vorigen Kapitel relativ abstrakt gehaltenen Dienstleistungen sollen im Folgenden anhand von 3 Beispielen konkretisiert werden:

- *Wirtschaftlichkeitsbetrachtungen*: Wirtschaftlichkeitsbetrachtungen unterstützen den Vertrieb und dienen dazu bspw. höhere Anschaffungskosten im Vergleich zu Konkurrenten zu begründen. Durch die Berechnung des Total Cost of Ownership können dem Kunden die Kosten transparent gemacht werden, die durch die Verwendung der Maschine tatsächlich entstehen. Konkret sind aus der Branche der Hohlglasindustrie zu nennen: Energiebedarfsrechnungen die durch den Verbrauch von Strom sowie verschiedener Gase notwendig werden. Auch geben Produktionswerkzeugkostenrechnungen in Abhängigkeit des geplanten Produktionsprogramms wichtige Hinweise auf die Lebenszykluskosten der Maschine.
- *Produktionsprozessinnovationen*: Der Schwerpunkt dieser Dienstleistungen liegt auf der Effizienzsteigerung durch die Weiterentwicklung der Maschine. Kunden sollten regelmäßig über diese Innovationen mit Angabe konkreter Effizienz- und Qualitätssteigerungen bei der Implementierung sowie ebenfalls regelmäßige Instandhaltungsmaßnahmen benachrichtigt werden.
- Auch der umgekehrte Fall ist denkbar: bspw. könnte aus kosten oder technischen Gründen zunächst auf bekannte Innovationen verzichtet werden: Zunächst werden mechanische Antriebe anstatt elektrischer Antriebe eingesetzt. Effizienz- und Qualitätseinbußen werden bewusst in Kauf genommen. Nach einem vorher bestimmten Zeitplan werden die Antriebe aber entsprechend ausgetauscht.
- *Mitarbeiterbezogene Innovationen*: Der Schwerpunkt dieser Dienstleistungen liegt auf der der Effizienzsteigerung durch die Weiterentwicklung der Mitarbeiter.

Konkret fällt hierunter die Inbetriebnahme der Maschinen, möglicherweise inklusive der Zusage von Garantieartikeln. Außerdem sind Schulungen der Mitarbeiter des Kunden vor Inbetriebnahme der Maschine beim Kunden in einer separat laufenden Produktion möglich. Zuletzt sind konkrete Schulungspläne über einzelne Phase des Lebenszyklus der Maschine, gekoppelt an den Instandhaltungsplan, möglich. Die Vergütung des Anbieters könnte an bestimmte Effizienz- und Qualitätssteigerungen gekoppelt werden.

4 Fazit/ Zusammenfassung

Wie im voranstehenden Beitrag gezeigt ist die LZR ein zentrales Element der zielorientierten Gestaltung der Kosten und Erlöse im Rahmen der Entwicklung, Vermarktung und Entsorgung von Produkten generell sowie Industriegüter im besonderen. Für Industriegüter wurde der mögliche

Aufbau sowie der Ablauf einer LZR dargestellt und an einem Beispiel aus dem Maschinen- und Anlagenbau konkretisiert. Die große Bedeutung von (logistischen) Dienstleistungen für den Erfolg des physischen Produkts wurde aufgezeigt, die Planung der Kosten und Erlöse dieser Leistungen in die Rechnung integriert und anhand von 3 Beispielen aus der Praxis veranschaulicht.

Literaturverzeichnis

Bauer (1986). Bauer, H.-H.: Das Erfahrungskurvenkonzept. Möglichkeiten und Problematik der Ableitung strategischer Handlungsalternativen, in: WiSt, 15. Jg. (1986) H. 1, S. 1-10.

Baum/ Coenenberg/ Günther (1999). Baum, H.-G./ Coenenberg, A./ Günther, T.: Strategisches Controlling, 2., völlig neu gest. Aufl., Stuttgart 1999.

Blanchard (1978). Blanchard, B. S.: Design and Manage to Life Cycle Cost, Portland 1978.

Bullinger/ Frech (1994). Bullinger, H.-J./ Frech, J.: Kostenbewußtsein und Marktorientierung in Unternehmen des Mittelstandes, in: io Management Zeitschrift, 63. Jg. (1994) H. 10, S. 59-62.

Ehrlenspiel (1985). Ehrlenspiel, K.: Kostengünstig konstruieren. Kostenwissen, Kosteneinflüsse, Kostensenkung, Berlin u.a. 1985.

Horváth (1997). Horváth, P.: Perspektiven der Prozeßkostenrechnung, in: Becker, W./ Weber, J. (Hrsg.): Kostenrechnung. Stand und Entwicklungsperspektiven, Wiesbaden 1997, S. 235-245.

Horváth (1998). Horváth, P.: Controlling, 7. Aufl., München 1998.

Horváth/ Mayer (1989). Horváth, P./ Mayer, R.: Prozesskostenrechnung – der neue Weg zu mehr Kostentransparenz und wirkungsvolleren Unternehmensstrategien, in: Controlling, 2. Jg. (1989) H. 4, S. 214-219.

Männel (1994). Männel, W.: Frühzeitige Kostenkalkulation und lebenszyklusbezogene Ergebnisrechnung, in: krp, 38. Jg. (1994) H. 2, S. 106-110.

Kloock (1989). Kloock, J.: Erfahrungskurven-Konzept, in: Szyperski, N. (Hrsg.): Handwörterbuch der Planung, Stuttgart 1989, Sp. 427-433.

Pfohl (1999). Pfohl, M.: Kostenmanagement im Prozeß des Rapid Product Development, in: VDI-Z, 141. Jg. (1999) H. 1/ 2, S. 56-58.

Pfohl (2002a). Pfohl, M.: Prototypgestützte Lebenszyklusrechnung – dargestellt an einem Beispiel aus der Antriebstechnik, München 2002.

Pfohl (2002b).Pfohl, M.: Prototypgestützte Lebenszyklusrechnung, in: Controlling, 14. Jg. (2002) H. 3, S. 143-151.

Scholl (1998). Scholl, K.: Prototypenbasierte Prozeßkostenprognose, München 1998.

Shields/ Young (1991). Shields, M./ Young, S.: Managing Product Life Cycle Costs: An Organizational Model, in: Jounal of Cost Management, 4. Jg. (1991) H. 3, S. 39-52.

Taylor (1981). Taylor, W. B.: The Use of Life Cycle Costing in Acquiring Physical Assets, in: Long Range Planning, 14. Jg. (1981) H. 6, S. 32-43.

Welge/ Amshoff (1997). Welge, M./ Amshoff, B.: Neuorientierung der Kostenrechnung zur Unterstützung der strategischen Planung, in: Franz, K.-P./ Kajüter, P. (Hrsg.): Kostenmanagement. Wettbewerbsvorteile durch systematische Kostensteuerung, Stuttgart 1997, S. 59-80.

Zoltán Kovács*

Elements of the Logistics Cube in a Business Simulation Game

* Dr. Zoltán Kovács is Professor and formal dean at the Faculty of Economics, University of Pannonia. Kovács main research and teaching areas include logistics, production and service management, simulation and gaming. Kovács is a regular guest lecturer at Technische Universität Darmstadt.

1 Introduction

Technische Univesität Darmstadt and University of Pannonia (Hungary) have strong cooperation on education and research. Profiles of Department of Management and Logistics in Darmstadt and Department of Management in Veszprém fit very well. Teaching staff gives and students take courses regularly at each other's institutes. TUD offers – among others – International Management, International Production and Logistics Management courses.

A business simulation game (Planspiel) course is offered every year in Darmstadt by the Hungarian partner. This game has many local and international references including University of Wisconsin-Madison (USA), National University (Mexico), Montanuniversität Leoben (Austria). The game is available in the following languages: German, English, Spanish, French, Finnish and Hungarian. Computer outputs can be provided in 15 languages. Due to these characteristics we have good feedback from international students at every sites.

Since both partners have strong education in management and logistics it is worth to examine the program from the logistics point of view. The most handful scheme to do this is the concept of Pfohl's logistics cube (Figure 1).

In the first part the game is introduced and then we examine the appearance of logistics variables in it.

2 Our gaming philosophy

The usages of simulations and games have a long history not only in problem solving but also in education and training. Their main advantage is that knowledge can be transferred as well as competencies and skills can be developed. Figure 2 shows the position of simulations and games among the problem solving and learning methods.

In the case of an analytical method a well defined process – often a mathematical formula – gives us a result. The output of the model is *the* final result. During this simulation we build a model for trials. Feeding the model with different inputs, we observe the output. The output is *a* result. After one or more runs of simulations the solution of the original problem can be concluded. Simulation is a kind of "what if ..." analysis.

In our approach the main difference between simulation and gaming is that in the case of game analyst is not only an observer but also participant, part of the model. The output is *a possible* result.

The borders between these categories are not sharp. Certain – for example 'trial and error' type - numerical methods can be regarded as simulations as well. In the literature simulation and gaming are often seen either jointly (simulation/gaming, simulation game) or as synonyms. In German terminology business game is called "Planspiel". Following we use the word "game".

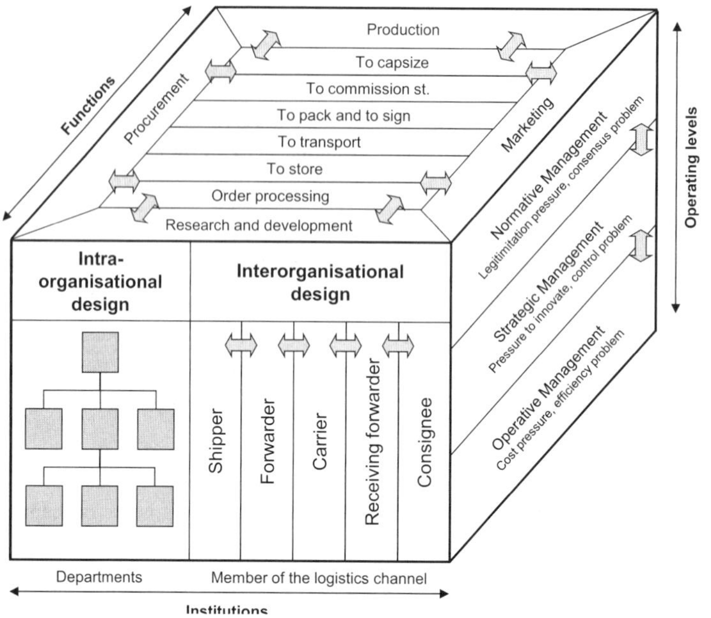

Figure 1: Logistics cube. Source: Pfohl (2004), p. 26.

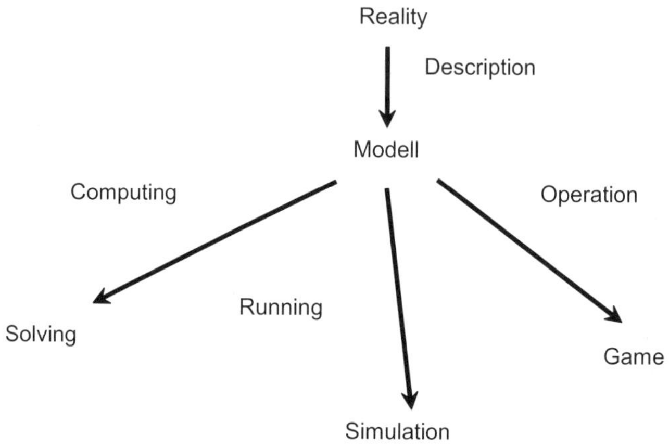

Figure 2: Position of games among methods

3 The game

Our game contains up to ten companies. The student teams – as top management of the companies – make decisions according to their own operations. Data from these decisions form the input for the computer program. When each firm has made a decision, the program starts and produces the results of the decisions as a list. This list - the Managerial Report - serves as the base of the companies' decisions for next time period. Then these next decisions are entered into the program and a new cycle begins.

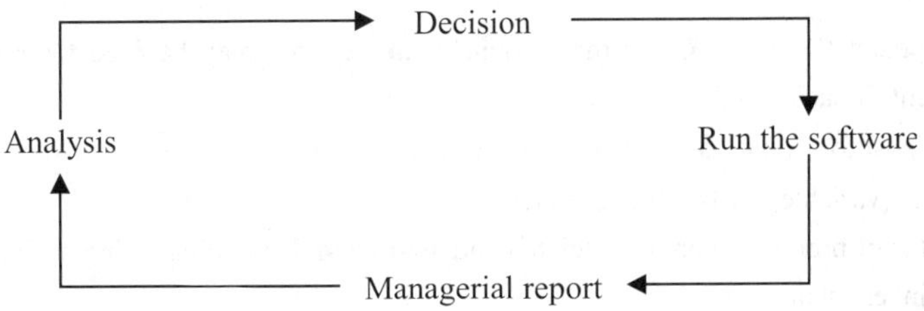

Figure 3: Sequence of the game.

The chain of decisions can be interrupted after any of the managerial reports and the results can be evaluated. The operation of the companies is supervised by the instructor who protects the purity of the game, and if necessary, changes the parameters or conducts the filing of a bankruptcy. These tasks, however, can be managed by the companies—after they have agreed with each other—and not by an instructor.

At the start of the game companies are selling the same product in a defined number of markets. The demand (the orders) is determined by the price, the marketing operations, and the technical level of the product. For the companies the diversity of the markets become apparent through distance (cost of transportation) and in the different start-up situation in each market.

The other firms are also seen as an environment by the other companies, since these decisions may interact with each other.

The markets interact with each other. If a company significantly ruins its goodwill in one of the markets, the firm senses the effect of it in the other markets, too.

The instructor can control the type and the size of the environment in which companies are developing at any time. By changing the parameters he can influence the decisions of the companies in an indirect way. However, direct interposition may also be necessary if any of the companies fails and must file bankruptcy. This in general means the sale of fixed assets (capacities). In an acute crisis a cash subsidy may be possible too.

Companies can also experience other incidental effects coming from an indeterminate place in the environment. These can be adjusted at any time during the game.

3.1 Decision variables

Participants control the operation of their company by the following variables:

- Price: it has effect directly on orders.
- Marketing costs: the other tool for generating demand.
- Production costs: it serves to control the volume which should be produced. It contains fixed cost and linear variable cost.

- Transportation cost: The ordered and produced product must be transported to the customer. Since the actual orders for a period are unknown at the time of decision making the cost of transportation must be estimated. To determine these costs, participants must create sales forecast on each market.
- Research and development (R&D): R&D is the amount of money that may be used for research and development. It has two effects:
  - improves product position, a kind of marketing cost effect,
  - decreases the direct (variable) costs of the product.
- Investment: instruments of production are depreciated and amortized. Upholding or increasing the capacity requires investment.
- Inventory holding costs: unsold products remain in warehouse and cause these costs.

Decision variables listed above (excluding price) comprise all the expenses the company has to cover with cash.

3.2 Managerial report

The information that serves as the basis in company decision making is the managerial report. It contains the results of the last time period. Figure 3 shows a managerial report from time period 0. This managerial report consists of the following parts:

a) Total statement on the overall market situation
b) Market report about a (the) company
c) Production report
d) Cost calculation
e) Financial statement

A managerial report after 12th quarter (period) can be seen on Figure 4.

3.3 Evaluation

Basis for the evaluation are:

- Results of the company.
- Written report.
- Presentation.

Key performance indicators of a company are:

- The difference of final and initial value in the case of cash, active capital, capacity, assets, direct costs.
- The goodness of forecasts, budget, transportation cost budget.

The computer program's company-classification is shown in Figure 5. The first column refers to the rank. Each column after the first column has two numbers. The first number refers to the difference between the two time periods, and the second refers to the company.

```
          eur           MANAGERIAL REPORT   (EUR)
Game:     p09b          Company:    2           Quarter:    12
                    Global statement
                     Prices for each company
               1    2    3    4
  1. market   29   29   30   29
  2. market   30   29   31   30
  3. market   30   30   31   31
  4. market   30   29   31   29
            Marketing              Orders              Sales
              (EU)                 (unit)              (unit)
  1. market   620000               490941              474332
  2. market   640000               460238              452497
  3. market   670000               444490              431512
  4. market   710000               485475              465222
---------------------------------------------------------------
Sum total    2640000              1881144             1823563
Average       660000               470286              455891
                       Market report
            Marketing     Orders      Sales        Revenue    Unit cost
              (EU)        (unit)      (unit)         (EU)     (EU/unit)
  1. market   120000      116679      109499      3175471       25.94
  2. market   240000      182149      182149      5282321       24.16
  3. market   130000      103683       97302      2919060       26.18
  4. market   200000      141932      133198      3862742       26.35
------------------------------------------------------------------------
Sum total     690000      544443      522148     15239594
Average       172500      136111      130537      3809899       25.47
                       Production report
                      Units        Value(EU)
Capacity              502257       10205666 EUproduction cost would be enough
Production            489725       10000000
Initial stock          55945        1151575
Closing stock          23522         480704
Sales                 522148       10670871
Next capacity         502295 cca 10206289 EU production cost will cover
    Cost accounting
Game:     p09b        Company:    2            Quarter:    12
Direct :    16.41 Production:    20.42 Average:    20.44 Total :     24.40
                      Financial statement    (EU)
                         1            2            3            4
Revenue               9670447     15239594     14498559     14895088
Costs
 Production           7999969     10670871      9517246      9673225
 Transportation        399312       679998       597778       653842
 R&D                        0       700000      1000000      1300000
 Marketing             500000       690000       780000       670000
 Inv.hold.c.                1        55945            1            1
 Depreciation          406496       502256       482082       503450
Total costs           9305779     13299070     12377107     12800518
Profit before taxes    364668      1940524      2121452      2094570
Tax                    182334       970262      1060726      1047285
Net profit             182334       970262      1060726      1047285
Cash                 10315336     15567224     14721132     14065454
Value of stock             62       480704       216119           36
Active capital       10315398     16047928     14937250     14065491
Investment                  0       503000      1000000      1013523
Value of capacity     7723423     10045855     10159552     10579069
Assets               18038821     26093783     25096802     24644559
Few transportation cost!
```

Figure 4: Managerial report

E V A L U A T I O N (EUR)

Game: p08a Quarter: 5 - 6

No.	Cash	Act. cap.	Capacity	Assets	Proj. error %
1	2106048 4	1006208 4	2387 2	584778 4	20 1
2	396312 1	741363 3	-11859 1	337594 3	30 4
3	-1325777 2	396312 1	-20188 3	159119 1	54 2
4	-3106908 3	-2797421 2	-21071 4	-2749676 2	212 3

No.	Direct cost/u.	Cash OK	Transport OK
1	0.317 1	1 1	1 1
2	0.176 2	1 3	1 2
3	0.060 4	0 2	1 3
4	0.049 3	0 4	0 4

Figure 5: Example for key performance indicators

At the end of the exercise each company prepares a report that answers the following questions (chapters of written report and presentation):

- What was their initial strategy?
- How could they accomplish it; what kinds of factors took part in it?
- What other strategies did they try?
- How did these succeed and what kinds of factors played a part?
- How did they make their decisions; what did they think was the best method?
- How did they evaluate the condition of their own company at the end of the exercise?
- If they could start again, what would be their:
  - strategy;
  - plan;
  - organization (if they worked in team)
- How would they continue the exercise?
- Each report also contains
  - the diagrams and
  - the break-even analyses for the firm.

4 How elements of logistics cube appear in the game?

Although the game is designed not specially to simulate a logistics system, – since the simulated companies are part of a supply chain – it has certain logistics aspects. Pfohl's logistics cube gives good opportunity to examine the game from this point of view.

4.1 Institutional side

Intraorganisational design

Internally (intraorganisational design) there are not defined structures of companies. However we recommend the participants to share the analytical functions. The most important functions would be: market analysts, financial and controlling analysts, production/operations including logistics: transport and inventory control. It is up to the participants how they develop their own organisation. The experience is, that most often they do not formalise the organisation, everybody deals with every aspects of operation. During the evaluation about half of the companies say that it was not a good solution, the division of task would have been better.

Interorganisational design

Regarding the members of logistics channels (interorganisational design) they appear in an abstract way, only effects of their existence appears. Costs of forwarders, carriers is represented as transportation costs in the game. Low budget might cause that the ordered and produced product will not be transported. Less profit and customers' good-will will be the result. Out of the normal operations there can be extraordinary sales of inventory and machines (capacity). This must be negotiated with the instructor.

4.2 Functional side

Procurement

Due to depreciation the value and capacity are decreasing during the game. Hence companies have to purchase machines (capacities). Because of the strategic characteristic of the game, raw material procurement is not in the system.

Production

As presented above, production plays an important role in the game. Almost all resources are available, participants don't have to deal with procurement and inventory of raw material, labour, energy. Machine capacity – what can be developed by investment – depends on decisions. The control of production – setting the volume to be produced – is done by giving the amount of production costs.

Participants recognise the importance of capacity utilisation during the game. Their investment tactics must harmonise with actual capacity, inventories and future orders, depreciation, indirectly their marketing and pricing police. Level of capacity utilisation is a performance indicator. In the future we plan to introduce the service level as an indicator also.

Marketing

There are two basic tools for generating orders: marketing costs and pricing. Research and development gives additional effect, similar to marketing costs. Companies can work out specific marketing strategies for each market. Important logistics factors are specific transportation costs which results from different distances between the shipping and receiving points. We force the participants to calculate their market share and marketing cost share. It helps them to evaluate the effectiveness and efficiency of their marketing efforts.

Research and development

The other aspect of R&D is that R&D is a kind of financial investment which must return. Companies analyse it and calculate the ROI.

Regarding the process Pfohl's cube contains the following:

- Order processing.
- To store.
- To transport .
- To pack and to sign.
- To commission sth.
- To capsize.

They do not appear explicitly in the game. Although decisions (the budget) affect them, they are supposed to do by lower level managers.

4.3 Operating level

There are two operating levels in the game:

- Decision variables, information used during the game.
- The daily operation of the teams.

Normative management. Legitimation pressure, consensus problem

The game has clear rules. Behaviour must be ethical. Cartelling is prohibited.

Aggressive and altruist attitudes are not recommended, 'leben und leben lassen' with maximisation of own objectives is acceptable.

Team members make their decisions under consensus. Sometimes conflicts occur.

Strategic management. Pressure to innovate control problem

The fundamental nature of the game is strategy. Participants represent the top management of a company. Possible areas of innovation:

- operation,
- decision making,
- analysis, for example developing spreadsheets

Operative management. Cost pressure, efficiency problem

Strategy can be differentiation, cost competition or segmentation. They can drive each other into cost competition (the sector is oligopolistic).

Their efficiency in the terms of time consuming always have tremendous development. At the begin of the game it takes more than an hour to make the first decision. At the end of the game often a quarter hour is enough. In order to avoid to became boring the game instructor changes parameters. For example transportation costs can be increased creating a more difficult situation for participants. Table 1 contains the summary of correspondence of logistics cube and game.

	Pfohl's cube	**Game**
1. Institutional side		
1.1. Intraorganisational design	+	spontaneous
1.2. Interorganisational design	+	virtual
2. Functions side		
2.1. Procurement	+	virtual
2.2. Production	+	+
2.3. Marketing	+	+
2.4. Research and development	+	+
3. Operating level		
3.1. Normative management. Legitimation pressure, consensus problem.	+	+
3.2. Strategic management. Pressure to innovate control problem	+	+
3.3. Operative management. Cost pressure, efficiency problem	+	+

Table 1: Summary of Correspondence of the Logistics Cube and the Game.

5 Experiences, conclusions

Logistics cube contains the most important areas of companies. They are vital for the operations. The cube gives also a good scheme for examining and evaluating real and simulated processes.

The experiences with simulation game are good. Students, who "grew" up in the environment of Pfohl's logistics cube received the simulation game very well. Their simulated results are above the average. Both institutes are looking for a promising further cooperation in the future management and logistics.

Sources

Pfohl, H. Chr. (2004): Logistikmanagement. Konzeption und Funktionen. 2.,vollständig überarbeitete und erweiterte Auflage. Berlin."

Pfohl, H.,C. - Shen, X.(2008): Apparel Supply Chain between Europe and China - A Guide to Apparel Sourcing and Distribution in China, Arbeitspapiere zur Unternehmensführung und Logistik, Darmstadt, 2008.

http://almos.vein.hu/~kovacsz/szimulacio/internat.htm

Jianxin You* / Lilong Zhu**

Synergistic Effect and Compensation Mechanism of Quality Management in Supply Chains[1]

* Prof. Dr. Dr. h.c. YOU Jianxin: Ph.D. in Management, Professor in the School of Economics and Management, Tongji University, Shanghai 200092, China. Research interests: Industrial Engineering, Supply Chain Management and Quality Management. E-mail: yjx2256@vip.sina.com Address: School of Economics and Management of Tongji University, Si-Ping Road 1239, Shanghai, China. Postal Code: 200092

** ZHU Lilong: Ph.D candidate, School of Economics and Management, Tongji University, Shanghai 200092, China; College of Business, University of Illinois at Urbana-Champaign, IL 61820, USA. Research interests: Supply Chain Management and Quality Management. E-mail: zhulilong2008@yahoo.com.cn. Address: School of Economics and Management of Tongji University, Si-Ping Road 1239, Shanghai, China. Postal Code: 200092

1 Financial Supporting: National Nature Science Foundation of China and Shanghai Leading Academic Discipline Project is financially supporting this research under the Contract NO. 70832005 and NO. B310.

Abstract

Based on principal-agent theory, in this paper, we study how to determine synergistic effect and how to design compensation mechanism of quality management in the supply chain under the conditions of asymmetric information. The supplier produces and provides the intermediate products to the buyer in accordance with its requirements, who has the private information of products quality level, and can take quality prevention strategy to improve the product quality level in the production process. The buyer receives the intermediate products and chooses the quality inspection level, who makes a quality evaluation strategy and designs the incentive contract and compensation mechanism. We set up the supplier's quality prevention decision model and the buyer's quality inspection decision model, take use of the optimization theory, solve the supplier's (as agent) hidden action moral hazard values and the corresponding cost of information rents, analyze the causes of synergistic effect, and set up a buyer's (as principal) compensation mechanism.

Key words: supply chain; quality management; principal-agent relationship; synergistic effect; compensation mechanism

1 Introduction

In the 21st century, with the rapid development of the international market and information technology, all kinds of organizations are working hard through strengthening management and innovation in order to improve their own competitiveness. With the formation of global economic integration, governments and businesses recognize the important quality problem in deepen. The quality department also recognizes the products quality problem from the partly organization to the whole organization, and improves quality is no longer only considered to address the functions of the quality department, which carries out quality management throughout the organization that has become a modern enterprise organization and the government to pursue the long-term success consensus (You jianxin, 2003)[1]. The problems of products quality impact many households and relate to the improvement of people's living standards, which is an eternal theme. It includes the quality inspection process, statistical quality process control and total quality management. The progress of quality management has made tremendous contributions for improving people's living standards. But in China, we hope the country to become manufacturing power country gradually. It is still the key action to improve the products quality level. China has implemented total quality management for nearly 30 years. Through our efforts, it has made great progress in the basic quality management and practices, and Chinese products have a good foundation to be exported to other countries all over the world (You jianxin, 2008)[2].

Based on products quality logistics, Hans-Christian Pfohl (1997)[3-4] argued that the organization for logistics often favors an aggregation of all tasks into one department. This decision presupposed an extensive analysis of important contingency factors, liked product line, environmental relations, technology and organizational size. However, such contingency factors had a limited influence, and were modified by the strategy of the organization. Defined selected contingency factors, examined the organization's overall strategy and showed how these two factors could be combined in the light of the specific requirements of the firm's logistical task. In order to implement total quality management process, we must pay attention to three basic concepts: the business must be customer-centric; the organization must be improved continuous; enterprises must realize the value of each employee. But we must also concern about the three major driving forces: the organizations must coherence the process; the business must take the management measures and systems thinking; the business must improve the quality of the reproduction. Total quality management includes three key processes: quality planning, quality control, quality improvement (Joseph M.Juran, 2003)[5].

So, Hans-Christian Pfohl (2000)[6] discussed the growth of inter-firm logistics networks. Inter-firm network denoted a complex arrangement of reciprocal, cooperative rather than competitive, relationships between different firms legally independent but economically interdependent. He also asserted that the organization of the inter-firm logistics network is influenced by the organization of the network itself, analyzed the respective requirements of the inter-organizational logistics system. He focused on the question of which specific logistics-related capabilities firms operating in production networks had to develop depending on the respective network type, and presented a qualitative study of a production network of a German car manufacturer to identify organizational capabilities and described possible systemic development.

However, because of asymmetric information, the supplier and the buyer have complex principal-agent relationship in supply chain. The buyer (as principal) carries out quality inspection process and determines the products quality testing level. The supplier (as agent) makes the quality prevention decision and determines the products quality preventing level. We have conducted a study and exploration the supplier and the buyer how to pursue the optimal long-term cooperation expected revenues in supply chain.

2 Literature Review

The issues of product quality have become a hot research field in supply chain management in recent years. But the theory and practice study exists prevalence the following systematic difficulties: the conflict and competition in enterprises of the supply chain; it is difficult to achieve supply chain coordination; the enterprises in supply chain pursue to maximize profits and the effectiveness lead to adverse selection and moral hazard problem; the supply chain is difficult to form long-term partnership and so on. Because of the supply chain between enterprises caused by asymmetric information arise mainly these problems and difficulties. It will also become major issues of the products quality in supply chain management.

You Jianxin(2008)[7] analyzed the background of quality management with of global supply chain and addressed the aggregating global supply chain with strategy quality management, followed by strategy quality management of global supply chain analysis. Developed strategy quality management based on global supply chain and put forward organization notion and stepped to implementation. In order to address the various problems arising from the participants in the supply chain because of information asymmetry, the principal-agent theory is an effective solution. We will make have private information or have a comparative information advantage as an agent, and not have private information or have a comparative information disadvantage as a principal. The principal designs the incentive contract to induce the agent to select the most optimal action when he pursue to maximize the effectiveness and to expect profits himself (ZHANG Weiying, 2004)[8].

About the principal-agent theory, Van Ackere.Ann (1993)[9]discussed the main characteristics of the basic principal/agent model, several applications of the model to the fields of accounting, industrial organization, finance, and marketing are presented. The potential for application to management science problems was highlighted, and a batch-size problem was analyzed to illustrate the concepts involved. Firms often use acceptance sampling to monitor the quality of the raw materials and components delivered by suppliers. Numerical methods are used to examine how a risk averse supplier reacts to the acceptance sampling plan used by a customer. It is assumed that the supplier produces and delivers a quality level that maximizes the supplier's expected utility. The sensitivity of the optimal delivered quality changes in the price, changes in the supplier's level of risk aversion, and changes in the parameters of the customer's sampling plan is examined. It is concluded that risk averse suppliers deliver higher quality, that higher capability suppliers do not necessarily deliver higher quality, and that the optimal quality is sensitive to the lot size. It is also concluded that since the risk of rejection motivates suppliers to improve quality, customers have an economic justification for using acceptance sampling even when there is no statistical justification (Starbird S.Andrew, 1994)[10]. Diane J.Reyniers (995)[11] investigated the effect of contract parameters such as price rebates and after-sales warranty costs on the choice of quality by a supplier, the inspection policy of a producer, and the resulting end product quality and highlighted the importance of strategic and contractual issues in quality management. You Jianxin (2005)[12]based on the study of the SPC (Statistical Process Control) - QCM (Quality Cost Model), applied the SPC and the optimization of the quality-based cost to the manufacturing practice. It had established the relationship between the percentage nonconforming and the inspection during the single-step manufacturing flow, then a general applied method to resolve the optimization of the quality-based cost was brought forward. In the term of the operable strategy, the enterprise could make up the gap between the theory of quality-based cost management and the micro-practice during the operation of the enterprise, so as to achieve the higher quality and lower cost.

When we study the question about quality control strategy and enterprises coordination strategy in supply chain, it is necessary to consider the adverse selection problem and the moral hazard problem. So that we set up the principal-agent model, which is the most commonly used method. So Robert Puelz (1997)[13] predicted a step-function penalty with more costly, more reliable audits used for higher loss reports to control ex post exaggeration of the loss. In addition, the penalty induced non-reporting that was imperfectly controlled through random audits. An empirical contract implemented to control workers' compensation medical losses provides evidence consistent with these predictions. Stanley Baiman (2000,2001)[14-15] analyzed the relation between product quality, the cost of quality, and the information that can be contracted on, considered a setting where a risk neutral supplier sold an intermediate product to a risk neutral buyer. The supplier incurred appraisal costs to identify defects. Both decisions were subject to moral hazard. He examined the relationship between product architecture, supply-chain performance metrics, and supply-chain efficiency. The supplier was privately informed about the outcome of his design/production investment, the buyer both appraised the supplier's component and did further processing/component production of his own. His results highlighted the interaction between the performance metrics used for contracting within the supply chain, the architecture of the product produced by the supply chain, and incentive efficiency of the supply chain.

In the facet of supply chain literature, an increasing work studies the supplier how to use incentive schemes such as quantity discounts to influence buyers' ordering strategy, thus reducing the supplier's and the total supply chain costs. Various functional forms for such incentive schemes have been proposed, but a critical assumption always made is that the supplier has full information about the buyer's cost structure (Charles J.Gorbet, 2000)[16]. Emilio Barucci (2000)[17] devoted the study of infinite horizon continuous time optimal control problems with incentive compatibility constraints that arising in many economic problems, for instance in defining the second best Pareto optimum for the joint exploitation of a common resource, the joint exploitation of a productive asset: a game theoretic approach. An incentive compatibility constraint was a constraint on the continuation of the payoff function at every time. He proved that the dynamic programming principle. When the incentive compatibility constraint only depended on the present value of the state variable, he proved existence of optimal strategies, and showed that the problem was equivalent to a state constraints problem in an endogenous state region which depends on the data of the problem. Wei Shi Lim (2001)[18] investigated the contract design problem of a producer when he purchased parts from a supplier, and there was incomplete information regarding the quality of the parts, focused on two compensation schemes embedded in the contract, price rebate and warranty. When a full-price rebate was not possible and the producer and the supplier had to share the damage cost, an optimal contract was such that the supplier compensated the producer by the same amount, regardless of his quality type. In case the producer does not need to share the cost in exactly one of the compensation schemes, he may still offer the other compensation scheme to a supplier type depending on the relative costs involved, the maximum compensation cost acceptable by all supplier types, and his ex ant believed about the quality level of the supplier.

And then, SA Starbird (2001)[19] examined the effect of rewards, penalties, and inspection policies based on the behavior of an expected cost minimizing supplier, and showed that the reward and/or penalty that motivates a supplier to deliver the buyer's target quality depended upon the inspection policy. SA Starbird (2003)[20] developed a mathematical model of a simplified supply chain in which conformance quality was one of the supplier's decision variables and both the supplier and its customer were trying to minimize expected annual cost. His expected cost model included the important quality costs (appraisal, prevention, internal failure, and external failure) as well as holding, set-up, and ordering costs. And the results indicated that coordination leaded to a decline in total cost but did not necessarily lead to an improvement in quality.

The manufacturer provides its initial forecast to the supplier along with a contract, the supplier constructs capacity (if the contract will be accepted), the manufacturer receives an updated forecast and submits a final order. Two contract compliance regimes are considered. If the supplier accepts the contract under forced compliance then he has little flexibility with respect to his capacity choice; under voluntary compliance, however, he maintains substantial flexibility. Optimal supply chain performance requires the manufacturer to share initial forecast truthfully, but has an incentive to inflate its forecast to induce the supplier to build more capacity. The supplier is aware of this bias, and so may not trust the manufacturer's forecast, harming supply chain performance (Gerard P.Cachon, 2001)[21]. Under a revenue-sharing contract, a retailer pays a supplier a wholesale price for each unit purchased, plus a percentage of the revenue the retailer generates. Such contracts have become more prevalent in the videocassette rental industry relative to the more conventional wholesale price contract. Demand can be deterministic or stochastic and revenue is generated either from rentals or outright sales. It includes the case of a supplier selling to a classical fixed-price newsvendor or a price setting newsvendor, and revenue sharing coordinates a supply chain with a single retailer (i.e., retailer chooses optimal price and quantity) and arbitrarily allocates the supply chain's profit. Revenue sharing does not coordinate a supply chain with demand that depends on costly retail effort (Gerard P.Cachon, 2005)[22]. Pradeep Agrawal (2002)[23] considered the choice of contract between an entrepreneur and a worker: in a situation where the worker couldn't readily observe the outcome (such as profit or output) of their joint endeavor, while the entrepreneur cannot easily observe the effort supplied by the worker. He analyzed this problem using a generalized double-sided moral-hazard model, with risk-averse parties who mutually monitored each other (to get a reasonable idea of outcome/effort). And he considered trade-off between monitoring costs and moral hazard costs, which were endogenously determined by the extent of monitoring. He formally proved a generalized version of coase's conjecture–that the optimal contract minimizes the agency and risk costs.

In many supply chains consumption of indirect materials, sold by a supplier to a customer for use in production process, can be reduced by efforts exerted by either party. Since traditional supply contracts provide no incentive for the supplier to exert such effort, shared-savings contracts have been proposed as a way to improve incentives in the channel, leading to more efficient effort choices by the two parties. Such shared-savings contracts typically combine a fixed service fee with a variable component based on consumption volume. Charles J.Corbett (2005)[24]formalized this situation using the double moral hazard framework, in which both parties decide how much effort to exert by trading off the cost of their effort against the benefits that they will obtain from reduced consumption, extend the double moral hazard framework to analyze a broader class of cost-of-effort functions than considered so far, including the linear cost of effort functions commonly found in practice, and show that the supplier can still always induce the optimal second-best equilibrium with a linear shared-savings contract. Under this broader class of functions, however, the behavior of the optimal contract as a function of the problem parameters becomes more complex. We illustrate how small changes in the problem parameters can turn profits from being a well-behaved to a poorly-behaved function of the contract, and provide some theoretical characterization of this phenomenon. CS Tapiero (2007)[25] provided a quantitative and comparative economic and risk approach to strategic quality control in a supply chain, consisting of one supplier and one producer, using a random payoff game. Such a game was first solved in a risk-neutral framework by assuming that both parties were competing with each other, showed in this case that there might be an interior solution to the inspection game. Numerical examples were developed to demonstrate the procedure used.

Many former scholars have been studying how to control products quality problem in supply chain under the condition of moral hazard. The quality investment and processing level for the buyer and the production investment level for the supplier under moral hazard condition are deviated from the decisions under symmetric information (Zhang Cuihua, 2003)[26]. Supply chain quality prevention decision problem is studied under asymmetric information and supply chain quality profit models are set up with regards to seller and supplier. The study direction has been changed that decision problem has turned into optimal control problem under asymmetric information. Maximal principle is used to get the solution to supplier quality prevention when seller evaluation information is hidden (Zhang Cuihua, 2003)[27]. Huang Xiaoyuan (2003)[28] studied the quality control in supply chain management on asymmetrical information conditions, set up the quality-cost models for supplier and buyer, including the rational restrictions on supplier's production, and analyzed the principal-agent relationship between supplier and buyer on asymmetrical information conditions by which the un-observable of quality level was regarded as that the supplier concealed information from the buyer. The quality-cost function of buyer was an objective function while that of supplier becomes a state-space equation by converting the conditions of the objective function into first order conditions.

Based on the principal-agent theory, strategy of quality control in supply chain under double moral hazard condition is discussed. When the supplier's costs which are invested in products' quality prevention and seller's costs which are invested in products' quality appraisal both are unobservable information, the supplier and seller may incur moral hazard after contracting. In order to reduce the double moral hazard, the incentive measurements are given: one is the penalty to supplier when supplier provides defective products to seller and doesn't be found , and the other is the penalty to supplier when supplier provides defective products to seller and seller finds the defective products. The quality control model under double moral hazard condition is given after the supplier's revenue and seller's revenue are considered respectively (Li Lijun, 2005)[29]. Zhou Ming (2006)[30] focused on moral hazard problems in which the supplier and (or) the buyer might take unobserved action. In order to motivate the supplier and the manufacturer's actions, analyzed how to specify conditions on contract parameters. Huo Jiazhen (2008)[31] firstly studied one-off supply chain cooperation involving screening asymmetric information of common hypothesis, and constructed a second-best coordination model to prove that it was impossible to realize the absolute optimal coordination in such an occasion. If the agent's (retailer's) private information of one season was associated with that of other seasons, and couldn't be testified in the next season, ratchet effect would be resulted in information screening. Zhu Lilong and You Jianxin (2009)[32] established three models of the ordering strategy including single ordering strategy, joint ordering strategy, carry ordering strategy, and three total costs functions of the ordering strategy. They analyzed of the three ordering strategies aggregation effects which showed that carry ordering strategy carries the aggregation effects much better than the joint ordering strategy, and joint ordering strategy carries the aggregation effects better than the single ordering strategy; when additional ordering costs in the total ordering costs accounted for a large proportion, carry ordering strategy will minimize the total costs, and aggregation effects was obvious; when additional ordering costs accounted for a small proportion in the total ordering costs, carry ordering strategy become unfeasible, and the joint ordering strategy will make the cost much less.

In this paper, we set up the supplier's and the buyer's expected revenues function model in part 3. In part 4, we consider the quality control strategies in supply chain under the conditions of complete information. The supplier's quality prevention level can be observed, and the buyer's quality test level also can be observed. We establish a joint expected revenues function of supply chain, and demonstrate the synergistic effect of the quality management in supply chain. In part 5, under the conditions of information asymmetry, the supplier decides their production strategies and determines their products quality level independently, who has the private information of product quality level; the buyer takes a product quality inspection strategy, and then he decides to receive or reject the products. Based on the analysis, we design a compensation mechanism of the quality management in supply chain. Finally, we summarize this paper and draw some meaningful conclusions, which provide guidance and practice in the quality management for the enterprise's products quality control strategy in practices.

3 Basic Assumption and Model Description

In current paper, the model which we have built is component of the supply chain system by a risk-neutral supplier and a risk-neutral buyer. The supplier produces intermediate goods in accordance with the requirements of buyer. In order to improve the quality of products, supplier can take the quality prevention strategies in the production process, and buyer will choose a certain level of quality testing when he receives the intermediate products and makes the products quality inspection decision.

Assumptions: (1) The buyer's quality inspection process does not change the quality level of intermediate products; (2) when the intermediate products which supplier provides are non-defective products, the buyer's quality inspection process will confirm it; (3) when the intermediate products which supplier provides are defective products, if the buyer's quality inspection system find the defective products, he will reject the products; (4) supplier and buyer are pursuing the goal of expected profits maximization.

In this paper, we suppose that,

EV_S, The supplier's expected revenues;

T, The buyer's prior payment;

P_S, The supplier's product quality prevention level;

$C_S(P_S, \theta_S)$, The supplier's products quality prevention cost,

θ_S is exogenous random variable which affects supplier's products quality prevention;

P_B, The buyer's products quality inspection level;

$C_B(P_B, \theta_B)$, The buyer's products quality inspection cost,

θ_B is exogenous random variable which affect buyer's quality inspection;

W_I, When buyer inspects the defective products, he will punish the supplier as the internal failure cost;

W_E, When supplier provides the products itself are unqualified, but the buyer has not inspected the defective products, he will sell them to the consumers, which will cause the external failure cost;

$\Delta\pi$, The suppliers offer the price discounts for buyer to compensate its internal failure cost;

α, The buyer's apportionment ratio in external failure cost, $\alpha \in [0,1]$.

EV_B, The buyer's expected revenues;

Π_{B1}, The buyer's profits when it sales non-defected products;

Π_{B2}, The buyer's profits when the supplier's products are defective, the buyer doesn't inspect the defective products and sell them to consumers;

Π_{B3}, The buyer's profits when the supplier's products are defective, buyer will detect out and reject these defective products;

So we establish the supplier's expected revenues function as follow,

$$EV_S(P_S, \Delta\pi) = T - (1-P_S)P_B(W_I - \Delta\pi) - (1-P_S)(1-P_B)(1-\alpha)W_E - C_S(P_S, \theta_S) \tag{1}$$

And the buyer's expected revenues function as follow,

$$EV_B(P_B, \alpha) = P_S\Pi_{B1} + (1-P_S)P_B\left[\Pi_{B3} + (W_I - \Delta\pi)\right] + (1-P_S)(1-P_B)\left[\Pi_{B2} + (1-\alpha)W_E\right] - T - C_B(P_B, \theta_B) \tag{2}$$

4 Synergistic Effect of Quality Management in Supply Chain

First of all, we consider the quality control strategy of supply chain under the complete information conditions. As for the buyer (as principal), the supplier's (as agent) quality prevention level P_S can be observed, and as for supplier, the buyer's quality testing level P_B can be observed.

Incentive compatibility constraint is invalid, principal-agent problem is transferred into supply chain joint optimization problems.

Based on the assumption in formula (1) and formula (2), we have established the following supply chain joint expected revenues function,

$$EV_{SB}(P_S,P_B)=P_S\Pi_{B1}+(1-P_S)P_B\Pi_{B3}+(1-P_S)(1-P_B)\Pi_{B2}-C_S(P_S,\theta_S)$$
$$-\quad C_B(P_B,\theta_B) \tag{3}$$

So that EV_{SB} is the supply chain joint expected revenues.

What's more, we make the formula (3) first-order partial derivative in P_S , P_B respectively,

$$\frac{\partial EV_{SB}}{\partial P_S}=\Pi_{B1}-P_B\Pi_{B3}-(1-P_B)\Pi_{B2}-C_S^{'}(P_S,\theta_S)=0 \tag{4}$$

So, $(\Pi_{B1}-\Pi_{B2})-P_B^{*}(\Pi_{B3}-\Pi_{B2})=C_S^{'}(P_S^{*},\theta_S)$ (5)

$\therefore P_S^{*}=P_S(P_B^{*},\theta_S)$ (6)

$$\frac{\partial EV_{SB}}{\partial P_B}=(1-P_S)\Pi_{B3}-(1-P_S)\Pi_{B2}-C_B^{'}(P_B,\theta_B)=0 \tag{7}$$

So, $(1-P_S^{*})(\Pi_{B3}-\Pi_{B2})=C_B^{'}(P_B^{*},\theta_B)$ (8)

$\therefore P_B^{*}=P_B(P_S^{*},\theta_B)$ (9)

So we achieve that $\{P_S^{*},P_B^{*}\}$ are the supplier's optimal quality prevention level and buyer's optimal quality inspection level under the complete information condition.

The buyer's external failure costs are (Π_{B1} - Π_{B2}), and buyer penalties $(1-\alpha)W_E$ on the supplier when buyer sales defective products induce the external failure costs; The buyer's internal failure costs are (Π_{B1} - Π_{B3}), and buyer penalties $(W_I-\Delta\pi)$ on the supplier when buyer inspects defective products induce the internal failure costs. In order to make the buyer have incentive motivation to implement the quality inspection strategy, the penalty when occur internal failure costs must be less than its internal losses, that is, $(W_I-\Delta\pi)$ < (Π_{B1} - Π_{B3}), otherwise, the buyer have no incentives motivated to inspect products quality , and its sub-game Nash equilibrium is always returned or rejected products.

In this case, the supplier's quality prevention level P_S and buyer's quality testing level P_B can be observed, so the problem of moral hazard does not exist. At this time, the supply chain system which composes by the supplier and buyer will pursue the supply chain joint expected revenues maximization and a harmonious alliance, and have a positive synergistic effect of the supply chain.

So we can get buyer's maximization expected revenues as $EV_B\left(P_S^*, P_B^*\right)$, the supplier's maximize expected revenues as $EV_S\left(P_S^*, P_B^*\right)$.

5 Compensation Mechanism of Quality Management in Supply Chain

Under the condition of information asymmetry, the suppliers decide on their production strategy and determine the quality level of products independently who has the products quality private information as for the agent; buyer decides products quality inspection strategy when he receives the intermediate products, and decides to accept or reject the products who designs the incentive contracts as for principal.

Therefore, the quality control problem can be solved by the principal-agent theory. We have established the following quality control model of supply chain.

$$\underset{\alpha,P_B}{Max}\, EV_B(P_B,\alpha) \tag{10}$$

$$\text{s.t. (IR)}\quad EV_S(P_S,\Delta\pi) \geq R_S \tag{11}$$

$$\text{(IC)}\quad P_S^{MH} \in \arg \underset{P_S}{Max}\, EV_S(P_S,\Delta\pi) \tag{12}$$

So, R_S is supplier's reservation utility; Formula (11) is the supplier's individual rationality constraint; Formula (12) is the buyer's incentive compatibility constraint. According to Stanley Baiman's assumption[15] that $C_S(P_S,\theta_S)=\frac{1}{2}K_S P_S^2\theta_S^2$, $C_B(P_B,\theta_B)=\frac{1}{2}K_B P_B^2\theta_B^2$, Which K_S, K_B is undetermined coefficient($K_S>0$, $K_B>0$).

By the conditions (10) and (11) simultaneously, we take the first-order partial derivative P_S as for,

$$(\Pi_{B1}-\Pi_{B2})-P_B\left(\Pi_{B3}-\Pi_{B2}\right)=C_S'(P_S^*,\theta_S) \tag{13}$$

$$\text{So, } P_S^*=\frac{\left(\Pi_{B1}-\Pi_{B2}\right)-P_B\left(\Pi_{B3}-\Pi_{B2}\right)}{K_S\theta_S^2} \tag{14}$$

By the incentive compatibility constraints (12) take the first-order partial derivative P_S as for,

$$(1-\alpha)W_E-P_B\left[(1-\alpha)W_E-(W_I-\Delta\pi)\right]=C_S'\left(P_S^{MH},\theta_S\right) \tag{15}$$

$$\text{So, } P_S^{MH}=\frac{(1-\alpha)W_E-P_B\left[(1-\alpha)W_E-(W_I-\Delta\pi)\right]}{K_S\theta_S^2} \tag{16}$$

We set ΔMH_S is the value of supplier's moral hazard, that is,

$$\Delta MH_S = \left|P_S^* - P_S^{MH}\right|$$

$$= \left|\frac{[(U_{B1} - U_{B2}) - (1-\alpha)W_E] + P_B[(1-\alpha)W_E - (W_I - \Delta\pi) - (U_{B3} - U_{B2})]}{K_S\theta_S^2}\right| \quad (17)$$

We take formula (14) and (16) into (1) and (2) respectively, that is,

$$\therefore \Delta EV_S^S = EV_S(P_S^*) - EV_S(P_S^{MH})$$

$$= -\frac{[(\Pi_{B1} - \Pi_{B2}) - (1-\alpha)W_E + P_B[(1-\alpha)W_E - (W_I - \Delta\pi) - (\Pi_{B3} - \Pi_{B2})]]^2}{2K_S\theta_S^2} < 0 \quad (18)$$

$$\Delta EV_B^S = EV_B(P_S^*) - EV_B(P_S^{MH})$$

$$= \frac{[(\Pi_{B1} - \Pi_{B2}) - (1-\alpha)W_E + P_B[(1-\alpha)W_E - (W_I - \Delta\pi) - (\Pi_{B3} - \Pi_{B2})]]^2}{K_S\theta_S^2} > 0 \quad (19)$$

$$\therefore \Delta EV_B^S = 2\left|\Delta EV_S^S\right| \quad (20)$$

So that, $\Delta E\Pi_S^S$, $\Delta E\Pi_B^S$ is the supplier's (agent) and buyer's (principal) difference of expected revenues when the supplier exists single moral hazard.

To sum up, under the conditions of supplier's product quality level as private information, the buyer (as principal) will design a compensation mechanism as follows: When the supplier has single moral hazard, in order to incentive supplier (as agent) to implement optimal quality control actions, the buyer (principal) will pay information incentive costs ΔEV_B^S (also known as the information rent). Both in the two cases, the supplier's expected revenues will increase $\left|\Delta EV_S^S\right|$, the relationship between the two descript for $\Delta EV_B^S = 2\left|\Delta EV_S^S\right|$. So that, the buyer's information rents are 2 times for the supplier's expected revenues increments.

6 Conclusions and Discussions

Under the conditions of asymmetric information, we study how to determine maximization long-term expected revenues and how to design compensation mechanism in supply chain quality management. The supplier determines production strategy and products quality level independent who has the products quality private information as for the agent; the buyer makes products quality inspection strategy when he receives intermediate products who design the incentive contracts as for the principal. So that, the supplier (as agent) will pursue the optimal quality prevention strategy, at the same time, to maximize the buyer (as principal) expected revenues.

Based on the supply chain system which composed by supplier and buyer, how to improve the products quality level in the supply chain system, we must pay attention to "The Issue of Short-Board" and encourage supplier to have incentive motivation to improve products quality level, to pursue maximization long-term expected revenues in supply chain, and to achieve the synergistic effect between supplier and buyer. When the supplier provides high products quality level, the buyer will reward the supplier timely; when the supplier provides lower products quality level and defective products, the buyer must punish the supplier timely.

When the supplier (agent) tries to hide his products quality prevention level and provides defective products, that is, the supplier has the conditions of single moral hazard, the buyer who as a principal in order to incentive supplier (agent) to improve products quality level and provide qualified intermediate products, which will design compensation mechanism are as follows: the buyer will pay the information incentive costs ΔEV_B^S (also known as the information rents), and then, the supplier's moral hazard values are ΔMH_S , the supplier's expected revenues will increase $\left|\Delta EV_S^S\right|$, the buyer's expected revenues will reduce ΔEV_B^S . The relationship between the two descript for $\Delta EV_B^S = 2\left|\Delta EV_S^S\right|$. The whole supply chain expected revenues will reduce ($\Delta EV_B^S - \left|\Delta EV_S^S\right|$).

Supply chain quality management must be based on the system theory and focus on products quality issues relativity, which includes two aspects considerations in "Quality Technology" and "Quality Economics". So it will be introduced into the management scientific analysis tools, such as taking use of principal-agent theory in information economics to analysis and solve; Based on the system perspective, we must think and overall the design of the whole supply chain quality management system.

References

[1] You Jianxin, Zhang Jiantong, Du Xuemei. Quality Management [M]. Beijing: Science Publishing House, 2003: 39-60.

[2] You Jianxin, Du Xuemei, Zhang Jiantong. Quality Management (2th Edition) [M]. Beijing: Science Publishing House, 2008: 21-30.

[3] Hans-Christian Pfohl, Werner Zöllner. Organization for logistics: the contingency approach [J]. International Journal of Physical Distribution & Logistics Management, 1997, 27(5/6): 306-320.

[4] Hans-Christian Pfohl, Rudolf Large. Eastern-Western supplier-customer relationships in agricultural machinery industry: results of an empirical investigation in the Czech Republic, Hungary, Romania, Ukraine, and Germany [J]. European Journal of Purchasing & Supply Management, 1997, 3(4): 177-187.

[5] Joseph M.Juran , A.Blanton Godfrey. Juran's Quality Handbook (5th Edition) [M]. Beijing: China Renmin University Press, 2003: 396-415.
[6] Hans-Christian Pfohl, Hans Peter Buse. Inter-organizational logistics systems in flexible production networks [J]. International Journal of Physical Distribution & Logistics Management, 2000, 30(5): 388-408.
[7] You Jianxin, Li Yan. Strategy quality management with aggregation of global supply chain [M]. Shanghai Management Science, 2008, 30(4): 70-73.
[8] ZHANG Weiying. Game Theory and Information Economics [M]. Shanghai: Shanghai People's Publishing House, 2004: 235-242.
[9] Van Ackere.Ann. The Principal/agent paradigm: Its relevance to various functional fields [J]. European Journal of Operational Research, 1993, 70(1): 83-103.
[10] Starbird S.Andrew. The effect of acceptance sampling and risk aversion on the quality delivered by supplier [J]. Journal of the Operational Research Society, 1994, 45(3): 309-320.
[11] Diane J.Reybiers, Charles S.Tapiero. The delivery and control of quality in supplier-producer contracts [J]. Management Science, 1995, 41(10): 1581-1589.
[12] You Jianxin, Wu Xiaojun. The inspection policy based on QCM in single-step manufacturing flow [M]. Industrial Engineering and Management, 2005,(4): 1-3.
[13] Robert Puelz, Arthur Snow. Optimal incentive contracting with ex ante and ex post moral hazard: Theory and evidence [J]. Journal of Risk and Uncertainty, 1997, 14(2): 169-188.
[14] Stanley Baiman, Paul E.Fischer, Madhav V.Rajan. Information, contracts, and quality costs [J]. Management Science, 2000, 46(6): 776-789.
[15] Stanley Baiman, Paul E.Fischer, Madhav V.Rajan. Performance measurement and design in supply chains [J]. Management Science, 2001, 47(1): 173-188.
[16] Charles J.Gorbet, Xavier de Groote. A supplier optimal quantity discount policy under asymmetric information [J]. Management Science, 2000, 46(3): 444-450.
[17] Emilio Barucci, Fausto Gozz, Andrzej Swiech. Incentive compatibility constraints and dynamic programming in continuous time [J]. Journal of Mathematical Economics, 2000, 34(4): 471-508.
[18] Wei Shi Lim. Producer-supplier contracts with incomplete information [J]. Management Science, 2001, 47(5): 709-715.
[19] SA Starbird. Penalties, rewards, and inspection: provisions for quality in supply chain contracts [J]. Journal of the Operational Research Society, 2001, 52(1): 109-115.
[20] SA Starbird. Effect of coordinated replenishment policies on quality [J]. Journal of the Operational Research Society, 2003, 54(1): 32-39.
[21] Gerard P.Cachon, Martin A.Lariviere. Contracting to assure supply: How to share demand forecasts in a supply chain [J]. Management Science, 2001, 47(5): 629-646.
[22] Gerard P.Cachon, Martin A.Lariviere. Supply chain coordination with revenue-sharing contracts: strengths and limitations [J]. Management Science, 2005, 51(1): 30-44.
[23] Pradeep Agrawal. Double moral hazard, monitoring, and the nature of contracts [J]. Journal of Economics, 2002, 75(1): 33-61.
[24] Charles J.Corbett, Gregory A.Decroix, Albert Y.Ha. Optimal shared-savings contracts in supply chains: linear contracts and double moral hazard [J]. European Journal of Operational Research, 2005, 163(3): 653-667.
[25] CS Tapiero, K Kogan. Risk and quality control in supply chain: competitive and collaborative approaches [J]. Journal of the Operational Research Society, 2007, 58(11): 1440-1448.
[26] Zhang Cuihua, Huang Xiaoyuan. Moral hazard problem in supply chain [J]. Journal of Northeastern University (Natural Science), 2003, 24(7): 703-706.
[27] Zhang Cuihua, Huang Xiaoyuan. Supply chain quality prevention decision under asymmetric information [J]. Systems Engineering Theory & Practice, 2003, 23(12): 95-99.
[28] Huang Xiaoyuan, Lu Zhen. Incentives strategy of quality control in supply chain on asymmetrical information conditions [J]. Journal of Northeastern University (Natural Science), 2003, 24(10): 998-1001.

[29] Li Lijun, Huang Xiaoyuan, Zhuang Xintian. Strategy of quality control in supply chain under double moral hazard condition [J]. Journal of Management Sciences in China, 2005, 8(1): 42-47.
[30] Zhou Ming, Zhang Yi, Li Yong, Dan Bin. Optimal contract Design in the quality management of supply chain [J]. Journal of Industrial Engineering/ Engineering Management, 2006, 20(3): 120-122.
[31] Huo Jiazhen, Zhang Jianjun, Zhao Jin. Study on asymmetric information screening in supply chain with long-term cooperation propect [J]. Journal of Management Sciences in China, 2008, 11(3): 88-95.
[32] Zhu Lilong, Zhang Jiantong, You Jianxin. Study on supply chain aggregation effects based on variety of products or customers ordering strategy [J]. Journal of Tongji University Natural Science), 2009, 37(1): 134-137.

Institutionen

Intraorganisatorischer Aufbau

Joachim Zentes* / Jonas Bastian**

Der Handel als Hersteller – Neuorientierungen der Wertschöpfungsarchitekturen

---

* Univ.-Professor Dr. Joachim Zentes ist Inhaber des Lehrstuhls für Betriebswirtschaftslehre, insbesondere Außenhandel und Internationales Management, Direktor des Instituts für Handel & Internationales Marketing (H.I.MA.), Direktor des Europa-Instituts, Sektion Wirtschaftswissenschaften, der Universität des Saarlandes, Saarbrücken.

** Dipl.-Kfm. Jonas Bastian ist Wissenschaftlicher Mitarbeiter am Lehrstuhl für Betriebswirtschaftslehre, insbesondere Außenhandel und Internationales Management sowie am Institut für Handel & Internationales Marketing (H.I.MA.).

1 Paradigmenwechsel in Industrie und Handel als Ausgangspunkt

1.1 Up-stream-orientiertes Outsourcing und down-stream-orientiertes Insourcing der Hersteller

Seit vielen Jahren – oder mittlerweile gar Jahrzehnten – wird in der Industrie, so in der Automobilindustrie, in der Reduzierung der Fertigungstiefe ein wesentlicher Schritt zur Sicherung oder gar zum Ausbau der (internationalen) Wettbewerbsfähigkeit gesehen. Durch up-stream-orientiertes Outsourcing wandeln sich Hersteller zu Assemblern, die zwar nur noch geringe eigene Produktionsanteile haben, aber nicht nur die Endmontage der Zulieferteile im eigenen Werk vornehmen, sondern durch ein Innovations- und Qualitätsmanagement, das sich auf das gesamte Produktionsnetzwerk bezieht, die einzelnen Wertschöpfungsschritte der angeschlossenen Lieferanten steuern (siehe Abbildung 1).

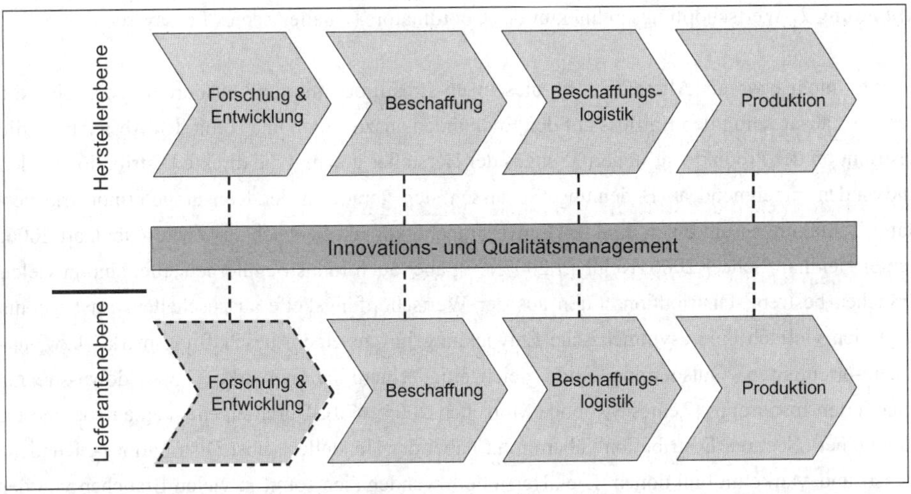

Abbildung 1: Wertschöpfungsarchitektur des Assemblers (Quelle: Zentes/Pocsay 2009).

Zunehmend ist eine noch weiter gehende Form des Outsourcing anzutreffen. Sportartikelhersteller wie Adidas oder Nike haben die produktionsorientierten Wertschöpfungsschritte vollständig an Lieferanten abgegeben und sich somit zu sog. „Herstellern ohne eigene Produktion" entwickelt. Derartige Unternehmen können als „Coordinator" bezeichnet werden, da sie sich vollständig auf ihre Kernkompetenzen in der intellektuellen Wertschöpfung, d. h. auf Aktivitäten wie Forschung & Entwicklung und das Markenmanagement, konzentrieren (siehe Abbildung 2).

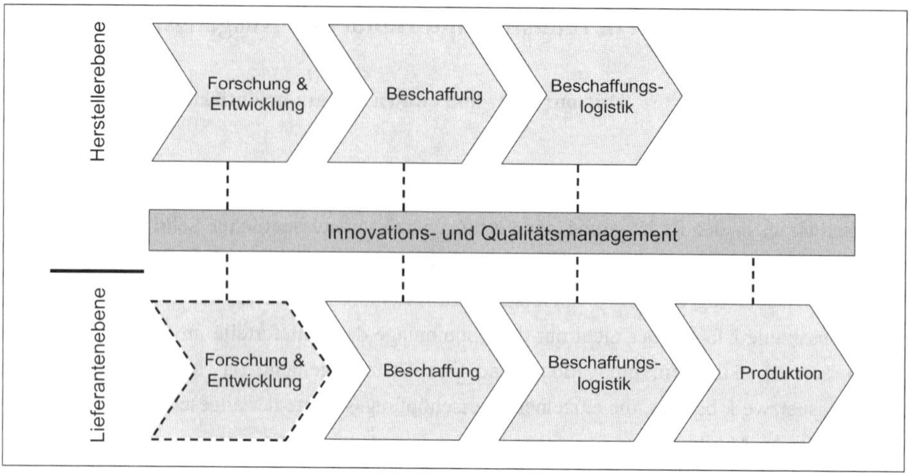

Abbildung 2: Wertschöpfungsarchitektur des Coordinators (Quelle: Zentes/Pocsay 2009).

Parallel, nicht etwa als Alternative, zu diesem up-stream-orientierten Outsourcing zeigt sich die Tendenz, absatzseitig den Einfluss auf den Endkunden auszuweiten und somit den Absatz bzw. die Distribution der Produkte zu steuern. Seitens der Hersteller gewinnt die direkte Distribution an den Endkunden zunehmend an Bedeutung. So lassen sich gerade in der Konsumgüterindustrie verstärkt Bemühungen um einen direkten Endverbraucherkontakt beobachten (Zentes/Neidhart 2006; Zentes/Neidhart/Scheer 2006; Neidhart 2007: 69); aber auch Industriegüterhersteller sind in vielen Branchen bestrebt, Distributionsstufen aus der Wertschöpfungskette auszuschalten. Im Ergebnis zeigt sich vielfach eine asymmetrische Entwicklung hin zu einem beschaffungsmarkt- bzw. up-stream-orientierten Outsourcing und gleichzeitig einem absatzmarkt- bzw. down-stream-orientierten Insourcing (Zentes/Swoboda/Morschett 2005: 670). Durch eigene Verkaufsorgane im Sinne einer „Secured Distribution" übernimmt dabei der Hersteller selbst Distributions-, Kundendienst- und Marketingfunktionen. Die „Hersteller" wenden sich somit in vielen Branchen von der konventionellen Produktionsorientierung ab und einer distributionsorientierten Wertschöpfung zu.

Eine weitere Distributionsform wird von Herstellern über „Controlled Distribution" realisiert. Hintergrund dieser Distributionsform ist wiederum das Streben nach einer stärkeren Kontrolle über die „Demand-Side". Jedoch wird diese Form der Vertikalisierung nicht über eigene Verkaufsstellen umgesetzt. Wenngleich selbstständig agierende Absatzmittler in den Distributionsprozess eingebunden sind, sichern die Hersteller sich dennoch einen weitgehenden Einfluss auf die Vermarktung ihrer Produkte über straffe vertragliche Vertriebssysteme (Zentes/Neidhart 2006: 289). Hersteller, die derartige vertikale Kontraktvertriebssysteme einsetzen, können daher als „Channel-Manager" bezeichnet werden. Die absatzmarkt-orientierten Wertschöpfungsaktivitäten des Channel-Managers beinhalten das Brand Management und die Distributionslogistik. Der eigentliche Verkauf mit Filial- und Vertriebsmanagement wird jedoch von angeschlossenen Absatzmittlern durchgeführt.

1.2 Up-stream-orientiertes Insourcing des Handels

Auch mit Blick auf Handelsunternehmen, vorrangig Einzelhandelsunternehmen, die hier im Vordergrund stehen, zeigt sich ein fundamentaler Wandel der Wertschöpfungsarchitekturen. So ist im Handel seit Jahren eine up-stream-orientierte Vertikalisierung festzustellen. Dabei sind zwei parallele und auch interdependente Stoßrichtungen auszumachen (siehe Abbildung 3).

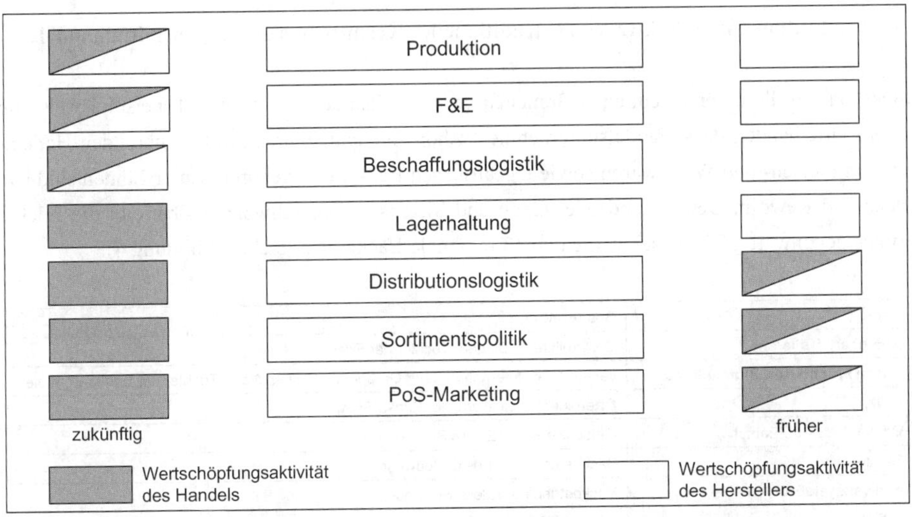

Abbildung 3: Neuorientierung der Aufgabenverteilung zwischen Handel und Industrie

So baute der Handel seinen Anteil an der Wertschöpfungskette durch Aufbau von Zentrallägern bzw. Regionallägern und darauf basierend durch Aufbau der Filialbelieferung (Distributionslogistik) aus (Zentes 1994). Diese Aktivitäten lösten die bis dahin übliche Direktbelieferung der Hersteller (direct store delivery, DSD) ab und führten zu einer neuen Arbeitsteilung zwischen Industrie und Handel – auch unter Einschaltung von Logistik-Dienstleistern (Zentes/Morschett/Schramm-Klein 2007: 280-281). Einen weiteren Schritt stellt die Übernahme der Beschaffungslogistik dar, d.h. die Abholung der Ware an den Produktionsstätten der Hersteller durch den Handel oder durch von ihm beauftragte Dienstleister (Zentes/Morschett/Schramm-Klein 2007: 279).

Neben der zunehmenden Einschaltung des Handels in die Logistikkette, von der Produktionsstätte der Hersteller bis zur Verkaufsstelle des Handels, nimmt der Handel zunehmend Einfluss auf die Produktion. Die absatzmarkt-orientierte Profilierung durch Eigenmarken oder Handelsmarken (auf der Produkt- bzw. Sortimentsebene) bedeutet letztlich die Integration von Produktentwicklungsaktivitäten oder gar Forschungs- und Entwicklungsaufgaben in das Wertschöpfungssystem des Handels. Der Handel tritt hier ebenfalls als Coordinator auf, als „Hersteller ohne eigene Produktion“: Die von Handelsunternehmen konzipierten Produkte werden von Industrieunternehmen, oftmals reinen „Private Label Manufacturers“, produziert.

Diese Form der Rückwärtsintegration wird sich in den nächsten Jahren noch wesentlich verstärken. Der Handel beschränkt sich nicht nur auf die Produktentwicklung, sondern übernimmt zunehmend weiteren Einfluss auf die Produktion, der bis zur Übernahme von Produktionsaktivitäten führt. Diese Dimension des up-stream-orientierten Insourcing steht im Folgenden im Mittelpunkt.

2 Produktionsorientierung des Handels

2.1 Produktion von Frischwaren als traditioneller Kernprozess des Lebensmittelhandels

Blickt man in die unterschiedlichen Branchen des Einzelhandels, so zeigt sich beispielsweise im Lebensmittelhandel, dass Handelsunternehmen schon seit Jahrzehnten zu den führenden Herstellern von Fleisch- und Wurstwaren sowie tagesfrischen Backwaren gehören. Zu erwähnen sind u.a. Edeka und Rewe in Deutschland oder Coop und Migros in der Schweiz. So betreibt die Edeka-Gruppe gegenwärtig 22 Fleischwerke und 13 regionale Bäckereien (siehe Abbildung 4).

Name	Beschreibung
Rheinberg Kellerei	Großkellerei in Bingen, Tochter der Edeka-Zentrale
Edeka Frucht- und Blumenkontor	versorgt die Unternehmen der Gruppe mit Grüner Ware, Tochter der Edeka-Zentrale
OWK	Ortenauer Weinkellerei der Edeka Südwest
Edeka Südwest Fleisch	Fleischwerke für Edeka Südwest
Bäckerbub	Backbetriebe der Edeka Südwest
Schwarzwaldbrot	Backbetrieb der Edeka Südwest
K & U	Bäckereifilialen der Edeka Südwest
Schwarzwald Sprudel	Mineralbrunnen der Edeka Südwest
Schäfer´s Brot und Kuchenspezialitäten	Backwarenkette der Edeka Minden-Hannover, nach Kamps Deutschlands zweitgrößter Backwarenfilialist
Thürmann	Bäckerei für Reichelt, Tochter der Schäfer´s Brot und Kuchenspezialitäten
Gutfleisch	Fleischwerk der Edeka Nord
Bauerngut	Fleischwerke der Edeka Minden-Hannover (Tochterunternehmen: Reichelt Fleischwerk in Berlin, Bäkehof in Friesoythe und Goldswien GmbH in Minden)
Rasting	Fleischwerk von Edeka Rhein-Ruhr
Büsch	Backbetrieb in Besitz der Edeka Rhein-Ruhr
Franken-Gut	3 Fleischwerke der Edeka Nordbayern-Sachsen-Thüringen
Südbayerische Fleischwaren GmbH	Donauland Fleischwerk Ingolstadt, Donauland Fleischwerk Obertraubling, Chiemgauer Fleisch- und Wurstwaren
Backstube Wünsche GmbH	Bäckerei für Edeka Südbayern

Abbildung 4: Produktionsbetriebe und Einkaufskontore der Edeka-Gruppe (Quelle: Edeka 2009).

Die Schweizer Coop hat neben Bäckereibetrieben einen Mehrheitsanteil an dem größten Schweizer Fleisch- und Wurstproduzenten, der Bell Holding AG, eine eigene Schokoladenfabrik (Halba), eine eigene Teigwarenfabrik (Pasta Gala) sowie eine eigene Produktionsstätte im Near-Food-Bereich (CWK). Eine vollständige Auflistung der zu Coop gehörenden Produktionsbetriebe zeigt Abbildung 5.

Name	Produkte
Swissmill, Zürich	Größte Getreidemühle der Schweiz: Getreideprodukte für den Detailhandel (Mehlmischungen, Fertigbackmischungen, Grieß, Mais, Haferflocken, Extruderprodukte), Getreideprodukte für die Lebensmittelindustrie (Mehle, Biskuitmehle, Vormischungen, Hartweizengrieß, Extruderprodukte, Hafer- und Weizenflocken)
Chocolats Halba, Wallisellen	Tafelschokolade, Pralinen, Festtagssortimente, Branches (Riegel), Kleinschokolade, Industrieschokolade (Couverture, Füllungen, Glasurmassen)
Nutrex, Busswil BE	Essigspezialitäten für den Detailhandel (Weinessig, Kräuteressig, Alkohol-Essig, Apfelessig, Bio-Essig Knospe, Saucen), Essig für die Lebensmittelindustrie (Konserven), Essig für die chemotechnische Industrie (Reinigungsessig, Entkalkungsmittel)
CWK, Winterthur	Kosmetika, Natur-Kosemtika, Non Aerosole, Haushalt-Pflegeprodukte, Industrie-Reiniger, Ökoreiniger
Pasta Gala, Morges	Trockenteigwaren für den Detailhandel (Teigwaren aus reinem Hartweizengrieß, 3-Eier-Teigwaren, gewalzte 4-Eier-Teigwaren nach Hausmacherart, biologische Teigwaren mit und ohne Eier), Trockenteigwaren für Gastronomie und Catering, Trockenteigwaren für die Lebensmittelindustrie (Halbfabrikate für Fertigmenüs und Suppen)
Steinfels Cleaning Systems SCS, Winterthur	Artikel, Gerätschaften und Dienstleistungen im Bereich Waschen, Reinigen und Hygiene für Großverbraucher und Industrie
Reismühle Brunnen	Reisqualitäten für den Detailhandel (Vitaminreis, diverse Risottoreis-Sorten, Basmatireis, Wildreis, roter und weißer Camargue Reis, Mischungen, Perfume-/ Jasmin-Reis / Klebreis, Qualitäten in Bio / Max Havelaar, Fertiggerichte 12 Minuten, Mikrowellenreis 2 Minuten) Reisqualitäten für den Großhandel (breites Gastronomie-Sortiment), Reisqualitäten für Industrie (Rezeptbestandteile, Fertigmenüs)
Sunray, Pratteln	Konfektion von Zucker, Speiseölen, Gewürzen, Trockenfrüchten, Nüssen, Hülsenfrüchten
Bell, Basel	Marktführer in der Schweizer Fleischverarbeitung: Fleisch, Geflügel, Charcuterie, Seafood, zeitgemäße Convenience-Gerichte sowie Full-Service-Supplier für Detail- und Großhandel, Gastronomie und Lebensmittelindustrie

Abbildung 5: Produktionsbetriebe der Coop (Schweiz) (Quelle: Coop 2009).

Dass der Betrieb eigener Produktionsstätten auch für discountorientierte Unternehmen interessant sein kann, zeigt das Beispiel Lidl. Der deutsche Harddiscounter baut zurzeit bei Aachen eine der größten Schokoladenfabriken Europas. Diese soll 2010 die Produktion aufnehmen (lz-net 2008). Außerhalb des Lebensmittelhandels zeigt sich zwar die bereits erwähnte Profilierung durch ein verstärktes Angebot von Handelsmarken und die damit zusammenhängende Erweiterung der Wertschöpfungstiefe, eigene Produktionsstätten unterhalten diese Unternehmen i.d.R. jedoch noch nicht.

Abzugrenzen ist diese Produktionsorientierung des Handels von den Geschäftsmodellen bzw. den Wertschöpfungsarchitekturen der sog. „Verticals". Gemeint sind damit integrierte Industrie- und Handelsunternehmen mit einem bedeutenden Anteil an oder gar überwiegender Eigenproduktion. Die Verticals realisieren dieses Geschäftsmodell seit ihrer Gründung („born verticals"). Beispiele hierzu finden sich u.a. im Textilbereich, so die spanische Inditex-Gruppe, zu der beispielsweise die Modekette Zara gehört, mit einem Eigenproduktionsanteil von rund einem Drittel (FAZ, 17.04.2009: 18), und im Möbelbereich, so Ikea mit einem Eigenproduktionsanteil von etwa 10 % (Zentes/Neidhart/Scheer 2006: 66f.). Die Wertschöpfungsarchitekturen dieser Verticals werden zunehmend zu einem Muster für „konventionelle" Handelsunternehmen.

2.2 Treiber der Produktionsorientierung

Als wesentliche Treiber der zunehmenden Produktionsorientierung des Handels lassen sich herausstellen:

- absatzmarktorientierte Profilierung
- Gewährleistung der Produktqualität und der Produktsicherheit
- Gewährleistung der Versorgungssicherheit.

Die absatzseitige Profilierung über Eigenmarken gewinnt in der zunehmend kompetitiver werdenden Wettbewerbsarena des Handels an Bedeutung. Das Angebot ubiquitärer Herstellermarken beinhaltet für den Handel nicht nur die permanente Gefahr der Austauschbarkeit, es bringt zugleich einen z. T. ruinösen Preiswettbewerb mit sich. Gerade dieser Preiswettbewerb bei Markenartikeln dürfte sich durch die zunehmende Preistransparenz, welche die (mobile) Internettechnologie mit sich bringt, in der Zukunft noch dramatisch verstärken.

Das Angebot von Eigenmarken schafft nicht nur eine Alleinstellung, einen USP, sondern ist meist auch profitabel, da für den Handel i. d. R. höhere Spannen bzw. Deckungsbeiträge erzielbar sind. Dabei zeichnet sich schon seit einigen Jahren ein fundamentaler Wandel des Eigenmarken-Portfolios ab. Während in der Vergangenheit Eigenmarken als Preiseinstiegsmarken positioniert wurden, später dann auch mit den sog. B- und C-Marken der Hersteller konkurrierten, ist in den nächsten Jahren, auch als Ausdruck der Emanzipation des Handels, die verstärkte Positionierung der Eigenmarken als Premium- oder Mehrwertmarken zu erwarten (Liebmann/Zentes/Swoboda 2008: 507ff.; Hilt 2009) (siehe Abbildung 6).

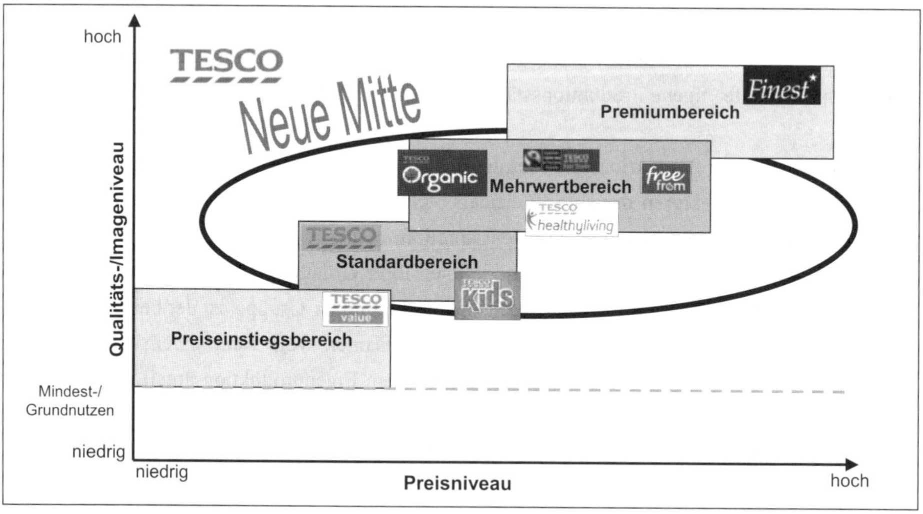

Abbildung 6: Systematisierung der Handelsmarken – Beispiel Tesco (Großbritannien) (Quelle: Zentes/Morschett/Krebs 2008: 92).

Zur Profilierung tritt ein weiterer Aspekt hinzu, der sicherlich selbst einen Beitrag zur Profilierung leistet, hier jedoch separat herausgestellt werden soll: Eine geschlossene Prozesskette durch Eigenproduktion, oder durch weitestgehenden Einfluss auf die Produktion und die vorgelagerten Erzeuger, so bei Agrarprodukten, gewährleistet ein Höchstmaß an Produktqualität und Produktsicherheit. Wenngleich Markenartikel, so insbesondere Premium- und A-/B-Marken, auch als Qualitätssignale betrachtet werden können, liegen bei Eigenproduktion des Handels alle Produktions-, Logistik- und Distributionsschritte in einer Hand: von der Erzeugung, was beispielsweise Haltung und Fütterung der Tiere betrifft, über die Herstellung bis zur Ladentheke.

Hierbei geht es nicht nur um die Qualität im Sinne der materiellen Beschaffenheit der Produkte, einschließlich der technischen Funktionssicherheit, z. B. bei Spielwaren, sondern auch um die durchgängige Einhaltung ökologischer und sozialer Standards. Hierzu zählen u.a. die Gewährleistung umweltschonender Anbau- und Produktionsmethoden sowie die Gewährleistung von menschenwürdigen Arbeitsbedingungen, insbesondere in Entwicklungs- und Schwellenländern.

Dieser Treiber einer zunehmenden Produktionsorientierung des Handels gewinnt vor dem Hintergrund einer steigenden gesellschaftlichen Sensibilisierung für derartige Fragen an Bedeutung (Forderung nach Corporate Social Responsibility, CSR) (Zentes/Schramm-Klein 2009), dies umso mehr, da Handelsunternehmen – wie auch Industrieunternehmen – im Zuge ihres Global Sourcing verstärkt aus Entwicklungs- und Schwellenländern beschaffen (Zentes/Hilt/Domma 2007).

Neben der absatzseitigen Profilierung und der Gewährleistung von Produktqualität sowie ökologischer und sozialer Produktsicherheit rückt ein weiterer Aspekt in den Mittelpunkt: die Gewährleistung der Versorgungssicherheit. So ist mit Blick auf die asiatischen Schwellenländer wie China und Indien, aber auch mit Blick auf Russland und südamerikanische Länder, wie z. B. Brasilien (BRIC-Staaten), in den nächsten Jahren und Jahrzehnten mit einem enormen Anstieg der Nachfrage nach agrarischen Rohstoffen bzw. Produkten, Energierohstoffen usw. zu rechnen. Wenngleich die Finanz- und Wirtschaftskrise diesbezüglich vorübergehend „dämpfend" wirkt, dürften in den nächsten Jahren Knappheitseffekte und daraus resultierend dramatische Rohstoff- und Energiepreissteigerungen zu verzeichnen sein. Verstärkend kommt – gerade hinsichtlich Agrarprodukten – die Gefahr von dramatischen Ernteausfällen durch klimatische Katastrophen (z. B. Stürme, Überschwemmungen u. ä.) hinzu.

Treiber der zunehmenden Knappheit weltweiter Rohstoffe ist das starke Bevölkerungswachstum in Entwicklungs- und Schwellenländern (siehe Tabelle 1). Daneben erzeugen die sich verändernden Ernährungs- und Lebensgewohnheiten in den Schwellenländern Ostasiens eine sehr starke Nachfragewirkung. So wird sich der Pro-Kopf-Fleischkonsum in Ostasien, als Folge des wirtschaftlichen Aufschwungs und veränderter Konsumgewohnheiten, bis zum Jahre 2050 gegenüber dem Jahre 2000 mehr als verdoppeln (siehe Abbildung 7). Da Tiere nur einen Bruchteil der Futterkalorien in essbares Fleisch umsetzen, ergibt sich hierdurch ein enormer Effekt auf den Bedarf an Futtermitteln, Weideflächen, Wasser usw. Eine vergleichbar starke Nachfragesteigerung ist bspw. beim Energiebedarf, der nach wie vor überwiegend durch fossile, nicht regenerative Brennstoffe gedeckt wird, zu erwarten.

Bevölkerungsentwicklung in Mio.							
	1950	1975	2000	2005	2010	2025	2050
Welt	2.529	4.061	6.115	6.512	6.909	8.012	9.150
Europa	547	676	727	729	733	729	691
Afrika	227	419	819	921	1.033	1.400	1.998
Asien	1.403	2.379	3.698	3.937	4.167	4.773	5.231
darunter:							
China	545	911	1.267	1.312	1.354	1.453	1.417
Indien	372	617	1.043	1.131	1.214	1.431	1.614
Australien und Ozeanien	13	21	31	34	36	43	51
Lateinamerika und Karibik	167	323	521	557	589	670	729
Nordamerika	172	242	319	335	352	398	448

Tabelle 1: Langfristige Bevölkerungsprognosen (Quelle: United Nations 2008).

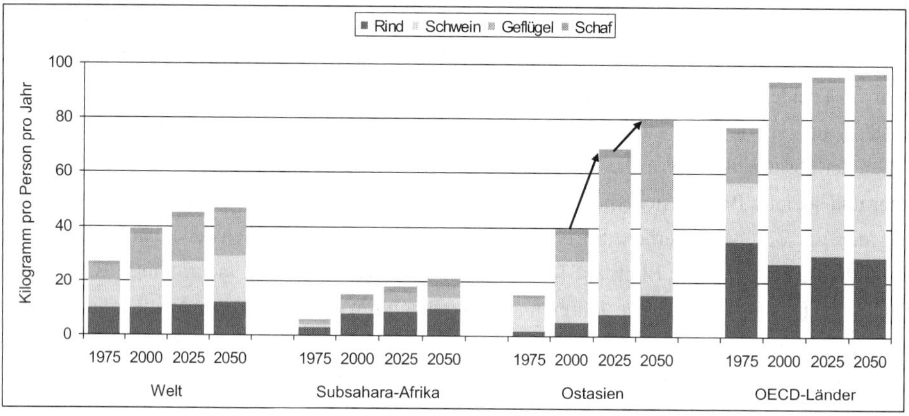

Abbildung 7: Fleischkonsum in Kilogramm pro Einwohner (Quelle: FAO 2006; de Fraturie u.a. 2007: 95).

Neben dem Problem der Begrenztheit natürlicher Ressourcen, das mittel- bis langfristig immer stärker zum Tragen kommt, wird es für Handelsunternehmen in einigen Bereichen heute schon zunehmend schwieriger, die Versorgung mit profilierenden Produkten und Leistungen sicherzustellen. Beispiele hierzu sind die Verfügbarkeit bestimmter biologisch bzw. nachhaltig erzeugter Produkte oder Fleisch- und Wurstwaren von Tieren, die ohne gentechnisch veränderte Futtermittel aufgezogen wurden.

2.3 Produktionsorientierte Wertschöpfungsarchitekturen des Handels

Die zu erwartende zunehmende Produktionsorientierung des Handels wird zu einer wesentlichen Umgestaltung seiner Wertschöpfungsarchitekturen führen. Dabei dürften sich im Wesentlichen zwei Grundmodelle herauskristallisieren:

- Wertschöpfung in integrierten Netzwerken
- Wertschöpfung in kooperativen Netzwerken.

Als Netzwerk wird dabei ein System aus Lieferanten und Vorlieferanten sowie Produktionsstätten verstanden, das i. d. R. international disloziert ist.

Wertschöpfung in integrierten Netzwerken

Unter integrierten Netzwerken soll eine geschlossene Prozesskette von Anbau- oder Erzeugerbetrieben und Produktionsbetrieben verstanden werden, die unter vollständiger oder weitestgehender Kontrolle des Handels durch (direkt)investives Engagement gesteuert wird. Durch Aufkauf von Anbaubetrieben und Anbauflächen von Agrarprodukten (einschließlich textilen Rohstoffen) sowie durch Errichtung oder Akquisition (bzw. Mehrheitsbeteiligung) von Produktionsbetrieben steuert der Handel die produktionsorientierte Prozesskette und – wie in Abschnitt 1.2. erörtert – auch die logistische Prozesskette bis in die Verkaufsstellen. In Analogie zu „Secured Distribution" der Hersteller kann hier von „Secured Production" gesprochen werden. Mit Blick auf die Logistikkette schließt dies die Einschaltung von Dienstleistern zur operativen Abwicklung, bspw. der Transporte, nicht aus (Pfohl 2004: 320ff.).
Vollständig integrierte Netzwerke unter Kontrolle des Handels stellen heute noch die Ausnahme dar, da viele Handelsunternehmen bisher verstärkt auf die in Abschnitt 2.3.3. beschriebenen kooperativen Formen zurückgreifen oder ihr investives Engagement nicht bis auf die Stufe der Urprodukte reicht. Um das Angebot in der beschriebenen zukünftigen Verknappungssituation sicherstellen zu können, ist allerdings für die nächsten Jahre mit einer deutlichen Zunahme derartiger Beschaffungsstrukturen zu rechnen.
Als Vorläufer dieser Entwicklung können die „Tropenhäuser" in der Schweiz gesehen werden, in die das dort ansässige Handelsunternehmen Coop investiert. Die Schweizer planen in diesen nachhaltig durch Geothermie bzw. industrielle Abwärme beheizten Gewächshäusern mit angeschlossenen Aquakulturen den Anbau von tropischen Früchten und Pflanzen sowie die Aufzucht von Fischen und Krustentieren (Bramert 2008). Insbesondere die Produktion von Störfleisch und Kaviar soll in so großen Mengen erfolgen, dass nach Belieferung der Schweizer Abnehmer, insbesondere der Coop-Verkaufsstellen, noch Produkte für den Export zur Verfügung stehen. Eine Besonderheit ist dabei, dass die Tropenhäuser jeweils auch einen Schaugarten mit tropischen Pflanzen und gastronomische Angebote für den Publikumsverkehr offerieren. Aufwändige von Handelsunternehmen betriebene „Nachhaltigkeitstempel" wie die Tropenhäuser werden sicher auch in Zukunft eher die Ausnahme bleiben. Rein auf Produktion spezialisierte investive Projekte des Handels mit Profilierungsmöglichkeit, wie eine regionale Ur-Produktion oder der ressourcenschonende bzw.

biologische Landbau, werden in den nächsten Jahren allerdings verstärkt auftreten und dürften ein großer Trend in der Beschaffung des Einzelhandels werden.

Wertschöpfung in kooperativen Netzwerken

(a) Varianten kooperativer Netzwerke

Integrierte Anbau- und Produktionsnetzwerke setzen nicht nur eine entsprechende kritische Masse, sondern auch enorme investive Mittel und ein gewisses Know-how voraus, die viele Einzelhandelsunternehmen nicht aufbringen können oder die sie, bezogen auf die Mittel, aus Risikogründen nicht alleine aufbringen wollen. Vor diesem Hintergrund dürften sich zwei Tendenzen abzeichnen:

- horizontal-kooperative Netzwerke
- vertikal-kooperative Netzwerke.

(b) Horizontal-kooperative Netzwerke

Unter horizontal-kooperativen Netzwerken sollen von mehreren Handelsunternehmen gemeinsam betriebene Anbau- und Produktionsbetriebe verstanden werden. Die kritische Masse zur Eigenproduktion dürften – wie erwähnt – nur wenige Großunternehmen des Handels allein erreichen; horizontale Kooperationen in Form von Y-Allianzen sind jedoch in der Lage, diese Größennachteile zu kompensieren (Zentes/Swoboda/Morschett 2004: 258ff.).

Hier dürfte eine Option zur strategischen Weiterentwicklung der sog. Einkaufs- und Marketingallianzen des Handels liegen. Derartige Allianzen („Einkaufskooperationen") sind gegenwärtig primär auf die gemeinsame Beschaffung, z. T. auch auf die Entwicklung und Vermarktung von Eigenmarken, ausgerichtet. In den nächsten Jahren könnten diese Allianzen deutlich erweiterte Aufgaben wie den Aufbau und die Führung von internationalen Produktions- und Anbaubetrieben übernehmen und so die direkte Kontrolle der Urproduktion gewährleisten.

(c) Vertikal-kooperative Netzwerke

Unter vertikal-kooperativen Netzwerken sollen langfristige Arrangements zwischen Handelsunternehmen und Anbau- und Produktionsbetrieben verstanden werden, die dem Handel einerseits Kapazitäten (z. B. agrarische Rohstoffe) sichern, andererseits den Handelsunternehmen uneingeschränkt die Freiheit einräumen, die Entwicklung von Produkten selbst zu gestalten und über die kontrahierten Kapazitäten zu entscheiden: Das Handelsunternehmen steuert bzw. koordiniert die Produktionsprozesse durch ein umfassendes Innovations- und Qualitätsmanagement („Controlled Production").

Basis dieser langfristigen Arrangements sind in erster Linie Verträge. Damit handelt es sich um eine langfristige Form des Kontraktanbaus („Contract Farming") oder der Kontraktproduktion („Contract Manufacturing"). Zur Stabilisierung der Beziehungen und auch zur Gewährleistung von Transparenz sind ergänzend auch (Minderheits-)Beteiligungen an diesen Betrieben zu erwarten.

Für derartige vertikal-kooperative Netzwerke existieren in der Praxis bereits zahlreiche Beispiele. Im Non-Food-Bereich können hier REWE sowie wiederum Coop genannt werden, die über eine langfristige Zusammenarbeit mit der Remei AG den Anbau von Bio-Baumwolle in Indien und Tansania direkt auf Ebene der Produzenten sichern (Remei AG 2009). Im Food-Sektor hat REWE das Qualitätslabel „Best Alliance“ ins Leben gerufen. Ziel von „Best Alliance“ ist die deutliche Reduktion der Belastung von frischem Obst und Gemüse mit Pflanzenschutzmitteln. Hierzu betreibt REWE mit Partnern wie der Naturschutzorganisation WWF zahlreiche Vertragsanbau-Projekte in Spanien und Italien, welche die Auswahl von Landwirten und Anbauflächen, neue Pflanzenschutzvorgaben sowie verstärkte Kontrollen der Erzeuger durch unabhängige Institute beinhalten (REWE 2009). Für beide Beispiele ist die Kontrolle der gesamten Produktionskette vom Acker bis in die Ladentheke nach einem durchgängigen Konzept und nach einheitlichen Standards kennzeichnend. Bei der Remei AG beinhaltet dies jede Stufe der Baumwollverarbeitung sowie die eingesetzten Garne und Färbemittel, sodass eine hohe Qualität gewährleistet werden kann. Auch für Erzeugerbetriebe sind solche Kooperationen rentabel, da sie Know-how aufbauen, für ihre Produkte oft höhere Preise erzielen und die Absatzwege über die kooperierenden Handelsunternehmen sichern können.

Der Handel wird auf diesem Wege – analog zu der in Abschnitt 1.1. geschilderten Vorgehensweise der Industrie – zum „Hersteller ohne eigene Produktion“. Im Vergleich zur Wertschöpfungsarchitektur des Coordinators ist diese Architektur auf Langfristigkeit (z. B. 15-20 Jahre) ausgerichtet. Der Handel übernimmt die intellektuelle Wertschöpfung, kontrolliert Anbau und/oder Produktion und dies bei Gewährleistung der Versorgungssicherheit.

Eine derartige Wertschöpfungsarchitektur von Handelsunternehmen bedeutet zugleich einen Wandel in Richtung eines „Value-Net-Integrators“ bzw. eines „Value-Net-Orchestrators“ (Arend-Fuchs/Murray 2007; Fung/Fung/Wind 2008; Zentes/Pocsay 2009).

Beispielhaft ist in Abbildung 8 das Netzwerk eines derartigen Value-Net-Integrators dargestellt. Das betrachtete (Einzel-)Handelsunternehmen beschafft einerseits lokal/regional und global bei Lieferanten; hier agiert es als „Global Sourcer“. Darüber hinaus ist das Unternehmen als „Assembler“ aktiv, in dem es von Herstellern produzierte Ware veredelt, z. B. im Bereich des Food-Service (bspw. Herstellung von Convenience-Produkten für die (eigene) Gastronomie). Eine weitere Form der Vertikalisierung ist die hier diskutierte Eigenproduktion. Das Handelsunternehmen tritt selbst als „Producer“ auf. Ein Netz von Zulieferbetrieben („Suppliers“) oder Anbaubetrieben („Cultivators“), die kontraktuell gebunden sind, versorgt den „Producer“ mit Rohstoffen, Komponenten usw.

Absatzseitig agiert das betrachtete Handelsunternehmen als „Store Operator“ mit eigenen Outlets und als „Channel Manager“ in Form eines Franchisors. Charakteristisch für einen Value-Net-Integrator ist, dass darüber hinaus auch Dienstleistungen, so Finanzdienstleistungen, IT-Dienstleistungen und Logistik-Dienstleistungen, ggf. sogar Beschaffungsdienstleistungen für Dritte, angeboten werden. Aus darstellungstechnischen Gründen wird hierauf an dieser Stelle allerdings verzichtet (Zentes/Pocsay 2009).

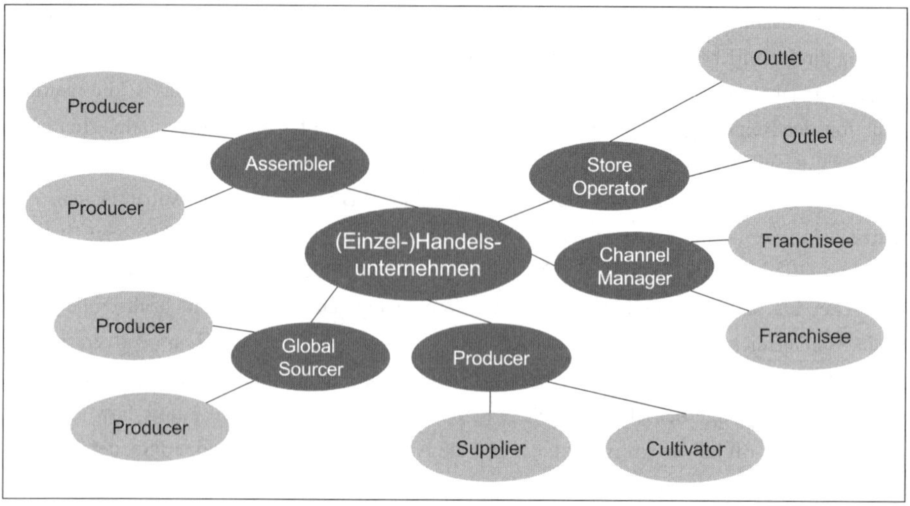

Abbildung 8: Einzelhandelsunternehmen als Value-Net-Integrator

Beispielhaft zeigt Abbildung 9 das kooperative und integrative Netzwerk der Schweizer Coop. Die Funktionen eines Assemblers führt Coop durch eigene Food-Service-Betriebe aus, die Vorprodukte zu fertigen Menükomponenten oder ganzen Mahlzeiten verarbeiten und an Gastronomie-Betriebe oder Catering-Dienstleister liefern. Als Global Sourcer tritt Coop durch die international tätigen Einkaufsallianzen bzw. Kooperationen Coopernic, Eurogroup und tooMax-x auf, über die ein Großteil der internationalen Beschaffung durchgeführt wird. Die klassische Produktion im Sinne eines Producers führt Coop durch die bereits in Abbildung 5 dargestellten Eigenproduktionsbetriebe aus. Ebenso vielseitig sind die absatzseitigen Aktivitäten. Coop ist über die unterschiedlichen Formate, wie bspw. die Coop Megastores und Coop Supermärkte, die Warenhäuser Coop City, die Elektronikgeschäfte unter den Marken Interdiscount und Fust sowie die Coop Restaurants, mit insgesamt über 1800 Verkaufsstellen der größte Store Operator der Schweiz. Die Coop Pronto Tankstellen betreibt Coop in dem Joint Venture Coop Mineralöl AG gemeinsam mit ConocoPhillips im Franchise-Betrieb. Schließlich ist Coop über die eigenen Prodega Cash&Carry-Märkte sowie den Gastronomieservice HOWEG auch im B2B-Handel tätig (Coop 2009).

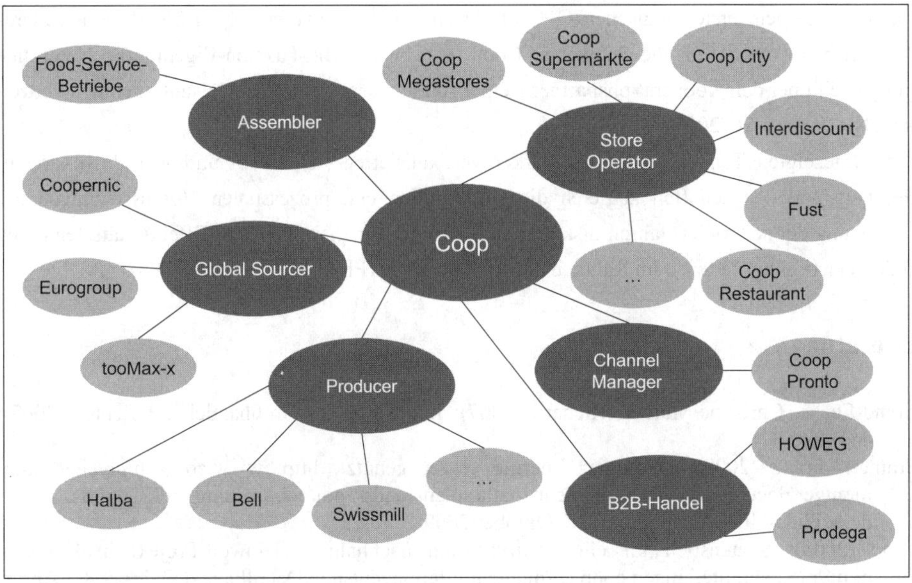

Abbildung 9: Coop als Value-Net-Integrator

3 Konvergenz der Wertschöpfungsarchitekturen

Die sich abzeichnenden fundamentalen Veränderungen der Wertschöpfungsarchitekturen von Industrie- und Handelsunternehmen, die zu Wertschöpfungsstufen-übergreifenden Geschäftsmodellen führen und sich in modernen integrierten und kooperativen Unternehmensnetzwerken manifestieren, bringen zugleich eine Konvergenztendenz mit sich: Hersteller werden zu Händlern und konzentrieren sich auf intellektuelle Wertschöpfung bei weit gehender oder gar vollständiger Aufgabe der eigenen Produktion; Händler werden zu Herstellern durch Kontraktproduktion oder gar (partieller) Eigenproduktion.

Neben diesen kategorialen Veränderungen zeichnen sich weitere Anpassungen der Wertschöpfungsarchitekturen ab. So übernehmen Hersteller, auch Hersteller renommierter Marken, die Produktion von Eigenmarken des Handels und werden damit auch zu Kontraktproduzenten. Andere Hersteller wiederum stellen die Produktion eigener Marken vollständig ein und wandeln sich zu reinen „Private Label Manufacturers". Handelsunternehmen wiederum wandeln sich von Einzelhändlern zu Großhändlern, nach konventioneller Abgrenzung, und übernehmen, wie gerade erwähnt, Beschaffungs- und auch Produktionsaufgaben für Dritte, bieten Logistikaktivitäten als „4PL" an und offerieren auch Finanz- und IT-Dienstleistungen. Durch die fortlaufende Weiterentwicklung ihrer Marken- und Produktkompetenz nutzen Handelsunternehmen zunehmend ihr Markt-Know-how, um den klassischen Markenartikelherstellern verstärkt Konkurrenz zu machen. So führt der indische Einzelhändler Bharti, Joint-Venture-Partner von Wal-Mart, Eigenmarken des amerikanischen Handelsriesen im eigenen Sortiment. Zudem vertreibt Wal Mart mehrere Eigenmarken in seinem ersten indischen C+C-Markt an Wiederverkäufer (lz-net 2009). Ein weiteres Beispiel bietet wiederum die Schweizer Coop, welche die Bio-Fashion-Eigenmarke Naturaline europaweit über den Kooperationspartner Remei AG an ausgewählte Handelsunternehmen vertreiben lässt (Remei AG 2009).

Die aufgezeigten Tendenzen hin zu stärker vertikalisierten (up-stream und/oder down-stream) Geschäftsmodellen schaffen zugleich die strukturellen und prozessualen Voraussetzungen zur Umsetzung der seit vielen Jahren diskutierten Konzepte zur Effizienz- und Effektivitätssteigerung in der Versorgungskette, so im Rahmen der ECR-Ansätze (Pfohl 1994; Zentes 1998).

Literatur

Arend-Fuchs, Christine/Murray, Richard (2007): Innovation im Großhandel. In: Zentes (2007): 441-460

Bramert, Franz (2008): Ökologie: Energie clever genutzt. http://www.coop.ch/pb/site/ common/get/documents/system/elements/naturaplan-fonds/_pdf/coopzeitung_nr22_0508-de.pdf?id=4408. Abrufdatum: 28. Oktober 2009

Coop (2008): Spatenstich für ein kreatives und nachhaltiges Umwelt-Projekt in Frutigen. http://medienmitteilungen.coop.ch/medienmitteilungen/showDetailPage.do?id=4408. Abrufdatum 28. Oktober 2009

Coop (2009): Coop-Gruppe Geschäftsbericht 2008. Basel

de Fraturier, Charlotte u.a. (2007): Looking ahead to 2050: scenarios of alternative investment approaches. In: Molden (2007): 91-145

Edeka (2009): Produktion. http://www.edeka.de/EDEKA/Content/Unternehmen/Geschaeftsfelder/Produktion/index.jsp. Abrufdatum: 28. Oktober 2009

Felder, Anton (2007): Unternehmenspolitik und ökologische und soziale Verantwortung: Coop (CH). In: Zentes (2007): 139-158

FAO (2006): FAOSTAT. http://faostat.fao.org/. Abrufdatum: 01. Juni 2006

Fung, Victor/Fung, William/Wind, Jerry (2008): Competing in a Flat World. Upper Saddle River: Wharton School Publishing

Koch, Brigitte (2009): Inditex-Gruppe sieht Potenzial. In: Frankfurter Allgemeine Zeitung vom 18. April 2009: 18

Hilt, Constantin (2009): Handelsmarkenportfolio. Verhaltenswissenschaftliche Analyse der Wirkung eines Handelsmarken-Portfolios am Beispiel eines Lebensmitteleinzelhandelsunternehmens. Hamburg: Dr. Kovac

Liebmann, Hans-Peter/Zentes, Joachim/Swoboda, Bernhard (2008): Handelsmanagement, 2. Aufl. München: Vahlen

lz-net (2008): Lidl baut eigene Großfabrik. http://www.lz-net.de/archiv/lznet/mylznet/ pages/show.prl?params=keyword%3D%26all%3D%26type%3D%26where%3D%26suchid%3D979729%26quelle%3D1%26laufzeit%3D&id=64215&currPage=1. Abrufdatum 28. Oktober 2009

lz-net (2009): Wal-Mart: Vergibt Handelsmarke. http://www.lz-net.de/archiv/lznet/mylznet/ pages/show.prl?params=keyword%3D%26all%3D%26type%3D%26where%3D%26suchid%3D979173%26quelle%3D1%26laufzeit%3D&id=75727&currPage=1. Abrufdatum: 28. Oktober 2009

Molden, David (Hrsg.) (2007) Water for Food, Water for Life. A Comprehensive Assessment of Water Management in Agriculture. London: Earthscan

Morschett, Dirk (2005): Contract Manufacturing. In: Zentes/Swoboda/Morschett (2005): 597-622

Neidhart, Michael (2007): Die Bedeutung von vertikalen Distributionskonzepten für den Auf- und Ausbau von starken Markenartikeln und Channel-Brands. In: Zentes (2007): 375-400

Pfohl, Hans-Christian (Hrsg.) (1994): Management der Logistikkette. Kostensenkung – Leistungssteigerung – Erfolgspotenzial. Berlin: Erich Schmidt
Pfohl, Hans-Christian (1994): Interorganisatorische Probleme in der Logistikkette. In: Pfohl (1994): 201-251
Pfohl, Hans-Christian (Hrsg.) (1998): Kundennahe Logistik. wertschöpfend, beziehungsorientiert, agil. Berlin: Erich Schmidt
Pfohl, Hans-Christian (2004): Logistiksysteme, 7. Aufl. Berlin-Heidelberg: Springer
Remei AG (2009): Produkte: Kunden. http://www.remei.ch/produkte/kunden.html. Abrufdatum: 28. Oktober 2009
REWE (2009): Hintergrund zu Best Alliance. http://www.rewe.de/ErlebnisBauernhof/05_presse/05_01_presseinfo/03_presseinfo_lang.htm. Abrufdatum: 28. Oktober 2009
Schröder, Hendrik/Olbrich, Rainer/Kenning, Peter/Evanschitzky, Heiner (Hrsg.) (2009): Distribution und Handel in Theorie und Praxis. Wiesbaden: Gabler
United Nations (2008): UN-World Population Prospects (2008 Revision). http://esa.un.org/unpp/. Anrufdatum: 28. Oktober 2009
Zentes, Joachim (1994): Effizienzsteigerungspotentiale kooperativer Logistikketten in der Konsumgüterwirtschaft. In: Pfohl (1994): 105-126
Zentes, Joachim (1998): ECR und Kundenorientierung. Win-win-win-Situation. In: Pfohl (1998): 47-61
Zentes, Joachim (Hrsg.) (2006): Handbuch Handel. Strategien – Perspektiven – Inter-nationaler Wettbewerb. Wiesbaden: Gabler
Zentes Joachim (Hrsg.) (2007): Faszination Handel. 50 Jahre Saarbrücker Handelsforschung. Frankfurt a.M.: Deutscher Fachverlag
Zentes, Joachim (2008): Auf dem Weg zum Netzwerkmanager. In: Der Handel, Sonderheft 2008: 8-11
Zentes, Joachim/Neidhart, Michael (2006): Secured und Controlled Distribution. Die Industrie als Einzelhändler. In: Zentes (2006): 275-297
Zentes, Joachim/Pocsay, Sandra (2009): Value-Net-Integrator. Ein Zukunftsmodell für kooperative Unternehmensnetzwerke. In: Ahlert/Ahlert (2009): im Druck
Zentes, Joachim/Schramm-Klein, Hanna (2009): Corporate Social Responsibility von Handelsunternehmen. Aktivitätsfelder, Triebkräfte und Erfolgswirkung. In: Schröder u.a. (2009): 91-114
Zentes, Joachim/Hilt, Constantin/Domma, Peter (2007): HandelsMonitor Spezial. Global Sourcing im Einzelhandel. Frankfurt a.M.: Deutscher Fachverlag
Zentes, Joachim/Morschett, Dirk/Krebs, Juliane (2008): HandelsMonitor 2008. Die neue Mitte – Comeback eines Marktsegmentes. Frankfurt a.M.: Deutscher Fachverlag
Zentes, Joachim/Morschett, Dirk/Schramm-Klein, Hanna (2007): Strategic Retail Management. Wiesbaden: Gabler
Zentes, Joachim/Neidhart, Michael/Scheer, Lambert (2006): HandelsMonitor Spezial: Die Industrie als Händler. Frankfurt a.M.: Deutscher Fachverlag
Zentes, Joachim/Swoboda, Bernhart/Morschett, Dirk (2004): Internationales Wertschöpfungsmanagement. München: Vahlen
Zentes, Joachim/Swoboda, Bernhart/Morschett, Dirk (Hrsg.) (2005): Kooperationen, Allianzen und Netzwerke. Grundlagen – Ansätze – Perspektiven, 2. Aufl. Wiesbaden: Gabler
Zentes, Joachim/Swoboda, Bernhart/Morschett, Dirk (2005): Markt, Kooperation, Integration. Asymmetrische Entwicklungen in der Gestaltung der Wertschöpfungsprozesse am Beispiel der Konsumgüterindustrie. In: Zentes/Swoboda/Morschett (2005): 667-692
Zentes, Joachim/Hüffer, Guido/Pocsay, Sandra/Chavie, Rick (2007): Innovative Geschäftsmodelle und Geschäftsprozesse im Großhandel. Frankfurt a.M.: Deutscher Fachverlag

Michael Krings*

Efficient Consumer Response – Vorläufiger Endpunkt der Entwicklung moderner Supply Chains im Konsumgüterhandel

* Dr. Michael Krings ist Geschäftsführer der Douglas Einkaufs- und Service GmbH & Co. KG. In dieser Funktion ist er u. a. für das Ressort Logistik & Organisation International bei der Parfümerie Douglas GmbH verantwortlich. Zuvor war er als Projektmanager im Competence Center „Konsumgüter/Handel" bei Roland Berger Strategy Consultants tätig. Während seiner Tätigkeit als wissenschaftlicher Mitarbeiter am Fachgebiet Unternehmensführung hat er nach Abschluss seines Studiums als Wirtschaftsingenieur (technische Fachrichtung Maschinenbau) an der TH Darmstadt über das Thema „Strategische Planung für Großhandelsunternehmungen" bei Prof. Dr. Dr. h.c. H.-Chr. Pfohl promoviert.

1 Einleitung

Die Wertschöpfungsketten im Konsumgüterbereich waren seit jeher einem stetigen Wandel unterworfen. Nicht umsonst spiegelt sich diese Tatsache in der Formulierung „Handel ist Wandel" wieder. Zielsetzung dieses Artikels ist es, die Meilensteine dieses Wandels und die sie bestimmenden Faktoren aufzuzeigen. Darüber hinaus soll der Versuch gewagt werden, eine Trendaussage für die zukünftige Entwicklung der Supply Chains im Konsumgütermarkt zu formulieren. Da unzweifelhaft viele Aspekte der Entwicklung eines Managements von Wertschöpfungsketten, d. h. auch Supply Chains, durch Hans-Christian Pfohl untersucht und in Veröffentlichungen beschrieben worden sind, ohne dass dies schon in direktem Bezug zum Konzept des Efficient Consumer Response (ECR) geschehen konnte, ist es eine Verpflichtung, seinen Verdienst bei der wissenschaftlichen Grundlegung aufzuzeigen. Schließlich stellt die von Pfohl maßgeblich mitbegründete betriebswirtschaftliche Logistik sozusagen die DNA, also die Basis für fast alle Aspekte des ECR-Ansatzes. Dass dies in Anbetracht der gebotenen Kompaktheit des Artikels zwangsläufig unvollständig bleiben muss, soll hier entschuldigend vorab festgestellt werden.

2 Historische Entwicklung der Distributionskonzepte

Um die Entwicklung moderner Distributionskonzepte zu verstehen, ist eine historische Betrachtung der Entwicklung von Supply Chains notwendig.[1] Danach lassen sich sechs wesentliche Entwicklungsstufen unterscheiden.

- Lokale Produktion und regionale Distribution durch den Hersteller: In dieser Phase erfolgt die Herstellung der Produkte für einen lokalen Markt oftmals erst auf Bestellung durch die Konsumenten selbst. Eine Distribution im heutigen Sinne erfolgt nicht oder wenn, dann nur im unmittelbaren Umfeld der Hersteller, die handwerklich die Produkte fertigen. Aufgrund fehlender Kommunikationsmöglichkeiten und eingeschränkter Mobilität ist die Erschließung größerer Absatzmärkte über den lokalen und regionalen Raum hinaus auch gar nicht möglich. Die zumeist mit ineffektiven Produktionsmethoden hergestellten Mengen erlauben auch kaum die Erschließung größerer Absatzmärkte, da zusätzlich zum Bedarf der lokalen Kunden auch der Eigenbedarf der Hersteller gedeckt werden muss.
- Überregionaler Handel und Fernhandel: Mit dem Aufkommen größerer Staatswesen und verbesserter Infrastruktur, die eine Überwindung räumlicher Barrieren ermöglicht, entsteht ein spezialisierter, institutioneller Handel. Auch die Kommunikationsmöglichkeiten durch Universalschriften sowie das Vorhandensein von Sprachwissen (u. a. Griechisch, Latein, Arabisch, ...) schafft eine wesentliche Voraussetzung, entfernte Märkte unter anderem auch werblich zu erreichen. Der Ruhm bestimmter Produkte (Seide aus Lyon, chinesisches Porzellan, ...), also

[1] Vgl. Rudolph, T. (2009): Modernes Handelsmanagement. 2. Aufl. Stuttgart 2009, S. 6. Weil dort auf die Gesamtheit der Funktionen des institutionellen Handels abgestellt wird, werden lediglich drei Phasen unterschieden, die auch erst mit der Industrialisierung beginnen. In der nachfolgenden Betrachtung soll der Fokus auf Distribution bzw. Logistik liegen.

die Entstehung früher „Marken“, welcher absatzfördernd eingesetzt werden kann, ist ohne diese Kommunikationsaspekte nicht möglich. Nicht zuletzt sind auch technische Entwicklungen wie die Erfindung des Rades oder die Entwicklung leistungsfähiger Schiffstypen (beispielsweise die Hansekogge) Treiber der Entwicklung dieser noch frühen Supply Chains. Da die Herstellung noch weitgehend handwerklich erfolgt, übernehmen die frühen Handelsorganisationen und Netzwerke die logistischen Aufgaben weitgehend komplett in Eigenregie. Einige dieser Organisationen erlangten die Bedeutung heutiger global agierender Großkonzerne, wie die Beispiele der Hanse oder der Ostindischen Compagnie eindrucksvoll belegen. An strategisch bedeutsamen Orten entstanden überdies Handelsplätze, an denen, wenn auch oft motiviert durch die Möglichkeit, Steuern zu erheben oder Mautgebühren zu verlangen, den potenziellen Kunden Waren präsentiert und angeboten wurden.

- Industrielle Produktion mit überwiegend herstellergesteuerter direkter Distribution: Mit dem Entstehen des Manufakturwesens und in dessen Gefolge den ersten Ansätze industrieller Produktion mit arbeitsteiligen Produktionsverfahren verschiebt sich erstmals wieder das Gewicht bezüglich der Gestaltung von Supply Chains in Richtung einer deutlich herstellergesteuerten Distribution. Bedingt durch die neuen Produktionsmethoden, die eine wesentlich größere Ausbringung ermöglichen, sind Hersteller gezwungen, ausgefeilte Distributionskonzepte zu entwickeln. Diese wurden wesentlich durch Handelsreisende gestützt, die die Produkte oft über große Strecken zu den Kunden brachten. Auch Messen bekamen eine neue Bedeutung, die sich im Zuge der folgenden Jahrzehnte immer weiter vergrößern sollte.
- Distribution industrieller Produkte über Handelsunternehmen: Die industrielle Revolution gegen Ende des 19. Jahrhunderts war auch ein Auslöser für die Entwicklung moderner Handelssysteme. Zum einen waren nun viele Produkte in so großer Menge herstellbar, dass auch der Bedarf höherer Kundenzahlen gedeckt werden konnte. Außerdem konnten mit zunehmendem Produktionsvolumen die Herstellungskosten der Produkte ständig gesenkt werden, was wiederum neue Kundensegmente zu erschließen half. Gleichzeitig wandelten sich die Gesellschaften von einer durch Bauern und Handwerker bestimmten agrarischen Kultur hin zu einer Stadt- und Bürgerkultur. Die Selbstversorgung der Menschen, die man noch anschaulich in den frühen Industriesiedlungen des Ruhrgebiets erkennen kann, verliert dabei immer mehr an Bedeutung. Um dennoch die steigenden Bedarfe an Konsumgütern zu decken, entstehen Handelsunternehmen, die Produkte aus zum Teil großer Entfernung zu den Verbrauchern bringen. Die Nutzbarkeit moderner Verkehrsmittel, wie Eisenbahn und Dampfschiff unterstützt dabei sowohl die Beschaffungs- wie die Distributionslogistik. Die Gründung zahlreicher heute noch bekannter Handelsunternehmen fällt in diese Zeit (Rudolf Karstadt, Hermann Tietz, Woolworth, etc.).
- Arbeitsteilige Distribution gesteuert durch Handelsunternehmen: Die Entwicklung filialisierter Handelsunternehmen ermöglichte die Abdeckung ganzer Länder mit weitgehend identischen Vertriebskonzepten. Durch die Konzentration der Handelsmacht konnten Produkte zu niedrigeren Kosten beschafft werden. Während der Kontrahierungskanal damit schon frühzeitig gebündelt war, blieb der Logistikkanal weitgehend dezentral organisiert. Die Verteilung der Wa-

re in die Filialen blieb deshalb weiterhin vor allem den Herstellern überlassen, die die Ware ausgehend von den Bestellungen des Handels direkt in die Verkaufsstellen brachten. Die Entwicklung leistungsfähiger Postsysteme bis hin zum Paketdienst heutiger Prägung ermöglichte diese Form der Abwicklung über lange Jahre.[2] Anfang der 1970er Jahre führte ein zunehmender Verdrängungswettbewerb auf den Konsumgütermärkten zur Notwendigkeit, die Effizienz der Warenverteilung zu steigern. Um die Anlieferprozesse in den Filialen zu optimieren, begannen die Konsumgüterhandelsunternehmen, die Warenströme in eigenen Zentrallagern zu bündeln. Zusätzlich konnten die Bestände in den Filialen wesentlich besser gesteuert werden. IT-Systeme zunächst auf Großrechner-, später auf PC-Basis (Client-Server-Systeme) schafften die für die Steuerung der Warenströme erforderliche Transparenz. Gleichzeitig verschob sich dadurch die Macht in den Absatzkanälen stark zugunsten des Handels, weil dieser aufgrund der größeren Nähe zu den Endkunden nun die Gatekeeper-Funktion in der Wertschöpfungskette übernehmen konnte. Diese Phase ist auch durch einen Übergang vom herstellergesteuerten Push- hin zu einem handels- bzw. nachfragergesteuerten Pull-System gekennzeichnet.

- Kooperative Distribution mittels unternehmensübergreifender Distributionskonzepte: Durch die arbeitsteilige Distribution konnten zunächst große Optimierungspotenziale erschlossen werden. Zusätzlich nahm aufgrund von Aufkäufen und Fusionen die Größe der Marktakteure auf Lieferanten- wie auf Handelsseite stetig zu, was einerseits die Realisierung von Größendegressionseffekten erlaubte, andererseits aber auch an vielen Stellen zu „Patt-Situationen“ führte. Es ist sicher kein Zufall, dass es Anfang der 1990er Jahre vor allem einige der weltgrößten Unternehmen im Konsumgütermarkt, nämlich Coca-Cola, Procter & Gamble und Walmart, waren, die eine Studie erarbeiteten, um Wege aus dieser Sackgasse zu finden. Die Kernerkenntnisse dieser Studie bestanden aus zwei Punkten: Erstens haben Handel und Hersteller denselben Endkunden. Das bedeutet, dass ein Hersteller nur dann nachhaltig erfolgreich ist, wenn auch der Handel Erfolg am Markt hat. Damit war das Verständnis einer unternehmensübergreifenden Wertschöpfungskette gegeben, welches direkt zum zweiten Punkt führt: betrachtet man nämlich diese Wertschöpfungskette gleichsam aus der Vogelperspektive, so wird eine Vielzahl von doppelten und oft nicht abgestimmten Aktivitäten auf Hersteller- wie auch Handelsseite sichtbar (siehe Abbildung 1). In beiden Aspekten liegen große Optimierungspotenziale.

2 Auch das Entstehen von Versandhandelsunternehmen unabhängig davon, ob es ein papiergestütztes Kataloggeschäft oder internetbasiert ist, wird erst möglich durch die Fähigkeit, flächendeckend Pakete an entfernte Kunden zu versenden.

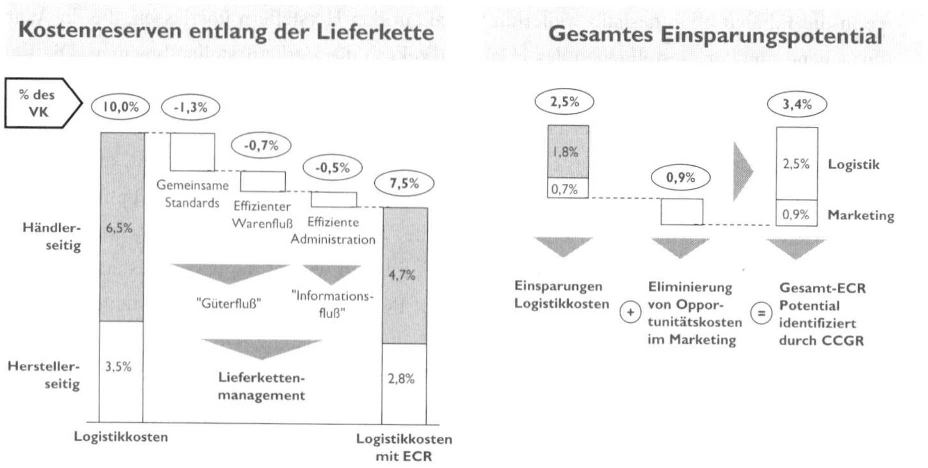

Abbildung 1: Kostenpotenziale entlang der Wertschöpfungskette. (Quelle: Coca-Cola Retailing Research Group. Supplier Retailer Collaboration in Supply Chain Management. O. O. 1994).

Getrieben wurde diese Entwicklung auch durch das Aufkommen vertikaler Distributionsformen[3] (z. B. IKEA, Hennes & Mauritz) und der Discounter. Beiden Vertriebsformen ist gemeinsam, dass Informationsbarrieren und daraus resultierende Ineffizienzen wegen der weitgehenden Integration von Hersteller- und Handelsfunktion in ein Unternehmen deutlich geringer sind als bei traditionellen Markenherstellern und –handelsunternehmen. Ein weiteres Vorbild für die zukünftige Gestaltung von Wertschöpfungsketten stellt die Automobilindustrie mit ihren Just-in-time Konzepten dar: Dort wurde die Integration soweit vorangetrieben, dass zahlreiche Zulieferer sich unmittelbar auf dem Werksgelände der Automobilhersteller ansiedelten, um direkt die Produktionsfließbänder beliefern zu können. Das für den Konsumgütermarkt entwickelte Konzept wird mit dem Begriff Efficient Consumer Response (ECR) bezeichnet. Es beinhaltet alle Maßnahmen, die Hersteller- und Handelsunternehmen gemeinsam unternehmen, um die Bedürfnisse der gemeinsamen Endkunden in optimaler Weise zu befriedigen.

Im Kern ist das ECR-Konzept schon frühzeitig in der betriebswirtschaftlichen Logistik, wie sie vor allem von Pfohl vertreten wird, angelegt. Danach führt die Implementierung der Logistik als Querschnittsfunktion zu einer bereichs- und unternehmensübergreifenden Koordination von Logistikentscheidungen. „Der […] Bereichsegoismus vertikal gegeneinander abgeschotteter Funktionen wird ersetzt durch eine horizontal die anderen Funktionen durchdringende Querschnittsfunktion mit einer einheitlichen Zielsetzung. […] Unternehmensübergreifend lässt sich diese […] interorganisatorische Gestaltung der Schnittstellen im Unternehmen auf seine Lieferanten und Kunden übertragen."[4] Die betriebswirtschaftliche Logistik basiert dabei nach Pfohl auf verschiedenen

---

3 Vertikale Vertriebsformen sind solche, bei denen Handelsunternehmen ihre Produkte überwiegend selber herstellen oder die Hersteller ihrer Produkte unmittelbar kontrollieren. Als Beispiele dafür können IKEA oder Hennes & Mauritz gelten.

4 Pfohl, H.-Chr. (1996): Logistiksysteme. 5. Aufl. Berlin 1996, S. 66.

Denkmustern, auf denen auch der ECR-Ansatz konsequent aufbaut:[5] Zum einen sind dies das wert- und nutzenorientierte Denken sowie das Servicedenken, die den Kundennutzen[6] in den Mittelpunkt stellen. Das Systemdenken sowie das Gesamt- und Totalkostendenken sind darauf ausgerichtet, die Wertschöpfungskette über Unternehmens- und Bereichsgrenzen hinweg zu gestalten und dabei alle Kosten- und Ertragseffekte umfassend zu berücksichtigen; zunächst unabhängig davon, durch wen und wo sie entstehen. Auch wird die Substitution der unterschiedlichen Produktionsfaktoren deutlich: z. B. können Bestände durch Information ersetzt werden.[7] Das logistische Effizienzdenken erlaubt schließlich die Kombination von technischen und betriebswirtschaftlichen Aspekten, wie sie eben auch beim ECR-Konzept umgesetzt wird. Die in der Logistiksicht zum Ausdruck kommende Flussorientierung der kundenorientierten logistischen Kette bewirkt eine stärkere Ausrichtung am Management flexibler Strukturen im Gegensatz zu einem Management von Beständen, Kapazitäten und Funktionen.[8] In dieser flussorientierten Sicht besteht „beim Vorhalten von Beständen die Gefahr, dass Fehler verschleiert werden. Denn Bestände verdecken störanfällige Prozesse, unabgestimmte Kapazitäten, mangelnde Flexibilität, Ausschuss oder einen schlechten Lieferservice des Lieferanten“[9].

Das ECR-Konzept stellt somit auch den (vorläufigen) Endpunkt der Entwicklung von Supply Chains in der Konsumgüterwirtschaft dar. Im Folgenden Abschnitt sollen seine Elemente näher beschrieben werden.

3 Kernelemente von Efficient Consumer Response

Ausgehend von den Erkenntnissen der Coca-Cola Research Group wurden durch Handels- und Herstellerunternehmen zunächst in den USA und nachfolgend auch in Europa sowie in einzelnen europäischen Ländern sogenannte ECR-Initiativen gegründet. Deren Zielsetzung war „die Schaffung von Instrumenten, durch die Händler und Hersteller in die Lage versetzt werden, gemeinsam den Nutzen ihrer Produkte und Dienstleistungen für den Kunden zu steigern und damit ihr Ergebnis zu verbessern“[10]. In Deutschland wird diese Initiative durch die GS1-Germany (vormals Centrale für Coorganisation CCG, Köln) getragen. Die beiden Hauptgesellschafter der GS1 sind der Markenverband, Berlin, als Vertreter der Herstellerunternehmen sowie das Europäische Handelsinstitut EHI, Köln, welches die Interessen der Handelsunternehmen vertritt. Die GS1 hat die Aufgabe, als Rationalisierungskartell die Geschäftsprozesse zwischen Herstellern und Handelsunternehmen durch geeignete Vorgaben so zu standardisieren, dass die Unternehmen effizienter miteinander arbeiten können. Angeschlossen an die GS1 mit Sitz in Brüssel sind über 100 nationa-

---

5 Vgl. Pfohl (1996), S. 20ff.

6 Bereits das Konzept der sogenannten Marketing-Logistik ist, wie der Name schon deutlich macht, auf den Kunden ausgerichtet. Vgl. Pfohl, H.-Chr. (1972): Marketing-Logistik. Gestaltung, Steuerung und Kontrolle des Warenflusses im modernen Markt. Mainz 1972.

7 Vgl. Pfohl, H.-Chr. (1994): Logistikmanagement. Berlin 1994, S. 27.

8 Vgl. Pfohl (1994), S. 72.

9 Pfohl (1994), S. 72/73.

10 ECR-Europe (1997): ECR Europe Category Management Best Practice Report, S. 4. Brüssel 1997.

le GS1-Organisationen. Insbesondere vergibt die GS1 einheitliche und überschneidungsfreie Identifikationscodes wie z. B. die ILN/GLN (International Location Number/Global Location Number), welche für den Datenaustausch zwischen den Unternehmen erforderlich ist und die EAN/GTIN (Europäische Artikelnummer/Global Trade Item Number) in verschieden codierter Form (z. B. als Barcode) für die elektronische Produkterkennung. Die Gesamtheit der ECR-Methoden lässt sich in drei große Blöcke untergliedern: ECR-Basistechnologien, Supply Side Strategien und Demand Side Strategien.[11] Im Folgenden sollen die ersten zwei Blöcke näher erläutert werden, auf welche die ersten Umsetzungen in Bezug auf ECR ausgerichtet waren und bei denen der Bezug zum Supply Chain Management größer ist. Im Fokus steht die Steigerung der Effizienz bzw. die Reduzierung von Supply Chain Kosten. Diese Aspekte sind eindeutig auf das E des ECR gerichtet. Das erscheint logisch, weil hier am deutlichsten unmittelbare Effekte erzielbar waren und man auf einer eher unverbindlichen weil operativ-taktischen Ebene mit dem Geschäftspartner arbeiten konnte, ohne zu sehr in als strategisch relevant erachtete Themenfelder einzudringen. Trotzdem hängen nachhaltige Wettbewerbsvorteile vor allem davon ab, ob es gelingt Produkte und Dienstleistungen zu vermarkten, die den ständig wechselnden, steigenden und komplexer werdenden Anforderungen der Kunden gerecht werden. Durch die Entwicklung von Demand Side Strategien unter dem Begriff Category Management wurde der Fokus wieder stärker auf den Kunden, also das C in ECR gerichtet. Category Management lässt sich am einfachsten mit dem Begriff Warengruppensteuerung übersetzen und enthält viele Elemente des Handels- und Herstellermarketings. Ziel ist es, die Warengruppen konsequent an den Bedürfnissen der Käufer und Konsumenten[12] auszurichten. In einem 8-stufigen Prozess[13] werden die Warengruppen analysiert und die richtige Strategie und Taktik der Vermarktung formuliert. Aufgrund ihres Konsumentenwissens sind Hersteller bemüht, stärker Einfluss auf die Warengruppengestaltung im Handel zu nehmen. Nur in den wenigsten Fällen haben sich aber sogenannte Category Captain-Konzepte durchgesetzt. Ursache dafür ist sicher auch, dass für ein Handelsunternehmen und dessen Kunden die Sortimentsbildung[14] eine wesentliche Kernkompetenz darstellt, die nicht an Lieferanten „outgesourced" werden kann. Dennoch hat das Category Management Konzept eine große Bedeutung im Lebensmittel-Konsumgütermarkt, aber auch zunehmend im Non-Food-Segment erhalten. In einem immer intensiveren Wettbewerbsumfeld trägt Category Management eindeutig zu einer Versachlichung

---

[11] Die Supply Side Sicht bezieht sich mehr auf die Verbindung Hersteller – Handel während Demand Side die Verbindung Handel – Kunde bzw. Hersteller – Verbraucher abdeckt. Im Kern befasst sich die Supply Side stärker mit den logistikrelevanten Gestaltungsaspekten einer Wertschöpfungskette, während die Demand Side stärker auf den Kontrahierungskanal und Marketingaspekte fokussiert. Vgl. auch Pfohl, H.-Chr. (1996): Logistiksysteme. 5. Aufl. Berlin 1996, S. 214f.

[12] In diesem Zusammenhang werden die Begriffe Consumer = Endverbraucher und Shopper = Einkäufer unterschieden. Die so bezeichneten Personen sind nicht notwendigerweise identisch: so kaufen beispielsweise viele Frauen (in diesem Fall Shopper) das Parfum ihrer Männer (Consumer) ein. Der Handel fokussiert primär auf den Shopper, während für den Hersteller der Consumer wichtiger ist. Beim Category Management sollen beide Sichten zusammengeführt werden.

[13] Vgl. dazu die ausführliche Darstellung des Category Management Ansatzes und dessen Anwendung bei GS1-Germany (Hrsg.): Handbuch Category Management. Köln 2009.

[14] Vgl. die Übersicht zu Handelsfunktionen bei Krings, M. (1996): Ressourcenorientierte Strategische Planung. Hamburg 1996, S. 17ff.

der Warengruppensteuerung bei, da für jeden Artikel der Wertbeitrag (gemessen z. B. durch den Rohertrag) und der spezifische Aufwand (z. B. gemessen mit dem Lagerumschlag) ermittelt und mit Benchmarking-Verfahren bewertet wird.

3.1 ECR-Basistechnologien

Die Grundlage für verbesserte Geschäftsprozesse im Konsumgütermarkt wurde schon Anfang der 1970er Jahre gelegt mit der Einführung der Europäischen Artikel Nummer (EAN). Durch diese konnten alle Artikel erstmalig automatisch erfasst werden. Die EAN enthielt in strichcodierter Form Landes-, Hersteller- und Artikelbezeichnung. Der Weg eines Artikels vom Hersteller bis zur Kasse des Händlers war somit transparent und der Artikel konnte gesteuert werden. Die EAN mit Strichcode ist der entscheidende Schritt zu einer stärker am Verhalten der Endkunden ausgerichteten Supply Chain, holt sie doch jedes Produkt aus seiner Anonymität heraus. Inzwischen gibt es, wie in Abbildung 2 dargestellt, verschiedene weitere Formen der Artikelidentifikation. Einzelne, wie der EAN 128 dienen der Unterstüzung der Logistikprozesse, weil damit auch Packstücke und Transporthilfsmittel mit einer Nummer der Versandeinheit (NVE) gekennzeichnet werden können.

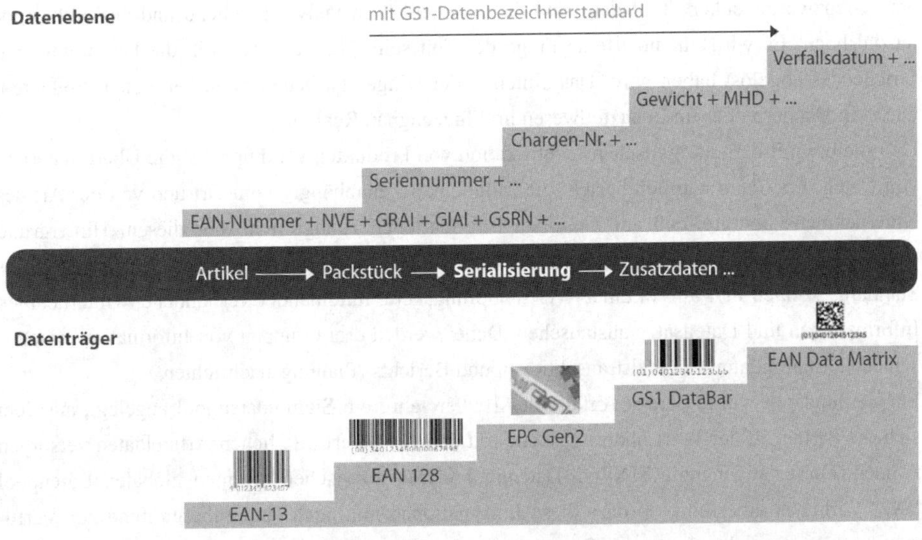

Abbildung 2: Formen der Kennzeichnung in der Konsumgüterbranche (Quelle: GS1-Germany (2008) (Hrsg.): GS1 Standards: Ein Lösungsportfolio weist in die Zukunft. Köln 2008, S. 9).

Neben den eindimensionalen Strichcode haben sich auch 2D-Barcodes und sogenannte Data-Bars etabliert, mit denen umfangreichere Informationen übermittelt werden können. Sehr wichtig für Anwendungen wie die lückenlose Rückverfolgbarkeit von Artikeln ist die Serialisierung der Artikelnummern, die jeden Artikel eindeutig und spezifisch kennzeichnet. Damit kann z. B. Produktpiraterie eingeschränkt werden, indem über eine spezielle Codierung die Produktechtheit dokumentierbar ist. Weiterhin können Haltbarkeitsdaten abgebildet werden, die ein Monitoring der Bestände ermöglichen und gegebenenfalls Rückrufaktionen steuerbar machen. Inzwischen wurde die EAN in die Global Item Trade Number (GTIN) überführt, die nun die Basis für den globalen Datenaustausch darstellt, weil sie in allen Ländern insbesondere aber auch in den USA und den Ländern Asiens Gültigkeit besitzt. Der vorläufige Endpunkt dieser Entwicklung sind die berührungslos arbeitenden Identifikationsverfahren mittels Radio-Frequenz. Die sogenannten RFID-Tags können einzeln oder auch im Pulk erfasst werden, ohne das ein „Sichtkontakt" zwischen den Warenstücken und den Lesegeräten erforderlich ist. Dadurch ergeben sich völlig neue Anwendungsgebiete sowie eine permanente On-Line- und real time-Verfolgbarkeit. Auch ist das Datenvolumen, das den Waren zugeordnet werden kann, wesentlich höher als bei den gedruckten Datenträgern, bei denen die Codierung immer stets nach dem binären Modell (0 = weiß, 1= schwarz) erfolgt und somit der Dateninhalt durch die Fläche der Codes begrenzt ist. Die Entwicklung steht trotz inzwischen zahlreicher Verbesserungen und unterschiedlicher Frequenzen, die zur Datenübertragung genutzt werden, erst am Anfang. Zu groß sind noch einige technologische Hürden (z. B. Interferenzen zwischen den RFID-Etiketten, wenn diese gebündelt in hoher Zahl auftreten, bei flüssigen Produkten oder metallischen Verpackungen), welche die Lesequalität unter tolerierbare Grenzwerte senken. Trotzdem sind die Möglichkeiten vielversprechend und das Nutzenpotenzial hoch. Es wird nur noch eine Frage der Zeit sein, bis diese Technik die herkömmlichen Strichcodes abgelöst haben wird. Das „Internet der Dinge" ist heute schon bei vielen Produkten, wie z. B. Büchern oder im Ersatzteilwesen im Flugzeugbau Realität.

Unmittelbar mit der automatischen Identifikation von Produkten verknüpft, ist die Übertragbarkeit von Daten. Erst dann nämlich besteht die Möglichkeit, unabhängig vom Ort und von der Art des Unternehmens übergreifend auf dieselben Informationen zuzugreifen. Vor diesem Hintergrund stellt die Einführung des EANCOM-Standards eine wichtige Innovation dar. Auf Basis dieses Standards können nun alle in einer Wertschöpfungskette miteinander verbundenen Unternehmen Informationen und Datensätze austauschen. Dabei werden drei Gruppen von Informationen unterschieden: Stammdaten, Handelstransaktionen und Berichts-/Planungsnachrichten[15].

Für Stammdaten wurde bereits Anfang der 1990er Jahre ein Stammdatenpool angelegt, aus dem sich die Partner in der Wertschöpfungskette mit den für sie erforderlichen Artikeldaten versorgen können. Dieser sogenannte SINFOS-Datenpool wurde inzwischen in einen globalen Datenpool SA2 Worldsync überführt, so dass diese Informationen nun auch länderübergreifend zur Verfügung stehen. Ausgehend von den Stammdaten, die vorwiegend in der Nachrichtenart „PRICAT" ausgetauscht werden, können nun weitere Transaktionsdaten unterschieden werden, von denen nur die wichtigsten genannt werden sollen[16]:

---

15 Vgl. Hagen, K. (1996): Efficient Consumer Response (ECR) – Ein neuer Weg in der Kooperation zwischen Industrie und Handel, S. 88. In: Pfohl, H.-Chr. (Hrsg.): Integrative Instrumente der Logistik. Berlin 1996, S. 85-96.

16 Vgl. für eine vollständige Übersicht: Hagen, K. (1996), S. 94-99 und GS1-Germany (2008), S. 27f.

- Bestellung (ORDERS): ermöglicht die Übermittlung aller Bestelldaten zu Artikeln, Mengen, Preisen, Lieferadressen, Lieferzeiten und beschleunigt so die Auftragserfassung. Ein weiterer Vorteil sind deutlich weniger Fehler durch falsch übermittelte Bestellungen. Damit sind bessere, weil richtigere Konditionen verbunden und geringere Inventurdifferenzen.
- Lieferschein (DESADV): spezifiziert Daten zur gelieferten Ware in Form eines elektronischen Lieferscheins. Meistens wird auch die Verpackungshierarchie (Artikel, Verpackungseinheit VPE, Palette) mit abgebildet. Dadurch wird ein Wareneingang im Logistikcenter des Handelsunternehmens besser planbar und der Vollzug des Wareneingangs erfolgt deutlich effizienter. Zusammen mit ORDERS wird in integrierten Systemen ein automatischer Abgleich von bestellter zur gelieferten Ware möglich. In vielen Fällen ist der DESADV mit einer automatisch lesbaren Identifikation von Ladungsträgern (Paletten oder Paketen) verbunden.[17] Es genügt dann, die Packstücke zu scannen, um den Wareneingang zeitnah durchzuführen.
- Rechnung (INVOIC): enthält im Vergleich zum Lieferschein dieselben Artikeldaten sowie zusätzlich die erforderlichen Konditionen- und Zahlungsinformationen. Idealerweise werden alle drei Hauptnachrichtenarten miteinander abgeglichen: Bestellte, gelieferte und berechnete Artikel müssen zusammenpassen. Oftmals erfolgt die Rechnungsstellung durch den Lieferanten erst nach Rücksendung einer Empfangsbestätigung mittels der Nachrichtenart RECADV durch das Handelsunternehmen. Alternativ gibt es auch Verfahren, bei denen nur die erhaltenen Produkte bezahlt werden. Dieses Verfahren setzt aber eine hohe Basisqualität in den logistischen Prozessen voraus. Es ist in vielen Ländern (z. B. Italien, Frankreich, Spanien) aufgrund der Nicht-Änderbarkeit von Rechnungsdokumenten nicht ohne Weiteres anwendbar.

Zur Übermittlung von Berichts- und Planungsdaten werden am häufigsten zwei Nachrichtenarten eingesetzt:

- Der Verkaufsdatenbericht (SLSRPT) dient der Übermittlung von Abverkaufsdaten, das heißt wie viel Stück eines Artikels, wann bzw. über welchem Zeitraum in einer bestimmten Filiale oder Vertriebsregion zu welchem Preis verkauft wurden.
- Der Bestandsbericht (INVRPT) liefert dagegen Informationen zum Warenbestand in Stück und Wert.

Mit diesen beiden Nachrichtenarten liegen alle Informationen vor, um eine wertschöpfungskettenübergreifende Steuerung der Warenversorgung sicherstellen zu können. Außerdem besteht damit ebenfalls die Möglichkeit, den Erfolg eines Artikels wertschöpfungskettenübergreifend zu beurteilen und gegebenenfalls Korrekturmaßnahmen vornehmen zu können, wenn der Artikel nicht erfolgreich ist. Alle ECR-Basisstrategien sowohl Supply Side- wie Demand Side-bezogen benötigen die vorgestellten technischen Grundlagen. Ohne automatische Identifikation wäre die massenhafte Erfassung von Warenbewegungen nicht möglich und man müsste sich auf die stichprobenhafte manuelle Erfassung beschränken. Ohne die standardisierten Nachrichtenarten wäre die informato-

[17] So nutzt die Parfümerie Douglas eine strichcodierte Paketkennzeichnung (NVE) durch die Lieferanten auf Basis des EAN 128 Standards, die mit der DESADV-Nachricht verknüpft ist.

rische Verknüpfung zwischen den Partnern in der Wertschöpfungskette nicht vorhanden oder könnte nur eingeschränkt erfolgen (papiergestützt oder telefonisch).
Anfang des 21sten Jahrhunderts wurden die nächsten Stufen zur Weiterentwicklung des Datenaustausches eingeleitet. Mittels des XML-Standards können nun auch Partner über WebEDI miteinander Daten austauschen, für die EDI auf Basis des EANCOM Standards zu kostenintensiv ist. Die WebEDI-Anwendung eignet sich auch, wenn nur unregelmäßig einzelne Daten ausgetauscht werden sollen, während das klassische EDI vor allem für den massenhaften Austausch geeignet ist. Ein weiterer Schritt ist die Entwicklung des EPC-Netzwerks[18]. Mit dessen Umsetzung können jederzeit über Datenabfragen Informationen ausgetauscht und abgerufen werden[19]. Der bilaterale Austausch des klassischen EDI wird somit deutlich erweitert.

3.2 Supply Side Strategien

Unter dem Oberbegriff der Supply Side Strategien können verschiedene, primär auf Logistikthemen fokussierende Ansätze zusammengefasst werden. Insgesamt geht es darum, einen effizienten Warenfluss in der Wertschöpfungskette zwischen Hersteller und Handelsunternehmen zu erreichen. Dazu werden verschiedene Ansatzpunkte zur Optimierung ausgenutzt:

- Vermeidung doppelter Aktivitäten in der Wertschöpfungskette, z. B. den parallelen Betrieb von Zentrallägern, wo eine bestandsführende Logistikeinheit ausreichend wäre.
- Beschleunigung der Prozesskette, z. B. in dem Informationen frühzeitig an die richtige Stelle in der Wertschöpfungskette gebracht werden. In konventionellen Lieferketten ist die Situation oft so, dass derjenige, der eine Information als erster benötigt (z. B. am Anfang einer Kette), diese erst als Letzter erhält. Dadurch wird die Leistung der gesamten Kette gebremst. Die Beschleunigung wird auch durch die unmittelbare und schnelle Informationsübertragung erzielt. Ohne Schnittstellen und Medienbrüche werden Leerzeiten eliminiert, auf die in der Vergangenheit oft mehr Zeitanteile entfielen als auf die eigentlichen Aktivitäten.
- Reduzierung von Fehlern in der Prozesskette, da durch das Scannen von Strichcodes und dem elektronischen Datenaustausch die Anzahl falscher Daten in der Wertschöpfungskette deutlich sinkt[20]. Durch die unmittelbare Übertragung an die richtigen Stellen werden zudem „Stille Post"-Effekte eines Informationsverlustes ausgeschlossen. Beispielsweise können Order-Entscheidungen präziser getroffen werden.
- Nutzung von Standards erleichtert bzw. ermöglicht den effizienten Einsatz technischer Hilfsmittel. So entfällt bei der Verwendung standardisierter Packmittel und Ladungsträger ein zeitraubendes und arbeitsintensives Umpacken vor Einlagerung oder Warenpräsentation.

---

18 EPC = electronic product code.

19 Vgl. GS1-Germany (2008), S. 30ff.

20 Es gibt Analysen, wonach die Fehlerquote bei der manuellen Erfassung durch eine geübte Person bei ca. 0,3 % liegt, während bei entsprechender IT-basierter Erfassung Fehlerquoten unter 0,000003 % erzielt werden.

- Schaffung von Transparenz ermöglicht erst eine fundierte Entscheidung zu logistischen Aktivitäten, d. h. was durch wen (Handels- oder Herstellerunternehmen) am besten gemacht wird.

Nur bei transparenten weil messbaren Prozessen kann eine kaufmännische Steuerung erfolgen. Diese Grundprinzipien der Prozessoptimierung kommen bei Supply Side Strategien in fast allen Ausprägungen zur Anwendung. Besonders deutlich wird das bei Continuous Replenishment Ansätzen (kontinuierliche Wiederbevorratung) und dem Cross Docking Konzept, bei dem die Arbeitsteilung und Vermeidung von Redundanzen besonders deutlich wird. Ebenfalls aufgenommen wurde der Optimal Shelf Availability (OSA) Ansatz, der formal zwar oft den Demand Side Strategien zugerechnet wird, aber einen sehr hohen Bezug zur Supply Side und Logistik aufweist und deshalb hier behandelt werden soll. Außerdem macht OSA deutlich, wie verschiedene Werkzeuge für eine optimale Umsetzung ineinandergreifen. Alle drei Aspekte werden nachfolgend erläutert:

- Continuous Replenishment, Vendor Managed Inventory und Collaborative Planning, Forecasting and Replenishment (CPFR)[21]: Zielsetzung des Continuous Replenishment ist es, die Warenbevorratung in Handelsunternehmen zu optimieren. Dabei soll zum einen die On-Shelf-Availability[22] also die Warenverfügbarkeit maximiert werden, andererseits aber auch die Bestandhöhe auf ein Minimum reduziert werden. Erreicht wird dies durch einen engen Datenaustausch zwischen Lieferanten und Handelsunternehmen basierend auf den EANCOM-Nachrichtenarten. Werden beispielsweise die Abverkaufs- und Bestandsdaten den Lieferanten frühzeitig[23] mitgeteilt, können diese mit Hilfe der Informationen die Wiederbevorratung in einer Filiale oder einem vorgeschalteten Lagerhaus auslösen. Unter Ausnutzung moderner Prognosesysteme kann auf Basis der Daten auch eine Vorhersage der zukünftigen Abverkäufe erfolgen und die Wiederbevorratung antizipiert werden. Dabei ist es auch möglich, die Transporte zwischen Hersteller- und Handelsunternehmen zu optimieren, in dem die Transportmittel bei Unterauslastung mittels Prognose mit denjenigen Waren aufgefüllt werden, die ohnehin bei einer der folgenden Sendungen mitgeliefert worden wären. Durch das Verfahren können Bestellzyklen deutlich reduziert und die Bestellmengen exakt auf den Bedarf ausgerichtet werden. Sicherheitsbestände können so reduziert werden, ohne dass die Warenverfügbarkeit darunter leidet. Die Ergebnisse einer typischen CR-Anwendung betreffen vier wesentliche Kennzahlen:
  - Senkung der Transportkosten (um bis zu 25 %) durch bessere Auslastung der Transportfahrzeuge und Reduzierung des administrativen Aufwands.
  - Reduzierung des Lagerbestands (um bis zu 35 %) durch kürzere Wiederbevorratungszyklen und verbesserter Prognose auf Basis der tatsächlichen Abverkaufsdaten in den Filialen.

---

21 Vgl. dazu auch Boldt, O. et. al. (2008): Beziehungsmanagement im Rahmen vertikaler Kooperationen. In: Pfohl, H.-Chr. (Hrsg.): ATHENE-Projekt der TU Darmstadt. Ergebnisbericht.

22 Siehe unten im Kapitel 3.3 zu Demand Side Strategien.

23 Albert Heijn und Mars Master Food wurden schon 1997 im Rahmen eines der ersten CR-Projekte die Gesamtabverkäufe des Tages aus den Abverkäufen, die bis zu einer gewissen Uhrzeit erreicht worden waren, anhand produktspezifischer Tagesprofile hochgerechnet. Die damit ausgelösten Bestellungen aus dem Distribution Center von AH wurden im gleichen Moment an Mars weitergeleitet, die so die Wiederbevorratung des DCs vornehmen konnten.

- Reduzierung der Auftragsabwicklungszeit von Bestellung bis Anlieferung konnte durch eine weitgehende Automatisierung der Abläufe und den Einsatz von EDI (um bis zu 70 %).
- Erhöhung des Servicegrads, dass heißt die Anzahl der bestellten Artikel im Verhältnis zu den gelieferten Artikeln (um bis zu 1 %-Punkt auf 99,8 %).

Trotz dieser überzeugenden Ergebnisse, führt die Frage nach der Bestandsverantwortung immer wieder zu Diskussionen zwischen Lieferanten und Handelsunternehmen. Ein gewisses Risiko liegt darin begründet, dass das Herstellerunternehmen als Besteller und Lieferant auftritt, es aber nicht an den Kapitalbindungskosten der Ware beteiligt wird. Dadurch besteht prinzipiell die Möglichkeit, den Warenbestand über den Bedarf hinaus nach oben zu treiben. Es gibt drei Möglichkeiten, dieses Problem zu lösen. Erstens kann ein langes Zahlungsziel die Kapitalkosten auf den Lieferanten abwälzen. Zweitens können zwischen Handels- und Herstellerunternehmen Zielvereinbarungen zu einem bestimmten zu erreichenden Mindestlagerumschlag oder anderen Kennzahlen vereinbart werden. Drittens kann der Lieferant auch nach einer Lieferung solange das Eigentum an der Ware besitzen, bis sie schließlich an der Kasse von einem Kunden gekauft wird. Letztere Variante wird auch als Vendor Managed Inventory (VMI) bezeichnet. Voraussetzung für VMI ist die Verfügbarkeit eines Warenwirtschaftssystems, das unterschiedliche Eigentumsverhältnisse innerhalb eines Lagers oder einer Filiale abbilden kann. Außerdem sollte eine klare Zuordnung der Ware auf den Lieferanten möglich sein. Dazu bieten sich feste Verkaufsmöbel oder Displays an, die darüber hinaus auch weitgehend standardisiert sein sollten, damit der Lieferant überhaupt mittels Ferndiagnose Geschäftszahlen analysieren kann. Schließlich muss die Beeinflussbarkeit des Absatzes geklärt und eine Regelung für den Umgang mit Bestandsdifferenzen (Schwund, Diebstahl) getroffen werden. VMI hat sich deshalb nur in wenigen speziellen Fällen durchgesetzt. Weit häufiger anzutreffen sind dagegen einfache Concession-Modelle, bei denen die Ware auf der Fläche des Handelsunternehmens auch im Eigentum des Herstellers ist, jedoch das Verkaufspersonal vor Ort vom Hersteller gesteuert wird.[24] Eine Weiterentwicklung des VMI im Sinne von ECR stellt das Collaborative Planning Forecasting and Replenishment (CPFR) dar.[25] Durch einen engen Daten- und Informationsaustausch wird ein kooperativer Planungs- und Prognoseprozess gestartet, der einerseits Out-of-stocks und andererseits Überbestände gerade auch im Zusammenhang mit Promotions und Produktneueinführungen vermeiden soll. Weil auch dieses Verfahren hohe Anforderungen an die Kooperationsfähigkeit der Supply Chain Partner stellt, gibt es bislang nur wenige oder sehr fokussierte Beispiele erfolgreicher Anwendungen.

---

[24] Dieses Konzept wird auch als Shop-in-Shop-Konzept bezeichnet und ist eine Form der Vertikalisierung. Die Aufgaben des Handelsunternehmens reduzieren sich hierbei auf die Aufgaben eines Facilitymanagers, der lediglich die Infrastruktur (Fläche und IT) zur Verfügung stellt.

[25] Vgl. dazu die ausführliche Darstellung einer Fallstudie bei Rudolph, T. (2009), S. 138ff.

- Cross Docking ist eine weitere wichtige ECR-Strategie. Sie setzt an der logistischen Schnittstelle zwischen Hersteller- und Handelsunternehmen an, die traditionell von vielfachen Redundanzen und Doppelarbeiten geprägt ist. So betreibt ein Lieferant sein Fertigwarenlager immer mit zwei Funktionen: einerseits ist eine Pufferfunktion erforderlich, die es erlaubt, Produkte mit ausreichend großen und effizienzmaximierenden Losgrößen herzustellen, auch wenn dies nicht für die Deckung des unmittelbaren Absatzbedarfs erforderlich ist. Dadurch werden die Produktions- und Distributionsprozesse und die damit verbundenen Anforderungen entkoppelt. Außerdem müssen verschiedene Kunden mit den Waren beliefert werden, was unmittelbar aus der Produktion heraus nicht geleistet werden kann. In diesem Sinne dient das Lager als Distributionslager. Der Händler hat bis zu drei Funktionen in seinen Lagern abgebildet. Zum einen muss er die Warenströme konsolidieren, um die Filialbelieferung nicht direkt durchführen zu lassen, da eine direkte Belieferung zu vielen Störungen im Tagesgeschäft und zur Belastung des Filialpersonals mit Nicht-Verkaufsaktivitäten führen würde. Zum anderen muss er die Warenversorgung über ein Lager sicherstellen, wenn dies nicht durch den Lieferanten erfolgen kann. Ein weiterer Effekt ist die schnelle Nachlieferzeit zwischen den Knoten innerhalb der Handelsorganisation. Schließlich soll durch den Einkauf über ein Lager eine verbesserte Einkaufskondition erzielt werden, die sich sowohl in Größeneffekten als auch in einer effizienten Abwicklung niederschlägt.

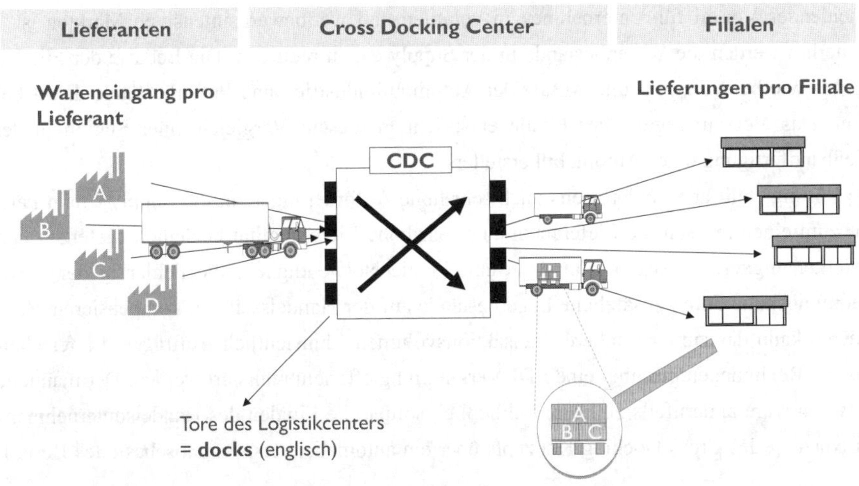

Abbildung 3: Prinzip und Begriff des Cross Dockings.

Beide Supply Chain Partner betreiben also zeitgleich Lagerstrukturen, die oft identisch strukturiert sind. Im Sinne von ECR ist das eine Ressourcenverschwendung, die erst durch einen kooperativen Ansatz vermieden werden kann. Die Idee des Cross Docking ist, auf einen Lagerstandort zu verzichten. Da der Hersteller üblicherweise immer ein Lager benötigt, damit die Produktions- und Distributionsprozesse synchronisiert werden, ist es das Handelsunternehmen, das sich nur noch auf die Distributionsfunktion konzentriert. Diese kann auch durch ein Cross Docking Center übernommen werden (siehe Abb. 3). Dabei werden die Warenströme verschiedener Lieferanten gebündelt und an einem Logistikstandort konsolidiert. Dort erfolgt nur noch eine Verdichtung und kein aufwändiges Ein- und Auslagern bzw. eine Kommissionierung. Zwei Cross Docking Verfahren können unterschieden werden: Beim einstufigen Cross Docking ist die Ware bereits auf die Filiale oder den Empfänger vorkommissoniert. Beim zweistufigem Cross Docking werden die Waren zunächst artikelrein angeliefert.[26] Erst in einer zweiten Stufe werden dann die einzelnen Filialbedarfe wieder abgebildet. Der Prozess des zweistufigen Cross Docking ist deshalb weitgehend ähnlich einem Zentrallagerprozess: im Vergleich mit diesem ist lediglich die Lagerdauer sehr viel geringer. Insofern ist dieses Verfahren auch nur für Aufträge geeignet, die nur wenige Positionen umfassen. Ist dies nicht der Fall, muss eine aufwändigere Sorter-Technik eingesetzt werden, um Fehler in einem manuellen Kommissionierprozess zu vermeiden. Deshalb hat sich das zweistufige Cross Docking auch nur für bestimmte Anwendungen wie z. B. bei Promotions durchgesetzt. Die Vorteile des Cross Dockings sind vielfältig: zunächst einmal sind die Kosten des Cross Dockings deutlich niedriger als die eines Zentrallagers, weil der Prozess insgesamt einfacher ist und ein Cross Docking Center wesentlich weniger Fläche und Ausstattung benötigt. Die beiden zuletzt genannten Aspekte bewirken einen sehr geringen Fixkostenanteil und ermöglichen eine schnellere Realisierung. Dadurch erhöhen sie die Flexibilität der logistischen Lösung, was ein entscheidender Vorteil für Unternehmen in volatilen und wettbewerbsintensiven Märkten ist.[27] Weiterhin werden die Warenbestände in der Supply Chain reduziert. Die Bedarfe der Filialen werden wie beim Just-in-time-Ansatz der Automobilindustrie ohne Pufferbestände direkt bedient. Das Verkaufsregal einer Filiale entspricht in diesem Vergleich einer Station in der Fließbandfertigung eines Automobilherstellers.

Die Lösung stellt aber andererseits auch sehr hohe Anforderungen an die Supply Chain Partner: zum einen müssen die Lieferanten eine sehr hohe Lieferqualität bezüglich Lieferzeit und Liefergenauigkeit[28] besitzen. Nur dann entfällt die Notwendigkeit, die Fehler in der Wertschöpfungskette durch zusätzliche Lagerbestände auf der Handelsseite zu kompensieren. Zum anderen kann das zumeist höhere Transaktionsvolumen[29] hinsichtlich Aufträgen, Lieferscheinen und Rechnungen nur über eine EDI-Verknüpfung effizient realisiert werden. Der manuelle Aufwand wäre andernfalls zu hoch. Schließlich sollten die Filialen des Handelsunternehmens bei Nutzung des Cross Docking Konzepts über ein automatisiertes, prognosebasiertes Bestell-

---

26 In diesem Fall werden beispielsweise die Bestellungen aller Filialen nach Artikeln zusammengefasst und ausgeliefert.

27 Vgl. Pfohl (1994), S. 72/73. Siehe oben: Lagerbestände verdecken zudem Ineffizienzen in der Logistikkette.

28 Lieferqualität wird gemessen als OTIF (On time in full).

29 Bei einem Zentrallager wird ein Auftrag für alle angeschlossenen Filialen getätigt, während beim einstufigen Cross Docking für jede Filiale ein Auftrag ausgelöst wird, der dann auch für jede Filiale entsprechende Lieferscheine und Rechnungen nach sich zieht.

system verfügen.[30] Mit Einsatz eines solchen Systems können Prognosefehler vermieden und eine hohe Bestellqualität erreicht werden. Als Konsequenz kann dann auch auf weitere Sicherheitsbestände in der Supply Chain verzichtet werden. Die Prognosequalität ist auch noch aus einem weiteren Grund wichtig: da die Bedarfe der Filialen ungepuffert weitergegeben werden, schlagen Bedarfsschwankungen wie z. B. für die Abwicklung saisonaler Geschäfte oder Neuheiten und Promotions unmittelbar durch. Die Belastungen eines Logistiksystems auf Basis des Cross Dockings sind damit ungleich höher und setzen eine große Flexibilität bei allen Partnern voraus. Durch Prognose wird eine Planbarkeit von Kapazitätsbedarfen erleichtert.

- Optimal Shelf Availability (OSA): Mit dem Optimal Shelf Availability Ansatz wird versucht, die Warenverfügbarkeit in den Filialen zu optimieren. Ziel ist es, die Anzahl der „Out of Stocks" unter Beachtung eines Gesamtbestandsoptimums so gering wie möglich zu halten. Ein Artikel hat dann mit dem Status „Out of Stock" bezeichnet, wenn er regulär im Sortiment des Handelsunternehmens geführt wird aber der zugehörige Regalplatz leer ist, der Artikel zwar vorhanden aber nicht mehr verkaufsfähig ist oder wenn dieser Artikel faktisch gar keinen Regalplatz besitzt und trotz Rückfrage beim Verkaufspersonal auch nicht mehr verfügbar ist.[31] Die Vermeidung von Out of Stock Situationen gehört zu den wichtigsten Aufgaben im Supply Chain Management eines Handelsunternehmens. Kunden zählen die Vermeidung von Out of Stocks zu den am höchsten eingestuften Anforderungen, noch vor Sauberkeit oder der Anzahl der Mitarbeiter. Treten Out of Stock-Situationen häufiger auf, wird dies gerade vor dem Hintergrund knapper Zeitbudgets bei den Käufern als großes Ärgernis empfunden. Die Reaktionen[32] auf Out of Stocks sind vielfach untersucht worden, und die dabei gefundenen Ergebnisse ähneln einander sehr stark. Stets wird deutlich, dass Kunden, Einzelhandelsunternehmen und Herstellerunternehmen gleichermaßen als „Leidtragende" davon betroffen sind:
  - 37 % der Kunden kaufen ein anderes Markenprodukt,
  - 21 % der Kunden kaufen die Marke in einem anderen Geschäft,
  - 17 % der Kunden schieben ihren Kauf auf und kommen später wieder,
  - 16 % der Kunden kaufen eine andere Größe des gesuchten Produkts,
  - 9 % der Kunden kaufen gar nichts und brechen den Kauf somit ab.

  Die gemessenen Werte schwanken teilweise sehr stark in Abhängigkeit von produktbezogenen (Marke vs. Nicht-Marke, Alternativen, Emotion vs. Sachnutzen, … usw.), kundenbezogenen (Geschäftsloyalität, Impuls- vs. Plankauf, Mobilität, soziodemografische Faktoren, … usw.) und situationsbezogenen Einflussfaktoren (Dringlichkeit, Beratung vs. Selbstbedienung, Zeit-

---

30 Beispielsweise wickelt die Parfümerie Douglas als eines der wenigen Handelsunternehmen die Belieferung der Filialen nahezu vollständig über Cross Docking Center ab. Gleichzeitig werden fast 100 % aller Aufträge, 70 % aller Rechnungen und 50 % aller Lieferscheine über EDI bzw. online ausgetauscht.

31 Vgl. GS1-Germany (Hrsg.): Optimal Shelf Availability: Die lückenlose Erfüllung der Verbraucherwünsche. Köln 2006, S. 8

32 Vgl. Roland Berger Strategy Consultants: Optimal Shelf Availability. ECR-Europe Conference 2002 und GS1-Germany (2006), S. 11

punkt, ... usw.).[33] So kann bei einer eher hohen Geschäftsloyalität durch die gezielte Beratung des Fachpersonals möglicherweise eine geeignete Alternative gefunden werden. Auch spielt die Häufigkeit des Auftretens eine entscheidende Rolle. Gelegentliche Out of Stocks werden eher toleriert als häufige. Entsprechend streut der Kaufabbruchanteil zwischen 4 und 10 %. Die durchschnittliche Out of Stock-Quote im internationalen Lebensmitteleinzelhandel beträgt zwischen 7 und 10 %. Daraus ergeben sich in Abhängigkeit vom Kundenverhalten jährliche Umsatzausfälle von bis zu 4 Mrd. Euro pro Jahr. Betrachtet man die Gründe, so lassen sich drei besonders wichtige Basisursachen für Out of Stocks unterscheiden:[34]

- Ca. 46 % haben die Ursache in Listungsdifferenzen, d. h. es gibt z. B. einen Ersatzartikel, der aber noch nicht gelistet wurde, oder ein Teil der Stammdaten hat sich geändert (z. B. neue EAN für Artikel, die im Rahmen einer Promotion angeboten werden).
- Ca. 34 % sind verursacht durch Bestellprobleme, d. h. der Artikel wurde zu spät oder nicht in ausreichender Menge nachbestellt.
- Ca. 12 % resultieren aus einer unzureichenden Nachbestückung der Regale, d. h. der Artikel befindet sich zwar in der Filiale, liegt aber noch im Nachschubbereich und wurde nicht zum Regalplatz gebracht.

Nur ca. 5 % werden durch Lieferprobleme im engeren Sinn verursacht und nur ca. 3 % der Out of Stocks sind dadurch bedingt, dass der Stammregalplatz wegen einer Zweit- oder Promotionplatzierung leer geblieben ist.

Die Basisursachen bilden auch die Ansatzpunkte für die Vermeidung von Out of Stocks. Entscheidend ist dabei die Messung von Out of Stocks in der gesamten Supply Chain.[35] Mit Hilfe der Warenwirtschaftsdaten können ungewöhnlich geringe Umsätze oder Null-Umsätze ermittelt und Hinweise auf Out-of-Stock-Situationen gegeben werden. Dabei ist es nicht nur wichtig den Out of Stock an sich festzustellen, sondern auch, wie lange der Artikel nicht im Bestand war. Damit lassen sich entgangene Umsätze darstellen, in dem die Dauer des Out of Stocks z. B. in Tagen mit der durchschnittlichen Absatzhöhe bei Bestand pro Tag multipliziert wird. Mit dieser Kennzahl können die verantwortlichen Vertriebsmitarbeiter sehr gut motiviert werden, intensiv nach Bestandslücken zu fahnden, da so die Wirkung einer OoS-Situation konkreter

---

[33] Vgl. Helm, R. et. al. (2009): Advanced Optimal Shelf Availability (AdOSA)-Regallücken, Ursachen und Kundenreaktionen: Neueste Erkenntnisse aus der Praxis. In: Optimal Shelf Availability – Effiziente Managementkonzepte zur Optimierung der Regalverfügbarkeit. Helm, R./Stölzle, W. (Hrsg.), Frankfurt 2009, S. 19f.

[34] Vgl. AdOSA Projekt der Hochschule St. Gallen unter der Leitung von Prof. Dr. Wolfgang Stölzle.

[35] Vgl. ausführlich GS1-Germany (2006), S. 32ff. sowie Placzek, T. S. (2009): Produktabhängige Gestaltungsansätze integrative Logistikkonzepte im Rahmen von Optimal Shelf Availability. In: Helm, R./Stölzle, W. (Hrsg.): Optimal Shelf Availability – Effiziente Managementkonzepte zur Optimierung der Regalverfügbarkeit. Frankfurt 2009, S. 142ff. und Hofer, F. /Hofmann, E. (2009): Management der Filiallogistik zur Vermeidung von Out-of-Stocks – Verbesserungspotenziale filiallogistischer Prozesse. In: Helm, R./Stölzle, W. (Hrsg.): Optimal Shelf Availability – Effiziente Managementkonzepte zur Optimierung der Regalverfügbarkeit. Frankfurt 2009, S. 164ff.

vorstellbar ist[36]. Weiterhin sind Frühwarninformationen hilfreich, bei denen angezeigt wird, dass ein Artikel bei fortgesetztem Absatzverhalten Out of Stock geht, sofern nicht nachbestellt wird. Im Falle einer automatischen Dispositionssoftware mit Prognose werden die genannten Maßnahmen unterstützt bzw. ersetzt durch die Funktion der Software. Dennoch kann auch eine optimale Prognose und Bestellsoftware nicht verhindern, dass zwar Bestand in der Filiale liegt, aber eben nicht auf dem Verkaufsregal. Eine strukturierte Warenpräsentation und Mitarbeiter, die regelmäßig und mehrfach täglich die Präsentation nach leeren Regalplätzen „durchforsten", stellen sicher, dass dieses nicht passiert. Daher ist die Motivation und Schulung der Filialmitarbeiter ein sehr wichtiger Bestandteil der Maßnahmen gegen Bestandslücken.[37] Die optimale Stammdatenqualität, auch hier sind Mängel ja ein häufiger Grund für Out of Stocks wird durch einen elektronischen Austausch der Stammdaten z. B. mittels EDI-PRICAT erreicht. Schließlich muss die Lieferqualität (OTIF) der Lieferanten gemessen und zwischen Hersteller und Handelsunternehmen auch ausgetauscht werden. Sehr oft weichen die Messergebnisse durch die Komplexität der Supply Chains bedingt, stark voneinander ab, so dass ein regelmäßiger Austausch und Abgleich zwischen den Partnern erforderlich ist.[38]

4 Wie geht es weiter? Perspektive Value Chain 2016

In 2006 wurde durch die Global Commerce Initiative unter dem Namen „2016: The Future Value Chain" eine Studie veröffentlicht, welche mit einer bewusst mittelfristig ausgerichteten Perspektive die Rahmenbedingung und Anforderungen an die zukünftige Gestaltung der Wertschöpfungskette aufzeigt. Die Strategiegruppe Zukunft der GS1 Germany hat für Deutschland die Einflussfaktoren dort erarbeiteten Megatrends untersucht und eine Roadmap[39] entwickelt, mit der sich Handels- und Herstellerunternehmen fit für die Herausforderungen der Zukunft machen können. Fünf Faktoren wurden herausgearbeitet, die in den kommenden Jahren die Entwicklung der Wertschöpfungsketten stark beeinflussen werden:[40]

- Ökonomische Entwicklung: Es wird von einer starken Steigerung der Kosten insbesondere in der Logistik ausgegangen. Auch wenn vorübergehend und bedingt durch die Wirtschaftskrise die Kosten eher stabil sind, darf die mittelfristige Trendaussage weiterhin als richtig gelten.
- Ökologische Entwicklung: Es muss von einer Verknappung von Rohstoffen und insbesondere fossiler Energieträger ausgegangen werden. Die inzwischen belegte Klimaerwärmung wird dazu führen, dass die Auflagen durch Regierungen aber auch der Druck seitens Nicht-

---

36 Bei der Parfümerie Douglas wurde der entgangene Umsatz zu Schulungszwecken zur Verdeutlichung auch in Arbeitszeit umgerechnet. Die Mitarbeiter können sich so besser vorstellen, welche Effekte entstehen und dass der vermeintliche Zeitaufwand bei der Vermeidung gut investiert ist.

37 Unterstützt wird die Motivation auch durch Zielvorgaben bezüglich Out of Stock und eine entsprechende Berücksichtigung bei den Vergütungssystemen.

38 Eine umfassende Maßnahmenübersicht ist dargestellt in GS1-Germany (2006), S. 50ff.

39 Vgl. GS1 Germany (2008b) (Hrsg.): Treffpunkt Zukunft. Roadmap für die Value Chain 2016. Köln 2008.

40 Vgl. GS1-Germany (2008b), S. 6f.

Regierungsorganisationen bezüglich der Einhaltung von Emissionszielen und ökologisch nachhaltiger Prozessgestaltung zunehmen werden.

- Demografische Entwicklung: Zunehmender Anteil älterer Menschen, Verkleinerung der Haushalte (Singles, Dinks[41], Alleinerziehende Eltern) und eine multinationale Gesellschaft bewirken ein immer komplexer werdendes Shopper- und Konsumentenverhalten.
- Technologische Entwicklung: Es wird eine immer stärkere Integration und Vernetzung von Daten- und Warenströmen kommen. Das sogenannte „Internet der Dinge“ wird Realität. Auch die Konsumenten nutzen wie selbstverständlich moderne Kommunikationssysteme, die zudem immer mobiler werden und deren Leistungsspektrum wächst.
- Rechtliche Rahmenbedingungen: In den Bereichen Umweltschutz (s.o.) und Verbraucherschutz muss von zunehmenden staatlichen Regulierungen ausgegangen werden.

Um diese Einflussfaktoren bei der Gestaltung von Supply Chains zu berücksichtigen, müssen die bereits begonnenen Aktivitäten im Zusammenhang mit ECR noch konsequenter umgesetzt werden. Dafür ist erstens insbesondere ein neues Bewusstsein in den Unternehmen in der Wertschöpfungskette zu schaffen. Längst ist das Systemdenken und Gesamtkostendenken in funktions- und unternehmensübergreifenden Dimensionen noch nicht in allen Unternehmen und Funktionen angekommen. Eine wichtige Basis dafür ist die möglichst umfassende Transparenz über die eigenen Prozesse und das Wissen um die eigenen Fähigkeiten sowie Stärken und Schwächen. Nur wenn dieses vorhanden ist, können gezielt Optimierungsmaßnahmen ergriffen werden und auch eine Beurteilung der Wirkung dieser Maßnahmen ist nur über Kosten- und Leistungstransparenz in der Supply Chain möglich. Transparenz und Wissen sind auch für den zweiten wichtigen Aspekt von fundamentaler Bedeutung, nämlich das Eingehen und die Weiterentwicklung von Kooperationen. Zum einen hilft das („Selbst“-) Bewusstsein über eigene Stärken und Schwächen bei der Suche und der Auswahl geeigneter Kooperationspartner. Zum anderen können die Effekte aus bzw. die Leistung in der Kooperation besser beurteilt werden. So kann man mit dem Kooperationspartner fokussiert daran arbeiten, Schwachstellen zu beseitigen und Stärken weiter auszubauen.[42] Kostenreduzierung oder die Einhaltung zukünftiger Umweltauflagen (z. B. Durchfahrtbeschränkungen aufgrund der Feinstaubverordnung, nutzungsabhängige Straßenmaut, Pflicht zur Erstellung von CO_2-Bilanzen… usw.) werden ohne kooperative Ansätze nur wenigen Unternehmen gelingen. Ziemlich sicher werden deshalb Citylogistik-Konzepte, die schon in den frühen 90er Jahren intensiv diskutiert wurden, aber nie wirkliche Marktreife erlangten, eine Renaissance haben. Das gleiche gilt heute schon für Lagerhäuser, die gemeinsam von unterschiedlichen Unternehmen genutzt werden. Als dritter Schlüsselansatz wird die konsequente Anwendung existieren-

41 DINKS steht für „double income, no kids“ d. h. kinderlose berufstätige Paare.

42 Ein gutes Beispiel sind KPI-bezogene Vergütungsmodelle im Rahmen von Kooperationen mit Logistikdienstleistern. Durch die Loslösung von einer reinen Kostenbetrachtung hin zu einer Produktivitätsorientierung werden die gemeinsamen Ziele und die jeweils gegebenen Möglichkeiten zur Produktivitätssteigerung (Logistikdienstleister: Synergien, Personalplanung, Transportsteuerung, …; Verlader: Lieferantenmanagement, Einsatz von IT-Lösungen wie EDI-DESADV, …) in den Fokus aller Aktivitäten gerückt. Vgl. dazu ausführlich Krings, M. (2004): Erfolgsfaktoren für Kooperationen mit Logistikdienstleistern im Einzelhandel. In: Pfohl, H.-Chr. (Hrsg.): Erfolgsfaktor Kooperation in der Logistik. Berlin 2004, S. 79-99.

der Standards angesehen. EDI und EPC als Basistechnologien stehen hier ganz vorne. Aber auch Prozessstandards wie die Anwendung von Category Management Konzepten werden an Bedeutung gewinnen, insbesondere auch, um das gemeinsame Verständnis zwischen Kooperationspartnern zu Prozessen und Auswirkungen zu verstärken. Als vierter Maßnahmenblock wurde die Ausweitung der internen und externen Vernetzung identifiziert. Damit sollen Bruchstellen interner wie externer Art geschlossen werden. Informationen sollen in Echtzeit ausgetauscht werden, um so jederzeit schnell und flexibel auf Verhaltensänderungen und Anforderungen der Kunden reagieren zu können. Zukünftig werden beispielsweise häufiger schnelle und flexible Produktwechsel erforderlich, um den differenzierten Kundenanforderungen gerecht werden zu können. Dafür bedarf es einer engen Vernetzung von Produktion, Handels- und Herstellerlogistik mit den Verkaufsstellen. Die Logistikstrukturen müssen modular und zeitlich flexibel „an"- und „ausgeschaltet" werden können, da sich die Produkteigenschaften im Handel stetig wandeln. Um Fixkosten für die Vorhaltung dieser Strukturen zu vermeiden, ist auch hier die Kooperation mit Dienstleistern oder komplementären Unternehmen unumgänglich. Auch müssen wesentlich umfangreichere Informationen zu Produkten und ihren Eigenschaften zur Verfügung gestellt werden, damit der Informationsbedarf der Kunden befriedigt wird. Diese Informationen betreffen z. B. Nähreigenschaften, Informationen für Allergiker, Anwendung / Nutzung von Produkte sowie Zusatzinformationen zu ergänzenden Produkten. Gesetzliche Auflagen im Zusammenhang mit der Produkthaftung erfordern bereits heute schon eine umfassende Rückverfolgbarkeit aller Produkte

5 Zusammenfassung

Die Supply Chains im Konsumgütermarkt waren schon immer einem steten Wandel unterworfen. Insbesondere aber in den vergangenen 20 Jahren haben sie sich in einer sehr hohen Geschwindigkeit weiterentwickelt. Die Entwicklung der elektronischen Datenfernübertragung, das Internet, die Deregulierung der Verkehrsmärkte und die damit einhergehende Entwicklung von Logistikunternehmen haben den Supply Chain Managern bei Hersteller- und Handelsunternehmen völlig neue Möglichkeiten eröffnet. Gestiegen sind aber auch die Anforderungen der Kunden und ein deutlich höherer Wettbewerbsdruck infolge der Internationalisierung und Globalisierung. Die Handels- und Herstellerunternehmen müssen darauf mit hoher Flexibilität reagieren. Kooperation gewinnt daher immer mehr an Bedeutung, um Spezialisierungsvorteile und Synergieeffekte auszunutzen, die man alleine nicht erreichen kann. Auch besteht die Notwendigkeit, in Information und Wissen anstelle von Strukturen zu investieren. Alle diese Aspekte wurden in den Grundlagenwerken zur betriebswirtschaftlichen Logistik vor allem von Hans-Christian Pfohl entwickelt und dargelegt. Moderne Supply Chain Strategien greifen diese Punkte in zunehmenden Umfang bewusst auf und setzen sie um. Die Konsumgüter Supply Chain der Zukunft nutzt Identifikationssysteme wie RFID, tauscht Transaktionsdaten unternehmensübergreifend aus und verlagert die Aktivitäten an die Stelle in der Wertschöpfungskette, wo sie am effizientesten umgesetzt werden können. Kundennutzen und Nachhaltigkeit stehen dabei im Vordergrund.

Literaturverzeichnis

Boldt, O. et. al. (2008): Beziehungsmanagement im Rahmen vertikaler Kooperationen. In: Pfohl, H.-Chr. (Hrsg.): ATHENE-Projekt der TU Darmstadt. Ergebnisbericht.

Coca-Cola Retailing Research Group. Supplier Retailer Collaboration in Supply Chain Management. O. O. 1994

ECR-Europe (1997): ECR Europe Category Management Best Practice Report, S. 4. Brüssel 1997

GS1-Germany (2006) (Hrsg.): Optimal Shelf Availability: Die lückenlose Erfüllung der Verbraucherwünsche. Köln 2006

GS1-Germany (2008a) (Hrsg.): GS1 Standards: Ein Lösungsportfolio weist in die Zukunft. Köln 2008

GS1-Germany (2008b) (Hrsg.): Treffpunkt Zukunft. Roadmap für die Value Chain 2016. Köln 2008

GS1-Germany (2009) (Hrsg.): Handbuch Category Management. Köln 2009

Hagen, K. (1996): Efficient Consumer Response (ECR) – Ein neuer Weg in der Kooperation zwischen Industrie und Handel, S. 88. In: Pfohl, H.-Chr. (Hrsg.): Integrative Instrumente der Logistik. Berlin 1996, S. 85-96.

Helm, R. et. al. (2009): Advanced Optimal Shelf Availability (AdOSA)-Regallücken, Ursachen und Kundenreaktionen: Neueste Erkenntnisse aus der Praxis. In: Helm, R./Stölzle, W. (Hrsg.): Optimal Shelf Availability – Effiziente Managementkonzepte zur Optimierung der Regalverfügbarkeit. Frankfurt 2009, S. 9-30.

Hofer, F. /Hofmann, E. (2009): Management der Filiallogistik zur Vermeidung von Out-of-Stocks – Verbesserungspotenziale filiallogistischer Prozesse. In: Helm, R./Stölzle, W. (Hrsg.): Optimal Shelf Availability – Effiziente Managementkonzepte zur Optimierung der Regalverfügbarkeit. Frankfurt 2009, S. 155-202.

Krings, M. (1996): Ressourcenorientierte Strategische Planung. Hamburg 1996.

Krings, M. (2004): Erfolgsfaktoren für Kooperationen mit Logistikdienstleistern im Einzelhandel. In: Pfohl, H.-Chr. (Hrsg.): Erfolgsfaktor Kooperation in der Logistik. Berlin 2004, S. 79-99.

Pfohl, H.-Chr. (1972): Marketing-Logistik. Gestaltung, Steuerung und Kontrolle des Warenflusses im modernen Markt. Mainz 1972.

Pfohl, H.-Chr. (1994): Logistikmanagement. Berlin 1994.

Pfohl, H.-Chr. (1996): Logistiksysteme. 5. Aufl. Berlin 1996.

Placzek, T. S. (2009): Produktabhängige Gestaltungsansätze integrative Logistikkonzepte im Rahmen von Optimal Shelf Availability. In: Helm, R./Stölzle, W. (Hrsg.): Optimal Shelf Availability – Effiziente Managementkonzepte zur Optimierung der Regalverfügbarkeit. Frankfurt 2009, S. 133-153.

Roland Berger Strategy Consultants (2002): Optimal Shelf Availability. ECR-Europe Conference 2002.

Rudolph, T. (2009): Modernes Handelsmanagement. 2. Aufl. Stuttgart 2009

Michael Sternbeck* / Heinrich Kuhn**

Differenzierte Logistik durch ein segmentiertes Netzwerk im filialisierten Lebensmitteleinzelhandel

---

* Michael Sternbeck hat an den Universitäten Eichstätt-Ingolstadt und Dunedin/NZ Betriebswirtschaftslehre mit dem Schwerpunkt Logistik studiert. Seit 2007 befasst er sich als wissenschaftlicher Mitarbeiter am Lehrstuhl für Produktionswirtschaft und Logistik an der KU Eichstätt-Ingolstadt mit Fragen der Handels- und Konsumgüterlogistik.

** Univ.-Prof. Dr. Heinrich Kuhn hat an der Technischen Universität Darmstadt Wirtschaftsingenieurwesen Fachrichtung Maschinenbau studiert und an der Fakultät für Rechts- und Wirtschaftswissenschaften promoviert. Anschließend: Wissenschaftlicher Assistent an der TU Braunschweig und der Universität zu Köln, Habilitation ebenfalls in Köln, seit 1997 Professor an der KU Eichstätt-Ingolstadt, seit 2002 Gastprofessur an der FU Bozen, Rufe an die Universität des Saarlandes und die Universitäten Wien und Jena. Forschungs- und Interessensgebiete: Supply Chain Management, Advanced-Planning-Systeme, Bestandsmanagement, Leistungsanalyse von Produktions- und Logistiksystemen, Warteschlangentheorie, Automobilproduktion/-logistik, Mikrochip-Produktion, Handelslogistik.

1 Aktuelle Entwicklungen und logistische Spannungen im filialisierten Lebensmitteleinzelhandel als Treiber differenzierter Logistiklösungen

In diesem Beitrag wird dargestellt, wie durch eine Segmentierung des internen Liefernetzwerkes und einer Integration der resultierenden Warenflüsse das handelslogistische Gesamtsystem in höherem Maße auf spezifische Rahmenbedingungen und Anforderungen ausgerichtet werden kann. Dabei werden Teile des Logistik-Würfels nach Pfohl (2004a, S. 26) in die Betrachtung einbezogen. Durch eine branchenspezifische Analyse der *Funktionen* werden die Produktivitätstreiber ermittelt, die auf unterschiedlichen *Handlungsebenen* die Gestaltungsoptionen beeinflussen.

Unternehmen im Bereich des filialisierten Lebensmitteleinzelhandels (LEH) sehen sich einem zunehmend wettbewerbsintensiveren Umfeld gegenüber. Dies ist unter anderem bedingt durch eine Umsatzkonzentration auf immer weniger Unternehmen und der damit verbundenen Einkaufskonsolidierung (Kolodziej et al. 2008, S. 199).[1]

Daneben wird eine Differenzierung allein über den Preis zunehmend schwieriger. Die Forderung der Kunden, dass die Preise auf konstant niedrigem Niveau liegen, stellt einen Basisfaktor dar. Wettbewerbsfähige Preise sind eine Grundanforderung, ohne die sich ein Unternehmen nicht langfristig am Markt behaupten kann. Um nachhaltig jedoch günstige Preise realisieren zu können, ist neben anderen Aspekten ein *effizientes* Logistiksystem notwendig.

Leistungs- und Begeisterungsfaktoren sind demzufolge in anderen Bereichen zu suchen. So wirken sich im Vergleich zum Preis beispielsweise die Erreichbarkeit der Filiale, die Warenpräsentation, -übersicht und -präsenz, die Sortimentskompetenz und freundliche Beratung sowie das Klima und der „Wohlfühlfaktor“ innerhalb einer Filiale zunehmend auf die Qualität des Zufriedenheitsempfindens und damit auf die noch wichtiger zu erachtende Kundenverbindung beziehungsweise Kundenloyalität aus (Stauss und Neuhaus 1995, S. 6). Nur ein *effektives* Handelslogistiksystem ist in der Lage, den logistischen Beitrag zu diesen Zielen zu leisten.

Aus diesen Überlegungen heraus entwickelte sich ein zunehmendes Streben der Handelsunternehmen nach der Logistikführerschaft innerhalb der vertikalen Wertschöpfungsbeziehung (Zentes 2008, S. 177–178). Da typischerweise die Logistikkosten gemessen an den Gesamtkosten im Handel signifikant höher sind als bei den Konsumgüterherstellern (Zentes und Schramm-Klein 2008, S. 412) und damit Optimierungsanstrengungen einen vergleichsweise größeren Effekt auf das Geschäftsergebnis bewirken, ist es nicht verwunderlich, dass Handelsunternehmen weiter an der Übernahme der aktiven Steuerung ihrer beschaffungs- und distributionslogistischen Tätigkeiten arbeiten (ZLU GmbH & Co. KG 2008, S. 8; Prümper et al. 2006, S. 817–818).

In dieser Position sehen sich Handelsunternehmen entsprechend ihrer Handelsfunktion umfangreichen logistischen Spannungen gegenüber, die durch das Handelssystem zum Ausgleich gebracht werden müssen (Ausschuss für Definitionen zu Handel und Distribution 2006, S. 29). Diese finden

---

1 Beispiele für die zunehmende Marktkonzentration sind die in junger Vergangenheit erfolgten Unternehmenszusammenschlüsse zwischen Schlecker/Ihr-Platz, Rossmann/Kloppenburg, Netto (Edeka)/Plus (Tengelmann)/Penny (Rewe), Rewe/Teile von Sky (coop).

sich insbesondere im Bereich der Handelsware als *logistische Objekte*, der *Lieferanten*, der *Filialen* als internen Kunden sowie in der *zeitlichen Dimension* (Abbildung 1).

Abbildung 1: Quellen logistischer Spannungen in Handelssystemen.

Die das Handelssystem durchlaufenden Artikel als *logistische Objekte* im LEH weisen unterschiedliche Charakteristika auf. Neben den spezifischen Anforderungen temperaturgeführter Ware sind unterschiedliche Haltbarkeiten und Restlaufzeiten vor Ablauf des Mindesthaltbarkeitsdatums von besonderer Bedeutung. Zudem setzt sich das Sortiment aus formatabhängig unterschiedlich stark ausgeprägten Umschlagklassen zusammen. Auch bezüglich der Artikelmaße und -gewichte sowie der zu Einkaufspreisen bewerteten Artikelwerte ist eine hohe Bandbreite zu verzeichnen. Dabei ist das von den Handelsunternehmen zu bewältigende Artikelspektrum in der Regel heterogener als das von einzelnen Lieferanten bezogene Teilsortiment (Zentes und Schramm-Klein 2008, S. 412).

Auf der Beschaffungsseite finden sich vielfach heterogene *Lieferanten* im Hinblick auf das bezogene Artikelportfolio und die Mengen. Darüber hinaus erweisen sich die Lieferanten als unterschiedlich kompetent in logistischen und informationsbezogenen Aspekten. Zudem sind mit einzelnen Lieferanten zumeist individuelle Logistik-Konditionen vereinbart.

Auf der Absatzseite stehen die *Filialen* als interne Kunden, die formatabhängig hinsichtlich Listung, Absatz, Fläche (Verkauf und Lager), Sortimentsschwerpunkte, Kundenstrom und Mitarbeiterstruktur ebenfalls stark heterogen ausgeprägt sein können.

Hinzu kommt die *zeitliche Dimension* und damit die Dynamik, die die drei zuvor genannten Punkte umgreift. Aufgrund der Tendenz zu kürzeren Produktlebenszyklen sowie dem höheren Innovationsdruck auf Herstellerseite unterliegt das Sortiment einem permanenten Wandel durch entsprechende Listungsänderungen. So erfolgen beispielsweise bei dem Filialisten dm-drogerie markt bei einem durchschnittlichen Listungsvolumen von 12.000 Artikeln jährlich etwa 9.000 Artikeländerungen (Ein- und Auslistungen) (Dellbrügger 2008, S. 70). Diese können mit neuen Lieferanten verbunden sein, die in das Distributionssystem integriert werden müssen. Auf der Absatzseite erfolgen neben einer dynamischen Veränderung des Konsumentenverhaltens Filialneueröffnungen, -schließungen oder -umbauten, die eine Veränderung der Filialstruktur zur Folge haben.

Ein logistisches Handelssystem muss in der Lage sein, diese beschriebenen Spannungen auszugleichen. Vor diesem Hintergrund stellt sich die Frage, inwieweit *eine* Lieferkette in der Lage ist, diese differenzierten Anforderungen zu minimalen Kosten zu erfüllen. Unter dem Schlagwort

„One size does not fit all" (Fuller et al. 1993, S. 88) wird in der Literatur die Erfordernis eines segmentierten Liefernetzwerkes diskutiert. Eine branchenbezogene Übertragung des Ansatzes und eine Integration der Probleme der Logistik im LEH erfolgten jedoch bislang nicht.
Zunächst steht unter *Gliederungspunkt 2* der Ansatz der Supply Chain Segmentierung im Mittelpunkt. Aufbauend auf einem Literaturüberblick folgen generelle Aspekte sowie sich ergebende Spezifika bei einer Anwendung des Konzepts im filialisierten LEH. Unter *Gliederungspunkt 3* werden logistische Handelssysteme näher fokussiert und dabei auf unterschiedliche Belieferungsformen sowie auf die Prozesse in den unterschiedlichen Subsystemen eingegangen. Im *Gliederungspunkt 4* werden ausgewählte Segmentierungsdimensionen und -kriterien diskutiert und verdeutlicht, dass einer Segmentierung des Liefernetzwerkes im LEH eine planerische Integration der resultierenden Warenflüsse folgen muss. Unter *Gliederungspunkt 5* werden die wesentlichen Aspekte knapp zusammengefasst.

2 Der Ansatz der Segmentierung des logistischen Netzwerkes

2.1 Literaturüberblick

Als Ausgangspunkt in der wissenschaftlichen Auseinandersetzung mit der Thematik der Supply Chain Segmentierung kann der Beitrag von Shapiro (1984) ausgemacht werden (Klaas-Wissing 2007, S. 39). Darin wird für eine Ausrichtung der logistischen Systeme an der verfolgten Wettbewerbsstrategie plädiert. Shapiro und Heskett (1985) arbeiten angelehnt an Porter (1980) drei Wettbewerbsstrategien (cost leadership, customer service, product innovation) und die sich daraus ergebenden Implikationen für die Supply-Chain Konfiguration heraus.
Der Beitrag von Fisher (1997) bildet fortan eine Grundlage für weitere Forschungsarbeiten, die dann in größerer zeitlicher Dichte folgen. Die Überlegungen von Fisher (1997) setzen an den Eigenschaften der Produkte an. Der Autor differenziert zwischen *funktionalen* und *innovativen* Produkten mit einer jeweils korrespondierenden hohen beziehungsweise niedrigen Prognostizierbarkeit. Für die zwei Produktklassen werden unterschiedliche Gestaltungsempfehlungen in den Bereichen Produktion, Bestandsmanagement, Lieferzeiten, Lieferantenauswahl und Produktentwicklung angeführt. Daraus ergeben sich zwei idealtypische Segmente, eine „physically efficient Supply Chain" (Kostenfokus) und eine „market-responsive Supply Chain" (Flexibilitätsfokus) (Fisher 1997, S. 107–108). Lee (2002) entwickelt den dargelegten Ansatz weiter, indem er als zusätzliches Kriterium die Unsicherheit im Versorgungsprozess des Unternehmens einbezieht und somit vier idealtypische Segmente erhält. Da sich die logistisch relevanten Eigenschaften eines Produktes dynamisch verändern, schlagen Vonderembse et al. (2006) die Segmentierung anhand der einzelnen Stufen des Produktlebenszyklus vor, um zu einem idealen stufenspezifischen Supply Chain Design zu gelangen. Lovell et al. (2005) dringen eine Ebene tiefer in die der Supply Chain Konfiguration zugrundeliegenden Zielkonflikte vor. Es werden aus einer Kostenperspektive heraus drei hauptsächliche Kostentreiber identifiziert, anhand deren Ausprägungen unterschiedliche Supply Chain Konfigurationsansätze bewertet werden können: Der Durchsatz, die Nachfrage-

variabilität und die Wertdichte als Quotient des monetären Produktwertes und des Produktvolumens beziehungsweise des Produktgewichtes. Aus dem resultierenden dreidimensionalen Konstrukt werden keine idealtypischen Supply Chain Segmente abgeleitet, jedoch werden je nach Ausprägungen der Kostentreiber unter Zuhilfenahme von Trade-off-Beziehungen Gestaltungsempfehlungen hinsichtlich des Zentralisierungsgrades der Lagerhaltung und der Lieferzeit dargelegt.

Mason-Jones et al. (2000b) gelangen über eine Analyse der Markterfordernisse heraus zu zwei generischen Supply Chain Konfigurationen, wobei der einen ebenfalls ein Kostenfokus („lean" Supply Chain) und der anderen ein Flexibilitätsfokus („agile" Supply Chain) zugrunde liegt. Darüber hinaus weisen Naylor et al. (1999, S. 107) darauf hin, dass für eine erfolgreiche Supply Chain Konfiguration oftmals die beiden Paradigmen („lean" und „agile") miteinander kombiniert werden sollten und prägen den Begriff „Leagility". Damit wird der Anforderung Rechnung getragen, dass auch in dem idealen Konstrukt einer „agile Supply Chain" den Kosten eine größere Bedeutung beigemessen wird (Naylor et al. 1999, S. 107; Aitken et al. 2005, S. 76–77). Die Verbindung der beiden Paradigmen innerhalb *einer* Supply Chain Konfiguration führt unmittelbar zu der systematischen Betrachtung des „Order Penetration Points" (OPP), jenem Punkt innerhalb der Lieferkette, ab dem die weiteren Prozesse kundenauftragsbezogen ablaufen, nachdem die präzisen Kundenanforderungen bekannt sind (Ihde und Janz 2000, S. 335). Damit untergliedert der OPP die Supply Chain in einen kundenanonymen, antizipativen Teil und einen kundenspezifischen, reaktiven Teil, in dem die logistischen Prozesse auftragsbezogen ablaufen und die logistischen Objekte entsprechend den spezifischen Kundenanforderungen konfiguriert sind. Vielfach ist der OPP gleichzeitig ein strategischer Lagerort nicht kundenspezifizierter Ware, um dort unter Ausnutzung von statistischen Ausgleichseffekten die schwankende Kundennachfrage zu bedienen bei davon entkoppelten Wareneingängen. Es bietet sich daher an, eine möglichst „lean" ausgestaltete Supply Chain Konfiguration für den Part upstream des OPP zu wählen und eine möglichst „agile" Ausgestaltung für den Teil downstream des OPP (Mason-Jones et al. 2000a, S. 56; Christopher, Towill 2001, S. 240–241).

Die dargelegten Ansätze zeigen, dass in der wissenschaftlichen Literatur im zeitlichen Verlauf weitere Dimensionen und Kriterien zu teils existierenden Segmentierungsansätzen mit resultierenden Supply Chain Segmenten hinzugefügt wurden oder durch die Autoren eigene Konzepte entwickelt wurden, teils empirisch durch Fallstudien belegt. Vor diesem Hintergrund greift Klaas-Wissing (2007) auf die Organisationstheorie zurück und zielt insofern auf eine Integration der bisherigen Ansätze, als der Autor ein konzeptionelles Dach entwickelt, unter welches sich die bisherigen Ansätze einordnen lassen. Klaas-Wissing (2007, S. 38-42) wendet den aus der Organisationstheorie bekannten Ansatz der Konfigurationstheorie als Teilaspekt der Kontingenztheorie auf das Supply Chain Design an und bildet so ein Rahmenwerk für die Gestaltung von Liefernetzen. Demnach handelt es sich bei der Supply Chain Konfiguration um das Herstellen einer Konsistenz zwischen Gestaltungsvariablen und Kontextfaktoren (Klaas-Wissing 2007, S. 46). Gestaltungsvariablen sind als Veränderliche so auszugestalten und in ihren gewählten Ausprägungen so aufeinander abzustimmen, dass eine größtmögliche Anpassung an die Kontextfaktoren herbeigeführt wird. Logistische Segmente werden konfiguriert, indem ein jeweils harmonisches Zusammenspiel zwischen logistischen Gestaltungsvariablen und segmentspezifischen Kontextfaktoren angestrebt wird (Klaas 2002, S. 275).

2.2 Ziel und Richtungen einer Supply Chain Segmentierung

Das Konzept der Supply Chain Segmentierung wird als *strategisch-taktisches Instrument* genutzt, um den gestiegenen Anforderungen komplexer werdender Märkte gerecht zu werden. Eine Segmentierung soll eine höhere Homogenität innerhalb der Segmente bewirken und damit die Möglichkeit schaffen, physische, planerische und auch organisatorische Strukturen und Prozesse besser den definierten Anforderungen anzupassen. Dabei lassen sich diese umso besser anpassen, je homogener die Anforderungen innerhalb eines Segmentes sind, was damit erreicht werden kann, möglichst viele kleine Segmente zu bilden und in dem Extremfall mündet, so viele Segmente zu betreiben wie Segmentierungsobjekte vorhanden sind. Damit steigen unter dem Verlust von Größeneffekten die Komplexitätskosten, sodass die Entscheidung über die Anzahl der Segmente eine Trade-Off-Entscheidung darstellt.

Grundsätzlich lässt sich die vertikale von der horizontalen Segmentierung unterscheiden (Delfmann 1995, S. 174). Als vertikale Supply Chain Segmentierung bezeichnet man die Unterteilung eines Wertschöpfungsprozesses in mehrere konsekutive Teile. So kann beispielsweise die interne Lieferkette in der Einzelhandelslogistik entsprechend des physischen Güterflusses in die drei verrichtungsspezifischen logistischen Subsysteme „Verteilzentrum", „Transport" und „Filiale" mit den jeweiligen Prozessschritten vertikal untergliedert werden (Pfohl 2004b, S. 19). Bei einer horizontalen Segmentierung wird der betrachtete Wertschöpfungsprozess über seine gesamte Länge in mehrere parallele Wertschöpfungsprozesse aufgegliedert. Wieder übertragen auf den LEH könnte man darunter beispielsweise die Gestaltung unterschiedlicher Warenflüsse für das Frische- und Trockensortiment subsumieren (Abbildung 2). Der Begriff der horizontalen Supply Chain Segmentierung ist insofern konkreter als der des Supply Chain Design als dieser zum Ausdruck bringt, dass die differenzierenden Ansätze *innerhalb* eines Unternehmens beziehungsweise Unternehmensverbundes Anwendung finden.

Mithilfe einer verrichtungsspezifischen Analyse werden unter Punkt 3.2. die als logistische Subsysteme bezeichneten vertikalen Segmente beschrieben. Ansonsten steht im Rahmen dieses Beitrages die horizontale Segmentierung im Mittelpunkt der Betrachtung.

2.3 Zur Abgrenzung horizontaler logistischer Segmente im filialisierten LEH

Es besteht keine Einigkeit darüber, was unter einem horizontalen Supply Chain Segment zu verstehen ist und wie einzelne Segmente voneinander abzugrenzen sind. Wobei auf weitgehend abstrakter Betrachtungsebene Supply Chain Segmente als abgegrenzte Teile einer Wertschöpfungskette (Klaas 2002, S. 269) bezeichnet werden können, so wird die definitorische Grundlage mit zunehmender Operationalisierung diffuser.

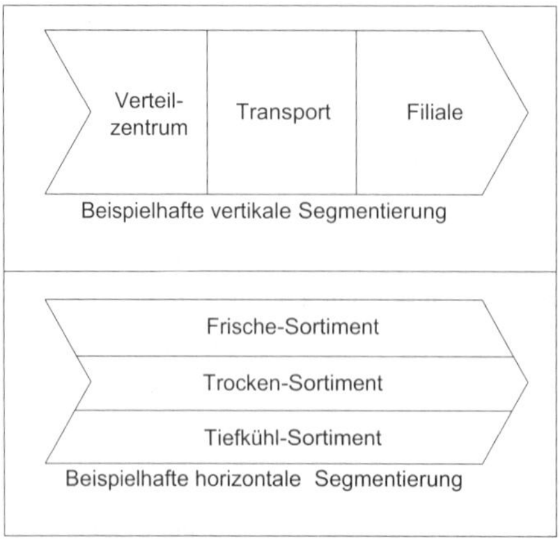

Abbildung 2: Beispielhafte vertikale und horizontale Segmentierung (Quelle: In Anlehnung an Klaas (2002), S. 236).

Zunächst ist die Frage danach zu beantworten, nach welchen Dimensionen die Segmentierung vorgenommen werden soll und welche Kriterien, die ihrerseits wieder multidimensionale Konstrukte sein können, daraus abgeleitet werden. Horizontale logistische Segmente werden dann durch die Anwendung von einem oder mehreren skalierbaren Segmentierungskriterien gebildet. Die so resultierenden Segmente werden von logistischen Objekten durchlaufen, die entweder exklusiv oder mehrfach Segmenten zugeordnet sein können. Die größere Homogenität kann dazu genutzt werden, die Strukturen und Prozesse segmentspezifisch so auszugestalten, dass die jeweiligen Anforderungen in höherem Maße erfüllt werden. Im Umkehrschluss kann ein horizontales Segment daher beschrieben werden als *eine Gruppe logistischer Objekte, deren Fluss durch ein Wertschöpfungsnetzwerk dieselbe Struktur aufweist und nach denselben definierten Planungsvariablen gesteuert wird.* Im Folgenden wird dargelegt, wie dies im filialisierten LEH aussehen kann.

Unter Vorgriff auf die unten dargelegten Belieferungsformen lassen sich in dem Bereich der *physischen Flussstruktur* die Direktbelieferung, die Belieferung über Verteilzentren und Cross-Dock-Punkte, jeweils mit unterschiedlichen Zentralisierungsgraden, unterscheiden. Innerhalb eines horizontalen Segmentes durchlaufen die jeweils zugeordneten Artikel einen strukturell einheitlichen Weg in die Filialen. In den jeweiligen Distributionsstufen können Manipulationstätigkeiten wie das Kommissionieren, das Aufbrechen von Gebindeeinheiten auf niedrigere Ebenen innerhalb der Verpackungshierarchie oder Auszeichnungstätigkeiten erfolgen. Hinsichtlich dieses Elements umfasst die Segmentierung somit die Gestaltung und den Betrieb mehrerer, jedoch nicht zwingend überschneidungsfreier Kanäle von den Lieferanten bis in die Filialen.

Hinsichtlich des zweiten, ein horizontales Segment konstituierenden Elements kann ein für die Abgrenzung als relevant erachtetes Set an *Planungsvariablen* gewählt werden, das die Charakteristik des Teils der Lieferkette entsprechend beeinflusst. Innerhalb eines horizontalen Segments erfolgt eine einheitliche Festsetzung der gewählten Planungsvariablen. Darunter sind in diesem

Beitrag die in der längerfristigen Perspektive beeinflussbare Wiederbeschaffungszeit und der Belieferungsrhythmus zu subsumieren.

Dieser Systematik folgend können horizontale logistische Segmente als jeweils eine ausgestaltete Infrastruktur-Prozess-Kombination betrachtet werden. Die einzelnen Segmente lassen sich durch den physischen Fluss und die Ausprägungen der gewählten Planungsvariablen voneinander abgrenzen. Demzufolge existieren so viele horizontalen Supply Chain Segmente, wie es Kombinationen aus verschiedenen physischen Flussstrukturen und unterschiedlichen Ausprägungen der angewandten Planungsvariablen gibt.

2.4 Hierarchie der Entscheidungen im Rahmen eines Segmentierungsansatzes im LEH

Zunächst wird die Entscheidungsstruktur innerhalb eines Unternehmens beleuchtet, ohne auf die einer Entscheidungsfindung zugrundeliegenden Faktoren einzugehen. Der grundlegende Entschluss zur Segmentierung des logistischen Netzwerkes ist aufgrund der Tatsache, dass derartige Entscheidungen die physische Infrastruktur des Unternehmens einbeziehen, der strategischen Handlungsebene des Logistik-Würfels und dem darunter subsumierten Steuerungsproblem zuzuordnen (Pfohl 2004a, S. 26). Da diese grundlegenden Entscheidungen langfristig Geltung besitzen, sind in höherer Frequenz auf taktischer Ebene die Entscheidungen darüber zu treffen, welchem der eingerichteten Segmente die logistischen Objekte zugeordnet werden sollten, so zum Beispiel bei jeder Neulistung eines Produkts. Auch die Festlegung der Wiederbeschaffungszeiten aus Filialsicht ist taktischer Natur. Weiter sind auch die sich aus einer Segmentierung ergebenden Koordinationsaspekte innerhalb und zwischen den Segmenten der taktischen Entscheidungsebene zuzuordnen. Darunter sind insbesondere die Entscheidungen über Belieferungsrhythmen zu subsumieren. Auf operativer Ebene finden innerhalb dieses Rahmens Planungsaktivitäten mit kurzfristigem Horizont statt (Abbildung 3).

Im folgenden Abschnitt werden die für den filialisierten LEH relevanten Belieferungsformen dargestellt. Die Wahl konkreter Belieferungsformen und die physische Infrastruktur bedingen sich gegenseitig. So werden langfristige Entscheidungen über die Infrastruktur des Unternehmens in Abhängigkeit der Präferenz bestimmter Belieferungsformen getroffen. Andererseits werden mittelfristig Belieferungsformen in Abhängigkeit der verfügbaren Infrastruktur angewandt. Deshalb werden die Belieferungsformen als Einflussfaktoren auf die strategische Netzwerkgestaltung des Unternehmens verstanden. Diese fungiert nach Festsetzung als Rahmen, innerhalb dessen taktische Entscheidungen der Warenflusssteuerung erfolgen. Daher werden anschließend an die Belieferungsformen die spezifischen Produktivitätstreiber angeführt, die bei einer taktischen Ausgestaltung von Relevanz sind. Diese werden ermittelt, indem durch eine funktionelle Abgrenzung verrichtungsspezifische Subsysteme gebildet und die darin ablaufenden Prozesse analysiert werden.

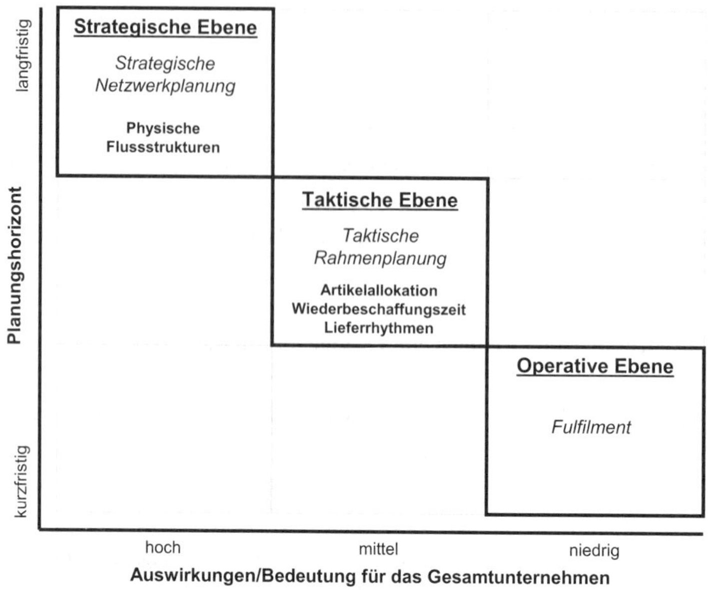

Abbildung 3: Entscheidungshierarchie im Rahmen eines Segmentierungsansatzes im LEH (Quelle: In Anlehnung an Günther und Tempelmeier (2009), S. 26).

3 Elemente logistischer Systeme des filialisierten Lebensmitteleinzelhandels

3.1 Belieferungsformen als Einflussfaktoren auf die strategische Netzwerkgestaltung

Direktbelieferung

Eine mögliche Belieferungsform ist die Direktbelieferung der einzelnen Filialen durch die Industrie. Insbesondere bei großen Formaten wie SB-Warenhäusern oder großen Verbrauchermärkten gibt es bei vielen Unternehmen nach wie vor einen nicht unerheblichen Anteil des Sortiments, der über diesen Weg in die Verkaufsstellen gelangt. Die Anzahl der Kanten in dem resultierenden Netzwerk entspricht dabei dem Produkt aus der Anzahl der Lieferanten beziehungsweise Versandstellen und den bedienten Filialen. Der Vorteil dieses Distributionsweges besteht im Vergleich zu einer Abwicklung über ein Verteilzentrum oder einen Cross-Dock-Punkt in der Reduzierung von Umwegen und dem Verzicht auf eine Lagerstufe. Die Nachteile liegen in der verhältnismäßig schwerer zu erzielenden Auslastung der Transporte, der mangelnden Bündelungsmöglichkeiten und in den Auswirkungen auf die Filialprozesse. Darüber hinaus sind unter der Direktbelieferung auch Sendungen zu subsumieren, die die Filialen über KEP-Dienstleister erreichen.

Verteilzentrum

Die Entwicklung im LEH, die Filialen in hohem Maße aus durch den Handel betriebenen Verteilzentren zu bedienen, wird durch die anhaltend hohen Investitionen der Unternehmen in diese dominante Belieferungsform bestätigt (Thonemann et al. 2005, S. 69).[2] Da die durchschnittlichen Reichweiten mit Werten, die teils im einstelligen Tagesbereich liegen, vielfach sehr gering sind, bietet es sich an, eher von Verteilzentren als von Zentrallagern zu sprechen. Die hohen Investitionen des Handels begründen sich in den Vorteilen, die insbesondere in der Konsolidierung der Waren- und Informationsströme und der damit verbundenen Effekte in den Filialen und auf Lieferantenseite liegen und den Nachteil längerer Transportdistanzen überkompensieren (Bretzke 2008, S. 190-199). Während sich bei der Direktbelieferung die Kantenanzahl des resultierenden Netzwerkes durch eine multiplikative Verknüpfung von Quellen und Senken ergibt, so reduziert der Betrieb eines zentralen Verteilzentrums die Kantenanzahl auf eine additive Verknüpfung der Versandstellen der Industrie mit den Filialen. Neben dieser Verringerung der Relationenanzahl und den durch die größeren Umfänge der Einzelbestellungen bei der Industrie resultierenden Auslastungseffekte in der Beschaffung ergeben sich durch die Filialbedienung aus einem Verteilzentrum erhebliche Prozessvorteile in den Verkaufsstellen. So entfällt bei einer deutlichen Reduzierung der Rampenkontakte in der Regel eine umfangreiche Wareneingangsprüfung in der Filiale, da es sich bei der Lieferung lediglich um eine Umbuchung des Bestands auf eine andere bestandsführende Einheit innerhalb des Unternehmens handelt. Die Mindestbestellmengen der Filialen, die bei einer Direktbelieferung tendenziell höher liegen, können aufgrund des lieferantenübergreifenden Bündelungseffektes ab dem Verteilzentrum geringer gehalten und Gebindegrößen durch ein Aufbrechen im Verteilzentrum weiter angepasst werden. Somit kann der durchschnittliche Filialbestand durch die höhere artikelbezogene Lieferfrequenz deutlich gesenkt und damit die Filialprozesse vereinfacht werden bei gleichzeitiger Freisetzung von teuren Filiallagerflächen für Verkaufsaktivitäten. Die gebündelte Anlieferung erlaubt die Anwendung des Konzepts des Roll Cage Sequencing, das eine warenbereichsreine oder sogar layoutgenaue Kommissionierung bedeutet, sodass Laufwege in den Filialen bei der Warenverräumung reduziert werden können. Gleichzeitig muss jedoch ein zulässiges Packmuster und eine Stapelbarkeit sichergestellt werden sowie im Falle einer Mann-zur-Ware-Kommissionierung eine nicht optimale Lagerplatzzuordnung gegenüber gestellt werden. Darüber hinaus wird durch die gebündelte Anlieferung die Mitarbeitereinsatzplanung in den Filialen erleichtert, da aufgrund der geringeren Anzahl an Rampenkontakten eine einfachere Synchronisation von Wareneingang und Verräumaktivitäten erzielt werden kann.

Cross Docking

Cross Docking in seiner Reinform bedeutet das „überkreuzende" Umschlagen über bestandslose Cross Dock-Punkte. Die aus mehreren Lieferungen eingehenden logistischen Objekte werden in dem Cross Dock-Punkt unmittelbar ohne vorherige Ein- und Auslagerung den Touren zu den

[2] Beispielhaft können die aktuellen Investitionen in das Lagernetz der Rewe Group i.H.v. 660 Millionen Euro (Loderhose 2008), des Filialisten dm-drogerie markt i.H.v. 140 Millionen Euro (Loderhose 2009) sowie der Edeka Minden i.H.v. 110 Millionen Euro (o. V. 2009) angeführt werden.

Filialen zusortiert und weiter transportiert. Dabei kann zwischen dem einstufigen und zweistufigen Cross-Docking unterschieden werden (Bretzke 2008, S. 199-200). Im ersteren Fall kommissioniert der Lieferant bereits filialgenau. Dies bedeutet, dass im Cross-Dock-Punkt entsprechend der Filialtouren eine Neukombination der bereits filialspezifisch angelieferten Ladungsträger stattfindet. Beim zweistufigen Cross-Docking hingegen finden im Cross-Dock-Punkt Kommissionieraktivitäten statt. Der Lieferant liefert artikelrein genau die Anzahl an Gebindeeinheiten, die für die Kommissionierung der Filialbestellungen zum jeweiligen Zeitpunkt benötigt werden. Nach Abschluss der Kommissionierung bleiben so keine einzulagernden Artikel übrig („Pick to zero“, Thonemann et al. 2005, S. 79). Der Vorteil des zweistufigen Cross-Docking besteht im Verhältnis zum einstufigen Cross-Docking darin, dass beim Primärtransport aufgrund der besseren Packdichte eine höhere Auslastung erzielt wird und bei der Kommissionierung im Cross-Dock-Punkt lieferantenübergreifende Ladungsträger für die Filialbelieferung erstellt werden können. Bedingt dadurch, dass im Idealmodell keine Lagerung stattfindet und somit eine Pufferfunktion des Cross-Dock-Punkts im Vergleich zum Verteilzentrum entfällt, erstrecken sich die täglichen Schwankungen der kumulierten Filialbestellungen bis hin zum Lieferant und erst dort können statistische Ausgleichseffekte in der Lagerhaltung durch unterschiedliche Abrufmengen realisiert werden. Dies schlägt sich in schwankenden Transportlosgrößen und einer tendenziell geringeren Auslastung in den Primärtransporten nieder. Dazu kommt, dass zur Sicherstellung der Filialbelieferung die Termintreue der inbound-Transporte eine zwingende Voraussetzung ist. Die so reduzierten Freiheitsgrade in der Transportplanung verbunden mit tendenziell steigenden Varianzen in der Transportdauer sind für den vergleichsweise höheren Transportaufwand auf der Beschaffungsseite verantwortlich. Die Cross-Dock-Punkte sind vielfach mit betriebenen Verteilzentren identisch, sodass wiederum Bündelungseffekte zwischen Ware aus dem Verteilzentrum und Cross-Dock-Ware erzielt werden können. Die Flussstruktur der Artikel durch das Netzwerk wäre in einem solchen Falle identisch mit einer Abwicklung über das Verteilzentrum. Der Unterschied besteht in der zeitlichen Synchronisation zwischen Wareneingang und Warenausgang.

Im Folgenden liegt der Fokus auf der distributionsseitigen internen Lieferkette sowie auf dem dominanten Belieferungsweg über Verteilzentren. Eine Adaption der Überlegungen auf andere Belieferungsformen ist möglich, besonders im Falle der Direktbelieferung und des einstufigen Cross-Docking jedoch mit interorganisatorischen Abstimmungsfragen verbunden.

3.2 Verrichtungsspezifische logistische Subsysteme

Der gewählte Ausschnitt des logistischen Handelssystems führt bei Anwendung einer funktionalen Abgrenzung zu den in Abbildung 4 dargelegten drei verrichtungsspezifischen logistischen Subsystemen „Filiale“, „Transport“ und „Verteilzentrum“ (Pfohl 2004b, S. 19). Auf die korrespondierenden Prozesse und Produktivitätstreiber der Teilsysteme, die Eingang in die taktische Rahmenplanung finden, wird im Weiteren eingegangen.

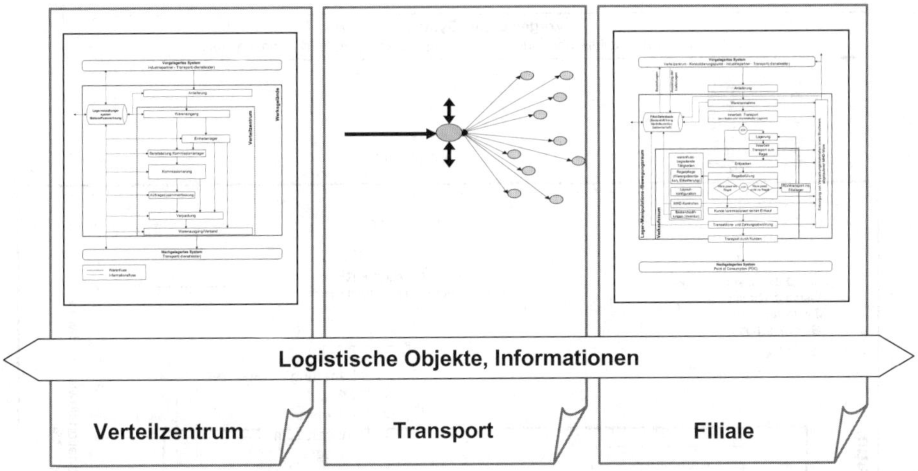

Abbildung 4: Verrichtungsspezifische logistische Subsysteme einer internen Lieferkette im LEH.

Das Subsystem „Filiale“

Die Filiale ist der maßgebliche Interaktionspunkt stationärer Handelsunternehmen mit den Kunden. In ihr offenbart sich dem Kunden die Leistung des Unternehmens. Eine Vielzahl an „moments of truth“ täglich bergen für Handelsunternehmen die Chance und das Risiko gleichermaßen, die Kunden fester mit dem Unternehmen zu verbinden und damit die Loyalität positiv beziehungsweise im anderen Falle negativ zu beeinflussen (Normann 1991, S. 16–17). Auch die Logistik wirkt auf das Zufriedenheitsempfinden in der Kundenwahrnehmung, sei es durch eine hohe Warenpräsenz, durch freie Gänge ohne Ladungsträger oder Filialmitarbeiter, die aufgrund optimierter logistischer Abläufe ihre Zeit vermehrt dem Kunden widmen können. Van Zelst et al. (2009, S. 621) zeigen, dass die Instore-Logistik, die die logistischen Prozesse innerhalb der Filialen umfasst, über die handelsinterne Kette gesehen den größten Kostenblock darstellt. Daher erscheint es adäquat, die „Instore-Logistik als neuralgische[n] Brückenkopf einer Supply Chain“ (Kotzab et al. 2005) entsprechend eines Shelf-back-Ansatzes als gedanklichen Ausgangspunkt weiterer Überlegungen zu sehen.

Kotzab et al. (2007) entwickeln auf der Basis der von Pfohl (2004b) angewandten verrichtungsspezifischen Untergliederung ein deskriptives Modell, das die Instore-Logistik in unterschiedliche Aufgabenfelder gliedert und diese zueinander in Beziehung setzt. In Anlehnung an dieses Modell werden in Abbildung 5 die logistischen Aktivitätsfelder innerhalb der Filialen dargelegt und im Folgenden skizziert. Aus Übersichtlichkeitsgründen wird die Retourenabwicklung ausgeblendet.

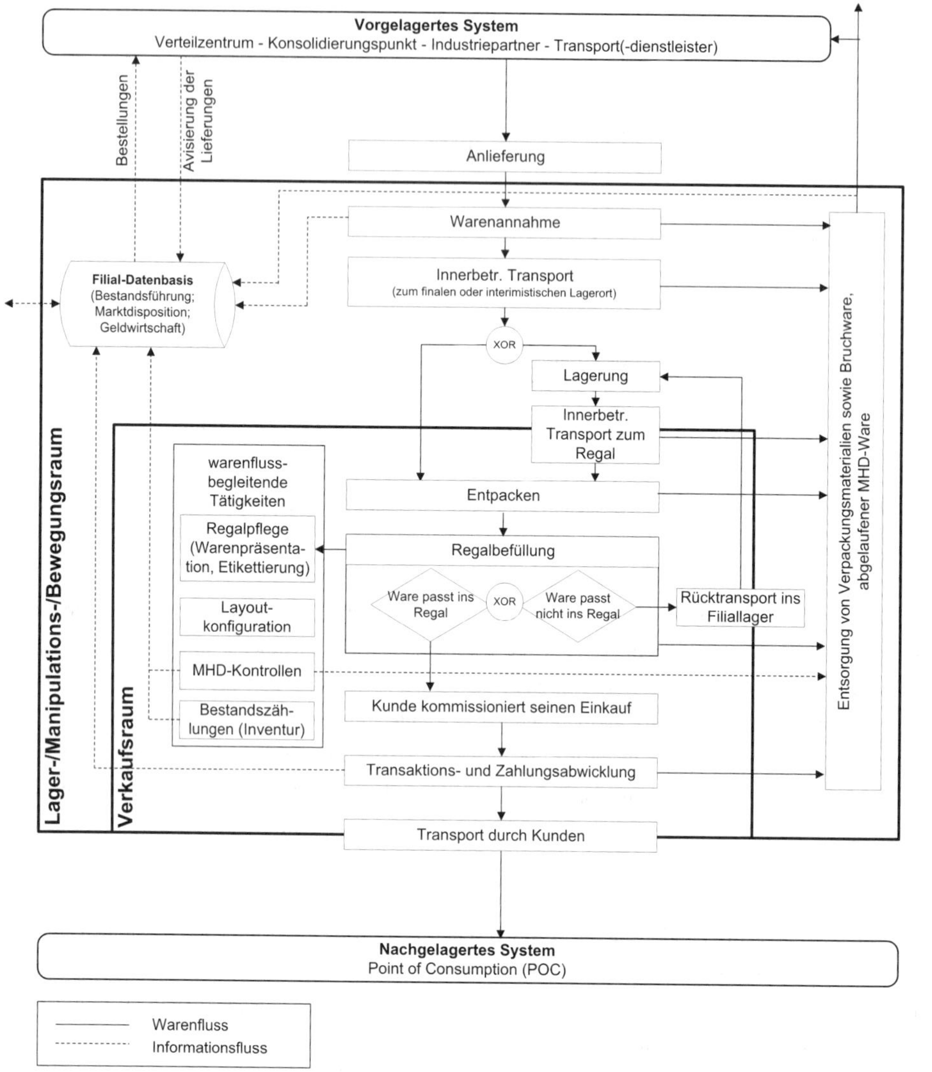

Abbildung 5: Deskriptives Prozessmodell der Instore-Logistik im LEH (Quelle: In Anlehnung an Kotzab et al. (2007), S. 1140).

Die Waren werden durch das vorgelagerte Subsystem zu einem vereinbarten Wareneingangspunkt an die Filiale angeliefert. Im Wareneingang findet eine Prüfung der gelieferten Einheiten statt. Bei bereits avisierter Ware kann es ausreichen, die Nummer der Versandeinheit zu prüfen oder zu scannen. Bei nicht avisierter Ware direkt vom Lieferanten findet, je nach Lieferbedingung, vielfach erst an diesem Punkt der Eigentumsübergang statt, sodass in der Regel eine ausführlichere Wareneingangsprüfung vorzunehmen ist. Anschließend erfolgt bei Nutzung eines Warenwirtschaftssystems in den Filialen die Wareneingangsverbuchung der Ware. Je nachdem, ob die Ware direkt in die Regale verräumt oder zunächst zwischengelagert wird erfolgt ein Transport in den Verkaufsraum oder das Marktlager. Dazu müssen die Ladungsträger an für die Verräumung günstige Orte innerhalb des Verkaufsraums transportiert werden. Ist kein Roll Cage Sequencing im Einsatz oder sind aufgrund einer geringen Liefermenge bei einem großen disponierten Sortiment die Ladungsträger dennoch stark durchmischt, so kann bereits im Filiallager eine Sortierung der Ware hinsichtlich einzelner Regalabschnitte erfolgen. Je nach angelieferter und im Regal zu präsentierender Gebindeeinheit müssen gegebenenfalls tertiäre und sekundäre Verpackungseinheiten aufgebrochen werden, um die Endverbrauchereinheiten im Regal zu platzieren. Je nach Konfiguration kann diese Tätigkeit im Filiallager oder im Verkaufsraum stattfinden. Reicht die für den einzelnen Artikel vorgesehene Regalkapazität nicht aus, um alle gelieferten Einheiten im Regal zu präsentieren, so müssen diese, etwa mithilfe eines zusätzlichen Ladungsträgers, zurück in das Marktlager transportiert, dort gegebenenfalls eingelagert und zu einem späteren Zeitpunkt wieder in den Verkaufsraum gebracht und dort nachverräumt werden. Dieser nicht zu vernachlässigende Prozess des Handling überschüssiger Ware wirkt durch die nötigen Zusatzaktivitäten ebenso negativ auf die logistische Leistung, wie eine zu hohe Auffüllfrequenz bei vorhandener freier Regalkapazität.

Über die mithilfe von Scanning-Kassen abgewickelten Kundentransaktionen können Absatzzeitreihen generiert werden, auf deren Basis die Absatzprognose erstellt wird, die zur Marktdisposition herangezogen wird. In der Regel wird für große Sortimentsteile auf Filialebene eine (r, S_t)-Lagerhaltungspolitik mit diskretisierter variabler Bestellmenge angewendet, die besagt, dass entsprechend eines gewählten Dispositionszyklus alle r Perioden der disponible Bestand überprüft und gegebenenfalls auf ein mithilfe der Prognosewerte für den Risikozeitraum dynamisch ermitteltes Bestellniveau S angehoben wird. Die Bestellmenge in Endverbrauchereinheiten kann nur der durch das vorgelagerte System angebotenen Gebindeeinheit oder einem Vielfachen davon entsprechen. Ein Streuungsmaß zur Berechnung der Sicherheitsbestände zur Absicherung gegen den Prognosefehler kann in der Prognosefehlerstandardabweichung bestehen. Die Anwendung einer solchen Bestellregel führt dazu, dass die ermittelten Sicherheitsbestände und der damit verbundene oben skizzierte Handlingaufwand umso höher liegen, je geringer die Prognosequalität und je länger der Risikozeitraum, der sich aus der Summe der Lieferzeit und des Überwachungsintervalls zusammensetzt. Gleichzeitig muss, um das Bild leerer Regale zu vermeiden, ein solcher auf Bestandsminimierung zielender Ansatz um Präsentationsbestände ergänzt werden, was de facto einer Reduzierung der für den Losgrößenbestand nutzbaren Regalkapazität entspricht.

Inwieweit bei einer solchen Bestellregel angelieferte Artikel einerseits direkt in das Regal eingeräumt und andererseits unnötig hohe Auffüllfrequenzen vermieden werden können, hängt bei exogenen Rahmenbedingungen wie dem Listungsvolumen auf gegebener Fläche und dem Stück-Absatz je Zeiteinheit von der artikelspezifischen Regalkapazität, der gewählten Versandgebindeeinheit sowie der Belieferungsfrequenz ab. An dieser Stelle wird die Interdependenz der Filialproduktivität mit den vorgelagerten logistischen Subsystemen deutlich. Tabelle 1 fasst die interdependenten und Subsystem-übergreifenden Produktivitätstreiber zusammen, die in einer taktischen Rahmenplanung berücksichtigt werden sollten.

Produktivitätstreiber	Wirkung über	Einfluss auf logistische Instore-Produktivität über
Versandgebindeeinheit des Artikels	Granularität der Bestellmengen	Grad der Direktverräumung in die Regale Auffüllfrequenzen
Belieferungsrhythmus	Zielgenauigkeit der Anlieferung, Menge pro Anlieferung, Sicherheitsbestände	
Wiederbeschaffungszeit	Sicherheitsbestände	

Tabelle 1: Produktivitätstreiber des Subsystems Filiale.

Das Subsystem „Transport"

Unter dem logistischen Subsystem Transport wird in diesem Kontext die Überbrückung räumlicher Differenzen zwischen dem Verteilzentrum und den Filialen subsumiert (Günther und Tempelmeier 2009, S. 286). Die Transportkette kann entweder eingliedrig oder im Falle der Nutzung von (internen) Konsolidierungspunkten mehrgliedrig ausgestaltet sein (Pfohl 2004b, S. 165).
Meist erfolgt eine hierarchisch ausgestaltete zweistufige Planung. In einer übergeordneten Transportplanung findet eine aggregierte Betrachtung der Transportströme statt. Dabei muss unter Beachtung der Kapazitätsgrenzen der Verteilzentren und gegebenenfalls der Konsolidierungspunkte eine Zuordnung der Filialbedarfe zu den Netzwerkknoten erfolgen. Es kann sich hier um eine auf bestimmte Dauer feste oder um eine dynamische Zuordnung handeln. Mit einem kurzfristigen Betrachtungshorizont erfolgt auf operativer Ebene nach Vorliegen der aus der Kommissionierung resultierenden Palettenzahlen eine fahrzeugbezogene Tourenplanung. Je nach Ausgestaltung müssen entsprechende Zeitfenster in die Planung integriert werden.
Abhängig von der strategischen Konfiguration des Netzwerkes kann sich ein internes Transportnetzwerk im LEH durch verhältnismäßig wenig Quellen (Verteilzentren) und eine Vielzahl an Senken (Filialen) auszeichnen. Besonders bei den oftmals separat durchgeführten reinen Frische-Anlieferungen sind geringe Transportlosgrößen und damit eine vergleichsweise hohe Filialauftragszahl je Tour, die in einer hohen Zahl an zeitintensiven Rampenkontakten mündet, festzustellen. Ohne im Detail auf die Transport- und Tourenplanung einzugehen, kann festgehalten werden, dass im Mittel höhere Auslastungen und damit günstigere Lösungen erzielt werden,

- je gleichmäßiger die Inanspruchnahme von Transportkapazitäten
- je größer der zeitliche Puffer zwischen Eingang des Transportauftrages und dem Anlieferzeitpunkt
- je größer die Anzahl an Ladungsträgern je Relation und Transportauftrag
- je größer das Anlieferzeitfenster
- je besser unterschiedliche Lieferungen an einem Konsolidierungspunkt synchronisiert werden.

Tabelle 2 fasst die aus Filialsicht ermittelten und auf taktischer Ebene beeinflussbaren Produktivitätstreiber mit den korrespondierenden Wirkungen innerhalb des Subsystems Transport zusammen.

Produktivitätstreiber	Wirkung über	Einfluss auf Transport-Produktivität über
Versandgebindeeinheit des Artikels	Packdichte der Ladungsträger	Auslastung Rampenkontakte
Belieferungsrhythmus	Varianz Inanspruchnahme Transportkapazitäten	
	Auftragsgröße (Anzahl Ladungsträger je Relation und Transportauftrag)	
	Transportfrequenz	
Wiederbeschaffungszeit	Zeitlicher Puffer	

Tabelle 2: Produktivitätstreiber des Subsystems Transport.

Das Subsystem „Verteilzentrum"

Die Aktivitäten in einem Verteilzentrum weisen im schematischen Vergleich mit den Filialprozessen Ähnlichkeiten auf, wobei die Warenverräumung in den Filialen dabei als Spiegelbild der Kommissionierung, also eine Art Rückwärtskommissionierung, begriffen werden kann. Während das Instore-Handling in der Literatur bislang wenig betrachtet wird, werden für Lager- und Kommissionierprozesse zahlreiche und detaillierte Modelle diskutiert.

Die Ausgestaltung von Verteilzentren kann hinsichtlich der Prozesse und der technischen Systemgestaltung, insbesondere durch den Grad der Automatisierung, vollkommen unterschiedlich ausfallen. Jedoch verweisen ten Hompel und Schmidt (2007, S. 23) darauf, dass grundsätzlich bestimmte Standardabläufe existieren, die in Abbildung 6 dargelegt sind.

Eine besondere Bedeutung innerhalb des Aufgabengefüges wird der arbeits- und meist personalintensiven und damit kostenintensiven Kommissionierung zuteil, die das Ziel hat, auftragsspezifisch aus einem Lagerbereich Teilmengen zu entnehmen, zu sammeln und weiterzuleiten (Arnold und Furmans 2007, S. 212). Kommissioniersysteme können je nach Technisierung sowie der Ausgestaltung der Aufbau- und Ablauforganisation unterschiedlich sein. Maßgebliche strategische Ausgestaltungsoptionen lassen sich nach der Art der Bereitstellung (statisch versus dynamisch), der Fortbewegung des Kommissionierers (ein- versus zweidimensional), der Entnahme der Ware (manuell versus mechanisch) und der Abgabe der Mengen (zentral versus dezentral) differenzieren (Gudehus 2005, S. 704). Das im LEH überwiegend eingesetzte System beinhaltet eine statische Bereitstellung mit einer aufgrund des Roll Cage Sequencing festen Kommissionierplatzvergabe. Der Kommissionierer bewegt sich eindimensional zu dem Kommissionierplatz und entnimmt dort manuell die Ware. Nach Abarbeitung der Pickliste erfolgt vielfach eine zentrale Abgabe. Auf derartige Systeme werden die folgenden Überlegungen beschränkt. Obgleich dies die dominante Form im LEH darstellt, finden sich auch höhere Automatisierungsgrade.[3]

3 Beispielsweise erfolgt bei Denner eine dezentrale Abgabe auf eine Elektrohängebahn (Hespelein 2009) und bei Edeka Rhein Ruhr eine Bereitstellung nach dem Prinzip Ware zum Mann sowie eine mechanische Entnahme (Kapell 2006).

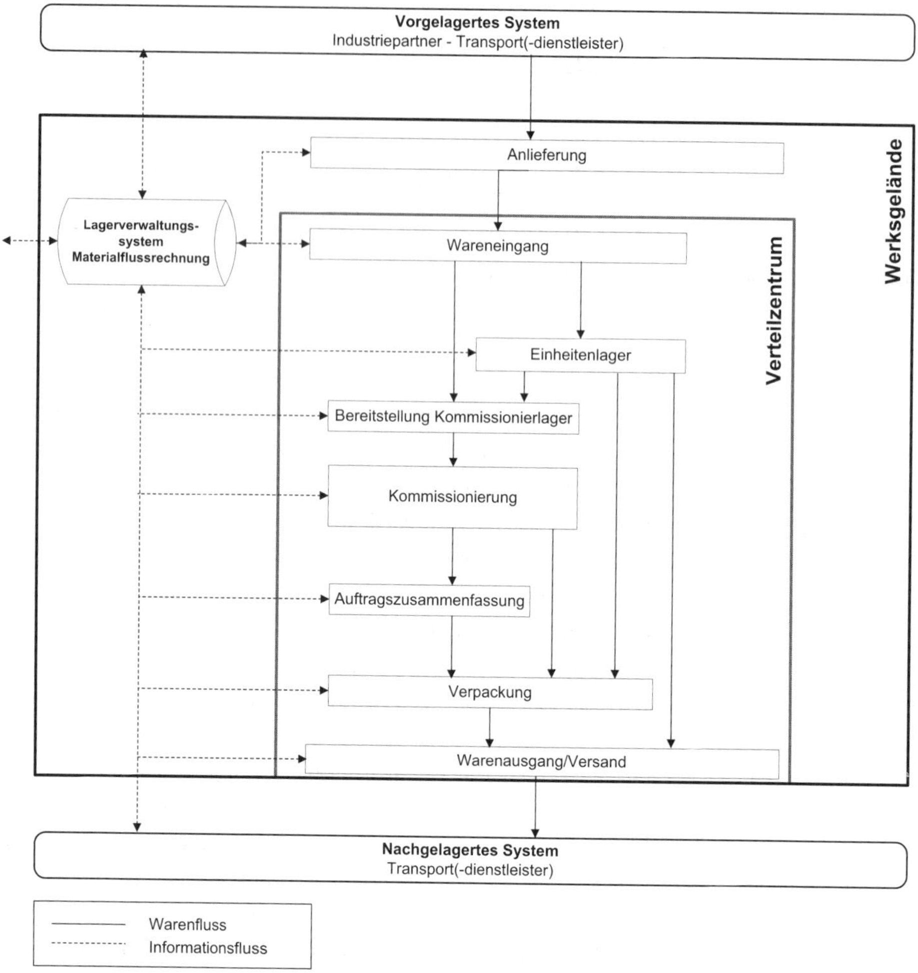

Abbildung 6: Deskriptives Prozessmodell der Aktivitäten in einem Verteilzentrum (Quelle: In Anlehnung an ten Hompel und Schmidt (2007), S. 24).

Bei einem hohen manuellen Anteil geht eine Minimierung der Kommissionierkosten mit einer Minimierung der mittleren Kommissionierzeit einher. Diese setzt sich zusammen aus einer positionsunabhängigen Basiszeit, einer Totzeit, die je Position zum Beispiel für das Lesen, Zählen und Quittieren aufgebracht wird, der Greifzeit für die physische Materialbewegung sowie der Wegzeit für die Bewegung des Kommissionierers (Arnold und Furmans 2007, S. 218). Das Verhältnis dieser Zeitanteile zueinander und damit die resultierende Kommissionierleistung (Positionen pro Zeiteinheit) und Pickleistung (Greifeinheiten pro Zeiteinheit) hängen von einer Reihe, vielfach als exogen betrachteter, Faktoren ab. Diese sind einerseits für die strategische Aufgabe der Gestaltung des Kommissioniersystems, andererseits jedoch auch hinsichtlich der Produktivität im laufenden Betrieb relevant. Darunter sind insbesondere die Anforderungen der vor- und nachgelagerten

Funktionen und Systeme zu subsumieren, durch die die Charakteristika des Marktes und der Prozesse an die Kommissionierung kommuniziert werden. Zu den wichtigsten dieser Faktoren zählen die *Artikelstruktur*, die *Auftragsstruktur* und die vorzuhaltende *Flexibilität* (ten Hompel et al. 2007, S. 253).

Hinsichtlich der *Artikelstruktur* ist in diesem Zusammenhang die Wahl einer Gebindeeinheit innerhalb der Verpackungshierarchie relevant, die die Entnahmeeinheit in der Kommissionierung und die minimale Bestellmenge für die Filialen darstellt. Der gegebenenfalls entstehende Auspackaufwand verbunden mit der höheren Pickzahl bei gleicher Versandmenge muss entsprechend in die Planung integriert werden. Bei den als Greifeinheiten resultierenden Gebinden sind die Abmessungen und Gewichte für die Packschemata von Bedeutung.

Die *Auftragsstruktur* ist einer der zentralen Einflussfaktoren auf die Kommissionierleistung (Gudehus 2005, S. 760). Relevante, die Leistung beeinflussende Parameter sind (ten Hompel et al. 2007, S. 255):

- Kontinuität des Auftragseingangs
- Anzahl der Aufträge je Zeiteinheit
- Anzahl der Positionen je Auftrag
- Anzahl der Entnahmeeinheiten pro Position
- Wiederholhäufigkeit gleicher Artikel

Die Möglichkeit einer *kontinuierlichen und gleichmäßigen Einlastung* von Aufträgen führt zu einer gleichmäßigen Systemauslastung, sodass kurzfristige Spitzen, die sich beispielsweise über Nachtarbeitszuschläge auf die Kosten auswirken, vermieden werden können. Die *Anzahl der Aufträge je Zeiteinheit* kann die erzielbare Leistung eines Kommissionierers über einen Auslastungseffekt beeinflussen, der darin besteht, dass es ab einem gewissen Durchsatz mit einem entsprechend höheren Mitarbeitereinsatz zunehmend zu gegenseitigen Behinderungen an Pickplätzen und der Basis kommt. Die *Anzahl der Auftragspositionen* bestimmt im Falle einer einfachen auftragsweisen Kommissionierung die Anzahl der anzufahrenden Bereitstellplätze. Aufgrund einer Reduzierung des Wegzeitanteils pro Position steigt die Kommissionierleistung je höher die Anzahl der Positionen je Auftrag ist. Ebenso beeinflusst die Menge der *Entnahmeeinheiten pro Position* die Leistung, da bei zunehmender Anzahl Weg- und Totzeit auf mehrere Einheiten verteilt werden und so eine Steigerung der Pickleistung resultiert. Im Falle einer parallelen Kommissionierung mehrerer Filialaufträge führt eine hohe *Wiederholhäufigkeit gleicher Artikel* zu demselben Effekt.

Die vorzuhaltende *Flexibilität* des Kommissioniersystems stellt einen weiteren die Produktivität beeinflussenden Faktor dar und bezieht sich insbesondere auf die Reaktionszeit aus Filialsicht. Darunter ist die Wiederbeschaffungszeit der Filialen abzüglich der Transportdauer zu verstehen, die sich durch die verfügbare Zeit zwischen Auftragseingang und spätest möglichem Versandzeitpunkt auswirkt. Umso größer dieser Zeitraum ist, umso größer ist der sich ergebende zeitliche Puffer, der für einen Kapazitätsbelastungsausgleich herangezogen werden kann und umso geringer die Kosten für zeitliche und intensitätsmäßige Anpassungsmaßnahmen (Günther und Tempelmeier 2009, S. 229). Andererseits führt eine solche Glättung der Inanspruchnahme der Kommissionierkapazität zu einer Erhöhung des mittleren work in process, was einen erhöhten

Flächenbedarf für kommissionierte Ladungsträger nach sich zieht. Tabelle 3 fasst wieder die aus dem Subsystem Filiale abgeleiteten und auf taktischer Ebene beeinflussbaren Produktivitätstreiber mit den korrespondierenden Wirkungen innerhalb des Subsystems Verteilzentrum zusammen.

Produktivitätstreiber	Wirkung über	Einfluss auf Kommissionier-Produktivität über
Versandgebindeeinheit des Artikels	Anzahl Pickvorgänge	mittlere Kommissionierzeiten
Belieferungsrhythmus	Auftragsstruktur (Positions- und Pickdichte)	
	Auftragseingang (Varianz Positions- und Pickzahl je Zeiteinheit)	Kapazitätsbelastungs-ausgleich (Zusatzkosten)
Wiederbeschaffungszeit	Zeitlicher Puffer	

Tabelle 3: Produktivitätstreiber des Subsystems Verteilzentrum.

4 Segmentierungsdimensionen, und -kriterien als Schlüssel zu differenzierten logistischen Lösungen im LEH

Vor dem Hintergrund der eingangs beschriebenen logistischen Spannungen, der möglichen unterschiedlichen Wege, über die Handelsware in die Filialen gelangen kann, sowie der sich aus den Funktionen und Prozessen ergebenden Anforderungen und Produktivitätstreiber der Subsysteme, wird im Weiteren der Frage nachgegangen, wie ein Liefernetzwerk im LEH segmentiert werden kann.

Um eine horizontale logistische Segmentierung zu erreichen, sind Dimensionen und innerhalb dieser entsprechend skalierbare Kriterien zu wählen, anhand derer die Segmentierung vorgenommen werden kann. Tabelle 4 gibt angelehnt an die oben beschriebenen auszugleichenden logistischen Spannungen einen Überblick über mögliche Segmentierungsdimensionen und -kriterien. Die Attraktivität unterschiedlicher Ausgestaltungen für einzelne Segmente resultiert daraus, dass einerseits die Anforderungen segmentintern einheitlicher sind und andererseits Trade-Off-Beziehungen in den Segmenten unterschiedlich ausgeprägt sind.

Im Folgenden werden nicht abschließend einzelne Segmentierungsansätze dargestellt. Dabei besteht das Ziel nicht darin, einzelne Segmente zu fixieren. Vielmehr werden unter Bezug auf Segmentierungskriterien mögliche Ausgestaltungsoptionen der Segmentkomponenten verallgemeinert diskutiert. Um innerhalb des großen Lösungsraumes einen aus Sicht eines Unternehmens passenden Segmentierungsansatz zu finden, sind tiefer gehende und unternehmensspezifische Analysen notwendig.

Segmentierungsdimension	Segementierungskriterien
Logistische Objekte Sortiment	Artikelvolumen und Artikelgewicht
	Artikelwert
	Gebindegrößen
	Saisonalität
	Mindesthaltbarkeitsdatum (Restlaufzeit)
	Temperaturanforderungen
	(prognostizierte) Absatzmenge
	Nachfragevariabilität, Prognosequalität
	(erwarteter) Produktlebenszyklus
Lieferanten	Versandstelle
	Logistische Kompetenz
	Logistik-Konditionen
Filialen	Verkaufsformat
	Verkaufsfläche (Regalkapazitäten) und Lagerfläche
	Abverkaufsmenge
	Variabilität der Abverkaufsmenge
	standortbedingte Saisonalität des Abverkaufs
	Sortimentsschwerpunkte im Abverkauf

Tabelle 4: Mögliche Segmentierungsdimensionen und -kriterien im LEH.

Eine physische Flussstruktur ist nicht unabhängig von der langfristig zu planenden Infrastruktur des Unternehmens zu sehen (siehe Punkt 2.4.). Aus diesem Grund wird diese als *strategische Segmentkomponente* bezeichnet. Die Planungsvariablen hingegen lassen sich im Verhältnis zur physischen Infrastruktur des Unternehmens vergleichsweise leicht ändern und damit mittelfristig gegebenenfalls öfter an sich ändernde Rahmenbedingungen anpassen. Diese werden daher als *taktische Segmentkomponenten* bezeichnet.

4.1 Die physische Flussstruktur als strategische Segmentkomponente

Die oben diskutierten Belieferungsformen via Verteilzentren und Cross-Dock-Punkte können zusätzlich hinsichtlich ihrer Zentralität differenziert werden. Mögliche physische Flussstrukturen sind in Abbildung 7 dargelegt. Je dezentraler die Lager- beziehungsweise Umschlagstufe, desto mehr Verteilzentren oder Cross-Dock-Punkte sind zur Abwicklung notwendig. Aus Kostengesichtspunkten sind vor allem die Lagerhaus- und Lagerhaltungskosten, die Transport- sowie die Handlingkosten in Betracht zu ziehen. Die konfliktären Kostenverläufe müssen dahingehend untersucht werden, inwieweit sich diese für einzelne Subsets unterschiedlich verhalten.

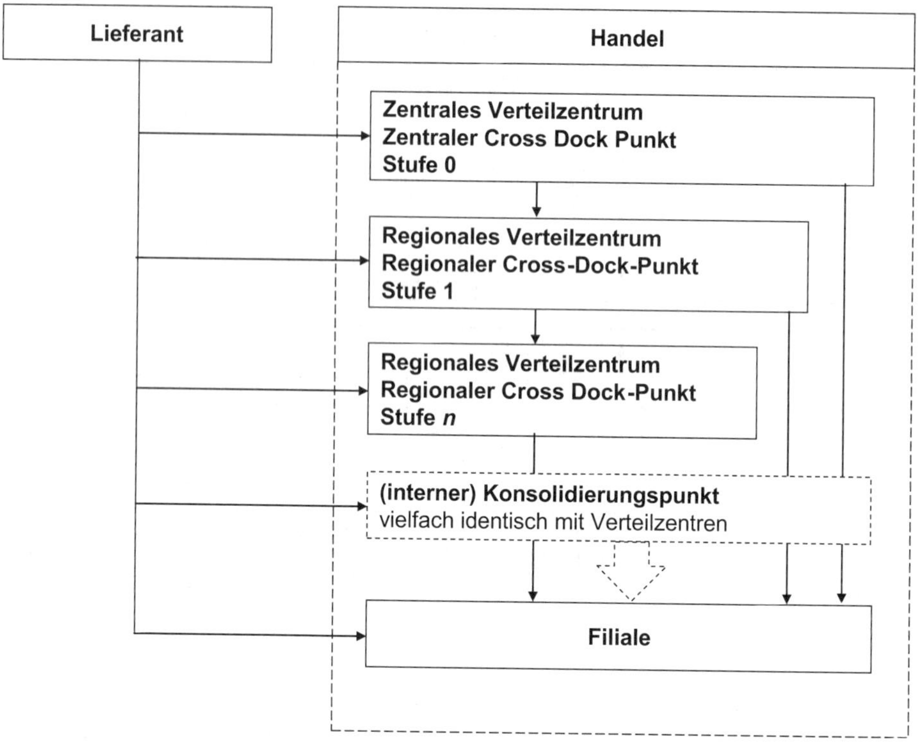

Abbildung 7: Mögliche physische Flussstrukturen zwischen Industrie und Filiale.

Segmentierung anhand der Dimension „Sortiment"

Aufgrund der Tatsache, dass Unternehmen im LEH ein im Verhältnis zur Industrie heterogeneres Sortiment zu bewältigen haben, bietet dieses entsprechende Spannweiten, die eine Segmentierung attraktiv machen.

Grundsätzlich finden im LEH die Kriterien der *Haltbarkeit* und der *Temperaturanforderungen* Anwendung, da eine unterschiedliche Infrastruktur erforderlich ist. Es resultieren Segmente wie beispielsweise Obst/Gemüse, Frische, Tiefkühl und Trocken. So erlauben die Bereiche Obst/Gemüse und Frische keine langen Lagerdauern, was für eine Direktbelieferung oder aufgrund des Wirkens von statistischen Ausgleichseffekten in der Nachfrage für eine zentrale Lagerhaltung spricht. Diese ist jedoch mit entsprechend höheren Transportentfernungen bei hohen Transportfrequenzen und damit geringen Transportlosgrößen verbunden, was wiederum für eine dezentrale Lagerhaltung spricht. Die individuelle Vorteilhaftigkeit hängt von vorliegenden Kostenmatrizen ab, die jedoch regelmäßig zu der Entscheidung führen, dass je kürzer die Haltbarkeit und je höher die Frischeanforderungen, desto dezentraler die Lagerhaltung.

Ein wichtiger, im Rahmen von Infrastrukturentscheidungen zu beachtender Zusammenhang besteht im Verhältnis zwischen der *Absatzmenge* und dem Zentralisierungsgrad. Werden aufgrund einer hohen Absatzmenge bei den Lieferanten große Mengen (artikelreine Ganzpaletten) abgenommen, so kann man aufgrund der höheren Packdichte im Vergleich zu filialspezifisch kommissionierten Ladungsträgern erhebliche Kostenvorteile in den Primärtransporten erzielen, die um so höher ausfallen, je weiter diese in die Fläche und damit näher zum zukünftigen Bedarfsort reichen. So führte dieser Zusammenhang beispielsweise bei Tchibo zu einer Abkehr von einem reinen Zentrallagerkonzept (Middendorf und Priemer 2006, S. 215). Die Transportvorteile sind umso größer, je größer die Abnahmemengen je Artikel und je Versandstelle des Lieferanten(verbundes). Die gleiche Wirkungsweise findet sich bei der Auswahl der Versandgebindeeinheit. Je niedriger die Versandgebindeeinheit innerhalb der Verpackungshierarchie, desto niedriger die Packdichte in der Filialbelieferung. Dem stehen jedoch die diskutierten Handling- und Bestandseffekte in den Filialen und eine Pickzahlsteigerung in den Verteilzentren gegenüber. Umso größer das *Artikelvolumen*, umso relevanter die Transportkosten, umso leichter werden jedoch hohe Auslastungen bis in die Fläche auch bei geringeren benötigten Stückzahlen erreicht. Wegen der zeitsynchronen Bestellung gelten diese Überlegungen abgeschwächt auch für das zweistufige Cross-Docking. Verallgemeinert leiten diese Überlegungen zu einer geographisch bewussten Positionierung des OPP der Filialbestellungen (Abbildung 8).

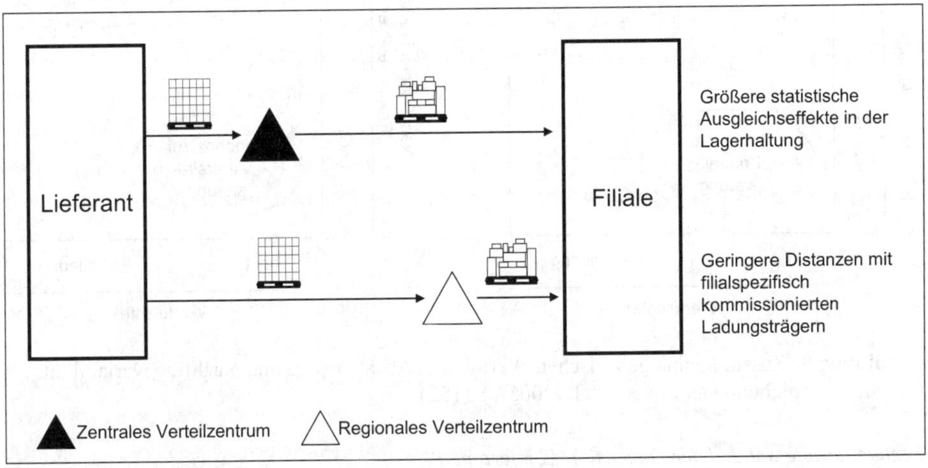

Abbildung 8: Auswirkung der Lage des OPP auf Bestände und Packdichte.

Auf der anderen Seite nehmen Bestandseffekte Einfluss auf die Positionierung des OPP und führen zu dem Konzept des Postponement. Bei der Filialbelieferung bedeutet eine Postponement-Strategie ein möglichst langes Vorhalten der Bestände auf zentraler Ebene, um dort bei Vorliegen statistisch unabhängiger Nachfragen Ausgleichseffekte realisieren zu können (geographical postponement). Erst bei Kenntnis der Filialbestellung sollte eine Verteilung in die Fläche erfolgen. Damit lassen sich im Vergleich zu einer dezentralen Lösung mit n Lagerstätten die Sicherheitsbestände zur Deckung der Prognosefehler um den Faktor $\sqrt{n}$ reduzieren (Ihde und Janz 2000, S. 335). Bei Artikeln mit einem kurzen *Produktlebenszyklus*, etwa Aktions- oder *Saisonartikel*, die nur begrenzt gelistet sind, ist eine Aussteuerung von besonderer Bedeutung, die aufgrund der

Ausgleichseffekte von zentraler Ebene aus besser vorgenommen werden kann. Da sich Sicherheitsbestände durch die Multiplikation der Standardabweichung der Nachfrage oder des Prognosefehlers mit einem Sicherheitsfaktor berechnen lassen, ist die Bestandsreduktion durch Zentralisierung bei jenen Artikeln am größten, die eine hohe *Nachfragevariabilität* beziehungsweise einen hohen *Prognosefehler* aufweisen.

Verknüpft man diese Überlegungen mit den Aspekten der Kapitalbindungskosten in der Lagerhaltung, so führt dies zum *Artikelwert*. Umso höher der Artikelwert, umso mehr fallen die durch eine Zentralisierung erreichten Sicherheitsbestandsreduktionen ins Gewicht. Setzt man den Artikelwert ins Verhältnis zum oben diskutierten Artikelvolumen, so erhält man als kombiniertes Kriterium die *Wertdichte* (Lovell et al. 2005). Je größer die Wertdichte, desto höher die Zentralisierungstendenz. In Verknüpfung mit der Absatzmenge und der Nachfragevariabilität erhält man die in Abbildung 9 dargelegten Beziehungen.

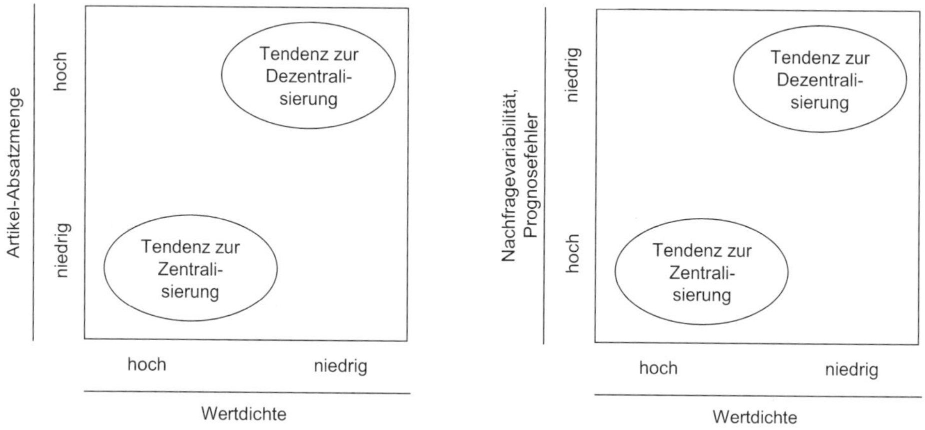

Abbildung 9: Zusammenhänge zwischen Wertdichte, Absatzmenge und Nachfragevariabilität (Quelle: In Anlehnung an Lovell et al. (2005), S. 152).

Segmentierung anhand der Dimension „Lieferanten"

Auch hinsichtlich der Lieferanten können Segmentierungskriterien gewählt werden, die, meist in Kombination mit sortimentsspezifischen Kriterien, Auswirkungen auf die logistische Netzwerkgestaltung und damit die strategische Komponente der Segmentbildung haben. So kann die *logistische Kompetenz* der Lieferanten darüber entscheiden, ob beispielsweise ein Cross-Docking-Konzept ohne Entkoppelung über ein Verteilzentrum durchgeführt wird.

Auch die zwischen Industrie und Handel vereinbarten *Logistik-Konditionen* können die Tendenz für oder gegen eine Zentralisierung bestärken. Betreibt ein Lieferant beispielsweise ein automatisches Hochregallager für Ganzpaletten oder eine automatisierte Lagen-Kommissionierung, so sind die Abrufe dieser Gebindeeinheiten in der Regel begünstigt. Dies findet wiederum Eingang in die Bestellmengenentscheidung des Einzelhändlers und ein gebündelter Abruf über ein zentrales Verteilzentrum wird höheren Kosten der Filialbelieferung gegenübergestellt.

Um Bündelungseffekte in der Beschaffung realisieren zu können, ist die Anwendung der im vorigen Abschnitt diskutierten Zusammenhänge auf alle *von einer Versandstelle bezogenen Artikel* möglich. Das Ergebnis kann die lieferantenbezogene Wahl einer zentralen oder dezentralen Verteilstufe sein. Die so erzielten Vorteile bei den Primärtransporten müssen bei heterogener Sortimentsstruktur mit den Nachteilen in der Filialbelieferung verglichen werden.

Segmentierung anhand der Dimension „Filialen"
Die Verkaufsstellen mit ihren individuellen Parametern können ebenso als Dimension zur Ableitung von Segmentierungskriterien dienen. Bei Unternehmen, die gleichzeitig mehrere Formate mit unterschiedlich ausgeprägten Produktivitätstreibern im Portfolio haben, kann eine formatbezogene Segmentierung aufgrund der besseren Anpassungsmöglichkeiten an in sich homogenere Anforderungen sinnvoll sein.[4] Darüber hinaus beeinflusst die geographische Verteilung der Filialen innerhalb des Verbreitungsgebietes die Tendenz für oder gegen (de-)zentrale Flussstrukturen.
Große Formate wie SB-Warenhäuser haben vielfach eine an den Verkaufsraum grenzende Regallagerung, sodass eine Segmentierung hinsichtlich der *Lagerflächen* erfolgen kann und so (einzelne) Filialen mit größeren Gebinden oder über unterschiedliche Belieferungsformen versorgt werden könnten, was wiederum die physische Infrastruktur des Unternehmens beeinflusst. Weitere filialspezifische Segmentierungskriterien finden jedoch meist auf taktischer Ebene Anwendung.

4.2 Die Warenflusssteuerung als taktische Segmentkomponente

Erst durch die Verbindung einer physischen Flussstruktur mit der Festlegung weiterer Planungsvariablen erhält ein logistisches Segment seine spezifische Charakteristik. Unter diesen in einer taktischen Rahmenplanung festzusetzenden Planungsvariablen sind für den LEH in besonderem Maße die *Artikelallokation* auf die Flussstrukturen, die *Wiederbeschaffungszeiten* sowie die *Belieferungsrhythmen* von Bedeutung, die in eine operative Planung als Parameter eingehen. Wie oben dargelegt, ist die Ausgestaltung dieser Planungsvariablen in hohem Maße für die Produktivität der logistischen Subsysteme und damit der internen Lieferkette verantwortlich. Im Rahmen eines Segmentierungsansatzes geht es deshalb darum, hinsichtlich unterschiedlicher Artikel, Filialen oder anderer Dimensionen eine differenzierte Ausgestaltung dieser Variablen vorzunehmen.

Bestimmung der Artikelallokation auf Flussstrukturen
Während Knotenpunkte wie Verteilzentren und Cross-Dock-Punkte langfristig geplant werden, so kann die Allokation der logistischen Objekte zu unterschiedlichen Flussstrukturen in höherer Frequenz erfolgen. Dabei werden die Wahl eines Belieferungsweges sowie die damit zusammenhängende eventuelle Listung des Artikels in einem oder mehreren Verteilzentren vorgenommen. Zudem ist die die Effizienz in den Subsystemen beeinflussende Entscheidung über die

---

[4] Als Beispiel kann die Rewe Group angeführt werden, die derzeit eine Trennung der Logistik zwischen Discount und Vollsortiment vollzieht (Loderhose 2008).

Versandgebindeeinheit des Artikels zu treffen. Die Zuordnung richtet sich dabei an der bei der physischen Netzwerkgestaltung angewandten Strategie aus und kann ebenso anhand der in Tabelle 4 dargelegten Kriterien und Zusammenhänge erfolgen. Eine „gewachsene" logistische Infrastruktur oder das vorhandene Netz eines oder mehrerer logistischer Dienstleister stellt daher vielfach die Kapazitätsrestriktion dar und dient als Ausgangspunkt der taktischen Planung. Besonders bei Kapazitätsengpässen kann eine Neujustierung der Artikelallokation bei gegebener Infrastruktur erforderlich sein.

Bestimmung der Planungsvariable „Wiederbeschaffungszeit"

Werden Artikel über handelseigene Verteilzentren distribuiert, so kann das Unternehmen selbst die Filialwiederbeschaffungszeit erheblich beeinflussen und auf taktischer Ebene ausgestalten. In der operativen Planung können diese dann entweder als deterministischer Wert oder bei schwankenden Zeiten als Verteilung Einzug finden. Die Wiederbeschaffungszeit hat, wie unter Punkt 3.2. aufgezeigt, erhebliche Auswirkungen auf Leistung und Effizienz der Lieferkette.

Eine Verringerung der Wiederbeschaffungszeit führt ceteris paribus zu einer höheren „Agilität" und bei Anwendung einer die Unsicherheit berücksichtigenden Bestellregel zu einer Verringerung der Sicherheitsbestände. Diese Reduktion ist umso höher, je größer die Standardabweichung der Nachfrage pro Periode beziehungsweise je größer die Prognosefehlerstandardabweichung ist. Für solche Artikel wurde oben eine Tendenz zur Zentralisierung dargelegt und für diese „innovativen Produkte" ist die Tendenz zu einer verhältnismäßig kurzen Wiederbeschaffungszeit am größten. Je geringer die Vorhersagbarkeit, desto mehr teure Flexibilität ist erforderlich. Umso besser die Prognosefähigkeit eines Artikels, umso eher spricht dies aufgrund einer steilen Verteilung der Prognosefehler für eine Ausschöpfung von Effizienzvorteilen entlang der Lieferkette, die durch größere Pufferzeiten in den Subsystemen erreicht wird (siehe Punkt 3.2.).

Aktionsware, die zeitlich begrenzt gelistet ist und für diese bei hoher Präsenzanforderung nur schwer entsprechende Abverkaufsverteilungen oder Prognosen zu ermitteln sind, tendiert in Richtung kurzer Wiederbeschaffungszeiten. Bei Mehl und Zucker hingegen kann durch lange Absatzzeitreihen und wenige Relaunches eine hohe Prognosequalität erzielt werden. Derartige Artikel erlauben daher einen stärkeren Fokus auf die Effizienz in den der Filiale vorgelagerten Subsystemen.

Neben sortimentsbezogener Wiederbeschaffungszeiten kann bei (zusätzlicher) Anwendung des Segmentierungskriteriums der *filialspezifischen Variabilität des Abverkaufs* die Filiale als Segmentierungsdimension unter Inkaufnahme höherer Komplexität mit aufgenommen werden. Gleichzeitig muss festgestellt werden, dass umso geringer die Belieferungsfrequenz und umso länger der Risikozeitraum, desto geringer fällt eine Veränderung der Wiederbeschaffungszeit aus Filialsicht ins Gewicht.

Bestimmung der Planungsvariable „Belieferungsrhythmus"

Obgleich in der umfangreich vorhandenen Literatur eine Vielzahl von Konfigurationsansätzen diskutiert wird, mangelt es in der Folge an der tieferen Auseinandersetzung mit den Fragen des

Betriebs mehrerer physischer Flussstrukturen innerhalb eines Unternehmens. Sofern eine Filiale über mehrere Flussstrukturen aus Verteilzentren angedient werden kann, resultiert ein Gebilde wie in Abbildung 10 dargelegt.

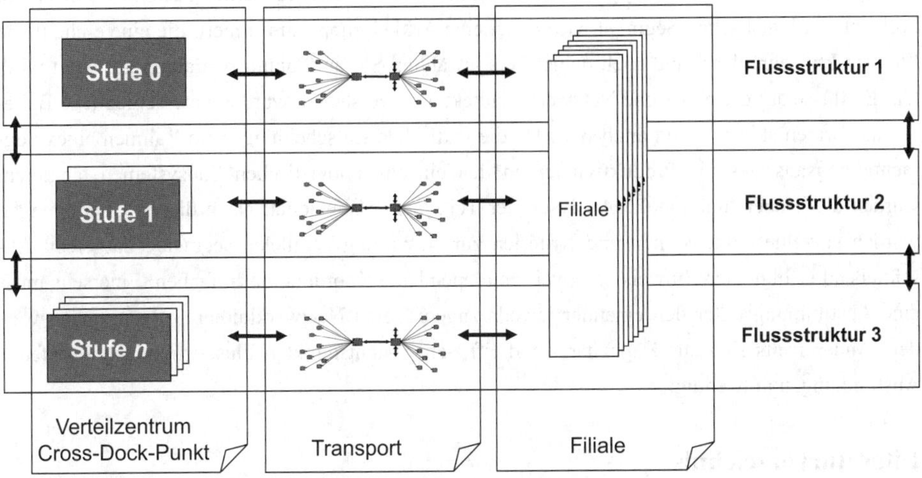

Abbildung 10: Aus Sicht einer Filiale konvergierende Flussstrukturen.

Daraus entstehen zwei Arten von Abstimmungsproblemen, die in der taktischen Rahmenplanung zu adressieren sind. Einerseits ist dies die Koordination zwischen den logistischen Subsystemen auf einer horizontalen Ebene aufgrund unterschiedlich ausgeprägter Produktivitätseffekte. Andererseits ist eine Abstimmung der Warenflüsse untereinander notwendig, was besonders aus den Filialgegebenheiten resultiert.

Innerhalb eines solchen internen Beziehungsgefüges sind die Belieferungsrhythmen einzelner Filialen so festzulegen, dass in den einzelnen Perioden die Kapazitäten der einzelnen Subsysteme nicht überschritten werden. Daneben ist, wie oben dargelegt, der Belieferungsrhythmus ein entscheidender Produktivitätsfaktor sowohl für die Instore-Logistik als auch über die damit zusammenhängende Auftragsfrequenz, -größe und -struktur für die Subsysteme Transport und Verteilzentrum, sodass eine integrative Betrachtung erfolgen muss. Über sortimentsspezifische und (zusätzlich) filialspezifische Belieferungsrhythmen werden so die Dimensionen Sortiment und Filiale in das differenzierende Konstrukt aufgenommen.

Darüber hinaus ist eine die einzelnen Wege übergreifende Koordination hinsichtlich der Belieferungsrhythmen der einzelnen Filialen insofern notwendig, als einerseits die maximalen Warenannahme und -Verräumkapazitäten je Zeiteinheit in den Filialen nicht überschritten werden, andererseits jedoch in möglichst hohem Maße Bündelungseffekte auf den letzten Meilen ab einem eventuell vorhandenen (internen) Konsolidierungspunkt genutzt werden sollten.

5 Zusammenfassung

In dem Beitrag wurde dargelegt, dass vor dem Hintergrund logistischer Spannungen in Unternehmen des LEH die Gestaltungsoption eines segmentierten Liefernetzwerkes besteht. Unter einem horizontalen logistischen Segment wird dabei eine Artikelgruppe subsumiert, die eine einheitliche Flussstruktur durchläuft und nach demselben gewählten Set an Planungsvariablen gesteuert wird. Um Einflüsse auf die physische Netzwerkarchitektur zu verstehen, wurden unterschiedliche Belieferungsformen skizziert und analysiert. Da die taktischen Entscheidungen im Rahmen eines Segmentierungsansatzes die Produktivitäten in den einzelnen logistischen Subsystemen tangieren, wurden diese über funktionelle Analysen der Teilsysteme abgeleitet. Nach diesen Überlegungen wurden einzelne Dimensionen und Kriterien zur Gestaltung paralleler Segmente dargelegt. Abschließend erfolgte der Hinweis auf zwei interdependente Koordinationsaufgaben. Einerseits muss eine Abstimmung unter den einander jeweils zugeordneten Netzwerkknoten vorgenommen werden. Andererseits sind aus Kapazitäts- und Effizienzgesichtspunkten Flussstruktur-übergreifende Abstimmungen notwendig.

Literaturverzeichnis

Aitken, James; Childerhouse, Paul; Christopher, Martin; Towill, Denis R. (2005): Designing and Managing Multiple Pipelines. In: Journal of Business Logistics, Jg. 26, H. 2, S. 73–95.

Arnold, Dieter; Furmans, Kai (2007): Materialfluss in Logistiksystemen. 5., erw. Aufl. Berlin: Springer.

Ausschuss für Definitionen zu Handel und Distribution (Hg.) (2006): Katalog E. Definitionen zu Handel und Distribution. 5. Aufl. Institut für Handelsforschung an der Universität zu Köln. Köln.

Bretzke, Wolf-Rüdiger (2008): Logistische Netzwerke. Berlin, Heidelberg: Springer.

Christopher, Martin; Towill, Denis R. (2001): An integrated model for the design of agile supply chains. In: International Journal of Physical Distribution and Logistics Management, Jg. 31, H. 4, S. 235–246.

Delfmann, Werner (1995): Logistische Segmentierung. Ein modellanalytischer Ansatz zur Gestaltung logistischer Auftragszyklen. In: Albach, Horst; Delfmann, Werner (Hg.): Dynamik und Risikofreude in der Unternehmensführung. Wiesbaden: Gabler , S. 171–202.

Dellbrügger, Peter (2008): Gestaltungselemente für eine unternehmerische Führungskultur – Das Beispiel der „Dialogischen Führung“ bei dem Unternehmen dm-drogerie markt GmbH & Co KG Karlsruhe. In: Raich, Margit; Hinterhuber, Hans H.; Pechlaner, Harald (Hg.): Entrepreneurial Leadership. Profilierung in Theorie und Praxis. 1. Aufl. Wiesbaden: DUV , S. 65–79.

Fisher, Marshall L. (1997): What is the right Supply Chain for your Product. A simple framework can help you figure out the answer. In: Harvard Business Review, Jg. 75, H. 2, S. 105–116.

Fuller, Joseph B.; O´Conor, James; Rawlinson, Richard (1993): Tailored Logistics: The Next Advantage. In: Harvard Business Review, Jg. 71, H. 3, S. 87–98.

Gudehus, Timm (2005): Logistik. Grundlagen, Strategien, Anwendungen. 3. Aufl. Heidelberg: Springer.

Günther, Hans-Otto; Tempelmeier, Horst (2009): Produktion und Logistik. 8. Aufl. Berlin: Springer.

Hespelein, Holger (2009): Kommissionieren mit Elektrohängebahn. In: retail technology - EHI-Magazin für IT & Logistik im Handel, H. 3, S. 42–43.

Ihde, Gösta B.; Janz, Oliver (2000): Gestaltungsprinzipien der Logistik. In: WISU, H. 3, S. 332–341.

Kapell, Elisabeth (2006): Edeka eröffnet Logistikcenter Hamm. In: LZ-Net, 21.09.2006. Online verfügbar unter http://www.lz-net.de, zuletzt geprüft am 01.09.2009.

Klaas, Thorsten (2002): Logistik-Organisation. Ein konfigurationstheoretischer Ansatz zur logistikorientierten Organisationsgestaltung. Wiesbaden: DUV.

Klaas-Wissing, Thorsten (2007): Logistics Configurations and Supply Chain Design. In: Delfmann, Werner; Klaas-Wissing, Thorsten (Hg.): Strategic Supply Chain Design. Theory, Concepts and Applications. Köln: Kölner Wiss.-Verl. , S. 37–64.

Kolodziej, Michael J.; Mostberger, Petra; Sternbeck, Michael (2008): Gemeinsam statt einsam - Kooperationsmanagement als Erfolgsfaktor. In: Baumgarten, Helmut (Hg.): Das Beste der Logistik. Innovationen, Strategien, Umsetzungen. Berlin: Springer , S. 197–206.

Kotzab, Herbert; Reiner, Gerald; Teller, Christoph (2005): Instore-Logistik als neuralgischer Brückenkopf einer Supply Chain - Modellbildung, empirische Bestandsaufnahme und Simulation. In: Lasch, Rainer (Hg.): Logistik Management. Innovative Logistikkonzepte. 1. Aufl. Wiesbaden: DUV, S. 281–293.

Kotzab, Herbert; Reiner, Gerald; Teller, Christoph (2007): Beschreibung, Analyse und Bewertung von Instore-Logistikprozessen. In: ZfB, Jg. 77, H. 11, S. 1135–1158.

Lee, Haul L. (2002): Aligning Supply Chain Strategies with Product Uncertainties. In: California Management Review, Jg. 44, H. 3, S. 105–119.

Loderhose, Birgitt (2008): Rewe steckt viel Geld in neue Logistik. In: LZ-Net, 20.11.2008. Online verfügbar unter http://www.lz-net.de, zuletzt geprüft am 11.10.2009.

Loderhose, Birgitt (2009): dm nimmt Teil des neuen Lagers in Betrieb. In: LZ-Net, 28.10.2009. Online verfügbar unter http://www.lz-net.de, zuletzt geprüft am 01.11.2009.

Lovell, Antony; Saw, Richard; Stimson, Jennifer (2005): Product value-density: managing diversity through supply chain segmentation. In: International Journal of Logistics Management, Jg. 16, H. 1, S. 142–158.

Mason-Jones, Rachel; Naylor, Ben; Towill, Denis R. (2000a): Engineering the leagile supply chain. In: International Journal of Agile Management Systems, Jg. 2, H. 1, S. 54–61.

Mason-Jones, Rachel; Naylor, Ben; Towill, Denis R. (2000b): Lean, agile or leagile? Matching your supply chain to the marketplace. In: International Journal of Production Research, Jg. 38, H. 17, S. 4061–4070.

Middendorf, Kay; Priemer, Jörg (2006): Intelligente Logistik als Baustein kontinuierlichen Wachstums bei Tchibo. In: Göpfert, Ingrid (Hg.): Logistik der Zukunft - Logistics for the future. 4. Aufl. Wiesbaden: Gabler , S. 205–222.

Naylor, Ben; Naim, Mohamed M.; Berry, Danny (1999): Leagility: Integrating the lean and agile manufacturing paradigms in the total supply chain. In: International Journal of Production Economics, Jg. 62, H. 1-2, S. 107–118.

Normann, Richard (1991): Service Management. Strategy and Leadership in Service Business. 2nd edition. Chichester: Wiley.

o. V. (2009): Edeka Minden investiert in Logistik. In: LZ-Net (Lebensmittel-Zeitung Online), 03.02.2009. Online verfügbar unter http://www.lz-net.de, zuletzt geprüft am 10.10.2009.

Pfohl, Hans-Christian (2004a): Logistikmanagement. Konzeption und Funktionen. 2. Auflage. Berlin, Heidelberg: Springer.

Pfohl, Hans-Christian (2004b): Logistiksysteme. Betriebswirtschaftliche Grundlagen. 7. Aufl. Berlin, Heidelberg: Springer.

Porter, Michael E. (1980): Competitive Strategy. Techniques for Analyzing Industries and Competitors. New York: Free Press.

Prümper, Wolfgang; Pohl, Jörg; Thoms, Jack (2006): Beschaffungslogistik im Handel. Innovationen in Prozessen, Strukturen und Organisationen. In: Zentes, Joachim (Hg.): Handbuch Handel. Strategien - Perspektiven - internationaler Wettbewerb. 1. Aufl. Wiesbaden: Gabler , S. 809–825.

Shapiro, Roy D. (1984): Get leverage from logistics. In: Harvard Business Review, Jg. 62, H. 3, S. 119–126.

Shapiro, Roy D.; Heskett, James L. (1985): Logistics strategy. Cases and concepts. Saint Paul: West Publishing.

Stauss, Bernd; Neuhaus, Patricia (1995): Das Qualitative Zufriedenheitsmodell (QZM). Ingolstadt: Katholische Universität Eichstätt-Ingolstadt (Diskussionsbeiträge der Wirtschaftswissenschaftlichen Fakultät, 66).

ten Hompel, Michael; Schmidt, Thorsten (2007): Warehouse Management. Automation and Organisation of Warehouse and Order Picking Systems. Berlin: Springer.

ten Hompel, Michael; Schmidt, Thorsten; Nagel, Lars (2007): Materialflusssysteme. Förder- und Lagertechnik. 3. Aufl. Berlin: Springer.

Thonemann, Ulrich; Behrenbeck, Klaus; Küpper, Jörn; Magnus, Karl-Hendrik (2005): Supply Chain Excellence im Handel. 1. Aufl. Wiesbaden: Gabler.

van Zelst, Susan; van Donselaar, Karel; van Woensel, Tom; Broekmeulen, Rob; Fransoo, Jan (2009): Logistics drivers for shelf stacking in grocery retail stores: Potential for efficiency improvement. In: International Journal of Production Economics, Jg. 121, H. 2, S. 620–632.

Vonderembse, Mark A.; Uppal, Mohit; Huang, Samuel H.; Dismukes, John P. (2006): Designing supply chains: Towards theory development. In: International Journal of Production Economics, Jg. 100, H. 2, S. 223–238.

Zentes, Joachim (2008): Innovative Logistiklösungen des Handels. Auf dem Weg zur Logistikführerschaft. In: Baumgarten, Helmut (Hg.): Das Beste der Logistik. Innovationen, Strategien, Umsetzungen. Berlin, Heidelberg: Springer , S. 175–183.

Zentes, Joachim; Schramm-Klein, Hanna (2008): Neue Anforderungen an die Handelslogistik - Implikationen aus Theorie und Praxis mit besonderem Fokus auf Multi-Channel-Systeme des Handels. In: Nyhuis, Peter (Hg.): Beiträge zu einer Theorie der Logistik. Berlin: Springer , S. 409–438.

ZLU GmbH & Co. KG (Hg.) (2008): Megatrends der Handelslogistik 2008. Berlin. Online verfügbar unter http://www.einzelhandel.de/Logistiktrends, zuletzt geprüft am 28.01.2009.

Gang Yang[*] / Holger Köhler[**] / Saša Šarić[***]

Logistik-Organisation in China

[*] Prof. Dr. Gang Yang ist Leiter des DHL-Lehrstuhls für Global Supply Chain Management des Chinesisch-Deutschen Hochschulkollegs (CDHK) der Tongji-Universität in Shanghai. Zuvor arbeitete er nach Studium und Promotion an der TU Berlin für McKinsey und Ernst & Young in Deutschland.

[**] Holger Köhler studierte an der TU Darmstadt Wirtschaftsingenieurwesen und arbeitet seit Dezember 2005 als wissenschaftlicher Mitarbeiter am Fachgebiet Unternehmensführung & Logistik bei Prof. Dr. Dr. h.c. Hans-Christian Pfohl. Im Rahmen seines Promotionsvorhabens verbrachte er einen Forschungsaufenthalt am CDHK in Shanghai.

[***] Saša Šarić studierte an der TU Darmstadt Wirtschaftsinformatik. Seit 2007 arbeitet er als wissenschaftlicher Mitarbeiter am CDHK in Shanghai.

1 Einleitung

Die organisatorische Entwicklung in der Logistik und damit einhergehende Effizienzsteigerungen haben die Globalisierung der vergangenen Jahrzehnte erst ermöglicht. Ausgehend von Europa und den USA wurden die Entwicklungen in der Logistik über die gesamte Welt verbreitet. International agierende Dienstleister liefern in alle Länder dieser Welt und sorgen dafür, dass auch lokale Unternehmen in Schwellen- und Entwicklungsländern ihre Logistikorganisation weiterentwickeln. Während über die Organisationsentwicklung in der Logistik in Industrieländern bereits zahlreiche Studien durchgeführt worden sind, fehlen vergleichbare Untersuchungen in sich entwickelnden Ländern bislang vollständig.[1] Dies gilt in besonderem Maße bei der Untersuchung der Intralogistik in chinesischen Unternehmen. Ziel dieses Beitrags ist es daher, Ergebnisse einer empirischen Untersuchung zur Logistikorganisation in chinesischen Unternehmen zu präsentieren und mit der Situation in den Industriestaaten zu vergleichen.

Geprägt durch den Einfluss internationaler Logistikdienstleister und auf Druck internationaler Kunden, hat sich in der chinesischen Industrie bereits ein Logistikverständnis entwickelt, welches vom reinen Warentransport bis über die Unternehmensgrenze hinaus geht. In einer Untersuchung zur Logistikorganisation mit 140 chinesischen Unternehmen gaben drei Viertel der Befragten an, dass sie häufig oder immer ihre Lieferanten und Kunden in die logistischen Prozesse einbeziehen. Dem entsprechend wird Logistik von der Hälfte der Befragten bereits als Aufgabe angesehen, die voll in den Wertschöpfungsprozess eingebunden werden sollte.

Wie in diesem Beitrag gezeigt wird, schlägt sich dieses schon recht weit entwickelte Logistikverständnis allerdings noch nicht im organisatorischen Aufbau der Unternehmen nieder. Besonders chinesische Unternehmen, die nur wenige Kontakte mit Unternehmen in Industrieländern haben, sehen in der Logistik noch keine Managementaufgabe. Fehlende Ausbildung auf universitärem Niveau und der damit einhergehende niedrige Bildungsgrad von Logistikmanagern tragen ebenfalls ihren Teil dazu bei.

Der Aufbau des Beitrags orientiert sich an den Dimensionen des Logistikwürfels von Pfohl[2] und betrachtet zunächst die institutionelle Ebene der Logistik in China. Dabei geht es zum einen um den intraorganisatorischen Aufbau von Logistikabteilungen, zum anderen um die interorganisatorischen Zusammenhänge zwischen den Unternehmen entlang der Lieferkette. Eine Untersuchung der Handlungsfelder der Logistik leitet schließlich über auf die prognostizierte Entwicklung des chinesischen Logistikverständnisses. Die Daten stammen aus einer empirischen Untersuchung, die im Jahr 2008 in China durchgeführt wurde und an der sich 140 produzierende chinesische Unternehmen beteiligt haben.[3]

---

1 Eine Auflistung von Untersuchungen zur Logistikorganisation in Europa findet sich bei Pfohl/Large (1998), S. 91ff.

2 Pfohl (2004), S. 26.

3 Vgl. Gang/Bode/Köhler/Saric (2010).

Im folgenden Kapitel wird zunächst ein grober Überblick über China mit seinen wirtschaftlichen und infrastrukturellen Voraussetzungen gegeben. Dies bietet die Grundlage für die weiteren Erkenntnisse zur Logistikorganisation in chinesischen Unternehmen.

2 Chinas wirtschaftliche und logistische Entwicklung

2.1 Wirtschaftlicher Aufschwung seit mehr als drei Jahrzehnten

Chinas Wirtschaft erlebte seit der Öffnungspolitik 1978[4] einen bislang weltweit unvergleichlichen Aufschwung und erwirtschaftete im Jahr 2008 ein Bruttoinlandsprodukt in Höhe von 2,6 Billionen €.[5] Dies entspricht einem Weltanteil von 7 %. China liegt damit auf Platz drei hinter USA und Japan[6], wobei die Langzeitentwicklung ein durchschnittliches Jahreswachstum in Höhe von 9,8 %[7] aufweist.

Die wirtschaftliche Entwicklung der Volksrepublik stützt sich auf zwei Säulen: die Exportindustrie und den eigenen großen Absatzmarkt. Im Jahr 2008 stieg China zur zweitgrößten Exportnation nach Deutschland auf und exportierte Waren im Wert 850 Mrd. €. Mit einem gesamten Handelsvolumen von rund 1,5 Billionen € nimmt China in der Auslandshandelsbilanz weltweit bereits Platz drei nach den USA und Deutschland ein.[8] Die Ausweitung des Handels zwischen China und dem Rest der Welt war eines der bemerkenswertesten Phänomene des vergangenen Jahrhunderts. China ist mittlerweile alleine verantwortlich für 8,9 % der globalen Exporte und 6,8% der globalen Importe. Die Wichtigkeit des Handels für Chinas Wirtschaft ist ein Kennzeichen für die hohe Integration der Industrie des Landes in internationale Produktionsketten. Etwa ein Drittel des Wertes der Exporte wird durch zuvor eingeführte Güter verursacht. Dies sind hauptsächlich Einzelteile und Komponenten, die in China zu Endprodukten zusammen gebaut und dann wieder exportiert werden.[9]

Der wachsende Binnenmarkt ist – neben dem Export – die zweite wichtige Säule für die wirtschaftliche Entwicklung Chinas. Mit 1,3 Mrd. Menschen ist China nicht nur das mit Abstand größte Land dieser Erde, sondern hat bereits auf Basis der Kaufkraftparität im Jahr 2007 ein BIP in

---

4 Zuverlässige ökonomische Daten über die Volksrepublik China sind erst seit 1978 verfügbar, daher bezieht sich dieses Kapitel ausschließlich auf diesen Zeitraum.

5 In diesem Beitrag werden ausschließlich die wirtschaftliche Entwicklung, die infrastrukturellen Bedingungen und die Entwicklung der Logistik betrachtet. Zur weiterführenden Betrachtung der politischen, rechtlichen und soziokulturellen Rahmenbedingungen aus betriebswirtschaftlicher Perspektive siehe Bode (2009), S. 99ff.

6 Vgl. China Statistics Press (2009), S. 37f und World Bank (2009).

7 Reales, um die Inflation bereinigtes Bruttoinlandsprodukt. Der Pro-Kopf Anteil am Bruttoinlandsprodukt ist mit 1.800 € im Jahr 2007 allerdings weiterhin gering. Vergleicht man die Länder gemäß Kaufkraftparität, landet China nur auf dem 90. Platz, weit hinter den entwickelten Ländern, aber noch vor Indien (vgl. World Bank (2008)). Von Kaufkraftparität wird gesprochen, wenn Waren und Dienstleistungen eines Warenkorbs in zwei verschiedenen geographischen Räumen mit dem gleichen Geldbetrag erworben werden können. Sie dient als Korrekturfaktor, um volkswirtschaftliche Größen unterschiedlicher Wirtschaftsräume besser vergleichbar zu machen, vgl. OECD (2008).

8 Vgl. China Statistics Press (2009), S. 700ff und Xinhua Press (2008).

9 Vgl. World Trade Organization (2008), S. 10f und Yusuf/Nabeshima/Perkins (2007), S. 41.

Höhe von 7 Billionen „international Dollars“, womit China bereits den zweiten Platz hinter den USA (13 Billionen „international Dollars“) belegt.[10] Das starke Wachstum der Wirtschaft schlägt sich auch in der Lohnentwicklung der Arbeiter und Angestellten nieder, so ist seit dem Jahr 2000 der Reallohn im Durchschnitt um 13 % pro Jahr gewachsen.[11] Der durchschnittliche Jahreslohn liegt bei rund 2.500 €, auch wenn hierbei wieder eine große Diskrepanz zwischen den entwickelten Großstädten und ländlichen Regionen festzustellen ist.[12] Dennoch profitieren von dem wirtschaftlichen Aufschwung mehr und mehr ländliche Gegenden durch familiäre und staatliche Transferleistungen sowie Verlagerung von Industrie in die westlichen Provinzen. Bis zum Jahr 2015 rechnet man daher mit bis zu 500 Mio. Menschen, die zur kaufkräftigen Bevölkerungsgruppe zählen.[13] Dank intensiver Förderung durch die chinesische Zentralregierung schreitet die Industrialisierung auch in Zentral- und Westchina voran.[14] Der rasante Aufstieg der VR China in den vergangenen 30 Jahren, welcher durch die wirtschaftlichen Daten und die Entwicklung der Handelsbilanz eindrücklich dokumentiert wird, wäre nicht ohne eine ebenso einschneidende wie gewaltige Entwicklung der Logistik möglich gewesen. Exporte und Importe müssen über international angebundene Häfen abgewickelt werden und für den zunehmenden Verkehr ins Hinterland muss entsprechende Infrastruktur vorhanden sein. Die Transportsicherheit und die Pünktlichkeit sind dabei die besonderen Herausforderungen. Als Grundvoraussetzung für eine funktionierende Logistik hat die chinesische Regierung viel Geld in die Entwicklung der Infrastruktur investiert. Neue Straßen, Häfen und Flughäfen wurden gebaut sowie die staatlichen Eisenbahnstrecken erweitert und modernisiert. Trotz des starken Wachstums der Logistikbranche ist Chinas Logistik noch nicht so weit entwickelt, wie die Logistik in Europa oder USA. Dies zeigt sich nicht zuletzt an den Logistikkosten, die mit 18 % am BIP im Jahr 2008 mehr als doppelt so hoch sind wie in anderen Industriestaaten.[15] Zum einen fehlen in China Logistik-Fachkräfte, da erst seit wenigen Jahren Ausbildung im Bereich Logistik angeboten wird, zum anderen hat sich noch kein einheitliches modernes Logistikverständnis ausgeprägt. Dabei ist ein effizientes Logistikmanagement auch innerhalb von Produktionsunternehmen mindestens genauso wichtig, wie die Infrastruktur zum Transport der Ware. Entsprechend gelingt nur den wenigsten chinesischen Unternehmen ein modernes Management der intra- und interorganisatorischen Aspekte[16] entlang des Logistikkanals.

2.2 Aufbau einer modernen Infrastruktur

In die Verkehrsinfrastruktur in Ostchina wurde in den vergangenen Jahrzehnten viel Geld investiert, sodass sie mittlerweile als gut ausgebaut betrachtet werden kann. Ein Schwerpunkt der Infra-

---

10 Vgl. World Bank (2009).
11 O.V. (2008).
12 Vgl. China Statistics Press (2008), S. 148.
13 Vgl. Zinzius (2006), S. 172. Sie weist an dieser Stelle aber darauf hin, dass dieser große Absatzmarkt auch einem sehr starken Wettbewerb unterliegt.
14 Vgl. China Statistics Press (2008), S. 50.
15 O.V. (2009).
16 Vgl. Pfohl (2010), S. 231ff und 28ff.

strukturinvestitionen lag auf Seehäfen, denen im Export- und Importgeschäft eine besondere Bedeutung zukommt. Gemessen am Containerumschlag, waren im Jahr 2007 unter den 20 größten Seehäfen der Welt bereits sechs chinesische vertreten.[17] Es wird erwartet, dass Shanghai durch den Neubau des Yangshan Hafens bis 2015 zum größten Seehafen der Welt wachsen wird. Im Landesinneren werden mehr als 70 % des Verkehrs mit Hilfe von LKW abgewickelt, sodass dem Ausbau von Schnellstraßen eine ebenso große Bedeutung zukam. Im Jahr 2007 gab es in den Küstenprovinzen insgesamt bereits 18.900 Kilometer Autobahnen, was einem Gesamtanteil von 35 % am Autobahnnetz Chinas entspricht. Seit dem Jahr 2003 investiert die chinesische Regierung aber gezielt auch in die Infrastruktur Westchinas mit dem Ziel, die dortige Industrie in die internationalen Warenströme einzubinden.[18]

Bedingt durch die geringe Anzahl an tiefen Flüssen, beschränkt sich die Binnenschifffahrt für größere Schiffe auf drei Flüsse und zwei Kanäle, um Güter ins Hinterland oder aus dem Hinterland zu transportieren. Die vom Statistikamt angegebene Gesamtlänge (123.500 Kilometer) von beschiffbaren Binnenflüssen ist irreführend, da sie sich nur auf kleine Schiffe bezieht. Ab dem Jahr 2009 können große Schiffe allerdings den Yangtze-Fluss bis zum Industriezentrum Chongqing in Zentralchina befahren, was durch den Bau des Drei-Schluchten-Staudamms möglich geworden ist.[19]

Eine Schwachstelle für den Gütertransport stellt bislang die Eisenbahn dar, die nur über 25.794 Kilometer zweigleisige Strecken (insgesamt 77.966 Kilometer Streckennetz)[20] verfügt. Da dem Personenverkehr und dem Transport von wichtigen Gütern (zum Beispiel Kohle) Vorrang eingeräumt wird, kommt es zu langen Verzögerungen beim nachrangigen Güterverkehr. Für den Zeitraum von 2010 bis 2012 sollen daher rund 2 Billionen RMB in das Eisenbahnnetz investiert werden.[21]

2.3 Entwicklung des Logistiksektors

Die logistischen Aktivitäten, die alle Serviceleistungen für einen optimalen Material- und Informationsfluss umfassen, sind im vergangenen Jahrzehnt parallel zur wirtschaftlichen Entwicklung Chinas gewachsen. Der Güterverkehr (gemessen in Tonnenkilometern) hat sich seit der Öffnung des Landes versechsfacht. Der Wert der erbrachten Leistungen im Logistikwesen ist seit 1995 sogar um 162 % gewachsen und damit stärker als das BIP (+ 132 %).

Diese Entwicklung spiegelt sich auch in der Menge der transportierten Waren wider. Im Jahr 2006 wurden über Chinas Infrastruktur rund 21 Milliarden Tonnen Fracht bewegt. Dies entspricht einer Verdoppelung der bewegten Waren seit 1992.

---

17 Hongkong, Shanghai, Shenzhen, Qingdao, Ningbo und Guangzhou, vgl. Loyd's MIU (2008), S. 8.

18 Mit der „Go-West“ Initiative möchte die Regierung die infrastrukturellen Voraussetzungen schaffen, dass mehr Unternehmen im Westen investieren.

19 Vgl. China Statistics Press (2008), S. 604.

20 Vgl. China Statistics Press (2008), S. 604ff.

21 Vgl. Xinhuanet (2009).

Ende 2006 waren in China insgesamt 55 Logistikcenter in Betrieb, welche in die acht ökonomischen Zonen Chinas integriert sind. Die meisten Logistikcenter sind dabei in Ost- und Nordchina (25 gesamt), während im chinesischen Westen bislang nur ein Logistikcenter in Betrieb ist. Logistikzentren sind ein wichtiger Bestandteil einer funktionierenden Infrastruktur und so plant die Zentralregierung bis 2015 den Bau von insgesamt rund 100 weiteren Logistikcentern, in allen Teilen des Landes. Darüber hinaus soll der intermodale Verkehr in China durch den Bau von Logistik-Hubs stark gefördert werden. Für die großen zu überbrückenden Distanzen bieten sich intermodale Verkehre an, allerdings ist der Container-Güterverkehr bislang nur in sehr eingeschränktem Maße auf Chinas Schienennetz möglich.

Obwohl in China alle Verkehrsträger vorhanden und zum Teil sehr gut ausgebaut sind, gestaltet sich die Nutzung der einzelnen Verkehrsträger sehr unterschiedlich.[22] Die Straße ist auch in China mit Abstand der wichtigste Verkehrsträger – 71,9 % der Waren werden über die Straße transportiert. Mit 14,1 % nimmt die Schiene die zweitwichtigste Rolle ein. Der Anteil für Schienen- und Straßentransport nimmt allerdings in den vergangenen Jahren kontinuierlich ab. Seitdem mehrere Flüsse auch im chinesischen Hinterland für mittelgroße Schiffe befahrbar sind, konnte sich der Transport per Schiff mittlerweile auf 12,2 % des gesamten Gütertransports steigern, Ein großer Teil bezieht sich außerdem auf Schiffszubringerdienste zu den Seehäfen (short-sea shipping). Die Luftfracht spielt mit einem Anteil von 0,02 % des Warentransports absolut gesehen nur eine untergeordnete Rolle, ist allerdings für eilige Güter sehr wichtig und so hat sich dieser Anteil seit 1991 verdreifacht.

2.4 Intraorganisatorischer Aufbau – Logistikabteilungen chinesischer Unternehmen

Die wichtigste Voraussetzung auf dem Weg zu einer gut organisierten und leistungsstarken logistischen Organisation ist ein Verständnis für den Begriff und die Konzeption der Logistik. Bevor eine zentrale Fragestellung des interorganisatorischen Aufbaus von Logistiksystemen – Aufsplitterung der logistischen Aufgaben versus Organisationseinheit „Logistik" – beantwortet werden kann, soll daher aufgezeigt werden, in wie weit die Logistikkonzeption in chinesischen Unternehmen ausgeprägt ist. Ein Indikator hierfür ist der Gebrauch des Begriffs Logistik auf Basis dessen der Institutionalisierungsprozess der Logistik innerhalb eines Unternehmens beginnt. Dies ist der Fall, wenn eine Wahrnehmung logistischer Aufgaben und der Konzeption dahinter im Unternehmen existiert.

Wie die Ergebnisse der Studie „Logistikorganisation in China" zeigen, wird bereits in mehr als 70 % der befragten Unternehmen der Begriff „Logistik" verwendet. Hierbei ließ sich kein Unterschied zwischen rein chinesischen Unternehmen und Joint Ventures zwischen chinesischen und internationalen Unternehmen feststellen. Es ist daher davon auszugehen, dass der Wissenstransfer

[22] In diesem Beitrag werden die Verkehrsträger Straße, Schiene, Wasserwege und Luftverkehr betrachtet. Die Pipeline spielt mit einem Gesamtanteil von rund 1,5_% nur eine untergeordnete Rolle, zumal sie nur für den Transport von speziellen Gütern überwiegend der Chemieindustrie geeignet ist.

von entwickelten Ländern nach China über Joint Ventures nicht die Diffusion des Begriffs Logistik beeinflusst.

Insgesamt zeigen die Ergebnisse der Befragung, dass das Logistikverständnis in China einer sehr starken Entwicklung unterliegt. Kooperationen mit ausländischen Unternehmen, die Notwendigkeit zur Kostenreduzierung und eine Verbesserung der Ausbildung, gerade auch im universitären Bereich, werden das Logistikverständnis in China voranbringen. Als entscheidender Faktor hierbei wird die Entwicklung der chinesischen Sprache eine Rolle spielen. Viele Fachbegriffe, die sich in Industrieländern in den vergangenen Jahrzehnten gebildet und durchgesetzt haben, fanden bislang noch keinen Eingang in den chinesischen Sprachgebrauch. Die Entwicklung der Logistik muss daher auch öffentlich wirksam verfolgt werden, um bestimmte Begriffe zu prägen und ein einheitliches Verständnis überhaupt erst zu ermöglichen.

Fast alle Teilnehmer der Untersuchung sehen in der Logistik allerdings einen Wettbewerbsfaktor und drei Viertel sehen Potentiale für eine Differenzierung über die Logistik gegenüber ihren Wettbewerbern. Betrachtet man die Funktionsebene des Logistikwürfels, sehen die Befragten in nahezu allen Bereichen große Potentiale zur Entwicklung. Als wichtigste Funktionen werden die Entwicklung der Produktionslogistik, der Einkaufslogistik und der Bestellabwicklung angesehen. Insgesamt lässt sich feststellen, dass vor allem fehlendes methodisches Wissen dafür verantwortlich ist, dass die Logistik in den einzelnen Funktionsbereichen noch nicht so weit entwickelt ist.

2.5 Aufsplitterung logistischer Aufgaben versus Organisationseinheit „Logistik"

Eine zentrale Fragestellung des interorganisatorischen Aufbaus von Logistiksystemen bezieht sich auf die Aufsplitterung logistischer Aufgaben versus die Errichtung einer Organisationseinheit „Logistik". Nach der von Pfohl[23] aufgestellten Basisthese zur aufbauorganisatorischen Umsetzung der Logistikkonzeption wird die Koordination im Falle der Integration der logistischen Aufgaben in einer darauf spezialisierten Organisationseinheit erleichtert.

Das zunehmende Bewusstsein für die Umsetzung einer Logistikkonzeption in chinesischen Unternehmen lässt sich an der organisatorischen Eingliederung der Logistik ablesen. Bereits zwei Drittel der befragten Unternehmen haben die logistischen Aufgaben in einer eigenen Organisationseinheit zusammengefasst (vgl. Abbildung 1).

Die Basis für die organisatorische Integration logistischer Aufgaben ist somit gelegt. Allerdings ist für deren Erfolg, wie von Pfohl[24] gefordert, auch die weitgehende Konzentration logistischer Teilaufgaben in dieser Organisationseinheit notwendig.

---

23 Pfohl (2004), S. 250f.
24 Pfohl (2010), S. 235f.

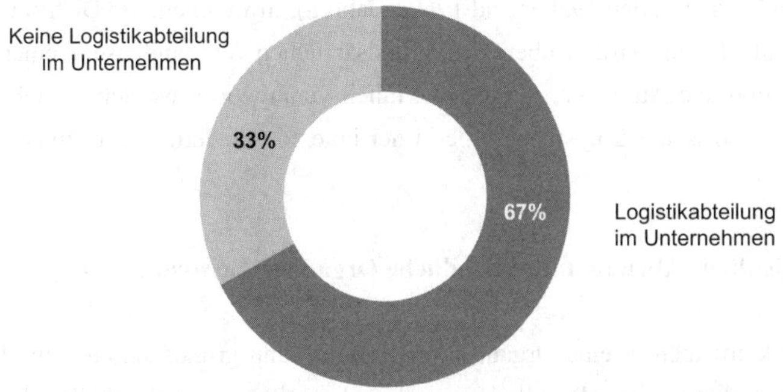

Abbildung 1: Organisationseinheit „Logistik" in chinesischen Unternehmen (n=107)

Aufgaben, die der Logistik zugeordnet werden können, bieten eine große Vielfalt. Die Verteilung verschiedener logistischer Prozesse gibt weiteren Aufschluss über die Konzentration logistischer Teilaufgaben in der Organisationseinheit Logistik. Hierzu wurde untersucht, welche der Abteilungen Beschaffung, Produktion, Marketing, Vertrieb, Logistik und Administration, logistische Aufgaben im Unternehmen verantwortet. Wie sich in Abbildung 2 zeigt, ist die Organisationseinheit Logistik in mehr als 50 % der befragten Unternehmen für die Transport- und Distributionsplanung verantwortlich. Lagerhaltung (31 %) ist eine dritte wichtige Aufgabe. Hingegen wird die Auftragsabwicklung, Beschaffung, Produktionsplanung sowie Ersatzteilplanung nur in wenigen Unternehmen von der Logistik verantwortet. Damit wird Logistik offensichtlich zunächst noch mit den traditionellen Aufgaben des Transports und der Lagerhaltung in Verbindung gebracht.

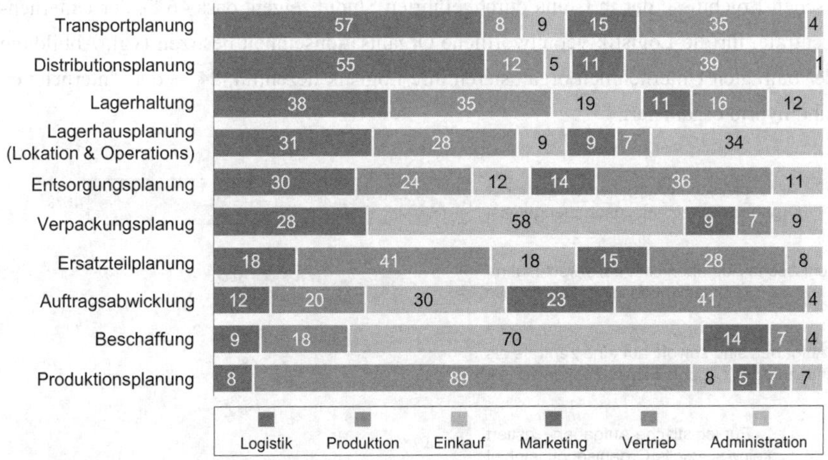

Abbildung 2: Verantwortung logistischer Prozesse (n=74)

Historische Gründe unterstützen diese Entwicklung: In dem staatlich kontrollierten System Chinas wurden staatliche Unternehmen genau für diese Prozesse in der Logistik eingerichtet. Daneben entwickelt sich der chinesische Markt derzeit zu einem Abnehmermarkt (ebenso wie die europäischen und US-amerikanischen Märkte in den 1950er und 1960er Jahren), in welchem die Distribution zu einem kritischen Erfolgsfaktor wird. Neben den grundsätzlichen Vorhandensein einer Organisationseinheit Logistik und den Aufgaben, die dieser Einheit verantwortet werden, besteht ein weiterer Aspekt intraorganisatorischer Logistiksysteme in der inneren Gliederung der Organisationseinheit Logistik.

2.6 Eingliederung der Logistikaufgaben in unterschiedliche Organisationsstrukturen

Die Eingliederung der Logistikaufgaben in eine Organisationsstruktur kann grundsätzlich zentral oder dezentral erfolgen. Im zentralen Fall werden alle logistischen Aufgaben von einer Stelle oder Abteilung erfüllt, welche so in die Organisation eingeordnet ist, dass sie eine übergeordnete und koordinierende Stellung einnimmt.

Wird die Logistik dezentral organisiert, ist jede Organisationseinheit für ihre eigenen logistischen Aufgaben zuständig. Dies können je nach Organisationsform des Unternehmens einzelne Funktionsbereiche, wie z. B. Produktion und Vertrieb, oder Sparten sein, wie z. B. Produktsparten. Auch der Fall einer separaten, jedoch neben den anderen Funktionsbereichen gleichberechtigten Logistikabteilung ist als dezentrale Logistik zu werten. Je nachdem, welche Organisationsform das Unternehmen aufweist, kann die Logistik auf verschiedene Arten zentral oder dezentral eingeordnet werden. Aus der Kombination können sich also vielfältige Möglichkeiten für die Einordnung der Logistik in die Aufbauorganisation ergeben. Neben der zentralen und dezentralen Logistik als Grundformen ist in den letzten Jahren eine Form aufgekommen, die beides kombiniert: Die hybride Logistik.[25]

Die empirischen Ergebnisse der in China durchgeführten Studie zeigen, dass 46 % der Unternehmen eine zentrale, für die Logistik verantwortliche Organisationseinheit besitzen (vgl. Abbildung 3). 26 % der befragten Unternehmen organisieren ihre Logistik dezentral, 24 % der Unternehmen hingegen sind hybrid organisiert.

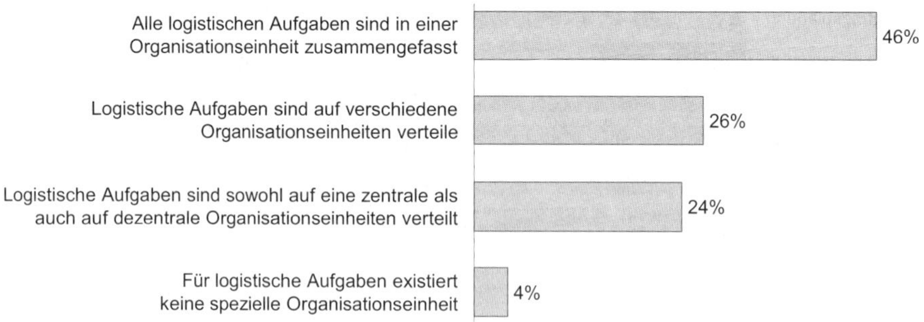

Abbildung 3: Organisation logistischer Aufgaben (n=81)

---

[25] Vgl. Pfohl (2004), S. 315.

Die zentrale Logistik erfährt somit in chinesischen Unternehmen eine große Bedeutung. Empirische Erkenntnisse aus den USA dagegen weisen einen leichten Trend zu hybriden Formen der Logistik auf. Eine jährlich durchgeführte Studie der Ohio State University zeigt, dass im Jahre 2007 die Mehrheit der amerikanischen Unternehmen eine Kombination von zentraler und dezentraler Gestaltung der Logistikaufbauorganisation implementiert hat. Daneben kommt der zentralen Logistik ebenso eine große Bedeutung zu. Allerdings hat diese in den letzten Jahren abgenommen: Während im Jahre 2002 in der Befragung noch 43 % der Unternehmen eine zentrale Logistik angaben, waren es 2007 nur noch ca. 33 %.[26]

Nach Pfohl[27] kann das Problem der organisatorischen Zusammenfassung von Logistikaufgaben nur gemeinsam mit ihrer hierarchischen Einstufung in der Organisationsstruktur gelöst werden. An ihr lässt sich ablesen, welche Bedeutung die Unternehmensleitung der Logistikkonzeption beimisst.

Nach heutigem Verständnis wird die Logistik weitestgehend als eine Funktion angesehen, die als Problem der strategischen Unternehmensführung unternehmensweit geregelt werden sollte. In der praktischen Umsetzung ist dies daran zu erkennen, dass in Unternehmen in Europa und den USA die Gesamtverantwortung für die Logistik dem Top-Management bzw. zum Teil auch einem Mitglied der Geschäftsleitung, übertragen wird. Durch die Verankerung der Logistik in einer solch hohen hierarchischen Position wird sichergestellt, dass logistischen Interessen und Problemstellungen die notwendige Aufmerksamkeit und Handlungsmacht zukommen.

Die Ansiedelung der Logistik auf einer bestimmten hierarchischen Ebene ist allerdings auch eine Entscheidung, die - wie jeder andere Organisationsaspekt - von situativen Faktoren des Unternehmens beeinflusst wird. Dennoch lässt sich, gestützt durch empirische Erkenntnisse, festhalten, dass in westlichen, hoch entwickelten Volkswirtschaften ein Trend dahingehend besteht die Logistik in den oberen hierarchischen Ebenen zu verankern.[28]

Die Untersuchung zur Verankerung der Logistik im Management der chinesischen Unternehmen im Rahmen der Logistikorganisationsstudie hingegen zeigt, dass lediglich die Hälfte der befragten Unternehmen eine leitende Stelle für die Logistik eingerichtet hat (vgl. Abbildung 4).

Logistik wird in chinesischen Unternehmen überwiegend im mittleren Management (87 %) verantwortet. Im Top-Management findet sich die Verantwortung für die Logistik bislang nur selten. Auf der anderen Seite ist Logistik immerhin so bedeutend, dass sie lediglich bei 7 % der befragten Unternehmen ausschließlich auf unteren Führungsebenen im Unternehmen angesiedelt ist.

---

26 Vgl. Ginter/La Londe (2002), S. 6; La Londe/Ginter/Stock (2007), S. 7.
27 Pfohl (2010), S. 246ff.
28 Vgl. Straube/Pfohl (2008), S. 22 für Deutschland und USA sowie ELA/A.T. Kearney (2009), S. 26 für Europa.

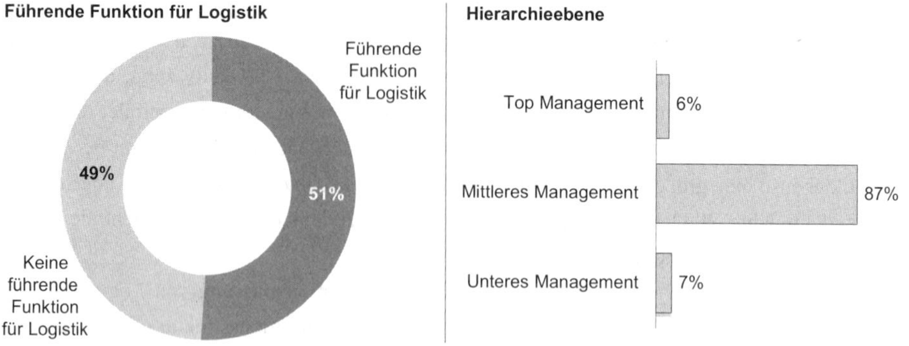

Abbildung 4: Organisatorische Verankerung der Logistik (n=101 | n=71)

3 Interorganisatorischer Aufbau – Outsourcing

Getrieben durch die Erkenntnis, dass die interorganisationale Gestaltung von Logistiksystemen erhebliche Kostensenkungen und Leistungssteigerungen ermöglicht,[29] ist in der logistischen Praxis seit einigen Jahren eine verstärkte Tendenz zur Kooperation und Vernetzung zwischen Unternehmen zu erkennen. Als Funktion mit Netzwerkcharakter hat die Logistik die sich daraus ergebenden Chancen bereits frühzeitig erkannt und die Abstimmung logistischer Aufgaben mit anderen Unternehmen eingeleitet.[30] Dabei können interorganisationale Beziehungen verschiedene Formen aufweisen: Während Geschäftsbeziehungen mit Kunden und Lieferanten durch gleichgerichtete Interessen geprägt sind, können Beziehungen, welche aus dem Wettbewerb entstehen, Konflikte erzeugen. Eine weitere Schnittstelle kann durch den Fall einer Kooperation zwischen Unternehmen oder einer Konzernbildung gegeben sein. Auch die Abstimmung der logistischen Entscheidungen und Abläufe mit Logistikdienstleistern gehört dazu.[31]
Die zunehmende Verflechtung und das gegenseitige Einbeziehen in die Gestaltung und Durchführung logistischer Aufgaben sind auch in der Praxis zu vernehmen. So gaben z. B. über die Hälfte der befragten Unternehmen in einer von der Bundesvereinigung Logistik in Deutschland durchgeführten Studie an, dass sie Prognosen an ihre Lieferanten übermitteln.[32] Die in den letzten Jahren verstärkte Diskussion um den Begriff „Supply Chain Management", also die Optimierung und Abstimmung der Aktivitäten entlang der Wertschöpfungskette, ist ebenso ein Hinweis dafür.[33]
Auch in China ist zu erkennen, dass Unternehmen sowohl ihre Kunden (73 %) als auch ihre Lieferanten (70%) oft bis regelmäßig in die Bewältigung logistischer Fragestellungen miteinbeziehen (vgl. Abbildung 5).

---

[29] Vgl. Heskett (1973), S. 123ff.
[30] Vgl. Elbert/Schönberger/Tschischke (2009), S. 61.
[31] Vgl. Pfohl (2010), S. 282ff.
[32] Vgl. Straube et al. (2005), S. 95.
[33] Vgl. Pfohl (2004), S. 353.

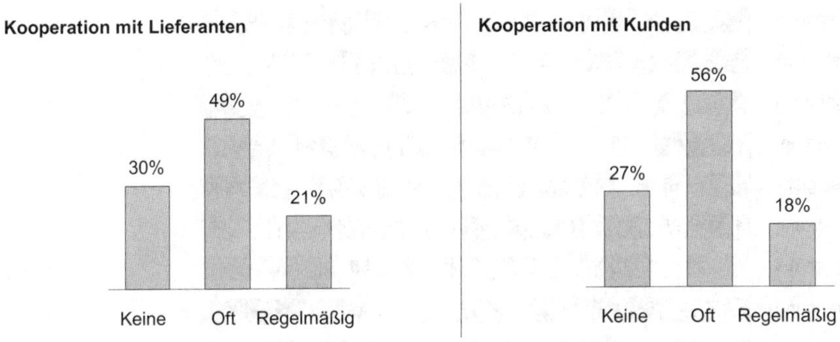

Abbildung 5: Kooperationen mit Kunden und Lieferanten (n=90)

Dies zeigt eindrücklich, dass der Aufbau von unternehmensübergreifenden Netzwerken von der Mehrzahl der Unternehmen als wichtig erachtet wird. Ihm wird in der Zukunft sogar noch mehr Bedeutung zugesprochen. Ein Drittel der Unternehmen strebt in den nächsten fünf Jahren eine verstärkte Kooperation mit Kunden und Lieferanten an. Die Notwendigkeit des Schnittstellenmanagements wird also unter chinesischen Unternehmen erkannt und künftig stärker umgesetzt.

Eine wichtige Rolle nehmen dabei Entscheidungen zum Ausmaß des Outsourcings ein, also der Auslagerung von Leistungen an externe Dienstleister und die damit verbundene Nutzung von unternehmensfremden Ressourcen. Die angesprochene Möglichkeit zur Kostensenkung ergibt sich vor allem durch den Abbau eigener Fixkosten und die Nutzung der Skalenvorteile des externen Dienstleisters, wodurch Stückkosten erheblich gesenkt werden können. Zusätzlich erhöht sich dadurch die Gelegenheit flexibel auf Nachfrageschwankungen zu reagieren. Oft kann der Dienstleister auch spezifische Kompetenzen einbringen, welche in der Form im Unternehmen nicht zu finden sind oder nur mit hohem Aufwand zu beschaffen wären.

Die Auslagerung von Tätigkeiten kann jedoch Risiken mit sich bringen: So kann die Vergabe von Aktivitäten oder Prozessen ein Kontrollverlust über deren Qualität bedeuten. Ferner werden Kontrollmechanismen notwendig und diese sind mit Aufwand verbunden. Es wird ebenso eine Abhängigkeit vom Dienstleister erzeugt, die z. B. auf einer vertraglichen Bindung basiert.[34] Besonders in Unternehmen, bei denen die Logistik nicht zur Kernkompetenz zählt, wird eine Entscheidung häufig zugunsten einer Auslagerung getroffen.[35] Dabei können einzelne Leistungen bis hin zu ganzen Prozessen durch Logistikdienstleister übernommen werden.

Wie Abbildung 6 zeigt, haben chinesische Unternehmen im Gegensatz zu Unternehmen in entwickelten Ländern gerade erst begonnen das Wettbewerbspotential des Outsourcings für sich zu entdecken.

[34] Vgl. Voß (2006), S. 23f.
[35] Vgl. Engelbrecht (2004), S. 27.

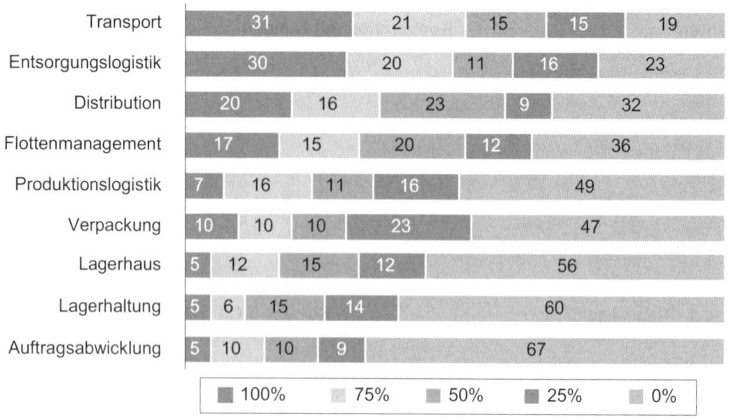

Abbildung 6: Ausgelagerte Tätigkeiten chinesischer Unternehmen (n=81)

Logistische Tätigkeitsbereiche, die dabei am häufigsten ausgelagert werden, sind Transportleistungen und Distribution. Aktivitäten rund um die Lagerhaltung und das Lagerhaus-Management werden am seltensten fremdvergeben. Bei denjenigen, die sich für Outsourcing entschieden haben, ergaben sich unterschiedliche Grade der Auslagerung, wobei nur ein kleiner Anteil die Logistik vollständig ausgelagert hat. Interessant ist dabei vor allem die Tatsache, dass die vorliegende Studie unter chinesischen Unternehmen im Vergleich zu Studien aus den USA und Europa zu ähnlichen Ergebnissen kommt. So zeigen empirische Daten aus einer unter deutschen Unternehmen durchgeführten Studie, dass besonders die Prozesse der Distribution und Beschaffung ausgelagert werden, während produktionsbezogene Prozesse kaum extern vergeben werden.[36]

Je nachdem, welche Dienstleistungsformen dabei in Anspruch genommen werden, kann man zwischen klassischen Dienstleistern, 3rd Party Logistics Providern (3PL) und 4th Party Logistics Providern (4PL) unterscheiden. Während im ersteren Fall Anbieter von Einzeldienstleistungen wie z. B. Spediteure gemeint sind, bieten 3rd Party Logistics Provider komplexe, individuell für einzelne Kunden gestaltete Leistungsbündel an. Die Verträge sind meist mittel- bis langfristig angelegt. 4th Party Logistics Provider stellen eine neuere Form von Logistikdienstleistern dar: Sie koordinieren sämtliche operativ agierenden Logistik-Dienstleister des outsourcenden Unternehmens und stellen somit sicher, dass sich der Kunde mit nur einer einheitlichen Schnittstelle zu befassen hat.[37]

Auch chinesische Unternehmen nutzen bei der Fremdvergabe von logistischen Aufgaben vermehrt die Dienste von speziellen Logistikanbietern (vgl. Abbildung 7).

[36] Vgl. Engelbrecht (2004), S. 240f.
[37] Vgl. Voß (2006), S. 26f.

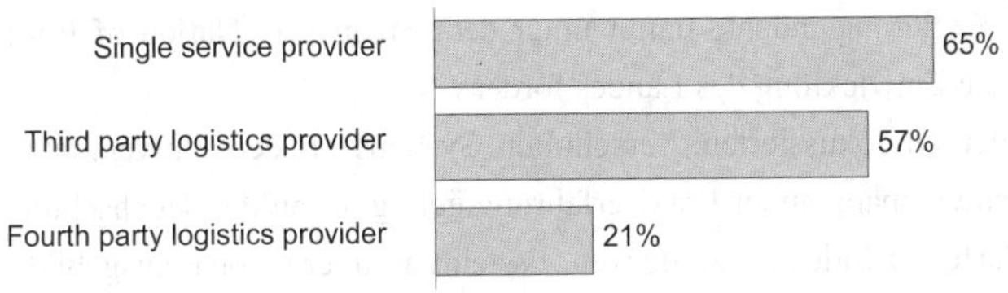

Abbildung 7: Nutzung von Logistikdienstleistern (n=92)

In den meisten Fällen beauftragen sie dabei klassische Einzeldienstleister (65 %). Über die Hälfte der Unternehmen geben jedoch an, auch Leistungen von 3PL-Dienstleistern zu beziehen. Das Logistikoutsourcing spielt unter chinesischen Unternehmen also durchaus eine Rolle. Dies wird auch daran deutlich, dass Logistikdienstleister die von den Unternehmen am häufigsten genannte Informationsquelle bezüglich logistischer Fragestellungen sind. Gemäß einer Studie gewinnen auch in den USA 3PL-Dienstleister immer mehr an Bedeutung. Dabei stellen Transportleistungen, Lagerhaus-Management und Unterstützung bei der Zollabwicklung die am meisten ausgelagerten Tätigkeiten dar.[38] Es besteht also generell ein Trend zur Auslagerung von kompletten Leistungsbündeln.

4 Handlungsfelder – externe Faktoren für Chinas Logistik

Wie in den vorherigen Abschnitten gezeigt, entwickelt sich die Logistik in China weiter, ist aber noch nicht auf einem Niveau, welches mit Industrieländern vergleichbar ist. Für China ergeben sich darum konkrete Handlungsfelder, die die wesentliche Herausforderung für die weitere Entwicklung der Logistik-Organisation darstellen.

4.1 Ausbildung in der Logistik

Das Schulsystem Chinas basiert auf einer flächendeckenden neunjährigen Schulpflicht, was es mit dem europäischen vergleichbar macht.[39] Dank enormer Investitionen durch die chinesische Zentralregierung in besonderen Ausbildungsförderprojekten nimmt die Zahl an High-School-[40] und Universitätsstudenten stetig zu; mittlerweile studieren mehr als 12 Mio. Studenten an Universitäten.[41] Bei den 440.000 Masterabsolventen ist ein eindeutiger Schwerpunkt im Bereich Ingenieur-

38 Vgl. Lieb/Bentz (2005), S.6ff.

39 Vgl. und im Folgenden Dull (2007), S. 346ff.

40 Die High-School entspricht der dreijährigen Oberstufe eines deutschen Gymnasiums und ist nicht verpflichtend.

41 Vgl. und im Folgenden Brandenburg/Zhu (2007), S. 16ff und China Statistics Press (2008). Seit 1995 wurden mehr als 5 Mrd. € investiert, um einen Bildungszugang für die gesamte Bevölkerung zu schaffen, vor allem durch Erhöhung der Kapazitäten und Entwicklung von Schlüsseldisziplinen. Insgesamt werden 39 Elite-Universitäten gefördert, mit dem Ziel, diese auf ein international wettbewerbsfähiges Niveau zu heben.

wesen zu erkennen (19 %), die Regierung möchte damit unter dem Stichwort „Nation of Engineers“ vor allem die technologische Entwicklung des Landes fördern.
Aufgrund eines auf Auswendiglernen fokussierten, verschulten Systems an den Universitäten, fehlender fachlicher Vertiefung sowie mangelnder Praxiserfahrung gelingt es an den Hochschulen bislang allerdings nicht, die Bedarfe der Industrie zu decken. Es fehlt an international ausgebildeten und praktisch erfahrenen Fachkräften, die über ein umfassendes Verständnis für organisatorische Abläufe und strategische Fähigkeiten verfügen. Besonders Master-Absolventen benötigen eine lange Einarbeitungszeit, so dass viele multinationale Unternehmen keine jungen Absolventen mehr einstellen, wodurch die Zahl arbeitsloser Jungakademiker stetig zunimmt.[42] Als Konsequenz aus dieser Bildungsmisere versuchen sich die chinesischen Elite-Hochschulen durch internationale Kooperationen mit anderen Universitäten zu verbessern und international wettbewerbsfähig zu werden. Zudem ist zu beobachten, dass immer mehr chinesische Studenten im Ausland studieren wollen und nach einem abgeschlossenen Studium in ihr Heimatland zurückkehren.[43]
Einen noch größeren Bedarf an qualifizierter Ausbildung gibt es im Bereich der Facharbeiter. Eine duale Berufsausbildung wie in Deutschland, die sich an den Bedürfnissen der Unternehmen orientiert, gibt es in China nicht.[44] „Facharbeiter“ sind häufig nur eingelernte Arbeitskräfte, ein flächendeckendes System zur Aus- und Weiterbildung fehlt. Ein Pionierprojekt in Bereich der Facharbeiterausbildung hat die AHK Shanghai in Kooperation mit mehreren deutschen Automotive-Firmen gestartet. In Taicang[45] werden in einem eigenen Trainingscenter chinesische Schulabsolventen zum Mechatroniker entsprechend des deutschen Systems ausgebildet. Es ist davon auszugehen, dass die vorgestellten Maßnahmen langfristig zum Erfolg führen werden. Bis dahin jedoch stellt der Mangel an qualifiziertem Personal eine der größten Wachstumsrisiken für Chinas Wirtschaft dar.
Diese Situation schlägt sich folgerichtig auch in Chinas Logistiksektor und im Anforderungsprofil an Logistikmanager nieder. Im Rahmen der vorliegenden Studie gibt die Mehrheit der Befragten an, dass ein Fachhochschulabschluss und wenige Jahre Berufserfahrung ausreichen, um erfolgreich in der Logistik tätig zu sein (vgl. Abbildung 8).

---

42 Vgl. Li-hua/Khalil (2006), S. 23 und Jolmes (2009).
43 Vgl. Dull (2007), S. 347f und Tümis/Shen/Mohr (2007), S. 245. Zwischen 1978 und 2002 sind offiziell 580.000 Studenten im Ausland gewesen, von denen 150.000 wieder nach China zurückgekehrt sind. Die inoffiziellen Zahlen an Auslandsstudenten dürften aber weit höher sein, da viele ihr Auslandsstudium privat finanzieren, was in der offiziellen Statistik nicht erfasst wird. Darüber hinaus ist der Trend zur Rückkehr nach einem abgeschlossenen Studium in den vergangenen Jahren stark ansteigend, vgl. Tümis/Shen/Mohr (2007), S. 245.
44 Vgl. Kausch (2007), S. 270.
45 „Automobil-Stadt“ in der Nähe von Shanghai.

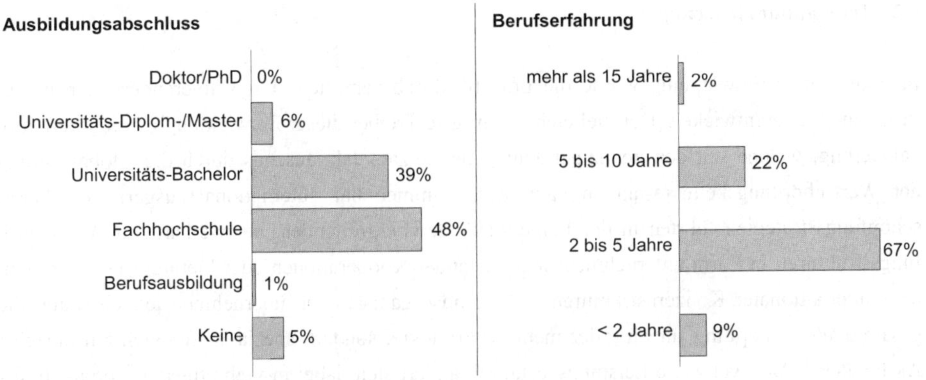

Abbildung 8: Anforderungsprofil an Logistikmanager (n=97 | 99)

Die Kenntnis der englischen Sprache stellt für fast alle Unternehmen die sprachliche Mindestanforderung dar. Nur wenige nennen überhaupt andere Sprachen. Auch die Beschreibung der weiteren bevorzugten Fähigkeiten, wie zum Beispiel der integrativen und analytischen Fähigkeiten, bestätigt den Trend, Logistikmanager in chinesischen Unternehmen mit mehr und mehr Leitungsaufgaben zu betrauen.

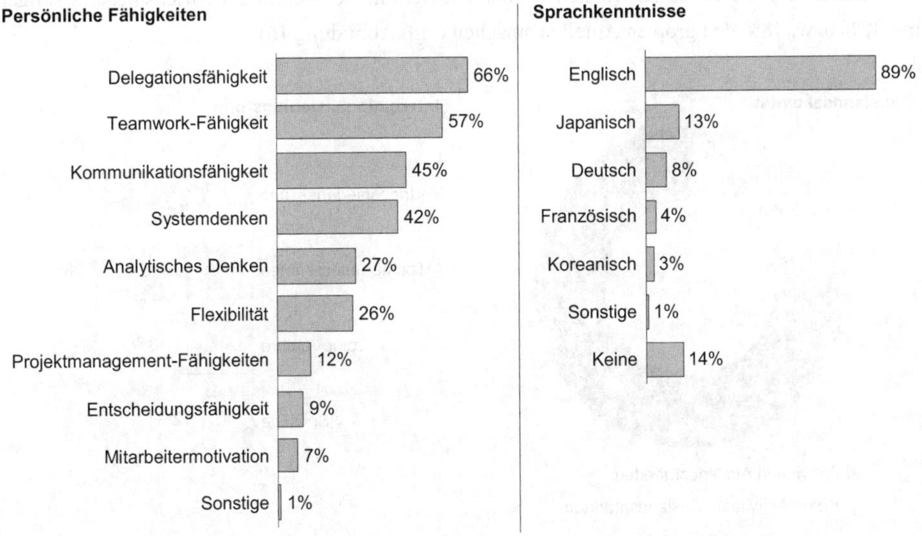

Abbildung 9: Anforderungsprofil an Logistikmanager (n=105 | 99)

4.2 Internationalisierung

Im Laufe ihrer Entwicklung wurde die Logistik durch zahlreiche Umweltveränderungen beeinflusst und weiterentwickelt. Der vielleicht wichtigste Treiber dieser Entwicklung ist die Internationalisierung, welche seit den neunziger Jahren des letzten Jahrtausends durch die Globalisierung der Wertschöpfungskette rasant an Fahrt aufgenommen hat. International ausgerichtete Wertschöpfungsstrategien führten in der Folge zu länderübergreifenden, netzwerkartigen Wertschöpfungsstrukturen in Form unternehmensübergreifender Kooperationen oder hierarchisch ausgerichteter internationaler Konzernstrukturen.[46] Auslandsorganisationen übernehmen jedoch selten die gesamte Wertschöpfung für ein oder mehrere Produkte, sondern spezialisieren sich auf einzelne Aktivitäten.[47] Der weltweite Leistungsaustausch äußert sich dabei in vielfältigen Material-, Informations- und Finanztransaktionen innerhalb des Logistikkanals zwischen international agierenden Unternehmen und ihren Lieferanten und Kunden.
Bei der Differenzierung der chinesischen Handelsbilanz nach Regionen zeigt sich, dass Europa und Nordamerika für China ein sehr beachtliches, positives Handelsbilanzsaldo aufweisen. Dies bedeutet, dass China weitaus mehr nach Europa und Nordamerika exportiert als es aus diesen Ländern importiert. Allerdings exportiert China seine Produkte in immer mehr Länder, sodass Exporte in die USA, nach Europa und Hongkong nur noch die Hälfte aller Exporte in 2005 ausmachten.[48] So geben auch knapp drei Viertel (75%) der befragten chinesischen Unternehmen an Aktivitäten im Ausland zu unterhalten, wobei Tochterunternehmen und Vertriebsniederlassungen mit 38% bzw. 48% den größten Anteil ausmachen (vgl. Abbildung 10).

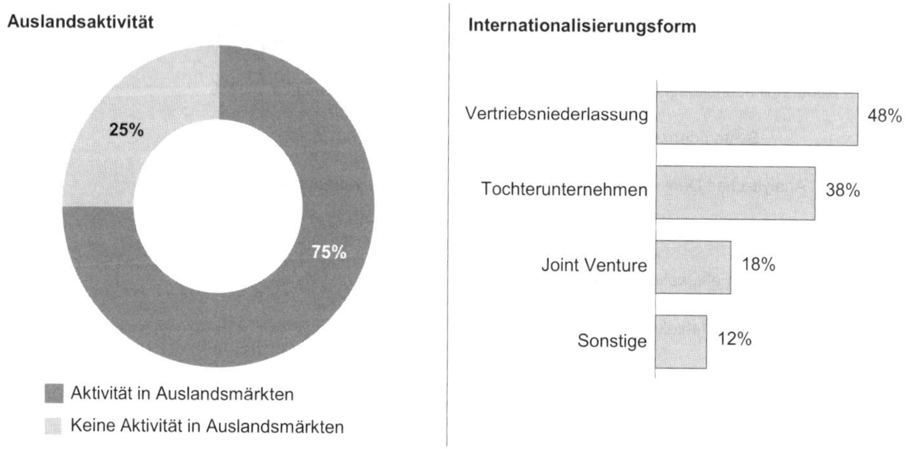

Abbildung 10: Internationalisierungsformen chinesischer Unternehmen mit Auslandsaktivitäten (n=128 | 90)

[46] Vgl. Krüger (2004), S. 11.
[47] Vgl. Wüthrich/Winter (1994), S. 304.
[48] Vgl. Staiger/Friedrick/Schütte S. 49 und Chinese Statistical Yearbook (2007).

Dabei geben mehr als 90 % der antwortenden Unternehmen an, mit Interaktionspartnern im Ausland Geschäftsbeziehungen zu unterhalten. In den meisten Fällen sind dies Kunden in anderen Ländern (71 %, vgl. Abbildung 11).

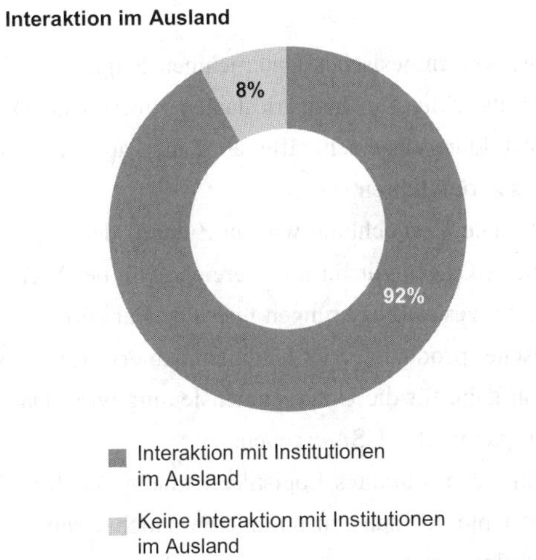

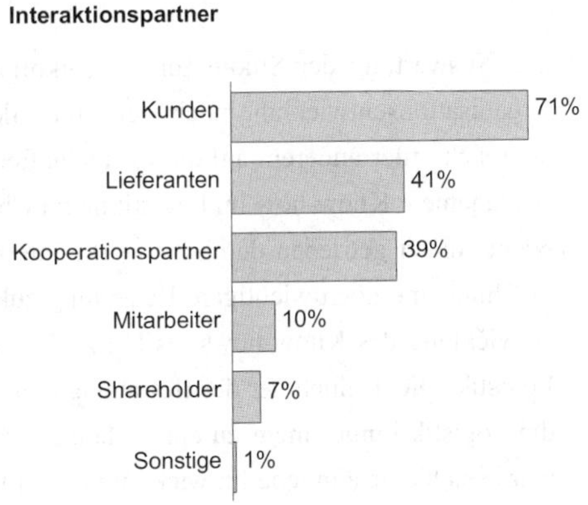

Abbildung 11: Ausländische Interaktionspartner chinesischer Unternehmen (n=135 | 107)

Im Gegensatz zur gesamten Handelsbilanz, haben bei der Betrachtung chinesischer produzierender Unternehmen andere asiatische Länder den größten Anteil an Geschäftsbeziehungen (68 %). Europa mit 41 % und Nordamerika mit 31 % spielen eine geringere Rolle. Abbildung 12 stellt die Verteilung der Auslandsaktivitäten chinesischer produzierender Unternehmen dar.

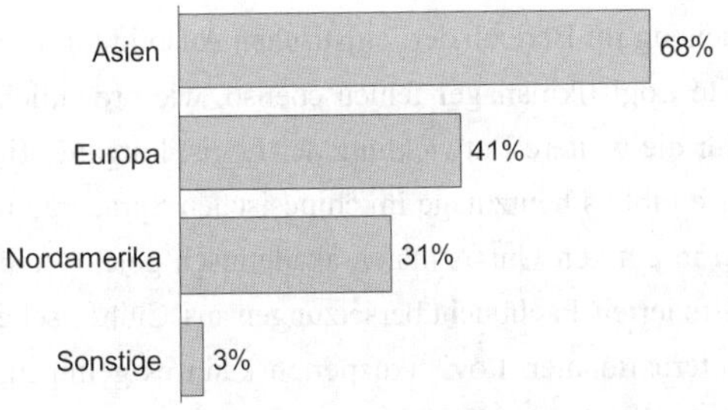

Abbildung 12: Verteilung der Auslandsaktivitäten (n=117)

Zusammenfassend lassen die zahlreichen Auslandsaktivitäten den Rückschluss zu, dass sich China tatsächlich - wie in zahlreichen Medien propagiert - zur „Fabrik der Welt" entwickelt hat: Untersuchungen zeigen, dass ca. 14 % aller weltweit hergestellten Produkte ihren Ursprung in China haben.[49] Es wird offensichtlich, dass eine Optimierung der logistischen Prozesse enorme Potenziale für die weitere Entwicklung der chinesischen Wirtschaft bieten.

5 Fazit und Ausblick

Die Auswertung der Studie zur Logistikorganisation chinesischer Unternehmen zeigt, dass die Organisationsentwicklung noch weit hinter der Entwicklung in Industriestaaten zurückliegt. Dies lässt sich unter anderem auf die mangelhafte Ausbildung der Fachkräfte, aber auch auf fehlendes Management Know-how im Logistikmarkt Chinas zurückführen.

Nicht zuletzt getrieben durch die starke internationale Verflechtung wird in Zukunft der Logistik in China eine noch wichtigere Bedeutung zukommen. Dies gilt für alle Bereiche von der Weiterentwicklung des Know-hows bis hin zu IT- und Prozessverbesserungen über alle Funktionen der Logistik. Die Teilnehmer der Befragung chinesischer produzierender Unternehmen erwarten, dass die Logistik immer mehr zu einer Managementaufgabe für die Unternehmensleitung wird. Damit würde sich eine ähnliche Entwicklung wie in Europa und den USA ergeben.

Die Auswertung der Befragung zeigt, dass allein ein bestimmtes Logistikverständnis noch nicht ausreicht, um logistische Prozesse innerhalb des Unternehmens zu optimieren. Auch wenn zwei Drittel der chinesischen Unternehmen in der intralogistischen Betrachtung angeben, bereits eine Organisationseinheit Logistik zu haben, ist die Verantwortlichkeit oftmals noch nicht klar geregelt, was dazu führt, dass die Prozesse nicht optimal aufeinander abgestimmt sind.

Die Durchführung der zwischenbetrieblichen Logistik unter aktiver Einbindung von Lieferanten und Kunden ist zumindest schon bei der Hälfte der befragten Unternehmen ausgeprägt. Outsourcing Potentiale logistischer Dienstleistungen bleiben bislang allerdings weitgehend ungenutzt. Hier zeigt sich aber ein Trend hin zur Auslagerung an 3PL-Anbieter, um ein ganzheitliches Angebot nutzen zu können.

Große Defizite konnten im Rahmen der Untersuchung im Bereich der logistischen Ausbildung von Fachkräften festgestellt werden. Gut ausgebildete Logistikmanager fehlen ebenso, wie ordentlich qualifizierte Facharbeiter. Ein großes Problem für die weitere Entwicklung der Logistikorganisation ist die sprachliche Barriere. Viele Fachbegriffe gibt es heutzutage im chinesischen Sprachraum noch nicht, da Logistik erst seit wenigen Jahren in einigen Universitäten akademisch gelehrt und erforscht wird. Aus diesem Grund kommt qualifizierten Fachbuchübersetzungen ins Chinesische eine wichtige Bedeutung zu.[50] Mit Hilfe von internationalen Logistikexperten kann es gelingen, Fachwissen für den chinesischen Sprachraum zugänglich zu machen.

China, als Werkstatt der Welt, ist mittlerweile zur drittgrößten Wirtschaftsnation aufgestiegen und wird sich künftig als günstiger Produktionsstandort gegen andere aufstrebende Entwicklungsländer verteidigen müssen. Darüber hinaus wird der Drang chinesischer Firmen in neue Märkte vorzu-

---

[49] Vgl. Kamp (2008), S. 41.

[50] Das Buch „Logistiksysteme“ (7. Aufl.) von Prof. Pfohl ist im Jahr 2009 als vollständige Übersetzung in China erschienen. Weitere Übersetzungen von Logistikliteratur aus dem deutsch- und englischsprachigen Raum sind bereits verfügbar oder werden aktuell vorbereitet.

dringen, die Logistik zusätzlich fordern. Umso entscheidender wird es sein, ob die Logistikorganisationen künftig internationalen Standards genügen kann. Dies unterstreicht die Bedeutung, die die Unternehmen künftig der Logistik beimessen werden müssen. Entsprechend planen mehr als die Hälfte der befragten Unternehmen, die bislang noch keine eigene Logistikabteilung haben, ein unternehmensweites Konzept zur Logistik zu implementieren.

Aufbauend auf einer sehr guten Infrastruktur in Chinas entwickelten Regionen und des Know-how Transfers aus Industriestaaten bieten sich für chinesische Unternehmen optimale Bedingungen zur weiteren Entwicklung ihrer Logistikorganisation. Es bleibt abzuwarten, ob es China gelingt, diese Potentiale zu nutzen und erfolgreich gegenüber Industriestaaten aufzuschließen.

Literaturverzeichnis

Bode, A. (2009): Wettbewerbsvorteile durch internationale Wertschöpfung – Eine Untersuchung deutscher Unternehmen in China, Wiesbaden 2009.

Brandenburg, U./Zhu, J. (2007): Higher education in China in the light of massification and demographic change. Gütersloh 2007.

China Statistics Press (2008): China Statistical Yearbook 2007. Beijing 2008.

China Statistics Press (2009): China Statistical Yearbook 2008. Beijing 2009.

Dull, D. (2007): The Social System. In: Berndt, R. (Hrsg.): Internationale Wettbewerbsstrategien. Berlin u.a. 2007, S. 341-360.

ELA/A.T. Kearney (2009): Supply-Chain-Excellence in der globalen Wirtschaftskrise. 6. Europäische A.T.Kearney/ELA-Logistik-Studie 2008/2009. Brüssel 2009.

Elbert, R./Schönberger, R./Tschischke, T. (2009): Wettbewerbsvorteile durch Logistik-Cluster. In: Wolf-Kluthausen, H. (Hrsg.): Jahrbuch Logistik 2009. Korschenbroich 2009, S. 61-67.

Engelbrecht, C. (2004): Logistikoptimierung durch Outsourcing. Erfolgswirkung und Erfolgsfaktoren. Schriften des Kühne-Zentrums für Logistikmanagement, Bd. 5. Wiesbaden 2004.

Ginter, J. L./La Londe, B. J. (2002): Career Patterns in Logistics: Profile 2002. Oak Brook 2002.

Heskett, J. L. (1973): Sweeping Changes in Distribution. In: HBR 41(1973)2, S. 123-132.

Jolmes, J. (2009): Elite in der Krise. In: Die Zeit am 02.02.2009. URL: http://www.zeit.de/online/2009/06/china-krise-absolventen. Abruf am: 01.03.2009.

Kamp, M. (2008): Betrieb schließen. In: Wirtschaftswoche (2008)31, S. 38-42.

Kausch, U. (2007): China-Pioniere. Frankfurt am Main 2007.

Krüger, R. (2004): Das Just-in-Time-Konzept für globale Logistikprozesse. Wiesbaden 2004.

La Londe, B. J./Ginter, J. L./Stock, J. R. (2007): The Ohio State University 2007 Survey of Career Patterns in Logistics. Oak Brook 2007.

Lieb, R./Bentz, B. A. (2005): The Use of Third-Party Logistics Services by Large American Manufacturers: The 2004 Survey. In: Transportation Journal 44(2005)2, S. 5-15.

Li-hua, R./Khalil, T. M. (2006): Technology management in China: a global perspective and challenging issues. In: Journal of Technology Management 1(2006)1, S. 9-26.

Loyd's MIU (2008): Containerisation International - Yearbook 2008. London 2008.

Ma, X. J. (2007): Personalführung in China. Motivationsinstrumente und Anreize. Göttingen 2007.

O.V. (2008): Weniger Geld im Portemonnaie. In: Süddeutsche Zeitung vom 28.11.2008. http://www.sueddeutsche.de/wirtschaft/496/449226/text/, letzter Zugriff am 01.09.2009.

O.V. (2009): Chinas Logistik erholt sich. In: China Observer vom 14.11.2009. http://www.china-observer.de/index.php?entry=entry091115-140002, letzter Zugriff am 14.11.2009.

Pfohl, H.-Chr. (2004): Logistikmanagement. Konzeptionen und Funktionen. 2., überarb. und erw. Aufl., Berlin u.a. 2004.

Pfohl, H.-Chr. (2010): Logistiksysteme. 8. neu bearb. u. akt. Auflage. Berlin 2010.

Pfohl, H.-Chr. / Large, R. (1998): Eingliederung der Logistik in die Aufbauorganisation von Unternehmen. In: Isermann, H. (Hrsg.): Logistik: Gestaltung von Logistiksystemen. 2. überarb. und erw. Aufl., Landsberg a.L. 1998, S. 91-105.

Staiger, B./Friedrich, S./Schütte, H.-W. (2008): Das große China-Lexikon. Hamburg 2008.

Straube, F. et al. (2005): Trends und Strategien in der Logistik. Ein Blick auf die Agenda des Logistik-Managements 2010. Hamburg 2005.

Straube, F./Pfohl, H.-Chr. (2008): Globale Netzwerke im Wandel. Umwelt, Sicherheit, Internationalisierung, Menschen. Bremen 2008.

Tümis, S./Shen, B./Mohr, D. (2007): Engineering Business in China. In: Hofer, M. B./Ebel, B. (Hrsg.): Business Success in China. Berlin, Heidelberg 2007, S. 243-254.

Voß, H. (2006): ForLog-Studie: Logistik-Outsourcing in der Automobilindustrie – Eine Untersuchung zur Flexibilität. Nürnberg 2006.

World Bank (2009): World Development Indicators database, "country China". http://web.worldbank.org/WBSITE/EXTERNAL/DATASTATISTICS/0,,contentMDK:20535285~menuPK:1192694~pagePK:64133150~piPK:64133175~theSitePK:239419,00.html, letzter Zugriff am 28.10.2009.

World Trade Organization (2008): International Trade Statistics 2008. Genf 2008.

Wüthrich, H. A./Winter, W. B. (1994): Die Wettbewerbskraft globaler Unternehmen. In: Die Unternehmung, 48(1994)5, S. 303-322.

Xinhuanet (2009): „Titel" http://news.xinhuanet.com/fortune//2008-11/05/content_10308293.htm, letzter Zugriff am 16.09.2009.

Yang, G./Bode, A./Köhler, H./Sasa, S. (2010): Logistics Organization in China. Shanghai 2010.

Yusuf, S./Nabeshima, K./Perkins, D. H. (2007): China and India Reshape Global Industrial Geography. In: Winters, L. A. (Hrsg.): Dancing with giants - China, India, and the global economy. Washington, DC [u.a.] 2007, S. 35-66.

Zinzius, B. (2006): China Business. 2., vollständig überarbeitete und erweiterte Aufl. Berlin, Heidelberg 2006.

Robert Schönberger* / Tilo Bobel**

Kontraktlogistik zwischen globalen und regionalen Supply Chains – Der Logistikdienstleister als geostrategischer Intermediär

---

* Dipl.-Wirtsch.-Ing. Robert Schönberger hat in Darmstadt, Buenos Aires und Atlanta studiert. Er war zunächst als externer Doktorand von Prof. Dr. Dr. h.c. Hans-Christian Pfohl bei der Bundesvereinigung Logistik (BVL) e.V. in Bremen im Rahmen der Kongressentwicklung u. a. für den Deutschen Logistik-Kongress und Auslandsveranstaltungen in Bratislava, Moskau und Shanghai verantwortlich. Seit 2007 ist Schönberger Wissenschaftlicher Mitarbeiter am Fachgebiet Cluster & Wertschöpfungsmanagement an der Technischen Universität Darmstadt.

** Dr. Tilo Bobel war nach Beendigung seines Studiums der BWL im Rahmen der Kongressentwicklung bei der Bundesvereinigung Logistik (BVL) in Bremen für den Deutschen Logistik-Kongress in Berlin verantwortlich. Berufsbegleitend absolvierte er als externer Doktorand bei Prof. Peter Klaus, D.B.A./Boston Univ. an der Universität Erlangen-Nürnberg erfolgreich seine Promotion mit summa cum laude. Derzeit verantwortet er den Bereich Corporate Development bei dem mittelständischen Kontraktlogistiker LOXXESS AG in Tegernsee. Zudem ist er Lehrbeauftragter für Kontraktlogistik an der Hochschule München und Mitglied im Förderbeirat der BVL.

1 Globale vs. regionale Supply Chains und die Implikationen für die Kontraktlogistik

Die weltweiten Logistikwachstumsraten kannten in den letzten 20 Jahren nur eine Richtung: Steil nach oben. Die voranschreitende und an Geschwindigkeit stets zunehmende Globalisierung führte zu einer weltweiten Vernetzung unterschiedlichster Akteure und Kulturen, zu einer Dislozierung von Beschaffungs- und Absatzmärkten und letzten Endes zu einer Öffnung und Liberalisierung von vorher restriktiv abgeschotteten Märkten. Doch die aktuellen Entwicklungen der Weltwirtschaft zeigen, dass das Vertrauen in das System der offenen, liberalisierten und immer globaler werdenden Märkte angeschlagen ist und dass das Modell der weltweiten Arbeitsteilung überdacht werden muss. Einkaufs- und Logistik-Konzepte – vom Global Sourcing, über JIT und JIS bis hin zur Frage, ob Nordseekrabben in Marokko gepuhlt werden sollten – müssen vor dem Hintergrund der sich abzeichnenden Klimaveränderung überdacht und angepasst werden. Für alle beteiligten Unternehmen in der Supply Chain stellt sich daher die zentrale Frage: *Ist die Wertschöpfungskette der Zukunft vor den aktuellen Entwicklungen global oder regional auszurichten?*

Doch was verbirgt sich jeweils hinter einem globalen und regionalen Supply Chain Management? Wann ist aus logistischer Sichtweise eine regionale, wann eine globale Ausrichtung der Supply Chain vorteilhaft? Und schließlich: Bestehen Möglichkeiten einer Strategie ‚zwischen den Extremen', und wie können diese umgesetzt werden?

Im vorliegenden Beitrag soll pragmatisch ein Blick auf die Begrifflichkeiten Globalisierung und den Gegentrend Regionalisierung geworfen werden. Die Regionalisierung ist in letzter Zeit immer wieder als Geschäftsmodell diskutiert worden, um Infrastrukturengpässen an Hubs und Gateways zu entgehen, lange Transportdistanzen und hohe Transportkosten zu meiden sowie die Flexibilität und Reaktionsfähigkeit zu steigern.[1] In diesem Beitrag werden Wege zu einer Definition für die Begriffe globale und regionale Supply Chain aufgezeigt sowie Denkanstöße, wann es sich als vorteilhaft erweist, die eigene Supply Chain regional oder global auszurichten, gegeben.

Schließlich wird die These aufgestellt, dass wenn die Rolle des Logistikdienstleisters, speziell des Kontraktlogistikdienstleisters, weiter an Bedeutung in der Supply Chain zunimmt, dieser zukünftig als geostrategischer Intermediär zwischen den beiden Extremen der Globalisierung und Regionalisierung vermitteln kann. Zwei Szenarien werden dabei derzeit intensiv diskutiert:

Aufgrund von Skaleneffekten, weltweiten (Lohn-)Kosten-Arbitragen und dem Wunsch der Nähe zu den direkten Rohstoffquellen, werden die Wertschöpfungsströme von Beschaffung und Produktion weiterhin global bleiben, die Entfernungen weiter wachsen und damit immer neue Beschaffungs- und Absatzmärkte erschlossen. Die Logistik muss sich weiterhin auf eine zunehmende Globalisierung einstellen.[2]

Auf der anderen Seite muss eine Internalisierung von bislang externen Umweltkosten in Betracht gezogen werden, können steigende Transport- und Logistikkosten zu geringeren Vorteilen einer Standortverlagerung ins Ausland führen, ist von zunehmendem, regionalen Protektionismus in

1 Vgl. Elbert/Schönberger (2008), S. 54.
2 Vgl. u.a. Arvis et al. (2010); Hartmann et al. (2007); von der Gracht et al. (2008), S. 22.

Form von Zöllen und Subventionen auszugehen und schließlich wachsen die Anforderungen an Tempo und Reaktionsgeschwindigkeit der Lieferketten. Vor diesem Hintergrund muss sich die Logistik darauf einstellen, dass die physischen Lieferketten wieder verkürzt werden, Unternehmensstrategien wie beispielsweise „make where you sell" an Bedeutung gewinnen und eine lokale Beschaffung dominieren werden – Logistik wird durch eine zunehmende Regionalisierung deutlich beeinflusst.[3]

Welche Auswirkungen haben diese Szenarien jeweils auf die Strategien von Kontraktlogistikdienstleistern, wird ihnen doch eine wachsende Bedeutung in der Supply Chain zugesprochen? Bevor diese Frage diskutiert werden kann, ist es zunächst erforderlich, sich den Begriffen des globalen und regionalen Supply Chain Managements sowie der Kontraktlogistik zu widmen.

2 Supply Chain Management im Zeichen von Globalisierung & Regionalisierung

Bei der Betrachtung von regionalen und globalen Supply Chains ist es erforderlich, auf die Ursprünge der einzelnen Aspekte *regional*, *global* und auch *Supply Chain* zurückzublicken und deren Entstehung und Bedeutung herzuleiten. Um ein gemeinsames Begriffsverständnis zu schaffen, sollen daher im Folgenden Arbeitsdefinitionen für die beiden Termini Globalisierung und Regionalisierung erarbeitet werden. Dabei werden die grundlegenden Begriffe zur Bestimmung von globalen und regionalen Supply Chains aus Sicht der Sozialwissenschaften untersucht. Darüber hinaus werden zur systematischen Einordnung die Begriffe Logistik und Supply Chain Management voneinander abgegrenzt.

2.1 Globalisierung – eine Begriffsbestimmung

Der Begriff der Globalisierung wird seit den neunziger Jahren intensiv diskutiert, dennoch hat sich bis heute noch keine einheitliche Definition etabliert. Vielmehr haben sich viele, kontroverse Meinungen manifestiert.[4] Dass es der Begriff Globalisierung in der Alltagssprache zu besonderer Popularität geschafft hat und zu den wahrscheinlich meistzitierten Schlagwörtern gehört,[5] ist nach *Dürrschmidt* darauf zurückzuführen, dass der Begriff den ‚Assoziationen des Alltäglichen wie des abstrakten Denkens gleichermaßen zugänglich ist'.[6]

Dabei ist es sinnvoll, den Begriff der *Globalisierung* von denen des *Globalismus* und der *Globalität* abzugrenzen. Unter dem Begriff Globalismus wird eine unkritische Grundhaltung verstanden, aufgrund derer der Weltmarkt politisches und nationalstaatliches Handeln verdrängen oder erset-

---

3 Siehe zur Internalisierung externer Umweltkosten und die Folgen für eine „Green Contract Logistics" insbes. Bendul/Bobel (2009), S. 32.; siehe zum „Regionalisierungs-Trend" auch die Diskussion in: O.V. (2009), S. 6 f.

4 Vgl. Kellner (2002), S. 285.

5 Vgl. Scherer (2003), S. 59.

6 Dürrschmidt (2002), S. 5.

zen soll.[7] Die Globalität bezeichnet wiederum einen empirischen Zustand, in dem zwischen den sozialen Akteuren in einer Welt keine isolierten Räume mehr bestehen. Kennzeichen der Globalität ist damit die Auflösung räumlicher Grenzen und eine Trennung von Raum und Zeit.[8]
Die Globalisierung bezeichnet im Gegensatz zur Globalität keinen empirischen Zustand, sondern einen empirischen Prozess, der von einer Entwicklung hin zur Globalität führt.[9] Besonders in den Sozialwissenschaften bildet die Globalisierung ein vielseitig beleuchtetes Thema, weshalb in dieser Wissenschaft die Ansatzpunkte für die Begriffsbestimmung gesucht werden sollen.[10]
Nach *Held* ist die Globalisierung als ein Prozess zu verstehen, der die Transformation in der räumlichen Organisation sozialer Beziehungen und Transaktionen verkörpert und transkontinentale oder interregionale Flüsse und Netzwerke von Aktivitäten, Interaktionen sowie die Ausübung von Macht zur Folge hat.[11] Andere Autoren wie *Giddens* bezeichnen die Globalisierung sogar als eine Entkopplung oder Distanzierung von Raum und Zeit, während *Harvey* und *Mittelman* der Meinung sind, dass die Globalisierung eine Kompression von Raum und Zeit mit sich bringt.[12] *Castells* dagegen bezeichnet die Globalisierung bzw. die globale Wirtschaft als eine Wirtschaft mit der Fähigkeit, als eine Einheit in Echtzeit zu arbeiten.[13]
Der Soziologe *Robertson*, der als Gründungsvater des soziologischen Globalisierungsdiskurses angesehen wird,[14] nennt die Globalisierung ein Konzept, das für eine Komprimierung der Welt und eine Intensivierung der Bewusstheit der Welt als Ganzes sorgt.[15] *Albrow* bezeichnet verkürzt die Globalisierung als eine Diffusion von Praktiken, Werten und Technologien, die einen Einfluss auf das Leben der Menschen weltweit hat.[16]
Die letzten beiden Definitionen kombiniert *Guillén* und definiert die Globalisierung selbst als einen Prozess, der zu einer größeren Unabhängigkeit und einer gegenseitigen Bewusstheit entlang der wirtschaftlichen, politischen und sozialen Einheit der Welt sowie zwischen den Akteuren im Allgemeinen führt.[17] *Brady/Seeleib-Kaiser/Jackson* nehmen dagegen eine eher ökonomische Perspektive ein und sehen die Globalisierung als die Intensivierung des internationalen wirtschaftlichen Austausches und als Kennzeichen für die heutige, internationale wirtschaftliche Integration.[18]
Die betriebswirtschaftliche Interpretation des Globalisierungsbegriffes fällt gegenüber den zuvor dargestellten, sozialwissenschaftlichen Definitionen anders aus. So ist nach *Hauschildt* die Globalisierung als strategische Handlungsoption eines Unternehmens zu sehen, Präsenz in allen Ländern der Erde anzustreben. Die Globalisierung beruht damit auf der strategischen Entscheidung, kein

---

7 Vgl. Scherer (2003), S. 60.
8 Vgl. Scherer (2003), S. 61.
9 Vgl. Scherer (2003), S. 62.
10 Vgl. Guillén (2001), S. 235.
11 Vgl. Held u. a. (1999), S. 16.
12 Vgl. Guillén (2001), S. 236. Er verweist explizit auf Giddens (1990), S. 64, Giddens (1991), S. 21 sowie auf Harvey (1989) und Mittelman (1996).
13 Vgl. Castells (2000), S. 101.
14 Vgl. Dürrschmidt (2002), S. 13.
15 Vgl. Robertson (1998), S. 8.
16 Vgl. Albrow (1997), S. 43.
17 Vgl. Guillén (2001), S. 236.
18 Vgl. Brady/Seeleib-Kaiser/Beckfield (2005), S. 922.

Land der Erde von der wirtschaftlichen Betätigung des Unternehmens auszuschließen.[19] Mit der Präsenz des Unternehmens in den diversen Ländern sind die ‚Produktpräsenz', die ‚Produktionspräsenz', die ‚Personalpräsenz', die ‚Prozedurpräsenz' sowie die ‚Portefeuillepräsenz' zu verstehen.[20] Während die Produktpräsenz im Wesentlichen eine logistische und absatzpolitische Aufgabe darstellt, erfordert die Produktionspräsenz Direktinvestitionen zum Aufbau eigener Produktionsstätten. Die Wahrnehmung operativer Funktionen im Ausland führt zwangsläufig auch zu einer Personalpräsenz durch eigene Mitarbeiter, welche die Schnittstelle zwischen der Zentrale des Unternehmens und der Außenstelle bilden.[21] Mit der wachsenden Auslandstätigkeit folgt mit der Prozedurpräsenz der Wunsch nach einer einheitlichen Führung mit formalen und verbindlichen Verhaltensregeln. Durch die Nutzung lokaler Finanzierungsmöglichkeiten und Anlageformen entsteht zusätzlich die Portefeuillepräsenz.[22] Die Frage, die *Hauschildt* aufwirft, ob dieses Präsenzmuster einander überlagernd ist und einen typischen Entwicklungspfad der Globalisierung darstellt, kann nicht beantwortet werden. Dass die fünf Präsenzformen jedoch erheblichen Einfluss auf alle Bereiche globalisierender Unternehmen nehmen, ist hingegen nachvollziehbar.

2.2 Von der Region zur Regionalisierung

Im Gegensatz zur Globalisierung erweist sich die Begriffsbestimmung der Regionalisierung als Herausforderung, obwohl dieser Begriff umgangssprachlich ebenso verwendet wird. Bevor der Begriff der Regionalisierung definiert werden kann, muss zunächst auch auf den Begriff der Region, der Bestandteil der Regionalisierung ist, eingegangen werden. Der Begriff Region wird im Alltag, als auch in der wissenschaftlichen Literatur, unterschiedlich verwendet.[23] Mit der Region lässt sich ein durch bestimmte Merkmale gekennzeichnetes Gebiet, das heißt ein Teilgebiet eines räumlichen Bereiches, beschreiben.

Nach *Maier/Tödtling/Trippel* bezeichnet der Begriff der Region grundsätzlich drei verschiedene Arten von räumlichen Gebilden. Zu unterscheiden sind die subnationale, die supranationale und die transnationale Region. Unter der subnationalen Region sind Teilgebiete eines Staates zu sehen, während supranationale Regionen die Zusammenfassung von Staaten widerspiegeln. Die transnationale Region dagegen umfasst Teilgebiete von zwei oder mehr Staaten. Die subnationale Region zeichnet sich darüber hinaus dadurch aus, dass innerhalb dieser Region die gleiche Währung gilt und der Austausch von Wissen einfacher ist.[24]

Nach *Marx* handelt es sich bei einer Region um eine Aggregation von Raumpunkten, die auf einer Ebene zwischen Kommune und dem Staatsgebiet angesiedelt sind.[25] Da die räumlichen Grenzen

---

[19] Vgl. Hauschildt (1993), S. 5.
[20] Vgl. Hauschildt (1993), S. 6.
[21] Vgl. Hauschildt (1993), S. 6.
[22] Vgl. Hauschildt (1993), S. 7.
[23] Vgl. Maier/Tödtling/Trippl (2006), S. 13.
[24] Vgl. Maier/Tödtling/Trippl (2006), S. 13.
[25] Vgl. Marx (2002), S. 21.

einer Region nicht näher definiert sind, bietet er vier verschiedene Ansätze der Konkretisierung an:[26]

1. Strategischer Zugang: Äußere Grenze einer Region bildet eine ökonomische Einheit (Bsp.: Cluster, industrial district) [27].
2. Analytischer Zugang: Zergliederung eines Staates in einzelne Einheiten.
3. Funktionaler Zugang: Definition der Region als Interventionsraum zur Problembearbeitung durch eine Person oder Organisation.
4. Territorialer Zugang: Wirtschaftsraum, Kulturraum oder Lebensraum bildet eine Region.

Gekennzeichnet sind Regionen nach *Heidenreich,* zudem durch die räumliche Konzentration vernetzter Unternehmen, welche durch die jeweilige institutionelle Struktur der Region stabilisiert werden.[28] Im Rahmen dieses Beitrages soll der Begriff Region mithilfe des territorialen Zugangs definiert werden. Unter der Region ist deshalb im Sinne einer Arbeitsdefinition der Wirtschaftsraum skizziert, der allgemein durch die Grenzen eines Kreises, (Bundes-)Landes oder Staates beschränkt ist und zudem Teile von angrenzenden Nachbarländern mit umfassen kann. Unter *Regionalisierung* soll in diesem Zusammenhang dann die Verlagerung von Aktivitäten in eine Region verstanden werden.

2.3 Abgrenzung des Supply Chain Managements und der Logistik

Der Begriff des Supply Chain Managements (SCM) erschien in der Literatur das erste Mal im Jahr 1982 mit der Veröffentlichung von *Oliver/Webber.*[29] Die Spuren des SCM mit Schlagwörtern wie dem interorganisationalen Steuern von Arbeiten, der Systemintegration und dem Austauschen von Informationen und Beständen reichen jedoch bis in die 60er Jahre zurück.[30] Der Ursprungsgedanke des SCM war die Reduzierung der Lagerbestände innerhalb von Unternehmen und über mehrere Unternehmen hinweg.[31] Nach *Bowersox/Closs* ist das Motiv für die Formation zu einer Supply Chain die Erhöhung der Wettbewerbsfähigkeit eines Absatzkanals.[32] *Cooper/Ellram* sehen die Motive für die Supply Chain in mehreren Gründen: 1. in der Reduzierung der Bestandsinvestitionen, 2. in der Erhöhung des Customer-Services und 3. in der Verbesserung der Wettbewerbsfähigkeit des Absatzkanals.[33]

Trotz verschiedener Interpretationen und Verständnisse des SCM-Begriffes und dem des Logistikmanagements, wurde der Begriff des Logistikmanagements in der Vergangenheit oft als Syno-

---

26 Vgl. Marx (2002), S. 22.

27 Häufig werden industrial districts (vgl. Markusen (1996) und Marshall (1920)), industry cluster (vgl. Cortright (2005), S. 8), Innovative Milieus (vgl. Franz (1999), S. 112ff.), hot spots (vgl. Pouder/St. John (1996), S. 1194), sticky places, regional innovation networks und hub-and-spoke-districts (vgl. Markusen (1996), S. 296f.) synonym verwendet.

28 Vgl. Heidenreich (1997), S. 504.

29 Vgl. Oliver/Webber (1992), Nachdruck ihrer Veröffentlichung aus dem Jahre 1982 in Christopher (1992), S. 63-75.

30 Vgl. Cooper/Lambert/Pagh (1997), S. 2.

31 Vgl. Cooper/Lambert/Pagh (1997), S. 1, sowie Cooper/Ellram (1993), S. 14.

32 Vgl. Bowersox/Closs (1996), S. 101.

33 Vgl. Cooper/Ellram (1993), S. 14.

nym für das SCM verwendet.[34] Es erscheint deswegen erforderlich, das Supply Chain Management zunächst vom Logistikmanagement abzugrenzen. Einen geeigneten Vergleich zwischen dem SCM und dem Logistikmanagement liefern folgende Definitionen des Council of Supply Chain Management Professionals und *Pfohl*:[35]

Supply Chain Management	***Logistikmanagement***
SCM umfasst alle Planungs- und Managementaktivitäten, die an der Beschaffung, der Umformung/Wandlung und allen logistischen Managementaktivitäten beteiligt sind. Es beinhaltet ebenso die Koordination und Zusammenarbeit mit Channel-Partnern, wie bspw. Zulieferern, Zwischenhändlern, dritten Service-Provider oder Kunden. SCM integriert im Wesentlichen das Angebots- und Nachfragemanagement innerhalb und über mehrere Unternehmen hinweg.	Logistikmanagement ist der Teil des SCM, der den effizienten und effektiven vorwärts- und rückwärtsgerichteten Fluss von Gütern, Services und damit verbundenen Informationen vom Anfangspunkt bis zum Punkt der Konsumierung, mit dem Ziel, die Kundenanforderungen zu erfüllen, plant, implementiert und kontrolliert. Logistikmanagement definiert die Gesamtheit der Managementaktivitäten, die sowohl zur Realisation einzelner Logistikprozesse als auch zur Realisation eines umfassenden, ggf. mehrere Unternehmen überspannenden Gesamtprozesses der Logistik erforderlich ist.

Tabelle 1: Supply Chain Management vs. Logistikmanagement

Anhand der Definitionen ist zu erkennen, dass das SCM weiter geht als das Logistikmanagement und Letzteres ein Teil des SCM darstellt. Logistik ist nach dieser amerikanischen Sichtweise der Teil des Supply Chain Prozesses, der den effizienten Fluss und Bestand von Gütern und Services von Anfang bis Ende der Supply Chain plant, implementiert und kontrolliert, um die Anforderungen der Abnehmer zu befriedigen.[36]

Larson/Halldorsson untersuchten den Unterschied zwischen SCM und Logistik noch etwas präziser und stellten fest, dass verschiedene Perspektiven in der Abgrenzung zwischen den beiden Disziplinen vorherrschen (vgl. Abbildung 1).[37]

In der ‚traditionellen Sichtweise' ist das SCM ein Teil der Logistik und wird dadurch zu einer Art externer und interorganisationaler Logistik. Das SCM befasst sich mit der Koordination der Logistik mit den Zulieferern und Kunden.[38] Bei dieser Sichtweise neigt die Logistik-Gemeinschaft dazu, SCM als Logistik außerhalb des eigenen Unternehmens zu sehen.[39] Innerhalb der Perspektive der ‚Umbenennung' werden die Begriffe Logistik und SCM synonym verwendet. Es wird somit nicht zwischen den beiden Disziplinen unterschieden.[40] In der ‚vereinigenden Perspektive' wird dann

[34] Vgl. Lambert (2008), S. 1-3.
[35] Vgl. http://cscmp.org/aboutcscmp/definitions.asp (Zugriff am: 21.01.2010) sowie Pfohl (2004), S. 18.
[36] Vgl. Definition des Council of Supply Chain Management Pofessionals verfügbar unter http://cscmp.org/aboutcscmp/definitions.asp (Zugriff am: 21.01.2010)
[37] Vgl. Larson/Halldorsson (2004), S. 18.
[38] Vgl. Gomm (2008), S. 35.
[39] Vgl. Larson/Halldorsson (2004), S. 19.
[40] Vgl. Larson/Halldorsson (2004), S. 19.

die Logistik als ein Teil des SCM betrachtet, wodurch das SCM zu ‚mehr als Logistik' wird. Im Rahmen der ‚überschneidenden Perspektive' geht man davon aus, dass SCM nicht eine Einheit verschiedener funktionaler Teilbereiche wie beispielsweise Logistik, Marketing, Beschaffung usw. ist, sondern vielmehr strategisch integrative Elemente aus allen diesen Bereichen umfasst.[41]

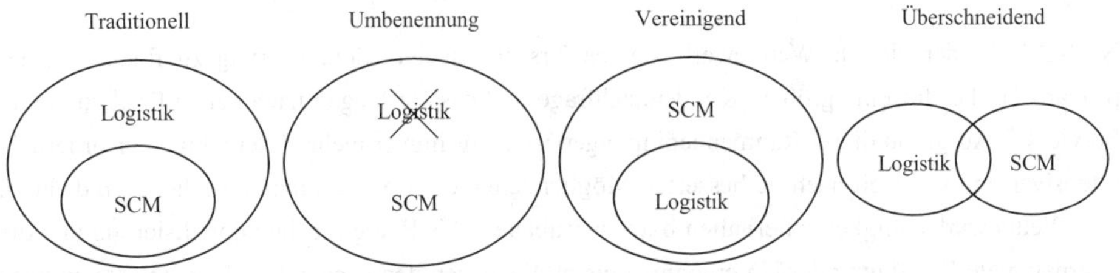

Abbildung 1: Perspektiven SCM vs. Logistik. Quelle: Mit geringfügigen Veränderungen entnommen aus Larson/Halldorsson (2004), S. 19.

Nach *Cooper/Lambert/Pagh* ist SCM die Integration der Geschäftsprozesse über die gesamte Supply Chain hinweg. Sie definieren SCM dabei noch präziser und greifen die Definition des International Center of Competitive Excellence auf: ‚SCM ist die Integration der Geschäftsprozesse von den Zulieferern bis zum Endkunden, die Produkte, Services und Informationen anbieten, die Wert für den Abnehmer schaffen.'[42]

Trotz dieser bereits relativ klaren Definition ist die Bedeutung des SCM-Begriffes nach *Mentzer et al.* in der Forschung und Praxis nicht einheitlich geklärt. SCM wird von diversen Autoren als operationaler Begriff definiert, der sich mit dem Material- und Produktfluss beschäftigt. Von anderen Autoren wird er wiederum als Managementphilosophie oder Managementprozess verstanden.[43] Auf Basis all dieser Aspekte leiten *Mentzer et al.* eine eigene Definition wie folgt ab: ‚SCM ist definiert als die systembezogene und strategische Koordination der traditionellen Geschäftsfunktionen und der Taktiken dieser Geschäftsfunktionen, innerhalb eines speziellen Unternehmens und über die Geschäfte innerhalb der Supply Chain hinweg, mit dem Zweck, die Leistungsfähigkeit individueller Unternehmen und der gesamten Supply Chain langfristig zu erhöhen.'[44]

Im Gegensatz zur Definition des SCM liegt nach *Mentzer et al.* bei der Definition der ‚Supply Chain' eine größere Einigkeit bei den Autoren vor.[45] So definieren *La Londe/Masters* die Supply Chain als eine Anzahl von Unternehmen, die Materialien vorwärts transportieren.[46] *Mentzer et al.* definieren die Supply Chain auf Basis dieser und weiterer Definitionen als eine Menge von drei oder mehreren Organisationen/Unternehmen, die direkt an den Upstream- und Downstream-Flüssen der Produkte, Services, Finanzen und/oder Informationen von der Quelle bis zum Kunden

---

41 Vgl. Larson/Halldorsson (2004), S. 21.
42 Cooper/Lambert/Pagh (1997), S. 2, sowie Lambert (2008), S. 2.
43 Vgl. Mentzer u. a. (2001), S. 2.
44 Vgl. Mentzer u. a. (2001), S. 18.
45 Vgl. Mentzer u. a. (2001), S. 3.
46 Vgl. La Londe/Masters (1994), S. 38.

beteiligt sind.[47] Der Umfang der Supply Chain kann in diesem Zusammenhang nach *Cooper/Lambert/Pagh* durch die Anzahl der involvierten Unternehmen, der Aktivitäten und der Funktionen definiert werden.[48]

2.4 Globales vs. Regionales Supply Chain Management

Nach *Nix* ist der globale Wettbewerb, dessen Ursache in der Globalisierung zu finden ist, der primäre Treiber für eine größere Kundennachfrage und das Verlangen nach neuen Produkten und Services.[49] Aufgrund dieser Rahmenbedingungen ist es für immer mehr Unternehmen erforderlich, intensiver und weltweit nach verbesserten Möglichkeiten der Beschaffung zu suchen, um dadurch ihre Wettbewerbsfähigkeit zu erhalten bzw. auszubauen. Als Beleg für die Globalisierung und die internationale Betätigung der Unternehmen nennt *Nix* neben den steigenden Weltexportraten auch die in den letzten Jahren zunehmenden ausländischen Direktinvestitionen (Foreign Direct Investments (FDI)).[50]

Schary/Skjott-Larsen merken jedoch an, dass das FDI nicht exakt die Ausmaße globaler Supply Chains beschreibt, da die Investitionen aus lokalen oder internationalen Mitteln nicht erfasst werden. Die FDI zeigen lediglich die Transfers von Mitteln von einer Muttergesellschaft zu einem Tochter-Unternehmen, um Infrastruktur zu errichten oder in bereits existierende ausländische Unternehmen zu investieren. Die Autoren sind der Ansicht, dass das eigentliche Ausmaß globaler Supply Chains unterschätzt wird.[51]

Um den Unterschied zwischen einer globalen und regionalen Supply Chain genauer beurteilen zu können, ist zunächst zu klären, welche Unterschiede sich für die Unternehmen in dem jeweiligen Umfeld ergeben. Nach *Schary/Skjott-Larsen* ergibt sich für die globale Supply Chain im Vergleich zur regionalen Supply Chain rein konzeptionell kein wesentlicher Unterschied – in der praktischen Umsetzung sieht dies jedoch anders aus.[52] Die ökonomische Globalisierung umfasst wesentlich mehr als die Ein- bzw. Ausfuhr von Waren, vielmehr handelt es sich um verflochtene Wertschöpfungsprozesse von internationalen Unternehmen bzw. Unternehmensnetzwerken.[53] Diskussionen über den Unterschied der globalen gegenüber der regionalen Betätigung werden vielfach auf die erhöhte ‚Komplexität' und eine verstärkte ‚Unsicherheit' zurückgeführt.[54] Die globalen Netzwerke, in denen diese Unternehmen tätig sind, können in diesem Zusammenhang als eine Verlängerung der inländischen Supply Chain betrachtet werden.[55]

---

47 Vgl. Mentzer u. a. (2001), S. 4.
48 Vgl. Cooper/Lambert/Pagh (1997), S. 2.
49 Vgl. Nix (2001), S. 29.
50 Vgl. Nix (2001), S. 29. Daten zu den Weltexportraten sind verfügbar unter http://www.wto.org/english/res_e/statis_e/its2009_e/its09_world_trade_dev_e.htm (Zugriff am 21.01.2010).
51 Vgl. Schary/Skjott-Larsen (2001), S. 352.
52 Vgl. Schary/Skjott-Larsen (2001), S. 345.
53 Vgl. Müller-Merbach (2002), S. 745.
54 Vgl. Nix (2001), S. 31.
55 Vgl. Schary/Skjott-Larsen (2001), S. 345.

Die erhöhte Komplexität wird besonders durch die Vielzahl der variablen Einflussfaktoren begründet, die es im Rahmen einer unternehmerischen Entscheidung internationaler Unternehmen zu berücksichtigen gilt. Zu diesen Faktoren zählen neben den politischen auch die unterschiedlichen wirtschaftlichen Rahmenbedingungen in den jeweiligen Ländern sowie die kulturellen Unterschiede. Um gemeinsam mit fremden Partnern Ziele zu erreichen, muss die neue Kultur mit ihren arbeitsrelevanten Denk- und Verhaltensweisen im Rahmen des internationalen Managements mitberücksichtigt werden.[56] Besonders schwierig erscheint der Export von im Inland bewährten Führungs- und Managementkonzepten, Methoden der Risikoabschätzung bis hin zu Konzepten des Qualitätsmanagements.[57]

Die globalen Unterschiede drücken sich auch durch die ungleichen behördlichen Regulierungen und Rechte sowie durch die stark unterschiedlich ausgeprägte Infrastruktur aus.[58] Aus Unternehmenssicht ist es bedeutsam die unterschiedlichen Kundenbedürfnisse und Ansprüche zu kennen und zu erfüllen. Für global tätige Unternehmen wird es somit schwieriger, sich in jedem Land durch ein differenziertes Alleinstellungsmerkmal von der Konkurrenz abzugrenzen.[59]

Ein Hindernis der Globalisierung bilden unterschiedlich stark ausgeprägte Infrastruktur, Transportmöglichkeiten und Telekommunikationsmittel in den Zielländern sowie der Einfluss der Geografie in Form von Zeit und Distanz zwischen den Märkten.[60] Unsicherheit ergibt sich dabei vor allem aufgrund der ökonomischen und politischen Instabilität, den Wechselkursschwankungen oder den starken Schwankungen im politischen Klima, der behördlichen Regulierung sowie den lokalen Anforderungen in den Zielländern.[61]

Zusammenfassend lassen sich nach *Schary/Skjott-Larsen* folgende Herausforderungen einer globalen Supply Chain darstellen:[62]

1. Das Erfüllen der spezifischen Marktanforderungen über spezifische Produkte und Services, die zugleich die Kundenanforderungen befriedigen.
2. Die effiziente Beschaffung aufgrund des erhöhten Wettbewerbs.
3. Die simultane Anpassung an sich schnell verändernde Variablen.
4. Die Unveränderlichkeit von Distanzen und Transportzeiten und deren Einfluss auf die dynamische Antwort der Supply Chain als System.

Auch *Ogulin* identifiziert in diesem Zusammenhang vier wesentliche Kategorien von Einflussfaktoren, welche den Unterschied zwischen globalen und regionalen Supply Chains verdeutlichen:[63]

1. politische, rechtliche und regulatorische bzw. behördliche Einflüsse,
2. infrastrukturelle Einflussfaktoren,
3. industrielle Einflussfaktoren sowie

---

56 Vgl. Bittner (2002), S. 763-764.
57 Vgl. Bittner (2002), S. 772.
58 Vgl. Nix (2001), S. 31.
59 Vgl. Schary/Skjott-Larsen (2001), S. 345, sowie Nix (2001), S. 31.
60 Vgl. Schary/Skjott-Larsen (2001), S. 346.
61 Vgl. Nix (2001), S. 31.
62 Vgl. Schary/Skjott-Larsen (2001), S. 345-346.
63 Vgl. Ogulin (2003), S. 526-530.

4. der Einfluss des lokalen Geschäftsklimas auf die Supply Chain.

Ogulin sagt zu Recht: Ob ein Unternehmen in dem heutigen, turbulenten wirtschaftlichen Umfeld überlebt, hängt davon ab, ob es die richtige Position in regionalen und globalen Supply Chains findet.[64] Ein möglicher Ansatz zur Einordnung der eigenen Supply Chain wird in Kapitel 4 vorgestellt.

3 Die Rolle der Kontraktlogistik im Rahmen des Supply Chain Managements

Welche Auswirkungen hat die Entscheidung einer globalen oder regionalen Ausrichtung der Supply Chain auf die Strategien von Kontraktlogistikdienstleistern? Tangiert diese Entscheidung überhaupt den Logistikdienstleister?

Um diese Fragen klären zu können, ist es zunächst erforderlich, ein Kontraktlogistik-Begriffsverständnis herzuleiten, den Markt und die vorhandenen Geschäftsmodelle zu verstehen und zudem die Rolle der Kontraktlogistik im Rahmen des Supply Chain Managements zu diskutieren.

3.1 Kontraktlogistik: Begriffsverständnis, Marktsegmente und Wettbewerbssituation

Um die Rolle der Kontraktlogistik im Rahmen des Supply Chain Managements zu betrachten, ist zunächst ein grundlegendes Verständnis über und eine Definition des Kontraktlogistikbegriffes vorzunehmen. Dabei fällt auf, dass der Kontraktlogistikbegriff weder in der wissenschaftlichen Literatur noch in der populärwissenschaftlichen Diskussion als einheitlich definiert und vollständig beschrieben gilt,[65] wenn auch das allgemeine Verständnis dessen, was der Kontraktlogistik zuzurechnen ist, sich nur wenig unterscheidet.[66] In Anlehnung an die Überschrift des viel zitierten Artikels von *Eccles* stellt sich die Frage nach: „*Kontraktlogistik – What is it?*“[67].

Weber et al. bieten einen Ansatz, an den sich im Folgenden angelehnt werden soll und nach dem die Kontraktlogistik: „[...]*integrierte Leistungsbündel bezeichnet, die verschiedene, in ihrem Umfang wesentliche Logistikleistungen, ergänzbar um Zusatzleistungen, enthalten und kundenspezifisch gestaltet von einem Dienstleister für eine andere Partei wiederholt und über einen längeren Zeitraum auf Vertragsbasis erbracht werden*“[68].

---

64 Vgl. Ogulin (2003), S. 535.

65 Siehe auch die Diskussion in: Bobel (2009), S. 59 ff.

66 Vgl. Weber et al. (2007), S. 37; Einen Überblick über verschiedene Kontraktlogistik-Definitionen gibt bspw. Eisenkopf (2005). Zum Begriff und zur Systematisierung der Kontraktlogistik siehe auch: Klaus/Kille (2008a), S. 281 ff.; Gudehus (1996), S. 14 f.; Giesa/Kopfer (2000), S. 45 f.

67 Zitiert aus Klaus (2002), S. 6 im Sinne von: Eccles (1954).

68 Weber et al. (2007), S. 38.

Um diese Definition praxisgerecht anwenden zu können, wird der Begriff um das Kontraktlogistikverständnis nach *Klaus* ergänzt, demnach können Geschäfte mit diesem Begriff bezeichnet werden, bei denen:[69]

1. Mehrere logistische Funktionen zu einem Leistungspaket erhöhter Komplexität integriert sind,
2. in einer individuell den Bedürfnissen des Verladers angepassten und ausgestalteten Weise,
3. längerfristig vertraglich abgesichert durch einen mindestens einjährigen, meistens mehrjährigen schriftlich fixierten „Kontrakt"-Rahmen zwischen Auftraggeber und dem Dienstleister,
4. bei einem Geschäftsvolumen, das einen erheblichen Mindestjahresumsatz von € 0,5 bis 1 Mio. p.a. überschreitet.

Weniger komplexe Dienstleistungen wie die Abwicklung von Standardleistungen mit hohen Umsatzvolumina, wie z. B. bei Ladungsverkehren oder im KEP-Markt, fallen damit ebenso wenig in den Bereich der Kontraktlogistik wie die Abwicklung von vergleichsweise einfachen Logistikprozessen kleiner Nachfrager mit niedrigen Umsätzen, etwa im Bereich des „Shared Warehousing".[70]
Durch die Suche nach einem langfristigen Wertschöpfungspartner, einem Logistik-Spezialisten, der explizit in die Geschäftsmodelle und Supply Chains eingebunden ist und einen möglichst hohen Anteil der Wertschöpfung an den Produkten und Leistungen übernimmt, versprechen sich viele Unternehmen derzeit wieder verstärkt einen Weg zu unternehmerischem Erfolg.[71]
Und die anerkannten Prognosen für die Kontraktlogistik unterstreichen, dass es sich um einen Wachstumsmarkt mit attraktiven Zukunftsaussichten handelt: im Jahre 2007 kann von einem Logistik-Gesamtmarkt von € 205 Mrd. ausgegangen werden.[72] Davon entfallen rund € 35,2 Mrd. auf die Kontraktlogistik-Geschäfte der Logistik-Dienstleister – also auf „outsourced" Logistikpakete aus Industrie und Handel.[73] Über diese bereits fremdvergebenen Leistungen hinaus werden die (noch) in Eigenleistung der Verlader erbrachten Umsätze für Kontraktlogistik auf knapp € 46 Mrd. geschätzt.[74] Zusammenfassend ist somit von einem theoretischen, maximalen Marktvolumen des Kontraktlogistikmarktes von € 81 Mrd. allein in Deutschland auszugehen, was einem Anteil von rund 40 Prozent am gesamten Logistikmarkt sowie einem bereits realisierten Outsourcing-Anteil von ca. 30 Prozent entspricht.[75] Abbildung 2 zeigt die Aufteilung des gesamten Logistikmarktvolumens auf 15 praxisübliche Teilmärkte auf.
Auch wenn man davon ausgehen muss, dass dieses theoretische Markt-Potential für die Dienstleistungsbranche – aufgrund von Expansionsgrenzen wie beispielsweise nicht zu vergebende Kernkompetenzen oder zu tief in die Organisation eingebettete Steuerungsproblematiken – wohl nie vollständig erschlossen werden kann, ist allgemein mit einem enormen Wachstumspotential zu

[69] Vgl. Klaus/Kille (2008b), S. 115.
[70] Vgl. Krupp/Bobel (2009), S. 158
[71] Vgl. Rudolph (2009), S. 5 f.
[72] Vgl. Klaus/Kille (2008a), S. 69 f.
[73] Vgl. ebd., S. 119.
[74] Vgl. ebd., S. 115 f.
[75] Vgl. Wrobel/Klaus (2009), S. 25.

rechnen.[76] Weltweit werden die Wachstumsraten für die Kontraktlogistik für die kommenden Jahre auf 10 bis 15 Prozent p.a. geschätzt.[77]

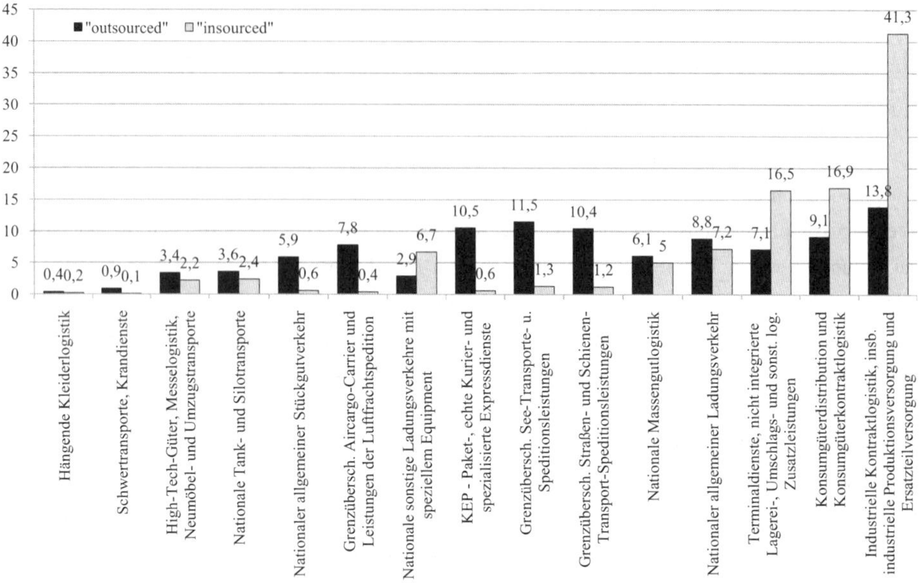

Abbildung 2: Die 15 Teilsegmente des deutschen Logistikmarkts. Quelle: Klaus/Kille (2008a), S. 71.

Nach dieser ersten Definition des Kontraktlogistikverständnisses, ist der Begriff im Folgenden in das Supply Chain Management Verständnis einzuordnen.

3.2 Ein Versuch der Einordnung der Kontraktlogistik ins Supply Chain Management

Wie aufgezeigt wurde, handelt es sich bei Kontraktlogistik-Geschäften um langfristig angelegte Logistik-Kooperationen zwischen Industrie bzw. Handel auf der einen und Logistikdienstleistern auf der anderen Seite. Im Rahmen umfassender Outsourcing-Aktivitäten der Verlader werden umfassende und komplexe logistische (Teil-)Funktionen an Logistikdienstleister vergeben.[78] Ausgehend von der Abwicklung „klassischer" Logistikfunktionen, d. h. Transport- und Lagerdienstleistungen, entstanden spätestens seit den 1990er Jahren solche komplexen Kontraktlogistik-Pakete: Üblicherweise werden dabei der Logistik unmittelbar die elementaren logistischen Leistungen des Transports, Umschlagens und Lagerns (TUL-Logistik[79]), die administrativen Leistun-

---

76 Vgl. Bretzke (2008), S. 340 ff.

77 Vgl. Langenfeld et al. (2006), S. 6 f.; Klaus (2008), S. 348;

78 Vgl. u.a. Bobel (2009), S. 59 f.

79 TUL = Transport, Umschlag, Lagern in Anlehnung an die sogenannten TUL-Technologien aus dem DDR-Sprachgebrauch in der Bauwirtschaft wurde dieser Begriff für die elementaren logistischen Leistungen

gen der Auftragsabwicklung und Disposition sowie schließlich die koordinativen Leistungen der Planung und Steuerung der Supply Chain zugeordnet. In der Praxis werden diese Dienstleistungen oftmals einerseits durch operative, logistische und nicht-logistische „value-added" Aktivitäten, wie beispielsweise die Konfektionierung, das Kitting, leichte Montage- und Produktionstätigkeiten, oder Qualitätskontrollen sowie andererseits durch die Übernahme von administrativen Aufgaben ergänzt.[80] In der Kontraktlogistik ist mittlerweile auch die Übernahme von Management-Verantwortung für ganze (logistische) Bereiche, von der Auftragsabwicklung bis hin zur Planung und Steuerung ganzer Supply Chains, etwa im Bereich der Ersatzteilversorgung, durchaus üblich.[81]

Abbildung 3 zeigt grundsätzliche Möglichkeiten solcher Mehrwert-Dienstleistungen im Rahmen einer einzelnen Supply Chain:

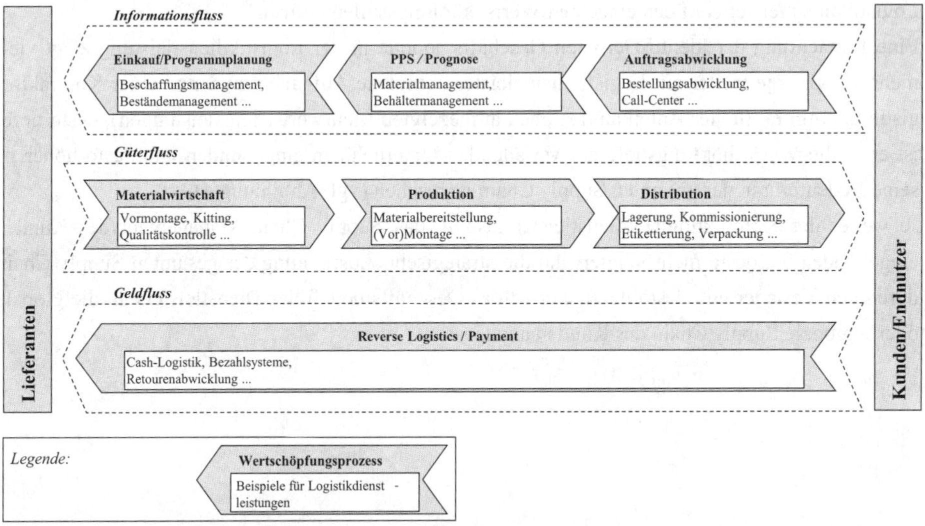

Abbildung 3: Mehrwert-Dienstleistungen in der Supply Chain. Quelle: Krupp/Bobel (2009), S. 157.

Betrachtet man über diesen klassischen Order-to-Payment-Prozess, der als zentraler Prozess mehr oder weniger in jedem Unternehmen zu finden ist,[82] noch die weiteren vor- und nachgelagerten generischen Prozesse der Produktentwicklung, der Marktwahl, der Geschäftsbereitschaft sowie des Controllings und der Unternehmensentwicklung,[83] so lassen sich darüber hinaus noch weitere

---

übernommen, siehe bspw. Wadehn (1982) oder Großmann et al. (1989). Siehe zur Evolution des Logistik-Begriffes insbes. Bobel (2009b), S. 18 ff.

80 Vgl. Krupp (2006), S. 24.

81 Vgl. Krupp (2006), S. 22 f.

82 Siehe zum Order-to-Payment-Prozess insbes. Klaus (2002), S. 30.

83 Vgl. generisches Modell der Unternehmensprozesse nach Klaus: In Anlehnung an den Begriff der „generischen Unternehmensstrategien" nach Porter (2000) identifiziert Klaus in seinem Modell elementare, in al-

mögliche Einsatzfelder der Kontraktlogistik im Geflecht der generischen Unternehmensprozesse finden.[84]

Insbesondere die umfassende Aufgabe der Planung und Steuerung ganzer Supply Chains oder von Supply Chain Abschnitten durch den Logistikdienstleister wird in Zusammenhang mit den Begrifflichkeiten wie „3PL“, „4PL“ und „LLP“[85] immer wieder kontrovers in Theorie und Praxis diskutiert.[86] In der wissenschaftlichen Literatur wird dabei oftmals dem 4PLer die Rolle eines übergreifenden Supply Chain Managers zugewiesen, der die vollständige Planung, Steuerung und Koordination der gesamten Wertschöpfungskette von den Lieferanten, über OEMs bis hin zu den Endkunden übernimmt, in dem er ohne einen Zugriff auf eigene Assets (z. B. Lagerhäuser, Fuhrpark) sämtliche logistischen Subdienstleister als Generalunternehmer koordiniert. In der Praxis scheint sich dieses Modell jedoch als untauglich erwiesen zu haben,[87] daher ist eher von einem Modell des 4PLer auszugehen, der im Rahmen einer Wertschöpfungskette als Manager von verschiedenen Logistikdienstleistern auf den einzelnen Wertschöpfungsstufen auftritt.[88]

Eine Betrachtung der identifizierbaren Geschäftsmodelle in der Logistikdienstleistung zeigt vielmehr auf, dass je weiter ein Logistikdienstleister komplexe Aufgaben im Sinne einer Kontraktlogistik übernimmt (hoher Anteil an den oben aufgezeigten Mehrwert-Dienstleistungen), desto tiefer ist er in die Wertschöpfungstiefe der verladenden Unternehmen eingebunden und desto höher ist seine Bedeutung in der gesamten Supply Chain anzusehen (vgl. Abbildung 4).

Je weiter der Kontraktlogistikdienstleister also in das Supply Chain Management des Kunden eingebunden ist, desto mehr tangiert ihn die strategische Ausrichtung der gesamten Supply Chain durch den Verlader und desto deutlicher ist das Geschäftsmodell des Dienstleisters an die globale oder regionale Supply Chain des Kunden anzupassen.

---

len Unternehmen vorkommende Prozesse der Auftragsabwicklung, der Herstellung von Betriebsbereitschaft, der Marktfindung und Produktentwicklung sowie des Rechnungswesens und Controllings. Klaus (2002), S. 30 ff.

84 Vgl. Krupp (2006), S. 24.

85 3PL = Third Party Logistics Provider; 4PL = Fourth Party Logistics Provider; LLP = Lead Logistics Provider.

86 Siehe zur Diskussion der Begriffe „3PL“, „4PL“ und „LLP“ insbes.: Baumgarten/Thoms (2002), S. 65; Maloni/Carter (2006), S. 33; Klaus/Kille (2008a), S. 117; Baumgarten/Kasiske/Zadeck (2002), S. 34; Arthur Andersen (2002), S. 10 f.

87 Vgl. Bretzke (2002), S. 43; ders. (2004), S. 47.

88 Vgl. Rudolph (2009), S. 102.

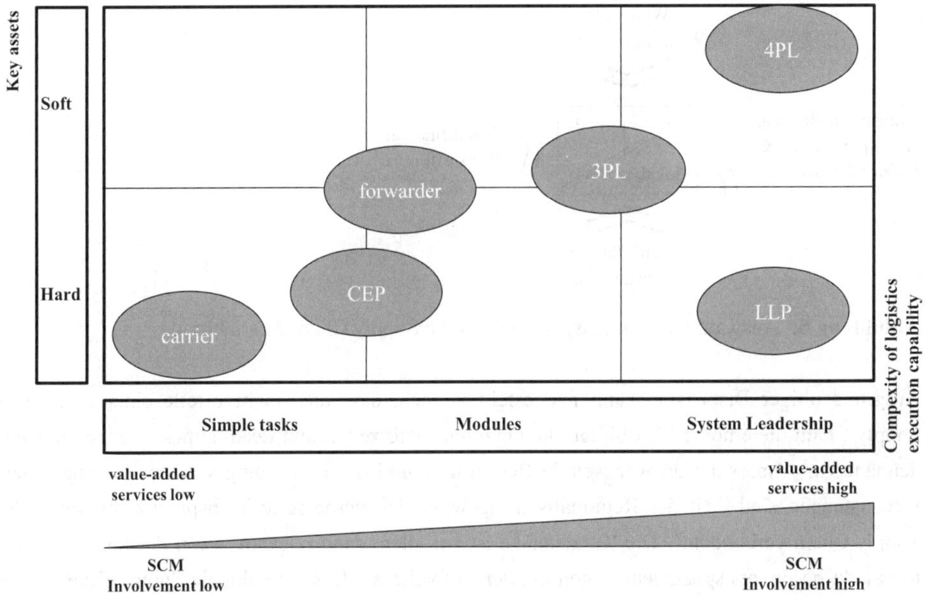

Abbildung 4: Geschäftsmodelle in der Logistikdienstleistung und die Rolle der Kontraktlogistik im Supply Chain Management. Quelle: Eigene Darstellung in Anlehnung an Rudolph (2009), S. 91.

4 Wohin mit der Logistik? Von der Einordnung und Ausrichtung von Supply Chains und die Folgen für die Kontraktlogistik

Wie schon gezeigt wurde, bieten sich mit der Globalisierung und der Regionalisierung zwei mögliche Alternativen für die strategische Ausrichtung eines Unternehmens an. Gleiches gilt auch für das Supply Chain Management und die Konzeptionierung von globalen und regionalen Supply Chains. Im Folgenden werden drei Dimensionen zur Ausrichtung von Supply Chains hergeleitet und in einem Modell zusammengefasst. Anschließend werden diese Überlegungen auf die Kontraktlogistik und ihre Rolle in der Supply Chain übertragen.

4.1 Positionierung und Ausrichtung von Supply Chains zwischen globalen und regionalen Einflüssen

Für die strategische Ausrichtung einer Supply Chain sind die Chancen und Risiken von Bedeutung, die sich aufgrund aktueller und zukünftiger Entwicklungen ergeben. Auf Basis der aktuellen Diskussion zum Thema Supply Chains gilt es deshalb im Rahmen einer Umweltanalyse, die Faktoren zu identifizieren, die u. a. eine Auswirkung auf die Ausrichtung der Supply Chain haben können. Abbildung 5 stellt eine Auswahl, die besonderen Einfluss hat, grafisch dar:

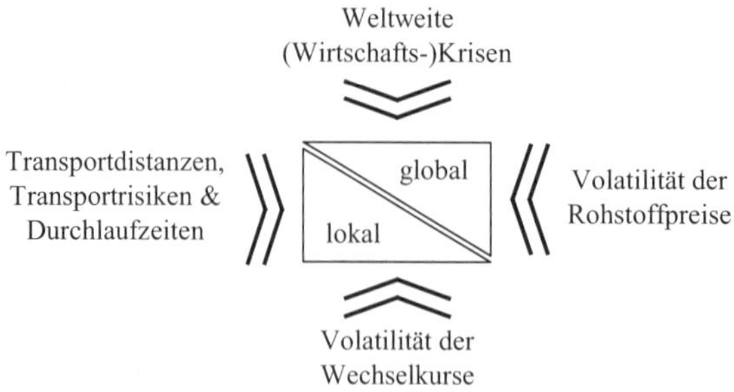

Abbildung 5: Auswahl von Einflussfaktoren auf die Supply Chain Ausrichtung

Aufgrund obiger Diskussion kann festgestellt werden, dass die Hauptvorteile einer regionalen Supply Chain die erhöhte Flexibilität, die kürzeren Lieferzeiten und Lead-Times[89] sowie die Kundennähe zur Anpassung an wechselnde Bedürfnisse und die Erbringung von hochwertigen Serviceleistungen sind. Mit der Regionalisierung wird eine verbesserte Transparenz innerhalb der Supply Chain verbunden.[90] Die Kundennähe ist vor allem dann relevant, wenn der lokale Abnehmermarkt besonders spezifische Eigenschaften aufweist, so dass eine globale Supply Chain keine besonderen Skaleneffekte, aufgrund beispielsweise größerer Einkaufsmengen, ermöglicht. Regionale Supply Chains eignen sich dann, wenn die Logistikkosten einer globalen Supply Chain einen hohen Anteil am Umsatz ausmachen. Dies ist in der Regel bei Gütern mit einer geringeren Wertdichte (Wert/Gewicht) der Fall, das heißt bei einer geringeren ‚Product Value Density' (PVD), bei der es sich um einen einflussreichen Faktor der Supply Chain Segmentierung handelt.[91]

Regionale Supply Chains eignen sich auch dann, wenn die Qualität der lokalen Zulieferer aufgrund von spezialisiertem Know-how gegenüber ausländischen Zulieferern deutlich höher ist, woraus niedrigere ‚Costs of Quality' resultieren.[92] Erforderlich für die Supply Chain Ausrichtung ist es, die kulturellen, politischen und ökonomischen Rahmenbedingungen des jeweiligen Landes zu kennen und in der strategischen Ausrichtung zu berücksichtigen.

Eine globale Supply Chain ist dann vorzuziehen, wenn durch die Internationalisierung ein zusätzlicher ‚Added Value' realisiert werden kann, der die steigende Komplexität und die Transportkosten überwiegt. Diese zusätzliche Wertschöpfung kann beispielsweise dadurch entstehen, dass Skaleneffekte ausgenutzt werden. Die globale Supply Chain ist auch dann vorzuziehen, wenn spezialisiertes Know-how oder bestimmte Rohstoffe nur an gewissen Standorten verfügbar und strategisch notwendig sind.[93]

---

89 Als Lead-Time ist die gesamte Zeit von Auftragserteilung bis Empfang der Ware definiert. Vgl. Pfohl/Gomm/Costa (2006), S. 40.

90 Vgl. Easton/Thurwatcher/Zhang (2003), S. 567-568.

91 Vgl. Lovell/Saw/Stimson (2005), S. 144.

92 Unter den Costs of Quality sollen Fehlervermeidungskosten, Fehlerfolgekosten sowie Mess- und Prüfkosten verstanden werden. Vgl. Ferreira/Prokopets (2009), S. 23.

93 Vgl. Lovell/Saw/Stimson (2005), S. 145.

Um die Nachteile großer Transportdistanzen und der damit verbundenen erhöhten Komplexität, zum Beispiel aufgrund mehrerer Zwischenlieferanten, in globalen Supply Chains im Vergleich zu regionalen Supply Chains zu minimieren,[94] müssen die an der Supply Chain beteiligten Standorte eine geeignete logistische Infrastruktur aufweisen. Nur so kann ein überproportionales Ansteigen der Logistikkosten verhindert werden. Um die anteiligen Logistikkosten bzw. insbesondere die anteiligen Transportkosten am Umsatz zu minimieren, eignen sich für eine globale Supply Chain vor allem Waren mit einer hohen Wertdichte (Wert/Gewicht).[95]

Ein häufiges Argument für eine globale Supply Chain sind die unterschiedlichen Durchschnittslöhne, die schnell die Kostenstruktur beeinflussen. In Bezug auf die Kosteneffizienz kann eine globale Supply Chain dazu beitragen, Steuergefälle auszunutzen. Eine Analyse der relevanten Treiber, unterteilt nach Schlüsseltreibern aus dem Bereich Supply, Kosten und Markt, liefern *Mayer/Thiry/Frank* mit der in Abbildung 6 dargestellten Rangfolge.

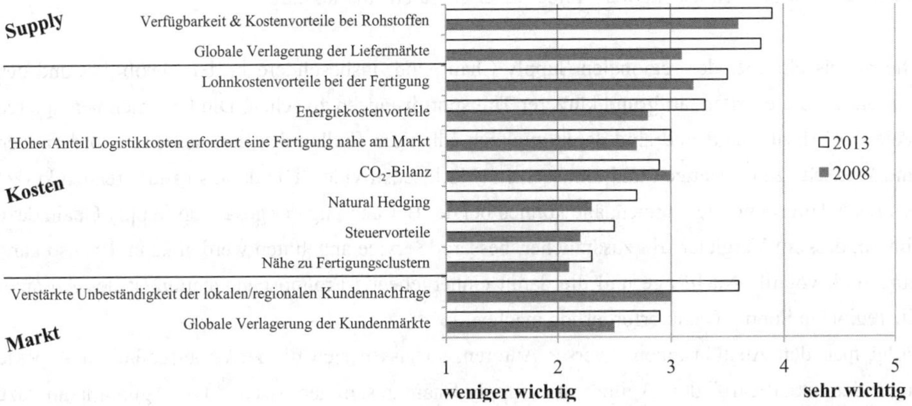

Abbildung 6: Schlüsseltreiber der globalen Supply Chain. Quelle: Mit geringfügigen Veränderungen übernommen aus Mayer/Thiry/Frank (2009), S. 30.

Schlüsseltreiber für eine globale Supply Chain sind also die bessere Verfügbarkeit von Rohstoffen und die dabei entstehenden Kostenvorteile. Auf der Kostenseite tragen insbesondere die Lohnkosten- und die Energiekostenvorteile dazu bei, die globale Supply Chain zu fördern. Gleiches gilt auch für den Anteil der Logistikkosten am Umsatz (und damit die Wertdichte),[96] denn je geringer die anteiligen Logistikkosten am Wert oder Umsatz des Produktes sind, desto attraktiver werden längere Transportdistanzen und desto größer wird die Tendenz zur globalen Supply Chain.[97]

94 Vgl. Easton/Thurwatcher/Zhang (2003), S. 554.
95 Vgl. Schönsleben (2007), S. 119, sowie Mayer/Thiry/Frank (2009), S. 30.
96 Vgl. Pfohl (2010), S. 59-60.
97 Vgl. Mayer/Thiry/Frank (2009), S. 30.

Tabelle 2 stellt die einflussreichsten Treiber der globalen Ausrichtung einer Supply Chain zusammenfassend dar:

	Treiber	*Anmerkung*
Kostenersparnisse	Verfügbarkeit von Rohstoffen und damit verbundende Kostenvorteile	Unterstützt die Strategie der Kostenführerschaft, je nach Produkt bereits durch Unternehmensstrategie bestimmt.
Kostenersparnisse	Lohn- und Energiekostenvorteile	Je personalintensiver das Produkt und je größer die Lohnunterschiede, desto eher eignet sich eine globale Ausrichtung der Supply Chain. Je energieintensiver das Produkt, desto vorteilhafter kann das internationale Energiepreisgefälle ausgenutzt werden.
	Anteilige Logistikosten am Umsatz	Wird durch die Wertdichte beeinflusst und ist damit produkt- bzw. branchenabhängig.

Tabelle 2: Zusammenfassung der Treiber einer globalen Ausrichtung.

Die Schlüsseltreiber der regionalen Supply Chain sind, insbesondere in der Flexibilität und den verkürzten Lieferzeiten, aufgrund kürzerer Transportdistanzen zu sehen. Die Unternehmen agieren näher am Absatzmarkt und sind damit zugleich näher am Endkunden, um dessen Anforderungen und Wünsche zu empfangen und umzusetzen (Marktsensitivität). Die daraus resultierenden kürzeren Lead-Times und die Kundennähe können bei der Betrachtung der gesamten Supply Chain dazu führen, dass im Vergleich ein zusätzlicher, besserer Service angeboten werden kann. Ebenso kann eine stark volatile Nachfrage und die damit einhergehende Prognoseungenauigkeit des Absatzes die regionale Supply Chain erforderlich machen.

Folgt man den Ausführungen diverser Autoren, so lassen sich die zuvor aufgeführten Aspekte unter dem Oberbegriff der ‚Agilität' der Supply Chain zusammenfassen.[98] Die Agilität kann dazu beitragen, eine Nicht-Verfügbarkeit der Ware, vor dem Hintergrund von kurzen Produktlebenszyklen und steigenden Kundenanforderungen, und damit verloren gegangene Verkaufschancen zu verhindern.[99]

Durch die kürzeren Transportdistanzen und die dadurch niedrigeren Logistikkosten wird es möglich, auch Produkte mit einer geringeren Wertdichte relativ günstig zu transportieren. Tabelle 3 liefert einen Überblick über die Schlüsseltreiber der Ausrichtung einer regionalen Supply Chain.

Es ist nachvollziehbar, dass es nicht ausreichend ist, sich an einem einzelnen Kriterium für die Ausrichtung der Supply Chain zu orientieren. So können Gesamtkosten zweier Supply Chains nicht verglichen werden, wenn durch die Produkte und ihre spezifischen Eigenschaften bereits regionale bzw. globale Supply Chains auszuschließen sind (z. B. bei schnell verderblicher Ware).

---

98 Vgl. bspw. Christopher (2000), S. 38-43, sowie Christopher/Towill (2002), S. 1.

99 Vgl. Christopher/Towill (2002), S. 1.

	Treiber	***Anmerkung***
Agilität	Flexibilität	Relevant bei Produkt-/Mengenänderungen und innerhalb der Organisation aufgrund der verkürzten Supply Chain und der dadurch reduzierten Komplexität.
Agilität	Kurze Lieferzeiten	Verbessern Service und können kurzfristige Nachfrageschwankungen ausgleichen.
Agilität	Kurze Lead-Times	Kürzere Zeiten für Lieferungen aufgrund geringerer Entfernungen.
Agilität	Marktsensitivität	Kundennähe verbessert die Wahrnehmung der Kundenwünsche und ermöglicht verbesserte Value Added Services.
	Anteilige Logistikosten am Umsatz	Wird durch die Wertdichte beeinflusst und ist damit produkt- bzw. branchenabhängig.

Tabelle 3: Zusammenfassung der Treiber einer regionalen Ausrichtung.

Somit ist, wie bereits erwähnt, ein mehrdimensionales und ‚möglichst ganzheitliches' Modell erforderlich, dass auf die komplette Supply Chain anwendbar ist. Es zeigte sich in diesem Zusammenhang weiter, dass die wesentlichen Treiber der Supply Chain Ausrichtung unter den Oberbegriffen der Agilität, den potenziellen Kostenersparnissen und der Wertdichte zusammengefasst werden können.

Die Agilität erfasst hierbei die produktspezifischen Eigenschaften in Bezug auf die Länge und Reaktionsfähigkeit der Supply Chain. Produkte, die eine hohe bis sehr hohe Agilität der Supply Chain benötigen, sind tendenziell eher regional auszurichten. Die potenziellen Kostenersparnisse einer globalen Supply Chain aufgrund von Lohnkostenvorteilen etc. sind zu beachten, um die Rentabilität der globalen und der regionalen Supply Chain miteinander zu vergleichen. Unter den potenziellen Kostenersparnissen ist der Vergleich der Gesamtkosten zwischen einer globalen und einer regionalen Supply Chain zu verstehen. Um die potenziellen Kostenersparnisse der beiden Supply Chains zu analysieren, sind die Gesamtkosten (Total Costs, kurz: TC) der regionalen und globalen Supply Chain im Sinne eines Gesamtkostenmodells zu bestimmen:[100]

$$\text{potenzielle Kostenersparnis der globalen SC} = \Delta\ TC = TC_{regional} - TC_{global}$$

Ergänzt werden die beiden Aspekte Agilität und Kostenersparnis um die dritte Dimension: die Wertdichte. Diese beschreibt das Verhältnis zwischen dem Wert der transportierten Güter und dem Gewicht bzw. dem Volumen, welches relevant für die daraus resultierenden Logistikkosten ist.[101] Besitzt das Produkt einen hohen Wert bzw. eine hohe Wertdichte, so weisen die Logistikkosten gemessen am Umsatz oder Produktwert einen geringen Anteil auf. Bei einer höheren Wertdichte reichen damit bereits geringe Kostenvorteile in der globalen Supply Chain aus, um die aufgrund der größeren Distanzen steigenden Transportkosten zu kompensieren. Hierbei gilt: je höher die

100 Vgl. bspw. Ferreira/Prokopets (2009), S. 23, sowie Cavinato (1992), S. 293-298.
101 Vgl. Bretzke (2008), S. 69.

Wertdichte, desto geringer die anteiligen Logistikkosten am Umsatz und desto eher können auch geringe Kostenersparnisse dazu beitragen, die steigenden Logistikkosten in der globalen Supply Chain zu kompensieren und einen Mehrwert zu liefern. Die Vorteile einer globalen Supply Chain sind daher bei Produkten mit einer hohen Wertdichte schneller zu realisieren. Veranschaulicht wird dies durch Abbildung 7.

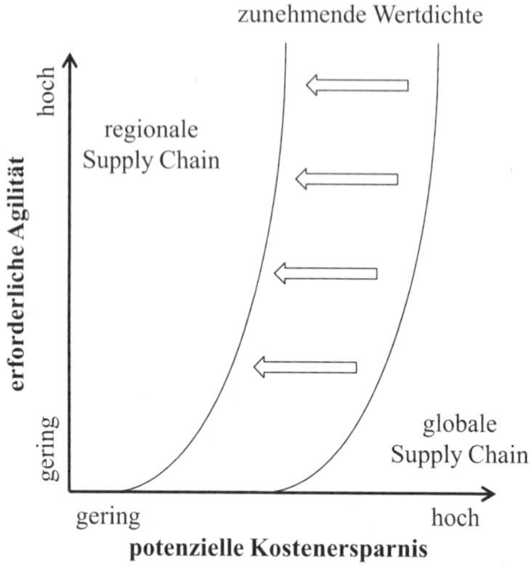

Abbildung 7: Auf dem Weg zu einem Modell zur Ausrichtung der Supply Chain

Die Grenzlinie der Entscheidung zwischen einer regionalen und einer globalen Supply Chain verschiebt sich mit steigender Wertdichte nach links, da – wie bereits zuvor erwähnt – geringere Kostenersparnisse bei einer höheren Wertdichte ausreichen, um den geringen Einfluss der steigenden Transportkosten zu kompensieren. Interpretiert man die Wertdichte als dritte Achse in einem Koordinatensystem, so ist die Darstellung eines dreidimensionalen Würfels (vgl. Abbildung 8) möglich. Das Würfelmodell entspricht dem Grundgedanken des SCM, einen möglichst hohen Customer Value, entweder durch Effizienz (niedrigere Kosten) oder Effektivität (zusätzliche Vorteile), zu erzeugen.[102] Dem jeweiligen Unternehmen muss klar sein, wie aus Sicht des Kunden der Customer Value geschaffen wird.[103]

Die Effizienz wird im vorliegenden Würfel durch die potenziellen Kostenersparnisse über die gesamte Supply Chain abgebildet. Die Effektivität spiegelt das Modell mithilfe des Oberbegriffes der Agilität wieder, durch welchen sich aus Kundensicht ein verbesserter Service und damit zusätzliche Vorteile ergeben.

---

[102] Vgl. Nix (2001), S. 63-65.
[103] Vgl. Easton/Thurwatcher/Zhang (2003), S. 560.

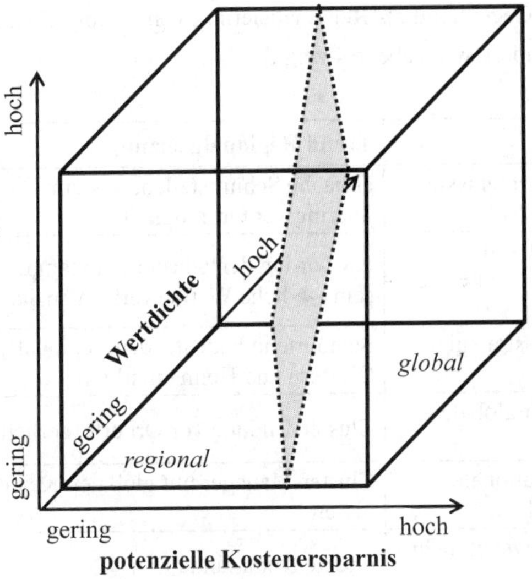

Abbildung 8: Modell der Ausrichtung von Supply Chains

Der Würfel kann nicht nur auf die Ausrichtung der gesamten Supply Chain angewandt werden. Vielmehr kann er auch dazu dienen, gemäß dem Verständnis von *De Beule/Van Den Bulcke* einzelne Aktivitäten innerhalb der Supply Chain dahin gehend zu analysieren, ob diese global oder eher regional durchzuführen sind.[104] Aus den einzelnen Analysen kann dann die gesamte Ausrichtung der Supply Chain abgeleitet werden.

4.2 Folgen für die Kontraktlogistik aus der Supply Chain Ausrichtung

Nachdem im vorangehenden Kapitel ausführlich die globale und regionale Ausrichtung von Supply Chains diskutiert wurde, soll im Folgenden die Frage beantwortet werden, welche Auswirkungen die Supply Chain Ausrichtung des Verladers auf die Kontraktlogistikdienstleister hat.

Dabei sollen keine direkten Folgen der jeweiligen Supply Chain Ausrichtung für die Kontraktlogistik aufgeworfen werden, sondern vielmehr generelle Entscheidungsspielräume diskutiert werden.

Im Hinblick auf eine globale Ausrichtung der Supply Chains der Kunden, müssen sich Logistikdienstleister zukünftig mit der eigenen Internationalisierung auseinandersetzen. Dies betrifft die eigenen Standorte, die Einbindung in weltweite Netzwerke, das kaufmännische Know-how im internationalen Bereich ebenso wie die IT-Strukturen, die Kommunikation, das Management und den Ressourcenzugang. Auf der anderen Seite ist der eigene Entscheidungsspielraum durch eine vermehrte Nachfrage nach lokal produzierten Gütern und Dienstleistungen durch Ressourcenknappheit, Umweltbelastungen und die Angleichung der Lebensstandards von Entwicklungs- und

[104] Vgl. De Beule/Van Den Bulcke (2009), S. 219.

Schwellenländern an Industrieländer – der Gegentrend als Regionalisierung von Supply Chains – ebenfalls durch zahlreiche Faktoren determiniert, wie Tabelle 4 zeigt.

Faktor	**Trend Globalisierung**	**Trend Regionalisierung**
IT	mehr Schnittstellen zu Partnersystemen, weltweit	einfache Schnittstellen; System-Sharing vor Ort möglich
Personal	globales HR; Einbindung von Expatriates; interkulturelle Unterschiede	HR wird in den Clustern umkämpft sein --> hohe Wettbewerbsintensität
Standorte	Entwicklung globaler geostrategischer Mega-Hubs	Standorte in bedeutenden, regionalen Clustern und Heimatmärkten
Netzwerk	weltweite Partnerschaften/globale Vernetzung	Cluster-Bildung vor Ort erforderlich
Management	interkulturelle und internationale Kompetenzen erforderlich	Cluster-Manager mit globalen Kenntnissen
Kommunikation	längere Kommunikationswege; mehr Einsatz von I&K	direkte Kommunikation
Ressourcen	weltweit verteilt	ressourcennah

Tabelle 4: Entscheidungsspielräume globaler und regionaler Supply Chain Ausrichtung für die Kontraktlogistik.

Eine aktuelle Untersuchung von *Rudolph* zu den Strategien von Logistikdienstleistern im Kontraktlogistikmarkt zeigt auf: Derzeit befinden sich die Kontraktlogistikunternehmen bezüglich der eigenen Standortstrategie zwischen diesen beiden Positionen: flächendeckende Globalisierung vs. internationale Spezialisierung.[105] Eine nahezu vollständige globale Flächendeckung wird dabei von denjenigen Logistikdienstleistern angestrebt, die sich als Full-Service-Anbieter im Markt verstehen, wobei in diesem Zusammenhang die globale Präsenz eher über klassische Logistikdienstleistungen, insbesondere internationale Speditionsdienste, getrieben wird.[106] Das bedeutet auf Seiten netzwerkgetriebener Dienstleistungen, insbesondere weltweiter Transporte, dass es für Logistikdienstleister von Bedeutung ist, sich global aufzustellen. Dabei bestehen wiederum grundsätzlich zwei generelle Stoßrichtungen: Der Aufbau eines eigenen Netzwerkes oder die Integration in ein bestehendes Netzwerk. In der Untersuchung zeigt sich, dass je komplexer das Aufgabenpaket für den Logistikdienstleister wird und je mehr die Leistung für den Kunden als Kontraktlogistik angesehen werden kann, desto stärker liegt der Fokus der Kontraktlogistik, insbesondere aus Gründen der Handhabbarkeit, noch in den „heimatnahen" Märkten.[107] Die Relevanz von globalen Märkten wird in Abhängigkeit der Kunden gesehen: Es ist eine eindeutige internationale Spezialisierung auf bestimmte, wenige Kernmärkte zu beobachten, die sich zumeist an bestehenden Aus-

[105] Vgl. Rudolph (2009), S. 203f.
[106] Vgl. Rudolph (2009), S. 204.
[107] Vgl. Rudolph (2009), S. 204.

landsstandorten ihrer existierenden oder potenziellen Kunden orientieren.[108] Der Kontraktlogistiker folgt demnach dem Kunden oder dem Markt des Kunden und versteht seine Standortwahl bislang als logische Positionierung einer abgeleiteten Nachfrage: „Biete deine Dienstleistung da an, wo der Kunde sie verlangt und schließlich nachfragt!"

Demnach kann für die Kontraktlogistik zusammenfassend festgestellt werden: Ob globale oder regionale Ausrichtung der Supply Chain durch den Kunden: Die Kontraktlogistik versteht sich derzeit als abgeleitete Nachfrage und folgt den strategischen Stoßrichtungen seiner Kunden.

5 Kontraktlogistik als Intermediär zwischen global und regional: Fünf Thesen an das Management

Ob mehr regional oder mehr global: Es steht außer Frage, dass die Globalisierung weiterhin das Wirtschaften und deren Prozesse beeinflussen wird. Es ist aus logistischer Sicht nicht zu diskutieren, ob und wie Globalisierung weiter stattfinden wird, sondern wie intelligente, teilweise regionale Einzellösungen zu einem optimalen, globalen Gesamtkonzept verknüpft werden können. Es bleibt die Frage nach der zukünftigen Positionierung von Kontraktlogistik-Unternehmen vor dem Hintergrund globaler vs. regionaler Supply Chains zu klären. Dabei müssen die Fragen erlaubt sein:

- Ist eine Positionierung in einem der beiden Pole überhaupt sinnvoll?
- Sollten Kontraktlogistikdienstleister zukünftig weiterhin dem Kunden folgen oder ist eine proaktive Strategie zielführender?
- Ist gar davon auszugehen, dass die Logistik bei der Standortwahl vorangeht und die Produktionsunternehmen zukünftig der Logistik folgen?
- Wie können Logistikdienstleister den Spagat zwischen globaler Präsenz und lokaler Spezialisierung organisatorisch erreichen?
- Wird das Verantwortungsfeld des Kontraktlogistikers im Rahmen des Supply Chain Managements zunehmen?

Die Diskussion um globale vs. regionale Supply Chains ist aktuell im Gange, die Folgen für die Kontraktlogistik allerdings sind noch nicht abschließend geklärt und werden noch intensiv diskutiert werden müssen. Die folgenden fünf Thesen sollen Denkanstöße und Diskussionspunkte für die zukünftige, strategische Ausrichtung von Kontraktlogistikunternehmen geben:

These 1: Pro-aktiv statt passiv!

Das aufgezeigte Modell zur Ausrichtung der Supply Chain (vgl. Abbildung 8) kann Industrieunternehmen nicht nur aufzeigen, wann es sinnvoll ist, die Supply Chain bevorzugt regional und wann bevorzugt global auszurichten. Das Modell kann der strategischen Positionierung des Kontraktlogistikunternehmens ebenso dienlich sein. Je nach spezifischem Branchenfokus und angebotenem Logistikdienstleistungsportfolio kann der Kontraktlogistiker seine Leistungen für die beste-

[108] Vgl. Rudolph (2009), S. 204.

henden und potenziellen Kunden auf die drei Entscheidungsfaktoren Wertdichte, Agilität und Kostenersparnis hin überprüfen. Dabei sollten Kontraktlogistikunternehmen pro-aktiv handeln und ihren bestehenden wie auch potenziellen Kunden klar aufzeigen, mit welchen Leistungen des Dienstleisters sie in diesem Entscheidungswürfel das Spannungsfeld zwischen regionaler und globaler Ausrichtung auflösen können. Dadurch sollte es dem Dienstleister möglich sein, wegzukommen von einer passiven Strategie des „Hinterherziehens“ und hinzukommen zu einer proaktiven Positionierungsstrategie.

These 2: Produktion folgt zukünftig der Logistik!
Es ist davon auszugehen, dass die Rohstoffpreise und insbesondere die Preise fossiler Energien zukünftig weiter steigen werden und damit unmittelbar Einfluss auf das Geschäftsmodell der Logistik haben.[109] Durch diese Entwicklungen ist mit einem Anstieg der Transport- und Logistikkosten zu rechnen. In zukünftigen, weltweiten Standortentscheidungen von Industrieunternehmen wird somit neben klassischen Standortfaktoren der Faktor Transport- und Logistikpreise immer bedeutender. Der Wunsch nach einem optimalen Zugang zu knappen Rohstoffen könnte sogar dazu führen, dass die Produktion vermehrt zu den Rohstoffquellen wandert.[110] Kontraktlogistikunternehmen sollten in diesem Zusammenhang ebenfalls pro-aktiv vorgehen und ihre jeweilige Standortwahl im Hinblick auf den Faktor Rohstoffzugang planen. Dadurch kann es vermehrt zu dem Phänomen kommen, dass die Produktion zukünftig der Logistik folgt.

These 3: Netzwerkmanagement! Lose Bindungen, feste Partnerschaften
Es ist mit einer zunehmenden Vernetzung der Welt auszugehen – im privaten wie auch im wirtschaftlichen Bereich.[111] Die Qualität der globalen Vernetzung und die Netzwerkbeziehungen von Unternehmen werden dabei die entscheidenden Determinanten der Wettbewerbsfähigkeit werden.[112] Im Wettrennen um globale Präsenz ist es für Kontraktlogistikunternehmen nicht sinnvoll und ratsam, – insbesondere unter Risiko- und Investitionsgesichtspunkten – in jedem Zielmarkt von der Pionierstunde an mit eigenen Niederlassungen präsent zu sein. Vielmehr ist es zielführender, eigene Netzwerke zu bilden oder Teil von größeren, weltweiten Netzwerken zu werden. Die Entwicklungen zum Aufbau von überregionalen Netzwerken im Transportbereich in den letzten Jahren werden über die Transportdienstleistungen hinaus auch die Kontraktlogistik erfassen. Kontraktlogistiker sollten sich regional spezialisieren und weltweit mit Partnern eine Abdeckung von Leistungen entlang einer globalen Supply Chain anbieten können. Dabei ist es sinnvoll, ein festes Partnernetzwerk aus losen Bindungen zu entwickeln. Mit festen Partnern können dabei notwendige Erfahrungswerte gemeinsam aufgebaut werden, um Synergien bei neuen Projekten zu erschließen. Lose Bindungen mit weiteren Partnern – ohne gegenseitige Exklusivität – sorgen dafür, dass

---

[109] Vgl. von der Gracht et al. (2008), S. 21f.
[110] Vgl. von der Gracht et al. (2008), S. 22.
[111] Vgl. Müller/Bobel (2007), S. 38.
[112] Vgl. von der Gracht et al. (2008), S. 22.

eine notwenige Agilität der Beteiligten gewährleistet bleibt. Dafür ist der Aufbau eines Pool-Managements seitens der Kontraktlogistikdienstleister erforderlich.[113]

These 4: Mehr Supply Chain Verantwortung für den Kontraktlogistikdienstleister

Die Aufgabenverantwortung für den Kontraktlogistiker wird sich verändern, die Miteinbeziehung in übergreifende Planungsthemen im Rahmen des Supply Chain Managements wird zunehmen. Zwar wird es, wie bereits diskutiert, nicht zu einem extremen Modell des 4PLer kommen, der ganze Supply Chains von der Quelle bis zur Senke steuern wird, allerdings wird die Planungs- und Steuerungskompetenz durch den Logistikdienstleister an einigen Stellen der Supply Chain deutlich zunehmen.[114] Durch diese Tendenzen erhält der Kontraktlogistikdienstleister vermehrt Supply Chain Verantwortung und ist bei globalen vs. regionalen Supply Chain Ausrichtungsentscheidungen nicht nur unmittelbar betroffen, sondern sollte wie bereits in These 1 gefordert, pro-aktiv handeln und die Ausrichtung mitbestimmen.

These 5: Der Kontraktlogistiker als geostrategischer Intermediär

Die vorstehenden vier zentralen Thesen führen schließlich zu der letzten, zusammenfassenden fünften These des Beitrags: Wenn die Supply Chain Verantwortung des Logistikdienstleisters weiter wächst, er durch pro-aktives Handeln in globalen Netzwerken die zukünftige Ausrichtung von industriellen Supply Chains mitbestimmt und grundsätzlich prägen kann, dann kann der Kontraktlogistiker in der spannenden Diskussion zwischen Globalisierung und Regionalisierung als geostrategischer Intermediär angesehen werden. Durch seine jeweilige globale Präsenz bei gleichzeitig regionaler Spezialisierung, kann er Unternehmen aus Industrie und Handel hinsichtlich der zukünftigen Auslegung weltweiter Warenströme beraten. Die jeweiligen, diskutierten Vorteile durch eine globale oder regionale Supply Chain können durch den Kontraktlogistik-Intermediär kombiniert werden. Er kann eine globale Präsenz, bei paralleler Nutzung regionaler Ressourcen ermöglichen. Durch die Bündelung von mehreren Kunden an einem zentralen Dienstleistungs-Hub oder einem Logistik-Cluster, ist es zudem möglich Synergien für die Kunden des Intermediärs zu heben.

Die Aussage: *„Think global, act local..."* dürfte unter diesen Gesichtspunkten zukünftig ergänzt werden um den Passus: *„– managed by your logistics provider"*.

Literaturverzeichnis

Albrow, Martin (1997): Travelling Beyond Local Cultures: Socioscapes in a Global City. In: Eade, John (Hrsg.): Living in the Global City. Globalization as Local Processes. London, New York 1997, S. 37-55.

Arthur Andersen (2002): European Deal Survey 2001 Logistics, Berlin, 2002.

Arvis, Jean-François/Mustra, Monica Alina/Ojala, Lauri/Shepherd, Ben/Saslavsky, Daniel (2010): Connecting to Compete 2010: Trade Logistics in the Global Economy - The Logistics Perfor-

[113] Siehe mehr zum Konzept des Pool-Managements in der Dienstleistung in: Bobel (2009b), S. 226ff.

[114] Siehe Diskussion in Kapitel 3.2

mance Index and Its Indicators, The International Bank for Reconstruction and Development/The World Bank, Washington, 2010.
Baumgarten, Helmut/Kasiske, Felix/Zadeck, Hartmut (2002): Logistik-Dienstleister – Quo vadis? – Stellenwert der Fourth Party Logistics Provider (4PL). In: Logistik Management, 4(2002)1, S. 27-40.
Baumgarten, Helmut/Thoms, Jack (2002): Trends und Strategien in der Logistik – Supply Chains im Wandel, Berlin, 2002.
Bendul, Julia/Bobel, Tilo (2009): Gewinner von Morgen. In: LOG., o.J.(2009)2, S. 32-34.
Bittner, Andreas (2002): Interkulturelle Kompetenz und internationales Denken. In: Krystek, Ulrich/Zur, Eberhard (Hrsg.): Handbuch Internationalisierung: Globalisierung - eine Herausforderung für die Unternehmensführung. 2. Aufl., Berlin (u.a.) 2002, S. 763-776.
Bobel, Tilo (2009a): Kontraktlogistik-Mittelstand, in: Beumer, Christoph/Furmans, Kai/Kilger, Christoph/Grosche, Tino (Hrsg.): Logistik im Mittelstand, Best Practices – Strategien für den Erfolg. Schriftenreihe Wirtschaft & Logistik. Hamburg 2009, S. 59-62.
Bobel, Tilo (2009b): Logistikorientiertes Management von Events – Grundlagen und Handlungsempfehlungen für die Eventlogistik. Schriftenreihe Logistik der Kühne-Stiftung, Band 14. Bern u.a, 2009.
Bowersox, Donald J./Closs, David J. (1996): Logistical Management: The Integrated Supply Chain Process. New York 1996.
Brady, David/Seeleib-Kaiser, Martin/Beckfield, Jason (2005): Economic Globalization and the Welfare State in Affluent Democracies, 1975-2001. In: American Sociological Review, 70(2005)6, S. 921-948.
Bretzke, Wolf-Rüdiger (2002): „SCM Collaboration" und „4PLs": Bemerkungen über die Grenzen eines Paradigmas. In: Logistik Management, 4(2002)1, S. 41-44.
Bretzke, Wolf-Rüdiger (2004): Vom Make zum Buy? – Grundlagen eines erfolgreichen Outsourcing logistischer Leistungen, in: Prockl, Günter/Bauer, Angela/Pflaum, Alexander/Müller-Steinfahrt, Ulrich (Hrsg.): Entwicklungspfade und Meilensteine einer modernen Logistik – Skizzen einer Roadmap. Wiesbaden 2004, S. 27-52.
Bretzke, Wolf-Rüdiger (2008): Expansionsgrenzen der Kontraktlogistik, in: Wimmer, Thomas/Wöhner, Heiko (Hrsg.): Werte schaffen – Kulturen verbinden. Kongressband zum 25. Deutschen Logistik-Kongress in Berlin. Hamburg 2008, S. 340-358.
Bretzke, Wolf-Rüdiger (2008): Logistische Netzwerke. Berlin, Heidelberg 2008.
Castells, Manuel (2000): The rise of the network society. 2. Aufl., Oxford, Malden Mass. 2000.
Catches up with Strategy. In: Christopher, Martin (Hrsg.): Logistics: the strategic issues. 1. Aufl., London, New York 1992, S. 63-75.
Cavinato, Joseph L. (1992): A Total Cost/Value Model for Supply Chain Competitveness. In: Journal of Business Logistics, 13(1992)2, S. 285-301.
Christopher, Martin (1992): Logistics: the strategic issues. London, New York 1992.
Christopher, Martin (2000): The Agile Supply Chain: Competing in Volatile Markets. In: Industrial Marketing Management, o.J.(2000)29, S. 37-44.
Christopher, Martin/Towill, Denis R. (2002): Developing Market Specific Supply Chain Strategies. In: The International Journal of Logistics Management, 13(2002)1, S. 1-14.
Cooper, Martha C./Ellram, Lisa M. (1993): Characteristics of Supply Chain Management and the Implications for Purchasing and Logistics Strategy. In: International Journal of Logistics Management, 4(1993)2, S. 13-24.
Cooper, Martha C./Lambert, Douglas M./Pagh, Janus D. (1997): Supply Chain Management: More Than a New Name for Logistics. In: International Journal of Logistics Management, 8(1997)1, S. 1-14.
Cortright, Joseph (2005): Making Sense of Clusters: Regional Competitiveness and Economic Development o. J.

De Beule, Filip/Van Den Bulcke, Daniel (2009): Retrospective and prospective views about the future of the multinational enterprise. In: International Business Review, 18(2009)3, S. 215-223.

Dürrschmidt, Jörg (2002): Globalisierung. Bielefeld 2002.

Easton, Robert/Thurwatcher, William/Zhang, Tian Bing (2003): Supply chains in Asia - challenges and oppotunities. In: Gattorna, John/Ogulin, Robert/Reynolds, Mark W. (Hrsg.): Gower handbook of supply chain management. 2003, S. 553-574.

Eccles, Henry E. (1954): Logistics – What is it? In: Naval Research Logistics Quarterly, 1(1954)1, S. 5-15.

Eisenkopf, Alexander (2005): Wachstumsmarkt Kontraktlogistik – Eine Analyse von Logistikkooperationen aus institutionenökonomischer Sicht. In: Lasch, Rainer/Janker, Christian G. (Hrsg.): Logistik Management – Innovative Logistikkonzepte. Wiesbaden, 2005.

Elbert, Ralf/Schönberger, Robert (2008): Regionale Impulsgeber. In: Log., o.J.(2008)6, S. 54-56.

Ferreira, John/Prokopets, Len (2009): Does Offshoring still make sense? In: Supply Chain Management Review, 13(2009)1, S. 20-27.

Franz, Peter (1999): Innovative Milieus: Extrempunkte der Interpenetration von Wirtschafts- und Wissenschaftssystemen. In: Institut für Wirtschaftsforschung Halle (Hrsg.): Jahrbuch für Regionalwissenschaften. Halle 1999, S. 107-130. Zugleich online im Internet: http://econpapers.repec.org/paper/iwhdispap/71.htm (Zugriff am: 23.11.2009).

Giddens, Anthony (1990): The consequences of modernity. Stanford Calif. 1990.

Giddens, Anthony (1991): Modernity and self-identity: self and society in the late modern age. Stanford Calif. 1991.

Giesa, Frank/Kopfer, Herbert (2000): Management logistischer Dienstleistungen in der Kontraktlogistik. In: Logistik Management, 2(2000)1, S. 43-53.

Gomm, Moritz (2008): Supply Chain Finanzierung: Optimierung der Finanzflüsse in Wertschöpfungsketten. Berlin 2008.

Großmann, Gerhard/Krampe, Horst/Ziems, Dietrich (1989): Technologie für Transport, Umschlag, Lagerung im Betrieb. 3. Aufl., Berlin, 1989.

Gudehus, Timm (1996): Systemdienstleister in der Logistik. In: Technica, o.J.(1996)4, S. 14-20.

Guillén, Mauro F. (2001): Is Globalization Civilizing, Destructive or Feeble? A Critique of Five Key Debates in the Social Science Literature. In: Annual Review of Sociology, 27(2001)1, S. 235-260.

Hartmann, Evi/Lockström, Martin/Reuter, Carsten (2007): Best Cost Country Sourcing – Herausforderungen in neuen Märkten. In: Wimmer, Thomas/Bobel, Tilo (Hrsg.): Effizienz – Verantwortung – Erfolg. Kongressband zum 24. Deutschen Logistik-Kongress in Berlin. Hamburg 2007, S. 23-48.

Harvey, David (1989): The condition of postmodernity. Malden (u.a.) 1989.

Hauschildt, Jürgen (1993): Globalisierung der Wirtschaft - Zur Rolle der Betriebswirtschaftslehre. In: Haller, Matthias u. a. (Hrsg.): Globalisierung der Wirtschaft. Einwirkungen auf die Betriebswirtschaftslehre. Bern (u.a.) 1993, S. 5-8.

Heidenreich, Martin (1997): Wirtschaftsregionen im weltweiten Innovationswettbewerb. In: Kölner Zeitschrift für Soziologie und Sozialpsychologie, 49(1997)3, S. 500-527.

Held, David u. a. (1999): Global transformations: politics, economics and culture. Stanford Calif. 1999.

Kellner, Douglas (2002): Theorizing Globalization. In: Sociological Theory, 20(2002)3, S. 285-305.

Klaus, Peter (2002): Die Dritte Bedeutung der Logistik – Beiträge zur Evolution Logistischen Denkens. Hamburg 2002.

Klaus, Peter (2008): Märkte und Marktentwicklungen der weltweiten Logistikdienstleistungswirtschaft. In: Baumgarten, Helmut (Hrsg.): Das Beste der Logistik – Innovationen, Strategien, Umsetzungen. Berlin, Heidelberg 2008, S. 333-352.

Klaus, Peter/Kille, Christian (2008a): Die Top 100 der Logistik - Marktgrößen, Marktsegmente und Marktführer in der Logistikdienstleistungswirtschaft. Ausgabe 2008/2009. Hamburg, 2008.

Klaus, Peter/Kille, Christian (2008b): Kontraktlogistik. In: Klaus, Peter/Krieger, Winfried (Hrsg.): Gabler Lexikon Logistik. 5. Auflage, Wiesbaden 2008, S. 281-285.

Krupp, Thomas (2006): Benchmarking als Controlling-Instrument für die Kontraktlogistik – Prozessbenchmarking für Logistikdienstleister am Beispiel von Lagerdienstleistungen. Lohmar/Köln, 2006.

Krupp, Thomas/Bobel, Tilo (2009): Kosten- und Leistungstransparenz in Wertschöpfungspartnerschaften – Prozesskostenbasierte Ausschreibungen als Basis gemeinsamen Erfolgs. In: Wimmer, Thomas/Wöhner, Heiko (Hrsg.): Erfolg kommt von innen. Kongressband zum 26. Deutschen Logistik-Kongress in Berlin. Hamburg, 2009, S. 153-178.

La Londe, Bernard J./Masters, James M. (1994): Emerging Logistics Strategies: Blueprints for the Next Century. In: Journal of Physical Distribution & Logistics Management, 24(1994)7, S. 35-47.

Lambert, Douglas (2008): Supply Chain Management: Processes, Partnerships, Performance. 3. Aufl., Sarasota Fla. 2008.

Langefeld, John A. /Halloran, Michael/Hartforder, Benjamin J. (2006): Transportation – Third-Party Logistics Overview. In: U.S. Equity Research by Robert B. Baird & Co. Milwaukee 2006.

Larson, Paul/Halldorsson, Arni (2004): Logistics versus supply chain management: an international survey. In: International Journal of Logistics, 7(2004)1, S. 17-31.

Lovell, Antony/Saw, Richard/Stimson, Jennifer (2005): Product value-density: managing diversity through supply chain segmentation. In: The International Journal of Logistics Management, 16(2005)1, S. 142-158.

Maier, Gunther/Tödtling, Franz/Trippl, Michaela (2006): Regional- und Stadtökonomik 2: Regionalentwicklung und Regionalpolitik. 3. Aufl., Wien (u.a.) 2006.

Maloni, Michael J./Carter, Craig R. (2006): Opportunities for Research in Third Party Logistics. In: Transportation Journal, 45(2006)2, S. 23-38.

Markusen, Ann (1996): Sticky Places in Slippery Space: A Typology of Industrial Districts. In: Economic Geography, 72(1996)3, S. 293-313.

Marshall, Alfred (1920): Principles of Economics. London 1920.

Marx, Gerrit (2002): Wertorientiertes Management einer Region: regional resident value und corporate shareholder value als Management-Missionen einer public private partnership auf Aktien. Lohmar 2002.

Mayer, Stephan/Thiry, Erik/Frank, Cay-Bernhard (2009): 6. Europäische A.T. Kearney-/ELA-Studie 2008/2009: Supply-Chain-Excellence in der globalen Wirtschaftskrise. o.O., 2009.

Mentzer, John T. u. a. (2001): Defining Supply Chain Management. In: Journal of Business Logistics, 22(2001)2, S. 1-25.

Mittelman, James H. (1996): The dynamics of globalization. In: Mittelman, James H. (Hrsg.): Globalization: Critical Reflections. Boulder 1996, S. 21-32.

Müller, Stefanie/Bobel, Tilo (2007): Im Zeichen der Netze. In: LOG., o.J.(2007)1, S. 38-39.

Müller-Merbach, Heiner (2002): Ökonomische Globalisierung, Weltethos und Menscheitsmoral. In: Krystek, Ulrich/Zur, Eberhard (Hrsg.): Handbuch Internationalisierung: Globalisierung - eine Herausforderung für die Unternehmensführung. 2. Aufl., Berlin [u.a.] 2002, S. 743-761.

Nix, Nancy W. (2001): Supply Chain Manamgent in the Global Environment. In: Mentzer, John T. (Hrsg.): Supply Chain Management. Thousand Oaks Calif. 2001.

O.V. (2009): Streitgespräch: Hat die Globalisierung Zukunft, oder müssen Politik und Unternehmen umsteuern? Ein Gespräch zwischen Alexis Passadakis (Attac) und Prof. Dr. Thomas Straubhaar (HWWI). In: DVZ Deutsche Logistik Zeitung, Nr. 96, 11.08.2009, S. 6-7.

Ogulin, Robert (2003): Globalization and regionalization of supply chains. In: Gattorna, John/Ogulin, Robert/Reynolds, Mark W. (Hrsg.): Gower handbook of supply chain management. Hants 2003, S. 523-536.

Oliver, R. Keith/Webber, Michael D. (1992): Supply Chain Management: Logistics

Pfohl, Hans-Christian (2004): Logistikmanagement: Konzeption und Funktionen. 2. Aufl., Berlin, Heidelberg u.a. 2004.

Pfohl, Hans-Christian (2010): Logistiksysteme. Berlin, Heidelberg 2010.

Pfohl, Hans-Christian/Gomm, Moritz/Costa, Filipe da (2006): Textil-Beschaffungsmärkte China und Indien im Vergleich: Informationen und empirische Ergebnisse über die Beschaffung von Bekleidung in Indien und China. Darmstadt 2006.

Porter, Michael E. (2000): Wettbewerbsvorteile: Spitzenleistungen erreichen und behaupten. Frankfurt 2000.

Pouder, Richard/St. John, Caron H. (1996): Hot Spots and Blind Spots: Geographical Clusters of Firms and Innovation. In: Academy of Management Review, 21(1996)4, S. 1192-1225.

Robertson, Roland (1998): Globalization: social theory and global culture. London 1998.

Rudolph, Torsten (2009): Strategien von Logistikdienstleistern im Kontraktlogistikmarkt - Eine fallstudienbasierte Analyse der Strategien ausgewählter internationaler Unternehmen der Kontraktlogistik vor dem Hintergrund aktueller Empfehlungen der strategischen Managementliteratur. Hamburg 2009.

Schary, Philip B./Skjott-Larsen, Tage (2001): Managing the global supply chain. 2. Aufl., Copenhagen Denmark 2001.

Scherer, Andreas (2003): Multinationale Unternehmen und Globalisierung: zur Neuorientierung der Theorie der multinationalen Unternehmung. Heidelberg 2003.

Schönsleben, Paul (2007): Integrales Logistikmanagement: Operations und Supply Chain Management in umfassenden Wertschöpfungsnetzwerken. New York 2007.

von der Gracht, Heiko/Däneke, Enno/Micic, Pero/Darkow, Inga-Lena/Jahns, Christopher (2008): Zukunft der Logistik-Dienstleistungsbranche in Deutschland 2025, Schriftenreihe Wirtschaft und Logistik der Bundesvereinigung Logistik (BVL) e.V., Hamburg, 2008.

Wadehn, Martin (1982): Transport, Umschlag und Lager-Technologien (TUL-Technologien), Methodik und Arbeitsmaterial. Bauakademie der Deutschen Demokratischen Republik (DDR). Berlin 1982.

Weber, Jürgen/Stölzle, Wolfgang/Wallenburg, Carl M./Hofmann, Erik (2007): Einführung in das Management der Kontraktlogistik. In: Stölzle, Wolfgang/Weber, Jürgen/Hofmann, Erik/Wallenburg, Carl M. (Hrsg.): Handbuch Kontraktlogistik – Management komplexer Logistikdienstleistungen. Weinheim 2007, S. 35-54.

Wrobel, Heiko/Klaus, Peter (2009): Projektanbahnung in der Kontraktlogistik – Eine empirische Studie zum Status Quo und zu den Erfolgsfaktoren im Vertrieb und im Einkauf von Kontraktlogistikdienstleistungen. Eine Untersuchung der Fraunhofer-Arbeitsgruppe für Technologien der Logistik-Dienstleistungswirtschaft ATL. Nürnberg 2009.

Weber, Jürgen/Stölzle, Wolfgang/Wallenburg, Carl M./Hofmann, Erik (2007): Einführung in das Management der Kontraktlogistik. In: Stölzle, Wolfgang/Weber, Jürgen/Hofmann, Erik/Wallenburg, Carl M. (Hrsg.): Handbuch Kontraktlogistik – Management komplexer Logistikdienstleistungen. Weinheim 2007, S. 35-54.

Wrobel, Heiko/Klaus, Peter (2009): Projektanbahnung in der Kontraktlogistik – Eine empirische Studie zum Status Quo und zu den Erfolgsfaktoren im Vertrieb und im Einkauf von Kontraktlogistikdienstleistungen. Eine Untersuchung der Fraunhofer-Arbeitsgruppe für Technologien der Logistik-Dienstleistungswirtschaft ATL. Nürnberg 2009.

Josef Decker*

Logistik lernen – Bedeutung und Einordnung systemintegrierten Denkens und Handelns in der Aus- und Weiterbildung

* Dr. Josef Decker ist als Studienleiter auf dem BVL Campus für den Aufbau der neuen Hochschule für Internationale Wirtschaft und Logistik (HIWL) verantwortlich. Berufliche und wissenschaftliche sowie Lehrerfahrungen sammelte Dr. Decker in verschiedenen Positionen u.a. bei der Nixdorf Computer AG, der Clausthaler Umwelttechnik Institut GmbH, der BVL, der SMG Consulting und dem Supply Management Institut der European Business School sowie der Deutschen Außenhandels- und Verkehrs-Akademie und der Hochschule Bremerhaven.

1 Vorbemerkung

"It is clear that the present path of world development is not sustainable in the longer term, even if we recognise the enormous potentials of the market and of technological innovation. New ideas and strategies will be needed to ensure that improved living conditions and opportunities for a growing population across the world can be reconciled with the conservation of a viable climate and of the fragile ecosystems on which all life depends. A new vision and path for world development must be conceived and adopted if humanity is to surmount the challenges ahead."[1]

Diese Feststellung des Club of Rome führt Peter Senge in gewisser Weise weiter, wenn er die Nachhaltigkeitsdiskussion mit der Notwendigkeit des Systemdenkens in Unternehmen verbindet: "Alle Nachhaltigkeitsprobleme entstammen der gleichen Quelle. Wir wissen nicht, wie wir das gesamte System wahrnehmen können." Und etwas weiter heißt es: „Die Fähigkeit, große Systeme zu sehen – egal, ob diese am vorderen oder hinteren Ende der Wertschöpfungskette liegen – stellt eine grundsätzlich neue Fähigkeit dar, die Firmen entwickeln müssen."[2]

Diese einleitenden Zitate weisen auf die Zielsetzung des vorliegenden Beitrags hin. Es geht darum, die Bedeutung des Systemdenkens und –handelns mit dem Blick auf anstehende aktuelle Trends und Entwicklungen in Natur, Wirtschaft und Gesellschaft herauszuarbeiten und die damit verbundenen Herausforderungen für die Aus- und Weiterbildung zu identifizieren und zu konkretisieren.

Seit vielen Jahren wird in Wissenschaft, Wirtschaft und Gesellschaft das Systemdenken propagiert und weiterentwickelt. Naturwissenschaftliche und sozialwissenschaftliche Forschungsarbeiten haben zu einem tiefgreifenden neuen Verständnis unserer Lebens- und Arbeitswelt beigetragen. Konkrete Beispiele in Unternehmen und Institutionen zeigen, wie aus den Erkenntnissen auch Handlungsoptionen für die tägliche Praxis entwickelt und abgeleitet werden können.

Dennoch zeigt sich, und die weltweite Finanz- und Wirtschaftskrise ebenso wie die zunehmend sichtbarer werdenden Umweltkrisen sind nur einige aktuelle Indikatoren, dass nach wie vor erheblicher Handlungsbedarf besteht, um die zukünftigen Herausforderungen in einer globalen Welt zu bestehen. Die Weiterentwicklung von Systemdenken und –handeln, das heißt, das Erlangen eines tiefer greifenden Verständnisses unserer Wirtschafts- und Lebenswelt, erscheint vor diesem Hintergrund als eine vordringliche Aufgabe, insbesondere für die Aus- und Weiterbildung.

Systemdenken ist nicht neu. Die Zunahme an Komplexität und der erweiterte Wirkungsbereich des Einzelnen bzw. des Unternehmens in zeitlicher und räumlicher Hinsicht erfordern dieses Denken aber in zunehmendem Maße für die bewusste Gestaltung von Handlungs- und Verantwortungsfeldern. Für die Logistik hat Pfohl die Bedeutung des Systemdenkens bereits seit den 70er Jahren immer wieder herausgearbeitet und betont:

„Grundlegend für die Logistikkonzeption ist die systemtheoretische Betrachtungsweise oder kürzer das *Systemdenken* … Die Anwendung des Systemdenkens stellt die Behandlung logistischer Probleme auf eine neue Grundlage, was ein wesentlicher Grund dafür sein dürfte, dass man

---

1 Club of Rome, http://www.clubofrome.org/eng/new_path/#, 31.12.2009

2 Senge, Winkler, 2010, S. 7

heute, nach einer langen Periode der Vernachlässigung, diesen Problemen sowohl in der Wissenschaft als auch in der Praxis wachsende Beachtung schenkt."[3]
Konsequenterweise wurde die Systemsichtweise auch auf unterschiedlichste Art und Weise in zahlreiche Studien- aber auch bereits in Ausbildungsgänge integriert. Hier kristallisiert sich ein Aufgabenfeld heraus, das einer besonderen Fokussierung bedarf. Die Vermittlung von Systemkompetenz im Sinne von Handlungsfähigkeit unter Berücksichtigung eines tiefgreifenden Systemverständnisses bleibt häufig an der Oberfläche. Im günstigsten Fall führt dies in der Praxis dann lediglich zu begrifflichen Unschärfen, die zu Missverständnissen im betrieblichen Alltag führen können. Es kann jedoch weitergehende Auswirkungen haben, bis hin zu gravierenden Fehleinschätzungen von Marktentwicklungen u.a. aufgrund mangelnden Systemverständnisses, gerade auch bei Experten und Fachleuten. Die oben bereits erwähnten aktuellen Krisen sind Beispiele dafür.
Die Frage, die es zu beantworten gilt, ist die Frage nach der Vermittlung nicht nur von Systemdenken, sondern mehr noch von Systemerfahrung und systemorientierter Handlungskompetenz. Damit einher geht die Frage nach den Merkmalen und Ansätzen, die eine Aus- und Weiterbildungsinstitution hat bzw. haben und entwickeln muss, um relevante Systemerfahrung zu ermöglichen.
Die Vermittlung von Wissen über Systeme und deren Verhalten und Dynamik in Natur, Technik, Wirtschaft und Gesellschaft ist eine wichtige erste Säule, die bereits vielfach in die Curricula wirtschaftswissenschaftlicher und ingenieurwissenschaftlicher Studiengänge integriert ist. Es sind aber auch die Ansätze systemischen Lernens und Lehrens gemeint. Wie also kann die Vermittlung von Wissen <u>über</u> Systeme weitergeführt werden zu Lernprozessen, in denen systemorientiertes Handeln und Erfahren <u>integriert</u> ist. Ein wichtiger Schritt ist es, Lernsituationen aus Systemsicht zu verstehen, was letztlich zu einem neuen Verständnis der Rolle der Lehrenden und der Lernenden sowie der Wechselwirkungen im Lernprozess führen muss.
Darüber hinaus muss sich jede Einrichtung der Aus- und Weiterbildung die Frage stellen, inwiefern sie selbst systemisch institutionalisiert und konzipiert ist. Wie also Systemerfahrung nicht nur als Thema auf der Agenda steht, sondern im Ausbildungs- und Lehralltag wie auch im Verwaltungshandeln an der Institution durch die Studierenden permanent ermöglicht werden kann.
Es sei betont, dass das Systemdenken und –handeln nur einen möglichen Weg darstellt, um die täglichen Aufgaben und Situationen in vielen Bereichen besser verstehen und gestalten zu können. Im Verlauf der vorliegenden Ausarbeitung sollen die Potenziale des Systemdenkens und –handelns für die Zukunftsgestaltung in Unternehmen und Gesellschaft herausgearbeitet werden.

2 Einleitung

Die Basis für die nachfolgenden Ausführungen sind jahrelange Beobachtungen in unterschiedlichen Aus- und Weiterbildungssituationen, bei Forschungs- und Beratungsprojekten sowie im

---

[3] Pfohl, 2004, S. 26, 27, vgl. auch die dort angegebenen Literaturstellen

alltäglichen Arbeitsumfeld. Sie sind ein Ansatz, die Essenz daraus zusammenzufassen und zu systematisieren sowie erste Folgerungen für systemisches Lernen[4] und geeignete Lernsituationen zu ziehen. Ein besonderer Fokus liegt dabei auf der Aus- und Weiterbildung in der Logistik, die in besonderer Weise als systemorientierte Disziplin gesehen werden kann. Die grundlegenden Aussagen sind aber ohne Weiteres allgemein zu verstehen und für unterschiedlichste Inhalte und Zielsetzungen zu adaptieren.

Ausgehend von einer fokussierten Betrachtung aktueller Entwicklungen und der Analyse der daraus für Unternehmen und Mitarbeiter resultierenden Anforderungen, wird der heutige und zukünftige Kompetenzbedarf skizziert. Es werden mögliche und bereits sichtbare Kompetenzlücken aufgezeigt, die mithilfe des Systemansatzes frühzeitig erkannt, neu gedeutet und durch geeignetes Handeln in vielen Fällen geschlossen oder in ihren Auswirkungen relativiert werden können.

Im darauffolgenden Schritt werden einige Wurzeln des Systemdenkens dargestellt und der aktuelle Stand der Diskussion, soweit für die vorliegenden Ausführungen erforderlich, dokumentiert. Hier wird der Fokus weniger auf die zahlreichen theoretischen Zusammenhänge in den Fachwissenschaften gelegt, als vielmehr auf die übergreifenden Aspekte des Systemdenkens, die eine Klammer zwischen verschiedenen wissenschaftlichen und fachpraktischen Disziplinen darstellen und damit eine Vielfalt an kreativem Potenzial für Lösungsansätze in der Praxis bereithalten.

Schließlich werden die Argumentationslinien des Beitrags zusammengeführt und die Frage nach der systemorientierten Aus- und Weiterbildung gestellt. Es zeigt sich, dass ein alleiniges Lehren von Systemtheorie und –denken notwendig, aber nicht hinreichend ist. Die zentrale Herausforderung ist es, in der Aus- und Weiterbildung integrierte System- und Prozesskompetenz zu vermitteln, d. h. erfahrbar zu machen. Konkret stellt sich die Frage nach der Systemorientierung der ausbildenden Institution und den Aus- und Weiterbildungsprozessen. Es zeigt sich, dass eine ausbildende Institution wie z. B. eine Hochschule, als lernendes System aufgefasst werden kann, das einerseits Lernprozesse initiiert, organisiert und evaluiert, andererseits aber selbst im Sinne einer lernenden Organisation einen permanenten Kompetenzentwicklungsprozess durchläuft. Gerade diese Fähigkeit ist in einer dynamischen Welt ein wesentliches Kriterium für die Zukunftsfähigkeit einer Bildungseinrichtung.

3 Ausgewählte Trends und Entwicklungen

Das Verständnis von Systemverhalten und die Identifikation von Handlungsmöglichkeiten auf der Basis allgemeiner Systemzusammenhänge hat in seiner Bedeutung in den letzten Jahren und Jahrzehnten stark zugenommen. Die Gründe sind in Entwicklungen zu sehen, die neue Anforderungen an die Handlungskompetenzen von Führungskräften, operativen Managern und Mitarbeitern in Unternehmen und öffentlichen Einrichtungen stellen. Nachfolgend werden einige dieser Entwick-

4 Unter systemischem Lernen werden hier Lernprozesse und Lernarrangements verstanden, die einer konsequenten Systemorientierung folgen und systemorientiertes Handeln erfahrbar machen.

lungen aufgezeigt und Herausforderungen sowie Kompetenzbedarfe an die jeweils Handelnden herausgearbeitet.

3.1 Globalisierung

Die Globalisierung der Wirtschaftsprozesse ist in den vergangenen Jahren immer weiter vorangeschritten. Straube und Pfohl stellen in der aktuellen Trendstudie der Bundesvereinigung Logistik fest,: „Branchenübergreifend ist die Globalisierung nach Ansicht der befragten Unternehmen heute der Megatrend, der die Logistik vor die größten Herausforderungen stellt und künftig noch weiter an Bedeutung gewinnt. ...“.[5] Nicht zuletzt hat aber auch die Finanz- und Wirtschaftskrise der Jahre 2008 und 2009 gezeigt, wie die globale Vernetzung der Finanz- und Wirtschaftssysteme binnen kürzester Zeit nahezu die Wirtschaft der gesamten Erde erfassen kann.
Ein weiterer wichtiger Punkt der Globalisierungsperspektive ist die sich abzeichnende Veränderung der wirtschaftlichen und politischen Machtzentren der Erde. Auf die Verschiebung der politischen und wirtschaftlichen Machtsphären weist insbesondere auch Miegel hin.[6] Derzeitige sogenannte Schwellenländer wie z. B. China schicken sich an, wirtschaftlich führende Nationen, wie z. B. die Bundesrepublik Deutschland oder die USA in bestimmten Feldern zu überholen. Das derzeitige Kopf-an-Kopf-Rennen zwischen China und Deutschland als sogenannter Exportweltmeister ist ein Beispiel dafür.
Mit der dynamischen Entwicklung globaler Wirtschaftsstrukturen und –prozesse ergeben sich aber erweiterte und z. T. auch neue bzw. neuartige Anforderungen an die beteiligten Unternehmen und ihre Mitarbeiter. So ist offensichtlich der Einkauf von Vorprodukten für einen europäischen Standort von einem Anbieter aus Fernost mit anderen zeitlichen Vorläufen und Sicherheitsvorkehrungen zu tätigen. Neben der notwendigen zeitlichen Puffer stellen sich erweiterte Aufgaben der Qualitätsentwicklung und -sicherung bis hin zum Verständnis von und dem Umgang mit anderen kulturellen Rahmenbedingungen und Voraussetzungen. Die Anforderungen an Führungskräfte gehen aber über den Bereich des eigenen Unternehmens und der eigenen Versorgungsprozesse weit hinaus. Die Entwicklungen im Umfeld, z. B. in gesellschaftlicher, rechtlicher oder politischer Hinsicht müssen permanent beobachtet und hinsichtlich der möglichen Auswirkungen auf die eigene Wirtschaftstätigkeit hin bewertet werden.
Aus einer Systemperspektive heraus betrachtet, lassen sich die aktuellen Zustände des Systems, wie z. B. einer weltweiten Produktions- oder Handelsversorgung nur mit sehr viel mehr Aufwand in Erfahrung bringen und kontinuierlich kontrollieren. Steuernde und regelnde Eingriffe haben längere Vorlaufzeiten und haben weitaus mehr Parameter zu berücksichtigen und schließlich sind die Informations- und Reaktionszeiten des Systems länger und weniger transparent. Ein weiterer wichtiger Punkt ist die Berücksichtigung der Wechselwirkungen mit anderen Systemen, die mit dem System „eigenes Unternehmen“ oder „eigener Prozess“ interagieren. Diese Systeme sind in

---

5 Straube, Pfohl, 2008, S. 12
6 Vgl. Miegel, 2005, S. 33

globalisierten Handlungskontexten häufig überhaupt nicht oder nur ansatzweise bekannt. Beispielsweise können kulturell unterschiedliche Familiensysteme und die damit verbundenen Verhaltensweisen und Verpflichtungen einen nicht unerheblichen Einfluss auf die Arbeitssysteme in Unternehmen besitzen. Zudem werden die Grenzen der einzelnen Unternehmung mehr und mehr durchlässig gestaltet, um in Form von Netzwerken und geeigneten Kooperationsformen, wirtschaftliche Vorteile zu erschließen. Auch dadurch vervielfältigen sich die Interaktionsfelder wie im folgenden Abschnitt näher ausgeführt wird.

3.2 Netzwerke, Kooperationen, Outsourcing

Die Tendenz, sich horizontal oder vertikal zu vernetzen, gewinnt seit Jahren zunehmend an Bedeutung und ist eine der relevanten Entwicklungen in Unternehmen und Wirtschaft. Das Merkmal von Netzwerken und Kooperationen ist insbesondere, dass die beteiligten Unternehmen rechtlich selbstständig bleiben und in Bezug auf definierte Ziele eine Zusammenarbeit anstreben und realisieren. Gerade kleine und mittelständische Unternehmen sehen hier Potenziale, um im Konzert mit großen Unternehmen konkurrenzfähig zu bleiben.[7]

Ziel von Netzwerken und Kooperationen ist es z. B. Größenvorteile zu erzielen oder komplementäre Kompetenzen für gemeinsame Kundenprozesse nutzbar zu machen. Das bedeutet, dass der Zugriff auf Wissen und Informationen für die Gestaltung von Innovationsprozessen in der Regel eine wichtige Rolle spielt. Aber auch die gemeinsame Nutzung von Ressourcen oder das flächendeckende Angebot bestimmter Dienstleistungen kann im Fokus des Interesses stehen. Die bekannten Stückgutkooperationen stellen hier prominente Beispiele dar. Häufig ist aber auch der Blick über den „eigenen Tellerrand", d. h. über die eigenen Unternehmensgrenzen hinweg, bereits ein wichtiger Grund, sich in Netzwerken zu engagieren bzw. zu organisieren.

Netzwerke und Kooperationen können sehr unterschiedlich gestaltet sein. Ad hoc Netzwerke können durch einmalige gemeinsame Geschäftsaktivitäten entstehen und haben in der Regel keine formale Struktur, sondern existieren nur informell im Rahmen der Durchführung der in Frage stehenden Aktivitäten. Netzwerke bedürfen jedoch vielfach einer formalen Ausgestaltung und eines professionellen Managements. Die Gestaltung von Zuliefernetzwerken in der Automobilindustrie beispielsweise beinhaltet nicht zuletzt Investitions- und Standortentscheidungen der beteiligten Partner. Damit sind langfristige Bindungen und somit ein unternehmensübergreifendes bzw. unternehmensverbindendes Management gefordert. Die weitergehende Bedeutung von Netzwerken in dem Sinne, dass zukünftig mehr und mehr gut funktionierende Netzwerke anstatt einzelner Unternehmen im Wettbewerb zueinander stehen, macht auch Christopher deutlich, wenn er sagt: „The new competitive paradigm that we have described places the firm at the centre of an interdependent network – a confederation of mutually complementary competencies and capabilities – which competes as an integrated supply chain against other supply chains….. For network competition to be truly effective a significantly higher level of joint strategy development is required.

---

[7] Henke, 2003

This means that network members must collectively agree strategic goals for the network and the means of attaining them"[8]

Netzwerke und Kooperationen erzeugen aber auch Abhängigkeiten, Risiken und erhöhten Aufwand an Abstimmungs- und Koordinationsprozessen. Abhängigkeiten entstehen etwa durch die gemeinsame Nutzung von Kapazitäten oder durch auf die Partner verteilte Informationen und verteiltes Wissen. Risiken können durch den Abfluss von Wissen oder auch durch Ausscheiden von Partnern entstehen. Unterschiedliche Unternehmenskulturen sowie nicht abgestimmte bzw. angepasste Prozesse erhöhen häufig den Aufwand in der konkreten Durchführung gemeinsamer Auftragsprozesse. Hier wird deutlich, dass Netzwerke einerseits neue Anforderungen an das Management stellen, andererseits aber auch jeder Mitarbeiter in Netzwerkstrukturen erweiterte Kompetenzen benötigt, die es ihm ermöglichen, die Wirkungen seines Handelns an anderen Stellen des jeweiligen Netzwerkes zu kennen und zu berücksichtigen.

Es geht um die Koordination der eigenständigen Partner des Netzwerkes, die Sicherstellung des Informationsflusses, Entwicklung der Fähigkeit zur Zusammenarbeit und Kooperation unter den Partnern, Sicherstellen und Bewerten gemeinsamer Ziele, Maßnahmen und Ergebnisse. Kommunikative Fähigkeiten, ganzheitliches Denken, soziale Kompetenzen und Flexibilität sind nur einige Hinweise auf die notwendigen Kompetenzfelder in effizienten Netzwerken und Kooperationen. Diese Beispiele zeigen bereits, dass die Managementanforderungen in einem Netzwerk Methoden und Kompetenzen erfordern können, die innerhalb eines Unternehmens nicht oder nicht in dem hier geforderten Maße zum Tragen kommen. Sydow bemerkt dazu: „...Ein solches Netzwerkmanagement ist eine durchaus anspruchsvolle Aufgabe, auf die das Management bislang häufig nicht genügend vorbereitet ist. Dies wird sich als umso problematischer erweisen, je komplexer Netzwerkorganisationen werden...."[9]

Aus Systemsicht geht es hier nicht zuletzt um die Koordination und die Interaktion verschiedener Systeme bzw. Systemwelten. Jedes Unternehmen kann als System aufgefasst werden, aber z. B. auch jeder gemeinsame Prozess, der unternehmensübergreifend realisiert wird. Die Managementaufgabe besteht daher darin, geeignete Informations- und Handlungsmöglichkeiten zu identifizieren, die das Verhalten sowohl der Einzelsysteme als auch des Gesamtsystems hinsichtlich der gewünschten Zielsetzungen beeinflussen können. Hier wird bereits deutlich, dass die Komplexität der Managementaufgabe in Netzwerken und Kooperationen erheblich sein kann. Insbesondere gilt es, und darauf wird im Abschnitt vier näher eingegangen, mögliche Rückkopplungen zwischen den Systemen zu identifizieren und in ihren Auswirkungen auf das Gesamtsystem zu bewerten.[10]

Etwas anders gelagert sind die Verhältnisse im Falle des nach wie vor starken Trends zum Outsourcing. Dabei stehen die häufig genannten Kostenargumente nicht unbedingt an erster Stelle. Vielmehr geht es um die Fokussierung auf die eigenen Kernkompetenzen und die Verlagerung von Aktivitäten, die nicht dazu gehören, auf geeignete Dienstleister. Damit einhergehend ist es das Ziel, die Kundenprozesse zu optimieren und hohe Qualitätsstandards zu realisieren. Auch die

[8] Christopher, 2005, S. 286
[9] Sydow, 2003, (b), S. 310
[10] Jischa, 2005, S. 37 ff.

Transparenz für die Shareholder kann ein nicht zu unterschätzendes Argument sein. Führt die Vergabe von Leistungen mit Blick auf die im eigenen Unternehmen durchzuführenden Prozesse zu einer Verringerung der Komplexität, so kommen aber neue Steuerungs- und Kommunikationsaufgaben hinzu, die wiederum die Komplexität des gesamten Kundenprozesses erhöhen. Letztlich hat sich durch das Outsourcing das Netzwerk des Unternehmens erweitert bzw. diversifiziert.
Sydow weist in diesem Zusammenhang auf ein Paradoxon hin, das direkt zum nachfolgenden Punkt der Komplexität überleitet.
„Trifft die Einschätzung zunehmender Komplexität von Netzwerkorganisationen zu, ist das Management mit einem paradoxen Sachverhalt konfrontiert: Eine Organisationsform, deren Verbreitung nicht unwesentlich darauf zurückzuführen sein dürfte, dass sie die speziell in Großorganisationen überborstende Komplexität im Zaume zu halten verspricht, schafft zusätzliche Komplexität. …“[11]

3.3 Dynamik und Komplexität

Dynamik und Komplexität kennzeichnen zahlreiche aktuelle Entwicklungen. Dynamik im Sinne von Veränderungsgeschwindigkeit zeigt sich z. B. bei der Verringerung der Entwicklungszeiten und der gesamten Zeit neuer Produkte bis zur Markteinführung (time to market). Aber auch die Kundenanforderungen hinsichtlich der Lieferzeiten und Reaktionsgeschwindigkeiten sind, nicht zuletzt durch die neuen Formen des Handels, gestiegen. Auch neue Trends und Moden beschränken sich, z. B. im Textilbereich, nicht mehr nur auf die verschiedenen Jahreszeiten sondern im Grunde kann es jederzeit zu neuen Anforderungen hinsichtlich Farben, Design und Gestalt kommen. Hier heißt es, die gesamte Supply Chain, ggf. weltweit, so zu organisieren, dass, ausgehend vom ersten Impuls einer Veränderung seitens des Marktes, eine wesentlich geringere Antwortzeit realisiert werden kann, als es sie der Wettbewerb vorgibt.
Dynamik erfordert Flexibilität und die Fähigkeit, schnell und zielgerichtet auf Veränderungen und neue Anforderungen zu reagieren. Aus Systemsicht stellt sich damit die Frage, wie die Elemente einer Supply Chain aussehen müssen und wie die Beziehungen und Wechselwirkungen zwischen ihnen zu gestalten sind, um die notwendige Systemdynamik und Reaktionsgeschwindigkeit realisieren zu können. Die prinzipiellen Reaktionsmöglichkeiten von Systemen, die dabei zu berücksichtigen sind, werden in Kapitel vier systematisch dargestellt.
Unbestrittenermaßen haben wir es, wie die vorhergehenden Abschnitte bereits gezeigt haben, mit einer Zunahme an Komplexität in unseren Wirtschaftssystemen zu tun. Wird der Begriff Komplexität alltagssprachlich verstanden, so wird er häufig mit Begriffen wie Undurchschaubarkeit, Unvorhersehbarkeit oder auch Unbeherrschbarkeit assoziiert. Eine genauere Betrachtung lässt erkennen, dass es sich um unterschiedliche Arten von Komplexität handeln kann. Komplexität in Systemen kann z. B. durch sehr viele zu unterscheidende Elemente des Systems hervorgerufen werden. Hinzu können Wechselwirkungen zwischen den Systemelementen kommen, die durch Nichtlinearitäten und Rückkopplungsschleifen gekennzeichnet sind. Dadurch sind komplexe Systeme

---

[11] Sydow, 2003 (b), S. 311

häufig mit einfachen Methoden nur noch bedingt beschreibbar und erfassbar. Das Systemverhalten kann sich einer Beschreibung auch komplett entziehen, da es prinzipiell nicht erfassbar ist.
Eine andere Art von Komplexität bzw. scheinbarer Komplexität kann durch das Informationsproblem hervorgerufen werden. Prinzipiell können in vielen Fällen alle benötigten Informationen über die Systemzustände und die Wechselwirkungen ermittelt werden, doch liefert das System eine derartige Fülle an Informationen, dass eine systematische Auswertung sinnvollerweise nicht möglich ist und damit das System als komplex charakterisiert werden muss.
Die bisher beschriebenen Arten der Komplexität beziehen sich im Wesentlichen auf die Struktur des betrachteten Systems. Dabei lässt die Informationsfrage aber bereits vermuten, dass es eine weitere Art der Komplexität gibt. Dies ist die zeitliche Komplexität, die eng mit der Systemdynamik verbunden ist. Sehr schnelle Änderungen der Systemzustände erschweren bzw. verhindern einerseits eine fundierte Analyse des Systemverhaltens und machen andererseits eine zielgerichtete Beeinflussung des Systemverhaltens in vielen Fällen unmöglich.
Die bereits beschriebenen Entwicklungen (Globalisierung, Netzwerkbildung) wie auch weiter unten zu beschreibende Entwicklungen (Risiko und Sicherheit, Nachhaltigkeit, Technologische Innovationen,) können in erheblichem Maße zur Zunahme von Komplexität beitragen.
Für alle in komplexen Wirtschaftsprozessen handelnden Personen ist es wichtig, bekannte und möglicherweise nicht bekannte oder erkennbare Wirkungen des eigenen Handelns im Fokus zu haben bzw. deren Möglichkeit zu antizipieren. Systemdenken liefert einen Rahmen für die Strukturierung und Handhabung komplexer Situationen. Im Einzelfall ist jedoch zu prüfen, welche prinzipiellen Grenzen es gibt. Gerade in komplexen sozialen Systemen sind weitergehende persönliche Kompetenzen wie beispielsweise Empathie wichtige Faktoren für erfolgreiches Team- und Führungshandeln.

3.4 Risiko und Sicherheit

Horizontale und vertikale Vernetzung von Unternehmen, und dies im weltweiten Maßstab, ist immer auch mit Risiken und der Frage nach dem Umgang damit verbunden. Risiken können sich z. B. ergeben aus:
- Wissensverlust/-preisgabe,
- Verlust der Steuerungshoheit,
- langfristigen Investitionen,
- Naturkatastrophen,
- terroristischen Aktivitäten,
- politischen Instabilitäten,
- Finanzierungs- und Liquiditätsproblemen von Partnern in den Netzwerken,
- kulturellen Barrieren.

Systematisches Risikomanagement kann Risiken handhabbarer machen, sie aber nicht gänzlich ausschließen. Die in Abschnitt 3.3 bereits skizzierte zunehmende Komplexität der Systeme führt zu zusätzlichen Risiken durch nicht hinreichende Informationen zu Systemzuständen, zu Wechselwirkungen im System sowie durch begrenzte Einflussmöglichkeiten. Ein fundiertes Systemverständnis kann dazu beitragen, Risiken zu reduzieren und Risikomanagement erst möglich zu machen.

3.5 Nachhaltigkeit

Nachhaltigkeit oder auch Sustainability meint eine Ausrichtung der Wirtschaftprozesse, die eine Übernutzung von Ressourcen vermeidet und dabei soziale, ökonomische und ökologische Anforderungen in Einklang zu bringen versucht. Der Begriff stammt aus der Forstwirtschaft und hat spätestens seit der sogenannten Rio-Konferenz der Vereinten Nationen im Jahr 1992[12] zahlreiche Diskussionen zur Zukunft von Wirtschaft und Gesellschaft geprägt.[13] Während die sogenannte Nachhaltigkeitsdiskussion in den neunziger Jahren häufig auf der theoretischen oder konzeptionellen Ebene verblieb, werden heute mehr und mehr Umsetzungsalternativen für die betriebliche Praxis gesucht und ansatzweise gefunden. Dabei ist abzusehen, dass die gesellschaftlichen und politischen Anforderungen weltweit weiter zunehmen werden.
Nachhaltigkeit bedeutet insbesondere die Berücksichtigung der mittel- und langfristigen Verhaltensweisen und Reaktionsmöglichkeiten sozialer, ökologischer und ökonomischer Systeme. In diesem Sinne sind belastbare Nachhaltigkeitskonzepte ohne ein weitreichendes Systemverständnis kaum denkbar noch realisierbar. Wirkungen menschlichen Handelns in Wirtschaft und Gesellschaft können weitreichende Wirkungen in zeitlicher und räumlicher Hinsicht haben. Zwei Problemfelder sind besonders zu betonen.
Erstens sind die Wirkungen des eigenen Handelns oft für den Handelnden selbst gar nicht oder nur mittelbar in geringem Maße spürbar oder sie liegen außerhalb des zeitlichen Erfahrungshorizonts. Ein gutes Beispiel dafür ist die CO_2-Problematik. Hier ist der eigene Beitrag zwar prinzipiell ermittelbar, aber die Wirkungen sind in zeitlicher und räumlicher Hinsicht nicht zuzurechnen und nicht erfahrbar.
Dieses Beispiel ist auch exemplarisch für das zweite hier zu nennende Problemfeld. Es handelt sich hier, wie bei vielen Umweltfragen, um die Nutzung von Allgemeingütern. Nimmt ein Individuum oder ein Unternehmen hier mehr Rechte in Anspruch als ihm bei einer Gleichverteilung der Nutzungsrechte zustehen würde, so ist dieses Verhalten in der Regel für die Allgemeinheit noch nicht problematisch. Wird dieses Verhalten jedoch von vielen Individuen bzw. Unternehmen verfolgt, so kommt es zu einer Übernutzung der Ressourcen und die Basis für die Allgemeinheit verschwindet nach und nach. Das Problem ist in der Literatur unter dem Begriff der „Tragödie der Allmende“ bekannt. [14]

---

[12] United Nations Conference on Environment and Development, Rio de Janeiro, 1992, siehe auch: Rio Deklaration unter: http://www.un-documents.net/rio-dec.htm

[13] siehe dazu auch: Deutscher Bundestag 1998; mit Blick auf die Implikationen des Nachhaltigkeitskonzeptes und Handlungsmöglichkeiten im Bereich Verkehr und Logistik

[14] Vgl. Jischa, 2005, S. 234

Die Entwicklung und Umsetzung von Nachhaltigkeitskonzepten ist damit eine Art Paradebeispiel für die Notwendigkeit des Systemdenkens- und handelns. Die Möglichkeit, durch tiefgreifenderes Verständnis der Wirkungen des eigenen Handelns, des eigenen Systems aber auch der umgebenden und interagierenden Systeme, Handeln weit über den direkten eigenen Erfahrungshorizont hinaus bewerten und antizipieren zu können, unterstreicht das Potenzial diese Ansatzes. Gerade hier erhält das fach- und disziplinübergreifende Denken einen besonderen Stellenwert.
Allerdings darf an dieser Stelle ein zentraler Hinweis nicht fehlen. Das übergreifende Systemdenken impliziert auch das Lernen von natürlichen Systemen, die ihre Fähigkeit, Millionen von Jahren in sich ändernden Umgebungen zu existieren, hinreichend bewiesen haben. Wirtschaftseinheiten, wie z. B. Unternehmen, sind aber von ihrer Zielsetzung her in der Regel dem ökonomischen Prinzip also letztendlich der Gewinnmaximierung verpflichtet. Natürliche Systeme hingegen haben nur ein wesentliches Ziel, nämlich den Erhalt des Systems bzw. der Gattung. Diese grundlegende Zieldivergenz ist also bei allen Vergleichen und Analysen zur Übertragbarkeit von Lösungsansätzen zu berücksichtigen.[15]
Die Anforderung an den systemorientiert Handelnden ist daher einerseits die Fähigkeit, allgemeine Strukturen und Verhaltensweisen zu identifizieren und übertragen zu können, um eigene Problemlösungen abzuleiten. Andererseits ist aber auch Kompetenz gefragt, Grenzen der Übertragbarkeit zu identifizieren.

3.6 Technologische Innovationen

Innovationen im technischen Bereich sind wie das „Salz" des Fortschritts. Schon seit jeher dienen sie einerseits der Erleichterung der menschlichen Arbeit, andererseits ermöglichen sie aber auch neue Prozesse, die vorher nicht möglich waren. Eine besondere Bedeutung kommt hier seit vielen Jahren der Informations- und Kommunikationstechnik zu. Ohne Übertreibung können Informationen als ein wesentlicher Rohstoff moderner Gesellschaften bezeichnet werden. Nicht zuletzt die Entwicklungen im Bereich Wissensmanagement und das professionelle Management von Informationen und Wissen in vielen wissensintensiven Unternehmen ist ein Beleg für die heutige und zukünftige Bedeutung der IuK-Technologien.[16]
Neue Perspektiven für die Abwicklung logistischer Aufgaben bietet z.B. der Einsatz der RFID-Technologie in logistischen Ketten. Die „Selbststeuerung" von lokalen bis hin zu globalen Abläufen wie z. B. Transportprozessen ist keine Vision mehr sondern rückt in greifbare Nähe. Die Grundlage und erste Anwendungen werden z. B. im Sonderforschungsbereich „Selbststeuerung logistischer Prozesse (SFB 637)" seit 2004 an der Universität Bremen erarbeitet.[17] Ten Hompel hat mit Blick auf die Fähigkeit zur Selbstorgansiation logistischer Systeme durch die Integration von Information und physischen Objekten in sogenannten autonomen logistischen Objekten den

---

15 Vgl. dazu auch Malik, 2008, S. 60ff.
16 sieh z.B. Probst, Raub, Romhardt, 1999
17 http://www.sfb637.uni-bremen.de/, 31.12.2009

Begriff des „Internets der Dinge" eingeführt.[18] Hier wird deutlich, wie technologische Innovationen die Komplexität bestehender Systeme erhöhen können, andererseits aber auch neue Steuerungsansätze, beispielsweise durch Dezentralisierung ganzer oder Teile von Steuerungsaufgaben, zur Reduktion von Steuerungskomplexität beitragen können.
Das Beispiel zeigt aber auch, welche Potenziale neue technische Entwicklungen auf logistische Prozesse und Wirtschaftssysteme haben können. Systemisches Handeln ist vielfach mit technischen Entwicklungen verbunden beziehungsweise basiert auf ihnen. Systemdenken muss daher technologische Entwicklungen und die möglichen Implikationen für heutige und zukünftige System- und Prozessgestaltung, aber auch deren Wirkungen auf die interagierenden Systeme, berücksichtigen.

3.7 Governance und Compliance

Gesellschaftliche Anforderungen, die Entwicklung von Value Added Services (VAS) wie auch die internationale Ausweitung der Aktivitäten konfrontieren Unternehmen zunehmend mit neuen und sich ändernden gesetzlichen Regelungen sowie anderen regulierenden Eingriffen. Hier sind sowohl die nationalen, die europäischen und die weltweiten Entwicklungen zu beobachten, um die eigenen Geschäftsprozesse frühzeitig auf Veränderungen vorzubereiten und ggf. proaktiv diese vorwegzunehmen. Damit ergeben sich weitergehende Anforderungen aus dem Umfeld des eigenen Unternehmens, die einerseits den Grad der Komplexität weiter erhöhen, andererseits aber auch die Handlungsmöglichkeiten einschränken können, da sie einen festen Rahmen für das eigene Wirtschaftshandeln vorgeben.
Aus Systemsicht ist z. B zu fragen, welche Flexibilitäten und Reaktionsmöglichkeiten das eigene System benötigt, um zeitnah, ggf. proaktiv und effektiv auf diese sich dynamisch wandelnden Anforderungen reagieren zu können.
Es wurden bisher einige ausgewählte Entwicklungen und damit verbundene Herausforderungen skizziert, die die Bedeutung des Systemdenkens für erfolgreiches Agieren in diesen Kontexten unterstreichen. Im Folgenden sollen einige allgemeine Grundlagen und Prinzipien systemtheoretischer Ansätze herausgearbeitet werden, auf deren Basis dann in Anforderungen und Auswirkungen auf die Aus- und Weiterbildung diskutiert werden.

4 Systeme und Systemdenken

4.1 Herkunft und Konzepte

Schon im antiken Griechenland war man sich der Bedeutung des Systemdenkens bewusst, wie es dem, dem Aristoteles zugeschriebenen, Ausspruch „Das Ganze ist mehr als die Summe seiner Teile" zu entnehmen ist. Auch wenn damals noch niemand explizit den Terminus System verwen-

[18] Bullinger, ten Hompel, 2007

det hat, schwingt in diesem Satz eine gewisse Frage mit, nämlich die Frage nach dem Wesen dieses „mehr". Moderne Systemkonzepte geben Antworten, die die Basis für ein besseres Verständnis und eine geeignete Beschreibung von Systemen darstellen.

Eine wichtige Grundlage für die mathematische Beschreibung von Systemen haben bereits Newton und Leibniz mit ihren Zugängen zur Differentialrechnung geliefert. Damit liefert die klassische Dynamik bereits die Basis für die darauf aufbauende Beschreibung dynamischer Systeme, deren Grenzen erst durch die Verfügbarkeit von Computern ab etwa den 60er Jahren aufgehoben wurde und numerische Verfahren die Untersuchung komplexerer Systeme ermöglichten.

In seiner „General Systems Theory" nutzt von Bertalanffy die generellen Ansätze der Systemtheorie, um sie, ausgehend von den verfügbaren mathematischen Ansätzen zur Systembeschreibung, auf ihre Bedeutung und Aussagekraft in Bereichen wie der Biologie, den Humnanwissenschaften bis hin zur Psychologie zu untersuchen.[19]

Eine weitere wichtige Wurzel systemischen Denken sind die Arbeiten zur Kybernetik von Norbert Wiener. Die grundlegenden Ideen stammen dabei aus der Nachrichtentechnik einerseits und aus den Kommunikationswissenschaften andererseits. Mit Kybernetik werden danach Regelungsaufgaben beschrieben, wie sie sowohl in Maschinen als auch in lebenden Organismen vorkommen. Hat Wiener hier den Brückenschlag zwischen Technik und Lebewesen geschafft, so hatte er, und das ist im vorliegenden Kontext durchaus von Bedeutung, Bedenken, was die Regelungs- und gezielten Eingriffsmöglichkeiten in gesellschaftliche Prozesse und soziale Strukturen angeht.[20]

Seit den 60er Jahren des zwanzigsten Jahrhunderts beschäftigte sich eine Forschergruppe um Jay W. Forrester am MIT (Massachusetts Institute of Technology) intensiv mit der mathematischen Beschreibung, Modellierung und numerischen Simulation von dynamischen Systemen.[21] Aus diesen Arbeiten gingen insbesondere auch einige zentrale Berichte an den Club of Rome hervor, die die Nachhaltigkeitsdiskussion seit den 70er Jahren maßgeblich beeinflussen.[22] Erstmalig wurden die neuen Möglichkeiten der IT-Technologie genutzt, um komplexe Modelle natürlicher Systeme sowie deren Wechselwirkung mit anthropogenen Systemen zu entwickeln und Szenarien für zukünftige Entwicklungen zu quantifizieren.

Auch bereits in die sechziger Jahre hinein reichen die Ansätze von Watzlawick zurück, der auf der Basis der menschlichen Kommunikation systemtheoretische Modelle für die zwischenmenschliche Interaktion entwickelt und insbesondere für die Kommunikationsforschung nutzbar gemacht hat.[23]

Kommunikation steht auch im Zentrum der Systemtheorie nach Luhmann. Allerdings entwickelt er ein weites Verständnis von Kommunikation im Sinne sogenannter selbstreferentieller sozialer Operationen. Luhmann versteht Systemtheorie als Gesellschaftstheorie und hat damit eine entscheidende Grundlage für die Soziologie bis hin zu den Managementwissenschaften gelegt.[24]

Kommunikation ist nach Luhmann konstituierend für gesellschaftliche Systeme.

---

[19] Von Bertalanffy, 2008, 1969
[20] Wiener, 1948
[21] Forrester, 1961
[22] Meadows, Meadows, Zahn, 1972 sowie Meadows, Meadows, Randers 1993
[23] Watzlawick, Beavin, Jackson, 1967
[24] Luhmann, 1984

„Ein soziales System kommt zustande, wenn immer ein autopoietischer Kommunikationszusammenhang entsteht und sich durch Einschränkung der geeigneten Kommunikation gegen eine Umwelt abgrenzt. Soziale Systeme bestehen demnach nicht aus Menschen, auch nicht aus Handlungen, sondern aus Kommunikationen.“[25]

Wenn von autopoietischen oder auch selbstreferentiellen Systemen die Rede ist, darf der Hinweis auf die chilenischen Neurobiologen Maturana und Varela nicht fehlen. In ihrem ebenfalls 1984 erschienenen Werk „El arbol des conocimiento“ (dt. Der Baum der Erkenntnis)[26] entwickeln sie eine Theorie der Lebewesen bzw. lebender Systeme, die diese nicht mehr durch von außen wahrnehmbare Eigenschaften beschreibt, sondern durch den Kern ihres Tuns, d.h. ihrer inneren Prozesse, die darauf ausgerichtet sind, sich permanent neu zu erschaffen. Dabei werden „Impulse“ aus der Umwelt insofern aufgenommen und verarbeitet, wie sie dem Zweck der Autopoiesis dienen (z. B. Operationale Geschlossenheit des Nervensystems). Andere „Impulse“ sind irrelevant und werden nicht beachtet. Genau dieses Verhalten war auch ein Ansatzpunkt für Luhmann, die Kommunikation, die nach ähnlichen Mustern funktioniert, wie oben beschrieben, in den Mittelpunkt seiner soziologischen Systemtheorie zu stellen.

Mit Blick auf die heutigen und zukünftigen Herausforderungen für unsere Gesellschaft ist schließlich auf die biokybernetischen Ansätze Frederic Vesters hinzuweisen.[27] Eine grundlegende Aussage, die sich durch die Werke Vesters zieht ist die, dass die Natur es geschafft hat, Systeme zu schaffen, die sich immer wieder veränderten Umweltsituationen anpassen können, da sie mit dem Fokus der Systemerhaltung Strategien entwickelt haben, die ein hohes Adaptionsvermögen bewirken. Die Folgerungen für unsere Wirtschaftssysteme formuliert Vester folgendermaßen:

„Der biokybernetische Denkansatz macht in praktisch allen Bereichen unserer Zivilisationsgesellschaft neue Wertmaßstäbe nötig. Das reicht vom Maschinen- und Fahrzeugbau über die Architektur und die industrialisierte Landwirtschaft bis zu unseren Verkehrssystemen und den übertechnisierten Waffensystemen unserer Verteidigungskonzepte. Haben wir jedoch erst einmal einen systembezogenen Denkansatz angenommen, so ergeben sich daraus selbst für einen dicht besiedelten Planeten ungeahnte Entwicklungsmöglichkeiten. Als naturwissenschaftlich orientierter Systemanalytiker, der sich intensiv mit den kybernetischen Strukturen der lebendigen Welt und der Bionik ihrer genialen Organisationsformen beschäftigt hat, wage ich zu behaupten, dass wir nicht am Ende einer Ära der technischen und wirtschaftlichen Innovationen stehen, sondern, eine rasche und mutige Herangehensweise vorausgesetzt, erst an deren Anfang. …“[28]

Die verschiedenen Denkrichtungen systemtheoretischer Ansätze basieren jedoch in der Regel auf bestimmten Grundvorstellungen von Systemen, die im Folgenden kurz herausgearbeitet werden sollen.

---

[25] Luhmann, 2004, 1986, S. 269
[26] Maturana, Varela, 2009, 1984
[27] Vester, 2008, 1999
[28] Vester, 2008, S. 123

4.2 Generelle Strukturen und Verhaltensweisen von Systemen

Der vorherige Abschnitt hat bereits deutlich gemacht, dass sicherlich zu unterscheiden ist zwischen autopoietischen, d. h. „lebenden“ Systemen einerseits und technischen Systemen andererseits. „Lebende“ Systeme sind hier allerdings nicht im engen Sinne auf Lebewesen beschränkt, sondern können durchaus auch soziale Systeme beinhalten.

Um dem Wesen des systemischen Denken näher zu kommen, sollen im Folgenden zunächst einige generelle Aussagen zum Systemverständnis zusammengestellt werden, die die Basis für die Entwicklung einiger Aussagen zur systemorientierten Aus- und Weiterbildung darstellen.

Wenn in diesem Beitrag vom systemischen Denken die Rede ist, so ist zu klären, was sich dahinter tatsächlich verbirgt. Simon beschreibt dies folgendermaßen:

„*Systemisches Denken verwendet Erklärungen, die sich aus der Systemtheorie ableiten lassen,* und das heißt konkret: *An die Stelle geradlinig-kausaler treten zirkuläre Erklärungen, und statt isolierter Objekte werden die Relationen zwischen ihnen betrachtet.*“ [29]

Damit sind bereits einige Hinweise zum Systemverständnis gegeben. Ein System lässt sich durch Objekte oder allgemeiner Elemente einerseits und Relationen, d. h. irgendwie geartete Beziehungen der Elemente untereinander andererseits charakterisieren. Nach Bossel lassen sich Systeme nach folgenden Kriterien identifizieren:[30]

1. Ein System erfüllt eine bestimmte Funktion. Es gibt einen *Systemzweck.*
2. Ein System besteht aus *Systemelementen* und *Wirkungsverknüpfungen* (Relation, Struktur).
3. Ein System verliert seine Systemidentität, wenn seine Systemintegrität zerstört wird, d.h. ein System ist *nicht teilbar.*

Systeme weisen Strukturen auf. Beispielsweise lassen sich Subsysteme oder Hypersysteme unterscheiden. Systeme haben eine Systemumwelt, mit der ein Austausch stattfindet. Die Grenze eines Systems zu seiner Umwelt kann beispielsweise durch die Art und Stärke der Wechselwirkungen definiert werden. Die Abbildung 4.1 zeigt eine Prinzipdarstellung, um die relevanten Begrifflichkeiten zu verdeutlichen. Die Abbildung 4.2 zeigt Systemhierarchien wie sie z. B. in einem logistischen System zu finden sind.

Problemlos lässt sich das Hierarchiekonzept jetzt erweitern auf betriebs- bzw. unternehmensübergreifende Systeme wie etwa eine Supply Chain oder ein ganzes Wertschöpfungsnetzwerk.

Die sich anschließende Frage ist die Frage nach der Systemdynamik. Diese kann grundsätzlich zwei Ursachen haben. Zum einen können Einwirkungen von außen, d. h. von der Systemumwelt zu Reaktionen des Systems führen, zum anderen können Rückkopplungseffekte im System selbst zu Systemreaktionen führen. Die Reaktionsmöglichkeiten eines Systems sind durch die Struktur vorgegeben, allerdings muss dieses enge Verständnis bei lebenden Systemen oder auch sozialen Organisationen neu interpretiert werden. Hier ist die Vielfalt der Systemreaktionen größer. Dis kann bis hin zu Prozessen führen, die strukturelle Veränderungen nach sich ziehen können oder

[29] Simon, 2008, S. 12
[30] in Anlehnung an Bossel, 2004, S. 35

sogar die Wandlung des Systemzwecks, verbunden mit der Entwicklung eines neuen Systems. Beispiele für Reaktionen auf den verschiedenen Ebenen lassen sich in unterschiedlichsten Systemen finden. Struktureller Wandel sichert z. B. den Amöben das Überleben, die sich unter bestimmten Umweltbedingungen zu einem völlig neuen Organismus zusammenschließen, wobei die vorher selbstständigen Einzeller nun Aufgaben in einem neuen größeren Ganzen übernehmen. Ebenso finden sich Beispiele im wirtschaftlichen Bereich, wo etwa Unternehmen ihren ursprünglichen Systemzweck aufgeben und sich völlig neu positionieren. Ein Beispiel ist hier sicher der Preussag Konzern, der sich vom Stahlhersteller zu einem Reise- und Tourismuskonzern wandelte.

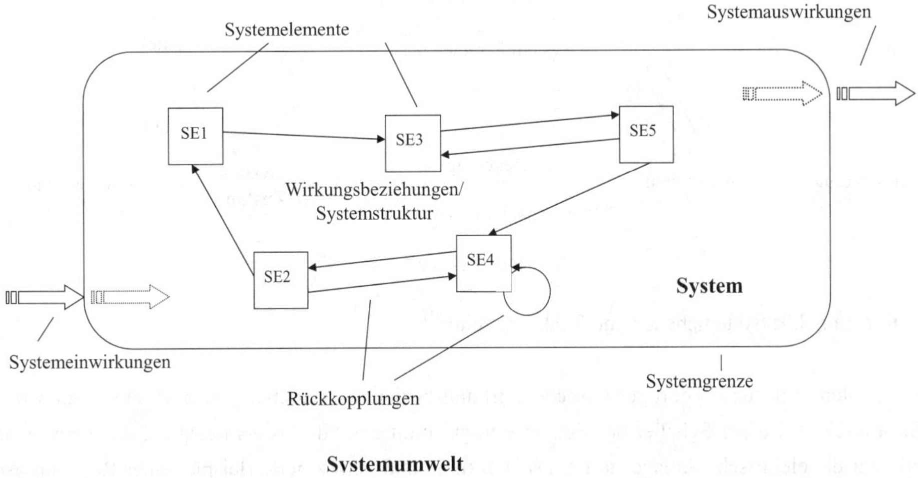

Abbildung 4.1: Grundlegende Systembegriffe

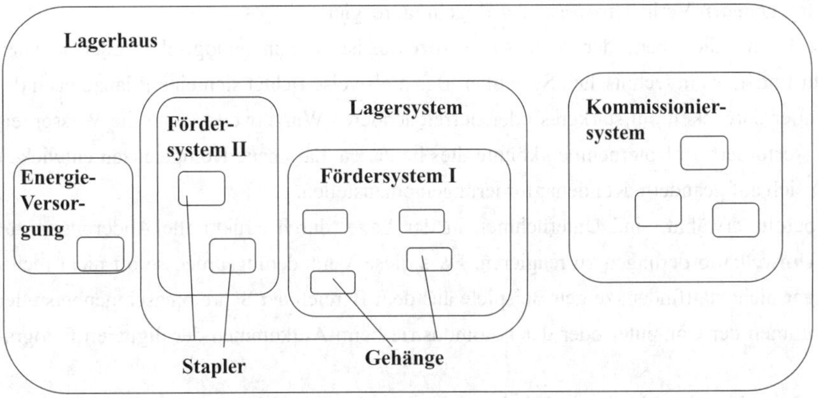

Abbildung 4.2: Hierarchien in Systemen – Bsp. Logistiksystem

Die Dynamik von Systemen ist unter anderem charakterisiert durch die Reaktionszeiten. Hier lässt sich feststellen, dass von einer unmittelbaren Reaktion auf Veränderungen bis hin zu sehr langen

Zeiträumen in evolutionären Systemen eine Vielzahl angepasster Dynamiken existieren. Die Abbildung 4.3 zeigt dies in einer Übersicht.

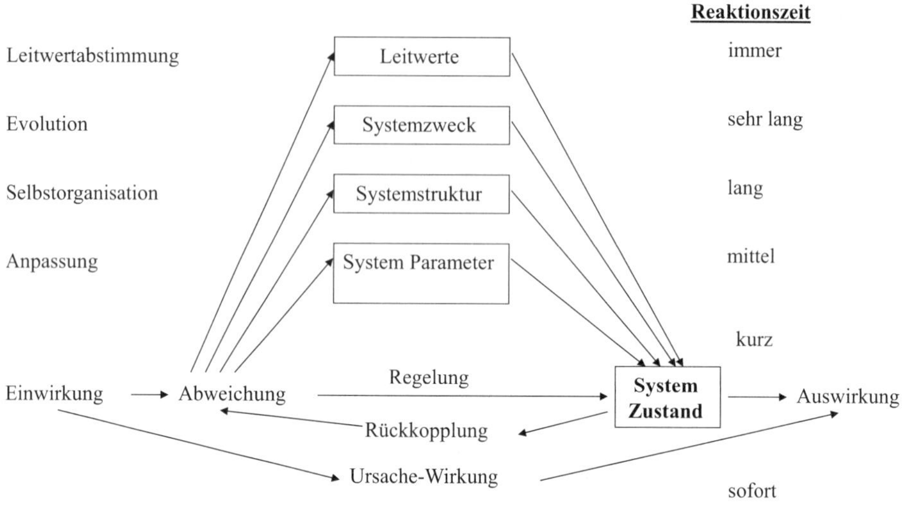

Abbildung 4.3: Systemebenen und Reaktionszeiten[31]

Ein System mit quasi sofortiger Ursache-Wirkungsbeziehungsbeziehung ist z. B. ein elektrischer Stromkreis. Wird der Schalter betätigt, so erfolgt unmittelbar die Systemreaktion, das Licht geht an oder die elektrische Anlage startet. Das bekannte und gern zitierte Beispiel einer Regelung ist das Heizungssystem und die Regelung der Raumtemperatur. Hier haben wir es mit einer klassischen Rückkopplung zu tun. Auf eine festgestellte Abweichung vom Sollzustand des Systems wird mit einer vorgegebenen Verhaltensweise, der Regelung, reagiert.

Die nächste Ebene, die Ebene der Anpassungsprozesse, ist eher in biologischen oder sozialen Systemen zu finden als in technischen Systemen. Beispielsweise richtet sich eine Pflanze nach der Sonne aus oder entwickelt ein stärkeres oder tiefreichenderes Wurzelwerk, wenn die Wasserversorgung dies erfordert. In Unternehmen könnte dies bedeuten, dass neue Kompetenzen entwickelt werden, um sich auf geänderte Kundenanforderungen einzustellen.

Wie oben bereits erwähnt, sind Unternehmen in der Lage, durch strukturelle Änderungen auf veränderte Umweltanforderungen zu reagieren. Dass diese Veränderungsprozesse oft nicht rechtzeitig oder gar nicht stattfinden, zeigen Beispiele aus dem Bereich der Schreibmaschinenhersteller beim Aufkommen der Computer oder der Fotoindustrie beim Aufkommen der digitalen Fotographie.

Ein System versucht, seine Identität zu erhalten, z. B. als Unternehmen in einer bestimmten Branche. Allerdings können die Rahmenbedingungen es erforderlich machen, dass im Sinne evolutio-

31 Vgl. Bossel, 2004, S. 46

närer Prozesse sogar der Systemzweck verändert wird, wie das oben erwähnte Beispiel des Preussag Konzerns eindrücklich belegt. In der Natur finden sich zahlreiche Beispiele, wie evolutionäre Prozesse zu Veränderungen der Organismen geführt haben.
Diese Betrachtungen werden wieder aufgegriffen werden, wenn es um die Diskussion der Systemebenen geht, die im Rahmen von Bildungsprozessen anzusprechen sind.

4.3 Die Herausforderungen des Systemdenkens

Es gibt einige zentrale Herausforderungen, die das Systemdenken mit sich bringt, die im Folgenden kurz diskutiert werden sollen:
Linearität und Nichtlinearität
In der Regel ist das menschliche Denken von linearen Ursache-Wirkungszusammenhängen geprägt. Dies entspricht bestimmten Erfahrungen des menschlichen Lebens und ist daher quasi als Programm vorgegeben. Klassisches Beispiel ist die Federwaage, deren Auslenkung - im Normalbereich - proportional zum Gewicht ist, das gerade gewogen wird. D. h. verdoppelt sich das Gewicht, so verdoppelt sich auch die Auslenkung.
Es gibt zahlreiche alltägliche Erscheinungen, die durch nichtlineare Zusammenhänge geprägt sind. Diese werden jedoch häufig nur mittelbar oder gar nicht als nichtlineare Erscheinungen wahrgenommen. So erfordert z. B. die Verdoppelung der Geschwindigkeit eines Fahrzeuges wegen der Proportionalität der Leistung zur 3. Potenz der Geschwindigkeit die Verachtfachung der Leistung.
Wachstumsgesetze
Auch Wachstumsgesetze sind durch Nichtlinearitäten gekennzeichnet. Die Ursache liegt einfach darin begründet, dass sich durch das Wachstum einer Population immer auch die Basis für die folgende Wachstumsphase ändert. Häufig finden sich damit exponentielle Zusammenhänge wie sie in Abbildung 4.4 skizziert sind.

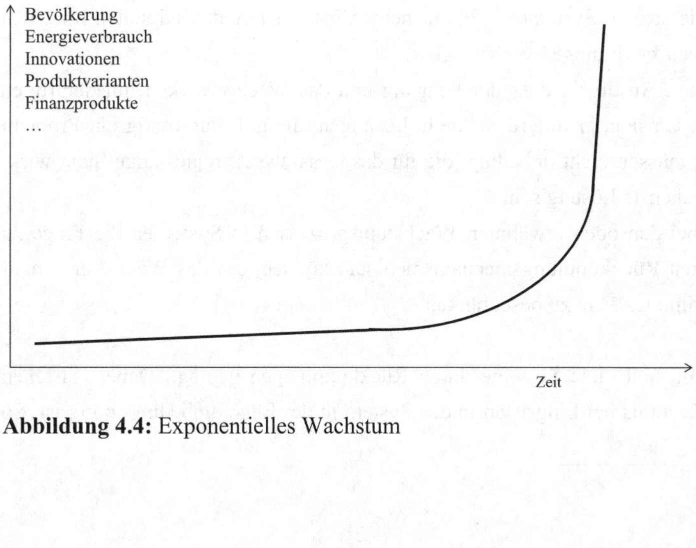

Abbildung 4.4: Exponentielles Wachstum

Die hier gezeigte Kurve lässt sich in so oder ähnlicher Form für vielfältige Wachstumsprozesse skizzieren. Die Anforderungen, die sich hieraus ergeben, seien an einigen Bespielen dargestellt. Nimmt man beispielsweise eine Zeitskala, ausgehend vom 18. Jahrhundert bis in die heutige Zeit, so lässt sich feststellen, dass die Anzahl und Einführung technisch-organisatorischer Neuerungen in der Regel nicht dazu führte, dass das konkrete Wissen der Vorgängergeneration wertlos wurde für die Nachfolger. Hier stellt man aber insbesondere im 20. Jahrhundert, nicht zuletzt durch die Einführung moderner IT-Technologien fest, dass sich die Innovationszyklen verkürzt haben, so dass in vielen Bereichen mehrere Technologiewechsel innerhalb einer Generation stattfinden. Beispiel sind etwa die Dreschverfahren in der Landwirtschaft (mind. vier Systemwechsel im 20. Jahrhundert)[32] oder der Weg von der Schreibmaschine über erste Schreibautomaten bis zum Computer mit diversen Betriebssystemwechseln seit den 70er Jahren.

Wachstumsprozesse sind für unser lineares Denken oft nicht greifbar. Dies zeigt das einfache Beispiel eines wieder und wieder gefalteten Papieres, dessen Gesamtdicke nach vierzig Faltvorgängen geschätzt werden soll. Selten ergibt sich bei spontanen Schätzungen eine annähernd richtige Lösung, die mit ca. 110.000 km mehr als das 2,5 fache des Erdumfangs beträgt.

Viele Entwicklungen, wie z. B. der Anstieg des weltweiten Energieverbrauchs, die Bevölkerungszunahme, die CO_2-Zunahme in der Atmosphäre zeigen exponentielles Wachstum in unterschiedlicher Ausprägung. Diese Entwicklungen stoßen zwangsläufig und unumstößlich an natürliche Grenzen. Damit wird die Dringlichkeit, das Gesamtsystem unseres wirtschaftlichen Handelns stärker als bisher zu berücksichtigen, evident.

Rückkopplung und zirkuläres Denken

Weiter oben wurden Rückkopplungen in Systemen bereits erwähnt. Diese können verstärkend oder abschwächend wirken. Damit können ebenso gezielte Regelungsvorgänge ausgelöst werden.

Viele Systeme sind jedoch durch vielfältige Rückkopplungsbeziehungen gekennzeichnet. Diese lassen sich in ihren Wechselwirkungen häufig gar nicht oder nur mit enormem Aufwand erfassen. Komplexere Systeme bergen damit immer das Risiko unvorhergesehener Systemreaktionen oder Verhaltensweisen. Gerade soziale Systeme, z. B. im betrieblichen Umfeld, sind selten mit allen ihren Reaktionen und Wechselwirkungen vorhersagbar.

Einerseits kommt hier zum Ausdruck, dass der Umgang und das Wechselwirken mit derartigen Systemen Erfahrung und Umsicht erfordert. Schnelle Lösungen, die ggf. kurzfristig ein Problem zu lösen im Stande sind, müssen nicht unbedingt die für das Gesamtsystem auf lange Sicht wirksamste und erfolgversprechenste Lösung sein.

Andererseits ist gerade bei den oben erwähnten Wachstumsprozessen in Systemen die Frage zu stellen, was die geeigneten Rückkopplungsmechanismen sein können, um das Wachstum einzudämmen oder auf ein definiertes Maß zu beschränken.

Vernetzte Systeme

In Natur und Gesellschaft sind viele Systeme durch Rückkopplungen geprägt. Dabei entstehen Abhängigkeiten, deren Kenntnis bei Eingriffen in das System in der Regel unbedingt nötig ist. So

[32] Eigene Beobachtung

gibt es zahlreiche Beispiele, z. B. aus dem entwicklungspolitischen Kontext, bei denen Eingriffe von außen die Situation eher verschlechtert als verbessert haben, teilweise sogar zu katastrophalen Situationen führten. Dies beschreibt z. B. Dörner in seinem bereits vor zwanzig Jahren erschienen Werk an eindrücklichen Beispielen. Die Spielsituationen, die er mit Tanaland[33] und Lohhausen[34] schuf, sind auch heute noch eindrucksvolle Beispiele, wie die Problematik vernetzter Systeme erfahrbar gemacht werden kann.
Damit ist der Übergang geschaffen, um nun einige Folgerungen für die systemorientierte Aus- und Weiterbildung beispielhaft herauszuarbeiten.

4.4 Systemorientiertes Handeln in der Aus- und Weiterbildung

Nach den in den vorhergehenden Abschnitten herausgearbeiteten Herausforderungen sowie dem generellen Systemverständnis lassen sich für die Aus- und Weiterbildung in der Logistik, aber auch darüber hinaus einige Merkmale herausarbeiten, die im Rahmen von Bildungsprozessen für systemisch gebildete Nachwuchsführungskräfte, aber letztlich auch für jeden verantwortlich Handelnden im Unternehmen, realisiert werden sollten.

- Systemtheoretisches Grundverständnis
- Beschreibung und Modellierung von Systemen
- Zirkuläres Denken anstelle von bzw. ergänzend zu linearem Denken
- Denken in Prozessen anstelle von Denken in Zuständen
- Räumlich und zeitlich „entfernte" Systemreaktionen und -informationen beachten
- Stabilität durch Veränderung anstelle von Stabilität durch Stillstand
- Kontinuierliche Veränderungen versus revolutionärer Änderungen
- Systemerhaltung als oberstes Prinzip
- „Systemlernen" in das Handeln der Bildungseinrichtung integrieren
- Bildungseinrichtung als lernende Organisation

Damit ergibt sich sozusagen ein Leitfaden für die Vorbereitung und Durchführung von Lernprozessen. Didaktische und methodische Zugangsweisen zu diesen Themen werden selten nur einen Aspekt berücksichtigen. In der Regel werden immer mehrere der genannten Merkmale adressiert.

Systematische Kompetenzentwicklung

An zentraler Stelle steht der lebensbegleitende oder auch lebenslange Lernprozess selbst. Dies ist bereits ein entscheidender Unterschied zur Vergangenheit, dass im Rahmen des persönlichen Karriereweges immer wieder bzw. permanent bewusst Lernprozesse initiiert und durchlaufen werden. Heute ist damit z. B. ein Bachelorstudium, das eine erste berufliche Qualifizierung ermöglicht, nicht unbedingt eine hinreichende Ausbildung für den ganzen beruflichen Lebensweg. Diese Ausbildung und die erworbenen Kompetenzen müssen immer wieder auf den Prüfstand gestellt

---

33 Dörner, 1989, S. 22
34 Dörner, 1989, S. 32

werden, um damit – systematisch- zu gewährleisten, dass das eigene Kompetenzniveau den derzeitigen und den erwarteten zukünftigen Anforderungen genügt.
Die Abbildung 4.5 zeigt schematisch, wie ein derartiger systematischer Kompetenzentwicklungszyklus gestaltet werden kann. Der Zyklus beginnt mit der Situationsanalyse, die die individuelle Situation einerseits und die konkrete Situation des Unternehmens andererseits beinhaltet. Auf dieser Basis sowie dem Abgleich mit den zukünftigen Kompetenzanforderungen wird dann eine Bedarfsanalyse durchgeführt, bei der konkret Notwendigkeiten und Gewichtungen ermittelt werden. Auf dieser Basis können konkrete Maßnahmen oder auch Maßnahmenbündel identifiziert werden, die in der Lage sind, den Bedarf zu decken. Die Maßnahmen können dabei vom Selbststudium über offene oder geschlossene Lernangebote bis hin zu individuellen Coachings führen. Wichtig und zentraler Bestandteil des Kompetenzentwicklungszyklus ist die Erfolgskontrolle und die damit einhergehende neuerliche Situationsanalyse. Die Abbildung 4.6 zeigt den wiederholt zu durchlaufenden Zyklus im Laufe einer individuellen Karriere.
Hiermit sei angemerkt, dass der Zyklus sich in ähnlicher Weise für den Unternehmenskontext anbietet. Hier geht es dann im Kern um die Frage, wie sich das Unternehmen für die zukünftigen Herausforderungen aufstellen muss und welche Konsequenzen und konkreten Maßnahmen im Bereich der Personalentwicklung zu treffen sind.

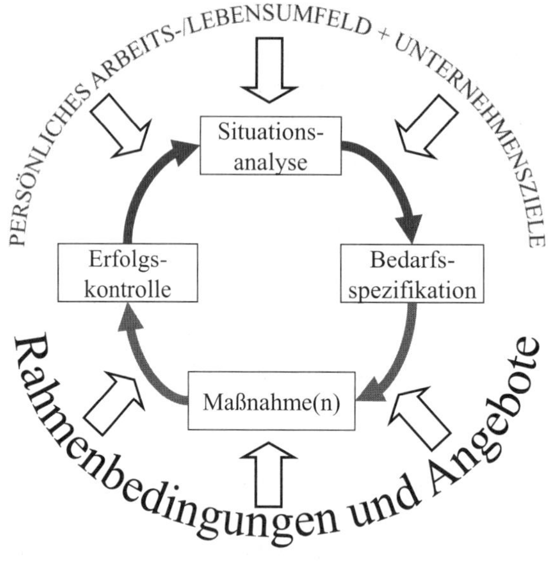

Abbildung 4.5: Systematischer Kompetenzentwicklungszyklus[35]

Die Abbildung 4.6 zeigt sehr anschaulich, wie die sich dynamisch ändernden Anforderungen zu sich wiederholenden Kompetenzentwicklungszyklen führen. Diese Zyklen entstehen durch Sys-

[35] siehe Decker, Neumann, 2004

temstörungen, d. h. das System Unternehmen bzw. das System Individuum nimmt aus der Umwelt Signale auf, auf die das System eine Antwort finden muss. Dies kann den entsprechenden Zyklus anstoßen, sofern er strukturell vorgesehen ist. Ansonsten werden andere, den jeweiligen Systemen innewohnende Reaktionsmechanismen aktiviert und umgesetzt. Die Systemperspektive zeigt hier ein anderes Verständnis des Lernanstoßes als es klassischer Weise der Fall ist. Die Störung aus der Umwelt kann zum Auslöser eines definierten Kompetenzentwicklungszyklus werden. Einer Bildungseinrichtung kommt hier eher die Aufgabe der Moderation von individuellen Lernprozessen als die Versorgung mit Informationen und Wissen zu. Die verfügbaren technischen Möglichkeiten können heute vielmehr als in der Vergangenheit die Gestaltung individueller Lernprozesse unterstützen und befördern.

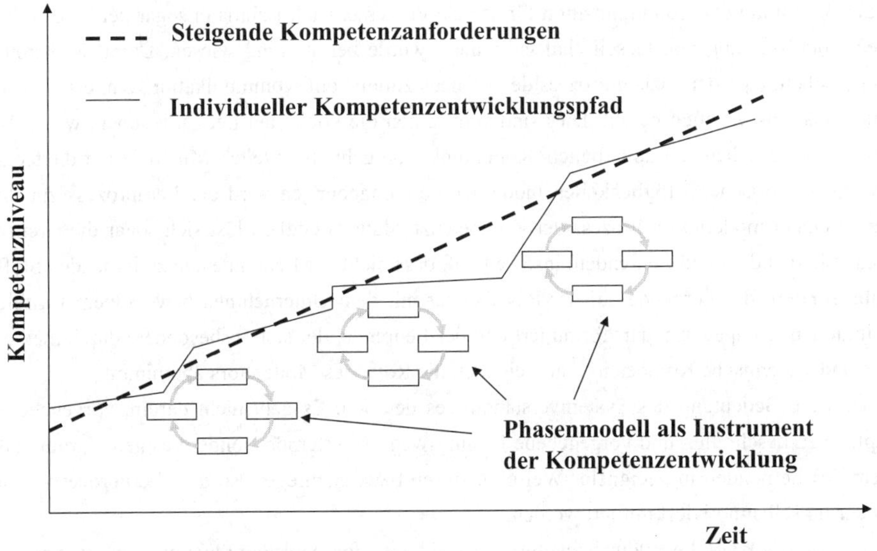

Abbildung 4.6: Kompetenzentwicklung als lebensbegleitender Prozess

Systemwissen und Systemerfahrung

Für das Systemdenken ist es unabdingbar, die grundlegenden Strukturen von Systemen zu kennen und Systemverhalten beschreiben, berechnen oder simulieren zu können. Hier liegen bereits vielfältige Erfahrungen vor, Systeme zu modellieren und das Verhalten zu veranschaulichen.

Etwas schwieriger ist bereits die Anforderung zu erfüllen, Systemverhalten zu erfahren. Aber auch hier sind in der Vergangenheit bereits Methoden entwickelt worden, um Erfahrungen, auch komplexeren Systemverhaltens, zu ermöglichen. Allen voran ist z. B. das sogenannte Beer Game zu nennen, das unter anderem den sogenannten Bull Whip-Effekt, d. h. den Peitscheneffekt in einer Supply Chain im Rahmen eines Planspiels erlebbar macht.

Die komplexen Reaktionen gesellschaftlicher und ökologischer Systeme werden mithilfe des als Brettspiel oder Computersimulation verfügbaren Spiels Ökolopoly bzw. neuerdings Ecopolicy, wie es seinerzeit in der Arbeitsgruppe von Vester entwickelt wurde, erfahrbar gemacht.[36] Die Erfahrungen mit diesen Systemen zeigen, dass Lerngruppen es schaffen, mit der Zeit ein intuitives Gespür für erfolgreiche Strategien zu entwickeln. Dabei werden u. a. die Fähigkeiten im Erfassen nichtlinearer Zusammenhänge, im Umgang mit komplexen, vielfach rückgekoppelten sowie vernetzten Systemen geschult. Zudem führt die Durchführung im Gruppenkontext durch die Strategiediskussionen zu einem tieferen Verständnis der aktuellen Situationen aber auch der eigenen Denk- und Handlungsprozesse.

Dieser Punkt führt direkt auf ein weiteres zentrales Thema der systemorientierten Lernprozessgestaltung.

Kommunikation in Lernprozessen

Auf die Bedeutung der Kommunikation für soziale Prozesse, nach Luhmann sogar der konstituierenden Voraussetzung von Gesellschaftssystemen, wurde bereits hingewiesen. Damit ist bereits hervorgehoben, dass der soziale Prozess des Lernens zutiefst auf Kommunikation, d.h. effizienten Kommunikationssystemen beruht. Dies sind zum einen die konkreten Lernsituationen, wie z. B. die oben angesprochenen Teamarbeiten. Kommunikation geht aber weiter. Mit Blick auf die technisch-organisatorischen Möglichkeiten moderner Lernumgebungen wird der Lernprozess zunehmend zu einem moderierten Prozess der Kompetenzbildung. Letztlich löst sich sogar die Grenze zwischen Lernendem und Lehrendem insoweit auf, dass nicht der Lehrende den zu lernenden Stoff vorgibt, sondern der Lernende auf der Basis seiner mit dem Unternehmen bzw. seinem Umfeld identifizierten Kompetenzbedarf formuliert und der Lehrende, der sich insbesondere durch methodische und systemische Kompetenz[37] auszeichnet, die Rolle des Moderators übernimmt.

Hier wird die Bedeutung des Systemverständnisses deutlich. Es geht nicht darum, vorgegebene Lernpfade zu beschreiten und vorgegebene Lösungswege zu erlernen, sondern es geht darum, das System des Lernenden in geeigneter Weise zu stören bzw. anzuregen, so dass Lernprozesse von ihm oder ihr selbstmotiviert initiiert werden.

Damit ist ein Blick auf die Bildungsinstitution selbst zu werfen. Sie stellt nicht mehr nur den räumlich-organisatorischen Rahmen sowie geeignete Experten und Inhalte zur Verfügung. Vielmehr muss sie selbst systemorientiert handeln, d. h. dass sie sich permanent neu „erfindet", also im Sinne eines autopoietischen Systems sich aus sich selbst heraus erneuert und kreativ auf Einflüsse von außen reagiert. Lehrende, Lernende und Institution bilden damit ein lernendes System, das sich im Sinne einer lernenden Organisation permanent neuen Entwicklungen stellt. Dies bedeutet mit der Abbildung 4.3, dass nicht nur Lehre auf den unteren Systemebenen stattfindet, sondern dass die Institution sich immer wieder auch mit Blick auf die Ebenen der Selbstorganisation, der

---

[36] Vester, 2008a

[37] Unter systemischer Kompetenz wird hier ein konsequentes Systemdenken verstanden, dass es dem Lehrenden ermöglicht, für konkrete Fragestellungen Musterkonstellationen zu entwickeln und bereitzustellen, die den Lernprozess des Lernenden mit Blick auf seine konkreten Problemstellungen helfen, eigene Lösungsstrategien zu entwickeln.

Evolution bis hin zu den Leitwerten hinterfragt, um geeignete Reaktionen auf die „Impulse“ von außen und innen zu finden.

5 Zusammenfassung und Ausblick

In diesem Beitrag wurde zunächst herausgearbeitet, wie aktuelle Entwicklungen die Anforderungen an Systemverständnis und Systemdenken bei Mitarbeitern und Führungskräften heute und zukünftig weiter erhöhen. Auf der Basis einiger wesentlicher Aussagen der Systemtheorie und ihren fachübergreifenden Konkretisierungen wurde das generelle Lösungspotenzial für Problemfelder der Praxis herausgearbeitet. Die notwendigen Kompetenzen der Unternehmen und der Mitarbeiter stellten die Basis für die Analyse der Anforderungen an die systemorientierten Kompetenzentwicklungsprozesse in der Aus- und Weiterbildung dar. Die wesentliche Beobachtung war hier, dass zwar Systemdenken und –handeln sich heute vielfach in den Curricula wiederfindet, es häufig aber an einer systemorientierten Ausrichtung der Bildungsinstitutionen und der methodischen und didaktischen Zugänge zu den Themenfeldern fehlt.

Im Rahmen dieses Beitrags konnte die Notwendigkeit des integrierten Systemlernens aufgezeigt und einige dazu notwendige Ansätze zur Gestaltung von Lernprozessen identifiziert werden. Damit ist eine erste Grundlage geschaffen, um weitere Forschungsarbeiten in diesem Bereich zu definieren. Folgende Themenfelder sollten angegangen werden:

- Stand und Perspektiven der Realisierung von Systemorientierung in der logistischen Aus- und Weiterbildung und ihren Institutionen
- Bildungseinrichtungen als lernende Organisationen
- Systemlernen und interdisziplinäre Problemlösungskompetenz
- Systemdenken und die zukünftige Rolle von Lehrenden und Lernenden in Bildungssystemen

Die genannten Themenbereiche geben erste Hinweise auf die Vielfalt der offenen Fragen. Es bleibt zu wünschen, dass die Potenziale des Systemdenkens und –handelns für den langfristigen wirtschaftlichen Erfolg der Unternehmen erkannt und stärker als bisher genutzt werden.

Insbesondere erscheint es heute aber wichtiger denn je, das unternehmerische Handeln im Sinne der Gesamtverantwortung für Natur und Gesellschaft auf der Basis des Systemdenkens weiter zu entwickeln und auf eine neue Grundlage zu stellen. Systemdenken ist nicht alles, aber es kann eine Vielfalt an Lösungsansätzen für heutige und zukünftige Herausforderungen liefern.

Literatur

Albers, Sascha; Reihlen, Markus, Management integrierter Wertschöpfungsnetzwerke, Kölner Wissenschaftsverlag, Köln, 2009

Baumgarten, Helmut (Hrsg.), Das Beste der Logistik – Innovationen, Strategien, Umsetzungen, Springer, 2008

Behnen, Ulrich J., Komplexität als emergentische Konsequenz des Netzwerkprinzips: Netzwerke als komplexe Systeme, in: Albers, Reihlen, 2009.

von Bertalanffy, Ludwig, General System Therory – Foundations, Development, Applications, George Braziller , Inc., 16th ed., New York, 2008, first published 1969

Bossel, Hartmut, Systeme, Dynamik, Simulation – Modellbildung, Analyse und Simulation komplexer Systeme, Books on Demand, Norderstedt, 2004
Bullinger, Hans-Jörg, ten Hompel, Michael (Hrsg.), Das Internet der Dinge, Springer, Berlin, 2007
Christopher, Martin, Logistics and Supply Chain Management – Creating Value-Adding Networks, FT Prentice Hall, Pearson Education, 3rd edition, Harlow, Boston u.a. 2005
Clarke, Linda; Winch, Christopher (ed.), Vocational education – International approaches, developments and systems, Routledge, New York, 2007
von Cube, Felix, Fördern statt Verwöhnen – Die Erkenntnisse der Verhaltensbiologie in der Erziehung, Piper, Aktualisierte Neuausgabe, 16. Auflage, München Zürich, 2007
Decker, Josef, Nachhaltigkeit im Verkehrsbereich durch netzgestützte kooperative Planungs- und Entscheidungsunterstützung, CUTEC-Schriftenreihe Nr 50, 1. Auflage, Clausthal, Papierflieger Verlag, 2001, zugl. Dissertation TU Clausthal, 2000
Decker, Josef; Neumann, Gaby, Internationale Kompetenzstandards: Beitrag zur Sicherung der Qualität in logistischen Prozessen, In: Ziems, Dietrich (Hrsg.); Neumann, Gay (Hrsg.); Inderfurth, Karl (Hrsg.); Schenk, Michael (Hrsg.); Wäscher, Gerhard (Hrsg.): Logistikqualität, 10. Magdeburger Logistik-Tagung, LOGiSCH, 2004, S. 166 - 182
Delfmann, Werner (Hrsg.), Der Integrationsgedanke in der Betriebswirtschaftslehre: Helmut Koch zum 70. Geburtstag, Gabler, Wiesbaden, 1989
Delfmann, Werner, Das Netzwerkprinzip als Grundlage integrierter Unternehmensführung,in: Delfmann, Werner (Hrsg.),1989, S. 87-113.
Deutscher Bundestag
Konzept Nachhaltigkeit – Vom Leitbild zur Umsetzung, Abschlussbericht der Enquete-Kommission "Schutz des Menschen und der Umwelt" des 13. Deutschen Bundestages, Bonn, 1998
Dörner, Dietrich
Die Logik des Misslingens – Strategisches Denken in komplexen Situationen, Rowohlt, Hamburg, 1989
Drucker, Peter F., Management, Campus, Harvard Business Manager, Band 1 + 2, Frankfurt New York, 2009
Forrester, Jay W., Industrial Dynamics, Cambridge, MIT Press, Massachusetts, 1961
Hager, Paul, Towards a new paradigm of vocational learning, in: Clark, Winch, 2007
Henke, Michael, Strategische Kooperationen im Mittelstand – Potenziale des Coopetition Ansatzes für kleine und mittelständische Unternehmen (KMU), Verlag Wissenschaft & Praxis, Sternenfels, 2003
Jischa, Michael F., Herausforderung Zukunft – Technischer Fortschritt und Globalisierung, Elsevier, Spektrum Akademischer Verlag, 2. Auflage, München, 2005
Luhmann, Niklas, Soziale Systeme: Grundriss einer allgemeinen Theorie, Suhrkamp, Frankfurt, 1984
Luhmann, Niklas, Ökologische Kommunikation. Kann die moderne Gesellschaft sich auf ökologische Gefährdungen einstellen?, VS Verlag für Sozialwissenschaften, 4. Auflage (1. Auflage 1986), 2004
Malik, Fredmund, Strategie des Managements komplexer Systeme, Haupt, 10. Auflage, Bern Stuttgart Wien, 2008
Malik, Fredmund, Führen – Leisten – Leben, Campus, Frankfurt, New York, 2006
Maturana, Humberto R.; Varela, Francisco, J., Der Baum der Erkenntnis – Die biologischen Wurzeln der menschlichen Erkenntnis, Fischer-Verlag, Frankfurt, 2009 (Original 1984)
Meadows, Donella H., Thinking in Systems:a primer,edited by Diana Wright, Chelsea Green Publishing, 2008
Meadows, Donella; Randers, Jorgen; Meadows, Dennis, Grenzen des Wachstums – Das 30-Jahre Update, S. Hirzel, Stuttgart, 2009
Meadows, Dennis L.; Meadows, Donella H., Randers, Joergen, Die neuen Grenzen des Wachstums. Die Lage der Menschheit. Bedrohung und Zukunftschancen, DVA, München, 1993

Meadows, Dennis L.; Meadows, Donella H., Zahn, Erich, Die Grenzen des Wachstums. Bericht des Club of Rome zur Lage der Menschheit, Rowohlt, Hamburg, 1972

Miegel, Meinhard, Epochenwende – Gewinnt der Westen die Zukunft?, Propyläen (Ullstein), Berlin, 2005

Nonaka, Ikujiro, The Knowledge-Creating Company, Havard Business Review, Nov-Dec 1991, S. 96-104

Ossimitz, Günther, The Development of Systems Thinking Skills using System Dynamics Modeling Tools, Online Paper, www.uni-klu.ac.at/gossimit/sdyn/gdm_eng.htm, 30.10.2009

Pfohl, Hans-Christian, Logistiksysteme – Betriebswirtschaftliche Grundlagen, 8. korrigierte Auflage, Springer, Berlin u.a. 2010

Pfohl, Hans-Christian, Logistiksysteme – Betriebswirtschaftliche Grundlagen. 7. korrigierte Auflage, Springer, Berlin u. a. 2004

Probst, Gilbert; Raub, Steffen; Romhardt, Kai, Wissen manageen – Wie Unternehmen ihre wertvollste Ressource optimal nutzen, Gabler, 3. Auflage, Wiesbaden, 1999

Senge, Peter M.; Winkler, B., Warum Unternehmen sich jetzt neu erfinden müssen – Ein Gespräch mit Dr. Peter Senge, In: OrganisationsEntwicklung Nr. 1/2010, Verlagsgruppe Handelsblatt, Düsseldorf, 2010

Senge, Peter M., Die fünfte Disziplin – Kunst und Praxis der lernenden Organisation, Schäffer-Poeschel, Stuttgart, 2008

Senge, Peter M.; Kleiner, Art; Smith, Bryan; Roberts, Charlotte; Ross, Richard, Das Fieldbook zur Fünften Disziplin, Schäffer-Poeschel, Stuttgart, 2008

Simon, Fritz B., Einführung in Systemtheorie und Konstruktivismus, Carl-Auer-Systeme, 3. Auflage, Heidelberg, 2008

Simon, Hermann, Hidden Champions des 21. Jahrhunderts – Die Erfolgsstrategien unbekannter Weltmarktführer, Campus, Frankurt/New York, 2007

Sonderforschungsbereich "Selbststeuernde logistische Prozesse", Uni Bremen, http://www.sfb637.uni-bremen.de/, 31.12.2009

Straube, Frank; Pfohl, Hans-Christian, Trends and Strategies in Logistics - Global Networks in an Era of Change, DVV Media Group, Deutscher Verkehrs-Verlag, Bundesvereinigung Logistik, Bremen, 2008

Straube, F.; Pfohl, H.-Chr.; Günthner, W.A.; Dangelmaier, W., Trends und Strategie in der Logistik – Ein Blick auf die Agenda des Logistik-Managements 2010, Deutscher Verkehrs-Verlag, Bundesvereinigung Logistik, Bremen, 2005

Sydow, Jörg (Hrsg.) (a), Management von Netzwerkorganisationen, Gabler, 3. Auflage, Wiesbaden, 2003,

Sydow, Jörg (b), Management von Netzwerkorganisationen – Zum Stand der Forschung, in Sydow, Jörg (Hrsg.) (a), 2003

United Nations, Rio Declaration on Environment and Development, Rio de Janeiro, 1992, http://www.un-documents.net/rio-dec.htm (11.1.2010)

Vester, Frederic, Ecopolicy the cybernetic strategy game, MCB-Verlag, malik management zentrum St. Gallen, 2008a

Vester, Frederic, Die Kunst, vernetzt zu denken – Ideen und Werkzeuge für einen neuen Umgang mit Komplexität, Der neue Bericht an den Club of Rome, dtv, 7. Auflage 2008 (1. Auflage 1999), München, 2008b

Watzlawick, P.; Beavin, J.; Jackson, D., Pragmatics of human communication: a study of interactional patterns, pathologies, and paradoxes

New York, Norton, 1967

Weyer, Johannes; Schulz-Schaeffer, Info (Hrsg.), Management komplexer Systeme – Konzepte für die Bewältigung von Intransparenz, Unsicherheit und Chaos

Oldenbourg, München, 2009

Wiener, Norbert, Cybernetics: or control and communication in the animal and the machine, New York: Technology Press, 1948, Dt: Kybernetik: Regelung und Nachrichtenübertragung im Lebewesen und in der Maschine, Econ Verlag, Düsseldorf, Wien, 1963

Zoltan Gaál* / Lajos Szabó**

Erfolgreiche Mitarbeiterführung deutsch-ungarischer Unternehmen in Ungarn

---

* Prof. Dr. Zoltán Gaál ist an der Pannonischen Universität (Veszprém, Ungarn) als Professor am Lehrstuhl für Unternehmensführung tätig. Von 1990 bis 1998 war er Dekan der Fakultät für Ingenieurwesen und von 1998 bis 2007 Rektor der Pannonischen Universität.

** Dr. habil. Lajos Szabó ist Leiter des Lehrstuhls für Unternehmensführung und Prodekan für Strategie, Forschung und Entwicklung der Fakultät für Wirtschaftswissenschaften an der Pannonischen Universität (Veszprém, Ungarn).
Die Autoren sind gleichzeitig auch Leiter der Forschungsgruppe „Strategisches Management". Dabei knüpft sich die Veranstaltung der Internationalen Instandhaltungskonferenz in Veszprém seit mehr als 20 Jahren an ihre Namen an.
Die Autoren können seit mehreren Jahren auf eine erfolgreiche Zusammenarbeit mit Prof. Dr. Dr. h.c. Hans-Christian Pfohl und seinen Mitarbeitern am Fachgebiet Unternehmensführung & Logistik zurückblicken.

1 Einleitung

In den vergangenen 15 Jahren sind zahlreiche deutsch-ungarische Unternehmenskooperationen in Ungarn gegründet worden. Trotz der gegenüber anderen Ländern kulturellen Ähnlichkeit zwischen Deutschland und Ungarn, werden im betrieblichen Alltag Unterschiede zwischen diesen Kulturen wahrgenommen. Dieser Aspekt wird im Bereich der Managementforschung an der Pannonischen Universität Veszprém untersucht, die seit 1986 eng mit der Technischen Universität Darmstadt kooperiert. Dabei wurden in einer Studie die kulturellen Unterschiede zwischen dem deutschen und ungarischen Management untersucht (Gaál–Pfohl–Szabó–Krings, 1999).

Das darauf folgende SMILE-Projekt erforschte die erfolgreiche Gestaltung von Managementsystemen in deutsch-ungarischen Unternehmenskooperationen: Dazu wurde auf Basis einer empirischen Erhebung der Einfluss von Unternehmenskultur auf den erfolgreichen Prozessablauf gemessen und ausgewertet (Gaál–Pfohl–Szabó–Elbert, 2004).

Im aktuell abgeschlossenen IMAGINE-Projekt wird einerseits die Managementforschung fortgeführt, darüber hinaus aber auch Aspekte der kulturvergleichenden Forschung aufgegriffen. IMAGINE steht für „Investigation of Management performance in International Enterprises". Ziel ist die Untersuchung erfolgreicher Mitarbeiterführung in deutsch-ungarischen Unternehmenskooperationen und Analyse kausaler Faktoren auf den Führungserfolg (Gaál–Pfohl–Szabó–Bode-Gomm, 2007).

Das *IMAGINE-Projekt* wollte dabei einen *ganzheitlichen Eindruck* von den Zusammenhängen und Prozessen erfassen. Dies sollte durch die Befragung von Geschäftsführern gelingen, die über umfassende Kenntnisse der Organisation im Unternehmen sowie über Erfahrungen in der Mitarbeiterführung verfügen. Entsprechend war der eigens entwickelte Fragenkatalog speziell auf diese Zielgruppe abgestimmt. Da eine vergleichbare Untersuchung bislang nicht existiert, musste ein Fragebogen im Rahmen des Projektes entwickelt werden..

Die *Zielgruppe* bestand aus insgesamt *450 Geschäftsführern* deutsch-ungarischer Unternehmenskooperationen, die direkt durch Anschreiben kontaktiert worden waren; darüber hinaus konnten andere Manager Dank der Unterstützung durch die Deutsch-Ungarische Industrie- und Handelskammer (DUIHK) auf die Umfrage aufmerksam werden. Die empirische Befragung wurde im *Sommer 2005* durchgeführt in Form einer schriftlichen Befragung, die als Online- und Druckversion zur Verfügung stand.

In diesem Artikel werden die Ergebnisse des Projektes präsentiert. Zunächst werden die Teilnehmer an der Untersuchung betrachtet. In der empirischen Untersuchung wird dann auf die Persönlichkeit der Führungskräfte und die Unternehmensstruktur eingegangen und der Führungsstil ausgewertet. Die Kausalanalyse liefert schließlich die Bestimmungsfaktoren für den Führungserfolg. Die theoretische Grundlage für die Auswertung wird in der gebotenen Kürze dargestellt, ansonsten wird an entsprechender Stelle auf die Fachliteratur verwiesen.

2 Teilnehmer an der Untersuchung

Insgesamt wurden *86 Fragebögen* ausgefüllt, von den Teilnehmern stammen 42 aus Ungarn und 44 aus dem deutschsprachigen Raum.
Die Klassifizierung der Unternehmensgröße erfolgt in die Gruppen „klein", „mittel" und „groß" (siehe IfM 2005). Die meisten Unternehmenskooperationen, die sich an der Umfrageaktion beteiligt haben, zählen zu den mittleren Unternehmen (71 %). Rund 23 % fallen in die Kategorie „Kleinunternehmen", d. h. sie haben weniger als 9 Mitarbeiter und weniger als 1 Million € Umsatz. Darüber hinaus haben sich Geschäftsführer aus fünf Großunternehmen an der Umfrage beteiligt (6 %).
Bei Betrachtung der Kapitalbeteiligung wird ersichtlich, dass die meisten Unternehmen (67 %) hundertprozentige Töchter deutscher Muttergesellschaften sind. Jedes fünfte Unternehmen (21 %) hat eine Kapitalbeteiligung größer als 25 %, sodass die Muttergesellschaft immerhin Mitbestimmungsrechte hat. Darauf verzichten mehr als ein Zehntel (12 %) der beteiligten Unternehmen, deren Kapitalbeteiligung geringer als die dazu notwendigen 25 % ist.
Insgesamt beteiligten sich Geschäftsführer aus fast allen Unternehmensbranchen an der Umfrage. Ein Drittel der Unternehmen ist im Dienstleistungssektor tätig. Große Anteile entfallen auf den Maschinenbau (14 %) und den Handel (13 %). Baugewerbe, Elektroindustrie, Pharma und weitere Branchen sind mit jeweils weniger als 10 % vertreten.

3 Empirische Untersuchung

3.1 Persönlichkeit

Die *Persönlichkeit* ist immer durch ihr Handeln bestimmt; allerdings ist sie nicht synonym mit dem Verhalten oder dem Ausüben einer Tätigkeit. Vielmehr erklärt sie, was hinter besonderen Handlungen und damit *im Menschen* liegt. Der Begriff beschreibt also genau jene Systeme im Individuum, welche seine Anpassung an die Umwelt bestimmen. Die Persönlichkeit ist *relativ stabil* und wird schon in der frühen Kindheit geformt (Tannenbaum, 1973).
Trotz der Einzigartigkeit jeder Persönlichkeit in ihrer Umwelt, können „allgemeine Charaktereigenschaften" zusammengefasst werden. Der *Charakter* ist der Lebensstil der Person; er äußert sich weniger im eigenen Willen, sondern vielmehr in der moralischen Einschätzung des Menschen durch andere: Er ist eine *Bewertung* der Person von außen.
Neben den Charaktereigenschaften wird ein Mensch durch seine *Fertigkeiten und Fähigkeiten* wahrgenommen. Während Charaktereigenschaften als die „fundamentale Disposition der Persönlichkeit" angeboren scheinen und sich kaum verändern lassen, sind Fertigkeiten und Fähigkeiten bedingt erlernbar (Allport, 1949).
Ein Manager muss problemorientierte Managementkenntnisse aufweisen, selbständig und verantwortungsbewusst denken, sich selbst motivieren können sowie soziale Kompetenzen im

Umgang mit seinen Mitarbeitern besitzen. Gerade die Fähigkeiten im letzt genannten Bereich sind nur *sehr langsam erlernbar* (Ulrich-Fluri, 1995).

Die Auswirkung einzelner Fähigkeiten auf den Führungserfolg ist situationsabhängig stärker oder schwächer: Der Erfolg einer Führungskraft ist nicht per se durch seine Fähigkeiten sichergestellt, es scheint ein *situativer Einsatz der einzelnen Fähigkeiten* notwendig zu sein.

Der *Glaubwürdigkeit* hingegen kommt eine von der *Situation unabhängige Bedeutung* zu – sie ist ein wertfreies und übergeordnetes Merkmal innerhalb der Persönlichkeitsstruktur erfolgreicher Führungskräfte. Die Erzeugung und Vermittlung von Glaubwürdigkeit wird als zentrale Funktion der Führungskraft gewertet. Nur darauf aufbauend kann ein Verhältnis zwischen Vorgesetztem und seinen Mitarbeitern entstehen, welches von *gegenseitiger Anerkennung* geprägt ist.

AUSWERTUNG

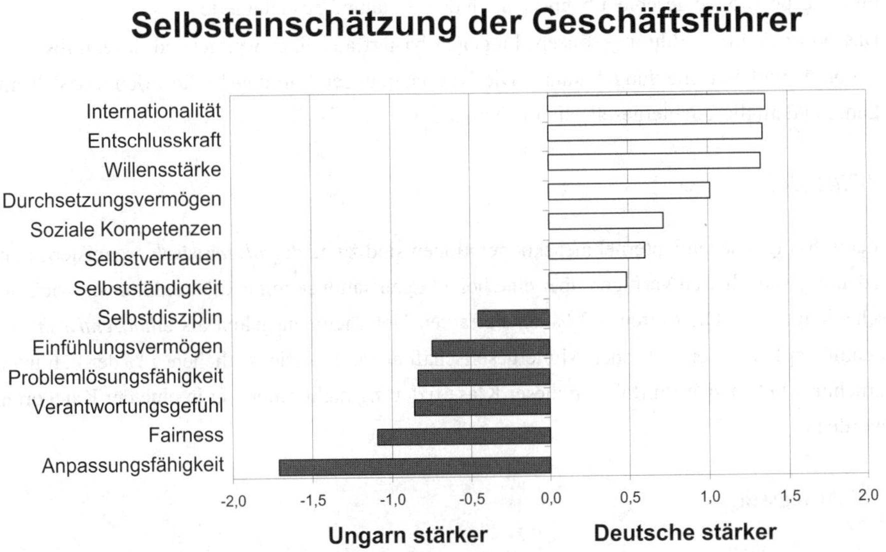

Abbildung 1: Selbsteinschätzung der Geschäftsführer

Mit Hilfe von 19 Merkmalsausprägungen sollte im Fragebogen die Persönlichkeit mit ihren Charaktereigenschaften, Fertigkeiten und Fähigkeiten bewertet werden. Dabei lässt sich feststellen:

Am stärksten sind bei den Geschäftsführern deutsch-ungarischer Unternehmenskooperationen das *Verantwortungsgefühl* und die *Selbstständigkeit* ausgeprägt. Ebenfalls stark schätzen die Befragten ihre Charaktereigenschaften *Fairness, Offenheit, Entschlusskraft* und *Willensstärke.*

Bei acht Merkmalen konnten signifikante Unterschiede zwischen deutschen und ungarischen Geschäftsführern festgestellt werden (siehe Abbildung 1.):

- *Die Ungarn* schätzen sich in den Punkten Anpassungs- und Problemlösungsfähigkeit, Fairness und Verantwortungsgefühl stärker ein. Die immer noch deutliche Überlegenheit in der fachlichen Kompetenz bleibt fraglich zu bewerten.
- *Die Deutschen* hingegen schätzen ihre Internationalität, die Entschlusskraft, ihre Willensstärke und das Durchsetzungsvermögen deutlich stärker ein.

3.2 Unternehmensstruktur

Die Organisationsform international tätiger Unternehmen lässt sich gemäß idealtypischer Führungskonzepte in ethno- und polyzentrisch einteilen (Welge-Holtbrügge, 2003).

- Das *ethnozentrische* Führungskonzept geht von einer hohen Organisationskomplexität in der Muttergesellschaft und einer zentralisierten Entscheidungsfindung mit einseitigem Informationsfluss von der Mutter- zur Tochtergesellschaft aus. Die Besetzung der Führungspositionen geschieht hauptsächlich durch Stammhausdelegierte.
- Das *polyzentrische* Führungskonzept hingegen basiert auf einer weitgehend dezentralisierten Autorität und Entscheidungsfindung. Die Nationalität der Führungskräfte orientiert sich am Land, in dem die Tochtergesellschaft beheimatet ist.

AUSWERTUNG

Die deutsch-ungarischen Unternehmenskooperationen sind zu *52 % polyzentrisch* organisiert, d. h. die Tochtergesellschaften verfügen über eine hohe Organisationskomplexität und können wichtige Entscheidungen vor Ort treffen. *42 %* der befragten Unternehmen gelten als *ethnozentrisch* und sind damit stark von der deutschen Muttergesellschaft abhängig. Die restlichen *6 %* der befragten Unternehmen ließen sich im Rahmen dieser Klassifizierung nicht eindeutig in eine der Kategorien einzuordnen.

3.3 Führungsstil

Im Gegensatz zum *Organisieren* beschreibt *„Führen"* den Vorgang der persönlichen Beeinflussung des Verhaltens eines Individuums, um ein *gemeinsames Ziel* zu erreichen (Ulrich-Fluri, 1995). Die *Führungstheorien* können zwar die Situationen beschreiben, aber nicht instrumentell vorgeben, wie der Vorgesetzte seine Mitarbeiter behandeln oder beeinflussen soll, um sie in einer bestimmten Situation zu einem bestimmten Verhalten zu motivieren (Drumm, 2005).

Daher versuchen *praxisorientierte Führungskonzeptionen* anhand eines Führungsstils konkrete Verhaltensweisen zu beschreiben. Unter *Führungsstil* versteht man in diesem Zusammenhang die Ausgestaltung der Führungsfunktionen Planung, Entscheidung, Aufgabenübertragung und Kontrolle durch den Vorgesetzten (Thommen, 1998).

Mit Hilfe des *„Führungskontinuums"* versuchten TANNENBAUM/SCHMIDT, Führungsstile zu klassifizieren, losgelöst von der Persönlichkeit des Führenden. Sie unterscheiden das real beobachtbare Führungsverhalten – mit einigen Zwischenstufen – zwischen *„autoritärem"* und *„partizipativen" Führungsstil.* Gemessen dieser durch den Anteil der Beteiligung von Mitarbeitern am Willensbildungsprozess (Staehle, 1999).

Autorität ist demnach das formale Recht einer Person festzulegen oder zu beeinflussen, was andere in dieser Organisation tun werden – dieses Recht begründet sich auf seiner Position innerhalb einer Hierarchie oder auf seiner Persönlichkeit und Fachkenntnis. Dabei kann man ein hohes Produktionslevel mit unterschiedlichen Strategien erreichen: Es gibt nicht nur den „besten Weg". Traditionelle Ansätze, die eine hierarchische Kontrolle (autoritärer Führungsstil) anstreben, können effektiv sein; gleichwohl können diese Methoden soziale und psychologische Folgen nach sich ziehen, die die Leistungsfähigkeit mindern.

Gibt man den Mitarbeitern hingegen die Möglichkeit am Willensbildungsprozess mitzuwirken, kann dies ebenfalls zu hoher Effizienz führen. Dieser *partizipative Ansatz* erzeugt eine angenehme Arbeitsumwelt durch stärkere Einbeziehung der Mitarbeiter, was zu einem späteren Zeitraum zu höheren Leistungen führen kann (Tannenbeum, 1973).

Die Klassifizierung des Führungsstils orientierte sich am Führungsstilkontinuum und wurde im Fragebogen über den ***„Partizipationsgrad"*** in einer fünfstufigen Skala abgefragt. Durch die Angabe der prozentualen Mitarbeiterbeteiligung am Willensbildungsprozess kann somit auf den Führungsstil geschlossen werden.

AUSWERTUNG

Für die Auswertung interessieren vor allem der *aktuell angewandte* und der ***persönlich*** *bevorzugte Führungsstil: Weniger als 60 %* wenden den Führungsstil an, den sie persönlich bevorzugen. Hierbei ist besonders die Abweichung zwischen deutschen und ungarischen Geschäftsführern auffällig (größer 20 %): Die Deutschen würden grundsätzlich einen deutlich partizipativeren Führungsstil bevorzugen, führen aber autoritärer. Scheinbar haben die Führungskräfte andere Erwartungen an die ungarischen Mitarbeiter, als an Mitarbeiter in Deutschland.

Zur Bestimmung des situativen Führungsstils wurde zusätzlich der *Führungsstil zu Beginn der Tätigkeit* betrachtet: Mit zunehmender Dauer der Tätigkeit einer Führungskraft werden die Mitarbeiter immer stärker am Entscheidungsprozess beteiligt. Dies ist auf das Vertrauen zurückzuführen, was sich im Laufe der Zeit mit entwickeln kann. Dies bestätigen theoretische Führungsstilmodelle.

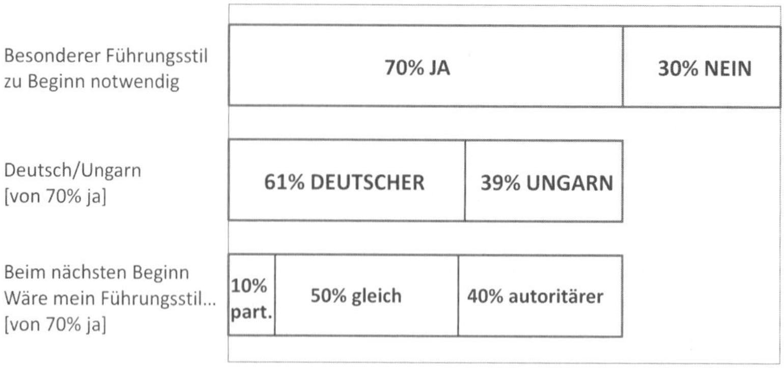

Abbildung 2: Situativer Führungsstil

Das *Ergebnis der empirischen Erhebung* kann jedoch nur aus den Beobachtungen zu zwei Zeitpunkten (bei Beginn der Tätigkeit und zum Zeitpunkt der Umfrage) abgeleitet werden, da keine umfassende Beschreibung der Situation erfolgte: *Weniger als 33 %* der Führungskräfte wenden zum Zeitpunkt der Umfrage noch *denselben Führungsstil an, wie zu Beginn ihrer Tätigkeit* bei diesem Unternehmen in Ungarn.

Wie in der Abbildung zu sehen empfinden 70 % der Befragten einen besonderen Führungsstil zu Beginn als notwendig, darunter 61 % deutsche Manager und 39 % Ungarn. Bemerkenswert ist, dass in der Rückschau 50 % der Befragten der Auffassung sind, zu Beginn ihrer Tätigkeit den falschen Führungsstil eingesetzt zu haben. So würden *40 % der Geschäftsführer beim nächsten Mal autoritärer* führen, als sie es zu Beginn ihrer aktuellen Tätigkeit taten.

Gerade für *Manager im internationalen Einsatz* weist DÜLFER darauf hin, dass der angewendete Führungsstil den kulturell bedingten Erwartungen der Gastland-Mitarbeiter angepasst sein muss. „Die Effektivität des Führungsstils, der in einer Kultur praktiziert wird, hängt wesentlich davon ab, welche Partizipationserwartungen die Untergebenen haben.“ (Dülfer, 1999).

Der *Großteil der Führungskräfte (77 %)* haben einen Führungsstil, der ungefähr der Mitarbeitererwartung entspricht. Für diese Auswertung wurden die Geschäftsführer über den von ihren Mitarbeitern erwarteten Führungsstil befragt und dies mit dem tatsächlich angewendeten Führungsstil verglichen.

Während ein kleiner Teil autoritärer führt (22 %) als es ihre Mitarbeiter erwarten, gibt es fast keine Führungskraft, die einen partizipativeren Führungsstil anwendet (1 %). Damit lassen sie ihren Mitarbeitern keinen möglichst großen Freiraum, um sich in ihrer Arbeit entfalten können.

4 Kausalanalyse

4.1 Kausalmodell mit dem PLS-Verfahren

Die *Kausalanalyse* versucht Abhängigkeitsstrukturen zwischen nicht direkt messbaren Variablen zu beschreiben, basierend auf empirisch gemessenen Varianzen und Kovarianzen von ausgesuchten Indikatoren. Es geht dabei *nicht um die Ermittlung einer Kausalität mittels einer statistischen Analyse*, auch wenn der Name des Verfahrens dies suggeriert. Vielmehr darf die Kausalität allein durch kontrollierte Experimente und theoretische Überlegungen nachgewiesen werden.

Jedes Kausalmodell besteht aus so genannten *„Konstrukten“*, die als nicht direkt messbare Größen des Modells gelten. Die empirisch messbaren Variablen beschreiben die Konstrukte und werden *„Indikatoren“* bezeichnet. Die Konstrukte sind durch hypothetische Beziehungen kausal verknüpft, welche eine wohl vermutete Zusammenhangsstruktur zwischen den verwendeten Konstrukten abbilden.

Es wird mit metrischen Werten gearbeitet und die Zusammenhänge innerhalb eines Modells werden durch *lineare Gleichungssysteme* beschrieben. Ein *Kausalmodell* lässt sich durch ein lineares Gleichungssystem abbilden. Das am weitesten verbreitete System ist das *LISREL-System*: In den *Messmodellen* werden die Konstrukte durch Indikatoren aus der empirischen Untersuchung modelliert. Das *Strukturmodell* verknüpft die Messmodelle und gibt die kausalen Zusammenhänge zwischen den Konstrukten auf Basis der Hypothesenstruktur wieder (Homburg, 1998).

Für die Schätzung der Parameterwerte in Kausalmodellen existieren *zwei Verfahren*: Am weitesten verbreitet ist die *Kovarianzstrukturanalyse.* Diese ist bereits sehr häufig bei empirischen Untersuchungen zum Einsatz gekommen, besonders im deutschsprachigen Raum. Das *Partial Least Squares-Verfahren* (PLS) ist hingegen bislang nur wenig bekannt, da es bisher keine Software gab, die eine Modellierung komfortabel auf grafischer Basis ermöglicht.

Grundsätzlich unterscheiden sich beide Verfahren durch den verwendeten *Schätzalgorithmus* und die *Messmodelle.* Die Kovarianzstrukturanalyse ermittelt eine möglichst gute Vorhersage der sich aus den Korrelationen ergebenden *Kovarianzstrukturmatrix.* Das PLS-Verfahren hingegen versucht die tatsächlichen Fallwerte mit Hilfe einer *Kleinste-Quadrate-Schätzung* (KQS) zu prognostizieren.

Beide Verfahren unterliegen unterschiedlichen Restriktionen, wie zum Beispiel dem benötigten Stichprobenumfang oder bestimmte Verteilungseigenschaften der Daten. Die Voraussetzungen des Datenmaterials und der Hypothesenstruktur entscheiden letztendlich über den Einsatz eines Verfahrens.

Im Rahmen dieser Auswertung wurde *PLS-Pfadanalyse* angewendet. Sie ist besonders geeignet, wenn das Modell viele Indikatoren aufweist und nur eine kleine Stichprobe vorliegt.

PLS-Modelle setzen sich aus zwei linearen Gleichungssystemen zusammen: Das *„innere“ Modell* beschreibt die Beziehungen zwischen den Konstrukten und lässt sich entsprechend dem Strukturmodell spezifizieren; das *„äußere“ Modell* misst die Beziehung der Konstrukte zu ihren Indikatoren, wobei jeder Indikator nur einem Konstrukt zugeordnet ist.

Die Parameter für das PLS-Modell werden so geschätzt, dass sie die Rohdatenmatrix möglichst optimal reproduzieren. Es sei auf die detaillierte Darstellung des Schätzalgorithmus bei BETZIN/HENSELER verwiesen (Betzin, 2005). Das Verfahren der PLS-Modellierung gliedert sich in sieben Schritte. Der Hypothesenbildung, Pfadanalyse und Modellspezifikation folgt Modellidentifikation und die Parameterschätzung. Eine besondere Bedeutung kommt der anschließenden Gütebeurteilung zu, da es für PLS-Modelle keine globalen Gütemaße gibt, die eine pauschale Bewertung der Zulässigkeit des Modells ermöglichen. Es ist also eine Gesamtschau verschiedener lokaler Gütemaße notwendig. Abschließend kann ggf. eine Modellmodifikation erfolgen.

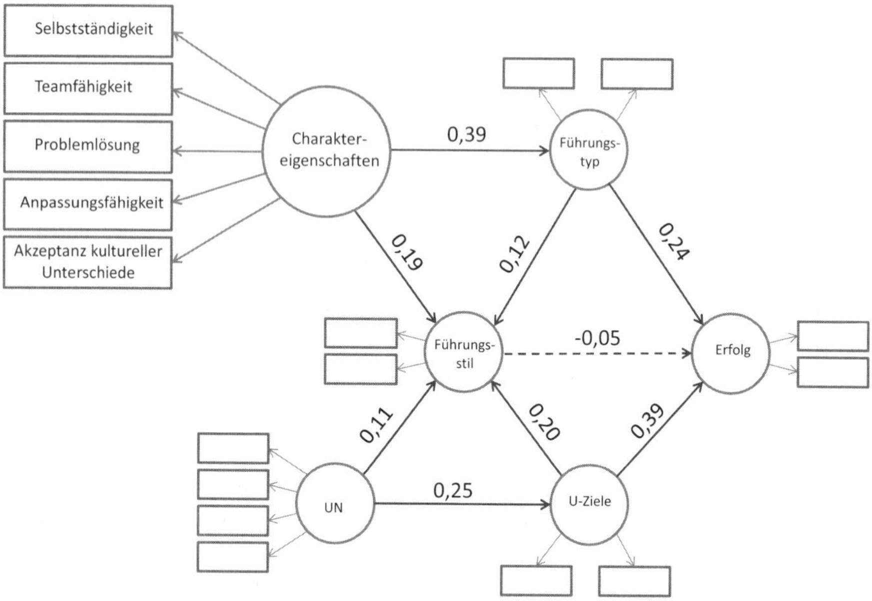

Abbildung 3: Kausalmodell

In einem Kausalmodell mit 18 Merkmalen konnten die wichtigsten Themen des IMAGINE-Projektes modelliert werden. Exemplarisch ist in der Abbildung 3 das Konstrukt „Charaktereigenschaften“ mit seinen Indikatoren dargestellt. Die übrigen Konstrukte sind gemäß der zu Grunde liegenden Hypothesenstruktur durch Pfade miteinander verbunden. Die Gütebeurteilung ergab ein statistisch valides Modell, sodass alle Zusammenhänge bestätigt werden konnten.

Die Einflüsse auf Zielvariablen werden durch direkte und indirekte Effekte beschrieben. Summiert man die direkten und indirekten Effekte, spricht man vom „totalen Effekt“. Die Pfadkoeffizienten geben innerhalb des Modells die relative Stärke der Abhängigkeiten an. Dabei erklären die standardisierten Werte den Anteil der Varianz, den ein Indikator oder eine Vorgängervariable an der Zielvariable hat. Die unstandardisierten Werte stellen die absoluten Effekte des Einflusses dar. Die unstandardisierten Werte eignen sich also nicht zum direkten Vergleich zwischen den einzelnen Pfadkoeffizienten, dazu sind immer die standardisierten zu betrachten.

4.2 Persönlichkeit

Das Konstrukt *Führungstyp* beschreibt die Aufgaben- und Mitarbeiterorientierung des Vorgesetzten. Diese charakterisieren nachweislich das Führungsverhaltens: Beim ersten Faktor soll eine klare Zieldefinition und Kontrolle motivierend sein; beim zweiten Punkt stehen die Rücksichtnahme, Kommunikation, Offenheit und Verfügbarkeit im Mittelpunkt. Beide Dimensionen sind voneinander unabhängig – ein Vorgesetzter kann zum Beispiel sowohl eine gute Beziehung zu seinen Mitarbeitern haben als auch eine strikte Aufgabenorientierung verfolgen.

AUSWERTUNG

Die *Charaktereigenschaften* werden durch die fünf Indikatoren Selbstständigkeit, Teamfähigkeit, Problemlösungs- und Anpassungsfähigkeit sowie die Akzeptanz unterschiedlicher Kulturen beschrieben und haben Einfluss auf andere Konstrukte im Kausalmodell:

- Die Charaktereigenschaften beeinflussen den *Führungstyp* stark, d.h. mit dem Anstieg der Werte für Charaktereigenschaften wird der Vorgesetzte Mitarbeiter- und Aufgabenorientierter sein. Die Ergebnisse der Kausalanalyse ergeben, dass sich die Charaktereigenschaften besonders auf die Mitarbeiterorientierung auswirken.
- Die Charaktereigenschaften beeinflussen ebenfalls auf den *Führungsstil* – werden die Merkmale der Charaktereigenschaften stärker betont, ist ein autoritärer Führungsstil zu erwarten. Das bedeutet, dass eine starke Mitarbeiterorientierung und ein autoritärer Führungsstil sich nicht ausschließen.

4.3 Unternehmensstruktur

Die Variable *„Unternehmenssituation"* ist differenzierter zu betrachten – die Merkmale der *Organisationskomplexität* weisen sehr hohe Faktorladungen auf; die *Abhängigkeit* der Tochter- von der Muttergesellschaft hingegen scheint einen geringeren Einfluss zu haben. Das Konstrukt hat ebenfalls Einfluss auf nachfolgende Konstrukte:

- Die Organisationskomplexität und Abhängigkeit der Tochter von der Muttergesellschaft beeinflussen die Unternehmensziele positiv – eine stärkere Ausprägung der Unternehmenssituation zieht eine verbindlichere Zielsetzung der Unternehmen nach sich. Die finanziellen Ziele scheinen dabei stärker beeinflusst zu werden als die Mitarbeiterziele.
- Die Komplexität der Organisation und die Ausrichtung an der Muttergesellschaft beeinflussen auch den Führungsstil – vor allem eine komplexere Organisationsform scheinen also einen autoritäreren Führungsstil zu verursachen.

4.4 Kausale Faktoren für den Führungserfolg

Die wissenschaftliche Forschung im Bereich der Unternehmensführung versucht u.a. *Faktoren für den Führungserfolg* zu entwickeln – die empirischen Befunde über die Erfolgswirksamkeit unterschiedlicher Führungsstile sind bislang jedoch uneinheitlich. Die *Definition des Führungserfolgs* gestaltet sich bereits problematisch, da der Maßstab des Erfolgs immer im soziokulturellen Kontext gesucht werden muss; darüber hinaus ist Führungserfolg immer abhängig von der Wahrnehmung derer, die ihn beurteilen. Im Folgenden wird daher nur der *Führungserfolg in Bezug auf die Mitarbeiter* betrachtet.

Der *Führungserfolg* ist in diesem Zusammenhang der resultierende Effekt aus der Führungsbeziehung zwischen Vorgesetztem und Mitarbeiter – es handelt sich bei der Beziehung um eine Form der sozialen wechselseitigen Einflüsse. Darüber hinaus spielen andere Aspekte eine Rolle, wie zum Beispiel die *Motivation* der Mitarbeiter. Die Führungskraft ist zusätzlich immer in die *Organisationsstruktur* des Unternehmens *eingebunden,* was ihren Handlungsspielraum beschränkt (Schreyögg, 2004).

Der Wunsch nach *einem idealen Führungsstil erscheint unrealistisch,* sobald man den Führungsprozess in Abhängigkeit des Führenden, seines Untergebenen und den situativen Variablen betrachtet – es gibt letztendlich nicht den besten Stil, der einen Erfolg garantiert, sondern nur einen *effizienten Stil* in einer bestimmten Situation und passend zu den Persönlichkeitsmerkmalen des Führenden.

AUSWERTUNG

Der *Führungserfolg in Bezug auf die Mitarbeiter* kann mit den Merkmalen „Fluktuationsrate der Mitarbeiter“, „Bereitschaft zur Ideenweitergabe“ und „gegenseitige persönliche und fachliche Anerkennung“ gemessen werden. Dabei ergab die Kausalanalyse, dass diese Merkmale den Führungserfolg gut beschreiben, was durch hohe Faktorladungen zum Ausdruck kommt.

Das Konstrukt Führungserfolg wird am stärksten durch den Führungstyp und die Unternehmensziele beeinflusst. Eine starke Mitarbeiterorientierung der Führungskraft und starke finanzielle Zielsetzung des Unternehmens führen also zum Erfolg.

Darüber hinaus gibt es schwache indirekte Effekte durch die Charaktereigenschaften und die Organisationsform der Unternehmen. Je stärker diese Konstrukte ausgeprägt sind, desto größer ist der Führungserfolg bezogen auf die Mitarbeiter. Der Führungsstil hat entgegen der ursprünglichen Hypothese keinen nachweisbaren Einfluss auf den Führungserfolg.

Die ermittelten Einflüsse auf den Führungsstil und den Führungserfolg lassen sich in zwei Gruppen gliedern (siehe Abbildung 4): Zum einen der *Persönlichkeit*, die für den (unveränderlichen) Charakter und den Führungstyp einer Führungskraft steht; zum anderen die *Unternehmensstruktur* (Unternehmen), das durch die gegebene Organisationsform und die Unternehmensziele beschrieben wird.

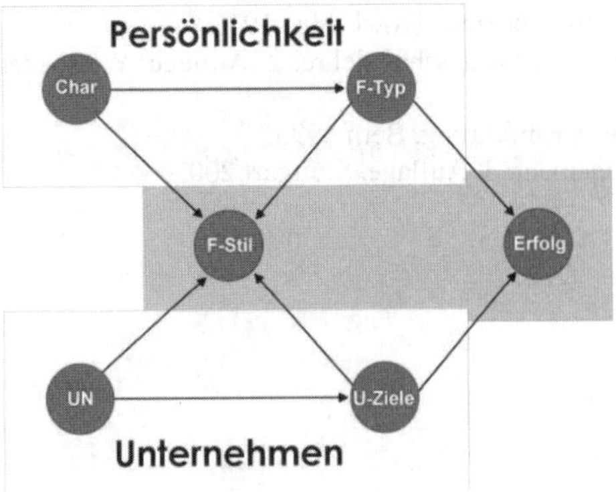

Abbildung 4: Zusammenfassung kausaler Analyse

5 Zusammenfassung

Das *IMAGINE-Projekt* erforschte über mehr als drei Jahren kausale Faktoren für den Führungserfolg bezogen auf die Mitarbeiter. Damit diese Ergebnisse besser erklärt werden können, beginnen die oben genannten Universitäten das nächste Forschungsprojekt (in Anlehnung an das Cameron-Quinn Modell), in dem die Wirkungsfaktoren der Persönlichkeit auf die Gestaltung der Unternehmensziele analysiert werden.

6 Literaturverzeichnis

Allport, G.- W.: Persönlichkeit - Struktur, Entwicklung und Erfassung der menschlichen Eigenart. Stuttgart 1949.

Betzin, J.: Einführung in die Funktionsweise des PLS-Algorithmus. In: Bliemel, F. u.a. (Hrsg), Handbuch PLS-Modellierung, Stuttgart 2005.

Drumm, H.-J.: Personalwirtschaftslehre. 4. Auflage, Berlin 2005.

Dülfer, E.: Internationales Management in unterschiedlichen Kulturbereichen. München 1999.

Gaál Z. – Pfohl, H. C. – Szabó L. – Bode, A – Gomm, M.: Mitarbeiter erfolgreich führen. Pannonischer Uniersitätsverlag, Veszprém, 2007.

Gaál Z. – Pfohl, H. C. – Szabó L. – Elbert, R.: A vállalati kultúra hatása a Magyarországon működő magyar-német transznacionális vállalatok vezetési rendszerének sikerére. Vezetéstudomány, 2004. 11. szám

Gaál Z. – Pfohl, H. C. – Szabó L. – Krings, M.: Strategisches Management und Unternehmenserfolg. Ergebnisse einer Unternehmensbefragung in Ungarn und Deutschland, Kézirat, Darmstadti Műszaki Egyetem, Darmstadt, 1999.

Heidrich, B.: Szervezeti kultúra és interkulturális menedzsment. Human Telex Consulting, Budapest, 2001.

Homburg, C./ Hildenbrandt, L.: Kausalanalyse: Bestandsaufnahmen, Entwicklungsrichtungen, Problemfelder. In: Homburg C. u.a. (Hrsg.), Die Kausalanalyse, Stuttgart 1998.

Institut für Mittelstandsforschung. Verfügbar: http://www.ifm-bonn.org/index.htm?/dienste/daten.htm (Zugriff am 01.12.05)

Schreyögg, G. / Werder, A. (Hrsg.).: Handwörterbuch Unternehmensführung und Organisation. 4. Auflage, Stuttgart 2004.

Staehle, W.: Management. 8. Auflage, München 1999.

Tannenbaum, A.: Social Psychology of the Work Organization. Trowbridge 1973.
Thommen, J.-P. / Achleitner, A.-K.: Allgemeine Betriebswirtschaftslehre. 2. Auflage, Wiesbaden 1998.
Ulrich, P./ Fluri, E.: Management: eine konzentrierte Einführung. Bern 1995.
Welge, M. / Holtbrügge, D.: Internationales Management. 3. Auflage, Stuttgart 2003.

Inga-Lena Darkow[*] / Christopher Jahns[**]

Qualifizierung und Employability – Gewinnung von Führungskräften für die Logistik

---

[*] Prof. Dr.-Ing. Inga-Lena Darkow studierte Wirtschaftsingenieurwesen an der Technischen Universität Berlin sowie an der University of Manchester – Institute of Science and Technology (UMIST) – in Manchester, Großbritannien. Anschließend promovierte sie an der TU Berlin bei Prof. Dr.-Ing. Baumgarten über Logistik-Controlling. Sie ist Research Director und Juniorprofessorin für Logistik & Innovation am Supply Chain Management Institute (SMI) an der European Business School (EBS) in Wiesbaden. Zudem ist sie Academic Director der MBA-Programme und verantwortlich für den MBA in Logistik und Supply Chain Management in Moskau in Kooperation mit der Lomonossow-Universität.

[**] Prof. Dr. Christopher Jahns hat Betriebswirtschaft an der Phillips-Universität in Marburg studiert und an der Technischen Universität München promoviert und habilitiert. Seit Februar 2009 ist er Präsident der European Business School (EBS) in Wiesbaden, die er zuvor seit Juni 2006 als Rektor leitete. Prof. Jahns ist Inhaber des SVI-Stiftungslehrstuhls für Einkauf, Logistik und Supply Chain Management und Executive Director des 2004 von ihm gegründeten Supply Chain Management Institute (SMI) an der EBS. Daneben hat er den Vorsitz im Verwaltungsrat der BrainNet Supply Management Group AG und ist seit 2007 Mitglied des Vorstands der Bundesvereinigung Logistik (BVL).

1 Einführung

Logistiker und Supply Chain Manager sind für internationale Netzwerke und Wertschöpfungsketten verantwortlich, gestalten und optimieren Supply-Chain-Management-Systeme und kümmern sich um die Logistik in Beschaffung, Produktion, Distribution und Entsorgung – samt zugehörigen Informationsflüssen. Tun sie dies wirklich? Ein Blick in die Tageszeitung gibt Aufschluss über Rückrufaktionen und Schocks in Supply Chains: Lieferanten haben nicht das richtige Material eingesetzt, Qualitätssicherung wurde nur punktuell durchgeführt und die Auswirkungen des Handelns wurden kaum über die Laderampe hinaus antizipiert. Kurz: Die von der Öffentlichkeit wahrgenommene Mängelliste wird länger, während die Führungskräfte von einem wachsenden Berg an Aufgaben herausgefordert werden. Hierbei stehen nicht selten die Versorgungssicherheit von Unternehmen, Gesundheit von Verbrauchern und Karrieren von Managern auf dem Spiel. Und dies ist nur die Spitze des Eisbergs – denn die vielen kleinen Probleme und Schwierigkeiten im operativen Geschäft finden – zum Glück – kein Gehör in der Presse. Dennoch sind sie das tägliche Brot von Logistikern und Supply Chain Managern.

Somit stellt die Logistik mit zunehmender Globalisierung höhere Anforderungen an die Mitarbeiter in den Unternehmen. Zur Generierung von Wettbewerbsvorteilen ist der dauerhafte Einsatz der richtigen Logistik-Führungskräfte eine wesentliche Voraussetzung. Diese Führungskräfte sind verantwortlich für die Implementierung von Logistikstrategien – damit kommt ihnen für die strategische Ausrichtung des Unternehmens eine bedeutende Rolle zu. Zudem sind für die Verwirklichung vieler logistischer Konzepte nicht nur das Aufsetzen eines entsprechenden Systems, die Definition von Prozessen und deren Schnittstellen sowie die Vernetzung der Informationssysteme notwendig. Häufig ist der Erfolg der Umsetzung von der Qualität der Leistung der Mitarbeiter abhängig. Wesentliches Element des Erfolges ist zudem der Umgang mit dem Dienstleistungscharakter der Logistik, der vor allem durch den „Faktor Mensch“ beeinflusst wird.

Die zunehmende Bedeutung der Logistik in Bezug auf den Gesamtunternehmenserfolg steht jedoch in einem Widerspruch zu einem bis heute noch nicht etablierten speziell auf Logistiker abgestimmten Management von Qualifizierung und Employability. In vielen Unternehmen ist die heutige organisatorische Eingruppierung von Logistik-Führungskräften teilweise abhängig von der historischen Bedeutung der Logistik-Funktion. Der Querschnittscharakter und die häufig von unternehmensübergreifenden Aktivitäten abhängigen Aufgaben der Logistik- und Supply Chain Manager spiegeln sich nicht immer in der Positionierung in den Unternehmen aus Industrie, Handel und Dienstleistung wider. Wie mit der ggf. neuen oder etablierten Funktion des Supply Chain Managers umgegangen werden soll, ist eine weitere Herausforderung.

Wie können Studierende, Experten und Führungskräfte effektiv darauf vorbereitet werden, was der Unternehmensalltag, aber auch Krisenzeiten, von ihnen erwarten? Viele Wissenschaftler, Lehrer, Trainer, Personalverantwortliche und Führungskräfte beschäftigen sich seit Jahren mit diesen Themen (Pfohl 2009; Gaiziunas 2009, Jahns und Darkow 2008a und b). Der folgende Beitrag soll zu möglichen Lösungsansätzen für die nachhaltige Qualifizierung und Employability Stellung nehmen – und einen Blick in die Zukunft riskieren.

2 Bedeutung des Managements von Führungskräften für die Logistik

Logistiker und Supply Chain Manager werden nur selten als Mitarbeitergruppe im Personalmanagement eines Unternehmens gesondert behandelt – weder in Industrie, Handel noch Dienstleistung. Dies zeigen Studien des Supply Chain Management Institute (SMI) der European Business School EBS (Gaiziunas 2009 und Henkel 2008). Auf der anderen Seite stehen die zunehmende strategische Bedeutung von Logistik und Supply Chain Management und das sich wandelnde und immer komplexer werdende Aufgabenspektrum der Führungskräfte in diesen Bereichen. Damit wird dem Management dieser Führungskräfte eine größere Bedeutung verliehen.
Als erste große Herausforderung für das Personalmanagement gestaltet sich insbesondere die Gewinnung von gut ausgebildeten und engagierten jungen Führungskräften (vgl. Abb. 1). Diese High-Potentials müssen aufgrund ihrer Ausbildung in der Lage sein, die komplexer werdenden Anforderungen an das Logistik-Management zu erfüllen (Claßen und Palder 2002; Wilson 2004; Meißner und Becker 2007; Wachta 2007).

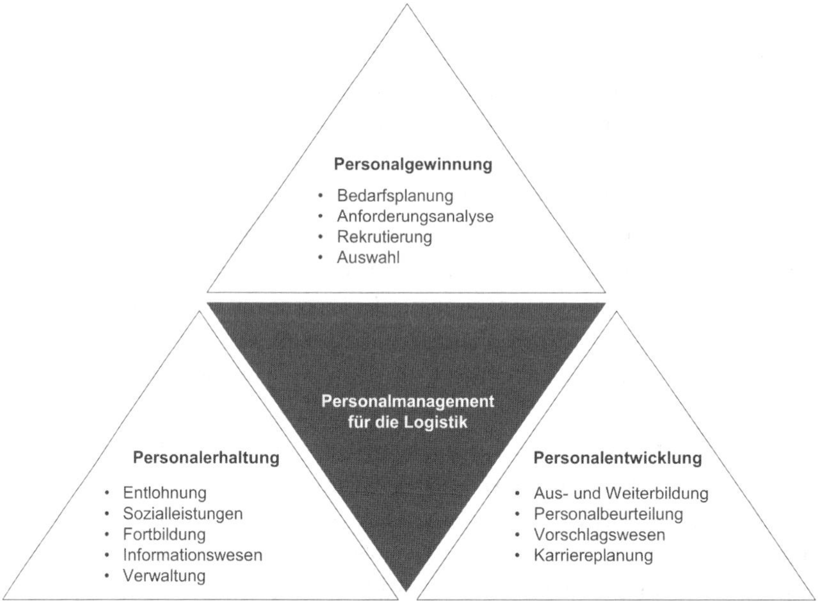

Abbildung 1: Die drei Felder des Personalmanagement nach Daft (1988)

Die Logistik-Branche boomt – und ist dennoch in ihrer Vergütung nicht attraktiv für Berufseinsteiger, wie immer wieder in gängigen Publikationen zur Vergütung zu lesen ist (z. B. Trechow 2008) und Gespräche mit Experten besagen. Die Wirtschaftswoche titelte „Die 40 Top-Berufe" – Unternehmensberater und Einkäufer stehen hier weit oben, auch Speditionskaufleute und Disponenten werden gesucht. Den Begriff „Logistiker" sucht der Leser vergeblich (Wirtschaftswoche

2008). Damit wird deutlich, dass sich die Branche nicht transparent und attraktiv für potenzielle Berufseinsteiger aufstellt.

Wie Studien aus den USA und Deutschland zeigen (Nissen-Baudewig 1996; Jayanth et. al. 1999; LeMay et. al. 1999; Gowen und Tallon 2003, Lambert, Garcia-Dastugue und Croxton 2008) sehen Unternehmen ein institutionalisiertes Personalmanagement für Logistik-Manager als sehr bedeutend für den Erfolg des Unternehmens an. In der Praxis wird jedoch das Fehlen eines solchen Ansatzes beklagt (Jahns und Langenhan 2004; Mangan und Christopher 2005; Jahns und Darkow 2008a und b; Gaiziunas 2009). Zu einem systematischen Personalmanagement gehören das Rekrutieren, Entwickeln und Erhalten von Führungskräften. Doch schon beim Gewinnen von (zukünftigen) Führungskräften muss sich die Logistik verschiedenen Herausforderungen stellen: Bereits in der Diskussion um, für junge Hochschulabsolventen in Management und Technologie, interessante und spannende Berufsfelder stehen häufig eher Unternehmensberatungen oder Karrierestarts in der Forschungs- und Entwicklungs-, Marketing oder Finanzabteilung im Vordergrund. Auch die Vergütung, die sich als Baustein durch alle drei Phasen zieht, reizt nicht zum Berufsstart in dem Bereich: Wenn überhaupt Zahlen für Logistik- und Supply-Chain-Management-Führungskräfte öffentlich verfügbar sind, dann liegt das zu erwartende Einkommen häufig unter dem anderer Funktionen oder auch Branchen (Henkel 2008).

Allerdings ist Besserung in Sicht: Wie aktuelle Berichte aus Best-Practice-Unternehmen zeigen, nehmen sich einige Unternehmen der Thematik an und gestalten die Aufgabenbereiche und Karrieren hier attraktiver (Gaiziunas 2009). Der Nutzen für die Unternehmen ist direkt messbar: Prozesskompetenz, interkulturelle Kompetenz und Kommunikationsfähigkeiten steigern die Ergebnisse und führen zu einer effizienteren und effektiveren Supply Chain, wie Beispiele von U.S. Postal Service oder Lanxess zeigen (Gaiziunas 2009).

3 Die Zukunft liegt im „Faktor Mensch“

In Studien zur Zukunft der Logistik am Supply Chain Management Institute (SMI) der European Business School (EBS) wurden die Jahre 2025 und 2030 betrachtet. Mit Hilfe von Expertenbefragungen und der Delphi-Technik wurden Szenarien abgeleitet, wie sich die Zukunft des Logistik-Marktes entwickeln kann. Ein Hauptaugenmerk der Expertendiskussion lag auf der Entwicklung der Mitarbeiterinnen und Mitarbeiter im globalen Wettbewerb. Deshalb wurden die beiden Extreme – Arbeit als der Kostenfaktor Nr. 1 versus Rohstoffzugang als bedeutendster Kostenfaktor – für die Ableitung von Extremszenarien eingesetzt. Die Detailergebnisse können in den aktuellen Studien nachgelesen werden (von der Gracht et al. 2008; Kauschke et al. 2009, von der Gracht 2008).

Das erste Szenario ist dementsprechend auch mit der Überschrift „Standortfaktor Mensch“ betitelt. Das zweite dieses Problem ansprechende Szenario heißt „Fabrik-Cities“. Beide Szenarien werden aus der Sicht des Jahres 2025 beschrieben.

3.1 Standortfaktor Mensch für die Logistik im Jahr 2025

Humankapital ist der knappe "Rohstoff" der heutigen Wissensgesellschaft (Stand 2025). Der Zugang zu Rohstoffen gegenüber dem Faktor Arbeit hat trotz der verschärften Energieproblematik stark an Bedeutung verloren. Der Zugang zu qualifiziertem Personal ist der einzige nachhaltige Wettbewerbsfaktor in einer immer mobileren Welt geworden. Die Zahl der verfügbaren Arbeitskräfte hat jedoch insbesondere aufgrund der demografischen Entwicklung in Deutschland stark abgenommen. Seit 2005 sind der EU insgesamt 20 Millionen Menschen im erwerbsfähigen Alter verloren gegangen. Rückläufige Geburtenraten und das Ausscheiden der "Babyboomer"-Generation haben zu einem großen nationalen Fachkräftemangel geführt. Heute müssen zwei Erwerbstätige für einen Nichterwerbstätigen aufkommen. In Deutschland hat die Politik zudem in der Vergangenheit immer mehr Gelder in die Sozialsysteme stecken müssen, worunter das Bildungssystem zusätzlich gelitten hat. Der Mangel an jungem, hochqualifiziertem, mobilem Personal ist dadurch heute umso gravierender.
Diese Entwicklungen haben gravierende Auswirkungen auf den Logistik-Markt: In wissensintensiven Industrien fehlt heute auf vielen nationalen Märkten qualifiziertes Personal. Zum Teil werden im Zuge des fortgeschrittenen globalen Recruitings junge, hochqualifizierte und mobile Arbeitskräfte mit teils erheblichem Aufwand angeworben. Der überwiegende Trend der letzten Jahre ist jedoch die Ausrichtung entsprechender Produktionsnetze an verfügbarem Humankapital. Die Produktion von komplexen und teuren Produkten findet dort statt, wo Unternehmen auf qualifizierte Mitarbeiter zurückgreifen können. Attraktive Standorte sind vor allem in den ehemaligen Entwicklungs- und Schwellenländern zu finden. Hier haben sich große Wissenszentren gebildet, die im internationalen Vergleich ein geringeres Einkommensniveau aufweisen und zugleich attraktive Absatzmärkte darstellen. Die Verfügbarkeit von gut ausgebildeten Menschen ist somit Standortfaktor Nummer eins geworden, um den viele Regionen weltweit konkurrieren. "Weiche" Faktoren wie Umwelt- und Lebensqualität spielen dabei eine entscheidende Rolle.

3.2 Fabrik-Cities für die Logistik im Jahr 2025

Die kommenden Jahre (ab dem Jahr 2025) werden weniger durch den Zugang zu Rohstoffen als durch den Kampf um "Humankapital" bestimmt. Zwar sind viele Edel- und Industriemetalle im Zuge der fortschreitenden Industrialisierung Chinas und Indiens weiterhin knapp und teuer, jedoch versprechen Innovationserfolge im Bereich der synthetischen Herstellung von Ersatzstoffen eine Entspannung auch dieser Situation. Seit Jahren schon tobt hingegen ein Kampf um Fachkräfte, insbesondere in Europa. Im Gegensatz zur US-Bevölkerung, die in den letzten 20 Jahren um mehr als ein Viertel gewachsen ist, verzeichnet die Europäische Region niedrige Geburtenraten. Die Zahl der Menschen über 65 Jahren ist hier seit dem Jahr 2005 um 40 Millionen gestiegen, wo hingegen die Altersgruppe der 15- bis 64-Jährigen um 20,8 Millionen Menschen abgenommen hat. Hinzu kommt, dass im Zuge der Tertiarisierung bzw. Quartarisierung vieler Volkswirtschaften der Industrienationen der Beitrag des "Humankapitals" zum Gewinn erheblich gestiegen ist. Die Nach-

frage nach jungem, hochqualifiziertem, mobilem Personal übersteigt das Angebot auf den heimischen Märkten bei weitem.
Für den Logistik-Markt ergeben sich aus diesem Fachkräftemangel ernstzunehmende Folgen: Globale Beschaffung, Produktion und Distribution gehören in fast allen Märkten und Wertschöpfungsnetzen heute zum Standard. Viele der Entwicklungsländer sind durch ihre Megacities in den weltweiten Handel fest integriert. Sie stellen vor dem Hintergrund des Fachkräftemangels in den "alten" Industrienationen attraktive Investitionsstandorte dar. In den letzten Jahren sind zahlreiche Produktionsstätten aufgrund der hohen Dichte an Humankapital und niedrigerem Lohnniveau gerade in diese Regionen verlagert worden. Die Verfügbarkeit von gut ausgebildeten Menschen ist Standortfaktor Nummer eins geworden, um den viele Regionen weltweit konkurrieren. Neben der Verlagerung von Produktionsstätten haben verschiedene Industrien gemeinsame Fabrik-Cities aufgebaut. Diese Planstädte zeichnen sich durch eine sehr attraktive Atmosphäre sowie hervorragende Infrastruktur aus und verfolgen das Ziel, qualifizierte Mitarbeiter anzuwerben und in diesen Fabrik-Cities anzusiedeln.

3.3 Ableitungen für das Handeln in der Gegenwart

Auch wenn es sich hierbei nur um mögliche Szenarien handelt, wie sich in 20 oder mehr Jahren Ressourcen und Humankapital in und zwischen Wirtschaftsräumen verteilen, so wird doch eines deutlich: Eine intensive Beschäftigung mit der Qualifizierung von Führungskräften in Logistik und Supply Chain Management wird maßgeblich über den Erfolg von Konzepten in diesen Bereichen entscheiden. Die Ausbildung der Führungskräfte, die in 10 bis 20 Jahren Unternehmen gestalten werden, findet bereits heute, d.h. in der Gegenwart statt. Damit ist der logische nächste Schritt die Ausgestaltung eines entsprechenden Qualifizierungsrahmens.
Zudem entscheidet die Qualifikation von Menschen über die Güte von Innovationen sowie über deren Anwendung und Weiterentwicklung. Damit trägt Qualifizierung zur Erhaltung oder zum Ausbau der Wettbewerbsfähigkeit auch in Logistik und Supply Chain Management bei. Zahlreiche Studien haben sich mit dem universitären Ausbildungsmarkt in Deutschland beschäftigt (Baumgarten und Hildebrand 2008; Roth und Klaus 2008) und die Vielfalt und Größe des Marktes aufgezeigt. Der Weiterbildungsmarkt in Logistik und Supply Chain Management ist in Deutschland hingegen noch unterentwickelt und wenig transparent. Zudem fehlt häufig die Durchgängigkeit der Angebote vom Studium über das Lernen im Berufsalltag hin zum anerkannten Abschluss von weiterbildenden Studiengängen. Auch die internationale Akzeptanz deutscher Ausbildungsprofile ist noch nicht perfekt, auch wenn sich mit der Umstellung auf Bachelor- und Master einiges in Sachen Transparenz getan hat.
Aktuelle Forschungsprojekte im Rahmen des BMBF-Spitzencluster-Wettbewerbs, die innerhalb des Effzienzclusters vom Supply Chain Management Institute (SMI) der European Business School (EBS) verankert sind, erarbeiten hier Lösungsansätze zu kompetenzbasierten Bildungswegen in der Logistik, selbstgesteuertes Lernen für die Logistik sowie ein Evaluationskonzept zur Bewertung von Bildungsinvestitionen.

4 Employability von Führungskräften in der Logistik

Das aktuell diskutierte Konzept der „Employability“ betrifft auch die Qualifizierung in Logistik und Supply Chain Management. Dabei lautet die Kernbotschaft für Employability: Flexibilität zum Umgang mit den Ausformungen von Lernbereitschaft, Lernfähigkeit, fachlicher und regionaler Mobilität, interkultureller Kompetenz (Fremdsprachen, internationale Teamerfahrung, Sensitivität, Toleranz) (Jochmann 2008). Zukünftig sind für die Qualifizierung von Führungskräften in Logistik und Supply Chain Management deshalb folgende Bereiche ausschlaggebend: Fachkompetenz, Verhaltenskompetenz und Persönlichkeitskompetenz. Wie aktuelle Studien zeigen, bewerten die Experten diese drei Kompetenzarten ungefähr gleichgewichtig, d. h. die Fachkompetenz beeinflusst nur zu einem Drittel die Qualifizierung und damit „Employability“ von Fach- und Führungskräften (vgl. Abb. 2). Es gibt keinen Grund zu der Annahme, dass dies in Logistik und Supply Chain Management anders sein sollte.

Fachkompetenz	Verhaltenskompetenz	Einstellungen / Werthaltung / Persönlichkeitskompetenz
▪ Grundlagen Betriebswirtschaft und kaufmännisches Denken ▪ IT-Anwendungskenntnisse ▪ Fremdsprachenkompetenz (Englisch) ▪ Generalistische Ausbildung mit Ergänzungen klassischer kaufmännischer Sichtweisen durch Sozial-/Gesellschaftskunde, Philiosophie, etc. ▪ Analysefähigkeit ▪ Fachwissen ▪ Fertigkeiten bezogen auf das Fach inklusive Methodenkompetenz ▪ Erfahrungen im Fach, Branche	▪ Handlungs- und Zielorientierung: Pragmatismus, Prioritätensetzung, Output-Orientierung, Handlungskompetenz ▪ Problemlösungskompetenz ▪ Kommunikationskompetenz: Offenheit, Kooperationsbereitschaft, Überzeugungskraft, Begeisterungsfähigkeit ▪ Arbeitstechnik, Selbstorganisation und Projektmanagement ▪ Führung: Motivation, Steuerung, Delegation, Coaching	▪ Flexibilität und Lernbereitschaft: Neugierde, Verhaltensbandbreite, Mobilität, generalistisches Interessenspektrum ▪ Leistungsmotivation: Fachlicher Ehrgeiz, Selbstmotivation, Einsatzbereitschaft, inhaltliche Begeisterungsfähigkeit ▪ Dynamik und Belastbarkeit: Leistungsfähigkeit, Konzentrationsvermögen, Agilität, Ausgeglichenheit ▪ Kundenorientierung / unternehmerisches Denken ▪ Integrität / Verantwortungsbewusstsein
Bedeutung für Employability: 1/3	Bedeutung für Employability: 1/3	Bedeutung für Employability: 1/3

Kernbotschaft für Employability: Flexibilität zum Umgang mit den Ausformungen von Lernbereitschaft, Lernfähigkeit, fachlicher und regionaler Mobilität, interkultureller Kompetenz (Fremdsprachen, internationale Teamerfahrung, Sensitivität, Toleranz)

Abbildung 2: Kompetenzdimensionen für Aus- und Weiterbildung (modifiziert, entnommen aus Jochmann 2008)

Zusammenfassend sind bereits heute für das Personalmanagement in der Logistik folgende Bereiche ausschlaggebend, um die Bereiche attraktiver für leistungsfähige Führungskräfte und High-Potentials zu machen.

1. Transparenz über Berufsprofile und Karrierewege
2. Anpassung der Vergütung in Struktur und Höhe
3. Angebot attraktiver Weiterbildung

Im Folgenden sollen die einzelnen Bausteine näher erläutert werden. Jedoch sind hier nicht nur die Personalabteilungen der Unternehmen, sondern auch Universitäten, Interessenverbände und die Logistik-Führungskräfte selbst in der Pflicht, das Image des Berufsfeldes weiter zu verbessern. Als Handlungsempfehlung kann hier nur für die an der Ausbildung, Weiterbildung und Beschäftigung von Führungskräften in der Logistik Beteiligten gelten, in den relevanten Feldern aktiv zu werden und dies auch an mögliche und bereits tätige Logistik-Führungskräfte zu kommunizieren.

4.1 Transparenz über Berufsprofile und Karrierewege

Wie zahlreiche Studien (Baumgarten 2004, Baumgarten und Hildebrand 2008; Roth und Klaus 2008) und die Diskussion mit Studierenden, Absolventen und Unternehmen immer wieder zeigen, sind die Vorstellungen zum Berufsprofil „Logistiker" und „Supply Chain Manager" so vielfältig wie seine Aufgabenbereiche. Insbesondere für Akademiker und Manager ist es jedoch von Beginn der Karriere an wichtig zu wissen, wohin der Weg führen kann – und ob auch Potenzial bis „ganz nach oben" ist. Hier besteht in der Branche nur wenig Transparenz, auch in vielen Unternehmen gibt es hier unterschiedliche Vorgehensweisen. Eine der Konsequenzen ist die als ungerecht wahrgenommene Entlohnung von Logistik-Führungskräften, da diese nicht adäquat zu ihren Peer-Managern erfolgt. Hier ist dringender Handlungsbedarf von Nöten, sollen die besten Köpfe für die Logistik dauerhaft gewonnen werden.
Heute bieten viele nationale und internationale Hochschulen Studiengänge an, die Absolventinnen und Absolventen dazu befähigen, eine Aufgabe in Logistik und Supply Chain Management zu übernehmen. Nicht alle Studiengänge führen dies in ihrem Namen, denn nach wie vor benötigt die Logistik Interdisziplinarität und damit viele verschiedene Ansätze und Ausbildungshintergründe. Es kann demnach nicht darum gehen, vermehrt „Logistik-Studiengänge" anzubieten. Vielmehr wäre eine Offenlegung der Ausbildungsinhalte, vermittelten Methoden und erreichbarer Berufsprofile mit diesen Studiengängen und Studienfächern hilfreich für Studierende und auch potenzielle Arbeitgeber. So könnte der Markt – insbesondere zum Ende des Studiums – transparenter gestaltet werden. Die Studierenden hätten zudem bereits bei der Wahl des Studienfaches Logistik an ihrer Universität eine deutlichere Vorstellung, was erreichbar ist – auch im Vergleich zum Belegen alternativer Fächerkombinationen. Internationale Konkurrenzfähigkeit deutscher Studiengänge gerade im Bereich des Managements ist selbstverständlich vorauszusetzen.

4.2 Anpassung der Vergütung in Struktur und Höhe

Die aktuelle Studie des SMI aber auch anderer Institutionen zeigt, dass Logistik-Führungskräfte vergleichsweise niedrig entlohnt werden und über einen geringeren variablen Anteil in der Vergütung verfügen als die Peer-Group. Dies liegt vor allem in der traditionellen organisatorischen Einbindung der Logistik-Manager in vielen Unternehmen begründet. Auf der anderen Seite wird von Unternehmensleitungen und in Befragungen immer wieder die strategische Bedeutung der Logistik hervorgehoben. Nur – lassen sich die besten Manager für die Logistik finden, wenn die

Vergütung als eher unattraktiv empfunden wird? Dieses Dilemma steht dringend zur Lösung an im Personalmanagement von Industrie, Handel und Dienstleistung. Logistik und IT (Informationstechnologie) sind das Rückgrat globaler Netzwerke. Die IT hat es bereits geschafft, die klügsten Köpfe für sich zu gewinnen. Dies gelingt insbesondere durch attraktive Entlohnung für innovative Entrepreneure. Dieses Image muss die Logistik ebenfalls anstreben – sonst ist die Funktionsfähigkeit der globalen Wirtschaft mittelfristig gefährdet.

4.3 Angebot attraktiver Weiterbildung

Der finale Baustein zur dauerhaften Bindung von Logistik-Führungskräften mit herausragenden Fähigkeiten ist die kontinuierliche Weiterbildung. Hier steht das gesamte Spektrum zur Disposition: Neue Technologien und ihre Anwendung, neue strategische Management-Konzepte aber auch Soft-Skills wie interkulturelle Management-Fähigkeiten und Sprachen. Denn kaum eine Funktion und Branche ist globaler aufgestellt als die Logistik und braucht entsprechend ausgebildete Führungskräfte. Wobei hier das Dilemma der Weiterbildung zu beachten ist: der Mitarbeiter ist an einem eher breit angelegtem Wissen, das er auch in anderen Unternehmen anwenden kann, interessiert. Das Unternehmen ist an der Vermittlung eher unternehmensspezifischen Wissens interessiert, um den Mitarbeiter in dem Unternehmen zu halten. Mit zunehmender Hierarchieebene wird zudem die Sozialkompetenz wichtiger als Methoden- und Fachkompetenz. Die Weiterbildungsangebote sollten dies berücksichtigen.

Werden diese Bausteine berücksichtigt, so kann auch die nachhaltige Employability von Führungskräften in Logistik und Supply Chain Management erreicht werden – und das Aufgabenfeld an Attraktivität gewinnen. Damit setzt sich eine Aufwärtsspirale in Gang: Die Attraktivität des Themenfeldes Logistik und Supply Chain Management zieht die Aufmerksamkeit von High-Potentials nach sich. Die Beschäftigung und Entwicklung dieser Mitarbeiter führt zu Innovationen und Erfolg des Unternehmens. Darüber lassen sich Kompetenz und Qualifizierung in Logistik und Supply Chain Management über die nationalen Grenzen hinweg sichtbar machen. Der Qualifizierungsstandort Deutschland kann somit international an Strahlkraft gewinnen.

5 Literaturverzeichnis

Baumgarten, Helmut: Trends in der Logistik; in: Baumgarten, H.; Darkow, I.-L.; Zadek, H. (Hrsg.) (2004): Steuerung und Services in der Supply Chain – Logistik-Dienstleister managen globale Netzwerke – Best Practices; Springer-Verlag; Berlin et al.; S.1-11

Baumgarten, Helmut, Hildebrand, Wolf-Christian (2008): Studium Logistik: Akademische Ausbildung und Führungskräftenachwuchs in der Zukunftsbranche Logistik, TU Berlin, Berlin

Claßen, Martin und Palder, Dirk (2002): Wachstumsbremse Mitarbeiterqualifikation, in: Logistik heute, 18. Jg., Nr. 1/2, S. 32-33

Daft, Richard (1988): Management; Chicago

Gaiziunas, Nicole (2009): Qualifizierung im Supply-Chain-Management: Vom Einkäufer zum Supply-Chain-Manager, mi-Wirtschaftsbuch, München

Gowen, Charles R. und Tallon, William J. (2003): Enhancing supply chain practices through human resource management, in: Journal of Management Development, 22. Jg., Nr. 1, S. 32-44

Henkel, Nadja (2008): Die Vergütung von Logistik-Führungskräften, Dissertation an der European Business School, Oestrich-Winkel

Jahns, Christopher, Darkow, Inga-Lena (2008a): Die besten Köpfe für die Logistik gewinnen. In: Baumgarten, Helmut (Hrsg.): Das Beste der Logistik: Innovationen, Strategien, Umsetzungen: Springer Verlag, Berlin, S. 82-87

Jahns, Christopher, Darkow, Inga-Lena (2008b): Gewinnung von Führungskräften für die Logistik. In: Henke, Michael, Siebert, Hilmar (Hrsg.): Accounting, Auditing und Management. Festschrift für Wolfgang Lück. Erich Schmidt Verlag Berlin, S. 163-170

Jahns, Christopher und Langenhan, Fridtjof (2004): Die Logistik-Champions: Fakten - Benchmarks - Potenziale, Oestrich-Winkel

Jayanth, Jayaram, Dröge, Cornelia L.M. und Vickerey, Shawnee K. (1999): The impact of human resource management practices on manufacturing performance, in: Journal of Operations Management, 18. Jg., Nr. 1, S. 1-20

Jochmann, Walter (2008): Einsatz von Auswahl-Instrumenten unter dem Aspekt der Employability, in: Employability – Herausforderungen für die strategische Personalentwicklung, 3. Auflage, Gabler, Wiesbaden, S. 71-87

LeMay, Stephen, Carr, John C, Periatt, Jeffrey A. und McMahon, Roger D. (1999): The Growth and Development of Logistics Personnel, Oak Brook

Lambert, Douglas M., Garcia-Dastugue, Sebastian J., Croxton, Keely L. (2008): The Role of Logistics Managers in the Cross-Functional Implementation of Supply Chain Management, in: Journal of Business Logistics, 29. Jg., Nr. 1, S. 113-132

Mangan, John und Christopher, Martin (2005): Management development and the supply chain manager of the future, in: The international Journal of Logistics Management, 16, 2, S. 178-191

Meißner, Astrid und Becker, Fred G. (2007): Competition for talents: Probleme und Handlungsempfehlungen speziell für mittelständische Unternehmen, in: WiSt - Wirtschaftswissenschaftliches Studium, 36. Jg., Nr. 8, S. 394-398

Nissen-Baudewig, Gisela (1995): Maßnahmen zur Führungskräfteentwicklung in der Logistik, in: Sierke, Bernt und Albe, Frank (Hrsg.), Branchenübergreifende Erfolgsfaktoren, Wiesbaden, S. 397-415

Pfohl, Hans-Christian (Hrsg.) (2009): Personalführung in der Logistik. Innovative Ansätze und praktische Lösungen. Zweite, aktualisierte und erweiterte Auflage,: Deutscher Verkehrsverlag, Hamburg

Roth, Angela, Klaus, Peter (2008): Bildungsmarkt Logistik: Ausbildung, Weiterbildung, Studium für Logistik und Supply Chain Management in Deutschland, Deutscher Verkehrsverlag, Hamburg

Ruske, Klaus-Dieter, Kauschke, Peter, Reuter, Julia, Montgomery, E., von der Gracht, Heiko, Gnatzy, Tobias, Darkow, Inga-Lena: Transportation and Logistics 2030 – Volume 1: How will supply chains evolve in an energy-constrained, low-carbon world? PriceWaterhouse and SMI, Duesseldorf, 2009

Trechow, Peter (2008): Logistik – Mehr Stellen als Bewerber; in: Hochschulanzeiger der Frankfurter Allgemeinen Zeitung, Jan, 2008, S. 36-37

Von der Gracht, Heiko (2008). Scenario Planning for Logistics Service Providers - Planning Practices and Scenarios for 2025. Wiesbaden: Gabler Verlag.

Von der Gracht, Heiko, Dänecke, Enno, Mićić, Pero. Jahns, Christopher, Darkow, Inga-Lena (2008): Die Zukunft der Logistik-Dienstleistungsbranche in Deutschland 2025; Deutscher Verkehrsverlag, Hamburg

Wachta, Hansjörg (2007): Talentewettbewerb, in: Bestseller

Wilson, Mark D. (2004): Best practices in recruiting, in: Logistics Today, 2004, S. 13

Wirtschaftswoche (2008): Die 40 meist-gesuchten Jobs, Nr. 7, 11.02.2008, S. 113-117.

Britta Merklinghaus* / Michael Trumpfheller**

Programmcontrolling nicht-monetärer Ziele – Das Beispiel Mitarbeiterzufriedenheit

* Britta Merklinghaus ist Mitarbeiterin der Geschäftsentwicklung der DB Fernverkehr AG. Ihr Studium des Wirtschaftsingenieurwesens an der Technischen Universität Darmstadt schloss sie 2008 mit der diesem Beitrag zugrundeliegenden Diplomarbeit in Kooperation mit der Konzernentwicklung der Deutschen Bahn AG ab.

** Dr. Michael Trumpfheller ist Leiter des ICE-Instandhaltungswerkes Basel der DB Fernverkehr AG. Zuvor arbeitete er in der Konzernentwicklung der Deutschen Bahn AG und war dort unter anderem für die operative Programmsteuerung des Programms Team Tf zuständig. Nach dem Studium des Wirtschaftsingenieurwesens und der Tätigkeit als wissenschaftlicher Mitarbeiter am FG Unternehmensführung und Logistik promovierte er 2006 an der TU Darmstadt.

1 Einleitung

Eine zunehmende Verschärfung des Wettbewerbs, der damit verbundene Konkurrenz- und Kostendruck sowie gestiegene Ansprüche auf Seiten der Kunden erfordern von Unternehmen Konzepte, die einen dauerhaften wirtschaftlichen Erfolg ermöglichen. Bei einem Dienstleistungsunternehmen wie der Deutschen Bahn ist insbesondere die Mitarbeiterzufriedenheit eine wesentliche Erfolgsgröße, die über den angebotenen Service und die Kundenzufriedenheit auf den Unternehmenserfolg wirkt.
Aufgrund der großen Bedeutung der Mitarbeiterzufriedenheit für den Unternehmenserfolg und angestoßen durch die Tarifauseinandersetzungen 2007/2008 wurde von der Konzernleitung der DB Mobility Logistics AG das strategische Programm „Team Tf“ mit fünf Projekten aufgesetzt, um die Zufriedenheit der Triebfahrzeugführer nachhaltig zu erhöhen. Eine besondere Herausforderung besteht darin, die Wirkungen, der im Rahmen eines solchen Programms umgesetzten Maßnahmen adäquat zu ermitteln, da die Mitarbeiterzufriedenheit als nicht-monetäre Größe keiner direkten Messbarkeit zugänglich ist.
Im Folgenden werden daher Ansätze zur Ausgestaltung eines Programmcontrollings bei nicht-monetären Zielen diskutiert, mit deren Hilfe die gezielte Erfolgs- und Wirkungsmessung, der im Rahmen eines Programms umgesetzten Maßnahmen ermöglicht wird.

2 Relevanz des Themas Mitarbeiterzufriedenheit

2.1 Bedeutung der Mitarbeiterzufriedenheit für den Unternehmenserfolg

Vor allem für Dienstleistungsunternehmen[1] ist die *Kundenzufriedenheit* einer der wichtigsten Parameter, um hohe Gewinne erzielen zu können.[2] Vor diesem Hintergrund stellt sich die Frage, wie ein Dienstleistungsunternehmen die Zufriedenheit seiner Kunden positiv beeinflussen kann. Eine der häufig nachgewiesenen Einflussgrößen der Kundenorientierung ist die *Mitarbeiterzufriedenheit.*[3]
Der Einfluss der Mitarbeiterzufriedenheit auf die Kundenzufriedenheit ist bei direkten Kundenkontakten unmittelbar nachvollziehbar, so dass eine hohe Interaktionsqualität für Unternehmen von besonderer Relevanz ist.[4] Neben der persönlichen Interaktion haben jedoch auch leistungsbezogene Aspekte der Dienstleistungsqualität einen entscheidenden Einfluss auf die Kundenzufrie-

---

1 Zur Wertschöpfung von Logistikunternehmen als Dienstleister vgl. Pfohl (2004), S. 49ff.
2 Vgl. Pfohl (2004), S. 11ff und Poth (1997), S. 54.
3 Vgl. Fischer (1991), S. 1; Holtz (1997), S. 7; Laufer (2005), S. 13ff; Poth (1997), S. 54; Schmitz (2004), S. 22.
4 Vgl. Koop (2004), S. 2; Neut (2006), S. 4 und Stock (2003), S. 3.

denheit.[5] Allgemein spielen bei der Dienstleistungsqualität Aspekte wie Zuverlässigkeit, Flexibilität und Reaktionsfähigkeit der Mitarbeiter bei der Leistungserstellung sowie das Umfeld, in dem die Leistung erbracht wird, eine entscheidende Rolle.[6]

Im konkreten Fall der Deutschen Bahn als Dienstleistungsunternehmen wird die Dienstleistungsqualität durch die beeinflussbaren[7] Gestaltungsvariablen *Service, Mitarbeiter, Technologie und Prozesse* bestimmt.[8] Die oberste Prämisse besteht darin, den Service im Sinne eines Mobilitätsangebots so effizient und nachfrageorientiert wie möglich zu erfüllen, indem entsprechende Maßnahmen bei den anderen beeinflussbaren Gestaltungsvariablen ergriffen werden. Unter dieser Annahme wird der Service eines Dienstleistungsunternehmens vor allem durch seine Mitarbeiter, die vorhandene Technologie sowie die Prozessabläufe beeinflusst und gestaltet. Dabei ist zu beachten, dass zwischen diesen Gestaltungsvariablen enge Beziehungen und Abhängigkeiten bestehen. Beispielsweise müssen technische Innovationen (z. B. neue und schnellere Züge) von Änderungen in den Prozessabläufen (z. B. Anpassung der Fahrpläne) und bei den Mitarbeitern (z. B. anderer Ausbildungsstand) begleitet sein.[9] Die vorhandene Technologie kann aufgrund der hohen Investitionskosten verbunden mit den langen Nutzungsdauern der Züge, zumindest für einen Großteil des Angebots, als mittel- bis langfristig gegeben angesehen werden. Die Prozessverbesserung ist wiederum bereits seit längerem Gegenstand verschiedenster Projekte und Programme. Zusätzlich wird daher der Gestaltungsvariable Mitarbeiter eine zunehmend hohe Bedeutung beigemessen, um das Serviceangebot zu verbessern. Neben der Mitarbeiterqualifikation hat hierbei die Mitarbeiterzufriedenheit einen entscheidenden Einfluss auf den Service. Dieser Zusammenhang besteht nicht nur im Sinne einer hohen Interaktionsqualität, sondern auch bei Mitarbeitern ohne direkten Kundenkontakt. Das lässt sich dadurch begründen, dass alle Mitarbeiter in erheblichem Maße die Servicekomponenten Art der Leistungserstellung, Zuverlässigkeit und Sicherheit beeinflussen.

Damit kann gezeigt werden, dass die Mitarbeiterzufriedenheit, als Teil der Gestaltungsvariable Mitarbeiter, gemeinsam mit der vorhandenen Technologie und den Prozessabläufen den Service der Deutschen Bahn als Dienstleistungsunternehmen beeinflusst. Ferner wirken die Servicekomponenten Art der Leistungserstellung, Zuverlässigkeit und Sicherheit direkt auf die Kundenzufriedenheit, die wiederum einen entscheidenden Einfluss auf den langfristigen Unternehmenserfolg hat (vgl. Abbildung 1). *Folgerichtig kann also durch eine hohe Mitarbeiterzufriedenheit* – über den Service und die Kundenzufriedenheit – *der Unternehmenserfolg gesteigert werden.*

---

5 Ferner werden in der Literatur noch die Produktqualität (z. B. Leistung, Zuverlässigkeit, Nutzbarkeitsdauer und Design eines materiellen Produkts) und die Prozessqualität (z. B. Angebotserstellung, Auftragsannahme und -abwicklung) genannt, die jedoch im Rahmen dieses Beitrags nicht weiter betrachtet werden.

6 Vgl. Stock (2003), S. 3.

7 Neben den beeinflussbaren Gestaltungsvariablen existieren bei der Leistungserstellung weitere, nicht beeinflussbare Variablen. Vgl. Pfohl (2004), S. 28. Dazu zählen bei Verkehrsdienstleistern beispielsweise unternehmensexterne Störungen der Infrastruktur oder des Betriebs.

8 In Anlehnung an das Modell von Leavitt. Vgl. Pfohl (2004), S. 26.

9 Vgl. Pfohl (2004), S. 26f.

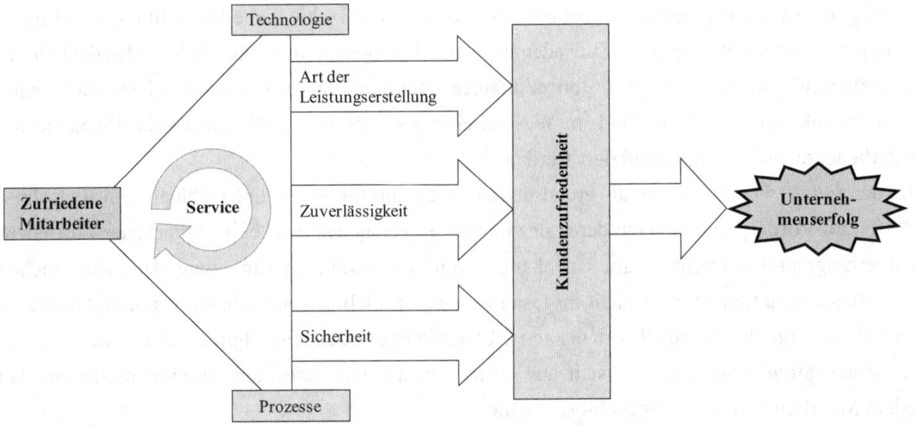

Abbildung 1: Einfluss zufriedener Mitarbeiter auf den Unternehmenserfolg (Quelle: Eigene Darstellung.)

Die dargestellte Bedeutung der Mitarbeiter- und Kundenzufriedenheit für den wirtschaftlichen Erfolg eines Unternehmens verdeutlicht die zunehmende Relevanz der so genannten weichen Faktoren bzw. qualitativen Größen für die Unternehmensführung. Somit stellt eine Erhöhung der Mitarbeiterzufriedenheit eine weitere Einflussmöglichkeit zur Ergänzung der klassischen, quantitativ ausgerichteten Erfolgsgrößen dar (z. B. Produktivität, Marktanteil oder Return on Investment).[10]

2.2 Definition und Messung von Mitarbeiterzufriedenheit

Gewählte Definition und Konkretisierung

Kaum ein Themengebiet der Organisations- und Arbeitspsychologie wurde so intensiv erforscht wie das der Arbeits- bzw. Mitarbeiterzufriedenheit[11]. Nichtsdestotrotz gibt es in der einschlägigen Literatur weder eine Übereinkunft über die Definition des Begriffs noch eine eigenständige und allgemein anerkannte Theorie der Zufriedenheit.[12] Die folgende Aussage bringt dies auf den Punkt: *„Everyone knows what satisfaction is, until asked to give a definition. Then it seems, nobody knows."*[13]
Theoretische Erklärungsansätze der Arbeitszufriedenheit zeigen, dass in Abhängigkeit von den

---

[10] Vgl. Pfohl (2004), S. 68; Holtz (1997), S. 9; Koop (2004), S. 1; Küsel (2007), S. 76 und Möller/Walker (2003), S. 492.

[11] In der Literatur werden beide Begriffe synonym benutzt. Während der Begriff Arbeitzufriedenheit den Beurteilungsgegenstand, d. h. die Arbeit selbst in den Fokus rückt, konzentriert sich der Begriff Mitarbeiterzufriedenheit auf den Urteilenden, d. h den Mitarbeiter selbst. Im weiteren Verlauf wird jedoch der Begriff Mitarbeiterzufriedenheit verwendet, um die Fokussierung auf die Mitarbeiter zu verdeutlichen.

[12] Vgl. Holtz (1997), S. 28ff.; Neuberger (1974b), S. 141; Rosenstiel (2007), S. 429 und Winter (2005), S. 8.

[13] Fehr/Russell (1984), S. 464. Zitiert in Winter (2005), S. 7.

jeweiligen Grundannahmen der einzelnen Theorien sehr unterschiedliche Betrachtungs- und Interpretationsweisen des Begriffes Zufriedenheit im Allgemeinen und Mitarbeiterzufriedenheit im Speziellen möglich sind. Nichtsdestotrotz können innerhalb der verschiedenen Theorierichtungen Gemeinsamkeiten festgestellt und im Wesentlichen zwei grundlegende inhaltliche Elemente der Mitarbeiterzufriedenheit identifiziert werden.[14]

Bei den *Inhaltstheorien* stehen als grundsätzliche Gemeinsamkeit die unterschiedlichen Bedürfnisklassen im Vordergrund, anhand derer sie zu erklären versuchen, was beim Mitarbeiter Zufriedenheit erzeugt und aufrecht erhält. Unabhängig von der jeweiligen Einteilung der menschlichen Bedürfnisse resultiert Zufriedenheit insgesamt aus einer Vielfalt von Bedingungen und Attributen. Ausgehend von den Inhaltstheorien kann Mitarbeiterzufriedenheit folglich als *multiattributives Konstrukt* gesehen werden, das sich aus einer Vielzahl von Aspekten zusammensetzt und bei jedem Mitarbeiter anders ausgeprägt sein kann.

Die *Prozesstheorien* beinhalten hingegen Aussagen zur Ausführung und Art einer Handlung und begründen, wie ein Arbeitsverhalten entsteht, gelenkt und beendet wird. Unabhängig davon, welche zusätzlichen Einflussfaktoren und Bedingungen in den einzelnen Prozesstheorien angenommen werden, entsteht Zufriedenheit durch einen Vergleichs- bzw. Abwägungsprozess. Entsprechend kann Mitarbeiterzufriedenheit im Sinne der Prozesstheorien als *Ergebnis eines Soll-Ist-Vergleiches* zwischen Erwartungen und tatsächlicher Wahrnehmung verstanden werden.

Nicht in den Modellen explizit enthalten ist die Mitarbeiterzufriedenheit als Einstellung zur Arbeitssituation. Jedoch wird in der Literatur im Allgemeinen davon ausgegangen, dass die Reaktionen und Empfindungen eines Mitarbeiters gegenüber seiner Arbeitssituation als Einstellung zu verstehen sind. Folglich kann Mitarbeiterzufriedenheit auch als *Einstellung zur Arbeitssituation* verstanden werden. Diese Auffassung formuliert einen allgemeinen Bezugsrahmen für alle beschriebenen theoretischen Modelle, in dem davon ausgegangen wird, dass gewisse Erfahrungen vom Mitarbeiter bewertend registriert werden, und dass diese Erfahrungen die künftigen Empfindungen und Reaktionen in Bezug auf die Arbeitssituation nachhaltig beeinflussen werden.[15] Ferner unterstreicht der Begriff Einstellung, dass das Konstrukt Mitarbeiterzufriedenheit nicht von vornherein eine positive Wortbedeutung darstellt, sondern die Beurteilungsdimension vielmehr von zufrieden bis unzufrieden reichen kann.[16]

Zusammenfassend lassen sich somit die drei folgenden Definitionselemente nennen, die einen Rahmen für die Formulierung einer umfassenden Definition der Mitarbeiterzufriedenheit bilden:

- Mitarbeiterzufriedenheit als multiattributives Konstrukt,
- Mitarbeiterzufriedenheit als Ergebnis eines Soll-Ist-Vergleiches,
- Mitarbeiterzufriedenheit als Einstellung zur Arbeitssituation.

Diese drei herausgearbeiteten Definitionselemente stehen nicht im Widerspruch zueinander, son-

---

14 Vgl. zum Folgenden bspw. Holtz (1997), S. 40; Mertel (2006), S. 13; Rosenstiel u. a. (2005), S. 263 und Weinert (2004), S. 190.

15 Vgl. Neuberger/Allerbeck (1978), S. 32. und Weinert (2004), S. 245.

16 Vgl. Bruggemann u.a. (1975), S. 14, 19.

dern ihre Integration hilft vielmehr, ein umfassenderes Verständnis des Konstruktes Mitarbeiterzufriedenheit zu entwickeln. Als Grundlage der weiteren Ausführungen gilt daher:[17] *Mitarbeiterzufriedenheit ist die Einstellung in Bezug auf die Arbeitssituation, die sich durch die Beurteilung verschiedener Attribute der Arbeitssituation und dem abwägenden Vergleich zwischen der erwarteten Arbeitssituation (Soll) und der tatsächlich wahrgenommenen Arbeitssituation (Ist) ergibt.*

Ferner lassen sich die verschiedenen Attribute der Mitarbeiterzufriedenheit, die bei jedem Mitarbeiter hinsichtlich der Art und Ausprägung individuell unterschiedlich sein können, insofern konkretisieren, dass sie in drei komplementäre Kategorien eingeteilt werden können:[18]

- *Intrinsische Attribute*: Zufriedenheit entsteht aufgrund Befriedigung durch die Arbeit selbst (z. B. interessante Arbeitsinhalte, Selbstverwirklichung),
- *Begleitende Attribute*: Zufriedenheit entsteht aus den direkten Umgebungsbedingungen der Arbeitstätigkeit (z. B. sauberer Arbeitsplatz, freundliche Kollegen),
- *Extrinsische Attribute*: Zufriedenheit entsteht aufgrund finanzieller (z. B. hohes Gehalt) und persönlicher (z. B. Führung, Kommunikation) Wertschätzung.

Diese Einteilung der Attribute spielt insbesondere für die praktische Anwendung, d. h. die Identifikation möglicher Handlungsfelder sowie die Ableitung entsprechender Maßnahmen zur Erhöhung der Zufriedenheit eine wichtige Rolle.

Probleme bei der Operationalisierung des Zufriedenheitskonstrukts

Um ein hypothetisches Konstrukt wie die Mitarbeiterzufriedenheit empirisch messen und überprüfen zu können, müssen dessen Aspekte bzw. zentralen Begriffe von einem abstrakten sprachlichen Niveau in empirisch unmittelbar messbare Indikatoren und Kriterien umgesetzt werden. Diese Operationalisierung der Mitarbeiterzufriedenheit stellt eine elementare Voraussetzung empirischer Untersuchungen dar. Darüber hinaus ist die Operationalisierung auch ein wichtiges Unterscheidungskriterium empirischer Studien, da verschiedene Operationalisierungen desselben Konstrukts zu unterschiedlichen Untersuchungsergebnissen führen können.[19]

Die Messung entspricht im Allgemeinen einer systematischen und eindeutigen Zuordnung von Symbolen bzw. Begriffen zu Beobachtungen.[20] Die Mitarbeiterzufriedenheit als hypothetisches Konstrukt weist jedoch nicht die meist implizit unterstellten Merkmale einer physikalisch feststellbaren, konstanten Größe auf. Der Begriff Messung oder Erhebung ist in diesem Zusammenhang vielmehr als sozialer Prozess aufzufassen, da das Ergebnis der Mitarbeiterzufriedenheitsmessung unter anderem von dem verwendeten Messverfahren abhängt.[21]

Infolgedessen ist es bei der Konzeption eines Messinstruments erforderlich zu wissen, ob das zu messende Konstrukt nur durch ein oder aber durch mehrere Attribute beeinflusst wird. Wie darge-

---

[17] In Anlehnung an Stock (2003), S. 17 und Winter (2005), S. 14.

[18] In Anlehnung an Bruggemann u.a. (1975), S. 15f.

[19] Vgl. Holtz (1997), S. 169 und Rosenstiel (2007), S. 434.

[20] Vgl. Neuberger (1974a), S. 33 und Neuberger (1974b), S. 11.

[21] Vgl. Fischer (1991), S. 6.

legt wurde, handelt es sich bei der Mitarbeiterzufriedenheit um ein multiattributives Konstrukt, das komplex und vielschichtig ist. Beispielsweise kann ein Mitarbeiter mit seiner Tätigkeit zufrieden, mit seinen Vorgesetzen unzufrieden, mit den Arbeitsbedingungen wiederum relativ zufrieden und mit dem Gehalt höchst unzufrieden sein. Aus diesem Grund wurde mit Hilfe so genannter Faktorenanalysen versucht, die Anzahl der verschiedenen Dimensionen der Mitarbeiterzufriedenheit zu ermitteln. Neben einem „allgemeinen Zufriedenheitsfaktor" konnten insbesondere folgende Dimensionen identifiziert werden: Kollegen, Arbeitsinhalt, Management und Führung, Bezahlung, Arbeitsbedingungen, Firma, Beförderung, Sozialleistungen, Förderung und Schulung, Anerkennung und Status, Leistungserfolg, Verantwortung, Sicherheit sowie Zukunft und Entfaltungsmöglichkeiten.[22]

Trotz dieser empirisch belegten Mehrdimensionalität des Konstrukts Mitarbeiterzufriedenheit kann jedoch auch die Messung einer Gesamtmitarbeiterzufriedenheit gerechtfertigt werden. Dies lässt sich empirisch aufgrund der in der Regel deutlichen positiven Korrelation der Zufriedenheit mit verschiedenen Aspekten der Arbeitssituation begründen.[23]

Die klassische Vorgehensweise bei der Erhebung der Mitarbeiterzufriedenheit ist die direkte Frage nach der Mitarbeiterzufriedenheit. Aufgrund möglicher Beantwortungstendenzen und dem persönlichen Abhängigkeitsverhältnis zwischen Mitarbeitern und Vorgesetzten können direkte Fragen jedoch dazu führen, dass das Ergebnis verfälscht wird. Aus diesem Grund werden teilweise indirekte Fragestellungen eingesetzt, die für den befragten Mitarbeiter nur schwer zu durchschauen sind. D. h. es wird nicht direkt nach dem Zufriedenheitsurteil gefragt, sondern nach dem Grad der Zustimmung bzw. Ablehnung zu vorgelegten Aussagen. Die bisher erzielten Ergebnisse mit solchen indirekten Fragestellungen zeigen jedoch, dass in der Regel die direkten den indirekten Verfahren vorzuziehen sind. Die Gründe dafür sind im Wesentlichen, dass einerseits die direkten Fragen verständlicher sind und entsprechend besser beantwortet werden und andererseits die indirekten Verfahren individuell unterschiedlich verstanden werden und eher zur Erforschung sozialer Stereotypen als zur Zufriedenheitsuntersuchung geeignet sind.[24]

Zusammenfassend kann festgehalten werden, dass die direkte Frage nach der Gesamtzufriedenheit, ergänzt durch differenzierte Fragen nach verschiedenen Dimensionen der Mitarbeiterzufriedenheit, grundsätzlich die am besten geeignete Methode zur Operationalisierung und Messung der Mitarbeiterzufriedenheit ist.

Die gebräuchlichsten Messverfahren lassen sich in qualitative mündliche *Interviews* oder *Workshops*, *schriftliche Befragungen* mit überwiegend geschlossenen Fragen sowie *objektive Verfahren* klassifizieren.[25]

Zur Abgrenzung des Interviews vom Workshop wird angenommen, dass Interviews nur mit einer

---

22 Vgl. Holtz (1997), S. 178f; Gebert/Rosenstiel (2002), S. 82; Mertel (2006), S. 71; Rosenstiel (1977), S. 115 und Rosenstiel (2007), S. 435.

23 Vgl. Gebert/Rosenstiel (2002), S. 82f, 360f; Rosenstiel (1977), S. 116; Rosenstiel u.a. (2005), S. 295 und Rosenstiel (2007), S. 435f.

24 Vgl. Holtz (1997), S. 172f; Rosenstiel (1977), S. 119f und Rosenstiel (2007), S. 437.

25 Vgl. Cisik (1994), S. 186; Holtz (1997), S. 170; Rosenstiel (1977), S. 120 und Rosenstiel (2007), S. 437.

zu befragenden Person durchgeführt werden, während bei Workshops grundsätzlich eine Gruppe von mehreren Personen beteiligt ist. Ferner nehmen Diskussionen, die im Rahmen eines Interviews nicht vorgesehen sind, bei Workshops einen Großteil der Zeit ein.

Interviews und Workshops haben den Vorteil, dass bei Missverständnissen erklärend eingegriffen werden kann, die Äußerungsbereitschaft durch den direkten Kontakt zwischen dem Fragenden und den Befragten gesteigert wird und infolgedessen während der Durchführung zusätzliche Fragen entwickelt werden können. Die wesentlichen Nachteile dagegen liegen darin, dass die Anonymität aufgehoben wird und die erarbeiteten Ergebnisse der einzelnen Interviews und Workshops bei der Auswertung nur schwer vergleichbar sind. Des Weiteren ist die Datenerhebung und Datenauswertung sehr aufwendig. Dennoch ist unbestritten, dass mittels der qualitativen mündlichen Verfahren detaillierte Informationen über die Mitarbeiterzufriedenheit gewonnen werden können.[26]

Die am häufigsten verwendete Methode zur Messung bzw. Erhebung der Mitarbeiterzufriedenheit ist die schriftliche Befragung mit geschlossenen Fragen, die sehr effizient ausgewertet werden kann.[27] Neben der leichten Auswertbarkeit hat sie den Vorteil, dass die ausgewerteten Daten sehr gut mit vorherigen Ergebnissen, die mittels des gleichen Fragebogens erhoben wurden, vergleichbar sind. Ferner kann die Anonymität – zumindest wenn die Anzahl der Befragten groß genug ist – glaubhaft zugesichert werden. Dagegen ist es allerdings fraglich, ob mit schriftlichen Befragungen die eigentlichen Gründe der Mitarbeiterzufriedenheit und infolgedessen das wahrheitsgetreue Niveau erfasst werden. Diese Vermutung wird zusätzlich dadurch verstärkt, dass bei einer großen Anzahl durchgeführter Befragungen im Ergebnis heraus kommt, dass ca. 80 % der befragten Mitarbeiter mit ihrer Arbeit völlig zufrieden sind.[28]

Im Gegensatz zu den mündlichen und schriftlichen Verfahren wird bei den so genannten objektiven Verfahren auf die subjektiv erhobene Stellungnahme der Mitarbeiter völlig verzichtet. Die objektiven Messverfahren beruhen stattdessen in erster Linie auf Verhaltensindikatoren, die unabhängig von den subjektiven Einschätzungen der Mitarbeiter beobachtet und gemessen werden können. Als Beispiele für solche Indikatoren sind vor allem die Fehlzeiten- und Fluktuationsrate zu nennen. Der Zusammenhang dieser beiden Verhaltensindikatoren mit der Mitarbeiterzufriedenheit wurde in vielen empirischen Studien untersucht und konnte tendenziell bestätigt werden. Allerdings ist die Korrelation lediglich gering, da die Indikatoren auch durch andere Größen beeinflusst werden, die von der Zufriedenheit unabhängig sind (z. B. Grippeepidemie oder Arbeitsmarktsituation).[29]

---

26 Vgl. Gebert/Rosenstiel (2002), S. 361; Mertel (2006), S. 72; Rosenstiel (1977), S. 120 und Rosenstiel (2007), S. 438.

27 Vgl. Holtz (1997), S. 170; Mertel (2006), S. 71; Neuberger (1974b), S. 12; Rosenstiel u.a. (2005), S. 293; Rosenstiel (2007), S. 428 und Töpfer (1997), S. 36.

28 Vgl. Mertel (2006), S. 72; Rosenstiel u.a. (2005), S. 293; Rosenstiel (1977), S. 120f und Rosenstiel (2007), S. 438.

29 Vgl. Bruggemann u.a. (1975), S. 55ff, 138ff; Freund u.a. (1981), S. 109f; Gebert/Rosenstiel (2002), S. 90ff; Holtz (1997), S. 182; Huang/Schmidt (2001), S. 303; Küsel (2007), S. 75; Mertel (2006), S. 34ff; Neuberger (1974b), S. 143ff; Neuberger/Allerbeck (1978), S. 19; 154ff; Rosenstiel (1977), S. 121 und Ro-

Weitere Indikatoren bzw. Korrelate der Mitarbeiterzufriedenheit sind beispielsweise Leistung und Beschwerdelisten.[30] Ferner werden in einigen theoretischen und empirischen Arbeiten Unfallraten, Auftreten von physischen und seelischen Krankheiten, Lebenserwartung sowie Lebenszufriedenheit als mögliche Korrelate der Mitarbeiterzufriedenheit genannt, wobei der tatsächliche Zusammenhang bislang als kaum geklärt gilt.[31]
Die objektiven Verfahren besitzen gegenüber den mündlichen und schriftlichen Messverfahren den Vorteil, dass die Daten in der Regel bereits im Unternehmen erhoben werden und nur noch entsprechend analysiert werden müssen. Ferner können Fehler vermieden werden, die durch falsche Stellungnahmen oder verzerrte Wahrnehmungen der befragten Mitarbeiter entstehen können. Auf der anderen Seite wird die Bedeutung der objektiven Verfahren häufig als gering eingestuft, da die Mitarbeiterzufriedenheit von einer Vielzahl weiterer Einflussfaktoren neben den jeweiligen untersuchten Korrelaten abhängt. Außerdem ist zu beachten, dass die Indikatoren gewöhnlich erst zeitlich verzögert erhoben werden können.[32]
Nachdem die grundlegende Relevanz der Mitarbeiterzufriedenheit, sowie erste Überlegungen zur Messung dargestellt wurden, wird im Folgenden das Verständnis zum Begriff strategische Programme erläutert.

3 Strategische Programme und Programmcontrolling

3.1 Definitorische Abgrenzung und Komponenten des Programmcontrollings

Neben der permanenten Organisation werden in Unternehmen zunehmend temporäre Organisationen zur Erfüllung der Geschäftsprozesse eingesetzt. Dabei handelt es sich um *Projekte und Programme als spezielle Form der Leistungserstellung*.[33]
Zwischen den verschiedenen Projekten eines Unternehmens können vielfältige und wechselseitige Abhängigkeiten bestehen, die bei der Planung, Koordination und Kontrolle berücksichtigt werden müssen. Beispielsweise sind Ressourceninterdependenzen und Interdependenzen aufgrund innerbetrieblicher Leistungsverflechtungen typische *Interdependenzen zwischen verschiedenen Projekten*. Erstere entstehen, wenn Mitarbeiter oder Sachmittel nicht ausschließlich einem Projekt zugeordnet sind, letztere liegen dann vor, wenn das Ergebnis eines Projektes zum Input eines anderen Projektes wird bzw. die Projekte inhaltlich miteinander verbunden sind.[34] Um sicherzustellen, dass die Projekte trotz ihrer Interdependenzen der Gesamtzielsetzung der Unternehmung entsprechen

senstiel (2007), S. 438f. Ggfs. sind diese Werte in ihrem Verlauf und in einem Branchenvergleich einzuordnen, um dennoch Aussagen ableiten zu können.

30 Vgl. Gebert/Rosenstiel (2002), S. 87; Mertel (2006), S. 31ff; Neuberger (1974b), S. 168ff; Neuberger/Allerbeck (1978), S. 19; Rosenstiel (2007), S. 440ff und Six/Eckes (1991), S. 21ff.

31 Vgl. Rosenstiel (2007), S. 443.

32 Vgl. Gebert/Rosenstiel (2002), S. 361; Holtz (1997), S. 181f; Neuberger (1974b), S. 202; Neuberger/Allerbeck (1978), S. 20; Rosenstiel (1977), S. 121 und Rosenstiel (2007), S. 438ff.

33 Vgl. Gareis (2000), S. 24.

34 Vgl. Ahlemann (2002), S. 28f.

bzw. realisierbar sind, zur Reduzierung der Komplexität und um die Koordination auf höheren Führungsebenen zu erleichtern, werden Projekte zu Programmen[35] gebündelt sowie einheitlich geplant und koordiniert. Diese Zusammenfassung von Projekten zu Programmen erfolgt üblicherweise nach einer gemeinsamen, übergeordneten Zielsetzung.[36]

Demnach besteht ein Programm *"aus einer Anzahl von untereinander koordinierten Projekten und Routineprozessen eines Unternehmens, um ein spezifisches Unternehmensziel zu erreichen."*[37]

Daraus lässt sich in Verbindung mit einem umfassenden Controllingverständnis auch eine Definition des Programmcontrollings ableiten: *„Programmcontrolling ist das Planen und Steuern von Programmen, d. h. von Projekten und Routineprozessen sowie die Erfolgsmessung von Programmen im Hinblick auf ein zu erreichendes Unternehmensziel."*[38]

Das Programmcontrolling lässt sich dabei allgemein in drei Komponenten unterteilen, die verschiedene Funktionen erfüllen, zeitlich nacheinander ablaufen und sich auf unterschiedliche Phasen eines Programms beziehen. Die drei Komponenten sind die *Programmplanung* im Rahmen der Konzeptions- und Planungsphase, die *Programmsteuerung* während der Realisierungsphase und die *Erfolgsmessung* des Programms bzw. das *Programmcontrolling i.e.S.* in der Phase des Programmabschlusses.

Eine sorgfältige Programmplanung ist keine Garantie für eine erfolgreiche Realisierung, jedoch notwendige Voraussetzung.[39] Die Programmplanung umfasst im Sinne der Konzeptionsphase die Auswahl, Bewertung und Priorisierung der Projekte unter Berücksichtigung von möglichen Projektinterdependenzen, um den Gesamtwert des Programmportfolios im Hinblick auf das übergeordnete Programmziel optimieren zu können.[40]

Allgemein befasst sich die Programmsteuerung damit, dass die formale Einhaltung der Rahmenbedingungen sichergestellt wird und die notwendigen Voraussetzungen für ein effizientes Management des Programms sowie der einzelnen Projekte geschaffen werden.[41] Um die Realisierung des geplanten Programms gewährleisten zu können, steht die fokussierte Kontrolle und Dokumentation des Programmfortschritts hinsichtlich der geplanten Leistungs-, Termin- und Kostenziele

---

35 Der Begriff Programm wird außerdem häufig im Zusammenhang mit staatlichen oder staatsnahen Forschungsaufträgen bzw. großen Beschaffungsprojekten genannt; beispielsweise in der Weltraumforschung oder im militärischen Bereich. Ein solches Programm ist oft technisch fokussiert und beschreibt die Entwicklung, Inbetriebnahme, Wartung und spätere Verschrottung eines Produkts oder ganzer Produktgruppen. Vgl. hierzu Brabandt (2000), S. 137.

36 Vgl. Ahlemann (2002), S. 28f; Brabandt (2000), S. 137f; Gareis (2001a), S. 6; Gareis (2001b), S. 58; Gareis/Huemann (2002), S. 19; Hiller u.a. (2001), S. 318 und Kerzner (2003), S. 49. Des Weiteren sind funktionale Zusammenfassungen möglich. In diesem Fall, der im Rahmen der Arbeit nicht weiter betrachtet wird, werden alle Projekte eines Programms einem spezifischen Funktionsbereich zugeordnet, wie z. B. die Zusammenfassung aller Projekte der EDV-Abteilung. Vgl. Ahlemann (2002), S. 28f.

37 Brabandt (2000), S. 139.

38 In Anlehnung an Brabandt (2000), S. 139.

39 Vgl. Germer (2001), S. 24.

40 Vgl. Kargl (2001), S. 30 und Kunz (2007b), S. 436.

41 Vgl. Barcklow (2006), S. 16; Brabandt (2000), S. 144 und Kargl (2001), S. 30. Beispielsweise ist es im Fall von Ressourcenkonflikten Aufgabe der Programmsteuerung, im Sinne einer gesamtheitlichen Optimierung des Programms, eine Entscheidung zur Lösung des Konflikts herbeizuführen und zu treffen. Vgl. hierzu Barcklow (2006), S. 16.

auf Basis der einzelnen Projekte im Mittelpunkt. Im Falle von Abweichungen müssen Handlungsschritte eingeleitet werden, die vor allem operative und eher kurzfristige Anpassungen auf der Ebene der einzelnen Projekte betreffen.[42] Diese kontinuierliche Überwachung und Steuerung der Kosten, der Termine und der Leistung ist ein wesentlicher Erfolgsfaktor während der Realisierungsphase eines Programms.

Innerhalb des Konzeptes der strategischen Kontrolle ist die Ergebniskontrolle als Bestandteil der strategischen Durchführungskontrolle vorgesehen und müsste demnach im Rahmen der Programmsteuerung durchgeführt werden.[43] Um jedoch das volle Potential der Ergebniskontrolle bezüglich der Erfahrungssicherung und der Wissensgenerierung im Programmmanagement zu nutzen und die besondere Bedeutung der Nutzenbewertung eines Programms in der Abschlussphase herauszuarbeiten, wird im folgenden die Erfolgsmessung des Programms bzw. Programmcontrolling i.e.S. als dritte Komponente des Programmcontrollings neben der Programmplanung und -steuerung eingeführt. Das Programmcontrolling i.e.S. umfasst allgemein das Wissensmanagement eines Programms und im Speziellen dessen Erfolgsmessung im Sinne der Ermittlung des Nutzens nach Umsetzung der Maßnahmen und Abschluss der Projekte.

Monetäre Wirkungen können sowohl auf der Kosten- als auch auf der Umsatzseite entstehen und sind in der Regel mit Hilfe von Kennzahlen problemlos quantifizierbar, so dass die Erfolgsmessung kein großes Problem darstellt. So steht häufig beim Versuch, den Nutzen von Projekten und Programmen zu bestimmen, in der Regel auch allein der finanzielle Aspekt im Vordergrund. Entsprechend sind die bislang in der Praxis verwendeten Kennzahlen zur quantitativen Messung eines Programmerfolgs allesamt finanzieller Art.[44]

Diese einseitige Sichtweise wird jedoch solchen Projekten und Programmen kaum gerecht, deren Ziele vorrangig auf nicht-monetäre Wirkungen ausgerichtet und daher nicht quantitativ messbar sind. Zum Kernproblem werden nicht-monetäre Wirkungen, wenn sie das eigentliche Ziel des Programms darstellen.[45] Für dieses Problem gibt es in der Literatur bisher noch keine hinreichenden Lösungsansätze.

Um diese Lücke zu schließen und ein Programmcontrolling i.e.S. bei nicht-monetären Zielen näher zu beleuchten, wird im nächsten Abschnitt ein Ansatz zur Ermittlung und Messung der Wirkungen eines Programms mit nicht-monetären Zielen dargestellt.[46]

---

42 Vgl. Barcklow (2006), S. 16; Kargl (2001), S. 30; Kunz (2007a), S. 173 und Kunz (2007b), S. 437.

43 Vgl. Kunz (2007a), S. 207f.

44 Z. B. Cost Performance Indicator, Schedule Performance Indicator, ROI Performance Indicator, Project Cycle Time, Resource Usage, Total Project Management Costs und Total Project Risk. Vgl. hierzu Barcklow (2006), S. 17.

45 Vgl. Kauba/Dittler (2001), S. 96 und Krüger (2007), S. 444f.

46 Wenn im Folgenden der Begriff Programmcontrolling verwendet wird, ist stets Programmcontrolling i.e.S., d. h. im Sinne der Erfolgsmessung des Programms gemeint.

3.2 Entwicklung möglicher Messmethodiken zum Programmcontrolling bei nicht-monetären Zielen

Methodische Vorgehensweise zur Messung nicht-monetärer Ziele

Ein allgemeiner Ablauf des methodischen Vorgehens zur Messung qualitativer bzw. nicht-monetärer Ziele, der sich in mehrere Phasen unterteilt, ist in Abbildung 2 dargestellt.[47]
Nach der Wahl des Untersuchungsgegenstandes beginnt die Phase der Theoriebildung. Anschließend sind im Rahmen der Operationalisierung die Aspekte bzw. die zentralen Begriffe des Untersuchungsgegenstandes von einem abstrakten sprachlichen Niveau in empirisch unmittelbar messbare Indikatoren und Kriterien umgesetzt werden.
Im nächsten Schritt erfolgen die Auswahl der Untersuchungseinheiten sowie die Festlegung des Detaillierungsgrades der Datenerhebung. Bezüglich der Auswahl der Untersuchungseinheiten ist beispielsweise zu entscheiden, ob Daten zu einem oder mehreren Messzeitpunkten an denselben Personen oder aber an verschiedenen Personengruppen zu unterschiedlichen Messzeitpunkten erhoben werden sollen. Der Detaillierungsgrad der Datenerhebung bezieht sich bei Programmen darauf, ob die Messung auf einem abstrakten Niveau auf Programmebene oder detaillierter für jedes einzelne Projekt erfolgen soll. Je nach gewählter Messmethodik unterscheiden sich die Ausgestaltung sowie der Aufwand der folgenden Datenerhebungsphase. Als letzter Schritt sind die erhobenen Daten auszuwerten und eine Datenanalyse durchzuführen. An dieser Stelle sollte außerdem eine Rückkopplung zu den eingangs formulierten Theorien stattfinden, indem die Ergebnisse mit den anfänglich aufgestellten Annahmen verglichen werden.

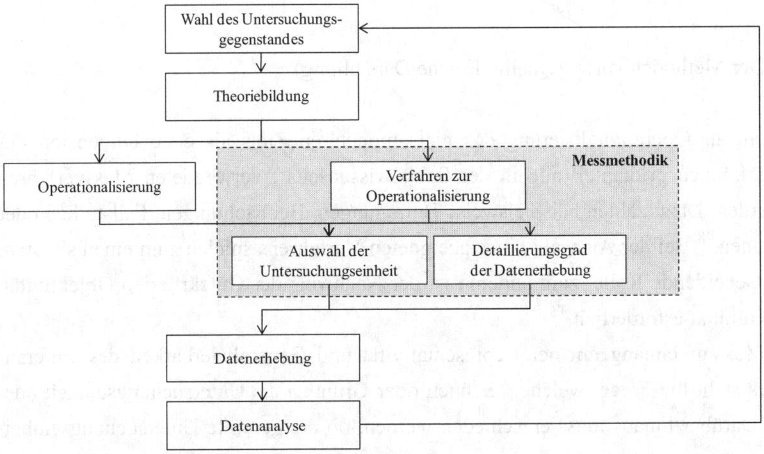

Abbildung 2: Methodische Vorgehensweise zur Messung nicht-monetärer Ziele (Quelle: Eigene Darstellung in Anlehnung an Schnell u. a. (2008), S. 8.)

[47] Vgl. hierzu und im Folgenden Schnell u. a. (2008), S. 7ff.

Der Methodenwürfel als Instrument zum Programmcontrolling bei nicht-monetären Zielen

Der beschriebene Ablauf eines methodischen Vorgehens zur Messung nicht-monetärer bzw. qualitativer Ziele, ist hinsichtlich der Messmethodik weiter zu konkretisieren. Unter einer *Messmethodik* wird im Folgenden die *Kombination eines Verfahrens zur Operationalisierung des nicht-monetären Ziels mit einer Auswahl der Untersuchungseinheit und dem gewünschten Detaillierungsgrad der Datenerhebung* verstanden. Diese drei Komponenten spannen einen dreidimensionalen Raum auf, innerhalb dessen jedwede Kombination theoretisch als Messmethodik herangezogen werden kann. Im Folgenden wird dieser dreidimensionale Raum als *Methodenwürfel* bezeichnet (siehe Abbildung 3).

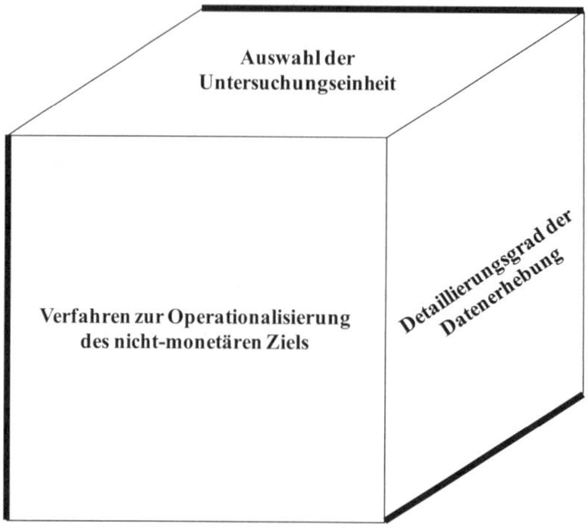

Abbildung 3: Der Methodenwürfel (Quelle: Eigene Darstellung)

Für die Verfahren zur Operationalisierung des nicht-monetären Ziels als erste Dimension des Methodenwürfels können prinzipiell alle in der Sozialwissenschaft verwendeten Messverfahren herangezogen werden. Dazu zählen beispielsweise Befragungen, Beobachtungen, Fallstudien oder Gruppendiskussionen.[48] Bei der Auswahl eines geeigneten Verfahrens spielen zum einen situative Faktoren eine entscheidende Rolle, zum anderen ist der Nachweis der Gütekriterien Objektivität, Reliabilität und Validität erforderlich.[49]

In einem engen Zusammenhang mit der Repräsentativität und Generalisierbarkeit des Untersuchungsergebnisses steht die Frage, welche Personen oder Gruppen als Untersuchungseinheit ausgewählt werden. Darüber hinaus muss entschieden werden, ob die gesamte Untersuchungseinheit

48 Vgl. Atteslander (2008), S. 65ff; Bohnsack (2008), S. 369ff; Flick (2008), S. 253f; Hopf (2008), S. 349ff; Lamnek (2005), S. 298ff; Lüders (2008), S. 384ff und Schnell u.a. (2008), S. 319ff.

49 Vgl. Lamnek (2005), S. 142; Martin (1988), S. 164ff; Rosenstiel (1977), S. 113; Schnell u.a. (2008), S. 149ff und Steinke (2008), S. 319ff.

im Rahmen einer Vollerhebung oder lediglich eine Stichprobe untersucht werden soll. Erfolgt die Untersuchung anhand einer Stichprobe, ist auf eine heterogene und repräsentative Auswahl zu achten, um die Ergebnisse nicht zu verfälschen.[50]

Der Detaillierungsgrad der Datenerhebung ist eine Besonderheit der Messung nicht-monetärer Ziele im Rahmen des Programmcontrollings und wird in der Literatur nicht explizit genannt. Jedoch ist es gerade bei Programmen, welche sich aus mehreren Projekten mit der gleichen übergeordneten Zielsetzung zusammensetzen, von großer Bedeutung zu entscheiden, auf welcher Ebene die Wirkungen der umzusetzenden Maßnahmen gemessen werden sollen. Die Entscheidung bezüglich des Detaillierungsgrades hat wesentlichen Einfluss auf den Abstraktionsgrad der Erhebung sowie auf die Anzahl der durchzuführenden Messungen. Beispielsweise können die Wirkungen der Maßnahmen entweder mit einer einzigen abstrakten Messung auf Programmebene oder aber einzeln für jedes Projekt mit mehreren Messungen und einer höheren Detaillierung erhoben werden.

Der vorgestellte Methodenwürfel stellt ein adäquates Instrument dar, um im Rahmen eines Programmcontrollings bei nicht-monetären Zielen geeignete Messmethodiken auszuwählen und zu bewerten. Um den Methodenwürfel für die Erfolgsmessung eines konkreten Programms heranziehen zu können, sind die einzelnen Dimensionen hinsichtlich des zu untersuchenden nicht-monetären Ziels sowie der unternehmensspezifischen Besonderheiten zu konkretisieren. Wie bereits erwähnt, kann innerhalb des Methodenwürfels theoretisch jedwede Kombination als Messmethodik herangezogen werden. Jedoch ist im konkreten Anwendungsfall zu entscheiden, ob diese praktisch umsetzbar und sinnvoll sind.

4 Programmcontrolling für das Programm „Team Tf“

4.1 Das Programm „Team Tf“

Angestoßen durch die Tarifauseinandersetzung 2007/2008 wurde die Gruppe der Triebfahrzeugführer (Tf) als Pilotgruppe für ein Programm zur Erhöhung der Mitarbeiterzufriedenheit ausgewählt. Die knapp 20.000 Tf sind hauptsächlich in den vier Geschäftsfeldern DB Bahn Regio, DB Schenker Rail, DB Bahn Fernverkehr, und DB Bahn Stadtverkehr beschäftigt.

Um eine rasche und koordinierte Vorgehensweise bei der intensiven Abstimmung zentraler Themen zu ermöglichen, wurde das *Programm „Team Tf“* aufgesetzt, dessen Ziel die *Erhöhung der Zufriedenheit der Triebfahrzeugführer* unter den Randbedingungen der Wirtschaftlichkeit ist. Das Programm integriert fünf Projekte zu den Themenbereichen Führung, Kommunikation, Schicht- und Dienstplangestaltung, Rekrutierung sowie Ausbildung und Personalentwicklung.

Die wesentliche Zielsetzung der Entwicklung eines Programmcontrollings für das Programm

---

50 Vgl. Flick (2008), S. 262; Lamnek (2005), S. 187ff; Merkens (2008), S. 290ff und Schnell u.a. (2008), S. 265ff.

„Team Tf" besteht darin, die Mitarbeiterzufriedenheit und die Wirkungen der umzusetzenden Maßnahmen messen zu können. Dabei liegt der Schwerpunkt jedoch nicht auf der Messung eines absoluten Niveaus, sondern vielmehr soll die *Entwicklung der Mitarbeiterzufriedenheit* aufgezeigt werden, um im Sinne einer Relativaussage zeigen zu können, wie sich die Mitarbeiterzufriedenheit im Vergleich zu der Situation vor der Initiierung des Programms „Team Tf" entwickelt hat.
Neben der Erhebung der Mitarbeiterzufriedenheit ist die *Identifizierung von inhaltlichen Schwerpunkten*, die die Zufriedenheit der Triebfahrzeugführer im positiven oder negativen Sinne beeinflussen, ein weiteres Ziel, das durch ein Programmcontrolling für das Programm „Team Tf" angestrebt wird. Aufbauend auf der Messung der Mitarbeiterzufriedenheit, verbunden mit einer Identifizierung der inhaltlichen Schwerpunkte, können im Anschluss die weiteren Aktivitäten für das Programm „Team Tf" festgelegt werden. Dazu zählen beispielsweise die Nachsteuerung der entwickelten und umgesetzten Maßnahmen, die Entwicklung weiterer Maßnahmen in den laufenden Projekten und die Ableitung neuer Themenfelder, so dass ggf. neue Projekte im Rahmen des Programms initiiert werden können.

4.2 Ableitung möglicher Messmethodiken für die Erfolgsmessung „Team Tf"

Konkretisierung des Methodenwürfels für das Programm „Team Tf"

Um ein geeignetes Messkonzept für die Erfolgsmessung des Programms „Team Tf" zu entwickeln, werden zunächst anhand des vorgestellten Methodenwürfels mögliche Messmethodiken abgeleitet. Eine konkrete Messmethodik besteht dabei aus der Kombination eines Verfahrens zur Operationalisierung des nicht-monetären Ziels mit einer bestimmten Untersuchungseinheit und dem gewählten Detaillierungsgrad der Datenerhebung, d. h. aus einer bestimmten Kombination der drei Dimensionen des Methodenwürfels.
Die *erste Dimension* des Methodenwürfels stellen die Verfahren zur Operationalisierung des nicht-monetären Ziels dar. In Abwandlung der im vorherigen Abschnitt vorgestellten Vorgehensweise werden Interviews und Workshops aufgrund einiger, für den konkreten Anwendungsfall relevante Unterschiede im Folgenden getrennt voneinander diskutiert.
Die Auswahl der Untersuchungseinheiten als *zweite Dimension* wird für den konkreten Fall der Messung der Mitarbeiterzufriedenheit bei der DB Mobility Logistics AG mit dem Begriff „Befragungsgruppe" konkretisiert. Dies trifft bei der Erhebung der Mitarbeiterzufriedenheit mittels objektiver Verfahren nicht ganz zu, da hierbei keine direkte Befragung durchgeführt wird. Jedoch erübrigt sich die Diskussion der zweiten Dimension bei den objektiven Verfahren insofern, dass die Mitarbeiterzufriedenheit über Verhaltensindikatoren (z. B. Krankenstand, Fluktuationsrate) und damit unabhängig von den subjektiven Einschätzungen der Mitarbeiter beobachtet und gemessen wird. Ferner ist der Begriff „Befragungsgruppe" passender als „Zielgruppe" oder „Untersu-

chungspersonen“[51], da einer dieser beiden Begriffe in dem Sinne missverstanden werden könnte, dass nicht mehr die Zufriedenheit der Triebfahrzeugführer das Ziel der Messung ist.
Als mögliche Befragungsgruppen kommen im Falle der Mitarbeiterzufriedenheitsmessung der Triebfahrzeugführer drei sinnvolle Möglichkeiten in Betracht.[52] Die naheliegendste ist, die Triebfahrzeugführer selbst bezüglich ihrer Mitarbeiterzufriedenheit zu befragen. Darüber hinaus bestehen noch die beiden Möglichkeiten, die Mitarbeiterzufriedenheit der Triebfahrzeugführer über die Gruppenleiter oder Instruktoren zu erheben. Bei den *Gruppenleitern* handelt es sich um die direkten Vorgesetzten der Triebfahrzeugführer. Neben administrativen Aufgaben durch die Gruppenleitungsfunktion sind die Gruppenleiter auch selbst noch als Triebfahrzeugführer tätig. Die *Instruktoren* haben dagegen Arbeitserfahrung als Triebfahrzeugführer, fahren jedoch nicht mehr selbst. Sie betreuen die Simulatorausbildung für Triebfahrzeugführer in den Ausbildungszentren der DB Mobility Logistics AG und sind neben der Aus- und Fortbildung für die Abnahme der Prüfungen verantwortlich. Die Instruktoren sind nicht bei den einzelnen Geschäftsfeldern angestellt. Aufgrund der Arbeitsbegegnung jedes Instruktors mit ca. 300-500 Kollegen aller Geschäftsfelder pro Jahr haben sie einen persönlichen Eindruck von der allgemeinen abstrakten Stimmungslage der Triebfahrzeugführer.

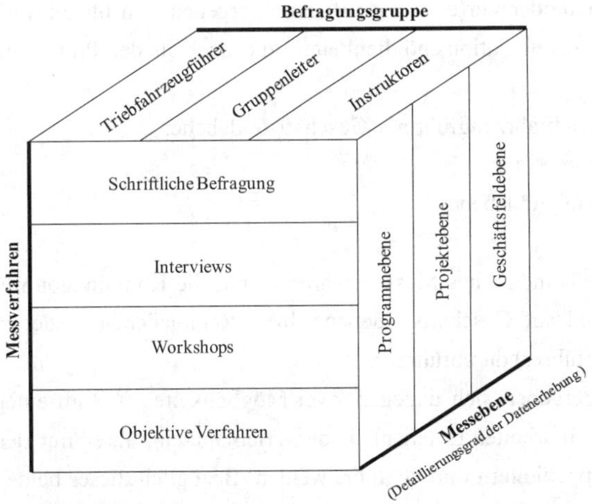

Abbildung 4: Konkretisierung des Methodenwürfels für „Team Tf“ (Quelle: Eigene Darstellung)

Bei der *dritten Dimension* des Methodenwürfels handelt es sich um den Detaillierungsgrad der Datenerhebung. Diese Dimension wird für den konkreten Anwendungsfall im Rahmen des Programms „Team Tf“ in Messebene umbenannt, weil allgemein diskutiert werden muss, auf welcher

51 Vgl. Lamnek (2005), S. 187.
52 Weitere wären grundsätzlich denkbar, werden aber hier nicht weiter betrachtet.

Ebene die Wirkungen der umzusetzenden Maßnahmen für das gesamte Programm „Team Tf" gemessen werden soll. Diesbezüglich bestehen prinzipiell drei Möglichkeiten: die Messung auf der übergeordneten Programmebene (1 Messung) oder eine detaillierte Messung entweder auf Projektebene (5 Messungen) oder aber auf Geschäftsfeldebene (4 Messungen).
Zusammenfassend ist der Methodenwürfel mit den Konkretisierungen bezüglich der Bezeichnung der Achsen und den jeweiligen Ausgestaltungsmöglichkeiten der drei Dimensionen für den konkreten Anwendungsfall der Erfolgsmessung des Programms „Team Tf" in Abbildung 4 dargestellt. Ausgehend von den verschiedenen Ausgestaltungsmöglichkeiten auf den drei Dimensionen des Methodenwürfels können mögliche Messmethodiken für die Erfolgsmessung des Programms „Team Tf" abgeleitet werden. Rein theoretisch existieren insgesamt 36 Kombinationsmöglichkeiten, jedoch sind nicht alle praktisch umsetzbar und/oder sinnvoll. Daher werden im Folgenden die Messmethodiken identifiziert, die für die Erfolgsmessung des Programms „Team Tf" geeignet sind.

Übersicht geeigneter Messmethodiken

Mit dem Ziel, nicht nur theoretisch mögliche sondern praktisch sinnvolle und umsetzbare Kombinationen aus dem oben dargestellten Methodenwürfel zu identifizieren, ergeben sich für die weiterführende Betrachtung lediglich drei Kombinationsmöglichkeiten, die auch in der Praxis mit vertretbarem Aufwand umsetzbar sind:

- Objektive Verfahren + Daten aller Triebfahrzeugführer + Geschäftsfeldebene;
- Workshops + Instruktoren + Programmebene;
- Workshops + Gruppenleiter + Geschäftsfeldebene.

In Bezug auf die objektiven Verfahren als mögliches Messverfahren ist nur die Kombination mit den Daten aller Triebfahrzeugführer und auf Geschäftsfeldebene, bzw. Regionalebene (oder in aggregierter Form für alle Triebfahrzeugführer) durchführbar.
Für die Durchführung von Workshops ergeben sich dagegen zwei Möglichkeiten [53] Zum einen können Workshops zur Erhebung der Mitarbeiterzufriedenheit der Triebfahrzeugführer mit den Instruktoren, zum anderen mit den Gruppenleitern durchgeführt werden. Bezüglich dieser beiden möglichen Varianten ist zu entscheiden, ob eine Messung auf Programmebene oder aber detaillierter auf Geschäftsfeldebene zielführender ist.
Aufgrund dessen, dass die Instruktoren nicht in den einzelnen Geschäftsfeldern, sondern in den Ausbildungszentren arbeiten, kennen sie die Situation und die speziellen Problemfelder in den einzelnen Geschäftsfeldern nicht im Detail. Daher ist es nicht zweckmäßig, bei einer Durchführung der Workshops mit den Instruktoren auf Geschäftsfeldebene zu messen. Vielmehr wird in diesem Fall eine Messung der Wirkungen des Programms „Team Tf" mit einer einheitlichen

---

[53] Befragungen der Triebfahrzeugführer werden bereits in den Geschäftsfeldern durchgeführt, Ziel hier ist aber die übergreifende Bewertung des Programms „Team Tf".

Messmethode auf Programmebene empfohlen, um ein allgemeines abstraktes geschäftsfeldübergreifendes „Stimmungsgefühl“ aus einer neutralen Position zu gewinnen.
Im Gegensatz dazu ist es gerade ein wesentlicher Vorteil der Gruppenleiter, dass sie als direkte Vorgesetzte der Triebfahrzeugführer vor Ort in den einzelnen Geschäftsfeldern arbeiten und somit die spezifischen Problemfelder kennen. Auf der anderen Seite können sie jedoch nur bedingt Aussagen zu den geschäftsfeldübergreifenden Themen machen, da sie in der Regel nur mit Triebfahrzeugführern aus dem eigenen Geschäftsfeld in Kontakt stehen. Infolgedessen ist es sinnvoll, bei einer Durchführung von Workshops mit den Gruppenleitern die Wirkungen des Programms „Team Tf“ auf Geschäftsfeldebene statt auf der übergeordneten Programmebene zu messen, um eine „Erklärung“ für spezifische Probleme in den einzelnen Geschäftsfeldern zu erhalten.

4.3 Darstellung des gewählten Messkonzepts für „Team Tf“

Nach eingehender Abwägung, welche der drei grundsätzlich geeigneten Messmethodiken für die Messung der Mitarbeiterzufriedenheit der Triebfahrzeugführer herangezogen werden soll, wurde entschieden, dass sich nicht nur auf eine Messmethodik festgelegt werden sollte. Vielmehr ist eine Kombination aller drei Messmethodiken zur Erhebung der Mitarbeiterzufriedenheit der Triebfahrzeugführer durchaus vorteilhaft zu sehen, da einerseits keine der drei geeigneten Messmethodiken alle der geforderten Kriterien (insbesondere Objektivität, Reliabilität und Validität) an ein Messverfahren erfüllt, sich aber andererseits ein Großteil der Vor- und Nachteile komplementär zueinander verhalten. Beispielsweise erfüllen Workshops das Kriterium der Validität deutlich besser als die objektiven Verfahren, während letztere dagegen hinsichtlich der Objektivität und Reliabilität besser abschneiden.

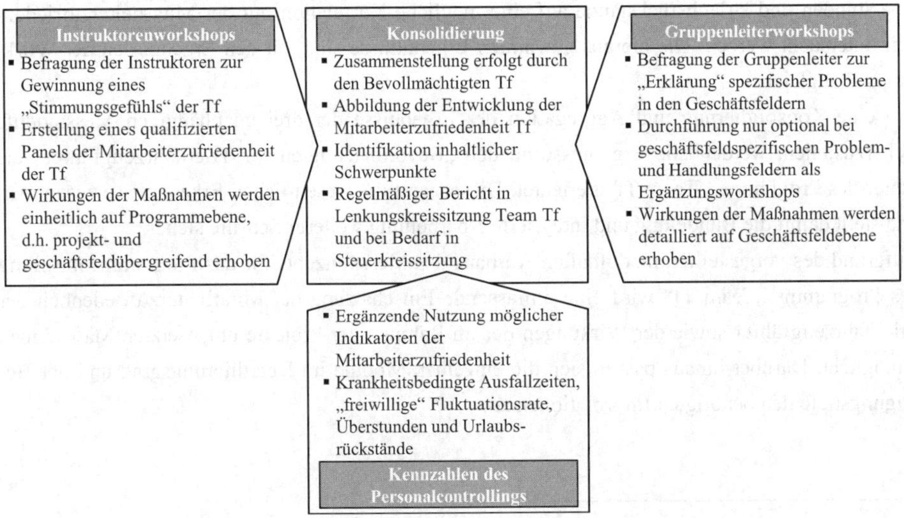

Instruktorenworkshops
▪ Befragung der Instruktoren zur Gewinnung eines „Stimmungsgefühls“ der Tf
▪ Erstellung eines qualifizierten Panels der Mitarbeiterzufriedenheit der Tf
▪ Wirkungen der Maßnahmen werden einheitlich auf Programmebene, d.h. projekt- und geschäftsfeldübergreifend erhoben
Konsolidierung
▪ Zusammenstellung erfolgt durch den Bevollmächtigten Tf
▪ Abbildung der Entwicklung der Mitarbeiterzufriedenheit Tf
▪ Identifikation inhaltlicher Schwerpunkte
▪ Regelmäßiger Bericht in Lenkungskreissitzung Team Tf und bei Bedarf in Steuerkreissitzung
Gruppenleiterworkshops
▪ Befragung der Gruppenleiter zur „Erklärung“ spezifischer Probleme in den Geschäftsfeldern
▪ Durchführung nur optional bei geschäftsfeldspezifischen Problem- und Handlungsfeldern als Ergänzungsworkshops
▪ Wirkungen der Maßnahmen werden detailliert auf Geschäftsfeldebene erhoben
▪ Ergänzende Nutzung möglicher Indikatoren der Mitarbeiterzufriedenheit
▪ Krankheitsbedingte Ausfallzeiten, „freiwillige“ Fluktuationsrate, Überstunden und Urlaubsrückstände
Kennzahlen des Personalcontrollings

Abbildung 5: Gesamtübersicht des Messkonzeptes (Quelle: Eigene Darstellung)

Für das Messkonzept wird daher vorgeschlagen, die drei Messmethodiken als unabhängige Module einzusetzen und miteinander zu verbinden (vgl. Abbildung 5). Der Hauptgrund für die Wahl eines modulhaften Aufbaus des Messkonzepts ist, dass keine der Messmethodiken eine „richtige" Messung der Mitarbeiterzufriedenheit garantieren kann. Jedoch können die unabhängig ermittelten Ergebnisse durch eine Konsolidierung miteinander verglichen werden, so dass bei gleichen Ergebnissen der drei Messmethodiken angenommen werden kann, dass das aggregierte Ergebnis die tatsächliche Mitarbeiterzufriedenheit widerspiegelt. Ferner können die einzelnen Module getrennt voneinander beauftragt werden.

Das Messkonzept sieht die Instruktorenworkshops als regelmäßig durchzuführendes Modul vor, um auf Basis einer periodischen Befragung der Instruktoren ein geschäftsfeldübergreifendes Stimmungsgefühl zur Mitarbeiterzufriedenheit der Triebfahrzeugführer zu erheben und die Entwicklung der Mitarbeiterzufriedenheit im Zeitverlauf darstellen zu können. Zusätzlich ist geplant, durch dieses Modul die Wirkungen der entwickelten und umgesetzten Maßnahmen auf einer einheitlichen, projekt- und geschäftsfeldübergreifenden Ebene abzufragen.

Die Gruppenleiterworkshops stellen dagegen ein optional durchzuführendes Modul dar. Ein solcher Workshop ist dann durchzuführen, wenn Erklärungsbedarf bezüglich spezieller, geschäftsfeldspezifischer Problem- und Handlungsfelder besteht, bei denen die Instruktoren überfragt sind, da letztere nicht vor Ort in den Geschäftsfeldern arbeiten. Entsprechend stehen hier nicht die projekt- und geschäftsfeldübergreifenden Wirkungen der Maßnahmen des Programms „Team Tf" im Vordergrund, sondern vielmehr die detaillierten Wirkungen auf Geschäftsfeldebene.

Für die objektiven Verfahren zur Messung der Mitarbeiterzufriedenheit werden die Kennzahlen als ergänzendes Modul genutzt, um mögliche Indikatoren für die Mitarbeiterzufriedenheit der Triebfahrzeugführer identifizieren zu können. Diesbezüglich sollen vorhandene aggregierte Daten hinsichtlich der Ausfallzeiten und Krankenstände, der ‚freiwilligen' Fluktuationsrate[54] sowie der Überstunden und Urlaubsrückstände auf eine mögliche Korrelation mit der Mitarbeiterzufriedenheit untersucht werden. Die hieraus gewonnen Erkenntnisse sind mit den Ergebnissen der Workshops abzugleichen.

Um eine Konsolidierung und Aggregation der Ergebnisse der drei unabhängigen Messmodule sicherzustellen, werden alle Ergebnisse an den „Bevollmächtigten für Triebfahrzeugführer" als Leiter des Programms „Team Tf" berichtet. Dieser fasst die wesentlichen Erkenntnisse zusammen und stellt damit die Bündelung und integrierte Abarbeitung weiterer Schritte sicher.

Aufgrund des vorgestellten modulhaften Aufbaus des Messkonzepts für das Programmcontrolling des Programms „Team Tf" wird eine umfassende Einschätzung der Mitarbeiterzufriedenheit der Triebfahrzeugführer sowie der Wirkungen der im Rahmen der Projekte umgesetzten Maßnahmen ermöglicht. Darüber hinaus passen sich die einzelnen Module im Detaillierungsgrad und der Befragungstiefe den benötigten Informationen an.

---

54 Die ‚freiwillige' Fluktuationsrate ist eine Prozentangabe der gesamten Fluktuationsrate. Sie erfasst nur die Abgänge, die durch Kündigung von Seiten des Arbeitnehmers erfolgten.

Umsetzung der Messmethodik

Instruktorenworkshops auf Konzernebene zur Gewinnung eines „Stimmungsgefühls“
Basierend auf den Workshops mit den Instruktoren soll ein qualifiziertes Panel der allgemeinen Mitarbeiterzufriedenheit der Triebfahrzeugführer erstellt werden. Aus diesem Grund werden die Instruktorenworkshops nicht nur einmalig oder in unregelmäßigen Zeitabständen, sondern periodisch im Rahmen der jährlich stattfindenden Instruktorenmeetings durchgeführt. Die Messmethodik wurde erstmalig im Dezember 2008 eingesetzt. Hierfür wurden die Instruktoren in vier Gruppen aufgeteilt, um eine vertretbare Gruppengröße für einen Workshop nicht zu überschreiten.
Inhaltlich wird in den Workshops abgefragt, wie die Instruktoren geschäftsfeldübergreifend die Entwicklung der Mitarbeiterzufriedenheit der Triebfahrzeugführer im Allgemeinen und insbesondere in Bezug auf die Themenfelder des Programms „Team Tf“ einschätzen. Dabei ist zu berücksichtigen, dass es sich um den subjektiven Eindruck der Instruktoren handelt, die dafür die Triebfahrzeugführer weder „ausgefragt“ noch das Vertrauen ihrer Kunden verletzt haben. Dementsprechend wird im Rahmen der Workshops diskutiert, ob und inwieweit die in den einzelnen Projekten des Programms „Team Tf“ entwickelten und umgesetzten Maßnahmen bezüglich Führung, Kommunikation, Dienst- und Schichtplanung, Rekrutierung sowie Ausbildung und Personalentwicklung von den Triebfahrzeugführern wahrgenommen werden bzw. eine Wirkung zeigen. Darüber hinaus werden die Instruktoren nach ihrer persönlichen Wahrnehmung in Bezug auf die Wirkungen der umgesetzten Maßnahmen sowie nach möglichen Verbesserungsvorschlägen und Lösungsansätzen befragt.
Die Ergebnisse der Workshops gehen direkt in die einzelnen Projekte des Programms „Team Tf“ ein und helfen entscheidend mit, die Projekte inhaltlich voranzutreiben. Darüber hinaus soll über das Ende der jeweiligen Projekte hinaus, die Nachhaltigkeit der Maßnahmen betrachtet werden. Die Ergebnisse werden insbesondere dazu verwendet, in den einzelnen Projekten weitere Themen zu identifizieren, die noch nicht behandelt werden, für die Mitarbeiter jedoch von großer Bedeutung sind. Außerdem stellen sie ein wichtiges Feedback für die bisherige Projektarbeit dar und ob die „richtigen“ Themen angegangen werden, um die Mitarbeiterzufriedenheit der Triebfahrzeugführer nachhaltig zu erhöhen.

Gruppenleiterworkshops auf Geschäftsfeldebene zur Erklärung spezifischer Probleme in den Geschäftsfeldern
Die Gruppenleiterworkshops als weitere Messmethodik werden aktuell im Rahmen des Programms „Team Tf“ nicht eingesetzt. Der Grund hierfür ist, dass die einzelnen Geschäftsfelder unabhängig vom Konzernprogramm teilweise eigene Messmethodiken anwenden, um die Mitarbeiterzufriedenheit zu monitoren und strukturelle, geschäftsfeldspezifische Besonderheiten und Probleme zu erfassen. Daher wird auf eine zusätzliche Messung auf Geschäftsfeldebene im Rahmen des Programms „Team Tf“ bewusst verzichtet, um die Mitarbeiter nicht mehrmals bezüglich der gleichen Thematik zu befragen. Darüber hinaus ist es primäre Aufgabe eines Konzernprogramms, die übergeordneten Problemfelder zu identifizieren und entsprechende Maßnahmen zu entwickeln.

Es ist jedoch geplant, die Ergebnisse der Erhebungen im Rahmen des Programms „Team Tf“ mit den Ergebnissen der bestehenden Messkonzepte in den Geschäftsfeldern zusammenzuführen, um das gemeinsame Potential aller Messkonzepte ausschöpfen und die Ergebnisse miteinander vergleichen zu können.

Ergänzende Nutzung vorhandener Kennzahlen des Personalcontrollings

Mit dem Ziel, die durch laufende Datenerhebungen und entsprechenden Auswertungen vorhandenen Kennzahlen für die Mitarbeiterzufriedenheitsmessung zu nutzen, wurden entsprechende Daten analysiert, um geeignete Indikatoren für die Mitarbeiterzufriedenheit zu identifizieren.

Krankheitsbedingte Ausfallzeiten[55] gehören zu den am häufigsten diskutierten Verhaltensindikatoren, die in Bezug auf eine mögliche Korrelation mit der Mitarbeiterzufriedenheit durch empirische Studien untersucht wurden.[56] Obwohl dieser Indikator auch durch andere Größen beeinflusst wird, die von der Zufriedenheit unabhängig sind, wird häufig die Hypothese aufgestellt, dass eine niedrige Mitarbeiterzufriedenheit zu mehr krankheitsbedingten Ausfallzeiten führt. Eine entsprechende Analyse der Daten hat gezeigt, dass von 2002 bis 2004/2005 eine durchgehend positive Entwicklung der Kennzahl „Ausfallzeiten Krankheit“ zu verzeichnen war, d. h. dass die krankheitsbedingten Ausfallzeiten in dieser Zeit abgenommen haben. Jedoch zeigte sich auch, dass die krankheitsbedingten Ausfallzeiten seit 2005 wieder angestiegen sind und insbesondere in 2007 zur Zeit der Tarifauseinandersetzung höher als zuvor waren.[57] Aufgrund dieser Zahlen ist es zumindest naheliegend, dass die Kennzahl „Ausfallzeiten Krankheit“ als Indikator für die Mitarbeiterzufriedenheit genutzt werden kann.

Ein weiterer Verhaltensindikator, der in der Literatur häufig in Verbindung mit der Nutzung objektiver Verfahren zur Messung der Mitarbeiterzufriedenheit genannt wird, ist die Fluktuationsrate.[58] Diesbezüglich wird vermutet, dass eine niedrige Mitarbeiterzufriedenheit zu mehr ‚freiwilliger‘ Fluktuation führt. Jedoch hat eine Analyse der entsprechenden Daten gezeigt, dass konzernweit der Prozentsatz ‚freiwillige‘ Abgänge seit 2002 relativ konstant bei ca. 8 % der „Abgänge gesamt“ pro Jahr liegt. Auch in der Gegenprobe bezüglich einer Korrelation mit der Kennzahl „Ausfallzeiten Krankheit“ war kein Zusammenhang nachweisbar. Daher wird geschlossen, dass zumindest bei der DB Mobility Logistics AG die ‚freiwillige‘ Fluktuationsrate vermutlich keinen Indikator für die Mitarbeiterzufriedenheit der Triebfahrzeugführer darstellt.

---

55 Die Kennzahl „krankheitsbedingte Ausfallzeiten“ ist eine personenunabhängige, nach Organisationseinheiten bzw. Geschäftsfeldern aggregierte Kennzahl.

56 Vgl. Kapitel 2.2. und die dort angegebene Literatur.

57 Für das Jahr 2007 lag die Kennzahl „Ausfallzeiten Krankheit“ in einem indexierten Wert um 14 % höher als 2002.

58 Vgl. Kapitel 2.2 und die dort angegebene Literatur.

5 Zusammenfassung und Ausblick

Vor dem Hintergrund einer zunehmenden Relevanz der so genannten weichen Faktoren bzw. qualitativen Größen für den Unternehmenserfolg stellt die Erhöhung der Mitarbeiterzufriedenheit eine weitere Einflussmöglichkeit zur Ergänzung der klassischen, quantitativ ausgerichteten Erfolgsgrößen dar. Aufgrund der großen Bedeutung der Mitarbeiterzufriedenheit für den Erfolg eines Unternehmens und angestoßen durch die letzten Tarifauseinandersetzungen hat die Konzernleitung der DB Mobility Logistics AG das Programm „Team Tf" aufgesetzt, um die Zufriedenheit der Triebfahrzeugführer nachhaltig zu erhöhen.

Um das volle Potential der Ergebniskontrolle bezüglich der Erfahrungssicherung und der Wissensgenerierung im Programmmanagement nutzen zu können, wurde ein eigenes Messkonzept im Rahmen des Programms „Team Tf" entwickelt. Die wesentliche Zielsetzung der Entwicklung eines entsprechenden Programmcontrollings für das Programm „Team Tf" bestand darin, die Mitarbeiterzufriedenheit und die Wirkungen der umzusetzenden Maßnahmen messen zu können.

In diesem Zusammenhang wäre eine quantitative und monetäre Erfolgsmessung wünschenswert, jedoch gestaltet sich die Ermittlung ökonomischer und auch quantitativer Wirkungen von Projekten und Programmen mit nicht-monetären Zielen schwierig. Aufgrund dessen kommt dem Einsatz von geeigneten, sozialwissenschaftlichen Messinstrumenten zur Erfolgsmessung von Projekten und Programmen mit nicht-monetären Zielen eine wichtige Bedeutung zu. Diesbezüglich zeigt die theoretische Auseinandersetzung mit der Mitarbeiterzufriedenheit als nicht-monetäres Ziel sowie eine Diskussion der gebräuchlichsten Messverfahren erste Ansatzpunkte zur Operationalisierung und Messung dieses hypothetischen Konstrukts auf. Des Weiteren stellt der entwickelte Methodenwürfel ein adäquates Instrument dar, um im Rahmen eines Programmcontrollings bei nicht-monetären Zielen geeignete Messmethodiken auszuwählen.

Die Diskussion der verschiedenen Ausgestaltungsmöglichkeiten der drei Dimensionen des Methodenwürfels für eine Erfolgsmessung des Programms „Team Tf" zeigt, dass im vorliegenden Fall für die Entwicklung eines Messkonzepts drei sinnvolle Messmethodiken geeignet sind, die auch in der Praxis mit vertretbarem Aufwand umgesetzt werden können. Da einerseits keine dieser grundsätzlich geeigneten Messmethodiken alle der geforderten Kriterien an ein Messverfahren erfüllt, sich aber andererseits ein Großteil der Vor- und Nachteile komplementär zueinander verhalten, wird für das Messkonzept zum Programmcontrolling des Programms „Team Tf" vorgeschlagen die drei Messmethodiken als unabhängige Module einzusetzen und die Ergebnisse durch eine Konsolidierung miteinander zu verbinden, um einen Vergleich der Ergebnisse zu ermöglichen. Somit kann bei ähnlichen Ergebnissen der drei Messmethodiken angenommen werden, dass das aggregierte Ergebnis die tatsächliche Entwicklung der Mitarbeiterzufriedenheit widerspiegelt.

Durch den modulhaften Aufbau des Messkonzepts für das Programmcontrolling des Programms „Team Tf" wird eine umfassende Einschätzung der Mitarbeiterzufriedenheit der Triebfahrzeugführer sowie der Wirkungen der entwickelten und umgesetzten Maßnahmen ermöglicht. Des Weiteren passen sich die einzelnen Module im Detaillierungsgrad und der Befragungstiefe den benötigten Informationen an, so dass sowohl die allgemeine Entwicklung der Mitarbeiterzufriedenheit als auch gezielt spezifische Problem- und Handlungsfelder erhoben werden können.

Zusammenfassend bietet das Programmcontrolling der Wirkungen zielgerichteter Maßnahmen in den Projekten eine echte Chance, die Mitarbeiterzufriedenheit der Triebfahrzeugführer der DB Mobility Logistics AG nachhaltig zu erhöhen. Entscheidend ist in diesem Zusammenhang, dass den Triebfahrzeugführern die Ergebnisse kommuniziert werden, damit sie erfahren, dass ihre Aussagen bezüglich Tf-spezifischer Problem- und Handlungsfelder wahrgenommen werden und entsprechende Verbesserungsmaßnahmen implementiert werden.

6 Literatur

Ahlemann, F. (2002): Das M-Modell – Eine konzeptionelle Informationssystemarchitektur für die Planung, Kontrolle und Koordination von Projekten (Projekt-Controlling). Osnabrück 2002.

Atteslander, P. (2008): Methoden der empirischen Sozialforschung. 12., durchges. Aufl. Berlin 2008.

Barcklow, D. (2006): Projektmanagement geht zu selten über Standards hinaus. In: Projektmanagement aktuell 17(2006)1, S. 12-18.

Bohnsack, R. (2008): Gruppendiskussionen. In: Flick, U./ Kardorff, E. von/Steinke, I. (Hrsg.): Qualitative Forschung – Ein Handbuch. 6., durchges. u. aktual. Aufl. Hamburg 2008, S. 369-384.

Brabandt, M. (2000): Programmcontrolling. In: Dobschütz, L. von (Hrsg.): IV-Controlling: Konzepte – Umsetzungen – Erfahrungen. Wiesbaden 2000, S. 135-153.

Bruggemann, A./Groskurth, P./Ulich, E. (1975): Arbeitszufriedenheit. Bern 1975.

Cisik, A. J. (1994): Perspektiven eines ganzheitlichen Personalmanagements. Frankfurt am Main 1994.

Fischer, L. (1991): Arbeitszufriedenheit – Forschungsziele und Forschungsperspektiven: Einleitung und Überblick. In: Fischer, L. (Hrsg.): Arbeitszufriedenheit. Stuttgart 1991, S. 1-17.

Flick, U. (2008): Design und Prozess qualitativer Forschung. In: Flick, U./ Kardorff, E. von/Steinke, I. (Hrsg.): Qualitative Forschung – Ein Handbuch. 6., durchges. u. aktual. Aufl. Hamburg 2008, S. 252-265.

Freund, F./Knoblauch, R./Racké, G. (1981): Praxisorientierte Personalwirtschaftslehre. Stuttgart 1981.

Gareis, R. (2000): Professioneller Projektstart. In: Projektmanagement aktuell 11(2000)3, S. 23-29.

Gareis, R. (2001a): Programmmanagement und Projektportfolio-Management: Zentrale Kompetenzen Projektorientierter Unternehmen. In: Projektmanagement aktuell 12(2001)1, S. 4-11.

Gareis, R. (2001b): pm baseline – Wissenselemente zum Projekt- und Programmmanagement sowie zum Management Projektorientierter Unternehmen. Version 2.0. Wien 2001.

Gareis, R./Huemann, M. (2002): Benchmarking Projektorientierter Gesellschaften. In: Projektmanagement aktuell 13(2002)2, S. 17-25.

Gebert, D./Rosenstiel L. von (2002): Organisationspsychologie – Person und Organisation. 5., aktual. u. erw. Aufl. Stuttgart 2002.

Germer, A. (2001): Konzeption und Zieldefinition eines Projekts. In: Projektmanagement aktuell 12(2001)4, S. 16-24.

Hiller, M./Klusch, M./Monjé, M. (2001): Multiprojektmanagement als Führungsinstrument der Zukunft. In: Zeitschrift für wirtschaftlichen Fabrikbetrieb (ZWF) 96(2001)6, S. 317-321.

Holtz, R. vom (1997): Der Zusammenhang zwischen Mitarbeiterzufriedenheit und Kundenzufriedenheit. Diss. München, 1997.

Hopf, S. (2008): Qualitative Interviews – ein Überblick. In: Flick, U./ Kardorff, E. von/Steinke, I. (Hrsg.): Qualitative Forschung – Ein Handbuch. 6., durchges. u. aktual. Aufl. Hamburg 2008, S. 349-360.

Huang, Z./Schmidt, E. (2001): Wertorientiertes Controlling für forschende Pharmaunternehmen. In: Controlling 13(2001)6, S. 301-305.

Kargl, H. (2001): Projektcontrolling. In: Praxis der Wirtschaftsinformatik (HMD) 37(2001)2, S. 29-42.

Kauba, N./Dittler, G. (2001): Nutzenbewertung von Projekten. In: Controlling 13(2001)2, S. 95-102.

Kerzner, H. (2003): Projektmanagement. Ein systemorientierter Ansatz zur Planung und Steuerung. Bonn 2003.

Koop, B. (2004): Zufriedenheit und Bindung von Mitarbeitern und Kunden: Integrierte Analyse und Steuerung in Unternehmen. Diss. Mannheim 2004.

Krüger, W. (2007): Prozessorientiertes Bestimmung von Reorganisationskosten und Reorganisationserfolg. In: Controlling 19(2007)8/9, S. 441-447.

Kunz, C. (2007a): Strategisches Multiprojektmanagement – Konzeptionen, Methoden und Strukturen. 2. Aufl. Diss. Wiesbaden 2007.

Kunz, C. (2007b): Einflussnahme und Mitwirkung von Organisationseinheiten im Multiprojektmanagement. In: Zeitschrift für Planung & Unternehmenssteuerung 17(2007)4, S. 433-454.

Küsel, G. (2007): Vom Kostenfaktor zum Humankapital. In: ProFirma – das Magazin für den innovativen Mittelstand 5(2007)4, S. 74-76.

Lamnek, S. (2005): Qualitative Sozialforschung. 4., vollst. überarb. Aufl. Weinheim 2005.

Laufer, H. (2005): Grundlagen erfolgreicher Mitarbeiterführung, Offenbach 2005.

Lüders, C. (2008): Beobachten im Feld und Ethnographie. In: Flick, U./ Kardorff, E. von/Steinke, I. (Hrsg.): Qualitative Forschung – Ein Handbuch. 6., durchges. u. aktual. Aufl. Hamburg 2008, S. 384-401.

Martin, A. (1988): Personalforschung. München 1988.

Merkens, H. (2008): Auswahlverfahren, Sampling, Fallkonstruktion. In: Flick, U./ Kardorff, E. von/Steinke, I. (Hrsg.): Qualitative Forschung – Ein Handbuch. 6., durchges. u. aktual. Aufl. Hamburg 2008, S. 286-299.

Mertel, B. (2006): Arbeitszufriedenheit – Eine empirische Studie zu Diagnose, Erfassung und Modifikation in einem führenden Unternehmen des Automotives. Diss. Bamberg 2006.

Möller, K./Walker, U. (2003): Intangibles in der wertorientierten Planung. In: Controlling 15(2003)9, S. 491-498.

Neuberger, O. (1974a): Theorien der Arbeitszufriedenheit. Stuttgart 1974.

Neuberger, O. (1974b): Messung der Arbeitszufriedenheit. Stuttgart 1974.

Neuberger, O./Allerbeck, M. (1978): Messung und Analyse von Arbeitszufriedenheit. Bern 1978.

Neut, K. M. van der (2006): Arbeitszufriedenheit in ganzheitlichen Managementsystemen. Diss. Braunschweig 2006.

Pfohl, H.-Chr. (2004): Logistikmanagement – Konzeption und Funktion. 2., vollst. überarb. u. erw. Aufl. Berlin u.a. 2004.

Poth, L. G. (1997): Filialmanagement im Einzelhandel – Operationalisierung der Kundenzufriedenheit. In: Absatzwirtschaft 39(1997)8, S. 52-56.

Rosenstiel, L. von (1977): Messung der Arbeitszufriedenheit. In: Pfohl, H.-Chr./Rürup, B. (Hrsg.): Wirtschaftliche Messprobleme. Köln 1977, S. 109-127.

Rosenstiel, L. von (2007): Grundlagen der Organisationspsychologie. 6., überarb. Aufl. Stuttgart 2007.

Rosenstiel, L. von/Molt, W./Rüttinger, B. (2005): Organisationspsychologie. 9., vollst. überarb. u. erw. Aufl. Stuttgart 2005.

Schmitz, G. (2004): Organizational Citizenship Behavior Intention des Kundenkontaktpersonals in Dienstleistungsunternehmen. In: Marketing ZFP 26(2004) Spezialausgabe „Dienstleistungsmarketing“, S. 15-32.

Schnell, R./Hill, P. B./Esser, E. (2008): Methoden der empirischen Sozialforschung. 8., unverä. Aufl. München 2008.

Six, B./Eckes, A. (1991): Der Zusammenhang von Arbeitszufriedenheit und Arbeitsleistung – Resultate einer metaanalytischen Studie. In: Fischer, L. (Hrsg.): Arbeitszufriedenheit. Stuttgart 1991, S. 21-45.

Steinke, I. (2008): Gütekriterien qualitativer Forschung. In: Flick, U./ Kardorff, E. von/Steinke, I. (Hrsg.): Qualitative Forschung – Ein Handbuch. 6., durchges. u. aktual. Aufl. Hamburg 2008, S. 319-331.

Stock, R. (2003): Der Zusammenhang zwischen Mitarbeiter- und Kundenzufriedenheit. 2. Aufl. Diss. Wiesbaden 2003.

Töpfer, A. (1997): Zufriedene Mitarbeiter = zufriedene Kunden. In: Zentes, J. (Hrsg.): Mitarbeiterzufriedenheit = Kundenzufriedenheit. Eine Wechselbeziehung? Mainz, 1997, S. 20-46.

Weinert, A. B. (2004): Organisations- und Personalpsychologie. 5., vollst. überarb. Aufl. Basel 2004.

Winter, S. (2005): Mitarbeiterzufriedenheit und Kundenzufriedenheit – Eine mehrebenenanalytische Untersuchung der Zusammenhänge auf Basis multidimensionaler Zufriedenheitsmessung. Diss. Mannheim 2006.

Interorganisatorischer Aufbau

Ronald Bogaschewsky[*] / Klaus Kohler[**]

Integrative Optimierung von globalen Supply Chains – Netzwerkdesign als logistikgeprägte Unternehmensführungsaufgabe

* Prof. Dr. Ronald Bogaschewsky ist Inhaber des Lehrstuhls für BWL und Industriebetriebslehre an der Universität Würzburg. Er leitet den Arbeitskreis Einkauf und Logistik der Schmalenbach-Gesellschaft für Betriebswirtschaft, ist Mitglied im Bundesvorstand des Bundesverbandes Materialwirtschaft, Einkauf und Logistik und Direktor des Centrum für Supply Management.

** Dr. Klaus Kohler arbeitet im Einkauf eines großen Tier-One-Automobilzulieferers. Zuvor war er wissenschaftlicher Mitarbeiter am Lehrstuhl von Prof. Bogaschewsky (Lehrstuhl für BWL und Industriebetriebslehre an der Universität Würzburg) und verfasste seine Promotion über Global Supply Chain Design.

1 Global Supply Chain Design als strategische Unternehmensführungsaufgabe

Der Entwurf und die Weiterentwicklung der unternehmensinternen und –übergreifenden Wertschöpfungsstruktur stellt ohne Zweifel eine zentrale Aufgabe der Unternehmensführung dar und hat ausgeprägten strategischen Charakter. Entscheidungen darüber, welche Produktionsstandorte wo gegründet, aus- oder abgebaut und mit welchen Kapazitäten ausgestattet werden sollen, müssen aus einer gesamtheitlichen Führungssicht getroffen werden. Dies gilt ebenso für die Gestaltung und Entwicklung der Zulieferstrukturen, also hinsichtlich der Frage, welche geografisch definierten Anbietermärkte für benötigte Materialien in Betracht zu ziehen sind und welche konkreten Lieferanten welche Produktionsstandorte versorgen sollen. Naturgemäß stellt sich in diesem Zusammenhang auch die – i. d. R. ebenfalls strategische – Make-or-Buy-Frage für die jeweiligen Fertigungen. Die Interdependenz zwischen den strategischen Entscheidungen bezüglich der zu realisierenden Produktions- und Beschaffungsstrukturen ist damit offensichtlich. Wesentlichen Einfluss auf die Optimalität dieser Strukturen übt die logistische Ausgestaltung der Warenflüsse aus, da allein die Kosten für die physische Logistik – also hinsichtlich Transport, Umschlagen und Lagern – beträchtlich sein können und von der Ausgestaltung des Wertschöpfungsnetzwerks abhängen. Dies gilt sowohl für die Beschaffungs-, als auch für die Distributionslogistik. Die Gestaltung optimaler Wertschöpfungsnetze erfordert mithin, die Gestaltungsbereiche Beschaffung, Produktion und Logistik sowie den Absatz (und damit Entscheidungen über die Präsenz auf bestimmten Märkten) simultan und ganzheitlich zu betrachten. Jedes dieser Aufgabengebiete und damit jede dieser klassischen Funktionsbereiche kann hier von höherer oder niedrigerer wirtschaftlicher Bedeutung sein, je nachdem, wie die Ertrags- und Kostenplangrößen ausgeprägt sind. Eine allgemeine Dominanz eines Funktionsbereichs oder eine Wichtigkeitshierarchie kann aus sachlicher Sicht heraus per se nicht ausgemacht werden.

Die Bedeutung einer integrierten Betrachtung der wesentlichen Aufgabenbereiche und damit insbesondere von Absatz, Produktion, Beschaffung und Logistik steht nicht in Frage. Eine mangelnde Integration dieser Bereiche führt zu niedrigeren Performanzniveaus der betrachteten Organisation.[1] So weisen Narasimhan / Das (2001) beispielsweise nach, dass die bessere Integration von Produktion und Einkauf zu Verbesserungen des unternehmerischen Ergebnisses führt. Mangelnde Integration zeigt sich auch in wenig kompatiblen Bereichszielen, die u.a. auf einem in den Funktionsbereichen voneinander abweichenden Verständnis über die wettbewerbsbezogenen Prioritäten des Unternehmens resultieren können.[2] Ähnliche Divergenzen können in unterschiedlichen Verantwortungsebenen und Zuständigkeitsbereichen festgestellt werden.[3] Das Maß der

---

1 Vgl. Pagell (2004, S. 459). Für ein Rahmenmodell, das Zusammenhänge zwischen SCM-bezogenen Praktiken und deren Wettbewerbswirkung bzw. der organisationalen Performanz erlaubt und das obige Aussagen stützt, siehe Li et al . (2006).

2 Vgl. Menda / Dilts (1997).

3 Vgl. zu den Wahrnehmungsdifferenzen zwischen General Managern und Manufacturing Managern hinsichtlich der Produktionsprioritäten Kathuria / Porth / Joshi (1999) sowie zu Unterschieden hinsichtlich

strategischen Integration wird damit bestimmend für die Wettbewerbsfähigkeit der Unternehmung.[4] Integration innerhalb von Organisationen[5] und organisationsübergreifend kann über die Kerncharakteristika der Interaktion, der Kollaboration, der Kooperation sowie der Koordination definiert werden.[6] Maßgeblich ist hierbei auch der Zweck der Schaffung von mehr Kohäsion innerhalb der Organisation.[7] Bezeichnend schlußfolgert Pagell (2004, S. 460): „In its essence the entire concept of supply chain management is really predicated in integration“[8] und geht damit noch weiter als andere Autoren, die die Bedeutung der Integration entlang der Supply Chain betonen.[9]

Voraussetzung für die Maximierung des unternehmerischen Erfolgs im Zuge eines operativ-taktischen Supply Chain Managements ist die Schaffung erfolgsmaximaler Supply Chain-Strukturen und damit eines optimal integrierten Beschaffungs-, Produktions- und Distributionsnetzwerkes. Gleichwohl wird am Beispiel der Gestaltung weltweiter Wertschöpfungsnetzwerke die Bedeutung logistischer Überlegungen überdeutlich. In der Diktion eines Themenfeldes, das die material- und warenflussorientierten Strukturen eines Unternehmens in strategischer wie operativer Hinsicht fokussiert, kann das (Global) Supply Chain Design als logistikgeprägte Führungsaufgabe verstanden werden. Dies bedeutet keinesfalls, dass die betriebliche Funktion Logistik diese Gestaltungsaufgabe maßgeblich, geschweige denn allein in der Praxis wahrnimmt und verantwortet. Vielmehr handelt es sich hier um eine Kernaufgabe der Unternehmensleitung, die entsprechend in der Geschäftsführung bzw. im Vorstand angesiedelt sein muss. Die Auswirkungen von Entscheidungen über Fertigungsstandorte und der Erschließung von Beschaffungsmärkten sowohl auf die Kostensituation als auch auf die allgemeine strategische Wettbewerbspositionierung sind erheblich. Für eine angemessene Entscheidungsvorbereitung sind daher die entsprechenden Kompetenzbereiche in den Unternehmen in die Planungsphase aktiv einzubeziehen. Hier sollten alle wesentlichen Informationen aus den Funktionsbereichen einfließen, und diese sollten durch ihre kompetentesten Mitarbeiter im Planungsteam vertreten sein. Der Logistik kommt dabei als

strategischer Präferenzen zwischen Mitarbeitern im Management und in der ausführenden Ebene im Fertigungsbereich Boyer / McDermott (1999).

4 Vgl. Hayes / Wheelwright (1984).

5 Für kritische Erfolgsfaktoren für die Integration der internen Supply Chain siehe Pagell / Wu (2006), die diese auf der Basis von elf Fallstudien aus der Praxis herleiten.

6 Vgl. O`Leary-Kelly / Flores (2002), die damit die Definition von Kahn / McDonough (1997) erweitern, welche sich auf die beiden erstgenannten Charakteristika beschränken.

7 Vgl. Kahn / Mentzer (1998).

8 Im Folgenden wird der Begriff Supply Chain Management (SCM) für das strategische, taktische und operative Management der internen und unternehmensübergreifenden Wertschöpfungskette verwandt ohne eine strenge Begriffsdefinition zu begründen oder weiter zu diskutieren. Es sei darauf hingewiesen, dass wiederholt festgestellt wurde, dass der SCM-Begriff nicht einheitlich in Theorie und Praxis verwendet wird. Vgl. New (1997); Lummus / Krumwlede / Vokurka (2001); Mentzer et al (2001); Kauffman (2002); Kathawala / Abdou (2003). Für eine eingehendere Literaturanalyse siehe Burgess / Singh / Koroglu (2006) sowie Storey et al. (2006), die konstatieren, dass Supply (Chain) Management sich noch in einer relativ frühen Entwicklungsphase in Theorie und Praxis befindet.

9 Frühe Verfechter dieser Aussage waren Hayes / Wheelwright (1984); Lee / Padmanabhan / Whang (1997) und Watts / Kim / Hahn (1992).

Querschnittsfunktion mit koordinierendem Charakter[10] eine ebenso wesentliche Rolle zu wie dem Einkauf als Kompetenzeinheit hinsichtlich der relevanten Beschaffungsmärkte.

Vor dem Hintergrund der zunehmenden Globalisierung wachsen sowohl Bedeutung als auch Komplexität einer optimalen Gestaltung des Wertschöpfungsnetzwerks. Insbesondere für viele deutsche Unternehmen stellt die Globalisierung auf der Seite des Absatzes keine grundlegend neue Herausforderung dar, ist doch Deutschland seit Jahren Exportweltmeister[11], und deutsche Firmen sind seit langer Zeit weltweit absatzseitig sehr aktiv, betreiben rund um den Globus Vertriebs- und Servicebüros u.v.a.m. Die seit einigen Jahren bestehende, neue Herausforderung ergibt sich zum einen durch die verbesserten Möglichkeiten, Materialien und Zulieferteile zu attraktiven Bedingungen in weiten Teilen der Welt zu beschaffen und in den traditionellen (zumeist heimischen) Herstellerländern einzusetzen bzw. zu verbauen. Dieses Global Sourcing[12] wird in der Praxis häufig fälschlicherweise mit Low Cost Country (LCC) Sourcing[13] gleichgesetzt, was auf die in der Praxis sehr häufig kostengetriebene Vorgehensweise in diesem Zusammenhang hinweist.

Zum anderen wird immer deutlicher, dass viele Produkte, die im Ausland verkauft werden sollen, aus unterschiedlichsten Gründen auch dort bzw. in den dortigen geographischen Regionen hergestellt werden müssen. Sehr hochwertige, komplexe Werkzeugmaschinen als Beispielfall können sicherlich auch relativ dauerhaft im Heimatland der Herstellerfirma gefertigt und in das jeweilige Zielland exportiert werden. Bereits für Produkte mittlerer und mit Sicherheit für solche niedriger Technik, teilweise aber auch für gehobene Technik, gilt dies jedoch nicht mehr. Ursächlich sind in sehr vielen Fällen die zum Teil erheblich geringeren Produktionskosten in den absatzseitigen Zielregionen und die im Vergleich zu den Heimatmärkten oftmals deutlich attraktiveren Absatzchancen, so dass dort Produktionswerke errichtet und lokale Zulieferstrukturen aufgebaut werden müssen. Weitere Aspekte, die für ein stärkeres Involvieren der Zielländer in den Herstellungsprozess sprechen, sind kulturell bedingte Bedürfnisse, die sich auf das Design der Produkte ebenso auswirken können wie auf deren Funktionalität, aber auch im Marketing Berücksichtigung finden müssen.

Da – zumindest für die mittelfristige Zukunft – eine vollständige Autarkie der Herstell- und Absatzregionen als unwahrscheinlich angesehen werden muss,[14] wird eine weltweite Vernetzung der

---

10 Zu Begriff, Aufgaben und Management der Logistik vgl. das Standardwerk von Pfohl (2004).

11 Dieser Titel wird zum einen bekanntermaßen zunehmend von China streitig gemacht und bedeutet zum anderen nicht, dass die Wertschöpfung und damit das Bruttoinlandsprodukt in Deutschland damit relativ gesehen am höchsten ist.

12 Der Begriff Global Sourcing wird in der Praxis oftmals pauschal für die Beschaffung (auch) aus ausländischen Märkten verwandt. In einer strengeren Sicht kann von Global Sourcing nur gesprochen werden, wenn ein strategisches Beschaffungskonzept zum Einsatz kommt, das grundsätzlich alle potentiellen, weltweiten Beschaffungsmärkte einbezieht. Zur weiteren Diskussion siehe u. a. Arnold (2002); Bogaschewsky (2005); Monczka / Trent / Handfield (2002).

13 In der Praxis wird auch der Begriff des Best Cost Country Sourcing verwandt, um deutlich zu machen, dass niedrige Einstandspreise allein kein hinreichendes Argument für die Wahl einer ausländischen Beschaffungsquelle sein können. Da offen bleibt, ob hier gegenüber dem LCC Sourcing weitere Kosten oder auch andere, qualitative Komponenten in die Entscheidung einfließen, dürfte auch dieser Terminus wenig zufrieden stellend sein.

14 Man mag aus ökologischen und vielleicht auf den jeweils lokalen Arbeitsmarkt bezogenen Gründen gegen den weltweiten „Warentourismus“ sein. Letztlich orientieren sich die Unternehmen bei der Gestaltung ih-

Produktions- und Zulieferstrukturen unvermeidlich bei der Gestaltung optimaler Wertschöpfungsnetzwerke sein. Die Interdependenz von Beschaffungs-, Logistik-, Produktions- und Absatzentscheidungen bedingt bereits eine nicht unerhebliche Komplexität des Planungsproblems. Im Zuge der potenziell globalen Ausdehnung des Wertschöpfungsnetzes kommen weitere zu berücksichtigende Parameter hinzu, wie Zölle, Zollrückerstattungen, Local Content-Vorschriften, Wechselkurse, unterschiedliche Steuersätze etc. Angesichts der in der Praxis weit verbreiteten Nutzung zollfreier Zonen, der „passiven Veredelung" von Produkten im Ausland und der angewandten Strategien bei der Auswahl von Produktions- und Lagerstandorten (beispielsweise in Sonderwirtschaftszonen, Industrieparks u. a.) wird die Bedeutung der logistischen Planungskomponente besonders deutlich.

Da die resultierenden Optimierungsmodelle i. d. R. NP-schwer sind, muss hier eine Planung entweder auf aggregierter Ebene – also ohne Betrachtung detaillierter Produkte, konkreter Stücklisten, einzelner Ressourcen etc. – erfolgen oder diese muss für Teilbereiche isoliert vorgenommen werden. Bei Verfügbarkeit eines geeigneten Optimierungstools ist es allerdings möglich, in akzeptabler Zeit[15] eine Modellierung vorzunehmen und (ggf. sukzessive) zu Ergebnissen zu kommen, die die zu fällende Entscheidung maßgeblich unterstützen können.

Im Folgenden wird ein solches Optimierungstool vorgestellt, das die wesentlichen Aspekte bei der Entscheidung über die globale Wertschöpfungsstruktur abbilden und einer Lösung zuführen kann. Aus pragmatischen Gründen, die einerseits die Lösbarkeit des Modells und andererseits den realistischen Beeinflussungsbereich eines Unternehmens, das seine Wertschöpfungsstrukturen optimieren will, betreffen, beschränkt sich die Modellierung auf die „unternehmensinternen" Bereiche sowie die direkten Lieferanten und Kunden, wird also nicht auf die Lieferanten bzw. Kunden der direkten Lieferanten bzw. Kunden ausgedehnt. Auf die mathematische Modellbeschreibung wird im Folgenden verzichtet, da dies den Rahmen dieses Beitrags umfangmäßig sprengen würde.[16]

2 Quantitative Modellierung globaler Supply Chains in der Literatur

Der Re-/Designprozess von Supply Chains mündet in eine Strukturvorgabe, die angesichts des Aufwands beim Auf-, Aus- oder Abbau von Produktionsstätten, dortigen Ressourcen (Investitionen) und damit verbundenen Technologien, von Zulieferbeziehungen sowie logistischen Strukturen und Kapazitäten eine zumindest mittelfristige (mehrjährige) Verbindlichkeit haben sollte (vgl. u. a. Chopra / Meindl 2007, S. 9). Naturgemäß wird hierdurch die Profitabilität in diesem Zeitraum

---

rer Wertschöpfungsnetze lediglich an den geltenden Parametern, wie z. B. Kosten. Solange ausreichend niedrigere Arbeits- und ggf. Kapitalkosten in ausländischen Märkten die logistischen Kosten überkompensieren, wird der internationale Handel eher aus- als abgebaut. Hohe Logistikkosten, wie sie angesichts der mittelfristig voraussichtlich wieder deutlich steigenden Ölpreise erwartet werden können, werden hier zukünftig sicherlich einen gewissen bremsenden Einfluss haben.

15 Dies gilt insbesondere unter Beachtung der strategischen Bedeutung der zu treffenden Entscheidungen, so dass ein Gesamtplanungsaufwand von einigen Wochen oder Monaten als allgemein üblich angesehen werden kann.

16 Der interessierte Leser sei hier auf Kohler (2008a; 2008b) und die dort angegebene Literatur zu quantitativen Supply Chain Design-Modellen verwiesen. Zum Bereich des Supply Chain-Risikomanagements vgl. u. a. Pfohl / Gallus / Köhler (2008a; 2008b; 2008c); Wels (2008); Wels / Buscher / Winter (2007).

und ggf. darüber hinaus und damit die strategische Wettbewerbssituation des Unternehmens maßgeblich beeinflusst (vgl. Goetschalckx 2000, S. 79). Es versteht sich von selbst, dass zahlreiche Planungsparameter mit einem teilweise hohen Maß an Unsicherheit behaftet sind, wie beispielsweise Preise, Nachfragemengen, Kostensätze, Wechselkurse, Zollsätze, Subventionen u. v. a. m. Wir folgen hier weder stochastischen[17], noch robusten[18] oder Fuzzy-Ansätzen[19], sondern empfehlen aus Praktikabilitäts- und Akzeptanzgründen (insbesondere in der Praxis) das systematische Einsetzen von Szenarien[20] sowie das Durchführen von Sensitivitätsanalysen. Letztere werden als Standardfunktionalität von Optimierungsprogrammen angeboten oder lassen sich unkompliziert umsetzen und können somit ohne zusätzlichen Aufwand schnell Auskunft geben über die Sensitivität der Lösung auf Parameterschwankungen. Durch die Variation einzelner oder mehrerer Parameter können auf einfache Weise alternative Szenarien angelegt und gelöst sowie nachfolgend analysiert werden.

Aus der umfangreichen Literatur zum Supply Chain Design sollen im Folgenden lediglich solche Quellen extrahiert werden, die sich dezidiert mit der Dimension des internationalen bzw. grenzüberschreitenden Handels befassen oder die Wahl der Zielfunktion besonders thematisieren.[21]Das Paper von Hodder / Dincer (1986) sei stellvertretend für die früheren Abhandlungen zum Global Supply Chain Design erwähnt. Die Autoren entwickeln ein einperiodiges Gewinnmaximierungsmodell, das insbesondere Wechselkurse, Zölle und Steuern berücksichtigt. Cohen / Lee (1989) beziehen erweiternd Offsethandel und Transferpreise in ihr Modell ein, wobei sie eine nichtlineare und damit für größere Probleme schwer lösbare Zielfunktion erhalten. Arntzen et al. (1995) entwickeln als erste einen Mehrzielansatz, der sowohl Kosten als auch die (Durchlauf-)Zeit berücksichtigt. Die erforderliche a priori Gewichtung dieser beiden Faktoren erscheint jedoch nicht zweckgemäß. Hervorzuheben ist die Einbeziehung von Local Content-Vorschriften.

Der Ansatz von Voudouris (1996) erlaubt mehr Flexibilität hinsichtlich der Formulierung der Zielfunktion, ignoriert jedoch internationale bzw. grenzüberschreitende Aspekte. Sabri / Beamon (2000) entwickeln ein Mehrzielmodell, das hinsichtlich internationaler Faktoren zwar lediglich Zölle berücksichtigt, das jedoch gleichzeitig Kosten, den kundenbezogenen Service Level und die Flexibilität einbezieht und sich zur Lösung der ε-Methode nach Haimes / Lasdon / Wismer (1971) bedient. Hierbei wird das Mehrziel- in ein Einzielproblem transformiert, wobei die nicht in der Zielfunktion repräsentierten Zielgrößen über Restriktionen mit gegebenen Werten $\varepsilon_1, ..., \varepsilon_{n-1}$ abge-

---

17 Zu stochastischen Ansätzen in diesem Bereich siehe u.a. Hodder / Dincer (1986), Huchzermeier / Cohen (1996).

18 Zu Ansätzen der robusten Optimierung in diesem Bereich vgl. u.a. Freiwald (2005), Hübner (2007) sowie Pfohl / Elbert / Zuber (2009).

19 Zu Ansätzen der Fuzzy Optimierung in diesem Bereich vgl. u.a. Sakawa / Nishizaki / Uemura (2001).

20 Zur Szenario-Technik siehe u.a. Fleischmann / Färber / Henrich (2006).

21 Für einen umfassenden Literaturüberblick siehe: Melo / Nickel / Saldanha da Gama (2007, S. 1 ff.); Hübner (2007, S. 53 ff.); Meixell / Gargeya (2005, S. 531 ff.); Goetschalckx / Fleischmann (2005, S. 117 ff.); Freiwald (2005, S. 39 ff.); Bhutta (2004, S. 33 ff.); Melo / Nickel / Saldanha da Gama (2003, S. 22 ff.); Geunes / Pardalos (2003, S. 68 ff.); Goetschalckx (2000, S. 79 ff.); Schmidt / Wilhelm (2000, S. 1501 ff.); Beamon (1998, S. 281 ff.); Vidal / Goetschalckx (1997, S. 1 ff.); Geoffrion / Powers (1995, S. 105 ff.). Für einen systematischen Vergleich der Ansätze siehe Kohler (2008a; 2008b).

bildet werden. Diese Vorgehensweise macht sich auch unser, unten dargestellter Ansatz zu Nutze. Vidal / Goetschalckx (2001) präsentieren einen heuristischen Algorithmus zur Lösung ihres nicht-konvexen Optimierungsproblems, das Wechselkurse, Zölle, Steuern und Transferpreise einbezieht. Guillén et al. (2004) entwickeln ein weiteres Mehrzielmodell, das den Kapitalwert, die Befriedigung der Kundennachfrage sowie das finanzielle Risiko als Zielgrößen einbezieht. Sie nutzen ebenfalls die ε-Methode, adressieren jedoch keine internationalen Aspekte.

3 Integriertes GSCD-Modell

3.1 Optimierung von Unternehmenswert, Durchlaufzeit und CO_2-Emissionen

Einen wesentlichen Fortschritt in der Literatur stellt das von Kohler (2008a; 2008b) entwickelte GSCD-Modell dar, welches erstmals internationale Aspekte umfassend einbezieht und gleichzeitig sowohl den Unternehmenswert als auch die Durchlaufzeit im Rahmen eines mehrperiodigen Ansatzes optimiert. Dieser Ansatz wird in diesem Beitrag um ökologische Aspekte erweitert.

Aufgrund der Tatsache, dass mit den Entscheidungen im Rahmen des Supply Chain Design Investitionen verbunden sind, wurde mit dem Kapitalwert eine investitionstheoretisch fundierte Größe für die Zielfunktion gewählt und der Free Cash Flow to the Firm (FCFF) ermittelt. Letzterer dient der Erfüllung der Ansprüche von Eigen- und Fremdkapitalgebern des Unternehmens und wird - aufgrund der mehrperiodigen Betrachtung - mittels des gewichteten durchschnittlichen Kapitalkostensatz (WACC – weighted average cost of capital) diskontiert.[22] Zwecks vereinfachter Ermittlung des FCFF unter Berücksichtigung von Gewinnsteuern werden vom Ertrag vor Zinsen, Steuern und Abschreibungen (EBITDA) sowohl die zu zahlenden Steuern als auch die getätigten Investitionen abgezogen.[23]

Die beiden weiteren Zielgrößen Durchlaufzeit und CO_2-Emissionen werden technisch mittels der ε-Methode nach Haimes / Lasdon / Wismer (1971) einbezogen. Die Bedeutung der Berücksichtigung der Durchlaufzeit wird bereits bei Kohler (2008a; 2008b) hervorgehoben und dort umgesetzt. Dies erscheint in vielen Fällen unverzichtbar, da die Überschreitung bestimmter Durchlaufzeiten, die bei global angelegten Wertschöpfungsketten sehr lang werden können, für die Versorgung mit Material oder für die Auslieferung von Produkten an Kunden inakzeptabel sein kann. Maßnahmen, die die Durchlaufzeit verkürzen, wie etwa Produktionstechnologien, die eine schnellere Fertigung erlauben, oder schnellere Transportmittel sind jedoch nicht kostenneutral und wirken sich damit auf die finanzielle Zielgröße aus. Diese Interdependenz muss abgebildet und dem Entscheidungsträger verdeutlicht werden.

---

22 Zu dieser Diskontierung siehe Damodaran (2001, S. 37); Schultze (2003, S. 92 ff.). Die Verwendung des WACC kann durchaus hinterfragt und andere Bewertungen in der Zielfunktion vorgenommen werden. Dies hat jedoch keinen Einfluss auf den grundsätzlichen Modellansatz.

23 Da Abschreibungen nicht zahlungswirksam sind, werden diese nicht von den Erträgen abgezogen. Allerdings wirken sich Abschreibungen steuermindernd aus, da sie steuerrechtlich gewinnmindernd wirken, so dass aus Zahlungsstromperspektive die aufgrund der Abschreibungen nicht zu zahlenden Steuern hinzu zu addieren sind. Siehe hierzu detaillierter Kohler (2008a; S. 119ff.; 2008b, S. 159ff.).

Trotz der wenig ertragreichen Ergebnisse der Klimakonferenz von Kopenhagen Ende des Jahres 2009 ist festzustellen, dass ökologische Kriterien in zunehmendem Maße Einfluss auf das Kaufverhalten von Konsumenten ausüben, neben den klassischen Kaufkriterien wie Preis, Produktqualität, Service, Lieferzeit/Verfügbarkeit etc. Damit werden für Unternehmen ökologische Aspekte Teil des Zielsystems bei der Ausgestaltung ihrer Wertschöpfungsnetzwerke. Besonderes Augenmerk wird seit geraumer Zeit auf die Verursachung von CO_2-Emissionen durch die angebotenen Produkte gelegt. Vorreiter in Europa sind hier Großbritannien[24] und skandinavische Länder. Im Herbst 2008 startete auch in Deutschland ein Pilotprojekt zur Ermittlung so genannter Product Carbon Footprints, an dem die Firmen BASF, dm – drogerie markt, DSM, FRoSTA, Henkel, Rewe Group, Tchibo, Tengelmann-Gruppe, T-Home und Tetra Pak mitwirken.[25] Damit zeichnet sich ab, dass zukünftig bei der Gestaltung der Wertschöpfungskette ökologische Kriterien wie der CO_2-Ausstoß eine nicht unbedeutende Rolle spielen werden. So kann beispielsweise durch die Wahl eines geeigneten Transportmodus, durch die örtliche Zentralisierung von Wertschöpfungsprozessen zur Vermeidung von Transporten oder durch umweltschonendere Produktionstechnologien der CO_2-Ausstoß wesentlich beeinflusst werden. Solche Maßnahmen wirken sich jedoch weder kosten-, noch durchlaufzeitneutral aus, so dass diese Interdependenz dem Entscheidungsträger vor Augen geführt werden muss, damit dieser eine zielgerechte, gesamtoptimale Lösung finden und realisieren kann.

Das integrierte GSCD-Modell ist – wie weiter unten detaillierter ausgeführt – in der Lage, für jedes Produkt die im Beschaffungs-, Produktions- und Distributionsprozess entstehenden Emissionen nicht nur zu ermitteln, sondern bedarfsweise auf zu definierende maximale Werte zu beschränken oder auch selbst als (zusätzliche) Zielgröße zu definieren und zu optimieren. Damit kann den unterschiedlichen Prioritätssetzungen in Bezug auf finanzielle, zeitliche und ökologische Ziele in Unternehmen Rechnung getragen und die Interdependenz dieser Aspekte abgebildet werden.[26] CO_2-Emissionen stellen dabei lediglich ein – unbestreitbar wichtiges und aktuell sehr intensiv diskutiertes – Beispiel für die unterschiedlichen relevanten Emissionsarten dar. So gelten gemäß der jeweiligen Landesgesetze[27] Restriktionen für eine größere Anzahl Emissionen, die in die Umwelt (also neben der Luft auch in Wasser oder Boden) eingebracht werden. Zudem ist teilweise der Handel mit Emissionszertifikaten möglich oder für die nähere Zukunft vorgesehen.[28] Die Abbildung dieser Handelsmöglichkeiten erscheint jedoch in einem strategisch orientierten Supply

---

24 Siehe bspw. Carbon Trust unter www.carbontrust.co.uk.

25 Siehe www.thema1.de und die dort aufgeführten Projekte und Initiativen, insbesondere www.pcf-projekt.de.

26 Eine Mehrzieloptimierung unter Beachtung ökologischer Ziele kann besonders elegant und sachgerecht über Fuzzy-Optimierungsmodelle vorgenommen werden, bei denen der Zufriedenheitsgrad hinsichtlich aller formulierten Ziele optimiert wird. Allerdings ergibt sich hieraus nicht nur eine erhöhte Modellkomplexität und ein entsprechend höherer, teilweise prohibitiver Aufwand der Lösung, sondern die Fuzzy Logic an sich und die dort anwendbaren Operatoren wirken sich einschränkend auf die Einsetzbarkeit aus. Vgl. hierzu detaillierter Bogaschewsky (1994).

27 Siehe für Deutschland bspw. die Webseiten des Ministeriums für Umwelt, Naturschutz und Reaktorsicherheit www.bmu.de sowie für die EU http://ec.europa.eu/environment/index_en.htm.

28 Siehe u. a. http://www.bmu.de/emissionshandel/aktuell/aktuell/1201.php für Deutschland und für die EU http://ec.europa.eu/environment/climat/emission/index_en.htm.

Chain Design-Modell nur dann unverzichtbar, wenn hierdurch die Entscheidung für die Struktur des Wertschöpfungsnetzwerks nachhaltig beeinflusst wird, was nicht generell als gegeben angesehen[29] und weshalb dies hier nicht weiter verfolgt wird.

3.2 Besonderheiten globaler SCD-Modelle

Da der finanzielle Unternehmenserfolg in erheblichem Maße von *Gewinnsteuern* beeinflusst werden kann und im internationalen Vergleich deutliche Unterschiede in der Höhe des Steuersatzes[30] sowie hinsichtlich der Bemessungsgrundlage existieren, ist dieser Sachverhalt adäquat zu modellieren. Dies hat Rückwirkungen auf die Entscheidung, welche Produkte in welchen Mengen in welchen Ländern produziert werden und zu welchen Kunden diese distribuiert werden sollen und damit in welchen Landesgesellschaften Gewinne in welcher Höhe anfallen. Zudem gewähren viele Staaten – u.a. im Wettbewerb um ausländische Direktinvestitionen – *Subventionen*, die im Modell abzubilden sind.

Eine oftmals nicht unerhebliche Komponente der Logistikkosten, die mit dem Transport von Waren über Landesgrenzen hinweg verbunden sind, sind anfallende *Zölle*. Der Zollsatz und damit die Höhe der zu entrichtenden Importzölle in Abhängigkeit von der importierten Ware und dem Ursprungsland beträgt zwischen 0 % und 15 % – in Extremfällen über 30 % – gerechnet auf den Zollwert der eingeführten Ware. Werden alle mit dem Wertschöpfungsprozess eines Produktes verbundenen grenzüberschreitenden Warenflüsse simultan betrachtet, so resultiert hieraus nicht selten ein hohes Potenzial zur Senkung der Zollzahlungen, zumal unter gewissen Bedingungen *Zollrückerstattungen* geltend gemacht werden können,[31] wie dies der Fall ist, wenn Güter in ein Land zur weiteren Verarbeitung eingeführt und anschließend wieder ausgeführt werden (aktive Veredelung). Des weiteren können bei einer passiven Veredelung Zollrückerstattungen geltend gemacht werden, wenn Güter vom Ursprungsland in ein anderes Land zur Weiterverarbeitung bzw. Veredelung eingeführt und anschliessend wieder in das Ursprungsland exportiert werden. In diesem Fall bemisst sich der Zollwert lediglich am Wert der im Drittland durchgeführten Veredelungstätigkeiten.

In einigen Industrien wie beispielsweise der Automobilindustrie, dem Anlagenbau und der Luftfahrtindustrie haben einige Länder so genannte *Domestic* bzw. *Local Content-Vorschriften* erlassen.[32] Der Domestic bzw. Local Content bezeichnet dabei aus Sicht des Landes, in dem sich der Abnehmer für das Endprodukt befindet, den Anteil an lokal (im Abnehmerland) entstandener Wertschöpfung an dem Endprodukt. In der Regel wird dieser Anteil wertmäßig vorgegeben, es muss also ein bestimmter (monetärer) anteiliger Wert lokaler Wertschöpfung im Verhältnis zum

---

29 Dies kann jedoch im Einzelfall durchaus von Relevanz sein, wenn sich globale Emissionshandelssysteme durchsetzen sollten und beispielsweise Schwellenländern höhere Emissionskontingente zugewiesen werden als Industrieländern. Auf diese Weise würden sich die komparativen Wettbewerbsvorteile von Low Cost Countries für bestimmte Produktionsarten weiter erhöhen.

30 Siehe hierzu u. a. KPMG (2009).

31 Vgl. Witte / Wolffgang (2009).

32 Vgl. Petersen (2004).

Gesamtwert des Endprodukts erreicht werden. Für einen von solchen Local Content-Vorschriften betroffenen Hersteller besteht die Herausforderung mithin darin, eine qualifizierte Lieferantenbasis im jeweiligen Gastland aufzubauen und/oder Fertigungsschritte in einer eigenen Produktionsstätte im Gastland durchzuführen. Bei Nichteinhaltung der Local Content-Vorschriften drohen unter Umständen empfindliche Sanktionen, die in Form von Importobergrenzen oder sogar -verboten, Vertragsstrafen, erhöhten Importzöllen und Steuern durchgesetzt werden. Allerdings können auch Verrechnungsmöglichkeiten bestehen, die sich auf den Export von im Zielland erworbenen Gütern durch dasselbe Unternehmen beziehen, die mit dem importierten Gut nicht in Zusammenhang stehen.

Selbstverständlich sind bei der Planung globaler Wertschöpfungsaktivitäten *Währungsrisiken*[33] in die Überlegungen einzubeziehen, die sich ergeben, wenn Exporte oder Importe nach bzw. von Fremdwährungsräumen getätigt, Direktinvestitionen im Ausland vorgenommen sowie Kreditbeschaffungsmaßnahmen und Beteiligungsfinanzierungen auf den internationalen Finanzmärkten durchgeführt werden. Durch eine adäquate Auswahl von Lieferanten und Produktionsstandorten in Beziehung auf die anvisierten Absatzmärkte kann versucht werden, Einzahlungen und Auszahlungen in jeweils ein und derselben Währung auszugleichen (Natural Hedging), wodurch der Einsatz kostenintensiver, finanzieller Hedging-Instrumente reduziert werden kann. Ein hohes Maß an Flexibilität im Beschaffungs- und Produktionsnetzwerk kann dazu beitragen, bei unvorhergesehenen Wechselkursschwankungen die weltweiten Güterströme relativ kurzfristig anzupassen und so den aus diesen Schwankungen reduzierenden Schaden zu mindern bzw. auch Profit hieraus zu ziehen.

3.3 Standort- und ressourcenabhängige Emissionsentstehung

Die Ermittlung und gegebenenfalls Begrenzung von Emissionen im Rahmen des Transports der Materialien und Güter im Wertschöpfungsnetzwerk bis hin zur Auslieferung zum Kunden erscheint wenig aufwendig, da hierbei lediglich die im Rahmen der Optimierung zur Disposition stehenden Streckenvarianten und Transportmodi mit entsprechenden Emissionskoeffizienten – pro Entfernungseinheit, Transportmittel sowie Mengen- und/oder Gewichtseinheit – gewichtet werden müssen. Bei Restriktionsverletzungen würde entweder auf einen anderen, mit geringeren Emissionen verbundenen Transportmodus ausgewichen (der jedoch häufig längere Durchlaufzeiten bedingt und auch die monetäre Zielgröße beeinflusst), oder es würden andere Standort- und Kapazitätsentscheidungen gefällt werden, um längere Transportwege zu vermeiden.

Offensichtlich kann die Emissionsentstehung beim Gütertransport nicht losgelöst von den Standort- und Kapazitätsentscheidungen gefällt werden, wenn die gesamte Wertschöpfungsstruktur Optimalitätsansprüchen genügen soll. Damit ist auch die standort- und ressourcenindividuelle Emissionsentstehung zu erfassen und zu bewerten. Insbesondere im globalen Umfeld kann davon

33 Siehe hierzu u. a. Shapiro (2006).

ausgegangen werden, dass – Ausnahmen bestätigen hier die Regel[34] – in industriell unterschiedlich stark entwickelten Ländern auch voneinander abweichende Technologien und Fertigungsorganisationsweisen zum Einsatz kommen. Dies muss nicht für alle Herstellungsprozesse gelten, jedoch kann sachlogisch, wie auch aus empirischer Sicht begründet werden, dass technologische und organisatorische Abweichungen in den Produktionsprozessen von Werken in unterschiedlichen Ländern bestehen. Diese Tatsache ist neben der abweichenden Technologiefähigkeit und Fertigungskompetenz auch den unterschiedlichen Kostenstrukturen geschuldet, die unter Beachtung der Arbeits-/Kapitalkostenrelation zu optimieren sind. Wird beispielsweise in sogenannten Niedrigkostenländern, die dieser Kategorie i. d. R. wegen der dort vergleichsweise geringen Arbeitslöhne zugeordnet wurden, eine arbeitsintensivere Produktion installiert als in Hochlohnländern, so resultieren hieraus nicht nur Kosten- und Produktivitätsunterschiede, sondern aufgrund der abweichenden, zum Einsatz kommenden Produktionstechnologien auch andere Emissionsmengen. Unter Beachtung der dort geltenden technischen Möglichkeiten der Emissionsvermeidung, aber auch der rechtlichen Möglichkeiten, ein vergleichbar geringeres Maß an Umweltschutz zu gewährleisten, weichen die prozessbegleitenden Emissionen voneinander ab.[35]

Folgerichtig müssen die zielrelevanten Emissionen im Produktionsprozess erfasst und mit optimiert bzw. müssen zu definierenden Restriktionen eingehalten werden.[36] Die Konstruktion entsprechender Variablen und Bestimmungsgleichungen sowie etwaiger Beschränkungen stellt jedoch methodisch kein Problem dar, da im bisherigen Modellansatz ohnehin die erforderlichen Ressourcen erfasst und für die potentiellen Produktionsarten entsprechende Kapazitätsnutzungskoeffizienten definiert werden. Nach dem gleichen Schema sind nunmehr die ressourcen- bzw. technologieabhängig im Prozess entstehenden Emissionen über die Definition entsprechender Emissionskoeffizienten zu beschreiben und gegebenenfalls zu beschränken. Die Beschränkungen sind einerseits lokal (für den geografischen Standort und unter Beachtung der dort geltenden Vorschriften und ökologischen Ziele) zu formulieren und können andererseits zusätzlich überregional sowie global definiert werden, insbesondere, um Vorschriften und ökologische Zielsetzungen in Bezug auf das Absatzland einzubeziehen. Als Resultat werden die im Produktionsprozess entstehenden Emissionen nicht nur gemessen und auf ein vordefiniertes Niveau beschränkt, sondern es wird auch simultan die gemäß aller definierten Ziele und Restriktionen optimale Technologie ausgewählt. Wird als Resultat von Emissionsbeschränkungen die Wahl einer emissionsärmeren –

[34] Einige – insbesondere stark automatisierte sowie chemische – Produktionsprozesse sind aus technischer Sicht extrem determiniert, so dass hier Abweichungen im eigentlichen Wertschöpfungsprozess kaum existieren. Diese dürften sich in diesen Fällen lediglich auf administrative und andere unterstützende Prozesse beschränken.

[35] Hier zeigt sich, dass in global agierenden Unternehmen auch Verlagerungen der durch die Produktion bedingten Umweltbelastung möglich sind, einschließlich der Akzeptanz höherer Umweltschäden in weniger strikt regulierten Ländern. Dies gilt auch für Schadstoffe, die wie CO_2 Auswirkung auf das weltweite Klima haben. Zudem wird deutlich, dass eine einseitige Fokussierung auf nur eine Schadstoffart wenig sinnvoll erscheint.

[36] Eher kurzfristige Anpassungsmaßnahmen durch zeitliche, intensitätsmäßige oder auch simultane Zeit-Leistungs-Anpassungen sowie durch Intensitätssplitting, Überstunden und Mehrschichtbetrieb spielen in der hier vorgenommenen, strategischen Betrachtung nur eine untergeordnete Rolle und sollen nicht thematisiert werden. Siehe hierzu Bogaschewsky (1994).

und damit tendenziell kapitalintensiveren – Produktion unvermeidbar, so kann hierdurch eine Entscheidung für einen Fertigungsstandort in einem Niedriglohnland hinfällig werden, da die komparativen Lohnkostenvorteile nicht mehr voll ausgeschöpft werden können. Insofern sollten im Rahmen des Gesamtplanungsansatzes wiederum Szenarien gebildet werden, bei denen unterschiedlich stark gewichtete Umweltziele modelliert und deren Auswirkung auf das Wertschöpfungsnetzwerk analysiert werden.

4 Kritische Reflexion und Ausblick

Die verbale Beschreibung eines Optimierungsmodells, dessen exakte mathematische Formulierung und die Lösung des Modells stellen grundlegend unterschiedliche Ansprüche. Alle drei Bereiche wurden in den Arbeiten von Kohler (2008a; 2008b) für das von ihm entwickelte Modell ohne Umweltaspekte abgedeckt und zudem für ein reales Praxisbeispiel umgesetzt. Insofern kann der Modellansatz als verifiziert gelten. Die hier erstmals dargelegte Erweiterung um ökologische Aspekte befindet sich hinsichtlich der mathematischen Modellierung in der Umsetzung und dürfte auf keine grundlegenden methodischen Probleme stoßen. Kritisch ist allerdings der Erhebungsaufwand für die erforderlichen Daten in der praktischen Anwendung zu sehen. Es sei jedoch nochmals darauf verwiesen, dass das Modell sowohl in beliebig aggregierter Weise die reale Situation abbilden als auch Teilprobleme modellieren kann. So kann ähnlich der Betrachtung einer aggregierten Produktionsfunktion für jeden potentiellen Standort in einer ersten Näherung dessen grundsätzliche Attraktivität hinsichtlich der formulierten Zielgrößen festgestellt werden. Im Rahmen einer sukzessiven Detaillierung und Vertiefung der Planung können nachfolgend konkrete Produkte und Mengen optimiert werden. Relativ weniger aufwendig ist die Abbildung von weitgehend isoliert planbaren Wertschöpfungsstrukturen für einzelne Produktgruppen. Hierbei ist anzumerken, dass der Modellansatz selbstverständlich die Vorgabe bestimmter Standorte, Ressourcen, Produktionsmengen sowie von Prozessschritten an bestimmten Standorten (beispielsweise zum verbesserten Know-how-Schutz) erlaubt.
Wie bereits betont wurde, ist das Problem der Unsicherheit von nicht unerheblicher Bedeutung bei strategischen Planungsaufgaben wie dem Supply Chain Design. Aufwendige und für den Praktiker noch weniger transparente Ansätze wie die stochastische Programmierung oder Fuzzy-Ansätze scheinen daher unter Anwendungsgesichtspunkten weniger hilfreich zu sein. Inwiefern die Nutzung von Szenarien sowie von Sensitivitätsanalysen hier Abhilfe schaffen kann, hängt letztlich auch mit den Fähigkeiten des Planers und dessen Bereitschaft zusammen, hier Zeit zu investieren. Mittlerweile haben sich am Markt auf derartige Problemstellungen spezialisierte Beratungsinstitute etabliert, so dass auch auf externe Hilfe zurück gegriffen werden kann.[37] Vor dem Hintergrund der jüngsten wirtschaftlichen Turbulenzen dürfte den meisten Entscheidungsträgern in der Praxis deutlich geworden sein, wie wichtig eine robuste Wertschöpfungsstruktur ist, wenn sich Planungsparameter im Nachhinein als falsch erweisen. In jedem Fall bietet das Modell dem Planer die

[37] Siehe bspw. www.cfsm.de.

Möglichkeit, seine Entscheidungen erheblich fundierter vorzubereiten und diverse alternative Zukunftsszenarien hinsichtlich wesentlicher Parameter auf einfache Weise in die Betrachtung einzubeziehen.

Hinsichtlich diverser Modellierungsdetails sind selbstverständlich Alternativen und Weiterentwicklungen denkbar, die hier nicht adressiert werden sollen.[38] Ein wesentlicher Aspekt dürfte sein, dass Entscheidungen, die die grundlegende Struktur des Wertschöpfungsnetzwerkes betreffen, in der Praxis nicht immer nur rational und damit auf der Basis vorliegender Daten getroffen werden. Ob dies immer richtig ist, darf bezweifelt werden. Zu oft scheint der Erfolg dem „Visionär" Recht zu geben. Der Misserfolg wird dagegen nach Möglichkeit – zumindest öffentlich – nicht thematisiert, Alternativen, die sich in der Vergangenheit stellten, in der Regel nicht mehr vergleichend betrachtet. Die nicht selten missglückten „Experimente" einiger großer Automobilhersteller in den letzten Jahren sind hierfür gute Beispiele. Bekanntermaßen können Entscheidungsalternativen so ausgewählt und vorbereitet werden, dass eine mehr oder weniger vorab präferierte Lösung sich zwangsläufig als die „beste" heraus kristallisiert. Bei Einsatz eines Optimierungsmodells können solche Quasi-Vorabfestlegungen nur in gewissem Rahmen durch entsprechendes Setzen bestimmter Entscheidungen vor dem Optimierungslauf vorgenommen werden. Allein die Möglichkeit der unvoreingenommenen Optimierung dürfte hier solchen willkürlichen Vorabfestlegungen entgegenwirken und damit die Entscheidungsfindung auf eine solidere Basis stellen.

Literatur

Arnold, U. (2002): Global Sourcing – Strategiedimension und Strukturanalyse, in: Hahn, D. / Kaufmann, L. (Hrsg.): Handbuch Industrielles Beschaffungsmanagement, 2. Aufl., Wiesbaden, S. 201-220

Arntzen, B. C. et al. (1995): Global Supply Chain Management at Digital Equipment Corporation, in: Interfaces, Vol. 25, No. 1, S. 69-93

Beamon, B. M. (1998): Supply chain design and analysis: Models and methods, in: International Journal of Production Economics, Vol. 55, S. 281-294

Bhutta, K. S. (2004): International facility location decisions: a review of the modeling literature, in: International Journal of Integrated Supply Management, Vol. 1, No. 1, S. 33-50

Bogaschewsky, R. (1994): Natürliche Umwelt und Produktion, Wiesbaden

Bogaschewsky, R. (2005): Global Sourcing – wettbewerbsstrategische Bedeutung und methodische Umsetzung, in: Fröhlich-Glantschnig, E. (Hrsg.): Marketing im Perspektivenwechsel, Berlin u.a., S. 31-58

Boyer, K.K. / McDermott, C. (1999): Strategic consensus in operations strategy, in: Journal of Operations Management, Vol. 17, No. 3, S. 289-305

Burgess, K. / Singh, P.J. / Koroglu, R. (2006): Supply chain management: a structured literature review and implications for future research, in: International Journal of Operations & Production Management, Vol. 26, No. 7, S. 703-729

Chopra, S. / Meindl, P. (2007), Supply Chain Management: Strategy, Planning and Operations, 3. Aufl., Upper Saddle River, NJ

[38] Siehe hierzu Kohler (2008a; 2008b).

Cohen, M. A. / Lee, H. L. (1989): Resource Deployment Analysis of Global Manufacturing and Distribution Networks, in: Journal of Manufacturing and Operations Management, No. 2, S. 81-104

Damodaran, A. (2001): The Dark Side of Valuation, Upper Saddle River, NJ

Fleischmann, B. / Ferber, S. / Henrich, P. (2006): Strategic Planning of BMW's Global Production Network, in: Interfaces, Vol. 36, No. 3, S. 194-208.

Freiwald, S. (2005): Supply Chain Design, Frankfurt am Main

Geoffrion, A. M. / Powers, R. F. (1995): Twenty Years of Strategic Distribution System Design: An Evolutionary Perspective, in: Interfaces, Vol. 25, No. 5, S. 105-127

Geunes, J. / Pardalos, P. M. (2003): Network optimization in supply chain management and financial engineering: An annotated bibliography, in: Networks, Vol. 42, No. 2, S. 66-84

Goetschalckx, M. (2000): Strategic Network Planning, in: Stadtler, H. / Kilger, C. (Hrsg.): Supply Chain Management and Advanced Planning, Berlin u.a., S. 79-95

Goetschalckx, M. / Fleischmann, B. (2005): Strategic Network Planning, in: Stadtler, H. / Kilger, C. (Hrsg.): Supply Chain Management and Advanced Planning, 3. Aufl., Berlin u.a. S. 117-137

Guillén, G. et al. (2004): Multiobjective supply chain design under uncertainty, in: Chemical Engineering Science, Vol. 60, S. 1535-1553

Haimes, Y. Y. / Lasdon, L. S. / Wismer, D. A. (1971): On a bicriterion formulation of the problems of integrated system identification and system optimization, in: IEEE Transactions on Systems, Man and Cybernetics, No. 1, S. 296-297

Hayes, R.H. / Wheelwright, S.C. (1984): Restoring Our Competitive Advantage, New York, NY

Hodder, J. E. / Dincer, M. C. (1986): A multifactor model for international plant location and financing under uncertainty, in: Computers & Operations Research, Vol. 13, No. 5, S. 601-609

http://ec.europa.eu/environment/climat/emission/index_en.htm

http://ec.europa.eu/environment/index_en.htm

http://www.bmu.de/emissionshandel/aktuell/aktuell/1201.php

Huchzermeier, A. / Cohen, M. A. (1996): Valuing Operational Flexibility under Exchange Rate Risk, in: Operations Research, Vol. 44, No. 1, S. 100-113

Hübner, R. (2007): Strategic Supply Chain Management in Process Industries, Berlin u.a.

Kahn, K.B. / Mentzer, J.T. (1998): Marketing's Integration with other departments, in: Journal of Business Research, Vol. 42, S. 53-62

Kathawala, Y.K. / Abdou, K. (2003): Supply chain evaluation in the service industry: a framework development compared to manufacturing, in : Managerial Auditing Journal, Vol. 18, No. 2, S. 140-149

Kathuria, R. / Porth, S.J. / Joshi, M.P. (1999): Manufacturing priorities: do general managers and manufacturing managers agree?, in: International Journal of Production Research, Vol. 37, S. 2077-2092

Kauffman, R.G. (2002): Supply management: what's in a name? Or, do we know who we are?, in: The Journal of Supply Chain Management, Fall, S. 46-50

Kohler, K. (2008a): Global Supply Chain Design, Würzburg

Kohler, K. (2008b): Global Supply Chain Design – Konzeption eines Optimierungsmodells für die Gestaltung globaler Wertschöpfungssysteme, in: Bogaschewsky, R. et al. (2008): Supply Management Research – Forschungsergebnisse 2008, Wiesbaden, S. 153-194

KPMG (Hrsg.): KPMG's Corporate and Indirect Tax Rate Survey 2009; Internet: http://www.kpmg.de/docs/KPMG_CorporateIndirectTaxRateSurvey_Accessible5final.pdf

Lee, H.L. / Padmanabhan, V. / Whang, S. (1997): Information distortion in a supply chain: the bullwhip effect, in: Management Science, Vol. 43, No. 4, S. 546-558

Li, S. et al . (2006): The impact of supply chain management practices on competitive advantage and organizational performance, in: OMEGA – The International Journal of Management Science, Vol. 34, S. 107-124

Lummus, R.R. / Krumwlede, D.W. / Vokurka, R.J. (2001): The relationship of logistics to supply chain management: developing a common industry definition, in: Industrial Management & Data Systems, Vol. 101, No. 8, S. 426-431

Meixell, M. J. / Gargeya, V. B. (2005): Global supply chain design: A literature review and critique, in: Transportation Research Part E 41, S. 531-550

Melo, M. T. / Nickel, S. / Saldanha da Gama, F. (2003): Large-scale models for dynamic multi-commodity capacitated facility location, in: Berichte des Fraunhofer ITWM, Nr. 58, S. 1-40

Melo, M. T. / Nickel, S. / Saldanha da Gama, F. (2007): Facility Location and Supply Chain Management – A [comprehensive review], in: Berichte des Fraunhofer ITWM, Nr. 130, S. 1-54

Menda, R. / Dilts, D. (1997): Manufacturing strategy formulation process: linking multifunctional viewpoints, in: Journal of Operations Management, Vol. 15, S. 223-241

Mentzer, J.T. et al (2001): Defining supply chain management, in: Journal of Business Logistics, Vol. 22, No. 2, S. 1.25

Monczka, R. / Trent, R. / Handfield, R. (2002): Purchasing and Supply Chain Management, 2nd ed., Mason, OH

Narasimhan, R. / Das, A. (2001): The impact of purchasing integration and practices on manufacturing performance, in: Journal of Operations Management, Vol. 19, S. 593-609

New, S.J. (1997): The scope of supply chain management research, in: Supply Chain Management, Vol. 2, No. 2, S. 15-22

O`Leary-Kelly, S.W. / Flores, B.E. (2002): The integration of manufacturing and marketing/sales decisions: impact on organizational performance, in: Journal of Operations Management, Vol. 20, S. 221-240

Pagell, M. (2004): Understanding the factors that enable and inhibit the integration of operations, purchasing, and logistics, in: Journal of Operations Management, Vol. 22, S. 459-487

Pagell, M. / Wu, Z. (2006): Enhancing integration of supply chain functions within a firm: exploring the critical factors through eleven cases, in: International Journal of Integrated Supply Management, Vol. 2, No. 4, S. 295-315

Petersen, J. (2004): Local Content-Auflagen, Wiesbaden

Pfohl, H.-C. (2004): Logistikmanagement: Konzeption und Funktionen, 2. Aufl., Berlin u.a.

Pfohl, H.-C. / Elbert, R. / Zuber, C. (2009): Methoden und Instrumente für die robuste Planung von Produktionsprozessen im Wertschöpfungssystem, in: Dangelmaier, W. / Blecken, A. / Rüngener, M. (Hrsg.): Nachhaltigkeit in flexiblen Produktions- und Liefernetzwerken, Münster, S. 307-321

Pfohl, H.-C. / Gallus, P. / Köhler, H. (2008a): Konzeption des Supply Chain Risikomanagements, in: Pfohl, Hans-Christian (Hrsg.): Sicherheit und Risikomanagement in der Supply Chain. Gestaltungsansätze und praktische Umsetzung, Hamburg, S. 7-94

Pfohl, H.-C. / Gallus, P. / Köhler, H. (2008b): Risikomanagement in der Supply Chain – Status Quo und Herausforderungen aus Industrie-, Handels- und Dienstleisterperspektive, in: Pfohl, Hans-Christian (Hrsg.):Sicherheit und Risikomanagement in der Supply Chain. Gestaltungsansätze und praktische Umsetzung , Hamburg, S. 95-147.

Pfohl, H.-C. / Gallus, P. / Köhler, H. (2008c): Supply Chain Risikomanagement - Vision oder pragmatisches Konzept? Ergebnisse des BVL-Arbeitskreises "Sicherheit und Risikomanagement in der Supply Chain" in: Pfohl, H.-C. / Wimmer, T. (Hrsg.): Wissenschaft und Praxis im Dialog. Robuste und sichere Logistiksysteme, 4. Wissenschaftssymposium Logistik, München / Hamburg, S. 446-470

Sabri, E. H. / Beamon, B. M. (2000): A multi-objective approach to simultaneous strategic and operational planning in supply chain design, in: Omega, Vol. 28, S. 581-598

Sakawa, M. / Nishizaki, I. / Uemura, Y. (2001): Fuzzy programming and profit and cost allocation for a production and transportation problem, European Journal of Operational Research, Vol. 131, S. 1-15

Schmidt, G. / Wilhelm, W. E. (2000): Strategic, tactical and operational decisions in multi-national logistics networks: a review and discussion of modelling issues, in: International Journal of Production Research, Vol. 38, No. 7, S. 1501-1523

Schultze, W. (2003): Methoden der Unternehmensbewertung, Düsseldorf

Shapiro, A. C. (2006): Multinational Financial Management, 8. Aufl., Hoboken, NJ

Storey, J. et al. (2006); Supply chain management: theory, practice and future challenges, in: International Journal of Operations & Production Management, Vol. 26, No. 7, S. 754-774

Vidal, C. J. / Goetschalckx, M. (1997): Strategic production-distribution models: A critical review with emphasis on global supply chain models, in: European Journal of Operational Research, Vol. 98, S. 1-18

Vidal, C. J. / Goetschalckx, M. (2001): A global supply chain model with transfer pricing and transportation cost allocation, in: European Journal of Operational Research, Vol. 129, S. 134-158

Voudouris, V. T. (1996): Mathematical programming techniques to debottleneck the supply chain of fine chemical industries, in: Computers & Chemical Engineering, Vol. 20, S. 1269-1274

Watts, C.A. / Kim, W.K. / Hahn, C. (1992): Linking purchasing to corporate competitive strategy, in: International Journal of Purchasing and Materials Management, Vol. 28, No. 4, S. 2-8

Wels, A. (2008): Quantifizierung von Lieferzeitabweichungen zur Unterstützung eines effektiven Supply Chain Risikomanagements, Estenfeld

Wels, A. / Buscher, U. / Winter, D. (2007): Eine bibliografische Analyse zum Supply Chain Risikomanagement unter besonderer Berücksichtigung der Risikoquantifizierung, in: Otto, A. / Obermaier, R. (Hrsg.): Logistik Management - Analyse, Bewertung und Gestaltung logistischer Systeme, Wiesbaden, S. 347-375

Witte, P. / Wolffgang, H.-M. (Hrsg.) (2009): Lehrbuch europäisches Zollrecht, Herne, Berlin

www.bmu.de

www.carbontrust.co.uk.

www.cfsm.de

www.pcf-projekt.de

www.thema1.de

Carl Marcus Wallenburg* / Christina Schmoltzi** / Jan Simon Raue***

Horizontale Kooperationen von Logistikunternehmen

* Prof. Dr. Carl Marcus Wallenburg ist Leiter des Fachgebiets Internationale Logistiknetze – Stiftungslehrstuhl der Kühne-Stiftung, Fakultät VII Wirtschaft und Management, Technische Universität Berlin

** Dipl.-Kffr. Christina Schmoltzi ist Doktorandin am Kühne-Zentrum für Logistikmanagement, WHU – Otto Beisheim School of Management, Vallendar

*** Dipl.-Wi.-Ing. Jan Simon Raue ist wissenschaftlicher Mitarbeiter am Fachgebiet International Logistiknetze – Stiftungslehrstuhl der Kühne-Stiftung, Fakultät VII Wirtschaft und Management, Technische Universität Berlin

1 Einleitung

Durch die Verknüpfung von Unternehmensführung und Logistik hat Hans-Christian Pfohl schon früh unterstrichen, dass Logistik auch und insbesondere eine betriebswirtschaftliche Funktion ist, in deren Mittelpunkt die Gestaltung von Wertschöpfungsketten steht.
Ein Bereich, der Logistik untrennbar mit Unternehmensführung verbindet, ist der der Logistikunternehmen. Diese operieren im Spannungsfeld des Managements eines Dienstleistungsunternehmens – und zwar innerhalb des Wertschöpfungsnetzwerkes ihrer Kunden – und der Gestaltung und des Betriebs eines Logistiksystems, welches den Inhalt der erbrachten Dienstleistungen darstellt. Dabei sehen die Logistikdienstleister sich aktuell einer ganzen Reihe von Herausforderungen ausgesetzt. Dazu gehört die Globalisierung von Wertschöpfungsstrukturen bei gleichzeitiger Reduktion der Wertschöpfungstiefen. Dies erhöht die Anzahl der interorganisationalen Schnittstellen, was potenziell das Absatzpotenzial für Logistikdienstleister steigert, gleichzeitig aber auch die Komplexität der Wertschöpfungsketten. Als Reaktion darauf haben Logistikunternehmen in den letzten 20 Jahren ihre Dienstleistungsangebote deutlich erweitert – hin zu immer umfassenderen Lösungen für ihre Kunden. In jüngster Zeit sehen wir auch einen Trend dahin, dass Kunden verstärkt integrierte Lösungen „aus einer Hand“ fordern.[1]
Ein Ansatz, auf diese und viele andere Herausforderungen zu reagieren, ist eine engere Interaktion zwischen Anbietern und Abnehmern von Logistikleistungen, aber auch unter den Anbietern. Während einige Logistikunternehmen sich dazu entschieden haben, die Interaktion durch vollständige Integration (hierarchische Koordination) mittels Mergers & Acquisitions zu intensivieren, haben sehr viele Logistikunternehmen horizontale Kooperationen als alternative Option erkannt. Infolge dessen haben sich horizontale Kooperationen zwischen Logistikunternehmen zu einer sehr wichtigen Organisationsform in Logistiksystemen entwickelt.
Diese horizontalen Kooperationen berühren alle drei Dimensionen des Pfohl‘schen Logistikwürfels. Innerhalb der Handlungsebene ist insbesondere das strategische und das operative Management betroffen. Unternehmensfunktionen der Logistikdienstleister, die von diesen Kooperationen betroffen sind, spannen ein sehr breites Spektrum. Wie wir innerhalb dieses Beitrages aufzeigen werden, ist dieses breiter als es die meisten annehmen würden: Es reicht von der Dienstleistungsproduktion über den Einkauf bis hin zur Finanzierung (siehe hierzu Abschnitt 3). Hinsichtlich der Institutionen innerhalb des Logistikkanals haben wir einen interorganisationalen Fokus und betrachten alle Logistikdienstleister: Sowohl diejenigen, die selbst mit eigenen Assets und Ressourcen die Tätigkeiten ausführen (z. B. Frachtführer, aber auch Lagereiunternehmen), als auch solche, die Transport, Umschlag und Lagerung nur organisieren und verantworten (z. B. Speditionen).
Obwohl Robert V. Delany schon 2000 im Annual Report des Council of Logistics Management (heute Council of Supply Chain Management Professionals – CSCMP) anmerkte, dass “*Relationships are what will carry the logistics industry into the future*”[2], ist über Beziehungen zwischen

---

[1] Vgl. Weber et al. (2008).
[2] Delaney (2000).

Logistikunternehmen nur wenig bekannt. Die Forschung zu Logistikkooperation hat sich primär mit vertikalen Kooperationen zwischen Logistikdienstleistern und Industrie-, Handels- und Dienstleistungsunternehmen auseinandergesetzt und über eine kaum zu überschauende Zahl von Studien verschiedenste Erfolgsfaktoren identifiziert. Die Anzahl der betriebswirtschaftlichen Studien zu horizontalen Logistikdienstleister-Kooperationen hingegen ist sehr überschaubar. Bisher beschränken sie sich primär auf einige Fallstudienarbeiten jeweils mit spezifischem Fokus.[3] Die jüngsten Arbeiten zu horizontalen Kooperationen von Logistikdienstleistern stammen von Cruijssen und seinen Co-Autoren mit einem umfassenden Literatur Review und einer empirischen Studie zu Chancen und Problemen dieser Kooperationen.[4]

Dieser Beitrag soll die vorhandenen Erkenntnisse ausweiten und einen umfassenden Überblick über horizontale Kooperationen geben. Dazu bedienen wir uns wiederum eines Würfels, wenn wir die Kooperationen entlang dreier Dimensionen beleuchten. Diese Dimensionen sind: 1) das Ziel, mit dem die Kooperationen eingegangen werden, also die Frage nach dem „Wozu?“, 2) die Ausgestaltung der Kooperationen, die die Frage nach dem „Wie?“ beantwortet und 3) das Ergebnis der Kooperationen, welches die Frage nach dem Erfolg abdeckt. Basis der Darstellungen ist eine Erhebung, die in der ersten Hälfte des Jahres 2009 in Deutschland durchgeführt wurde und an der sich bei einer Rücklaufquote von 10,9 Prozent genau 400 Logistikunternehmen beteiligt haben.[5] Die Datenbasis umfasst große, mittlere und kleine Logistikunternehmen. Einzig Unternehmen mit einem Umsatz von unter 1 Mio. Euro Umsatz p.a. wurden nicht in die Studie einbezogen. Innerhalb der Stichprobe erfolgte keine Selektion nach Art der erbrachten Logistikleistungen.

Der Stellenwert, den horizontale Kooperationen in der Logistik-Branche einnehmen, zeigt sich daran, dass bereits 57 Prozent der befragten Logistikunternehmen „auf Augenhöhe“ mit mindestens einem anderen Logistiker kooperieren, während 43 Prozent der Unternehmen derzeit keiner horizontalen Kooperation mit anderen Logistikunternehmen angehören.[6] Horizontale Kooperationen sind also als etabliert zu bezeichnen. Es zeigt sich auch, dass nur 3 Prozent der Unternehmen ihr Engagement auf diesem Gebiet zurückfahren wollen, während 69 Prozent den aktuellen Umfang beibehalten und 28 Prozent diesen zukünftig sogar ausbauen wollen.

Es zeigt sich auch, dass die meisten kooperierenden Logistikunternehmen nicht nur in einer, sondern parallel in verschiedenen Kooperationen organisiert sind. Bei 69 Prozent ist dies der Fall – 9 Prozent der Unternehmen sind sogar in mehr als 10 Kooperationen aktiv – während 31 Prozent lediglich eine Kooperation unterhalten (siehe Abbildung 1). Dies kann als erstes Indiz dafür gesehen werden, dass Kooperationen unterschiedliche Potenziale bieten, die dann über unterschiedliche Typen von Kooperationen erschlossen werden können.

---

[3] Straßentransport: Lemoine/Dagnæs (2003); Ludvigsen (2000) / Luftfracht: Oum *et al.* (2004); Fan *et al.* (2001) / Seefracht: Slack *et al.* (2002); Midoro/Pitto (2000) / Schienentransport: Ohnell/Woxenius (2003); Nijkamp (1995).

[4] Vgl. Cruijssen/Cools/Dullaert (2007a) und Cruijssen/Dullaert/Fleuren (2007b).

[5] Die Bruttobeteiligung an der Studie betrug 426 Unternehmen, von denen 26 aufgrund nicht ausreichend ausgefüllter Fragebögen nicht berücksichtigt werden konnten.

[6] Diese Kooperationsquote konnte in einer ergänzenden repräsentativen Kontrolluntersuchung bestätigt werden, an der sich 196 Logistikunternehmen beteiligten.

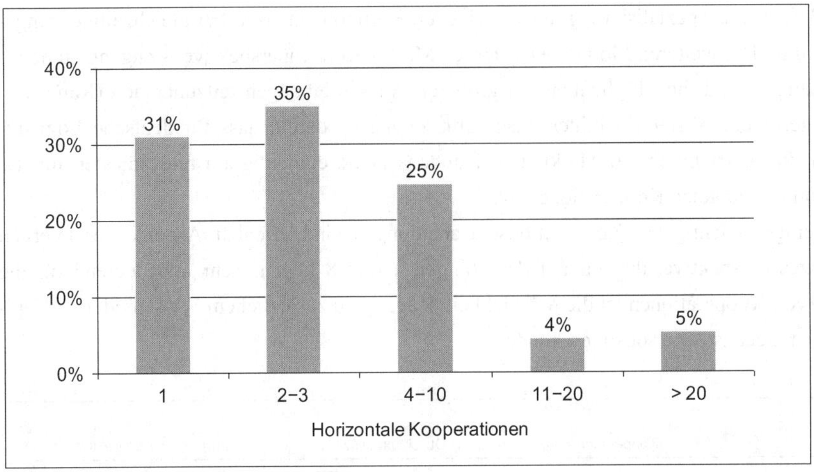

Abbildung 1: Anzahl der Kooperationsbeteiligungen der kooperierenden Logistikunternehmen.

2 Motive der Logistikkooperationen

Logistikunternehmen kooperieren mit anderen Logistikunternehmen, so sie sich daraus Vorteile versprechen, die sie alleine nicht erzielen können. Diese Vorteile können vielfältiger Natur sein. So nennt Cruijssen et al. insgesamt sieben Potenziale, die Logistikdienstleister dazu bewegen (könnten), Kooperationen mit anderen Logistikdienstleistern einzugehen.[7]

Im Rahmen unserer Erhebung wurde den kooperierenden Unternehmen darauf aufbauend eine erweiterte Liste mit insgesamt zehn Kooperationsmotiven vorgelegt, zusammen mit der Aufforderung, jedes Motiv hinsichtlich seiner Bedeutung für das Eingehen der horizontalen Kooperation zu bewerten.

Es zeigt sich, dass Motive dominieren, die extern auf den Markt bzw. die Kunden ausgerichtet sind. Wie in Abbildung 2 dargestellt bildet die Absicht, die Leistungsqualität zu steigern, das wichtigste Motiv bei der Bildung einer Kooperation. Diese Qualitätssteigerung manifestiert sich z. B. in kürzeren Lieferzeiten oder einer höheren Lieferzuverlässigkeit. Auf einer Skala von 1 (sehr unwichtig) bis 7 (sehr wichtig) bewerten die Unternehmen diesen Bereich im Durchschnitt mit 5,8, wobei 73 Prozent der Unternehmen diesem Motiv einen Wert von 6 oder 7 zuweisen, während nur 6 Prozent den Aspekt der Qualitätssteigerung als unwichtigen Grund hinsichtlich ihrer Kooperationsentscheidung erachten (1 oder 2 auf der 7-Skala). In der Bedeutung folgt direkt hinter der Qualitätssteigerung auf Rang 2 die Sicherung von Marktanteilen, die von 70 Prozent der Unternehmen als wichtig oder sehr wichtig angesehen wird. Alle weiteren Motive fallen gegenüber diesen beiden deutlich ab, so dass die ersten beiden als Kernmotive identifiziert werden können.

---

7 Vgl. Cruijssen et al. (2007a).

Auf Rang 3 folgt die Spezialisierung auf die eigenen Kernkompetenzen bei gleichzeitiger Angebotserweiterung. Die weiteren Motive der externen Markt-/Kundenperspektive – Zugang zu neuen Märkten (Rang 5) und die Möglichkeit, an größeren Ausschreibungen teilzunehmen (Rang 6) – folgen mit geringem Abstand dahinter. Insgesamt zeigt sich damit, dass für deutsche Logistikdienstleister die Ausrichtung auf Markt- und Kundenaspekte eindeutig am relevantesten für das Eingehen von horizontalen Kooperationen ist.
Deutlich weniger wichtig bei Kooperationsentscheidungen sind offenbar Aspekte der internen Kosten-/Prozessperspektive, die nur auf den Rängen 4 und 8 liegen. Sehr unbedeutend für die Etablierung von Kooperationen ist die Möglichkeit, Zugang zu zusätzlichem Wissen oder zu Kapital zu erhalten, genauso wie sonstige Gründe.

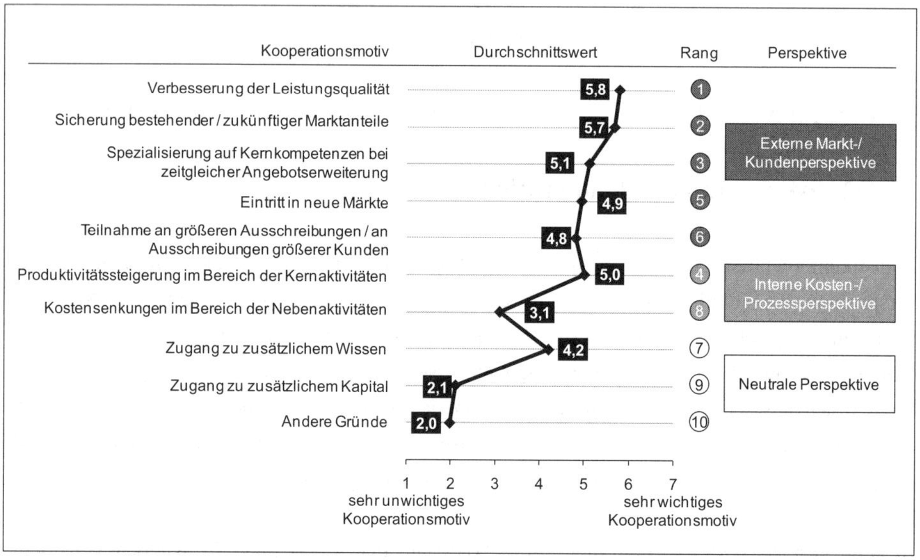

Abbildung 2: Bedeutung der Kooperationsmotive hinsichtlich der von Logistikkooperationen.

Diese Ergebnisse zeigen ein etwas anderes Bild als das der eingangs erwähnten Studie von Cruijssen et al., die ihre Daten im Jahr 2004 in der belgischen Region Flandern erhoben haben.[8] Hier zeigte sich ein deutlich stärkerer Fokus auf die interne Kosten-/Prozessperspektive und es wurden die Aussicht auf Kostensenkungen und Produktivitätssteigerungen (z. B. durch eine Verbesserung der Auslastung von Fahrzeugen oder Läger) als wesentliche Kooperationspotenziale angegeben. Der wesentliche Unterschied der beiden Studien ist dabei darin zu sehen, dass Cruijssen et al. lediglich generelle Potenziale von Kooperationen erhoben haben[9], während wir die Motive erfasst haben, die der tatsächlichen Etablierung der Kooperation zugrunde liegt.

---

8 Vgl. Cruijssen et al. (2007a).
9 Vgl. Cruijssen et al. (2007a).

3 Eigenschaften der Logistikkooperationen

Horizontale Kooperationen zwischen Logistikunternehmen können sehr unterschiedlich ausgestaltet sein. In unserem nachfolgenden Überblick lehnen wir uns an Klint/Sjöberg an und unterscheiden auf der obersten Ebene sechs wesentliche Gestaltungselemente, die die Struktur von Kooperationen bestimmen: (1) Anzahl der Kooperationspartner, (2) geographische Reichweite, (3) gewählte Vertragsstruktur, (4) zentrale Wertschöpfungsfelder der Partnerschaft, (5) Dienstleistungsprofil sowie (6) Ressourcenprofil der Kooperationsmitglieder.[10]

3.1 Anzahl der Kooperationspartner

Hinsichtlich der Anzahl der Kooperationspartner besteht ein wesentlicher Unterschied zwischen bilateralen und multilateralen Kooperationen. Bilaterale Kooperationen – also solche, die nur zwei Unternehmen involvieren – bieten den Vorteil, dass sie transparenter und daher einfacher zu koordinieren sind. Im Gegensatz dazu eröffnen multilaterale Kooperationen die Möglichkeit, auf einen größeren und differenzierteren Pool an Ressourcen zuzugreifen und somit – im Falle von kongruenten Fähigkeiten – potenziell größere Synergiepotentiale zu realisieren.

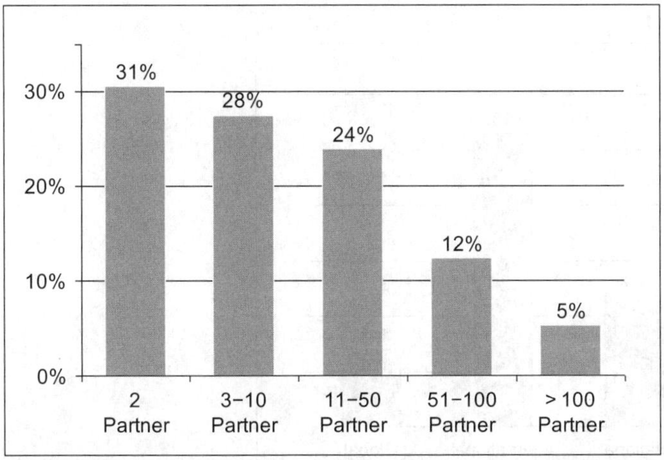

Abbildung 3: Anzahl der Kooperationspartner in einer Kooperation.

Diese erste Gestaltungsdimension wird ganz klar von den multilateralen Kooperationen dominiert (Abbildung 3). Nur 31 Prozent der Logistikkooperationen sind bilateral, während die restlichen 69 Prozent multilateral organisiert sind – zum Teil mit über 100 Logistikunternehmen, die in der Kooperation aktiv sind (dies trifft auf insgesamt 5 Prozent der Fälle zu). Auch wenn multilaterale Kooperationen die Option auf einen größeren Ressourcenpool bieten, so lassen die Ergebnisse

10 Vgl. Klint/Sjöberg (2003).

erkennen, dass sich die generellen Motive, die der Kooperationsentscheidung zugrunde liegen, nicht signifikant von denen in bilateralen Kooperationen unterscheiden. Externe Markt- und Kundenmotive stehen für beide Kooperationstypen gleichermaßen im Vordergrund.

3.2 Geographische Reichweiten

Hinsichtlich der geographischen Reichweite zeigt sich, dass die meisten Kooperationen länderübergreifend angelegt sind und entweder Unternehmen aus unterschiedlichen Ländern oder zumindest Aktivitäten in verschiedenen Ländern zusammenbringen. Wie Abbildung 4 zeigt, sind 53 Prozent der Kooperationen international aufgestellt – allerdings beschränkt auf den europäischen Kontinenten –, während 14 Prozent global aufgestellt sind und hierbei mehrere Kontinente betreffen. Dem gegenüber stehen ein Drittel der Kooperationen, die sich national auf Deutschland, oder regional nur auf einen Teil Deutschlands beschränken.
Auffällig ist desweiteren, dass fast 80 Prozent der international oder global operierenden Kooperationen eine multilaterale Partnerstruktur aufweisen, während der Anteil bei den nationalen und regionalen Kooperationen bei nur 55 Prozent liegt. Dies deutet darauf hin, dass die Anzahl der Kooperationspartner in entscheidendem Maße die Netzwerkreichweite einer Logistikkooperation bestimmt.

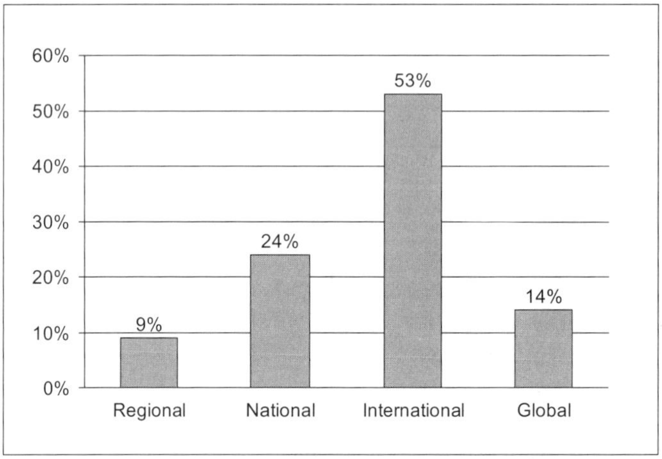

Abbildung 4: Geographische Reichweite der Kooperationen.

Die Kooperationen sind aber nicht nur sehr international ausgerichtet– insbesondere die multilateralen Kooperationen –, sondern werden von den Unternehmen auch gezielt dafür genutzt, die Reichweite ihres Netzwerkes zu verbessern. Da in der Logistik generell ein Trend dahingehend besteht, dass Kunden ihre Logistikaktivitäten bündeln und verstärkt auch überregional durch einen Anbieter abgedeckt wissen wollen, sehen sich Logistikunternehmen vermehrt dazu gezwungen, ihre geographische Reichweite auszubauen. An dieser Stelle offenbaren die Kooperationen deutliches Potenzial zur Erzielung von Wettbewerbsvorteilen, die ohne Partnerschaft nicht oder nur schwer generiert werden könnten. Denn eine Netzwerkerweiterung aus eigenen Stücken ist mit großen Investitionen verbunden, die insbesondere kleine und mittelständische Logistikunternehmen alleine nur schwer stemmen können. Tatsächlich konnten 82 Prozent der Logistikunternehmen, die in Kooperationen engagiert sind, durch ihre Kooperationsmitgliedschaft die eigene Netzwerkreichweite ausbauen.

Hinsichtlich der den Kooperationen zugrundeliegenden Motive zeigt sich, dass diese von der geographischen Reichweite unabhängig sind; regionale/nationale Kooperationen werden also auf Grundlage der gleichen Motive eingegangen wie internationale/globale.

3.3 Kooperationsverträge

Kooperationsverträge dienen der Absicherung von Transaktionen zwischen Kooperationspartnern und reduzieren die Gefahr von kooperationsschädlichem Verhalten. Je komplexer die Kooperationsstruktur, desto umfangreicher ausgestaltet müssen Verträge sein, wenn möglichst viele potentielle Konfliktherde und organisationale Probleme berücksichtigen werden sollen. Mit zunehmender Vertragskomplexität steigen jedoch auch die entsprechenden Kontrollkosten. Um das Interesse des einzelnen Partners an kooperationskonformen und auf die Vorteile der Gemeinschaft ausgerichteten Verhalten zu erhöhen, setzen einige Kooperationen auf Kapitalbeteiligungen ihrer Partner. Neben den weit verbreiteten Minderheitsbeteiligungen werden dabei auch Joint Ventures genutzt.

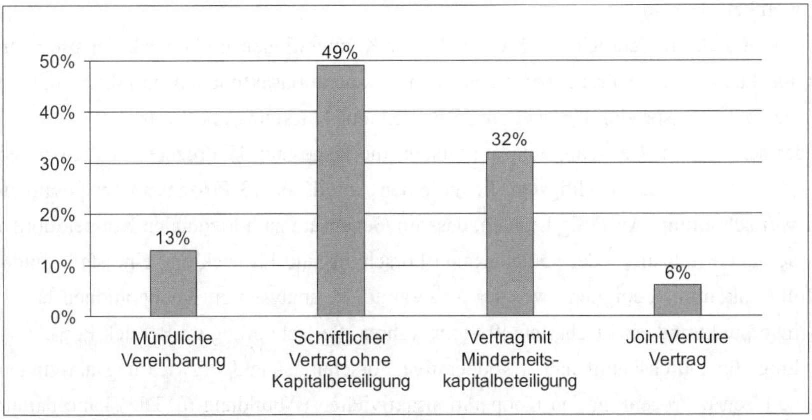

Abbildung 5: Vertragliche Regelungen der Kooperationen.

Vor dem Hintergrund der dargestellten, sehr ausgeprägten Multilateralität und Internationalität der Logistikkooperationen, verwundert es nicht, dass mündliche Vereinbarungen bei Logistikkooperationen eine untergeordnete Stellung einnehmen (vgl. Abbildung 5). Lediglich 13 Prozent der Logistikunternehmen basieren ihr kooperatives Engagement rein auf mündliche Vereinbarungen, bei denen Erfahrungen und Vertrauen an die Stelle des geschriebenen Wortes treten. Domminierend sind schriftliche Kooperationsverträge. So basieren insgesamt 49 Prozent der Logistikkooperationen auf einem schriftlichen Vertrag ohne Kapitalbeteiligung und weitere 38 Prozent auf einem Vertrag mit Kapitalbeteiligung, wobei in der letzten Gruppe den Joint Ventures nur eine geringe Bedeutung zukommt und stärker mit Minderheitsbeteiligungen gearbeitet wird.

3.4 Zentrale Wertschöpfungsfelder

Im Bereich der Wertschöpfung können primäre Wertschöpfungsaktivitäten wie Produktion oder Marketing und Vertrieb von sekundären Wertschöpfungsaktivitäten wie Einkauf, IT oder Personal unterschieden werden. Der konkrete Beitrag, den die einzelnen Wertschöpfungsbereiche zur Leistungserstellung der Partnerschaft leisten, spiegelt wider, welche Kooperationsstrategie die jeweilige Logistikkooperation verfolgt. Diese kann entweder fokussiert sein, wenn sich die Kooperation im Schwerpunkt auf nur eine Funktion bezieht, oder aber breit integriert, wenn kein Wertschöpfungsschwerpunkt zu erkennen ist. Letzteres erhöht natürlich die Komplexität der Kooperation, da somit viele Unternehmensbereiche betroffen sind und in das Management der Kooperation eingebunden werden müssen.

Zudem ist mit der Wahl des Wertschöpfungsschwerpunkts auch eine implizite Entscheidung verbunden, in welchem Maße wettbewerbsrelevantes Wissen zwischen den Partnerunternehmen ausgetauscht werden muss. Sofern sich die kooperative Wertschöpfung auf Unternehmensbereiche bezieht, die das Einbringen individueller Kernkompetenzen erfordert, wird ein höheres Maß an unternehmensinternem, wettbewerbsrelevantem Wissen ausgetauscht, als wenn kernkompetenzferne Funktionen betroffen sind.

In der Praxis zeigt sich ein deutlicher Schwerpunkt der Kooperationen im Bereich der primären Wertschöpfungsaktivitäten. 40 Prozent der gesamten Kooperationsaktivitäten entfallen auf den Bereich der Dienstleistungsproduktion, weitere 25 Prozent auf Marketing und Vertrieb.

Im Bereich der sekundären Wertschöpfungsaktivitäten, die insgesamt 35 Prozent der Aktivitäten ausmachen, ist der Einkauf am wichtigsten. Er hat einen Anteil von 13 Prozent an der gesamten Kooperationswertschöpfung. Auffällig ist auch, dass im Gegensatz zu horizontalen Kooperationen in der produzierenden Industrie[11] der gemeinsamen Forschung und Entwicklung eine stark untergeordnete Rolle zukommt. Lediglich zwei der insgesamt 226 analysierten Kooperationen haben hier einen Schwerpunkt und erwirtschaften 40 Prozent ihrer Wertschöpfung im Bereich Forschung und Entwicklung. Im Durchschnitt haben kooperative Forschungs- und Entwicklungsaktivitäten nur einen Anteil von 6 Prozent an den Kooperationsaktivitäten (Abbildung 6). Dies kann darauf hindeuten, dass Innovationen in Logistikkooperationen entweder als wenig relevant eingestuft werden, oder dass gezielte Innovationstätigkeiten vielmehr innerhalb des einzelnen Logistikunternehmens als innerhalb der Kooperationsgemeinschaft verfolgt werden.

---

[11] Vgl. Sampson (2007); Hoang/Rothaermel (2005); Oxley/Sampson (2004).

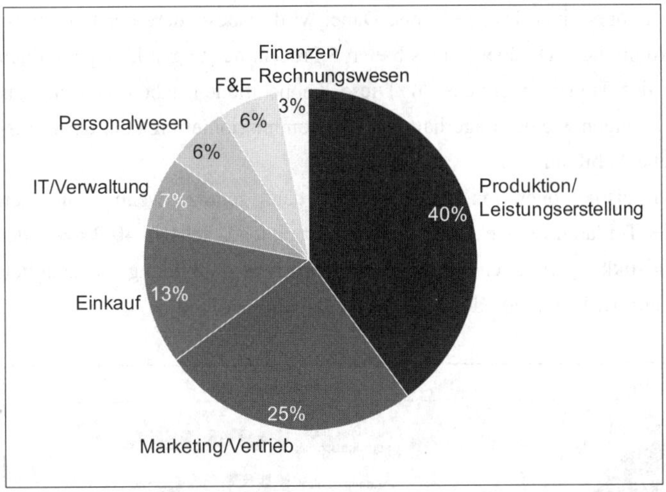

Abbildung 6: Durchschnittliche Wertschöpfung der Kooperationen nach Aktivitätsfeldern.

Anhand der funktionalen Ausrichtung in den Kooperationen lassen sich vier grundsätzlich verschiedene Cluster identifizieren. Drei Clustern ist eine fokussierte Strategie und einem Cluster eine breit integrierte Strategie zuzuordnen.

39 Prozent der Kooperationen haben einen klaren Fokus auf die Dienstleistungsproduktion. Bei ihnen liegt der Anteil der Produktion an der Kooperationswertschöpfung bei 70 Prozent, während er bei den drei anderen Clustern nur bei 18 Prozent liegt.

11 Prozent der Logistikkooperationen zeichnen sich durch einen Marketing/Vertriebsfokus aus. Hier leisten die gemeinsamen Marketing-/Vertriebsaktivitäten einen Wertschöpfungsanteil von 74 Prozent, während er bei den drei anderen Clustern nur bei 19 Prozent liegt.

Das dritte und gleichzeitig kleineste Cluster, welches 5 Prozent der Logistikpartnerschaften umfasst, ist durch den eindeutigen Fokus auf Einkaufsaktivitäten gekennzeichnet, die hier 77 Prozent der kooperativen Wertschöpfung ausmachen, während sie bei den anderen Clustern nur 9 Prozent ausmachen.

Insgesamt haben somit 55 Prozent der Kooperationen eine klare Wertschöpfungsfokussierung, während die verbleibenden 45 Prozent der Logistikkooperationen eine breite organisatorische Integration aufweisen. Hier haben neben den zentralen Funktionen Marketing und Vertrieb (28 Prozent), Produktion (22 Prozent) und Einkauf (15 Prozent) die übrigen Bereiche immerhin einen Gesamtanteil von 35 Prozent.

3.5 Dienstleistungsprofile

Insgesamt sind knapp 70 Prozent der Logistikkooperationen dem Landtransport zuzuordnen. 7 Prozent der Logistikkooperationen sind in der Schienenfracht zu finden und jeweils 4 Prozent in der Luft- und Seefracht. 12 Prozent sind intermodaler Natur und kombinieren verschiedene Verkehrsmittel im Rahmen des kooperativen Engagements. Dabei wird insbesondere der Landtransport mit dem Seetransport kombiniert. Darüber hinaus bieten 5 Prozent der Logistikkooperationen Dienstleistungen außerhalb des Transportbereichs an. Diese Kooperationen haben sich auf das Angebot von Zusatzdienstleistungen wie der Lagerhaltung, der Kommissionierung oder der Logistikberatung spezialisiert (siehe Abbildung 7).

Interessanterweise werden Logistikkooperationen insbesondere dann genutzt, wenn es um den Transport von Stückgut- oder Teilladungen (less than container/truck load) geht. In 40 Prozent der Fälle konzentrieren sich Logistikkooperationen auf diese Verkehrsgröße (Abbildung 7). Lediglich 27 Prozent fokussieren sich auf der Komplettladungen (full container/truck load).

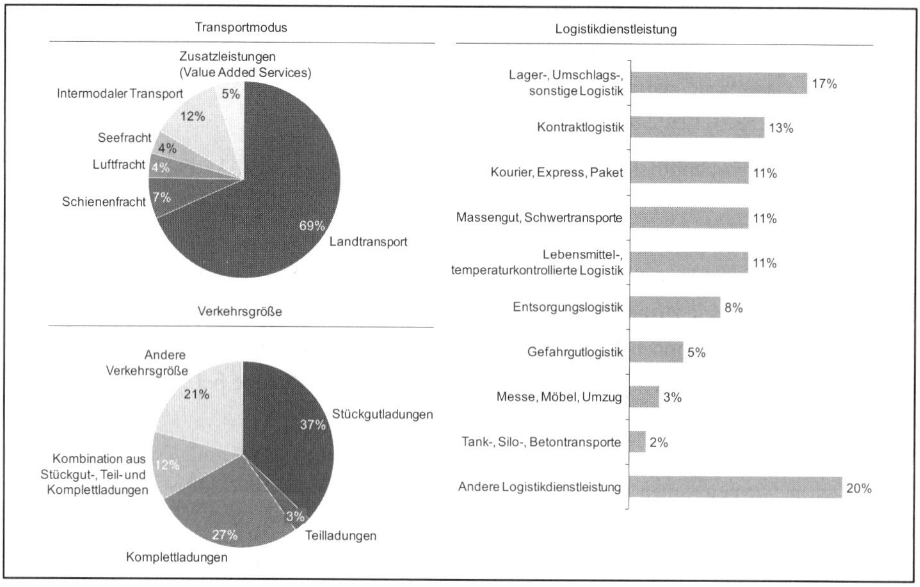

Abbildung 7: Dienstleistungsfokus der logistischen Kooperationen.

Hinsichtlich der konkret angebotenen Logistikleistungen wird deutlich, dass Logistikkooperationen über ein sehr breites Leistungsspektrum verfügen und ihnen eine besondere Stellung in den transportfernen Dienstleistungen zukommt. Abbildung 7 veranschaulicht, dass sich 30 Prozent der Logistikkooperationen auf Zusatzdienstleistungen konzentrieren. 17 Prozent der Logistikkooperationen fokussieren sich auf die Lager- und Umschlagslogistik, 13 Prozent auf die Kontraktlogistik. Erst an dritter Stelle folgen die transportnahen Logistikdienstleistungen; allen voran die KEP-Logistik, der Massen- und Schwerguttransport sowie die Lebensmittellogistik und temperaturkontrollierte Logistik (je 11 Prozent). Aber auch im Bereich speziellerer Dienstleistungen, wie etwa der Gefahrgutlogistik oder der Umzugslogistik werden Kooperationen eingegangen.

3.6 Ressourcenprofile

Die richtige Partnerwahl stellt einen zentralen Erfolgsfaktor für die Zusammenarbeit im Rahmen von Kooperationen dar. Ein besonderes Augenmerk hat dabei dem richtigen ‚Partner Fit' zu gelten.[12] In der Literatur ist jedoch nicht abschließend geklärt, ob ein entsprechender Partner Fit durch ein symmetrisches, oder vielmehr durch ein komplementäres, sich ergänzendes Ressourcenprofil der Partnerunternehmen erreicht werden kann. Eine Partnerstruktur mit symmetrischen Ressourcen, welche Dussauge et al. und Mitchell et al. als ‚scale alliances' bezeichnen,[13] verspricht den Vorteil, hohe Synergiepotentiale zu realisieren und die unternehmerische Effizienz insbesondere durch Skaleneffekte zu steigern. Eine komplementäre Partnerstruktur – die entsprechenden Kooperationen werden als ‚link alliances' bezeichnet – birgt den Vorteil, das unternehmerische Kompetenz- und Ressourcenportfolio der Kooperationspartner zu erweitern und neue Leistungen oder Prozesse durch die Verbindung dieser komplementären Ressourcen zu ermöglichen.
Die Ergebnisse unserer Studie zeigen deutlich, dass Logistikkooperationen per se weder symmetrisch noch komplementär sind. Betrachtet man alle Logistikkooperationen, so zeigt sich eine leichte Präferenz für inhaltliche Symmetrie auf der einen und eine Präferenz für geographische und kundenstammbezogene Komplementarität auf der anderen Seite.
Dies gilt allerdings nicht für alle Kooperationen. Das beschriebene Bild wird von der großen Anzahl multilateraler Kooperationen domminiert, für symmetrische Marktkompetenzen und komplementäre Marktpräsenzen typisch (siehe Abbildung 8).

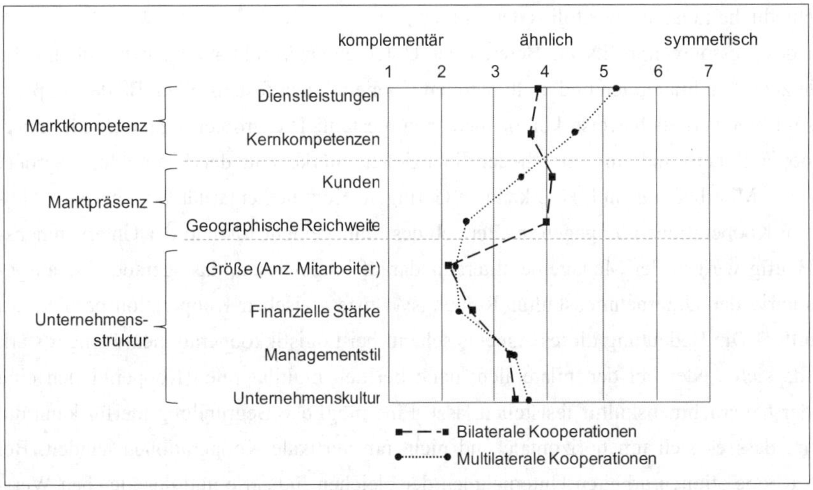

Abbildung 8: Ressourcenprofile der Kooperationen.

[12] Vgl. Sarkar et al. (2001); Das/Teng (2003).
[13] Vgl. Dussauge et al. (2003); Mitchell et al. (2001).

Die symmetrischen Marktkompetenzen spiegeln sich darin wider, dass die Kooperationen Logistikunternehmen mit sehr ähnlichen Dienstleistungsprofilen und ähnlichen Kernkompetenzen vereinen. Eine solche Ähnlichkeit im Bereich der Marktkompetenzen kann sicherstellen, dass die jeweils eingebrachten Ressourcen und Kompetenzen der Partner ohne Probleme zu einem erweiterten Dienstleistungsangebot kombiniert werden können.
Die Präferenz für komplementäre Ressourcen im Bereich der Marktpräsenz (d. h. der geographischen Netzwerkreichweite und der Kundenportfolios) verwundert nicht. Überschneidungen beim Kundenstamm und der geographischen Abdeckung wären für eine Kooperation destabilisierend, da direkte Konkurrenz und Kundenabwerbung drohen würden. Überschneidungen der geographischen Reichweite würden zudem nicht dem gewünschten Aspekt der Netzwerkerweiterung gerecht.
Bilaterale Kooperationen weisen ein deutlich anderes Profil auf. Sie basieren eher auf komplementären Marktkompetenzen und symmetrischen Marktpräsenzen. Dieses kann darin begründet sein, dass bilaterale Kooperationen weniger stark an der Erzielung von Produktivitätssteigerungen interessiert sind. Tatsächlich sehen nur 38 Prozent der bilateralen Kooperationen die Möglichkeit zur Produktivitätssteigerung als sehr bedeutsames Kooperationsmotiv, während bei 58 Prozent der multilateralen Kooperationen dieses Motiv im Vordergrund steht. Da sich bilaterale Kooperationen auf der anderen Seite eher aus sich geographisch nahe stehenden Partnern zusammensetzen, worauf die Ähnlichkeit der Marktpräsenz schließen lässt (siehe Abbildung 8), kann daraus geschlossen werden, dass diese Art der Kooperationen vielmehr um einen bestimmten Kunden in einer spezifischen Region entstehen. Die Vermeidung direkter Konkurrenz verlangt daher automatisch unterschiedliche Leistungsportfolios der Partner.
Hinsichtlich des Ressourcenprofils im Bereich der Unternehmensstruktur sind keine deutlichen Unterschiede zwischen bilateralen und multilateralen Kooperationen festzustellen. Beide Kooperationstypen sind hier vergleichsweise komplementär aufgestellt. Die größten Unterschiede innerhalb der Kooperationen sind im Bereich der finanziellen Stärke und der Unternehmensgröße, gemessen an der Mitarbeiteranzahl, zu erkennen. Geringere Komplementarität bzw. größere Ähnlichkeit weisen Kooperationen hingegen im Bereich des Managementstils und der Unternehmenskultur auf. Häufig wird in der Managementliteratur darauf hingewiesen, dass gerade eine ausgeprägte Symmetrie der Unternehmenskultur Reibungsverluste zwischen Kooperationspartnern zu vermeiden hilft.[14] Die Bedeutung dieses Aspekts scheint bei Logistikkooperationen weniger stark ausgeprägt, da sich weder bei den bilateralen, noch bei den multilateralen Kooperationen eine Symmetrie der Unternehmenskultur feststellen lässt. Eine mögliche Begründung hierfür kann die Tatsache sein, dass es sich um horizontale und nicht um vertikale Kooperationen handelt. Bei horizontalen Kooperationen arbeiten Unternehmen der gleichen Industrie und der gleichen Wertschöpfungsstufe zusammen, so dass Reibungsverluste implizit niedriger ausfallen als bei vertikalen Kooperationen. Daher ist anzunehmen, dass das Verständnis innerhalb horizontaler Logistikkooperationen auch dann hoch ist, wenn die Unternehmensstrukturen unterschiedlich sind.

---

[14] Vgl. Voeth/Rabe (2005).

3.7 Die sechs Gestaltungsdimensionen im Überblick

Diese bisherigen Ausführungen zu den unterschiedlichen Gestaltungsdimensionen von horizontalen Logistikkooperationen machen deutlich, dass die „Kooperationslandschaft" innerhalb der Logistik-Branche sehr vielschichtig ist. Abbildung 9 fasst die zentralen Ergebnisse zusammen, die die Untersuchung der unterschiedlichen Gestaltungsdimensionen ergeben hat. Dabei stellen die dunkel markierten Bereiche die dominierenden Gestaltungselemente dar. Es lässt sich festhalten, dass Logistikkooperationen überwiegend multilateral aufgestellt sind, dass sie überwiegend eine internationale, aber nicht globale Ausrichtung haben und auf schriftlichen Verträgen ohne Kapitalbeteiligung basieren. Ferner ist das größte von vier Clustern funktional integriert und umfasst mehrere Funktionsbereiche. Zudem beziehen sich die meisten Kooperationen auf Landtransporte. Hinsichtlich der Ressourcenähnlichkeit ist diese im Bereich der Marktkompetenzen am größten. Interessant ist, dass es nahezu keine Kooperationen gibt, die alle genannten Merkmale aufweisen. Lediglich bei 4 Prozent der Kooperationen ist dies der Fall.

Organisatorische Struktur	Bilateral (2 Partner)	Multilateral (> 2 Partner)			
Geographische Struktur	Regional	National	International	Global	
Vertragliche Struktur	Mündliche Vereinbarung	Schriftlicher Vertrag	Minderheitskapitalbeteiligung	Joint Venture Vertrag	
Funktionale Struktur	Breite Integration	Fokus auf Produktion	Fokus auf Einkauf	Fokus auf Marketing/ Vertrieb	
Dienstleistungsstruktur	Landtransport	Schienenfracht	Seefracht	Luftfracht	Value Added Services
Ressourcenstruktur	Ähnliche Markt-Kompetenzen	Ähnliche Marktpräsenz	Ähnliche Unternehmensstruktur	Keine Ressourcenähnlichkeit	

■ Häufigste Ausprägung je Gestaltungsdimension

□ Zweithäufigste Ausprägung je Gestaltungsdimension

Abbildung 9: Überblick über die Charakteristika der logistischen Kooperationslandschaft.

Anhand der aufgezeigten Ausgestaltungsmerkmale und der unterschiedlichen Kooperationsmotive lassen sich jedoch vier unterschiedliche Kooperationstypen identifizieren, die das Bild der Logistik-Branche in Deutschland kennzeichnen. So können symmetrische Synergie-Kooperationen,

angebotskomplementäre Produktionskooperationen, intermodale Marketing/Vertriebskooperationen und komplementäre Know-how-Kooperationen unterschieden werden.
Der erste Kooperationstyp (symmetrische Synergie-Kooperationen), macht das Gros der Logistikkooperationen aus. Insgesamt zählen 85 Prozent der Logistikpartnerschaften zu diesem ersten Kooperationstyp. Hierbei handelt es sich um Partnerschaften, die mit der Motivation, Synergiepotenziale zu realisieren, eingegangen werden. Gemeinsam sollen Leistungsqualität und Produktivität verbessert sowie Leistungs- und Marktkompetenzen erweitert werden. Auch wird darauf abgezielt, an größeren Ausschreibungen teilzunehmen. Somit ist es wenig verwunderlich, dass dieser Kooperationstyp durch multilaterale Partnerschaften charakterisiert ist, wobei sich die Logistikunternehmen innerhalb einer Partnerschaft insbesondere in ihren Marktkompetenzen sehr ähnlich sind, wodurch in optimaler Weise Synergien erzielt werden können.
Der zweite Kooperationstyp, der die angebotskomplementären Produktionskooperationen umfasst, macht 5 Prozent der Logistikkooperationen aus. Dieses sind bilaterale Partnerschaften, die sich auf die gemeinsame Leistungserstellung intermodaler Dienstleistungen rund um den Schienentransport auf internationaler Ebene konzentrieren. Hier werden Partnerschaften zwischen Logistikunternehmen eingegangen, die über komplementäre Dienstleistungskompetenzen verfügen. Dieses stellt sicher, dass sich die Dienstleistungen in der Partnerschaft zu einem erweiterten Leistungsportfolio ergänzen lassen, mit dessen Hilfe Marktanteile gesichert bzw. gesteigert werden sollen. Interessant ist zu sehen, dass die Logistikunternehmen in diesen Kooperationen die gleichen Kunden in nahezu identischen Regionen bedienen, was darauf hindeutet, dass die intermodalen Dienstleistungen gezielt bestehenden Kunden angeboten werden, wodurch man sich von der Konkurrenz zu differenzieren und die eigene Konkurrenzfähigkeit zu stärken versucht.
Die intermodalen Marketing/Vertriebskooperationen, die ebenfalls 5 Prozent der Logistikkooperationen ausmachen, bilden den dritten Kooperationstyp. Im Gegensatz zum zweiten Kooperationstyp arbeiten hier Logistikunternehmen zusammen, die sich nicht auf die Leistungserstellung, sondern auf die Vermarktung und den Vertrieb intermodaler Dienstleistungen konzentrieren. Die Zusammenarbeit findet auf internationaler Ebene statt. Für eine erfolgreiche Umsetzung dieser Marketing/Vertriebskooperationen achten die Logistikunternehmen bei der Partnerauswahl darauf, dass die Kooperationspartner nahezu identische Dienstleistungsportfolios und Kernkompetenzen mitbringen, sich jedoch hinsichtlich ihrer Kunden und dem Netzwerk unterscheiden. Diese Konstellation macht es möglich, bestehenden Kunden die gleichen Dienstleistungen auf gleichem Qualitätsniveau in einer neuen Region anzubieten, wobei die eigentliche Leistungserstellung der jeweilige Kooperationspartner übernimmt. Auf diese Weise gelingt es, neue Märkte zu erschließen, die eigene Leistungsqualität z. B. hinsichtlich der Liefergeschwindigkeit zu verbessern und die Produktivität bei der Leistungserstellung zu erhöhen.
Zum vierten und letzten Kooperationstyp, der ebenfalls 5 Prozent der Logistikkooperationen ausmacht, zählen die komplementären Know-how-Kooperationen. Dieser Kooperationstyp umfasst bilaterale Logistikpartnerschaften, die transportferne Dienstleistungen wie etwa die Kontraktlogistik auf nationaler Ebene anbieten. Im Vordergrund steht hierbei das Ziel, sich mit Hilfe des Kooperationspartners, auf die eigenen Kompetenzen zu spezialisieren und gleichzeitig die Ressourcen

des Partners für eine Kompetenzerweiterung zu nutzen sowie zusätzliches Wissen zu erlangen. Aus diesem Grund finden sich hier Logistikunternehmen zusammen, die über stark komplementäre Ressourcenprofile sowohl im Bereich der Marktkompetenz, als auch im Bereich der Marktpräsenz und der Unternehmensstruktur verfügen. Diese stark komplementären Ressourcenprofile bieten eine optimale Voraussetzung, um voneinander zu lernen und sich zu ergänzen.

4 Ergebnis der Logistikkooperationen

Bei Kooperationen „auf Augenhöhe“ geht es um die enge Zusammenarbeit zwischen Wettbewerbern, weshalb Experten die Vermutung äußern, dass horizontale Kooperationen häufig scheitern. Jedoch können wir anhand der vorliegenden Untersuchungsergebnisse feststellen, dass sich Logistikkooperationen zumeist als Erfolg erweisen. Um eine verlässliche Aussage über den Kooperationserfolg von Logistikkooperationen treffen zu können, wurden vier unterschiedliche Erfolgsmaße herangezogen. So wurden Logistikunternehmen nach der konkreten Misserfolgsquote, bezogen auf die gesammelten Kooperationserfahrungen gefragt. Die Misserfolgsquote gibt Auskunft über die generelle Stabilität bzw. Instabilität von Logistikkooperationen. Es konnte eine Misserfolgsquote von weniger als 19 Prozent festgestellt werden. Diese ist wesentlich niedriger, als die entsprechende Quote von horizontalen Kooperationen in der produzierenden Industrie, welche zwischen 50 und 70 Prozent liegt.[15]

Ein weiterer Indikator, der die Stabilität von Logistikkooperationen ausdrückt, ist die Dauer der Kooperationsmitgliedschaften, die aufzeigen, ob Kooperationen eher kurz- oder eher langfristiger Natur sind. Die bisherige Mitgliedschaftsdauer in den Kooperationen liegt durchschnittlich bei 8 Jahren – die Logistikkooperationen sind also langfristig ausgerichtet (Abbildung 10).

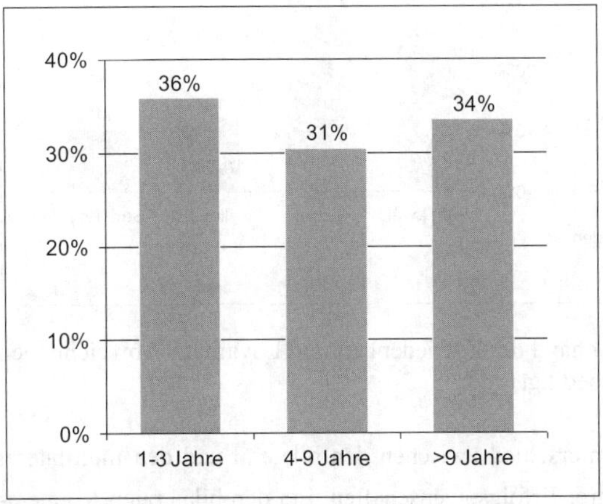

Abbildung 10: Dauer der Mitgliedschaft in Kooperationen.

---

[15] Vgl. Park und Ungson (2001).

Um abzuschätzen, ob Logistikunternehmen aufgrund von starken Abhängigkeitsverhältnissen eine solch langfristige Mitgliedschaft eingehen und aufrecht halten, wurden zwei weitere Erfolgsmaße betrachtet: Zum einen die Zufriedenheit des einzelnen Logistikunternehmens mit der Kooperationsleistung, zum anderen die Einschätzung der Loyalität des einzelnen Partners gegenüber der Kooperation. Sprechen beide Maße für den Erfolg von Partnerschaften zwischen Logistikunternehmen, kann davon ausgegangen werden, dass Logistikkooperationen mit einer langen Mitgliedschaftsdauer durch den wirtschaftlichen Erfolg und nicht durch zu starke Abhängigkeiten bedingt sind.

In der Tat bewerten über 90 Prozent der Logistikunternehmen ihre horizontale Kooperation als Erfolg. Sie zeigen sich zufrieden oder gar sehr zufrieden mit der Kooperationsleistung, sie bestätigen, dass die ursprünglich festgelegten Ziele erreicht wurden und sehen sich in ihren Kernkompetenzen gestärkt. Lediglich 10 Prozent der Logistikunternehmen bewerten ihre Kooperation als wenig oder gar nicht erfolgreich (Abbildung 11).

Zusätzlich schätzen sich rund 77 Prozent der Logistikunternehmen als loyal oder sehr loyal gegenüber dem Kooperationspartner ein. Loyalität beschreibt die Bereitschaft, in die Kooperationsgemeinschaft zu investieren, um den langfristigen Erfolg der Partnerschaft zu sichern. Dieses kann eine wichtige Voraussetzung sein, um gegenseitiges Vertrauen aufzubauen und eine erfolgreiche Zusammenarbeit zu ermöglichen.

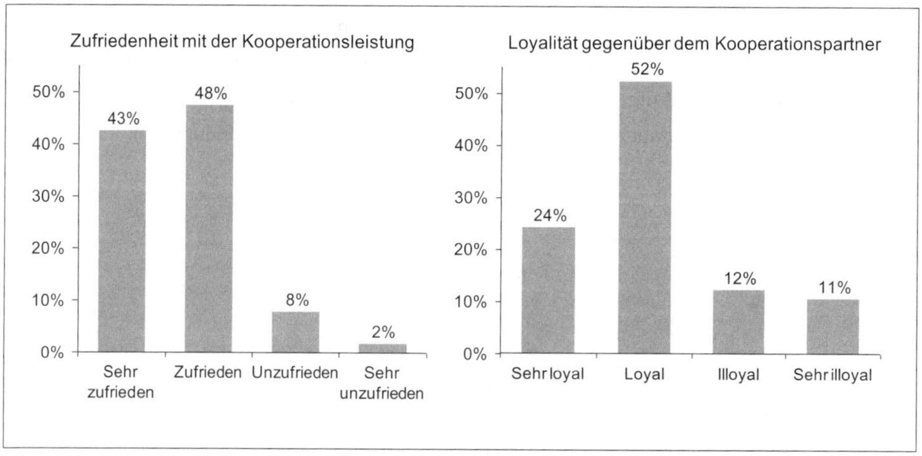

Abbildung 11: Erfolg der Kooperationen anhand der Zufriedenheit und Loyalität. (Abweichungen der Summe von 100 Prozent sind rundungsbedingt)

Interessanterweise zeigt sich ein großer Unterschied zwischen den bilateral und den multilateral organisierten Kooperationen hinsichtlich ihrer Erfolgseigenschaften. Bei den bilateralen Kooperationen ist die Zufriedenheit und Loyalität auch in sehr jungen Kooperationen hoch und vergleichsweise sehr stabil über die Zeit. 94 Prozent der bilateral organisierten Logistikkooperationen sind – unabhängig von der Dauer ihrer Partnerschaft – zufrieden mit der Kooperation. Ihre Loyalität bewegt sich zwischen 63 Prozent und 78 Prozent.

Im Gegensatz hierzu lassen multilateral organisierte Logistikkooperationen einen eindeutigen Zusammenhang zwischen dem eingeschätzten Erfolg der Kooperation und der Mitgliedschaftsdauer erkennen. Je länger die Mitgliedschaft währt, desto höher fallen Loyalität gegenüber der Partnerschaft und Zufriedenheit mit der Kooperationsleitung aus. Während bei multilateralen Kooperationen, die auf eine kurze Mitgliedschaftsdauer von bis zu 3 Jahren blicken, immerhin 80 Prozent der Logistikunternehmen mit ihrer Kooperation zufrieden sind und 63 Prozent sich loyal der Kooperationsgemeinschaft gegenüber verhalten, steigt dieser Anteil mit der Kooperationsdauer. So liegt in Kooperationen mit einer Mitgliedschaftsdauer von 4 bis 9 Jahren die Zufriedenheit bereits bei 88 Prozent und die Loyalität bei 78 Prozent, in Kooperationen mit einer Dauer von mehr als 9 Jahren gar bei 95 Prozent bzw. bei 89 Prozent (Abbildung 12).
Dieses lässt die Vermutung zu, dass bilaterale Logistikkooperationen aufgrund der geringeren strukturellen Komplexität über eine inhärente Vertrauensstruktur verfügen, wohingegen sich bei multilateralen Logistikkooperationen gegenseitiges Vertrauen erst im Laufe der Zeit entwickelt, nachdem eventuelle Anfangsschwierigkeiten wie etwa Anpassungs- oder Abspracheschwierigkeiten überwunden wurden und die Absichten aller Kooperationspartner verlässlich eingeschätzt werden können. Dies fällt verständlicherweise in Kooperationen, an denen nur zwei Partnerunternehmen beteiligt sind, wesentlich leichter.

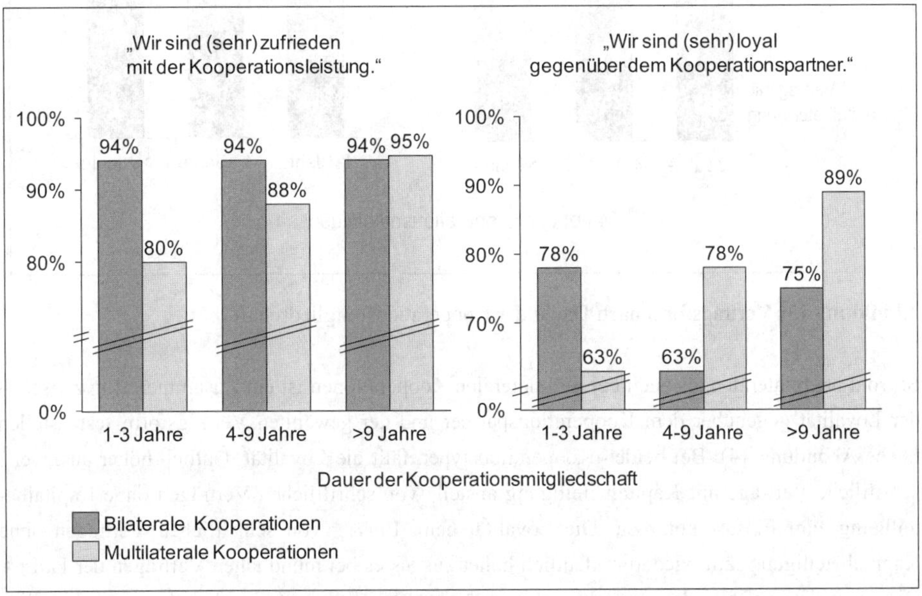

Abbildung 12: Kooperationserfolg nach Dauer der Kooperationsmitgliedschaft.

Ein weiterer Unterschied, der sich zwischen den bilateral und den multilateral organisierten Kooperationen hinsichtlich ihrer Erfolgseigenschaften feststellen lässt, bezieht sich auf die vertragliche Struktur, die die jeweilige Logistikkooperation regelt. Auch sie kann Auswirkungen auf den

Erfolg einer Kooperation haben (Abbildung 13). Während bilaterale Partnerschaften zwischen Logistikunternehmen unabhängig von der Dauer der Kooperationsmitgliedschaft zumeist auf schriftlichen Verträgen basieren und Kapitalbeteiligungen nur in rund 25 Prozent der Fälle genutzt werden, ergibt sich bei multilateralen Partnerschaften ein anderes Bild. Hier nimmt die Bedeutung von Kapitalbeteiligungen mit zunehmender Mitgliedschaftsdauer zu. Junge multilaterale Partnerschaften mit einer Dauer von bis zu 3 Jahren nutzen Kapitalbeteiligungen in 24 Prozent der Fälle, Partnerschaften mit einer Dauer von 4 bis 9 Jahren in 33 Prozent der Fälle und Partnerschaften mit über 9 Jahren Kooperationsmitgliedschaft in 70 Prozent der Fälle.

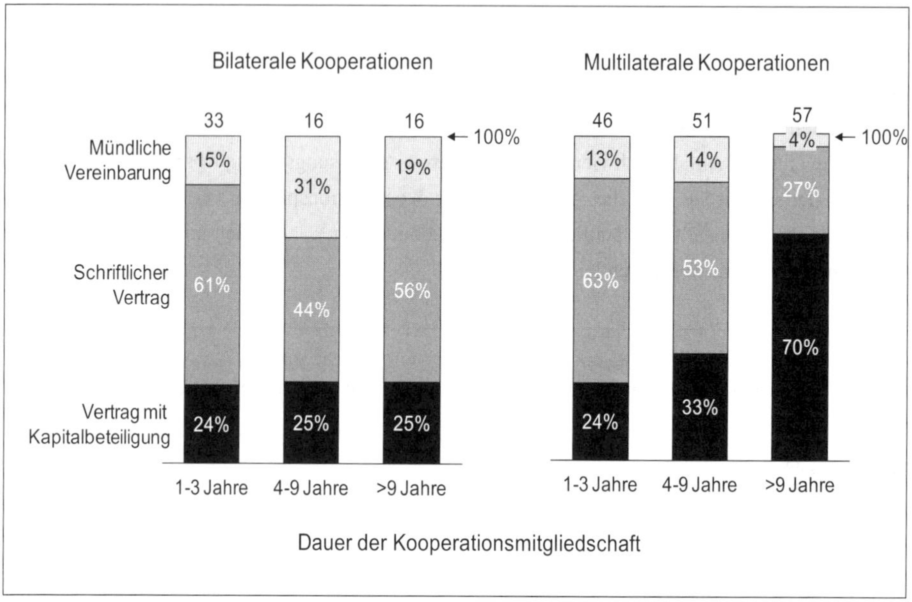

Abbildung 13: Vertragsform nach Dauer der Kooperationsmitgliedschaft.

Sowohl bei bilateralen als auch bei multilateralen Kooperationen ist ein Zusammenhang zwischen der Loyalität gegenüber dem Kooperationspartner und der gewählten Vertragsform festzustellen (siehe Abbildung 14). Bei beiden Kooperationstypen fällt die Loyalität deutlich höher aus, wenn schriftliche Verträge mit Kapitalbeteiligung anstelle von schriftlichen Verträgen ohne Kapitalbeteiligung zum Einsatz kommen. Die Loyalität beim Einsatz von schriftlichen Verträgen ohne Kapitalbeteiligung fällt wiederum deutlich höher aus als es bei mündlichen Verträgen der Fall ist. Dies deutet darauf hin, dass sowohl in bilateralen als auch in multilateralen Kooperationen eine stärkere Formalisierung genutzt werden kann, um die Loyalität der Partner zu erhöhen und so der Kooperation zusätzliche Stabilität zu verleihen.

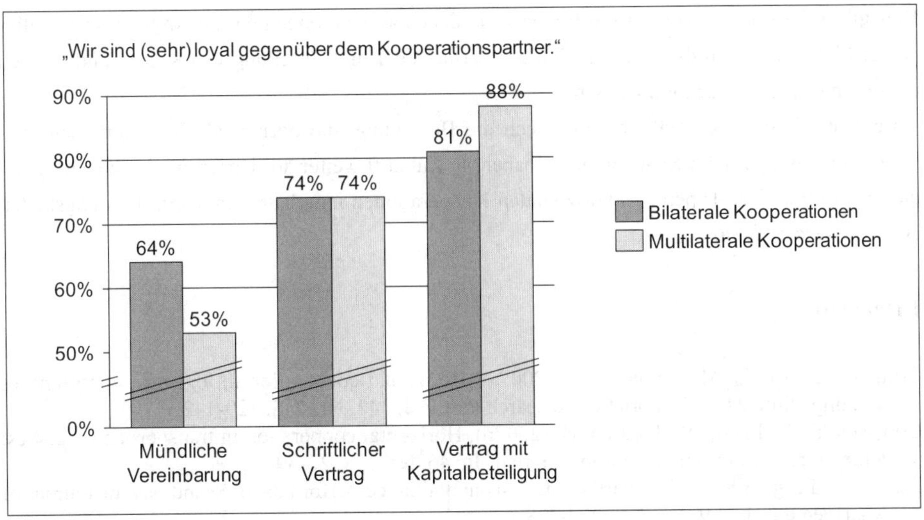

Abbildung 14: Loyalität nach Art des Kooperationsvertrages.

5 Fazit und Ausblick

Die bekanntesten Formen horizontaler Logistikdienstleisterkooperationen sind die Stückgutnetzwerke, die eine große Zahl an Logistikunternehmen zusammenbringen und von denen verschiedenste in Europa betrieben werden, und intermodale Verkehrslösungen. Über diese bekannten Beispiele hinaus ist in der Praxis allerdings eine erstaunliche Breite unterschiedlicher Kooperationstypen zu beobachten, die sich anhand der von uns vorgestellten sechs Strukturdimensionen charakterisieren lassen.

Die dargestellten Kooperationen sind zum Teil äußerst innovativ und erhalten Lösungen, die von produktspezifischen bis hin zu Supply Chain orientierten Kooperationen reichen. Als Beispiele wären etwa Kooperationen zu nennen, die sich auf die Distribution von Fahrrädern spezialisieren, ihren Industriekunden spezielle innovative Logistiksysteme für Mehrwegbehälter zur Verfügung stellen, oder die spezielle Logistiklösungen für Premiumprodukte anbieten. Horizontale Kooperationen bieten dabei der breiten Masse mittelständischer Logistikunternehmen die Möglichkeit, auch zukünftig in immer komplexeren und globaleren Supply Chain Strukturen eine maßgebliche Rolle beizubehalten, statt durch sehr große internationale Logistikunternehmen auf eine reine Unterauftragsnehmerrolle herabgestuft zu werden.

Auffallend ist auch die hohe Komplexität der Kooperationen, die eine wohlüberlegte Führungsstruktur und die richtigen Managementkompetenzen erfordert. Hier liegt in der Praxis eine der zentralen Herausforderungen. Bisher hat die Praxis in diesem Bereich vergleichsweise gute Arbeit geleistet; dies wird durch die niedrigen Scheiterungsquoten und den Erfolg der begonnenen Kooperationen belegt. Dennoch lassen sich durch eine Verbesserungen der Führungsstruktur und insbesondere des Wissens- und Konfliktmanagements zukünftig weitere Potenziale erschließen.

Dies gilt insbesondere auch für die Bereiche, in denen aktuell keine oder nur wenige Kooperationen etabliert sind, weil die Koordination der Partner oder die Verteilung von Kosten und Erlösen als zu schwierig wahrgenommen wird.
Abschließend ist zu konstatieren, dass sich die Bedeutung, die horizontale Kooperationen zwischen Logistikunternehmen schon heute haben, in Zukunft weiter ausdehnen wird – genauso, wie dies auch für andere Typen von horizontalen Kooperationen innerhalb von Wertschöpfungsketten erwartet werden kann.

Literatur

Cruijssen, F., Cools, M., Dullaert, W. (2007a), Horizontal cooperation in logistics: opportunities and impediments, Transportation Research Part E, Jg. 43, Nr. 2, S. 129-142.

Cruijssen, F., Dullaert, W., Fleuren, H. (2007b), Horizontal cooperation in transport and logistics: a literature review, Transportation Journal, Jg. 46, Nr. 3, S. 22-39.

Das, T.K., Teng, B.S. (2003), Partner analysis and alliance performance, Scandinavian Journal of Management, Jg. 19, Nr. 3, S. 279-308.

Delaney, R.V. (2000), 11th Annual State of Logistics Report; St. Louis; MO: Cass Logistics Ltd.

Dussauge, P., Garrette, B., Mitchell, W. (2004), Research Notes and Commentaries: Asymmetric performance: the market share impact of scale and link alliances in the global auto industry, Strategic Management Journal, Jg. 25 Nr. 7, S. 701-711.

Fan, T., Vigeant-Langlois, L., Geissler, C., Bosler, B., Wilmking, J. (2001), Evolution of global airline strategic alliance and consolidation in the twenty-first century, Journal of Air Transport Management, Jg. 7, Nr. 6, S. 349-360.

Hoang, H., Rothaermel, F. (2005), The effects of general and partner-specific experience on joint R&D project performance, Academy of Management Journal, Jg. 48, Nr. 2, S. 332-345.

Klint, M.B., Sjöberg, U. (2003), Towards a comprehensive SCP-model for analysing strategic networks/alliances, International Journal of Physical Distribution & Logistics Management, Jg. 33, Nr. 5, S. 408-426.

Lemoine, W., Dagnæs, L. (2003), Globalisation strategies and business organisation of a network of logistics service providers, International Journal of Physical Distribution & Logistics Management, Jg. 33, Nr. 3, S. 209-228.

Ludvigsen, J. (2000), The international networking between European logistical operators, Economic Research Institute, Stockholm.

Midoro, R., Pitto, A. (2000), A critical evaluation of strategic alliances in liner shipping, Maritime Policy & Management, Jg. 27, Nr. 1, S. 31-40.

Mitchell, W, Dussauge, P. and Garrette, B. (2002), Alliances with competitors: how to com-bine and protect key resources?, Creativity and Innovation Management, Jg. 11 Nr. 3, S. 203-223.

Nijkamp, P. (1995), From missing networks to interoperable networks: the need for European cooperation in the railway sector, Transport Policy, Jg. 2, Nr. 3, S. 159-167.

Ohnell, S., Woxenius, J. (2003), An industry analysis of express freight from a European railway perspective, International Journal of Physical Distribution & Logistics Management, Jg. 33, Nr. 8, S. 735-751.

Oum, T., Park, J.H., Kim, K., Yu, C. (2004), The effect of horizontal alliances on firm productivity and profitability: evidence from the global airline industry, Journal of Business Research, Jg. 57, Nr. 8, S. 844-853.

Oxley, J.E., Sampson, R.C. (2004), The scope and governance of international R&D Alliances, Strategic Management Journal, Jg. 25, Nr. 8-9, S. 723-749.

Park, S.H., Ungson, G.R. (2001), Interfirm rivalry and managerial complexity: a conceptual framework of alliance failure, Organization Science, Jg. 12, Nr. 1, S. 37-53.

Sampson, R.C. (2007), R&D alliances and firm performance: the impact of technological diversity and alliance organization on innovation, Academy of Management Journal, Jg. 50, Nr. 2, S. 364-386.

Sarkar, M.B., Echambadi, R., Cavusgil, S.T., Aulakh, P.S. (2001), The influence of complementarity, compatibility, and relationship capital on alliance performance, Journal of the Academy of Marketing Science, Jg. 29, Nr. 4, S. 358-373.

Slack, B., Comtois, C., Mccalla, R. (2002), Strategic alliances in the container shipping industry: a global perspective, Maritime Policy & Management, Jg. 29, Nr. 1, S. 65-76.

Voeth, M., Rabe, C. (2005): Internationale Joint Ventures, in: Zentes, J., Swoboda, B., Morschett, D. (Hrsg.): Kooperationen, Allianzen und Netzwerke: Grundlagen – Ansätze – Perspektiven, Wiesbaden: 647-672.

Weber, J., Bahke, A., Lukassen, P. Wallenburg, C.M. (2008), Erfolg in der der Logistik – Beziehungen mit Logistikdienstleistern richtig gestalten; Vallendar.

Oliver Boldt[*] / Christian Zuber[**]

Leistungs- und Handlungsfähigkeit des Kombinierten Güterverkehrs Schiene/Straße – Machtperspektivische Betrachtung eines interorganisationalen Systems

---

[*] Dr. Oliver Boldt studierte Betriebswirtschaftslehre an der Universität Mannheim. Danach promovierte er an der Technischen Universität Darmstadt am Fachgebiet Unternehmensführung & Logistik bei Professor Dr. Dr. h.c. Hans-Christian Pfohl im Themenbereich Qualitätsmanagement im Kombinierten Güterverkehr Schiene/Straße. Seit 2008 ist er als Senior Berater für Unternehmensführung und Logistik bei der TIM CONSULT GmbH in Mannheim tätig.

[**] Dipl.-Wirtsch.-Ing. Christian Zuber forscht als wissenschaftlicher Mitarbeiter von Prof. Dr. Dr. Hans-Christian Pfohl am Fachgebiet Unternehmensführung & Logistik seit drei Jahren im Bereich der Organisationstheorie. Die Basis hierzu bildet seine Ausbildung zum Dipl.-Wirtsch.-Ing. an der TU Darmstadt. Seit 2008 ist er Leiter der Geschäftsstelle der Cluster-Initiative „Logistik RheinMain“ in Darmstadt. Hierbei liegt der Fokus insbesondere auf dem Wissenstransfer theoretischer Erkenntnisse in die Praxis.

1 Einleitung

Systematische Betrachtungen des Kombinierten Güterverkehrs Schiene/Straße sind auch zum heutigen Stand der Forschung nicht vielfältig vorhanden. Doch lässt sich ein gewisser Trend verzeichnen, der weg von der Technologieorientierung der letzten Jahrzehnte und hin zur Betrachtung der Funktionsweise des Systems weist. Dies ergibt sich nicht zuletzt daraus, dass technologische Innovationen immer wieder zu bekannten organisatorischen Fragestellungen führen.

Neuere Ansätze, die sich bspw. mit der Preis- oder Qualitätsdimension des Kombinierten Güterverkehrs Schiene/Straße befassen,[1] fokussieren auf organisatorische und koordinative Fragestellungen des Kombinierten Güterverkehrs. Aufgrund der hohen Anzahl beteiligter Akteure kann dieses System an für sich schon als komplex bezeichnet werden. Die hiermit einhergehende Heterogenität der Teilsysteme des Kombinierten Güterverkehrs lässt erahnen, wie schwierig eine gemeinsame Zielausrichtung des Gesamtsystems Kombinierter Güterverkehr vereinbart, gefunden und umgesetzt werden kann. Multipolare und Partialinteressen scheinen das Funktionieren des Systems zu beherrschen. Von dieser mikroperspektivischen Situation des Kombinierten Güterverkehrs ausgehend, erscheint es nur als folgerichtig, dass makroperspektivisch Lenkungsmaßnahmen seitens des Staates nur bedingt zu gewünschten Verbesserungen des Systems führen. Nach der technologischen Wende scheint eine organisatorische Wende notwendig, um den Kombinierten Güterverkehr zu einem zielgerichteten System wachsen zu lassen.

Im folgenden Beitrag wird insbesondere die Macht im System des Kombinierten Güterverkehrs beleuchtet. Dies schränkt die systemische Betrachtung auf die Zusammenarbeit der Akteure ein, so dass im Folgenden insbesondere das Netzwerk[2] Kombinierter Güterverkehr Schiene/Straße im Fokus steht. Durch die Darstellung des Machtgefüges soll die Komplexität der Beziehungen und Verflechtungen verdeutlicht werden. Dies erlaubt in einem anschließenden Schritt die Identifikation von Maßnahmen zur Sicherstellung der Leistungs- und Handlungsfähigkeit des Kombinierten Güterverkehrs. Dies ist die Basis zur Erklärung eines organisatorischen Wandels. Hieraus ergeben sich für eine makroperspektivische Betrachtung Anknüpfungspunkte, um eine zielgerichtete Entwicklung unterstützen zu können. Der Beitrag schließt mit einer kritischen Würdigung der von Professor Dr. Dr. h.c. Hans-Christian Pfohl geleisteten Forschungsarbeit zur Steigerung der Leistungs- und Handlungsfähigkeit des Systems Kombinierter Güterverkehr. Zunächst wird jedoch in einem ersten Schritt im folgenden Kapitel das Netzwerk des Kombinierten Güterverkehrs begrifflich verortet und die beteiligten Akteure mit deren Leistungsangeboten betrachtet.

---

1 Zu diesen beiden Themen siehe insbesondere Boldt (2009) und Hofmann (2007).

2 Der Begriff „Netzwerk des Kombinierten Güterverkehrs" wird im Folgenden als organisatorische Umsetzung des Systems Kombinierter Güterverkehrs verwendet. Während mit dem System die Handlungen und Strukturen als solche betrachtet werden, beschreibt das Netzwerk die Ausgestaltung dessen.

2 Das interorganisationale Netzwerk Kombinierter Güterverkehr Schiene/Straße

2.1 Kombinierter Güterverkehr Schiene/Straße – Eine Einordnung

Begriffliche Einordnung

Sowohl in der Verkehrswissenschaft als auch in der Verkehrspolitik wird der Begriff des Kombinierten Güterverkehrs als Teilmenge des inter- bzw. multimodalen Verkehrs nicht einheitlich abgegrenzt.[3] Als aktuelle begriffliche Abgrenzung soll hier deshalb den Definitionen des Bundesministeriums für Verkehr, Bau- und Wohnungswesen sowie den Erläuterungen von *Hoffmann* und von *Bukold* gefolgt werden. Danach können unter multimodalen Verkehren Transporte verstanden werden, die mit mindestens zwei Verkehrsträgern (d. h. Schiene, Straße, Wasserstraße oder Luft) durchgeführt werden.[4] Als Teilmenge multimodaler (Güter-)Verkehre werden intermodale Verkehre eingeordnet. Bei diesen werden nicht die transportierten Güter selbst, sondern die jeweiligen Ladeeinheiten an den Schnittstellen des verkehrsträgerübergreifenden Transports, wie z. B. in Umschlagsterminals, gewechselt.[5] Wiederum Teilmenge des intermodalen Verkehrs ist das metalogistische System[6] des Kombinierten Güterverkehrs Schiene/Straße.[7] Intermodaler Verkehr wird jedoch erst dann zum Kombinierten Güterverkehr Schiene/Straße, wenn einerseits die Transportentfernung zwischen dem Verlader und dem Versandterminal und die Entfernung zwischen Empfänger und Empfangsterminal möglichst kurz sind,[8] andererseits der überwiegende Teil der zurückgelegten Strecke auf der Schiene stattfindet und die kurzen Vor- und Nachläufe auf der Straße erfolgen. Kombinierter Güterverkehr Schiene/Straße soll im weiteren Verlauf des vorliegenden Beitrags als systematische Zusammenarbeit verkehrlicher bzw. logistischer Institutionen bezeichnet werden, mit dem Fokus der Entwicklung, Gestaltung, Lenkung und Realisierung raum-zeitlicher Gütertransformationen vom Versender bis zum Empfänger mittels kombinierter Verkehrsketten[9] durch die Kopplung der physischen Güterflüsse mit den dazugehörigen Informationsflüssen unter

---

3 Vgl. Polzin (1999), S. 81 und Bukold (1996), S. 21.

4 Vgl. Hoffmann (2007), S. 14f.; BMVBW (2001), S. 5 und Bukold (1996), S. 21.

5 Vgl. Arnold/Peeters/Thomas (2003), S. 256; Slack (2001), S. 141ff. und Eickemeier (1997), S. 8ff.

6 Logistische Systeme sind u. a. hinsichtlich institutioneller Aspekte abgrenzbar und können in die Bereiche der Mikro-, Meta- und Makrologistik unterteilt werden. Vgl. hierzu Drechsler (1988), S. 21ff. Zur weiteren Begriffsabgrenzung siehe auch Raffée (1974), S. 17ff.; Pfohl (2010), S. 15f.; Ihde (2001), S. 134ff. und S. 201ff.; Kleeberg (2000), S. 22ff.; Polzin (1999), S. 33f. sowie Kirsch/Bamberger/Gabele/Klein (1973), S. 82ff.

7 Vgl. Hoffmann (2007), S. 14.

8 Kurz bedeutet in diesem Zusammenhang, das geeignete, nächstgelegene Umschlagsterminal zu wählen. Als maximale Entfernung zwischen Quelle und Ziel des Transports und des entsprechenden Terminals setzt die EU in der Richtlinie 92/106/EWG bei der Förderung des allgemeinen Kombinierten Verkehrs 150 Kilometer Luftlinie an. Des Weiteren sollte der Anteil des Straßengütertransports nicht mehr als 20 % der gesamten Streckenlänge betragen. Vgl. dazu Bühler (2006), S. 52f.; Beuthe/Jourquin/Charlier (2002), S. 280 und BMVBW (2001), S. 5.

9 Vgl. Pfohl (2010), S. 165.

der Nutzung der Verkehrsträger Schiene und Straße sowie standardisierter Ladeeinheiten (siehe Abbildung 1).[10]

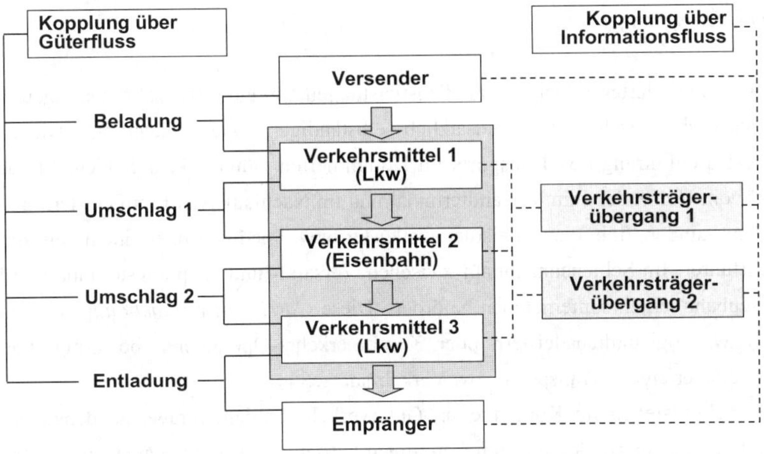

Abbildung 1: Güter- und Informationsflüsse in einer Kombinierten Verkehrskette Schiene/Straße[11]

Im Vorlauf wird das Transportgut von der Quelle (z. B. Lager des versendenden Unternehmens) per Straßengütertransport zu einem Umschlagsterminal befördert, wo ein Verkehrsträgerübergang bzw. -wechsel von der Straße auf die Schiene erfolgt. Im Rahmen des die größte Entfernung ausmachenden Hauptlaufs erfolgt der schienengebundene Transport zum Zielterminal. Dort wird die transportierte Ladeeinheit erneut umgeschlagen und über die Straße zur Senke (z. B. Werk des empfangenden Unternehmens) transportiert. Innerhalb jedes Teilabschnitts einer solchen intermodalen Verkehrskette finden dispositive (z. B. Lokführer- oder Transportmitteleinsatzplanung), administrative (z. B. Weitergabe von Transportdokumenten) und sonstige Zusatzleistungen (z. B. Übernahme der Verzollung oder Bereitstellung von Lösungsalternativen bei unerwarteten Störungen im Prozessablauf) statt.[12]

Ziel des Kombinierten Güterverkehrs Schiene/Straße ist die „…einzel- und gesamtwirtschaftlich effiziente Ausnutzung der systemspezifischen Stärken der beteiligten Verkehrsträger unter Minimierung des durch die zusätzlichen Umschlagsvorgänge notwendigen Mehraufwandes.“[13] Somit sollten die Systemvorteile der beiden Verkehrsträger Schiene und Straße miteinander verbunden werden, wie bspw. die sich aus der Flexibilität, dem flächenförmig aufgebauten Arbeitsbereich und der ständigen Sendungsbegleitung ergebenden Stärken des Straßengüterverkehrs und die

---

10 Vgl. Pfohl (2010), S. 173; Aberle (2003), S. 549; Ihde (2001), S. 201ff.; Polzin (1999), S. 84f.; Melzer (1998), S. 128; Eickemeier (1997), S. 8f.; Seidelmann (1997), S. 321; Koch (1997), S. 63; Schäfer (1993), S. 37; Sondermann (1991), S. 36; Kossak (1991), S. 74; Jensen (1990), S. 3f. und Seidenfus (1974), S. 2.

11 In Anlehnung an Polzin (1999), S. 83 und Fonger (1993), S, 52.

12 Vgl. hierzu Hoffmann (2007), S. 15f.; Hautau/Zimmermann (2003), S. 11 und Polzin (1999), S. 90.

13 Polzin (1999), S. 85. Vgl. dazu auch Baier/Enning (2006), S. 31; Siegmann/Heidmeier (2006), S. 10f.; Ihde (2001), S. 201ff.; Eickemeier (1997), S. 9 und Holbach (1995), S. 8.

Vorteile der Berechenbarkeit, Umweltschonung und Massenleistungsfähigkeit des Schienengüterverkehrs.[14]

Akteure und deren Leistungsangebote

An der Erstellung Kombinierter Güterverkehrsdienstleistungen ist eine Vielzahl heterogener, sowohl rechtlich als auch wirtschaftlich grundsätzlich selbständiger, Akteure beteiligt.[15] Die eigenverantwortliche Durchführung des Transports im Kombinierten Güterverkehr Schiene/Straße obliegt im Vorlauf vom Versender zum Versandterminal und im Nachlauf vom Empfangsterminal zum Empfänger dem Kunden, d. h. dem Logistikdienstleister bzw. Spediteur oder einem von ihm beauftragten Frachtführer. Im Schienenhauptlauf zwischen Versand- und Empfangsterminal wird die Fracht von Eisenbahnverkehrsunternehmen befördert. Diese *Carrier bzw. Traktionäre* werden von Speditionen bzw. Logistikdienstleistern oder Kombiverkehrs-Operateuren beauftragt und verfügen in der Regel über eigene Transport- bzw. Verkehrsnetze.[16]

Die Terminals als Schnittstellen im Kombinierten Güterverkehr Schiene/Straße, an denen der Wechsel der Verkehrsträger stattfindet, bieten neben reinen Umschlagsleistungen auch zusätzliche Dienstleistungen an, wie Behälterreinigung und -reparatur, Stauung und Lagerung, Chassis-Leasing und -Depot sowie die Bereitstellung von Informations- und Kommunikationssystemen.[17]

Zum Leistungsspektrum von Terminalbetreibergesellschaften in Abgrenzung zu reinen Terminalbetreibern zählen des Weiteren Terminalplanung, Terminalbau und -betrieb sowie Beratungsleistungen bei Entwicklung, Planung und Realisierung (z. B. Betriebsführung) von Terminals bzw. bei der Beschaffung des notwendigen Umschlagequipments.[18]

Weiterer Bestandteil der Infrastruktur[19] des Kombinierten Güterverkehrs Schiene/Straße sind neben den Terminals das Schienen- und Straßennetz. Für die Entwicklung und den Betrieb der Schieneninfrastruktur, die das Fern-/Ballungsnetz, das Regionetz und die Zugbildungs- bzw. -behandlungsanlagen einschließlich der Leit- und Sicherungstechnik umfasst, ist in Deutschland die DB Netz AG verantwortlich. Diese hat auch die Aufgabe der mit den Eisenbahnverkehrsunternehmen abgestimmten Fahrplanerstellung, der Vermarktung von Trassenangeboten und die Instandhaltung bzw. Instandsetzung des Schienennetzes.[20] Im Gegensatz zur einheitlichen Betreiberstruktur der europäischen Schieneninfrastruktur mit in Abhängigkeit der nationalen Umsetzung von Richtlinie 2004/51/EG jeweils eines vom Fahrbetrieb entkoppelten Betreibers, ist diese für die europäische Straßeninfrastruktur eher heterogen. Hier sind in Abhängigkeit der jeweiligen nationalen Vorgaben u. U. mehrere Betreibergesellschaften in gemeinsamer Arbeit mit Behörden oder Ministerien entweder flächendeckend an der Planung, dem Bau und dem Betrieb von Straßen (z.

---

14 Vgl. Lucke/Eisenkopf/Lüsch/Milczarek/Stabenau/Woda/Wölfel (2001), S. 289 und Bühler (2006), S. 53.
15 Vgl. dazu Stölzle/Hoffmann (2006), S. 322f.; Hoffmann (2005), S. 58 und Claussen (1979), S. 47.
16 Vgl. Janz (2003), S. 16 und Allemeyer (1998), S. 17.
17 Vgl. Bukold (1996), S. 27.
18 Vgl. DUSS (2007), online; Hoffmann (2007), S. 24 und Polzin (1999), S. 106f.
19 Vgl. Boyer (1997), S. 102ff.
20 Vgl. dazu Hoffmann (2007), S. 24f.; DB Netz AG (2006), S. 21ff. und Polzin (1999), S. 96ff.

B. Autobahnen oder Schnellstraßen) oder nur an einzelnen Teilabschnitten der Infrastruktur wie bspw. Brücken oder Autobahnsegmenten[21] beteiligt.
Abgegrenzt von den verkehrsträgergebundenen Carriern organisieren Speditionen verkehrsträgerunabhängig für ihre Kunden aus der verladenden Wirtschaft die Logistik und treffen in diesem Rahmen die Verkehrsmittelauswahl (z. B. Kombinierter Güterverkehr Schiene/Straße).[22] Sie bieten des Weiteren zusätzliche Dienstleistungen wie Verpackung, Lagerhaltung und Umschlag an, weshalb sie in den vergangenen Jahren zunehmend zu Logistikdienstleistern mit einem breiten, über den Transport hinausgehenden Leistungsangebot geworden sind.[23] Auch können Beratungs- und Informationsleistungen zum Angebot logistischer Dienstleister zählen.[24]
Waggonvermietern und Traktionären obliegt neben den Eisenbahnverkehrsunternehmen die Bereitstellung von Zügen, Zugteilen, Lokomotiven und der Traktion. Sie sind oftmals Tochter- oder Beteiligungsgesellschaften von Eisenbahnverkehrsunternehmen oder Kombiverkehrs-Operateuren.[25] Letztere bilden die Schnittstelle zwischen ihren Kunden, d. h. den Logistikdienstleistern und den Eisenbahnverkehrsunternehmen, bei denen sie komplette Züge bzw. Zugsysteme oder die Traktion gesondert einkaufen.[26] Die Kombiverkehrs-Operateure übernehmen für diese Züge bzw. Zugteile das Auslastungsrisiko. Sie organisieren sowohl Transportleistungen von Ladeeinheiten zwischen Versand- und Empfangsterminal als auch zunehmend Haus-Haus-Angebote innerhalb einer kompletten Verkehrskette.[27] Darin integriert sind z. B. die Leistungen der Waggonbereitstellung, der Abfertigung, der Verladung an den Umschlagsterminals sowie auch sendungsbegleitende Informationen und Beratungsleistungen. Die Kombiverkehrs-Operateure sind u. a. mit dem Design und der Ausgestaltung von Schlüsselkomponenten der Kombinierten Güterverkehrsdienstleistung, wie z. B. der Qualität, beauftragt und kaufen die Bestandteile der Dienstleistung bei ihren Zulieferern ein, nämlich den Eisenbahnverkehrsunternehmen, Traktionären sowie Terminal- und Schieneninfrastrukturbetreibern.[28] Im grenzüberschreitenden Verkehr organisieren sie einerseits die Leistungen der jeweiligen nationalen Eisenbahnverkehrsunternehmen und andererseits der im jeweiligen Land angesiedelten UIRR-Schwestergesellschaft.[29]
Die verladende Wirtschaft ist in den häufigsten Fällen als Kunde des die Kombinierte Güterverkehrsdienstleistung nachfragenden Logistikdienstleisters der indirekte Endkunde des Kombinierten Güterverkehrs Schiene/Straße. Sie beeinflusst deshalb mit ihren logistischen Qualitätsanforderun-

21 Ein Beispiel hierfür ist die Brennerautobahn AG, die für den Betrieb des Brenners zuständig ist. Vgl. Brennerautobahn AG (2007), online.
22 Speditionen bzw. Logistikdienstleister können auch als Intermediäre zwischen der verladenden Wirtschaft und den Kombiverkehrs-Operateuren bezeichnet werden und sind Ansprechpartner für die verladerseitige Nachfrage nach Verkehrsdienstleistungen. Vgl. hierzu Hoffmann (2007), S. 26.
23 Vgl. Janz (2003), S. 15ff.
24 Vgl. Trost (1999), S. 72.
25 Siehe Polzin (1999), S. 106.
26 Teilweise zählen auch Verlader zu den Kunden der Kombiverkehrs-Operateuren. Vgl. dazu Eberhard (2000), S. 58f.
27 Vgl. Koch (2004), S. D2-27 und Hautau/Zimmermann (2003), S. 14.
28 Vgl. UIC (2006), S. 21.
29 Im Verband der UIRR (Union Internationale des Sociétés de Transport Combiné Rail-Route) sind momentan 20 Kombiverkehrs-Operateure aus 14 europäischen Staaten zusammengeschlossen. Vgl. UIRR (2007), online.

gen, wie bspw. an Transport- bzw. Lieferzuverlässigkeit, Flexibilität bzgl. Liefer- und Abholzeiten, Transportzeit und -preis, indirekt die qualitätsorientierte Leistungserstellung und -angebote der weiteren Akteure der kombinierten Güterverkehrskette.[30] Sie beauftragt Logistikdienstleister bzw. Speditionen mit Transport- und Verkehrsdienstleistungen, die wiederum die Verkehrsmittelwahl treffen und somit die Nachfrage nach Kombinierten Güterverkehrsdienstleistungen bestimmen.[31] In den letzten Jahren hat jedoch ein schleichender Prozess der Neuordnung dieser Angebots- und Nachfragestrukturen eingesetzt, was zu neuen Wettbewerbsstrukturen führt,[32] die sich zwar aufgrund der sich dadurch ändernden Zuliefer-Abnehmer-Beziehungen auf die Leistungsanforderungen an die Akteure des Kombinierten Güterverkehrs auswirken,[33] jedoch keinen Einfluss auf die Tatsache nehmen, dass Logistikdienstleister bzw. Speditionen nach wie vor zum Großteil mit ihren Anforderungen die Nachfrage und die Qualität der angebotenen Kombinierten Güterverkehrsdienstleistungen determinieren.[34]

Daraus ergibt sich, dass sowohl für die angebotenen Teilleistungen der Akteure als auch für die Gesamtleistung des KV Schiene/Straße jeweils unterschiedliche Kundenanforderungen existieren können (heterogene Angebots- und Nachfragestruktur).[35] Auch das Angebotsportfolio und die Nachfragestrukturen sind nicht ohne Überschneidungen,[36] wodurch einerseits Konkurrenzsituationen zwischen uni- und intermodalen Güterverkehrsdienstleistungen entstehen und andererseits vertikale (zwischen Akteuren auf verschiedenen Wertschöpfungsstufen) und horizontale Wettbewerbssituationen auftreten (z. B. durch die Auswahlmöglichkeit des Kombiverkehrs-Operateurs zwischen unterschiedlichen Traktionären). Diese Wettbewerbssituationen und das sich daraus für den Kombinierten Güterverkehr Schiene/Straße ergebende Beziehungsgefüge zwischen den einzelnen Akteuren konstituieren ein komplexes Transportnetzwerk, dessen Betrachtung Bestandteil des folgenden Abschnitts ist.

---

30 Vgl. dazu Clausen/Kuchenbecker/Schwarz (2003), S. 58; Göpfert (2002a), S. 420; Evers/Johnson (2000), S. 32 und Holzmüller (1997), S. 163.

31 Siehe hierzu Bühler (2006), S. 42f.; EU-Kommission (2003), S. 11ff.; Seeck/Smekal (2004), S. 486 und Boldt (2009).

32 Bspw. bieten Eisenbahnverkehrsunternehmen den Logistikdienstleistern intermodale Verkehrsdienstleistungen direkt und ohne die Involvierung von Kombiverkehrs-Operateuren an. Als aktuelle Beispiele seien Rail Cargo Austria, Renfe, TX Logistik oder PCC Rail genannt. Vgl. dazu Heinrici (2007), S. 11 und UIC (2006), S. 22. Umgekehrt kaufen Logistikdienstleister mittlerweile komplette Züge auch direkt bei den Eisenbahnverkehrsunternehmen ein, ohne Kombiverkehrs-Operateure zu integrieren. Vgl. hierzu Koch (2004), S. D2-26. Kombiverkehrs-Operateure haben dementsprechend damit begonnen, nach alternativen Wertschöpfungsmöglichkeiten zu suchen, wie sie z. B. durch eigene Traktion, Waggonvorhaltung, Vor- und Nachlaufverkehre oder horizontale Kooperationen innerhalb des Netzwerks der UIRR-Kombiverkehrs-Operateure entstehen können.

33 Vgl. Hoffmann (2007), S. 28.

34 Auch gilt es anzumerken, dass neueste Studien den Rückzug vieler Eisenbahnverkehrsunternehmen aus der Rolle des KV-Operateurs aufzeigen und dass die momentane Marktsituation durch die drei Kategorien des klassischen Kombiverkehrs-Operateur, einigen wenigen Eisenbahnverkehrsunternehmen in der Rolle des KV-Operateurs (z. B. Rail Cargo Austria oder TX Logistik) und durch Logistikdienstleister gekennzeichnet ist, die ihr Service-Portfolio durch KV-Dienstleistungen erweitert haben (z. B. Ambrogio, DHL, Hangartner oder Hellmann). Vgl. dazu UIC (2006), S. 21ff.

35 Vgl. Koch (2004), S. D2-26.

36 Vgl. hierzu Trost (1999), S. 167f.

2.2 Die Organisation des Kombinierten Güterverkehrs Schiene/Straße

Netzwerke können als Ausprägungsformen von Kooperationen betrachtet werden.[37] Diese finden sich für die nachfragegerechte Erstellung Kombinierter Güterverkehrsdienstleistungen Schiene/Straße auch zwischen den mittels unterschiedlicher Verkehrsträger agierenden Produzenten Kombinierter Güterverkehrsdienstleistungen.[38] Ziel einer solchen verkehrsträgerübergreifenden Kooperation ist es, mit Hilfe der jeweiligen verkehrsträgerbezogenen Teilsysteme den einzelwirtschaftlichen Anforderungen sowie den gesamtwirtschaftlichen, verkehrspolitischen bzw. ökologischen Zielen durch marktkonforme Verkehrsdienstleistungen, wie z. B. Korridorgüterverkehre, gerecht zu werden.[39] Ursächlich für die verkehrsträgerübergreifende Zusammenarbeit im Kombinierten Güterverkehr sind beschränkte Ressourcen bzw. Kapazitäten der einzelnen Akteure,[40] z. B. hinsichtlich Produktionsmöglichkeiten,[41] Informationsverarbeitungsfähigkeit, Zeit oder auch Technologien.[42] Für die Steigerung der Wettbewerbsfähigkeit[43], die arbeitsteilige Spezialisierung und die damit verbundene Konzentration auf eigene Kernkompetenzen bzw. Senkung von Transaktionskosten, die Nutzung von Skalen- oder Bündelungsvorteilen,[44] sowie für die Verteilung bzw. Verringerung von Risiken[45] sind die Unternehmen in der Kombinierten Verkehrskette bereit, ihre jeweiligen wirtschaftlichen Handlungs- und Entscheidungsspielräume zumindest teilweise zu Gunsten eher kooperativer denn kompetitiver Strategien einzuschränken.[46]

Diese Entstehungsgründe für Kooperationen gelten grundsätzlich auch für Netzwerke, obwohl beide Begriffe in der Literatur nicht eindeutig voneinander abgegrenzt werden.[47] Im Folgenden soll der Ansicht von *Wohlgemuth* gefolgt werden, wonach Netzwerke als eine spezielle Form zwischenbetrieblicher Kooperation zwischen mindestens drei rechtlich selbständigen und in den von der Kooperation betroffenen Bereichen oftmals wirtschaftlich abhängigen Unternehmen

---

37 Vgl. dazu auch Rössl/Fink/Kraus (2007), S. 99; Corsten/Gössinger (2001), S. 16; Hess (1999), S. 226; Schäper (1997), S. 1 und Sydow (1992), S. 78f.

38 Die Zusammenarbeit im Kombinierten Güterverkehr Schiene/Straße ist in der Regel mittel- bis langfristig angelegt, wovon auch im weiteren Verlauf der Arbeit grundsätzlich ausgegangen werden soll. Allerdings kann es durchaus auch zu kurzfristig angelegter Zusammenarbeit kommen, wie bspw. zwischen Kombiverkehrs-Operateuren bzw. Logistikdienstleistern und Straßengütercarriern. Siehe hierfür Hoffmann (2007), S. 35; Hautau/Zimmermann (2003), S. 14 und Polzin (1999), S. 77.

39 Vgl. Polzin (1999), S. 79; Freichel (1992), S. 56f. und Kleer (1991), S. 62.

40 Durch Kooperation könnten die Unternehmen Zugang zu komplementären Ressourcen wie z. B. Kapital, Mitarbeitern oder Know-how erlangen. Zu diesem Kooperationsvorteil vgl. Chi (1994), S. 271ff.

41 Vgl. dazu Klotz (2007), S. 7.

42 Vgl. dazu Weyer (2000), S. 2; von Stengel (1999), S. 19; Child/Faulkner (1998), S. 2 und Schermerhorn Jr. (1975), S. 848.

43 Vgl. Shaprio/Willing (1990), S. 113ff.

44 Die Zusammenarbeit in Kooperationen kann Fixkosten reduzieren und Leistungsvolumina erweitern. Vgl. dazu Grandori (1997), S. 897ff.

45 Vgl. Bartholomew (1997), S. 241ff.

46 Zu diesen auf den Erkenntnissen des strategischen Managements und der Neuen Institutionenökonomie basierenden Gründen der Kooperationsbildung vgl. Solf (2004), S. 146ff.; Hardy/Phillips/Lawrence (2003), S. 323ff.; Häusler (2002), S. 331; Possel-Doelken/Zheng (2002), S. 8; Petermann (2001), S. 15ff.; Friedrich (2000), S. 226ff.; Wildemann (2000), S. 224; Polzin (1999), S. 77f.; Dyer/Singh (1998), S. 660ff.; Nordhaug/Grønhaug (1994), S. 89ff. und Prahalad/Hamel (1990), S. 79ff.

47 Vgl. dazu Corsten/Gössinger (2001), S. 19 und Renz (1998), S. 199ff.

definiert werden,[48] die basierend auf sachlich und zeitlich unbefristeten Kooperationsbeziehungen ihre betrieblichen Funktionen zur gemeinsamen Auftragsabwicklung wiederholt aufeinander abstimmen.[49] Dabei befinden sich die Netzwerkakteure in einem dem Netzwerk als Koordinationsform zwischen Markt und Hierarchie[50] inhärenten Spannungsfeld zwischen u. a. Autonomie und Abhängigkeit[51] sowie Vertrauen und Kontrolle.[52] Insbesondere diese beiden Spannungsverhältnisse determinieren die im Netzwerk entstehenden bzw. herrschenden Machtverhältnisse und damit die Struktur des Netzwerks sowie die zur Netzwerksteuerung notwendigen Instrumente.[53] Diese werden jedoch auch entscheidend durch das Netzwerkphänomen der gleichzeitigen Existenz von Kooperations- und Wettbewerbssituationen („Coopetition")bestimmt. Eine solche Situation kann im Netzwerk des Kombinierten Güterverkehrs bspw. dadurch entstehen, dass zur Erstellung internationaler Korridorverkehre (z. B. Brenner-Korridorverkehr) die Kooperation mehrerer internationaler Eisenbahnverkehrsunternehmen notwendig ist, welche neben dieser Kooperation in anderen Produktfeldern, wie z. B. der Seehafenhinterland-Traktion, in direkter Konkurrenz zueinander stehen. Zusätzlich können die Unternehmen dieses Netzwerks durchaus auch Bestandteil weiterer Netzwerke, wie bspw. anderer im Wettbewerb stehender internationaler kombinierter Korridorverkehre sein (z. B. Gotthard-Korridorverkehr), was im jeweiligen Fall die Komplexität des netzwerkspezifischen Beziehungsgefüges noch erhöhen kann. Der Kombinierte Güterverkehr Schiene/Straße ist grundsätzlich durch vertikale Kooperationen gekennzeichnet; ähnlich zu den vertikalen Zulieferketten bzw. strategischen Netzwerken im produzierenden Gewerbe, wie in Abbildung 2 vereinfacht in Analogie zur Automobilindustrie dargestellt. Auch im Kombinierten Güterverkehr Schiene/Straße gibt es mit dem Logistikdienstleister ein dem Endkunden, nämlich der verladenden Wirtschaft, nahes Unternehmen, welches im Gesamtnetzwerk des Kombinierten Güterverkehrs aufgrund seiner Kenntnisse der logistischen Kundenanforderungen über den Einkauf kombinierter Verkehrsdienstleistungen bei einem Kombiverkehrs-Operateur entscheidet (Logistikdienstleister als fokales Unternehmen des Gesamtnetzwerkes aufgrund der Macht über die Wahl des bzw. die Auftragsvergabe an den Kombinierten Güterverkehr).[54]

---

48 Vgl. dazu Ahuja (2000), S. 318ff.; Gulati (1998), S. 295ff. und Sydow (1992), S. 78. Im weiteren Verlauf der vorliegenden Arbeit werden als Akteure in sozialen Netzwerken Organisationen bzw. Unternehmen bezeichnet, weshalb im Rahmen der weiteren Untersuchungsschritte stets interorganisationale bzw. Unternehmensnetzwerke im Fokus stehen. Vgl. hierzu erneut Sydow (1992), S. 79.

49 Vgl. Håkansson/Persson (2004), S. 13 und Wohlgemuth (2002), S. 18. Vgl. auch Männel (1996), S. 27.

50 Vgl. Möller (2006), S. 1052; Kasperzak (2004), S. 227; Corsten (2001), S. 4; van Alstyne (1997), S. 2ff.; Hippe (1996), S. 23ff.; Siebert (1991), S. 291ff.; Williamson (1991), S. 284; Osborn/Baughn (1990), S. 503ff. und Thorelli (1986), S. 38ff.

51 Zum netzwerkbedingten Verlust an Eigenständigkeit und dem diesbezüglichen Potential an Machtungleichgewichten vgl. Larson (1991), S. 173ff.

52 Vgl. Sydow/Windeler (2005), S. 336 und Corsten (2001), S. 3ff. Zu weiteren Spannungsfeldern in Netzwerken siehe Sydow (2003), S. 319. Für eine detaillierte Betrachtung weiterer Netzwerkrisiken wie bspw. Schnittstellenprobleme, Flexibilitätseinschränkungen oder das Einbüßen eigener Unternehmenspotentiale vgl. Bretzke (2006), S. 7ff.; Kampstra/Ashayeri/Gattorna (2006), S. 313; Hansen/Nohria (2004), S. 24ff.; Schulze im Hove (2004), S. 95ff.; Park/Ungson (2001), S. 37ff.; Reiß (2001), S. 126ff. und Miles/Snow (1992), S. 57ff.

53 Vgl. Min (2000), S. 401ff.

54 Vgl. UIC (2006), S. 21ff.

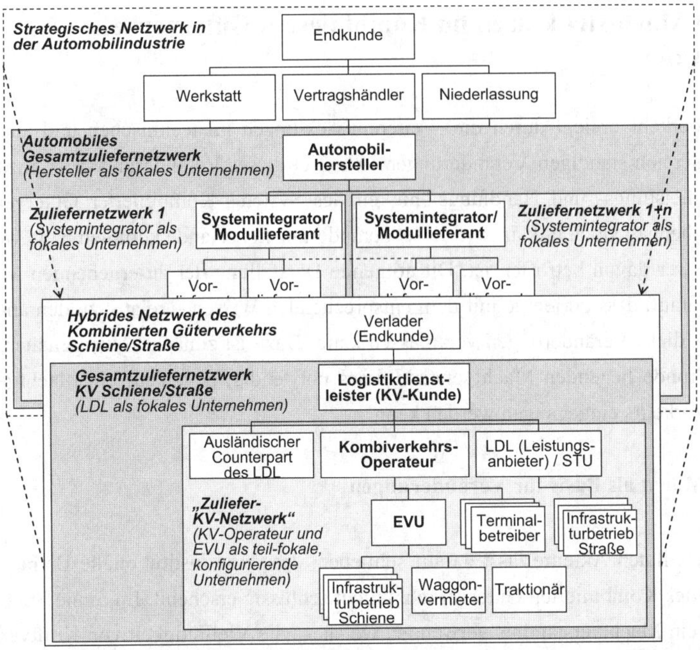

LDL = Logistikdienstleister, EVU = Eisenbahnverkehrsunternehmen, KV-Operateur = Kombiverkehrs-Operateur
STU = Straßentransportunternehmen

Abbildung 2: Vertikale Kooperationen im Netzwerk des Kombinierten Güterverkehrs Schiene/Straße in Analogie zu einem strategischen Netzwerk des produzierenden Gewerbes [55]

Der Kombiverkehrs-Operateur hat dann wiederum als „teil-fokales“ Unternehmen des dem Logistikdienstleister zuliefernden KV-Netzwerks die Rolle des Modulzulieferers bzw. Systemintegrators inne, da er als Architekt des „Zuliefer-KV-Netzwerks“ die KV-Teilleistungen einkauft und entsprechend der Kundenanforderungen für den Logistikdienstleister zum Gesamtprodukt konfiguriert. Der Kombiverkehrs-Operateur gibt in diesem Rahmen die Leistungsanforderungen des Logistikdienstleisters an die in der vertikalen Kette unter ihm angesiedelten Zulieferer weiter, wobei das Eisenbahnverkehrsunternehmen als Konfigurator der Traktion ebenfalls durch „Teil-Fokalität“ gekennzeichnet ist. Des Weiteren ist für das Netzwerk des Kombinierten Güterverkehrs Schiene/Straße die doppelte Rolle des Logistikdienstleisters als Kunde und auch als die Vor- und Nachlaufleistungen selbst durchführender bzw. organisierender Akteur (Vergabe der Vor- und Nachlauftransporte an ein Straßentransportunternehmen) und der Einfluss des Straßeninfrastrukturbetreibers auf die Leistungen charakteristisch.[56]

---

55 Vgl. Boldt (2009), S. 74.
56 Vgl. dazu Hoffmann (2007), S. 38.

3 Macht und Machtstrukturen im Kombinierten Güterverkehr Schiene/Straße

Der Kombinierte Verkehr obliegt durch die Weiterentwicklungen im technischen und auch im organisatorischen Bereich ständigen Veränderungen. Als Ziel dieser Veränderungen ist anzunehmen, dass sie zur Leistungs- und Handlungsfähigkeit des Systems Kombinierter Güterverkehr beitragen sollen. Dabei ist jedoch unklar, wie diese Veränderungen zustande kommen bzw. wer sie initiieren kann und wer davon betroffen ist. Die folgende Darstellung der zu erhebenden Machtstrukturen basiert darauf, dass derjenige mit dem entsprechenden Wissen – relativ zu den anderen Akteuren gesehen – diese Veränderungen veranlassen kann. Dazu ist zunächst eine genauere Betrachtung des zu Grunde liegenden Machtverständnisses notwendig, bevor auf ein Machtgefüge des Kombinierten Verkehrs eingegangen werden kann.

3.1 Wissen und Macht als Basis für Veränderungen

Die Vielzahl der beteiligten Akteure lässt darauf schließen, dass eine institutionelle Betrachtung der Macht im Falle des Kombinierten Güterverkehrs nicht schlüssig erscheint. Im Sinne Foucaults wird im Folgenden ein Machtverständnis verwendet, welches „die Vielfältigkeit von Kraftverhältnissen, die ein Gebiet bevölkern und organisieren; das Spiel, das in unaufhörlichen Kämpfen und Auseinandersetzungen diese Kraftverhältnisse verwandelt, verstärkt, verkehrt; die Stützen, die diese Kraftverhältnisse aneinander finden, indem sie sich zu Systemen verketten – oder die Verschiebungen und Widersprüche, die sie gegeneinander isolieren“[57] darstellt. Die statische, institutionalisierte Sichtweise der Macht weicht somit der Möglichkeit zur Veränderung. Erst durch die Möglichkeit zur Veränderung wird Integration möglich. Tritt ein Akteur in den vorhandenen Akteurskreis hinzu, müssen die Kräfteverhältnisse zwischen den einzelnen Akteuren neu gefunden werden.[58]

Basis oder Ursachen der Möglichkeit zu Veränderungen werden im geäußerten Wissen gesehen. Mit jeder Äußerung werden die Kräfteverhältnisse zwischen den Akteuren verschoben. Solche Macht-Wissens-Komplexe können als Transformationsmatrizen interpretiert werden. Die Beziehung zwischen Macht und Wissen ist dabei von bidirektionalem Charakter: Das Wissen ist abhängig von der Macht, wie auch die Macht ständiger Wegbegleiter bei der Analyse des Wissens ist.[59] Bei der Betrachtung des Kombinierten Verkehrs darf bei der Bildung des Wissenskorpus nicht außer Acht gelassen werden, dass es durch die machtstrategische Bedeutung einzelner Aussagen (als Quelle des Wissenskorpus) Wissen gibt, welches nicht geäußert wurde, aber dennoch von Bedeutung ist. Diese Macht-Wissens-Komplexe – nach Foucault „Dispositive“ genannt – werden als eine Maßnahme verstanden, die zur Umsetzung einer Strategie verwendet wird.[60] Nicht die

---

57 Foucault (1978), S. 113f.
58 Vgl. Fonger (1993), S. 82.
59 Vgl. Foucault (1977), S. 10.
60 Vgl. Defert/Ewald (2003), S. 390; Deleuze (1991), Foucault (1977), S. 35, Neuenhaus (1993), S. 64

Macht als solche ist originär für die Durchsetzung von Strategienverantwortlich, sondern das Wissen über die Strategie und die Platzierung entsprechender Äußerungen. Wird die Machtebene von der Wissensebene abgeleitet, so steht im Mittelpunkt der Untersuchung des Kombinierten Güterverkehrs, inwieweit sich die Kräfteverhältnisse der einzelnen Akteure zueinander durch Aussagen verändern.[61] Von dieser Basis ausgehend kann abgeleitet werden, welche Akteure gegenüber den anderen Akteuren in der Lage sind, positiv auf die Leistungs- und Handlungsfähigkeit zu wirken.

3.2 Ein Machtgefüge des Kombinierten Güterverkehrs Schiene/Straße

Bei der Betrachtung eines Machtgefüges des Kombinierten Güterverkehrs Schiene/Straße muss hier neben den oben genannten und an der direkten Wertschöpfung beteiligten Akteuren der Staat als beeinflussender Akteur eingeführt werden. Ausgehend von der Vielzahl verkehrspolitischer Lösungsvorschläge für Problemstellungen des Kombinierten Güterverkehrs in Vergangenheit, Gegenwart und mit Blick auf die Zukunft kann festgestellt werden, dass seine Position im Machtgefüge gegenüber den wertschöpfenden Akteuren des Kombinierten Güterverkehrs stark ist. So wirken bspw. Fördermaßnahmen stärkend für das Gesamtsystem des Kombinierten Güterverkehrs. Ein gegenläufiger Effekt ergibt sich nicht etwa durch eine Umkehrung der Kräfteverhältnisse zwischen Staat und Akteuren des Kombinierten Güterverkehrs, sondern insbesondere durch die rekursiven Zusammenhänge in der Lösungsbereitstellung des Staates selbst.[62] Dies lässt sich durch den Kern des Machtverständnisses begründen und verstehen, dass das Wissen über Strategien zur Förderung und Unterstützung des Gesamtsystems Kombinierter Güterverkehr oder einzelner Teile hiervon (z.B. Straßen- oder Schieneninfrastrukturförderung) in erster Linie beim Staat anzusiedeln ist. Diese selbst schwächenden Tendenzen des Staates durch rekursive Zusammenhänge seiner einzelnen Steuerungsinstrumente verschieben jedoch nicht die Kräfteverhältnisse hin zu den wertschöpfenden Akteuren. Der Staat bleibt mit seinem Wissen über die Gestaltung der aktuellen und künftigen Verkehrspolitik dominant gegenüber anderen beteiligten Akteuren.[63]

Die Analyse der Machtstrukturen innerhalb des Kreises wertschöpfender Akteure des Kombinierten Güterverkehrs erfolgt anhand der oben dargestellten Netzwerkstruktur. Ausgehend von der Idee der Kräfteverhältnisse zwischen den Akteuren müssen die Schnittstellen im Rahmen der vertikalen Integration betrachtet werden. Daraus ergeben sich zu betrachtende Kräfteverhältnisse[64] zwischen Verlader und Logistikdienstleister (LDL), LDL und Kombiverkehrs-Operateur (KV-O),

---

[61] Vgl. Ortmann (2008), Kapitel 6.

[62] Die rekursiven Zusammenhänge ergeben sich beispielsweise aus der Förderung zweier konkurrierender Verkehrsmodi, z.B. der Ausbau sowohl der (Fern-)Straßen- als auch der Schieneninfrastruktur. Die hierdurch zu erwartenden Effekte heben sich gegenseitig zumindest teilweise auf.

[63] Für den Einfluss, den der Staat im Rahmen des intermodalen Verkehrs einnehmen kann, siehe die Analyse zur Rolle des Staates in China in Pfohl/Bode/Treschau/Zuber (2010).

[64] Die folgenden Aussagen basieren auf der Erfassung von Fallbeispielen sowie auf einer Literaturanalyse zum Kombinierten Güterverkehr.

KV-O und Eisenbahnverkehrsunternehmen (EVU), KV-O und Terminalbetreiber (TB) sowie EVU und Infrastrukturbetreiber Schiene (IBSch).[65]

Bezüglich des Kräfteverhältnisses zwischen Verlader und LDL lässt sich festhalten, dass der Verlader durch das Wissen und die Möglichkeit zur Äußerung der gewünschten Strategie bezüglich der Leistungserstellung im Rahmen des Kombinierten Güterverkehrs dominant gegenüber dem LDL auftreten kann. Dem steht entgegen, dass der LDL durch die Äußerung über die Leistungsfähigkeit bestimmter Verkehrssysteme die Wahl des Verladers beeinflussen kann. Als dritte Möglichkeit belässt es der Verlader bei den vertraglichen Bedingungen, dass seine Güter von A nach B zum günstigsten Preis zu transportieren sind.[66] In diesem obliegt es somit dem LDL, ob er hierfür den Kombinierten Güterverkehr einsetzt, oder nicht. Der LDL ist somit im Verhältnis zu den in der vertikalen Wertschöpfungskette folgenden Akteuren in einer dominanten Position, wobei der Verlader mit bewussten Äußerungen pro Kombiniertem Güterverkehr die Entwicklung des Systems stark beeinflussen kann.[67] Nutzt er diese Möglichkeit, ist von einem dominanten Verhältnis zum LDL auszugehen.[68]

Das dargestellte Kräfteverhältnis zwischen LDL und den anderen Wertschöpfungsakteuren wird dadurch revidiert, dass der LDL nur einen Teil der Leistungsproduktion übernimmt oder versteht: den Transport auf der Straße. Und wird dieser durch ein Straßentransportunternehmen durchgeführt, so ist er auch von dessen Aussagen zur Leistungsproduktion abhängig. Noch deutlicher zum Tragen kommt dies bei der Leistungsproduktion des Umschlags und beim Transport auf der Schiene. Hier wird mit dem KV-O eine weitere Instanz eingebunden, welche die Leistungsproduktion koordiniert. Dadurch, dass der KV-O über den Kern der Leistungsproduktion entscheidet, obliegt ihm durch die Äußerungen, welche Möglichkeiten zur Leistungserstellung bestehen und welche nicht, gegenüber dem LDL eine dominante Rolle. Aus der gegenseitigen Dominanz von LDL und KV-O lässt sich ableiten, dass diese Verbindung entscheidend für die Leistungsproduktion im Kombinierten Güterverkehr ist.

EVU, TB und IBSch stehen bezüglich der Kräfteverhältnisse basierend auf Wissen und Äußerungen alle in einem vergleichbaren Verhältnis zum KV-O. Für den KV-O stellen diese Akteure die Ressourcen dar, auf welchen die Leistungsproduktion des Kombinierten Güterverkehrs basiert. Wissen über neue Technologien und zu erwartende Änderungen bezüglich Auslastung oder Lager- bzw. Transportkapazitäten führen dazu, dass der KV-O nicht als absolut dominant gegenüber diesen Akteuren gesehen werden kann. Hier ist viel eher ein Austausch auf gleicher Ebene notwendig, da der KV-O mit seinem Wissen über Anforderungen an das die Leistung produzierende

---

[65] Die Verhältnisse zum Infrastrukturbetreiber Straße werden nicht berücksichtigt, da diese Aufgabe in der Regel der Staat übernimmt und diese Beziehung über die Beziehung des Gesamtsystems KV und Staat abgedeckt ist. Die Betrachtung der Beziehung zum ausländischen Counterpart des LDL spielt in diesem Zusammenhang ebenfalls eine untergeordnete Rolle, da das System als solches untersucht werden soll.

[66] Auf Basis von Experteninterviews konnte diese dritte Option an Fallbeispiele nachgewiesen werden.

[67] Ein mögliches Beispiel wäre, wenn der Verlader besonders auf die CO2-Bilanzen seiner Produkte schaut. Die Verwendung eines „grünen“ Verkehrsträgers könnte somit zur Vorgabe für den Spediteur werden.

[68] Siehe hierzu auch die Ausführen in Pfohl/Bode/Treschau/Zuber (2010).

System diejenigen Informationen bereitstellen kann, mit welchem die produzierenden Akteure die Attraktivität und Qualität ihrer Leistungen erhöhen können.
Aus diesen Betrachtungen lassen sich drei wesentliche Schlussfolgerungen ableiten:

1. Mit seinen Vorgaben zur Verkehrs- und Förderpolitik kann der Staat wesentlichen Einfluss auf die Entwicklung des Gesamtsystems Kombinierter Güterverkehr nehmen. Er ist als außenstehender, jedoch dominanter Akteur des Systems zu berücksichtigen.
2. Die Kräfteverhältnisse im System Kombinierter Güterverkehr Schiene/Straße entsprechen nicht jenen der anhand der vertikalen Integration ableitbaren Machtstrukturen. Bei Betrachtung der bidirektionalen Kräfteverhältnisse zwischen zwei Akteuren gibt es immer Möglichkeiten, warum in bestimmten Situationen ein Akteur, der Teil einer tieferen Wertschöpfungsstufe ist, dominant gegenüber ihm übergeordnete Akteure sein kann. Ein Machtgefälle ist nur in Relation zwischen LDL und STU festzustellen.
3. Den Verbindungen LDL und KV-O sowie KV-O und EVU, TB und IBSch – als produzierendes Teilsystem des Kombinierten Güterverkehrs – lassen sich ausgewogene Kräfteverhältnisse konstatieren. Hier kommt die in einem Netzwerk notwendige Kooperation besonders zum Tragen.

Diese Erkenntnisse dienen als Ausgangsbasis zur Ableitung notwendiger Maßnahmen zur Sicherstellung der Leistungs- und Handlungsfähigkeit des Kombinierten Güterverkehrs.

4 Leistungs- und Handlungsfähigkeit des Kombinierten Güterverkehrs Schiene/Straße

4.1 Konsequenzen für die Systembetrachtung des Kombinierten Güterverkehrs Schiene/Straße zur Leistungserstellung

An dieser Stelle wird auf Grundlage des oben skizzierten Machtgefüges im Kombinierten Güterverkehr Schiene/Straße auf mögliche ungenutzte Potenziale zur Leistungserstellung bzw. -produktion eingegangen, die eine Systemveränderung des Netzwerks Kombinierter Güterverkehr bewirken könnten. Hierbei sind die Aspekte der unklaren Dominanz zwischen LDL und KV-O sowie KV-O und den die Gesamtleistung produzierenden Akteuren des Kombinierten Güterverkehrs als Ausgangsbasis zu nennen. Für den KV-O erscheint es im Sinne seiner ursprünglichen Aufgabe als Dienstleister als notwendig, sich auf sein Kerngeschäft – das Erstellen von Angeboten bezüglich zu erbringender Leistungen des Kombinierten Güterverkehrs – zu konzentrieren. Ihm obliegt es zwar, im Sinne des Kombinierten Güterverkehrs über den einzusetzenden Verkehrsmodi zu entscheiden, dennoch ist es seine Pflicht gegenüber den Kunden – und auch gegenüber dem System Kombinierter Güterverkehr – die Leistung nur dann anzubieten, wenn sie den Anforderungen des Verladers genügt. Im Sinne der Leistungsfähigkeit des Kombinierten Güterverkehrs erscheint hier eine Vereinfachung der Machtverhältnisse zwischen Verlader und LDL als notwendig, um die Anforderungen klar abgrenzen zu können, die auf dem Markt herrschen.

Bezüglich des in Abbildung 2 dargestellten „Gesamtzuliefernetzwerk des Kombinierten Güterverkehrs Schiene/Straße" lässt sich eine Divergenz zwischen dem Machtgefüge und der aus der Organisation stammenden Forderung feststellen, dass der Informations- bzw. Wissensaustausch innerhalb von Teilsystemen größer sein sollte, als jener zwischen einzelnen Teilsystemen.[69] Auf Grund des vorhandenen Wissens und der Notwendigkeit des Austauschs dieses Wissens zur Leistungserstellung, gibt es horizontale Verbindungen und nicht die dargestellten vertikalen. So würde beispielsweise der direkte Austausch zwischen den leistungsproduzierenden Akteuren einen Effizienzgewinn darstellen, da sich der KV-O dann auf seine Kernaufgabe der Koordination bestimmter Relationen konzentrieren könnte (Aufnahme und Übersetzung der vom LDL kommenden Anforderungen) und nicht die eigentliche Leistungsproduktion koordinieren muss. Dies wird jedoch erst dann möglich, wenn die bisherige Teilsystemgrenze nicht mehr zwischen „Schiene" und „Straße", sondern zwischen Koordination und Leistungsproduktion verläuft. Eine stärkere Anbindung der Straßentransportleistung an die Umschlagsleistung und die Schienentransportleistung wäre dabei eine wesentliche Voraussetzung. Der Forderung nach höherer Transparenz im System Kombinierter Güterverkehr könnte so nachgekommen werden, da eine Trennung zwischen Anforderungskoordination und Leistungsproduktion erreicht wird.

Aus der Systembetrachtung heraus würde dies auch bedeuten, dass KV-O und LDL organisatorisch und in ihrer Zusammenarbeit näher zusammenrücken. Ein solches Dienstleistungsteilsystem des Kombinierten Güterverkehrs würde die Möglichkeit schaffen, Anforderungen seitens der Verlader (Wissen des LDL) und Möglichkeiten des Leistung produzierenden Systems (Wissen des KV-O und LDL bezüglich der STU) stärker aufeinander abzustimmen (siehe Abbildung 3). Je nach Grad der Integration könnte dies zu einer organisatorischen Wende im Kombinierten Güterverkehr führen, wenn die Neuausbildung der Teilsysteme ausgehend von der kooperativen Netzwerkstruktur zu einer integrierten Hierarchie führt.

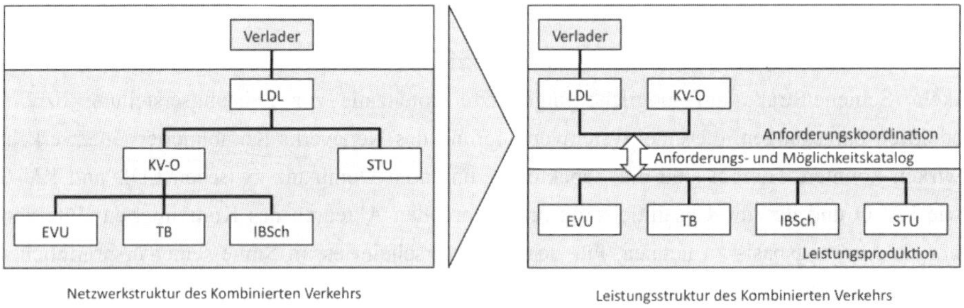

LDL = Logistikdienstleister, KV-O = Kombiverkehrs-Operateur, STU = Straßentransportunternehmen, EVU = Eisenbahnverkehrsunternehmen, TB = Terminalbetreiber, IBSch = Infrastrukturbetreiber Schiene

Abbildung 3: Organisatorische Wende im System Kombinierter Güterverkehr Schiene/Straße.

[69] Siehe z.B. Jost (2009), S. 371ff.

Eine so erreichte transparente Aufgabentrennung bezüglich Leistungskoordination und Leistungsproduktion führt zu klaren Machtstrukturen im Kombinierten Güterverkehr, was mit höherer Transparenz und u. U. höherer Akzeptanz seitens der Verlader einhergeht.

4.2 Qualitative Aspekte zur Handlungsfähigkeit des Kombinierten Güterverkehrs Schiene/Straße

Neben der Leistungsfähigkeit spielt die Machtstruktur aber auch bei der Handlungsfähigkeit des Kombinierten Güterverkehrs Schiene/Straße eine entscheidende Rolle. Es ist aufzulösen, wer im bestehenden System bestimmte Handlungen veranlassen oder beeinflussen kann, um neben der Leistungserstellung auch Veränderungen aktiv gestalten und umsetzen zu können.

Die Betrachtung des Machtgefüges hat gezeigt, dass hier dem Staat eine besondere Rolle als außen stehender Akteur des Systems zukommt, da dieser die Rahmenbedingungen zur Entwicklung des Kombinierten Güterverkehrs über die Förder- und Verkehrspolitik vorgibt. Die Frage bleibt jedoch bestehen, wie diese Rahmenbedingungen auszugestalten sind. Dies ist insbesondere nach dem Kriterium der Qualität zu vollziehen, da hier im Kombinierten Güterverkehr entsprechende Entwicklungspotenziale gesehen werden.[70]

Für die Etablierung von Qualitätszielen und einer lassen sich für die im Netzwerk agierenden Akteure folgende Aktivitäten ableiten:

- In Anlehnung an die oben hergeleitete Leistungsstruktur des Kombinierten Verkehrs sind auf der Ebene der Leistungsproduktion für die Beziehungen zwischen IBSch und EVU Qualitätsziele auszuarbeiten und festzuschreiben. Diese sind zur Abstimmung zwischen den beiden Systemebenen dringend notwendig, was auf der hohen Bedeutung der Trassenverfügbarkeit und -vergabe für die Erstellung qualitativ hochwertiger Schienengüterverkehre basiert.
- Des Weiteren sollten die Kunden der Gesamtleistungen des Kombinierten Güterverkehrs, d. h. die LDL bzw. Spediteure, mit ihren Zielen, Wertvorstellungen und Interessen möglichst direkt bzw. deren Qualitätsanforderungen über den KV-O dezidiert in die Erstellung der Qualitätsziele bzw. in das Qualitätsleitungssystem integriert werden.
- Ein übergreifendes Qualitäts-Monitoring könnte zur unmittelbaren Abstimmung der Bedarfe seitens der Leistungsproduktion für eine qualitätsorientierte Infrastrukturpolitik mit den verkehrspolitischen Zielen eingesetzt werden.

Im Rahmen der Schaffung einer Leistungsprozesstransparenz sollten sämtliche Prozesse bzw. die dabei ablaufenden Leistungen einer kontinuierlichen kritischen Hinterfragung unterzogen werden. Dabei gilt es, mögliche redundante Erfassungen von Leistungsprozessen zu identifizieren bzw. im unternehmensübergreifenden Kontext zu vermeiden. Nur so kann erkannt werden, welches Wissen zur Steigerung der Handlungsfähigkeit des Kombinierten Güterverkehrs beiträgt. Hierdurch kann ein klareres Machtgefüge mit klaren Aufgabenverteilungen entstehen. Die Realisierung einer Leistungsprozesstransparenz muss von allen Akteuren als Basis für alle folgenden Schritte und

[70] Vgl. Boldt (2009).

Handlungen eines unternehmensübergreifenden Qualitätsmanagements verstanden werden. Nur dann wird es für die Partner ersichtlich, dass auftretende Prozessänderungen und auch die Eventualität von Störgrößen zu kontinuierlichen Anpassungen der Prozesslandschaft zu führen haben. Zudem wird es ersichtlich, wer im Machtgefüge die Möglichkeit hat, notwendige Veränderungen anzustoßen.

Zusammenfassend lässt sich festhalten, dass durch eine organisatorische Wende die Netwerkstruktur des Systems Kombinierter Güterverkehr stärker an einer Leistungsstruktur ausgerichtet werden sollte, um eine höhere Leistungsfähigkeit zu ermöglichen. Für die wirtschaftliche Effizienz des Systems und der Sicherstellung der Handlungsfähigkeit müssen zudem an der Qualitätsdimension ausgerichtet Maßnahmen – wie z. B. ein netzwerkübergreifendes Qualitäts-Monitoring – eingeführt werden.

5 Kritische Würdigung der Leistungen von Professor Dr. Dr. h.c. Hans-Christian Pfohl zur Forschung im Kombinierten Güterverkehr Schiene/Straße

Insbesondere mit seinen beiden Werken „Logistiksysteme“ und „Logistikmanagement“ hat Prof. Dr. Dr. h.c. Hans-Christian Pfohl die Grundlagen geschaffen, um auch den Kombinierten Güterverkehr aus einer anderen Perspektive denn der vorherrschenden technologischen und planerischen Betrachtungsweise zu analysieren und zu erforschen.

So sind die von ihm aufgezeigten Schnittstellen zwischen den einzelnen Teilsystemen der Logistik insbesondere für den Kombinierten Güterverkehr von hoher Bedeutung, da durch die Vielzahl der am Kombinierten Güterverkehr beteiligten Akteure die Anforderungen an die Koordination besonders hoch sind. Durch die ganzheitliche Betrachtung aller Funktionen, Treiber und Variablen der Logistik ist es möglich geworden, entscheidende Zusammenhänge für ein System zu identifizieren, welches sich künftig mehr denn je den Anforderungen der Wirtschaftlichkeit und Qualität stellen muss.

Im Rahmen seiner langjährigen Forschung konnte Prof. Dr. Dr. h.c. Hans-Christian Pfohl aufzeigen, dass neben technologischen und politischen Einflüssen insbesondere die betriebswirtschaftliche Perspektive einen Mehrwert für die Effektivität und Effizienz logistischer Systeme hervorbringen kann. Auf dieser Basis ist es für den Kombinierten Güterverkehr nur folgerichtig, dass neben einer technologischen Wende auch eine organisatorische Wende eingeleitet wird.

Durch die Veröffentlichung oben genannter Werke und der Durchführung vieler theoretischer und anwendungsbezogener Projekte im Bereich des Kombinierten Güterverkehrs konnte ein neues Forschungskapitel aufgeschlagen werden, welches auch für andere Wissenschaften eine Anschlussfähigkeit vorbehält. Die in diesem Beitrag aufgezeigte Verknüpfung zur machtanalytischen Betrachtung des Kombinierten Güterverkehrs sei dabei nur ein Beispiel dafür, dass interdisziplinäre Forschung in den Bereichen Logistik und Verkehr künftig eine wichtige Rolle bei der Lösung gekoppelter wirtschaftlicher und gesellschaftlicher Problemstellungen notwendig sein wird.

Literaturverzeichnis

Aberle, G. (2003): Transportwirtschaft: Einzelwirtschaftliche und gesamtwirtschaftliche Grundlagen. 4., überarb. u. erw. Aufl. München, Wien 2003.

Ahuja, G. (2000): The Duality of Collaboration: Inducements and Opportunities in the Formation of Interfirm Linkages. In: Strategic Management Journal 21(2000)3, S. 317-343.

Allemeyer, W. (1998): Der Internationale Kombinierte Ladungsverkehr. In: Hartwig, K.-H. (Hrsg.): Kombinierter Verkehr: Vorträge und Studien aus dem Institut für Verkehrswissenschaft an der Universität Münster. Heft 32. Göttingen 1998, S. 59-91.

Arnold, P./Peeters, D./Thomas, I. (2004): Modelling a Rail/Road Intermodal Transportation System. In: Transportation Research Part E 40(2004)3, S. 255-270.

Baier, M./Enning, M. (2006): Flexcargorail – Ein Fahrzeugsystem für effizienten Einzelwagenverkehr. In: Logistik Management 8(2006)3, S. 28-42.

Bartholomew, S. (1997): National Systems of Biotechnology Innovation: Complex Interdependence in the Global System. In: Journal of International Business Studies 28(1997)2, S. 241-266.

Beuthe, M./Jourquin, B./Charlier, J. (2002): The Competitiveness of Intermodal Freight Transport Networks in Europe. In: European Conference of Ministers of Transport (Hrsg.): Key Issues for Transport Beyond 2000. Paris 2002, S. 271-297.

BMVBW (2001): Bericht des Bundesministeriums für Verkehr, Bau- und Wohnungswesen zum Kombinierten Verkehr. Berlin 2001.

Boldt (2009): Unternehmensübergreifendes Qualitätsmanagement für korridorbezogene Kombinierte Güterverkehre Schiene/Straße. Lohmar, Köln 2009.

Boyer, K. D. (1997): Principles of Transportation Economic. 1. Aufl. Reading 1997.

Brennerautobahn AG (2007):Die Gesellschaft und das Netz. URL: http://www.autobrennero.it/default.asp. Abruf am: 15.11.2007.

Bretzke, W.-R. (2006): SCM: Sieben Thesen zur zukünftigen Entwicklung logistischer Netzwerke. In: Supply Chain Management 6(2006)3, S. 7-15.

Bühler, G. (2006): Verkehrsmittelwahl im Güterverkehr. Eine Analyse ordnungs- und preispolitischer Maßnahmen. Heidelberg 2006.

Bukold, S. (1996): Kombinierter Verkehr Schiene/Straße in Europa. Eine vergleichende Studie zur Transformation von Gütertransportsystemen. Frankfurt am Main u.a. 1996.

Chi, T. (1994): Trading in Strategic Resources: Necessary Conditions, Transaction Cost Problems and Choice of Exchange Structure. In: Strategic Management Journal 15(1994)4, S. 271-290.

Child, J./Faulkner, D. (1998): Strategies of Co-operation. Managing Alliances, Networks and Joint Ventures. Oxford, New York 1998.

Clausen, U./Kuchenbecker, M./Schwarz, F. (2003): Verbesserung der Logistikfähigkeit im Schienengüterverkehr. In: Hossner, R. (Hrsg.): Logistik Jahrbuch 2003. Düsseldorf 2003, S. 56-62.

Claussen, T. (1979): Elemente der Gestaltung des Inland-Güterverkehrssystems. München 1979.

Corsten, H. (2001): Grundlagen der Koordination in Unternehmungsnetzwerken. In: Corsten, H. (Hrsg.): Unternehmungsnetzwerke: Formen unternehmensübergreifender Zusammenarbeit. München, Wien 2001, S. 1-57.

Corsten, H./Gössinger, R. (2001): Einführung in das Supply Chain Management. München, Wien 2001.

Dacin, M. T./Oliver, Chr./Roy, J.-P. (2007): The Legitimacy of Strategic Alliances: An Institutional Perspective. In: Strategic Management Journal 28(2007)2, S. 169-197.

DB Netz AG (2006): Geschäftsbericht 2005. Frankfurt am Main 2006.

Defert, D./Ewald F. (2003): Michel Foucault. Schriften zur Literatur. Frankfurt/Main 2003.

Deleuze, G. (1991): Was ist ein Dispositiv? In: Ewald, F. und B. Waldenfels : Spiele der Wahrheit. Michel Foucaults Denken. Erste Auflage, Frankfurt/Main 1991, S. 153-162.

Drechsler, W. (1988): Markteffekte logistischer Systeme – Auswirkungen von Logistik- und unternehmensübergreifenden Informationssystemen im Logistikmarkt. Göttingen 1988.

Dyer, J. H./Singh, H. (1998): The Relational View: Cooperative Strategy and Sources of Interorganizational Competitive Advantages. In: Academy of Management Review 23(1998)5, S. 660-679.

Eberhard, C. (2000): An Approach for the Modelling and Assessment of Uni- and Intermodal European Distribution Systems. Karlsruhe 2000.

Eickemeier, S. (1997): Kombinierter Ladungsverkehr: Produktionsorientierte Strategiekonzepte für die Deutsche Bahn AG. Frankfurt amMain u.a. 1997.

EU-Kommission (2003): Freight Integrator Action Plan „Supporting the organisers of intermodal freight transport. Consultation Paper. Brüssel 2003.

Evers, P.-T./Johnson, C. J. (2000): Performance Perceptions, Satisfaction and Intention: The Intermodal Shippers' Perspective. In: Transportation Journal 40(2000)2, S. 27-39.

Fonger, M. (1993): Gesamtwirtschaftlicher Effizienzvergleich alternativer Transportketten. Eine Analyse unter besonderer Berücksichtigung des multimodalen Verkehrs Schiene/Straße. Göttingen 1993.

Foucault, M. (1977): Sexualität und Wahrheit 1. Der Wille zum Wissen. Frankfurt/Main 1977.

Foucault, M. (1978): Dispositive der Macht. Über Sexualität, Wissen und Wahrheit. Berlin 1978.

Freichel, S. L. K. (1992): Organisation von Logistikservice-Netzwerken – Theoretische Konzeption und empirische Fallstudien zur Struktur horizontaler interorganisatorischer Beziehungsgefüge zwischen Speditionen im Stückgutverkehr. Berlin 1992.

Friedrich, S. A. (2000): Konzentration der Kräfte: A Resource-Based-View. In: Hammann, P./Freiling, J. (Hrsg.): Die Ressourcen- und Kompetenzperspektive des strategischen Managements. Wiesbaden 2000, S. 225-248.

Göpfert, I. (2002a): Innovative Güterverkehrskonzepte. In: Internationales Verkehrswesen 54(2002)9, S. 418-420.

Grandori, A. (1997): AnOrganizational Assessment of Interfirm Coordination Modes. In: Organization Science 18(1997)6, S. 897-925.

Gulati, R. (1998): Alliances and Networks. In: Strategic Management Journal 19(1998)4, S. 293-317.

Håkansson, H./Persson, G. (2004): Supply Chain Management: The Logic of Supply Chains and Networks. In: The International Journal of Logistics Management 15(2004)1, S. 11-26.

Hansen, M. T./Nohria, N. (2004): How to Build Collaborative Advantage. In: Sloan Management Review 46(2004)1, S. 22-30.

Hardy, C./Phillips, N./Lawrence, T. B. (2003): Resources, Knowledge and Influence: The Organizational Effects of Interorganizational Collaboration. In: Journal of Management Studies 40(2003)2, S. 321-348.

Häusler, P. (2002): Auswirkungen der Integration der Logistik auf Unternehmensnetzwerke. In: Stölzle, W./Gareis, K. (Hrsg.): Integrative Management- und Logistikkonzepte. 1. Aufl. Wiesbaden 2002, S. 329-357.

Hautau, H./Zimmermann, K. (2003): Intermodale logistische Ketten. Höhere Kosteneffizienz durch virtuelle Unternehmen. In: Logistik Management 5(2003)2, S. 11-21.

Heidling, E. (2000): Strategische Netzwerke: Koordination und Kooperation in asymmetrisch strukturierten Unternehmensnetzwerken. In: Weyer, J. (Hrsg.): Soziale Netzwerke. Konzepte und Methoden der sozialwissenschaftlichen Netzwerkforschung. München, Wien 2000, S. 63-85.

Heinrici, T. (2007): Schnittstellen ade – TX ersetzt Operator. In: Deutsche Verkehrszeitung (DVZ) 61(2007)112, S. 11.

Hess, T. (1999): ZP-Stichwort: Unternehmensnetzwerke. In: Zeitschrift für Planung 10(1999)10, S. 225-230.

Hippe, A. (1996): Betrachtungsebenen und Erkenntnisziele in strategischen Unternehmensnetzwerken. In: Bellmann, K./Hippe, A. (Hrsg.): Management von Unternehmensnetzwerken: interorganisationale Konzepte und praktische Umsetzung. Wiesbaden 1996, S. 21-53.

Hoffmann, A. (2005): Wann kommt der Durchbruch? In: Logistik Heute 27(2005)5, S. 58-59.

Hoffmann, A. (2007): Unternehmensübergreifendes Kostenmanagement in intermodalen Prozessketten. Theoretische Fundierung und erste empirische Ergebnisse. Köln 2007.

Holbach, M. (1995): Perspektiven des Kombinierten Ladungsverkehrs vor dem Hintergrund des deutschen Integrationsprozesses. Frankfurt amMain u.a. 1995.

Holzmüller, F.-J. (1997): Qualitätseigenschaften oder Kosten? Entscheidungskriterien der Verlader bei der Wahl zwischen Straßen- und Schienentransport. Aachen 1997.

Ihde, G. B. (2001): Transport, Verkehr, Logistik. 3., völlig überarb. u. erw. Aufl. München 2001.

Janz, O. (2003): Integriertes Transportnetzmanagement – Angebots- und nachfrageorientierte Planung und Steuerung komplexer Transportnetze. Lohmar, Köln 2003.

Jensen, A. (1990): Combined Transport – Systems, Economics and Strategies. Stockholm 1990.

Jost, P.-J. (2009): Organisation und Koordination. 2. Auflage. Wiesbaden 2009.

Kampstra, R. P./Ashayeri, J./Gattorna, J. L. (2006): Realities of Supply Chain Collaboration. In: The International Journal of Logistics Management 17(2006)3, S. 312-330.

Kasperzak, R. (2004): Netzwerkorganisation und das Konzept der rechnungslegenden Einheit. In: Zeitschrift für Betriebswirtschaft (ZfB) 74(2004)3, S. 223-247.

Kirsch, W./Bamberger, I./Gabele, E./Klein, H. K. (1973): Betriebswirtschaftliche Logistik. Systeme, Entscheidungen, Methoden. Wiesbaden 1973.

Kleeberg, L. (2000): Management von Transportnetzwerken – Ein modellgestützter Führungsansatz zur Planung und Steuerung zukunftsorientierter Gütertransportsysteme für Stück- und Kleinguttransporte im kombinierten Straßen- /Schienengüterverkehr. Göttingen 2000.

Kleer, M. (1991): Gestaltung von Kooperationen zwischen Industrie- und Logistikunternehmen. Ergebnisse theoretischer und empirischer Untersuchungen. Berlin 1991.

Klotz, H. (2007): Kooperation schafft integrierte Netze. In: Deutsche Verkehrszeitung (DVZ) 57(2003)120, Sonderbeilage Kombinierter Verkehr, S. 7.

Koch, J. (1997): Die Entwicklung des Kombinierten Verkehrs: ein Trajekt im Eisenbahnparadigma. Wiesbaden 1997.

Koch, J. (2004): Markt und Wettbewerb im Kombinierten Verkehr. In: Arnold, D./Isermann, H./Kuhn, A. et al. (Hrsg.):Logistik-Handbuch. 2., aktual. u. korr. Aufl. Berlin 2004, S. D2-25-D2-29.

Kossak, A. (1991): Quo vadis, Kombinierter Verkehr? In: Internationales Verkehrswesen 43(1991)3, S. 74-82.

Larson, A. (1991): Partner Networks: Leveraging Ties to Improve Entrepreneurial Performance. In: Journal of Business Venturing 6(1991)3, S. 173-188.

Lücke, H.-J. et al. (2001): Verkehrsunternehmen als Logistik-Dienstleister. In: Krampe, H./Lucke, H.-J. (Hrsg.): Grundlagen der Logistik – Einführung in Theorie und Praxis logistischer Systeme. 2. Aufl. München 2001, S. 249-300.

Männel, B. (1996): Netzwerke in der Zulieferindustrie: Konzepte – Gestaltungsmerkmale - betriebswirtschaftliche Wirkungen. Wiesbaden 1996.

Melzer, K.-M. (1998): Kombinierter Verkehr Straße/Schiene. In: Buchholz, J./Clausen, U./Vastag, A. (Hrsg.): Handbuch der Verkehrslogistik. Berlin u.a. 1998, S. 128-139.

Miles, R. E./Snow, C. C. (1992): Causes of Failure in Network Organizations. In: California Management Review 34(1992)4, S. 53-72.

Min, S. (2000): Inter-Corporate Cooperation in Supply Chain Management. In: Mentzer, J. T. (Hrsg.): Supply Chain Management. London u.a. 2000, S. 391-409.

Möller, K. (2006): Unternehmensnetzwerke und Erfolg – Eine empirische Analyse von Einfluss- und Gestaltungsfaktoren. In: Zeitschrift für betriebswirtschaftliche Forschung (ZfbF) 58(2006)8, S. 1051-1076.

Neuenhaus, P. (1993): Max Weber und Michel Foucault. Über Macht und Herrschaft. In: Treusch-Dieter, G. (Hrsg.): Schnittpunkt Zivilisationsprozess. Band 14, Pfaffenweiler 1993.

Nordhaug, O./Grønhaug, K. (1994): Competences as resources in firms. In: The International Journal of Human Resource Management 5(1994)1, S. 89-106.

Ortmann, G. (2008): Organisation und Welterschließung. Dekonstruktionen. 2. Aufl., Wiesbaden 2008.

Osborn, R. N./Baughn, C. Chr. (1990): Forms of Interorganizational Governance for Multinational Alliances. In: Academy of Management Journal 33(1990)3, S. 503-519.

Park, S. H./Ungson, G. R. (2001): Interfirm Rivalry and Managerial Complexity: A Conceptual Framework of Alliance Failure. In: Organization Science 12(2001)1, S. 37-53.

Petermann, T. (2001): Innovationsbedingungen des E-Commerce – das Beispiel Produktion und Logistik. Hintergrundpapier Nr. 6 des Büros für Technikfolgen-Abschätzung beim Deutschen Bundestag (TAB). Berlin 2001.

Pfohl, H.-Chr. (2010): Logistiksysteme: betriebswirtschaftliche Grundlagen. 8., korr. u. aktual. Aufl. Berlin u.a. 2010.

Pfohl, H.-Chr/Bode, A./Treschau, F./Zuber, C. (2010): Entwicklung des intermodalen Verkehrs – Zukunftsszenarien für China. In: Jahrbuch Logistik 2010. (Im Druck)

Polzin, D. W. (1999): Multimodale Unternehmensnetzwerke im Güterverkehr. Grundlagen, Anforderungsprofile und Entwicklung eines Gestaltungsansatzes für einen zukunftsorientierten Kombinierten Verkehr Schiene/Straße. München 1999.

Possel-Doelken, F./Zheng, L. (2002): Cooperation between Production Companies. In: Possel-Doelken, F./Zheng, L. (Hrsg.): Strategic Production Networks. Berlin u.a. 2002, S. 7-43.

Prahalad, C. K./Hamel, G. (1990): The Core Competence of the Corporation. In: Harvard Business Review 68(1990)May-June, S. 79-91.

Raetzell, B. (2006): Logistische Netzwerke. Ein Modell zur Ermittlung strategischer Handlungsempfehlungen. Frankfurt am Main 2006.

Reiß, M. (2001): Netzwerk-Kompetenz. In: Corsten, H. (Hrsg.): Unternehmensnetzwerke. Formen unternehmensübergreifender Zusammenarbeit. München, Wien 2001, S. 121-187.

Renz, T. (1998): Management in internationalen Unternehmensnetzwerken. Wiesbaden 1998.

Rößl, D./Fink, M./Kraus, S. (2007): Zwischenbetriebliche Kooperation und Netzwerk. In: Wirtschaftswissenschaftliches Studium (WiSt) 36(2007)2, S. 99-101.

Schäfer, H. (1993): Ein systemorientierter Problemlöseansatz zur Leistungssteigerung des Kombinierten Verkehrs mittels organisatorischer und technischer Maßnahmen. Düsseldorf 1993.

Schäper, C. (1997): Entstehung und Erfolg zwischenbetrieblicher Kooperationen. Wiesbaden 1997.

Schermerhorn Jr., J. R. (1975): Determinants of Interorganizational Cooperation. In: Academy of Management Journal 18(1975)4, S. 846-856.

Schulze im Hove, A. (2004): Chancen und Risiken von Unternehmenskooperationen aus Sicht des ressourcenorientierten Ansatzes. In: Gericke, J./Kaczmarek, M./Neweling, S./Schulze im Hove, A./Sonnek, A./Stüllenberg, F. (Hrsg.): Management von Unternehmensnetzwerken. Beiträge aus Forschung und Praxis. Hamburg 2004, S. 85-104.

Seeck, S./Smekal, G. (2004): Freight Integrator – ein Logistikkonzept mit Zukunft? In: Internationales Verkehrswesen 56(2004)11, S. 483-487.

Seidelmann, Chr. (1997): Der Kombinierte Verkehr – ein Überblick. In: Internationales Verkehrswesen 49(1997)6, S. 321-324.

Seidenfus, H. S. (1974): Die volkswirtschaftliche Bedeutung des Kombinierten Verkehrs. In: Deutsche Verkehrswissenschaftliche Gesellschaft/Studiengesellschaft für den Kombinierten Verkehr (Hrsg.): Gesamtkonzeption des Kombinierten Verkehrs. Köln 1974, S. 2-11.

Shaprio, C./Willing, R. D. (1990): On the Antitrust Treatment of Production Joint Ventures. In: Journal of Economic Perpective 4(1990)3, S. 113-130.

Siebert, H. (1991): Ökonomische Analyse von Unternehmensnetzwerken. In: Staehle, H. W./Sydow, J. (Hrsg.): Managementforschung. 1. Aufl. Berlin, New York 1991, S. 291-311.

Siegmann, J./Heidmeier, S. (2006): Verbesserte Marktchancen für den Schienengüterverkehr durch neue Zugkonzepte. In: Logistik Management 8(2006)3, S. 7-18.

Slack, B. (2001): Intermodal Transportation. In: Brewer, A./Button, K. J./Hensher, D. A. (Hrsg.): Handbook of Logistics and Supply Chain Management. Amsterdam 2001, S. 141-154.

Solf, M. (2004): Unternehmenskooperationen als Folge von Informations- und Kommunikationstechnologieveränderungen: eine theoretische Analyse. In: Zeitschrift für betriebswirtschaftliche Forschung 56(2004)2, S. 146-167.

Sondermann, K.-U. (1991): Systemlösungen im Kombinierten Verkehr. Rahmenbedingungen – Entwicklungen - Forderungen – Potentiale. Sprockhövel 1991.

Stengel, R. von (1999): Gestaltung von Wertschöpfungsnetzwerken. Wiesbaden 1999.

Stölzle, W./Hoffmann, A. (2006): Leistungsstandardisierung. Ein Ansatz zur Attraktivitätssteigerung des Kombinierten Verkehrs. In: Internationales Verkehrswesen 58(2006)7+8, S. 322-328.

Sydow, J. (1992): Strategische Netzwerke: Evolution und Organisation. Wiesbaden 1992.

Sydow, J. (2003): Management von Netzwerkorganisationen – zum Stand der Forschung. In: Sydow, J. (Hrsg.): Management von Netzwerkorganisationen. Beiträge aus der „Managementforschung“. 3. aktual. Aufl. Wiesbaden 2003, S. 293-354.

Sydow, J./Windeler, A. (2005): Dienstleistungsmanagement aus organisations- und netzwerktheoretischer Perspektive. In: Corsten, H./Gössinger, R. (Hrsg.): Dienstleistungsökonomie. Beiträge zu einer theoretischen Fundierung. Berlin 2005, S. 329-359.

Thorelli, H. B. (1986): Networks: Between Markets and Hierarchies. In: Strategic Management Journal 7(1986)1, S. 37-51.

Trost, D. G. (1999): Vernetzung im Güterverkehr. Ökonomische Analyse von Zielen, Ansatzpunkten und Maßnahmen zur Implementierung integrierter Verkehrssysteme unter Berücksichtigung logistischer Ansprüche verschiedener Marktsegemente. Hamburg 1999.

Union Internationale des Chemins de Fer (UIC) (2006): DIOMIS – Developing Infrastructure and Operating Models for Intermodal Shift. Final Report on Combined Transport in Europe 2005 (Workpackage A11). Paris 2006.

Union Internationale des Sociétés de Transport Combiné Rail-Route (UIRR) (2007): UIRR Report 2007. Brüssel 2007.

van Alstyne, M. (1997): The State of Network Organization: A Survey in Three Frameworks. URL: http://ccs.mit.edu/papers/CCSWP192/CCSWP192.html. Abruf am: 29.01.2007.

Weyer, J. (2000): Einleitung: zum Stand der Netzwerkforschung in den Sozialwissenschaften. In: Weyer, J. (Hrsg.): Soziale Netzwerke. Konzepte und Methoden der sozialwissenschaftlichen Netzwerkforschung. München, Wien 2000, S. 1-34.

Wildemann, H. (2000): Organisation der Gründungs- und Betriebsphase von Unternehmensnetzwerken. In: Albach, H./Specht, D./Wildemann, H. (Hrsg.): Virtuelle Unternehmen. ZfB-Zeitschrift für Betriebswirtschaft Ergänzungsheft 2(2000), S. 223-242.

Williamson, O. E. (1991): Comparative Economic Organization: The Analysis of Discrete Structural Alternatives. In: Administrative Science Quarterly 36(1991)2, S. 269-296.

Wohlgemuth, O. (2002): Management netzwerkartiger Kooperationen: Instrumente für die unternehmensübergreifende Steuerung. 1. Aufl. Wiesbaden 2002.

Erik Hofmann[*] / Stephan L.K. Freichel[**]

Gestaltung und Bewertung institutioneller Arrangements in der Logistik – Alternative Betreibermodelle und deren finanzielle Implikationen

---

[*] Dr. Erik Hofmann ist Vize-Direktor und Habilitand am Lehrstuhl für Logistikmanagement, Universität St.Gallen sowie Partner der Inneco AG, Zürich-St.Gallen. Er studierte an der Technischen Universität Darmstadt (D) und am Institut National Politechnique (INPG) in Grenoble (F) Wirtschaftsingenieurwesen. Seine Promotion schloss er an der TU Darmstadt bei Prof. Dr. Dr. h.c. Hans-Christian Pfohl zum Thema "Synergiemanagement" ab. Seine persönlichen Forschungsschwerpunkte liegen in den Bereichen Logistikmärkte, Logistikbewertung und -analyse, Supply Chain Finance und Kontraktlogistik. Dr. Hofmann ist Mitherausgeber des Handbuchs "Kontraktlogistik", Autor des Fachbuchs "Logistics Due Diligence" und Verfasser von zahlreichen Fachartikeln zur Logistik und zum Supply Chain Management.

[**] Dr. Stephan L.K. Freichel ist Geschäftsführer der Logwin Solutions Deutschland GmbH und als Managing Director im Geschäftsfeld Solutions der Logwin AG für Sales & Logistics Engineering verantwortlich. Er studierte Wirtschaftsingenieurwesen/Elektrotechnik an der TU Darmstadt. Nach Abschluss seiner Tätigkeit als wissenschaftlicher Mitarbeiter bei Prof. Dr. Dr. h.c. Hans-Christian Pfohl promovierte er zum Thema "Logistikservice-Netzwerke", ausgezeichnet mit dem BVL-Wissenschaftspreis. Managementverantwortung in der Industrie übernahm er zunächst bei General Motors. Es folgten Stationen im Top-Management bei Merck sowie ZF Trading. Dr. Freichel ist seit 2004 für die Logwin-Gruppe tätig, zunächst als Vorstand der Microlog Logistics AG sowie als Geschäftsführer und Managing Director im Bereich der industriellen Kontraktlogistik. Seine Branchenschwerpunkte liegen im Bereich Automotive, Maschinenbau, Chemicals sowie Handel und Aftermarket.

Abstract

Der vorliegende Beitrag beleuchtet alternative Formen der Logistik, die neben einem funktionsorientierten Eigenbetrieb oder einer "klassischen" Fremdvergabe von Einzelleistungen (z. B. Transport, Umschlag und Lagerung) aus Sicht z. B. eines Industrie- oder Handelsunternehmens bestehen. Unterschieden werden die als "Kontraktlogistik", "Logistik GmbH" sowie "Joint Venture mit einem Logistikdienstleister" bezeichneten Formen der Zusammenarbeit. Über ein vierstufiges Vorgehen werden Prozessveränderungen in der Logistik, die durch die Überführung in die alternativen Betreibermodelle auf Basis institutioneller Arrangements entstehen, systematisch mit Bilanzsowie Erfolgsgrössen verknüpft und anschliessend in eine Geldflussrechnung überführt. Es zeigt sich, dass den drei Formen verschiedene Free Cash Flow-Verläufe zugrunde liegen, die je nach Ausgangssituation des verladenden Unternehmens mit unterschiedlichen Anknüpfungspunkten der Finanzierung einhergehen.

1 Einleitung

Outsourcing, im Sinne eines "Outside resource using", hat sich in den vergangenen Jahrzehnten in der unternehmerischen Praxis zu einem häufig vorzufindenden Phänomen entwickelt. Eng verbunden mit dem Globalisierungstrend, wurden – auch in der Logistik – die Vorzüge einer Fremdvergabe insbesondere von Transport-, Umschlags- und Lagerleistungen (TUL) oft hervorgehoben. Dazu listen beispielsweise Kersten & Koch (2007, S. 117-119) oder Kleer (1991, S. 72-86) eine Reihe von Argumenten für die Fremdvergabe von Logistikleistungen auf:

- Die *Umwandlung von Fixkosten in variable Kosten* gehen einher mit einer geringeren Kapitalbindung und der Erwartung, die Logistikkosten durch einen spezialisierten Dienstleister senken zu können.
- Durch die *höhere Flexibilität des Dienstleisters* sollen Auslastungsschwankungen besser ausgeglichen und der Logistikservice verbessert werden.

Diese Hauptziele werden begleitet von einer Reihe von Nebenzielen, zu denen arbeitsrechtliche Vorteile genauso zählen wie eine verbesserte internationale Präsenz oder die zügigere Adaption neuer Technologien (siehe u. a. Prockl & Rudolph, 2007; Andersson & Norrman, 2002; Bretzke, 1998).

Dass sich diese hohen Erwartungen aus Sicht von Industrie- oder Handelsunternehmen nur zum Teil realisieren lassen, macht beispielsweise Barthelemy (2003, S. 87-99) deutlich. Gulisano (1997, S. 77) stellt fest, dass über 50 Prozent der Zusammenarbeit in den untersuchten Fällen im Rahmen einer Fremdvergabe nach drei Jahren beendet werden. Eine potentielle Ursache sieht Gould (2003, S. 48) darin, dass sich die Kooperationsbereitschaft der verladenden Unternehmen in den vergangenen Jahren nicht an die gestiegene Komplexität der ausgelagerten Logistikleistungen anpasste. Andererseits weisen Wilding & Juriado (2004, S. 628-644) auf mögliche Kontroll- und Kompetenzverluste hin, die mit dem Auslagern von Logistikleistungen verbunden sind. Den damit verbundenen erschwerten – da indirekten – Zugang zum Kunden nehmen die verladenden Unternehmen nur ungern in Kauf und scheuen sich davor, das volle Potenzial eines umfassenden Logistik-Outsourcings auszuschöpfen.

Aus der unadäquaten Nutzung des Outsourcing-Potentials können Dissonanzen und Unzufriedenheit auf Seiten beider Parteien entstehen. In Anlehnung an Hirschman (1974) identifiziert Hofmann (2008, S. 106-107) drei Handlungsoptionen aus Sicht des auslagernden Unternehmens, die zur Behebung dieses unbefriedigenden Zustands verfügbar sind:

- Zum ersten kann der Logistikdienstleister mit einer möglichen Vertragsauflösung durch den Verlader konfrontiert werden, um den Dialog zu fördern und gemeinsam geeignete Massnahmen zur Behebung des Missstands zu erarbeiten (*"Voice Strategy"* oder *"Provider Development Strategy"*).
- Zweitens kann ein Austausch des Logistikdienstleisters erfolgen, womit am Outsourcing-Konzept, prinzipiell festgehalten wird und lediglich der Anbieter ersetzt wird (*"Provider Switch Strategy"*).
- Als dritte Alternative kann von der klassischen Fremdvergabe abgerückt und ein neues "institutionelles Arrangement" oder alternatives Betreibermodell zur logistischen Leistungserstellung gewählt werden (*"Exit Strategy"* oder *"Model Change Strategy"*).

An diesem Punkt setzt der vorliegende Aufsatz an, indem er einerseits die mit alternativen *"institutionelle Arrangements in der Logistik"* verbundenen Chancen und Risiken aus Verladersicht eruiert, andererseits die finanziellen Folgen, die sich aus der Entscheidung für eine dieser Alternativen interorganisatorischer Beziehungsgefüge ergeben, beleuchtet. Hartel (2006a, S. 86-87) beschreibt drei alternative Modelle, an denen wir uns in der folgenden Erörterung anlehnen:[1]

- Die *"Logistik GmbH"* basiert auf der rechtlichen Verselbstständigung der Logistikeinheit eines Industrie- oder Handelsunternehmens. Hauptbeweggründe sind oftmals das Erzielen höherer Flexibilität, die Generierung von Drittkunden zwecks Steigerung der Auslastung bei gleichzeitiger Sicherung des eigenen Know-how.
- Als zweite Variante wird die Bildung eines Gemeinschaftsunternehmens also *"Joint Ventures mit einem Logistikdienstleister"* angeführt. Mit dieser Konstruktion steigert man den Grad der Kooperationsintensität mit einem Dritten. Gleichzeitig soll dem verladenden Unternehmen, bspw. einem herstellenden Unternehmen, operative Mitsprache und zugleich Zugang zum Know-how des Logistikdienstleisters offeriert werden (Müller-Dauppert, 2005, S. 102).
- Ferner wird drittens von der *Ausgliederung* der *Logistikleistungen im Kontext eines "klassischen" Kontraktlogistikprojekts* gesprochen, welche den verbreiteten Logistik-Outsourcing-Gedanken mit dem Bezug ergänzender Dienstleistungen erweitert.[2]

---

[1] Als weiteres potentielles Betreibermodell in der Logistik wird das Management Buy-Out (MBO) genannt, welches hier nicht weiter vertieft wird. Zu weiteren Outsourcing-Alternativen in der Logistik siehe auch Müller-Dauppert (2005), S. 26-27.

[2] In der Praxis wird der Begriff der "Kontraktlogistik", im Englischen auch Contract Logistics oder kurz Logistics Solutions genannt, nicht scharf als Abgrenzung der verschiedenen Alternativen institutioneller Arrangements und des damit resultierenden Betreibermodells benutzt. So würde man in der Praxis die Zusammenarbeit im Rahmen eines Joint Ventures, wie z. B. zwischen den Unternehmen Hirschmann als Verlader und Logwin als Dienstleister, zunächst unter eine Form der "Kontraktlogistik" subsumieren. Zwecks

Das Attribut "alternativ" bezieht sich demnach auf die dem Eigenbetrieb sowie der klassischen Fremdvergabe "einfacher" TUL-Leistungen darüber hinausgehenden Formen der logistischen Aufgabenerfüllung.

Bei der Erarbeitung einer vertikalen Kooperation zwischen Verlader und Dienstleister (Kleer, 1991, S. 58ff.; Linn, 1989, S. 31ff.) kann sich im übrigen ein Gemeinschaftsbetrieb auch als weitere Stufe der Zusammenarbeit sukzessive entwickeln, die sich mit zunehmender Beziehungsintensität von einem als "Zurufgeschäft" über vertragliche Abmachungen bis hin zu umfassenderen Funktionsausgliederungen ergeben hat. Mit wachsendem Vertrauen in die Leistungsfähigkeit oder steigendem Investitionsbedarfs des Verladers ergeben sich neue (erweiterte) Formen der Zusammenarbeit.

Diese erweiterten Formen lassen sich auch als *kombinierte Arrangements* bezeichnen. So ist etwa der Übergang einer zuvor ausgegliederten Logistikeinheit eines Industrie- oder Handelsunternehmens als "Logistik GmbH" auf einen Logistikdienstleister möglich. Ein solches Arrangement kann dabei z. B. als *Share Deal* ausgestaltet werden, in dem der Verlader die Geschäftsanteile an seiner Tochter sukzessive – also ggf. über die Stufe des Gemeinschaftsunternehmens hinweg – in einem Zug oder über Zwischenstufen an einen Dienstleister überträgt. Eine Alternative hierzu ist der *Asset Deal*, in dem der Logistikdienstleister die Vermögensgegenstände und – im Falle des damit einhergehenden Betriebsübergangs – die Mitarbeiter in eine rechtlich selbständige Organisationseinheit ("Legal Entity") übernimmt. Wird in das Konstrukt des Share Deals zusätzlich eine "Put Option" des Dienstleisters eingebaut, erlaubt diese vertragliche Variante des institutionellen Arrangements, dass der Dienstleister nach Ablauf der Vertragslaufzeit oder auf Wunsch des verladenden Kunden im Zuge einer Ausschreibung die Unternehmensanteile wieder rückübertragen kann. Kommt eine Rückübertagung auf den Verlader nicht in Frage, lassen sich die Anteile alternativ über weitere vertragliche Regelungen an einen dritten Dienstleister weiterveräussern. Der Vorteil einer solchen Konstruktion ist dabei, dass z. B. "Altlasten" in Form von Pensionsansprüchen nicht vom Dienstleister "eingepreist" werden müssen. Bleibendes Risiko ist dennoch – nach wie vor – die Problematik eines möglichen Insolvenzfalles des Verladers. Kosten einer solchen "Schliessung" und ggf. entstehende Abfindungen sind relevante Kostenrisiken im Zusammenhang mit der Übertragung von Betriebsteilen in der Logistik (zu Risiken in der Kontraktlogistik siehe auch Freichel, 2008, S. 58f.).

"There are as many reasons for outsourcing as there are firms who do it" (Lynch, 2002, S. 11). Mit dieser Aussage sei pointiert, dass es für eine Vielzahl von möglichen Motiven unmöglich eine einzige Lösung geben kann. Angemessenheit und Nützlichkeit des herangezogenen institutionellen Arrangements erschliessen sich erst vor dem Hintergrund der jeweiligen betrieblichen Anforderungen, gemäß den Prinzipien des situativen Ansatzes der Betriebswirtschaftlehre. Dies betrifft neben

- der *Kooperations*- bzw. *Integrationsbereitschaft* des auslagernden Unternehmens vor allem

---

Abgrenzung der Modelle soll hier jedoch der Begriff Kontraktlogistik, wie beschrieben, nicht den "Gemeinschaftsbetrieb" umfassen.

- die *Ressourcenausstattung*, wobei neben
- dem vorhandenen *Logistik-Know-how* insbesondere
- *die verfügbaren Finanzmittel im Vordergrund* stehen (Halldórson & Skjøtt-Larsen, 2003, S. 195).

Denn je nach institutionellem Arrangement der Logistik sind die involvierten Unternehmen verschiedenen finanziellen Situationen ausgesetzt.

- Dominiert etwa im "ursprünglichen" Eigenbetrieb die vorzuhaltende, relativ fixe Ressourcenausstattung (insbesondere für Personal und Logistikinfrastruktur), so wandeln sich diese Grössen bei einer Auslagerung – bei inkludierter Veräusserung der Mobilien und Immobilien – in variable Kostenblöcke um.
- Tauchen im ersten Fall die Grössen vor allem auf der linken Bilanzseite (z. B. im Anlagevermögen) auf, so "verstecken" sich die Logistikaufwendungen im zweiten Fall auf der rechten Bilanzseite (z. B. in den Verbindlichkeiten bzw. in der Gewinn- und Verlustrechnung).

In der Praxis wird im Outsourcing-Kontext daher gerne von der angestrebten *"Variabilisierung von Fixkosten"* oder von der *"Bilanzverkürzung"* gesprochen (Müller-Dauppert, 2005, S. 15). Es ist jedoch nicht zu übersehen, dass je nach institutionellem Arrangement ggf. Anfangsinvestitionen notwendig werden, die etwa bei der Neugründung einer Organisationseinheit anfallen. Diese können je nach Komplexitätsgrad des Geschäftsmodells und der Kooperationsintensität unterschiedlich ausfallen. Dabei entstehen im Falle der klassischen Kontraktlogistik auf Basis meist individual-vertraglicher Vereinbarungen meist keine Gründungkosten für eine separate "Legaleinheit". Allerdings kann in der Praxis je nach Komplexität des Vertragswerks sowie in Abhängigkeit von Kooperationsbereitschaft, Know-how der beteiligten Akteure und Grad der "Klarheit" des Geschäfts (z. B. über das Instrument von Service Level Agreements (SLA) und Key Performance Indicators (KPI)) ein Kontraktlogistik-Projekt ähnlich hohe Anlaufkosten verursachen wie ein Joint Venture. Das jeweilige institutionelle Arrangement birgt jedoch spezifische Transaktionskostenmerkmale, die im Zusammenhang mit den weiteren Zielgrössen bei der Gestaltung einer arbeitsteiligen Wertschöpfungskette zu berücksichtigen sind.

Als Zwischenfazit konstatieren wir: Unterschiedliche Bedürfnisse verladender Unternehmen erfordern verschiedene, individuell zu wählende Formen und Ausgestaltungen der Logistik, die über die *Gestaltung des jeweiligen institutionellen Arrangements* zwischen den Beteiligten in Betreibermodelle münden können. Letztere weisen *verschiedene finanzielle Charakteristika* auf, welche für auslagernde Unternehmen mit unterschiedlichen Implikationen für die Finanzierung einhergehen und daher *einer spezifischen Bewertung bedürfen*. Aus diesem Statement lassen sich die diesem Aufsatz leitenden Forschungsfragen ableiten:

- Welche *Charakteristika* weisen *alternative institutionelle Arrangements der Logistik* auf?
- Auf welche Art und Weise lassen sich *Veränderungen in der Logistik in Finanzgrössen* (z. B. Bilanz- und Erfolgsrechnungsgrössen) *darstellen*?
- Welche *finanziellen Folgen* (im Sinne von Free Cash Flows) resultieren bei gegebener betrieblicher Situation *aus der Wahl eines Betreibermodells*?

- *Wie können die* erforderlichen *finanziellen Ressourcen* im Kontext verschiedener Betreibermodelle *aufgebracht werden*?

Um diese Fragen zu beantworten, wird im Folgenden ein konzeptionelles Vorgehen in Anlehnung an Meredith (1993) sowie Kaplan (1993) gewählt. Der methodologische Zugang des Beitrags ist damit explorativ und besitzt konstruktivistische Elemente: Explorativ, da das Thema der Betreibermodelle in der Logistik bislang noch nicht in voller Breite wissenschaftlich beleuchtet wurde. Konstruktivistisch, da auf der Basis exemplarischer Geldflussrechnungen für zwei "Musterunternehmen" gezeigt wird, mit welchen finanzwirtschaftlichen Implikationen die Betreibermodelle einhergehen.

Geleitet von den formulierten Forschungsfragen, baut sich der vorliegende Aufsatz wie folgt auf:

- In *Abschnitt 2* werden *drei alternative Betreibermodelle der Logistik* charakterisiert.
- *Abschnitt 3* stellt den Aufbau *und das Vorgehen des finanzwirtschaftlichen Modells* vor.
- *Abschnitt 4* schlägt eine *Geldflussrechnung der differenzierten Betreibermodelle* vor.
- In *Abschnitt 5* werden erste *Anknüpfungspunkte einer Finanzierung der alternativen Betreibermodelle der Logistik* aufgezeigt.
- Der Beitrag schliesst mit einer *Zusammenfassung* sowie einem *Ausblick* in *Abschnitt 6*.

2 Skizzierung der alternativen Betreibermodelle

Die in der einschlägigen Literatur geführte Kontroverse zur Beurteilung von Outsourcing-Projekten ist ein Indikator für die Komplexität und Tragweite des Themas, welche diese Entscheidung aufweist. Mit alternativen Betreibermodellen als zusätzliche Formen der Aufgabenerfüllung der Logistik wird die Situation nicht einfacher. So spricht für Bretzke (2004) beispielsweise vor allem das fehlende Unternehmertum einer Logistik in Eigenbetrieb für die Auslagerung von Logistikdienstleistungen. Allerdings lässt sich dieses Unternehmertum nicht nur durch ein umfassendes Outsourcing (Kontraktlogistik), sondern auch durch den Aufbau einer rechtlich separaten Logistikeinheit (Logistik GmbH oder Joint Venture mit einem Logistikdienstleister) mit eigener Ergebnisverantwortung erzielen. In Anlehnung an die Outsourcing-Systematik von Bruch (1998, S. 55) werden daher nun die Kontraktlogistik, die Logistik GmbH sowie das Joint Venture mit einem Logistikdienstleister aus Sicht eines verladenden Unternehmens skizziert.

2.1 Kontraktlogistik

In den vergangenen Jahren entstand durch die wachsenden Bedürfnisse der verladenden Unternehmen aus der klassischen Fremdvergabe "einfacher" Transport-, Umschlags- und Lagerleistungen heraus die *Kontraktlogistik*. Diese wird nach Weber et al. (2007, S. 38) wie folgt definiert:

"Die Kontraktlogistik bezeichnet integrierte Leistungsbündel, die verschiedene, in ihrem Umfang wesentliche Logistikleistungen, ergänzbar um Zusatzleistungen, enthalten und kundenspezifisch gestaltet von einem Dienstleister für eine andere Partei wiederholt und über einen längeren Zeitraum auf Vertragsbasis erbracht werden".

Folgt man dieser Definition, kann die Kontraktlogistik zugleich als Erweiterung als auch als Einengung des klassischen Logistik-Outsourcings interpretiert werden:

- *Erweiterung* im Sinne, dass nicht nur "reine" Transport-, Umschlags- und Lageraktivitäten nachgefragt werden, sondern ein wesentlicher Bestandteil der zwischen den Parteien vereinbarten Verträgen aus weiteren Serviceleistungen (z. B. Vormontagen, Kommissionierung oder Preisauszeichnungen) bestehen kann.
- Einer *Einengung des Outsourcing-Begriffs* entspricht die Kontraktlogistik, da die Vertragslaufzeiten aufgrund der häufig vorzufindenden Investitionen (z. B. in neue Lager- und Umschlagshallen) länger bemessen sind und gemäss Gleissner & Femerling (2006, S. 85) üblicherweise drei Jahre und mehr betragen.

Logistikkontrakte senken den Kapitalbedarf des verladenden Unternehmens, da die Infrastruktur vom Anbieter der Kontraktlogistik-Leistungen i. d. R. bereitgestellt wird. Wird das Outsourcing als strategische Massnahme zur Reduktion der Leistungstiefe und damit der Konzentration auf Kernkompetenzen verstanden, wie dies Freiling (2007, S. 207-211) fordert, so kann die Kontraktlogistik *nicht nur als reine Optimierung des Kosten-Leistungs-Verhältnisses* betrachtet werden. Sie zielt vielmehr auf eine *langfristige Differenzierung* und eine *Erhöhung des Kundennutzens*.
Basierend auf dieser langfristigen Betrachtungsweise gliedert Wildemann (2007, S. 136-137) die möglichen *Effizienzgewinne in vier Gruppen*.

- Erstens können die *Finanzierungskosten für Investitionen* in die Infrastruktur durch eine Umwandlung von fixen in variable Kosten gesenkt werden.
- Zweitens können sich, vor allem bei *Arbeitskosten*, Differenzen bei den Personaleinsatzkosten durch unterschiedliche Tarifverträge effizienzsteigernd auswirken.
- Zum Dritten lassen sich durch die Fremdvergabe *volumenabhängige Kostendegressionseffekte* erzielen, wenn das verladende Unternehmen aufgrund schwankender unternehmensinterner Bedürfnisse keine hohe durchschnittliche Auslastung der eigenen logistischen Infrastruktur erzielen kann. Zudem werden die *Zahlungsströme* tendenziell besser planbar.
- Viertens bewirkt der durch den Wettbewerbsdruck notwendige Einsatz von State-of-the-Art-Technologien bei Logistikdienstleistern tendenziell *günstigere Kostenstrukturen* (siehe auch Aghazadeh, 2003, S. 50-58).

Den genannten Vorteilen stellt Wildemann (2007, S. 137) als Nachteile bzw. *zusätzliche Kosten* gegenüber dem Eigenbetrieb gegenüber:

- *Anbahnungskosten* zum Vertragsabschluss,
- *Kontrollkosten* zur Überwachung vereinbarter Leistungsparameter und
- *Anpassungskosten* für Vereinbarungsänderungen.

Kersten & Koch (2007, S. 120) nennen in diesem Zusammenhang folgende charakteristische Problemfelder:

- *Kontroll- und Kompetenzverluste* über die Logistikprozesse,
- *Defizite im direkten Zugang zum Kunden* und
- *nicht zufriedenstellende Leistungen* aufgrund von Informationsasymmetrien und unvollständiger Verträge.

Hinzu kommt nach Bretzke (2007) eine gewisse *Lock-In-Situation*, in welcher sich die verladenden Unternehmen nach Vertragsabschluss befinden: Der ungehinderte *Zugang zu relevanten Informationen* bezüglich der ausgelagerten Logistikaktivitäten ist erschwert und ihre *Verhandlungsmacht* gegenüber dem Dienstleister ist nach Vertragsabschluss gesunken. Zudem können *Vertrauensdefizite* entstehen (Göpfert, 2007, S. 505).

In der unternehmerischen Praxis ist das institutionelle Arrangement in Form der hier als "Kontraktlogistik" abgegrenzten Zusammenarbeit mit Logistikdienstleistern von den untersuchten Betreibermodellen am häufigsten anzutreffen. Die Kooperationsintensität in Bezug auf Breite und Tiefe der ausgegliederten Funktionen ist unterschiedlich. Beispiele finden sich in unterschiedlichsten Branchen, wie z. B. der Automobilindustrie (Schorb et al., 2007), im Konsumgüter-/Handelssektor und der Textilbranche (Nothardt et al., 2007) oder der High-Tech-Industrie (Fiege et al., 2007). Daneben haben sich zahlreiche kleinere und grössere Dienstleister im Kontraktlogistikbereich etabliert, wie z. B. DHL, Kühne & Nagel oder Logwin (Klaus, 2008, S. 347-349).

Alternativen zur "Kontraktlogistik", welche insbesondere die angedeuteten Abhängigkeitsrisiken und Vertrauensdefizite zu überwinden versuchen, stellt die Logistik GmbH sowie das Joint Venture mit einem Logistikdienstleister dar.

2.2 Logistik GmbH

Das Modell der *"Logistik GmbH"* bezieht sich auf die *Ausgründung* einer rechtlich selbstständigen, vollständig durch die Muttergesellschaft beherrschten *Tochtergesellschaft*, welche an die Stelle der bisher funktionalen Logistikorganisation tritt (siehe auch Krishnaswami & Subramaniam, 1999; Holzschuher & Pechlaner, 2007).

Vorteile des institutionellen Arrangements der "Logistik GmbH" sind nach Hartel (2006a, S. 87):

- *Sicherung des Fortbestands des eigenen Logistik-Wissens*: In diesem Zusammenhang kann zudem die Möglichkeit zur Akquisition von *Drittgeschäften* von Vorteil sein, wenn die eigene Logistik spezifisches Branchen-Know-how aufweist, welches von Logistikdienstleistern in dieser Form nicht angeboten wird.
- *Beibehaltung etablierter Entscheidungswege*, wodurch sich das Unternehmen seine eigenverantwortliche Flexibilität bewahrt.
- *Weiternutzung der vorhandenen, aber zumeist bereits mehrheitlich abgeschriebener Logistik-Infrastruktur* (z. B. Fahrzeugen, Mobilien, Lager, etc.). Dadurch schwindet ein Teil der Kostenvorteile eines Logistikdienstleisters, da dieser die entsprechende Infrastruktur in die Kostenkalkulation miteinbeziehen muss (siehe auch Kappel, 2007, S. 297-302).

Das alternative Betreibermodell besitzt folgende Nachteile:

- Vor allem in der Anfangsphase besteht die Schwierigkeit eines *fehlenden Kunden-Dienstleister-Verständnisses* gegenüber, da ehemalige Arbeitskollegen nun als Kunden betrachtet werden müssen.
- Die Logistik GmbH setzt auf die Aktivierung des unternehmerischen Denkens, *verschliesst allerdings den Zugang zu externer Expertise.*

- Zudem hat das Mutterunternehmen die *unternehmerischen Risiken* einer weitgehend wirtschaftlich selbständigen "Logistik-Tochter" zu tragen.

Somit erscheint dieses Betreibermodell speziell dann sinnvoll, wenn Optimierungsmöglichkeiten in der Logistik zwar gesehen, aber aufgrund von übergeordneten Anforderungen des Mutterunternehmens noch nicht umgesetzt werden konnten. Weiterer "Knackpunkt" im Falle einer angestrebten Drittvermarktung der Kapazitäten oder des Know-hows ist die Kostenposition. Oftmals liegt das Lohnniveau mit dem Hintergrund von Chemie- oder Automobiltarifen höher als bei gewachsenen Dienstleistern, die Ihre Leistungen auf Basis deutlich niedriger Tarife anbieten. Nicht nur die Arbeitskosten, sondern auch die aus konzerninternen Transferpreisen abgeleiteten *"Service Fees"* und *"internen Mieten"* können ein Hindernis, manchmal auch (im Falle der Kosten unter Marktniveau) ein Wettbewerbsvorteil darstellen.

Ein Beispiel für die Gründung einer Logistik GmbH liefert der Hausgerätehersteller Electrolux, welcher die eigene Logistik im September 2005 aus dem Kernunternehmen ausgliederte. Die Auslagerung soll den über 180 Mitarbeitern ermöglichen, die knapp 7 Millionen Geräte im Jahr durch unternehmerisch gelenkte Prozesse effizient zu vertreiben. Durch die Entkoppelung von Produktion und Vertrieb wird angestrebt, auf kurzfristige Schwankungen der Nachfrage flexibel reagieren zu können. Wie bei den Vorteilen erwähnt, erhofft sich die Electrolux Logistik GmbH den Aufbau eines Drittgeschäfts mit externen Kunden (o.V., 2005, S. 28-30). Weitere Beispiele sind VW Logistics, die Logistik-Tochter des Volkswagens-Konzerns [www.volkswagen-logistics.de], oder Avarto Logistics Services, die selbständige Logistikeinheit der Bertelmann-Gruppe [www.arvato-services.de].

2.3 Joint Venture mit Logistikdienstleister

Joint Ventures sind schon seit geraumer Zeit Gegenstand der betriebswirtschaftlichen Forschung (Kogut, 1991, S. 19-33). Dabei haben sich verschiedene Ausprägungsformen herauskristallisiert. Für den Fall von *Joint Ventures in der Logistik* eignet sich die relativ allgemein gehaltene Definition von Harrigan (2003, S. 2-3), welche passive Joint Ventures zu Kapitalanlage- bzw. Finanzierungszwecken ausschliesst und sich auf die realwirtschaftliche Leistungserstellung beziehen:

"[Joint Ventures are] those partnerships by which two or more firms create an entity to carry out a productive economic activity and take an active role in decision making, if not also in operations".

In den Eigenkapitalanteilen der bei einem Joint Venture involvierten Unternehmen spiegeln sich die Eigentumsverhältnisse sowie Entscheidungsbefugnisse wider. Deshalb unterscheidet Friese (1998, S. 160) zwischen paritätischen und mehrheitlich geführten Joint Ventures.

Die Vorteile von Joint Ventures in der Logistik umfassen folgende Punkte (Park & Kim, 1997):

- *Geteiltes Risiko* und *Vermeidung fremdheitsbedingter Nachteile*, wie sie bei der "klassischen" Kontraktlogistik auftreten können.

- *Opportunistisches Handeln des Logistikdienstleisters verliert an Attraktivität* und die Gesellschafterposition sowohl Transparenz als auch Durchgriffsrechte des verladenden Unternehmens erhöhen sich (Hauptmann, 2006, S. 118).
- *Verbesserung der logistischen Leistungserstellung* durch kombiniertes Wissen der Partner, was weiterhin die Chance auf ein erfolgreiches *Drittgeschäft* im Vergleich zur Logistik GmbH noch erhöht.

Die klassischen Risiken eines Joint Ventures in der Logistik gestalten sich wie folgt (Friese, 1998, S. 162):

- Zwar bestehen im Vergleich zum reinen Outsourcing adäquatere, allerdings nach wie vor *unvollständige Kontrollmöglichkeiten.*
- Sowohl innerhalb des Joint Ventures als auch zwischen Joint Venture und Parentalunternehmen können *Interessenkonflikte* auftreten.
- *Schmälerung der Outsourcing-Vorteile*: Die Reduktion der Kapitalbindung, die Erhöhung der Liquidität und die Umwandlung von fixen in variable Kosten auf der finanziellen Seite, aber auch die Komplexitätsreduktion durch die Konzentration auf das Kerngeschäft und die geringere Risikoexposition kommen nur eingeschränkt zum Tragen (Pearce & Hatfield, 2002, S. 343-364).

Weiter folgert Hauptmann (2006, S. 118), dass Joint Ventures primär in jenen Fällen zur Anwendung kommen, wo ein vollständiges Outsourcing der Logistik nicht möglich ist. Dazu ist zu ergänzen, dass seitens der verladenden Unternehmen ein vollständiges Outsourcing gerade wegen dessen Nachteilen nicht immer erwünscht ist.

Ein Beispiel für ein Joint Venture in der Logistik lieferte der amerikanische Autobauer General Motors GM (Bowersox et al., 2003, S. 23). In den frühen neunziger Jahren gelangte GM zur Überzeugung, dass die Bewirtschaftung der gesamten eigenen Supply Chain nicht zum Kerngeschäft gehört. In der Folge bildete GM mit dem Logistikdienstleister Con-Way ein Joint Venture (Vector SCM). Con-Way hielt die Mehrheit der Anteile. Das Joint Venture hatte eine für Automotive OEMs damals ungewönhlich hohe Kooperationstiefe und -breite inklusive Abrufsteuerung und des Einkaufs. Trotz des wirtschaftlichen Erfolgs hat GM im Zuge von Restrukturierungsmassnahmen die Zusammenarbeit Ende 2006 beendet, indem die Anteile am Joint Venture von Con-Way gekauft wurden. Damit führte der Automobilkonzern ein Re-Insourcing der Logistikaktivitäten durch (siehe auch Hofmann, 2008).

Ein anderes Beispiel ist der Fall "Logwin/Hirschmann". Zwischen der damaligen Hirschmann GmbH (heute aufgeteilt in mehrere rechtlich getrennte Einheiten) und Logwin wurde Anfang 2000 (noch durch Microlog) ein Joint Venture gegründet, bei dem die komplette Werkslogistik mit Qualitätslabor vom Wareneingang über die Produktionsver- und -entsorgung sowie die Distributionslogistik und Auftragsabwicklung übernommen wurde. Dies beinhaltete u. a. auch den Verkauf der Logistikimmobilien an eine vom Logistikdienstleister gegründete Immobiliengesellschaft sowie die Übertragung der Mitarbeiter auf eine Betriebs-GmbH; dem eigentlichen Joint Venture mit Anteil von 70 zu 30 (Dienstleister zu Verlader). Die Betriebs-GmbH ist Mieterin der Immobilie. Ein derartiges institutionelles Arrangement erlaubte es dem Verlader – hier als Verkäufer der

Immobilie – bilanzfreundliche Gestaltungsmöglichkeiten zu nutzen sowie seine Liquiditätssituation zu verbessern. Der Kaufpreis wird über Mieten und variable Logistikkosten über die Laufzeit des Vertrages eingepreist.

Tabelle 1 fasst die Vor- und Nachteile der in diesem Beitrag differenzierten Betreibermodelle in der Logistik nochmals überblicksmässig zusammen. Wie die finanzwirtschaftlichen Implikationen der Betreibermodelle für den auslagernden Verlader dargestellt werden können, wird im nächsten Abschnitt erörtert.

Betreibermodell	Beschreibung/ Ziele	Stärken/ Chancen	Schwächen/ Risiken	Verbreitungsgrad/ Beispiele
Kontraktlogistik	Langfristige, wiederholte und kundenspezifisch ausgestaltete logistische Leistungserbringung durch externen Dienstleister	- Fokus auf Kernkompetenzen - Tiefere Finanzierungskosten - Skaleneffekte des Logistikdienstleisters - Ausnutzung von unterschiedlichen Faktorkosten	- Potentieller Verlust von Logistik-Know-how - Kontrollkosten - Defizite bei den direkten Kundenkontakten - Mindestvertragslaufzeit - Lock-in-Situation nach Vertragsschluss	Sehr hoher Verbreitungsgrad in fast allen Branchen (zahlreiche Angebote von Logistikdienstleisten z. B. DHL, Kühne & Nagel, Logwin)
Logistik GmbH	Logistische Leistungserbringung durch eine vom verladenden Unternehmen beherrschte, rechtlich selbstständige Tochtergesellschaft	- Option auf Drittgeschäft - Fortbestand des Logistik-Know-hows - Relativ kurze Entscheidungswege - Umsetzung bekannter Optimierungsmöglichkeiten - Entkoppelung von Leistungserstellung und Vertrieb	- Kunden-Dienstleister-Verständnis fehlt - Kein Zugang zu externer Expertise - Eingehen eines wirtschaftlichen Risikos	Mittlerer bis hoher Verbreitungsgrad (z. B. Electrolux Logistics, VW Logistics, Arvato Logistics Services)
Joint Venture mit Logistikdienstleister	Verladendes Unternehmen und Logistikdienstleister betreiben und beherrschen gemeinsam eine Tochtergesellschaft zur logistischen Leistungserbringung	- Option auf Drittgeschäft - Einblick in die Leistungserstellung - Geteiltes Risiko - Kaum Anreize zu opportunistischem Verhalten - Kombination aus internem und externem Know-how	- Kontrollmöglichkeit unvollständig - Interessenkonflikte - Reduktion von Kapitalbindung und Komplexitätsreduktion nicht vollständig möglich	Niedriger bis mittlerer Verbreitungsgrad (z.B. General Motors Vector SCM mit Con-Way (beendet), Bosch Elektrowerkzeuge mit Fiege Logistik oder Hirschmann mit Logwin)

Tabelle 1: Überblick über alternative Betreibermodelle in der Logistik

3 Vorgehen zur Ermittlung der finanziellen Effekte der Betreibermodelle

Das weitere Vorgehen zur Ermittlung der finanzwirtschaftlichen Implikationen alternativer Betreibermodelle in der Logistik orientiert sich an Roztocki & Needy (1999, S. 17-21), die einen aktivitäten-basierten Ansatz zur Erfolgsbeurteilung im Operations Bereich entwickelten, indem sie das Activity-based Costing (ABC) mit dem Wertansatz des Economic Value Added (EVA) verknüpfen. Das Vorgehen wird mit den Überlegungen von Ketokivi & Heikkilä (2003) angereichert, in denen eine ressourcenorientierte Brücke zwischen Wertaktivitäten mit Performancegrößen geschlagen wird. Das Vorgehen gliedert sich in vier Schritte (siehe Abbildung 1).

3.1 Schritt 1: Aufbereitung des Ist-Zustands (vor Anwendung des alternativen Betreibermodells)

Entsprechend der Tatsache, dass kein Unternehmen dem anderen gleicht, wird nicht jedes Betreibermodell der individuellen Situation eines Unternehmens in gleichem Masse gerecht. In der angestrebten Modellbetrachtung sind jedoch gewisse Annahmen über Art und Situation des zugrunde gelegten Akteurs zu treffen. Um diesem Umstand gerecht zu werden, basieren die aus diesem Beitrag gezogenen Schlussfolgerungen auf zwei "Musterunternehmen", auf welche die alternativen Betreibermodelle der Logistik eine Anwendung finden. Als typisierende Merkmale werden von Greiner (1998, S. 56-58) folgend das Alter und die Größe der verladenden Unternehmen gewählt, weil sich anhand dieser Merkmale eine Differenzierung ergibt und sich damit verschiedene Situationen abdecken lassen.
Der Zustand vor der Anwendung der Betreibermodelle (d. h. in Periode 0) wird für beide "Musterunternehmen" in Bilanz und Erfolgsrechnung festgehalten, wobei diese Grunddaten zugunsten einer übersichtlichen Darstellung so kompakt als möglich gehalten werden.[3] Auf Bilanz und Erfolgsrechnung aufbauend wird der Geldfluss in Periode 0 ermittelt. Dieser dient als Vergleichswert für die Geldflüsse nach Umsetzung eines Betreibermodells in Periode 1 und gliedert sich in die bekannten drei Bestandteile operativer Geldfluss, Geldfluss aus Investitions- und Geldfluss aus Finanzierungstätigkeit (Ross et al., 2004, S. 29-31).[4]

3.2 Schritt 2: Identifikation der betroffenen Logistikaktivitäten

In einem nächsten Schritt sind die vom Betreibermodell tangierten Logistikaktivitäten zu bestimmen. Im vorliegenden Aufsatz wird von einer umfassenden Auslagerung der Logistik ausgegangen. Dies stellt sicherlich nicht die einzige Möglichkeit dar, wie eine Neugestaltung der Logistik in verschiedenen Betreibermodellen angegangen werden kann. So wäre es zweifellos möglich, eine Anwendung nur auf Ebene der Beschaffungslogistik oder ausschließlich auf Ebene einzelner Produktionsstätten (Werke) innerhalb des Unternehmens zu beziehen. Allerdings beschreibt Schwarting (2002, S. 42) in einem Praxisbeitrag gerade diese isolierte Sicht ohne "übergreifende wirtschaftliche Perspektive" als eines der zentralen strategischen Probleme der Logistik.

---

3 Die ausführliche Darstellung kann via E-Mail bei den Autoren unter *erik.hofmann@unisg.ch* oder *stephan.freichel@logwin-logistics.com* angefordert werden.

4 Im Modell werden die durch das Fremdkapital verursachten Zinsen im Geldfluss aus Finanzierungstätigkeit erfasst, könnten jedoch auch als operativer Aufwand verstanden werden. Die Summe der drei Geldflüsse hat definitionsgemäß wieder der Veränderung der Liquidität in jener Periode zu entsprechen.

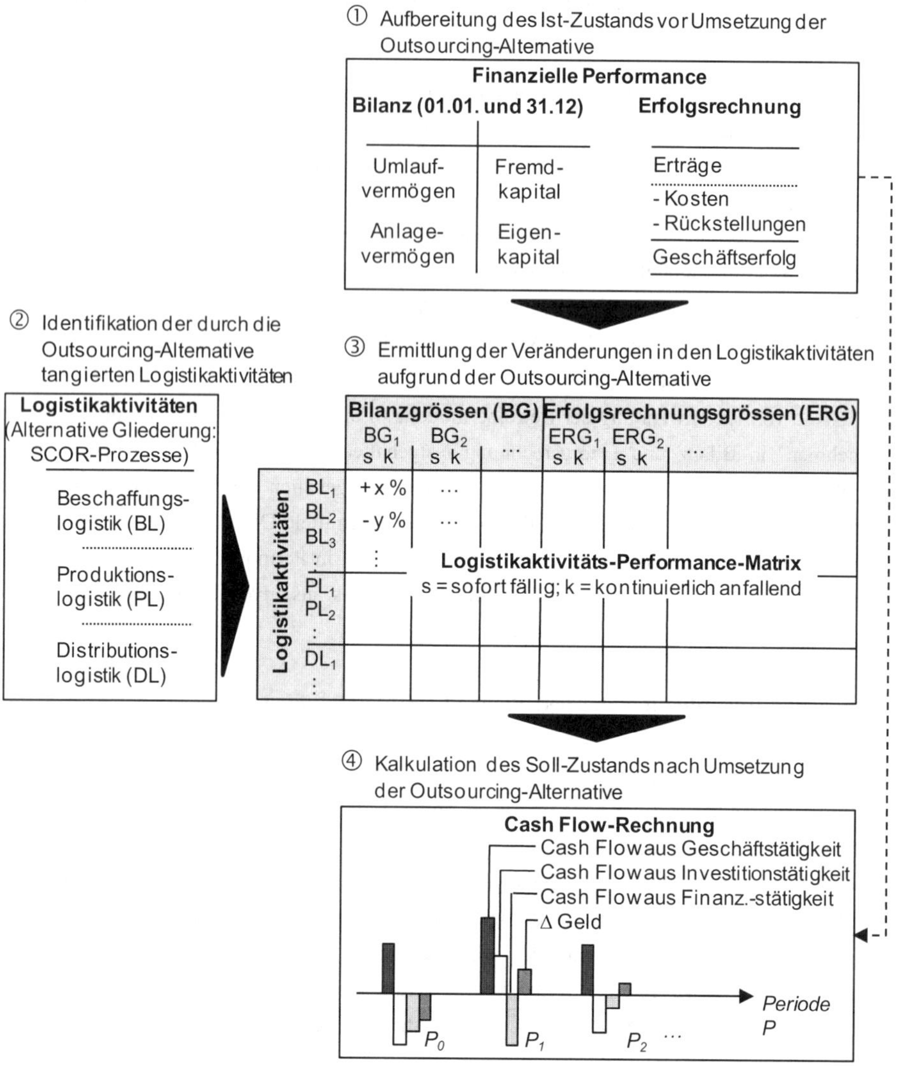

Abbildung 1: Vorgehen zur Ermittlung der finanziellen Effekte der Betreibermodelle

Die im vorliegenden Aufsatz in ein alternatives Betreibermodell zu überführenden Logistikaktivitäten orientieren sich an den phasenspezifischen Subsystemen (Pfohl, 2004, S. 179-245) sowie am Supply Chain Operations Reference (SCOR)-Modell und gliedern sich in einen Beschaffungs- (source), Produktions- (make) sowie Distributionsbereich (deliver). Hinzu kommen bei jedem Prozessglied eine übergelagerte Planungs- und Steuerungsaktivität (plan). Somit differenzieren sich die in Abbildung 2 dargestellten Logistikaktivitäten, welche vom jeweiligen Betreibermodell abgedeckt werden sollen.[5]

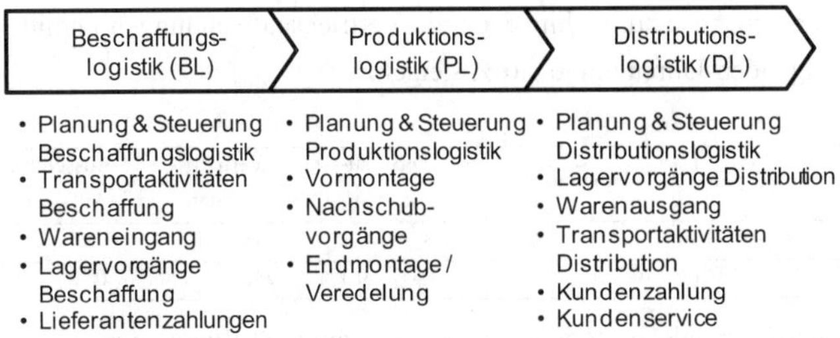

Abbildung 2: Differenzierte Logistikaktivitäten entlang der Wertschöpfungskette

3.3 Schritt 3: Ermittlung der Veränderungen in den Logistikaktivitäten

Neben den zahlreichen (qualitativen) Argumenten sind vor allem mögliche (quantitative) Effekte, die sich u. a. in Finanzgrössen ausdrücken, relevant für die Beurteilung eines alternativen Betreibermodells in der Logistik. Dieser Erfassung ist von Beginn weg eine grosse Bedeutung beizumessen. In Analogie zu Rotzocki & Needy (1999) sowie Ketokivi & Heikkilä (2003) werden jeder Logistikaktivität die jeweils tangierten Grössen der Bilanz und Erfolgsrechnung zugeordnet. Damit entsteht eine "Logistikaktivitäts-Performance-Matrix". Zur Bezifferung des prozentualen Wirkungsausmasses aufgrund der Anwendung des Betreibermodells können verschiedene Verfahren, wie etwa Benchmarks oder Simulationen (z. B. System Dynamics-Modelle), herangezogen werden, wobei Erfahrungswerte der Entscheidungsträger häufig einen ersten Hinweis liefern können.[6] Je nach Unternehmenstyp sowie Branchenfokus können die prozentualen Wirkungsausmasse unterschiedlich stark ausgeprägt sein. Ein Handelsunternehmen wird beispielsweise durch ein alternatives Betreibermodell grössere Effekte in der Distributionslogistik verspüren, wohingegen ein Industrieunternehmen womöglich in der Beschaffungs- und Produktionslogistik stärkere Ausprägungen verzeichnet.

Ein Teil der Veränderungen ereignet sich unmittelbar mit dem Ereignis (sofort, s), während andere Einflüsse ihre Wirkung erst mit der Zeit entfalten (kontinuierlich, k), weshalb in der Matrix zwischen sofort und kontinuierlich auftretende Veränderungen differenziert wird. Am Beispiel der Logistikaktivität Warenausgang (Distributionslogistik) seien diese Überlegungen veranschaulicht (siehe Tabelle 2): Es wird angenommen, dass der Warenausgang zum einen die Bilanzgrössen Geld, Anlagen und Fahrzeuge sowie die Erfolgsrechnungsgrössen Lohnkosten, Vertriebskosten

5 Aus Komplexitätsgründen orientiere sich die in diesem Beitrag differenzierten an der SCOR-Ebene 2, ohne dabei auf die spezifische Konnotation des Ansatzes sowie alle möglichen Varianten einzugehen. In einer Praxisanwendung des Vorgehens würde sich eine tiefergehende Aufsplittung auf SCOR-Ebene 3 (und ggf. 4) anbieten. Zum SCOR-Modell siehe ausführlich www.supply-chain.org.

6 Die im Rahmen des vorliegenden Beitrags vorgeschlagen prozentualen Veränderungen basieren auf Erfahrungswerte der Autoren sowie Schätzungen.

und ausserordentliche Aufwendungen beeinflusst. Im Beispiel sinkt durch die Anwendung des Betreibermodells Kontraktlogistik der notwendige Bestand an Fahrzeugen um 0.5 %, wenn die Logistikaktivität Warenausgang ausgelagert wird. Danach hat das Betreibermodell keine Auswirkungen auf den notwendigen Fahrzeugbestand, wohingegen die Vertriebsaufwendungen unmittelbar um 2.0 % und in den nachfolgenden Jahren um je 1.0 % steigen.

	Geld		Anlagen		Fahrzeuge		Personal-kosten		Vertriebs-kosten		Ausserord. Aufwend.	
	s	k	s	k	s	k	s	k	s	k	s	k
Warenausgang	5%	2%	-1%	0%	-0.5%	0%	0%	0.1%	2%	1%	0%	0%

Tabelle 2: Exemplarische Einsparpotenziale am Beispiel der Logistikaktivität Warenaugang

In der gleichen Art und Weise werden diese Überlegungen für alle Logistikaktivitäten zweier "Musterunternehmen" im Kontext der differenzierten Betreibermodelle angestellt. Die einzelnen Veränderungen in den Logistikaktivitäten basieren dabei auf Projekterfahrungswerten. Die gesamten Daten dazu können von den Autoren angefragt werden (erik.hofmann@unisg.ch oder stephan.freichel@logwin-logistics.com).

3.4 Schritt 4: Kalkulation des Soll-Zustands (nach Anwendung des alternativen Betreibermodells)

Je nach Betreibermodell wirken sich die einzelnen Logistikaktivitäten unterschiedlich stark auf die Bilanz- und Erfolgsrechnungsgrössen aus. Die Summe der Veränderungen ergibt die für die Geldflussrechnung über die kommenden fünf Perioden massgeblichen Werte. Das Heranziehen von Geldflüssen (Cash Flows) hat nach Spremann (2007, S. 155) im Vergleich zur Betrachtung von Gewinnen oder Dividenden den Vorteil, dass sich die Größe stärker an der Entstehung des Wirtschaftsergebnisses orientiert als an dessen Verbuchung bzw. Verteilung. Zudem sind Cash Flows primär von den Leistungsaktivitäten abhängig, Gewinne und Dividenden sind dagegen auch von bilanzpolitischen Entscheidungen und im letzteren Falle sogar von der Ausschüttungspolitik beeinflusst.

4 Exemplarische Geldflussrechnung der Betreibermodelle

Um Unterschiede zwischen verschiedenen Unternehmenstypen aufzuzeigen, werden zwei "Musterunternehmen" definiert, die sich in ihrer Vermögens- und Kapitalstruktur sowie ihrem Lebenszyklus unterscheiden (Füglistaller et al., 2004, S. 133). Denn je nach Stadium differenzieren sich Erscheinungsbild und Bedürfnisse der Akteure. So ist davon auszugehen, dass sich die Betreibermodelle nicht in jedem Lebenszyklus als gleichermassen zweckdienlich erweisen. Deshalb werden der folgenden Betrachtung der zu erwartenden Geldflüsse zwei verschiedene Unternehmen A und B mit entsprechend unterschiedlichen Anforderungen zugrunde gelegt.

Das "Musterunternehmen" A ist eine wachsende Organisation in einem ebensolchen Markt. Dementsprechend sind die notwendigen Investitionen in Forschung und Entwicklung genauso ausgeprägt wie zur Anschaffung geeigneter Ressourcen und Produktionsmittel. Aufgrund des Innovationsgrades der Produkte lassen sich verhältnismässig hohe Gewinne erzielen, das Unternehmen setzt sich mittelfristig einen Return on Asset (RoA) von 10 % zum Ziel. Mit der Erschliessung neuer Märkte erhofft sich der Akteur in Zukunft ein Wachstum von mindestens 6 % pro Jahr. Zur Finanzierung dieser Expansion ist das Unternehmen auf relativ hohe freie Geldflüsse angewiesen, um sich intern refinanzieren zu können. Denn Bankinstitute sind nicht immer bereit, dem jungen Unternehmen Kredite zu relativ tiefen Zinssätzen zur Verfügung zu stellen.
In einem deutlich reiferen bis stagnierenden Markt befindet sich das "Musterunternehmen" B. Bei diesem Akteur ist der Free Cash Flow aufgrund eines Preiskampfs in den vergangenen Jahren immer wieder negativ, weshalb man nach Einsparpotenzialen und neuen Verdienstmöglichkeiten sucht. Das Unternehmen erzielt seinen Gewinn primär über hohe Stückzahlen im Niedrigpreissegment. Aus diesem Grund beträgt der Return on Asset (RoA) bei Unternehmen B rund 7 %. Durch Unternehmenszukäufe konnte in der Vergangenheit ein jährliches Wachstum von rund 3 % erzielt werden.
Es folgt die Erörterung der Geldfluss-Betrachtung für die alternativen Betreibermodelle in der Logistik.

4.1 Geldflussrechnung der Kontraktlogistik

Die Geldflussrechnung bei Umsetzung einer Kontraktlogistiklösung führt bei den Beispielunternehmen zu grundsätzlich ähnlichen Schlussfolgerungen.
Betrachtet man in einem ersten Schritt den Geldfluss aus operativer Geschäftstätigkeit, so fällt auf, dass die freiwerdenden Mittel (in Periode 1) bei Wachstumsunternehmen A prozentual höher ausfallen: Da Unternehmen A einerseits mit einer höheren Rate wächst, andererseits tendenziell ein grösseres Optimierungspotential bei der Debitorenverwaltung und Warenhandling aufweist, wirken sich die Verbesserungen durch den Logistikdienstleister bei diesem Akteur stärker aus. Die Ausgliederung von Lagerbeständen und tieferen Lohnkosten durch den Wegfall der bislang intern erbrachten Logistikleistungen (v. a. bei der Lagerbewirtschaftung) führen zwar zu höheren Kreditoren, die der Logistikdienstleister dem auslagernden Verlader in Rechnung stellt. Allerdings sollte durch ein "professionelles" Cash Management (insbesondere über das Ausnutzen von Zahlungsfristen) der Liquiditätsbedarf zur Deckung der kurzfristigen Verbindlichkeiten konstant gehalten werden können, da die Zahlungen an den Logistikdienstleister gut plan- und steuerbar sind (Eije & Westerman, 2002). Analoge Schlussfolgerungen lassen sich für das reife Unternehmen B ziehen, wobei sich die Entwicklung in abgeschwächter Form beobachten lässt.
In einem zweiten Schritt zeigt sich, dass der Saldo des Geldflusses aus Investitionstätigkeit beim Wachstumsunternehmen A kleiner wird. Dies bedeutet, dass das Unternehmen zwar in Periode 1 Investitionen tätigen muss. Der Verkauf nicht benötigter Anlagen und vor allem von Fahrzeugen führt dabei aber kurzfristig zu einer relativ starken und längerfristig zu einer mässigen Entlastung

des Investitionsvolumens. Deutlich ausgeprägter ist dieser Effekt jedoch beim reifen Unternehmen B mit weitaus höheren Investitionsgraden im logistikrelevanten Anlagevermögen zu beobachten, so dass bei diesem Akteur in der Umsetzungsperiode ein positiver Saldo des Geldflusses aus Investitionstätigkeit resultiert. Dies kommt einer Desinvestition gleich und führt auch in allen Folgeperioden zu einem tieferen Investitionsvolumen (Decker & Velden, 2006).

Als drittes lässt sich aus dem Geldfluss aus Finanzierungstätigkeit und der Veränderung des Liquiditätsbestandes der Verwendungszweck der freigewordenen Mittel ablesen: Es wird davon ausgegangen, dass die Akteure die eigene Bilanz mit diesen Mitteln stärken möchten. Für das reife Unternehmen B wäre dies mit einer Reduktion der Fremdkapitalverschuldung möglich. Denkbar ist beispielsweise, die gesamte kurzfristige Verschuldung am Periodenende 0 und gleichzeitig einige Prozent der langfristigen Verbindlichkeiten zu tilgen. Für das Wachstumsunternehmen A könnte die zusätzliche Liquidität etwa zum Rückkauf von Aktienkapital verwendet werden, um dadurch die durchschnittlichen Finanzierungskosten zu senken (Schremper, 2002). Ein mögliches Vorgehen wäre dabei, einen Teil der freigewordenen Mittel zum Wiedererwerb von Eigenkapital zu verwenden, während der andere Teil zur Absicherung einer günstigeren Fremdkapitalfinanzierung dient. Eine zweite Variante geht beim Wachstumsunternehmen A davon aus, dass eine Reduktion der Bilanzsumme gar nicht angestrebt wird, sondern dass die freiwerdende Liquidität für Forschung und Entwicklung oder für den Ausbau der Wertschöpfungsaktivitäten verwendet wird, um das Unternehmen weiterhin wachsen zu lassen (Hutzschenreuter, 2006).

Die nachfolgenden Abbildungen 3 und 4 zeigen die exemplarischen Modellresultate für das Wachstums- und für das reife Unternehmen bei Anwendung des alternativen Betreibermodells der Kontraktlogistik.[7]

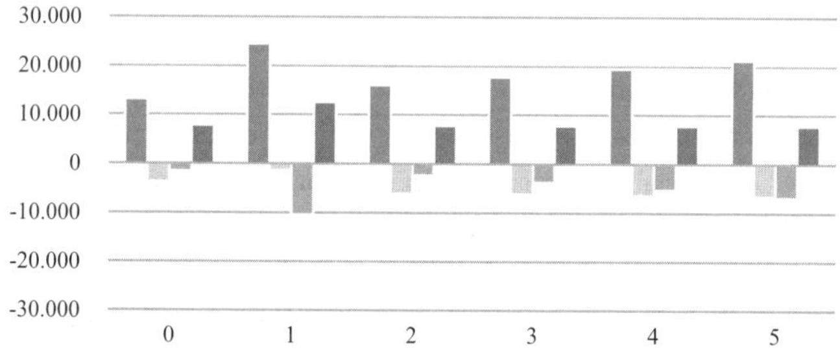

	0	1	2	3	4	5
Geldfluss aus Geschäftstätigkeit	13.096	24.486	16.122	17.795	19.500	21.250
Geldfluss aus Investitionstätigkeit	-3.780	-1.497	-6.052	-6.258	-6.463	-6.669
Geldfluss aus Finanz.-tätigkeit	-1.565	-10.476	-2.313	-3.779	-5.279	-6.823
Δ Geld	7.751	12.513	7.758	7.758	7.758	7.758

Abbildung 3: Exemplarischer Geldfluss aus Kontraktlogistik beim Wachstumsunternehmen A

[7] Die ausführliche Kalkulation kann via E-Mail bei den Autoren unter *erik.hofmann@unisg.ch* oder *stephan.freichel@logwin-logistics.com* angefordert werden.

Gestaltung und Bewertung institutioneller Arrangements in der Logistik

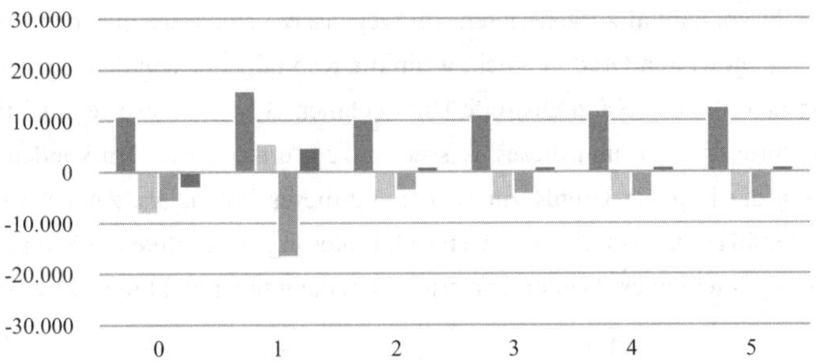

	0	1	2	3	4	5
■ Geldfluss aus Geschäftstätigkeit	10.932	15.873	10.325	11.176	11.942	12.641
■ Geldfluss aus Investitionstätigkeit	-8.240	5.592	-5.538	-5.685	-5.831	-5.977
■ Geldfluss aus Finanz.-tägigkeit	-5.880	-16.721	-3.791	-4.496	-5.115	-5.668
■ Δ Geld	-3.188	4.743	996	996	996	996

Abbildung 4: Exemplarischer Geldfluss aus Kontraktlogistik beim reifen Unternehmen B

4.2 Geldflussrechnung der Logistik GmbH

Setzt man die Ausgliederung der Logistikaktivitäten in eine vom Mutterkonzern beherrschte Logistik GmbH um, so wirkt sich dies bei den "Musterunternehmen" in ähnlicher Form aus. Die Geldflüsse aus Geschäftstätigkeit wachsen durch die Ausgliederung von Lagerbeständen und Anlagevermögen an.

Gleichzeitig erscheinen diese ausgegliederten Positionen wiederum im Geldfluss aus Investitionstätigkeit, da die neue Gesellschaft als Beteiligung im Anlagevermögen geführt wird. Daraus folgt, dass diese Massnahme allein kurzfristig noch keine Auswirkungen auf die Liquidität der Unternehmen hat. Sämtliche Infrastruktur, die ausgelagert wird (vor allem aus den Konten Warenbestand, Anlagen bzw. Fahrzeuge, etc.), erscheint mit dem gleichen Betrag wieder als Beteiligung (an der Logistik GmbH) in den Konten. Es handelt sich folglich zunächst um ein "Nullsummenspiel". Kleine Verschiebungen ergeben sich daraus, dass nun die Logistik GmbH ihre Leistungen nicht direkt in den Unterkonten (insbesondere Kostenarten) des jeweiligen Unternehmens verbucht, sondern diese Leistungen gesondert in Rechnung stellt. Deshalb nimmt die Summe der Kreditoren bei den "Musterunternehmen" zu. Allfällige Gewinne der Logistik GmbH gehen an die auslagernden Unternehmen als alleinige Eigentümer. Folglich wirken sich unterschiedlich unterstellte Preise nicht auf die "Musterunternehmen" aus.

Auf längere Sicht ist es vom Vorhandensein von Optimierungspotenzialen und dem laut Lehmair (2002) sich entwickelnden Unternehmertum abhängig, ob sich Einsparungen sowie "Zusatzgeschäfte" mit Dritten und damit entsprechende Liquiditätszuflüsse erzielen lassen. Die Umwandlung der ehemals funktionalen Logistik in eine eigene Gesellschaft an sich verändert den Geldfluss noch nicht.

Der Geldfluss aus Finanzierungstätigkeit entwickelt sich beim Wachstumsunternehmen A gleichmässig, da es dem Unternehmen kaum gelingen dürfte, für dieses alternative Betreibermodell günstiges Fremdkapital zu generieren. Im Gegensatz dazu wäre dies beim reifen Unternehmen B bis zu einem gewissen Grad möglich, wenn die Kapitalgeber von den Chancen des Ansatzes überzeugt werden können. Kann das reife Unternehmen B beispielsweise auf Erfahrungen in Spezialgebieten zurückgreifen und dieses Wissen nutzen, um externe Drittkunden zu akquirieren, dann eignet sich die Logistik GmbH zur Freilegung dieses Potenzials. Zudem kann die Gründung der Logistik GmbH von Vorteil sein, wenn Optimierungsmöglichkeiten zwar bislang gesehen, aber aufgrund eines fehlenden "Unternehmertums" bislang noch nicht umgesetzt werden konnten.

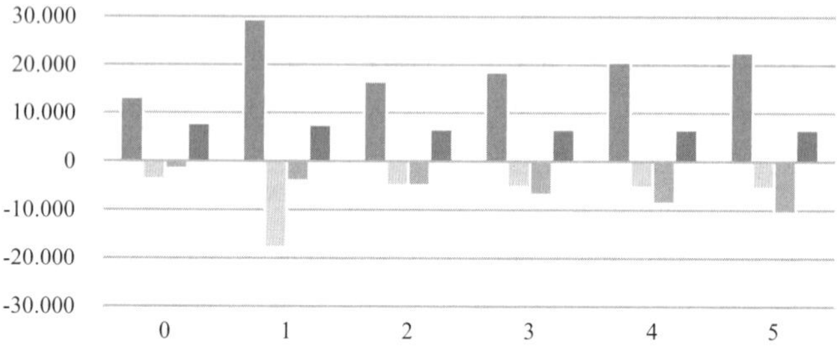

Geldfluss aus Geschäftstätigkeit	13.096	29.393	16.631	18.583	20.614	22.737
Geldfluss aus Investitionstätigkeit	-3.780	-17.848	-4.982	-5.162	-5.342	-5.522
Geldfluss aus Finanz.-tätigkeit	-1.565	-4.037	-4.992	-6.765	-8.616	-10.558
Δ Geld	7.751	7.508	6.657	6.657	6.657	6.657

Abbildung 5: Exemplarischer Geldfluss aus Logistik GmbH beim Wachstumsunternehmen A

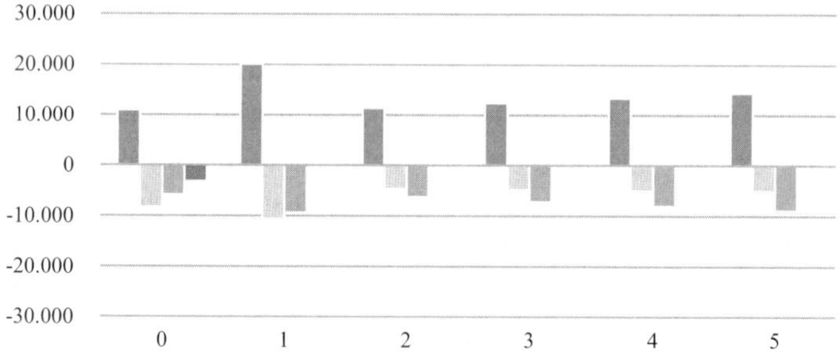

Geldfluss aus Geschäftstätigkeit	10.932	20.124	11.446	12.476	13.474	14.456
Geldfluss aus Investitionstätigkeit	-8.240	-10.667	-4.734	-4.860	-4.987	-5.114
Geldfluss aus Finanz.-tätigkeit	-5.880	-9.457	-6.238	-7.141	-8.013	-8.868
Δ Geld	-3.188	-	474	474	474	474

Abbildung 6: Exemplarischer Geldfluss aus Logistik GmbH beim reifen Unternehmen B.

In den Abbildungen 5 und 6 sind die Geldflüsse vor (Periode 0), in (Periode 1) und nach der Umstrukturierung (ab Periode 2) der Logistik in eine Logistik GmbH für das Wachstumsunternehmen A sowie das reife Unternehmen B abgebildet.[8]

4.3 Geldflussrechnung des Joint Venture mit Logistikdienstleister

Die Betrachtung der Geldflüsse, die aus der Bildung eines Joint Ventures mit einem Logistikdienstleister zur Bewältigung der logistischen Aufgaben in den "Musterunternehmen" A und B resultieren, zeigen eine Kombination der beiden erstgenannten Ansätze: Die Ausgliederung von Lagerbeständen und Debitoren führt zu einem Geldfluss aus operativer Tätigkeit in Periode 1. Dazu kommen Verbesserungen, welche der Logistikdienstleister ad hoc umsetzen kann und welche die von der Logistik beeinflussten Aufwände kleiner ausfallen lassen. Auf der anderen Seite fällt der Geldfluss aus Investitionstätigkeit niedriger aus, da, wie bei einer kontraktlogistischen Lösung, eine Desinvestition aus Fahrzeugen und Anlagen erfolgt. Dies führt zu freiwerdender Liquidität, die jedoch durch die anfallende Investition in die Beteiligung am Joint Venture geschmälert wird. In der Summe fallen die freiwerdenden liquiden Mittel folglich um den Gegenwert der Beteiligung geringer aus als beim Betreibermodell Kontraktlogistik, was demzufolge dem "Preis" für die Mitsprache und die Partizipation an möglichen zukünftigen Erträgen aus Drittgeschäften entspricht.
Vor allem beim Wachstumsunternehmen A fällt beim Vergleich der Geldflüsse aus Investitionstätigkeit des Joint Ventures mit jenem der Logistik GmbH auf, dass die Joint Venture-Umsetzung aufgrund der Beteiligung des Dienstleisters günstiger zu realisieren ist. Das liegt an den bereits erwähnten sofortigen operativen Verbesserungsmaßnahmen, welche durch den Logistikdienstleister in das Joint Venture eingebracht werden. Ferner ermöglichen Erfahrungseffekte und der bereits vorhandene Kundenstamm des Logistikdienstleisters eine zügige Ausweitung des Geschäfts auf Dritte, was für zusätzliche Umsätze sorgt und den Liquiditätsbedarf bei erfolgreicher Marktetablierung des Joint Ventures in der Anfangsphase reduziert.
Vergleichbar gestaltet sich die Situation für das reife Unternehmen B: Der Geldfluss aus operativer Tätigkeit fällt tendenziell höher aus, da die Warenbestände in der Bilanz des Akteurs stärker reduziert werden. Dieser Effekt lässt sich mit einem soliden Vertrauensniveau erklären, welches sich die beiden Parteien von Beginn an entgegenbringen. In einer kontraktlogistischen Lösung hält sich der Verlader immer noch die Möglichkeit offen, die Vertragsbeziehung bei schlechten Erfahrungen innert kurzer Zeit zu beenden (Deepen, 2006). Entschliesst man sich dagegen zur Bildung eines gemeinsamen Unternehmens, wird auch für den Logistikdienstleister ein gewisses finanzielles Engagement erforderlich, was durch das verladende Unternehmen als "Sicherung" gegenüber opportunistischem Verhalten interpretiert wird und der Beziehung einen langfristigen Charakter verleiht.

---

[8] Die ausführliche Kalkulation kann via E-Mail bei den Autoren unter *erik.hofmann@unisg.ch* oder *stephan.freichel@logwin-logistics.com* angefordert werden.

Folglich generiert das Betreibermodell Joint Venture mit einem Logistikdienstleister im zugrunde gelegten Beispiel höhere freie Geldflüsse als die Kontraktlogistik, da einerseits das finanzielle Engagement des Logistikdienstleisters für ein gewisses Grundvertrauen sorgt und dessen Erfahrung und bestehender Kundenstamm andererseits eine schnellere Ausweitung des Geschäfts auf Drittkunden erwarten lässt. Durch diese freigewordene Liquidität erschliessen sich für beide "Musterunternehmen" weitere Handlungsoptionen: Vor allem das junge Wachstumsunternehmen A könnte von diesem Modell profitieren. Allerdings stellt die Suche nach einem adäquaten Logistikpartner ausgerechnet für solche Akteure eine relativ hohe Hürde dar. So ist es fraglich, ob sich ein Dienstleister findet, der sich auf eine derartige Zusammenarbeit mit einem "Jungunternehmen" einlässt. Typischerweise entstehen Joint Ventures eher aus langjährigen und stabilen Geschäftsbeziehungen, die ein für beide Vertragspartner kalkulierbares Risiko beinhalten (Kogut, 1991).

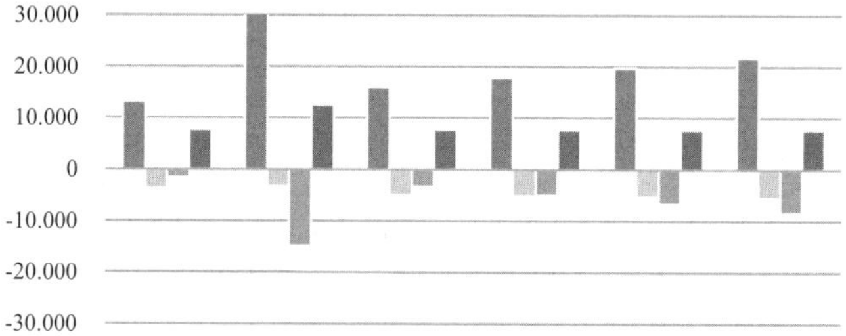

	0	1	2	3	4	5
▪ Geldfluss aus Geschäftstätigkeit	13.096	30.839	16.067	17.930	19.808	21.729
▪ Geldfluss aus Investitionstätigkeit	-3.780	-3.348	-4.982	-5.162	-5.342	-5.522
▪ Geldfluss aus Finanz.-tätigkeit	-1.565	-14.978	-3.327	-5.010	-6.708	-8.450
▪ Δ Geld	7.751	12.513	7.758	7.758	7.758	7.758

Abbildung 7: Exemplarischer Geldfluss aus Joint Venture beim Wachstumsunternehmen A

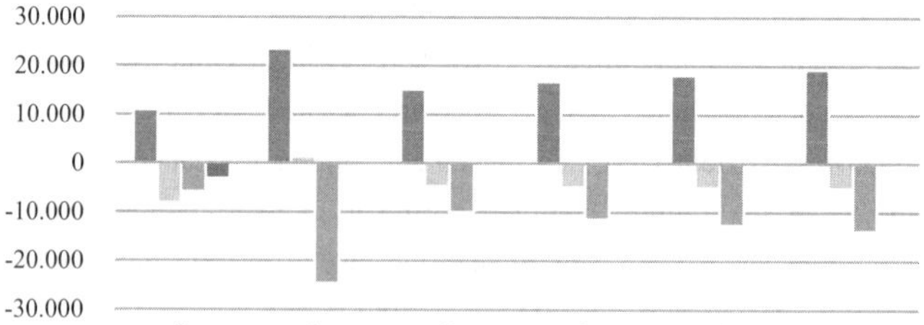

	0	1	2	3	4	5
▪ Geldfluss aus Geschäftstätigkeit	10.932	23.440	15.195	16.773	18.141	19.372
▪ Geldfluss aus Investitionstätigkeit	-8.240	1.233	-4.734	-4.860	-4.987	-5.114
▪ Geldfluss aus Finanz.-tätigkeit	-5.880	-24.673	-9.987	-11.438	-12.679	-13.784
▪ Δ Geld	-3.188	-	474	474	474	474

Abbildung 8: Exemplarischer Geldfluss aus Joint Venture beim reifen Unternehmen B

Die exemplarischen Geldflüsse, welche durch Umsetzung des Betreibermodells Joint Venture mit einem Logistikdienstleister bei den "Musterunternehmen" A und B entstehen, sind in den Abbildungen 7 und 8 dargestellt.[9]

4.4 Zwischenfazit zur Geldfluss-Betrachtung

Für eine vergleichende Betrachtung der alternativen Betreibermodelle in der Logistik, werden die freien Geldflüsse (Free Cash Flow) nach Ross et al. (2005, S. 29-31) wie folgt berechnet und untersucht:

Free Cash Flow FCF = CFO – CFI – Dividendenausschüttung A_D – Zinskosten Fremdkapital A_Z

Dadurch soll v. a. ein Überblick über die zur Verfügung stehende Liquidität in den jeweiligen Perioden offeriert werden. Ein negativer Wert bedeutet, dass mehr Liquidität benötigt wird, als die Geschäftstätigkeit im Betreibermodell erzeugt. Folglich ist diese Lücke durch außerbetriebliche Finanzierungsquellen zu schließen.

Die aggregierte Darstellung in Tabelle 3 zeigt, dass die freien Geldflüsse der beiden Unternehmen in jedem Betreibermodell zwar miteinander korrelieren, jeweils aber ein unterschiedliches Niveau ausweisen. Für das Wachstumsunternehmen A erweist sich die Kontraktlogistik als ein besonders geeignetes Betreibermodell für die Logistik. Das Joint Venture mit einem Logistikdienstleister besitzt für beide Akteure ebenfalls eine hohe Attraktivität, allerdings stellt die Suche nach einem adäquaten Logistik-Partner vor allem für Wachstumsunternehmen eine nicht zu vernachlässigende Herausforderung dar. Die Logistik GmbH scheint sich primär für reife Unternehmen zu eigenen, da kurz- bis mittelfristig Liquidität eher gebunden als freigesetzt wird.

Nachdem die Zahlungsströme der verschiedenen institutionellen Arrangements offen gelegt wurden, schließt sich nun eine kompakte Diskussion über den entsprechenden Finanzierungsbedarf und -strukturen, welche sich je nach Situation des Unternehmens unterscheiden.

5 Anknüpfungspunkte für die Finanzierung der Betreibermodelle

Bei der Entscheidung für oder gegen ein alternatives Betreibermodell in der Logistik kommt dem entstehenden Finanzierungsbedarf eine nicht zu vernachlässigende Rolle zu. Grundsätzlich lassen sich nach der Herkunft der Mittel die Außen- sowie die Innenfinanzierung unterscheiden (Volkart, 1994a, S. 116). Bezüglich Art des Mittelzuflusses ist zudem eine Differenzierung in Fremd- und Eigenkapital vorzunehmen, wobei als Option dazu die Möglichkeit zur Liquidation gebundenen Vermögens verbleibt (Thommen & Schellenberg, 2002, S. 276). Unmittelbar damit verbunden stellt sich die Frage nach den individuellen Möglichkeiten zur Finanzierung, welche sich je nach

---

[9] Die ausführliche Kalkulation kann via E-Mail bei den Autoren unter *erik.hofmann@unisg.ch* oder *stephan.freichel@logwin-logistics.com* angefordert werden.

Unternehmen variieren können. Die ausreichende Kapitalbeschaffung bereitet beispielsweise für kleinere und mittelgroße Betriebe in Krisenzeiten zahlreiche Probleme. Dies zeigt sich auch statistisch, da sich trotz länderweise sehr unterschiedlicher Verschuldungsgrade der Unternehmen ein im Zeitablauf konstant wachsender Verschuldungsanteil erkennen lässt Volkart (2006, S. 703). Hinzu kommt, dass mit zusätzlicher Verschuldung i. d. R. die Kreditwürdigkeit eines Unternehmens sinkt (Burghof, 2004).

Im Folgenden sollen daher erste Anknüpfungspunkte für die Finanzierung der Betreibermodelle in der Logistik aufgezeigt werden, wobei – wenn möglich – auf die Unterschiede zwischen dem Wachstumsunternehmen A und dem reifen Unternehmen B eingegangen wird.

Schematischer Free Cash Flow (FCF) nach Betreibermodell	**Wachstums-unternehmen A**	**Reifes Unternehmen B**
Kontraktlogistik 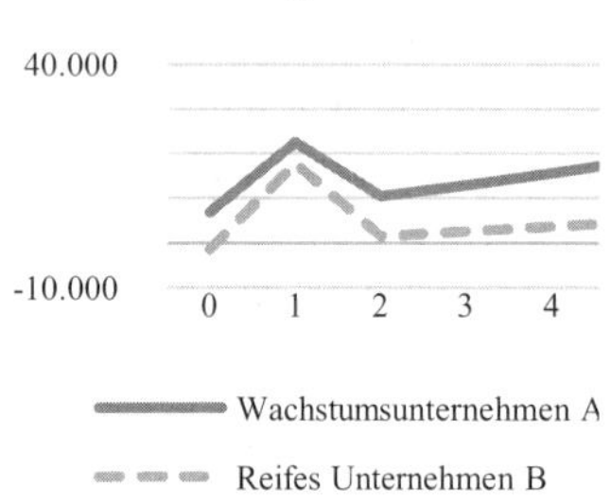	+ Hohes Optimierungspotenzial + Freiwerdende Liquidität – Absolut geringere Desinvestitionen – Verlust von Logistik-Know-how möglich	+ Freiwerdende Liquidität + Tiefere Investitionskosten – Geringeres Optimierungspotenzial – Verlust von Logistik-Know-how wahrscheinlich
Logistik GmbH 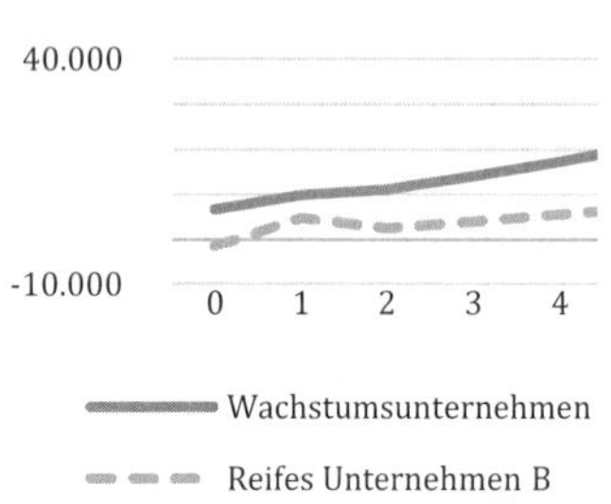	+ Chance auf Drittgeschäft – Drittgeschäft unwahrscheinlich – Keine freiwerdende Liquidität	+ Chance auf Drittgeschäft + Realisierung von Optimierungspotenzialen – Kaum freiwerdende Liquidität
Joint Venture 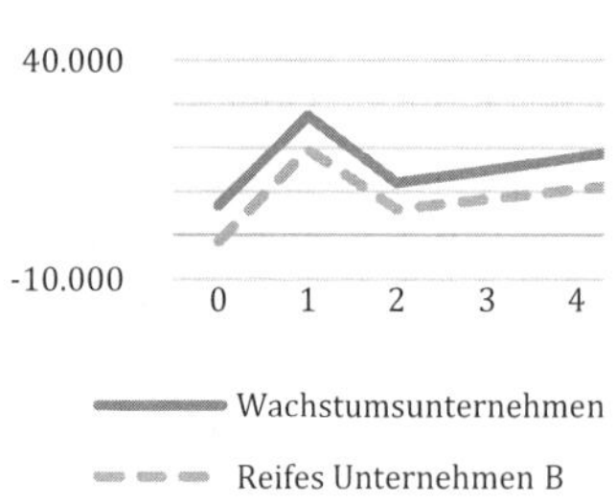	+ Zugriff auf Know-how des Logistikdienstleisters + Desinvestition → freiwerdende Liquidität + Grundvertrauen hoch + Drittgeschäft möglich – Partnersuche sehr schwierig – Partnerwahl entscheidend	+ Zugriff auf Know-how des Logistikdienstleisters + Desinvestition → freiwerdende Liquidität + Grundvertrauen hoch + Drittgeschäft wahrscheinlich – Partnersuche schwierig – Partnerwahl entscheidend

Tabelle 3: Eignung der Betreibermodelle in der Logistik nach Unternehmenstyp

5.1 Finanzierung der Kontraktlogistik

Die Kontraktlogistik ist aus Sicht eines Verladers charakterisiert durch die Auslagerung ganzer Logistikprozessbündel an einen externen Dienstleister. Ein Kontraktlogistikprojekt wird sich vor allem dann anbieten, wenn an die Stelle der eigenen internen Leistungserbringung eine effizientere externe Dienstleistung tritt, bei der ein positives Nutzen-Kosten-Verhältnis vorliegt und wodurch kein direkter Investitionsbedarf (für den eine Finanzierung sicherzustellen ist) entsteht. Indirekt ist es allerdings denkbar, dass bei der Veräußerung der logistikrelevanten Infrastruktur und durch die Auslagerung von Warenlagern nicht der Buchwert dieser Bilanzposten generieren lässt, da Abschreibungen nicht in ausreichender Höhe vorzunehmen oder Teile des Warenlagers unveräußerlich sind. Derartige Kosten sind bei der Umsetzung des Betreibermodells zu berücksichtigen, obgleich sie ohnehin zu einem späteren Zeitpunkt möglicherweise angefallen wären. Diese Kosten sind jedoch nicht an den Entscheid zugunsten des Betreibermodells gekoppelt und ist dieser Kalkulation folglich auch nicht zuzurechnen.

Im Regelfall führt die Veräußerung von Warenbeständen und Anlagevermögen zu frei werdender Liquidität, welche je nach Situation des Unternehmens zur Verschuldungsreduktion, wie es sich beim reifen Unternehmen B anbieten würde, oder zur Investition in die Erneuerung oder den Ausbau des Kerngeschäfts genutzt werden kann. Letztere Option erschließt sich besonders für das Wachstumsunternehmen A, dessen Finanzierungsstruktur konservativ ausgelegt ist und von einer weiteren Reduktion der Verschuldung nur begrenzt profitieren dürfte (Volkart, 2006, S. 703).

Anders sieht die Situation für den entsprechenden Logistikdienstleister aus, welcher im Rahmen des Betriebsüberganges nicht nur für die an ihn abgetretenen Immobilien und Mobilien, sondern häufig auch für die zu übernehmenden Mitarbeiter aufkommen muss (Prockl & Rudolph, 2007, S. 371-376). Hierbei ist vor allem auf eine Fristenkongruenz zwischen der Kontraktlaufzeit bezüglich der Leistungserbringung für den verladenden Kunden einerseits sowie der notwendigen Finanzierung der zu übernehmenden Assets andererseits zu achten (Back-to-Back-Vertrag) (Steinmüller, 2007, S. 552-554). Dem Logistikdienstleister steht hierzu die Nutzung zahlreicher Angebote von Finanzinstitutionen offen (siehe u. a. Eisenhart-Rothe & Jütte, 2003; Gomm, 2008).

5.2 Finanzierung der Logistik GmbH

Der Wechsel von einer funktional verankerten Logistik zu einer wirtschaftlich selbständigen Logistik GmbH verursacht für sich genommen lediglich einen geringen Investitions- bzw. Finanzierungsbedarf, welcher primär aus der Umstrukturierung herrührt. Ein wesentlicher Vorteil einer funktionalen Logistik besteht in der Möglichkeit, die liquiden Mittel für die Leistungserbringung zentral im Mutterunternehmen zu verwalten. Durch die Umwandlung und die damit einhergehende Selbstständigkeit der Logistik ist das neue Tochterunternehmen mit einer eigenen Kapitalbasis zu bestücken, wodurch der insgesamt benötigte Finanzbetrag steigt. Im Kontext dieses Betreibermodells besteht die Möglichkeit, im Namen der Logistik GmbH neues Fremdkapital aufzunehmen,

wodurch die Gesamtverschuldung des Unternehmens zunimmt. Diese Finanzierungsvariante sollte für das reife Unternehmen B einen gangbaren Weg darstellen.
Für das junge und kleinere Wachstumsunternehmen A wäre eine Fremdfinanzierung des Betreibermodells trotz solider Kapitalstruktur eher teuer und relativ schwer zugänglich. Zudem müsste, um bezogen auf die Leistungskapazität eine gewisse kritische Größe zu erreichen, der Umfang der ausgelagerten Logistikaktivitäten maximiert werden, wodurch zusätzliche Investitionen auf den Akteur zukämen. Deshalb wird in dieser Situation eine vollständige Fremdfinanzierung kaum Aussicht auf Erfolg haben und es empfiehlt sich, zumindest einen Teil des Kapitalbedarfs über die Emission zusätzlichen Eigenkapitals zu finanzieren (Eilenberger & Haghani, 2008, S. 49-64).

5.3 Finanzierung des Joint Venture mit Logistikdienstleister

Vergleichbar mit dem Fall der Logistik GmbH entsteht auch bei der Bildung eines Joint Venture mit einem Logistikdienstleister kein größerer ad hoc-Finanzierungsbedarf. Die "Musterunternehmen" A und B erwerben einen Anteil an einer gemeinsam mit einem Logistikdienstleister betriebenen Tochtergesellschaft und bringen dazu das notwendige, zum Teil bereits vorhandene Anlagevermögen ein. Da das neue Logistikunternehmen nicht vollständig durch die Mutterunternehmen beherrscht wird und der Logistikdienstleister deshalb ebenfalls Mittel in das Joint Venture einzubringen hat, wird den Mutterunternehmen häufig Liquidität zufließen. Nur wenn der Wert des vorhandenen Anlagevermögens als niedrig erachtet wird und deshalb statt hoher Sacheinlagen ein hoher Kapitalbetrag einzubringen ist, kann für die Mutterunternehmen ein Finanzierungsbedarf entstehen. In diesem Fall lassen sich für die beiden "Musterunternehmen" A und B bezüglich der Finanzierungsmöglichkeiten analoge Schlussfolgerungen wie bei der Logistik GmbH ziehen, wobei das erforderliche Kapital um den Gegenwert der Beteiligung des Logistikdienstleisters am Joint Venture geringer ausfällt.

5.4 Fazit zur Finanzierung der Betreibermodelle

Aus den bisherigen Ausführungen lassen sich u. a. folgende Schlussfolgerungen ziehen: Für das Betreibermodell Kontraktlogistik bedarf es aus Sicht des auslagernden Verladers keiner Finanzierung. Lediglich der Logistikdienstleister hat ein Finanzierungskonzept bereitzustellen. Bei den anderen Betreibermodellen ergeben sich für die beiden "Musterunternehmen" teilweise divergierende Finanzierungsbedürfnisse und -varianten: Für das Wachstumsunternehmen A wird aufgrund einer erschwerten Fremdkapitalfinanzierung primär die Emission zusätzlichen Eigenkapitals vorgeschlagen. Für das reife Unternehmen B gestaltet sich die Finanzierung durch eine zinsgünstige Fremdkapitalanleihe i. d. R. einfacher. Um dem Risikoaspekt aber auch bei diesem Unternehmen gerecht zu werden, das heißt den Leverage nicht übermäßig zu erhöhen, ist im zweiten Schritt eine begleitende Eigenkapitalerhöhung in Betracht zu ziehen.

6 Zusammenfassung und Ausblick

Klassisches Outsourcing einzelner Logistikaufgaben erachten viele Unternehmen als wirksames Mittel, um durch Kostensenkung die eigene Wettbewerbsfähigkeit in der Supply Chain zu erhöhen. Doch ungenügende Vorbereitungen gekoppelt mit mangelndem Vertrauen gehen häufig mit nicht realisierten Einspareffekten einher. Die drei im vorliegenden Beitrag besprochenen institutionellen Arrangements in Form alternativer Betreibermodelle der Logistik bieten Ansatzpunkte, um diese Unzulänglichkeiten zu überwinden. Die Potenziale der Überlegungen, die sich in einer ersten qualitativen Charakterisierung offenbarten, erforderte eine Untersuchung ihrer finanzwirtschaftlichen Implikationen.

Um die finanziellen Auswirkungen der einzelnen Betreibermodelle auf die verladenden Unternehmen zu untersuchen, wurde ein Vorgehen entwickelt, mit dessen Hilfe sich die durch die Anwendung resultierenden Veränderungen in den Logistikprozessen erfassen und in zu erwartenden Geldflüssen darstellen lassen. Die Unterscheidung von zwei fiktiven "Musterunternehmen" A und B erwies sich als relevant, da sich unterschiedliche unternehmerische Einflussgrößen verschiedenartig auf die Geldfluss-Situation auswirken. Als Treiber werden der Anteil der Logistikinfrastruktur und der Lagerbestände am Gesamtvermögen, die Kapitalstruktur und die Fähigkeit zur Generierung eines Free Cash Flows identifiziert. Da die resultierenden Geldflüsse bei allen Betreibermodellen zwischen den beiden Unternehmen, miteinander korrelieren sind auch ähnliche Schlüsse für die Akteure zu ziehen: Für beide Unternehmen ergibt sich tendenziell eine Präferenz für das Betreibermodell Joint Venture, dessen Umsetzungsmöglichkeit jedoch von der Bereitschaft zur Kooperation eines als Partner geeigneten Logistikdienstleisters abhängt. Ferner eignet sich für beide Akteure weiterhin die Kontraktlogistik aufgrund einer hohen Umsetzungswahrscheinlichkeit und einem durch Desinvestition relativ hohen Liquiditätszufluss. Das eigenständige Tochterunternehmen Logistik GmbH scheint hingegen wegen der Erreichung einer kritischen Größe sowie der notwendigen Emission zusätzlichen Eigenkapitals primär für reife Unternehmen passend zu sein.

Ob ein alternatives Betreibermodell im Rahmen der Gestaltungsvarianten institutioneller Arrangements tatsächlich eine Alternative zum klassischen Logistik-Outsourcing von Einzelleistungen darstellt, ist abhängig von der Unternehmenssituation sowie den angestrebten Zielen. Zukünftige Untersuchungen sollten sich neben der Verfeinerung der vorgeschlagenen Gesamtvorgehensweise u. a. mit einer möglichst genauen Erfassung potenzieller Veränderungen durch Anwendung der Betreibermodelle innerhalb der Logistikaktivitäts-Performance-Matrix auseinandersetzen. Hierfür könnten beispielsweise empirische Benchmarking-Studien angestoßen oder formal-analytische Simulationen durchgeführt werden. Weiterhin sind die Anknüpfungspunkte für die Finanzierung der alternativen Betreibermodelle zu vertiefen. Dabei ist beispielsweise ein besonderes Augenmerk auf die Finanzierungsmöglichkeiten von kleinen und mittelständischen Unternehmen über Mezzanine-Kapital zu werfen. Schließlich gilt es zu ermitteln, welchen besonderen Einfluss das Investitionsobjekt "Logistik" bei der Kreditvergabe durch Finanzinstitutionen besitzt.

Literaturverzeichnis

Aghazadeh, S-M. (2003): How to choose an effective third party logistics provider. In: Management Research News, 26 (2003) 7, S. 50-58.

Andersson, D./Norrman, A. (2002): Procurement of logistics services – a minute work or a multiyear project? In: European Journal of Purchasing & Supply Management, 8 (2002) 1, S. 3-14.

Barthelemy, J. (2003): The seven deadly sins of outsourcing. In: Academy of Management Executive, 17 (2003) 2, S. 87-99.

Bowersox, D.J./Closs, D.J./Stank, T.P. (2003): How to master Cross-Enterprise Collaboration. In: Supply Chain Management Review, 7 (2003) 4, S. 18-27.

Bretzke (2007): Bindung an Logistikdienstleister – Chance oder Gefahr durch Abhängigkeit? In: Stölzle, W./Weber, J./Hofmann, E./Wallenburg, C.M. (Hrsg.): Handbuch Kontraktlogistik. Weinheim 2007, S. 167-180.

Bretzke, W.-R. (1998): "Make or Buy" von Logistikdienstleistungen: Erfolgskriterien für die Fremdvergabe logistischer Dienstleistungen. In: Isermann, H. (Hrsg.): Logistik. Gestaltung von Logistiksystemen. 2. Aufl., Landsberg 1998, S. 393-402.

Bretzke, W.R. (2004): Erfolgsfaktoren in der Kontraktlogistik: Vertragliche Innovationen und Vertrauenskapital. http://www.mylogistics.net/de/news/themen/key/news64081/jsp (Abruf: 30.11.2008).

Bruch, H. (1998): Outsourcing. Konzepte und Strategien, Chancen und Risiken. Wiesbaden 1998.

Burghof, H.-P. (2004): Bankkredit und Kreditrisikotransfer. Frankfurt a.M. 2004.

Decker, C./Velden, R. van der (2006): Desinvestition von Unternehmensteilen aus der Sicht des Ressourcen- und Kompetenzansatzes. In: Burmann, C./Freiling, J./Hülsmann, M. (Hrsg.): Neue Perspektiven des Strategischen Kompetenz-Managements. Wiesbaden 2006, S. 221-242.

Deepen, J. (2006): Logistics Outsourcing Relationships – Measurement, Antecedents, and Effects of Logistics Outsourcing Performance. Heidelberg 2006.

Eije, H. v./Westerman, W. (2002): Multinational cash management and conglomerate discounts in the euro zone. In: International Business Review, 11 (2002) 4, S. 453-464.

Eilenberger, G./Haghani, S. (2008): Unternehmensfinanzierung zwischen Strategie und Rendite. Heidelberg u.a. 2008.

Eisenhart-Rothe, F. v./Jütte, S. (2003): Innovative Logistikfinanzierung rund um die Supply Chain. In: Bundesvereinigung Logistik (Hrsg.): Finanzierung – eine neue Dimension der Logistik. Berlin 2003, S. 151-170.

Fiege, H./Nowak, H./Mayer, C. (2007): Kontraktlogistik in der Hightech-Industrie. In: Stölzle, W./Weber, J./Hofmann, E./Wallenburg, C.M. (Hrsg.): Handbuch Kontraktlogistik. Weinheim 2007, S. 657-677.

Freichel, S.L.K. (2008): Life-Cycle Risikomanagement in der Kontraktlogistik – Ausgewählte Aspekte aus Dienstleisterperspektive. In: Pfohl, H.-Chr. (Hrsg.): Sicherheit und Risikomanagement in der Supply Chain. Gestaltungsansätze und praktische Umsetzung, Berlin u.a., S. 149-166.

Freiling, J. (2007): Kundenseitige Erfolgsbewertung der Kontraktlogistik. In: Stölzle, W./Weber, J./Hofmann, E./Wallenburg, C.M. (Hrsg.): Handbuch Kontraktlogistik. Weinheim 2007, S. 199-218.

Friese, M. (1998): Kooperation als Wettbewerbsstrategie für Dienstleistungsunternehmen. Wiesbaden 1998.

Füglistaller, U./Müller, C./Jakl, M.L. (2004): Unternehmenslebenszyklus-Modell. In: Dubs, R./Euler, D./ Rüegg-Stürm, J./Wyss, C.E. (Hrsg.): Einführung in die Managementlehre: Band 5. Bern 2004, S. 133-141.

Gleissner, H./Femerling, J.C. (2006): Logistik. Grundlagen – Übungen – Fallbeispiele. Wiesbaden 2006.

Gomm, M. (2008): Supply Chain Finanzierung: Optimierung der Finanzflüsse in Wertschöpfungsketten. Berlin 2008.

Göpfert, I. (2007): Controlling und Rechnungswesen bei Logistikdienstleistern. In: Stölzle, W./Weber, J./Hofmann, E./Wallenburg, C.M. (Hrsg.): Handbuch Kontraktlogistik. Weinheim 2007, S. 501-524.

Gould, S. (2003). How to source logistics services strategically. In: Supply Chain Management Review, 7 (2003) 5, S. 48-54.

Greiner, L.E. (1998): Evolution and revolution as organizations grow. In: Harvard Business Review, 76 (1998) 3, S. 56-66.

Gulisano, V. (1997): Third-party failures: Why keep it secret? In: Transportation & Distribution, 38 (1997) 9, S. 77.

Halldórson, A./Skjøtt-Larsen, T. (2003): Developing logistics competencies through third party logistics relationships. In: International Journal of Operations and Production Management, 24 (2003) 2, S. 192-206.

Harrigan, K.R. (2003): Joint ventures, alliances, and corporate strategy. Washington D.C. 2003.

Hartel, D.H. (2006a): Alternativen zum klassischen Outsourcing. In: Logistik für Unternehmen, 20 (2006) 10, S. 86-87.

Hartel, D.H. (2006b): Auswahl und Bewertung von Logistikdienstleistern. Acht Schritte zum Erfolg. In: Beschaffung aktuell, 53 (2006) 10, S. 49-50.

Hauptmann, S. (2006): Gestaltung des Outsourcings von Logistikleistungen. Wiesbaden 2006.

Hirschman, A.O. (1974): Exit, voice, and loyalty – Further reflections and a survey of recent contributions. In: Social Science Information, 13 (1974) 1, S. 7-26.

Hofmann, E. (2008): Vom Outsourcing zum Insourcing: Organisatorische Alternativen und Wege zur Beendigung von Geschäftsbeziehungen. In: ZFO Zeitschrift Führung & Organisation, 77 (2008) 2, S. 104-113.

Holzschuher, W. v./Pechlaner, H. (2007): Wie sollen Ausgründungen ablaufen? Realisierung von Ausgründunen im Rahmen eines prozessbezogenen Transformationskonzeptes. In: Pechlaner, H./Hinterhuber, H.H./Holzschuher, W. v./Hammann, E.-M. (Hrsg.): Unternehmertum und Ausgründung, Wissenschaftliche Konzepte und praktische Erfahrungen. Wiesbaden 2007, S. 297-302.

Hutzschenreuter, T. (2006): Wachstumsstrategien: Einsatz von Managementkapazitäten zur Wertsteigerung. 2. Aufl., Wiesbaden 2006.

Kaplan, R.S. (1998): Innovative action research: Creating new management theory and practice. In: Journal of Management Accounting Research, 10 (1998) 2, S. 89-118.

Kappel, J.A. (2007): Welche Herausforderungen stellen Ausgründungen für Unternehmensführer dar? In: Pechlaner, H./Hinterhuber, H.H./Holzschuher, W. v./Hammann, E.-M. (Hrsg.): Unternehmertum und Ausgründung, Wissenschaftliche Konzepte und praktische Erfahrungen. Wiesbaden 2007, S. 297-302.

Kersten, W./Koch, J. (2007): Motive für das Outsourcing komplexer Logistikdienstleistungen. In: Stölzle, W./Weber, J./Hofmann, E./Wallenburg, C.M. (Hrsg.): Handbuch Kontraktlogistik. Weinheim 2007, S. 115-132.

Ketokivi, M./Heikkilä, J. (2003): A strategic management system for manufacturing: linking action to performance. In: Production Planning & Control, 14 (2003) 6, S. 487-496.

Klaus, P. (2008): Märkte und Marktentwicklungen der weltweiten Logistikdienstleistungswirtschaft. In: Baumgarten, H. (Hrsg.): Das Beste der Logistik. Innovationen, Strategien, Umsetzungen. Berlin u.a. 2008, S. 333-350.

Kleer, M. (1991): Gestaltung von Kooperationen zwischen Industrie- und Logistikunternehmen. Berlin 1991.

Kogut, B. (1991): Joint ventures and the option to expand and acquire. In: Management Science, 37 (1991) 1, S. 19-33.

Krishnaswami, S./Subramaniam, V. (1999): Information asymmetry, valuation, and the corporate spin-off decision. In: Journal of Financial Economics, 53 (1999) 1, S. 73-112.

Lehmair, E. (2002): Wertschöpfung durch Entrepreneurial Spin-Offs. Berlin 2002.

Linn, N. (1989): Die Implementierung vertikaler Kooperationen. Theoretische Konzeption und erste empirische Ergebnisse zum Prozess der Ausgliederung logistischer Teilaufgaben. Frankfurt am Main 1989.

Lynch, C. (2004): Logistics Outsourcing. A Management Guide. Memphis 2004.

Meredith, J. (1993): Theory building through conceptual methods. In: International Journal of Operations and Production Management, 13 (1993) 5, S. 3-11.

Müller-Dauppert, B. (2005): Logistik-Outsourcing. Ausschreibung, Vergabe, Controlling. München 2005.

Nothardt, F./Schmitter, F./Trede, T. (2007): Logistik in der Bekleidungsbranche – quo vadis? In: Stölzle, W./Weber, J./Hofmann, E./Wallenburg, C.M. (Hrsg.): Handbuch Kontraktlogistik. Weinheim 2007, S. 679-700.

o.V. (2005): Durch Auslagerung flexibler werden. LOG punkt, 1 (2005) 3, S. 28-30.

Park, S.H./Kim, D. (1997): Market valuation of joint ventures: Joint venture characteristics and wealth gains. In: Journal of Business Venturing, 12 (1997) 2, S. 83-108.

Pearce, J.A. II./Hatfield, L. (2002): Performance effects of alternative joint venture resource responsibility structures, Journal of Business Venturing, 17 (2002) 4, S. 343-364.

Pfohl, H.-Chr. (2004): Logistiksysteme. Betriebswirtschaftliche Grundlagen. 7. Aufl., Berlin u.a. 2004.

Prockl, G./Rudolph, T. (2007): Implementierung von Kontraktlogistiklösungen – Projektanlauf und Gestaltung von Betriebsübergängen. In: Stölzle, W./Weber, J./Hofmann, E./Wallenburg, C.M. (Hrsg.): Handbuch Kontraktlogistik, Weinheim 2007, S. 369-385.

Ross, S./Westerfield, R./Jaffe, J. (2005), Corporate Finance. 7th Ed., Boston 2005.

Roztocki, N./Needy, K. (1999): Integrating activity-based costing and economic value added in manufacturing. In: Engineering Management Journal, 11 (1999) 2, S. 17-22.

Schorb, U./Halsband, E./Anders, F. (2007): Kontraktlogistik in der Automobilindustrie. In: Stölzle, W./Weber, J./Hofmann, E./Wallenburg, C.M. (Hrsg.): Handbuch Kontraktlogistik. Weinheim 2007, S. 619-637.

Schremper, R. (2002): Aktienrückkauf und Kapitalmarkt: Eine theoretische und empirische Analyse deutscher Aktienrückkaufprogramme. Frankfurt a.M. 2002.

Schulz, J.D. (2006): GM buys out Vector SCM, brings logistics back in-house. In: Logistics Management, 45 (2006) 8, S. 14-15.

Schwarting, D. (2002): Logistikstudie. Viele Hürden auf dem Weg zur Schlüsselindustrie. In: Logistik Heute, 24 (2002) 6, S. 42-43.

Spremann, K. (2007): Finance. München 2007.

Thommen, J.P./Schellenberg, A.C. (2002): Rechnungswesen, Finanzierung, Investition, Unternehmensbewertung. Zürich 2002.

Volkart, R. (1994a): Finanzmanagement. Beiträge zu Theorie und Praxis. Band 1. Zürich 1994.

Volkart, R. (1994b): Finanzmanagement. Beiträge zu Theorie und Praxis. Band 2. Zürich 1994.

Volkart, R. (2006): Corporate Finance. Grundlagen von Finanzierung und Investition. Zürich 2006.

Weber, J./Stölzle, W./Wallenburg, C.M./Hofmann, E. (2007): Einführung in das Management der Kontraktlogistik. In: Stölzle, W./Weber, J./Hofmann, E./Wallenburg, C.M. (Hrsg.): Handbuch Kontraktlogistik. Weinheim 2007, S. 35-54.

Wildemann, H. (1993): Insourcing – ein Konzept zur Reintegration von Leistungsumfängen. In: Westkämpfer, E./Wildemann, H. (Hrsg.): Make or Buy & Insourcing. München, S. 47-82.

Wildemann, H. (2007): Entscheidungsprozesse beim Outsourcing komplexer logistischer Aufgaben. In: Stölzle, W./Weber, J./Hofmann, E./Wallenburg, C.M. (Hrsg.): Handbuch Kontraktlogistik. Weinheim 2007, S. 133-149.

Wilding, R./Juriado, R. (2004): Customer perceptions on logistics outsourcing in the European consumer goods industry. In: International Journal of Physical Distribution & Logistics Management, 34 (2004) 8, S. 628-644.

Zahra, S. A./Covin, J. G. (1995): Contextual influences on the corporate entrepreneurship- performance relationship: A longitudinal analysis. In: Journal of Business Venturing, 10 (1995) 1, S. 43-58.

Hanspeter Stabenau*

Produktivitätsgewinn durch unternehmensübergreifendes Prozessmanagement

* Dr. Hanspeter Stabenau, geboren am 1.11.1934 in Königsberg/Preußen, absolvierte seine Schulzeit in Berlin und Heiligenstadt/Eichsfeld (DDR). Nach dem Abitur 1952 und der Übersiedlung in die BRD 1953 folgte ein Studium der Volkswirtschaftslehre in Köln von 1954-1958. Danach war Stabenau Assistent am Institut für Verkehrswissenschaft an der Universität Köln und promovierte 1961. 1961-1999 war er zunächst Dozent, dann Studienleiter, dann Vorstandsvorsitzender der Stiftung Deutsche Außenhandels- und Verkehrsakademie (DAV) in Bremen – einem Weiterbildungsinstitut der Wirtschaft. Dort veranstaltete er zusammen mit dem Bundesverband der Deutschen Industrie (BDI) 1974 das erste Logistikmanagement-Seminar im deutschsprachigen Raum. 1978 war Stabenau Gründungsmitglied der Bundesvereinigung Logistik (BVL) e.V. und bis 1999 deren Vorstandsvorsitzender – seitdem ist er Ehrenvorsitzender. Hanspeter Stabenau hat über 120 Beiträge in Zeitschriften und Fachbüchern veröffentlicht.

1 Vorbemerkung

Die Logistik ist ein Beispiel dafür, wie struktureller Wandel in der Gesamtwirtschaft zu einer inhaltlichen Veränderung für ein erfolgreiches Unternehmensmanagement führt. Die Vielzahl der Impulse beim Übergang von der Industriegesellschaft hin zu einer Dienstleistungswirtschaft nimmt zu. Der Komplexitätsgrad steigt.

Es soll daher in diesem Beitrag der Versuch unternommen werden, die Anforderungsprofile an das unternehmensübergreifende Prozessmanagement in der Logistik für die Zukunft zu definieren. Nur wenn es gelingt, hier sowohl für das strategische als auch das operative Management, Vorgehensweisen für die Gewinnung der vorhandenen Produktivitätspotenziale durch Innovationen eine Steigerung des Integrationsgrades der beteiligten Unternehmen zu entwickeln, wächst die Logistik insgesamt in eine neue Dimension.

2 Impulsgeber für eine Dynamisierung der Logistikprozesse

Am Ende des Jahres 2009 ist für alle Unternehmen klar geworden, dass die in den letzten 20 Jahren zunehmend in den Mittelpunkt gestellte kurzfristige Erfolgsbetrachtung keine Garantie für die langfristige Überlebensfähigkeit ist. Diese resultiert vielmehr aus einer strategisch definierten, permanenten und intensiven Auseinandersetzung mit den Faktoren, die den beschleunigten Strukturwandel in der Gesamtwirtschaft erzeugen. Im Mittelpunkt stehen dabei die funktionale und die regionale/globale Arbeitsteilung.

Impulsgeber sind hierfür jeweils Entwicklung der Kaufkraft und der Technologie. Die Nachfrage nach Konsumgütern (Verbrauchs- und Gebrauchsgüter) durchlebt einen Prozess der Individualisierung mit der Wirkung einer steigenden Komplexität in den Leistungsstrukturen der Logistik. Gleichzeitig wird die Globalisierung der Wirtschaftsprozesse extreme Steigerungsraten aufweisen, insbesondere durch das Wachsen der Pro-/Kopf-Einkommen in den industriellen Schwellenländern – eine Verdreifachung wird in den nächsten 15 Jahren als Minimum erwartet.

Dieses Szenario ist zu projizieren auf die sich daraus ergebenden quantitativen und qualitativen Anforderungen an die Leistungsfähigkeit der Logistik.

- Unternehmensbezogene Logistikprozesse

  Der Trend der letzten 25 Jahre führte bereits für jedes Unternehmen zu der Notwendigkeit, von einer additiven Funktionsbetrachtung zu einer Prozessgestaltung überzugehen. Die Nachfrageorientierung mit einer Steigerung der Artikel- und Variantenvielfalt induzierte eine Herabsetzung der Fertigungstiefe in der Produktion und die globale Erschließung neuer Märkte ergab eine differenzierende Standortbewertung. Beides Faktoren, die den Outsourcingprozess der Logistikfunktionen beschleunigen.

- Unternehmensübergreifende Logistikprozesse

  Die Gestaltung der Logistikkette – von der Produktentwicklung/Konstruktion über die Einbeziehung der Zulieferer, der Ablaufgestaltung der Produktion/Montage, die Lieferkette über den Handel bis zum Endverbraucher/Nutzer, alles verbunden mit den notwendigen Logistikfunkti-

onen über Dienstleister – ist ein Prozess mit stetig steigender Komplexität. Der Integrationsgrad dieser Logistikprozesse bestimmt die Wirtschaftlichkeit aller beteiligten Unternehmen.
Es begann mit der Schnittstellenlogistik, nämlich der überwiegend bilateralen Abstimmung zwischen Lieferant und Hersteller bzw. Hersteller und Handel etc.
Erst mit der Einrichtung von Zentrallägern bzw. Umschlagsknoten der Dienstleister wurde das Prozessdenken mit dem Ziel der Verringerung der Bestände, der Beschleunigung der Abläufe und der höheren Auslastung der Transporte sowie des verbesserten Kundendienstes in den Vordergrund gestellt.

Der andere Impulsgeber ist die Entwicklung der Technologie. Im Vordergrund steht dabei zunächst die Informationstechnologie (IT). Planung, Ablaufsteuerung, Sendungsverfolgung, Bestandskontrolle etc. als einen zu integrierenden Prozess zu gestalten, bedarf eines permanent aktuellen, unternehmensübergreifenden Informationssystems.
Dabei rückt die umfassende Identifikation von Artikeln und Sendungen in den Vordergrund. Die aktuelle Diskussion des Einsatzes von RFID zeigt auf, welche Dimension der Integrationswirkung dadurch erreichbar ist. Dies speziell auch aus den übergeordneten Rahmenbedingungen, die sich aus dem Security-Erfordernis ergeben.
Parallel dazu vollzieht sich die Industriealisierung der Produktion der KULT-Funktionen (Kommissionierung, Umschlag, Lagerung, Transport). Mit der Entwicklung von logistischen Megazentren – mit dem Ziel, nicht nur große Mengen für verschiedene Branchen, dadurch unterschiedliche zeitliche Auslastungen der Anlagen im Tagesablauf aber auch saisonal mit hoher Produktivität zu koppeln – sind die Voraussetzungen für Automatisierung und Robotic-Einsatz gegeben. Hier entstehen völlig neue Einsatzformen der entsprechenden Technologie. Die Forschung nimmt sich verstärkt dieser Aufgabe an.
Beide genannten Technologie-Aspekte ergänzen sich zu einer wichtigen Herausforderung: all diese Produktivitätsreserven lassen sich nur mit einem höheren Integrationsgrad der Prozesse durch die beteiligten Firmen erreichen!

3 Stellung der Dienstleistungswirtschaft

Ein besonderer Themenbereich ist in diesem Zusammenhang die stark wachsende Stellung der logistischen Dienstleistungswirtschaft. Speditions-, Transport- und Lagerunternehmen haben sich der Herausforderung gestellt, die sich aufgrund der sogenannten Outsourcingprozesse in Industrie und Handel ergeben haben. Verschiedene Studien aus den letzten 10 Jahren belegen, dass im Branchendurchschnitt 80 % der Logistikleistungen in Industrie und Handel auf Dienstleister auslagerbar sind. 2005 waren es von diesen 80 %=10 % gerade rd. 50 %. Die gegenwärtige Strukturkrise führt beschleunigt zu höheren Werten der Auslagerung.
Kostenersparnis durch Bündelung bei den KULT-Funktionen und höhere Servicequalität sind für die Entwicklung verantwortlich. Aber es sind nicht nur die genannten KULT-Funktionen, sondern insbesondere aufgrund der genannten Individualisierung der Nachfrage rd. 200 logistische Servicefunktionen, die in Zusammenhang mit der Prozessgestaltung branchen-, kunden- und im globalen

Umfeld länderspezifisch anfallen. Auf diese Weise ergeben sich hoch differenzierte Leistungskombinationen. Es entstehen Planungs- und Realisierungsgesellschaften ohne eigene „Produktionszentren". Eine höhere Form der traditionellen Spedition. Consultingfirmen, die sich auf Beratung und Entwicklung logistischer Prozesse spezialisieren. Vertragsgestaltung und Versicherung für das Zusammenwirken der beteiligten Unternehmen im Prozess. Hinzu kommen kooperativ wirkende spezialisierte IT-Firmen, Personalverleihfirmen, Aus- und Weiterbildungseinrichtungen, Forschungszentren. So hat sich ein integrativer, spezialisierter branchen- und unternehmensübergreifender Wirtschaftszweig entwickelt, mit einem ständig steigenden Anteil der Gesamtwertschöpfung in unserer Volkswirtschaft. Geht man von dem vorher aufgezeigten Trend aus, dann ergibt sich eine Reihe von Herausforderungen an die Logistikindustrie:

- Netzwerkbildung
  Neue Organisationsformen zwischen regionalen oder funktionsspezialisierten und mit Branchenbezug orientierten meist mittelständischen Firmen in der Dienstleistungswirtschaft. Ziele: Markterweiterung durch Flächendeckung und Angebotserweiterung sowie Kostensenkung durch kooperative Produktionsgestaltung und Vermarktung.
- Qualitätsmanagement
  Aufbau eines im Unternehmen auf die regionalen Niederlassungen und die einzelnen Funktionsbereiche nach gleichen Kriterien entwickelten und kontrollierten Qualitätsmanagementsystems. Das gilt auch in gleicher Weise für die kooperativen Netzwerkbildungen.
- Umweltmanagement
  Logistik ist eng verknüpft mit dem Thema Transport. Es gibt keinen Logistikvorgang ohne Raumüberwindung. Energieverbrauch, Schadstoffeinträge in Luft, Wasser und Boden, Abfälle, Lärm, infrastrukturelle Anforderungen, Unfälle und Gesundheitsrisiken spielen eine große Rolle. Hier setzt das Umweltmanagement der Unternehmen an. Entscheidendes Instrument ist die Bündelung der Prozesse in zentralen Logistikzentren und die Reduzierung von Transportvorgängen durch höhere Auslastungsgrade.
  In der Logistik haben Qualitätsmanagement und Umweltmanagement besonders viele Schnittstellen. Es ist daher richtig, eine integrierte Zertifizierung für beide Bereiche zu erreichen.
- Standardisierung
  Für IT-Koordinierung und Technologieeinsatz, insbesondere im Transport sowie Lager- und Umschlagszentren, sind in den unternehmensübergreifenden Prozessen Standardisierungen für die Optimierung der Abläufe notwendig. Das gilt insbesondere auch branchenbezogen, wenn ein Dienstleister z. B. für verschiedene Zulieferer einer Branche den Herstellern die Sendungen just in time an das Montageband verbringt.
- Disposition
  Zentralisierung der Dispositionsfunktion für alle planerischen und physischen Prozesse mittels eines integrierten IT-Systems mit dem Ziel der Erhöhung der Zuverlässigkeit und Kostensenkung sowie der jederzeitigen Auskunftsfähigkeit gegenüber Kunden.

- Globalisierung
  Wie bereits erwähnt, ist die Kaufkraft und damit Nachfrageentwicklung in den industriellen Schwellenländern der treibende Motor der weltwirtschaftlichen Entwicklung und globalen Arbeitsteilung; ca. 65 Millionen Menschen werden z. Zt. jährlich dort zusätzlich zu Konsumenten. Die World Trade Organisation (WTO) und ihre Spielregeln fördern damit das weltwirtschaftliche Wachstum. Auf dieser Grundlage ist es den Dienstleistungsunternehmen möglich, ihre Leistungen auch dort anzubieten. Sie folgen damit nicht nur den deutschen und europäischen Industrie- und Handelsunternehmern in diese Länder, sondern bauen auch für dortige Firmen mit ihren Erfahrungen die Logistik konsequent auf. Dies erfordert besondere strukturelle, aber auch multikulturelle Anpassungen.

Wenn heute schon die Logistik-Industrie auf der Wertschöpfungsschale der Branchen an dritter Stelle steht, dann ist die Prognose unter Berücksichtigung der aufgezeigten Tendenzen richtig, dass sie in wenigen Jahren die erste Stelle einnimmt.

4 Herausforderung: Erhöhung des Integrationsgrades

Die aufgezeigte positive Bewertung der bisherigen Entwicklung der Logistik zu einem branchenübergreifenden Wirtschaftszweig darf aber nicht darüber hinweg täuschen, dass noch erhebliche Produktivitätsreserven in der Prozessgestaltung vorhanden sind.

Die Gewinnung dieser Produktivitätsreserven ist für den wachsenden Wettbewerb in der sich globalisierenden Welt entscheidend. Unabhängig davon, dass noch ein großer Teil von Industrie- und Handelsfirmen (Schätzungen liegen je nach Branche zwischen 30 % und 50 %) die interne funktionsübergreifende Prozessbetrachtung der Abläufe im Unternehmen und damit die Logistik als Querschnittsfunktion noch nicht realisiert haben, betrifft diese Feststellung insbesondere den unternehmensübergreifenden Bereich.

Gründe hierfür sind vielfältig. Im Vordergrund sind es gewachsene Strukturen: Unabhängigkeit und Organisation nach Funktionen. Hinzu kommt mangelndes Vertrauen für einen erforderlichen Datentausch. Die augenblickliche Strukturkrise der Wirtschaft bietet für diese Unternehmen eine große Chance, jetzt die notwendigen Entscheidungen zu treffen. Und sie wird offensichtlich auch genutzt.

Zunächst geht es darum, den die Unternehmen verbindenden Wertschöpfungsprozess als zu gestaltendes vollintegriertes System zu verstehen. Grundlage der Logistik ist die Systemtheorie. Wir haben es bei der Gestaltung unternehmensübergreifender Prozesse vor allem mit einer zunehmenden Komplexität zu tun. Es bedarf also als Grundlage des Prozessaufbaus zunächst einer gründlichen Systemanalyse. Diese besteht aus drei Arbeitsschritten:

1. Feststellung aller Organisationseinheiten und damit Funktionen, die als Elemente des zu gestaltenden Systems mit einbezogen werden müssen.
2. Erkennung der Eigengesetzlichkeiten, unter denen diese Elemente (Funktionen) ihre höchste Leistungsfähigkeit haben.

3. Ermittlung von Wechselwirkungen (Rückkopplungen) auf das Gesamtsystem bei Entscheidungen, die einzelne Elemente (Funktionen) betreffen.

Ein solches Systemmanagement oder auch Komplexitätsmanagement ist die Grundlage für jedes unternehmensübergreifende Prozessmanagement (Supply Chain Management – SCM).

Für die überwiegende Mehrzahl der Unternehmen, die sich in eine solche Prozessintegration in ihren Geschäftsmodellen begeben, besteht aber die Tatsache, dass sie sich nicht nur als Partner in einem solchen Prozess integrieren müssen, sondern in x- höchst unterschiedliche Abläufe mit in der Mehrzahl verschiedenen Partnern.

Das erfordert von der Organisationsseite her auch unterschiedliche Gestaltungsmodelle. So haben logistische Dienstleister zunehmend Projektgruppen differenziert nach Branchen, Regionen, Serviceumfang, gebildet, um die individuellen Leistungsarten projektbezogen zu kombinieren und Vertragsformen entsprechend den Risiken zu gestalten. Hinzu kommt, dass logistische Dienstleister selber auch z. B. Unterfrachtführer als Erfüllungsgehilfen in die Leistungserstellung einbeziehen.

Gerade dieser komplexe „Würfel“ an Leistungsarten und deren unterschiedliche „Produzenten“ in ihrer gegenseitigen Verantwortung für den gesamten Logistikprozess sind aufgerufen, auf der Basis der Systemgestaltung ihren Beitrag für die Gewinnung der Produktivitätsreserven zum Vorteil aller Beteiligten zu leisten. Je umfangreicher diese Managementaufgabe an eine gemeinsam gebildete Managementgruppe delegiert wird, desto höher ist die Chance des Produktivitätsgewinns. Diese Vorgehensweise unterliegt nicht allgemeinen „Spielregeln“, sondern muss zwischen den Beteiligten - z.B. entsprechend Wertschöpfungsumfang – ausgehandelt werden. Je nachdem, ob es einen Auftraggeber gibt oder eine Kombination z. B. Hersteller und Zulieferer an einen oder mehrere Dienstleister.

Es erscheint sinnvoll, zu Beginn einer solchen Prozessmodellierung externe Berater hinzuzuziehen. Dies alles muss – wenn es dauerhaft funktionieren soll – von einem Prozess-Controlling begleitet werden, um permanent z. B. bei quantitativen Veränderungen, Anpassungen kurzfristig zu ermöglichen.

5 Vision - 2020

Zehn Jahre weiter bedeutet nach Zukunftsforschern so viel, wie in den letzten 30 Jahren an Wachstum, globaler Arbeitsteilung, technologischem Fortschritt etc. erreicht wurde. Damit verändern sich die Anforderungsprofile an die Anpassungsfähigkeit der Unternehmen und dabei insbesondere die vertikale Kooperationsbereitschaft in einem bisher unbekannten Tempo. Der Integrationsfaktor der Logistik gewinnt damit eine bisher nicht geahnte Bedeutung. Alle, die diese Prognose ernst nehmen, haben eine große Verantwortung, denn sie müssen die Chancen, die sich für die Wettbewerbsfähigkeit daraus ableiten lassen, systematisch nutzen. Die Weltwirtschaft wird um mindestens 25 % wachsen, Forschung und Entwicklung in größerem Umfang. Die Logistik-Industrie wird zur Grundlage eines integrierten Wachstums von Branchen und Regionen.

Literatur

Baumgarten H. (Hrsg.): Das Beste der Logistik; Springer-Verlag, Berlin-Heidelberg; 2008.

Baumgarten, Stabenau, Weber, Zentes: Management integrierter logistischer Netzwerke; Ein Projekt der Kühne-Stiftung. Haupt-Verlag, Bern, Stuttgart, Wien 2002.

Pfohl, Hans-Christian: Logistiksysteme. Betriebswirtschaftliche Grundlagen; Springer-Verlag, Berlin-Heidelberg, 2010.

Kieserling-Stiftung: Quo Vadis Netzwerk-Evolution der Logistik; Hausschild Verlag Bremen, Band 2, 2007.

Straube, Frank. e-Logistik, Ganzheitliches Management; Springer-Verlag, Berlin-Heidelberg, 2004.

Hans Peter Buse*

Aspekte des Organisierens kooperativer interorganisatorischer Beziehungen – Projekte, Spezialisten und Werkzeuge

---

* Hans Peter Buse studierte Wirtschaftsingenieurwesen an der Technischen Universität Darmstadt mit betriebswirtschaftlicher Vertiefung in Unternehmensführung und Logistik. Nach einer Tätigkeit am Fachgebiet Unternehmensführung & Logistik arbeitete er mehrere Jahre im Bereich „Strategic IT Effectiveness" einer weltweit operierenden Unternehmensberatung. Seit 2007 ist er in einem internationalen Energieunternehmen tätig, gegenwärtig als Group IT Manager der Sparte Öl und Gas Exploration und Förderung.

1 Perspektivwechsel: Ein prozessorientiertes Verständnis interorganisatorischer Beziehungen

Kooperative Formen interorganisatorischer Beziehungen sind heute – unter den verschiedensten Bezeichnungen wie beispielsweise Partnerschaft, Kooperation, Joint Venture und Allianz sowie Netzwerk und Konstellation – ein nahezu allgegenwärtiges Phänomen.[1]

Die Logistik bildet, neben Vertrieb, Produktion, Beschaffung und F&E, ein wichtiges Kooperationsfeld.[2] Innerhalb dieses Feldes sind sowohl horizontale, zwischen Unternehmen auf gleicher Wertschöpfungsstufe (Beispiel: Zusammenarbeit zwischen Speditionsunternehmen mit dem Ziel einer größeren geographischen Marktabdeckung für eine bestimmte Dienstleistung), als auch vertikale Kooperationsbeziehungen, zwischen Unternehmen unterschiedlicher Wertschöpfungsstufen (Beispiel: Optimierung der Beschaffungslogistik durch Zusammenarbeit von Zulieferer, Logistikunternehmen und Endprodukthersteller) zu beobachten. Die große Verbreitung des Konzepts des Supply Chain Management, das in hohem Maße auf eine Integration aller Stufen der Wertschöpfung – intra- ebenso wie interorganisatorisch – setzt,[3] kann gleichermaßen als Ausdruck und Treiber der Beschäftigung mit (primär vertikalen) kooperativen interorganisatorischen Beziehungen gesehen werden.

Infolge der Vielzahl solcher interorganisatorischen Beziehungen, in die Unternehmen zur gleichen Zeit eingebunden sein können, sehen sich Unternehmen vor diversen Herausforderungen: So sind Anforderungen verschiedener Partner, die ggf. untereinander im Wettbewerb stehen, und mögliche Wechselwirkungen zwischen horizontalen und vertikalen Kooperationen zu berücksichtigen,[4] während gleichzeitig der Beitrag der Kooperationsaktivitäten zum Gesamterfolg des Unternehmens überwacht und gesteuert werden muss.[5]

In der Logistikforschung wurden interorganisatorische Beziehungen im Allgemeinen und Kooperationen im Speziellen bereits vor über dreißig Jahren als Forschungsobjekt, aber auch als Gegen-

---

1 Siehe zur Einschätzung der Bedeutung bzw. Verbreitung des Phänomens beispielsweise Patzelt/Shepherd (2008), S. 1217, Hoffmann (2005), S.121, Porrini (2004), S. 545, und Rothaermel/Deeds (2004), S. 201. Meist werden die Bezeichnungen noch durch andere Termini, die einer Präzisierung dienen sollen, ergänzt, z. B. Wertschöpfungspartnerschaft, strategische Allianz, Unternehmenskooperation und Unternehmensnetzwerk. Eine Übersicht der Vielfalt verwendeter Begriffe und Konzepte bieten Zentes/Swoboda/Morschett (2005).

2 Vgl. Pfohl et al. (2004), S.150 und Hoffmann/Schlosser (2001), S. 201, wobei letztere sich speziell auf kleine und mittlere Unternehmen beziehen. Aussagen in der Literatur zur Kooperationshäufigkeit in den genannten Feldern sind uneinheitlich: Während Logistik meist als Feld großer Kooperationshäufigkeit genannt wird, sind für die Forschung & Entwicklung (F&E) gegensätzliche Ergebnisse zu finden. Siehe hierzu Buse (1997), S. 459.

3 Siehe Pfohl (2000) für eine Übersicht des Konzepts und der Entwicklungstrends des Supply Chain Management.

4 Vgl. Lazzarini/Claro/Mesquita (2008). Der Aspekt der Wechselwirkungen bezieht sich vor allem auf jene Situationen, in denen das betrachtete Unternehmen nicht Teil eines (geplanten) Unternehmensnetzwerkes ist, in dem das Management multipler Beziehungen gleichsam ein konstitutives Element ist, sondern verschiedene individuelle Kooperationsvorhaben vorantreibt.

5 Letzteres führt zu dem Ansatz, die Gesamtheit der kooperativen Interorganisationsbeziehungen als ein Portfolio zu verstehen, welches nach bestimmten Kriterien (z.B. Erfolgspotenzial, Risiko) zu steuern ist. Vgl. Sarkar/Aulakh/Madhok (2009), Hoffmann (2005), Kale/Dyer/Singh (2001) und speziell mit Bezug auf die Supply Chain auch bereits Christopher/Jüttner (2000), S. 119.

standsbereich für praxisorientierte Handlungsempfehlungen identifiziert.[6] In den achtziger und neunziger Jahren des zwanzigsten Jahrhunderts erschienen dann diverse Veröffentlichungen, die sich mit Möglichkeiten der Gestaltung von Kooperationen in der Logistik befassen.[7] Im Vordergrund der Betrachtungen stehen zumeist die Bedingungen, unter denen eine kooperative Form interorganisatorischer Beziehungen als vorteilhaft angesehen wird: die Wahl der geeigneten Partner, die möglichen Gegenstände (Aufgabenbereiche) kooperativer Zusammenarbeit, die vertraglichen und organisatorischen Gestaltungsoptionen sowie der Erfolg der gewählten Arrangements.[8] Diese Beobachtung gilt nicht nur für das Feld der Logistik. In gleicher Weise wird auch generell für die Untersuchung kooperativer interorganisatorischer Beziehungen konstatiert, dass sich die Aufmerksamkeit primär auf die Anfangsbedingungen und Voraussetzungen sowie die strategischen und strukturellen Entscheidungen richte, während der Entwicklung dieser Arrangements, ihrer Realisierung und Veränderung im Zeitverlauf wenig Beachtung geschenkt werde.[9] Bislang vorgeschlagene Ansätze zur Beschreibung – und ggf. Erklärung – der Prozesse der Veränderung interorganisatorischer Beziehungen werden als noch unzureichend erachtet.[10] Diese verallgemeinernde Aussage darf allerdings nicht den Blick darauf verstellen, dass beispielsweise bereits 1994 durch Ring und van de Ven ein breit rezipierter Vorschlag eines Modells (genauer „Frameworks") von Prozessen der Entwicklung kooperativer interorganisatorischer Beziehungen vorgelegt wurde.[11] Und auch in der Beschreibung von Kooperationen in der Logistik wurden - wenngleich nur vereinzelt – früh Aussagen zur konkreten Realisierung der Kooperationen und zur Handhabung von Konflikten im Verlauf der Zusammenarbeit getätigt.[12]

Das Interesse an diesen Veränderungsprozessen, das sich auch in Forderungen nach einer prozessorientierten Sicht von Interorganisationsbeziehungen ausdrückt,[13] steht im Einklang mit einer breiteren Strömung in der Organisationsforschung, die einen Wechsel in der Betrachtungsweise fordert: Statt auf – relativ stabile – Organisationsstrukturen solle sich der Blick auf den Vorgang des Organisierens, den Prozess des Herstellens, Erhaltens und Veränderns einer Ordnung der Aktivitäten der betrachteten Akteure richten. Strukturen von Organisationen – oder eben auch

---

6 Vgl. Pfohl (1987 [1979]).

7 Siehe beispielsweise Krass (1984), Kleer (1991), Freichel (1992) und Pfohl/Large (1992) sowie Feierabend (1980), der sich mit der Gestaltung unternehmensübergreifender logistischer Schnittstellen beschäftigt, ohne explizit vorauszusetzen, dass die entsprechenden interorganisatorischen Beziehungen kooperativen Charakter aufweisen.

8 Typisch für interorganisatorische Beziehungen in der Logistik ist, dass der Gestaltung der Planungs- und Abwicklungsprozesse große Bedeutung zugemessen wird, siehe z. B. Feierabend (1980)

9 Vgl. Ness (2009), S. 451, Kutschker (2005a), S. 259, und de Rond/Bouchikhi (2004), S. 56.

10 Vgl. die von Bell/den Ouden/Ziggers (2006) geäußerte deutliche Kritik am Entwicklungsstand der Forschung zur Dynamik von Kooperationen: Sie diagnostizieren sowohl eine wissenschaftliche Lücke, die sich in einer Fragmentierung des Wissensbestandes sowie einem Mangel an Kohärenz und Vergleichbarkeit der Ergebnisse äußere, als auch einen Mangel an Relevanz in Bezug auf die Erfordernisse von Managern, die mit Kooperationsentscheidungen befasst sind. Siehe dazu aber auch die Replik von Hennart (2006), der das Unterfangen einer detaillierten Untersuchung der Dynamik von Kooperationen als vergeblich, da nicht leistbar, ablehnt und stattdessen eine fortgesetzte Konzentration auf Strukturen vorschlägt.

11 Vgl. Ring/van de Ven (1994). Gemäß Angaben auf Google Scholar wird dieser Artikel mehr als zweitausendmal zitiert, das vorgeschlagene Framework scheint jedoch kaum weiter verwendet worden zu sein.

12 Vgl. Pfohl (1987 [1979]), S. 25ff.

13 Vgl. Wehner/Clases/Bachmann (2000), Sydow (2003), S. 329f., und Kutschker (2005a/b).

interorganisatorischen Beziehungen – sind demnach nicht als konkrete Dinge, sondern als Ergebnis eines fortlaufenden Prozesses des Organisierens, eines Zusammenwirkens und sich Verständigens der Beteiligten zu verstehen.[14] Aus diesem Verständnis folgt auch, dass organisatorischer Wandel nicht als fallweise auftretendes Ereignis, sondern als allgegenwärtige Erscheinung betrachtet wird. Organisationen oder interorganisatorische Arrangements sind danach als Muster zu verstehen, die sich in dem steten Prozess des Wandels bilden (oder aus der Sicht des Beobachters erkennen lassen).[15]

Es stellt sich die Frage, wie eine Betrachtung interorganisatorischer Beziehungen auf Grundlage des skizzierten prozessorientierten Verständnisses aussehen kann. Van de Ven und Poole schlagen eine Typologie von Ansätzen zur Untersuchung organisatorischen Wandels vor, in der sie Kombinationen von ontologischen und epistemologischen Grundannahmen jeweils einen geeigneten Ansatz zuordnen. Für die Annahme einer Ontologie des Werdens (Organisation als ständiger Prozess des Organisierens) und einer Epistemologie, die sich auf zeitliche Verläufe und narratives Wissen als zentrale Elemente stützt, empfehlen sie einen Ansatz, der auf die Aktivitäten und Handlungsweisen schaut, durch welche sich kollektive Vorhaben vollziehen.[16]

Die Theorie sozialer Praktiken stellt eben solche Handlungsweisen, die sich herausbildendenden kollektiven Verhaltens- und Aktivitätsmuster, die körperlichen Aktivitäten im Zuge der Leistungserbringung, den Gebrauch von Dingen und das praktische Wissen – im Sinne von Know-how und durch Einübung erworbenen unbewussten Könnens – in den Mittelpunkt.[17] Indem sie das Zusammenspiel von Wiederholung (Routinisierung) und Veränderung hervorhebt – jede wiederholte Ausführung einer Praktik bietet die Chance einer Neuerung, eines andersartigen Hervorbringens –, weist sie auf die Möglichkeit ständigen Wandels hin.[18] Sie stellt damit einen theoretischen Rahmen dar, der eine prozessorientierte Betrachtung interorganisatorischer Beziehungen zu leiten vermag. Beispiele der Nutzung einer Theorie sozialer Praktiken für die Untersuchung solcher Beziehungen zeigen die Forschungsarbeiten von Sydow und Kollegen:[19] Sie bedienen sich seit einigen Jahren der auf Giddens zurückgehenden Strukturationstheorie zur Beschreibung von (Management- und Veränderungs-)Prozessen in Unternehmensnetzwerken, die eine besondere Ausprägung von interorganisatorischen Beziehungen – oder Beziehungsgeflechten – darstellen.

---

14 Vgl. Weick (1985) und Weick (2009), der durch die Verwendung des Begriff „Organizing" den Blick von der Entität (Organisation) auf den Prozess lenkt. Diese Gedanken haben in jüngerer Zeit eine größere Verbreitung in der Organisationsforschung erfahren. Siehe dazu beispielsweise die Monographien von Czarniawska (2008) und Hernes (2008).

15 Damit wird Wandel als ontologisch vorrangig gegenüber der Organisation gesehen. Um die Allgegenwart des Wandels zu betonen, bilden Tsoukas/Chia (2002) den Begriff des „organisationalen Werdens" („organizational becoming"), den sie mit dem Gedanken einer Ontologie des Werdens anstatt des Seins verbinden. Siehe zu diesem Verständnis des organisatorischen Wandels auch van de Ven/Poole (2005).

16 Vgl. Van de Ven/Poole (2005), S. 1386ff.

17 Vgl. zu den Grundzügen einer Theorie sozialer Praktiken Reckwitz (2008) und Hörning (2004). Eine geeignete Definition des Begriffes der Praktik bietet Reckwitz (2002), S. 249f.

18 Vgl. Hörning (2004), S. 33f., und Reckwitz (2004).

19 Siehe beispielsweise Sydow (2004), Windeler/Sydow (2001), Sydow/Windeler (1998) und Lutz (2004). Zur Einordnung der Strukturationstheorie in das Feld der Theorien sozialer Praktiken (synonym wird auch der Begriff „Praxistheorien" verwendet) vgl. Reckwitz (2008), S. 98ff.

Im Rahmen des vorliegenden Beitrags ist es nicht möglich, ein vollständiges Bild des Organisierens der Interorganisationsbeziehungen zu entwerfen, das dem Zusammenspiel von Akteuren, Praktiken und Prozessen im Zeitverlauf gerecht werden könnte. In einem etwas bescheideneren Umfang möchte ich dennoch den Blickwinkel nutzen, den die Konzepte des Organisierens und der sozialen Praktiken eröffnen, um die Aufmerksamkeit auf einige Aspekte interorganisatorischer Beziehungen zu lenken.

Meine These ist, dass es wichtig ist, auch auf die kleinen Dinge, die alltäglichen Handlungs- und Gebrauchsweisen, die Widerständigkeiten in der konkreten Umsetzung zu achten, um erfolgreich interorganisatorische Beziehungen aufbauen und fortentwickeln zu können.[20]

Um diese These zu stützen, zeige ich im Folgenden anhand von Beobachtungen, die im Rahmen von Feldforschungsaktivitäten gewonnen wurden, verschiedene Herausforderungen und Probleme auf, die sich im Verlauf des Planens, Umsetzens und Steuerns von interorganisatorischen Beziehungen ergaben.

2 Anknüpfungs- und Ankerpunkte: Projekte, Spezialisten und Werkzeuge

In der initialen Phase des Organisierens einer interorganisatorischen Beziehung – als Zeitpunkt des Beginns dieser Phase soll hier die erste grundsätzliche Entscheidung für das Aufbauen der Beziehung gelten – bestehen in der Regel noch keine etablierten Praktiken, die von den Akteuren gemeinsam eingeübt wurden.[21] Die Beteiligten orientieren sich daher an dem ihnen bekannten Repertoire an Praktiken und Dingen (Hilfsmittel, z. B. Vorlagen, Pläne) – hier als Anknüpfungspunkte bezeichnet –, geleitet durch die Greifbarkeit und Materialität der eingeübten Handlungsweisen. In einem späteren Stadium des Prozesses des Organisierens existieren zumeist spezifische interorganisatorische Praktiken, die den jeweiligen Kontext der Beziehung widerspiegeln.[22] Abhängig davon, welchen Grad der Eigenständigkeit das jeweilige interorganisatorische Arrangement erlangt – zu denken ist hier beispielsweise an Joint Ventures, die ein hohes Maß an Autonomie von den Muttergesellschaften aufweisen können, während vertikale Zulieferkooperationen oft eine große Nähe und Abhängigkeit der beteiligten Unternehmen aufweisen –, ist zu erwarten, dass die

[20] Ein wenig ist diese Sicht auch inspiriert von einer Regel, die im „Hagakure", dem Ehrenkodex der Samurai, verzeichnet ist. Dort heißt es: „»Dinge von großer Bedeutung sollten gelassen angegangen werden.« Ittei sagt in seinem Vorwort zu dieser Regel: »Dinge von geringer Bedeutung sollten ernsthaft angegangen werden.«" (Yamamoto (2008), S. 30f.). Daraus lässt sich der Ratschlag ableiten, dass auch die weniger im Vordergrund stehenden Dinge einer ernsthaften Betrachtung bedürfen.

[21] Aus diesem Grunde wählten Bjørkeng/Clegg/Pitsis (2009) auch just den Fall einer projektbezogenen Kooperation, um das Entstehen neuer Praktiken (innerhalb des Führungsgremiums dieser Kooperation) zu beobachten. Sie grenzen sich damit gezielt von Kontexten ab, in welchen etablierte Praktiken existieren. Natürlich wird es in den beteiligten Unternehmen oftmals (kollektive) Handlungsweisen geben – sofern wiederholt interorganisatorische Beziehungen aufgebaut werden –, die sich auf die Vorbereitung einer Realisierungsentscheidung beziehen. Zu nennen sind hier zum Beispiel sogenannte „Stage-Gate"-Prozesse, in denen die Entscheidung mehrere Stufen/ Freigaben durchlaufen muss.

[22] Vgl. die Entwicklung im Zeitverlauf, die Bjørkeng/Clegg/Pitsis (2009) beschreiben, und die Überlegungen zum Konzept interorganisationaler Routinen von Zollo/Reuer/Singh (2002), Dyer/Nobeoka (2000), S. 351f., und Dyer/Hatch (2006), S. 704ff.

interorganisatorischen Praktiken in unterschiedlichem Maße an das ursprüngliche Repertoire etablierter Handlungsweisen gebunden bleiben. Auf diese Gebundenheit, die auch eine mögliche Wechselbeziehung zwischen interorganisatorischen und organisatorischen Praktiken zulässt, verweist der Gedanke des Ankerpunktes.

Aus der Vielfalt möglicher Anknüpfungspunkte in den zuhandenen Repertoires der Akteure zeichnen sich in den von mir untersuchten Fällen interorganisatorischer Beziehungen drei solcher Punkte ab, die erheblichen Einfluss auf den Vorgang des Organisierens haben und gleichzeitig auch Anlass von Problemen (und Konflikten) sein können:

- Praktiken des Projektmanagements: Das Gestalten neuer Kooperationsbeziehungen, sei es in der Just-in-Time-Zulieferung in der Automobilindustrie oder in der Umsetzung von Kontraktlogistik-Konzepten zwischen Herstellern und Logistikdienstleistungsunternehmen, wird häufig in Form eines Projekts organisiert.[23]
- Mitarbeiter, die auf das Management von interorganisatorischen Beziehungen spezialisiert sind: Ihr Vorhandensein und ihre Einbeziehung ermöglicht es, Erfahrungswissen aus analogen Fällen zu übertragen.
- Werkzeuge: Neben den beinahe allgegenwärtigen Arbeitsmitteln des Büroalltags (Standardsoftwarepakete für die Bürokommunikation, e-Mail, aber auch Vorlagen und Darstellungsstandards) zählen hierzu IT-Lösungen, die auf eine Unterstützung standortübergreifenden Arbeitens ausgerichtet sind (allgemeine Kollaborationswerkzeuge oder auch industriespezifische Lösungen, z. B. Lieferantenportale in der Automobilindustrie).

Als Untersuchungsfeld dienten drei unterschiedliche Kontexte: erstens Zuliefer-Abnehmer-Beziehungen in der Automobilindustrie, präziser Just-in-Time-Lieferbeziehungen zwischen System- oder Komponenten-Lieferanten („Tier 1") und Fahrzeughersteller, überwiegend unter Einbindung eines Logistikdienstleistungsunternehmens,[24] zweitens Vertriebs- und Entwicklungskooperationen eines IT-Dienstleistungs- und Managementberatungsunternehmens sowie drittens Outsourcing-Beziehungen zwischen einem Industrieunternehmen und IT-Dienstleistungsunternehmen. Die Datenerhebung erfolgte durch teilnehmende Beobachtung und teilstrukturierte Interviews. Die Auswertung vollzog sich in einem iterativen, vergleichenden Vorgang, ausgehend von initialen Konstrukten, beispielsweise beobachteten Verhaltensregelmäßigkeiten oder Werkzeuganwendungen, hin zur Betrachtung von kollektiven Handlungs- und Gebrauchsweisen.

Bezüglich der drei Anknüpfungspunkte konnten verschiedene Aspekte beobachtet werden, die das Organisieren der interorganisatorischen Beziehungen förderten (d. h. zu einem seitens der Akteure als positiv oder hinreichend beurteilten Zustand führten) oder erschwerten.

Anknüpfungspunkt 1: Praktiken des Projektmanagements

Zu Beginn des Beobachtungszeitraums war das Initiieren eines Projektes, verbunden mit dem Benennen eines klar bezeichneten Projektteams, für das Planen und In-Gang-Setzen der Just-in-

---

23 Vgl. Pfohl/Buse (1999), S. 285f., und Frunzke/Boldt/Garbisch (2004), S. 270ff.

24 Zur Begründung der Auswahl speziell dieses Untersuchungsfeldes siehe Pfohl/Buse (1999), S. 280f.

Time-(JiT)-Lieferbeziehungen in den untersuchten Unternehmen ein Novum (und wurde anfangs auch nur in einem Werk praktiziert).[25] Entsprechend existierten keine eingeübten Praktiken des unternehmensgrenzenüberschreitenden Projektmanagements. Die jeweiligen Teams erarbeiteten – meist auf Initiative des Projektleiters des Automobilherstellers – eigene Regeln und Verhaltensmuster. Zu diesem Zeitpunkt bestanden selbst zwischen den gleichzeitig ablaufenden JiT-Projekten (je eines pro JiT-Lieferbeziehung) für ein bestimmtes Fahrzeugmodell erhebliche Unterschiede in den Handlungsmustern. Nachdem anhand einiger konkreter Fälle die Vorteilhaftigkeit des Zusammenarbeitens in einem übergreifenden, integrierten Projektteam ersichtlich wurde (u. a. Vermeidung von Missverständnissen, rechtzeitiges Erkennen von Planungsfehlern), begannen sich bestimmte Handlungsweisen projektübergreifend zu etablieren. Zu diesen frühen Mustern zählten regelmäßige Sitzungen mit Teilnehmern verschiedener Funktionsbereiche (Logistikplanung, Produktion, Einkauf, Qualitätssicherung und andere) aus allen beteiligten Unternehmen (Hersteller, Lieferant, Logistikdienstleister), das Erstellen schriftlicher Sitzungsprotokolle und ein sehr striktes Überwachen der Erledigung der Aufgaben, die innerhalb der Protokolle zugewiesen wurden. Mittels dieser Protokolle wurden auch Festlegungen, beispielsweise von Prozessverläufen und dadurch verursachten Kostenwirkungen, dokumentiert, die in (in Bezug auf die Gestaltung der Logistikprozesse) recht weit gefassten Verträgen nicht geregelt waren. Die Protokolle wurden so zu einem zentralen Gegenstand im Prozess des Gestaltens der interorganisatorischen Beziehung. Allerdings wiesen die Protokolle auch Einschränkungen auf (Inflexibilität durch starr vorgegebene Form, Unübersichtlichkeit durch Verteilung von Information auf eine große Zahl von Dokumenten, rein textuelle Darstellung, Autorenschaft primär bei Projektleiter des Herstellers), die ihre Eignung als Mittel zur Vermittlung von Wissen, zur Herstellung eines gemeinsamen Problemverständnisses und zur Veränderung der ausgeübten Handlungsweisen einschränkten.[26]

Die Wahl der Form eines Projektes als Rahmen für das Organisieren bewährte sich, und es wurden seitens des Herstellers Bemühungen unternommen, die entstandenen Praktiken zu vereinheitlichen und zu dokumentieren, vor allem mit dem Ziel, die Abhängigkeit von den individuellen Akteuren (und deren personengebundenen Wissen) zu verringern. Als eine wesentliche Herausforderung hatte sich nämlich die Mitarbeiterfluktuation in den JiT-Projektteams gezeigt: Im Verlauf der Projekte, die sich meist über 15 bis 24 Monate erstreckten (zwischen Beginn der Planung der JiT-Belieferungsprozesse und der Übergabe in einen Regelbetrieb nach erfolgreichem Abschluss der

---

[25] Der Ansatz, die Aufgabe des Gestaltens der JiT-Lieferbeziehung als Projekt zu konstituieren, scheint durchaus zweckmäßig, da typische Merkmale von Projektaufgaben (inhaltliche und zeitliche Begrenztheit, Neuheitsgrad, Schwierigkeitsgrad und Erfordernis der Zusammenarbeit verschiedener Disziplinen) gegeben sind. Vgl. allgemein zu Merkmalen von Projektaufgaben Schulte-Zurhausen (2002), S. 381ff.

[26] Angesichts der genannten Einschränkungen scheinen die JiT-Team-Protokolle nicht geeignet, die Funktion eines Grenzobjektes („boundary objects") wirksam zu übernehmen. Ein Grenzobjekt – vgl. zum grundsätzlichen Begriff Star/Griesemer (1989), S. 393, und zu Merkmalen effektiver Grenzobjekte Carlile (2002), S. 451f. – ist ein Artefakt, welches in verschiedenen, sich überschneidenden sozialen Welten (Kontexten) beheimatet ist (hier z. B.: Hersteller und Lieferant, aber unter Umständen auch unterschiedliche Standorte eines Unternehmens) und die informatorischen Bedürfnisse in jeder dieser Welten befriedigt. Grenzobjekte werden als Mittel gesehen, um eine gemeinsame Identität zu schaffen, ein von den Beteiligten geteiltes Situations- und Problemverständnis auszuhandeln und zwischen bestehenden Praktiken zu vermitteln. Vgl. auch Sapsed/Salter (2004), S. 1518ff.

Anlaufphase der Produktion), kam es vielfach selbst bei wichtigen Rollen (z. B. Projektleitung seitens Hersteller, Logistikdienstleister oder Lieferant) zu personellen Veränderungen und daraus resultierenden Belastungen für die gemeinsam etablierten Handlungsweisen.[27] Das Dokumentieren der Vorgehensweise (einschließlich Projektmanagement), der erarbeiteten Projektergebnisse (Prozess- und Schnittstellenbeschreibungen für Logistik und IT, Behälterkonzept, Notfallprozeduren) und der entwickelten Praktiken der interorganisatorischen Zusammenarbeit erwies sich wiederum selbst als schwierig, da keine einheitliche, von allen geteilte Beschreibungssprache zuhanden war und zudem die beteiligten Mitarbeiter dieser Aktivität keine hohe Priorität zuweisen konnten oder wollten.[28] Während der Automobilhersteller im Weiteren eine Standardisierung der Ergebnisse der JiT-Projekte durch die Entwicklung eines sogenannten „Production Systems", eine Beschreibung von Managementprinzipien, Produktions- und Logistikprozessen, Steuerungskonzepten und Arbeitsmitteln, analog zu dem oft propagierten „Toyota Production System (TPS)",[29] anstrebte, wurde dem Thema des eigentlichen Organisierens der interorganisatorischen Beziehungen und der dabei genutzten Projektmanagement-Praktiken weniger Beachtung zuteil. Der mögliche Nutzen, der durch das Angebot von Projektmanagement-Methoden, die im Idealfall auch direkt auf Anforderungen unternehmensübergreifender Projekte und damit mittelbar auch auf das Organisieren der interorganisatorischen Beziehungen gerichtet sein würden, erreicht werden könnte, wurde in den betrachteten Fällen der JiT-Lieferbeziehungen seitens der beteiligten Unternehmen nicht gesehen.[30] Dass ein Vorhandensein von „offiziellen" Leitlinien für das Projektmanagement oder gar einer umfassenden Projektmanagement-Methodik (z. B. Projektmanagement-Handbuch), einen leicht zugänglichen Anknüpfungspunkt für die Entstehung von beziehungsspezifischen Handlungsweisen bieten kann, zeigen Beispiele interorganisatorischer Beziehungen, die die Erbringung von IT-Dienstleistungen zum Gegenstand haben: Vorausgesetzt, dass die Beschreibung der Methodik in einer Form vorliegt, die allen Akteuren (beteiligte Unternehmen und involvierte Mitarbeiter) eine Nutzung erlaubt, kann direkt zu Beginn der Zusammenarbeit auf diese Methodik referenziert werden, um Festlegungen für Projektstruktur, Aufgabenzuordnung, Dokumentation usw. zu treffen. Das Vorliegen von Beispieldokumenten für Projektpläne, Statusreports, Aufgabenverfolgung und Problemanalyse (in der Regel in elektronischer Form) erlaubt es schnell, bestimmte

---

[27] In den beobachteten Fällen ereigneten sich die personellen Veränderungen auf Seiten der Logistikdienstleister und Zulieferer oft aufgrund eines Wechsels des Arbeitgebers, während auf Seiten des Herstellers mehrfach interne Personalentwicklungsmaßnahmen Anstoß für Umbesetzungen gaben.

[28] Angesichts des relativ hohen zeitlichen Aufwands für die Beschreibung und Visualisierung der Prozesse wurden beispielsweise zwischenzeitlich Praktikanten für diese Aufgabe genutzt, die aber während einer meist kürzeren Anwesenheitsdauer selbst nicht in vollem Umfang Teil der entwickelten Praktiken wurden.

[29] Vgl. zum Toyota Production System (TPS) beispielsweise Dyer/Hatch (2006), S. 704f., und Dyer/Nobeoka (2000), S. 358f. Das TPS galt lange Zeit, spätestens seit Anfang der 1990er Jahre, als Vorbild für Automobilunternehmen weltweit. Erst in Folge der in jüngster Zeit aufgetretenen Mängel an Toyota-Fahrzeugen und des erforderlichen Rückrufs von Millionen von Fahrzeugen sind Zweifel an der nachhaltigen Wirksamkeit des Konzepts – oder an seiner konsequenten Umsetzung – aufgekommen. Offenbar konnte die Anwendung des TPS nicht verhindern, dass auch gerade im Zusammenspiel zwischen Toyota und seinen Zulieferern Qualitätsmängel auftraten. Vgl. Lamparter (2010).

[30] Äußerungen einiger Mitarbeiter ließen aber auch darauf schließen, dass Projektmanagement zum Teil als etwas wahrgenommen wurde, das „man sowieso beherrsche", so dass eine gezielte Beschäftigung damit nicht erforderlich sei.

Handlungsmuster innerhalb der interorganisatorischen Beziehung zu etablieren. Der geringe Aufwand, der mit einer Nutzung vordefinierter Hilfsmittel einhergeht, und die Legitimität, die den Bausteinen aus einer „offiziellen" Projektmanagement-Methodik innewohnt, erleichtern die Aneignung durch die jeweilige Beziehung. Eine gewisse Übersetzungsarbeit zwischen den typischerweise unternehmensspezifischen Terminologien bleibt aber meist gegeben. Daher ist es von Vorteil, wenn in den Aufbau und die Entwicklung interorganisatorischer Beziehungen Mitarbeiter eingebunden sind, die aufgrund ihrer Kenntnisse und Erfahrungen diese Übersetzungsleistung erbringen können. Ein möglicher Konfliktanlass besteht, falls die beteiligten Akteure jeweils über eigene, unternehmensspezifische Standards für das Projektmanagement verfügen und keine sachbasierte Einigung über die anzuwendende Methodik erlangen können. Häufig setzt sich in diesen Fällen das Kundenunternehmen durch (entsprechend den typischen Machtverhältnissen in den jeweiligen Industrien); seitens der Dienstleister und Zulieferer wird eine Anpassungsfähigkeit erwartet. Eine Festlegung auf eine gemeinsam genutzte Methodik, die als Anknüpfungspunkt für das Entwickeln gemeinsamer Praktiken in der interorganisatorischen Beziehung dienen kann, ist jedoch in der Regel dem Nebeneinander verschiedener Standards und Begriffswelten vorzuziehen.[31] Ein Rückgriff auf externe Standards für Projektmanagement, etwa die PRINCE2-Methodik,[32] stellt eine Möglichkeit dar, ein Übersetzungsproblem zu vermeiden, wird jedoch bislang – zumindest in Deutschland – eher selten genutzt.

Anknüpfungspunkt 2: Spezialisten für das Management interorganisatorischer Beziehungen

Die Bildung einer speziellen Funktion für das Management interorganisatorischer Beziehungen (vor allem: Kooperationen/ Allianzen), ihre Abbildung als Einheit in der Organisationsstruktur und die Einrichtung von Stellen für entsprechende Allianzenspezialisten oder Beziehungsmanager werden als Maßnahmen gesehen, um den Erfolg des Eingehens von solchen Beziehungen positiv zu beeinflussen.[33] Als Vorteile der Spezialisierung und der vielfach damit einhergehenden organisatorischen Zentralisierung gelten der Aufbau und Erhalt von individuellem Erfahrungswissen sowie die Möglichkeit zur Institutionalisierung von Prozessen und Handlungsmustern. Die Erwartung ist, dass Personen, die sich wiederholt, als Hauptaufgabe, mit dem Aufbau und Management von interorganisatorischen Beziehungen beschäftigen, mit ihren Erfahrungen und eingeübten individuellen Verhaltensweisen in der Lage sind, im Kontext neuer Beziehungen Anstöße für das Entwickeln gemeinsamer interorganisatorischer Praktiken zu geben.

Allerdings weist der Ansatz einer funktionalen Spezialisierung auch Limitierungen auf, die in den untersuchten Fallbeispielen beobachtet werden konnten: In dem IT-Dienstleistungs- und Beratungsunternehmen existierte eine Allianzenfunktion, der einige wenige Mitarbeiter dauerhaft

---

[31] Problematisch ist natürlich eine Situation, in der Regelungen in den beteiligten Unternehmen die Mitarbeiter gleichsam zwingen, die jeweiligen eigenen Standards anzuwenden. Dies kann dazu führen, dass zwischen interorganisatorischer Beziehung und unternehmensinterner Darstellung differenziert werden muss und Doppelarbeit entsteht.

[32] Siehe zur PRINCE2-Methodik http://www.ogc.gov.uk/methods_prince_2__overview.asp (10.03.2010).

[33] Vgl. Sarkar/Aulakh/Madhok (2009), S. 589ff., Heimeriks/Duysters/Vanhaverbeke (2007), S. 376ff, und Draulans/deMan/Volberda (2003), S. 158ff.

zugeordnet waren, während andere Mitarbeiter für einen Zeitraum von ein bis drei Jahren aus dem normalen Beratungsbereich abgeordnet wurden. Der Vorteil dieser Regelung ist, dass die temporär der Allianzenfunktion zugeordneten Mitarbeiter eine enge Bindung an das Kerngeschäft Beratung sicherstellen und kein dauerhafter umfangreicher Personalaufbau in einer unterstützenden Funktion erfolgt. Andererseits bewirkt die regelmäßige Personalrotation, dass der Zeitraum, in dem die Mitarbeiter der Allianzenfunktion – nach einer Einarbeitungs-/ Anlernphase – mittels eingeübter Handlungsweisen wirksam auf das Organisieren von interorganisatorischen Beziehungen einwirken können, recht kurz ist. Ein ähnlicher Effekt zeigte sich im Falle der JiT-Lieferbeziehungen des Automobilherstellers: Das seitens der Personalentwicklung des Unternehmens verfolgte Konzept der Job Rotation, welches gerade bei jüngeren Potenzialträgern angewandt wurde, führte dazu, dass die (erfolgreichen) Leiter der JiT-Projekte oft nach zwei bis drei Jahren in einen anderen Funktionsbereich versetzt wurden, so dass sie den gesamten Prozess des Organisierens einer JiT-Beziehung nur einmal komplett durchliefen. Ein Lernen durch wiederholte Einübung wird auf diese Weise erschwert, mögliche Spezialisierungsvorteile werden nicht in vollem Maße genutzt. (Dass ein geplanter Entwicklungspfad mit regelmäßiger Job Rotation in der Regel im Interesse des Mitarbeiters sein wird, bleibt davon natürlich unbenommen.)

Anknüpfungspunkt 3: Werkzeuge

Das Zuhandensein und Nutzen von Werkzeugen – seien es materielle Objekte oder Mittel der Informationsverarbeitung – stellt ein wichtiges Merkmal sozialer Praktiken dar und beeinflusst somit auch das Herstellen einer Ordnung in interorganisatorischen Beziehungen. Als wesentliche Art von Werkzeugen zeigen sich IT-Lösungen, die einen unternehmensübergreifenden Austausch und eine strukturierte Aufbewahrung von Dokumenten (Kontaktinformationen, Vereinbarungen, Zeitpläne, Prozessbeschreibungen, Formulare etc.) unterstützen. Inzwischen ist eine große Vielfalt solcher Lösungen (oft als Kollaborationsplattformen bezeichnet) verfügbar. Zum einen gibt es branchen- und unternehmensspezifische Plattformen, die speziell für das Aufbauen und Steuern interorganisatorischer Beziehungen vorgesehen sind, so beispielsweise die Lösungen, die seitens großer Automobilhersteller angeboten werden: Zulieferer müssen die internetbasierten Plattformen quasi zwingend nutzen, um Informationen zu übermitteln, aber auch um die dort (fest) vorgegebenen Hilfsmittel (Ablagestrukturen, Berichtsformulare usw.) in Entwicklungs- oder Bauprojekten zu nutzen. Zum anderen existieren allgemeine, unspezifische Lösungen, die sowohl für eine unternehmensinterne als auch für eine übergreifende Zusammenarbeit genutzt werden können (z. B. elektronische „Arbeitsräume" in einer Internet-/Intranet-Portallösung – ein verbreitetes Produkt ist hier Microsoft Sharepoint). Der vermeintlich einfachen Nutzung dieser Werkzeuge stehen jedoch oft Hindernisse entgegen, die das Aufbauen gemeinsamer, beziehungsspezifischer Praktiken erschweren: Die hersteller- oder branchenspezifischen Lösungen sind notwendigerweise relativ starr, d.h. nicht auf die Belange einzelner Beziehungen anpassbar, und erfordern oft eine erhebliche Einarbeitung, so dass sie weniger leicht in die alltäglichen Handlungsweisen der involvierten Mitarbeiter integriert werden. Die Verwendung einer unspezifischen Lösung hat den Vorteil, dass Mitarbeiter an die Handhabung oft bereits gewöhnt sind. Aus Gründen der Informationssicherheit werden solche allgemeinen, auch für den unternehmensinternen Gebrauch genutzten Plattformen jedoch oft nur in eingeschränktem Maße – oder mit hohem administrativen Aufwand – nach außen (für Kooperationspartner) geöffnet. Ein weiteres Hindernis besteht, besonders in Beziehungen mit mehr als zwei Beteiligten, in der Einigung auf ein gemeinsam zu nutzendes Kollaborationswerkzeug. Sofern mehrere oder alle Akteure jeweils über eine unternehmensbezogene Lösung verfügen und nicht „automatisch" die Lösung des mächtigsten Partners gewählt wird, ist es notwendig, im Prozess des Organisierens schnell zu einer Festlegung zu gelangen. Gelingt es nicht, eine schnelle Entscheidung für eine gemeinsame – und von den involvierten Mitarbeitern akzeptierte – Lösung zu erreichen, droht ein Verharren in einfachen, grundlegenden Verhaltens- und Kommunikationsmustern (Nutzen von E-Mail, Verschicken von Dokumenten – meist: MS Powerpoint –, individuelle Ablage ohne gemeinsamen Zugriff usw.). Das Entstehen effektiverer kollektiver Handlungsweisen, die ein gemeinsam genutztes Werkzeug unmittelbar einbeziehen, wird dadurch verhindert oder mindestens verzögert.

Die dargestellten Beispiele unterstreichen, dass es vielfach kleine Entscheidungen sind – die Wahl einer Projektmethodik, die Berücksichtigung der Auswirkungen von Personalentwicklungsmaßnahmen auf den Nutzen von Spezialistenrollen, die Festlegung von Werkzeugen –, die einen Einfluss auf die in interorganisatorischen Beziehungen entstehenden Praktiken und damit den gesamten Prozess des Organisieren dieser Beziehungen haben. Auch wenn diese Entscheidungen nicht unbedingt Auswirkungen auf das Ergebnis der Zusammenarbeit haben, so ist doch anzunehmen, dass mindestens die Schnelligkeit des Prozesses und die Effizienz des Bearbeitens von Gestaltungsaufgaben beeinflusst werden.

3 Zusammenfassung und Ausblick

In der Forschung zu interorganisatorischen Beziehungen und speziell zu kooperativen Formen dieser Arrangements ist in den vergangenen Jahren das Interesse an einer stärkeren Beachtung von Entwicklungs- und Veränderungsprozessen gewachsen. Diese Verschiebung in der Betrachtungsweise, von einem Blick auf Strukturen hin zu einer prozessorientierten Betrachtung, spiegelt eine gleichartige Veränderung wider, die sich allgemein in der Organisationsforschung vollzieht: Blick auf das „Organisieren", d. h. den Prozess des Organisierens, statt auf „Organisation" als konkretes Gebilde, als (relativ) starre Struktur. Mit diesem Perspektivwechsel treten auch die kollektiven Handlungsweisen der Akteure, die sich entwickelnden organisatorischen und interorganisatorischen Praktiken in das Blickfeld. Diese Praktiken, die in ihrer wiederholten Ausübung auch stets Möglichkeiten für Veränderungen und Abweichungen von den eingeübten Mustern zulassen, können als Elemente des Prozesses des Organisierens verstanden werden.

Da eine direkte empirische Beobachtung und Analyse von organisatorischen (oder interorganisatorischen) Praktiken als schwierig gilt,[34] habe ich in diesem Beitrag den Ansatz gewählt, auf drei

[34] Siehe dazu Geiger (2009), S. 130ff., der eine allzu vereinfachende, umgangssprachliche Verwendung des Begriffs der Praktik in einer der praxistheoretischen Forschungsströmungen konstatiert.

Anknüpfungspunkte zu schauen, die im Kontext einer interorganisatorischen Beziehungen Einfluss auf das Entstehen und Erhalten von Praktiken haben können. In der Betrachtung dieser drei Punkte – Projekte, Spezialisten und Werkzeuge – wird erkenntlich, dass auch „kleinere" Entscheidungen, beispielsweise die Festlegung einer gemeinsam zu nutzenden Projektmanagement-Methodik nebst den damit erforderlich werdenden Übersetzungsleistungen in die Begriffswelt der beteiligten Unternehmen, eine Wirkung auf die Entstehung gemeinsamer, interorganisatorischer Praktiken haben und damit zum Organisieren der Beziehung beitragen. Die vorgestellten Beobachtungen zeigen auch, dass selbst naheliegende Lösungen, wie beispielsweise die Einrichtung spezieller Stellen für Allianzenspezialisten, im Zusammenwirken mit anderen Praktiken – in diesem Falle Personalrotation – auf Hindernisse stoßen können.

Die vorgestellten Beispiele und Beobachtungen reichen natürlich noch nicht aus, ein umfassendes Bild des Entstehens von interorganisatorischen Praktiken und darüber hinaus des Gesamtverlaufs des Organisierens zu zeichnen. Das Verwenden eines Begriffs der Praktik, welcher das Zusammenspiel von Handlungsmustern, Körperlichkeit der Beteiligten sowie Dingen und ihren Gebrauchsweisen berücksichtigt, eröffnet Ansatzpunkte für eine weiterführende Beschreibung und Analyse. Aus einem gestaltungsorientierten Interesse heraus lassen sich letztlich auch Hinweise ableiten, durch welche Maßnahmen Hindernisse umgangen und als wünschenswert erachtete Praktiken geformt werden können.

Literaturverzeichnis

Bell, J./den Ouden, B./Ziggers, G.W. (2006): Dynamics of Cooperation: At the Brink of Irrelevance. In: Journal of Management Studies 43 (2006) 7, S. 1607-1619.

Bjørkeng, K./Clegg, S./Pitsis, T. (2009): Becoming (a) Practice. In: Management Learning 40 (2009) 2, S. 145-159.

Buse, H.P. (1997): Kooperationen. In: Pfohl, H.-Chr. (Hrsg.): Betriebswirtschaftslehre der Mittel- und Kleinbetriebe. Berlin 1997, S. 441-477.

Carlile, P.R. (2002): A Pragmatic View of Knowledge and Boundaries: Boundary Objects in New Product Development. In: Organization Science 13 (2002) 4, S. 442-455.

Christopher, M./Jüttner, U. (2000): Developing Strategic Partnerships in the Supply Chain: a Practitioner Perspective. In: European Journal of Purchasing & Supply Management 6 (2000) 2, S. 117-127.

Czarniawska, B. (2008): A Theory of Organizing. Cheltenham/Massachusetts 2008.

De Rond, M./Bouchikhi, H. (2004): On the Dialectics of Strategic Alliances. In: Organization Science 15 (2004) 1, S. 56–69.

Draulans, J./deMan, A.-P./Volberda, H.W. (2003): Building Alliance Capability: Management Techniques for Superior Alliance Performance. In: Long Range Planning 36 (2003) 2, S. 151-166.

Dyer, J./Hatch, N.W. (2006): Relation-specific capabilities and barriers to knowledge transfers: creating advantage through network relationships. In: Strategic Management Journal 27 (2006) 8, S. 701-719.

Dyer, J. H./Nobeoka, K. (2000): Creating and Managing a High-Performance Knowledge-Sharing Network: The Toyota Case. In: Strategic Management Journal 21 (2000) 3, S. 345-367.

Feierabend, R. (1980): Beitrag zur Abstimmung und Gestaltung unternehmensübergreifender logistischer Schnittstellen. Berlin 1980.

Freichel, S.L.K. (1992): Organisation von Logistikservice-Netzwerken. Theoretische Konzeption und empirische Fallstudien. Berlin 1992.

Frunzke, H./Boldt, O./Garbisch, C. (2004): Management von Kundenbeziehungen in der Logistikdienstleistungsbranche. In: Pfohl, H.-Chr. (Hrsg.): Netzkompetenz in Supply Chains – Grundlagen und Umsetzung. Wiesbaden 2004, S. 263-284.

Geiger, D. (2009): Revisiting the Concept of Practice: Toward an Argumentative Understanding of Practicing. In: Management Learning 40 (2009) 2, S. 129-144.

Heimeriks, K. H./Duysters, G./Vanhaverbeke, W. (2007): Learning mechanisms and differential performance in alliance portfolios. In: Strategic Organization 5 (2007) 4, S. 373–408.

Hennart, J.-F. (2006): Alliance Research: Less is More. In: Journal of Management Studies 43 (2006) 7, S. 1621-1628.

Hernes, T. (2008): Understanding Organization as Process. Theory for a Tangled World. London/New York 2008.

Hoffmann, W. H. (2005): How to Manage a Portfolio of Alliances. In: Long Range Planning 38 (2005) 2, S. 121-143.

Hoffmann, W./Schlosser, R. (2001): Success Factors of Strategic Alliances in Small and Medium-sized Enterprises – An Empirical Survey. In: Long Range Planning 34 (2001) 3, S. 357-381.

Hörning, K.H. (2004): Soziale Praxis zwischen Beharrung und Neuschöpfung. Ein Erkenntnis- und Theorieproblem. In: Hörning, K./ Reuter, J. (Hrsg.): Doing Culture – Neue Positionen zum Verhältnis von Kultur und sozialer Praxis. Bielefeld 2004, S. 19-39.

Kale, P./Dyer, J./Singh, H. (2001): Value Creation and Success in Strategic Alliances: Alliancing Skills and the Role of Alliance Structure and Systems. In: European Management Journal 19 (2001) 5, S. 463-471.

Kleer, M. (1991): Gestaltung von Kooperationen zwischen Industrie- und Logistikunternehmen. Ergebnisse theoretischer und empirischer Untersuchungen. Berlin 1991.

Krass, R. (1984): Kooperation zwischen Verlader und Spedition – Konzept zur Effizienzsteigerung der Marketing-Logistik. Darmstadt 1984.

Kutschker, M. (2005a): Kooperation: Grundlagen der sozialwissenschaftlichen Prozessforschung. In: Zentes, J./Swoboda, B./Morschett, D. (Hrsg.): Kooperationen, Allianzen und Netzwerke. Grundlagen – Ansätze – Perspektiven. 2., überarb. und erw. Auflage. Berlin 2005, S. 257-256.

Kutschker, M. (2005b): Prozessuale Aspekte der Kooperation. In: Zentes, J./Swoboda, B./Morschett, D. (Hrsg.): Kooperationen, Allianzen und Netzwerke. Grundlagen – Ansätze – Perspektiven. 2., überarb. und erw. Auflage. Berlin 2005, S. 1125-1154.

Lamparter, D.H. (2010): Zu viel Gas. Toyotas Pedal-Panne zeigt beispielhaft die Risiken globaler Expansion in der Automobilindustrie. In: Die Zeit, Nr. 6 vom 4. Februar 2010, S. 22.

Lazzarini, S.G./Claro, D.P./Mesquita, L.F. (2008): Buyer–Supplier and Supplier–Supplier Alliances: Do They Reinforce or Undermine One Another? In: Journal of Management Studies 45 (2008) 3, S. 561-584.

Lutz, A. (2004): Management von Projektnetzwerken in dynamischen Dienstleistungsindustrien. Wiesbaden 2004.

Ness, H. (2009): Governance, Negotiations, and Alliance Dynamics: Explaining the Evolution of Relational Practice. In: Journal of Management Studies 46 (2009) 3, S. 451-480.

Patzelt, H./Shepherd, D.A. (2008): The Decision to Persist with Underperforming Alliances: The Role of Trust and Control. In: Journal of Management Studies 45 (2008) 7, S. 1217-1243.

Pfohl, H.-Chr. (1987 [1979]): Vertikales Marketing. In: Poth, L.G. (Hrsg.): Marketing. Neuwied 1987, Kennziffer 36.

Pfohl, H.-Chr. (2000): Supply Chain Management: Konzept, Trends, Strategien. In: Pfohl, H.-Chr. (Hrsg.): Supply Chain Management: Logistik plus? Berlin 2000, S. 1-42.

Pfohl, H.-Chr./Buse, H.P. (1999): Organisationale Beziehungsfähigkeiten in komplexen kooperativen Beziehungen. In: Engelhard, J./Sinz, E.J. (Hrsg.): Kooperation im Wettbewerb. Neue Formen und Gestaltungskonzepte im Zeichen von Globalisierung und Informationstechnologie. Wiesbaden 1999, S. 269-300.

Pfohl, H.-Chr. et al. (2004): Erfolgsfaktoren der Netzkompetenz in Supply Chains – Ergebnisse einer empirischen Untersuchung. In: Pfohl, H.-Chr. (Hrsg.): Netzkompetenz in Supply Chains – Grundlagen und Umsetzung. Wiesbaden 2004, S. 139-173.

Pfohl, H.-Chr./Large, R. (1992): Gestaltung interorganisatorischer Logistiksysteme auf der Grundlage der Transaktionskostentheorie. In: Zeitschrift für Verkehrswissenschaft 63 (1992) 1, S. 15-51.

Porrini, P. (2004): Can a Previous Alliance Between an Acquirer and a Target Affect Acquisition Performance? In: Journal of Management 30 (2004) 4, S. 545-562.

Reckwitz, A. (2002): Toward a Theory of Social Practices. A Development in Culturalist Theorizing. In: European Journal of Social Theory 5 (2002) 2, S. 243–263.

Reckwitz, A. (2004): Die Reproduktion und die Subversion sozialer Praktiken – Zugleich ein Kommentar zu Pierre Bourdieu und Judith Butler. In: Hörning, K./ Reuter, J. (Hrsg.): Doing Culture – Neue Positionen zum Verhältnis von Kultur und sozialer Praxis. Bielefeld 2004, S. 40-54.

Reckwitz, A. (2008): Unscharfe Grenzen – Perspektiven der Kultursoziologie. Bielefeld 2008.

Ring, P.S./ Van de Ven, A.H. (1994): Developmental processes of cooperative interorganizational relationships. In: The Academy of Management Review 19 (1994) 1, S. 90-118.

Rothaermel, F.T./Deeds, D.L. (2004): Exploration and Exploitation Alliances in Biotechnology: A System of New Product Development. In: Strategic Management Journal 25 (2004) 3, S. 201-221.

Sapsed, J./Salter, A. (2004): Postcards from the Edge: Local Communities, Global Programs and Boundary Objects. In: Organization Studies 25 (2004) 9, S. 1515-1534.

Sarkar, M.B./Aulakh, P.S./Madhok, A. (2009): Process Capabilities and Value Generation in Alliance Portfolios. In: Organization Science 20 (2009) 3, S. 583-600.

Schulte-Zurhausen, M. (2002): Organisation. 3., überarbeitete Auflage. München 2002.

Star, S.L./Griesemer, J.R. (1989): Institutional Ecology, `Translations' and Boundary Objects: Amateurs and Professionals in Berkeley's Museum of Vertebrate Zoology, 1907-39. In: Social Studies of Science 19 (1989) 3, S. 387-420.

Sydow, J./Windeler, A. (1998): Organizing and Evaluating Interfirm Networks: A Structurationist Perspective on Network Processes and Effectiveness. In: Organization Science 9 (1998) 3, S. 265-284.

Sydow, J. (2004): Network development by means of network evaluation? Explorative insights from a case in the financial services industry. In: Human Relations 57 (2004) 2, S. 201–220.

Tsoukas, H./Chia, R. (2002): On Organizational Becoming: Rethinking Organizational Change. In: Organization Science 13 (2002) 5, S. 567-582.

Van de Ven, A.H./Poole, M.S. (2005): Alternative Approaches for Studying Organizational Change. In: Organization Studies 26 (2005) 9, S. 1377–1404.

Wehner, T./Clases, C./Bachmann, R. (2000): Co-operation at Work: A Process-oriented Perspective on Joint Activity in Inter-organizational Relations. In: Ergonomics 43(2000)7, S. 983-997.

Weick, K.E. (1985): Der Prozess des Organisierens. Frankfurt am Main 1985.

Weick, K.E. (2009): Making Sense of the Organization – The Impermanent Organization. Volume Two. Chichester 2009.

Windeler, A./Sydow, J. (2001): Project Networks and Changing Industry Practices Collaborative Content Production in the German Television Industry, Organization Studies 22 (2001) 6, S. 1035-1060.

Yamamoto, T. (2008): Hagakure – Der Weg des Samurai. 3. Auflage. München 2008.

Zentes, J./Swoboda, B./Morschett, D. (2005): Kooperationen, Allianzen und Netzwerke - Entwicklung der Forschung und Kurzabriss. In: Zentes, J./Swoboda, B./Morschett, D. (Hrsg.): Kooperationen, Allianzen und Netzwerke. Grundlagen – Ansätze – Perspektiven. 2., überarbeitete und erweiterte Auflage. Berlin 2005, S. 3-32.

Zollo, M./Reuer, J. J./Singh, H. (2002): Interorganizational Routines and Performance in Strategic Alliances. In: Organization Science 13 (2002) 6, S. 701-713.

Danuta Kisperska-Moroń*

Interorganisational Structures and Cooperation in Logistics Channels – Virtual Supply Chains

* Danuta Kisperska-Moroń is a professor of business logistics at the Department of Business Logistics at the University of Economics in Katowice, Poland. Her major research interests are supply chain management, business logistics, service management, inventory management and customer service. She was a leader of many research projects in the field of business logistics and supply chain management, both in Poland and on the international arena. She is the vice-President of the Polish Logistics Association, member of the Research & Development Committee of the European Logistics Association and a member of the Executive Committee of the International Society for Inventory Research.

1 Relationships in a Supply Chain

Complex research concerning cooperation of companies in supply chains requires more precise description of the structure of supply chain. For that purpose the type of ultimate supply chain serves as the best description of supply chain structure. An ultimate supply chain includes „ all the companies involved in all the upstream and downstream flows of products, services, finances and information from the initial supplier to the ultimate customer".[1] The concept of the ultimate supply chain has been illustrated by Figure 1.

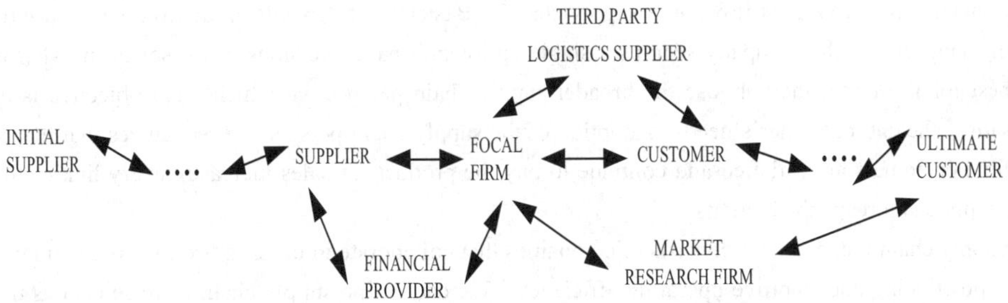

Figure 1: Relationships in an ultimate supply chain

Enterprises can create any link in an ultimate supply chain. There are, however, several basic groups of companies in such a channel that perform different types of functions in the flow of goods:

- Mainstream companies of the flow, performing roles of suppliers (several tiers) and customers (intermediate: manufacturers and sales intermediaries and ultimate users),
- supporting companies in the field of transport, forwarding, warehousing (logistics operators) and financial and market facilitators

Supply chains, built up and managed by smaller and larger firms, provide field for the game of powers coordinating, balancing and stabilizing the chain. Companies take part in the process of reaching the consensus in supply chain decision making but their exact negotiating and bargain positions may differ. The level of company's power in a supply chain depends on their critical position originating from technological, business and socio-political factors.

Although the supply chain concept considers the multiple links that guide the flow of materials and products from suppliers to the ultimate consumers [2], most papers and research explore only dyadic

---

1 Mentzer, J. T. and others (2001), What is Supply Chain Management, in: Mentzer J.T. (editor), Supply Chain Management, Sage Publications, Thousand Oaks, California

2 Cooper, M. C., Ellram, L.M. (1993). Characteristics of Supply Chain Management and the Implications for Purchasing and Logistics Strategy, „The International Journal of Logistics Management, 4(2); Houlihan, J. B. (1988), International Supply Chains: A New Approach, „Management Decision" 26(3); Stevens, G. C., (1989), Integrating the Supply Chain, |International Journal of Purchasing Distribution and Materials Management", 19(8)

relationships in the channel because of the simplicity of research. All these studies offer important insights in many aspects of supply chain management. However, cooperative relationships between two companies should be differentiated from simultaneous upstream and downstream relationships [3] common in supply chains. Therefore one can refer to the problem of those dyadic relationships defined as partnership and alliances inside supply chains.

Active participation of any business in supply chain operations depends from a perspective which they adapt while making strategic decisions. That shared management philosophy based on supply chain concept could be called more accurately „supply chain orientation", defined as „the recognition by a company of the systemic, strategic implications of the activities and processes involved in managing the various flows in a supply chain".[4] Basically, it depends on the following attitude of managers: Is the company seen as a single entity and make decisions based solely on what is best for it, or will they choose the broader supply chain perspective which main objective is to satisfy the end customer's needs? Adoption of the supply chain perspective recognizes that that if final customers are satisfied and continue to buy the product (or sales increase), every link of the supply chain reaps the benefits.

Supply chain management consists of companies that collaborate in order to leverage their strategic positioning and improve operating efficiency.[5] We can define supply chain management as the "systematic, strategic coordination of the traditional business functions within a particular company and across businesses within the supply chain , for the purposes of improving the long-term performance of the individual companies and the supply chain as a whole".[6] The challenge of supply chain management is to align objectives and coordinate the activities of independent supply chain members.[7] In particular supply chain coordination allows two main objectives to be achieved:[8]

Within supply chain management, logistics is the work required to move and position inventory geographically. Logistics management involves all the movement and storage activities associated with product and service flows. In that sense, logistics is a subset of any supply chain, occurring within its broader framework. For years integrated logistics linked and synchronized the overall supply chain as a continuous process and was very important for effective supply chain connectivity. The nature of logistical work remains essentially the same as it was decades ago, but the way it is performed has changed quite radically.[9]

Efficient logistics processes create value in supply chains. The main role of adding new value to products is to enhance customers's perception of a product's value by creating economic utility.

---

3 Mentzer, J. T. and others (2001), What is Supply Chain Management, ..., op.cit.

4 Ibidem.

5 Bowersox, D. J., Closs D.J., Bixby Cooper M. (2010), Supply Chain Logistics Management, McGraw-Hill, New York, p. 4

6 Mentzer, J. T. (2004), Supply Chain Management, Sage, Thousand Oaks, p.22

7 Bahinipati, B. K., Kanda, A., Deshmukh, S. G. (2009), Coordinated Supply Management: Review, Insights, and Limitations, International Journal of Logistics: Research and Applications, 12 (6)

8 Tsay, A. (1999), The Quantity Flexibility Contract and Supplier – Customer Incentives, Management Science, 45 (10)

9 Bowersox, D. J., Closs, D. J., Cooper, M. B. (2010), Supply Chain Logistics Management, ..., op.cit.

There are four economic utilities adding value to a product or service: form utility, possession utility, place and time utility. [10] Form utility is mostly created by manufacturing through production process. However, also logistics operations in a supply chain adds that value through break-bulk operations in the plant, warehouse and transport terminals. Possession utlility is based on the transfer of ownership from one channel member to another. It is being done mainly by selling a product or service which creates the value added benefit. Place utility refers to moving a product from one point to another point where demand exists. Due to that, customer can find a product where it is needed. Finally, time utility is having the product available when demanded.
For customers, at least three perspectives of value exist: economic, market and relevancy value.[11] Traditional value is economic value built upon the economics of scale in operations as the source of efficiency. For the customer it means high quality at a low price. Another value perspective is market value connected to economies of scope effectiveness. In this case customer has convenient products assortment and choice. Business success depends also on relevancy involving customization of value-adding services producing an unique product or service bundle for each customer. The simultaneous achievement of economic value, market value and relevancy value (known as integrative value proposition [12]) becomes the major task of supply chain management. It requires proper operational performance in terms of its speed, consistency, flexibility and malfunction recovery.
World business is facing new challenges in the present millennium. Actual economic reality becomes constantly more difficult for companies due to a synergy of larger complexity and growing dynamics of business processes. It results in discontinuity of development of businesses, particularly in the environment troubled by economic recession and current shrinking business opportunities.

2 Virtual organization – what does it really mean?

Virtual means imaginary reality. The notion of virtual, in the literal sense of the word, indicates something that only exists in the imagination, and not in the real world. “Virtual” has become a potent buzzword and is freely applied to many situations and has many meanings. Some authors indicate that because of that “virtual” is in danger of meaning nothing.[13] Overusing this term results in some serious research problems:

- It does not clearly allow to compare results from different studies, since “virtual” is used in a non-systematic way and describes many different environments.

10 Bloomberg, D. J., LeMay, S., Hanna J.B. (2002). Logistics. Prentice Hall, Upper Saddle River
11 Bowersox D.J., Closs D.J., Cooper M. B. 2003. Supply Chain Logistics Management, McGraw-Hill, New York
12 Ibidem.
13 Watson-Manheim, M. B., Chudoba, K. M., Crowston, K (2002), Discontinuities and Continuities: a New Way to Understand Virtual Work, Information Technology & People, vol.15, No.3, p.191-20

- There are many problems connected to virtual organizations although they are not always addressed in research and literature with the explicit keyword of "virtual".

Virtual organizations are called "imaginary organizations", held together by trust, synergies of the partners, contract and information technology.[14] They operate without long-term relationships, can be enabled or dissolved easily on a real-time basis. Virtual corporation seems to be the strategy for structuring and improving corporations for the coming century.[15] Organizations can use that strategy to provide increased flexibility in an economic environment of continuous change. Virtual companies are characterized by networks of internal and external relations that constantly change.

Although the new economics and social order is not quite clear yet, it should be worthwhile to revisit the idea of managerial issues of virtual supply chains, that have become an accepted business concept. Virtual organization became one of the symbols of modern economic and social development, however, it still remains one of the least understood and the most discussed concepts. Supply chain can be described as a specific form of a virtual organization with its all characteristics.

Virtual supply chains are frequently identified with e-business, computer communication and digital products. Within the framework of organization theory a virtual supply chain is more than that; it is an organization that is subject to constant changes, demonstrating a specific potential when required, overcoming time and space barriers. Virtual supply chains could be described by such attributes like temporary character, focus on customers, geographical dispersion, intensive support of IT systems, network structure and an extensive use of key competencies of their members.

Discontinuity becomes the main feature of virtual supply chains. Virtual supply chains are "production and distribution systems utilizing a formal physical network structure, and operating through a network of separate organizations".[16] . There are no permanent members, they are called in for particular projects and may not be visible for other members. Virtual supply chains are not serial chains but rather flexible networks with fast, real-time electronic communication.

Virtual supply chain operates in changing business environment. The virtual supply chain often focuses on the solution to concrete tasks and projects. After solving the task and completing the project, virtual supply chain is dissolved and a new one is formed with new combinations of partners. The dominant organization in the chain, called often as a "broker" uses temporary partners for a specific task. The dominant firm replaces fixed connections with flexible ones, based on prior selection of alternatives, that require managers to communicate tasks to members. This form

---

14 Hedberg, B., Dahlgren G., Hansson, J. and Olve, N. G. (1994), Virtual Organizations and Beyond, Wiley, Chichester, UK

15 Davidow, W. and Malone, M. (1992), The Virtual Corporation – Structuring and revitalizing the Corporation for the 21st Century, Harper-Collins Publishers

16 Chandrashekar, A. and Schary, Ph. B. (1999), Toward the Virtual Supply Chain: The Convergence of IT and Organization, The International Journal of Logistics Management, Vol.10, No.2, pp.27-39

of coordination has been possible only with the extensive use of advanced computer technologies and telecommunication.[17]

In that context, the use of the word "virtual" brings the notion of discontinuity, being a gap or a lack of coherence in aspects of operating business such as task, relations with other organizations or location.[18] (Watson-Manheim et al., 2002). There are two forms of such discontinuities:

- Temporal, when e. g. companies change their old suppliers to the new ones;
- Cross-sectional, meaning a lack of coherence in business relations and resulting in conflicts terminating some types of business relationships.

In a virtual organization one or more discontinuities usually appear. As examples one may indicate the following types of discontinuities: temporal business location (e. g. across different time zones), geographic business location, consortium membership (who you do business with), organizational affiliation, cultural business background (e. g. national or professional). Therefore, virtual supply chains often go against establishment of long and close relations between their partner members. However, the virtual supply chain is not quite incompatible with the model of close business partnership. Probably virtual supply chains could be established when the potential members want to make use of their existing, complementary competencies. As opposite, partnership relations would be more typical for situations, where competencies are created during the course of collaboration over longer time periods.[19]

Impermanence of the virtual supply chain creates some specific positive opportunities that distinguish it from more stable arrangements. First of all it is closely oriented towards customers or products. The temporary configuration of functional specialist members is oriented towards rapid response, offering production and distribution flexibility.

The short-term relations and transitory character of virtual supply chains create also some problems resulting from the discontinuity of operations:

- Perception of insufficient level of trust and data security,
- smaller chance for inter-organizational bonding and loyalty,
- more complicated logistics management because of flexibility due to unstable volumes and non-repeating logistics patterns.

The main research question addressed by the paper is: Are average companies prepared to function within the frameworks of such virtual supply chains? Special focus has been put on three main aspects enabling operations of companies within VSC frameworks: level of development of ICT, potential support of physical flows from logistics service providers and general logistics competencies of companies.

---

17 Townsend, A. M., DeMarie, S. M., Hendricksen, A. R. (1998), Virtual Teams: Technology and the Workplace of the Future, Academy of Management Executive, vol.12 (August), pp.17-29

18 Watson-Manheim, M. B., Chudoba, K. M., Crowston, K (2002), Discontinuities and Continuities, ..., op.cit.

19 Skjoett-Larsen, T. (2000), European Logistics Beyond 2000, International Journal of Physical Distribution & Logistics Management, vol.30, No.5, pp.377-387

3 Methodology

That research question will be answered by discussing results of the surveys in companies in the southern part of Poland in 2007-2008:

- First questionnaire was applied for manufacturing, distribution and service companies, investigating such issues as logistics costs, logistics outsourcing practices, evaluation of logistics capabilities, scope of cooperation with suppliers and customers, plans for future development of logistics;
- Second questionnaire was common for all responding companies and investigating the current state of application of ICT technologies.

There were 112 respondents to the first questionnaire and 121 respondents to the second questionnaire.

The firms responding to the first questionnaire were more or less evenly spread between manufacturing, distribution and service companies, however, with a slightly prevailing group of manufacturing and construction companies. Respondents replying to the ICT questionnaire were companies operating mostly in transport, distribution and logistics. The majority of companies (around 65 %) in the first sample belong to the group of small and medium enterprises. They distribute products mainly to the domestic market (72 % of companies), 19 % of companies sell to the EU and the remaining 9 % of surveyed firms beyond the EU with only 2 % of companies distributing products outside Europe. More profound analysis of surveyed companies in the sector of transport, forwarding and logistics services indicated that the majority of those companies belong to road transport sector (49 %), rail transport (26 %), air transport (9 %) other logistics services (14 %) and cross-docking and warehousing (2 %).

The questionnaire tested several variables describing the major aspects of virtual supply chains. On the basis of these variables, the current status-quo presented by the survey's respondents will be discussed. The main gaps between the requirements for proper virtual supply chain and the real conditions of operating businesses will be identified. The final answer to the main research question will also provide some guidelines for the future directions of research in the art of virtual supply chain management.

4 Interconnectivity of surveyed companies

The extent of the practical use of ICT technology is the basis of operations of virtual supply chains. Almost one half of surveyed companies use Internet while ordering from their suppliers and offers the same option to their customers. Many of the respondents (44 %) do not use Internet for monitoring of the progress of order processing; that is done mostly by courier firms and logistics providers. However, the respondents do not buy nor sell online products. Those types of transactions are performed only by 9 % of selling companies and 12 % of buying firms for the total number of products. Respectively 15 % and 10 % of surveyed companies do not use any electronic techniques (EDI,ERP, etc.) for sales and purchases of any of their products.

The research clearly indicated that companies apply ICT in their relations with market partners (suppliers, customers, logistics providers) to larger extent than with their contacts with other supporting and government institutions. Almost 1/3 of the respondents were not satisfied with ICT available for communication with these legal institutions, and only 15 % expressed their clear positive attitude towards that issue.

The scope of use of ICT technologies in supply chains to a great extent depends on companies' perception of the barriers limiting the possibilities of implementing certain technical solutions. The following barriers have been evaluated through the series of questions:

- Barriers for general use of ICT,
- barriers for the use of Internet as a tool for inter-organizational communication,
- barriers for the use of e-commerce for inter-organizational transactions.

Unfortunately around 60 % of respondents could not identify the exact barrier valid for their company. The following barriers for general use of ICT have been identified:

- *High costs:* around 17 % of companies admitted that high costs might be the main limitation for implementation of proper computer solutions. Probably the real costs generated by the use of Internet options have never been calculated, since ¼ of the respondents confirmed that the cost issue is not a barrier for wider application of the Internet in their communication process.
- *Requirement for constant learning and permanent skills acquisition:* the employees have to abolish their daily routines and some of them might identify it with loosing stabilization and change of daily work patterns. ¼ of the respondents confirm that if such a negative attitude is present it may easily create a serious barrier against implementation of new ICT.
- *Low skills of the personnel:* 1/3 of surveyed companies identified it as a serious problem. Recruiting proper ICT professionals was also identified as a problem by 18 % of respondents as another barrier for extensive use of modern computer technologies. At the same time 33 % of the respondents declared that inadequate qualification of the employees are not another barrier against wider use of ICT in their companies.
- *Security of computer networks:* According to the opinion of 33 % of the respondents it is another barrier. They demonstrated high level of awareness of the necessity of activities preventing them from negative influence of Internet use.

There was no consensus on the following barriers for ICT use:

- *Negative attitude against modern computer technologies:* 34 % of surveyed companies indicated that their employees do not present any, and if necessary – they can be persuaded to apply proper practices in that area.
- *Gap between adopted applications and real requirements of companies:* more than a half of respondents could not decide, if it might be another barrier for wider scope of ICT use. Around 23 % of surveyed companies indicated that such a gap exists while an equal share of respondents denied it. It might indicate that some of surveyed companies were in favour of ready made commercial applications while others preferred "tailor-made" dedicated ones.

- *Complexity of ICT:* there was no consensus in the opinions of respondents about the impact of the on the scope of its use, however, 28% of companies indicated that complicated technical requirements might constitute such a barrier.
- *Exact benefits of wider use of ICT:* probably firms do not evaluate such benefits, since 61 % of the respondents could not identify them. At the same time 22 % of surveyed companies declared that a lack of such visible benefits does not constitute a barrier for application of computer technologies.

Internet became a robust tool for inter-organizational communication. Around 30 % of the respondents indicate that the Internet offers a quick and stabilized communication process offline and online. However, almost one half of surveyed companies did not provide clear answers concerning their opinion on the speed and accuracy of Internet connections. It may indicate that this portion of the respondents do not have adequate practice in more extensive use of Internet as it is needed in inter-organizational communication.

The research project highlighted also a lack of consensus with respects to barriers against more extensive use of e-commerce in inter-organizational transactions:

- *Lack of adequate preparation on the side of suppliers and customers:* around 30 % of the respondents claimed it as the major problem. However, the rest of surveyed companies did not explicitly confirmed it, so probably the extent of use of e-commerce depends largely on such factors as size of collaborating companies, the industry they are representing, the value of turnover, etc.
- *Security issues connected to financial transfers:* almost 36 % of the respondents confirmed that these issues do not create any barriers nowadays. Another 20 % presented a different opinion. However, almost 1/2 of surveyed companies could not clearly present their opinions about the influence of contract conditions, delivery terms and warranty on the extent of use of e-commerce.
- *Physical delivery in e-commerce systems:* this issue seems to be not quite clear for surveyed companies. Around 60 % of them do not realize what kind of barriers may arise on the basis of logistics issues. Only few types of products (such as electronic books, graphics, music and other digital files) could be transferred via electronic distribution channels. Other products require traditional physical transfer. More than 60 % of surveyed companies were not able to make a statement if the products which are not fitting their distribution through electronic channels may actually delay the introduction e-commerce. Around 20 % of the respondents declared that the types of sold products or services does not create any barriers for e-commerce, while 15 % of surveyed companies expressed quite the opposite opinion.

5 Logistics potential of firms for their operations in virtual supply chains

Virtual supply chains require increased potential of the logistics service providers. Probably actual transportation systems in Poland are not supporting flows of products resulting from discontinuous flexible business processes. Road transport is the only mode of transport which could be useful and competitive in that field. Rail transport does not provide any alternative solutions for reduction of the scope of use of road transport.

One of the main negative features of Polish transport systems is its poor technological level, especially in the area of intermodal transportation. Actual transport system are based on simple solutions for movement and organization of the whole transport process and it seems to be somewhat irrational in the presence of strong competition on global markets and constantly growing access to telematics.

The level of integration of the Polish road and rail networks has not been adjusted to the intensity of traffic. Besides infrastructural problems of rail, road, sea ports, airports and logistics centres as well as missing infrastructure for intermodal transportation for efficient operations of virtual supply chains some special arrangements of virtual logistics are needed. They are connected to systematic organization of the flows of main cargo loads. Those processes depend on close cooperation of intermodal transport providers, logistics centres, state administration, customs and sanitary agencies, etc.

Analyzing the types of loads serviced by surveyed logistics service providers one can notice that 40% of their loads consisted of fixed bulk loads, other loads – 25 %, general loads – 17,5 % and unit loads and express cargo – 7,5 %. Geographical structure of work performed by the surveyed logistics providers indicated that domestic market is their main area of operation (72 % of transport work), next is the EU market together with Norway, Iceland and Switzerland (23 %) and only 0,5 % of that work has been done beyond EU and Europe.

The structure of services provided by the surveyed providers indicated that their major occupation was with "pure" transport services (62 %), transport and storage services (25 %), "pure" storage services (7 %). Mixed services such as transport and storage using standardized or individual packaging have been offered only at a very small scale.

On the basis of that data one may expect that the actual offer of the whole transportation and logistics sector does not provide many opportunities for virtual types of businesses with largely diversified requirements and demanding flexibility and accuracy from service providers.

Respondents of the survey consistently indicated the important role of logistics (particularly from the point of view of customer service). That opinion was particularly popular among manufacturers (96 % of responses). Manufacturers pointed also (60 %) that logistics is quite essential tool for achievement of high profit level. Around 75 % of respondents declared that they concentrate on the idea of "perfect order" completion with the average order cycle of 16 days and the average rotation of inventories of 14 days. Cash-to-cash cycles on average amount to 9 days, particularly 12 days for manufacturers and 4 days for distribution companies.

All respondents described their logistics potential equal to that of their competitors. Around 67 % of respondents were extremely positive about their abilities of adjusting delivery lead times to exact demand of their customers and around 57 % of surveyed companies declared large possibilities of reduction of delivery time. Equally large number of respondents (65 %) evaluated quite high the abilities of their companies to be flexible and accommodate changing requirements of their customers. At the same time surveyed companies were less optimistic about their information systems about late deliveries or product modification during delivery process. These two fields probably show some practical shortcomings in the area of capacity management and its operational adjustment to changing requirements of customers.

Respondents indicated two essential elements supporting internal integration of their logistics operations:

- Strategic planning based on close cooperation of functional departments in companies (around 59 % of respondents)
- Efficient information sharing between departments and employees in a company (around 54 % of respondents).

Respondents (58 %) indicated also the importance of collaboration with selected suppliers and customers in operational planning and forecasting of the main business processes. That aspect coincided with replies concerning efficient information sharing with suppliers and customers (53 %). However, around 15 % of surveyed companies did not confirm that they share such information. Only 43 % of respondents declared their satisfaction with information systems that they have at their disposal for communication with cooperating partners. The level of dissatisfaction is slightly higher among manufacturers. Such survey results are probably typical for a sample with the large number of companies in the group of SMEs (57 % of surveyed manufacturers, 58 % of logistics providers and 73 % of distribution companies). SMEs suffer from specific difficulties while trying to improve their cooperation within supply chain framework, implement information systems adequate to their requirements and limited financial assets.

6 Conclusions

Reported research indicated that surveyed companies are not quite ready to create efficient virtual supply chains. Information and communication technologies seem not to be responsible for that. Even if some shortcomings occur in that field they probably might be immediately eliminated either through additional investment or employees qualifications. Specific barriers against the use of ICT were difficult to be identified.

The most important reasons limiting more frequent adoption of virtuality in supply chain operations lie in the field of traditional approaches adapted by companies in the field of logistics operations. At the same time logistics service providers do not offer diversified and complex services suitable for temporary and discontinuous business. These areas require further exploration with adoption of the concept of virtual logistics, based on shared resources increasing the efficiency of small sized deliveries.

Whenever the physical character of a product is in place, ICT cannot handle it alone. Due to physical character of most of product deliveries wider scope of use of virtual supply chains will be still difficult for long time. Therefore alternative flexible delivery systems should be the subject of further logistics research.

Bibliography

Bahinipati, B. K., Kanda, A., Deshmukh, S. G. (2009), Coordinated Supply Management: Review, Insights, and Limitations, International Journal of Logistics: Research and Applications, 12 (6)

Bloomberg, D.J., LeMay, S., Hanna, J. B. (2002). Logistics. Prentice Hall, Upper Saddle River

Bowersox, D. J., Closs, D. J., Cooper, M. B. 2003. Supply Chain Logistics Management, McGraw-Hill, New York

Bowersox, D. J., Closs, D. J., Bixby Cooper, M. (2010), Supply Chain Logistics Management, McGraw-Hill, New York, p. 4

Chandrashekar, A. and Schary, Ph. B. (1999), Toward the Virtual Supply Chain: The Convergence of IT and Organization, The International Journal of Logistics Management, Vol.10, No.2, pp.27-39

Cooper, M. C., Ellram, L. M. (1993). Characteristics of Supply Chain Management and the Implications for Purchasing and Logistics Strategy, „The International Journal of Logistics Management, 4(2

Davidow, W. and Malone, M. (1992), The Virtual Corporation – Structuring and revitalizing the Corporation for the 21st Century, Harper-Collins Publishers

Hedberg, B., Dahlgren, G., Hansson, J. and Olve, N. G. (1994), Virtual Organizations and Beyond, Wiley, Chichester,UK

Houlihan, J. B. (1988), International Supply Chains: A New Approach, „Management Decision" 26(3)

Mentzer, J. T. and others (2001), What is Supply Chain Management, in: Mentzer, J. T. (editor), Supply Chain Management, Sage Publications, Thousand Oaks, California

Mentzer, J. T. (2004), Supply Chain Management, Sage, Thousand Oaks, p.22

Skjoett-Larsen, T. (2000), European Logistics Beyond 2000, International Journal of Physical Distribution & Logistics Management, vol.30, No.5, pp.377-387

Stevens, G. C., (1989), Integrating the Supply Chain, |International Journal of Purchasing Distribution and Materials Management", 19(8)

Townsend, A. M., DeMarie, S. M., Hendricksen, A. R. (1998), Virtual Teams: Technology and the Workplace of the Future, Academy of Management Executive, vol.12 (August), pp.17-29

Tsay, A. (1999), The Quantity Flexibility Contract and Supplier – Customer Incentives, Management Science, 45 (10)

Watson-Manheim, M. B., Chudoba, K. M., Crowston, K (2002), Discontinuities and Continuities: a New Way to Understand Virtual Work, Information Technology & People, vol.15, No.3, p.191-20

Xin Shen* / Yuan Wang**

Internationalization of Chinese firms and the role of Distribution Logistics

---

* SHEN Xin is a research assistant at the Chair of Management & Logistics at Technische Universität Darmstadt (FGUL). She got her Master of Science degree in Industrial Engineering from Tsinghua University (Beijing, China) in 2000 and in International Production Management from Hamburg-Harburg University of Technology (Hamburg, Germany) in 2003. Before she joined FGUL in 2005, she worked for Brose Corporate Group in the logistics and supply chain management area. Her research field is international logistics management with the focus on China and Chinese firms.

** Professor WANG Yuan is the executive vice president of the Chinese Academy of Science and Technology for Development (CASTED). He studied in Tsinghua University (Beijing, China), Chinese Academy of Social Science (Beijing, China), University of Essen (Essen Germany) and got his Doctor degree in economics. Before he joined CASTED, he was a researcher at the Chinese Academy of Social Science and the Development Research Centre of the State Council from the beginning of 1980s. He is a specialist in the fields of industrial economics, strategy and policy of technological development, who enjoys the special government allowance granted by the State Council.

1 Introduction

United Nations Conference on Trade and Development (UNCTAD) points out in "World Investment Report 2006" that Foreign Direct Investment (FDI) from developing and transition economies[1] has been growing rapidly. The data show that the FDI flows from these countries were about \$3 billion in 1980, \$13 billion in 1990 and \$133 billion in 2005, which accounts for about 17% of the world outward flows.[2]

Taking China as a typical example, the "Go out" strategy has been formalized in the Chinese political framework and pushed in the 10th Five-year Plan[3]. Since then, the volume of FDI from China has increased dramatically.[4] Along North/South America and Southeast Asia, Germany is considered to be an especially attractive destination for Chinese investments[5] and also a logistics hub for further distribution in Europe. Some Chinese firms e.g. Lenovo, Haier, Cosco, Midea, and Huawei have already entered the German (or other European) markets. However, the Chinese firms are facing challenges and problems due to their special characteristics and weaknesses. These problems include the lack of know-how in foreign laws, financing difficulties, the lack of qualified personnel etc. However, little research is available about internationalization of firms from emerging markets. The limited available research in this field concentrates more on explaining market entry strategies than the management of a global supply chain.

Discussions with logistics service providers (LSPs) in Germany like Rhenus AG & Co. KG and Fraport AG have revealed that, although the LSPs have extreme difficulties in cooperating with Chinese firms, they consider Chinese firms to be important potential customers in the near future. Moreover, the lack of comprehensive distribution networks[6] is one of the main problems for internationalization of Chinese firms. Therefore, managing the international distribution network in cooperation with LSPs turns out to be an important issue in the internationalization of Chinese firms.

This paper consists of three main parts. Chapter 2 starts with the current development of global economy and the status quo of the internationalization of Chinese firms. Then it analyzes the challenges through the resource-based point of view. Chapter 3 highlights the relevant aspects of distribution management in internationalization and sets the focus on the cooperation between manufacturers and their LSPs in distribution. Chapter 4 introduces two mini-cases of Chinese firms based on first- and second-hand information. The goal is to find out the suitable distribution strategies for Chinese firms in their internationalization.

---

1 "Transition economies" here refers to central/eastern Europe and the commonwealth of independent states.

2 See UNCTAD 2006: 105-107.

3 10th Five-year Plan was approved in 2001 for the five years from 2001 to 2005.

4 See Ministry of Commerce of People's Republic of China, National Bureau of Statistics of People's Republic of China, and State Administration of Foreign Exchange 2008: 3.

5 See Deutsche Bank Research 2006.

6 See Li 2007: 218-221.

2 Development of Chinese firms under globalization

Globalization of economy is an irreversible process. China, who has only opened up to the rest of the world 30 years ago, has also started to take part in the process. However Chinese firms are facing formidable challenges in making a leap to multinational enterprises (MNE). This chapter begins with the description of global economy and then gives a rough picture of the current internationalization of Chinese firms. In the end, we analyze the challenges and opportunities of Chinese firms in the internationalization.

2.1 Global economy and the new MNEs

The economic system that we have known for decades is at the beginning of a transformation. The old economic system is a triad-economy, which is dominated by the USA, Europe and Japan. Through the globalization of the economy, new centers of economic power and activities such as China and India formed a multi-polar economic system.[7] Together with this change, new multinational enterprises from these emerging countries have emerged onto the world stage. These MNEs are called "latecomer multinationals"[8] or "new global challengers"[9].

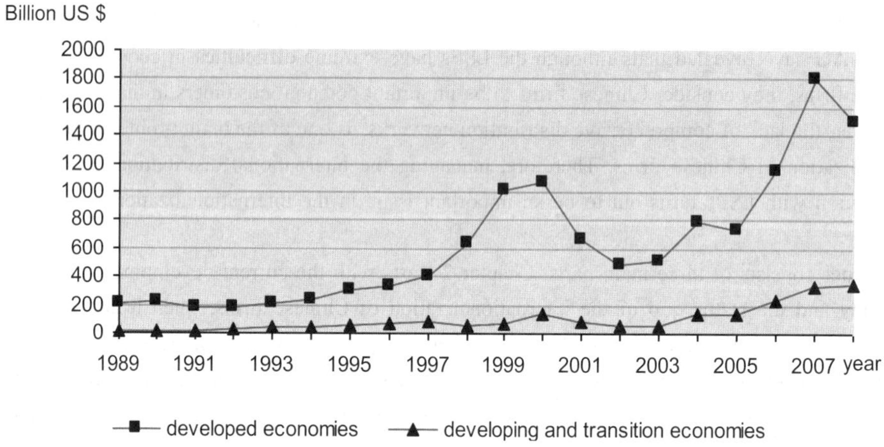

Figure 1: Increasing volume of FDI from emerging economies[10]

[7] See Accenture 2007: 5.

[8] See Mathews 2002: 30 Mathews differentiates "newcomers" and "latecomers". "Newcomers" are the firms from developed countries with a different internationalization process in comparison to the traditional huge MNEs. They can be micro-MNEs, born Globals or contractor MNEs. "Latecomers" are firms from developing countries such as East or South Asia, Latin America.

[9] See BCG 2009.

[10] Own illustration based on data from UNCTAD.

Figure 1 shows the dramatic development of the FDI from emerging economies. In 2008, FDI from developing and transition economies accounts for 18.9 % of the total outward FDI. Moreover, many of these new MNEs did not just succeed by developing low-margin and export-oriented business. In many industries, they have reached global leadership position.[11] Figure 2 shows the BCG top 100 global players from emerging economies.

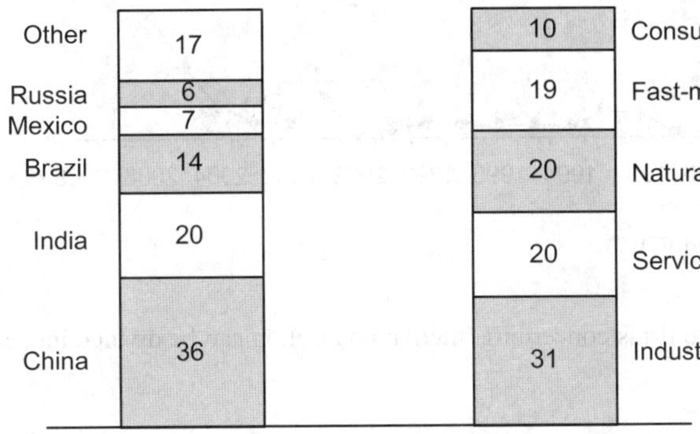

Figure 2: Origin of the new MNEs and covered industries[12]

In figure 2 it is not difficult to see that Chinese firms play an important role in the new wave of globalization. The following section describes and analyzes the internationalization of Chinese firms.

2.2 Status quo of the internationalization of Chinese firms

In China, FDI started officially after the State Council announced fifteen measures for economic reform on August 13, 1979. The internationalization of Chinese firms has been accelerating since 2001, due to the launch of the "Go out" policy in the 10th Five-year plan[13]. Joining WTO in 2001 has also stimulated FDI activities of Chinese firms. Figure 3 shows the development of the FDI volume from China in the last decade.

[11] See BCG 2009: 7.

[12] See BCG 2009: 18. Among the top 100 new global challengers in 2009, 36 firms are from China.

[13] 10th Five-year plan is the plan from central government for year 2001 to 2005.

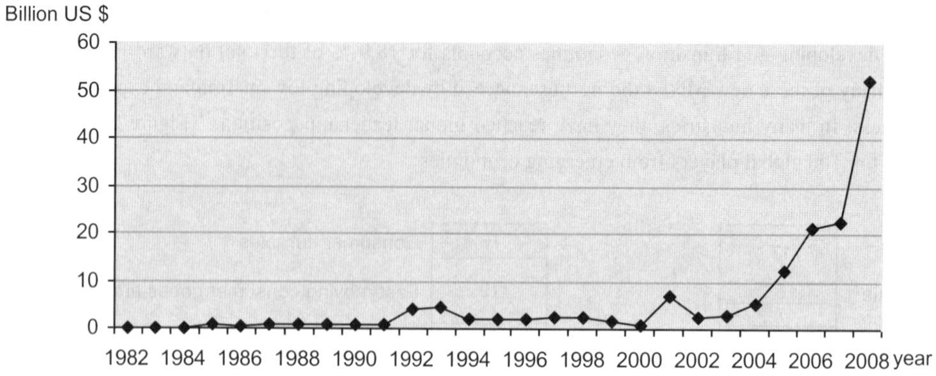

Figure 3: Statistics of Chinese outward FDI[14]

In general, the development of Chinese firms concerning internationalization can be divided into 3 main stages (see table 1).

stage	background and character	type of firm	target market	entry strategy
1978 - 1990	"Open Door" economic policies, preliminary and simplistic activities, poorly managed and underperformed.	SOE	developing countries	export, subsidiary
1991 - 2000	further liberalization of economy, the first wave of internationalization, increasing international M&A and IPOs.	SOE, SCE	mainly developing countries	export, subsidiary, JV
2001 - present	"Go out" policy and entry to WTO, acceleration of internationalization, more international M&A and greenfield.	SOE, SCE, private enterp-rise	developing/ developed countries	export, subsidiary, JV, M&A, greenfield

Table 1: Three stages of the internationalization of Chinese firms[15]

According to Dunning, there are four types of motivation for foreign investment: market, natural resource, efficiency, and strategic asset or capability.[16] Table 2 shows two surveys about the motivation of internationalization of MNEs from developing economies and especially from China.

---

[14] Own illustration based on UNCTAD 2009.

[15] Own illustration based on Yang et al. 2009: 48-49. IPO - Initial public offering; JV - Joint venture; M&A - Merge and acquisition; SOE - State-owned enterprise; SCE - State-controlled enterprise. .

[16] See Dunning 1992: 56-60; Dunning and Lundan 2008: 67-74.

	market	natural resource	efficiency	strategic asset or capability
MNE from developing economies[17]	51%	22%	13%	14%
Chinese MNE[18]	85%	10%	40%	51%

Table 2: Motivation of internationalization[19]

The result of the surveys in table 2 shows that seeking new markets is the main motivation for the internationalization of Chinese firms. One of the reasons is the increasing domestic competition that is pushing many of these firms to globalize.[20] For example the increasing domestic competition in household appliances has pushed firms such as Haier, Media, Gree to seek new markets abroad. In order to fulfill the customers' demand in new markets, Chinese firms need to set up comprehensive distribution networks. The second important motivation for the internationalization of Chinese firms is to seek assets or capabilities, which is increasingly undertaken by MNEs from emerging economies. One typical example is the acquisition of IBM's PC business by the Chinese firm Lenovo in 2005. This is an efficient way to acquire knowledge and engineering skills, customers and distribution network from firms in developed economies. Moreover, Chinese firms often have a good position to cut costs at acquired companies if they can shift the manufacturing to China.[21] They can also get cheap financing from Chinese state-owned banks.

According to Hymer, firms invest abroad because they possess unique resources in terms of products, brands, patents, technology, size, financing or management skills etc.[22] However most of the existing theories of internationalization are based on the experience of US and European firms. They cannot always explain the internationalization of firms from emerging economies. There is very little research conducted on MNEs from emerging economies.[23] In the new era of globalization, for Chinese firms, the question is not just whether they have competitive advantage to go global or not, but rather how to gain or increase competitive advantage through going global.[24] The following section tries to analyze the challenges and opportunities in the internationalization of Chinese firms from the resource-based view.

17 This survey of 44 MNEs from developing economies was conducted by in 2006.

18 This survey of 148 Chinese MNEs was conducted by Foreign Investment Advisory Service (FIAS)/ Multilateral Investment Guarantee Agency (MIGA)/ International Finance Corporation (IFC)/ China Center for Economic Research (CCER) in 2005.

19 Own illustration based on UNCTAD 2006: 158-163.

20 See McKinsey & Company 2008.

21 See Hirt and Orr 2006.

22 See Hymer 1976.

23 See Bruton and Chung-Ming Lau 2008: 636; Liu, Xiao, and Huang 2008: 489.

24 See Kang 2009: 89.

2.3 Challenges and opportunities in the internationalization of Chinese firms

The resourced-based view explains how firms can achieve superior economic performance by using their unique and valuable resources and capabilities inside the company.[25] Mahoney and Pandain argue that firms achieve rents not because of their better resources, but because of their capability to make better use of their resources.[26] In the case of limited resources of Chinese firms, the question is which strategies the firms should follow to gain or increase competitive advantage through the creation of unique and superior resource bundles. In contrast to traditional MNEs from developed economies, Chinese firms are usually facing the challenges of lacking the required resources for the internationalization. So, one possibility to create competitive advantage is to deploy resources from cooperation partners as an extension of own resources.

Barney summarizes four types of firm resources – physical capital resource, financial capital resource, human capital resource, and organizational capital resource.[27] In the case of Chinese firms, the lack of physical resources could be e.g. its access to raw material or its geographic location, which is far away from the European market. Financial capital resources include firm's debt, equity, and retained earnings. Human capital resource is always a problem for Chinese firms in the internationalization on not only the top management level but also operative level. Organizational capital resources include e.g. a firm's culture, organizational structure, and systems of planning, controlling, and coordinating, which need to be adjusted when Chinese firms go abroad. Moreover, a firm's reputation in the market and its relations in the environment are also an organizational capital resource that Chinese firms lack.

Mergers and acquisitions (M&A) are often used by Chinese firms in the internationalization, in order to acquire resources efficiently. But Chinese firms have limited experience in M&A and usually no deep local knowledge in the acquired firm's country. With little international experience, they must not only select the right partners or acquisition targets but also manage often skeptical regulators, unions, and other stakeholders before, during, and after a deal.[28] A typical example is TCL, who failed the business in Europe after acquiring Thomson and Alcatel in 2004. The main reason is that TCL was not well prepared for the risk and overestimated the value of the acquisition. For example, TCL overestimated the value of the technology of Thomson; the re-engineering of organizational structure was very difficult; TCL didn't acquire the distribution channels from Thomson and Alcatel; TCL underestimated the cost and difficulty of redundancy in Europe. [29]

In the approach of internationalization, top managers need a clear idea of required capability and the relation between cost and earning.[30] Even with M&A, Chinese firms still need resources for

---

25 See Barney 1991; Penrose 1995.
26 See Mahoney and Pandian 1992: 365.
27 See Barney and Clark 2007: 24 and there cited literature.
28 See Hirt and Orr 2006: 39.
29 See Li 2007: 218-224.
30 See Alexander and Korine 2009: 83-85.

e.g. international branding, supply chain, and go-to-market skills.[31] Chinese firms usually serve the global markets with manufacturing based in China for the cost advantage. So how to manage the distribution plays an important role in the internationalization. Customers in developed economies have relatively higher service demand than the ones from developing economies. An efficient and effective distribution network on the one hand creates value by offering customers high quality logistics service; on the other hand cuts the cost of international logistics. We set the focus of this paper on distribution management. The special challenges in distribution management will be analyzed in chapter 3.2.

3 International distribution management

Distribution plays an important role for Chinese manufacturing firms who are seeking new developed markets. Germany is one of the favorite locations for Chinese investors. One of the main reasons is that Germany offers excellent logistics infrastructure, which can be considered as a distribution base for the European market. This chapter first gives a short overview of the distribution management and then focuses on gaining competitive advantage through cooperation with LSPs.

3.1 Distribution channel and distribution logistics

"Distribution includes all the activities that bring the authority of tangible or intangible goods physically and/or economically from one economic group to the other."[32] According to the different functions of distribution, distribution management can be divided into two integrated subsystems – management of distribution channels and management of distribution logistics.

In a distribution channel, there are different players involved, from manufacturers, distributors, and retailers, to marketing agents, LSPs etc. (see figure 4). The management of the distribution channel involves setting up and controlling the chain of these involved players in order to bring goods from the manufacturer to the end customer. Chinese firms mostly have no distribution or service channels in foreign markets. That is why acquisition can be an easier and faster way to overcome the disadvantage – to use the available distribution network. The main tasks in distribution logistics are order processing, warehousing, inventory management, transport, and packaging,[33] which are often fully or partially outsourced to LSPs. Beside the main logistics activities, LSPs can take over supporting activities and value-added services as well.

As illustrated in figure 5, distribution management is a very complex system. Beside the two subsystems mentioned above (dimension of functions), it covers strategic and operational level on the dimension of action, and it concerns different institutions within a firm and institutions involved in the distribution chain on the dimension of institutions. In this paper, we observe two players in

31 See Hirt and Orr 2006: 40.
32 Specht and Wolfgang 2005: 36.
33 See Pfohl 2004b.

distribution channel – the manufacturers and their LSPs. We set the focus on logistics solutions through better use of resources both internally and through cooperation with LSPs.

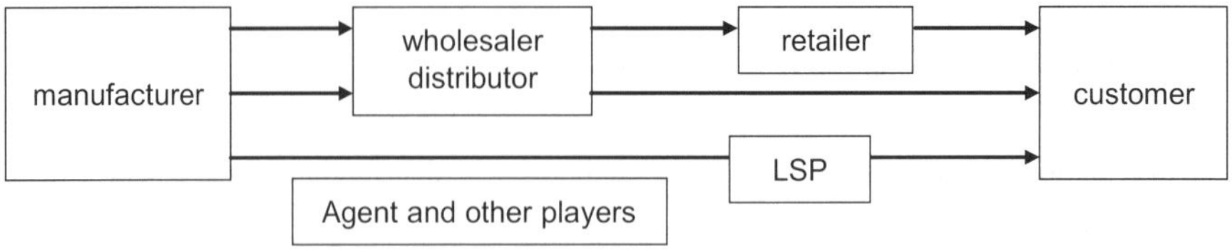

Figure 4: Structure of distribution channel and involved players

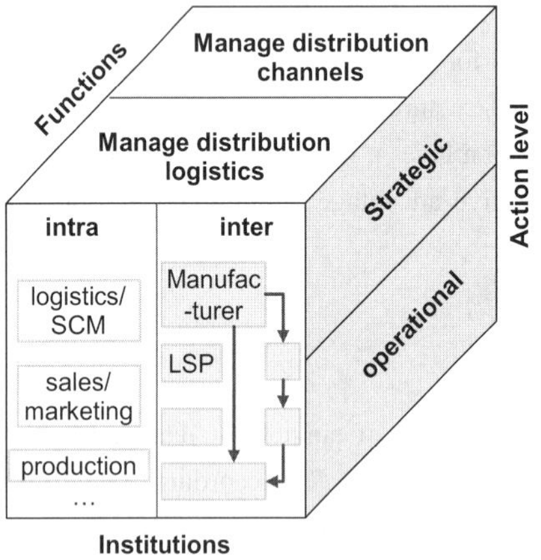

Figure 5: Different aspects of distribution management[34]

3.2 Cooperation with LSP in international distribution logistics

Logistics is a relatively new field in China.[35] A Chinese firm usually has half of its suppliers' network directly next to it and has very limited international processes.[36] This is the main reason why Chinese firms do not have enough international logistics know-how. On the contrary, the target markets of these Chinese firms – the developed economies – have very well developed logistics, which means higher expectation of logistics service level from the customers. A survey of logistics managers of internationalized Chinese firms shows that for entering the North American and Western European market, logistics is extremely important in comparison to entering

[34] Own illustration based on the "logistics cube" of Pfohl 2004a: 26.

[35] The official term for "logistics" in Chinese – 物流 – was defined no longer than 10 years ago.

[36] See Zedtwitz 2005: 52.

other developing economies.[37] Due to the limited resources of Chinese firms, one of the solutions is to involve long-term LSPs in the distribution channel.

The following five main questions are to be discussed:

- Which tasks should be outsourced to LSP? Survey shows that the outsourcing trend will continue. In addition to classical outsourced activities, such as transport and warehousing, other activities such as order processing, inventory management, supply chain network design will be increasingly outsourced to LSPs.[38] Chinese firms have a very long distribution chain from production location in China to sales market in e.g. Europe. So international transport and regional warehousing are very important to secure the delivery time. In addition to the main logistics activities, in order to reduce investment and risks in new markets, it is also important to outsource supporting activities, such as custom clearance and value-added service such as simple assembly to LSPs.
- How to select the right LSP? Besides the classic criteria in the selection of LSPs such as price, service quality, network etc., for Chinese firms the flexibility or fast reaction to sudden occurrences of a LSP is very important because Chinese firms generally have a culture of fast decision-making and sometimes lack planning. However, with the growth in foreign markets, some Chinese firms are standardizing the processes to control the more complex processes and adapt themselves to the new markets. Another important issue in the selection of LSP is the firm size. The biggest LSPs are not always the best for Chinese firms. In order to get customer-oriented service, Chinese firms need to have more power in the customer-supplier relationship.
- How much should LSPs be integrated? The aspects that need to be considered here are: long- or short-term contracts, integration of IT systems, integration of human resources etc.
- How to control the cooperation with LSP? Trust is important for Chinese firms in a cooperation. But for operating in foreign markets, the control mechanism is more important, for example: an evaluation system for LSPs, well defined key performance indicators (KPIs) etc.
- How should the internal organizational structure be adjusted? During the expansion of Chinese firms, the firm's organization needs to be developed. Managing the international logistics more efficiently and effectively requires an internal organizational solution, for example a centralized, decentralized or mixed form of logistics department.[39]
- These five issues are to be discussed in the case study in chapter 4.

4 Case study of the internationalization of Chinese firms

Due to the lack of available research and literature in the fields of the internationalization of companies from emerging markets, an explorative methodology will be applied to discover the cause-

[37] See Straube 2008: 17.
[38] See Straube and Pfohl 2008: 25-27.
[39] See Pfohl 2004b: 264-268.

and-effect relation. The Case study method is a research method for finding answers to "what", "why" and "how" questions.[40] In this section, we use semi-structured in-depth expert interviews to observe the international management in Chinese firms. Chinese firms such as Lenovo, Haier, Huawei, and Suntech have successfully entered foreign, especially developed countries. They are the so called "national champions".[41] In our research, we interviewed two of these firms – Huawei Technology and Suntech Power.

4.1 Huawei Technology[42]

The private Chinese firm Huawei Technologies Co., Ltd. (shortened as Huawei in the following) was founded in 1988 and offers solutions for telecommunication network. The main customers of Huawei are exchange carriers. In 1996, Huawei started the internationalization first to Hong Kong market. In 2001 Huawei entered German market and soon also other European markets. In 2004, overseas sales count for almost half of the total revenue of Huawei.

Concerning distribution logistics, European customers have much higher requirements for the service level in comparison to Asian and African customers. Although customers offer one to three-month-forecasts, the lead time is usually shorter than 3 weeks. However, in Shenzhen (China), Huawei produces almost exclusively based on customers' orders. The specialty of Huawei's products is the large number of items[43] and the uncertainty of items' combination, which requires flexible logistics services. The following figure shows the distribution chain of Huawei in Germany.

Distribution logistics is of strategic importance for ensuring that Huawei is able to compete against its European or American competitors. The logistics in Shenzhen is organized by Huawei itself. But in Europe, Huawei outsources custom clearance, warehousing, picking, packing and transport to one strategic partner in Europe. So far, Huawei follows single sourcing principle to have only one LSP. In choosing the partner, Huawei has recently switched the prime LSP from DHL to Panalpina. Although Huawei agrees that DHL offers absolute comprehensive network and high quality regular service, Panalpina provides better flexibility and more customer-oriented service. As mentioned in Chapter 3.2, Chinese firms generally have a culture of "being flexible". Moreover, due to the characteristic of Huawei's products and customers' demands, fast reaction to special situations is a more important criterion in the selection of LSP. Another reason of the switching is the price. However, the service quality of Panalpina at the moment is still not as good as of DHL. Huawei is defining more detailed service level agreement to control the logistics service. An integration of the IT system is still not available, but is being planned. For better cooperation and control, one Panalpina employee is going to work at Huawei, and also take over a part of the re-

---

40 See Yin 2009.

41 See Zeng and Williamson 2003: 95.

42 Based on the interview with Mr. Lei Xie, manager of Germany Supply Chain Support Department, Huawei Technologies Germany GmbH, Eschborn, Germany and the information on www.huawei.com.

43 Huawei has over 10000 items and among them several thousand are often used items.

porting function. In order to be fit for international logistics internally, Huawei has started to define standard processes. "Flexible is our advantage, but as our business grows internationally, standard processes are needed." To what extent the LSP should adapt to Huawei's standard is something that needs to be defined as well.

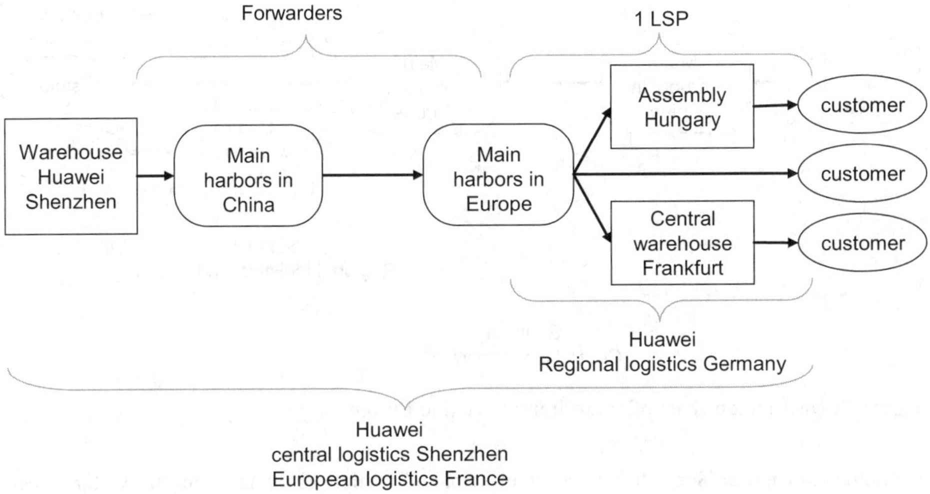

Figure 6: Distribution chain of Huawei from Shenzhen to Germany

4.2 Suntech Power[44]

The private Chinese firm Suntech Power Co. Ltd. (shortened as Suntech in the following) was founded in 2001 and offers solutions for solar energy. Only several years after being founded, Suntech is already a worldwide leader in this field. Suntech's IPO on the New York Stock Exchange in 2005 was the turning point for Suntech's global strategy. In 2006, Suntech America Inc. was founded. In 2007, Suntech Europe was established to expand customer base and solar markets in Europe, the Middle-East and Africa. Nowadays Suntech generates 95% of its sales abroad.

Suntech is almost "born global" and grows extremely fast. So the internal organization structure is being continuously changed and optimized. The interviewed department, "Group Planning", was founded several months ago, and is a central logistics department for coordinating the worldwide supply chain of Suntech. Different from Huawei, who has five major customers in Germany, Suntech has a much bigger number of customers. The special characteristic of Suntech's distribution chain is that its customers' locations are very scattered, for example construction sites. Moreover, the supply-demand relationship in solar energy has transformed from a seller's to a buyer's market

44 Based on the interview with Ms. Zhihong Song, manager of Group Planning Department and Mr. Feng Wang, logistics supervisor of Group Planning Department, Suntech Power Co., Ltd, Wuxi, China and information on www.suntech-power.com.

recently. So logistics service is getting strategic importance in Suntech. The following figure shows the distribution chain of Suntech in Europe.

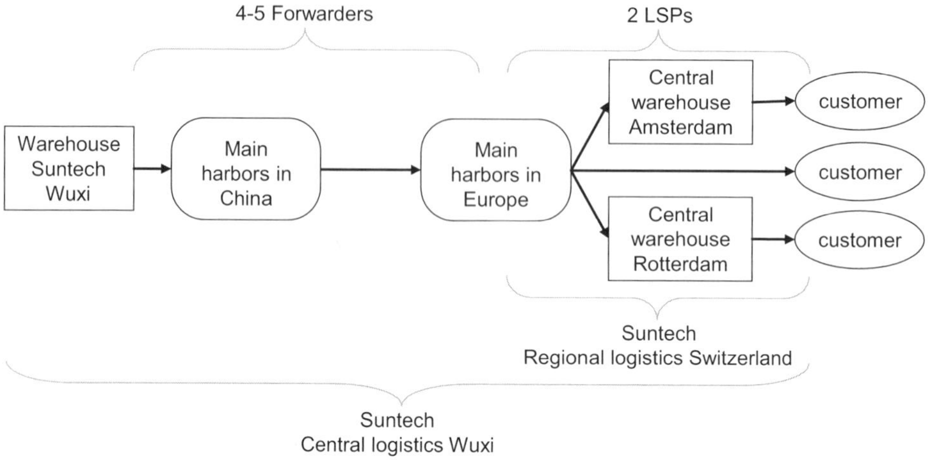

Figure 7: Distribution chain of Suntech from Wuxi to Europe[45]

In contrast to Huawei, Suntech follows the principle of multiple sourcing – four to five forwarders for international transport and two LSPs for custom clearance, warehousing, picking and European wide transport. During the selection of LSPs, not only price, network etc., play a role, but also the size of the LSPs. Based on its own experience, Suntech now prefers middle-sized LSP rather than mega LSPs. As the important customer of a middle-sized LSP, Suntech gets more customer-oriented service. Suntech is planning to outsource more value-added service to LSPs such as after-sales service. An integration of the IT system is still not available, but is being planned to reduce the work load and mistakes of doubled booking in two systems. In developing the integrated IT system, Suntech plays the main role with the support from LSPs. In order to have a better control of multiple LSPs, Suntech developed an evaluation system recently. Also, a control system for logistics cost is being developed. These and many other measures for optimization in the supply chain have been undertaken since the foundation of the new department "Group Planning". Human resources were selected from the operative logistics departments to form such a central strategic logistics department. The Suntech Europe headquarters in Switzerland is responsible for the operative logistics activities in Europe. Local human resources were employed to be fit for the local market. However, the central logistics has difficulties in working together with the locals in Europe due to cultural differences. It is planned internally to involve more Chinese employees in the Swiss base and externally to outsource more tasks to LSPs through better IT integration.

[45] The 4-5 forwarders offer very often door-to-door service if the goods should be delivered directly to the customers in Europe.

5 Conclusions and outlook

From the theoretical analysis and the study of two practical cases, we can see that distribution logistics is getting its strategic importance in the internationalization of Chinese firms, especially in entering the developed economies. At the same time, German or international LSPs consider Chinese firms as potential customers in the near future. Due to the limited resources, Chinese firms should find the right LSPs as long-term partners in order to use their resources in the international transport and distribution in the target markets. Suitable LSPs can take over not only classical logistics activities such as transport, warehousing, but also value-added service such as assembly and after-sales service. In choosing the right partner, in addition to the criteria such as price, service quality, network, and the size of the firm are also important, so that Chinese firms can have a more powerful position in the customer-supplier relationship in order to get a more customer-oriented service. The importance of IT integration in the cooperation is known by the Chinese firms, but the realization will still take some time. Before setting up a sophisticated IT integration, a possible solution could be to have human resources of the LSPs working directly at the subsidiary of Chinese firms in Europe in order to intensify the communication. In order to control the service quality, service level agreement with well defined KPIs and supplier evaluation system are needed. Moreover, in order to control the logistics cost, the components of logistics cost and the systematical way for calculation should be defined. During the international expansion, Chinese firms need to relocate internal resources, for example: restructure the logistics departments worldwide and redistribute the responsible activities.

The findings presented in this article are based on preliminary research about the distribution logistics in the internationalization of Chinese firms. The analysis is based mostly on theoretical research and expert interviews with two Chinese firms. The summarized conclusions should be expanded with several more case studies e.g. Chinese firms from different sectors and LSPs that are cooperating with Chinese firms. Afterwards, the developed model should be tested in a broader population, e.g. firms with different target markets.

References

Accenture. The rise of the multi-polar world, 2007.

Alexander, Marcus, and Harry Korine. "Global oder lokal – prüfen Sie Ihre Strategie." Harvard Business Manager 32 (6) (June 2009): 80-89.

Barney, Jay. "Firm Resources and Sustained Competitive Advantage" Journal of Management 17 (1) (March 1991): 99.

Barney, Jay B, and Delwyn N Clark. Resource-based theory – creating and sustaining competitive advantage. Oxford [et al.]: Oxford Univ. Press, 2007.

BCG. The 2009 BCG 100 new global challengers. How companies from rapidly developing economies are contending for global leadership. Boston [et al.]: BCG, 2009.

Bruton, Garry D., and Chung-Ming Lau. "Asian Management Research: Status Today and Future Outlook" Journal of Management Studies 45 (3) (May 2008): 636-659.

Deutsche Bank Research. Chinesische Firmen auf dem Vormarsch. Investitionen chinesischer Firmen im Ausland, 2006.

Dunning, John H. Multinational enterprises and the global economy. Addison-Wesley, 1992.

Dunning, John H., and Sarianna M. Lundan. Multinational enterprises and the global economy. 2nd ed. Edward Elgar Publishing, 2008.

Hirt, Martin, and Gordon Orr. "Helping China's companies master global M&A." The Mckinsey Quarterly 43 (4) (2006): 38-49.

Hymer, Stephan. The international operations of national firms: a study of direct foreign investment. Cambridge, MA: MIT Press, 1976.

Kang, Rongping. "The internationalization process of Chinese multinationals." In Chinese Multinationals, edited by Jean-Paul Larcon, 77-97. Singapore: Mainland Press Pte Ltd., 2009.

Li, Guifang. Report on Chinese enterprises foreign direct investment analysis, 2007. Beijing: China Economic Publishing House, 2007.

Liu, Xiaming, Wen Xiao, and Xianhai Huang. "Bounded entrepreneurship and internationalisation of indigenous Chinese private-owned firms." International Business Review 17 (4) (August 2008): 488-508.

Mahoney, Joseph T., and J. Rajendran Pandian. "The resource-based view within the conversation of strategic management." Strategic Management Journal 13 (5) (1992): 363-380.

Mathews, John. Dragon multinational: a new model for global growth. Oxford, New York: Oxford University Press, 2002.

McKinsey & Company. "Competition from China: Two McKinsey Surveys" McKinsey Quarterly (3) (2008): 18-21.

MOFCOM, NBS, and SAFE. 2007 Statistical Bulletin of China's Outward Foreign Direct Investment (2007), 2008.

Penrose, Edith. The theory of the growth of the firm. 3rd ed. Oxford University Press, 1995.

Pfohl, Hans-Christian. Logistikmanagement: Konzeption und Funktionen. 2nd ed. Berlin, Heidelberg [et al.]: Springer, 2004a.

Pfohl, Hans-Christian. Logistiksysteme – betriebswirtschaftliche Grundlagen. 7th ed. Berlin [et al.]: Springer, 2004b.

Specht, Günter, and Fritz Wolfgang. Distributionsmanagement. 4th ed. Stuttgart: Kohlhammer, 2005.

Straube, Frank. Internationalisation of logistics systems: how Chinese and German companies enter foreign markets. Berlin [et al.]: Springer, 2008.

Straube, Frank, and Hans-Christian Pfohl. Global networks in an era of change. Environment, security, internationalisation, people. Hamburg: DVV Media Group GmbH, 2008.

UNCTAD. FDI from developing and transition economies: implications for development. New York [et. al]: United Nations, 2006.

UNCTAD. "FDI States," 2009. <http://stats.unctad.org/FDI/ReportFolders/ReportFolders.aspx>.

Yang, Xiaohua, Yi Jiang, Rongping Kang, and Yinbin Ke. "A comparative analysis of the internationalization of Chinese and Japanese firms" Asia Pacific Journal of Management 26 (1) (March 2009): 141-162.

Yin, Robert K. Case study research – design and methods. 4th ed. Thousand Oaks, Calif. [et al.]: Sage, 2009.

Zedtwitz, Max von. "Chinesische Firmen auf dem Weg in den Westen." io new management 74 (9) (2005): 50-55.

Zeng, Ming, and Peter J. Williamson. "The Hidden Dragons." Harvard Business Review 81 (10) (October 2003): 92-99.

Włodzimierz Rydzkowski*/Marcin Hajdul**

Analysis of Making Intermodal Haulages more Attractive through Price Differentiation

* Prof. Włodzimierz Rydzkowski, Faculty of Economics at the University of Gdansk, Chief of the Chair of Transport Policy. Specialization: transport policy, logistics, restructuring, privatisation and deregulation of transport.

** M. Sc. Eng. Marcin Hajdul, Deputy Head of Logistics Expertise Department at the Institute of Logistics and Warehousing in Poznań, lecturer and researcher at the Poznań School of Logistics. Specialisation: evaluation and rationalisation of transport processes, logistics systems.

Abstract

Fast development of European market caused an increase in the volume of cargo transport by different modes of transport, whereas road still has the uppermost share. This is reflected in high congestion on roads. Thus to change this situation and stimulate sustainable development, the European Commission has been promoting alternative modes of transport, such as rail, sea, inland waterborne transport and more efficient use of roads in combination with other modes (co-modality and intermodality if possible). The aim of this paper is to present analysis of making intermodal haulages more attractive for the private sector through price differentiation. To investigate this topic direct interviews with stakeholders in Poland and in Italy were carried out. Interviews were executed in small, medium and big companies, in the production, distribution, trade, and services sectors. Finally, based on the survey results, authors discussed eight hypotheses concerning intermodality and infrastructure access charges.

1 Introduction

European market has experienced significant changes in recent years. Until now, economy growth was observed across the Europe, especially in new member stated countries. In late 2008 results of world financial crisis came up what reflected in economic slowdown. Nevertheless, there are still mergers and rising competition between companies and customer expectations are growing. One of the elements which allows entrepreneurs to meet market's needs and bring profits is efficient organization of transport processes [5]. It is worth mentioning, that instead of condition of European economy, an increase in the volume of cargo and passenger transport has been observed, especially with usage of road transport [9]. This reflects in increasing traffic congestion on major transport routes. European Commission has been trying to solve this problem by promoting, alternative to road transport, modes of transport, such as rail, short sea shipping, inland waterway, intermodal and efficient organization of haulages (co-modality). Efficient in terms of sustainable development, so taking into consideration three aspects: economical, social and environmental [6]. Unfortunately, despite the fact that in some cases, using alternative modes of transport can be even cheaper and more efficient, most entrepreneurs are still using mainly road transport. Especially railway and intermodal freight transport has not been fully utilized by the market[10]. Reasons for this situation will be discussed in further part of an article.

As it was mentioned above analyses of recent trends in freight modal split in Europe illustrate the dominant role of road transport. This dominance has increased in the last decade. When only inland goods movements were taken into consideration (i.e. excluding sea), road's share of tonne kilometres in Euro27 rise to 76% despite low figures in some individual countries.

One of the potential solution of increasing congestion on roads, proposed by the European Commission, is to differentiated charges and tolls which may influence mode choice and stimulate the use of intermodal chains. To analyze potential impact of differentiated charges the European Commission funded a project called Different – User Reaction and Efficient Differentiation of

Charges and Tolls within 6th Framework Programme. Thus, authors of the paper analysed how can price differentiation stimulate better usage of intermodal freight transport. Analyses includes results of the interviews with the stake-holders and representatives of companies which can potentially be beneficiaries of intermodal transport.

The aim of this paper is to present results of carried out analysis of making intermodal haulages more attractive for the private sector through price differentiation. Investigation based on the direct interviews with stakeholders in Poland and in Italy. In each of the interviewed companies 10 questions were asked. The first three questions concerned company's general description and the other seven concerned their transport preferences [7]. Interviews were carried out in small, medium and big companies, in the production, distribution, trade, and services sectors. Additionally, as a base for the interviews, the commonly–held belief that intermodal transport is much more expensive and less efficient than road were examined based on the simulations were carried out together with railway transport companies.

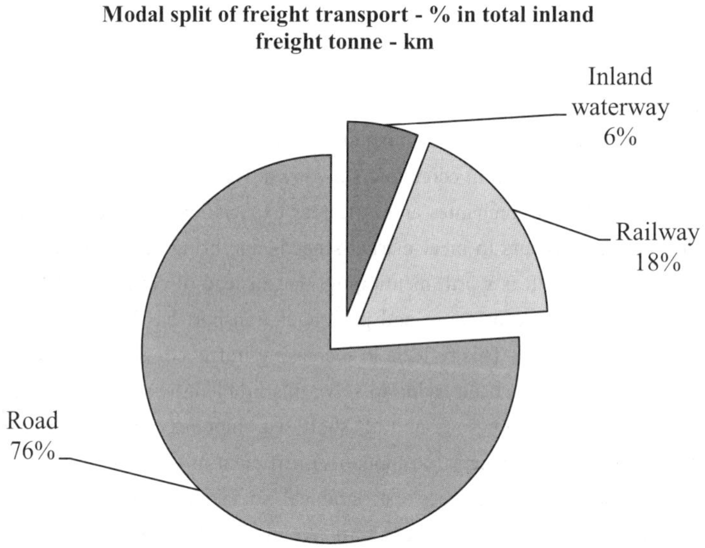

Figure 1: Modal split of freight transport in EU 27 - 2007 (% of tkm) (Source: European Commission, http://epp.eurostat.ec.europa.eu).

Results of the interviews are presented in next chapters under the headings:

- Key factors determining enterprises' choice of mode.
- Possibilities of using intermodal transport by the enterprises.
- Assessment of possibility of using modern logistics products in city logistics.

2 Identification of Key Factors Determining Enterprises' Choice of Mode

Road transport is most popular among analysed companies, independently from the line of business. The survey showed main factors that decide about the popularity of road transport among trade and production companies and determinants considered when creating logistics strategy.

The most important determinants of using road transport for distribution (Figure 2) are service price (28%) and delivery time (26%) offered by transport operators. More than a half of companies pointed these two determinants as the main selection criterion. The next most often pointed determinant was service quality, flexibility of offer, service complexity, being accustomed to used solutions and other including specificity of the line of business. On the basis of the results, it may be presumed that companies' logistics strategy depends only on price (the market is vulnerable to price most), however, it turned out that it is one of many elements deciding about the final choice of transport mode.

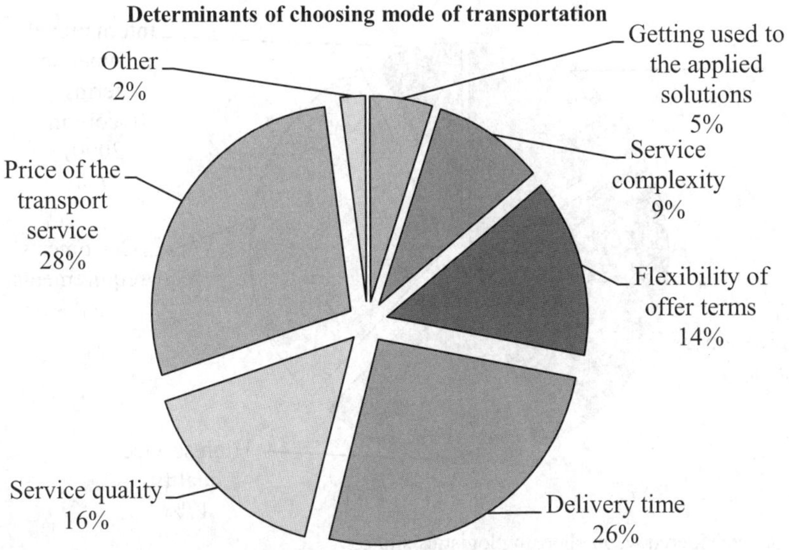

Figure 2: Determinants of choosing mode of transport

The choice of transport mode depends on logistics policy and strategy of the company [9]. Factors considered when defining logistics strategy influence the choice of transport operator. As can be seen in Figure 3, customer requirements is the most significant factor when creating logistics strategy. The vast majority of companies respect their customers and do everything to provide service of highest quality. They search for ways of minimizing costs in order to be able to compete on the market at the same time. Regional infrastructure is another issue deciding about the shape of logistics strategy. Whereas, ecological and regional strategy-related factors are insignificant for companies and so social costs are not taken into account when creating a logistics strategy.

The idea that the choice of transport mode is simply price-dependent and based on a desire to minimise costs, is not supported by the evidence, As can be seen from Figure 4, a majority of respondents said that changes in transport infrastructure charges would not influence their choice of transport mode.

The survey showed that, for a majority of companies, changes in infrastructure charges will not contribute to the change of transport processes organization. They will only cause increases in prices of goods. Consequently, for these companies, all costs connected with higher infrastructure charges will be incurred by the final user. Only 33% of surveyed enterprises indicated that they would select the cheapest solution. However, it was proved that it is not only price that decides about transport mode. Making customers more and more satisfied and providing high-quality services favours solutions that are reliable – even if more expensive.

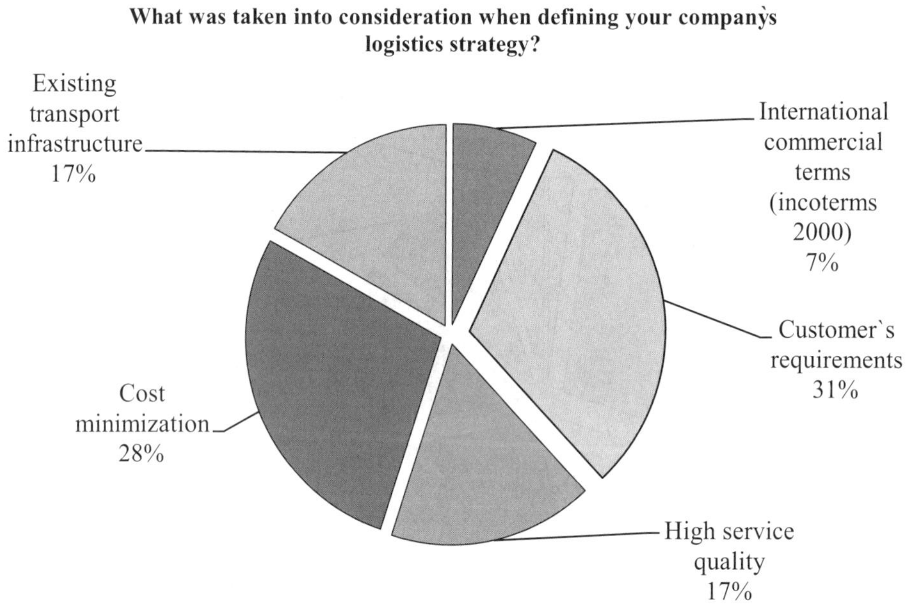

Figure 3: Factors considered when choosing logistics strategy

3 Possibilities of using Intermodal Transport by the Enterprises

In the survey the respondents asked about intermodal transport. Previously acquired information indicated that it was a marginally used mode. Only one company declared using this mode. Figure 5 shows the main barriers to greater use of intermodal transport. It seems that the main perceived barriers are that it is not suitable for goods carried in small batches (rather than containers) and that delivery times are longer (which would constrain on-time service). Interestingly, price is only considered a barrier by 5% of surveyed firms. This results shows that interviewed entrepreneurs have a good knowledge about current costs of intermodal transport. As it was proved by the authors, intermodal transport under certain conditions can be cheaper than road transport by a few or even dozen or so percent [2], [3]. This was also confirmed during simulations carried out within the Different project on selected European routes [7].

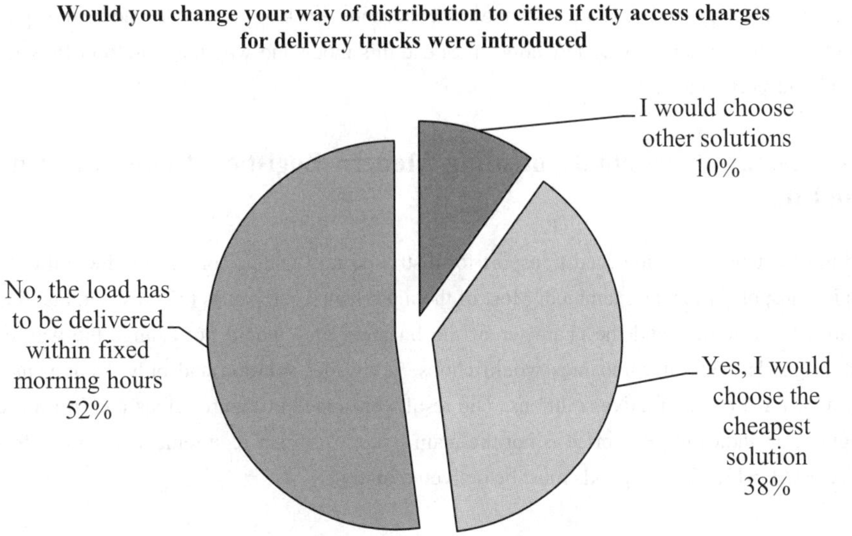

Figure 4: Possibilities of changing transport processes

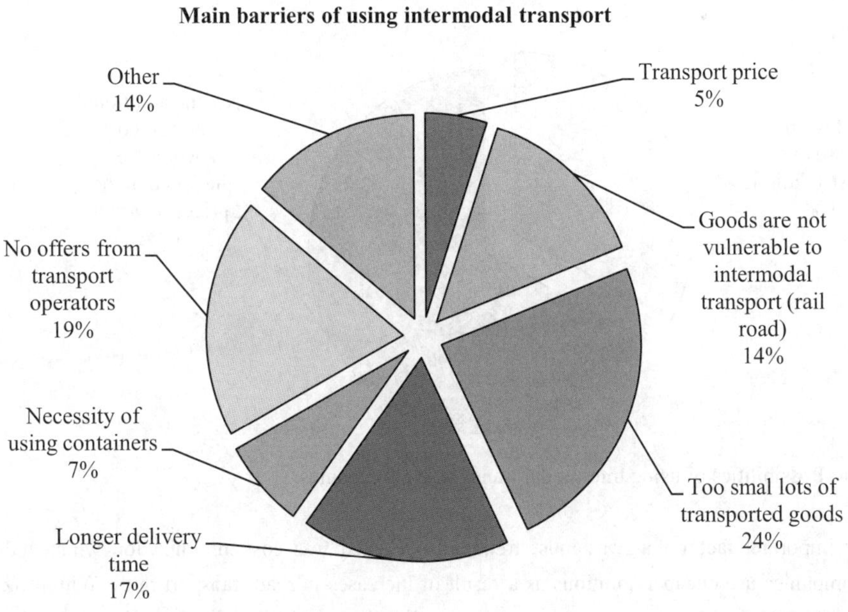

Figure 5: Barriers of using intermodal transport

Figure 7 presents the inclination to wider use of intermodal transport resulting from lower prices of using the mode. Although, according to Figure 6, price is only considered a barrier by 5% of surveyed firms, in response to the question: "would lower price incline wider use of intermodal transport?", more than a half of respondents said they would choose the cheaper solution. The results, however, cannot be analysed separately from other conditions. Lack of proper intermodal transport infrastructure is the reason why so few companies use this mode and why there are no offers for intermodal transport on the market.

4 Assessment of Possibility of using Modern Logistics Products in City Logistics

Due to high frequency of using road transport for distribution of goods, companies' flexibility to changes in transport rates was examined. Most of the interviewed companies (52%) stated that due to liabilities to customers and the character of the business they would not change the way of distributing goods. 33% of companies would choose a cheaper solution and only 2 companies would search for other alternative solutions. The results presented in Figure 7 thus confirm those from Figure 5 in indicating that price is not the main issue. Customer requirements are most frequently selected, which is why goods must be delivered on time.

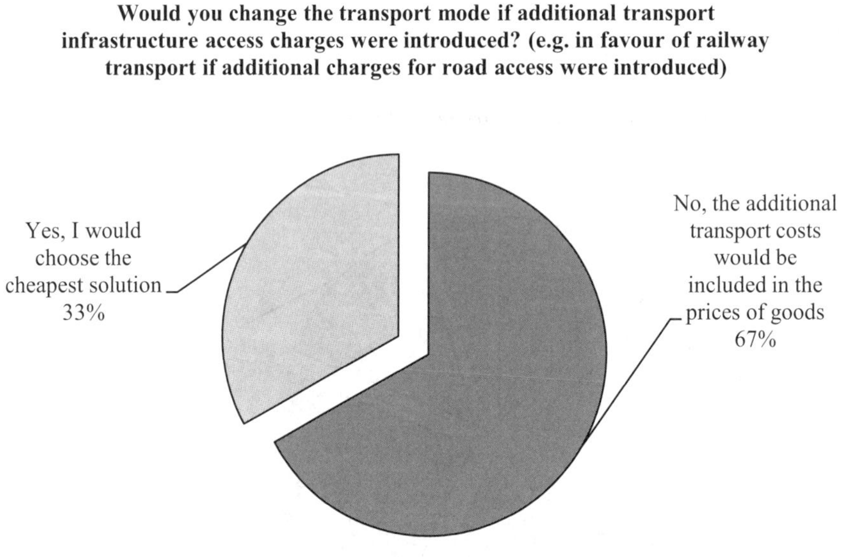

Would you change the transport mode if additional transport infrastructure access charges were introduced? (e.g. in favour of railway transport if additional charges for road access were introduced)
Yes, I would choose the cheapest solution 33%
No, the additional transport costs would be included in the prices of goods 67%

Figure 6: Possibilities of using tntermodal transport by companies

Another important factor that was most frequently selected was cost minimization which will make companies use cheaper solutions as a result of increases in road transport rates. Within the confines of cost minimization the companies were offered a possibility of cooperation with other companies from the same line of business (figure 8) Just over half (52%) of the companies stated that such cooperation is impossible. The reason is usually too big competition between companies, company's specificity and full track or off-gauge load batches.

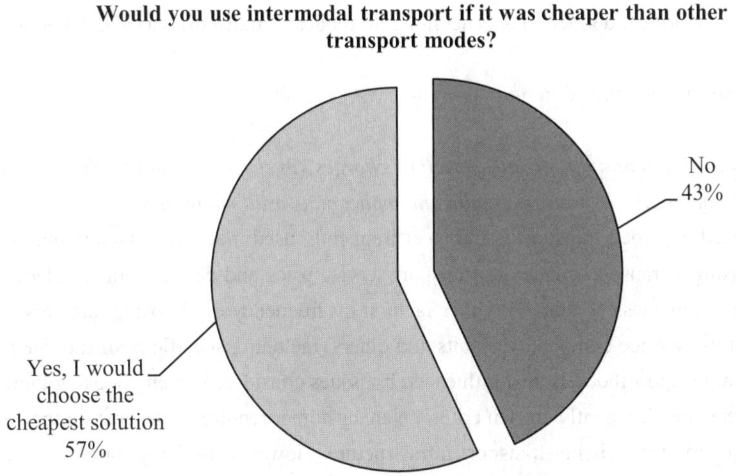
Would you use intermodal transport if it was cheaper than other transport modes?
No
43%
Yes, I would choose the cheapest solution
57%

Figure 7: Possibilities of changes in distribution in cities

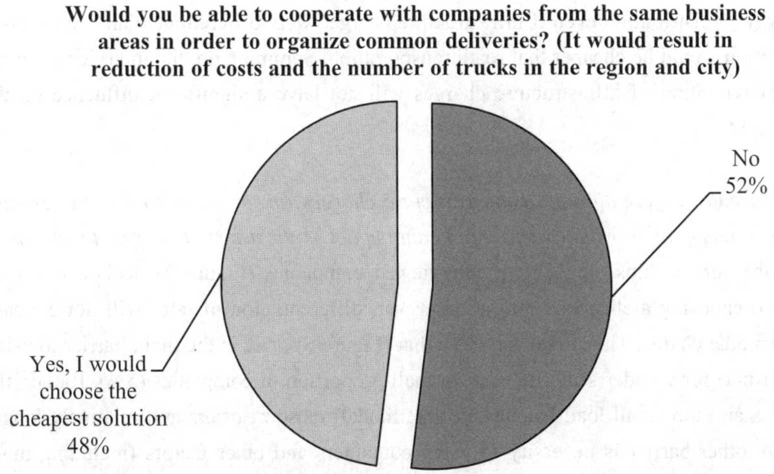
Would you be able to cooperate with companies from the same business areas in order to organize common deliveries? (It would result in reduction of costs and the number of trucks in the region and city)
No
52%
Yes, I would choose the cheapest solution
48%

Figure 8: Assessment of possibilities of cooperation with competitive companies in order to minimize costs

5 Verification of the Hypotheses

Results of carried out survey was used to discuss the hypotheses created by the authors. Additionally, other *DIFFERENT* project deliverables concerning all modes of transport was also taken into consideration.
Each of the hypotheses was addressed in turn.

Hypothesis 1: Greater differentiation of infrastructure charges (in the ways, and to the extents, currently being contemplated) will have no significant impact on overall mode splits.
The interviews showed that road transport is the most frequently used mode. The factors that are decisive when choosing a transport mode are transport service price and delivery time, independently from the line of business (Figure 3). Other factors, by frequency of choosing, are service quality, offer flexibility, service complexity, habits and others, including specificity of the line of business. Choosing a transport mode is also influenced by issues considered when choosing logistics strategy. Here, the most frequently chosen criteria were customer requirements, cost minimization, high service quality and existing transport infrastructure. However, although price was selected very often, the interviews show that 67% of companies (Figure 8) would not change current transport organization if additional infrastructure charges were introduced, which would cause increases in goods prices. Close to 40% of companies (Figure 7) declare that they would not change their way of distribution even if infrastructure charges were differentiated and caused that intermodal solution would be cheaper that road transportation. Summing up, the interviews proved that bigger differentiation of infrastructure charges will not have a significant influence on the general modal split.

Hypothesis 2: Greater differentiation of infrastructure charges (in the ways, and to the extents, currently being contemplated) will have no significant impact on the usage of intermodal chains.
According to the survey, close to 57% of interviewed companies (Figure 7) declare that they would incline to choosing a cheaper solution. However, differentiation of rates will not increase the use of intermodal chains. The survey suggests that (Figure 6) price is the main barrier to using intermodal transport for a wider scale for only a small proportion of companies (5%). Rather, the main constraints are: too small load batches, no intermodal transport offers and relatively longer driving time. Another barrier is necessity of using containers and other factors (including more frequent use of courier services and customer requirements). It may be assumed that differentiation of infrastructure charges will not influence the use of intermodal chains.

Hypothesis 3: Greater differentiation of infrastructure charges (in the ways, and to the extents, currently being contemplated) will tend to increase the average end user prices for the affected modes and any change in overall mode shares will be attributable to this alone.
Any changes in infrastructure charges will be transferred to final customers. The necessity of using a particular transport mode with an increase of infrastructure charges will cause an increase of

prices of goods. 67% of interviewed companies (Figure 8) declare that they would increase of prices while only 33% would apparently search for cheaper solutions. The interviewed companies aim at maximum satisfaction of their customers through meeting their delivery time expectations by using the highest standards of transport services. Being accustomed to road transport services, being convinced about their punctuality, quality and flexibility (Figure 3) make production and trade companies choose this mode. A desire to meet customer expectations makes production and trade companies reluctant to change the used mode but rather to increase their prices as a result of the differentiation of infrastructure charges. Increase of prices will be transferred to final customers. In this case, the survey proves the thesis that differentiation of infrastructure charges would (if it resulted in an increase in road costs) increase prices for final customers.

Hypothesis 4: Greater differentiation of infrastructure charges (in the ways, and to the extents, currently being contemplated) will increase the perceived complexity of end user prices and this will result in reductions in the market share achieved by the affected modes (after allowance is made for any change in average end user prices).
The survey did not prove that greater differentiation of prices will increase complexity of final user prices and this will result in changes in the modal split. Transparency and fairness of infrastructure charges have a meaning to transport operators but not for shippers.

Hypothesis 5: Greater differentiation of infrastructure charges (in the ways, and to the extents, currently being contemplated) will tend to encourage the use of intermodal chains and will achieve a modal split which is more economically sustainable than the status quo ante.
The survey showed that companies would use intermodal transport more frequently if it was cheaper. It should be remembered, however, that in companies' opinion small use of intermodal transport results mainly from non-price reasons.

Hypothesis 6: Greater differentiation of infrastructure charges (in the ways, and to the extents, currently being contemplated) will tend to encourage the use of intermodal chains and will achieve a modal split which is more environmentally sustainable than the status quo ante.
The survey did not prove the abovementioned thesis since bigger differentiation of charges which results in increases in road charges will not discourage from using that mode. In the respondents' opinion all changes in charges will be included in product prices and transferred to final customers. Differentiation of infrastructure charges is not enough to change the mode of transport.

Hypothesis 7: The use of environmentally desirable modes can be encouraged by means of commercially sustainable pricing regimes which discriminate in favour of users of those modes.
The survey suggests that 57% of companies (Figure 7) would search for cheaper transport solutions and might use intermodal transport if its price was lower than in case of other solutions. Cost minimization is one of main premises of logistics strategies that are prepared by companies. Therefore, sustainable pricing regimes are one of not many ways of acquiring environmentally desirable

modes users. Out of the interviewed companies (Figure 4) none of them said they consider ecological aspects or any regional transport development strategy when creating their logistics strategy. That is the reason why external tools are necessary to encourage use of environmentally desirable modes.

Hypothesis 8: The use of intermodal chains can be encouraged by means of commercially sustainable pricing regimes which discriminate in favour of users of intermodal chains.

The survey indicated that most of the companies (57%, Figure 7) search for the cheapest solution of goods distribution. Introduction of the sustainable pricing regime supporting the use of intermodal chain will be an encouragement for them to use this solution. At the same time, the issues of no intermodal transport offers, guaranteeing access to this type of transport services and consolidating small load batches into bigger units (containers) should be considered. The only barrier may be the fact that more than 50% of companies do not approve of common deliveries with competition (Figure 9).

6 Conclusions

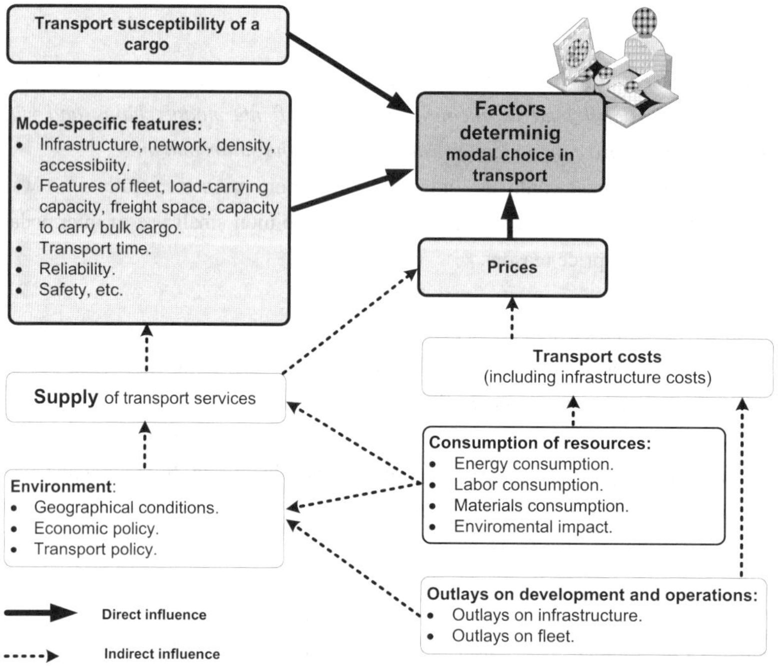

Figure 9: Factors determining modal choice in transport services (Source: Own study based on Different Project: Rydzkowski W.: Deliverable 10.1 Hypotheses on effect on differentiated charging on intermodal chains and modal split)

The first aim of the article was to analyse correlation between changes in infrastructure access charges for selected modes of transport and its influence on increase of intermodal transport. Second goal was to verify created hypotheses.

Authors, based on the direct interviews with enterprises in Poland and Italy, research work and analysis of existing data, proved in the study that development of intermodal transport does not directly depend on greater differentiation of infrastructure access charges. As authors presented road transport is not always the cheapest options and price is not the only one element determining modal choice in transport. Other, also important are mode specific features and transport susceptibility of a cargo. The figure below presents factors which have direct and indirect influence on choice of specific transport mode [8][7].

Finally, it should be underlined that there are several barriers existing in different European regions which make unable to achieve an increase in intermodal haulages. Therefore, in all European members state, there is a need not only to promote co-modality and intermodality, but to support initiatives which are trying to eliminate mentioned barriers.

References

[1] Energy, transport and environment indicators, Office for Official Publications of the European Communities, Luksemburg, 2008

[2] Hajdul M., Fechner I., Kubiak P.: Przewozy intermodalne – realne korzyści dla firm oraz użytkowników dróg, Logistyka 2/2008.

[3] Fechner I., Hajdul M., Słoma E., Możliwości tworzenia intermodalnych węzłów transportowych na bazie dostępnej infrastruktury transportu kolejowego na przykładzie Województwa Wielkopolskiego, Logistyka 5/2008.

[4] Hajdul M., Stajniak M., Foltyński M., Krupa A.: Transport i spedycja, Biblioteka logistyka, Poznań 2007.

[5] Hajdul M., Model zintegrowanego systemu przewozów multimodalnych ładunków zjednostkowanych, w. Europa-Azja. Gospodarka, transport, red. Mindur L., Instytut Logistyki i Magazynowania, Poznań 2007.

[6] Hajdul M., Koordynacja procesów logistycznych w oparciu o koncepcję zrównoważonego rozwoju, Logistyka 4/2009, płyta CD.

[7] Rydzkowski W., Hajdul M., Potential Effects of Differentiated User Charges on Intermodal Chains and Modal Change, DIFFERENT project, Deliverable 10.2, Poznan-Leeds 2008.

[8] Rydzkowski W.: Hypotheses on effect on differentiated charging on intermodal chains and modal split, DIFFERENT project, Deliverable 10.1, Poznan-Leeds 2007.

[9] Rydzkowski W., Wojewódzka-Król K. (red.): Transport, Wydawnictwo Naukowe PWN, Warszawa 2007.

[10] Hajdul M., Model zintegrowanego systemu przewozów multimodalnych ładunków zjednostkowanych, w. Europa-Azja. Gospodarka, transport, red. Mindur L., Instytut Logistyki i Magazynowania, Poznań 2007, s. 240-242.

Birgit Ester[*] / André Wölfle[**]

Referenzmodelle für das Financial Supply Chain Management

---

[*] Prof. Dr. rer. pol. Birgit Ester ist Professorin an der Fakultät für Wirtschaftswissenschaften der Hochschule Karlsruhe – Technik und Wirtschaft. Sie vertritt dort die Fachgebiete Einkauf/Beschaffung und Logistik/Supply Chain Management. Zuvor war sie in unterschiedlichen Branchen in verantwortlichen Positionen tätig: Sie leitete das Supply Chain Management bei dm drogeriemarkt GmbH + Co. KG, war im Inhouse-Consulting bei der MAN-Roland AG und leitete dort das Einkaufscontrolling, und arbeitete bei Boehringer Mannheim in der Logistikplanung. Prof. Ester ist Mitglied im Vorstand der Regionalgruppe Pfalz/Rhein-Neckar beim BME Bundesverband Materialwirtschaft, Einkauf und Logistik.

[**] Prof. Dipl.-Ing. André Wölfle ist seit 2002 Professor an der Fakultät für Wirtschaftswissenschaften an der Hochschule Karlsruhe – Technik und Wirtschaft. Er vertritt die Fachgebiete Controlling, Finanzierung und Investition sowie Projekt- und Prozessmanagement. Zuvor war er in der Automobilzulieferindustrie als verantwortlicher Controller tätig und arbeitete als Controller in der Hausgerätebranche.

1 Einführung

Für das Supply Chain Management werden drei Betrachtungsebenen differenziert, deren Gestaltung optimal aufeinander abgestimmt werden soll: der Informationsfluss, der Güterfluss und der Finanzfluss. Die bekannten Referenzmodelle für das Supply Chain Management haben den Fokus auf der Gestaltung des Informations- und Güterflusses. Durch eine optimale Steuerung dieser Bereiche werden Auswirkungen auf den Finanzfluss implizit betrachtet (zum Beispiel durch die Reduzierung der Lagerbestände oder der Durchlaufzeiten). Eine explizite, systematische Darstellung von Standardprozessen und Best-Practice-Vorgaben für den Finanzfluss findet bei den Referenzmodellen nicht statt. Das liegt u.a. an der Schnittstellenproblematik zwischen Logistik/Supply Chain Management und Finanzierung. Die beiden Funktionen sind in der Regel inhaltlich und auch organisatorisch in den Unternehmen weniger eng miteinander verbunden wie zum Beispiel Logistik und IT. Finanzierung und Logistik optimieren jeweils ihre Aufgabenbereiche, verfolgen aber unterschiedliche Zielgrößen und Kennzahlen. Dabei haben die Entscheidungen beider Bereiche interdependente Auswirkungen auf Kosten, Rentabilität und Liquidität des Unternehmens. Eine enge Vernetzung der Entscheidungen dieser Bereiche eröffnet dem Unternehmen und letztendlich der gesamten Supply Chain aber erhebliche Optimierungspotentiale. Nimmt man dazu noch die Einflüsse aus dem Produktionsbereich auf die Steuerung der liquiden Mittel, wird eine umfassende Optimierung möglich und Erfolgspotentiale verschwinden nicht im „Bermudadreieck“ dieser drei Disziplinen.

Die Realisierung dieser Optimierungspotentiale stellt eine komplexe und vielschichtige Aufgabe dar. Dabei können die Unternehmen durch Referenzmodelle unterstützt werden. Referenzmodelle – hier als betriebswirtschaftliche Prozessmodelle verstanden – dienen der Reduktion der Komplexität der realen betrieblichen Abläufe durch Modellbildung. Sie stellen eine Ausgangslösung dar, aus der sich wirtschaftlich unternehmensindividuelle Konkretisierungen ableiten lassen.[1]

Ziel der folgenden Ausführungen ist es, einen Überblick über die Gestaltungsfragen eines möglichen Referenzmodells zu geben: die Zielformulierung, die Teilnehmer sowie die Entscheidungstatbestände auf operativer und strategischer Prozessebene. Sie sind gedacht als Vorarbeit für die Entwicklung eines konkreten Prozessmodells, zunächst auf verbaler und graphischer Ebene. Daraus wiederum wäre im nächsten Schritt die Ableitung eines Datenmodells möglich.

Um die hohe Komplexität der Entscheidungstatbestände im Financial Supply Chain Management aufzuzeigen, werden am Ende dieses Beitrages anhand einer Beispielrechnung zur Steuerung des Umlaufvermögens die vielfältigen Wechselwirkungen im Finanzfluss aufgezeigt und der noch erhebliche Forschungs- und Implementierungsbedarf dieser Disziplin verdeutlicht.

---

[1] Vgl. Becker et. al. (2000), S. 90

2 Der Einsatz von Referenzmodellen

2.1 Ziele

Das Charakteristikum von Referenzmodellen ist deren intendierte bzw. faktische Wiederverwendung. Sie werden konstruiert für eine wiederholte Anwendung auf praktische Problemstellungen und/oder für die Konstruktion weiterer Modelle.[2] Der Referenzmodellbegriff wird dabei sowohl in deskriptiver wie auch in präskriptiver Absicht verwendet. In deskriptiver Sicht beschreibt ein Referenzmodell die Gemeinsamkeiten einer Klasse von Modellen, in präskriptiver Sicht liefert ein Referenzmodell einen Vorschlag für die Ausgestaltung einer Klasse von Modellen. Darüber hinaus kann ein allgemeines Modell, auf spezielle Sachverhalte angewandt, einen Vergleich ermöglichen bzw. vereinfachen, etwa für den Einsatz in Benchmarking-Projekten.

Referenzmodelle sollen als Ausgangslösung für unternehmensindividuelle Konkretisierungen dienen. Daraus leiten sich folgende Ziele bei der Modellierung ab:

- *Unterstützung bei der Gestaltung von Geschäftsprozessen:* Die Beschreibung der einzelnen Prozessschritte und ihrer Ablauffolgen sowie Formulierung und Vorgabe von Entscheidungsregeln in der Prozessabläufen geben Anhaltspunkte für die Definition, Abgrenzung und Durchführung der unternehmensindividuellen Geschäftsprozesse. Dazu kommt die Darstellung geeigneter Gestaltungsalternativen für die einzelnen Prozessschritte und die Ablauffolgen. Somit kann sich jedes Unternehmen im Referenzmodell finden und es spezifisch für seine Bedürfnisse anwenden.
- *Standardisierung:* Durch die Standardisierung von Begriffen wird eine einheitliche Terminologie zwischen allen Partnern eingeführt (z. B. die Festlegung eines Begriffes für Lieferant: Zulieferer, Auftragnehmer, Lieferant, Kreditor o. ä.). Die Standardisierung von Prozessbausteinen ermöglicht die einheitliche Verwendung in den Prozessmodellen der verschiedenen Unternehmen. Durch Standardisierung von Begriffen und Prozessbausteinen wird ein wesentlicher Beitrag zu Komplexitätsreduzierung in der Zusammenarbeit geleistet.
- *Schaffung von Transparenz:* Die Dokumentation der Geschäftsprozesse liefert für alle Teilnehmer der Wertschöpfungskette eine einheitliche Übersicht über die Prozessabläufe, ihre Varianten und ihre Interdependenzen. Insbesondere können hier die Anforderungen an den Prozessschnittstellen zwischen den Unternehmen definiert werden. Zum Beispiel die konkrete Vorgabe von Standards für den Datenaustausch.

Das Motiv für die Entwicklung und Verwendung von Referenzmodellen liegt häufig im Bereich Softwareentwicklung. Für die Definition von Lasten- und Pflichtenheften für die Programmierung neuer Softwareanwendungen werden Referenzmodelle herangezogen, um die Prozesse und ihre IT-Anforderungen systematisch zu erfassen. Typische Beispiele hierfür sind das R\3 Referenzmodell der SAP[3], das Handels-H-Modell für die Entwicklung von Handelsinformationssystemen[4]

---

2 Vgl. vom Brocke (2003)

3 Vgl. Keller/Lietschulte/Curran (1999)

oder das Y-CIM-Modell für den Produktionsbetrieb[5]. Auch betriebswirtschaftliche Referenzmodelle haben häufig einen solchen Hintergrund, wie etwa auch das Referenzmodell des Supply Chain Councils für das Supply Chain Management (SCOR-Modell)[6]. Letztgenanntes ist in der betriebswirtschaftlichen Literatur und Praxis ein häufig zitiertes und angewendetes Modell für die Darstellung, Analyse und Optimierung von unternehmensübergreifenden Geschäftsprozessen und soll im vorliegenden Beitrag als Ausgangspunkt der Betrachtungen genutzt werden.

2.2 Kennzeichen von Referenzmodellen

Referenzmodelle müssen als Ausgangslösung für unternehmensindividuelle Konkretisierungen folgende Voraussetzungen erfüllen:

- *Abstraktionsgrad:* Referenzmodelle dürfen in ihrem Detaillierungsgrad nicht zu konkret sein, da sie dann nicht mehr auf vielfältige Problemstellungen anwendbar sind. Sie müssen aber die wesentlichen Elemente einer Spezialisierung enthalten, das heißt, sie können auch nicht zu allgemein sein. Dann wäre die Ableitung problembezogener spezieller Modelle nicht mehr möglich.
- *Robustheit:* Sie müssen robust gegenüber Änderungen der realen Welt sein, d.h. sie sind ohne Anpassungen übernehmbar.
- *Flexibilität:* Sie müssen flexibel sein, um an spezifische Anforderungen einer Problemstellung angepasst werden zu können.
- *Konsistenz:* Sie müssen Strukturen und Abläufe konsistent, d.h. widerspruchsfrei, abbilden.

2.3 Konstruktion

Die Konstruktion eines Referenzmodells umfasst vier Phasen, deren Umfang und Inhalt von dem Anwendungsgebiet und der angestrebten Werkzeugunterstützung[7] sowie dem Detaillierungsgrad abhängen.[8]

- *Problemdefinition:* Zunächst ist der gewünschte Umfang, Detaillierungsgrad und das Ziel des Modelleinsatzes festzulegen. Ebenso die Modellierungsdarstellung (z. B. Prozessdarstellung). Soll das Modell nicht nur verbal und graphisch, sondern auch mathematisch beschrieben werden, müssen auch die Modellierungssprache und -konventionen festgelegt werden.
- *Modellierung der Prozesslandschaft:* Der abgegrenzte Betrachtungsbereich wird mit Hilfe der festgelegten Modellierungssprache konzeptualisiert. Im Bereich der betriebswirtschaftlichen

4 Vgl. Becker/Schütte (2004)

5 Vgl. Scheer (1997)

6 Vgl. Supply Chain Council Inc. (2009); Stephens (2001); Holten (2003)

7 Sollen Referenzmodelle nicht nur graphisch und verbal beschrieben werden, sondern auch in Software abgebildet werden, sind spezielle Modellierungswerkzeuge erforderlich. Solche Werkzeuge sind Softwareanwendungen, welche die Konstruktion und Anwendung eines Informationsmodells unterstützen. Ihr Umfang reicht von der Darstellung der Prozessabläufe bis hin zur Analyse und Auswertung (z. B. Kostenberechnungen/-simulationen).

8 Vgl. Fettke/Loos (2004)

Prozessbetrachtung bedeutet das die Darstellung der relevanten Unternehmensprozesse, der Beziehungen zwischen den Prozessen und den Entscheidungsregeln in den einzelnen Prozessschritten. Dabei kann die Prozesslandschaft induktiv von vorhandenen unternehmensspezifischen Fällen oder deduktiv von theoretischen Annahmen hergeleitet werden. Ergebnis der Modellierung ist die Beschreibung sämtlicher Modellierungssichten und –varianten sowie die Beziehungen zwischen den Prozessschritten und den Entscheidungsregeln.

- *Bewertung:* Die Bewertung eines Referenzmodells orientiert sich am Zielerreichungsgrad der Modellierung und an dem Nutzen der Anwendung des Referenzmodells. Dem gegenüber stehen die Kosten für die Entwicklung und die Nutzung des Modells. Darüber hinaus sind technische Aspekte zu bewerten, etwa die technische Realisierbarkeit des Einsatzes oder die Kompatibilität zwischen dem Referenzmodell und einem unternehmensspezifischen Modell.
- *Weiterentwicklung:* Referenzmodelle müssen einer kontinuierlichen Pflege und Weiterentwicklung unterliegen. Zum einen sind erkannte Fehler zu eliminieren. Zum anderen werden Anpassungen und Erweiterungen benötigt, wenn sich aus den Anwendungsfeldern neue Anforderungen ergeben.

3 Das SCOR-Modell

3.1 Schwerpunkt Informations- und Güterfluss

Ein häufig eingesetztes Referenzmodell mit hohem Detaillierungsgrad für das Supply Chain Management ist das Supply Chain Operational Reference Modell (SCOR-Modell).[9] Es ist ein graphisch und verbal beschriebenes Referenzmodell für unternehmensübergreifende Wertschöpfungsketten. Es zählt zu den Ansätzen aus dem Business Process Reengineering, bei denen mittels Benchmarking und Best-Practice-Analysen Prozessoptimierungen abgeleitet werden. [10]

Das SCOR- Modell wird für die folgenden Ausführungen als Betrachtungsbasis herangezogen, da es eine sehr detaillierte Betrachtung über mehrere Prozessebenen und -varianten für die Supply Chain bietet.

Im Modell werden folgende Prozesse innerhalb der zu definierten Systemgrenzen vom „suppliers supplier to the customers customer" betrachtet:

- alle Kundentransaktionen, vom Auftragseingang bis zur Zahlungsabwicklung,
- alle Produktflüsse vom Vorlieferanten bis zum Kunden (inkl. Equipment, Ersatzteile, Software etc.) sowie
- alle Markttransaktionen, von Bedarfsplanung bis zur Auftragsauslieferung.

---

9 Das SCOR-Modell wurde entwickelt vom Supply Chain Council. Dieser ist eine globale und unabhängige Non-Profit-Organisation, die allen Unternehmen und Organisationen offen steht. Zu den Ausführungen zum SCOR-Modell vgl. Supply Chain Council Inc. (2009)

10 Weitere Referenzmodelle für das Supply Chain Management sind zum Beispiel das Modell von Bowersox und das Modell von Cooper/Lambert/Pagh. Vgl. Bowersox et. al. (2007)

Nicht Gegenstand des Modells sind Marketing, Forschung und Entwicklung, Produktentwicklung, Aus- und Weiterbildung, Qualitätssicherung sowie Verwaltungsprozesse außerhalb der Logistik. Das Modell standardisiert alle Aktivitäten der betrachteten Unternehmen auf fünf elementare Managementprozessen, die über vier Ebenen hierarchisch beschrieben und modelliert werden.

Auf der höchsten Ebene (Ebene 1) werden zunächst folgende Kernprozesse unterschieden (vgl. Abbildung 1):

- *Plan (Planen):* Die Planung umfaßt die vorbereitenden Aktivitäten über die gesamte Supply Chain. Dazu gehören auf der strategischen Ebene langfristige Abstimmungen in der Supply Chain, zum Beispiel die Netzwerkplanung oder Make-or-Buy-Entscheidungen. Auf der operativen Ebene gehören dazu im Einzelnen die Ressourcenplanung, die Nachfrageplanung, die Planung von Produkteinführungen und –eliminationen sowie Make-or-Buy-Entscheidungen.
- *Source (Beschaffen):* Der Sourcing-Prozess bezieht sich auf die Beschaffung aller für die Wertschöpfung benötigten Einsatzgüter. Dazu gehören zum einen infrastrukturelle Maßnahmen wie Lieferantenauswahl und Vertragsgestaltung oder die Festlegung von Bevorratungsstrategien. Im dispositiven Bereich gehören dazu Festlegungen zu Bestellmengen und –zeitpunkten, Sicherheitsbeständen etc.
- *Make (Produzieren):* Zum Herstellungsprozess gehört die Planung und Steuerung der Produktionsabläufe und die Kapazitätsplanung und -terminierung.
- *Deliver (Liefern)*: Die Lieferung umfasst die Kundenauftragsabwicklung, Kommissionierung, Verpackung, Versand und die Distribution über die verschiedenen Absatzkanäle zum Kunden.
- *Return (Rückgabe):* Zum Rücknahmeprozess gehören alle Aktivitäten der Rücknahme von Beschaffungsmaterialien und fertigen Produkten (Reklamationen) sowie die Steuerung von Mehrwegbehältersystemen.

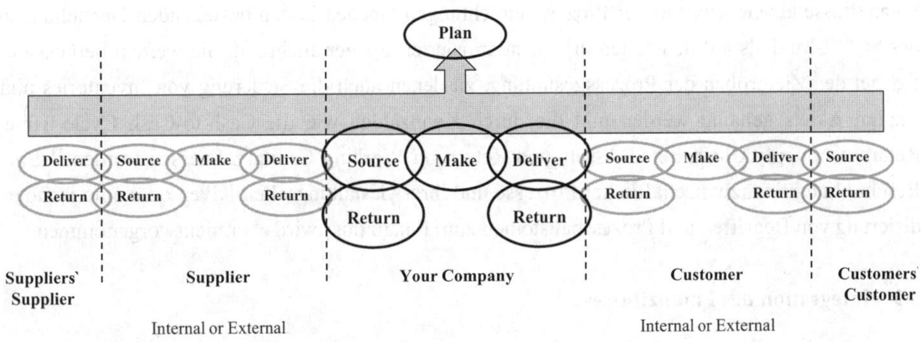

Abbildung 1: Ebene 1 des SCOR-Modells (Quelle: Francis (2010))

Die Kernprozesse der ersten Ebene werden auf der zweiten Ebene in Prozesskategorien und auf der dritten Ebene dann in einzelne Prozesselemente aufgelöst. So wird zum Beispiel der Kernprozess „Source" in die Prozesskategorien „Source Stocked Products", „Source Make-to-Order Products“ und „Source Engineer-to-Order Products“ unterschieden. Diese werden dann auf Ebene 3 differenziert in einzelne Prozesselemente wie „Schedule Deliveries“ „Receive Product“ etc. Die vierte und die fünfte Ebene sind im Modellumfang nicht mehr enthalten. Sie konzentrieren sich auf die unternehmensindividuelle Implementierung und zerlegen die Prozesselemente nochmals in einzelne Aktivitäten. Abbildung 2 zeigt die Ebenenstruktur des SCOR-Modells.

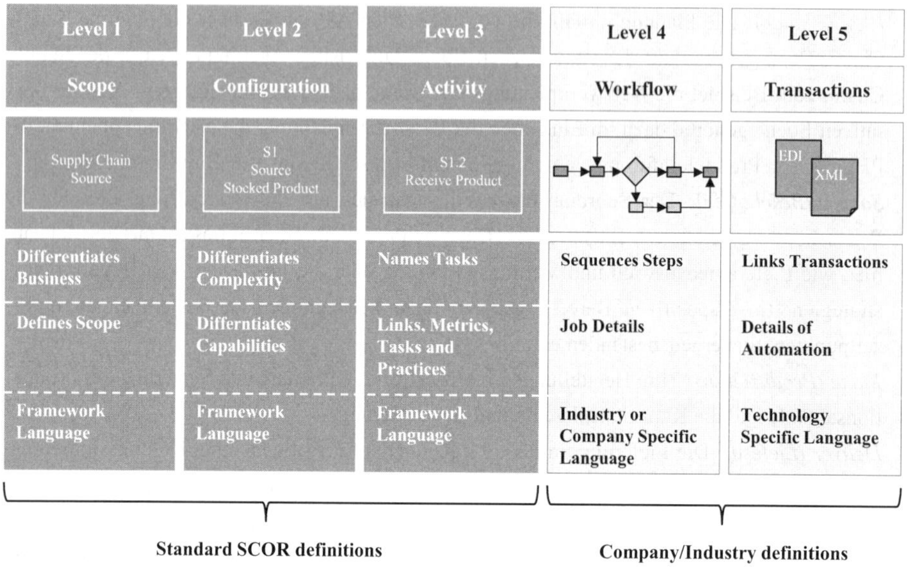

Abbildung 2: Bildung von Prozesskategorien und ihrer Prozessschritte am Beispiel des Prozesses „Source“. (Quelle: Francis (2010))

Finanzflüsse als Gegenstand der Prozessbetrachtungen tauchen in den bestehenden Darstellungen des SCOR-Modells auf den ersten drei standardisierten Ebenen nicht auf. Sie werden berücksichtigt bei den Zielgrößen der Prozessgestaltung, zu denen auch die Steuerung von Inventories und Capital Assets genannt werden und die durch Kennzahlen wie die Cash-to-Cash Cycle Time, Return on Supply Chain Fixed Assets und Return on Working Capital gemessen werden.[11] Eine Beschreibung finanzwirtschaftlicher Prozesse und ihrer Gestaltungsalternativen oder eine Standardisierung von Begriffen und Prozessbausteinen zum Finanzfluss wird aber nicht vorgenommen.

3.2 Integration des Finanzflusses

Güterflüsse in der Supply Chain lassen sich mit ihren alternativen Prozessabläufen darstellen auf ihrem Weg von der Quelle zur Senke beim Produktentstehungsprozess und in umgekehrter Richtung bei Retouren und Mehrwegbehältersystemen. Informationsflüsse in der Supply Chain laufen

[11] Vgl. Supply Chain Council Inc. (2009)

den Güterflüssen voraus (z.B. bei Lieferavisen) und entgegen (z.B. beim Austausch von POS-Daten zwischen Handel und Industrie). Finanzflüsse in Form von Geldflüssen entstehen durch die Bezahlung für gelieferte Leistungen und laufen entgegengerichtet zu den Güterflüssen. Finanzeffekte entstehen aber nicht nur in Form von Geldflüssen, sondern auch durch Investitionen in Umlaufvermögen und Anlagevermögen, durch die Steuerung von Forderungen und Verbindlichkeiten, durch Kreditaufnahmen und die Besteuerung. Sie haben aus diesem Grunde eine Vielzahl von Gestaltungsalternativen und Wirkungen, die es zunächst zu erfassen gilt. Will man die Finanzflüsse in das Modell aufnehmen, ist zunächst die Integration auf der ersten Ebene erforderlich. Abbildung 3 zeigt den Güter-, Informations- und Finanzfluss im Überblick.

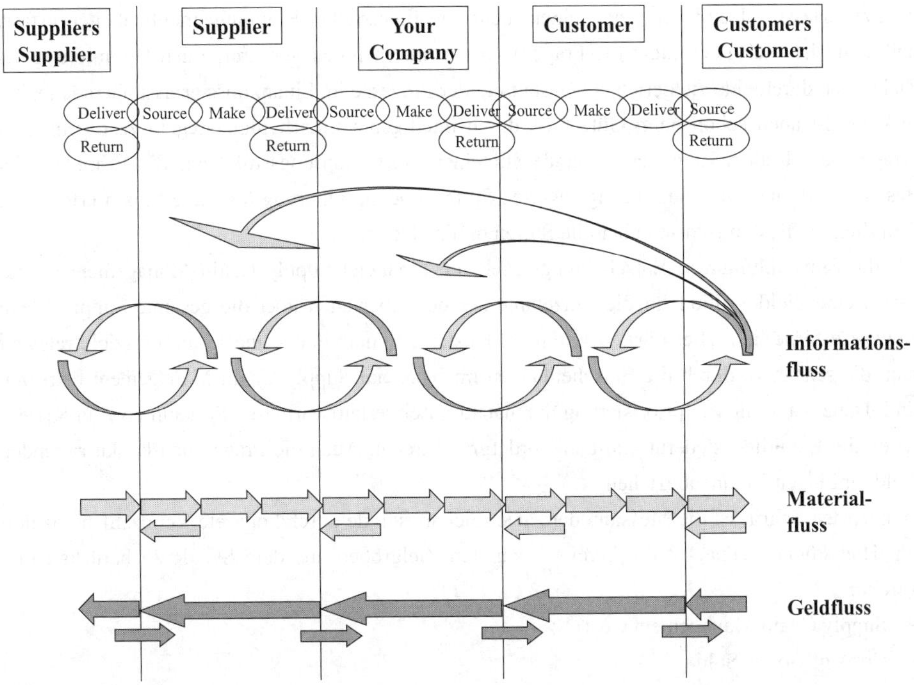

Abbildung 3: Güter-, Informations- und Finanzfluss im Überblick

4 Dimensionen des Financial Supply Chain Managements

Zur Bildung eines Prozessmodells für den Finanzfluss sind verschiedene Bausteine erforderlich. Zunächst wird eine Betrachtung der Prozessteilnehmer und der Gestaltungsparameter in den einzelnen Prozessen des Finanzflusses benötigt. Für die Ableitung strategischer und operativer Steuerungs- und Entscheidungsregeln für die Prozesse und Teilprozesse müssen Zielvorgaben definiert werden, die nicht nur die Ziele einzelner Teilnehmer der Wertschöpfungskette, sondern die Optimierung der Finanzflüsse über alle Stufen der Wertschöpfungskette hinweg ermöglichen. Insbesondere der letzte Punkt stellt eine äußerst komplexe Aufgabe dar, da individuelle Optimierungen nicht automatisch zu einem Gesamtoptimum führen und weil die Zusammenhänge im Gesamtoptimum zunächst erarbeitet und den beteiligten Wertschöpfungspartnern vermittelt werden müssen.

4.1 Erfordernis einer Zieldefinition für das Financial Supply Chain Management

Für die Steuerung und Bewertung des Güterflusses existieren in Theorie und Praxis umfangreiche logistische Zielgrößen und Kennzahlensysteme (z. B. Beispiel Lieferservice, Durchlaufzeit, Bestände, Flexibilität). So geht auch das SCOR-Modell bei der Entwicklung von Leistungskennzahlen auf Zielgrößen wie etwa Lieferzuverlässigkeit und Lieferflexibilität ein.
Der Finanzfluss wird durch die Zielgrößen Inventory, Capital Assets und Supplier Agreements implizit erfasst.[12] Damit sind zum einen nicht alle finanziellen Handlungsmöglichkeiten erfasst und damit ist auch noch nicht die Frage nach der unternehmensübergreifenden Optimierung der Zielgrößen durch eine zielgerichtete Gestaltung der Prozesse im Finanzfluss erfasst. Gerade letztere Frage ist auch schon beim Güterfluss durch intelligente Entscheidungsregeln zu regeln: dort bedeutet die Reduzierung der Bestände auf einer Wertschöpfungsstufe evt. die Erhöhung der Bestände auf einer vor- oder nachgelagerten Stufe. Eine Optimierung über alle Stufen erfolgt mit dem Ziel, die Bestandskosten über alle Stufen minimal zu halten.
Für die Entwicklung von Entscheidungsregeln im Financial Supply Chain Management ist zunächst eine Zieldefinition für die Einzelunternehmen, aber auch über die gesamte Supply Chain hinweg, erforderlich. Hier dürften vor allem Kosten-, Rentabilitäts- und Liquiditätsziele relevant sein, die sehr stark durch die Entscheidungen im Financial Supply Chain Management betroffen sind. Dabei kann die Zielpriorisierung durchaus im Zeitverlauf variieren. So kann etwa in Krisenzeiten die Liquiditätssteuerung in den Vordergrund treten. Auch die Frage nach konkurrierenden Zieldefinitionen ist einzubeziehen.
Im nächsten Schritt ist die Messung der Zielerreichungsgrade durch konkrete Kennzahlen abzuleiten. Hier können zunächst die bereits bekannten Zielgrößen aus dem SCOR zu berücksichtigt werden:

- Supply Chain Management Cost
- Costs of Goods Sold
- Cash to Cash Cycle Time
- Return on Supply Chain fixed Assets
- Return on Working Capital

Diese sind um weitere Zielgrößen zu ergänzen bzw. weiter zu detaillieren. Weiterhin ist dann für die konkrete Steuerung der Zielgrößen eine Vorgabe auf der operativen Prozessebene erforderlich. Zum Beispiel bei der Cash to Cash Cycle Time: ist es ausreichend, wenn jedes Unternehmen seine eigenen Cash to Cash Cycle Time minimiert? Oder entstehen durch eine isolierte Optimierung Verluste und es muss eine differenziertere Zielgröße vorgegeben werden?

[12] Vgl. Supply Chain Council Inc. (2010)

4.2 Die Teilnehmer

Auf Basis des SCOR-Modells können zunächst folgende Teilnehmer der Supply Chain unterschieden werden (vgl. dazu Abbildung 4):

- *Der Endkunde (Käufer, Verbraucher):* Der Teil der Wertschöpfungskette, bei dem das Endprodukt verbleibt zum Gebrauch oder Verbrauch. Der Endkunde bestimmt durch seine Nachfrage die Gestaltung und die Ziele der vorgelagerten Wertschöpfungskette. Bei einer Pull-Steuerung in der Supply Chain ist seine Nachfrage der Trigger für alle vorgelagerten Aktivitäten.
- *Lieferanten:* Lieferanten auf den verschiedenen Stufen der Wertschöpfungskette in denen das Endprodukt für den Kunden entsteht. Produzenten sind einmal Hersteller des Endproduktes und die verschiedenen Stufen der Vorlieferanten.

Darüber hinaus sind insbesondere für die Betrachtung der Finanzflüsse auch noch folgende Teilnehmer zu betrachten, die explizit nicht im Modell auftauchen:

- *Logistische Dienstleister:* Die logistischen Dienstleister übernehmen, je nach Dienstleistungsumfang, die Transport- und Lagerhaltungsleistungen sowie ggfs. wertschöpfende Arbeiten an den Produkten (z. B. Aufbügeln von Wäsche für die Verteilung an Händlerfilialen). Dazu kommen dispositive Leistungen wie z. B. die Bestandsführung oder Zahlungsabwicklungen.
- *Kreditinstitute:* Kreditinstitute sind Partner bei der Finanzierung der Bestände und Warenbewegungen oder auch bei Anlage von Kapital.
- *Versicherungen:* Versicherungen von Lager- oder Transportbeständen, Anlagen, Immobilien sowie von weiteren Risiken innerhalb des Risk Managements.
- *Händler:* Händler sind im Referenzmodell nicht explizit aufgenommen. Sie sind aber häufig als Einzelhändler die Partner in der Wertschöpfungskette, denen die Verteilung der Produkte in die Fläche obliegt. Oder als Zwischenhändler zwischen zwei Produktionsunternehmen (Produktionsverbindungshandel) oder als Großhändler die Schnittstelle zwischen Produzent und Einzelhandel.

Alle Teilnehmer der Supply Chain stehen mit ihren vor- und nachgelagerten Stufen gleichzeitig in einem Kunden- und Lieferantenverhältnis und als solche eingebunden in den Informations-, Waren- und Finanzfluss. Das bedeutet für die Steuerung der Financial Supply Chain die Erfordernis der Kenntnisse aller finanziellen Zusammenhänge in der Wertschöpfungskette.

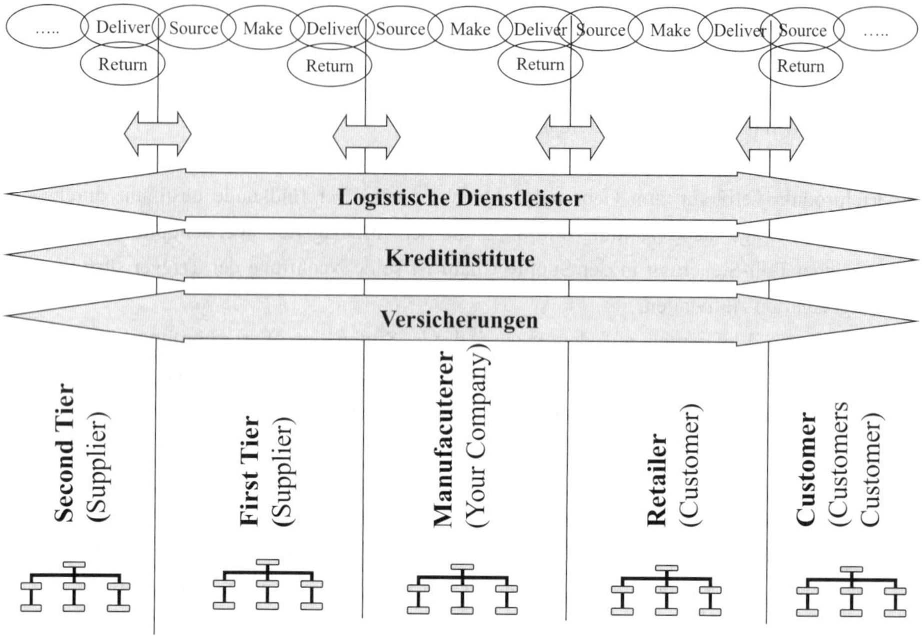

Abbildung 4: Die Teilnehmer der Financial Supply Chain

4.3 Die Steuerungsparameter

Einfluss auf Zielgrößen wie Kosten, Rentabilität und Liquidität haben unterschiedlichste Entscheidungstatbestände in den Geschäftsprozessen in Logistik, Einkauf, Vertrieb, Finanzen und Produktion eines Unternehmens. Hier sind Prozesse, Prozessschritte und Prozessalternativen zu beschreiben. Auf der ersten Ebene sind folgenden Steuerungsparameter aus den unterschiedlichen Bereichen für den Finanzfluss zu berücksichtigen:

- *Forderungen:* Die Verhandlungen und Steuerung von Forderungslaufzeiten/Zahlungsziele der Kunden für gelieferte Produkte/Leistungen werden vom Vertrieb verhandelt und vereinbart.
- *Verbindlichkeiten*
  Die Laufzeiten für Verbindlichkeiten aus Lieferungen und Leistungen gegenüber Lieferanten sind Gegenstand der Vertragsverhandlungen des Einkaufs.
- *Bestände:* Die Höhe der Bestände im Eingangslager sind bestimmt von den dispositiven Entscheidungen und Parametereinstellungen des Einkaufs. Gebundenes Kapital im Produktionsprozess (Work-in-Process) wird determiniert durch den konstruktiven Aufbau der Produkte, die Durchlaufzeit der Fertigung und Steuerung der Materialversorgung. Die Höhe des Bestände im Ausgangslager werden bestimmt von Planungsprinzipien (Push-/Pull), Sicherheitsdenken und dem Nachfrageverhalten des Kunden
- *Kreditaufnahme:* Die Bedingungen für die Kreditaufnahme bzw. Anlagenkonditionen werden verhandelt von der Finanzabteilung. Die Höhe des durch das Supply Chain Management be-

dingten Kreditvolumens bzw. Anlagevolumens wird unter anderem bestimmt durch die Abstimmung von Einnahmen aus Umsatz und Ausgaben für die Beschaffung von Eingangsgütern und Anlagevermögen.

- *Steuerliche Gestaltungsmöglichkeiten:* Steuerliche Gestaltungsmöglichkeiten ergeben sich immer, wenn räumlich verteilt produziert und verkauft wird oder wenn durch zeitliche Optimierung Steuervorteile erwirtschaftet werden können.
- *Investitionen in Immobilien:* Dazu gehören zum Beispiel Investitionen in Lagergebäude, Produktionsgebäude oder Umschlagszentren. Hier ist die Frage nach Eigenbetrieb oder Miete/Leasing zu beantworten.
- *Investitionen in Anlagevermögen:* Kauf, Miete oder Leasing von Maschinen, Lager- und Fördereinrichtungen, Transporteinrichtungen etc.

Alle oben genannten Entscheidungstatbestände haben interdependente Wirkungen auf die Zielgrößen der Financial Supply Chain. Für die Kooperation auf diesem Gebiet ist jeweils zu untersuchen, wie sich die Steuerung der Einzelgrößen bei einem der Teilnehmer auf die gesamte Supply Chain auswirkt. Zum Beispiel die Frage, welcher Partner in der Wertschöpfungskette in ein Lagerhaus investiert.

In der Praxis haben sich bereits zahlreiche Modelle für die kooperative Finanzsteuerung etabliert, mit denen Gewinne für alle Partner realisiert werden können. So zum Beispiel:[13]

- Automatische Abstimmung der Zahlungsflüsse
- Abgestimmte elektronische Rechnungsstellung und Rechnungsbegleichung durch Nutzung eines gemeinsamen Standards (z. B. Edifact)
- Unterschiedliche Modelle des Pay on Production
- Leasing von Produktions-, Lager- oder Transporteinrichtungen
- Supply Chain Services der logistischen Dienstleister

4.4 Die Entscheidungs- und Steuerungsebenen

Für die Steuerung der finanzwirtschaftlichen Größen benötigt das Financial Supply Chain Management zunächst auf der strategischen Ebene die Vorgabe von Zielen und Zielwerten. Dazu kommen alle Fragen der Netzwerkgestaltung und –steuerung, z.B. welches Unternehmen die Kreditverteilungen festlegt. Die Umsetzung in die operative Ebene erfordert dann konkrete Entscheidungsregeln für die einzelnen Teilprozesse. Diese Entscheidungsregeln müssen innerhalb eines Unternehmens so abgestimmt werden, dass sie alle in die gleiche Richtung der Zielvorgaben wirken.

Eine besondere Herausforderung hier ist es, die Entscheidungsregeln für die unterschiedlichen Bereiche eines Unternehmens und zwischen den Unternehmen aufeinander abzustimmen. Hinzu kommt, dass mit Veränderungen der Umwelt (z.B. Änderung von Zinsniveaus) auch die Entscheidungsregeln angepasst werden müssen.

---

[13] Vgl. Gomm (2008)

4.5 Der Gestaltungswürfel

Die zusammenfassende Betrachtung der Teilnehmer, die Prozesse und der Steuerungsebenen des Financial Supply Chain Management, ergibt einen Modellierungswürfel, wie in Abbildung 5 gezeigt.

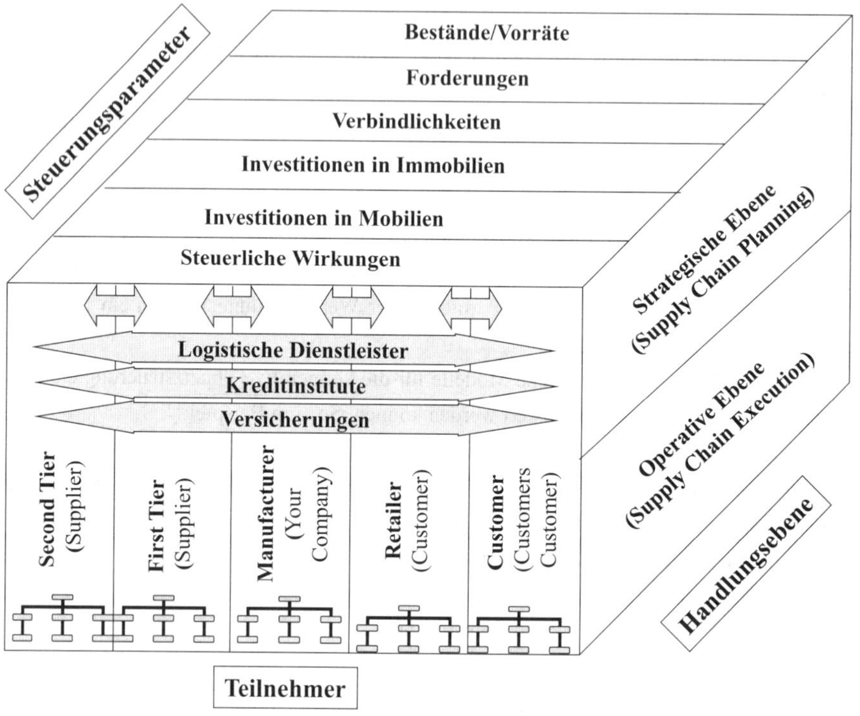

Abbildung 5: Gestaltungswürfel zum Financial Supply Chain Management

5 Beispiel für Kooperationseffekte im Financial Supply Chain Management

Am Beispiel der Steuerung des Umlaufvermögens soll gezeigt werden, welche Interdependenzen zwischen den agierenden Unternehmen zunächst analysiert und bei der Kooperationsgestaltung beachtet werden müssen. Für die Betrachtungen werden die Cash Flow Cycle Time und der Vermögensendwert herangezogen.

5.1 Ausgewählte Kennzahlen zur Steuerung des Umlaufvermögens

Das Umlaufvermögen ist nach §247 HGB die Summe der Werte derjenigen Vermögensgegenstände, die nicht dazu bestimmt sind, dauerhaft im Unternehmen zu verbleiben. Damit handelt es sich also um Gegenstände, welche die Betriebsprozesse der Beschaffung, der Fertigung „Work-in-Process" und des Absatzes durchlaufen sollen. Aus beschafften Einsatzgütern werden durch die Produktion fertige Erzeugnisse, die verkauften Forderungen werden zu Geld in der Kasse oder auf dem Bankkonto. Grundsätzlich werden auch Forderungen aus Lieferungen und Leistungen zum Umlaufvermögen gezählt. [14]

Zur Steuerung des Umlaufvermögens können zahlreiche Kennzahlen eingesetzt werden. Für die folgenden Ausführungen sollen exemplarisch die Kennzahlen Cash Flow Cycle Time und Vermögensendwert verwendet werden.

Cash Flow Cycle Time

In der Bilanzanalyse werden für die Ermittlung aussagekräftiger Kennzahlen zur Beurteilung der Vermögens-, Finanz- und Ertragslage eines Unternehmens dem Umlaufvermögen Werte der Passivseite, also der Finanzierungsquellen, gegenüber gestellt. So werden Kennzahlen zum Working Capital, Net Working Capital und Nettofinanzumlaufvermögen definiert. Eine häufig verwendete Kennzahl zu Steuerung der Liquidität im Unternehmen ist die Cash Flow Cycle Time. Sie misst die Zeit, die benötigt wird, um investiertes Geld wieder zurück in Cash zu verwandeln („Geschäftsumschlagsperiode"). Der Cash Flow Cycle befasst sich mit allen Bereichen des Unternehmens, konzentriert sich aber auf drei Positionen:

- Vorräte
- Kundenforderungen
- Lieferantenverbindlichkeiten

Damit bildet er die Zielgrößen ab, die sich in direkter Verbindung zu den Materialflüssen ergeben. Die Formel für die Berechnung der Cash Flow Cycle Time lautet:[15]

Cash Flow Cycle Time

Durchschnittliches Alter der Vorräte *) **)

+ Durchschnittliches Alter der Außenstände

- Durchschnittliches Alter der Verbindlichkeiten

= Dauer des Cash Flow Cycle

===

*) aufgeteilt in Roh-, Hilfs- und Betriebsstoffe, Teile/Baugrupppen, Zwischenprodukte und Fertigprodukte

**) durchschnittlich gewichtet

Abbildung 6: Berechnung der Cash Flow Cycle Time

[14] Das Umlaufvermögen ist nach §266 HGB zu untergliedern in Vorräte, Forderungen und andere Vermögensgegenstände, Wertpapiere und Liquide Mittel

[15] Vgl. Hohenstein, 1994, S. 123

Am Beispiel eines Handelsunternehmens errechnet sich die Cash Flow Cycle Time wie folgt:

Ausgangsdaten:

Durchschnittliches Alter der Verbindlichkeiten:	30 Tage
Durchschnittliches Alter der Vorräte:	40 Tage
Durchschnittliches Alter der Außenstände:	35 Tage

Ergeben folgende Cash Flow Cycle Time:

Durchschnittliches Alter der Vorräte	40 Tage
+ Durchschnittliches Alter der Außenstände	35 Tage
- Durchschnittliches Alter der Verbindlichkeiten	30 Tage
= Dauer des Cash Flow Cycle	45 Tage

Eine isolierte Optimierung des Cash Flow Cycles in einem Unternehmen führt dazu, dass jedes Unternehmen versucht, maximal lange Zahlungsziele im Einkauf zu verhandeln (Maximierung des Alters der Verbindlichkeiten), was beim Lieferanten zu eine Verlängerung des Alters der Aussenstände induziert. Eine gemeinsame Steuerung auf dieser Kennzahl sollte auf der ersten Stufe versuchen, die Cash Flow Cycle Time (als Summe der einzelnen Cash Flow Cycles) über zwei oder mehrere Stufen hinweg zu minimieren. In dieser ersten Stufe würde aber zunächst nur die Dauer und der Wert der Kapitalbindung berücksichtig. In der zweiten Stufe kommt die Betrachtung der Kreditbedingungen dazu: es ist einzubeziehen, auf welcher Stufe die besten Finanzierungsbedingungen zu verhandeln sind und dann die Verteilung der Kapitalbindung auch danach zu optimieren.

Vermögensendwert

Als weitere Kennzahl zur Ermittlung und Steuerung der Liquidität findet hier der Vermögensendwert[16] Verwendung. Er errechnet den Liquiditätsbestand zum Ende des Betrachtungszeitraumes in Abhängigkeit von Zinssätzen für Kredite und Geldanlagen und von Einzahlungen und Auszahlungen.

Für die weiteren Ausführungen wird auf eine tägliche Liquiditätsberechnung zurückgegriffen: Aus dem Liquiditätsbestand (bzw. dem in Anspruch genommenen Kredit) des Tages t resultieren – tagesgenau ermittelte – Zinserträge (bzw. Zinsaufwendungen), die am Tag t+1 zahlungswirksam werden. Die Zinserträge (bzw. Zinsaufwendungen) werden mit dem Habenzinssatz (bzw. Sollzinssatz) ermittelt. Beim Kredit handelt es sich um einen Kontokorrentkredit. Bildet man die Summe aus den Zinserträgen (bzw. Zinsaufwendungen), dem Liquiditätsbestand (bzw. dem in Anspruch genommen Kredit) des Tages t und den laufenden Ein- und Auszahlungen des Tages t+1, ergibt

[16] Der Begriff stammt aus der Investitionstheorie und wird dort zur Beurteilung von (mehrjährigen) Investitionsvorhaben verwendet; Bieg/Kußmaul (2000), Band 1, S. 142

sich der Liquiditätsbestand (bzw. der in Anspruch genommene Kredit) am Ende des Tages t+1[17]. Der Liquiditätsbestand (bzw. der in Anspruch genommene Kredit) am Ende des letzten Tages des Betrachtungszeitraumes entspricht dem Vermögensendwert.

$$L_{t+1} = L_t + L_t \cdot \frac{i}{360} + E_{t+1} - A_{t+1}$$

L_t:	Liquiditätsbestand [€] am Tag t;
	($L_t < 0$ entspricht einem in Anspruch genommenen Kredit)
i_H:	Habenzinssatz p. a. [%]
i_S:	Sollzinssatz p. a. [%]
i:	Zinssatz p. a. [%], $i = i_H$ falls $L_t > 0$; $i = i_S$ falls $L_t < 0$
E_t:	laufende Einzahlungen [€] am Tag t
$-A_t$:	laufende Auszahlungen [€] am Tag t

Abbildung 7: Berechnung des Vermögensendwertes

Beispielrechnung:

t	0	1	2	3
lfd. Einzahlungen		100.000,00	50.000,00	120.000,00
lfd. Auszahlungen		-85.000,00	-75.000,00	-90.000,00
Zinserträge 4% p.a.		0,00	1,67	0,00
Zinsaufwand 10% p. a.		0,00	0,00	-2,78
Liquiditätsbestand	0	15.000,00	-9.998,33	19.998,89

5.2 Simulation zu Kooperationseffekten in der Financial Supply Chain

Anhand der folgenden Beispielrechnungen zur Entwicklung der Cash Flow Cycle Time und des Vermögensendwertes bzw. Liquiditätsbestandes kann der Erfolg kooperativer Arbeit in der Financial Supply Chain aufgezeigt und weitergehende Fragestellungen aufgeworfen werden. Die Komplexität der Gesamtzusammenhänge sowie die Auswirkungen von Variationen einzelner Gestaltungsparameter werden dargestellt.

Modellbeschreibung

- *Beteiligte Unternehmen: Lieferant und Abnehmer:* Als Ausgangspunkt werden lediglich zwei Unternehmen betrachtet. Unternehmen X steht für den Lieferanten, Unternehmen Y für den Abnehmer. Klassisch würden nun Kapitelbindungsdauern, gebundenes Kapital und daraus folgende Kapitalkosten betrachtet werden. Hier soll eine andere, streng liquiditätsorientierte

[17] Eine ähnliche, jedoch auf Jahre bezogene Vorgehensweise findet sich bei Bieg/Kußmaul (2000), S. 143

Vorgehensweise gewählt werden, weil Änderungen der Gestaltungsparameter zu unmittelbar nachvollziehbaren Ergebnissen in der Liquiditätslage führen. Das gesamte Modell stützt sich also auf Ein- und Auszahlungsbeträge und -zeitpunkte.

- *Liquiditätsbedarfe und –überschüsse:* Die Anfangsliquidität sei (vereinfachend) null. Liquiditätsbedarfe werden über (unbeschränkte) Kredite gedeckt, Liquiditätsüberschüsse können angelegt werden. Die Verzinsung erfolgt taggenau bei täglicher Zinsgutschrift (bzw. täglichen Zinsabzug).
- *Isolierte Betrachtung:* Es wird von einem Ansatz „Auf der grünen Wiese" ausgegangen. Die Lieferbeziehungen zwischen X und Y werden im Rahmen dieses Vorhabens also neu aufgenommen (daraus folgt u. a., dass Y erst dann mit der Produktion beginnen kann, wenn X seine ersten Produkte ausgeliefert hat). Danach werden sie wieder beendet – damit kann das Vorhaben isoliert und abgeschlossen betrachtet werden. Investitionen werden durch Leasing bzw. Pay on Production vermieden. Steuern auf Einkommen und Ertrag sowie Umsatzsteuer werden nicht betrachtet.
- *Ausgangsdaten:* Folgende Ausgangsdaten liegen dem Modell zugrunde:

Beschreibung der Ausgangsdaten	Unt. X	Unt. Y	Begründung/Annahme
Lagerdauer Material [Tage]	0	0	JIT
Produktionsdauer [Tage]	20	2	hohe Wertschöpfung bei X, geringe bei Y
Lagerdauer Fertigerzeugnisse [Tage]	4	0	Push-Prinzip X; Pull-Prinzip Y
Laufzeit Forderungen LuL [Tage]	10	1	Y verfüge über mehr Marktmacht als X
Laufzeit Verbindlichkeiten LuL [Tage]	2	10	
Zahlungstermin Fertigungslöhne [Tage]	5	15	
Zahlungstermin Gemeinkosten [Tage]	5	15	Leasingraten AV; Energie; indir. Personal
Materialeinzelkosten [EUR/Stück]	40	235	
Fertigungseinzelkosten [EUR/Stück]	100	10	
Gemeinkosten [EUR/Stück]	35	20	
Verkaufspreis [EUR/Stück]	235	275	
Produktions-/Absatzmenge [Stück/Tag]	10	10	
Sollzinssatz p.a.	10%	6%	
Habenzinssatz p.a.	4%	4%	

Modellanwendung

Für die Darstellung der Zusammenhänge wird zunächst eine Ausgangssituation A angenommen, bei dem Lieferant und Abnehmer isoliert ihr Umlaufvermögen steuern. Dann werden die Szenarien 1 bis 3 gebildet, die verschiedene Stufen der Kooperation im Finanzfluss repräsentieren.

Als finanzielle Messgrößen werden der tägliche Schuldenstand (inkl. Zinsen und Zinseszinsen) bzw. die (positiven) täglichen Vermögensendwerte (ebenfalls inkl. Zinsen und Zinseszinsen) betrachtet. Der *tägliche* Vergleich der Ausprägungen dieser Messgrößen zwischen verschiedenen Szenarien ist dann nur eingeschränkt sinnvoll, wenn sich als Übergang von einem Szenario auf ein anderes die Zahlungsfristen oder Lager-/Produktionsdauern ändern. Sowohl der tägliche Schuldenstand als auch der tägliche Vermögensendwert schwanken im Zeitverlauf relativ stark. Behoben werden kann diese Schwäche, indem für alle Szenarien gleiche Produktions- und Absatzmengen über lifetime festgelegt werden (hier im Beispiel 1.000 Stück). Damit geben die Ausgangsdaten die maximale Betrachtungsdauer von 133 Tagen vor. So lange dauert es, bis alle Zahlungsvorgänge für X und Y abgeschlossen sind. Sie findet auch in den Szenarien 1-3 Anwendung (Vergleichbarrechnung durch Aufzinsung). Interessant sind auch noch die Aussagen, ab welchem Tag dauerhaft positive Vermögensendwerte erreicht werden und wie hoch der höchste Schuldenstand ist.

- *Ausgangssituation: Isolierte Optimierung (Spalte A):* In der Ausgangssituation gestalten X und Y die miteinander geschlossenen Verträge nach den vorherrschenden Machtverhältnissen, d. h. jeder optimiert sich selbst. Nicht betrachtet wird ein gemeinschaftliches Optimum. Fügt man nun sämtliche Ausgangsdaten in das Rechenmodell ein, lassen sich die in Spalte A der nachfolgenden Tabelle abgebildeten Ergebnisse errechnen. Die Cash Flow Cycle Time errechnet sich wie in 5.1 beschrieben. Es lassen sich erhebliche Unterschiede zwischen X (29,7 Tage) und Y (-7,6 Tage) erkennen.
- *Szenario 1: (Spalte Sz. 1): Abstimmung der Produktionsmengen/Lagerdauer:* Szenario 1 unterscheidet sich von der Ausgangssituation dadurch, dass Unternehmen X auf die Lagerdauer der Fertigerzeugnisse von vier Tagen verzichten kann, da X und Y ihre Produktionsmengen besser abstimmen (z. B. Übergang bei X vom Push- auf das Pull-Prinzip). Die Cash Flow Cycle Time sinkt bei X um 4 Tage, die Vermögensendwerte reagieren mit rund 230 € Verbesserung erwartungsgemäß. Hervorzuheben ist die Möglichkeit für X, die Schuldenhöchststand um rund 6.500 € zu senken, was finanzielle Freiheitsgrade bei der Durchführung anderen Vorhaben schaffen kann.
- *Szenario 2 (Spalte Sz. 2): Gemeinsame Finanzierung:* Für den Übergang von Szenario 1 nach *Szenario 2* (Sz. 2) versuchen sich die Unternehmen X und Y zusätzlich in einer gemeinsamen Finanzierung. Es wird angenommen, dass Y die erforderlichen Kredite für X zu den Konditionen von Y aufnehmen kann und damit die Konditionen an X weiterreicht. Erwartungsgemäß ergibt sich für Y keine Auswirkung im Vermögensendwert. X kann seinen Vermögensendwert jedoch um 285 € steigern.
- *Szenario 3 (Spalte Sz. 3): Verzicht auf Zahlungsziel:* Der Übergang von Szenario 2 nach *Szenario 3* besteht darin, dass Y auf sein Zahlungsziel bei X verzichtet. Damit ändern sich die Forderungslaufzeiten bei X von 10 auf 0 Tage (analog die Verbindlichkeitenlaufzeit für Material bei Y). X profitiert davon durch eine massive Reduzierung des Schuldenhöchststandes sowie einen höheren Vermögensendwert. Y wird einen kleineren Vermögensendwert akzeptieren müssen. Für beide gemeinsam steigt der Vermögensendwert. Außerdem wird sich Y erstmals verschulden müssen.

Schlussfolgerungen

Als Fazit kann festgestellt werden, dass mit sämtlichen Kooperationsszenarien der gemeinsame Vermögensendwert gesteigert werden konnte. Offensichtlich ist auch, dass die Unternehmen X bzw. Y individuell sehr unterschiedlich an den Wertsteigerungen partizipieren. Wie der entstehende Verteilungskampf entschieden wird, ist nicht zuletzt eine Frage der Machtverhältnisse. Dass aber eine Einigung einer einseitigen Blockadehaltung vorzuziehen ist, ist offenkundig.

Weitergehende Fragestellungen wie etwa die Änderung einzelner Annahmen der Berechnung oder Einbindung weiterer Partner, zum Beispiel eines Logistischen Dienstleisters, wären zu untersuchen, um konkrete Vorgaben für die Optimierung der Prozesse des Financial Supply Chain Managements abzuleiten.

	A	Sz. 1	Sz. 2	Sz. 3
Unternehmen X (Lieferant)				
Durchschnittsalter Bestände [Tage] [1)]	24	20	20	20
Durchschnittsalter Forderungen LuL [Tage]	10	10	10	0
Durchschnittsalter Verbindlichkeiten LuL [Tage]	4,3	4,3	4,3	4,3
Cash Flow Cycle Time [Tage]	29,7	25,7	25,7	15,7
Höchster Schuldenstand [€; Tag]	56.055; 35	49.533; 30	49.459; 30	31.894; 20
Vermögensendwert dauerhaft positiv ab Tag	nach EOP	nach EOP	nach EOP	72
Vermögensendwert am Tag 133 [€]	59.179	59.403	59.688	60.036
Unternehmen Y (Abnehmer)				
Durchschnittsalter Bestände [Tage] [1)]	2	2	2	2
Durchschnittsalter Forderungen LuL [Tage]	1	1	1	1
Durchschnittsalter Verbindlichkeiten LuL [Tage]	10,6	10,6	10,6	1,7
Cash Flow Cycle Time [Tage]	-7,6	-7,6	-7,6	1,3
Höchster Schuldenstand [€; Tag]	0	0	0	7.051; 22
Vermögensendwert dauerhaft positiv ab Tag	immer >= 0	immer >= 0	immer >= 0	96
Vermögensendwert am Tag 133 [€]	10.264	10.269	10.269	9.996
Summe Unternehmen X und Unternehmen Y				
Cash Flow Cycle Time [Tage]	22,1	18,1	18,1	17,0
Höchster Schuldenstand [€; Tag]	43.484; 26	35.092; 22	35.055; 22	35.055; 22
Vermögensendwert dauerhaft positiv ab Tag	87	72	72	72
Vermögensendwert am Tag 133 [€]	69.443	69.672	69.957	70.032

[1)] Lagerdauer Material + Produktionsdauer + Lagerdauer Fertigerzeugnisse

Abbildung 8: Wirkungen der Kooperation

6 Zusammenfassung

Zahlreiche in der Theorie beschriebene und in der Praxis erprobte Maßnahmen zu Optimierung der Financial Supply Chain vervollständigen den Ansatz zur ganzheitlichen Steuerung unternehmensübergreifender Wertschöpfungsketten. Während aber die Bereiche des Informations- und Güterflusses in vorhandenen Referenzmodellen verarbeitet sind, fehlt dort die systematische Betrachtung des Finanzflusses. Ein Grund dafür ist sicher in der organisatorischen Einordnung der Fragestellung zwischen den Unternehmensbereichen Logistik und Finanzen zu sehen. Hier besteht Bedarf an Integration. Erleichternd hierfür können Referenzmodelle genutzt werden, die standardisierte Prozessabläufe und –vorgaben vermitteln. Die Erarbeitung eines Referenzmodells muss zunächst alle Gestaltungsdimensionen verarbeiten, wie im vorliegenden Beitrag gezeigt. Darüber hinaus sind die konkreten Prozesse und Entscheidungstatbestände vollständig zu erfassen und abzubilden. Die zahlreichen Interdependenzen im Finanzfluss machen dies zu einer komplexen Aufgabe.

Literatur

Becker, J./Schütte. R. (2004): Handelsinformationssysteme – Domänenorientierte Einführung in die Wirtschaftsinformatik. 2. Aufl., Frankfurt a. M. 2004.

Becker, J. et. al. (2000): Referenz-Informationsmodellierung. In: Bodendorf, G. (Hrsg.): Verbundtagung Wirtschaftsinformatik 2000. Aachen 2000, S. 86-109.

Bieg, H./Kußmaul, H. (2000): Investitions- und Finanzierungsmanagement. Band 1: Investition, München 2000.

Bowersox, D. J. et al. (2007): Supply Chain Logistics Management. 2. Aufl., New York 2007.

Coenenberg, A.G. et al. (2009): Jahresabschluss und Jahresabschlussanalyse. 21. Aufl., Landsberg am Lech, 2009.

D'Avanzo, R. et. Al. (2003): The Link between Supply Chain and Financial Performance. In: Supply Chain Management Review (2003)6, S. 40 – 47.

Ester, B./Baumgart, G. (2000): Cash Flow-Aspekte bei der Supply Chain Gestaltung. In: Pfohl, H.C. (Hrsg.): Supply Chain Management: Logistik plus?. Berlin 2000, S. 279 290.

Fettke, P./Loos, P. (2004): Referenzmodellierungsforschung. In: Wirtschaftsinformatik Band 46(2004)5, S. 331 – 340.

Francis, J. (2010): Keeping SCOR in your Supply Chain: Benchmarking. Unter: www.supply-chain.org\Resources&Tools\Benchmarking, Abruf Januar 2010.

Gomm, M. (2008): Supply Chain Finanzierung. Optimierung der Finanzflüsse in Wertschöpfungsketten. Berlin 2008.

Hohenstein, G. (1994): Cash Flow – Cash Management. Wiesbaden 1994.

Holten, R. (2003): Integration von Informationssystemen – Theorie und Anwendung im Supply Chain Management. Habil.-Schrift, Westfälische Wilhelms-Universität Müster. Münster 2003.

Jehle, E./von Haaren, B. (2009): Integration des Kosten-, Finanz- und Risikomanagements in die Netzwerk-Balanced-Scorecard. In: Buchholz, P./Clausen, U. (Hrsg.): Große Netze der Logistik. Berlin 2009.

Kaiser, K./Young, D. (2009): So verbessern Sie Ihre Liquidität. In: Harvard Business Manager 8/2009.

Keller, G. et. al. (1999): Business Engineering mit den R\3-Referenzmodellen. In: Scheer, A. W./Nüttgens, M. (Hrsg.): Electronic Business Engineering. 4. Internationale Tagung Wirtschaftsinformatik 1999. Heidelberg 1999, S. 397-423.

Küting, K./Weber, C.P. (2004): Die Bilanzanalyse: Lehrbuch zur Beurteilung von Einzel und Konzernabschlüssen. 7., erw. u. akt. Aufl., Stuttgart 2004.

Meyer, Ch. (2007): Working Capital und Unternehmenswert. Wiesbaden 2007

Nitsch, R./Niebel, F. (1997): Praxis des Cash Managements: Mehr Rendite durch optimal gesteuerte Liquidität. Wiesbaden 1997.

Pfaff, D. et. Al. (2004): Geschäftspotentiale für Banken in der industriellen Supply Chain. In: Die Bank 1(2004), S. 62-65.

Pfohl, H.C./Gomm, M. (2009): Supply Chain Finance. In: Logistik Research 1(2009), S. 149-161.

Pfohl, H-C./Hofmann, E./Elbert, R. (2003): Financial Supply Management. In: Logistik-Management Nr. 5(4)/2003, S. 10-26.

Remmert, J. (2002): Referenzmodellierung für die Handelslogistik. Wiesbaden 2002.

Scheer, A.-W. (1997): Wirtschaftsinformatik – Referenzmodelle für industrielle Geschäftsprozesse. 7. Aufl., Berlin 1997.
Supply Chain Council Inc. (2009): Supply-Chain Operations Reference-Modell: SCOR-Overview v9.0. Unter: www.supply-chain.org., Abruf Dezember 2009.
Stephens, S. (2001): The Supply Chain Council and the Supply Chain Operations Reference Modell. In: Supply Chain Management 1(2001)1, S. 9-13.
Vom Brocke, J. (2003): Referenzmodellierung – Gestaltung und Verteilung von Konstruktionsprozessen. Berlin 2003.
Werdenich, M. (2008): Modernes Cash-Management. Instrumente und Maßnahmen zur Sicherung und Optimierung der Liquidität. Landsberg, 2008.

Dr. Detlef Trefzger* / Ulf-Thido Gerdes** / Fabian Müller***

Innovative Geschäftsmodelle von Logistikdienstleistern in der Kontraktlogistik – Herausforderung an die Kundenintegration

---

* Dr. Detlef Trefzger, 1962 in Düsseldorf geboren, studierte in Münster und Kingston upon Hull sowie an der Wirtschaftsuniversität in Wien. Es folgten Stationen bei der Industriebank, Siemens Roland Berger & Partner. Von 1999 an war er im Vorstand der österreichischen Schenker & CO. AG Wien für die Region Süd-Ost Europa tätig. Zum 1. Januar 2004 übernahm Trefzger im Vorstand der Schenker AG, Essen, den Bereich Kontraktlogistik/SCM. Seit 1. Juli 2008 führt er zusätzlich die Region Naher/Mittlerer Osten und Afrika.

** Ulf-Thido Gerdes, 1980 geboren, studierte Wirtschaftswissenschaften an der Universität Bremen und Betriebswirtschaftswissenschaften an der Macquarie University Sydney, Australien. Nach seinem Studium war er unter anderem bei der Deutschen Post DHL tätig. Aktuell ist er Assistent des Vorstandes im Bereich Kontraktlogistik/SCM bei der Schenker AG. Seit 2010 ist er zusätzlich Doktorand bei Prof. Ralf Elbert an dem von DB Schenker gestifteten Lehrstuhl Logistikdienstleistungen und Transport an der TU Berlin.

*** Fabian Müller, 1978 geboren, studierte Wirtschaftsingenieurwesen an der TU Darmstadt und der University of Linköping, Schweden. Nach seinem Studium war er bei Prof. Dr. Dr. h.c. Hans-Christian Pfohl und Prof. Ralf Elbert an der TU Darmstadt als Wissenschaftlicher Mitarbeiter beschäftigt. Seit 2009 arbeitet er bei Prof. Ralf Elbert an dem von DB Schenker gestifteten Lehrstuhl Logistikdienstleistungen und Transport an der TU Berlin.

1 Einführung – Fragestellung und Zielsetzung

Die Dynamik sich ändernder Wettbewerbsbedingungen steigt und stellt Unternehmen vor die Frage, wie sie sich diesen schnell ändernden Bedingungen anpassen oder diese gar beeinflussen können. Eine entscheidende Rolle, um sich dynamischen Wettbewerbsbedingungen stetig anzupassen, spielen Innovationen. Logistikinnovationen im allgemeinen sind dabei „von Unternehmen [...] am Markt oder intern eingeführte Neuerungen in der Planung, Realisierung und Kontrolle logistischer Güter- und Informationsflüsse, die zu geringeren Prozesskosten oder zu einer besseren Befriedigung der Kundenanforderungen durch neue Services führen und sich gegenüber vorhandenen Logistikprozessen bzw. -services merklich – wie immer das zu bestimmen ist – unterscheiden“[1].

Nach der Objektdimension können verschiedene Arten der Innovation unterschieden werden.[2] Aus der Perspektive von Logistikdienstleistern lässt sich das Innovieren nicht auf neuartige Leistungsangebote reduzieren, vielmehr fokussieren Logistikdienstleister (LDL) durch die sich ändernden Rahmenbedingungen stärker auf die Entwicklung strategischer Handlungsoptionen und somit auf Geschäftsmodellinnovationen.[3] Geschäftsmodelle sind im Sprachgebrauch des strategischen Managements, Modelle der Strategie eines Unternehmens.[4] Sie umfassen neben der Wertschöpfungskonfiguration auch die Abbildung der Produkt-Marktkombination und die Ertragsmechanik eines Unternehmens.[5] Geschäftsmodellinnovationen können in einem der Elemente des Geschäftsmodells ihren Ausgang nehmen oder aber in der Re-Konfiguration der Schnittstellen der einzelnen Elemente des Geschäftsmodells.[6]

Die Herausforderung von LDL liegt insbesondere darin, dass innovative Wertschöpfungskonfigurationen, Ertragsmechaniken und/oder Produkt-Marktkombinationen in der Kontraktlogistik nicht ohne Beteiligung des Kunden entwickelt werden können, da der Innovationsprozess in der Dienstleistungswirtschaft die erstmalige Umsetzung eines Leistungspotenzials mit einem Kunden erforderlich macht. Insbesondere in der Kontraktlogistik erfordert die starke Kundenfokussierung, den Kunden bereits frühzeitig für eine innovative Lösung zu gewinnen und in den Prozess des Innovie-

---

1 Pfohl/Frunzke/Köhler (2007), S. 32.

2 Pfohl/Frunzke/Köhler (2007), S. 19.

3 Vgl. Froschmeyer (2008), S. 197-198. In der Objektdimension lassen sich neben Geschäftsmodellinnovationen als weitere Innovationsarten Produktinnovationen, Prozess-/Verfahrens-/Geschäftsprozessinnovationen, Sozial-/Strukturinnovationen und Organisationsinnovationen unterscheiden. Siehe dazu Pfohl/Frunzke/Köhler (2007), S. 19. Siehe dazu auch Hauschildt (2004), S. 8-10.

4 Vgl. Bieger et al. (2002). Im Gegensatz dazu sind Geschäftsmodelle im Sprachgebrauch der Wirtschaftsinformatik Ergebnis der Geschäftsprozessmodellierung, siehe (2.1).

5 Vgl. u.a. zu Knyphausen-Aufseß/Meinhardt (2002).

6 Ursachen für Geschäftsmodellinnovationen bei LDL können von endogener oder exogener Natur sein. Exogene Ursachen werden durch Änderungen der Umwelt eines Unternehmens verursacht. So können Strukturverschiebungen bei Kundenbedürfnissen eine Erneuerung von Geschäftsmodellen erfordern. Endogene Geschäftsmodellinnovationen werden von Unternehmen proaktiv initiiert und umgesetzt. Siehe dazu zu Knyphausen-Aufseß (2007), S. 2098. Im Fallbeispiel in diesem Beitrag wird eine endogene Geschäftsmodellinnovation bei dem Logistikunternehmen DB Schenker vorgestellt.

rens einzubinden.[7] Kundenintegration wird somit zu einer Herausforderung für LDL, die innovative Geschäftsmodelle erfolgreich entwickeln und am Markt platzieren wollen.[8]
Ziel dieses Beitrags ist es aufzuzeigen, *welche Rolle Kundenintegration in der Kontraktlogistik für die proaktive (geplante) Gestaltung neuer Geschäftsmodelle* spielt. Ausgehend von der These, dass Kundenintegration eine Schlüsselkompetenz für die Entwicklung und Umsetzung innovativer Geschäftsmodelle in der Logistikdienstleistungswirtschaft ist, wird im Rahmen eines Fallbeispiels des Logistikunternehmens DB Schenker aufgezeigt, wie durch eine konsequente Kundenintegration in der Kontraktlogistik Geschäftsmodellinnovationen angestoßen werden können.

2 Geschäftsmodelle in der Logistikdienstleistungswirtschaft

2.1 Das Geschäftsmodell-Konzept

Der Begriff *Geschäftsmodell* lässt sich in der deutschsprachigen Literatur auf die Anfänge der Wirtschaftsinformatik in den 1970er Jahren zurückführen, hier bezeichnet er das Ergebnis der *Geschäftsmodellierung*.[9] Ende der 1990er-Jahre hat sich in der *Strategischen Unternehmensführung* eine weitere Begriffsbildung durchgesetzt.[10] Hier beinhaltet der Begriff Geschäftsmodell das Modell der Unternehmensstrategie,[11] dabei werden Geschäftsmodelle in der Managementliteratur auf unterschiedliche Weise charakterisiert.[12] Knyphausen-Aufseß und Zollenkop betonen, dass der maßgebliche Zweck des Geschäftsmodells die vereinfachte Kommunikation der Geschäftstätigkeit eines Unternehmens an einen potenziellen Investor darstellt und formulieren daraufhin ein einfaches Geschäftsmodell-Konzept, das drei Bausteine und zwei Zielelemente von Geschäftsmodellen umfasst (siehe Abbildung).[13]

---

7 Vgl. Wagner (2007), S. 594f.

8 Vgl. Pfohl/Frunzke/Köhler (2007b), S. 147ff. In dieser empirischen Untersuchung konnten durch einen Vergleich des Selbst- und Fremdbilds von LDL und Kunden im Innovationsprozess herausgearbeitet werden, dass einer starken Integration von Kunden und LDL im Innovationsmanagement in der Kontraktlogistik eine große Bedeutung zukommt.

9 Vgl. zu Knyphausen-Aufseß/Zollenkop (2007), S. 2093. Die Geschäftsmodellierung umfasst die Erfassung und Darstellung von Informationsströmen als Ausgangspunkt der Modellierung von Geschäftsprozessen und Informationssystemen in einem Unternehmen und hat das Ziel, durch Offenlegung und Dokumentation von Zuständigkeiten und Verantwortlichkeiten Kommunikationsprozesse zu erleichtern und das innerbetriebliche Wissensmanagement zu unterstützen. Siehe dazu auch Rentmeister/Klein 2003.

10 Vgl. zu Knyphausen-Aufseß/Zollenkop (2007), S. 2094.

11 Vgl. zu Knyphausen-Aufseß/Meinhardt (2002), S. 64.

12 Eine allgemeine, branchenunabhängige Definition des Begriffs ‚Geschäftsmodell' wurde von Slywotzky vorgeschlagen: „A business design is the totality of how a company selects is customers, defines and differentiate its offerings, defines the tasks it will perform itself and those it will outsource, configurates its resources, goes to market, creates utility for customers, and captures profit. It is the entire system for delivering utility to customers and earning a profit from the activity. Companies may offer products, they may offer technology, but that offering is embedded in a comprehensive system of activities and relationships that represents the company's business", siehe Slywotzky (1996).

13 Vgl. zu Knyphausen-Aufseß/Meinhardt (2002), S. 63ff.

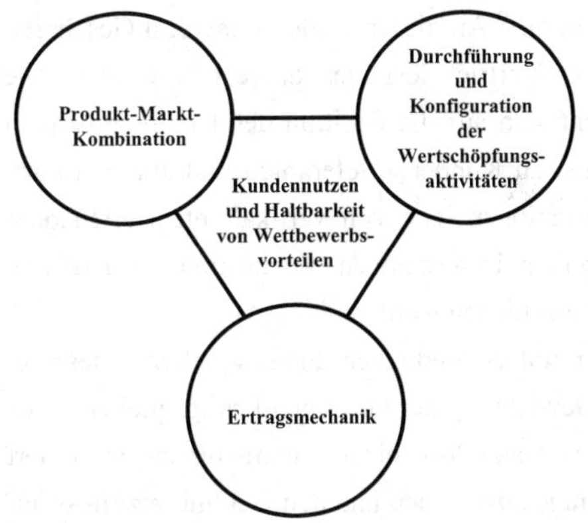

Abbildung 1: Elemente und Zielkategorien von Geschäftsmodellen (Quelle: zu Knyphausen-Aufseß/Zollenkop 2007, S. 2095)

Zieldimensionen des Geschäftsmodells sind die Schaffung von Kundennutzen und die Sicherstellung der Haltbarkeit von Wettbewerbsvorteilen. Elemente des Geschäftsmodells sind die Produkt-Markt-Kombination, die Festlegung der Wertschöpfungskonfiguration und die Festlegung der Ertragsmechanik. Bei der Festlegung der Produkt-/Marktkombination und der Transaktionsbeziehungen ist zu entscheiden, auf welchem Markt ein Unternehmen tätig wird und welche Produkte und Leistungen auf diesen Märkten angeboten werden.[14] Darüber hinaus sind die Ausprägungen der Transaktionsbeziehungen zum Kunden festzulegen.[15] Die Abgrenzung des relevanten Marktes ist für die Geschäftsmodellbeschreibung wichtig, dabei ist der Teil des Gesamtmarktes zu identifizieren, auf den das Unternehmen sein Leistungsangebot und seine Marktaktivitäten konzentrieren soll.[16] Zur Bestimmung der geplanten Transaktionsbeziehung eines Geschäftsmodells sind die Anbieter und Nachfrager einer Leistung zu betrachten.[17]

Die *Durchführung der Wertschöpfungsaktivitäten* werden bei KNYPHAUSEN-AUFSEß mit Hilfe der Wertkette von PORTER verdeutlicht.[18] Die Darstellung der Unternehmensaktivitäten in ihrer zeitlichen Abfolge ermöglicht die Akzentuierung des Geschäftsmodells auf einzelnen Wertschöpfungsstufen zur Darstellung der Unterschiede gegenüber anderen Geschäftsmodellen oder der Vorteile

14 Vgl. zu Knyphausen-Aufseß/Meinhardt (2002), S. 66ff.

15 Vgl. zu Knyphausen-Aufseß/Zollenkop (2007), Sp. 586 und zu Knyphausen-Aufseß (2006), S. 2096.

16 Nach zu Knyphausen-Aufseß/Zollenkop (2007) können Wachstumspotenziale insbesondere durch eine innovative Marktabgrenzung entstehen. Sie empfehlen dazu eine Marktabgrenzung nach funktionalen Kriterien losgelöst von konkreten Produkten, Verfahren und Kundengruppen. Durch die Erfragung von Problemlösungsbedarfen können die einem Kauf zugrunde liegenden Kundenbedürfnisse „funktional-abstrakt" beschrieben werden und, auf Basis dieser Beschreibung, eine innovative Marktabgrenzung erfolgen. Vgl. zu Knyphausen-Aufseß/Zollenkop (2007), Sp. 585 und zu Knyphausen-Aufseß/Zollenkop (2006), S. 2095.

17 Als grundlegende Typen kommen in Frage „Consumer", Peers", „Business" und „Administration", daraus folgen als Transaktionsbeziehungen die B2B-, B2C-, B2A- und P2P- Transaktionen. Siehe dazu: zu Knyphausen-Aufseß/Zollenkop (2006), S. 2096.

18 Vgl. Porter (1992), S. 59ff.

zu bereits am Markt tätigen zukünftigen Wettbewerbern.[19] An dieser Stelle können im Geschäftsmodell innovative Beschaffungs-, Produktions- oder Vertriebslösungen dargestellt werden. Die *Konfiguration der Wertschöpfungsaktivitäten* bezieht sich auf die Position des Unternehmens in der Wertschöpfungskette und damit die Beziehungen zu Kunden, Lieferanten und anderen Partnern. Dabei können als vier idealtypische Konfigurationen jene von vertikal integrierten oder spezialisierten Unternehmen sowie jene koordinierender Unternehmen (Orchestratormodell) und intermediierender (Market-Maker) Unternehmen unterschieden werden.[20]
Die Ertragsmechanik beschreibt das Spektrum der unterschiedlichen Ertragsquellen eines Geschäftsmodells sowie den Zusammenhang und die Gewichtung der einzelnen Ertragsquellen.[21] Als quantitativ messbare Näherungsgröße können die Umsatzerlöse eines Unternehmens fokussiert betrachtet werden, da diese den größten Teil der Erträge ausmachen und den Geldmittelzufluss auf Grund der Geschäftstätigkeit des Unternehmens am deutlichsten ausdrücken.[22] Sie unterscheiden nutzungsabhängige von nutzungsunabhängigen Umsatzerlösen. Bei nutzungsabhängigen Erlösen wird der Umfang der erbrachten Leistung bei der Umsatzbildung berücksichtigt. Dies wird ermöglicht durch eine nutzungsdauerbezogene (Zeiteinheiten), nutzungsmengenbezogene (Mengeneinheiten) oder entfernungsbezogene (Längeneinheiten) Abrechnung einer erbrachten Leistung. Zwischen diesen aufgezeigten Formen der Ertragsbildung bestehen zahlreiche Zwischenformen, die nutzungsabhängige und nutzungsunabhängige Ertragsbestandteile miteinander kombinieren.[23]

2.2 Geschäftsmodelle von Logistikdienstleistern

Die Wertschöpfungskonfiguration von Logistikdienstleistern wird in der Literatur zumeist auf Basis einer Betrachtung der Kategorien *Leistungsbreite* und *Leistungstiefe* formuliert. Die Leistungsbreite gibt die Vielfalt der angebotenen Dienstleistungen an, während die Leistungstiefe das Ausmaß der angebotenen Dienstleistung widerspiegelt.[24] Eine Systematisierung der unterschiedli-

---

[19] An dieser Stelle wird aus der Argumentation von zu Knyphausen-Aufseß/Zollenkop (2007) deutlich, dass sie als Basisaufgabe des Geschäftsmodells die Kommunikation der Vorteile einer zukünftigen, geplanten unternehmerischen Betätigung mit dem Ziel sehen, Investoren für ein Engagement im Rahmen dieser Unternehmung zu gewinnen. Vgl. zu Knyphausen-Aufseß/Zollenkop (2007), Sp. 586 und zu Knyphausen-Aufseß/Zollenkop (2006), S. 2095.

[20] Vgl. zu Knyphausen-Aufseß/Zollenkop (2007). Während vertikal integrierte Unternehmen einen Großteil der Wertschöpfungsaktivitäten an ihren Leistungen selbst erbringen und eine große Fertigungstiefe aufweisen, konzentrieren sich spezialisierte Unternehmen auf eine Stufe der Wertschöpfungskette und weisen einen geringen Integrationsgrad auf. Als Orchestrator-Modell wird eine Wertschöpfungskonfiguration eines Unternehmens bezeichnet, bei der ein Unternehmen sich auf die Koordination verschiedener an der Wertschöpfung beteiligten Unternehmen konzentriert. Als Market-Maker wird eine Wertschöpfungskonfiguration bezeichnet, bei der in eine bestehende Wertkette eine zusätzliche Wertschöpfungsstufe als Intermediationsstufe eingefügt wird, um Informationsassymmetrien zwischen Anbietern und Nachfragern abzubauen.

[21] Vgl. zu Knyphausen-Aufseß/Zollenkop (2007), Sp. 587 und zu Knyphausen-Aufseß/Zollenkop (2006), S. 2096f.

[22] Vgl. zu Knyphausen-Aufseß/Meinhardt (2002), S. 76.

[23] Pfohl/Frunzke/Köhler (2007a), S. 32.

[24] Vgl. Hoffmann/Nothardt (2009), S. 53.

chen Leistungsbreite und -tiefe von LDL ergibt die Einzel-„ Verbund-, und Systemdienstleister.[25] Demnach bieten *Einzeldienstleister* einzelne, meist standardisierte Transport-, Umschlag- und Lagerleistungen an, die in ihren Leistungsmerkmalen denen der klassischen Speditionen entsprechen und mit Hilfe eigener Transportmittel häufig unter starker Spezialisierung auf Regionen, festen Relationen, einzelne Branchen, Güter- oder Frachtarten durchgeführt werden.[26] Diese Leistungen werden einem größeren anonymen Markt angeboten, was zu einer Vielzahl von Geschäftsbeziehungen unterschiedlicher Dauer führt.[27] Ein *Verbunddienstleister* verknüpft die vom Einzeldienstleister erbrachten Teilleistungen zu einem größeren Leistungsangebot. Dazu betreibt er sowohl mit eigenen als auch mit fremden Ressourcen Umschlagzentren sowie Transportnetzwerke. Diese Leistungen werden meist einem wechselnden, anonymen Kundenkreis angeboten.[28] Die Dauer der Geschäftsbeziehungen variiert aufgrund der Vielzahl, beträgt aber in der Regel maximal ein Jahr.[29]

Ein *Systemdienstleiser* bietet ein integriertes Logistiksystem, welches in der Leistungserbringung weitestgehend kundenspezifisch ausgerichtet ist. Er ist dabei selbst Betreiber des von ihm oder gemeinsam mit Kunden aufgesetzten Systems. Abhängig vom Bedarf muss der Systemdienstleister ein breites Spektrum von logistischen Dienstleistungen selbst erbringen oder mit Hilfe von Sub-Dienstleistern zusammenstellen.[30] Systemdienstleiser mit eigenen IT Systemen und eigenen Ressourcen für Transport, Umschlag oder Lagerdienstleistungen werden auch 3PL (third party logistics provider) genannt, während Systemdienstleister ohne eigene Ressourcen, mit oder ohne eigene IT Systeme als 4PL (fourth party logistics provider) bezeichnet werden. [31]

Diese Typisierung hat sich in der Praxis bewährt, um die Vielzahl der Geschäftsmodelle von LDL auf eine überschaubare Anzahl von Typen zu reduzieren. Bei der Betrachtung von Geschäftsmodellinnovationen von LDL in der Kontraktlogistik ist diese Art der Typisierung jedoch zu „grobmaschig", da in der Kontraktlogistik insbesondere durch unterschiedliche Kombinationen einzelner Teilleistungen innerhalb des Types „Systemdienstleister" neue Wertschöpfungskonfigurationen entstehen können, die sich wiederum auf die Ertragsmechanik und auf die Produkt-Markt-Kombination eines LDL auswirken.

Eine alternative Möglichkeit zur systematischen Darstellung unterschiedlicher Wertschöpfungskonfigurationen von LDL bietet der Logistikwürfel von Pfohl durch die Differenzierung der Wertschöpfungskonfigurationen von LDL anhand der funktionalen Ebene, der handlungsorientierten Ebene und der institutionellen Ebene des Logistikmanagement.[32] Auf der funktionalen Ebene

---

[25] Vgl. hierzu unter anderem Baumgarten (2008), Arnold et al. (2008), S. 584ff., Zadek (2004), S. 21ff. und Gudehus (2005), S. 1011ff.

[26] Vgl. Gudehus (2005), S. 1013.

[27] Vgl. Hoffman/Nothardt (2009), S. 53.

[28] Vgl. Arnold et al. (2008), S. 585f

[29] Vgl. Holderied (2005), S. 74.

[30] Vgl. Gudehus 2005, S. 1015.

[31] Ein Systemdienstleister wird oftmals auch mit dem englischen Begriff des *„3rd Party Logistics Provider (3-PL)"* gleichgesetzt. Sie bieten über den reinen Transport- bzw. Speditionstätigkeit hinausgehende integrierte Logistikdienstleistungen anbieten. Vgl. hierzu Hoffmann/Nothardt (2009), S. 55ff.

[32] Vgl. Pfohl (2004), S. 25f.

lässt sich beschreiben, welche Funktionen im Zusammenspiel von Bewegungs- und Transportprozessen vom Dienstleister wahrgenommen werden. Das Spektrum umfasst von der Auftragsabwicklung beginnend die Lagerungen, den Transport, das Verpacken und Signieren auch das Kommissionieren sowie den Güterumschlag. Auf der Handlungsebenen lässt sich die Wertschöpfungskonfiguration danach differenzieren, ob ein LDL lediglich operative oder auch strategische Managementaufgaben im Rahmen seines Geschäftsmodells leistet. Auf der institutionellen Ebene lässt sich berücksichtigen, welche Akteure im Rahmen einer Logistikdienstleistung vom Versender bis zum Empfänger eines Wirtschaftsgutes eingesetzt werden und damit welche Integration bzw. Spezialisierung des LDL im Rahmen des Geschäftsmodells notwendig wird. Im Vergleich zur Zuordnung der Kategorien Einzel-, Verbund- und Systemdienstleister ist bei einer Orientierung an PFOHLS Logistikwürfel eine differenziertere Darstellung konkreterer Ausprägungen von Wertschöpfungskonfigurationen möglich.

Ergänzt um die Wahl der Produkt-Marktkombination und die Ertragsmechanik ergeben sich unterschiedliche Geschäftsmodelle von LDL. Produkt-Markt-Kombinationen werden durch die räumliche Dimensionierung der Dienstleistung (geographischer Markt) und die qualitative beziehungsweise quantitative Dimensionierung der Dienstleistung (Art, Umfang und Eigenschaften der Leistung) definiert. Die Ertragsmechanik ergibt sich aus der Ausgestaltung der jeweiligen Vergütungsmodelle. Die Art und Ausgestaltung von Vergütungsmodellen für LDL variiert dabei stark bedingt durch die Heterogenität der Dienstleistung. Grundsätzlich können jedoch mit der *Leistungsorientierung* sowie der *Kostenorientierung* bei Vergütungsmodellen zwei grundlegende Ausprägungen der Ertragsmechanik für LDL unterschieden werden.[33] Diese beiden Reinformen der Ertragsmechanik lassen sich situativ und kontextspezifisch miteinander kombinieren, und beinhalten sowohl Kosten- als auch Leistungselemente. Dieses *hybride Vergütungsmodell* wird meist in komplexen Konraktlogistikverträgen von Systemdienstleistern verwendet und berücksichtigt beispielsweise notwendige Investitionen und Fixkosten bei der Leistungserbringung.[34] Die vierte Ausprägung der Ertragsmechanik für LDL bildet das pauschale Vergütungsmodell. Dieses Modell wird meist für Standarddienstleistungen wie dem Stückgutversand verwendet und vor allem von Einzeldienstleistern und Verbunddienstleistern praktiziert.[35]

[33] Vgl. Meyer/Lukassen (2007), S. 313 ff. Dabei orientiert sich die kostenorientierte Ertragsmechanik auf die dem Dienstleister tatsächlich entstehenden Kosten und einem Gewinnaufschlag. Diese kostenbasierte Vergütung reduziert das Risiko des LDL und schafft Freiräume für punktuelle Innovation. Dem gegenüber steht die leistungsorientierte Ertragsmechanik. Hier werden für den Dienstleister Anreize geschaffen, die Leistung durch Innovationen in Prozessen zu steigern. So können beispielsweise im Lager Kommissionierleistungen, Service Levels oder Qualitätsverbesserungen anreizorientiert vergütet werden.

[34] Vgl. Weber et al. (2008).

[35] Vgl. Meyer/Lukassen (2007), S. 309-317 und Weber et al. (2008).

3 Kundenintegration als Instrument zur Gestaltung innovativer Geschäftsmodelle von Logistikdienstleistern

3.1 Kundenintegration in der Logistikdienstleistungswirtschaft

Die Integration von Akteuren in unternehmensübergreifenden Wertschöpfungsprozessen ist in der betriebswirtschaftlichen Forschung in verschiedenen Bereichen untersucht worden. Während in der Industriebetriebslehre ein Forschungsschwerpunkt auf der *Lieferantenintegration* liegt[36], wird in der Dienstleistungsliteratur die *Kundenintegration* als systematische Integration des Kunden in die Wertschöpfungsprozesse des Dienstleisters untersucht. Diese Dienstleisterperspektive bei der Analyse der Integration von Wertschöpfungspartnern wird insbesondere im Dienstleistungsmarketing eingenommen.[37]

In der Dienstleistungsforschung wird *Kundenintegration in einem engeren Verständnis* definiert als die aktive Beteiligung des Nachfragers an einer vertraglich vereinbarten Leistungserstellung durch Einbringung externer Faktoren bzw. Übernahme von Teilleistungen, sodass die Leistungsaktivitäten des Anbieters beeinflusst werden.[38] Mit der Einbringung des externen Faktors beteiligt sich der Kunde durch die Bereitstellung leistungsrelevanter Informationen, der Bereitstellung von Objekten bis zur persönlichen Beteiligung von Mitarbeitern an der Leistungserstellung.[39] *Kundenintegration im weiteren Verständnis* bezeichnet die systematisch geplante Beteiligung des Kunden an unternehmerischen Prozessen des Dienstleisters. Dies führt zu einem kundenorientierten Managementansatz, der die systematische Analyse, Planung, Durchführung und Kontrolle der aktiven Teilnahme von Kunden an unternehmerischen Prozessen beinhaltet. Mit der gezielten Einbindung von Kunden in den Gestaltungsprozess von Geschäftsmodellen wird der Kunde nicht nur als *Produktivressource* im Leistungserstellungsprozess betrachtet, er wird vielmehr zu einem Co-Designer und Co-Creator bei der Entwicklung neuer Leistungspotenziale des Dienstleisters.[40]

Während die im deutschen Sprachraum verbreitete Dienstleistungsliteratur stark auf die Kundenintegration als Produktivressource ausgerichtet ist, betonen neuere Ansätze in der Dienstleistungsforschung stärker die Bedeutung der Einbindung des Kunden als dispositive Ressource. Insbesondere der von VARGO und LUSCH postulierte Paradigmenwechsel von einer güterzentrierten (goods-centered dominant logic) zu einer servicezentrierten Sichtweise (service-centered dominant logic) legt durch die Behandlung von Sachleistungen als spezielle Form von Diensten die theoretische Grundlage für die Betrachtung des Kunden als dispositive Ressource. Die Einbindung seiner Kompetenzen, welche wiederum aus Wissen, Fähigkeiten und der Kundenbereitschaft zu Lernen

36 Vgl. u.a. Kleinaltenkamp et al. (2009), S. 35ff. und Meffert/Bruhn (2009), S. 24.
37 Vgl. Reckenfelderbäumer (2009).
38 Vgl. Büttgen (2008).
39 Vgl. Bitner et al. (1997), S. 193f.
40 Vgl. Bruhn/Stauss (2009), S. 3ff.

resultieren, ermöglichen hier eine intensivere Form der Zusammenarbeit bereits vor der Phase der Leistungserbringung.[41]

3.2 Kundenintegration als Treiber innovativer Geschäftsmodelle in der Kontraktlogistik

Eine konsequente Anpassung und Neugestaltung von Wertschöpfungskonfigurationen kann in der Kontraktlogistik nicht ohne die Beteiligung eines Kunden realisiert werden, da insbesondere in der Kontraktlogistik die Logistikprozesse stark in das Produktionssystem des Kunden eingebettet sind und Leistungspotenziale erst im Business-Development Prozess zu tatsächlichen Leistungen konfiguriert werden. Da nach KNYPHAUSEN-AUFSEß und ZOLLENKOP ein Geschäftsmodell nur dann für Investoren interessant wird, wenn die Bausteine eine stimmige Gesamtarchitektur aufweisen,[42] muss zudem neben der Anpassung der Wertschöpfungskonfiguration auch eine Anpassung der anderen Elemente des Geschäftsmodells evaluiert werden – und auch dabei ist der Kunde einzubinden.

Zur umfassenden Beantwortung der Forschungsfrage, welche Rolle Kundenintegration in der Kontraktlogistik für die proaktive Gestaltung neuer Geschäftsmodelle spielt, ist eine theoriegeleitete Analyse von Integrationsmechanismen erforderlich. Aus der Sicht der Logistikpraxis stellt sich zunächst jedoch die Frage, wie der Kunde in die Rolle des aktiven Co-Creators eines neuen Leistungspotenzials geführt werden kann. Aus der Sicht der SDL wird die Dichotomie von Sach- und Dienstleistungen durch die Behandlung jeglichen Wirtschaftshandelns als Austausch von Diensten aufgehoben. Dieses Begriffsverständnis führt bei einer konsequenten Übertragung auf die Logistikdienstleistungswirtschaft dazu, dass Kunde und LDL wechselseitig als Co-Creator bei der Schaffung von Leistungen bzw. Leistungspotenzialen agieren. Dies kann in der Praxis dadurch ermöglicht werden, dass Veränderungen der Wertschöpfungskonfigurationen im Geschäftsmodell des Kunden als Ausgangspunkt für Geschäftsmodellinnovationen beim LDL genutzt werden. Durch eine frühzeitige abgestimmte Gestaltung der Wertschöpfungsprozesse und eine gegenseitige Beratung bei der Konzeption der Wertschöpfungskonfigurationen des Kunden, kann der Kunde wiederum in die Rolle des Co-Creators für das Geschäftsmodell des LDL versetzt werden. Dabei muss es in der Praxis jedoch gelingen, die Kompetenzen, das Wissen, die Fähigkeiten und das spezielle Know-how des Kunden auch für eine notwendig werdende Neugestaltung der Produkt-Marktkombination und der Ertragsmechanik zu nutzen.

---

[41] VARGO und LUSCH definieren diese für die Integrationsleistung notwendigen Ressourcen als operante Ressourcen „operant resources", die zur Erzielung von Wirkungen an statischen, zumeist tangiblen Ressourcen („operand resources") eingesetzt werden können. Während operande Ressourcen als Produktionsfaktoren des Kunden für den Leistungserstellungsprozess zur Verfügung gestellt werden können, sind es die operanten Ressourcen, welche die Nutzung der operanden Ressourcen ermöglichen und damit die Integrationsleistung repräsentieren. Im Sinne der SDL gilt es daher, den Kunden als operante Ressource dauerhaft in die Prozesse der Lösungsentwicklung und Leistungserbringung einzubeziehen, um seine Kompetenzen dauerhaft nutzbar zu machen. Vgl. Vargo/Akaka (2009), S. 33-35.

[42] Vgl. zu Knyphausen-Aufseß/Zollenkop (2007), S. 2098.

4 Kundenintegration bei DB Schenker

4.1 „Global VMI Hubs" – ein weltweites VMI-Netzwerk in der High-Tech Industrie

Als Beispiel für eine erfolgreiche Geschäftsmodellinnovation in der Kontraktlogistik soll nachfolgend die Global Hubs Initiative des Logistikunternehmens DB Schenker vorgestellt werden. Die Kontraktlogistik/SCM bei *DB Schenker* ist ein Beispiel für den wechselwirkenden Effekt, den endogene Innovationen auf das Geschäftsmodell eines LDL haben können.

Ausgehend von einer bestehenden Kontraktdienstleistung bei einem international tätigen High-Tech Unternehmen konnte DB Schenker bei der Neuausrichtung dessen Supply Chain Struktur maßgeblich mitwirken. Ziel des mit dem Kunden entwickelten „Global Hubs Konzept" war eine Standardisierung der Schnittstellen zu Sub-Dienstleistern im Logistiksystem des Kunden und die Schaffung einer kompletten Visibilität über alle wichtigen Wertschöpfungspartner in der Supply Chain hinweg. Diese Neuausrichtung wurde notwendig, da die bisherige Supply Chain Struktur des Kunden zu komplex geworden ist und ohne Standardisierung der Supply Chain Prozesse das globale Wachstum der Kunden in Gefahr stand.

Das Ergebnis der Analyse war die grundlegende Neuausrichtung der Supply Chain Aktivitäten des Unternehmens. Dies führte zu der Erstellung eines globalen Netzwerks von VMI-Lägern,[43] die von DB Schenker betrieben werden. Mit diesem VMI-Netzwerk wurden standardisierte Prozesse und Schnittstellen zu Sub-Dienstleistern im Logistiksystem des High-Tech Unternehmen ermöglicht und eine durchgängige Visibilität über alle wichtigsten Wertschöpfungspartner in der Supply Chain erreicht. Das gesamte Lieferantenmanagement und die Wertschöpfungskette wurden somit optimiert. Vormalige Hindernisse des Kunden, wie die Verteilung der Zukaufteile des Kunden auf mehr als 800 verschiedene Zulieferer und manuell bearbeitete Prozesse, die wenig bis gar keine Visibilität über Bestandsumfänge erlaubten, wurden erfolgreich neugestaltet. Dies führte zu einer deutlichen Reduzierung der Vorratshaltung des Kunden und zu erheblichen Reduzierungen der Lagerhaltungskosten. Neben den Prozessabläufen zu den Sub-Dienstleitern (Wertschöpfungskonfiguration) konnten auch die Vertragsmodalitäten und Vergütungsmodelle standardisiert werden (Ertragsmechanik). Die globale Ansiedlung der VMI-Hubs wurde nach den geänderten Absatz- und Beschaffungsmarktanforderungen vorgenommen. Die Koordination der Anlieferung und Lagerung der Produktionsteile sowie die Abrechnung für alle Zulieferer wurde zentralisiert und von einem globalen Kundenzentrum betreut.

[43] Vgl. Arnold et al. (2008), S. 468. Der Begriff VMI steht für „Vendor Managed Inventory" und bezeichnet ein Konsignationslager, bei dem der Zulieferer die Bewirtschaftung des Lagers beim Kunden übernimmt und damit auch direkt für die Materialversorgung verantwortlich ist. Somit findet ein Austausch von Bedarfs- und Bestandsinformationen vom Zulieferer an den Kunden statt, mit dem Ziel durch Übertragung der Planungsverantwortung Bestände zu minimieren und die Nachversorgung sowie den Cash-flow zu optimieren.

4.2 Kundenintegration als Treiber innovativer Geschäftsmodelle in der Kontraktlogistik – Erfahrungen bei DB Schenker

In Abschnitt 3 wurde die Arbeitsthese formuliert, dass Veränderungen in der Wertschöpfungskonfiguration von Industrieunternehmen für Geschäftsmodellinnovationen bei LDL genutzt werden können, wenn Kunden und LDL ausreichend stark integriert sind.

Im Fallbeispiel hat der Logistikdienstleister frühzeitig als Berater bei der Konzeption eines neuen Wertschöpfungssystems des Kunden unterstützend mitgearbeitet. Diese aus der Sicht des Kunden als Beratungsleistung oder Pre-Sales Aktivität zu bewertende Rolle des LDL, ist aus der Sicht DB Schenkers als Integration des Kunden in die Konzeption eines neuen LDL-Geschäftsmodells zu sehen. Die beim Kunden anliegenden radikalen Veränderungen der Wertschöpfungskonfiguration auf globaler Gestaltungsebene konnte von DB Schenker zur Entwicklung einer neuen Produkt-Marktkombination, einer neuen Wertschöpfungskonfiguration und einer neuen Ertragsmechanik genutzt werden. Während sich bei dem Industriekunden „lediglich“ die Produktions- und Lagerprozesse verändert haben, wurde auf der Seite DB Schenkers ein neues Leistungspotenzial geschaffen. Dabei hat der Kunde von dem Industrie Know-how und der globalen Präsenz des Dienstleisters profitiert.

Indem Kunde und Dienstleister zu Co-Designern und Co-Produzenten im Wertschöpfungssystem wurden, konnte das Supply Chain Management den neuen Anforderungen angepaßt werden. Während die Realisierung einzelner VMI-Hubs Projekte keine Innovation am Geschäftsmodell für einen LDL darstellt, gehört das Betreiben eines globalen VMI Netzwerkes zu einer Innovation bei einem der Geschäftsmodelle des LDL. Dieses Beispiel verdeutlicht, dass Innovationen einzelner Elemente des Geschäftsmodells eines Kunden für Innovationen am Geschäftsmodell des LDL genutzt werden können, und dass proaktiv geplante Innovationen eines LDL nur gelingen können, wenn Kunden und Dienstleiter partnerschaftlich als Co-Creator und Co-Produzenten agieren.

5 Fazit und Ausblick

In diesem Beitrag wurde diskutiert, welche Rolle Kunden und Logistikdienstleister bei der gemeinsamen Gestaltung von Logistiksystemen einnehmen. Es wurde die These aufgestellt, dass Veränderungen der Wertschöpfungskonfigurationen von Industriekunden von LDL genutzt werden können, um proaktiv neue Geschäftsmodelle zu entwickeln. Diese These wurde am Beispiel der von DB Schenker erfolgreich durchgeführten Geschäftsmodellinnovation *Global Hubs VMI* diskutiert.

Das Fallbeispiel von DB Schenker zeigt eindrucksvoll, dass Kundenintegration zu neuen Logistiklösungen führen kann. Es ist daher davon auszugehen, dass das Thema Kundenintegration sowohl in der Logistikforschung als auch in der Praxis auch weiterhin eine wichtige Rolle spielen wird. Die Herausforderung für LDL liegt insbesondere darin, die in der Interaktion mit dem Kunden entwickelten Neuerungen in der Ertragsmechanik, in der Wertschöpfungskonfiguration oder in der Produkt-Marktkombination in das eigene Geschäftsmodell zu integrieren, um zukünftig neue Leistungspotenziale anbieten zu können. Die erforderlichen Integrationsmechanismen können nach einer weiteren Ausarbeitung im Rahmen von weiteren Einzelfallstudien anschließend einer empirischen Erhebung zugänglich gemacht werden.

Literaturverzeichnis

Arnold, D./Furmans, K./Isermann, H./Kuhn, A./Tempelmeier, H. (2008): Handbuch Logistik. Berlin und Heidelberg 2008.

Bieger, T./Bickhoff, N./Knyphausen-Aufseß, D. zu (2002): Einleitung. In: Bieger, T. /Bickhoff, N./Caspers, R./Knyphausen-Aufseß, D. zu/Reding, K. (Hrsg.): Zukünftige Geschäftsmodelle. Konzept und Anwendung in der Netzökonomie. Berlin 2002, S. 4-5.

Bitner, M. F./Faranda, W. T./Hubbert, A. R./Zeithaml, V.A. (1997): Customer Contributions and Roles in Service Delivery. In: International Journal of Service Industry Management 8(3), S. 193-205.

Bruhn, M./Stauss, B. (2009): Kundenintegration im Dienstleistungsmanagement. Eine Einführung in die theoretischen und praktischen Problemstellungen. In: Bruhn, M./Stauss, B. (Hrsg.): Kundenintegration. Wiesbaden 2009, S. 3-33.

Büttgen, M. 2008: Erscheinungsformen der Kundenintegration und Ansätze eines Integrationsmanagements, in: Stauss, B. (Hrsg.): Aktuelle Forschungsfragen im Dienstleistungsmarketing, Wiesbaden, S. 105-132.

Froschmeyer, A. (2008): Innovative Geschäftsmodelle für das Management von Supply Chains. In: Baumgarten, H./Darkow, I.-L./Zadek, H. (Hrsg.): Supply Chain Steuerung und Services. Logistik-Dienstleister managen globale Netzwerke – Best Practices. Berlin, Heidelberg und New York 2004, S. 197-205.

Gudehus, T. (2005): Logistik. Grundlagen, Strategien, Anwendungen. Berlin 22005.

Hauschildt, J. (2004): Innovationsmanagement (Vahlens Handbücher der Wirtschafts- und Sozialwissenschaften). München 2004.

Hoffmann, E./Nothardt, F.(2009): Logistics Due Diligence. Analyse - Bewertung - Anlässe - Checklisten, Berlin 2009.

Holderied, C. (2005): Güterverkehr, Spedition und Logistik. München 2005.

Kleinaltenkamp, M./Bach, T./Griese, I. (2009): Der Kundenintegrationsbegriff im (Dienstleistungs-) Marketing, in: Bruhn, M./Stauss, B. (Hrsg.): Kundenintegration, Wiesbaden, S. 35-62.

Knyphausen-Aufseß, D. zu /Meinhardt, Y. (2002): Revisiting Strategy: Ein Ansatz zur Systematisierung von Geschäftsmodellen. In: Bieger, Thomas/Bickhoff, Nils/Caspers, Rolf/Knyphausen-Aufseß, Dodo zu/Reding, Kurt (Hrsg.): Zukünftige Geschäftsmodelle. Konzept und Anwendung in der Netzökonomie. Berlin, S. 63-89.

Knyphausen-Aufseß, D. zu/Zollenkop, M. (2006): Geschäftsmodelle, in: Handelsblatt (Hrsg.): Wirtschafts-Lexikon. Das Wissen der Betriebswirtschaftslehre. Stuttgart, S. 2093-2100.

Knyphausen-Aufseß, D. zu /Zollenkop, M. (2007): Geschäftsmodelle. In: Köhler, R./Küpper, H.-U./Pfingsten, A. (Hrsg.): Handwörterbuch der Betriebswirtschaft. Stuttgart, S. 583-591.

Meffert, H./Bruhn, M. 2009: Dienstleistungsmarketing. Grundlagen - Konzepte - Methoden.

Meyer, M./Lukassen, P. 2007: Preissystemgestaltung in Kontraktlogistikpartnerschaften: Eine transaktionskostentheoretische Betrachtung. In: Stölzle, W./Weber, J. (Hrsg.): Handbuch Kontraktlogistik. Management komplexer Logistikdienstleistungen. Weinheim 2007, S. 309-329.

Pfohl, H.-Chr. (2004): Logistikmanagement. Konzeption und Funktionen. 2., überarb. u. erw. Aufl. Berlin Heidelberg New York 2004.

Pfohl, H. C./Frunzke, H./Köhler, H. (2007a): Grundlagen für ein Innovationsmanagement in der Logistik. In: Pfohl, H. C. (Hrsg.): Innovationsmanagement in der Logistik. Gestaltungsansätze und praktische Umsetzung. Bremen 2007, S. 16-105.

Pfohl, H. C./Frunzke, H./Köhler, H. (2007b): Innovationsgenerierung in kontraktlogistischen Beziehungen. In: Pfohl, H. C. (Hrsg.): Innovationsmanagement in der Logistik. Gestaltungsansätze und praktische Umsetzung. Bremen 2007, S. 106-164.

Porter, M. E. (1992): Wettbewerbsvorteile, Frankfurt am Main.

Reckenfelderbäumer, M. (2009): Die Gestaltung der Kundenintegration als Kernelement hybrider Wettbewerbsstratgeien im Dienstleistungsbereich. In: Bruhn, M./Stauss, B. (Hrsg.): Kundenintegration, Wiesbaden, 213-234.

Rentmeister, J./Klein, S. (2003): Geschäftsmodelle - ein Modebegriff auf der Waagschale. In: ZfB Ergänzungsheft 1, 17-30.

Slywotzky, A. (1996): Value Migration. How to think several moves ahead of the competition. Boston 1996.

Vargo, S.L./Akaka, M.A. (2009): Service-Dominant Logic as a Foundation for Service Science: Clarifications. In: Service Science 1(1), S. 32-41.

Wagner, S.M. (2007): Innnovationsmanagement bei Logistikdienstleistern. In: Stölzle, W./Weber, J. (Hrsg.): Handbuch Kontraktlogistik. Management komplexer Logistikdienstleistungen, Weinheim, S. 583-597, S. 309-329.

Weber,J./ Bahke, A./Lukassen, P. Wallenburg, C. M. 2008: Erfolg in der Logistik – Beziehungen mit Logistikdienstleistern richtig gestalten. Vallendar 2008.

Zadek, H. (2004): Struktur des Logistik-Dienstleistungsmarktes. In: Baumgarten, H./Darkow, I.-L./Zadek, H. (Hrsg.): Supply Chain Steuerung und Services. Logistik-Dienstleister managen globale Netzwerke – Best Practices. Berlin, Heidelberg und New York 2004, S. 15-28.

Ulrich Lehner[*] / Kourosh Bahrami[**]

Versender-Kooperationen als interorganisatorisches Gestaltungsmittel in der Konsumgüterlogistik

---

* Prof. Dr. Ulrich Lehner ist Diplom-Ingenieur, Dipl.-Wirtsch.-Ing. und promovierte über Modelle für das Finanzmanagement. Bei KPMG war er Steuerberater und Wirtschaftsprüfer, bei Krupp leitete er das Controlling. Bei Henkel KGaA führte der Weg vom Controlling über Hongkong zum Vorsitzenden der Geschäftsführung. Heute ist er u. a. Mitglied des Gesellschafterausschusses der Henkel AG & Co. KGaA, Vorsitzender des Aufsichtsrats der Deutschen Telekom AG, Mitglied in weiteren Aufsichts- und Beiräten, Präsident des VCI e.V. und der IHK zu Düsseldorf.

** Dr. Kourosh Bahrami (CEMS MIM) studierte an den Universitäten Bonn, Köln, HEC Paris Betriebswirtschaftslehre und Internationales Management. Er promovierte an der Wirtschaftsuniversität Wien und erhielt 2003 den Nestlé-Preis für die beste wirtschaftswissenschaftliche Dissertation Österreichs. Dr. Bahrami ist derzeit bei der Henkel AG & Co. KGaA für einen Teil des weltweiten Klebstoffgeschäftes verantwortlich.

Einleitung

Vorbemerkung Ulrich Lehner: Herrn Pfohl und mich verbindet eine langjährige Zusammenarbeit über verschiedene Phasen, nicht zuletzt im Rahmen seiner Arbeit als Wissenschaftler Wissen nutzbar zu machen, Lösungsbeiträge für die Praxis zu entwickeln und seinen Studenten durch Praxiskontakte die betriebliche Wirklichkeit näher zu bringen.
Wie schon Albert Einstein anmerkte, nichts ist praktischer als eine gute Theorie. Kein Hochschullehrer ist glaubwürdiger als derjenige, der seine Lehre der Überprüfung praktischer Anwendbarkeit aussetzt. Deshalb freuen wir uns anlässlich der Würdigung der wissenschaftlichen Laufbahn von Professor Pfohl zu seinem Festband beizutragen. Unsere Lehrer sollten wir häufiger als Dank loben, denn von deren Wissensvermittlung leben wir. Gute Beispiele verpflichten.
Wir stehen vor großen Herausforderungen: Ressourcenknappheit, Ernährung, Medizinische Versorgung. Diese verschärfen sich durch die demographische Entwicklung und haben den Klimawandel als Folge. Deshalb müssen wir an allen Hebeln ansetzen und mit den Ressourcen effektiv und effizient umgehen. Die Politik muss dafür die Rahmenbedingungen setzen, kann sich aber darauf verlassen, dass Unternehmer in der Marktwirtschaft schon aus eigenem Interesse und auch mit Hilfe der Wissenschaft auf effektive und effiziente Ressourcennutzung fokussieren. Ein gutes Beispiel hierfür sind Versender-Kooperationen.

Empirische Untersuchungen des Kraftfahrt-Bundesamtes zeigen, dass im Durchschnitt jeder Dritte LKW auf der Straße leer ist.[1] Dieser Sachverhalt erhält zusätzlich an Brisanz, wenn auf der einen Seite die zunehmenden Umweltbelastungen durch den Straßengüterverkehr und auf der anderen Seite die sich verschärfende Verkehrsflächenknappheit mit in die Betrachtung einfließen. Um für Abhilfe zu sorgen, entstehen in der Praxis zunehmend Versender-Kooperationen. Sie haben das Ziel, die Logistik der Teilnehmer durch Sendungsbündelung zu optimieren. Hierdurch kann insbesondere die Auslastung der Transportfahrzeuge verbessert werden, sodass im Ergebnis weniger Lkw für die Erfüllung der gleichen Transportleistung eingesetzt werden müssen. Die Logik einer solchen Kooperation ist im Alltag am ehesten mit der Bildung von „Fahrgemeinschaften“ zu vergleichen.
Aus theoretischer Perspektive ist allerdings diese Art der Kooperation bislang wenig beleuchtet worden.[2] An dieser Stelle wird im folgenden Beitrag angesetzt. Im Zentrum der Analyse steht die Identifikation partnerindividueller Synergiepotenziale. Dabei wird zur Strukturierung und Erarbeitung des Themas der Logistikwürfel von Pfohl bemüht.

---

1 Vgl. Kraftfahrt-Bundesamt (2009), S.3ff.
2 Siehe dazu auch Schulz (2009), S.65: „The academic research on horizontal cooperation and partnerships in logistics is, on the other hand, still limited.“

1 Einordnung von Versender-Kooperationen mittels des Logistikwürfels von Pfohl

Der Logistikwürfel von Pfohl unterscheidet die Institutionen-, Funktionen- und Handlungsebene:

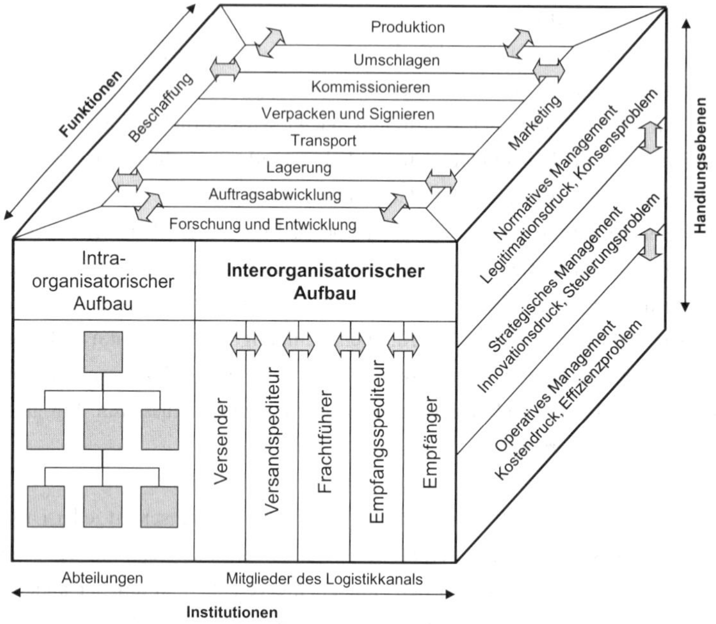

Abbildung 1: Logistikwürfel nach Pfohl (2004a), S.25f.

1.1 Versender als Mitglieder des Logistikkanals

Wird zunächst die institutionelle Ebene betrachtet, so legt der vorliegende Beitrag den Fokus auf Versender als Mitglieder des Logistikkanals. Diese Versender können weiter als Hersteller kurzlebiger Konsumgüter spezifiziert werden.[3] Kurzlebige Konsumgüter besitzen typischerweise einen geringen Wert, sind für den Massenmarkt bestimmt und werden mittels der Absatzmittler Groß- und Einzelhandel vertrieben. Beispiele für kurzlebige Konsumgüter sind Nahrungsmittel, Kosmetika, Wasch- und Reinigungsmittel.

1.2 Transport als zentrale Funktion der Zusammenarbeit

Betrachtet man im nächsten Schritt die Logistik von Herstellern kurzlebiger Konsumgüter aus funktionaler Perspektive, dann können Versender beim Transportieren, Umschlagen, Lagern,

3 Vgl. zur Konsumgüterlogistik Karp (2004), S.307ff.

Verpacken, Signieren und Aufträge abwickeln, zusammenarbeiten. Die in der Praxis zu beobachtenden Versender-Kooperationen in der Logistik konzentrieren sich auf den Transport.[4] Bekannte Vertreter dieser Art der Zusammenarbeit sind City-Logistik-Kooperationen, bei denen die Innenstadtbelieferung gemeinsam vorgenommen wird. Ob eine Ausweitung der Zusammenarbeit auf weitere logistische Funktionen, wie z. B. die Lagerhaltung zielführend ist, soll im Rahmen der folgenden Untersuchung erforscht werden.

1.3 Kooperation als Mittel zur Gestaltung des interorganisatorischen Aufbaus

Dem Logistikwürfel von Pfohl folgend, können Versender-Kooperationen weiter nach den Handlungsebenen Normatives, Strategisches und Operatives Management spezifiziert werden.

Das normative Management gibt den Rahmen für die Ausgestaltung der Logistik und damit auch des interorganisatorischen Aufbaus von Unternehmen vor.[5] Gemäß Pfohl ist ein Trend in diesem Zusammenhang der Übergang von Hierarchien zu Netzwerken in und zwischen Unternehmen. „Während hierarchische Strukturen im Unternehmen einseitig vertikal ausgerichtet sind und somit die Teilsysteme des Unternehmens keine direkte Verbindung miteinander haben, sind Netzwerke multidirektional orientiert und lassen vor allem auch horizontale Verbindungen von Teilsystemen auf gleicher Ebene zu."[6] Damit können Versender-Kooperationen als Netzwerke verstanden werden, bei denen im Teilsystem Transport Verbindungen zwischen den Konsumgüterherstellern zur Erzeugung von „Fahrgemeinschaften" bestehen. So verstanden, wird Kooperation ein Mittel zur Gestaltung des interorganisatorischen Aufbaus eines gemeinsamen Logistiknetwerks.[7] Dieses Verständnis ist insofern von zentraler Bedeutung, weil hierdurch die Erkenntnisse der Netzwerktheorie zum Aufbau derartiger Kooperationen bemüht werden können.

Danach sind Netzwerkkonfigurationen logistisch um so besser, je

1. kürzer, gerader, weniger unterbrochen die Verkettungen zwischen kritischen Quellen und Senken sind (...),
2. stärker zeitlich/räumlich aufeinanderfolgende Aktivitäten gebündelt und verkettet sind (…),
3. enger die Kopplung bzw. je perfekter die Integration von physischen Flüssen mit auf sie bezogenen Informationsflüssen ist (…),
4. weiter ‚flußaufwärts' Lager- und Umschlagpunkte und je weiter ‚flußabwärts' wertschöpfungsintensive, kundenspezifische Aktivitäten platziert werden können,
5. höher die ‚Integrität' von Kundenbedürfnis, Produkt und Prozeß ist."[8]

---

4 Zu einem Überblick siehe Schulz (2009), S.65ff. sowie Cruissen/Cools/Dullaert (2007), S.130ff.

5 Zur Bedeutung von Visionen und Werte als Mittel des normativen Managements siehe Lehner (2006), S.277ff.

6 Pfohl (2004a), S.42 sowie Delfmann (2000), S.376. Für eine exemplarische Darstellung eines Logistiknetzwerks siehe Lehner (2003), S.189ff.

7 Vgl. Lehner/Florenz (2003), S.146, die Kooperation als eines von sechs Indikatoren für effizientes Supply Chain Management verstehen.

8 Pfohl (2004a), S.116 sowie die dort angegebene Literatur.

Diese Netzwerkprinzipien werden im Folgenden zur interorganisatorischen Gestaltung des gemeinsamen Logistiknetzwerks von Versendern herangezogen.
Nachdem Versender-Kooperationen auf der Handlungsebene des Normativen Managements spezifiziert worden sind, werden nun das Strategische und Operative Management derartiger Zusammenarbeit näher untersucht.

2 Strategisches und Operatives Management von Versender-Kooperationen

Wird zunächst das Strategische Management von Versender-Kooperationen thematisiert, so stellt sich im ersten Schritt die Frage nach dem zielführenden Aufbau derartiger Zusammenarbeit.

2.1 Aufbau von Versender-Kooperationen

Ziel von Versender-Kooperationen ist die Erzielung von Synergie-Effekten durch eine gemeinsame Leistungserbringung in der Logistik. Betrachtet man zunächst den Transport, so können Synergie-Effekte durch Sendungsbündelung, also durch den gemeinsamen Transport kurzlebiger Konsumgüter im selben Transportfahrzeug erzielt werden. Hierdurch kann die Auslastung des genutzten Transportfahrzeugs erhöht und somit die Kosten pro transportierter Einheit gesenkt werden.

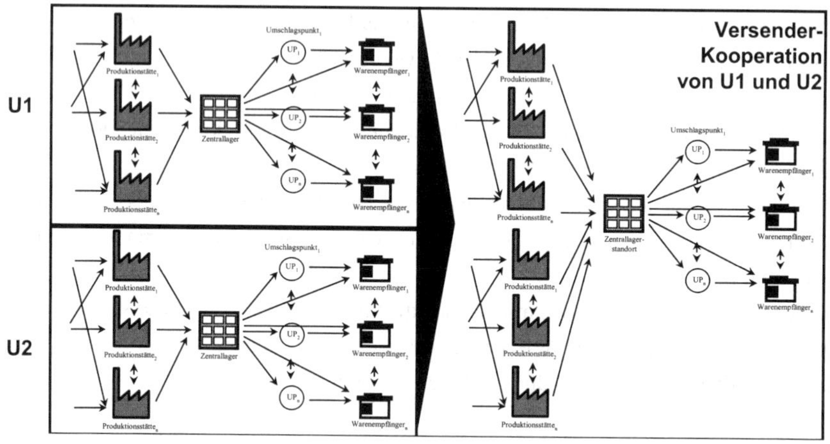

Abbildung 2: Exemplarische Darstellung einer Versender-Kooperation, eigene Darstellung

Ab welchem Punkt in einem logistischen Netwerk zusammengefahren wird, ist entsprechend eine Gestaltungsvariable beim Aufbau von Versender-Kooperationen. In der folgenden Abbildung wird exemplarisch die Zusammenarbeit der Unternehmen U1 und U2 mittels eines gemeinsamen Transportnetzwerks dargestellt. Danach transportieren die beiden Unternehmen ab einem gemeinsamen Zentrallager ihre Produkte zusammen zum jeweiligen Kunden.

Werden nun die in der Praxis zu beobachtenden Kooperationen bemüht und nach dem Ausgangspunkt der Zusammenarbeit im logistischen Netzwerk systematisiert, so lassen sich im Wesentlichen drei Kooperationsfälle unterscheiden:

1. ab Zentrallager,
2. ab Umschlagpunkt und
3. ab Citylogistik-Terminal.

Spiegelt man zunächst diese drei Kooperationsmöglichkeiten an den präsentierten Netzwerkprinzipien, so wird die Kooperation ab Zentrallager am Stärksten und die Kooperation ab Citylogistik-Terminal am Geringsten diesen gerecht. So kann beispielsweise die Zusammenführung ab einem gemeinsamen Citylogistik-Terminal eine zusätzliche Schnittstelle im Logistikkanal bedeuten. Damit wird der Forderung nach einer möglichst wenig unterbrochenen Verkettung (Netzwerkprinzip Nr.1) widersprochen.[9] Auch das Netwerkprinzip Nr.3 bestätigt die Vorteilsreihenfolge, da der gemeinsame Transport ab Zentrallager über längere Strecken als ab Umschlagpunkt und ab Citylogistik-Terminal möglich ist. Damit bietet die Zusammenarbeit ab Zentrallager ceteris paribus die größten Synergiepotenziale im Transport.

Voraussetzung für einen gemeinsamen Transport im Sinne minimaler Schnittstellen ist, dass der Startpunkt der Zusammenarbeit ein gemeinsamer Zentrallagerstandort ist. Ein gemeinsamer Zentrallagerstandort ist in der Realität selten gegeben, so dass für diese Art Kooperation eine Zusammenlegung der Zentrallagerstandorte notwendig ist. Eine derartige Strukturentscheidung des logistischen Netzwerks ist mit hohen Investitionen verbunden und greift intensiv in die vorhandenen Abläufe der einzelnen Kooperationspartner ein. Insofern bietet zwar die Kooperation ab Zentrallagerstandort die höchsten Synergiepotenziale, ihre Realisierung hat allerdings eine hohe Kooperationsintensität der Partner zur Voraussetzung.

Deutlich einfacher lassen sich gemeinsame Transporte ab Umschlagpunkt realisieren. In der Logistikpraxis von Versendern kurzlebiger Konsumgüter werden in der Regel die physischen Transportleistungen von Logistikdienstleistern erbracht.[10] Für einen gemeinsamen Transport ab Umschlagpunkt genügt es insofern, dass sich die Versender auf denselben Transportdienstleister einigen. Damit erschließen sich die Kooperationspartner dasselbe Netz an Umschlagpunkten, sodass ihre Produkte im selben Transportfahrzeug befördert werden können. Damit können auch die intendierten Nutzenvorteile einer Zusammenarbeit ab Citylogistik-Terminal gleichzeitig ohne deren Nachteile realisiert werden. Die Ware kann direkt vom Umschlagpunkt mit optimierten Auslastungsmengen in die City-Gebiete befördert werden.

Implizit ist damit der zentrale Nachteil der Zusammenarbeit ab Citylogistik-Terminal angesprochen. Diese Art der Kooperation konterkariert nämlich das Netzwerkprinzip Nr.1, da hierdurch eine zusätzliche Schnittstelle beim Transport der Ware zum Kunden entsteht. Durch den zusätzli-

---

9 Darüber hinaus bedeutet eine weitere Schnittstelle auch, dass durch zusätzliche Transporte und Umschlagprozesse für die Verrichtung der Transportleistung mehr Zeit aufgewandt werden muss und dadurch gegebenenfalls der Lieferservice beeinträchtigt werden kann.

10 Vgl. Karp (2004), S.307ff.

chen Umschlag sowohl Mehrkosten als auch zusätzlicher Zeitaufwand und damit eine Verlängerung der Lieferzeit verursacht.
Als Zwischenfazit kann festgehalten werden, dass die Kooperation ab Zentrallagerstandort und ab Umschlagpunkt als zielführend angesehen werden können.
Diese Art der Zusammenarbeit auf der gleichen Stufe des Logistikkanals kann nach Pfohl als horizontale Kooperationen interpretiert werden.[11] Arbeiten Unternehmen entlang unterschiedlicher Logistikkanalstufen zusammen, werden sie als vertikale Kooperationen bezeichnet. Diese binäre Unterscheidung ergänzt Pfohl um diagonale Kooperationen. Hier kooperieren Unternehmen unterschiedlicher Verkehrstechniken (z. B. kombinierter Verkehr) sowie Verkehrsgebieten (z. B. zwischen Hafengesellschaften).[12] Es wird aber nicht weiter spezifiziert, ob bei diagonalen Kooperationen Unternehmen auf der gleichen oder entlang unterschiedlicher Logistikkanalstufen zusammenarbeiten. Die beiden angeführten Beispiele legen nahe, dass es sich um eine weitere Differenzierung von horizontalen Kooperationen handelt.
Pfohls Gedanken nach einer weiteren Differenzierung horizontaler Kooperationen aufgreifend, erscheint für den Forschungsgegenstand der vorliegenden Arbeit zielführend nach dem Wettbewerbsverhältnis der Kooperationsteilnehmer zu unterscheiden. Denn beispielsweise bezogen auf die Logistik, kann die Zusammenarbeit von Wettbewerbern in der Distribution dazu führen, dass eine Differenzierung mittels des Lieferservice nicht in vollem Umfang mehr möglich ist. Darüber hinaus liegt auch der Gedanke nahe, dass Nicht-Wettbewerber leichter bzw. mit weniger Risiko eine hohe Kooperationsintensität eingehen können als Wettbewerber. Deshalb sollen im Folgenden horizontale und vertikale Kooperationen jeweils weiter nach kompetitiven und nicht-kompetitiven Kooperationen unterschieden werden (siehe folgende Darstellung).

		Logistische Wertschöpfungsstufe (hier: Transporte vom Lager zum Kunden als Referenz; ab Zentrallager oder ab Umschlagpunkt)	
		gleich	unterschiedliche
Wettbewerber (Produkte besitzen gleichen Verwendungszusammenhang)	nein	Nicht-kompetitive horizontale Kooperation	Nicht-kompetitive vertikale Kooperation
	ja	Kompetitive horizontale Kooperation	Kompetitive vertikale Kooperation

Abbildung 3: Kooperationsarten, eigene Darstellung

[11] Vgl. Pfohl (2004b), S.316. „Die horizontale Kooperation im Logistikkanal betrifft zunächst die Zusammenarbeit zwischen Logistikunternehmen, die Dienstleistungen auf derselben Logistikkanalstufe erbringen (z.B. Speditionsunternehmen).“ Pfohl (2004b), S.316f. Pfohl fokussiert dabei auf die Zusammenarbeit zwischen Logistikunternehmen, in diesem Sinne spricht er auch von überbetrieblichen Kooperationen. Vgl. Pfohl (2004b), S.315f.

[12] Vgl. Pfohl (2004b), S.317.

Die obigen Ausführungen deuten bereits an, dass die Wahl des richtigen Kooperationspartners von wesentlicher Bedeutung für den Erfolg einer Zusammenarbeit ist. Entsprechend wird im Folgenden näher auf diesen Sachverhalt eingegangen.

2.2 Auswahl geeigneter Kooperationspartner

Das Auffinden geeigneter Kooperationspartner wird von Theorie und Praxis als eines der größten bzw. als das größte Problem bei der Realisierung der Zusammenarbeit gesehen.[13] Wer mit wem kooperiert, definiert das Spektrum maximal zu erzielender Synergie-Effekte. Darüber hinaus ist die Kompatibilität der Partner zugleich wichtiger Einflussfaktor für die Stabilität einer Kooperation. Aus diesem Grunde ist eine systematische Eignungsprüfung erfolgskritisch.

Die systematische Eignungsprüfung potenzieller Kooperationspartner kann in zwei Selektionsschritten erfolgen. Zunächst gilt es herauszufinden, ob ein anderes Unternehmen überhaupt für die Kooperation in Frage kommt. Anhand von Muss-Kriterien ist zu identifizieren, ob durch die Zusammenarbeit überhaupt weitere Rationalisierungspotenziale erschlossen werden können. Erfüllt ein Unternehmen die Muss-Kriterien, dann kann im zweiten Selektionsschritt mit Hilfe von Soll-Kriterien eine Vorteilsreihenfolge im Vergleich zu anderen potenziellen Kooperationspartnern bestimmt werden.

Dieser Logik folgend sieht das Selektionsmodell eine Vorselektion in binärem Sinne anhand von Muss-Kriterien vor, um daran anschließend mit Hilfe eines Scoring-Modells das Eignungsausmaß anhand der Soll-Kriterien zu bestimmen.

Das erste Muss-Kriterium wurde bereits im Kontext der Definition zielführender Kooperationsalternativen angesprochen.[14] Versteht man die Logistik als Differenzierungsmerkmal, dann kann der Kreis möglicher Kooperationspartner reduziert werden, indem lediglich eine Zusammenarbeit mit Unternehmen eingegangen wird, die nicht in engerem Sinne Wettbewerber sind.

Mit diesem Muss-Kriterium wird zugleich auch eine höhere Stabilität der Kooperation unterstützt. Das zweite Muss-Kriterium prüft, ob die potenziellen Kooperationspartner ebenfalls im Logistikkanal Lebensmittelgroß- und Einzelhandel tätig sind. So ist zumindest sichergestellt, dass überhaupt Rationalisierungspotenziale existieren können und zugleich der Kreis möglicher Kooperationspartner deutlich eingeschränkt wird. Das letzte Muss-Kriterium stellt sicher, dass Produkte der Kooperationsteilnehmer auch tatsächlich gemeinsam transportiert werden können. So sind beispielsweise ein Hersteller von Tiefkühlkost als auch ein Hersteller von Kosmetika zwar keine Wettbewerber und bedienen sich des Lebensmitteleinzel- und Großhandels als Absatzkanal, jedoch können die Produkte aus logistischen Gesichtspunkten nicht zusammen transportiert werden. Denn bei der Tiefkühlkost handelt es sich um temperaturgeführte Ware, die in gekühlten Transportfahrzeugen befördert werden müssen. Hingegen würden die niedrigen Temperaturen die Kosmetikprodukte beschädigen, so dass ein gemeinsamer Transport nicht möglich ist.

---

13 Vgl. Lehner /Nuhn (2004), S.720 sowie Erdmann (1999), S.53.

14 Siehe Kapitel 3.1 sowie für eine ausführliche Diskussion der Kriterien zur Auswahl geeigneter Kooperationspartner siehe Bahrami (2003), S.144f. und Krause/Bahrami (2006), S. 28ff.

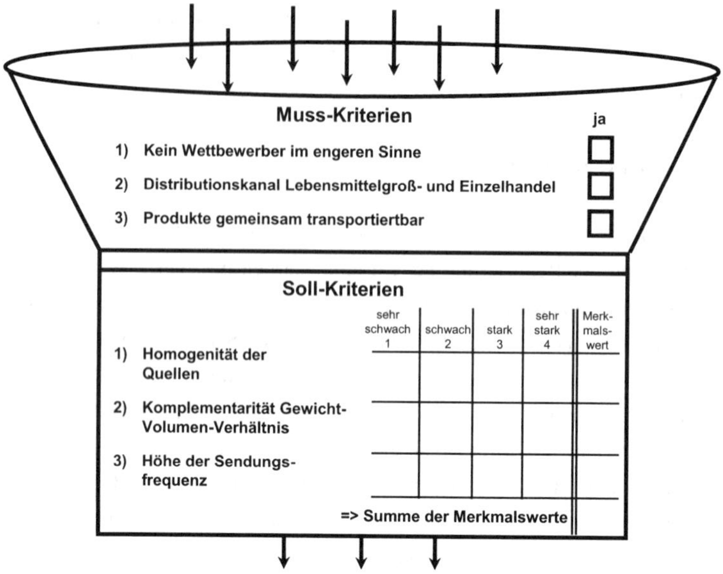

Abbildung 4: Modell zur Auswahl geeigneter Kooperationspartner[15]

Nachdem mit Hilfe der Muss-Kriterien identifiziert wurde, wer überhaupt als Kooperationspartner in Frage kommt, wird in der zweiten Selektionsphase ihre Vorteilsreihenfolge bestimmt werden. Mittels des ersten Soll-Kriteriums „Homogenität der Knoten" können ceteris paribus mit dem Kooperationspartner die höchsten Bündelungsvorteile erzielt werden, deren Kundenstandorte eine möglichst große Kongruenz mit den eigenen aufweisen. So könnten beispielsweise von einem gemeinsamen Zentrallager die Produkte bis zum gemeinsamen Kundenstandort zusammen transportiert werden. Das zweite Soll-Kriterium „Komplementarität Gewicht-Volumen-Verhältnis" dient dazu, eine möglichst optimale Kapazitätsauslastung der transportlogistischen Infrastruktur herzustellen. Auf diese Weise kann das Kapazitätspotenzial sowohl vom Gewicht als auch vom Volumen her ausgeschöpft werden. Schließlich sollen mit Hilfe der „Höhe der Sendungsfrequenz" als drittes Soll-Kriterium die Unternehmen identifiziert werden, mit denen möglichst häufig eine gemeinsame Leistungserbringung vorgenommen werden kann.

2.3 Abrechnung der Kooperationsvorteile

Ist der Aufbau der Kooperation bestimmt und sind die geeigneten Kooperationspartner identifiziert, steht nun die Berechnung der Kooperationsvorteile aus der Perspektive der einzelnen Kooperationspartner im Vordergrund.[16] Dies ist insofern von Bedeutung, als dass ein potenzieller Kooperationspartner seinen Beitritt zur Kooperation von der Höhe seiner individuellen Kosteneinsparun-

---

[15] Eigene Darstellung in Anlehnung an Bahrami (2003), S.162f.

[16] Vgl. für die folgenden Ausführungen auch Bahrami/Petzinna (2009), S.174f.

gen durch die kooperative Leistungserstellung abhängig macht. Dieser Sachverhalt zeigt sich auch in der Praxis, wo die nicht sachgerechte Definition des Zuordnungsalgorithmus eine wesentliche Ursache für das Scheitern von Kooperationen ist.[17] Dabei bezieht sich allerdings der Zuordnungsalgorithmus sowohl auf die kooperationsbedingten Synergien als auch auf die kooperationsbedingten Kosten. Denn die entscheidungsrelevante Größe zum Beitritt repräsentiert für einen Kandidaten die zu erzielende Kosteneinsparung, die sich nach Abzug der durch die Kooperation selbst verursachten Kosten ergibt. Insofern sind nicht nur der Synergienutzen der Kooperation, sondern auch ihre Kosten sachgerecht zu verteilen.

Der sachgerechte Zuordnungsalgorithmus muss dabei zwei Anforderungen erfüllen. Zum einen muss er eine verursachungsgerechte Allokation der Rationalisierungsvorteile ermöglichen. Zum anderen muss dies mit möglichst minimalem Aufwand geschehen, so dass neben der Verursachungsgerechtigkeit als zweite Anforderung die Einfachheit des Zuordnungsalgorithmus gegeben sein muss. Gewichtet man die zwei Anforderungsdimensionen, so erscheint vor dem Hintergrund der obigen Aussagen die Verursachungsgerechtigkeit wichtiger als die Anforderung Einfachheit. Aus diesem Grund ist ein transaktionsbasierter einem alle Transaktionen im Aggregat zu berücksichtigender Aufteilungsmodus vorzuziehen.

Als transaktionsbasierte Bezugsgröße kann eine erfüllte Sendung und als Allokationsschlüssel die relative Kosteneinsparung herangezogen werden.[18] Sie beinhaltet als Produkt aus Sendungsgröße und Preis die zwei wesentlichen Bezugsgrößen für die Synergiepotenziale. Durch den gemeinsamen Transport kann die Sendungsgröße und damit die Fahrzeugauslastung erhöht werden, wodurch zugleich die Preise für die Leistungserbringung sinken. Die Erhöhung der Sendungsgröße kann von der Ausprägung derart gestaltet sein, dass aus einem indirekten ein direkter Verkehr wird und auf diesem Wege Kosten des Umschlags wegfallen.[19]

Nach der Definition des sachgerechten Zuordnungsalgorithmus für die Synergien der Kooperation, wird im Weiteren die gleiche Übung für die mit der Kooperation verbundenen Kosten vorgenommen. Diese können in einmalige (Anbahnungs- und Vereinbarungskosten) und laufende (Abwicklungs- und Kontrollkosten) Kosten unterteilt werden. Bei den einmaligen Kosten ist der Kooperationspartner selbst der Kostentreiber. Dabei ist es unerheblich, welche Größe bzw. wie viele Sendungen der entsprechende Kooperationspartner aufweist. Denn aufgrund des präsentierten Modells zur Partnerselektion sowie unter Einsatz von EDV-technisch unterstützten Quantifizierungsinstrumentarien ist der Aufwandsunterschied für die durchzuführenden Kalkulationen bei den Anbahnungs- und Vereinbarungsaktivitäten nicht signifikant. Entsprechend kann die Aufteilung der einmaligen Kosten im gleichen Verhältnis sowohl verursachungsgerecht als auch einfach in der Durchführung erfolgen. Auch bei den laufenden Kosten erscheint der Aufteilungsmodus im gleichen Verhältnis verursachungsgerecht. Für den Großteil der laufenden Kosten ist die einzelne

---

17 Vgl. Jarillo/Ricard (1987), S.39.

18 Für eine ausführliche Diskussion des Aufteilungsmodus im Transportbereich siehe Bahrami (2003), S. 194ff.

19 Dies entspricht dem Netzwerkprinzip Nr.1, siehe Kapitel 2.3 sowie die Ausführungen in Kapitel 4.2 in der Fallstudie.

Transaktion der Kostentreiber, so dass die Kosten der Auftragsabwicklung, Abrechnung und Kontrolle pro Bündelungsvorgang zu gleichen Anteilen abgerechnet werden können.
Zusammenfassend können mit den präsentierten Schlüsseln sowohl die Einsparungen als auch Kosten der Versender-Kooperation möglichst verursachungsgerecht und mit geringem Aufwand berechnet werden.

3 Fallstudie aus der Konsumgüterlogistik

Nachdem anhand des Logistik-Würfels von Pfohl Versender-Kooperationen als interorganisatorisches Gestaltungsmittel in der Logistik dargestellt worden sind, soll im Folgenden die Praxistauglichkeit der präsentierten theoretischen Ausführungen anhand einer Fallstudie aus der Konsumgüterlogistik demonstriert werden. In der Fallstudie wird die Versender-Kooperation aus der Perspektive eines Referenzunternehmens mit den drei Gestaltungsschwerpunkten Partnerwahl, Kooperationsalternativen und Nutzenberechnung beleuchtet.

3.1 Ausgangssituation

Bei dem Referenzunternehmen handelt es sich um einen Hersteller von Kosmetikprodukten für den Massenmarkt. Die Transportlogistik des Kosmetikproduzenten für den deutschen Markt ist vollständig fremdvergeben. Das Distributionsnetzwerk des Kosmetikherstellers setzt sich aus einem Zentrallager in Düsseldorf, 16 Umschlagspunkten und 8.991 Warenempfängern zusammen. Im Referenzjahr wurden 118.712 Sendungen mit einer durchschnittlichen Größe von 0,767 Tonnen zu den Kunden befördert. Es entstanden Transportkosten von 7.864 T€.

3.2 Partnerwahl

In einem ersten Schritt werden mit Hilfe der Muss-Kriterien aus der Grundgesamtheit möglicher Kooperationspartner diejenigen Unternehmen herausgefiltert, die überhaupt als potenzielle Kooperationspartner in Frage kommen, also die Unternehmen, die die Muss-Kriterien erfüllen. Dieser Schritt soll exemplarisch am Beispiel von zwei möglichen Kooperationspartnern diskutiert werden.
Bei dem ersten Unternehmen handelt es sich um einen Hersteller von Wasch- und Reinigungsmittel, der seine Produkte über den Lebensmittelgroß- und Einzelhandel vertreibt. Das zweite Unternehmen stellt Konsumgüterklebstoffe für den Massenmarkt her. Damit erfüllen beide Unternehmen das erste Muss-Kriterium, da keines von Ihnen Kosmetikprodukte verkauft und damit in direktem Wettbewerb zum Referenzunternehmen steht. Beide bedienen sich des Absatzkanals Lebensmittelgroß- und Einzelhandels. Auch das dritte Muss-Kriterium wird von beiden Unternehmen erfüllt, da ihre Produkte mit Kosmetika transportiert werden können.
Nachdem beide Unternehmen grundsätzlich als potenzielle Kooperationspartner in Frage kommen, wird im zweiten Schritt anhand der Soll-Kriterien ihre Vorteilsreihenfolge bestimmt.

Zur Eignungsprüfung der beiden potenziellen Kooperationspartner wird zunächst das Ausmaß ihrer Quellenhomogenität im Verhältnis zum Referenzunternehmen untersucht. Der Hersteller von Wasch- und Reinigungsmittel verfügt über ein Zentrallager, welches sich in Düsseldorf befindet. Damit weist dieser eine sehr starke Quellenhomogenität auf, da zum einen die Anzahl der Zentrallagerstandorte zwischen den beiden Unternehmen übereinstimmt und zum anderen eine physische Kongruenz der Standorte gegeben ist. Entsprechend kann im Scoring-Modell der Merkmalswert 4 vergeben werden. Im Vergleich verfügt der zweite potenzielle Kooperationspartner über zwei Zentrallagerstandorte, wovon der erste ebenfalls in Düsseldorf und der zweite in Unna liegt. Damit weist der Klebstoffhersteller sowohl hinsichtlich der Anzahl als auch bezüglich der Lage der Zentrallagerstandorte geringere Homogenität zum Referenzunternehmen auf. Aufgrund der räumlichen Nähe des Zentrallagerstandortes in Düsseldorf zum Zentrallager des Kosmetikherstellers erscheint die Vergabe des Merkmalswerts 2 im Scoring-Modell als gerechtfertigt.

Als nächstes Soll-Kriterium wird die Komplementarität des Volumen-Gewicht-Verhältnisses untersucht. Wasch- und Reinigungsmittel sind gewichtsgetriebene Produkte, so dass sie besonders geeignet sind, mit den eher volumengetrieben Kosmetikprodukten transportiert zu werden. Deshalb wird im Scoring-Modell der Merkmalswert 3 vergeben.[20] Die Klebstoffprodukte können als volumengetrieben eingestuft werden. Insofern weisen sie nur eine schwache Komplementarität zu Kosmetika auf, weshalb der Merkmalswert 2 zugeordnet wird.

Schließlich wird die Eignungsprüfung abgeschlossen, indem die Höhe der Sendungsfrequenz beurteilt wird. Wird die Anzahl Sendungen pro Jahr als Indikator herangezogen, so hat der Wasch- und Reinigungsmittelhersteller mit 51.571 Sendungen weniger als die Hälfte Sendungen im Vergleichszeitraum wie das Referenzunternehmen und der der Hersteller von Konsumentenklebstoffen mit 29.233 Sendungen nochmals weniger. Entsprechend wird dem Wasch- und Reinigungsmittelhersteller der Merkmalswert 2 und dem Klebstofflieferanten der Merkmalswert 1 zugeordnet.

Hiermit ist die Einstufung nach den Soll-Kriterien abgeschlossen und die Vorteilsreihenfolge bestimmt. Von den beiden potenziellen Kooperationspartnern eignet sich der Hersteller von Wasch- und Reinigungsmitteln mit 9 Zählern (4+3+2) stärker als der Hersteller von Konsumentenklebstoffen mit lediglich 5 Zählern (2+2+1). Entsprechend wird im Folgenden eine Zusammenarbeit mit dem Hersteller von Wasch- und Reinigungsmitteln näher untersucht.

3.3 Berechnung der Kooperationsvorteile

Zur Berechnung der Kooperationsvorteile aus der Perspektive des Kosmetikherstellers werden die zwei Kooperationsalternativen ab Zentrallagerstandort und ab Umschlagpunkt simuliert, mit dem Szenario separater Leistungserstellung verglichen und schließlich mittels des vorgestellten Verteilungsalgorithmus die Einsparungen für das Referenzunternehmen berechnet.

---

[20] Der Merkmalswert 4 wird hier nicht vergeben, da keine vollständige Komplementarität gegeben ist. Wasch- und Reinigungsmittel sind klar gewichtsgetrieben, wohingegen die Kosmetika des Referenzunternehmens lediglich geringfügig volumengetrieben sind.

Wie aus der folgenden Tabelle ersichtlich wird, können durch die Kooperation ab Zentrallagerstandort die Transportkosten um 8,4 % oder 936 T€ reduziert werden. Die Zusammenarbeit ab Umschlagpunkt führt zu Einsparungen von 2,9 % oder 50 T€.[21]

Art	Eckdaten	Einheiten	separat	kooperativ	Delta absolut	Delta relativ
Kooperation ab ZL	Sendungen	#	170.283	161.367	-8.916	-5,2%
	Ø Sendungsgröße	Tonnen	0,817	0,843	0,026	3,2%
	Transportkosten	T-€	11.195	10.259	-936	-8,4%
Kooperation ab UP	Sendungen	#	154.113	149.620	-4.493	-2,9%
	Ø Sendungsgröße	Tonnen	0,313	0,323	0,009	3,0%
	Transportkosten	T-€	3.988	3.939	-50	-1,2%

Tabelle 1: Berechnung der Kooperationsvorteile, eigene Darstellung

Aufgrund der Kooperation können in beiden Fällen gemeinsame Transporte vorgenommen, hierdurch Einzeltransporte eingespart und die durchschnittliche Auslastung der Transportfahrzeuge erhöht werden.[22] Im Falle der Kooperation ab Zentrallagerstandort können 8916 Transporte gemeinsam durchgeführt werden, wodurch die Sendungsgröße um 3,2 % steigt. Die Reduktion der Transportkosten fällt mit 8,4 % deutlich höher aus. Dies liegt vor allem darin begründet, dass in 130 Fällen sogar ein Transport über Umschlagpunkte in einen Direkttransport vom Zentrallager zum Kunden überführt werden könnte. Hierdurch werden die Umschlagkosten und die zusätzlich anfallenden Transportkilometer eingespart.[23]

Wendet man nun den Allokationsschlüssel relative Kosteneinsparung transaktionsbezogen an, dann ergibt sich für den Kosmetikhersteller im Falle der Kooperation ab Zentrallagerstandort eine Einsparung von 584 K€ oder 7,4 % und im Falle der Kooperation ab Umschlagpunkt 26 K€ oder 1,0 %.[24]

---

21 Die berechneten Einsparungen beinhalten bereits die mit der Kooperation verbundenen Kosten.

22 Notwendige Bedingung für den gemeinsamen Transport ist, dass die Produkte vom gleichen Startpunkt (Zentrallager oder Umschlagpunkt) zum gleichen Endpunkt (Kunde) im selben Transportfahrzeug befördert werden können. Die hinreichende Bedingung ist, dass die Waren des Referenzunternehmens und des Kooperationspartners zur gleichen Zeit zum selben Kunden geliefert werden müssen. Es handelt sich also um eine zufällige Übereinstimmung der Liefertermine. Wird die Kooperationsintensität dahingehend erhöht, dass die Kooperationspartner auch ihre Liefertermine abstimmen, dann können sogar deutlich höhere Synergiepotenziale erschlossen werden.

23 Vor dem Hintergrund der Zielsetzung nachhaltigen Wirtschaftens könnte die Nutzenbilanz um Angaben zur Reduktion von CO2-Emissionen ergänzt werden.

24 Diese Einsparungsbeträge weichen von den relativen Einsparung in Höhe von 8,4% bei Zentrallager und 1,2% bei Umschlagpunkt als Startpunkt der Zusammenarbeit ab, da der Allokationsschlüssel für jede Sendung einzeln, also transaktionsbezogen, angewandt wird.

4 Schluss

Die ermittelten Ergebnisse zeigen exemplarisch, dass Versender-Kooperationen als interorganisatorisches Gestaltungsmittel in der Konsumgüterlogistik signifikante Synergiepotenziale aufweisen können.

Die durch Sendungsbündelung erzielte Verbesserung der Kapazitätsauslastung führt dabei nicht nur zu niedrigeren Logistikkosten, sondern zugleich zu einer geringeren Umweltbelastung. Es können ökonomische und ökologische Ziele gleichermaßen verfolgt werden. Damit empfehlen sich Versender-Kooperationen gerade auch in der aktuellen Diskussion um Klimaschutz und Reduktion von CO2-Emissionen als innovatives, interorganisatorisches Gestaltungsmittel in der Logistik.[25]

Literaturverzeichnis

Bahrami, K. (2003): "Horizontale Transportlogistik-Kooperationen. Synergiepotenzial für Hersteller kurzlebiger Konsumgüter", Wiesbaden 2003

Bahrami, K.; Petzinna, T. (2009): "Strategische Logistiknetzwerke in der Konsumgüterdistribution", Albers, S. und Reihlen, M. (Hrsg.): Management integrierter Wertschöpfungsnetzwerke, Werner Delfmann zum 60. Geburtstag, Kölner Wissenschaftsverlag, Köln, 2009.Wiesbaden 2003, S.165-185.

Cruijssen, F.; Cools, M.; Dullaert, W. (2007): „Horizontal cooperation in logistics: Opportunities and impediments. Transportation Research. Part E, Logistics & Transportation Review 43 (2): S.129-142.

Delfmann, W. (2000): "Netzwerkmodell", in: Gabler Lexikon Logistik. Management logistischer Netzwerke und Flüsse, hrsg. v. Klaus, P. und Krieger, W., Wiesbaden, 2.Aufl., 2000, S.375-376.

Erdmann, M. (1999): "Konsolidierungspotentiale von Speditionskooperationen – eine simulationsgestütze Analyse", Wiesbaden, Gabler, 1999.

Jarillo, J. C.; Ricard, J. E. (1987): "Sustaining Networks", in: Interfaces, Vol.17, No.5, 1987, S.82-91.

Karp, P. (2004): "Logistik in der Konsumgüterindustrie", in Klaus, P. und Krieger W. (Hrsg.): Gabler Lexikon Logistik. Management logistischer Netzwerke und Flüsse, Wiesbaden, 2004, S.307-312.

Kraftfahrt-Bundesamt (2009): "Verkehr deutscher Lastkraftfahrzeuge Güterbeförderung, Eigenschaften der Ladung Jahr 2008", Statistische Mitteilungen des KBA und des BAG, veröffentlicht im August 2009.

Krause, K.; Bahrami, K. (2006): "Strategische Kundenselektion zur Erzielung von Synergieeffekten für Transportdienstleister", in: logistik management, 8.Jg., Ausg.1 2006, S. 28-39.

Lehner, U. (2007): "Henkel: Innovationen sind der Schlüssel zur Nachhaltigkeit", Presseinformation vom 14. September 2007 anlässlich der Wirtschaftspressekonferenz bei Henkel, http://www.henkel.de/investor-relations/nachrichten-berichte-10397_20070914-henkel-innovationen-sind-der-schluessel-zur-9967.htm.

Lehner, U. (2006): "Business Ethics as a Management Intrument - Vision, Values and Code of Conduct at Henkel", in: Heningfeld, J. et al (Hrsg): The ICCA Handbook on Corporate Social Responsibility, West Sussex, S.277-306.

---

[25] Vgl. Lehner (2007), S.1, der Innovationen als Schlüssel zur Nachhaltigkeit versteht.

Lehner, U. (2003): "Globale Unternehmen brauchen globale Strukturen – Globalisierung: Mittel zur Leistungssteigerung und Kostenoptimierung?", in: Horváth, P. (Hrsg.): Performancesteigerung und Kostenoptimierung. Neue Wege und erfolgreiche Praxislösungen, Stuttgart, Schäfer-Poeschel, 2003, S.167-198.

Lehner, U.; Nuhn, H. (2007): "Due Diligence in Asien." In: Berens, W.; Brauner, H. U.; Strauch, J. (Hrsg.): Due Diligence bei Unternehmensakquisitionen. 4.Aufl. Stuttgart, Schäffer-Poeschel, 2005, S.717-754.

Lehner, U./Florenz, P. (2003): "Supply Chain Controlling" bei Henkel in Supply Chain Konzepte in Unternehmenspraxis, Stoelzle W./Otto A.: Supply Chain Controlling in Theorie und Praxis, Wiesbaden, Gabler, 2003, S.141-171.

Pfohl, H.-C. (2004a): "Logistikmanagement: Funktionen und Instrumente, Implementierung der Logistikkonzeption in und zwischen Unternehmen", 2. Aufl., Berlin et al., Springer, 2004.

Pfohl, H.-C. (2004b): "Logistiksysteme. Betriebswirtschaftliche Grundlagen", 7. Aufl., Berlin et al., Springer, 2004.

Schulz, S. F. (2009): "Disaster Relief Logistics: Benefits of and Impediments to Horizontal Cooperation between Humanitarian Organizations", Bern, Haupt, 2009.

Philipp Gallus*

Vertikale Leistungsbeziehungen im Regionalflugverkehr – Theoriegeleitete Bestimmung effizienter Leistungsbeziehungen in der Wartung und Überholung von Regionalflugzeugen

---

* Philipp Gallus studierte an der Technischen Universität Darmstadt sowie an der Universität in Linköping (Schweden) Wirtschaftsingenieurwesen (Fachrichtung Maschinenbau) und arbeitet seit April 2006 am Fachgebiet Unternehmensführung & Logistik bei Prof. Dr. Dr. h.c. Hans-Christian Pfohl. Seine Forschungsschwerpunkte liegen in den Bereichen Verkehrswirtschaft, Airlinemanagement sowie Supply Chain Risikomanagement und Logistik.

1 Problemstellung

Effizienzsteigerung und Kosteneinsparung. Zwei Schlagworte, die nicht zuletzt aufgrund der derzeitigen wirtschaftlichen Situation ganz oben auf der Agenda von Unternehmen stehen. Insbesondere stehen Regionalfluggesellschaften, die entweder selbständig oder als Partner eines großen Netzwerkcarriers dezentrale Strecken bedienen, vor der Notwendigkeit, ihre vertikale Unternehmenskonfiguration wettbewerbsfähig zu gestalten. Dahinter steckt die Frage nach der Vorteilhaftigkeit unterschiedlicher Koordinationsformen der Leistungserstellung.
Die zur Leistungserstellung „Regionalflug" zu verrichtenden Teilaufgaben benötigen eine Vielzahl von Ressourcen und Akteuren. Je nach Umfang und Komplexität dieser Aufgaben kann sich die Notwendigkeit zur Aufgabenteilung, d. h. zum Fremdbezug von (Teil-) Leistungen ergeben. Um bei arbeitsteiliger Leistungserstellung das Unternehmensgesamtziel sicherzustellen, müssen zusätzliche Koordinationsleistungen erbracht werden, die über Beziehungen zwischen den einzelnen Akteuren abgewickelt werden. Geschaffen werden solche koordinierenden Beziehungen durch Transaktionen.[1] Die Vorteilhaftigkeit unterschiedlicher Koordinationsformen arbeitsteiliger Systeme kann mit Hilfe der Transaktionskostentheorie erklärt werden.
Der vorliegende Beitrag befasst sich mit Make-or-Buy Entscheidungen von Wartungs- und Überholungsaufgaben im Regionalflugverkehr aus der Perspektive der Transaktionskostentheorie (TKT). Der praxisorientierten, problemlösenden Tradition der Betriebswirtschaftslehre folgend,[2] wird der Frage nachgegangen, ob die TKT dem Entscheidungskalkül der Fremd- oder Eigenerstellung von Wartungs- und Überholungsaufgaben im Regionalflugverkehr zugrunde gelegt werden kann. Ziel dabei ist die Überprüfung der organisatorischen Effizienz aus transaktionskostentheoretischer Sicht.
Nach einer Betrachtung der Produktionskosteneffizienz als Ausgangspunkt von Make-or-Buy-Entscheidungen, behandelt *Kapitel 2* das Markt-Hierarchie-Kontinuum sowie die Grundlagen der TKT. In *Kapitel 3* werden die wesentlichen Einflussgrößen auf die Höhe des Transaktionskostenniveaus kurz beschrieben, bevor diese in *Kapitel 4* für die Funktion „Wartung & Überholung" von Regionalflugzeugen auf ihre Ausprägung hin analysiert werden. Dabei kann nicht das gesamte Aufgabenspektrum analysiert werden, sondern die Analyse konzentriert sich beispielhaft auf die kosten- und arbeitsintensivsten Kernaktivitäten Line Maintenance, Heavy Maintenance und Triebwerksüberholung. Der Beitrag schließt in *Kapitel 5* mit einer Diskussion der Implikationen für die Gestaltung vertikaler Leistungsbeziehungen in der Wartung und Überholung von Regionalflugzeugen und gibt einen Ausblick auf weitere Forschungsfragstellungen die die Ergebnisse aufwerfen.

---

1 Vgl. Picot (1982), S. 269. Ursprünglich geht der Begriff „Transaktion" auf Commons (1931) zurück. Vgl. Ebenda, S. 652.

2 Vgl. Albach (1999), S. 412.

2 Entscheidungsproblem zwischen Eigenerstellung und Fremdbezug

2.1 Produktionskostendifferential und Gesamtkostenvergleich

Im Vordergrund der Entscheidung über Eigenerstellung (make) oder Fremdbezug (buy) von Leistungen steht traditionell das *Produktionskostendifferential*.[3] Grundvoraussetzung zur Ermittlung eines Produktionskostendifferentials ist das Vorliegen von Märkten und die Möglichkeit, die Funktion überhaupt auszugliedern. Ist diese Voraussetzung erfüllt, kann ein Vergleich der Produktionskosten bei interner und externer Produktion erfolgen.[4] Das Produktionskostendifferential wird hier als Differenz der Produktionskosten bei integrierter und weniger integrierter Leistungserstellung definiert. Eine positive Differenz drückt dabei die Vorteilhaftigkeit des externen (weniger integrierten) Leistungsbezuges aus. Das Entscheidungskalkül umfasst i. d. R.[5] Größenvorteile (economies of scale), Verbundvorteile (economies of scope) sowie Lohnkostenvorteile als die drei wesentlichen Determinanten des Produktionskostendifferentials. Bei externer Produktion (Fremdbezug) stellen die Produktionskosten Fremdbezugskosten dar. Produktionskosten bei Eigenerstellung sind zum einen die Kosten für alle Inputfaktoren (inkl. eventueller Vorleistungen), Opportunitätskosten für den Einsatz eigener Inputfaktoren (z. B. Managementressourcen) sowie die Kosten für die Bereitstellung von Produktionskapazitäten (Kosten des Auslastungsrisikos).[6] Unberücksichtigt bleiben bei dieser klassischen Sichtweise die Koordinationskosten[7], die zusätzlich zu den Produktionskosten im Unternehmen entstehen. Effizienzunterschiede zwischen der Eigenerstellung und dem Fremdbezug ergeben sich aufgrund des additiven Charakters der Koordinationskosten. Diese Kosten für die sachliche und zeitliche Koordination der verschiedenen eingebundenen Leistungsbereiche sowie die Kosten zur Überwindung von Schnittstellen zwischen internen Bereichen oder zwischen Unternehmen sind bei einer Make-or-Buy Entscheidung zwingend zu berücksichtigen.[8] Ausschlaggebend für eine Make-or-Buy Entscheidung ist also ein Gesamtkostenvergleich, bei dem umfassend alle Kostendifferenzen jeweils bei Integration oder Zukauf von bestimmten Leistungen sorgfältig abgewogen werden.[9] Im Vordergrund der Make-or-Buy Entscheidung steht somit die Bewertung der Effizienz alternativer Beziehungen zwischen den einzelnen im Unternehmen verselbständigten Leistungsbereichen sowie zwischen dem Unternehmen und den externen Leistungsanbietern unter spezieller Berücksichtigung der durch den Leistungsaustausch verursachten Kosten.[10] Dabei ist ein positives Produktionskostendifferential lediglich eine not-

---

3 Vgl. z.B. Meyer (1997), S. 15.

4 Vgl. Männel (1981), S. 41ff.; Fuchs (1994), S. 6. Siehe auch Picot (1991), S. 340f.

5 Für eine exakte, umfassende Betrachtung von Produktionskostenvorteilen würde auch Fixkosten, Auslastungsrisiken und mangelnde Anreizsysteme bei Eigenerstellung eine Rolle spielen.

6 Vgl. Meyer (1997), S 16.

7 Koordinationskosten sind hier zunächst als Oberbegriff zu verstehen, der die in Kapitel 3 behandelten „Transaktionskosten" (= Kosten der Koordination der Leistungserstellung über Märkte) als auch die Organisationskosten (= Kosten der Koordination im Unternehmen) umfasst.

8 Vgl. Meyer (1992), S. 102f.

9 Vgl. Rennings (1992), S. 28f.

10 Vgl. Osegowitsch/Madhok (2003), S. 27.

wendige Bedingung für eine Fremdvergabe der Leistungserstellung. Hinreichende Bedingung für eine effiziente (kostenoptimale) Organisationsform ist die Transaktionskosteneffizienz der entsprechenden Leistungsbeziehung. Erst die explizite Berücksichtigung von Transaktionskosten lässt eine Erklärung bzw. Entscheidung für „hybride" institutionelle Arrangements zwischen Markt und Hierarchie zu.

2.2 Entscheidungsalternativen zwischen Markt und Hierarchie

Märkte und Hierarchien stellen zwei gegensätzliche Organisations- bzw. Koordinationsformen wirtschaftlichen Handelns dar. Die klassische (produktionskostenorientierte) Betrachtungsweise des wirtschaftlichen Handelns war lange Zeit von dieser Markt-Hierarchie-Dichotomie geprägt. Allerdings vermögen die beiden Koordinationsmechanismen nicht die ökonomische Realität komplett zu erfassen.[11] Zwischen ihnen gibt es eine Reihe von hybriden Koordinationsformen, die sowohl marktliche als auch hierarchische Elemente aufweisen (vgl. Abbildung 1).

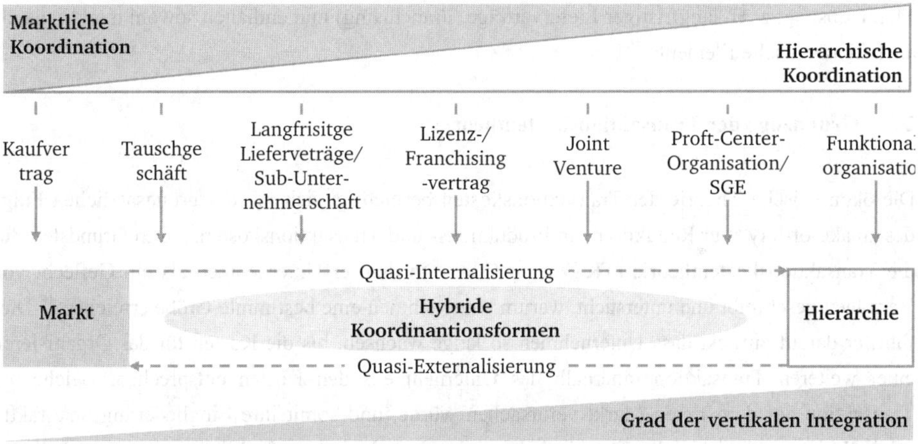

Abbildung 1: Das Markt-Hierarchie-Kontinuum. Quelle: mit geringfügigen Änderungen entnommen aus: Sydow (1992), S. 104.

In der Koordinationsform *Markt* wird eine Transaktion zwischen zwei Partnern durch vertragliche Vereinbarungen abgewickelt, die Leistung- und Gegenleistung genau spezifizieren. Solche Verträge können z. B. Kauf- oder Dienstleistungsverträge sein. Ein wichtiges Kennzeichen des Marktes ist die Steuerung über den Preismechanismus und die kompetitive Ausprägung der Beziehungen zwischen den Beteiligten an der Leistungsübertragung. Die Benutzung von Märkten verursacht

---

11 Auch im Transaktionskostenansatz ist inzwischen die Vorstellung einer strikten Dichotomie zwischen Markt und Hierarchie teilweise überwunden worden. Vgl. Williamson (1985), S. 16, 83. Die ökonomische Theorie der Transaktionskosten beschäftigt sich mit der grundsätzlichen Frage des make-or-buy (und den nötigen Überwachungsstrukturen) zur Reduktion von Produktions- und Transaktionskosten.

Kosten. Ursache dafür ist, dass die einzelnen Marktteilnehmer z. B. zur Informationsbeschaffung und zur Identifizierung potenzieller Handelspartner Zeit und Ressourcen aufwenden müssen.[12] Bei der *hierarchischen* Koordinationsform ist die gesamte Leistungserstellung in das Unternehmen integriert, d. h. sie wird zentral organisiert. Die Errichtung hierarchischer Koordinationsformen ist darauf zurückzuführen, dass der marktliche Preismechanismus nicht ohne die Entstehung von Kosten funktioniert und die Zusammenlegung von Ressourcen in Unternehmen die Effizienz steigern kann. Hierarchische Koordinationsformen weisen gegenüber dem Markt Vorteile durch ausgeprägte Verfügungs-, Kontroll- und Sanktionierungsmöglichkeiten auf. Dagegen verfügen Märkte aufgrund des Preismechanismus über günstigere Anreizeigenschaften.[13] Ein weiterer Unterschied sind die administrativen Kontrollmöglichkeiten. Bei der hierarchischen Koordinationsform wird eine vertragliche Festschreibung der zu erbringenden Arbeitsleistungen nicht exakt vollzogen. In der marktlichen Koordinationsform hingegen müssen stets vollständige Kontrakte vorliegen.[14] *Hybride Koordinationsformen* werden entsprechend dem vertikalen Integrationsgrad unterteilt.[15] Sie bilden sich durch Quasi-Externalisierung (von der Hierarchie-Lösung ausgehend: z. B. Profit-Center, Joint Venture) oder durch eine Quasi-Internalisierung (ausgehend von einer Markt-Lösung: z. B. langfristiger Lieferverträge, Franchising) und enthalten sowohl marktliche als auch hierarchische Elemente.[16]

2.3 Grundzüge der Transaktionskostentheorie

Die ökonomische Theorie der Transaktionskosten beschäftigt sich mit der grundsätzlichen Frage des „make-or-buy" zur Reduktion von Produktions- und Transaktionskosten.[17] Den Grundstein für die Transaktionskostentheorie (TKT) legte COASE in dem er Unternehmen als ein Geflecht von Verträgen beschreibt und untersucht, warum Unternehmen eine bestimmte Größe erreichen.[18] Dies führt er darauf zurück, dass Unternehmen so lange wachsen, bis die Kosten für das Organisieren einer weiteren Transaktion innerhalb des Unternehmens den Kosten entsprechen, welche die Transaktion auf dem freien Markt verursachen würde, und somit ihre Eingliederung unattraktiv wird. WILLIAMSON[19] hat die Theorie in den siebziger Jahren maßgeblich weiterentwickelt. Im Mittelpunkt steht die Frage, mit welcher Koordinationsform (Markt, Hierarchie, Hybridform) eine Transaktion am effizientesten, d. h. mit möglichst geringen Transaktionskosten, abgewickelt werden kann. Unter einer *Transaktion* ist die Übertragung von Verfügungsrechten[20] an Gütern und

12 Vgl. Kürble (2005), S. 12.
13 Vgl. Williamson (1991), S. 20f.; Powell (1990), S. 302; Hennart (1983), S. 531f.
14 Vgl. Fuchs (1994), S. 87.
15 Vgl. Picot/Reichwald/Wigand (2003), S. 53.
16 Vgl. Powell (1990), S. 297; Sydow (1992), S. 134; Hennart (1983), S. 538ff.
17 Vgl. z.B. Williamson (1979), S. 233ff., Bössmann (1983), S. 107-110.
18 Coase (1937).
19 Vgl. Williamson (1975) und Williamson (1985).
20 Unter Verfügungsrechten versteht man die Einzelrechte zur Nutzung von Sachen, zum Einbehalt ihrer Erträge, zur Veränderung ihrer Form und Substanz sowie zur Veräußerung an Dritte, vgl. Rennings (1992), S. 15.

Dienstleistungen im Rahmen einer Vereinbarung über eine wechselseitige Aufgabenerfüllung zwischen Organisationen zu verstehen.[21] Voraussetzung für Transaktionen ist die Existenz eines institutionellen Rahmens, der die Art der Vereinbarung, die Abwicklung, die Kontrolle und die Durchsetzung des künftigen Tausches eingrenzt.[22] Das breite Anwendungsspektrum von Transaktionen macht deutlich, welcher Stellenwert *Transaktionskosten* in der wissenschaftlichen Theorie beigemessen wird, der die Prämisse zugrunde liegt *„[...] dass jedes Problem, das entweder als Vertragsproblem entsteht oder als solches darstellbar ist, sich vorteilhaft unter dem Gesichtspunkt der Transaktionskosten analysieren lässt"*[23]. ANTLITZ bezeichnet den Transaktionskostenansatz als einen Ansatz, der *„in den letzten Jahrzehnten [...] beachtliche Aufmerksamkeit in der Erklärung vertikaler Unternehmensgrenzen ebenso wie (vertikaler) interorganisationaler Arrangements erlangt hat."*[24] Auch nach PROBERT sind Transaktionskosten *„ein bestimmender Faktor"*[25] bei der Suche nach optimalen Make-or-Buy-Entscheidungen. Trotz dieser herausragenden Stellung liegt bislang keine einheitliche Definition von Transaktionskosten vor.[26] Eine weit verbreitete Differenzierung von Transaktionskosten unterscheidet in *Kosten der Anbahnung* (z. B. Kosten, die bei der Suche nach potenziellen Marktpartnern entstehen; Kommunikations- und Beratungskosten; bestimmte Gemeinkosten von Einkauf, Vertrieb und Entwicklung), *Kosten der Vereinbarung* (z. B Verhandlungs- und Vertragserstellungskosten, Rechtsberatungskosten, Abstimmungs- und Planungskosten zwischen Vertrieb, Entwicklung, Produktion und Einkauf), *Kosten der Abwicklung* (z. B. Steuerungs- und Managementkosten der Führung und Koordination), *Kosten der Anpassung* (z. B. Zusatzkosten durch nachträgliche qualitative, quantitative, preisliche oder terminliche Änderungen) und *Kosten der Kontrolle* (z. B. Kosten der Termin- und Qualitätsüberwachung).[27]

Die Höhe der Transaktionskosten ist – neben den weiter untern näher beschriebenen Eigenschaften von Transaktionen – abhängig vom Verhalten der Vertragspartner.[28] Die TKT unterstellt zum einen, begrenzte Rationalität sowie Opportunismus der Vertragspartner.[29] Beides führt zu Transaktionskosten. Im Gegensatz zur neoklassischen Theorie wird berücksichtigt, dass die Vertragspartner eine begrenzte Informationsaufnahme- und Informationsverarbeitungsfähigkeit besitzen und

---

21 Vgl. Sydow (1992), S. 130.
22 Vgl. Picot (1981), S. 4.
23 Williamson (1990), S. X.
24 Antlitz (1999), S. 2.
25 Probert (1996), S. 44.
26 Vgl. Bössmann (1983), S. 107; Picot (1982), S. 270.
27 Vgl. z.B. Antlitz (1999), S. 2; Picot (1991), S. 344; Picot/Dietl/Franck (2005), S. 57.
28 Zusätzlich wird die Höhe des Transaktionskostenniveaus auch noch von *rechtlichen* und *technischen Rahmenbedingungen* beeinflusst. Unter die *rechtlichen Rahmenbedingungen* fallen sowohl Vereinfachungen als auch Erschwerungen einer Transaktion. Vgl. Picot (1982), S. 292. Die Wirkungen solcher Rahmenbedingungen sind vor allem dann von Bedeutung, wenn internationale Vergleiche von Unternehmen durchgeführt werden oder der Leistungserstellungsprozess in großem Maß von gesetzlichen Vorgaben beeinflusst ist, wie dies z.B. beim Betrieb und der Wartung/Überholung von Flugzeugen der Fall ist. *Technologische Rahmenbedingungen* begünstigen tendenziell die unternehmensinterne Leistungserstellung, da der Transfer von Wissen (human skills) nur mit erheblichem Kostenaufwand durchgeführt wer den kann. Vgl. Teece (1983), S. 39ff.
29 Mit der Annahme begrenzter Rationalität wird eine wichtige Stärke der Transaktionskostentheorie deutlich, indem sie nämlich versucht, die klassische Theorie der Wirtschaftssysteme, die traditionelle Organisationstheorie und die verhaltenswissenschaftliche Organisationstheorie miteinander zu verbinden.

damit nicht vollkommen informiert sind. In der Konsequenz lassen sich komplexe Situationen nicht exakt spezifizieren, weshalb die geschlossenen Verträge immer unvollkommen sind.[30] Nachträgliche Überwachung und Anpassung unvollständiger Vertragsbeziehungen kann schließlich zu Transaktionskosten führen.[31] Die Annahme opportunistischen Verhaltens unterstellt, dass die Vertragspartner ihren Individualnutzen auch auf Kosten des Vertragspartners, z. B. durch Täuschung oder List, maximieren. Insbesondere bei der Nachverhandlung von Verträgen offenbart sich Opportunismus, beispielsweise durch das Verheimlichen von Präferenzen oder durch unvollständige oder verzerrte Informationsweitergabe.[32] Die Absicherung gegen Opportunismus kann in der Praxis durch Sicherungsklauseln oder Anreize (z. B. Treueprämien) erfolgen, was ebenfalls in höheren Transaktionskosten resultiert.
Da die direkte Messung der Transaktionskosten aufgrund der Vielschichtigkeit schwer möglich ist, erfolgt eine Orientierung an den Eigenschaften bzw. Dimensionen einer Transaktion.[33] Dazu zählen insbesondere die *Spezifität* von Investitionen, die *Unsicherheit* über das Verhalten der Transaktionspartner bzw. die *Komplexität* der Transaktionsumgebung sowie die *Häufigkeit*, mit der sich Transaktionen wiederholen.[34]

3 Entscheidungsrelevante Transaktionskostendimensionen und Beurteilungsschema

3.1 Spezifität

Spezifität (Asset Specificity) des Leistungsaustauschs bezeichnet den Grad der spezifischen, dem Inhalt und Partner angepassten Investitionen in eine Leistungsbeziehung. Spezifität ist ein Maß[35] für den transaktions- und partnerspezifischen Zuschnitt des Leistungsaustauschs.[36] Je höher die Spezifität einer Investition, desto geringer ist die alternative Verwendungsmöglichkeit und desto größer ist die Abhängigkeit (Ausbeutungsgefahr), in die sich ein Transaktionspartner durch diese Investition begibt. WILLIAMSON unterscheidet vier Formen der Spezifität:[37] *Standortspezifität* (site specificity), die sich auf die räumliche Lage von Investitionen in ortsgebundene Anlagen bezieht; *Spezifität des Sachkapitals* (physical asset specificity), d. h. Investitionen in spezifische Maschinen, Anlagen und Technologien; *Spezifität des Humankapitals* (human asset specificity), d. h. Investitionen zum Aufbau spezifischen Erfahrungswissens des Personals u. a. durch Mitarbeiterqualifikationen; sowie *Spezifität von zweckgebundenen Sachwerten* (dedicated asset specificity),

---

30 Vgl. Picot/Dietl/Franck (2005), S. 16. Siehe auch Bühner (2004), S. 116f.
31 Vgl. Williamson (1990), S. 52.
32 Vgl. Williamson (1990), S. 64ff.
33 Vgl. Williamson (1990), S. 59ff.
34 Vgl. Williamson (1990), S. 59ff.; de Pay (1989), S. 16; Picot (1982), S. 271ff.
35 Der Grad der Spezifität wird durch die sogenannte Quasi-Rente bestimmt. Sie ist die Erlösdifferenz zwischen der erst- und zweitbesten Verwendung der Investition. Vgl. Picot/Dietl/Franck (2005), S. 59; Klein/Crawford/Alchian (1978), S. 298.
36 Vgl. Bausch (2003), S. 129.
37 Vgl. Williamson (1990), S. 62; Picot/Reichwald/Wigand (2003), S. 51.

womit Vermögensgegenstände bzw. unspezifische Anlagen in Abstimmung auf spezielle Kundenbeziehungen bzw. zur Herstellung abnehmerspezifischer Produkte gemeint sind. Aus einer anfänglichen Marktbeziehung kann sich aufgrund spezifischer Investitionen folglich eine gegenseitige Abhängigkeit ergeben. Diese als „lock-in" Effekt bezeichnete Situation führt dazu, dass eine Vertragsauflösung bzw. Nichtverlängerung zum Untergang der spezifischen Investition führen würde.[38] Aus transaktionskostentheoretischer Sicht lässt sich somit die folgende Empfehlung formulieren: *Je höher die transaktionsspezifischen Investitionen, desto eher bietet sich eine vertikale Integration der Leistungserstellung an.*

3.2 Unsicherheit

Das Merkmal der Unsicherheit über Verlauf, Erfolg und Modalitäten einer Transaktion stellt einen Zukunftsbezug her und berücksichtigt die Schwierigkeit, ex-ante nicht alle Entwicklungen vertraglich berücksichtigen zu können.[39] Unsicherheit kann in *parametrische Unsicherheit* (Umweltunsicherheit) und *Verhaltensunsicherheit* unterteilt werden.[40] Unter zunehmender *Umweltunsicherheit* gestaltet sich der Prozess der Vertragsschließung komplizierter, da die Akteure aufgrund ihrer begrenzten Rationalität nicht alle Umweltfaktoren vorhersehen und beeinflussen können.[41] Nach Vertragsabschluss können Anpassungen an veränderte Rahmenbedingungen notwendig sein, die hohe Kosten verursachen. Unter der *Verhaltensunsicherheit* wird die Unsicherheit über das strategische und möglicherweise opportunistische Verhalten der Vertragspartner verstanden.[42] Die Verhaltensunsicherheit wird durch unterschiedliche Informations- und Wissensstände der Akteure sowie Wertvorstellungen und Kommunikationsmängel beeinflusst. In engem Zusammenhang mit der Umweltunsicherheit steht die *Komplexität* der abzuwickelnden Transaktionen.[43] Komplexität beschreibt eine zwar sichere, durch ihre diffizilen Zusammenhänge jedoch nicht überschaubare Situation zahlreicher Einflussfaktoren und Ergebnisse. Im Ergebnis führt die Ausprägung der Merkmale Unsicherheit bzw. Komplexität bei einer Transaktion zu einer verminderten Beschreibbarkeit, einer erschwerten Messbarkeit und zu einer gestiegenen Opportunismusgefahr.[44] Die Empfehlung lautet daher: *Mit steigender Unsicherheit bzw. Komplexität sollte die Leistungserstellung hierarchisch organisiert sein. Bei geringer Unsicherheit bietet es sich an, die Leistungen über den Markt zu beziehen.*

---

38 Vgl. Williamson (1979), S. 240; Bössmann (1983), S. 109.
39 Vgl. Picot/Dietl/Franck (2005), S. 59.
40 Vgl. Windsberger (1996), S. 30.
41 Vgl. Martiensen (2000), S. 23.
42 Vgl. Williamson (1993), S. 15.
43 Vgl. Williamson (1975), S. 22ff.; Wolff (2000), S. 37.
44 Vgl. Meyer (1992), S. 107.

3.3 Häufigkeit

Die *Häufigkeit* einer Transaktion hat wesentlichen Einfluss auf die Höhe der Transaktionskosten. Aufgrund von Economies of Scale sinken diese nämlich mit zunehmender Häufigkeit der Transaktion.[45] Regelmäßig wiederkehrende Transaktionen rechtfertigen spezifische Investitionen. Allerdings wirkt das Kriterium bei spezifischen Investitionen nicht eindeutig auf die Markt- oder Unternehmenslösung. Zum einen erhöht sich die Abhängigkeit bei Fremdbezug, zum anderen führen langfristige Geschäftsbeziehungen zu sinkenden Transaktionskosten, weil sich mit der Zeit Lerneffekte einstellen, die sich insbesondere positiv auf die Formulierung und Aushandlung von Verträgen sowie auf die Effizienz von Kontrollen auswirken.[46]

3.4 Beurteilungsschema

Aus Transaktionskostensicht gibt es – je nach Ausprägung der oben skizzierten transaktionskostenrelevanten Dimensionen – ein zweckmäßiges institutionelles Arrangements auf dem Markt-Hierarchie-Kontinuum, bei dem die Transaktionskosten der Leistungserstellung minimal sind. WILLIAMSON argumentiert, dass bei eingeschränkter Rationalität und Opportunismusgefahr die Transaktionskosten bei Marktkoordination umso höher sind, je größer die Spezifität, die Unsicherheit und die Transaktionshäufigkeit sind.[47] Das bedeutet bei wiederkehrenden Leistungsbeziehungen, dass mit steigender Spezifität und Umweltunsicherheit bzw. Komplexität die Tendenz zur vertikalen Integration zunimmt.[48] Die folgende Abbildung verdeutlicht diesen Zusammenhang für die Faktoren Spezifität und Unsicherheit bzw. Komplexität.
Aus der Beurteilungsmatrix leiten sich für gegebene Ausprägungen der Kriterien Spezifität und Unsicherheit bzw. Komplexität effiziente institutionelle Arrangements ab. Die Übergänge zwischen den einzelnen Bereichen fallen in Wirklichkeit aber nicht so scharf aus, sondern sind eher fließend.

---

45 Ecomomies of scale der Vertragsschließung lassen sich zurückführen auf die mit zunehmender Anzahl der Transaktionen einhergehende gegenseitig Vertrauensbildung zwischen den Vertragspartnern.
46 Vgl. Picot (1982), S. 272.
47 Vgl. Williamson (1975).
48 Vgl. Powell (1990), S. 296f.

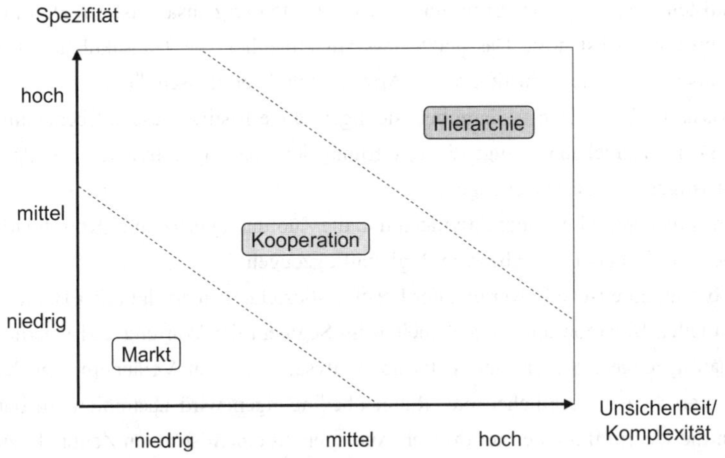

Abbildung 2: Bewertungsmatrix in Abhängigkeit der Kriterien Spezifität und Unsicherheit bzw. Komplexität.

4 Transaktionskostenorientierte Bewertung der Leistungsbeziehungen in der Wartung und Überholung von Regionalflugzeugen

4.1 Untersuchungsprämissen

Mit den Grundlagen der TKT sind die notwendigen Voraussetzungen für die transaktionskostenorientierte Analyse gelegt. Der Analyse liegen die folgenden sechs Untersuchungsprämissen zugrunde:

(1) Zur Durchführung der Aufgaben in der Wartung und Überholung von Regionalflugzeugen existieren verschiedene Formen des Leistungsaustausches. Das heißt, für die Leistungserstellung stehen unterschiedliche institutionelle Ausgestaltungsformen zur Verfügung. Die Erfüllung der luftfahrtrechtlichen Bestimmungen vorausgesetzt, können die Aufgaben selbst erbracht werden (make), an Drittanbieter (anerkannte luftfahrttechnische Betriebe oder OEM) ausgelagert werden (buy) oder in Kooperation mit anderen Airlines und/oder Drittanbietern durchgeführt werden.[49]

(2) Sämtliche Wartungs- und Überholungsaufgaben bzw. Leistungen können von potenziellen Drittanbietern erbracht und damit fremdbezogen werden. Die Ressourcen der Marktanbieter zur Erbringung dieser Leistungen werden für jeden Bedarf als gegeben angenommen, insbesondere in Bezug auf Aktivitäten, die durch eine niedrige Spezifität gekennzeichnet sind.

[49] Auch bei der Fremdvergabe bleibt der Betreiber des Flugzeuges (Operator) für die Einhaltung der vorgeschriebenen Standards verantwortlich. Vgl. Kinnison (2004), S. 79.

(3) Die Produktionskosten bleiben bei der Ermittlung der effizienten Organisationsform als Entscheidungskriterium unberücksichtigt. Das heißt, dass ausschließlich die Transaktionskosten die Entscheidung über das effiziente institutionelle Arrangement beeinflussen.[50]

(4) Die an einer Transaktion beteiligten Akteure beabsichtigen längerfristige Geschäftsbeziehungen einzugehen. Dementsprechend erfolgt die Bewertung der Leistungsaktivitäten vor dem Hintergrund langfristiger Vertragsbeziehungen.

(5) Die Bewertung entsprechender Leistungsaktivitäten und die Zuordnung effizienter Koordinationsformen erfolgen aus Sicht der Betreiber von Regionalflugzeugen.

(6) Die transaktionskostentheoretische Bewertung der Leistungsbeziehungen erfolgt unter Berücksichtigung der aktuellen Situation und Gegebenheiten im Segment der Wartung und Überholung von Regionalflugzeugen. Sie ist eine statische Analyse, d. h. von Veränderungen der technologischen, marktlichen, rechtlichen etc. Rahmenbedingungen wird abstrahiert. In der Konsequenz kann die Überprüfung der getroffenen Aussagen zu einem späteren Zeitpunkt zu abweichenden Ergebnissen führen.

4.2 Ausprägung der Transaktionskostendimensionen in der Wartung und Überholung

Transaktionskostendimensionen in der Line Maintenance

Line Maintenance (Wartung) umfasst planmäßige Kontrollen und Arbeiten sowie ungeplante zusätzliche Beanstandungsbehebungen am Flugzeug zur Aufrechterhaltung der Lufttüchtigkeit.[51] Das Flugzeug wird nicht (wie im Vergleich zur Heavy Maintenance) aus dem Umlauf genommen. Grundsätzlich orientiert sich das Aufgabenspektrum an den Wartungsprogrammen („Maintenance Program“) der Flugzeughersteller, welche von den Fluggesellschaften jeweils für das betrieben Flugzeugmuster an die individuellen Bedürfnisse (Einsatzbedingungen[52]) angepasst werden.[53] Die in einem zeitlichen Intervall wiederkehrenden routinemäßigen Wartungsarbeiten werden nach Umfang und Häufigkeit zu Arbeitspaketen („Checks“) zusammengefasst.[54] Eine weit verbreitete Systematisierung unterscheidet *Transit Check, Daily (bzw. 48-) Check, Service Check* und *A-Check.*[55] Dabei nimmt in Reihenfolge der Nennung der Arbeitsumfang zu.
Die *Standortspezifität* beschreibt die Notwendigkeit von spezifischen Investitionen in ortsgebundene Anlagen. Regionalfluggesellschaften müssen an allen angeflogenen Destinationen (Heimat-

---

50 Sind die Produktionskosten bei Eigenerstellung geringer, fällt die Entscheidung ohnehin zugunsten der hierarchischen Lösung aus.

51 Vgl. z.B. Maurer (2003), S. 176ff.; Mensen (2003), S. 810ff.; Wichmann (2002), S. 2. Siehe auch §6 Betriebsordnung für Luftfahrtgerät (LuftBO).

52 Dazu zählen z.B. klimatische Einsatzbedingungen, Nutzungsintensität der Flugzeuge, Flottengröße und verfügbare Ressourcen. Vgl. z.B. Loong (2005), S. 110.

53 Vgl. Loong (2005), S. 110.

54 Vgl. Meyer (1992), S. 116.

55 In der einschlägigen Literatur finden sich unterschiedliche Einteilungen, welche sich aber in der genannten Kategorien wieder finden. Vgl. z.B. Maurer (2006), S. 205; Kinnison (2004), S. 29f.; Wichmann (2004), S. 2; Mensen (2003), S. 817; Friend (1992), S. 85.

basen und „Outstations") Wartungsarbeiten durchführen bzw. diese durch Dritte ausführen lassen. Für umfangreichere Aktivitäten wie z. B. Service- oder A-Checks müssen erhebliche standortspezifische Investitionen in u. a. Hangarkapazitäten, Stellflächen, (Ersatzteil-) Lager, Werkzeuge, etc. getätigt werden, da diese Arbeiten i. d. R. an den Heimtatflughäfen der Fluggesellschaften durchgeführt werden um die Umläufe so wenig wie möglich zu beeinträchtigen. Die weniger umfangreichen (aber viel häufigeren) Wartungsaktivitäten wie Transit- oder 48-Stunden Checks setzen ebenfalls eine gewisse Infrastruktur voraus.[56] Diese Arbeiten werden aber an allen angeflogenen Flughäfen durchgeführt, weshalb hier keine standortspezifischen Investitionen vorliegen. Insgesamt kann von einer mittleren Standortspezifität in der Line Maintenance ausgegangen werden. *Sachkapitalspezifität* spielt in der Line Maintenance eine geringe Rolle, da die Wartung von Regionalflugzeugen nicht unternehmens- sondern vielmehr flugzeugtypenspezifisch ist.[57] Der Grad der Wiederverwendbarkeit des Sachkapitals (z. B. Werkzeuge oder Vorrichtungen) ist relativ hoch, da die Typenvielfalt[58], aufgrund der Baugleichheit der zu einer Flugzeugfamilie gehörenden Flugzeugtypen, vergleichsweise gering ist.[59] In Bezug auf die *Spezifität des Humankapitals* gilt für die Line Maintenance, dass das Wartungspersonal ein weites Aufgabenspektrum beherrschen und neben unternehmensspezifischen Kenntnissen insbesondere flugzeugtypenspezifisches Wissen besitzen muss. Für die Wartung der verschiedenen Flugzeugtypen sind spezielle Lizenzen („Type ratings") erforderlich.[60] Die Investitionen in die Aus- und Weiterbildung von Wartungspersonal sind für Fluggesellschaften hoch.[61] Im Detail muss das Line Maintenance Personal in regelmäßigen zeitlichen Abschnitten spezifische Trainingsprogramme absolvieren.[62] Das Wissen und die Erfahrungen können größtenteils gleichermaßen zu Diensten von unterschiedlichen Fluggesellschaften oder Wartungsbetrieben eingesetzt werden und sind *nicht* an eine bestimmte Transaktion gebunden. In der Konsequenz ist die Spezifität des Humankapitals in der Line Maintenance *gering* ausgeprägt. Unter *zweckgebundenen Sachwerten* werden Investitionen verstanden, die zur Deckung zusätzlicher Kundennachfrage vorgenommen werden (Kapazitätserweiterungen). Durch die Anpassung der Wartungskapazitäten in der Line Maintenance an die Bedürfnisse eines bestimmten Kunden tritt eine Spezialisierung der Leistungsbeziehung ein. Bei Wegfall einer Transaktionsbeziehung (und ohne alternative Verwendungsmöglichkeiten) würden die Investitionen Überkapazitäten darstellen.[63] Sofern die zusätzliche Kapazität alternativ genutzt werden kann, z. B. durch ein Ausweiten des Drittkundengeschäfts, spielen solche *quantitativ* sachkapitalspezifischen Investitio-

56 Vgl. Loong (2005), S. 402.
57 Vgl. Meyer (1992), S. 116.
58 Der kanadische Hersteller Bombardier stellt neben einer Turbopropflugzeugfamilie momentan ausschließlich Flugzeuge der Regionaljetfamilie CRJ 200 bis CRJ 1000 mit einer Sitzplatzkapazität für zwischen 50 und 100 Passagiere her. Diese Flugzeuge weisen eine große Baugleichheit auf und sind dadurch in Bezug auf die Erfordernisse in der Wartung, wie bspw. geeignete Werkzeuge, weitestgehend identisch, vgl. Goold (2008), S. 14ff.
59 Vgl. Meyer (1992), S. 116; ERA (2008), S. 1f.
60 Vgl. Friend (1992), S. 16.
61 Vgl. Seidenman/Spanovich (2008); Loong (2005), S. 519ff.
62 Vgl. Kinnison (2004), S. 131.
63 Vgl. Picot/Reichwald/Wigand (2003), S. 51; Seidenman/Spanovich (2008).

nen eine vernachlässigbare Rolle. Zusammenfassend betrachtet weist die Dimension *Spezifität* in der Line Maintenance ein *geringes bis mittleres* Niveau auf.
Die *Umweltunsicherheit* (parametrische Unsicherheit) von Transaktionen in der Wartung (und auch Überholung) von Regionalflugzeugen bezieht sich insbesondere auf die Verfügbarkeit von Wartungsfazilitäten sowie die Termineinhaltung bei Drittanbietern.[64] Unsicherheit über den zukünftigen Bedarf an Wartungskapazität besteht aufgrund unvorhersehbarer Ereignisse wie z. B. konjunkturelle Einbrüche verbunden mit drastischen Nachfragerückgängen, die zur Stornierung von Flugzeugbestellungen und/oder Stilllegung/Ausmusterung von Flugzeugen führen können.[65] Ferner sind in der Vergangenheit kurzfristig Angebotsengpässe an ausgebildetem Wartungspersonal vorgekommen.[66] Dennoch kann unter Berücksichtigung der sich in Betrieb befindlichen Regionalflugzeuge, Festbestellungen und Optionen sowie auf Basis von Wartungshandbüchern der Hersteller, der zukünftige Wartungsbedarf sehr gut abgeschätzt werden.[67] Planungs- bzw. Terminunsicherheit besteht insofern, als die Wartungsarbeiten so koordiniert werden müssen, dass die Flugzeuge rechtzeitig für den nächsten Einsatz wieder verfügbar sind und der Flugplan nicht gestört wird. Diese Planungsunsicherheit steigt mit der Anzahl an fremd vergebenen Wartungsleistungen. Insgesamt kann von einem *mittleren bis hohen paramterischen Unsicherheitsniveau* ausgegangen werden. *Verhaltensunsicherheit* spielt dagegen eine geringere Rolle. Opportunistisches Verhalten ist dadurch begrenzt, dass Wartungsbetriebe von Luftfahrtbehörden und nach internationalen Standards zertifiziert sein müssen. Zudem sind die Prozesse in der Line Maintenance weitestgehend standardisiert,[68] und das Wartungspersonal wird von Inspektoren der, die Wartungsmaßnahmen in Auftrag gebenden, Fluggesellschaften überwacht.[69] Im Ergebnis weist damit das Kriterium Unsicherheit eine *mittlere bis hohe* Ausprägung auf. Die weitgehende Standardisierung von Aktivitäten und Abläufen in der Line Maintenance lässt eine *mittlere Komplexität* der Transaktionen vermuten. Dennoch werden hohe Anforderungen an die Planung und (Qualitäts-) Kontrolle der Wartungsaktivitäten gestellt, da zum einen die termin- und sachgerechte Erfüllung der Arbeiten und zum anderen die Fähigkeit auf unplanmäßige Kontrollen zu reagieren, essentiell für einen reibungslosen Flugbetrieb sind. Entscheidend ist, Wartungskapazitäten an den Flottenbestand, die Flugpläne sowie die Flugzeugumläufe anzupassen und entsprechende Ressourcen für unplanmäßige Wartungsereignisse vorzuhalten.[70] Das Kriterium *Häufigkeit* hat zwar nachrangige, aber gerade im Hinblick auf die Aktivitäten in der Line Maintenance nicht unwesentliche Bedeutung bei der Wahl effizienter Koordinationsformen. Die Amortisation der Kosten für spezifische Überwachungssysteme stellt sich bei häufig wiederkehrenden Aktivitäten und den damit zusammenhängenden Transaktionen als besonders günstig heraus.[71] Dies ist in der Line Maintenance von

64 Vgl. Baur (1990), S. 71.
65 Vgl. Goold (2008), S. 15; Latorella/Prabhu (2000), S. 134.
66 Vgl. Meyer (1992), S. 117.
67 Vgl. Stewart (2008), S. 1ff.
68 Vgl. Kinnison (2004), S. 53f., S. 150f.
69 Vgl. Loong (2005), S. 344.
70 Vgl. Loong (2005), S. 344f.
71 Vgl. Williamson (1990), S. 69.

Regionalflugzeugen der Fall, wo sich Wartungsereignisse wie der Transit-, 48-Stunden- oder der A-Check täglich mehrmals, wöchentlich oder monatlich wiederholen, weshalb von einer *hohen* Häufigkeit der Transaktionen ausgegangen werden kann.[72] Die Ausprägung der einzelnen Kriterien in der Line Maintenance ist zusammenfassend in Abbildung 3 dargestellt.

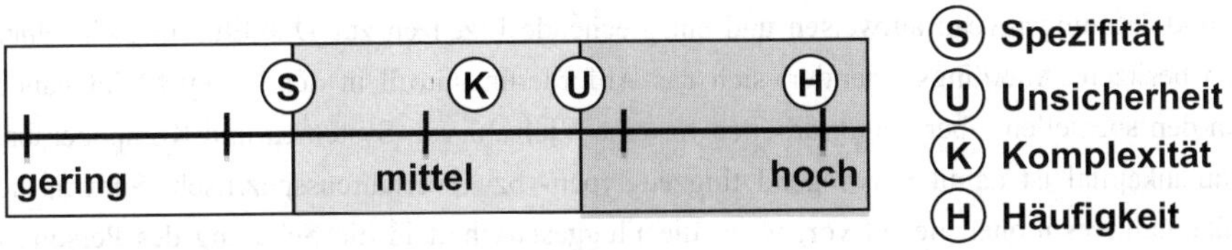

Abbildung 3: Ausprägung der Transaktionskostendimensionen in der Line Maintenance.

Transaktionskostendimensionen in der Heavy Maintenance

In der Heavy Maintenance (Überholung) erfolgt eine Vielzahl von (z. T. sehr arbeitsintensiven) Untersuchungen der Flugzeugstruktur und -systeme.[73] Für dieses Arbeiten wird das Flugzeug für einen längeren Zeitraum aus dem Umlauf genommen. Die für Regionalflugzeuge durchzuführenden Überholungsereignisse werden im so genannten C-Check gebündelt.[74] Häufig ist nach der halben Flugzeuglebensdauer eine darüber hinausgehende, umfangreiche strukturelle Inspektion vorgeschrieben.[75] Bei den Inspektionen der Heavy Maintenance muss immer mit nicht vorhersehbaren Befunden gerechnet werden, welche unplanmäßige Wartungsaktivitäten in unterschiedlich hohem Umfang zur Folge haben können.[76]

Im Vergleich zur Line Maintenance sind die Investitionen in Einrichtungen und Infrastruktur zur Durchführung von Heavy Maintenance Aufgaben spezifischer. Zusätzlich zu einem Hangar müssen Werkstätten zur Überholung einzelner Komponenten sowie ausreichende Lagerungsmöglichkeiten für Ersatzteile und Gerätschaften vorhanden sein.[77] Trotz dieser hohen Investitionen ist die *Standortspezifität* in der Heavy Maintenance gering. C-Checks müssen nicht zwangsläufig an der Heimatbasis einer Regionalfluggesellschaft erbracht werden.[78] Zur Realisierung von Größen- und Verbundvorteilen und ggf. von Lohnkosteneinsparungen kann es günstiger sein, ein Flugzeug an eine Überholungsbasis zu überführen. In Bezug auf die *Spezifität des Sachkapitals* sind die Aktivitäten in der Heavy Maintenance, analog zur Line Maintenance, flugzeugtypenspezifisch. Für die einzelnen Überholungsarbeiten müssen Investitionen in hochwertiges Sachkapital (Ground

[72] Darüber hinaus nimmt die Häufigkeit mit der Anzahl der betriebenen Flugzeuge zu.

[73] Vgl. Mensen (2003), S. 813; Sriram/Haghani (2003), S. 31; Flint (2004), S. 1; Sterzenbach/Conrady/Fichert (2009), S. 391.

[74] Vgl. Echtermeyer (1990), S. 135.

[75] Bei der strukturellen Inspektion werden speziell durch Ermüdung, Umwelteinflüsse und andere äußere Einflussfaktoren hervorgerufene Beschädigungen der Flugzeugstruktur genauer untersucht. Vgl. Goold (2009), S. 25, 30.

[76] Vgl. King (1986), S. 80; Loong (2005), S. 125.

[77] Vgl. Loong (2005), S. 394.

[78] Vgl. Goold (2008), S. 15.

Equipment und Ausstattung der „Maintenance Support Shops" mit speziellen Prüfgeräten, Messsystemen, etc.) getätigt werden.[79] Eine Vielzahl dieser Werkzeuge und Vorrichtungen sind speziell für einen Flugzeugtyp ausgelegt und damit nicht transaktionskostenspezifisch im Sinne der Theorie. Die *Spezifität des Humankapitals* ist in der Heavy Maintenance mittelhoch ausgeprägt. Das Personal muss – vergleichbar mit den Anforderungen in der Line Maintenance – ein hohes Ausbildungs- und Trainingsniveau aufweisen und entsprechende Lizenzen zur Durchführung einzelner Arbeiten besitzen. Allerdings orientiert sich das Anforderungsprofil in der Heavy Maintenance mehr an den speziellen Überholungsarbeiten für eine Vielzahl von Systemen und Komponenten. Das Humankapital ist damit vorwiegend flugzeugtypen- bzw. verfahrensspezifisch. Spezifische Humankapitalinvestitionen liegen vor, wenn die Fluggesellschaft in die Schulung des Personals des externen Wartungsanbieters investiert. Was die *Spezifität zweckgebundener Sachwerte* betrifft, sind Vermögensgegenstände in der Heavy Maintenance überwiegend bezüglich ihrer Kapazitäten sowie ihres Leistungsspektrums ausgerichtet. Die alternative Nutzung dieser Überholungsanlagen im Auftrag einer anderen Fluglinie würde lediglich geringfügige Änderungen in Bezug auf die zweckgebundenen Sachwerte notwendig machen.[80] Insgesamt kann für die Faktorspezifität in der Heavy Maintenance eine *geringe* bis *mittlere* Ausprägung gefolgert werden.

Umweltunsicherheit in der Heavy Maintenance besteht hauptsächlich in der Marktentwicklung, d. h. in der Vorhersage von Wartungskapazitäten. Kurz- bis mittelfristig dürften die bestehenden Kapazitäten im Markt ausreichen. Bei einem Wachstum des Luftverkehrs kann es allerdings zu einem Engpass an Wartungsfazilitäten und ausgebildetem Personal kommen. Aufgrund der relativ großen Zeitabstände zwischen zwei Überholungsintervallen dürften technologische Neuerungen keine große Rolle spielen. Umschulungen bzw. die Anschaffung entsprechender Werkzeuge und Prüfgeräte könnten bei Bedarf schnell realisiert werden. Planungsunsicherheit besteht aufgrund der Notwendigkeit der termingerechten Fertigstellung von Überholungsmaßnahmen, damit der Flugplan nicht gestört wird. Diese steigt mit der Anzahl an durchzuführenden Überholungsarbeiten, insbesondere bei Fremdbezug der Leistungen, da hier nur noch schwer Einfluss auf eine termingerechte Fertigstellung genommen werden kann. Damit einher geht eine gewisse *Unsicherheit über vertragstreues Verhalten* der Partner. Die Nichteinhaltung von vertraglich vereinbarten Terminen kann zu längeren Bodenzeiten führen, was weitere ex post-Transaktionskosten nach sich zieht. Daneben bestehen Unterschiede hinsichtlich der Qualitäts- und „Maintenance"-Philosophie einzelner Fluggesellschaften, was sich in zusätzlichen Aufwendungen zur Überwachung und Kontrolle von Qualitätsstandards und Durchlaufzeiten äußern kann.[81] Insgesamt ergibt sich damit (vergleichbar der Line Maintenance) ein *mittelhoher* Grad der Unsicherheit.[82] Aufgrund der überwie-

---

[79] Vgl. Loong (2005), S. 395.

[80] Vgl. Echtermeyer (1990), S. 108.

[81] Bei der US Fluglinie Jet Blue, die u. a. Regionalflugzeuge betreibt, ist permanent ein Team von Repräsentanten des Unternehmens mit der Überwachung der Einhaltung von Qualitätsstandards, von Regularien der Luftfahrtbehörden sowie von Herstellerrichtlinien durch den Überholungsbetrieb beauftragt, vgl. Moorman (2006), S. 3; Loong (2005), S. 344f.

[82] Tendenziell dürfte das Unsicherheitsniveau in der Heavy Maintenance etwas geringer ausfallen als in der Line Maintenance, da aufgrund der längeren Überholungsereignisse mehr Zeit besteht, um auf unvorher-

gend standardisierten Überholungsprogramme kann ferner von einem *mittleren Komplexitätsniveau* der Transaktionen ausgegangen werden. Bezüglich der *Häufigkeit* befasst sich die Heavy Maintenance mit vergleichsweise selten wiederkehrenden Ereignissen. Ein C-Check wiederholt sich bei einem Regionalflugzeug in der Regel nach 5.000 bis 6.000 Flugstunden, d. h. je nach täglichem Auslastungsgrad alle zwei bis drei Jahre.[83] Strukturelle Inspektionen an Regionalflugzeugen müssen in vielen Fällen einmalig nach der Hälfte der Lebensdauer eines Flugzeugs vollzogen werden.[84] Das Kriterium Häufigkeit ist damit (auf das einzelne Flugzeug bezogen) *gering* ausgeprägt. Abbildung 4 zeigt die erörterten Ausprägungen der Transaktionskostendimensionen in der Heavy Maintenance.

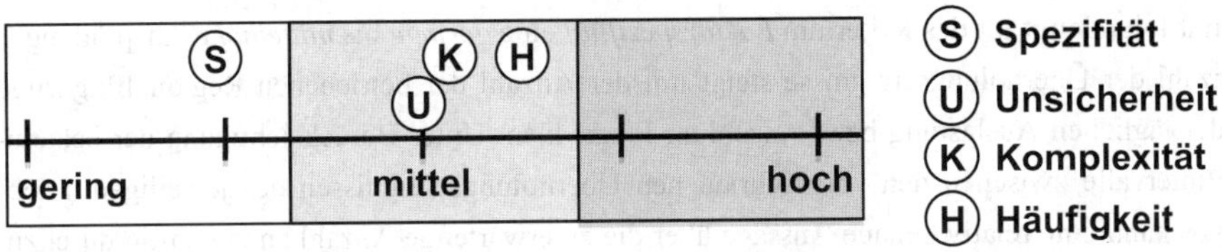

Abbildung 4: Ausprägung der Transaktionskostendimensionen in der Heavy Maintenance.

Transaktionskostendimensionen in der Triebwerksüberholung

Die *Investitionen in ortsgebundene Anlagen* zur Triebwerksüberholung sind zwar erheblich, stellen jedoch keine standortspezifischen Investitionen dar. Der Markt für die Triebwerksüberholung ist globaler und im Vergleich zum A-Check weniger ortsgebunden. Im Gegensatz zur Line und (teilweise) Heavy Maintenance sind Einrichtungen zur Triebwerksüberholung direkt an einem Flughafen nicht zwingend notwendig. In erster Linie müssen die Verfügbarkeit qualifizierten Technikpersonals sowie eine ausreichende Infrastruktur (Straßenanbindung) gewährleistet sein.[85] Im Hinblick auf die *Spezifität des Sachkapitals* kann festgestellt werden, dass die (hohen) Investitionen in spezielle Werkzeuge, Prüfgeräte, Informationssysteme etc. nicht unternehmens- sondern triebwerkstypenspezifisch sind. Der Markt für Triebwerke im Regionalflugsegment wird von wenigen Anbietern dominiert.[86] In der Konsequenz ist der Grad der Wiederverwendbarkeit spezieller Anlagegüter zur Überholung von Regionalflugzeugtriebwerken vergleichsweise hoch, d. h. die Spezifität des Sachkapitals in der Triebwerksüberholung von Regionalflugzeugen ist insgesamt *niedrig* ausgeprägt. Die *Spezifität des Humankapitals* ist ebenfalls *gering* ausgeprägt. Zwar spielt bei der

gesehene Ereignisse zu reagieren und entsprechende Planänpassungen vorzunehmen.

83 Vgl. Kirby (2009), S. 1; Goold (2008), S. 18.

84 Vgl. Goold (2009), S. 25.

85 Der Triebwerksüberholungsbetrieb Lufthansa Technik Aero Alzey z.B. befindet sich in ländlichem Gebiet in Alzey/Rheinland-Pfalz und nicht in unmittelbarer Nähe bzw. auf dem Gelände eines Flughafens, vgl. Harbison (2007), S. 30.

86 Z.B. sind alle Regionaljets der Bombardier CRJ- bzw. der Embraer 170-Familie ausschließlich mit Triebwerken von General Electric der Baureihe CF34 ausgerüstet; Turbopropflugzeuge vom Typ Dash Q400 sowie ATR 42/72 Antrieben der Serie PW 100 des Herstellers Pratt & Whitney. Vgl. Spangler (2007); Harbison (2007), S. 37.

Triebwerksüberholung qualifiziertes Personal eine wichtige Rolle. Neben der Beherrschung von High-Tech-Prozessen ist bei der Triebwerksüberholung im Rahmen aller dort anfallenden Aktivitäten, von der Zerlegung des Triebwerks bis hin zu den Testläufen, Detailarbeit durch speziell ausgebildetes Personal notwendig.[87] Aufgrund der geringen Typenvielfalt von Triebwerken aber sind Investitionen in das Humankapital typenspezifisch und nicht unternehmensspezifisch. Der Grad der *Spezifität zweckgebundener Sachwerte* wird als *gering* bis *mittelhoch* eingestuft. Die Hallen und Werkstätten von Triebwerksüberholungsbetrieben stellen Allzweckanlagen dar und sind im Hinblick auf die Kapazität auf die Bedürfnisse bestimmter Regionalfluggesellschaften ausgerichtet.[88] Alternative Verwendungsmöglichkeiten zur Überholung von Triebwerken anderer Regionalfluggesellschaften sowie von Antrieben anderer Flugzeugklassen sind aber denkbar.[89] Insgesamt folgt damit für das Kriterium *Faktorspezifität* eine *geringe* bis *mittelhohe* Ausprägung. Die Anzahl der Überholungsereignisse steigt mit der Anzahl der betriebenen Regionalflugzeuge sowie der täglichen Auslastung bzw. Anzahl an Flugzyklen. Unter Berücksichtigung der bekannten Zeitintervalle zwischen den vorgeschriebenen Überholungsereignissen des jeweiligen Triebwerkstyps kann eine relativ genaue Aussage über die zu erwartende Anzahl an zukünftig durchzuführenden Triebwerksüberholungen getroffen werden. Nachfragerückgänge im Passagiertransport, die zur Stilllegung von Flugzeugen führen, haben unmittelbar Einfluss auf die Auslastung von Triebwerksüberholungsbetrieben.[90] Dennoch kann von einer relativ *geringen Umweltunsicherheit* ausgegangen werden. Aufgrund der weitgehend standardisierten Verfahren ist das Kriterium *Verhaltensunsicherheit gering* ausgeprägt. Lediglich aufgrund der Tatsache, dass die Reparatur von Triebwerksbauteilen teilweise wesentlich kostengünstiger als der Austausch durch Originalteile ist, entsteht Verhaltensunsicherheit. Es sind Fälle bekannt, in denen auf Kosten der Kunden überdurchschnittlich viele Komponenten verschrottet anstatt repariert wurden.[91] Die *Komplexität* der Transaktionen im Rahmen der Triebwerksüberholung wird im Wesentlichen durch den Planungsaufwand der einzelnen Überholungsereignisse geprägt. Die vertraglichen Regelungen umfassen eine Vielzahl von Aspekten wie z. B. Flugstunden, Flugzyklen, Einsatzbedingungen, Verfügbarkeit von Ersatztriebwerke, etc.[92] Durch den Einsatz moderner IT[93] zur zeitlichen Ablaufplanung der Überholungsereignisse sowie zum Triebwerkslebenszyklusmanagement ist die Komplexität aber insgesamt *niedrig bis mittelhoch* ausgeprägt. Das Kriterium *Häufigkeit* ist aufgrund eines Intervalls von 10.000 bis 15.000 Flugzyklen bzw. fünf bis sechs Jahre zwischen zwei Überho-

---

87 Professionelle Triebwerksingenieure benötigen bis zu 10 bis 15 Jahre Berufserfahrung, vgl. Loong (2005), S. 163.

88 Vgl. Harbison (2007), S. 30.

89 Maintenance Iberia überholt neben Triebwerken von Regionalflugzeugen zugleich die Antriebe von Kurz-Mittel- und Langstreckenflugzeugen in ein und demselben Überholungsbetrieb, vgl. Maintenance Iberia (2009), S. 1.

90 Vgl. Goold (2008), S. 15.

91 Vgl. Loong (2005), S. 345.

92 Zum Abschluss von komplexen Verträgen zur Auslagerung der Triebwerksüberholung sind sehr erfahrene Mitarbeiter unerlässlich, vgl. o.V. (2006), S. 51.

93 Vgl. Canaday (2008), S. 74; Beauclair (2008), S. 7.

lungsereignissen als *mittelhoch* einzustufen.[94] Zusammenfassend ergibt sich für die Triebwerksüberholung die in Abbildung 5 dargestellte Einordnung der einzelnen transaktionskostenrelevanten Dimensionen.

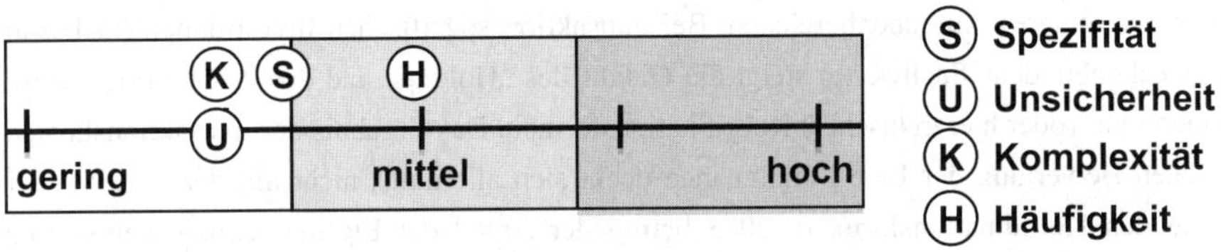

Abbildung 5: Ausprägung der Transaktionskostendimensionen in der Triebwerksüberholung.

5 Praktische Implikationen und Ausblick

Die Ergebnisse der transaktionskostentheoretischen Bewertung der Leistungsbeziehungen in der Line und Heavy Maintenance sowie der Triebwerksüberholung sind zusammenfassend in Abbildung 6 dargestellt. Die in der Line Maintenance durchzuführenden Aufgaben sind durch geringe bis mittlelhohe spezifische Investitionen – bei mittleren bis hohen Unsicherheits- /Komplexitätsniveau – geprägt, weshalb eine kooperative Koordinationsform optimal erscheint. Die Leistungsbeziehungen in der Heavy Maintenance weisen im Vergleich zur Line Maintenance tendenziell ein niedriges Niveau an transaktionsspezifischen Investitionen und Unsicherheit/Komplexität auf, was eine vertikale Desintegration der Leistungsbeziehungen begründet. Die Triebwerksüberholung ist sowohl in Bezug auf transaktionsspezifische Investitionen als auch hinsichtlich der Unsicherheit durch ein niedriges Niveau im Vergleich zur Line Maintenance geprägt. Folglich bietet sich aus transaktionskostentheoretischen Gesichtspunkten der Markt als effizientes institutionelles Arrangement an.

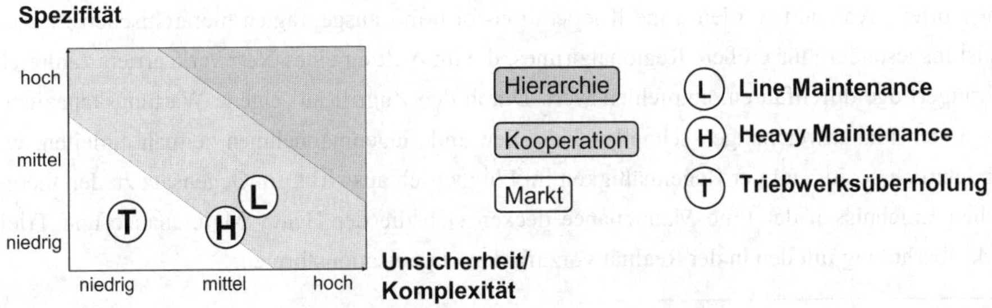

Abbildung 6: Koordinationsformen in Abhängigkeit der Kriterien Spezifität und Unsicherheit/Komplexität für die untersuchten Aufgabenbereiche.

---

[94] Vgl. Marsh (2007), S. 37; o.V. (2006), S. 51.

Aufgrund der höheren Unsicherheit in den Leistungsbeziehungen der Line Maintenance im Vergleich zu Heavy Maintenance und Triebwerksüberholung steigt der nicht vertraglich festgelegte Handlungsspielraum. Mit steigender Umweltunsicherheit können nicht mehr alle Eventualitäten vertraglich geregelt werden, weshalb Verträge in der Line Maintenance tendenziell unvollständiger sind als in den anderen Aufgabenbereichen. Bei transaktionsspezifischen Investitionen (insbesondere in zweckgebundene Sachwerte) steigt die Gefahr des „Holdup" und damit die Vorteilhaftigkeit kooperativer (oder hierarchischer) Koordinationsformen. Das Ergebnis der transaktionskostentheoretischen Bewertung der Line Maintenance deckt sich allerdings nicht mit der in der Praxis vorzufindenden Koordinationsform. In 2008 betrug der Anteil der Eigenerstellung weltweit ca. 88 %.[95] Kooperative Koordinationsformen für die Line Maintenance sind aber einer rein hierarchischen Organisationsform überlegen, weil die Langfristigkeit der Leistungsbeziehungen die Vertrauensbildung fördert und dabei die Anreizwirkungen des Marktes erhalten bleibt. Unter Berücksichtigung der prognostizierten Marktentwicklungen kann davon ausgegangen werden, dass sich der Trend zur Auslagerung in der Line Maintenance in Zukunft weiter verstärken wird. Laut Schätzungen werden im Jahr 2017 bis zu 30 % der Wartungsaufgaben von Fluggesellschaften fremd vergeben sein.[96] Die vertikalen Desintegrationsentscheidungen sollten dabei insbesondere die technischen (Weiter-) Entwicklungen bei Regionalflugzeugen berücksichtigen. Inspektionen und Checks werden weniger arbeitsintensiv sein.[97] Durch Informationstechnologien und die Weiterentwicklung elektrischer und elektronischer Geräte an Bord (Avionik) wird das Feststellen und Beheben technischer Defekte weiter vereinfacht.[98] Dies trägt zur Beschleunigung von Abläufen und verbesserter Produktivität in der Line Maintenance bei.

Auch unter Berücksichtigung des Kriteriums *Häufigkeit* ändert sich die Empfehlung nicht eindeutig in Richtung einer zunehmenden vertikalen Integration der Line Maintenance. Die Leistungstiefenentscheidung sollte neben der Häufigkeit der durchzuführenden Ereignisse insbesondere die Flottengröße einer Regionalairline berücksichtigen. Eine Marktlösung mit enger vertraglicher Bindung zwischen Wartungsunternehmen und Airline bietet sich für eine kleinere Flotte an. Dagegen empfiehlt sich eine „Make-and-Sell"-Strategie für Regionalairlines mit großer Flotte. Durch das Ausweiten der Wartungsleistungen auf Drittkunden können weitere Größen- und Spezialisierungsvorteile realisiert werden. Eine Kooperationsform mit ausgeprägten hierarchischen Elementen ist insbesondere für größere Regionalairlines, die im Auftrag eines Netzwerkcarriers zahlreiche Zubringerflüge durchführen, empfehlenswert. Durch den Zugriff auf eigene Wartungskapazitäten lassen sich Planabweichungen schneller feststellen und Gegenmaßnahmen zeitnah einleiten, was sich letztlich positiv auf der Regelmäßigkeit im Flugbetrieb auswirkt. Im Gegensatz zu den theoretischen Ergebnissen der Line Maintenance decken sich die der Heavy Maintenance und Triebwerksüberholung mit den in der Realität vorzufinden Organisationsformen.

---

[95] Vgl. Seidenman/Spanovich (2008). Die Zahl bezieht sich auf alle Segmente und nicht explizit auf den Regionalflugverkehr. Ferner kann keine Aussage über den Anteil kooperativer Leistungsbeziehungen getroffen werden.

[96] Vgl. Seidenman/Spanovich (2008).

[97] Vgl. Seidenman/Spanovich (2008).

[98] Vgl. Canaday (2008), S. 73.

Der gestiegene Wettbewerbsdruck – insbesondere auf dezentralen Strecken durch Low Cost Carrier und effizient operierender Konkurrenten – zwingt Regionalfluggesellschaften zu strukturellen Änderungen der Leistungserstellung. Kostenprobleme sind vielfach auf hierarchische Elemente in den Leistungsbeziehungen zurückzuführen. Der Fokus sollte auf die Etablierung von marktlichen oder kooperativen Strukturen gerichtet werden. Dort, wo sich für die interne Leistungserstellung keine marktlichen Anreize etablieren lassen, ist eine umfassende strukturelle Neuausrichtung zwingend erforderlich. Marktreagibiltät ist mit hierarchischen Strukturen nur bedingt – bzw. um den Preis höherer Kosten – erreichbar. Um auf Umfeldänderungen flexibel reagieren zu können, sind daher insbesondere lange und komplexe Entscheidungswege (die typisch für hierarchisch organisierte Unternehmen sind) durch eine Enthierachisierung von Funktionen und Abläufen neu zu gestalten. Der Beitrag hat aufgezeigt, dass in der Triebwerksüberholung die marktliche Koordination der Leistungserstellung aus transaktionskostentheoretischer Perspektive am effizientesten ist. Für die Line Maintenance (und Heavy Maintenance) ist eine kooperative Leistungserstellung zu empfehlen. Aufgrund der tendenziell höheren Unsicherheit und Komplexität in der Line Maintenance im Vergleich zur Heavy Maintenance sollte für die Line Maintenance eine Kooperationsform mit hoher Bindungsintensität gewählt werden.

Die theoriegeleitete Analyse der vertikalen Struktur der Leistungsbeziehungen ist ein erster Schritt in eine empirische Untersuchung über die Existenz von Transaktionskosten im Regionalflugverkehr. Die Bewertung der drei ausgewählten Leistungsbereiche gibt einen ersten Anhaltspunkt für die Anwendbarkeit der TKT zur Ableitung *effizienter* institutioneller Arrangements. Zur Untermauerung der Aussagen, sind in einem weiteren Schritt Hypothesen effizienter Koordinationsformen abzuleiten und empirisch zu überprüfen. Diese vertikalen Leistungsbeziehungen stellen aber nicht zwangsläufig zugleich *flexible* Strukturen dar, um beispielsweise auf veränderte (interne und externe) Rahmenbedingungen schnell reagieren zu können. Ein weiteres Untersuchungsfeld stellt daher die Analyse der verschiedenen Kooperationsformen zwischen Markt und Hierarchie sowohl hinsichtlich *effizienter* als auch *flexibler* (aufbau- und ablauf-) organisatorischer Elemente dar. Denn *„[...] the organizational design for achieving efficiency is different than the design for achieving adaptability [...] the demand for some combination of efficiency and adaptiveness potentially generates incompatible design needs"*[99]. Die Beschreibung eines optimalen Organisationsdesigns im Regionalflugverkehr muss daher auch dieses Spannungsfeld zwischen (Koordinations-)Effizienz und Flexibilität bzw. Anpassungsfähigkeit reflektieren.

6 Literatur

Albach, H. (1999): Eine allgemeine Theorie der Unternehmung. In: ZfB 69(1999)4, S. 411-427.

Antlitz, A. (1999): Unternehmensgrenzen und Kooperationen – Make-cooperate-or-buy im Zusammenspiel von Kompetenz- und Strategieentwicklung. Wiesbaden 1999.

99 Swinth (1974), S. 79f.

Baur, C. (1990): Make-or-Buy Entscheidungen in einem Unternehmen der Automobilin-dustrie: Empirische Analyse und Gestaltung der Fertigungstiefe aus transaktionskosten-theoretischer Sicht. Picot, A./Reichwald, R. (Hrsg.): Unternehmensentwicklung, Band 8, München 1990.

Bausch, A. (2003): Unternehmungszusammenschlüsse. Strategien und Strukturen für kooperatives und akquisitorisches Wachstum in Industrieunternehmen. Wiesbaden 2003.

Beauclair, N. (2008): MRO: Integrated Services the key. In: Interavia Business & Tech-nology 58(2008)10, S. 1-8.

Bössmann, E. (1983): Unternehmungen, Märkte, Transaktionskosten: Die Koordination ökonomischer Aktivitäten. In: WiSt 12(1983)3, S. 105-111.

Bühner, R. (2004): Betriebswirtschaftliche Organisationslehre. 10., bearb. Aufl., München/Wien 2004.

Canaday, H. (2008): The right IT system can help MRO providers better prepare for un-planned events. In: Air Transport World 44(2008)4, S. 73-75.

Coase, R. H. (1937): The Nature of the Firm. In: Williamson, O. E./Winter, S. G. (Hrsg.): The Nature of the Firm. Origins, Evolution, and Development. New York/Oxford 1993.

Commons, J. R. (1931): Institutional Economics. In: American Economic Review 21(1931), S. 648-657.

De Pay, Diana (1989): Die Organisation von Innovationen. Ein transaktionskostentheoretischer Ansatz. Wiesbaden 1989.

Echtermeyer, K. (1990): Bedarfsermittlung von Hallenkapazität in der Flugzeugwartung unter Berücksichtigung des stochastischen Eintretens hallenpflichtiger Wartungsarbeiten. Köln 1990.

ERA European Regions Airline Association (2008): ERA Publication Statistics - ERA Fleet by Manufacturer. Woking 2008. Verfügbar: http://www.eraa.org/intranet/documents/25/190/ERAFleetbyManufacturer.pdf (Zugriff am 06.09.2009).

Flint, P. (2004): Maintaining Balance – MRO providers face overcapacity, tough pricing, but are hopeful for the future In: Air Transport World. Verfügbar: http://www.atwonlne.com/channels/maintenance/article.html?artileID= 1108 (Zugriff am 11.09.2009).

Friend, C. H. (1992): Aircraft Maintenance Management. 1. Aufl., London 1992.

Fuchs, W. (1994): Die Transaktionskosten-Theorie und ihre Anwendung auf die Ausglie-derung von Verwaltungsfunktionen aus industriellen Unternehmen. Trier 1994.

Goold, I. (2008): Family planning. In: MRO Management 10(2008)3, S. 14-22.

Goold, I. (2009): 42 + 72 = 25. In: MRO Management 11(2009)1, S. 24-30.

Harbison, I. (2007): Engine Maintenance – Repair Power. In: MRO Management 9(2007)3, S. 30-37.

Hennart, J.-F. (1983): Explaining the swollen middle: why most transactions are a mix of "market" and "hierarchy". In: Organization Science 4(1983)4, S. 529-547.

Iberia (2009): Services - Powerplant Maintenance Services. Madrid Barajas Airport 2009. Verfügbar: http://www.iberiamaintenance.com/portal/site/maintenance-iberia/menuitem.ea0de0b02b855806b4ff2015f079c308/?lang=en (Zugriff am 19.09.2009).

King, F. H. (1986): Aviation Maintenance Management. Carbondale/Edwardsville 1986.

Kinnison, H. A. (2004): Aviation Maintenance Management. New York u. a. 2004.

Kirby, M. (2009): Paris Air Show. Britair, Air Nostrum earmarked for initial CRJ 1000s. In: Flight Global Verfügbar: http://www.flightglobal.com/articles/2009/06/14/327925/paris-air-show-britair-air-nostrum-earmarked-for-initial-crj1000s.html (Zugriff am 11.09.2009).

Kürble, P. (2005): Total Outsourcing? – Ein neuer alter Trend auf dem Prüfstand unter Verwendung des Transaktionskostenansatzes. Beiträge für die Wirtschaftspraxis der Fachhochschule für Oekonomie & Management, Band 4, Essen 2005.

Klein, B./Crawford, R. G./Alchian,A. A. (1978): Vertical Integration, Appropriable Rents, and the Competitive Contracting Process. In: Journal of Law and Economics 21(1978)2, S. 297-326.

Latorella, K. A./Prabhu, P. V. (2000): A review of human error in aviation maintenance and inspection. In: International Journal of Industrial Ergonomics 26(2000)1, S. 133-161.

Loong, M. (2005): Essentials of Airplane Maintenance. North Charleston 2005.

Männel, W. (1981): Die Wahl zwischen Eigenfertigung und Fremdbezug. Theoretische Grundlagen – Praktische Fälle. 2., überarbeitete und erweiterte Aufl., Stuttgart 1981.

Marsh, G. (2007): Engine Maintenance – Maintaining Regional Power. In: MRO Man-agement 9(2007)4, S. 34-40.

Martiensen, J. (2000): Institutionenökonomik – Kurseinheit 8: Die Transaktionskostentheorie Williamson`s: Teil 1. Hagen 2000.

Maurer, P. (2003): Luftverkehrsmanagement. 3., überarb. und erw. Aufl., München 2003.

Maurer, P. (2006): Luftverkehrsmanagement Basiswissen. 4. überarb. und erw. Aufl., München 2006.

Mensen, H. (2003): Handbuch der Luftfahrt. Berlin 2003.

Meyer, H. (1992): Make-or-Buy-Strategien im Luftverkehr aus transaktionskostentheoretischer Perspektive. In: Ewers, H.-J. (Hrsg.): Make or Buy. Transaktionskostentheorie als Entscheidungshilfe für die Verkehrswirtschaft. Beiträge aus dem Institut für Verkehrswissenschaft an der Universität Münster, Heft 129, Göttingen 1992, S. 95-146.

Meyer, H. (1997): Enthierarchisierungsstrategien im Luftverkehr. Die Relevanz von Transaktionskosten. Göttingen 1997.

Moorman, R. W. (2006): Managing the MRO Outsourcing Process. In: Aviation Week. Verfügbar: http://www.aviationweek.com/aw/generic/story_generic.jsp?channel =om&id=news/om506cvr.xml (Zugriff am 15.09.2009).

Osegowitsch, T./Madhok, A. (2003): Vertical Integration is dead, or is it? In: Business Horizons 46(2003)2, S. 25-34.

o.V. (2006): Maintenance Long-term deals – Cautious approach. In: Airline Business 22(2006)10, S. 51.

Picot, A. (1981): Transaktionskostentheorie der Organisation. Beiträge zur Unternehmensführung und Organisation. Hannover 1981.

Picot, A. (1982): Transaktionskostenansatz in der Organisationstheorie: Stand der Diskussion und Aussagewert. In: Die Betriebswirtschaft 42(1982)2, S. 267-284.

Picot, A. (1991): Ein neuer Ansatz zur Gestaltung der Leistungstiefe. In: ZfBf 43(1991)4, S. 336-357.

Picot, A./Reichwald, R./Wigand, R. T. (2003): Die grenzenlose Unternehmung: Informa-tion, Organisation und Management – Lehrbuch zur Unternehmensführung im Informationszeitalter. 5. aktual. Auflage. Wiesbaden 2003.

Picot, A./Dietl, H./Franck, E. (2005): Organisation. Eine ökonomische Perspektive. 4., überarb. u. erw. Aufl., Stuttgart 2005.

Powell, W. W. (1990): Neither markets nor hierarchy: Network forms of organization. In: Staw, B./Cummings, L.L. (Hrsg.): Research in Organizational Behavior. An Annual Series of Analytical Essays and Critical Reviews, Vol. 12, 1990, S. 295-336.

Probert, D. R. (1996): The practical development of a make-or-buy strategy: the issue of process positioning. In: Integrated Manufacturing Systems 7(1996)2, S. 44-51.

Rennings, K. (1992): Zur Relevanz der Transaktionskostentheorie für die Verkehrswirt-schaft. In: Ewers, H.-J. (Hrsg.): Make or Buy – Transaktionskostentheorie als Entschei-dungshilfe für die Verkehrswirtschaft. Beiträge aus dem Institut für Verkehrswissenschaft an der Universität Münster, Heft 129, Münster 1992, S. 7-50.

Seidenman, P./Spanovich, D. J. (2008): Line Maintenance Outsourcing. In: Aviation Week – Overhaul & Maintenance. Verfügbar: http://www.aviationweek.com/aw/ generic/story_generic.jsp?channel=om&id= news/om1008line.xml (Zugriff am 05.09.2009).

Spangler, S. (2007): Regional and Corporate Engine MRO. In: Aviation Week. Verfügbar: http://www.aviationweek.com/aw/generic/story_channel.jsp?channel=mro&id=news/om507eng.xml (Zugriff am 18.09.2009).

Sriram, C./Haghani, A. (2003): An optimization model for aircraft maintenance scheduling and re-assignment. In: Transportation Research Part A 37(2003)1, S. 29-48.

Sterzenbach, R./Conrady, R./Fichert, F. (2009): Luftverkehr – Betriebswirtschaftliches Lehr- und Handbuch, 4. Aufl., München 2009.

Stewart, D. (2008): What will the MRO industry look like in 2018? Verfügbar: http://www.flightglobal.com/articles/2008/04/25 /223297/what-will-the-mro-industry-look-like-in-2018.html (Zugriff am 29.09.2009).

Swinth, R. L. (1974): Organizational Systems for Management. Designing, Planning, and Implementation. Columbus 1974.

Sydow, J. (1992): Strategische Netzwerke – Evolution und Organisation. Wiesbaden 1992.

Teece, D. J. (1983): Towards an economic theory of the multiproduct firm. In: Journal of Economic Behavior and Organization 3(1983)1, S. 39-63.

Wichmann, J. (2002): Instandhaltung (Line Maintenance) auf Außenstationen (Line Main-tenance Stations) - Luftfahrt-Bundesamt Rundschreiben Nr. 25-35/02-0. In: Luftfahrt-Bundesamt B3-2102.K. Braunschweig 2002, S. 1-6.

Williamson, O. E. (1975): Markets and Hierarchies: Analysis an Antitrust Implications. New York 1975.

Williamson, O. E. (1979): Transactions-Cost Economics. The Governance of Contractual Relations. In: Journal of Law and Economics 22(1979)2, S. 233-261.

Williamson, O. E. (1985): The Economic Institutions of Capitalism: Firms, Markets, Relational Contracting. New York 1985.

Williamson, O. E. (1990): Die ökonomischen Institutionen des Kapitalismus: Unternehmen, Märkte, Kooperationen. Tübingen 1990.

Williamson, O. E. (1991): Comparative Economic Organization – Vergleichende ökono-mische Organisationstheorie: Die Analyse diskreter Strukturalternativen. In: Ordelheide, D./Rudolph, B./Büssemann, E. (Hrsg.): Betriebswirtschaftslehre und Ökonomische Theo-rie, Stuttgart 1991, S. 13-50.

Williamson, O. E. (1993): Transaktionskostenökonomik von Oliver E. Williamson. Aus dem Amerikanischen übersetzt von Christina Erlei. Dietl, H. u. a. (Hrsg): Ökonomische Theorie der Institutionen. Hamburg 1993.

Windsberger, J. (1996): Transaktionskostenansatz der Entstehung der Unternehmensorganisation. Heidelberg 1996.

Wolff, B. (2000): Ronald Coase und die ökonomische Theorie der Organisation. In: Pies, H./Leschke, M. (Hrsg.): Ronald Coase` Transaktionskosten-Ansatz. Tübingen 2000, S. 31-57.

Peter Buxmann[*] / Heiner Diefenbach[**] / Thomas Hess[***]

Kooperationen in der Softwareindustrie[1]

---

[*] Prof. Dr. Peter Buxmann ist seit 2004 Inhaber des Lehrstuhls für Wirtschaftsinformatik an der Technischen Universität Darmstadt. Zudem ist er Mitherausgeber der Zeitschrift WIRTSCHAFTSINFORMATIK. Er befasst sich mit den Spielregeln der Softwareindustrie (Software Economics) und forscht zudem auf den Gebieten Standardisierung von Informationssystemen, Software as a Service, Open-Source-Software sowie IT-Sicherheit. Peter Buxmann wurde 1964 in Frankfurt geboren. Er absolvierte ein Studium der Betriebswirtschaftslehre mit Schwerpunkt Wirtschaftsinformatik an der Universität Frankfurt, wo er im Anschluss auch promovierte. Nach einem Forschungs- und Lehraufenthalt an der Haas School of Business der University of California in Berkeley habilitierte er sich. Von 2000 – 2004 war er Professor für Wirtschaftsinformatik und Informationswirtschaft an der Technischen Universität Freiberg, bevor er an die Technische Universität Darmstadt wechselte. Parallel leitete er zahlreiche wissenschaftliche sowie industrienahe Forschungsprojekte und war an mehreren Unternehmensgründungen beteiligt.

[**] Dr. rer. pol. Heiner Diefenbach, Jahrgang 1959, ist Vorstandsvorsitzender der TDS Informationstechnologie AG. Heiner Diefenbach begann seine berufliche Laufbahn nach dem Studium des Wirtschaftsingenieurwesens an der TU Darmstadt, Fachrichtung Maschinenbau 1985 mit der Promotion zum Dr. rer. pol. 1989 an der Universität Kaiserslautern. Von 1985 an war er bei der Deutschen Bank AG, Frankfurt, tätig in den Abteilungen Zentrales Rechnungswesen und Konzernentwicklung. Ab 1992 übernahm er Führungsaufgaben bei der CSC Ploenzke AG in verschiedenen Positionen: 1992 Leiter Rechnungswesen & Controlling, 1996 Europäischer Finance Director für den Outsourcingaccount DuPont; 1998 wurde er zum Mitglied des Vorstandes der CSC Ploenzke AG; Verantwortungsbereiche: Finanzen, Österreich und die Schweiz. In 2001 Generalbevollmächtigter der Gontard & MetallBank AG, Frankfurt; ab 2002 CFO Region Central Europe bei Atos Origin GmbH, Frankfurt; Mitgesellschafter CORIVUS Management Consulting, Neustadt. Seit Beginn 2005 ist Dr. Diefenbach Finanzvorstand der börsennotierten TDS Aktiengesellschaft, Neckarsulm, seit 2008 Vorstandsvorsitzender.

[***] Prof. Dr. Thomas Hess ist seit 2001 Professor an der Fakultät für Betriebswirtschaft der Ludwig-Maximilians-Universität München und Direktor des dortigen Instituts für Wirtschaftsinformatik und Neue Medien. Daneben ist Prof. Hess Koordinator des „Zentrums für Internetforschung und Medienintegration" (ZIM-LMU) und Mitglied des Boards des ebenfalls in München ansässigen „Center for Digital Technology and Management" (CDTM). Seine Forschung konzentriert sich auf digitale Produkte und digitale Dienste, IT-basierte Managementsysteme sowie auf die Grundlagen der Wirtschaftsinformatik. Thomas Hess wurde 1967 in Darmstadt geboren. Er absolvierte ein Studium der Wirtschaftsinformatik an der TU Darmstadt, promovierte an der Universität St. Gallen und habilitierte sich an der Universität Göttingen. Ferner arbeitete er als Gastprofessor an der Nanyang University in Singapur sowie an der Turku School of Economics and Business Administration in Finnland. Zwischen Promotion und Habilitation liegen zwei Jahre Praxistätigkeit bei Bertelsmann.

[1] Dieser Beitrag basiert auf dem Buch „Die Softwareindustrie" der Autoren (s. Buxmann et al. 2008).

1 Einleitung

Zwischenbetriebliche Kooperationen sind ein zentrales Element im Supply Chain Management. Dabei führt die Zusammenarbeit von Unternehmen in Logistik-Netzwerken zu einer sinkenden Fertigungstiefe der Hersteller (Pfohl 2004b: 3; Pfohl 2004c: 10). So ist die Fertigungstiefe beispielsweise in der Automobilindustrie in den letzten Jahren drastisch gesunken. Vor diesem Hintergrund ist es interessant, dass uns keine allgemein akzeptierten Ergebnisse zur Messung der Fertigungstiefe in der Softwareindustrie bekannt sind. Einig sind sich die Experten lediglich, dass diese aber bei weit über 80 Prozent liegt.

Vor diesem Hintergrund sollen in diesem Beitrag nun Kooperationsstrategien und -potenziale für die Softwareindustrie betrachtet werden. Diese Strategien sind insbesondere vor dem Hintergrund der Existenz von Netzeffekten auf Softwaremärkten von zentraler Bedeutung (Buxmann et al. 2008). Darüber hinaus wird ein Anbieter in der Regel nicht in der Lage sein, alleine mit seinen Produkten und Dienstleistungen die Bedürfnisse der Kunden zu befriedigen. Zunächst wollen wir allgemeine Vorteile und Herausforderungen von Kooperationen beleuchten. Im Anschluss daran werden Kooperationspartner in der Softwareindustrie untersucht, bevor wir mit Business Webs eine spezielle Kooperationsform betrachten. Der Artikel schließt mit einem Ausblick auf zukünftige Kooperationspotenziale für die Softwareindustrie.

2 Welche Vorteile lassen sich durch den Aufbau von Kooperationen erzielen?

Unter Kooperationen verstehen wir im Folgenden eine auf stillschweigenden oder vertraglichen Vereinbarungen beruhende Zusammenarbeit zwischen rechtlich weiterhin selbständigen Unternehmen (Blohm 1980: 1112). Dabei gehen wir davon aus, dass Kooperationen für eine mittel- oder langfristige Zusammenarbeit geschlossen werden und Investitionen seitens der teilnehmenden Unternehmen erfordern. Die Ziele bestehen grundsätzlich darin, Effizienzvorteile oder Mehrwerte zu generieren, die ohne die Kooperation nicht entstanden wären. Adam Brandenburger und Barry Nalebuff sprechen daher in diesem Zusammenhang auch von einem „Value Net", das durch die Zusammenarbeit der Unternehmen entsteht (Brandenburger u. Nalebuff 1996: 16-19). Hierbei können für die Beteiligten u. a. die folgenden Vorteile erzielt werden:

Kosteneinsparungen lassen sich durch Skaleneffekte – hierzu gehören Economies of Scale sowie Economies of Scope – realisieren. Einfache Beispiele hierfür sind Kostenvorteile durch Einkaufsrabatte bei einer Abnahme großer Mengen oder auch die gemeinsame Nutzung von Ressourcen, z. B. Lagern oder Räumen. Darüber hinaus können durch kooperative Planungsprozesse, etwa bei der Beschaffungs- oder Tourenplanung, Kosten gesenkt werden (Martín Díaz 2006).

Zeiteinsparungen lassen sich z. B. im Rahmen von Entwicklungsprojekten durch eine Zusammenlegung von Ressourcen realisieren. Auf diese Weise kann schließlich die so genannte „time to market" verkürzt werden. Darüber hinaus können solche Entwicklungspartnerschaften zu einer

Reduktion von Risiken führen. So können durch eine Aufteilung der Entwicklungsaufwendungen die Risiken eines Fehlschlags geteilt und für die jeweiligen Partner gemindert werden.
Zudem können Kooperationen zu einem höheren *Wert des Produktes oder Services* führen. Dies erfolgt etwa dadurch, dass Allianzen von Fluggesellschaften, Autovermietungen und Hotels gemeinsam zusätzliche Leistungen anbieten, wie z. B. eine abgestimmte Aus- und Rückgabe der Leihwagen und die Verrechnung von Bonuspunkten. Auch Open Source Software wird im Rahmen von Kooperationen entwickelt. Je mehr Programmierer sich an der Entwicklung beteiligen, umso besser wird tendenziell auch die Software. Eric S. Raymond drückt es in seinem berühmten Artikel „The Cathedral and the Bazar" so aus: "Given enough eyeballs all bugs are shallow" (Raymond 1999).
Schließlich können Kooperationen sowie Unternehmensübernahmen den *Zugang zu neuen Märkten* eröffnen. Dies kann zum einen eine geographische Ausweitung, zum anderen auch eine Erweiterung der Produktpalette bedeuten.
Die potenziellen Kooperationsvorteile schlagen sich letztlich in Kosteneinsparungen oder (auf direktem bzw. auch indirektem Wege) in einer Steigerung der Erlöse nieder. Eine Herausforderung besteht nun darin, diesen Mehrwert der Kooperation zwischen den Partnern aufzuteilen. Viele Kooperationsvorhaben scheitern an dieser Problemstellung, die nur auf den ersten Blick trivial erscheint, bereits im Vorfeld. Dies wollen wir anhand eines Beispiels aus der kooperativen Spieltheorie veranschaulichen: dem Bettler-Krösus-Problem.
Ein reicher Mann und ein Bettler laufen die Straße entlang und finden gleichzeitig einen Geldbetrag von – sagen wir – 100 Euro. Die Herausforderung für die beiden besteht nun darin, sich auf eine Aufteilung des Funds zu einigen, mit der beide zufrieden sind. Gelingt dies, darf jeder seinen Anteil an den 100 Euro behalten, andernfalls gehen beide leer aus.
Das Problem ist einfach zu verstehen, eine einvernehmliche Lösung jedoch schwierig zu erreichen. Denn sowohl der Bettler als auch der Krösus möchten so viel wie möglich des Geldes für sich behalten. Diese Konstellation lässt sich analog in vielen Fällen bei Geschäftspartnern beobachten. Die spieltheoretische Lösung des Verteilungsproblems ist mathematisch komplex und basiert auf unterschiedlichen Nutzenfunktionen für die Akteure (Sieg 2005: 181 ff.). Auf der Basis einer angenommenen linearen Nutzenfunktion für den reichen Mann und einer logarithmischen für den Bettler lässt sich für unser Beispiel eine Aufteilung von ca. 23 Euro für den Bettler und ca. 77 Euro für den reichen Mann ermitteln. Die Ermittlung und mathematische Formulierung von Nutzenfunktionen ist in der Praxis jedoch nahezu unmöglich.
Im Folgenden wollen wir daher die Verteilungsproblematik vereinfachen: Zunächst können wir davon ausgehen, dass die Aufteilung der Kooperationsgewinne das Kriterium der Pareto-Optimalität erfüllen muss. Damit ist gemeint, dass die Kooperationsgewinne so zu verteilen sind, dass mindestens einer der Partner besser, aber keiner schlechter gestellt ist als zuvor. Ist dieses Kriterium nicht erfüllt, wird mindestens einer der Partner in der Regel nicht an der Kooperation teilnehmen.
Es können insbesondere die folgenden einfachen Vorgehensweisen pragmatische Alternativen zur Aufteilung der Kooperationsgewinne darstellen (Buxmann et al. 2007):

- Der Kooperationsgewinn wird unter *n* Akteuren so verteilt, dass jeder Akteur den *n*-ten Anteil dieses zusätzlichen Gewinns erhält.
- Der Kooperationsgewinn wird entsprechend der Gewinnanteile vor der Kooperation verteilt.

Dabei profitieren die in der Ausgangsposition kleineren Partner überproportional vom erst genannten Verteilungsmodell. Bei der zweiten Variante wird demgegenüber tendenziell der in der Ausgangssituation stärkere Akteur bevorzugt. Auch wenn beide Alternativen zu einer pareto-optimalen Verteilung führen, ist damit also noch lange nicht gesagt, dass sich die Akteure tatsächlich auch einigen werden. Verschiedene Verteilungsschlüssel können eben entsprechend unterschiedlich vorteilhaft sein und jeder wird versuchen, ein möglichst großes Stück des zu verteilenden Kuchens zu erhalten.

Neben der Fragestellung der Aufteilung der Kooperationsgewinne ist zu berücksichtigen, dass das Eingehen von Kooperationen für die beteiligten Unternehmen häufig eine nicht zu unterschätzende Investition darstellt. So entstehen zum einen Anbahnungskosten für die Suche nach den richtigen Geschäftspartnern. Daneben fallen in der Regel erhebliche Verhandlungskosten für die Vertragsgestaltung an. Diese haben etwa die Beteiligungen an den Investitionen in die Partnerschaft und auch die Ausgestaltung des Schlüssels zur Verteilung der Kooperationsgewinne zum Gegenstand. Nicht zu unterschätzen sind auch die Investitionen zum Aufbau einer gemeinsamen Infrastruktur oder zur Erhöhung des Know-hows in den beteiligten Unternehmen (Hirnle u. Hess 2006).

Im nächsten Abschnitt wollen wir uns nun auf die Kooperationsformen und -partner in der Softwareindustrie konzentrieren.

3 Kooperationsformen und -partner in der Softwareindustrie

Wenden wir uns zunächst der Fragestellung zu, welche potenziellen Kooperationspartner für Softwarehäuser in Frage kommen. Dazu wollen wir uns im Weiteren an dem Modell von Brandenburger und Nalebuff orientieren, das in Abbildung 1 dargestellt ist (Brandenburger u. Nalebuff 1996: 17).

Wir gehen also davon aus, dass ein Unternehmen – sei es aus der Automobilbranche, der Softwareindustrie oder einem anderen Sektor – grundsätzlich die vier unten dargestellten potenziellen Kooperationspartner hat: Kunden, Komplementäranbieter, Zulieferer sowie Wettbewerber.

Die potenziellen *Kunden* eines Softwarehauses können wir in Geschäfts- und Privatkunden einteilen. Wir bewegen uns also entweder in einem Business-to-Business- oder einem Business-to-Consumer-Umfeld. Kooperationen werden dabei eher im Business-to-Business-Sektor zu finden sein. Ein häufig anzutreffendes Beispiel ist die gemeinsame Produkt- und Systementwicklung zwischen einem Standardsoftwareanbieter und einem Kunden. Hierbei geht es meist darum, eine Lösung zu entwickeln, die bestimmte Branchenanforderungen abdeckt, welche in einer Standardlösung nicht abgebildet sind.

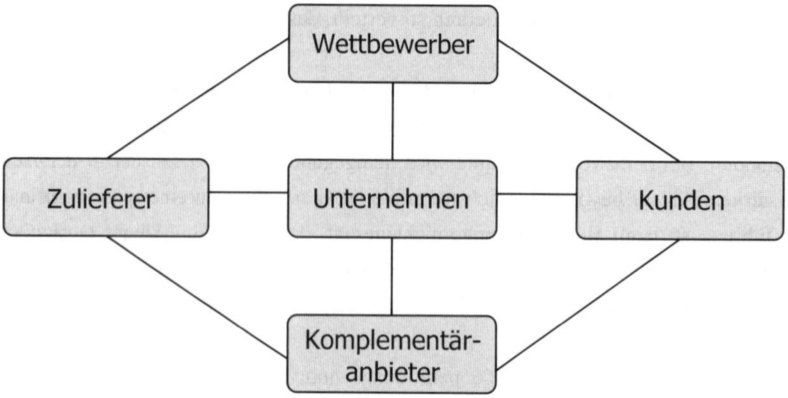

Abbildung 1: Systematisierung potenzieller Kooperationspartner

Doch worin bestehen nun die Vorteile der Kooperation? Der Kunde erhält eine Softwarelösung, die speziell für seine Anforderungen entwickelt wurde. Dafür erwirbt der Softwareanbieter im Rahmen der Kooperation erforderliches Branchen-Know-how. Ein Beispiel für eine solche Zusammenarbeit ist die Entwicklung einer Lösung für eine kooperative Lieferplanabwicklung, die in einer Kooperation von SAP und Bosch entstanden ist (Buxmann et al. 2004). Bei der Vereinbarung solcher Kooperationsformen sind u. a. die folgenden Fragen zu klären:

- Wer erhält die Rechte für den Verkauf von Softwarelizenzen der entwickelten Lösung?
- Wie sind diese Lizenzerlöse gegebenenfalls unter den Partnern aufzuteilen?
- Welcher Partner trägt welchen Teil der Entwicklungsaufwendungen?

Nicht selten führt, wie in dem folgenden Beispiel dargestellt, eine gemeinsame Softwareentwicklung auch zu einer Gründung von Joint Ventures.

Eine andere Form der Zusammenarbeit kann darin bestehen, dass ein Softwareanbieter gemeinsam mit Firmenkunden in Standardisierungsgremien, wie etwa dem World Wide Web Consortium (W3C) aktiv ist. Wir werden hierauf im Teil „Co-opetition“ näher eingehen.

Eine weitere Gruppe potenzieller Kooperationspartner sind *Zulieferer*. Dabei handelt es sich für die Softwareindustrie insbesondere um andere Softwarehäuser, die Teile der Entwicklung übernehmen, oder auch um freie Mitarbeiter, die in Projekten mitarbeiten.

Auch in Bezug auf die Kooperation mit den Zulieferern sind insbesondere Entwicklungspartnerschaften zu nennen. So arbeiten gerade große Standardsoftwarehersteller mit einer Vielzahl von Softwarezulieferern zusammen. Speziell der Trend in Richtung der Etablierung von serviceorientierten Architekturen (SOA) kann einen Beitrag dazu leisten, dass an dieser Schnittstelle zwischen Softwareanbietern und Zulieferern weitere Kooperationen entstehen. So ergeben sich etwa für Nischenanbieter neue Chancen, Software als Service anzubieten. Wenn für einen Standardsoftwareanbieter die Kosten für die Entwicklung eines bestimmten Services den für ihn erwarteten Zuwachsnutzen übersteigen, so bietet es sich an, diese Entwicklung an einen Softwarezulieferer auszulagern. Damit hat der Softwareanbieter sein Entwicklungsrisiko begrenzt und der Zulieferer erhält die Chance, seine Services in die Lösung des großen Anbieters zu integrieren. Bislang funktioniert die Zusammenarbeit in der Praxis in den meisten Fällen so, dass Anbieter und Zulieferer vor dem Abnehmer der Lösung getrennt auftreten und auch fakturieren. Zukünftig sind hier engere Kooperationen denkbar und sinnvoll. Die Zusammenarbeit könnte etwa so geregelt werden, dass die Zulieferer auch an den Umsätzen partizipieren. Eine wesentliche Herausforderung bei dem Eingehen solcher Kooperationen wird jedoch, wie bereits dargestellt, darin bestehen, entsprechende Schlüssel für die Aufteilung der Erlöse zu finden. Zudem müssen beide Parteien in die Zusammenarbeit investieren, wobei das größere Investment typischerweise bei den Zulieferern liegt und insbesondere in Form von Schulungskosten anfällt. So müssen Zulieferer bzw. Entwicklungspartner häufig an – nicht selten teuren – Trainings der Softwareanbieter teilnehmen, um in bestimmte Partnerprogramme aufgenommen zu werden. Ein aus Sicht der Anbieter verständliches Verfahren: Zum einen kann auf diese Weise sichergestellt werden, dass die Zulieferer die entsprechenden Basistechnologien kennen, zum anderen werden zum Teil erhebliche Schulungsumsätze generiert.

iBS Banking Solution

Im Rahmen eines Individualprojekts hat CSC Ploenzke für die DePfa Bank (heutige Aareal Bank) eine Inhouse-Lösung für den Hypothekenbereich entwickelt. Die Lösung erweitert den SAP-Standard für Banken um wichtige Komponenten. Funktional umfasst die Mortgage Banking Solution das gesamte Aktiv- und Passivgeschäft, integrierte Derivate sowie den Geld- und Devisenhandel und bildet die Grundlage der Gesamtbanksteuerung sowie des Risikomanagements auf Basis des SAP-Systems. Nach Projektabschluss waren die Beteiligten der Ansicht, dass die Softwarelösung allgemein vermarktungsfähig war. Insbesondere die folgenden beiden Gründe sprachen für die Gründung eines Joint Ventures, an dem CSC Ploenzke mit 51 Prozent und die DePfa mit 49 Prozent beteiligt ist: Zum einen schien es problematisch zu sein, dass die potenziellen Kunden genau die Wettbewerber der DePfa waren. Zum anderen verfügte die DePfa nicht über ausreichende Beratungskapazitäten, um die Software bei Wettbewerbern zu implementieren.

Quellen: www.ibs-banking.com;Sapinfo.net/SAP-Branchenmagazin Banken & Versicherungen, Nr. 3 März 2001, S. 20-21

Daneben gibt es vielfältige Kooperationsmöglichkeiten mit *Komplementäranbietern.* Wie der Name bereits sagt, bieten diese potenziellen Partner ergänzende Produkte oder Services zu einer Softwarelösung an. Solche Komplementäranbieter für Softwareproduzenten sind etwa Distributoren bzw. Vertriebspartner.

Ein anderes Beispiel für die Kooperation mit Komplementäranbietern ist die Zusammenarbeit mit Technologiepartnern. Hierzu gehört etwa die Kooperation eines Standardsoftwareherstellers wie der Software AG mit Partnern, die im Rahmen von Einführungsprojekten beispielsweise bestimmte Programmieraufgaben übernehmen.

Schließlich bieten sich für die Beteiligten auch Chancen durch Kooperationen mit ihren *Wettbewerbern.* Diese Kooperationsform wird auch mit dem Begriff „Co-opetition" beschrieben, denn: „You have to cooperate and compete at the same time" (Brandenburger u. Nalebuff 1996: 4). Die

Herausforderung besteht darin, eine Win-Win-Situation zu erzeugen, in der die Kooperationspartner von einer Zusammenarbeit profitieren, obwohl sie Wettbewerber sind und auch in Zukunft bleiben.

Als potenzielle Vorteile einer Co-opetition können im Wesentlichen genau jene identifiziert werden, die wir bereits im zweiten Abschnitt angeführt haben. Eine offensichtliche Kooperationsmöglichkeit besteht immer dann, wenn es darum geht, Ressourcen gemeinsam zu nutzen. Sind etwa Entwicklungs- oder Produktionskapazitäten von mindestens einem der Beteiligten nicht voll ausgelastet, während der Wettbewerber an der Kapazitätsgrenze arbeitet, bietet sich ein „Ressourcen-Sharing“ an. Insbesondere in der Automobilindustrie sind derartige Kooperationsformen bekannt geworden. So kooperieren beispielsweise DaimlerChrysler und Volkswagen seit langem bei der Entwicklung von Motoren und Nutzfahrzeugen, während Porsche und Toyota bei der Entwicklung von Hybridantrieben eng zusammenarbeiten.

Ein Beispiel für eine Kooperation zwischen Softwareanbietern, die zumindest teilweise im Wettbewerb stehen, ist die von Microsoft und SAP vorangetriebene Entwicklung von DUET. Dabei stellt DUET dem Anwender eine Schnittstelle zwischen den Office-Applikationen von Microsoft und den ERP-Systemen von SAP bereit. Microsoft und SAP sind Wettbewerber auf dem Markt für betriebswirtschaftliche Software für kleine und mittelständische Unternehmen und erhoffen sich eine Win-Win-Situation durch die Entwicklung dieser Softwarelösung.

Ein anderes Beispiel für Co-opetition in der Softwareindustrie sind Strategische Allianzen. In diesem Rahmen arbeiten Softwareunternehmen zusammen, um gemeinsame Ziele – etwa die Durchsetzung einer Technologie oder eines Standards – zu erreichen. Dabei finden Kooperationen häufig auch in Arbeitsgruppen von Standardisierungsorganisationen, wie dem World Wide Web Consortium, statt. Das Ziel der Unternehmen besteht einerseits darin, bei der technischen Spezifizierung des zu entwickelnden Standards mitzuarbeiten. Andererseits sollen damit natürlich möglichst viele Akteure in das sprichwörtliche Boot geholt werden, um den eigenen oder favorisierten Standard, der möglicherweise im Wettbewerb zu anderen steht, durchzusetzen.

Ein Beispiel hierfür ist die Strategische Allianz von Softwareanbietern zur Unterstützung und Durchsetzung des OpenDocument-Standards, der Austauschformate für Office-Dateien definiert. Dabei haben sich Softwarehäuser, wie IBM, Oracle, Sun Microsystems und Google, zusammengetan, um ein Gegengewicht zu dem insbesondere von Microsoft unterstützten OpenXML-Standard zu schaffen.

4 Business Webs – Eine spezielle Kooperationsform

Eine spezielle Form der Kooperation zwischen Unternehmen sind Business Webs (Zerdick et al. 1999: 181; Franz 2003; Heuser 2006). In einem Business Web arbeiten Unternehmen zusammen, die Teilprodukte herstellen, welche sich gegenseitig ergänzen. Der Erfolg der Unternehmen ist eng aneinander gekoppelt, weil ein Kunde nicht an den Teilprodukten, sondern primär an dem sich aus den Teilprodukten ergebenden Gesamtprodukt interessiert ist.

In einem Business Web lassen sich verschiedene Rollen unterscheiden: der Shaper und vier Varianten des Adapters. Der Shaper kontrolliert den Produktkern und bestimmt die strategische Entwicklung des Business Webs. Adapter des inneren Kreises stellen für den Markterfolg des Systemprodukts unverzichtbare Produktkomponenten bereit und haben eine enge vertragliche Bindung an den Shaper. Adapter des äußeren Kreises entwickeln zum Kernprodukt komplementäre Güter. Registrierte Adapter ergänzen mit ihrem Produkt das Kernprodukt und werden vom Shaper kontinuierlich und frühzeitig über Veränderungen am Kernprodukt informiert. Unabhängige Adapter, die mit ihren Marktleistungen ebenfalls das Kernprodukt ergänzen, handeln aus eigener Motivation und ohne besondere Bindung zum Shaper.

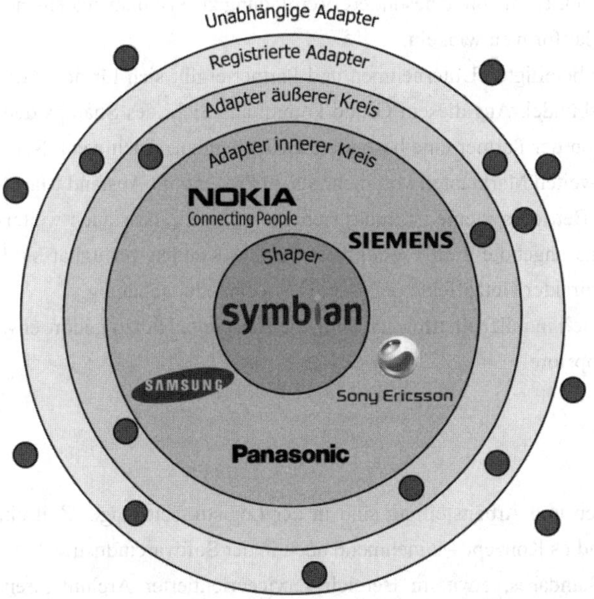

Abbildung 2: Business Web für das Smartphone-Betriebssystem SymbianOS

Abbildung 2 zeigt das Business Web für das Smartphone-Betriebssystem SymbianOS (vgl. http://www.symbian.com) in einer für die Beschreibung von Business Webs typischen Form (Franz 2003: 60).

Das erklärte Ziel der Gründungspartner bestand darin, ein überlegenes und gemeinsam zu verwendendes Betriebssystem für Mobiltelefone mit erweitertem Funktionsumfang (Smartphones) zu entwickeln und die aus dem Bereich von Desktop Computern bekannte Dominanz von Microsoft zu verhindern. Die Unternehmen gründeten daher im Jahre 1998 in einem Joint Venture die Symbian Ltd. mit Hauptsitz in London. Gemeinsam entwickelten sie ihr Kernprodukt SymbianOS, das seitdem auf allen Smartphones der teilhabenden und weiteren Firmen zur Anwendung kommt.

Aus Sicht von Business Webs kann das Betriebssystem Symbian wie folgt beschrieben werden: Symbian ist der Shaper, der das Kernprodukt SymbianOS hauptverantwortlich entwickelt und bereitstellt. Die am Joint Venture beteiligten Unternehmen stellen die Adapter des inneren Kreises dar. Zu den Adaptern des äußeren Kreises zählen Lizenznehmer, die ebenfalls SymbianOS auf ihren Smartphones einsetzen und teilweise in die Produktentwicklung mit einbezogen werden. Überdies gehören zu dieser Kategorie Unternehmen, die Basisapplikationen entwickeln, die zwar nicht fester Bestandteil des Betriebssystems sind, jedoch wichtige Funktionalitäten in Form von Add-ons bereitstellen (z. B. Kalender oder Synchronisierungstools). Im Kreis der registrierten Adapter finden sich unter anderem Partner, die bei Bedarf als Spezialisten für bestimmte Programmieraufgaben oder die Bereitstellung von Inhalten zur Verfügung stehen. Zur Gruppe der unabhängigen Adapter zählen Entwickler, die ohne besondere Verbindung zu Symbian aus eigener Motivation Applikationen für die Plattform entwickeln.

Erst durch das Zusammenspiel der beteiligten Unternehmen und Partner ergibt sich für den Konsumenten ein attraktives Funktionsbündel. Aus diesem Grund kommt aus Sicht des Shapers dem Management sowie der Koordination der Partner eine besondere Bedeutung zu. Auch wenn SymbianOS mit einem derzeitigen weltweiten Marktanteil von mehr als 70 Prozent mit Abstand Marktführer im Bereich der Smartphone-Betriebssysteme ist, muss sichergestellt sein, dass auch weiterhin ausreichend viele Komplementärangebote zum Produktkern für die Kunden verfügbar sind. Die Partner sind damit aufgrund indirekter Netzeffekte gegenseitig voneinander abhängig.

Darüber hinaus finden sich im Bereich mobiler Plattformen ähnliche Beispiele. Hierzu gehört etwa die Erfolgsgeschichte des Apple Appstore.

5 Ausblick

Zwischenbetriebliche Kooperationen und Arbeitsteilung sind in der Logistik seit langer Zeit ein etabliertes und erfolgreich angewandtes Konzept – zunehmend auch in der Softwareindustrie.

Neue offene Technologien und Standards, etwa im Bereich serviceorientierter Architekturen, eröffnen neue Möglichkeiten der kooperativen Softwareentwicklung sowie der Verringerung der Fertigungstiefe. So könnte ein Standardsoftwareanbieter die Entwicklung bestimmter Services an Offshore-Standorte auslagern und zur Abdeckung von Nischenlösungen Services von kleineren Anbietern in seine Produkte integrieren. Um nochmals das Bild der Wertschöpfung in der Automobilindustrie aufzunehmen: Die kleineren Softwarehäuser befinden sich dabei in der Rolle von Zulieferern, während der ERP-Anbieter die Rolle eines Service-Integrators übernimmt, der den Kunden individuell abgestimmte Anwendungen zur Unterstützung von Geschäftsprozessen auf Basis von Services bereitstellt (siehe Abbildung 3).

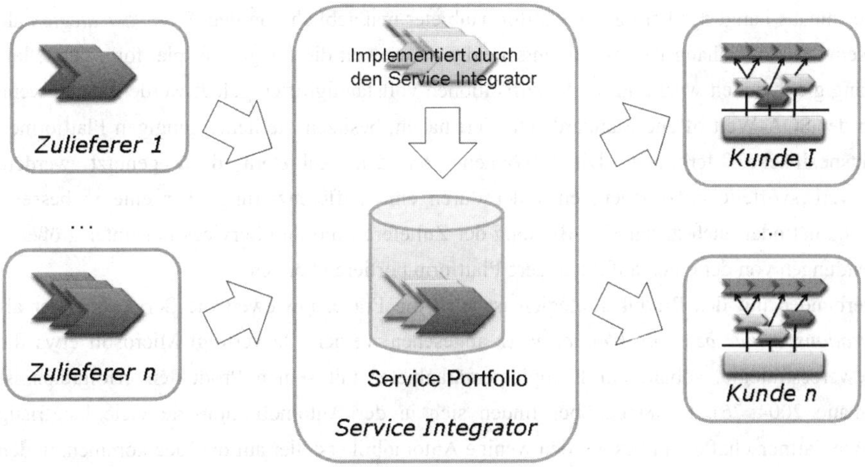

Abbildung 3: Beispiel für ein mögliches zukünftiges Zuliefernetzwerk in der Software-industrie

Die Integration der Services erfolgt auf Basis von Plattformen, die von großen Playern wie beispielsweise IBM, Microsoft, Oracle oder SAP, aber auch von kleineren Anbietern wie der Software AG entwickelt werden.

Dabei ist analog wie etwa im Mobilbereich ein Wettbewerb dieser Plattformen zu erwarten. Dabei stehen die Plattformanbieter vor der Aufgabe, Kooperationspartner bzw. Serviceanbieter für ihre Plattformen zu finden, da sie alleine kaum in der Lage sein werden, servicebasierte Lösungen für unterschiedlichste Problemstellungen ihrer Kunden selbst zu entwickeln.

Eine wesentliche Herausforderung in diesem Zusammenhang besteht in der Gestaltung der Geschäftsbeziehungen zu diesen Partnern. Hierbei sind Entscheidungen in Bezug auf die Fertigungstiefe, die Produktstrategie, die Kooperations- bzw. Wettbewerbsstrategie sowie die Erfolgsaufteilung zu treffen.

Die erste Grundsatzentscheidung betrifft die Frage nach der *Fertigungstiefe*, also danach, wie viele Services vom Plattformanbieter selbst entwickelt oder extern eingekauft werden sollen. Es handelt sich hierbei um das klassische Make-or-Buy-Problem. Als Entscheidungsgrundlage kann die Transaktionskostentheorie herangezogen werden. Dabei befinden sich die Anbieter von solchen Plattformen heute in unterschiedlichen Ausgangspositionen. Während etwa die SAP bereits eine Reihe von fachlichen Services anbieten kann, sind Unternehmen wie IBM noch stärker darauf angewiesen, mit Serviceanbietern zusammenzuarbeiten, um ihren Kunden nicht nur eine Plattform mit Werkzeugen, sondern auch lauffähige Services anbieten zu können. Eng mit der Fertigungstiefe zusammenhängend ist auch die Entscheidung in Bezug auf die Anzahl der Serviceanbieter, wobei gilt, dass viele Serviceanbieter einerseits tendenziell die Innovationstätigkeit fördern, andererseits das Management einer großen Anzahl von Zulieferern jedoch auch die Koordinationskosten erhöht (Lang et al. 2008).

Darüber hinaus hängt der Erfolg der Plattformanbieter maßgeblich von den *Produktstrategien* ab. In diesem Zusammenhang ist etwa zu entscheiden, inwieweit die Integrationsplattform herstellerunabhängig entwickelt wird und die Spezifikationen vollständig offen gelegt werden. Auch wenn sich in der SOA-Welt offene Standards etabliert haben, besitzen die heute gängigen Plattformen produktspezifische Merkmale. Diese können von den Anbietern dazu genutzt werden, Wettbewerbesvorteile aufzubauen, entweder durch eine Differenzierung über eine verbesserte Funktionalität oder auch durch eine Bindung der Zulieferer, die ihre Services nur unter größeren Aufwendungen von der einen auf die andere Plattform portieren können.

Eng verbunden mit den Produktstrategien ist auch die Frage, inwieweit die Serviceanbieter als *Kooperationspartner bzw. als Wettbewerber* angesehen werden. So verfolgt Microsoft etwa die Wettbewerbsstrategie, sobald ein Komplementäranbieter mit seinen Produkten erfolgreich ist (Cusumano 2004: 76). Demgegenüber finden sich in der Automobilindustrie viele langfristig angelegte Partnerschaften und es würden wenige Automobilhersteller auf die Idee kommen, in den Wettbewerb mit ihren Lieferanten zu treten.

Darüber hinaus ist die Entscheidung zu treffen, wie der Erfolg unter den Plattform- und Serviceanbietern aufgeteilt wird. Dabei bieten sich grundsätzlich die Möglichkeiten, dass die Partner unabhängig voneinander mit den Kunden abrechnen, der Serviceanbieter am Umsatz des Plattformanbieters partizipiert oder der Plattformanbieter einen Anteil der Erlöse des Serviceanbieters erhält. Die letztgenannte Alternative entspricht dem Geschäftsmodell der digitalen Spieleindustrie. Dieses könnte auch vor dem Hintergrund interessant sein, dass für SOA-Plattformen – ähnlich wie im Konsolenmarkt – ein harter Wettbewerb zwischen den Anbietern zu erwarten ist. Zudem profitieren aufgrund zweiseitiger Netzeffekte sowohl Serviceanbieter als auch Kunden von der weiten Verbreitung einer Plattform. Da die variablen Kosten einer Softwareplattform zu vernachlässigen sind, könnte ein interessantes Geschäftsmodell für Plattformanbieter darin bestehen, die Plattformen kostenlos oder zu sehr geringen Kosten abzugeben, um auf diese Weise hohe Marktanteile zu erobern. Erlöse könnte der Plattformanbieter schließlich erzielen, indem er an den Umsätzen der Serviceanbieter partizipiert.

Derartige Geschäftsmodelle sowie die Nutzung offener Standards könnten also einen Beitrag dazu leisten, die Wertschöpfungsstruktur in der Softwareindustrie zu ändern und die Fertigungstiefe, ähnlich wie in der Automobilindustrie in den letzten Jahren, zu reduzieren. Dabei ist jedoch zu berücksichtigen, dass es sich bei den derzeit verfügbaren offenen Standards um technische Standards handelt. Demgegenüber gibt es bislang kaum fachlich-inhaltliche Standards. Dies erschwert natürlich die Integration und damit verbunden die angedachte Umsetzung des Baukastenprinzips enorm, wenn wir an den Austausch von Parametern zwischen Services unterschiedlicher Anbieter denken. Darüber hinaus wird die Offenheit auch insofern relativiert, als die Anbieter, wie oben bereits angeführt, in vielen Fällen eine herstellerspezifische Politik betreiben. Dies führt etwa dazu, dass ein kleiner Serviceanbieter in der Regel kaum in der Lage sein wird, seine Produkte für mehrere Integrationsplattformen unterschiedlicher Hersteller anzubieten.

Literaturverzeichnis

Blohm, Hans (1980): Kooperation. In Grochla (1980): 1111–1117

Brandenburger, Adam/Nalebuff, Barry (1996): Co-opetition. A revolutionary mindset that combines competition and cooperation. The game theory strategy that's changing the game of business. New York: Doubleday

Buxmann, Peter/König, Wolfgang/Fricke, Markus/Hollich, Franz/Martín Díaz, Luis/Weber, Sascha (2004): Inter-organizational Cooperation with SAP Solutions – Design and Management of Supply Networks. 2nd ed. Berlin: Springer

Buxmann, Peter/ Strube, Jochen/ Pohl, Gerrit (2007): Cooperative Pricing in Digital Value Chains – The Case of Online Music. In: Journal of Electronic Commerce Research 8. 32–40

Buxmann, Peter/Diefenbach, Heiner/Hess, Thomas (2008): Die Softwareindustrie. Ökonomische Prinzipien, Strategien, Perspektiven. Berlin: Springer Verlag

Cusumano, Michael A. (2004): The Business of Software: What every Manager, Programmer and Entrepreneur must know to succeed in good times and bad. New York: Simon & Schuster Inc

Franz, Andreas (2003): Management von Business Webs. Wiesbaden: Gabler

Grochla, Erwin (1980): Handwörterbuch der Organisation. Stuttgart: Schäffer Poeschel

Heuser, Lutz (2006): Business Webs – eine zentrale Vision von SAP Research. http://www.gi-ev.de/fileadmin/redaktion/Presse/Statement-Heuser-INFORMATIK2006.pdf

Hirnle, Christoph/Hess, Thomas (2007): Investing into IT infrastructures for inter-firm networks: Star Alliance's move to the common platform. In: Electronic Journal for Virtual Organizations and Networks 8. 124–143

Lang, Jan Christian/Widjaja, Thomas/Buxmann, Peter/Domschke, Wolfgang/Hess, Thomas (2008) Optimizing the Supplier Selection and Service Portfolio of a SOA Service Integrator. In: Proceedings of the 41st Hawaii International Conference on System Sciences (HICSS), Hawaii

Martín Díaz, Luis (2006): Evaluation of Cooperative Planning in Supply Chains. An Empirical Approach of the European Automotive Industry. Wiesbaden: Gabler-Verlag

Pfohl, Hans-Christian (2004a): Erfolgsfaktor Kooperation in der Logistik: Outsourcing – Beziehungsmanagement – Finanzielle Performance. Berlin: Erich Schmidt Verlag

Pfohl, Hans-Christian (2004b): Grundlagen der Kooperation in logistischen Netzwerken. In Pfohl (2004a): 1-38

Pfohl, Hans-Christian (2004c): Logistikmanagement: Konzeption und Funktionen. Berlin: Springer

Raymond, Eric Steven (1999): The Cathedral and the Bazaar. Sebastopol: O'Reilly

Sieg, Gernot (2005): Spieltheorie. München: Oldenbourg

Zerdick, Axel/Picot, Arnold/Schrape, Klaus/Artopé, Alexander/Goldhammer, Klaus/Lange, Ulrich T./Vierkant, Eckart/López-Escobar, Esteban/Silverstone, Roger (1999): Die Internet-Ökonomie: Strategien für die digitale Wirtschaft. Berlin: Springer

Wilhelm Bender*

Von Clustern und Knoten – Wie Mobilität die Welt verändert und neue Zentren schafft

---

* Prof. Dr. Wilhelm Bender hat an der Johann Wolfgang Goethe-Universität in Frankfurt Rechtswissenschaft und Volkswirtschaft studiert und an der Justus-Liebig-Universität in Gießen bei Prof. Helmut Ridder mit einer Arbeit über Ausländerrecht promoviert. Nach Führungspositionen u.a. bei der Deutschen Bahn und bei Schenker war er von 1993 bis 2009 Vorstandsvorsitzender der Fraport AG. Unter seiner Führung wurden der Ausbau des Frankfurter Flughafens und die Internationalisierung des Unternehmens vorangetrieben. Die finanziellen Grundlagen von Fraport wurden durch den erfolgreichen Börsengang 2001 gestärkt. Als Präsident des Vereins FrankfurtRheinMain, Vorsitzender der Wirtschaftsinitiative, des Jüdischen Museums, des Petrihauses und anderer Institutionen setzt sich Bender aktiv für die Region Frankfurt RheinMain ein. 2008 wurde Bender zum Honorarprofessor der Johann Wolfgang Goethe-Universität Frankfurt ernannt. Bender arbeitet heute für ein führendes Private-Equity-Haus, eine internationale Anwaltssozietät und eine europäische Großbank. Er hat zahlreiche Beiträge, vor allem zu Fragen des Verkehrs und der Mobilität, veröffentlicht.

Wenn heutzutage von erfolgreichen Industrien und Dienstleistungen gesprochen wird, von florierenden Wirtschaftsstandorten, fällt meist nach kurzer Zeit das Wort „Cluster". Das gilt allemal für die Logistik, die dem amerikanischen Wirtschaftswissenschaftler Michael Porter so zentrale Begriffe wie der „Value Chain" und eben der Cluster verdankt. Das Denken in Wertschöpfungsketten, die über den Globus gelegt werden und ihren physischen Ausdruck in Supply Chains finden, hat ganz selbstverständlich dazu führen müssen, dass die Region FrankfurtRheinMain als ein aktives Logistik-Cluster wahrgenommen wird. Und dass sich die Region als Logistik-Cluster mitten im Herzen Europas, an der Schnittstelle zentraler Verkehrsmagistralen, immer erfolgreicher als europäisches Logistik-Cluster profiliert.

„Logistik" ist für das europäische Transitland Deutschland gleichbedeutend mit „Chancen". Dies zu ignorieren, die sich bietenden Chancen ungenutzt zu lassen wäre sträflich. Zumal Logistik nichts mehr mit dem Mann im Blaukittel zu tun hat, der mit schwieligen Händen Lasten schleppt. So sehr Logistik auch noch mit physischer Muskelarbeit verbunden ist, hat sie sich doch schon seit langem zu einer Branche der Wissensgesellschaft entwickelt, bei der die Verarbeitung von Information im globalen Maßstab dem Transportvorgang vorausgeht und ihn überlagert.

Niemals hat Mobilität eine größere Rolle gespielt als heute. Das will viel sagen, wenn man bedenkt, dass Mobilität eine Grundkonstante des Lebens schlechthin ist. Die Geschichte des Menschen ließe sich nicht schreiben, wenn es keine Mobilität gäbe. Zumindest die Geschichte seiner Entwicklung. Bei allen Entwicklungsschüben war Mobilität ursächlich beteiligt. Sobald der Mensch aus dem Eingebundensein in naturhafte Kreisläufe heraustritt, setzt er sich in Bewegung. Bewegung bleibt fortan sein Lebensprinzip. Sie konstitutiert einen Überlebensvorteil, was sie von Stund' an unverzichtbar macht. Schon der Entwicklungssprung von den Jägern und Sammlern zur Lebensform sesshafter Ackerbauer und Viehzüchter, macht dies deutlich. Auch jene waren mobil, aber nur auf zwei Beinen. Und diese wurden keineswegs nur sesshaft. Vielmehr haben sie die Ressourcen ihrer Lebenserhaltung an einen Ort fixiert, sich aber zugleich die ersten Mobilitätsmittel erschlossen: Tiere, die den Pflug zogen, Waren transportierten und den Radius der Krieger erweiterten. Das war so revolutionär und unschlagbar, dass Jäger und Sammler nur noch in kaum zugänglichen topografischen Nischen überleben konnten.

Das, was wir heute Globalisierung nennen, begann mit dem europäischen Schiffsbau im 15. Jahrhundert. Mit einem Verkehrsmittel, das den eben noch unendlichen Kosmos zum Globus reduzierte – wenn auch unter unvorstellbaren Beschwernissen und Gefahren. Aber ohne Schiffe keine Kolonien und keine Weltreiche.

Das nächste bahnbrechende Verkehrsmittel, das die Welt veränderte, war die Bahn. Erst mit der Eisenbahn konnten nationale Binnenmärkte entstehen, und damit starke, auch militärisch starke Volkswirtschaften.

Das Auto hat eine weitere Mobilitäts-Revolution ausgelöst. Man stelle sich einmal eine Gesellschaft ohne Auto vor. Das ist unmöglich! Autos fahren heute selbst dort, wo es ansonsten nichts gibt. Ohne Autos leben nur noch versprengte, von der Zivilisation bisher nicht erreichte Ureinwohner, wie sie unlängst aus der Luft im südamerikanischen Urwald entdeckt und fotografiert wurden.

Und last but not least, weder „zuletzt" noch „geringst", das Flugzeug. Mit dem Schiff kam man zwar schon um die Welt, aber erst das Flugzeug ist das veritable Verkehrsmittel der Globalisierung. Das Flugzeug macht aus der Erdkugel ein Netz überschaubarer Strecken. Die Bewegung rund um den Globus ist mit dem Flugzeug planbar geworden. Dank Flugzeug kann Mobilität als Faktor in die betriebswirtschaftliche Kalkulation eingestellt werden.

Das aber hat erst so richtig seine globale Bedeutung erhalten, seitdem es auch für das Wissen ein globales Verkehrsmittel gibt, den Datenverkehr. Goethes Faust reitet dank der Zauberkräfte des Teufels mit dem Besenstil auf dem Brocken. Heutige Wissenschaftler und Fachleute aller Art sind dank Flugzeug heute hier und morgen überall. Aber vor allem ist ihr Wissen nicht mehr an einen Gegenstand gebunden, in dem es sich materialisiert.

Ihr Wissen versammelt sich in den Daten auf ihrem Rechner. Es kann als Datensatz jederzeit verändert werden, ohne dass dazu mehr als ein paar Stromstöße – und natürlich Gehirnströme – vonnöten wären. Es kann als Datenpaket auf die Reise geschickt werden und am Zielort beliebig manipuliert werden. Wissen ist das mobilste Gut der Welt, so mobil, dass es überall schon vorhanden ist. Jetzt kommt es nur noch darauf an, etwas Neues daraus zu machen.

Zu Zeiten der Gottlieb Daimler war das anders. Sicher, er hätte 1885 mit dem Schiff nach Australien fahren und dort seinen ersten Kraftwagen bauen können. Aber jede Weiterentwicklung daran wäre auf ihn angewiesen gewesen. Sein Wissen und konzeptionelles Können ruhte in seinem Kopf, musste aber in eine Konstruktion einfließen können, um mehr zu sein als eine Kopfgeburt.

Heute entsteht das vollständige Produkt am Rechner. Es materialisiert sich, wenn man überhaupt davon sprechen kann, zunächst in Daten. Und das Konkurrenz- und Alternativprodukt gleich mit ihm. Das kann hier geschehen oder an einem anderen Ort oder – über zusammengeschaltete Rechner – hier und dort.

Die etwas umständliche Herleitung soll eines verdeutlichen: Weil sich technisch-naturwissenschaftliches Wissen sozusagen materielos realisieren lässt, ist es grenzenlos mobil geworden und damit der entscheidende Treiber der Globalisierung. Mobilität und Globalisierung sind die beiden Seiten einer Medaille. Ihre Währung ist das Wissen.

Wissen und technisches Knowhow können beliebig gestückelt und über den Globus gestreut werden, dorthin, wo jeder Teilbereich seine besten Realisierungsbedingungen findet. Die Folge davon sind die internationale Arbeitsteilung und globale Supply Chains. Weil Wissen und Mobilität einander wechselseitig potenzieren, steigern sie die Austausch- und Umlauf-Volumina in den globalen Wissens-, Produktions- und Supply Chains.

Und sie verändern inzwischen auch die Landkarten. Die futuristischen Städte- und Mobilitätskonglomerate wachsen am Persischen Golf nicht nur wegen des sagenhaften Reichtums der Scheichs, sondern weil der Wissenszug der Globalisierung solche Hubs für Mobilität und Wissen sogar in derart künstlichen Stationen auf dem Raumschiff Erde ermöglicht.

Das ist die entscheidende Lehre, die aus dem Exempel Dubai zu ziehen ist. Warenumschlag im siebtgrößten Hafen der Welt, Drehkreuz für Passagierbewegungen auf dem demnächst flächengrößten Flughafen der Welt – das ist das eine. Doch was diese Betonwüste in der Wüste auch ohne die höchsten Wolkenkratzer der Welt unübersehbar macht, ist die Power, die in der Verbindung von Wissen und Mobilität ruht.

Für FrankfurtRheinMain folgt daraus nicht etwa, dieses Erfolgsrezept zu kopieren. Im Gegenteil – da am Golf das wissens- und technologiegetriebene Entwicklungskonzept des Westens auf den Punkt gebracht wird, müssen wir hier einen Gang zulegen. Konkret bedeutet das: den Strukturwandel in die Wissensgesellschaft durch deutlich mehr Ausgaben für Bildung und Ausbildung beschleunigen und die Infrastruktur erweitern und verbessern.

Diese Region hat mehr Chancen in der Globalisierung als jede andere in Deutschland, sicher auch als die meisten in Europa. Die Gründe dafür liegen in der zentralen geografischen Lage mitten in Europa: In der hervorragend ausgebauten Infrastruktur. Der einzigartigen Wissenslandschaft. Den schon jetzt angesiedelten zukunftsträchtigen Wirtschaftsclustern und – natürlich – an der Rolle, die Mobilität in dieser Region spielt.

Nur müssen die Chancen ausgebaut werden, zum Beispiel durch den Flughafenausbau. Überall in der Welt werden Flughäfen massiv ausgebaut und schon gar die großen Drehkreuze. In Europa wurden in Paris, Amsterdam und Madrid schon die Kapazitäten ausgebaut, als in Frankfurt noch diskutiert wurde. In London gibt es spektakuläre Überlegungen, à la Hongkong einen Großflughafen vor die Küste der Insel zu setzen. Von Dubai war schon die Rede. Die Ausbaupläne Chinas und Indiens, der Größe und gestiegenen Bedeutung dieser Länder entsprechend, sind gigantisch. Mit einem Wort: Die Welt bereitet sich darauf vor, im Chancenwettlauf der Globalisierung die vordersten Zukunftsplätze zu belegen.

Die Logistik- und Mobilitäts-Cluster von FrankfurtRheinMain sollten diesen Wettbewerb sportiv annehmen. Denn in nicht wenigen der Teildisziplinen, um die es bei diesem Wettlauf geht, ist diese Region schon weltmeisterlich. Frankfurt ist zwar nicht der größte Flughafen, aber der größte internationale Umsteigeflughafen weltweit. Von diesem Airport gelangt man in zehn Minuten mit der S-Bahn in die City Frankfurts. Das ist in anderen Metropolen bestenfalls mit dem Hubschrauber zu schaffen. Mit dem ICE sind es 56 Minuten bis nach Köln und 73 Minuten nach Stuttgart. Der Fernbahnhof am Flughafen Frankfurt gehört zu den zehn größten Deutschlands, ihn nutzen allein rund 400.000 Fluggäste jeden Monat zur An- oder Abreise. Die Anbindung an den Straßenverkehr, an das Frankfurter Autobahnkreuz mit mehr als 330.000 Kraftfahrzeugen täglich ist nicht weniger herausragend.

Und wiederum absolut weltmeisterlich ist die Rolle, die systemisches Denken bei der Entwicklung der Verkehrsinfrastruktur in Deutschland spielt. Das sollten wir ganz konsequent fortentwickeln. Wir haben uns gedanklich schon längst von den isolierten Transportvorgängen auf einem Verkehrsträger gelöst und bilden den Mobilitätsbedarf jedenfalls theoretisch in einer umfassend vernetzten Verkehrs-Infrastruktur ab. Es ist für uns mehr als nur eine theoretische Option, dass dem Denken in Verkehrssystemen die Systeme folgen müssen. Und wer, wenn nicht dieses Hightech- und gründlich deutsche Infrastrukturland, böte bessere Voraussetzungen, die kapazitätsoptimierenden und den Ressourcenverbrauch minimierenden Verkehrssysteme der Zukunft hervorzubringen.

Mobilitätscluster sind die Mutter aller Cluster. Man wird es für keinen Zufall halten können, dass die Region FrankfurtRheinMain mit der Finanzwirtschaft, mit Biotech und Pharma, Medien und Kommunikation, Material- und Oberflächentechnik, mit den Informationstechnologien, der Automobilwirtschaft, mit Consulting und dem ganzen Strauß wissensintensiver unternehmensbezogener Dienstleistungen mehr Cluster aufweist als andere Regionen und dass sie genau deshalb hier sind, weil sie von hier schnell überall hinkommen.

Ein Cluster ist in dieser Aufzählung bewusst ausgespart, das der Forschungs- und Bildungseinrichtungen. FrankfurtRheinMain ist auch eine exzellente Wissensregion, auch wenn sich dies noch nicht vollständig in den Exzellenz-Bewertungen durch die Bundesregierung niedergeschlagen hat. Die Region weist nicht weniger als sechs Universitäten, 23 Hochschulen und rund 180 Forschungsinstitute auf sowie eine Vielzahl von Forschungszentren in Unternehmen und schließlich zahlreiche Berufsakademien.

Ein riesiges Potenzial, das die Region besser ausschöpfen sollte. Durch Vernetzung untereinander, durch Zusammenarbeit und Verflechtung mit der Wirtschaft, eben durch Clusterbildung.

Eines dieser Projekte der Vernetzung von Wissenschaft und Wirtschaft, das House of Logistics and Mobility (HOLM), hat binnen kurzer Zeit eine beachtliche Dynamik entfaltet und die vorwärtstreibende Kraft dieses Mobilitäts- und Logistik-Clusters erwiesen. Das HOLM ist ein Gemeinschaftsprojekt von vier Hochschulen, darunter die Technische Universität Darmstadt, der Wirtschaft und der Landesregierung. Die Grundidee: Das Logistik-Cluster bündelt seine beachtlich vielfältigen Kräfte, mobilisiert Synergien, fasst sie auch symbolisch unter einem Dach zusammen, nutzt das HOLM für eigene Belange der Ausbildung, der wissenschaftlichen Unterstützung, generiert neue Logistik-Produkte, die vor allem Wissensprodukte für das Management der Supply Chains sind, und macht die Logistik zum Nutzen aller Beteiligten zu einem Leuchtturm der Region.

Dass der Flughafen den Kern des hiesigen Logistik-Clusters bildet, lässt sich mit Zahlen belegen. Hier werden jährlich mehr als zwei Millionen Tonnen Fracht umgeschlagen, Frankfurt liegt damit auf Platz sieben der Top-Frachtflughäfen weltweit. Das entspricht dem Rang, den Dubai in der Reihenfolge der weltgrößten Seehäfen einnimmt. Hamburgs Hafen belegt dabei Platz 9.

Zurück zur Luftfracht, die mit der Globalisierung weiter Bedeutung gewinnen wird, gewiss überproportional zur internationalen Arbeitsteilung, deren Dynamik ihrerseits zunehmen wird. Denn die im Jahr 2009 manifest gewordene Finanz- und Wirtschaftskrise führt nicht etwa zu einem Ende oder der Eindämmung der Globalisierung, sondern zu ihrer Beschleunigung. Die Zusammenführung von Märkten im globalen Maßstab erschließt mehr Wachstumspotenziale, auf die niemand verzichten kann, als alle nationalwirtschaftlich gesetzten Impulse. Schon deswegen wird man nicht darauf verzichten können, weil die staatlichen Rettungspakete refinanziert werden müssen.

40 Prozent aller grenzüberschreitend transportierten Güter weltweit – an ihrem Wert gemessen – werden bereits geflogen. Das sind überwiegend verderbliche Waren – Lebensmittel oder Medikamente – und Hightech-Produkte, die in einem scharfen internationalen Wettbewerb stehen, sowie Güter, die kurzfristigen Markterneuerungszyklen unterliegen. Mode zum Beispiel. Mit der fort-

schreitenden Globalisierung wird der Anteil kleiner, leichter und kurzlebiger Hightech-Produkte zunehmen.

Sie müssen mehr denn je geflogen werden, sonst verpassen sie ihren Markt. Denn auch die Märkte sind mobil geworden. Mit der Globalisierung entsteht zwar der eine große Weltmarkt, aber nicht mit der Folge, dass nun von Alaska bis Feuerland, von Kamtschatka bis Lissabon jeder das gleiche Angebot an Handys, Autos oder Kühlschränken erhielte. Kaum hat sich der Weltmarkt herausgebildet, teilt er sich neu auf. Märkte verlieren ihre Staatsgrenzen und formieren sich neu auf einem beweglichen Untergrund, der nach kulturellen Identitäten, nach Geschlecht, Alter oder zum Beispiel Berufsgruppen konfiguriert wird.

Die Mobilitätsströme der Logistik sind überdies mehr noch als der Passagierverkehr auf Luftverkehrsdrehkreuze angewiesen. Die Hälfte der gesamten Luftfracht weltweit konzentriert sich auf 20 Hubs. Frankfurt belegt hier, wie ausgeführt, Platz sieben, nach den Frachtspezialisten Memphis und Anchorage und den asiatischen Riesen Hongkong, Shanghai, Seoul und Tokio – von denen im übrigen Shanghai mit Platz 2 und Hongkong auf Platz 3 zu den weltweit größten Seehäfen zählen.

Mit einem Wort: Der Flughafen Frankfurt ist ein Knotenpunkt für weltweite Passagier- und Frachtströme, ein Sammelpunkt für die weltweiten Supply Chains und eine Drehscheibe des Wissens in der Globalisierung. Ein „Enabler des Wachstums" und das eigentliche Zentrum dieser Region, die sich als zukunftsweisende moderne Metropolenlandschaft und Landschaftsmetropole, als eine wachsende Schönheit im Beauty Contest der globalen Wirtschaftsstandorte aufstellen sollte.

Die großen bekannten Namen – früher die New York, London und Sao Paulo, heute die Dubai, Kuala Lumpur und Shanghai - leiden alle unter der Last ihrer gigantischen Agglomeration. Und unter der Wucht der Verwerfungen, die die forcierte Wirtschaftsentwicklung um den Preis gewaltiger sozialer Umschichtung hervorrufen.

Das Entwicklungsmodell Europas, unser Entwicklungsmodell, sticht dagegen wohltuend und wohlbedacht heraus. Es ist zwar langsamer, aber nachhaltig, es hat Geschichte, es besteht aus der Einheit von Wirtschaft, Kultur und der Einbettung in Landschaft, die ein Bild dieser Einheit schafft. Mit einem Wort: Das europäische Entwicklungsmodell konstituiert Sinn und bringt Werte hervor, neben allen Werten, um die es schließlich auch geht.

Dies lässt sich als weitere Komponente des Wachstums und eine seiner wesentlichen Voraussetzungen behaupten: Sinnhaftigkeit neben Wissen und Infrastruktur. Ein kultureller Raum für die wirtschaftliche und soziale Entwicklung, der geschichtlich gegründet ist und sich entlang gewachsener Leitlinien in die Zukunft hinein entfaltet. Europa muss es um seine Zukunft und seine Möglichkeiten nicht bange sein. Nur darf es sich nicht davor zurückhalten, seine Potenziale auszuschöpfen und Chancen zu nutzen. Denn eines unterscheidet die globalisierte Welt von der Welt von gestern: Man kann sich weniger denn je auf vermeintlichen Lorbeeren ausruhen. Mobilität in einem umfassenden Sinn ist mehr denn je Treiber wie Ergebnis der vorwärtsstürmenden Selbstermächtigung des Menschen in der Bemächtigung der Welt. Aber das gilt nur dort, wo sie stattfinden kann: in den Mobilitätsknoten der Weltwirtschaft, die ausnahmslos um einen internationalen Hub-Flughafen gruppiert sind.

Volker Fasbender* / Alexander Bode** / Tobias Talmon l'Armée***

Das Darmstädter Cluster-Verständnis

* Volker Fasbender ist Hauptgeschäftsführer des Verbands der Metall- und Elektro-Unternehmen Hessen e.V. Der Verband ist Initiator und Träger der HESSENMETALL Cluster-Initiative.

** Dr. Alexander Bode studierte an der Technischen Universität Darmstadt Wirtschaftsingenieurwesen (Maschinenbau). Nach seinem Studium arbeitete er drei Jahre als wissenschaftlicher Mitarbeiter am Chinesisch-Deutschen Hochschulkolleg an der Tongji-Universität in Shanghai (China) und promovierte bei Prof. Dr. Dr. h.c. Hans-Christian Pfohl über „Wettbewerbsvorteile durch internationale Wertschöpfung". Heute ist er an der TU Darmstadt als Projektleiter der HESSENMETALL Cluster-Initiative tätig und forscht im Bereich Cluster und Wertschöpfungsmanagement.

*** Dipl.-Wirtsch.-Ing. Tobias Talmon l'Armée studierte Wirtschaftsingenieurwesen (Elektrotechnik) an der Technischen Universität Darmstadt und arbeitete drei Jahre lang als Strategieberater. Heute arbeitet er als wissenschaftlicher Mitarbeiter am Lehrstuhl Cluster & Wertschöpfungsmanagement und ist Cluster-Manager des Automotive-Clusters Mittelhessen.

1 Einleitung: Das Cluster-Konzept

Das Konzept und der Begriff des Clusters haben in der Wissenschaft in den letzen Jahren zunehmend an Bedeutung gewonnen, stark geprägt durch die Veröffentlichungen von Michael Porter. Porter definiert ein Branchen-Cluster als geographische Konzentration von Unternehmen aus verwandten Branchen und damit verbundene Einrichtungen wie z. B. Forschungsinstitutionen oder Wirtschaftsverbände.[1] Diese Unternehmen und Institutionen stehen im Wettbewerb miteinander und kooperieren gleichzeitig in bestimmten Bereichen. Porter spricht hier von „Coopetition" (Zusammensetzung aus „Cooperation" und „Competition").

In den letzten Jahren wurden Cluster immer größerer Bestandteil auch der unternehmerischen Praxis und vor allem der öffentlichen Förderung, was zu einer starken Verbreitung des Begriffs Cluster führte (z. B. Spitzencluster-Wettbewerb der Bundesregierung). So wurde beispielsweise mit der Logistik-Initiative Hamburg ein umfassendes Logistik-Cluster realisiert, welches den Standort stärken soll und den Mitgliedern umfassende Serviceangebote zur Verfügung stellt. Im Rhein-Main-Gebiet wird im Rahmen des House of Logistics and Mobility (HOLM) ein Cluster-Konzept entwickelt, das über ein reines Logistik-Cluster hinausgeht und die Themenfelder Logistik, Mobilität und Verkehr unter einem Dach bündelt.

Dabei ist das Verständnis des Cluster-Begriffs nicht nur wissenschaftlich umstritten, sondern in der öffentlichen Wahrnehmung sehr stark von den betroffenen Akteuren und deren Zielsetzung abhängig. Auch der Nutzen, welcher im Rahmen der Cluster-Aktivitäten generiert wird, wird aus sehr unterschiedlichen Perspektiven betrachtet. Häufig steht der Nutzen für die einzelnen Unternehmen nur begrenzt im Vordergrund, was dazu führen kann, dass eine Cluster-Initiative nur durch öffentliche Förderung am Leben erhalten werden kann. Denn wenn die teilnehmenden Unternehmen für sich selbst keinen wahrnehmbaren Nutzen erkennen können, sind sie in der Regel nicht bereit, die Initiative selbst zu finanzieren, was eigentlich das mittel- bis langfristige Ziel einer jeden Cluster-Initiative sein sollte.

Parallel zu den Branchen-Clustern nach Porter treten zunehmend mehr oder weniger stark ausgeprägte, auf die Realisierung von Wettbewerbsvorteilen abgestellte Netzwerke in den Vordergrund.[2] Sie zeichnen sich nach Sydow durch komplexe, gegenseitige, eher kooperative denn kompetitive und stabile Beziehungen zwischen ihren Mitgliedsunternehmen aus. Im Gegensatz zu einem Branchen-Cluster besteht ein Unternehmensnetzwerk zumeist aus einer beschränkten Zahl von rechtlich und wirtschaftlich selbständigen Unternehmen. Das Netzwerk muss dabei nicht auf eine Region beschränkt sein. Die zwischen den Netzwerkunternehmen bestehenden Beziehungen werden in der Regel vertraglich geregelt und personell sowie technisch strukturiert (vgl. Sydow 1992, S. 79f.). Häufig erfolgt in der Literatur eine Verwässerung der Begrifflichkeiten des Clusters und des Netzwerkes.

---

1 Vgl. Porter 1998, S. 78.
2 Vgl. Heusler 2004, S. 66ff.

Ziel dieses Artikels ist es, die bestehenden Ansätze zur Definition der Begriffe Cluster und Netzwerk zu strukturieren und daraus ein einheitliches Cluster-Verständnis abzuleiten. Im Fokus dieser Betrachtung stehen die Perspektive des einzelnen Unternehmens und der Nutzen, den ein Unternehmen aus einem Clustern generieren kann. Dementsprechend wird keine allgemeine Cluster-Definition entwickelt, sondern Kriterien definiert, nach denen sich Cluster, bzw. Netzwerke, charakterisieren lassen. Auf Basis dieser Kriterien lassen sich bestehende Strukturen analysieren und einordnen. Darüber hinaus kann eine spezifische Definition für Cluster abgeleitet werden, die aus Sicht der Unternehmen zu einem optimalen Nutzen führt. Es handelt sich hierbei um Cluster mit Netzwerk-Charakter.

2 Der Cluster-Begriff

Wirtschaftswissenschaften	Regionalökonomik Wirtschaftsgeographie	Sozial-/ Politikwissenschaften
• Evolutionsökonomik • (Neue) Institutionenökonomik • Transaktionskostentheorie • Neue Wachstumstheorie • Wissens-, Innovations-, Lernökonomik	• Agglomerationsökonomik • Polarisierungstheorie (sektroral/regional) • Endogene Regionalentwicklung • Geographical Economics	• Netzwerktheorie • Embeddedness-Ansatz • Sozialkapital • Governance

Tabelle 1: Erklärungsansätze zum Cluster-Phänomen (Quelle: Mit geringfügigen Änderungen entnommen aus Schramm-Klein (2005), S. 536)

Aufgrund der zahlreichen Einflussrichtungen auf den Cluster-Begriff, soll zunächst auf dessen Definition ein besonderes Augenmerk gelegt werden. Dies gilt umso mehr, als in der wissenschaftlichen Literatur kein einheitliches Verständnis vorliegt.[3] So wird das Phänomen Cluster von unterschiedlichen Forschungsdisziplinen[4] vor dem Hintergrund der jeweils eigenen Forschungsperspektive verschieden definiert und erklärt.[5] Hinzu kommen verschiedene Definitionen aus der Praxis. Tabelle 1 gibt einen Überblick über die Erklärungsansätze zum Phänomen Cluster aus unterschiedlichen Forschungsdisziplinen.

So wie die einzelnen Erklärungsansätze, sind auch die damit verbundenen Begriffe vielfältig, aber meist nicht klar abgrenzbar. Sie lauten beispielsweise *Industrial Districts, New Industrial Districts, Innovative Milieus, Regional Innovation Systems, Learning Regions, Hot Spots* oder *local Net-*

---

[3] So schreiben Moulaert/Sekia, dass das Konzept Cluster in der Literatur von einer „konzeptionellen Elastizität" gekennzeichnet ist, die bisher die Entwicklung einer „einheitlichen Clustertheorie" verhindert; vgl. Moulaert/Sekia (2003), S. 289. Vgl. auch Alecke/Untiedt (2005), S. 4-5, Maskell/Lorenzen (2004), S. 1002 sowie Tichy (2001), S. 184.

[4] Hier sind vor allem zu nennen die Wirtschaftsgeographie, die Regionalökonomik, die Sozialwissenschaften, die Politikwissenschaften und die Wirtschaftswissenschaften.

[5] In der Literatur gibt es daher auch die Meinung, dass die eine allgemeingültige Definition des Clusterbegriffs nicht existieren kann. Vgl. etwa Alecke/Untiedt (2005), S. 4-5, Wolfe/Gertler (2004), S. 1089, oder auch Jacobs/De Man (1996), S. 425.

works.[6] Das Cluster-Konzept kann als ein eklektisches Theoriegebilde gesehen werden, in dem viele unterschiedliche (Partial-) Ansätze verbunden werden.[7]

Die Cluster-Forschung geht zurück bis auf Marshall, der um die Jahrhundertwende (19./20.) die regionale Konzentration spezialisierter Industrien untersuchte, die er als „*Industrial Districts*" bezeichnete.[8] Seitdem haben sich viele Forschungsrichtungen mit diesem und ähnlichen Phänomenen regionaler Agglomerationen beschäftigt[9] und teilweise komplementäre, teilweise widersprüchliche Konzepte und Erklärungsansätze hervor gebracht.[10]

Den Begriff *Cluster*[11] hat der Ökonom Porter 1990 mit seinem viel beachteten Buch „*The Competitive Advantage of Nations*"[12] maßgeblich geprägt und damit ein bis heute nicht abgerissenes Interesse am Phänomen Cluster in Wissenschaft und Wirtschaftspolitik ausgelöst.[13] Porter verwendete das Cluster-Konzept darin im Rahmen seiner Untersuchung zu (branchenspezifischen) Wettbewerbsvorteilen von Nationen.[14] Er hat dabei analytisch hergeleitet und mit empirischen Untersuchungen belegt, dass die Wettbewerbsfähigkeit von Unternehmen durch regionale Agglomerationen und Vernetzungen maßgeblich beeinflusst wird.[15]

Die Determinanten der Wettbewerbsfähigkeit beschreibt er mit dem sogenannten *Porter-Diamant,* auch bekannt als *Porter's Competitive Diamond*[16]. Dieser besteht aus sechs Faktoren, die alle miteinander in Verbindung stehen: Faktorbedingungen, Nachfragebedingungen, benachbarte und unterstützende Branchen, Unternehmensstrategie, Struktur und Wettbewerb, der Staat sowie Zufall (siehe Abbildung 1).

Je entwickelter und intensiver die Verbindungen zwischen den Faktoren sind, desto höher die Produktivität der Unternehmen und damit die Wettbewerbsfähigkeit. Porter argumentiert weiter, dass die Intensität der Interaktion zwischen den Faktoren verstärkt wird, wenn Firmen in *Clustern* konzentriert sind.[17] Der *Competitive Diamond* ist daher auch als Instrument zur Beschreibung der Wettbewerbsvorteile von Clustern anwendbar und bekannt geworden. Auffällig ist die Betonung der positiven Wirkung eines intensiven Wettbewerbs zwischen den Unternehmen auf die positive Entwicklung von deren Wettbewerbsfähigkeit, welche dann auf die Wettbewerbsfähigkeit der betrachteten Region übertragen wird. Kooperative Elemente sind in diesem Modell ursprünglich nicht relevant. Diesen Aspekt ergänzt Porter später in seiner Cluster-Definition.

---

6 Vgl. Brenner (2000), S. 18;
7 Vgl. Pantazis (2006), S. 38.
8 Vgl. Marshall (1920), S. 240-242 und Porter (1999), S. 217.
9 Eine Erklärung und Übersicht der wissenschaftlich-historischen Zusammenhänge der Konzepte findet sich z.B. bei Moulaert/Sekia (2003), S. 289-302, Thomi/Sternberg (2008), S. 73-78, sowie Rocha (2004), S. 368ff.
10 Vgl. Gordon/McCann (2000), S. 515.
11 Die erstmalige Verwendung des Begriffs im wirtschaftlichen Zusammenhang geht bis 1929 auf Hotelling zurück, einem Professor an der Universität von Stanford, der ihn im Rahmen einer Untersuchung zur Stabilität von Wettbewerb verwendete. Vgl. Hotelling (1929), S. 56.
12 Vgl. Porter (1990).
13 Vgl. vom Hofe/Chen (2006), S. 3, sowie Pantazis (2006), S. 1.
14 Vgl. Porter (1990) S. 131-175.
15 Vgl. Elbert/Schönberger/Müller (2008), S. 3.
16 Vgl. Martin/Sunley (2003), S. 8.
17 Vgl. Porter (1990) S. 131 und S. 157.

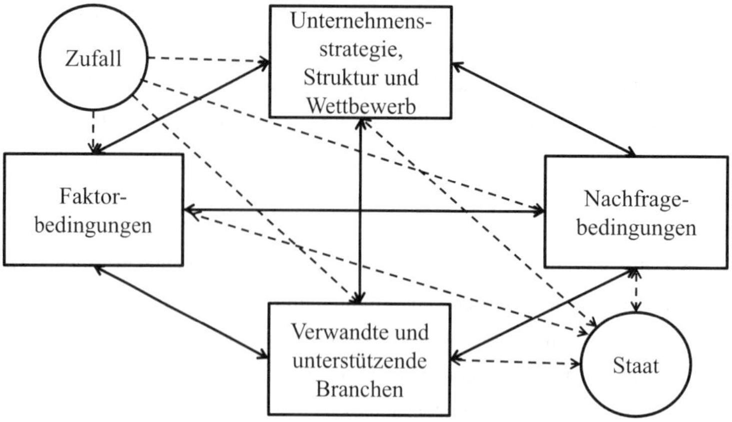

Abbildung 1: Der Porter-Diamant (Quelle: Porter (1990), S. 127)

Porter definiert *Cluster* als geographische Konzentration von Unternehmen, spezialisierten Lieferanten, Dienstleistungsanbietern, Unternehmen in verwandten Branchen und verbundenen Einrichtungen wie z.B. Universitäten, Wirtschaftsverbänden, Forschungseinrichtungen oder Normungsinstituten, die in bestimmten Feldern untereinander verbunden sind und gleichzeitig miteinander konkurrieren und kooperieren.[18]

Rosenfeld hebt in seiner Definition die durch geographische Nähe und gegenseitige Abhängigkeit möglichen Synergieeffekte hervor: „A 'cluster' is very simply used to represent concentrations of firms that are able to produce synergy because of their geographic proximity and interdependence, even though their scale of employment may not by pronounced or prominent"[19].

Sydow/Möllering betonen allgemein die Vorteile für Unternehmen und die Region. Sie definieren Cluster als „räumliche Agglomeration von Unternehmungen mit einem zumeist branchenbezogenen Schwerpunkt, die sowohl für die Region als auch für die einzelnen Unternehmen wirtschaftlich von Vorteil sind"[20].

Hausberg et al. stellen auf den Innovationsaspekt ab und bezeichnen Cluster als „empirisch nachweisbare Konzentrationen von Akteuren in einem bestimmten Innovationsfeld"[21]. Van den Berg/Braun/van Winden gehen von Wertschöpfungsnetzwerken aus und definieren Cluster als lokale Netzwerke von spezialisierten Organisationen mit eng verbundenen Produktionsprozessen durch den Austausch von Waren, Dienstleistungen und/oder Fachwissen.[22] Eine Expertengruppe der EU Kommission hält 2002 in dem Schlussbericht zum EU Projekt „Enterprise Networks and Clus-

---

18 Vgl. Porter (1998b), S. 197.
19 Rosenfeld (1997), S. 4.
20 Sydow/Möllering (2004), S. 265.
21 Hausberg et al. (2008), S. 12.
22 Vgl. Van den Berg/Braun/Van Winden (2001), S. 187. , Park, S.O./Markusen, A. (1995), S. 81 ff.; Pietrobelli/Barrera (2002); Gupta/Subramanian (2008) S. 375.

ters“[23] fest: “Clusters are a nebulous concept. It covers a variety of business structures and is used for different purposes. Therefore, there are numerous different definitions but almost all of them share the idea of *proximity*, *networking* and *specialisation*.”[24]

Insgesamt ist das Cluster-Konzept in der Literatur also nicht einheitlich definiert, was es als wissenschaftliches Untersuchungsobjekt zunächst schwer greifbar macht. Insofern besteht ein *Erfordernis einer differenzierten Betrachtung des Untersuchungsobjektes Cluster.*

Die dargestellte definitorische Unklarheit des Untersuchungsobjektes Cluster in der Literatur ist für den wissenschaftlichen Erkenntnisfortschritt eine unbefriedigende Ausgangssituation. Die Problematik der Vergleichbarkeit theoretischer wie empirischer Erkenntnisse, welche auf unterschiedlichem Begriffsverständnis zu Clustern beruhen, wird von einigen Autoren beklagt.[25]

Als ein Grund für die vielen Definitionen und Erklärungsansätze kann neben der unterschiedlichen Forschungsperspektive die Verschiedenartigkeit des Untersuchungsobjektes in der Realität vermutet werden, welches mit dem Begriff *Cluster* bezeichnet wird. Es wurde gezeigt, dass ein Cluster neben der geographischen Konzentration durch verschiedene Merkmale gekennzeichnet ist. Diese kommen offenbar in verschiedenen Clustern in unterschiedlicher Bedeutung und Ausprägung vor, und definieren damit den Cluster.[26] Man kann daher von einem *Cluster-Profil* sprechen, mit welchem die spezifischen Charakteristika unterschiedlicher Cluster beschrieben werden können. So gibt es etwa Cluster, in denen die Wettbewerbsintensität im Vordergrund steht oder Cluster, die sich durch ihr eng verflochtenes Wertschöpfungsnetzwerk kleiner Unternehmen auszeichnen. Andere Cluster, besonders in forschungsintensiven dynamischen Branchen wie etwa Biotech, profitieren vor allem von einer intensiven Verflechtung mit wissenschaftlichen Einrichtungen (Universitäten, Forschungsinstituten). In wieder anderen Clustern steht vor allem der Aufbau kooperativer Netzwerkbeziehungen zwischen den Unternehmen im Mittelpunkt, um Synergieeffekte zu nutzen.

Es wird schnell deutlich, dass eine zu allgemeine wissenschaftliche Auseinandersetzung mit dem Phänomen Cluster problematisch ist, wenn unter dem Begriff viele Aspekte unterschiedlicher Wirkungsweise zusammengefasst werden und ungeachtet der Verschiedenartigkeit von Clustern in der Realität[27] unzulässige Verallgemeinerungen von Erkenntnissen vorgenommen werden. So konstatieren etwa Martin/Sunley: „[The cluster concept] is being applied so widely that its explanation of causality and determination becomes overly stretched, thin and fractured“[28]. Dies gelte insbesondere für empirische Untersuchungsergebnisse: “The empirical case for clustering […]

---

[23] Das EU Projekt sollte die Fähigkeit von Clustern zur Stärkung der Produktivität, der Innovationsstärke und der Wettbewerbsfähigkeit insbesondere von kleinen und mittelständischen Unternehmen (KMU) untersuchen. Vgl. Europäische Kommission (2002), S. 9-10.

[24] Europäische Kommission (2002), S. 9.

[25] Vgl. z.B. Martin/Sunley (2003), S. 29.

[26] Vgl. Jacobs/De Man (1996), S. 425.

[27] Vgl. Martin/Sunley (2003), S. 15.

[28] Martin/Sunley (2003), S. 28-29.

repeatedly makes the mistake of jumping from particular associations to general causality and applicability"[29].

Daher soll im Folgenden eine Definition und Typologisierung (Klassifikation) von Clustern anhand konstituierender Merkmale und deren Ausprägungen (Charakteristika) erarbeitet werden. Zunächst wird das Verhältnis von Clustern und Netzwerken diskutiert, um eine Abgrenzung zu erreichen.

3 Der Netzwerk-Begriff

In vielen Cluster-Definitionen wird die Bedeutung von Netzwerkbeziehungen zwischen den Cluster-Akteuren hervorgehoben. So beschreibt etwa Beckord ein Cluster als Beziehungssystem, welches das Produktionssystem (mit vertikalen und horizontalen Verflechtungen), sowie eine laterale, eine institutionelle und eine externe Cluster-Dimension umfasst[30] (Siehe Abbildung 2).

Aufgrund der Bedeutung von Netzwerken für das Cluster-Verständnis soll in diesem Unterkapitel der Netzwerk-Begriff näher betrachtet werden. Ähnlich wie der Cluster-Begriff ist auch die Definition des Begriffs *Netzwerk* Gegenstand der wissenschaftlichen Diskussion.[31]

Basisdefinition (soziales) Netzwerk

Der bekanntesten Definition zufolge, ist nach dem Sozialanthropologen Mitchell ein *soziales Netzwerk* definiert durch „a specific set of linkages among a defined set of actors, with the additional property that the characteristics of these linkages as a whole may be used to interpret the social behavior of the actors involved"[32].

Ein Netzwerk ist demnach ein spezielles Gebilde von Beziehungen zwischen einer Gruppe von Akteuren[33], welches durch die Charakteristika dieser Beziehungen beschrieben werden kann. Die charakteristischen Ausprägungsmerkmale der Bindungen bestimmen daher die Art und Erscheinungsform eines Netzwerks.[34] Die Beziehungen zwischen den Akteuren können grob nach Inhalt (z. B. Produkte und Dienstleistungen, Informationen, Emotionen), Form (z. B. Dauer und Enge der Beziehungen) und Intensität (z. B. Interaktionshäufigkeit) kategorisiert werden.[35] Die Netzwerkforschung verfolgt damit eine relationale Sichtweise.[36]

---

29 Martin/Sunley (2003), S. 29.
30 Vgl. Beckord (2007), S. 99.
31 Vgl. Windeler (2003), S. 35.
32 Mitchell (1969), S. 2.
Die Akteure können Personen oder im Falle interorganisationaler Netzwerke Organisationen im institutionellen Sinne, wie Unternehmen, sein. Vgl. Windeler (2003), S. 36.
34 Vgl. Welge/Al-Laham (2008), S. 678.
35 Vgl. Sydow (1992), S. 78.
36 Vgl. Windeler (2003), S. 36.

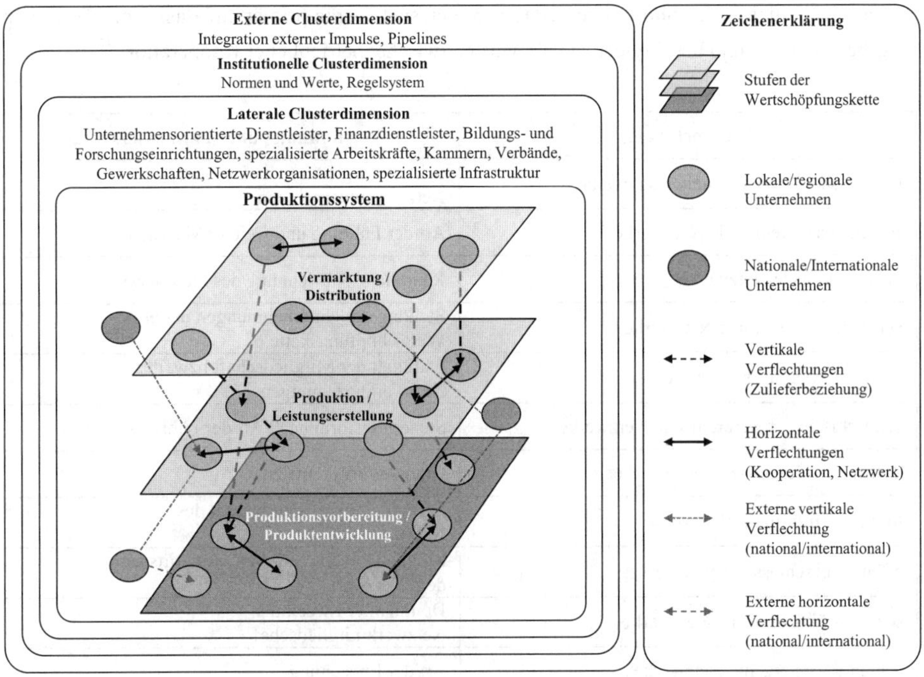

Abbildung 2: Cluster als Beziehungssystem (Quelle: Mit geringfügigen Änderungen entnommen aus Beckord (2007), S. 99)

Unternehmungsnetzwerke auf Basis von Wertschöpfungsbeziehungen

SYDOW definiert ausgehend von der obigen Basisdefinition des sozialen Netzwerks ein (*inter-organisationales) Unternehmungsnetzwerk*[37] als „eine auf die Realisierung von Wettbewerbsvorteilen zielende Organisationsform ökonomischer Aktivitäten (...), die sich durch komplex-reziproke, eher kooperative denn kompetitive und relativ stabile Beziehungen zwischen rechtlich selbständigen, wirtschaftlich jedoch zumeist abhängigen Unternehmungen auszeichnet“[38].

Die Organisationsform *Unternehmungsnetzwerk* wird in dieser, auf dem Transaktionskostenansatz[39] basierenden Sichtweise, als Koordinationsform für ökonomische Austauschbeziehungen zwischen Markt und Hierarchie angeordnet.[40] Während Unternehmungsnetzwerke dabei gegenüber einer marktlichen Koordination durch eher kooperative als wettbewerbliche Verhaltensweisen gekennzeichnet sind, so lassen sie sich gegenüber der hierarchischen Koordination innerhalb eines Unternehmens durch eine marktlich induzierte Flexibilität und Einsatzbereitschaft der Akteure

---

37 Die Begriffe *Unternehmen* und *Unternehmung* werden in dieser Arbeit synonym verwendet. Es wird damit die Organisation im institutionellen Sinne verstanden.

38 Sydow (1992), S. 79.

39 Vgl. Williamson (1990).

40 Vgl. Sydow (2006), S. 393 und Sydow (1992), S. 78 – 80.

abgrenzen.[41] Auch Miles/Snow sehen Unternehmungsnetzwerke primär auf Basis von Wertschöpfungsbeziehungen und beschreiben sie als Muster zwischenbetrieblicher Kooperation.[42]

Netzwerktypen	Bestimmung über bzw. Synonyme
industrielle – Dienstleistungsnetzwerke	Sektorenzugehörigkeit der meisten Netzwerkunternehmen
strategische – regionale Netzwerke	Art der Führung und weitere Merkmale
lokale – globale Netzwerke	Räumliche Ausdehnung des Netzwerks
vertikale – horizontale Netzwerke	Stellung der Unternehmungen in der Wertschöpfungskette
stabile – dynamische Netzwerke	Stabilität der Mitgliedschaft bzw. der Netzwerkbeziehungen
hierarchische – heterarchische Netzwerke	Steuerungsform nach Art der Führung
zentrierte – dezentrierte Netzwerke	Grad der Polyzentrizität
formale – informale Netzwerke	Formalität bzw. Sichtbarkeit des Netzwerks
offene – geschlossene Netzwerke	Möglichkeit des Ein- bzw. Austritts aus dem Netzwerk
soziale – ökonomische Netzwerke	Dominanter Zweck der Netzwerkmitgliedschaft
geplante – emergente Netzwerke	Art der Entstehung
primäre – sekundäre Netzwerke	Relevanz aus der Sicht der fokalen Unternehmung

Tabelle 2: Typisierungsmöglichkeiten interorganisationaler Netzwerke (Quelle: Auszug mit geringfügigen Änderungen entnommen aus Sydow (2006), S. 394)

Sydow weist darauf hin, dass sich die konkrete Ausgestaltung verschiedener Netzwerke je nach Zielsetzung und Anlass mitunter stark voneinander unterscheiden kann, weshalb er Merkmale aufzeigt, mit denen eine Typologisierung erreicht werden soll.[43] Ein Auszug dieser ist in Tabelle 2 aufgelistet.

Die Merkmale Steuerungsform (hierarchisch - heterarchisch) sowie die zeitliche Stabilität (stabil - dynamisch) verwendet Sydow daraufhin als Grundlage einer Typologie von Unternehmungsnetzwerken (Abbildung 3).

Darin unterscheidet er vier Netzwerktypen: strategische Netzwerke, regionale Netzwerke, Projektnetzwerke und die virtuelle Unternehmung.[44]

Ein *strategisches Netzwerk* wird von einer oder mehreren fokalen Unternehmen strategisch geführt.[45] Das Netzwerk ist gekennzeichnet durch relativ stabile vertikale Wertschöpfungs-

41 Vgl. Siebert (2001), S. 10.
42 Vgl. Miles/Snow (1986), S. 432 – 434. Sie verwenden den Begriff "dynamic network".
43 Vgl. Sydow (2006), S. 393 – 395.
44 Für die folgenden Ausführungen vgl. Sydow (2006), S. 395 – 399.

beziehungen zwischen den Netzwerkunternehmen. Bei dem fokalen Unternehmen („hub-firm“[46]) handelt es sich in der Regel um ein endverbrauchernahes Großunternehmen. Die Koordination solcher Netzwerke erfolgt formell-vertraglich. Die Beziehungsstruktur gründet dabei eher auf hierarchisch verteilten Machtdifferenzen, denn auf vertrauensbasierten kooperativen Vereinbarungen.[47] Ein klassisches Beispiel ist die Automobilindustrie mit den durch die Automobilhersteller geführten Zuliefernetzwerken. Die Branchenstruktur kann dort als netzwerk-pyramidenförmig beschrieben werden. Die an der Spitze stehenden Automobilhersteller koordinieren das Netzwerk im Sinne der Auswahl der Zielmärkte, der Technologien und der Lieferanten. Dabei übertragen sie einen Teil der Koordinationsaufgaben an ihre Systemlieferanten, welche wiederum ihr Zuliefernetzwerk aus Komponenten- und Teilelieferanten organisieren.

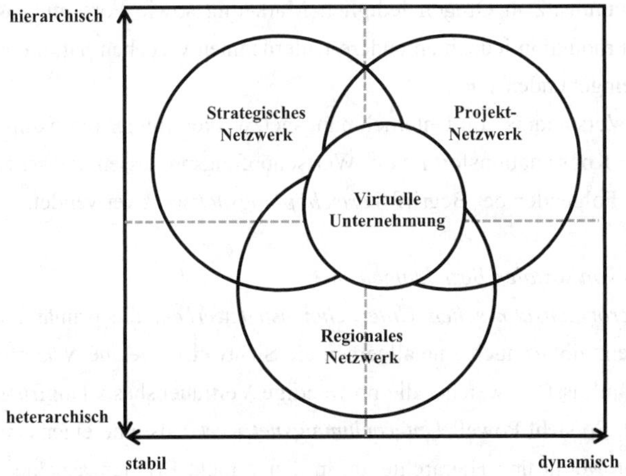

Abbildung 3: Typologisierung von Unternehmungsnetzwerken nach Sydow (Quelle: Mit geringfügigen Änderungen entnommen aus Sydow (2006), S. 396)

Regionale Netzwerke meist kleiner und mittlerer Unternehmen zeichnen sich nach Sydow „durch eine räumliche Agglomeration, häufig in so genannten Clustern, aus“[48]. Die regionale Kooperation ist durch Größenvorteile, sowie eine Stärkung der Innovationskraft motiviert. Da regionale Netzwerke im Gegensatz zu strategischen Netzwerken nicht fokal hierarchisch, sondern polyzentrisch heterarchisch organisiert sind, zeichnen sie sich durch eine größere Bedeutung emergenter Strategie aus. Es wird von einer *kollektiven Strategie*[49] gesprochen, da die unternehmensübergreifenden Geschäftsprozesse gleichberechtigt abgestimmt werden müssen. Als Beispiele für Regionen in

45 Zur Kritik an Sydows Begriffsbezeichnung *strategisches Netzwerk* vgl. Windeler (2001), S. 39 – 43 oder Windeler (2003), S. 45 – 50.
46 Sydow (1992), S. 81.
47 Vgl. Windeler (2003), S. 43 – 44.
48 Sydow (2006), S. 397.
49 Vgl. Bresser (1989), S. 545-546.

denen sich regionale Netzwerke finden, nennt SYDOW das so genannte *Dritte Italien*[50], das *Silicon Valley* und auch *Baden-Württemberg*. Er weist darauf hin, dass regionale Netzwerke oft in strategisch geführte, internationale Netzwerke eingebettet sind. So beliefern einige Produktionsnetzwerke in der *Emilia Romagna* das Unternehmen *Benetton*.
Projektnetzwerke zeichnen sich vor allem durch die zeitliche Befristung der Zusammenarbeit der Netzwerkpartner aus. Beispiele finden sich in der Bau-, sowie der Film- und Fernsehindustrie. Die Netzwerkstruktur kann dabei hierarchisch oder auch heterarchisch ausgeprägt sein.
Die *virtuelle Unternehmung* stellt in ihrer Außenwirkung ein Unternehmen dar, ist aber tatsächlich ein Projektnetzwerk. Mehrere Unternehmen arbeiten unter Zuhilfenahme interorganisationaler Informationssysteme temporär zur Erstellung einer bestimmten Leistung zusammen. Beispiele finden sich nach Sydow vor allem in der IT Branche. Als weiteres Beispiel ist der Sportartikelhersteller Nike zu nennen, der am Stammsitz in Oregon lediglich Marketing sowie Forschung & Entwicklung betreibt, die gesamte Produktion jedoch an andere Unternehmen vergeben hat, die in das virtuelle Produktionsnetzwerk eingebunden sind.
Da es bei dem bisher dargestellten Verständnis von Unternehmungsnetzwerken immer um ökonomische Austauschbeziehungen als Koordinationsform von Wertschöpfungsprozessen zwischen Markt und Hierarchie geht, wird im Folgenden der Begriff *Wertschöpfungsnetzwerk* verwendet.

Unternehmungsnetzwerke auf Basis von sozialen Beziehungen

Neben dieser Auffassung von *interorganisatorischen Unternehmensnetzwerken*, die primär auf *Wertschöpfungsbeziehungen* basieren, gibt es auch eine allgemeinere Sichtweise, welche *Netzwerke* als eine Form von *Kooperation* auffasst, in welcher die notwendige Vertrauensbasis langfristiger sozialer Bindungen betont wird. So sieht Powell *Unternehmungsnetzwerke* als eine eigenständige Organisationsform jenseits von Markt und Hierarchie an, in denen nicht Effizienzaspekte[51], sondern vor allem sozial-kulturelle Aspekte eine Rolle spielen.[52]
Mit dieser Perspektive werden die *sozialen Netzwerke* auf der *personalen Ebene* der Unternehmer und Manager mit denen der *organisationalen* Ebene der zuvor dargestellten Sichtweise verbunden, was im Hinblick auf den grundsätzlich als wichtig angesehenen Vertrauensaspekt in Netzwerken nur konsistent ist.[53] Zudem wird gerade bei kleinen und mittleren Unternehmen die *„soziale Einbettung“*[54] als wichtiger Faktor in der Diskussion um regionale Unternehmensagglomerationen gesehen.
Boos/Exner/Heitger kristallisieren folgende spezifische Merkmale sozialer Netzwerke heraus[55]: eine gemeinsame thematische Orientierung oder Intention, die Personengebundenheit, die Freiwilligkeit der Teilnahme sowie das zugrunde liegende Tauschprinzip[56].

---

50 Eine Region im mittleren Norditalien, insbesondere in der Emilia Romagna, vgl. Sydow (1992), S. 47-51.
51 Darunter wird das Ziel der Minimierung von Transaktionskosten verstanden. Vgl. Powell (1990), S. 300.
52 Vgl. Powell (1990), S. 300f.
53 Vgl. Bluhm et al. (2003), S. 90.
54 Vgl. Granovetter (1985), S. 481-483.
55 Vgl. Boos/Exner/Heitger (1992), S. 58.

Nachdem zuvor die unterschiedlichen Netzwerk-Typen beschrieben wurden, soll im Nachfolgenden der Zusammenhang zwischen Clustern und Netzwerken herausgearbeitet werden

4 Zum Verhältnis von Cluster und Netzwerk

In der Literatur gibt es eine fortwährende Uneinigkeit zum Verhältnis bzw. zur Abgrenzung zwischen Clustern und Netzwerken. Während die Begriffe in einigen Schriften strikt von einander abgegrenzt werden, so werden sie in anderen synonym verwendet.

So wird im Clusterhandbuch zum ersten Clusterwettbewerb des Landes Hessen von „*Clusternetzwerken*" gesprochen.[57] Bessant/Tsekouras führen Cluster als eine regionale Form eines lernenden Netzwerks ein.[58] Traudt schreibt, dass moderne Netzwerke üblicherweise als Cluster bezeichnet werden.[59] Und auch im Endbericht des Fraunhoferinstituts in einer Untersuchung zur Netzwerkstrategie des Freistaates Sachsen findet eine synonyme Verwendung von Netzwerken und Clustern statt.[60]

Rosenfeld dagegen grenzt die Begriffe voneinander ab.[61] Seiner Klassifikation folgen u.a. die OECD[62] sowie die EU Kommission[63]. In Tabelle 3 sind die Unterschiede zwischen Netzwerken und Clustern nach Rosenfeld dargestellt.

Grundsätzlich soll hier Rosenfelds Klassifikation gefolgt werden, d.h. die Begriffe *Cluster* und *Netzwerk* werden nicht als Synonyme behandelt.

Die Ausdehnung als das zentrale konstituierende Merkmal von Clustern ist durch die geographische Konzentration der Akteure ausgeprägt.[64] Die (Wettbewerbs-) Beziehungen zwischen den Akteuren sind ein Streitpunkt in der Literatur. Gerade Porter sieht im Wettbewerb zwischen den Unternehmen eine wichtige Ausprägung des Beziehungsmerkmals zur Definition eines Clusters. Doch selbst Porter räumt ein, dass obwohl die Unternehmen grundsätzlich im Wettbewerb stehen, sie in einzelnen Feldern gleichzeitig miteinander kooperieren können.[65] Die Beziehungen zwischen den Akteuren in Clustern können demnach von kompetitiv bis kooperativ (bzw. nicht-kompetitiv) ausgeprägt sein.

Wie dargestellt wurde, werden Netzwerke vor allem durch die Beziehungen zwischen den Akteuren charakterisiert, welche eher kooperativ ausgeprägt sind. Die Ausdehnung ist dagegen kein

---

56 Damit verbindet sich die Notwendigkeit einer Balance der Austauschverhältnisse zwischen den Netzwerkmitgliedern in Form eines reziproken Tausches. Vgl. Boos/Exner/Heitger (1992), S. 59.

57 Vgl. Arndt (2008), S. 1.

58 Vgl. Bessant/Tsekouras (2001), S. 90.

59 Vgl. Traudt (2008), S. 3.

60 Vgl. Ossenkopf et al. (2004), S. 71.

61 Vgl. Rosenfeld (1997), S. 9ff.

62 Vgl. OECD (2004), S. 29.

63 Vgl. Europäische Kommission (2002a), S. 9.

64 Während Porter 1990 in seinem Buch *The Competitive Advantage of Nations* die geographische Ausdehnung von Clustern nicht eingrenzt, schränkt er den Clusterbegriff später ein und definiert Cluster als geographische Konzentration von Unternehmen. Vgl. Porter (1990), S. 131 sowie Porter (1998a), S. 78.

65 Hierfür wird oft der Begriff *coopetition* verwendet, vgl. Bandenburger/Nalebuff (1996); Rosenfeld (2001), S. 116.

konstituierendes Merkmal von Netzwerken. So können sich etwa Produktionsnetzwerke über die ganze Welt erstrecken.[66]

Networks	Clusters
Networks allow firms access to specialized services at lower cost	Clusters attract needed specialized services to a region
Networks have based restricted membership	Clusters have open 'membership'
Networks are based on contractual agreements	Clusters are based on social values that foster trust and encourage Reciprocity
Networks make it easier for firms to engage in complex business	Clusters generate demand for more firms with similar and related capabilities
Networks are based on cooperation	Clusters take both cooperation and competition
Networks have common business goals	Clusters have collective visions

Tabelle 3: Gegenüberstellung Netzwerke und Cluster (Quelle: Mit geringfügigen Änderungen entnommen aus Rosenfeld (1997), S. 9)

Netzwerke als Bestandteil von Clustern

Netzwerke können ein bedeutender Bestandteil von Clustern sein.[67] Sie können sogar das charakteristische Merkmal mancher Cluster sein.[68] Dabei handelt es sich dann um regionale Netzwerke, die allerdings wieder einen unterschiedlichen Charakter haben können, von vertrauensbasierten sozialen Netzwerken bis hin zu eher machtbestimmten, durch eine Wertschöpfungskette verbundenen Unternehmensnetzwerken. Bei eher kooperativ ausgeprägten Beziehungen in einem regionalen Netzwerk als Bestandteil eines Clusters könnte man von einem *Cluster mit Netzwerkcharakter* sprechen.

Diese Sichtweise erklärt die oben dargestellte Uneinigkeit über die begriffliche Abgrenzung von Clustern und Netzwerken in der Literatur. So setzen manche Autoren, die Cluster untersuchen, welche neben der geographischen Konzentration vor allem durch kooperative Unternehmensnetzwerke als deren Bestandteil charakterisiert sind, die Begriffe einfach gleich.

Netzwerke müssen aber nicht notwendiger Bestandteil eines Clusters sein, sie zählen demnach nicht zu den konstituierenden Merkmalen eines Clusters. So führt auch Vieregge an, dass das Vorhandensein eines Clusters nicht die Bildung von Netzwerken nach sich ziehen muss.[69] Abbildung 4 veranschaulicht das Verhältnis von *Netzwerken* und *Clustern* im Ver-

---

66 Vgl. Sydow/Möllering (2004), S. 261 und Henderson et al. (2002), S. 436ff.

67 Vgl. Pantazis (2006), S. 27.

68 Martin/Sunley sehen die Existenz sozialer Netzwerke im Cluster als *externen Effekt* an, der durch die regionale Agglomeration von Unternehmen entstehen kann, vgl. Martin/Sunley (2003), S. 16. Die Sichtweise steht dabei nicht im Gegensatz zur hier vorgeschlagenen, da externe Effekte Merkmale von Clustern darstellen können.

69 Vgl. Vieregge (2007), S. 238.

ständnis dieser Arbeit anhand der erläuterten maßgeblichen Merkmale *Ausdehnung* und *Beziehungen*.

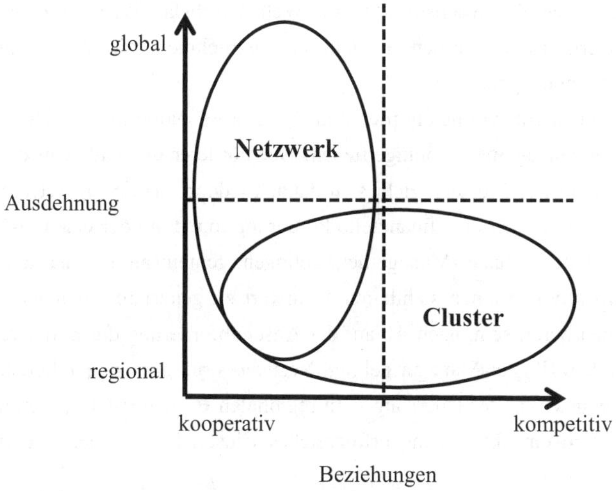

Abbildung 4: Das Verhältnis zwischen Netzwerk und Cluster (Quelle: Eigene Darstellung)

5 Das Darmstädter Cluster-Verständnis: Cluster mit Netzwerkcharakter

Im Nachfolgenden soll aufgezeigt werden, wie auf Basis der bisherigen Forschungstätigkeiten und praktischen Erfahrungen als Cluster-Manager im Rahmen der Hessenmetall Cluster-Initiative sowie der Forschungsaktivitäten am Hessenmetall Stiftungslehrstuhl Cluster & Wertschöpfungsmanagement ein neues Cluster-Verständnis entwickelt wurde. Dieses Cluster-Verständnis vereinigt Aspekte aus Clustern und Netzwerken. Methodisch wurden die nachfolgend dargestellten Erkenntnisse in Form von Beobachtungen, Interviews mit Cluster-Unternehmen sowie Dokumentationen ermittelt.

Ziel innerhalb eines regionalen Branchen-Clusters sollte es sein, *Cluster mit Netzwerk-Charakter* zu entwickeln, die die Vorteile beider Kooperationstypen vereinen. Dabei kann sich entweder der gesamte Cluster zu einem Cluster mit Netzwerkcharakter entwickeln oder innerhalb eines Clusters können sich ein oder mehrere Sub-Netzwerke ausbilden. Beispielsweise könnten sich bestimmte Unternehmen eines Clusters zusammenschließen, um ein Forschungsprojekt zu realisieren – ohne den gesamten Cluster zu involvieren.

Innerhalb eines regionalen Branchen-Cluster bilden sich am ehesten *regionale Netzwerke.* Diese bestehen überwiegend aus kleineren und mittleren Unternehmen und zeichnen sich durch eine räumliche Agglomeration aus. Die oftmals fehlende strategische Führerschaft durch ein einzelnes Unternehmen führt zu einer eher dezentralen Netzwerkentwicklung, die aufgrund der polyzentrischen Organisation, in unterschiedlichen Unternehmen ihren Ausgangspunkt finden kann.

Um diese Netzwerkstrukturen tatsächlich realisieren zu können und einen regionalen Branchen-Cluster zu einem Cluster mit Netzwerk-Charakter weiter zu entwickeln, ist eine *Cluster-Initiative* notwendig. Sölvell/Lindqvist/Ketels beschreiben im sogenannten TCI Greenbook *Cluster-Initiativen* als organisierte Bestrebungen, das Wachstum und die Wettbewerbsfähigkeit von Clustern in einer Region zu vergrößern. Dabei werden die Cluster-Unternehmen, die Regierung und/oder Forschungseinrichtungen einbezogen.[70]

Diese Initiative geht gewöhnlich von einem externen Förderer aus (z. B. Regionalpolitik, Verband) und wird durch ein aktives Cluster-Management vorangetrieben. Der Förderer unterstützt in der Regel am Anfang aktiv die Gründung des Clusters, zieht sich danach jedoch aus der operativen Tätigkeit zurück. Normalerweise erfolgt noch eine finanzielle Förderung innerhalb der ersten 3-5 Jahre. Innerhalb dieser Zeit muss es dem Cluster-Management gelingen, gemeinsam mit den teilnehmenden Unternehmen und Institutionen einen sichtbaren Mehrwert zu generieren. Nur dann werden die beteiligten Unternehmen bereit sein, nach Ablauf der Anschubförderung die Initiative selbst zu finanzieren. Je besser es dem Cluster-Manager gelingt, Netzwerkstrukturen zu etablieren, desto eher lässt sich dieses Ziel realisieren. Der Übergang vom regionalen Branchen-Cluster zum Cluster mit Netzwerkcharakter durch ein aktives und erfolgreiches Cluster-Management ist in Abbildung 5 dargestellt.

Allerdings muss das *Cluster-Management* aufgrund der heterarchischen und polyzentrischen Organisation weitestgehend auf die Koordinationskraft von Hierarchie verzichten. Daher muss zur Realisierung einer gemeinsamen Strategie auf die Integrationskraft regionaler Kulturen und Institutionen zurückgegriffen werden. Die koordinierenden Aktivitäten müssen dabei durch Vertrauen und die gegenseitige Anerkennung der Unternehmen als gleichberechtigte Partner unterstützt werden.

Um entsprechendes *Vertrauen aufbauen* zu können, ist eine intensive Kooperation erforderlich. Während bei regionalen Branchen-Clustern meist wenige, an ein breites Zielpublikum gerichtete Cluster-Treffen (z. B. in Form von Podiumsdiskussionen mit anschließender Möglichkeit zum Kontakte knüpfen, bzw. pflegen) im Vordergrund stehen, arbeiten Unternehmen in Clustern mit Netzwerkcharakter an konkreten Projekten, zum Beispiel in regelmäßigen Arbeitsgruppentreffen. Die Anzahl und Themenschwerpunkte der Arbeitsgruppen werden von den Unternehmen gemeinsam festgelegt. Themenschwerpunkte könnten z.B. sein: Einkauf, Internationalisierung, Personalwesen, Qualitätsmanagement oder Technologie. Die Geschäftsführer der Unternehmen legen fest, welche ihrer Mitarbeiter an den entsprechenden Arbeitsgruppen teilnehmen. Wichtig ist hierbei, dass stets dieselben Mitarbeiter teilnehmen, um eine entsprechende Vertrauensbasis in der Gruppe aufbauen zu können. Terminkoordination, Vor-, Auf- und Nachbereitung sowie die Moderation der Sitzungen wird vom Cluster-Management übernommen. Unterstützend sollte eine Internetplattform eingerichtet werden, auf der wichtige Informationen wie Kontaktdaten, Protokolle etc. gespeichert und ausgetauscht werden können. Mit zunehmender Dauer der Aktivität einer Arbeits-

---

[70] Vgl. Sölvell/Lindqvist/Ketels (2003), S. 31.

gruppe bildet sich eine gute Vertrauensbasis und neben der Aktivität in der Arbeitsgruppe entstehen zunehmend bilaterale Verbindungen zwischen den beteiligten Unternehmen.

Während Cluster in einer bestimmten Region angesiedelt sind und die Unternehmen sowohl kooperieren als auch im Wettbewerb stehen können, steht bei Netzwerken die Kooperation und der Unternehmensnutzen im Vordergrund. Angetrieben durch ein aktives und erfolgreiches Cluster-Management kann ein Cluster zu einem Cluster mit Netzwerkcharakter weiterentwickelt werden.

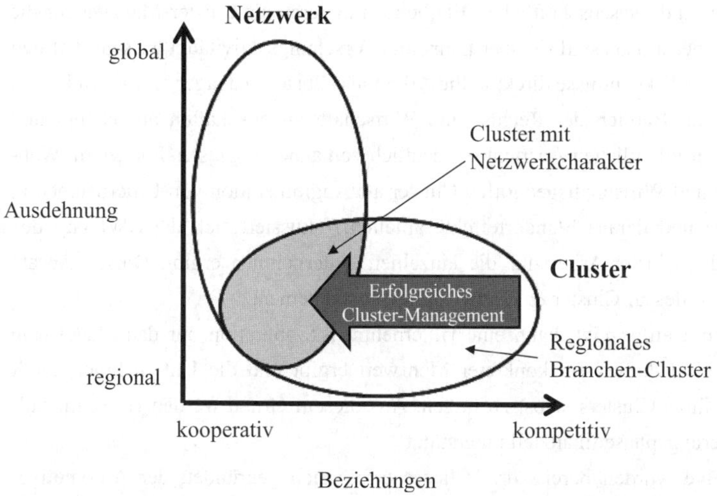

Abbildung 5: Das Darmstädter Cluster-Verständnis (Quelle: Eigene Darstellung)

6 Implikationen & Ausblick

Wie im vorigen Abschnitt dargestellt, bedarf ein Cluster mit Netzwerkcharakter eines Initiators, da sich für die Unternehmen oftmals nicht gleich zu Beginn ein Nutzen einstellt. Ein Initiator muss daher in der Initiierungsphase eines Clusters in Vorleistung treten, wobei er mit dieser Investition nicht nur die Unternehmen unterstützt, sondern auch eigene Ziele verfolgen kann.

Eine erfolgreiche Umsetzung des vorgestellten Modells ist bereits mit der Hessenmetall Cluster-Initiative gelungen. Ziel ist es, Cluster in der Metall- und Elektroindustrie zu gründen, die den teilnehmenden Unternehmen einen wahrnehmbaren Nutzen generieren. Die Initiative wurde im Jahr 2006 vom Verband der Metall und Elektro-Unternehmen Hessen e.V. (Hessenmetall) ins Leben gerufen. Mit der Gründung der Hessenmetall Cluster-Initiative wollte der Verband nicht nur seine eigenen Mitgliedsunternehmen unterstützen, sondern gleichzeitig ein politisches Signal für die Metall- und Elektroindustrie in Hessen senden. Langfristig sollen möglichst viele M+E-Unternehmen in Hessen in die Cluster- und Netzwerkarbeit eingebunden und somit an den Standort gebunden werden.

Darüber hinaus kann der Verband durch die Initiative sein Leistungsspektrum deutlich erweitern. Da die Unterstützung der Cluster-Aktivitäten weit über Tarifpolitik und arbeitsrechtliche Beratung hinaus geht, erhöht der Verband seine Attraktivität für potenzielle Mitglieder.
Um den Charakter von Clustern als Innovations- und Wissensbasis für die Unternehmen zu verdeutlichen, entschied sich der Verband, die Cluster-Arbeit nicht intern mit eigenen Mitarbeitern abzuwickeln, sondern eine wissenschaftliche Einrichtung einzubinden. An der Technischen Universität Darmstadt wurde dazu eine Juniorprofessur für Cluster und Wertschöpfungsmanagement gestiftet. Juniorprofessor und wissenschaftliche Mitarbeiter fungieren als Cluster-Manager für die einzelnen Projekte. Darüber hinaus sind sie über Lehr- und Forschungsaktivitäten wissenschaftlich tätig und können aktuellste Erkenntnisse direkt in die Arbeit als Cluster-Manager einfließen lassen. Die Juniorprofessur ist im Bereich der Rechts- und Wirtschaftswissenschaften aufgehängt und unterscheidet sich von der inhaltlichen Ausrichtung deutlich von anderen Cluster-Forschern. Während gerade Volkswirte und Wirtschaftsgeografen Cluster als Agglomeration von Unternehmen in einer Region betrachten und daraus Standorteffekte ableiten, fokussiert sich die BWL auf den Nutzen, der sich aus der Cluster-Arbeit für die einzelnen Unternehmen ergibt. Diesen Ansatz verfolgt auch die Juniorprofessur Cluster & Wertschöpfungsmanagement.
Wie im vorigen Abschnitt aufgezeigt, kann eine Unternehmenskooperation nur dann langfristig erfolgreich sein, wenn sich daraus ein konkreter Mehrwert ergibt und die Unternehmen somit bereit sind, die Kosten ihres Clusters selbst zu tragen. Aus diesem Grund werden Hessenmetall-Cluster nur in der Initiierungsphase finanziell unterstützt.
Im Rahmen der Initiative wurden bereits drei Cluster erfolgreich gegründet: der Automotive-Cluster Mittelhessen, der Spritzguss-Cluster Nordhessen und der Aviation-Cluster Rhein-Main. Alle Cluster zeichnen sich durch eine Gruppe von 8 – 12 Unternehmen aus, die aktiv in Arbeitsgruppen kooperieren. Dabei gibt es in der inhaltlichen Ausrichtung branchenabhängig unterschiedliche Schwerpunkte. Alle Unternehmen sind Zulieferbetriebe für große Endkunden, auf unterschiedlichen Wertschöpfungsstufen. Die Cluster-Mitglieder stehen in keinem direkten Wettbewerb zueinander und das unabhängige Cluster-Management arbeitet gezielt an der Netzwerkbildung zwischen den Unternehmen. Das dadurch erzielte hohe Vertrauensniveau ist ein entscheidender Erfolgsfaktor. Durch dieses vertrauensvolle Umfeld, ist es in den vergangenen Jahren gelungen, einen intensiven inhaltlichen Austausch zwischen den Unternehmen zu ermöglichen.
Durch Arbeitsgruppen zu bestimmten fachlichen Themenbereichen, wie beispielsweise Personalmanagement oder Forschung und Entwicklung, sowie regelmäßigen Erfahrungsaustausch, auch auf Geschäftsführerebene, können die Unternehmen viel voneinander lernen. Das Cluster-Management unterstützt diesen Prozess durch eine inhaltliche Vor- und Nachbereitung der einzelnen Treffen. Bei Bedarf werden zu bestimmten Themen externe Experten eingeladen, in verschiedenen Bereichen gibt es sogar schon feste Kooperationen mit technischen Forschungseinrichtungen. Auf Basis des gewonnenen Wissens haben viele Unternehmen bereits ihre Prozesse in unterschiedlichen Bereichen verbessern können. Darüber hinaus erhalten die Unternehmen Kontakte und wichtige Informationen über neue Länder und Märkte.

In der Wirtschaftskrise wurden die positiven Effekte dieser Arbeit, gerade auch für den Standort Hessen, besonders offensichtlich. Die Geschäftsführer und Mitarbeiter in den Arbeitsgruppen konnten sich immer zeitnah zu aktuellen Entwicklungen austauschen und damit ihr eigenes Handeln bewerten. Ein Ziel der Cluster-Initiative aus Sicht des Verbands ist somit nachweislich erfüllt. Gleichwohl soll sich die Initiative sich nicht auf die bestehenden Netzwerke beschränken, sondern weitere Industrieschwerpunkte in Hessen identifizieren und dort Cluster mit Netzwerkcharakter gründen und entwickeln.

Auch für die Cluster-Forschung aus Sicht der einzelnen Unternehmen gibt es noch viele offene Felder zu untersuchen. Die größte Herausforderung für künftige Arbeiten wird sein, den Prozess des „Wert schöpfens" durch Cluster-Arbeit besser zu verstehen. Dazu ist es notwendig den Nutzen möglichst exakt zu messen. Leider sind jedoch viele positive Effekte, wie zum Beispiel ein Erfahrungsaustausch, entweder nicht quantifizierbar oder nicht transparent. So entstehen zum Beispiel bilaterale Beziehungen zwischen zwei Unternehmen aufgrund der regelmäßigen Cluster-Treffen, ohne dass das Cluster-Management oder andere beteiligte Unternehmen dies mitbekommen. Hier wird es die Aufgabe der betriebswirtschaftlichen Forschung sein, Ansätze zu entwickeln, die eine nachhaltige Perspektive für Cluster-Kooperationen in ihren unterschiedlichen Ausprägungen bieten.

Literatur

Alecke, B./Untiedt, G. (2005): Zur Förderung von Clustern: „Heilsbringer" oder „Wolf im Schafspelz"?. GEFRA – Gesellschaft für Finanz- und Regionalanalysen. Münster, 2005.

Arndt, O. (2008): Handbuch zum 1. Clusterwettbewerb des Landes Hessen: Hilfestellungen zum erfolgreichen Aufbau eines Clusters. Wiesbaden, 2008.

Beckord, C. (2007): Förderung und Entwicklung von Clustern als Strategie der Wirtschaftsförderung in Sachsen. Chemnitz 2007.

Bessant, J./Tsekouras, G. (2001): Developing Learning Networks. In: AI & Society 15 (2001) Nr. 1+2, S. 82-98.

Bluhm, K./Schmidt, R./Teufel, B. (2003): Kooperation und Unterstützungsnetzwerke im Internationalisierungsprozess von europäischen kleinen und mittleren Unternehmen – Eine explorative Studie. In: Hirsch-Kreinsen, H./Wannöffel, M. (Hrsg.): Netzwerke kleiner Unternehmen. Praktiken und Besonderheiten internationaler Zusammenarbeit. Berlin 2003. S. 89 – 110.

Boos, F./Exner, A./Heitger, B. (1992): Soziale Netze sind anders. In: Organisationsentwicklung, 1/1992, S. 54 – 61.

Brenner, T. (2000): The Evolution of Localised Industrial Clusters. Identifying the Processes of Self-Organisation. Max-Planck-Institut zur Erforschung von Wirtschaftssystemen, Jena, 2000.

Bresser, R.K.F. (1989): Kollektive Unternehmensstrategien. In: Zeitschrift für Betriebswirtschaft, 59(1989)5, S. 545-564.

Elbert, R./Schönberger, R./Müller, F. (2008): Regionale Gestaltungsfelder für Robuste und Sichere Globale Logistiksysteme. In: 4. Wissenschaftssymposium für Logistik. München, 2008.

Europäische Kommission (2002): Final Report of the Expert Group on Enterprise Clusters and Networks. Brüssel. Online verfügbar unter: http://ec.europa.eu/enterprise/entrepreneurship/support_measures/cluster/final_report_clusters_en.pdf. (Letzter Abruf am 14.08.2009).

Gordon, I. R. /McCann, P. (2000): Industrial clusters: complexes, agglomeration and/or social networks? In: Urban Studies, 37 (3) 2000, S. 513 – 532.
Granovetter, M. (1985): Economic Action and Social Structure. The Problem of Embeddedness. In: American Journal of Sociology 91 (1985) Nr. 3, S. 481-510.
Gupta, V./Subramanian, R. (2008): Seven Perspectives on Regional Clusters and the Case of Grand Rapids Office Furniture City. In: International Business Review (2008) Nr. 17, S. 371-384.
Hausberg, B./Stahl-Rolf, S./Steffens, J. (2008): Entwicklung von Kompetenzclustern und -netzen zu internationalen Kompetenzknoten. Abschlussbericht. VDI Technologiezentrum GmbH. Düsseldorf 2008. Verfügbar im Internet: http://kompetenzcluster.com/fileadmin/vdidaten/Allgemein/Downloads_Berichte/Nordrhein_Westfalen/5027_Abschlussbericht_Internationale_Netze_Langfassung.pdf (letzter Zugriff am 14.08.2009).
Henderson, J./Dicken, P./Hess, M./Coe, N./Yeung, W.-C. (2002): Global production networks and the analysis of economic development. In: Review of International Political Economy 9 (3) 2002, S. 436-464.
Heusler, K. F. (2004): Implementierung von Supply Chain Management: Kompetenzorientierte Analyse aus der Perspektive eines Netzwerkakteurs. Wiesbaden 2004.
Hotelling, H. (1929): Stability in Competition. In: The Economic Journal 39 (1929) Nr. 153, S. 41-57.
Jacobs, D./De Man, A-P. (1996): Clusters, Industrial Policy and Firm Strategy: A Menu Approach. In: Technology Analysis & Strategic Management 8 (1996) Nr. 4, S. 425-438.
Marshall, A. (1920): Principles of Economics. London/Basingstoke 1920.
Martin, R./Sunley, P. (2003): Deconstructing Clusters: Chaotic Concept or Policy Panacea?. In: Journal of Economic Geography 3 (2003), S. 5-35.
Maskell, P./Lorenzen, M. (2004): The Cluster as Market Organisation. In: Urban Studies 41 (2004)5+6, S. 991-1009.
Miles, R. E./Snow, C. C. (1986): Organizations: New Concepts for New Forms. In: California Management Review 28 (3), S. 62-73.
Mitchell, J. C. (1969): The concept and use of social networks. In: Mitchell, J. C. (Hrsg.): Social networks in urban situations. Manchester University Press. Manchester 1969. S. 1 – 32.
Moulaert, F./Sekia, F. (2003): Territorial Innovation Models: A Critical Survey. In: Regional Studies 37 (2003) Nr. 3, S. 289-302.
OECD (2004): Networks, Partnerships, Clusters and Intellectual Property Rights. Opportunities and Challenges for Innovative SMEs in a Global Economy. Paris, 2004.
Ossenkopf, B. et al. (2004): Evaluierung und Weiterentwicklung der Netzwerkstrategie des Freistaates Sachsen. Endbericht für das Sächsische Staatsministerium für Wirtschaft und Arbeit. Fraunhofer Institut Systemtechnik und Innovationsforschung, Karlsruhe, 2004.
Pantazis, N. (2006): Unternehmensgründungen in regionalen Clustern, untersucht am Beispiel der Optischen Technologien in Südostniedersachsen. Dissertation, Universität Hannover, Naturwissenschaftliche Fakultät, Hannover, 2006.
Park, S.O./Markusen, A. (1995): Generalizing New Industrial Districts: A Theoretical Agenda and an Application from a Non-Western Economy. In: Environment and Planning. 27(1995)1, S. 81-104.
Pietrobelli, C./Barrera, T.O. (2002): Industrial Clusters and Districts in Colombia? Evidence from the Textile and Garments Industry. In: Cuadernos de Administraciónseptiembre. 15 (2002)24, S. 72-102.
Porter, M. E. (1990): The Competitive Advantage of Nations. London 1990.
Porter, M. E. (1998a): Clusters and the New Economics of Competition. In: Harvard Business Review 76 (1998)4, S. 77-90.
Porter, M. E. (1998b): On competition. Boston 1998.
Porter, M.E. (1999): Wettbewerb und Strategie. München 1999.

Powell, W. W. (1990): Neither Market Nor Hierarchy: Network Forms of Organization. In: Research in Organizational Behaviour, 12(1990), S. 295-336.
Powell, W. W. (1996): Trust-based forms of Governance. In: Kramer, R. R./ Tyler, T. R. (Hrsg.): Trust in Organizations: The Frontier of Theory and Research. London 1996. S. 51 – 67.
Rocha, H. (2004): Entrepreneurship and Development: The Role of Clusters. In: Small Business Economics 23, S. 363 - 400.
Rosenfeld, S. A. (1997): Bringing Business Clusters into the Mainstream of Economic Development. In: European Planning Studies 5 (1997)1, S. 3-23.
Siebert, H. (2001): Ökonomische Analyse von Unternehmensnetzwerken. In: Sydow, J. (Hrsg.): Management von Netzwerkorganisationen. 2. Aufl., Wiesbaden 2001, S. 7 - 27.
Sölvell, Ö./Lindqvist, G./Ketels, C. (2003): The Cluster Initiative Greenbook. Stockholm 2003.
Sydow, J. (1992): Strategische Netzwerke. Evolution und Organisation. Wiesbaden 1992.
Sydow, J./Möllering, G. (2004): Produktion in Netzwerken: Make, Buy & Cooperate. München 2004.
Sydow, J. (2006): Management von Netzwerkorganisationen - Zum Stand der Forschung. In: Sydow, J. (Hrsg.): Management von Netzwerkorganisationen. 4. Aufl., Wiesbaden 2006, S. 385-469.
Thomi, W./Sternberg, R. (2008): Cluster – zur Dynamik von Begrifflichkeiten und Konzeptionen. In: Zeitschrift für Wirtschaftsgeographie (2008)2+3, S. 73-78.
Tichy, G. (2001): Regionale Kompetenzzyklen - Zur Bedeutung von Produktlebenszyklus- und Clusteransätzen im regionalen Kontext. In: Zeitschrift für Wirtschaftsgeographie 43 (2001) Nr. 3-4, S. 181-201.
Traudt, G. (2008): Cluster trifft Megatrend: Eine erfolgreiche Verbindung in Thüringen (Teil 1). In: Landesbank Hessen-Thüringen Girozentrale Volkswirtschaft/Research (Hrsg.): Helaba Volkswirtschaft/Research. Frankfurt, 2008, S. 3.
Van Den Berg, L./ Braun, E./ Van Winden, W. (2001): Growth Clusters in European Cities: An Integral Approach. In: Urban Studies, 38(2001)1, S. 186-206.
Vieregge, P. (2007): Cluster und Kompetenzstandorte: Wie identifiziert man Potenziale für regionale Kooperationen und Netzwerke? In: Becker, T./Dammer, I./Howaldt, J./Killich, S./Loose, A. (Hrsg.): Netzwerkmanagement. Mit Kooperation zum Unternehmenserfolg. 2. überarb. und erw. Auflage, Berlin u.a.: 2007, S. 237-249.
Vom Hofe, R/Chen, K (2006): Whither or Not Industrial Cluster. Conclusions or Confusions? In: The Industrial Geographer 4 (2006)1, S. 2-28.
Welge, M. K./Al-Laham, A. (2008): Strategisches Management. Grundlagen – Prozess – Implementierung. 5. vollst. überarb. Aufl., Wiesbaden 2008.
Williamson, O.E. (1990): Die ökonomischen Institutionen des Kapitalismus: Unternehmen, Märkte, Kooperationen. Tübingen 1990.
Windeler, A. (2003): Spuren im Netzwerkdschungel: Typen von Unternehmungsnetzwerken und Besonderheiten ihrer Koordination. In: Hirsch-Kreinsen, H./Wannöffel, M. (Hrsg.): Netzwerke kleiner Unternehmen. Praktiken und Besonderheiten internationaler Zusammenarbeit. Berlin 2003. S. 35 – 60.
Wolfe, D. A./Gertler, M. S. (2004): Clusters from the Inside and Out. Local Dynamics and Global Linkages. In: Urban Studies 41 (2004)5+6, S. 1071-1093.

Verzeichnis ausgewählter Schriften von Prof. Dr. Dr. h.c. Hans-Christian Pfohl

1 Monographien

Pfohl, H.-Chr. (1972): Marketing-Logistik. Gestaltung, Steuerung und Kontrolle des Warenflusses im modernen Markt. Distribution Verlag (Krausskopf-Verlagsgruppe). Mainz 1972. 217 S.

Pfohl, H.-Chr. (1977): Problemorientierte Entscheidungsfindung in Organisationen. Verlag Walter de Gruyter. Berlin-New York 1977. 329 S.

Pfohl, H.-Chr. (1981): Planung und Kontrolle. Verlag Kohlhammer. Stuttgart-Berlin-Köln-Mainz 1981. 268 S.

Pfohl, H.-Chr./Braun, G. (1981): Entscheidungstheorie. Normative und deskriptive Grundlagen des Entscheidens. Verlag Moderne Industrie. Landsberg/Lech 1981. 516 S.

Pfohl, H.-Chr./M. Dubbert (1989): Logistics Courses in Higher Education in Europe. First Empirical Results. European Logistics Association. Amsterdam 1989. 249 S.

Pfohl, H.-Chr. (1990): Aus- und Weiterbildung im Bereich der Logistik. Institutionen, Inhalte, Anforderungen. 2. erw. u. überarb. Aufl. Institut für Logistik der Deutschen Gesellschaft für Logistik e.V. Darmstadt 1990. 107 S.

Pfohl, H.-Chr./Large, R. (1992): Research Activities in The Field of Logistics in Europe. European Logistics Association. The Hague 1992. 200 S.

Pfohl, H.-Chr./Stölzle, W. (1997): Planung und Kontrolle. Konzeption, Gestaltung, Implementierung. Verlag Franz Vahlen. München 1997. 298 S.

Pfohl, H.-Chr. (1998) (polnische Übersetzung von „Logistikmanagement. Bd. 1“): Zarzadzanie logistika. Funkcje instrumenty. Verlag Instytut Logistyki i Magazynowania Wydanie I. Poznan 1998. 378 S.

Pfohl, H.-Chr. (2010): Logistiksysteme. Betriebswirtschaftliche Grundlagen. 6. neu bearb. u. aktual. Aufl. Springer Verlag. Berlin u.a. 2000. 448 S.

Pfohl, H.-Chr. (2001) (2. Aufl. der polnischen Übersetzung von „Logistiksysteme“ 6. Aufl.): Systemy logistyczne. Podstawy organizacji i zarzadzania. Verlag Instytut Logistyki i Magazynowania Wydanie I. Poznan 2001. 407 S.

Pfohl, H.-Chr. (2004): Logistiksysteme. Betriebswirtschaftliche Grundlagen. 7. korr. u. aktual. Aufl. Springer Verlag. Berlin u.a. 2004. 444 S.

Pfohl, H.-Chr. (2004): Logistikmanagement. Konzeption und Funktionen. 2. vollst. überarb. u. erw. Aufl. Springer Verlag. Berlin u. a. 2004. 450 S.

Pfohl, H.-Chr. (2006): Logistikkonzeption – Entwicklung, Implementierung und Nachhaltigkeit (Chinesische Sprache). 2. vollst. überarb. Aufl. China Machine Press. Beijing 2006. 238 S.

Pfohl, H.-Chr. (2009): Betriebswirtschaftslehre der Mittel- und Kleinbetriebe (Chinesische Sprache). Beijing 2009. 325 S.

Pfohl, H.-Chr. (2009): Logistiksysteme. Betriebswirtschaftliche Grundlagen (Chinesische Sprache). Beijing 2009. 340 S.

Pfohl, H.-Chr. (2010): Logistiksysteme. Betriebswirtschaftliche Grundlagen. 8. neu bearb. u. aktual. Aufl. Springer Verlag. Berlin u.a. 2010. 406 S.

2 Herausgeber von Sammelwerken

Pfohl, H.-Chr./Rürup, B. (Hrsg.) (1977): Wirtschaftliche Meßprobleme. Hanstein-Verlag. Köln 1977. 374 S.

Pfohl, H.-Chr./Rürup, B. (Hrsg.) (1978): Anwendungsprobleme moderner Planungs- und Entscheidungstechniken. Hanstein-Verlag. Königstein/Ts. 1978. 331 S.

Pfohl, H.-Chr./Fandel, G./Fischer, D./Schuster, K. P./Schwarze, J (Hrsg.) (1981): Operations Research Proceedings. Vorträge der Jahrestagung 1980. Springer Verlag. Berlin-Heidelberg-New York 1981. 687 S.

Pfohl, H.-Chr./Albach, H. (Hrsg.) (1984): Unternehmensführung und Logistik. Zeitschrift für Betriebswirtschaft, Ergänzungsheft 2/84. Verlag Gabler. Wiesbaden 1984. 151 S.

Pfohl, H.-Chr. (Hrsg.) (1987): Logistiktrends. Reihe "Fachtagungen" Bd. 2. Deutsche Gesellschaft für Logistik e. V. Dortmund 1987. 172 S.

Pfohl, H.-Chr. (Hrsg.) (1988): Zukünftige Wettbewerbsvorteile von logistischen Dienstleistungsunternehmen. Reihe "Fachtagungen" Bd. 3. Deutsche Gesellschaft für Logistik e. V. Dortmund 1988. 111 S.

Pfohl, H.-Chr. (Hrsg.) (1989): Logistiktrends II. Reihe "Fachtagungen" Bd. 4. Institut für Logistik der Deutschen Gesellschaft für Logistik e. V. Darmstadt 1989. 146 S.

Pfohl, H.-Chr. (Hrsg.) (1990): Logistikstrategien in Europa. Reihe "Fachtagungen" Bd. 5. Institut für Logistik der Deutschen Gesellschaft für Logistik e.V. Darmstadt 1990. 200 S.

Pfohl, H.-Chr. (Hrsg.) (1991): Logistiktrends '91. Unternehmensführung-Marketing-Technologie-Infrastruktur-Logistische Spitzenleistungen. Reihe "Unternehmensführung und Logistik" Bd. 1. Erich Schmidt Verlag. Berlin 1991. 253 S.

Pfohl, H.-Chr. (Hrsg.) (1992): Total Quality Management in der Logistik. Reihe "Unternehmensführung und Logistik" Bd. 2. Erich Schmidt Verlag. Berlin 1992. 237 S.

Pfohl, H.-Chr. (Hrsg.) (1993): Ökologische Herausforderungen an die Logistik in den 90er Jahren. Umweltschutz in der Logistikkette bei Ver- und Entsorgung. Reihe "Unternehmensführung und Logistik" Bd. 5. Erich Schmidt Verlag. Berlin 1993. 257 S.

Pfohl, H.-Chr. (Hrsg.) (1994): Management der Logistikkette. Kostensenkung - Leistungssteigerung - Erfolgspotential. Reihe „Unternehmensführung und Logistik“ Bd. 7. Erich Schmidt Verlag. Berlin 1994. 251 S.

Pfohl, H.-Chr. (Hrsg.) (1994): Future Developments in Logistics and the Resultant Consequences for Logistics Education and Training in Europe. Logistics Educators Conference 1994. European Logistics Association Brüssel 1994. 148 S.

Pfohl, H.-Chr. (Hrsg.) (1995): Organisationsgestaltung in der Logistik. Kundenorientiert - prozeßorientiert - lernfähig. Reihe „Unternehmensführung und Logistik“ Bd. 8. Erich Schmidt Verlag. Berlin 1995. 224 S.

Pfohl, H.-Chr. (Hrsg.) (1996): Integrative Instrumente der Logistik. Informationsverknüpfung - Prozeßgestaltung - Leistungsmessung - Synchronisation. Reihe „Unternehmensführung und Logistik“ Bd. 10. Erich Schmidt Verlag. Berlin 1996.206 S.

Pfohl, H.-Chr. (Hrsg.) (1996): New Fields of Education and Research in Logistics. Logistics Educators Conference 1996. European Logistics Association. Brüssel 1996. 93 S.

Pfohl, H.-Chr. (Hrsg.) (1996): ELA Doctorate Workshop 1996. European Logistics Association. Brüssel 1996. 115 S.

Pfohl, H.-Chr. (Hrsg.) (1997): Betriebswirtschaftslehre der Klein- und Mittelbetriebe. Größenspezifische Probleme und Möglichkeiten zu Ihrer Lösung. 3. neubearb. Aufl. Erich Schmidt Verlag. Berlin 1997. 477 S.

Pfohl, H.-Chr. (Hrsg.) (1997): Informationsfluß in der Logistikkette. EDI - Prozeßgestaltung - Vernetzung. Reihe „Unternehmensführung und Logistik“ Bd. 12. Erich Schmidt Verlag. Berlin 1997. 189.S.

Pfohl, H.-Chr. (Hrsg.) (1997): ELA-Academic Directory 1997. European Logistics Association. Brüssel 1997. 290 S.

Pfohl, H.-Chr. (Hrsg.) (1998): Kundennahe Logistik. Wertschöpfend - Beziehungsorientiert - Agil. Reihe „Unternehmensführung und Logistik“ Bd. 14. Erich Schmidt Verlag. Berlin 1998. 194 S.

Pfohl, H.-Chr. (Hrsg.) (1999): Logistik 2000plus. Visionen – Märkte – Ressourcen. Reihe „Unternehmensführung und Logistik“ Bd. 16. Erich Schmidt Verlag. Berlin 1999. 220 S.

Pfohl, H.-Chr. (Hrsg.) (1999): Logistikforschung. Entwicklungszüge und Gestaltungsansätze. Reihe „Unternehmensführung und Logistik“ Bd. 17. Erich Schmidt Verlag. Berlin 1999. 370 S.

Pfohl, H.-Chr. (Hrsg.) (2000): Supply Chain Management: Logistik plus? – Logistikkette – Marketingkette – Finanzkette. Reihe „Unternehmensführung und Logistik“ Bd. 18. Erich Schmidt Verlag. Berlin 2000. 204 S.

Pfohl, H.-Chr./Häusler, P. (2000): Logistische Schnittstellen in Produktionsnetzen. Konzepte zur Verbesserung der unternehmensübergreifenden Logistik. Buchreihe Wandelbare Produktionsnetze Band 5. Dortmund 2000.

Pfohl, H.-Chr. (Hrsg.) (2001): Jahrhundert der Logistik: Wertsteigerung des Unternehmens. Cusomer related – glocal – e-based. Reihe „Unternehmensführung und Logistik“ Bd. 19. Erich Schmidt Verlag. Berlin 2001. 235 S.

Pfohl, H.-Chr. (Hrsg.) (2002): Risiko- und Chancenmanagement in der Supply Chain. Proaktiv – ganzheitlich – nachhaltig. Reihe „Unternehmensführung und Logistik“ Band 20. Erich Schmidt Verlag. Berlin 2002. 191 S.

Pfohl, H.-Chr. (Hrsg.) (2003): Güterverkehr – Eine Integrationsaufgabe für die Logistik. Entwicklungen – Auswirkungen – Lösungsmöglichkeiten. Reihe „Unternehmensführung und Logistik“ Bd. 21. Erich Schmidt Verlag. Berlin 2003. 217 S.

Pfohl, H.-Chr. (Hrsg.) (2004): Erfolgsfaktor Kooperation in der Logistik. Outsourcing – Beziehungsmanagement – Finanzielle Performance. Reihe „Unternehmensführung und Logistik“ Bd. 22. Erich Schmidt Verlag. Berlin 2004, 194 S.

Pfohl, H.-Chr. (Hrsg.) (2004): Netzkompetenz in Supply Chains. Grundlagen und Umsetzung. Gabler Verlag. Wiesbaden 2004, 356 S.

Pfohl, H.-Chr. (Hrsg.) (2004): Personalführung in der Logistik. Innovative Ansätze und praktische Lösungen. BVL-Schriftenreihe Wirtschaft und Logistik. Deutscher Verkehrs-Verlag. Hamburg 2004, 415 S.

Pfohl, H.-Chr. (Hrsg.) (2006): Betriebswirtschaftslehre der Mittel- und Kleinbetriebe. Größenspezifische Probleme und Möglichkeiten zu ihrer Lösung. 4., völlig neu bearbeitete Auflage. Erich Schmidt Verlag. Berlin 2006, 464 S.

Pfohl, H.-Chr./Wimmer, T. (Hrsg.) (2006): Wissenschaft und Praxis im Dialog. Steuerung von Logistiksystemen – auf dem Weg zur Selbststeuerung. 3. Wissenschaftssymposium Logistik Dortmund. Kongressband 2006, 462 Seiten.

Pfohl, H.-Chr. (Hrsg.) (2007): Innovationsmanagement in der Logistik. Gestaltungsansätze und praktische Umsetzung. BVL-Schriftenreihe Wirtschaft und Logistik. Deutscher Verkehrs-Verlag. Hamburg 2007, 303 S.

Pfohl, H.-Chr. (Hrsg.) (2008): Sicherheit und Risikomanagement in der Supply Chain. Gestaltungsansätze und praktische Umsetzung. BVL-Schriftenreihe Wirtschaft und Logistik. Deutscher Verkehrs-Verlag. Hamburg 2008. 342 S.

Pfohl, H.-Chr. (Hrsg.) (2009): Personalführung in der Logistik. Innovative Ansätze und praktische Lösungen. 2. aktual. u. erw. Aufl. BVL-Schriftenreihe Wirtschaft und Logistik. Deutscher Verkehrs-Verlag. Hamburg 2009, 413 S.

3 Beiträge in wissenschaftlichen Sammelwerken

Pfohl, H.-Chr. (1974): Stichwort "Marketing-Logistik". In: Marketing-Enzyklopädie, Bd. II. Verlag Moderne Industrie. München 1974, S. 577-593

Pfohl, H.-Chr. (1977): Messung subjektiver Wahrscheinlichkeiten. In: Pfohl, H.-Chr./Rürup, B. (Hrsg.): Wirtschaftliche Meßprobleme. Köln 1977. S. 23-35.

Pfohl, H.-Chr./Drünkler, W. (1978): Stand der Anwendung moderner Planungs- und Entscheidungstechniken in Betriebswirtschaften. In: Pfohl, H.-Chr./Rürup, B. (Hrsg.): Anwendungsprobleme moderner Planungs- und Entscheidungstechniken. Königstein/Ts. 1978, S. 99-112.

Pfohl, H.-Chr. (1980): Stichwort "Problemlösungstechniken". In: Grochla, E. (Hrsg.): Handwörterbuch der Organisation. 2. Aufl. Stuttgart 1980, Sp. 1917-1923.

Pfohl, H.-Chr. (1980): Methodische und verhaltenswissenschaftliche Grundlagen der Problemdefinition. In: Schwarze, J./v. Dobschütz, L./Fleischmann, B./Scheeweiß, Chr./Steckhan, H. (Hrsg.): Proceedings in Operations Research 9. Vorträge der DGOR-Jahrestagung 1979. Würzburg-Wien 1980, S. 607-614.

Pfohl, H.-Chr./Braun, G. E. (1985): Planungskultur / Planungsphilosophie als Grundlage für den Einsatz von Planungstechniken. In: Ohse, D./Esprester, A. C./Küpper, H.-U./Stähly, P./Steckhan, H. (Hrsg.): Operations Research Proceedings. Vorträge der Jahrestagung 1984. Berlin - Heidelberg- New-York - Tokyo 1985, S. 395-402.

Pfohl, H.-Chr. (1986): L'enseignement de la logistique en Europe. Resultats d'une enquete parmi les membres de l'ELA. In: Association Francaise Pour La Logistique Dans L'Entreprise (Hrsg.): Bulletin Special. Ve Congres europeen de la logistique. Paris 1986, S. 121-144.

Pfohl, H.-Chr. (1987): Stichwort "Vertikales Marketing". In: Poth, L. G. (Hrsg.): Marketing. Neuwied 1987, Kennziffer 36.

Pfohl, H.-Chr. (1988): Entwicklungen im strategischen Controlling. In: Reichmann, Th. (Hrsg.): Controlling - Praxis. München 1988, S. 68-86

Pfohl, H.-Chr./Krass, R. (1988): Kooperation zwischen Verlader und Logistikunternehmen durch Ausgliederung von Logistikaufgaben bei der Güterdistribution. In: Baumgarten u. a. (Hrsg.): RKW-Handbuch Logistik. Berlin 1988. Kennziffer 8520.

Pfohl, H.-Chr. (1988): New concepts of physical distribution in the steel industry. Results of a first study. In: Mortimer, J. (Hrsg.): Logistics in Manufacturing. Berlin, Heidelberg, New York, Tokyo 1988, S. 169-173.

Pfohl, H.-Chr. (1988): Strategische Kontrolle. In: Henzler, H. A. (Hrsg.): Handbuch Strategische Führung. Wiesbaden 1988, S. 801-824.

Pfohl, H.-Chr. (1989): Stichwort "Information und Entscheidung". In: Chmielewicz, K./Eichhorn, P. (Hrsg.): Handwörterbuch der öffentlichen Betriebswirtschaft. Stuttgart 1989, Sp. 626-637.

Pfohl, H.-Chr. (1989): Stichwort "Kundenproblemanalyse". In: Szyperski, N. (Hrsg.): Handwörterbuch der Planung. Stuttgart 1989, Sp. 943-952.

Pfohl, H.-Chr. (1989): Stichwort "Problemstrukturierungstechniken". In: Szyperski, N. (Hrsg.): Handwörterbuch der Planung. Stuttgart 1989, Sp. 1578-1591.

Pfohl, H.-Chr. (1989): Logistics Education. State of the Art in Europe. In: Institute of Logistics & Distribution Management (Hrsg.): Logistics Management. Is British Best?. Proceedings of the ILDM National Conference 1989. Corby 1989, S. 1-29.

Pfohl, H.-Chr. (1990): Stichwort "Strategic Analysis". In: Grochla, E./Gaugler, E. u.a. (Hrsg.): Handbook of German Business Management. Stuttgart - Berlin u. a. 1990, Sp. 2269-2282

Pfohl, H.-Chr. (1990): 1992 EC Unification and the Outlook für Logistics. In: Japan Physical Distribution Management Association (Hrsg.): 2001. Future Strategies for Logistics. Proceedings of the International Logistics Management Symposium. Tokyo 1990, S. K1-34.

Pfohl, H.-Chr./Freichel, St. L. K. (1990): Auswirkungen der Deregulierung des europäischen Straßengüterverkehrsmarktes. In: Czap, H. (Hrsg.): Unternehmensstrategien im sozioökonomischen Wandel. Berlin 1990, S. 261-278.

Pfohl, H.-Chr. (1991): Unternehmensführungstrends und Logistik. In: Pfohl, H.-Chr. (Hrsg.): Logistiktrends 91. Unternehmensführung - Marketing - Technologie - Infrastruktur - Spitzenleistungen. Reihe „Unternehmensführung und Logistik“ Bd. 1. Berlin 1991, S. 1-32.

Pfohl, H.Chr./Bock, I./Dubbert, M. Chr. (1991): Internationalisierung der Managemententwicklung. In: Marr, R. (Hrsg.): Euro-strategisches Personalmanagement. Sonderband 1991 der Zeitschrift für Personalforschung. München - Mering 1991, S. 75-110.

Pfohl, H.-Chr. (1992): Stichwort "Logistik, Organisation der". In: Frese, E. (Hrsg.): Handwörterbuch der Organisation. 3., völlig neu gestaltete Auflage. Stuttgart 1992, Sp. 1255-1270.

Pfohl, H.-Chr./Stölzle, W. (1992): Entsorgungslogistik, In: Steger, U. (Hrsg.): Handbuch des Umweltmanagements. München 1992, S. 572-591.

Pfohl, H.-Chr./Stölzle, W. (1992): Das Informationssystem der Entsorgungslogistik - Bericht aus einem Forschungsprojekt. In:Wagner, G.R.(Hrsg.): Ökonomische Risiken und Umweltschutz. München 1992, S. 184-226.

Pfohl, H.-Chr. (1992): Total Quality Management. Konzeption und Tendenzen. In: Pfohl, H.-Chr. (Hrsg.): Total Quality Management in der Logistik. Reihe „Unternehmensführung und Logistik“ Bd. 2. Berlin 1992, S. 1-49.

Pfohl, H.-Chr. (1992): Total Logistics - the concept. In: Brace, G. (Hrsg.): Logistics Technology International. 1992. London 1992. S. 15-19.

Pfohl, H.-Chr. (1993): Stichwort "Planung". In: Chmielewicz, K./Schweitzer, M. (Hrsg.): Handwörterbuch des Rechnungswesens. 3. völlig neu gestaltete u. ergänzte Aufl., Stuttgart 1993, Sp. 1568-1583.

Pfohl, H.-Chr. (1993): Logistische Dienstleistungen im Zusammenwirken von Industrie, Handel und Verkehr. In: Simon, H. (Hrsg.): Industrielle Dienstleistungen. Stuttgart 1993, S. 109-132.

Pfohl, H.-Chr./Zettelmeyer, B. (1993): Stichwort "Strategisches Controlling". In: Horváth P./Reichmann, Th. (Hrsg.): Vahlens Großes Controllinglexikon. München 1993. S. 597-604.

Pfohl, H.-Chr. (1993): Die Bedeutung der Entsorgung für die Unternehmenslogistik. In: Pfohl, H.-Chr. (Hrsg.): Ökologische Herausforderungen an die Logistik in den 90er Jahren. Umweltschutz in der Logistikkette bei Ver- und Entsorgung. Reihe „Unternehmensführung und Logistik“ Bd. 5. Berlin 1993, S. 211-257.

Pfohl, H.-Chr. (1993): Stichwort "Logistiksysteme". In: Wittmann, W. u.a. (Hrsg.): Handwörterbuch der Betriebswirtschaft. Teilband 2. 5. völlig neu gest. Aufl., Stuttgart 1993. Sp. 2615-2631.

Pfohl, H.-Chr. (1993): The recruitment and education of tomorrows logisticians. In: Brace, G. (Hrsg.): Logistics Technology International 1993. London 1993, S. 65-70.

Pfohl, H.-Chr. (1994): Interorganisatorische Probleme in der Logistikkette. In: Pfohl, H.-Chr. (Hrsg.): Management der Logistikkette. Kostensenkung - Leistungssteigerung - Erfolgspotential. Reihe „Unternehmensführung und Logistik“ Bd. 7. Berlin 1994, S. 201-251.

Pfohl, H.-Chr. (1994): Die Bedeutung der Entsorgung für die Unternehmenslogistik. In: Hansmann, K.-W. (Hrsg.): Marktorientiertes Umweltmanagement. Schriften zur Unternehmensführung Bd. 50/51. Wiesbaden 1994, S. 117-158.

Pfohl, H.-Chr. (1994): Der Beitrag von Joint Ventures zur Überwindung der Transformationskrise in Mittel- und Osteuropa. In: Schiemenz, B./Wurl, H.-J. (Hrsg.): Internationales Management. Wiesbaden 1994, S. 454-474.

Pfohl, H.-Chr./Large. R. (1994): Zur Eingliederung der Logistik in die Aufbauorganisation von Unternehmen. In: Isermann, H. (Hrsg.): Logistik. Beschaffung, Produktion, Distribution. Landsberg/Lech 1994, S. 57-70.

Pfohl, H.-Chr./Van der Hoop, H./Frayer, D.J. (1995): Exzellente Logistik in Deutschland - Welche Vorstellungen haben Führungskräfte von logistischen Spitzenleistungen? In: Pfohl, H.-Chr. (Hrsg.): Organisationsgestaltung in der Logistik. Kundenorientiert - prozeßorientiert - lernfähig. Reihe „Unternehmensführung und Logistik“ Bd. 8. Berlin 1995, S. 1-15.

Pfohl, H.-Chr. (1995): Reorganisation der Logistik - Konzepte und Umsetzung effizienter Strukturen.
In: Pfohl, H.-Chr. (Hrsg.): Organisationsgestaltung in der Logistik. Kundenorientiert - prozeßorientiert - lernfähig. Reihe „Unternehmensführung und Logistik“ Bd. 8. Berlin 1995, S. 177-224.

Pfohl, H.-Chr./Stölzle, W. (1995): Stichwort „Retrodistribution“. In: Tietz, B./Köhler, R./Zentes, J. (Hrsg.): Handwörterbuch des Marketing. 2. Aufl. Stuttgart 1995, Sp. 2234-2247.

Pfohl, H.-Chr./Van der Hoop, H. (1995): World Class Logistics Practices: European and North America Compared. In: Council of Logistics Management (Hrsg.): Annual Conference Proceedings. Oak Brook, Il. 1995, S. 241-249.

Pfohl, H.-Chr. (1995): Stichwort „Logistik und Umwelt“. In: Junkernheinrich, M./Klemmer, P./Wagner, G.R. (Hrsg.): Handbuch zur Umweltökonomie. Berlin 1995, S. 106-111.

Pfohl, H.-Chr. (1996): Integration in „World Class Logistics"-Unternehmen. In: Pfohl, H.-Chr. (Hrsg.): Integrative Instrumente der Logistik. Informationsverknüpfung - Prozeßgestaltung - Leistungsmessung - Synchronisation. Reihe „Unternehmensführung und Logistik" Bd. 10. Berlin 1996, S. 2-27.

Pfohl, H.-Chr./Krings, M. (1996): A conceptual framework for a „Virtual Wholesaler". In: Brace, G. (Hrsg.): Logistcs Technology International 1996. London 1996, S. 38-41.

Pfohl, H.-Chr. (1996): Stichwort „Logistikkosten und -leistungen". In: Kern, W./Schröder, H.-M./Weber, J. (Hrsg.): Handwörterbuch der Produktionswirtschaft. 2. völlig neugest. Aufl. Stuttgart 1996, Sp. 1129-1144.

Pfohl, H.-Chr./Engelke, M. (1996): Basic Instruments. In: Allen, N. (Hrsg.): European Logistics Association Yearbook 1996. Berkemsted 1996, S. 7-16.

Pfohl, H.-Chr./Buse, H. P./Philippson, C,./Luczak, H. (1996): Organisation der Logistik. In: Dangelmaier, W. (Hrsg.): Vision Logistik. Logistik wandelbarer Produktionsnetze zur Auflösung ökonomisch-ökologischer Zielkonflikte. Wissenschaftliche Berichte Forschungszentrum Karlsruhe (FZKA), FZKA-PFT 181. Karlsruhe 1996, S. 13-35.

Pfohl, H.-Chr. (1997): Stichwort „Logistik". In: Luczak, H./Volpert, W. (Hrsg.): Handbuch Arbeitswissenschaft. Stuttgart 1997, S. 739-743.

Pfohl, H.-Chr. (1997): Informationsfluß in der Logistikkette. In: Pfohl, H.-Chr. (Hrsg.): Informationsfluß in der Logistikkette. EDI - Prozeßgestaltung - Vernetzung. Reihe „Unternehmensführung und Logistik" Bd. 12. Berlin 1997, S. 1-45.

Pfohl, H.-Chr./Pfohl, Petra A. (1997): Trends in der Logistik. In: Pfohl, H.-Chr. (Hrsg.): Informationsfluß in der Logistikkette. Reihe „Unternehmensführung und Logistik" Bd. 12. Berlin 1997, S. 175-189.

Pfohl, H.-Chr./Buse, H.P. (1997): Führung in kleinen und mittleren Unternehmen in Deutschland und Frankreich - Eine kulturvergleichende empirische Untersuchung. In: Engelhard, J. (Hrsg.) Interkulturelles Management. Theoretische Fundierung und funktionsbereichsspezifische Konzepte. Wiesbaden 1997, S. 261-292.

Pfohl, H.-Chr. (1997): Abgrenzung der Klein- und Mittelbetriebe von Großbetrieben. In: Pfohl, H.-Chr. (Hrsg.) Betriebswirtschaftslehre der Klein- und Mittelbetriebe. Größenspezifische Probleme und Möglichkeiten zu Ihrer Lösung. 3. neubearb. Aufl. Berlin 1997, S. 1-25.

Pfohl, H.-Chr. (1997): Logistik. In: Pfohl, H.-Chr. (Hrsg.) Betriebswirtschaftslehre der Klein- und Mittelbetriebe. Größenspezifische Probleme und Möglichkeiten zu ihrer Lösung. 3., neubearb. Aufl. Berlin 1997, S. 256-286.

Pfohl, H.-Chr. (1997): Marketing. In: Pfohl, H.-Chr. (Hrsg.): Betriebswirtschaftslehre der Klein- und Mittelbetriebe. Größenspezifische Probleme und Möglichkeiten zu ihrer Lösung. 3. neubearb. Aufl. Berlin 1997, S. 161-189.

Pfohl, H.-Chr./Schäfer, Chr. (1997): Management geschlossener Kreisläufe. In: Steger, U. (Hrsg.): Handbuch des integrierten Umweltmanagements. München/Wien 1997, S. 255-285.

Pfohl, H.-Chr./Roland, F. (1997): Stichwort „Portfolioanalyse". In: Bloech, J./Ihde, G.B. (Hrsg.): Vahlens Großes Logistiklexikon. München 1997, S. 802-804.

Pfohl, H.-Chr., /Buse, H.P. (1998): The organisation of the logistics system in flexible production networks - An organisational capabilities perspective. In: Fabbe-Costes, N./Roussat, Chr. (Ed): Logistics and Organizational Interfaces. Proceedings of the Second International Meeting for Research in Logistics. Université de la Mediterranée. Marseille. 1998. S. 165-184.

Pfohl, H-Chr. (1998): Kundennähe. Bedeutung für die Logistik. In: Pfohl, H.-Chr. (Hrsg.): Kundennahe Logistik. Wertschöpfend - Beziehungsorientiert - Agil. Reihe „Unternehmensführung und Logistik" Bd. 14. Berlin 1998, S. 1-45.

Pfohl, H.-Chr. (1998) Stichworte „Logistik", „Materialwirtschaft", „Verkehrsbetriebslehre". In: Lück, W. (Hrsg.): Lexikon der Rechnungslegung und Abschlußprüfung. 4., völlig neu bearb. Aufl. München - Wien 1998. S. 512-513, S. 525-527, S. 845-846.

Pfohl, H.-Chr./Large, R. (1998): Eingliederung der Logistik in die Aufbauorganisation von Unternehmen. In: Isermann, H. (Hrsg.): Logistik. Gestaltung von Logistiksystemen. 2. überarb. u. erw. Aufl. Landsberg/Lech 1998, S. 91-105.

Pfohl, H.-Chr./Buse, H. P. (1999): Organisationale Beziehungsfähigkeiten in komplexen kooperativen Beziehungen. In: Engelhard, J./Sinz, E. J. (Hrsg.): Kooperation im Wettbewerb. 61. Wissenschaftliche Jahrestagung im Verband der Hochschullehrer für Betriebswirtschaft e. V. Wiesbaden 1999, S. 271- 300.

Pfohl, H.-Chr. (1999): Entwicklung und Stand der Logistik in den USA. In: Weber, J./Baumgarten, H. (Hrsg.): Handbuch der Logistik, Management von Material- und Warenflußprozessen. Stuttgart 1999, S. 802 – 813.

Pfohl, H.-Chr. (1999): Konzept des Supply Chain Managements und das Berufsbild des Logistikmanagers. In: Pfohl, H.-Chr. (Hrsg.): Logistikforschung. Entwicklungszüge und Gestaltungsansätze. Reihe „Unternehmensführung und Logistik". Bd. 17. Berlin 1999, S. 174 – 228.

Pfohl, H.-Chr. (1999): Ständiger Wandel. Änderung der Organisations- und Personalstruktur als Voraussetzung zur Logistikexzellenz. In: Pfohl, H.-Chr. (Hrsg.): Logistik 2000plus. Visionen – Märkte – Ressourcen. Reihe „Unternehmensführung und Logistik". Bd. 16. Berlin 1999, S. 168 – 200.

Pfohl, H.-Chr./Stölzle, W. (1999): Entwicklung eines Verkehrsträgerkonzepts aus der Sicht eines Verladers. In: Faller, P. (Hrsg.): Transportwirtschaft im Umbruch. Strukturwandel, Anpassungserfordernisse, Gestaltungsaufgaben. Wien 1999, S. 187 – 207.

Pfohl, H.-Chr. (2001): Wertsteigerung durch Innovation in der Logistik. In: Pfohl, H.-Chr. (Hrsg.): Jahrhundert der Logistik: Wertsteigerung des Unternehmens. Customer related – glocal – e-based. Reihe „Unternehmensführung und Logistik". Band 19. Berlin 2001, S. 187-235.

Pfohl, H.-Chr. (2001): Wert der Logistik: Die vernachlässigte Schnittstelle zur Finanzwirtschaft. In: Logistik Markt 2001. Der Schweizer Logistikführer. Bern 2001, S. 8-11.

Pfohl, H.-Chr. (2002): Logistiktrends: Supply Chain Management aus der Sicht des Top Management. In: Pfohl, H.-Chr. (Hrsg.): Risiko- und Chancenmanagement in der Supply Chain. Proaktiv – ganzheitlich – nachhaltig. Reihe „Unternehmensführung und Logistik". Band 20. Berlin 2002, S. 167 – 191.

Pfohl, H.-Chr./Elbert, R./Brecht, L. (2002): Welche Bedeutung hat Supply Chain Management für das Top Management. In: Schweizerische Gesellschaft für Logistik (Hrsg.): Logistik Markt 2002. Der Schweizer Logistikführer. Bern 2002, S. 14 – 16.

Pfohl, H.-Chr./Hofmann, E. (2003): Integration akquirierter Unternehmen aus Sicht der Logistik. In: Wurl, H.J. (Hrsg.): Industrielles Beteiligungscontrolling. Stuttgart 2003, S. 303-335.

Pfohl, H.-Chr./Large, R. (2003): Beschaffungsstrategien und strategisches Beschaffungsmanagement. In: Boutellier, R./Wagner, St. M./Wehrli, H.P. (Hrsg.): Handbuch Beschaffung. Strategien, Methoden, Umsetzung. München-Wien 2003, S. 433-452.

Pfohl, H.-Chr. (2003): Unternehmensübergreifende Planung in der Supply Chain. In: Horváth, P./Gleich, R. (Hrsg.) Neugestaltung der Unternehmensplanung. Innovative Konzepte und erfolgreiche Praxislösungen. Stuttgart 2003, S. 51-68.

Pfohl, H.-Chr. (2003): Entwicklungstendenzen auf dem Markt logistischer Dienstleistungen. In: Pfohl, H.-Chr. (Hrsg.): Güterverkehr – Eine Integrationsaufgabe der Logistik. Entwicklungen – Auswirkungen – Lösungsmöglichkeiten. Berlin 2003, S. 1-44.

Pfohl, H.-Chr./Elbert, R./Hofmann, E. (2003): Managment der „finanziellen" Supply Chain: Charakterisierung, Aufgabenbereiche, Interdependenzen. In: Bundesvereinigung Logistik (Hrsg.): Finanzierung – Eine neue Dimension der Logistik. Ergebnisse des Arbeitskreises Logistik und Finanzen. Berlin 2003, S. 1-64.

Pfohl, H.-Chr./Elbert, R./Hofmann, E. (2003): Bedeutung der „finanziellen" Supply Chain in der unternehmerischen Praxis. In: Bundesvereinigung Logistik (Hrsg.): Finanzierung – Eine neue Dimension der Logistik. Ergebnisse des Arbeitskreises Logistik und Finanzen. Berlin 2003, S. 65-105.

Pfohl, H.-Chr./Walter, S. (2003): Trends und Entwicklungstendenzen in der Banklogistik. Ergebnisse einer empirischen Studie. In: Bundesvereinigung Logistik (Hrsg.): Banklogistik – Lösungsansätze für interne und externe Dienstleister. Ergebnisse des Arbeitskreises Logistik und Finanzen. Berlin 2003, S. 25-40.

Pfohl, H.-Chr./Trumpfheller, M. (2004): Logistikmarkt in China: Rahmenbedingungen und Einstiegsstrategien. In: Wolf-Kluthausen, H. (Hrsg.): Jahrbuch Logistik 2004. Korschenbroich 2004, S. 20-27.

Pfohl, H.-Chr. (2004) Implication on Logistics: Keeping the Goods Moving. In: Mundt, B. (Ed.): European Integration Programme. The Treaty of Accession. London 2004, S. 76-78.

Pfohl, H.-Chr. (2004): Berufsbild des Logistikmanagers im Wandel. In: Prockl, G. u.a. (Hrsg.): Entwicklungspfade und Meilensteine moderner Logistik. Festschrift zum 60. Geburtstag von Peter Klaus. Wiesbaden 2004, S. 311-329.

Pfohl, H.-Chr. (2004): Grundlagen der Kooperation in logistischen Netzwerken. In: Pfohl, H.-Chr. (Hrsg.): Erfolgsfaktor Kooperation in der Logistik. Outsourcing – Beziehungsmanagement – Finanzielle Performance. Berlin 2004, S. 1-36.

Pfohl, H.-Chr./Trumpfheller, M. (2004): Das ATHENE-Projekt. In: Pfohl, H.-Chr. (Hrsg.): Netzkompetenz in Supply Chains. Wiesbaden 2004, S. 1-10.

Pfohl, H.-Chr. u.a. (2004): Erfolgsfaktoren der Netzkompetenz in Supply Chains. In: Pfohl, H.-Chr. (Hrsg.): Netzkompetenz in Supply Chains. Grundlagen und Umsetzung. Wiesbaden 2004, S. 139-173.

Pfohl, H.-Chr./Trumpfheller, M. (2004): Zukünftige Herausforderungen der Netzkompetenz in Supply Chains. In: Pfohl, H.-Chr. (Hrsg.): Netzkompetenz in Supply Chains. Grundlagen und Umsetzung. Wiesbaden 2004, S. 341-351.

Pfohl, H.-Chr. (2004): Erfolgreicher Einsatz von Personal in der Logistik. In: Eßig, M. (Hrsg.): Perspektiven des Supply Management. Konzepte und Anwendungen. Festschrift für Ulli Arnold. Berlin – Heidelberg – New York 2004, S. 309-328.

Pfohl, H.-Chr./Gomm, M./Frunzke, H. (2004): Der Motivations-Mix des Personalmanagements. In. Pfohl, H.-Chr. (Hrsg.): Personalführung in der Logistik. Innovative Ansätze und praktische Lösungen. Hamburg 2004, S. 19-112.

Pfohl, H.-Chr./Gomm, M./Frunzke, H. (2004): Einflussmöglichkeiten von Führungskräften auf die Mitarbeitermotivation. Ergebnisse einer Befragung unter gewerblichen Mitarbeitern in der Wirtschaft. In: Pfohl, H.-Chr. (Hrsg.): Personalführung in der Logistik. Innovative Ansätze und praktische Lösungen. Hamburg 2004, S. 113-165.

Pfohl, H.-Chr. (2004): Decision Making in the Procurement Process. Implications of the Decision Behavior on Procurement Logistics. In: Czakó, E./Dobos, I./Kohegyi, A. (Ed.): Enterprise Competitiveness, Logististics, Inventories. Papers in Honor of Attila Chikán. Budapest 2004, S. 255-264.

Pfohl, H.-Chr. (2004): Trendy Rozwojowe na Rynku Logistycznym. In: Instytut Logistyki i Magazynowania (Hrsg.): Polski Kongres Logistyczny. Logistics 2004. Sieci Logistychne na Zintegrowanym Rynku Europejskim. Poznan 2004. S. 41-62.

Pfohl, H.-Chr./Boldt, O./Koldau, A. (2005): E-Commerce im Baustoffhandel – Rahmendbedingungen und Einstiegsstrategien. In: Wolf-Kluthausen, H. (Hrsg.): Jahrbuch Logistik 2005. Korschenbroich 2005, S. 14-19.

Pfohl, H.-Chr. (2005): Logistikmarkt in China – Rahmenbedingungen und Einstiegsstrategien. In Wolf-Kluthausen, H. (Hrsg.) Jahrbuch Logistik 2005. Korschenbroich 2005, S. 20-27.

Pfohl, H.-Chr./Hofmann, E./Trumpfheller, M. (2005): Portfolio of Business Relations: The Darmstadt Collaboration Diamond. In: Theresia Theurl, Eric Christian Meyer (eds.): Strategies for Cooperation. Aachen 2005, pp. 53-79.

Pfohl, H.-Chr. (2005): Erfolgspotentiale und Erfolgspositionen in Logistik/Supply Chain Management. In: Amelingmeyer, J./Harland, P.E. (Hrsg.): Technologiemanagement & Marketing. Herausforderungen eines integrierten Innovationsmanagement. Wiesbaden 2005, S. 563-585.

Pfohl, H.-Chr. (2005): Entwicklungstendenzen in der Banklogistik. In: Sokolovsky, Z./Löschenkohl, S. (Hrsg.): Handbuch Industrialisierung der Finanzwirtschaft. Strategien, Management und Methoden für die Bank der Zukunft. 1. Aufl., Wiesbaden 2005, S. 367-381.

Pfohl, H.-Chr. (2005): Komplexitätbeherrschung in der Planung durch Menschen oder IT/DV-Systeme. In: Wäscher, G./Inderfurth, K./Neumann, G./Schenk, M./Ziems, D. (Hrsg.): Intelligente Logistikprozesse – Konzepte, Lösungen, Erfahrungen -. Magdeburg 2005, S. 210-224.

Pfohl, H.-Chr./Elbert, R. (2005): Der Aufgabenzettel des Logistikmanagers – Das Schreiben eines Aufgabenzettels als ein konstruktiver Teil des Logistikmanagements. In: Göpfert, I./Froschmayer, A. (Hrsg.): Logistik-Stories. Expertenwissen mit Unterhaltungswert. München 2005, S. 123-142.

Pfohl, H.-Chr. (2006): Abgrenzung der Klein- und Mittelbetriebe von Großbetrieben. In: Pfohl, H.-Chr. (Hrsg.): Betriebswirtschaftslehre der Mittel- und Kleinbetriebe. Größenspezifische Probleme und Möglichkeiten zu ihrer Lösung. 4., völlig neu bearb. Aufl. Erich Schmidt Verlag. Berlin 2006. S. 1-24.

Pfohl, H.-Chr. (2006): Unternehmensführung. In: Pfohl, H.-Chr. (Hrsg.): Betriebswirtschaftslehre der Mittel- und Kleinbetriebe. Größenspezifische Probleme und Möglichkeiten zu ihrer Lösung. 4., völlig neu bearb. Aufl. Erich Schmidt Verlag. Berlin 2006, S. 79-111.

Pfohl, H.-Chr. (2006): Logistik. In: Pfohl, H.-Chr. (Hrsg.): Betriebswirtschaftslehre der Mittel- und Kleinbetriebe. Größenspezifische Probleme und Möglichkeiten zu ihrer Lösung. 4., völlig neu bearb. Aufl. Erich Schmidt Verlag. Berlin 2006, S. 261-296.

Pfohl, H.-Chr. (2006): Logistikdienstleister. In: Handelsblatt (Hrsg.): Wirtschaftlexikon. Das Wissen der Betriebswirtschaft, Bd. 7, Stuttgart 2006, S. 3529-3536.

Pfohl, H.-Chr./Frunzke, H./Köhler, H. (2006): Innovationsmanagement – Eine Aufgabe für die Logistik! Erste Ergebnisse des BVL-Arbeitskreises. In: Bundesvereinigung Logistik e.V. (Hrsg.): Menschen – Netze – Technologien. 23. Deutscher Logistik-Kongress Berlin. Kongressband 2006. Hamburg 2006, S. 557-564.

Pfohl, H.-Chr. /Elbert, R./Gomm, M. (2006): Supply Chain Finance – Antwort auf die Forderung nach einer wertorientierten Logistik. In: Wolf-Kluthausen, H. (Hrsg.): Jahrbuch der Logistik 2006. Korschenbroich 2006, S. 18-29.

Pfohl, H.-Chr./Frunzke, H./Köhler, H. (2007): Grundlagen für ein Innovationsmanagement in der Logistik.
In: Pfohl, H.-Chr. (Hrsg.): Innovationsmanagement in der Logistik. Gestaltungsansätze und praktische Umsetzung. Hamburg 2007, S. 16-105.

Pfohl, H.-Chr./Frunzke, H./Köhler, H. (2007): Innovationsgenerierung in kontraktlogistischen Beziehungen aus Dienstleister- und Kundensicht. Konzeption und empirische Ergebnisse. In: Pfohl, H.-Chr. (Hrsg.): Innovationsmanagement in der Logistik. Gestaltungsansätze und praktische Umsetzung. Hamburg 2007, S. 106-164.

Pfohl, H.-Chr. (2007): Kontraktlogistik als Gegenstand betriebswirtschaftlicher Theorien. In: Stölzle, W./Weber, J./Hofmann, E./Wallenburg C.M. (Hrsg.): Handbuch Kontraktlogistik. Weinheim 2007, S. 55-70.

Pfohl, H.-Chr. (2007): Supply Chain Risikomanagement. In: Hausladen, I. (Hrsg.): Management am Puls der Zeit. Bd. 2, Produktion und Logistik. München 2007, S. 1135-1157.

Pfohl, H.-Chr. (2007): Logistikdienstleister. In: Köhler, R./Küpper, H.-U./Pfingsten, A. (Hrsg.): Handwörterbuch der Betriebswirtschaft. 6. Aufl., Stuttgart 2007, S. 1091-1099.

Pfohl, H.-Chr./Gomm, M./Shen, X. (2007): China: Textil- und Bekleidungs-Supply Chain zwischen Deutschland und China. In: Wolf-Kluthausen, H. (Hrsg.): Jahrbuch Logistik 2007. Korschenbroich 2007, S. 258-264.

Pfohl, H.-Chr./ Deuse, J./Goldscheid, C./Frunzke, H. (2007): Optimierung des Personaleinsatzes. Themenbereich 2. In: Wolf-Kluthausen, H. (Hrsg.): Jahrbuch Logistik 2007. Korschenbroich 2007, S. 290-292.

Pfohl, H.-Chr./Elbert, R. (2007): Geschäftsfeld-/Ressourcen-Portfolio. In: Freidank, C.-Chr./Lachnit, L./Tesch, J. (Hrsg.): Vahlens Großes Auditing Lexikon, München 2007, S. 536-538.

Pfohl, H.-Chr./Elbert, R. (2007): Geschäftsfeldstrategie und -planung. In: Freidank, C.-Chr./Lachnit, L./Tesch, J. (Hrsg.): Vahlens Großes Auditing Lexikon, München 2007, S. 538-540.

Pfohl, H.-Chr./Shen, X. (2007): Internationale Beschaffung der Mittel- und Kleinbetriebe - Stand, Entwicklungstendenz und Problemfelder. In: Bogaschewsky, R. (Hrsg.): Beschaffung vor dem Hintergrund der Globalisierung: Entwicklungen, Strukturen, Prozesse. Frankfurt am Main 2007, S. 90-112.

Pfohl, H.-Chr./Elbert, R./Röth, C. (2007): „In Rules we trust" – Neo-institutional Analysis of the Impact of innovative Rules on Complexity and Risks in Supply Chains. In: Blecker, T./Kersten, W./Herstatt, C. (Hrsg.): Key Factors for Successful Logistics. Services, Transportation Concepts, IT and Management Tools. Berlin 2007, S. 289-302.

Pfohl, H.-Chr./Röth, C. (2007): Entwicklung der internationalen Handelslogistik in Osteuropa. In: Kovács, Z./Szabó, L. (Hrsg.): Menedzsment a XXI. században. Vesprém 2007, S. 319-340.

Pfohl, H.-Chr./Elbert, R./Gallus, P. (2007): Implementierung interorganisationaler Managementinstrumente in logistischen Netzwerken: Strukturationstheoretische Analyse der Besonderheiten bei der Implementierung der CargoScoreCard im Kombinierten Verkehr. In: Otto, A./Obermaier, R. (Hrsg.): Logistikmanagement. Analyse, Bewertung und Gestaltung logistischer Systeme. Wiesbaden 2007, S. 231-262.

Pfohl, H.-Chr./Gallus, P./Köhler, H. (2007): Implementierung eines Supply Chain Risikomanagements. Theoretische Grundlagen und Ansätze zur organisatorischen Umsetzung. In: Wimmer, T./Bobel, T. (Hrsg.): Effizienz - Veranwortung - Erfolg. 24. Deutscher Logistik-Kongress Berlin. Kongressband 2007, S. 191-224.

Pfohl, H.-Chr./Elbert, R./Schönberger, R. (2008): Management von Logistik-Clustern: Eine Analyse der Vorteilhaftigkeit regionaler Kooperationen in globalen Logistiknetzwerken. In: Inderfurth, K. et.al. (Hrsg.): 13. Magdeburger Logistik-Tagung. Netzwerklogistik. Magdeburg 2008, S. 107-122.

Pfohl, H.-Chr./Köhler, H./Röth, C. (2008): Wert- und innovationsorientierte Logistik. Beitrag des Logistikmanagements zum Unternehmenserfolg. In: Baumgarten, H. (Hrsg.): Das Beste der Logistik. Innovationen, Strategien, Umsetzungen. Berlin 2008, S. 91-100.

Pfohl, H.-Chr./Röth, C. (2008): Osteuropa: Auswirkungen der EU-Osterweiterung auf die Handelslogistik. In: Wolf-Kluthausen, H. (Hrsg.): Jahrbuch Logistik 2008. Korschenbroich 2008, S. 278-283.

Pfohl, H.-Chr./Gallus, P./Köhler, H. (2008): Supply Chain Risikomanagement - Vision oder pragmatisches Konzept? Ergebnisse des BVL-Arbeitskreises "Sicherheit und Risikomanagement in der Supply Chain". In: Wissenschaft und Praxis im Dialog. Robuste und sichere Logistiksysteme. Hamburg 2008, S. 446-470.

Pfohl, H.-Chr./Gallus, P./Köhler, H. (2008): Konzeption des Supply Chain Risikomanagements. In: Pfohl, H.-Chr. (Hrsg.): Sicherheit und Risikomanagement in der Supply Chain. Gestaltungsansätze und praktische Umsetzung. Hamburg 2008, S. 7-94.

Pfohl, H.-Chr./Gallus, P./Köhler, H. (2008): Risikomanagement in der Supply Chain - Status Quo und Herausforderungen aus Industrie-, Handels- und Dienstleisterperspektive. In: Pfohl, H.-Chr. (Hrsg.): Sicherheit und Risikomanagement in der Supply Chain. Gestaltungsansätze und praktische Umsetzung. Hamburg 2008, S. 95-147.

Pfohl, H.-Chr./Gallus, P./Köhler, H. (2008b): Supply Chain Continuity Management in globalen Supply Chains. In: BVL (Hrsg.): Werte schaffen – Kulturen verbinden. 25. Deutscher Logistik-Kongress Berlin. Kongressband 2008. Hamburg 2008, S. 164-194.

Pfohl, H.-Chr./Elbert, R./Zuber, C. (2009): Methoden und Instrumente für die robuste Planung von Produktionsprozessen im Wertschöpfungssystem. In: Dangelmaier, W./Blecken, A./Rüngener,

N. (Hrsg.): Nachhaltigkeit in flexiblen Produktions- und Liefernetzwerken. Münster 2009, S. 307-321.

Pfohl, H.-Chr./Lortz, A. (2009): Traffic and Transport 2030 – Nachhaltige Logistik mit Zukunft. In: Wolf-Kluthausen, H. (Hrsg.): Jahrbuch Logistik 2009. Korschenbroich 2009, S.22-27.

Pfohl, H.-Chr./Röth, C. (2009): "Performance on the Last Mile" - An Integrated Network-Based Approach for Improved Quality in Urban Commercial Transport". In: Blecker, T./Kersten, W./Meyer, M. (Hrsg.): High-Performance Logistics – Methods and Technologies. Berlin 2009. S. 53-66.

Pfohl, H.-Chr./Ehrenhöfer, M. (2009): Risiko Insolvenz – Herausforderungen in Wertschöpfungsnetzwerken. In: Wimmer, T./Wöhner, H. (Hrsg.): Erfolg kommt von innen. 26. Deutscher Logistik-Kongress Berlin. Kongressband 2009. Hamburg 2009, S. 120-151.

Pfohl, H.-Chr./Bode, A./ Treschau, F./ Zuber, C. (2010): Szenarien für den intermodalen Verkehr in China. In: Wolf-Kluthausen, H. (Hrsg.): Jahrbuch Logistik 2010. Korschenbroich 2010, S. 221-231.

Pfohl, H.-Chr. (2010): Innovationsmanagement in der Logistik. In: Harland, P. E./Schwarz-Geschka, M. (Hrsg.): Immer eine Idee voraus. Wie innovative Unternehmen Kreativität systematisch nutzen. Lichtenberg (Odw.) 2010, S. 105-118.

4 Beiträge in wissenschaftlichen Zeitschriften

Pfohl, H.-Chr. (1969): Alles für den Nachschub. In: Der Volkswirt 23(1969)17, S. 49-50.

Pfohl, H.-Chr. (1970): Marketing-Logistik. Nur eine amerikanische Modeerscheinung? In: Marketing Journal 3(1970)3, S. 192-195.

Pfohl, H.-Chr. (1970): Marketing-Logistik. Ohne richtige Organisation kein Erfolg. In: Marketing Journal 3(1970)4, S. 256-258.

Pfohl, H.-Chr. (1972): Zur Problematik von Entscheidungsregeln. In: Zeitschrift für Betriebswirtschaft 42(1972)5, S. 305-336.

Pfohl, H.-Chr. (1972): Ansätze zur Projektorganisation. In: Neue Betriebswirtschaft 25(1972)4, S. 13-16.

Pfohl, H.-Chr. (1973): Zur Operationalisierung des Marketingbegriffs. In: Betriebswirtschaftliche Forschung und Praxis 25(1973)3, S. 158 -167.

Pfohl, H.-Chr. (1974): Die Logistik als Beispiel für Auswirkungen des Systemdenkens in der entscheidungsorientierten Betriebswirtschaftslehre. In: Management International Review 14(1974)1, S. 67-80.

Pfohl, H.-Chr. (1975): Interorganisatorische Zusammenarbeit bei der Warenverteilung im Absatzkanal. Ein Beispiel für kooperatives Marketing. In: Jahrbuch der Absatz- und Verbrauchsforschung 21(1975)3, S. 284-306.

Pfohl, H.-Chr. (1976): Praktische Relevanz von Entscheidungstechniken. In: Die Unternehmung 30(1976)2, S. 73-93.

Pfohl, H.-Chr. (1977): Zur Formulierung einer Lieferservicepolitik. Theoretische Aussagen zum Angebot von Sekundärleistungen als absatzpolitisches Instrument. In: Zeitschrift für betriebswirtschaftliche Forschung 29(1977)5, S. 239-255.

Pfohl, H.-Chr. (1977): Ermittlung der Lagerbestandskosten. In: Kostenrechnungs-Praxis (1977)3, S. 105-110.

Pfohl, H.-Chr. (1977): Zinssätze zur Berechnung der Kapitalbindungskosten. In: Kostenrechnungs-Praxis (1977)4, S. 153-160.

Pfohl, H.-Chr. (1978): Zur Leistungsfähigkeit eines systemtheoretischen Ansatzes in der Organisationstheorie. In: Zeitschrift für betriebswirtschaftliche Forschung 30(1978) 10/11, S. 734-751.

Pfohl, H.-Chr. (1980): Die Logistikkonzeption als Grundlage für ein modernes Marketing von Transport- und Speditionsunternehmen. In: Die Betriebswirtschaft 40(1980)3, S. 423-434.

Pfohl, H.-Chr. (1980): Aufbauorganisation der betriebswirtschaftlichen Logistik. In: Zeitschrift für Betriebswirtschaft 50(1980)11, S. 1201-1228.

Pfohl, H.-Chr./Hebel, R. (1982): Bewertung heuristischer Methoden. In: Zeitschrift für Operations Research Serie B 26(1982)4, S. 123-139.

Pfohl, H.-Chr./Wübbenhorst, K. (1982): Einflüsse externer Anspruchsgruppen auf die strategische Planung von Elektrizitätsversorgungsunternehmungen. In: Die Betriebswirtschaft 42(1982)4, S. 561-574.

Pfohl, H.-Chr. u.a. (1982): Managementprobleme und -instrumente für kleine und mittlere Unternehmungen - Meinungen zum Thema. In: Betriebswirtschaftliche Forschung und Praxis 34(1982)5, S. 457-479.

Pfohl, H.-Chr./Wübbenhorst, K. (1983): Lebenszykluskosten. Ursprung, Begriff und Gestaltungsvariablen. In: Journal für Betriebswirtschaft 33(1983)3, S. 142-155.

Pfohl, H.-Chr. (1983): Logistik als Überlebenshilfe in den 80er Jahren. In: Zeitschrift für Betriebswirtschaft 53(1983)8, S. 719-734.

Pfohl, H.-Chr. (1985): Kein Fall fürs Marketing? Verkehrsmarkt kein freier Markt. In: Zeitschrift für Logistik 6 (1985) 3, S. 72-77.

Pfohl, H.-Chr./Zettelmeyer, B. (1986): Anforderungen an den Controller in der Literatur und in Stellenanzeigen. In: Kostenrechnungs-Praxis (1986) 4, S. 125-132.

Pfohl, H.-Chr./Zettelmeyer, B. (1987): Strategisches Controlling? In: Zeitschrift für Betriebswirtschaft 57 (1987) 2, S. 145-175.

Pfohl, H.-Chr./Zöllner, W. (1987): Organisation for Logistics: The Contingency Approach. In: International Journal of Physical Distribution and Materials Management 17 (1987) 1, S. 3-16.

Pfohl, H.-Chr. (1987): Logisztika es vallalatvezetes. In: Ipar-Gazdasag 39 (1987)8/9, S. 1-11.

Pfohl, H.-Chr./Zettelmeyer, B. (1987): Der Controller. Geringer oder anders qualifiziert als der Linienmanager? Erwiderung zu den Anmerkungen von M. Gaulhofer. In: Zeitschrift für Betriebswirtschaft 57 (1987)11, S. 1128-1135.

Pfohl, H.-Chr./Braun, G./Zettelmeyer, B. (1988): Ungarische Unternehmensverfassung. In: Die Betriebswirtschaft 48 (1988)1, S. 63-78.

Pfohl, H.-Chr./Linn, N./Kunz, Th. (1989): Zum Problem der Unabhängigkeit der Erfolgsdeterminanten von Reorganisationsprozessen. In: Journal für Betriebswirtschaft 39 (1989)4/5, S. 220-243.

Pfohl, H.-Chr./Schultz, V./Freichel, St. L. K. (1990): Joint Ventures Magyorarszágen. In: Ipar-Gazdaság 42(1990)10, S. 1-13.

Pfohl, H.-Chr. (1991): Literaturüberblick - Logistik. In: Das Wirtschaftsstudium 20 (1991)9, S. 477-478.

Pfohl, H.-Chr. (1991): Ersatzteil-Logistik. In: Zeitschrift für Betriebswirtschaft 61(1991)9, S. 1027-1044.

Pfohl, H.-Chr./Zöllner, W. (1991): Effizienzmessung der Logistik. In: Die Betriebswirtschaft 51(1991)3, S. 323-339.

Pfohl, H.-Chr./Stölzle, W. (1991): Anwendungsbedingungen, Verfahren und Beurteilung der Prozeßkostenrechnung in industriellen Unternehmen. In: Zeitschrift für Betriebswirtschaft 61(1991)11, S. 1281-1305.

Pfohl, H.-Chr./Large, R. (1992): Gestaltung interorganisatorischer Logistiksysteme auf der Grundlage der Transaktionskostentheorie. In: Zeitschrift für Verkehrswissenschaft 63(1992)1, S. 15-51.

Pfohl, H.-Chr. u.a. (1992): Euro-Logistik - Meinungen zum Thema. In: Betriebswirtschaftliche Forschung und Praxis 44(1992)3, S. 238-254.

Pfohl, H.-Chr./Zöllner, W.A./Weber, N. (1992): Economics of Scale in Customer Warehouses: Theoretical and Empirical Analysis. In: Jornal of Business Logistics 13(1992)1, S. 95-124.

Pfohl, H.-Chr./Hoffmann, A./Stölzle, W. (1992): Umweltschutz und Logistik - Eine Analyse der Wechselbeziehungen aus betriebswirtschaftlicher Sicht. In: Jornal für Betriebswirtschaft 42(1992)2, S. 86-103.

Pfohl, H.-Chr. u.a. (1992): Joint Ventures in Ungarn. In: Die Betriebswirtschaft 52(1992)5. S. 655-673.

Pfohl, H.-Chr./Stölzle, W./Schneider, H. (1993): Entwicklungstrends im Bestandsmanagement. In: Betriebswirtschaftliche Forschung und Praxis 45(1993)5, S. 529-551.

Pfohl, H.-Chr./Krings, M./Toben, M.-H. (1993): Computergestützte Sendungsverfolgung im kombinierten Verkehr. In: Management & Computer 1(1993)4, S. 245-253.

Pfohl, H.-Chr./Large, R. (1993): Sourcing from Central and Eastern Europe: Conditions and Implementation: In: International Journal of Physical Distribution and Logistics Management 23(1993)9, S. 5-15.

Pfohl, H.-Chr. (1993): EC Unification an the Outlook for Logistics. In: Business Logistics 14(1993)1, S. 43-79.

Pfohl, H.-Chr./Stölzle, W. (1996): Funktionen und Prozesse der Planung. In: Wirtschaftswissenschaftliches Studium. 25(1996)5, S. 233-237.

Pfohl, H.-Chr./Krings, M./Betz, G. (1996): Techniken der Prozeßorientierten Organisation. In: Zeitschrift für Organisation 65(1996)4, S. 246-251.

Pfohl, H.-Chr./Large, R./Ardelea, D. (1996): Internationale Geschäftsbeziehungen und Transformationskrise in Mittel- und Osteuropa. In: Die Betriebswirtschaft 56(1996)2, S. 185-202.

Pfohl, H.-Chr. (1997): L'evoluzione della Logistica e dei Relativi Modelli Gestionali. In: De Qualitate. Rivista Italiana della Qualita 6(1997)6, S. 27-35.

Pfohl, H.-Chr./Engelke, M. (1997): Der Papierkonzern STORA erstellt umweltorientierte Transportprofile. In: Internationales Verkehrswesen 49(1997)7-8, S. 380-382.

Pfohl, H.-Chr. (1997): Logistics. State of the art. In: Human Systems Management 16(1997)3, S. 153-158.

Pfohl, H.-Chr./Large, R. (1997): Eastern-Western supplier-customer relationships in agricultural machinery industry: results of an empirical investigation in the Czech Republik, Hungary, Romania, Ukraine, and Germany. In: European Journal of Purchasing & Supply Management 3(1997)4, S. 177-187.

Pfohl, H.-Chr./Buse, H.P. (1998): Marketing - Logistik in Unternehmensnetzwerken. In: Thexis 15(1998)1, S. 50-56.

Pfohl, H.-Chr./Maier-Rothe, Chr. (1998): Best practice in global manufacturing. In: Logistics Europe 6(1998)3, S. 64-67.

Maier-Rothe, Chr./Pfohl, H.-Chr. (1998): Globalisation de l'industrie: les meilleures pratiques. In: Logistique & Management 6(1998)1, S. 11-17.

Pfohl, H.-Chr./Ester, B.(1999): Benchmarking for spare parts logistics. In: Benchmarking 6(1999)1, S. 22 – 39.

Pfohl, H.-Chr. (1999): Alles für den Nachschub. Optimale Versorgung des Absatznetzes durch Marketing-Logistik – Hilfestellung durch den Computer. („Klassiker" Wiederabdruck). In: Logistik Management 1(1999)2, S. 159 – 161.

Pfohl, H.-Chr./Cullmann, O./Stölzle, W. (1999): Inventory management with statistical process control: Simulation and evaluation. In: Journal of Business Logistics 20(1999)1, S. 101 – 120.

Pfohl, H.-Chr./Gareis, K./Stölzle, W. (1999): Logistikaudit – Einsatz für die Lieferantenauswahl und –entwicklung. In: Logistikmanagement 1(1999)1, S. 5 – 19.

Pfohl, H.-Chr./Mayer, St. (1999): Trendy i strategie w logistyce europejskiej (Cz. 1) (Cz 2). In: Logistyka (1999) 5 u. 6, S. 5-7 u. 5-8.

Pfohl, H.-Chr./Gareis, K. (2000): Die Rolle der Logistik in der Anlaufphase. In: ZFB Zeitschrift für Betriebswirtschaft 70(2000)11, S. 1189 – 1214.

Pfohl, H.-Chr./Gareis, K. (2000): Industriepark-Lösungen in der Automobilindustrie. In: ZfAW Zeitschrift für die gesamte Wertschöpfungskette Automobilwirtschaft 3(2000)3, S. 52 – 58.

Pfohl, H.-Chr./Buse, H.P. (2000): Inter-organizational logistics systems in flexible production networks. In: International Journal of Physical Distribution & Logistics Management 30(2000)5, S. 388-408.

Pfohl, H.-Chr./Elbert, R./Hofmann, E. (2001): Strategische Bedeutung von Geschäftsprozessen. In: FBJE Zeitschrift für Unternehmensentwicklung und Industrial Engineering 50(2002)5, S. 196-200.
Pfohl, H.-Chr./Koldau, A./Hauk, B. (2001): Status und Entwicklung von Supply Chain Management in der verarbeitenden Industrie. In: Industrie Management 17(2001)5, S. 14-18.
Pfohl, H.-Chr./Elbert, R. (2002): Wertorientierte Gestaltung von Transportvorgängen mittels dynamischer Werttreiberhierarchien. In: Logistik Management 4(2002)3, S. 63-74.
Pfohl, H.-Chr./Frunzke, H. (2002): Strategische Planung in der Logistik unter besonderer Berücksichtigung von Chancen- und Risikoaspekten. In: PPS Management Zeitschrift für Produktionsplanung und -steuerung 7(2002)4, S. 35-39.
Pfohl, H.-Chr. (2003): Zukunftsforschung Güterverkehr. In: Logistik Heute 25(2003)4, S. 22-23.
Pfohl, H.-Chr./Gomm, M./Hofmann, E. (2003): Vertrauen als Investition in die Zukunft. In: Logistik Heute 25(2003)9, S. 20-21.
Pfohl, H.-Chr./Gomm, M./Hofmann, E. (2003): Kundenpotenzialanalyse für Logistikdienstleister – Bedarf und Gestaltungsmöglichkeiten für die kundenorientierte Entwicklung. In: Unternehmensentwicklung und Industrial Engineering 52(2003)5, S. 213 – 220.
Pfohl, H.-Chr./Elbert, R. (2003): What Matters to Top Management? A survey on the influence of supply chain management on strategy and finance. Results of the ELA/BearingPoint survey. In: Logistis Europe 11(2003)3, S. 50-51.
Pfohl, H.-Chr./Hofmann, E./Trumpfheller, M. (2004): Zukunft des Netzwerkmanagements: Neue Herausforderungen in der Supply Chain. In: Industrie Management 20(2004)5, S. 35-38.
Pfohl, H.-Chr./Gomm, M./Gleich, R./Schlick, S. (2005): Preisbildung bei fixkostenintensiven Logistiksystemen. In: Energiewirtschaftliche Tagesfragen 55(2005)4, S. 237-241.
Pfohl, H.-Chr./Gareis, K. (2005): Supplier parks in the German automotive industry: a critical comparison with similar concepts. In: International Journal of Physical Distribution& Logistics Management 35(2005)5, S. 302-317.
Pfohl, H.-Chr./Gomm, M. (2006): Land der aufgehenden Logistik. In: Logpunkt 2(2006)3, S. 36-39.
Pfohl, H.-Chr./Gomm, M./Röth, C. (2006): Wertorientiert handeln – ein Fremdwort? In: Logistik Heute 28(2006)9, S. 50-53.
Pfohl, H.-Chr./Köhler, H./Frunzke, H. (2006): Dienstleister als Kooperationspartner. Chemie und Logistik künftig in enger Partnerschaft. In: Logistik für die Chemie- und Pharmaindustrie 2(2006)1, S. 8-9.
Pfohl, H.-Chr./Röth, C./Gomm, M. (2007): Die Supply Chain Finance Gesellschaft. In: Industrie Management 23(2007)5, S. 11-14.
Pfohl,H.-Chr./Lortz, A. (2008): Intelligente Logistik – mehr Nachhaltigkeit im Güterverkehr. In: Thema Forschung 14(2008)1, S. 56-61.
Pfohl, H.-Chr./Elbert, R./Zuber, C. (2009): Zentren für Logistik: Typologie und Entwicklungstendenzen. Erste Ergebnisse einer aktuellen Studie über logistische Zentren in Deutschland. In: Logistik für Unternehmen 23(2009)4/5, S. 52-54.
Pfohl, H.-Chr./Bode, A./Talmon l'Armee, T. (2010): Cluster und Netzwerke. In: Das Wirtschaftsstudium (WISU) 39(2010)1, S. 87-91.
Pfohl, H.-Chr./Köhler, H./Thomas, D. (2010): State of the Art in Supply Chain Risk Management Research. Empirical and conceptual findings and a roadmap for the implementation in practise. In: Logistics Research 2(2010)1.

Networking
Ein Produkt von Lufthansa.
Über 400 Ziele, damit Sie weltweit die besten Verbindungen haben.
Wohin Sie Ihre Geschäftsreisen auch führen, wir bringen Sie weltweit zu jedem Termin. Mit nahtlosen Verbindungen – damit Ihr geschäftliches Netzwerk genauso schnell wächst wie unser Streckennetz.
Mehr unter lufthansa.com
There's no better way to fly.
Lufthansa

GfK
www.gfk.com
Delivering Knowledge for the Future
Knowledge is our business. The future is yours. Are you prepared? GfK is the market research expert that helps you to make the most of what's to come. We are innovating for the future, so that your business can grow. In every market. Around the world.